"十三五"国家重点出版物出版规划项目
中国特色社会主义法学理论体系丛书

完善以宪法为核心的
中国特色社会主义法律体系研究

（上册）

冯玉军　主编

中国人民大学出版社
·北京·

本书系 2014 年国家社科基金重大项目（第三批）"完善以宪法为核心的中国特色社会主义法律体系研究"（14ZDC008）和 2015 年北京市社科基金重大项目（15ZDA03）最终成果。

总　序

　　党的十八大以来，党中央高度重视中国特色社会主义法治建设理论构建与实践发展。党的十八届四中全会通过的《中共中央关于全面推进依法治国若干重大问题的决定》明确提出："中国特色社会主义道路、理论体系、制度是全面推进依法治国的根本遵循。必须从我国基本国情出发，同改革开放不断深化相适应，总结和运用党领导人民实行法治的成功经验，围绕社会主义法治建设重大理论和实践问题，推进法治理论创新，发展符合中国实际、具有中国特色、体现社会发展规律的社会主义法治理论，为依法治国提供理论指导和学理支撑。"党的十九大报告再次强调，要坚定不移走中国特色社会主义法治道路，要发展中国特色社会主义法治理论。在这样的背景下，中国法学会组织撰写"中国特色社会主义法学理论体系丛书"，全面总结、梳理中国特色社会主义法治建设的实践经验和理论研究成果，提炼出一套具有中国特色的社会主义法学理论并逐步形成相应体系。这对于推进中国特色社会主义法治理论创新，无疑具有重要的理论价值和实践意义。

　　首先，有助于发展和完善中国特色社会主义理论体系的研究。中华人民共和国成立以来，我们党领导人民在治国理政方面开始了艰辛的探索和实践，特别是在改革开放新时期，不断推进马克思主义中国化进程，并逐步形成了内涵丰富、思想深刻的中国特色社会主义理论体系，成功地开辟了中国特色社会主义道路，取得举世瞩目的成就。这些历史无一不证明，中国特色社会主义事业要不断进步和繁荣，就必须始终坚持和发展中国特色社会主义道路和中国特色社会主义理论体系。"中国特色社会主义理论体系"是指包括邓小平理论、"三个代表"重要思想、科学发展观和习近平新时代中国特色社会主义思想在内的科学理论体系。这个理论体系是包容的、开放的、与时俱进的，是对马克思主义、毛泽东思想的继承和发展，是马克思主义中国化的最新成果，是党和人民实践经验和集体智慧的结晶，是全党和全国人民为实现中华民族伟大复兴而奋斗的行动指南，必须长期坚持并不断发展。究其具体内容，中国特色社会主义理论体系应是涵盖了历史、经济、政治、文化、法律、社会、生态、军事、党建等各个领域的一系列重大思想理论。其中，中国特色社会主义法学理论体系毫无疑问是中国特色社会主义理论体系的重要组成部分，总结、归纳、提炼、升华中华人民共和国成立以来特别是改革开放后中国特色社会主义法治建设的实践成果以及在这个过程中形成的法律思想与法学理论成就，并将其体系化，诚然有助于发展和完善中国特色社会主义理论体系的研究。

其次，有助于推动中国特色社会主义法学理论体系的构建。回顾我国社会主义法治建设的发展历程，我们可以看到党和国家提出了一系列具有鲜明中国特色和时代特征的法治思想与方针政策，人民群众进行了诸多实践创新，法学、法律界开展了丰富深入的研究。正是这些党和国家本土化的依法治国方针政策、人民群众鲜活的法治实践、学者们深厚的理论积淀，构成了中国特色社会主义法学理论体系最为重要、最为基础和全面的内涵。然而现阶段这些资源和智慧还是零散的、片段化的，迫切需要我们将其系统地总结、梳理、整合、升华，构建一套外在框架完整、内在逻辑结构严谨的法学理论体系。

再次，有助于推动中国特色社会主义法治建设实践进程。所有的理论都来源于实践，并反过来为实践服务。长期以来，法学界以繁荣法学研究、推动法治建设为己任，把握正确方向，立足中国实际，破解现实问题，开展了卓有成效的研究工作，取得了一大批优秀研究成果，为法治实践提供了可靠的指导。当前，全面建成小康社会进入决胜阶段，中国特色社会主义进入新时代。党和国家面对的改革发展稳定任务之重前所未有、矛盾风险挑战之多前所未有，必然需要更加切实有效的理论来引领实践。通过系统地总结、梳理我国在法治建设过程中积累的实践经验和形成的法学理论，同时合理借鉴国外法学理论成果，提炼出一套符合中国实际、具有中国特色、体现社会发展规律的社会主义法治理论，进而指引实践，必将有力推动其发展进程。

最后，有助于向世界展示中国法学研究的理论成就，提升中国的法治文化自信。没有高度的文化自信，没有文化的繁荣兴盛，就没有中华民族伟大复兴。党的十九大报告指出："坚定文化自信……深化马克思主义理论研究和建设，加快构建中国特色哲学社会科学，加强中国特色新型智库建设。"我国是哲学社会科学大国，研究队伍、论文数量、政府投入等在世界上都是排在前面的，但是目前在学术命题、学术思想、学术观点、学术标准和学术话语上的能力和水平同我国综合国力和国际地位还不太相称。作为哲学社会科学中具有支撑作用的法学学科，在发展过程中，也面临着上述问题，民族特色彰显不够，在国际上的声音还比较小，还处在有理说不出、说了传不开的境地，对世界法学的贡献还极为有限。针对这个问题，中国法学法律界应该加强对传统法律文化资源的理论发掘，加强对社会主义法治建设实践经验的理论研究，致力于总结出一批真正富有中国特色、中国气派、中国风格的法学理论成果，为世界法治贡献中国法学智慧，提升中国的法治文化自信。

中华人民共和国成立以来，中国特色社会主义法治建设取得了丰硕的成果。中国法学学者在中国特色社会主义法律制度、法律体系、法治实践等方面的阐释研究也积累了相当丰富的经验。撰写"中国特色社会主义法学理论体系丛书"最为重要和最为根本的任务就是总结、归纳、概括和提炼出符合中国实际、具有中国特色、体现社会发展规律的社会主义法学理论。从其内涵来看，这套理论应该包括中国特色社会主义法治基本理论、各部门法理论以及阐释社会主义法治实践中重大问题的专门理论。正是基于这样的考虑，本套丛书收录了三个方面的选题：一是从宏观上阐释中国特色社会主义法治基本理论的著述，二是从不同部门法及其制度角度分别阐释相应部门法理论发展与创新的著述，三是从专题视角阐释社会主义法治建设中重大理论与实践问题的著述。这三个角度的著述，既有理论研究的深厚积淀，也有对实践问题的有力回应，从理论到实践，再从实践到理论，有机结合，互为补充，共同构成一套较为完整的"中国特色社会主义法学理论体系丛书"。

新时代开启新征程，新征程呼唤新作为。置身于中国特色社会主义法治建设的历史进程中，广大法学、法律工作者天地广阔、大有可为。中国法学会组织撰写"中国特色社会主义法学理论体系丛书"，是希望更多的法学、法律工作者积极投身于中国特色社会主义法治理论研究，并能够立足中国、借鉴国外，挖掘历史、把握当代，关怀人类、面向未来，研究形成一套真正具有中国特色、中国风格、中国气派的法学理论体系，为深化依法治国实践提供指引，为统筹推进"五位一体"总体布局、协调推进"四个全面"战略布局、实现社会主义现代化和中华民族伟大复兴作出应有贡献。

序

深化法律体系研究
全面推进依法治国

孙国华 *

一

完善以宪法为核心的中国特色社会主义法律体系是全面依法治国的基本内容，也是中国特色社会主义法治理论的重要组成，具有突出的现实意义和深远的历史意义。以此作为国家哲学社会科学研究的重大攻关课题，因其范围宏阔、头绪繁多，必须坚持马克思主义法学研究立场，坚持理论与实践相结合、历史与逻辑相结合，守正笃实、久久为功开展研究。

中华人民共和国成立前夕，党中央发布了废除国民党《六法全书》和确定解放区司法原则的指示文件，学者们对新民主主义和社会主义政权应该建立何种法律体系做了初步研究。改革开放以后，在积极回应"有法可依"这一法治命题和持续推进立法工作当中，我们对建设中国特色社会主义法律体系的研究愈加深入，出版了涵盖"法律创制""法律体系""法律渊源"等章节的通用教材，发表了一系列关于法律体系的理论与实践问题的专项研究成果。仅就中国人民大学法学院的研究工作而言，除了我主编的《社会主义法

* 孙国华（1925—2017），河北阳原人，中国人民大学荣誉一级教授，著名法学家、法理学家。

治论》《法的形成与运作原理》和《法理学》教材对法律体系问题有专门论述外，我得到 2003 年国家社科重点项目支持，在冯玉军同志协助下主编了《中国特色社会主义法律体系前沿问题研究》（中国民主法制出版社 2005 年版）和《中国特色社会主义法律体系研究——概念、理论、结构》（中国民主法制出版社 2009 年版）两部著作。2010 年，在中央宣布中国特色社会主义法律体系形成前夕，朱景文教授和韩大元教授集合法学院各分支学科的专家学者，编辑出版了《中国特色社会主义法律体系研究报告》（中国人民大学出版社 2010 年版）；朱景文教授还在中国法学会专项研究课题的支持下，主持完成了"完善中国特色社会主义法律体系研究"。其后，冯玉军教授获得国家社科 2011 年重点项目支持，出版了近百万字的《完善和发展中国特色社会主义法律体系的理论与实践研究》（上下册，北京师范大学出版集团 2016 年版），全书立足于法律体系本体论、认识论、价值论和方法论的创新，系统地梳理并讨论了中国特色社会主义法律体系自身的理论架构，颇为引人注目。

　　现在，冯玉军同志又在以往研究成果的基础上，以完善中国特色社会主义法律体系基础理论研究和加强宪法实施问题研究为根基，以六大重点领域立法研究和立法实践创新为主体内容，全面开展高水平系统研究，团结法学界数十位精研律例、学有所长的专家学者共同完成《完善以宪法为核心的中国特色社会主义法律体系研究》一百余万字的鸿篇巨制，在国家权威、核心期刊上共发表三十余篇论文，在主要报刊和智库刊物上发表二十余篇重要作品，并提出一系列重要的咨政建言，为党的十九大胜利召开献礼。可喜可贺，殊值褒奖！

　　这个研究成果坚持党的十八大以来四个全面战略布局，遵循习近平治国理政新理念新思想新战略，运用马克思主义法学观和中国特色社会主义法治理论，系统梳理了改革开放近四十年来中国法治建设尤其是中国特色社会主义法律体系建设成就，全面总结了从中华法系到中国特色社会主义法律体系的历史经验，借鉴国际社会法治建设的思维逻辑和制度实践。体现出历史与现实相结合、理论与实际相结合、基本理论与部门法制相结合、中国特色与世界规律相结合的特点。在研究框架上分为完善法律体系的基础理论研究、加强宪法实施完善社会主义民主政治法律体系、完善市场经济法律制度、完善先进文化与社会治理法律体系、完善生态文明法律体系、完善程序法律体系和完善法律体系的实践创新等七编。其既有对法律体系理论的创新思考与建构，又有法律实践各个方面保障与完善体制机制的创新研究，还有对基于重点领域视角对法律体系的完善研究；坚持问题导向和理论创新精神，凝聚众智、大力创新，结合对完善法律体系主题的历史、实践、规范、组织、关系、运行、评估考察，提出了法律体系理论创新的一系列建设性观点，形成优化和完善相关部门法的诸多立法建议；结构完整、逻辑清晰，重点突出，要言不烦，体现了很好的现实法理论研究功底，看到马克思主义法学理论特别是法律体系主题研究后继有人，我感到十分欣慰。

二

以下结合我之前的相关研究，从理论上对"完善以宪法为核心的中国特色社会主义法律体系"这一研究命题作简要解析，提出我的基本认识。

第一，关于"法律体系"的认识问题。

在我国无论是在党和政府的文件还是在法学著作中，对"法律体系"这个术语的使用往往包含其他语言，如英语和俄语法学著作中的三个含义，这三个含义分别是 legal system（俄语为 Павовая система）；system of the law（俄语为 система. права）；system of laws 或 system of legislation（俄语为 Система эаконодательство）。以上三个词虽然都讲的是法律现象的体系（system），但却指的是含义有所不同的法律现象的体系。按照系统论的理解，任何事物都是一个系统（"系统"和"体系"同义），一国或一地区的法律制度，就是一个系统，legal system 一词就是把一国或一地区的整个法律制度描述为系统而使用的一个术语；而一国或一地区的法律制度的系统，按照苏联和俄罗斯法学家的理解，并不仅指现行法律规范的系统，其中还应包括法律意识、法律文化和从事法律工作的有组织的机构和人员，指一国或一地区整个法律上层建筑的体系，我们认为这种理解符合马克思主义关于经济基础决定法律上层建筑、法律上层建筑各因素相互联系相互制约的原理，很有道理；system of the law 这个术语则仅仅是用来描述一国一地区现行法律规范的总和，即法这个系统的，这个系统只是前边讲的 legal system 那个更大系统的核心部分，而不是其全部：可是一国或一地区的法律规范必然有其外在的表现形式，即表现为规范性法律文件、先例、习惯等法的形式渊源，system of laws 或者 system of legislation 这个术语就是用来描述体现法律规范的形式渊源系统的,在成文法国家就指的是规范性法律文件的系统。法的形式渊源(规范性法律文件)的系统,可以按不同的标准排列,所以是多种多样的,如:可以按法律、法规发布时间的前后排列,或按规范性文件第一个字的笔画的多少排列,也可以按不同的发布的机关排列,当然也可以按照法的内在结构,即按照法的部门划分来排列。只有在按照法的内在结构,即按照法的部门划分来排列法的形式渊源时,这种系统才与法的体系(法的系统system of the law)相符,但就在这种情况下,法的形式渊源(规范性法律文件)系统(如编纂良好的法律全书)也只是法的内在结构(法的体系)的外在表现,而不是同一的现象,不是法的体系本身。

我们研究中国特色社会主义法律体系及其完善问题时,这个"法律体系"是在上述三种含义中的哪一种含义上使用的?是第一种、第二种,还是第三种?或者是第二种、第三种含义兼有?或者三种含义兼有?必须予以澄清、阐明,以免误导或产生歧义。

第二,关于"中国特色社会主义"的认识问题。

"中国特色社会主义"是在"中国特色社会主义法律体系"这个词组中界定"法律体系"性质的定语,由于"法律体系"可以包含前述三种含义,"中国特色社会主义法律体系"也就可以有三种含义,但不管是哪种含义,其根本性质都是"中国特色社会主义",所以在此无须区分三种含义,重要的是要讲清楚什么是"中国特色社会主义",这在党的文件和当代中国马克思主义的理论著作,特别是在党的十七大、十八大文件中已有系统、明确的论述。我们认为:中国特色社会主义法律体系就其根本性质来说,属于社会主义历史类型的法律体系;就其发展的历史阶段来说,它是处在社会主义初级阶段的法律体系;就其与人类主要法律文化传统的联系来看,它属于大陆法系,兼有中华法系的优良传统;就其与中国国情和中国文化传统的内在联系来看,它是中国特色的社会主义法律体系;它是在马克思主义与中国革命和建设的实践相结合的过程中逐渐形成的;它以中国特色社会主义理论为指导,有自己一系列基本特点和基本原则,既体现了人类法律发展的普遍规律,也体现了中国历史和现状的基本要求。

第三,关于"完善"法律体系的认识问题。

完备而良善的法律体系是法治国家的基本标志,是政权稳定和社会发展的基本保障。新中国成立60多年来,特别是改革开放近40年来,中国共产党领导中国人民经过坚持不懈的努力，到 2010 年年底，形成了立足中国国情和实际、适应改革开放和社会主义现代化建设需要、集中体现中国共产党和中国人民意志，以宪法为核心的中国特色社会主义法律体系。我国国家和社会各方面总体上实现了有法可依。中国特色社会主义法律体系，是以宪法为统帅，以法律为主干，以行政法规、地方性法规为重要组成部分，由宪法及宪法相关法、民商法、行政法、经济法、社会法、刑法、诉讼与非诉讼程序法等多个法律部门组成的有机统一整体。它的形成，体现了中国特色社会主义的本质要求，体现了改革开放和社会主义现代化建设的时代要求，体现了结构内在统一而又多层次的国情要求，体现了继承中国法制文化优秀传统和借鉴人类法制文明成果的文化要求，体现了动态、开放、与时俱进的发展要求，是中国社会主义民主法制建设的一个重要里程碑。

然而，法律体系的形成并不等于法律体系的完备，社会实践是法律的基础，法律是实践经验的总结、提炼。社会实践永无止境，法律体系必将随着社会关系的变化、改革开放的进程以及中国特色社会主义实践的发展不断完善和发展。事实上，我国现有法律体系中不协调、相互冲突的问题依然突出，使执法者和司法者无所适从；立法中，地方立法缺乏应有的科学性与合理性，有些法存在适用漏洞，有些法过于笼统、没有针对性和可执行性，有些法的规定已经过时而未能及时修改或废除，部分法的规定过分超前而未能反映客观规律和人民意愿；部门利益和地方保护主义法律化以及争权诿责现象较为突出。面对党和国家未来更为艰巨的使命，习近平强调要进一步加强和改进立法工作。他指出：形势在发展，时代在前进，法律体系必须随着时代和实践发展而不断发展。① 要完善立法规划，突出立法重点，坚持立改废并举，提高立法科学化、民主化水平，提高法律的针对性、及时性、系统性。要完善立法工作机制和程序，扩大公众有序参与，充分听取各方面意见，使法律准确反映经济社会发展要求，更好协调利益关系，发挥立法的引领和推动作用。完善以宪法为核心的法律体系，有助于夯实中国特色社会主义永葆本色的法制根基，推进社会主义法治国家和现代化建设，为实现国家繁荣富强和中华民族伟大复兴提供科学系统的法制保障。

正如课题成果所展示的那样，从改革开放和现代化建设的新形势新任务

---

① 习近平. 在庆祝全国人民代表大会成立 60 周年大会上的讲话 . 2014 - 09 - 05.

出发，有必要摒弃"为完善而完善"和"为立法而立法"的陈旧理念，本着从实际出发的指导思想和创新立法理念的精神，从经济社会发展的实际问题和人民群众的重大关切出发，改变既有研究因因相袭的"拼盘子"的做法。不贪大、不求全，针对国家遇到的新问题、新挑战，以经济、政治、文化、社会和生态建设的重点领域和关键环节改革为中心，根据党中央的战略部署，把完善中国特色社会主义法律体系的研究重点放在对经济社会发展有重大影响的立法事项上，放在积极回应人民群众的重大关切上。

第四，关于"以宪法为核心"的认识问题。

宪法是国家的根本大法，党的十八届四中全会决定提出依宪治国、健全宪法实施和监督的重大要求。依宪治国，就是要坚持人民的主体地位，保障人民的基本权利，同时用宪法约束公权力，把公权力关进宪法制度的笼子。为此，加强宪法核心地位，促进宪法实施，就成为完善法律体系的核心任务和基本要求。要将宪法真正当作法律，主要运用规范解释的、概念的、逻辑的和体系化的思维建构实施宪法的规则体系，注重对于宪法在中国特色社会主义法律体系中核心地位的具体内涵的深入分析，确保宪法真正成为我们国家法秩序乃至整个社会秩序的基础和边界。

完善以宪法为核心的中国特色社会主义法律体系研究，是一个庞大的课题，这个结项成果在前人研究的基础上作了更进一步的系统探索，提出了体现时代精神和现实需要的新观点、新看法，必将为建设中国特色社会主义法治体系、我国法学研究的进一步发展和全面依法治国新征程作出贡献。

谨为序。

序

站在新的历史起点上做好
立法工作的几点思考

杨景宇*

党的十八届四中全会在我们党执政 65 年的历史上，第一次以全面推进依法治国为主题作出全面部署，意义重大、深远。习近平总书记在党的十九大报告中指出："必须把党的领导贯彻落实到依法治国全过程和各方面，坚定不移走中国特色社会主义法治道路，完善以宪法为核心的中国特色社会主义法律体系，建设中国特色社会主义法治体系，建设社会主义法治国家。""推进科学立法、民主立法、依法立法，以良法促进发展、保障善治。"立法活动是国家的重要政治活动，关系党和国家事业发展全局。当前的立法工作必须准确理解、认真贯彻四中全会决定、十九大报告精神和习近平新时代中国特色社会主义思想，站在新的历史起点上抓紧做好。

一、严肃认真地立良法

党的十五大确立依法治国基本方略以来，特别是随着立法权的扩大、下移（依据最近修订的《立法法》，省辖市的人大及其常委会全都有了"半立

---

* 杨景宇，1936 年生，河南荥阳人，曾任彭真同志秘书，国务院法制办主任、第十届全国人大法律委员会主任委员，著名立法专家。

法权"），我经常想一个问题：是不是有了立法权，制定出了法律法规，自然而然就会实现法治，就可以称得上法治国家？我看，不一定。

党的十八届四中全会决定对这个问题作了明确回答，提出："法律是治国之重器，良法是善治之前提。"这就是说，治国要有法律，善治要靠良法。可见，法有良恶之分。拿良法来治国，国家才能长治久安、兴旺发达；拿恶法来治国，只会误国，甚至害国。良法、恶法之间，我看还有一种无用之法，中看不中用，不解决问题。如今，中国特色社会主义法律体系已经形成，现行的法律有244部、地方性法规有上万部，用实践来检验，其中有没有恶法？我看，可以说没有。是不是每一部法律法规都称得上良法？我看，难以这样说。无用之法有没有？我看，肯定是有的。有人把有些法律法规条款叫作"残疾条款"（有瑕疵）或者"僵尸条款"（不管用），话虽尖刻，细想起来，恐怕不无道理。因此，党的十八届四中全会决定明确要求"抓住提高立法质量这个关键"，"完善以宪法为核心的中国特色社会主义法律体系"。

提高立法质量，就是要立良法，不立无用之法，更不能立恶法。何为良法？衡量的标准是什么？我以为可以概括为这样"四个符合"：符合中国基本国情，符合客观规律，符合人民的共同意志，符合可操作、能管事的要求。这四条说起来容易做到难。这是因为，改革开放以来，我国的社会关系、社会利益格局已经发生并且还在继续发生深刻变化，目前我们面临的就是一个过去不曾有过的各种社会矛盾多发、集中和交织叠加的矛盾凸显期。法律的基本功能是调整社会关系，说到底是调整社会利益关系。通俗地说，法就是在社会矛盾的焦点上砍一刀，什么是合法、什么是非法，什么允许做、什么不许做，一刀下去，令行禁止。这一刀砍准了，就是良法；砍歪了，就是恶法；砍空了，就是无用之法。而要砍准，谈何容易！

正因为法很重要，立良法又很难，我们才更应该知难而上，勇于担当。严肃立法是严肃执法的前提。立法如果不严肃，漫不经心，马马虎虎，所定规矩差之毫厘，执法就会谬以千里。因此，做立法工作，为国家建章立制，责任重如泰山，必须如履薄冰，如临深渊，兢兢业业，一丝不苟。严肃认真地立良法，立真正能用来治国安邦的法，最根本、最重要的就是要把坚持党的领导与尊重人民主体地位融为一体，把党的领导贯彻立法活动全过程，以党的方针政策、政治决策为法的灵魂，通过法定程序，充分发扬民主，反复进行协商，把党的主张与人民意志统一起来，成为国家意志。这样，才能坚持对党负责与对人民负责的一致性。

二、处理好立法与改革的相互关系

党的十八届三中全会指出："改革开放是党在新的时代条件下带领全国各族人民进行的新的伟大革命，是当代中国最鲜明的特色。"因此，做好新时期的立法工作，首要的问题就是要处理好立法与改革（开放也是改革）的相互关系。这个问题，也是说起来容易做到难。为什么说起来容易？因为，实践经验是立法的基础，立法是实践经验的总结，这是常识，谁都懂得。改革开放以来，立法与改革一直都是同步进行的，改革为立法提供实践经验，立法为改革保驾护航。为什么做到难？因为，法律法规的特点是"定"，是方针政策的制度化、定型化，一旦规定下来，全社会都必须遵守，任何组织和个人都不得以任何借口、包括借口"改革"违法；而改革的特点是"变"，是改变现行的体制和规则。用特点是"定"的法律法规去适应特点是"变"的改革要求，难度可想而知。总结多年立法实践经验，破解这个难题的成功做法是：（1）立法要体现党的改革决策精神，不能因循守旧。（2）立法要着重把实践证明正确的、成熟的改革成果肯定下来；实践经验尚不成熟，又迫切需要立法的，那就先把改革的原则确定下来，并为进一步改革留下必要的空间；尚无实践经验，意见又不一致的，暂不作规定，待条件成熟时再作补充。（3）如果实践证明现行的法律法规有些规定已经不能适应改革和经济社会发展需要，甚至成为改革的障碍，那就及时启动法定程序予以修改或者废止。

党的十八届四中全会决定站在新的历史起点上，要求"做到重大改革于法有据"。有人认为，十八届四中全会提出的这个新举措、新要求意味着，从今以后，要改革先立法。我看，这样的理解不一定全面、准确。我想的问题是，重大改革要于法有据，那么，法又是以什么为据？问题又回到了原点：法只能是实践经验的总结，实践经验是法的基础。经过实践检验，经验成熟的、能行得通的，至少是有科学的而不是主观臆造的典型经验，才能定成法，成熟一部制定一部，成熟几条规定几条。党的十八届四中全会决定为实现全面推进依法治国总目标所确定的五条原则，其中一条就是"坚持从中国实际出发"。由此可见，以往多年积累的成功立法经验并没有过时。

那么，要求"做到重大改革于法有据"，现实意义何在？回答这个问题，先要明确，这个新举措、新要求是在中国特色社会主义法律体系已经形成，国家和社会生活的各个方面总体上实现了有法可依的前提下提出的。有了这个前提，处理立法与改革的相互关系，就会遇到下面两种新的情况：

一种情况是：改革涉及的问题，现行的法律法规已经作了规定，但不能适应进一步改革的要求。在这种情况下，怎样做到"于法有据"？党的十八届四中全会决定正是按照"坚持从中国实际出发"这一条原则，明确提出了解决问题的办法，就是："完善立法体制机制，坚持立改废释并举，增强法律法规的及时性、系统性、针对性、有效性"，做到"立法主动适应改革和经济社会发展需要。实践证明行之有效的，要及时上升为法律。实践条件还不成熟、需要先行先试的，要按照法定程序作出授权。对不适应改革要求的法律法规，要及时修改和废止"。这两年，全国人大常委会已经在这样做了。

另一种情况：我国的法律体系如今还只是"总体上"覆盖了国家和社会生活的各个方面，这就表明，有些方面至今还是无法可依。这种情况往往说明，这些方面涉及的问题，要么是从改革发展趋势看，会有立法需求，但实践经验还不够；要么是问题本身很敏感，如何处理尚无经验，甚至先行先试的时机也可能尚未到来，总而言之，立法条件尚不具备，却又不能放任不管。怎么办？我们早有这样一条立法经验：凡是重大问题、重要改革，要制定法律法规，一般需要先用政策来指导，经过群众性的探索试验，即实践检验的阶段。在此基础上，经过对各种典型、各种经验的比较研究，全面权衡利弊，才能立法。我看，在全面深化改革的新形势下，这一条立法的一般性经验仍然值得重视。

三、践行科学立法、民主立法

科学立法、民主立法既是完善中国特色社会主义法律体系的内在要求，又是提高立法质量的根本途径。二者的内涵有区别，相互之间又有联系。

科学立法是党的思想路线（实事求是）在立法中的体现，处理的是立法过程中主观与客观的关系，核心在于尊重和体现客观规律。法是人制定的，法律法规是主观意志的产物，集体意志、共同意志也是主观意志。这个主观意志是正确的还是错误的，由此产生的法律法规是良法、无用的法还是恶法，不在于自我感觉如何，归根到底，要经过实践检验，看它是不是全面、本质地体现了其所调整的社会关系的客观实际和内在规律的要求。规律是由事物的本质决定的，而本质又是隐藏在现象下面，看不见摸不着。那么，怎样才能抓住事物的本质，认识事物运动的客观规律？路径就是：不断总结实践经验。实践证明做对了，想一想为什么对；做错了，想一想为什么错。毛泽东同志曾说过：我们共产党就是靠总结经验吃饭的。因此，践行科学立法，必须坚持实事求是，不唯上、不唯书、只唯实，一切从实际出发，深入调查研究，总结实践经验，透过光怪陆离、错综复杂的现象，包括真相，也包括假象（假象也是本质的反映），花一番"去粗取精、去伪存真、由此及彼、由表及里"的功夫，才有可能做到科学立法。在这个问题上，我根据自己的体会，总结出这样两句话：立一个法，重在抓住本质；立几个法，又要探求立法共同规律。

民主立法是党的工作路线（群众路线）在立法中的体现，处理的是立法过程中少数与多数的关系，核心在于为了人民、依靠人民。前面讲了，法律是调整社会关系的，说到底是调整社会利益关系的。我们面临的现实是，社会主体多元化，社会利益多元化，人民内部矛盾、社会利益关系错综复杂。不同个人也好，不同阶层、群体也罢，他们所直接关心的通常是特殊利益、局部利益、眼前利益。那么，怎样找到特殊利益与共同利益、局部利益和全局利益、眼前利益与长远利益的结合点，正确处理这样三组利益关系，并且达成共识？路径就是：坚持群众路线，充分发挥民主。从民主立法实践看，民主的过程实际上就是反映不同利益的不同主张之间博弈、协商、磨合的过程。共识就是在这个过程中达成的。

科学立法与民主立法尽管内涵不同，但我们有党的领导（党的方针政策、政治决策本身就是坚持实事求是、群众路线的产物），有社会主义制度（在社会主义制度下，人民没有根本的利害冲突），二者又是完全可以在坚持和发展中国特色社会主义的实践中统一起来的。判断法律法规的是非标准是一个科学问题，而民主立法正是通向科学立法的一条重要渠道。一般来说，在党的方针政策、政治决策指引下，经过充分发扬民主，反复进行协商，多数人的认识可能比较接近对真理的认识。当然，有时真理开始也可能掌握在少数人的手里，这没有关系，民主的原则本来就是多数决定、尊重少数。经过实践检验，证明少数人当初的意见对，多数人向真理"投降"就是了。由此看来，把科学立法、民主立法统一起来，实际上就是在立法过程中把党的思想路线（实事求是）和工作路线（群众路线）统一起来。因此，做好新形势下的立法工作，提高立法质量，还是要靠继承和发扬我们党的优良传统，在党中央的领导下，从群众中来、到群众中去，集中起来、坚持下去，经过实践—认识—再实践—再认识这样一个循环往复的过程，使我们的主观认识符合客观实际，使我们制定的法律法规符合客观规律，体现人民共同意志，维护人民根本利益，促进经济社会发展，保证国家长治久安，经得起历史和实践的检验。

　　冯玉军教授主持完成的国家社科基金重大项目《完善以宪法为核心的中国特色社会主义法律体系研究》的最终成果，历经三年多时间，洋洋洒洒120多万字，理论联系实际，以问题为导向，相关研究具有前瞻性和创新性，如今出版成书，可喜可贺。谨以拙作代序，以就教于学林方家。

总目录

第五编　完善生态文明法律体系

第六编　完善程序法律体系

第七编　完善法律体系的实践创新

上册目录

第一编　完善法律体系的基础理论研究

第三编　完善市场经济法律体系

导　论

完善以宪法为核心法律体系的研究价值、内容框架和理论创新

完善以宪法为核心的中国特色社会主义法律体系，是党的十八大以来全面推进依法治国、加快建设法治中国，推进国家治理体系和治理能力现代化的重要内容和关键举措。国家社科基金将这一主题确定为国家级重大攻关研究项目，是从中国国情和当代实践出发，在中国特色社会主义理论体系指导下，贯彻落实党的十八大和十八届三中、四中、五中、六中全会精神，探索和证成习近平新时代中国特色社会主义思想的重要环节。习近平总书记在党的十九大报告中指出："推进科学立法、民主立法、依法立法，以良法促进发展、保障善治。"在全面依法治国背景下从理论和实践两方面开展相关研究，为规范和保障社会主义市场经济、民主政治、先进文化、和谐社会、生态文明，为全面建成小康社会、把我国建成富强民主文明和谐美丽的社会主义现代化强国提供完备有效的法律制度，为实现中华民族伟大复兴提供科学系统的法治保障，因而具有高度的理论价值和实践意义。

本研究成果落实党中央四个全面战略布局，紧紧围绕十八届四中全会提出的"坚定不移走中国特色社会主义法治道路"，"建设中国特色社会主义法治体系"，"完善以宪法为核心的中国特色社会主义法律体系，加强宪法实施"以及"加强重点领域立法"等战略目标和任务要求，系统梳理了改革开放近 40 年中国法治建设尤其是中国特色社会主义法律体系建设成就，全面总结了从中华法系到中国特色社会主义法律体系的历史经验，借鉴国际社会

法治建设的思维逻辑和制度实践，分别从完善法律体系的基础理论、法律体系中的宪法核心地位、完善民主政治法律体系、完善市场经济法律体系、完善社会文化法律体系、完善生态文明法律体系、完善程序法律体系、完善法律体系的实践创新等领域展开研究。坚持问题导向和理论创新精神，凝聚众智、大力创新，结合对完善法律体系主题的历史、实践、规范、组织、关系、运行、评估考察，提出了法律体系理论创新的一系列建设性观点，形成优化和完善相关部门法的诸多立法建议，最终汇成洋洋洒洒 120 余万言的学术成果。

第一节　课题释义和学术价值

一、法律体系的内涵和外延

（一）体系思维与法律的体系化研究

"体系"思想作为人类认识世界的基本方法，无疑是源远流长的。从古希腊语源 σύστημα 来看，其词根包括 συν（共同）与 ίστημι（放置）两个部分，因而体系最初就带有"组合""复合""聚集"的含义。① 柏拉图最早将其借到哲学中，用以探讨一与多、整体与部分、无限与有限的辩证法。亚里士多德则用体系来描述动物有机体，并把城邦理解为公共组织的体系。在希腊化时代的斯多葛学派那里，宇宙即是神与人连同他们的造物所形成的体系，其中所谓人的体系，也就是城邦，它具有独立的领域并遵循独有的法则。他们进而将体系思想扩展到逻辑学中，认为推理就是由前提与结论构成的体系，技艺则是关于知识的体系，即为了达到对生活事务有益的目的，而对各种知识加以综合运用。自此以后，体系思想一再出现在后世的哲学、神学、自然科学以及受此影响的法学论著之中，但是不同时期所讨论的重心各有不同。②

在漫长的法律思想和法学理论嬗变演进过程中，学者在不同历史时期和

---

① Vgl. Artikel: System, in: Joachim Ritter und Karlfried Gründer（Hrsg.）, *Historisches Wörterbuch der Philosophie*, Band 10: St-T, Schwabe & Co. AG: Basel, 1998, S. 824 f.

② 冯玉军. 完善中国特色社会主义法律体系的理论与实践问题研究：上册. 北京：北京师范大学出版社，2016（5）：第1章第1节.

不同层面对法律及其"体系"问题进行了探讨。早在古希腊时期，当柏拉图写道，"人们应当在制定法之前设置一个序言，用来阐明该制定法的意义"①，说明他已经开始注意到法律的结构问题，虽然这种理解本身还存在极大的认识局限。应该说，法律体系的发展与成熟要归功于罗马。到罗马共和国晚期，伴随着罗马法自身实践的积累，以及希腊化时代的斯多葛哲学的影响，体系化的法学教科书开始出现，其中尤以盖尤斯的《法学阶梯》流传最广。该书将法律区分为万民法与罗马的市民法，后者又被描述为由法律、平民会决议、元老院决议、君主谕令、有权发布告示者发布的告示、法学家的解答所共同构成的整体，继而又根据法律的不同内容，区分出人法、物法和诉讼法三大部分，从而将既有的罗马法塑造成了一套完善而有序的法律体系。② 罗马法学家们历经数代的体系化努力，最终很大程度地体现在了优士丁尼《民法大全》之中。上述优士丁尼《民法大全》在中世纪晚期被重新发现，围绕对这一文献的研究，在意大利的博洛尼亚大学形成了早期的"注释法学派"，他们通过借鉴经院哲学的方法来注释罗马法。到了 13 世纪，又出现了遵循严格的三段论方法分析罗马法文献的评注法学派，后来的人文主义法学派也为罗马法典籍的体系化作出了持续的理论努力。

　　启蒙运动以来，随着理性主义哲学的兴起，自然法的近代版本——理性法学说粉墨登场。包括霍布斯、洛克、普芬道夫、孟德斯鸠、亚当·斯密、卢梭等一批社会思想大家彼此争鸣、相互激荡，按照体系化的理性精神催生出以《拿破仑民法典》为代表的一系列资本主义法律制度，最终伴随着殖民扩张以及欧洲其他国家的现代化发展，形成了以大陆法系和英美法系为主要景观的全球法律体系。

　　需要说明的是，历史法学的代表人物、德国法学家萨维尼虽然在其《论立法与法学的当代使命》一文中认为法律有其民族性与历史性，故此反对效仿《拿破仑民法典》而仓促启动立法工程③；但他在《当代罗马法体系》中明确将自己的方法命名为"体系化方法"（systematische Methode），因为在

---

① 柏拉图. 法律篇. 张智仁，何勤华，译. 上海：上海人民出版社，2001：132 - 133.
② 盖尤斯. 盖尤斯法学阶梯. 黄风，译. 北京：中国政法大学出版社，2008：1 - 5.
③ 弗里德里希·卡尔·冯·萨维尼. 论立法与法学的当代使命. 许章润，译. 北京：中国法制出版社，2001：7，35 - 40.

他看来，通过对法律关系的内在关联或者亲和性进行认识和描述，能够将具体的法律概念与法律规则连接成一个大的统一体。① 对于这两种看似相互矛盾的立场，萨维尼澄清道：法律的本质即法律关系具有一种有机的本性，它不仅体现在其各个组成部分的体系性关联中，也体现在它的持续发展以及产生和消灭方式之中，进而作为各个法律关系的原型，所有的法律制度连接成为一个有机的体系。实际上，萨维尼的整部《当代罗马法体系》由物法、债法、家庭法、继承法所构成，它们正是按照法律关系的类型进行规划布局的，由此出现了所谓"建构"的法律体系理论。再后来，普赫塔对萨维尼的观点进行了扬弃，认为应当以人格的自由意志作为最高原则，建构出一套包括对本人的权利、对物权、对行为的权利、对人权、对动产的权利在内的法律权利体系，从而形成一套严格的法律"概念谱系"。

早期的耶林也认为法律概念可以"自我繁衍，创造新概念"，并醉心于"建构法学"，但在后期，他将民法潘德克顿体系以及建构法学一概批判为"概念法学"，转而关注法律的目的，由此开创了所谓"价值论—目的论体系"。赫克继承了耶林的创新思想，将概念法学的体系称为"外部"体系，认为其意义仅限于对法律秩序进行"可视化"描述，而利益法学却追求关注法律实质关联的"内部"体系，并对个案的价值冲突寻求妥当的裁判。尽管如此，对公理化的、抽象概念式法律体系的追求并未止于赫克的讨论，而是伴随着法律逻辑学、法律论证理论等学科的发展一再跃入法律人的视野，例如：规范法学派的凯尔森试图从基础规范为起点，试图构建一个金字塔形的法律规范体系②；英国法学家哈特以初级规则（primary rules）的三大缺陷为切入点，引入承认规则、变更规则和裁判规则作为次级规则（secondary rules）修正初级规则③，进而形成一套相对逻辑自洽的法律规范体系。

伴随着当代法律理论上对于法律体系概念的探讨，以及当代规范逻辑（道义逻辑）的发展，新近还出现了由规则与原则相结合的体系模式。由于

---

① Vgl. Friedrich Carl von Savigny, *System des heutigen römischen Rechts*, Band 1, Scientia-Verlag: Berlin, 1840, S. xxxvi. 萨维尼. 当代罗马法体系: 第 1 卷. 朱虎, 译. 北京: 中国法制出版社, 2010: 前言 14 - 15.

② 凯尔森. 法与国家的一般理论. 沈宗灵, 译. 北京: 商务印书馆, 2013.

③ 哈特. 法律的概念. 许家馨, 李冠艺, 译. 北京: 法律出版社, 2011.

法律规则能够涵摄一定的生活事态，具有可演绎性的特征；而法律原则需要在具体个案中被权衡适用，具有价值评价的取向，因而这种基于规范论—道义论的、规则与原则相结合的法律体系模式，在一定程度上是对前述公理化—演绎性体系与价值论—目的论体系的重构。

（二）法律体系的概念界定

按照系统论的原理，任何事物皆作为系统而存在，任何事物皆具有可分性，复杂系统由简单的系统所构成，从而内含有一种部分和整体的关系。法律体系作为一个大的系统，也是由相互依存的子系统所构成的。诚如前述，尽管对法律体系及其可能模式存在持久的争论，但基于法律创制与实施的现实需要，我们仍然有必要对法律体系的概念予以界定。

所谓法律体系，即是由各种法律要素彼此之间形成的关系和结构所形成的集合。这些法律要素，依据彼此之间关系和结构的调整范围、层次地位，也可能分别形成若干子体系（子集），然后进一步形成统一的法律体系。法律体系应该是内在协调和统一的，各个部门的法律规范之间不应相互矛盾。恩格斯指出："'法的发展'的进程大部分只在于首先设法消除那些由于将经济关系直接翻译成法律原则而产生的矛盾，建立和谐的法的体系，然后是经济进一步发展的影响和强制力又一再突破这个体系，并使它陷入新的矛盾（这里我暂时只谈民法）。"[①] 社会关系的经常变动，又会使法的体系内部的个别部门、制度与规范发生这样或那样的变化，从而破坏法的体系原有的协调和统一。毫无疑问，一个兼具内在统一性与变动性、确定性与开放性、安定性与正确性的法律体系，通常来说也就是一个完善的法律体系。

在中国法理学中，"法律体系"是一个基本范畴，不同时期的法理学教材对此都设有专章或专节进行阐述。但凡论及法律体系，我国学者大多引用《中国大百科全书（法学）》中的定义，即：法律体系是指"由一个国家的全部现行法律规范分类组合为不同的法律部门而形成的有机联系的统一整体"[②]。一般认为，这种对于法律体系的理解，源于苏联关于法律体系的传

---

① 恩格斯. 致康拉德·施密特（10月27日）//马克思恩格斯选集：第4卷. 2版. 北京：人民出版社，1995：702.

② 胡乔木. 中国大百科全书·法学. 北京：中国大百科全书出版社，1984：84.

统理论，其对法律体系的理解较为单一化①，法律体系只是较为狭义地指代法律规范体系或者部门法体系，从而有别于包括立法体系、执法体系、司法体系、守法体系、法治监督体系等法治体系。但在此基础上有学者更为广义地提出法律体系是"纵向与横向、静态与动态、内容与形式、规范与制度、法律部门与效力等级等方面的统一"②。这种观点等于说把法律体系、法律渊源体系、法律规范体系和法律治理体系融为一体，似乎还有深入论证的必要。

　　还有一种比较经典的马克思主义法学观点认为："法律体系是法的内在结构，指一国现行法既分为不同部门而又组成内在统一、有机联系的系统。"③ 一个国家的法律规范所调整的社会关系是多种多样的，这些规范的外部表现形式（形式渊源）可能十分凌乱，但这些规范之间仍存在内在的协调和统一性。一国全部现行法律规范之间的这种协调和统一性，从根本上说决定于其经济基础、社会制度和反映在法中的国家意志的统一。法的这种协调和统一性，保证着法律调整的共同目的和政治倾向。一国现行法律规范的协调和统一性表现在：（1）调整社会关系的法律思想、法律原则和法律概念是统一的；（2）普遍性很大的法律规范（如宪法和基本法规范）在普遍性较小的法律规范（如地方性法规、规章）中得到具体化，法律规范之间存在着纵向等级的从属关系；（3）法律规范之间还存在横向的协调、协作关系；（4）法律规范之间互相联系和相互制约，遵守、适用或者违反一些法律规范或规范的一部分，会引起另一些法律规范或规范的另一部分发生作用。同时，由于法所调整的社会关系是多种多样的，因而内在统一的法也必然分成不同的相对独立的部分，这些部分在法律调整中发挥着相对独立的作用。一国法律规范在统一的基础上又存在着差别，这种差别表现为法的体系分为不同法的部门、子部门和制度。许多规范构成制度，许多制度构成部门，全部部门构成一国现行法的整个系统，即法律体系。法律体系的概念反映了一国现行法律规范的内在统一和差别，说明了法的统一性和系统性。这种统一和

---

①　钱大军，薛爱昌．繁华与无序：法律体系构建的中国模式之检讨．法律科学（西北政法大学学报），2016（1）：18.

②　李拥军．当代中国法律体系的反思与重构．法制与社会发展，2009（4）：128－138.

③　朱景文．法理学．北京：中国人民大学出版社，2007：第19章.

差别、整体性和系统性，反映了被法所调整的那些社会关系的统一和差别，反映了社会关系的系统性。法的不同部分之间应是内在协调的，一国法律规范之间如果互相矛盾、互相冲突，就不能互相配合而完成整体的目的，必然大大削弱法的作用的发挥。法律体系和法一样是一种客观存在的社会生活现象，它的部门与制度是历史地形成的内部结构，而不是由立法者或法学家任意建立的，其基础是一个国家和社会所特有的生产关系体系。当社会经济制度具有不同的历史特征时，就会产生不同的法律体系。因此，法律体系最终决定于社会经济制度。

中国的现代法治建设总体上看是在曲折中渐进发展的，其在改革开放之后整体得以推进，迄今也不过近四十年。随着新时期法治实践和法学理论的发展，人们对法律体系概念也提出过其他许多不同的理解和表述，诸如"比较完备的法律和法制"，"法律的合乎逻辑的独立整体"，"一个国家法律渊源的分类的体系"，"从立法到实施的法制体系、法治体系或法制系统工程"，等等。但是，这种看法顺着法律规范—法律部门—法律体系的概念序列，把法律体系作为各个部门法的整合系统，基本上构成学术主流。国家立法机关也基本采取了上述看法。

（三）法律体系与法律渊源体系

从法律思想演进与规范分析的角度审视，法律体系的概念通常和法律渊源体系（立法体系）、法律规范体系、法律部门体系以及法律关系与权利体系交织在一起。以下侧重对法律体系和法律渊源体系加以比较分析。

当萨维尼使用"法律渊源"这一概念时，他指的是"一般法的产生根据"[①]，其中不仅包括法律制度的产生根据，也包括根据法律制度通过抽象而形成的具体法律规则的产生根据。阿尔夫·罗斯在《法律渊源理论》一书中总结了对"法律渊源"的三种界定方式：其一，从法社会学（因果科学）的角度，追问一个既定的法律体系形成的原因；其二，从伦理学的角度，探寻法律秩序具有道德约束力的根据；其三，从法律理论角度，考察关于"什么是法律"的认识根据。[②]罗斯本人选择了最后一种立场，并承接了凯尔森

---

① Vgl. Friedrich Carl von Savigny, *System des heutigen römischen Rechts*, Band 1, Scientia-Verlag；Berlin，1840，S. 11 f.

② Vgl. Alf Ross, *Theorie der Rechtquellen*, Franz Deuticke：Leipzig und Wien，1929，S. 291-292 ff.

关于法律规范的层级构造理论，将法律渊源区分为宪法、制定法与行政法规三个主要层级；最后，探讨了司法判决、规章、合同、习惯法、事物的本质、法律科学（教义学）、法感、类比、制定法的精神、解释等是否具有法律渊源的地位。由此可见，法律体系是指历史地形成的法的内部结构；法律渊源体系（或称立法体系、规范性文件体系）则是指法的外在表现形式的系统。二者是内容与形式的关系，立法体系产生和塑造了法律体系，法律体系是立法体系的内容和基础。法律体系和立法体系的区别主要表现在：

第一，法律体系的基本因素是法律规范和法的部门，立法体系的基本因素是法律条文及规范性文件。法律体系是立法者心中的理想样式和工作结果，立法体系则是现实社会制度、体制机制以及政策文件的组合。研究法律体系并不是目的本身，而是科学安排法律规范的实体内容、范围分类，完善立法、提高立法效果的手段。法律渊源体系则针对的是法律规范的识别和适用问题，以及不同法律渊源之间存在冲突即如何消弭这种冲突的办法，主要是一种前置性"判断"。就此而言，传统法学形成的"上位法优于下位法""特别法优于一般法""新法优于旧法"等冲突解决规则，以及困扰法学界上千年之久的判例算不算法，"社会规范"的效力如何，等等问题，基本属于法律渊源体系探讨的问题，不在法律体系研究之列。

第二，法律体系和立法体系的主客观方面不同。在法律体系中，不以立法者的意志为转移的客观因素起主要作用。这种客观性，从起源方面看，表现为法律体系的发展是法合乎规律的历史发展的结果；从内容方面看，表现为法律体系以社会经济基础以及社会关系发展的需要为根据；从发展规律方面看，表现为立法者不能任意改变已形成的法律体系。而在立法体系中，主观因素起更大的作用。立法者在建立立法体系时不仅要遵循法的逻辑，而且要考虑其他因素，如立法者的世界观、政治目的、立场，纯粹分类上和立法传统上的需要，以及管理社会生活某方面时使用的方便等。为了达到上述目的，有时立法者不仅制定新规范，而且把现有的规范重新编排，根据需要重新组合。此时立法者具有较大裁量自由，可以决定将某个法律条文规定在法典里，还是规定在单行法规里，是归入法律还是归入从属于法律的文件中，等等。

　　第三，法律体系比立法体系更稳定。法律体系接近于有机的、自然组合起来的系统，是根据社会关系的结构历史地形成的。而立法体系则是把规范性文件结合成一个整体而制定法典时，由人们创制的。虽然立法者的主观因素也影响法律的体系，但这种影响一般不是直接的，更不是一瞬间的。新增加的法律、法规，包括法律渊源的增减，均不会立即改变法律体系。法律体系的发展是由量变的积累转为质变的。

　　第四，法律体系与立法体系具有不同的结构。法律体系的纵向结构是规范、制度、子部门、部门、部门群；而立法体系的纵向结构则是同发布规范性文件的国家机关的等级结构一致的，如地方性法规、行政法规、法律、宪法等。法律体系的横向结构是分为不同的部门；立法体系的横向结构则是属于不同法律部门的规范性文件。当然，实际上并不是每一部门法都只体现为一个法律文件，有的法律文件中包括许多部门的规范，有的则是许多法律文件的规范才构成一个部门。①

　　正是由于法律体系与立法体系有上述区别，故在立法过程中，尽管它们二者越来越接近，联系也越来越紧密，但是，要将法律体系与立法体系完全一致起来是不可能的。立法（制定法）不可能包括所有的法律规范，也不可能涵盖整个法律体系。因为除制定法之外，还有习惯法和法律解释。同时，立法体系中还会有一些过时或失效的规定，而这种规定不能被列入法律体系。事实证明，很难有一个法律文件能包括一个法律部门的全部规范。在我国，甚至像刑法这样发达的部门，除了一部刑法典之外，还有散见于各种民事、行政法律、法规中关于追究刑事责任的其他规范。国家机关在颁布规范性文件时，不单纯是根据法律体系进行，而更多的是要考虑管理国家生活的方便。为了这个目的，在一个规范性文件中常常包括不同部门的规范，因此，立法体系与法律体系的不同也就引起了规范性文件系统化的必要。

（四）法律体系的构成之一——法律规范

　　按照当代法律理论与规范逻辑的理解，法律体系首先是一种法律规范的体系。此种语境下的法律体系，即是由法律规范（包括规则与原则）以及法律规范之间的若干关系按照一定结构所形成的集合。

---

　　①　朱景文．法理学．北京：中国人民大学出版社，2007：第19章．

　　法律规范通常构成了人们的行动理由，人们据此确定自己是否具有采取某种行动的权利或者义务，我们称之为"行动规范"。但是仅仅只有行动规范还不足以构成整个法律体系。在一个有效的法律体系中，任何一项行动规范都应当得到相应主体的遵守，可是在现实生活中仍然屡屡发生违反行动规范的事实。根据法律的规范性，该违法行为应当得到相应的制裁。换言之，应当存在某些法律规范，授权一定的主体——也就是司法机关——实施上述制裁，我们称之为"授权规范"。按照这一逻辑，授予司法机关制裁权的规范，又应当以授权立法机关制定（以及修改、变更）该规范的另一项规范为前提；依此推理，不同层级的立法机关也应当获得逐级的授权，直到获得宪法上对最高立法机关的授权规范。反过来看，一个有效的法律体系至少呈现为由宪法、法律直至具体的行政行为与司法裁判所构成的层级构造。

　　此外，不同国家的法律体系，由于在法律规范的具体授权关系上会存在差异，从而形成不同细节的层级构造。这种基于逐级授权形成的层级构造，生动地刻画出了法律体系的动态性与程序性特征。法律体系既包含针对公民的行动规范，也包含针对立法机关的创制、变更规范，以及针对司法机关依规范作出裁判的授权规范，从而使得法律体系内的各项规范之间形成了动态的关联，真正成为动态的法律体系。法律的层级构造，也为法律体系的统一性提供了可能。实际上，不少法律理论家还会继续追问接近法律层级构造顶端的宪法本身——或者整个法律体系——的授权规范。

　　在中国，按照现行立法体制，法律体系中法律规范的范围"应当包括宪法、法律、行政法规、地方性法规、自治条例和单行条例、规章几种形式"。上述各种法律规范的形式在法律体系中的地位、作用和效力有所不同。中国实行的是统一而又多层级的立法体制，"所谓统一，就是所有法律规范都不得同宪法相抵触，国家立法权统一由全国人大及其常委会行使，法律由全国人大及其常委会制定。同时，下位法不能与上位法抵触，同位法相互之间应当协调。所谓多层次，就是除了全国人大及其常委会可以制定法律外，国务院可以根据宪法和法律，制定行政法规，报全国人大常委会备案；省、自治区、直辖市人大及其常委会在不同宪法、法律、行政法规相抵触的前提下，可以制定地方性法规，报全国人大常委会备案；较大市的人大及其常委会也可以制定地方性法规，但需报省、自治区、直辖市人大常委会批准，批准后报全国人大常委会备案；民族自治地方的人民代表大会根据当地民族政治、经济、文化的特点，可以制定自治条例和单行条例，报上一级人大常委会批准；此外，国务院各部委和省、自治区、直辖市以及较大市的人民政府，可以根据法律和法规制定规章。部委规章报国务院备案，地方政府规章不仅报国务院备案，还要报本级人大常委会备案，较大市的规章同时报省级人大常委会和省级政府备案"。

从上面的解释看，立法机关关于法律规范范围的用语具有多重含义，除了与法律的形式渊源的概念形成对应外，还与法律效力的位阶或等级体系相呼应。由于法律规范范围的表述内含了这样两个方面的内容，自然也就包罗了对立法权组织载体的厘定。根据 2015 年修订后的立法法，有权立法的主体限于国家机关的范围，具体包括：全国人民代表大会，全国人民代表大会常务委员会，国务院，中央军事委员会，省、自治区、直辖市和设区的市、自治州的人民代表大会及其常务委员会，国务院各部委，省、自治区、直辖市和设区的市、自治州的人民政府。

（五）法律体系的构成之二——法律部门

法律体系是一个整体性、系统性的概念，其中必然存在某种整体和部分之间的关系，从而涉及法律分类的问题。按照不同的标准，法律可以历史或逻辑地划分为不同的种类。

在人类文明初期，用于调整简单社会关系的法律规范也较为简单，法律与其他社会规范的界限并不明晰。而随着社会分工的加速，开始出现了法律门类的划分，例如罗马法中的公法与私法和英国法中的普通法与衡平法，此种情形下的法律划分非此即彼。19 世纪风靡大陆法国家的法典编纂运动之后，现代法律体系的雏形初步展现，宪法、行政法、刑法、民法、商法、民事与民事诉讼法等法律部门逐渐形成。19 世纪后半期出现的概念法学以及在此基础上形成的经典法学学科体系由此诞生。20 世纪以降，社会关系的进一步发展使得法律部门及其之间的关系日益复杂，法律部门越分越细，各基本法律部门中都出现了进一步划分的趋势。面对新的社会关系，原有部门中首先出现一些不那么"纯粹"的规范，它们处在原有部门的边缘，于是就在这个部门中出现了不那么协调的现象，这类条文变得越来越多，原有法律部门再也不能容纳它们，最后逐渐形成一个或若干个调整同类关系的法律文件，经过法学家的理论化，新的部门产生了。①

法律部门是依照调整的社会关系和调整方法对法律规范进行分类的结果。在理论上，这种分类的结果并不相同，如"两分法"——公法和私法，"三分法"——公法、私法和社会法，"四分法"——公法、私法、社会法和经济法。基于公法和私法划分，也形成了法学家认识中关于法律体系的不同架构，如"五法体系"——民法、商法、民事诉讼法、刑事诉讼法和刑法，著名的"六法体系"—— 宪法、民法、刑法、行政法、民事诉讼法和刑事诉讼法。此外，国内学者在不同时期还提出过"八法体系"——民法、商法、行政法、经济法、劳动和社会保障法、自然资源与环境保护法、政治法、文化法；"九法体系"——宪法、行政法、民法、经济法、劳动法与社会保障、环境法、刑法、诉讼法、军事法；"十法体系"——宪法、行政法、民法、商法、经济法、刑法、诉讼法、劳动法与社会保障法、环境法、军事法（另一版本是宪法、行政法、民法、经济法、劳动法、教科文卫法、资源环境保护法、刑法、诉讼法、军事法）；"十一法体系"——宪法、行政法、刑法、民法、商法、经济法、环境法、劳动法、婚姻法、诉讼法、军事法。

面对种类繁多的法律部门分类，第九届全国人大常委会提出了自己颇具结论性的"七分法"，即在宪法统率下，按照法律规范调整的社会关系和调整方法的不同，将我国法律规范划分为七个法律部门，分别是宪法相关法、民法商法、行政法、经济法、社会法、刑法、诉讼与非诉讼程序法。立法机关认为："划分为这七个法律部门，能够清楚地反映各类法律规范所调整的对象和方法，既能够把各个法律部门区分开，又能够使各个法律部门之间的关系合乎逻辑，并且符合我国现有法律和将要制定法律的状况。"②需要指出的是，基于对作为法律体系构件的法律规范和法律部门概念的上述认识，立法机关在体系构成的意义上把中国的法律体系理解成"是以宪法为统帅，法律为主干，包括行政法规、地方性法规、自治条例和单行条例以及规章在内的由七个法律部门组成的统一整体"。由此这种观点成为主流学说被广为传播。

---

① 朱景文. 中国特色社会主义法律体系：结构、特色和趋势. 中国社会科学，2011（3）：21.

② 刘巧玲，孔祥海. 具有中国特色的法律体系浅析. 黑龙江省政法管理干部学院学报，2011（6）：22.

二、时代意义和学术价值

（一）时代意义

法律是治国之重器，良法是善治之前提。建设中国特色社会主义法治体系，必须坚持立法先行，发挥立法的引领和推动作用。完备而良善的法律规范体系不仅是法治体系的第一要义，也是法治国家建成的标志以及政权稳定和社会发展的保障。立足于中国改革开放近 40 年的法律实践，把修改完善法律和制定配套法规摆在更加突出的位置，探索如何深入推进科学立法、民主立法、依法立法，着力提高立法质量，以不断完善中国特色社会主义法律体系，切实保障宪法和法律的有效实施，探索社会主义法律体系建构的"中国特色"和"中国模式"，其实践和理论意义重大。

党的十八大报告把"全面推进依法治国"，"坚持法律面前人人平等，保证有法必依、执法必严、违法必究"当作法制建设的工作指针；强调"完善中国特色社会主义法律体系，加强重点领域立法，拓展人民有序参与立法途径；推进依法行政，切实做到严格规范公正文明执法；进一步深化司法体制改革，坚持和完善中国特色社会主义司法制度，确保审判机关、检察机关依法独立公正行使审判权、检察权"；要求"依法治国基本方略全面落实，法治政府基本建成，司法公信力不断提高，人权得到切实尊重和保障"；进而描绘了在 2020 年基本建成法治政府、2050 年左右基本建成法治国家的法治路线图、法治中国梦，为相当一段时期不断完善和发展中国特色社会主义法律体系，提供了目标和方向。

党的十八届四中全会通过《中共中央关于全面推进依法治国若干重大问题的决定》，确立了"建设中国特色社会主义法治体系，建设社会主义法治国家"的战略目标，具体要求形成完备的法律规范体系、高效的法治实施体系、严密的法治监督体系、有力的法治保障体系，形成完善的党内法规体系，坚持依法治国、依法执政、依法行政共同推进，坚持法治国家、法治政府、法治社会一体建设，实现科学立法、严格执法、公正司法、全民守法，促进国家治理体系和治理能力现代化。

党的十九大报告进一步指出："全面依法治国是国家治理的一场深刻革命，必须坚持厉行法治，推进科学立法、严格执法、公正司法、全民守法。

成立中央全面依法治国领导小组，加强对法治中国建设的统一领导。加强宪法实施和监督，推进合宪性审查工作，维护宪法权威。推进科学立法、民主立法、依法立法，以良法促进发展、保障善治。建设法治政府，推进依法行政，严格规范公正文明执法。深化司法体制综合配套改革，全面落实司法责任制，努力让人民群众在每一个司法案件中感受到公平正义。加大全民普法力度，建设社会主义法治文化，树立宪法法律至上、法律面前人人平等的法治理念。各级党组织和全体党员要带头尊法学法守法用法，任何组织和个人都不得有超越宪法法律的特权，绝不允许以言代法、以权压法、逐利违法、徇私枉法。"这一系列创新思路和观点，既是对以往法治文明经验的高度总结与凝练，又是以问题为导向，扎实推进依法治国的现实行动指南，是当代中国社会主义法治建设史上的第三次重大突破，开启了中国法治建设的新时代。它必将对未来十年乃至更长一段时间内形成系统完备、科学规范、运转协调的社会主义法治运行体系，实现国家和社会治理的现代化、法治化，建成因应中华民族伟大复兴和全球善治潮流的法治中国起到战略引领作用。

立法是国家的重要政治活动，立法工作关系党和国家事业的发展全局，在全面建设小康社会、全面深化改革、全面依法治国、全面从严治党的战略布局中，将发挥越来越重要的作用。回顾改革开放近 40 年来的立法工作，到 2010 年年底，已经形成了立足中国国情和实际、适应改革开放和社会主义现代化建设需要、集中体现中国共产党和中国人民意志，以宪法为统帅的中国特色社会主义法律体系。习近平对新中国成立六十年来立法工作的成就予以高度评价，他说："我国形成了以宪法为统帅的社会主义法律体系，我们国家和社会生活各方面总体上实现了有法可依，这是我们取得的重大成就。"[1] 而就在这一法律体系被宣布形成之际，无论是政界还是学界，即迅速在这样一点上达成了共识——中国特色社会主义法律体系本身并不是静止的、封闭的、固定的，而是动态的、开放的、发展的，完善中国特色社会主义法律体系是一项长期的历史任务。[2] 2018 年 3 月 11 日，张德江委员长在

---

[1]　坚持法治国家、法治政府、法治社会一体建设//习近平谈治国理政 . 北京：外文出版社，2014：144.

[2]　中国特色社会主义法律体系形成——人大常委会召开座谈会吴邦国发表重要讲话//人民日报. 2011-01-26（1）.

第十三届全国人民代表大会第一次会议上所作的《全国人民代表大会常务委员会工作报告》回顾了党的十八大以来五年的立法工作情况，他指出："五年来，十二届全国人大及其常委会制定法律 25 件，修改法律 127 件次，通过有关法律问题和重大问题的决定 46 件次，作出法律解释 9 件，立法数量多、分量重、节奏快、效果好。"①

显而易见，法律是实践经验的总结、提炼，法律体系的形成并不等于法律体系的完备，也不意味着立法的任务已经完结。由于我国仍将长期处于社会主义初级阶段，整个国家还处于体制改革和社会转型时期，这就决定了中国特色社会主义法律体系必然具有稳定性与变动性、阶段性与连续性、现实性与前瞻性相统一的特点，决定了中国特色社会主义法律体系必然是动态的、开放的、发展的，而不是静止的、封闭的、固定的，必将伴随社会关系的变化、改革开放的进程以及中国特色社会主义伟大实践的发展不断完善和发展。

（二）学术价值

1. 深化完善以宪法为核心的法律体系研究，有助于开展法律体系比较研究，提高理论法学和应用法学研究水平。

自 17、18 世纪以来，西方法治发达国家逐步完成了法律体系的构建，纷纷建立起相对发达的法律体系。大陆法系形成公法与私法的划分，普通法系形成普通法和衡平法的划分，联邦制国家形成联邦法和州法的划分。十月革命胜利以后，苏联学者又提出了关于社会主义法律体系的一系列的理论。20 世纪以来，世界主要法律体系出现了两大法系的融合、各国普遍设立违宪审查制度、国际法的国内化和国内法的国际化并存等显著变化。一些西方学者对西方法律体系的特征进行了批判性反思：美国学者伯尔曼在其系列著作中阐明了西方法律体系的危机与救赎之道；批判法学运动对法律体系的内在统一性、法律至上性以及法律中立等命题提出质疑；英美法理学不再专注于法律体系这样的宏大命题，转而对法律规则、法律原则等基本范畴及其效力来源进行微观研究。冷战结束后，经济文化全球化促使人权、国际贸易、资源环境、互联网、刑事司法协助等领域，出现了所谓法律全球化的趋势，

---

① 张德江. 全国人民代表大会常务委员会工作报告. 光明日报. 2018-03-25.

欧洲的法学家提出法律体系的建构应超越主权模式（即各自独立的国家法律秩序），而寻求某种超国家的、一体化的世界法律秩序；英国诉讼制度的改革持续进行；美国作为老牌法治国家，面对日益复杂和艰巨的社会治理问题，也由奥巴马总统亲自挂帅推进刑事司法改革[①]；世界法治发展进程将如何变化，尚需进一步观察。

2. 深化完善以宪法为核心的法律体系研究，有助于拓宽国家治理体系和治理能力增强研究的视野，把握人类法治建设的一般规律。

历史早就证明，完备而良善的法律体系是法治国家的基本标志，是政权稳定和社会发展的基本保障。其要旨是：重要的社会关系必须由法律调整；法律规范必须明确、肯定、具体，具有可诉性和可操作性；法律体系应当结构严谨、内部和谐、内容完备，各部门法之间、各种不同渊源的规范性法律文件之间要彼此衔接、和谐一致。在新的历史转折点上完善以宪法为核心的中国特色社会主义法律体系，需要法学理论工作者与立法工作者联合起来进行整体性、开放性的深化研究，把"法律体系"的深化理论研究，当作联结法学理论和部门法、法学研究与立法工作的桥梁，指导新的实践和理论发展。把法律体系看作是一个与社会生活息息相关，不断从社会中汲取营养的开放性体系，探索构建一种既能保持相对稳定又具有一定程度的自我更新能力的法律体系，同时深入探究中国社会经济发展与法律进步之间的互动关联结构，进一步认识和把握人类法律文明的成长规律，并在总结近代以来中国特色社会主义法律体系建设的经验和教训的基础上，坚持和发展马克思主义的法律发展观，"扬弃"西方法律学说，实现中国特色社会主义法律体系理论和实践研究上的创新。中国特色社会主义法律体系是新时代中国特色社会主义制度体系的有机组成部分，体现中国特色社会主义法治理论体系，规范和保障中国特色社会主义法治实践，必将促进国家治理体系和治理能力现代化。

3. 深化完善以宪法为核心的法律体系研究，有助于科学评估现有立法体制和立法质量，促进立法的完备性、民主性、科学性。

完备的法律体系对规范性法律文件的制定有很高的要求：一是立法完备、逻辑严谨、上下有序、内外协调。这就是在确保法律体系完备、立法机

---

① BARACK OBAMA. The president's role in advancing criminal justice reform. Harvard law review. vol. 130 (3).

制完善的基础上，构建以宪法为核心、上下有序、各部门法和同一法律部门不同法律规范之间协调一致、有效衔接、价值融贯、调控严密的法律体系，为我国从法律大国迈向法律强国奠定基础。二是立法科学，一切从实际出发，立法合乎社会历史发展规律，突出中国特色、实践特色和时代特色，对"权利—义务"和"权力—责任"的范围及关系的设定明确具体、合理公正，具有可操作性和执行性。三是立法民主、价值优良、社会参与、凝聚共识。我国立法的目的就是人民通过立法活动，行使管理国家事务、管理经济和文化事业、管理社会事务的权力，实现当家做主。为此，立法主体、程序、内容都应当恪守以民为本、立法为民理念，把公正、公平、公开原则贯穿立法全过程，坚持反映人民意志、实现人民利益的根本原则，坚持立法公开，发扬协商民主的制度优势，保障人民通过多种途径参与立法活动。民主立法的过程，就是推动治理体系改革创新的过程，就是统一思想、寻找并凝聚共识的过程。以上三大价值要求，也是评估我国法律体系的三个主要标准。其中立法完备性是对法律规范体系形式的要求，立法民主性是对立法本质及其过程的要求，立法科学性是对立法内容的要求。此外，规范性法律文件（法律法规或"两高"司法解释等）自身受监督情况和权力法定情况、人权实现状况、内化于心的法治信念情况等，也是影响立法效果的重要因素。

4. 深化完善以宪法为核心的法律体系研究，有助于总结全面依法治国的规律，引导法治体系建设，实现良法善治。

中国特色社会主义法律体系的形成和完善不是法律制度漫无目的的、毫无章法的自我提升，而是以中国特色社会主义理论体系为指导思想，以中国特色社会主义法治政府、法治国家和法治社会建设为实践基础，以社会主义法治精神、法治理念为法学基础，不断推进科学立法、严格执法、公正司法、全民守法的开放式实践。它体现了中国特色社会主义的制度要求、时代要求、国情现实要求、历史文化要求和发展要求。回望中国特色社会主义法律体系筚路蓝缕、不断建构直至形成的历史，一个最重要的经验就是：立足中国国情，紧紧围绕发展这个主题，坚持理论与实践相结合，坚持立法进程与改革进程相适应，坚持把维护最广大群众的根本利益作为出发点和落脚点，善于把执政为民的理念通过法律的程序转化为体制机制和制度，充分反映民意，高度关注民生，同时注意借鉴国外法治建设的经验，尤其是有关反映市场经济共同规律的经验，博采众长，兼收并蓄；不只拘泥于法律制度的借鉴和法治理论的照搬，而是坚持辩证方法和开放理念，对古往今来的法律制度进行细致比较，兼收并蓄、择善而从；不只依靠过往经验和试点结果，而是坚持法律思维和法治精神，妥善处理经验理性与重构理性、积极进取与开拓创新的关系，追求以人为本的良法善治。在未来一段时间，根据中国经济社会发展的客观需要，围绕加快转变经济发展方式，进一步完善和发展中国特色社会主义法律体系，切实保障宪法和法律有效实施这一根本目标，应当科学总结多年积累的立法经验和有益做法，深入研究中国特色社会主义法律体系的内容构成、基本特征、形成意义和完善途径，全面探索主要部门法域的体系构造及其内部协调机制，细化完善立法质量的评估标准，加强对完善公民权利法律体系、促进地方科学立法、形成法律冲突解决机制和保障法制统一性等重大问题的研究。

5. 深化完善以宪法为核心的法律体系研究，有助于平衡推进重点领域立法，实现各个领域建设依法有序进行。

我国五大领域立法状况极不均衡，是立法机关完善法律体系所不得不面对的现实问题。国家对社会的治理，必然涉及社会的各个相关方面。各领域法律的不完整或不完善将直接影响社会治理的成效，也影响法治体系的建成。这与我国改革开放乃至新中国成立以来国家工作重点密切相关。截至 2010 年年初，即宣告法律体系形成的前夕，在政治立法方面，宪法部门共有法律 39 件，占全部有效法律的 16%，由宪法和相关法①构成，包括各级人大、政府、人民法院、人民检察院的组织法在内的各项法律等已经出台。行政法律部门共有法律 80 件，占全部有效法律的 35%，是法律最多的部门。② 行政法律部门涉及社会各方面的协调、管理和引导，因而其法律最为庞大实为必然。在经济立法领域，我国自改革开放以来，加强了经济方面的立法。我国的经济法是一个庞大的法律部门，共有法律 56 件，占全部有效法律的 24%。③ 经

---

① "对宪法相关法的称谓有不同意见，其范围包括哪些，实际上一切法律都和宪法相关，不仅仅包括有关国家机构、区域划分、国家领土、主权和公民权利与义务的法律。有人主张用宪法性法律，但这一名称往往特指不成文宪法国家对这类法律的称谓。也有人主张用过去曾经使用的名称国家法或宪法法、宪法部门。"——朱景文. 中国特色社会主义法律体系：结构、特色和趋势. 中国社会科学，2011（3）：24.

② 同①.

③ 同①24-25.

济领域立法发展最为迅速，目前我国已经形成一套较为完整的经济法律制度。在文化立法方面，整体来说我国尚处于较不完善状态。在公共文化服务立法领域，立法工作总体上比较滞后，与公共文化服务体系建设密切相关的法律制度保障体系尚处于不断摸索过程中。公共文化活动的保障激励在法规上尚属立法盲点，这可以从对有关法规的内容分析中予以佐证。① 显然，我国文化领域立法尚待完善，执法机关因无法可依而使得已有文化领域的法律实施效果一般。在社会立法方面，我国共有法律 17 件，占全部有效法律的 7％，主要由劳动保障法、社会保障法、社会公益与慈善法三部分组成。② 全国人大及其常委会在社会法领域立法少，行政法规多，立法层次低，法规的权威性和稳定性不足。不少法出台后，由于缺乏配套性法规，难以发挥实际效用。此外，规范劳动关系和社会保险领域的立法多，对促进就业再就业、规范社会组织、发展社会事业以及加强社会管理等方面的立法少。③ 在环境立法方面，环境法体系可划分为污染防治法和自然保护法，或者生态环境保护法和污染防治法；"三分法"则认为环境法的体系应涵盖污染防治法、自然资源保护法、区域环境保护法和特殊环境保护法等。2008 年《中国的法治建设白皮书》称：中国环境法体系包括现行有效法律 26 部，行政法规 50 余部；地方性法规、部门规章和政府规章 660 余项，国家标准 800 多项。④ 环境法律体系已经成为中国法律体系中一个门类相对齐全、结构较为完整的法律部门。⑤ 与此相应，我国近年来生态环境治理明显加强，环境状况得到改善，美丽中国的前景日益展现。

第二节　研究框架和主要内容

本课题研究的要旨在于：**以完善中国特色社会主义法律体系基础理论研**

---

① 梅昀. 论中国的公共文化服务立法：现状、模式与路径. 云南大学学报（法学版），2013（5）：13.
② 朱景文. 中国特色社会主义法律体系：结构、特色和趋势. 中国社会科学，2011（3）：25.
③ 李启祥. 社会领域立法的几个问题. 黑龙江政法管理干部学院学报，2009（3）：21.
④ 国务院新闻办公室. 中国的法治建设，2008-02-28.
⑤ 据官方公布的数据，截至 2011 年 8 月底，中国已制定现行宪法和有效法律共 240 部、行政法规 706 部、地方性法规 8 600 多部，涵盖社会关系各个方面的法律部门已经齐全。国务院新闻办公室. 中国特色社会主义法律体系，2011-10-27.

究和完善宪法核心地位的理论与实际问题研究为基础，以重点领域立法研究和立法体制创新为主体内容，全面开展高水平系统研究，提出重要的咨议建言。

本课题研究坚持党的十八大以来四个全面战略布局，遵循习近平新时代中国特色社会主义思想，运用马克思主义法学观和中国特色社会主义法治理论，体现出历史与现实结合、理论与实际结合、基本理论与部门法制结合、中国特色与世界规律结合的特点。课题成果共分为完善法律体系的基础理论研究、加强宪法实施完善社会主义民主政治法律体系、完善市场经济法律制度、完善先进文化与社会治理法律体系、完善生态文明法律体系、完善程序法律体系、完善法律体系的实践创新等七编内容。这既有对法律体系理论的创新思考与建构，又有法律实践各个方面保障与完善体制机制的创新研究，还有对基于重点领域视角对法律体系的完善研究。

全书分为 51 章，平均每章约达 2 万字的篇幅，加之在各编首的导言，共计近 150 万字，彼此主题贯穿始终，结构搭配合理、逻辑衔接一致。

一、完善法律体系的基础理论研究

完善以宪法为核心的中国特色社会主义法律体系的"基础理论研究"，就是纵览古今，研究"法律体系"是什么、怎么样；比较中外，研究"中国特色社会主义法律体系"是什么、怎么样、会怎样。具体而言，本研究是从法哲学—法理学基本原理出发，立足于法律体系的历史演进、当代实践、本体规范、立法理论、人大制度、相关关系、地方立法和法律评估的深度研究，全面系统地讨论"以宪法为核心的中国特色社会主义法律体系"相关重大问题。

（一）完善法律体系的历史研究

课题组设定的一个重要法律史研究任务是：回溯中国法律体系演进的历史既是"立足中国"的现实需要，又是从中华法系，发展到中国特色社会主义法律体系，再到"新中华法系"的理论建构需要。为此，从以下三个方面展开研究：

1. 中国古代以礼为核心的"混合法"体系。法律在起源时，不同文明所面临的问题有相同之处和不同之处；同样，随着人类社会的发展，不同文明中的法律体系与模式也既有共同的规律，又有各自的特征。近代不同文明在相互的冲突与融合中，每一个国家和地区的法律发展都面临着兼顾法治发展的共同趋势又须保持自身传统特色的问题。习近平总书记在党的十九大报告中指出"中华民族有五千多年的文明历史，创造了灿烂的中华文明，为人类作出了卓越贡献，成为世界上伟大的民族"，"实现中华民族伟大复兴是近代以来中华民族最伟大的梦想"。中国古代"以礼为主导"的混合法体系及自下而上形成的礼的崇高地位就值得我们在当今的法治发展中加以借鉴。礼的核心地位，植根于中国社会的土壤，在由下而上的生成过程中扎根于每一个生于斯、长于斯的中国人的心中。礼或礼治在中国的古代一旦遭到破坏，民众便会群起而维护之。因为得到了人们发自内心的认可，礼才具有创制、复制的能力。围绕着礼的权威而形成的混合法体系不仅自洽，而且达到了令人羡慕的"疏而不漏"的境界。在现代社会中，宪法的内容理所当然地有别于古代社会的礼，但在形式上，宪法在法律体系、在国家政治生活、社会生活中的地位应该说与礼在古代社会中的地位并无二致。"以礼为核心"的古代混合法体系告诉我们只有将宪法作为目的追求时，法律体系才能和谐，法治才能得到社会的认可。只有像古人尊崇礼那样尊崇宪法时，宪法才能真正地维护每一个人应有的权利并将"权力关进笼子"。也唯有此，宪法才能真正地成为今日的"根本大法"。

2. 中国古代法律文化的主要内容、特点及影响。我国古代法律文化的主要内容包括：（1）共同的法的理念，从略不相同到逐步会通的法律思想。（2）重视立法、递相沿袭，形成形式多样、内容完备的法律体系。具体例如：历代统治者都重视立法，法律形式多样，我国古代法律内容逐步完备等。（3）家庭、学校与社会相结合的法制教育，形成了较好的守法习惯。具体例如：儒法两家和各代统治者都重视法律教育，法制宣传教育形式活泼，语言通俗，法制宣传教育的内容做到法律与思想道德结合。我国古代法律文化的主要特点有：（1）法律包容性大，体制稳定性强；（2）礼刑相辅相成，儒法会通合流；（3）强化伦理道德，维护宗法制度；（4）皇帝总揽大权，行政干预司法；（5）刑罚手段严酷，定罪讲究规格；（6）争纷调处解决，以求息讼和睦。上述内容与特点，都对我们正在建设中的法律规范体系有重要借鉴意义。

3. 从中华法系、中国特色法律体系到新中华法系。中华法系到底是否已经消亡？何时消亡？在什么意义上理解中华法系消亡？对此，学者们争议很大。持否定说或者说认为中华法系已经消亡的学者主要有梁启超、张晋藩等。也有学者从历史连续性或者广义角度，认为中华法系没有消亡。换言之，传统中华法系在1912年解体，只是意味着从形式上传统中华法系已经退出历史舞台，但并不意味着传统中华法系的实质内容对后来的中国法制不再产生作用。不仅如此，还开始了中华法系的复兴进程，而这一进程从实质内容上来说，必须经过中国特色法律体系的荡涤这一不可逾越的历史阶段，才能达到彻底复兴中华法系或者实现新中华法系的再造的程度。然而，我们也必须清醒地认识到，新中华法系的再造是个漫长而复杂的过程，它将伴随着中国特色社会主义法律体系的完善而最终到来。中国特色社会主义法律体系的形成只是为新中华法系的再造打下了基础，新中华法系发挥世界性的重大影响，还需要随着中国特色社会主义法律体系的完善和不断被其他国家仿效而最终获得实现。从为新中华法系再造提供文化滋养的角度来说，传统中华法系当中的下列价值因素尤其值得我们珍视，包括重和谐、重调解、重道德、重秩序、重伦理、重忠恕、重礼仪、重教化、重义务、重责任等。可以预期，随着"一带一路"倡议和中国法治梦的逐步推进，一个融合几千年传统中华法系智慧和符合当今世界发展潮流的新中华法系必将再造成功，在可见的时空内成为现实！

（二）完善法律体系的当代研究

本章对法律体系问题进行了综述，并就当前这一领域的突出理论和实践问题作了系统论述。

1. 当代中国法律体系理论研究综述。在法学理论研究领域，学者们对法律体系问题进行了多方面研讨。本节在"知网"检索36篇博士论文、85篇硕士论文以及100余篇其他参考文献的基础上对法律体系研究作了综述。具体包括以下几个领域：（1）法律体系的概念；（2）法律体系与社会主义制度；（3）法律部门的分类；（4）关于新增法律部门的探讨；等等。继而对立法当局确定的占据主流地位的"七部门说"的合理性与缺陷进行了分析，最后对经济、政治、文化、社会和生态五大重点领域立法状况予以爬梳，提出了初步建议。

2. 当代中国语境下法律体系理论的挑战与问题。围绕中国社会转型的特殊时代背景和实现国家治理体系与治理能力现代化的特殊时代任务，深入研究我国法律治理转型的社会背景、社会转型中的治理困境，进一步探讨法律体系分析之于基本人权和人本主义、政治国家和市民社会、国家主义和宪政实践的意义等。具体内容包括三个方面：第一，分析中国社会转型的基本特点。第二，讨论国家转型与国家建设中的立法运动，总结指出其特点为：（1）突出意识形态影响的立法政治化理念；（2）"摸着石头过河"的立法实用主义理念；（3）立法移植和立法借鉴为主导的立法理念。第三，立法运动中值得反思的几个问题，具体包括：（1）立法的模仿痕迹浓重而过于"洋气"；（2）对法律调整的过度乐观主义；（3）立法中过强的国家中心主义倾向；（4）立法的"空壳化"，即中国特色社会主义法律体系已经基本形成了，但立法的任务依然繁重；（5）立法公共性的不足；等等。

（三）完善法律体系的规范研究

本章的中心思想是"从可能的到完善的法律体系"，认为一个兼具确定性与开放性、安定性与正确性、程序性与动态性的法律体系，就是一个完善的法律体系，它不可能是纯粹可演绎的、无矛盾的、完全的、封闭的，但必须是具有实践合理性的。

1. 法律体系完善的路径。本节对法律渊源体系、法律关系体系、法律权利体系、法律部门体系作了规范上的比较，继而就法律体系的"内"与"外"、原则维度与规则维度进行了讨论，在此基础上提出法律体系的完善路径。

2. 法律体系"完善"的内外意涵：规范法学的维度。近代法学研究法律体系之初，即遭遇价值融贯和逻辑自洽双重难题。为了从规范法学角度回应相关问题，就需要对所涉原理进行阐明或澄清。本节首先致力于阐明规范法学在 20 世纪的两位代表性人物凯尔森和哈特所秉持的核心命题——"法律规范作为意义"。其次，深入凯尔森的理论当中，从意义理论的角度出发对法律命题的成真条件进行探讨。再次，着重于讨论法律体系的生成意义结构问题，并借助哈特所开启的以日常语言为起点到法律规范性的研究进路，展开关于法律体系开放性的思考。最后，在对哈特的批判之上建立起一套以主权者立宪为中心的、更具动态性与包容性的法律体系理论。

3. 法律体系"完善"的内外意涵：自然/价值法学的维度。社会主义法律体系完善的内在维度是指法律体系自身作为一种规范性系统，应当保持逻辑上的融贯性、内容上的呼应性、法律精神上的整体性。社会主义法律体系完善的外在维度主要是指社会主义法律体系对于社会现实问题回应和解决的能力需要与时俱进，不断发展。要想做到这个目标，就需要在以下几个方面作出努力，这包括在一些重要领域和问题上立法的加强，配套法规的完善，对于通过司法权的运用来发展法律的重视，以及在法律制定过程中人民足够的参与和发表意见的机会的被给予，使服务于人民的法律也能来源于人民。因而，不论是社会主义法律体系完善的内在维度对于确立我国法律整体性的道德精神的要求，还是外在维度对于满足人民随着社会发展不断提出的新的需求的要求，都应该本着以人为本的理念，把这个理念当作是指导社会主义法律体系完善的根本标准。

（四）适于法治的法律体系模式

近代以来关于法律体系的认知大体上可以归纳为公理模式、价值论模式和规范论模式三种。在阐述和澄清法律体系之阶层构造模式与规则—原则模式的基本内容的基础上，从法治模型的角度来比较这两种模式的优劣，最后在阶层构造论的基础上为规则—原则模式提供一种相对完整的结构理论。由此证立这是一种更符合最优化法治模型的体系模式。

（五）基于完善法律体系的立法学基础理论

法律体系建构理论依赖于立法理论的深刻与完善，严谨且合乎逻辑的法释义学对当下中国完善以宪法为核心的法律体系意义重大。

1. 基于法释义学的立法学体系构建。一般而言，立法学偏重于立法体制、立法指导思想、立法原则、立法政策、法律价值等重大问题，法释义学则关切实证法的规范效力、规范的意义内容，以及法院判决中包含的裁判标准，是法律获得理性化、合法化认知的必要途径。本节意在探寻立法学与法释义学的结合点，发现两者合作的理论空间，从而找到正确的答案，形成广泛的学术共识，并落实于法治实践之中；使之有利于端正立法学以及法释义学的研究方向，合理地界定它们的研究范围，运用正确的研究方法，在建设社会主义法治国家伟大事业中发挥更大的作用。

2. 法教义学能为立法贡献什么？承续上节议题，本节就法教义学对立法的影响特别是积极影响展开研究。由此区分出两种视角的研究和两个层面的问题。其一，"法教义学应当为立法作出什么？"的规范研究视角，以及"法教义学实际为立法作出了什么贡献"的经验性研究视角；其二，确证"法教义学为什么能为立法作出贡献""法教义学对立法的影响途径何在"并对此予以回答和学术总结。

3. 立法语言的明确性与模糊性。立法语言的明确性是法律确定性的认识论基础，本节细致梳理了法律语言明确性与模糊性相关的理论命题。首先从语言学发生原理的角度分析法律语言明确性与模糊性发生的原因，然后考察法律语言明确性与模糊性对法律实践所产生的影响，接着考察其对法律解释理论的影响，最后从法律职业共同体的视角考察法律明确性与模糊性对法治理论的影响。

4. 完善和加强立法程序的规范立法与阐释研究。众所周知，立法程序是法律程序的一个重要类型。立法程序将在实质层面确立基本价值共识的难题转化为了可以在理性化、技术化的条件下加以解决的制度性问题，其对于立法学的规范性转向具有不可或缺的作用。2015 年《立法法》修改稿，在总计 46 条修改条文之中，有 27 条涉及对立法程序的修改，其比重占到了近60%。这表明立法者也将立法程序的精细化作为"后体系时代"提高立法质量的一个关键突破口。但目前的法律程序研究却主要集中研究司法程序和行政程序，实有深入进行立法程序研究之必要。本节尝试回答了：立法程序是什么？亦即立法程序的概念论问题；立法程序如何建构？亦即立法程序的方法论问题；立法程序为什么重要？亦即立法程序的价值论问题。进而，本节以我国立法程序中的全国人大常委会立法程序为例予以细致分析。

二、加强宪法实施　完善社会主义民主政治法律体系

（六）加强宪法核心地位与民主政治法治化

本章内容分为两部分，第一节是加强宪法核心地位，促进宪法实施，围绕宪法在社会主义法律体系中处于核心地位和完善确保宪法核心地位的制度和机制作了高屋建瓴的阐述。第二节是社会主义民主政治法治化综述。

（七）"以宪法为核心"完善法律体系

本章从学理上分析了法律体系何以"以宪法为核心"的问题，指出将宪

法视为部门法的表现形式造成宪法规范与一般法律规范的混同,将宪法视为部门法的表现形式降低宪法的根本法地位,这些导致宪法的内容不完整,模糊各部门法之间的界线。由此,本章主张应当取消"宪法部门"并划分新的法律部门,坚守宪法是部门法的立法依据之原则,坚守健全合宪性审查制度,积极开展依宪释法活动。

(八) 完善宪法监督和宪法解释制度

本章首先从《宪法》及宪法相关法出发,尝试回答两个问题:中国究竟有没有合宪性审查制度?如果有,它的特点是什么?经过研究,本章指出中国有自己鲜明特征的合宪性审查制度,其特点在于:(1)审查对象主要是法规及其以下规范性文件;(2)审查主体实际上是一种分享—参与模式;(3)审查机构着重于内部机构的建立、建设;(4)审查程序侧重于抽象式而非个案附带式审查;(5)审查技术具有多元性。接下来,在阐述宪法解释的实践意义的基础上,详细探讨了中国宪法文本确立的人大常委会解释宪法的混合宪制模式。最后,基于宪法上的结构—功能主义分析,提出理想的混合解释程序机制建构与完善之可能。

(九) 同步完善基本人权体系和法律体系

完善中国特色社会主义法律体系,必然包括构建更加完善的基本人权体系。将基本人权纳入法律体系之中,既意味着制度层面的规范完善,更意味着在法律价值层面的价值确认。但是,与全面依法治国、构建完善的法律体系的战略要求相比,人权保障是我们目前法治建设和国家建设中的短板,在若干重要方面,应当予以完善。我国目前人权法律规范体系主要包括以下内容:(1)人权法的核心是宪法中有关基本权利的规定;(2)几个专门的权益法,即《妇女权益保障法》《未成年人保护法》《老年人权益保障法》以及《残疾人保障法》等;(3)各个部门法中的人权条款,尤其是刑法、刑事诉讼法、行政法中的若干人权条款。从规范体系的角度看,我国目前人权法体系的问题主要有:具体的基本权利清单还不够完整,有些重要的权利有待补充或调整;从人权保障的制度机制来看,人权保障的专门机制不够完善,甚至可以说是还很欠缺的;现有的若干人权机构本身的功能也没有充分发挥出来。

(十) 依法执政与党领导立法

本章首先介绍,中国共产党依法执政是依法治国的关键。在新的历史条件下，既要坚持党总揽全局、协调各方的领导核心作用，坚持党全面领导立法，也要努力提高党依法执政的水平。唯其如此，必须健全和完善党内法规体系。党的十九大报告指出："增强依法执政本领，加快形成覆盖党的领导和党的建设各方面的党内法规制度体系，加强和改善对国家政权机关的领导。"党的领导是历史和人民的选择，依法执政为党的领导提供正当性基础。在健全和完善党内法规体系方面，我们应牢记制度治党的必要性，探究党内法规建设走向体系化的原因，发现问题、提出建议。继而，本章在对党领导立法的历史予以简要回顾的同时，总结了党领导立法的基本经验：（1）始终坚持党的领导，是搞好立法工作的政治保证；（2）正确处理政策和法律的关系，是搞好立法工作的思想基础；（3）牢牢坚持人民主体地位，是搞好立法工作的核心理念；（4）发挥人大及其常委会的主导作用，是搞好立法工作的组织依托；（5）坚持从中国的国情和实际出发，是搞好立法工作的现实依托；（6）大力推进依宪治国依宪执政，是搞好立法工作的工作重点；（7）坚持改革和立法的辩证统一，是搞好立法工作的价值原则；（8）不断总结经验和稳步推进，是搞好立法工作的方法特色。

（十一）依法行政与法治政府建设

党的十八届四中全会决定和国家《法治政府建设实施纲要（2015—2020年）》对我国的依法行政和法治政府建设作出了科学规划。在交代依法行政与法治政府建设的历史背景之后，本章细致研究了这项工作的战略目标和具体任务，提出：（1）重点完善组织法、程序法、公开法、应急法和救济法；（2）按照行政民主的要求完善公众参与机制；（3）加强市县和基层的依法行政工作；（4）各级政府应建立依法行政领导小组；（5）建立符合国情的法治政府评价指标体系；（6）促使行政公务人员树立现代行政法治观念；等等一系列建言良策。

（十二）刑事立法的现状与展望

我国刑法体系自新中国成立，经历了一个相对漫长的形成过程，并随着我国法治建设的深入推进而不断发展完善。以1979年刑法典和1997年刑法典作为分界点，我国刑法体系可以划分为三个阶段，也即自1949年新中国成立至1979年刑法典制定，可以称之为刑法体系的初步形成阶段；自1979年刑法典的实施至1997年新刑法典的制定，可以称之为刑法体系的发展阶段；自 1997 年新刑法典实施至今，可以称之为刑法体系的完善阶段。大体而言，我国的刑事立法体系可以区分为刑法典、单行刑法、刑法修正案和附属刑法四类，其通过一定的组成和结构形成特定的刑法体系，科学的刑法体系有利于刑法功能的发挥。本章立足于比较法研究和规范论研究，提出刑法结构优化论，就我国刑事立法犯罪化与谦抑原则的冲突与理性选择提出了一系列观点。

（十三）完善军事法律体系

党的十八大以来，习近平为主席的中央军委推进的深化国防与军队的改革，是我军历史上从未有过的重大改革，是一场整体性、革命性变革，此次军队改革必然对我国的军事法规体系建立和完善提出了多方面的挑战。用强军目标审视和引领军事立法，就要坚持与我军履行使命任务相适应，与深化国防和军队改革相协调，与国家法律体系相衔接，不断健全完善具有我军特色的军事法规制度体系。目前，我国是军事法律法规规章数量达到一定规模，内容覆盖全面，骨干性法律法规基本齐备，全部法律法规规章构成了有机统一的整体，军事立法制度基本完备。但军队改革后的新体制、新机制、新职能、新使命，既给军事立法事业的发展带来了难得的机遇，又给军事立法带来了巨大的挑战。无论是军队新的领导管理体制，还是联合作战指挥体制；无论是训练教育，还是战备执勤；无论是军队战斗力的提升，还是海外维和救援；无论是新领域军事法规的制定，还是旧有法规的修改废释，都需要做大量的立法工作。否则，就无法构建起科学、完整的新型军事法规体系。军事立法工作所面临的挑战是前所未有的。

（十四）完善边疆民族地区法律规范体系

民族自治地方立法自治权是宪法和法律赋予民族自治地方的一系列自治权中的一种，是民族自治地方行使各类自治权的媒介性权力。但在完善以宪法为核心的法律体系背景下，民族自治立法权与地方立法权存在着不少冲突，亟待协调处理；在自治区、自治州和自治县这三级民族自治地方，由于立法权限不完全相同，立法权的行使状况也存在一定差异。应该说，现行法律规定不符合实际或者不周延，难以指导民族自治地方的立法实践，可以进一步修改、完善；法律本身的抽象性，决定其无法针对不同民族自治地方的实际情况作出具体规定，需要通过相关主体合理行使裁量权来解决；人大会期制度从长远看需要改革，可以授予民族自治地方人大常委会部分自治立法权，缓解自治立法权行使周期过长的困境，也为地方人大常委会在立法实践中承担的工作提供法律依据。

三、完善市场经济法律制度

完善市场经济法律制度，就要：（1）从根本上认识社会主义市场经济的本质是法治经济；（2）全面保护产权制度须以公平为核心原则；（3）市场经济发展必须完善激励创新的各项产权制度；（4）以民法典编纂为核心全面加强市场法律制度建设；（5）加强宏观调控维护公平竞争的市场秩序。经济建设领域的立法工作包括：依法保障各类市场主体合法权益，加强知识产权保护，健全社会信用体系，建设法治化营商环境；编纂完整、统一的民法典，为民事基本制度的稳定发展确立航向；落实税收法定原则，健全完善税收立法和征管体制，制定和修改一系列税法；完善金融监管和食品安全治理法律体系，加强人大预算决算审查监督、国有资产监督职能；规范财政转移支付行为，促进不同区域间的经济社会协调平稳发展。

（十五）民法典编纂研究：思路、体例、问题

1. 民法典编纂要清除苏联旧法思维。完成编纂中国民法典的重大任务，必须有一个正确的、科学的民事立法指导思想，而且必须采纳科学的民法传统作为立法的参考依据。无论是前者还是后者，都面临着一个重要的并且是一直都没有完成的任务，就是肃清苏联民法的影响。在当前编纂民法典的过程中，必须就此问题开展深入讨论，进行拨乱反正，彻底肃清苏联民法对我国民法的影响，保证我国民法典编纂按照正确的方向进行。

2. 中国民法典编纂的基本思路和立法体例研究。首先，全面分析了中国民法典编纂的基本思路，包括《民法通则》的安排、2002 年《民法草案》的安排、关于民事单行法的安排、关于民商事司法解释的安排、关于克服成文法局限性的安排以及编纂中的删除、修订和增补问题等。其次，就中国民法典编纂中立法体例问题的争议与思考提出了独立的见解。最后，围绕着中国民法典"九编制"立法体例提出了全面设想。

3. 民法典语言通俗化的实质与实现。本节以民法典编纂为中心，进行了立法技术、立法语言的微观研究，并且主张应以民法典语言通俗化为主题展开研究；对民法典语言通俗化的理论证成、判断标准、实现机制作了尝试性研究。

（十六）完善婚姻家庭法律体系

在民法典编纂的热潮中，婚姻法和继承法作为法律体系中仅有的两部专门调整亲属之间的法律规范被纳入民法典后，将如何与调整市场经济关系的法律规范相衔接，如何构建具有中国特色的、反映现代先进理念和时代精神的婚姻家庭法律制度成为社会关切重点。本章提出，应当遵从宪法，将宪法"尊重和保障人权"的精神贯彻落实在婚姻家庭具体的法律制度中；将"以人为本"作为婚姻家庭法律制度建设的核心价值理念，充分保障宪法规定的公民权利。继而，本章对婚姻家庭法律制度的完善提出了一系列观点。

（十七）实施创新驱动发展战略　完善知识产权法律体系

党的十八大提出了"创新驱动发展"战略。这标志着我国经济发展模式在未来的一段时期将发生战略性的转变。这种经济发展模式的转变将对中国经济的自身发展以及中国在世界经济中的地位产生重大影响，进而将直接影响知识产权法律制度在我国经济发展中的作用和地位。应该明确知识产权作为基本财产权的重要地位，将知识产权基本规范纳入民法典；逐渐弱化知识产权制度中的行政色彩，还知识产权以民事权利的本来面目。应尽快完成著作权法、专利法的修订工作，适应"创新驱动发展"战略的需求。

（十八）完善金融监管法律体系

随着全球进入后金融危机时代，世界主要经济体的主要任务开始由采取短期金融救助政策措施转向金融监管法律制度改革，以修复现行金融监管体系的根本缺陷。美英及欧盟等国家和地区先后颁布多项金融监管改革法案，不仅折射出国际金融监管改革新动向，更为我国展开新一轮金融监管体制和法律制度改革提供了有益经验。我国新一轮金融监管改革肇始于后金融危机时代，需要我国站在自身国情的立场上，综合考察、分析、借鉴不同金融监管模式重构和制度调整的经验，汲取可供我国金融监管改革的立法及制度经验，进一步完善我国金融监管体制和机制、优化金融监管立法，从而真正实现"完善金融监管改革措施"和"建设中国特色社会主义法治体系"的战略目标。

（十九）完善保险法律体系

《保险法》自 2009 年 10 月 1 日修改后施行至今已有八年多。其间，中国保险市场出现了一系列创新性变化。这些预示着中国保险市场将步入多样化、多层次和创新型方向发展。同时要落实 2014 年 8 月发布的《国务院关于加快发展现代保险服务业的若干意见》（简称"新国十条"），这使得《保险法》的新一次修改成为必然。这些变化主要是对《保险法》规则体系提出了更高要求，保险业监督管理制度亟待用更加科学完善的规则弥补原有制度的疏漏和不足。应当将制定和颁行相应的保险行政法规纳入我国保险法律制度体系的组成部分。针对建设和完善我国保险法律体系的需要，我国现阶段的保险立法必须以确保实现"新国十条"树立的保险强国梦为目标，以中国保险市场发展过程中的实际需要为对象，不断地充实和完善立法体系，规划出 20 年至 30 年的立法发展方案，构建良好的法律环境。其核心一是保险立法自身的系统化建设问题；二是保险立法与相关立法的配套制度建设问题。

（二十）完善财税法律体系

本章的主要观点是：经济体制不同阶段决定着财税法律体系的发展，财税立法须接受我国主流经济理论和法治理论的指导，完善财税法律体系的基本原则。在全面分析了中国财税法律体系的现状和问题之后，本章提出了完善我国财税法律体系的具体构想。

（二十一）完善发展规划法律体系

毫无疑问，加快我国发展规划立法十分必要，但在推进发展规划立法中仍存在问题和困难。本章在对国外发展规划相关立法的实践和制度进行了深入评述与借鉴的基础上，提出了我国发展规划立法的几点构想。

（二十二）完善竞争法律体系

当前，修订《反不正当竞争法》以促进中国竞争法体系的完善的愿望很迫切。从工作进路而言，必须制定反垄断执法指南和构建公平竞争审查制度以促进中国竞争法体系的完善，同时科学有效地协调相关立法以促进中国竞争法体系的完善。

（二十三）完善农民合作社法

农民合作社法在中国特色社会主义法律体系中的地位相当特殊，但在我国农业和农村发展中的作用很大，对"三农"问题的解决有基础保障的作用。本章在调研的基础上，结合农民专业合作社法于 2017 年 12 月 27 日修订的内容与实施的问题，进行了深入分析和研究。

（二十四）完善跨国并购国家安全法律制度

党的十八届四中全会决定提出，要贯彻落实总体国家安全观，加快国家安全法治建设，抓紧出台反恐怖等一批急需法律，推进公共安全法治化，构建国家安全法律制度体系。笔者认为，在对外资跨国并购的鼓励和排斥之间找到平衡，考验着一个国家执政当局的智慧。跨国并购与国家安全是相辅相成、互为转化的辩证关系，对外资跨国并购"神圣化"和"妖魔化"两种极端观点都是错误的，运用法律制度，对外资跨国并购与国家安全的恰当平衡，是一个国家执政当局智慧的体现，是促进经济发展与维护国家安全的基石。

四、完善先进文化与社会治理法律体系

我国已经形成了具有中国特色的社会主义法律体系，但法律体系是需要不断发展和更新的动态系统，完善我国的法律体系，使我们的法律体系适应经济、社会的发展和满足人民群众的新期待、新要求，仍然需要付出艰辛的努力。文化和社会法律体系作为中国特色法律体系的重要组成部分，事关文化自信、民生问题、生存保障和民族未来，我国社会转型过程中日益突出的文化和民生问题需要通过法治手段予以解决。社会法律体系的完善应确立人本主义和公平正义的法治思维，通过立法保障民生，弘扬文化自信，强化立法、执法、司法各环节的公众参与；通过满足公众参与感，构建法治民主监督机制，完善法律文本的规范结构以回应民生问题和实现民族复兴。

（二十五）完善文化法律体系

文化立法是维护国家文化主权、实现公民文化权益、推动文化和谐发展、形成文化公共秩序的必要条件和重要基础。以党的十七届六中全会的决定为标志，我国的文化立法正在受到前所未有的关注和重视。本章首先概述了文化立法的功能与内涵，讨论了文化立法的宪法依据及其完善，分析了文化法律体系的构成及其进程；接着，强调应建立健全文化法律法规体系，加快文化立法，制定和完善公共文化服务保障、文化产业振兴、文化市场管理等方面法律法规，将文化建设的重大政策适时上升为法律法规，加强地方文化立法，提高文化建设法制化水平。

（二十六）完善公共文化服务保障与文化产业促进立法

公共文化服务保障法的核心主旨是"促进基本公共文化服务标准化、均

等化"，是文化领域的"社会保障法""政府义务法"和"人权实现法"，其在文化服务的内容、过程和实效上的社会协同法，是我国在市场经济和社会转型中，政府履行文化职能、社会保障职能的积极行政法。本章从立法角度着眼，围绕公共文化服务保障立法的规范设计，对实施该法进行了前瞻；对文化产业促进法的功能定位、基本内容、规范设计作了阐述。

（二十七）完善互联网立法体系

互联网时代带给法律和法学的冲击无疑是十分巨大的。党的十九大报告指出："增强改革创新本领，保持锐意进取的精神风貌，善于结合实际创造性推动工作，善于运用互联网技术和信息化手段开展工作。"由于现有法律规范是基于原来的现有空间而形成的对于现有行为模式的评价，而立法者和法律研究者并不可能预见到网络空间与网络行为模式的异样，因而有必要重新从网络空间、网络行为与网络主体角度进行法理学层面的思考。本章将研究网络空间与现有空间的区别，研究现有行为模式与网络行为模式的区别，并基于此解决网络给现有法律体系造成的各种冲突。本章从互联网立法的内容体系，互联网立法的方法论及其展开（网络现象考察与法律概念甄别，行为模式的考察与法律规则的演变，行为模式的类型化与新兴法律的协调）进行了深入分析，提出了值得反思的结论。

（二十八）大数据时代的法律体系完善与创新

现代社会，随着信息技术的发展，大数据的效用日益凸显，不但深刻地改造着传统商业，重塑人类的生活和思维方式，也正引领一场巨大的国家治理变革，成为"开启重大的时代转型"的力量。大数据的异军突起，对于形成未久的我国法律体系而言，无疑也意味着一场饱含机遇与挑战的重大变革：一方面，自大数据衍生而出的系列理念和方法固然可为体系完善的探索提供新的思路和视角；另一方面，立法也面临个人数据保护、政府数据开放、数据流通与交易、数据跨境流动等各种挑战，考验和敲打着稚气未除的法律体系。对此，如何把时代契机，借助大数据强大的创新和变革能力，为法律体系完善与创新找寻到更为科学的路径，成为当前及今后一段时期内，我国法治建设中不可回避的问题。

（二十九）完善文物保护和文化遗产法律体系

文化遗产法律体系是建设中国特色社会主义法律体系不可或缺的组成部

分。我国文化遗产保护法律制度主要包括以下三个方面：一是宪法及宪法性法律所确立的文化遗产保护基本依据和准则；二是物质与非物质文化遗产保护的专门性法律规范；三是与文化遗产保护相关的其他法律规范。我国文化遗产法律体系建设的基本目标，就是要建立起全方位保护文化遗产的法律制度，这也是我国文化发展和社会主义法制建设的一个重要任务。本章以《文物保护法》修订为视角对这些问题进行大致的梳理和探讨，以期对进一步完善我国文化遗产法律体系有所裨益。

（三十）完善宗教法律法规体系

我国宗教事务方面的立法工作取得重要进展，宗教事务法律制度框架初步确立，成为以宪法为核心的中国特色社会主义法律体系的组成部分。但同宗教工作面临的新形势新任务相比，同形成完备的宗教事务法律规范体系的要求相比，同宗教界人士和广大信教群众的期待相比，宗教立法工作还存在相对不适应、相对滞后的问题，必须按照全面推进依法治国的要求，从宗教工作实际出发，积极稳妥地推进宗教立法工作。当前，要努力提高宗教立法质量，抓紧修改《宗教事务条例》，继续完善相关配套制度。

（三十一）社会法律体系的完善与民生立法

民生法治保障是对民本主义和法本质功能的承继与回归，其发展必然加速社会法律体系的完善，社会法律体系的完善也必将促进民生法治的发展。民生立法应该反映人民群众的利益诉求，以人本主义和实现社会公平正义为指导，构建反映民主、公平、人权等价值的规范体系，不断完善社会法律体系，促进社会主义政治、经济和社会发展。具体的工作包括：民生性法律的规范构造，社会法律体系的完善（完善宪法中基本民生性权利的规定，加强民生专项立法）。

（三十二）完善卫生法律体系

在推进"依法治国"和"健康中国"的当下，健全医疗卫生法制，完善中国的医疗卫生法律体系，以法治的路径确保"健康中国"战略的实现，就成为必然的选择。本章基于对日本医疗卫生法律体系的结构、内容与特征的考察，得出完善我国医疗卫生法制的启示。

（三十三）完善食品安全治理法律体系

在食品立法内容及形式多元化的背景下，新兴的食品安全立法在"问题导向"下形成了"先行单行法、后立综合法"的立法路径。我国《食品安全法》取代《食品卫生法》成为食品安全治理领域内的基本法也迎合了综合立法替代卫生、营养、质量等要素的立法趋势。同时随着以食品行政监管为定位的部门行政法研究的深入，也丰富了有关食品安全治理的法学体系的科学架构，并可借此进一步推动这一行政领域法的法律体系建设。本章研究目的限于对食品安全及其法制的完善。故此侧重食品体系中与食品安全相关的问题、研究和监管，以便探讨完善我国食品安全治理的法制框架与构建路径。

（三十四）完善残疾人权益保护法律法规

改革开放近四十年来，残疾人权益保护法律法规日益健全，基本法律对残疾人权益提供了重要保护。但是，我国残疾人立法理念仍显落后，残疾人法治体系建设仍不完善，残疾人社会保障仍不完善。为此，应该：（1）树立新的残疾人立法理念；（2）建立一个政府主导、社会参与的残疾人法制体系；（3）建立合理的残疾人法的执行体系；（4）建立完善的残疾人法制体系。进而要就残疾人就业、教育、康复等进行立法，同时完善残疾人就业保障金征收制度、残疾人教育权程序救济制度、完善残疾人无障碍环境建设制度、完善残疾人康复权利司法救济制度等。

（三十五）完善公共服务法律制度

如何完善我国的公共服务法律体系，成为我国行政法治进程中的重大现实课题。在人性尊严理念、人权保障诉求和行政民主化潮流的支撑下，当前，应当建立健全以民主价值为核心的公共服务法律体系，包括公共服务法律体系的基本原则和制度框架，妥善解决我国服务行政的现实课题并辨识其发展趋势。

（三十六）完善社会组织立法

我国社会组织在公益慈善活动、优化社会管理方面的作用越发重要，同时也不能忽视其潜在的消极影响。在我国现有的社会组织法律框架下，除了三大条例之外，现有的政策、规制相对较多且呈碎片化态势，极具多样性、零碎性、重复性的特征，不利于行政和法律资源的有效配置，以及对社会组织法律、政策、规制的理解与应用。本章认为通过政策整理和规制整合，社会组织立法的法典化是一条最为合适的实践路径。结合我国社会组织生存和发展的需求实际，在社会组织法典中的法律功能导向上采取均衡模式、法律内容上采用行为法模式更优。

五、完善生态文明法律体系

党的十八届四中全会决定指出：用严格的法律制度保护生态环境，加快建立有效约束开发行为和促进绿色发展、循环发展、低碳发展的生态文明法律制度，强化生产者环境保护的法律责任，大幅度提高违法成本。建立健全自然资源产权法律制度，完善国土空间开发保护方面的法律制度，制定完善生态补偿和土壤、水、大气污染防治及海洋生态环境保护等法律法规，促进生态文明建设。在生态文明（环境）法律体系完善方面，要进一步加强生态法治建设，推进建成"两型"社会。健全自然资源资产产权制度和用途管制制度。形成归属清晰、权责明确、监管有效的自然资源资产产权制度，制定自然保护区法、自然遗产法。建立空间规划体系。制定能源法、可再生能源开发利用促进法，健全能源、水、土地节约集约使用制度。实施主体功能区制度，建立国土空间开发保护制度。建立生态环境损害责任终身追究制。制定生态补偿法，实行资源有偿使用制度和生态补偿制度。坚持谁受益、谁补偿原则，完善对重点生态功能区的生态补偿机制，推动地区间建立横向生态补偿制度。发展环保市场，推行节能量、碳排放权、排污权、水权交易制度，建立吸引社会资本投入生态环境保护的市场化机制，推行环境污染第三方治理。改革生态环境保护管理体制。建立和完善严格监管所有污染物排放的环境保护管理制度。保护国家生态安全，防范外来生物物种入侵。严格控制转基因风险。此外，还要抓紧有关国际公约的国内立法工作。

（三十七）完善环境法体系

目前我国立法当局确定的中国特色社会主义法律体系由 7 个部门法组成：宪法、民商法、行政法、经济法、社会法、刑法和程序法。我国环境法被分割为几部分，一部分以中华人民共和国环境保护法和其他污染防治专门立法为主的法律被归入行政法部门；另一部分是各种自然资源保护立法为主的法律则被归入经济法部门；还有少量立法被归入社会法部门。这种分割环境法的思路与国际上环境法发展趋势明显不同，虽然比较客观地反映了我国环境法的历史和现状，但也产生了一些值得关注的新问题。应以科学发展观看待中国特色社会主义法律体系，坚持"可持续发展"作为环境法的独有价值，坚持环境污染防治与自然资源保护并重和一体化调整，必须以绿色发展理念指导我国环境立法，环境立法要践行绿色发展理念。

（三十八）强化生产者的环境保护法律责任

生产者在市场活动中扮演着重要角色，是生产活动的重要承担者。20世纪以来，生产者责任随着工业化的进程和社会经济的发展不断发展和完善。生产者的责任，从单一的产品责任，发展到环境友好但仍以生产与产品为核心的生产者延伸责任，最后扩展到生产者的环境保护责任。强化生产者环境保护法律责任的提出，是以可持续发展观为指导，以绿色发展理念为核心，以社会经济发展与环境保护相协调为基础的。新《环境保护法》明确规定环境保护的基本国策及经济社会发展与环境保护相协调策略，并在基本原则中明确"保护优先"。新法的这种立法模式，调整经济社会发展与环境保护的关系，全面保障绿色发展理念的落实，也通过生产者环境义务、环境保护制度规定，强化了生产者的环境保护法律责任。

（三十九）完善自然资源和国土空间开发保护法律体系

国土空间开发保护制度属于生态文明建设法律制度中的预防性制度。生态文明建设法律体系以包括预防性制度、管控性制度和救济性制度在内的较为成型且彼此联结的法律制度作为其基本立足点。当前我国国土空间开发保护制度存在不少问题。对此，要实施全国主体功能区规划，实现主体功能区定位，调整完善从政策和法律法规到绩效评价一整套的制度体系，形成一种利益导向机制和精细化管理机制。

（四十）完善能源法律体系

我国现行能源法律存在的问题主要表现为能源立法体系不完整，能源立法间缺乏相互配合和衔接，以及能源立法与其他立法之间缺乏配合和协调三个方面。理想的能源法律体系应当是综合性且分行业的，具体来说，我国能源法律体系应然的基本框架应为两层的结构，由能源基本法作为统领，各部门能源法地位平等，相互独立并在联系中互相协调。而部门能源法中，根据其在产业链中的位置，可以分为煤炭法、原子能法等行业能源法，与节能能源法、能源监管法和能源公用事业法等能源监管与利用法。而在行业能源法中，又可以根据一次能源和二次能源的划分，分为石油天然气、煤炭等一次能源立法，与成品油市场管理法和电力法等二次能源立法。

（四十一）完善循环经济立法和地方经济立法

首先，对我国循环经济的发展现状进行了概括性描述。其次，梳理了我国循环经济立法的现状，对我国《循环经济促进法》的内容作了概述，从各个立法层次揭示出立法的不足，指出完善之道。最后，对地方循环经济立法的现实问题进行了深入剖析。

（四十二）京津冀协同的法治保障

京津冀地区的环境问题严重制约了三地经济和社会的可持续发展，要解决区域环境问题，就要突破现行分割式的发展模式，走生态环境协同保护之路。这是对三地以往环境治理模式的重大改革，须在法治框架内进行，发挥法律规范的引领和推动作用。因此积极探索建立区域环境协同立法保障机制，增强区域环境立法的科学性、有效性，无疑会为京津冀区域生态环境的协同保护提供重要的制度支撑和法律保障。

六、完善程序法律体系

中共十八届四中全会决定是我国加快建设法治国家的纲领性文件。该决定提出"推进以审判为中心的诉讼制度改革"，这一论断明确了改革我国诉讼制度的目标和基本任务。以审判为中心，不仅是一个法律概念的提出，一种诉讼理念的转变，而且应当体现为新型的诉讼制度安排。准确理解、切实贯彻以审判为中心，无疑是当前需要回答和解决的重大理论和实践课题。对民事程序法、刑事程序法、行政程序法，甚至非诉讼程序法的完善，关系到中国特色社会主义法律体系的程序化、科学化，应当在"推进以审判为中心的诉讼制度改革"理念下进行。

（四十三）新民事诉讼法的适用及完善

本章的主要建议是：调整法典体系，将《民事诉讼法》整合为总则、分则、附则3编，民事证据和执行程序可独立制定为《民事证据法》和《强制执行法》；完善基本原则。加强辩论原则和处分原则中当事人辩论权和处分权对法院的制约作用。构建协同诉讼模式，完善审前程序，建立以事实审为重心的一审制度，完善二审程序，完善再审程序。考虑三大诉讼证据制度的差异，建议单独制定《民事证据法》。目前，我国民事执行程序正由单纯的职权主义模式向职权主义与当事人主义的混合模式变迁，单独制定民事执行法极有必要。

（四十四）刑事诉讼法的适用及完善

以审判为中心是包括刑事诉讼在内的三大诉讼的应有之义。在刑事诉讼领域推进以审判为中心诉讼制度的改革，必须在立法层面即刑事诉讼法中贯彻以审判为中心，即实现刑事诉讼原则、制度和程序以审判为中心的构建。只有刑事诉讼立法实现了以审判为中心，刑事诉讼实践才能做到以审判为中心。我国刑事诉讼法第二编、第三编、第四编等各程序编的构造体例未能体现以审判为中心的诉讼理念；第一编总则关于基本原则、管辖、回避、辩护、证据、强制措施的规定也未能按照以审判为中心的诉讼理念进行设计。为此，根据以审判为中心的诉讼理念，对我国刑事诉讼制度进行全面、系统地检讨与反思，是十分必要的。

（四十五）行政诉讼法的适用及完善

1989 年出台的《中华人民共和国行政诉讼法》（下称《行政诉讼法》）存在诸多缺陷。为解决这些问题，最高人民法院在原《行政诉讼法》颁布实施后，于 2015 年 4 月 20 日公布了《最高人民法院关于执行〈中华人民共和国行政诉讼法〉若干问题的解释》，共 27 条。但原《行政诉讼法》的结构性缺陷是司法解释无法解决的，故原《行政诉讼法》的修改工作被纳入立法计划，并于 2014 年 11 月通过了修正案。未来行政诉讼法的修改在以下方面将是重中之重：贯彻优先保护公民合法权益原则、扩大行政诉讼受案范围、扩大行政诉讼人参加范围、扩大行政诉讼救济范围，坚持行政争议解决机制中的司法最终性。

（四十六）完善非诉讼纠纷解决机制法律体系

本章阐述了我国多元化纠纷解决机制立法的现状与不足，提出要制定多元化纠纷解决机制基本法，完善民事诉讼法关于多元化纠纷解决机制的规定。在这个领域的主要工作是：制定《社会调解法》，建立联动解纷模式，完善《仲裁法》，增强非诉程序法律效力。在具体非讼程序法的完善方面，需要统一非讼程序称谓，调整非讼程序类型，完善宣告失踪和宣告死亡程序，完善公示催告程序，完善督促程序，等等。

七、完善法律体系的实践创新

（四十七）完善法律体系与人大立法创新

党中央高度重视我国社会主义民主政治、人民代表大会制度建设和人大工作，作出一系列重大决策部署。全国人大及其常委会按照"总结、继承、完善、提高"原则，认真履行宪法、法律赋予的职责，坚定坚持党的领导、人民当家做主、依法治国有机统一，大力推进人民代表大会制度理论和实践创新，开创了人大工作新局面。章内各节从不同方面作了综述性和总结性研究。

1. 党的十八大以来全国人大体制创新与立法工作概述。党的十九大报告指出："人民代表大会制度是坚持党的领导、人民当家做主、依法治国有机统一的根本政治制度安排，必须长期坚持、不断完善。要支持和保证人民通过人民代表大会行使国家权力。""健全人大组织制度和工作制度，支持和保证人大依法行使立法权、监督权、决定权、任免权，更好发挥人大代表作用，使各级人大及其常委会成为全面担负起宪法法律赋予的各项职责的工作机关，成为同人民群众保持密切联系的代表机关。完善人大专门委员会设置，优化人大常委会和专门委员会组成人员结构。"

本节立意高远，从全国人大在国家法治建设中的定位与功能角度展开论述。首先，分析了新时期我国民主法治建设的指导思想和原则，总结以人民为中心是治国理政的基本理念，人民代表大会制度是坚持党的领导、人民当家做主、依法治国有机统一的根本制度安排等论断。其次，总结了党的十八大以来人民代表大会制度的理论和实践创新，包括：健全宪法实施和监督制度；修改《选举法》，完善人大代表选举制度；对《立法法》作出重大修改；完善立法体制机制；对《预算法》作出重要修改，完善财政预算制度；加强县乡人大工作和建设，夯实我国地方国家政权基础；等等。最后，总结了全国人大及其常委会依法行使职权，为相关改革试点工作提供法律依据和支持的各项工作，如及时作出有关改革试点工作的授权决定等，打包修改相关法律，加快国家安全法治建设等。

2. 人大主导立法工作的理论探索。党的十八届四中全会决定提出"健全有立法权的人大主导立法工作的体制机制，发挥人大及其常委会在立法工作中的主导作用"。党的十九大报告再次强调要发挥人大及其常委会在立法工作中的主导作用，这是新形势下加强和改进人大立法工作的一个重要着力点，也是充分发挥立法引领和推动作用的必然要求。人大主导立法，是指享有立法权的人大及其常委会在制定规范性法律文件的过程中，相较于其他主体而言处于更优势地位，且对于整个过程具有主导作用。本节围绕人大主导立法的理论渊源与实践问题，综述了人大立法与常委会立法的关系，人大立法与行政立法的关系，人大主导立法与政协协商的关系，完善对人大立法权的监督以及发挥人大立法主导作用的建议；围绕人大立法的体制机制改革问题，讨论了立项机制、法规起草、审议机制、立法协调四个环节；综述了人大协商立法的理论渊源、协商主体、协商方式；讨论了人大代表作用发挥的问题与优化途径。

3. 科学立法。当前我国加强科学立法的要求是：第一，尊重和体现规律，使法律准确适应改革发展稳定需要，积极回应人民期待，更好协调利益关系，通过增强立法的协调性、及时性、系统性、可执行性和可操作性，使法律法规、规章条例立得住、行得通、切实管用。第二，创新立法思维，依据改革举措，从经济社会发展的实际问题和重点领域出发，制定科学的立法规划和立法工作计划，按照立法项目的轻重缓急组织实施。坚持立改废释并举，全方位推进立法工作。第三，在抓紧制定急需法律规范的同时，更加注重法律修改、废止和法律解释，需要修改的法律按照程序及时修改和清理，需要赋予合法性的制度措施及时得到法律授权，使重大改革于法有据、有序进行，实现从粗放型向集约型立法的转变。以专门立法推进立法技术的标准化。第四，建立和完善立法决策支持系统，为科学立法提供智力支持，包括建立专家咨询系统和立法信息应用系统。第五，探索和创新立法选项机制、法案起草机制、立法协调机制、立法后评估机制、法的清理工作机制、法律法规配套机制立法工作机制。学理上的科学立法问题可以透过时间、工具、实效、成本四个维度分别探讨。至于科学立法的实现方式，大体可以总结为统计研究以求实、观古论今以明理、洞见时弊以求真、未雨绸缪以防患四个方面。

4. 民主立法。民主立法是当代立法的重要理念和本质要求。在我国，民主立法是社会主义民主政治的内在要求，是坚持党的领导、人民当家做主和依法治国有机统一的具体体现，是我国民主进程在立法工作中的集中反映。它要求立法主体、立法程序和立法内容均要体现民主性。坚持民主立法，对于保障公民行使国家管理权，提高立法质量，实现公平正义，维护社会和谐稳定，具有重要意义。本节探讨了民主立法的要义和主流共识，总结了民主立法实践中的经验与问题，提出了当前加强民主立法的具体措施，要求发挥网络民主立法的作用，鼓励多样化的立法参与形式。

5. 立法实效与立法体制创新。解决政府立法中的"部门本位主义"十分重要，它是造成相关行政法律法规存在漏洞（立法滞后、操作性差、责任不明确）和行政执法主体混乱、执法趋利、执法随意等问题的主要原因。合理设置各级政府及其所属部门的法定职权是提高立法质量的起码要求。政府立法质量必须采取以下六个维度的综合评价标准（政治标准、法律标准、发展标准、先进性和超前性标准、实践检验标准以及公众满意度标准）。当前，地方立法与社会发展的需要还有较大差距，如立法内容与上位法雷同、法规立项重点不够突出、起草机制不够科学、法规可操作性不够强、清理机制不够完善、民主立法有待进一步加强等。加强地方立法，应坚持合法性原则，防止地方保护主义；建立公众参与机制，扩大民众参与范围；贯彻可持续发展理念，规范立法语言。

6. 人大代表间接选举机构制度的立法完善。"衡阳破坏选举案"发生在地市级人大而波及省级人大，"辽宁拉票贿选案"则发生在省级人大而波及最高权力机关。几乎在同一时间、不同地点、不同层级的人大选举中接连发生"塌方式"的贿选事件，使最高国家权力机关开始反思人大代表贿选带来的深刻教训。本节提出了应对拉票贿选案的政策建议，包括继续保持反腐败的高压态势，坚决打击、果断查处，彰显中央的态度和决心；积极回应实践中提出的问题，完善制度、扎紧篱笆，维护法治的权威和尊严；切实保障人民当家做主的地位，加强监督、营造氛围，保障民主的生机和活力。此外，本节还从近期和远期两个方面对人大代表间接选举制度的立法完善进行了探讨。

（四十八）完善法律体系与授权立法、政府立法、司法解释

党的十八届四中全会通过的《中共中央关于全面推进依法治国若干重大问题的决定》提出："建设中国特色社会主义法治体系，必须坚持立法先行，发挥立法的引领和推动作用，抓住提高立法质量这个关键。"加强立法工作组织协调，是新形势下加强和改进立法工作、提高立法质量的重要着力点。能否妥善协调好各方面关系，是立法工作能否顺利进行、立法后能否顺利实施的关键，以下几章均要解决此问题。

1. 政府法制统一研究。坚持和维护社会主义法制统一，是加强民主法制建设、做好立法工作的内在要求。我国实行统一而又分层次的立法体制，纵向看包括中央立法和地方立法，横向看包括权力机关立法和行政机关立法。由政府立法本身的特点和社会主义法制统一的要求所决定，政府法制统一要求政府立法与人大立法之间相协调、政府立法内部相协调。但是，行政法规与法律之间，国务院部门规章与法律、行政法规之间，地方政府规章与法律、行政法规或者地方性法规之间存在纵向冲突；行政法规之间、部门规章之间和地方政府规章之间存在横向冲突；国务院部门规章与地方性法规之间、国务院部门规章与地方政府规章之间存在斜向冲突，这些均需要高度注意。减少政府立法冲突、维护政府法制统一的对策大体有四个方面：（1）明确政府立法权限划分；（2）加强各政府立法主体之间的沟通与协调；（3）加强备案审查、改变和撤销制度；（4）加强法规清理。

2. 授权立法制度的发展与完善。本节意在探究授权立法的理论基础，继而回顾新中国成立以来授权立法的发展历程，剖析授权立法存在的问题，通过对比不同国家授权立法的现状，借鉴吸收相关经验，进一步寻找授权立法的完善路径。

3. 立法与司法解释关系研究。"两高"的司法解释是一个极具中国特色的法律现象，就其性质而言不属于立法。但在改革实践中，"立法的有意沉默"与"禁止司法沉默"之间所形成的张力，在客观上为司法机关通过自我授权扩张解释权限提供了条件。立法机关的"简约型"立法在客观上形成了授权的事实，司法机关由此承担起经验性的立法实验任务，并在一段时间的实验之后将分散的司法经验素材进行系统化。现有的有关司法解释的研究对于此种制度性实践的关注还相当不足，既缺乏经验层面上的对于立法机关和司法机关之间往返反馈的合作机制的详尽描述，更缺乏实践功能层面上的对于立法权和司法权之间关系的深入反思。本节以全国人大常委会公开征求意见的《民法总则（草案）》作为分析对象，在客观描述的基础上，从制度功能的角度深入反思我国司法解释所具有的"试行立法"功能，以及立法机关在今后应当如何处理与司法机关的这种"合作反馈"关系。

（四十九）完善法律体系与地方立法创新

1. 地方立法与法律体系的完善。地方立法是法律体系的重要组成部分，地方立法质量的提高对于法律体系的完善具有重要价值。但对于地方立法主体特别是新获得授权的设区的市来说，还属于"新手上路"，从制度建设到实践运作都缺乏经验，在依法治国新形势下面临着各种挑战，如地方立法的公众与第三方参与，如何实现地方立法协调，如何监督和防范部门利益和地方保护主义法律化，等等。本节从地方立法的法制统一性与地方创新性研究，地方立法的公众参与研究，第三方参与地方立法研究，地方立法协调研究，监督和防范部门利益和地方保护主义法律化研究等五个方面进行了梳理。

2. 地方立法的制度创新与相关问题。本节首先回顾了新中国成立以来地方立法权的四个发展阶段，阐述了地方立法权的宪法依据及其的意义。其次，深入分析了当前地方立法权存在的问题，诸如：（1）加大省级人大常委会负担；（2）特定市事前审批监督机制存在问题，不利于激发地方立法的活力；（3）地方立法与上位法相抵触，危害中央立法权；（4）地方立法民主性不足；（5）激发地方保护主义；（6）地方立法行政色彩浓厚。最后，提出了地方立法制度创新与解决思路：（1）采取成熟、渐进的方式赋予设区的市地方立法权；（2）加强地方立法民主性；（3）加强立法科学性；（4）加强立法部门与司法部门的沟通；（5）明确地方立法与中央立法的"抵触标准"；（6）完善以备案制度为主的立法监督制度。

3. 设区的市立法面临的问题与完善途径。新《立法法》对于地方立法权制度的修改，赋予了所有设区的市地方立法权。本节从地方立法权的制度沿革入手，探讨在国家治理中地方立法权的发展变化；进而梳理总结设区的市地方立法权在权属性质及权限范围上的地方实践与问题挑战，分析设区的市地方立法权的合宪性与合理性争议，以期对于设区的市地方立法权的行使有所裨益，引发更多理论与实务界的关注和研究。

（五十）完善法律体系与立法评估创新

1. 立法评估综述。"后法律体系"时代，立法评估成为提高立法质量、发挥立法先导作用，全面推进依法治国的重要抓手。根据立法过程的不同阶段，可以分为立法前评估、立法中评估和立法后评估。目前立法评估的主要任务集中于对法律实施效果的考察。

2. 立法前评估。与相对成熟的立法后评估机制相比，立法前评估工作刚刚起步，2011年青岛市人大率先进行了立法前评估工作的探索，而后浙江省、辽宁省大连市才开始开展类似的工作，其中浙江省2014年印发的政府立法项目前评估规则的通知，是我国立法前评估工作规范化的开始。立法前评估研究亟待学界和实务界关注。

3. 立法后评估。立法后评估作为国内外法学界公认的评价法律完善与否的重要手段，适应我国法制建设的要求，并以其制度内涵的公正性、民主性、公开性和科学性而受到法学的学界和立法机关的广泛关注。检验立法工作和现行法律法规优劣好坏的标准只能是其实施效果和文本质量。对地方性法规和地方政府规章进行"立法后评估"，不仅是地方进行高质量立法的有效途径，也是维护国家法制统一的有效措施。当前的立法后评估，在客观上更需要对以静态性、稳定性为特点的法律规范进行纠偏矫正，及时弥补立法漏洞。

（五十一）完善法律体系与立法评估标准的确立

立法评估标准是整个立法评估理论与实践中最为重要的组成部分。客观、科学、全面的立法评估标准能够产生客观真实的立法评估效果，从根本上提高立法质量，实现科学立法；而主观性强、任意性大、片面化的立法评估标准则会减弱甚至破坏立法评估效果，从而可能误导立法方向，降低立法质量。本章是前一章内容的自然延续与深化。本章首先，研究了立法评估标准确立的途径以及影响立法评估标准客观性的因素，由此为论证一般意义上的立法评估标准提供了可能；其次，就立法评估标准包括的主要内容作论证说明，指出立法评估标准是多向度的，既有应然意义上的，也有实然意义上的；最后，在逻辑推理、价值评判以及实证分析的基础上了提出一般意义上的立法评估标准，并就提出的四类立法评估标准的具体内容和体现进行论证阐述，也为进一步完善立法评估标准问题提供了理论依据和基础。

第三节　问题导向和理论创新

一、问题导向

当前我国的改革开放正处在"深水区"和"转型期"，其在快速成长的同时也积累了许多矛盾和问题，需要我们以更大的政治勇气和智慧，不失时机深化重要领域改革，及时有效地解决和克服这些矛盾、困难，坚决破除一切妨碍科学发展的思想观念和体制机制弊端，加快推进社会主义民主法治制度化、规范化、程序化，从各层次各领域扩大公民有序政治参与，形成系统完备、科学规范、运行有效的制度体系，实现国家治理体系和治理能力现代化、法治化，促进社会公平正义、增进人民福祉。

实事求是地讲，我国现有法律体系中不协调、不一致、体系性不强的问题依然突出，立法工作中存在部门和地方利益法律化的问题、争权诿责现象并不鲜见。有的法律法规未能全面反映客观规律和人民意愿，针对性、可操作性不强；有的法律规范缺乏应有的科学性、民主性及合理性，互相冲突、自相矛盾，使执法者和司法者无所适从；有的法律法规文字过于笼统，原则性大于技术性，内容不够精细完备，存在空洞抽象、逻辑模糊以及法律漏洞的现象；有的过时法律法规未能及时被修改、被废除或者被作出立法司法解释，产生十分高昂的法律成本。经济社会越发展，人民群众对美好生活的盼望越强烈，加强和改进立法的任务就越艰巨。

面对党和国家未来更为艰巨的使命，习近平强调要以问题为导向，以提高立法质量为重点，进一步加强和改进立法工作。"国无常强，无常弱。奉法者强则国强，奉法者弱则国弱。"[1] 他深刻地指出："人民群众对立法的期盼，已经不是有没有，而是好不好、管用不管用、能不能解决实际问题；不是什么法都能治国，不是什么法都能治好国；越是强调法治，越是要提高立法质量。"[2] "形势在发展，时代在前进，法律体系必须随着时代和实践发展而不断发展。"要完善立法规划，突出立法重点，坚持立改废并举，提高立法科学化、民主化水平，提高法律的针对性、及时性、系统性。要完善立法工作机制和程序，扩大公众有序参与，充分听取各方面意见，使法律准确反映经济社会发展要求，更好协调利益关系，发挥立法的引领和推动作用。[3] "加快完善法律、行政法规、地方性法规体系，完善包括市民公约、乡规民约、行业规章、团体章程在内的社会规范体系，为全面推进依法治国提供基本遵循。"[4]

---

① 韩非子·有度.
② 习近平. 在十八届中央政治局第四次集体学习时的讲话. 2013-02-23.
③ 习近平. 在庆祝全国人民代表大会成立 60 周年大会上的讲话. 2014-09-05.
④ 加快建设社会主义法治国家坚定不移走中国特色社会主义法治道路. 求是，2015（1）.

二、创新之处

针对诸多理论、制度与实践中的问题，本课题研究的创新之处主要有：

（一）转变研究思路，注重对已形成之法律体系的反思和审视

本课题在中国特色社会主义法律体系已经形成、全面建设法治体系的历史背景下，适应中国社会发展和法治进程的需要、回答人民群众的重大关切，在与以往研究有所区别的意义上审视并重新厘定本课题的研究思路和意图，注重对于现有法律体系的反思和审视。其一，本课题将系统研究"以宪法为核心的中国特色社会主义法律体系"的相关范畴、彼此关系、基本原理，分析和揭示法律体系理论建构及其实践中所体现出来的基本特征，归纳和总结中国社会转型、国家发展、人权进步对完善的法律规范体系以及相应的法治实施、保障、监督体系的制度需求，从而为进一步完善以宪法为核心的中国特色社会主义法律体系提供坚实的理论基础。其二，本课题研究坚持上下有序、内外协调、体系完整、动态平衡的原则。要适应社会经济发展科学划分法律部门，重要的社会关系必须由法律调整，法律规范必须明确、肯定、具体，具有可诉性和可操作性，各部门法之间、各种不同渊源的规范性法律文件之间要彼此衔接、和谐一致。要处理好社会公平与经济效益的辩证关系，处理好法律稳定性与制度适应性的关系，处理好党内法规体系和国家法律体系的关系，处理好国内法与国际法的关系。在宪法中确认我国批准的国际条约、认可的国际习惯是中国特色社会主义法律体系不可或缺的组成部分，进一步明确国际条约、国际习惯在我国的适用方式，明确国际条约、国际习惯在中国特色社会主义法律体系中的效力等级。其三，本课题研究将抓住提高立法质量这个关键。要恪守以民为本、立法为民理念，贯彻社会主义核心价值观，使每一项立法都符合宪法精神、反映人民意志、得到人民拥护。要把公正、公平、公开原则贯穿立法全过程，完善立法体制机制，坚持立改废释并举，增强法律法规的及时性、系统性、针对性、有效性。

（二）创新思想理念，注重对经济社会发展的重点问题和人民群众重大关切的回应

本课题将摆脱传统的部门法框架的束缚，摒弃"为完善而完善"和"为立法而立法"的陈旧理念，从经济社会发展的实际问题和人民群众的重大关

切出发，改变既有研究因因相袭的"拼盘子"的做法。要深入贯彻落实党的十八届四中全会精神，本着从实际出发的指导思想和创新立法理念的精神，从改革开放和现代化建设的新形势新任务出发，从十八届四中全会"加强重点领域立法"考虑，不贪大、不求全，针对我们在前进中遇到的新问题新挑战，以经济、政治、文化、社会和生态建设的重点领域和关键环节改革为中心，根据党中央的战略部署，把完善中国特色社会主义的研究重点放在对经济社会发展有重大影响的项目上，放在积极回应人民群众的重大关切上。

（三）加强基础研究，注重对宪法在中国特色社会主义法律体系中核心地位的深入分析

本课题紧扣十八届四中全会提出的"健全宪法实施和监督制度"的要求，深刻认识依宪治国、健全宪法实施和监督对于完善中国特色社会主义法律体系的重大意义。基于此，将宪法真正当作法律，将具体的实定宪法而非抽象的宪法理念作为研究的对象，摆脱宏大叙事的影响，主要运用规范解释的、概念的、逻辑的和体系化的思维建构实施宪法的规则体系，注重对于宪法在中国特色社会主义法律体系中核心地位的具体内涵的深入分析，确保宪法真正成为我们国家法秩序乃至整个社会秩序的基础和边界。

（四）坚持系统设计，注重完善中国特色社会主义法律体系进程中的统筹兼顾

本课题将从改革开放和现代化建设的新形势新任务出发，针对我们在前进中遇到的新问题新挑战，以经济、政治、文化、社会和生态建设的重点领域和关键环节改革为中心，避免既有的研究在各个子部分的层面过于分散的缺陷，处理好重点与非重点、全局与局部、体系稳定性与改革变动性的关系，寻求一条能够凝聚最大多数人共识的主线，着力解决全面深化改革进程中的深层次社会矛盾，坚持系统设计、整体推进，注重完善中国特色社会主义法律体系进程中的不同部分、不同层面的统筹兼顾。

（五）紧密联系实际，注重多学科综合视角对完善中国特色社会主义法律体系的突出作用

本课题将深入理解党的十八届四中全会所提出的"全面推进依法治国是

一个系统工程，是国家治理领域一场广泛而深刻的革命，需要付出长期艰苦努力"，清醒地意识到理论不能离开中国的实践，正视单一的传统法学视角可能具有的缺陷与不足，综合运用政治学、经济学、社会学等多学科的综合视角和交叉视角，从客观现实矛盾中准确地把握待解决的问题与社会关系的发展规律，有效地应对和解释各类社会问题，将其转化为法律问题，从而将本课题的研究牢牢地建立在中国实践的基础之上。通过打破学科研究的壁垒，扩展研究视野，促使研究深入，从而推进中国特色社会主义法律体系的完善。

（六）突出相互融通，注重理论法学与部门法学、社会现实与法律规范、理论体系与法律实践之间的勾连

本课题的研究有利于我们更好地从整体上把握理论法学与部门法学、社会现实与法律规范、理论体系与法律实践之间的内在关联。法律体系是对各部门法的整体性认识，把个别化的部门法放在法的整体中来把握。只有这样，才可能形成协调的法律体系。毫无疑问，法律体系的建构是理性的产物，但它必须有各个部门法立法的基础，理性的作用在于从表面上分散无序的规范性文件中发现它们之间的内在的逻辑联系。可见，法律体系是联结法学理论和部门法的桥梁。如何构建一种既能保持相对稳定又具有一定程度的自我更新能力的法律体系，是现实给我们提出的要求。对于处在急剧社会转型期的中国而言，这种要求更加迫切。要通过对波澜壮阔的当代中国法治实践进程的科学分析，总结当代中国法律体系在不同历史时期的不同特点，并将中国特色社会主义法律体系问题与各个部门法的现实发展相结合，与立法、司法、执法、守法和法律监督的法治运作过程相结合，动态、立体、客观地描述"法治中国"的发展现状，研究和解决理论与实践中碰到的重大问题。如何使社会规范与中国特色社会主义法律体系形成一个相互融通的整体，构建动态的、发展的中国特色社会主义法律体系，是本课题研究的一个主要特色。

党的十九大作出了中国特色社会主义进入新时代、我国社会主要矛盾转化为人民日益增长的美好生活需要和不平衡不充分的发展之间的矛盾等重大政治论断，深刻阐述了新时代中国共产党的历史使命，确定了全面建成小康社会、全面建设社会主义现代化国家的奋斗目标，对新时代推进中国特色社会主义伟大事业和党的建设新的伟大工程作出了全面部署，也为完善以宪法为核心的中国特色社会主义法律体系提供了思想指引。我们要在深刻领会党的十九大关于社会主义经济建设、政治建设、文化建设、社会建设、生态文明建设、国防和军队建设、港澳台工作、外交工作、党建等重大部署的基础上开展研究，在深刻认识中国特色社会主义的成功对马克思主义和科学社会主义的重大意义的基础上开展研究，切实增强中国特色社会主义道路自信、理论自信、制度自信和文化自信，面向决胜全面建成小康社会，面向 2035 年法治国家、法治政府、法治社会基本建成以及国家治理体系和治理能力现代化基本实现，做好新时代中国特色社会主义法律体系顶层设计。

新时代中国特色社会主义的发展，对我们党依宪治国、依宪执政提出了新的更高要求。为适应形势任务变化，党的十九届二中全会审议通过了《中共中央关于修改宪法部分内容的建议》，三中全会审议通过了《中共中央关于深化党和国家机构改革的决定》和《深化党和国家机构改革方案》，第十三届全国人民代表大会第一次会议审议通过了《中华人民共和国宪法修正案》《监察法》和国务院机构改革方案，全票选举习近平同志当选国家主席并由习近平同志进行宪法宣誓。第五次宪法修改的崇高任务已经完成，宪法确立的新国家监察体制已经高效运行，党和国家机构改革正式拉开帷幕。这些党和国家领导体制的重大变革必然也应该融入我们对完善以宪法为核心的中国特色社会主义法律体系的研究之中，深刻认识宪法修改的重大意义，积极支持国家监察体制改革、切实推进党和国家机构改革，从而使我们的理论研究始终与实践相结合，取得扎扎实实的学术成果。

第一编
完善法律体系的基础理论研究

本编导言

完善以宪法为核心的中国特色社会主义法律体系的"基础理论研究"，就是纵览古今，研究"法律体系"是什么、怎么样；比较中外，研究"中国特色社会主义法律体系"是什么、怎么样、会怎样。具体而言，其是从法哲学—法理学基本原理出发，立足于法律体系的历史演进、当代实践、本体规范、立法理论的深度研究，深入系统地讨论"以宪法为核心的中国特色社会主义法律体系"重大理论问题。

本编第一章从中国古代以礼为核心的"混合法"体系，中国古代法律文化的主要内容、特点及影响，从中华法系、中国特色法律体系到新中华法系三个方面，回溯中国法律体系演进的历史，发现中国古代"以礼为主导"的混合法体系及自下而上形成的礼的崇高地位就值得我们在当今的法治发展中加以借鉴。"以礼为核心"的古代混合法体系告诉我们只有将宪法作为目的追求时，法律体系才能和谐，法治才能得到社会的认可。只有像古人尊崇礼那样尊崇宪法，宪法才能真正地维护每一个人应有的权利并将"权力关进笼子"。也唯有此，宪法才能真正地成为今日的"根本大法"。我国古代法律文化具有：（1）法律包容性大，体制稳定性强；（2）礼刑相辅相成，儒法会通合流；（3）强化伦理道德，维护宗法制度；（4）皇帝总揽大权，行政干预司法；（5）刑罚手段严酷，定罪讲究规格；（6）争纷调处解决，以求息讼和睦；等等特点，其对我们正在建设中的当代法律体系有重要借鉴意义。传统中华法系在1912年解体，只是意味着传统中华法系从形式上退出历史舞台，但并不意味着传统中华法系的实质内容对后来的中国法制不再产生作用。不仅如此，还开始了中华法系的复兴进程，而这一进程从实质内容上来说，只有经过中国特色法律体系的荡涤这一不可逾越的历史阶段，才能达到彻底复兴中华法系或者实现新中华法系的再造。新中华法系发挥世界性的重大影响，还需要随着中国特色社会主义法律体系的完善和不断被其他国家仿效而最终获得实现。

第二章为完善法律体系的当代研究。首先，在36篇博士论文、85篇硕士论文以及100余篇其他参考文献的基础上对我国当代法律体系主题研究进行了系统综述，具体包括法律体系的概念、法律体系与社会主义制度、法律部门的分类、关于新增法律部门的探讨等领域。其次，对占主流地位的"七部门说"的合理性与缺陷进行辨析，探讨了经济、政治、文化、社会和生态五大重点领域的立法实践及其效果，提出关于法律部门划分的相关建议。再次，围绕中国社会转型的特殊时代背景和实现国家治理体系与治理能力现代化的特殊时代任务，深入研究我国法律治理转型的社会背景、社会转型中的治理困境，探讨法律体系分析之于基本人权和人本主义、政治国家/市民社会、国家主义和宪制实践的意义等。最后，对当代国家建设中的大规模立法运动进行了客观中立的学术探讨，分析不足，总结特点。

第三章为完善法律体系的规范研究，基于"从可能的到完善的法律体系"这一中心思想，认为一个兼具确定性与开放性、安定性与正确性、程序性与动态性的法律体系，就是一个完善的法律体系，它不可能是纯粹可演绎的、无矛盾的、完全的、封闭的，但必须是具有实践合理性的。首先，对法律渊源体系、法律关系体系、法律权利体系、法律部门体系作了规范上的比较。其次，就法律体系的"内"与"外"、原则维度与规则维度进行讨论，提出法律体系的完善路径。最后，分别从规范法学、自然/价值法学等多重角度讨论了法律体系完善的内外意涵。

第四章为适于法治的法律体系模式，首先提出自近代以来关于法律体系的认知大体上可以归纳为公理模式、价值论模式和规范论模式三种。继之在阐述和澄清法律体系之阶层构造模式与规则—原则模式的基本内容的基础上，从法治模型的角度来比较这两种模式的优劣，最后在阶层构造论的基础上为"规则—原则"模式提供一种相对完整的结构理论。由此证立"规则—原则"模式是一种更适于法治的法律体系模式

法律体系建构理论依赖于立法理论的深刻与完善，严谨且合乎逻辑的法释义学对当下中国完善以宪法为核心的法律体系进程意义重大。一般而言，立法学偏重于立法体制、立法指导思想、立法原则、立法政策、法律价值等

重大问题，法释义学则关切实证法的规范效力、规范的意义内容，以及法院判决中包含的裁判标准，是法律获得理性化、合法化认知的必要途径。第五章首先提出了构建基于法释义学的立法学体系的重大课题；其次，就法教义学对立法的影响特别是积极影响展开了研究；再次，细致梳理了法律语言明晰性与模糊性相关的理论命题，为立法语言和立法建构提供理论支撑；最后，围绕完善和加强立法程序的规范立法与阐释研究提出了一系列建言。

第一章

完善法律体系的历史研究

第一节　中国古代以礼为核心的“混合法”体系

法律在起源时，不同文明所面临的问题有相同之处和不同之处；同样，随着人类社会的发展，不同文明中的法律体系与模式也既有共同的规律，又有各自的特征。近代不同文明在相互的冲突与融合中，每一个国家和地区的法律发展都面临着兼顾法治发展的共同趋势又须保持自身传统特色的问题。将古代社会“以礼为核心的混合法”体系转化为现代社会“以宪法为核心”的法律体系，在现代中国的法治发展中实为“古为今用”之关键。

本节的论述将重点放在对以礼为核心的“混合法”体系的“借鉴”之上，即论述古人所缔造的这种在中国古代行之颇为有效的法律体系对当下法治发展的影响和意义。①

一、混合法体系定义与实践

就法的体系而言，以近代大陆法系、英美法系为参照，中国古代法无疑

① 关于中国古代社会法律体系的描述，武树臣．中国法律样式．北京：台海出版社，2004；武树臣．中国法律文化大写意．北京：北京大学出版社，2011；武树臣．中国“混合法”引论．河北法学，2010（2）；马小红．混合法的制度设计：“法律”与“法官”的折中．河北法学，2010（2）；李力．发现最初的混合法：从睡虎地秦简到张家山汉简．河北法学，2010（2）；武建敏．混合法的哲学之维．河北法学，2010（2）；黄震．发现中国“混合法”——一个中国法学概念的学术史考察．河北法学，2010（2）．

是"混合"的，其表现在既重视制定法的颁行，又重视法官在司法实践中依据法的精神"创造"的判例。折中立法与司法之间的矛盾，兼顾法律与法官的权威，平衡法律与社会道德、风俗等其他规则的关系是数千年中国法律发展中时时面对并致力于做到最好的问题。中国古人重视法的"确定性"，但并不赞同为制定法的"确定性"而牺牲法的实质正义；重视官吏在司法裁断中的造法创制，但并不主张为此而付出损害法制权威的代价。法律条文是官吏裁判的依据，但在条文有所不周或礼法产生矛盾之时，裁判者的自由裁量是制度所允许的，甚至支持的。如果法官不顾人情、天理，只是一味地"守文定罪"，那么这个官员的水平和能力就会受到人们的质疑。[①] 可以说中国古代法的传统既不像大陆法系那样偏重法典的周全，也不像英美法系那样偏重判例的指导，而是走了一条两者兼而有之的"中庸"之路。我们姑且名之为"混合法体系"以示特色。这种"混合"的特征，经历了两千余年的发展，对当下法制的影响亦不可低估。

混合法有两层含义，一是制定法与判例法相结合，如荀子所言"有法者以法行，无法者以类举"[②]。这句话的意思就是，在审判中有法条就依法条，没有的话就按照判例和法律所要体现的精神来裁判。"以法行"与"以类举"的结合，克服了判例法和制定法的天然缺欠，而使两者的优势相结合。其实，这种制定法与判例法合二为一的体系与现代美国法学家卡多佐所言的观点也是不谋而合的，卡多佐言："法律是一个由规则、原则和行为标准组成的有机整体，当面对新的案件时，需要对它进行梳理、筛选和重塑，并根据特定的目的加以适用。这是一个试错（trial and error）的过程，试错的过程产生判决，也会赋予其自我创造的权利。"[③] 荀子思想与卡多佐的主张穿越时空的契合，说明混合法中包含着法律实践中的普遍规律。二是法律规范和非法律规范相结合，比如法律与道德、法律与风俗、法律与伦理等。法家言："赏誉同轨，非诛俱行。"[④] 这句话的意思就是，国家所提倡并给予奖赏

---

① 贞观政要·刑法．贞观五年（公元 531 年）太宗下诏："比来有司断狱，多据律文，虽情有可矜而不敢违法。守文定罪，惑恐有冤。自今门下省复有据法合死，而情有可矜者，宜录状奏闻。"

② 荀子·王制．

③ 本杰明·N. 卡多佐．法律的成长．李红勃，李璐怡，译．北京：北京大学出版社，2014：64.

④ 韩非子·八经．

的，一定是舆论所称赞的；国家所禁止并惩罚的，一定是舆论所谴责的。将一些依据道德、伦理、习俗规范而裁断的案例，经过一定的时间积淀，通过一定的编集程序，抽象为"条文"纳入制定法中，从而保持法律与道德、习俗、伦理一致的价值取向。虽然这种来自实践中的抽象的法条与判例法并不完全一致，但混合法中这一立法制度的设计则与判例法的宗旨并无二致，即在司法实践中，裁判一定要综合考量社会的各种因素，避免依据法条的裁断与其法的最终目的抵牾和冲突。

混合法体系不只是中国古人的缔造，而且一直影响到现实中的法律，关系到正处在转型中的中国法的发展方向。自古至今混合法经历过三次轮回。第一次轮回是从西周春秋习惯法到战国秦朝的制定法、再到汉朝以后形成的制定法和判例法结合，形成了中国古代日益完备的混合法体系；第二次轮回是从清末修律开始的，众所周知，清末修律立宪开启了中国法律近代化的进程。当时，中国通过日本向德国学习，对法律文本的完善格外重视。1902年至1911年，清廷在立法上基本完成了中国古代法律向近代的转化，由修订法律馆主持完成颁行的《大清新刑律》《大清民律草案》《刑事诉讼律草案》《民律诉讼律草案》等完成了实体法与诉讼法、刑法与民法及其他法律的分离。但在实践中，这种以继受文本为主的法律脱离中国社会的实际，于是民国时期开始了混合法的第二次轮回。在积极修订民法文本的同时，大理院的法官在司法实践中开始适用判例，形成了民国时期大理院的判例法。在短短的十几年时间里，大理院制定判例 3 900 多件，解释例 2 000 多件。中国近代的混合法体系开始发展。中华人民共和国成立后，在前三十年我们是政策法。政策法有两种趋势——人治趋势和法治趋势。法治趋势又有两个方向：一个是制定法方向，一个是判例法方向。自 20 世纪 60 年代中后期，人治的趋势完全占了上风，因此而导致了无法无天的"文化大革命"。1976 年"文化大革命"结束后，通过对"文化大革命"的反思，中国法律的发展步入正轨，混合法的发展随之进入了第三次轮回。这就是在制定法空前繁荣的同时，也重视案例的指导作用。

首先，就立法而言，自 1979 年开始，中国的立法进入了迅速发展时期。党的十一届三中全会召开前，邓小平在中共中央工作会议上的讲话中，谈到当时的立法工作："现在的问题是法律很不完备，很多法律还没有制定出来。""法律条文开始可以粗一点，逐步完善。"① 1979 年至 1985 年，立法机构共制定法律 47 部，行政法规 400 多件，地方性法规 707 件；至 1987 年刑法、刑事诉讼法、民法通则、民事诉讼法、环境保护法、企业所得税法、个人所得税法、专利法、森林法、商标法等逐渐颁行，制定法体系初步形成②；至 2008 年年底，我国共制定颁布法律 337 部，行政法规 750 件，地方性法规 13 090 件。2010 年法律体系基本完善，社会生活的各个领域都有了相应的法律和法规去调整。更为重要的是，立法、法律的修订皆有法可依，按程序进行，在这三十年间形成了制定法律的各项制度。其次，最高人民法院同时也根据司法实践的情况，开创了运用案例指导审判的案例指导制度。比如，定期公布典型案例。1985 年 10 月，最高人民法院开始在《最高人民法院公报》上发布典型案例。至 2008 年年底止，《最高人民法院公报》共发布典型案例 718 件。典型案例的实际指导作用克服了法无明文规定的欠缺，使法律的抽象、概况的术语变得具体而明晰，并为将来的成文立法奠定了基础。

改革开放后，判例或案例之所以被司法界重视，是因为它们在我国当今法制建设中具有理论与实践的双重价值：一是弥补成文法之不足；二是统一司法，制约法官过大的自由裁量权，即所谓"裁判自律"，实现司法廉洁公正。③ 2002 年 8 月，河南省郑州市中原区人民法院经过一年的试行，正式推出"先例判决制度"④。该制度的要义是：人民法院和法官作出的正确的生效判决，对其后的同类案件的审判具有约束力，从而规范法官的自由裁量权，实现一定范围内的司法统一。2002 年 12 月 22 日最高人民法院在第 18 次全国法院工作会议主题报告中要求："加强案例研究，发挥案例的参考作用，不断拓宽审判业务指导的新渠道。"此间，在最高人民法院的部署下，天津市高级人民法院积极进行在民商事审判中实行判例指导的新尝试。大意是将审委会讨论通过的典型案例在杂志上公布，以指导全市的审判活动。⑤

---

① 邓小平文选：第 2 卷. 2 版. 北京：人民出版社，1994：146 - 147.

② 韩延龙. 中华人民共和国法制通史：下. 北京：中共中央党校出版社，1999：720 - 724. 信春鹰. 中国的法律制度及其改革. 北京：法律出版社，1999：18 - 26.

③ 武树臣. 裁判自律引论. 法学研究，1998（2）.

④ 人民法院报，2002 - 08 - 17，2002 - 08 - 20；中国青年报，2002 - 08 - 19；工人时报，2002 - 08 - 21.

⑤ 中国法院互联网. ［2002 - 10 - 17］. http：//www. chinacourt. org/2002nian.

北京市第二中级人民法院 2003 年度工作计划要求：在实行专业化分工之后，本年度作出的民事判决均应加工成为"判决要旨"，以便总结提高，便于查找参酌。该《判决要旨》于 2004 年编印出第二册。2007 年 6 月，江苏省高级人民法院推出"参阅案例制度"，四川省高级人民法院和天津市高级人民法院推出"案例指导制度"。事实上，在现实审判活动中，判例始终发挥着实际的规范作用。

应该注意的是，混合法的第二个含义：法律规范与非法律规范的混合，并不意味着将一切领域的行为规范都纳入法律的轨道。恰恰相反，社会生活是复杂多样的，调节人们行为的标准也应当是多样的。因此，当纠纷发生之际，人们不必蜂拥于诉讼之门。在这里，传统习俗、惯例和社会团体的行为准则仍然大有用武之地。

二、以礼为主导与以宪法为核心

在古代的混合法体系中，礼，即法的精神或价值观居于主导地位自不待言。礼是中国古代立法、司法的指导思想和原则，在这一点上，学界几乎没有不同的意见，可以说这是一个共识。礼是社会普遍认可的价值观，是主流的社会意识，是法律制度和其他一切制度规范维护的对象及精神的皈依。在论述到法律的价值时，中国古代的政治家、思想家及学者大都是从"应然"的角度出发，而这个"应然"，也正是礼所倡导，人们所追求的目标。除人类社会法律所共有的对法律的"应然"认识，如和谐、公正、秩序等，礼亦带有中华文明自身的特色，如以人伦道德为核心，倡导仁义礼智信与忠孝节义等。数千年来，礼在中华文明中延绵发展，无论汉唐，还是魏晋，数千年王朝的替换，都无法改变礼在社会中的核心地位，孔子言"不学礼，无以立"[①]，礼自三代起就成为中国人思想行为的指南与规范。

中国古代法律体系中的"以礼为主"也表现于制度方面，中国古代有多种多样的法律样式，比如汉代有律令科比，唐代有律令格式，我们可以将这些样式归纳为两类，即"稳定的法律样式"与"变通的法律样式"[②]。稳定的法律样式主要是律与典，典本身就是由礼发展而来，比如《唐六典》即仿

---

① 论语·尧曰.
② 马小红. 试论中国封建社会的法律形式. 中国法学，1991 (2).

《周礼》而作,《元典章》《大明会典》和清代《五朝会典》则是历代仿《唐六典》而作,可以说典本身就是礼,而且在法律体系中占有主要的地位。与礼有些格格不入的是"以刑为主"的律。因为作为"刑书",律所规定的刑罚手段与礼所强调的宽和教化似乎不符。这也是自汉以后,统治者不断强调律须以礼为指导的原因。在刑罚的适用中准确地体现礼的精神,甚至将礼的重要节文纳入律中是汉之后王朝立法的不懈追求。正因如此,才有了魏晋之后的"八议""官当""准五服以制罪"等入律;有了为后世称之为圭臬的"一准乎礼"的唐律及其疏义。在混合法的体系中,律成为刑法的矫正器。我们可以通过对"同姓不婚"的分析来说明礼对律的指导作用。"同姓不婚"本是传统的婚姻禁忌,西周时期为了强壮族群和以婚姻"合二姓之好"而继承了这一传统,后世则将"同姓不婚"视为"周礼"。唐律将其纳入律中,明文规定"诸同姓为婚者,各徒两年。"西周时期,禁止同姓为婚,一是为了族群的健康发展,二是为了扩大统治集团的力量。这一婚姻传统发展到了唐代,即成为律文但同时也成为具文。《唐律》规定:"诸同姓为婚者,各徒两年。缌麻以上,以奸论。"① 传统的禁忌之所以成为律条,原因在于其是"周礼"。而西周的礼治几乎就等同于中国古人的理想,历朝历代都将其作为祖制而加以遵循。但是,周之"同姓"与后世的"同姓"有着很大的不同,周时的同姓必有同一祖先,而唐时同姓者是否为同一祖先的后裔已经难知其详。唐朝的立法者也洞察了这一变化。于是将"同姓"解释为"同宗共姓"②,即指出于同一宗族的同姓,限定了"同姓"的范围。至明清时,同姓婚姻仍被律所禁止:"凡同姓为婚者,各杖六十,离异。"③ 但著名的法律史学家瞿同祖却发现在清人的实际生活中,官衙对同姓为婚者并不追究:"从《刑案汇览》中我们可以发现许多妻与夫同姓的例子,更重要的是法律采取的不干涉主义。这是法律自法律,人民自人民的情形。没有一个个案是单纯为同姓不婚而涉讼的。即因其他案件被发现,问官对此也不加追问,并不强其离异。"④ 历代的律之所以不删除"同姓不婚",原因十分明显,因为其是"礼"。还有一些变通的法律样式,主要是为解决律文的不周而设,这些样式

---

①② 唐律疏议·户婚律.

③ 大清律例·户律.

④ 瞿同祖. 瞿同祖法学论著集. 北京:中国政法大学出版社,1998:99-102.

同样也是以礼为主的。因为现实社会中的犯罪、纠纷是千姿百态的，再细密的条文也无法囊括。古代立法者也从未想以一部律典穷尽天下之事。相反，对于稳定的法律样式，立法者的"制定"力求其简，而变通的法律样式虽然不是原始的判例汇编，但无疑是出自裁判者（包括最高法官皇帝）依据礼的裁断，可以说礼就是法律变通的依据。

论证至此，我们可以说中国古代法律体系是一个"以礼为核心的混合法体系"。在中国古代，礼的地位和作用以及其中所凝聚的民族情在"以礼为主导"这几个字表现出来，礼超越了一般的法律，其不仅是法律体系中的主导，也是中华文明的核心与全社会的共识。正因如此，礼才可以与现代社会中的宪法相比较。

法国思想家卢梭在《社会契约论》中对宪法有这样的描述："在这三种法律之外①，还要加上一个第四种，而且是一切之中最重要的一种；这种法律既不是铭刻在大理石上，也不是铭刻在铜表上，而是铭刻在公民们的内心里；它形成了国家的真正宪法；它每天都在获得新的力量；当其他的法律衰老或消亡的时候，它可以复活那些法律或代替那些法律，它可以保持一个民族的创制精神，而且可以不知不觉地以习惯的力量代替权威的力量。我说的就是风尚、习俗，而尤其是舆论；这个方面是我们政论家所不识的，但是其他一切方面的成功全都系于此。这正是伟大的立法家秘密地在专心致力的方面了；尽管他好像把自己局限于制定个别的规章，其实这些规章都只不过是穹隆顶上的拱梁，而唯有慢慢诞生的风尚才最后构成那个穹隆顶上的不可动摇的拱心石。"② 在中国古代社会中，"礼"不正是卢梭所言的"宪法"吗？礼是中华民族数千年保持创制精神的源泉，是铭刻在世世代代中国人心灵中的"大法"，是可以复活或代替那些已经衰老或消亡了的法律而使整个中华文明大厦得以屹立的"不可动摇的拱心石"。因此，就形式、地位与作用而言，古代的礼无疑是可以与现代法律体系中的宪法相比拟的。

宪法在现代社会中的核心作用，在中国并非当下人们才认识到的。就制

---

　① 此处的"三种法律"指卢梭所定义的"政治法""民法"和"刑法"。卢梭. 社会契约论. 何兆武，译. 北京：商务印书馆，1980：72.

　② 卢梭. 社会契约论. 北京：商务印书馆，1980：73.

度而言，清廷 1906 年颁行的"宣示预备立宪谕"、1908 年颁布的《钦定宪法大纲》距今已是百年；就思想渊源而言更是久远。为今人所熟知、集时人研究与翻译之大成的《海国图志》（成书于 1843 年），在介绍西方和美国的宪制时每每以中国古制喻之；梁廷枏在《海国四说》（成书于 1844年）中说："予尽观于米利坚之合众为国，行之久而不变，然后知古者'可畏非民'之未为虚语也。"在肯定美国宪政与中国古代"民本"的同时，梁廷枏期望有朝一日西人也能"沾濡圣学，勉作异域循良之民"①。与梁廷枏同时代的徐继畬在《瀛寰志略》（成书于 1848 年）中介绍瑞士时论道："西土之桃花源也……王侯各拥强兵，熟视无如何，亦竟置之度外，岂不异哉？花旗人甘明者，尝游其地，极言其山水之奇秀，风俗之纯古。惜乎远在荒裔，无由渐以礼乐车书之雅化耳。"② 在 1898 年的百日维新中，"宪政"成为当时变法者追求的目标，此后虽然维新失败，但宪法在治国中的地位却成为上下共识，中国因此才有了 20 世纪初期清廷的预备立宪与孙中山的民主共和思想。

现代社会，宪法在法律体系中、在国家的政治生活与社会生活中的核心地位原本是毫无疑问的。清廷 1911 年布告天下："誓与我国军民维新更始，实行宪政。凡法制之损益，利病之兴革，皆博采舆论，定其从违。以前旧制有不合于宪法者，悉皆除罢。"③ 1913 年《中华民国宪法草案》、1923 年《中华民国宪法》开篇："中华民国宪法会议为发扬国光，巩固国圉，增进社会福利，拥护人道尊严，制兹宪法，宣布全国，永矢咸遵，垂之无极。"④ 1947年公布的《中华民国宪法》开篇："中华民国国民大会受全体国民之付托，依据孙中山先生创建中华民国之遗教，为巩固国权，保障民权，奠定社会安宁，增进人民福利，制定本宪法，颁行全国，永矢咸遵。"集不同时期所制定的宪法开篇，意在说明宪法的核心地位自清末以来文本上已经确定。如同古代社会礼所具有的核心地位一样，"以宪法为核心"在文本上已然成为中国近代以来的传统。因此，当 1954 年《中华人民共和国宪法（草案）》颁行

---

① 梁廷枏. 海国四说·合省国说序. 道光二十四年刻本.
② 魏源. 海国图志；徐继畬. 瀛寰志略. 台北："商务印书馆"，1986.
③ 夏新华. 近代中国宪政历程：史料荟萃. 北京：中国政法大学出版社，2004：154.
④ 同③442，521.

后，历经"五朝弊政"的中国共产党缔造者之一董必武总结道："宪法是国家的根本大法，它规定我国的社会制度、政治制度、国家机构、人民权利义务等根本性质的问题。"①

"根本大法"这四个字恰当地反映出人们对宪法重要性的理论认识。尽管这种认识在近代的实践中常常被曲解为时势或政治的需要。有学者这样总结了中华人民共和国前 30 年历史中宪法名实脱节的状况："宪法几乎没有真正享有过最高的权威，但是，即使在'权力就是一切'的混乱年代，在'文化大革命'当中，当时的政治权威也没有忘记制定一部宪法，哪怕是仅仅具有宪法名称的宪法。"② 其实，名实不符是中国自有宪法以来的痼疾，这种痼疾的形成有多方面的原因，而对传统借鉴不足不能不说是其中的重要原因之一。③

综上所述，"以礼为主导"与"以宪法为核心"是中国古代社会与近代社会的标志。所不同的是，礼的主导地位是在古代文明的演进中自然而然由下而上形成的，而宪法的核心地位则是在近代中西文化的冲撞与融合中继受而来的。由此，两者在文本中的地位或许是同样的，但在实际中却有很大的差异。使宪法能如古代社会的礼一样植根于人们的内心并真正享有文本上的至尊地位，正是我们需要努力的。

三、以传统为借鉴，形成"以宪法为核心"的共识

就内容而言，宪法确实是舶来品，也是中国传统的软肋。但这不等于说中国古代没有可资利用的宪法资源，也不等于说实行宪政一定要中断传统。

中国古人愿意追问善法、恶法，用古人的话来说即"祥法""虐法"。祥法、恶法的判断标准便是礼。一般来讲，符合礼的法，就是善法，也是老百姓能够接受并遵守的法。礼的正当性是中国古代社会的共识，并不是统治者强加于人们的。为什么会有这样的共识，因为其产生于人们共同生活的经验

---

① 董必武法学文集. 北京：法律出版社，2001：219.

② 信春鹰. 中国的法律制度及其改革. 北京：法律出版社，1999：28.

③ 关于近代中国宪政的误区，参考马小红. 百年中国宪政反思. 上海师范大学学报（哲学社会科学版），2006（4）.

中。就功能、性质而言，礼在中国古代社会起到了现在所说的宪法的作用。在统治者要求老百姓做顺民的同时，老百姓也可以依据礼来评判帝王，约束帝王。比如说谥号制度，每个皇帝驾崩或重要官员死后，礼官会根据其一生的功过行状拟定一个谥号，或表彰或贬损。比如对有功于王朝的皇帝，一般以"文""武"等作为谥号。而"炀"之类的谥号则为贬损之意，比如"隋炀帝"①。盖棺论定的谥号制度是对皇帝及官员的约束，其在可能的范围内制约了皇权和各级官吏的权力。在古代社会中其确实可算得上难能可贵的制度。这种权力制约的思想、制度与宪法并不矛盾。所不同的只是受社会发展制约而产生的制约"力度"有所不同。所以魁奈曾经这样论述中国古代一些制约皇权的制度："世界上恐怕没有别的国家能像中国那样更自由地对君主实行劝谏。""劝谏皇帝的风气，一直受到中国法律的鼓励，监察机构和高级官吏们总是直率和勇敢地进行劝谏。他们真诚而大胆地告诫皇帝：使用权力要有所节制，这是加强而不是削弱他的权力。"②

中国古代"以礼为主导"的混合法体系及自下而上形成的礼的崇高地位就值得我们在当今的法治发展中加以借鉴。礼的核心地位，植根于中国社会的土壤，在由下而上的生成过程中扎根于每一个生于斯、长于斯的中国人的心中。礼或礼治在中国的古代一旦遭到破坏，民众便会群起而维护之。因为得到了人们发自内心的认可，礼才具有创制、复制的能力。围绕着礼的权威而形成的混合法体系不仅自洽，而且达到了令人羡慕的"疏而不漏"的境界。在现代社会中，宪法的内容理所当然地有别于礼，但在形式上，宪法在法律体系、在国家政治生活、社会生活中的地位应该说与礼在古代社会中并无二致。"以礼为核心"的古代混合法体系告诉我们只有将宪法作为目的追求时，法律体系才能和谐，法治才能得到社会的认可。只有像古人尊崇礼那样尊崇宪法时，宪法才能真正地维护每一个人应有的权利并将"权力关进笼子"。也唯其如此，宪法才能真正地成为今日的"根本大法"。

---

① 《逸周书·谥法解》记："经纬天地曰'文'，道德博闻曰'文'，学勤好问曰'文'，慈惠爱民曰'文'，愍民惠礼曰'文'，锡民爵位曰'文'。刚强理直曰'武'，威强澼德曰'武'，克定祸乱曰'武'，刑民克服曰'武'，夸志多穷曰'武'。""去礼远众曰'炀'，好内远礼曰'炀'，好内殆政曰'炀'。'"

② 弗朗瓦斯·魁奈. 中华帝国的专制制度. 谈敏，译. 北京：商务印书馆，1992：74，75.

第二节　中国古代法律文化的主要内容、特点及影响

一、我国古代法律文化的主要内容

（一）共同的法的理念，略不相同到逐步会通的法律思想

所谓理念，是人们对事物从感性认识到理性认识，对其应然状态作出的概括。法的理念就是人们对法应该是什么作出的概括。我国古代关于法的理念集中体现在"法"字的形成与理解上。中国字是象形文字，以其形表其义。法字古文为"灋"。此字由三部分组成：水、廌、去。据东汉许慎《说文解字》："灋，刑也，平之如水；廌所以触不直者而去之，从去。"从水取其平，意即法平如水；"廌"，据《说文》："兽也，似山牛，一角，古者决讼，令触不直。"传说古代诉讼盛行神明裁判，两方之一被廌触者为败诉。古代法官帽或袍上饰廌形为标识，以示主持公平正义。这种关于法的观念在我国古代是共通的。法律思想是人们关于法的概念、内容、本质、作用、特点及其产生、发展的认识。一般说，法的理念是对法的认识，属于法律思想的一部分，但法律思想对法的产生与发展的认识更加系统。法律思想可分为两个部分：其一，学者和政治家个人的法律思想。他们的法律思想多表现于著述、言论之中。其二，统治阶级的法律思想，或称占统治地位阶级的法律思想。这种法律思想表现于统治阶级代表人物的著述、言论，但更典型的是体现于统治阶级的政策和法律之中。当然有一些学者的著述表述的也是占统治地位阶级的法律思想。

关于中国古代法律思想，夏、商、周的资料不多，从零星记载看，夏、商主要是宣扬"受命于天"的神权法思想；周实行宗法制度，宣扬"尊尊""亲亲"为核心的宗法思想。西周初年政治家周公旦总结商纣王残酷镇压人民导致灭亡的教训，提出"明德慎罚"，对后世影响深远。

春秋战国是中国历史上大分化、大变革时期。史称：礼坏乐崩，权力下移，诸侯、大夫异政。代表不同阶级、阶层利益的政治家、学者纷纷发表政见，形成了"百家争鸣"的局面。由于留下的史料较前代为多，不少著述表述的主张较为系统，成为思想史、也是法律思想史的重要源头。史称"百家"，其实主要是儒、墨、道、法四家。

第一，儒家的法律思想。儒家创始人是孔丘，代表人物有孟轲和荀况。孔丘的代表作是《论语》，贯穿其中的是以"仁"为核心，以复礼为目的的思想体系。他主张"礼制""德治"和"人治"，建立"君君、臣臣、父父、子子"的伦理等级秩序。他说："道（导）之以政，齐之以刑，民免而无耻；道（导）之以德，齐之以礼，有耻且格。"他还说："为政在人"。孟轲是仅次于孔子的儒家代表人物。其代表作主要有《孟子》。其发展了孔子"仁"为核心的"德治"理论，明确提出"仁政"。他说"仁者无敌"，"以德行仁者王"。统治者只能"以德服人"，不能"以力服人"。他的重民思想很突出，在孔丘爱人思想的基础上，提出了"民为贵，社稷次之，君为轻"。不过，他也主张"人治"，在先秦思想家中首先提出"贤人政治"。他说："贤者在位，能者在职"，"不仁而在高位，是播其恶于众也"。荀况被列为儒家，留有《荀子》一书，但其内容与孔丘和孟轲的主张不完全相同。他主张"隆礼重法"，礼法结合。他说："礼者，法之大分（本），类之纲纪也。"其意思是以礼作为立法和类推的根本原则。他以"性恶论"为出发点，论证应以刑罚惩治犯罪。他的两个学生，韩非和李斯是战国末期著名的法家代表人物。荀况的学说开创了汉代礼刑（法）合一，儒法合流的先河。

第二，墨家的法律思想。墨家创始人为墨翟，著有《墨子》。他是先秦最早对儒家学说提出不同见解的人。这个学派认为，当时之所以"饥者不得食，寒者不得衣，劳者不得息"，原因是"天下之人皆不相爱"。因此，提出人与人之间要"兼相爱，交相利"。墨子认为治理国家必须要有法，法如"百工为方以距，为圆以规"，"法若（顺）而然也"。至于以什么为法，他主张"以天为法"，因为"天之行广而无私，其施厚而不德"（"德"，《群书治要》作"息"）。墨家主张的"天"，部分学者理解为"自然"。为实现其主张，他提出"壹同天下之义"，即要以"兼相爱，交相利"统一思想，选天下之贤为天子、正长。人们要服从他们，凡"受利天下者"，"上得赏之"；"恶贼天下者"，"上得罚之"，并要公正执法，"不党父兄，不偏富贵"，"杀人者死，伤人者刑"。

第三，道家的法律思想。道家的代表人物是老聃和庄周，现存有《老子》和《庄子》。老聃生于春秋战国之交，庄子生于战国中期。老子的法律思想是"道法自然"，他说："人法地，地法天，天法道，道法自然。"治理国家以自然为法，主张无为而治。道家既反对儒家的"礼"，也反对法家的"法"，主张无为而治。老子一书中说："为无为，则无不治矣"，所谓"我无为而民自化，我无事而民自富，我好静而民自正，我无欲而民自朴。"他还说："治大国若烹小鲜。"意思是说治理大国要像烹调小鱼那样小心，不要折腾百姓。越折腾百姓，国家越难安宁。他的这种思想对汉初统治者有相当影响。

第四，法家的法律思想。法家可以概括为主张"以法治国"的学派。春秋的管仲是其先驱。战国初的李悝、吴起，中期的商鞅、慎到、申不害，战国末期的韩非、李斯都是不同时期的代表人物。影响较大的著述有《商君书》和《韩非子》。法家视法为国家制定的、人人必须遵守的行为准则。"法者，国之权衡也"，"尺寸也、绳墨也、规矩也、衡石也、斗斛也、角量也"。法的作用是"定分止争"，"兴功惧暴"。法律适用应是平等的，所谓"法不阿贵，绳不挠曲"，"刑过不避大臣，赏善不遗匹夫"，一断于法。统治者若"以法治国，举措而已矣"。其意思是说以法治理国家是很容易的。法家认为"法与时转则治，法与世宜则有功"，"时移而治不易者乱"。这种历史观为法的创新和发展提出了新理论。

作为中国古代法律思想之重要源头，各家的法律思想有许多不同之处，诸如"德治""人治"与"法治"对立，"人治""法治"与"无为而治"对立，等等。但各家法律思想也有不少共同之处：(1) 他们都是在社会大变革时代为治理好国家寻觅出路，提出治国方略。(2) 各家所立足的社会文化背景均为农业自然经济，宗法制度影响巨大，都希望由贤人、能人进行统治，从不同角度维系宗法制度。(3) 反映不同阶级和阶层的利益，也正因如此，实现社会安定是共同要求，安民或为民的思想在所提的治国方略中占主导或重要地位。(4) 从春秋到战国的"争鸣"过程中，各家思想都有所发展，并互相吸收，政治影响比较大的儒法两家更是如此。荀况的"隆礼重法"和吕不韦的《吕氏春秋》内容就是明证。(5) 如果说学者著述中的法律思想既有对立又有会通，但在统治者那里却能得到统一。统治者多是实用主义者，他们可能受某一派影响多一些，但从不会拒绝对实现统治有利的主张。

过去，一些人士往往将春秋战国"百家争鸣"中的不同学派的争论，描绘成"水火不相容""冰炭不同器"，甚至完全否定了一些学派著述中的具有普遍价值的内容，这是不符合历史实际的。秦惠文君时诛杀商鞅、韩非入秦后被杀和秦始皇"焚书坑儒",均牵涉政治斗争或私人忌妒(如李斯对韩非),并非单纯的学术争论。否定儒家等学派著述中的普世哲理,更是对待优秀传统文化的错误态度。

(二)重视立法、递相沿袭,形成形式多样、内容完备的法律体系

1. 历代统治者都重视立法

史称:"夏有乱政而作《禹刑》,商有乱政而作《汤刑》,周有乱政而作《九刑》。"关于夏、商、周三代的法律史料,《尚书》《竹书纪年》、甲骨、金文中有所记载。

春秋战国之世,各国相继变法改制。鲁国实行"初税亩",郑国、晋国"铸刑鼎",魏李悝"集诸国刑典,造《法经》六篇",商鞅以《法经》为蓝本到秦国变法,为秦统一全国奠定基础。秦始皇统一全国后"昼断狱,夜理书",可见对法律之重视。只是他称帝后,忘乎所以,"行自奋之智,不信功臣,不亲士民,废王道,立私权,禁文书而酷刑法",肆意破坏法律,招致迅速灭亡。

汉高祖刘邦总结秦暴政速亡的教训,在领兵入关之初,便与关中父老约法三章,"杀人者死,伤人及盗抵罪",以此争取民心。在打败项羽,取得楚汉战争胜利后,便命萧何在秦《法经》六章之外增《户》《兴》《厩》三章,称《九章律》。曹魏结束三国鼎立之局面,魏明帝太和三年(公元229年)颁行魏《新律》十八篇。魏《新律》首定"八议"之制,影响深远。晋律制定始于晋代魏之前司马昭辅政之时,颁行于武帝泰始三年(公元267年)。晋律在汉、魏基础上"蠲其苛秽,存其清约,事从中典,归于益时",共二十篇。南北朝时,南朝沿袭魏、晋律,北朝的北魏、北齐立法有所建树,对后世影响较大。北齐律总结以往,首定"重罪十条",隋更名"十恶",后代一直沿用。

隋初,开皇元年(公元605年)制定新律,开皇三年(公元584年)更定,是为《开皇律》。隋炀帝即位,大业二年(公元606年)修订律令,三年(公元607年)颁行,是为《大业律》。《大业律》比《开皇律》量刑轻。但炀帝暴虐,不依律行事,不久《大业律》被抛弃不用。唐初,李渊起兵攻入长安,接受"炀帝昏乱,民不胜其毒"遂至于亡的教训,与民约法十二条,宣布杀人、劫掠、背军叛逆者处死刑,余皆蠲除隋苛法。武德元年(公元 618 年），李渊开始定律，于七年（公元 624 年）颁行天下。之后，太宗李世民修改《武德律》，颁行《贞观律》，高宗李治以《贞观律》为基础制定《永徽律》。后者是现在保存下来最古老、最完整的一部封建法典。

宋朝于太祖建隆四年（公元 963 年）颁行《宋刑统》。其内容沿袭《唐律》。宋代增加了编敕活动。元代，蒙古入主中原后，先沿用金国《泰和律》。元朝正式建立，先后颁行了《至元新格》《风宪宏纲》《大元通制》《至正条格》和《元典章》等。元无前朝那样篇目严谨的法典，各种法律间的内容相混杂。

明初，洪武七年（公元 1374 年）颁行《大明律》。《大明律》内容一准于唐，只是在名例之下按六部分为《吏》《户》《礼》《兵》《刑》《工》共六篇。《大明律》受《元典章》以六部划分法规体例影响分篇，开创了中国古代法典编纂的新体例。清朝满族入关前，为适应形势需要，便改变原有习惯法，制定具有法令汇编性质的《崇德法典》，入关后于顺治三年（公元 1646 年）沿袭《大明律》，颁行《大清律集解附例》。之后，康熙、雍正、乾隆各朝一再修订，但主要条文和篇目仍依明旧。

以上所列事实说明，其一，历代统治者，尤其是开国君主无例外地都十分重视立法，重视以法律实现统治。有的是称帝之前，多数是称帝之初便颁行作为法律体系主干的法典。其二，法典篇目和内容既沿袭前代，又结合当时需要有所创新。其三，在不断沿袭和创新的基础上，到唐代已形成了较完整的法律体系。其四，后人称这个法律体系为中华法系，无论在形式、体例和内容上都居当时世界各国立法之前列。

2. 法律形式多样

中国古代法律体系，除以上内容，包括皇帝宫殿警卫、官员职责、土地等私有财产保护、赋役征收、工程兴建、商业管理、民刑诉讼等综合性法典之外，还有多种形式的单行法规。仅秦简中所见法律形式就多达 30 余种。为了使法律便于适用，秦还有法律解释，并在审判中使用判例。秦对刑律的解释，秦简整理者概括为《法律答问》，有人称"律说"，判例称"廷行事"。秦律的多种形式，大都被其后代王朝所承袭。"汉承秦制"，从历史文献和江陵汉简记载的汉代法律看，许多单行法律名称，甚至内容均与秦律类似。汉代法律又是后来各代法律的渊源。唐代在综合性法典之外，还有律、令、格、式。现存唐律的"疏议",便是长孙无忌等奉旨对唐律的正式解释。"例"始于秦汉,盛行于两宋和元明清诸朝,内容多为司法中成功案例的规范化、条文化,较为灵活,为统治者所重视。明清两代将"例"附于律典之后,明称《大明律集解附例》,清称《大清律集解附例》或《大清律集解》。以上均可列为"成文法"。

除成文法外,我国古代在基层和广大少数民族地区长期通行习惯法。习惯法是习惯经国家认可并由国家支持的地区、乡社的领导人或族长实行的行为规范,在基层表现为乡规民约、家族法规。基层习惯法一般用于处理所在乡区民事纠纷和轻微刑事案件。少数民族地区的领袖只要服从国家行政管理,按规定履行义务,不与朝廷抗衡,在本地区内民事、刑事案件管辖方面就享有较大权力,有的甚至享有生杀予夺之权。

我国古代法律呈现出如此多的形式,尽管前期名称和内容显得重复,但后期逐渐实现了规范、明晰。其作用显而易见:其一,加强了法律适用在时间和空间上的灵活性,有利于效率提高。其二,父权、族权是君主权力在家族中的延伸,赋予一些特殊地方的家族和基层的习惯以国家强制力,有利于对基层的控制,有利于统治基础的稳定。其三,认可少数民族地区与内地不同的制度和习惯,并赋予他们的领袖以法律处分权,有利于国家的统一和安定。自秦统一之后,历史上不少王朝对少数民族地区的管理多实行与内地不同的制度。诸如秦汉的"属邦""属国"制度;唐代的羁縻府州制度;明清两代对藏族地区宗教领袖的册封制度,对蒙古族地区的封王以及对西南少数民族实行的土司制度等。这些制度的某些影响甚至延续到新中国成立之后。

3. 我国古代法律内容逐步完备

第一,竭力维护封建专制制度。皇帝是专制制度的核心,等级特权是专制制度的本质特征。历代王朝所定律典都将此置于突出地位。典型的例子就是关于"八议"和"十恶"的规定。如前所述,所谓"八议"和"十恶"都是在总结前代法律基础上载入法典的。"八议"首见于魏《新律》,其内容是:议亲、议故、议贤、议能、议功、议贵、议勤、议宾。以上八种人都是与皇帝和封建国家关系密切的人物。这八种人犯罪,按《唐律》:"诸八议者,犯死罪,皆条所坐及应议之状,先奏请议,议定奏裁;流罪以下,减一等。""十恶"首见于北齐律,称"重罪十条",隋更名"十恶"。其内容是:

一曰谋反，二曰谋大逆，三曰谋叛，四曰恶逆，五曰不道，六曰大不敬，七曰不孝，八曰不睦，九曰不义，十曰内乱。犯"十恶"者不管是否在议论赎罪之限，均为常赦所不原。维护封建专制制度的法律还见于有关朝廷礼仪、国家机构运作、官吏任命、考核、升降、处分等的规定。在历代法律中，规范官员行为的规定不胜枚举。其目的都是将他们的行为限制于制度允许的范围之内，以利于国家的稳定。

第二，维护封建土地和私有财产制度。土地和财产私有是封建生产关系的核心，法律重视维护土地和财产私有权。李悝《法经》"王者之政，莫急于盗贼"，意思是说统治者治理国家最紧要的是惩治偷盗财产和叛乱杀人的犯罪。所以《法经》将《盗》《贼》列为六篇之首。后来的法律也都将其放在重要地位。秦律规定："盗采人桑叶，臧（赃）不盈一钱……赀繇（徭）三旬。"盗采桑叶不到一钱罚服三十天徭役，可见惩罚之严厉。对于封建土地所有制，更是保护尤加。史称，商鞅变法，废井田，民得买卖，土地所有制得以确立。秦有惩治盗移田界标识的法律。唐代初年，经隋末战乱，人口减少，大批农民离开土地，为了恢复农业生产，也是为了增强政权基础，颁行《均田令》，将国内无人耕种的土地或荒地授予农民和官吏。法律规定，授田之外不得盗种、盗卖公、私田。盗种者，一亩以下笞三十，五亩加一等。盗卖者，一亩以下笞五十，五亩加一等。在官侵夺私田者，一亩以下杖六十，三亩加一等。宋、明、清律均有这方面规定。

第三，关注农业、手工业、商业经营。商鞅变法鼓励从事农业生产，规定努力"耕织致粟帛多者，复其身"。秦《田律》规定地方官要及时报告庄稼生长及遭受自然灾害情况，注意种子选择和保存。汉文帝说："夫农，天下之本也，其开籍田，朕亲率耕，以给宗庙粢盛。"汉有"上计"制度，唐以后，将地方官对农业管理和监督职责写入法典。唐律规定："诸部内，田畴荒芜者，以十分论，一分笞三十，一分加一等，罪止徒一年。"明清律均定有"荒芜田地罪"。《大明律》规定："凡里长部内已入籍纳粮当差田地，无故荒芜及应课种桑麻之类而不种者，俱以十分为率，一分笞二十，每一分加一等，罪止杖八十。"除里长外，还追究人户及县官的责任。《大清律例》规定与明律基本相同。为了发展农业和畜牧业，法律重视保护水利设施，保护自然环境。《逸周书·大聚解》记："春三月，山林不登斧，以成草木之长；夏三月，川泽不入网罟，以成鱼鳖之长。"秦律有类似规定，但标明特例："到七月而纵之。"有关手工业的法制，《礼记·月令》《周礼·考工记》均有记载。秦律规定更是具体，其内容涉及徒工培养、劳力考核、产品标准化等。如规定："为器同物者，其小大、短长、广夹（狭）必等。"就是说生产同一种产品，它的各个部件要相同。这当然是为便于生产过程中组装，日后损坏也便于修理，应该说是比较先进的法律。为了保证产品质量，秦律还规定了生产责任制。近代出土的不少秦汉器物上均发现刻有生产者和监管者的姓名。唐律《擅兴》篇有工程管理内容，明清律均有《工律》专管工程和手工业。统治阶级重农抑商，但并非不懂商业之重要，不加管理。齐国《市法》记："中国能则（利）市者强，小国能则利市者安。"《史记·货殖列传》记："农不出则乏其食，工不出则乏其事，商不出则三宝绝，虞不出则财匮少。财匮少而山泽不辟矣。"这说明古人对农工商之间的关系认识是清楚的。为加强对市场商贸的管理，秦律规定："有买及买（卖）也，各婴其贾（价）；小物不能各一钱者，勿婴。"这是说市场上值一钱以上的货物都要明码标价。

以上法律内容说明，封建法律主要是维护皇帝为代表的专制制度，为了维护这种制度，不能不注意经济发展。过去说封建阶级实行超经济剥削，现在看来，他们既实行超经济剥削，也重视经济剥削。包括手工业和商业赋税在内的赋税，永远是封建国家行政机构和军队赖以生存的源泉。

（三）家庭、学校与社会相结合的法制教育，形成了较好的守法习惯

1. 儒法两家和各代统治者都重视法律教育

韩非子对法下的一个定义是："法者，编著之图籍，设之于官府，而布之于百姓者也。"这是从形式上对法的描述，其中"布之于百姓"即为当时法家的主张。在此之前郑国子产"铸刑鼎"，晋国赵鞅"铸刑鼎"，都是将"法布之于百姓"。孔子虽然曾反对子产"铸刑鼎"，但并非不重视法制宣传教育。他曾说："不教而杀谓之虐。"在历代的统治者中，朱元璋很重视法制宣传教育。早在他称帝前还是吴王时，就曾命大理卿周祯"取所定律令……凡民间所行事宜，类聚成编，训释其义，颁之郡县，名曰《律令直解》"。称帝后，洪武三年（公元1370年）《大明律诰》称，朱元璋诏示群臣说明制作该律的目的为："法在有司，民不周知，故命刑官取《大诰》条目，撮其要略，附载于律……刊布中外，令天下知所遵守。"他要求"户户有此一本"，"臣民熟读为戒"。洪武十三年（公元 1380 年），将《大诰》三篇颁诸学官，作为国子监学生和科举考试的内容，乡里则由塾师教授《大诰》。清康熙亲颁十六条"上谕"，宣传法律和道德，其中写道："敦孝弟以重人伦……和乡党以息争讼……讲法律以警愚顽，明礼让以厚风俗，务本业以定民志，训子弟以禁非为，息诬告以全善良，诫匿逃以免株连。"

2. 法制宣传教育形式活泼，语言通俗

云梦秦简有《为吏之道》一篇。其中提出了官吏应遵循的行为规范，宣扬"中（忠）信敬上""精（清）廉毋谤""举事审当""喜为善行""龚（恭）敬多让"；不要"见民（倨）敖（傲）""不安其（朝）""居官善取""受令不偻""安家室忘官府"。读之朗朗上口，通俗易懂。清代编之《三字经》《弟子规》等，内容多为劝学、劝善、劝做人，并将历史上各类人物的相关事迹编入其内，即使目不识丁的文盲、家庭妇女也能背诵几段。

3. 法制宣传教育的内容做到法律与思想道德相结合

古代法律本来就是"寓礼于法"，法律与道德结合紧密。康熙十六条"上谕"颁布后，立即有官员编写《上谕和律集解》，逐条将其含义阐明，然后阐明违反各条内容的行为，附以违反大清律应受何种惩罚。对于康熙后来发布的圣谕除逐条讲解并附有相应律文之外，还编了诗歌在民间传颂。这种法制宣传既增加了法律的亲情味，又强化了道德的规范力，将家庭、学校教育与社会教育结合起来，进一步提高了法制宣传和思想教育的效果。

二、我国古代法律文化的主要特点

（一）法律包容性大，体制稳定性强

我国是一个统一的多民族国家。法律文化为 56 个民族共同创造。在发展进程中，各民族既有主动借鉴，也有相互征服。无论何种方式都为法律文化交流提供了条件。《尚书·吕刑》记："苗民弗用灵，制以刑，惟作五虐之刑曰法。杀戮无辜，爰始淫为劓、刖、椓、黥。"这说明古代法律中的五刑是受苗族先祖影响制定的。赵武灵王推行"胡服骑射"，商鞅变法改变秦国父子"同室而居"，也是一种法律文化方面的变革。南北朝时的北魏、北齐法律各有建树。北齐"重罪十条"入律，是对秦汉以来法律相关规定的系统

化。其后西夏受宋律影响编著法典。蒙古贵族入主中原制定的法律虽不如前代系统，但基本内容仍是沿用唐、宋法律。其《大元圣政国朝典章》（元典章）六十卷十类设吏、户、礼、兵、刑、工等部，为明代更改法典体例提供了思路。《大明律》在《名例》之下按上述六部分篇，是古代法律体例的重大发展。清代满族贵族为统治中原，入关前就学习汉族法律文化，入关后提出"参汉酌金"的立法指导思想，在明律的基础上较快地制定了《大清律》，开始了268年的统治。

我国古代法律制度的发展历程，决定了其法律文化的包容性，也使之具有较强的稳定性。中国古代法律文化广泛吸收不同民族的法律文化，却能保持其基本特质。这种特质产生的凝聚力，促进了民族团结和国家稳定。当然，对它的稳定性特点不宜过分强调，当形势变化时还应遵循"法与时转，制与世宜"的历史观，否则就会像晚清以后那样，形成对吸纳外来优秀法律文化的阻力。

（二）礼刑相辅相成，儒法会通合流

礼起源于中国古代社会的宗教仪式，进入阶级社会后被改造成体现等级秩序的行为规范，影响广泛。它的主要功能是"别贵贱，序尊卑"。西周初，实行礼制，礼成为国家运转的大法。"礼，经国家，定社稷，序民人，利后嗣者也。""道德仁义，非礼不成；教训正俗，非礼不备；分争辨讼，非礼不决；君臣上下，父子兄弟，非礼不定；宦学事师，非礼不亲；班朝治军，莅官行法，非礼威严不行。""夫礼，天之经也，地之仪也，民之行也"，"国之干也"。礼所以被捧到如此高的地位，是由于它的原则与内容适于维护以王权、父权为核心的等级秩序。《盐铁论》称："礼周教明，不从者然后等之以刑，刑罚中，民不怨"，孔子也说："安上治民，莫善于礼"。这就是说封建统治者认为，礼是刑罚的指导原则，礼的规范作用又靠刑维系。

春秋战国时，周代的礼制和世卿世禄制度虽被冲击，但由于礼的内容适于当时社会需要，汉之后随儒学地位上升，礼又被重视。董仲舒引经义断狱，儒家学者以经义注释法律，加速了儒法会通合流，礼与法的关系形成"本"与"用"的关系。所谓"德礼为政教之本，刑罚为政教之用，犹昏晓阳秋相须而成者也"。礼有治国、理家、律己的功能，礼刑结合、儒法会通，是中国古代社会长治久安所需的。这种法律文化不仅与西方迥异，与东方其他国家也有区别。

（三）强化伦理道德，维护宗法制度

宗法制度是中国古代以嫡长子为中心、以血缘关系为纽带而形成的一种制度。伦理关系是人与人之间的道德准则关系。以血缘关系形成的宗法制度以男性为主体，嫡长子为大宗，其余别子为小宗；别子的长子在其世系内又为大宗，其余别子为小宗，以此相传形成宗族。在西周，宗法制度与国家制度紧密结合。周天子是大宗，掌全国政权。其诸弟为小宗分封诸侯国。维系这种制度的是伦理道德。春秋之后，礼坏乐崩，周室衰落，宗法制度被冲击，但这种宗法制度在其后的王公贵族和士大夫阶层中仍有很大影响。王室贵族的封号、爵位继承、宗族祭祀，仍以宗法关系为准。在民间，宗法制度在婚丧嫁娶、财产分割等方面也有很大影响。由于宗法制度是以血缘关系为纽带，使得尊尊亲亲的伦理道德与之形成天然结合体，而这种结合既有利于家庭秩序、社会安宁，又有利于政权巩固，所以为我国古代法律所维护。父亲对子女有惩治权，侵犯尊长加重治罪，近亲属犯罪得相容隐匿，以及某些犯罪依"服制"在一定的亲属间株连，均是体现宗法制度和伦理道德的原则。

（四）皇帝总揽大权，行政干预司法

从秦始皇到清宣统，皇帝作为古代封建统治制度的重要组成部分，其权力之大，延续时间之长，为世界仅见。王朝虽屡经变换，但皇帝集立法、行政、司法大权于一身的状况终无变化。据《史记》，秦始皇曾"昼断狱，夜理书"，说明他亲自审理案件。汉高祖刘邦规定"谳疑狱"，即讨论审核疑难案件，至少说明他干预疑难案件的审理。唐太宗李世民在错杀大臣张蕴古后，规定外地命案"三覆奏"，京师命案"五覆奏"，由他亲自裁定。明代建立的"朝审"制度，清代发展为"秋审"和"朝审"。这是对各省和京师地区判斩监候和绞监候的重罪犯人由朝廷集中复审的制度，经审理判处者一律报奏。这也是皇帝控制司法的一种方式。地方官员（如县令长、郡守）作为帝王在当地的代表，最初审理案件为其职责，后来随着司法制度的完备，已专设司法官，但他们仍干预重大疑案审理。这都使行政干预司法成为传统。

（五）刑罚手段严酷，定罪讲究规格

刑罚作为对犯罪的报复，世界各国皆然。西方有"同态复仇"，我国则是"杀人者死，伤人者刑"，或"杀人者死，伤人及盗抵罪"。其中主导思想也是报复。中国古代刑罚残酷主要表现在，以严刑惩办对抗统治阶级的犯罪

和违反伦理道德、侵害尊亲属的犯罪，以及肉刑的适用。肉刑，前期是墨、劓、剕、宫、大辟；后期是笞、杖、徒、流、死中的笞刑和杖刑。死刑种类前期较多，后期除法外用刑，主要是绞、斩等，最残酷的是凌迟。

刑罚固然残酷，死刑尽管种类繁多，但审理时比较讲究规格，适用还是慎重的。《尚书·吕刑》："两造具备，师听五辞。"两造，指诉讼双方当事人；师听五辞，是要求审判官员认真听有关触犯五刑之辞。从金文记载看，周代宣判案件均有上级官员在场。古代审讯人犯不提倡刑讯，唐律规定刑讯不得过三度，总数不得超过犯人罪行应受的惩罚。为了正确处理案件，我国古代很早就有法医检验制度。云梦秦简《封诊式》记载了十几例有关作案现场的检验式例，其中有《疠》（麻风病）、《贼死》《经死》《穴盗》《出子》等，说明当时已总结出不少成熟的经验，使用了痕迹检验。南宋宋慈的《洗冤集录》是我国也是世界上最早的一部法医学著作。这些资料都说明，中国古代审理案件注意弄清事实，讲究规格。至于死刑，更是慎重。如汉高祖"谳疑狱"、唐以后各代的"三覆奏""五覆奏"，即为死刑复核程序。唐贞观四年（公元630年）处死刑仅有29人，当时全国人口已达5 000万。史载，明初，太祖亲自"录囚"，"有大狱必面讯"。清康熙曾说："人命事关重大……情有可原，即开生路。"雍正三年（公元1725年）上谕自称："临御以来，钦恤刑狱，每遇法司奏谳，必再三复核，惟恐稍有未协。"死刑慎用还表现在明清两朝的"会审"和"秋审"制度。清入关后，顺治元年，刑部侍郎党崇雅奏："旧制，凡刑狱重犯，自大逆、大盗决不待时外，余俱监候处决。在京有热审、朝审之例，每至霜降后方请旨处决。在外直省，亦有三司秋审之例，未尝一丽（例）死刑辄弃于世。乞照例区别，以昭钦恤。"此后，清也建立了"秋审""朝审"之制。清律规定严重犯罪立即处决者为"斩立决"或"绞立决"；还不十分严重的可暂判"斩监候"或"绞监候"，延至秋后由刑部会同三法司或九卿会审复核。审后分别判定为：情实（罪情属实，罪名恰当），可矜（案情虽属实，但情节不太严重，可免予处死），留养承祀（情节虽较严重，但父母、祖父母年老无人奉养，可免予处死）等。判定后，由刑部奏皇帝裁定。"朝审"是对京师在押死囚审录。刑部在押重犯，每年一次朝审。程序是刑部堂议后，奏请特别大臣复核，然后会同九卿于秋审前一天在天安门外金水桥西审录。审定后奏请皇帝裁决。

（六）争纷调处解决，以求息讼和睦

我国古代系农业自然经济。人民大众由血缘关系聚族而居，由地缘关系邻里相望，相互关系盘根错节、枝蔓相连。在此社会经济和文化传统下，和睦相处既是大众共同需要，也是统治者所希望的。孔子说："听讼，吾犹人也，必也使无讼乎！""吾犹人也"，说明当时许多人都如此希望，其实无论儒家、墨家、道家、法家，治国的理念都希望安定和睦，法家提出"定分止争"就很说明问题。汉代吴祐任胶东相时，"民有争诉者，辄闭合自责，然后断其讼，以道譬之。或身到闾里，重相和解。自是之后，争隙省息，吏人怀而不欺"。俗语说"一场官司，三世仇"，纷争凡能自行调解，尽可能不诉诸官府。明太祖朱元璋洪武三十一年（公元 1398 年）颁行之《教民榜文》称："民间户婚、田土、斗殴、相争一切小事，不许辄便告官，务要经由本官里甲、老人理断。若不经由者，不问虚实，先将告人杖断六十，仍发回里甲、老人理断。"其理由是："老人、里甲与乡里人民，住居相接，田土相邻，平日是非善恶，无不周知。凡民有陈诉者，即须会议，从公剖断。"清康熙更是提倡"笃宗族以昭雍睦，和乡党以息争讼"。在官府的大力支持下，普遍盛行宗族调解、相邻亲友调解、基层里保调解和县州府调解。这说明调处解决纷争，既有群众基础也是官府需要，朝廷圣谕、乡规民约和家族法成为中国古代社会解决大量民事和轻微刑事案件之重要途径。

三、我国古代法律文化的影响

我国古代法律文化是我国传统文化的重要组成部分。由于其特质，它对传统文化、对我国古代文明具有推动和保障作用。它立足于农业自然经济社会，受宗法制度影响形成的等级特权制度，适应古代社会的发展；它将人们在生产中积累的有益经验加以条理化，赋予其以国家强制力在社会相关领域加以推广，推动了农业、畜牧业和手工业发展；它将人们对自然的认识加以提高，力争处理好与林木、水源和鸟兽的关系，有利于人们生存繁衍；它贯穿人本精神和伦理道德，维护家庭关系，促进了邻里和睦和民族团结；它寓礼于法，将礼法密切结合，既增强德礼的规范作用，又赋予法律以亲和性，为法律贯彻排除了某些阻力。我国春秋战国时诸贤哲的法律思想完全可与西方古希腊哲学家的法律思想相媲美。在制度层面，早在两千年前的秦国就已实现了"皆有法

式"。而作为现存的最完备的封建法典，《唐律疏议》同欧洲的《萨利克法典》大约同处于一个时代，但其文明程度远远高于后者。不可否认，我国古代刑罚是残酷的，不过从世界文明进程看，这是难以避免的，各民族大体都经历了如此痛苦过程。我国古代刑法较早废除了凿肌肤、断肢体的肉刑，司法讲究程序，注意适用证据，死刑要经朝廷复核，甚至要由皇帝最后审批，这些都应历史地予以肯定。我国古代文明发展到如此高的程度，长时间居于世界领先地位，与包括古代法律文化在内的传统文化的作用和影响有密切关系。

我国古代法律不仅对本国有巨大作用，而且对东亚诸国产生了深远影响。在朝鲜，高丽王朝475年的统治其法律制度多取自《唐律》。《高丽史·刑法志》记："高丽一代之制，大抵皆仿于唐。至于刑法，亦采唐律，参酌时宜而用之。"朝鲜太祖李成桂时代的《经国大典》《大典续录》《续大典》中的《刑典》和《刑法大全》则援用《大明律》的主要条文。在日本，天智天皇时制定的《近江令》，天武天皇时制定的《天武律令》，以唐贞观前后的"令"为蓝本。至于对日本法治有划时代意义的《大宝律令》及其后的《养老律》，篇目和内容都仿《唐律疏议》。日本史学家桑园鹭藏曾指出："自奈良至平安时期，吾国王朝时代的法律，无论形式与精神上皆依据《唐律》。"穗积陈重指出：明治三年（公元1870年）十二月颁布的《新律纲领》，"系以中国之唐明律为蓝本"。

在越南，李太尊时颁布的《刑书》、陈太尊时颁布的《国朝刑律》，都脱胎于唐律而成。沈辉著《历朝宪章类志·刑律志》说："按李陈刑法……当初校定律格，想亦遵用唐宋之制，但其宽严之间，时加斟酌。"阮世祖阮福映时的《嘉隆皇越律例》，宪祖阮福暶时的《钦定大南会典事例》等，都受《大明律》的直接影响。

第三节　从中华法系、中国特色法律体系到新中华法系

一、中华法系的辉煌与"消亡"

（一）法系与中华法系的辉煌

"法系"一词，在英语中通常用 legal family, legal group, legal genealogy

等词语表示。汉语通译为"法系",又有人称为"法族""法群"等。

对于法系这一概念存在的必要性,以及法系概念本身内涵和成立法系需要具备的条件等问题,学者之间存在着非常大的争议。一般认为,法系是按照各国法的源流关系(或历史传统)和形式上的某种特点对法所做的分类。具体说,就是把具有某种特点的某一国家的法和仿效这一国家的法而制定的其他国家的法归为一个法系。这也就是说,构成一个法系,应当有两个基本前提:一是具有某种特点的某一个国家的法对其他国家的法确有重大影响,居于母法地位;二是有一批其他国家在制定其本国法时仿效了该国的法,与之有某种共同的特征。前者为源,后者为流,这样便构成了一个法系。如果某国的法虽然具有某种特点,但对其他国家的法没有产生很大影响,不为其他国家所仿效,便不能构成一个法系。因为构成一个法系,不仅取决于有特点的本国法,而且还取决于有若干其他国家接受和仿效该国的法,这两个条件缺一不可。

"法系"这一术语,是 19 世纪以来随着比较法学的产生和发展而提出的概念,它最初是西方学者为了方便关于法的分类研究而使用的概念。历史上,各民族都曾经将自己的法律制度视为具有普遍意义的法律制度。但是,19 世纪以来,随着主权独立的民族国家的兴起,各个国家出现了广泛的、独立的、大量的立法,于是,人们开始承认法律具有一定的地域性。相应地,产生了对不同国家和地区的法律进行比较研究的需要。比较研究就需要借助类型理论,需要对比较的对象进行进一步的分类。正如法国著名比较法学家勒内·达维德所说:"各国的法是用多种语言、按照不同的技术表达,并且是为结构、信仰与风俗习惯十分不同的各种社会制定的;单就数量之多这一点来说,我们在有限的篇幅里就难以进行令人满意的综合。然而,我们并不以为应该放弃自己的计划。其实,当代世界上的法,虽然为数很多,但却可以分成数目有限的法系,因此,我们不必阐述每一法的细节,而只阐述这些法分属的几个法系的一般特征,就能达到自己的目的。"① 法系概念就是在这一背景下产生的。

关于世界上法律到底应该被划分为多少法系,划分为哪些法系,由于人

---

① 勒内·达维德. 当代主要法律体系. 上海:上海译文出版社,1984:22.

们的划分标准不同，出现了不同的划分方法。有人认为，世界上有多少种文明，就有多少个法系；更多的人认为法系划分还是应该确定更加细化的标准，提出世界上具有的法系数目。

对于法系的划分，多数学者倾向性的意见是：按照各国法的源流关系（或历史传统）和形式上的某种特点，世界各国法律可以被划分为五大主要法系，即印度法系、伊斯兰法系（阿拉伯法系）、中华法系、大陆法系和英美法系。其中，中华法系以《唐律》为代表，涵盖整个传统中华法律文化，同灿烂的中华古代文明一样，对东亚乃至世界都产生了深远的历史影响。

对于中华法系曾经的辉煌，几乎所有中外法学家都是确认的。梁启超说："近世法学者称世界四法系，而吾国与居一焉。其余诸法系，或发生蚤于我，而久已中绝；或今方盛行，而导源甚近。然则我之法系，其最足以自豪于世界也。夫深山大泽，龙蛇生焉，我以数万万神圣之国民，建数千年绵延之帝国，其能有独立伟大之法系，宜也。"[①]

杨鸿烈说："我们中国的法律也是中国民族固有的产物，从殷周起，经过春秋、战国、秦、西汉、新莽、东汉、魏、蜀、吴、晋、宋、齐、梁、陈、隋、唐、宋至明都是汉族一系相传，循序进展——而编纂法典、传播法律知识诸事，尤有可值得赞美的成就，因此中国法律绵延四千年才不至中断，在世界五大法系中——罗马法系、英国法系、印度法系、回回法系——能独立自成一个系统，并且是日本明治维新以前法律唯一的典型。"[②]

陈顾远说："中国固有法系的力量，一方面是经久在中国本土树立数千年卓尔不群的精神，一方面体现在有些时候也就先后发展在域外各地——屈指计之，东至朝鲜、日本、琉球，西至西域各地，南至中南半岛——塞北各部分承受过中国法系，这又是中国法系在东亚各地有其特别光荣的例证。"[③]

陈朝璧说："我们伟大的中华民族早在公元前 21 世纪已经从原始公社过渡到以夏王朝为代表的阶级社会。已出土的大量文物，特别是商代遗留下来的以十万计的甲骨文字以及汗牛充栋的历史文献，充分证明：它在四千多年的历史长河中创造了无比丰富多彩的古代文化，我们伟大祖国以一个大国巍

①　梁启超 . 中国法理学发达史论//饮冰室合集：第 2 册 . 北京：中华书局，1936.
②　杨鸿烈 . 中法律发达史 . 上海：商务印书馆，1930.
③　陈顾远 . 中国固有法系与中国文化//陈顾远法律论文集：上册 . 台北：联经出版事业公司，1982.

然屹立于文明古国之林，其法律制度和法律思想各自保持着独特的内在联系和不断发展的连贯性，因而形成了一个自成体系而富有民族特色的中华法系，作为一个法系在人类法制史上独树一帜，为数不多——历史悠久的中华法系，它的影响扩展到东方许多国家，成为东方许多国家的共同法系。"①

（二）中华法系消亡了吗

中华法系到底是否已经消亡？何时消亡？在什么意义上理解中华法系消亡？对此，学者们争议很大。

持否定说或者说认为中华法系已经消亡的学者主要有梁启超、张晋藩等。

梁启超在1904年发表的《中国法理学发达史论》中指出，中华法律自秦代以后，"退化复退化，驯至今日，而固有之法系，几成僵石"②。

张晋藩在《再论中华法系的若干问题》一文中指出："中华法系主要是指中国封建时代的法律——随着封建社会的解体，中华法系已经丧失了独立存在的基础，清末政府变法修律，开始输入资本主义的法律，特别是经过日本输入的大陆法系，逐渐占据主导地位，中华法系终于解体了。"③

也有学者从历史连续性或者广义角度，认为中华法系没有消亡。如陈朝璧在《中华法系特点初探》中指出："广义的中华法系应包括三个历史阶段中本质不同的中国法制——历三千年之久的封建法制，近代史上昙花一现的半封建法制，后来居上的社会主义法制——通过民族的和历史的纽带关系，这三种法制共同形成了一个整体——广义的中华法系。"④从这个角度理解，中华法系从未消亡。

笔者认为，传统的中华法系是指清末立法修律以前，以历代中国法，特别是以《唐律疏议》《宋刑统》《大明律》《大清律》等为代表并波及和影响的其他国家和地区法律的总称。从这个意义上说，以清末立法修律为肇始，以1912年《中华民国临时约法》颁布为标志，曾经无限辉煌的传统中华法系的确解体了。当然，传统中华法系在1912年解体，只是意味着从形式上传统中华法系已经退出历史舞台，但这并不意味着传统中华法系的实质内容对后来的中国法制不再发生作用。正如有当代学者所指出："清末变法修律

①④　陈朝璧. 中华法系特点初探. 法学研究，1980（1）.

②　梁启超. 中国法理学发达史论//饮冰室合集：第2册. 北京：中华书局，1936.

③　张晋藩. 再论中华法系的若干问题. 中国政法大学学报，1984（2）.

使中华法系在其本土最后瓦解——近百年来，中国人的法律观念、理论、制度和大量的法条法规愈益远离自己的传统。时至今日，中华法系的特色（性）从制度和规范上看已消隐难察。但透过制度和法条（现象），我们还是可以体察到中华法系的遗存和流变，这在法观念、法心里、法思想以致个别制度上都有踪迹可寻。"① 正因为如此，自清末至今，无数法律学者对中华法系解体、消亡与否以及如何再造发生了大量的笔墨官司，乃至不同时期的不同学者们对"中华法系"这个名词都有不同的表述用语，除了中华法系这个通常的用法外，至少还有"中国法系""中国法""中国本位法系""中国固有法系""中国封建法系""中国传统法系""中国传统法律体系""中国传统法律文化"等用法。

为了正本清源和从历史大视野的纵贯性角度把握中华法系的历史脉络和发展趋势，笔者认为，中华法系是指清末立法修律以前曾经辉煌和对东亚乃至世界法律文明发生重大影响的传统中国法和其他国家法律的总称。传统中华法系自 1912 年解体后，则开始了中华法系的复兴进程，而这一进程从实质内容上来说，必须经过中国特色法律体系的荡涤这一不可逾越的历史阶段，才能达到彻底复兴中华法系或者实现新中华法系的再造的程度。

二、中国特色法律体系

（一）法律体系不同于法系

传统中华法系解体后，中国人一直没有停止对复兴中华法系的尝试。然而，直到今日，相当一部分学者谈到的复兴中华法系，实质上是在传统中华法系解体后，试图建立中国特色的法律体系努力的一部分，以至于一些学者甚至是相当有名望的学者经常混淆法系与法律体系。如有老一辈学者说："法系一词——原指一定的谱系，如家谱、世系之类由具有源流关系的某些事物组成的一个整体。就法律体系而言，某国固有的法律同某些从外国接受过来的法律，或者同本国历史上长期积累起来的法律结合起来，形成一种独特的体系，这就是所谓法系。"②

---

① 张中秋 . 回顾与思考：中华法系研究散论 . 南京大学法律评论，1999（春季号）.

② 陈朝璧 . 中华法系特点初探 . 法学研究，1980（1）.

　　笔者认为，法律体系不同于法系，自 1912 年以来，中国人口头或形式上所追求的中华法系复兴，在中国特色法律体系建构完善之前，实质上都可以被看作是建立中国特色法律体系努力的一部分。当然，中国特色法律体系建构和完善肯定会为中华法系的再造或者新中华法系的形成奠定坚实的基础。

　　为了深入说明新中华法系与中国特色法律体系的关系，需要首先从实质意义上弄清法系与法律体系的关系。法律体系不同于法系，至少表现在如下几个方面①：

　　第一，法律体系反映的是一个国家内部法律的结构，法系反映的是多个国家法律之间的联系。

　　法律体系是一个国家法律的内部结构，它通常是指一个国家现行法律既可以被划分为不同的法律部门，又是内在统一、有机联系的系统。一个国家的法律规范所调整的社会关系是多种多样的，这些规范的外部表现形式也可能十分凌乱，但这些法律规范之间仍然存在着内在的协调统一性。同时，由法律所调整的社会关系的多样性所决定，一个国家内部内在统一的法律也必然要被分成不同的相对独立的部分，这些部分在法律调整中发挥相对独立的作用。因此，在一国法律规范内部，在统一的基础上又存在着差别，这些差别表现为法律在一国内部被划分为不同法律部门，许多法律部门构成一国现行法律的整个系统，这就是法律体系。

　　与法律体系反映的是一个国家内部法律的结构不同，法系反映的是多个国家法律之间的联系。如果说对法律体系的学习和研究是为了把握一国内部法律规范的部门划分及其内在统一性，那么，对法系的学习和研究则是为了把握世界范围内不同国家和地区之间法律的区别与联系，为了对众多国家法律作出比较性和概括性的理解，有必要把历史传统、形式特征大致相同又有内在联系的不同国家的法律划归为一个法系。

　　第二，法律体系是主观与客观相互统一的产物，法系主要是主观人为划分的结果。

　　从法律体系的形成来看，它是主观与客观相互统一的产物，而在法律体系中不以立法者的意志为转移的客观因素起主要作用。法律体系反映着社会

---

① 王振东. 法系不同于法律体系//现代法学基础教程. 北京：中国统计出版社，2000：432 - 434.

的运动，社会运动这一客观现象是通过人的主观活动实现的。一定意义上说，法律就是立法者自觉活动的产物，立法者在创制法律，最终形成体系的过程中，不能不受一定主观因素的影响，如受一定的世界观、政治目的、法律研究程度等影响。这就是说，在法律体系的形成过程中，不能排除主观因素的介入。但是，法律体系的形成更主要的是有其客观依据，这种客观性，从起源方面看，表现为法律体系的发展是法律的历史发展的合乎逻辑规律的结果；从内容上看，表现为法律体系以社会经济基础以及社会关系的发展的需要为根据；从发展规律方面看，表现为立法者不能任意改变已经形成的法律体系。

与法律体系主客观相统一，而以客观因素起主导作用不同，法系的划分纯粹是一种人为主观的产物，是否需要划分法系，世界应当划分为几大法系，完全是依据主观需要和人们学习、研究方便而定。

第三，法律体系反映的是一个国家现行法律的内在结构，构成法系的法律是跨历史时代的。

法律体系是特定国家现行法的系统化和体系化，它不涉及该国历史上的法律曾经存在的状态。而构成一定法系的法律是跨历史时代的，它不仅包括若干国家的现行法，而且更包括、甚至主要是与这些法律在形式上、结构上有传统联系的历史上存在的过去的法律。如中华法系，它以唐律为代表，反映整个中国封建社会的法，以及受到唐律强烈影响的传统日本法和东南亚各国各个朝代的法。

（二）民国时期对中国特色法律体系的初步探究

从时间上说，1912 年以后，中国特色法律体系的形成经历了两个大的发展阶段，第一阶段即自 1912 年到 1949 年民国时期中国特色法律体系的初步探究；第二阶段即自 1949 年以后到中国特色社会主义法律体系的形成。

就第一阶段的主要特点而言，主要是"破"与"立"的关系，所谓"破"，即继续彻底打破中华法系传统；所谓"立"，即试图仿照西方法律特别是大陆法系的立法模式，建构中国特色法律体系，这一进程在形式上以中华民国六法全书编纂完成为标志。

就第一阶段对中国特色法律体系的理论探讨而言，客观地说，当时的一些法律风云人物和学者也是非常勤勉和有宏大视野的，他们当中大多是留学欧美和日本学习法律的著名人物，包括：王宠惠、罗文干、伍朝枢、杨荫杭、周泽春、王世杰、王铁崖、端木正、胡愈之、周鲠生、李浩培、陈体强、周枏、漆竹生、龚祥瑞、朱兆莘、顾维钧、唐绍仪、杨兆龙、倪征燠、梅汝璈、梅仲协、钱端升、陶白川、吴经熊、王造时、罗隆基、张金鉴、赵理海、李钟声、孙晓楼、韩德培、王正廷、唐宝锷、汤化龙、宋教仁、廖仲恺、吴玉章、董必武、张友渔、李景禧、江庸、章士钊、章宗祥、黄尊三、潘念之、张知本、林纪东、戴季陶、蔡枢衡、史尚宽、韩幽桐、戴炎辉、程树德、胡长清、汪精卫、胡汉民、沈钧儒、居正、杨度、曹汝霖、吕志伊、朱执信、张耀曾、张君劢、孟森、黄右昌等。

民国时期相对厚重的法律人才储备，为当时中国特色法律体系的初步探索和研究奠定了一定基础。1911 年武昌起义爆发后不久，湖北军政府即告成立。宋教仁等即组织拟定《中华民国鄂州约法》等一系列法律文件；1912年元旦成立了中华民国临时政府。南京临时政府成立后临时参议院委托景耀月、马君武、王有兰、吕志伊、张一鹏五人起草《临时约法》，王宠惠、伍廷芳、宋教仁、居正等均参与其中；1913 年 4 月中华民国第一届国会成立宪法起草委员会，吕志伊、李国珍、伍朝枢、汪荣宝、孟森、张耀曾、曹汝霖、朱兆莘等拟订"天坛宪草"；在北京政府时期，伍朝枢、汪荣宝等起草《大总统选举法》，严复、王世澄、程树德等起草《修正大总统选举法》，王世澄、程树德等起草《中华民国约法》，余棨昌、黄右昌等起草《民律草案》等；在南京国民政府时期，1928 年王宠惠主持起草了《刑法》，1929 年至 1930 年王宠惠、戴季陶主持起草了《民法》《公司法》《票据法》《海商法》《保险法》，王宠惠主稿，胡汉民、吴敬恒、于右任、孔祥熙、邵力子等参与起草了《中华民国训政时期约法》、胡汉民、居正、张知本等主持制定《民事诉讼法》《刑事诉讼法》。此后，在立法院长胡汉民、孙科等组织领导下，吴经熊、张知本、史尚宽、楼桐孙、黄右昌、陈茹玄、吕志伊、戴传贤、伍朝枢、王世杰、马寅初、郗朝俊等为民国时期"六法体系"的制定作出了重要贡献。

现在看来，民国时期中国特色法律体系的创制走的是一条与传统中华法系完全不同的道路。民国时期民主共和政体的确立，使得法律创制工作不断加快。其中北洋政府时期法律创制的重点是关于宪法和宪政问题，以及经济立法方面。南京国民政府时期，则主要围绕着"六法全书"法律体系的制定，进行了巨大的法律创制活动，并最终形成了体系庞大、内容复杂的民国时期中国特色法律体系。

但是，必须看到的是，由于历史的局限性，民国时期对中国特色法律体系的探讨不仅是非常初步的，而且走向了政治和理论误区。

民国时期的法律家群体是在一个特定的历史背景条件下逐渐形成和发展起来的。由于受到民国动荡的政治形势和严酷的国际环境等因素的制约，这一群体的法律思想呈现出开放、多元、复杂的特征：一方面法律家们在运用西方大陆法系资源来改造中华法系的过程中，其研究触角已经涉及近代中国法律体系的方方面面，其理论思维已经初步将纯粹的西方法治理想与中国的现实相结合；另一方面，由于受到这些法学家政治倾向、学术脉络、时代特点等限制，民国时期法学家在建构中国特色法律体系时其主要的学术观点往往是不统一的，甚至是前后不一、相互矛盾的，作为结果，民国时期建构的中国特色法律体系虽然形式上好似初步完成，但实质上远未完成。之所以这么说，不仅是因为民国时期"六法全书"法律体系被彻底废除，而且，更重要的是因为，整个民国时期中国特色法律体系的建构过程，都伴随着深重的民族危机。这使得当时中国特色法律体系的研究寄托了太多的民族独立自强的诉求，以至于人们往往将中国法律体系的建构与中华法系的建构和复兴混为一谈。如 1926 年高维廉在《法学季刊》发表《建设一个中国法系》，1946年居正在大东书局出版《为什么要重建中国法系》，其中都充满了从法的角度企盼民族复兴的含义。但是，"对于大多数法学研究者而言，或对法学的其他学科而言，研究者往往认为中华法系已经解体，中国古代法或传统的价值观是近代法学发展的阻力，是批判的对象；而对法史学界而言，古代法，尤其是已经解体的古代法律制度是可以提供解决现实法律弊病方法的宝藏，新的'中国法系'形成必以固有的中华法系为本位，复兴固有法系才是中国法治的方向。这种矛盾一方面使法学缺乏传统的支持而显得'幼稚'；另一方面由于过于附庸政治与关注现实，也淡化了法史学本应拥有的学术性"[①]。这种客观的历史现实，造成民国时期中国特色法律体系的初步探究虽然可歌

---

① 马小红，刘婷婷. 中华法系专题//法律文化研究：第七集. 北京：社会科学文献出版社，2014：主编导读 15.

可泣，但终未实质成功。

（三）新中国具有中国特色社会主义法律体系的形成

1949 年 2 月 22 日，《中共中央关于废除国民党的〈六法全书〉与确定解放区司法原则的指示》发布。以此为标志，中国特色法律体系的建立进入了崭新的时期，即具有中国特色的社会主义法律体系的形成和发展时期。这个时期又可以划分为两个大的发展阶段：一是从 1949 年到 1978 年，这是中国特色社会主义法律体系的探索阶段；二是从 1978 年到 2010 年，这是中国特色社会主义市场经济法律体系的形成阶段。正如 2011 年 10 月 27 日国务院新闻办公室发表的《中国特色社会主义法律体系》白皮书所指出："1949年，中华人民共和国成立，实现了中国从几千年封建专制制度向人民民主制度的伟大跨越，彻底结束了旧中国半殖民地半封建社会的历史，人民成为国家、社会和自己命运的主人。60 多年来特别是改革开放 30 多年来，中国共产党领导中国人民制定宪法和法律，经过各方面坚持不懈的共同努力，到2010 年年底，一个立足中国国情和实际、适应改革开放和社会主义现代化建设需要、集中体现中国共产党和中国人民意志，以宪法为统帅，以宪法相关法、民法商法等多个法律部门的法律为主干，由法律、行政法规、地方性法规等多个层次法律规范构成的中国特色社会主义法律体系已经形成，国家经济建设、政治建设、文化建设、社会建设以及生态文明建设的各个方面实现有法可依。"

中国特色社会主义法律体系，是以宪法为统帅，以法律为主干，以行政法规、地方性法规为重要组成部分，由宪法相关法、民法商法、行政法、经济法、社会法、刑法、诉讼与非诉讼程序法等多个法律部门组成的有机统一整体。中国特色社会主义法律体系，是新中国成立以来特别是改革开放 30 多年来经济社会发展实践经验制度化、法律化的集中体现，是中国特色社会主义制度的重要组成部分，具有十分鲜明的特征：（1）中国特色社会主义法律体系体现了中国特色社会主义的本质要求；（2）中国特色社会主义法律体系体现了改革开放和社会主义现代化建设的时代要求；（3）中国特色社会主义法律体系体现了结构内在统一而又多层次的国情要求；（4）中国特色社会主义法律体系体现了继承中国法制文化优秀传统和借鉴人类法制文明成果的文化要求；（5）中国特色社会主义法律体系体现了动态、开放、与时俱进的发展要求。

三、新中华法系预期

（一）新中华法系伴随着中国特色社会主义法律体系的完善而到来

中国特色社会主义法律体系的形成为新中华法系时代的到来奠定了坚实的基础。它将使近代以来无数仁人志士梦寐以求的新中华法系的再造成为现实。

20世纪30年代，"建立中国本位新法系"曾经在学界鼓噪一时，但到1966年，陈顾远先生在《中华法系之回顾及其前瞻》一文中，明确说："国人曾在抗战前，提倡建立中国本位新法系，拟将固有法系之不合时代成为僵石者去之，将其仍有价值而得使用者保留之，发扬之，光大之。微论法系观念已有改变，欲恢复固有法系之全盛地位殊不可能。且在事实上欧美法律体系已成天之骄子，我国清末变法随同之。无论在学说上、在政策上、在条文上，大部分仍以此种实力所笼罩，不得自拔，能否断然建立中国本位新法系，尤为困难。"① 因此，陈顾远先生已经"不奢言建立中国本位新法系"② 了。的确，传统中华法系在清末灭亡以后，直到1949年，甚至到20世纪70年代末，中华法系的复兴就像流浪者一样四海为家而一直不在家。然而，现在我们可以自豪地说，随着中国特色社会主义法律体系的形成，一个崭新的中华法系又将巍然屹立于世界。

然而，我们也必须清醒地认识到，新中华法系的再造是一个过程，它将伴随着中国特色社会主义法律体系的完善而最终到来。中国特色社会主义法律体系的形成只是为新中华法系的再造打下了基础，新中华法系发挥世界性的重大影响，还需要随着中国特色社会主义法律体系的完善和不断被其他国家仿效而最终获得实现。正如《中国特色社会主义法律体系》白皮书所说："形成中国特色社会主义法律体系成就辉煌，完善中国特色社会主义法律体系任重道远。在新的起点上完善中国特色社会主义法律体系，是推进中国特色社会主义制度发展完善的内在要求，也是今后立法工作面临的重要任务。""社会实践是法律的基础，法律是实践经验的总结、提炼。社会实践永无止境，法律体系也要与时俱进。建设中国特色社会主义是一项长期的历史任

---

① 陈顾远.中国文化与中国法系：陈顾远法律史论集.北京：中国政法大学出版社，2006：549 - 550.

② 同①550.

务，完善中国特色社会主义法律体系同样是一项长期而又艰巨的任务，必须随着中国特色社会主义实践的发展不断向前推进。"可以预想，随着中国特色社会主义法律体系的完善，特别是随着"一带一路"倡议的推进，新中华法系不只是中国法治梦的一部分，也是正在发展的世界现实的客观需要。

（二）传统中华法系对新中华法系的可能价值

自从传统中华法系解体以后，无数学人在不同时期都先后思考过传统中华法系对新中华法系的可能价值问题。虽然人们的看法未必相同，但多数学者的观点的共同特点是在阐发传统中华法系的特点或特征后，顺带指出传统中华法系中若干因素可能有利于新中华法系的再造。下面将一些重要学者的看法择录一些并归纳之。

杨鸿烈在1930年出版《中国法律发达史》，在本书导言中，他认为，传统中华法系时代的"中国法律虽说从现代法学的眼光看来并不算完美，而其自身却是很有条理统系的，绝无混乱矛盾的规定"，"经我几年重新爬梳整理之后，更觉得中国法律在全人类的文化里实有它相当的——历史上的位置，不能说它不适用于今日个人主义、民权主义的世界便毫无价值"，"中国古法受儒教之影响多含道德的分子"[①]。

陈顾远在《中国固有法系与中国文化》一文中指出："对中国固有法系重新作一番估价，也就涉及中国法系的重建问题。""从建立中国本位新法系方面来说。虽然说要创造一个新法系然仍以中国为本位，那么，实际上就是中国固有法系的更新重建，仍然与中华民族所表现的中国文化一脉相承，不能另起炉灶。"[②] 陈顾远认为，总体来说："（1）中国固有法系源于神权而无宗教色彩。""（2）中国固有法系源于天意而有自然法的精神。"[③] 中国固有法系的具体特征包括：礼教中心、义务本位、家族观点、养化设施、仁恕精神、灵活运用、减轻讼累、法官责任。[④]

张晋藩认为，中华法系的特点是：（1）以儒家学说为基本指导思想和理论基础，但也融合了道、释的某种教义；（2）出礼入刑，礼刑结合；（3）家

---

① 杨鸿烈．中国法律发达史．上海：商务印书馆，1930．

②③④　陈顾远．中国固有法系与中国文化//陈顾远法律论文集：上册．台北：联经出版事业公司，1982．

族本位的伦理法占有重要地位；（4）立法与司法始终集权于中央，司法与行政合一；（5）"民刑不分，诸法合体"与"民刑有分，诸法并用"，中国古代主要法典的编纂结构形式是诸法合体、民刑不分的，但就封建法律体系而言，它是由刑法、民法、诉讼法、行政法、经济法等各种法律部门所构成的，是诸法并用，民刑有分的；（6）融合了以汉民族为主体的各民族法律意识和法律原则。①

俞荣根在《认真对待中华法系传统》②一文中指出，中华法系是礼与法的结合。实际上，礼法法系可能更适合概括中华法系的特征。资料显示，我国早在殷周时代就有礼与刑的规范形式。经过长期演化，中国古代形成了复杂的礼法法律规范体系，内含三个子体系：（1）礼典子体系。礼典是由朝廷编纂、颁布的礼仪大典。在礼法体系中，礼典的地位最高。（2）律典子体系。即以成文律典为主干的律令体系。律典是由朝廷编纂、颁布的刑律大典，是具有国家强制力的刚性规范。现存《唐律疏议》是律典代表。不过，律典必须以礼典为依归，即所谓"一准乎礼"，不得违反礼典的精神原则与具体规范。换言之，中国古代法中的律典体系是礼法统摄下的法律规范。（3）习惯法子体系。就是以礼义为宗旨、以礼俗为基础的乡规民约、家法族规等民间习惯法。习惯法规范着老百姓日常生活的方方面面，它们无处不在、无人不晓。正是这些民间"活法"，使得礼法精神扎根社会土壤、渗入百姓心田。俞荣根教授进一步认为，礼法体系是中华法系的特质，是一个成文法和非成文法共生共荣、和谐一体的法律体系，成文刑事律典仅是其中一部分，诸法并非合于律典，民法自有独立体系。这种法律规范体系在维护国家运行和调整社会关系中展现出独特智慧。比如，中华法系有自己的对待权利义务方式；法律纠纷的解决并非只有审判一种渠道；不存在法治和人治非此即彼的格局；保持法律与道德相辅相成等。

一百余年来，无数法律学人孜孜以求中华法系的复兴与再造，人们对传统中华法系的特点和现代价值的看法未必完全相同，但是，传统中华法系维系了中华民族几千年的社会秩序，认为其中必然存在可供我们今天借鉴的智慧和经验应当是我们的基本共识。从为新中华法系再造提供文化滋养的角度

① 张晋藩．再论中华法系若干问题．中国政法大学学报，1984（2）.
② 俞荣根．认真对待中华法系传统．人民日报理论版，2016-08-15.

来说，传统中华法系当中的下列价值因素尤其值得我们珍视，包括重和谐、重调解、重道德、重秩序、重伦理、重忠恕、重礼仪、重教化、重义务、重责任等。可以预期，随着"一带一路"倡议和中国法治梦的逐步推进，一个融合几千年传统中华法系智慧和符合当今世界发展潮流的新中华法系的再造成功，在可见的时空内必将成为现实！

第二章

完善法律体系的当代研究

第一节　当代中国法律体系理论研究综述

一、概述

2011 年《中国特色社会主义法律体系》白皮书指出："到 2010 年底，一个立足中国国情和实际、适应改革开放和社会主义现代化建设需要、集中体现中国共产党和中国人民意志，以宪法为统帅，以宪法相关法、民法商法等多个法律部门的法律为主干，由法律、行政法规、地方性法规等多个层次法律规范构成的中国特色社会主义法律体系已经形成，国家经济建设、政治建设、文化建设、社会建设以及生态文明建设的各个方面实现有法可依。"

然而，根据社会发展规律并结合其他国家的法律历史来看，法律体系的形成并不意味着其将在长时间内一成不变。相反，一方面法律体系会随着社会实践的发展而有所改变，另一方面，因在同一时期内理论界与实务界对法律体系的含义持不同理解、采取不同的分类方法，而造成对法律体系的分类结果不同。这些不同的法律体系分类的存在，会从各个侧面影响我国的立法、执法、司法和守法等各个方面，从而对我国从法律体系向法治体系的转变产生影响。因此，在法律体系已经形成的历史新时期，对其进行深入研究和探讨仍十分必要。

法治化是国家治理现代化的必由之路。推进国家治理法治化，是国家治理现代化题中应有之义，是中国共产党执政理念的必然要求，也是人民群众的共识和关切。推进国家治理法治化也是国际潮流。国家治理法治化包括国家治理体系法治化和治理能力法治化两个基本方面。[①] 目前我国的法治水平和能力尚不能满足国家治理的现实需要，也不适应"形成系统完备、科学规范、运行有效的制度体系"和"加快形成科学有效的治理体制"这一国家治理现代化阶段性目标的要求。中国特色社会主义国家治理体系由一整套制度构成，包括以中国共产党党章为统领的党内法规制度体系、以党的基本路线为统领的政策制度体系、以宪法为统帅的法律制度体系，在这其中以宪法为统帅的法律制度体系又是其他制度体系的根本。要实现国家治理现代化，就必须加快构建中国特色社会主义法律体系。从法律体系层面看，依法治国的前提是有法可"依"。只有以建立完善的法律体系为基础，国家治理才能从相对静态的法律体系过渡到动态的法治体系。

二、中国特色法律体系研究综述

在法学理论中，学者在不同层面对法律体系进行探讨。在理论层面，规范法学派的凯尔森试图从基础规范为起点，试图构建一个金字塔形的法律规范体系[②]；英国法学家哈特以初级规则（primary rules）的三大缺陷为切入点，引入承认规则、变更规则和裁判规则作为次级规则（secondary rules）修正初级规则[③]，进而形成一套相对逻辑自洽的法律规范体系。以分析实证为进路的法学家所提出的法律体系概念，终究是形而上的。而在实践层面或实体法意义上，法律体系却有更加实际的含义。[④]

我们在"知网"上细致检索，关于法律体系的博士论文找到 36 篇，硕士论文找到 85 篇，其他参考文献找到 100 余篇。

（一）法律体系的概念

但凡论及法律体系，我国学者大多引用《中国大百科全书（法学）》中

---

① 张文显 . 法治与国家治理现代化 . 中国法学，2014（4）：5 - 27.

② 凯尔森 . 法与国家的一般理论 . 沈宗灵，译 . 北京：商务印书馆，2013.

③ 哈特 . 法律的概念 . 许家馨，李冠艺，译 . 北京：法律出版社，2011.

④ 毫无疑问，对法律体系的理论和实践研究均具有重要意义。在"完善以宪法为核心的中国特色社会主义法律体系"的语境下，本节将以部门法意义上的法律体系作为研究进路。

的定义，即法律体系通常意指"由一个国家的全部现行法律规范分类组合为不同的法律部门而形成的有机联系的统一整体"①。我国学者曾大体认同这一定义。然而有些学者提出，该定义对法律体系的理解是非常单一化的，法律体系即指部门法体系，从而区别于包括立法体系、执法体系、司法体系、守法体系、法治监督体系等法制体系，但这种对法律体系的单一化理解正在受到诸多学者的反思和质疑。② 我国法律体系的建构存在"倚重立法、轻视司法"的问题，而这个问题的实质在于用法律规范体系替代了法律体系。从目前的理论研究状况来看，学者们已经突破了传统的对法律体系的狭隘理解，而倾向于从广义上理解法律体系③，认为它是"纵向与横向、静态与动态、内容与形式、规范与制度、法律部门与效力等级等方面的统一"④。

狭义法律体系的发展是一个从简单到复杂的过程。在人类文明初期，用于调整简单社会关系的法律规范也较为简单，法律与其他社会规范的界限并不明晰。而随着社会分工的加速，开始出现了法律门类的划分，例如罗马法中的公法与私法和英国法中的普通法与衡平法，此种情形下的法律划分非此即彼。19世纪风靡大陆法国家的法典编纂运动，现代法律体系的雏形初步展现，宪法、行政法、刑法、民法、商法、民事与民事诉讼法等法律部门逐渐形成。19世纪后半期出现的概念法学以及在此基础上形成的经典法学学科体系由此诞生。20世纪以降，社会关系的进一步发展使得法律部门及其之间的关系日益复杂，法律部门越分越细，各基本法律部门中都出现了进一步划分的趋势。面对新的社会关系，原有部门中首先出现一些不那么"纯粹"的规范，它们处在原有部门的边缘，于是就在这个部门中出现了不那么协调的现象，后来这类条文变得越来越多，原有法律部门再也不能容纳它们，最后逐渐形成一个或若干个调整同类关系的法律文件，经过法学家的理论化，新的部门产生了。⑤

---

① 中国大百科全书（法学）. 北京：中国大百科全书出版社，1984.
②③ 钱大军，薛爱昌. 繁华与无序：法律体系构建的中国模式之检讨. 法律科学（西北政法大学学报），2016（1）：18.
④ 李拥军. 当代中国法律体系的反思与重构. 法制与社会发展，2009（4）：128–138.
⑤ 朱景文. 中国特色社会主义法律体系：结构、特色和趋势. 中国社会科学，2011（3）：21.

（二）法律体系与社会主义制度

追溯我国法律体系发展的历史，我国法学界自 20 世纪 50 年代起就基本上沿用并继承了苏联社会主义计划经济时期的法律体系的划分理论及其方法。苏联法学家经过两次法律体系的理论之争——1938 年至 1940 年第一次理论之争与 1956 年第二次理论之争，最终确立了划分部门法的主标准与次标准即法律调整对象、社会关系和法律调整方法，由此将法律体系划分为国家法、行政法、劳动法、土地法、集体农庄法、财政预算法、家庭法、刑法和诉讼法等十个法律部门。①

在"以宪法为核心的中国特色社会主义法律体系"中，"社会主义"这一关键词表达了我国法律体系的根本性质，表明了我国法律体系与西方资本主义国家法律体系的本质区别。我国法律体系的社会主义性质主要体现在我国立法的领导力量、指导思想、主体、制度及其所体现的意志上。从立法的领导力量上说，我国的立法工作是在中国共产党的领导下进行的。中国共产党是中国特色社会主义事业的领导核心。从立法的指导思想上说，我国的立法工作坚持以中国特色社会主义理论体系为指导。从立法的制度上说，我国立法是经由民主的程序和方式制定出来的。②贯穿于我国法律体系，社会主义的特色尤为明显。民法、刑法、经济法等法律部门中许多条款，无不体现着我国社会主义制度特点。

（三）法律部门的分类

法律部门是依照法律规范调整的社会关系和调整方法对法律规范进行分类的结果。③ 根据不同的分类标准，不同的学者会产生不同的法律部门分类。我国对法律部门的分类大体如下：

1. 两部门说：公法与私法

新中国成立后的相当一段时间，我国法学界接受苏联法学的观点，不承认社会主义国家有公法与私法的划分。随着我国社会主义市场经济的发展和法学理论研究的深入，法学界逐渐认可了这种划分。公私法划分的合理性在于其反映着法律发展的一般规律，反映了法的内在结构和经济规律的要求，

---

① 李龙，范进学．论中国特色社会主义法律体系的科学建构．法制与社会发展，2003（5）：42.

② 黄文艺．中国特色社会主义法律体系的理论解读．思想理论教育导刊，2012（2）：45.

③ 张志铭．转型中国的法律体系建构．中国法学，2009（2）：142.

具有普遍的意义；同时，认识公私法划分的根据和意义，对建设有中国特色的社会主义法律体系的具有重大的理论和实践意义。公法与私法的划分起源于古罗马并至今沿用不衰，说明这种划分具有必然性和生命力。①

由于公法和私法的划分标准，无论从主体、关系、利益还是从规范的性质看，都具有对比性、不兼容性、非此即彼的特征，因而在实际操作的层面上对这种划分有相当大的争论，我们不难在宪法、行政法和刑法中找到具有私法性质的规范，而在民商法中同样可找到具有公法性质的规范。朱景文教授认为，我们的着眼点不在于把所有法律部门区分为公法和私法是否合理，而在于把公法和私法作为分析单元，看它们在不同的法律部门中是如何分布的，从而研究各个法律部门的性质和发展趋势。公法与私法区分的标准仍然不变，只不过问题不再是宪法、行政法是否属于公法，民商法是否属于私法，而转变为这些法律部门中包括多少公法或私法因素，它们是如何组合的。②就实际意义而言，公法与私法代表了国家干预和私人自治之间的关系，是能够衡量当代中国社会和法律变革许多方面的重要指标。

公私法划分的标准虽未被我国立法机关所直接采纳，但其为我们提供的视角仍旧具有重要价值。当代中国由于国家干预的加强和市民社会对政治领域的双重作用，各个法律部门都发生了有意义的变化，公法与私法因素在各个部门中相互混杂，出现了"私法公法化""公法私法化"和"兼具公法和私法性质特征"的混合法律部门。③

2. 三部门说和四部门说

①三部门说：公法、私法、社会法。④自20世纪以来，随着资本主义从自由竞争过渡到垄断，垄断资本主义的出现使各种社会矛盾趋于激化，为了缓和矛盾，国家加强了对社会经济生活的干预，各种社会立法不断涌现，

---

① 孙国华. 中国特色社会主义法律体系研究——概念、理论、结构. 北京：中国民主法制出版社，2009：135-153.

②③ 朱景文. 中国特色社会主义法律体系：结构、特色和趋势. 中国社会科学，2011（3）：26.

④ 持有"法律国家主义"的学者认为，法律由国家作为公民意志的体现而制定产生，即法律的国家构建属性。而此处所谓"社会法"是因法律的"社会化"而产生的法律部门，表现为兼具公法和司法的双重属性，是为广义的社会法，包含经济法，其与下文提及的以劳动法和社会保障法为主要内容的狭义"社会法"外延不同。

"法律的社会化"成为时代的潮流。在此社会背景下，公法与私法相互渗透，于是一种非私法又非公法、介于私法与公法之间的法——"社会法"应运而生。"社会法以经济法的出现为标志，由经济法、劳动法和社会保障法作为主干而构成。"①

②四部门说：公法、私法、社会法和经济法。四部门说是在三部门说的基础上，将社会法的外延进行了一些缩小，主要以劳动法和社会保障法等法律为主，再加以经济法，从而将三部门说改造成四部门说，并将经济法列为一个单独的法律部门。

3. 五部门说

持此观点者认为，成文法中最先出现刑法，而在西方由于商品货币关系的发展，引起了私法的兴起。在资产阶级革命和资产阶级民主制兴起的过程中，逐步发展出宪法、行政法和程序法。因而近现代各国法的五大基本部门即为宪法部门、民法部门、刑法部门、行政法部门和程序法部门。②此外，五部门说还有民法、商法、民事诉讼法、刑事诉讼法和刑法的分类方法。③

4. 六部门说

著名的"六法体系"即宪法、民法、刑法、行政法、民事诉讼法和刑事诉讼法。六部门说将刑事诉讼法和民事诉讼法分别单列为一个法律部门，相比于其他学说更加强调了程序法的意义。然而其忽视了对商法、经济法、行政诉讼法等法律部门的划分，致使"六法体系"因过于强调程序法而略显单调。

5. 八部门说

国内学者在不同时期还提出过"八法体系"——民法、商法、行政法、经济法、劳动和社会保障法、自然环境与环境保护法、政治法、文化法。八部门说最为突出的特点在于将政治法和文化法单列，且没有将宪法及相关法

---

① 孙笑侠. 法的现象与观念. 济南：山东人民出版社，2001：94.

② 孙国华. 法的部门的划分：根据和标准//中国特色社会主义法律体系前沿问题研究. 北京：中国民主法制出版社，2005：163.

③ 李林. 中国法律体系构成. [2016-12-13]. http：//www. iolaw. org. cn/showarticle. asp? id=523.

列为独立的法律部门。政治法与宪法的包含与被包含的关系，并没有得到学界广泛认同。

6. 九部门说

九部门说即宪法、行政法、民法、经济法、劳动法与社会保障法、环境法、刑法、诉讼法、军事法。法律部门的划分发展到九部门，已然达到一个相对完善的阶段。劳动法与社会保障法、环境法和军事法成为单独的法律部门，也体现了法律调整精细化的趋势。

7. 十部门说

由孙国华主编、法律出版社出版的《法学基础理论》把我国社会主义法律体系概括为十大部门法即宪法、行政法、财政法、民法、经济法、劳动法、婚姻法、刑法、诉讼法、法院和检察院组织法。由沈宗灵主编、高等教育出版社出版的《法理学》则将法律体系划分为宪法、行政法、民法、商法、经济法、刑法、诉讼法、劳动法与社会保障法、环境法、军事法。由张文显主编、高等教育出版社出版的面向 21 世纪课程教材《法理学》，再把我国法律体系划分为宪法、行政法、民法、经济法、劳动法、教科文卫法、资源环境保护法、刑法、诉讼法、军事法。上述三种分法各有特色，但也有所缺陷。例如，财政法和教科文卫法是否可以被划分为单独的法律部门，尚待论证。

8. 十一部门说

十一部门说在上述法律部门划分的基础上又有所创新，包含宪法、民法、刑法、行政法、诉讼法和非诉讼程序法、经济法、社会法、环境法、军事法、知识产权法和国际法。其最大特点在于将知识产权法和国际法各单独分为一个法律部门。

（四）关于新增法律部门的探讨

即便上文已经详尽列出了许多国内学者对法律部门划分的主要观点，仍旧不能穷尽学界所有的分类。根据我国社会发展的现状与趋势，法律部门的分类势必越来越细，理论界对新的法律部门的讨论主要集中在以下几个方面。

1. 生态环境法

中国改革开放近 40 年的进程中，环境法是发展最快的法律之一，这一方面是中国环境问题的严重性和解决问题的迫切性的必然要求，另一方面也是整个中国法制推进的必然结果。①从部门法发展的历史来看，中国的环境法脱胎于经济法，迄今仍有认为环境法是经济法的一个子部门法或者认为环境法横跨经济法和行政法的观点，官方对部门法的分类也常常会印证这一点。②环境法经过几十年的快速发展，已形成自己独立的调整对象、调整方法和价值追求，已然成为一个独立的法律部门，其在法律体系、法治体系中的重要作用越发明显。环境法律的实施，使得中国的环境与资源保护领域基本上实现了"有法可依"，为促进国家环境管理的法制化、保障公众合法环境权益、为协调环境保护与经济社会发展、促进生态文明建设发挥了不可替代的作用。③笔者认为环境法应当成为单独的法律部门。法律虽然调整作为法律主体的人之间的社会关系，但表现在环境法中，其也体现着人与自然、环境之间的关系，该关系的特殊性和重要性不言而喻。

2. 婚姻家庭法

新中国成立至今，婚姻法在民法体系中的地位可以被划分为三大历史阶段：第一个历史阶段是 1950 年婚姻法颁布之后的独立法律部门时期；第二个历史阶段是 1986 年民法通则颁布之后对婚姻法的地位引起广泛讨论时期；第三个历史阶段是 21 世纪初立法机关再次组织学者进行民法典草案的编纂和讨论，婚姻家庭法作为民法典的组成部分成为主流观点时期。有学者从婚姻家庭法调整对象的伦理属性、与民法其他部门法的区别、其所兼具的公法属性等方面认为其在民法中具有相对独立性。④

然而有学者认为除了公法、私法与社会法之外，尚可有与此并列的独立法律领域，就是家庭法。前三种领域都无法包含家庭法的内容。家庭法调整

---

① 李林. 中国法律体系构成. [2016 - 12 - 13]. http：//www. iolaw. org. cn/showarticle. asp? id=523.

② 国务院新闻办公室 2008 年 2 月 28 日发表《中国的法治建设》白皮书指出，中国的法律体系主要由七个法律部门构成，这七个法律部门是：宪法及宪法相关法、民法商法、行政法、经济法、社会法、刑法、诉讼与非诉讼程序法。其中，环境法被列入"规范市场经济秩序的法律制度"一节，分属经济法和行政法领域。此外，国务院新闻办公室 2011 年 10 月 27 日发表《中国特色社会主义法律体系》白皮书，再次确认了上述七个法律部门，并将环境法中的污染防治法与生态保护法列入行政法，将自然资源法列入经济法。这一划分或出于从行政管理条块分割的角度，与学科发展并不完全一致———在法学的二级学科目录中，"环境与资源保护法学"已然成为一个独立的法学学科。黄锡生，史玉成. 中国环境法律体系的架构与完善. 当代法学，2004（1）：125.

③ 黄锡生，史玉成. 中国环境法律体系的架构与完善. 当代法学，2004（1）：125.

④ 夏吟兰. 论婚姻家庭法在民法典体系中的相对独立性. 法学论坛，2014（4）：8 - 13.

的是初级关系，与次级关系不同，具有深刻的伦理性与公益性，有其法律调整的独特规则与方法。①笔者认为，且不论从社会关系层面还是从伦理性角度探讨，婚姻法终究建立在平等主体的人身和财产关系之上，并没有突破民法的调整范围。虽其具有特殊的调整方法，但仍以民事法律的调整手段为主，因而婚姻家庭法律部门不应成为单独的法律部门。

3. 军事法

有学者认为法律体系的内涵构成少不了军事法。就目前我国立法现状而言，有关军事法的主要法律规范已基本齐备，成为我国法律体系的重要组成部分。军事法调整与军事有关的社会关系，影响国家长治久安与安全稳定，是我国法治必须重点规范的内容。②而莫纪宏教授认为军事法要作为独立的法律形式，必须有明确的宪法依据，中央军委没有立法权；军事法没有被宪法明确为一种独立的法律形式；立法法并没有完成对军事法规、军事规章在法律体系中的次序问题，军事法规、军事规章的立法监督问题的解决，在立法技术上存在缺陷。③笔者认为军事法律部门应当被列为单独的法律部门。军事法律部门既有其法理基础，又有现实的需要。由于军事活动和军事环境都与非军事活动和环境有较大区别，因而其调整对象和调整手段也必然伴随着特殊性。正因其特殊性，军事区域可能成为"法外区域"，因而军事活动、军事区域的法治化也必须进一步加强。

三、主流的七部门说的合理性与缺陷

面对种类繁多的法律部门分类学说，第九届全国人大常委会提出了自己颇具结论性的"七分法"，即在宪法统率下，按照法律规范调整的社会关系和调整方法不同，将我国法律规范划分为七个法律部门，分别是宪法相关法、民法商法、行政法、经济法、社会法、刑法、诉讼法与非诉讼程序法。立法机关方面认为："划分为这七个法律部门，能够清楚地反应各类法律规范所调整的对象和方法，既能够把各个法律部门区分开，又能够使各个法律部门

①　巫若芝.三十年来中国婚姻法"回归民法"的反思——兼论保持与发展婚姻法独立部门法传统.法制与社会发展，2009（4）：67-85.

②　陈耿，王卫军.论军事法在中国特色社会主义法律体系中的地位.西安政治学院学报，2011（1）：65.

③　莫纪宏.军事法目前不宜作为独立的法律部门.检察日报，2010-11-29（6）.

之间的关系合乎逻辑，并且符合我国现有法律和将要制定法律的状况。"①

（一）合理性的一面

基于对作为法律体系构件的法律规范和法律部门概念的上述认识，立法当局在体系构成的意义上将对法律体系概念的一般界定演绎为关于中国法律体系的定义，即中国的法律体系"是以宪法为统帅，法律为主干，包括行政法规、地方性法规、自治条例和单行条例以及规章在内的由七个法律部门组成的统一整体"。如图 2-1 所示：

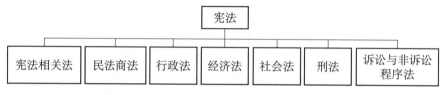

图 2-1　立法当局关于中国特色法律体系的构图

从体系结构上看，无论是宏观上的法律部门的划分，还是微观上的各项法律法规的制定，我国法律体系都没有简单地照搬或仿效某个或某些国家的做法，而是从中国的国情和实际出发自主地作出选择和设计。例如，我国法律体系关于七个法律部门的划分，特别是宪法相关法、社会法等法律部门的提法就颇具中国特色。就目前有关国外法律体系的文献所介绍的情况来看，国外并没有提出过宪法相关法这样的法律部门。我们把与宪法相配套、直接保障宪法实施的法律，如有关国家机构的产生、组织、职权和基本工作制度的法律，有关民族区域自治制度、特别行政区制度、基层群众自治制度的法律，有关维护国家主权、领土完整和国家安全的法律，有关保障公民基本政治权利的法律，都归入宪法相关这一法部门，从而为这些法律确定合理的部门归属。这是一种具有中国特色的法律部门划分方法，甚至可以说是中国政治家和法学家在法律部门划分上的创新。②

全国人大常委会所提出的七个法律部门的分类只是给我们提供了法律体系建构的大体框架、规范性文件的大致归属，并没有替代、更不可能穷尽法的内在结构和法律规范的研究。不把这个问题定于一尊，把它当作一个既成

---

① 刘巧玲，孔祥海. 具有中国特色的法律体系浅析. 黑龙江省政法管理干部学院学报，2011（6）：22.

② 黄文艺. 中国特色社会主义法律体系的理论解读. 思想理论教育导刊，2012（2）：42.

事实，一个能把各类法律文件放置其中的框架，以这一划分为基础对作进一步的研究是有好处的。如果换一个视角，不是从规范性文件的归属而是从法律规范本身的性质出发，就会发现这些规范性文件呈现出相当复杂的特点。法律的表现形式即规范性文件的内在结构可能不一致：一个规范性文件可能包含多种性质的法律规范，一个法律规范的不同部分也可能分布在不同的法律文件中。而且，同一法律文件从不同角度完全可以作出不同的划分。[①]

（二）主要缺陷

目前我国立法机关所采取的七部门说也并非完美无缺。评判一个法律体系的形成和完善与否的标准，不应仅从数量方面来考量，更要看其是否符合调控水准，各法律要素之间的逻辑关联、价值理念和外部适应等关于质的要求方面。具体而言，有如下标准：第一，调控水准，即法律对社会关系进行调控的均衡度与协调性；第二，各法律要素之间的逻辑关联；第三，价值理念的适宜；第四，外部适应，即是否适应外部环境，尤其是与国情、传统、制度和转型的对应性和衔接度。[②] 也有学者提出法律体系建成的三个特征为法律完备、结构严谨和内部协调。[③]然而，我国当前对法律部门的划分是否达到学者们对法律体系的判断标准，值得思索。

首先，我国还没有一部体系化的民法典。我国法律部门分类中民法只是其中一个法律部门，在该部门之下，却存在物权法、合同法、担保法和侵权责任法等法律。无须多言，物权法和担保法中有许多规定存在冲突之处，只能依靠"新法优于旧法"等原则来处理，则不利于保障法律体系的融贯性。作为需要高超立法技术的法典编纂，民法典的制定将极大促进我国法律体系的完善。

其次，将民事诉讼法、刑事诉讼法归入诉讼法和非诉讼程序法部门也存在一定问题。按照通常实体法与程序法的分类，民法作为实体法，其主要作用在于确认与分配实体权利与义务，民事诉讼法作为程序法，其主要作用在于保障民事实体权利的实现、义务的履行。刑法与刑事诉讼法亦然。而如此而言，如果将民法与民事诉讼法、刑法与刑事诉讼法分别合并而归为同一法

---

① 朱景文. 中国特色社会主义法律体系：结构、特色和趋势. 中国社会科学，2011 (3)：25.

② 汪习根，罗思婧. 论当代中国特色社会主义法律体系完善之路. 河北学刊，2011 (6)：149.

③ 黄文艺. 中国特色社会主义法律体系的理论解读. 思想理论教育导刊，2012 (2)：42.

律部门，才更能保护公民的实体权利，进而实现以人为本、保障基本人权的中国特色社会主义法律体系的基本原则。而将实体法和程序法单列，则不免影响甚至破坏了完整的民事法律部门和刑事法律部门内部的连贯性。

再次，古罗马以降，公法和私法的划分成为一种经典的法律分类标准。宪法相关法、刑法、行政法诉讼法都属于典型的公法，民商法属于典型的私法领域。就经济法部门而言，在经济发展尚未达到相当高水平的条件下，其原本蕴藏于民商法之中，然而随着商品经济的发展和市场规模的扩大，国家需要对经济主体和经济行为加以规制从而维护市场的秩序并使之健康发展，经济法应运而生。同样，以劳动法为代表的社会法也因此而产生。按照此种分析，经济法和社会法兼具公法属性和私法属性，因而将其与以宪法为代表的公法和以民法为代表的私法并列而提，在某种程度上未免会造成逻辑上的不完美。这种"不完美"主要体现为如果出现一部新的法律，是将其归入民法还是经济法，标准并不明晰。

又次，我国七大法律部门说没有将环境法、军事法列为单独的法律部门。笔者认为，环境法和军事法不论在调整对象、调整手段和方法的明确方面，还是在环境法律法规、军事法律的规则制定方面都已经取得了较大进展，已适宜将环境法和军事法划分为两个独立的法律部门。

最后，"宪法相关法"的提法也存在逻辑瑕疵。宪法是国家的根本大法，所有法律的制定都不得违反宪法的规定。从这个方面来看，所有的法律都是"宪法相关法"，因而此种分类或表述必然会带来相关的问题。

四、五大重点领域立法状况

我国五大领域立法状况极不均衡，这与我国改革开放乃至新中国成立以来国家工作重点密切相关。截至 2010 年年初，即宣告中国特色社会主义法律体系形成前夕，在政治立法方面，宪法相关法共有法律 39 件，占全部有效法律的 16%，包括宪法和相关法①，包括各级人大、政府、人民法院、人

---

① "对宪法相关法的称谓有不同意见，其范围包括哪些，实际上一切法律都和宪法相关，不仅仅包括有关国家机构、区域划分、国家领土、主权和公民权利与义务的法律。有人主张用宪法性法律，但这一名称往往特指不成文宪法国家对这类法律的称谓。也有人主张用过去曾经使用的名称国家法或宪法法、宪法部门。"——朱景文. 中国特色社会主义法律体系：结构、特色和趋势. 中国社会科学，2011（3）：24.

民检察院的组织法在内的各项法律等已经出台。行政法律部门共有法律 80
件，占全部有效法律的 35%，是法律最多的部门。① 行政法律部门涉及社会
各方面的协调、管理和引导，因而其法律最为庞大实为必然。但在建设新时
代中国特色社会主义的形势下，以上各法均有修改之必要。

在经济立法方面，我国自改革开放以来，加强了经济方面的立法。2010
年前我国的经济法是一个庞大的法律部门，共有法律 56 件，占全部有效法
律的 24%。② 经济领域立法发展最为迅速，目前我国已经形成一套较为完整
的经济法律体系，但仍有不少缺项亟须补足。

在文化立法方面，整体来说我国尚处于较不完善状态。中国特色社会主
义文化立法的性质，决定了它是中国特色社会主义法律体系的有机组成部
分，既是具有相对独立意义的领域法，又是不具备独立部门法特性的混合
法。具体说来，中国特色社会主义文化立法主要由文化基础法、文化事业
法、文化产业法和文化权利保障法这四大部分内容组成。③在公共文化服务
领域立法方面，目前我国没有出台以公共文化服务为名的国家层次立法文
件，但在相关法律法规中规定了一些公共文化服务的条款，如《文物保护
法》《非物质文化遗产法》中关于文化遗产为公众服务的条款，或者出台了
属于公共文化服务范畴的单项法规、规章，如《公共文化体育设施条例》
《乡镇综合文化站管理办法》《博物馆管理办法》以及《图书馆法》。这种状
况也是我国公共文化服务法律制度的基本存在形式。不得不承认，我国公共
文化服务立法总体上比较滞后，与公共文化服务体系建设密切相关的法律制
度保障体系尚处于不断摸索过程中。即使是有限的上述法律、法规、规章，
也更多的是注重硬件建设以及依托于这些硬件开展服务的规定，而作为公共
服务重要内容的公共文化活动的保障激励在法规上尚属立法盲点，没有在公
共文化服务体系这个上位概念的大框架内整合成一个完整的法律制度体系，
这可以从对有关法规的内容分析中予以佐证。④因而不难发现，我国文化领

---

① 朱景文. 中国特色社会主义法律体系：结构、特色和趋势. 中国社会科学，2011 (3): 24.
② 同①24-25.
③ 周叶中，蔡武进. 中国特色社会主义文化立法初论. 法学论坛，2014 (5): 86.
④ 梅昀. 论中国的公共文化服务立法：现状、模式与路径. 云南大学学报（法学版），2013 (5):
13.

域立法尚待完善，执法机关因无法可依而使得已有文化领域的法律实施效果不佳。

在社会立法方面，共有法律 17 件，占全部有效法律的 7%，主要由劳动保障法、社会保障法、社会公益与慈善法三部分组成。① 党的十八大以前，全国人大及其常委会在社会法领域立法少，行政法规多，立法层次低，法规的权威性和稳定性不足。不少法出台后，由于缺乏配套性法规，难以发挥实际效用。此外，规范劳动关系和社会保险领域的立法多，对促进就业再就业、规范社会组织、发展社会事业以及加强社会管理等方面的立法少。②

在环境立法方面，"二分法"将环境法的体系划分为污染防治法和自然保护法，或生态环境保护法和污染防治法，或防治环境污染法和自然资源保护法；"三分法"则认为环境法的体系应涵盖污染防治法、自然资源保护法、区域环境保护法和特殊环境保护法，或防治环境污染法、自然保护法和自然资源保护法。2008 年《中国的法治建设》白皮书中称：中国环境法体系包括现行有效法律 26 部，行政法规 50 余部；地方性法规、部门规章和政府规章 660 余项，国家标准 800 多项。环境法律体系已经成为中国特色社会主义法律体系中一个门类相对齐全、结构较为完整的法律部门。③

我国五大领域的立法成果极不均衡，是立法机关完善法律体系所不得不面对的现实问题。尽管党的十八大以来，始终强调加快重点领域立法，从实践需要立法，上述情况有所缓解，但距离"以良法促善治"的立法目标还有很大差距。笔者认为，国家对社会的治理，必然涉及社会的各个相关的方面。各领域法律的不完整或不完善将直接影响社会治理的成效，也影响法治体系的建成。

第二节　当代中国语境下法律体系理论的挑战与问题

中国特色社会主义法律体系的建构和完善，显然是在当今中国社会转

---

① 朱景文. 中国特色社会主义法律体系：结构、特色和趋势. 中国社会科学，2011（3）：25.

② 李启祥. 社会领域立法的几个问题. 黑龙江政法管理干部学院学报，2009（3）：21.

③ 据官方公布的数据，截至 2011 年 8 月底，中国已制定现行宪法和有效法律共 240 部、行政法规 706 部、地方性法规 8 600 多部，涵盖社会关系各个方面的法律部门已经齐全。国务院新闻办公室. 中国特色社会主义法律体系. 2011 - 10 - 27.

型、国家治理转型的大背景下逐步展开的。社会治理和国家治理的根本转型提出了全面依法治国、建设法治中国的大课题。它是完善法律体系的巨大推动力，也为法律体系的完善指明了方向。深入理解我国法律体系建构和发展的内在逻辑，应当从社会转型、国家治理转型这一当今中国的重大课题出发。立法要从实际出发，从基本国情出发，就是要从国家治理、社会治理的实际情况出发。

一、中国社会转型的基本特点

中国正处于从传统社会向社会现代社会转型之中，处于社会主义的自我转型过程之中，处于全球化潮流更加汹涌的潮流之中。"古今问题""中西问题"与"社资问题"高度压缩在一起。这是西方社会的兴起过程中不曾有的多重历史挑战。我国的社会转型，主要是指经济体制从计划经济向市场经济的转轨，所有制结构由单一的公有制向以公有制为主体的多种所有制转变，治国方略从人治向法治的转变，社会环境由封闭型逐步向开放型发展，以及国家社会高度统一的一元结构向国家和社会二元结构过渡。① 根据该定义进行回溯，我国进入转型社会已近四十年。然而社会的转型不可能一蹴而就，社会的各个方面需要在这一过程中产生质变，而法治化正是其中一项引人关注的重要转变。

当代中国的人口规模是任何一个实现了法治的西方国家都不可比拟的，中国不少省份的人口、经济规模和治理复杂性等都比世界上的不少国家还要大和强，其中一个省市的经济规模就相当于一个中等国家的规模。仅仅就此而言我国整个国家治理所面临的难题便可想而知。中国不同地区之间的法制状况和国情民情有极大的差异。发展的极端不平衡性，也是西方的大国崛起中所没有面临过的。

中国面临着清理计划经济时代的国家高度集权，也面临着清理中国几千年的封建主义专制文化的遗毒，并重估传统文化的优秀元素的问题。这就是说中国面临着社会主义理念和制度的重建问题，也面临对传统文化遗产进一步反思和转换的问题。一边重建社会主义，一边反封建，这是其他任何西方

---

① 罗豪才.社会转型中的我国行政法制.国家行政学院学报，2003（1）：4.

法治国家所未曾面临过的。

中国的法治建设是一个走向现代性的过程，而当今时代的消费主义、解构主义等后现代思想已经粉墨登场，这使得法治又不得不面临着现代性和后现代性的纠缠。一边要现代化，一边要应对"后现代"，这也决定了中国道路选择中紧迫感、局促性和特殊性。西方国家的法制现代性建构进程中不曾有过这样的双重性。

中国的法治进程是一个构建现代民族国家的过程，要依托民族国家的权力来支持法治的运作，而在当今的全球化潮流日益汹涌的时刻，法治化进程也面临着民族国家消解的困顿。如何既依照宪法政治来完善民族国家建构，又抑止全球化力量对于国家和法治建设的消极影响，还要巧妙利用全球化的力量和矛盾来获得发展机会，这是对执政能力和治理能力的重大考验。一边民族国家化，一边"去国家化"，这是西方国家迈向宪政法治进程中所不曾遇到过的。

中国是在没有民主、法治的固有传统的前提下开始学习西方的宪政法治文化的，也是在面临着巨大的生存压力或被全球化大潮边缘化的严峻时局中学习西方的，而西方的某些势力又非常希望借助中国走向世界的机会来发动对中国的"颜色革命"，从文化上实现中国的西方化，从政治上达到对西方的依附。这里便面临着学习先进法律文化、抵御外来文化入侵和保持自己文化的文化自觉和主体性之间的艰难考量。一边学习西方，一边反"西方化"，这显然也是西方国家走向宪政法治的进程中从来没有遇见过的。

凡此种种说明，虽然西方建立法治国家和法治秩序所走过的道路对于我们富有积极的借鉴意义，但必须明了的是让那些搬来的所谓良法美制落地生根并非易事。在这个意义上，我们也可以说，中国的法律体系建设不得不具有自己的"中国特色"，不得不探索自己的"中国经验"。

二、立法中的国家主义问题

作为考察人类行为的两种重要哲学观，建构理性和进化理性的严格区分是哈耶克在《法律、立法与自由》中明确提出的。哈耶克认为，建构理性认为人的理性具有无限的力量，通过理性设计可以改造出完美的制度；进化理性承认人的理性是有限的，认为理性在人类事务中起着相当小的作用，各种实在的制度是通过一种累积的方式进化出来的。①国家主义与建构理性主义的侧重点不同。国家主义强调的是国家在社会治理和发展中的积极作用，是一种与强调来自社会内部的作用学说相对的学说。而建构理性主义强调人的理性和逻辑而不是经验。因而在此种意义上，尽管二者有相似之处，但二者的不同显而易见。

（一）国家主义在立法中的影响

国家主义色彩是中国政府尤其是立法机关在对法律体系的认识和实践上明显表现出来的显著特征。在中国的法学理论和立法实践中，法律被界定为"由国家制定和认可并由国家强制保障实施的行为规范的总和"，法律体系构建中的国家主义色彩主要表现是：（1）从立法主体看，只有国家组织才可能拥有权创制法律体系中所说的"法"。（2）与法律主体角度看，法律体系中认定为"法"的形式限于国家法的范围，包括宪法、法律、法规、地方性法规、自治条例和单行条例、规章六种形式。②

国内有学者认为，与西方法律体系相比，中国特色社会主义法律体系形成的实践性、阶段性特别明显。西方法律体系的形成也有阶段性，其中立法者的目的也起着重要作用，但是总的来说这种阶段性是后人总结出来的，而中国则是按预期计划有步骤推进的。③也有学者认为法律体系的形成不是采取很多法学家所憧憬的那种整体式或体系化推进的模式，即按照一个事先设计好的法律体系框架有条理、有步骤地成批成套地生产出各类法律，而是：第一，采取一种因时因事的立法模式，即根据现实需要的轻重缓急和立法条件的成熟程度决定先立什么法，后立什么法。第二，法律体系中的某些法律经历了由单行法到综合法再到法典的过程。这就是典型的国家主义倾向。立法机关最初利用有限的经验和信息制定单行法，逐步积累较多经验后再制定综合法，最后在立法经验和信息相当丰富时编纂出法典。第三，很多法律经历了从暂行法到正式法的过程。立法机关不是一下子就为许多新的社会关系制定出长期适用的稳定而成熟的法律，而是先应社会的迫切需要制定出试行

---

① 李亮. 法律体系到法治体系：从"建构理性主义"到"进化理性主义"——以中国十五大到十八届四中全会政治报告为分析基点. 甘肃政法学院学报，2014（6）：3.

② 张志铭. 转型中国的法律体系建构. 中国法学，2009（2）：149.

③ 朱景文. 中国特色社会主义法律体系：结构、特色和趋势. 中国社会科学，2011（3）：23.

法或暂行法，在实际应用的过程中检验试错后再制定正式法。第四，很多法律也经历了由粗到细、由简到繁的过程。由于缺乏立法经验和信息，法律在初立时比较原则、比较概括，待在实践中积累经验后，通过修改而逐步走向具体化和细密化。[①] 上述两者观点的共同点在于，都强调国家在法律体系形成过程中的积极作用和建构作用，只是国家在设计法律体系过程中采取的方法有所不同。

（二）对立法进程中国家主义的反思

基于国内外压力以及改革发展的紧迫性，采取政府推进型的法治建设路径就成为中国法治建设的必然选择。在这样的宏观背景下，法律体系建设也必然同样采取"国家主义"的推进模式，并体现了浓厚的"建构主义"色彩。随着中国进入改革"深水区"和转型关键期，既有法律体系的问题与局限也逐渐凸显出来。首先，从立法体制上看，国家建构、单元推进的色彩浓重。其次，从规范体系结构上看，封闭型与僵化性比较明显。再次，从立法内容上看，法律体系内部结构失衡。经济立法所占比重较大，而关于民主、民权、民生以及食品安全、环保生态等方面的立法则严重不足。最后，从运行结果来看，法律体系品质未能充分体现法之价值追求。由于受国家主义、法条主义和工具主义的影响，当下中国特别是党的十八大以前，即于 2010 年宣告已经形成的法律体系与"法治中国"建设相契合的基本价值理念不够充分，公平正义等社会主义核心价值观并没有全面渗透、贯彻到具体法律条文之中，使得法律规范中的权力与权利、权利与权利以及权利与义务等缺少足够的平衡。[②]

由此，似乎应该更加重视进化理性主义，注重来自社会本身内在、自觉的力量。[③] 从组织结构上看，社会一般由社会成员个体和社会组织所构成，而社会组织大致可以区分为国家、组织、社会组织和经济组织三个部分。在社会法律秩序的形成过程中，个人之间的各种协议或契约，作为个体集合的人群中的习俗，众多社会组织和经济组织的自治章程和其他规范性文件都大量存在，

---

① 黄文艺. 信息不充分条件下的立法决策——从信息约束角度对全国人大常委会立法政策的解读. 中国法学，2009（3）：145.

② 马长山. 治理法治化时代的法律体系重构. 甘肃社会科学，2016（4）：183-184.

③ 由于与"国家主义"直接相对的语词——"社会主义"已被赋予了相当固定的含义，在此笔者为便于行文，借用重视来自社会力量的"进化理性主义"一词来展开。

并发挥着与国家法相比毫不逊色的作用。任何社会法律秩序的建立都是国家法则和非国家法则、正式法则和非正式法则协同作用的结果。故而在关于法律位阶的理论看来，法律体系在构成上包括三个基本层级，即基本规范、一般规范和具体规范，其中具体规范除将具体的行政裁决和司法裁决纳入其中外，还将个人自治和社会生活领域诸多的私法行为规范一并包罗。① 在域外各法治发达国家，基于法律对私法自治、个人自治和社会自治的首肯，也在法律体系的纵向位阶序列中赋予个人、社会组织和经济组织各种依法形成的规范一席之地，从而使法律体系中"法"的创制主体中突出了国家组织的范围。②

按照哈耶克"法律先于立法"的观点，法律乃是经由不断试错、日益积累而艰难获致的结果，或者说它是经验的综合，其中的一部分为代代相传下来的明确指示，但更大的一部分则是体现在那些被证明为较优越的制度和工具中的经验。有学者指出，进化理性主义更加适合转型时期中国社会全面改革的背景，更加适合现阶段全面推进依法治国的需要，有利于从有法可依到法律完备，立法和司法的张力需要进化理性主义的弥合。③

三、当代中国的立法运动及其评价

当代中国需要强有力的国家权威来引导社会转型，过去几十年的改革也确实是由强有力的国家来推动的。在一定意义上，中国转型的经验在于此，转型的教训也在于此。

具有历史责任感和忧患意识的强势国家权威对于控制转型风险，明确转型方向，节约转型成本，尽快度过转型"高危期"而进入常态社会，具有重要意义。有些学者认为我国的法制改革走的是一条国家主导的或政府主导的改革模式。国家推进型法制改革道路的特点在于，国家是推动和领导法治进程的主导力量，国家设计法治发展规划，利用其掌握的政治资源建构法治秩序。这种选择主要是考虑到中国的国情、所面临的国际环境和经济政治体制

---

① 将"具体规范"纳入法律规范体系的范围，在各种规范分析法学理论中比较常见，而以法律位阶理论著名的凯尔逊的纯粹法学论，则更为鲜明。韩忠谟. 法学绪论. 北京：中国政法大学出版社，2002.

② 张志铭. 转型中国的法律体系建构. 中国法学，2009（2）：149.

③ 李亮. 法律体系到法治体系：从"建构理性主义"到"进化理性主义"——以中国十五大到十八届四中全会政治报告为分析基点. 甘肃政法学院学报，2014（3）：3.

高度集中的特点，希望借助国家权力冲破阻力，跨越障碍，争取时间，尽快把中国推向法治轨道，以减少由于速度过慢、法治化的时间过长而丧失机遇、增加社会的压力和危机。① 当然，这种国家主导的法治推进模式显然也是有其局限性的。②

中国这样一个超大规模的、发展又极不平衡的大国要实现有效治理，殊非易事。既要有强有力的国家权威，有法制的统一，又有地方的自主性、积极性；既要保持政权的稳定性，又保证稳步推进经济政治转型和改革；既要保持外部主权独立和完整，又要内部推进民主和自由；等等，这些这么复杂的问题纠结在一起，国家建设的难度可想而知。对于作为国家建设之一部分的法制建设而言，自然也要受来自各个方面的牵制。如果没有一个强有力的国家权威来主持大局，很难想象中国转型会顺利推进。或许这就是中国人的宿命，但这不是说就应该走向另一个极端而陷入对国家权力作为的无限容忍，而是说要在尊重国家权威的同时，还进一步将民主、共和、法治等诸项制约国家的制度和理念植入国家建设进程之中，充分正面地珍惜利用尚有的国家权威而展开对国家的"重建"，建构一种有民主又有共和，有自由又有权威，有国强又有民富情景下的政治法律秩序。

因而，为适应社会转型的需要，当代中国的国家建设，既要强调权力，又要关注自由；既要强调权威，又要关注民主；既要强调权威，又要反对专横权力③；既要强调国家利益，又要强调个人自由。④ 这种国家观是超越传

---

① 蒋立山. 中国法治道路初探. 中外法学，1998 (3)，(4).

② 国家推动型法治道路模式的消极方面，如它过多强调政府权力的必要性，可能导致对国家权力的弊端丧失警惕，同时可能会进一步强化国家权力，而法治化的初衷恰恰是要约束过分膨胀的国家权力，国家会在没有外在压力的情况下自动约束权力吗？国际国内的某些压力和危机又完全可能被转化为强化国家权力的理由。法律本身也完全可能成为过度强化国家权力的工具。国家利用法律推动改革时，为了追求效率、秩序、稳定，可能会不适当地压制社会大众的主动性，甚至继续走把法律作为管理老百姓工具的老路。因而，在法治化问题上，应当破除对国家权力的迷信，不能把所有希望都寄托在政府身上。人民群众作为社会的主人、历史的创造者，应当行动起来，成为推动政府变法、约束政府权力的积极力量。

③ 国家权力之所以有权威，是因为其受到大众的充分尊重。权威从来不是单纯的权力或暴力，而是包含了权力的合法性问题。如果没有对于权力的尊重，这种权力最终是脆弱的，也是没有权威性的。

④ 张君劢曾说过："一个国家对于自由与权力，仿佛人之两足，车之两轮，缺其一即不能运用自如。——个人自由寄托于国家身上，国家全体亦赖个人自由而得其巩固之道。此即今后立国之要义。从这观点来说，中国民主政治之一线光明，即在自由与权力平衡之中。"（张君劢. 立国之道. 桂林：1938：28-31.）这句几十年前的话颇有些意味。这是一种试图结合国家主义与自由主义的思想立场。而自由和权力的调和，基本是在法治的框架中达到的。

统自由主义的，也是反对国家至上主义的；这种国家观吸纳了共和精神，也包含着民主元素，也蕴含着合宪性元素。它的理论集中点是，通过限制权力而强化国家权威。现代宪政民主国家的经验表明，受有效约束的国家权力，才是具有真正权威的权力，也是具有强大行动能力的权力。就此而言，约束国家权力与强化国家权威这二者之间有着内在的一致性。

中国社会转型中，只有在"强国家"与"强约束"之间达到平衡，使国家有能力推动改革和法治，也同时有力抑制其异化倾向，这样才能为法治发展创造良好的"政治环境"。

从我国近代以来的法制现代化的起步阶段时起，法制变迁首先关注的就是立法，是如何建构一个符合现代文明标准、能够促进社会发展的立法体系。建构具有形式合理性的普遍法治体系，也是现代化建设所追求的。学习西方法律经验、谋取和西方一样的强大并结合中国的成文法传统、"变法改制"的传统等，逐步确立了中国的法制进步以立法为主导的基本特点。

新中国成立后到改革开放前的近 30 年里，虽有少量立法，但由于种种条件限制，立法的作用潜力无从发挥，政策和行政命令成为法律的替代品，是当时主要的社会治理方式。高强度的政策治理与低水平的法律规则交织在一起。大国治理毕竟不可能完全抛开规则治理，但当时政策性规则的"法律水平"不高。

党的十一届三中全会深刻总结"文化大革命"的惨痛教训，强调为了保障人民民主，必须加强法制，必须使民主制度化、法律化，提出了"有法可依，有法必依，执法必严，违法必究"的方针。这是我们党对社会主义民主法制建设重要性认识的一次飞跃。从此，我国的立法工作逐步走向正轨，开始了一场声势浩大的立法运动。[①] 1979 年，五届全国人大二次会议一次通过选举法、地方组织法、人民法院组织法、人民检察院组织法、刑法、刑事诉讼法、中外合资经营企业法 7 部法律，标志着我国法制建设迈入快速发展的新时期。1982 年宪法出台前后，我国相继制定了一大批法律，立法工作取得重大进展。

随着立法工作的不断加强，立法数量和规模的逐步增大，法律体系问题

---

① 朱景文. 中国法律发展报告 2010：中国立法 60 年. 北京：中国人民大学出版社，2010.

逐步受到重视。在短短 30 年里，随着大规模立法而基本形成了中国特色社会主义法律体系，确是一个重要的成就，堪称是形成了一场声势浩大的立法运动。

为了在短时间内达到立竿见影的变法改制效果，国家健全法制时往往采取搞运动的方法。现代化中"运动情结"的表现就是立法成为一种高歌猛进的运动。国家以运动式的高效、计划和动员方式来推动法制。这种"运动式"的大规模立法往往会抑制对于国家的制约意识，而强化法律和社会对于国家的依赖性。国家在通过运动这样的方式来重视法制时，往往只是把它当成一种管理和控制社会的便利工具。

强化国家权力与约束国家权力，强化以立法约束权力与以立法表述权力，这两个方面是在民族国家建设过程中同时发生的。这两者虽然有内在的矛盾，但是在现实中又可以是相互支持的。一个真正的现代化的国家，是国家公共权力受有效控制而又有高度权威和行动能力的法治国家，而不是前现代的王朝式国家，或者高度意识形态化的、权力高度集中的全能主义国家。

立法运动作为社会改革的重要工具，强化着国家权力，立法成为推行国家权力的工具。国家立法是一种强化国家集中权威的措施，也是增强国家合法性的过程，立法本身就在表述着权力。有些学者把法律和立法相区分，并且反对国家的大规模立法，其用意也是警惕国家通过立法来宣扬和扩张权力。① 在当代中国的社会根本变迁中，需要建立一个强有力的国家权威以实现社会转型的高效率。后发展国家的现代化进程要更多地倚重国家权力，这个观念得到比较广泛的认同。没有一个强有力的有效的国家政权或者政治权威，法制改革很容易停滞或者拖延。通过立法运动寻求法制统一是中央加强集权的一个有效方法。中央把持立法的主导权，便可以在中央和地方的关系中争取主动。

但是，立法运动往往过分地倚重并强化国家政治权威，而不是注重对国家权力的约束。法律有可能成为推行强权的手段，成为推行国家政策的快捷而有力的工具。由此，法律的工具性、对权力的依附性色彩容易在立法名义下继续被强化，甚至被突出到不适当的地步，相应地，法律的其他重要功能

① 哈耶克. 法律、立法与自由：第 1 卷. 邓正来，译. 北京：中国大百科全书出版社，1996：第 3、4 章.

便被忽略或被压抑了。实际上，现代立法的基本价值指向是有效限制和约束国家权力，而将权力置于法律的有效监督之下，必须解决国家权力过于强大之后所带来的权力失控问题。由于立法运动过分倚重并强化着国家政治权威，通过法律有效规制国家权力这个现代民族国家建设的这个基本目标就变得更难以实现，相反，法律有可能成为推行强权的手段，而不是有助于真正确立法律的至上性、权威性。

四、当代中国的立法理念及其特点

我国改革开放以来的立法运动中所奉行和实践过的立法理念，大致以国家权力主导、政治意识形态主导、经济发展主导等为其中心特点。具体而言，有如下几点：

（一）突出意识形态影响的立法政治化理念

改革开放以来，我国立法运动的重点和重心的变化，总是与党和国家的基本政策相联系的。不能认为所有意识形态的考虑都是虚幻的或者是空洞的，在中国的特殊背景中，意识形态或者政策宣告本身代表着一种对于社会生活的特殊理解，一种对于中国社会发展需要的特殊表述。借助于意识形态的引导来实现立法变革，是当代中国发展的一个重要特点。这也反映了立法本身成为国家推行社会改革的一个必要工具。从检讨法的本质问题开始，到借鉴先进国家经验的法律移植，再到市场经济体制的法制改革、WTO 条件下的法制改革，以人为本的科学发展观指导下的法制改革、以和谐社会为指向的法制改革，等等，都体现着意识形态在推进法制改革中的作用。这种意识形态的话语背后，所着重强调的是法律与经济的关联，强调的是中国的社会发展应当首先以发展经济立法为中心，要促进市场方面的立法等，同时也强化了国家在社会变革中的中心角色和地位。

这种意识形态化的法制改革过程，也鲜明地体现着立法运动的特点。有些立法理念如全球化、与国际接轨等，实际上与我们传统的政治意识形态有明显的冲突，这些新的意识形态从其本性上是反抗传统的政治意识形态的。但是，它们在中国的政治背景中，被整合到中国的政治意识形态中，甚至成为中国官方合法性重构的一种方式。立法在中国首先是一种政治行为。在追求现代法律的中立性、自主性和自治性的意义上，去意识形态化似乎是法制发展的一个方向，但是，当代中国法制的意识形态色彩的渲染，又实际上是中国法制发展的一种特殊的动员形式。尤其是在"左"的政治话语的包装下，抗拒西方或者学习西方都可以找到充分的说词。①

（二）"摸着石头过河"的立法实用主义理念

在改革开放之初，立法客观上所面对的是一种百废待兴的局面，面对的是一种对于改革的方式、措施等都没有充分的研讨和了解的状况。因而"成熟一个，制定一个"，"宜粗不宜细"被视为立法的指导思想。② 邓小平同志在谈到改革开放之初的法制建设时提出了这一思想，他说："现在的问题是法律很不完备，很多法律还没有制定出来……应该集中力量制定刑法、民法、诉讼法和其他各种必要的法律……现在立法的工作量很大，人力很不够，因此法律条文开始可以粗一点，逐步完善。有的法规地方可以先试搞，然后经过总结提高，制定全国通行的法律。修改补充法律，成熟一条就修改补充一条，不要等待'成套设备'。总之，有比没有好，快搞比慢搞好。"③ 1983 年 6 月，彭真同志在第六届全国人大一次会议上说："我们的立法工作任务是繁重的。要积极、抓紧，不能慢慢腾腾；又要慎重，不成熟的不能立为法。"他讲话的一个主旨就是立法要积极负责，"快搞比慢搞好"；另外一个方面，对于还不成熟的东西，不要仓促制定为法律，不能因此影响法律的权威性与稳定性。④

这种立法理念是一种实用主义的立法思路。它适应了改革初期一切都在摸索之中的现实，适应了必须尽快立法填补立法空白的现实，也适应了社会生活急剧变迁和改革过程中新问题层出不穷的现实。在这种情况下，并没有太多的时间来从容的思索和研讨立法的完美问题，一切先干起来再说。另外，立法的这种粗线条和弹性，有助于立法在社会转型的激烈社会变革面前

---

① 范愉.司法资源供求失衡的悖论与对策.法律适用，2011（3）.

② 实际上，这种思想在 1950 年代的领导人那里就有了。彭真同志在新中国建立之初就立法方针问题曾谈道："不宜追求制定一些既不成熟，又非急需的完备、细密的成套的法规，以致闭门造车"，而"应当按照当前的中心任务和人民急需解决的问题，根据可能与必要，把成熟的经验定型化，由通报典型经验并综合各地经验，逐步形成制度和法律条文，逐步由简而繁，由通则而细则，由单行法规而形成整套的刑法、民法……"彭真.关于政法工作的情况和目前任务（1951 年 5 月 11 日在政务院会上的工作报告）。

③ 邓小平文选：第 2 卷.2 版.北京：人民出版社，1994：146-147.

④ 彭真.做好省级人大常委会的工作.1983-06-24.

保持比较大的回旋余地，比如，可以为一些探索性的改革行为留下空间，也可使立法因为有"弹性"、有"空白"而有更长的寿命。

但是，随着改革的不断推进，上述思想的弊端也越来越多地暴露出来。立法的粗线条和缺少更合理的全面论证等也是在客观上造成有法不依的一个原因，是立法没受到尊重的一个原因。因而也早有学者提议，应当尽快转变立法方略，立法一般应"宜细不宜粗""宜实不宜虚""宜详不宜略"，要提高立法质量，提高法律的可操作性。[1][2] 同时，也应通过立法质量的提高而使立法作为一个公共生活过程来对改革进程施加更为广泛深入的影响。

（三）立法移植和立法借鉴为主导的立法理念

中国法制近现代化从起步时就面临着被迫向西方法制学习、靠拢的问题。中国的固有法制已难以应对时代变革的需要，近代中国的法制转型首先是在外来压力下进行的，是从法律移植、法律模仿开始的。在法制方面的学习，主要是模仿西方的所谓良法美制，其中主要是引进大陆法系的法律制度。应当说，在20世纪前半个世纪，中国在这方面的工作是卓有成效的，它确实有力地促进了法制发展进程。新中国成立后，我们一度仿效苏联的法制。改革开放以来，法制发展进程明显加快，其间借鉴、移植了一些西方发达国家的法律制度。我国当代的立法从概念、术语、立法技术到法律的内容都与西方法制有明显的关联。应该指出的是，引进西方法制已从机械模仿转向更自觉地以我为主的选择，而且越来越自觉地寻求中国法制发展的独特规律，致力于把外来经验与本土经验相结合，根据自身的社会经济特点借鉴他国经验并进而走出一条自己的路。

随着中国更深度地融入世界经济政治的总体格局中，我国立法受到来自外部的影响也越来越显著。中国改革的一个重要方面就是开放，这本身就意味着，中国与外部世界的更深度的融合。随着改革事业的深入，中国越来越深刻地影响着世界，也越来越深刻地被世界所影响。"借鉴国外先进经验""与国际接轨""顺应全球化"等，都成为新的立法意识形态。这种意识形态

---

① 李林. 我国立法应当采取"宜细不宜粗"的原则. ［2008－07－12］. http：//review. jcrb. com. cn/ournews/asp/readNews. asp? id＝48360.

② 李林. 推进法制改革，建设法治国家——1978年以来中国法治发展的回顾和展望. ［2008－07－13］. http：//review. jcrb. com. cn/ournews/asp/readNews. asp? id＝47823.

的背后，反映的是对于那种"摸着石头过河"立法理念的反省，是希图寻求一种更为完美的立法、更先进立法的渴望。这表现在，立法更注重规划，更强调法制统一，更强调法制文明的共性，也表现在更自觉地按照西方法学体系和法制的经验来建构中国的法制，比如，更强调权利观念和自由观念、责任政府观念、市场法制观念等，制度方面的模仿和引进就更明显了。

不管如何，我们当今事实上已不能摆脱、也无力摆脱西方法学的话语和西方的法制实践经验来理解和建构中国的法制。这其中包含法律继受中学习并超越的自觉性，也包含一种依附和被纳入西方所主导的法学话语体系的无奈。这种理念是对于那种传统的高度意识形态化的立法理念的一个超越，是以所谓的国际性、先进性来对抗阶级政治性的一种隐喻。但是，这同时又可能堕入一种新的意识形态的陷阱，那就是一种以西方的现代性或者所谓普适性的原则来规划中国改革进程的意识形态。① 而且，在热衷追求西方先进经验的背后，往往是对于本国固有文化和习惯的忽视，甚至蔑视。

问题是，什么是先进的国际经验，由谁来认定什么是先进经验，谁有权来认定先进经验。在借鉴先进国家经验的背后所隐含的是，法学家和立法集团对于立法话语权的垄断，而普通民众往往被排斥在立法过程之外。即便近些年立法参与的一些举措开始展开，但是这些参与往往不过是点缀而已。这种选择和移植中往往并没有真正表达民众和社会需求的畅通渠道。正如有学者观察到的，在法律移植过程中，立法者和法学精英自身知识的不足、利益与价值观的左右，论证中对事实的裁剪、信息高度不对称，以及媒体舆论（同样主要代表社会精英）的操作等因素相互纠葛，加之民众对立法的陌生和疏远以及参与的困难，即使采用了某种公开的形式或程序，民主选择的功能也难以实现。②

在立法的移植、借鉴的名义下，立法领域也成为演示各种西方制度武器的试验场。法律移植是一种学习和模仿。这是典型的挑战—回应模式的、以现代化为取向的社会改革思路。由于立法过程中的话语权基本被少数知识精英和权力精英所控制，法律制度引进中便难免出现种种问题。移植、学习和

---

① 有关法律移植的讨论，高鸿钧 . 法律移植：隐喻、范式与全球化时代的新趋向 . 中国社会科学，2007（4）.

② 范愉 . 新现实主义与中国法治的反思 . 中国法学，2006（4）.

追赶，可能导致两种情形。其一是，学习和模仿是追赶和超越的一种方式，但是也可能导致依附和自主性的丧失。如何在这种学习过程中保持主体性并进行自主性创新，便是一个极具挑战性的问题。有学者指出了中国在改革开放以来向西方学习的过程中，热衷于以西方的法律理想图景来规划中国的法制事业，而中国的法学却丧失自主性，中国也没有自己的法律理想图景。①其二是，在移植、学习的过程中建立一种对于以法律全面改造社会的自信，甚至盲目性。法学家和立法集团作为社会的精英集团，在控制法学话语权的同时，建立了对于以立法改造社会的自信。与这种自信相伴随的是因为对于本土现实国情民情的漠视或轻忽而导致的改制盲目性，也可能是与盲目自信相伴随的文化自卑感或文化自宫。而这也是法律与社会实际脱节的一个原因。法律移植迷信，与国际接轨等意识形态口号，确实在一定程度上导致立法脱离实际国情，也不能得到很好的实施。②

但不得不指出的是，当代中国立法过程中，法律移植、法律借鉴的话语，虽然是以知识精英的知识话语形式出现的，但是其背后的支撑仍是权力话语。而权力话语的真正主导者是各式"利益集团（群体）"。立法背后的立法部门化、立法地方化，是影响立法质量的主要因素，而法律移植往往不过是一个雅致的名号而已。移植话语的强势不过成了某些不正当利益诉求的障眼法。

在通过法律借鉴和移植而向西方学习的过程中，官方也经常强调要取其精华，去其糟粕，就是试图把制度与文化背景相分离，把制度与制度背后的价值相分离，把法制引进与社会政治制度引入相分离。这也就是说，我国试图在学习规则和制度的同时，也应抗拒西方意识形态的入侵，拒斥西方文化霸权主义。但是，这样的可能性如何呢？当前，我们引进了很多西方法制，但是有些制度的实施并不理想，有法不依成为一个突出的问题。原因何在？是制度引进中没有慎重地考虑制度本身可移植的可能性，还是我们根本就没有制度实施的土壤？制度引进时把政治制度与经济制度相分离是否可能？这些需要深思。

---

① 邓正来．中国法学向何处去？．政法论坛，2005（1-3）．
② 强世功．迈向立法者的法理学——法律移植背景下对当代法理学的反思性考察．中国社会科学，2005（1）．

五、立法运动中值得反思的几个问题

社会转型和国家治理转型进程中，我国立法取得了重大的成就，但是也存在着诸多的问题。这些问题的存在使得法律的效果打了折扣，使得立法在应付急剧的社会变革时有些"力不从心"。简单地总结一下，当前立法所存在的主要问题大致有：

（一）立法的模仿痕迹浓重而过于"洋气"

立法中的移植与如何适应国情问题，是立法所经常要面对的诘问。立法移植或者基于对国外立法经验的借鉴而快速立法，是后发展国家法制"跨越式"发展的一个捷径。但是其经常的后遗症是，立法因"水土不服"而被责备。新移植的规则由于没有相应制度的配合，或没有相应执法环境的培育，或没有良好的文化土壤的滋养，就难有良好的实效，不大可能获得全面落实。这些新的规则由于过于洋气而水土不服，它们是远离人们的生活的，也未必能真正引导人们的生活进步。

由于过于强调与国际经验接轨、以发达国家的法制为蓝本，立法往往对本国自己的复杂国情不能适应。① 所谓脱离国情，其中很重要的一点就是，立法是城市中心主义的，对于二元结构下乡村发展的关照就显得不够；立法是精英主义的，对于大众的真实想法和观念关照不够；立法是汉族中心主义的，对于少数民族的生存状况关照不够；立法是西方现代性中心主义的，对于本土文化的乡土传统关照不够；等等。

过度仿效而忽视国情，是法律不能深入人心的重要原因之一。这种落差让我们反思在这个发展倾向背后过于西方化的制度设计的局限性，反思制度设计对于当代中国法制发展不平衡性的忽视。西方社会的法律生活样式将法律的主导地位或者说现代社会的法律性或者法律的现代性发挥到极致。仿效西方这个样板也是当代中国的宿命吗？这是萦绕在中国法律人和大众心头的一个长久话题。自主秩序对于外来规则的抗拒，非正式规则对于正式规则的抗拒，民间自治秩序对于国家法律治理的抗拒等，正是这个话题的具体化。

---

① 立法与国情的关系，参见周旺生. 中国立法 50 年——1949—1999 年中国立法检视. ［2011－03－23］. http：//www. aisixiang. com/data/18561. html.

（二）对法律调整的过度乐观主义

立法可以在何种程度上改造社会，是一个广有争议的问题。在社会转型过程中，立法往往首先被视为推进社会改造的便利快捷工具。人们往往对于立法改造社会的前景过于乐观，对于通过立法改造社会生活的能力过于自信，甚至轻信。在当今中国，立法的过度乐观主义与对立法的实际无用论复杂地交织在一起。立法的过度乐观主义大约是由法学家们制造的一种法律迷信。而反对立法上的过度乐观主义，就要对于法律所不能、法律的固有局限性等有更清醒的认识。立法的实际效果要受很多因素的制约，轻率地相信法律能改变一切显然是太天真了。在社会生活的很多方面都是法律所不可能轻易改变的，有些则是改变不了的。国家权力通过立法改造生活时，必须尊重生活本身的逻辑和社会的自发性和自组织性。立法打破生活自身逻辑可能是变革一个步骤，但这是要付出代价的，也是高风险的。应该清醒地看到立法等正式制度调整社会的局限性。

尤其值得注意的是，一味地依靠立法来治理社会，可能会助长一种国家制造违法和犯罪的倾向性。法律的目的是在抑制违法犯罪，减少社会纠纷，但是立法的不适当恰恰可能导致法律在制造纠纷和违法。这倒应了老子的那句话："法令滋彰，盗贼多有。"这样，立法的过度，会大大增加法律调整的成本，也更容易造成有法不依。社会的高度"法化"，并非一定是社会治理的最佳方式。

实际上，这种强调以法律促进社会改造的乐观主义，可能并非对于法律的真正尊重，也没有尊重法律的耐心和毅力，而往往是实用主义地、机会主义地利用法律。说到底，这种乐观主义的背后是权力、知识、理性的优越感，甚至其专横。

（三）立法中过强的国家中心主义倾向

立法的国家中心主义，使得立法首先成为国家建设的工具，成为国家展示权力的活动。这样立法就难免过于依附权力，而轻视社会关系本身的逻辑。同时，立法的国家中心主义甚至也助长了国家自己对于立法的破坏。比如，改革中的试验主义也使得有些地方政府对于法律的规定不予以重视，以改革和发展为名，公然破坏已有法律的情形并很不少见，甚至有时法律被视为放手发展的束缚。在国家中心主义支配下的立法往往不是太高调了而脱离实际，就是太过依附于权力而不能回应时代和改革的真正要求。

立法的国家中心主义往往使人对民间规则和自发秩序失去应有的尊重。很多学者都强调过，国家立法往往更为强调国家以立法的方式对于乡村和民间自发自主秩序的改造，而法律的无效往往正是在于对于民间秩序的稳定性和抗拒性估计不足，对于民间已有秩序的尊重不够，对于民间秩序中自发成长起来的新制度因素重视不够。①

推动中国发展的新制度创新从根本上不是外来的，而是内生的。公权力不能拔苗助长，企图代替秩序的生长过程。秩序中包含权力因素，但是权力并非秩序。尽管可以从外面来引进良法美制，但是这里的关键是如何使制度落地生根。这个生根过程，其实正是制度与固有秩序之间的契合过程，是从已有秩序中发现新制度生长因素的过程，也是固有秩序及其规则不断自我检讨反省、自我更新求变的过程。因而，制度是外来的，但是制度得以落实为秩序的理由是内生的。外来制度必须经过内生化转换，才有法律制度的真正创新。我国在社会转型中的城乡二元结构以及由此导致的城乡治理断裂，转型中的精英与大众的价值观之间的断裂，也使得民间秩序与官方法制之间的对抗表现得更为突出。

（四）立法的"空壳化"

急剧的社会转型与立法的稳定性，是有其天然冲突的。在社会转型中，国家立法机关为避免立法的快速失效，也为避免立法机关与行政权力的直接冲突，也为社会转型期的探索留下空间，立法往往比较政策化，比较粗线条，也让立法本身留有空白。这样立法就有很大的弹性，这种弹性让立法有时成为一个徒具形式的空壳。这是立法调整措施上的"空壳化"。

还有一种立法的空壳化，就是立法因为滞后于社会发展的步伐，而在实际上归于失效而徒具法律的形式。这是立法实效上的"空壳化"。在很多时候，受既得利益集团的强势干预，或者受部门主义或者地方主义等局部利益的钳制，一些早该废止或修改的法律法规迟迟不能应时而变，而最终沦为"恶法"。这明显会损害法律调整的效率。

比立法的这种"空壳化"更为严重的是立法的"空白化"，就是说在某

---

① 田成有. 乡土社会中的民间法. 北京：法律出版社，2005；魏治勋. 民间法思维. 北京：中国政法大学出版社，2010.

些重要的社会领域中还是以政策调整为主，或者以效力层级低的法规为主，而相应的立法讨论多年，迟迟不能出台。立法的这种空白就使得法律明显滞后。法律不能同时跟进社会转型进程，就会产生规范的"真空"。立法的这种状况，使得司法解释的重要性更显得突出，也让政策性调整有更大的余地。近年来，在人们议论较多的税收法定主义问题中，有关税种的立法只有少数几个（如个人所得税法等）是全国人大层面的法律，而绝大多数的税种设立是由国务院来操刀的。又如，有关影响每个人生活的户籍立法要进入人大法律层面似乎还遥遥无期；有关宗教的"基本法"竟还只是国务院的《宗教事务管理条例》这一行政法规。因而，虽说中国特色社会主义法律体系已经基本形成了，但立法的任务依然繁重。

（五）立法公共性的不足

现代立法就其理念来看，都承认立法的人民主体性。民主性、公共性是其基本品格。法乃天下人之法，即为天下人谋平等、福利和自由之法。马克思主义犀利地揭示了法律的阶级特权本质，揭示了法的中立性、公共性的虚伪性和形式性。但是，显然不可以就此便宿命地认为法就应该反对公共性，就该是特权之法，而是说其追求依然是激越昂扬的，即要通过废除导致阶级偏见的社会制度而达到真正彻底的公共性。

如果说立法原来只受国家这一"利益集团"影响的话，近些年来，立法受到各种其他利益集团的影响似乎越来越明显，立法的公共议程受到不同程度的扭曲。[①] 立法被某些强势群体所把持，而不能真正伸张和保护公共利益。尤其是，在当代中国的国家机构体系中，立法体制有缺陷，立法的协调功能不足，中立性不够，立法受行政机关的牵制过多，行政方面立法又被部门利益所左右，地方立法被地方主义所侵蚀。比如，在中央立法层面，除了部分法律由全国人大各专门委员会和法制工作委员会起草外，国务院及其部门控制了大部分法律的起草权和提案主动权，这为行政部门的立法部门主义提供了可乘之机，将部门利益的"私货"塞进众多的法律草案中，"借法扩权""借法逐利"、立法部门化几乎成为一种常见病。[②] 一个小例子是，由中国气象局起草的《气象法》草案于 1999 年 6 月提交九届全国人大常委会审

---

① 有关利益集团的法律影响问题，参见侯建．利益集团参与立法．法学家，2009（4）.

② 江涌．警惕部门利益膨胀．瞭望，2006－10－09.

议时，众多人大常委会委员对该法律草案浓重的部门利益色彩提出了强烈批评。时任第九届全国人大常委会副委员长成思危就指出："气象部门无非就是争'三权'，专营权、罚款权和有偿服务权"。

立法权力的分割是导致立法公共性不足的制度原因之一。我国的立法体制是中央和地方两个层次，中央和地方又分别有多个立法主体，即其中主要是人大机构与行政机构。这样的立法体制在社会转型中，有一定的弹性和灵活性。这里的问题是，中央的人大立法权行使不够充分，法律的空壳化使得在立法体制中实际上是行政立法在主导。行政立法又往往被部门利益所主导。中央通过立法对于地方的制约能力不够，而中央地方关系的法律化程度不高。这也影响到全国的法制统一。

一些应该被保护和关照的利益由于没有相应的主体来主张而被忽视或者被侵害，而另有一些强势部门或者一些强势利益集团借助其代言人则主导立法。比如在邮电、航空、电信、银行、石油、交通等领域的立法中，部门利益和强势群体的身影清晰可辨。他们所牺牲的是缺场的大多数——大众的公共利益。公共利益和大多数人的利益被强势权力和局部利益在立法的名义下侵蚀。

另外，由于理论准备不足、公共参与不够、立法应时应景等因素的影响，有一些立法显得草率，立法技术粗糙，制度设计明显不合理，制度之间的协调性不够。这方面的例子已经很多了，不必赘言。

立法中所存在的上列种种问题，尤其是立法的不完善、立法的滞后或者超前、立法的脱离现实、立法的地方保护主义、立法的部门保护主义、立法的懈怠等因素，决定了法律在现实社会治理的效果方面会有很大的局限性。在面对社会转型所提出的秩序需要的更大压力时，立法能提供多少规则和制度以及能否保证这些规则和制度的品质，直接关系到法律能不能回应建立社会秩序所提出的挑战。

第三章

完善法律体系的规范研究

第一节　法律体系完善的路径

一、从可能到完善的法律体系

所谓法律体系，即是通过若干法律要素，以及这些法律要素之间形成的若干关系，按照一定的结构所形成的集合。这些法律要素，依据彼此之间的不同关系，也可能分别形成若干子体系（子集），然后进一步形成统一的法律体系。就当代法律理论与规范逻辑的语境而言，法律体系首要的是一种法律规范的体系。不过，从理论史的发展来看，历来的法学家们各自提出了不同的可能选择，譬如：法律渊源、法律部门、法律关系、法律权利、法律目的、法律利益、法律类型、一般法律原则等。

一个兼具确定性与开放性、安定性与正确性、程序性与动态性的法律体系，通常来说也就是一个完善的法律体系。关于法律体系的教义学研究，也就促进了法律体系自身的完善。这一论断初看上去有些简单乏味，既无新意，也欠深邃。然而，如果回顾一下过往法学家曾经对法律体系提出的其他一些标准或要求，尤其是法律体系的可演绎性、无矛盾性、完全性、封闭性等标准，那么人们会发现：严格符合后面这些标准的法律体系从来就没能出现过，也无法恰切地解释我们的法律实践。因而我们可以从反面指出：一个完善的法律体系不可能是纯粹可演绎的、无矛盾的、完全的、封闭的。此外，我们还要从正面添加一项要求，那就是法律体系的实践合理性（prak-tische Rationalität）。

二、法律体系的经典构建模式

（一）法律渊源体系

当萨维尼使用"法律渊源"这一概念时，他指的是"一般法的产生根据"（die Entstehungsgründe des allgemeinen Rechts）[①]，其中不仅包括法律制度的产生根据，也包括根据法律制度通过抽象而形成的具体法律规则的产生根据。早在古罗马法学家盖尤斯《法学阶梯》的开篇，法律就被区分为万民法与罗马的市民法，后者又被描述为由法律、平民会决议、元老院决议、君主谕令、有权发布告示者发布的告示、法学家的解答所共同构成的整体。[②] 而在优士丁尼（查士丁尼）所颁布的《法学阶梯》中，增设了对公法与私法这两种法律部门的区分（见下文）；其中，私法中除了包含万民法与市民法之外，还添加了自然法这一渊源；对市民法来源的描述则与盖尤斯《法学阶梯》相一致。[③] 到了近代早期的理性主义自然法学时代，自然法一度被视为所有其他实证法的来源。德国法学家萨维尼部分基于对理性自然法学说的质疑，部分基于对简单、仓促地移植外来法典的质疑，转而站在一种"历史法学"的立场，认为只有民族精神才是各个国家法律的真正来源。在他看来，民族精神构成了法律的最初渊源，由此逐渐衍生出了民族法、国家法、国际法、习惯法与科学法等其他法律渊源，其中又可以区分出绝对法和任意法、常规法和个别法等。[④]

传统的法律渊源学说针对的是法律规范的识别和适用问题，但是不同法律渊源之间存在相互冲突的可能性。就此而言，传统法学也形成"上位法优于下位法""特别法优于一般法""新法优于旧法"等冲突解决规则，但是这些规则本身的适用还有待在下文中进行更为精确的论证。换言之，法律渊源

---

① Vgl. Friedrich Carl von Savigny, *System des heutigen römischen Rechts*, Band 1, Scientia-Verlag：Berlin，1840，S. 11 f.

② 盖尤斯. 法学阶梯. 黄风，译. 北京：中国政法大学出版社，2008：1－5.

③ 查士丁尼. 法学总论——法学阶梯. 张企泰，译. 北京：商务印书馆，1989：5－6.

④ Vgl. Friedrich Carl von Savigny, *System des heutigen römischen Rechts*, Band 1, Scientia-Verlag：Berlin，1840，S. 6-66 ff.，und S. 413-420 ff.

究竟能否被称为——或者被重构为——一个体系？

（二）法律关系体系

萨维尼在《论立法与法学的当代使命》一文中认为，法律具有其民族性与历史性，因而反对效仿《拿破仑民法典》而仓促启动立法工程。① 虽然如此，他在《当代罗马法体系》的开篇却明确将自己的方法命名为"体系化方法"（systematische Methode），因为在他看来，通过对法律关系的内在关联或者亲和性进行认识和描述，能够将具体的法律概念与法律规则连接成一个大的统一体。② 对于这两种看似相互矛盾的立场，萨维尼澄清到，法官的判决需要一个更深层次的基础，即法律关系（Rechtsverhältnisse）。法律关系具有一种有机的本性（eine organische Natur），这不仅体现在其各组成部分的体系性关联之中，也体现在它的持续发展之中，体现在它的产生和消灭方式之中。③ 进一步的，法律规则也需要一个更为深层次的基础，萨维尼称之为"法律制度"（Rechtsinstitute），它们是各个法律关系的原型。最终，所有的法律制度连接成为一个有机的体系。④ 在法学方法论层面，体系化因素也与语法因素、逻辑因素和历史因素一起构成了制定法解释的四项因素。⑤ 实际上，萨维尼的整部《当代罗马法体系》分别由物法、债法、家庭法、继承法所构成，它们正是按照法律关系的类型进行规划布局的。⑥

（三）法律权利体系

作为萨维尼的传承者，普赫塔更明确地指出，民族精神正是通过法学

---

① 弗里德里希·卡尔·冯·萨维尼. 论立法与法学的当代使命. 许章润，译. 北京：中国法制出版社，2001：7，35 - 40.

② Vgl. Friedrich Carl von Savigny, *System des heutigen römischen Rechts*，Band 1，Scientia-Verlag：Berlin，1840，S. xxxvi. 萨维尼. 当代罗马法体系：第 1 卷. 朱虎，译. 北京：中国法制出版社，2010：前言 14 - 15.

③ Vgl. Friedrich Carl von Savigny, *System des heutigen römischen Rechts*，Band 1，Scientia-Verlag：Berlin，1840，S. 6-7. 萨维尼. 当代罗马法体系：第 1 卷. 朱虎，译. 北京：中国法制出版社，2010：9 - 10.

④ Vgl. Friedrich Carl von Savigny, *System des heutigen römischen Rechts*，Band 1，Scientia-Verlag：Berlin，1840，S. 9-11. 萨维尼. 当代罗马法体系：第 1 卷. 朱虎，译. 北京：中国法制出版社，2010：11 - 14.

⑤ Vgl. Friedrich Carl von Savigny, *System des heutigen römischen Rechts*，Band 1，Scientia-Verlag：Berlin，1840，S. 212-216.

⑥ Vgl. a. a. O. ，S. 389.

家——如当时 19 世纪德国的潘德克顿法学家——的科学工作才最终被转化为法律体系的。① 不过在普赫塔看来，萨维尼的上述法律关系体系（Systeme der Rechtsverhältnisse）尚有不足之处：其一，区分不同的法律关系——如私法关系、公法关系、教会法关系，其中私法关系又包括所有权关系、债的关系、动产关系、继承关系、家庭关系——虽然注重了人的差异性，而没有注意到人作为人格而具有的共同性，那就是自由意志，以及由此衍生出来的权利；其二，法律关系的种类是无限多样的，而且存在不可避免的相互重叠。② 前述法律关系体系之所以存在不足，究其原因，在于没有基于一个统一的原则来形成整个法律体系。因而，普赫塔认为应当以人格的自由意志作为最高原则，建构出一套法律权利体系（System der Rechte），具体包括：对本人的权利、对物权、对行为的权利、对人权、对动产的权利。③ 从这个意义上讲，正如他本人所宣称的，普赫塔建构起了更为严格的法律"概念谱系"（Genealogie der Begriffe）。④ 正是这一法律体系，被同一时期的法哲学家斯达尔批判为"抽象的""不及物的"、普遍化的概念体系。

（四）法律部门体系

法律因其调整的内容和对象可以大致被划分为不同的领域或部门。最基本的法律部门划分即是私法与公法的划分。其划分标准并不统一，上述法律渊源、法律关系或者法律权利都可能被引为凭据。上已述及，盖尤斯《法学阶梯》划分了万民法与市民法（即罗马民族的法），市民法之下又按照涉及的不同对象，划分了人法、物法和诉讼法。直到优士丁尼《法学阶梯》，才根据涉及的不同利益范围增添了公法与私法的划分，并将市民法归属于私法的子类。萨维尼基于从生活事实中发现的不同法律关系，将私法划分为物法、债法、家庭法与继承法。⑤ 普赫塔则有所不同，他认为，对公法与私法的划分，以及私法内部的划分，应当依据一个统一的标准。这个标准在他看

---

① Vgl. Georg Friedrich Puchta, *Cursus der Institutionen*，Band 1，3. Aufl.，nach dem Tode des Verfassers besorgt von A. Rudorff，Breitkopf und Härtel：Leipzig，1850，S. 37 f.

② Vgl. a. a. O.，S. 77.

③ Vgl. a. a. O.，S. 78-91 ff.

④ Vgl. a. a. O.，S. 101.

⑤ Vgl. Friedrich Carl von Savigny, *System des heutigen römischen Rechts*，Band 1，Scientia-Verlag：Berlin，1840，S. 389.

来就是——权利。由此他将法律部门划分为私法、公法、教会法，私法之下
又划分为对本人的权利、对物权、对行为的权利、对人权、继承权等。[①] 这
种逻辑上更为严格的法律部门体系划分，由于排斥了其他标准（如利益）的
可能性，因而遭到后来学者的批判。

近代以来，刑法通常被单列出来，与公法、私法并立。此外，随着商业
的革新和迅猛发展，在原有的民法典体系之外形成了商法部门。而随着近代
早期警察国家的逐步瓦解、民主立宪国家的纷纷建立和发展，公法中除了宪
法及其相关法部门以外，还分化出了独立的行政法部门。在二战后得到强化
的国家宏观调控职能，又催生了一系列的经济法规范；而福利国家理念的发
展和落实，也产生了数量庞大的社会法部门。

目前来看，不同的法律部门通常对应着一门"法律教义学"（Rechts-
dogmatik），甚至也对应着一个特定的司法管辖机构。当不同法律部门的规
范——如宪法基本权利与民事人格权——之间发生冲突时，有待解决的似乎
是学科分工或者司法管辖的纠纷；然而不容忽视的是，其中也涉及对法律关
系、法律权利的不同评价问题，譬如：公民与公民之间除了民事纠纷以外，
能否出现基本权利层面的纠纷。前述优士丁尼、萨维尼与普赫塔的不同划分
标准，也揭示了法律部门的这种实质评价功能。最终，法律部门能否被称
为——或者被重构为——一个体系，也就取决于如何对不同法律部门的价值
评价标准予以关切。

三、法律体系思想的重大变迁："外部体系"与"内部体系"

对体系的追求并没有终结，但是对体系的理解却经历重大的变迁。公理
化—演绎性体系观一度长期遭到贬抑，一种作为替代的目的论—价值论体系
观得到越来越多的提倡。

早期的耶林也曾认为法律概念可以"自我繁衍，创造新概念"（sich
paaren，neue erzeugen）[②]，并醉心于他认为高级的"建构法学"（Konstruk-

---

① Vgl. Georg Friedrich Puchta, *Cursus der Institutionen*, Band 1, 3. Aufl. , nach dem Tode des Verfassers besorgt von A. Rudorff, Breitkopf und Härtel：Leipzig，1850，S. 78-91 ff.

② Vgl. Rudolf von Jhering, *Geist des römischen Rechts*, 5. Aufl. , Bd. Ⅰ, Breitkopf und Härtel：Leipzig，1852，S 29.

tionsjurisprudenz)。[1] 但后期的耶林，在经历了重大理论转变后，将之前的潘德克顿法学——以及自己的建构法学——一概批判为"概念法学"（Begriffsjurisprudenz），转而关注法律中的目的。[2]

作为耶林的传承者，赫克将概念法学的体系称为"外部"体系，认为其意义仅限于对法律秩序进行"可视化"（Sichtbarmachung）描述；而他本人倡导的利益法学，转而追求关注法律实质关联（Sachzusammenhang）的"内部"体系，对个案的价值冲突寻求妥当的裁判。[3] 需要注意的是，切不可望文生义地将此处的"外部"与"内部"体系理解为体系的外部与内部，而是应当理解为外延性的体系与内涵性的体系。其中，内部体系作为一种内涵性的体系，恰恰要上升到法律自身的价值层面，这些价值甚至要超越法律秩序去寻找。这些价值尽管在来源上外在于法律秩序，但正是它们使得法律秩序得以形成融贯的内部体系。

目前，根据卡纳利斯在《法学中体系思维与体系概念》一书中的区分，通常将前一种体系称为"公理化—演绎性体系"（axiomatisch-deduktives System）[4]，而将经由赫克的利益法学以及当代"评价法学"发展而来的体系称之为"价值论—目的论体系"（axiologisch-teleologisches System）。卡纳利斯的这一区分，与赫克的前述区分是一脉相承的。在卡纳利斯看来，后者是通过"一般法律原则"（allgemeine Rechtsprinzipien）及其具体化来形成法律体系的。原则不同于公理：公理具有无矛盾性、封闭性与静态性，而原则允许彼此存在矛盾，具有开放性与动态性。[5] 拉伦茨也评述道："法学中除抽象概念外，这几十年来才开始应用其他思考形态，例如，类型、主导思想、须具体化的原则以及规定功能的概念。由之可以产生建构他种体系的根据……其于法学中的实现，迄今仅处于开始阶段。许多法学家仍然倾向将

---

① Vgl. Rudolf von Jhering, *Geist des römischen Rechts*, 5. Aufl., Bd. Ⅱ.2., Breitkopf und Härtel: Leipzig, 1894, S. 360.

② Vgl. Rudolf von Jhering, *Scherz und Ernst in der Jurisprudenz*, Breitkopf und Härtel: Leipzig, 1884, S. 337 f.

③ Vgl. Philipp Heck, *Begriffsbildung und Interessenjurisprudenz*, Mohr: Tübingen, 1932, S. 139-188 ff.

④ Vgl. Claus-Wilhelm Canaris, *Systemdenken und Systembegriff in der Jurisprudenz*, 2. Aufl., Duncker & Humblot: Berlin, 1983, S. 25 f.

⑤ Vgl. a. a. O., S. 40-60 ff.

体系等同抽象观点式的体系。即使在今天，也只有少数法学家（即使'评价法学'的追随者亦无不同）能不目眩于抽象概念式体系的魅力。"①

确实，即使在今天，对公理化的、抽象概念式法律体系的追求并未止于拉伦茨的评述，而是伴随着法律逻辑学、法律论证理论等学科的发展一再跃入法律人的视野。诺伊曼就指出，形式逻辑虽然以公理化为前提，但反之并不成立，公理化并不必然要求形式化，而是可以容纳日常语言中的——包含价值评价的——概念；当代的公理化法律体系，不再像 19 世纪的概念法学那样预设一套既定的概念体系，而是根据合目的性来选择适用于某一法律领域的若干公理；此外，近年来为人们所争论不休的公理学（Axiomatik）与论题学（Topik），二者在他看来并不完全互相排斥——论题学涉及命题的选择，而公理学涉及命题的排序。②

四、法律规范体系的两个维度

按照当代法律理论与规范逻辑的理解，法律体系即是法律规范的体系。所谓法律体系，即是由法律规范（包括规则与原则）以及法律规范之间的若干关系按照一定结构所形成的集合。应当说，当代语境中的法律规范体系，与萨维尼代表的法律关系体系以及普赫塔代表的法律权利体系并无根本性的抵牾；同时，承继了赫克关于"外部体系"与"内部体系"的区分。

实际上，伴随着当代法律理论上对于法律的概念之探讨，以及当代规范逻辑（或曰道义逻辑，Normlogik，deontische Logik）的发展，新近还出现了由规则与原则相结合的体系模式（Regeln/Prinzipien-Modell）。③之所以能将法律体系视为"规则"与"原则"的结合，是基于对二者在道义论层面的质的区分，而不仅仅是程度区分。虽然二者都可以归属于"规范"（Norm）概念之下，但规则是确定性的应然命令，原则是具有初显性的最优化要求。④又由于法律规则能够涵摄一定的生活事态，具有可演绎性的特征；而

① 卡尔·拉伦茨. 法学方法论. 陈爱娥，译. 北京：商务印书馆，2003：317.

② Vgl. Ulfrid Neumann，hJuristische Logik，in：Arthur Kaufmann，Winfried Hassemer，Ulfrid Neumann（Hrsg.），*Einführung in Rechtsphilosophie und Rechtstheorie der Gegenwart*，8. Aufl.，C. F. Müller，2011，S. 308-309 ff.

③ Vgl. Robert Alexy，*Theorie der Grundrechte*，Baden-Baden：Nomos，1985，S. 117-122 ff.

④ Vgl. a. a. O.，S. 71-77 ff.

法律原则需要在具体个案中权衡适用，具有价值评价的取向，所以这种基于规范论—道义论的、规则与原则相结合的法律体系模式，在一定程度上是对前述公理化—演绎性体系与价值论—目的论体系的重构，同时也是为"外部体系"与"内部体系"的区分提供了更恰切的实现标准。

（一）法律规范的层级构造（规则维度）

法律规范通常构成了人们的行动理由，人们据此确定自己是否具有采取某种行动的权利或者义务，我们称之为"行动规范"。但是仅仅只有行动规范还不足以构成整个法律体系。在一个有效的法律体系中，任何一项行动规范都应当得到相应主体的遵守，可是在现实生活中仍然屡屡发生违反行动规范的事实。根据法律的规范性，该违法行为应当得到相应的制裁。换言之，应当存在某些法律规范，授权一定的主体——也就是司法机关——实施上述制裁，我们称之为"授权规范"。按照这一逻辑，授予司法机关制裁权的规范，又应当以授权立法机关制定（以及修改、变更）该规范的另一项规范为前提；依此推理，不同层级的立法机关也应当获得逐级的授权，直到宪法上对最高立法机关的授权规范。反过来看，一个有效的法律体系至少呈现为由宪法、法律直至具体的行政行为与司法裁判构成的层级构造（Stufenbau）。[①]此外，不同国家的法律体系，由于在法律规范的具体授权关系上会存在差异，从而形成具有不同细节的层级构造。

这种基于逐级授权形成的层级构造，生动地刻画出了法律体系的动态性与程序性特征。法律体系既包含针对公民的行动规范，也包含针对立法机关创制、变更规范，以及针对司法机关依规范作出裁判的授权规范，从而使得法律体系内的各项规范之间形成了动态的关联，真正成了动态的法律体系。

[①]　Vgl. Hans Kelsen, *Reine Rechtslehre*, 1. Aufl. , Franz Deutick：Leipzig und Wien, 1934，S. 73-89 ff. 层级构造学说构成了凯尔森纯粹法学的核心，但新近的研究揭示：该学说并不是凯尔森本人的创见，而是出自他的年轻同事默科尔（Adolf Julius Merkl）的"法律效力学说"（1923 年）以及"一种法律层级构造理论的序言"（1931 年）。Vgl. Adolf Julius Merkl, *Die Lehre von der Rechtskraft*, Leipzig/Wien, 1923，S. 224；ders. , hProlegomena einer Theorie des rechtlichen Stufenbaus, in：Alfred Verdross（Hrsg. ）, *Gesellschaft, Staat und Recht. Untersuchungen zur Reinen Rechtslehre. Festschrift Hans Kelsen zum 50. Geburtstag gewidmet*, Wien, 1931，S. 252-294；vgl. auch Martin Borowski, hDie Lehre vom Stufenbau des Rechts nach Adolf Julius Merkl, in：Stanley L. Paulson, Michael Stolleis（Hrsg. ）, *Hans Kelsen. Staatsrechtslehrer und Rechtstheoretiker des 20. Jahrhunderts*, Mohr Siebeck：Tübingen, 2005，S. 122-158.

凯尔森称之为"法律动力学"（Rechtsdynamik）。[①] 此外，每一项授权规范都包含着相应的程序性要求，相应的主体只有满足相应的程序——如法律创制（立法）程序、法律适用（司法、行政）程序——方能获得相应的授权。这就使得整个法律体系最终展现为由法律创制与适用程序构成的程序性体系。[②]

　　法律的层级构造，也为法律体系的统一性提供了可能。实际上，不少法律理论家还会继续追问接近法律层级构造顶端的宪法本身——或者整个法律体系——的授权规范。凯尔森就提出了一种先验的"基本规范"（Grundnorm），以此作为整个法律体系的有效性基础[③]；类似地，哈特提出了"承认规则"（以及"裁判规则"和"变更规则"），作为法律实践参与者识别法律的标准。[④] 对最高授权规范的这些追问，实际上也是对法律体系统一性的探寻。根据近代国家的民主合法性，公民创制宪法的权力（"制宪权"），或者公民在公共领域的自治权，就是整个法律层级构造的授权基础。

　　前文所述的"法律渊源"，可以被理解为法律规范的一种层级构造。凯尔森就认为，法律渊源是一个比喻性并且极端模糊不明的说法。它有时被用来指法律的创制方法，如习惯与立法，有时被用来说明法律秩序的最终效力理由（letzte Geltungsgrund der Rechtsordnung）。而根据凯尔森提出的法律规范的层级构造（Stufenbau）以及"基本规范"（Grundnorm）理论，任何"高级"法律规范就是"低级"法律规范的"渊源"，基础规范则是所有法律规范的"渊源"[⑤]。此后，阿尔夫·罗斯在《法律渊源理论》一书中总结了对"法律渊源"的三种界定方式：其一，从法社会学（因果科学）的角度，追问一个既定的法律体系形成的原因；其二，从伦理学的角度，探寻法律秩序具有道德约束力的根据；其三，从法律理论角度，考察关于"什么是法律"

---

① Vgl. Hans Kelsen, *Reine Rechtslehre*, 2. Aufl., Franz Deutick：Wien, 1960, S. xi.

② Vgl. Robert Alexy, *Begriff und Geltung des Rechts*, Verlag Karl Alber：Freiburg/München, 1992, S. 46-47 ff.

③ Vgl. Hans Kelsen, *Reine Rechtslehre*, 1. Aufl., Franz Deutick：Leipzig und Wien, 1934, S. 62-73 ff.

④ H. L. A. Hart, *The Concept of Law*, 2nd edn., with a Postscript edited by Penelope A. Bulloch and Joseph Raz, Oxford University Press, 1994, pp. 79-99.

⑤ Vgl. Hans Kelsen, *Reine Rechtslehre*, 1. Aufl., Franz Deutick：Leipzig und Wien, 1934, S. 78 f.

的认识根据（Erkenntnisgrund für etwas als Recht）。① 罗斯本人选择了最后一种立场，并承接了凯尔森关于法律规范的层级构造理论，将法律渊源区分为宪法、制定法与行政法规三个主要层级，并探讨了司法判决、规章、合同、习惯法、事物的本质、法律科学（教义学）、法感、类比、制定法的精神、解释等是否具有法律渊源的地位。②

如此一来，法律渊源为我们提供了处于不同效力层级的法律根据，并基于逐级的授权关系形成了一个动态的、程序性的体系。一个完善而有序的法律渊源体系，有助于公民以及法官寻找和识别相应的法律规范。我们通常所说的"上位法优于下位法""特别法优于一般法""新法优于旧法"都是以法律的层级构造为依据的。下位法的效力是基于上位法的授权，因而在同一规制对象上不得与上位法相抵触；特别法的效力是基于不同于一般法的特别授权，因而在特别事项上优先于一般法得到适用；新法的效力是基于立法者的最新意图，因而在同一规制对象上优先于旧法中的立法者意图得到适用。由此，我们通过法律规范的层级构造，对法律渊源学说进行了一定程度的重构。

（二）法律的客观价值秩序（原则维度）

上已述及，来自不同渊源的法律规范之间的冲突，大多可以通过法律的层级构造得到解决。然而，在引入前述法律规则与法律原则的区分后，有不少学者认为，上述层级构造仅仅适用于法律规则，而不适用于法律原则；法律原则作为一类独立的法律渊源，难以通过层级构造得到体系化。显然，由于任何法律原则都是一项独立的最优化要求，法律原则与原则之间很难像法律规则那样抽象地确定彼此的上位与下位、特别与一般、新与旧的关系。

不过，许多国家的法律实践也承认，法律体系之中存在某种得到广泛认可的客观价值秩序（objektive Wertordnung）③，其中涵盖了一个社会的所有公民共同确认的那些价值与原则，如尊重和保障人权、法律面前人人平等、人身自由、政治自由、契约自由等。这些价值原则，由于都是值得一个社会共同追求的目标，因而彼此之间不存在抽象的优先关系，在清晰案件中也不

---

① Vgl. Alf Ross, *Theorie der Rechtquellen*，Franz Deuticke；Leipzig und Wien，1929，S. 291-292 ff.

② Vgl. a. a. O.，S. xii-xiv.

③ Vgl. BVerfGE 7，198（206）；BVerfGE 34，269（280）；BVerfGE 39，1（41 ff.，50，78）.

会发生冲突。而在发生价值冲突的个案中，只有对个案的全部情形予以权衡，才能确定不同原则在该案件中的具体优先关系。实际上，法律的价值秩序与前述法律规范的原则模式并无本质区别：价值秩序直接采用价值论—目的论的思维，而作为最优化要求的原则采用了道义论—规范论的路径。法律价值秩序，也就是法律原则的体系。①

上述价值秩序学说为法律原则与原则之间的冲突提供了解决标准。此外，在司法实践中还会大量发生法律规则与法律原则之间的冲突。根据前述阿列克西的原则理论，法律规则在个案中遭遇评价的开放空间时，意味着在它背后起支撑作用的法律原则，与另一项法律原则发生了碰撞。这也就是说，法律规则与法律原则之间的冲突被转化为了两项不同法律原则之间的碰撞，需要结合个案情形进行权衡（Abwägung），方能确定孰能优先适用。然而，权衡方法是否合乎理性（rational）？这是当代原则理论所面临的最为尖锐的诘难之一。就此处而言，难题在于：如何保证法律规则的安定性，使它不被更为抽象的原则条款轻易推翻？换言之，是否存在一种"规则与原则的层级构造"，或者"规则与原则的价值秩序"？

从目前的法学文献来看，尚没有将层级构造理论或者价值秩序学说直接适用于规则与原则之间的尝试。阿列克西提出的解决方案是，认为法律规则背后不仅具有法律原则，还具有某种支撑性的"形式原则"（formelles Prinzip），譬如，"经由权威制定的规则具有法律效力"和"无更强理由不得偏离因袭的实践"等。②形式原则保证了法律规则的确定性特征，使其即使在遭遇评价的开放空间、不得不与另一项法律原则进行权衡时，也能具有较重的分量。换言之，一项原则要想推翻一项规则而优先适用，不仅需要与这项规则背后的实质原则相权衡，还要足以胜过其背后的形式原则。③就法律体系层面而言，形式原则的强度也直接影响到了相应法律体系的确定性。从这个意义上讲，形式原则的功能，与拉德布鲁赫意义上的法律安定性理念（Idee der Rechtssicherheit）④是一致的。法律安定性与正义理念之间冲突的

---

① Vgl. Robert Alexy, *Theorie der Grundrechte*, 1985, S. 125-133 ff.

②③ Vgl. a. a. O., S. 76. Fn. 24.

④ Vgl. Gustav Radbruch, *Rechtsphilosophie*, 3. Aufl., Verlag von Quelle & Meyer, Leipzig, 1932, S. 70-75; auch *ders.*, hGesetzliches Unrecht und übergesetzliches Recht (1946), in: *Gustav Radbruch Gesamtausgabe*, Band 3, hrsg. v. Arthur Kaufmann, C. F. Müller Juristischer Verlag: Heidelberg, 1990, S. 89 f.

解决，正是形式原则与其他实质原则之间进行权衡的典型范例。①

上述客观价值秩序与形式原则，也为法律部门的划分提供了有益的标准。以"一般人格权"为例，其到底应当归属于宪法部门的基本权利还是民法部门的民事权利，就存在持续的争论。有论者用"公法私法化"或者"私法公法化"来形容这一类现象。如果从法律的客观价值秩序角度来看，宪法基本权利规范赋予公民能够抵御来自国家或公权力（也包括司法裁判）侵犯的自由，其首要功能与价值是防御性的（Abwehrrecht）；而民法上的人格权首要处理的是民事主体之间的人格侵权行为，其首要功能和价值在于补偿和恢复民事主体受损的权益。此外，从形式原则的角度来看，虽然民法属于宪法的下位法，但是并不能简单地依据"上位法优先于下位法"来解决此时的冲突；此时，应当尊重法律的安定性，在穷尽了民法上的救济措施之后，再寻求宪法基本权利层面的保护。尽管在具体个案中情形会更为复杂，但是法律的客观价值秩序与形式原则可以为公私法的划分提供指引，最终借助对个案情形的权衡，从而确定相应的管辖归属以及可得适用的法律规则。

综上所述，从法律体系的结构上来看，不同法律规则根据逐级授权关系形成了特定的层级构造；不同法律原则之间则形成了抽象的价值秩序，需要权衡个案情形决定优先顺位；此外，法律规则基于形式原则的支撑，相对于其他法律原则而言通常具有优先性。因而我们可以说，法律的层级构造、价值秩序以及形式原则，为我们对法律体系的理解提供了一幅动态的、统一的画卷。

五、法律体系的完善路径

法律体系的完善，并无其他路径，除了更好地理解法律体系的可能结构，并尽可能地实现现实生活对法律体系提出的品质要求。它们包括（但并不仅限于）两个维度的要求：其一，外部的或者说外延性维度的要求，即规范性、确定性、安定性与程序性；其二，内部的或者说内涵性维度的要求，

---

① Robert Alexy, "The Dual Nature of Law", Papers of Plenary Sessions of IVR 24th World Congress, Beijing, China, Sept. 15-21, 2009, pp. 257-274. Auch Vgl. Robert Alexy, Rechtssicherheit und Richtigkeit, in: Aleš Gerloch, Jan Tryzna, Jan Wintr (ed.), *Metodologie Interpretace Práva A Právní Jistota*, Plzeň: Aleš Čeněk, 2012, S. 378-393 ff.

即实践性、开放性、正确性与动态性。符合两方面要求的法律体系，也就是一个完善的法律体系。

首先，法律体系具有规范性的特征，乃是法律规范的体系。它不仅为公民的日常生活与交往提供了合法的行动理由，也为国家的治理、公权力的行使以及公共利益的维护设置了合法性标准，最终保障了法治理念的实现。

其次，法律规范体系，由于既包含确定的法律规则，又包含趋于最优化的法律原则，因而兼具了确定性与开放性、安定性与正确性。一方面，法律规则的存在，保证了法律规范体系——至少在绝大多数清晰案件中——的确定性。换言之，在一个完善的法律体系中，大多数案件都能被涵摄到确定的法律规范大前提之下，从而获得可预见的裁判。在这个意义上，"概念法学"以及公理化—演绎性的法律体系思想依然具有不可否认的理论功勋，他们所追求的那种无矛盾、无漏洞、可推导的法律体系，符合了人们对法律安定性的期待。另一方面，法律原则的存在，则保证了在出现评价开放空间与价值冲突的疑难案件中，既承认法律体系的开放性，又有可能维持法律体系在开放空间中的正确性。正是在这个意义上，绝对的无矛盾性、无漏洞性与封闭性遭到了合理的否定。

最后，法律规范的层级构造，以及价值秩序与形式原则的存在，使法律规范体系具备了秩序性、动态性、程序性与统一性的特征。在完善的法律体系中，不同的规范之间并非偶然且无序地联结在一起，而是可以区分出哪些是直接的行动规范，哪些是程序性的授权规范，以及这些授权规范分别处在哪一位阶。在这个意义上，法律秩序（Rechtsordnung）就是法律体系的同义语。又由于不同的授权规范会分别涉及法律的创制、变更与适用等各个方面，因而为法律体系的动态发展与不断完善提供了可能，也设置了界限。这些界限至少包括：所有权力的行使都应当符合相应的授权规范，遵循相应的程序；而所有规范的效力基础，都来源于最高的授权规范，如公民在私人领域与公共领域的自治，从而保障了整个法律体系的统一性。

第二节　法律体系"完善"的内外意涵：规范法学的维度

现代法律人类理性自我立法的产物，是现代精神的集中体现。现代意义上的法律体系之完善，则源自人类理性之进步与完美的自我要求。一般而言，法律体系的完善，具有内在和外在两个方面的意涵。内在意涵，指的就是法律体系对于自身的科学性、融贯性和严整性的要求。外在意涵，指的就是对于法律体系符合或回应共同体成员关于行为当为性的基本认识和主张的要求。作为20世纪以来最有影响力的法学流派之一，规范法学对于法律体系的概念和属性作出了许多富有洞见的论述。尤其是规范法学的两位代表人物——凯尔森和哈特有关法律规范性的论述，对于深入探讨法律体系之完善的内在意涵与外在意涵，有着独特的贡献。在规范法学看来，法律体系是一个封闭自洽、科学严整的动态规范系统。规范法学的这一基本观点，具有非常浓厚的现代色彩，体现了西方自启蒙以来如日中天的科学思维在法学研究领域中的深刻影响。也正因如此，这一观点在很长的一段时间里面临来自两个方面的持续挑战。一方面，源于自然法的观点认为法律体系并非一个封闭自洽的系统，而是必然与实证法之外的某种规则体系或高于实证法的某种价值相联系。另一方面，一种颇具后现代色彩的观点则基于对人类理性能力的深刻怀疑，对法律体系的科学严整性持强烈的否定立场。在这一种观点看来，法律体系并不是一个科学严整的系统，反而是像云一样，其边界时常处于变动不居的状态。从经验上来看，一国的法律体系在不同历史时期、根据不同的社会状况呈现出不同面相的这一现象恰恰印证了这一点。① 更为重要的是，我们还应看到上述两方面挑战的共同之处又在于直指法律体系的自身要求与回应外部价值或现实要求之间的张力。那么，对于法律体系自身要求的理解究竟应如何？法律体系在完善的过程中又是如何处理上述张力的？对这两个问题的理论思考与回应，构成了我们当下重省法律体系之完善的核心领域。

实际上，规范法学对于上述两个问题并非没有恰当的应对之道，但这需要对某些已经被广泛接受的知识进行革新或澄清。在理论思考中，许多问题的产生往往是因为论者缺乏对相关原理的透彻把握，因而造成了困惑、误解或混淆。此时，为了回应相关问题，我们首先要做的工作就是对涉及的原理进行阐明或澄清。只有在扫清了原理上的障碍后，才能进行更为顺利和恰当

---

① 例如，我国的法律体系在"严打"时期就呈现出较以往历史阶段更为严厉、强势的面相。

地进行后续的理论思考。为此，本节的第一部分将致力于阐明规范法学在
20世纪的两位代表性人物凯尔森和哈特所秉持的核心命题——"法律规范
作为意义"。第二部分将深入凯尔森的理论当中，从意义理论的角度出发对
法律命题的成真条件进行探讨。第三部分则着重于讨论法律体系的生成意义
结构问题，并借助哈特所开启的以日常语言为起点到法律规范性的研究进
路，展开关于法律体系开放性的思考。第四部分的任务则是要在对哈特的批
判之上建立起一套以主权者立宪为中心的、更具动态与包容性的法律体系
理论。

一、规范法学的基本范式：法律规范作为意义

著名哲学家波普尔曾在《关于云和钟》一文中描绘了这样一个知识图
式，即一边是被他称为像云一样异常不规整又变幻莫测的系统，另一端则
是像钟一样运行高度有序、严丝合缝的系统。从常识的角度来看，各种对
象都可以在这两端之间找到恰当的位置。然而，自牛顿开启的科学革命
后，主张"所有的云都是钟"的论调在知识界占据了统治性地位，也成了
那个时代的智识写照。与这种主张相对应的，是"所有的钟都是云"的论
点。这种论点认为，即便承认某一个高度规则有序的系统存在，它也不能完
全严格地决定系统当中的每一个部分及运行的每一个环节，因为在它的结构
中总会在一定程度上有类似云的特征。换言之，云虽然边界变动不居，但是
它存在。[1]

实际上，"云和钟"不仅是对两种知识系统的描述，也是两种思维的反
映。规范法学的两位代表人物凯尔森和哈特关于法律规范和法律体系的论
述，也存在类似的特点。总体上讲，凯尔森的理论无疑更像一个"钟"的体
系，即主张法律体系是一个严格科学、封闭自足的体系；哈特的理论则欲阐
明法律体系始终在某种程度上具有"云"的特点，因而具有开放性。尽管如
此，他们的论述是以"法律规范作为意义"这一范式为基础展开的。"范式"
一词的基本内涵就是指围绕一个核心概念或命题所展开的公认的模型或模
式，是"一个成熟的科学共同体在某段时间内所认可的研究方法、问题领域

---

[1]　卡尔·波普尔. 客观的知识. 舒炜光，卓如飞，梁咏新，等译. 杭州：中国美术学院出版社，
2003：209-215.

和解题标准的源头活水"①。在自然科学的发展历程中，曾经以"燃素"和"以太"为核心展开的一系列研究，就是一种范式的例证。对于规范法学而言，该源头活水无疑就是"法律规范作为意义"这一核心命题。该核心命题在 20 世纪由凯尔森明确提出后，成为规范法学乃至与其部分批评者都明示或默示接受的原理。然而，要既深刻又全面地说明核心命题，却并非一件能一蹴而就的事情。因为该命题的提出不仅具有深厚悠长的西方哲学思想史背景，更涉及主要论者们的艰深论述和微妙差异。故本节在此仅选取相关内容中作为重要的线索来进行阐述。

"法律规范作为意义"是对法律规范的本体论问题给出的最为重要也影响最为深远的回答。"意义"一词作为日常用语有多种内涵，但作为一个当代哲学的术语主要指的是语词或语句等陈述的语义或意思。英语中的 sense，德语中的 sinn，法语中的 sens 都是对此进行表达的词汇。自弗雷格以来的语言分析哲学基本上都认同意义既有别于个人的主观状态，又有别于自然之物，而是对相关命题的理解。因此，从意义的角度出发，为法律、伦理和其规范性研究开辟出了全新的进路和问题领域。以法律为例，"法律规范作为意义"强调法律规范既不等同于创制法律的行为或法律条文的载体，又不等同于法律制定者的主观状态或意志。例如，即便销毁了《民法通则》所有形式的文字记载，也不能消灭《民法通则》这部法律；具体的立法机关发生了成员改变或机构改革也不会导致其所立的法律消灭；一对情侣，根据习俗或明文规则许下诺言，就称为"夫妻"，就超越了单纯的肉体关系。这些事例背后有待揭示的原理就是，规范性对象之所以存在，在于人们对相关行为的认知和对相关陈述的理解。凯尔森和哈特的理论正是以此为出发点，对相关问题给予了最为深入和系统的论述。尽管二者在一些观点上不尽相同，但由于他们都是在同一个范式内展开的，因而可以通过对他们的思想进行分析比较，以全面地把握法律体系的性质和特点。尤其是对法律体系的生成意义结构的把握，是阐明法律体系完善之内外意涵统一的关键。

二、法律规范与法律命题的真

福柯主张，现代国家治理是与一种真言化体制紧密联系在一起的。他所

---

① 托马斯·库恩. 科学革命的结构. 金吾伦，胡新和，译. 北京：北京大学出版社，2012：88.

称的这种真言化体制，"不是某种真理的律法，而是一组规则，这些规则可以使一个既定的话语确定出哪些陈述在其中能被刻画为是真或假"①。虽然福柯说这番话的目的并不是探讨法学理论中的问题，但这并不妨碍他对我们思考法律规范性也提供了重要的启示。他揭示了"求真"和"真理化"的要求不仅是自然科学的精神核心，同时也贯穿于现代国家的治理实践当中，即现代国家是通过掌握及运用一套真言化体制来实现其治理的。而法律作为现代国家治理体系的重要组成部分，真言化或法律命题的真也是法律理论要处理的根本问题。因为，一项法律义务存在的前提就是对应的法律规范具有效力，而一个有效的法律规范总是对应着一个为真的法律命题。以凯尔森哈特为代表的规范法学在很大程度上就是为了回应法律领域内的真理问题而建立起来的。然而，要充分理解二者的理论，就必须要充分理解基础规范与法律命题的真之间的关系。为此，本书在此试图从语言哲学的意义理论的出发，以充分揭示基础规范的理论深意。

（一）法律规范与意义

基础规范不仅肩负着说明法律规范之效力来源的重任，还承担了法律体系的资格标准一职，即决定何者能成为法律体系中的一员。然而，理解基础规范的困难首先在于其自身的预设性，其次在于凯尔森自身思想背景的复杂性以及不同阶段的变化。这两个困难的解决都要求引入一套意义理论来进行分析。之所以如此，有两个主要原因。第一，"法律规范作为意义"是凯尔森在其纯粹法理论中明确提出的核心命题。在第一版的《纯粹法理论》中，凯尔森明确提出法律规范作为意义，而不是行为本身。② 第二，从凯尔森的思想体系及变迁过程来看，语言活动尤其是法律言说一直占据重要的位置。海德曼就曾将凯尔森的思想阶段划分为"新康德主义阶段""现实主义阶段"和"语言分析阶段"，并试图以"新康德主义阶段"为基础结合语言分析的洞见来重构凯尔森的理论。③ 因此，从意义理论出发全面理解凯尔森的进路已经得到了学界的初步认可。例如，宾德瑞特就曾指出对凯尔森的规范理论

---

① 米歇尔·福柯. 生命政治的诞生. 莫伟民，赵伟，译. 上海：上海人民出版社，2011：30.

② 汉斯·凯尔森. 纯粹法理论. 张书友，译. 北京：中国政法大学出版社，2008：38 - 39.

③ Carsten Heidemann, The creation of normative facts, *Law and philosophy*, Vol. 19, No. 2, March, 2000, pp. 278-281.

而言，最佳的发展路径就是诉诸一种意义理论。这是因为，"凯尔森预设基础规范，旨在号召对语言的'合法'使用……'规范表达'或（用来颁布规范的）'规范语句'，都是用来颁布规范的语言形式"①。德国的凯尔斯廷教授也曾提示基础规范与语言和语法之间的联系，并尝试借助维特根斯坦的语言哲学来阐明凯尔森的基础规范和效力逻辑等思想。② 然而，要借助一种意义理论来阐明相关思想却并非易事，甚至需要对凯尔森的理论作出系统性的重述。因为，凯尔森在提出了"法律规范作为意义"后，并未给予足够系统和深入的论述，反而探讨得更多的是法律命题的成真条件。

在其纯粹法理论中，凯尔森主张法律作为一种规范是有别于经验性的自然事实和其他心理学、伦理学对象的。因为在他看来，规范就是规范，而不是其他什么的东西，故它的存在不能被划归为经验事实或主观状态。纯粹法之纯粹在使法律规范独立于自然科学所关注的经验事实和伦理学所关注的价值等对象，从而使得法律科学能作为一门独立的体系并使关于法律的探讨避免沦为政治争吵或价值混战。所以，凯尔森指出，"纯粹法理论所以自命为'纯粹'，则在于其唯求认知法律，而将不属于其认知对象者皆摒除在外。换言之，纯粹法理论欲使法律科学免受一切异质因素之干扰，此乃本理论在方法论上之根本"③。

为了实现纯粹法所设定的目标，凯尔森采取了一种非自然主义的进路。摩尔在《伦理学原理中》根据实然与应然两分的原理作出了自然主义（naturalism）和非自然主义（non-naturalism）的分类。摩尔认为，价值性的或应然性的对象却不能被分解成其他东西。应然性的对象仅凭其自身就是成立的，不需要也不能被划归到其他的什么构成部分。因此，他将以下思想称为"自然主义的谬误"，即试图通过说出一些性质来定义善，"并且认为这些性质事实上并不是真正'别的'，而是跟善性绝对完全相同的东西"④。申言

---

① 宾德瑞特.为何是基础规范——凯尔森学说的内涵.李佳，译.北京：知识产权出版社，2016：150.

② Wolfgang Kersting, Neukantianische Rechtsbegründung: Rechtsbegriff und richtiges Recht bei Cohen, Stammler und Kelsen, in: R. Alexy, L. H. Meyer, S. L. Paulson, G. Sprenger (Hrsg.), *Neukantianismus und Rechtsphilosophie*, Baden-Baden 2002, SS. 61-62.

③ 汉斯·凯尔森.纯粹法理论.张书友，译.北京：中国政法大学出版社，2008：37－38.

④ 乔治·摩尔.伦理学原理.长河，译.上海：上海人民出版社，2005：14－15.

之，自然主义的思路是将应然性的对象等同于其他存在形式的对象，即"用一个自然客体的或自然客体集团的某一性质来代替'善'"，于是产生了用自然科学、心理学等方式探讨应然问题的倾向。[①] 从自然主义和非自然主义的区分这一角度来看，凯尔森采取了一种非自然主义的认知理论。这种理论的基本观点是，行动理由是镶嵌在命题里的，当命题为真即表明相应的规范性事实存在。同时，规定或促使人们作出特定行动的理由是独立于行动者的精神或心理状态的，而这些理由与构成规范性理由的事实是一致的。[②] 由此还可以引申出以下结论，即人们通过理解一个应然命题的意义，从而认知到了一个规范性事实构成自己行动的理由。同时，这也表明了特定行为对应了一个特定的命题，该命题所指向的规范性事实确保了规范作为行为的意义是一种客观意义。对于凯尔森在这方面的思想，拉兹如此总结道："人的行为是凯尔森关于规范的根本理论的基本含义，即规范是某些人行为的客观意义。"[③] 而从特定行为中获得客观意义的过程，或者更具体地说，即从主观意义到客观意义的过程，正是法律规范性产生的过程，且该过程可以用一个三段论的方式予以说明。[④] 无论如何，对于法律命题而言，为真是具有客观意义的前提，并且二者都是与基础规范紧密联系在一起的。

（二）基础规范与法律命题的真

基础规范从根本上讲就是确保法律命题为真的先验条件。如前所述，凯尔森的思想可以分为几个阶段，而其中的"新康德主义阶段"是凯尔森的理论快速发展和成熟的阶段。在"新康德主义阶段"中，先验哲学在凯尔森的理论中扮演了最为重要的角色。理解基础规范的关键也正是在于理解凯尔森在提出该概念时所依赖的先验哲学背景，尤其是在理解基础规范的预设性及其与其他规范之效力的关系时更是如此。由于基础规范的预设性，有一种观点认为基础规范不过是一种假设，是单纯由理论家设想出来以供自圆其说的

---

① 乔治·摩尔. 伦理学原理. 长河，译. 上海：上海人民出版社，2005：41-42.

② George Pavlakos, "Non-naturalism, Normativity and the Meaning of Ought", in *Research Gate*. [2016-09-02]. https：//www. researchgate. net/publication/256 036 581 _ Non-Naturalism _ Normativity _ and _ the _ Meaning _ of _ ％27Ought％27.

③ 约瑟夫·拉兹. 法律体系的概念. 吴玉章，译. 北京：中国法制出版社，2003：75.

④ 有关凯尔森的规范三段论的说明，宾德瑞特. 为何是基础规范——凯尔森学说的内涵. 李佳，译. 北京：知识产权出版社，2016：31-33.

东西。实际上，这是一种错误的观点。针对这一点，拉兹曾明言，基础规范毋宁被认为是承认和理解一个法律体系所必然要求的，因而对理解法律而言是必要的。① 那么，对这种必要性应如何理解呢？海德曼从新康德主义的代表人物之一李凯尔特（Rickert）的先验哲学出发，对凯尔森关于规范和应然的论述进行了考察，并指出凯尔森所称的应然具有两层含义。第一层指的是在法律科学的判断中连接先行为与行为后果的归责（imputation）范畴，第二层指的为了达致真理而在判断时所应遵守的规则。② 申言之，如果说任何法律陈述都包含对先在行为的描述和对行为后果的规定，因而是关于应作出怎样行为的判断，那么这些判断自身也服从着某一套规则，该套规则确保了相关陈述为真，亦即确保了相应的法律命题为真。换言之，前者之所以是客观有效的规范，就在于它符合后者的规定。因此，后者的这套规则就是规则的规则，是前者的效力基础。基础规范所欲揭示的正是后者的这套规则。借助"弗雷格—早期维特根斯坦"的意义理论，这一点将会得到更为透彻的阐明。

凯尔森主张，规范的存在在于其具有效力，而规范的效力并不来自相关的经验事实或主观状态。一个规范之所以有效是因为在其之上还有一个有效的规范通过授权的方式使其具有效力。基于这种授权关系和效力链条，规范之间构成了一个层级结构，而这种效力的链条可以一直追溯到历史上的第一部宪法。在此历史上第一部宪法之上的，是被预设为有效的基础规范（basic norm），基础规范作为规范层级结构的最顶端，是效力链条的源头。③ 根据之前的分析，一个法律规范有效表明它所对应的法律陈述或命题为真，因此基础规范在根本上决定了法律命题的真，而非任何相关的经验事实或主观状态。这一点与弗雷格的意义理论是高度一致的。弗雷格曾经用一个精妙的比喻来说明经验事实、命题和主观状态之间的关系，该比喻也成了后世讨论相关问题的经典。弗雷格认为，我们通过语言把握对象，就如同我们用望远镜看月亮。月亮是我们观察的对象，望远镜所显示的（物理光学）图像和我们

---

① 约瑟夫·拉兹. 法律体系的概念. 吴玉章，译. 北京：中国法制出版社，2003：79-81.

② Carsten Heidemann, Facets of "Ought" in Kelsen's Pure Theory of Law, *Jurisprudence*, Vol. 4, No. 2, 2013, pp. 253-254.

③ 汉斯·凯尔森. 纯粹法理论. 张书友，译. 北京：中国政法大学出版社，2008：88-89.

视网膜上接收的图像是我们观察月亮的中介。在这个比喻中，望远镜是命题。命题是客观的，因为它可以被多个人用以把握对象。① 更为重要的是，命题不属于任何一个私人的意识，也不是实际被观察的那个对象，它是独立的、公共的和客观的。由此可以得出一个重要的结论，即我们必须要承认有一个第三领域，因为"思想既不作为表象属于我的内心世界，也不属于外在世界，即感官上可感觉的事物的世界"②。此处的思想，指的就是命题的意义。③ 凭借这一点认识，弗雷格一针见血地指出，如果我们认为所有的认识对象都只能是表象或否认存在他所称的第三领域，那么所有历史科学和道义学说都是不可能的，所有的法律也就都要失去效力。④ 弗雷格的这一论断与凯尔森关于规范是既有别于事实又有别于价值的第三领域的论断直接对接，后者在前者当中找到了最为坚实的哲学基础和原理论证，产生了跨越时空的共鸣。那么，随之而来的问题就是，第三领域为何是一个应然的领域？对于该问题，早期维特根斯坦的理论给予了系统的说明，本节在此只选择重要部分进行论述。

在《逻辑哲学论》中，康德哲学中有关认知活动的先验结构通过维特根斯坦的语言哲学，彻底转变为了语言活动的先验结构。维特根斯坦意图在《逻辑哲学论》中完成的主要任务是为意义世界立法，即为意义世界和物质世界划定边界。而完成这一任务的关键就在于阐明语言的深层逻辑结构，以便发现表达和有意义言说的边界。在维特根斯坦看来，语言与世界之间存在着同构性，这种共同的结构就是逻辑形式，而他所称的逻辑句法不仅同时规定着语言和世界，也是意义世界的基础。当代著名的维特根斯坦思想研究者贝克（G. P. Baker）和哈克（P. M. S. Hacker）总结《逻辑哲学论》的核心要旨时如此说道：

> 哲学中的"逻辑-语言"再定位令语言规则这一概念在《逻辑哲学论》中占据了一个重要的位置。任何可能的语言都是受一套逻辑句法构

---

① Gottlob Frege, Sense and Reference, *The Philosophical Review*, Vol. 57, Issue 3, 1948, p. 213.

② 弗雷格. 弗雷格哲学论著选辑. 北京：商务印书馆，2006：152.

③ 路德维希·维特根斯坦. 哲学语法. 韩林合，译. 北京：商务印书馆，2012：91.

④ 同②150 - 151.

成的复杂体系规定的。这些规则决定了符号组合的可能性，因此也为感知划界。这些规则有两类。一类规则通过逻辑连接词决定原子命题的真值函项组合模式……但逻辑必然性并非句法约定的产物……逻辑，远非是约定俗成的，它是先验的，是表象之可能性的条件。第二类逻辑句法的规则关涉的是作为代表的名称。这些规则也被视为反映了形而上学的模态。这些名称的组合可能性映示（mirror）对象的组合可能性，亦即这些对象的意义以及描述事态的命题结构。①

逻辑句法与康德的先验哲学具有重要的内在联系。康德所称的"先验"有三层内涵，其中一层揭示了"先验"这一概念是与认知活动及其对象相关的：它通过经验直观与认知对象联系在一起，但它"不直接规定对象知识，而只是为这种知识提供形式条件或'立法'"②。同时，只有从一般逻辑转变为先验逻辑，亦即"赋予形式逻辑的判断形式以有关对象知识的意义"③，范畴才能被运用到我们的判断形式中，我们对对象的认知才得以可能。这一层面的先验被维氏转变为了语言活动的先验规则体系，即逻辑句法。这也就是说，维氏在《逻辑哲学论》时期所集中处理的问题其实是在回到一个康德式的问题，即"语言何以可能描述世界，或者说语言何以能够具有意义"④。但二者思想的共通之处在于，在维氏的理论中，语词或语句的意义是我们世界的界限，我们不能超出这个划定的界限去谈论任何东西或构想任何意义，正如在康德处这种界限就是认知能力的先验结构。⑤ 此套结构是一套规范性的结构或者更直接地说是一套法则体系。因此，从一种实然性过渡到应然性的关键就在于有一套法则规定着我们的行为。但是，这套法则自身是不能被直接定义或言说的，而是在我们的相关实践中被显示的。因为，它是被有意义的言说所预设的，或者说，有意义的言说只有在它的规定下才得以可能。

通过上述分析，可以看出凯尔森在其纯粹法理论中所试图阐明的，正是

---

① G. P. Baker & P. M. S. Hacker, *Wittgenstein-Rules*, *Grammar and Necessity*, Wiley Blackwell 2014, p. 41.

② 邓晓芒. 康德的"先验"与"超验"之辨. 同济大学学报（社会科学版），2005（5）：2.

③ 同②3.

④ 黄敏. 维特根斯坦的《逻辑哲学论》——文本疏义. 上海：华东师范大学出版社，2010：372.

⑤ A. W. Moore, Transcendental Idealism in Wittgenstein, and Theories of Meaning, in *The Philosophical Quarterly*, Vol. 35, No. 139（Apr., 1985），p. 139.

一套关于法律判断和法律陈述的逻辑句法。基础规范被预设，强调的是我们所有包含诸如"应该"和"应当"等规范语词的陈述，都是由一套规范结构规定和建构而成的，否则我们就不可能有效地进行相关活动。我们不能超越这套由基础规范奠定的结构去考虑规范性，因为这套结构就是应然世界的界限。反过来说，任何东西要具有规范性或成为规范，都要被置于这套结构中，从而被转换，否则就无法成为规范体系的一部分。基础规范正是这套结构的集中体现，也是法律体系存在的根基。因此，法律命题的真取决于基础规范所代表的这套规范结构，而非取决于任何自然事实或行为人的意志及主观意图。由此可以进一步推论的是，任何法律规范之所以具有规范性，法律陈述之所以具有相应的意义，首先在于规范所面向的共同体成员在他们的认知和判断活动中接受或采取一种遵守规则的逻辑或态度。反之，该共同体就只是有法律而无法治。这就是现代法治国的内在逻辑。

三、法律体系的生成意义结构

一个法律体系包含了两个重要的结构：其中一个结构是生成意义的结构，另一个则是运行意义的结构。前者涉及的是法律的创造和效力，后者涉及的则是法律体系在特定时间内的效果。[①] 凯尔森关于基础规范和法律规范之效力的讨论对于阐明法律体系的生成意义结构而言，具有非常重要的作用，而对于意义运行而言则欠缺足够的论述。即便如此，由于过于强调法律体系的内部统一性、严整性和封闭性，凯尔森的理论在需要回应一些重要的现实问题尤其是与法律实践相关的问题时面临着严重的困难。规范法学的另一位代表人物哈特则在几个重要的问题上采取了截然不同的观点，并为我们进一步思考法律体系的统一性、开放性提供了极具价值的线索。

（一）基础规范：从逻辑句法到实践句法

本节的第二部分通过对凯尔森的规范理论所依赖于的哲学原理进行分析，揭示出了基础规范作为法律陈述的逻辑句法所承担的作用和性质。然而，这并不能够充分地在法律的现实运行层面上说明法律规范的生成过程，或者说明现实中的法律命题如何获得真实意义。鲍尔森认为凯尔森有关基础

---

① 约瑟夫·拉兹.法律体系的概念.吴玉章，译.北京：中国法制出版社，2003：219－221.

规范的论证无论是依赖于何种版本的先验论证，在回应有关法律规范和法律实践的怀疑观点时都显得较为乏力，因此也未能切实地从实践层面阐明法律的规范性。① 实际上，凯尔森的理论对此并非没有应对之道。为此，在法律体系的生成意义结构中，基础规范必须从一种逻辑句法转换为相应的实践句法。

基础规范从一种逻辑句法转换相应的实践句法的关键在于宪法。在《法与国家的一般理论》中，凯尔森试图澄清从基础规范出发一直到个别法律规范的各种法律规范之间的关系。其中，个别规范的效力来自一般立法层面的法律规范，而一般立法层面的法律规范之效力又来自宪法。而宪法的效力则来自更为古老的宪法，并最终追溯到凯尔森所称的"历史上第一个宪法"。历史上第一个宪法是一个法秩序中所有法律规范的效力来源。然而，历史上第一个宪法指的并不是一个实在法意义上的宪法，因为它的效力也是被预设的。"人们假设一个人应当像制定第一个宪法的那个人或那些个人所命令的那样行为"② 就是该特定法秩序的基础规范。在此处，凯尔森通过阐述宪法效力的方式把基础规范从一种法律理论层面上的逻辑句法转变为了法律实践的句法。详言之，基础规范就是自然王国与法律王国之间的那个界碑，上面写着"历史上第一部宪法应当得到遵守"。界碑并非国境线的全部，但却是国境线的一个集中体现，令即将进入者认识到即将进入的领域是一个规范领域。在这个领域中，所有行为都受到该规范结构的规定，所有应然陈述的真实意义都由该规范结构决定。一个共同体要从自然状态迈入法治国，就必须要意识到这一点并内化于实践当中。这一点，不仅是法治国理论逻辑的关键，更是法治国实践逻辑的关键。

基础规范与遵守宪法的关系，正是从一种法律科学层面上的逻辑句法转化为法律实践之句法的关系。换言之，宪法规范就是法治国的实践句法：任何法律命题的真假，任何法律规范的效力，任何法律义务的存在，都必须以宪法规范为依据；一国法律体系内的法律命题或法律陈述的意义，皆来自根据宪法规范所作之诠释的赋予。所以，法治国的任何法律行为都必须要以宪

---

① Stanley Paulson, The Neo-Kantian Dimension of Kant's Pure Theory of Law, *Oxford Journal of Legal Studies*, Vol. 12, No. 3, pp. 331-332.

② 汉斯·凯尔森. 法与国家的一般理论. 沈宗灵，译. 北京：商务印书馆，2013：181.

法规范为实践的根本法则，并根据宪法调整法律规范之间的关系。因此，在法律体系的生成结构中，宪法及对宪法的诠释赋予了法律命题的意义，而且确保了法律体系是一个统一的、严整的和封闭的科学体系。

（二）承认规则与法律体系的开放性

通过基础规范和宪法之间的关联，凯尔森描绘出了一个以宪法为核心的法律体系的生成意义结构。然而，这种理解虽然顾及了法律体系的内部统一性以及严整性，但其封闭程度之高导致了其无法容纳法律体系的另一个重要属性，即法律体系的开放性。所谓法律体系的开放性，即指法律体系具有一种能力，"能够将本体系之内的约束力赋予不是它的规范的规范"①。对于凯尔森而言，即便基础规范具有实然转化为应然的逻辑功能，但这并不能够彻底满足法律体系的开放性要求。正如比克斯所言，凯尔森的理论仅仅是关乎那些把法律视为规范的人的观点。② 这显然不能适应规范形式和参与主体高度多元化的现代社会。此外，凯尔森关于法律及法律体系的说明与人们的相关常识毫无联系，而"一种对法律的充分的解释是人们解释关于法律概念的常识的最好开端……这种方式使得最接近常识的理论形态的法律概念成为绝对需要的"③。这一点尤为重要，因为，法律面向的是社会上的普罗大众，所以常人的理解就必然要占据一个基础性的地位④，而凯尔森所追求的纯粹性恰恰阻碍了这点。试问，法律命题的意义如果不能与共同体成员的自然理解相一致，那法律义务又如何能在社会中得到普遍的遵守呢？为此，法律体系的生成意义结构必须向人们的日常生活和常识性判断开放或取代内在联系。所以，如何在法律体系自身要求的统一性和开放性之间确定平衡，既是正确理解法律体系的关键，也是法律体系完善之内外意涵统一的关键。

哈特的理论尤其是他关于承认规则的思想，为解决上述问题提供了一条

---

① 约瑟夫·拉兹. 实践理性与规范. 朱学平，译. 北京：中国法制出版社，2011：172.

② Brian Bix, Kelsen and Normativity Revisited, in *Social Science Research Network*. ［2016 - 09 - 02］. http：//papers. ssrn. com/sol3/papers. cfm? abstract ＿ id ＝ 2287870&rec ＝ 1&srcabs ＝ 2448000&alg ＝ 1&pos＝7, p. 7.

③ 约瑟夫·拉兹. 法律体系的概念. 吴玉章，译. 北京：中国法制出版社，2003：139.

④ 有关这一点的新近探讨，Paolo Sandro, To Whom Does the Law Speak? Canvassing a Neglected Picture of Law's Interpretative Field，in *Problems of Normativity*，*Rules and Rule-following*，M. Araszkiewicz, P. Banas, T. Gizbert-Studnicki, K. Pleszka （ed），Springer，2014，pp. 265-280.

十分重要的进路。对于哈特而言，法律体系的开放性不仅来自自然语言的开放结构及由此带来的法律规则的开放结构①，更来自他对法律命题及其意义等相关问题的认识。德沃金在评论哈特的法理学思想时指出，法理学的一个核心问题就是分析或说明法律命题之意义，而意义的问题所关注的是"法律命题的意思应如何被理解及在何种情形下这些命题为真、为假或既不真也不假"②。哈特拒绝把关于法律权威的解释与对命令的习惯性服从等原始事实（brute fact）联系起来，而是主张"法律的真正基础在共同体作为一个整体接受一个根本性的主宰规则——该规则（他称之为'承认规则'）把创制法律的权威分配给特定个人或群体"③。所以，法律义务的产生过程及法律体系都不是绝对封闭的，反而都是向共同体成员的普遍理解和实践等社会事实开放的。

总之，法律规范和法律体系不仅对自身内部有要求，还因其与处于法律体系外部之人的理解和实践具有内在联系，因而具有开放性。从这一点来看，哈特的理论是一种对科学思维在法学研究领域中泛滥的纠偏，是关于法律体系的"云的知识"。而他对法律规范及法律体系这一特点的揭示和说明，不仅从英国的法律实证主义传统出发，更吸收了在他的年代具有统治地位的日常语言哲学的洞见。

（三）日常语言哲学的意义理论

法律体系的开放性源于法律命题的意义向人们的一般理解和日常实践开放。因此，这不仅是一种实践性要求，更是法律体系的生成意义结构之原理所在。以凯尔森为代表的大陆规范法学与以哈特为代表的英国规范法学之间的主要区别就在于，二者都坚持分离命题但对规范命题持不同意见。④ 究其根本，产生这种分歧的原因在于二者对法律命题的意义及其来源有不同的看法。哈特认为意义来自特定的事实，亦即社会事实或德沃金所称的社会惯习。在后期维特根斯坦和日常语言哲学的意义理论中，惯习占据了中心位置。

---

① 哈特．法律的概念：第二版．许嘉馨，李冠宜，译．北京：法律出版社，2011：113-124.

② Ronald Deworkin, Legal Theory and the Problem of Sense, in *Issues in Contemporary Legal Philosophy*, Ruth Gavison (ed), Oxford: Clarendon Press, 1987, p. 9.

③ Ibid., p. 11.

④ 相关讨论，请参见 Stanley Paulson, Continental Normativism and Its British Counterpart: How Different Are They?, *Ratio Juris*, Vol. 6, No. 3, December, 1993, pp. 229-241.

　　后期维特根斯坦和牛津的日常语言哲学都关注一个问题，即人们的常识或自然理解与语词意义的内在联系。从苏格兰启蒙运动到日常语言分析哲学乃至普特南（Hilary Putnam）和塞尔（John Searle）等现当代哲学家的大部分重要讨论——里德的常识哲学、康德的认识论以及维特根斯坦的"世界图景"（picture of world）都共同关注一个现象，即"任何正常成年人的信念体系都有一个基本面、一个背景、一个框架——随便选择哪个比喻，它时刻都在场并为正常成年人所共享，令他们的信念体系得以成为一个整体以及使日常生活的开展得以可能"①。在《哲学研究》中，维特根斯坦明确主张哲学思考必须回到人们的日常思考层面上，并指出那种逻辑句法所要求的纯粹性固然是某种理想的状态，但这同时也使得意义无法真正生成，恰如我们踏上了光滑的冰面，没有摩擦以至于无法前行。② 所以，一种意义理论不应通过严格、系统的逻辑分析追求纯粹性，而是应该采用一种能充分反映我们在日常实践中所重视和共享之理解的分析方式。因此，一种围绕人们的日常实践和理解的意义理论应运而生，并主张语词的意义就是它的用法。③ 这种意义理论所提出的最重要且对哈特影响巨大的概念之一，就是"语言游戏"。

　　将语言比作游戏，是试图表明语言和游戏一样都是人们基于社会性的互动创造出来的，而且在总体上都是受规则规定的。更为重要的是，游戏的规则和语法一样都是建构性的。④ 然而，这种规则是人们进行社会实践所形成的，而不是任何先验式的或柏拉图式的东西。因此，语词的意义就是它的用法，言说者就是在语言游戏中话语行为（speech act）的行动者。语言活动因其是一种遵守规则的实践活动，所以是一种具有规范性的活动。而按规则行事的活动之所以能获得效力或意义，是在于已经有一种稳定的、常规性的用法，也就是说已经有一套习俗或制度在场。更为重要的是，能用同一种语言进行交往的人必然有共同的反应、习性，对一些规则有共同理解并遵守共

---

① Nicholas Wolterstorff, *Thomas Reid and The Story of Epistemology*, Cambridge University Press 2001, p. 231.

② 路德维希·维特根斯坦. 哲学研究. 陈嘉映，译. 上海：上海世纪出版集团，2005：53 - 54.

③ 关于这一主张的出处，请参见路德维希·维特根斯坦. 哲学研究. 陈嘉映，译. 上海：上海世纪出版集团，2005：25 - 26.

④ G. P. Baker & P. M. S. Hacker, *Wittgenstein：Understanding and Meaning*, Vol. 1, Wiley-Blackwell 2009, p. 52.

同规则。因为，语言上的一致"不是意见的一致，而是生活形式的一致……不仅包括定义上的一致，而且也包括（无论这听起来多么奇怪）判断上的一致"①。所以，能用同一种语言进行交往活动、实现对意义的理解，其根本在于生活形式的一致。

　　社会惯习及广义的社会制度与上述生活形式之间有着不可分割的联系。制度，指的是赋予特定行为以意义的建构性规则的体系②，而这些规则的现实化就是社会惯习。③ 在阿佩尔看来，维特根斯坦后期的思想揭示了"语言是与各种活动方式、与作为一种社会'习惯'或'制度'的'生活方式'紧密结合的，从而它的结构是与情境世界的可能经验的先天开放结构难分难解的"④。因为在维氏后期思想中占据核心地位"语言游戏"所指出的即是"只有在一个语言和生活实践组成的大统一体的语境中，一个句子才能获得它的意义"⑤。考虑到语言游戏是生活形式的组成部分，与各种活动交织在一起，那么除了要把历史的维度加入进来，"还必须把受制度性规则支配的接受者的行为包括进来，因为在这种接受者行为中才发生了对被说出的、被演示出的或被展出的理解的同化"⑥。常识作为人们在日常生活中积累下来的一般理解，其作为一个整体就是生活世界的共同意义。此时，常识被理解为是一个历史性接续的而又不断解体着的会话连续体，每一个特定的文化共同体中的人都是这种会话总体的参与者，他们言语和行为的意义都是在该会话总体中得到规定的。其他语词的意义也是以该会话连续体所生成的总体意义为基础转化而来的。任何一种特殊的知识或者意义的生成，都必须要与人们对相关对象的常识性理解联系起来，否则这种知识或意义就失去了最基本的出发点。⑦ 而分析哲学的主要任务之一就是要对构成常识这一基本面的那些核心概念及它们之间的联系进行描述。

---

　　① 路德维希·维特根斯坦. 哲学研究. 陈嘉映，译. 上海：上海世纪出版集团，2005：102 - 103.

　　② John Searle, *Speech Acts: An Essay in the Philosophy of Language*, Cambridge University Press, 1969, pp. 51-52.

　　③ Ibid. , pp. 38-40.

　　④ 卡尔-奥托·阿佩尔. 哲学的改造. 孙周兴，陆兴华，译. 上海：上海译文出版社，2005：26.

　　⑤ 同④31.

　　⑥ 同④40.

　　⑦ P. F. Strawson, *Analysis and Metaphysics*, Oxford University Press, 1992, pp. 13-14.

（四）语言游戏与法律命题的意义

如前所述，日常语言哲学阐明了所有语词的意义都以人们在日常生活中的常识性理解和普遍实践为基础，逐渐发展和生成出来的。在哈特看来，这正是"应该""应当"和"必须"等规范性语词以及由它们所组成之阐述的意义来源。因此，哈特开辟出了一条新的进路，将规范性建立在被塞尔称为制度性事实的社会事实之上，主张社会惯习决定了法律命题的意义。由此是他提出的初级规则与次级规则的结合，对我们完整地理解法律体系的生成意义结构，有重要的启示。

对于哈特的法理学中是否有一套意义理论的问题，学界有着不同的观点。拉兹认为从语言哲学的角度出发谈论的意义理论就是关于语词意义的理论，亦即语义学（semantics）层面上对语词、短语、句子或其他语言成分的含义的研究。① 他同时指出，虽然语言哲学提供的语义学的进路在哈特的思想中一度占据了中心位置，尤其是牛津日常语言哲学的代表人物黑尔和奥斯丁的理论对于哈特的法学理论发展有着很重要的作用，但这种影响在《法律的概念》时期已经渐渐消退了。② 德沃金的弟子尼科斯·斯塔夫罗普洛斯（Nicos Stavropoulos）对此有不同意见，并给出了系统的分析。在本书看来，斯塔夫罗普洛斯显然击中了哈特的法理学之要害。在他看来，一套由强概念分析（ambitious conceptual analysis）为主导的意义理论始终贯穿于哈特的法律理论中，并服务于被弗兰克·杰克逊（Frank Jackson）称为"群众理论"（folk theory）的意义理论。弗兰克·杰克逊指出，我们对重要的概念的理解和说明不能离开或者必须依据我们的日常观念，而这些日常的观念来自对对人们就相关内容业已形成的直观（intuition）认识进行描述和阐明。当这些对直观认识的描述揭示出来的内容上的普遍一致就揭示出来了对相关问题的群众理论③，而这正是概念分析所要致力于帮助完成的任务。总之，群众理论所强调的就是，经由表达式表达之对象的性质，由暗含在

---

① Joseph Raz, Two Views of the Nature of the Theory of Law: A Partial Comparison, in *Hart's Postscript: Essays on the Postscript to the Concept of Law*, Jules Coleman (ed), Oxford University Press, 2001, p. 3.

② Ibid., pp. 4-5.

③ Frank Jackson, *From Metaphysics to Ethics: A Defence of Conceptual Analysis*, Oxford: Clarendon Press, 1998, pp. 30-32.

日常使用中的共同理解决定①，亦即该对象的意义由人们的常识性理解所决定。

　　哈特的新分析法学所指向的正是关于法律规范的群众理论。对此，斯塔夫罗普洛斯指出，哈特的理论包含了两个基本思想："第一，概念分析作为一种探究模式与具有实体性内容的理论是截然不同的，并且前者在逻辑上要先于后者；第二，概念分析的目标在于恢复或理念化部分共同理解，因为概念分析表达但不先验化早已暗含于日常使用和反思中的理解。"② 而强概念分析，预设了对相关概念的常规用法决定了对相关概念的正确理解，所以一个分析成为真理就在于它符合实际的使用。所以，哈特试图掌握来自人们日常生活中的理解与关实践的原则，而该原则由人们共同遵守的一系列实践标准构成。③ 哈特所称的规则的内在面向就是基于遵守特定规则来进行的话语行为（speech act）所产生的意义。语言之所以能行事，关键在于其必须符合"具有某种约定俗成之效果的公认的约定俗成的程序"④。在以言行事的情况中，语句的意义不在于或不仅仅在于它描述了什么对象或陈述了什么事实，而是在于说话者基于约定俗成的规则做了什么。哈特正是借助于此洞见，阐明了是约定俗成的惯习性规则规定了"应当"和"必须"等规范性语词使所表达的意义。内含于规范性陈述中的判断或决断之基础，从根本上讲是人们经过代代相传、不断地教养教化的过程中凝聚而成的原则⑤，最终通过各种社会互动实践转变为了规则。人们基于内在观点所做的陈述，一方面表明了相关惯习性规则的内容，另一方面也是基于这些规则所做出的有意义的社会行动。

　　这种从日常生活上生成出来的意义，通过初级规则和次级规则的集合，被转制进入法律体系，成为法律规范。在批评外在观点无法导出规范性时，

---

　　① Nicos Stavropoulos, Hart's Semantics, in *Hart's Postscript: Essays on the Postscript to the Concept of Law*, Jules Coleman (ed), Oxford University Press, 2001, pp. 71-72.

　　② Ibid., p. 71.

　　③ Ibid., pp. 74-78.

　　④ 奥斯汀. 如何以言行事——1955 年哈佛大学威廉·詹姆斯讲座. 杨玉成，赵京超，译. 北京：商务印书馆，2012：11－12.

　　⑤ 相关原理的说明，请参见 R. M. Hare：*The Language of Morals*，Oxford：Clarendon Press 2003，pp. 72-78.

哈特指出,"将观察对象限制在可观察之行为规律性上的外在观点,所不能呈现的,是规则在那些通常是社会多数之人的生活中发挥作为规则功能的方式⋯⋯他们在一个接一个的情况中,使用这些规则作为社会生活中的行为标准⋯⋯也就是在所有根据规则运作的常见生活事务中使用规则"①。这种生成出来的规范性原初形式就是哈特所称的初级规则(primary rule)。初级规则是科予义务的规则。在只有初级规则的社会里并没有十分复杂的纠纷解决机制或职业法律人,因此该社会需满足一些条件,而"这些条件建立在一些关于人性以及我们所生活之世界的自明之理之上"②。仅仅具有初级规则的共同体固然已经具有了社会制度的初级形态,但存在一些结构性缺陷。为了对这些缺陷进行补救,社会当中就要引入次级规则(secondary rules)。其中,承认规则扮演了最为重要的角色,是一个共同体从前法律社会迈入法律社会的关键。③ 更为重要的是,即使是简单的承认规则,也已经引入了法律体系的基本概念,即通过权威标识的方式使得原本相互分离和平行的规则被统一到了一个体系当中,法律效力也由此而生。④ 因此,哈特认为,法律就是初级规则与次级规则的结合。这一"结合"可概括为两个方面:第一,次级规则和初级规则是作为一个组合体被完整地引入某个政治体当中的;第二,通过承认规则所标示出的效力判准,在某政治体当中的所有规则得到了整合。⑤ 这种结合表明,在一个政体中即便已经有了法律体系,但是初级规则所构成的基本制度层面不是被完全替代,它与次级规则一同构成了一个具有层级的动态体系。可见,以初级规则和次级规则的结合为基础的意义生成结构,令法律体系既有内部统一性,又具有开放性。

上述既统一又开放的法律体系,在其运行中最为重要的一部分就是次级规则中的承认规则。作为次级规则的承认规则是民众和官员们据以识别科予义务之初级规则的权威判准,并且承认规则在法律体系的日常运作中很少以规则陈述的形式出现,而是在民众或官员等人识别法律的实践中显示

---

① H. L. A. Hart, *The Concept of Law* (second edition), Oxford University Press, 1994,p. 90.

② Ibid.,p. 91.

③ Ibid.,pp. 92-95.

④ Ibid.,p. 95.

⑤ Robert S. Summers, H. L. A. Hart's "Concept of Law", *Duke Law Journal*,Vol. 196 3, No. 4, 1963,p. 638.

（shown）出来的。① 维特根斯坦在后期所强调的就是在人们日常实践中显示出来的普遍法则或自明之理。他指出，所有给出理由或进行说明和证立的活动总要走到一个尽头，这个尽头就是人们的实践，这些实践是语言游戏的根基。② 由此反观哈特关于法律体系的思想，则可以清晰地看见两种实践及其各自对应的语言游戏。第一种是人们在日常实践中关于行为的当为性所进行的语言游戏，该语言游戏为"应该""应当"和"必须"等规范性语词赋予了原初的意义，其产出（production）就是哈特所称的初级规则。第二种语言游戏是官员尤其是法官在他们的实践中所进行的语言游戏，这种实践所涉及的是识别科予义务的初级规则作为法律规范，其所产出的就是法律规范。最终的或终极的承认规则来源于法律官员（legal officials）的行为聚合与态度聚合。此时，担任审判职能、适用法律的法官起到最关键的作用。对于这一点，庄世同给予了较为清晰的说明，即"哈特似乎有意将社会规则的外在面向与内在面向，拿来与法体系的两项存在条件相互类比……普遍服从法律的社会现象，就如同遵守规则的特定行为模式，属于法体系存在的外在面向，而官员接受法律的社会实践，就如同接受规则指引的反思批判态度，属于法体系存在的内在面向"③。本书则在此要指出两点：第一，哈特不是"似乎有意"这么想的，而是按照他一以贯之的日常语言哲学的基础所作出的思考；第二，这两种模式之间不是类比关系，而是两种语言游戏之间的转换关系。正是这两种语言游戏之间的转换，才使得来自社会一般层面的规则及人们对于行为当为性的共同理解能持续地输入法律体系当中，使得法律体系在内部统一和回应外部之间取得平衡并不断完善。

四、迈向包容不同历史实践的法律体系理论

通过前面的分析论述，可以看出规范法学的两位代表人物凯尔森和哈特关于法律规范和法律体系的理论各有所长。凯尔森强调法律规范在效力来源上的独立性，因此对于法律体系的内部统一性、严整性和封闭性更为看重。

---

① 　H. L. A. Hart, *The Concept of Law* (second edition), Oxford University Press, 1994, pp. 100-101.

② 　Ludwig Wittgenstein, *On Certainty*, Oxford: Basil Blackwell, 1969, p. 204.

③ 　庄世同. 法律的概念与法律规范性的来源——重省哈特的接受论证. 中研院法学期刊, 2013 (13): 10-11.

但由于现代社会规范形式的多样化，参与法律规范的制定和运行的主体也日趋多元化，因而法律体系在满足自身内部需求的同时还必须对来自外部的要求予以回应。所以，法律体系必须在内部统一性和开放性之间取得一种动态的平衡。该平衡也是我们从根本上描绘出法律体系完善之内外意涵在其中相统一的法律体系理论的关键。而哈特的理论为我们思考上述平衡开辟了一条进路。该进路将法律规范性生成的过程拓展到了共同体成员在日常生活中的共同理解和普遍实践，并将法律体系的意义生成结构看作是来自将日常的规范性实践和法律官员的规范性实践结合在一起的机制。然而，哈特的理论并不完整，也并不彻底。每一个国家的法律体系的样态和法治的模式都是由该国的历史实践决定的，而法律体系理论应当能包容这种多样性，并进一步揭示出其中的原理。哈特从英国的历史经验和问题意识出发，将终极的承认规则归结为法官的实践，令他的理论无法顾及这一点。本书在此部分将通过批判、发展哈特的理论，进而提出一个能包容不同历史实践和法律体系样态的理论模型。

承认规则不仅仅是识别义务性规则的权威判准，它同时也分配权威给特定的对象。哈特主张，法律官员尤其是负责裁判工作的法官的实践是终极的承认规则。马默对此的理解是，哈特主张是一种机构性的实践将惯习进行了法律化，该机构性实践往往包含一套特殊的规则、专门的机构和专业人员，并且往往会引入新的机制确保法律得到遵守。[1] 对于这种转化机制，马默认为有赖于他所称的深层惯习，即特定共同体基于社会的基本需求所作的规范性回应，而确认什么是特定法律体系和共同体中的法律的规则和相关实践只是表层惯习，后者被前者所决定。[2] 而在本书看来，在共同体的惯习性实践中有一种特殊的实践，基于这种实践，人们将法律命题真假的决定权交给了特定的对象，使得该对象的实践决定了什么是法律规范。而在哈特处，接收并行使这一决定权的主体，是法官，而不是之前的主流理论所主张的主权者。约翰·加德纳曾生动地形容哈特对命令理论的批判可被视为是法理学研究的"尤里卡"时刻（Eureka moment），即指哈特认为从批判反思奥斯丁

---

①　Andrei Marmor，*Social Conventions：From Language to Law*，Princeton University Press，2009，pp. 50-52.

②　Ibid.，pp. 171-172.

的法律命令说到提出承认规则，是解答法理学中关于法律规范或法律义务是什么等问题的关键。[①] 哈特指出，奥斯丁混淆了"被强制"和"有义务"，因而不仅未能解释现代法律体系的一些显要特征，还错误展现了法律规范的性质。作为修正，哈特用批判反思的态度，亦即公众接受，替换了习惯性服从；用承认规则替换了主权者。[②] 这一替代的作用有两处。第一，这是对英国法律制度之现代化的理论化说明。[③] 哈特通过承认规则理论在一定程度上回应了该难题。第二，是试图将源自英国人生活形式的这套法治模式普世化，使之成为现代国家治理的全球模式。

　　然而，也正是由于上述基于英国的历史经验和生活形式所提炼出来的模型，使得哈特的理论并不完整，也并未最终揭开法律体系之生成意义结构的全部奥秘。尤其是哈特所论述的承认规则，揭示了法律体系如何在法律规范的创制过程中维持统一性和开放性的平衡，并提示了权威主体在其中的重要作用。因此，对于法律体系完整的内外意涵统一而言，共同体成员和特定权威主体的实践扮演了不可或缺的角色。然而，尚需回答的问题是，权威是根据什么从而分配给特定主体以令包含在他们的实践中的标准成为法律体系之承认规则的？换言之，在共同体成员的实践和承认规则之间还应有一种动力机制，以推动二者间的转换，甚至决定何者之标准成为承认规则。哈特基于英国的历史经验和生活形式指出，法律体系中最终的承认规则在法官的实践中被显示出来。但这只是法律体系的一种样态而已，它并非普世的原理。如果我们回到语言游戏和法律命题之意义的层面上，那么就清晰地看到其缺失的一环究竟是什么。

　　如前所述，法律作为初级规则与次级规则的结合，包含了两次基于内在观点的接受。第一次发生在初级规则产生的层面，第二次发生在次级规则产

---

　　① John Gardner，Why Law Might Emerge：Hart's Problematic Fable，in *Reading HLA Hart's The Concept of Law*，Luis Duarte D'Almeida，James Edwards and Andrea Dolcetti（ed），Oxford：Hart Publishing，2013，p. 81.

　　② Pavlos Eleftheriadis，Hart and Sovereignty，in *Reading HLA Hart's The Concept of Law*，Luis Duarte D'Almeida，James Edwards and Andrea Dolcetti（ed），Oxford：Hart Publishing，2013，pp. 63-65.

　　③ 韦伯所指出的理性官僚制度是法律制度现代化的重要部分，然而英国的法治实践经验一直很难与之契合，因而有所谓韦伯的"英国法难题"。对于这点的详细讨论，泮伟江. 一个普通法的故事：英格兰政体的奥秘. 桂林：广西师范大学出版社，2015：98－107.

生的层面。这两次接受的主体是谁，是十分清楚的：第一次的主体是人民群众，第二次则是法官群体。第二次接受的主体就是法律体系的生成意义结构中的主体。由此必然带来的问题是，两种意义生成进行切换的动力机制是什么？或者说，是什么促成了上述生成意义主体的变化，以及何以决定什么人群成为后一种生成意义结构中的适格主体？

实际上，一个法律体系从无到有，必须包含三次基于内在观点的接受：第一次是人们在日常生活中接受特定行为标准从而产生初级规则；第二次是人们接受特定人群代表共同体运用决定法律命题真假的权力；第三次是在第二次接受中被选中的特定人群接受某种共同标准作为识别义务性规则的权威判准。基于这三次接受，生活世界中的意义得以转化进入法律体系当中并得到反映和保护，而法律则从日常生活中获得了最为根本的规范性基础。这三次接受也就是三种语言游戏。第一种语言游戏赋予了义务性规则最为原初的意义；第二种语言游戏起到的是一个转换的作用，它不决定规则的内容或意义，但却决定特定主体作为对原初意义进行再创生的主体；第三种语言游戏是在第二个语言游戏选定了特定主体后，实现对法律体系的不断建构和完善。在第一种语言游戏中，是人民群众通过日常交往的实践建构出初级规则。第三种语言游戏与第一种语言游戏在很多地方都是相似的，但主体从人民群众转变为了法官群体。具有特殊性的是第二种语言游戏，它的主体仍然是人民群众，但它所产出的不是规则，而是将创设出来的意义赋予到一个人或一个群体之上，而这个人或群体获得的是下一个语言游戏中命题真假的决定权。第二种语言游戏的重要性在于，它是共同体从前法律阶段过渡到法律阶段的动力机制。它表明的是，人们日常生活中的一类实践直接决定规范性陈述的意义或导致规则的产生；然而有另一类实践并不直接导致规则的产生，而是决定制定规则的主体。

上面所说的第二个语言游戏所决定的主体就是法治国中的真理决定者，就是法律体系中的终极权威。权威的英文 authority 包含了 author 一词，即作者；权威在拉丁文中则为 *auctor*，也是作者的意思，而它的词源 *augeo* 表达的就是一种创造的行动。[①] 结合上述词源考据和本节之前对第二种语言游戏的论述，此处可以进一步推论权威和法律命题的真理决定权问题。作者所

---

① 阿冈本. 例外状态. 薛熙平，译. 台北：麦田出版社，2010：212 - 213.

掌握的就是作品中真理的决定权。正是作者创造了一部作品的意义世界，也正是作者决定了相关断言的真假。因此，作者就是权威，权威就是作者。作者的这种权能或力量最直接的体现，就是他能够根据自己的意志让特定意义结构终结或重新活化。正如阿冈本所述，"权威似乎是作为一个在权力发生之处将它悬置，而在它不再有效之处将它重新活化的力量……这是一个悬置或重新活化的权力，但并不像法一样在形式上有效"①。正如本节一直强调的，法律是一种意义，因而法治国中的权威必然是整个意义结构的创造者，并且具有垄断当中的真理决定权。由此可见，对于法律体系而言，至关重要的问题就是由谁来握有其意义建构中的真理决定权。然而，这一问题却不能在规范理论或单纯的法律领域内部得到充分的回答。因为上述过程涌现自鲜活的、充满生命力的日常生活，随后凝聚于一个生命体之上，而不是任何规则或规范。法律实证主义坚持的分离命题，在此不可避免地失效了。申言之，处于问题核心的并非规范而是人，而由此带来的主要问题就是政治权力的组织结构以及掌握该权力之主体的资格条件等问题。对于法秩序和法律体系而言，这意味着有一种在先的实践决定了法秩序和法律体系的存在和样态，并且该实践是内在于整个法律规范或法律义务生成的过程中的。这种就是主权者的立宪活动。正是由于主权者或者更确切地说主权人民的立宪活动，法律才能在根本上获得相应的规范性。因为，"某种像是语言的东西只有在它与一个民族（people）的直接关系中才能被完全体会（反之亦然），因此法与生命必须在相互的奠基中紧密地牵连在一起……规范能够适用于正常情境，并且能够被悬置而不至于完全废除法秩序，只因为以权威或主权决断的形式，规范直接指涉于生命，涌现自生命"②。

总之，法秩序和法律体系的一种意义结构，必须由人民的生活形式、生存状态和历史实践所决定。在这个过程当中，立宪起到了从人民的生活形式向法律体系转化的重要作用。

现代国家绝大部分都以制定和实施宪法为政治和法律运作的基础，而制定和实施宪法的国家又几乎都奉行人民主权的原则。同时，法律规范是一种意义，宪法当然也是如此。宪法作为一种意义直接来自主权人民的历史实

---

① 阿冈本. 例外状态. 薛熙平，译. 台北：麦田出版社，2010：220-221.
② 同①235.

践。详言之，立宪的过程从根本上来说，是一个形成集体意向性并作出一个集体言语行为的过程。共同体的成员或他们的代表参与制宪大会或其他形式的制宪商讨，就宪法的内容达成统一意志。根据该统一意志，得到一个实施特定规范并按照这些规范行事的集体意向性，随后制宪大会的参与者们作一个整体宣告，共同体的成员应当按照宪法来安排未来的生活方式和规范自己的行为。在这个过程中，共同体的成员首先形成了一个集体身份，并以该身份发出了一个集体话语行为，从而形成了一个共同意义，并将权威或地位功能分配给特定的个人或机构，让他们以国家的名义运用道义权力。

宪法作为根本法，就是意义中的意义。所有其他的规范或个人或机构的地位功能都是根据该意义建构出来的次级意义，其中包括立法机关和司法机关等。正如西耶斯所言："人为法只能来源于国民意志，如果我们想对人为法的序列有一个正确的概念，那么，我们首先注意到的便是宪法性法律，它们分为两部分：一部分规定立法机构的组织与职能；另一部分决定各种行动机构的组织与职能……依据根本法而存在和行动的那些机构，绝不能与国民意志相抵触。"[①] 可见，司法机关所作的只是通过自己的实践传达主权者确定下来的共同意义以及对其进行具体化，因此只是完成意义的二级设定。边沁和霍布斯都表达了类似的观点，即权威来源于以下事实——"法律的来源只有一种，即主权者的意志，而该意志之判断显示于最适合在统治者和臣民之间传达关于共同善之确定判断的形式中——法典"[②]。在以主权者的身份进行了意义的整体设定并将特定功能分配给特定的个人和机构后，主权者就会回归到日常状态当中，将政治统一体的日常运作交给上述个人和机构以国家之名来操作。所以，人们固然会转向法官群体寻求对义务性规范之意义的确定，之所以如此，完全是因为基于主权者最初的设定的法律解释才是可能的，法官所作的不过是一种常态化的机制运转，通过法律解释使业已设定好的共同意义在个案当中获得具体化表达。

正是在上述的这种关系中，法律体系的内外意涵找到了一种统一的模式。立宪作为主权人民的历史实践，首先是把共同体成员对于行为当为性的

---

① 西耶斯. 论特权 第三等级是什么？. 冯棠，译. 北京：商务印书馆，1990：59.

② David Dyzenhaus, The Genealogy of Legal Positivism, in *Oxford Journal of Legal Studies*, Vol. 24，No. 1，2004，p. 42.

普遍要求转变为法律规范并为法律体系奠基的行为，其次是决定维持法律体系的生成意义结构运行的主体。这一过程所起到的作用，正是从共同体成员的日常生活中提炼出意义并进行制度化。在制度化后，法律体系的生成意义结构的主体被授予了判断法律命题真假的权力。获得该授予的主要条件就是该主体在能力上或品性上能符合共同体成员的要求。这种要求可以是功利性的，也可以是道德性的。质言之，这是一种来自外部的现实性或价值性要求。此时，无论是凯尔森版本的实证主义还是哈特的规范法学所坚持的分离命题都要接受重新审视。正如本节开头所说的那样，对于法律体系完善的内在和外在意涵来说，规范法学要处理的就是法律规范和法律体系自身的内部要求和来自法律体系内部以外的要求之间的联结问题。然而，规范法学坚持的分离命题使得这种联结被截断。这种截断既有其正确的地方，也有需要纠正的部分。诚然，法律规范的产生并不需要以法律体系外部的价值性要求或现实性要求为基础，而只由法律体系的生成意义结构所决定。但是，这并不意味着外部的价值性或现实性要求与法律规范和法律体系之间就没有联系。规范法学的问题就在于预想所有的联系都是发生在法律规范自身这个层面上的。实际上，在法律规范作为意义的整个生成过程中，必须要回答谁有资格掌握法律命题真假决定权的问题。而资格问题必然涉及道德和能力等一系列的价值和现实要求。换言之，来自法律体系外部的价值和现实要求通过共同体成员选择把法律命题真假决定权授予给谁的历史实践而与整个法秩序和法体系联结了在一起。同时，被授予这一决定权的主体必须在其日后的实践中不断回应上述的外部要求，否则它就会失去这一决定权。而这意味着其所在的整个法秩序和法体系的消亡。

总而言之，法律命题的意义不仅由规范之间的内部关系所决定，同时也有位于法律体系外部的源头。尤其是共同体成员的生活形式和历史实践从根本上决定了法秩序的样态以及法律体系之生成结构的主体。该主体不仅可以是议会和法院，还可以是执政党等其他类型的主体。这不仅关系到的是什么种类的规范是应当包含在法秩序当中并被视为具有法律效力，还关系到法律体系维持与社会生活之动态联系及从中获得源源不断的规范性力量的途径。因此，法律体系完善之内在意涵与外在意涵的统一，就在于法律体系之生成意义结构的主体以宪法为根据不断地生成新的规范并协调它们之间的关系，同时持续地满足或回应来自共同体成员的外部要求。

五、结语

法律体系的完善既要求法律体系作为一个现代规范体系满足应有的内在要求，同时也要具备不断地回应来自法律体系外部的共同体成员就行为当为性所提出的价值性和现实性要求。寻找这两者之统一模式的关键，在于理解法律规范作为一种存在形式的属性及其与共同体成员的生活形式和历史实践之间的关系。详言之，就是法律规范作为意义是如何从人们的生活形式和历史实践中生成并转化进入法律体系当中的。其中，法律命题真假决定权及其归属于谁的问题是联结法律体系内外的关键。因为，正是人们的生活形式和历史实践决定了法律命题的真假决定权被授予给特定的主体，由此使之成为法律体系的生成意义结构的主体。而获得该决定权的主体则必须持续地满足共同体成员的要求，以维持行使该权力的资格，否则其所在的法秩序和法体系最终将会消亡。

对于我国当前的法治建设而言，上述理论的启示在于以下三点。第一，社会主义法律体系不仅应包含一般意义上的法律规范，还应包含执政党作为人民的代表所制定的一系列规范性文件。这不仅是由我国人民的历史实践所决定的，更是社会主义法治作为一种法秩序的样态所包含的应有之义。第二，社会主义法律体系当中的部门法立法或其他类型的规范制定必须以我国的宪法为依据，即应通过宪法授权或诠释来建立与宪法之间的积极联系。否则，将会破坏法律命题之间的意义联系，造成人们对于法律行为的理解混乱，最终阻碍法秩序的建成与发展。第三，获得法律命题之真假决定权的主体，要了解到共同体成员的生活形式和历史实践之所以选择将该权力授予给它，关键在于它所具备的品性和能力能满足共同体成员的要求。因此，欲维系其所在的法体系与法秩序，该主体就必须持续地满足相关的要求，否则最终将会失去行使这一权力的资格。

第三节　法律体系"完善"的内外意涵：自然／价值法学的维度

中国社会主义法律体系初步建成，标志着我国法治建设的阶段性的成果。这一方面意味着在政治社会生活中最重要的方面，都已经有相关的法律规范的予以调整，实现了有法可依和法律完备。但另外一方面，我国社会主义法律体系的建成并不意味着我国的法律体系就不需要继续发展或完善，不需要再根据社会发展的最新情况作出相应的调整。因而，在我国法治建设的目前阶段，讨论中国社会主义法律体系应当如何完善就成了法律人需要关注的重点问题。本节把社会主义法律体系的完善这个命题分成内在维度和外在维度两个方面加以细致分析，澄清其内涵和外延，点明我国法治建设在未来一段时间内有必要关注的方向。

一、社会主义法律体系完善的内在维度

社会主义法律体系完善的内在维度是指法律体系自身作为一种规范性系统，应当保持逻辑上的融贯性，内容上的呼应性，法律精神上的整体性。

所谓逻辑上的融贯性，是指不同的法律条文之间应是不矛盾、不冲突的。这种看似非常基础和简单的要求，实际上在法律实践中可能并不容易做到。不同的法律制定时考虑的情况和需要解决的问题都是不同的，并且参与法律制定和起草的有关专业人士也不同，更重要的是，法律之间的冲突和矛盾很多时候只能在个别的案例中才能体现出来，如果这种案例没有出现，就很难在事先预料到两个法律条文可能存在着矛盾和冲突。因此，真想要保证法律体系中全部法律规范之间内容上的一致，就只有通过在法律实践中发现问题后再慢慢不断地纠正。

而具体纠正法律规范之间不一致的做法也有很多种。有的时候可能需要通过立法的方式来解决，有的时候可能仅需要司法机关作出相应的司法解释来解决，还有的时候通过法官对个案的裁判，并且使这种裁判成为一种既定的惯例就能解决。就第一种做法来说，当某些法律可能违反了我国宪法或社会主义法律体系的根本精神和原则，涉嫌侵犯了公民的基本权利时，就需要立法机关果断的根据法律程序对这一下位法予以废除。而在更多的情况中，法律规范之间的不一致都仅仅需要明确法律规范各自的适用条件就能予以解决。这是因为，在抽象层面上两个法律规范之间的不一致，可能在具体适用中却是和谐的。比如说，如果法律 X 规定，如果某一个案件满足 a，b，c 三种事实条件，则法官应当作出裁决 α，同时法律 Y 规定，如果某一个案件满

足 a，b，d 三种事实条件，那么法官应当作出判决 β。但是，如果某一案件的事实特征是 a，b，c，d，e，那么就似乎会导致在此案中援引法律 X 还是 Y 的不确定性，但是，如果司法机关能通过司法解释或者就是判决等方式使得法律的抽象规定能够具体化，进一步明确一个法律条文的适用条件，那么就可以解决两个法律之间不一致的问题。例如，经过这种形式的具体化后，如果法律 X 的适用条件可以被明确为是 a，b，c，d，e。那么当前案件的事实特征就满足了法律 X 的适用条件，因而法官应当援引法律 X 而不是 Y 作出判决 α。

还需要注意的是，法律规范之间的冲突和法律规范之间的矛盾是有差异的。前者指的是这种情况：根据某一法律，某人有法律义务做 x。但是根据另外某一法律，某人有法律义务不做 x。而法律规范之间的矛盾是指：根据某一法律，某人有法律义务去做 x。但是根据另外某一法律，某人没有法律义务去做 x。可以说，不同于法律规范之间的矛盾，法律规范之间的冲突在一国的法律体系中并不是原则上需要予以彻底否定的现象，根据德沃金的观点，在法律原则之间经常会有冲突的情况发生，比如说宪法中既规定了要尊重公民的自由，也规定了要保证社会平等，两个原则就是经常存在冲突的。但是法律原则的适用不同于法律规则，法律规则对法官们的要求是决定性的（all things considered），对于法律规则，法官们要么就适用，要么就不适用，如果不适用的话，这个法律规则就不应当存在。而法律原则对法官们的要求是初步的（prima facie），法官们需要通过自己的权衡来决定法律原则是否在某一具体案件中予以适用，因而即便在全方位综合考虑（all things considered）之后，法官没有适用法律原则，该法律原则也并非不应当存在。但是，经过不断地司法实践，法官们可以通过法律解释等方法明确在哪一类型案件中，哪种法律原则的要求具有优先的效力，从而更加明确法律原则的适用范围，缩小不同法律原则相互冲突的情况。可以说，保证我国社会主义法律体系在内容上的一致性，要求我国司法机关在其中发挥重要的作用。法律规范从抽象到具体的过程中，需要司法机关去不断地发现问题和解决问题。

所谓内容上的呼应性，则是相较于逻辑上的融贯性的一种更进一步的要求。也就是说，我们不仅应当保证法律规范在逻辑上不存在冲突和矛盾，还需要确保不同法律部门中的法律和不同位阶的法律能够互相配合和照应，从而把那些较为抽象的法律原则落实在具体的法律实践中。

在我国教科书中对于法律体系的定义是按照不同调整对象和调整方法所组成的各法律部门中的法律规范有机的统一和联系的整体。此定义中的"有机性"，实际上指的就是各种法律规范——上位法和下位法之间，以及不同法律部门之间——的相互呼应性。在一般意义上，我们说这种呼应性意味着上位法能够在下位法中得到具体的表现和例证，以及对某一法律规范的违反可能会导致违反其他的法律规范或者成为其他的法律规范开始发生作用的条件。这种对于法律规范之间呼应性的解释还只是一种纯粹形式化的解释，为了能让法律规范的呼应性体现出更深一层的道德意义，我们就需要把"权利"这一概念作为核心，使之成为保证法律规范之间的呼应性的基础。

权利的概念之所以能够保证一国法律体系中的法律相互呼应，是因为在现代国家中，作为一国法律体系效力的根本来源的宪法，通常就是一种规定人们根本权利的规范。现代国家的宪法为了证成自身的合法性，都会在其条款中确保人们的根本权利，将之作为这个国家的各种国家机关的活动和法律政策存在的根本目的和指导性原则。如果说宪法中所规定的人们享有的各种权利是一种庄重的承诺，那么从宪法中获得其自身效力的各种下位法，就是对于宪法承诺的具体化和实现。公民某一权利的实现，往往需要不同法律部门中的具有不同调整对象和不同调整方法的法律来共同保证。比如说公民的财产权，就需要刑法中一些条文来确保公民的财产不受他人侵犯，如对于盗窃罪和破坏他人财产罪的规定。同时，还需要通过民法中的一些条款，保证公民能够自由处分其财产，并且让公民能够免于欺诈和违反公平精神的交易之害。此外，可能还需要行政法中的一些条款，来规范国家机关及其工作人员如何在公务行动中尊重人民的财产权，比如在行政征用制度中，如何确保在实现公共利益的基础上尊重私人的财产权。此外，如果想要让公民的财产权不仅仅是一种形式上的权利，那么就需要在社会法中规定相应的法律条款，确保生活困难的公民享有来自国家和社会救济的权利，从而维持其基本甚至体面的生活。可见，对于公民某一权利的保障，需要通过不同国家机关运用不同的方法和手段，根据不同的法律规范的要求，相互协作来完成。因而，我们以公民的各种宪法中规定的权利为基础，就能够确保一系列下位法之间以及下位法和宪法之间形成有机统一的整体。使这些法律规范有机统一相互呼应起来的，就是公民的权利。

在内容上的呼应性更进一步的要求就是法律规范的整体能够反映出统一的道德原则或精神。对法律精神上的整体性这一价值论述最好的当属德沃金。德沃金基于其把法律实践当成一种证成法律强制性的诠释学立场，指出在任何案件中，法官都需要发展出一种实质性的道德理论，为过往的法律判决和制度运行的历史提供最好的证成和辩护，使得法律实践的整体融贯地反映出一种最佳的政治道德理想。可以说，只有当法律体系能够反映出根本的道德精神和价值时，才能确保法律体系本身能够在不断变动的社会条件中保持稳定性的同时又实现自身的发展，才能确保在复杂疑难案件中法官不至于束手无策而任意地进行裁决。这是因为，虽然法律条文具体的要求可能是在新的社会情况出现时耗尽，但是法律条文和法律规范反映出的道德精神和价值则不会仅仅由于新情况的出现而耗尽，因为道德价值是一种客观的存在，并不依赖于历史条件的变化而变化，变化的只是在不同的社会条件下实现某一道德价值的方式，但是道德价值本身是不变的。比如说在社会主义初级阶段，实现人类发展和繁盛的最好办法可能就是私有财产制度，但是在社会经济高度发达的共产主义社会，实现人类发展和繁盛的最好办法可能就是一种公有制制度。但是不管在哪个社会条件下，确保人类尊严和自由发展的客观的道德价值都是不变的。

同时，随着社会的进步和发展，人们可能会对一种道德概念和价值的外延的理解发生改变，但是该道德概念和价值的内涵依然是一样的。比如说在美国著名的布朗诉教育委员会一案中，沃伦法院就开始对于"平等"这一价值的理解发生了改变，虽然美国的立宪者们可能并不认为种族隔离是违反"平等"价值的，因而在他们看来"隔离却平等"并不是自我矛盾的说法。但是在沃伦法院看来，"平等"这一概念的外延并不能涵盖种族隔离制度，种族隔离就是一种彻底违反平等价值的做法。因而，沃伦法院就依照立宪者所制定宪法的根本精神，作出了种族隔离制度违宪的判决。可以说，沃伦法院比立宪者们更好地把握住了"平等"这一价值的要求和表现，从而在完善了"平等"价值的外延的同时也并没有改变"平等"的内涵。这就是一种典型的在没有直接违反宪法根本精神的前提下，却实现了一种宪法意义上的政治法律改革的例子。如果平等价值没有成为整个美国法律体系的一种根本性的道德精神和价值，这一点就是很难做到的。

法律精神上的整体性的优势不仅体现在司法裁判方面，在立法方面，如果我们能够清楚地意识到立法的根本精神和所确认的政治道德，那么我们在立法规划和立法选择上也会体现出清晰的科学性和一贯性。正是由于道德规范相对于法律规范的客观性和独立性，所以当依据道德规范来对法律作出改变的时候，才不会危害到人们基于对法律的预期从而享有的一种对自己人生规划的确定性和计划性，因为人们同样也可以基于道德规范而对他人和自己的行动具有预期，对法律规范和道德规范的抵触也是会伤害到人们规划自己生活的能力的。

二、社会主义法律体系完善的外在维度

社会主义法律体系完善的外在维度主要是指对于社会现实问题回应和解决的能力需要与时俱进，不断发展。要想做到这个目标，就需要在以下几个方面作出努力，这包括在一些重要领域和问题上加强立法，配套法规的完善，对于通过司法权的运用来发展法律的重视，以及在法律制定过程中要给予人民足够的参与和发表意见的机会，使服务于人民的法律也能来源于人民。

在重要领域和问题上加强立法主要还是一种补漏的工作。社会主义法律体系形成只是表明国家和社会生活各方面总体上已经有法可依，法律基本上完备，但绝不意味着所有那些需要国家通过立法才能解决的问题都已经有了相应的法律法规来调整。这也就是说，在我国当前阶段，依然有在很重要的问题和领域上存在法律空白的情况。张德江委员长在第十二届全国人民代表大会第三次会议上也指出了要加强重点领域立法，在这次讲话发表后一年多时间内，我国已经先后公布了《广告法》《反家庭暴力法》《反恐怖主义法》以及《慈善法》等。但是在一些重要领域上我国还没有明确的立法计划，比如说在宗教和文化问题上，都存在着立法数量少并且立法层次较低的问题，不能对这些问题给予综合全面的法律指导。此外，加强重点领域立法还应该有另外一层反方向的意思，也就是对于那些根据过去的社会条件而制定的但是现在已经不合时宜的一些法律应当予以废止或者取代。尤其要注意的是国家通过法律的调控应当为市民社会的自治留足一定的空间，国家不必在所有

事情上都立法，管控所有社会生活领域。国家的法律应当承担的是一种辅助的职能，只要人民能够通过自由、自治的方法来解决的问题，就不需要国家权力的介入。

保证依法治国方针的贯彻，就需要充分完善有关法律的配套法规的制定。因为在制定法律时不可能预料到法律实施过程中面临的所有问题，因而想要保证法律的顺利实施，就需要在总结法律实践的经验基础上，加强有关法律的配套法规的制定。立法机关的任务并不包括直接面对以及解决人民的社会生活中的各种具体的矛盾，立法者也并不像下级机关的工作人员那样更能切身的发现法律实施中的问题。因而各级行政机关和地方机关，就需要制定相应的行政法规和地方性法规，把抽象的法律具体化，加强法律的可操作性和实用性。可以说，立法权的分配的标准是根据不同的国家机关在发挥各自在职能上的比较优势，立法机关无须取代行政机关以及地方性国家机关来制定和完善配套法规。此外，解决有法不依问题的最佳途径之一也是通过配套法规的制定来落实责任制的原则，保证那些没有履行自身义务的有关单位或个人会遭到来自相关规定的处罚。保证国家机关能依法办事最根本的办法还是给予人民群众切实的监督权和批评权，因而，那些保证公民政治权利实现的配套法规的制定，就具有更为重要的地位。因为公民的监督权和批评权如果能够得到真正的落实，就能对于国家机关的一切行为予以有效的约束，促使国家机关严格依法办事，促使国家机关在法律实施过程中遇到困难后能够立刻有效地通过制定配套法规和细则来解决问题。缺乏配套法规而导致法律无法落实很多时候都是由有关部门的懈怠所造成的，而来自公民的监督和批评则可以有力地使有关部门和人员真正负责起来，履行自己的法律义务。目前在我国，问题不仅仅是公民权利缺乏必要的配套的法律制度的保障，一些地方政府和国家机关出台的政策和做法也是有碍于宪法中规定公民享有的基本权利的实现的。就像我国公民的受教育权，在现实中就会遇到进城的外来务工人员的子女上学难的问题，在北京，市政府制定了非常严格的非京籍学生的入学条件，非京籍学生的家长需要提供很多的证明和证件，而事实上提供完整的这些证明是很困难的，这就造成了很多非京籍父母的子女很难就近上学。如果我们真想要维护宪法的尊严，认真对待公民的权利，就需要各个地方政府出台解决外来务工人员子女在本市上学的问题的方案。

要想我国法律体系能够不断与时俱进，适应社会要求，就需要加强司法机关在完善、发展法律规范中的作用。和行政机关地方性国家机关一样，司法机关也是直接面对着人民社会生活中所遇到的各种矛盾和冲突，也站在法律实施的前线。因而在法律实施的具体细节上，司法机关较立法机关有着更多的经验和信息，知道在代表着某种新的社会问题的案件出现的时候，如何作出法律判决才会是最有效的解决该问题的方法。法官本着立法目的和法律精神进行创造性释法来判决疑难案件就是一种法律的续造活动。我国虽然是大陆法系国家，但这并不意味着法院的判决就不能成为我国社会主义法律体系的一部分。因为判例的约束力其实是在法官们的司法实践中自然形成的，法官们在审理案件时自然会参照那些优质的有着很强的说服力的判决，随着参照这一判决的法官越来越多，这个判决就很有可能会成为有普遍约束力的判例。此外要认识到的是，加强法官在完善、发展法律中的作用并不意味着就是对于民主原则和法治原则的侵犯。民主原则和法治原则都常常用来作为限制法官能动性的理由。根据民主原则，法律应当由体现人民意志的立法机关来制定，因而法官的任务就仅仅是通过严格适用法律保证其在具体案件中落实，而不能在审判中改变体现了人民意志的法律。而根据法治原则，为了让人们能够自由合理地规划自己的生活，法律就必须有可预期性，这就需要已经颁布了的法律能够被严格执行，而不是被法官改变从而使得人民对法律的合理预期落空。但事实上，人民通常并不认为法律应当在任何情况下都机械地被法官适用和执行，也就是说，对于法官行动的期待上，人民并不希望法官持有一种法条主义的立场，而是期待着法官能在具体的案件中有一定的自由裁量权，在必要的时候能够违反法律条文的字面含义而作出更加符合立法目的和道德规范的判决。所以如果想要在司法判决中真正的落实民主原则和法治原则，反而需要给予法官一定的自由裁量权，发挥法官的能动性，确保在个案中实现法律的实质的道德精神和价值。

我国社会主义法律体系的完善离不开人民的参与，社会主义法律体系的最终价值归根结底是为了实现人的全面发展，帮助人们过上一种繁盛的人生。而人类全面发展、个体繁盛的前提条件就是人们能够具有足够的自主性，人们能够自由地运用自己的天赋发挥自身的潜力，并且自我决定人生方向。因而，法律作为对人们社会生活有着重要影响的一种社会调控方式，就有必要让人们参与进法律制定过程中来，让人民发表意见和提出建议，让人民自己能够在一定程度上控制对自身生活有重大影响力的法律的内容。人民参与法律制定过程能起到的积极作用有两个。第一个积极作用是出于效益主义的考虑，个体永远都是关于自身利益是什么的最好的判断者，因为对于任何人来说，自己永远是最了解自己的人，一般来说自己最清楚自己的目的是什么，以及实现这一目的的最佳手段是什么。如果我国法律的目的最终是为了人民，满足人民的需要，那么就理当给予人民更多的参与法律制定过程中的机会。毕竟，所谓的我国法律体系对于各种社会现实问题的应对都是最终表现在对在不同条件和情况下的人民的需求的应对。第二个积极作用是，人民通过民主的程序参与国家政治社会生活本身就是有价值的活动，而不论是否真正地通过自主选择获取了最大的效果。一个人如果在自己的人生中一直听任别人的安排，从来没有机会展现自身的判断能力、通过自己的权衡作出过重要的人生选择，那么即便是在别人的安排下过上了一种物质条件丰裕的生活，这种没有自主性的人生也是可悲的。所以说，承认自主本身的内在价值，承认一个人拥有自主权，就必然等于承认人有犯错误的权利。这就要求我们在认识民主原则在社会主义法律体系完善中的重要作用时，要把民主以及人民参与法律制定过程本身当成具有价值的东西。而不应当每次在政府认为人民真的利益和人民实际作出的选择相冲突时，就依据一种父权主义的原则来优先选择前者。只有当对于人民的自由和尊严予以真正的认可，才有可能最终建立起国家机关的公信力。

三、结语

社会主义法律体系完善的内在维度和外在维度，实际上就分别体现了对于法律的稳定性和灵活性的两种略带张力的性质的要求。法律在制定时，既要面向将来，对各种可能的情况进行规范，同时也要对也许会出现的意料不到的情况在立法时予以保留，随时根据新的情况作出调整，这就体现了法律功能的一种"计划"的性质。当代的法哲学家如夏皮罗[1]和拉兹[2]都强调法律所具有的这种"计划"性质，也就是说通过制定法律来对将来可能会出现

---

① Scott Shapiro，*Legality*，The Belknap Press of Harvard University Press，2011.

② Joseph Raz，*Ethics in the Public Domain*，Clarendon Press Oxford，1996，pp. 203-208.

的事情进行规范，就像人们对于未来作出的一种普遍性的计划。人类是理性的存在者，会面向未来思考自己应当如何生活或者参与什么样的活动，为了实现某个人生目标或价值，人们就会对自己未来的行动作出安排，规划自己行动的步骤，使得这种人生目标或人生价值能得以顺利的实现。但是，这种计划的制订和执行，必将会在两种相反要求的张力中完成。一是为了能够有效的实现目的而对自己的行动计划制订的详细性和具体性的要求。二是对于未来可能发生的情况的不可测性，而将计划制订得具有一定灵活性、开放性的要求。计划制订得越具体、越详细，那么在执行计划时就越不需要再多余的思考自己应当如何行动，只需照着原定计划严格执行就可以了。而制订计划时保留一定的灵活性，是为了将来在不可预测的情况出现并且严格执行计划可能会出现不利的后果时，针对新的情况重新开始思考自己应该如何行动。拉兹由此把人的计划性的实践分为两个环节，第一个是慎思的环节，即权衡各种理由来决定自己应当如何行动。第二个是执行的环节，即一旦作出决定，就要停止权衡，而把计划好的行动贯彻施行。① 但是，在执行阶段中停止慎思并不是绝对的，如果出现了计划外的情况，重新开始慎思就是必要的。事实上，在人类真正的实践中，这种两阶段只是一种理想上的概念区分，人们在实践中慎思和执行这两个环节经常都是交替、交叉在一起的，人们总是在慎思之后的执行中，发现了问题于是再展开慎思，对原有的计划作出一定调整后再继续地执行，但是在新的执行过程中又会遇到新的问题，因此这一过程是循环往复的。一个国家法治的发展也是同样的过程，拉兹将人类实践中的慎思和执行两个阶段分别对应法律创制和法律适用的阶段，法律创制阶段应该综合考虑各种理由，尽可能地制定出可以调节社会生活各个方面的良好的法律，而在法律适用中，法官就不应再继续无限制地进行综合的考量，而需把已经制定出的法律当作自己审理案件权威性理由来指导自己判案。但是当法官面临的案件是立法者当初所没有预料到的、因而处于法律规范的范围之外时，就需要法官重新开启权衡的环节、自己来担任一种准立法者的角色来创造法律规范进行处理。社会主义法律体系的完善意味着我国立法的基本任务和计划已经大体完成，现在需要做的工作就是在把我国已经制

---

① Joseph Raz, *Ethics in the Public Domain*，Clarendon Press Oxford，1996，p. 206.

定的法律落实到现实的政治社会生活中，然后再在法律适用和法律执行的过程中发现新的问题，最后再根据新的问题发展和完善我国相关的法律。

　　社会主义法律体系的完善，还要求我们明确我国法律的根本目的和价值，权利本位和义务本位之争一直是我国法治建设的一大理论问题，但是"以人为本"的理念实际上可以视作是对于权利本位和义务本位的一个超越，因为不论是对于权利的保障，还是对于义务的施加，最终目的都是实现人类繁荣，人类的全面发展。因而，不论是社会主义法律体系完善的内在维度对于确立我国法律整体性的道德精神的要求，还是外在维度对于满足人民随着社会发展不断提出的新的需求的要求，都应该本着以人为本的理念，把这个理念当作是指导社会主义法律体系完善的根本标准。

第四章

适于法治的法律体系模式

至少从近代以来，体系化在法学研究中一直占据着重要的位置。而在国家法治化的背景下，法律体系的建构无疑也具有首要的意义。但长期以来，我们对于法律体系与法治之间关系的理解十分简单，即建构法律体系是法治的基础性一环，也仅此而已。论者至多强调，在法治国家中，法律体系从内容看应为"良法"，而良法之外尚需"善治"，所以前者构成了法治之必要却非充分的前提。但事实上，法律体系与法治的关系要复杂得多，这一点尤其体现在法律体系的不同模式认知所带来的结果上。本章试图在对既有学说进行阐释和比较的基础上，证立一种更符合最优化法治模型的体系模式。

第一节　视角与进路

一、视角：法学而非立法

卡纳里斯（Canaris）曾区分出体系的两种类型或者说层面：一种是认知的体系，也被称为"科学的"体系；另一种是认知之对象的体系，也被称为"客观的"或"现实的"体系。[①] 从视角区分的角度而言，所谓客观的体系即是从实在法本身出发对法律体系的界定，于此，法律体系被认为是由立法者创设的一套客观存在、具有一致性和统一性的法律现象之整体。这恐怕

---

① Vgl. Claus-Wilhelm Canaris, *Systemdenken und Systembegriff in der Jurisprudenz*, 2. Aufl., Berlin: Duncker & Humblot, 1982, S. 13.

也是大多数人所理解的"法律体系"。但是对法律体系还可以从另一个视角即法学（法律科学）的视角来界定，于此，法律体系被认为是对法律现象进行学术的建构性诠释或者说描述的产物。我们可以相应称之为"立法视角的法律体系"与"法学视角的法律体系"。进而，以是否同时认可这两种视角为标准，可以区分出激进的认知体系观与温和的认知体系观。激进的认知体系观只承认法律体系是科学认知的产物，而不承认存在什么固有意义上的法律体系。如新康德主义法学家就认为，法律现象只是一堆有待处理的经验材料，只有借助于特定的认识论工具才能使得这对经验材料具有"法律"的意义。法律现象的复杂性又决定了它们必须以一定的方式相联系，这就形成了体系。① 所以，法律体系其实是一种认识论的概念，是用以帮助法律人来认识原本无序的法律现象的。与此不同，温和的认知体系观认为，这两种视角之间存在着紧密的关联，认识的体系必须尽可能地忠实于对象的体系。只有当法学的体系构造能一般性地展示出其客体即对象体系（法）时，它才是有意义的。②

无论作为认知的对象对于认知本身有无制约作用，将法律体系的模式视为主要是法学建构的产物，这是大体能够成立。因为可以肯定的是，正是借助于法学的理论认知，才在很大程度上使得复杂法律经验现象以一定的方式被组织为有序而统一的整体。也正因为如此，对于法律体系的研究并不限于具体的实在法（如"中国的"法律体系），而具有了在法理论层面上进行抽象化的可能（法律体系的模式）。因而本节的研究主要从法学的视角出发。

二、进路：规范论模式

在最一般的意义上，法律体系不外乎是由法律要素以一定的结构联结而成的整体。因而对于法律体系模式的讨论将集中于两个方面：一是法律体系的基本构成单位，即要素问题；二是这些要素以何种方式相互联结为一个整体，即结构问题。当然，两个问题很大程度上是彼此关联的，要素的划分构成了讨论其联结方式（结构）的前提，而特定的体系结构又往往决定了这一结构

---

① 在康德看来，体系就是"同一种理念之下多样化认知的统一性"（Immanuel Kant, *Kritik der reinen Vernunft*, 2. Aufl., Riga：Hartknoch Verlg, 1787, S. 860.）。

② 除了卡纳里斯外，Rudolf Eisler, *Wörterbuch der philosophischen Begriffe*（Band. Ⅲ），4. Aufl., Stichwort "System", Berlin：Mittler Verlag, 1930, S. 228.

下的要素如何划分。不同要素与结构的组合构成了法律体系的不同模式。

尽管不同学者对于法律体系的具体认识大相径庭，但我们还是可以将从近代以来的观点大体上归纳为三种模式，即公理模式、价值论模式和规范论模式。① 公理模式以特定的公理为法律体系的要素，而以演绎为其基本结构。从近代自然法学到概念法学和制定法实证主义基本上都可被归为公理模式的代表。自然法学关于法律体系之设想的基本要点有两个：其一，体系的出发点在于某些不证自明的自然法原则（公理）；其二，体系是这些自然法原则演绎发展的结果。概念法学与制定法实证主义都保留了演绎结构，而只是拒绝了作为出发点的自然法原则并代之以特定的概念（如普赫塔［Puchta］的"权利"）或立法者制定的产物（制定法）来充当公理而已。② 价值论模式则以"价值"或"目的"作为体系的基本构成要素，并要求法秩序在评价上的一致性和内在的统一性。这种体系观以黑克（Heck）所作的外部体系与内部体系的划分为基础，将体系的重心转向了内部体系。③ 同时该体系在结构上也竭力将评价导向的过程与形式演绎区分开来。利益法学与评价法学可被归为此类型。

在当今学界占主流的讨论则是围绕规范论模式来展开的。这一模式以法律规范为法律体系的基本要素，并基于规范的类型和特性来构筑体系的结构。在这一模式内部，影响最为深远是维也纳学派（纯粹法学）的阶层构造论（Stufenbautheorie）。但一些学者敏锐地看到，这一学说并没有给予法律原则以足够的重视。规则与原则的二元论最终在晚近的基尔学派（原则理论学派）那里得到了集大成的阐释。但遗憾的是，规则—原则模式只是修正了前一种体系的要素，却没有清晰地提出相应的结构模式。后文的线索在于：在阐述和澄清法律体系之阶层构造模式与规则—原则模式的基本内容的基础上，从法治模型的角度来比较这两种模式的优劣，最后在阶层构造论的基础上为规则—原则模式提供一种相对完整的结构理论。

---

① 冯威. 法律体系如何可能？——从公理学、价值秩序到原则模式. 苏州大学学报（法学版），2014（1）：34.

② Carlos E. Alchourrón and Eugenio Bulygin, *Normative Systems*, Wien/New York：Springer Verlag，1971，p. 51.

③ Vgl. Philipp Heck, *Begriffsbildung und Interessenjurisprudenz*, Tübingen：Verlag Mohr，1932，S. 139ff.

第二节　法律体系的阶层构造模式

法律体系（Rechtssystem）或法律秩序（Rechtsordnung）① 的阶层构造论虽然因为维也纳学派的领袖汉斯·凯尔森（Hans Kelsen）而声名大噪，但其实际的创始人是阿道夫·默克尔（Adolf Merkl）。有学者甚至认为，阶层构造理论构成了纯粹法学最根本的组成部分，是维也纳学派最重要的理论贡献。②

一、法律体系的要素：法律规则

在阶层构造论看来，法律规则（Rechtsregeln）③ 构成了阶层构造的出发点。法律体系由其所包含的法律规则之集合构成，单个法律规则应被视为法律整体的最小组成单位。④ 凯尔森同样认为，法律体系是调整人类行为之一般规则与个别规则的全体。⑤ 简言之，法律体系就是法律规则的体系。⑥

---

① 这两个概念在凯尔森和默克尔的文献中都被不加区分地使用，但他们更多使用"法律秩序"这一称呼。在后文中，出于表述的方便，我们用"法律体系"来称呼两者使用"法律秩序"之处而不改变其意义。

② Vgl. Bettina Stoitzner, Die Lehre vom Stufenbau der Rechtsordnung, in: Stanley L. Paulson und Robert Walte (Hrsg.), *Untersuchungen zur Reinen Rechtslehre*, Wien: Manzsche Verlags-und Universitätsbuchhandlung, 1986, S. 51.

③ 应予说明的是，凯尔森原本使用的词是"法律规范"（Rechtsnorm），而默克尔更多使用"法条"（Rechtssatz）。但无论是法律规范还是法条（默克尔不加区分地同时使用这两个称呼），都相当于后文中规则—原则模式中的法律规则。所以，为了使得两种模式的对比更加明显，而不会困惑于语词的使用，在本节在纯粹法学的脉络中统一使用"法律规则"。

④ Vgl. Adolf Merkl, *Die Lehre von der Rechtskraft*, Leipzig/Wien: Franz Deuticke, 1923, S. 202.

⑤ Vgl. Hans Kelsen, Der Begriff der Rechtsordnung, 3 *Logique Et Analyse* (1958), S. 150.

⑥ 严格说来，这一界定并不准确。在法律体系中，除了居于各个阶层的法律规则外，尚包括居于底层的实施行为（Vollzugsakt），它只是对上一阶层之法律规则的纯粹适用，而不再能导出个别的法律规则了。由于将"强制"视为法的必要要素，所以默克尔认为符合这一要素的实施行为同样是法律体系的组成部分（Vgl. Adolf Merkl, Prolegomena einer Theorie des rechtlichen Stufenbaues, in: Alfred Verdross (hrsg.), *Gesellschaft, Staat und Recht-Untersuchungen zur Reinen Rechtslehre*, Wien: Springer, 1931, S. 261-262.）但是问题在于，具有体系关联性的事物并非必须要归属于同一个概念。即使承认强制性属于法（法律体系）的必要特征，也不等于说所有具有强制性且相互关联的事物都属于法律体系。从逻辑的角度看，从强制性推导出法律体系之外延的做法是错将必要条件当成了充分条件。将实施行为排除于法律体系之外能在概念的层面上更加严格地贯彻作为纯粹法学之哲学基础的"应当"与"是"的区分。同时，为了在后文中能与法律体系的规则—原则模式在同一层面上相比较，这种排除也是合乎目的的。

尽管如此，这个概念并不像打眼看上去那么简单。为此，有必要来澄清一些必要的概念区分。

（一）一般规则与个别规则

在纯粹法学看来，法律规则不仅包括一般规则，而且包括个别规则。例如像司法裁判、（民法上的）法律行为、行政活动等，都可能因将一般规则适用于个别对象而创设个别规则。这些个别规则与一般规则在规则的属性上并无区别，两者同属于规则性链条即法律体系中的环节。这种观点与传统的主流学说有很大的不同。如果说依据传统学说，法律体系仅仅由或多或少同质性的、为国家机构所颁布或采纳的一般性制定法条款组成的话，那么阶层构造论则将法律体系展示为一种以功能性区分为基础的、各种类型之法律规则和法律行为协力作用的恒常运动。① 这种理解不仅使得法律体系的内容得到了大大的扩充，而且具有法政治学上的意义。按照以前对于议会法治国家权力的理解，立法与司法、行政之间的功能划分主要是领域性的，立法司职法的创设，而司法和行政则负责法的执行和适用。但阶层构造论使得这种区分得以相对化，因为无论是立法还是司法、行政，都在创设（和适用）规则，毋宁说它们之间形成的是一种"国家功能的阶层构造"②。

（二）动态规则与静态规则

纯粹法学在使用"法律规则"一词时并不连贯，有时在动态意义上使用，有时是静态意义上的。③ 纯粹法学将法律规则理解为一种规定强制的规则④，这里涉及的一个重要问题在于，强制应当在何种条件下被施加。如果将强制的所有条件都包含进来，就可以获得一种动态意义的法律规则，因为这些条件已将法律具体化的所有阶段都包括了进来。例如，刑法典中针对特定犯罪行为施加特定刑罚的规定并不构成这一意义上的规则。必须要考虑到，刑罚这种强制措施的实施条件不仅包括犯罪行为，也包括起诉和审判；

---

① Vgl. Peter Koller, Zur Theorie der rechtlichen Stufenbaues, in: Stanley L. Paulson und Michael Stolleis (Hrsg.), *Hans Kelsen-Staatsrechtslehrer und Rechtstheoretiker des 20. Jahrhunderts*, Tübingen: Mohr Siebeck, 2005, S. 106.

② Vgl. Theo Öhlinger, *Der Stufenbau der Rechtsordnung*, Wien: Manzsche Verlags-und Universitätsbuchhandlung, 1975, S. 28, 30.

③ Vgl. Robert Walte, *Der Aufbau der Rechtsordnung*, Graz: Leykam Verlag, 1964, S. 17-19.

④ Vgl. Hans Kelsen, *Reine Rechtslehre*, 2. Aufl., Wien: Franz Deuticke, 1960, S. 34f., 55ff., 114.

而起诉和审判的前提在于指派起诉人和法官，并且要遵守为此引入的程序。因而在刑事实体法条款之外，还要加上刑事程序法和组织法条款。因此，一个动态意义的刑法规则（暂时）看起来是这样的：某人盗窃财物，如果依据特定条款指派的特定国家机关以特定的方式提起诉讼，依照特定条款指派的国家机关在特定程序中宣判了某个有期徒刑，那么这个窃贼就应以特定的方式方法被剥夺规定期限的自由。[①] 但这还不完整，宪法也必须被作为所有法律规则的组成部分包含进来，因为它是所有依照其创设之条款、也包括强制行为的前提。[②] 可见，动态意义的法律规则最终要将强制行为的所有可能条件都包含进来作为构成要件。相反，静态意义的法律规则是"在法律程序的连续进展过程中暂时的停留，它凸显出某一部分行为，并将之前所有的程序要件转换为与这一部分行为相同的阶层的必要条件"[③]。如果说动态规则反映了法的整个创设过程的话，那么静态规则则将创设其他规则的规则与被创设的规则区分开来，对后者作孤立的观察。从这个角度看，静态规则其实是动态规则的一部分，前者相对于后者来说是"不完整的法律规则"[④]。

事实上，动态规则意图将法的创设过程表现在一条规则之中，并将整个法律体系化约为数量有限的法律规则。这些规则相同且彼此孤立，能单独发挥调整行为的功能。相反，静态规则使得每个规则都保持一定的"不完整性"，它并不将规则间的关系表现在一个更完整的法律规则中，而是将其作为外部关系留存。这使得不同规则既各有特征又分工合作，且让它们之间的创设关系一目了然。前者将规则视为定型了的产品，反映了一种事后的法律观；而后者立足于规则的过程，反映了一种事前的法律观。[⑤] 所以，动态规

---

① Vgl. Hans Kelsen, *Reine Rechtslehre*, 2. Aufl., Wien: Franz Deuticke, 1960, S. 34f., 55ff., 237.

② Ibid., 55.

③ Vgl. Adolf Merkl, Prolegomena einer Theorie des rechtlichen Stufenbaues, in: Alfred Verdross (hrsg.), *Gesellschaft, Staat und Recht-Untersuchungen zur Reinen Rechtslehre*, Wien: Springer, 1931, S. 274.

④ 但这个概念还被纯粹法学单独用来指比静态法律规则更小的单位，例如只规定了构成要件之一部分或强制行为（法律后果）的法律材料，其实相当于法律规则的构成部分（Rechtsnormteil）。为了避免使人产生凡规则必内在一致的印象，瓦尔特使用了"法律条款"（Rechtsvorschriften）的称呼（Vgl. Robert Walte, *Der Aufbau der Rechtsordnung*, Graz: Leykam Verlag, 1964, S. 46），但并无太大必要，故对此不再展开。

⑤ Stanley L. Paulson, How Merkls Stufenbaulehre Informs Kelsen's Concept of Law, 21 *Revus* (2013), p. 30.

则反而更加静态，静态规则反而更加动态。对于区分要素与结构的法律体系理论而言，将这种动态的过程归入体系的结构而非要素无疑更加合适。因为如果将它归入法律规则即法律体系的要素之中，那么法律体系的结构问题就将几乎消失，而阶层构造论也将在很大程度上失去意义。因此，静态的规则更加适合法律体系。凡后文指称"法律规则"之处，皆在此意义上使用。

（三）规则的内容与形式

规则的内容与形式的区分是阶层构造论的另一个重要前提。在默克尔看来，法不仅是纯粹的内容，而且也是形式上有所区分的法律规则的集合。[①]法的内容不可穷尽，而法的形式在数量上要少得多。[②] 从法概念的角度而言，规则的形式与其内容没有任何关系，具体规则的形式可用于任何内容。[③] 要注意的是，这里关于规则之内容与形式的区分并非后来通说所指的法律规则本身（规范命题）与法条（规范语句）的区分。[④] 事实上，纯粹法学所谓规则的形式，指的是法的来源，即法源（Rechtsquellen）。[⑤] 如来自立法者的法律规则具有制定法的形式，来自行政机关的法律规则具有法规的形式，等等。而一个国家法源范围的大小受该国之历史传统的影响。正因为如此，默克尔认为法律规则的形式区分不是一种法律上本质性的而属于历史偶然性的现象，是各国的实在法律体系决定了各自拥有何种类型和数量的不同规则形式。阶层构造论的任务在于具体区分法律规则间的逻辑关系[⑥]，鉴于法的内容不可穷尽，而法的形式数量有限，阶层构造论只意在于获得对不同

---

① Vgl. Adolf Merkl, *Die Lehre von der Rechtskraft*, Leipzig/Wien: Franz Deuticke, 1923, S. 207.

② Vgl. Adolf Merkl, Prolegomena einer Theorie des rechtlichen Stufenbaues, in: Alfred Verdross (hrsg.), *Gesellschaft, Staat und Recht-Untersuchungen zur Reinen Rechtslehre*, Wien: Springer, 1931, S. 252.

③ Ibid., 254.

④ Georg Henrik von Wright, *Norm And Action: A Logical Enquiry*, London: Routledge & Kegan Paul, 1963, p. 93.

⑤ 也有学者反对将阶层构造论与法源理论混为一谈，认为前者是一种哲学上的选择原则，后者则是法律人的论据［Stanley L. Paulson, Book Review: Untersuchungen zur Adolf Merkls und Hans Kelsens. By Jürgen Behrend, 27 *The American Journal of Jurisprudence* (1982), p. 163.］。

⑥ Vgl. Adolf Merkl, *Die Lehre von der Rechtskraft*, Leipzig/Wien: Franz Deuticke, 1923, S. 214.

规则形式之法律结构的认识，它的问题意识来自法律现实中存在的形式多元主义。① 因此，纯粹法学完全是从形式的角度来观察法的，当它描绘法律规则的阶层构造时，指的是具有不同来源形式之法律规则间的阶层构造。② 因而在本部分中使用"法律规则"一词时，均是在形式意义上使用的。

故而法律体系可以被描述为具有不同形式之法律规则间的阶层构造，这些规则要在静态意义上被理解，既包括一般规则，也包括个别规则。但这种说法只是明确了法律体系的要素，却没有呈现出它的具体结构。换言之，什么是阶层构造？

二、法律体系的理想结构

(一) 理想结构与现实结构

阶层构造可以指向不同的对象。我们可以追问，所有法律体系是否以及多大程度上必然显现出不同规则的阶层；也可以追问，特定类型之法律体系是否以及多大程度上包含着必要的规则阶层；还可以追问，某个具体法律体系之阶层构造是什么。③ 第一个问题可称为法律体系的理想结构，第二和第三个问题可称为法律体系的现实结构。具体法律体系（如奥地利的法律体系）的阶层构造并非一般法理论研究的范围，所以阶层构造论的注意力主要放在前两个问题上。其中默克尔将特定类型之法律体系定位为现代社会中很具典型意义的"议会法治国"的法律体系，后文称这一类型为法律体系的现实结构，以与研究的第一个问题的法律体系的理想结构相对。合先叙明，这两种结构并非截然对立，它们在概念上处于两个同心圆的关系之中。④ 现实

---

① Vgl. Adolf Merkl, Prolegomena einer Theorie des rechtlichen Stufenbaues, in: Alfred Verdross (hrsg.), *Gesellschaft, Staat und Recht-Untersuchungen zur Reinen Rechtslehre*, Wien: Springer, 1931, S. 255; Vgl. Robert Walte, *Der Aufbau der Rechtsordnung*, Graz: Leykam Verlag, 1964, S. 53; Vgl. Theo Öhlinger, *Der Stufenbau der Rechtsordnung*, Wien: Manzsche Verlags- und Universitätsbuchhandlung, 1975, S. 11.

② 凯尔森甚至认为，在实在法的意义上法源的概念是多余的，因为它就是法（Vgl. Hans Kelsen, *Reine Rechtslehre*, 2. Aufl., Wien: Franz Deuticke, 1960, S. 34f., 55ff., 239）。

③ Vgl. Martin Borowski, Die Lehre vom Stufenbau des Rechts nach Adolf Julius Merkl, in: Stanley L. Paulson und Michael Stolleis (Hrsg.), *Hans Kelsen- Staatsrechtslehrer und Rechtstheoretiker des 20. Jahrhunderts*, Tübingen: Mohr Siebeck, 2005, S. 123.

④ Jürgen Behrend, *Untersuchungen zur Stufenbaulehre Adolf Merkls und Hans Kelsens*, Berlin: Duncker & Humblot, 1977, S. 19-20.

结构只是在更加复杂一些的理想结构中。

（二）法的必要分层及其理想结构

默克尔在早期的学说中明确区分了法的必要分层与可能分层①，他的理论出发点在于必要的分层。虽然他认为法律体系的形式区分仅是受各国实在法形式影响的偶然之事，但他同样认为，任何法律体系都必须具有最低限度的法的形式，"缺乏最低限度之根本性的法的形式……法律体系是不可想象的"②。这也就是说，尽管没有最大限度的分层，但却有最低限度的分层，默克尔称其为法律体系的理想结构。那么每个法律体系都必然包含的分层或基本结构是什么样的？回答在于，"即使是最简单的、回溯到不可避免之不成部分的法的形式体系也是二分的，同时也是二阶层的"③。

这也就是说，法律体系的"原始类型"由两个阶层构成。起源规则（Ursprungsnorm）——相当于凯尔森理论中"基础规范"——构成了第一个阶层，也是最高阶层。它也被称为"法律逻辑意义上的宪法"④，承担赋予特定机关创设法律之权能的功能。混乱无章的法律现象要属一个整体即法律体系，就必须要被认为是某个共同之起源规则的结果。⑤ 理想结构的第二个阶层，是作为最低阶层的规则的实施行为（Vollzugsakt）。实施行为本身并不能再创设法律规则，但仍具有法律意义。这两个必要阶层之间的关系在于，"在不同历史时期呈现的法律规则形式必然起源于一种共同的规则形式，以及在决定不同法律规则形式的行为之间必然存在一种限定性和被限定的关系"⑥。一个法律规则构成另一个法律规则的条件（前者限定后者，后者被前者限定），就意味着前者构成了后者"形成和效力的前提，即起源"⑦。它

---

① Vgl. Adolf Merkl, Gesetzesrecht und Richterrecht, 2 *Prager Juristische Zeitschrift*（1922），Sp. 339.

② Ibid. , 208.

③ Vgl. Adolf Merkl, *Die Lehre von der Rechtskraft*, Leipzig/ Wien: Franz Deuticke, 1923, S. 202.

④ Ibid. , 209.

⑤ Vgl. Adolf Merkl, Gesetzesrecht und Richterrecht, 2 *Prager Juristische Zeitschrift*（1922），Sp. 210.

⑥ Vgl. Adolf Merkl, Prolegomena einer Theorie des rechtlichen Stufenbaues, in: Hans Klecatsky, René Marcić und Herbert Schambeck（Hrsg. ）, *Die Wiener Rechtstheoretische Schule*, Wien [u. a.]: Europa Verlag, 1968, S. 1336.

⑦ Vgl. Adolf Merkl, *Die Lehre von der Rechtskraft*, Leipzig/Wien: Franz Deuticke, 1923, S. 216.

既是一种"创设规则",也是一种"权能规则"①。因而在法的理想结构中,一方面存在一个纯粹限定性的规则即起源规则,另一方面有多个纯粹被限定的实施行为,前者是后者产生的条件(反之则不然),它们构成了"法律世界的两极"②。从性质上看,一个是纯粹的法律创设,一个是纯粹的法律适用。

但这幅看上去清晰的图景其实是有缺陷的。③ 一方面,默克尔关于规则形式的论述并不连贯。虽然其指出理想结构仅由两个阶层组成,但有时他确认为理想结构中存在两种规则形式,一种是起源规则,另一种是"从起源规则推导出的、具备相同形式的规则"④。但很明显,后一种规则形式指的并不是实施行为。实施行为虽具有法律意义,但本身属于事实领域而不是规则领域。即便这些推导出的规则可能是充分具体化了的个别规则,从而无限接近于实施行为,但两者也并不等同(如"张三应支付给李四 5 000 元"的司法判决与张三按照这一判决实际上支付给李四 5 000 元的行为)。所以,默克尔没有足够连贯地去区分出个别规则与适用这些个别规则的实施行为。由此,在起源规则和实施行为之外将展示出另一种法的必要形式。另一方面,将起源规则理解为直接构成实施行为之条件的规则也不可取。默克尔明确区分了权能规则(授权规则)与行为规则(命令规则/禁止规则)。起源规则作为权能规则,无法直接命令和禁止任何人类进行行为,而只能授权某些机关去创设规则。被创设的规则本身可能也是权能规则,但多数情况下则是直接调整人类行为的行为规则。简单地说,权能规则只能构成其他规则的条件,而非实施行为的条件,实施行为是适用行为规则的结果。所以,一个中间性的法律阶层不可或缺,它位于起源规则与实施行为之间,是受起源规则限定

---

① Vgl. Adolf Merkl, Prolegomena einer Theorie des rechtlichen Stufenbaues, in: Alfred Verdross (hrsg.), *Gesellschaft, Staat und Recht-Untersuchungen zur Reinen Rechtslehre*, Wien: Springer, 1931, S. 280-281.

② Vgl. Adolf Merkl, *Die Lehre von der Rechtskraft*, Leipzig/ Wien: Franz Deuticke, 1923, S. 215.

③ Vgl. Martin Borowski, Die Lehre vom Stufenbau des Rechts nach Adolf Julius Merkl, in: Stanley L. Paulson und Michael Stolleis (Hrsg.), *Hans Kelsen- Staatsrechtslehrer und Rechtstheoretiker des 20. Jahrhunderts*, Tübingen: Mohr Siebeck, 2005, S. 137-138; Jürgen Behrend, *Untersuchungen zur Stufenbaulehre Adolf Merkls und Hans Kelsens*, Berlin: Duncker & Humblot, 1977, S. 26.

④ Adolf Merkl, Das doppelte Rechtsantlitz, *Juristischer Bläter* 1918, S. 427.

且限定实施行为的行为规则（也可能包括权能规则）。① 综上，依照默克尔的理论脉络，法律体系的理想结构在概念上至少由三个阶层组成，从上到下依次为起源规则、具体规则和实施行为。

三、法律体系的现实结构

如果说在法律体系之理想结构中规则阶层之间限于条件关系的话，那么在法律体系之现实结构中规则阶层的形式标准则既包括条件关系（Bedingungszusammenhang），也包括毁损关系（Derogationszusammenhang），但默克尔论述的重点还在于前者。

（一）条件关系

法律体系的现实结构与理想结构的区别在于它的规则阶层更多，也即在法的必要阶层之外尚有其他可能的阶层。形象地说，处于不同阶层且具有创设与被创设关系的规则具有上位阶与下位阶的空间关系，由此形成法律体系的阶层构造。更形象地说，它呈现出一幅"阶梯式人工瀑布"② 的图景。在现实法律体系中，除了上述三个必要的阶层外有多少可能的阶层，或者说具体规则分布在几个阶层中并不一定，因为这取决于法律创设过程中的分工。③ 默克尔自己选取了"议会法治国"之法律体系的阶层构造进行分析。这类国家的特点，一是在于立法与司法、执法的功能区分，以及议会立法相对于后二者的相对优势；二是在于有一部由议会制定且拥有最高地位的宪法（在此不考虑英国）。由于这种国体在现代社会的普遍性，可以说它构成了一种典型的现实结构。在默克尔看来，除了起源规范与实施行为外，作为议会法治国法律体系之具体法律规则形式的，有宪法、制定法、法规这些一般规则形式，以及（民事）法律行为、行政行为和司法裁判这些个别规则形式。④ 由于

---

① 更具体的论证参见 Martin Borowski, Concretized Norm and Sanction qua Fact in the Vienna School's Stufenbaulehre, 27 *Ratio Juris* (2014), pp. 87ff.

② Vgl. Theo Öhlinger, *Der Stufenbau der Rechtsordnung*, Wien: Manzsche Verlags- und Universitätsbuchhandlung, 1975, S. 10.

③ Adolf Merkl, Das doppelte Rechtsantlitz, *Juristischer Bläter* 1918, S. 427.

④ Vgl. Adolf Merkl, Prolegomena einer Theorie des rechtlichen Stufenbaues, in: Alfred Verdross (hrsg.), *Gesellschaft, Staat und Recht-Untersuchungen zur Reinen Rechtslehre*, Wien: Springer, 1931, S. 259-262. 尽管纯粹法学并不否认习惯法可以作为法律体系的一部分，但出于化约论述复杂性的考虑，本节并不涉及习惯法，在论述规则—原则模式时同样如此。

在现实中拥有同一种形式（如制定法）的规则不可能只有一个，所以法律体系不仅在垂直的方向上展现为从属关系，而且在水平的方向上表现为同一形式之规则间的协调关系。换言之，法律体系不仅由多阶层的上位阶与下位阶的规则序列构成，而且也由多个同位阶并列的规则序列构成。[①] 可以从法的两面性、法的自我创设以及创设过程中主客观因素三方面，来对这一序列加以描绘。

1. 法的两面性

宪法、制定法、法规及个别法律规则这些中间阶层的规则形式与起源规范和实施行为的不同之处在于，它们既是限定性的，同时也是受限定的。也就是说，这些中间层级中的任何一个规则，都既是另一种形式之法律规则或实施行为的限定条件（因而相对于它呈现出法律创设的一面），又受到另一种不同形式之法律规则的限定（因而相对于它呈现出法律适用的一面）。所以，它们同时呈现出法律创设与法律适用的面向，这就是默克尔所谓的"法的两面性"[②]。例如，制定法既是对宪法的适用，又是对法规或司法裁判的创设；司法裁判既是对制定法的适用，又是对实施司法裁判之行为的创设；等等。在法律创设和适用合二为一的过程中，立法与适法之间功能区分就被相对化了，它们成为对同一现象之不同观察视角。[③]

法律创设和适用阶层式递进过程，也就是法的个别化和具体化的过程。个别化是针对对象而言的，而具体化是针对不同阶层之规则的抽象或具体程度而言的。一方面，较高阶层的规则针对更加一般的对象，而较低阶层的规则针对更加个别的对象。层层递进的过程也就是从适用一般规则创设不那么一般的规则，最终达致不可再个别化之阶层的过程，这一过程可被称为法的个别化。另一方面，这一过程同时也是从抽象规则到具体规则的逐步过渡，所以同样可以被称为具体化过程。[④] 但个别化和具体化的过程并不是一一对

---

① Vgl. Adolf Merkl, *Die Lehre von der Rechtskraft*, Leipzig/Wien: Franz Deuticke, 1923, S. 210.

② Adolf Merkl, Das doppelte Rechtsantlitz, *Juristischer Bläter* 1918, S. 427. 默克尔有时也说"像雅努斯之脸那般的双重性"（januskopfartige Doppelnatur）（Vgl. Adolf Merkl, *Die Lehre von der Rechtskraft*, Leipzig/ Wien: Franz Deuticke, 1923, S. 216.）

③ Vgl. Addolf Merkl, Das Recht im Lichte seiner Anwendung, in: Hans Klecatsky, René Marcić und Herbert Schambeck (Hrsg.), *Die Wiener Rechtstheoretische Schule*, Wien [u. a.]: Europa Verlag, 1968, S. 1185.

④ Vgl. Adolf Merkl, *Die Lehre von der Rechtskraft*, Leipzig/Wien: Franz Deuticke, 1923, S. 221.

应的。一般规则可以是抽象的也可以是具体的，个别规则也可以是抽象的或具体的。阶层越低，规则就越具体，每一个下位规则都比上位规则更加具体，至于它是否比上位规则更加个别则并不一定。^① 例如，一个法规中的规则必然比制定法规则更加具体，但它调整的对象却可能与后者是一致的。当然，在阶层构造中从上到下趋于个别化这一整体趋势并不会改变。

2. 法的自我创设

将法律规则间的条件关系刻画为在一个个别化与具体化进程中进行连续不断之法律创设和适用的阶层式构造，不仅描绘出了单个法律阶层之间的静态关系，更是展现出了等级式法律创设的动态过程。这种动态性尤其体现在，限定性规则相对于被限定规则不只拥有时间上的优先性，更拥有逻辑上的优先性。被限定的行为不仅只有依照限定性行为才能作出，而且只能来自限定性行为。^② 只有存在后者，才会出现前者。如此，同样可以认为它们之间存在一种"发生学上的关系"（genetischer Zusammenhang）^③。在默克尔看来，法律体系不仅包括调整人类行为的规则，也包括那些决定如何创设这些行为规则之类型和方式的规则。一个实在法规则既可能包括行为规则的要素，也可能包括创设下位规则之授权规则的要素。所有法律体系都要求，既存法律体系只能按照自身固有的规则来进行续造和发展，缺乏这种法律创设的要素，法律体系就将是绝对静止的了。当然，这并不否认法律创设也需要创设法律的机关存在，但什么机关在什么条件下有权进行法律创设本身也是由法律体系自身来确定的。^④ 所以，规则的形成与效力的基础在于同属于一个体系中的其他规则，而不在于法外要素。这便是所谓法的自我创设

---

① András Jakab, Problems of the Stufenbaulehre: Kelsen's Failure to Drive the Validity of a Norm from Another Norm, 35 *Canadian Journal of Law and Jurisprudence* (2007), p. 46.

② Vgl. Adolf Merkl, Prolegomena einer Theorie des rechtlichen Stufenbaues, in: Alfred Verdross (hrsg.), *Gesellschaft, Staat und Recht-Untersuchungen zur Reinen Rechtslehre*, Wien: Springer, 1931, S. 273-275.

③ Vgl. Adolf Merkl, *Die Lehre von der Rechtskraft*, Leipzig/ Wien: Franz Deuticke, 1923, S. 217; Hans Kelsen, *Hauptprobleme der Staatsrechtslehre*, 2. Aufl., Tübingen: J. C. B. Mohr (Paul Siebeck), 1923, S. XV.

④ gl. Martin Borowski, Die Lehre vom Stufenbau des Rechts nach Adolf Julius Merkl, in: Stanley L. Paulson und Michael Stolleis (Hrsg.), *Hans Kelsen- Staatsrechtslehrer und Rechtstheoretiker des 20. Jahrhunderts*, Tübingen: Mohr Siebeck, 2005, S. 149.

（Selbsterzeugung）现象。

3. 创设过程中主观因素与客观因素

但是法的自我创设现象不能被理解为，法律创设是一个纯粹逻辑推演意义上的机械自动化过程。[①] 纯粹的逻辑推演意味着，更为具体的下位规则是对更加一般的上位规则之内容进行演绎的结果，前者可以被涵摄于后者之下。这种类型的体系是一个内容固定的静态体系，道德体系（包括自然法体系）是其典型代表。相反，动态体系包含的主要是创设规则的构成要件，它对某个权威予以创设规则的授权，确定基于同一个基础规则（起源规则）的体系中的一般规则和个别规则应当如何产生。[②] 在纯粹法学看来，法律创设就是这么一个动态的过程，其中既有客观因素，也有主观因素。一旦上位规则确定了某些内容（主要是对适用者［同时也是创设者］的授权，也可能包括部分行为内容），就对适用者具有拘束力。这些内容可以被适用者所认识到，它的存在与个人的主观因素无关，因而在此意义上是客观的。但规则也包括尚未确定的部分，在这个范围内，适用者不可能进行客观的认知，而只是取决于他的自由裁量。自由裁量是一种主观意志的活动。如果说法律创设和适用活动中先前形成的具有拘束力的上位法是适用者的他治性决定因素的话，那么自由裁量就属于他的自治性决定因素了。[③] 在裁量范围内不存在法的拘束力，而取决于裁量者对法外因素的选择。[④]

归根到底，纯粹法学将法律规则视为一种框架（Rahmen），这个框架预留的余地可宽可窄。[⑤] 如果上位规则只包含创设下位规则的授权而不预先规定任何行为内容，那么它就是最宽泛的；如果它同时包含两者，就相对比较窄；预先规定的内容越多，适用者的自由裁量权就越小，预留的余地就越窄。在议会法治国的阶层构造中，层级越往下自由裁量权就越小，预留的余

---

① Vgl. Adolf Merkl, Prolegomena einer Theorie des rechtlichen Stufenbaues, in: Hans Klecatsky, René Marcić und Herbert Schambeck（Hrsg.）, *Die Wiener Rechtstheoretische Schule*, Wien［u. a.］: Europa Verlag, 1968, S. 1347.

② 这便是凯尔森所说的静态原则与动态原则（Vgl. Hans Kelsen, *Reine Rechtslehre*, 2. Aufl., Wien: Franz Deuticke, 1960, S. 34f., 55ff., 198-199）。

③ Vgl. Adolf Merkl, *Allgemeines Verwaltungsrecht*, Wien: Verlag Österreich, 1927, S. 142.

④ Ibid., 152. "裁量就像法律大厦的入口，通过它法外因素就能挤进来"。

⑤ Vgl. Hans Kelsen, *Reine Rechtslehre*, 2. Aufl., Wien: Franz Deuticke, 1960, S. 34f., 55ff., 250.

地也就越窄。例如，宪法层级的自由裁量权较大，制定法和法规层级次之，个别规则的层级最小。因为在每一阶层上，适用者的主观因素都将附加到上一阶层之规则的客观因素之上，两者合起来会作为下一阶层的客观因素出现。例如，宪法适用者（即制定法的创设者）在适用宪法时会在宪法框架内填入自身的主观因素，而创设出制定法，两类因素此时都已经成为制定法框架的组成部分。制定法预留的余地就要比宪法预留的余地窄。因而当制定法适用者（如裁判者）适用制定法时就只能在制定法预留的余地中再填入自身的主观要素。如此不断，越往下客观因素越多，主观因素的作用余地越小，自由裁量的空间也就越小。① 但重要的是，在从上到下的整个过程中，自由裁量的空间始终存在。

综上所述，议会法治国的法律体系呈现为一种条件关系的阶层构造。在这一构造中，除了最上面的起源规则（基础规则）与最下面的实施行为之外，中间尚包括宪法、制定法、法规、个别法律规则等。其中，不同阶层的规则都可以回溯到同一个起源规则（基础规则）。每一阶层之规则的形成与效力仅由同属一个体系的上位规则决定，这即是法的自我创设现象。法律创设的过程同时也是法律适用的过程，其中既有起拘束作用的规则框架（客观因素），也有由适用者发挥自由裁量的余地（主观因素）。

（二）毁损关系

与条件关系相对的是毁损关系。毁损指的是变更或废止。默克尔将既有实在法在原则上不可变更视作一项一般性的逻辑原则。在他看来，只有当具体的实在法体系明确含有变更既有法律规则的内容时，变更才是可能的。② 所以，基于毁损关系的阶层构造不属于具有法律本质意义上的结构，是否毁损及如何毁损完全取决于具体的实在法本身。③ 如果某个实在法（如中国法

---

① 由于法外因素的多少与法律规则的客观因素成反比，所以如果将法律体系想象为一个金字塔的话，那么通过裁量进入法律过程的法外因素就会形成一个倒立的金字塔。（Vgl. Norbert Achterberg, Hans Kelsens Bedeutung in der gegenwärtigen deutschen Staatslehre, *Die Öffentliche Verwaltung* 1974, S. 454.）

② Vgl. Adolf Merkl, Die Unveränderlichkeit von Gesetzen, in: Hans Klecatsky, René Marcić und Herbert Schambeck (Hrsg.), *Die Wiener Rechtstheoretische Schule*, Wien [u. a.]: Europa Verlag, 1968, S. 1088.

③ Vgl. Adolf Merkl, Prolegomena einer Theorie des rechtlichen Stufenbaues, in: Alfred Verdross (hrsg.), *Gesellschaft, Staat und Recht-Untersuchungen zur Reinen Rechtslehre*, Wien: Springer, 1931, S. 284.

律体系）规定，法律规则 A 可以变更或废止法律规则 B，而 B 不能变更或废止 A，那么 A 就是上位阶的毁损性规则，而 B 就是下位阶的可毁损规则。相反，如果两个规则彼此都具有毁损力，那么它们就位于同一阶层。①

在默克尔看来，毁损关系与条件关系并不相同。限定性规则 A 在条件关系中可能是被限定规则 B 的上位规则，但同时在毁损关系中可能构成 B 的下位规则，只有 B 相对于 A 具有毁损力，而 A 相对于 B 不具有毁损力。② 故而，在同一个国家的法秩序内可以建立多个具有不同阶层构造方式的法律体系。③ 一个例子是，德国基本法第 79 条第 1 款规定了如何通过制定法来变更基本法本身。这一基本法条款构成了（变更基本法之）制定法的条件，即在条件关系的意义上构成了后者的上位规则。但由于（变更基本法之）制定法可能会变更这个条款本身，所以在毁损关系的意义上反而是这个制定法构成了基本法条款的上位规则。另一个例子是，德国联邦宪法法院法包含规定宪法法院如何形成判决的条款，它在条件关系的意义上构成了宪法法院判决的上位规则；但宪法法院判决反过来可以通过宣布前者不合宪而废止前者，又在毁损关系的意义上构成了前者的上位规则。

四、小结：究竟是什么关系

在规则的阶层构造模式中，法律体系在理想结构下呈现为三阶层的条件关系，在以议会法治国为代表的现实结构下则既可呈现为多阶层的条件关系，也可以呈现为多阶层的毁损关系。但条件关系和毁损关系的称呼与界定都有商榷的余地。

条件关系的称呼太过宽泛，使用授权（Ermächtigung）关系或效力（Geltung）关系的称呼或许更好。④ 由于纯粹法学将授权视为规则效力的唯

---

① Vgl. Adolf Merkl, Prolegomena einer Theorie des rechtlichen Stufenbaues，in：Alfred Verdross (hrsg.), *Gesellschaft, Staat und Recht-Untersuchungen zur Reinen Rechtslehre*，Wien：Springer，1931，S. 276. 表述略有不同。

② Vgl. Adolf Merkl, Prolegomena einer Theorie des rechtlichen Stufenbaues，in：Hans Klecatsky, René Marcić und Herbert Schambeck（Hrsg.），*Die Wiener Rechtstheoretische Schule*，Wien［u. a.］：Europa Verlag，1968，S. 1342. 表述略有不同。

③ Vgl. Adolf Merkl, Prolegomena einer Theorie des rechtlichen Stufenbaues，in：Hans Klecatsky, René Marcić und Herbert Schambeck（Hrsg.），*Die Wiener Rechtstheoretische Schule*，Wien［u. a.］：Europa Verlag，1968，S. 1350.

④ Vgl. Hans Kelsen, *Reine Rechtslehre*，2. Aufl.，Wien：Franz Deuticke，1960，S. 34f.，55ff.，197.

一来源，因而授权关系与效力关系就并无二致。① 授权或效力在某种意义上的确可以被视为规则的条件，但反过来，并非规则形成的所有条件（在这一术语最一般的意义上）都限于授权或效力。规则的创设原则上依赖于所有类型的条件，比如行使授权需要有人及其行为，还需要创设特定规则的意识与意志。② 这些都属于特定规则形成的事实条件而非规范条件。默克尔混淆了两者。他在对比条件关系与毁损关系时曾举程序法上的例子，认为事实审构成了法律审的条件，而法律审对事实审又有毁损力。③ 但很明显，事实审虽然构成了法律审的事实条件（在现实中，没有前者就不会发生后者），但不是它的规范条件，因为事实审并不构成法律审的效力条件，两者之间不存在规范性条件关系，不存在法律上的上下位关系。相反，事实审与法律审在阶层构造中处于同一阶层，它们都以另一法律阶层即程序法为条件。④ 另外，即使是同阶层的法律规则之间，也多有相互限制、补充的情况，它们彼此构成了对方的规范性条件，但很难说这里存在授权或效力关系。将条件关系等同于发生学上的关系也会令人误解。发生涉及时间，但时间上的先后关系与授权或效力并无关联。一部制定法可能早于新宪法生效，但一旦宪法生效，它就构成了这部制定法的效力条件。所以，与其笼统地说法律体系自我创设，不如说它只是规制着自身的创设⑤，即自我授权和自我赋予效力，更为合适。

毁损关系则并不可取。这不仅因为毁损关系取决于具体实在法的内容，与纯粹法学以形式为取向的一般理论旨趣不符，还存在如下三方面的理由：其一，毁损关系在一定意义上依赖于效力关系。因为即使是能变更或废止迄

①　但要注意，凯尔森晚期的规范理论对这一立场有所偏离，除了授权之外，还加上了经验因素。

②　Vgl. Martin Borowski, Die Lehre vom Stufenbau des Rechts nach Adolf Julius Merkl, in: Stanley L. Paulson und Michael Stolleis（Hrsg.）, *Hans Kelsen- Staatsrechtslehrer und Rechtstheoretiker des 20. Jahrhunderts*, Tübingen: Mohr Siebeck, 2005, S. 155.

③　Vgl. Adolf Merkl, Prolegomena einer Theorie des rechtlichen Stufenbaues, in: Hans Klecatsky, René Marcić und Herbert Schambeck（Hrsg.）, *Die Wiener Rechtstheoretische Schule*, Wien [u. a.]: Europa Verlag, 1968, S. 1343.

④　Jürgen Behrend, *Untersuchungen zur Stufenbaulehre Adolf Merkls und Hans Kelsens*, Berlin: Duncker & Humblot, 1977, S. 40.

⑤　Vgl. Rainer Lippold, *Recht und Ordnung*, Wien: Manzsche Verlags-und Universitätsbuchhandlung, 2000, S. 421.

今为止法律状态的毁损性规则本身也完全依赖于法律体系将其识别为法律体系中的一员的条件，这些条件对于毁损性规则的形成与效力起决定作用。[①]其二，至少有部分毁损关系与授权或效力关系是重合的。议会法治国的国体要得以维系，从宪法到制定法、法规再到个别规则的等级关系就是必不可少的。[②] 这一等级关系既反映了授权或效力关系，也显现为毁损关系：如果下位的规则没有满足上位规则的授权或效力条件，就要变更或废止。授权或效力关系构成了毁损关系的依据。假如如此，提出后者就是多余的。其三，即使毁损关系独立存在，它是否必须依附于阶层构造也值得商榷。有学者就曾尝试用一种"无等级的优先性"思路来重构毁损规则。[③] 假如成功，那么毁损关系就将与阶层构造没有必然的联系，阶层构造论完全可以不考虑它。

综上所述，法律体系之阶层构造的核心，是通过等级式的分层所显现出的法律规则之间的授权或效力关系。这一点也构成了与规则—原则模式相互对接的基础。

第三节　法律体系的规则—原则模式

与阶层构造论将法律规则作为法律体系之唯一要素不同，规则—原则模式试图通过区分法律规则与法律原则来证明，阶层构造并不适合来说明整个法律体系。区分这两类法律规范的想法可以追溯到奥地利学者沃尔特·威尔伯格（Walter Wiburg）在 20 世纪 40 年代提出的灵活体系理论。[④] 随后，德国学者约瑟夫·埃塞尔（Josef Esser）对规则与原则的区分有过详细讨论[⑤]，

① Jürgen Behrend, *Untersuchungen zur Stufenbaulehre Adolf Merkls und Hans Kelsens*, Berlin：Duncker & Humblot，1977，S. 37.

② Vgl. Martin Borowski, Die Lehre vom Stufenbau des Rechts nach Adolf Julius Merkl, in：Stanley L. Paulson und Michael Stolleis（Hrsg.），*Hans Kelsen- Staatsrechtslehrer und Rechtstheoretiker des 20. Jahrhunderts*，Tübingen：Mohr Siebeck，2005，S. 153.

③ Vgl. Heiko Sauer, Vorrang ohne Hierarchie, 44 *Rechtstheorie*（2013），S. 503-539.

④ Vgl. Walter Wiburg, *Entwicklung eines beweglichen Systems im Bürgerlichen Recht*，Graz：Kienreich，1951，S. 17.

⑤ Vgl. Josef Esser, *Grundsatz und Norm in der richterlichen Fortbildung des Privatrechts*，3. Aufl.，Tübingen：Mohr，1974，S. 50ff. 埃塞尔使用的术语略有不同，他所谓的"规范"指的是这里所说的"规则"。为了论述方便，本节提及埃塞尔的理论时统一使用"规则"的称呼。

而美国学者罗纳德·德沃金（Ronald Dworkin）则使得它引起了学界广泛的关注。① 德国当代学者罗伯特·阿列克西（Robert Alexy）为代表的基尔学派（原则理论学派）则对规则—原则模式作了最深入和系统的论述。②

一、规则与原则的区分

要证立法律体系的规则—原则的模式，就必须要回应两方面的反对意见。一个反对意见是，规则与原则并无质的差别；另一个反对意见则是，规则与原则虽然有质的差别，但原则并不属于法律体系。我们先来处理前者。

最为常见的反对意见认为，规则与原则只是抽象性程度不同的规范而已。③ 按照这种意见，原则不外乎是比较抽象的规范、规则不外乎是比较具体的规范而已，它们之间的差别是相对的、程度上的。假如如此，那么原则就同样可以被容纳进法律体系的阶层构造中，因为阶层构造原本就是一个从抽象规范向不断具体化的规范进展的过程。所以，规则—原则模式必须证明两者之间具有质的差别。当然，要作出这一判断就必须首先对“原则”的语词使用作一限定。在法学研究中，原则的概念至少有两种理解方式，它们经常被混淆在一起。④ 第一种理解方式是以规范在法律体系中的根本地位及重要性来界定原则，相当于德语中的“Grundsatz”。这种理解方式强调法律原则表达了法律体系的内在价值，构成了法律秩序内在统一性与评价一贯性的基础。作此理解的原则与规则的确只有程度上的差别，因为重要性原本就是程度性的判断。第二种理解的方式是以规范的特征与适用方式来界定原则，可以称之为“规范理论的原则概念”，相当于德语中的“Prinzip”。基尔学派

① 其发端见于 Ronald Dworkin, The Model of Rules, 35 *University of Chicago Law Review* (1967), pp. 14-46.

② 必须指明，事实上阿列克西所设想的法律体系的完整图像并非规则—原则的二元模式，而是规则—原则—程序式的三元模式。因为在他看来，原则与规则并不能规定自身的适用，如要适用就要填上一种受到理性确保的程序（Vgl. Robert Alexy, Rechtssystem und praktische Vernunft, in: ders., *Recht, Vernunft, Diskurs*, Frankfurt a. M.: Suhrkamp Verlag, 1995, S. 228.）。但问题在于，法律适用依然是一种由规范来导控的活动，程序性规范依然是规范，在此意义上规则—原则的模式已然可以容纳程序。

③ Joseph Raz, Legal Principles and The Limits of Law, 81 *Yale Law Journal* (1972), pp. 832ff.

④ 对于这两种原则概念的区分，参见 H.-J. Koch, Rechtsprinzipien in Bauplanungsrecht, in: Schlichter, Koller und Funk (Hrsg.), *Regel, Prinzipien und Elemente im System des Rechts*, Wien: Verlag Österreich, 2000, S. 245.

正是在后一种理解方式中来为规则和原则具有质的差别辩护的。具体说来，这种辩护可以概括为三个方面，我们可以分别称之为语义学差别、性质论差别及结构论差别。

（一）语义学差别

阿列克西独创性地从语义学的角度对于规则和原则进行了区分，他将规则定义为一种确定性命令（definitive Gebote），而将原则定义为一种最佳化命令（Optimierungsgebote），认为法律体系是由两者共同组成的。[①]

作为"确定性命令"，规则是以一种"全有或全无"的方式被适用的。对于某个规则而言，如果案件属于它的调整范围，它的法律后果就百分之百地发生（此时必须接受该规则所提供的解决办法），如果案件不属于它的调整范围，它的法律后果就百分之百不发生（此时规则对裁判不起任何作用）。这也就是说，规则是一种要么被适用、要么不被适用的规范。一旦规则被适用到某个案件之上，那么它的法律后果就确定地发生，而没有斟酌的余地。因此，规则的典型适用方式是涵摄。当然，规则可能存在例外。例外一旦出现，就排除了规则的适用，从而无法推导出规则的法律效果。反过来说，规则的例外本身也是一个确定性的"规则"，同样也具有全有或全无的适用特性。因此规则带有例外并不会影响到规则适用的确定性。

与此不同，作为最佳化命令，原则要求某事（通常是某种要追求的价值或目的）在相对于法律上与事实上可能的范围内尽最大可能被实现，并能以不同的程度被实现。作为最佳化命令，原则的特征在于具有"分量"的向度，也就是说它能够在不同的情形中以不同的程度被实现，其所要求的实现程度既系于事实上的可能性，也取决于法律上的可能性。如果某个原则完全不受任何限制，从而百分之百地被实现，这当然是最理想的状态。但原则在法律体系中从来就不是孤立地被适用的，在决定考虑实现某个原则时，不可避免地要考虑到其他相对立之原则的存在和影响。相冲突的原则之间彼此相互牵制，如果要百分之百地实现其中一个，就必然要牺牲对另一个保护，而如果要保护后者，就不免要对前者作出限制。换个角度来说，两者都不可能获

---

① Vgl. Robert Alexy, Zum Begriff des Rechtsprinzips, in：ders.，*Recht*，*Vernunft*，*Diskurs*，Frankfurt a. M.：Suhrkamp Verlag，1995，S. 203；ders.，*Theorie der Grundrechte*，Frankfurt a. M.：Suhrkamp Verlag，1985，S. 75-77.

得完全的实现，因此其中一个原则的实现程度越高，另一个原则的实现程度就会随之降低。举例来说，香烟生产商的职业自由与保护公共健康相冲突。如果对于香烟生产完全不作任何限制，等于是让香烟生产商的职业自由获得最大程度的实现，而保护公共健康的实现程度非常的低（接近于零）。如果要求香烟生产商在产生香烟时必须在外包装上加上警示语，可以算是对职业自由中等程度的限制，而保护公共健康的实现程度开始上升。如果完全禁止产生香烟，则是相当高程度的限制，此时职业自由只获得非常低程度（接近于零）的实现，而保护公共健康的实现程度此时就非常高。这说明，两个原则无法都获得百分之百的实现。此时只能作一取舍，来决定哪一个原则在当前案件中应该优先获得实现，或者说应该获得比较高的实现程度，这种取舍就是权衡。

（二）性质论差别

与语义学差别相关的是性质论差别。从性质的角度看，规则可被称为"现实应然"（reales Sollen），相反，原则可被称为"理想应然"（ideales Sollen）。[①] 现实应然意味着已经考虑到各种现实的可能性之后，规则要求直接依照它的要求去做，无论是否存在相对立的要求，因此它是一种确定的应然。而理想应然是一种抽象的、尚未涉及经验与规范世界之有限可能的应然；它只有考虑到经验可能条件以及所有其他相关的原则，才能转化为现实应然。[②] 因而理想应然也可以被称为"仅此应然"（Pro-tanto-Sollen）[③] 或初显应然（prima facie Sollen）。在作为最佳化命令与理想应然之间，存在着一种相互蕴含关系。理想应然蕴含着最佳化命令，反之亦然。[④] 这体现在，理想应然在与现实世界接触的过程中，会导向不可接受的矛盾，因而它必须要被中断。因此，原则不仅有碰撞能力，还有被权衡的需要，这要求进行权衡即最佳化。

---

① Vgl. Robert Alexy, Zum Begriff des Rechtsprinzips, in: ders., *Recht*, *Vernunft*, *Diskurs*, Frankfurt a. M.: Suhrkamp Verlag, 1995, S. 204.

② Robert Alexy, Ideales Sollen, in: Laura Clérico/Jan-Reinard Sieckmann（Hrsg.）, *Grundrechte*, *Prinzipien und Argumantation*, Baden-Baden: Nomos, 2009, S. 23.

③ Vgl. Susan L. Hurley, *Natural reasons*, New York [u. a.]: Oxford University Press, 1989, pp. 130, 261.

④ Robert Alexy, Zur Struktur der Rechtsprinzipien, in: Bernd Schilcher/ Peter Koller/ Bernd-Christian Funk（Hrsg.）, *Regeln*, *Prinzipien und Elemente im System des Rechts*, Wien: Verlag Österreich 2000, S. 39.

换个说法，原则是目标规范，而不是行为规范。[①] 目标规范要想转变为行为规范，既要考虑到实现目标之经验手段的问题，也要考虑到与之可能冲突的其他目标问题。所以，一方面，在现实的经验世界中，为了能实现理想应然，就必须选择恰当的手段。这需要符合适切性原则和必要性原则。它们来自原则要求在事实上可能的范围内尽最大可能被实现的义务，表达了帕累托最优的理念。另一方面，在现实的规范世界中，为了能最终决定该如何行动（形成行为规范），还必须要尽量考虑到与原则（目标）相对立的所有其他原则（目标），在顾及其他原则的情形下尽可能地实现本原则。这就涉及狭义上的比例原则，它来源于原则要求在法律上可能的范围内尽最大可能被实现的义务。适切性原则、必要性原则和狭义上的比例原则合起来构成了（广义上的）比例原则。所以，原则理论与比例原则相互蕴含[②]，后者指明了最佳化是如何以理性的方式来进行的。

（三）结构论差别

原则作为一种最佳化命令或理想应然具有初显性。前已述及，规则通常是一种确定性命令，并不意味着它在所有情形中无条件地得以适用，它也可能因原则而被创设例外。但规则与原则冲突和原则之间冲突的解决方式并不相同。在原则之间冲突的场合，只要权衡数个原则间的相对分量并决定哪一个具有优先性就可以了；而在规则与原则冲突的场合，原则若想在个案中被优先适用，不仅要确立此原则相对于规则背后赋予其正当性之彼原则的优先性，而且必须证明：为何此原则的重要性是如此之高，以至于可以偏离权威机关透过规则所作出的决定。[③] 这就导向了一种结构论上的差别：原则的证立只需凭借自身分量（内容上的正确性）即可，它具有单一结构；而规则的证立不仅来自它内容上的正确性，也来自它来源上的权威性（如来自民主立法者），因而它具有复合结构。换言之，一个规则的背后同时得到两类原则的支持，一类是实质原则，一类是形式原则，它们合起来构成了规则的证立

---

① 两者的区分 Christiane Weinberger/ Ota Weinberger, *Logik*, *Semantik*, *Hermeneutik*, München: C. H. Beck'sche Verlagsuchhandlung, 1979, S. 112, 119f.

② Vgl. Robert Alexy, Zum Begriff des Rechtsprinzips, in: ders., *Recht*, *Vernunft*, *Diskurs*, Frankfurt a. M.: Suhrkamp Verlag, 1995, S. 100.

③ Ibid., 89.

理由，也就是它"应被适用"的理由。实质原则与规则的内容相关，因规则内容的不同而不同，这是规则目的的体现。相反，形式原则指向的是法的安定性，它没有实体内容，所表达的是诸如"立法者的意志应当得以遵守""如无重大理由不得偏离历来的实务见解"这类形式上的要求。① 因此，形式原则并不因规则内容的变化而变化，它对于所有的法律规则而言都是一样的。

综上，语义学差别是区分规则与原则的基础，性质论差别与结构论差别则是语义学差别的不同侧面，它们合起来说明了规则与原则具有质的差别。

二、原则与法律体系

质的差别似乎说明，由于阶层构造论只将规则作为法律体系的要素，而忽视了另一类根本不同的规范即原则，所以"阶层构造"式的体系图景至少是以偏概全的。但得出这样的结论为时尚早。事实上，凯尔森曾对埃塞尔区分规则与原则的做法作出过回应。② 他并不否认规则与原则间具有差别，甚至是质的差别，但他却釜底抽薪式地直接否认原则是法律体系的组成部分。假如如此，那么即使说明规则与原则间具有质的差别，依然无法撼动阶层构造论。

在埃塞尔看来，原则与规则之间的对立是内容与形式的对立。具体地说，规则是一种指令，而原则本身不是指令，它是指令的理由、标准和证成。③ 原则很多时候适用于疑难案件，它体现了问题思维。在这些案件中，无法作教义学上的清晰推导，而只能回溯到评价。④ 他并不反对体系和形式的重要性，而是认为实在体系的稳定性和对形式的尊重具有自身价值。法官的工作在于持续不断地再建"伦理性实质价值"与"法律形式和制度价值"

---

① Vgl. Robert Alexy, Zum Begriff des Rechtsprinzips, in: ders., *Recht, Vernunft, Diskurs*, Frankfurt a. M.: Suhrkamp Verlag, 1995, S. 120, 267.

② 对这场争议的剖析参见 Ewald Wiederin, Regel-Prinzip-Norm: Zu einer Kontroverse zwischen Hans Kelsen und Josef Esser, in: Stanley L. Paulson und Robert Walte (Hrsg.), *Untersuchungen zur Reinen Rechtslehre*, Wien: Manzsche Verlags-und Universitätsbuchhandlung, 1986, S. 137-156.

③ Vgl. Josef Esser, *Grundsatz und Norm in der richterlichen Fortbildung des Privatrechts*, 3. Aufl., Tübingen: Mohr, 1974, S. 50-51.

④ Ibid., S. 99.

之间的沟通。原则需要被实证化，但它不是通过单个行为（如立法）来完成的，而往往需要持续性的塑造行为（如司法）。假如存在具有法律拘束力的对原则进行塑造的规则，那么就可以以可检验的方式来形塑迄今为止尚未被实证化的原则。这种将原则拉入法律体系的方式被凯尔森称作是"转化理论"（Transformations theorie）①。其基本思路为：由于在法律适用的过程中必然要运用到原则，所以原则就将成为法律体系的组成部分（成为法律原则）。阿列克西同样采取这种思路，只不过他的论证过程更为详细。简单地说，他认为所有的法律体系都必然提出正确性宣称，这意味着法官在疑难案件中负有正确裁判的法律义务，正确裁判往往意味着正确权衡，而权衡意味着必须运用原则，所以原则必然被安置进法律体系之中。②

对此，凯尔森进行了猛烈批评。他并不否认在法律适用和创设的过程中，被创设的法（无论是一般规范还是个别规范）会受到道德、伦理和政治原则的影响。司法裁判自然可以考虑迄今为止没有以任何方式影响到法律适用的原则，而裁判也可能基于这个原则来作出。但是在这种情形中，裁判之所以具有法律效力，依据并不在于这个原则，而在于具有法律效力的实在法制度。原则会影响到法律适用，并不意味着原则被实证化了。③ 用阶层构造论关于规则的框架理论来说，这意味着，运用原则属于规则框架内必然存在的法官自由裁量权的范围。尽管通过裁判创设出个别规则后，被运用了的原则的内容与上位规则的内容一起构成了个别规则的组成部分，但个别规则的效力基础并不在于原则，而仅在于上位规则。尽管这一个别规则具有法律效力，但并不意味着影响它的原则也具有法律效力。进而，由于属于自由裁量的空间，所以是否运用原则本身也完全取决于法官。即使不运用特定原则，只要符合上位阶的授权规则，司法裁判也同样具有法律效力。自由裁量权运用的是法外因素，原则就属于法外因素，在司法裁判中运用原则并不会使得

---

① Vgl. Hans Kelsen, *Allgemeine Theorie der Normen*, Wien: Manzsche Verlags-und Universitätsbuchhandlung, 1979, S. 92.

② Vgl. Robert Alexy, *Begriff und Geltung des Rechts*, 4. Aufl., Freiburg /München: Alber Verlag, 2005, S. 121ff. 对此的详细批评雷磊. 原则理论与法概念争议. 法制与社会发展, 2012 (2): 107 - 110.

③ Vgl. Hans Kelsen, *Allgemeine Theorie der Normen*, Wien: Manzsche Verlags-und Universitätsbuchhandlung, 1979, S. 93-94.

它成为法律体系的组成部分。

这一批评十分有力，它说明转化理论在整体思路上是成问题的。要想证明原则是法律体系的必然组成部分，或许需要进行更为直接的论证，而不是借道司法裁判。但这就可能涉及法概念论上的复杂争论了，本节显然不是详尽处理这一问题的地方。这里只是想扼要地指出：凯尔森将法律体系仅仅理解为一个形式的或框架的体系未免失之过窄。当代社会对于法律的基本态度在于，法律不仅是概念、文义和语词的体系，更是价值、目的和意义的体系。不仅概念、文义和语词属于"实在法"的范畴，而且价值、目的和意义也可属于"实在法"的范畴。法律规则完全位于前一个层面，它们是否属于某个实在法体系只需看其来源或者效力基础即可；而法律原则涉及后一个层面，判断它们是否属于某个实在法体系更为复杂。一方面，内容正确性（价值判断）的确是所有原则有效（存在）的必要条件，法律原则亦不例外。尽管区分规则与原则的出发点在于语义学，但原则的意义并非语义学理论所能囊括。因为与语义封闭的规则不同，原则的拘束力并不能仅作字面意义的理解。虽然原则存在一个字面意义上的意义范围并且对此进行了明确的表达，但由于这个意义范围具有如此明显的开放性，这种明确的表达不但无助于其意义范围的确定，而且不会对其实践功能的发挥产生重要影响。[①] 它的意义只能依凭个案，借助于一次次的具体化过程来获得，这个过程必然涉及价值判断。所以，识别原则（原则究竟是什么）时必然要将价值判断包含为标准的一部分。但另一方面，原则想要成为法律体系的组成部分，即成为法律原则，同样需要有制度性的来源。这种制度性来源可以是直接的，例如制定法的明文规定；也可以是间接的，例如通过法律论证，从诸多具有关联性的法律规则中提炼或从判例中归纳出来。这也是法律原则区分于纯粹的道德原则之处。前者既要具备内容正确性，也要具备制度化的来源，而后者只需具备内容正确性即可。这种双重标准导向了一种"中度的法律体系观"：法律体系并不将所有的原则都作为法律原则包含进来，而只是将具备制度化来源的那部分原则包含进来。[②]

---

① 陈景辉. 实践理由与法律推理. 北京：北京大学出版社，2012：180，187.

② 要强调的是，道德原则不属于法律体系，并不意味着它们不能在法律适用的过程中被运用，甚至也不意味着法官没有（道德）义务去适用它们，只是这么做就不再是法官的法律义务了。

有别于将单一的法律规则作为要素的阶层构造模式，法律体系的规则—原则模式认为规则与原则具有质的差别，且至少有部分原则属于法律体系的组成部分。因此，法律规则与法律规范的二元构造构成了一种新的法律体系模式的要素。

第四节　两种模式的法治模型比较

既然法律体系很大程度上是法学认知的产物，那么法律体系的模式就无所谓真假。但关键在于，规则的阶层构造模式（在此简称为"规则模式"）和规则—原则模式，哪个更好？任何理论建构都服务于一定的目标。在国家法治化的背景下，不同的法律体系模式背后对应的是对不同法治模型的追求。因此，比较的标准在于哪种模型更好。具体来说，它又可以被细化为两个方面：一是哪种模式能够使得实践理性最大化。法既然是一种实践理性，那么在法律活动中尽可能摒除任意的因素，追求实践理性的最大化就是法治的固有内涵。二是哪种模式体现的法治理念能够对法治实践作最佳化诠释。理念既来自实践又对实践施加影响。最佳化诠释意味着某种法治理念既最符合既有的法治实践，又可以最好地推动法治实践的发展。[1] 同时使得实践理性最大化和法治理念最佳化的法治模式可被称为最优化法治模型。

一、实践理性的最大化

法作为一种实践理性，为人们提供行动的理由。实践理性的最大化意味着要尽可能地从法律体系中获得理由来支持和证立人们的行动。从三个方面看，规则—原则模式都比纯粹的规则模式更具备实现这一目标的可能性。

首先，规则模式只能实现法律体系的连贯性，而规则—原则模式同时能实现法律体系的融贯性。连贯性就是无逻辑矛盾[2]，而融贯性则包含两方面

---

① 此处参考了德沃金"建构性解释"的想法，参见 Ronald Dworkin, *Law's Empire*, Cambridge (Mass.): Belknap Press, 1986, pp. 45-78.

② Robert Alexy, Juristische Begründung, System und Kohärenz, in: Okko Behrends/ Malte DieÖelhorst/ Ralf Dreier (Hrsg.): *Rechtsdogmatik und praktische Vernunft. Symposium zum 80. Geburtstag von Franz Wieacker*, Göttingen, 1990, S. 96.

的含义：在消极面上，融贯性就意味着连贯性；在积极面上，它则意味着更多的东西。故而，连贯性是融贯性之必要但非充分的条件。① 连贯性只是一种逻辑要求，而融贯性涉及了评价性要求。一个逻辑上无法自洽的体系无法满足形式正义的要求，因为它会使得这个体系中的个体行动者无所适从，陷入为或者不为某个行动指令的逻辑上永误的境地（从矛盾中可以推导出一切）。从这个角度讲，规则模式有其意义：阶层化的构造和不同阶层的规则之间从上到下一以贯之的效力链条确保了下位阶规则与上位阶规则的一致性，也避免了规则之间冲突的可能。但尽管规则模式能保障这种形式正义的要求，却无法要求得更多。相反，规则—原则模式一方面在规则的层面上能因等级和形式准则的存在而保证法律体系的连贯性，另一方面在原则的层面上则要求体系内部诸价值和意义之间形成相互支持、彼此证立的脉络。这种融贯性体现在两个方面：一方面，同一体系的法律原则之间形成价值的统一体，也即德国法院经常提及的"客观价值秩序"；另一方面，同一体系的法律原则也能对法律规则形成支持与证立，达致表述与价值、文义与目的统一。如此，规则—原则体系不仅追求形式正义，也追求实质正义。

其次，规则模式只提供形式化的实践理由，而规则—原则模式却同时能提供实质化的实践理由。纯粹形式化的实践理由是有缺陷的。在存在形式理由的地方，它在让行动者去服从权威的同时却也在一定程度上放弃了对理由之内涵的考量与对实践情形之特殊性的关怀，丧失了反思均衡的能力，造成规则的抽象性与个案之具体性之间相抵牾的困境。司法裁判中大量疑难案件都产生于此。而在没有形式理由的地方，它却完全放任行动者凭借自己的主观性去予取予夺（即所谓自由裁量），从根本上放弃了实践理性的要求。相反，规则—原则模式既让行动者保持对于权威的足够尊重，也在很多情形中让行动者自身涉入实质价值的考量。在存在形式理由的地方，除非存在重大理由，通常它并不质疑形式理由的拘束力。在不存在形式理由之处，它通过实质理由和价值的权衡来决定行动的依据。这并不意味着放弃理性，相反，只要可能遵从一种受理性确保的决定程序，它就确保了法律中实践理性的最大化。②

---

① Robert Alexy/ Aleksander Peczenik，The Concept of Coherence and Its Significance for Diskursive Rationality，3 *Ratio Juris* (1990)，p. 130.

② 这就涉及了作为理性商谈的法律论证理论，Robert Alexy，*Theorie der juristischen Argumentation*，2 Aufl. ，Frankfurt a. M. ：Suhrkamp Verlag，1991.

在这一过程中，行动者的道德自治得到了发挥，理性程序的标准和规则又对于这种道德自治施加了约束。①

最后，规则模式只能实现法的安定性，而规则—原则模式同时能实现正确性。法的安定性与正确性同属法的理念②，也都是实践理性的要素。规则模式无疑能实现法的安定性这一理性假设。以司法裁判为例，在纯粹法学看来，规则具有框架性，因而必然呈现出"开放结构"③。由此，一个规则可以被分为两部分，一部分是含义确定的框架本身，另一部分是含义不清的开放领域。在框架部分，规则完全决定案件的判决，法律体系也显示出最高限度的拘束力；在开放领域，适用者可以合法地运用保留给他的自由裁量去援引任意法外因素，来形成对于规则的解释。因为在规则模式中，按照定义他只受规则的法律约束。因此，依照规则模式，要么适用者从事的仅仅是认知性活动，此时就实现了法的安定性，也满足了实践理性；要么适用者纯粹在进行意志性的活动，此时不存在法的安定性，也就谈不上实践理性。法律安定性毫无疑问是实践理性对法律体系的一个核心要求，但却不是唯一的要求。除此之外，正确性也是它的要求之一。在规则—原则模式看来，认知与意志的二分法无法反映司法裁判活动的性质。在规则的开放领域，虽然无法进行纯粹认知性的活动，也不存在唯一正确的答案，但并不意味着必须要将它完全交由非理性的决断来处理。作为法律体系的组成部分，法律原则虽然并不能像法律规则那样具有绝对的拘束力，但它也能够成为论证活动中的"规范性论据"④，起到相对的法律拘束作用。并且由于原则与价值的密切联系，原则论证并不仅是形式性的权威论证，而且是实质性的正确性论证。因此，规则—原则模式下的法律体系所能实现的，是一种平衡法的安定性与正确性之上的二阶正确性。⑤　从而，与规则体系所能实现的有限实践理性相比，它

---

①　关于规范领域中道德自治与理性证立的关系，Jan Sieckmann, Autonomy and the Rational Justification of Norms, 16*Ratio Juris*（2003），pp. 105-122.

②　Vgl. Gustav Radbruch, *Rechtsphilosophie*, 8. Aufl., Stuttgart: Koehler Verlag, 1973, S. 9. 拉德布鲁赫用的词是"正义"。

③　H. L. A. Hart, *The Concept of Law*, 2nd ed., Oxford: Clarendon Press, 1994, p. 128.

④　Jan Sieckmann, The Theory of Principles-A Framework for Autonomous Reasoning, in: M. Borowski（ed.），On the Nature of Legal Principles, 119 *ARSP-Beiheft*（2010），pp. 49ff.

⑤　Vgl. Robert Alexy, The Dual Nature of Law, 23 *Ratio Juris*（2010），p. 174.

更能够实现实践理性的最大化。

二、法治理念的最佳化

与实践理性相关的是法治理念，不同体系模式对应着不同的法治理念。概言之，规则体系所意图现实的是一种刚性法治的理念，而规则—原则体系对应的则是一种柔性法治的理念。① 同样从三个方面看，柔性法治比刚性法治更符合，也更能证立既有法治实践。

首先，纯粹规则导向的刚性法治将法治化约为一种"规则之治"，而兼容规则与原则的柔性法治则同时容纳了"理由之治"。在最宽泛的意义上，规则当然也是一种理由，遵从规则同样是理性的。但如前所述，规则只是一种权威性理由，而权威性理由的特征在于：它一旦出现，就将取代其他理由而成为唯一的行动依据，也就是说，取消掉其他实质理由的效果。一旦在法律活动中只容许使用权威性理由，而权威又是连贯的话（就像阶层构造模式所设想的那样），那么得到权威支持的一方（如政府）无须进一步说理就可以单方决定结果，而没有得到权威支持的一方则将永无可能挑战成功。故而仅仅运用规则（权威）的说理最终会导致它的反面，即消灭说理本身，这无疑是一个悖论。可见，严格依据规则而治的政府未必就不是专制的政府。② 相反，柔性法治并不否认规则的权威性与规则之治的意义，但它将给出理由（实质理由）视为法治的一个重要部分。允许提供实质理由的本质在于容许争论。它依据的理念是一种"抗辩式民主"，也就是说，正确的制度设计应该为公民提供有效进行争论的机会。不论官方决定的理由是什么，只要公民愿意，他们必须能够就每一个正当性理由进行争论并提出相反论据。一个不给理由的法律体系不提供这样的机会，也与法治不一致。③ 因此，给出理由的价值就在于阻止了公共机构的专断。现代社会中协商民主的倡导、立法、

---

① 阿列克西曾分别称之为法制主义与温和宪政主义（Vgl. Robert Alexy, Rechtssystem und praktische Vernunft, in: ders., *Recht*, *Vernunft*, *Diskurs*, Frankfurt a. M.: Suhrkamp Verlag, 1995, S. 221, 213-214.）。

② 正是在这一意义上，拉兹说，"法律完全可以设立奴隶制而不违背法治"（Joseph Raz, The Rule of Law and Its Virtue, in his *The Authority of Law*, 2nd ed., Oxford: Clarendon Press, 1979, p. 211.）。

③ 玛蒂尔德·柯恩. 作为理由之治的法治. 杨贝, 译. 中外法学, 2010 (3): 359 - 361.

行政活动中各种听证制度的设计、司法活动中对诉讼程序的重视，都体现了这一点。更重要的是，它能够确保个体的某些权利，因为说理和论证从来都内在地预设着自治、平等等人权。①

其次，刚性法治坚持立法对于司法的优先性，而柔性法治则认为立法与司法之间处于动态平衡关系，且立法具有相对优势。在议会法治国的模式中，阶层构造论将立法权与司法权的关系改造为一种阶层式的功能关系。由于从宪法到制定法再到个别规则（如司法裁判）是一个无法逆转的等级序列，创制这些法源的机关之间也就具有了位阶不同的等级序列。只有在立法者所创设之规则框架的范围内，司法者才享有形成空间，他不能改变这个框架，否则就是无效的。当然，这并不是反对法院有废止制定法的可能。众所周知，凯尔森本人就是奥地利宪法法院之父。这里的要点在于，宪法与其他法律一样也是一种框架秩序。并作为一种政治法，宪法的功能一方面在于划定政治决定权力的界限，另一方面通过对立法和行政之行动目标形成原则的规定，提供政治行为与决定权力的方针规定。② 在这种情况下，立法者的形成空间非常大，司法审查的任务只在于审查其有无逾越政治决定权力的界限即宪法的框架，只要在此框架内，无论立法者作出多么不合理的决定，都是合宪的。

相反，原则理论将宪法规定，尤其是基本权利的规定视为原则，将宪法视为客观价值秩序，认为立法者不仅受宪法文义的拘束，而且也要受原则和客观价值秩序的拘束。宪法的任务不仅在于划定立法权的界限，也在于让立法承担起使得宪法价值具体化的任务，即让这些客观价值实现于整个法律体系之中。这么做并不会使得宪法法院以自己的决定去取代立法者的方案，使得"议会式的立法国"转变为"宪法法院式的司法国"③；也不会使得立法成为一种对宪法纯粹的认知活动，进而使得整个法律体系沦为对宪法的（演绎式的）具体化。宪法并不是"法律上的价值暴君，从中可以产生一切，从

---

① Vgl. Robert Alexy, Diskurstheorie und Menschenrechte, in: ders., *Recht*, *Vernunft*, *Diskurs*, Frankfurt a. M.: Suhrkamp Verlag, 1995, S. 148ff.

② Vgl. E. -W. Böckenförde, Die Methoden der Verfassungsinterpretation-Bestandsaufnahme und Kritik, in: ders., *Staat*, *Verfassung*, *Demokratie*, Frankfurt a. M.: Suhrkamp Verlag, 1991, S. 86f.

③ Vgl. E. -W. Böckenförde, Grunrechte als Grundzatznorm, in: ders., *Staat*, *Verfassung*, *Demokratie*, Frankfurt a. M.: Suhrkamp Verlag, 1991, S. 196f.

刑法典到关于如何生产体温计的法律"①。因为，一方面，宪法原则无非对立法者施加了比规则框架多一些的拘束，但它不会、也无法彻底消除立法者的形成空间；另一方面，由于形式原则的存在，尤其是经民主授权的立法者拥有决定权能这一形式原则②的存在，普通制定法相对于宪法原则拥有相对优先性。于此，合宪性推定本就是一项政治原则，违宪论证的负担、无法证成的风险都需由宪法法院来承担。况且，即使判定制定法违背宪法原则，宪法法院也不能代替立法者直接作出决定，而仍需敦促立法者重新制定不同的规则。这样的理解符合当代司法审查制度的实践，它将立法与司法置于动态平衡关系之中，并让立法具有相对优势。

最后，刚性法治将民主视为法治最重要的内核，而柔性法治兼顾基本权利与自由。刚性法治认为，在法治国家中，共同体的重要决定应尽可能地由民主机制来作出。我们之所以要服从法律规则，是因为它们是经由民主程序（其中最重要的是多数决原则）产生的，代表了多数人的意志。个人对于法律规则的服从，也就意味着他对于多数人意志的服从。宪法法院要对制定法作出合宪性裁判，就不可避免要涉及价值判断，这就可能会用个人的判断去取代多数人的判断，从而造成"反多数难题"③。相反，柔性法治认为，法治除了要尊重民主之外，也要保障自由。而法律体系对于自由的保障最明显的莫过于宪法层面的基本权利。这些基本权利构成了一国法治的基本价值底线，无论如何都不能以任何方式去剥夺个人的这些权利，即使是以民主的名义，否则就会造成"多数人的暴政"。宪法法院于此承担起的是基本权利与自由之守护者的角色。另外，司法审查制度与民主也并非不能相容。在代议制的议会法治国中，民主的要义在于代表，而代表的类型可以是多样化的。除了议会中人头式的代表之外，尚有宪法法院中论证式的代表。④ 只要宪法

---

① Ernst Forsthoff, *Der Staat der Industriegesellschaft*, 2. Aufl., München: Beck Verlag, 1971, S. 144.

② Vgl. Robert Alexy, Rechtssystem und praktische Vernunft, in: ders., *Recht, Vernunft, Diskurs*, Frankfurt a. M.: Suhrkamp Verlag, 1995, S. 224.

③ Alexander Bickel, *The Least Dangerous Branch: The Supreme Court at the Bar of Politics*, Minnesota: Bobbs-Merrill, 1962, pp. 16-17.

④ Vgl. Robert Alexy, Abwägung, Verfasungsgerichtbarkeit und Repräsentation, in: M. Becker und R. Zimmerling (Hrsg.), *Politik und Recht-Politische Vierteljahresschrift*, *Sonderheft* 36 (2006), S. 256.

是人民意志的根本体现和"人民自由的圣经",运用宪法原则进行合宪性论证就同样代表人民的意志,甚至是更高层面的人民意志。这就是现代法治国家所践行的"商谈宪政主义"。

综上,规则模式(刚性法治)追求纯粹的规则之治,坚持立法对司法的优先性,强调民主的重要性,是一种单向度的法治理念;相反,规则—原则模式(柔性法治)追求规则之治与理由之治的统一,倡导立法与司法的动态平衡及立法的相对优势,强调民主与自由的均衡,是一种最佳化的法治理念。最大化的实践理性与最佳化的法治理念使得规则—原则模式所对应的法治模型成为最优化的法治模型。这种最优化模型背后的考虑在于:如果不想让"法治"的概念过于单薄,而是容许它对各个领域以及每个领域的各个方面发挥影响的话,那么让"法治"成为现代社会的一种"苍穹式概念",来统合诸多值得追求的价值与制度就是合适的。而我们的经验实际上也在支持这一点,它典型地反映在"法治社会""法治国家"这样的标识之中。

第五节　法律体系的双重构造模式

尽管规则—原则模式比之规则模式更具备优势,但迄今为止,前者只是说明了法律体系的要素模式,却尚未提供一个可与阶层构造相比较的结构模式。事实上,这样一种结构模式已经部分地蕴含在原则理论之内。本部分将在区分法律体系之理想结构与现实结构的框架内对此进行阐述。

一、法律体系的理想结构

法律规则之间的授权或效力链条是规则的重要特征,也是规则构成一个有序引导行为之体系的依据。就此而言,它构成了一个形式—框架式的体系,不同的规则因其授权与被授权的关系形成一个上下有别、层层递进的阶层构造。这个构造是刚性的,也就是说,它在规则间确立了一种绝对的优先关系,而优先的依据就在于等级。相反,法律原则之间并无等级。原则的典型适用方式为相互权衡,这就已经说明了原则在效力方面的同位阶性。因为如果原则的效力有高低之分,那么当两个原则相冲突时,高位阶的原则就一定优于低位阶的原则适用,并无权衡的余地,由此原则也就丧失了"最佳化命令"的特征。但这并不说明原则之间就必然处于杂乱无章的松散状态。具有内在秩序（一贯性）和统一性是任何体系的必要特征。① 法律原则之间同样可以是有序和统一的，只是与规则体系的不同在于，原则构成了一种价值—目的式柔性体系。

（一）原则作为柔性价值体系

柔性体系首先意味着一种客观价值秩序。在体系中，原则与原则之间必须是融贯的，首先就意味着它们不能在抽象的层面上发生明显抵触（如宪法中同时规定"自由民主原则"与"全权国家原则"）。这也就是说，一旦某个原则（价值）要成为客观价值秩序的组成部分，它的所有评价性结果都应该推展到极致，即可以将它们适用于所有可比较的情形，消除它们与已设定之价值之间可能的冲突，并在创设新原则（价值）时防止出现矛盾。② 但这只是静态的一贯性，而作为客观价值秩序的原则也指向动态的一贯性。由于语义的开放性和适用范围的不确定，抽象层面并不冲突的原则（如自由原则和秩序原则）可能在具体适用的情形中发生碰撞，指向互不相容的解决方案。此时，虽然无法对相冲突的原则进行抽象排序，但却可以在依具体情形建立相对优先关系，维系动态的一贯性。

具体说来，这一相对优先关系由三个要素构成。③ 第一个是优先条件的要素。原则具有分量，这意味着在不同的条件下原则的具体分量是不同的。如果原则的分量是固定的，那么当分量大的原则与分量小的原则发生碰撞时前者就将永远优于后者，也就没有权衡的余地了。相对优先性是一种条件式的优先性，确立优先条件的体系也就意味着要区分和总结不同的事实条件，因为确立原则间的优先关系的前提就在于这些不同的条件。例如美国司法史上著名的"纽约时报诉沙利文案"④ 就表述出了新闻自由（自由权原则）优先于名誉保护（名誉权原则）的事实条件。如果这一条件发生改变，那么这

---

① Vgl. Claus-Wilhelm Canaris, *Systemdenken und Systembegriff in der Jurisprudenz*, 2. Aufl., Berlin: Duncker & Humblot, 1982, S. 11-12.

② Ibid., S. 46.

③ Vgl. Robert Alexy, Abwägung, Verfasungsgerichtbarkeit und Repräsentation, in: M. Becker und R. Zimmerling (Hrsg.), *Politik und Recht-Politische Vierteljahresschrift*, *Sonderheft* 36 (2006), S. 225-227.

④ 376 U. S. 254 (1964).

种优先关系就有可能逆转。法学上经常进行的类型化作业就是为建立这类优先条件体系所作的努力。这项工作往往由司法实例引发，而由法学进行加工和提炼。由此也从一个侧面证明，法律体系绝不仅仅是立法者的产物。第二个是权衡结构的要素。原则理论与比例原则相互蕴含，意味着原则之间的权衡要符合这样一个权衡法则：对一个原则的不满足程度或损害程度越高，满足另一个原则的重要性就必须越大。① 这一权衡法则所表述的其实就是狭义上的比例原则。这虽然没有为确立原则间的优先关系提供一个能得出唯一结论的方法，但它阐明了一种理性的论证结构。第三个是初步优先性的要素。不同原则间的相对优先性取决于它们在这一情形中的分量，即具体分量。但这并不意味着它们在具体化之前不可以拥有一种不依赖于情境的分量，即抽象分量。虽然很多时候，许多原则的抽象分量是相等的（价值间是平等的），但有时则并非如此。在一个法律体系中，共同体可能会"天然地"更加重视某些原则（价值）。这样的评价偏好可能来源于普遍的价值认知，也可能来源于特定的意识形态。前一种情况，比如许多群体会认为，生命权通常比其他基本权利更重要。后一种情况，比如有的国家会认为集体利益原则通常情形下高于个人利益原则，有的国家则相反。这类偏好固然无法包含确定性的评价——因为如前所述，原则间的相对优先性取决于它们各自在特定情形中的具体分量，而非仅仅是抽象分量——但是它毕竟能确立一种初步的优先关系。因为在同一事实条件下，想要偏离抽象分量较大的原则而去支持抽象分量较小的原则，与相反的做法相比更加困难，也就是要承担更重的论证负担。所以，设定论证负担的方式同样在原则领域促成了一种特定的柔性秩序。

柔性体系也意味着价值的统一性。统一性意味着在一个法律体系的内部存在着少数的基本价值或者说一般法律原则，其他原则都可以回溯到这些一般原则，它们构成了法律体系的基础。一方面，其他原则与一般原则之间并不存在像规则那般的效力链条，它们之间的关系不如说是内容上的推导关

---

① Vgl. Robert Alexy, Zum Begriff des Rechtsprinzips, in: ders., *Recht, Vernunft, Diskurs*, Frankfurt a. M.: Suhrkamp Verlag, 1995, S. 146. 在权衡法则的基础上，可以发展出对原则权衡进行演算化的重力公式 [Vgl. Robert Alexy, Die Gewichtsformel, in: Joachim Jickeli/ Peter Kreutz/ Dieter Rezter (Hg.), *Gedächtnisschrift für Jürgen Sonnenschein*, Berlin: de Gryter Recht, 2003, S. 790.]。对此不再赘述。

系。这也就是说，其他原则可以被视为对一般原则之内涵的个别化。例如契约自由原则、婚姻自由原则、政府最小干预原则等，可以被看作是对作为一般原则之自由原则在契约、婚姻、市场等领域的个别化。一般原则与其他原则之间不存在效力意义上的等级关系，而是母原则和子原则的关系。另一方面，如果一些其他原则可以从某个一般原则中被推导出来，那么它们之间就具有相同的抽象分量。在进行权衡时，它们支持同一个解决办法，可以被视为一个原则。这就涉及原则间的"串联现象"。串联并非一一对应，由于原则的内容并不彼此孤立，往往有重合之处，有时原则之间可能存在复杂的一对多和多对一式串联的情形。从自由原则推导出上述那些子原则就是一对多的串联，而不同基本权原则通过民法中的公序良俗原则发挥作用则构成了多对一串联的例子。① 这说明，柔性体系并不是由孤立的几个一般法律原则及由其衍生、同样彼此孤立的其他原则合成的体系，而是由不同原则在不同层面彼此交叉诠释、互相支持而形成的"网状式"价值脉络体系。

由此，我们获得了规则—原则模式的全貌：法律规则之间根据效力关系形成了特定的阶层构造，属于法律体系的刚性部分；而法律原则之间根据内容关系形成了客观价值秩序的统一体，属于法律体系的柔性部分。由此，这种新的模式就改变了阶层构造模式作为平面金字塔的二维形象，而发展成为立体金字塔的三维形象。因为阶层构造论只是勾勒出了法律体系的高度（不同阶层）和宽度（同一阶层的诸规范），却没有刻画出它的深度。新的模式则在其背后加上了一个由原则体系组成的深度。规则体系部分与原则体系部分并不在同一个平面上，前者可以视为法律体系的"外部体系"，而后者可以视为法律体系的"内部体系"②。因而新的模式就是这样一种内外叠加的

---

① 公序良俗原则一般被认为是基本权原则在私法中发挥作用的桥梁。一方面，基本权原则借助公序良俗原则下延到私法领域，从而使宪法基本价值成为民事行为的评价依据；另一方面，公序良俗原则又内在地上连至基本权原则，使自身的内涵得以充实化，即将在民事活动中侵犯他人基本权利的，视为违反公共秩序而无效。故公序良俗又被称作"引致条款"（于飞. 公序良俗原则研究——以基本原则的具体化为中心. 北京：北京大学出版社，2006：131，135-136.）。重要的是，借助公序良俗原则发挥作用的基本权原则并不限于特定的某一个。

② 要注意它们与黑克以及拉伦茨的相关学说的区分，尽管两者都使用了这对概念。黑克将"外部体系"定义为用命令和秩序概念，而将"内部体系"定义为利益概念（Vgl. Philipp Heck, *Begriffsbildung und Interessenjurisprudenz*, Tübingen: Verlag Mohr, 1932, S. 139ff.）；拉伦茨则将"外部体系"定义为抽象—概念的体系，将"内部体系"定位为法律原则的集合（Vgl. Karl Larenz, *Methodenlehre der Rechtswissenschaft*, 6. Aufl., Berlin [u. a.]: Springer Verlag, 1991, S. 437, 473ff., 481ff.）。

双重构造模式。

(二) 原则与规则的联结

在双重构造中，规则部分与原则部分并不是彼此孤立的，否则就难说它们构成了同一个法律体系。一方面，前文已然述及，任何规则的背后都存在赋予它正当性的（实质）原则。原则与规则的关系在某种意义上就是目的和手段的关系，原则提出了法律体系要去追求的价值性目的，而规则提供了实现它们的手段。但目的和手段并不是一一对应的，一个目的可以对应多个手段，而一个手段也可以对应多个目的。所以，规则与原则并不是处于简单的对应关系之中，很可能一个规则会得到几个原则的支持，也可能一个原则同时支持着几个规则，由此显现出双重构造在具体细节上的复杂性。但这只是指明了两个部分之间静态的联结。

另一方面，也更重要的是，原则的内容可以转变为规则的组成部分。这是因为，如果能通过权衡确定原则 P1 在条件 C 下优先于原则 P2，并且假如P1 在条件 C 下可导出法律后果 R，就会产生一条规则，这条规则由事实 C和法律后果 R 构成：即 C→R。[①] 事情的一个面向是，原则权衡的结果是规则，这意味着，如果再次遇见情形 C 时，就无须再作同样的权衡，而直接适用规则 C→R 即可。由此也说明了原则部分向规则部分的动态流变。如果这种流动只是单向的，那么法律体系就会变得越来越僵化和坚硬。事情的另一个面向是，已经形成的规则也可能不断地出现漏洞和例外。假如情形 C 中出现了一个新的事实特征 C（优先条件发生改变），使得原本的法律后果不再合适，原则间的优先关系就会逆转。此时规则会被创设例外，而法律体系也发生了反向的流动，这使得它重新变得灵活化和柔和化。上述两个面向合在一起，构成了规则层面与规则双向流动的动态图景。这也说明，双重构造模式下的法律体系是一种动态和开放的体系。

二、法律体系的现实结构

以上只是摹写出了法律体系的理想结构。在现实的法律体系中，规则部分与原则部分的联结要比理想结构更加复杂。在以制定法为主的议会法治国

---

① 这就是所谓的 "碰撞法则"，Vgl. Robert Alexy, Zum Begriff des Rechtsprinzips, in: ders., *Recht*, *Vernunft*, *Diskurs*, Frankfurt a. M. : Suhrkamp Verlag, 1995, S. 83.

中，这体现在两者的制度性联结和方法性联结两个层面。

（一）规则与原则的制度性联结

规则与原则的制度性联结表现在三个方面：其一，宪法基本条款。在成文宪法国家，经常会以宪法条款的方式来明确肯认和规定对于本国具有根本性意义的基本原则。从内容看这些条款又可以分为两个部分，一部分是关于公民之基本权利的条款，例如德国基本法第1～19条，以及我国宪法第33～50条中的相关规定，都可以视为法律原则。另一部分是关于国家之基本性质的条款，例如德国基本法第20条第1款规定的"共和国""民主国""社会国"和"联邦国"原则，再如我国宪法第1条规定的"社会主义国家"原则，第2条规定的"人民主权"原则，第5条规定的"依法治国"原则等。这些原则被明文载于宪法表明，相较于其他原则（如果无法从宪法基本原则中引申出来的话），它们具有更大的抽象分量，在适用上也拥有初步优先性。

其二，制定法总则部分的条款。法典或一些单行法总则部分的条款，虽非全部、但至少有一部分具备原则的属性。这方面的例子很多，例如我国民法通则第7条规定的"公序良俗"条款，我国物权法第3条第3款规定的"一切市场主体法律地位平等"原则，等等。这些条款可能是独立于宪法基本原则之外的原则，也可能来自宪法基本原则的个别化，例如物权法第3条第3款就是对宪法第33条第2款"中华人民共和国公民在法律面前一律平等"（平等原则）在物权法领域的个别化。

其三，从宪法、制定法条款或判例中归纳提炼出原则。有时，法律条款虽未直接表述原则，但可以从它们体现的整体意旨中提炼出某个原则。如德国基本法虽没有明文规定"法治国"原则，但宪法教义学通说认为，基本法第20条第2款（一切国家权力……皆经由特定的立法、执行和司法机关予以施行）和第3款（立法受合宪性秩序、执行权和司法受制定法与法的拘束）合起来表达出了"法治国"原则。因为在宪法上，法治国就是这样一种宣称：共同体的政治与社会权力首先要依照法和正义来施行。[①] 此外，判例，尤其是一国最高司法机关（宪法法院、普通最高法院等）的判例，也往往成为形成原则的途径。依照德国联邦最高法院和学界的通说，只要成为

---

① Vgl. Helmut Schultze-Fielitz, Artikel 20: Rechtsstaat, in: Horst Dreier (Hrsg.), *Grundgesetz: Kommentar*, Band II, 2. Aufl., Tübingen: Mohr Siebeck, 2006, S. 170, 175.

"最高法院的惯常见解"，判例就具有初步的拘束力。[①] 这里所谓的"判例"指的并不是案件事实与裁判结论本身，而是经时间积淀后通过类型化归纳出的、体现于判决理由之中的法律原则。

可见，第三种联结方式与前两种有明显的不同：前两种情形中，规则与原则均具有法条的形式，被规定在同一部宪法或制定法之中，这是一种直接的制度性联结；而第三种情形需要通过司法和教义学的渠道，借助于对制定法的解释和适用来进行，这是一种间接的制度性联结。

（二）规则与原则的方法性联结

规则与规则相联结的另一个层面在于法律方法，它至少也体现在三个方面：其一，原则通过法律解释填充规则框架。制定法规则既然具有框架性，那么框架内存在语义模糊、歧义乃至评价开放等问题就难以避免，以一定方法来解释规则、解决这些问题也势在必行。而在解释方法中，体系解释、目的解释和合宪性解释都与原则存在密切关联。体系解释一方面要求解释某个规则的结果与其他规则不矛盾（连贯性），另一方面更要求解释某个规则的结果与体系性评价不冲突（融贯性）。制定法总则部分的原则条款往往就是这种体系性评价的载体，所以体系解释时常表现为用总则部分的原则去解释分则部分的规则。目的解释诉诸规则背后的理性目的，换个角度看即是运用规则背后的原则来解释规则的文义。合宪性解释其实是体系解释和目的解释的混合体[②]，所不同之处在于它运用的是宪法基本条款中的原则。此外，在适用一般性条款时，原则作为解释依据的角色体现得最为明显。由于一般性条款的构成要件包含须填补价值的不确定法律概念，其与法治的确定性要求之间存在潜在的紧张关系。[③] 而原则为价值填补提供了依据和方向，在一定程度上能消弭这种紧张。

其二，原则通过法律续造填补规则漏洞。漏洞可以分为两种情形，一种是规范性漏洞，一种是价值论漏洞。它们都属于由于规则的一般性所造

---

① Vgl. Martin Kriele, *Theorie der Rechtsgewinnung*, 2Aufl., Berlin: Duncker & Humblot, 1976, S. 243, 247.

② 类似观点见张翔. 宪法释义学. 北京：法律出版社，2013：90.

③ Vgl. Andreas Wallkamm, Generalklauseln- Normen im Spannungsfeld von Flexibilität und Rechtsstaatswidrigkeit, 39 *Rechtstheorie* (2008), S. 508.

成的文义与目的不符的情形，即包含不足（词不达意）与过度包含（言过其意）。① 在前一种情形中，某个应当由法律调整的情形不存在任何可适用的规则，此时可以去寻找这一情形所属之法律领域的原则，经由具体化后填补这一明显的漏洞。在后一种情形中，虽然规则据其文义已经涵盖了某种情形，但依据规则的目的（原则）却应当区分对待并施加不同之法律后果的，此时可以依据此一目的（原则）对规则的文义进行目的性限缩。

其三，基于原则对规则进行法律修正。这种情形与目的性限缩的区别在于，它依据的并非被修正之规则背后的原则，而是法律体系中的其他原则。这些其他原则，可以来自宪法条款，可以来自制定法总则部分的条款，也可以是从宪法、制定法条款或判例中提炼归纳出的原则。与体系解释和合宪性解释相比，它的依据并无两样，但与它们的区别在于不限于规则的框架之内，而是已经修改了框架本身。当然，由于形式原则的存在，基于原则的法律修正要比基于原则的法律解释难度大得多。因为作为它毕竟违反了规则的文义，所以既可能危及法的安定性，也可能危及民主。所以，必须赋予规则以初步的或推定的优先性，凡不存在充分理由时，均不得对规则进行修正。②

制度性联结与方法性联结并不是两种不同的联结方式，而是对法律体系中规则部分与原则部分如何联结这一问题的不同角度的表述。我们可以看到，比起法律体系的理想结构，在现实结构中，内部体系与外部体系的结合程度更高，密度也更大。凡是规则体系存在"缝隙"之处，即有原则以不同方式"渗入"的余地。而当规则与原则发生冲突时，通常规则优先于原则。这也即是说，在法律体系的双重构造中，规则部分更能贯彻自身的优势。

第六节　结语

法律体系在很大程度上是法学的产物。一国现行有效的实在法至多只是为法学提供了尚待加工的原料，需经由法学的加工才能成为成品。更准确地说，与其认为存在一个法律体系，还不如认为存在多种法律体系观。不同的

---

① Frederick Schauer, *Thinking Like a Lawyer*, Cambridge (Mass.): Harvard University Press, 2009, pp. 26-27.

② 具体论述及例证参见雷磊. 论依据一般法律原则的法律修正. 华东政法大学学报，2014（6）.

法律体系观之间没有真假之别，但却存在比较优势。在规范论的语境中，比之以单一规则为基础的阶层构造模式，规则—原则的双重构造模式更具说服力。在这一模式的理想结构中，法律体系由规则（外部体系）与原则（内部体系）两部分构成：法律规则之间根据效力关系形成了特定的阶层构造，属于法律体系的刚性部分；而法律原则之间根据内容关系形成了客观价值秩序的统一体，属于法律体系的柔性部分。两部分之间既有静态的联结，更有动态的双向流动，呈现出开放性。在现实结构中，由于制度性和方法性联结的可能，规则与原则相互结合得更加紧密，但也增加了两者冲突的概率，此时通常法律规则优先于法律原则。

法律体系并不能与法治画上等号。法治不是一架能"自我运行的机器"[①]，良法也未必能导致善治。法治需要有人及其法律实践才能实现。但是，一架设计得更好的机器能更便于人去操作以实现特定的目标，更好的法律体系模型也更有通往善治的可能。在此意义上，双重构造模式由于能实现实践理性的最大化和法治理念的最佳化，因而对应着最优化的法治模型。

---

① Gordon Silverstein, Globalization and the rule of Law: A machine that runs of itself?, 1 *International Journal of Constitutional Law* (2003), pp. 427, 428.

第五章

基于完善法律体系的立法学基础理论

第一节 基于法释义学的立法学体系构建

改革开放以来，立法学努力回应中国社会主义法治建设需要，研究成果丰硕，已成为一门独立的、有影响的法学学科。但是，立法学尚处于形成和发展的阶段，距离社会发展和现代立法的要求，还有很大的距离。特别是，在法释义学的视野中，立法学偏重于立法体制、立法指导思想、立法原则、立法政策、法律价值等重大问题，被视为法学之另类，而遭到拒斥。注重法之实然的"法释义学"与偏向法之应然的"立法学"旨趣迥异，似乎无法兼容结合。在法释义学影响越来越大的背景下，一种与法释义学无涉、抵牾的立法学，难以在法学体系中找到显要的位置。因而，探寻立法学与法释义学的结合点，发现两者合作的理论空间，实属必要。法学家们应当基于这样的问题意识，深入地思考：如何理解立法学的研究对象与范围？如何理解立法学与法释义学之间的实然与应然？如何构建以法释义学为基础的立法学体系？法释义学本身应该如何作出相应的调整与改变？在这些问题上，如果能够找到正确的答案，形成广泛的学术共识，并落实于法治实践之中，有利于端正立法学以及法释义学的研究方向，合理地界定它们的研究范围，运用正确的研究方法，在建设社会主义法治国家伟大事业中发挥更大的作用。

一、拒斥立法的法释义学主流观点

法释义学，也称法解释学、法教义学、注释法学、法律实证主义、规范法学、概念法学、法律信条学、法律教条学等，是法学研究和法学教育的一种基本范式，是法律获得理性化、合法化认知的必要途径。在德国人的观念中，法释义学就是法学的本义，或者说，法学就等于法释义学，其他诸如法哲学、法社会学、法史学，只是基于其他学科的视野和方法而对法律的研究。与价值法学相比较，法释义学具有以下这些鲜明的特征：（1）以法官为预设的运用主体。法释义学包括旨在应对各种释义学体系的法律适用问题而形成的各种法律方法，系满足法律适用中司法认知的需要而发展出的阐释性学问。法释义学"关切的是实证法的规范效力、规范的意义内容，以及法院判决中包含的裁判准则"，它是"由关于现行法之陈述所构成的体系"。法释义学以现行法律为思考与解决问题的出发点，依照法律规定处理各种社会问题、诉讼纠纷，是一种给具体案件的处理寻求最适合的方法的学问。法释义学所提供的知识，对于那些从事必须具备现行法规范内容知识的各种职业的人们，特别是对法官、检察官、律师等法律职业工作者大有用处。（2）对现行法律制度无批判的政治立场。一般说来，当社会的发展与既有的法律发生矛盾时，价值法学就会重申革命或者变法的主张，从法律的外部来寻找变法的力量和合法性，因此，价值法学是法律批判和法律变革的重要力量。相反，法释义学试图把法作为维持现实社会生活秩序的规范来对待，用科学的方法来研究法律所具有的规范内容。法释义学运用的不是宏大的政治话语，提出的不是推倒重来的社会革命方案，而是一套基于法律规范的推理过程。法释义学希望维护法律的稳定性和权威性，希望通过法律内部的解释来解读法律的规范意图与条文含义。（3）秉持"内在观点"。价值法学采用"外部视角"，也就是说从法律的外部来看待法律。这种视角关注的与其说是法律本身，不如说是"法律与……"它不仅看到法律与其他社会现象的关系，而且将法律现象和法律规则还原为其他的社会现象。而法释义学将法律看作是一种自足的法律规则体系，它并不关心法律与其他社会要素的关系，而是关注这种法律规则体系本身。法释义学尽管也服务于某种道德、政治、经济或社会文化的目的，但是，这种服务是通过法律规则的内部解释完成的，而不是通过法律外部的规则变化完成的。法释义学以法学的内部观点将跨学科研究和社会科学中的知识转换为法律理论，它在规范解释和体系构建上多以案例分析为辅助。因此，法释义学通过一套比法律条文更加细致、更具实用性的解释规则、法律学说和法学知识，促进法律的精确性、融贯性和对法律的信任，为法律提供一个透明的结构，使法律在政治过程中保持自身的稳定性和权威性。客观地说，在我国法释义学的确立与发展不仅纯化了法学研究的学术性，形成了本真意义上的法律自身的知识体系，也凸显了法学回应社会需求的实践性，增强了法学研究服务于法治建设的能力。

　　长期以来，法释义学刻意构建、维持着一种只有审判方法的理论体系，无视或轻视立法问题。法释义学仅研究从法律中获得具体法律判决的过程，基本上不涉及如何正确立法的方法。法学家应当实证地、客观地、中立地观察社会中的法律现象，立法问题不是法学课程的内容。法释义学只研究所谓"纯粹的法律事实"，认为任何一种制度的全部法律规定都是按照某一种逻辑方案制定出来的，通过分析的方法可以找到一种能够尽量解释更多现存法律规定的逻辑方案。可以说，法释义学将形成良法关键的立法技术置于法学视野之外，只在既定的法律制度基础上，把解决法律诉争的审判方法作为其唯一的研究对象，其问题域只包括事实认定、法律发现、法律推理、法律论证、法律解释等的裁判方法；法释义学的运用主体不包括立法工作者，仅指检察官、律师、法官。同时，法释义学对立法法的排斥，"令人遗憾地造成了在法学方法论之外开展出现代的立法论"。如此，在缺乏法释义学的支持、接纳的情况下，立法学沿着政治学、社会学的路径，艰难地向前推进。

二、立法释义学的基本特征

　　法释义学源于德国，它是法学的本义。其他诸如法哲学、法社会学、法史学，只是基于其他学科的视野和方法而对法律的研究。在德国的法学文献中，法释义学这一术语的用法有多个层次：可以在学科整体意义上使用，如"民法释义学""刑法释义学""宪法释义学"；可以在某个领域层次上使用，如"基本权利释义学""基本权利保护义务的释义学"；也可以在非常具体的层次上使用，如"平等原则的释义学""某判决的释义学"。在上述的几种含义上，立法释义学是与"民法释义学""刑法释义学""宪法释义学"相并列，在学科整体意义上使用的。当下中国的立法学，其政治学、社会学的特征还非常鲜明，而法释义学色彩比较稀薄，比较而言，立法释义学在目标选择、思维基础和基本内容等方面都具有自己的特质。这些特质包括以下三点：

第一，以维护法律稳定性为基调。经过三十多年的不懈奋斗，我们已形成了中国特色社会主义法律体系。中国特色社会主义法律体系形成后的一个时期，立法工作"要把更多的精力放在法律的修改完善上来"。目前，我国法律体系已经形成，基本的、主要的法律已经出台，社会生活的各个方面已实现有法可依。法治的精义是法律既调整普通社会成员的行为，也统治政府自身。国家机关代表人民行使国家权力，履行国家职能，对社会活动进行全面管理。国家机关的性质及其在国家生活中所占的重要地位，决定了国家机关在保证法的实施上负有尤为重要的责任。国家机关及其工作人员必须带头严格守法，自觉维护法的尊严和权威，守法是他们的绝对义务。立法活动依据宪法和法律进行，是全社会守法的前提。"法是起稳定作用的因素：法能够保证社会关系中的一定秩序稳定、持久，而且能使之在原则上恒定不变的基础上长期向前发展"。在对现行法律进行细致整理的基础上，"小心谨慎、不间断的法的变更与发展，旨在维护全部法律行动方案之刚性而又不牺牲其柔性，这构成法律技艺之真正的核心"。法体系的任何一部分发生变动，都要求法释义学参与其中，运用法治思维与法治方式，确保法律的稳健前行。

第二，以法律实现为目标。我国许多制定法实施状况并不理想，是因为忘记了"立法的目的是执行"。立法没有充分考虑司法的逻辑，没有充分回应司法裁判的现实需要，没有以使法律能在司法层面被有效施行作为立法的首要目的，过于强调价值目标的明确对立法能够出台的意义。这导致的后果是，在立法机关有能力有条件对某些司法实践急需解决的问题进行规制的情况下，这些问题依然未能被立法及时解决，从而人为制造司法解释存在的空间。最高法院作为最高司法机关，不得不依靠自身的力量，以制定司法解释的方式弥补立法的不足，从而使得成文法国家司法整体上依赖立法展开的法律运作常态，在一定程度上被司法依赖自身的"反向依赖"这种非常态所取代。对来自司法方面的问题，应不断地总结、提炼。"用司法思维立法的典型特征不是先立法再考虑实施，而是先考虑实施再立法。"

人们经常听到这样的抱怨："我们有一部好的法律，但是实施效果差。"这是一种语词矛盾。一部不能产生好的实施效果的法律，很难被称为好法。在评价我国近年来的法制建设时，常有人说："立法取得了很大的成就，而执法情况则相当严峻。"但一种执行情况相当严峻的立法，能说它取得了

"很大的成就"吗？有人会说："立法本身是好的，只是执行机制和人们的法律意识不高。"但是，立法者在制定法律时，难道不应该考虑执行机制和人的法律意识吗？难道法律的好坏仅凭立法本身，或别的国家的类似立法就能判断吗？立法者在决定是否以及如何对某一社会关系进行法律调整时，必须考虑该法律能否得到有效的执法，能否被人们所广泛遵守。处理立法者愿望与社会条件之间关系有两种思路：一是有什么条件，办什么事。二是有什么要求，创造什么条件。如果着眼于法案的可行性，第一种思路似乎更为可取。除非已经有了政府相关部门有效执行法案所需必要资源的保证，否则开始一项法案起草任务是没有意义的。社会物质生活条件培植了人们的法律需要，同时又决定着法的本质。立法者不能脱离社会实际，仅凭自己的主观意愿，大幅度地改造现有社会关系结构。

第三，以立法技术为主要内容。在立法史上，法释义学与法典的真实关系是，几乎所有的立法概念、法律规范的结构、立法体系、法律的总论和分论的结构等都是通过法释义学提供的，如果没有法释义学就根本不可能有当代的民法典、刑法典。萨维尼将立法分为政治因素和技术因素。政治因素是与民众意志紧密联系的部分，而技术因素是指法律独特的科学性部分，法学家发挥作用的空间主要是在立法的技术方面。法学在立法时有三个方面的任务：其一，将待决事务当作法律问题清楚地显现出来，并且指出因此将产生的相关情事；其二，它必须与其他学科，特别是检验性的法社会学合作，研拟出一些能配合现行法的解决建议，作为立法者选择的方案；其三，它必须在起草技术上提供帮助。法学须将法律政治上的要求表达出来，并且为立法者研拟新的建议。为了配合这项目标，法律家也一再进行法律事实的研究，并且也运用社会学的方法，诸如统计调查，对机关、社团的咨询等。为了将所获得的认识转化为法律方案，其仍然需要应用精确的法学知识。

立法技术包括法律的结构设计，法律之间的衔接和协调，法律规范的构造，法律的宣示条款和规范条款的配合，法律效力的表达，法律责任的适当，法律语言的准确和精练，等等。在那些政治意志色彩浓厚的问题上，法学家没有任何特权或优势，他作为一名普通的公民，应当与普通民众一道进行平等、自由的对话和交流，以达成社会共识；而在那些法律技术成分较高的问题上，特别是在立法表述技术方面，法学家可以凭借自己的法学知识与专业技能，参与立法过程，并发挥其作为专家的独特作用。目前，作为一门独立学科的立法学，是包含着立法总论、立法制度、立法技术等内容的复杂理论体系，这些内容的地位和分量是不同的。在构建立法学的知识体系时，要特别关注立法技术，而立法总论、立法制度，则被作为理解立法技术这一主题的背景和语境来看待。沿此进路，可将立法技术限定于立法工作的技术、法案表达的技术、立法研究报告的写作技术以及立法评价的技术。

就构建一门具有鲜明法学特性的学科而言，立法释义学应大幅削减其中具有较强政治学、社会学色彩的篇章，将这部分内容交给政治学、社会学等姊妹学科，把焦点集中于立法技术问题，形成以立法技术为主体的立法学内容体系。将立法学的重心置于立法技术，并不意味着法学家所扮演的只是边缘性的角色。今天大多数专家的研究主要限缩在程序问题上，原因在于，大多数人觉得其内容比较不重要。他们认为，科学并不足以掌握正义的内容。这应是属于政治人物的，而不是法律哲学家的任务。法学家不掌握创制法律规范的公权力，不能直接表决通过、颁布法律。他们所能做到的，只是对掌权者施加影响，或者直接为掌权者服务。在历史上，法学家往往成为当权者的仆人和工具。我们绝不能"忘记那些忠于自己的良心、执着于自己学术追求的学者们，他们不屈服于，甚至是反对那些统治者，法律科学的传承没有断流，也要归功于他们的执着与坚持"。在任何社会，立法技术都不是中立的、客观的手段，它的形成及运用，只有以自由、公平、秩序、人权等崇高的法价值为基础和导向，才能达致崇高的法治目标。在此，法学家绝不可以轻易地放弃自己的学术责任与历史担当。

三、立法释义学的构建理由

无论是立法学还是法释义学都不是封闭自足的知识体系，对它们的性质、地位及相互关系的认识，必须联系一国经济政治社会的基本状况、法律自身的演进规律，进行深刻的观察和分析，方能得出合理的结论。

第一，立法的先导地位。法的实施状况的好坏，取决于各种因素，但在很大程度上取决于立法技术状况。"忠实地实施一项差劲的制定法不可避免地会使事情变得更糟而不是更好。"实施效果良好的法，同它们表现出来的高水平的立法技术，总是联系在一起的。立法质量高，就能从一个重要的方面，使立法意图、目的和任务，立法指导思想和基本原则，立法内容和形式，明确无误、清楚合理地表现出来，便于法的实施。"解释的方法论取决于立法的方法论。"因而，提高立法技术，形成科学的立法方法论，有助于法律实施者准确地理解法律规定的含义，从源头上保证更好地贯彻实施法律。

在西方，立法的"边缘化"，是当代法学的一个"肮脏的小秘密"，是"与民主不适"的。在现代法学的诸多作品中，立法很少作为法律成长和进步的基石，而获得信任。相反，它被看作法律演进的一个次要的渊源，只在没有更有效的法律解决模式出现前才被容忍。中国法制的发展模式属于建构型的，特别重视通过人为的理性建构实现法律制度的变迁与进步，在法律制度变革中，倚重政府的主导作用。法律演进与发展的基本动力是外在的，即依靠外来力量或压力的推动。因此，政府是法律发展的重要推动者，立法是法律发展的主力军。在中国，法律人只有掌握了科学的立法方法，才能在依法治国、建设社会主义法治国家的伟大事业中不辱使命，大有作为。经过改革开放以来近四十年的不懈努力，中国特色社会主义法律体系业已形成，但完善中国特色社会主义法律体系则是一项长期的历史任务。新形势、新实践、新任务给立法工作提出了新课题、新要求，立法要妥善调整社会关系，难度势必越来越大，立法任务依然艰巨而繁重。党的十八届四中全会审议通过的《中共中央关于全面推进依法治国若干重大问题的决定》指出："建设中国特色社会主义法治体系，必须坚持立法先行，发挥立法的引领和推动作用，抓住提高立法质量这个关键。"所以，在新的历史条件下，中国社会追求良法的动因依然强劲，立法学发挥作用的空间仍很广阔。

第二，法治系统内部的协调一致。法治系统包括立法、守法、执法、司法等环节，法的运行是一个从法的制定到实施，再由法的运行到实现的过程。"在法律的有效性模态中，国家对法律之施行的事实性，与法的制定程序——这种程序被认为是合理的，因为它保障自由——的论证合法性力量，彼此结合起来了。"① 从完整的法治系统角度看，法律创制与法律适用之间的联系并非外在的、偶然的，而是内在的、必然的。一方面，立法的状况，

---

① 尤尔根·哈贝马斯. 在事实与规范之间：关于法律和民主法治国的商谈理论. 童世骏，译. 北京：三联书店，2003：34.

关系到立法机关与审判机关之间的权力配置，会影响到法官如何运用审判方法。立法的起草风格和特点，"对立法机关与法院之间的总体关系都必定会产生相当大的影响。如果立法机关选择以极其精确、具体的命令的形式来发出指示，并且以高度专业化的技术来起草，那么其职责在于使适用和解释这些命令的机关更可能有理由发现明智的方法是按其表面的价值来解释它们，而不是过分地去挖掘立法背后的目的或精神"①。所以，"传统上，英国的法官一直不太情愿做超出适用法律之外的事，他们宁愿用法律所使用的字眼的字面意义；除非这样做会导致明显荒唐的或与整个法律精神相违背的结论。由于法官们的这种态度，法律条文的起草者不得不比以往更加谨慎，因为他们明白自己不能指望法官们在裁决该法是否适用于某个具体案件时，根据立法者的精神来解释法律，结果就造成了恶性循环。立法起草工作变得如此事无巨细，往往使目前不少法官所喜欢的广泛解释变得不可能。因此，法律条文明白清楚的程度，就取决于立法者与法官之间相互信任的程度如何"②。相反地，在许多大陆法系国家，法律文本中经常出现抽象法律概念、法律原则、一般条款，因而法官在裁判活动中往往作出偏离法条正常语义、改变立法原意的灵活解释。可以说，成文法制定方式之详简与法律解释方法之间关系密切。大陆法系成文法抽象概括，有待目的性扩张或限缩的帮助；而英美制定法规定详繁，其解释方法倾向于文义解释。③

另一方面，在审判过程中形成的经验和智慧，逐渐凝练为审判方法，又反转回立法活动之中，固化为立法技术规则。在英国，议会顾问并不单纯是精通专业的起草人。他们了解并懂得英国法官们解释法律的方式，根据所掌握的知识，在起草法案时就考虑到了它们按照传统的字面解释方法将作出的解释。由于英国法官们在方法论上的一致性，议会顾问们这方面的工作就变得极为简单。当然，在法官方面，也有个相应的回应，按照议会顾问们所期望的方式来解释法律，由于法律在起草风格上与法官们的解释方法极为一

---

① P. S. 阿蒂亚，R. S. 萨默斯 . 英美法中的形式与实质：法律推理、法律理论和法律制度的比较研究 . 金敏，等译 . 北京：中国政法大学出版社，2005：268.

② 彼得·斯坦，约翰·香德 . 西方社会的法律价值 . 王献平，译 . 北京：中国法制出版社，2004：81－82.

③ 王泽鉴 . 英美法导论 . 台北：元照出版有限公司，2010：149.

致，这进一步促进了这种解释方法。法律的解释和起草就这样互为作用，彼此都受到对方的技术方法的深刻影响。因此，"一项英国法律应该根据解释规则来解读，这一预设毫不荒谬；法律以这种方式来解释，这点起草人在设计法律时就应考虑到了，并且，尽管起草人的观点并不代表议会的普遍意见，但他的观点（在必要时）会通过负责议案的大臣转达给相关议院"①。立法者重视法律解释规则，有助于有关人士预测法官如何理解法律。立法者认真对待裁判规则、审判方法，尊重人们对法官裁判的合理预期，这有助于提高立法的质量，增强法律的实效性。

第三，法律创制内在地需要法释义学。必须承认，任由政治权力宰制的立法，其民主性、科学性缺失，难言良法。以法释义学为基础的现代法学的一个重要使命，是为良法的形成提供理论基础。近代那些伟大的法典没有一部可以脱离同时代的法学而产生。一部法律要有较强的生命力，立法者事先就必须对有待规范的生活关系、对现存的规范可能性、对即将制定的规范所要加入的那个规范的整体、对即将制定的这一部分规范必然施加于其他规范领域的影响进行仔细的思考和权衡。还有，立法者也应当了解，有待规范的那些问题在其他法律制度中是如何加以规定的，从中体现出了哪些可能的解决方案。只有当所有这些前期工作完成之后，真正的立法活动才能开始；而对于这些前期工作而言，法教义学绝不能缺位，且大有可为。"没有法学家，也可能有各种法律；但没有法学家，便没有法。"② 法律的发展不仅源于国家强力，更是基于特定的知识、经验和理论。法学如果放弃自己在立法过程中的责任，必将使自身的作用范围窄化，社会功能弱化。同时必须看到，在立法过程中，对民主原则的庸俗化理解及实践，将伤害到立法的科学化。不可否认，立法的政治性非常强，但立法者掌握的丰富的理论知识和有效的立法技术，则是保证立法质量的关键。立法不只是权力意志的表演舞台，也是法律智慧、立法技术的凝结。实现科学立法，要求立法工作应当坚持科学立法的精神、采用科学立法的方法、符合科学立法的规律、遵循科学立法的程序、完善科学立法的技术。中国是以成文法为主要法源的国度，制定法在整

---

① P. S. 阿蒂亚，R. S. 萨默斯. 英美法中的形式与实质：法律推理、法律理论和法律制度的比较研究. 金敏，等译. 北京：中国政法大学出版社，2005：267.

② 庞德. 改进中国法律的初步意见//西法东渐. 北京：中国政法大学出版社，2001：63.

个法律渊源体系中居于优越地位。立法技术就是形成"良法"的技艺，法学界关注立法技术，积极参与各种立法活动，无疑地会提高立法的科学化程度，改善法律规范的调整质量。早在19世纪后半叶，人们就发现立法学与法释义学结盟的必要性、可行性。可以说，立法学与法释义学相互融合、彼此靠近，是法治建设的需要，会对良法的形成、善治的遂行，起到积极的促进作用。

四、法释义学的相应调适

立法释义学是以法释义学为理论基础的，它是法释义学的具体展开与实际运用。但是，立法学与法释义学相融合，就要求两者须相向而行、彼此调适。居于基础地位的法释义学本身也需要放下身段，主动地向立法学靠近，从价值取向、基本内容及框架结构等方面，都作出相应的调整、改进。

第一，适度接纳法价值因素。既往只关注审判方法的法释义学，将法律规范作为实现既定的社会和政治目标的工具，故在价值上往往是中立的、客观的，研究者多持超然的"外在"视角。法律与道德是有联系的，法学并不完全排斥价值问题，法学可以研究立法现象。法释义学过去坚持的法律与道德截然分开的立场，不断地松动、软化，其包容性逐渐增强，这为立法学与法释义学相融合提供了契机。新的法释义学，将立法方法纳入其中，而立法是价值取向非常明显的社会活动，它所追求的自由、平等、秩序、效率、人权等价值因素，又深刻地影响着审判方法的运用，使整个法释义学体系都以特定的价值因素为目标、担保，选择的是"内在"视角。所以，新的法释义学应该兼具"外在"视角与"内在"视角，在"实然"与"应然"之间保持适度的张力。

当然，法释义学对待法价值的态度是，"通过法律条文寻找法价值"。法价值通常与人们的情感、偏好有着密切的联系。从法治的角度看，任何愿望、信念或见解，没有反映在以应有方式通过的法律文本中，都不能径直被视为有约束力的法律规范。在法治实践中，如果完全抛开法律文本和法律条文，法价值就可能沦为"公说公有理、婆说婆有理"的纯主观议论，那么，法价值选择过程将由丛林法则起支配作用，演变为"胜者王侯败者贼"的实力比拼，法律决策极易蜕化为独裁者的专断意志。在这里，优势者的判断就是最终结论，社会治理将背离法治、滑入人治的泥潭。所以，体现着对诸多美好事物向往与追求的法价值，既展现于作为应然法的社会愿景之中，同时又必须凝结于作为实然法的法律条文之上。法律条文是道德形态的法外价值向制度层面的法内价值转化之中介。可以说，以法律条款作为社会成员对话、交流的制度平台，有助于实现法价值的客观化、实证化。

第二，增加立法学内容的比重。英国思想家边沁把法理学分为两个部分：一是解释性的；二是评判性的，即立法艺术。向人们解释法律"是"什么属于解释者的任务；评判者则说明他认为法律"应该"怎样。解释者应当服务于评判者，评判者又进而作为立法者的顾问。边沁的目标是创造一门立法的科学，它既是评判性的又是普遍性的。精确概念工具——"立法辞典"，是立法科学或立法艺术中细小的、从属性的，但却重要的一个部分。边沁的目标是发展一个政治上激进的立法科学，以服务于自己的目的。在边沁看来，"改进传授立法技艺的方法，或者宁可说是发明出这样的一个方法，因此借助这个方法，使对立法技艺原则的熟知，可以在所有人们中间流传、人人共知。这样，立法者的工作，就可以为学者的判断与努力留下空间，立法者创造的果实就可以成为科学研究的对象"①。立法技艺是所有法律技艺中最重要的技艺，居于法律方法体系的核心位置。法学的一种重要任务是"为立法做准备"。在我国，新的法教义学体系至少应包括三大部分，即总论、立法方法和审判方法。总论是统辖法释义学的一般性认识和基本原则；接下来，以法治运行过程为逻辑顺序，先研究立法方法，再研究裁判方法；新的法释义学应该关注立法方法与法律解释、法律推理、法律论证、事实认定等的裁判方法之间紧密的双向互动关系，形成立法与司法一体化的理论体系，并明确两者各自所居的位置、所起的作用。

审判方法与立法技术都是法释义学的重要组成部分，两者同样重要，不可偏废。对法官适用法律活动的特别强调，不仅抑制其他法律职业如律师、公证员、经济和行政法律者的工作，而且也妨碍了立法者的功能和活动成为科学理论的对象。"法令之有起草、编纂，诉讼之有判决、有辩护"，"皆属于术之范围"②。法律是以特定的创制技术、适用技术作为其内在的构成要素的，这些法律技术并非外在于法律的，而是法律须臾不可离开的有机组成部

---

① 杰里米·边沁．论一般法律．毛国权，译．上海：上海三联书店，2008：296．
② 欧阳谿．法学通论．北京：中国方正出版社，2004：10．

分。所以，法释义学应将立法方法与审判方法置于同等重要的地位，并拆除横亘在两者之间的隔离墙，把它们看作是共存于法治系统之中的关联要素。

第三，法律职业者的再界定。关于法律职业者的范围，狭义的理解是，只包括律师、检察官和法官；而在较宽泛的意义上，法律职业者就专业化程度而言可分为三类：第一类为正规化的法律工作者，包括法官、检察官、律师和公证员；第二类为半正规化的法律工作者，包括基层法律服务工作者、企业法律顾问、仲裁员；第三类为非正规化的法律工作者，包括人民调解员、基层治安保卫人员。由此可见，无论是狭义观点还是广义理解，都将立法工作人员排斥在法律职业者之外。实际上，"法律家必然有很多立法的工作，贡献意见，或起草草案，其事项不以法律自身为限，且及于其他许多方面。至于改进法律，尤其是他们的特殊使命。如其为法官或教师，则须从事于法律的发展和适用，而法律的生命，亦即在其适用之中。所以，法律家应有广博的普通教育，对于各种问题，能从许多方面观察，而不限于纯粹职业上的见解"①。在改革开放初期，我们的立法工作人员素质不理想，在一定时段内对于立法工作，"并不熟悉或不很熟悉，大家边干边学"②，所立之法质量难以恭维。立法是为国家定规矩、为社会定方圆的神圣工作，立法人员必须具有很高的思想政治素质，具备遵循规律、发扬民主、加强协调、凝聚共识的能力。党的十八届四中全会决定提出，着力建设一支忠于党、忠于国家、忠于人民、忠于法律的社会主义法治工作队伍。畅通立法、执法、司法部门干部和人才相互之间以及与其他部门具备条件的干部和人才交流渠道。推进法治专门队伍正规化、专业化、职业化，提高职业素养和专业水平。在中国，法律工作者除法官、检察官、律师、警察、法律顾问、公证人员以及法学教育与研究人员外，还应当包括在人大和政府从事立法工作的人员。

在当代中国，立法释义学的构建具有充分的根据和理由。它具有鲜明的特征：以法律实现为目标，以维护法律的稳定性为基调，并把立法技术作为学科的主体部分。这一崭新的立法学知识体系，会给现行的立法学带来新的发展机遇，如能从形式到内容等各方面都作出有效地应对，对立法技术的内涵与外延、性质与功能予以准确地认识、合理地调整，将会推进立法学的转

---

① 庞德．改进中国法律的初步意见//西法东渐．北京：中国政法大学出版社，2001：531.
② 彭真．论新时期的社会主义民主与法制建设．北京：中央文献出版社，1989：376.

型与勃兴，有利于提高立法技术水平，助力法治中国的建设。另外，基于法释义学的立法学登场，会使将法学的研究对象等同于"司法裁判之学"的传统理论，遭遇严峻的挑战，将在更高的理论层次上进一步追问和思考法学的研究对象和任务，这或将成为法学创新与转型的新契机。可以说，强调立法学与法释义学之间的协调与衔接，既能够增强立法学的法律性、技术性，也有利于拓展法释义学的学术空间，增强其包容性、适应性，使两者相得益彰、同生共赢。进而言之，立法释义学的构建，将成为中国特色社会主义法治理论建设的重要抓手。

第二节　法教义学能为立法贡献什么？

一、引言

当下学界关于法教义学（Rechtsdogmatik）的讨论主要围绕法的适用环节而展开。无论是支持者抑或是反对者，学界关注的焦点均在于司法裁判过程中法教义学能否容纳价值判断与经验知识，而鲜有对于法教义学与立法间关系的阐述。① 这或许与学界对"法教义学"的褊狭理解有关。尽管并没有对法教义学的概念取得共识，但学者们对于法教义学的定位与任务拥有相对一致的见解。在定位上，法教义学一般被认为是"以现行实在法秩序为坚定信奉而不加怀疑的前提"②，"以阐述现行法以及现行法背后的道理"来就法律实践进行沟通③，"以法律文本为依据，依照法律规范的内在逻辑和体系要求解释、应用及发展法律"④。在任务上，法教义学被认为致力于对现行有效法律的描述、对这种法律之概念—体系的研究、提出解决法律争议的建议。⑤ 从表面看，从这种将法教义学视为"现行实在法科学"的观点⑥很容易推导出的

---

① 唯一的例外似乎是许德风. 法教义学的应用. 中外法学，2013（5）：949－962. 但由于本节一方面论题较为宽泛（不仅涉及立法，而且涉及司法与法学研究），另一方面依然着眼于从法的适用角度对于现行（民事）立法的批评和建议，这一研究尚未对法教义学与立法的关系进行更为深入和系统的阐释。

② 白斌. 论法教义学：源流、特征及其功能. 环球法律评论，2010（3）：5.

③ 纪海龙. 法教义学：力量与弱点. 交大法学，2015（2）：91.

④ 许德风. 法教义学的应用. 中外法学，2013（5）：937.

⑤ 罗伯特·阿列克西. 法律论证理论. 舒国滢，译. 北京：中国法制出版社，2002：311.

⑥ 一本立法学的专著恰恰持此论点：Vladimír Kubeš, Theorie der Gesetzgebung, Wien und New York：Manzsche Verlags-und Universitätsbuchhandlung, 1987, S. 204.

结论是，现行实在法是法教义学的工作前提，没有实在法就没有法教义学。进而，由于在现代国家中实在法主要是立法的产物，没有立法就没有法教义学。反过来说，因为立法并不描述或加固现行法，而是欲创设未来法，所以法教义学似乎就对它缺乏意义。这种推论很容易输出这样的印象：立法者高居法教义学之上，他为法教义学给定材料，本身却不受法教义学的拘束。

本节的主旨在于破除这种错误的推论与印象。但在此之前，需要交代本节的基本假定与主题限定。要在法教义学与立法之间建立起关联性，首先必须赞同"立法者无法创设出整个法秩序，而只能调整部分领域"这一基本假定。在历史的逻辑原点上，或许只有第一次立法行为之后才有法教义（学）产生的可能。但在后续立法（当代立法活动都属于它）过程中，立法并非从零开始，立法者只能在继续有效之旧法的框架内创设新法。立法者肩负着维系整个法秩序逻辑—体系正确性的要求，即新法不得与继续有效之旧法以及从中推导出和可推导出之教义规则相矛盾，除非现行法被修正或这些教义被放弃。① 在此假定之下，要对于当前的研究作一点主题方面的限定，包括两点：（1）本节只研究法教义学对立法的影响，不研究立法对法教义学的影响。正如前文所述，立法及其产物制定法（实在法的主要形式）对于法教义学的影响显而易见，无须赘述。而法教义学对于立法的影响却有待剖析。（2）本节只研究法教义学对立法的积极影响（贡献），不研究法教义学对立法的消极影响（局限）。法教义学对于立法的影响并不总是积极的，与时代脱节或者僵化了的旧教义有可能会束缚法的发展。这样的教义学会蜕变成一种"玻璃球游戏"（Glasperlenspiel），即使玩得再好，也与实践相疏离。② 立法不当受这样的教义学的拘束。笔者承认这一点，只是由于关注点和篇幅所限，本节并不就这一方面具体展开。因而不可根据本节标题，将笔者的主张理解为法教义学对立法只有贡献而没有局限。

本节主题可以区分出两种视角的研究和两个层面的问题。"法教义学能

---

① Vgl. Wolfram Henckel, Rechtsdogmatik und Gesetzgebung in der Gegenwart-Zivilrecht, in: Okko Behrends und Wolfram Henckel（Hrsg.）, Gesetzgebung und Dogmatik, Göttingen: Vandenhock & Ruprecht, 1989, S. 94.

② Vgl. Manfred Maiwald, Dogmatik und Gesetzgebung im Strafrecht der Gegenwart, in: Okko Behrends und Wolfram Henckel（Hrsg.）, Gesetzgebung und Dogmatik, Göttingen: Vandenhock & Ruprecht, 1989, S. 132-133.

为立法贡献什么?"可以被理解为"法教义学实际为立法作出了什么贡献",也可以被理解为"法教义学应当为立法作出什么贡献"。前者属于经验性研究,而后者属于规范性研究。本节将以规范性研究为主,但同样兼具经验性研究,后者主要指对这种贡献的例证。同时,"法教义学能为立法贡献什么?"除了要回答"法教义学能为立法作出什么贡献"(影响途径)外,尚需确证"法教义学为什么能为立法作出贡献"这一前提问题(理论基础),这两个层面的问题合在一起构成了逻辑整体(本节第三、四、五部分)。但在此之前,我们要先来处理对于"法教义学能为立法作出贡献"这一主张的反对意见,它们的错误根源在于对法教义学本身的错误理解(第二部分)。而在本节的最后,我们将对这些贡献进行适当总结(第六部分)。

二、前提辩诘:反对意见及其反驳

对于"法教义学能为立法作出贡献"这一主张,存在诸多可能的反对意见。这些反对意见都源于对相关概念的理解错误。相对而言,"立法"的内涵相对清晰,即有权立法的国家机关依照法定权限和程序制定法律的活动(制度性的法律制定行为)。[①] 相反,"法教义学"的面目则不那么清晰,而正是一些错误的教义学观念导致了对上述主张的质疑。因此,我们首先需要来清除这些错误观念,它们可以被归纳为四种命题。

(一)四种错误命题

1. 完全拘束命题

完全拘束命题认为法教义学仅仅是对现行法秩序的说明,即对一段已被叙述过之历史的复述,尽管可能用的是独有的语言。在此意义上,作为对法秩序之嗣后的体系化,法教义学完全受到现行法秩序的拘束而缺乏任何独立意义,因为它的材料完全,也最终是由现行法来给定的。教义学不具有"生产性",因而对新法的制定也没有任何意义。

完全拘束命题显然是错误的。在有的国家,制定法条款的规定本身就排除了这种理解。例如著名的《瑞士民法典》第 1 条:本法有规定的法律问题,适用本法;无规定者,以习惯法裁判;无习惯法,依法官提出的规则;

---

① 舒国滢. 法理学导论. 2 版. 北京:北京大学出版社,2012:179.

同时遵循既定学说和传统。民法典的立法者将部分调整领域留给"学说"，就意味着他赋予了教义学一定的形成余地，这种余地禁止此后将教义学完全视为受拘束的活动。除去实在法上的这种偶然现象不论，即便从理论角度而论，法教义学也必然拥有独立的活动余地，这至少体现在三个方面：其一，法教义学在消除制定法的矛盾时享有形成余地。制定法可能存在矛盾之处，而此时案件裁判又要求必须作出一个决定，法教义学者于此就负有一般性的"澄清义务"或"判断义务"。因为在今天许多国家的法学中，禁止法律"不清"（non liquet）被视为理所当然的前提条件。其二，法教义学在填补漏洞时享有形成余地。与制定法矛盾的情形一样，当制定法存在漏洞时，法教义学者同样需要提供某些没有被制定法事先规定的新东西，如果他想要消除漏洞、作出某个决定的话。其三，法教义学在对制定法条款进行语义补充时享有形成余地。法教义学是否内在地包含着适用的维度，即与个案相关，是一个有争议的问题。① 如果承认这一点，那么为了在思维上将抽象——一般的法律规范与具体——个别的案件事实连接起来，法教义学就必须接纳（和证立）额外的语义假定。② 这类语义补充活动的一个例子就是对法律规范中的相关概念进行"定义"，法教义学的主要任务之一正在于提出逻辑严谨的法律定义。即使将适用的维度排除于法教义学之外，将其定义为非个案导向的理论，语义补充的必要性也不会就此丧失。在规范冲突的情形中，为了消除矛盾，同样必须运用语义补充的技术。"概念拆分"（或曰"分种法"，divisio）就是法学史（罗马法）上发展出来的这些技术中的一种。③

2. 无拘束命题

与完全拘束命题正好相反，无拘束命题主张法教义学并不受任何外在的拘束。如卢曼（Luhmann）认为，教义学的功能不在于禁锢思想，相反在于提升与经验和文本打交道时的自由。即使当社会期待存在一种拘束的地方，

---

① 支持的观点参见 Christian Starck, Empirie in der Rechtsdogmatik, *Juristische Zeitung*, 1972, S. 609; 反对的观点参见 Alexander Peczenik, Empirical Foundations of Legal Dogmatics, *Études de logique juridique* 3 (1969), p. 32.

② Hans-Joachim Koch und Helmut Rüßmann, *Juristische Begründungslehre*, München: C. H. Beck'sche Buchhandlung, 1982, S. 22-26.

③ 李飞. 古希腊——罗马的辩证法对罗马法的体系化生成的影响——以 Divisio 和 Partitio 为中心 // 法律方法：第 15 卷. 济南：山东人民出版社，2014：121.

教义学概念也与之保持了自己的距离。这是因为教义学思维与解释只受在概念上受其支配之"材料"的拘束。但即使是这种"拘束"本身也受制于教义学的解释，故而教义学可以从其拘束性中推导出自由。① 显而易见，当法教义学拥有自身来确定自身之拘束条件的权能时，它就相当于不受任何拘束。

打眼看上去，无拘束命题并不会对我们的主张造成损害。但细究之下，这一立场的问题与完全拘束命题的问题是相似的。一方面，它将外部视角等同于自我阐述。即使我们像卢曼那样对既存之"教义学自由"进行现实分析，操作时也会将这种自由限制于一种隐蔽的内在空间，而在表面（外部）仍会顾及社会期待对教义学会进行拘束的态度。这样一来，法教义学对于立法会发生影响的假定就会被排除，因为它会被认为违背了社会的期待，有时（可以这样来推展卢曼的分析）甚至会消除掉"内部自由"的条件。另一方面，从心理学的角度看，如果教义学者深信自己虽然要顾及表面上的拘束力，但实际上却可以掌控自身的拘束力的话，那么就会轻易失去影响立法的动力。他会成为不参与立法的观察者，因为立法作品在他那里就是可以任揉搓的塑胶材料而已。他没有必要再去影响立法。其结果是，"法教义学能为立法作贡献"的主张就丧失了经验基础。脱离经验基础的规范性立场虽然不影响其在规范性思维中的正确性，但却会丧失被实现的机会。总之，无拘束命题下的法教义学对新法的制定同样没有任何意义。

3. 纯粹意见命题

纯粹意见命题将法教义等同于（与特定领域相关之）"意见"（Meinungsdenken）。② 巴尔韦格（Ballweg）就认为，"被教义化的意见具有的是理解功能。一切通过给予意见真值来赋予其认知功能的努力，只会减损法学的可探讨性及其理性"③。这种观念可追溯至古希腊时代关于"知识"与

---

① Nikolas Luhmann, *Rechtssystem und Rechtsdogmatik*, Stuttgart [u. a.]: Verlag W. Kohlhammer, 1974, S. 16.

② 这种理解在教义学的概念史上源远流长，因为"dogma"（教义）在语言上就与"doxa"（希腊语"意见"）接近。Maximilian Herberger, *Dogmatik. Zur Geschichte von Begriff und Methode in Medizien und Jurisprudenz*, Frankfurt a. M.: Vittorio Klostermann, 1981, S. 9 u. passim.

③ Ottmar Ballweg, Rechtsphilosophie als Grundlagenforschung der Rechtswissenschaft und der Jurisprudenz, in: Hans Albert, Niklas Luhmann, Werner Maihofer und Ota Weinberger (Hrsg.), *Rechtstheorie als Grundlagenwissenschaft der Rechtswissenschaft*, Bertelsmann Öniversitätsverlag, 1972, S. 46.

"意见"的两分，前者能把握事物的本质因而是绝对正确的，而后者只能产生见解（"信念""猜测或想象"）因而只具有似真性。① 知识是理性的，而（教义性）意见是任意的。因此，一种任意的东西不能，也不应当对立法发生影响。

为了反驳这一命题，我们需要一种语用学的观察视角。因为在这种视角下，我们可以将"意见"（与"命题"相对）理解为言说者关于他所表述的某个语句的立场，所以并不必然推导出"意见"就是任意的。因为只要可以对相关讨论给出判断的标准，（意见所涉及之）语句的真假就仍然是可以讨论的。而由于每个"思考者"都只会想要"思考"真的东西，所以意见的正确性就间接地依赖于语句的真。从而意见并不会停留于任意性的领域，除非人们放弃追求真。所以，"意见"不应当被归为必然是任意性的范畴。即使我们承认教义学思维包含意见的要素，也不排除法教义学对立法发挥积极影响的可能。

4. 固守僵化命题

有一种观点批评法教义学固守于僵化状态（教条）、免受批评，因而教义学思维缺乏科学性，应该剥夺这种思维（作为非科学的思维）对于立法的影响，让位于别的（科学的）学科。例如阿尔伯特（Albert）就将"教义化"与"免疫性"之间挂起钩来，进而论证道："由于我们信念体系中的任何要素对批评都具有免疫性，但却总是可以通过合适的策略被确立，所以很容易就可以看出，它在认识论上是没有价值的，即使它迎合了主观确定性的需要。"② 而在认知论上没有价值的法教义学（作为"信念"）对于立法也不具有意义。

对此我们可以反驳认为：其一，"免疫"并不意味着"没有认知价值"。正如艾克·萨维尼（Eike v. Savigny）所指出的，"我们信念体系中的任何要素对批评都具有免疫性，这在认知论中可能完全是无害的"③。进一步讲，

---

①　柏拉图. 国家篇//柏拉图全集：第二卷. 王晓朝，译. 北京：人民出版社，2003：467－469，536.

②　Hans Albert，Erkenntnis und Recht. Die Jurisprudenz im Lichte des Kritizismus，*Jahrbuch für Rechtsphilosophie und Rechtstheorie* 2（1972），S. 81.

③　Eike v. Savigny，Die Jurisprudenz im Schatten des Empirismus，*Jahrbuch für Rechtsphilosophie und Rechtstheorie* 2（1972），S. 99.

阿尔伯特的所谓"在认知论上没有价值"等同于"缺乏认知价值",但从特定语句免予批评这一点我们不能推出这些语句就没有认知价值。因为这会导致荒谬的结果,即具有认知价值的语句一旦被"免疫"就会丧失其认知价值。其二,建立在彻底自我批评基础上的科学性是不存在的。阿尔伯特从"免疫"到"没有认知价值"的推导虽不能成立,但它的前提,即一种科学理论的所有语句必须在任何时候都可以被批判,还是有意义的。如果我们去追寻如此导向的"反教义的"批评的历史,就会发现它主要来自一种自然科学式的理解,它将"自然科学立场"视为一种能持续对自身所有内容进行自我批评的态度。但这种观点既与自然科学的研究实践不符,也与今天占主流地位的观点不合:科学研究容许对自身内容部分免予批评。因为任何学科,包括自然科学,都存在一些作为学科基础的基本假定。其三,法教义学的内容并非完全不可被批评。教义语句虽然具备相当的稳固性,但当然也不是不可变更的,这要么是因为立法发生了改变,要么是因为社会客观因素的变化。过错责任原则的衰落与复兴、合同相对性原理的变化都说明了这一点。因此,法教义学同样可以因应情势的变化进行自我批评与更迭,适应社会发展规律,从而具备科学性。所以,法教义学并非固守僵化的,也不会因此对立法丧失意义。

(二)小结

综上,无论是完全拘束命题、无拘束命题还是纯粹意见命题和固守僵化命题都不能成立,因为它们所代表的法教义学观念都是错误的。尽管本节无法在反驳它们的基础上提出一个相对精确的法教义学的概念,但可以肯定,法教义学是一种以更宽泛的基础来证立现行法的智识努力工具,它既服务于建立或确保一部制定法的内部无矛盾性(形式规整),又在于保障整体法秩序的融贯,或者说一部制定法的外部无矛盾(实质规整)。它至少具有两方面的功能:一方面,它具有稳定化和整合功能,因为它通过理性上可实施的命题保障实在法的实现。如果新制定法能获得教义学上的认同,所有法律适用者对它的接受程度也将得到提升。另一方面,法教义学也具有革新功能。对某一领域的法典化从不可能被完全实现,立法者无法预见到所有未来可能发生的冲突,法教义学构成了填补漏洞和法律续造的必要前提。这种革新功能又是以认知功能为基础的,因为法教义学可以寻获新的洞见,就像"法学

上的新发现"，如缔约过失责任（culpa in contrahendo）和积极债权侵害
（positive Forderungsverleztung）所证明的那样。[①] 在上述理解的基础上，我
们现在来回答"法教义学为什么能为立法作出贡献"的问题。

三、理论基础：法的双重因素与立法的科学化

法教义学能为立法作出贡献的理由（理论基础）在于其承认法的双重因
素和追求立法的科学化。应当首先承认，法的双重因素与立法的科学化是对
法与立法规范层面的要求，而非对经验事实的描述。换言之，不排除现实中
有将制定法仅作为权力工具来使用或者立法完全不顾及科学性的情形存在，
在这些情形中法教义学就没有对立法发挥任何影响。所以，法教义学要为立
法作出贡献的前提就在于承认上述规范性要求。这里的逻辑在于，如果要追
求和实现这些规范性要求，就要发挥法教义学的作用。因此，法教义学对于
立法的贡献是从理想角度而言的。

（一）法的双重因素

法的双重因素的思想渊源可以追溯到法国法学家孟德斯鸠（Mon-
tesqieu）。在孟德斯鸠那里，法（loi）既是一种意志的产物即国家的制定法，
也是一种自在之物即民族精神。这也就是说，法具有人为性和自发性两个特
质。[②] 德国历史法学者萨维尼（Savigny）对此进行了进一步的阐发并作了最
为经典的阐释。在萨维尼看来，法既包含政治因素（politisches Element），
也包含技术因素（technisches Element）。前者体现了法与一般的民众生活的
关联，而后者体现了法的特殊的科学生活。[③] 法的政治因素指向的是民众，
他们体验到了其权利如自由、财产权和亲权的现实社会内涵，即便他们对于
专业精致的法律知识并不熟悉；这种法的政治因素同时也是"民族精神"的
意识内容，后者指的并不是浪漫主义—民族主义的集体情感，而是最终根植

---

① Vgl. Diskussion, in：Okko Behrends und Wolfram Henckel（Hrsg.），*Gesetzgebung und Dogma-
tik*，Göttingen：Vandenhock & Ruprecht，1989，S. 138.

② Vgl. Hermann Kantorowicz，Volksgeist und historische Rechtsschule，in：ders.，*Rechtshisto-
rische Schriften*，Karsruhe：Verlag C. F. Müller，1970，S. 436.

③ Karl v. Savigny，*Vom Beruf unserer Zeit für Gesetzgebung und Rechtswissenschaft*，Heidel-
berg：Mohr und Zimmer，1814，S. 12；萨维尼 . 历史法学派的基本思想（1814—1840 年）. 郑永流，译 .
北京：法律出版社，2009：8.

于文化人类学的确信，即国家中被组织起来的人关于存在这样一种政治上可信赖之现实法秩序的确信。法的技术因素指向的是专业法学家，他们处理对于现实法律关系具有实效的法律制度与原则，以便满足法的"政治"任务并使之向普遍正确的方向发展。

因此，法"首先是通过习俗和民众信仰，然后通过法律科学被形成的，也即到处是假手内在的、静默作用的力量，而非借助立法者的意志"①。换言之，法不能是外部专横意志的产物，立法必须是对民族精神的科学化和专业化表述。一种单纯出于政治需要或者说单纯贯彻国家权力意志的制定法只能阻碍文明的发展、使法脱离民族精神，因而毫无价值和生命力。承担起发现民族精神并加以科学整理工作的特殊群体是法学家。这种"法学家克里斯玛"（Charisma des Juristen）对应于与古典时代相对立的现代性。古典时代的罗马法学家并没有一种抽象的历史使命意识去实现"法"的要求，法、民族精神、语言和习惯等是浑然一体、未作区分的。相反，现代最大的特点在于它是一个自我意识觉醒，科学、伦理、宗教分化的时代。当法的"政治性"与"技术性"这种双重因素在当代逐渐被分离时，当代人就必须在两个存在张力的伦理领域——作为绝对意志代表的国家和作为民族精神代表的"法"中进行选择。萨维尼认为在当代，这一选择的使命已经落在了法律人的肩头，他们必须将历史的无意识转化为一种能动的自觉。借助这种"法学家克里斯玛"，他重塑了法律科学中的政治因素和技术因素的格局，颠覆了国家法的统治地位，将法律科学从国家意志中拯救了出来。②进而，如果承认法的基本品质在于排除个人恣意并达到一种相对客观的公正与平等的话，那么是法律科学而非立法才能满足这一任务。萨维尼指出了实在法产生的两种方式：一种是立法者专断意志的产物。在这种情况下，立法并非来自法的内部发展的必然要求，而是受政治目的这种偶然、专断的外部因素的左右。试图通过制定完美的法典来一劳永逸地限制司法适用中个人因素的做法实际上是用"立法专横"来限制"司法专横"，这种以专横对专横的举措必然无法达到预期效果，而只能导致一种封闭的恶性循环。另一种是理想的制定法。这种实在法来自一个国家和民族的特质，是其历史发展过程中内部必然要求的

---

① 萨维尼. 历史法学派的基本思想（1814—1840年）. 郑永流，译. 北京：法律出版社，2009：8.
② 余履雪. 德国历史法学派：方法与传统. 北京：清华大学出版社，2011：95-96.

反应，是习惯和法律科学的产物。① 因为法律科学的实质就在于，它不是停留于僵硬的法条上，而是一种法学方法的运用，借由这种方法来应对现实生活中层出不穷的个别情形。它使得每一个判决结论都粘连一系列前后相连的法概念和原理，它们之间泾渭分明，同时又相互联系呼应，从而构成一个整体。②

　　历史法学派将法史学与法教义学都视为法律科学的组成部分③，并将历史与教义学的方法贯穿于法学研究的始终。其中，历史相对于教义学居于主导地位，前者是后者的预备阶段。因为萨维尼的最终目的是要将法作为一种体现民族精神的历史现象来看待的，而教义学只是这种精神和现象的科学表征而已。其实，我们大可以将政治因素与技术因素区分来看。或许依托于上述政治因素的法本体论预设过强，因为立法者未必需要在"内在的、静默作用的力量"面前亦步亦趋、俯首帖耳，因应时代新需要的政策回应与制度革新同样是不可避免的。从而未必所有的法都取自民族精神，也有可能来自外部力量。但是，即使我们将"法"视为政治意志的表述，依托于技术因素的法方法论也是不可抛弃的。概念法学者的"科学法"（wissenschaftliches Recht）观念正是向着这一方向继续迈进的体现。普赫塔（Puchta）主张有三种法源，即"直接的民族信念""立法"和"科学"，它们分别对应于习惯法、制定法和科学法。科学法是"科学演绎的产物"，主要存在于法学家的意识之中，由法学家来表述。法学家可以根据科学"演绎"来建构法条，赋予其法效力上的权威性。故而法就不仅是意志的产物，而且也是来自抽象推导之概念的产物，具有了理性或逻辑—体系性。④ 通过这种方式，法学（科学）与法本身被混合在了一起，因为科学法既具有科学（学术）性，又具有效力上的权威性。它反映了一种关于法律获取的理性主义观念——"让理性取代意志"（ratio stat pro voluntate），而达成这一目标的中介就是法教义学。⑤

---

　　① Vgl. Karl v. Savigny, *Vorlesung über juristische Methodologie* 1802—1842, 9. Aufl., hrsg. v. Aldo Mazzacane, Frankfurt am Main: Vittorio Klostermann, 1993, S. 198.

　　② 余履雪. 德国历史法学派：方法与传统. 北京：清华大学出版社，2011：99 - 102.

　　③ Vgl. Gusta v. Hugo, *Lehrbuch der juristischen Encyklopädie*, 7. Aufl., Berlin: August Mylius, 1823, S. 37. 只是在其看来，法律科学除了法史学和法教义学以外，尚包括法哲学。

　　④ Vgl. Hans-Peter Haferkamp, *Georg Friedrich Puchta und die* , h*Begriffsjurisprudenz*, Frankfurt a. M.: Vittorio Klostermann, 2004, S. 194.

　　⑤ Vgl. Matthias Jestaedt, Wissenschaft im Recht: Rechtsdogmatik im Wissenschaftsvergleich, *Juristen Zeitung* 69（2014），S. 7.

总之，制定法依其本质依赖于抽象的规则和命令，它必然具有命令的属性。但正因为如此，它恰恰需要一种恰当的教义学实践作为支撑。如果我们有一种"制定法上层建筑"的话，那么就也需要一种"教义学下层建筑"（dogmatische Unterbau）。① 因为法学家的任务恰好在于通过科学加工使得制定法对于生活关系的支配变得容易和确定。②

（二）立法的科学化

法是法律科学的产物，也就相应要求立法的科学化。科学化的核心在于理性化。联系上一部分关于法教义学的理解，可知它至少从以下三个方面促进了立法的理性化：

首先，增强制定法效力上的安定性。从法教义学具有的稳定化和整合功能可知：假如立法得到稳固的教义学支持并且以合适的形式将教义在制定法中反映出来，那么立法就将大大增强其效力强度。通过教义学，法律适用过程中必要的沟通与商谈将获得一种可靠的媒介。此外，对于立法者而言，运用教义学不仅对于现存法（de lege lata）有价值，而且对于未来法（de lege ferenda）同样有价值。前一种情形是一种直接意义上的价值，即立法者将经法律科学训练之法律人所熟知的教义学形式运用于制定法条款并作为可被认知的前提。后一种情形则是一种间接意义上的价值，即教义学可以帮助对要调整的领域进行教义上精确而透彻的分析，由此使得立法者可以从得到教义上清晰塑造且将其可预测的结果尽可能直观地展示出来的不同选择中选取一个规定进制定法，并意识到其他选择的可能且将它们从专业法律人的认知中排除出去。③ 由此，就可以尽可能排除立法者的个人恣意与专断，确保制定法效力的客观基础和安定性，促进其理性。

其次，达致法律体系的无矛盾与融贯性。体系学是法教义学的一种逻辑工具，它能保障制定法内部、制定法与法秩序的基本价值，决定以及塑造它们且从它们中推导出法教义之间的无矛盾性或融贯性。立法者创制的制定法，其内部和相互之间越是逻辑上相互一致、价值上相互支持，立法的理性

---

① 　Vgl. Okko Behrends, Das Bündnis zwischen Gesetz und Dogmatik, in: Okko Behrends und Wolfram Henckel（Hrsg.）, *Gesetzgebung und Dogmatik*, Göttingen: Vandenhock & Ruprecht, 1989, S. 18.

② 　Vgl. Karl v. Savigny, *System des heutigen Römischen Rechts*, Band I, Berlin: Veit, 1840, S. 48.

③ 　Vgl. Okko Behrends, Das Bündnis zwischen Gesetz und Dogmatik, S. 9.

化程度就越高。一方面，一个逻辑上无法自洽的体系无法满足形式正义的要求。因为它会使得这个体系中的行动者无所适从，陷入"做某事且不做某事""禁止做某事且允许做某事"的永误境地。另一方面，同一体系中的规范如果（经教义学解释）在价值上相互抵牾，也有可能导致行动的分歧与对抗。因此，体系的融贯性一来要求法律部门（如民法）与具体制度（如缔约过失）内部的各个制定法条款与教义学规范之间建立起评价上的积极关联，二来也要求普通法与宪法之间建立起评价上的积极关联。这不仅意味着普通法规范不能与宪法规范相冲突，也意味着前者在实质评价上与后者保持一致。"宪法的第三人效力"就是这种体系融贯性的表现。[①] 在这两方面，作为教义学方法的体系解释起到了关键性的作用。体系解释有两种形式。一种是，假如对某法律规范采取某种解释会导致与另一法律规范相矛盾的结果，那么就不应该采取这种解释。另一种是，假如对某法律规范有两种可能的解释，其中一种解释将比另一种解释更能够和另一法律规范产生相互支持的效果，那么就应该采取前一种解释。显然，这两种形式分别对应于无矛盾和融贯的要求。[②] 法教义学能够揭示出旧法中相矛盾和不融贯的部分，促使新的立法予以改进，以增进整个体系的融贯，实现理性化。

最后，促进法律上的平等规定。法教义学与"同样情况同样对待"的要求联系在一起，因而可以成为实现形式正义原则的手段。很多时候人们在事前无法确知，制定法所有意欲的适用情形是否能满足"同样情况同样对待"的要求。要么因为时间的压力，要么因为立法在主题上受到某些限制，单独一次立法并不能担保满足平等原则。因而需要有一种外在于立法的机制凭借方法论来追问这一问题：立法者在多大程度上满足了平等原则。历史经验说明，这一任务在方法上要交由更有准备的法律人群体，他们将"法教义学"作为对立法进行统一性审查的手段。[③] 这样一种审查反过来会促进立法者在新法中进行更符合事实的区分对待或者一致对待，以符合平等原则，从而促

---

① 雷磊. 融贯性与法律体系的建构. 法学家，2012（2）：5-6.

② 体系解释的这两种形式也对应于法律之"内部体系"与"外部体系"的要求（Ernst A. Kramer, *Juristische Methodenlehre*，4. Aufl.，München：C. F. Müller，2013，S. 93.）

③ Vgl. Maximilian Herberger, Rangstufen der Rechtsdogmatik im Hinblick auf deren Bedeutung für die Gesetzgebung, in：Okko Behrends und Wolfram Henckel（Hrsg.），*Gesetzgebung und Dogmatik*，Göttingen：Vandenhock & Ruprecht，1989，S. 75-76.

进理性化。

立法的科学化并不意味着要取消法的政治因素或立法的形成空间，而只是意味着要对立法者的权力进行限制。法教义学本身并不能作出某种"基本价值决定"，而只能以此方式来约束立法者：一旦他对某个特定的价值立场作出了决定，他就必须将之坚持到底，他不能任意地违反它。① 因为法教义学正是帮助并督促他维系一贯立场的途径。所以，立法的科学化要求的是以法学家的智识伦理去对接政治家的责任伦理。

四、法教义学对立法的影响途径 I：内容

法的技术因素和立法的科学化要求法教义学对立法发挥积极影响。"立法"作为制定法律的活动，既包括对法律的创制和补充，也包括对法律的修改和废止。据其方式，我们可以区分出三种影响途径，即语言、内容与体系。其中法教义学对立法语言的影响主要表现为先在教义学上形成的概念、术语后被吸纳进立法文本之中。与此相比，法教义学对于立法的内容与体系的影响更为深层，因为教义学的认知功能主要展现于后两种途径中。我们可以将法教义学对立法内容的影响途径分为三种，即直接为立法提供支持、间接为立法提供支持，以及对立法进行批判。

（一）法教义学直接为立法提供支持

1. 法教义转化为立法条款

法教义学直接为立法提供支持表现为法教义以某种方式进入制定法之中。第一种情形是将代表一国学界和/或司法实务界之通说的法教义转化为立法条款。作为教义学传统中历史最为悠久的民法教义学，典例不胜枚举。以下仅以行政法和刑法为例来说明。

德国的行政法总论教义学是在 19 世纪初缺乏相关立法的前提下被发展、巩固和完善的。早期代表者弗里德里希·弗朗茨·迈耶（Friedrich Franz Mayer）在巴登—符腾堡邦国行政法的基础上，提炼出行政法的基本原则作为德意志共同法（德国共同国家法）的基石。这些基本原则是对行政法总论部分的第一次教义学塑造。"总论"不仅意味着与单个德意志邦国的特殊行

---

① 　Vgl. Manfred Maiwald，Dogmatik und Gesetzgebung im Strafrecht der Gegenwart，S. 134.

政法相对，也意味着是德意志共同的法。迈耶将这种行政法总论的内容描述为法律原则和制度的体系，它们是将最初民法关于个人在法律上最重要的特征（人格权）的规定转用到了主观公法关系上，进而提炼出与民法共通的一般法律概念，继而以独有的、与公共行政之本质相符的形式因应公共需要的变化持续发展。① 可见，以往的立法在此只起到了边缘性的作用，它们至多是作为法教义学上归纳工作的基础而存在的。当时的另一位行政法名家奥拓·迈耶（Otto Mayer）则借用了当时已日趋成熟的法国行政法，并通过撰写《德国行政法教科书》推动了相关法教义学的发展。此后，法学者与经受学术训练的法官之间就行政法一般原则的法学加工（其目的在于改善特殊行政法的可实施性并使之理性化）进行了持续不断的对话。在第二次世界大战之后，德国行政法总论的内容要么被上升为基本法上的基本原则（相对于立法具有优先性），要么为具体行政立法所吸纳，余下的则至少在联邦和各州作为习惯法而继续存在。这些历时弥久的行政法总论教义学对于法秩序的意义在于，它给联邦和各州的立法者只留下了有限的选择：要么让它继续保持习惯法上的效力，要么使得这些材料完全或部分地被法典化。② 例如在 1976年，这些行政法总论的一部分就被吸纳进了联邦和各州的行政程序法典中。毫无疑问，近乎一个世纪关于行政法总论的教义学工作为行政法领域的立法提供了非常根本性的体系化基础，也在有争议的问题中为其准备了可选择的解决方案。这些法教义基础持续影响着具体行政材料的立法，直至行政程序法典化为止。但即使是在大规模法典化之前，联邦和各州在特定领域的行政立法已深受行政法总论的影响，即阻止具体行政法领域朝相反方向发展，赋予行政法大厦以稳固性与封闭性，以及平衡特殊行政法的短暂性与持久性。③ 当然，这并不排斥提炼出行政法教义学在精神史和社会上的限制条件，并从时代条件变迁中推出必然结果并有意地去赓续法教义学。有学者在研究了当代 16 部联邦制定法之后发现，"特殊行政法的立法者在获得和使用行政法总

---

① Vgl. Friedrich Franz Mayer, *Grundsätze des verwaltungs-Rechts*, Tübingen：Laupp，1862，S. 8.

② Vgl. Christian Starck, Rechtsdogmatik und Gesetzgebung im Verwaltungsrecht, in：Okko Behrends und Wolfram Henckel（Hrsg.），*Gesetzgebung und Dogmatik*，Göttingen：Vandenhock & Ruprecht，1989，S. 107-108.

③ Vgl. Klaus Stern, Das allgemeine Verwaltungsrehct in der neueren Bundesgesetzgebung, *Juristiche Zeitung*，1962，S. 265ff.

论的惯常原则和制度方面拥有令人愉快的一致性"，因为通过学术与司法发展起来的概念与形式相比于立法者所独创的构造元素显然拥有更大的惯性。①

德国刑法教义学同样提供了不少例证，在此撷取三例。第一例是犯罪构成的三阶层学说。今天，鲜有刑法学者仍能意识到，将犯罪概念分解为构成要件该当性、违法性和有责性是将基础性教义学上的一个预先判断法典化的结果。立法者理所当然地以这一三分法为出发点，而它也已被接纳为现代教义学发展的一个重要部分。例如《德国刑法典》第 11 条第 1 款第 5 项将"违法行为"定义为实现了一部刑法典之构成要件的行为，继而刑法典在许多地方都回溯到这一概念之上。进而，刑法典还理所当然地以违法性和有责任的区分为出发点，以至于构成要件该当性—违法性—有责性被认为是基础性的系统范畴。但是应当看到，违法性与有责性的区分只是刑法教义学在 19 世纪末提出来接替占据一个世纪之统治地位的"归责"概念的②，并且这一三分法在法国和意大利等与德国同处大陆法系传统的国家中并没有被普遍接受。③ 这说明，立法者所采纳的许多似乎不证自明的概念并非理所当然的，而往往受到时代与国别的限制，而这正是教义学之特征的体现。

第二例是未遂的概念。针对未遂的可罚性，立法者选择了这样的表述：谁要是根据其关于某犯罪行为的想象直接着手准备去实现这个行为的构成要件，他就是企图去实施这一犯罪行为（未遂）（《德国刑法典》第 22 条）。当时的刑法改革特别委员会的报告指出，这其实相当于明确提示承认了主观未遂论，从而就拒绝了费尔巴哈（Feuerbach）提出、而今天仍然为奥地利和意大利等国刑法典所采纳的危险性理论。同时被拒绝的还有构成要件匮乏论，它数十年来在德国学界拥有大量的拥趸。这说明，某种特定的学术观念也可能为立法者所信服和贯彻。④

第三例是禁止的错误（违法性认识错误）。这一主题涉及诸多相互交叉的具体问题。在引入新的刑法典第 17 条之前，在帝国法院的传统司法见解

---

① a. a. O.，S. 302.

② Vgl. Hans-Heinrich Jescheck, *Lehrbuch des Strafrechts*, Allgemeiner Teil, 3. Aufl.，Berlin：Duncker & Humblot，1978，S. 160f.

③ Vgl. Hans-Heinrich Jescheck, Neue Strafrechtsdogmatik und Kriminalpolitik in rechtsvergleichender Sicht，*Zeitschrift für gesamte Strafrechtswissenschaft* 98 (1986)，S. 5ff.

④ Vgl. Manfred Maiwald，Dogmatik und Gesetzgebung im Strafrecht der Gegenwart，S. 126.

与学界的通说之间存在着激烈的交锋。帝国法院主张"不知刑法不得免予刑罚",并将"禁止错误"(只要它涉及刑法规范)视为刑法上不相关的东西。而学界一开始的主流立场是,禁止错误能排除故意,所以是完全相关的。随后威尔策尔(Welzel)在其目的论行为学说中对罪责和故意的概念进行了分析,学界也越来越相信,不法意识并非(从目的上来加以理解的)故意的必要要素,而缺乏不法意识能影响罪责的成立。但旋即许多学者指出,这一结果并非来自行为之前法律(目的性的)结构,而是来自刑法的不法学说和罪责学说。此外,司法实践中也运用了一种并不包含不法意识的"自然"故意的概念,尽管它只是与因酒醉而故意犯下旧刑法典第330条规定之罪行相关,或者与精神疾病状态下的犯罪行为相关。最终,司法实践也发生了转向,将不法意识理解为与故意相分离的独立的罪责要素。这一教义学发展的结果直接体现在了今天德国刑法典第17条之中。这一规定的出发点是,当犯罪嫌疑人在行为时缺乏不法的观念时,就排除其罪责;如果行为人能避免错误,至少能减轻刑罚。[1]

2. 法教义为修法提供基础

第二种情形是通过法教义的澄清为法律后续的修改与完善提供可能。当某个法律领域基于法教义学上的预备工作而得到制定法的调整后,法教义学并不会因此变得多余。因为它此后更多以内在于法律的方式展开工作,它平衡着立法过程中产生的价值矛盾,致力于合宪性解释,为立法时未能预见到的新问题提出解决方案,以这些方式为立法的完善或者说为后续新的立法活动提供基础。例如,行政法学通过对一般条款的解释和教义学上的细致构造为特殊行政法的完善奠定必要的基础,就像特殊治安管理法所体现的那样。[2]

一个更清晰的例子是民法上"买卖不破租赁"原则对于强制拍卖或破产情形的适用。《德国民法典》第566条第1款规定,出租的住房在交给承租人之后,被出租人将房屋让与第三人的,取得人即代替出租人,加入在出租人的所有权存续期间由租赁关系产生的权利和义务。立法者于此面临的一个问题是:出租的住房是以强制拍卖的方式或通过破产管理来实现让与时,应

---

① a. a. O. , S. 126-127.

② Vgl. Volkmar Götz, *Allgemeines Polizei-und Ordnungsrecht*, 15. Aufl. , München: Beck, 2013, S. 28ff.

否接受这一规定。一方面，可以肯定的是，完全偏离第 566 条及以下条款的做法是违反体系的，其后果可以预见。假如作出这样一个规定，即所有租赁关系都应因强制拍卖而被废除，那么肯定会引发有人通过拍卖住房来驱赶长期租房之承租人的结果。因而，通过宣布第 566 条第 1 款原则上同样适用于强制拍卖和通过破产管理的让与，立法者确保了与民法典租赁合同权之间的体系性关联。另一方面，立法者也必须顾及强制拍卖与破产程序的目的。对立法的这种目的论确定同样属于教义学的任务。因为制定法的目的是从其内容中推导出来的，其目标在于作出一种可以用某个教义（抽象原则）来表述的规整。强制拍卖和破产程序的教义原则在于"满足债权人的要求"，或可以更好地被表述为"践行债权人权利的法治国程序"。因此，通过这一教义学提出的问题是，从强制拍卖和破产管理中推导出的目的是否能对民法典第 566 条第 1 款施加限制。

但这只是问题的一个层面。在另一个层面上，可能还需要考虑到上位法规范和原则的要求。在这一情形中，值得考虑的比如一方面宪法有对于财产的保护，它同样也包含对于债权人权利的保护；另一方面有对财产的社会拘束，这有利于承租人（当然有疑问的是，承租人的占有权是否能等同于《德国基本法》第 14 条意义上的"财产"）。最后，还必须考虑到社会国原则和对承租人之"人的尊严"的保护。就此而言，教义学上必然的推论与法政策学上的形成自由之间的界限就不那么清晰了。在对财产的社会拘束方面，应为立法者留有一定的判断余地：债权人的法律地位能否以与出租人之财产一样的方式被限缩，无法从基本法第 14 条中推知。因为对债权人权利的社会拘束（为第 14 条所保护）首先是取向于债务人值得保护的利益的。同样，从社会国原则和对"人的尊严"的保护出发也推导不出教义学上必然的解决办法。立法者最终在后来的《强制拍卖法》第 57 条 a 款和《破产法》第 21 条第 4 款中，赋予了住房的拍卖取得人或从破产程序取得住房的人一种法定期限内的特别解除权。这一方面是为了避免由于长期出租住房而导致住房价值贬损，因而不利于债权人；另一方面也在住房财产的社会拘束上区分了出租人和债权人。所以，通过民法典第 566 条第 1 款保障的对承租人的保护由于债权人的利益受到了限制。① 当然，"法定期限"的规定也说明法律对于

---

① 　Vgl. Wolfram Henckel，Rechtsdogmatik und Gesetzgebung in der Gegenwart-Zivilrecht，S. 95-97.

债权人的保护也是受限的，承租人的利益和其他宪法原则同样要在一定程度上被顾及。

以上例子说明，教义学考量尽管并不能在此意义上来决定制定法内容，即不留给立法者任何判断余地，但它澄清了有冲突的利益状态及其在法律上的关联性，也标识出了立法者能够运用其形成权的界限。

（二）法教义学间接为立法提供支持

法教义学间接为立法提供支持指的是，法教义并不以任何形式直接被吸纳进制定法之中，而是作为"法外材料"与相关制定法术语和条款配合使用，两者一起构成"法"的整体，从而实现制定法文本本身的"去教义化"与法教义学作为制定法"下层建筑"的统合。这里主要涉及法教义争议较大或者不断变迁的情形。

1962 年《德国刑法典》草案在"导论"部分包含这样一个指示性准则：制定法必须避免介入有学术争议的问题，而必须向学术与司法的发展保持开放。例如，刑法改革特别委员会在对防卫过当进行规定时就有意选用了这样的表述：对出于混淆、担忧或恐惧的行为人"不得处以刑罚"，由此对防卫过当的法律性质保持了开放。另一个对法教义学分类保持开放但同时又对实际问题作出决定的著名例子是当时的刑法典第 113 条第 4 款，它涉及反抗执法时所存在之"错误"的规定。一方面，如果犯罪嫌疑人对他误以为违法的执法行为进行反抗，那么他的故意和错误对于构成犯罪而言都不是必不可少的。犯罪嫌疑人可以根据其错误可避免的程度被减轻处罚，或免予刑罚；当错误不可避免，同时也无法期待获得法律救济时，行为就是免受惩罚的。[①]这里同样没有对"错误"的性质或类型作出规定。事情的另一方面是，如果这些规定要对于个案产生具有实践意义的结论，我们就必须期待它们作出一个决定。显然，这个决定除了借助于各当时对于"防卫过当"和"错误"的主流理解（结合个案）之外是无法作出的。至少我们也必须将决定限于数个教义学选择之内。

德国民事立法的发展则更为典型，它经历了一个不断"去学说化"的发展过程。学术化私法典的早期代表是 1756 年巴伐利亚的《巴伐利亚民法典》

---

① Vgl. Manfred Maiwald，Dogmatik und Gesetzgebung im Strafrecht der Gegenwart，S. 130.

(Codex Maximiliane-us Bavaricus Civilis)。这部法典将所有属于法律学说的材料都包含在内,可以说是一个普遍私法的扼要、清晰、有序和完整的体系,被戏虐为"具有制定法效力的教科书"①。这是因为当时"法"与"警察"(行政)的两分深入人心,州的支配权被认为只限于行政,法则基于传统(包括共同私法),立法者至多只能在某些点上进行创造。1794 年的《普鲁士一般邦法》(Allgemeines Landrechtfur die Preussischen Staaten)则代表了立法与法教义学之关系的较新发展。立法者在这部法典中自认有权力和能力去塑造整个民法,但同样走上了学说化的路子。这里除了有集权主义的根源外,还有这样一种考量:要让公民知晓法律,避免公民只有咨询法学者才能熟悉法的内容。为此,这部包罗万象的法典意欲承担法学教科书的角色。从 19 世纪中期之后,立法的观念发生了改变,走上了自由宪政国家的道路。重新界分立法与法教义学,让立法对诸多法教义保持中立变得必要。② 其典型代表当属 1896 年的《德国民法典》。

正如拉邦德(Laband)所言,一旦制定法不再以学说化为任务,那么就只剩下立法命令或者说国家意志行为了。③ 而不属于意志之物,或者说一切具有教义学上认知可能的事物都位于教义学的领域。真正的"法"正是这意志之物和认知之物的综合。就此而言,19 世纪之后的民法教义学在三个方面配合着立法④:其一,阐述私法的元理论命题。如关于法学、正义、法的分类等概念的命题。《巴伐利亚民法典》尚包含着这类命题,但《普鲁士一般邦法》和《德国民法典》已不再这么做。很显然,此后这类命题只能反映理论认知而非立法的意志决定,必须要由教义学来供给。其二,推导来自制定法的逻辑结论。这里指的是能从制定法规则中通过完全归纳(变得更一般化)或涵摄(变得更特殊化)推导出来的推理结论。《普鲁士一般邦法》曾不惮于规定一般法律原则(尽管从其具体规定中也可归纳出来),如遗嘱自

① Friedrich Ebel, *Über Legaldefinitionen*, Berlin: Duncker & Humblot, 1974, S. 126.

② Vgl. Jan Schröder, Das Verhältnis von Rechtsdogmatik und Gesetzgebung, in: Okko Behrends und Wolfram Henckel (Hrsg.), *Gesetzgebung und Dogmatik*, Göttingen: Vandenhock & Ruprecht, 1989, S. 42-78.

③ Vgl. Paul Laband, *Das Staatsrecht des deutschen Reiches*, 5. Aufl., 2. Bd., Tübingen: Mohr, 1911, S. 4, 61.

④ Vgl. Jan Schröder, Das Verhältnis von Rechtsdogmatik und Gesetzgebung, S. 48-51. 表述微有差别。

由原则，也不断通过具体适用情形来澄清一般概念。后者的一个极端例子是关于"附属物"的一章，该章运用了 67 个条款，一边规定了（本身足够充分的）一般性定义，另一边又列举了大量具体情形，如庄园的附属物包括"母鸡、鹅、鸭、鸽子和吐绶鸡"，图书馆的附属物包括"蓄水池和柜子"。而《德国民法典》既极少规定像遗嘱自由这样的一般原则，只用了两个一般性条款去处理附属物的问题。因此，当代民法教义学一方面通过对具体制定法条款的归纳提炼出一般原则以适用于更宽泛的情形，另一方面则通过结合个案进行涵摄来细化一般性条款的内涵。其三，进行民法上的概念构造。这是法教义学最重要，也是最艰巨的任务。19 世纪早期，定义被认为属于认知行为而非意志行为。[①] 因此，如果某个概念可通过法外学科或法哲学（自然法）来认识（如"合同"），立法者就不得下定义。因为按照当时的观念，立法产生的实证概念是"任意的"，因而是不可认知的。尽管如此，因为许多法概念并不包含在自然法之中，而大量自然法领域也处于立法者的支配之下，所以法教义学的定义权范围在当时并不是太广。到了 19 世纪晚期，每个法概念都被认为是理性整体的一部分，因而都是科学上可认知的，可认知的非实证法概念与不可认知的实证法概念之间的区分消失了。教义学发展出了一种"法学技术"，即一系列法律操作的方法和步骤，其中尤其是"概念建构"具有特别重要的实践意义。同时，立法本身也放弃了教义化，并将这些操作和步骤留给教义学。由此教义学命题的领域大大扩张，它们不再进入制定法，而是留在法外对后者加以补充，成为后者的"下层建筑"。

（三）法教义学对立法进行批判

法教义学除了可以为立法提供支持以外，也可以对现行立法进行批判。对此首先要指明的是：其一，不同于运用其他科学知识和标准对于立法的批判，法教义学的批判是"体系内的批判"。换言之，其批判的标准并非来自既存的、独立于现行法秩序之外的伦理法典，而是由法教义学本身借着不断检讨其于实在法秩序中一再遭遇的法律思想及其评价标准而发展出来的。[②]

---

① Vgl. Fridolin Eisele, Unverbindlicher Gesetzesinhalt, *Archiv für die civilistische Praxis* 69 (1886)，S. 303.

② Karl Larenz, *Methodenlehre der Rechtswissenschaft*，6. Aufl.，Berlin u. a.：Springer Verlag，1991，S. 193-194.

其二，"批判"与前述"支持"功能（为修法提供基础）之间具有功能性关联，揭示出立法的不足构成了后续（广义上的）修法的前提。但批判旨在揭示现行法的不足，而支持意图为现行法的完善提供教义上选择的可能，两者毕竟不同，所以本节分别阐述。法教义学对立法的批判方式可以分为三种，即揭示出立法的漏洞、揭示出立法的矛盾以及揭示出立法的价值缺陷。它们要么能引发对现行法的补充或（狭义上的）修改，要么能促使立法者废止现行法的相关条款。

1. 揭示出立法的漏洞

法教义学往往可以揭示出现行法存在的立法不周情形。"动产交付前因买受人的过失导致的标的物毁损应当如何救济"的问题就是一例。设想这样一个案例：甲到商人乙处购买 DVD 一台。双方就价款协商一致后，乙将 DVD 拿出放在柜台上。甲付钱时，因钱包落在地上，低头捡钱包时将 DVD 撞落并导致毁损。此时乙该如何寻求救济？[①] 当然，我们可以撇开甲乙之间的合同关系，仅根据《物权法》第 23 条、第 39 条和《侵权责任法》第 6 条第 1 款、第 15 条的规定，认定甲过失损坏他人之物，构成侵权（侵犯所有权），因此应承担侵权损害赔偿责任。但要考虑到，案例情形中甲乙之间毕竟存在合同关系（合同已经成立），标的物的毁损发生于合同履行期间，相比于一般侵权（如路人甲跑过乙的柜台时将柜台上的 DVD 撞落在地，导致毁损）终究不同，因此要考虑到《合同法》的规定。

但依据《合同法》来处理，就会产生一系列的问题：首先，乙是否可以解除合同，从而免除履行义务？合同的解除条件规定于《合同法》第 94 条。审视第 94 条，本案唯一有可能符合的是第一种情形，即"因不可抗力致使不能实现合同目的"。那么，什么是"不可抗力"？根据《民法通则》第 153 条和《合同法》第 117 条第 2 款，"不可抗力"是指不能预见、不能避免并不能克服的客观情况。通说认为，不可抗力主要包括以下几种情形：（1）自然灾害、如台风、洪水、冰雹；（2）政府行为，如征收、征用；（3）社会异常事件，如罢工、骚乱。当然，这三类情形只是被列举的典型情形，并非穷尽性的。关键在于，在本案中，这里所说的"不能预见、不能避免并不能克

---

① 此例及分析许德风. 法教义学的应用. 中外法学，2013（5）：953. 引用时案情略有缩减，对相关分析则进行了补充与延伸。

服"是针对甲乙双方当事人而言的，还是仅针对一方当事人（如乙）而言的？根据不同的理解，会导致是否将本案情形归入"不可抗力"的不同。但无论采取哪种教义，都会导致后续的问题。如果持肯定见解，那么乙固然可以解除合同，但后续的问题在于：此时甲能否同样基于"因不可抗力而导致合同目的不能实现"这一原因也主张解除合同，从而免除交付价款的义务？这无疑有违法感。如果像通常所认为的那样持否定见解，那么合同关系依然存在，乙就应当继续履行交付义务。但此时由于标的物毁损，发生了《合同法》第110条所说的"事实上不能履行"的情形。然而该条只规定了这种情形下甲不得要求乙继续履行交付义务，而依据第107条的规定，违约责任形式除了继续履行外，尚有采取补救措施和赔偿损失等。根据反向推理，似乎并不排斥让乙承担其他违约责任的可能。然而在本案情形中，让乙因为甲的原因造成的履行不能去承担违约责任无论如何都是荒谬的。比较而言，《德国民法典》第275条第2款就对此问题作出了规定：若债权人（买受人）对履行不能的发生有全部或主要责任，则债务人（出卖人）的对待履行请求权并不消灭。换言之，出卖人可以直接要求买受人支付剩余价款。而在我国民法上，这个看似简单的案件却很难得到有效处理。因此，立法者有必要通过修法对此类情形予以单独补充规定。

2. 揭示出立法的矛盾

法教义学也可以揭示出不同制定法之间存在的矛盾之处，尤其是当它们来自不同的立法者或者不同时间的立法时。我国正处于大规模的法律创制时期，迫于形势、时间的压力和改革的要求，经常会将许多立法活动被视为政治任务，从而在未能经受充分"教义学规训"（其以为立法奠定厚实基础）的考验的情况下就匆忙出台制定法。这种情况下立法之间常常相互冲突，而通过简单的教义学推导就能揭示出这种冲突。"人保和物保并存时的相互追偿权问题"就是一例。当年为适应经济发展的要求，我国于1995年匆匆制定了《担保法》，此后因所涉及的法律技术甚为复杂，最高人民法院又颁布了相关的司法解释。但由于对一些具体制度的认识和理解仍有差错，因而司法解释本身的一些条文也存在问题。此后再颁布的《物权法》，对《担保法》中三分之二的条文作了修改，不过囿于立法仓促及规划不足，《物权法》除规定"担保法与本法的规定不一致的，适用本法"外，并未对法律冲突问题

作出全面处理。时至今日，散见于《担保法》、最高人民法院《关于适用
〈中华人民共和国担保法〉的解释》（以下简称《担保法司法解释》）、《物权
法》等法律规范中的担保制度，已成为中国私法制度中最复杂难解的部分之
一，立法冲突就是其中存在的严重问题。① 例如，《担保法》第 28 条并未就
提供物的担保的担保人与保证人之间的相互追偿问题作出规定。《物权法》
第 176 条也只是规定了提供物的担保的担保人对于债务人的追偿权，同样未
明确规定担保人之间的相互追偿权。根据反向推理（字面理解），似乎《物
权法》未规定就应认为担保人之间并无追偿权。但此前的《担保法司法解
释》第 38 条却规定，当事人对保证担保的范围或者物的担保的范围没有约
定或者约定不明的，承担了担保责任的担保人，可以向债务人追偿，也可以
要求其他担保人清偿其应当分担的份额。这相当于在特定情形下肯定了担保
人就特定份额的相互追偿权。究竟应从字面意义上去适用《物权法》（无追
偿权），还是应认为《物权法》未对此问题作出具体规定因而应适用特别的
相关规定（有追偿权）？立法者有必要调整这些条款，以保证相互一致。

3. 揭示出立法的价值缺陷

法教义学还可以揭示出立法具有价值缺陷，即没有满足法秩序的基本价
值诉求。而一国法秩序的基本价值诉求凝结于该国的宪法之中，因为宪法构
成了一种"客观的价值秩序"，是根本性价值判断的实在法基础与客观标准。
以刑事立法为例，刑事政策的价值判断就必须首先立基于宪法层面，通过宪
法教义学可以对基于刑事政策的刑事立法进行价值上的批判。《刑法修正案
（九）》新增的"扰乱国家机关工作秩序罪"就是一例。②

"扰乱国家机关工作秩序罪"难以经受宪法框架下法益概念的检验。法
益保护说认为，刑法只能保护具体的法益，而不允许保护政治或者道德信
仰，宗教教义和信条，世界观的意识形态或者纯粹的感情。③ 在斩断了刑法
与宗教、伦理、意识形态、政治的纠缠之后，刑法所保护的法益无法留待刑

---

① 许德风. 法教义学的应用. 中外法学，2013（5）：955.

② 此例取自张翔. 刑法体系的合宪性调控——以"李斯特鸿沟"为视角. 法学研究，2016（4）：52-54.

③ 克劳斯·罗克信. 刑法的任务不是法益保护吗？. 樊文，译//刑事法评论：第 19 卷. 北京：北京大学出版社，2003：147.

事立法者的决断，而必须建立起与宪法这种最高法的关联。这也就是要从宪法的层面上对法益内容加以控制，将法益尤其是与基本权利挂起钩来，以此促进刑事政策与刑法体系的贯通。从宪法的角度看，国家机关的存在本身并不是目的，人民作为国家主权者的权力行使和作为基本权利主体的权利保障才是目的。我国《宪法》第 2 条第 1 款确立了国家一切权力属于人民的原则，第 2 款规定了人民行使权力的机关即人大，第 3 款则赋予人民通过各种途径和形式管理国家各项事务的权利。与此密切相关的《宪法》第 35 条规定的公民的言论、出版、集会、结社、游行、示威等自由和第 41 条规定的批评、建议、申诉、控告、检举等权利，都是人民参与国家事务的途径和形式。此外，《宪法》第 3 条第 3 款规定其他国家机关都要受人大的监督，第 27 条第 2 款规定了人民对于国家机关的批评、建议和监督权。"扰乱国家机关工作秩序罪"所制裁的行为，在宪法教义学上可能构成对这些基本权利的行使。如果"扰乱国家机关工作秩序罪"在具体情形中的认定效果导致完全剥夺了这些基本权利或者否定了它们的"本质性内容"，那么就有违宪的嫌疑。关键问题在于，要从宪法教义学上界分人民参与国家事务的权利、批评、建议和监督权与真正"扰乱"国家机关工作秩序的行为，以避免根据"扰乱国家机关工作秩序罪"来施加刑罚而造成对基本权利的不当限制与侵害。当两者的界限不易认定时，应当从宽保护基本权利。因而这一罪名可能存在对基本权利保护不足的价值缺陷。[①] 同时，这个例子说明，在刑事政策、宪法与刑法教义学之间并不存在固定的界限。因为刑法教义学的工作方式就在于检验宪法和刑事政策上的基本判断，并通过研究其结果来一再获得关于这些基本判断本身的命题，尽管它本身自然还要受宪法的拘束。[②]

五、法教义学对立法的影响途径 II：体系

法教义学对于立法体系的影响在某种意义上甚至要强过其内容。因为立

---

① 正如张翔教授指出的，在这一条款已经明列于刑法而未被修改或取消的前提下，法院不能拒绝适用，只可以对其进行合乎宪法的限缩解释（张翔. 刑法体系的合宪性调控——以"李斯特鸿沟"为视角. 法学研究，2016（4）：56.）。但这并不否认法教义学本身因具有揭示价值缺陷的批判而对立法的意义。

② Vgl. Manfred Maiwald，Dogmatik und Gesetzgebung im Strafrecht der Gegenwart，S. 136.

法在内容的意义上可以选择去教义化（就像《德国民法典》所做的那样），但在体系的意义上却无法做到这一点。立法者无法像排斥个别的教义学命题那样来排斥法教义学的体系建议：他可以放弃元理论和概念构造，但却不得放弃立法作品的（任意）一种顺序。他必须对特定教义学体系采取某种姿态，要么采纳它，要么拒绝它，要么改造它。立法可以拒绝某一种特定的教义学体系，但却无法拒绝所有的教义学体系或者"体系化"本身。而法教义学之间的冲突也可能反映在体系构造的领域。所以，立法体系必然与某种法教义学体系相关。

德国私法体系学的历史表明，法教义学对于制定法体系构造的影响从18世纪中叶之后就呈现出相当稳定的面貌。我们可以区分出三个发展阶段：首先，是古老的"法学阶梯体系"占支配地位的阶段。这一体系源于盖尤斯（Gaius）的著作《法学阶梯》，它为公元前530年的《法学阶梯》法典所仿效。此法典本是优士丁尼命特利蒂尼安为学生编纂的教科书，后来赋予其法律效力。① 它将全部的私法划分为"人""物"和"诉讼"三部分。当时亲属法被归入"人法"，债法被归入"诉讼"，继承法则是在"物"和"诉讼"之间分配的。② 1756年巴伐利亚的《巴伐利亚民法典》就采纳了这一体系，只是将继承法单独设为一编而已。此外，在这一时期教义学也影响了法典各部分内在的顺序。直到1700年左右，哲学和法学中对于论文具体材料的顺序都存在着确定的安排，也就是要围绕某个主题依次探讨语词、属、种差（如此就形成了"定义"）、四因、属性、效果、分类、相近和相反的概念。这一顺序以自由的形式被《巴伐利亚民法典》所采用。这一做法直到18世纪才因被认为经院主义色彩过浓、妨碍了不同对象的自由本质而被抛弃。③

随之，在17世纪晚期和18世纪出现了一种自然法的体系，它将由适用于个人的法提升为适用于或大或小的共同体的法。④ 它主要改变了亲属法的

---

① 穗积陈重. 法典论. 李求轶，译. 北京：商务印书馆，2014：64.

② Vgl. Lars Björne, *Deutsche Rechtsysteme im 18. und 19. Jahrhundert*, Ebelbach：Gremer, 1984, S. 132.

③ Vgl. Jan Schröder, Die ptivatrechtliche Methodenlehre des Usus modernus, in：Dieter Simon（Hrsg.）, *Akten des 26. Deutschen Rechtshistorikertages*, Frankfurt a. M.：Klostermann, 1987, S. 273-275.

④ Vgl. Andreas Bertalan Schwarz, Zur Entstehung des modernen Pandektensystems, *Zeitschrift für Savigny-Stiftung für Rechtsgeschichte*（*Romanistische Abteilung*）42（1921）, S. 578ff.

地位。因为亲属法是调整小型团体内部关系（父母与子女、丈夫与妻子）的法，所以它从整个体系的开头被挪到了结尾。这种自然法体系为《普鲁士一般邦法》奠定了基础。该法典共有 8 367 条，其内容几乎涵盖了一切法律（私法、公法、商法与刑法）领域。它不仅要规范市民间的私权关系，而且还要在自然法权利义务的基础上，解决国家和市民间的权利义务关系。[①] 所以这部法典也被视为自然法法典的代表之一和"普鲁士的自然法"[②]。

最后，大约在 1800 年，德国法学家胡果（Hugo）和海泽（Heize）提出了五编制的现代"学说汇纂体系"，即总则和人法、物权法、债法、亲属法、继承法。[③] 这一体系被 1863 年的《萨克森王国民法典》第一次直接应用于民法典的编纂过程之中。该法典以当时的民法教义学为基础，按照"五编制图式"编纂而成（特别是第一次将"总则"纳入法典之中），基本上是学说汇纂教科书条文化的产物。1896 年的《德国民法典》更是根据学说汇纂体系之"学术的晚期成熟"创作而成，其编制、结构、概念、语言，完全是学说汇纂学的结晶。在结构上，它基本照搬了学说汇纂体系的五编制体例：第一编"总则"（第 1 条至第 240 条）、第二编"债务关系法"（第 241 条至第 853 条）、第三编"物权法"（第 854 条至第 1296 条）、第四编"亲属法"（第 1297 条至第 1921 条）、第五编"继承法"（第 1922 条至第 2385 条）。[④]《德国民法典》的体例在顺序上一改"法学阶梯体例"将"人法"置于首位的做法，也与《萨克森王国民法典》将"物权法"作为分则第一部分不同，它将"债权法"置于首位。这是法典编纂史中的一大变革。因为古代法律中，人们的权利义务一般都依附于身份，财产法、契约法、继承法皆为亲属法的副则。罗马时代家族制度依然盛行，将"人法"置于法典首位是很自然的。但随着社会渐渐发达，家族制度衰落，社会单位已由家族变为个人，身份法的范围逐渐变窄。个人的权利义务不再由身份决定，而大多由契约决定。这正是梅因（Meine）所谓的"从身份到契约"的进化。[⑤] 因此，将

---

① 格尔德·克莱因海尔，扬·施罗德. 九百年来德意志及欧洲法学家. 许兰，译. 北京：法律出版社，2005：422.

② 舒国滢.17、18 世纪欧洲自然法学说：方法、知识谱系与作用. 比较法研究，2014（5）：17，18.

③ Vgl. Andreas Bertalan Schwarz, Zur Entstehung des modernen Pandektensystems, S. 581f.

④ 德国民法典：第 2 版. 陈卫佐，译. 北京：法律出版社，2006：目录.

⑤ 穗积陈重. 法典论. 李求轶，译. 北京：商务印书馆，2014：65 - 66.

"债权法"置于法典首位是近代社会结构和法律思想变化之后，引起民法教义学（学说汇纂学）体系结构的调整，进而引发立法调整的产物。因此可以说，是学说汇纂学为当时德国民法典的制定直接或间接地提供了科学基础和智力条件①，而这其中它对立法体系结构方面的影响是最大，也是最稳定的。这种体例一直存续至今而未发生改变。可见，法教义学对于立法的影响在体系构造方面要比内容方面更加持久。甚至有学者认为，就法教义学对于制定法体系的影响而言，立法领域与法教义学之间的界分已经没有任何意义。②

六、结语

尽管立法者拥有作出决定的权威，但同样重要的是，他要作出好的和正确的决定，也即与既有观点和合乎事实结构之解决办法的目标相一致的决定。就此而言，法教义学构成了立法的必要基础。③ 可以说，在规范性的意义上，离开法教义学的立法是不可能的。就此而言，法教义学（法律科学）的任务在于三个方面：对既有法材料进行体系化加工、为改善法律提供必要的建议，以及澄清作为整个法秩序之基础（体现于宪法中）的基本价值（所有实在法规范都必须与之相符）。④ 具体而言，首先，法教义学向立法者指明，他的立法规划应当如何融入现行法秩序，继续有效的制定法留给他的形成余地有多大，他的立法规划给其他制定法带来了什么样的结果改变，他的形成自由在多大程度上受到上位法（尤其是宪法）的限制。法教义学通常会为立法提供可供选择的解决办法，但并不确定一个教义学上唯一合理的解决方案，而是为立法者留下了宪法所确保的判断余地。其次，法教义学提供了无矛盾地构造新制定法的工具。它能确保新法不会将对于解决特定社会冲突而言所应遵循的原则适用于其并不适用的利益情境，也即进行教义学上的错

---

① 舒国滢. 19 世纪德国"学说汇纂"体系的形成与发展——基于欧陆近代法学知识谱系的考察. 中外法学，2016（1）：29 - 30.

② Jan Schröder, Das Verhältnis von Rechtsdogmatik und Gesetzgebung, S. 66.

③ Vgl. Jan Harenburg, *Die Rechtsdogmatik zwischen Wissenschaft und Praxis*, Stuttgart: Franz Steiner Verlag, 1986, S. 365.

④ Vgl. Uwe H. Schneider, Zur Verantwortung der Rechtswissenschaft, *Juristische Zeitung*, 1987, S. 696-705.

误推导。再次，它向立法者揭示出，为何以及何时一个原本正确或通常情况下能合理解决冲突的规定变得有瑕疵，因而需要进行立法修正。最后，它使得立法者免受短视的决疑术（Kasuistik）的诱惑，后者通常是为了应对或真实或假想的一时之需而被选用的方法。①

总之，缺乏法教义学上的预备工作和体系化，立法在法律文化上就会处于较低的层次，也不合乎清晰易懂性和可靠性这些法治的要求。因而可以说，在非制度化的意义上，法教义学本身就构成了立法的一部分。②

第三节 立法语言的明确性与模糊性

法学研究中，法律语言的明确性与模糊性问题从缘起上可以粗略地归结为两个主要的来源：一个是法律人在法律实践（立法、司法、执法）中对明确性和模糊性的切身感受③；另一个是当代语言学与语言哲学兴起之后对语言特性的追问，并在法学理论中被哈特归结为语言的"开放结构"，进而通过"中心与边缘"引起了关于法律解释中法官自由裁量权等问题的争论。法律必然与语言产生关系，无论是文本还是非文本，语言本身的特性深刻地影响着法律的表达与实践，而法律作为最为特殊的一类社会规范，其自身的特点与运作方式又反过来增加了问题的复杂性。同时，法律现实主义、解构主义、法律批判理论的诸多学术思潮对法律语言问题（特别是在语言明确基础上产生的法条主义）进行了大量的批评，某些理论直接挑战了法律的确定性问题，并最终提出了法治大厦的地基"法治是否可能"的问题。因此，对法律语言明确性与模糊性的澄清与梳理就成为一项极为重要的工作。

本节梳理与法律语言明确性与模糊性相关的理论命题。首先从法律语言

---

① Vgl. Wolfram Henckel，Rechtsdogmatik und Gesetzgebung in der Gegenwart-Zivilrecht，S. 104-105.

② 这里尤其应指的是，法教义学审查既有立法的缺陷并成为未来立法的批判性指示这一情形（Vgl. Günther Winkler，Gesetzesgebung und verwaltungsrecht，in：Günther Winkler und Bernd Schilcher（Hrsg.），*Gesetzgebung：kritische Öberlegungen zur gesetzgebungslehre und zur gesetzgebungstechnik*，Wien [u. a.]：Springer，1981，S. 100.）。

③ 此处不仅仅指实践中法律规定模糊产生了对明晰性的要求，同时也指来自立法者在社会转型期立法过程中为了使法律不至于过于僵化而有意增加法律的模糊性从而更好地适应现实而发展。

的角度考察法律不明确性，然后从法律条款的角度考察法的不明确性，最后分析语言导致法律不明确性的原因。

一、从法律语言的角度考察法律不明确性

1. 语言的多义

一词多义是语言中的普遍现象，从语言产生的历史的角度来说，语言开始产生的时候往往是与具体事物——对应的。然而，随着人类活动范围的扩大、认识能力的提升，原有的语言不能满足现实的需要，这就需要进行语言的创新。当然这种创新有一定的限度，其原因一个是人类记忆压力的问题，一个是语言本身表义限度的问题。这就产生了一词多义这种语言现象，利用已有的语言来表示更多的现实事物——一个语言单位，在不同的语言环境中，具有几个性质不同的意义。

2. 语言的歧义

歧义是一个语法单位或语法结构同时潜在两个或两个以上的意义。在法律中，特别是法律文书中经常看到类似的问题，如在一个钢材批发订购合同中双方约定"货到全付款"，就存在"货物全部交付以后付款"和"货物到达（无论是否全部到达）后支付全部款项"两种意思，歧义句往往是由以下的原因造成的：

（1）语词的多义性造成歧义

有些语词具有多义性，那么在具体的语境中由于没有对其进行具体含义的限制，从而造成了理解上的不统一。

（2）语句结构的多样性形成歧义

首先，词组的结构具有多样性，如"专家总经理私分了国有资产"这句话，如果把"专家总经理"理解为并列关系，那么就是专家和总经理两个主体私分了国有资产。如果把"专家总经理"理解为偏正结构，那么就是一个担任总经理的专家这一个主体私分了国有资产。这样词组结构的多样性造成了歧义。其次，句子的断句方式不同也会造成不同的结构，如"被告承认杀死张三是错误的"这句话。如果把"被告承认杀死张三"为主语，"是"为谓语，那么这句话的意思就是"被告人不应该承认杀死张三这个事实"；而

如果把"被告人"作为主语，"承认"作为谓语，那么这句话的意思就是"被告人承认了杀死张三这个错误"，两句话的意思大相异趣。那么从语法的角度上来说语法歧义有以下几种：1）兼类词引起的歧义，例句：抽屉没有锁。2）结构关系不同引起的歧义，例句：这张照片里是小明和小刚的爸爸。3）领属关系不同引起的歧义，例句：这是小明的照片。4）指向对象不明引起的歧义，例句：他刚转到这所学校，很多人都不认识。

（3）由标点符号的使用导致歧义的形成

每一个标点符号都具有自己所承担的意义，标点符号使用不当将会造成歧义的产生。关于标点符号好在法律中作用的重要性的最为显著的例子便是2004年宪法修正案关于"土地征收征用"条款的说明。第十届人大二次会议主席团宪法修正案（草案）审议情况报告中提到，将宪法第10条第3款"国家为了公共利益的需要，可以依照法律规定对土地实行征用"修改为"国家为了公共利益的需要，可以依照法律规定对公民的私有财产实行征收或者征用，并给予补偿"。有的代表认为，以上规定中的"依照法律规定"是只规范征收、征用行为，还是也规范补偿行为，应予明确。大会主席团经研究认为，修正案草案上述两处规定的本意是，"依照法律规定"既规范征收、征用行为，包括征收、征用的主体和程序；也规范补偿行为，包括补偿的项目和标准。为了避免理解上的歧义，建议将上述规定中"并给予补偿"前面的逗号删去，将上述规定修改为最终公布的版本。其中充分展现了标点符号对于歧义产生的重大影响。

3. 语言的含糊

《现代汉语词典（第六版）》中对含混的解释为：模糊；不明确：含混不清；言辞含混，令人费解。在这里含混的解释与模糊相同。《现代汉语词典》的适用对象主要是社会的普通人民，因此其对词语的解释主要从日常语言的角度展开的。然而，这里不是在日常语言的立场上讨论"含混"这个词语，作为一个科学术语，"含混"有其特定的含义，在专业语言中，特别是法律语言中"含混"和"模糊"具有质的区别。关于什么是语言的模糊性是下文的一个重点，这里只讨论含混的具体含义。从定义的角度上来说，含混的语言是指语义表述不清楚、语法结构模棱两可，通过语言本身无法对其意义进行解释。从性质上说，含混并非语言的固有属性，而是人类在使用语言的过程中出现的一种失误，是必须要予以避免的，这也是在立法语言中所强调的明确性的最基本的要求。

4. 语言的矛盾

富勒在《法律的道德性》一书中将"法律中的矛盾"视为违反法治原则，并将法律的不矛盾性与"明确性"并列为法治的原则之一，他说道："不协调的法律是不能吻合于其他法律或者与其他法律相抵牾的法律。"虽然法律的不矛盾性与明确性都是法治的原则，但是应该看到这种并列的关系下面还隐藏有另外一种逻辑关系——矛盾的法律同时也是不明确的。例如，"汽车的车主们在一月一日安装新的车牌"和"在一月一日从事任何劳动都是犯罪"这两个相互矛盾的语句分开来看已经足够具有明确性，但是如果转换视角从接受法律指引的普通人民的角度来看，这两条法律带来的是不明确性。因此，从宏观的视角来审视法律会将矛盾性界定为不明确性的一种形态。关于法律中矛盾可以分为一下几种：法律术语的不统一、法律规范的矛盾性、法律原则的矛盾性、法律价值的矛盾性、法律中目的与手段的矛盾性。

5. 语言的模糊性

对于模糊性的探讨可以追溯到 19 世纪 60 年代美国的 L. A. Zadeh 教授提出的模糊理论。Zadeh 教授给模糊下了如下的定义："模糊类是指该类中的成员向非成员的过渡是逐渐的，而不是突然的。"由于模糊理论深刻地描述了人类社会中诸多现实存在的现象，模糊理论迅速地扩展到了各个领域，并且和语言学产生了深刻的交织，同时语言学界既有的关于语言模糊性的理论也开始与模糊理论发生相互的融合与借鉴。语言学家和哲学家接续 20 世纪哲学语言转向的传统，对语言的模糊性展开了深入的研究。德国语言学家安东·马尔蒂将模糊性引入了对名词的研究，而布莱克将这个问题扩大到了一般的语词之上。美国的语义学奠基人皮尔斯更是在更早的研究中将语言的模糊性问题拓展到了语词和语句之中。最新的研究已经将语言的模糊性问题从语义模糊推向了语法模糊和语音模糊，而由于本节的分析是立足于法律文本之上的分析，因而立足点在于语法的模糊和语义的模糊。下面分别论述之：

（1）语法的模糊性

它指的是语法的使用上存在界限不清、类属不明、亦此亦彼的中间状态，即在具体的语言交际活动中，人民并不严格地遵循既定的语法规则，有时为了增加语言的生动性，会有意无意地打破原有的语法规则从而故意使原本在语法方面并不能搭配的词类相互搭配使用或作为原本并不承担的句法成分。这种现象往往在文学作品中出现。比如"在心的深处，他似乎很怕变成张大哥第二——'科员'了一辈子，以至于对自己的事一点也不敢豪横"（老舍《离婚》）按照汉语词类的语法功能，科员是名词，并不能与补语相接，但是此处"科员"改变了其语法功能，具有了动词的功能，这就是一种典型的语法模糊。从这个例子中我们可以得知，语法的模糊性会为句子带来超出其语句本身更为深刻的含义。当然，这在文学作品中是值得借鉴的，但是在立法技术中确实要必须完全予以规避，法律语言应该具有朴实性和严肃性，因此，各国在立法实践中对于语法方面的遵守是十分严格的，在这个意义上说，语法的模糊性虽然对于文本而言增加了不明确的程度，但是他对法律的影响确实微乎其微。

（2）语义的模糊性

语义的模糊性是指那些所表达的对象在类属的边界或者在性质状态方面存在着亦此亦彼非此非彼的语言，即中介过渡性的语言。语义的模糊性需要具备两个条件：语义的模糊性只存在于同位概念之间，具有真包含关系的上下位概念之间不存在模糊性；语义的模糊性存在且只存在于同位概念相邻的两个概念之间，不相邻的概念之间不存在模糊性。如颜色和红色之间不存在模糊性，但是红色和橙色之间就存在一定的模糊性。语义的模糊性对于法律来说具有重大的意义，因为，这种模糊性是语言的固有属性，自然语言都在一定意义上具有模糊性。语义的这种模糊性具有两个重要的特点，而这两个特点与近代法律理论具有高度的相关关系。

首先，概念外延边缘区域的模糊性与中心区域的明确性。这个特征正是哈特在所提到的语言所固有的"开放结构"——语词的语义在中心地带是明确的，而在边缘地带确实模糊的。自然语言不可避免地具有这样的开放结构，哈特所举的例子是，可以确定汽车是属于车辆这个范畴的，却在面对"任何车辆不得进入公园"这个命题时对于电动玩具车是否属于车辆范畴这个问题上犯难。

其次，模糊语言具有相对性。"尺有所短，寸有所长"是这种相对性最为恰当的解释。模糊语词的这种相对性导致很多语词在适用的过程中无法得到一个统一的标准，例如，"高"和"矮"这种区分只能在具体的环境中才能确定其具体的意义，到底几点才是"黎明"很难界定，一个男人剩多少头发才可以称之为"秃顶"。由于语言是人类对于世界认识结果的一种固定形态，所以语言一般都是具有固定性，具有界限性的。但是，客观世界本身确是连续性的，语言这种人为的划分必定会导致在面对客观对象的时候语言具有了相对性。

语义的这种模糊性对于法的明确性问题具有极为重要的意义，因为它直接证实了在自然语言的范畴内极端的明确性是永远也不会达成的。以《刑法》第 95 条为例，本条的目的所在就是就刑法中其他条文中所涉及的"重伤"两字，使之更为明确，但是却依然可以作出以下追问：受多重的伤算作残疾？〔对于这个问题查找《人体损伤程度鉴定标准》会发现其中 5.1.1 重伤一级中有一种情况是："c) 偏瘫、截瘫（肌力 2 级以下），伴大便、小便失禁。"即使假定肌力 2 级是可以通过医学仪器得到数量化的测定的，进一步而言，依然可以追问发生几次"伴大便、小便失禁"才可以为上述的条文所涵盖，一次算吗？十次算吗？还是成为经常性的失禁？同样的追问对于第 2 款依然可以展开：丧失听觉可以通过规定具体的分贝数值来进行测定，但是"其他器官功能"有哪些器官？何种功能？这样的追问可以在一个法条中无限的继续下去。因为，语义模糊在面对具体情况和相邻概念时会变的极为复杂。〕不可否认，那种绝对意义上的客观性是无法达到，而正是这种对于绝对性的不信任，导致了在当代出现了后现代理论：认为法律是完全不确定的，只能在具体的个案实践中把握法律。当然，这种对于绝对主义的怀疑最终也走向了另一个极端：落入了相对主义和怀疑论的窠臼。从基本的经验中就可以作出基本的判断——语言自有其相对确定和明确的一面。既然，语言不可能做到极端的明确，也同样不可能完全是相对的和任意的，那么应该怎么认识这种现象呢？一个可靠的路径是从对语言本身的考察入手，首先对不同概念形式不同的明确性作一个类型化的分析。

二、从法律条款的角度考察法的不明确性

1. 概括条款的不明确性

概括条款也被称为"一般性条款"，我国的学者曾给出过一个大概的定

义。在现代社会中，为了增强法律的调控能力，规范性的概念和概括条款开始在法律中大量的出现，甚至成为当代立法技术中的一个固定组成部分。我国在改革开放后的大规模立法实践中也坚持了"宜粗不宜细"的原则，为了达到通过法典尽量来规范民众的生活，改变我国社会中无法可依的现象，同时避免法律规定过于详尽导致法典过于庞大，因此在立法中也使用了大量的概括条款。我国的法律中存在大量的概括条款，例如我国《民法通则》中的第 3 条"诚实信用"条款、第 7 条"公序良俗"条款，《侵权责任法》第 2 条"侵害民事权益，应当依照本法承担侵权责任"等广泛地存在于我国的各个部门法之中。可以看到概括条款主要的机能还是在于"使法律灵活运用，估计个案，适应社会发展并引进变迁中的伦理观念，使法律能与时俱进，实践其规范功能"。那么，要完成这样的法律调控功能概括条款就必然会具有通率性、概括和抽象性、开放性、基础性等特征。

　　概括条款在实际的法律规定中尚存在多种样态，需要作出一定的区分。根据概括条款承担的功能的不同，可以把概括条款分为基本原则性概括条款和裁判规则性概括条款。前者指的是同时承担基本原则功能的条款，调整范围及于整个部门法律（其中宪法中的基本原则性概括条款的适用范围及于一国之内所有法律），比如民法中的诚实信用原则条款。后者指的是存在于具体规则之中的条款，这种概括条款调整的范围相对于基本原则性概括条款较窄，也更为具体。例如《侵权责任法》第 6 条第 1 款规定的"过错责任原则"并不适用于某一种具体案件，而是调整某一类的案件类型。作出这种区别的主要原因在于，概括条款的具体适用往往是通过具体化和类型化的方式展开，基本原则性概括条款作为基本原则而非一般裁判规则适用时是以弥补法律漏洞的形式出现的。更进一步可以把裁判规则性概括条款分为直接作为价值补充依据的概括条款和作为兜底条款的概括条款两类。前者是直接且独立地作为概括条款，如《消费者权益保护法》中第 16 条第 3 款规定这个条款本身是独立的，其本身已经包含了一定的价值取向，适用的时候也具有独立性。后者是在有列举条款的情形下的一种兜底性条款，如我国刑法第 95 条中的第 3 款就是一个兜底性条款，它必须建立在一定的条文列举的基础之上，当然与作为价值补充依据的概括条款在适用时具有较强的独立性不同，兜底性概括条款的适用时不能任意进行价值填充，它必须在所列举的条款所确立的价值标准的基础上进行进一步的延伸。

2. 空白规范的不明确性

关于空白规范研究主要集中在刑法领域，多被称为空白刑法规范。但是这种现象在各个法律中普遍地存在。空白规范的主要特征是法律规范的构成要素在一个条文中并没有完备的表述，假定、处理、制裁三个要素中的部分要素在条文中被省略，需要援引其他法律条文来弥补。这表现在刑法理论中有刑法条文中没有规定犯罪构成要件和刑法条文中没有规定犯罪构成特征，前者被称为"空白的犯罪构成"，后者被称为"空白罪状"。同样将刑法中的这种情况上升到法学理论的角度，便得出了"确定性规则""委任性规则""准用性规则"。无论从何种角度、何种要素对空白规范进行分析，这些规范的规定都不具有完备的要素，因此从规范的角度来审视也就存在一定程度的不明确性。

关于空白规范根据空白的程度大致可以分为两种，第一种是绝对的空白规范，如《刑法》第131条。该条文仅仅指出违反"规章制度"但并没有任何具体的进一步解释，导致该条文在适用的过程中具有的高度的不明确性，因为我们很难确定到底什么等级的什么部门的规章制度应该归属于条文中所提及的"规章制度"，而且"规章制度"这个词语本身就没有特别明确的所指；第二种是相对的空白规范，例如《刑法》第340条，本条指出了行为所违反的法律是"保护水产资源法规"，而且"法规"这个词语在我国的法律专业术语中是有实际所指的，同时对犯罪构成要件作了相对比较详细的规定。可见相对空白罪状相比绝对空白罪状而言具有更高的明确性。

3. 口袋条款的不明确性

这里用"口袋条款"来统称我国法律中存在的"口袋权"和"口袋罪"的现象。"口袋罪"这种称呼并非学术语言，而是针对在我国的1979年刑法中"流氓罪"容易将社会上存在的诸多行为吸收入罪的现象而形成的戏称。在1997年刑法中，取消了流氓罪，而目前刑法学界公认的"口袋罪"有三个：以危险方法危害公共安全罪、寻衅滋事罪和非法经营罪。这三类犯罪在司法实践中同样容易把非罪的行为予以入罪，扩大了入罪范围。而与"口袋罪"不同的是"口袋权"，它主要是指2002年提交全国人大审议的民法草案中所提出的"一般人格权"，它是针对具体人格权而言的，设立一般人格权的主要目的是在出现某些侵犯民事主体的自由和尊严的行为，但是民法中没有相应的具体人格权时，可以将其视为对一般人格权的侵害而加以制裁。因此，虽然"口袋罪"和"口袋权"同属于扩大法律适用范围的条款，但是两者的立法目的是完全不同的，前者是对民众权利的一种潜在侵犯，违反了罪刑法定原则，而后者是对民众自由和权利的一种扩张。

可以看到"口袋条款"的相关表述与概括条款和空白罪状具有极高的相似性，并且其条文的表述方式在某种程度上是一样的，如寻衅滋事罪中的"其他严重扰乱市场秩序的非法经营行为"和抢劫罪中的"或者其他方法抢劫公私财物的"都是使用了"其他"这个词语。但抢劫罪并不被视为一个"口袋罪"，只是采取了一种"列举加兜底"的方式进行罪状的规定。而且有论者认为口袋罪的基本特征就是"空白罪状""兜底条款"和"不确定概念"。但是，显然这种认识是十分肤浅和表面的，一个明显的原因就是，"空白罪状""兜底条款"和"不确定概念"广泛地存在于各个法律中，但并没有把所有的这些条文都称为"口袋条款"，因此，其中必然存在着细微且重要的差别。而鉴于"口袋罪"和"口袋条款"在我国的民法和刑法中具有重要的地位，因此，作为一种法律极端不明确的情形，有必要对其进行细致的梳理。

三、语言导致法律不明确性的原因之分析

1. 对语言的多义、歧义、含混、矛盾现象的分析

前文，我们已经有意识地将概念层面不明确性产生的原因进行了一个分类——将多义、歧义、含混、矛盾与模糊分开来论述。之所以这样区分，是因为因模糊性导致法律不明确的意义与其他几个因素完全不同，它们展现的是法的明确性问题在概念上的不同的层次，前者是常规语言中的表面问题，后者是存在于所有语言中的深层次问题。前面在论述多义、歧义、含混、矛盾等这些问题的时候一个最基本的潜在假设就是：这个法律概念在此条文或法律中具有一个唯一确定的意义，通过设定具体的语境来改变语法结构，修改修辞方法，是能够寻找到那个唯一的含义的。在某种意义上说，在立法语言中出现以上几种情况是一种立法技术上的失误，是必须予以修正的，也是能够修正的。但是语言的模糊性与以上几个因素完全不一样，它与能否获得

一个语词的确定含义无关，而是在更深一个层次上讨论语言的一种固有的属性——语词在外延上是界限不清的，存在着亦此亦彼的中间过渡阶段。模糊与多义不同，语词存在多种含义但是法律想要表述的含义往往却只有一种，但是模糊性并不关注语词有多少种意义，它关注的是多义语词的每一种意义的外延具有不确定性。模糊与歧义也不同，在"打死了猎人的狗"这个句子中有两种不同的歧义性解释，但是模糊性关注的是对于什么是"猎人"，什么是"狗"，可能在一些情况下无法作出清晰的判断，比如"猎人"词典中的解释是"以打猎为业的人"，如果每天都去打猎的人可以称作"猎人"，那每年打猎 100 天的人呢？每年打猎 10 天的人呢？每年打猎 1 天的人呢？这种在"猎人"和"非猎人"之间的界限是模糊的。模糊与含混和矛盾的关系也大抵同其与多义、歧义的不同点相同。

语言来自对于现实世界的描述，同时包含着对于现实世界的规定，但是无论是规定还是描述，语言总要与现实世界相联系，而世界本身并不是界限分明的，而是一个连续的存在体，那么，语言的这种模糊性便成为语言的一种无法割舍的固有属性。在这个意义上说，模糊性的存在，已经消解掉了上文在谈论多义、歧义、含混、矛盾时的那个寻求"唯一确定意义"的假设，因为一个语词的意义和相邻语词的意义之间存在着一种交叉关系，在那么亦此亦彼的中间阶段亦无法清楚地界分它到底属于哪一个"唯一"。这就引出了所谓"概念晕"这种描述，语言总是存在哈特意义上的"空缺结构"，这是自然语言的宿命，无法改变。这样，由于自然语言所具有的这种普遍存在的模糊性便存在将整个法律语言拖入相对主义或者不可知论的窠臼。而且由于法哲学家在关于法治的基本要件方面要求方面是一致的，无论是拉兹和富勒，他们都要求法律需要具有明确性。法律的语言中这个固有的模糊性则成为一种对于"法治理想"的一种挑战，法律的模糊性使得同案同判的基本原则无法实现，法律也无法约束法官的意志，法律语言的模糊性最终动摇了法治的根基。然而，这与我们的日常的经验是相反的，因为，一个具体的条文往往在面对所谓"简单案件"这种最为常见的情况时，法律是明确的，法官也能够作出确定且一致的判决。虽然，模糊性是自然语言的固有属性，但是在常规情况下，它并没有成为进行法律判断的阻碍。重要的一个原因就是语词意义的"中心"情况的存在，虽然在向"边缘"扩展的时候语词发生了模糊，但是人类的大部分实践面对还是语词的"中心"含义。同时，人类司法实践产生的法庭程序的设置还是通过审判等级制度以及审判监督等制度的设立，使得法官在裁判案件时也确实无法做到完全的任意，可预见的判决存在于大部分案件中，法治并没有因为语言的模糊性而成为空中楼阁。

2. 对语言模糊性的分析

那么，作出上述的基本分类之后，就需要对我们的认识作出一些基本的前提性假设，进而检视在面对这些导致法律不明确的因素时立法者应该采取何种态度。首先，面对多义、歧义、含混、矛盾这些现象时仍然应该依据既已普遍存在的态度，认为这些情况的出现是立法技术的失误，是应该予以消除的。其次，在这些失误背后应该认识到：其背后有一个确定的含义。这个含义可能存在着"边缘"上的模糊性，但是这不影响"中心"意义的寻查。在面对"西红柿是水果还是蔬菜"这样的问题时，所凸显出来的是法律的模糊性问题，而面对"苹果是水果还是蔬菜"的时候，答案是显而易见的。所以，多义、歧义、含混、矛盾是导致法律不明确性的常规因素，而且对这种常规因素的处理态度应该是常规的，不应任意扩大，甚至因为边缘情况存在去怀疑整个法治最终实现的可能性。

相对于多义、歧义、含混、矛盾等问题，达致法律不明确语言的模糊性问题更值得进行深入的探讨。既然几乎任何概念都存在一定的模糊性，这是语言的自然属性，那么，人类在追求明确性的过程中到底应该如何面对模糊性？面对这个问题，需要对语言模糊性进行更进一步的区分，不同的概念中模糊性是否相同？哪些是能够接受的？哪些是无法接受的？可以接受或者不可以接受的甄别标准是什么？

根据法律概念的明确性程度的不同可以对法律概念作出以下的分类：

（1）数字概念

大部分法律概念是不明确的（这种不明确可能来自其歧义性、多义性，对于法律来说更为重要的是来自模糊性），但是数字概念十分特殊，它往往具有高度的确定性。法律中这方面的概念很少，仅有那些可以转化为有关时间、程度、距离，且能被计量的概念才能成为数字概念。比如我国《刑法》第38条关于管制期限的规定，结合《刑法》第41条、第99条在一个具体的案件中可以得到一个极为明确的时间。

（2）描述性概念

数字概念是人类通过精确化的数字来表达自己对于世界的把握。但是，在更为广泛的领域人类是通过自己的感觉器官来把握外在世界的。描述性概念就是那些实际的或者归为实际一类的概念。这种概念是以原则上可感觉到或以其他方式可通过经验得到的客体为对象的概念。人们日常生活中的大部分概念是描述性概念，比如"黑色的""树""速度""人"，与法学中经常提及的"应然"和"实然"相类似，描述性概念等同于事物的"实然"，这些概念都是对于现实的一种价值无涉的描述。法律中充斥了大量的这种描述性概念，如"森林""死者""财产""附着物""混合物""数额巨大"。描述性概念的另一个主要的用途就是描述法律中的事实构成。因此，描述性概念是一种相对比较明确的概念，但是和明确性极高的数字概念相比仍然具有一定程度的不明确性。

描述性概念多是由生物学和物理学的相关概念构成，虽然在一般意义上认为这些概念与现实的事实相对应因而是"价值无涉的"，但是当这些概念被纳入法律的言说体系之后，就很难说描述性概念是一种完全的"价值无涉"，因为，当描述性概念纳入法律文本中时，它便成为"法律概念"。"每一个法律概念有这种归属性。归属性对人们可以称作'价值有涉'的东西起作用，即每一个法律概念的内容和范围关涉着特殊的法律价值思想。"由于每一个法律条文、法律规范后面都关涉有具体的法律价值或者法律目的，当描述性概念成为法律概念时，它就不再是纯粹的反映现实的概念了，而被赋予了某种价值色彩。

（3）规范性概念

法律本来就是一种规范，当然法律也不仅仅是唯一的规范。规范性本身反映的就是一种"应然"的要求。法律规范中除了数字概念、描述性概念之外尚有规范性概念，规范性概念本身蕴含着立法者希望以此达到什么样的调整目的，也因此必然是涉及价值判断的。因此，只要概念中含有价值判断的因素就可以被称为规范性概念。由于规范性概念含有价值判断，因而，它必然不是"单义"的，规范性概念就产生了"特别高度的不确定，并因此产生许多制定法适用中的不确定性，同时还有非肯定和相对不受约束的例子"。比如"公序良俗""诚信""故意""危害严重""婚姻"等。

通过以上的论述可以大概地认识到规范性概念和描述性概念的区别，即描述性概念是一种事实性判断，而规范性概念蕴含有明显的价值性判断，当然，在上文规范性的概念的论述中已经提及——描述性概念在法律概念的角度上来说也是一种规范性概念。那么，这就需要对规范性概念作出一定的限缩以与描述性概念相区别开来。规范性概念可以分为以下两类：

1）制度构建型规范性概念

制度构建型的规范性概念符合规范性概念的基本含义，它并非对现实的简单描述，反而现实可能因为此类概念的出现而被创造。比如，"孩子"是一个描述性概念，因为，在有这个概念之前确实存在年龄比较小的人。但是"未成年人"这个词，并非简单的一种对现实的描述，只有"未成年"这个词语的社会内涵被创造出来后才可以在现实生活中寻找与之相匹配的现实情况。当然，制度构建型规范性概念可以通过描述性概念得到具体化，比如"未成年人"是一个制度构建型规范概念，可以将其解释为"尚未满18周岁的那些人"。因为，它可以通过事实性概念来得到转化，从而具有了某种客观性的基础，因此，制度构建性规范概念便得到了明确性方面的加强。

2）价值判断型规范性概念

价值判断型规范性概念不同于上述制度构建型规范概念，它的具体意义不是与现实相对应的，也不是受法律制度的制约的，而是要求法律适用者在个案中进行判断的。法律中的这一类规范性概念的运用本身就是意味着适用者必须在具体情况下进行衡量，某些情况是否符合有关的价值标准。价值判断型的规范概念在法律中的体现有"色情""故意""情节严重""公序良俗""重大过失""显失公平"、过失犯中的"注意义务"等。这些词语的具体含义，无法通过描述性概念的转化使之明确化，只能通过适用者自己来进行判断。也正因为适用者的价值判断具有高度的不确定性，因此，这类规范性概念的明确性就变得十分的低。

通过上文的分析，数字型概念具有极高程度的明确性，而描述性概念的明确性程度则相对降低，规范性概念的明确性程度更是等而下之，且规范性概念中的价值判断型规范性概念具有极高的不明确性，甚至从概念本身来考察，我们可以认为这种概念不具有明确性。上述的细分工作使得我们对语言的模糊性有了一个更为清晰的认识。那么，应该怎样对待这些模糊程度不同的概念呢？这关系到未来在展开立法工作时如何使用法律概念这个重大并且核心的问题。

可以看到极端意义上的法律明确性的要求已经破产，因为除了数字型概念之外所有的法律概念都必然的具有一定的模糊性。数字型概念、描述型概念、制度构建型规范性概念都是必然要使用的，而且在一般的法律裁判中这些概念所产生的模糊性可以被一个文化共同体内部的人（包括当事人和法官）内在的把握所消解。对于其中出现的一些极端的边缘案件中的问题（比如番茄是水果还是蔬菜）需要在司法裁判领域加以解决，但是，在立法领域却无法回避这些问题，依然需要作出一定的法律规制。这里，需要关注的重点是价值判断型规范性概念所产生的问题，因为价值判断型规范性概念充斥着价值判断，而且这种价值判断几乎全部交由司法官来进行自由裁量，极易产生权力滥用。进一步来说，如果没有一套相对固定的标准，司法官的自由裁量也难以得到当事人的认同和信服，因此，在对待法律的模糊性问题上应该将重点放到对价值判断型规范性概念的规制上，这一点是必须予以高度注意的。

3. 条款设置导致法律不明确原因之分析

（1）对于概括条款的认识

上面对概括条款进行了基础性的分类，从这些不同的类型中可以看到，不同性质的概括条款具有不同程度的不明确性，基本原则性概括条款由于适用范围的广泛性，其明确性必然低于直接作为裁判规则的裁判规则性概括条款。而兜底性概括条款由于在进行价值填充的时候要遵循本来列举的条款的预设价值，因而其明确性的程度要高一些。但是，无论作何种区分，概括条款所需要的"价值填充"导致了其不可能具有高度的明确性。

一个需要解释的问题是，原则上来说任何法律都具有高度的抽象性，因此，在适用于具体案件时，需要阐明它的含义，这就是所说的"法律解释"，那么既然存在法律解释将法律条文对应到现实案件中，为什么还需要概括条款呢？其主要原因就是，法律解释往往指的是狭义的法律解释，法律解释在实际的操作过程中具有很强的方法上的限制性，也就使得法条在解释之后依然在立法目的的涵摄范围之内。这也就是说简单地通过法律解释并无法弥补法律的漏洞等问题，因此，设置概括条款就可以通过它的弹性来扩大法律的适用范围，弥补法律漏洞。这一点也是概括条款与其他条款法律解释的重要区别，当然应该看到对概括条款的适用仍然需要进行法律解释。同时，部门法中的基本原则条款体现了相关法律中的基本精神，对法律解释有很强的指导意义。

任何法律条款都具有高度的抽象性，能够涵摄足够多的具体情况，但是常规性的法律条款由于其构成要素在设置上存在诸多具体的限制，故其适用的范围极为有限。而概括条款却要突破这种限制，想要涵摄更多的具体的社会现实。无论是基本原则性概括条款、作为兜底性的概括条款、直接作为价值补充依据的概括条款都具有这样的目的。而这种对于扩张法律调控范围的目的是有其正当性依据的。如果一个法律中没有法律原则条款、没有兜底条款、没有价值判断条款，那么，在社会出现了其他的一些危害性更为严重的行为时，在社会出现了更为重大的利害关系需要调整时，将无法对社会进行有效的调控，"法官不能拒绝裁判"这一条基本的法律原则也无法得到遵守。例如如果我国刑法中对于抢劫罪只规定"暴力、胁迫"而没有规定"其他方法"，那么，对于"用毒药毒死受害者的方法进行抢劫的"就不能归入抢劫罪，而将其简单地列入"故意杀人罪"则并没有使其得到应有的处罚。所以概括条款可以说是人类成文法律在发展过程中发展出来极具经济性的一个高超的立法技术，当然，在另外一些情况下，其也成了任意侵害民众利益的借口。

（2）对于空白条款的认识

空白规范至少在两个层面上与完备性规范相比具有明显的不明确性。其一，在空白规范中存在的大量的"违法国家规定""违反有关规定"，这些规定所参照的内容虽然对该条文的具体化起到了巨大的作用，但是这些参照性的法律法规往往法律位阶比较低，同时这些法律法规的并没有一个确定的范围，这就导致了在具体适用的时候难免会出现不明确的情况。其二，另外那些没有具体法规界限指向的空白规范将法律的要素进行了漫无边际的扩张，这样自然使得法律具有相当程度的不明确性。

空白规范的存在虽然确实造成了一定的法律的不明确性，但是空白条款具有现实客观的需求，首先，这是立法技术的需要。一部法律无法将所有的构成要素做到进行彻底详尽的规定，以《刑法》第 137 条中的"国家规定"为例。作一个简单的追溯就能发现，此处的"国家规定"至少要涉及《中华人民共和国建筑法》《建筑工程施工许可管理办法》《建筑业企业资质管理规定》等众多法律法规的要求。如果想要在刑法中详尽地规定第137条，那么仅这一条就将占据巨量的篇幅，因此，空白规范在某种程度上是无法避免的一种可行的立法技术。其次，空白规范的存在，保证了法律的稳定性。法律之间的相互援引，使得一个法律在发生内容的变动时其他相关的法律并不需要文本上的修订，仅在适用的时候参照变动之后的法律即可。进一步说，一般而言空白规范所指向的其他规范往往能更为具体地对空白规范中的要素作出规定，在这个意义上说，空白规范又具有了某种明确性的品质。

那么，能否为了追求法的明确性而舍弃空白规范呢？答案显然是否定的。仅从立法技术这一个现实的原因出发，就不可能将每一条法律所涉及的方方面面规定出来。那么，即使存在导致不明确的因素，也只能接受空白条款存在的现实。当然，在接受的基础上如何尽量减少其带来的不明确性的消极影响是应该值得继续探索的，相关的内容在第四节展开。

（3）对口袋条款的认识

关于口袋条款，通过前述第二小节中的分析可以看出，口袋条款会导致法律高的不明确性，从民众的角度来看，一般民众很难把握到底什么行为构成了"寻衅滋事罪"或者"非法经营罪"，而从法律适用者的角度则可以相对比较任意地将一些原本并非构成犯罪的行为纳入刑罚之中。而对于"口袋权"的态度则开放得多，一般认为，口袋权扩大了民众的人格尊严和自由权利，但是须要注意的是这种扩张虽然表面上是对公民的一种保护，但是这种一般性的权利的设置同样会使得公民之间的一些琐碎的行为被纳入侵犯一般人格权的范围之内，这违背了法律调整的只是社会中比较重要的关系这一基本的原则，法律也就过多地侵入了社会。因此，即使面对"口袋权"也应该注意规避其应该产生的对于法的明确性的冲击。当然，从整体上看，口袋条款的设置初衷依旧是为了调控社会，以法律为依据建立基本的社会秩序。

第四节　完善和加强立法程序的规范立法与阐释研究

一、法律程序视野中的立法程序

立法程序是法律程序的一个重要类型。法律程序在西方的法治实践和法学研究中有着悠久的历史脉络，英国 1215 年的大宪章即已确立了"正当程序原则"这一西方立宪主义的核心原则，而至少自边沁（Bentham）以来，西方学者就已经开始了对于法律程序价值的研究（尽管边沁本人所持的是一种程序工具主义的主张①）。在国内，以季卫东教授发表《程序比较论》一文为起点②，对于法律程序的研究也已经有了二十多年的历史。在《程序比较论》一文发表前的较长一段时期，中国正处于社会变革的关键时期，不同的主体对于变革时期的中国应当建立怎样的法制、如何去推进和实现法制等重大问题的意见很不一致。季卫东教授通过历史的、比较的考察，指出传统上中国的法律人在进行法制建设之时更多关注的是实体性的法律问题，侧重于强调"令行禁止、正名定分"，而对于本应在现代法律系统中占据核心地位的程序问题关注不足，甚至对于何为程序问题都语焉不详。③ 季卫东教授认为，无论是从中国既往法制实践的发展历程进行推演，还是站在今后深化社会改革的现实需要加以展望，都应当将程序，尤其是法律程序作为制度化的最重要的基石。④ 季卫东教授所提出的这一"程序主义进路"成为诸多法制变革方案中尤为引人瞩目的一种，无论是在制度建构层面还是在理论论证层面都引领了一股发展和更新的潮流。

在制度建构层面，《全国人民代表大会议事规则》（1989 年制定）、《全国人民代表大会常务委员会议事规则》（1987 年制定、2009 年修正）两个议事规则先后制定，在此基础上规定立法程序的《立法法》（2000 年制定、2015 年修正）也得以制定；《刑事诉讼法》（1979 年制定、1996 年修正、2012 年修正）、《民事诉讼法》（1982 年试行、1991 年制定、2007 年修正、2012 年修正）、《行政诉讼法》（1989 年制定、2014 年修正、2017 年修正）三大诉讼法相继制定并历经多次重要修改；最高人民法院于 1999 年发布《人民法院五年改革纲要》，开始推进司法改革，截至 2014 年已经发布了第四个五年改革纲要，在诸多司法改革措施之中，司法程序的改革始终处于核

---

① Jeremy Bentham, The Principles of Judicial Procedure, in John Bowring ed. , *The Works of Jeremy Bentham* (Vol. 2), William Tait Press, 1843, p. 5ff.

② 该文的简版为法律程序的意义——对中国法制建设的另一种思考 . 中国社会科学, 1993 (1)；全文版则发表于比较法研究, 1993 (1).

③ 季卫东 . 程序比较论 . 比较法研究, 1993 (1)：5.

④ 同③5.

心地位；《行政处罚法》（1996 年制定，2009 年修正、2017 年修正）、《行政许可法》（2003 年制定）、《行政强制法》（2011 年制定）等一批设计行政程序的重要法律出台，且国务院先后发布了《关于全面推进依法行政的决定》（1999 年印发）、《全面推进依法行政实施纲要》（2004 年印发）、《法治政府建设实施纲要（2015—2020 年）》（2015 年印发）等重要文件，深入推进依法行政，不断地将行政程序予以制度化和规范化。

与法律程序改革在制度层面不断牵引着法律体系的整体更新相呼应，法学界也对法律程序及相关议题展开了全面而深入的研究，程序正义、正当法律程序等成为法律人耳熟能详的概念。然而，在对相关的研究成果进行梳理之后可以发现，尽管学者们都认为法律程序至少包括了立法程序、司法程序、行政程序三种类型，在实践中三类法律程序的制度建构和制度改革也基本是齐头并进，但是有关法律程序的研究却主要集中在司法程序和行政程序上，尤其是司法程序，几乎成为学界有关法律程序的研究原型。仅以笔者 2016 年 12 月在"中国知网"的期刊数据库上的期刊论文检索结果为例稍加展示，以"司法程序""诉讼程序""审判程序"为三个关键词进行篇名检索，一共检索到 1 386 篇期刊论文；以"行政程序"为关键词进行篇名检索，一共检索到 1 096 篇期刊论文；而以"立法程序"为关键词进行篇名检索，一共只检索到 210 篇论文。若是按主题进行检索，则三者之间的差距将更为巨大。究其原因，诚如季卫东教授所指出的那样，司法程序是"最重要、最典型"的法律程序，其中"存在着关于诉答（pleading）和证据的完整制度"[①]。学界对于行政程序同样报以巨大热忱的原因，不难想见是由于我国缺乏行政法治的传统，行政权畸重的现象相当突出，亟须通过制度化、规范化的行政程序来约束政府依法行使职权。相比较而言，有关立法程序的研究虽然在绝对数量上尚可一观，但是无论是从法律程序整体的知识体系还是从立法程序自身的知识框架来看，针对立法程序的研究都存在着明显的结构性欠缺。本节不拟深入探究为何学界欠缺对于立法程序的关注和研究，只是意图通过上述比较指出在法律程序的整体视野之下，是存在着将研究重心偏向立法程序的必要性的。

---

① 季卫东. 程序比较论. 比较法研究，1993（1）：5.

二、立法学知识体系中的立法程序

当然，仅仅依据对于立法程序的研究在法律程序的整体研究之中有所欠缺仍不足以充分地佐证将研究重心偏向立法程序的必要性，因为依循这一论证进路，则在法律程序之中至少还有调解程序、选举程序等程序类型同样没有得到与司法程序、行政程序相似的关注度。要想更加令人信服地论证研究立法程序的必要性，还需要从立法程序在立法学自身知识体系中的定位加以切入。

在我国，最早确立立法学知识体系的当属周旺生教授。在 1995 年司法部组织编写的法学系列教材的《立法学教程》之中，周旺生教授认为从表现形式来看，存在着三种不同的立法学体系。第一种是带有哲学理论色彩的，从横向角度进行研究，偏重于理论层面的立法学体系；第二种是带有系统工程色彩的，从纵向角度进行研究，偏重于应用层面的立法学体系；第三种则是兼顾理论和应用两个层面，将横向研究与纵向研究相结合的综合性的立法学体系。[①] 在周旺生教授看来，这三种形式的立法学体系尽管在研究旨趣、研究方法上均有所差异，但是它们都是由立法原理、立法制度和立法技术这三方面的要素所构成的。立法原理是指与立法相关的、带有普遍规律性的理论表现；立法制度是指与立法相关的各种实体性规则的总和，其包括了立法体制、立法主体、立法权、立法运作、立法监督等方面的制度；立法技术是指立法者在立法过程中所采取的各种方法和操作技巧。[②] 在其后的一系列立法学教材和著作中，周旺生教授都沿用了"立法原理—立法制度—立法技术"三分的立法学知识体系架构，并且进一步明确了这三大主要素之下的各项子要素，例如"立法原理"部分就包括了立法的概念、立法指导思想和基本原则、立法与国情、立法的历史发展等内容，"立法制度"部分则包括了立法主体、立法权限、立法程序、中央立法、地方立法、授权立法、立法监督、立法和法的解释等内容。[③]

周旺生教授所确立的这一立法学知识体系对于我国的立法学研究产生了

---

①　周旺生．立法学教程．北京：法律出版社，1995：3.

②　同①3－6.

③　周旺生．立法学．2 版．北京：法律出版社，2009：目录.

深远的影响，其他学者所撰写或编著的立法学著作、教材基本上都采取了与之相同或者相近的体系架构。例如徐向华教授所主编的《立法学教程》将立法学划分为立法原理、立法制度、立法技术三大部分①；朱力宇教授和叶传星教授所主编的《立法学》将立法学分为立法理论、立法制度、立法过程、立法技术四大部分等。② 另外一些学者尽管没有提出明确的立法学知识体系主张，但是其立法学著作或教材的具体内容事实上也是在"立法原理—立法制度—立法技术"三分的架构之下展开的。

　　在这一体系架构的指引之下，我国的立法学研究逐渐成为一门独立的，具有一定影响的法学分支学科，但是随着我国法学知识体系和立法实践工作的不断发展完善，立法学的这一知识体系开始在某些方面呈现出不足之处。从法学知识体系自身发展的角度来看，随着法学逐渐摆脱单纯附属于政治的地位，苏力教授所称的"政法法学"③在我国法学研究中的地位日渐式微。法学研究者开始越来越自觉地强化方法论的意识，从在直觉上被某种研究方法吸引，逐渐发展到在研究活动中一以贯之地运用该种研究方法，直至从元方法论（meta-methodology）的层面进行对于此种研究方法的自我反思。在这样一种背景之下，兴起于德国的法教义学开始在我国的法学研究中产生越来越重要的影响。法教义学是指运用法律自身的原理，遵循逻辑与体系的要求，以原则、规则、概念等要素制定、编纂与发展法律以及通过适当的解释规则运用和阐释法律的做法。④ 不难看出，法教义学的基本立场是"认真对待法律规范"，是尊重体系与逻辑，它是一种在实然层面上展开的方法论。由方法论推演至法学理论，法教义学主张"法学应持规范性研究的立场"，当然其并不排斥通过其他学科的进路来对法学进行研究，只是坚持"规范性研究"应当是法学之"学科基本"⑤。显然，前文所述的我国立法学知识体系与作为法学"学科基本"的规范性立场之间存在着一定的不适应甚至抵触。一方面，立法原理和立法制度中有关立法指导思想和基本原则、立法与

　　① 徐向华．立法学教程．上海：上海交通大学出版社，2011：目录．
　　② 朱力宇，叶传星．立法学．4 版．北京：中国人民大学出版社，2015：目录．
　　③ 苏力．也许正在发生——中国当代法学发展的一个概览．比较法研究，2001（3）：3.
　　④ 许德风．法教义学的应用．中外法学，2013（5）：938.
　　⑤ 雷磊．法教义学的基本立场．中外法学，2015（1）：222－223.

国情、立法的历史发展、立法体制等的内容都是一些相当宏大的问题，而且这些问题在学科属性上更接近于政治学、历史学、社会学等学科；另一方面，现有的立法学知识体系更多地偏向于"法之应然"，与注重"法之实然"的法教义学之间似乎存在着天然的抵牾。有立法学研究者已经开始忧虑立法学难以在法学体系中找到合适的位置，甚至被视为法学之另类而遭到拒斥。① 在此种背景之下，探寻立法学与基于规范性立场的法教义学之间的合适联结点，并在此基础上反思立法学的知识体系架构，应当是有一定必要性的。

之所以只说是有"一定"的必要性，是因为立法学完全可以合理主张自身的特殊性，为以非规范的基本立场为典型的法学研究提供多样化的视角和进路。况且，论者还可以主张法教义学既未在我国的法学研究中占据统治性的地位，其自身也不能够解决法学领域的所有问题。因此立法学并没有必要"削足适履"，通过调整自身的知识结构体系来适应法教义学的规范立场。这就需要从另外一个维度——我国立法实践工作的发展入手来进一步考察推动立法学规范化转向的必要性。

1978 年召开的党的十一届三中全会指出"必须加强社会主义法制"，"应当把立法工作摆到全国人民代表大会及其常务委员会的重要议程上来"。自此，我国的立法工作重新进入正轨。当时我国各个领域的立法都存在着相当大的空白，为了尽快填补这些空白，实现"加强社会主义法制"的目标，当时的立法步伐被加快到一个令人难以置信的地步，从 1979 年 3 月到 6 月的短短 3 个月期间，有关部门一口气提出了《刑法》《刑事诉讼法》等 7 部法律草案，并于 6 至 7 月份的第五届全国人大二次会议上一次性表决通过。其后很长一段时期，我国的立法始终处于一个"快车道"上，1997 年召开的党的十五大提出的"到 2010 年形成有中国特色社会主义法律体系"的目标更是进一步加快了立法的步伐。这一段时期快节奏、高强度的立法工作实践在很大程度上决定了同时期的立法学研究主要关注的是如何"从无到有"，如何使立法工作与改革开放和现代化建设的进程相适应，如何使立法与广大群众的切身利益相适应。至于立法学可能面临的规范性问题，在一个连"规

① 刘风景. 立法释义学的旨趣与构建. 法学，2016（2）：64.

范"本身都尚不健全的大环境下，自然是不会引起太多关注的。但是随着立法实践工作的不断推进，随着我国法律体系的日益成型，情况开始逐渐发生变化。在临近官方设定的"形成有中国特色社会主义法律体系"的目标时限前夕，学者已经开始对我国法律体系和立法工作的特征进行总结和反思，指出应当从转型中国社会法治秩序形成的原理和要求出发，对理性主义的建构思路、国家主义色彩、简约主义的风格等进行开放性的思考。① 而随着 2010 年官方正式宣告中国特色社会主义法律体系形成，官方自身也对于立法工作提出了新的指导和要求。2014 年召开的党的十八届四中全会指出要"完善以宪法为核心的中国特色社会主义法律体系"，"抓住提高立法质量这个关键"，"使每一项立法都符合宪法精神"。其中至少凸显了两个方面的新要求：第一，立法要坚持以宪法为核心，符合宪法的精神。这绝不仅仅是指在每部法律的开端形式性地宣示一句"依据宪法，制定本法"，而是从实质上要求每一部立法都要能够与现行宪法秩序的概念、逻辑、体系和价值上相互融贯。第二，立法不能够再仅仅追求数量的提高，需要把"提高质量"摆到一个更为重要的位置。而衡量立法质量高低的一个重要标准就是立法者创制出来的新规范与既有的法秩序相互融贯的程度。这两方面的新要求意味着，新一个时期的立法工作不再像以前一样是在一张白纸上自由地创作，而是变得像法律解释一样，需要在已经初步形成并不断完善的"中国特色社会主义法律体系"所建构的现行法秩序架构之中"戴着镣铐跳舞"。

面对着立法实践工作的这样一种新发展，立法学研究的规范性转向就不再是向影响程度与日俱增的法教义学的单纯示好，而是与立法现实需求相匹配的一种必要的自我改革。事实上，从比较立法学的角度来看，法治发达国家的立法学研究也是基于规范性的立场而展开的。以日本为例，其主流观点将立法学的知识体系分为立法政策、立法内容、立法技术、立法过程四个部分。对于初看起来似乎属于政治问题的立法政策，学界对其进行了类型化的区分，将作为立法学研究内容的立法政策严格限定在涉及"法律手段选择"的政策类型上；对于存在多种研究进路的立法过程，学界也将立法学视野下的研究限定在程序和技术进路之上。② 与此同时，日本的立法学研究也格外

---

① 张志铭. 转型中国的法律体系建构. 中国法学，2009（2）.
② 大森政辅，镰田薰. 立法学講義. 东京：商事法务，2011：8-14.

注重与法解释学之间的关系。例如末弘严太郎教授认为法学的终极目的就是在立法、司法以及其他法运用的层面上实现"正确的法"，立法学和法解释学同样都是直接服务于这一目的的实用法学。[①] 松尾敬一教授认为立法学必须大量而充分地吸收法解释学的研究成果，例如作为判断立法是否适当的前提是对于现行法缺陷的判断、个别目的与整体法秩序之间的整合性等。[②] 团藤重光教授进一步认为法解释学的任务不仅限于单纯地发现法的解释内容，对于实践层面的法创造活动也具有很大的作用，此种关系下的立法论实际上是被包裹在解释论之中的。[③] 不难看出，日本立法学的体系架构与立法学研究者对立法学与法解释学之间关系的论述，与我国当前立法实践工作所面临的新任务和新要求之间有高度的契合之处，这也从另外一个层面印证了我国立法学研究规范性转向的必要性。

那么，立法学的规范性转向与立法程序之间又有什么关系呢？这涉及在规范性的视野之下对立法学知识体系的重新认识。有的学者认为，一种从规范立场出发的立法释义学应当大幅删减立法指导思想和基本原则、立法与国情等更接近政治学、社会学的内容，而以立法技术为主要内容。[④] 根据笔者的理解，此处所称的立法技术应当是与当下的法律方法相对应的"立法方法"。当下的法律方法虽然名为"法律"，实际上仅限于司法层面的法律解释方法，而立法方法的加入与完善将会使得"法律方法"真正名副其实。但是在笔者看来，仅仅依据方法而展开的立法学仍是不完整的，甚至可以说是存在重要缺陷的。立法与法律解释确实存在着很大的不同，法律解释的过程虽然也离不开价值判断，但是其本质上并非直接基于解释者自身的价值判断进行，而是以已经确定了基本价值共识的法律规范为基础来进行的。[⑤] 在本身无须承担确立基本价值共识之任务的情况下，单纯或者主要依据方法就足以完成法律解释的作业。但是立法恰恰承担着为后续的法律解释奠定、确立基本价值共识的重担，在"上帝已死"，处于"诸神之争"阶段的现代社会，

---

① 末弘厳太郎. 立法学に対する多少の考察——労働組合立法に関聯して. 法学協会雑誌，64（1）：2.

② 松尾敬一. 立法の必要性と可能性. 神戸法学雑誌，6（1・2合并）：215.

③ 団藤重光. 法学入門. 东京：筑摩書房，1974：297.

④ 刘风景. 立法释义学的旨趣与构建. 法学，2016（2）：68.

⑤ 许德风. 法教义学的应用. 中外法学，2013（5）：949.

价值的多元化乃至于分歧化已经是一种常态。在这种情况下，如果仅仅依据技术性的立法方法，是很难在多元化的价值主体之间凝聚、达成共识的。而恰恰是在这里，程序的真正作用开始显现出来。既然外部的、一元化的价值共识已经消亡，那么要确立基本价值共识就只能向内部去寻求，通过一种内置于法律系统的商谈来保证不同的价值主体能够自由地、理性地进行公共判断，而商谈的核心正是程序。① 更进一步地来看，立法程序的存在将判断立法结果是否正确的"正确性"问题转换为了依据程序本身的制度性问题，此种判断过程所依循的是如下一种理论："当一个规范可能是理性商谈程序的结果时，它就是正确的。"② 由此我们可以得出如下的阶段性结论：立法程序将在实质层面确立基本价值共识的难题转化为了可以在理性化、技术化的条件下加以解决的制度性问题，其对于立法学的规范性转向具有不可或缺的作用。

事实上，就连立法者自身都已经充分意识到了这一问题。2015 年《立法法》修改，在总计 46 条修改条文之中，有 27 条涉及对立法程序的修改，其比重占到了近 60%。这表明立法者也将立法程序的精细化作为"后体系时代"提高立法质量的一个关键突破口。③

三、立法程序研究的结构性视角

前一小节的论述初步交代了本节为何以立法程序作为研究对象，概言之，立法程序在整个立法学的知识体系和"后体系时代"提高立法质量的过程中具有相当的重要性，而在整个法律程序的研究中又显得相对薄弱，因此亟待对其进行更为深入的研究。

从理论上而言，针对立法程序的研究大致可以分为彼此独立但又相互联系的三个部分：第一，立法程序是什么？亦即立法程序的概念论问题；第二，立法程序如何建构？亦即立法程序的方法论问题；第三，立法程序为什么重要？亦即立法程序的价值论问题。这三个部分恰好也对应了法理学研究

① 雷磊. 法律程序为什么重要？. 中外法学，2014（2）：330-332.
② 罗伯特·阿列克西. 程序性法律论证理论的理念//法·理性·商谈. 朱光，雷磊，译. 北京：中国政法大学出版社，2011：88.
③ 徐向华，林彦.《立法法》修正案评析. 交大法学，2015（4）：62-63.

的三个主要领域。为何本节在这三个部分中选取结构问题进行研究，不妨逐一来进行审视。

首先是概念论问题。无疑，在法理学的研究中，法概念论是一个极其重要同时又争论不休的领域。诚如哈特所指出的那样，在人类社会中很少有像"什么是法律"这样持续不断地被追问，同时也由严肃的思想家以多元的、奇怪的，甚至是似是而非的方式作出解答的问题。^① 根据哈特的归纳总结，产生这一现象的原因在于"什么是法律"这一提问的背后其实隐含了三个反复出现的争议议题：法律与基于威胁的命令有何区别和关联？法律义务和道德义务有何区别和关联？什么是规则？^② 其中最为核心的议题是法律和道德之间的区别和关联，置身于其背后的是法哲学层面的法实证主义和非法实证主义之间绵延数百年的争论。相比较而言，"立法程序是什么"虽然也是立法程序研究中必须解决的一个前提性问题，对该问题的回答在我国立法学研究的初期也存在诸多似是而非之处^③，但是时至今日，对于立法程序的概念界定已经形成了基本的共识（典型者如苗连营教授在其博士论文基础上形成的专著《立法程序论》），更为重要的是立法程序的概念论问题不像法理学中的法概念问题一样涉及法哲学层面的争论，即使不同学者的观点之间有所差异，也只是存在于细节层面。因此从整体上而言，立法程序的概念论问题在我国立法程序的研究中应当属于已经达成共识的前提基础，进一步深挖的空间和余地并不太大。

其次来看价值论问题。确实，"立法程序为什么重要"在立法程序的研究中是一个相当重要的问题，一方面，对于这一问题可以有很多种不同的回答方式和进路，例如程序工具主义的进路、程序本位主义的进路、程序综合主义的进路等，每一种回答方式都具有自身的合理之处，它们综合在一起为立法程序的价值论问题提供了相当多样化的研究视野，从而也提供了拓展立法程序研究议题的可能性。另一方面，在我国的特定环境之下，对于程序价值的强调具有尤为突出的意义，我国长期以来"重实体轻程序"的传统使得程序对于法治的价值一直难以得到社会的普遍认可。当某些被认为是更为重

① H. L. A. 哈特. 法律的概念. 2 版. 许家馨，李冠宜，译. 北京：法律出版社，2006：1.
② 同①13.
③ 周旺生. 关于中国立法程序的几个基本问题. 中国法学，1995（2）：56-57.

要的实体目标出现之时，程序往往就被排挤到次要的位置。综合以上两点，在我国开展立法程序的价值论研究是有充分的意义的。但是基于以下几方面的原因，本节同样没有选取价值论问题作为研究主题。第一，立法程序的价值论问题与程序正义论直接相关，而学界对于程序正义论已经开展了长期并深入的研究，在多个可能的研究进路上都已经积累了较为丰富的研究成果（典型者如易有禄教授在其博士论文基础上形成的专著《正当立法程序研究》），在此基础上进行理论创新的空间同样不是很大；第二，无论是哪种进路的价值理论，都不是存在于真空之中的，必然需要落实到具体的制度设计上来，否则就有沦为空谈之嫌。因此在当前的研究积累和实践需求下，再单纯地开展立法程序的价值论研究的理由也不是非常充分。

基于以上两方面原因，笔者认为在立法程序的研究中有可能进一步在理论和实践层面贡献知识增长点的主要是结构性视角下的研究。正如本节一开篇所引述的，结构是指作为一个系统或整体而存在的事物诸组成要素及其相互关系。当然，对于"立法程序的结构"这一概念还可以加以更为精细的界定。一方面，其可以指"程序"本身的组成要素，此种界定方式往往是基于一国的实定法所展开的，例如根据我国《立法法》第二章第二节的规定，全国人大的立法程序由"法律案的提出""法律案的审议""法律案的表决""法律案的通过"四个部分组成；另一方面我们也须要注意到，虽然程序是以约束程序参与者的面向出现的，但是如果缺少了程序参与者，程序本身是无法孤立存在的，两者在某种意义上是一体两面的关系，因此"立法程序的结构"还可以从"立法程序参与者的结构"这一角度加以界定和认识。此种界定方式在很大程度上要求研究者在充分把握实定法规范内涵的基础上对于规范所试图加以规制的实践同样有着深入的认识。例如《立法法》第 14 条和第 15 条规定了 8 类可以向全国人大提出法律案的主体，仅仅从探究规范内涵的角度我们无从认识这 8 类主体之间的关系，从而也难以对作为全国人大立法程序起始要素的"法律案的提出"的内部结构进行深入的研究。唯有通过"程序自身结构"向"程序参与者结构"的视角转换，我们才能够全面地认识"立法程序如何建构"的方法论问题。

当然，由"程序自身结构"向"程序参与者结构"的视角转换并非意味着要以"对实践的描述"替代"对规范的解释"，这显然是有违本节所主张的立法学研究的规范性转向的。诚然，这一视角的转换隐含了"规范与实践之间存在着落差""实践相较于规范而言包含了更为丰富的内容"等意蕴，但是我们应当意识到，规范与实践之间的落差是始终存在的，这并不意味着要以规范去"迁就"实践，或是直接以实践来替代规范，而是希望通过透彻、深入地了解立法程序的深层结构和运行状况，对程序规范解释的逻辑前提进行检验和修正，从而促进我国立法程序规范的完善，最终实现立法法对立法实践的有效调整。[①]

四、实例分析：我国立法程序中的全国人大常委会

（一）对制度文本的规范分析

由于种种原因，在全国人大及其常委会的立法实践中，法律草案经表决未通过的实例相当罕见[②]，同时在全国人大常委会的立法实践中，法律草案因搁置满两年被终止审议的实例也相当稀缺，因而从立法程序的角度来看，法律案的提出制度就在很大程度上影响甚至决定了全国人大和全国人大常委会在立法数量上的巨大差距。

《立法法》第 14 条和第 15 条规定了有权向全国人大提出法律案的主体，第 26 条和第 27 条则规定了有权向全国人大常委会提出法律案的主体，两大类主体的对比可见表 5-1：

表 5-1　　　有权向全国人大和全国人大常委会提出法律案的主体

向全国人大提出法律案的主体	向全国人大常委会提出法律案的主体
全国人民代表大会主席团	委员长会议
全国人大常委会	
国务院	国务院
中央军事委员会	中央军事委员会
最高人民法院	最高人民法院
最高人民检察院	最高人民检察院
全国人大各专门委员会	全国人大各专门委员会
一个代表团或三十名以上的代表联名	常务委员会组成人员十人以上联名

---

① 许德风. 法教义学的应用. 中外法学，2013（5）：970.

② 经过笔者的检索目前只获得一个例子，即 1989 年 1 月 31 日第七届全国人大常委会第十次会议对《城市居民委员会组织法（草案）》进行表决，但表决未获通过。

　　通过对比可以清晰地看出，两大类主体之间具有高度的重合性，国务院、中央军事委员会、最高人民法院、最高人民检察院、全国人大各专门委员会这 5 类主体既可以选择向全国人大提出法律案，也可以选择向全国人大常委会提出法律案。

　　当然，此处所说的"选择"可能会令人生疑，毕竟《立法法》第 7 条明确规定了全国人大和全国人大常委会在立法权限上的区分，就此而言上述 5 类主体在决定提出法律案时自然需要考虑其所提出的法律案究竟是属于全国人大的立法权限范围还是全国人大常委会的立法权限范围，并非可以完全自由地进行"选择"。从制度规定上来看，《全国人民代表大会组织法》第 32 条和《全国人大常委会议事规则》第 11 条均明确规定向全国人大常委会提出的议案应当是"属于常务委员会职权范围内"的议案，法律案自然也包括在内。但是问题仍然存在，应当由谁来判断被提出的法律案是属于全国人大还是属于全国人大常委会的立法权限范围？

　　第一种可能的制度设计是由提出议案的主体自行判断，但显然这并不是一种比较可靠的制度选择。首先，提出议案的主体的判断有可能出现偏差，其有可能将本应属于全国人大立法权限范围的法律案向全国人大常委会提出，显然需要有另外一个主体对其作出的判断进行监督；其次，对于提出议案的主体而言，判断自己所提出的法律案究竟属于哪一方的立法权限范围可能并不是其关注的重点，至少并不是其最为关注的方面。诚如有学者所指出的那样，随着我国社会转型过程中多元主体和多元利益的形成以及国家对于法治化的不断重视，利益的分配逐渐呈现出由政策博弈向立法博弈转变的趋势，在我国的立法实践中开始出现了有关部门以立法为重，刻意维护自身权益的现象。① 这也就意味着对于提出议案的主体而言其最为关心的是如何顺利地使自己所提出的法律案转化成为正式的法律，至于这一转化的过程是在全国人大还是在全国人大常委会进行，对提出议案的主体而言并没有太大的差别。可能是部分基于这两点的考虑，立法者并没有采取此种制度设计，反而通过《立法法》第 16 条第 1 款的规定使得提出议案的主体完全不需要操心法律案的权限范围问题。对于该款规定笔者将在后文详加论述，此处暂不展开。

---

　　① 许章润．从政策博弈到立法博弈——关于当代中国立法民主化进程的省察．政治与法律，2008(3)．

　　第二种可能的制度设计是由法律案的接收方，也就是全国人大或全国人大常委会来进行判断。由于全国人大享有最为完整的立法权，其并不需要对向其提出的法律案进行立法权限上的判断，因而这种制度设想的可能形态有：（1）由全国人大对向全国人大常委会提出的法律案进行立法权限上的判断；（2）由全国人大常委会自行对向其提出的法律案进行立法权限上的判断。从相关法律规定来看，第（1）种可能形态并没有与之对应的制度设计，第（2）种可能形态则具有潜在的规范依据。根据《立法法》第 26 条第 2 款的规定，国务院等 5 类向全国人大常委会提出的法律案是否能够列入常委会的会议议程，取决于委员长会议的决定。该款规定并没有明确界定"决定"的内涵，这需要我们进一步探究"委员长会议"的宪法和法律地位。《宪法》第 68 条第 2 款将委员长会议定性为"处理全国人民代表大会常务委员会的重要日常工作"的机构，据此《全国人民代表大会组织法》第 25 条对委员长会议的职权从四个方面进行了具体分解①，其中第二个方面正是前述《立法法》第 26 条第 2 款规定的来源。当然，《立法法》第 26 条第 2 款的规定相较于《全国人民代表大会组织法》第 25 条第 2 项的规定还是有所不同，这需要结合《全国人民代表大会组织法》第 32 条的规定来进行细致辨析。根据《全国人民代表大会组织法》第 32 条第 1 款的规定②，委员长会议对于国务院等 5 类主体向常委会提出的"议案"，可以决定提请常委会审议，或者先交由有关专门委员会进行审议，再"提请"常委会审议；而根据《立法法》第 26 条第 2 款的规定，委员长会议如果决定先将"法律案"交由有关专门委员会进行审议，则可以"决定"将其列入常委会会议议程，同时委员

---

　　① 《全国人民代表大会组织法》第 25 条：常务委员会的委员长、副委员长、秘书长组成委员长会议，处理常务委员长的重要日常工作：

　　（一）决定常务委员会每次会议的会期，拟定会议议程草案；

　　（二）对向常务委员会提出的议案和质询案，决定交由有关的专门委员会审议或者提请常务委员会全体会议审议；

　　（三）指导和协调各专门委员会的日常工作；

　　（四）处理常务委员会其他重要日常工作。

　　② 《全国人民代表大会组织法》第 32 条第 1 款：全国人民代表大会各专门委员会，国务院，中央军事委员会，最高人民法院，最高人民检察院，可以向常务委员会提出属于常务委员会职权范围内的议案，由委员长会议决定提请常务委员会会议审议，或者先交有关的专门委员会审议、提出报告，再提请常务委员会会议审议。

长会议还可以以法律案"有重大问题需要进一步研究"为由，建议提出议案的主体修改完善。更为直观的对比可见表 5－2：

表 5－2　《全国人民代表大会组织法》和《立法法》对于委员长会议职权规定的对比

	《全国人民代表大会组织法》	《立法法》
对于国务院等 5 类主体提出的议案/法律案	决定提请常委会会议审议	决定列入常委会会议议程
须先交有关专门委员会审议的	经审议后再提请常委会会议审议	经审议后再决定列入常委会会议议程
认为有重大问题需要进一步研究的	无此规定	建议提案人修改完善再向常委会提出

通过对比可以看出，尽管《全国人民代表大会组织法》和《立法法》都赋予委员长会议对于向常委会提出的议案的某种意义上的"决定权"，但是两法所规定的决定权的内涵并不完全一致。《全国人民代表大会组织法》所赋予委员长会议的决定权更多的是一种形式意义或者程序意义上的权力，如果议案在形式要件上没有明显的硬伤，委员长会议原则上都应当"提请"常委会会议进行审议。而《立法法》赋予委员长会议的决定权则具有了更多的实质内涵，首先它将决定的内容由"提请审议"改为"列入议程"，常委会的会议议程无疑是有限的，不可能无限制地加入待审议内容，这也就意味着委员长会议所决定的实际上是"是否列入议程"；其次它新增了委员长会议对法律案是否"有重大问题需要进一步研究"进行判断的权力，这里所称的重大问题显然不会是指法律案在形式要件上的问题，而是实质内容上的问题，这就更为直接地赋予了委员长会议以实质性的"决定权"。

在这样一种具有实质意涵的决定权中，是完全可能包含着判断向全国人大常委会提出的法律案是否属于常委会立法权限的权能的，也就是说《立法法》第 26 条第 2 款是有可能成为前文所设想的那种制度设计的规范依据的。但之所以只说是"有可能"成为，是因为该款规定还隐含着两个问题。第一，根据官方的释义，《立法法》第 26 条第 2 款中所称的"重大问题"主要是在法律案"是否成熟"的意义上而言的，据此委员长会议所作出的三种决定其实是分别对应了"比较成熟""基本成熟但仍有一些问题""不够成熟并存在重大问题"这三种情形，之所以采取"是否成熟"的标准，是由于委员长会议负责拟订常委会议程草案，需要考虑到常委会会议的议事效率，从而对待议事项的轻重缓急进行排序。① 这一释义也确实和《立法法》第 26 条第 2 款所规定的决定权的直接体现——"列入常务委员会会议议程"相匹配。如此一来，判断法律案是否属于全国人大常委会立法权限的职能就有可能因为与"是否成熟"的标准无关而被排除在委员长会议的决定权之外。第二，也是更为严重的问题是《立法法》第 26 条第 2 款赋予委员长会议的此种决定权的正当性问题。有学者指出，从《宪法》第 68 条第 2 款对于委员长会议的定位——也就是"处理重要日常工作"来看，委员长会议的权力具有辅助性、服务性的特点，其并不是一个决策机构或权力机构，而是一个事务性机构。据此，《全国人民代表大会组织法》对于委员长会议职权的具体分解是合宪的，而《立法法》对于委员长会议职权的扩充则超出了"处理重要日常工作"的范围，具有违宪之嫌。② 从前文的对比中我们确实可以看出，《全国人民代表大会组织法》和《立法法》对于委员长会议决定权的规定之间存在着明显的"形式/实质"之分，《立法法》如果不能对自身所作出的这一扩张性授权给出充分的正当性论证，那么本节所设想的由委员长会议对法律案是否属于全国人大常委会立法权限范围进行判断的制度构想也就缺失了相应的规范依据。

　　第三种可能的制度设计仍然是由全国人大进行判断，但这一判断不是在提出法律案的阶段进行，而是在法律案通过之后进行。此种制度设计所对应的规范依据是《宪法》第 62 条第 11 项，即全国人大有权改变或撤销全国人大常委会不适当的决定。官方对于立法法的释义也提及了这种制度设计，根据官方的观点，《立法法》第 7 条第 3 款赋予全国人大常委会对全国人大制定的法律进行部分补充和修改的权力并不会影响全国人大行使立法权，因为全国人大可以根据《宪法》第 62 条第 11 项的规定，对于它认为不适当的补充和修改决定予以改变或撤销。③ 但是这种制度设计的局限性是显而易见的：第一，它只能够针对全国人大常委会补充和修改法律的行为。因为全国

① 全国人大常委会法制工作委员会国家法室 . 中华人民共和国立法法释义 . 北京：法律出版社，2015：108.

② 马岭 . 委员长会议之设置和权限探讨 . 法学，2012（5）；马岭 . 中国《立法法》对委员长会议职权的规定 . 学习与探索，2013（8）.

③ 同①38.

人大常委会对于法律的补充和修改是以决定的形式作出的①，而对于新制定的法律则不是以决定的形式作出，这就导致全国人大的改变或撤销权并不能够及于常委会新制定法律的行为；第二，它只能够在法律案通过之后进行，而无法起到事先判断、筛选的功能，从而极大地制约了此种机制的实效性。

从理论上我们基本上只能够设想出以上三种制度方案，第三种制度方案由于局限性过于明显，因而暂且存而不论，在实践中立法者所采取的制度方案，也就是《立法法》第 16 条第 1 款②，首先就排除了由提出议案的主体进行判断的可能性。根据该款的规定，即便是属于全国人大的立法权限、应当由全国人大制定的法律，在全国人大闭会期间，相应的法律案也可以先向全国人大常委会提出。例如最近一部由全国人大制定的法律——慈善法，慈善法的草案是由全国人大内务司法委员会于 2015 年 10 月向全国人大常委会提出的，全国人大常委会经过两次审议之后决定将草案提请全国人大进行审议。③ 对于法律案的提出者——全国人大内务司法委员会而言，由于《立法法》第 16 条第 1 款的存在，其并不需要费心去考虑慈善法究竟是不是《立法法》第 7 条第 2 款所称的"基本法律"，因为无论慈善法的性质属于哪种情况，它都可以向全国人大常委会提出法律案。对于其他的几类提出议案的主体而言，其所面对的情况也是相同的，制度设计者完全免去了它们进行判断的责任。

根据官方的解释，之所以采取这种制度设计，主要是由于全国人大每年只召开一次，而且每次召开的会期都很短，这就使得在每一年的绝大部分时间里，提出议案的主体都无法向全国人大提出相应的法律案。为了保证这些法律案在被提交给全国人大之前能够有较好的审议基础，立法者专门规定在大会闭会期间可以先向全国人大常委会提出。④ 在笔者看来，官方的这一解

---

① 例如 2014 年 8 月 31 日，第十二届全国人大常委会第十次会议通过了《全国人民代表大会常务委员会关于修改〈中华人民共和国预算法〉的决定》，并重新颁布修订后的预算法。

② 《立法法》第 16 条第 1 款：向全国人民代表大会提出的法律案，在全国人民代表大会闭会期间，可以先向常务委员会提出，经常务委员会会议依照本法第二章第三节规定的有关程序审议后，决定提请全国人民代表大会审议，由常务委员会向大会全体会议作说明，或者由提案人向大会全体会议作说明。

③ 李建国. 关于《中华人民共和国慈善法（草案）》的说明. [2016 - 12 - 15]. http：//www. npc. gov. cn/npc/xinwen/2016-03/10/content_ 1975224. htm.

④ 全国人大常委会法制工作委员会国家法室. 中华人民共和国立法法释义. 北京：法律出版社，2015：81 - 82.

释存在着一些含混不清甚至自相矛盾的地方。《立法法》第 7 条之所以要以"基本法律"为标准对全国人大和全国人大常委会的立法权限进行区分，是因为基本法律在国家和社会生活中具有根本的重要性，它们最为直接地表达了宪法对于政治、经济、社会生活的规范性基本结构所作的决定，尽管从效力位阶的角度来看基本法律并不像基本权利一样居于整个法体系和法秩序的最顶端，但是从内容重要性的角度来看两者具有类似的性质。① 为了保证基本法律能够正确地表达宪法对于政治、经济、社会生活的规范性基本结构所作的决定，在程序上就必须确保基本法律是由作为主权者的人民的直接代表——全国人大来制定。全国人大常委会由于并非经由选举产生，并不具有足够充分的程序上的决定正当性，因而其既不能制定基本法律，也不能对其进行整体的或者有违其基本原则的补充和修改。

全国人大每年只召开一次会议、每次召开的会期都很短，这是一种客观的实践情况，这种情况的存在表明规范和实践之间产生了落差，这就须要依据前述的规范目的，通过制度设计或者完善对于落差进行弥补。然而此时，制度设计者对于规范目的的认知似乎出现了偏差。"保证相应的法律案在被提交给全国人大之前能够有较好的审议基础"并不是一个基于《立法法》第 7 条所提炼出来的规范目的，它甚至与后者是有潜在的冲突的。"较好的"审议基础是一个实质意义上的判断，它类似于笔者在前文所称的保证基本法律"正确地"表达相关决定。与形式层面不同，实质层面的争议几乎是不可避免的，如何判断"较好的""正确地"，似乎只能够引入另一个位阶上的实质标准，但是现代社会是一个价值多元的异质社会，并不存在一个可以为所有人共享和认可的最终意义上的实质标准，这种引入会成为一个逻辑上永无止境而且经验上争论不止的问题。为了避免这种无止境的争论，唯一可行的办法是引入一种建制化的商谈，通过自我创生来逐渐达成有关"较好的""正确地"的共识。② 商谈的核心是程序，程序的一个关键要素就是决定者的选定，《立法法》第 7 条基于宪法对全国人大的定性将其选定为"基本法

---

① 可参见阿列克西（Robert Alexy）有关基本权利在法律体系中地位的论述，Robert Alexy, *A Theory of Constitutional Rights*, translated by Julian River, New York, Oxford University Press, 2002, pp. 349-350.

② 雷磊. 法律程序为什么重要？. 中外法学，2014（2）：329-332.

律"的决定者，也就是说《立法法》第 7 条提出了这样一条有关"正确地"
表达了相关决定的判断标准：只要基本法律在程序上是经由全国人大制定
的，它就是正确地表达了宪法对于有关问题规范性基本结构的决定。这个判
断标准本身是形式意义上的，就此而言，立法者在回应全国人大开会频率
低、会期短的实践问题之时也应当尽可能遵循这一规范目的，设计合理的程
序制度来保证全国人大能够拥有一个"较好的"审议基础。但是《立法法》
第 16 条第 1 款所依循的是一种效率指向的实质判断，立法者将全国人大开
会频率低、开会期间短所产生的问题归纳为全国人大缺乏足够的审议时间来
审议法律案，而为了确保全国人大能够在同样的时间里审议、通过尽可能多
的法律案，立法者就采取了让全国人大常委会先行审议的制度设计，而这显
然和第 7 条所内含的机理不相符。

　　当然，如果《立法法》第 16 条第 1 款能够内置其他确保全国人大行使
其对基本法律制定权的机制的话，上述的张力还是能够得到化解的。但是从
该款规定的具体内容来看，制度设计者似乎是倾向于前文所论述的第二种制
度方案——即由全国人大常委会自身来判断向其提出的法律案所属的权限范
围。这种制度方案的问题在前文已有论及，而且仍以慈善法为例来看的话，
全国人大常委会似乎也并没有切实地发挥这一判断的职能，在全国人大常委
会有关慈善法（草案）的说明中，它只是认为由"最直接地了解人民群众的
呼声和意愿"的全国人大代表来进行审议"有利于推进科学立法，民主立
法，广泛集中民智、凝聚共识"①，而并未基于《立法法》第 7 条第 2 款的规
范文本来细致剖析为何其要将慈善法（草案）进一步提交至全国人大进行审
议。至少从这一说明中所包含的信息来看，全国人大常委会的这一提交似乎
只是一个偶发的行为。当然更为详尽的实证分析留待后文来进行。

　　本节有关法律案提出制度的规范分析初步表明，在法律案的提出会极大
地影响了全国人大和全国人大常委会法律制定结果的情况下，立法者在进行
程序设计之时并没有为全国人大设置专门的法律案提出机制以确保更多的法
律尤其是基本法律能够在全国人大的会议上被指定，相反立法者通过《立法
法》第 16 条第 1 款的程序设计，客观上为更多的法律案"流向"全国人大

---

① 李建国. 关于《中华人民共和国慈善法（草案）》的说明. ［2016 - 12 - 15］. http：//www. npc.
gov. cn/npc/xinwen/2016-03/10/content _ 1975224. htm.

常委会提供了程序上的便利。至少在法律案的提出阶段，现有的程序设计是与"发挥人大在立法工作中的主导作用"的原则有所偏差的。

（二）对制度实践实证分析

根据《立法法》第 14 条和第 26 条的规定，国务院、中央军事委员会、最高人民法院、最高人民检察院、全国人大各专门委员会这五类主体既可以选择向全国人大提出法律案，也可以选择向全国人大常委会提出法律案。而根据《立法法》第 16 条第 1 款的规定，属于全国人大立法权限的法律案，在全国人大闭会期间，可以先向全国人大常委会提出。因此我们首先需要统计的是历年以来这 5 类主体所提出的法律案有多少是向全国人大提出的，有多少是向全国人大常委会提出的；其次需要定性和统计的是历年以来在向全国人大常委会所提出的法律案中有多少是属于全国人大立法权限范围的；再次需要统计的是历年以来全国人大常委会将多少件向其提出的、但是属于全国人大立法权限范围内的法律案提请全国人大进行了审议。关于统计的时间范围，考虑到 1979 年 2 月全国人大常委会法制委员会（即法工委前身）设立，我国的立法工作自此重新走上正轨，因此我们的统计也从 1979 年开始。关于统计的对象范围，考虑到资料获取的难易程度，我们的统计仅限于现行有效的法律。关于统计资料的来源，笔者主要参考的是由全国人大常委会法工委立法规划室所编著的《中华人民共和国立法统计》一书，并同时参考了"中国人大网"上公布的对法律案提案主体所作的说明。

根据"中国人大网"的"中国法律法规信息库"的数据，截至 2016 年 9 月第十二届全国人大常委会第二十二次会议闭幕，我国现行有效的法律共有 253 件，其中 1979 年以来制定的共有 245 件。由于该信息库对于同一部法律无论修订多少次均统计为 1 件，因而实际上 1979 年以来各类提出议案的主体向全国人大及其常委会提出法律案的件数要高于 245 件。

同样根据前述统计数据，截至 2016 年 8 月 29 日国务院向第十二届全国人大常委会第二十二次会议提请审议《〈中华人民共和国外资企业法〉等四部法律的修正案（草案）》议案，国务院、中央军事委员会、最高人民法院、最高人民检察院、全国人大各专门委员会这 5 类主体一共提出了 431 件法律案（仅包括现行有效的法律），其中国务院一共提出了 334 件法律案，中央军委一共提出了 24 件法律案，最高人民法院一共提出了 7 件法律案，最高人民检察院一共提出了 4 件法律案，全国人大各专门委员会一共提出了 62 件法律案，而这 431 件法律案无一例外的都是首先向全国人大常委会提出的。从提出法律案的时间来看，1979—1989 年一共有 61 件法律案被提出，1990—2000 年一共有 136 件法律案被提出，2001—2011 年一共有 152 件法律案被提出，2012 年以来至今一共有 82 件法律案被提出。由于现行《立法法》第 16 条第 1 款的规定是在 2000 年制定立法法之时才出现的①，而统计数据显示在 2000 年立法法前后国务院等 5 类主体一直都是先向全国人大常委会先提出法律案的，因而笔者在前文所提出的假设需要进行一定的修正，并非由于《立法法》第 16 条第 1 款（2000 年《立法法》第 14 条）的存在才使得国务院等 5 类主体选择先向全国人大常委会提出法律案，而是 1979 年以来的实践一直都是如此，毋宁说立法法只是对这一实践予以了"确认"而已。

但是这样一种"确认"究竟是依据法律体系的内在要求而对实践作出的肯定还是仅仅依据实践的客观需要而对其作出的妥协？应当承认，在我国立法工作恢复的初期，由全国人大常委会对法律案进行先行审议的实践具有充分的合理性乃至于迫切性。1978 年 12 月召开的党的十一届三中全会提出应当把立法工作摆到全国人大及其常委会的重要议程上来，作为相应的组织措施，1979 年 2 月第五届全国人大常委会第六次会议决定设立全国人大常委会法制委员会，由彭真担任主任。当时多位领导人都在不同场合表示要加快立法，集中力量尽快制定必要的法律。至迟在 1979 年 3 月，中央已经拟定于当年 5 月份召开全国人大会议②，并明确提出要"审议通过刑法等几部法律"③。在这样一种紧迫的时间之下，显然只能由全国人大常委会对法律案进行先行审议。在 1979 年 7 月 1 日第五届全国人大二次会议表决通过《地方各级人民代表大会和地方各级人民政府组织法》等 7 部法律之后，全国人大常委会法制委员会又马不停蹄地于 7 月 9 日召开全体会议讨论下一阶段的

---

① 1982 年制定的《全国人民代表大会组织法》、1987 年制定的《全国人民代表大会常务委员会议事规则》和 1989 年制定的《全国人民代表大会议事规则》这 3 部法律均未规定向全国人大提出的议案在全国人大闭会期间可以先向常务委员会提出。

② 第五届全国人大二次会议实际于 1979 年 6 月 18 日—7 月 1 日举行。

③ 《彭真传》编写组. 彭真年谱：第五卷 1979—1997. 北京：中央文献出版社，2012：5.

立法工作安排，据时任全国人大常委会法制委员会副秘书长兼办公室主任王汉斌汇报，当时"各有关部门正在搞的二十九部法律"[①]，由此可见法律的空白在当时达到了多么严重的一个程度。为此，必须把立法的效率置于优先考虑的地位，通过加快立法来实现加强社会主义法制的目标。其后的很长一个时期，我国的立法始终处于一个"快车道"上，1997 年召开的党的十五大提出的"到 2010 年形成有中国特色社会主义法律体系"的目标更是进一步加快了立法的步伐。可以想见，在 2000 年制定立法法之时立法者无疑会考虑到这一快速的立法步伐的要求，因此在当时确认了全国人大常委会享有先行审议权的《立法法》第 14 条尚可以说具有其合理性和现实性。但即使是在当时，这种现实合理性与法体系内在规范性之间的张力也已经显现出来，这是因为既然宪法和立法法本身都明确了全国人大和全国人大常委会之间的立法权限界分，而《立法法》第 14 条又没有内置相应的审查和判断机制，那么全国人大常委会的先行审议始终是存在着减损全国人大立法权的可能性的。而随着 2010 年官方正式宣告中国特色社会主义法律体系形成，并对立法工作提出了一系列新要求[②]，立法的程序和质量被置于优先考虑的地位，但是 2015 年修订《立法法》时并没有对第 14 条本身进行变动，仅仅是增加了 1 款规定全国人大常委会在进行先行审议时应当征询全国人大代表的意见。在笔者看来，这就已经不仅仅是对实践的单纯确认了，而是对既有程序机制的进一步固化和强化，全国人大代表只能够经由全国人大常委会对原始的法律案进行部分的审议，而无法行使其本应享有的初次审议权。

（三）概念提炼：程序性扩权

对于全国人大常委会在我国立法程序中地位的形成过程，笔者尝试用"程序性扩权"的概念加以描述。对于这一概念可以从以下两个方面加以理解：

首先，程序性扩权是一种权力的扩张，权力的扩张主体是全国人大常委会自身。权力扩张的含义是，全国人大常委会在我国的立法实践中，通过权

---

① 《彭真传》编写组. 彭真年谱：第五卷 1979—1997. 北京：中央文献出版社，2012：29.

② 党的十八届四中全会通过的《中共中央关于全面推进依法治国若干重大问题的决定》至少提出了以下几项新的要求："完善以宪法为核心的中国特色社会主义法律体系""抓住提高立法质量这个关键""使每一项立法都符合宪法精神""健全有立法权的人大主导立法工作的体制机制"。

力的自我创设和实践的不断反复，日渐获得了超出宪法规定的职权。例如在1982 年宪法的原初规定中，全国人大和全国人大常委会共同行使国家立法权，但是在立法实践中，全国人大常委会逐渐确立了由自身先行审议法律案的惯例，通过惯例的不断重复最终获得制度上的确认，从而在事实上使得全国人大的审议过程仅仅起到了为全国人大常委会的审议结果背书的功能。又例如在1982 年宪法的原初规定中，全国人大常委会仅享有监督宪法实施的功能，但是在实践中全国人大常委会又自我创设了执法检查权，从而在传统的立法程序之外新设了一种完善法律的制度途径。[①] 全国人大常委会作为权力的扩张主体具有其特殊性，因为全国人大常委会同时也身具立法者的角色，尤其是立法法这一关键法律的起草者就是全国人大常委会法工委。因此，全国人大常委会的权力扩张就体现为两种路径，一种路径是在实践中的先行先试，另一种路径则是利用自身立法者的特殊身份对于既往的实践予以制度上的确认。

其次，程序性扩权是一种程序层面的权力扩张，而没有在实体层面根本改变权力的分配格局。在实体层面，1982 年宪法所确定的全国人大与全国人大常委会之间的立法权限划分被 2000 年立法法原封不动地继承下来。全国人大常委会的扩权并非从实体层面直接改变这一立法权限的分配格局，而是集中在对程序性的职权的改变上。《立法法》第 16 条第 1 款所确立的先行审议权，第 26 条第 2 款所确立的委员长会议决定权，第 52 条所确立的立法规划和年度立法计划编制权，无一不是程序性的职权。与此同时，《立法法》第 16 条第 2 款规定的征求全国人大代表意见的义务，第 28 条第 2 款规定的邀请全国人大代表列席的义务，这些也都是程序性的规定，其并没有直接从实体上削弱全国人大的立法职权，而是通过对程序机制的调控在事实上制约了全国人大及全国人大代表立法职能的行使。

---

① 林彦 . 执法检查：立法程序外完善法律的制度途径 . 北大法律评论，2010（2）.

第二编　加强宪法实施
完善社会主义民主政治法律体系

本编导言

本编原分为两编，即"加强宪法核心地位"和"完善民主政治法律体系"，但考虑到内容相关性与篇幅的平衡，合为一体。

第六章内容分为两部分，第一节是加强宪法核心地位，促进宪法实施，围绕宪法在社会主义法律体系中处于核心地位和完善确保宪法核心地位的制度和机制作了高屋建瓴的阐述。第二节是社会主义民主政治法治化研究综述。

第七章从学理上分析了法律体系何以"以宪法为核心"的问题，指出将宪法视为部门法的表现形式造成宪法规范与一般法律规范的混同，将宪法视为部门法的表现形式降低宪法的根本法地位，导致宪法的内容不完整，模糊各部门法之间的界线。由此，主张应当取消"宪法部门"并划分新的法律部门，坚守宪法是部门法的立法依据之原则，坚守健全合宪性审查制度，积极开展依宪释法活动。

第八章从《宪法》及宪法相关法出发，尝试回答两个问题：中国究竟有没有合宪性审查制度？如果有，它的特点是什么？经过研究本章指出中国有自己鲜明特征的合宪性审查制度，其特点在于：（1）审查对象主要是法规及其以下规范性文件；（2）审查主体实际上是一种分享—参与模式；（3）审查机构着重于内部机构的建立建设；（4）审查程序侧重于抽象式而非个案附带式审查；（5）审查技术具有多元性。接下来，在阐述宪法解释的实践意义的基础上，详细探讨了中国宪法文本确立的人大常委会解释宪法的混合宪制模式。最后，基于宪法上的结构—功能主义分析，提出理想的混合解释程序机制建构与完善之可能。

第九章指出完善中国特色社会主义法律体系，必然包括构建更加完善的基本人权体系。基本人权纳入法律体系当中，既意味着制度层面的规范完善，更意味着在法律价值层面的价值确认。但是，与全面依法治国、构建完善的法律体系的战略要求相比，人权保障是我们目前法治建设和国家建设中的短板，在若干重要方面，应当予以完善。

第十章指出中国共产党依法执政是依法治国的关键。在新的历史条件下，既要坚持党总揽全局、协调各方的领导核心作用，坚持党全面领导立法，也要努力提高党依法执政的水平，同时健全和完善党内法规体系。

第十一章在交代依法行政与法治政府建设的历史背景之后，细致研究了法治政府建设工作的战略目标和具体任务。提出重点完善组织法、程序法、公开法、应急法和救济法，按照行政民主的要求完善公众参与机制，加强市县和基层的依法行政工作，各级政府应建立依法行政领导小组，建立符合国情的法治政府评价指标体系，促使行政公务人员树立现代行政法治观念等一系列建言良策。

第十二章将我国刑法体系的完善划分为三个阶段，并在结构上将我国刑事立法体系区分为刑法典、单行刑法、刑法修正案和附属刑法四类，其通过一定的组成和结构形成特定的刑法体系，科学的刑法体系有利于刑法功能的发挥。本章立足于比较法研究和规范论研究，提出刑法结构优化论，就我国刑事立法犯罪化与谦抑原则的冲突与理性选择提出了一系列观点。

第十三章指出军队改革后的新体制、新机制、新职能、新使命，既给军事立法事业的发展带来了难得的机遇，又给军事立法带来了巨大的挑战。无论是军队新的领导管理体制，还是联合作战指挥体制；无论是训练教育，还是战备执勤；无论是军队战斗力的提升，还是海外维和救援；无论是新领域军事法规的制定，还是旧有法规的修改废释，都需要做大量的立法工作。否则，就无法构建起科学、完整的新型军事法规体系。

第十四章强调民族自治地方立法自治权是宪法和法律赋予民族自治地方的一系列自治权中的一种，是民族自治地方行使各类自治权的媒介性权力。但在完善以宪法为核心的法律体系背景下，民族自治立法权与地方立法权存在着不少冲突，亟待协调处理；在自治区、自治州和自治县这三级民族自治地方，由于立法权限不完全相同，立法权的行使状况也存在一定差异。通过进一步加强民族自治立法，完善边疆民族地区法律规范体系，对保持民族地区经济社会发展与和谐稳定意义重大。

　　需要强调的是，党的十九届二中全会审议通过了《中共中央关于修改宪法部分内容的建议》，第十三届全国人民代表大会第一次会议审议通过了《中华人民共和国宪法修正案》，习近平同志全票当选国家主席并进行宪法宣誓。第五次宪法修改的崇高任务已经完成，宪法确立的新国家监察体制已经高效运行，党和国家机构改革正式拉开帷幕。本编部分内容及相关意见建议已经被修宪条款所解决，但考虑到研究工作的整体性和逻辑一致，还是一仍其旧，给读者呈现法学研究的阶段性成果和珍贵学术史料。

第六章

加强宪法核心地位与民主政治法治化

本章内容分为两部分，第一节是加强宪法核心地位，促进宪法实施，围绕宪法在社会主义法律体系中处于核心地位和完善确保宪法核心地位的制度和机制作了高屋建瓴的阐述。第二节是社会主义民主政治法治化研究综述。

党的十八大以来，以习近平同志为核心的党中央高度重视宪法在治国理政中的核心地位，多次强调要加强宪法实施工作。2012 年 12 月 4 日，习近平总书记在首都各界纪念现行宪法公布施行 30 周年大会上的讲话中指出："全面贯彻实施宪法，是建设社会主义法治国家的首要任务和基础性工作。""我们要坚持不懈抓好宪法实施工作，把全面贯彻实施宪法提高到一个新水平。"党的十八届四中全会决定提出了健全宪法实施和监督制度的若干重要举措。2014 年首个国家宪法日来临之际，习近平总书记又作出重要指示，强调"要以设立国家宪法日为契机，深入开展宪法宣传教育，大力弘扬宪法精神，切实增强宪法意识，推动全面贯彻实施宪法，更好发挥宪法在全面建成小康社会、全面深化改革、全面推进依法治国中的重大作用"。

党的十八届四中全会决定指出：制度化、规范化、程序化是社会主义民主政治的根本保障。以保障人民当家做主为核心，坚持和完善人民代表大会制度，坚持和完善中国共产党领导的多党合作和政治协商制度、民族区域自治制度以及基层群众自治制度，推进社会主义民主政治法治化。加强社会主义协商民主制度建设，推进协商民主广泛多层制度化发展，构建程序合理、环节完整的协商民主体系。完善和发展基层民主制度，依法推进基层民主和行业自律，实行自我管理、自我服务、自我教育、自我监督。完善国家机构组织法，完善选举制度和工作机制。加快推进反腐败国家立法，完善惩治和预防腐败体系，形成不敢腐、不能腐、不想腐的有效机制，坚决遏制和预防腐败现象。完善惩治贪污贿赂犯罪法律制度，把贿赂犯罪对象由财物扩大为财物和其他财产性利益。

第一节　加强宪法核心地位　推进宪法实施

一、宪法在社会主义法律体系中处于核心地位

在我国社会主义法律体系中，宪法处于核心地位，具有统帅的作用，这主要表现在两个方面：

第一，宪法是制定一切法律法规的总依据。宪法是国家的根本大法，在社会主义法律体系中处于核心地位。这种核心地位首先就表现在，一切法律法规的制定都必须以宪法作为总依据，制定法律法规过程中要主动贯彻落实宪法的精神，遵循宪法的原则，遵守宪法的具体规定。我国的社会主义法律体系是由多层级多部门的法律规范组成的，包括宪法和法律、行政法规、地方性法规等。

首先，立法权由宪法明确授予。立法权是重要的国家权力之一，立法权限的划分与配置应当由宪法作出规定。我国宪法规定了法律、行政法规、地方性法规、自治条例和单行条例等的立法主体，立法法根据宪法的规定又进一步对各自的权限划分、立法权行使的程序、效力等级、冲突解决等作了细化规定。各个立法主体应当严格按照宪法、立法法及相关法律的规定行使立法权，不得越权。其次，宪法是一切法律法规效力的总来源。根据法学家凯尔森的理论，一部法律之所以是有效的，是因为制定它的主体是有权的，而制定主体的权力则来自其他法律的授权，如此类推，一国所有法律法规的效力的总来源是该国的宪法。最后，宪法是宪法相关法制定的直接根据。宪法相关法是与宪法相配套、直接保障宪法实施和国家政权运作等方面的法律规范，其调整国家政治关系，主要包括国家机构的产生、组织、职权和基本工作原则方面的法律，民族区域自治制度、特别行政区制度、基层群众自治制度方面的法律，维护国家主权、领土完整、国家安全、国家标志象征方面的法律，保障公民基本政治权利方面的法律。这些法律的制定都要直接根据宪

法的规定来进行。需要说明的是，对于其他法律的制定，即使宪法中没有直接的依据，也不能违背宪法的原则和精神，也就是说在立法中同样要贯彻宪法的原则和精神，比如不能侵犯宪法规定的公民享有的基本权利，不得超越宪法规定的国家机关的职权，不得违背宪法规定的国家的各项基本制度等。

第二，宪法在法律体系中具有最高的法律效力，一切法律、行政法规和地方性法规都不得同宪法相抵触。一国的法律体系是由处于不同位阶、具有不同效力的法律规范组成的，宪法的根本法地位决定了宪法在法律体系中处于一种统帅的地位，宪法是凌驾于法律体系中所有其他的法律规范之上的规范，具有至高无上的地位。这种统帅的地位不仅反映在为其他法律的制定提供规范根据和效力来源上，更体现在其具有最高的法律效力，对于下位的所有法律规范，都具有一种优先的效力上；同宪法抵触的所有法律、行政法规、地方性法规以及自治条例和单行条例、经济特区法规、规章乃至规范性文件都应构成无效。这种效力上的优势也反过来确保了宪法根本法和最高法的地位。我国宪法对这种最高法律效力作了明确规定，宪法序言最后一个自然段规定："本宪法以法律的形式确认了中国各族人民奋斗的成果，规定了国家的根本制度和根本任务，是国家的根本法，具有最高的法律效力。全国各族人民、一切国家机关和武装力量、各政党和各社会团体、各企业事业组织，都必须以宪法为根本的活动准则，并且负有维护宪法尊严、保证宪法实施的职责。"除此之外，宪法设定了下位法抵触宪法的纠正机制，那就是全国人大常委会有权撤销国务院制定的同宪法、法律相抵触的行政法规、决定和命令，有权撤销省、自治区、直辖市国家权力机关制定的同宪法、法律和行政法规相抵触的地方性法规和决议。

二、完善确保宪法核心地位的制度和机制

宪法在法律体系中的核心地位是由其根本法和最高法的性质所决定的，这种核心地位是至高无上的。为了确保这种核心地位不被下位的法律法规侵犯，要从确保宪法切实有效的实施，使宪法的权威得到切实有效的维护，完善相关的制度和机制方面来加以保障。

（一）完善宪法监督制度，切实维护宪法权威

宪法真正的权威与强大不是靠宪法条文的自我规定，也不是从理论中推

演出来的，而是依赖于宪法真正在国家中发挥作用。正如习近平总书记在首都各界纪念现行宪法公布施行30周年大会上的讲话中指出，"宪法的生命在于实施，宪法的权威也在于实施"。只有通过有效的宪法实施监督，依据宪法纠正和惩治一切违反宪法的行为，使行为人承担相应的违宪责任，才能树立和维护宪法权威。宪法要强大起来，就要敢于碰硬。宪法规定，一切法律、行政法规和地方性法规都不得同宪法相抵触。任何组织或个人，都不得有超越宪法和法律的特权。一切违反宪法和法律的行为，都必须予以追究。百闻不如一见，实践的力量是无穷的，依据宪法惩治若干违宪行为，有效处理涉及宪法的争议，并公之于众，必将极大地树立起宪法权威。

完善我国的宪法监督制度，首先要坚持两项原则：一是要坚持党的领导。在我国，党的领导地位是由历史形成的，也是宪法明确规定的，党的领导是我们各项事业取得胜利的根本保障。因此完善宪法监督制度，应当坚持在党的领导下，按照我国宪法和法律的规定来进行。应当按照党的十八届四中全会决定以及中央有关党领导国家立法的文件精神，在现有宪法和法律规定的框架内研究如何进行宪法监督制度的完善。二是要坚持人民代表大会制度这一根本政治制度。人民代表大会制度是我国的根本政治制度，全国人大及其常委会是国家最高权力机关，这是我国宪法予以明确规定的，也是中国特色社会主义政治发展道路的重要内容。坚持根本政治制度是完善宪法监督制度的前提和基础。宪法明确规定了全国人大常委会有权解释宪法，监督宪法的实施。完善宪法监督制度必须在人民代表大会制度的框架内进行，不能跳出人民代表大会制度来谈宪法监督，更不能偏离或者超越中国特色政治发展道路。其次是要从国情和实际出发。从国情和实际出发是做好一切工作的前提，这是近40年改革进程的一条基本经验。完善宪法监督制度也应坚持这一基本经验，从中国的国情和实际出发，健全和完善适合中国国情的宪法监督制度，不能完全照搬和套用西方的制度。

目前我国的宪法监督主要是通过规范性文件备案审查制度来实现的。规范性文件备案审查是宪法法律赋予人大的一项重要监督职权，是符合中国国情一项宪法性制度设计，是具有中国特色的保障宪法法律实施、维护国家法制统一的一项宪法监督制度。宪法、立法法、监督法都对规范性文件备案审查制度作了规定。党的十八届四中全会决定提出，要把所有规范性文件纳入备案审查范围。这主要是因为原来根据立法法、监督法的规定，纳入人大备案审查范围的文件主要是法规、规章、司法解释等，对于其他的规范性文件，监督法在作出规定时并不十分明确。《地方各级人民代表大会常务委员会监督法》第 29 条规定："县级以上地方各级人民代表大会常务委员会审查、撤销下一级人民代表大会及其常务委员会作出的不适当的决议、决定和本级人民政府发布的不适当的决定、命令的程序，由省、自治区、直辖市的人民代表大会常务委员会参照立法法的有关规定，作出具体规定。"监督法只规定了省级人大常委会可以规定县级以上人大常委会审查、撤销下级人大及其常委会以及人民政府发布的决议、决定、命令的程序，并没有规定这些规范性文件都要备案。

根据党的十八届四中全会决定的精神，实现备案审查全覆盖，做到规范性文件在哪里，备案审查工作就要跟到哪里，实现"有件必备、有备必审、有错必究"。2000 年立法法通过后，全国人大常委会不断加强开展备案审查工作的力度，特别是近几年不断完善备案审查工作程序，着力加强主动审查，及时督促修改、纠正与宪法法律不一致的法规和其他规范性文件，扩大审查过程中的公众参与，积极探索开展审查建议的反馈和向社会公开举措。比如，2014 年，全国人大常委会对国务院报送备案的 12 件行政法规以及最高人民法院、最高人民检察院报送备案的 15 件司法解释逐一进行主动审查；还认真研究处理有关国家机关和社会团体、企业事业组织以及公民提出的审查建议，对涉及的 43 件规范性文件逐一进行审查，对发现存在同宪法法律相抵触问题的，督促制定机关及时修改或废止。^① 又如，全国人大常委会在对法律、督促对行政法规集中清理之后，于 2011 年 4 月启动督促对现行司法解释和具有司法解释性质的其他规范性文件进行集中清理，并于 2013 年基本完成。这次司法解释集中清理工作，是新中国成立以来首次对现行有效的司法解释和司法解释性质文件进行全面集中清理。通过清理，废止了一批与法律规定不一致、互相抵触以及不适应经济社会发展要求的司法解释和司法解释性质文件。

在 2015 年立法法的修改中，进一步完善了关于备案审查的制度设计：

---

① 中国法治建设年度报告（2014）. 民主与法制时报，2015 - 07 - 16.

首先，在法规的备案方面，对于自治条例和单行条例、经济特区法规的变通权，规定在备案时应当说明对法律、行政法规、地方性法规作出变通的情况。其次，在法规的审查方面也作了相关的制度完善。一是明确规定了全国人大有关的专门委员会和常委会工作机构可以对报送备案的规范性文件进行主动审查。这一规定是对已经开展的主动审查工作的法律确认。二是明确了人大常委会工作机构在法规审查中的地位。按照立法法之前的规定，人大常委会工作机构在法规审查中的作用只限于对法规审查要求、审查建议的接受、研究和转送。新的立法法则增加规定了人大常委会工作机构在对法规审查研究中可以向制定机关提出研究意见，并有权就法规违宪违法的问题向委员长会议提出撤销的建议。三是就公民组织提出的审查建议，明确规定了专门委员会、常委会工作机构应当按照规定要求将审查、研究情况向提出审查建议人反馈，并可以向社会公开。上述这些新的规定都是在总结过去工作经验基础上对备案审查制度的完善，为此后备案审查工作力度和实效的加强奠定了制度基础。

近年来，尽管备案审查工作取得了一定成效，但仍然存在一些需要研究和解决的问题，尤其在地方人大层面，备案审查工作还有较大的完善空间。第一，对规范性文件的范围界定还存在分歧。究竟哪些属于规范性文件，规范性文件的特征是什么，如何把握备案审查的范围，对这些问题法律没有作出明确规定，在实践中还存在标准界限不清晰的问题。第二，有关制度落实还不到位，规范性文件的报备方面还不能做到对应当报备的规范性文件都实现报备，规范性文件漏报、迟报、错报现象时有发生。第三，审查能力不适应新形势新任务新要求，"备而不审"的现象仍然存在，一些备案审查工作人员不清楚具体的工作职责，备案审查工作只停留于登记备案，并没有开展审查工作。第四，违法规范性文件的纠正工作仍遭遇比较大的阻力，纠正机制尚有待建立。这些都是备案审查工作中存在的突出问题，应当着力于解决这些具体问题，使备案审查工作能够切实发挥实效，把宪法监督的功能落到实处。

（二）健全宪法解释程序机制，促进宪法更好的实施

宪法的实施离不开对于宪法的理解和解释。要适用宪法条文，总是基于对宪法的理解，当两种不同的理解出现时，就需要有权机关对其进行解释，按最符合宪法精神的理解予以执行。根据我国宪法的规定，全国人大常委会有权解释宪法。宪法解释就是通过某种形式对现行宪法条文的含义作有法律效力的说明。一般来说需要进行宪法解释的情形主要有：一是宪法条文通常只作原则规定，其中有些规定应当如何具体理解和施行，有待于有权解释宪法的机关加以阐明；二是宪法条文中某些用语因受文字表达的局限，需要进一步解释；三是可能原来的规定有遗漏，需要补充说明；四是社会客观情况已经发生变化，宪法某些条文已经不适应，需要通过适当的解释使其继续有效。从现行宪法颁布至今，全国人大常委会尚未开展过专门的宪法解释。

全国人大常委会尚未进行专门的宪法解释，并不等于在实践中没有对宪法进行理解和适用，实际上从内容上分析，全国人大常委会往往通过立法的方式来对宪法的有关条文作进一步的明确和界定。比如宪法规定，国务院设立审计机关，对国务院各部门和地方各级政府的财政收支，进行审计监督。但在实际执行中，对国务院审计署是否可以对中央财政收支进行审计，审计和财政部门有不同的看法，全国人大常委会制定的审计法则解决了这一问题，国务院审计署有权对中央财政收支情况进行审计监督。此外，有些全国人大常委会发布的决定某种意义上也带有宪法解释的性质，例如 1983 年第六届全国人大第二次会议通过的《全国人民代表大会常务委员会关于国家安全机关行使公安机关的侦查、拘留、预审和执行逮捕的职权的决定》，第六届人大第一次会议设立的国家安全机关，承担原由公安机关主管的间谍、特务案件的侦查工作，是国家公安机关的性质，因而国家安全机关可以行使宪法和法律规定的公安机关的侦查、拘留、预审和执行逮捕的职权。这实际上是对宪法中涉及公安机关职权的解释。

尽管全国人大常委会通过立法、决定等方式对宪法进行了理解和适用，但开展专门的宪法解释活动仍然具有重要的意义。首先，进行宪法解释有助于更好地实施宪法。在没有相关法律规定的宪法条文的实施方面，及时针对实践中出现的问题进行宪法解释，有助于这些宪法规定的实施。对于有相关法律规定的宪法条文，在必要时对相关宪法规定的精神进行解释，使其对相关法律的适用起到指导作用。对于宪法的解释也是法律的制定、修改、废止、解释的重要依据，确保这些立法活动符合宪法的原则和精神。其次，宪法解释有助于树立宪法的权威。出现对于宪法理解上不同的意见时，及时由全国人大常委会对有关宪法条文的规范含义进行明确，消除宪法争议，凝聚共识，有助于树立宪法的权威，更好地发挥宪法在国家法律体系中的统帅作用。

因此党的十八届四中全会决定提出，"健全宪法解释程序机制"。由于我国没有开展过正式的宪法解释，宪法解释程序尚未建立。要落实党的十八届四中全会决定的精神，加强对宪法解释程序的研究，研究宪法解释的提起、起草、审议、决定等程序规范，尽快健全宪法解释程序机制，为开展正式的宪法解释活动提供依据。

（三）加强对宪法的宣传和教育，在全社会树立宪法意识，达成宪法共识

宪法的实施离不开宪法意识在公民中的普遍树立，在民众普遍缺乏宪法意识，对宪法的地位和作用缺乏了解的情况下，宪法不可能得到很好的实施。习近平总书记深刻地指出："法治权威能不能树立起来，首先要看宪法有没有权威。必须把宣传和树立宪法权威作为全面推进依法治国的重大事项抓紧抓好，切实在宪法实施和监督上下功夫。"党的十八届四中全会决定提出，"将每年十二月四日定为国家宪法日。在全社会普遍开展宪法教育，弘扬宪法精神。建立宪法宣誓制度，凡经人大及其常委会选举或者决定任命的国家工作人员正式就职时公开向宪法宣誓"。为了落实党的十八届四中全会的要求，2014 年 11 月 1 日，第十二届全国人大常委会第十一次会议通过了关于设立国家宪法日的决定，以立法形式将 12 月 4 日设立为国家宪法日，并规定国家通过多种形式开展宪法宣传教育活动。随后，全国人大常委会在第一个国家宪法日前夕举办了"深入开展宪法宣传教育，大力弘扬宪法精神"专题座谈会，习近平总书记专门作出重要批示，各方面深入开展了大量的宪法宣传教育活动，努力使宪法精神深入人心，以宪法精神凝心聚力，推动宪法全面贯彻实施。2015 年 7 月，第十二届全国人大常委会第十五次会议通过了关于实行宪法宣誓制度的决定，明确要求各级人民代表大会及县级以上各级人民代表大会常务委员会选举或者决定任命的国家工作人员，以及各级人民政府、人民法院、人民检察院任命的国家工作人员，在就职时应当公开进行宪法宣誓，并对宣誓誓词、宣誓活动的组织、宣誓的基本规程、宣誓仪式场所等问题作了规定。建立宪法宣誓制度，有利于国家工作人员树立宪法意识，恪守宪法原则，弘扬宪法精神，履行宪法使命。

在全面建设小康社会、全面深化改革、全面推进依法治国的伟大征程中，凝聚全社会的共识，形成强大的精神力量，无疑是改革取得胜利的重要因素，而宪法正是承担这一重大任务的最佳角色，因为我国宪法本身就是一系列重大社会共识的法律化。宪法确立了中国特色社会主义道路，规定了与之相适应的一系列国家基本制度，确认了对中华文明的认同，规定了宪法的权威与效力，确认了中国革命和建设的领导力量中国共产党的执政地位，这些都是在革命和建设过程中的经验累积形成的共识。宪法对这些共识加以确认和法律化，使这些共识成为规范和指导以后的改革和发展实践的原则和精神。因此，宣传和学习宪法，就是在社会中凝聚中国道路认同、改革发展认同、中华文明认同的伟大精神力量的重要手段。在社会利益诉求日益多元、观念主张日益多元的情况下，应当加强对宪法的宣传和教育，通过宪法日、宪法宣誓等多种形式，强化宪法在人们心中的地位，增强人们对宪法的认同感，用宪法的规定来凝聚改革和发展的共识，为中国早日实现中华民族伟大复兴的中国梦提供精神动力。

第二节　社会主义民主政治法治化综述

当今时代是一个民主的时代，民主已经成为当今时代政治合法性的基本标准，民主是社会的基本价值。随着民主制度在世界范围内的推行，民主已经成为一股不可逆转的世界潮流，以至于没有任何一个国家在致力于国家发展的进程中，把本国政治置身于民主大潮之外，拒绝民主化的进步。随着民主与法治的发展，民主政治法治化露出端倪。近代以来，在宪法制度基础上，各国推行法治，保障公民权利，约束政府权力。随着民主发展和法治进步，以选举为核心的民主政治行为被逐步纳入法律的系统之中，由此开始了民主政治法治化的进程。

一、民主政治法治化的一般内容与形式

中国的民主政治法治化有其独特的内容和形式。社会主义民主是最广泛的民主，是真正意义上的民主，社会主义民主在中国被称为人民民主，它的实质就是要实现人民当家做主。中国共产党一直在探索如何更好地实现人民

当家做主。基于民主国家的宪法制度，民主政治法治化的基本内容就是：民主政治关系的法律化；民主政治运行过程的法律化和程序化；以法律争端解决机制解决政治的冲突与争端。在民主政治法治化过程中，应当通过《宪法》与法律规范实现由现实意义上的"人民"到法律意义上的"公民"身份的转换，将公民的政治利益要求转化为法律意义上的权利与义务，将国家机构的权力与职能转化为法律意义上的权力与责任，要将民主政治行为转化为法律行为，把对政治利益的追求行为转化为立法行为，使民主政治行为能够在法定程序中展开，用法律争端解决方式解决政治冲突与争端。

（一）民主政治关系的法律化

政治关系是人们在社会生活中，基于特定的利益要求而形成的，以政治强制力量和权利分配为特征的社会关系。政治关系的基础是政治利益，法律协调政治关系的手段是分配政治利益，法律的规定使政治统治权力合法化。

1. 将政治主体身份转化为法律主体

政治主体身份的转换是民主政治法治化的基础和关键。普通民众的政治身份从封建时代的"臣民"向现代社会"公民"的转变具有革命性的意义，从法律意义上来看，这种转变实际上就是"从身份到契约"的转变。只有具有了公民身份，民众才能具有真正意义上的独立政治人格，独立从事民主政治活动。在民主政治法治化过程中，同样存在身份转换，即从政治活动中的"政治身份"向法治化过程中的"法律身份"的转换，这一转变是实现民主政治法治化的重要一步，使公众成为法律主体，在法律范围内从事政治活动。民众从政治团体的成员、阶级的一分子转变为法律意义上的个体，并在法律个体身份的基础上从事民主政治活动。

2. 将政治利益转化为法律上的权利与义务

民主政治要实现法治化，意味着民主政治中的政治利益分配应当法定化，转化为法律上的权利分配。这并不是说法律直接决定利益分配的多少，但法律可以规定谁能获得利益，通过何种方式取得利益，法律的这种功能是通过确认与分配权利来实现的。政治权利是社会成员实现利益分配的政治资格，是社会成员实现政治利益的手段。将政治权利法定化，以保证政治权利的实现，有利于国家政治生活的良性运转。

3. 将国家机关的职能和职责转化为法律上的权力与责任

法治意味着对国家机关权力的限制，因而民主政治法治化的内涵当然包括对国家机关职责的确认，从而通过法律规制其行为。以法律确认国家机关职责是各国大势所趋，对国家机关权力进行限制是早已为人们所发现的事实。正如英国思想史学家阿克顿勋爵所言："权力导致腐败，绝对的权力导致绝对的腐败。"权力天然具有扩张性，不予以限制将导致其不断膨胀，最终侵害公民权利，导致政治生活的混乱。在当代，行政权扩张也是政治趋势之一，行政权渗透到社会生活的各个领域和角落，这就更加呼唤法治化，将其职责法定化、程序化，以更好地保障公民权利。

（二）民主政治运作过程的程序化

民主政治的运作过程复杂纷繁，其法治化内容主要包括政治行为方式的法律化和政治行为的程序化。

1. 将政治主张及政治行为转变为权力主张与立法行为

政治行为方式的法律化意味着将政治行为转化成法律行为，主要围绕立法和修法来进行民主政治活动。政治诉求的表达应该是通过立法修法方式进行，社会团体或公民应当通过项立法机关提出立法或修改相关法律的要求，以期通过立法机关进行相关法律的立改废，达到自己的政治目的，实现政治主张和要求。

2. 使民主政治行为在法定程序中展开

法治化的一个典型特征就是各项活动依法依规进行，程序性较高。民主政治的法治化必须要呼唤民主政治行为程序化，只有民主政治行为程序化，才能限制恣意选择、促进理性选择，避免因行为人一时的错误认识或激情仓促作出决定，保障政治稳定。民主政治行为的程序化主要包括立法活动程序化、民主选举活动程序化、民主参与活动程序化和政治决策行为程序化。程序法的调整也是规范化法律调整，因而法律程序不像民俗习惯、宗教典礼、社团仪式那样任意、松散。它与法的实体规定一样具有国家意志性、强制性和规范性。

3. 运用法律争端解决机制解决政治争端

政治争端或政治冲突与矛盾形式多种多样，解决争端的方式也各不相同，大致可分为暴力方式和和平方式两种，民主政治国家中解决政治争端的方式应当是和平方式。以和平方式解决政治争端也有多种机制，如政治方式、法律方式。民主政治法治化就是在民主政治发生争端的时候，用法治的方法来解决政治争端。"法治一旦成为政治秩序的基础，就会指导人民通过法律规则而非诉诸暴力来解决价值观或利益的冲突。"

第一，运用诉讼方式解决政治争端。运用诉讼方式解决争端涉及多个方面的内容，如诉权、审判权、程序正义等。一般有两种模式：由拥有司法审查权的法院依照特定的程序进行审理和由普通法院依照普通程序进行审查。我国的行政诉讼法就涉及政治事务的内容，可依照行政诉讼程序提起诉讼。以诉讼方式解决争端具有权利救济的功能，更重要的是以法治重建政治秩序的作用。政治行为主体在诉讼过程中遵守法定程序参与诉讼，享有诉讼权利，承担诉讼义务，资源履行法院判决，使法院成为止分息争的最后程序。司法的中立性、独立性、及时性、亲历性等特点为政治争端的解决提供了良好的程序保障。

第二，运用非诉讼方式解决政治争端。非诉讼方式不需要法院介入，但其不同于一般意义上的政治方式，而是以诉讼为依托，在某种程序上仍然是秉承法律规则，按法律程序办事的一种机制。最常见的有政治协商、政治谈判和第三方调解。非诉讼方式有其重要价值，其中应当有至少两个核心价值，其一在于程序要件的满足，其二在于争端各方在法律原则、法律精神、法律规范的基础上，通过协商、谈判和调解等形式达成争端各方能够接受的结果。诉讼制度对于社会的意义不仅是通过判决裁决个案从而实现个案的公平，其更深远的影响在于通过判决传达法律的价值、法律的原则、法律的规范，由此形成"一种权威性价值取向渗透到社会的各个层面"，"建立以公平合理的标准来解决纠纷的法律秩序"，从而在整个社会形成一种良好的法秩序，使得其他非诉讼解决方式可以以此为依托。

4.票决民主、协商民主和谈判民主的法治化

民主基本形式可概括为选举民主、谈判民主和协商民主三种：选举（票决）民主的特点是通过公正投票并根据少数服从多数的原则，按照多数参选人的利益和要求决定；谈判民主是通过谈判分配利益；协商民主是在全社会范围内由公民平等地参与公共政策的决策，达成共识或找到共同利益，作出具有约束力的决策。

第一，票决民主法治化。票决民主是当今世界各国施行的最基本的民主实现形式，其最重要的内容就是选举民主。在代议制政府国家，"选举是民

主的第一要义"，选举是公民的基本权利，是产生政府的基础，也是人民行使国家主权的最主要方式。票决民主的法治化就是要以选举法为核心建构关于票决事项、票决主体、票决程序、票决争端解决机制的法律规范体系。其主要内容包括：票决民主是人民选举产生政府并使政府取得合法性的最主要的方式；票决民主可以决定公职人员的任用并对公职人员行为作出评价；票决民主的权利基础在于选举权；票决民主的特点在于其竞争机制。

第二，协商民主法治化。协商民主是立足于票决民主基础之上，针对其不足而产生的一种新型民主。协商民主是在多元的社会里，维护多元利益的一种制度安排。中国人民政治协商会议制度是中国协商民主的最为重要的制度，有着极高的政治和法律地位。协商民主内容复杂，且尚未有统一的规定内容。作为一种复兴式的民主范式，协商民主在现实政治实践中具有超越既有政治模式的意义。协商民主能够促进决策合法化，控制行政权力膨胀、培养公民美德和平衡自由主义的不足。

第三，谈判民主法治化。谈判民主是社会主义民主的重要实现形式之一，是对票决民主、协商民主的重要补充，是实现社会主义民主和社会参与的主要方式之一，在中国社会主义民主发展中起着重要作用。谈判民主本身蕴含着法治的精神，即妥协精神和契约精神，而且在实际操作层面可以运用法律手段来规制。在我国，谈判民主的法治化主要包括：中央与地方政府之间谈判民主的法律制度；政府与非政府主体谈判民主的法律制度；平等主体间谈判民主的法律制度等。

二、我国民主政治法治化的具体完善

从我国民主政治法律体系来看，大致包括三个方面内容：政治组织法律体系、政治行为法律体系、履职法律体系。

（一）政治组织法律体系的完善

政治组织法律体系包括各类政治机关的组织法。如人大组织法、国务院组织法、人民法院组织法、人民检察院组织法等。

现行的《中华人民共和国全国人民代表大会组织法》是于1982年12月10日由第五届全国人大第五次会议通过，并于1982年12月10日由全国人大公告公布施行的，共4章46条。有学者认为，该法第25条将《宪法》关于委员长会议处理常委会重要日常工作的规定分解为四个方面：决定常委会每次会议的会期，拟定会议议程草案；对向常委会提出的议案和质询案，决定交由有关的专委会审议或提请常委会全体会议审议；指导和协调各专委会的日常工作；处理常委会其他重要日常工作。但《宪法》和该法都没有规定常委会在行使对议案的提交审议权时，由委员长会议先把关，然后决定有关提名是否提交常委会。该法第 26、35 条还规定了代表资格审查委员会和各专门委员会人员的产生程序，其中委员长会议的提名权值得商榷。

现行的《中华人民共和国国务院组织法》是于 1982 年 12 月 10 日由第五届全国人大第五次会议通过，并于 1982 年 12 月 10 日由全国人大常委会委员长令第 14 号公布施行的，共 11 条。一些学者提出有关国务院职责权限、国务院于全国人大及地方政府关系、领导体制等规定需要明确。马大龙提出了以下修改建议：进一步明确国务院行政机构的设立和数量限制；严格控制部门编制和领导职数；压缩部门管理层次；优化部门人员结构；优化部门内设机构比例；规范部门设置程序；明确监督机制；合理界定国务院部门职能边界。

现行的《中华人民共和国地方各级人民代表大会和地方各级人民政府组织法》是根据 2015 年 8 月 29 日第十二届全国人大常委会第十六次会议《关于修改〈中华人民共和国地方各级人民代表大会和地方各级人民政府组织法〉、〈中华人民共和国全国人民代表大会和地方各级人民代表大会选举法〉、〈中华人民共和国全国人民代表大会和地方各级人民代表大会代表法〉的决定》所进行的第五次修正，分 5 章 69 条。此次修改后，根据我所检索到的内容，尚未有针对新法的修改建议。

现行的《人民法院组织法》是于 2006 年 10 月 31 日由第十届全国人大常委会第二十四次会议根据《关于修改〈中华人民共和国人民法院组织法〉的决定》所进行的修正，是对该法的第三次修正，共 3 章 40 条。有学者建议修改《人民法院组织法》第 4 条：人民法院依照法律规定独立行使审判权，不受行政机关、社会团体和个人的干涉。有学者认为这一条对于政党干预司法埋下了隐患，应当消解法官独立审判的内在制约性因素和外在制约性因素，对相关内容进行进一步明确，具体包括：提高法官素质；保障法官身份；处理好法官独立与审委会的关系；处理好法官独立与合议庭的关系；正确定位上下级法院之间关系；处理好法官独立审判与党的领导、立法监督、行政监督等的关系；强化法官经济独立的制度保障。

现行的《人民检察院组织法》是由 1986 年 12 月 2 日中华人民共和国主席令第 49 号公布施行的《全国人民代表大会常务委员会关于修改〈中华人民共和国地方各级人民代表大会和地方各级人民政府组织法〉的决定》修正的，这是对该法的第二次修正，共 3 章 28 条。有学者认为，应当明确检察机关享有以下 10 项职权：直接受理的案件的侦查权及职务犯罪预防权、刑事检察权、刑事诉讼监督权、民事诉讼监督权、行政诉讼监督权、行政执法监督权、公益诉讼权、选举监督权、特别检察权、最高人民检察院的司法解释权；统一检察机关内设机构的设置，建议将《人民检察院组织法》第 20 条修改为："各级人民检察院分别设立职务犯罪惩治与预防部（负责职务犯罪线索的管理、侦查及预防工作）、刑事检察部（审查逮捕、审查起诉工作）、案件管理部（负责案件管理、监察委员会办事机构管理、人民监督员管理等工作）、诉讼监督署（负责诉讼监督、行政违法行为的监督、执行监督等工作）、检察政务保障部（负责法警、技术、检察辅助人员的管理，检察政务工作，对外宣传，后勤保障）、党务工作部（党建、人事、考核考评、纪检监察工作）。各部的规格相当于同级人民政府部门规格。确有需要设立其他机构的，经省级以上人民检察院批准，可设立专门工作部（如派出所检察室等）。"还有学者认为，现行组织法的立法指导思想未与时俱进，立法内容不够全面，立法结构不够严谨等。

（二）政治行为法律体系的完善

政治行为是指政治主体的政治活动，主要包括政治统治、政治管理和政治参与，民主政治法治化过程中最重要的应当是完善政治参与的相关法律，使公民能够更好地参与到政治生活当中，政治参与是指普通公民和社会团体通过各种方式影响政府决策和政治生活的政治行为，在我国，其中最重要的是选举行为，此处仅介绍选举法的修改建议。

现行《中华人民共和国全国人民代表大会和地方各级人民代表大会选举法》（下称《选举法》）是根据 2015 年 8 月 29 日第十二届全国人大常委会第十六次会议《关于修改〈中华人民共和国地方各级人民代表大会和地方各级人民政府组织法〉、〈中华人民共和国全国人民代表大会和地方各级人民代表大会选举法〉、〈中华人民共和国全国人民代表大会和地方各级人民代表大会代表法〉的决定》所作的对 1979 年《选举法》的第 6 次修订，共 12 章 59 条。

有学者认为，在选举法中必须引入预选机制，并在具体条款中规定选举活动主体各方的权利与义务关系；选举法应修改或增加部分条款以规定非对抗式竞选活动特别是候选人与其他选民之间的见面方式；选举法应当对司法救济的相关法定期限进行修改，以有利于诉讼当事人实现其被选举权。还有观点认为，可在我国现行《选举法》第 9 条中增加"选举委员会的组成人员中应当有其名额不少于组成人员总数的五分之一的非官员委员"和"选举委员会组成人员的条件、产生程序及其产生过程的监督应由地方性法规具体规定"这两款作为其第 2 款和第 3 款。

（三）履职法律体系的完善

有关公务员履职的法律，主要是对国家官员管理制度的相关规定，大致有《中华人民共和国公务员法》（下称《公务员法》）、《中华人民共和国检察官法》（下称《检察官法》）、《中华人民共和国法官法》（下称《法官法》）、《国家行政机关工作人员奖惩暂行规定》等。此处仅介绍《公务员法》《检察官法》《法官法》等法律及对县处级以上国家公职人员财产公示制度的立法建议。

1. 公务员法

《公务员法》是中华人民共和国成立近 70 年来我国第一部干部人事管理的综合性法律。该法由第十届全国人民代表大会常务委员会第十五次会议于 2005 年 4 月 27 日通过，自 2006 年 1 月 1 日起施行，共 18 章 107 条。全国人民代表大会常务委员会于 1957 年 10 月 23 日批准、国务院于 1957 年 10 月 26 日公布的《国务院关于国家行政机关工作人员的奖惩暂行规定》、1993 年 8 月 14 日国务院公布的《国家公务员暂行条例》同时废止。

这部从 2006 年 1 月 1 日起施行的重要法律，是我国公务员管理工作走向科学化、规范化、法制化的重要里程碑。公务员法颁布施行，对于规范公务员的管理、保障公务员的合法权益、加强对公务员的监督、建设高素质的公务员队伍，对于促进勤政廉政建设，提高工作效能，对于改革和完善党的领导方式和执政方式、加强党的执政能力建设、提高治国理政水平、发扬社会主义民主政治、建设社会主义政治文明都具有重要而深远的意义。

根据 2017 年 9 月 1 日第十二届全国人民代表大会常务委员会第二十九次会议《关于修改〈中华人民共和国法官法〉等八部法律的决定》，《公务员法》作了与时俱进的修改。该法第 2 条将"公务员"解释为依法履行公职、纳入国家行政编制、由国家财政负担工资福利的工作人员。其中就包括了法官、检察官等国家公职人员，有利于法律统一调整。修订版在第 23 条中增加一款，作为第 2 款："国家对行政机关中初次从事行政处罚决定审核、行政复议、行政裁决、法律顾问的公务员实行统一法律职业资格考试制度，由国务院司法行政部门商有关部门组织实施。"修改版还将第 45 条第 3 款修改为："确定初任法官、初任检察官的任职人选，可以面向社会，从通过国家统一法律职业资格考试取得法律职业资格的人员中公开选择。"这放宽了公务员遴选范围和渠道，有利于唯才是举。该法第 24 条对公务员录用作了十分严格的规定，"下列人员不得录用为公务员：（一）曾因犯罪受过刑事处罚的；（二）曾被开除公职的；（三）有法律规定不得录用为公务员的其他情形的"。这些内容比征求意见阶段部分学者的建议要严厉得多（如因犯罪受到刑事处罚正在服刑的，服刑期满后尚没有过一定期限的考验期限的）。

2. 法官法

《中华人民共和国法官法》是于 1995 年 2 月 28 日由第八届全国人民代表大会常务委员会第十二次会议通过，并由中华人民共和国主席令第 38 号公布施行的，共 17 章 49 条。根据 2017 年 9 月 1 日第十二届全国人民代表大会常务委员会第二十九次会议《关于修改〈中华人民共和国法官法〉等八部法律的决定》，《法官法》作了与时俱进的修改。主要内容是：（1）将第 12 条第 1 款修改为："初任法官采用考试、考核的办法，按照德才兼备的标准，从通过国家统一法律职业资格考试取得法律职业资格并且具备法官条件的人员中择优提出人选。"（2）将第 51 条修改为："国家对初任法官实行统一法律职业资格考试制度，由国务院司法行政部门商最高人民法院等有关部门组织实施。"

3. 检察官法

《中华人民共和国检察官法》是根据 2001 年 6 月 30 日第九届全国人大常委会第二十二次会议《关于修改〈中华人民共和国检察官法〉的决定》对

1995 年《检察官法》进行的第一次修正，共 17 章 56 条。随着公务员制度的完善和司法体制改革的深入，检察官法的一些规定已不能满足形势的要求，学者纷纷提出修改建议。根据 2017 年 9 月 1 日第十二届全国人民代表大会常务委员会第二十九次会议《关于修改〈中华人民共和国法官法〉等八部法律的决定》，《检察官法》作了与时俱进的修改。主要内容是：（1）将第 13 条第 1 款修改为："初任检察官采用考试、考核的办法，按照德才兼备的标准，从通过国家统一法律职业资格考试取得法律职业资格并且具备检察官条件的人员中择优提出人选。"（2）将第 54 条修改为："国家对初任检察官实行统一法律职业资格考试制度，由国务院司法行政部门商最高人民检察院等有关部门组织实施。"

公职人员申报并公布家庭财产以接受公众监督，是世界上许多国家通行已久的制度。我国在 1988 年，国务院监察部便会同法制局起草了《国家行政工作人员报告财产和收入的规定草案》，1994 年经中共中央同意并转发的全国人大"八五"立法规划中，便将《财产收入申报表》列入立法项目。此后，又有各方人士，包括全国人大代表、全国政协委员、专家、学者、公民多次建议或呼吁建立这一制度。然而，时至今日，该法律草案都未出台。制定和实施财产申报公布法具有重大意义，但具有巨大阻力。有学者认为，推行这一制度的路径主要有：做好思想教育，消除官员对财产申报存在的顾虑；做好顶层设计，将官员财产公示制度纳入法制轨道；做好申报环节，保证制度的可操作性。还有学者认为，实现财产申报制度化的途径主要有三条：第一，积极提供政策指导；第二，先行规划地方立法；第三，逐步实现法治统一。

党的十八届四中全会第一次提出推进社会主义民主政治法治化。从政治发展角度看，推进社会主义民主政治法治化，是社会主义民主政治建设的关键环节，对于我们坚持中国特色社会主义政治发展道路，发展社会主义民主政治，建设社会主义法治国家，具有深远的理论和实践意义。实现民主政治法治化是当代中国社会主义民主政治与法治发展的重大理论与实践问题。

第七章

"以宪法为核心"完善法律体系

2014 年 10 月 23 日中国共产党第十八届中央委员会第四次全体会议通过的《中共中央关于全面推进依法治国若干重大问题的决定》强调提出:"完善以宪法为核心的中国特色社会主义法律体系,加强宪法实施。"无疑,如何确保我国的法律体系"以宪法为核心"是完善我国法律体系以及全面推进依法治国的重要问题,我们必须作出回答。在此,本章拟就如何保障我国法律体系、如何"以宪法为核心"的问题作一点探讨,以期抛砖引玉。

第一节　法律体系"以宪法为核心"应当不将宪法视为部门法的表现形式

翻开我国法学各学科的教科书,几乎大同小异地写道:法的渊源(或法律渊源)包括多种含义:法的历史渊源、法的理论渊源、法的形式渊源、法的本质渊源等。[①] 但紧接着,其往往又强调仅在"形式渊源"这一种意义上使用"法的渊源"概念,即把法的渊源与法的形式等同起来,这已经成为法

---

① 例如,马克思主义理论研究和建设工程重点教材《法理学》认为,中外法学界对法的渊源解释不一,角度各异,大致有以下几种说法:(1)法的历史渊源,指形成法律的历史材料或历史上产生法律原则及规则的行为和事件;(2)法的理论渊源,指法律制度或法律原则的理论基础;(3)法的效力渊源,又称法的直接渊源或形式渊源,意为法的效力的直接来源,专指具有法律效力的法的表现形式;(4)法的本质渊源,指法的本质根源,即统治阶级的物质生活条件或经济关系。《法理学》编写组.法理学.北京:人民出版社,2010:91.

学界的"通说"①。这样一来，好像法的渊源（或法律渊源）就是指法的表现形式。② 同时，我国几乎所有的部门法学者在论述各部门法的渊源时都将宪法作为部门法的渊源，当然也都是把宪法视为部门法的"形式渊源"，即表现形式。

然而，关于作为部门法之渊源的宪法在部门法的立法、执法和司法中究竟起什么作用，我国法学界的学者们却往往只字不提。似乎宪法对部门法来说，仅有"形式渊源"意义，而没有多少实际价值。

笔者认为，目前我国法学界将宪法视为部门法的渊源或表现形式这一传统的主流观点有诸多弊端，不能成立，对确保法律体系"以宪法为核心"相当不利，应当予以抛弃。

一、将宪法视为部门法的表现形式造成宪法规范与一般法律规范的混同

目前我国各部门法学界将宪法视为其渊源或表现形式，几乎都是把宪法中的那些与某个部门法相关的规定视为部门法的法律规范，将宪法所规定的一些内容当作部门法的重要内容。比如，有行政法学者认为，"宪法同时也是我国行政法的一种渊源，是行政法规范的一种表现形式，因为宪法所规定的某些内容（与行政管理相联系的）同时也是行政法的内容，例如：宪法规定了行政法的指导思想和基本原则；规定了行政主体的法律地位以及行政行为的内容与形式；规定了企事业单位、社会团体和公民与各级人民政府之间的关系，等等"③。又如，有民法学者认为，"宪法关于基本经济制度的规定，

---

① 例如，普通高等教育国家级规划教材《法理学》明确提出："法的渊源，也称'法源'，或'法律渊源'，是指那些具有法的效力作用和意义的法的外在表现形式，因此，法的渊源也叫法的形式，它侧重于从法的外在的形式意义上来把握法的各种表现形式。"张文显. 法理学. 北京：法律出版社，2004：65.

② 值得一提的是，长期以来，"法律渊源"的含义混乱现象在西方学界同样存在，如《牛津法律大辞典》认为"法律渊源"一词在几种不同的意义上使用：（1）法律的历史渊源；（2）影响法律、促进立法变化的理论原则和哲学原则；（3）形式渊源，因为他们公认的权威而授予来自他们的规则和原则以效力和力量；（4）文件渊源，文件包括了法律规则的权威声明；（5）文字渊源，也就是法律文献。彭中礼. 法律渊源词义考. 法学研究，2012（6）。即使在近年来，也有西方学者指出："法律渊源"是一个模糊的词语，它至少有四种不同的用法：（1）指有权制定法律的主体（包括个人和机构）；（2）指立法主体的立法活动所产生的法律文件；（3）指解释法律规范内容的材料；（4）指具有法律效力的标准。Fábio P. Shecaira，Legal Scholarship as a Source of Law，Springer，2013，p. 9.

③ 胡建淼. 行政法学. 北京：法律出版社，2003：18.

关于财产及其保护的规定，关于公民基本权利义务的规定等，都是重要的民事法律规范"①。按照这种认识，宪法上的有关规定既是宪法规范，又成了部门法的规范。这样一来，不仅造成一个部门法中既有最高效力的宪法规范，又有一般效力的普通法律规范，还导致同一规定既可以是宪法规范，又可以是普通法律规范，造成宪法规范与一般法律规范的混同。显然，这在逻辑上是讲不通的。

"宪法与部门法关系命题的实质是宪法与法律之间的关系。"② 宪法就是宪法，部门法就是部门法，二者不能混同；宪法就是宪法，法律就是法律，宪法规范不同于一般的法律规范，二者不能混同，宪法中的宪法规范不能也不可能属于部门法中的法律规范。这也就是说，宪法既不是而且也不可能成为部门法的渊源或表现形式。

二、将宪法视为部门法的表现形式降低宪法的根本法地位

将宪法视为部门法的渊源或表现形式，把宪法的一些规定看作是部门法的规范，把宪法所规定的一些内容看作是部门法的内容，这是在实际上自觉或不自觉地将具有最高效力的宪法（至少是宪法的部分内容）降低到与只具有一般效力的部门法相同的地位，无形中降低甚至否定了宪法的根本法地位。

尤其是目前虽然我国各部门法的学者以及法律实践者都将宪法看作是部门法的渊源，但从来不思考作为部门法渊源的宪法在部门法的实践中如何应用，在执行和适用部门法时从来不考虑宪法，不执行宪法，更不适用宪法。由此看来，将宪法作为部门法的渊源或表现形式，好像真的只有"形式"意义，没有任何实质意义！宪法的根本法地位，在部门法的实践中根本没有得到体现，根本没有得到维护。部门法的学者及法律实践者几乎都看不起宪法，"宪法无用"成为他们乃至全社会的口头禅。在很大程度上，这些都是将宪法视为部门法渊源所产生的负面影响！

三、将宪法视为部门法的表现形式导致宪法的内容不完整

各个部门法学者都将宪法作为部门法的渊源或表现形式，纷纷将宪法上

---

① 柳经纬. 民法. 厦门：厦门大学出版社，2008：11.
② 钱宁峰. 宪法与部门法关系命题的困境与求解. 江苏社会科学，2011（1）.

的有关规定划归为某个部门法的内容。这个部门法要将宪法上的一些规定作为自己部门的规范和内容，而那个部门法也要把相同的宪法内容划归为自己部门。这样一来，我们不禁要问：宪法依托什么而存在？宪法内容依靠什么来表现？显然，部门法对宪法的瓜分会导致宪法的内容本身不完整。例如，按照目前我国行政法学者的一般观点，宪法上的国务院和地方各级人民政府等与行政管理相关的规定都是行政法的表现形式，是行政法的一部分。由此，宪法有关行政机关的内容就不完整了。这似乎成就了部门法，但牺牲了宪法！

国内已有学者发现了这一问题："部门法的根本原则来自宪法，在这个意义上讲，宪法的许多规则与原则属于其他各个法律部门。例如国家机构的组织法可能属于行政法，国家经济制度的法律可能属于民商法，有关公民权利保障的原则可能属于刑法，等等。但是这么一分宪法法律部门就只剩下空壳了。"[1]

四、将宪法视为部门法的表现形式模糊各部门法之间的界线

完备的法律体系"要求法的各个部门、各种规范之间，彼此协调与和谐，既不能相互重复，更不能相互矛盾"[2]。然而，如果凡是与某个部门法相关的宪法规定都划归某个部门法，而宪法上的规定一般又比较具有原则性，同一规定往往与许多部门法都相关，那么这样就会出现宪法上的同一规定被多个部门法视为自己的规范和内容的现象。在事实上，目前各部门法几乎都把宪法上有关公民权利义务的规定当作自己的法律规范，这导致各部门法的法律规范相互重叠，各部门法之间的界线也就不清晰了，这很不利于法律部门的科学划分和以宪法为核心的法律体系之完善。

综上，显然将宪法视为部门法的渊源（表现形式），这会导致出现并且已经出现许多矛盾和困境，它们在逻辑上难以成立。宪法就是宪法，部门法就是部门法，宪法的规范与部门法的规范不能混同，宪法不是部门法的渊源（表现形式）。对此，已有部门法学者开始认识到这一点。例如，

---

① 周永坤．法理学——全球视野．北京：法律出版社，2010：83.
② 《法理学》编写组．法理学．北京：人民出版社，2010：311.

国内著名的民法学者魏振瀛教授就改变了原来关于宪法的一些规定也是民事法律规范的认识①，转而明确指出：宪法不是作为"民法表现形式"的渊源。② 又如，行政法学者熊文钊教授明确提出："目前绝大多数行政法专著和教科书都径直将宪法规范作为行政法规范的表现形式，这是不妥当的。宪法规范具有特殊属性，它规定国家各种社会生活的基本原则，是制定其他一切法律的基础和根据。宪法中有关国家行政活动原则的规定，是制定行政法规范的宪法依据，根据宪法有关规定制定的行政法规范是宪法规范的具体化。我们承认宪法规定同行政法规范之间的密切关系，有的条文甚至是雷同的，如宪法同国务院组织法的某些规定。但宪法规定毕竟是宪法规定，行政法规范毕竟是行政法规范，不能将宪法规定牵强拉入行政法规范体系。"③

第二节 法律体系"以宪法为核心" 应当取消"宪法部门"并划分新的法律部门

也许有人会指出，宪法本身就是部门法，它怎么不是部门法的渊源（表现形式）呢？它应该至少是宪法部门的渊源吧？本章的回答是否定的。同样地，"宪法部门"的划分不利于"以宪法为核心"的社会主义法律体系的建设和完善。

一、宪法作为部门法的困境

在我国法学界，有的主张将我国的法律体系划分为 10 个法律部门④，有

---

① 魏振瀛教授原来认为，宪法中作为民事法律所依据的原则和规定，如关于所有权的规定、关于民事主体的基本权利和义务的规定，既是民事法律的立法根据，也是调整民事关系的法律规范。魏振瀛. 民法. 北京：北京大学出版社，2000：13.

② 魏振瀛. 民法. 北京：北京大学出版社，2006：15 - 16.

③ 熊文钊. 现代行政法原理. 北京：法律出版社，2000：35.

④ 例如，有学者认为，部门法，又称法律部门，即宪法、民法、刑法等，是根据一定标准和原则所划定的同类法律规范的总称。我国的法律体系可划分宪法、行政法、民法、商法、经济法、劳动法与社会保障法、环境法、刑法、诉讼程序法、军事法 10 个部门法（沈宗灵. 法理学. 北京：高等教育出版社，1994：325.）。也有学者主张，我国法律体系可以划分为宪法、行政法、民商法、经济法、劳动法、科教文卫法、资源环境保护法、刑法、诉讼法、军事法 10 个法律部门（张文显. 法理学. 北京：高等教育出版社，1999：81 - 84.）。

的认为应划分为 9 个法律部门①，还有提出可以划分为 7 大法律部门②，等等。认识不一，但都强调宪法是重要的法律部门，是部门法，即宪法部门。

一般认为，作为部门法，宪法部门由宪法典与国家机关组织法、选举法、代表法、立法法、民族区域自治法、特别行政区基本法、国籍法、国旗法以及有关公民权利的立法等所谓"宪法性法律"③ 所组成。这似乎成为法学界的一个共识。

然而，稍加思考，就会发现了一个问题：在宪法部门中既有创制程序最严格、法律效力最高的宪法典，又有与其他普通的部门法创制程序相同、法律效力相等的组织法、代表法、选举法、立法法、监督法等所谓"宪法性法律"，那么在宪法部门里的那些法律规范是不是都算是宪法规范?④ 倘若我们说在宪法部门里的法律规范统统属于宪法规范，那么在宪法部门里就存在两类法律效力不同的宪法规范，因为众所周知我国宪法在序言中明确规定了宪法"具有最高的法律效力"，宪法典的效力要比组织法、代表法、选举法等"宪法性法律"的效力高，这样一来所谓"宪法部门"的划分显然不符合法律部门的特点，通常认为在同一个法律部门的法律规范其效力是相同的。然而，倘若我们讲在所谓"宪法部门"里的法律规范并不是全部属于宪法规范，只有宪法典里的法律规范才是宪法规范，那么组织法、代表法、选举法等所谓"宪法性法律"里的法律规范又属于什么法律规范呢？

---

① 例如，有学者认为，我国社会主义法律部门划分为：宪法、行政法、民法、经济法、劳动法、环境法、刑法、诉讼程序法、军事法（沈宗林．法学基础理论．北京：北京大学出版社，1988：354-364.）。又如，有学者认为，当代中国社会主义法律体系包括 9 个法律部门：宪法、行政法、民法、经济法、劳动法与社会保障法、环境法、刑法、诉讼法、军事法（李龙．法理学．武汉：武汉大学出版社，1996：332-340.）。

② 例如，有学者认为，我国法律体系可分 7 大法律部门：宪法、民商法、行政法、资源环保法、社会法、刑法、诉讼法。周永坤．法理学——全球视野．3 版．北京：法律出版社，2010：87.

③ 学者们一般将宪法部门中除宪法典之外的普通法律称为"宪法性法律"。例如，有学者认为，全国人大和全国人大常委会依据宪法制定的一系列调整宪法关系的法律，即宪法性法律，如国旗法、国徽法、戒严法、选举法、代表法、全国人大组织法、全国人大议事规则、全国人大常委会议事规则、地方人大和地方人民政府组织法、国务院组织法、人民法院组织法、人民检察院组织法、村民委员会组织法、城市居民委员会组织法、香港特别行政区基本法、香港特别行政区驻军法、澳门特别行政区基本法、澳门特别行政区驻军法、民族区域自治法、集会游行示威法、残疾人保障法、未成年人保护法、工会法、国家赔偿法、法官法、检察官法等。这些宪法性法律是我国部门法意义上的宪法重要组成部分。胡锦光，韩大元．中国宪法．北京：法律出版社，2004：98-99.

④ 上官丕亮．划分人大法部门和建立人大法学初论．政法论丛，2004（2）.

显然，所谓"宪法部门"的内部存在自身难以克服的矛盾，把效力最高的宪法典与效力一般的组织法、代表法、选举法、立法法、监督法等所谓"宪法性法律"放在同一个法律部门里是不妥当的。而且，倘若宪法既是根本法，又是部门法，那么我们在谈论宪法与部门法之间的关系时，就会搞不清宪法与部门法的关系究竟是指作为根本法的宪法与部门法的关系，还是指宪法部门与其他部门法的关系？① 另外，按照我国法学界的通说，宪法的渊源即宪法的表现形式，而宪法的表现形式又包括宪法典和所谓"宪法性法律"，但同时也不得不承认"宪法性法律"与宪法典是不同的，其性质不是宪法而是法律，显然这样的观点自相矛盾，不能自圆其说。由此看来，所谓"宪法部门"的划分并不科学，也很不利于确立法律体系中的宪法核心地位，不利于我国社会主义法律体系的建设和完善，很有必要加以调整。

二、宪法仅是根本法的法理分析

不但将宪法与所谓"宪法性法律"一起组成所谓的"宪法部门"是不科学的，而且宪法本身仅仅是根本法，我们本来就不该将它视为部门法。主要理由如下：

（一）从宪法所规定的内容来看，宪法就是国家的根本法

纵观各国的宪法，不管是成典宪法还是不成典宪法②，它们的内容都是规定国家机关的组织和职权及其相互关系、人和公民的基本权利等国家的根本性问题的。"正因为宪法规定国家的根本制度和根本任务等涉及国家全局的根本问题，它便成为其他法律的立法依据，便成为法律的法律，便取得国家根本法地位。"③ 所谓"根本法"，是就宪法内容上讲的，是指宪法"规定了国家的根本制度和根本任务"④。

---

① 杨海坤，上官丕亮. 论宪法法部门. 政治与法律，2000（4）.
② 严格说来，"不成文宪法"的说法是不科学的，英国等国家的所谓"不成文宪法"的重要组成部分——宪法性法律、宪法判例本身就是成文的，故"不成文宪法"应改称为"不成典宪法"更为科学。意大利著名学者萨托利就曾经指出："我宁愿说英国人没有法典化的宪法，即英国所拥有的宪法是一部只是部分成文的宪法，或者更确切地说，较之于'成文'宪法，它在很大程度上是'不成文的'，它勉强成文于零散的文件之中，分散于大量的法律渊源之中。"G. 萨托利. "宪政"疏议//市场逻辑与国家观念. 北京：生活·读书·新知三联书店，1995：104.
③ 许崇德. 中国宪法. 北京：中国人民大学出版社，1996：22.
④ 陈斯喜. 宪法的根本法与最高法特征. 中国人大，2012（12）.

（二）从各国宪法和法律所使用的"宪法"概念来看，"宪法"只指宪法典，仅是根本法

例如，《美利坚合众国宪法》第 6 条规定："……本宪法和依本宪法所制定的合众国法律，以及根据合众国的权力已缔结或将缔结的一切条约，都是全国的最高法律；每个州的法官都应受其约束……"又如，我国《宪法》第 5 条第 3 款、第 4 款规定："一切法律、行政法规和地方性法规都不得同宪法相抵触。""一切国家机关和武装力量、各政党和各社会团体、各企业事业组织都必须遵守宪法和法律。一切违反宪法和法律的行为，必须予以追究。"《立法法》第 87 条规定："宪法具有最高的法律效力，一切法律、行政法规、地方性法规、自治条例和单行条例、规章都不得同宪法相抵触。"无疑，在上述各国的宪法典及我国的一般法律中使用的"宪法"一词就是指宪法典（即所谓形式意义的宪法），仅指根本法（即所谓根本法意义的宪法），从来不是指所谓部门法意义的宪法（即所谓实质意义的宪法）。

（三）从各国宪法的规定来看，宪法作为根本法，已被大多数国家的宪法条文所确认

例如，原来苏联宪法甚至在宪法的名称上标明宪法是根本法，其 1924 年、1936 年、1977 年宪法均称为《苏维埃社会主义共和国联盟宪法（根本法）》。又如，1996 年白俄罗斯宪法在前言中写道："我们，白俄罗斯共和国民……通过本宪法——白俄罗斯共和国的根本法。"再如，我国现行宪法典在序言中也明确规定："本宪法以法律的形式确认了中国各族人民奋斗的成果，规定了国家的根本制度和根本任务，是国家的根本法，具有最高的法律效力。"甚至，即使在没有宪法典的国家，也有在其某个重要的宪法性法律中明确宣布那些宪法性法律（其不成典宪法的重要组成部分）是国家的根本法的。例如，瑞典王国的主要宪法性法律《政府组织法》第 2 条就明确规定："政府组织法、王位继承法和出版自由法是瑞典王国的根本法。"

（四）从各国的宪法理论来看，宪法就是指根本法，已经被学者们认同

在西方国家，特别是像英国那样的普通法法系国家"不仅各部门法的分类，既不明确，而且法学家一般也不重视法律分类和构造法律体系（部门法体系）问题"[①]，更未闻有宪法部门划分之说。在各国的宪法理论中，宪法

---

① 沈宗灵．比较法研究．北京：北京大学出版社，1998：238.

（特别是成文宪法）就是指根本法。正如 20 世纪英国宪法权威学者詹宁斯所指出的："成文宪法是通过明确的规则来限制各种统治机构的权力，进而用立宪政体（在很大程度上与法治同义）取代专制主义的根本法。""成文宪法作为国家的根本法，在一种意义上是对法治学说的明确体现。"① 甚至在不成文宪法的英国，也有学者专门研究根本法在英国宪法史上的地位问题，在今天人们认为根本法是"确立一个民族或者国家管理原则的组织法，特别指宪法"②。

（五）就宪法的调整对象而言，宪法也只能是根本法，而不能把它视为部门法

宪法不像部门法那样仅调整一个或几个领域的社会关系，而是调整全面的社会关系，它是调整基本社会关系的基本法，对本国社会关系的各个重要领域都作了原则的规定，显然宪法不同于部门法，它是统帅所有部门法的根本法。③ 有学者强调宪法调整的社会关系具有广泛性的特点并不能否认宪法是一个独立的部门法，宪法调整的社会关系是特定的，即政治关系，因此宪法是一个独立的法律部门。④ 然而，不仅宪法调整政治关系，而且人大组织法、选举法、代表法、立法法、监督法、民族区域自治法、特别行政区基本法、反分裂国家法等普通的法律都在调整政治关系，所以我们应当将调整基本政治关系的宪法与调整具体政治关系的相关部门法区别开来。更何况，宪法不仅调整基本的政治关系，还调整基本的经济关系、文化关系等其他的基本社会关系，它与部门法在调整对象等方面有明显的不同，为此我们更不应将宪法视为部门法。正因为如此，所以早在 20 世纪 80 年代就有学者明确提出："严格地说，不能称宪法是部门法，它是一切部门法的基础。"⑤

（六）从部门法划分的效果来看，将宪法视为部门法，还不利于维护宪法的根本法地位

在一国法律体系中，无疑宪法是高于刑法、民商法、行政法等部门法

---

① W. Ivor. 詹宁斯. 法与宪法. 龚祥瑞，侯健，译. 北京：生活·读书·新知三联书店，1997：34，43.

② 郑贤君. 作为根本法的宪法：何为根本. 中国宪法，2007（4）.

③ 杨海坤，上官丕亮. 宪法法部门初探. 江苏社会科学，2001（1）.

④ 朱福惠. 论宪法的部门法特征. 现代法学，2000（3）.

⑤ 吴大英，沈宗灵. 中国社会主义法律基本理论. 北京：法律出版社，1987：241.

的，刑法、民商法、行政法等部门法在价值与实体规范上均不能与宪法相提并论。如果把宪法视为部门法，将宪法与其他法律部门一样当作整个法律体系中一个普通的组成部分，与其他法律部门平起平坐，那就无形中降低了宪法的法律位阶，难以体现和维护宪法的根本法地位，也不利于发挥宪法作为最高法的作用。① 然而，长期以来在我们国家，由于在法理上，宪法被不恰当地划分成一个与其他法律部门并行的法律部门，而其他的"与宪法不相关的法"以独立的法律部门的形式与宪法这个法律部门平行并列地存在，这样宪法作为根本法的指导作用在这些"法律部门"中被完全忽略了，或者说被模糊了，显然这种"与宪法无关论""宪法无用论"等否定或忽视宪法作为根本法的观点在法律实践中很有影响，其结果是宪法在大多数社会生活领域的根本法地位得不到维护，宪法在实际生活中的法律地位甚至要远远低于立法机关制定的刑事法律规范、民商法律规范、诉讼法律规范等，"宪法至上原则"根本无从体现，而造成这种在实践中忽视宪法权威的现象，不能不说与在法理上将宪法作为与其他法律形式相并列的部门法存在一定的联系。②

总之，宪法仅为根本法，特别是在有成典宪法的国家，宪法仅仅是专指宪法典的根本法（严格说来，宪法修正案和宪法解释属于宪法典的附属部分），而不应视为部门法。③ 正如著名宪法学家龚祥瑞先生在 20 世纪 80 年代初所指出的："把宪法（不分实质意义的宪法和形式意义的宪法）一律看成部门法的那种见解是错误的。至于把根本法说成是部门法，则更是错误的。"④

三、"宪法性法律"的出路与新法律部门的划分

既然宪法只是根本法而不是部门法，由宪法典与"宪法性法律"组成宪法部门不科学，应当将宪法仅作为根本法而不再被划分入宪法部门，那么原来宪法部门中的"宪法性法律"何去何从？

---

① 韩大元.论宪法在法律体系建构中的地位与作用.学习与探索，2009（5）.

② 莫纪宏.论宪法与其他法律形式的关系.法治论丛（上海政法学院学报），2007（6）.

③ 学者指出，与根本法在欧洲和美国的命运相比，我国宪法虽然在理论和法律上、形式和内容上都取得了根本法的地位，但并未完成宪法作为根本法的全部，根本法保障基本权和个人自由的方面未得到应有重视，司法实施宪法保障根本法的机制亦不健全。郑贤君.作为根本法的宪法：何为根本.中国法学，2007（4）.

④ 龚祥瑞.比较宪法与行政法.北京：法律出版社，2003：18.

在不成典宪法国家，由于没有宪法典，为此本来应通过宪法典来表现的内容不得不以普通法律的形式表现出来，其内容是宪法性的，但形式是法律，这就是"宪法性法律"。无疑，"宪法性法律"这一概念在不成典宪法国家是准确的。但在成典宪法国家，因为有宪法典，宪法的内容当然是通过宪法典（包括宪法修正案和宪法解释）表现出来，所有法律都是根据宪法而制定的，其效力都低于宪法典，不存在内容是宪法性而其形式是法律的情形，故"宪法性法律"概念在成典宪法国家是不准确的，使用它只会造成误解和混乱。正如莫纪宏教授所指出的："虽然在实行不成文宪法的国家中，普通的法律形式也可以被视为宪法性法律，但是这种宪法性法律是有特定内涵的，它仅指具体宪法效力的法律。这样的宪法性法律的概念，不能简单地被套用到在实行成文宪法制度的国家中除了宪法典之外的在内容上与宪法规范具有密切联系的一般法律中。如果这样的法律也被视为宪法性法律，就很容易在宪法学研究中产生两个宪法性法律的概念，从而产生对宪法规范所具有的法律形式的意义的误解。"① 显然，在我国这样有成典宪法的国家，不宜使用所谓"宪法性法律"概念来称谓某些一般的法律，中国宪法学应摈弃"宪法性法律"概念。

或许是已经认识到宪法与所谓"宪法性法律"的不同及"宪法性法律"概念的问题，意识到了宪法部门的内在矛盾，时任全国人大常委会法律委员会主任委员王维澄 1999 年 4 月 23 日在第九届全国人大常委会第八次法制讲座主讲《关于有中国特色社会主义法律体系的几个问题》时首次提出了"宪法及宪法相关法"法律部门的概念，强调："我们反复比较、讨论，认为我国的法律体系划分为 7 个法律部门比较合适，这 7 个部门是：宪法及宪法相关法、民法商法、行政法、经济法、社会法、刑法、诉讼与非诉讼程序法。"② 由此，我国官方开始采用"宪法及宪法相关法"法律部门这一提法。③ 后来，这一观点也被一些学者所接受。

---

① 许崇德. 宪法. 北京：中国人民大学出版社，1999：21 - 22.

② 王维澄. 关于有中国特色社会主义法律体系的几个问题//全国人大常委会法制讲座汇编：第 2 辑. 北京：中国民主法制出版社，2000：41.

③ 例如，时任全国人大常委会委员长李鹏 2001 年 3 月 9 日在第九届全国人大第四次会议上所作的《全国人民代表大会常务委员会工作报告》中指出："关于法律部门，法学界有不同的划分方法，常委会根据立法工作的实际需要，初步将有中国特色社会主义法律体系划分为七个法律部门，即宪法及宪法相关法、民法商法、行政法、经济法、社会法、刑法、诉讼与非诉讼程序法。"

"宪法相关法"的含义与"宪法性法律"的含义基本相同①，但"宪法相关法"的概念比"宪法性法律"似乎要好一些，因为认识到宪法相关法与宪法不是一回事。但宪法相关法与宪法一起组成一个法律部门，即宪法及宪法相关法部门，其困境与前面所述的宪法部门之困境是一样的，宪法相关法与宪法的规范性质不同，效力层次不一样，放在同一个法律部门中同样不合适。

也许正因为如此，2011年1月24日时任全国人大常委会委员长的吴邦国在"形成中国特色社会主义法律体系座谈会"上讲话时，不再强调"宪法及宪法相关法"是一个法律部门，而是将"宪法"视为"统帅"并且首次提出"宪法相关法"为法律部门，他宣布："一个立足中国国情和实际、适应改革开放和社会主义现代化建设需要、集中体现党和人民意志的，以宪法为统帅，以宪法相关法、民法商法等多个法律部门的法律为主干，由法律、行政法规、地方性法规等多个层次的法律规范构成的中国特色社会主义法律体系已经形成。"② 2011年3月10日，他在第十一届全国人大第四次会议上所作的《全国人民代表大会常务委员会工作报告》中又强调："一个立足中国国情和实际、适应改革开放和社会主义现代化建设需要、集中体现党和人民意志的，以宪法为统帅，以宪法相关法、民法商法等多个法律部门的法律为主干，由法律、行政法规、地方性法规等多个层次的法律规范构成的中国特色社会主义法律体系已经形成。"③ 同年10月27日国务院新闻办公室发布的《中国特色社会主义法律体系》白皮书中有关法律部门的表述与上述表达基本相同："中国特色社会主义法律体系，是以宪法为统帅，以法律为主干，

① 宪法相关法是与宪法相配合、直接保障宪法实施的宪法性法律规范的总和。本书编写组.法理学.北京：人民出版社，高等教育出版社，2010：308.

② 吴邦国.在形成中国特色社会主义法律体系座谈会上的讲话.人民日报，2011-01-27(2).

③ 2011年3月10日下午，第十一届全国人大第四次会议新闻中心在人民大会堂就"中国特色社会主义法律体系的形成和完善"相关问题举行记者会。全国人大常委会委员、全国人大法律委员会委员、时任山东大学校长徐显明详细介绍了中国特色社会主义法律体系的构成。他比喻说，国家的法律体系就像一棵大树，宪法就像树干，在树干上有7条主枝，也就是7个法律部门："第一个法律部门是保证宪法实施的宪法相关部门""第二个部门数量比较大，几乎和每一个公民直接发生联系，即民法商法部门，有时候也叫民事和商事法律部门""第三类是国家管理社会事务的，叫作行政法部门""第四类是国家调控经济的法律，叫作经济法部门""第五类与民生有关的法律部门，叫作社会法部门""第六类是我们法律部门中件数最少的，就是刑法部门""第七类是保证前面这些实体法实施的，叫作程序类法律，也就是诉讼与非诉讼的程序类法律"。徐显明详解中国特色社会主义法律体系构成.[2016-01-27].http://2011lianghui.people.com.cn/GB/214392/14111287.html.

以行政法规、地方性法规为重要组成部分，由宪法相关法、民法商法、行政法、经济法、社会法、刑法、诉讼与非诉讼程序法等多个法律部门组成的有机统一整体。"2013 年 3 月 8 日吴邦国在第十二届全国人大第一次会议上所作的《全国人民代表大会常务委员会工作报告》中再次强调："到 2010 年底，涵盖社会关系各个方面的法律部门已经齐全……一个立足中国国情和实际、适应改革开放和社会主义现代化建设需要、集中体现党和人民意志，以宪法为统帅，以宪法相关法、民法商法、行政法、经济法、社会法、刑法、诉讼与非诉讼程序法等多个法律部门的法律为主干，由法律、行政法规、地方性法规三个层次的法律规范构成的中国特色社会主义法律体系如期形成。"① 由此看来，"宪法相关法"似乎已经成为我国官方正式划分的法律部门。

笔者认为，固然"宪法相关法"法律部门的划分与"宪法及宪法相关法"法律部门的划分相比，有了进步，它突出了宪法的根本法地位，初步解决了长期以来"宪法部门"或"宪法及宪法相关法部门"把"宪法"与"宪法性法律"（亦即"宪法相关法"）这两类效力不同的法律规范放在一个法律部门的问题，但"宪法相关法"这一概念同样不够准确，同样让人不易理解。甚至我们还可以说，刑法、民商法、行政法、经济法、社会法等所有的部门法都是根据宪法而制定的，都是保证宪法实施的法律，都与宪法相关，都是"宪法相关法"！由此看来，"宪法相关法"法律部门的划分尚未彻底解决问题，甚至"宪法相关法"概念本身就有问题。②

① 值得一提的是，2013 年 4 月 22 日第十二届全国人大常委会在北京人民大会堂举行常委会组成人员第一次履职学习专题讲座。在这次专题讲座上，全国人大法律委员会主任委员乔晓阳主讲了《关于中国特色社会主义法律体系的构成、特征和内容》。他强调：在宪法统帅下，按照法律规范调整的社会关系和调整方法的不同，将我国法律规范划分为 7 类比较合适。这 7 类是：宪法相关法、民法商法、行政法、经济法、社会法、刑法、诉讼与非诉讼程序法。从立法的实际需要出发，划分为这 7 个法律部门，能够清楚地反映各类法律规范所调整的对象和方法，既能够把各个法律部门区分开，又能够使各个法律部门之间的关系合乎逻辑，并且符合我国现有法律和将要制定法律的状况。乔晓阳. 关于中国特色社会主义法律体系的构成、特征和内容. ［2014 - 12 - 10］. http：//www. npc. gov. cn/npc/xinwen/2013-06/25/content _ 1798341. html.

② 莫纪宏教授曾经指出：与"宪法相关法"相对应，在逻辑上就应当存在"与宪法不相关法"。如果这种推论是成立的，那么，宪法与"与宪法不相关法"之间的法律关系和逻辑联系就无法确定。因此，提出"宪法相关法"的分类概念在逻辑上是不通的。莫纪宏. 实践中的宪法学原理. 北京：中国人民大学出版社，2007：91.

在此,笔者建议彻底取消宪法部门的划分,同时也不划分"宪法相关法"法律部门,且不再使用"宪法性法律"和"宪法相关法"这两个让人误解的概念,在仅把宪法作为根本法的基础上,将原来宪法部门中的那些被统称为所谓"宪法性法律"(或者所谓"宪法相关法")的一般法律分别组成三个新的法律部门——人民代表大会法、人权法、中央地方关系法。

1. 人民代表大会法部门。该部门可简称"人大法",或称"议会法"[①],由选举法、代表法、全国人大组织法、地方人大组织法、立法法、监督法、全国人大议事规则、全国人大常委会议事规则、缔结条约程序法等与人民代表大会的产生、组织、职权和活动程序等人民代表大会制度相关的法律规范构成。

2. 人权法部门。该部门由妇女权益保障法、未成年人保护法、老年人权益保障法、残疾人保障法、归侨侨眷权益保护法、义务教育法、工会法、社会团体登记管理条例、宗教事务条例、集会游行示威法、戒严法、突发事件应对法、国家赔偿法等与人权密切相关的法律规范构成。

3. 中央地方关系法部门。该部门可简称"央地法",由国籍法、国旗法、国徽法、领海及毗连区法、专属经济区和大陆架法、特别行政区驻军法、反分裂国家法等有关维护国家主权、国家象征方面的法律规范,以及民族区域自治法、特别行政区基本法、村民委员会组织法、居民委员会组织法等有关地方和基层自治制度方面的法律规范所组成。

可以说,划分人民代表大会法、人权法、中央地方关系法三个法律部门,是符合法律部门的划分标准和原则的。通常认为,"部门法,一称法律部门,即宪法、民法、刑法等,是根据一定标准和原则所划定的同类法律规范的总称"[②]。法律部门的划分不是随心所欲的,而是要依据一定的标准(包括法律规范所调整的社会关系、法律规范的调整方法、法律规范的数量等),遵循一定的原则(包括整体性、均衡、以现行法律为主并兼顾即将制定的法律等原则)。[③] 人民代表大会法部门所调整的都是与国家权力机关人

---

① 早在20世纪30年代,东吴大学法学院曾开设"议会法"课程,作为大学二年级的必修课程。孙晓楼. 法律教育. 北京:中国政法大学出版社,1997:129.

② 沈宗灵. 法理学. 北京:高等教育出版社,1994:325.

③ 张文显. 法理学. 北京:高等教育出版社,2003:100-101.

民代表大会的组织和活动相关的同一类社会关系；人权法部门所调整的都是与公民权利的保障和限制相关的同一类社会关系；中央地方关系法部门所调整的是中央与地方的关系。这三个法律部门的划分，符合调整同一类社会关系的法律规范构成一个法律部门的划分标准，而且这三个法律部门的法律规范的规模和数量均已不小，符合法律部门划分的均衡原则，它们完全可以组建成为新的法律部门。

同时，划分人民代表大会法、人权法、中央地方关系法三个法律部门，具有十分重要的现实意义，不仅可以解决目前法律部门划分的困境，理顺部门法与宪法的关系，而且有助于促进以宪法为核心的中国特色社会主义法律体系的完善和相关法律制度的发展。在我国法律体系中划分一个专门的人民代表大会法部门，有助于依照宪法的规定增强国家权力机关的地位，促进人民代表大会制度的完善；划分一个专门的人权法部门，有利于进一步落实2004 年宪法修改案中关于"国家尊重和保障人权"的规定，推动结社法、政党法、出版法、新闻法、宗教信仰自由保护法等人权法律的制定，推进我国社会主义人权事业的发展以及人权和公民基本权利的保障和实现；划分一个专门的中央地方关系法部门，将有利于推动我国中央与地方关系的法治化以及我国宪法中关于"中央和地方的国家机构职权的划分，遵循在中央的统一领导下，充分发挥地方的主动性、积极性的原则"（《宪法》第 3 条第 4款）规定的落实，改变目前我国中央与地方之间的关系依然存在的法律上不够清晰明确而在实践中"一统就死，一放就乱，一乱就收"的状况。

第三节　法律体系"以宪法为核心" 应当坚守宪法是部门法的立法依据之原则

在我国法学界，一般认为宪法是"母法"，宪法是普通法律的立法基础和依据。[①] 同时，在立法实践中，我国立法机关全国人大及其常委会在立法时也往往在各部法律"总则"的第 1 条中明确写上"根据宪法，制定本法"的文字。为此，对于宪法是部门法的立法依据，长期以来人们没有异议。

---

① 吴家麟. 宪法学. 北京：群众出版社，1983：22.

但是，在 2006 年前后，围绕《物权法》的制定，我国法学界曾经发生过一场民法学者与宪法学者关于"全国人大立法要不要写上'根据宪法，制定本法'"的争论。一位著名的民法学者认为，全国人民代表大会所拥有的立法权不是来自宪法的"授权"，故不须规定所谓"立法权源"条款，如果写上"根据宪法，制定本法"，反而直接抵触和违背了我国人民代表大会制度。[①] 对此，一位著名的宪法学者基于宪法的根本法地位作了积极的回应，指出"全国人大行使的立法权源于宪法，它有权修宪但不可违宪"，并强调目前情况下全国人大制定基本法律时写上"根据宪法"的必要性。[②]

后来，又有法理学者提出："根据《宪法》第 5 条的规定，宪法与民法及其他法之间是'不抵触'关系"，"立法'以宪法为依据'，没有宪法依据"，"对中国影响甚广的'依据论'，虽然在表面上和形式上突出了宪法的权威，但实践中无法操作，依据难以实现。原因在于除《宪法》以外的法其内容和范围要远远大于《宪法》，而绝大多数法都没有也不需要宪法的依据"[③]。这位学者的质疑似乎很有道理，但仔细考究一下，其难以经受推敲。

2000 年《立法法》制定时，为了研究全国人大及其常委会的立法权限，全国人大常委会法工委的同志专门对宪法规定应当制定法律的情况进行了统计，发现共有 45 处，其中表述为"由法律规定"或"以法律规定"的有 12 处，表述为"依照法律规定"或"依照法律"的有 26 处，其他表述有 7 处，此外还有 6 处表述为宪法规定应由全国人大或其常委会制定法律。[④] 显然，对于这些由宪法明确规定应当制定法律的事项（至少 45 项），全国人大及其常委会制定这些法律，无疑是直接依据宪法的规定，具有明确具体的宪法依据。而且，即使是那些宪法没有明文规定应当制定法律的立法事项，立法机关也受到宪法的约束，在进行立法时必须"以宪法为依据"，因为我国《宪法》序言中明确规定"全国各族人民、一切国家机关和武装力量、各政党和各社会团体、各企业事业组织，都必须以宪法为根本的活动准则，并且负有

---

① 梁慧星. 不宜规定"根据宪法，制定本法". 社会科学报，2006 - 11 - 16 (1)；梁慧星. 物权法草案的若干问题. 中国法学，2007 (1).

② 童之伟. 立法"根据宪法"无可非议——评"全国人大立法不宜根据宪法说". 中国法学，2007 (1).

③ 蒋德海. 从宪法"不抵触"原则透视宪法与其他法的关系. 华东政法大学学报，2008 (1).

④ 张春生. 中华人民共和国立法法释义. 北京：法律出版社，2000：306 - 311.

维护宪法尊严、保证宪法实施的职责"，而且《宪法》第 5 条第 3 款提出了"一切法律、行政法规和地方性法规都不得同宪法相抵触"的明确要求。此外，我国宪法中还有"国家尊重和保障人权"等众多关于"国家"应当如何的规定。可以说，这些都是立法机关必须依宪立法的宪法依据。

其实，在汉语中，"依据"与"根据"两个概念含义相同，都是指"把某种事物作为结论的前提或语言行动的基础"①。有学者认为，"根据宪法，制定本法"应作创制性立法和确认性立法的区分，关于国家权力的具体立法属于创制性立法，只能是宪法授权规范的具体化，应当遵循具体化的法源原则；而民事立法主要是对市民社会中的事实规则进行确认，属于确认性立法，应当遵循不抵触的法源原则。② 笔者则以为，"根据宪法""以宪法为依据"，不论是什么立法（要区分不同性质的立法不容易，而且我国宪法也没有相关要求），都不是重复宪法的规定、更不是完全照搬照抄宪法条文，而是要求以宪法为前提、以宪法为基础（并且不限于以宪法的具体规定为基础，还有包括以宪法的基本精神为基础），"不得同宪法相抵触"本身也是一种"根据宪法""以宪法为依据"，是"根据宪法""以宪法为依据"的最低要求。

在立法实践中，虽然对法律制定依据的表述不尽相同，有的写明"根据宪法"，有的没有写明"根据宪法"，但"'根据宪法'是毋庸置疑的共识和前提，是一种事实状态，无须进行价值上的判断。一切法律、法规必须与宪法相一致是我国宪法的基本原则，无论法律中是否写明'根据宪法'，这部法律都应该是依据宪法制定的"③。

总之，宪法应当是部门法的立法依据，所有的部门法在立法时都应当以宪法为依据，首先"不得同宪法相抵触"（《宪法》第 5 条第 3 款），同时"立法应当遵循宪法的基本原则"（《立法法》第 3 条），并应当在立法中充分

---

① 中国社会科学院语言研究所词典编辑室．现代汉语词典．北京：商务印书馆，1996：428，1482．

② 叶海波．"根据宪法，制定本法"的规范内涵．法学家，2013（5）．

③ 韩大元．由《物权法（草案）》的争论想到的若干宪法问题．法学，2006（3）．当然，我们同时也必须看到，正如韩大元教授在同一篇文章中所指出的：在我国的立法活动中，宪法原则的指导作用并没有发挥充分的作用。有的法律中虽写"根据宪法"，但在法律理念的思考、具体内容的规定上并没有自觉地坚持"根据宪法"原则。因此，从依宪治国的基本要求看，今后立法时，首先需要从宪法角度准确地把握法律的基本理念和基本价值趋向，然后再设计具体法律内容，这对保证法律的合宪性是十分重要的。

贯彻宪法的基本原则和基本精神，特别是在宪法有原则性规定时更应如此，这是中国特色社会主义法律体系始终以宪法为核心的首要保证。部门法应该是宪法有关规定的具体化或者宪法有关原则和精神的具体化，而且部门法立法时还应当遵循宪法所规定的立法权限和程序。①

至于各部门法在立法后所形成的条文即第1条中究竟应否写上"根据宪法，制定本法"，笔者十分赞同童之伟教授的观点："如果立法机关组成人员、法官、法学家和整个社会都奉宪法为根本法，把根据宪法制定法律、法律不可违反宪法看作理所当然的事情，那么，立法时在法律中写进或不写进'根据宪法'之类的内容并不重要，甚至可以说一般不必写。"但在"宪法的至上性时常被人忽略、忘记或经常遭遇挑战"的当下中国，"在由全国人大制定的基本的法律中规定'根据宪法'，已经不是可有可无的做法，而是全国人大为维护宪法至上性应该采取的必不可少的立法措施"，所以"凡应由全国人民代表大会制定的'基本的法律'，均应在各该法第1条以适当的文字形式规定'根据宪法'的内容""由全国人大常委会制定的'基本的法律'之外的法律，与宪法关系较密切的，其自身也应该在第1条规定'根据宪法'的内容"②。

值得一提的是，2015年又有民法学者提出，民事立法不需要依据宪法，因为"民法在前，宪法在后，是民法促成的市民社会，发育到一定程度之后，才培育出了政治上代表市民夺权的所谓'宪法'""从人类的私法经验来看，民法从来就不需要也不会打算，在私权的扩展和保护方面，对历史迟到的'宪法'去乞讨什么依据。宪法作为立法的实质依据，从其产生起，只在有关公法、政治权利立法事项的范围显见了其现身的机会和必要"③。其实，林来梵教授指出"宪法既是国家的根本法，又是社会的基本法"④，正如郑

---

① 《中共中央关于全面推进依法治国若干重大问题的决定》也明确强调："要恪守以民为本、立法为民理念，贯彻社会主义核心价值观，使每一项立法都符合宪法精神、反映人民意志、得到人民拥护。"

② 童之伟.立法"根据宪法"无可非议——评"全国人大立法不宜根据宪法说".中国法学，2007(1).

③ 龙卫球.民法典编纂要警惕"宪法依据"陷阱.［2016－04－30］.http：//opinion.caixin.com/2015-04-22/100802509.html.

④ 韩大元，林来梵，等.行宪以法，驭法以宪：再谈宪法与部门法的关系.中国法律评论，2016(2).

贤君教授所指出的"不存在独立于国家之外的市民社会",民法"先于宪法不等同于高于宪法""先于宪法不等同于独立于宪法之外"①。我国宪法明确规定,宪法"具有最高的法律效力","一切法律、行政法规和地方性法规都不得同宪法相抵触",由此无论是政治立法还是民事立法都不得同宪法相抵触,都要根据宪法、依据宪法。只有这样,才能在立法方面确保我国的法律体系"以宪法为核心"。

第四节　法律体系"以宪法为核心" 应当坚守健全合宪性审查制度

虽然我国宪法明确规定宪法"是国家的根本法,具有最高的法律效力"(《宪法》序言)、"一切法律、行政法规和地方性法规都不得同宪法相抵触"(《宪法》第5条第3款),但是这不能自动保证部门法的立法不与宪法相抵触,再说即使立法者在法律中明确写明"根据宪法,制定本法",也不能保证该法律就一定合宪,不与宪法相抵触。这就需要合宪性审查制度来保障。正如一位日本的著名宪法学者所指出的:"宪法虽然是国家的最高法规范,但宪法的这种最高法规范性,有时却会因为法律等下位的法规范或者违宪性质的权力行使,而产生受到威胁或扭曲的事态。因此,有必要在事前防止可能招致宪法崩溃的政治动向,或者预先在宪法秩序之中建立事后可以纠正的措施。这种措施,通常被称为宪法保障制度"。"作为宪法的保障制度而起最为重要之作用的,便是违宪审查制度。"②

对部门法开展合宪性审查活动,也是维护国家法制统一的客观要求。我国《宪法》第5条第2款规定:"国家维护社会主义法制的统一和尊严。"法制统一的最基本要义是统一于宪法,服从于宪法的尊严,只有在宪法的基础上,才能保障我国法律体系的统一和维护我国法律体系的尊严。在法律法规的实施中,应当进行日常的监督审查,审视其是否与宪法相抵触,这是维护和保证社会主义法律体系的统一和尊严所必需的,这也是确保我国的社会主义法律体

---

① 郑贤君. 作为宪法实施的民法——兼议龙卫球教授所谓的"民法典制定的宪法陷阱". 法学评论, 2016 (1).

② 芦部信喜. 宪法. 林来梵,等译. 北京:北京大学出版社, 2006: 327, 330.

系以宪法为核心的内在要求。按照我国的现行制度，全国人大常委会有权审查行政法规、地方性法规、自治条例、单行条例等是否抵触宪法，并作出处理。不仅行政法规需要接受监督审查，即使是法律，甚至是基本法律，也要接受监督审查。[①]

对部门法的合宪性审查，显然就是审查部门法是否与宪法相抵触，这时宪法就成为部门法的审查依据和标准，正如林来梵教授所指出的："与其说宪法的存在是为了给各种立法提供立法基础，倒不如说是为了审查各种立法提供规范依据。"[②] 值得注意的是，审查部门法是否合宪，不仅要在形式上审查部门法的条文中是否具有"根据宪法，制定本法"的条款，更要在实质上审查部门法的具体内容是否与宪法的条文规定相一致、是否与宪法的基本原则相一致、是否与宪法的基本精神相一致。[③]

然而，众所周知，目前我国对法律的合宪性审查机制尚未有效启动，那么我们当下应当如何确保法律体系"以宪法为核心"呢？笔者以为，倘若我们国家能够尽快健全对法律的合宪性审查制度并且有效地启动起来，那自然是最好的。但是，即使在当下中国，宪法对部门法的审查依据价值在规范性文件的备案审查方面也能有所体现，我们同样不能忽视。全国人大常委会及全国人大专门委员会和常委会工作机构根据《立法法》第98、99、100条的规定，对行政法规、地方性法规、自治条例和单行条例等规范性文件进行备案审查（包括对报送备案的规范性文件进行主动审查）时，同样必须以宪法为最高的审查依据，应当审查有关规范性文件是否同宪法相抵触。全国人大常委会委员长张德江于2014年3月9日在第十二届全国人大第二次会议上所作的《全国人民代表大会常务委员会工作报告》指出："常委会高度重视规范性文件备案审查工作，着力加强主动审查。一年来，对国务院新制定的19件行政法规，最高人民法院、最高人民检察院新制定的32件司法解释，逐件逐条进行审查，对审查中发现的同宪法和法律相抵触的问题，督促制定机关及时修改或废止。"[④] 规范性文件备案审查的工作可进一步加强，让宪

---

① 许崇德. 充分认识宪法在中国特色社会主义法律体系中的统帅作用. 求是，2011 (7).

② 林来梵. 从宪法规范到规范宪法：规范宪法学的一种前言. 北京：法律出版社，2001：308.

③ 韩大元. 论宪法在法律体系建构中的地位与作用. 学习与探索，2009 (5).

④ 张德江. 全国人民代表大会常务委员会工作报告——2014年3月9日在第十二届全国人民代表大会第二次会议上. 中国人大，2014 (6).

法对部门法的审查依据价值进一步体现出来。①

　　另外，普通的行政执法机关和司法机关在适用法律时也应当对要适用的法律、法规等规范性文件进行合宪性判断，如果发现法律、法规等规范性文件明显同宪法相抵触，就应当逐级上报，分别由国务院、最高人民法院、最高人民检察院依照《立法法》第 99 条的规定提交全国人大常委会审查处理。这也是当下中国可充分彰显宪法对部门法的审查依据价值的重要方面，是确保我国法律体系"以宪法为中心"的重要保障。

第五节　法律体系"以宪法为核心"
应当积极开展依宪释法活动

　　完善以宪法为中心的社会主义法律体系，不仅在立法方面和合宪性审查方面要确保我国的法律体系"以宪法为中心"，而且在法律实施方面也应确保"以宪法为核心"，这一方面最为重要的工作是积极开展依宪释法活动。

　　笔者认为，法院在裁判民事、刑事或行政案件时，如果部门法和宪法都有关规定，这时完全没有必要在引用部门法的同时又引用宪法作为裁判依据，一是因为如果什么案件都直接引用宪法来裁判，那么部门法的立法乃至部门法的存在就没有意义了；二是因为直接引用宪法来裁判案件在实际上就相当于进行合宪性审查，开展宪法诉讼，这与我国现行的诉讼体制不相符。即使在部门法缺乏具体规定而宪法又有相关规定的情形下，也不宜直接引用宪法来裁判案件，这是因为"当出现无法律规则可以适用的情况下，法律原则才可以作为弥补'规则漏洞'的手段发生作用"，即"穷尽法律规则，方得适用法律原则"②。正如张新宝教授所指出的："我国法院的职责决定了它不得引用宪法条文判案。人民法院的任务是审判刑事、民事、行政案件而不

----

　　①　值得提及的是，2014 年 10 月 23 日《中共中央关于全面推进依法治国若干重大问题的决定》强调提出"完善全国人大及其常委会宪法监督制度，健全宪法解释程序机制。加强备案审查制度和能力建设，把所有规范性文件纳入备案审查范围，依法撤销和纠正违宪违法的规范性文件"。紧接着，2015 年 3 月 15 日全国人大修改的《立法法》对规范性文件的备案审查作了多项补充规定，特别是新规定了全国人大有关的专门委员会和常务委员会工作机构可以对报送备案的规范性文件进行主动审查（《立法法》第 99 条第 3 款）。

　　②　舒国滢. 法律原则适用中的难题何在. 苏州大学学报（哲学社会科学版），2004（6）.

是'宪法诉讼'……法院审理刑事、民事等案件所适用的当然是具体的刑事、民事和行政法律法规"。"在目前的法治构架和国家权力配置之下，无论怎样也得不出宪法条文可以直接被法院引用来判决民事、刑事乃至行政案件的结论"。"在目前条件下，民事法官不宜直接引用宪法条文判决案件。即使是具体民事法律规范缺如，也应当从对民法的基本原则之解释中寻求解决方案"①。

既然宪法不宜直接作为普通司法实践的裁判依据，那么，在部门法的执行和适用过程中，行政执法者和司法者均不用考虑宪法吗？本章的回答是否定的。除宪法是部门法的立法依据和审查依据之外，宪法还是部门法的解释依据，人们在执行和适用部门法时应当依据宪法来解释所要适用的部门法条款。关于这一点，长期以来没有引起重视甚至一直被忽视。

部门法是根据宪法而制定的，我们可以说立法机关在进行部门法的立法时充分考虑了宪法，是依宪立法的，至少在立法时考虑了"不得同宪法相抵触"的问题，但是长期以来执法者和司法者在适用部门法时却往往忘记宪法，很少去考虑自己对部门法的理解和解释是否"同宪法相抵触"、是否符合宪法的规定及其基本精神。毫无疑问，这存在问题，否则即使部门法的立法完全符合宪法，也保证不了执法者和司法者所理解和解释的"部门法"符合宪法，也就保证不了部门法的适用符合宪法。

适用法律（部门法）就必须解释法律（部门法），在事实上行政执法者和司法者在实践中在适用法律时也自觉不自觉在解释法律（固然许多学者以及广大法律实践工作者以为自己只是在理解法律），这在近些年来已经逐步成为民众的共识。最高人民法院也曾明确指出："在裁判案件中解释法律规范，是人民法院适用法律的重要组成部分。"② 而正因为部门法是根据宪法制定的，为保证部门法在适用时不偏离宪法，行政执法者和司法者在适用部门法而解释部门法时，无疑必须考虑宪法，依宪解释（即依据宪法来解释所要适用的法律），开展依宪释法的活动。③ 正如韩大元教授所指出的："我们

---

① 张新宝．民事法官能够直接引用宪法条文判案吗？——最高人民法院法释［2001］25 号司法解释另解．民商法前沿，2002（1，2）.

② 最高人民法院．关于审理行政案件适用法律规范问题的座谈会纪要．最高人民法院公报，2004（6）.

③ 上官丕亮．法律适用中宪法实施的正当性、合法性与可行性．法学论坛，2016（2）.

已经从立法时代进入了解释时代。立法时代要求部门法的创立和发展，但是进入解释时代，法律的适用需要精细化的法律解释技术，而法律解释技术的价值和规则并不是由部门法本身创造的，必须依靠比法律层级更高的价值尺度，也就是宪法，使宪法成为法律的解释尺度与方法。"① 亦诚如苏永钦教授所言："法规合宪性控制的机关以大法官为主，普通法院法官为辅，人权第三人效力的操作则有赖于民事法官，至于法律的合宪解释又是所有法官在审判中都可运用的解释方法。"② "合宪法律解释已成为基于宪政主义的理念，'实际上'而且'应该'普遍使用的法律认知原则。"③ 当然，在部门法没有具体规则而必须适用部门法的原则时，也应考虑宪法，进行依宪解释。《日本民法典》第 1 条之 2（解释的基准）明确规定："对于本法，应以个人尊严及两性实质的平等为主旨解释之。"其中关于个人尊严和平等是日本宪法明确规定的，可以说日本民法典的规定是宪法为部门法的解释依据的一个典型例子。

有必要指出的是，行政执法人员和司法人员在处理案件适用法律时进行依宪解释、开展依宪释法活动，即依照宪法的规定及其精神来解释所要适用的法律以更准确地确定法律条款的含义④，此时虽不是也不宜直接引用宪法条文作为处理依据，但在法律文书中可以而且最好引用宪法条文。当然这时引用宪法条文不是将其作为案件处理的依据，即直接适用宪法，而是在法律文书中的说理部分（比如法院判决书中的"本院认为"部分）引用宪法条文，作为所适用法律的解释依据，即间接适用宪法，以充分阐明为何如此解释所适用的法律条文并且如此确定其含义。这不仅有助于让当事人服判息诉，心服口服地接受行政或司法的处理，而且是政务公开、公开审判原则的内在要求。

将宪法作为部门法的解释依据，进行依宪释法，开展宪法的间接适用，也可以说是我国宪法的明确要求。我国宪法明确强调："一切国家机关和武

---

① 韩大元，林来梵，等．行宪以法，驭法以宪：再谈宪法与部门法的关系．中国法律评论，2016 (2)．

② 苏永钦．民事立法与公私法的接轨．北京：北京大学出版社，2005：114．

③ 苏永钦．合宪法律解释原则——从功能法上考量其运用界限与效力问题//合宪性控制的理论与实际．台北：月旦出版社股份有限公司，1994：141．

④ 上官丕亮．法律适用中的宪法实施：方式、特点及意义．法学评论，2016 (1)．

装力量、各政党和各社会团体、各企业事业组织都必须遵守宪法和法律"（《宪法》第 5 条第 4 款），"都必须以宪法为根本的活动准则"（《宪法》序言）。显然，作为国家机关的行政机关和司法机关及其工作人员在适用部门法时必须有宪法思维，心中有宪法，始终以宪法为根本的活动准则，积极开展依宪解释，依据宪法的基本精神来理解、解释和适用部门法。正如韩大元教授所指出的："宪法对于审判机关以及法官的约束力是无须质疑的"，"法官在法律适用的过程中，必须考虑到宪法规范的要求以及法律体系的整体和谐……以符合宪法的方式来理解并适用法律规范"①。在很大程度上，我们可以说，依照宪法来解释和适用法律，是宪法赋予司法机关和行政机关及其工作人员的义务。

值得一提的是，由于行政执法和司法适用是一个国家中涉及面最广的法律活动，将宪法作为部门法的解释依据，由广大行政执法者和司法者在行政执法和司法活动中于适用法律时积极开展依宪释法活动，是实现中国特色社会主义法律体系始终"以宪法为核心"、国家法制统一、法律体系和谐的动态保障，也是让我国宪法得到广泛实施并在当下就可以实施的重要方式，我们务必予以高度重视。

---

① 韩大元．论审判独立原则的宪法功能．苏州大学学报（法学版），2014（1）.

第八章

完善宪法监督和宪法解释制度

第一节　中国式的宪法监督制度

中国的人民代表大会制度有一个重要的功能就是监督宪法实施。习近平总书记在纪念现行宪法颁布 30 周年的讲话中也严肃指出："宪法的生命在于实施，宪法的权威也在于实施。"而他也清醒看到"保证宪法实施的监督机制和具体制度还不健全"，这个批评某种意义上也反映出人大监督宪法实施功能的效果仍然需要提高。与世界上所有民主国家的认识一样，我们也清楚知道合宪性审查机制的建立是保障人权、保障宪法实施效力的关键，然而，中国宪法监督制度的建立需要围绕人大制度来设计，它本身也是激活人大制度、完善人大制度的一个关键环节。但同时我们也要清楚看到，中国有中国的制度约束条件，西方的各种违宪审查制度我们很难完全照搬，比较稳妥的办法是从《宪法》及宪法相关法本身出发，搞清楚制度现状，在制度框架内实现增量改革，逐步推进。

从《宪法》及宪法相关法出发，我们首先要回答两个问题：中国究竟有没有合宪性审查制度？如果有，它的特点是什么？

一、中国有自己鲜明特征的合宪性审查制度

从最一般的意义上说，合宪性审查就是对于可能违反宪法的行为进行判断并对确定违反宪法的行为予以追究的一种制度。按照这个标准，根据中国

《宪法》第 5 条"一切违反宪法和法律的行为，必须予以追究"的表述，中国是有合宪性审查制度的基本规范的。同时，《宪法》第 62 条规定全国人民代表大会"监督宪法的实施""改变或者撤销全国人民代表大会常务委员会不适当的决定"的职权，第 67 条规定全国人大常委会"解释宪法，监督宪法的实施""撤销国务院制定的同宪法、法律相抵触的行政法规、决定和命令""撤销省、自治区、直辖市国家权力机关制定的同宪法、法律和行政法规相抵触的地方性法规和决议"的职权，第 99 条规定"地方各级人民代表大会在本行政区域内，保证宪法、法律、行政法规的遵守和执行"；《立法法》第 90 条规定，"国务院、中央军事委员会、最高人民法院、最高人民检察院和各省、自治区、直辖市的人民代表大会常务委员会认为行政法规、地方性法规、自治条例和单行条例同宪法或者法律相抵触的，可以向全国人民代表大会常务委员会书面提出进行审查的要求，由常务委员会工作机构分送有关的专门委员会进行审查、提出意见。""前款规定以外的其他国家机关和社会团体、企业事业组织以及公民认为行政法规、地方性法规、自治条例和单行条例同宪法或者法律相抵触的，可以向全国人民代表大会常务委员会书面提出进行审查的建议，由常务委员会工作机构进行研究，必要时，送有关的专门委员会进行审查、提出意见。"这些规则都表明了中国有法定的保障宪法实施的机关并且有基本的审查制度与技术。

至于有一些学者认为中国根本就没有合宪性审查制度，一方面是基于以上制度运行的实际效果进行的判断，另一方面也是固执于以某一种合宪性审查模式作为标准而断言中国缺乏相应的制度就是没有合宪性审查，我们认为这种观点是不够妥当的，也不符合中国宪法体制的实际情况。更进一步说，中国的合宪性审查制度有一些比较鲜明的特色。

（一）审查对象主要是法规及其以下规范性文件

按照西方的宪政经验，合宪性审查首先是对议会、国会等制定法律的行为及法律本身是否合宪的审查。但在中国的合宪性审查模式里主要是针对国务院的行政法规、有权人大制定的地方性法规、自治条例、单行条例是否违反宪法与法律进行审查，对于法律直接的合宪性审查有明确法律依据的仅仅是《立法法》第 88 条之规定："全国人民代表大会有权改变或者撤销它的常务委员会制定的不适当的法律"。那么，全国人大的法律如果违宪是否可以审查，由谁来审查，并没有明确的宪法与法律依据。

（二）审查主体实际上是一种分享—参与模式

很多人认为《宪法》规定全国人大及其常委会有监督宪法实施的权力，因此只有它们才是合宪性审查的主体，这恐怕是一种误解。一来中国宪法并没有明确规定"合宪性审查机关"这个概念，二来根据《宪法》第 99 条的规定，"地方各级人民代表大会在本行政区域内，保证宪法、法律、行政法规的遵守和执行"，显然地方各级人大保证宪法在本区域内遵守和执行在逻辑上也必然暗含它们对于本区域内违反宪法行为的判断和审查；《立法法》第 90 条规定"国务院、中央军事委员会、最高人民法院、最高人民检察院和各省、自治区、直辖市的人民代表大会常务委员会认为行政法规、地方性法规、自治条例和单行条例同宪法或者法律相抵触的，可以向全国人民代表大会常务委员会书面提出进行审查的要求"，实际上也赋予了以上请求机关初步判断和初步审查的权力。且根据该条，这种初步判断和审查的权力不是停留在事实上的，而是必然可以引起进一步审查的有强制力之权力，构成了一个完整合宪性审查不可分割的环节与部分。因此，准确地说，中国的合宪性审查主体是"分享—参与"式的，而非"专门—独断"式的，这与美国、联邦德国、法国等国家的经验都不一样。更重要的是，这种"分享—参与"式的模式本身即蕴含了相关国家机关沟通、协商、论辩等更高层次民主的要求，是一种对选举民主的超越。然而，这种模式背后也有一种中国文化的因素在起作用，就是通过协商由制定机关自行撤销相关违宪、违法文件的情形比较普遍。

（三）审查机构着重于内部机构的建立建设

中国在 1982 年修改宪法的时候虽然围绕全国人大设计过专门的"宪法委员会"，学术界多年来也一直在呼吁专门的合宪性审查机关的建立，但实践上是具有审查功能的机关的内部建设走得更快，虽然目前收效还不明显。这里最典型的就是 2004 年全国人大常委会成立了专门的法规审查备案室来进行备案审查。据悉，该机构现有编制 20 余人，隶属全国人大常委会法制工作委员会，是与国家法室、行政法室、刑法室、民法室等并列的局级单位。这也就是说，其是属于全国人大常委会的工作机构。根据学者的介绍，全国人大常委会的备案工作是从 1979 年开始的，在 1983 年年底之前，备案工作由全国人大常委会办公厅政法室承办，1984 年政法室被联络局取代，该项工作由联络局承担。1993 年 7 月开始，该项工作由全国人大常委会办公厅秘书局承担。那么，可以推定，法规审查备案室是接替办公厅秘书局的工作的。而且，法规审查备案室的工作职权也不会超过其前任的接收、登记、统计、存档、分发的范围，即使是"审查"，也只是研究而已，并非最终的有权审查，也不可能取代各专门委员会的地位。为什么呢？因为由各专门委员会来进行具体的审查是《立法法》所规定的程序，而且，在《全国人民代表大会组织法》第 37 条第 1 款第 3 项中，对各专门委员会的职权也作了如下规定：各专门委员会负责审议全国人民代表大会常务委员会交付的被认为同宪法、法律相抵触的国务院的行政法规、决定和命令，国务院各部、各委员会的命令、指示和规章，省、自治区、直辖市的人民代表大会和它的常务委员会的地方性法规和决议，以及省、自治区、直辖市的人民政府的决定、命令和规章，并提出报告。所以，全国人大常委会固然可以决定由自己的办事机构或者工作机构来处理备案的问题，但却不大可能公然违背自己制定的法律，让自己的工作机构来取代全国人大下的各专门委员会。故诚如一些学者所说，我们切不可对法规审查备案室的成立寄予过多、过大的希望，这只不过是全国人大常委会内部的机构调整而已。当然，这一调整也具有少许积极意义，主要在于：原先承担备案工作的机构，无论是办公厅政法室、联络局，还是办公厅秘书局，都属于全国人大常委会的办事机构，它们主要是承担一些辅助工作，为其他主要机构的正常运转提供服务，专业性不够强，让它们从事接收、登记、存档、统计类的事项是可以的，但是要让它们进行具体的、专门性的研究，即使是最初的怀疑，与它们平时的工作性质也是不相符的，是它们难以胜任的。而现在交由常委会的工作机构——法制工作委员会下的法规审查备案室来处理，显然，专业性得到了加强，研究的意见也更加值得信赖。

（四）审查程序侧重于抽象式而非个案附带式审查

与美国、联邦德国等国家的经验不同，中国的合宪性审查更多不是个案附带式的审查，也不能对一个具体的法律争议（例如行政决定、生效法院裁判）直接提出合宪性的审查，更多的时候是对抽象的法律文件由特定国家机关提出审查，公民在其中仅仅获得了部分审查建议权，只具有事实上的效力，其后果就是具有个案争议的法律文书往往比较难启动合宪性审查程序。

（五）审查技术具有多元性

审查技术事实上也具有多元性，包括规范性文件公布后的强制备案制（《立法法》第 98 条），有权机关的改变或撤销制（《立法法》第 96、97 条等）。

二、完善中国合宪性审查制度的稳妥途径：宪法解释

以人民代表大会制度为核心的中国合宪性审查制度应该在以上五个方面进行进一步完善，同时审时度势、不失分寸地推进制度点滴改进。而宪法解释以其技术性和稳妥性，在其中扮演了重要角色。在审查对象上，应该充分利用宪法解释明确基本法律也应该成为合宪性审查的对象，并探索具体的审查机关与技术。在审查主体上，应该努力设计以全国人大为核心，探索它与全国人大常委会、国务院、最高人民法院、最高人民检察院以及与地方人大就合宪性审查中对于宪法规范及其他规范性文件含义的理解、选择、合宪性判断的协商程序、规则、方法、权限等制度性问题。充分重视地方人大在合宪性审查中的地位与积极功能；在进行内部机构建设的同时应该根据政治气候与社会环境逐步探索在分享——参与模式前提下的适当集中审查机制，并明确各种审查技术的法律效力和程序。尤其是通过激活和扩大宪法解释的需求，来实现这种对话与沟通机制的有效运转。

第二节　宪法解释的实践意义

宪法解释是充分监督宪法实施，进行合宪性审查的重要途径。习近平总书记在"纪念现行宪法颁布实施 30 周年重要讲话"中指出"宪法的生命在于实施，宪法的权威也在于实施"，建构一个完备的宪法解释程序机制是宪法实施的重要前提，是"将权力关到制度的笼子里"的必然要求。党的十八届四中全会更明确提出"坚持依法治国首先要坚持依宪治国，坚持依法执政首先要坚持依宪执政"，并指出完善以宪法为核心的社会主义法律体系一个重要的举措就是"健全宪法解释程序机制"。更进一步而言，站在"四个全面"战略布局的新高度，我们还可以发现，一套健全的宪法解释程序机制及其有效运用，也是重新建构以宪法为顶点和共识的国家价值体系与利益格局的必然要求。全面深化改革与社会急速转型中的新现象更亟须通过对宪法的

解释来明确其法律依据与地位。从而，通过宪法解释来实施宪法也具有了超越法治自身的"公转效应"，成为全面建成小康社会的强大制度引擎。[①]

宪法解释是特定主体依照特定程序，对宪法规范的内涵作出具有法律效力的阐明的活动。它既是宪法实施的一种表现形式，也与对宪法实施的监督和宪法的自身保障机制密切相关。[②] 然而，无论是官方还是学术界，也都承认，目前中国宪法解释程序机制还不完备[③]，"在实践中没有进行过严格意义上的宪法解释，更没有可以遵循的宪法解释程序"[④]。然而，我们要看到，《宪法》及其相关法律对于我国宪法解释程序机制其实已经有了基本的制度设计和安排，例如《宪法》明确规定全国人大常委会是我国宪法解释的机关，《全国人民代表大会常务委员会议事规则》（以下简称《全国人大常委会议事规则》）等也明确规定了全国人大常委会的基本工作程序。但是，目前的规定缺乏更为细致的、能够反映中国宪法解释体制自身法理的具体程序规则。因此，本章的观点绝非抛开既有制度安排完全另起炉灶，而是强调我们必须在既有的制度下完善宪法解释程序机制，充分发掘既有制度的空间，使其释放出潜力；同时，必须对既有规则蕴含的法理有深刻描述、理解，并对照剖析制度运行实践存在的问题，从而追求在制度存量的基础上进行局部改良，最终有针对性地提出完善之道。

第三节　中国宪法文本确立的混合宪制模式

一、何谓程序机制的混合宪制理论

我们首先要解析一下何谓程序和机制。从学理上说，它们来自一个更上

---

① 宪法法律实施对于社会共识与利益重塑的意义，参见王旭. 宪法凝聚共识. 求是，2014（24）；王旭. 以立法凝聚公意和权威. 人民日报，2015 - 03 - 16（5）.

② 宪法学. 北京：高等教育出版社，人民教育出版社，2011：35.

③ 例如，2012 年习近平总书记在纪念现行宪法颁布实施 30 周年会议上的讲话提出"保证宪法实施的监督机制和具体制度还不健全"。学术界的批评如：韩大元.《宪法解释程序法》的意义、框架与思路. 浙江社会科学，2009（9）；王振民. 中国违宪审查制度. 北京：中国政法大学出版社，2004；第四章.

④ 韩大元.《宪法解释程序法》的意义、框架与思路. 浙江社会科学，2009（9）. 王振民也详细分析了第六届全国人大常委会第二次会议关于国家安全属于宪法上公安机关职权的解释等几个宪法解释决定，指出这样的宪法解释在程序和形式上都比较粗糙，见王振民. 中国违宪审查制度. 北京：中国政法大学出版社，2004：293.

位的概念"宪制",程序和机制共同构成了"宪制"(constitution)的基本要素。Constitution来自拉丁语con-stituo,其词根stituo意为"建立""保持",引申为某种建筑物的条件,"使某事物保持健康与有力的条件"以及"为之组构、建立之行为"①。因此,任何一个政治共同体,必然要由特定的主体组建、分配公共权力,并建立保持这种权力有效运行的过程规则。宪法解释活动也是一种公共权力的运行,因此它的健康、有效行使同样要建立在特定机关运用解释权力开展解释活动的过程之上。这里的第一要素就是,必须要组建一个行使权力的机关及其权力体系,也就是机制;第二要素就是必须要确定并保持这种权力运行的方式和过程,也就是程序。

按照传统的学术观点之通说,往往是"根据机制设计程序","不同的机关只能对应相应的程序",因此传统研究的重点往往集中在"确定宪法解释机关,并分析其权力的属性"这样一个思路之上。一般认为,宪法解释机制有权力机关与立法机关解释、普通司法机关解释和专门机关解释三种。② 这种思路有一个基本的预设:不同的机构体现不同的权力,不同的权力行使不同的功能,有不同的属性,因此某一个宪法解释机构只可能具有一种权力属性,设计单一的解释程序。例如,司法机关主导解释的机制,就只能是"司法权"的运行,因此在解释对象上只能是个案式(结合具体裁判案件进行解释)的,在解释的启动程序上只能是被动启动(必须由当事人或特定案件中的法官提出),这在根源上来自我们对司法权属于判断权,具有被动性的理解和认识。

这种思路混淆了"权力机关"与"权力"。同一个权力机关完全可以分享不同的权力,从而设计复合的工作程序。相反,传统这种"特定机关决定特定程序设计"的思路背后其实就是一种三权分立与制衡的古典图景③,按照美国学者卡尔·弗里德里希对于它的现代诠释,分权制衡理论有两个基本预设:职能分立与人员分立④,其认为某一个国家机关只能享有某一个职能,机关之间在职能上不能交叉,而要彼此通过职能予以制衡;并且,这种

① M. Tushnet, T. Fleiner and C. Saunders, *Routledge Handbook of Constitutional Law*, Routledge, 2015, p. 9.

② 宪法学. 北京:高等教育出版社,人民教育出版社,2011:36-37.

③ M. Hansen, The mixed constitution versus the separation of powers, *History of Political Thought*, Vol 31.

④ Ibid.

职能的行使是通过专职的人员来予以完成。然而，这种权力分立的图景只是一种理想类型，早在古典时期，亚里士多德在《雅典政制》里就提出了单纯的"多数人之治""少数人之治"和"一人之治"都不是最优良的政体，他认为城邦优良政体设计的关键是行使权力的人始终出于对公共利益的维护，而不是某种机制设计的纯粹性；同时，也没有真正纯而又纯的统治类型，很多现实的统治机制都是复合的、互相镶嵌的。① 近代以来的历史更揭示出混合宪制的真实生命力：代议制民主的兴起造成"全权的立法者"，代议机关将立法权与执行权定于一身；20 世纪初行政国家或规制国家的到来，行政机关也越来越集规则制定权、规制管理权甚至裁判权限于一身。即便是以司法机关为主导的宪法解释模式，例如德国联邦宪法法院和美国联邦最高法院解释宪法，其功能也远远超越了在个案中通过解释宪法定分止争，而是延伸到监督、发展立法，对规范进行抽象审查（德国模式）等明显带有民主立法权运行的程序与目标。更不用说法国 2008 年宪法审查机制改革之后司法权与立法权各自都能向宪法委员会提出宪法解释诉求的复合性。② 因此，宪法解释程序机制的设计绝非单一机关在单一逻辑下，行使单一权力遵循单一程序的思路，也要区分"启动主体"和"判断主体"，它必然是不同的启动主体，按照各自的权力运行逻辑向特定判断机关请求解释宪法，以实现不同目的的程序。在这个过程中往往存在着多种属性的权力，从而模糊了"民主审议程序""个案裁判程序"等之间的明显界限。这样一种复合的宪制在现代宪法解释理论里，实际上是揭示出一个深刻的事实：宪法解释要满足不同公共权力的各自需要，是多重权力运行逻辑和目标互相叠合的产物。

二、全国人大常委会解释宪法的混合模式

中国《宪法》及其相关宪法性文件确立的规范逻辑正是这样一种混合宪制：它是由国家权力机关主导，但有多重程序并存的混合宪法解释体制，其中的机关、权力与程序不存在逻辑上的一一对应关系，我们可以概括出这样一种混合宪制的如下四个特点：

---

① Aristotle, *Politicals* 3.7-8（1279a22-80a6）.
② S. Boyon, *The Constitution of France：A Contextual Analysis*, Oxford, 2013, p. 150. ff.

（一）全国人大常委会既是宪法解释机关，也是法律解释机关

根据《宪法》第 67 条，全国人大常委会有权解释宪法和法律。这里，全国人大常委会既可以权力机关的身份对宪法进行解释，也可以立法机关的身份对普通法律进行解释。由于解释宪法、修改宪法都是制宪权在日常宪法政治中的表现，因而我国这种程序是"制宪机关与立法机关的混合宪制"之表现。这个特点要求我们在完善具体解释程序的时候必须区别于法律解释程序，不能完全照搬一般的法律解释程序。因为根据这个特点，当需要通过宪法解释来明确普通法律是否符合宪法的时候，往往可以不启动宪法解释，直接通过法律解释而避免违宪的后果，从而容易导致"法律解释吸纳宪法解释"，体现不出宪法解释的独立性与必要性。因此，必须认识到这两种解释的程序是不可以等同的，尤其是当目前没有详细的宪法解释程序规定之时，也不可以直接类推适用《立法法》《全国人大常委会议事规则》等关于法律解释的一般程序，否则就会"矮化"宪法解释更加严格的程序要求和判断尺度。另外，从文义解释和体系解释的方法来解读相关规定，"解释宪法"和"解释法律"是两项不同的职能，它们应该有各自必须启动的条件，也应该适用不同的程序。

（二）全国人大常委会既是宪法解释机关，也是宪法监督机关

与多数国家一样，宪法解释不仅是一般性地澄清宪法规范的含义，而且本身属于"保障宪法有效实施"的制度的一部分，《宪法》第 67 条明确全国人大常委会"解释宪法，监督宪法的实施"，从文义解释来看，这种并行使用的句法结构明显是为了强化宪法解释与监督宪法实施的一致性，使宪法解释成为监督宪法实施的重要设计。这种机制需要在程序上同时兼顾立法权的功能和司法权的功能，是一种"立法机关与司法机关的混合宪制"。宪法解释机关同时负有发展宪法、避免宪法因循守旧的职能，它要实现活的宪法的效应，必然具有立法权的积极性甚至具有"法的规范续造功能"；而作为监督机关，它则必须保持一定谦抑性，要以"合宪性推定"作为避免重大宪法危机的手段[①]，避免强烈的宪法变迁带有的明显的司法权属性。这二者机制的差异都必须在程序设计中予以体现和配合。

---

① F. Sharpf, Judicial Review and the Political Question: A Functional Analysis, *The Yale law Journal*, Vol. 75 (1966).

（三）全国人大常委会既具有具体解释之功能，也具有抽象解释宪法之功能

从比较宪法的角度看，司法权主导的机制往往在程序上具有"解释的个案相关性"，解释者是在具体争议中来解释宪法规范的含义并可以在具体案件中排斥适用违反宪法的法律条款，产生"在个案中不适用某一个条款的效应"；议会至上模式的机制往往会对宪法进行抽象解释。[①] 然而，中国的体制则不同，尽管没有明确规定宪法解释的程序，但根据《全国人大常委会议事规则》，全国人大常委会的基本工作程序是提案制，也就是说宪法解释也必须通过提案的方式来启动，而根据该规则第 11 条之规定，委员长会议，国务院，中央军事委员会，最高人民法院，最高人民检察院，全国人民代表大会各专门委员会，常务委员会组成人员 10 人以上联名可以向常务委员会提出属于常务委员会职权范围内的议案。

如此一来，我们可以看到中国宪法解释机制实际上是由"启动机关"和"判断机关"混合构成，并引发不同的程序和解释动力：最高人民法院、最高人民检察院作为具体适用法律的最高司法机关与解释机关，它们拥有的宪法解释提案权必然会导致个案争议中的解释诉求进入、上升到宪法解释的层面，也就是说司法权与宪法解释权是混合在一起的，宪法解释要满足通过解释宪法适用下位法以定分止争的功能；国务院作为宪法解释提案机关更多针对的是经济社会改革发展过程中的重大公共政策，往往又导向对下位法乃至政策抽象解释的程序与功能，这里行政权与宪法解释权也是混合在一起的，宪法解释在这里的目标是引起适当的宪法变迁，更好地适应社会转型与发展；而专门委员会与常委会组成人员的提案则必然以维护宪法法律秩序自身的统一性与宪法的最高性为诉求，并能起到某种"旋转门"效应，为司法机关、行政机关进行宪法解释留下了灵活空间[②]，它体现的是立法权与宪法解释权的混合。由此，在完善具体程序的时候，中国宪法解释也必然是主动程序与被动程序、具体解释与抽象解释相结合。

（四）全国人大常委会解释宪法既具有形成性目标，也具有防御性目标

正因为多种启动机关与不同解释诉求的并存，立法机关、司法机关与行政机关都具有提案的资格，也就必然使得中国宪法解释的机制既导向形成性

---

① M. Elliott, *The Constitutional Foundations of Judicial Review*, Oxford, 2001.

② 这尤其体现在全国人大专门委员会享有的调查研究与审议议案的职能。

的、政治性的宪法决断，甚至通过解释产生新的宪法制度，也导向防御性的、司法性的、以明确基本权利保障范围为目的的结果。这在本质上涉及宪法解释程序一个重要的原理：宪法解释机关的管辖权问题。形成性的解释目标，更多是通过解释澄清规范含义以促进宪法的完善，带有相当强的主动性，它扩大了宪法解释机关本身的管辖权，甚至可以相当自由地决定什么时候、在何种程度上进行宪法解释；防御性的解释目标则遵循被动性原则，以基本权利保障为核心追求，它既可以在个案中由司法机关启动解释，也可以对下位法进行抽象解释，但更多限定在严格的解释而不是续造的层次，因此只能严格依照宪法或宪法性法律规定的管辖权被动地行使宪法解释权力。①

综上，中国的《宪法》与相关宪法性法律，构建了一个权力机关依靠提案议决但又不同于普通法律解释的工作程序，这种提案既可以由外部国家机关行使，也可以由全国人大及其常委会自身行使，既具有个案导向的、防御性的解释特征，也具有抽象的、形成性的解释乃至续造宪法的特征，从而宪法解释程序的完善必然是一种复合逻辑和混合宪制的路径，任何单一的实施路径都会与规范逻辑本身发生矛盾。

第四节　中国宪法解释的实践及其弊端

虽然文本隐含了以权力机关为主导的混合程序机制，但实践对规范逻辑的背离是中国宪法解释程序机制绩效不佳的重要原因，表现在如下方面：

一、宪法解释没有充分吸收执政党的政治实践决断

混合宪制不能忽视宪法惯例对权力运行机制的影响，必须充分注意到环境对（解释）行动的影响。实际上，在中国，除了立法机关、行政机关和司法机关对于宪法解释有不同的利益诉求，作为执政党的中国共产党也一直扮演着解释宪法的积极角色。这是中国宪法解释混合体制的一个重要特征。例

---

① "形成性"与"司法性"的宪法解释功能也是在德国宪法学上讨论联邦宪法法院管辖权的重要理论，见施莱希，克里奥特. 德国联邦宪法法院：地位、程序与裁判. 刘飞，译. 北京：法律出版社，2007：14 - 15.

如，早在 1993 年《中共中央关于修改宪法部分内容的建议》中就指出"这次修改宪法不是作全面修改，可改可不改的不改，有些问题今后可以采取宪法解释的方式予以解决"，并明确指出"必要时可以据此对社会主义市场经济的具体内涵作出宪法解释"。又如 2013 年《中共中央关于全面深化改革若干重大问题的决定》中对于现行《宪法》第 3 条"中央与地方国家机构职权的划分"就进行了宪法解释，即"国防、外交、国家安全、关系全国统一市场规则和管理等作为中央事权；部分社会保障、跨区域重大项目建设维护等作为中央和地方共同事权，逐步理顺事权关系；区域性公共服务作为地方事权"，但这些解释最终都没有通过全国人大常委会的确认或行使法定宪法解释权明确，产生宪法效力，实现党与国家意志的高度统一。因此，宪法解释存在对执政党政治决断的漠视，全国人大常委会对于执政党敏锐的政治决断缺乏程序保障效力和必要的回应，这也是在完善相应程序的时候必须结合我国实际情况的重要方面。

二、宪法解释通过行使"重大事项决定权"来体现及其弊端

虽然目前尚没有按照正式的"宪法解释"文号制发相应文件，但全国人大常委会绝非在宪法解释上毫无作为，事实上它以行使"讨论决定重大事项"的权力进行了许多宪法解释，例如：

第一，1983 年第六届全国人民代表大会常务委员会第二次会议作出了《关于国家安全机关行使公安机关的侦查、拘留、预审和执行逮捕的职权的决定》，该决定解释了《宪法》第 37 条"公安机关"的外延，确立了"以职权明确机关概念"的宪法学教义。

第二，2014 年第十二届全国人民代表大会常务委员会第十一次会议作出了《关于设立国家宪法日的决定》，实际上对于宪法序言最后一段"宪法是国家的根本法"进行了解释："全国各族人民、一切国家机关和武装力量、各政党和各社会团体、各企业事业组织，都必须以宪法为根本的活动准则，并且负有维护宪法尊严、保证宪法实施的职责。任何组织或者个人都不得有超越宪法和法律的特权，一切违反宪法和法律的行为都必须予以追究。"这确立了中国防御型的民主法治国的宪法教义。

第三，2012 年第十一届全国人民代表大会常务委员会第三十次会议通

过《关于加强网络信息保护的决定》，实际上对《宪法》第 40 条"通信自由和通信秘密"中的"信"的保护范围进行了解释，包括"能够识别公民个人身份和涉及公民个人隐私的电子信息"，即提出了可识别性和隐私性两个教义学判断标准。更重要的是，该解释实际上续造了隐私权作为宪法基本权利。

第四，2013 年第十二届全国人民代表大会常务委员会第六次会议通过《关于调整完善生育政策的决议》，实际上对《宪法》第 25 条中"计划生育"的含义以及什么叫"人口的增长同经济和社会发展计划相适应"作了具体解释。

第五，2014 年第十二届全国人民代表大会常务委员会第十次会议通过《关于在北京、上海、广州设立知识产权法院的决定》，实际上解释了《宪法》第 124 条"专门人民法院"包括知识产权法院，进一步明确了其外延。[①]从这些解释实践中，我们可以看到一些明显的弊端：

1. 通过"决定"来解释宪法损害解释的严格性、独立性

在这种"决定"程序里，全国人大常委会是以对普通提案的审议或报告形式来通过宪法解释的，这导致宪法解释没有了严格性、独立性，实际上混同于法律解释程序。虽然《全国人大常委会议事规则》等规定了诸多提案主体，但实践中基本上是由行政机关主导[②]，遮蔽了其他启动机关的地位，且决定议案都由全国人大常委会全体过半数即通过。同时，"重大事项决定"的程序具有相当的灵活性，定期讨论或不定期讨论，主动进行讨论还是被动进行，只讨论不决定还是既讨论也决定，在宪法法律上都没有明确规定[③]，从而几乎可以不设门槛而启动，同时 1/2 多数通过实际上也是混淆了"宪法解释"与"法律解释"，降低了宪法解释的权威性。

2. 通过"决定"来解释宪法导致"重大事项"与"需要进行宪法解释的事项"界限不明

关于什么是"重大事项"，宪法学界一般有"事关全局性""事关长远

---

① 限于篇幅，本节仅对上述五个较为典型且大部分都是近几年的材料进行举例，还有其他一些以决定形式作出的宪法解释，参见王振民．中国违宪审查制度．北京：中国政法大学出版社，2004：第四章．

② 陈斯喜．人民代表大会制度概论．北京：中国民主法制出版社，2007：270.

③ 同上书 258.

性"和"当前人民群众普遍关心的事项"三重教义学标准[①]，但"需要进行宪法解释的事项"是否应该具有更加明确的范围，这涉及宪法解释机关自身的谦抑与管辖权，如果无限制地行使宪法解释权，则容易损害宪法本身的稳定，正如德国宪法学对于任意解释"人的尊严"条款带来"宪法的小铜板"效应之疑虑（即在司法个案中滥用"人的尊严"条款导致实际上降低了"人的尊严"的重要性）[②]，我们也必须避免不设门槛启动宪法解释程序带来的泛滥和宪法矮化效应。

3. 通过"决定"来解释宪法导致"宪法解释"与"宪法续造"不分

从本节列举的这些决定来看，以决定解释宪法，其"形成性功能"，也就是通过决定扩大宪法规范的外延，形成新的重大国家公共政策与制度的功能非常明显，也就是说通过解释发展宪法的意图很明显，例如对国家机关职权的扩张，对重大基本国策的调整，都体现一种积极形成功能。但是，宪法解释与宪法续造是有区别的，前者更多指向一种原旨主义（强调解释要尊重和体现制宪者的原初意图）的立场，后者则是一种"活的宪法观"（强调解释要从当前客观真实的社会条件出发，保持宪法适应社会发展的活力），以"决定"的方式解释宪法更多体现一种"活的宪法观"，有助于宪法的规范效应适用社会发展，但是否有损制宪者的原初意图，是否能客观澄清宪法规范的内涵，则同样值得考虑。

4. 通过"决定"来解释宪法损害了监督宪法实施的功能

"重大事项决定权"作为全国人大常委会四项基本职权之一，其最基本的特征就是其为一种事前决策，而不是事后进行宪法监督，因此本质上是一种多数决民主制逻辑的体现。然而，宪法解释还具有监督宪法实施的功能，也就是要通过一种"反多数的逻辑"防止立法与公共政策的多数人暴政，以公共决策的民主制来进行宪法解释恰好丧失了以个案裁判为核心，防止下位法和公共政策违反宪法的解释功能。尤其是由承担了立法职能的专门委员会来进行宪法解释议案的审查和提出意见，是否有违中立性的品质更需要在法理上进行进一步检讨。由于这样的实践逻辑，我们看不到通过全国人大常委会解释宪法的决定来监督下位法，纠正下位法违反宪法从而保障基本权利的

---

① 陈斯喜.人民代表大会制度概论.北京：中国民主法制出版社，2007：260.
② 派佩斯.当代法治国图像.蔡宗珍，译.台北：元照出版集团，2014：49.

个案，也几乎无法看到由司法程序启动解释决定的例证。尤其是司法机关，包括人民法院和人民检察院在个案中没有提请全国人大常委会解释宪法的意愿与实践，导致解释最鲜明的"事实相关性特征"无法有效彰显：解释往往是来自个案审理的，正是在将某一个事实涵摄到某一个规范的过程中发生了疑问，才会产生解释的需求，而这正是司法机关的职分。

第五节 理想的混合解释程序机制之建构

一、"混合"的逻辑：一种宪法上的结构—功能主义

前面分析了中国宪法解释实践对规范的逻辑的背离，因此我们完善中国的宪法解释机制程序，就绝非另起炉灶，而是要回归到宪法法律规定的本意，通过细化规则充分释放出这种混合宪制的活力与功效。[1] 实际上越来越多国家的宪法解释机制与中国宪法文本暗含的逻辑一样，在某一个主导机构内部允许多重解释程序，并构成一种机构与权力的制衡，最终实现宪法解释的多重目标。因此，设立宪法解释程序机制的逻辑应该遵循"目标决定机构、机构分化功能、功能设计程序的基本思路"，在目标—功能（手段）之间形成一种理性的结构。由于宪法解释的目标是多元的，因而它本身形成了一个混合的结构，不同的目标可以交给不同的机构来实现，这里机构之间也形成了一个混合的结构：启动机构与议决机构之间形成了"一个宪法对话的过程"，这根源于"当代多数已不能再维持绝对理想的权力分立模式，而是呈现出不同机构参与同一权力实现过程，互相影响的混合宪制（mixed constitution）"[2]。不同的机构根据自身的权力逻辑和制度能力，又可以分化出不同的功能，有些更侧重监督宪法实施，有些更注意形成新的宪法制度，从而最终不同的功能设计出不同的程序。

一般说来，宪法解释既具有防御性目标（合宪性审查），也具有形成性

---

[1] 李忠教授很早就提出过"复合宪法监督程序"的理论，虽然侧重于宪法监督的程序，但也体现了一种混合宪制理论的思考旨趣。只是，本章主张的宪法解释混合宪制，已经将监督宪法实施作为一项功能予以了吸收，并在混合宪制的法理上作了相对更为一般和深入的阐述。李忠. 宪法监督论. 北京：社科文献出版社，2002：第五章.

[2] T. Ginsburg，R. Dixon，*Comparative Constitutional Law*，Edward Elgar Publishing，2011，p. 300.

目标（澄清宪法、发展宪法），更具体而言，宪法解释的目标可以是：澄清宪法含义，监督宪法实施和促进宪法变迁。当代世界，无论采取何种解释启动机构和议决机构，都必须完成上述基本目标。[①]"澄清宪法含义"的目标更适合由司法机关来启动，因为它要求"解释的事实相关性"，任何字面含义的模糊、含混往往都是在具体案件审理中发生的，因此必然导入以司法权启动和个案中权利保障为特征的程序。而司法机关也不能走得太远，"宪法司法化"模式在中国无法成立，不仅仅是有违宪法文本对最终解释议决机关的规定，在法理上还因为司法机关通过个案监督宪法实施和发展宪法并不符合司法权的定位，尤其是涉及非基本权利保障部分，对于宪法确立的国家根本制度、根本原则的解释及续造，远远超出了司法的"一事一议"的品格与能力，而应该成为民主政治商谈处理的对象；"监督宪法实施"的目标则应该由具有法定宪法监督职能的机关，例如中国的全国人大及常委会来主动完成，当然，具体的启动机构和议决机构应该由不具备立法审议职能、专司宪法解释与监督的宪法委员会来进行，否则会造成立法者对自身的监督，有违中立公正。而此种机构的工作程序则应该以超脱具体个案事实的民主审议、多数议决和抽象审查为基本内容。"促进宪法变迁"目标则应该交给具有积极进行政治决断与公共政治发展职能的机关来启动，并由宪法解释议决机关来最终判断完成。例如中国的执政党，最高国家行政机关。而此种程序设计更偏向于建议或提案制，并通过民主议决程序来作出最终的解释法案。

　　所以无论解释的启动和议决机关是谁，都是功能与程序复合、交织进行的，单纯的程序设计已经不符合当代宪法解释的世界一般趋势。从比较宪法学上看，例如，一直奉行议会至上原则的英国，自 2005 年通过司法改革方案后，在《人权法案》的要求下，法院可以对与《欧洲人权公约》不一致的法律进行宣告，给议会主导的立法和解释形成压力。[②]法国也在 2008 年的宪法改革之后引入宪法委员会的"法律合宪性问题预先判断程序"，允许司法机关（普通法院的最高法院和最高行政法院）通过特定程序就个案中涉及违宪的法律争议由宪法委员会预先解决，然后再行司法判断。[③]挪威、加拿

①　T. Ginsburg, R. Dixon, *Comparative Constitutional Law*, Edward Elgar Publishing, 2011. p. 177.

②　Ibid., p. 321.

③　D. Robertson, *The Judge as Political Constitutional Review*, Princetonuniversitypress, 2011, p. 143.

大、比利时等国家则发展出更多的"弱司法审查形式的宪法解释机制"（弱化法院对于宪法解释的作用，强调法院与不同国家机关通过对话、沟通来达成宪法解释的共识），议会与法院之间有更多的解释性对话，法院也可以通过"解释宪法以使法律与之保持一致""对不能解释一致的法律宣告这种不一致""赋予法院权力在议会回应处理违宪的法律期间延迟其法律效力"等多种程序与议会共同分享宪法解释的权力。[①] 即便是相对封闭的德国联邦宪法法院解释宪法，也综合了对宪法解释多重目标的考虑与追求，在程序上也兼顾了个案的审查与规范的抽象审查。

因此，这样一种宪法解释的结构—功能主义思考进路就启发我们，在完善中国宪法解释程序机制的时候，也必须根据不同解释目标，设计不同的宪法解释权力分享机构，并根据机构自身的逻辑设计不同的程序，适当剥离权力的机关属性和程序属性，不同的机关都可以分享同样的工作程序，例如民主审议程序中也可以引入以听证、说明理由、听取意见等为代表的司法程序，从而形成一种混合的体制。

二、中国混合解释程序机制的完善

现行《宪法》及相关法律对于宪法解释机制程序主要作了两个基本规定：一是解释机关由全国人大常委会来担任；二是全国人大常委会的工作程序是一种提案—审议—表决的民主工作程序。但缺乏针对宪法解释活动的更具体、明确规定。因此，这样两个基本规定是我们细化、完善中国宪法解释程序机制的根本出发点，我们的完善也就是对这样两个制度的具体化，在此基础上按照"混合宪制"的法理完善宪法解释程序机制的细节。

1. 完善宪法解释议决机构

现行《宪法》《立法法》和《全国人大常委会议事规则》都规定了全国人大常委会的工作包括启动程序和议决程序两个基本部分。因此，工作机构相应可以分为启动机构和议决机构。这里需要进一步完善议决机构。

无论是《立法法》对于法律解释的规定，还是《全国人大常委会议事规则》对于议案审议工作机构的规定，都是由全国人大常委会委员长会议或专

---

① T. Ginsburg, R. Dixon, *Comparative Constitutional Law*, Edward Elgar Publishing, 2011, p. 325.

门委员会提出意见后交全国人大常委会审议，法律案由法律委员会和有关专门委员会审议。但对于宪法解释议案来说，将其交给具有立法职能的专门委员会一律审议恐怕不妥，因为宪法解释负有监督宪法实施的职能，也就是必须监督立法是否符合宪法。同样的法理，宪法解释案的通过决定一律由全国人大常委会全体会议作出也不尽妥当，因为这些常委本身也是立法机关的成员。因此对于直接澄清宪法规范含义的目标，其解释工作可以由专门委员会审议并交全国人大常委会全体会议以三分之二多数通过；但对于监督宪法实施的目标之解释，交给专门委员会则有违中立。全国人大9个专门委员会和全国人大法制工作委员会自身都有立法审议的职能，因此涉及对法律、法规、规章之监督的解释应该成立专门的宪法委员会，其成员专司进行宪法解释，不具有立法职能，进行审议监督宪法实施的解释，由此形成二元混合的议决机构：宪法委员会与其他专门委员会。

具体而言，宪法委员会可以考虑设在全国人大常委会之内，属于全国人大常委会的宪法解释工作机构，但人员具有独立性和专职性[1]，具体可考虑由四类人、单位构成：第一类是非全国人大代表的党政机关领导，进行政治决断与考虑；第二类是具有职业声望和良好业绩的法官，可以通过遴选的方式从司法机关选入；第三类是宪法学研究的资深权威专业人士；第四类是具有一定职业年限与良好业绩、口碑的资深律师。宪法委员会的工作程序采取民主议决制，三分之二多数决作出最终宪法解释决议，在这个过程中要撰写解释意见书和理由书，并可保留个人不同意见，同时为了符合《宪法》对宪法解释机关是全国人大常委会的规定，宪法委员会的议决最终应该以全国人大常委会的名义发布。

2. 完善宪法解释管辖权

哪些情况应该提起宪法解释：宪法解释与一般重大事项决定活动的界限何在？这需要我们建立起中国宪法解释机关的管辖权。《宪法》《立法法》和

---

[1] 1982年宪法在起草时，官方就设想过建立专门的宪法监督与解释的宪法委员会，对其地位有三种设想：地位低于全国人大常委会，在全国人大常委会内部设立；地位低于全国人大，在全国人大内部设立，但地位与全国人大常委会相同；地位与全国人大相同，在全国人大之外平行设立专门的宪法委员会。王汉斌. 王汉斌访谈录——亲历新时期社会主义民主法制建设. 北京：中国民主法制出版社，2012：125. 考虑到《宪法》明确宪法解释职权属于全国人大常委会，这个解释机构应该隶属于全国人大常委会，因此第一种方案是最符合现行宪法规定的，同时通过成员的专职化、独立性确保其权威。

《全国人大常委会议事规则》都没有对宪法解释的管辖提出明确标准，因此遵照前述《立法法》的两个标准并结合宪法解释的功能，我们可以提出如下完善标准：

（1）宪法条款含义不明确的情况

由于宪法条款的含义往往是高度抽象、原则的，必须要对其具体含义进行进一步解释、明确，才能成为适用的依据。可以说，宪法解释最典型的功能就体现在澄清宪法条款含义这个方面。

（2）宪法在具体化的过程中出现重大争议的情况

这一部分往往涉及宪法实施的监督。宪法的具体化可以通过立法裁量、行政规制和司法裁判各个部分予以体现。根据《立法法》等相关制度存量，主要体现为法律、法规、规章和最高人民法院、最高人民检察院的司法解释。如果这些具体化工作出现了重大的宪法争议，则必须启动宪法解释的程序予以明确，并对违反宪法的具体化的情况予以纠正。

（3）社会发展中的新现象亟须明确宪法地位与属性的情况

中国快速的社会转型和体制调整，必然会带来大量的新问题，这些问题在宪法上如何解释、回应乃至处理，都必须通过进一步解释宪法的含义来明确，以保证宪法变迁本身的良性变动，不至于出现对宪法的侵犯。

（4）紧急状态或过渡状态下需要通过解释维护宪法秩序的情况

宪法解释还必须为紧急状态或过渡状态下预留空间。例如行政区划的临时调整如何产生国家机关及其工作人员[①]，又如选举产生的国家机关工作人员的任期结束、新的人员选举还未进行的情况以及什么是宪法上的"任期效力期间"，都需要进一步解释相关规范以保证宪法秩序的稳定。

3. 完善宪法解释启动方式

《全国人大常委会议事规则》规定了全国人大常委会的议决由不同的主体通过提案启动，因此宪法解释启动程序也必须尊重这一根本规则，在此基础上完善细节：

（1）主动启动

全国人大常委会对于形成性、政治性的宪法解释可以主动启动，具体而

---

① 具体事例分析，王旭. 行政区划变更的宪法模式与宪法上例外状态之处理//胡锦光. 2010年中国十大宪法事例分析. 北京：法律出版社，2011.

言可以由委员长会议、各专门委员会、若干名全国人大常委会委员联名，提出专门的议案，针对事关改革发展与稳定的重大事项进行主动的宪法解释，交由宪法委员会或相关专门委员会审议后再交常委会全体会议以三分之二多数通过。

（2）被动启动

国务院、中央军委、最高人民法院、最高人民检察院、全国人大各专门委员会、省级人大常委会也可以根据需要按照特定标准，向全国人大常委会提出宪法解释请求，这里司法机关的宪法解释请求应该具有个案性和防御性，以符合司法机关的基本职能，主要解释个案中涉及权利保障与国家机构权限争议的事项。同时应该允许司法案件中的当事人对于宪法解释提出申请，也应该允许审理案件的法院逐级提出解释申请。由宪法委员会或其他专门委员会审议后列入全国人大常委会全体会议议程或由宪法委员会直接议决通过。

（3）建议启动

在中国的体制里，还存在着执政党建议启动宪法解释和公民根据《立法法》的规定建议全国人大常委会审查法规、规章合宪性、合法性的制度空间。对于执政党的建议，全国人大常委会应该根据建议内容交给专门委员会或宪法委员会审议并列入全国人大常委会全体会议或宪法委员会议决会议。对于公民的审查建议，则应该限定在与公民个人的人身权、财产权等有直接法律上的利害关系并产生了实际影响的情况下，才能提出，以免宪法解释建议的泛化。对于公民的建议，应先由专门委员会或宪法委员会提出审议意见是否列入全国人大常委会全体会议或进入宪法委员会议决程序。

4. 完善审议、通过和公布程序

全国人大常委会可以由宪法委员会或其他专门委员会提出解释草案，解释草案应该附有详细的理由论证，经全国人大常委会全体会议或专门的宪法委员会以三分之二多数通过，并向社会公布。根据混合宪制原理，机关的权力属性与权力运行是可以互相组合的，全国人大常委会的权力属性虽然不是司法权，但以听证、说明理由、听取意见、亲历为特征的司法程序却也可以运用到全国人大常委会全体会议或宪法委员会的审议、决定程序之中。宪法解释案的公布应该制作专门的文号并附有详细理由说明，并明确其与宪法具有同样的法律效力。

5. 明确宪法解释与宪法修改的必要界限

理论上还需要讨论的是宪法解释的界限问题。宪法解释是否会构成宪法修改？根据《宪法》，修改宪法要经全国人大常委会或五分之一以上全国人大代表提议，并由全国人大以全体代表三分之二以上多数通过，因此无论程序还是效力，都与宪法解释有重大不同，必须明确宪法解释的界限，以不超越宪法文字的文义范围和制宪者原初意图为基本界限，如果要逾越此种界限，则全国人大常委会在讨论草案的时候，经委员长或者委员长会议提出，联组会议或者全体会议同意，可以暂不付表决，交宪法委员会或其他专门委员会进一步审议，提出报告，甚至可以提交下一年度全国人大审议、表决。

这也就是说，为了对宪法解释本身进行必要监督，我们必须妥善处理宪法解释上的"原旨主义"解释目标（即解释应该着眼于对宪法规范含义的原初意图的揭示）和"活的宪法"解释目标（即解释应该立足于实现宪法的发展、变迁）[①] 之间的关系。本章认为，在中国，宪法解释"澄清宪法规范的含义"与"监督宪法实施"，也就是一种"原旨主义"的解释目标，更为重要。而通过解释发展宪法，导致宪法变迁则是须要小心翼翼地，这不仅是维护宪法稳定与权威的必须，也是保持与宪法修改必要界限的必须。因此，"解释"一般来说不应包含"续造"，对于重大的宪法续造则必须由全国人大以主权代表者的身份作最终的决断。

6. 健全集中而又有协商机制的混合议事机制

宪法解释权虽然集中归属于全国人大常委会，但根据《宪法》序言最后自然段之规定[②]：各个国家机关都负有维护宪法秩序的职责，因此应该区分决定程序与议事程序，也要区分启动机构和议决机关。在具体行程宪法解释草案与决议过程中，应该在全国人大常委会与其他国家机关之间建立充分协商、沟通、论证的机制，以真正实现宪法解释所要求的公共理性。在具体程序设计上，如果是由全国人大常委会主动作出的宪法解释，其草案应该就解释条款所涉及的内容，尤其是涉及工作职权、任期制度、会议制度等内容，

---

① S. G. Calabresi，Regnery，*ORIGINALISM：A quarter-century of Debate*，Publishing，2007.

② 《宪法》序言明确："一切国家机关和武装力量、各政党和各社会团体、各企业事业组织，都必须以宪法为根本的活动准则，并且负有维护宪法尊严、保证宪法实施的职责。"

向有关的国家机关主动征询意见，对于涉及公民基本权利解释的内容也在必要的时候应该向社会公开征求意见；对于由其他国家机构提出解释建议的，也应该规定对涉及其他国家机关职能的部分进行沟通、商谈，并尽量取得一致意见，不能取得一致意见的也应该在上报意见时说明这种不一致。[①]

---

① 国家机构之间的宪法商谈原理，王旭．宪法商谈论//人大法律评论：第 1 辑．北京：法律出版社，2015．

第九章

同步完善基本人权体系和法律体系

切实有效保障人权，是现代法治的基本价值目标之一。尊重和保障人权，也是我国全面建成小康社会，实现国家治理现代化的重要内容。在全面推进依法治国，全面实现小康社会的历史进程中，必须切实实现全面保障人权。完善中国特色社会主义法律体系，必然包括构建更加完善的基本人权体系。基本人权纳入法律体系之中，既意味着制度层面的规范完善，更意味着在法律价值层面的价值确认。

应当看到，基本人权保障作为法制建设的重要组成部分，在改革开放近40年来的法制建设进程中，在规范层面和法律实践层面都已经有了重大发展。但是，与全面依法治国、构建完善的法律体系的战略要求相比，人权保障是我们目前法治建设和国家建设中的短板，在若干重要方面，应当予以完善。

完善以宪法为核心的法律体系，将宪法的核心价值全面落实在整个法律体系之中。而其中的基本要求，就是将宪法有关人权和基本权的规定在法律体系的各个方面予以展开，将"国家尊重和保障人权"的宪法原则充分体现在整个法律体系的建构进程之中，尤其是要全面落实党的十八届四中全会的决定中提出的重要要求。这就是："依法保障公民权利，加快完善体现权利公平、机会公平、规则公平的法律制度，保障公民人身权、财产权、基本政治权利等各项权利不受侵犯，保障公民经济、文化、社会等各方面权利得到落实，实现公民权利保障法治化。增强全社会尊重和保障人权意识，健全公民权利救济渠道和方式。"

从我国目前人权法律规范体系的现状来看，主要有这么几个层面的人权法规范。其一，人权法的核心是《宪法》中有关基本权利的规定。其二，几个专门的权益法，主要包括：《妇女权益保障法》《未成年人保护法》《老年人权益保障法》以及《残疾人保障法》等。其三，各个部门法中的人权条款。尤其是刑法、刑事诉讼法、行政法中的若干人权条款。现有的人权法制度，立足于我国几十年人权建设和法制建设的实践，为我国完善人权法制提供了扎实的基础。完善我国的人权法制体系，应当在此基础上展开。

从规范体系的角度看，我国目前人权法体系的问题主要有：具体的基本权利清单还不够完整，有些重要的权利有待补充或调整。从人权保障的制度机制来看，人权保障的专门机制不够完善，甚至可以说是还很欠缺的。现有的若干人权机构本身的功能也没有充分发挥出来。

我们在本章重点考虑我国有关基本人权体系的法律保障问题，主要是从"顶层设计"的角度，认识在我国的宪法中如何更科学合理地设计人权保障制度，如何在宪法这个法律体系核心之中，首先体现尊重和保障人权这一宪法原则和整个法体系的基本原则，以及如何在宪法之下，如何通过具体法律来更充分地展开对人权的保护。

第一节　完善宪法的基本人权体系

我国 2004 年宪法修正案中明确规定了"国家尊重和保障人权"，确立了人权理念在宪法体系中的重要地位。尊重和保障人权也是现代宪法的核心理念。但是，由于历史的局限性，现行宪法的基本权利条款内容并没有完全体现尊重和保障人权的精神。比如，人权体系整体上不够完整，对某些重要人权还没有明确规定；有些权利虽然有一定的规定，但还不够清晰或全面；有些权利条款则过于"烦琐"（如宗教自由条款等）；尤其对于侵害基本人权的违宪行为还难有及时有效的宪法或法律救济制度，这些使得宪法所规定的某些公民基本权利还处于休眠或半休眠状态。为了推进法治建设，完善法律体系，首先需要从如下一些方面进一步完善宪法的基本人权体系。

一、确立人的尊严权利作为人权体系的核心

将人的尊严从一种伦理原则上升为宪法的根本原则并将其置于人权体系

的基础地位，具有重要意义。① 其一，人的尊严之不可侵犯性的宪法确认，可以将整个基本人权体系联为一体，并为之奠定一个价值基础。所有人权都是为了捍卫和促进人的尊严而设定的。从消极权利到积极权利，从生存权利到发展权利，从民生权利到民主权利，从个人生命健康权、人身自由、思想和信仰自由、婚姻自由、财产权、职业自由等到政治权利、经济社会权利等，都是为实现人的尊严服务的，都在某一个方面体现了对于人的尊严的尊重。人的尊严也应该通过人的生存和发展的各个方面来充分体现出来。其二，人的尊严原则为国家权力的行使设定了底线，从宪法上明确了人与国家权力的关系。人的尊严原则内含着限制国家权力的要求。国家本身应该没有任何目的，它的目的以及正当性基础只能在于保障人的生存和发展。除此之外，难以证成其合法性。人是目的，国家是人的工具，而不是相反。人不是国家的客体。个人对于国家的忠诚和奉献是必要的，但是必须明了的是这种忠诚和奉献的目的是从国家中获得人的发展的条件和资源，而不是把国家供奉为压迫人的神圣权力。

从西方的宪政经验来看，已经有许多国家在宪法中规定了人的尊严的不可侵犯性。如，基于对蔑视人的尊严与残酷迫害等惨痛教训的深刻反省，联邦德国基本法第 1 条第 1 项规定："人的尊严不可侵犯，尊重及保护此项尊严为所有国家机关之义务。"基于对前集权主义制度严重损害人的尊严的反省，波兰 1997 年宪法第 30 条规定："人的内在的、不可剥夺的尊严不得侵犯，它是人和公民的自由和权利的来源，国家机关负有尊重和保护之责。"当今中国将提倡以人为本作为法的根本理念，就是要肯定人的尊严的至高性和国家尊重和保护人的尊严的绝对义务，就是要通过宪法明确确认人的尊严的不可侵犯性和至上性。

人的尊严原则要求，把人作为个人来看待，把人作为普遍平等的人来看待，把人作为自主自由的人（即有主体性的人）来看待，把人作为目的而不是任何所谓神圣事物的手段来看待。因而，人的尊严原则内含着人的个人性、人的平等性、人的主体性、人的目的性等。由此，宪法便设定了人的一种新法律形象。建构人的法律形象，是形成法律秩序的基本前提。

---

① 李累. 宪法上的"人的尊严". 中山大学学报（社会科学版），2002（6）；刘志刚. 人格尊严的宪法意义. 中国法学，2007（1）.

我国现行《宪法》第38条规定："中华人民共和国公民的人格尊严不受侵犯。禁止用任何方法对公民进行侮辱、诽谤和诬告陷害。"这一条款本身并没有多大问题，但是人格尊严和人的尊严的宪法含义还是有明显区别的。并且，该条的位置以及后半段的规定都显示了，对于人格尊严的规定都只是从一般人格权的角度予以肯定的，而还没有重视人的尊严在整个人权体系和宪法制度体系中的核心地位。[①] 通过宪法解释也难以解释出人的尊严在宪法体系中的核心地位。因而，应该考虑修改宪法的有关条款，而宪法修改完善此条款的政治条件也逐步成熟。在政治领导层面，国家对人的尊严之重要性的认识也在提升。希望通过这一修改，为宪法注入新的灵魂，也为构建新型政治伦理作一个铺垫。

关于人的尊严条款的设计，可以在《宪法》第33条中补充一款，即"人的尊严受到尊重和保护，不得被侵犯"；"一切国家机关都负有尊重和保障人的尊严的义务"。

二、需要进一步完善保护的几项基本权利

有些基本权利，宪法已经有规定，但是鉴于这些规定有一些技术上或者价值导向上的不足，这些权利的实际保护和促进人的尊严和社会发展方面的潜力和能力便大大受到局限。需要进一步加强保护的权利大致有：

第一，明确确认生命权不得侵犯。应当严格限制死刑。任何人不得使他人为奴隶；一切形式的奴隶制度和奴隶买卖均应予以禁止。任何人不应被强迫役使。

第二，进一步明确保护人身自由保护的正当程序权利。明确规定非经法律规定的正当程序，任何组织或者个人不得以任何形式侵犯人与公民的人身自由。进一步明确规定，限制人身自由的处罚，只能由法律设定，同时通过建立人身保护状制度等来加强法院的对于人身自由的保护。

第三，明确人的信仰自由，完善对于宗教信仰自由和国家对宗教事务进行管理的规定，切实保障公民的宗教活动自由和国家承认的宗教组织的活动自由。

第四，进一步加强对于私有财产的保护。私有财产是捍卫人的尊严的重要手段，是人的自由的基石。私有财产制度也是物质财富增长和社会进步的

---

① 相关的讨论参见，林来梵. 人的尊严与人格尊严——兼论中国宪法第38条的解释方案. 浙江社会科学，2008（3）；谢立斌. 中德比较宪法下的人的尊严——兼与林来梵教授商榷. 政法论坛，2010（4）.

动力之一。就目前而言，尤其要确认农民对于土地的所有权等。

第五，加强对表达自由的保护。表达自由是人的政治发展的不可缺少的元素。扩展公民的表达自由对于政治民主化和监督国家权力具有特别重要的意义。开通言路，是政治民主化的必要步骤，也是人民民主的一种朴素理想。如果人民不能自由地说话，其他的都无从谈起了。社会稳定的重要性，经济发展的重要性等，都不足以否定表达自由的重要性。人民的批评和自由表达恰恰是巩固政权和正当合法性基础的有益做法。党的十七大报告中强调要保障人民的知情权、表达权、监督权。这表明我党已把表达自由权和对于政府的监督相互联系，在扩展表达自由方面的态度更为积极了。

第六，进一步保障结社自由。结社自由是公民的表达自由和人身自由的一种自然延伸。结社自由是社会自治的重要环节，是公民社会成长的重要条件，也是限制政府权力的重要方式。我国在签署和批准加入《经济、社会和文化权利国际公约》时，对该公约的第 8 条第 1 款（甲）项予以保留①，并声明对此将依据《中华人民共和国宪法》《工会法》和《劳动法》等法律的有关规定办理。按照《工会法》，在我国自由组织工会的权利受到一定的限制。② 现行的《社会团体登记管理条例》也明显与宪法保障的公民结社自由这一基本人权的基本精神不相符合。③ 国家鼓励公民的有序政治参与和法律

---

① 《经济、社会和文化权利国际公约》第 8 条第 1 款（甲）项规定："人人有权组织工会和参加他所选择的工会，以促进和保护他的经济和社会利益；这个权利只受有关工会的规章的限制。对这一权利的行使，不得加以除法律所规定及在民主社会中为了国家安全或公共秩序的利益或为保护他人的权利和自由所需要的限制以外的任何限制。"

② 《中华人民共和国工会法》第 11 条规定：基层工会、地方各级总工会、全国或者地方产业工会组织的建立，必须报上一级工会批准。上级工会可以派员帮助和指导企业职工组建工会，任何单位和个人不得阻挠。因此，根据我国加入《经济、社会和文化权利国际公约》时对该公约所作的解释性声明，自由组织工会受到法律的限制，必须依据《中华人民共和国工会法》的规定来组织工会。

③ 按照我国现行《社会团体登记管理条例》，成立社团，应当经其业务主管单位审查同意，并依照该条例的规定进行登记；未经批准，筹备期间擅自开展社会团体筹备以外的活动，或者未经登记，擅自以社会团体名义进行活动，以及被撤销登记的社会团体继续以社会团体名义进行活动的，由登记管理机关予以取缔，没收非法财产；构成犯罪的，依法追究刑事责任；尚不构成犯罪的，依法给予治安管理处罚。另外，现行的社团法规对于成立社团设定了过高的门槛，申请成立社团，除了要有业务主管部门审查同意外，还得具备章程、法定会员人数、固定住所、专职工作人员、法定经费数额等多项条件；而成立后，年度检查和工作报告、变更或注销登记等，都需要支付不少费用。在实际中，很多组织并不容易达到这个标准，因而成为非法社团。比如，3 万元的注册活动资金的规定，这事实上是让大多数农民组织只好变成非法社团了。因而，实际上正是现行的法规造就了几乎半数的社团成为非法社团，这不能不让我们反思这样的立法是不是合理和适应了社会发展的要求。

参与，这是符合社会转型时期控制社会局面的大局的，但是应注意防止以有序参与为名限制公民自由结社的宪法基本权利。

为保障结社自由，应当尽快采取的立法和制度改革包括：其一，修改《社会团体登记管理条例》，修订成立社团的申请门槛制度，放宽对成立社团的限制。其二，应该允许社会群体建立自己的独立组织，比如，农民建立农会，自由职业者成立行业性协会，商人成立独立商会。有些行业虽然已经有了这样的行业组织，但是官僚、官办色彩比较浓厚，应该通过制度改革增强其独立性和利益表达功能。

第七，保障集会、游行示威权利。我国宪法规定了公民的集会游行示威权利。但 1989 年制定的《集会游行示威法》以及 1992 年国务院批准的《集会游行示威法实施条例》，对游行示威权利作了过于严格的限制，并赋予公安机关对游行示威申请予以实质性审批的权力，实际上大大限制了公民游行示威和进行和平集会的权利。笔者认为，从该法和条例的实际执行情况来看，其社会效果有限，与保障公民集会游行和示威的基本权利的宪法宗旨也有一定背离。《公民权利和政治权利国际公约》第 21 条明确规定了集会权利："和平集会的权利应被承认。对此项权利的行使不得加以限制，除去按照法律以及在民主社会中为维护国家安全或公共安全、公共秩序，保护公共卫生或道德或他人的权利和自由的需要而加的限制。"我国可以参照此条对集会权利予以规定。

第八，调整经济社会权利的有关规定，加强对权利的确认和保护力度。在我国如今的治国理念中，关注民生是一个亮点。但是这种关注并没有完全落实到地方各级党和政府的管理行为之中。实际上，这里的问题是，这种重民生的理念依然沿袭了传统的治理理念，民生政治实际上成了仁政。其中所体现的依然是政府在民生问题上的完全主导性。而改善民生需要更多地运用权利这一个有效的利益追求机制来实现。这就是要把民生保护升格为公民的人权。要积极鼓励民众追求自己的民生改善，把民生改善看作是政府的一项法律义务，而不是高高在上的恩赐。要把民生权利看作保障人的尊严的一个重要方面。我国宪法也规定了关于民生的一些基本权利，主要是其中关于经济社会权利的一些规定。这当然是有积极意义的。但是其中相当一部分规定显得不够规范，不利于权利实践。对于宪法中的经济社会权利等民生权利要重新整理，要联系整个人权体系来作出调整。为此，需要调整宪法有关获得国家物质帮助的权利、退休保障权等的规定，设置一般性的社会保障权；确立有关住房等的基本生活水准权；确立公民的健康权等。

三、需要补充的几项基本权利

为了完善基本人权体系，还应当择机补充一些新的基本权利项目。这主要包括：

第一，确认公民选择居住地和迁徙的自由。我国 1954 年宪法就规定了公民迁徙自由。但 1958 年以后，为了适应计划经济管理模式的需要，我国制定了户籍管理条例，对农民进入城市居住、工作和生活造成了一定影响。随着市场经济的发展和社会政治改革的深入，国家应该尽快彻底废除城乡隔离体制，消除歧视，废止各地的限制公民选择居住地和迁徙自由的法规、规章、命令、政策等。应当在宪法中再次确认，每个公民享受迁徙自由和居住自由。国民有进入和离开中华人民共和国国境的自由。关于迁徙自由的限制：除受法律所规定并为保护国家安全，公共秩序，公共卫生或道德，或他人的权利和自由所必需且与本法所规定的其他权利不抵触的限制外，应不受任何其他限制。

第二，免受酷刑的权利。《世界人权宣言》第 5 条"对任何人不得加以酷刑，或施以残忍的、不人道的或侮辱性的待遇或刑罚"的规定，第一次在国际人权文件中确立了"免受酷刑权"。联合国大会于 1984 年 12 月 10 日通过《禁止酷刑和其他残忍、不人道或有辱人格的待遇或处罚公约》（以下简称《禁止酷刑公约》）对酷刑的定义是最为准确的，其第 1 条规定："就本公约而言，'酷刑'是指为了向某人或第三者获取情报或供状，为了他或第三者所作或被怀疑所作的行为对他加以处罚，或为了恐吓或威胁他或第三者，或为了基于任何一种歧视的任何理由，蓄意使某人在肉体或精神上遭受剧烈疼痛或痛苦的任何行为，而这种疼痛或痛苦是由公职人员或以官方身份行使职权的其他人所造成或在其唆使、同意或默许下造成的。纯因法律制裁而引起或法律制裁所固有或随附的疼痛或痛苦则不包括在内。"《禁止酷刑公约》

第 2 条规定每一缔约国应当采取有效的立法、行政、司法或其他措施,防止在其管辖的任何领土内出现施行酷刑的行为;任何特殊情况,无论战争状态、战争威胁、国内政局动荡或任何其他社会紧急状态,也不得施行酷刑。同样,根据上级的命令,也不能施行酷刑。因为免受酷刑权是一项绝对的不可克减的权利。《禁止酷刑公约》第 4 条规定,每一缔约国应保证将一切酷刑行为在国内法上定为犯罪。应根据上述罪行的严重程度,规定适当的惩罚。我国于 1986 年 12 月签署《禁止酷刑公约》,1988 年 9 月全国人民代表大会批准该公约,同年 11 月正式对中国生效。在国内立法上先后修改了相关法律制度中与《禁止酷刑公约》相冲突和矛盾的内容,把反对酷刑作为我国刑事司法制度设计的基本要求,制定了一系列反对酷刑的措施。"酷刑"在我国主要表现为刑讯逼供和体罚虐待被监管人。在刑法、刑事诉讼法、国家赔偿法、监狱法、警察法等法律中都有相应的反酷刑规定。

第三,确认公正审判权。鉴于刑事审判和刑事犯罪的确认对于个人生命、自由和财产和全部社会生活的重要影响,应该对于犯罪嫌疑人和被告人予以特殊保护,将刑法和刑事诉讼法中的一些诉讼权利上升为宪法权利。可以借鉴《公民权利和政治权利国际公约》中的规定,在宪法中确认公平审判权:任何遭到指控的人,均享有由独立的法庭予以公开、公正而及时之审判的权利;任何遭到指控的人,均享有本人及受其委托代理人进行辩护的权利;非经法院终审裁决,任何人不得被确定有罪;任何人不应因已遵照法律被终审裁定无罪或有罪的犯罪行为,而在刑事诉讼中再次被审判或惩罚。此外,应当在《刑事诉讼法》中进一步体现尊重和保障人权原则。

第四,确立隐私权。隐私权本是私法上的人格权,现在已经上升为国际公约意义上的基本人权,并受到各国宪法的广泛承认。其核心是强调权利主体对有关个人信息、个人生活的自主决定权、自主利用权。自主利用权是指公民对自己个人资讯进行积极利用,以满足自己精神、物质等方面需要的权利。《公民权利和政治权利国际公约》第 17 条规定:"一、任何人的私生活、家庭、住宅或通信不得加以任意或非法干涉,他人的荣誉和名誉不得加以非法攻击。二、对于此种侵扰或破坏,人人有受法律保护之权利。"其他区域性人权条约也有类似规定。① 从人权公约的规定看，隐私权的保护范围主要涉及以下方面：其一，私生活自主权。这是指个人享有按照自己的意志从事或者不从事某种与社会公共利益无关的或无害的活动，不受他人干涉的权利。私生活的范围包括个人的身份如姓名、一个人的外表、身体完整权、个人资料的保护等，未经本人同意的医学的治疗也属于侵犯私生活权的行为。其二，家庭生活权。这是指家庭成员团聚、保持家庭完整性以及正常的家庭生活不被外界干涉、破坏的权利。其三，个人住宅安宁权。这是指禁止对个人住宅进行任何形式的任意和非法干预的权利，包括禁止未经同意而进入、秘密安装监视设备等。合法的搜查等不在其列。其四，通信不受侵犯的权利。通信不仅包括书信，而且包括通信的现代形式如电话、传真和电子邮件。一切对通信扣留、审查、调查或公开的行为都可能构成对通信权的非法干涉。经法定程序为预防犯罪由警察秘密审查的通信不在此限。我国宪法规定了对家庭、住宅、通信自由的保护。这些条款可以被整合为隐私权。家庭权、隐私权有一定交叉，又分别有其重点。

第五，确立环境基本权。1992 年联合国环境与发展大会上通过的《里约环境与发展宣言》载明："人类处于普受关注的可持续发展问题的中心。他们应享有以与自然相和谐的方式过健康而富有生产成果的生活的权利。"1994 年联合国通过《人权和环境原则草案》。在我国，随着我国将社会主义生态文明纳入中国特色社会主义总布局之中，我国生态文明的法治建设将快速提速。考虑到近些年来在我国现代化进程中，我们生态、环境治理方面出现的种种越来越严重的问题，从生态文明建设角度，从寻求人与自然的和谐关系的角度，在宪法法律中更加明确与生态环境有关的权利，是我国人权法治建设的一项重要工作。不少国家的宪法也都规定了环境权。比如，1995

---

① 比如，《欧洲人权公约》第 8 条规定："一、人人有权使他的私人和家庭生活、他的家庭和通信受到尊重。二、公共机关不得干预上述权利的行使，但是依照法律的干预以及在民主国家中为了国家安全、公共安全或国家的经济福利的利益，为了防止混乱或犯罪，为了保护健康或道德，或为了保护他人的权利与自由，有必要进行干预者，不在此限。"根据公约，公民隐私权在欧洲应得到有效保护，除非在某些合法的条件下，一般不受任意干预、限制和剥夺。《美洲人权公约》第 11 条规定："一、人人都有权使自己的荣誉受到尊重，自己的尊严受到承认。二、不得对任何人的私生活、家庭、住宅或通信加以任意或不正当的干涉，或者对其荣誉或名誉进行非法攻击。三、人人都有权受到法律的保护，不受上述干涉或攻击。"

年的挪威宪法中规定："每个人有权获得一种有益于健康的和有益于自然条件的财产和多样性得到保护的环境。自然资源的利用应建立在全面的长期的考虑基础上，由此未来人的这一权利也应该受到保护。为了维护前款规定的公民权利，公民享有被告知自然环境状况和利用已经计划或着手对自然的侵蚀所产生的赔偿的权利。国家将制定具体的规定来实现这些原则。"我国宪法的现有规定中已经涉及环境保护。① 但是，我国宪法是在国策条款中规定保护生态环境问题的，而不是从个人基本权的角度来规定。有必要在基本权利部分对此予以确认。比如，可以规定："每个人都有享受无害于其健康的环境的权利。""为了现世及后代子孙的利益，国家应当努力通过立法和其他措施保护环境，防止污染以及生态的恶化，在实现经济社会发展的同时，确保自然资源和生态环境得到永续发展和可持续性利用。"

第二节　制定专门的人权保障基本法

宪法对基本人权的确认，是我国人权法体系的核心。但是由于宪法的精炼性、简明性，它不大可能对基本人权作过于细致的规定，而只能将最重要的那些基本权利写在宪法之中，作最为原则性的规定。考虑到中国推动人权事业的特点和需要、我国法律体系建构的特点和方式等因素，我们认为，应当在宪法基本权利的框架下，制定有中国特色的人权保障基本法，通过人权保障基本法来推动中国人权法制事业的更快发展。可以说，制定人权保障基本法，是我国人权体系完善中的重大制度设计之一。

人权保障基本法的基本定位应当是由全国人民代表大会制定的基本法律。它应当属于"宪法的相关法"。第一，人权保障基本法作为根本法之下的基本法律，既是对宪法权利的具体化、明晰化，又是各个特别权益法的一般法、上位法。它是宪法基本权的补充法，是中国特色的"人权法案"。根据具体情况，也可以考量它是否可以作为宪法基本权利的一部分。第二，人权保障基本法在一定意义上，也是一部原则法或政策法。就是它应当规定有

---

① 如《宪法》第9条规定："国家保障自然资源的合理利用，保护珍贵的动物和植物。禁止任何组织或者个人用任何手段侵占或者破坏自然资源。"第26条中规定："国家保护和改善生活环境和生态环境，防治污染和其他公害。""国家组织和鼓励植树造林，保护林木。"

关我国人权建设的重大原则、重大政策，总结我国人权事业进步的基本经验，并将其制度化。第三，人权保障基本法也是沟通国内法与国际人权公约的重要方式，是在国内法体系中落实国际人权公约的基本方式。

尽管通过完善宪法的基本权利规定，可以对现有宪法有关基本人权的规定作出重要补充和完善，但是也要看到，实际上也不大可能过大地调整宪法规范，现有的宪法框架近期不大可能有太大的改动。因而，在对宪法的人权规定作最必要的调整的基础上，制定一部专门的人权保障基本法，是解决我们目前人权法体系不够完善的似乎最为可行的办法。尽管可以通过宪法解释机制来在一定意义上丰富和完善人权法体系，但是考虑到人大的宪法解释机制难以承担更多的工作、宪法法院机制还是比较远的一个愿景，比较现实的做法还是推动立法。而且，在当今中国，宪法教义学的工作尽管很重要，但显然不如立法更直观、给力。比如，就国家的人权保障义务而言，尽管可以通过诸如基本权的双重性、客观价值秩序等理论来予以确认，但是，也完全可以更直接地通过基本法律的严肃形式予以明确，从而更有效地防止某些国家机关钻空子，懈怠人权保障责任。

制定人权保障基本法，首先它显然并不是简单地重复宪法的基本权利规定。其中会涉及宪法的基本权利规定，但人权保障法的规定当然不是多余的。它更加具体、细致。宪法的基本权利条款比较简洁、原则，但不够细化。而且也没有一个权威的宪法法院之类的权威性宪法解释和适用机构，因而这对人们理解和执行宪法带来了相应的困难。结合当今中国的经济社会发展的特点，以及中国法律体系建构的特点，我们的基本思路是，分别从几个方面来具体化和落实宪法的基本权利体系：一是制定专门的人权保障法，二是进一步完善专门的权益保障法（如残疾人、妇女、未成年人保护法），三是进一步细化的人权制度建设，如制定专门的反就业歧视、反性别歧视、反教育歧视的法律或条例。而这些做法中的核心就是制定人权保障基本法。

一、人权保障基本法的立法必要性

制定人权保障基本法的立法必要性，主要可以从如下方面来理解。

第一，将人权和基本权利进一步体系化、明晰化。

我国已经加入了多项国际人权核心公约。如何在国内法中切实落实和实现这些权利，是一个广受关注的大问题。这涉及国际人权公约的国内化方式问题。为了落实这些权利，宪法中可以补充一些重要基本权利。诸如在公民权和政治权利、社会权等方面就可以有多项权利进入宪法。这也是各国的一个通常做法。有些国家，尤其是近几十年来新制定或修订权利法案或者宪法基本权利方面内容的宪法对基本人权规定得相当详尽，如南非、加拿大、澳大利亚等国，但是，就我国情况而言，从可能的情形来评估，难以如此详尽地规定基本人权，而只能是将国际人权公约中的重要权利以比较原则性的方式规定下来。这些权利有待进一步细化，比如妇女权利、儿童权利、残疾人权利、少数民族权利等方面更是如此。

借助于人权保障基本法，可以将我国已经批准加入的国际人权公约的权利条款规整为一体。比如，《消除对妇女的一切形式歧视公约》《消除一切形式种族歧视国际公约》《儿童权利公约》《残疾人权利公约》《关于难民地位的公约》《禁止并惩治种族隔离罪行国际公约》《防止及惩治灭绝种族罪公约》《禁止酷刑和其他残忍、不人道或有辱人格的待遇或处罚公约》《男女工人同工同酬公约》《经济、社会和文化权利国际公约》《公民权利和政治权利国际公约》（1998 年 10 月签署）等。这些公约中有大量的权利需要转换为国内法予以充分保护。这些转换可以通过专门的权益立法，如《未成年人保护法》《妇女权益保障法》《残疾人保障法》等，但还需要在更高的层面，有一个更基本的统一立法，对这些权利予以明确。在此基础上，再通过更具体的专门权益法律来对此予以具体化。

我国宪法有关基本权利的现有规定，总体而言比较简略，需要进一步补充和完善。即便做到了前面所言的补充，我国的宪法依然会保持其简约的风格。为了将国际人权公约的重要规定吸纳进我国法律体系，并形成较为完整的人权法律体系，还是需要对宪法上已有的那些原有权利以及新加入宪法的那些新权利，都分别予以进一步细化。

有些国家或地区通过司法性的宪法解释，运用"默示的宪法权利"或"未列举的宪法权利"等概念，也发展出来了一些宪法基本权利。如按照我国台湾地区"大法官会议"通过"中华民国宪法"第 22 条发展出了家庭权、婚姻自由、姓名权、人格权、隐私权、性行为自主、契约自由等项权利。美国也在未列举的权利理论下发展出了隐私权等权利。这种发展宪法基本权利的方式，与各个国家或地区的具体宪法实施机制、解释机制，人权发展路径等有着密切关联，自有其正当性。尽管如此，在当今世界普遍就实施国际人权公约达成国际共识的大背景下，直接将公约在国内法中予以实施，或者通过专门立法确立公约权利，都是更加具有直接性的发展权利的措施。尽管这些权利可能未必都具有宪法基本权利的地位，但其在执行方面上更具有明确性，也具有准基本权利的地位，同时避免了通过宪法解释所可能产生的一些宪法争议或模糊性，自然这是一种更可取的人权保障方式。

当代的国际人权公约，以及一些国家的宪法通过宪法专章或者人权法案等方式，已经创设了很好的人权规范模式。中国在此基础上，建构中国式的人权法案，即人权保障基本法，是完全可能的，也是非常必要的。

通过人权保障基本法，进一步充实宪法的基本权利规定，补充其简略的规定，进一步充实权利的内涵，明确权利的界限。这方面的内容是很多的，几乎各项权利都有必要在人权保障基本法中进一步细化。以下，仅仅举出几个例子：

比如，关于平等权的规定，我国宪法上规定，公民在法律面前人人平等、男女平等等。结合有关人权公约，可以补充的条款包括："公民受到法律的平等保护。不得基于种族、肤色、性别、语言、宗教、政治或其他见解、国籍或社会出身、财产、出生或其他身份等而作出任何区别对待。""国家不得对任何人进行不公平的直接歧视或间接歧视。"

比如，关于人身自由的保护。可以仿照国际人权公约的规定：任何人不得加以任意逮捕或拘禁。除非依照法律所确定的根据和程序，任何人不得被剥夺自由。任何被逮捕的人，在被逮捕时应被告知逮捕他的理由，并应被迅速告知对他提出的任何指控。任何因刑事指控被逮捕或拘留的人，应当有权要求及时审讯，并有权要求在合理的时间内予以释放。刑事诉讼的被告人在不影响审判的情况下，可以申请取保候审或监视居住。任何因逮捕或拘留被剥夺自由的人，有权向人民法院提起诉讼，以便人民法院能不拖延地决定逮捕或拘禁他是否合法以及如果逮捕或拘留不合法时命令予以释放。任何遭受非法逮捕或拘禁的受害者，有得到赔偿的权利。对所有被剥夺自由的人应给予人道待遇及尊重其固有的人格尊严。除特殊情况外，刑事审判中的未决犯应与已决犯分开关押，并应给予适合于未决犯者身份的分别待遇；被控告的少年应与成年人分开关押，并应尽速予以判决。监狱制度应将犯人改造和重新社会化作为狱政管理的基本目标。少年犯应与成年人分开执行刑罚，并应给予适合其年龄及法律地位的人道待遇。

又如，关于权利的限制，宪法的做法是通过第 51 条作出一般性限制。从国际人权公约的通例来看，通常是，依据各项权利的具体状况，对权利限制作出不同程度、不同要件的设计。这其中也展示了对各项权利的重要性程度的不同认识。

第二，明确和强化各个国家机构的人权保障义务。

从当代有关基本人权的基本理论来看，包括立法、行政和司法机关等在内的所有国家机构都应当尊重和保障基本权利，而不得侵犯基本权利。但是在此前提下，如何理解基本权利的内涵及其功能，如何适当地展开基本权利的具体内容，都需要进一步厘清。各个国家的宪法和司法体制的差别，也使得各国的具体做法差异较大。国内宪法学界仿效德国宪法理论，发展出了诸如防御权、给付权、受益权、程序权、制度性保障、基本权第三人效力、基本权的国库效力等概念，以此强化国家保障和促进人权的各种责任。这些理论可以经由总结和归纳，直接提炼为人权保障基本法的条文。通过明确的法律条文规定，来加强国家的人权保障义务。其中，主要从尊重、保护和促进等方面来具体化国家的人权义务。

通过人权保障基本法，可以明确地界定各类国家机关的尊重和保障人权的职权职责。比如，要通过专门立法明确中央和地方机关的人权保障义务，人大、行政、司法等机构的人权保障功能，各种专门人权机制的职权职责等。

宪法中虽有规定要有宪法监督制度，但是到目前为止还没有专门的宪法监督机制建立起来。这也使人们对宪法实施的保障颇有期待。党的十八届四中全会决定中提出要完善宪法监督制度。这一制度的建立和有效运行，应当会强化对基本权利的保护。基本权利的保护最终还是要落实为通过宪法诉讼机制来保障。如果能建立起宪法法院制度，对基本人权保障而言，那将是最重要的制度机制之一。

为了履行国家的人权保障义务，还需要建立相应的其他人权保障机制。这些机制主要包括：建立由全国人大主导的人权保障委员会。这个委员会可以承担国家人权机构的职能，但其职能又不仅仅限于一般的国家人权机构。联合国按照《巴黎原则》，督促各国建立国家人权机构。在联合国人权委员会有关中国人权状况的定期审查结论性意见中，明确敦促中国建立与巴黎原则要求相一致的国家人权机构。在多个人权公约的国家报告审查结论性意见中，也都有类似的建议。我国正面回应这一建议。在《国家人权行动计划（2016—2020年）》中也明确提出开展设立国家人权机构的可行性与必要性研究。当然，我国的人权保障委员会的不能仅仅是等同于一般性的国家人权机构，而是要结合中国的国家体制特点，在更高层面上界定和发挥其职能。

人权保障委员会具有开展人权教育、人权研究、人权培训、人权事件专项调查等活动的职权职责。设想中的这一人权保障委员会与宪法监督机构大致是平行序列，但是它并不作为全国人大的专门委员会，而是作为人大的特别附设机构。在人权保障委员会下面，设立若干专门委员会，专门就中国人权保障的若干重大问题进行专项治理。比如，可以借鉴其他国家的经验，设置平等委员会（或反歧视委员会）、妇女保障委员会、儿童权益保障专门委员会、残疾人权益保障专门委员会、少数民族权利保障专门委员会、反贫困与人权专门委员会、反酷刑专门委员会、劳工权利保障专业委员会等。这些机构可以分别协调我国目前的若干已有的涉及人权的国家机构、事业单位或者非政府人权保障组织等，并在人权保障委员会的统一指导下开展人权活动。

第三，缓解宪法诉讼的可能压力。

中国的宪法尽管目前还不能通过具体司法活动予以适用，但从现代宪制和法治的发展来看，建立专门的宪法司法机制才能让宪法真正活起来，真正让人民群众在宪法法律面前感受到公平正义。考虑到中国目前的实际情况，成立专门的宪法监督委员会，是在目前国家权力体系中较为可行的做法。

当代各国的宪法法院以及诸如欧洲人权法院这样的区域人权司法机构，所面临的一个共同问题就是由案件量较大等因素引发的审理效率较低的问题。这样的问题，我国以后也会遇到。在我们这样的一个大国，宪法法院制度的一个重大挑战可能就是它的案件量可能会非常巨大。为了及早应对这一问题，也在为宪法法院的设置创造条件的意义上，我们可以通过人权保障法，在相当程度上应对涉及基本人权的大量司法案件问题。人权保障法这一法律，可以由普通法院予以适用。这样通过这个渠道，就可以将相当部分的基本权利案件分流到普通法院里。这部法律相当于是为减少可能的宪法诉讼而预先设置的一个过滤装置。这样有关基本人权的司法保护在我国就可能形成一种二元的司法体系，这两种体系相互配合，共同完成对宪法基本人权的保护。

第四，有助于树立人权价值共识。

从意识形态上看，中国的法治化事业走的是立法引导、意识形态引导的改革路径。从政治上看，我国官方在形式上已经很重视人权，国家尊重和保障人权也写进了宪法，这是一个了不起的进步。但是，也要看到另外一个方面，也就是在人权的制度化落实方面，在人权的具体保障方面，还是有大量的工作亟须推进，如在日常生活中，我们还可以经常看到各种各样的侵犯人权的事件，得不到及时、公正的纠正。这其中，有人权制度不完善、国家机关履行人权保护责任不力等原因，也有人权文化没有真正落实，国民的人权观念没有全面树立等种种因素。在当代中国的背景下，推动人权保障基本法的立法进程，就是一场重大的人权教育、人权理念普及活动。因而，人权保障法的立法本身，也是宣传和普及人权观念的方式。制定和实施这样一部法律，实际上也是培养人权观念的极好方式，是一个很好的人权教育方式。

人权保障法的立法和实施，也有助于促进以人权立法凝聚共识，让人权共识成为改革共识的一部分。在当今中国，全面推进改革的突破口之一就是进一步完善公民的基本权利制度，让每个人在立法和司法上感受到尊严受到保障，感受到公平正义。在此基础上，可以促进人们形成人权共识，提升国民的权利意识，同时也将权利与责任结合起来，树立权利、义务和责任相统一的公民意识。

第五，有助于开展人权领域的国际合作。

人权法是国内立法的一部分，也是国内政治的重要部分，同时，人权法是国际政治和国际法的重要部分。当代人权法的一个重要特点是，国内法与国际人权公约的联系密切，人权立法与人权政治的联系密切。人权保障法，是我国人权事业发展和进步中所提出的重要立法事项，也是加强国际人权公约与国内法之间互动的一个方式，是对国际层面人权领域国际合作交流的一个回应。人权保障法的制定，显然是有利于更进一步开展有关人权的国际交流与合作，有利于提高中国在国际人权政治斗争中的话语权，有利于改善中国在人权方面的国际形象。

人权保障基本法有助于促进我国更加认真履行人权条约义务，深入参与联合国人权机构工作。比如，全面参与联合国人权机构工作，推动联合国人权理事会等机构同等重视经济、社会、文化权利和公民、政治权利，以公正、客观和非选择性方式开展工作。这也有助于广泛开展人权对话、交流与合作。比如，与人权理事会特别机构开展合作，认真答复特别机构来函，邀请有关特别机构访问我国，与各个国际人权公约机构保持积极合作关系等。在平等和相互尊重基础上与有关国家开展人权对话。同时，这有助于加强与金砖国家、发展中国家、发展中国家集团等的人权磋商与合作，向有需要的发展中国家提供人权技术援助。

二、人权保障基本法的基本框架

这里主要介绍我国人权保障基本法的指导思想、基本结构、章节设计原则等有关立法的基本问题。

关于人权保障基本法的立法指导思想。主要有如下几点：立法要从中国的实际需要出发，注重人权制度的社会基础和社会需要；善于总结中国人权发展的经验，从中国特色人权发展道路的特色来推进人权制度建设；立法要坚持中国特色社会主义人权理论，要善于将理论与实践相结合；设计人权制度要积极借鉴国际人权公约的规定，更积极地将人权公约落实为国内基本法等。

关于人权体系的基本架构。要结合中国社会和权利发展的实践需要，来确立人权清单。建立人权清单，要与宪法的规定接轨，同时又要补充和充实宪法的基本权利规定。要结合国际人权公约以及其他代表性国家的人权立法经验，结合中国人权发展的路径和实际需要，建立我国相对完整的基本人权体系。建立人权清单，既要有前瞻性，又要有现实性；既要体现国际先进经验，又要符合中国人权发展的实际。

关于权利保障的总体性原则。主要阐明如下几个问题：其一，人权保障的平等原则。这就是说，平等既是一项具体的基本权利，更重要的是，它也是人权保障的基本原则。应当在人权体系的总体架构中突出人权的平等保护原则。① 其二，明确人权效力的原则。这主要是确定人权条款对各类国家机构的拘束力，同时也从立法上确认人权的所谓水平效力，即非国家主体的行为也要受到人权条款的约束。其三，确立人权的限制。说明我国限制人权的一般原则，以及在紧急状态等特殊情况下对人权的克减及其范围等。尤其应当突出的是，权利限制的比例原则、最小化损害原则、最大化尊重原则等，不得以一种权利限制另一种权利的方式，如不得使用某部法律所规定的基本人权来限制宪法和法律所规定的其他权利的实现，不得用宪法和法律所规定的其他权利来限制该部法所规定的基本人权的实现，同时，该部法中的各项基本权利之间的彼此必要限制是为了更合理地实现各项权利。宪法基本权利与本法之间的权利条款相互协调配合，共同建构基本人权体系。要规定人权不得滥用的原则。其四，要参照国际人权公约，确立人权克减以及克减的限制制度。比如，在社会紧急状态威胁到国家的生命并经正式宣布时，国家得采取措施克减其在本公约下所承担的义务，但克减的程度以紧急情势所严格需要者为限，此等措施并不得与它根据国际法所负有的其他义务相矛盾，且不得包含纯粹基于种族、肤色、性别、语言、宗教或社会出身的理由的歧视。同时，生命权、不受虐待或者刑讯逼供权、不受奴役或者苦役权、受到公正审判权、法律面前人人平等的权利和宗教信仰自由不得予以限制或者剥夺。其五，明确人权条款的解释方法。说明人权条款的解释有其特点，就人权的解释原则、方法、方式以及限制等予以规定。其六，关于权利的冲突及其协调的原则。主要说明基本权利的冲突表现，以及从立法上提供解决冲突的渠道。其七，国家保障人权过程中的正当程序原则。说明国家保障人权的执法行为要遵循正当程序。

关于国家机构的人权保障职责。详细说明各级人大及其常委会、行政机关、人民法院和人民检察院等国家机构的人权保障责任。将人权保障指标纳入各个国家机构的评估体系之中。

---

① 例如《经济、社会和文化权利国际公约》第2条第2款规定："本公约缔约各国承担保证，本公约所宣布的权利应予普遍行使，而不得有例如种族、肤色、性别、语言、宗教、政治或其他见解、国籍或社会出身、财产、出生或其他身份等任何区分。"《公民权利和政治权利国际公约》第2条第1款规定："本公约每一缔约国承担尊重和保证在其领土内和受其管辖的一切个人享有本公约所承认的权利，不分种族、肤色、性别、语言、宗教、政治或其他见解、国籍或社会出身、财产、出生或其他身份等任何区别。"

关于国家保障人权机构及其职权职责。主要说明我国国家人权保障机构体系的框架,说明各类国家机关都有其人权保障义务,主要是国家权力机构、行政机关和司法机构的人权保障义务。关于专门人权保障机构的设计方面,主要说明设计专门人权保障或监督机构的组织、活动程序等。

关于人权教育。国家要深入开展人权教育。将人权教育与国民教育、全民普法相结合;弘扬社会主义核心价值观的人权精神内涵,培育全社会尊重人权的文化。要通过立法明确,以灵活多样的形式将人权知识融入中小学教育教学活动中。要面向幼儿教师、中小学教师开展人权知识培训。国家要支持和鼓励企事业单位加强人权教育、培训,培育人权文化,在境内外投资中将尊重和保障人权作为决策的重要考虑因素。国家要支持新闻和网络媒体设立人权专题频道或栏目,普及人权知识,传播人权理念。

关于人权影响的评估。国家开展立法前的人权影响评估。国家开展人权状况调查。

第十章

依法执政与党领导立法

全面推进依法治国，致力于国家治理体系和治理能力现代化，是中国共产党在新的时代条件下带领全国各族人民进行的新的伟大改革。加强和改善党的领导，把党的领导贯穿于依法治国全过程，是这一当代中国最深刻制度变革取得成功的根本保证。党的十八届四中全会通过的《中共中央关于全面推进依法治国若干重大问题的决定》（以下简称《决定》）强调，党的领导是中国特色社会主义最本质的特征，是社会主义法治最根本的保证；同时认为，党的领导和社会主义法治是一致的，党的领导必须依靠社会主义法治。中国共产党依法执政是依法治国的关键。在新的历史条件下，既要坚持党总揽全局、协调各方的领导核心作用，全面领导立法，也要努力提高党依法执政的水平。唯其如此，必须健全和完善党内法规体系。

第一节　依法执政与完善党内法规体系

一、党的领导是历史和人民的选择

中国共产党在中国长期执政，党的领导是社会主义最本质的特征，是中国特色社会主义制度的最大优势，是做好党和国家各项工作的根本保证。中国由共产党领导，中国的社会主义现代化建设事业由共产党领导，这个原则绝对不能动摇。历史证明，没有共产党的领导就不可能有社会主义革命，不可能有无产阶级专政，不可能有社会主义建设。邓小平指出："坚持四项基本原则的核心，是坚持共产党的领导。"① 正是因为有了中国共产党，才有中国新民主主义革命的胜利，才有社会主义的新中国。"从根本上说，没有党的领导，就没有现代中国的一切"②。

（一）坚持党的领导是国家建构的必然要求

在中国历史上，中国一直面临两个问题，一个是内忧，一个是外患。两千多年前的战国时代，内部分裂，列国纷争，令人印象深刻。秦一统天下后，仍不免分分合合，战火不断。建立一个稳定、持久、统一的国家，一直是中华民族的期盼。及至 19 世纪，中国从曾经世界最富有的国家沦落到被外国列强掠夺瓜分的境地，饱受外强欺凌。那段从鸦片战争到抗日战争的历史，对当代中国人影响最深。追究内忧与外患这两个问题背后的症结，可以认为是中国社会缺乏向心力，存在离心倾向。进一步追问缺乏向心力的原因，则在于中国传统农业社会的散漫。对于这个问题，孙中山有过形象的阐述——"因为是一片散沙，所以受外国帝国主义的侵略，受列强经济商战的压迫，我们现在便不能抵抗。"③ 无独有偶，毛泽东也看到了中国社会的离心倾向，他在《论持久战》中指出："日本敢于欺负我们，主要的原因在于中国民众的无组织状态。克服了这一缺点，就把日本侵略者置于我们数万万站起来了的人民之前，使它像一匹野牛冲入火阵，我们一声唤也要把它吓一大跳，这匹野牛就非烧死不可。"④

以党建国是中国革命必然的选择。如何把一片散沙的中国群众凝聚成一个"坚固的团体"？孙中山指出："中国人既是一片散沙，本是很有充分自由的，如果成一片散沙，是不好的事，我们趁早就要参加水和士敏土，要那些散沙和士敏土彼此结合来成石头，变成很坚固的团体，到了那个时候，散沙便不能够活动，便没有自由。"作为现代中国的创立者，孙中山认为，只有"使全国的人都化为革命党，然后始有真中华民国"，"革命未成功时，要以党为生命，革命成功后，仍绝对用党来维持"⑤。历史证明，国民党以党建

---

① 邓小平.关于思想战线上的问题的谈话（1981 年 7 月 17 日）//邓小平文选：第 2 卷.2 版.北京：人民出版社，1994：391.

② 邓小平.目前的形势和任务（1980 年 1 月 16 日）//邓小平文选：第 2 卷.2 版.北京：人民出版社，1994：266.

③ 孙中山全集：第 9 卷.北京：中华书局，1986：281.

④ 毛泽东选集：第 2 卷.2 版.北京：人民出版社，1991：511－512.

⑤ 孙中山年谱.北京：中华书局，1980：256.

国的实践并不成功。虽然国民党政府当年经常使用"党国"一词，在执政大陆时期，强调以党建国，但事实上，仅仅建立了一个上层架构，并没有将它的意志、政策贯彻到社会生活的方方面面和社会的最底层，没有实现它所追求的以党治国的目标。[①] 在执政大陆时期，国民党从来没有真正完全统一中国，而只有象征性统一。所以邓小平讲："就是国民党统治时期，国家也没有真正统一过，像对山西、两广、四川等地，都不能算真正统一。"[②]

相比之下，中国共产党以党建国、治国的实际效果则远远超过当年在大陆执政的国民党。总结其做法，乃是低层建国。当国民党的活动限于少数城市时，后崛起的中国共产党一开始就注意将其活动延伸于乡村。[③] 及至中华人民共和国成立后，中国共产党的组织更是全国性地向农村地区延伸。[④] 中国共产党不仅致力于农村革命，而且重视基层组织建构。黄仁宇认为，中共领导的土地革命使中国能在数目字上管理，替中国创造了一个新的低层机构。[⑤] 有了这种低层建国的基础，在建国10多年后，毛泽东才敢讲："工、农、商、学、兵、政、党这七个方面，党是领导一切的。党要领导工业、农业、商业、文化教育、军队和政府。"[⑥] 坚持党领导一切，这是中国国家建构的核心要素。如果一个从枪林弹雨中打出来的强势的政党执政中国，并且以建国为己任，在以党建国的过程中，势必坚持党的领导。中国共产党用党领导一切的制度解决国家建构中的离心问题。在国家建构的过程中，坚持党的领导就顺理成章成为一个国家的基本原则。[⑦] 在多年之后，邓小平仍然强调党的领导对于国家建构的意义，认为"没有共产党的领导，肯定会天下大

---

① 黄仁宇．中国大历史．北京：生活·读书·新知三联书店，1997：296.

② 邓小平文选：第2卷．2版．北京：人民出版社，1994：299.

③ 早在1923年，中共"三大"的党纲指出："至于农民当中国人口百分之七十以上，占非常重要地位，国民革命不得农民参与，也很难成功。"中共中央文件选集：第1册．北京：中共中央党校出版社，1982：110.

④ 黄宗智认为："共产党在农村建立党组织当然在与国民党斗争时期已经开始，双方的斗争促使各自向社会的基层纵深发展，但是只有1949年共产党获得最终胜利后，它才能在新解放区充分建立党的机构。"黄宗智．长江三角洲小农家庭与乡村发展．北京：中华书局，2000：178.

⑤ 黄仁宇．中国大历史．北京：生活·读书·新知三联书店，1997：300.

⑥ 毛泽东文集：第8卷．北京：人民出版社，1999：305.

⑦ 福山说："无论如何，国家构建的艺术将成为国家力量的关键要素。"福山．国家构建：21世纪的国家治理与世界秩序．黄胜强，等译．北京：中国社会科学出版社，2007：1，40，116.

乱，四分五裂"①。

从 1949 年中华人民共和国成立至今近 70 年，中华人民共和国已经成为一个政治、经济、文化高度统一的现代民族国家，中国共产党的领导地位具有高度的正当性，但是，这并不意味着国家建构已经彻底完成。中国的国家建构仍然处在进行时，需要进一步补强，国家建构在当今中国仍是一个问题。在中国，国家力量的强弱，甚至中国能否成为一个国家，取决于一个坚强的领导核心。这个领导核心就是中国共产党。

（二）社会主义现代化事业必须由党来领导

自近代以来，为了保证国家的独立发展而免受他国的奴役，中华民族面临的首要任务就是要迅速地完成现代化。这也就是说，通过跨越发展，尽快摆脱落后局面，完成现代化建设。这是中华民族所面临的历史任务，这一历史任务决定了中国共产党的历史使命。在这一过程中，坚持党的领导是必然的选择。历史证明，中国共产党不仅领导中国人民建立了中华人民共和国，并成为引导中华民族实现跨越发展的领路人。它领导中国人民进行改革开放，目的就是实现民族独立和人民解放，实现国家富强和人民富裕，实现中华民族伟大复兴。

党的领导是历史的选择，是现实的需要。邓小平指出："中国现代化建设需要我们的党，中国在国际反霸权主义斗争和争取人类进步事业中的重要地位，需要我们党。"② 今天，在中国这样一个大国，要把十几亿人的思想和力量统一起来建设有中国特色的社会主义，没有一个由具有高度觉悟性、纪律性和自我牺牲精神的党员组成的能够真正代表和团结人民群众的党，没有这样一个党的统一领导，是不可设想的。邓小平说："没有党的领导，就没有一条正确的政治路线；没有党的领导，就没有安定团结的政治局面；没有党的领导，艰苦创业的精神就提倡不起来；没有党的领导，真正又红又专、特别是有专业知识和专业能力的队伍也建立不起来。这样，社会主义四个现代化建设、祖国的统一、反霸权主义的斗争，也就没有一个力量能够领导进行。这是谁也无法否认的客观事实。"③ 中国共产党的领导地位，是不

① 邓小平文选：第 2 卷 . 2 版 . 北京：人民出版社，1994：391.

② 邓小平 . 目前的形势和任务（1980 年 1 月 16 日）//邓小平文选：第 2 卷 . 2 版 . 北京：人民出版社，1994：273.

③ 同上文 266.

可动摇的，如果动摇了，就不可能实现现代化。

在当代中国，社会主义现代化是一场跨越式发展。跨越发展意味着创新思想，唤醒民众，启动改革；意味着在国家资源有限的条件下，能够理性规划，分清轻重缓急，作出合理路径安排；意味着在全球化的残酷竞争中，能够从全局着眼，逐步开放，有效保护和发展国内市场和企业；意味着在发展过程中，能够有效处置由于发展而引发的社会矛盾和动荡，不至于影响社会发展的大局。显然，完成跨越发展，需要一个核心领导力量。[①]

中国共产党已发展成为拥有 450 多万个基层组织、8 800 多万名党员的大党，集中了全国数量众多的先进分子和各方面优秀人才，它在长期奋斗中形成了独特的理论优势、政治优势、组织优势、制度优势和密切联系群众的优势。经过近 70 年的执政洗礼，中国共产党积累了改革开放、治国理政和经济发展的宝贵经验，这些都是中国实现跨越发展的宝贵财富。当然，我们党经历过多次错误，但是每一次都依靠党而不是离开党纠正了自己的错误。实践证明，我们党是一个在前进中善于总结经验、坚持真理、纠正错误的党，勇于正视党员和干部队伍中存在的问题。在这样的情况下，削弱甚至取消党的领导，更是广大群众所不能容许的。这事实上只能导致无政府主义，导致社会主义事业的瓦解和覆灭。

在我国整个社会主义现代化事业中，中国共产党居于领导核心地位。党的领导地位是经过长期斗争考验形成的，是同我们党自觉地肩负起伟大历史使命、不屈不挠地推动中国社会的不断进步紧紧联系在一起的。90 多年来，我们党团结和带领全国各族人民，战胜种种艰难险阻，从根本上改变了中国人民的地位，中国历史的方向和中国社会的面貌。历史充分证明，只有中国共产党才能领导中国人民取得民族独立，人民解放和社会主义的胜利。"没有共产党，就没有新中国。有了共产党，中国的面貌就焕然一新。这是中国人民从长期奋斗历程中得到的最基本最重要的结论。"[②]

二、依法执政为党的领导提供正当性基础

党的十六届四中全会《中共中央关于加强党的执政能力建设的决定》指

---

① 张恒山. 坚持党的领导，改进党的执政方式. 南京审计学院学报，2013（2）.

② 江泽民. 在庆祝中国共产党成立八十周年大会上的讲话（2001 年 7 月 1 日）. 北京：人民出版社，2001：4.

出："我们党成为执政党，是历史的选择、人民的选择。"① 这个精辟论断，表明中国共产党的执政地位是经过长期实践考验，由人民比较、选择的结果。中国共产党能够在各种政治力量中脱颖而出，取得革命的胜利，是因为它的政策、主张和奋斗，反映了人民的利益和愿望，赢得了人民的支持，经过了历史的考验。在中国共产党建立全国政权的过程中，以民族和国家大义为重，以人民利益为重，勇于牺牲和奉献，才逐步确立了中国共产党的领导地位，形成了党的领导的传统。党的领导是党的品性决定的，是中国社情国情所决定的，是用党的巨大牺牲换来的，是经过长时间考验的。所以，历史和人民选择了中国共产党。

今天，中国的历史和社会发生了根本性的变化，中国共产党已经从一个革命党成为一个执政党。党情已经发生了深刻的变化。坚持和加强党的领导必须改善党的领导，不改善党的领导就不能坚持和加强党的领导。党的工作中心已经转移到以经济建设为中心的社会主义现代化建设上来。党在革命和建设中的领导地位是始终不能动摇的，而实现党的领导的具体方式，包括党的领导制度、领导作风和领导方法，又应该随着党的任务的变化而变化。没有一成不变、永远适用的领导体制和方式。领导体制和方式落后于形势任务的发展，就难以实现领导的职能。

江泽民同志在庆祝中国共产党成立 80 周年大会上的重要讲话中，把党情的这种深刻变化，用两句话作了精确的概括。这就是：我们党已经从一个领导人民为夺取全国政权而奋斗的党，成为一个领导人民掌握着全国政权并长期执政的党；已经从一个在受到外部封锁的状态下领导国家建设的党，成为在全面改革开放条件下领导国家建设的党。这是我们为什么要改善党的领导的根据。

虽然成为执政党是历史的选择，但保持执政地位，则需要进行新的正当性建构。所以，《中共中央关于加强党的执政能力建设的决定》指出："党的执政地位不是与生俱来的，也不是一劳永逸的。"② 依法执政为党的领导提供正当性基础。

依法执政之所以能够为党的领导提供正当性基础，是因为在一个世俗化

---

①② 人民日报，2004 - 09 - 27（1）.

的社会中，一个秩序要得到辩护，就得依靠法律。在法律共同体中，程序的形式规则足以作为政治决策的正当化的条件。法律本身不需要进一步加以正当化，甚至无须某种实质的支持。在现代社会，政治正当性主要通过"合法律性"的形式表现出来，因此政治正当性话语为合法律性所取代。如果一个政治决策和行为是按照既定的制度和程序产生的，并且在必要的规则轨道里完成运行，那么遵守和服从自然具有正当性。

依法执政之所以能够提供正当性基础，是因为法律的基本功能就是克服人的随意性。在法治政治下，任何政治组织都需要了解政治游戏的基本规则，一切纠纷都在既定政治框架内按照法律程序解决，而无须诉诸暴力。如果没有法治，执政者会担心反对者以暴力来表达反对意见，会担心反对者彻底否定执政者通过的立法。法治意味着执政党相信一切纠纷，包括政治纠纷，都可以按照既定法律程序来解决。

依法执政之所以能够提供正当性基础，还因为法律本身就建立在正当性的基础上。法律的正当性不在于个人的功利计算，而在于为社会承认并接受的基本理念。如果法律建立在功利性的基础上，因为这个法律规则对我们有好处我们才接受它，那这个法律规则是不稳定的。因为利益的变化总是要比一个稳定法律制度的变化要快得多。一个政党要获得长久执政的正当性就需要依赖于稳定的法律制度，而不是变来变去的利益倾向。

依法执政之所以能够提供正当性基础，原因在于依法执政强调程序公正。政治正当性不仅意味着执政效果是社会成员所欲的，至少是能接受的；而且意味着执政效果的获得是通过一定程序实现的，而这个程序是能为社会所接受的。有时执政的效果虽然令人满意，但如果违背了程序规则，则这样的执政就不具有正当性。反之，一个遵守程序却不能获得满意效果的执政虽不是有效的，却具有正当性。当社会公众对执政党的执政行为作出正当性评价的时候，他们关注的是执政党作出决策的程序是否公正。至于执政的结果，并不是正当性评价的心理基础。[①]

依法执政之所以为党的领导提供正当性基础，从根本上说是因为国家政权是属于人民的，依法执政就是民主执政。在我国，法是党的主张和人民意

---

① 罗尔斯. 正义论. 何怀宏，等译. 北京：中国社会科学出版社，1988：80－83.

愿的统一体现，党的领导、人民当家做主、依法治国三者是有机的统一。所以，在党的领导下依法治国、厉行法治，人民当家做主才能充分实现，党的领导才具备正当性基础。人民通过选举代表、代表集会议事的方式把自己在国家经济、政治、社会、文化等领域的利益要求表达出来，人民的这种利益表达的成文形式就是立法。所以，法律代表人民的意志。彭真同志曾经指出："我们的法律是党和国家的方针、政策的定型化。法律是党领导制定的，但是，必须经过全国人民代表大会或全国人大常委会审议通过。法律已经通过、颁布，每个公民都要服从。党员服从法律，就是服从党的领导，就是服从全国人民。党领导人民制定法律，也领导人民遵守法律。有人问：是法大，还是哪级党委大、哪个党委书记大？当然是法大。不论哪级党委，更不论哪个负责人，如果他的意见与法律不一致，那是他个人的意见。谁都得服从法律。"① 党的十八大报告强调，"党领导人民制定宪法和法律，党必须在宪法和法律范围内进行活动。任何组织或者个人都不得有超越宪法和法律的特权，绝不允许以言代法、以权压法、徇私枉法"②。中国共产党必须遵守代表、体现人民意志的法律。只有依法执政，才能确保党的执政行为符合人民的意志和利益。

三、健全和完善党内法规体系

（一）制度治党的必要性

对于一个组织来说，制度的形成很重要。俗话说，"铁打的营盘流水的兵"。相对于个人而言，人走组织在，组织可以超越个人而存在，故组织具有长久发展的可能性。组织的生命之所以超越个人，原因在于组织的制度化。一个组织有稳定的组织结构和程序，它可以总结经验和教训，为组织的后续发展所用。作为组织，政党必然经历一个制度化的过程。一个政党如果致力于发展，就要不断推进制度建设。制度是政党行为成熟、定型的表现。

政党制度化可以给党内民主提供保障，进而防止政党寡头化倾向。米歇尔斯认为，任何组织，即使它奉行民主思想，也不可避免地会产生强烈的寡

---

① 彭真.关于地方人大常委会的工作//彭真文选.北京：人民出版社，1991：389.
② 胡锦涛.坚定不移沿着中国特色社会主义道路前进为全面建成小康社会而奋斗——在中国共产党第十八次全国代表大会上的报告.北京：人民出版社，2012：28.

头政治倾向，他称此为"寡头统治铁律"。虽然组织的寡头倾向是不可避免的，但却是可以控制的。控制的手段就是制度化。亨廷顿对制度化的定义是"组织和议事程序获得价值和得以稳定的过程"①。他把制度化的过程区分为四个阶段：派系化（factionalisation）、极化（polarisation）、扩张和制度化。派系化是指政治是操弄在少数缺乏组织且不稳定的团体成员手中。在极化的阶段，政治会突破朋党的特质而与社会力量结合，同时政治参与持续增加。到了扩张期，政治领导人会将分散的群众集结成有效率的组织。随着政党体系的建立，制度化也就达成了。亨廷顿认为，制度化的程度可以用四个指标来衡量。第一个指标是适应性（adaptability）。一个组织的适应性越高，制度化程度就越高；相反，如果组织的适应性越低、越僵化，制度化层次就越低。第二个指标是复杂性（complexity）。组织越复杂，制度化程度就越高，反之则越低。第三个指标是自主性（autonomy）（即政治组织和政治过程在其他社会组成及行为模式之间的独立程度），高度发展的政党其组织相当完整，其他低度发展的政党中便缺乏这种特性，因此，后者在相较之下就显得容易受外界影响。第四个指标是组织的聚合性（coherence），越是团结、凝聚力越强的政党，制度化程度越高，反之，组织若越涣散，制度化程度就越低。②

中国共产党在中国长期执政，是中国特色社会主义事业的领导核心。党内法规制度建设不仅事关中国共产党的生命，也事关国家大业和人民福祉。在中国，治国必先治党，治党务必从严，从严务必依规。管理好这样一个有着 8 800 多万名党员、450 多万个基层党组织的大党，离不开完备的党内法规制度作保障。党内法规制度的完备程度是政党发展成熟与否和执政水平高低的一个重要标志。离开完备的党内规章制度，就无法规范党内秩序、严明党的纪律，就无法实现党的集中统一。

党内法规这一概念，是毛泽东同志于 1938 年在党的六届六中全会上提出来的，至今已有 80 年的历史。长期以来，特别是党的十一届三中全会以来，中国共产党认识到党内法规建设的必要性。1978 年 12 月，在中共中央工作会议上，邓小平发表了《解放思想，实事求是，团结一致向前看》的重

---

① HUNTINGTON. Political development and political decay. World politics, 1969, 17 (3)：394.

② Ibid.

要讲话。他指出："为了保障人民民主，必须加强法制。必须使民主制度化、法律化，使这种制度和法律不因领导人的改变而改变，不因领导人的看法和注意力的改变而改变。现在的问题是法律很不完备，很多法律还没有制定出来。""国要有国法，党要有党规党法。党章是最根本的党规党法。没有党规党法，国法就很难保障。"① 1980 年 8 月，邓小平在中共中央政治局扩大会议上发表了《党和国家领导制度改革》的重要讲话。他指出："我们过去发生的各种错误，固然与某些领导人的思想、作风有关，但是组织制度、工作制度方面的问题更重要。这些方面的制度好可以使坏人无法任意横行，制度不好可以使好人无法充分做好事，甚至会走向反面。"② 党的十八大以来，党中央高度重视党内法规制度建设。习近平总书记指出，各级党委（党组）都要把党内法规建设作为事关党长期执政和国家长治久安的重大战略任务，将其摆到更加突出位置，切实抓紧抓好。他强调要"举全党之力，推动形成内容协调、程序严密、配套完备、有效管用的中国特色党内法规制度体系"。他在中共中央加强反腐倡廉法规制度建设进行第二十四次集体学习时指出："本着于法周延、于事有效的原则制定新的法规制度、完善已有的法规制度、废止不适应的法规制度，努力形成系统完备的反腐倡廉法规制度体系。"③

根据依法执政的精神，中国共产党党内法规建设必须基于国家法治视角而进行，党内法规必须与国家法律相互衔接与协调。这种对党内法规的理解着重于看党内法规的制定和实施是否合乎法律之规定，是否在宪法和法律范围内行事。党内法规建设必须遵循法治原则。党领导宪法法律的制定与实施，党也要在宪法法律的范围内活动。习近平总书记在首都各界隆重纪念现行宪法公布施行 30 周年大会上的讲话中指出："坚持党的领导，更加注重改进党的领导方式和执政方式。依法治国首先是依宪治国；依法执政，关键是依宪执政"，"党领导人民制定宪法和法律，党自身必须在宪法和法律范围内活动，真正做到党领导立法、保证执法、带头守法"。就执政党的党内法规而言，由于中国共产党的领导地位，党内法规本身虽不具有国家意志性和国

---

① 邓小平文选：第 2 卷 . 2 版 . 北京：人民出版社，1994：146 - 147.

② 同上书 333.

③ 中共中央文献研究室编 . 习近平总书记重要讲话文章选编 . 北京：中共中央文献出版社，2016：372.

家强制性，不属于法律的范围，但必然会对国家与社会产生影响。因此，执政党的党内法规并不全然是"党内"的，也具有"公共性"；执政党的党内法规并不是"法规"，而是一种组织制度。政党的政治纲领、指导思想、组织结构、议事程序等，如果它们纯粹属于党内问题，与国家法律无关，则不属于法治的领域。执政党的执政行为必然涉及其党员代表进入或退出国家机关的程序，涉及党的意志转换为国家法律的过程等，与国家法律息息相关，则属于法治的领域。"执政党和任何其他党派、社会组织一样，必须遵从法治原则，没有超越于法律之上的特权，必须在宪法法律的范围内活动。"①

（二）党内法规建设走向体系化

党内法规体系虽然不是国家法律体系的组成部分，但是与法律体系有着密切的联系。毕竟，在法治国家，法律调整社会生活的方方面面。作为执政党，中国共产党党内法规的制定和实施对于国家法律的制定和实施起着保障作用，党组织和党员是否带头守法是决定法治体系运作是否具有成效的关键因素。在一定意义上，党内法规体系是衡量中国法治体系的重要指标。

新中国成立以来特别是改革开放以来，我们党陆续制定颁布了一批重要党内法规，初步形成了党内法规制度体系框架，为管党治党、治国理政提供了重要制度保障。但是，这些法规也存在内容老旧、内部冲突、效力不足、体系不严谨等诸多问题。在新的形势下，面对"四大考验"和"四大危险"，面对党肩负的领导人民实现"两个一百年"宏伟目标和中华民族伟大复兴的历史重任，党要管党、从严治党的任务更加繁重和紧迫。因此，中国共产党高度重视党内法规建设工作，党的十八大对推进党的制度建设作出了战略部署。党的十八大以来，经过党内法规制定程序的规范化、党内法规的清理、创制和完善以及反腐败工作，党内法规体系建设取得了很大成绩，党内法规的执行力得到了有效提升，党内法规体系基本确立。

建立党内法规体系，首先是设定科学合理的党内法规制定程序。以往的党内法规制定主体多元、权限不清、程序不严谨、不科学，严重制约了党内法规体系建设工作。2013年5月，《中国共产党党内法规制定条例》及其配套的《中国共产党党内法规和规范性文件备案规定》同时发布，对党内法规

---

① 朱景文．论法治评估的类型化．中国社会科学，2015（7）．

的制定权限、制定原则、规划计划、起草程序、审批发布、适用解释、审查备案和清理评估等方面作了详细规定，成为制定党内法规的"立法法"。

建立党内法规体系，要全面清理党内法规和规范性文件。新中国成立以来至 2012 年 7 月，党内出台大量党内法规和规范性文件，这些制度有的与宪法和法律不一致，有的与党章和新时期党的路线方针政策不协调，有的与新形势新任务不适应，影响了党内法规的统一性和权威性。2012 年 7 月到2014 年 11 月，党中央分两次对新中国成立至 2012 年 6 月期间由党中央出台的党内法规和规范性文件进行了集中清理。经过清理，1 178 件中央党内法规和规范性文件中，322 件被废止、369 件被宣布失效，继续有效的 487 件，其中 42 件需要适时进行修改。同时，中央纪委、中央各部门和各省、市区党委也分阶段对本部门本地区出台的配套党内法规和规范性文件进行了相应清理。

建立党内法规体系，必须有计划、有步骤地进行。党内法规的制定过程是一个理性的、深思熟虑的过程，需要统筹规划，合理推进。2013 年 11月，中央办公厅发布了《中央党内法规制定工作五年规划纲要（2013—2017年)》，这是中国共产党首次编制党内法规制定工作的五年计划。这份规划确定了党内法规制定的指导思想、工作目标和基本要求，明确未来五年内主要完善党的领导和党的工作、思想建设、组织建设、作风建设、反腐倡廉建设和民主集中制建设 6 个领域 37 个具体方面的党内法规，并提出了要重点制定的 45 件党内法规项目。

建立党内法规体系，必须适时进行制定和修改工作。党的十八大以来，党主动修改、完善了一批重要的党内法规，如制定《党政领导干部选拔任用工作条例》《干部教育培训工作条例》《中国共产党廉洁自律准则》《中国共产党纪律处分条例》《中国共产党地方委员会工作条例》《中国共产党巡视工作条例》等多部党内法规。与此同时，根据党情需要，制定了一批党内法规，如制定了《中国共产党党组工作条例（试行)》《中国共产党统一战线工作条例（试行)》《省部级领导干部秘书管理规定》《党政机关厉行节约反对浪费条例》等党内法规制度。党的十八届六中全会制定了《关于新形势下党内政治生活的若干准则》，修订了《中国共产党党内监督条例（试行)》，这不仅向全党全社会彰显了依规从严治党和制度反腐的坚定决心，也标志着中国共产党党内法规体系基本确立。

（三）党内法规建设存在的问题及建议

根据中国人民大学法治评估研究中心于 2015 年进行的中国法治评估，党内法规体系指标总得分为 68.9 分，其中 4 个二级指标分别是党内法规完善性指标得分为 70.7 分，党内法规执行力指标得分为 67.1 分，党规国法协调性指标得分为 65 分，党员带头守法指标得分为 72.6 分，其中两项党内法规执行力和党规国法协调性指标处在较差的水平，而另两项党内法规完善性和党员带头守法指标处在中间水平。（参见表 10-1）

表 10-1　　　　　　　　　党内法规体系各类指标评分

一级指标	分值	二级指标	分值	三级指标	分值
党内法规体系指标	68.9	党内法规完善性指标	70.7	党内法规完善性指标	70.7
		党内法规执行力指标	67.1	违纪处分指标	64.4
				监督机制指标	69.8
		党规国法协调性指标	65	党规国法协调性指标	65
		党员带头守法指标	72.6	领导干部守法指标	70.6
				办事人员守法指标	72.2
				普通党员守法指标	75.1

就党内法规指标好、中、差评比例而言，在 4 个二级指标中，执行力指标获得好评比例最高（45.4%），完善性指标次之（43.2%），再者是带头守法指标（40.4%），协调性指标获得好评比例最低，为 13.7%。与此相应，协调性指标获得差评比例最高（44.3%），执行力指标次之（44.1%），再者为完善性指标（29.8%），最后为党员带头守法指标（17.5%）。需要注意的是，执行力指标好评比例与差评比例相差无几，可见人们对党内法规执行力的评价处于一种矛盾认识之中。比较而言，党规国法协调性指标好评比例最低，差评比例最高，表明人们对党规国法协调性的不满。

在党内法规各项三级指标中，违纪处分、党规国法协调性指标处于较差的水平，只有 65 分以下，应引起高度注意，这是当前党内法规建设的薄弱环节，违纪处分跟不上，法规制定得再多也形同虚设。党内法规的完善性和监督机制以及领导干部守法指标处在同一水平，70 分上下，达到中评状态，这是近年来加强党内法规建设的效果。但是值得注意的是，在党员守法指标中，虽然都达到中评的水平，但是普通党员、党组织办事人员和领导干部带头守法的评价呈递减状态，党的领导干部是否遵纪守法是决定我国法治状况好坏的关键。

评估发现，在党内法规制定方面，社会各界予以一定认可，这符合当前党中央努力清理并制定党内法规工作的事实；在党内法规的贯彻实施方面，社会各界并不满意，特别是对党员监督作用打分很低，相比之下对纪委监督作用的发挥则比较满意；在党规与国法的关系方面，社会各界最为不满，认为党规与国法冲突现象仍然普遍；在党员带头守法方面，社会各界较为满意，特别是对普通党员的遵纪守法情况较为满意。

分析可见，党内法规建设距离社会各界的期望值还有一定距离。需要在继续做好党内法规制定工作的同时，进一步通过纪委监督和上级监督加强党内法规的执行力，同时拓展社会监督和党员监督渠道；特别要重视党内法规与国家法律的衔接和协调工作，不仅党内法规的制定部门重视这项工作，而且各级党委及其有关部门都应该在工作中切实遵守宪法、组织法以及公司法等国家法律规定，切实把党内法规与国家法律衔接和协调起来。

基于这些意见，我们有以下的建议以进一步改善党内法规水平：第一，贯彻落实党内法规制定程序制度，推进党内法规制定的科学化和民主化。第二，明确党内法规制定和解释主体，保证制定者或解释者的身份合法性。第三，建立多元化党内监督机制，同时辅以社会监督。第四，建立党内法规制定者与国家法律制定者之间的协商机制。第五，抓住党员领导干部这个关键少数，加强党内问责制度建设，同时通过学习教育强化其法治思维。

第二节　党领导国家立法的历史与经验

立法是国家的重要政治活动，立法工作关系党和国家事业的发展全局。当前，以提高立法质量为核心，创新立法体制机制，使其更好地为改革开放保驾护航，更好地维护国家法制统一，完善以宪法为核心的中国特色社会主义法律体系，推进国家治理体系和治理能力现代化，这些任务非常艰巨。值此之际，回顾党领导国家立法的近 70 年历史，审视如何在立法中实现和贯彻党的领导、人民当家做主与依法治国的有机统一，总结党领导立法的实践经验和具体途径，这为党领导立法、监督执法，建设中国特色社会主义法治体系，实现良法善治提供了支撑，并有突出的现实意义和理论价值。

一、党领导立法历史的简要回顾

新中国的法制建设是从立法起步的。以党领导立法工作发展为主线，结合考察执政党思想意识形态与战略决策的变化，可将中华人民共和国成立近70 年来法制建设的历史分为以党的十一届三中全会为分界点的两个发展时期和四个阶段：

1. 立法初创阶段（1949—1956 年）

新中国成立前夕，中共中央发出了《关于废除国民党〈六法全书〉和确定解放区司法原则的指示》，指示各解放区"人民的司法工作不能再以国民党的《六法全书》作依据"，从而彻底废除了国民党的"伪法统"，提出要建立人民的新法律。1949 年 9 月 29 日，中国人民政治协商会议第一届全体会议通过了具有临时宪法作用的《中国人民政治协商会议共同纲领》，确立了人民代表大会制度是我国的政权组织形式，为新的政权体系奠基。中华人民共和国成立后，我国在党的领导下制定了 1950 年《婚姻法》、1950 年《土地改革法》，根本上颠覆了腐朽的封建婚姻家庭制度和土地私有制度；1951年制定的《惩治反革命条例》、1952 年制定的《惩治贪污条例》则随着"三反""五反"运动渐次施行，将党的政策法律化。董必武指出，"中央人民政府颁布的法律命令都是党的创意，许多重要的文稿都是先由党拟定初稿（不经过党的准备、考虑，是没有的），然后经过政协全国委员会或它的常委会讨论，再提到中央人民政府委员会或政务院讨论通过"。

党对立法的领导首先表现为党领导制定宪法这一根本大法。1953 年 12月 24 日，作为宪法起草委员会主席的毛泽东南下杭州刘庄宾馆，亲自领导和起草《中华人民共和国宪法》。1954 年 9 月 15 日，第一届全国人民代表大会第一次会议在北京隆重开幕，全体与会代表于 1954 年 9 月 20 日以全票赞成并通过《宪法》。整个立法过程，充分发扬了民主，前后征求了数十万条意见，这是在党的领导下我国法制和立法建设的一个里程碑，是党的政策主张在第一部社会主义类型的宪法中的成功体现，是党领导立法建设重大成果的结晶。

五四宪法确立的立法体制，为下一步较大规模立法做了准备。从 1954年 9 月全国人民代表大会建立到 1957 年年底，全国人大及其常委会、国务院及其部委的立法活动形成了新中国成立以来制定法律、法规的第一个高峰。与此同时，刑法、刑事诉讼法、民法、民事诉讼法等基本法律的起草工作也在党的领导下全面展开。这些立法工作成果，有力地推动了社会主义法制建设，保障和促进了当时社会主义经济建设发展和社会主义改造的顺利进行。

2. 立法停滞阶段（1957—1976 年）

在这一历史时期，党的八大所确立的正确政治路线没有能够坚持下来，由于党的主要领导人在国内主要矛盾、党的主要任务以及如何建设社会主义等问题上作出了错误判断，提出了以阶级斗争为纲的错误主张，继之"文化大革命"、无法无天，导致还很薄弱的民主与法制建设受到极大的破坏。这一时期，虽然在党的领导下仍然制定和施行了《户口登记条例》《农业税条例》《农村人民公社工作条例修正草案》（60 条）、1975 年宪法等规范性文件，但无论立法数量还是立法质量都很成问题，难以起到治国理政的重要作用。

3. 立法恢复与发展阶段（1978—2011 年）

1978 年 12 月，党的十一届三中全会实现了新中国成立以来党在历史上具有深远意义的伟大转折。党总结了新中国成立以来的经验教训，全面拨乱反正，把工作重点转移到社会主义现代化建设上来，开始形成"一个中心，两个基本点"的基本路线。邓小平提出："从现在起，应当把立法工作摆到全国人民代表大会及其常务委员会的重要议程上来。""为了保障人民民主，必须加强法制。必须使民主制度化、法律化，使这种制度和法律不因领导人的改变而改变，不因领导人的看法和注意力的改变而改变。"① 应做到有法可依、有法必依、执法必严、违法必究。

面对"无法可依"的现实难题，邓小平同志指出，（立法工作）"要成熟一个、制定一个"，"宜快不宜慢"，"宜粗不宜细"。新成立的第五届全国人民代表大会承担起加快立法的历史重任。在法制委员会主任彭真的领导下，在 1979 年上半年，仅用了 3 个月的时间，就制定和颁布了刑法、刑事诉讼法、全国人大和地方各级人大选举法、地方各级人大和地方各级政府组织法、人民法院组织法、人民检察院组织法、中外合资经营企业法

① 邓小平. 解放思想，实事求是，团结一致向前看//邓小平文选：第 2 卷 . 2 版 . 北京：人民出版社，1994：140 - 153.

等 7 部法律。① 需要指出的是，从人权荡然无存、公民权利被践踏的"文化大革命"阴影中走出来，人民群众对基本人权和秩序安定的强烈要求成为这一波法制改革的巨大动力，国家顺应了人民的这一需求，恢复重建人民法院和人民检察院，建立和完善刑法、刑事诉讼法，拨乱反正，甄别纠正了大量冤假错案，为后续的改革开放奠定了政治和法律基础。②

　　随后，我国又于 1982 年制定了新中国第四部宪法，也即现行宪法。彭真同志在亲自领导制定现行宪法的时候，始终强调立法者的党性原则，将党对国家各项事务的坚强领导全面清晰地规定在序言和具体条文当中。1986 年 4 月，第六届全国人大第四次会议通过了体现改革精神、调整有计划的商品经济的基本法——《民法通则》。它是我国经济体制改革胜利成果的记录，又是经济体制改革深入进行的法律保障③，其基本原则和基本制度，在过去 40 多年社会主义经济与社会建设中起到了不可磨灭的历史作用。

　　1991 年，在总结党领导立法工作的经验的基础上，中共中央发布《关于加强对国家立法工作领导的若干意见》（8 号文件）。这份文件明确了党对立法工作的领导方式。提出党对国家立法工作的领导主要实行政治领导，即方针、政策的领导，并对政治领导的内容和方式以及需要中共中央讨论的重要法律的范围及程序作了明确规定。

　　1997 年 10 月，党的十五大正式确立"依法治国，建设社会主义法治国家"的治国方略，强调指出"党领导人民制定宪法和法律，并在宪法和法律范围内活动"。关于立法工作，还提出要到 2010 年形成中国特色社会主义法律体系的愿景规划。1999 年 3 月，第九届全国人民代表大会第二次会议以宪法修正案的形式，将其规定在国家宪法中；同时，在宪法序言中明确规定"我国将长期处于社会主义初级阶段"；"坚持公有制为主体、多种所有制经

---

① 1979 年 6 月 26 日，彭真在第五届全国人大第二次会议上作关于 7 个法律草案的说明时，特别强调了法律贯彻执行中的 3 个重要问题：一是把法律交给 9 亿人民掌握，使他们运用这个武器监督国家机关和任何个人依法办事；二是建立一支强大的专业的执法队伍；三是共产党员、革命干部要在守法、执法上起模范带头作用。彭真传：第 4 卷. 北京：中央文献出版社，2012：1365 - 1366.

② 在"文化大革命"中，公、检、法机关统统被砸烂，不能有效地行使审判权和监督权。粉碎"四人帮"后，人民法院和人民检察院在复查、纠正"文化大革命"期间判处的约 120 万件刑事案件的特殊历史背景下逐渐得以恢复、重建。

③ 杨振山.《民法通则》诞生的历史条件及意义. 政法论坛，1986（3）.

济共同发展的基本经济制度，坚持按劳分配为主体、多种分配方式并存的分配制度"；"农村集体经济组织实行家庭承包经营为基础、统分结合的双层经营体制"；"在法律规定范围内的个体经济、私营经济等非公有制经济，是社会主义市场经济的重要组成部分"。2004 年，第十届全国人大对宪法又修改了十多处，主要有：国家尊重和保障人权①；公民的合法的私有财产不受侵犯；国家鼓励、支持和引导非公有制经济的发展；国家为了公共利益的需要，可以依照法律规定对土地实行征收或者征用并给予补偿；国家建立健全同经济发展水平相适应的社会保障制度；等等。与此同时，历届人大还通过制定《国民经济和社会发展五年规划（计划）》，详细规定民主法制建设要点，引领和推进法治建设目标的实现。

值得一提的是，以加入 WTO 为契机，适应中国经济、政治和公共事务上全面融入国际社会的客观需要，我国加快相关立法和法律清理，按照国际通行规则全面推进法制改革，取得了巨大成就。根据中国政府代表入世时所签署《中国加入工作组报告书》第 22 条之规定："（我国）将保证所有法律、法规和行政要求自中国加入之日起全面遵守和执行在国产品和进口产品之间的非歧视原则，除非议定书（草案）或报告书中另有规定。中国代表声明，不迟于加入时，中国将废止和停止其实施效果与 WTO 国民待遇规则不一致的所有现行法律、法规及其他措施。这一承诺是针对最终或暂行法律、行政措施、规章和通知或任何其他形式的规定或指南作出的。"法律创制和清理的具体工作包括：（1）1999 年制定的新合同法结束了"三足鼎立"的局面，2001 年修订的著作权法、商标法和专利权法全面构建了我国知识产权法律体系，包括 2007 年颁布的中国物权法及此前颁布的担保法等。（2）在电信管理、外资证券公司、外资保险公司、国际海运管理、农业补贴等领域，制定一些世贸规则所允许和要求的、符合市场经济运作的新的法律法规。例如服务贸易方面的立法、保障措施法、电信法以及保护集成电路布图设计的法律需要提上全国人大的立法日程。（3）修改现行法律法规中不符合世贸规则的一些内容，或者补充某些规定的不充分的内容。对于明显违反世贸规则

---

① 中国政府于 1991 年发表了《中国的人权状况》白皮书，2009 年之后又连续发布年度《国家人权行动计划》，向国际社会阐述了中国在人权问题上的基本立场和实践，通告未来一年在人权行动方面的详细计划，以推进国家各项人权事业的发展。

的，一律修改的。(4)加速国际立法特别是国际经贸方面的立法。(5)废除那些不符合世贸规则的规定。内部文件要废除，不能作为法律依据，一些时过境迁不再使用的法规也要明令废止。总之，中国的立法部门始终强调转变观念，更多地学习、借鉴、吸收甚至移植国外立法和国际立法的经验，注意同国际立法接轨和向国际惯例靠拢，显著提高了立法体制的民主化、立法行为的程序化、立法技术的规范化，为构建中国特色社会主义法律体系奠定了基础。

2011 年 3 月 10 日，吴邦国委员长在第十一届全国人大第一次会议上宣布："以宪法为核心，以法律为主干，包括行政法规、地方性法规等规范性文件在内的，由七个法律部门、三个层次法律规范构成的中国特色社会主义法律体系已经基本形成。"社会主义法律体系的各个法律部门已经齐全，国家经济、政治、文化、社会生活的各个方面基本实现了有法可依，党领导立法工作取得了重大的历史性成就。

4. 全面推进依法治国、提高立法质量和完善法律体系阶段（2012 年—）

中共十八大在之前历次大会上所提出依法治国方略的基础上，作出"全面推进依法治国"的战略部署，开创了法治建设的新局面。会后，习近平总书记就法治建设发表了一系列重要讲话，对弘扬宪法法律权威、树立法治信仰、加强法律实施、发挥人民在法治建设中的主体作用、领导干部带头守法等提出了明确要求。

党的十八届三中全会通过的《中共中央关于全面深化改革若干重大问题的决定》提出的 60 大项全面深化改革的实际举措，所有改革事项都与法制改革息息相关，涉及一系列现行法律的制定、修改、清理和废除问题，且都需要用宪法和法律凝聚改革共识、引导和规范改革、确认和巩固改革成果。[①]党的十八届四中全会通过的《中共中央关于全面推进依法治国若干重大问题的决定》进一步提出完善以宪法为核心的中国特色社会主义法律体系，加快宪法实施的口号。其要求"建设中国特色社会主义法治体系，必须坚持立法先行，发挥立法的引领和推动作用，抓住提高立法质量这个关键。要恪守以民为本、立法为民理念，贯彻社会主义核心价值观，使每一项立法都符合宪法精神、反映人民意志、得到人民拥护。要把公正、公平、公开原

---

① 张文显. 全面推进法制改革，加快法治中国建设. 法制与社会发展，2014（1）：5-20.

则贯穿立法全过程，完善立法体制机制，坚持立改废释并举，增强法律法规的及时性、系统性、针对性、有效性"。

党的十八大以来，我国立法工作取得显著进展。习近平总书记强调，凡属重大改革都要于法有据。在整个改革过程中，都要高度重视运用法治思维和法治方式，发挥法治的引领和推动作用，加强对相关立法工作的协调，确保在法治轨道上推进改革。这方面的具体成就包括：预算法修改成功，为深化财税体制改革，实施全面规范、公开透明的预算制度奠定了基石；全国人大常委会通过关于修改文物保护法等 12 部法律的决定、关于授权国务院在中国（上海）自由贸易试验区暂时调整有关法律规定的行政审批的决定、关于修改海洋环境保护法等 7 部法律的决定、关于修改保险法等 5 部法律的决定等；颁布了旅游法、特种设备安全法、军事设施保护法、安全生产法……修订了商标法、消费者权益保护法等，在深化改革中完善法律体系，强化立法的可执行性和可操作性，取得了重大成就。

二、党领导立法的基本经验

1. 始终坚持党的领导，是搞好立法工作的政治保证

回顾新中国成立以来立法工作的每一个成就，都离不开党的正确领导。中国共产党从革命党转变为执政党，从新中国成立伊始领导制定《共同纲领》、完成社会主义改造，确立社会主义制度，制定中国第一部社会主义宪法；改革开放之后不断加强社会主义法制，坚持人民民主，这一切都来源于、统一于党的领导。党的领导是我国科学、民主立法最有力的保证与前提，是立法工作始终坚持正确的政治方向、切实实现人民民主的可靠保障。坚持中国共产党对立法的领导，已经成为中国特色社会主义法治建设的题中之意，是立法工作的一项根本性原则。

党的十八届四中全会决定指出："党的领导是中国特色社会主义最本质的特征，是社会主义法治最根本的保证。把党的领导贯彻到依法治国全过程和各方面，是我国社会主义法治建设的一条基本经验。"中国共产党是中国特色社会主义事业的领导核心，代表最广大人民的根本利益，党在任何时候都把群众利益放在第一位，坚持权为民所用、情为民所系、利为民所谋，不允许任何党员脱离群众。党的基本理论和路线方针政策，党的重大决策部署

和立法建议，凝聚了全党全国的集体智慧，体现了最广大人民的根本利益和共同意志。只有在党的领导下依法治国、厉行法治，人民当家做主才能充分实现，国家和社会生活法治化才能有序推进。坚持党的领导，是社会主义法治的根本要求，同遵从人民意愿、维护人民利益是完全一致的。

从学理上分析，党对立法工作的领导是政治领导、思想领导、组织领导的统一。具体有如下几个特点：第一，它是以执政党的身份执行领导立法的任务。第二，它是组织行为和集体行为，而不是个人的行为。正如周恩来总理所指出的那样："大家都承认共产党是领导党，共产党的领导是指党的集体领导，党的中央和党的各级领导机构的领导。起领导作用的，主要是党的方针政策，而不是个人。个人都是平等的。"① 由于立法活动在我国国家和社会生活中的重要性，也由于立法活动是一项科学活动，党作为执政党领导立法，为避免不犯错和少犯错，就需要通过集体领导，运用集体的智慧和力量，制定正确的路线方针政策，领导国家立法。第三，它是由党的中央委员会和相应的地方党委领导立法。党对立法的领导，主要应定位在中央和省级的地方，基层党委不一定都要起领导作用。中共中央通过大政方针指引全国性立法，地方党委也需要通过政策指引地方立法。由于立法调整具有普遍性和非个别性，这对党的政策的宏观性、指导性，提出了覆盖面上的要求。按照新《立法法》之规定，在当代中国，地方立法的权力，一般是由设区的市以上的主体行使的。因此，主张由一定层级以上的地方党委特别是省级地方党委领导立法，更符合实际情况。第四，它是通过国家权力机关进行的立法。中国共产党与国家权力机关的性质不同，职能不同，组织形式和工作方式也不同，两者不能相互代替。因此，党领导国家立法，进行依法执政，就不能绕过国家权力机关或代替权力机关立法，而应积极支持和尊重人民代表大会履行职能，依照法定程序，开展各项立法活动。

坚持中国共产党对立法工作的领导，党本身也要遵守《宪法》和《立法法》以及其他法律的规定，认真履行党要管党、从严治党责任。党组议事决策应当坚持集体领导、民主集中、个别酝酿、会议决定，重大决策应当充分协商，实行科学决策、民主决策、依法决策。在对立法工作作具体指导的过

---

① 老一代革命家论人民政协. 北京：中央文献出版社，1997：284.

程中，要坚持运用法治思维、法治原则、法治方式，实现党对立法工作领导的制度化、规范化、程序化，从制度上、法律上保证党的路线方针政策的贯彻实施，使这种制度和法律不因领导人的改变而改变，不因领导人的看法和注意力的改变而改变。

立法工作的实质就是党的主张与人民意志相结合。国家立法机关在充分发扬民主的基础上，把反映人民整体意志和根本利益诉求的党的主张，通过民主科学的立法程序，及时转变为国家意志，并赋予这种意志以国家强制力保障实施的法律效力，使之成为全社会一体遵循的行为规范和活动准则。要始终坚持党的领导和理论指导，紧紧围绕党和国家工作大局谋划、推动和开展立法工作，科学制定立法规划和工作计划，突出立法重点，使立法准确反映经济社会发展要求，更好协调利益关系，妥善解决立法工作中遇到的难点问题，不断提高立法的科学化、民主化水平。从而通过立法实现了党的主张、人民意志到国家意志的转换提升，保证党的领导与依法治国的有机统一。

2. 正确处理政策和法律的关系，是搞好立法工作的思想基础

习近平同志在 2014 年 1 月中央政法工作会议上明确指出，要正确处理党的政策和国家法律的关系。我们党的政策和国家法律都是人民根本意志的反映，在本质上是一致的。党既领导人民制定宪法法律，也领导人民执行宪法法律，做到党领导立法、保证执法、带头守法。政法工作要自觉维护党的政策和国家法律的权威性，确保党的政策和国家法律得到统一正确实施。

众所周知，党的领导包括政治领导、思想领导和组织领导，党主要通过政策的法律化来实现自己的政治、思想领导。党的政策是党依据一定历史时期的客观形势和社会发展规律制定的方针、路线、原则，这些政策主张，体现了人民群众的共同意志和利益，反映了社会关系发展的规律性认识，指引着法律发展的方向和体系建构趋势。中华人民共和国成立初期，制定法律还没有成熟的条件和经验，党只能主要按政策办事，而当立法的条件和经验比较成熟之后，逐步通过创制和实施法律以改变单靠政策办事的弊端就是必然选择。社会主义现代化建设，要求立法工作自觉接受党的领导，以国家的名义并按照法定程序，将党的政策转化为体现国家意志的法律，将其条文化、规范化、法定化。当然，法律受党的政策的指导，并不意味着法律只是简单地、被动地把政策"翻译"为法律条文。党的政策法律化的过程，不仅使政

策借助法律调整所特有的方式和机制，更好地得到贯彻与落实，而且法律的施行进一步提升了党的领导的权威性、正确性，如此循环上升，有助于推动党的领导方式的转变，有助于推动实现真正的良法善治。

3. 牢牢坚持人民主体地位，是搞好立法工作的核心理念

人民是依法治国的主体和力量源泉。我国法律是人民的法律，应由人民自己制定，使人民或他们的代表直接参加法律的讨论、制定和修改工作。社会主义法治是为了人民、依靠人民、造福人民、保护人民的法治，它以人民为主体，以依法治权、依法治官为手段，以保障人民根本权益为出发点和落脚点，恪守以民为本、立法为民理念，坚持国家的一切权力属于人民，坚持法律面前人人平等，保证人民依法享有广泛的权利和自由、承担应尽的义务，维护社会公平正义，促进共同富裕。

新形势下达到完善法律体系、加强和改进立法工作的根本目的，就要以人民利益为根本利益，以人民意志为崇高意志，以人民幸福为最高追求，以人民满意为最高评价，以人民拥护为政治基础，以人民民主为生命源泉，使每一项立法都符合宪法精神、反映人民意愿、得到人民拥护。坚持人民主体和民主立法原则，不仅应在法律条文中体现民主精神和民主内容，而且应在立法程序上体现民主制度。这种民本主义的立法观要求国家尊重和保障人权，完善体现权利公平、机会公平、规则公平的法律制度，保障公民人身权、财产权、基本政治权利等各项权利不受侵犯，保障公民经济、文化、社会等方面权利得到落实，实现公民权利保障法治化。正确处理权利与权力、权利与义务、权力与责任的关系，统筹兼顾不同方面的利益，从法律制度上更好体现发展为了人民、发展依靠人民、发展成果由人民共享。

4. 发挥人大及其常委会的主导作用，是搞好立法工作的组织依托

作为我国政治制度中最重要的顶层设计，人民代表大会制度体现、协调和处理人民代表大会与公民，人民代表大会与国家行政机关、司法机关的关系，是人民参政议政、决定国家和社会公共事务的基本方式。我国现行《宪法》规定："中华人民共和国全国人民代表大会是最高国家权力机关"，是"行使国家立法权"的国家机关。《立法法》进而对全国人民代表大会及其常委会、地方人民代表大会及其常委会的立法权限作了界定。

发挥人大在立法工作中的主导作用，一要明确最高立法机关的专属立法

权，协调处理好人大立法和常委会立法的关系，充分发挥全国人大及其常委会的立法职能，强化上位法对下位法的监督统合作用，确保法制统一。依照《宪法》和《立法法》，二者行使国家立法权的基本权限划分是：全国人大制定和修改刑事、民事、国家机构的和其他的基本法律；全国人大常委会制定和修改除应由全国人大制定的法律以外的其他法律。未来除了继续有效发挥全国人大常委会的立法职能以外，应相对加大和增强全国人大本身的立法职能。全国人大所制定基本法律的修改原则上仍由全国人大按立法程序进行，增加全国人大和地方各级人大立法的数量，进一步体现立法的民主性。扭转常委会立法比重过高的局面，逐渐实现人大立法由被动"虚置"向主动"主导"、由"常委会主导"向"人大作用实在化"的方向转变。

发挥人大主导立法工作作用，二要明确不同立法主体的立法权力边界，协调处理好人大立法和行政立法、地方立法的关系，以全国人大及其常委会为中心展开有效的宪法和法律监督，保证行政立法和地方立法与宪法法律的统一，从体制机制和工作程序上有效防止部门利益和地方保护主义法律化。当前我国行政立法和地方立法的数量远远超过法律的数量，即使是全国人大及其常委会的立法，实际起草机构大多数仍是国务院或其下属行政机关。对此有必要进一步厘清国家立法机关对国务院授权立法的范围、边界，企业、财税、金融等领域的基本法律经过实践检验、条件成熟时应由全国人大或者全国人大常委会制定。与此同时，在明确中央立法权限的同时，各级地方立法权限也要尽可能明确划分，表述上"宜细不宜粗"，强调可执行性，避免语义模糊，防止其他立法主体的"越权"现象。对地方立法"授权"和"限权"，要充分适应各方面的复杂情况，不宜"一刀切"。应当审时度势，当宽则宽，当严则严，发挥中央和地方立法机关的"两个积极性"。深究起来，改革开放以来全国人大及其常委会的多次授权立法是导致行政立法和地方立法相对膨胀的根源之一。从改革和发展的实践需要考虑，当时国家需要制定和修改一大批法律，但立法条件极不成熟，便采取了授权国务院制定行政法规的方式。这个授权的立意无可厚非。但其在收获巨大改革成效的同时，也暴露出不少问题：立法授权过于笼统，缺乏明确性，既没有具体范围，又没有有效期限；没有对授权立法实施切实有效的管理和监督，出现不少效果不佳的越权立法。另外，现行《宪法》第 62 条、第 67 条规定，"监督宪法实施"的权力属于全国人大及其常委会，"解释宪法"的权力则排他性地属于人大常委会，这些重要机制亟须在实践中激活应用。

发挥人大主导立法工作作用，三要充分发挥专门委员会和常务委员会工作机构在立法运作程序中的地位和作用。这种地位和作用主要表现在：全国人大各专门委员会的任务主要是研究、审议和拟订包括法律案在内的有关议案，并且有权提出属于全国人大或人大常委会职权范围内同本委员会有关的议案。法制工作委员会是全国人大常委会的工作机构，没有直接向全国人大或人大常委会提出法律案的权力，但它可以接受人大常委会交给的任务，进行有关法律案的研究、拟订工作，并在法律案的起草、审议过程中，同有关方面联系协商。2015 年修订后的《立法法》进一步强化了专门委员会和常务委员会工作机构的相关职能。两个机构都有的新职能包括：进行立法调研（第 16 条）；提前参与有关方面的法律草案起草工作，组织起草综合性、全局性、基础性的重要法律草案（第 53 条）；组织对有关法律或者法律中有关规定进行立法后评估，评估情况应当向常务委员会报告（第 63 条）；对报送备案的规范性文件进行主动审查（第 99 条）；向制定机关提出审查意见、研究意见，制定机关按照所提意见对行政法规、地方性法规、自治条例和单行条例进行修改或者废止的，审查终止（第 100 条）；将审查、研究情况向提出审查建议的国家机关、社会团体、企业事业组织以及公民反馈，并可以向社会公开（第 101 条）。人大法工委独自新增的职能有：负责编制立法规划和拟订年度立法计划，并按照全国人民代表大会常务委员会的要求，督促立法规划和年度立法计划的落实（第 52 条）。

发挥人大主导立法工作作用，四要进一步完善人大监督的体制机制。习近平指出，"人民代表大会制度的重要原则和制度设计的基本要求，就是任何国家机关及其工作人员的权力都要受到制约和监督"。具体说来，人大可以通过"备案审查"和"改变撤销"两种机制对规范性文件进行监督。党的十八届四中全会决定指出："加强备案审查制度和能力建设，把所有规范性文件纳入备案审查范围，依法撤销和纠正违宪违法的规范性文件。"新修订的《立法法》增列主动审查、增加全国人大专门委员会和常委会工作机构对审查建议的反馈、重申司法解释为备案审查对象等举措。此外，应启动对违反宪法法律的规范性文件"改变撤销机制"。实际操作中，可先选择某些违宪违法严重、负面影响大的典型规范性文件，予以改变或撤销，以发挥警示作用，提高各级各类机关、组织维护法制统一的自觉性。

发挥人大主导立法工作作用，五要加强人大主导立法的平台保障和人才资源库建设，提高人大常委会有丰厚学养和法治实践经验的专职常委比例，建立健全专门委员会、工作委员会立法专家顾问制度。

5. 坚持从中国的国情和实际出发，是搞好立法工作的现实依托

法律属于上层建筑，实践是法律的基础，法律是实践经验的总结和提升。脱离国情和实际的立法，即使搞出来，也只是空中楼阁、纸上谈兵，解决不了我国发展面临的实际问题。法治建设和立法工作，必须从我国长期处于社会主义初级阶段这个最大国情和最大实际出发，同改革开放不断深化和现代化建设不断推进相适应，顺应时代前进潮流、反映实践发展要求。

张友渔指出："立法是为了解决实际存在的问题，必须从当前的实际出发，根据客观要求和所具备的条件，制定能够解决实际问题的法律。如果不是实际需要，或虽属实际需要，但条件还不成熟，就不应制定为法律，否则所制定的法律就会成为实际上不起作用的一纸空文，会失去法制的严肃性，甚至成为有害的东西。"他还这种提出以下三个需要认真看待的问题：第一，立法从实际出发，它不是以所有实际情况而是要以实际生活中最本质的东西为依据。第二，立法从实际出发，就不能脱离现实，而应适应情况的变化，根据政治、经济各方面需要解决的问题，按照轻重缓急制定相应的法律。第三，立法从实际出发，就要注意需要和可能的结合。所谓可能是你做了工作后有可能，是创造条件迎可能，不是等可能。从实际出发并不排斥古为今用、洋为中用。从实际出发也不是只看到当前情况，而不预测未来发展。实际包括两方面：一是现在的实际；二是将来的实际，将来的实际是指看准了将来的方向一定是这个，而不是脱离实际的空想、超前。从实际出发，是根据实际情况，将好的肯定下来，不好的改掉，该发展的发展，而不是迁就实际。从实际出发，就要总结过去经验，并对不同时期不同国家的法律，作比较研究，作出结论。制定和修改法律一定要结合实际，抓住一个时期带有普遍性和长期性的重要问题。①

---

① 周旺生．张友渔立法思想记述．［2016－08－01］．http：//www. pkulaw. cn/fulltext _ form. as-px？Db ＝art&Gid＝335580067.

搞好立法工作，应当坚持从中国的国情和实际出发，紧紧围绕实现"两个一百年"奋斗目标和任务要求，适应社会经济发展的需要，了解人民群众的重大关切，积极应对立法工作面临的新形势新课题新任务。深入分析立法需求，区分不同情况推进各领域立法，注重各方面法律制度协调发展。根据内外环境、条件和情况的发展变化，及时进行立改废释。汲取中华法律文化精华，吸收人类法治文明成果，借鉴国外立法有益经验，但绝不照抄照搬。

6. 大力推进依宪治国依宪执政，是搞好立法工作的工作重点

宪法是国家的根本法，是治国安邦的总章程，在中国特色社会主义法律体系中居于核心地位。坚持依法治国首先要坚持依宪治国，坚持依法执政首先要坚持依宪执政。宪法是法律法规的总依据，同时宪法又通过法律法规予以贯彻和体现。历史经验表明，在推动宪法实施方面，立法担任着重要角色、发挥着重要作用。宪法所确立的国家根本制度和根本任务、基本原则、方针政策、活动准则等，需要通过一系列行之有效、相互衔接和配套的法律法规来贯彻来落实。

宪法实施是宪法保持生命力的关键，也是建设社会主义法治国家的基本要求。必须加快建设包括宪法实施和执法、司法、守法等方面的体制机制，坚持依法行政和公正司法，从而确保宪法法律全面有效实施。依宪治国，就是要坚持人民的主体地位，保障人民的基本权利。依宪治国，就是要用宪法约束公权力，把公权力关进宪法制度的笼子。依宪治国，就必须保障宪法的实施。习近平强调："宪法的生命在于实施，宪法的权威也在于实施。我们要坚持不懈抓好宪法实施工作。"[①] 他指出："宪法是国家的根本法。法治权威能不能树立起来，首先要看宪法有没有权威。必须把宣传和树立宪法权威作为全面推进依法治国的重大事项抓紧抓好，切实在宪法实施和监督上下功夫。"[②] 党的十八届四中全会决定将每年 12 月 4 日定为国家宪法日，建立宪法宣誓制度，有利于在全社会增强宪法意识、彰显宪法权威，增强公职人员

---

① 在首都各界纪念现行宪法公布施行三十周年大会上的讲话（2012 年 12 月 4 日）//十八大以来重要文献选编：上．北京：中央文献出版社，2014：88.

② 关于《中共中央关于全面推进依法治国若干重大问题的决定》的说明（2014 年 10 月 23 日）//习近平关于全面推进依法治国论述摘编．北京：中央文献出版社，2015：47.

宪法观念，激励公职人员忠于和维护宪法。

宪法监督是保障宪法的正确实施，维护和巩固社会主义民主制度的重要活动和制度。它是维护宪法权威与尊严的客观需要，保证国家法制统一与国家主权的制度基础，保障公民基本权利的必然要求。完善宪法监督制度，其一要坚持党对宪法监督工作的领导，充分认识宪法监督制度的重要性。其二要完善全国人大及其常委会宪法监督制度，健全宪法解释程序机制，建立承担宪法监督职能的具体机构，明确宪法监督的具体程序。其三要加强备案审查制度和能力建设，把所有规范性文件纳入备案审查范围，依法撤销和纠正违宪违法的规范性文件，禁止地方制发带有立法性质的文件。其四要在宪法监督的基础上，进一步加强党内监督、人大监督、民主监督、行政监督、司法监督、审计监督、社会监督、舆论监督，努力形成科学有效的权力运行和监督体系，增强监督合力和实效。

7. 坚持改革和立法的辩证统一，是搞好立法工作的价值原则

改革是"变"，立法是"定"，二者是破与立的辩证统一关系。古人讲："治国无法则乱，守法而弗变则悖，悖乱不可以持国。"这表现在当前的立法工作中，就是要将改革决策和立法决策很好地结合起来，正确处理法律的稳定性与变动性、现实性与前瞻性、原则性与可操作性的关系，努力做到重大改革于法有据、立法主动适应改革和经济社会发展需要。对实践证明行之有效的，要及时上升为法律；对实践条件还不成熟、需要先行先试的，要按照法定程序作出授权；对不适应改革要求的法律法规，要及时修改和废止。过去几十年的立法工作中，我们始终坚持理性主义的法律体系建构姿态，坚持社会主义立法的统一性、整体性，在党的统一领导下，积极进行科学的立法预测，制定立法规划、立法计划，有步骤、建设性地分层次立法，终至形成中国特色社会主义法律体系，进而在此基础上，不断与时俱进，完善和发展法律体系，就是明证。

修订后的《立法法》将"发挥立法的引领和推动作用"作为立法法的制定宗旨并列为第1条，同时规定全国人民代表大会及其常务委员会可以根据改革发展的需要，决定就行政管理等领域的特定事项授权在一定期限内在部分地方暂时调整或者暂时停止适用法律的部分规定（第13条）。针对现行授权立法规定比较原则化，有些授权范围过于笼统、缺乏时限要求

等问题，《立法法》规定授权决定应当明确授权的目的、事项、范围、期限以及被授权机关实施授权决定应当遵循的原则等；被授权机关应当在授权期限届满的 6 个月以前，向授权机关报告授权决定实施的情况（第 10 条）。

8. 不断总结经验和稳步推进，是搞好立法工作的方法特色

法治是规则之治，法律是一种能建立确定预期的正式制度，其主要功能在于建立和保持一种可以大致确定的预期，以便利人们的相互交往和行为。中国过去近 40 年制定政策和法治改革的实际过程是：反复试验、不断学习、抓住机遇、持续调整。这种情形可以形象地概括为"摸着石头过河"的实事求是精神，即为了灵活应对外界的不确定性，行为主体必须不断尝试各种方法、步骤和组织机构，以适应具体环境，从而找出与可行性成本相符的适用政策。法律试行是消解法律保守性与创新性之间张力的有效办法，在必须具有能对抗事实变更的预期稳定性的法律领域中，充满了实验主义精神，是立法工作的特点和优点。从经济学角度看，由法律试行而发生的法律创新主要是法律主体"边干边学"的经验积累过程，它可以汲取经由反复试错收获的学习收益、反思收益、决策主体多元化收益、体系化和日常化收益等。

作为改革开放的总设计师，邓小平同志有过这样的论断："改革是中国的第二次革命……我们的方针是，胆子要大，步子要稳，走一步，看一步。"改革就是难事。每项改革都是对人们利益的重新调整，都会受到既得利益者显性或隐性的反抗。在过去近 40 年的立法实践中，党中央、各级立法机关和普通民众恰当地发挥了传统的实践理性精神，没有强行突破改革开放前初步定型的路线政策、法律制度，而是通过"放权让利"，鼓励人民群众的创新精神，大打"擦边球"、大搞"增量改革"，最终取得了良好的改革成就，趟出了一条中国特色社会主义法治道路。

不断总结经验和稳步推进立法，还有一层意思是要正确理解法律（体系）完备的问题。2010 年党中央宣告中国特色社会主义法律体系形成。很多人就以为这个"形成"，就是完成和终结的意思。但在事实上，法律或法制的完备，是个历史的范畴，是相对的、发展变化的。立法固然需要预见未来，但主要是考虑现实情况和需要，它是在实践的基础上产生，并且主要是解决现实问题的。社会实践永无止境，法律体系也要与时俱进。因此，要完

备法律，就要从实际出发，不断总结经验，根据客观发展规律，积极而逐步地制定、修改、废止乃至于解释法律，从而使以宪法为核心的法律体系，随着中国特色社会主义实践的发展不断完善。

通过回顾近 70 年党领导国家立法的历史与实践，毫无疑问可以说，党的领导是人民当家做主、依法治国的根本保证。坚持党对立法工作的民主、科学领导，是国家立法的基本经验，也将是未来法治中国建设实现良法善治的根本前提。

第十一章

依法行政与法治政府建设

党的十八届四中全会通过《中共中央关于全面推进依法治国若干重大问题的决定》（以下简称四中全会决定），在提出全面推进依法治国的总目标和基本原则的基础上，专门就科学立法、严格执法、公正司法、全民守法、法治队伍建设、加强和改进党对全面推进依法治国的领导等六个方面作出全面部署。这一长达1.7万多字、多达180多项制度革新举措的纲领性文件，对我国的法治政府提出了新的要求。中共中央、国务院2015年发布的《法治政府建设实施纲要（2015—2020年)》（以下简称《纲要》）进一步对我国的依法行政和法治政府建设作出了更为具体的规划。可以说，两个文件的出台，是影响我国未来法治政府建设进程的重大事件，对法治政府的研究必须深刻理解这两个文件的精神，才能正确把握未来法治政府建设的方向和依法行政的路径。

第一节　依法行政与法治政府建设的时代背景

我国结束"文化大革命"、开始改革开放、终于重视法制之际，总结历史经验提出了"有法可依、有法必依、执法必严、违法必究"的法制建设十六字方针，许多年来其对于增强法制观念、推动法制发展起到了积极作用。此后，立法受到重视，拨乱反正，制定出很多法律规范。1999年修宪，专门将"中华人民共和国实行依法治国，建设社会主义法治国家"写入宪法，开启了我国法制建设的新阶段，提出了建设法治国家的法制建设宏远目标。

经过近 40 年努力，付出巨大成本，迄今我国已有现行法律 240 多部、行政法规 720 多部、地方性法规 8 700 多部、规章约 2 万部，建立起以宪法为核心的社会主义法律体系。

在改革发展取得巨大成绩、进入转型发展新时期之后，无论主观方面还是客观方面，人民对法制建设都有了更高的期许。首先表现为已形成的法律体系尚不完善，还有缺口，仍然存在"无法可依"的一些情形，也普遍存在"有法不依"的严重问题，但更突出的问题在于一些现有法律规范质量不高或不符实际，在法制实践中难以执行，导致出现某些情形的"有法难依"。鉴于此，党的十八大报告提出了在新形势下要更全面地推进法制建设的新方针：科学立法，严格执法，公正司法，全民守法。新的十六字方针更符合现代法治精神，也更符合我国实际，其首要任务就是科学立法，强调法律规范的质量，追求"良法"，而不再只是"有法可依"；在此基础上，强调要注重完善法律规范实施机制，追求"善治"。党的十八届四中全会称"法律是治国之重器""良法是善治之前提"。

党的十八届三中全会作出的《中共中央关于全面深化改革若干重大问题的决定》第九部分，专门就如何推进法治中国建设作出部署，特别强调必须坚持依法治国、依法执政、依法行政共同推进，坚持法治国家、法治政府、法治社会一体建设。党的十八届四中全会则进一步就全面推进依法治国作出重大战略部署。可见，上述全面推进、共同推进、一体建设的要求，是实现良法善治的基础，也是法治中国建设的新内涵。习近平总书记在首都各界纪念现行宪法公布施行 30 周年大会上，在中共中央政治局多次集体学习会上，在纪念人民代表大会制度建立 60 周年大会上，特别是在十八届四中全会上就四中全会决定所做专题报告中，都专门强调了新时期的法治中国建设问题，提出宪法的生命和权威在于实施，依法治国的关键在于依宪治国，依法执政的关键在于依宪执政，要提高运用法治思维和法治方式的能力，努力推动形成良好法治环境，在法治轨道上推动各项工作；要全面推进科学立法、严格执法、公正司法、全民守法，坚持依法治国、依法执政、依法行政共同推进，坚持法治国家、法治政府、法治社会一体建设，不断开创依法治国新局面。可见全面推进、共同推进、一体建设的方针是实现中国梦的法治保障，构成了法治中国的核心要求，同时也是我国推进依法行政、建设法治政府最重要的时代背景。

第二节　依法行政与法治政府建设的战略目标

经过改革开放近 40 年的艰苦探索，犹如我国的经济发展由粗放型、数量型发展方式正逐渐转向效益型、质量型发展方式，我国的法制建设也由粗放式、重数量发展阶段正逐渐转入精细化、重质量发展阶段，人们对于中国特色社会主义法治建设道路有了更明晰的认识。党的十八届四中全会决定在提出全面推进依法治国的总目标和基本要求的基础上，专门就科学立法、严格执法、公正司法、全民守法、队伍建设、党的领导等六个方面作出全面部署，提出了 180 多项对依法治国具有重要意义的改革举措，有针对性地积极回应了民众呼声和社会关切。

法律的生命力在于实施，法律的权威也在于实施。最大量的法律实施主体是各级人民政府和行政机关，建设法治政府是全面推进依法治国这一宏大社会系统工程的重要组成部分。党的十八届四中全会决定明确提出，各级政府必须坚持在党的领导下、在法治轨道上开展工作，深入推进依法行政，加快建设法治政府。

在党的十八届四中全会决定提出的全面推进依法治国的 6 项重大任务中，第 2 项是深入推进依法行政、加快建设法治政府。决定就此提出了战略构想、作出了制度安排，包括如下六个方面的制度建设重点：依法全面履行政府职能，健全依法决策机制，深化行政执法体制改革，坚持严格规范公正文明执法，强化对行政权力的制约和监督，全面推进政务公开。此外，在其他 5 项重大任务中，也有许多制度建设要求与建设法治政府密切相关，例如提升行政立法质量，健全行政诉讼制度，完善依法治理体系，加强行政执法队伍，履行政府机关党组织的领导和监督职能等，这些都须坚决落实、认真实施。如把推进依法行政、建设法治政府的内容仅限于在四中全会决定关于第 2 项重大任务中加以理解，这是不全面的。

推进依法行政、建设法治政府是贯彻法治中国建设战略方针的"投入产出较高"且"政治风险较低"的关键举措。通过法治政府建设理论创新和实践探索，可对国家治理现代化的内涵、源流、目标及其系统构成和运行机制等进行系统、深入、给力的探索和解决。简言之，深入推进依法行政、加快建设法治政府，是全面推进依法治国的主要环节。

改革开放近40年来，我国在推进依法行政、建设法治政府方面取得许多进展，为推进依法治国、建设法治国家打下了基础。但依法行政的现状与经济社会发展的要求远不适应，与人民群众的期待还有差距，一个重要原因是对何谓法治政府、何谓衡量法治政府的标准的理解存在误区，使得推进法治政府建设缺乏抓手。

法治政府建设是宏大的社会系统工程，所以《全面推进依法行政实施纲要》第5条就如何建设法治政府提出6项总体要求，也即合法行政、合理行政、程序正当、高效便民、诚实守信、权责统一，并将其具体化为7项努力目标。

《中共中央关于全面深化改革若干重大问题的决定》在诸多重大事项、重要制度、关键领域提出了基本构想，也对建设法治政府进行了顶层设计。该《决定》第9部分第31条专门就建设法治政府提出了一系列具体要求，实际上就是描述了法治政府建设标准的框架范围和基本要素。这包括：（1）深化行政执法体制改革，整合执法主体，相对集中执法权，推进综合执法，着力解决权责交叉、多头执法问题，建立权责统一、权威高效的行政执法体制；（2）减少行政执法层级，加强食品药品、安全生产、环境保护、劳动保障、海域海岛等重点领域基层执法力量；（3）理顺城管执法体制，提高执法和服务水平；（4）完善行政执法程序，规范执法自由裁量权，加强对行政执法的监督，全面落实行政执法责任制和执法经费由财政保障制度，做到严格规范公正文明执法；（5）完善行政执法与刑事司法衔接机制。特别是针对长期存在的依法行政薄弱环节，重点提出理顺和改善执法体制、基层执法、城管执法、执法程序、执法衔接等具体要求。

建设法治政府的努力目标，概括起来就是要建设有限政府、法制统一政府、透明廉洁政府、公正诚信政府、服务效能政府、责任政府，这也就是建设法治政府的6条判断标准。按照这样的标准要求，不仅要理顺政府的内部关系，还涉及如何依法调整政府与企业、与市场、与社会、与其他国家机关的关系，也即建设法治政府与建设法治国家、建设法治社会密切相关。

党的十八届四中全会进一步提出深入推进依法行政、加快建设法治政府的努力目标，并将其概括为建设职权法定政府、决策民主政府、法制统一政府、透明廉洁政府、责任明确政府、公正诚信政府，要求按此要求依法理顺政府机关的内部关系，调整政府与企业、与市场、与社会、与其他国家机关的关系。

凡事预则立。法治政府建设是宏大的社会系统工程，仅有战略方针和总体目标还不够，还需要更系统、更细致、定路线、定标准、有资源、多手段、分步骤的实施规划和工作计划，才有利于加快法治政府建设进程。为此，中共中央和国务院于2015年发布了《纲要》，对法治政府建设作出了全面、具体的安排。其中，提出了法治政府建设的总体目标是经过坚持不懈的努力，到2020年基本建成职能科学、权责法定、执法严明、公开公正、廉洁高效、守法诚信的法治政府。法治政府的衡量标准是政府职能依法全面履行，依法行政制度体系完备，行政决策科学民主合法，宪法法律严格公正实施，行政权力规范透明运行，人民权益切实有效保障，依法行政能力普遍提高。可以说，在《纲要》之中，法治政府建设有了更为清晰和明确的目标。

当然，《纲要》作为法治政府建设的顶层设计，只能是宏观的，这也就决定了其有一定的缺陷。为了使法治政府建设的目标更为具体，各地方还可以根据《纲要》确定的总目标及时制定年度推进计划和若干专项工作安排、示范项目，更加理性、可行、高效地推动法治政府建设，确保到2020年实现基本建成法治政府的中近期目标，也为法治政府建设的长远目标打下更好的基础。

第三节　深入推进依法行政、加快建设法治政府的具体任务

一、重点完善组织法、程序法、公开法、应急法和救济法

行政组织法、行政程序法、行政公开法、危机应急法和权利救济法，是我国行政法律体系中的几个薄弱环节，下一步应当作为重点加强立法建制，充分做到有法可依，这也是建立健全我国社会主义法律体系的必然要求。关于行政组织法，重点是制定行政机关编制法、行政权限争议解决法和其他行

政公务人员法，修改国务院组织法和地方组织法；关于行政程序法，重点是在总结地方立法经验的基础上，尽快出台我国的统一行政程序法；关于行政公开法，重点是在总结政府信息公开条例实施经验的基础上，尽快出台我国的政务公开法；关于应急法，重点是出台紧急状态法、国防动员法、国民经济动员法，修改突发事件应对法、防震减灾法；关于权利救济法，重点是出台行政补偿法，修改行政复议法、行政诉讼法、国家赔偿法。

完善行政法律体系的基本思路应当是分层次、分阶段有序推进的，不可能一蹴而就。以行政组织法体系为例，未来的完善应当分以下四个层次推进。

第一层次：制定《行政组织基本法》。该法应规定行政组织法的基本原则、行政组织形态、行政主体制度、地方法律分权、行政组织程序、违反行政组织法的责任等基本问题。

第二层次：在该层次，需要制定三部分法律。其一，制定《国务院组织法》和《中央行政机关设置标准法》。前者具体规定国务院的地位、职权，国务院总理的权限等；后者规定中央各行政机关的设置基准，中央行政组织的结构和规模等。其二，制定《地方基本法》，规定地方的基本问题，如地方的法律地位，地方行政建制、固有事项、权限，中央与地方的关系等。其三，制定《其他公务组织法》，对其他公务组织涉及的共同问题作出原则规定。

第三层次：在上述三类法律之下，应进一步立法。如在《中央行政机关设置标准法》下制定各中央行政机关设置法，具体规定各中央行政机关的地位、主管事项、权限、内部结构框架及人员定额等。在《地方基本法》之下制定《省组织法》《市组织法》《县组织法》《乡镇组织法》，以及《地方财政法》等法律，分别规定各类地方的地位、设置标准、设置程序、必设的机关和各类地方的财政权限。在《其他公务组织法》之下制定《行业组织法》《社会团体法》，对各类公务组织作出进一步规定。

第四层次：在第三层次下，由国务院及地方根据具体情况作进一步规定。如国务院可根据各行政机关设置法，制定各行政机关的设置法规，具体规定各行政机关的内部构成，各内部机构的主管事项、权限、人员定额等。省、自治区、直辖市根据法律制定《××省组织条例》《××市组织条例》等。[①]

二、按照行政民主的要求完善公众参与机制

这是行政法民主化进程的必然要求。法治政府建设的进一步推进需要政府机关自身的努力，但是仅靠政府机关的努力不能够充分实现建设法治政府的目标。这既有政府机关自身的能力原因，也有政府机关可能存在的惰性问题，还需要吸收公众的参与，特别是要有更多的行政相对人参与到行政管理工作、法治政府建设中。目前已有很多法律文件规定了社会公众对法治政府建设的参与机制，例如立法法规定了立法活动的公众参与机制，行政处罚法和行政许可法规定了相应的听证机制和其他的公众参与机制。随着法治政府建设的不断进步，需要不断完善公众参与机制，包括网络舆论等新媒体监督渠道在内的民主监督机制。国家环保主管部门推出的环境评价公众参与办法和湖南省行政程序规定，已示范地作出了公众参与行政管理和监督行政的制度安排。不断完善的公众参与和利益表达机制，将为我国法治政府建设的进一步发展提供动力和环境基础。

三、加强市县和基层的依法行政工作

此前发生的湖南嘉禾县强制拆迁事件和河北定州拆迁打人事件，以及2008年发生的贵州省瓮安县"6·28打砸烧事件"，都充分表明市县政府是我国政权体系中的基础环节，处在政府工作的第一线，承担着经济、政治、文化、社会等各方面的管理职责，直接面向广大人民群众，需要直接处理各种具体、现实的利益关系和社会矛盾，如果不能严格依法行政，工作稍有疏忽，就会造成严重的违法侵权后果。因此，推进市县政府依法行政，是巩固党的执政基础的必然要求，是落实科学发展观的重要保障，是构建社会主义和谐社会的重要基础，也是加强政府自身改革和建设的根本途径。而且，历史经验证明，法治政府创新的动力和智慧源泉在地方、在基层、在民众之中。因此，大力推进市县政府和基层组织的依法行政，是建设法治政府和服务型政府的基础和关键。

---

① 中国政法大学薛刚凌教授就此提出过诸多意见和建议，我们认为符合实际，值得重视，在此选择采用。

四、各级政府应建立依法行政领导小组

我们党提出的治国基本方略是依法治国，我们党执政的基本方式是2002 年党的十六大提出的依法执政（党的十八届四中全会进一步提出依宪执政），相应地，各级政府机关的基本准则就是依法行政。依法治国是基本方略，依法执政是基本政策，依法行政是基本准则。要实现国务院《全面推进依法行政实施纲要》提出的远期和近期目标，必须加强对于依法行政工作的领导。此前一些省成立了依法行政领导小组，由书记担任组长，法治政府的责任机制问题抓得紧，效果不错。但是在中央层面和许多地方，一直没有成立依法行政领导小组，不利于推动工作。因此，在各个层面建立依法行政领导小组，加强党和政府对这项工作的领导，这应作为法治政府建设的一个基本要求。

五、建立符合国情的法治政府评价指标体系

法治政府建设进行多年，已取得很多成就，但如何才能确定法治政府建设的成效和水平？如何才能确定建设法治政府的目标是否实现？法治政府的评价指标体系，也即"法治政府 GDP"，作为衡量法治政府工程建设是否达标的基本的衡量指标或者量化标准，这是科学发展观在法治政府建设工作中的积极运用。为此可以先认真做好立法后评估和行政立法后评估工作，完善指标体系，摸索操作经验，制定相关立法。要建立符合我国国情的法治政府指标体系，必须通过调查论证，把握实际需要，设立科学指标，才能准确衡量行政法治化的程度。在方法创新过程中，切忌将指标设计得过于简单化或复杂化，例如片面地将所谓零争议、零申诉、零复议、零起诉等作为衡量法治政府的指标，这既不符合实际，也歪曲了法治的本意。此项工程应当未雨绸缪地着力进行，不能等到 2020 年进行考核评价之际才匆匆忙忙推出一套评价指标，各级政府和行政机关纷纷考核过关了事，那会损害了法治权威和政府形象，导致法治政府建设前功尽弃。

六、促使行政公务人员树立现代行政法治观念

观念更新是制度创新的前提和向导。在新形势下深入推进法治政府建

设，必须首先注重通过教育培训推动观念更新，促使广大行政公务人员牢固树立现代行政法治观念，包括宪法至上、尊重人权、行政权限、行政民主、行政服务、程序法治、政府诚信、接受监督、权利救济等观念。对于政府机关工作的领导同志来说，还要适应新形势、转变旧观念，树立新的民意观、发展观、政绩观和治理观。对于政府机关工作的年轻同志来说，还要注重树立辩证唯物主义和历史唯物主义的行政法治发展观。这是提高依法行政能力、全面推进依法行政、努力建设法治政府的要义，应当成为全社会的共识，并共同为之努力。

第十二章

刑事立法的现状与展望

第一节　我国刑法立法体系建立的历史沿革

大体而言，我国的刑事立法体系可以区分为刑法典、单行刑法、刑法修正案和附属刑法 4 类，其通过一定的组成和结构构形成特定的刑法体系①，科学的刑法体系有利于刑法功能的发挥。我国刑法体系自新中国成立，经历了一个相对漫长的形成过程，并随着我国法治建设的深入推进而不断发展完善。以 1979 年刑法典和 1997 年刑法典作为分界点，我国刑法体系可以划分为 3 个阶段，也即自 1949 年新中国成立至 1979 年刑法典制定，可以称为刑法体系的初步形成阶段；自 1979 年刑法典的实施至 1997 新刑法典的制定，可以称为刑法体系的发展阶段；自 1997 年新刑法典实施至今，可以称为刑法体系的完善阶段。

1949 年新中国成立后初期，由于主要任务是稳定政权、发展经济，法制建设还没有受到足够的重视。之后，受"文化大革命"的影响，刚刚起步的法制建设又遭到了严重破坏。因此，自新中国成立至 1979 年新中国首部刑法典制定之前，我国刑法立法还十分匮乏，主要的刑法立法文件只有中央人民政府委员会通过的一些条例和决定，例如 1951 年《惩治反革命条例》和《妨害国家货币治罪暂行条例》、1952 年《惩治贪污条例》、1956 年《关

---

① 赵秉志．刑法总论．北京：中国人民大学出版社，2007：36．

于宽大处理和安置城市残余反革命分子的决定》和《关于对反革命分子的管制一律由人民法院判决的决定》。此外，这一阶段的一些行政管理类的非刑事法律中也规定了一些附属刑法规范，例如《消防监督条例》《国境卫生检疫条例》《爆炸物品管理规则》等。总之，这一时期的刑事立法还比较零散，没有形成一个相对稳定的体系。1979 年 7 月 1 日，第五届全国人大第二次会议通过了我国首部刑法典，这是我国刑法体系初步形成的标志。该刑法典共分为 2 编 192 条，其中第一编是总则部分，分为 5 章，共 89 条，第二编是分则部分，分为 8 章，共 103 条。总体而言，首部刑法典条文数量比较少，而且具体条文大多比较简短，因此是一部粗放型的刑法典。但是，这部刑法典第一次系统性地规定了犯罪与刑罚的基本原则，集中规定了具体犯罪及其法定刑，结构相对合理、体系相对完善，因此标志着我国刑法体系的初步形成。

1979 年我国首部刑法典在"文化大革命"结束两年后便仓促出台，在一定程度上是基于对"文化大革命"时期法治遭到严重破坏的沉痛反思。但是，受制于当时的政治、经济形势，以及由此决定的法治环境，再者由于缺乏刑事立法经验，立法技术也不成熟，因而这部刑法典在立法观念上还比较保守，在内容上也过于粗疏。在此之后，我国改革开放日益深入，特别是商品经济的发展使刑法典显示出与社会现实生活的诸多不适应之处。因此，在首部刑法典制定后不久，我国便着手开始对其的补充、完善工作。据统计，自 1981 年至 1997 年新刑法典通过前，全国人大常委会先后通过了 25 部单行刑法，并在 107 部非刑事法律中设置了附属刑法规范。[①] 通过这些单行刑法以及非刑事法律中的附属刑法规范，不仅刑法体系的空间效力、溯及力、犯罪主体、共同犯罪、刑罚种类、死刑案件的核准、量刑制度、罪数、分则罪名、罪状、法定刑、罚金适用、法条适用等内容得到了进一步完善[②]，而且刑法体系也得到了进一步的充实，形成了刑法典、单行刑法和附属刑法相互补充、相互配合的格局。但是，这一时期的刑法立法也存在一系列的缺陷，如刑法的内容不完善，有些罪刑关系的规范不协调，刑法规范过于粗略，刑事立法缺乏总体规划，立法解释极为欠缺等[③]，因而影响了刑法体系

---

① 高铭暄，赵秉志 . 中国刑法立法之演进 . 北京：法律出版社，2007：42.

② 同上书 44 - 45.

③ 赵秉志 . 刑法改革问题研究 . 北京：中国法制出版社，1996：5.

的完整和统一。应当说，1997 年刑法典基本延续了 1979 年刑法典的体系，但是在具体条文设计上更为完备。1997 年刑法典就总则而言，增加规定了现代刑法的三项基本原则，强化了刑法的人权保障机能，进一步扩大了犯罪主体的范围，严密了法网；就分则而言，大大扩充了条文数量，由 1979 年刑法典的 103 条增加规定为 351 条，由原来的 8 章增加为 10 章，章节设置更加合理，体现了刑法的科学性与时代性特色。因此，1997 年刑法典的制定是我国刑法体系初步完善的标志。

1997 年刑法典实施之后，我国刑法体系进入了逐步完善阶段。这一阶段，我国法治建设逐步推进，整体上保持平稳，因此刑法体系也相对保持稳定。但是，随着社会主义市场经济体制的逐步完善，以及对外开放的日益扩大，经济领域的犯罪呈现出了一些新的特征，需要刑法及时应对。与 1979 年刑法典制定后到 1997 年刑法典制定前这段时期刑法体系相比，这一时期的刑法体现呈现出以下新的特征：一是刑法修正案取代单行刑法和附属刑法规范，成为对刑法典补充、完善的主要形式。相比于单行刑法和附属刑法，刑法修正案能够在形式上维护刑法典的完整统一性，有利于保持刑法的稳定性。理论界普遍认为，从一定意义上讲，刑法修正案模式的确立，标志着我国刑法修改模式的基本成熟。① 自 1997 年刑法典至今，全国人大常委会先后颁行了 10 项刑法修正案对刑法典进行修改完善。二是单行刑法日益减少。1997 年刑法典之后，我国仅在 1998 年至 2000 年三年间颁行《关于惩治骗购外汇、逃汇和非法买卖外汇犯罪的决定》《关于取缔邪教组织、防范和惩治邪教活动的决定》《关于维护互联网安全的决定》3 部单行刑法文件，之后再也没有此种立法形式出现。三是附属刑法的立法方式逐步单一化。与 1979 年刑法典制定后到 1997 年刑法典制定这段时期的附属刑法规范相比，这一时期的附属刑法不再创制新的罪名，或者通过附属刑法对刑法典中的具体规定进行修改、补充，统一为宣示式的附属刑法，在刑法体系中的地位和作用大大降低。四是出现具有一定立法性质的立法解释。立法解释仅在1997 年刑法典制定后出现，从 2000 年至 2014 年，我国出台了 13 项立法解释，涉及领域涵盖刑法典总则和分则规定，但主要是对存在重大争议具体罪

---

① 赵秉志. 刑法修改的四特点和两方向. 检察日报，2009 - 03 - 02.

名的认定进行解释。

第二节　刑法典之刑法结构优化论

20 世纪 80 年代末，我国学者储槐植教授提出了"刑法结构"一词，该词用以描述刑法的组合形式。他认为，刑法结构可以划分为形式结构和实质结构两个层次，前者是指刑法总则与分则的组合，后者是指法定犯罪圈与法定刑罚量的组合（即两者的配置状况）。[①] 继储教授之后，围绕刑法结构及其最优形式，学术界开展了一系列讨论。近年来，伴随着我国刑法典的不断修改，刑法结构出现了新的特点，这既检验了刑法结构的相关理论，又对刑法结构的优化提出新的要求。因此，有必要对刑法结构及其相关理论进行反思，以实现我国刑法结构的优化配置。

一、"严而不厉"刑法结构论与"中罪中刑"刑法结构论之争

在我国刑法学界，围绕刑法结构的最优化模式，有两种截然不同的主张："严而不厉"刑法结构论和"中罪中刑"刑法结构论。前者由我国学者储槐植教授主张，后者由我国学者卢勤忠教授倡导。具体而言，这两种不同的刑法结构优化理论主要包括如下内容：

（一）"严而不厉"刑法结构论的基本观点

储槐植教授认为，从罪与刑相对应的严与厉的关系上来看，罪刑配置包括不严不厉、又严又厉、严而不厉和厉而不严四种类型。典型的不严不厉的刑法结构和又严又厉的刑法结构极为罕见。当前我国的刑法结构基本上属于厉而不严的类型，而多数经济发达国家和法治程度较高的国家则构建了严而不厉的刑法结构类型。

厉而不严的刑法结构主要表现在刑罚苛厉和法网不严两个方面。就刑罚苛厉而言，我国现行刑罚结构以生命刑和自由刑为中心，属于重刑结构；就法网不严来说，其则包含整体刑事法网（整体犯罪圈）不严密和个罪法网（罪状）不严密两层含义。刑法结构的厉而不严是导致刑法机制运行不畅的

---

① 储槐植.刑法存活关系中——关系刑法论纲.法制与社会发展，1996（2）：44.

内生性原因。

与之相比，严而不厉的刑法结构则更具科学性和合理性。严而不厉的刑法结构表现在刑罚轻缓和法网严密两个方面。随着世界范围内刑法改革序幕的拉开，刑罚体系必将呈现出整体趋轻的发展趋势。而严密刑事法网则恰恰能够起到刑法的威慑作用，并以此来弥补因刑罚的趋轻而导致的部分刑罚功能丧失的缺陷。此外，在刑法机制的运作过程中，严而不厉的刑法结构也能够较好地发挥刑法打击犯罪、保护社会和保障人权的功能，同时，更容易协调司法实践中可能出现的情与法的冲突，便于减少错案发生。

综合上述分析，储教授认为，严而不厉的刑法结构是有利于刑法运作、确保刑法机制顺畅的最佳形式。我国应当转变厉而不严的刑法结构形式，构建严而不厉的刑法结构。①

（二）"中罪中刑"刑法结构论的基本观点

针对储槐植教授提出的"严而不厉"刑法结构论，卢勤忠教授在肯定其具有合理性和科学性，有助于规范刑法结构，便于落实和实施刑事政策中保障人权功能的同时，又进一步指出了该观点具有不完善性和滞后性的缺陷。卢教授认为，严而不厉刑法结构论的不足之处主要体现在：一方面，通过扩大犯罪圈来严密刑事法网的方法与刑法所应具有的谦抑性之间存在内在的矛盾关系。因犯罪圈的过分膨胀而带来的刑法肥大问题不但会限制公民的自由，还将导致刑法本身的威严受到损害。我国刑法所采取的"立法定性＋立法定量"的犯罪设定模式也要求刑法应保持不宜过早介入的秉性。另一方面，"不厉"并不完全等同于应该实行轻刑化，总体上重刑结构的排除也并不完全排斥个别情况下重刑的适用，"不厉"的刑罚思想并不能全面体现世界上轻轻重重的政策和我国当今宽严相济刑事政策的发展要求。此外，"严"与"不厉"本身就存在一定的矛盾和冲突，难以进行协调，无法形成一个内在一致、融洽的系统结构。

以"严而不厉"刑法结构论存在的上述问题作为基础，卢教授进一步分析指出，储槐植教授仅从"严"与"厉"关系的角度对刑法结构模式进行了划分，忽视了刑法结构还可以是严、厉、中的排列组合。我国未来刑事政策

---

① 储槐植，宗建文，等．刑法机制．北京：法律出版社，2004：8－26．

的取向应当是"中罪中刑"的刑法结构模式，既不偏向于"严"，又不偏向于"厉"。具体言之，就犯罪圈的大小而言，应采取"中犯罪圈"的立场。一方面，要杜绝对"严"的过度迷信和过于狭窄地坚守刑法谦抑立场这两种极端的做法；另一方面，应对部分犯罪予以非犯罪化。至于何种情况才算是犯罪圈的适中，应根据我国的实际司法能力、社会管理手段以及社会大众的接受程度等进行确定。就刑罚幅度而言，构建"中刑"的刑法结构则要求从我国犯罪的实际出发选择适当的刑罚幅度。一方面，应排除重刑化的做法；另一方面，不能盲从国际上的轻刑化趋势。采用"中刑"的刑罚幅度，既有利于人权保障政策的落实，又可以满足打击犯罪的需求，是一种辩证、全面而科学的态度。①

二、对"严而不厉"刑法结构论与"中罪中刑"刑法结构论的反思

实际上，无论是"严而不厉"刑法结构论，还是"中罪中刑"刑法结构论，均是在承认我国刑法结构存在犯罪圈划定和刑罚量投入缺陷的基础上提出的。上述两种理论之所以存在明显的区别，一方面是因为其提出的时代背景并不相同，另一方面是因为不同论者审视犯罪圈和刑罚投入量的角度有所差异。下文将即结合上述两种理论提出的不同背景和视角分别对之进行评析。

（一）对"严而不厉"刑法结构论的反思

"严而不厉"的提法最早出现于 20 世纪 80 年代末，其是针对 1979 年刑法典适用时期我国的刑法立法和刑事司法状况提出的用以指导刑法典修正的理论。"严而不厉"的刑法构建理论不仅尖锐地指出了我国 1979 年刑法典及其之后颁行的单行刑法所存在的法网粗疏、刑罚苛厉的问题，为 1979 年刑法典的修订指明了方向，更是首创以犯罪与刑罚的关系为视角来开展宏观刑法学研究的方法，有开我国刑法学理论研究之先河的意义。

随着我国由 1979 年刑法典适用时期迈进 1997 年刑法典适用时期，"严而不厉"刑法结构论逐渐发展成熟。最终定型的"严而不厉"刑法结构论认为，我国现行刑法结构基本上仍属于厉而不严的类型，并表现为刑罚苛厉和

---

① 卢勤忠．"中罪中刑"的刑法结构之提倡——对"严而不厉"的一点质疑．当代法学，2012 (6)：39 - 49.

法网不严两个方面。以现阶段我国的刑法结构加以观之，我们对此持保留态度。不能否认的是，就我国现行刑法结构而言，其确实依然存在犯罪圈的范围较为狭窄、刑罚投入量过大的问题。但与1979年刑法典适用时期形成的刑法结构相比，我国现行刑法结构已经大大扩充了犯罪圈的范围，并更加克制地设定了刑罚的投入总量。当前仍然使用"刑罚苛厉"和"法网不严"对已显属更加科学、合理的现行刑法结构加以描述，其准确性有待进一步商榷。

实际上，"严"与"不严"、"厉"与"不厉"的判断皆具有相对性和时代性的特征。就何种犯罪设定能够称为"严"抑或"不严"，怎样的法定刑配置属于"厉"或"不厉"的范畴而言，其评断标准均非固定不变的，而是随着历史的发展和社会的进步在不断地发生变化。在封建社会时期被理所当然地视为犯罪的违背人伦道德的行为，在当今社会就未必同样被作为犯罪加以规制；在封建社会时期被归属于合理刑罚范畴的肉刑，在当今社会也被认定为过分严苛的刑罚而被予以排除适用。任一时期、任何国家的刑法结构均不是完美无缺的，其中均包含着需要加以调整和修正之处。相较于未来更趋完备的刑法结构而言，现行刑法结构必然有其不够严密和过于苛厉之处，或者存在过度犯罪化和刑罚投入量不足的问题。当然，"严"与"厉"的判断还可能存在国别上的差异。在同一时期的不同国家之间，由于具体国情不同，对于刑法结构之"严""厉"与否的判断也可能得出不同的结论。基于此，各国才形成了形态不同又各具特色的刑法结构类型。

总而言之，如仅以特定时期特定国家的刑法结构进行考察，并不能对其严密与否、苛厉与否作出判断。就"严"与"不严"、"厉"与"不厉"的判断而言，需要经过比较之后才能得出最终的结论。以此为基础，我们认为，相较于1979年刑法典适用时期形成的刑法结构，我国现行刑法结构属于严而不厉的类型；而若与同一时期其他国家的刑法结构相比，我国现行刑法结构则可能又属于厉而不严的类型，抑或应当归属于严而不厉的类型，甚或应被归为又严又厉或不严不厉的类型。

至于卢勤忠教授所提出的，"严"与"不厉"二者本身存在一定矛盾和冲突的观点①，我们却不以为然。"严而不厉"刑法结构论所指的"严"与

---

① 卢勤忠."中罪中刑"的刑法结构之提倡——对"严而不厉"的一点质疑.当代法学，2012(6)：47.

"不厉"是从宏观角度、抽象意义上界定的法网严密、刑罚趋轻，而不是特指具体个罪的设置。从宏观视角加以观之，严密法网意味着将更多的行为纳入犯罪圈的规制范围之中。在新增轻罪较多的情况下，为之相应配置的法定刑就应相对较轻。此时，刑事法网虽然得以扩大和编织严密，但相应投入的法定刑却并未因此而超量增加并产生刑罚过剩的问题，刑法结构基本上处于一种法网严密但刑罚并不严厉的相对平衡状态；在新增重罪较多的情况下，也并不排斥法网严密、但刑罚相对轻缓的刑法结构形态。这是因为，刑罚的苛厉与否是相对于犯罪属性而言的。只有超出犯罪属性所需刑罚量的法定刑才能被称之为苛厉。否则，就为犯罪配置与之属性相当或是相对较轻的法定刑而言，均应认为，刑罚是适中或是较为轻缓的。此外，还需强调的是，"严而不厉"刑法结构论中的"不厉"仅仅是指在刑法系统内部，刑罚配置并不苛厉，而并非就整个法律系统中所有处罚手段对行为的惩罚程度进行对比后得出的结论。以此观之，认为扩大犯罪圈就是将原先的违法行为提升为犯罪行为，从而使其受到更重处罚的观点[①]，实际上是脱离了刑法系统的整体考察环境，而将犯罪圈与刑罚量分散到更大的法律系统之中，与"严而不厉"的刑法结构论的研究层次并不相同。当然，退一步讲，即便是从具体个罪的角度加以分析，"严"与"不厉"也并不一定是相互冲突的。从刑法立法的角度来看，具体个罪的法网严密指的是罪状的严密，而"不厉"则是指法定刑配置的适度或轻缓；从刑事司法和刑法执法的角度来看，具体个罪的法网严密是指司法和执法的确定性，而"不厉"则是指处罚的适度化或轻缓化。由此可见，即便就具体个罪而言，其也完全可以实现"严"与"不厉"的协调统一。

　　既然"严"与"不厉"之间是可以相互协调的，那么，未来我国刑法结构的优化是否应向"严而不厉"的方向调整呢？我们认为，我国现行刑法结构确实存在犯罪圈划定范围较小、刑罚投入量过剩的问题；进一步扩大犯罪圈的范围，同时减少刑罚投入总量，是未来我国刑法结构调整的必然选择。但应当引起注意的是，减少刑罚投入总量并不意味着刑罚配置应朝着轻缓化的方向发展，刑罚适度也应成为"不厉"的一种表现形式。这里所指的"刑

---

① 卢勤忠."中罪中刑"的刑法结构之提倡——对"严而不厉"的一点质疑.当代法学，2012 (6)：47.

罚适度"，既应包括与重罪的属性相搭配的重刑，也可以是与轻罪的属性相协调的轻刑。

综合上述分析，我们认为，"严而不厉"刑法结构论所提出的以刑罚轻缓作为现行刑法结构的调整方向是不够全面的；调整部分犯罪的法定刑，使其与犯罪属性相适应，达到刑罚适度的程度，同样应当成为未来我国刑法结构调整中"不厉"的内容之一。当然，实现刑罚适度的方法，既可以通过降低部分犯罪法定刑的方式加以实现，也可以将提高部分犯罪的法定刑作为实现手段之一。

此外，还应注意到，"严而不厉"刑法结构论仅从宏观视角对犯罪与刑罚的搭配形式进行了较为概括性的描述，而并未真正从犯罪与刑罚之间所具有的互动关系的角度对刑法结构的内部组合形式展开更深层次的分析研究，仅以一个"而"字并不能真正揭示出犯罪圈与刑罚投入量之间的组合形式和搭配关系。

（二）对"中罪中刑"刑法结构论的反思

建立在批判"严而不厉"刑法结构论存在不合理性因素的基础之上，"中罪中刑"刑法结构论提出，在进入新世纪之后，特别是在贯彻实施宽严相济刑事政策的时代背景之下，应构建以适中的犯罪圈和适度的刑罚度为内容的"中罪中刑"刑法结构。[①] 对于该种理论，我们认为，其充分体现了刑法结构理论发展所应具有的批判精神和时代特色，但其中亦不乏有待进一步完善的不合理因素。

首先，"中罪中刑"刑法结构论承袭了"严而不厉"刑法结构论存在的部分缺陷。即仅对犯罪与刑罚的配置关系进行了概括性的分析，而并未继续深入其中，围绕犯罪圈与刑罚量的组合形式和配置关系展开更进一步的理论探讨。

其次，"中罪中刑"刑法结构论对"严而不厉"刑法结构论的批判也并非全然准确、客观。上文讨论的其对"严"与"不厉"之间关系的论述就是其中一例。此外，该理论反对在"法网严密"的思想指导下扩大犯罪圈，对此我们也持保留意见。具体而言，"中罪中刑"刑法结构论认为，自 1997 年

---

① 卢勤忠．"中罪中刑"的刑法结构之提倡——对"严而不厉"的一点质疑．当代法学，2012（6）：38 - 49.

刑法典颁布以来，我国制定的单行刑法和刑法修正案基本上均采取了扩大犯罪圈的做法。一味地扩大犯罪圈不仅与刑法本身所应当具有的谦抑性属性和我国刑法确立的"立法定性＋立法定量"的犯罪设定模式不符，而且还在某种程度上使我国刑事立法患上了严重依赖刑法权杖功能的"刑法依赖综合征"。由此所导致的刑法肥大既会限制公民的自由，还将导致刑法本身的威严受到损害。① 我们并不否认，从刑法所具有的谦抑性本质来看，犯罪圈的扩张应当是理性的、谨慎的。在我国现行刑法典中亦不乏应予进行非犯罪化从而被剔除出犯罪圈的犯罪。然而，同样不容忽视的是，由我国刑法立法所采取的"立法定性＋立法定量"的犯罪设定模式所决定，犯罪圈先天即存在犯罪设定门槛较高、划定范围较小的问题。伴随着社会的发展和立法观念的转变，调整现行"立法定性＋立法定量"的犯罪设定模式，并将一些行为纳入犯罪圈的范围，已成为我国刑事立法向前发展的一个必经环节。有鉴于此，持"中罪中刑"刑法结构论者以我国现行"立法定性＋立法定量"的犯罪设定模式为由来否定犯罪圈的扩张，其观点是站不住脚的。

实际上，即便是"中罪中刑"刑法结构论，也承认应将一些已经严重危害社会、确需作为犯罪处理的行为补充到犯罪圈之中。然而，是否如"中罪中刑"刑法结构论者所称的那样，只有"中犯罪圈"才能将打击犯罪和保障人权完美地结合起来呢？应当说，上述论者追求适中犯罪圈的出发点无疑是好的。问题就在于，怎样的犯罪圈才能称得上是"适中"的？如何才能使犯罪圈"既不能过小，也不能过大"？对此，持"中罪中刑"刑法结构论的学者认为，在判断犯罪圈的大小是否适中时，应根据我国的实际司法能力、社会管理手段及社会大众的接受程度等进行综合评断。② 应予肯定的是，上述内容确实均属于影响犯罪圈大小的因素。但作为评断标准，这些因素既不客观，又不固定，不但带有相当程度的主观性，而且会随着社会的进步、发展而发生变化。未来当我国发展到实际的司法能力已有较大程度的提高，社会管理手段日渐丰富，社会大众的接受程度也逐渐增强的阶段，就"中犯罪

① 卢勤忠．"中罪中刑"的刑法结构之提倡——对"严而不厉"的一点质疑．当代法学，2012(6)：40－44．

② 同①44．

圈"的构建是否仍然排斥严密法网、扩大犯罪圈的做法，就值得进一步加以考量了。

从本质上讲，所谓刑事立法之"中"，就是指既不冒进、盲目立法，又不滞后、懒于修法，审时度势、适度立法才是"中"之根本。从这一角度进行分析，"中罪中刑"刑法结构论所提出的"中犯罪圈"的观点与"严而不厉"刑法结构论所倡导的在"法网严密"的思想指导下扩大犯罪圈的做法实际上并不矛盾。更进一步而言，二者均蕴含着法网的设定应当适度的精神，并相应地排斥盲目扩张犯罪圈的做法。只不过在构建相关理论之时，"中罪中刑"刑法结构论是以我国 1997 年刑法典修订过程中存在的不合理的犯罪化问题作为研究视角展开讨论的，而"严而不厉"刑法结构论则是将我国现行刑法立法存在法网不够严密的问题作为立论基础展开研究的。研究视角的不同决定了由两种理论得出的结论并不相同。此外，严密刑事法网、扩大犯罪圈虽是为了满足预防犯罪和打击犯罪的需要，但这并不必然会对刑法所具有的保障人权功能造成损害。只要某种入罪化的处理是必需且适度的，就应当认为，其与刑法所应发挥的保障人权的功能并不存在冲突。否则，如果只要是入罪就被视为侵犯刑法人权保障功能的话，那么，整部刑事立法将会沦为一部彻彻底底的公民人权损害法。

最后，还需要指出的是，尽管我们并不赞同"中罪中刑"刑法结构论对"严而不厉"刑法结构论所提出的严密刑事法网、扩大犯罪圈观点所进行的批判，同时，我们亦认为其所倡导的构建"中犯罪圈"的理念缺乏客观、明确的评断标准，但我们十分赞同该理论对"严而不厉"刑法结构论中"不厉"的含义进行的反思。早在西周时期，周公就曾在《立政》一文中写道："司寇苏公式敬尔由狱，以长我王国。兹式有慎，以列用中罚。"[①] 其中所谓"中罚"，意在强调刑罚适中，刑当其罪，其无不过，也无不及。[②] 时至今日，以我国现行刑法结构为基础，结合当今世界各国所采取的轻轻重重的政策和我国贯彻执行的宽严相济刑事政策，刑罚的轻缓化只能反映未来我国刑法结构调整的一个方面；在排斥总体上重刑结构的前提下，同样应当允许在个罪

---

① 尚书·立政.
② 马荣春，庄敏娜.刑罚的应然属性——刑法真善美的新视角.西华师范大学学报（哲学社会科学版），2014（1）：82.

中采用重刑对犯罪加以惩罚。总体而言，只要法定刑的配置与犯罪的属性是相适应的，就应当认为，该种刑罚投入就是"适中"的。

综合上述分析，无论是"严而不厉"刑法结构论，还是"中罪中刑"刑法结构论，其均以我国刑法结构在犯罪圈和刑罚投入量方面存在的问题为基础展开分析研究，并就此提出了未来我国刑法结构优化的总体方向。从不同的研究视角出发，其均存在着合理之处，却又因研究时代的局限性或是受研究角度所限，而具有不够完善之处。

三、我国刑法结构优化的路径选择

结构是组合成整体的各要素间的联结及搭配组合形式。若要构建一个组织形式合理、实际运行顺畅的刑法结构，就要确保其内部组成要素合理、搭配均衡。从宏观角度来看，刑法结构之优劣与其构成要素即犯罪圈和刑罚投入量密切相关。吸收借鉴"严而不厉"刑法结构论和"中罪中刑"刑法结构论中的合理要素，我们认为，就我国刑法结构的优化而言，应当确保在科学划定犯罪圈、确定刑罚投入量的同时，进一步权衡犯罪圈的大小与刑罚投入量的配比，保证刑法结构在内部组成上满足要素合理、配置均衡的要求。

（一）犯罪圈的优化

我国现行犯罪圈基本形成于 1997 年，发展至今已有二十多年时间，仍然保持了较强的时代特色，且颇具活力。与一些颁行年代较为久远、已远远落后于时代的发展，面临着全面推陈出新的域外刑法典相比，我国现行犯罪圈存在的主要问题依然根植于设定之初其自身就存在的缺陷之中。这就是，因固守一元化的"大而全"的刑法典式的立法模式，同时采取特殊的"立法定性＋立法定量"的犯罪设定模式，而直接造成的犯罪圈的范围过于狭窄的问题。因此，犯罪化不足是我国现行犯罪圈改造面临的最主要的问题。

当然，着重对犯罪圈进行犯罪化的改造，并不意味着就要放松其中应予推进的非犯罪化的进程。我国现行犯罪圈虽然不存在部分西方国家所面临的伦理道德性犯罪过多和违警罪范围过于宽泛的问题，但其中却仍然包含着部分本不应纳入犯罪圈之中，或是随着社会的发展、政策的变化其犯罪性已经消失殆尽的行为。对这些行为进行筛选和剔除，是未来我国犯罪圈改造中进行非犯罪化的主要内容。

　　总而言之，就我国犯罪圈的优化而言，应以犯罪化为主，非犯罪化为辅，确立犯罪化与非犯罪化并行的调整模式。

（二）刑罚投入量的优化

　　从总体而言，我国现行刑法典存在刑罚设置过于严苛、刑罚投入总量过大的问题。这主要体现为死刑和自由刑的大量适用上。对此，"严而不厉"刑法结构论者认为，应将刑罚轻缓作为我国刑罚结构调整的基本方向。如上文所述，我们对此持保留态度。不容否认，伴随着人权事业的层层推进和人权观念的逐步深入人心，刑罚轻缓化必将成为我国刑罚发展的方向之一。以对刑罚结构加以轻缓化改造的方法也可以解决我国现行刑罚结构中存在的投入总量过大的问题。尽管如此，也不宜将单纯的刑罚轻缓化作为我国刑罚结构调整的基本方向。刑法结构的构建不仅与罪刑关系、刑法观、立法技术等因素相互关联，更与刑法系统所处的社会环境密不可分。以现阶段我国所处的社会发展阶段和法治现状加以观之，单纯地强调刑罚之轻缓，将无助于对频发的新型犯罪和恶性犯罪进行及时、有效的惩治。当然，即便将目光放诸未来，待我国迈入发达国家的行列之后，从刑罚结构宏观构建的角度来看，刑罚轻缓化的理念也难以涵盖对轻重不同的犯罪加以区别对待的刑罚配置的全部内容。有鉴于此，我们认为，应将刑罚适度作为未来刑罚投入量优化的方向。

　　具体而言，在刑种的配置上，应削减乃至废止死刑的适用，并设置多元化的刑罚种类，改变我国现行刑法典中刑罚种类设置普遍偏重的局面；在法定刑幅度的设置上，应解决现行刑法典所存在的刑种跨度过大的问题，同时要统一规划不同犯罪间的基本犯或加重犯的法定刑幅度；在具体犯罪的刑罚配置上，应调整现行刑法典中同罪异罚、异罪同罚和刑罚畸轻畸重等不均衡的刑罚配置，建成个罪刑罚适中、类罪刑罚均衡、异罪刑罚相互区别的刑罚配置体系。

（三）犯罪圈与刑罚投入量搭配组合的优化

　　犯罪圈的大小与刑罚投入量的多少之间的配置不够均衡是我国现行刑法结构的一大缺陷。究其原因，既有宏观上欠缺对犯罪圈与刑罚投入量之间的关系进行总体性把握的因素，又受具体立法时对犯罪圈与刑罚圈的对应范围、犯罪圈的大小与刑罚投入量的多少之间的配置关注度不足的影响。针对这一问题，未来在对我国刑法结构进行优化配置的过程中，一方面，应当站在刑法结构的高度，重新审视犯罪圈与刑罚投入量的关系。另一方面，在具体调整犯罪圈与刑罚投入量的组合形式和搭配方式时，应当确立均衡性的基本原则，并从以下三点加以完善：一是保持犯罪圈与刑罚圈的基本平衡，以增加非刑罚处罚措施等方式设置略小于犯罪圈范围的刑罚圈。二是维系罪质与刑质之间的基本平衡，根据犯罪的性质为之搭配性质相当的刑罚种类。[①]三是保持罪量与刑量之间的基本平衡，确保等量之罪配置等量之刑。

第三节 我国刑事立法体系的展望

一、现有刑事立法存在的弊端

1997 年刑法典制定后，我国全面废止了附属刑法的创制罪刑规范功能，从而形成我国刑事立法的单轨体制，即罪与刑的法律规范只存在于刑事法律，也即刑法典和单行刑法中，其他法律，即刑法以外的经济运行、行政管理等领域的法律都不能有独立的罪刑条款。单轨制刑事立法体制的一个重要特征便是将自然犯和法定犯统一规定在刑法典之中。在当今世界，此种刑事立法体制只有我国存在，在其他国家和地区，刑法均由两大部类组成，刑法以外的法律如果需要都可以规定独立的罪刑条款，统称附属刑法规范或者行政刑法，这是刑事立法的双轨体制。[②]刑事立法双轨体制下非刑事法律中设置的罪刑规范主要是指创制式附属刑法规范。我国 1997 年刑法典之前存在可以创设新罪名的类推式附属刑法，因此与其他国家的双轨刑事立法体制有类似之处，但在此之后，我国仅存在宣示式附属刑法规范，附属刑法的创设罪名功能被完全废除，从而成为单轨刑事立法体制。如前文所述，我国的单行刑法立法也日趋式微，刑事立法体系主要由刑法典和刑法修正案组成，而刑法修正案仅在作为一种立法方式时具有独立价值，其修改内容却属于刑法典的一部分，因此我国单轨体制的刑事立法体制可以称为单一刑法典模式。

目前，学界关于刑事立法单轨制弊端的讨论主要集中在以下几点：一是

---

① 刘守芬，等．罪刑均衡论．北京：北京大学出版社，2004：84．
② 储槐植．刑事一体化论要．北京：北京大学出版社，2007：157．

不利于保证刑法典的稳定性。自然犯与法定犯同为刑事犯罪，但是在违法性上，法定犯经常处于变动之中，缺乏像自然犯那样的稳定性。[①] 因此，刑事立法单轨制容易因为国家经济社会形势的变化而引起非刑事法律相关规定也予以变化，刑法典也要随之进行频繁的修改。而刑法典的一个重要特征便是具有稳定性，如果对刑法典进行频繁修改，虽然可以使其适应经济社会的发展变化，但却会破坏刑法典稳定性，也不利于民众的掌握和理解。目前，我国将刑法修正案作为维护刑法典稳定性的主要刑事立法手段，但是这仅是从形式意义上而言的，事实是刑法典条文随着每一部刑法修正案的出台必然会作出相应的修改或者补充，甚至需要重新整理出一部刑法典以便学习和适用。二是不利于发挥预防犯罪刑法目的。从预防犯罪角度而言，将行政法或者经济法中的禁止内容与刑法相关内容相分离的做法，会导致相关从业人员仅了解行政法、经济法中的禁止内容，而不知道刑法的禁止规定，出现了以为只违法不构成犯罪的错误认识。[②] 而如果在行政法或者经济法中直接规定刑法分则性罪刑规范，由于是依附在有关经济、行政法律之中，而这些法律往往只有特定行业、特殊群体的人才有接触，而其他普通公民接触更多的是与其生活密切相关的民事规范和普通犯罪，这些特殊行业人群对经济、行政法律的理解和掌握远胜于对刑法典本身的理解和掌握，只要附属刑法能够对这类人产生威慑作用，防止其去实施相关的犯罪，国家所期待的预防犯罪目的也就基本达到了。[③] 因此，也有学者认为从传播效应来看，附属刑法更侧重于对专业人员的一般预防，而普通刑法则很难被专业人员了解，采用附属刑法直接设置罪刑规范，更有利于对经济犯罪这种特殊犯罪类型的预防。[④] 三是不利于实现对法定犯的罪刑均衡。一般认为，刑法对自然犯的处罚一般较重，而对于法定犯的处罚则相对较轻。[⑤] 以刑罚轻缓化为理论背景，在自然犯与法定犯区分的维度内，我们看到法定犯罪较之自然犯罪在刑法轻缓化的过程中所具有的巨大价值，它可以成为刑罚轻缓化的前沿阵地。进一步而

---

① 苏惠渔. 刑法学. 北京：中国政法大学出版社，1999：82.

② 张明楷. 刑事立法的发展方向. 中国法学，2006（4）.

③ 吴情树.《食品安全法》中刑事责任条款的设定——以附属刑法为研究视角. 重庆工商大学学报（社会科学版），2008（6）.

④ 阎二鹏，任海涛. 经济刑法立法模式之比较与选择. 政治与法律，2008（5）.

⑤ 高仰止. 刑罚总则之理论与适用. 台北：五南图书出版公司，1986：140.

言，刑罚轻缓化的伟大设想，都可以率先在法定犯罪领域得以实现。^① 但是，如果将法定犯与自然犯规定在同一部刑法中，立法者可能基于刑罚整体平衡的考虑，不当加重法定犯的刑罚。四是容易导致立法和司法成本的增加。在我国单轨制的刑事立法体制中，对于经济社会中产生的应当受到刑罚处罚的法定犯，往往是在新的经济法律或者行政法律中不直接规定，而是在随后或者同时另外通过刑法修正案来单独规定罪刑规则，这在立法上既耗时又费力。而在司法中，由于对其罪状的理解必须借助于相关的经济或者行政法律，因而使学法、普法和执法都增添困难。^②

我们认为，我国单一刑法典模式的刑事立法体制不但具有上述弊端，还对我国刑法的结构形式产生了以下不利影响。

第一，造成我国刑法典分则具体犯罪构成要件复杂化与简单化并存。不同于自然犯，法定犯主要存在于经济及其相关的社会管理领域，是指违反我国行政法律、法规，严重危害行政法所保护的法律秩序，依照刑法应当承担刑事责任的行为。自然犯与法定犯的区分，在于是否违反了国家的行政法律、法规。而且，法定犯与一般行政不法行为的区分仅在于违反行政法律、法规的行为是否达到了刑法规定的严重程度。^③ 因此，法定犯的认定必须基于复杂的经济及社会管理关系，且大多数情况下必须与相应非刑事法律的相关规定保持一致。现代法治社会和市场经济要求法律的制定必须使民众可以由此预测其行为的法律后果，这其中就包含确定市场主体经济活动最终行为边界的经济犯罪法律规范。因此，在单一刑法典模式下，主要表现为经济犯罪的法定犯的构成要件必须尽可能地明确，但这容易造成相关条文规定的复杂化。例如我国刑法典第 182 条规定的操纵证券、期货市场罪达到 297 字，第 198 条规定的保险诈骗罪达到 294 字，第 196 条之一规定的背信损害上市公司利益罪也达 400 字，此外还有第 182 条规定的操纵证券、期货市场罪，第 219 条规定的侵犯商业秘密罪等，也都达到了 300 字以上。据考察，刑法

①　米传勇.自然犯罪、法定犯罪区分之于刑罚轻缓化实现//和谐社会语境下刑法机制的协调论文集.北京：中国检察出版社，2008.

②　刘仁文.论中国刑法结构的调整.刑法体系与刑事政策，2013.

③　郭晶.刑事领域中法定犯问题研究.黑龙江：黑龙江人民出版社，2009：23-24.不过，此处的行政法律、法规是广义的，包含经济类的法律、法规。

典分则中字数较多的条文大多数是经济犯罪，这些条文的主体部分均是对构成要件行为描述，且因为行为复杂，所以均采取了明确列举的形式，从而造成条文字数的大量增加。此外，基于经济犯罪的专业性，这些条文不得不对相关概念进行解释，例如刑法典第 219 条侵犯商业秘密罪对该罪构成要件行为中涉及的商业秘密、权利人等概念单设条款进行解释，这些都造成了刑法典分则条文字数的不断攀升。但同时，由于经济领域的法律规范不断发展变化，而且随着改革开放的深入和经济日益专业化，刑事立法难以及时和有效应对，因而不得不借助于空白罪状立法技术，对于涉及专业问题的部分构成要件行为，乃至整个构成要件行为采取概括规定，具体行为方式则依据相关非刑事法律条款予以认定。例如，第 228 条规定的非法转让、倒卖土地使用权罪，第 230 条规定的逃避商检罪等，刑法关于犯罪构成要件行为仅予以定性规定，具体行为认定均明确要求依据相关法律法规。还有刑法典第 141 条规定的生产、销售假药罪，第 142 条规定的生产、销售劣药罪等，虽然罪状表述没有明确依据相关法律法规规定，但是其中部分构成要件在实际适用过程中却需要依照相关法律法规才能认定。在这类刑法典分则规定中，虽然条文描述避免了复杂，但是却需要依照非刑事法律法规的相关规定才能被司法应用，从这个角度而言，其难以被称为完整的构成要件，显得过于简单了。

第二，造成我国刑法典条文结构的日益庞杂。单一刑法典模式力求制定一部囊括所有定罪与刑罚规则的法律，但由于犯罪形态日益复杂，特别是随着经济社会的发展，法定犯的数量日益增加，从而导致刑法典分则条文数量的日益增加，例如我国 1979 年刑法典只有 192 条，1997 年刑法典已有 452 条，之后随着刑法修正案的陆续出台，刑法典条文数表面上没有增加，但具体犯罪构成日益复杂，许多条文也被分成多个款项，同时规定多个罪名的构成要件行为。可以预见，随着改革开放的日益深入和社会管理的日益精细化，法定犯的数量还会增加，刑法典分则条文也将会不断增多，刑法典会变得日益"肥大"。

第三，造成刑法典与其他非刑事法律之间的不协调。主要表现在以下几个方面。

一是部分经济领域法律对特定违法行为原则规定构成犯罪依法追究刑事责任，但刑法典中没有相应的罪名规定。例如我国 1998 年《证券法》第 186 条规定，证券公司违反该法规定，为客户卖出其账户上未实有的证券或者为客户融资买入证券……构成犯罪的，依法追究刑事责任；第 177 条规定，依照该法规定，经核准上市交易的证券，其发行人未按有关规定披露信息，或者所披露的信息有虚假记载、误导性陈述或者有重大遗漏的……构成犯罪的，依法追究刑事责任；第 189 条规定，证券交易所、证券公司、证券登记结算机构、证券交易服务机构、社会中介机构及其从业人员，或者证券业协会、证券监督管理机构及其从业人员，在证券交易活动中作出虚假陈述或者信息误导的……构成犯罪的，依法追究刑事责任；第 193 条规定，证券公司、证券登记结算机构及其从业人员，未经客户的委托，买卖、挪用、出借客户账户上的证券或者将客户的证券用于质押的，或者挪用客户账户上的资金的……构成犯罪的，依法追究刑事责任。这也就是说，在证券交易活动中，上述违反证券法规定的行为，构成犯罪的，应当追究刑事责任，但是应当以什么罪名追究并处以何种刑罚证券法没有明确，而上述行为在当时的刑法典中并无对应的条款予以规范，造成实践中有法难依，规定形同虚设。之后，立法机构通过刑法修正案的方式对证券领域的犯罪进行了完善，证券法也进行了多次修改，不再针对具体条文规定"构成犯罪的，依法追究刑事责任"，而是概括性的统一规定"违反本法规定，构成犯罪的，依法追究刑事责任"。这种立法方式仅仅是避免了证券法与刑法典在形式上的不协调，但是并没能从根本上解决证券违法领域刑事责任规定与刑法典的衔接问题。随着我国社会主义市场经济的深入推进，经济领域相关业务也快速发展，从而必然导致非刑事法律的频繁修改，而刑法典要追求相对稳定的价值，必然更加难以及时跟进。

二是部分经济领域法律根据现实需要对刑法规定作出适当突破，但是刑法典却没有作出相应的调整或者回应。例如，我国《民用航空法》第 193 条规定，隐匿携带炸药、雷管或者其他危险品乘坐民用航空器，或者以非危险品名义托运危险品的，依照刑法有关规定追究刑事责任。企事业单位犯前款罪的，判处罚金，并对直接负责的主管人员和其他直接责任人员依照前款规定追究刑事责任。也即，对于隐匿携带危险品乘坐民用航空器或者托运危险品的行为，不但自然人要承担刑事责任，单位也需要承担相应的刑事责任。但是，该条附属刑法规范对应的刑法分则规定，也即《刑法》第 130 条规定的非法携带枪支、弹药、管制刀具、危险物品危及公共安全罪，仅规定了自然人犯罪。虽然我国在刑法总则部分规定了自然人和单位两类犯罪主体,但是同时明确法律规定为单位犯罪的才负刑事责任,因此对于刑法分则没有明确单位犯罪主体的具体罪名,依据罪刑法定原则的要求,不能对单位追究刑事责任。也即,对于民用航空法规定的,以企事业单位名义实施的隐匿携带危险品乘坐民用航空器或者托运危险品行为,在司法实践中只能按照自然人犯罪处理。客观来讲,民用航空法的规定具有现实合理性,实践中确实存在以单位名义携带危险品乘坐民用航空器或托运危险品的行为,特别是托运行李的情形。而且,如果对代表单位的行为人以自然人,也即个人犯罪处理,不但放纵了单位,而且对行为人的处罚可能会相对较重。

三是部分经济领域的违法行为仅规定在刑法典中,非刑事法律中缺少相应的处罚规定。例如我国税收征管领域常见的虚开增值税专用发票犯罪,根据《刑法》第205条的规定,虚开增值税专用发票处3年以下有期徒刑或者拘役,并处2万元以上20万元以下罚金。根据2010年5月最高人民检察院、公安部《关于公安机关管辖的刑事案件立案追诉标准的规定(二)》第61条规定,虚开增值税专用发票数额在1万元以上,或者致使国家税款被骗取5 000元以上者,应当认定犯罪并予以追诉。而如果行为人虚开的数额不满1万元或者骗取税款不足5 000元,则在有关增值税专用发票管理的行政法规中没有规定处理办法,对于实践中已造成国家税款损失的,只能按照《发票管理办法》第36条、第39条的规定,处以骗取国家税款1倍以下罚款。由此可以看出,对于该种行为的处罚,刑事责任过于靠前,而行政处罚责任则没有及时跟进,两者之间没有很好的衔接,从而造成一定的失衡。而实际上,完善的法律处罚体系既不能片面夸大刑罚对惩治和预防犯罪的作用,也不能忽视其他类型的法律责任对犯罪预防作用,对一般的危害税收征管的违法行为及时给予非刑罚处罚,更加能够起到防患于未然的作用,从而实现对危害税收征管犯罪的刑事立法的预防和惩罚功能的有机结合。而附属刑法则能够实现对危害税收征管犯罪的惩罚和对一般税收违法的处罚既相区别,又有机地结合起来,防止刑事责任与其他法律责任之间出现不平衡。此外,附属刑法还能够在刑事责任与其他法律责任之间建立起紧密的联系,尽量缩小刑事责任和其他法律责任之间过大的间距,避免刑事处罚的过于严厉而对经济社会可能带来的消极后果。在国外,一般是将税收犯罪规定在行政法规中，例如德国将税收犯罪的有关规定都规定在《德国税法》中，日本税收分为中央税和地方税两类，税收犯罪也相应地分别规定在日本地方税法和国税征收法这两类税收立法里，韩国甚至制定了专门的《税收处罚法》，对涉税的一般违法行为与犯罪行为都作出了规定。

四是部分经济领域严重的违法行为未能及时上升为刑法规定。实践中，由于经济立法与刑事立法分别进行，一些社会危害性已达到犯罪程度的违法行为在刑法典中尚未体现，进而因法无明文规定而不能纳入刑法打击范围，违背了刑事立法的目标，也严重影响了对特定经济领域的全面法律保护。例如，非法出租侵权复制品行为与销售侵权复制品行为都会获取巨额经济利益，均会对著作权人合法权益造成损害，因此许多国家的著作权法均对该行为予以刑罚处罚。而反观我国刑法典，只将销售侵权复制品行为规定为犯罪，对社会危害性程度与销售侵权复制品行为不相上下的出租侵权复制品行为却未予规定。再如未经商标注册人同意，更换其注册商标并将该更换商标的商品又投入市场的行为[①]，不但损害了商品生产者与消费者的合法权益，而且严重侵犯了他人的商品声誉，扰乱了市场经济秩序，因此，国外许多国家均将其规定为犯罪，如法国知识产权法典第713-2条规定，注册商标权人享有正、反两方面的权利，既有权禁止他人未经许可使用与自己相同或近似的商标，也有权禁止他人未经许可撤换自己依法贴附在商品上的商标标识。此外还有著作权保护领域的公开涉及他人不愿公开的作品、侵夺作者的身份，以及篡改作品致使损害著作权人声誉的行为在国外立法中均被规定为犯罪，但我国刑法典除对美术作品的署名权予以保护外，对著作权人的其他人格权利均缺乏必要的保护。

二、我国刑事立法的发展方向

与单轨刑事立法体制相对应，双轨刑事立法体制是指罪刑规范不单存在于刑法典和单行刑法中，在其他非刑事法律中也存在的一种刑事立法体制。在现今世界各国采取的刑事立法双轨体制下，刑事犯，也即自然犯规定在刑事法律中，行政犯，也即法定犯基本存在于刑法以外的法律中，而且后者的

---

① 孙万怀.侵犯知识产权犯罪刑事责任基础构造比较.华东政法学院学报，1999（2）.

数量超过前者。刑事立法双轨体制具有以下自身的优势：第一，社会生活中，刑事犯，也即自然犯的法规变化较小，而行政犯，也即法定犯的法规变化较大，规定在其他非刑事法律中修改也较为简便，这有利于保持刑法典的稳定性；第二，有关经济运行和行政管理的犯罪被规定在相关经济法律和行政法律中，罪状可以描述得详尽具体，法定刑也可以与之相贴切，大大便利司法操作。反之，将行政犯纳入刑法典，罪状即使不使用空白格式，也只能是概括性的叙明罪状。① 正如有学者所主张，从历史发展来看，自然经济条件下犯罪的基本形态是自然犯。自然经济条件下的社会发展很缓慢，受社会谴责的行为按照千百年来人们所熟悉的观念和伦理标准就能够得到准确判断。因此，自然犯是在社会发展非常缓慢的自然经济条件下的犯罪。但是，随着市场经济的发展，社会关系也因此复杂多样，随之而来的是社会生存和人类生活的方方面面和时时处处都有风险相伴。可以说，随着市场经济的发展，风险社会到来了。而风险社会的到来，以及新型安全需要的扩展，必然会影响到国家安全管理的方略。就刑罚而言，其是国家管理的一种重要手段，不能无视国家对风险控制的需要，因此刑罚功能在继承传统报应功能的同时，更加关注风险控制，也即威慑。与此相适应，出现了法律上犯罪形态结构的变化，由传统的自然犯占绝对优势而演变成为法定犯占绝对比重的局面。例如日本的刑法典和有限的单行刑法所规定的自然犯大概不到 300 个罪名，但法定犯据估计不会少于 5 000 个罪名，其他国家的情况也大致相似。可以说，随着风险社会的到来，法定犯时代也到来了，从而对刑事立法体制产生了深远的影响。就世界范围而言，在自然犯时代，刑法立法体制是单轨制，也即犯罪和刑罚都规定在刑法典和特别刑法中；但自 20 世纪开始，已经从自然犯时代进入法定犯时代，其中自然犯规定在刑法典中，法定犯规定在数量众多的其他非刑事法律中，从而使得刑法立法体制出现了由单轨制向双轨制的重大变动。②

在 1997 年刑法典之前，我国学者在比照中外刑事立法之后，大多数均认为应当采用已为世界所普遍接受的刑事立法双轨制，如有学者赞成在刑事立法方式上采用独立的散在型立法方式，也即在经济行政法规中设置具有独

---

① 储槐植. 刑事一体化论要. 北京：北京大学出版社，2007：157 - 158.
② 储槐植. 要正视法定犯时代的到来. 检察日报，2007 - 06 - 01.

立的罪名和法定刑的刑法规范。① 也有学者认为要改进行政刑法规范立法方式，要在行政刑法规范中直接规定罪名与法定刑，变现行的依附性规范为独立性规范，从而有利于处理其与刑法典、单行刑法之间的关系，使它们相互保持协调一致。这些规范与刑法典分则、单行刑法相并列，并都以刑法典总则为指导，从而能够保持协调一致，也使各自的规定具有特定性、稳定性。司法机关也可以直接依据该规定定罪量刑，不致因刑法典、单行刑法缺乏相应条款而放纵犯罪，也有利于刑法的修改与补充。② 在1997年刑法典之后，虽然学界并没有明确反对采取双轨制刑事立法体制，但是关于此问题的探讨已经偏重于具体立法层面。例如，有学者认为除了一些比较定型的行政犯可以被纳入刑法法典之外，应对其独立立法，并采用框架立法方式，从而保持国家行政与政策的弹性。目前，比较好的方式是采取独立型立法模式，也即在行政法规中规定相关行政犯不依靠任何其他法律便可以认定其具体罪刑内容。③ 也有学者认为应在行政刑法规范中采用混合立法方法，也即同时采用依附性立法方式中的照应性规范和独立型立法方式中的直接规定罪名和法定刑的规范的立法方式。凡是在刑法典分则中已有明文规定的犯罪，宜采取照应性刑法规范立法方式，而刑法典分则没有规定的犯罪行为，则采用在行政法规中直接规定罪名与法定刑方式。这种混合式立法方式，克服了两种立法方式自身的弊端，使立法机关可以在其立法权限范围内选择更为合适的立法方式，这既保证了整个刑法体系的协调统一，也满足了适应不断变化犯罪态势的需要，可谓两全其美之策。④

刑事立法体制由单轨制走上双轨制是刑法现代化的发展方向，是国家治理体系完善和国家治理能力提升的重要方面。党的十八届三中全会明确提出，全面深化改革的总目标是完善和发展中国特色社会主义制度，推进国家治理体系和治理能力的现代化，在之后全国人大公布的《国民经济和社会发展第十三个五年规划纲要》中，该理念得到了进一步强调，并具体化为相关制度措施。国家治理是一种常态，但是作为一个理论概念提出来，特别是作

---

① 陈兴良. 论行政处罚与刑罚处罚的关系. 中国法学, 1992 (4).
② 张明楷. 行政刑法辨析. 中国社会科学, 1995 (3).
③ 黄明儒. 行政犯比较研究. 北京：法律出版社, 2004：245.
④ 黄河. 行政刑法比较研究. 北京：中国方正出版社, 2001：81.

为执政党的执政方式提出来，却是一个新生事物，需要进行认真的研究。应当说，经过长期探索和实践，我国建立了具有中国特色的国家治理体系，构建了国家治理组织网络，制定了国家治理基本法律法规，国家治理与我国国情和社会主义制度总体上是适应的。但是，当前我国既处于发展的重要战略机遇期，又处于社会矛盾凸显期，国家治理任务更为艰巨繁重。随着实际情况的变化，我国在国家治理理念思路、体制机制、法律政策、方法手段等方面还存在很多不适应的地方，解决国家治理领域存在的问题既十分紧迫又需要长期努力。在我国，依法治国是党领导人民治理国家的基本方略，法治是治国理政的基本方式，推动国家治理体系和治理能力的现代化，最重要的是实现国家治理的法治化。[①] 就具体影响因素而言，国家治理体系包含了道德、法律、政策、习俗等相互作用的多种因素，其中法律是最重要的因素。[②] 但是，法律因素作用发挥的基础在于科学立法，因此实现立法现代化是国家治理体系和治理能力现代化的应有之义和重要保证。刑事立法现代化是整个立法现代化建设的重要方面。刑法是一种重要的社会控制手段，是国家治理的重要方式和保障。国家治理需要刑法作为坚强的后盾，也需要刑法化解矛盾，兼顾各方利益，切实彰显公平正义。因此，刑法应当顺应社会之变，通过刑罚的手段调解社会关系，积极促进国家治理体系的完善和治理能力的提升。目前，随着社会主义市场经济的深入推进，经济社会关系变得日趋复杂，犯罪数量日益增加，新型犯罪也不断涌现，刑罚手段对国家治理的作用越来越重要，越来越受到国家的重视，社会各界也通过各种途径表达了对刑法调整社会关系的关注和期待。在依法治国的大背景下，这种关注和期待转化为对刑事立法新的更高的要求。

在整个法律体系中，刑法的地位比较特殊，刑法是其他领域法律的保障法，在一定程度上并没有自己独立的调整对象。一项法律规范是否属于刑法规范，与该法律规范的调整对象没有直接关系，因为刑法规范的调整对象涉及几乎所有其他法律，例如商法、民法、行政法等的调整范围。[③] 因此，刑法并不独自创设新的义务，大多是对其他行政、经济民事等非刑事法律所确

---

① 俞可平. 衡量国家治理体系现代化的基本标准. 北京日报, 2013-12-09.
② 曹胜亮. 全面推进依法治国的困境与求索. 法学论坛, 2015 (1).
③ 杜里奥·帕多瓦尼. 意大利刑法学原理. 陈忠林, 译. 北京：法律出版社, 1998.

立权利、义务给予认可，并通过刑事处罚的形式予以强调。由此，其他法律往往希望借助于刑法，以求对各自所创设权利与义务规则给予强有力的刑罚保障。一个值得关注的现象是，对于部分随着经济社会发展新出现的，并不成熟的非刑事法律，更加倾向于通过刑罚的方式强化执行，例如随着科学技术的发展，人们享受着科技成果所带来的便利，但同时也存在利用科技实施的犯罪，需要通过刑罚的手段予以惩治的情况。再如，随着全面深化改革的逐步推进，公民的私权利逐步扩张，许多法律被制定出来以确定和保护这些权利，但随之而来的是对这些权利的侵犯，刑法往往被作为保障这些权利不受侵犯的强有力的保障。刑法在这些领域作用的强调，可能是因为相关非刑事法律尚未形成完备的惩治体系，抑或是这些法律所设定的规则并没有被社会大众广泛地接受，其所设定的非刑事处罚方式并不足以遏制某些市场主体通过违法牟取高额利润的动机。刑事处罚则具有明显的优势，其严厉的处罚方式足以遏制大多数人的违法犯罪动机，而一项非刑事法律一旦被赋予刑法的保护，则其地位和贯彻执行的力度必然高于其他同位阶法律。由此，基于国家治理的需要，在刑事法律领域，以违反其他非刑事法律为前提的法定犯的数量大量的增加，导致我国单轨刑法体制下的刑事立法越来越不堪重负。在这种情况下，为适应经济社会发展需要，立法者应当破除传统思维的禁锢，将刑事立法体制由单轨制向双轨制转变，切实提升刑事立法水平，推动依法治国的全面实施，进而实现国家治理体系和治理能力的现代化。因此，在理念上要承认世界范围内的刑事立法模式多元化，并正视我国目前单轨刑事立法体制对国家治理能力的制约，进而对刑事立法体制改革充满自信。应当认识到，单轨刑事立法体制与维护刑法典权威没有必然联系，刑事立法模式多元化与立法混乱没有必然联系，刑事法律表现形式多样化与司法适用随意没有必然联系。

另外，刑事立法体制是由具体刑事立法组成的，而不同的刑事立法具有不同的功能，其所追求的价值目标也不相同，一个成熟的刑法立法体制需要充分发挥不同刑法立法的优点，从而使各种刑法立法之间相互优势互补，共同发挥最大价值。目前，在全世界范围内，特别是在与我国立法比较相近的大陆法系国家，比较常见的刑事立法有刑法典、单行刑法、附属刑法和刑法修正案。就刑法典而言，其最大的优势在于稳定性，反映的是国家在一定时期内相对较稳定的刑事政策，所以这种立法模式适宜于规定以违反社会道德价值为基础的自然犯，如放火、爆炸、投放危险物质等危害公共安全的犯罪，以及故意杀人、故意伤害、绑架等侵犯人身权利犯罪和盗窃、抢劫等侵犯个人财产权利的犯罪等。只有这样，刑法典才可能尽量保持其稳定性，从而有利于维持刑法典的安定性和权威性。当然，这也不是完全排斥法定犯在刑法典中予以规定，对于那些违反国家基本经济政策，具有广泛适用性的法定犯，也可以规定在刑法典中。就单行刑法而言，其优势主要在于灵活性和针对性，应当主要适用于那些社会危害严重，且犯罪行为复杂，具有若干具体犯罪类型的新型犯罪，如恐怖主义犯罪、互联网安全犯罪等。就附属刑法而言，其优势在于广泛性和专业性，适宜规定那些损害经济关系，以及与之相关的社会管理关系，必须要受到刑罚处罚的行为，也即法定犯或者行政犯。如前所述，法定犯在刑法典中容易导致刑法分则条文的复杂化或者简单化，而如果通过附属刑法的形式规定在有关非刑事法律之中，则可以在附属刑法规范中对相关犯罪的罪状予以详尽和具体的描述，法定刑的设置也可以与犯罪行为更相对应，从而避免了刑法典立法在应对纷繁复杂且多变的经济犯罪时左右为难的窘境。就刑法修正案而言，其针对的是刑法典，与刑法典的修改补充具有同步性，且范围可以涵盖刑法典的总则原则规定条文与分则具体罪刑规范所有条款。因此，刑法修正案应当充分反映当前国家政策的变化，着力修改刑法典与当下政治、经济、社会及文化不相适应的地方。综上，就针对刑法典分则条文的完善而言，刑法典、单行刑法、附属刑法和刑法修正案这四类刑事立法可以起到相互促进的作用。刑法修正案和单行刑法作为对刑法典进行修改补充的主要手段，有助于刑法典吸纳那些散在于具体非刑事法律中，经过一定时间实施被实践证明是成熟且有普遍价值的附属刑法规范。这类附属刑法规范主要有两类：一是那些随着经济社会发展，犯罪特征已经相对明显，且不需要借助相关非刑事法律便能被一般大众所理解的法定犯，例如严重的破坏环境犯罪、食品卫生安全犯罪、侵犯劳动者权益犯罪等，可以通过刑法修正案纳入刑法典；二是经过一段时间的积累，散在于非刑事法律中的附属刑法规范达到一定的数量，能够形成一个犯罪类型，且相关司法实践已经相对成熟，可以将其归类制定单行刑法，或者通过刑法修正案形式将其作为一节纳入刑法典，例如知识产权犯罪、金融领域犯罪等。

　　基于我国国家治理的历史传统和现实特征，刑事立法双轨制应当体现中国特点，在实施层面要与国情相适应。考虑到我国特有的立法传统，以及相对较低的刑事立法水平和司法人员法律素养，多元刑事立法模式应当采取渐进的方式推进，同时要突出刑法典和刑法修正案的主体地位，保证刑法典的相对统一性。具体而言，可以考虑在法律规范变动频率较高的经济犯罪领域尝试性的采取附属刑法立法模式。目前，比较稳妥的方式有两种：一是将部分经司法实践检验比较成熟的宣示式附属刑法规范改造成创制式附属刑法规范。这类宣示式附属刑法规范与刑法典中的相关条款存在对应关系，例如与非法经营罪相对应的宣示式附属刑法规范，但刑法典关于犯罪构成的原则性规定难以顾及具体犯罪类型的特殊性，如果采用创制式附属刑法，更能科学实现犯罪与刑罚的对应。二是对于立法者拟新增设的法定犯，可以根据实际情况选择适用刑法修正案，或者通过修改非刑事法律制定创制式附属刑法规范，而非一概采用前者。特别对于那些专业性和针对性较强，客观行为表现复杂的法定犯，与其在刑法修正案中照搬相关非刑事法律规定，倒不如直接在非刑事法律中设定罪刑规范。

第十三章

完善军事法律体系

军事法规制度体系，是指国家的全部军事法律规范依照一定的原则和要求所组成的有机统一整体。[①] 一方面，军事法规制度体系立足于国防和军队建设的特殊规律，以法定形式反映和规范国防和军队建设的各项制度；另一方面，具有我军特色的军事法规制度体系，也是中国特色社会主义法律体系的重要组成部分。党的十八大以来，习近平为主席的中央军委推进的深化国防与军队的改革，是我军历史上从未有过的重大改革，是一场整体性、革命性变革，此次军队改革必然对我国的军事法规体系建立和完善提出多方面的挑战。2015 年 2 月，《中央军委关于新形势下深入推进依法治军从严治军的决定》针对国防和军队领域法治建设进行具体部署，明确用强军目标审视和引领军事立法，坚持与我军履行使命任务相适应，与深化国防和军队改革相协调，与国家法律体系相衔接，不断健全完善具有我军特色的军事法规制度体系。[②] 这三个"坚持与"，立足于军事法规制度体系与国家法律体系的关系、国防和军队法治建设的特殊性、国防和军队改革的现实性，提出了完善军事法规制度体系的基本要求。

第一节　军事法规制度体系在我国法律体系的地位

具有我军特色的军事法规制度，是在建军治军的实践中逐步形成的。就

---

① 张建田．中国军事法学研究的历史回顾．2 版．北京：法律出版社，2014：522．
② 《中央军委关于新形势下深入推进依法治军从严治军的决定》要点释义．解放军报，2015 - 04 - 22 (7)．

其历史发展而言，可以划分为新中国成立前的和新中国的军事法规制度建设两个阶段。新中国成立前，在人民军队创立时期、抗日战争时期、解放战争时期，我军分别根据不同的战争形势和任务，以坚持党对军队绝对领导、服务军队中心任务、优待军人及其家属、军法从严、维护军事法制统一等为原则，建立了有关军队组织编制、军队政治工作、军事训练、军事奖惩、军人优抚等方面的法规制度。新中国的军事立法则将军事法规制度的建设，纳入国家法制建设之中，具体表现为以下三个方面。

一、军事法规制度建设与国家法律制度建设同步推进

1949—1956 年间，在由新民主主义向社会主义初级阶段过渡时期，国家立法获得较大发展，取得许多成就，"逐渐形成了一个包括或涉及了宪法、行政法、刑法、刑事诉讼法、婚姻家庭法、经济法、劳动法和社会福利法、科教文法、军事法等法的集群在内的法体系"[①]。其间，全国人民代表大会及其常委会颁布了一批重要的军事法律，有《中国人民解放军军官服役条例》《中华人民共和国兵役法》《关于规定勋章奖章授予中国人民解放军在保卫祖国和进行国防现代化建设中有功人员的决议》《关于授予中国人民志愿军抗美援朝保家卫国有功人员勋章奖章的决议》等。该时期的军事法律虽为数不多，但地位重要、作用巨大，带动和促进了军事法规、规章的制定和颁行。[②]

1957—1978 年间，新中国的立法工作跌入低谷，军事法规制度建设也是在曲折中艰难发展。这一时期国家立法中的军事法律建设停滞，但是由于军队自身建设的特殊性，规范军事秩序的《纪律条令》《队列条令》《内务条令》还是适时进行了修订，并制定了一系列的战斗条令和军队管理方面的法规，基本形成了以条令条例为主要形式的、较为配套的部队战备、训练法规体系。

1978 年年底党的十一届三中全会召开，新中国的法制建设翻开了新的一页，军事法规制度建设也同步推进。1994 年，中央军委批准召开的全军法制工作会议提出：要逐步建立起从共同原则出发，具有内在联系、结构合

---

① 周旺生. 中国立法五十年：上. 法制与社会发展，2000（5）.
② 丛文胜. 人民军队法制建设八十年. 北京：军事科学出版社，2007：240.

理、门类齐全、内容完整、规范严谨、层次分明的军事法律体系。2002 年，党的十六大首次提出"健全军事法规体系，提高依法治军的水平"的任务。2007 年，党的十七大再次提出"完善军事法规"的要求。2013 年，党的十八届三中全会决定中提出"健全军事法规制度体系，探索改进部队科学管理的方式方法"。2014 年，党的十八届四中全会提出"健全适应现代军队建设和作战要求的军事法规制度体系"。2015 年，《中央军委关于新形势下深入推进依法治军从严治军的决定》明确了"健全完善军事法规制度体系"的具体部署。对作为军事法规制度建设标志性成果的认定，是 2007 年 8 月胡锦涛在庆祝中国人民解放军建军 80 周年暨全军英雄模范代表大会上指出，"形成了反映现代军事发展规律、体现人民军队性质和优良传统的军事法规体系"。

二、军事法规制度建设与国家法律制度建设相衔接

军事法规制度建设与国家法律制度建设相衔接，主要有以下几方面内容。

一是在国家立法体制中，确立了军事立法体制。1982 年宪法规定了国家设立中央军事委员会领导全国武装力量，使中央军委同时具有党和国家最高军事领导机构的地位。这表明中央军委根据宪法和法律，在其职权范围内，可以进行授权立法。1997 年，全国人民代表大会通过《中华人民共和国国防法》，明确由国务院制定国防建设方面的方针、政策和行政法规，由中央军委根据宪法和法律，制定军事法规，发布决定和命令。2000 年，全国人民代表大会通过《中华人民共和国立法法》，规定军事法规、军事规章的立法主体和适用范围，将军事立法纳入国家立法制度。2015 年，新修订的立法法保留了对军事立法的相关规定，并补充规定中国人民武装警察部队制定军事规章的权限。

二是确立了军地联合的立法机制。有关国防和军队建设方面的法律案，通常是由中央军委法制机构组织、改革前的军委四总部和新体制下中央军委15 个职能部门单独或联合起草，再由国务院和中央军委向全国人大及其常委会联合提出。国务院单独或国务院与中央军委联合制定的有关国防方面的行政法规，一般也是按照由军队提要求，国务院或中央军委法制机构组织协

调的方式来起草落实。

三是军事法规的制定和修改遵循法治原则，维护社会主义法制的统一和尊严。中央军委于 2003 年颁布的《军事法规军事规章条例》① 在规范军事立法活动时，曾明确指出："制定、修改和废止军事法规、军事规章，应当以宪法和法律为依据，遵循立法法确定的立法原则，符合法定权限、程序和立法体例规范的要求，维护社会主义法制的统一和尊严。"

三、党领导国家法律体系建设和军事法规制度建设体系建设

党的十八届四中全会明确，党的领导是全面推进依法治国、加快建设社会主义法治国家最根本的保证。完善以宪法为核心的中国特色社会主义法律体系建设，要加强党对立法工作的领导，完善党对立法工作中重大问题决策的程序。党领导国家法律体系建设的途径和方式，可以归纳为：党制定方针和政策，明确指导思想，审定立法规划，指引人大立法；党建议宪法、重要法律的制定，修改和审定、批准重要立法；党推荐国家权力机构的领导人选和代表人作用于立法活动；党要求立法机关工作人员中的党员贯彻党的政策，保证党的方针政策能够转化为国家意志，在立法上得到落实；通过党组在具体立法过程中发挥领导作用；通过人大工作会议发挥党的领导作用等。②

我军是执行党的政治任务的武装集团，坚持党对军队绝对领导是我军永远不变的军魂。党领导军事法规制度建设，在国家层面，是将党关于国防和军队建设的主张，交由国家立法机关审议、讨论，适时上升为国家意志，形成有关国防和军队建设的法律，从而将党的领导与国家法治紧密结合起来。在军队层面，由于党对军队绝对领导是通过党在军队设立各级组织，形成严密的系统来实现的，因而，军事法规、军事规章和军事规范性文件的制定：一是体现了党委决策，二是在军事立法机关的工作上受党组织直接领导，三是在法规制度的内容上涵盖军事、政治、后勤、装备建设各个领域。

---

① 因《军事立法工作条例》已经颁布并于 2017 年 5 月 8 日起施行，《军事法规军事规章条例》同时废止。但此处的论述仍具有理论意义。

② 陈俊．政党与立法问题研究——借鉴与超越．北京：人民出版社，2008：256 - 265.

第二节　军事法规制度体系的结构和特点

相对于国家法律法规，军事法规制度的特殊性在于其立足于国防和军队建设的特殊规律，适应现代军队建设和作战要求，是军队建设和部队行动的基本依据，是官兵行动的基本准则。

一、军事法规制度体系的结构

现有的军事法规制度体系，是以军事法律、军事法规、军事规章为主体，以军事规范性文件和其他制度规定为补充，内容协调、范围明确、结构完整的多层次、多门类的制度规范体系。[①] 具体构成如下。

第一，通过建立和实施具有中国特色的国防领导体制、兵役制度、国防动员制度、军事设施保护制度、军人权益保障制度，有力加强了党对国防建设的领导，促进了军民融合式发展，加快了国防现代化建设的步伐。

国防是指国家为防备和抵抗侵略，制止武装颠覆，保卫国家的主权、统一、领土完整和安全所进行的军事活动，以及与军事有关的政治、经济、外交、科技、教育等方面的活动。我国现行的有关国防建设法律文件有：《中华人民共和国国防法》《中华人民共和国国防动员法》《中华人民共和国国防教育法》《中华人民共和国香港特别行政区驻军法》《中华人民共和国澳门特别行政区驻军法》《中华人民共和国人民武装警察法》《中华人民共和国人民防空法》《中华人民共和国国防交通法》《全民国防教育大纲》《民用运力国防动员条例》等。

有关兵役制度和军人权益保障的法律文件包括：《中华人民共和国兵役法》《中国人民解放军现役士兵服役条例》《征兵工作条例》《民兵工作条例》《关于征集兵员政治条件的规定》《军队干部退休的暂行规定》《中华人民共和国军人保险法》《军队转业干部安置暂行办法》《中国人民解放军士官退出现役安置暂行办法》《退伍义务兵安置条例》《军人优待抚恤条例》等。

有关军事设施保护的主要法律文件有《中华人民共和国军事设施保护

---

① 丁向荣. 构建中国特色军事法治体系提高国防和军队建设法治化水平. 人民日报，2014 - 10 - 30 (10).

法》《中华人民共和国军事设施保护法实施办法》《关于保护通信线路的规定》《保护海底电缆规定》《军用机场净空规定》《人民防空工程维护管理规定》《中国人民解放军房地产管理条例》《关于军民合用机场的若干暂行规定》等。

第二，通过建立和实施具有我军特色的军队党的领导制度、组织制度、选举制度、工作制度和监督制度，实现了党的组织与军队建制的有机结合、党的领导和军队指挥管理的内在统一，有力保证了党的路线、方针、政策在全军的贯彻执行和政令军令的畅通，保证了我军在任何时候、任何情况下都坚决听从党的指挥，始终保持人民军队的性质和宗旨。

《中华人民共和国宪法》将党领导军队和国家领导军队有机统一起来，确立了我国基本军事制度。党的中央军委和国家的中央军委实际上是一个机构，组成人员和对军队的领导职能完全一致。《中华人民共和国国防法》明确了中华人民共和国的武装力量受中国共产党领导的军事制度。由中央军委制定的军事法规贯彻了党对军队绝对领导的基本军事制度，主要法律文件及相关内容有：《中国人民解放军政治工作条例》《中国人民解放军思想政治教育大纲（试行）》《中国共产党军队委员会工作条例》《中国共产党军队支部工作条例》《军队党组织发展党员工作规定》，以及《军队基层建设纲要》《军队信访工作条例》《内务条令》《纪律条令》里面的相关内容。

第三，通过建立和实施适应现代战争要求的联合作战制度、武器装备科研生产制度、军队人才培养制度、军队后勤保障制度，以及遂行各种军事任务的基本规范，有力促进了我军军事斗争准备的深化拓展，促进了各项非战争军事行动任务的完成。联合作战方面的法律文件有：《中国人民解放军联合战役纲要》《中国人民解放军合成军队战斗条令概则》等。武器装备科研生产方面的法律文件有：《中国人民解放军武器装备管理条例》《军工产品质量管理条例》《中国人民解放军计量条例》《中国人民解放军武器装备管理条例》《中国人民解放军装备采购条例》《中国人民解放军装备科研条例》等。军队人才培养方面的法律文件有：《中国人民解放军现役军官服役条例》《中国人民解放军预备役军官法》《中国人民解放军文职干部暂行条例》《中国人民解放军军官军衔条例》《中国人民解放军现役军官职务任免条例》《中国人民解放军文职人员条例》等。军队后勤保障方面的法律文件有：《中国人民解放军基层后勤管理条例》《中国人民解放军联勤条例》《中国人民解放军军需条例》《中国人民解放军物资条例》《中国人民解放军油料条例》等。

第四，通过建立和实施统一的内务制度、奖惩制度、安全管理制度、预防和惩治犯罪制度，以及军人日常行为规范，维护了部队战备、训练、工作、生活秩序的正规有序，维护了全军的高度集中统一和纯洁巩固。主要法律文件有：《中国人民解放军军事训练条例》《中国人民解放军司令部条例》《中国人民解放军军事训练与考核大纲》《中国人民解放军院校教育条例》《内务条令》《纪律条令》《队列条令》《警备条令》《中国人民解放军现役士兵服役条例》《中国人民解放军士官管理规定》《中国人民解放军安全工作条例》《中国人民解放军预防犯罪工作条例》《中国人民解放军保密条例》《关于军队执行〈中华人民共和国刑事诉讼法〉若干问题的暂行规定》《关于剥夺犯罪军人军衔的规定》等。

二、军事法规制度体系的特点

军事法规制度体系的特点主要有以下几点。

一是军事法律法规规章数量达到一定规模、内容覆盖全面。数量规模和内容覆盖面是军事法规体系形成的前提和基础。如前所述，我国军事法律法规规章的内容，涵盖国防领导体制、武装力量编成、兵役、边防海防空防、军事设施保护、国防动员、国防科研生产、后备力量建设、军人权益维护以及作战、战备训练、政治工作、后勤保障、装备保障等国防和军队活动的各个方面，从不同层面、不同角度对国防和军队活动中发生的各种社会关系进行了规范，基本适应了军事斗争、国防和军队各项建设法律保障的客观需要。

二是骨干性法律法规基本齐备。骨干性法律法规对法规体系起着支撑作用，是法规体系形成的必要条件。目前，军事法规体系中起支撑作用的骨干性法律法规主要有：《中华人民共和国国防法》《中华人民共和国兵役法》《中华人民共和国国防动员法》《中华人民共和国军事设施保护法》《中华人民共和国现役军官服役条例》《中华人民共和国预备役军官法》《中华人民共和国人民武装警察法》《中国人民解放军现役士兵服役条例》《军人抚恤优待条例》以及共同条令、《中国人民解放军司令部条例》《中国人民解放军政治工作条例》《中国人民解放军基层后勤管理条例》《中国人民解放军武器装备管理条例》《军队基层建设纲要》《中国人民解放军联合战役纲要》等。上述法律法规中，国防法在军事法规体系中具有军事基本法的地位，起着核心支撑作用，其他法律法规在军事法规体系的各个门类中具有统领的地位，起着重要支撑作用。

三是全部法律法规规章构成了有机统一的整体。中国特色军事法规制度体系形成了自身内在的逻辑规律。在纵向上，军事法规体系由军事法律、军事行政法规和军事法规、军事行政规章和军事规章三个层级构成，其中，军事法律效力最高，军事法规、军事行政法规效力高于军事规章、军事行政规章，军事规章中总部规章效力高于军区、军兵种规章。在横向上，根据军事法规范调整的社会军事关系不同，军事法规体系分为国防基本法规、军事工作法规、政治工作法规、后勤工作法规、装备工作法规、军事司法法规等若干门类。军事法规体系各层级、各门类规范之间，遵循法制统一的原则和要求，基本实现了上下衔接、左右协调、内部和谐。

四是军事立法制度基本完备。军事法规制度体系的形成，不仅基于党和国家确立的依法治国基本方略和中央军委确立的依法治军基本方针的深入贯彻实施，而且基于国家军事立法制度的充分保证。根据《中华人民共和国宪法》《中华人民共和国国防法》《中华人民共和国立法法》《军事法规军事规章条例》的相关规定，我国的军事立法体制可以归结为"一元性、两分支、多层次"[①]：（1）"一元性"强调的是国家军事立法权的统一。宪法中有关国防和武装力量建设的条款、军事法律的制定权限，由全国人民代表大会、全国人民代表大会常务委员会来行使。（2）"两分支"是指中央军委和国务院行使有关国防和军队建设的立法权。其中，中央军委制定军事法规，中央军委和国务院联合制定有关国防建设的行政法规。（3）"多层次"是指各军事立法主体在其职权范围内制定军事法律法规规章，形成军事立法的多层次性。2016年1月，中央军委《关于深化国防和军队改革的意见》围绕"军委管总、战区主战、军种主建"的原则，重点进行领导管理体制、联合作战指挥体制的改革。6月，中央军委印发《关于深化国防和军队改革期间加强

---

① 张山新，张昱明．中国特色社会主义军事立法的成就与展望．西安政治学院学报，2010（6）.

军事法规制度建设的意见》明确："适应军队领导指挥体制改革要求，按照军委管总、战区主战、军种主建的总原则，调整规范立法权限，中央军委制定军事法规，战区、军兵种、武警部队在职权范围内制定军事规章，军委机关部门和各级机关按照规定制定军事规范性文件。"

第三节　军队改革对军事立法带来的挑战

军队改革后的新体制、新机制、新职能、新使命，既给军事立法事业的发展带来了难得的机遇，又给军事立法带来了巨大的挑战。无论是军队新的领导管理体制，还是联合作战指挥体制；无论是训练教育，还是战备执勤；无论是军队战斗力的提升，还是海外维和救援；无论是新领域军事法规的制定，还是旧有法规的改、废、释，都需要做大量的立法工作。否则，就无法构建起科学、完整的新型军事法规体系。军事立法工作所面临的挑战是前所未有的。

一、军事立法任务异常繁重

截至 2016 年年底，我军已经制定了 22 部军事法律，370 多件军事法规，3 900 多件军事规章和近 20 000 份规范性军事文件，已经初步形成了中国特色军事法规制度体系。但是，随着军队改革的不断深入，国家安全利益的有效拓展，军事影响的不断扩大，军事立法需要不断地深化发展，立改废释任务迅速猛增，军事立法任务异常繁重。首先，新型军事领域需要立法进行调整。随着我国新型安全领域遭受到潜在的威胁，太空、海洋、网络、电磁等领域出现的新型安全问题，军事立法必须加大在这些领域的调整力度，确保我国安全利益不受损。这些领域都属于急需立法的领域，立法体量相当大，立法任务十分艰巨。伴随着新军事体制编制的确立，各军种内部体系，各大军兵种相互之间，都有许多大量的体制机制要建立，大量的关系需要依法进行调整，都需要各大军兵种加大军事规章的制定力度，尽快建立起体系完整、运行顺畅的军事法规制度体系，确保新体制、新机制发挥作用，用法制保证改革取得成功。其次，战时法规制度需要超前制定。虽然和平发展是当今世界的时代主题，但局部战争还此消彼长，不断增多，我国周边的安全环境也存在着潜在的战争威胁。特别是日本军国主义的复活，美国"亚太再平衡"战略的深入推进，中国的和平崛起会妨碍美国利益的实现，战争的危险始终存在。可是，我国有关战时军事法律法规十分缺乏，根本无法适应未来打赢信息化战争的需要。因此，战时立法问题迫在眉睫，需要加快制定《战时紧急动员法》《战时征用法》《战时国家救援法》《战时信息管制法》《战时审判法》等军事法律法规，确保战时依法开展工作，最终保证战争的胜利。再次，海外军事关系需要依法调整。又次，非战争军事行动需要法规制度支撑。最后，大量军事法规制度需要清理汇编。

二、军事立法质量要求更高

随着社会发展现代化信息化程度越来越高，社会分工也越来越细，社会关系也越来越复杂，越来越缜密，军事法所调整的社会关系也越来越细密，这就客观要求军事立法质量也越来越高，要精准立法、精细立法、精确立法和精致立法，确保军事立法的质量。第一，要统筹规划，科学立法。立法科学，是立法的生命。在科技高度发达、社会关系十分复杂、军事需求旺盛的当今时代，军队改革的深度发展，要求军事法规制度必须满足现实和未来军事需求，满足打赢未来战争的需要，对能否精准调节好信息时代的军事关系至关重要，对军事法的质量要求特别高，对立法的精准性、立法的有效性、立法的可行性都提出了特别高的要求，不再停留在过去那种"粗放式立法"阶段，而是进入了利用大数据进行精确分析评估的"集约化立法"阶段。因此，军事立法要统筹好国防和经济的关系，统筹好军队和地方的关系，统筹好现在与未来的关系，统筹好国内与国际的关系，全方位进行统筹安排，制定军事立法规划和年度军事立法计划，确保立法的科学性。第二，要广泛参与，民主立法。民主立法是科学立法的重要保证。随着我国法治建设的日益推进，普法教育的广泛开展，公民的法治素养得到普遍提高，军队人员的法律意识、法律知识、法治观念等都有了大幅提升，他们对法治的期盼、对法治效能的发挥、对法治的价值追求等都有了更高的要求，希望自己的知情权、参与权、表达权得到更加有力的保护，广大官兵参与立法的意识和要求都普遍比较强烈，这就迫使军事立法必须客观准确地表达他们的意志，充分捍卫他们的权利，保护他们的利益诉求，这样才能制定出高质量的军事法规、军事规章和制度，才能得到官兵的大力支持，才有利于建设法治军队。第三，要程序完整，精细立法。程序完备、程序公正是法治的内在要求，也是提高立法质量的重要保证。新时期的军事立法一定要严格按照《军事法规军事规章条例》所确立的立法规划、立法计划、草案起草、草案审查、草案审议、修改、公布和议案备案等程序科学组织，严密实施，保证每一个环节都按规矩办事，不出现任何漏洞和差错。立法项目的选取要科学、精准，立法技术要精细、求实，立法制度的设计要精确、科学，立法语言要准确、清晰。这些都无形地增加了军事立法的难度，使对立法质量的要求相当苛刻，稍有不慎，就可能造成军队法治建设的"立法障碍"，形成"制度梗阻"，破坏军事法治事业的健康发展。

三、军事立法主体发生很大变化

由于军队领导体制发生了巨大的改变，原来的"四总部"已经不复存在，战区代替了军区，"总政治部""总参谋部""军区"等军事立法主体都已经不复存在了，军事立法主体发生了很大变化。陆军领导机关的成立，火箭军、战略支援部队、中央军委联勤保障部队的成立，五大战区的设立，需要赋予它们新的军事立法职能。

一是要修改《中国共产党章程》《立法法》和《军事法规军事规章条例》中的有关军事立法主体。因为原总政治部、原总参谋部、原总后勤部和原总装备部已经改为中央军委下属的中央军委政治工作部、中央军委联合参谋部、中央军委装备发展部和中央军委后勤保障部，属于中央军委的二级机构，按照中央军委 2016 年 6 月制定的《关于深化国防和军队改革期间加强军事法规制度建设的意见》的规定，"中央军委制定军事法规，战区、军兵种、武警部队在职权范围内制定军事规章，军委机关部门和各级机关按照规定制定军事规范性文件"，它们不再享有军事法规的立法权，原有的军事规章立法权转为各军兵种和战区行使，它们的军事立法主体地位就不再存在，要通过修法的形式把它去除，改为新的军事立法主体。

二是要依法确立陆军领导机构的立法职能。中国人民解放军陆军领导机构于 2015 年 12 月 31 日在北京成立，习近平主席亲自授予军旗，这是"党中央和中央军委着眼实现中国梦强军梦作出的重大决策，是构建中国特色现代军事力量体系的战略举措"，意味着陆军军种领导机构跟海军、空军、火箭军领导机构一样，成为新的军事规章的立法主体。陆军领导机构要按照立法权限，推进陆军转型建设，要加强科学筹划和指导，对陆军建设管理模式进行重大调整和改进，对陆军力量体系和作战能力进行整体改造和升级，加快健全同新体制相适应的陆军建设管理运行机制，坚持行法治、抓从严，加快构建科学管用、系统配套的条令条例和规章制度体系，确保陆军转型建设在法治轨道上推进，为努力建设一支强大的现代化新型陆军提供法制保障。

三是要依法确立火箭军、战略支援部队、联勤保障部队的立法权。这三支部队是这次军队改革新调整组建的新型作战力量，它们成为人民解放军家族中新的军种，按照中央军委 2016 年 6 月制定的《关于深化国防和军队改革期间加强军事法规制度建设的意见》的规定，它们享有军种的军事规章的立法权，它们要按照各自军种建设的需要，建立健全本军种的军事法规体系。火箭军"按照核常兼备、全域慑战的战略要求，增强可信可靠的核威慑和核反击能力，加强中远程精确打击力量建设，增强战略制衡能力，努力建设一支强大的现代化火箭军"。战略支援部队是维护国家安全的新型作战力量，是我军新质作战能力的重要增长点。战略支援部队全体官兵要坚持体系融合、军民融合，努力在关键领域实现跨越发展，高标准高起点推进新型作战力量加速发展、一体发展。中央军委联勤保障部队是于 2016 年 9 月 13 日新成立的部队，设有武汉联勤保障基地和无锡、桂林、西宁、沈阳、郑州联勤保障中心，习近平主席在成立大会上亲自为他们授旗。这是党中央和中央军委着眼于全面深化国防和军队改革作出的重大决策，是深化军队领导指挥体制改革、构建具有我军特色的现代联勤保障体制的战略举措，对把我军建设成为世界一流军队、打赢现代化局部战争具有重大而深远的意义。习近平主席要求"要牢记使命、勇挑重担，以党在新形势下的强军目标为引领，深入贯彻新形势下军事战略方针，推进政治建军、改革强军、依法治军，按照联合作战、联合训练、联合保障的要求加快部队建设，努力建设一支强大的现代化联勤保障部队"。

四是要完善战区的军事立法权。战区的设置是这次军队改革的一个重要的亮点，把过去七大军区，调整改为东部战区、南部战区、西部战区、中部战区和北部战区五大战区，按照中央军委的统一部署，专施"主战"功能。

每个战区都根据不同的战略方向，承担着不同的使命任务，"战区担负着应对本战略方向安全威胁、维护和平、遏制战争、打赢战争的使命，对维护国家安全战略和军事战略全局具有举足轻重的作用"。"各战区要牢记使命，坚决贯彻党在新形势下的强军目标，坚决贯彻新形势下军事战略方针，坚决贯彻军委管总、战区主战、军种主建的总原则，建设绝对忠诚、善谋打仗、指挥高效、敢打必胜的联合作战指挥机构。"战区内都配备有各军种的力量，形成本战区的联合作战体系，根据职权，享有制定本战区军事规章的立法权，其配属相关机构享有制定本战区的规范性军事文件的权力。武警部队享有武警范围内的武警军事规章的立法权，其配属相关领导机关享有武警规范性军事文件的立法权。

第四节 推动军事法律体系完善的对策措施

随着军队改革的深入推进，军事立法事业也迎来了快速发展的春天，改革急需、备战急用的军事法规制度亟须制定出来，联合作战法规、战备法规、部队建设管理主干法规、改革配套法规等都亟须尽快出台，大量的不适应军队改革的旧有的军事法规、军事规章亟须清理、废止和修改，为能既把住军事法治建设发展的难得机遇，又能更加科学有效地应对军事立法所面临的巨大挑战，尽快建立起完善定型的具有中国特色的军事法规制度体系，我们必须采取切实可行的对策措施，创新发展，开拓前行，加快立法，完善立法，为建设世界一流的军队提供完备的法制保障。

一、加强党对军事立法的科学领导

党对法治的领导是"中国特色社会主义最本质的特征，是社会主义法治最根本的保证"。党的十八届四中全会所确定的法治中国的建设目标，就是在中国共产党的领导下来实现的。"全面推进依法治国，总目标是建设中国特色社会主义法治体系，建设社会主义法治国家。这就是，在中国共产党领导下，坚持中国特色社会主义制度，贯彻中国特色社会主义法治理论，形成完备的法律规范体系、高效的法治实施体系、严密的法治监督体系、有力的法治保障体系，形成完善的党内法规体系，坚持依法治国、依法执政、依法行政共同推进，坚持法治国家、法治政府、法治社会一体建设，实现科学立法、严格执法、公正司法、全民守法，促进国家治理体系和治理能力现代化。"党的领导是依法治军从严治军的核心和本质要求，更是军事立法工作的关键，要加快军事立法事业的发展首先必须坚持党的领导，这是党对军队绝对领导的具体体现，更是实现党对军队绝对领导的重要方式。只有以党的思想作为指引，才能保证军事立法工作的正确方向；只有把党的意志体现在军事立法中，才能不偏离党指引的道路；只有把党的要求贯彻到军事立法中，才能较好地实现强军目标；只有把党的事业与军事立法事业融为一体，才能实现政治与军事的最佳结合。因此，在推进军事立法事业的发展过程中，必须首先坚持党的领导，这是不变的军魂。为此，中共中央专门制定了《中共中央关于加强党领导立法工作的意见》（中发〔2016〕10号），对于加强和改进党对立法工作的领导，发挥党总揽全局、协调各方的领导核心作用，推动形成完备的法律体系，从法律制度上保证党的理论路线方针政策的贯彻实施作出了明确规定，对党领导军队立法工作作出了明确要求。中央军委专门印发了《关于军队贯彻〈中共中央关于加强党领导立法工作的意见〉的实施办法》（中央军委〔2016〕13号），对加强和改进党对军事立法工作的领导作出了全面、系统的部署和安排。这是党领导军事立法工作的科学指南，是加强党对军事立法工作实行科学领导的根本依据，开展军事立法工作必须严格遵照党的领导执行。一是要加强党对军事立法工作思想上的领导。军事立法工作，必须深入贯彻落实习主席系列重要讲话精神，以党在新形势下的强军目标为引领，着眼推进政治建军、改革强军、依法治军，坚持党对军队绝对领导，坚决贯彻军委主席负责制，坚决贯彻党中央决策部署，科学筹划部署军事立法工作，搞好顶层设计，加快构建中国特色军事法规制度体系，为强军兴军提供坚实的法规制度保障。二是要加强党对军事立法工作政治上的领导。政治工作始终是我军的生命线，是我军最大的政治优势和制度优势。加强党对军事立法政治上的领导就是要明确军事立法的政治工作的方向，以党的旗帜为旗帜，以党的方向为方向，以党的意志为意志，坚持党对军队的绝对领导，增强政治意识、大局意识、核心意识、看齐意识，坚决贯彻落实党中央关于立法工作的方针战略和部署，研究确定军事立法方针布局，增强政治责任感，落实党委领导职责，把军事立法工作作为党委工程、主官工程、战略工程，抓实抓牢，为实现党在新形势下的强军目标而不懈努力。三是要加强党对军事立法工作的组织领导。中央军委根据国防和军队建设以及军事斗争准备实际，加强统筹谋划，搞好顶层设计，加强对军事立法规划计划的统一领导。各级党委按照军委决策部署，对本单位法规制度建设的目标任务、体系框架、重点项目，作出科学筹划安排。认真落实党的民主集中制，坚持民主立法。中央军委制定五年立法规划和年度立法计划，军委机关部门、战区、军兵种、武警部队向中央军委提出立法建议。各战区、各军兵种、武警部队党委按照中央军委部署安排，组织领导本单位立法规划计划制定工作，并报中央军委备案。中央军委对全军开展法规制度立改废释工作作出总体部署，军委机关各部门和各战区、各军兵种、武警部队党委按照军委部署要求，制订实施方案，抓好贯彻落实。要充分发挥军事法制工作机构综合协调、咨询保障和参谋顾问作用，制定完善党委领导军事立法的工作规程，增强军事立法工作的科学性、系统性和规范性，确保军事立法的坚强组织领导。

二、理顺军事立法体系的内部关系

体制顺，则运行畅；体系成，则关系通。为适应军队改革后新体制、新机制、新职能、新使命，保证军事立法事业的快速发展，必须理顺军事立法体系内的四大关系。

（一）中央军委与全国人大的关系

根据《立法法》的规定，全国人大及其常委会负责制定在全国范围内施行的法律，中央军委享有军事法规的立法权，两者所制定的军事法效力等级不同，全国人大及其常委会制定的是上位法，中央军委所制定的是下位法，按照法律的效力等级层次原则，下位法不得与上位法冲突，也就是说中央军委所制定的军事法规必须与全国人大及其常委会所制定的保持一致。可是，由于军事法是特别法，其立法事项和立法内容都有其特殊性，许多立法工作全国人大及其常委会无法深入进去，中央军委与全国人大形成了特别的合作执行关系。因此，在推进军队改革的进程中，要处理好军事法律的立法权行使与军事法规立法权行使的关系，既保证中央军委立法主体的实体地位，又不能擅越全国人大所享有的立法权的界限，使两者既保持密切的协作关系，又各自履行法定职责，完成军事法律的立法工作和军事法规的立法工作，两者相互配合，各司其责。

（二）中央军委与各职能部门之间的关系

这次军队改革把中央军委过去享有军事规章立法权的四总部，改成了15个工作职能部门，其原来所享有的军事规章的制定权也被取消，军委机关部门和各级机关只能按照规定制定军事规范性文件，所有的军事法规的制定都统一由中央军委统一行使，相关的军事规章的制定权被赋予了各军种领导机关。中央军委和各职能部门之间形成了领导与执行的关系。中央军委办公厅下设的中央军委法制局统一负责全军法制建设工作，协调处理与中央军委其他职能部门之间以及各军种、武警部队之间有关军事立法工作。

"军委管总、战区主战、军种主建"是这次军队改革的总原则，中央军委就是全军的最高领导，对全军各军种都享有最高的领导权和指挥权。在军事立法上，中央军委领导各军种的军事立法工作，各军种领导机关要按照中央军委的统一部署，根据自身的特点任务，制定军事规章的立法规划和年度计划，确定立法事项，颁布施行军种军事规章，最终报中央军委备案。如中国人民解放军陆军2016年8月颁发的《陆军法制工作暂行规定》（陆参〔2016〕105号）就是一个陆军军事规章，从2016年10月1日起在全陆军施行。

（三）各军种领导机构与各战区之间的关系

这次改革是按照军种主建、战区主战来进行编制体制设置和武装力量配置的，各军种领导机关和各战区之间难免会有交叉重合的地方。各军种领导机关负责各军种的建设，各战区又根据各个方向的使命任务，负责建立协调本战区的联合作战机构，它们之间应该是各有侧重，又各有不同，既各自独立，又彼此关联。因此，在军事立法事务中，应该是各自根据自己的主责主业开展军事法制工作，又不可避免地发生相互沟通协同，因为各军种的单位和力量都要配置到各个相应的战区，所有工作又与战区相连。因而，各军种领导机构与各战区之间的军事立法工作关系是既相对独立，又相互联系，分工合作，相互支持，在中央军委的统一领导下，共同为建立完备的军事法治体系而努力。

（四）各军种领导机构内部、各战区内部的关系

依照《军事法规军事规章条例》的规定，各军种负责制定本军种内部适用的军事规章，各战区负责制定格战区内部适用的战区规章，这就必然要求各军种领导机关和各战区都要设置专门负责军事法制工作的机构，势必形成军种法制工作机构与其他职能机构的工作关系、战区军事法制机构与其他职能机构的工作关系。法制工作机构在军种党委的领导下，负责本军种和本战区的法制工作，由一个具体的机关负责主管，其他机关负责协助。如陆军法制工作，就是"在陆军党委领导下，由陆军法制建设领导小组统管，陆军参谋部主管"。

三、加大军事立法事业的投入

马克思主义法学观认为，法制的最终决定力量是社会物质条件，没有足够的社会物质基础，作为社会上层建筑的法制就根本无法实现。军事立法工作作为军队建章立制、管根本、管长远的重要工作，其重要性不亚于实施一项重大工程，远比研制建造一部先进的军事武器重要，理应加大投入，打牢坚实的基础，才能保证军事法治运行的科学性和成效性，才能更好地发挥军事法治的效能。可是，我国军事法制建设的投入却少得可怜。一项大型军事工程建设可以投数百亿、上千亿元，可军事立建设所有投资的总和或许不到1亿元，这种与其地位作用严重不对等的投入，确实需要改变。要推动军事立法事业的快速发展、科学发展，必须加大军事立法建设的投入，为其提供充足的物质条件。

一是加大军事立法事业的资金投入。目前在我军的所有军费开支中没有军事立法的专项开支，没有专门的资金保障军事立法事业的发展。这种军事投资格局与军队的全面建设发展是不协调的，与习主席强调的打牢强军之基的要求是不相称的，与依法治军从严治军的重要战略地位是不相适宜的。这种只注重产出，不注重投入的运行模式，是违背事物发展的基本规律的，必须要加以纠正，进行改观。每年要像安排军事训练经费那样，拿出足够多的国防经费安排在军事立法事业上，保证军事立法事业有足够多的资金保障。

二是加大军事立法事业的科研投入。一个国家的最终竞争实力，不是体现的军事实力上，也不是体现在经济实力上，而是体现在制度上。作为建章立制工作的军事立法工作，它是检验军队实力的最终较量。没有科学完整的军事制度体系，就无法形成最终的强大竞争力。每一项制度的设计和来源又不是凭空想象、任意杜撰的，而是经过大量的研究论证之后才能确立的，这就需要加大军事立法的研究，加大军事立法研究的投入，只有研究深、研究透，才能创制出科学合理的军事制度。可是，我们目前对军事立法的科研投入严重不足。近三年国家社科基金没有军事立法的重大专项立项项目，军事科学也没有军事立法的重点项目，甚至连一般的研究项目也没有。因此，要加大军事立法的科研投入，用精深完备的研究成果，保证军事法规制度的完整、科学。

三是要加大军事立法事业的装备投入。人们或许常常认为，军事立法在纸上写写画画就行了，还需要装备吗？其实，军事立法的每一项制度的设计，每一个条文的形成，都要有充分的理论依据和事实依据，它们的获得是从社会实践中来的，需要经受长时间的检验验证，才能固定下来。所有的实践、所有的验证，都需要物质基础和设施的。特别是现代社会，大数据应用、仿真技术装备的使用、智能技术的广泛应用，这些都为军事立法研究的可行性和充分性提供了巨大的便利。军事立法应当借用现代高科技技术、高科技设备，为军事法制提供设计、运行、验证服务。因此，军事立法应该加强其法制实验室建设，配置高技术含量的法制仿真运行设备，检验制度设计的科学性和可行性，对军事制度运行的结果进行合理评估和预测，用工程化模式验证社会化成果，确保军事制度构建的科学性。

四是要加大军事立法事业的人力资源投入。我军整个军事法制建设的人力资源投入不足，军事立法人力资源投入更少。没有专门研究军事法的研究院，没有完整的军事法的教育培训体系，没有足够多的军事法学人才，没有足够多从事军事立法工作的服务保障人员。新时期，要构建完整的军事法治体系，必须加大军事立法这方面的人力资源投入，改变我军法制建设人力资源投入不足的状况，整体提升我军军事立法的水平和层次，有效推动军事立法事业的快速发展。

四、大力培养军事立法人才队伍

法治是强军之基，人才是兴军之本。人才聚则事业兴。可是，我国军事法学人才比较缺乏，全国不到 100 名军事法学专家，军事立法人才更是奇缺，几乎没有专门从事军事立法研究的专家学者。为此，党的十八届四中全会决定，"着力建设一支忠于党、忠于国家、忠于人民、忠于法律的社会主义法治工作队伍"。"加强立法队伍、行政执法队伍、司法队伍建设"，建立从符合条件的律师、法学专家中招录立法工作者制度。中央军委专门作出决定，"各级党委要按照军队好干部的标准，根据军事立法工作需要，把政治强、业务精、懂法律的优秀干部选配到军事法制工作机构"。因此，要推进军事立法事业的发展，提高军事立法的质量，提高军事立法的科学性，必须加大对军事立法人才队伍建设的投入，壮大军事立法人才队伍，为军事立法事业提供人才智力支持。一是要加快军队内部军事立法人才队伍建设。各级党委要严格落实党的十八届四中全会精神，拿出切实可行的对策措施，加大军队内部军事立法人才的培养。从法学专家、军队律师和基层法律工作者中遴选优秀的人才担任军事立法专家，建立全军军事立法人才库。扩大军队聘请法学专家参与军事立法活动，通过项目带动军事立法人才的培养。各军兵种成立法制工作机构，遴选有一定法学基础的人才进行专门的立法培训，增加立法人才数量。建立既符合军事职业要求又体现法律职业特点的军事法律人才管理制度，完善军事法律人才分类管理制度和职业保障制度，完善军事法律人才跨部门交流机制。二是要增强地方法学院校军事立法人才队伍建设。军事法律人才，是深入推进依法治军从严治军的重要依托和力量支撑。单从军队内部选拔培养军事立法人才是不够的，要走依托国民教育培养军事立法人才的新路子。健全军事法律人才教育培训体系，增加地方法学院校和研究机构军事法学硕士、博士学位授予点，扩大军事法的招生规模。扩大地方法学专家参与军事法制建设的途径，聘请地方法学专家担任军队法律顾问，参与到军事立法项目的审查中。把地方优秀法学专家纳入军队法律人才库，赋予他们军事立法项目，带动军事立法事业发展。三是加快国际军事立法人才队伍建设。目前，国际军事法学人才奇缺，既懂军事、又懂法律、又通晓外语的人才在军内非常难找，地方也不多。可随着我国军事利益的不断拓展，开展国际军事活动日益增多，国际军事法制建设严重滞后，跟不上军队走向国际的需要。因此，中央军委决定要建设一支高素质的、具有国际视野、通晓国际法律的新型军事法律人才队伍，每年选派一定数量的军事法律人才到外国学习交流，培养国际军事立法的人才。

第十四章

完善边疆民族地区法律规范体系

第一节　边疆民族地区法律规范体系的完善与和谐稳定

一、民族自治立法权与地方立法权的配置与协调

（一）民族自治立法权与地方立法权的概念

民族自治地方立法自治权是宪法和法律赋予民族自治地方的一系列自治权中的一种，是民族自治地方行使各类自治权的媒介性权力。我国《宪法》第 116 条明确规定："民族自治地方的人民代表大会有权依照当地民族的政治、经济和文化的特点，制定自治条例和单行条例。"除此以外，我国《民族区域自治法》第 19 条也作出了相似规定。民族自治地方自治立法权为落实民族区域自治制度，发展民族自治区政治、经济、文化提供了有力保障。

地方立法权，是指省、自治区、直辖市、所有设区的市的人民代表大会及其常务委员会根据本行政区域的具体情况和实际需要在不同宪法、法律、行政法规相抵触的前提下可以制定地方性法规的权利。地方立法权规定在《立法法》第 72 条："省、自治区、直辖市的人民代表大会及其常务委员会根据本行政区域的具体情况和实际需要，在不同宪法、法律、行政法规相抵触的前提下，可以制定地方性法规。"

（二）民族自治立法权与地方立法权的现有冲突

基于宪法和法律的规定，我国民族自治地方实际存在两种立法体制，有

学者称其为"双轨制"，即根据《民族区域自治法》第 4 条、新《立法法》第 72 条的规定，民族自治地方的立法机关不仅可以制定自治条例、单行条例和对一些法律作出变通性的规定，而且自治区、自治州也具有一般的"设区的市"的立法权。这种双轨制的立法体制在现实中出现了一些问题，自新的立法法施行以来暴露了更多问题。

新《立法法》赋予了民族自治区、自治州和一般的"设区的市"同样的立法权，从好的方面来说，这种做法给了地方政府更多的自主权，使得地方可以更加灵活地处理事务。但是现实状况却反映出在自治区和自治州出现了立法膨胀现象。一些地方政府之所以出台了这么多地方性法规，其立法目的不是保障"城乡建设与管理、环境保护、历史文化保护等"过程中的公民权利，而是行政管理方便的需要，立法偏重义务规制而忽视权利保障，因此出现了一些在老百姓看来完全没有特色、可操行性的法规，出现了立法只是抄袭上位法的表面繁荣实质无制度公信力的立法滞胀问题。

由于民族自治立法权与地方立法权形成了并存的两种立法体制，因而理论上对于民族自治地方来说既可以选择行使民族自治立法权，也可以选择通过地方立法权来制定地方性法规。但是实践中却少有民族自治地方行使民族自治立法权，大家往往都会选择地方立法权进行相应的立法活动。造成这种状况的一个重要原因就是对自治区单行条例制定程序法律有特别要求，须报全国人大常委会批准后生效，这就"限制了"自治区、自治州制定单行条例的积极性。所以民族自治地区存在双轨制立法体制问题之一就是他们常常弃置自治条例、单行条例和变通立法权不用而选择一般性的地方立法。

（三）解决措施

1. 区分两种立法权的事项范围

第一，将所有涉及变通或补充立法的事项纳入自治立法的范围。这是一种概况式的技术路径。民族自治地方的变通或补充立法是指根据《民族区域自治法》和全国人大及其常委会制定的其他法律的授权，民族自治地方自治机关根据当地民族的政治、经济和文化特点，变通或补充法律部分条款以保证国家法律在民族自治地方一体实施的活动。

第二，以民族自治地方立法事项的民族性为界分标准。自治立法关涉民族自治地方各少数民族的内部事务，因此，民族性是自治立法的重要特点。

以民族性作为民族自治地方立法事项的界分标准来确定自治立法的事项范围可采取列举式的方式。

2. 民族自治地方立法权配置主体依法行使权力

首先，全国人大及常委会应当通过对《民族区域自治法》《立法法》的进一步完善和解释，对自治立法权与地方性法规制定权、对自治地方人大及常委会的立法权限予以细化。其次，民族自治地方上级人大常委会应当督促民族自治地方合理划分立法事项范围。最后，民族自治地方人大应当依法对人大及其常委会的具体立法事项进行分配。

3. 授权民族自治地方人大常委会行使部分自治立法权

可以通过修改《民族区域自治法》第19条和《立法法》第75条，将部分自治立法权授予人大常委会行使，解决自治立法权行使周期过长带来的困难，同时也为民族自治地方人大常委会在立法实践中承担的工作提供依据。具体说来，可以规定民族自治地方人大闭会期间，自治地方人大常委会有权制定、修改应当由人民代表大会制定的单行条例以外的其他单行条例；可以解释人大制定的自治条例和单行条例；可以对民族自治地方人大制定的单行条例进行部分补充和修改，但是不得同该单行条例的基本原则相抵触。

4. 通过民族自治地方人大的裁量权弥补立法的不足

民族自治地方立法权的配置问题，并不是通过立法可以彻底解决的问题。在自治立法权和地方性法规制定权的划分上，有些问题可以通过立法予以确定：例如与民族区域自治地方自治机关的组织、活动原则、自治机关的自治权等相关的事项，应当通过自治条例的方式规定；需要行使变通权的事项，应当以单行条例的方式规定。

二、民族区域自治立法评述与检视

（一）民族区域自治立法历史

民族自治地方立法的发展经历了一个从不规范到规范的过程。民族自治州地方立法是我国自治地方立法的重要组成部分，早在1954年《宪法》第70条第4款中即明确规定"自治区、自治州、自治县的自治机关可以依照当地民族的政治、经济和文化的特点，制定自治条例和单行条例，报请全国人民代表大会常务委员会批准"，截至1966年，共有13个自治州根据该规定先后制定了 17 件关于自治州人民代表大会组织和人民委员会组织方面的法规。从 1966 年开始，我国法制建设陷入停滞，1975 年《宪法》第 24 条虽规定民族自治地方的自治机关可以依照法律规定的权限行使自治权，但并未就自治地方立法权进行专门规定。1978 年《宪法》第 39 条第 2 款基本恢复了 1954 年《宪法》第 70 条第 4 款，规定"民族自治地方的自治机关可以依照当地民族的政治、经济和文化的特点，制定自治条例和单行条例，报请全国人民代表大会常务委员会批准"。1982 年《宪法》第 116 条下放了自治州、自治县的自治条例和单行条例的批准权，规定自治州、自治县的自治条例和单行条例由省或者自治区的人民代表大会常务委员会批准，全国人民代表大会常务委员会备案。2000 年制定的《立法法》第 66 条规定自治州、自治县的自治条例和单行条例，报省、自治区、直辖市的人民代表大会常务委员会批准后生效，第 89 条规定自治州、自治县制定的自治条例和单行条例，由省、自治区、直辖市的人民代表大会常务委员会报全国人民代表大会常务委员会和国务院备案，2015 年《立法法》进一步规定"自治条例、单行条例报送备案时，应当说明对法律、行政法规、地方性法规作出变通的情况"。

（二）民族区域自治立法现状

《民族区域自治法》的实施状况直接关系着少数民族各项平等权益和自治权力的实现程度。以内蒙古自治区为例，《民族区域自治法》的实施主要体现在以下几个方面：第一，贯彻实施《民族区域自治法》，加强配套法规的制定工作，使少数民族政治经济文化等各项合法权益得到依法保护；第二，大力培养和使用少数民族干部，使少数民族平等参与国家事务管理、自主管理本民族本地方事务的权利得到实现；第三，充分行使自治机关自主发展本地方经济的自治权利，加快经济建设步伐，实现了自治区经济快速持续发展；第四，有效保护了少数民族的文化教育权利，注重教育文化医疗卫生等各项事业的发展，使自治区社会事业取得了长足进步。

（三）民族区域自治立法评述

（1）配套法规不健全，保障机制不完备

我国 30 个自治州均设立于 20 世纪 50 年代，1954 年《宪法》第 70 条规定自治州享有制定自治条例和单行条例的权力，然而截至 2016 年年底，60 多年的时间内，30 个州共计立法 436 件，平均每个州 14.53 件，特别是新疆维吾尔自治区5个州制定法规数仅为23件，平均每个州4.6件。这一现象与18个较大城市显著的"地方立法膨胀"现象形成鲜明对比。

（2）财政支撑力度不足，自治区经济社会发展面临困难

加快民族自治地方的经济发展，既需要民族地区自力更生和具备一定的财政自给率，也需要国家的大力帮助和发达地区的支援。以财政为例，上级财政对民族自治地方转移支付虽有较大增长，但仍不能满足地区支出需求，部分专项转移支付资金存在内容交叉、分配过程不够透明等问题。虽然自治区近几年经济发展持续增长，财政收入不断增加，但是由于财政支出规模不断扩大，影响了财政支撑经济建设的力度，经济社会发展中还面临着很多的困难。

（3）制定变通、补充规定权力鲜有行使

单一制国家中法制统一的要求很难满足中国多元社会结构以及各民族的文化、宗教、社会生活的多元性。因此法律赋予民族自治地方的自治机关对于不适合本民族、本地方实际情况的法律、行政法规、地方性法规有权作出变通或补充规定。

三、民族区域自治法现状、历史意义、展望

（一）民族区域自治法实施现状

1.《民族区域自治法》的内容问题

首先，《民族区域自治法》的部分条款过于抽象，实施性不足。通观《民族区域自治法》文本，大多数篇幅集中体现为宣示性条款，倡导性有余而具体化不足，导致在执行过程中的客观实现度大打折扣。其次，《民族区域自治法》呈现明显的"软法"特征，执行性不强。软条款的大量存在严重影响了该法的实施效果。最后，《民族区域自治法》对散居少数民族权利保障问题覆盖有限，周延性有限。虽然该法在一定程度上对民族自治地方的散居少数民族权利问题有所涉及，但民族区域自治在本质上毕竟是主要针对民族聚居区的制度设计，这就决定了该法在少数民族问题上作为的有限性。

2.《民族区域自治法》实施中的其他问题

《民族区域自治法》作为确立民族区域自治这一基本政治制度并保障民族自治地方行使自治权的基本法律，在法律位阶上居于高位，对各项自治权

及国家机关的职责作了全面系统的规范，但在贯彻落实这一法律的各项规范时，一些上级部门及工作人员往往存在认识上的不到位甚至偏差，使得这部法律的实施效果不那么尽如人意。

（二）《民族区域自治法》的历史意义

第一，《民族区域自治法》在立法上有重要的地位，它是规范民族区域自治这一基本政治制度的宪法性法律文件。这具体表现在以下几个方面：其一，《民族区域自治法》是规范民族区域自治这一基本政治制度的核心规范；其二，《民族区域自治法》成为中国特色社会主义法律体系重要组成部分；其三，《民族区域自治法》作为基本法律，是民族法体系中的核心规范；其四，该法是中国传统思想与源自西方的民族理论本土化结合的成功典范。

第二，《民族区域自治法》有效地保障了少数民族权益。首先，《民族区域自治法》规定了一系列民族自治地方自治机关的自治权，并实现了初步的体系化；其次，《民族区域自治法》规定的上级国家机关的帮助职责为自治权的顺利有效行使提供保障；再次，《民族区域自治法》部分条款涉及散居少数民族的权利保障，使对象更加周延；最后，《民族区域自治法》为少数民族权利保障提供了坚实的保证。

第三，《民族区域自治法》是推动民族地区各方面事业发展的制度保障。首先，《民族区域自治法》实施30多年以来，我国民族自治地方各方面事业获得了全面的发展；其次，《民族区域自治法》为国家的民族地区发展政策提供坚实的法律依据；最后，《民族区域自治法》为民族自治地方发展过程中遇到的新问题预设了宏观解决方案。

（三）《民族区域自治法》问题的解决方案

1. 意识层面

首先，政府必须引导民众形成敬法守法的良好法治观念。政府在营造良好的法制环境的过程中，不仅要促进司法公正、依法行政，而且应当深入开展普法教育，培育民众的法律意识和观念，为营造良好法制环境奠定牢固的基础。其次，要培养诚信意识。在全国都倡导诚信的大前提下，行政行为也应当遵循诚信意识。行政行为作出后，如事后发现有较严重违法情形或可能给国家、社会公共利益造成重大损失，必须撤销或改变时，行政机关对撤销或改变此种行为给无过错的相对人造成的损失应给予赔偿。最后，重点培养领导干部的意识。政府应当作出表率，树立法治理念，引导公众依法办事。政府机关严格执法，自然会形成全社会的表率，法治观念的形成也就顺理成章；否则，政府机关不严格依法办事，甚至徇私舞弊、对法律视而不见，法的秩序就会遭到严重破坏，也就不可能要求公众形成法治观念，良好的法制环境就不可能形成。

2. 立法层面

第一，应当加强《民族区域自治法》的配套立法，主要有以下几个重要方面：首先，建议全国人大常委会抓紧制定单行法律规范，因为它是《民族区域自治法》配套立法的重要组成部分；其次，各民族尤其是民族地区应当根据《民族区域自治法》的规定，结合本民族区域的实际情况，并在总结经验的基础上，及时立、废、改自治条例和单行条例；最后，抓紧制定《散居少数民族权利保障法》来为《民族区域自治法》的实施提供有力的制度协同，为民族区域自治制度的深化发展注入新的活力。

第二，《民族区域自治法》自身也需进行相关完善。其一，建议增加公民在少数民族地区享有权利和履行义务的相关规定；其二，建议增加保障散居少数民族权益的条款；其三，建议增加"法律责任"方面的条款；其四，明确规定少数民族的立法参与权；其五，完善《民族区域自治法》中经济建设的规定。

第二节　边疆地区民族法制体系建设

新中国成立60多年以来，尤其是改革开放40年以来我国民族法制建设取得了巨大的成就，逐步形成了以民族区域自治法为主干，以宪法的相关规定为根本的中国特色民族法律法规体系，包括各省、自治区、直辖市及较大的市制定的关于民族方面的地方性法规和规章，民族自治地方自治条例和单行条例，同时国务院及其各部门也制定了关于民族方面的行政法规和部门规章以及其他关于民族方面的法律规定。这些法律法规为维护社会稳定、加快民族地区经济社会发展、巩固和发展互助和谐的社会主义民族关系，保障少数民族平等权利和合法权益，促进各民族共同团结奋斗、共同繁荣发展提供了重要的法制保障。综上所述，在我国社会主义法制建设中民族法制建设是不可或缺的组成部分。但是，边疆地区的法制建设虽然有所改善，治理环境有所提高，与内地发达地区相比，边疆地区的法制建设仍然不够完善，存在许多问题，阻碍了边疆地区的发展。随着我国的文明发展，边疆的法制文明也越来越受到关注。本节对边疆地区存在的问题进行分析，就边疆的法制建设提出自己的意见。

一、边疆民族体系法治状况概述

（一）边疆的内涵

边疆是一个含义较广泛的概念，但是，国内外文献作出的解释却是很相似的。一般都解释为"靠近国界的那个地方"，有的则解释为"边境之地"，也有将边疆解释为"靠近国界的领土"。在外文辞书中，把边疆称为"一个国家的边远地区"。总而言之，在中外文献中边疆的解释是，一个国家比较边远的靠近国境的地区或地带。

中国的边疆包括陆疆和海疆。陆疆，是指沿国界内侧有一定宽度的地区，陆疆地区必须具备以下条件：首先，要有与邻国相接的国界线；其次，在自然、历史、文化等方面，要有自己的特点。因此，我们不难知道，当代中国的陆疆省区包括：云南省，甘肃省，黑龙江、吉林、辽宁三省，内蒙古自治区，新疆维吾尔自治区、西藏自治区和广西壮族自治区。

纵观中国的历史，国家的政权在这一区域的统治形式往往表现为两种状况，一种是高度中央集权的统治，甚至是军事的管制，另一种则是高强度的地方自治；并且因地制宜或因时而异决定在何地实行何种方式。因此，在一定程度上，边疆地区属于过渡区域，是中国古代的国家政权的统治中心区到域外的过渡区域，边疆即由治向不治过渡的特定区域。

边疆地区，是国家的国防前线，即边防地区，所以，从军事角度考虑，边疆地区的战略的地位就会非常重要，在国家面临外部军事威胁或武装侵略时就更为突出。

在我国的边疆地区，因为天然环境、人文环境、社会条件等各个方面的因素，与内地对比来看，边疆地区的经济区域类型和发展程度等方面往往与内地有着较大的差异。

由于边疆地区在政治、军事、经济等各个方面与内地有着许多的差别，因而，边疆地区的区域文化类型的形成，是边疆地区的社会发展长时期、深层次演进的结果，与边疆地区的居民的组成结构（主要是民族或种族情况）有着非常重要的关系。但是，随着边疆地区的民族在与外部的文化交流（主要是边疆与内地的交流），其社会的文化特点也会随之发生改变。

我国是一个统一的多民族的国家，其历史悠长、文化灿烂。伴随着统一的多民族国家的形成和发展，边疆的局势逐渐形成和安稳下来。秦汉王朝创立了全国统一的先河；隋唐王朝对疆域的开拓，增加了中原传统政治、经济和文化与边疆地区的联系；宋、辽、金时期，汉族与边疆各少数民族在新的历史条件下，进一步加强了中华意识，内地和边疆的开发与交流得到了进一步的发展；蒙古族建立的元朝，创立了我国少数民族一统全国的先例；明、清，特别是清朝前期，清政府在元、明两代基础上，实现了新的全国大一统。

在进行边疆的历史研究时，应多层次、多角度地考察，主要考虑以下两个因素：首先，指的是与我国国家边界的区域相邻的省区；其次，是以此为基础，追溯至古代，参考历代的封建王朝边疆的实际情况予以全面的考察。但是，因为中国古代的疆域呈现着稳定性与波动性相结合的特点，当代中国边疆又不能简单地与古代的边疆画上等号。概括来说，是指如今的中国边疆与历史上的中国边疆，有历史的继承性和延续性。

（二）民族法制的具体内容

在我国，民族法制是一个具有特定含义的概念，是我国民族工作者创造和使用的，并且渐渐被接受的一个特定概念。据有些学者证实，最早使用这个概念的是 1981 年 7 月 14 日发表在《人民日报》的一篇乌兰夫同志署名《民族区域自治的光辉历程》的文章。在 1986 年 12 月，第六届全国人大常委会委员长彭真同志将全国人大民委主办的刊物命名为《民族法制通讯》之后，"民族法制"这个概念才被广泛的使用。

民族法制有两种含义：首先是从动态意义上看，关于民族问题的立法、司法、守法、执法、法规实施的监督、法律意识的宣传教育等一系列环节，表现的是一个过程[①]；其次是从静态意义上看，即指处理民族问题的法律法规、规章制度的总和。它是以涉及民族问题的法律制度、以法律法规文件形

---

① 毛公宁，王平．试论加强我国民族法制建设问题．中南民族大学学报，2004（6）．

式表现出来的。

总结上述两种解释，即我们通常讲的我国民族法制建设的基本内容，主要包含四个方面：一是加强广大公众的意识，宣传普及遵守民族法律法规的意识，以及民族法律法规的相关常识；二是通过立法，创建一个比较健全、比较完备的民族法律法规体系；三是加大执法力度（包括司法和行政执法），将民族法律法规的规定落到实处；四是有效地监督民族法律法规的执行情况。加强民族法制建设，是各民族共同繁荣的政治基础，是促进民族团结的桥梁，是维护民族平等的手段，是党和国家关于民族问题的方针、政策的法制保障，是我国民族工作内容的重要部分，是贯彻实施我国民族区域自治制度的保障，也是我国社会主义民主建设法制建设的重要的构成部分。民族法制建设对于新世纪新阶段我国实施依法治国的方略具有十分重要的意义。

（三）民族法制的特点

民族法制是总体系的有机构成部分，也就是说，它并不是独立于我国法制体系之外的一个单独的体系，它遵照的法制原则，是我国法制建设整体遵行的原则即在我国包含民族法律法规在内的全部的法律法规，都不得与宪法相抵触，必须服从于宪法。

我国的民族法律规定，它是分散在其他各个法律法规之中的。它的规范独具一格，自成一体，都是有关民族问题的特别规范，其中许多的规范与别的部门的法律法规规范互相交错，涉及的内容十分普遍。它以人、以民族或以民族问题为对象，领域很广，涉及公民权利、政治、经济和社会生活的各个方面。众所周知，有关法律部门的分类中，有的专家把我国社会主义法律体系分为宪法及宪法相关法、民商法、行政法、经济法、社会法、刑法、诉讼与非诉讼程序法等7个种别。传统上有宪法、民法、刑法、经济法、诉讼法等不同部门的分法。我们从工作方面考量，把民族法和民族法制单列出来，内容就跨越多个部门，它的内容有的是宪法规范，有的是刑法规范、民法规范，大量的是行政法规范。它不像行业法规体系一样内容较单一，也不属于传统法学部门的一个，它的一个特点是涉及的内容广又自成体系。

作为我国的一项基本政治制度，民族区域自治制度是我国民族法制建设的核心内容，也是最具有特色的一部分。除了自治的内容以外民族区域自治制度还包括保障民族平等、防止民族歧视、促进民族团结和社会稳定、促进各民族共同繁荣等内容。

宪法和法律赋予了民族自治地方立法自治权，同时我国还有一些关于民族区域自治的民族法律法规，比如《民族区域自治法》、民族自治地方制定的自治条例和单行条例等。《立法法》第75条还规定，自治条例和单行条例可以依照当地民族的特点，对法律和行政法规的规定作出变通规定，但不得违反法律或者行政法规的基本原则，不得对宪法和民族区域自治法的规定以及别的有关法律、行政法规专门就民族自治地方所作的规定作出变通规定。民族自治地方享有制定自治条例和单行条例的权力，以及变通国家法律、行政法规的权力，体现了民族区域自治的特点和优点，是一般地区所没有的。

二、边疆民族体系法制建设的价值取向

边疆法制体系建设的意义，就是要建设边疆法制政府，建设边疆法制社会，形成完备的法律体系，使法制在边疆地区深入民心，最终实现社会主义法治国家建设的宏观目标。

但是，边疆的法制体系建设任务是复杂的，必须要把宗教信仰、宗教势力、人情因素考虑到制度之内。如果不考虑人文、宗教、地理这些因素，边疆地区的法制建设将会适得其反——不仅赶不上发达地区的进度，反而会出现负效果。因此，边疆法制建设，在总体方向与发达地区保持一致之外，还要因地制宜，制定出适合自己发展的政策。

（一）边疆民族法制体系建设要在社会主义法制建设总要求的指导下进行

边疆民族体系法制建设，必须遵循法治文明的基本价值取向：法制的完备性、法律的民主性、民主的法制性、法律的至上权威、法治的人性化、法律的正义和效率。[①] 所以，尽管边疆地区的建设存在许多内地地区不存在的难题，但是，必须以法治文明的基本价值取向作为引领。边疆民族体系法制建设，须以人民代表大会制度为核心，以民族区域自治为核心，不能脱离这个主旋律。

在切合社会主义法制建设的总要求的前提下，完善边疆地区法制体系，

[①]　杨绪全，雷梅英. 法治文明：政治文明的重要保障. 理论探索，2004（6）.

联合当地的实际情况，拟定适合本地区的发展的政策。加强社会主义民主建设，完善社会主义市场经济体系，以社会主义核心价值观为导向，引领边疆理性文化建设。

（二）要遵守权利义务对等这一价值取向

在边疆地区，因为一些特殊性个体的存在，给予其一定的优惠政策，这是无可厚非的。但是，如果一味地强调自身的利益，强调自身的特殊性，忽视了作为公民的责任和义务，这就与我们的价值取向背道而驰了。一味地强调局部民族群体的特殊性，认为享有权利是理所应当的，这样的心态很容易被利用。比如说西方国家利用暴力恐怖势力、民族分裂势力、宗教极端势力"三股势力"对我国边疆地区的渗透，就是利用了这一心理，挑起民族内部矛盾。所以，边疆民族法制体系建设过程中，要注重强调公民权利义务的对等，引导正确的享受权利、承担义务的心态。

（三）照顾各族群众的民族情感和宗教信仰

由于历史因素，地理环境等原因，在相当一部分的边疆地区，民族习惯、宗教信仰有着很强的规范作用。前文中提到的法律制定的基本价值取向，也要求法治的人性化，所以在制定法律时也要符合群众的心理需求。所以，在边疆法治建设中，增强各民族间的互相交流与沟通，充分尊重各民族在长期的社会历史发展过程中形成的独特宗教信仰、生活习惯和语言等，认识各民族的历史传统和内心情感是实现民族平等的必要条件。

在制定相关法律时，要实际考虑到民族宗教信仰，要考虑到宗教和民族等特殊因素，使用其中积极先进的因素，对群众的行为规范进行约束管理。

（四）边疆地区要建立法治政府

政府部门作为执法机关，在建设边疆法治体系中有着举足轻重的作用，法治政府的建设也是关系到法制体系能否建成的关键。中国特色社会主义法治政府的五个特征为：行政机构依法设立、行政权力依法取得、行政程序依法确定、行政行为依法作出、行政责任依法承担。[①] 依据这个标准，边疆地区的政府还有许多不到位的地方。因此，对于边疆地区政府建设，要出具一系列符合实际情况的考量指标，提供政府的法制程度衡量标准。

---

① 马凯. 关于建设中国特色社会主义法治政府的几个问题. 国家行政学院学报，2011（5）.

（五）坚持国家指导思想和总体目标

党的十九大报告提出要实施区域协调发展战略。"支持革命老区、民族地区、边疆地区、贫困地区加快发展"。强调"成立中央全面依法治国领导小组，加强对法治中国建设的统一领导"。近年来，国家还发布了党中央、国务院关于进一步增强民族工作，加快少数民族和民族区域经济社会发展的总体要求和具体部署等等文件和政策，以及《中华人民共和国国民经济和社会发展第十三个五年规划纲要》和《国务院关于加强法治政府建设的意见》等文件，边疆地区要紧紧跟随国家的指导方向。

国家法治建设的指导思想是以邓小平理论和"三个代表"重要思想为引导，深入落实科学发展观，坚持和完善民族区域自治制度，保障民族自治地方依法行使自治权，依法保障少数民族正当权益；紧紧围绕少数民族和民族区域经济社会发展的目标任务，牢牢把握"共同团结奋斗，共同繁荣发展"的民族工作主题，实行全方位的法制保障，加快少数民族地区经济和社会事业发展，促进民族团结和社会和谐的民族关系的发展，为维护国家统一创造良好的法制基础和法制环境。

国家法治建设的总体目标是推动涉及民族方面的立法工作，不断完善民族法律法规体系，创立科学规范的立法机制，尤其是能够体现中国特色、切合科学发展要求的法律体系。增强民族法制宣传教育，切实地提高行政机关工作职员依法行政能力和遵守执行民族法律法规的自觉性；提高各族群众依法维护正当权益，遵守法定义务的意识，提高全社会对民族法律法规的认知水平。创立健全民族法律法规监督检查的体制机制，推动民族法律法规全面实施。综合提高依法管理民族事务的能力，提高民族工作的法制化水平。增强民族法制理论研究，完善民族法制理论体系。

边疆地区的法制建设必须要紧紧围绕国家法制建设的指导思想和总目标，在大方向上不能与国家的宏观政策和发展理念背道而驰。

三、边疆民族体系法制建设的困境——以新疆为例

我国一共有 55 个少数民族，主要居住在我国的边疆一带，如西北、西南、东北等地区。与我国发达地区相比，这些地区位置偏远、交通不便、生产力相对落后、经济不发达、法治文明程度不高。这些问题影响着现代法治

国家的建设，也影响着这些地区的发展。

新疆作为边疆地区的典型代表，其法制建设的进程也面临着许多的问题和困难。其法制建设最主要的困境是宗教极端化以及一些其他的困难。我们将以新疆地区为例对其法制建设面临的困境进行分析。

（一）新疆法制建设的主要困境：宗教极端化现象严重

宗教极端化，是当今政治领域中一种较为凸显的现象。它借着宗教的形式（旗帜、标志、外衣等），煽动某些群体提出极端主张，唆使某些群体实施狂热行为，以此来破坏社会的稳定，达到其罪恶的目的。宗教极端主义是宗教的异化物，是对原有宗教的扭曲、亵渎、践踏，它的目的、思想主张、组织形式、活动方式、心理情感都不在原有的宗教范畴之内，破坏着原宗教的威严和权威。但是，它依然打着宗教的旗号，在信仰上，使某些信众极端化；在行为上，使某些信徒狂热化；并且把宗教政治化、组织诡秘化，为其罪恶目的服务。所以，宗教极端化是宗教的异化，而不是宗教。

宗教极端势力具有三个鲜明特点：一是强烈的政治性，鼓吹"除真主以外，不服从任何政府、任何人"，推翻世俗政权，建立伊斯兰教法统治的国家，歪曲宗教信仰为政治纲领；二是强烈的排他性，恶意发挥、扩大宗教教义中具有排他性的内容，煽动宗教狂热、激化民族矛盾，把信仰"安拉"以外的一切人都当作"异教徒"，对"异教徒"戏弄、嘲讽、孤立、恐吓，甚至残害；三是强烈的暴力性，鼓吹"圣战殉教进天堂"，采取暗杀、爆炸、暴乱等反人类的暴恐手段，残害各族民众，制造民族对立，推翻政府、分裂祖国。

在新疆地区，历史、宗教、民族等因素相互交叉，宗教的影响久远，宗教礼仪和宗教教义已渗透到多民族的文化传统和风俗习惯当中。近年来，宗教极端思想成为影响新疆稳定的最大现实威胁，宗教极端活动和宗教极端思想是"三股势力"生存的土壤，是催生民族分裂、暴力恐怖犯罪的温床，是严重影响新疆稳定发展的毒瘤。这些年来，新疆部分地方的非法宗教活动频发，境内外"三股势力"与西方敌对势力狼狈为奸，利用宗教蛊惑人心，甚至利用宗教搞分裂，搞恐怖活动，这是当前宗教极端势力渗透活动传播迅速的主要原因之一。近年新疆破获的暴力恐怖案件呈现的规律性特点就是其几乎都是由非法宗教活动引起的。这些实施暴恐犯罪的头目，无一不是被输入了宗教极端思想。

（二）法律宣传不到位，群众缺乏法律意识

在新疆的一些地区，尤其是农村地区，交通、通信不方便，很难将大家集中在一起进行宣传教育，"进村入户"困难，这样，一部分群众没有受到教育，从而形成了宣传死角。再者，法制宣传物质基础薄弱，无法支持普法经费，普法读物紧缺，普法人员力不从心，这些都使得宣传效果大打折扣。

由于地处偏远地带，再加上居民受教育程度低，有的少数民族同胞听不懂汉语，许多群众法律意识淡薄。此外，特有的地缘关系、血缘、规矩及民约，使得人们在遇到问题时首先想到的是依靠自己的方式来解决纠纷，而不是通过法律的途径。这种情况导致法律形同虚设，使法治文明建设进程迟迟难以推进。

（三）依法行政氛围不浓厚

在新疆的某些地区，虽然执法人员有一定的执法素质，但是，依法行政的氛围并没有形成。有的执法干部本身缺乏法律意识，在执法过程中也是以自身经验来解决问题，并没有实际适用法律；有的执法干部解决问题的能力跟不上实际的需要，在面对新的问题时，没有足够的能力去解决；有的执法干部面对群众上访能推则推，大大降低了群众依靠法律解决问题的热情。

（四）法律人才不充足，执法和司法部门基础设施落后

因为经济落后，地理位置偏远，工作环境差，新疆地区很难吸引外地的法律人才，也没有相应的有力度的政策留住法律人才。当地的执法人员大都是本地人。但是执法人员的素质普遍不高，办案能力较低，知识储备量不够多，执法手段单一，这些使得他们提供的法律保障和服务水平，不能够满足人民群众的需求。

建成法治国家、推动法治社会建设，前提是拥有相关的法治所需的基础设施，这是开展法制工作的物质基础。但是，在新疆地区，许多地方尤其是较为贫困的乡镇，没有资金建设相关的基础设施，业务装备缺乏，办公环境简陋。这样的环境也有可能造成工作人员的流失，甚至形成恶性循环。

（五）法律与传统道德之间存在间隙

中国是一个拥有悠久历史的国家，传统的礼仪、道德标准也被传承下

来，但是，正确的继承方式，并不是不加甄选全部继承，而是取其精华，去其糟粕。然而，在新疆地区，在遇到问题时，人们第一个想到的办法常常就是"私了"，人们并没有想到依靠法律来解决问题。人们的普遍意识就是选择"私了"，认为利用法律途径很"丢人"，不讲情面。没有想到在不能"私了"，或者"私了"不能实行时用法律的武器来解决问题，有些时候法律与传统礼教在群众的意识中并没有很好地衔接。

（六）法律制度的制定不完善

有关的数据显示，在我国授予的民族自治地方变通和补充权的 13 部法律中，民族自治地方只对婚姻法、选举法、继承法、森林法这 4 部法律进行了变通和补充，其中对婚姻法的变通和补充就占到 80%，而其他 9 部法律的变通或补充还是空白的。[①] 在新疆地区，同样也存在着立法主体杂乱、法律的内容与当地的现实情况脱节、权威性和可操作性不强等状况。同时，在少数民族的权益的实现方面仍有一些法律的空缺和不足之处。这就致使自治权没有完全地发挥最大的效用，缺乏挖掘民族自身经济发展的优势，用好、用足、用活优惠政策的创造性力度不够，少数民族正当行使权利、有效维护权利失去了法律的保障。

另外，有的法律政策如《国务院关于加强法治政府建设的意见》等的实施效果差，没有达到预期的效果；同时还存在着许多问题，例如：对边疆民族体系法制建设的规定比较单一，对行政组织的职权职责的规定较为笼统，法律法规在表述上具有浓厚的政治色彩、立法质量不高等。同时，人们在具体实施边疆民族体系法制建设过程中，对相关法律条文有不同理解时，找不到相应的法律责任条款和相应的法律解释制度，也没有权力机关对此所作出的具有法律效力的说明和阐述。一些民族区域不能很好地遵守和执行法律，就是因为自治法律规范没有对应的法律解释。

四、边疆民族法制体系建设的对策及建议

那么针对上文中所提出的新疆地区法制建设存在的问题应当如何解决，使新疆地区的法制建设任务得以完成呢？本节以下从几个方面给出建议。

---

① 戴小明．民族法制问题探索．北京：民族出版社，2002.

（一）加快实施去极端化的工作

随着宗教极端思想对新疆稳定发展的威胁日益加剧，去极端化已经成为新疆意识形态领域反分裂斗争的紧迫任务。习近平总书记指出：新疆暴力恐怖活动根子是民族分裂主义，思想基础是宗教极端。因此，要从根本上打击暴力恐怖活动，就必须以"去极端化"为突破口，清除暴力恐怖活动赖以生存的思想基础，维护新疆的社会稳定和长治久安。去极端化的工作，要切实引领广大的干部群众加强抵御非法宗教活动、宗教极端思想的免疫力，让绝大多数的信徒擦亮眼睛、明辨是非，把宗教问题与政治问题区别开，把群众朴素的宗教感情与极端分子的狂热思想区别开，铲除民族分裂势力和宗教极端势力思想发动和发展成员的基础。要把去极端化的工作落到实处，我们必须要做到以下几个方面：

1. 向群众说明新疆的历史

宗教极端势力大都使用歪曲历史、混淆视听的手段误导信教群众。新疆自公元前 60 年"西域都护府"设立以来就是中国的一部分，两千多年来，新疆与内地同呼吸、共命运，早已是不可分离的一部分。而且，新疆自古以来就是一个多民族聚居的区域，各族人民共同开发、共同建设这片美丽富饶的土地。同时，新疆也是一个多种宗教并存的地区，没有哪一种宗教是新疆唯一的宗教，各个民族的宗教信仰在历史上也是不断变化的。通过讲清楚以上内容，正本清源，有力回应那些歪曲历史的声音，引导群众树立正确的历史观、国家观，在信教群众中树立正确的祖国观、民族观，树立"富强、民主、文明、和谐，自由、平等、公正、法治，爱国、敬业、诚信、友善"的社会主义核心价值观，进一步巩固共同发展的思想基础。

2. 要区分好几个重要的概念

一是民族风俗习惯与宗教礼仪的区别。在新疆，伊斯兰教发展传播过程中，一些宗教教义教规逐渐融入信教民众的衣食住行、文化节庆、婚丧嫁娶等日常生活与风俗习惯中，如起名、割礼、领结婚证后念"尼卡"证婚、过乃孜尔等。对于约定俗成的婚丧嫁娶仪式，虽然含有宗教色彩的成分，但是已经变成了一种风俗习惯，是文化的一部分。而宗教极端思想往往从细微处开始渗透，借用宗教名义，把宗教极端思想宣扬的理念与风俗习惯伪装混杂在一起，比如鼓吹拒领政府证件、念"尼卡"就可以结婚，念三个"塔拉克"就可以离婚；穆斯林男人要留大胡须，妇女要穿蒙面罩袍等，并称此为宗教义务。对此，具有朴素宗教情感、对宗教教义教规不了解的信教民众难以区分。要把风俗习惯与宗教礼仪相互区别开来，坚决遏制把风俗习惯宗教化。

二是宗教信仰与宗教极端思想的区别。宗教极端化不是宗教，而是一种对宗教的歪曲异化，是一股狂热鼓吹并实施暴力恐怖活动的政治势力。要让群众明白，宗教极端势力的渗透破坏活动，既不是宗教问题，也不是民族问题。要引导群众树立宗教正信。要把宗教极端思想从一般宗教问题中剥离出来，引导群众区分合法与非法宗教活动，让群众掌握如何认识宗教极端思想对家庭、对社会的危害，如何辨别宗教极端思想和行为，如何拒绝、防范宗教极端分子，如何做好教民，等等。将宗教极端分子推向群众的对立面，把群众从宗教极端思想中解救出来。这就是发动群众、为土壤消毒。宗教信仰自由不等于宗教活动自由。准确理解党和国家对宗教信仰自由的政策，宗教活动必须在法律规定的范围内进行，不能妨碍其他公民的生活秩序，不能损害公共利益和公共秩序。

3. 坚持"一反两讲"和现代文化引领

"一反两讲"，即反暴力、讲法治、讲秩序。要坚持"一反两讲"，以现代文化为引领，大力宣传法律常识、民族团结、国家意识、公民意识、法律意识、现代意识、核心价值观、理性思维方式、健康心理、历史文化等内容。要层层设防，严防"三股势力"渗透。清真寺教职人员引导普通信教群众树立正信，告诉信众如何识别、防范宗教极端分子；要组织爱国宗教人士巡回宣讲团，揭露批驳宗教极端主义的歪理邪说、本质和危害，教育挽救受蒙蔽的信教群众；大力培养和提高基层干部防范抵御渗透、化解群众矛盾、识别宗教极端思想和行为的能力；充分运用侦查手段发现犯罪分子线索，依法严厉打击犯罪行为；等等。要以十道防线为内容，夯实基层基础工作。

4. 要加强"去极端化"的实战队伍

首先，要加强村党支部委员会和村民委员会"两委"队伍。村"两委"成员是"去极端化"的一线战斗员、阵地战的主攻部队，靠他们将丢失的阵地夺回来、把失去的群众吸引回来。这就要配齐配强"两委"成员，教方法提升能力，在每个村"两委"中培养"去极端化"骨干人员。其次，要加强乡镇党委（街道）领导班子建设。乡镇党委（街道）班子成员是反恐斗争"去极端化"的前线指挥部，掌得了舵、稳得住阵脚是最低能力要求。在每个乡镇组建专门力量，主要承担"有现实危害"人员的"强制矫治"工作。再次，要加强宗教教职人员队伍建设。这支队伍的条件与能力标准是，首要的是爱国、爱教、爱社会主义，政治立场鲜明；思维是理性的，能够客观看待社会消极现象；要有与宗教极端思想作斗争的胆量；要有足够的宗教学识，能够解释教民疑惑问题；知道对谁做工作、做哪个方面的工作、用哪些宗教教义破解难题。

（二）深入切实地普法，提高边疆地区群众法律意识

首先，下乡宣传法律的普法人员应该熟知法律内容，用浅显易懂的方式讲给群众听。其次，要使用各种形式、各种方法，根据本地农村的特色实际来送法下乡，使农民认识法律，使法律公平正义的理念深入民心，使法律之树能够在农村开枝散叶。再次，普法工作不能乱抓一通，要有序进行，逐个击破。比如说，可以从年高德劭者、在该区域有一定的影响力的人开始，并有效利用他们的影响力来扩大普法的效果。最后，发展教育。只有思维开放了，法律才会真正地被群众从心底接纳。因为不同的发展历史和发展情况，使得不同的民族群众存在着不同的思维方式，所以，对法律的认识也是不同的。教育旨在开发大脑，提高下一代农民的思想意识的水平，为法律在农村的遍地开花做准备。因此，只有长期地对法律进行宣传，让群众认识法律，理解法律给大家带来的好处，逐渐培养他们的法律意识，引导广大群众学法、知法、守法、用法，才能保证各项法律工作的有序开展，避免由于缺乏法律意识而引起的不必要的社会紊乱。

（三）营造与边疆地区生产力发展相适应的法制环境

建立与边疆地区发展相适应的法制环境，其核心就是，依法治理边疆地区的各项事务，形成依法办事的良好氛围。加大对执法人员的监督力度，充分发挥司法调解、行政调解、人民调解的作用，加大对滥用职权的惩戒力度。真正做到有法可依，有法必依，执法必严，违法必究，使法律的公平公正理念深入民心，让边疆地区的百姓信赖法治，拥护法治。

（四）加强边疆地区的法制基础设施建设

前文中提到过，边疆地区地理位置偏僻，物质基础薄弱，法制基础设施相对落后。所以，边疆地区的相关部门应该积极主动地进行基础设施建设。首先，利用党校等教育平台，举办基层法治培训班，培养一批高素质的少数民族司法、行政干部，提高执法能力，建立合理、高效的法律体系，积极主动地向上级部门争取法律设施建设的条件，建立健全边疆地区的法律咨询系统与服务系统，保证法律在边疆地区正常的实施。

（五）寻找法律与道德的结合点

解决法律与道德之间缝隙最好也是最重要的办法，就是要在法律与道德之间寻找一个契合点。法律与道德相辅相成，两者共同维护着社会的平安和谐，共同维护社会的良好秩序。法律之所遗，道德之所补。很长一段时间以来，因为没有足够的经济基础，法律往往是以生硬的方法进入农村。外来的现代法律和当地的农村道德会发生非常多冲突。法律也有自身的局限性，与道德一样，并不能面面俱到地解决问题。但是，作为基本的道德标准，法律是为多数的地方、多数的人实施的，这就决定了法律将在多数地方普遍宣传，被大多数人所接受，这只是时间问题而已。但是，道德风俗就不同了，不同的地方风俗会有差异，从这个方面来说，应该在农村建立一个以法律为核心的新的道德体系，不能够要求法律去迎合农村道德。而增强边疆少数民族区域社会主义新农村的法制建设，是建设社会主义新农村中的一项重要的内容。

（六）健全边疆地区法律制度

民族区域自治是国家保障少数民族和民族区域各项权利的一项政治制度，是我国民族工作走上法制化和规范化轨道的重要保障。坚持和完善民族区域自治制度，要抓紧拟定配套的法律法规、具体措施和办法，制定或修订自治条例和单行条例，逐步创建比较完备的、具有中国特色的民族法律法规体系，切实执行自治法，充分保证民族自治地方依法行使自治权，切实尊重和保护少数民族的正当权益。同时，要加强对自治法的学习、宣传的力度，使各族干部群众，特别是各级领导干部进一步加深对自治法重要性的了解，不断加强遵守、执行这部法律的自觉性。

第一，转变政府职能，继续深化行政审批制度改革。全面规范行政审批项目，创立科学规范、廉洁高效、公开公正的行政审批制度。简化审批程序，改革审批方法，加大行政审批事项清理和精简力度。第二，规范政府行政行为，建立健全规范性文件审查报备制度。严控规范性文件制定的审核把关，确保新出台规范性文件的质量。建立法制机构审核把关制度、各方协调论证制度、政府常务会议审批制度。第三，加强决策的科学性，健全、完善行政决策机制。把依法行政明确为政府基本行政准则，畅通公众参加行政决策渠道，明确行政决策的权限和程序，创立重大问题、重大决策事项集体决策制度，专家咨询论证制度和听取意见制度，增强决策的科学性、民主性，减少决策的失误。

中国社会主义法治建设中，民族法制建设是重要的组成部分。建设法治的国家，离不开边疆地区的法制建设，而边疆地区的法制建设，又离不开边疆地区群众的法律意识的提高，所以建立完善的民族法制体系才能更好地推进边疆民族的社会和谐和稳定发展。这也就更加要求每一个边疆法制建设的规划者、执行者早日解决边疆民族地区法制建设过程中遇到的困难，使边疆民族地区的法制建设能够顺畅、快速、高效地推进。同时，我们也应时刻响应国家的法治建设战略，贯彻落实国家宏观调控政策，为进一步推进民族法制体系建设作出自己的贡献。

第三编　完善市场经济法律体系

本编导言

在当前，完善市场经济法律体系，必须按照党的十八届四中全会关于加强依法治国重要决策的决定的要求，在民商法、经济法、产业规制法、涉外经济法等方面，全面加强立法，把市场纳入法治轨道，建立完善的市场经济法治秩序。

一、从根本上认识社会主义市场经济的本质是法治经济

社会主义市场经济在本质上是法治经济。在社会经济新常态的背景下，国家经济发展新的动力源泉已经转变为制度上的动力，即经济发展的动力由过去的仅靠投资、消费和出口等，转变为以社会制度创新为基础的经济发展动力。因此，社会主义市场经济必须依靠法治的力量，赋予社会经济发展的新动力，调整社会经济发展的各种法律关系，维护社会经济发展秩序。如果没有法治的保障，社会主义市场经济仅仅靠投资、消费和出口等经济手段的刺激，是不能保障社会主义市场经济的健康发展的。只有建立起来完善的符合社会主义市场经济发展的法律体系，确立市场经济法治秩序，才能够保障社会主义市场经济全面、健康地向前发展。

法治经济的基本作用，就是要使市场在资源配置中起决定性作用，同时也要更好地发挥政府的作用。法治经济尊重市场的调节作用，让市场说话，让市场需求说话，让市场的需求来统一配置资源，使市场成为经济发展的核心。按照党的十八届四中全会关于推进依法治国的决定"必须以保护产权、维护契约、统一市场、平等交换、公平竞争、有效监管为基本导向，完善社会主义市场经济法律制度"的要求，以市场作为核心的法治经济就必须做到：一是保护产权，使每一个民事主体的产权都能够得到平等的保护；二是维护契约，按照契约自由、契约就是当事人之间的法律的精神，要求民事主

体在经济活动中，必须贯彻契约精神，信守合同，诚信履约，像遵守法律那样严守合同约定；三是统一市场，所有的民事主体都在统一的市场中进行交易；四是平等交换，按照等价有偿的原则进行交易，各方当事人的权益都能得到切实的保障；五是公平竞争，防止垄断市场，盲目追求个体利益，形成恶性竞争；六是有效监管，政府必须在市场经济的法治中，调动各方面的力量，进行有效的监管，使社会主义市场经济建立稳定的秩序，有序向前发展。

二、全面保护产权制度须以公平为核心原则

党的十八届四中全会关于推进依法治国的决定特别强调，应当健全以公平为核心原则的产权保护制度，加强对各种所有制经济组织和自然人财产权的保护，这是建设法治经济的基本要求。在过去很长的时间里，我国在产权的保护上，是存在不公平的问题的，这就是单方面强调社会主义公有财产神圣不可侵犯，而对于个人的私有财产就没有认为是神圣不可侵犯的，因而出现过于强调对公有财产的保护，而忽略了对个人私有财产的法律保护的现象。个人不能够拥有过多的财产，因而出现了社会的普遍贫穷；同时出现了侵害私有财产权的行为，使私人财产权无法得到保障。在制定《物权法》过程中，对于这个问题进行了深入的反思，终于在《物权法》第4条明确规定："国家、集体、私人的物权和其他权利人的物权受法律保护，任何单位和个人不得侵犯。"这一条文规定体现了对所有民事主体，特别是私人的产权一律实行平等保护，完全体现了民法的公平原则。从2007年《物权法》实施以来，证明了这样的规定是完全正确的，尽管也会出现侵害私有产权的现象，但是能够得到社会的谴责和法律的制裁。要发展社会主义市场经济，就必须明确，平等保护产权就必须以公平为核心原则，而不能歧视某些民事主体特别是私人的、民营企业法人的产权。因此，发展社会主义市场经济中，加强法治建设，就必须清理有违公平的法律、法规条款，建立起适应社会主义公有制多种实现形式的产权保护制度，加强对国有、集体资产所有权、经营权和各类企业法人财产权，以及私人财产权的保护。

在平等保护产权制度中，必须特别强调对企业法人的财产权保护。对此，《物权法》第68条规定："企业法人对其不动产和动产依照法律、行政法规以及章程享有占有、使用、收益和处分的权利。"这一规定，是对所有

的企业法人的产权保护，而绝不仅仅是对国有企业产权的保护，不论是国有企业，还是民营企业，其对自己所拥有的财产都享有平等的产权，任何人不得对其产权进行侵犯。即使以自然人作为投资者设立的企业法人，无论是独资企业还是合伙企业，都享有平等的产权，受到法律的公平保护。国家保护企业法人的产权，依法自主经营、自负盈亏，发展自己的企业，为社会创造财富，也为自己创造财富，而且企业有权拒绝任何组织和个人无法律依据的要求，保护自己的产权不受侵害。

三、市场经济发展必须完善激励创新的各项产权制度

党的十八届四中全会决定特别强调，加强社会主义市场经济的法律建设，必须完善激励创新的产权制度、知识产权保护制度和促进科技成果转化的体制机制。

一是完善激励创新的产权制度。激励创新的产权制度，就不是实行单一的产权制度，而是必须实行多种产权制度并举，既要有公有制经济的产权，也要有私有经济的产权，同时也要有混合经济的产权。对此，《民法总则》在其民事主体部分已经作了明确规定，不仅规定了营利性法人，而且规定了非营利性法人，另外还规定了特别法人，例如农村集体经济组织法人、合作经济组织法人，对于个人独资企业、合伙企业、不具有法人资格的专业服务机构和其他组织等，认定为非法人组织，也是合格的民事主体，可以在市场经济中发挥重要作用；即使对于个体工商户、农村承包经营户，《民法总则》也对它们作出了规定，有权参与市场经济，进行合法经营。只有实行这样的多种形式产权制度，社会主义市场经济才能够得到全面发展。

二是加强知识产权保护制度。知识产权包括著作权、商标权、专利权以及其他智慧成果权，这些权利都是民事主体在经济发展中，通过智慧劳动获得的智慧成果，具有重要的市场价值和经济价值。只有加强对知识产权的保护，才能够鼓励市场经济主体不断进行发明创造，不断创新，有所发现，有所发明，推动科技进步，创造更好的社会效益。对此，我国已经有了比较完善的知识产权保护制度，制定了《著作权法》《商标法》《专利法》以及其他保护知识产权的法律。已经制定颁布的《民法总则》对知识产权的保护也作了明确规定，确认知识产权是指权利人依法就其客体所享有的专有的权利，

这些知识产权的客体包括：作品，发明、实用新型、外观设计，商标，地理标志，商业秘密，集成电路布局设计，植物新品种，以及法律规定的其他客体。这样，就把知识产权法作为民法特别法，在《民法总则》中留下了一个特别的"插口"，把知识产权作为民事权利的一种典型类型，把知识产权法作为民法特别法，调动民法的一切手段，加强对知识产权的保护，促进科技创新，使社会经济不断发展。

三是促进科技成果转化的体制。在繁荣市场经济的法治建设中，不仅要对知识产权加强保护，而且要对知识产权所体现的科技成果进一步的转化，扩大科技成果的社会效益，促进经济不断发展。这就要通过加强制度建设来促进科技成果转化，使科技成果成为新的生产力。对此，要特别加强和完善《合同法》规定的技术合同，让技术合同在当事人之间，就技术开发、转让、咨询或者服务的事项，确定适当的、公平合理的权利义务关系，使各方面都能够得到相应的利益，促进科学技术的进步，加速科学技术成果的转化、应用和推广。

四、以民法典编纂为核心全面加强市场法律制度建设

加强市场法律制度建设，必须以编纂民法典为核心，建设完善的社会主义市场经济法治体系。

首先，就是要编纂民法典。建设社会主义市场经济法治体系，党中央提出了编纂民法典的要求，具有特别重大的意义。民法典是社会生活的百科全书，民法典是民族精神时代精神的立法表达。民法与国家其他领域的法律规范一起，形成支撑国家的治理体系。因此民法典是实现国家治理体系和治理能力现代化的重大举措，更是加强社会主义市场经济法治体系的核心工程。目前，编纂民法典已经列入调整后的第十二届全国人民代表大会常务委员会的立法规划，并且制订了两步走的立法计划：即首先完成民法总则，随后将现有的物权法、合同法、担保法、侵权责任法、婚姻法、收养法、继承法进行全面修订，使之成为民法分则的物权编、合同编、侵权责任编、婚姻家庭编和继承编，在2020年完成民法典的编纂任务。应当看到的是，民法典的编纂，并不是仅仅要加强对民事主体的权利保护，其中也包含着对于市场经济法治建设具有的重要的意义。党的十八届四中全会关于加强依法治国的决

定，把编纂民法典的任务放在加强社会主义市场经济法制建设的项目下，所体现的精神就是这样的。这是因为，我国民法典实行民商合一，包括了全面的民法和商法的基本原则。在民法总则当中，全面规定民事主体，特别是规定法人和非法人组织的民事主体地位；在民事权利当中，特别规定物权、债权和知识产权等产权制度，全面保护产权；在民事法律行为当中，规定了市场交易的基本规则。不仅如此，在物权编、合同编、侵权责任编和继承编中，都对民事主体的物权、债权等产权的保护规定了详尽的民法规则，当他们的这些权利受到侵害的时候，能够用侵权责任的法律武器，更好地保护自己。这些民事法律制度能够更好地保护民事主体的这些权利，使之在市场经济中，获得平等的保护、平等发展的机会，共同繁荣市场经济，推动市场经济发展。

在现行的物权法、合同法、担保法、侵权责任法、婚姻法、收养法、继承法当中规定的基本民事制度，已经初步完善，但是仍然还存在较多的问题，需要进一步完善和创新。在把这些法律修订为民法分则的各编时，必须按照加强社会主义市场经济法制建设的要求，全面进行修订，对其中凡是不符合加强社会主义市场经济法制建设要求的规则，都应当进行修改，制定出符合社会主义市场经济法治要求的规则。例如，我国《继承法》第3条规定遗产的范围时，将法律允许公民所有的生产资料作为遗产，这样的规定是计划经济时代的产物，是对公民所有财产的限制，也是对公民可以合法继承的遗产的限制。这样的规定，不利于发展社会主义市场经济，也不利于保护私有产权，是对私有产权的歧视。类似于这样的规定，就必须在编纂民法典制定民法分则继承编的时候，进行彻底的修改，使之完全符合社会主义市场经济发展的要求。

因此，编纂民法典的任务是对现行民事法律规范进行系统全面的整合，编纂一部内容协调一致、结构严谨科学的法典。它既不是制定全新的民事法律，也不是简单的法律汇编，而是对现行分别规定的民事法律规范进行科学的整理，不仅要去除重复的规定，删繁就简，还要对已经不适应现实情况的现行规定进行必要的修改完善，对社会经济生活中出现的新情况新问题作出有针对性的新规定。按照这样的要求编纂民法典，才能够使民法典成为中国社会主义市场经济法制建设的核心，充分发挥调整社会主义市场经济法律关系的作用。

其次，加强社会主义市场经济法制建设，还必须制定和完善发展规划、投资管理、土地管理、能源和矿产资源、农业、财政税收、金融等方面法律法规，促进商品和要素自由流动、公平交易、平等使用。按照党的十八届四中全会关于加强依法治国的上述要求，应全面落实在这些领域当中对现行的各项法律、法规进行整理，对所有符合社会主义市场经济法治建设要求的规则都要进行修改，最终形成完善的、具有中国特色的社会主义市场经济法治体系。

五、加强宏观调控维护公平竞争的市场秩序

关于推进依法治国的决定特别强调，在加强社会主义市场经济法制建设中，必须依法"加强和改善宏观调控、市场监管，反对垄断，促进合理竞争，维护公平竞争的市场秩序"。市场经济就是竞争的经济，没有竞争就没有市场，发展市场经济就必须依靠公平竞争。同样，社会主义的市场经济也必须在公平的基础上进行竞争，如果没有竞争，同样也不会使社会主义市场经济不断向前发展，市场会失去发展的动力，只有进行公平的竞争，才能够保障社会主义市场经济不断繁荣发展。

但是问题在于，每一个市场经济的主体，在进行经济活动的时候，并非都自觉地遵守公平竞争的交易秩序，更多的还是谋求自己的个体利益，寻求自己的经济发展。在这种情况下，难免会出现恶性竞争，只顾自己，不管他人，不顾社会公共利益，破坏市场经济秩序的情况。特别是最近几十年来，诚信道德受到严重的破坏，不诚信的交易、损害他人谋求自己发展的恶意经营行为，比比皆是。在这样的情况下，确立公平的市场竞争，尤其显得重要。因此，在发展社会主义市场经济的时候，加强市场法制建设，就必须加强和改善宏观调控，加强市场监管，反对市场垄断，使经营者，在公平的基础上进行合理竞争，不断推动社会主义市场经济的发展，建立和维护公平竞争的市场秩序。

在这方面，要把反垄断法和反不正当竞争法等加强市场经济管理的法律，进行全面的修订，对于实行市场垄断的行为，以及不正当竞争行为都作为违法的民事行为，规定严厉的民法制裁措施予以惩戒，维护正常的社会主义市场经济发展秩序。

第十五章

民法典编纂研究：思路、体例、问题

第一节 民法典编纂要清除苏联旧法思维

在全面深化改革、全面依法治国中，完成编纂中国民法典的重大任务，必须有一个正确的、科学的民事立法指导思想，而且必须采纳科学的民法传统作为立法的参考依据。无论是前者还是后者，都面临着一个重要的并且是一直都没有完成的任务，就是肃清苏联民法的影响。在当前编纂民法典的过程中，必须就此问题开展深入讨论，进行拨乱反正，彻底肃清苏联民法对我国民法的影响，保证我国民法典编纂按照正确的方向进行。本节就此展开论述，以就教于方家。

一、苏联民法对我国编纂民法典影响的主要表现

1. 关于《民法总则》是否规定权利客体的问题

民法典的总则部分规定权利客体制度，是德国法系民法总则的通例。原因在于，按照潘德克吞体系，民法总则是将分则的规则抽象化并予以规定，大体按照法律关系主体、法律关系客体和法律关系内容的体系编排。权利客体也就是法律关系客体，当然要规定在民法总则之中，作为一个重要内容予以规定。

在编纂民法典起草《民法总则》的过程中，遇到一个突出的问题，就是要不要规定权利客体制度。在学者起草的民法总则建议稿中，差不多都规定

了权利客体，即使深受法国民法影响的徐国栋教授主持起草的《绿色民法典》，也在序编中专门规定"客体"一题，第一章规定一般规定，第二章规定人身权的客体，第三章规定财产权的客体。①

可是，在 2015 年 8 月 28 日《民法总则（草案）》（室内稿）的 9 编内容中，就没有规定权利客体制度，仅仅在附件中附录了中国民法学研究会《民法总则建议稿》的"民事权利客体"一章。室内稿对此采取犹豫不决态度的原因，一是 1986 年《民法通则》就没有规定权利客体，二是 2002 年全国人大常委会审议的《中华人民共和国民法（草案）》也没有规定权利客体。

继续检索 1949 年以来的各版民法（包括民法总则）草案，才能找到我国民法为什么不规定权利客体的原因。首先，作为《民法通则》基础的前 4 个民法草案，即 1980 年 8 月 15 日"民法一草"、1981 年 4 月 10 日"民法二草"、1981 年 7 月 31 日"民法三草"和 1982 年 5 月 1 日"民法四草"，都没有规定权利客体。② 其次，1960 年以前的民法草案都有规定权利客体，最早的 1955 年 10 月 5 日"民法总则草稿"第三章规定权利客体，第 28 条公开申明"民事权利的客体包括物和权利"③；1955 年 10 月 24 日"民法典总则篇"仍采此例④；1956 年 12 月 17 日"总则篇"第三章规定"民事权利的客体"。⑤ 最后，变化发生在 1960 年代之初。从 1963 年北京政法学院的"民法草案（初稿）"开始，改变了 1950 年代民法总则草案的做法，不再规定权利客体，内容变得极为简单；同年 4 月中国科学院法学研究所的"民法（草稿）"、全国人大常委会办公厅 1963 年 7 月 9 日编写的《民法（草稿）》、1964 年 7 月 1 日的《民法草案（试拟稿）》、1964 年 11 月 1 日的《民法草案（试拟稿）》，也都是如此。

为什么在我国民法起草中，从 1960 年代初，突然对权利客体的态度出现了大逆转，除了反右派斗争的严重影响、当政者人治和法律虚无思想的影响之外，最重要的原因，就是受苏联民法的影响。1950 年代起草的民法草

---

① 徐国栋. 绿色民法典草案. 北京：社会科学文献出版社，2004：6-9.
② 何勤华. 新中国民法典草案总览：下卷. 北京：法律出版社，2013：377，436，493，560.
③ 何勤华. 新中国民法典草案总览：上卷. 北京：法律出版社，2013：6.
④ 同③17.
⑤ 同③29.

案，借鉴的是 1922 年 10 月 31 日的《苏俄民法典》，该法总则规定了权利客体（财产）。① 与其相应，那时的苏联民法专著也研究民事法律关系客体。② 但是，1961 年 12 月 8 日苏维埃社会主义共和国联盟最高苏维埃决议批准的《苏联和各加盟共和国民事立法纲要》，第 1 章 "一般原则"（相当于民法总则）就不再规定权利客体，随后《苏俄民法典》也就不再规定权利客体，当时的其他社会主义国家民法也均采相同立场。直至 1995 年《越南社会主义共和国民法典》和 2000 年《蒙古国民法典》的总则也不规定权利客体，可见苏联民法对其他社会主义国家立法的影响之大。这样的历史告诉我们，苏联民法对权利客体的态度转变，才是我国民法起草中对权利客体态度改变的主要原因。在苏联民法示范样本的引导下，我国 1960 年代至 1980 年代的民法草案以及《民法通则》均不规定权利客体就是理所当然的，原因就是要彰显社会主义民法典的典型特征和与众不同。③

2. 关于《民法总则》应否规定法律适用方法即法例制度的问题

在我国民法历史上，《大清民律草案》《中华民国民法》的总则都规定了法例，基本内容是 "民事，法律所未规定者，依习惯；无习惯者，依法理"，以及法官不得拒绝审判等相关规定。④ "伪满洲国民法" 虽然没有规定法例，但也有两个条文属于法例的内容。⑤ 但是，自 1950 年起我国的民法草案都没有规定法例制度，直至 1986 年《民法通则》和 2002 年《民法草案》对此也都没有规定。

"法例者，民法适用之通例也。""关于现代民法上之基本原则，如权利滥用之不受保护，行使权利与履行义务之应依诚实与信用方法，善意第三人之应受保护，与夫法院裁判，须一本公平观念。凡此诸端，颇有规定于法例中之必要。"⑥ 法例就是民法适用的通例，或者称为民法适用的一般规则。各国民法典尽管对此没有明文规定称为 "法例"，但大多数都有关于法律适用规则的规定。在笔者考察过的 21 部国家或者地区的民法典中，规定法例

---

①　中央人民政府法制委员会．苏俄民法典．王增润，译．北京：新华书店，1950：3-23.

②　谢·列布诺夫斯基．苏联民法概论．赵涵兴，译．北京：人民出版社，1951：31.

③　杨立新．我国民事权利客体立法的检讨与展望．法商研究，2015（4）.

④　杨立新．中国百年民法典汇编．北京：中国法制出版社，2011：56，388.

⑤　同上书 524.

⑥　梅仲协．民法要义．上海：昌明书屋，1947：57.

内容的有 15 部，没有规定的为 6 部，前者占 71.4％，后者为 28.6％。[①]

我国历史上使用过具法、刑名、法例、名例、名律等不同称谓，都是指法律适用的一般规则，最早使用"法例"者为魏律。《大清民律草案》《中华民国民法》设置"法例"章，既沿用了大陆法系的传统，又保持了我国法律的传统。我国这种优良的民法立法传统，却没有被继承下来，被抛于无形之中，其原因仍然是苏联民法的影响，不仅 1922 年《苏俄民法典》、1961 年《苏维埃社会主义共和国联盟及各加盟共和国民法纲要》以及 1964 年《苏俄民法典》都没有规定法律适用的一般规则，而且直至今日之《俄罗斯联邦民法典》也仍然没有对此加以规定。

3. 关于配偶的法定继承顺序问题

我国 1985 年《继承法》规定的法定继承只有两个顺序，一是配偶、子女、父母，二是兄弟姐妹、祖父母、外祖父母。其中配偶是第一顺序继承人，并且列在第一顺位之首。[②] 30 年来，几乎所有的人都认为这是天经地义的，是不可怀疑、不可动摇的继承法规则。

可是，这种立法却不是市场经济国家民法的立法惯例。目前，世界各国继承法均确认配偶互为继承人，其法定继承顺序有三种立法例：（1）配偶固定继承顺序。依据血亲继承人与被继承人血缘关系的远近及扶养关系等因素，将所有的法定继承人分成先后不同的继承顺序，配偶被固定在第一继承顺序，其应继份与其他同一顺序继承人的应继份相同。采此立法例的国家有苏联、捷克、斯洛伐克、南斯拉夫、韩国、新加坡、泰国、马来西亚、越南、蒙古、匈牙利（配偶放第二继承顺序）等。（2）配偶非固定继承顺序。将血亲继承人和配偶继承人进行区分，依据血亲继承人与被继承人关系的亲疏远近，将所有的法定继承人分成不同的继承顺序，配偶不被列入固定的继承顺序，可与任何一个顺序在先参加继承的血亲继承人同为继承，其应继份也因其参与的血亲继承人顺序的不同而有差别。配偶的法定继承顺序虽非固定，却始终被重点优位考虑。只要存在部分与被继承人关系紧密的在先顺序的其他血亲继承人，配偶便得与其共同继承而不能独立继承遗产。这是对配偶独自继承遗产权益的适当限制，同时又从遗产份额的量上来保障配偶的利

---

① 杨立新. 我国民法典总则编应当规定法例规则. 求是学刊，2015（4）.

② 《继承法》第 10 条规定。

益。法国、瑞士、日本、埃塞俄比亚、保加利亚、奥地利、葡萄牙以及我国香港、澳门、台湾地区等，均采此制。(3) 配偶先取份＋非固定或者固定顺序。配偶最终取得的遗产由两部分构成，一部分为配偶在参加继承之前，依法定遗产先取权，从被继承人遗产中先取得一定数量的遗产，即遗产先取份；另一部分为配偶依非固定或固定继承顺序与其他特定顺序血亲继承人就余下遗产共同继承，从中取得其应继份；前后两者的总和，构成配偶所取得的遗产。采用此立法例的国家有德国、英国、美国、希腊、以色列等。[①]

上述第一种立法例主要为非市场经济国家所采用，后两种立法例基本上是由市场经济国家和地区采用。两者的差别在于：当配偶为固定继承顺序时，如果同一顺位的其他继承人缺位，配偶将独自继承被继承人的全部遗产，被继承人的其他血亲继承人将无法继承其遗产；当采用配偶无固定顺序或者先取份＋继承顺序时，配偶与一定范围内继承顺序的继承人一起继承被继承人的遗产，在遗产分配上更为公平，也更符合推定的被继承人分配遗产的意愿。原因是，配偶实行无固定继承顺序即零顺序，能够让配偶和有相当血缘关系的继承人，都有分得部分遗产的可能性，避免遗产全部由配偶继承。

这种立法例所避免的实例并非不存在。1980 年代末的杨 B 等诉汪某继承案就是一个例证。海峡两岸关系解冻准许赴台老兵回大陆探亲后，杨 B 的哥哥杨 A 回大陆探亲，经人介绍，与汪某相识并结婚，杨 A 用其在台湾积攒的钱买了商品房以及家用电器等，尚余 30 多万元现金。婚后一年多，杨 A 突然患病去世，发生法定继承。其第一顺序继承人只有配偶即汪某，依照《继承法》第 10 条规定，所有遗产均应由汪某继承。杨 B 等亲属提出，我们与亲人分离 30 多年，刚刚重聚就发生这种情况，其遗产应当有其份额，不能由刚刚结婚 1 年多的配偶独得。法院认为原告的诉讼请求是有道理的，因此判决房屋等家产由汪某继承，在遗产的现金部分，汪某分得 5 万元，其他由杨 B 等近亲属分得。[②] 依照现行法，这个判决是完全违法的，但是为什么又有合理性呢？其原因，正是在于配偶法定继承固定顺序存在的弊病。如果采用配偶法定继承零顺序，就不会存在这样的问题。

我国《继承法》采用配偶法定继承固定顺序，完全是采纳苏联民法的规

---

① 上述立法例分析，杨立新，何丽军. 我国配偶法定继承的零顺序改革. 中州学刊，2013 (1).

② 该案的详细情节，同①.

定。1922 年《苏俄民法典》第 418 条第 1 款规定："依法得为继承人者系子女（包括养子女）、配偶、被继承人之父母无劳动能力者，以及其他无劳动能力之人，而由被继承人于其死亡前赡养在 1 年以上者。"① 1961 年《苏联和各加盟共和国民法纲要》第 118 条第 1 款规定："在法定继承的情况下，死亡人的子女（包括养子女）、配偶和父母（养父母）为第一顺序继承人，他们的继承份额相等。"② 我国 1985 年制定《继承法》就是借鉴这一立法例，甚至将配偶改变为第一顺序继承人之首。

1950 年代初期的我国民法草案并不重视继承法的问题，直至 1958 年才有了《中华人民共和国继承法（草稿）》，其中第 15 条第 1 款明确规定："法定继承的顺序：第一顺序：配偶、子女、父母……"条文后注明："参考：苏第 418 条。"③ 嗣后，"民法一草"第 482 条、"民法二草"第 407 条、"民法三草"第 436 条和"民法四草"第 394 条，都按照这样的方法规定配偶的法定继承权。④ 在对配偶法定继承顺序的规定中为什么采取固定顺序而不采用零顺序，曾经有一个说明："根据中国当前的实际情况，配偶应固定在一个顺序而且也只应规定在第一个顺序之内，因为配偶是被继承人家庭的重要成员，经济上的联系比其他人更为密切，假如不固定在一个顺序，易产生被继承人死亡后在没有子女、父母时，所遗留下来的财产便由配偶与被继承人经济联系不密切的兄弟姊妹共同继承，虽则也可以规定彼此间继承份额的不同，但终究不能算是合理的。"⑤ 这样的说法，不能说不是理由，但是，仅仅以兄弟姐妹的经济关系不密切为理由，就须采纳《苏俄民法典》第 418 条的规定，显然不够充分，因为法定继承应当考虑的更为重要的因素，是亲属之间的血缘关系。苏联民法上述规定与我国立法者上述解释前后相继，只注重亲属间的财产关系，没有考虑血缘关系，显然是不正确的。

4. 关于婚姻法与民法典的关系问题

大陆法系民法典历来把亲属法作为民法的部门法，是民法分则的组成部

---

① 中央人民政府法制委员会. 苏俄民法典. 王增润，译. 北京：新华书店，1950：169.
② 苏联民法纲要和民事诉讼纲要. 中国社会科学院法学研究所，译. 北京：法律出版社，1963：49.
③ 何勤华. 新中国民法典草案总览：中卷. 北京：法律出版社，2013：452.
④ 何勤华. 新中国民法典草案总览：下卷. 北京：法律出版社，2013：407，433，493，560.
⑤ 关于继承问题向彭真同志的报告//新中国民法典草案总览：中卷. 北京：法律出版社，2013：456.

分。但是，苏联民法认为"婚姻家庭关系，即夫妻间、父母、子女和其他亲属间的关系是如此的特殊，以致不能把它划归为由民法所调整的财产关系和人身非财产关系。也必须注意到，家庭法权关系内还应包括因社会主义国家巩固苏维埃家庭、保护母亲及儿童的活动所产生的法权关系"①，因而将婚姻家庭法作为独立的法律部门，直至今日之《俄罗斯联邦民法典》仍然不规定亲属法编，固守婚姻家庭法不是民法，而是独立的法律部门的信念。我国坚守这个传统，在 1950 年就单独制定了《婚姻法》，使婚姻家庭法与民法"骨肉分离"，一直延续到现在。尽管从改革开放至今，学界都认识到婚姻家庭法应当回归到民法大家庭中，成为民法典的组成部分，但是尚须在制定民法典中最后确定这个立法决策。我们盼望纠正在此问题上苏联民法的错误影响，实现亲属法向民法的回归。

5. 其他受苏联民法影响的有关问题

苏联民法对我国民法的影响，绝不限于上述所列四个问题。其他诸如：刻意强调国有财产神圣不可侵犯，弱化对私人所有权的保护；在诉讼时效制度上刻意缩短时效期间，客观上纵容债务人违反债务；将荣誉权规定为人格权②，使之成为一个不伦不类的民事权利；在合同法的基本原则上，不敢强调合同自由原则，而仅仅规定合同自愿原则；在继承法上，刻意缩小法定继承人范围，减少法定继承顺序，使更多的无人继承遗产被收归国家所有；将法定继承规定在遗嘱继承之前，造成法定继承效力更高的假象；等等。

二、苏联民法对我国民法影响的形成与发展

1. 我国民法建设空窗期及苏联民法的入侵

从 1949 年开始，因废除国民政府伪法统而出现了一个法制建设特别是民法建设的空窗期，但是在市民社会，并不会因为没有民法典而不发生民事法律关系，不发生民事纠纷。因此，在这一时期中，法院的民事审判工作无法可依，全面引进苏联民法似乎是唯一可行的办法。我国最早的《苏俄民法典》中译本，就是 1950 年 5 月出版的，印刷了 1 万册。同年，法律出版社

---

①② C.H. 布拉都西. 苏维埃民法：上. 中国人民大学民法教研室，译. 北京：中国人民大学出版社，1956：7.

出版了坚金和布拉图斯主编的《苏维埃民法》上下册①；1951年中央人民政府法制委员会编译了谢·列布洛夫斯基的《苏联民法概论》，作为新法学参考丛书在人民出版社出版。② 同时，法律院校聘请苏联法律专家授课，翻译苏联民法教材和专著，培养师资进行传播，在思想上、组织上和理论上，都为全盘继受苏联民法做好了准备。

2. 我国民法实行唯苏联民法是瞻的盲目崇拜和照搬

为了更好地、更全面地接受苏联民法，在司法实践中全盘对民事审判进行指导，1952年下半年，我国在全国范围内进行了一场"司法改革运动"，重点是清理"旧法人员"，清理旧法思想，彻底地清除了大陆法系民法传统的影响。同时，调整、改造了原有的政法院系，建立了工人阶级的政法教育基地。因而"在彻底摧毁资产阶级法统的基础上，我国民法科学有了重大进展"③，建立了唯苏联民法是瞻的盲目崇拜，苏联民法成了我国民事立法和司法的教条，是民法理论研究的唯一参照系，一切都是照抄照搬，确认"社会主义民法，首先是苏维埃民法，是人类有史以来第一次能够处理人民内部矛盾的民法"，而"建立在这个根本利害冲突的基础上而又表现了反动统治阶级意志的一切反动民法，只能是压迫和剥削劳动人民的工具，只能是反动统治阶级内部钩心斗角、实行兼并的工具，根本不可能维护广大劳动人民的利益"④。

1958年，法律出版社出版了《中华人民共和国民法基本问题》⑤，完成了借鉴苏联民法、适当结合我国社会特点的统一民法教科书，成为全国法律院系的权威教材，也是民事审判的权威参考书。该书的基本体例和体系都以苏维埃民法教科书为范例设计完成，因而建立了"自己的革命法统，从来就不承认任何反动阶级的反动法统"，"我国社会主义民法体系，是在十几年的革命斗争中，特别是在新中国成立以来的革命和建设实践中建立、发展和逐步完备起来"⑥，在苏联民法的影响下，终于建立了我国于1950年代完成的、具有浓厚苏联民法印记的中国民法理论体系。即使在1964年中苏关系破裂

①　坚金，布拉图斯．苏维埃民法．中国人民大学民法教研室，译．北京：法律出版社，1950.
②　谢·列布洛夫斯基．苏联民法概论．赵涵兴，译．北京：人民出版社，1951.
③　中央政法干部学校民法教研室．中华人民共和国民法基本问题．北京：法律出版社，1958：64.
④　同③6.
⑤　同③.
⑥　同③3.

后，甚至到"文化大革命"时期形成敌我对立关系的时期，该民法理论体系也没有受到破坏，仍然被作为正统的民法思想指导着我国民法的立法、司法实践以及理论研究。

3. 改革开放以来我国民法思想领域没有进行过拨乱反正

在"文化大革命"结束后的改革开放中，全国各行各业都进行了思想上的拨乱反正，而法学界从来没有进行过真正意义的思想上的拨乱反正，没有检讨过民法思想、民法传统、民法制度上的正确与失误，哪些是苏联民法的危害余毒，哪些是应当继续坚持的传统，因而苏联民法的那些与市场经济规律相悖的痼弊没有真正被清算，在立法和司法中继续发挥着影响力。

4. 长期固守苏联民法传统形成了落后的民法思维定势

由于在 1950—1970 年代这 30 年中，我国民法对苏联民法的盲目崇拜和照搬，因而将苏联民法当成我国民法立法、司法和理论研究的最高经典。在改革开放后的 40 年间，又没有对其进行彻底清算，因而在长达 60 多年的时间里，人们已经把相沿成习的中国民法中苏联的民法思想、传统和规则，当成了确定不移的民法范例，至今仍然不对其提出质疑和清算，认为对其反对者是恶意否定中国民法传统。更为甚者，苏联民法中有些被当代俄罗斯民法所抛弃的东西，现在仍然有很多人在津津有味地坚持着。而这正是我们提出要肃清苏联民法思想和传统，编纂具有我国特色的民法典所面对的现实。

三、为什么必须肃清苏联民法影响并与其划清界限

1. 苏联民法的社会经济基础与我国社会经济基础完全不同

苏联民法与大陆法系民法之间的重大区别，典型地表现在经济基础问题上。苏联民法的社会经济基础是计划经济而不是市场经济，市民社会民法的经济基础必定是市场经济而不是计划经济。民法是植根于市场经济基础之上，调整市民社会经济关系和人身关系的基本法。当年，佟柔教授提出著名的"民法就是调整商品经济的法"的意见[①]，既是大胆的观念，也有概括不周的问题，原因在于，民法毕竟有很多调整人身关系的内容。认为民法是植根于市民社会市场经济的基本法，这不仅是说民法调整市民社会市场经济的

---

① 佟柔．发扬民主精神，建立商品经济新秩序．法学研究，1988（6）．

财产关系，也是说民法调整市民社会市场经济的人身关系。近现代民法以及当代民法莫不如此。因此，一个以僵化的计划经济为基础的民法，不能适应我国当前社会的市场经济基础对民法的需求。例如，基于身份关系发生的遗产继承，从计划经济的角度来看，配偶法定继承的第一顺序似乎并不是大问题，但是按照市场经济的社会基础来考虑，配偶法定继承无固定顺序，更能够反映市场经济的本质，更应考虑遗产在血亲中进行分配的均衡性。又如，在人格利益的商品化上，也会涉及财产问题，不仅某些人格利益应用于市场经济会发生从精神利益到财产利益的转变，变为实际的财产利益，而且侵害这样的人格利益也会造成权利人的财产利益损失，需要精神损害赔偿和财产利益损失赔偿的救济。苏联民法强烈反对人格商品化，反对精神损害赔偿，认为"在资产阶级国家里，对于人身受到侵害有所谓的精神上损失的赔偿，这和资产阶级要使人与人之间的关系成为冷酷无情的'现金交易'关系是直接联系着的。只有资产阶级才认为感情上的痛苦可以用金钱医治，可以像商品一样换取货币"①。这样的观念完全来源于苏联民法。在今天，公开权在世界范围内获得确认，不仅认可精神损害可以用金钱赔偿，而且对某些人格利益的侵害亦须以财产损害赔偿进行救济。苏联民法的上述两个影响，后一个已经被彻底废除，《侵权责任法》第20条和第22条确认上述侵权损害赔偿制度；但前一个影响仍然根深蒂固，难以动摇。

2. 苏联民法的政治偏见与我国民法完全不相容

苏联民法存在政治方面的偏见，是不言而喻的。例如，苏联民法认为"苏维埃社会主义民法和基于对生产工具及生产资料的资本主义私有制并基于私有而为人剥削人的资产阶级民法有原则上的区别"②；我国民法教科书就认为，社会主义民法科学"具有彻底的革命性和战斗性，他是在不断批判和战胜一切反动民法观点中发展起来的"，"一切反动民法学，则具有反动剥削阶级的阶级性和党性。他们是彻底反动的民法学，是一小撮反动统治者及其帮凶用来敌视和压迫劳动人民的民法学"③。在这种政治偏见的指导下，不可能制定一部科学的民法典，也不能借鉴传统民法的优势制定一部具有中

---

① 中央政法干部学校民法教研室. 中华人民共和国民法基本问题. 北京：法律出版社，1958：339.
② 谢·列布洛夫斯基. 苏联民法概论. 赵涵兴，译. 北京：人民出版社，1951：4.
③ 中央政法干部学校民法教研室. 中华人民共和国民法基本问题. 北京：法律出版社，1958：16.

国特色的民法典。又如，在所有的市场经济国家的民法中，都宣布私权神圣；而苏俄民法首先强调的是公有财产神圣不可侵犯，而且以此与一切资产阶级民法划清界限。在理论上，认为"生产工具和生产资料的公有制是社会存在的不可动摇和不可侵犯的基础，在从社会主义逐渐过渡到共产主义的过程中，随着社会生产的不断增长，并且由于这种增长，上述生产工具和生产资料公有制的意义也在逐日增加着"；而"劳动者的个人财产是和生产工具与生产资料的社会主义公有制密切联系的，是从公有制派生出来的"①。这种将所有权分为三六九等，分别加以不同保护的观念，就是政治偏见。受其影响，我国 1950—1970 年代对私有财产的歧视和剥夺，与苏联的做法没有区别，甚至有过之而无不及。直至 1986 年制定的《民法通则》，仍然在第 73 条规定了"国家财产神圣不可侵犯"原则，却没有宣布私有财产的平等保护原则。带来的问题就是，国家财产神圣不可侵犯，那么其他财产包括私有财产是否就不神圣、就可以侵犯呢？直到制定《物权法》时，才在所有民法学者的坚持下，终于规定了所有权平等保护原则，即《物权法》第 4 条规定："国家、集体、私人的物权和其他权利人的物权受法律保护，任何单位和个人不得侵犯"，从而在这个问题上肃清了苏联民法的影响。可见，苏联民法的政治偏见，与今天我国的国情完全不相容。我国遵循实事求是的思想路线，既坚持中国特色，也广泛借鉴各国民法优良传统。不过，在民事权利保护的立场上，苏联民法的影响仍然没有完全肃清，我们仍需做大量的工作。编纂民法典只有确立私权神圣的原则，才能使民法典成为一部真正意义上的民法典。

3. 苏联民法落后的学说基础使其无法成为借鉴的样本

编纂民法典必须肃清苏联民法的影响，还有一个重要原因，就是苏联民法落后的学术学说基础。我国民法在《民法通则》及其之前，主要来源于苏联民法，苏联民法是借鉴的主要对象，但苏联民法也是成文法，其传统也是大陆法系，不管它是借鉴原来的沙俄民法典还是自己建立起来的苏俄民法典。不过，苏联民法背离了大陆法系民法传统，并且将其他民法作为敌对民法。它推测"这些人身自由、平等和契约自由的原则对于帝国主义时代的资

---

① 维涅吉克托夫. 苏联民法对社会主义财产的保护. 谢怀栻，李为，译. 北京：法律出版社，1957：4-5.

产阶级民法已经是不中用了"，创立自己的民法学术理论和依据，创造自己的民法规则，因而成为大陆法系民法体系中的一部学术基础不当、理论根据扭曲的民法典。我国民法却以此为样本，模范遵守其规则，直至今天仍然不能全面肃清其影响。例如，苏联民法认为，"契约自由在资产阶级的民法里说是允许当事人能够以互相同意决定自己的经济关系，国家政权是不干预的，这样的自由正是反映资本主义经济的无政府状态，事实上只是赋予在经济上较为有力的，对于在经济上较为弱小的，强行他的意志的可能而已"①，因而社会主义民法并不实行契约自由原则。苏联民法的这种学术思想和理论基础仍然在发生影响，即使我国 1999 年制定的《合同法》也只敢说"合同自愿"原则②，而不敢直接规定合同自由原则。苏联民法落后的理论基础，使其民法不能作为我国民法的典范。民法思想领域进行彻底的拨乱反正，肃清其影响，才是最重要的。

四、编纂民法典应当坚持走具有中国特色的道路

研究我国编纂民法典所要坚持的道路，应当首先借鉴清末民事立法的指导原则以及国民政府制定民法的经验。制定《大清民律草案》的立法指导原则是：注重世界最普通之法则，原本后出最精确之法理，求最适于中国民情之法则，期于改进上最有利益之法则。国民政府制定民法的重要经验，一是采世界的普遍法则作为立法原则，二是采取适合现代思潮的立法形式和体例，三是改革我国固有封建恶习的同时仍注重我国国情，四是条文词句简洁通俗。③ 中国历史上编纂民法典的这些经验都值得重视。

应当看到，中国正在编纂的民法典是 21 世纪的民法典，应当具有 21 世纪民法的风采和特点。笔者的看法是：

第一，应当特别强调中国民法典的中国特色，以适合中国国情。只有依照国情，根据实际需要确定民法典的具体内容和规则，才能把 21 世纪中国

---

① 谢·列布洛夫斯基．苏联民法概论．赵涵兴，译．北京：人民出版社，1951：5．

② 《合同法》第 5 条："当事人依法享有自愿订立合同的权利，任何单位和个人不得非法干预。"条文中使用的自愿这个词，表达的就是合同自由原则。杨立新．合同法．北京：北京大学出版社，2013：13．

③ 杨立新．百年中的中国民法华丽转身与曲折发展——中国民法一百年历史的回顾与展望．河南省政法管理干部学院学报，2011（3）．

民法典制定得更加具有中国特色，更适合我国国情和民族习惯。

第二，我国民法典应当发挥立法的后发优势，广泛借鉴各国民事立法经验，不仅要借鉴德国法、法国法的经验，还要借鉴英美法的经验，以及国际通行的交易规则和习惯，博采精华。应当看到的是，在世界范围内，不存在与社会主义民法科学相对立的敌对民法，也并不存在两个对立的民法阵营，除了在物权和亲属方面各国民法固有性比较强之外，其他的民法规则都属于市民社会的共同生活、交易规则。因此，借鉴十分重要。应当着重借鉴德国民法，历史上《大清民律草案》《民国民律草案》和在我国台湾地区传承下来的民法规范"采德国立法例者，十之六七"①。在今天，这些经验仍然没有过时。对德国民法传统，既要在理论基础上敢于借鉴，同时也要敢于自己来定取舍。②

第三，我国民法典不应当拘泥于某一种民法的立法体例，而应根据具体的民法实际内容科学编排。我国在制定《合同法》《侵权责任法》中采取的这种开放性立法形式，不仅在国内民法学界得到普遍认可，而且在国外民法学界得到了充分肯定。

第四，民法典的内容应当更具开放性和创新性，吸纳当代社会存在的更多内容，体现时代性。21 世纪的基本特点是科技创新、技术发展、文化不断进步。面对这样的情势，民法典必须不断更新观念。我们应当对新型的民事活动进行深入研究，结合我国实际情况尽可能将各国具有创新性的民法规则都吸收进来，从而使民法典与时俱进，不断发展。

第二节　中国民法典编纂的基本思路和立法体例研究

中国民法典的编纂工作目前已经提上了日程，全国人大常委会将中国民法典的编纂纳入第一类立法项目，编纂工作已经全面启动。毫无疑问，在未来一段时间里中国民法典编纂将成为我国规模宏大、影响深远、备受关注的重大立法活动。民法典的编纂既是国家立法中前沿性的重大理论问题，又是战略性的重大现实问题。中国民法典的立法，既是对中国传统法律文化的继

---

① 梅仲协. 民法要义. 北京：中国政法大学出版社，1998：1.
② 谢怀栻. 谢怀栻法学文选. 北京：中国法制出版社，2002：374.

承问题，更是对法学理论、民法制度和立法方法进行创新的发展问题。以下是作者对中国民法典编纂中关于基本思路和立法体例的思考。

一、中国民法典编纂的基本思路

1. 关于《民法通则》的安排

《民法通则》颁布于 1986 年，全文只有 156 条，在司法适用中常常让人感觉捉襟见肘、挂一漏万，但这 30 多年来《民法通则》在我国一直处于民事基本法的重要地位，立法者、法官、民法学者在这 30 多年的时间里已经在司法实践和学术研究中达成了广泛的共识，因此在中国民法典的编纂中，应当充分尊重法律共同体已经形成的私法文化传统。

2. 关于 2002 年《民法草案》的安排

2002 年全国人大的《中华人民共和国民法（草案）》出台比较仓促，其立法体例、制度安排甚至语言风格确实有不少值得商榷之处，一直以来也饱受学术界的尖锐批评，但我认为这个民法典草案毕竟是我国立法机关的第一部正式的民法典草案，其中仍有不少有益的成果可以在民法典编纂时予以借鉴。

3. 关于民事单行法的安排

中国民法典并非另起炉灶，应当以现行民事单行法为主体进行编纂，这是中国民法典的主体工程，也是对中国民法典进行编纂的基础。对于这些民事单行法，如果在实施期间没有引起很大的争议，在编纂中除了进行技术上的安排外，一般不应当进行大规模的修订；相反，如果在实施中发现了明显的错误或者矛盾，则应当借此编纂的机会进行及时删除、修订或增补。但是必须明确的是，尽管立法机关颁布了大量的民事单行法，但当前我国民法典对债权编、人格权编等制度安排并不明朗，因此民法典的编纂工作仍然比较艰巨。

4. 关于民商事司法解释的安排

由于民事立法长期滞后，制度设计简单粗糙，缺乏可操作性，最高人民法院面对复杂的民事案件，颁布了一系列的司法解释。这些司法解释实用性强，具有较强的可操作性，当然这些司法解释也不尽科学，有些突破了司法的范畴，甚至已经演变为变相"立法"。对此虽有"良性违宪"的辩解，但也难免受到诟病。最高人民法院在审理形形色色的民商事案件中积累了大量实践经验，发布了大量的司法解释，这对于民法典编纂而言可谓是一个丰富的宝库。在中国民法典的编纂中，应当对最高人民法院的司法解释进行甄别，将具有借鉴价值的司法解释编纂进民法典草案。编纂的过程并非直接将司法解释转变为法律条文，而是要根据情况进行分析和甄别。民事法律规范既是民事主体的行为规范，也是法院审理案件的裁判规范。最高人民法院的司法解释，有些属于确定当事人之间权利和义务的实体性规范，有些则属于纯粹解决审判实务的程序性规范，例如"对某某事项提起的诉讼人民法院不予立案""对某某主张人民法院不予支持"等。这些纯粹的程序性规范，其实和当事人的实体权利并没有直接的关系。鉴于民法典的编纂属于立法活动，毕竟与审判活动有重大区别，所以在民法典编纂中需要对司法解释进行甄别，选取有闪光点的司法解释，在进行修订后可以编纂进民法典。

5. 关于克服成文法局限性的安排

任何一部成文法典，无论其于制定时立法体例如何完备，制度设计如何周密，缺漏终属难免，而在私法领域，法官又不得借口法无明文规定而拒绝裁判。在审理民事案件时，如果法官根本无法找到可以适用的法律规范，这就需要对法律漏洞进行补充，立法者进行立法时必须对这个问题作出制度上的预先安排，以便有效克服成文法的局限性。"礼失，则求诸野"，在民法典编纂中应当对民俗习惯、商业惯例给予足够的重视，承认民俗习惯和商业惯例的法源地位，确认它们在出现立法漏洞时的补充作用。如没有相应的民俗习惯和商业惯例，应当发挥法官的主观能动性，允许法官在参照普遍认可的司法判例和理论学说的基础上，进行创造性的判决。

6. 关于编纂中的删除、修订和增补问题

中国民法典的编纂，并非直接把物权法、合同法、侵权责任法、婚姻法、收养法、继承法等民事单行法进行简单的汇编，而是国家的一项重要的立法活动。现行的民事单行法和司法解释中存在着很多矛盾冲突、繁简失当、轻重失衡、立法漏洞等问题，与一部成熟的民法典还有很大的差距。在中国法典编纂中，必然要对全部单行法和司法解释进行系统的审查。结合民商法的研究成果，如何进行删除、修订和增补值得思考。在各种利益的交错冲突中，立法者实际上在扮演公共政策选择的角色。面对众说纷纭的制度设计，立法者如何果断地一锤定音，这十分考验立法机关的睿智。

二、中国民法典编纂中立法体例问题的争议与思考

1. 人文主义和物文主义的问题

对于民法典的制定，梁慧星老师和徐国栋老师针对人文主义和物文主义的问题进行了激烈的讨论。根据梁慧星老师的编纂安排，在民法总则编之后，随后就是物权编，而且梁慧星老师明确地反对人格权独立成编。按照梁慧星老师的观点，中国民法典的编纂应当采用七编制，即：总则、物权、债权总则、合同、侵权行为、亲属和继承。

对于梁慧星老师的民法典编纂体例，徐国栋老师进行了尖锐的批评。徐国栋教授认为，这种编纂体例基本上是个财产关系法典，根本看不出主体的地位何在。显然是将物法前置于人法，是一种"物压在人头上"的一种设计，属于"物文主义"！徐国栋教授按照他的新人文主义理念，编纂了《绿色民法典草案》，整部法典草案除了序编和附编之外，只有两编，第一编为人身关系法，第二编为财产关系法。毫无疑问，人身关系法前置于财产关系法，在整部法典了编纂中突出了人的主导地位，也体现了徐国栋教授的新人文主义理念。

对于人文主义和物文主义的争议，乍听起来，似乎是两个水火不容的主义之争，但是仔细思考以后，我们发现其实它们之间的分歧并不是原则性的争议，而仅仅是立法技术上的争议，而且这个差异对民法典并没有太大的影响。民法是一个行为规范，又是一个裁判规范。无论是人身权利编放在前面，还是财产权利编在前面，它对当事人的民事利益都不会产生影响，对法官的判决也不会发生影响，我觉得它仅仅是立法者在立法理念上的些许差别。举个例子，我国在制定1982年《宪法》时，就有学者提出来，要把公民的基本权利和义务部分放在前面，把国家机关部分放在后面，以便突出我们国家注重保护公民的基本权利和义务。但是我们国家的《宪法》实施的情况并不会仅仅因为"公民的基本权利和义务"放在前面就得到了充分的实现，把国家机关放在前面或者后面并不会造成天壤之别。

对于民法典的制定，徐国栋老师和梁慧星老师的观点似乎看起来是两种主义，其实真正对当事人的行为规范、司法机关的裁判都不会有太大的影

响。但是，从理念上讲，我个人认为把人身关系的内容前置于财产关系之前，能够体现以人为本、以人为核心的民法精神，从理念上说是有一定价值的，但是对于二者的差别没有必要过于夸大。

2. 债权编的问题

我们已经出台了《合同法》和《侵权责任法》，这两个法律基本上把债法的主要内容包括了。我们国家是否还需要制定债权编？我认为，债权编仍然需要制定。

第一，债权是一个上位的概念，它涵盖了侵权行为之债、合同之债。如果我们因为有了《侵权责任法》和《合同法》，就不制定债法总则了，那么债法这个概念在民法典中的存在都会成为问题。我们作为大陆法系的成员，别的国家都有物权和债权，而我们国家竟然没有债权的概念，那么我们国家的民法典岂不是成为大陆法系家族中的异类？

第二，民法典只有保持一种开放的体例，才能够吐旧纳新，为将来的发展留有空间。岂不说未来的发展，就以当前的研究而言，对于有些东西，如果既不属于合同，也不属于侵权行为，那么在民法典中如何归类？比如无因管理、不当得利就不好归类。当然有些学者把无因管理和不当得利当作准契约，这样也勉强说得过去，但我们从长远发展来看，如果将来碰到无法当作准契约的情形，我们这个封闭的体系该如何容纳？没有债法总则，仅仅规定了合同和侵权行为，这种近乎封闭的体例为将来立法保留的开放空间就会更小，如果有了债权编，这就为未来留下一个开放的空间。

第三，我们是在没有制定债权编的情况下先出台了《合同法》，合同法承担了相当一部分债法的内容，需要将来编纂的时候进行调整。从《合同法》的内容来看，《合同法》大量使用了"债权""债务""债权人""债务人"的概念，其实已经预计在未来的债权编中进行相应的调整。

第四，立法的简约也是考虑的重要因素。如果有了债权编，那么债权人的代位权、债权人的撤销权、债的担保、债的转让、债的抵销等都可以顺利处理，而且无论合同之债、侵权行为之债、无因管理之债、不当得利之债等是否都不用特殊规定了，都属于债权总则的部分。如果没有债权编，那么在立法中就要棘手一些。举个例子，比如说债的抵销，根据合同法，如果张三欠李四100元钱，李四欠张三120元钱，两个可以进行抵销。侵权行为中是否也存在债的抵销？当然也会有。比如交通事故，两辆车相撞，结果双方各承担50%的责任，这其中就有债的抵销。如果有债权编，在债法总则中直接规定债的抵销就可以了，如果没有债权编，那么是不是在《合同法》中规定一个债的抵销，在《侵权责任法》里再规定一个债的抵销？再比如保证人问题。合同中经常约定有保证人，如果我对你的资信能力表示怀疑，那么双方可以约定由一个资信能力较强的人做保证人。侵权行为中有没有保证人？同样有。张三打伤了李四，在和解的过程中，李四可能觉得张三没有足够的财产，张三就可以找一个有钱的第三人做保证人，这样纠纷就可以庭外和解。如果将来没有债权编的话，是不是在合同法中规定一个保证人制度，在侵权行为法中再搞一个保证人制度？所以，考虑立法的体系化和逻辑化、保持开放的体系以及立法的简约，债法总则都是需要的。

3. 人格权编的问题

人格权要不要独立成编？我认为，人格权不仅应该独立成编，而且要把它放在民法典的重要位置。在民法典的体例安排上，第一编应当是总则编，第二编就应当是人格权编。因为民法是调整平等主体之间的财产关系和人身关系的法律。更准确地说，民法是调整平等主体之间人身关系和财产关系的法律。应该把人身关系放在前面，财产关系放在后面，以此突出人的中心地位和重要性。

如果人格权法要带有一定的前瞻性和开放性的话，人格权的内容其实不少。关于放弃治疗问题，关于缓和医疗问题，关于安乐死问题，关于器官移植问题，关于性自主权问题，关于人工捐献精子问题，还有实验性药品对健康的损害问题等。这些问题如果放在《民法总则》中的民事主体部分，既不科学，也不合理。例如，一个新药刚研制出来，起初我们都是在白老鼠身上做实验，但是这个药品研制出以后，对它的副作用还没有充分评估，这个时候我们需要人体做实验，在这种情况下，药对人的健康损害的风险还不清楚，但是这个实验又是必需的，要不然新药是研发不出来的，这种情况下存在对人体健康的损害问题。再例如安乐死问题，荷兰就有单独的《安乐死法》，当然这对我国来说还过于超前。对于这些问题都应当进行立法规制，由此看来，人格权的内容绝对不少，所以我认为人格权编不仅要制定，而且完全可以独立成编。这不仅是必要的，而且是完全可行的。

4. 民事责任编的问题

在我国未来民法典的编纂中，《侵权责任法》应该安排在什么位置？是把它安排在债编中，还是安排在民事责任编里面？我觉得这就存在一个民事责任是否需要独立成编的问题。

侵权责任到底是一个民法上的债，还是一种民事责任？债和责任其实是两个不同的东西。侵害了别人的权利，应当首先产生的是民事债务，如果当事人自觉履行了债务，无须国家公权力提供救济，这个债务就消灭了，这是第一次的债。如果当事人不承认侵权，不愿意承担债务，受害人就会向国家请求救济，向法院提起诉讼，这产生的就是民事责任。所谓民事责任，就是不履行义务所产生的不利的法律后果。这体现的是国家对民事权利的救济。我们可以把它称为第二次的债。所以我认为侵权行为既可以产生债，也可以产生民事责任。

过去我们制定《民法通则》的时候，民事责任部分独立成章，这是我们国家《民法通则》的一个特色。但从现在民法典立法的几个版本看，还没有一个专门设定民事责任编的。我认为应该设立一个独立的民事责任编。为什么？民法典讲究体系和逻辑。物权编、债权编、亲属编、财产继承编，这些编都是对权利的确认，也就是民法要保护的权利和利益。按照逻辑，这些权利遭受侵害的时候，国家应该提供救济，民事责任编就是体现了这种救济。我认为，这个逻辑非常清楚，前面几编都是对权利的确认，后面的民事责任就是对权利的保护，也就是对侵害权利所给予的救济，所以我觉得应该单独成立一个民事责任编。当然进行民法典编纂的时候，可以把私力救济、违约责任、侵权责任等内容编纂在一起，调整后成立一个独立的民事责任编。这样民法典的体系就更加严密，体系更加完整和紧凑。

5. 民商合一与民商分立的问题

《中国民法典》正在如火如荼地制定中，中国商法学界也在积极酝酿制定《中国商法典》或《中国商法通则》。对于《中国商法通则》的立法问题，我的观点是旗帜鲜明的，我认为《商法通则》既没有必要，也不可行。如果要制定《商法通则》的话，那么它究竟是类似《民法通则》的"小而全"的法律，还是未来《中国商法典》的总则编？这个问题必须明确，这涉及《商法通则》的定位问题。

第一，《商法通则》的定位模糊。如果我们把《商法通则》定位为《中国商法典》的总则编，那么我们就应当把整个商法典中具有共同性、一般性的规则抽象出来。现在最为关键的问题是，《商法通则》能够提炼出涵盖公司法、海商法、票据法、证券法、信托法、保险法的一般规则吗？以票据法和海商法为例，这两部法律都属于商法，但我们能否提炼出这两部法律的共同规则？票据法非常强调票面的记载、出票、承兑、付款、追索等，它和海商法的提单、船舶碰撞、共同海损、船舶优先权等几乎没有任何共同之处。如果发生了船舶碰撞，在司法审判中，我们会调查船舶的红灯亮了没有？绿灯亮了没有？船舶有没有减速？航向是否转变？可以说船舶碰撞问题和票据承兑问题几乎是风马牛不相及的，我们很难找到共同适应的规则。有学者会认为，商主体、商行为、商事营业资产、商业账簿、商事代理、商事担保等，这些东西可以说是共同的规则。但是，对于这些规则，我觉得大部分属于法人制度的东西。仅在票据法和海商法之间，我们就很难找到共同适用的规则，更何况要找到涵盖所有商法领域的共同规则？如果不把《商法通则》定位为《中国商法典》的总则编，而是定位为类似于《民法通则》的东西，现在我们要进一步追问，这个定位合适吗？对此我深表怀疑。我们制定《民法通则》的时候是1986年，那个时候我国百废待兴，商品经济的发展刚刚起步，法律规则十分欠缺，由于社会急需一些基本的法律规则，而当时制定《民法典》的条件又不成熟，在这个情况下我们仓促之间制定出一个只有156条的小而全的法律是可行的。现在我们回过头来看《民法通则》，可以说是挂一漏万、捉襟见肘。我们没有任何一个民法学者会否定《民法通则》重要历史作用，因为在当时急需法律的情况下，《民法通则》的确发挥了民事基本法的重要作用。但是，如果现在我们再制定一个类似于《民法通则》的东西，我估计不太可行。到目前为止，我国的公司法、海商法、保险法、票据法、信托法、证券法都这么齐全了，再制定一个小而全的《商法通则》，显然不太可行。总之，无论是把《商法通则》的定位为类似于《民法通则》小而全的基本法，还是把它定位为《商法通则》的总则篇，我认为都是不太可能的。

第二，《商法通则》有没有足够的特殊性。我们规定财产所有权，我们不会把它区分为男人的所有权还是女人的所有权，因为这种分类是没有意义的。商行为、商事代理、商事担保如果没有足够的特殊性，从而需要突破民法的一般规定，那么这种突破就是不必要的。在民法的担保物权之外，是否需要单独的商事担保？在民法的代理制度之外是否需要专门的商事代理？我认为虽然其有一定的特殊性，但对这种区别是否需要单独立法，我对此表示怀疑。

第三，不明确定位可能导致法律适用中的混乱。如果我们在《中国民法典》之外再制定一个《商法通则》，它会不会反而导致法律适用的混乱？如果甲股份有限公司和乙股份有限公司之间订立了买卖合同，它是不是适用《民法典》中合同的规定？如果他们之间出现了一个抵押，是不是适用民法中的担保物权，还是有什么特别的商事担保？再比如，我是一个自然人，我不是商事主体，有个商事主体（商业公司）出具一个票据给我，显然我是民事主体，公司是商事主体，问题是：对于这个票据，这到底是用《民法典》还是《商法典》，是用《民法通则》还是用《商法通则》？这个反而会在法律的适用中引起不必要的混乱。

第四，应符合商法的"去法典化"趋势。法国、德国、日本都制定了《商法典》，但是适用之后慢慢呈现了去法典化的趋势。如果公司法、海商法、票据法、证券法、信托法等制定为单行法，而能够涵盖公司法、海商法、票据法、证券法、信托法所有的领域总则性规定又非常有限，那么商法典的内容基本上就被掏空了。从大陆法系的发展看，这个商法典已经逐渐被淡化，出现了式微的趋势。

第五，应尊重中国民商合一的立法传统。从中国的立法历史来看，在中华民国制定《民法典》的时候，曾经考虑到我们国家到底是采取民商合一，还是民商分一。当时民法的立法院长胡汉民进行了考察，考察的结果认为，中国采取民商合一，不在民法之外制定专门的《商法典》，在《民法典》之外制定若干的单项法就可以了。我国台湾地区和大陆具有同样的法律文化传统，从目前的情况来看，台湾地区这样做没有什么大的妨碍，这是中国法律文化的继承问题，这也可以给我们一些启示。我觉得《民法典》之外，未必要制定《商法通则》。我的初步结论就是，在中国制定《民法典》之外没有必要制定商法典，至少我对要求制定商法典这一观点表示严重的怀疑。

6. 民商合一的路径问题

民商合一，究竟应当如何合一？其实这就是民商合一的路径问题。根据已颁布的《民法总则》（征求意见稿）来看，虽然立法机关在理论上坚持民商合一，但并没有提出非常明确的民法合一的具体路径，商法学界甚至批评立法机关丝毫没有考虑在民法典中对商法进行妥善的制度安排。笔者认为，在民法典的编纂中应当通过以下具体制度设计体现民商合一的理念：

第一，在民事主体制度中确认商事主体的特殊性。具体的制度设计为，商事主体是指以营利为目的从事商业经营的特殊民事主体。商事主体包括从事商业经营的个人、个体工商户、合伙、公司、企业、合作社等自然人、法人和非法人组织。

第二，在法律适用中确认民法和商法的关系。具体的制度设计为，公司法、海商法、票据法、保险法、信托法等商法为民法的特别法。商法有特别规定的，优先适用商法的特别规定；商法没有特别规定的，适用民法的规定。

第三，在法源中确认商业惯例的地位。具体的制度设计为，对于法律没有规定的立法漏洞，法官在裁判时应参照民俗习惯和商业惯例。

第四，在法律行为中确认商事行为的理念。具体的制度设计为，对于商事主体以营利为目的而实施的法律行为，在认定该法律行为的效力时，应当考虑商事主体对交易安全和交易效率的客观需求。对商事主体以营利为目的而实施的法律行为，可以根据该法律行为的外观判定其应当产生的法律效力。

第五，在人格权编，在法人的名称权中确定商号权。具体的制度设计为，将商事主体在营业中使用的名称确定为商号。商事主体决定使用的商号，在同一登记地域和同一营业范围内，不得使用与他人已登记或已使用的商号相同或类似的商号。

第六，在有名合同中专门规定营业转让合同。对于商事主体通过营业转让合同将其全部或部分营业资产进行整体转让给受让人的行为进行专门的制度设计。

以上粗浅的制度设计，基本贯彻了民商合一的理念，不仅厘清了民法和商法的适用关系，而且使商主体、商行为、商业惯例、商号、商事营业资产、营业转让等主要商法制度都在民法典中得到体现，不妨视为一条实现民商合一的有效路径。

7. 附编的问题

在民法典的编纂中，还涉及法律的溯及既往问题、比照适用问题、民族自治地方对民法典部分内容的变通或补充适用问题、授权对某些事项进行地方立法、授权国务院对某些事项制定实施办法、民法典生效后的法律废止、民法典的实施日期等问题，这些问题比较杂乱，而且放在前八编都不适合，属于"无法归类"之列。《民法通则》有"附则"之设，《瑞士民法典》有"末章"，《绿色民法典草案》有"附编"和"尾题"，笔者认为，为了保持民法典立法体例的统一，可以考虑在法典的最后专门设置独立的"附编"；如果考虑附编的内容偏少，其附编之下没有"章""节"为支撑，也不妨继续沿用《民法通则》中"附则"之设。

三、对中国民法典立法体例规划的基本评价

大陆法系非常强调法律的逻辑性和体系性，从现在我国民法典的立法状况来看，笔者认为全国人大在民法典立法中对立法体例的整体规划不尽科学，颇有商榷之余地。我国民法典的整体立法属于化整为零，先制定各个民事单行法，最后再进行民法典的编纂。从立法的整体规划来考察，我们在立法中对体系性和逻辑性的安排没有给予足够的重视，这势必会给未来民法典的编纂工作带来一定的困难。

1. 应该先制定民法总则，然后再制定民法分则

如果从体系性和逻辑性来考察，立法机关在进行民法典的立法规划中，应该先制定民法总则编，然后再制定民法分则各编。我们现在是制定了《物权法》《合同法》《侵权责任法》，但民法总则编却在后期才进入立法程序，所以这就难免会出现一些不太协调的问题。例如，《物权法》已经出台了，其中第 60 条规定：对于属于村农民集体所有的土地等，由村集体经济组织或者村民委员会代表集体行使所有权。现在的问题是，村集体经济组织是什么类别的民事主体？农村集体经济组织显然不是自然人，但它是什么组织？它是法人，还是非法人？它是企业法人，还是非企业法人？它是营利性的组织，还是非营利性的组织？这一切都没有明确的规定。再比如说，《物权法》中制定了建筑物区分所有权，其中规定了业主委员会，但业主委员会是个什么组织，是否具备法人资格？对这个问题应当在《民法总则》中予以规定，

但是《民法总则》迟迟没有出台，这个问题也只能一笔糊涂账。所以我认为我们在民法典的立法中没有坚持逻辑性，没有按照"先总则，后分则"的逻辑顺序纲举目张地展开，由此导致现在在立法中出现了一些混乱。

2. 应该先制定权利法，然后再制定救济法

我认为立法机关应该先制定《人格权法》《物权法》《债权法》等确认民事权利的单行法，最后才制定为权利提供救济的《侵权责任法》，这样才更为合理。从逻辑上讲，应该首先确定民事权利，然后再规定侵害民事权利应当承担的法律责任。现在《侵权责任法》已经出来了，而《人格权法》还遥遥无期。如果我们先出台了《人格权法》，那么在随后制定《侵权责任法》的时候，就可以针对人格权法中的相关内容有的放矢地进行规制；现在恰恰相反，制定《侵权责任法》的时候，人格权法还没有出台，那么针对侵害人格权的内容进行规制只能是雾里看花、水中望月，更不可能针对侵害人格权的某些特殊情况加以前瞻性的立法。

3.《民法总则》取代《民法通则》并不十分妥当

从立法程序上讲，法律的修订相对于新法的制定要简单，这在一定程度上可以加速民法典的编纂进程，但从立法的科学性来讲，则颇有商榷之余地。通常按照新法取代旧法的原则，在完成修订以后《民法总则》将取代《民法通则》，而《民法通则》将在无形中被废除。显然，这种做法会遗留几个棘手的问题：

第一，《民法通则》虽然比较简略，但它居于民事基本法的重要地位。在《民法总则》取代《民法通则》以后，而在《中国民法典》出台之前，中国的民事基本法将出现空缺。

第二，《民法通则》的特点就是"小而全"，它不仅包括民法总则的内容，也包括民法分则的内容。当前我们把《民法通则》修订为《民法总则》，显然对分则的内容没有充分顾及。

第三，仅就分则的内容考察，尽管立法机关已经出台了《物权法》《合同法》《侵权责任法》《婚姻法》《继承法》等民法分则方面的民事单行法，但债权编和人格权编的制度安排尚有很大的缺失，因此，我们仍然可以断定，即使在《民法总则》出台以后，《民法通则》的价值依然存在，因为《民法通则》依然是债权和人格权在基本法层面上的重要依据。如果《民法

通则》在无形中被《民法总则》取代，那么债权和人格权的民事基本法层面上的法律依据将丧失殆尽。

最终，全国人大采取了《民法总则》和《民法通则》并行有效的做法，值得肯定。简言之，《民法通则》应当被未来的《中国民法典》取代，而不应当被当前的《民法总则》取代。将来《中国民法典》出台之日，才是《民法通则》完成其历史使命之时。

4. 未来中国民法典编纂可能面临的困难

如果我们预先对整部民法典的立法有一个科学的立法规划，那么在各个民事单行法逐步出台以后，在最后编纂《中国民法典》的时候相对而言就会容易一些。从目前的立法来看，我们民法典的立法对体系性、逻辑性的安排有一定的缺陷，这样会招致立法中存在着很多衔接失当、轻重失衡、矛盾冲突、立法漏洞等问题，在未来法典编纂中，对各个单行法进行审查、删除、修订和增补的工作就会相对比较困难。

四、中国民法典"九编制"立法体例的构想

全国人大在 2010 年宣布我国的社会主义法律体系已经基本形成，但我国民法典至今还只是一个半成品。大陆法系国家的立法注重成文法的逻辑性和体系性。从法典的逻辑性和体系性观察，我们的民法典还存在诸多缺陷：第一，欠缺人格权编。《民法通则》已经确定了民法的调整对象为平等主体之间的财产关系和人身关系。现在调整财产关系的法律已经陆续出台了，但是调整人身关系的法律还远远不够，离体系化的要求还有很大的差距。第二，缺少债法编。大陆法系国家的财产法通常由物权和债权两大板块构成，如果我们没有债法总则方面的规定，这样是不符合大陆体系化要求的。

根据本人关于中国民法典编纂问题的思考，从编排的体例来看，我认为民法典编纂的立法体例应当采用九编制，并按照以下次序进行安排：

1. "先总则，后分则"

纲举目张，民法总则编无疑应当是整部民法典的第一编，对于这个安排学术界几乎没有争议。

2. "先人身，后财产"

从理念上讲，我个人认为把人格权编放在第二编，婚姻家庭编放在第三

编，这样安排更符合以人为本的立法精神，在立法编排上应当在体例安排上体现国家立法机关重视人格利益保护的基本理念。

关于继承编，按照人文主义的理念，似乎应当放在婚姻家庭编之后，徐国栋教授的《绿色民法典草案》就将继承法的内容安排在婚姻家庭法之后，且编纂在第一编"人身关系法"之中。《瑞士民法典》第三编为家庭法，第四编即为继承法，二者前后相连，也是将继承法编编纂在家庭法编之后。笔者认为，虽然继承关系往往发生在父母、子女、兄弟姐妹等具有亲属身份的当事人之间，但这种继承毕竟属于纯粹的财产继承，而不是身份继承，更不是人格继承，因此应当将继承法排除出人身关系的范畴，而将其纳入财产关系的范畴。

在财产继承中，物权和债权往往是确定遗产范围、遗产分割、债务承担等问题的前提。没有明确的物权关系和债权关系，就难以厘清财产继承问题，因此从逻辑上讲，应当将继承编安排在物权编和债权编之后。

至此，我们认为，在人格权编和婚姻家庭编以后，关于财产关系的各编应当依次为第四编物权编、第五编债权编、第六编继承编。

3. "先权利，后救济"

常言道"无救济，则无权利"，因此，在人格权编、婚姻家庭编、物权编、债权编、财产继承编以后，随后应当安排的就是第七编民事责任编，也就是救济编。我认为，前面几编都是对权利的确认，后面的民事责任编就是对权利的救济，其中的逻辑关系非常清楚。

4. "先国内，后涉外"

随着中国对外开放的不断深入，人员交流频繁，国际贸易如火如荼，因此涉外民事纠纷也相应增多，关于涉外民事法律关系的法律适用是一个无法回避的突出问题。《民法通则》第八章专门规定了"涉外民事法律关系法律适用"，中国的法院系统普遍设立有专门审理涉外案件的法庭，因此笔者认为应当将我国于2010年10月通过的《涉外民事法律关系法律适用法》纳入民法典，作为民法典的第八编。

5. 中国民法典九编制的立法构想

综上所述，中国民法典应当采用九编制的立法体例，并按照以下次序进行编纂，这可能是一种比较妥当的制度安排：

第一，总则编；

第二，人格权编；

第三，婚姻家庭编；

第四，物权编；

第五，债权编；

第六，继承编；

第七，民事责任编；

第八，涉外民事关系的法律适用编；

第九，附编。

第三节　民法典语言通俗化的实质与实现

编纂民法典是实现国家治理体系和治理能力现代化的重大举措，是维护最广大人民根本利益的客观需要，是形成完备的社会主义市场经济体系的必然要求。编纂民法典是一项浩大的社会工程，涉及诸多领域和环节。其中，对民法典语言通俗化进行研究，具有重要的实践价值和理论意义：（1）保证民法典编纂的质量。立法语言与立法政策内容之间并非孤立隔绝，立法语言不但决定民法典的形式，也影响着民法典的形成与制定。编纂民法典既需要有正确的价值选择、合理的制度设置、明确的权益规定，还需要有效的立法技术、适当的立法语言。（2）提高法学服务社会的能力。"法律对于每一个人来说，应当如同一件日常生活中用惯了的东西，而不是供奉于神龛不可触动的供品。"法学应是推动社会前进的智慧和手段，法学家不应在纯粹学术意义上建立抽象理论，而应关注法律在社会生活中是怎样被运用的。如此，才能在编纂民法典方面的有所作为。（3）吸纳社会各界的理论智慧。编纂民法典是一项浩大的社会工程，除了民法学科外，其他法学学科也可提供多种专业知识和多维的理论视角。多年来，特别是党的十八届四中全会以后，学者们对民法典编纂及其语言表述问题，做过一些研究，但与编纂一部内容协调一致、结构严谨科学的民法典的高远目标相比，尚有值得进一步深入研究之处：现有的研究多限于对体例框架的宏观研究，而对立法技术、立法语言的微观研究则没有充分展开；虽有学者对民法典的立法用语进行研究，但以民法典语言通俗化为主题的研究成果还比较少见；关于民法典语言通俗化的理论证成、判断标准、实现机制，在学术研究上还很薄弱；目前对民法典语言的研究似乎是民法学者的"独角戏"，而实际上其应该是需要法学界共同参与的"大合唱"。

一、民法典语言通俗化之初步界说

在法治社会，立法既需要使其条文准确地贯彻立法意图，又要采用为人民群众所明白易懂的语言形式，将相关的权利义务内容明白地表述出来。过多的专门术语，过于晦涩的语言表达，常常会使法律接受者不知所云，难以理解。这样，会导致法律虚设，最终同社会公众相脱离，甚至可能使公众意志被异化。法典是成文法的最完善形式，对语言文字的要求也特别高。

第一，从对象上看，民法典语言应以人民群众能够理解、知晓为目标。"法律这种东西，基于其现实功能意义之所需，不应该只是精英知识，而应该是相当普遍人的知识，因此，一个好的法律用语，应该要有助于普通人对于其实质意义的快速而正确的理解。"[①] 民法典语言通俗化，要求其建立在语言的明确性、法条的具体性基础之上，必须考虑该法所适用的社会成员的文化接受能力。"法律不要精微玄奥；它是为具有一般理解力的人们制定的。它不是一种逻辑学的艺术，而是像一个家庭父亲的简单平易的推理。"[②] "智者们若想用自己的语言而不用俗人的语言来向俗人说法，那就不会为他们所理解。"[③] 有法学家进一步认为，立法语言大众化不仅是对立法的一般要求，更是法律不可或缺的要素。"通过言词来进行统治就要求这种言词能使人明确地知悉，否则就不成为法律。"[④] 英国法学家边沁的法典编纂理想是增强法典的可接近性："掌握法典的知识便无须教授的指导，一个父亲可以在不接受任何帮助的情况下教育他的孩子学习法典。"[⑤] 法律规则必须用易于理

---

① 黄荣坚.台湾刑法学上若干用语之商榷//刘幸义.东亚法律汉字用语之整合.台北：新学林出版股份有限公司，2007：14.

② 孟德斯鸠.论法的精神：下册.张雁深，译.北京：商务印书馆，1982：298.

③ 卢梭.社会契约论.何兆武，译.北京：商务印书馆，1980：57.

④ 霍布斯.利维坦.黎思复，黎廷弼，译.北京：商务印书馆，1985：278.

⑤ 冯丽霞.法典编纂论.北京：清华大学出版社，2002：153.

解的语言来表述，否则，就违反了法律的内在道德。"若用艰深之文，非妇孺所能晓解者，时曰不明。此在古代以法愚民者恒用之，今世不取也。"①民法典语言应该明白易懂，使绝大多数社会成员都可理解知晓。

第二，从语源上看，民法典语言应主要出自日常语言。立法语言，按其来源不同可分为两类：一是法律术语，如物权行为、用益权、典权等，这些法律术语，有其特定的法律含义，只有经过系统的法律学习和教育，方能理解其意义；二是日常语言，如夫妻、住宅、死亡等。法律是社会生活的表达，离开社会生活，法律将失去其存在的基础，故日常语言是法律语言的重要组成部分。"立法者会运用一般的语言，因为他是针对国民而立法，希望他们可以了解。此外，他还广泛地运用法学术语，借此他可以作精确的陈述，可免于很多烦琐的说明。这些术语经常也以一般语言为基础，因为法律是针对所有人的规定，与所有人有关，因此，起码的一般理解性是必不可少的。在涉及一般人的法律领域，换言之，在日常事务的领域，法律语言已经成为一般用语的构成部分，虽然运用时未必如此精确。借此，每个人都可以直接进入法的世界，大家也需要这个管道以便能经营适当的社会生活，因为现行法秩序也是社会的一部分。因此，法律语言不能像其他一些学术语言，能独立于一般语言的用法之外。"②　不可否认，对法律理解上的歧义也往往出现在这些日常语言上，但日常语言的多义是其所蕴涵信息的丰富性，而不是语义的含混不清，通过分析这些概念的丰富层次，能够找到更有效的理解路径。"法律人不管受过多少专业的法律训练，无论要构思多深奥的法律理论或解决多棘手的法律问题，最终还是得从不必经过法律专业训练的'日常中文'开始。"③　法律必须同全社会范围的"可理解信息的传递"这样一种日常语言系统相联系。在法律世界，作为"终极元语言"的日常语言构成了一种在全社会循环的语言的开放媒介。④

第三，从效果上看，民法典之规定须转化为社会成员的实际行为选择。

①　梁启超. 梁启超法学文集. 北京：中国政法大学出版社，2000：181.

②　卡尔·拉伦茨. 法学方法论. 陈爱娥，译. 北京：商务印书馆，2003：200 - 201.

③　郑逸哲. 法律人的双语世界//刘幸义. 东亚法律汉字用语之整合. 台北：新学林出版股份有限公司，2007：129.

④　哈贝马斯. 在事实与规范之间——关于法律和民主法治国的商谈理论. 童世骏，译. 北京：生活·读书·新知三联书店，2003：432 - 433.

美国法学家富勒通过一段寓言故事，来说明立法语言通俗化的重要性。怀着改革热情的雷克斯登上王位后，首先向他的臣民宣布：此后他将亲自裁断臣民们之间发生的任何纠纷。每一项问题都以就事论事的方式获得解决，是不可能的。他认识到制定颁布一部用来处理未来纠纷的法典，已经成为一项无可逃避的任务。经过千辛万苦的努力，这部法典最终制定完成。当它被公之于众时，臣民们发现它是晦涩难懂的"极品"，遂倍感沮丧。法律专家们在研究之后宣称，这部法典中没有任何一个句子是普通公民或者专业法律人所能够理解的。愤慨之情很快在臣民之间散布，一群示威者聚集在王宫前面，高举着这样一条标语："规则如果无人懂，守法如何行得通？"[①] 雷克斯国王经历了一次透彻心扉的造法失败，着手制定新法以取而代之。"有些法律可能是徒具空名的，因为它们'在用语方面'徒具空名；例如，因为它们文字晦涩难懂，意义含糊不清，内容前后矛盾，难以看清真实意义，或者难以适用于多种多样的情况。其次，有些法律可能在实质上确实是'徒具空名'，例如，它们产生了不能接受的结果——不公正或极愚蠢，或者极少见，因为它们的效率低而费用高，或者在类似的案件之间产生前后矛盾或反常结果。"[②] 作为调整人的行为的社会规范，民主社会的法律并非立法者自我指向的自言自语，而是传达明确信息的社会行为。法律语言是日常生活的还是专业技术的，是直接影响一个社会的法律能否得到公众遵行的重要因素。民法典要通俗易懂，要大众化、普及化，能为民所知所用的法，才是民法、良法。

综上所述，所谓民法典语言通俗化、平易化、大众化，就是用人民群众易于接受的语言文字来表述法律规范，让法律从法学家、法律职业者的垄断下走出来，成为人民群众能够理解和运用的行为准则。民法典的权利义务规定须转化为社会成员的实际行为选择。

二、民法典语言通俗化之判断标准

1791 年 3 月 20 日，《普鲁士民法典》规定，"全部法律将按照一定的条理层次，用民族语言来制定，用一种大众能理解的方式表达，以使于本国的任何居民，只要其自然能力经受过教育，哪怕是只有中等水平，自己便能阅

---

① 富勒. 法律的道德性. 郑戈，译. 北京：商务印书馆，2005：43.
② 帕特里克·格伦. 世界法律传统. 李立红，等译. 北京：北京大学出版社，2009：216-217.

读法律，弄懂法律，在将来的案件里尊重这些规定，他应当依照法律行事，并应接受法律的审判"①。我国台湾地区"中央行政机关法制作业应注意事项"规定，"用语要简浅：法规用语须简明易懂，文体应力求与一般国民常用语文相切近，并符合法律统一用字（语）"。在中国大陆，已经普及九年制义务教育，立法语言特别是民法典语言的通俗化程度，应以接受义务教育者能够理解为标准。此外，关于民法典语言通俗化的标准，还需将其置于具体的语境、选取适当的观察角度，作出更清晰的理解与界定。

第一，公民法律意识之高下。民法典语言的通俗易懂或者艰深晦涩，是同特定社会大多数成员的法律意识水平密切相关的。"法律是一种命令，而命令则是通过语言、文字或其他同样充分的论据发布命令的人之意志的宣布或表达。根据这一点，我们就可以充分认识到，国家的命令，仅仅对于能了解的人说来才是法律。对于天生的白痴、儿童或疯人说来，就像对于禽兽一样，法律是不存在的。"② 在一个文化素质较高、法律社会化程度较高的国度，社会成员对法律的接受能力相对就高；反之，接受能力就低。好的立法，必须考虑社会成员的文化接受能力。法律是一种普遍性的行为规范，必须考虑普通社会成员的接受能力，选取一个合适的标准。它不能仅顾及社会中文化程度较高、接受能力较强的那一部分人，这样，会使法律同大众脱离，变成少数"法律精英"的产物。一方面，法律是由法学家、立法专家等制定的，但法律主要不是为他们制定的；另一方面，民法典语言不能为民粹主义所支配，不能一味地迎合、迁就社会中文化程度较低、接受能力较弱的那一部分人，这样，只会使该社会法律文化水准越来越低，阻碍法律的不断进步。"当因民粹的操作而使人民全体产生去智效应，忽视知识，僵化不公平的经济分配机制，最后阻碍穷人经由教育力争上游的可能性时，这种民主政治将比重视社会公平与经济发展之威权统治更看不到希望。"③ 这两部分人都是代表了社会成员中的少数，而占大多数的则是社会中处于中间阶层的人群。法律是为全体社会成员制定的，因此，立法者在制定法律时，要时刻

---

① 艾伦·沃森. 民法法系的演变及形成. 李静冰，姚新华，译. 北京：中国政法大学出版社，1992：146.
② 霍布斯. 利维坦. 黎思复，黎廷弼，译. 北京：商务印书馆，1985：210.
③ 黄茂荣. 法学方法与现代民法. 北京：法律出版社，2007：55.

牢记全体社会成员才是法律普遍适用的对象。在我国，随着普法工作的深入开展和民众素质的逐渐提高，专业法律名词会越来越多地为民众接受，民法典语言的通俗化与专业化之间的鸿沟会越来越小。

第二，法律演进模式之分殊。在法律演进与发展的模式上，主要有进化论与建构论两种。进化论强调法律的进步依赖社会自身的自发的自治力量实现法律制度演化，认为经济和社会生活的客观需要、人民群众的呼唤和参与，是法律演进与发展的真正动力；建构论则更重视通过人为的理性建构实现法律制度的变迁与进步，推崇在法律制度的变革中政府的主导作用。这两种模式是对世界各国法律发展的不同进路所作的理论概括。"在社会变革环境下，法律的主要目标是改变行为。要改变行为，法案就不能仅仅及于法官和律师，而是要及于所有的调整对象。为了这个目标，法案的结构和语言就要有助于该法案对其调整对象的适用。"① 具体就民事立法而论，如果恰逢"一个以塑造民众生活和社会关系为需要和目的的政治时代，那么这部民法典就会成为政治工具。政治因素就会在这部民法典中占主导地位；而对法的技术性要求以及对法律规则完善化的要求，则只能退居次位了"②。当今中国法律的发展过程具有鲜明的建构特征，无疑地，民法典语言通俗化是吸引人民群众参与法制建设、推动社会变革的重要方式。

第三，法律调整对象之不同。拉伦茨指出："每一个专业术语中都凝练着某个复杂的思维过程，只有这方面的专家才能了解术语背后的这个过程。然而，法律是为大家制定的，只要法律调整的不是非常专门的内容，那么它就应该使用一种与一般的交际语言和日常语言差别不是太大的语言。"③ 实际上，每个立法文本预设的调整对象各不相同，有的是全体社会成员，有的是特定人群；有的针对的是自然人，也有的针对法人、组织，因而立法语言大众化的判断标准是不同的。立法语言通俗化标准，因法律之不同而有差异。关键是，立法时必须清醒地意识到，面向谁、期待谁阅读、谁阅读会发挥作用。④ 民法是民用之法，要以能否为民所用为最高目标。民法要通俗易

---

① 安·赛德曼，等．立法学：理论与实践．刘国福，等译．北京：中国经济出版社，2008：261.

② 霍尔斯特·海因里希·雅科布斯．十九世纪德国民法科学与立法．王娜，译．北京：法律出版社，2003：1.

③ 卡尔·拉伦茨．德国民法通论：上册．王晓晔，等译．北京：法律出版社，2003：37.

④ 饭室胜彦．作为民主化指标的立法语言难易度//立法的平易化．东京：信山社，1997：21-22.

懂，要大众化、普及化，能为民所知行的法才是民法、良法。[①] 但是，在民法部门之中，证券法、票据法、保险法等技术性强的法律，只为少数的相关从业者与法律专家关心，其立法语言无须为普通民众所能理解；而民法典则与所有人都有关，其语言的通俗化程度，应以接受九年制义务教育者能够理解为标准。

第四，法律文化传统之差异。各民族法律文化传统差异很大，直接地体现在立法语言的风格上。在大陆法系各国，有两种相反的倾向：一种是表达得尽可能使一般人能够理解，另一种则相反，是用尽量准确的专门术语来表达法律规范，有可能把法变成局外人几乎难以理解的科学。"《法国民法典》相对来说没有太强的技术性；它的语言接近日常生活，结构也并不复杂。它主要由法律从业者根据民众的读写能力来起草。由于它把语言的简明和优美特性与概念范畴结合了起来，这部法典在世界范围内被广泛地效仿。""《德国民法典》的制定则更晚；让包括萨维尼在内的学说汇纂派有了另一个世纪的世界来对他们的观点进行提炼。这部法典大概是所有民法典中最抽象的一部，它有一个具有介绍性的适用于法典所有其他部分的总则篇，这一篇试图对行为能力、承诺或意思表示等基本概念进行解释，以便于后续的适用。没有人会把阅读这部法典当作是一种乐趣。在德国，它被贬斥为'教授的法典'，并被恶意地嘲弄。然而，它也同样有它的吸引人的地方和优势，并被广泛地效仿，尤其是在大陆法学家以外的地方，包括美国。"[②] 德国成文法语言专业性强，艰深难懂。而法国成文法比较通俗易懂。在立法语言通俗化方面，《法国民法典》堪称杰作。其表述的生动明朗和浅显易懂颇受称赞，并且对法典在法国民众中的普及作出了实质性贡献。司汤达"为了获得其韵调"上的语感，每天都要读几段法典条文。[③] 法律应该是简单明了的、能为非法律职业者所理解的、几乎无须解释的尽善尽美之物。"在法国的大学中，许多年轻人学习法律，却并不打算从事法律职业，法律并不纯粹是一种专业训练的对象，而是人们可以从中学习清晰的思维、透彻的表达以及练习修辞技巧的一个领域。这枚硬币的另一面则是法国法律教学内容常常只是净化了

---

① 赵玉，江游．民法中"民"的诠释．当代法学，2012（6）．
② P. S. 阿蒂亚．法律与现代社会．范悦，等译．沈阳：辽宁教育出版社，1998：158-159．
③ K. 茨威格特，H. 克茨．比较法总论．潘汉典，等译．贵阳：贵州人民出版社，1992：169．

的原则，它无须为寻找社会现实问题的解决手段而困扰。但是，以这种一般化的、非实践的，甚至是'书本的'方式学习法律却是深化那些将来准备成为法律家的年轻人知识的一种有效方式。这样，在受过教育的法国人中，人们经常可以发现他们对基本的法律概念都十分通晓。有人曾说，法国农民除了《圣经》之外，都有一本民法典。"①

中国古人即信奉："持法深者无善治。""法深"有多种表现，其中包括立法语言艰深晦涩。② 历代统治者在制定法律文本时，也力图清晰易读。英国《爱丁堡评论》刊文称赞《大清律》："这部法典最引我们注意的事便是其规定得极尽情理，明白而一致——条款简洁，意义显豁，文字平易。全不像别的使得人嫌怨的东方好自炫的专制君主那样文饰夸张，但每一规定都极冷静、简洁、清晰，层次分明，故浸灌充满极能实用的判断，并饶有西欧法律的精神。"③ 当下，我们正在编纂的民法典，也应当坚守祖先的优良传统，在语言表述方面继续走通俗化之路。

三、民法典语言通俗化之主要障碍

民法典语言通俗化是人们所意欲达到的理想目标，但由于它牵涉到社会的利益格局、司法制度、法律移植、法学研究等复杂因素，其实现难免会遭到诸多方面的制约与阻碍。

第一，立法语言专业化取向。在现代社会，法律职业具有专业性，这以法律人能够娴熟地运用法言法语进行观察、交流和判断，为其突出的表征。"在民主主义的社会中，要求法律的概念和逻辑应尽量浅显易懂。但我们又不得不承认，由于法律命题具有高度的技术性，因而用通俗的词语去表现法律命题存在着极限。"④ 1961 年 5 月，美国法学家富勒访问波兰期间，同一位前司法部部长进行了一次交谈。她说，在共产党执政的早期，曾经作出过热诚而持久的努力来将法律起草得清楚易懂，以便使它们能够为工农大众所理解。不过，人们很快就发现，这种浅显清楚的特质只有通过牺牲掉一套法

---

① K. 茨威格特，H. 克茨. 比较法总论. 潘汉典，等译. 贵阳：贵州人民出版社，1992：242.
② 沈玮玮. 持法深者无善治：中国古代立法繁简之变. 北京：法律出版社，2016：18.
③ 杨鸿烈. 中国法律发达史. 北京：中国政法大学出版社，2009：4.
④ 川岛武宜. 现代化与法. 王志安，等译. 北京：中国政法大学出版社，1994：264.

律体系中的系统化因素才可能获得，而这些被牺牲掉的因素是将法律规则塑造成一个融贯的整体并使它们得以被法院以一种前后一致的方式加以适用的要素。换句话说，人们发现使法律变得大众所容易理解的努力带有一项潜在的成本，即：法院对法律的适用变得反复无常并且难以预测。因此，退回到一种更加平衡的立场变得不可避免。① 通常，立法文本比较严谨精确和正式，需要严格规定义务、权力、行为准则的含义和范围，必须词义准确、文意确切。立法语言的明确性既是公众理解法律的条件，也是实现公正审判的前提。一个不明确的法律表述极易成为随意解释、为人恶用的漏洞和空隙，也是产生不公正审判结果的重要诱因。这可能会诱使人们偏向立法语言的专业化，而自觉或不自觉地拒斥立法语言的大众化。

　　第二，职业群体的强烈抵制。法律秩序构成了靠巨大的组织、资源和武装起来的国家机器所支持的社会控制系统。能够实际操纵这个秩序的人具有很大的好处。律师在这个法律秩序中起着关键作用。因为与大众比较起来，他们只是相当小的一部分成员，他们索取的费用很高。由此产生了莫测高深的法律用语：律师成为必需的，并且不可避免地增加了律师的权力和律师对那些有钱付给律师的人们的控制。法律的模糊性保证了这种效果。法庭是律师和法官显示才华的地方。只有他们需要知道和理解法律。自由的法律主义的结果是在法律秩序中的杰出人物统治论，并且为那些比普通的人更能够读懂法律的已经获得权力和特权的人们创造了机遇。在制定法中表述的、以外行们无法理解的语言书写的法律赋予了律师巨大的权力，并且强化了这种已获得的权力和特权。② 在民法领域，由于广大民众不易甚至不能知行民法，只好花钱咨询专家、聘请律师，导致民法实务繁荣，催生各种牟利阶层。民法成了极少数人的专利，而不再为全体民众所知所用。③ 故而，以律师为代表的法律职业群体，为了维护和扩大自身的特殊利益，难免会采取各种手段反对民法典语言通俗化的实现。

　　第三，法律移植的消化不良。"虽然《德国民法典》是适用于不懂法律

---

　　① 富勒. 法律的道德性. 郑戈，译. 北京：商务印书馆，2005：54.

　　② 罗伯特·B. 赛德曼. 立法服务手册. 赵庆培，杨华，译. 北京：中国政法大学出版社，1992：265-266.

　　③ 赵玉，江游. 民法中"民"的诠释. 当代法学，2012（6）.

的普通'市民'的，但立法者首先想到的并不是这些人。毋宁说，它是为接受过专门教育、熟稔法律方面的专业术语并有能力马上认清复杂的句子结构的专家制定的。诚然，法律科学与其他任何科学部门一样，不能不使用专业语言。每一个专业术语中都凝练着某个复杂的思维过程，只有这方面的专家才了解术语背后的这个过程。然而，法律是为大家制定的，只要法律调整的不是非常专门法内容，那么它就应该使用一种与一般的交际语言和日常语言差别不是太大的语言。"①《德国民法典》之所以使用这么烦琐的、有时留有人工雕砌痕迹的语言，可能同立法者习惯于用拉丁文这种外文的专业术语进行思维有关。

　　在法律中，"每一个词都侵染在它过去曾经被使用的历史之中。每一个概念都是在其他所有的概念所构成的语境中发生作用的"②。但是，清末民初随着古老中华法系的衰落和新的具有近代资产阶级性质的法律体系的建立，产生了表达新法律体系特有事物或概念的一系列新词新语。中国近代法律具有非自源性，表达新法律体系的概念术语多是引进而来，或是在外来概念的影响下产生的。这些新词新语主要是外来词。③ 管欧先生认为台湾地区的"法律"条文不够浅近通俗、明显易晓。例如，"民法"条文中有所谓："善意第三人"的"善意"字样，本为"不知情"，却与"慈善"或"善良"等意义相混淆。④ 在中国的法律文本中，诸如权利能力、行为能力、用益物权、地役权、供役地、需役地、转质、仓单、提单、留置等许多立法语言，在移植过程中，仍存有生吞活剥、生搬硬套的印记，生僻晦涩，与人民群众的日常生活疏远隔离。"如果法律不是诉诸我们对于语言的感觉，如同现在经常发生的，我们就会发现法律与我们格格不入，法律的洪水就会淹没我们。除非对语言给予极大关注，否则实在法将无法唤起对其正义性的任何感觉。"⑤ 如果脱离民众的生活现实，单纯的法律术语、法律文本的移植，势

---

　　① 卡尔·拉伦茨. 德国民法通论：上册. 王晓晔，等译. 北京：法律出版社，2003：37.

　　② 皮埃尔·勒格朗，罗德里克·芒迪. 比较法研究：传统与类型. 齐海滨，吴静，译. 北京：北京大学出版社，2011：183.

　　③ 崔军民. 萌芽期的现代法律新词研究. 北京：中国社会科学出版社，2011：2-3.

　　④ 管欧. 行政法论文选辑. 台北：五南图书出版公司，1994：69.

　　⑤ 伯恩哈德·格罗斯菲尔德. 比较法的力量与弱点. 孙世彦，姚建宗，译. 北京：清华大学出版社，2002：166.

必成为无根的水上浮萍，难以对接受国产生实质性影响。

第四，立法权力的不当配置。"许多中国法律，尤其是主要的全国性法律，用概括性的方式对待许多问题，以便级别较低的立法机关可以灵活地根据当地情况制定自己的法律。因此，法律条文需要具备普适性。因此，中国的立法机构和法律起草者似乎故意利用语言的不确定性这个有利因素。"① 通常，由全国人大及其常委会通过专门决定或者法律条款，向国务院或地方立法机关授予立法权，再由后者根据母法规定的目的、原则、条件、范围、方式、程序等，代为行使立法权，作出相应规定。在全国人大及其常委会的立法过程中，常常出现的情况是，应当由法律作出具体规定的、没有法律规定就很难办的事情，或者在起草过程中争议很大的问题，在法律草案中却不愿意作出明确的规定，而是授权国务院制定实施细则。这种法律对实施细则过分倚重的现象，使得它本身难以脱离实施细则独立、自主地运行。从这个意义上讲，这些法律是一部"半法"，只有加上实施细则这另一半后，才能构成一部全法，才能得到有效实施，法律规定的直接施行、立法语言通俗化等的标准就被相对弱化。

第五，司法制度的深刻影响。在英美法系，陪审团的裁决，不是有罪，便是无罪。法官只是在陪审团作出有罪裁断之后，才就有关法律问题，如量刑问题等作出判决。"有一个能把自己的常识运用于其裁判的陪审员是十分必要的。他们熟知世态人情；他们具有一种社区归属感；他们受一种观看公平竞赛的愿望所驱动；并且最重要的是他们努力对应由他们决定的问题作出一个诚实的结论。"② 在英美法系，庭审活动都以原、被告双方说服陪审团为目的而展开，庭上的陈述与辩论须让作为法律外行的普通人所理解。这种司法制度的设置，会对立法过程产生影响，助推立法语言的大众化。相对地，欧洲大陆的陪审团几乎已被完全废除。审问制审判实际上是法官对案件事实所进行的一项"司法调查活动"，庭审的中心工作是由法官依职权查明案件的真相。虽然在审问式审判制度中，也有陪审员参与法庭的审判，但陪审员与职业法官一道组成一个混合审判庭，共同行使定罪权和量刑权。由于

---

① 维杰·K.巴蒂亚，等.法律沟通中的透明度、权力和控制.方芳，译.北京：北京大学出版社，2015：24.

② 英国刑事诉讼法：选编.北京：中国政法大学出版社，2001：63.

陪审员并不精通法律,在职业法官面前说话很难有什么影响力,以至在实践中,陪审员往往唯法官是从。这样,庭审活动基本上是以法律职业者为中心而展开的,陪审员和普通的当事人参与程度非常有限,甚至与他们无关。如此,法律运行过程与普通民众关系不大,全社会对立法语言大众化的需求并不旺盛。再如,德国民法典的精确性使法律精深难懂。与此相关的是,德国在民事诉讼中采用强制律师主义,这可以使德国民法典语言晦涩难懂的缺点,在一定程度上得以缓解和补救。①

第六,法学家们的拒绝排斥。法学家在立法过程中经常发挥着比普通人更为重要的作用,他们往往对立法语言的专业化、学术化有着迷信、崇拜的心理。法学家们排斥立法语言大众化,主要是与追求自身垄断利益有关。"法律学者也是要以此来维持他们的工作饭碗,因为如果法律写得太通俗,其他学科的学者大举进攻后,光懂外文和会说公平正义人权的他们,应该抵不过同样懂外文,也懂得其他各种研究方法的专家。如此,不但在传统法学领域以外的新兴法学领域,那些新兴领域的专家们根本不用让法律学者进来胡扯,甚至其他领域的学者,反而可以大举侵入传统法学领域中。"② 在中国,许多民法学者都反对民法典语言通俗化,主张民法典语言专业化,其理由各色各样。

1. 法律平等原则的体现。《德国民法典》使用的概念和用语大体上是纯粹、精密而准确的,但自继受罗马法以来,德意志的法律用语和审判用语始终充斥着拉丁文术语的表达方式,常常被称为"法律家德语"。无论如何,《德国民法典》是由法律家创制、为法律家而创制的法典。因此,这部法典是"非常精密的法律的精雕细刻",被称为"概念的规范"。例如,"处分""代理权""同意""立即""基于善意"等概念用语,在该法典的任何地方使用时都必须保证其意义完全相同。在这种用心良苦的用语和概念构成中的抽象技术或冷峻文体掩盖下,《德国民法典》作出了一种道德努力,即在新的法治国中,给予每个人以平等获得其应有之物的权利。③ 民法典语言抽象难懂,可谓"外表冷漠、内心狂热",外表是拒人千里之外的语言形式,内里却是法律面前人人平等的价值意涵。

---

① 谢怀栻. 大陆法国家民法典研究. 北京:中国法制出版社,2004:60.

② 杨智杰. 千万别来念法律. 北京:中国政法大学出版社,2010:171.

③ 大木雅夫. 比较法. 范愉,译. 北京:法律出版社,1999:208-209.

2. 专制思维的防腐剂。1949 年以后的中国立法一直以通俗化为基调，直到近年制定《物权法》，草案修订要求依然是，"尽可能规定得具体一些、通俗一些，力求让群众看得懂、能掌握"。以法律外行"看得懂"为努力方向，其预设读者显然不会是法律专家（法官），只能是民众。而民法规范之所以要让普通民众读懂，就是因为要使人们懂得如何去行使自己的权利。乍看之下，由于民法与民众利益密切相关，令法典易于读懂的要求顺理成章。相应地，以民众为读者以及随之而来的法律通俗化，也就理所当然表现了立法者"心系百姓""造福万民"的谦卑姿态。由此反推，法律若是使用大量外行不知所云的专业术语，当属精英阶层知识垄断之举无疑，与民主观念背道而驰。在法律通俗化的主张者中，几乎看不到纯正的民主主义：霍布斯固然是君权至上的鼓吹者，以通俗著称的法国民法典，其主事者更是同样著名的专制君主。实际上，当权力者竟然假定民众不懂得如何行使自己的权利时，无异于宣称，他们比民众自己更清楚其利益所在；而如何行使自己的权利竟然都要听从权力者居高临下告知的社会，若非要称其为"民主"，恐怕亦只是黑色的政治幽默。至于构成民法生命的自治，则基本上是无从谈起了。在此意义上，温情脉脉的通俗易懂之追求，其实不过是中国传统政治智慧的现代升级版，差别仅仅在于，"民可使由之，不可使知之"的为政戒律，被改装成"为使由之，而使知之"的开明圣治。路径重叠，目标不变，亘古传承的，是"使由之"的精神内核。[①]

3. 民法典是裁判法。一部法律总是涉及两类人，是立法者试图改变其行为的人，他们是法律调整的首要对象，以及法律执行机关的工作人员。[②] 日本学者大木雅夫认为："由于法律主要是由法律家运作的，所以必须在专门性、技术性知识的基础上加以运用，因而毋庸讳言，法律的简明性反过来亦会招致其意义的暧昧性之弱点。"[③] 这种观点在中国也颇有市场。"现代法律从整体上来说早已成为极端脱离生活语言的技术系统，法律人习以为常的物权、债权、法律行为、事实行为不都是常人不能理解的吗？"[④] 有民法学

---

① 朱庆育．法典理性与民法总则．中外法学，2010（4）．
② 安·赛德曼，等．立法学：理论与实践．刘国福，等译．北京：中国经济出版社，2008：17．
③ 大木雅夫．比较法．范愉，译．北京：法律出版社，1999：184．
④ 葛云松．物权行为理论研究．中外法学，2004（6）．

家针对物权法的制定，认为："这个法律颁布制定是不是必须普通老百姓都能够懂，我想这个不懂为好，如果颁布的法律每个老百姓都懂的话，你还在这里学什么？本科三年硕士两年再读完博士，出来干什么？法官谁都可以当了，律师不要了，每个老百姓都看懂法律的时候要律师干什么？要你律师就是我不懂法律才请你当律师嘛。法律是一门专业，是一门艺术，那是不可能让每个老百姓都懂的。如果都能看懂的话，那它的科学性，它的裁判功能就没办法实现了。"① "中国的老百姓人手一本民法典，在必要时用来引经据典，维护自己的权利，对抗公权力。这种图景注定只是一种略带浪漫的想象，毕竟法律是一门具有相当高的专业门槛的知识体系。"② 民法典表达的是童叟皆知的自然法基本原理，根本无须专门学习，通过社会化过程就能成为个体的生活经验。正是在这个意义上，民法典是裁判法而非行为法，它无须具有指引功能与预测功能，而纯粹是法院的裁判依据。③

4. 总则篇设置的内在要求。立法技术上，以民众为读者的法典，一般不会对总则体例感兴趣，因为总则规范过于抽象而难以为外行理解；如果法律以改变民众生活为目的，就不会选择抽象难懂的体例安排。④ "法典的语言与其思维方式密不可分。个案列举式的法典，如《普鲁士邦法》，采用的是一般的日常语言。而抽象概括式的法典，如《德国民法典》，则虽然难以完全避开日常语言，但在很大程度上倾向于使用一种法律的专业语言，倾向于创造抽象的词语和技术意义的表达方式。为了使法律的表达方式尽量精确，《德国民法典》避免使用形象生动或容易记住的语言，因而显得枯燥乏味。"⑤ 德国民法典的立法技术及设计思想可概括为：以高度抽象的方式将各编的"公因项"提取出来，并确立一般规则，适用于各编，而各编相同的东西不再重复。总则部分针对一些确定的基本法律制度，即针对法律职业者无论在债法、物法、继承法或家庭法，甚至在整个私法领域中都加以运用的

---

① 刘贻请，张勤德. "巩献田旋风"实录：关于《物权法（草案）》的大讨论. 北京：中国财政出版社，2007：181.

② 薛军. 当我们说民法典，我们是在说什么. 中国民商法律网. ［2018 - 04 - 01］. http：//www. civillaw. com. cn/bo/t/? id=28648.

③ 谢鸿飞. 民法典与特别民法关系的建构. 中国社会科学，2013（2）.

④ 朱庆育. 法典理性与民法总则——以中国大陆民法典编纂为思考对象. 中外法学，2010（4）.

⑤ 卡尔·拉伦茨. 德国民法通论：上册. 王晓晔，等译. 北京：法律出版社，2003：33.

法律制度，提纲挈领地以一般化形式对其先行规定。立法者用这种方法可以提高法律的逻辑完整性和内涵经济性，避免条文冗赘重复。[1]

四、民法典语言通俗化之理论证成

立法语言形式与依法治国之间关系密切，"法治模式强烈要求'明白'的法律条文"[2]。可以说，民法典语言通俗化，是法治中国建设的题中应有之义。

第一，人民主权。人民主权是社会主义法治国家的政治基础。党的十八届四中全会《决定》指出："要恪守以民为本、立法为民理念，贯彻社会主义核心价值观，使每一项立法都符合宪法精神、反映人民意志、得到人民拥护。"民法典语言通俗化是落实立法民主原则，实现人民当家做主，保证法治中国建设健康发展的具体举措。人们对不了解的事情，就不会去关心。[3]"只有当法律是人民意志的自觉表现，因而是同人民的意志一起产生并由人民的意志所创立的时候，才会有确实的把握"[4]。在自由的政治意志形成过程中，人们作为承受者必须服从的那些规则，恰恰是他们自己赋予其法律权威的。"公民的自我的观念，要求那些作为法律之承受者而从属于法律的人，同时也能够被理解为法的创制者。""只有政治上自主的立法，才有可能使法的承受者也具有对整个法律秩序的正确理解。"[5] 在当代中国，人民是国家的主人，是决定社会前途命运的根本力量。凡属正确的领导，必须是从群众中来，到群众中去。将分散的无系统的群众意见，化为集中的系统的意见，又到群众中去作宣传解释，使之化为群众的意见，使群众坚持下去、见之于行动，并在群众行动中考验这些意见是否正确。然后再从群众中集中起来，到群众中坚持下去。如此无限循环，一次比一次地更正确、更生动、更丰富。[6] 在表面上，立法是一项由专门机关负责的国家职权活动，但在根本上，立法需要凝聚民意、汇集民智、关注民情，人民群众才是归根结底意义

①　李永军．民法典总则的立法技术及由此决定的内容思考．比较法研究，2015（3）．

②　安·赛德曼等．法律秩序与社会改革．时宜人，译．北京：中国政法大学出版社，1992：190.

③　马克思恩格斯全集：第1卷．2版．北京：人民出版社，1995：159.

④　同③349.

⑤　哈贝马斯．在事实与规范之间——关于法律和民主法治国的商谈理论．童世骏，译．北京：生活·读书·新知三联书店，2003：147.

⑥　毛泽东选集：第3卷．2版．北京：人民出版社，1991：899.

上的立法主体。"我们是人民的国家，人民是国家的主人，如果立的法人民难以看懂，试问这是不是一个原则性问题呢？""注意语言文字的通俗易懂，简明扼要。"① 党的十八届四中全会《决定》指出："人民是依法治国的主体和力量源泉。""必须坚持法治建设为了人民、依靠人民、造福人民、保护人民，以保障人民根本权益为出发点和落脚点，保证人民依法享有广泛的权利和自由、承担应尽的义务，维护社会公平正义，促进共同富裕。必须保证人民在党的领导下，依照法律规定，通过各种途径和形式管理国家事务，管理经济文化事业，管理社会事务。必须使人民认识到法律既是保障自身权利的有力武器，也是必须遵守的行为规范，增强全社会学法遵法守法用法意识，使法律为人民所掌握、所遵守、所运用。"法治的推进，需要充分发挥每个社会成员在法律实现中的主体作用，激发他们爱法、用法、护法的热情。民法典语言通俗化，是法律吸收民意民智的畅通路径，是落实立法民主原则的重要举措，可以防止法律的异化变质，保证立法与人民群众的情感、意志、利益无缝连接。

　　第二，权利保障。法律"所用的文字佶屈难懂，结果只有那些致力于这门学问的人才能获得对现行法的知识"。"对法律具有特殊知识的法学家等级，往往主张这种知识是它的独占品，不是这一行的人就不该插嘴谈论。""从自我意识的权利方面说，法律必须普遍地为人知晓，然后它才有拘束力。"② 应当相信，绝大多数社会成员都有足够的能力准确地知晓什么是于己有利或有害，知道如何通过法律来满足自己的需求，无须他人代为做主。"法律必须是可以充分了解的，并被广为公布，以便个人就何种行为可能会导致政府的惩罚获得某种公平的警告，另外，他们也能够及时坚持自己的合法权利，并让对法律及其含义也有合理了解的其他当事人尊重这些权利。"③ 在民主国家，"一切法律均由多数制定，而语言方面的规则也自然要由多数决定。多数的意志，无论是在语言方面，还是在其他方面，都是起决定作用的。而且，多数中从事实业和政务的人多于从事研究学问的人，他们重视政

　　① 董必武法学思想研究会. 陶希晋文集. 北京：法律出版社，2008：68.

　　② 黑格尔. 法哲学原理. 范扬，张企泰，译. 北京：商务印书馆，1961：224.

　　③ 巴里·海格. 法治：决策者概念指南. 曼斯菲尔德太平洋事务中心，译. 北京：中国政法大学出版社，2005：54.

治和商业利益甚于重视哲学或纯文学的思辨。多数所创造或采用的词，大部分带有由此所产生的习惯的色彩。这些词主要是为表达实业的需要、政党的激情和公共行政的细节而服务的。这些方面的语言将来还要不断发展，而形而上学和神学方面的语言则将逐渐被抛弃"①。在社会主义国家，立法更应体现人民意志，发扬社会主义民主，保障人民通过多种途径参与立法活动。1949年1月，谢觉哉在司法训练班的讲话中指出："'法律是专家的事'，这种说法也要分析。不是说人人能懂的东西，就不要专门家，而是专门家应该把人民的很多具体的实际经验，提高到理论上加以整理，成为成文的法律，这是专门家的作用。站在人民之外，或站在人民头上的法律专门家，不是专门家，而是外行。我们用不着他。"② 只有牢固地树立立法为民的指导思想，法律才能用通俗易懂的语言表述出来，使广大人民群众能够了解它规定的内容，真正成为法律的主体。民法典应体现人民意志，发扬社会主义民主，保障人民通过多种途径参与立法活动。为不致使人民沦落为单纯的法律管束对象，编纂民法典时，应当采用多种机制，确保向公众开放其程序，接收并考虑公众的意见，还要采用公众易于获知方式予以公布。

第三，容易获知。法律是调整人之行为的社会规范，立法是传达国家意志的社会交往活动。"制定法的内容应该这样'抵达'人民，即要让每一个人在任何情况下都能毫不费力地明确自己的法律权利、义务和禁令；它应该实实在在地、明明确确地、清清楚楚地、毫无歧义地深入人民的意识。法律意识首先就在于，人知道制定法的'存在'和自己要受它的'约束'；其次，他知道制定法的含义是统一的和确定的，是不会因为个人的任意和偶然的利益而改变的，知道它的内容就是'这样的'。必须让每一个人都知道，法为他规定了'可以''应该'和'不能'，让他像亲手触摸过自身法律'地位'的界限那样确信。"③ 现代法治国家，一方面固在于国家依照法律而行使其统治权力，另一方面亦有赖于人民之知悉法律及遵守法律，而人民遵守法律，则以人民知悉法律为其先决条件。在法治社会，法律必须是可以获知的且尽可能地通俗易懂的。"如果我们要主张民事（不是刑事）法律赋予我们的权利，或

---

① 托克维尔. 论美国的民主：下卷. 董果良，译. 北京：商务印书馆，1988：587-588.
② 谢觉哉文集. 北京：人民出版社，1989：644.
③ 伊·亚·伊林. 法律意识的实质. 徐晓晴，译. 北京：清华大学出版社，2005：17-18.

者履行它要我们承担的义务，那么知道权利或者义务是什么是重要的。否则，我们既不能主张权利，也不能履行义务。如果你不能轻易地知晓你所享有的权利，以及你如何提出权利请求，赋予你的权利——例如冬季燃油补贴——就没有什么效用。同样的，要求你去做的事，例如将不同的垃圾放入不同的垃圾袋，只有在你知道了以后，你才会履行这样的义务。"① 法治建设的推进，就需要公民在采取任何行动之前，都能够提前了解到与该行动有关的法律规范内容。欧洲人权法院指出："法律必须是充分的可获知的：对于法律规则在何种情况下适用于具体案件之中，必须给公民提供清晰的指示……除非一项规范制定得足够精确，以使得公民可以管理自己的行为，就不能认为该项规范是一项法律：公民必须能够（如果需要，在适当的咨询下）预见到，特定行为可能具有的后果，而预见是在具体条件下合理程度的预见。"② 为不致使人民沦落为单纯的法律管束对象，法律更好地为最广大人民服务，立法机关在制定和修改法律时，应当采用多种机制，确保向公众开放其程序，接收并考虑公众的意见，且在正式公布和宣传最终颁布的法律时，使其方式符合公众法律知识。③

　　第四，自力运用。民法典的重心是保护私权利，它是公民权利的宣言书、保障书，民法典运用的主体应是普通社会成员。理解一个词，就意味着知道它是如何被使用的，能够应用它。④ 在民主社会，任何公民都是以自己为调整对象的法律创制主体。⑤ "所谓法律制度的民主性，意味着民主主义并不单是政治制度问题，也是人们对事物的思考方式问题。国民对法律实施所采取的态度不应当是'治者'之事与己无关，而是主动通过法院主张自己的权利，承担法律实施的义务，这是民主主义不可或缺的基础。因此，轻视私人在法之实现中的作用将助长'仰仗治者'思想的保留，对国民意识的民主化起负面作用。民主性的法律形式应当是鼓励国民对权利的主张，欢迎私人为法之实现发挥积极的作用，并使这一切都变得方便可行。"⑥ 在成熟的法治社会，社会成员不仅是法律的被动遵守者，更是法律的积极利用者。没

---

　　①② 汤姆·宾汉姆. 法治. 毛国权，译. 北京：中国政法大学出版社，2012：56.

　　③ 巴里·海格. 法治：决策者概念指南. 曼斯菲尔德太平洋事务中心，译. 北京：中国政法大学出版社，2005：84.

　　④ 维特根斯坦. 哲学语法. 韩林合，译. 北京：商务印书馆，2012：15.

　　⑤ 管欧. 行政法论文选辑. 台北：五南图书出版公司，1994：67.

　　⑥ 田中英夫，竹内昭夫. 私人在法实现中的作用. 李薇，译. 北京：法律出版社，2006：168.

有民主，法就可能为专制者所垄断、把持，人治将占上风，专制将取代民主。"法律的文体若定要法度森严，则最终法律将陷入沦为驾驭苍生的机器。"① 如果"法律是用一种人民所不了解的语言写成的，这就使人民处于对少数法律解释者的依赖地位，而无从掌握自己的自由，或处置自己的命运。这种语言把一部庄重的公共典籍简直变成了一本家用私书"②。"如果立法者与法律的接受者无法交流沟通，那么法律也就无法改变接受者的行为，因此，它就不能发挥其工具性的作用。"③ 法律之所以能够成功地作用于范围广大的社会生活，是因为社会成员广泛地、有能力地将特定行为、事物和情况涵摄进法条文字所做的一般化分类之中。④

　　第五，权力约束。法治原则包含着保障公民权利与限制国家权力这两方面紧密联系的内容。立法语言通俗化与权力制约的关系也极其密切。"最文明的司法机关也受各种各样的习惯、偏见、烦琐的手续和草率的规章的压制，以致不知道自己应该怎样作出判决才好。法律乱七八糟，含义不清，使得主张公道的人不知道自己应该站在哪一方，只好心血来潮作出决定。法律制定得神秘、含糊、复杂，说明立法者故意设置陷阱，引人入彀。法律应该写得清楚明白，使应该守法的人一目了然。"⑤ 法律规定模糊、抽象、矛盾，会给法律执行者滥用权力、徇私枉法、推卸责任提供制度空间。"如果公众不能理解法律，法律很有可能成为一个压迫人而不是维持秩序的机制，成为带来不公正而非公正的机制。"⑥ 而清晰、具体、统一的法律条文，不仅有利于社会成员遵守法律，也便于他们运用法律监督国家权力的行使。"没有法治、问责、透明和公众参与，政府决策就是武断的。这种政府很快会变为贪婪和腐败的政府，官员不是为大多数人而是为个人私利行使国家权力。"⑦ 公民对自己利益的关心和维护，是制约权力滥用的强大社会力量。"民主派

① 穗积陈重 . 法典论 . 李求轶，译 . 北京：商务印书馆，2014：96.
② 贝卡里亚 . 论犯罪与刑罚 . 黄风，译 . 北京：中国大百科全书出版社，1993：15.
③ 安・赛德曼，罗伯特・B. 赛德曼 . 法律秩序与社会改革 . 时宜人，译 . 北京：中国政法大学出版社，1992：33.
④ H. L. A. 哈特 . 法律的概念 . 许家馨，李冠宜，译 . 北京：法律出版社，2006：119.
⑤ 霍尔巴赫 . 自然政治论 . 陈太先，眭茂，译 . 北京：商务印书馆，1994：282.
⑥ 约翰・吉本斯 . 法律语言学导论 . 程朝阳，等译 . 北京：法律出版社，2007：247.
⑦ 安・赛德曼，等 . 立法学：理论与实践 . 刘国福，等译 . 北京：中国经济出版社，2008：9.

一般都对修辞比较友好，而对科学心存疑虑。修辞看重的是普通人的看法，更极端一点，可以说修辞是把舆论视为真理的决断者，而科学则把权威授予专家。"① 民法典语言通俗化，有助于公民理解、运用法律，是遏制权力滥用、徇私枉法的重要机制。政府所拥有的公权力都是根据民众的意志产生，由民众所赋予的，民众对于自己所赋予的权力，也要通过一定的方式进行制约与控制。

综上，民法典语言不仅仅是法律规定内容的包装物、容器，它也渗透着深刻的法理念、取向明显的法价值观。"语言并非仅仅是在我们手中的一个对象，它是传统的储存所，是我们通过它而存在并感受我们的世界的媒介。"② 民法典语言通俗化固然是一项法律表述技术要求，但也及于法的本体范畴，关涉民法典的本质、价值等深层次问题。

五、民法典语言通俗化之实现途径

民法典语言通俗化问题看似事小，实则牵涉广泛，它的实现，是包含诸多社会因素的系统工程，须各方努力，多措并举，扎实推进。民法典编纂过程中，要实现其语言通俗化，应遵循以下原则：（1）立足民主立法。在法治社会，立法既需要使其条文准确地贯彻立法意图，又要采用为人民群众所明白易懂的语言形式，将相关的权利义务内容明白地表述出来。编纂民法典的任务是，对现行民事法律规范进行系统、全面整合，编纂一部内容协调一致、结构严谨科学的法典。同时，民法典与我们每个人的生活息息相关，它应以通俗易懂的语言规定权利义务，让百姓真正了解法律，让法律为人民所服务。（2）体现民法个性。民法典与其他法律共享一套法律话语，但作为私法的基本法，它也有自己的特色。例如，《民法通则》以"公民（自然人）"这一原本上的公法概念，来表述个体意义上的民事主体，这与私法体系格格不入，应作为编纂民法典的前鉴。（3）彰显中国特色。编纂民法典要大胆从国外移植先进法律文化，但是，脱离民众的生活现实，单纯的法律术语、法律文本的移植，势必成为无根的水上浮萍，难以对接受国产生实质性影响。民法典是和习惯、良俗，以及民间的道德伦理融合在一起的，包括家庭、婚

---

① 理查德·A. 波斯纳. 超越法律. 苏力，译. 北京：中国政法大学出版社，2001：589.
② 伽达默尔. 哲学解释学. 夏镇平，宋建平，译. 上海：上海译文出版社，1994：29.

姻、子女、继承，都是和道德伦理关系很密切的，我们必须积极构建具有中国特色的民法话语体系。（4）着眼创新发展。编纂民法典需要对现行分别规定的民事法律规范进行科学整理，需要去除重复的规定，删繁就简，需要对已经不适应现实情况的法律规定进行修改完善，对社会经济生活中出现的新情况、新问题作出有针对性的新规定，根据本国国情和时代要求在某些方面对民法术语进行的改造和再造，并以新的民法典话语予以表达。

民法典语言通俗化之实现途径主要有以下几个方面。

第一，以民众生活为本位。法律语言是一种专业语言，相对于普通日常用语，只不过是存在某些专业概念的特性而已。每一个生活上、现实中交谈的语言，不论日常用语或专门用语均有两个面向：一是理性的、范畴的面向，二是意图的、比喻的面向。在前者，即数字的成分上，涉及的是语言之形式的、逻辑的单义性与精确性；在后者，即类比的成分上，我们则须以语言之超验的、逻辑的意义着手进行。但是，语言的这两个面向并非完全隔绝。科学语言也不能完全放弃图像性，否则它将丧失其"可言谈性"以及特别是其创造性与革新的能力。语言的极度精密只能招致内容的极度空洞化。"最好的法律文本是出色的文学作品，它们用精确合适的语词模塑出一种世界经验，并帮助我们通过同样精确得富有美学意义的语言模式，把人类的共同生活调控到有秩序的轨道上。"[1] 任何人为了"精细地"而完全将每种比喻排除于科学语言之外，均忽略了一个比喻有时能够比所意含的事物"更清楚地"，也即在其意义上更精确地表达一个抽象的概念。[2] 在我国物权法的制定过程中，有学者认为，《草案》在内容表述及用词上不仅使一般公民看不懂，甚至连一般非法学专业的学者也看不懂，这势必影响该法律的实施。建议比照我国其他法律对其予以修改，使物权法尽可能通俗易懂、含义准确、不生歧义。不能硬套西方某些资本主义国家晦涩难懂的法律词句和玩弄文字游戏。既然物权法关涉中国所有社会层面和每一个公民的切身利益，那么这部法律的文本就必须至少让多数公民能基本看懂。[3]"对生活多一些体认，就不会躲藏在

---

① 阿图尔·考夫曼．温弗里德·哈斯默尔．当代法哲学和法律理论导论．郑永流，译．北京：法律出版社，2002：293.

② 亚图·考夫曼．类推与"事物本质"．台北：学林文化事业有限公司，1999：171.

③ 刘贻清，张勤德．"巩献田旋风"实录：关于《物权法（草案）》的大讨论．北京：中国财政出版社，2007：386.

狭小的塔里，气势汹汹，堆砌一些别人看不懂的言语。法律不是供人仰望的云天，法律是在现实生活中被约定出来，用以创造自由的。"① 立法者只有深入民众生活，了解百姓疾苦，才能制定出通俗易懂的立法文本。民法典关涉所有社会层面和每一个公民的切身利益，它的文本应让大多数公民能看懂。

　　第二，立基于行为规范。"立法的直接目的是提供普遍行为准则，所以法律的最佳境界是一般人望文可以生义，而不必事事咨询有关部门或法律专家。详言之，大部分法律使用者是社会人士，而非律师或专家。法规不能够产生作用之原因之一，是人民甚至执法者对于该法规的必要性以及目的不了解，所以遵守意愿不高，因此，法案用语应尽可能平易化，使一般人都能很容易了解。"② 例如，《物权法》与我们每个公民的生活息息相关，但不可否认的是，由于民法学在其千百年的发展中，经过多代法学家的努力，已经形成了一个较为完整、较为抽象的理论体系。表现在《物权法》上，便是大量抽象的法学词汇的存在。虽其乃智慧的结晶，为世代法律人所称颂，但同时它又使民法渐渐地超然于非法律人，超然于我们的生活。真正推动法律进步的主要是我们的生活，法学家的责任不是简单地独善其身，满足于自己的精妙理论，而是让百姓真正了解法律，让法律为人民所服务。因为知法的公民才是法治中国之基础、和谐生活之要素、社会进步之动力所在。因而，需要将抽象的法律词汇还原于普通百姓的实际生活，让《物权法》为每个普通公民所掌握。③ 在通过法律对利益的确认与实现上，无论谁都不能轻视人民群众的意志和能力。"每个人无须都成为鞋匠才知道鞋子对他是否合适，同样，他也无须是个行家才能认识有关普遍利益的问题。法与自由有关，是对人最神圣可贵的东西，如果要对人发生拘束力，人本身就必须知道它。"④ 对与人民群众关系密切的法律，立法语言应照顾到普通社会成员的理解能力，使其能够准确地获知某一特定的法律条款，于己是"可为""必为"或"不得为"的。"在某些时候，获得清晰性的最佳办法便是利用并在法律中注入常识性的判断标准，这些标准是在立法会堂之外的普通生活中生长起来的。"⑤

---

① 林东茂. 一个知识论上的刑法学思考. 北京：中国人民大学出版社，2009：79.
② 罗传贤. 国会与立法技术. 台北：五南图书出版股份有限公司，2004：60 - 61.
③ 李显冬，等. 物权法小词典. 北京：法律出版社，2007：前言 1.
④ 黑格尔. 法哲学原理. 范扬，张企泰，译. 北京：商务印书馆，1961：224.
⑤ 富勒. 法律的道德性. 郑戈，译. 北京：商务印书馆，2005：76.

因为知法的公民才是法治中国之基础、和谐生活之要素、社会进步之动力所在。因而，需要将抽象的法律词汇还原于普通百姓的实际生活，让民法典为每个普通公民所掌握。对与人民群众关系密切的民法典，立法语言应照顾到普通社会成员的理解能力，使其能够准确地获知某一法律条款的内容。

第三，公众实际参与民法典编纂。"立法部门在辩论期间特别应当向公众开放，任何拟议的立法均应被予以宣布、公布并给予充分的辩论时间，以便使对之关心和可能受其影响的公民发表意见。"① 受立法影响的利害关系人有权参与立法过程，表达自己的意见，并对立法文本的形成发挥实质性作用。"在寻求实行法治时，可运用性原则可能是最难实行的原则。可运用性原则的简单含义可以说'能够被了解'，显然，某些法律无法通过这一考验。更重要的是，可运用性原则意味着公众真正有机会参与制订法律和调整法律的程序，并试图行使自己的个人或经济权利。"② 民法典的主要功能是保护私权利，是民众的权利宣言书、保障书。民法典与民众的联系极为密切，渗透到社会生活、经济生活的方方面面，个人、法人的权利义务，都受到民法典的调整。通过强化立法听证制度、征求意见制度，使社会成员能够实质性地参与立法过程，有助于实现民法典语言通俗化的目标。

第四，设置立法语言审查机构。立法语言通俗化的实现，需要设置立法语言审查组织。1954 年 10 月 29 日，时任全国人大常委会副委员长的彭真在全国人大常委会机关干部会议上的讲话指出："人大常委会办公厅要成立法律室，系统地研究法律""在法律室还准备设个语言组。"③ 1979 年 2 月底，全国人大常委会会议通过成立法制委员会。由彭真担任法制委员会主任，胡乔木担任第一副主任。胡乔木提出，法律语言必须准确，不能用含义不清的语言，建议邀请语言文字专家担当顾问，专门负责从文字的角度为起草的法律把关。当时，委员会想到两个人，一个是吕叔湘，一个是朱德熙。④ 1979

---

① 巴里·海格. 法治：决策者概念指南. 曼斯菲尔德太平洋事务中心，译. 北京：中国政法大学出版社，2005：57.

② 同①60.

③ 彭真文选. 北京：人民出版社，1991：263-264.

④ 王汉斌. 王汉斌访谈录：亲历新时期社会主义民主法制建设. 北京：中国民主法制出版社，2012：349.

年，在民法起草小组学习会上陶希晋提出，民法起草工作，必须符合"民族化""科学化""大众化"。民法起草中心小组决定组成一个审校小组，以保障"三化"的实现。① 1980 年 9 月 15 日，宪法修改委员会召开第一次会议，会上决定设立秘书处，负责宪法修改的具体工作，还邀请了王力、吕叔湘当语文顾问。② 这些成功做法，需要通过立法予以常态化、制度化。"法律与指导性规则都应谨慎、专业而精确地制定。立法是一门高妙的技艺，很少在法律课堂上传授。要使法律明晰、客观且不模棱两可，需要相当的谨慎与技术。为此，负责起草法律者不仅精通良法的规则，还应精通立法所用文字的精确含义及立法的一般技术。法律草案应由独立专家进行编审。"③ 民法典编纂可考虑在立法工作机构内，设置有语言学家参加的民法典语言审查组织，对民法典语言的表述是否通俗易懂，进行审查把关。

第五，完善立法技术规范。关于立法语言大众化的具体标准，确实很难确定。富勒认为："立法者有道德义务使自己制定的法律清楚易懂。但这顶多只能算是一项劝告，除非我们准备界定他必须达到的清晰度，否则便无法将这作为一项义务分派给他。以量化尺度来衡量清晰与否的设想显然是很难行得通的。当然，我们可以满足于说立法者至少有一种道德义务来尽力作出清晰的表述。"④ 即使如此，关于立法语言大众化，设计出一套具有操作性的立法技术规范，并非不可能的。《大众哲学》的作者艾思奇，为了阐述深奥的哲学理论，运用了一套行之有效的通俗化技术：（1）外表形式上的简扼。（2）研究写短文，压缩长句的技巧，最重要的是要使读者对你的讲解的理论理解，而不厌烦。（3）每文要有明确的小标题；人们很少看完他写的有两页以上的长文；多设小标题。（4）不像通常的哲学书那样令人生畏。（5）在每小节开头，把内容归纳为一句话，加上小方框。（6）外表简洁而不过分简单，又不冗长，便于读者间断地读。（7）每面行数不要排得太密，免得看起来不舒服。（8）介绍辩证法的复杂思想时，要寻找群众身边或熟知的

————————

　　① 董必武法学思想研究会.陶希晋文集.北京：法律出版社，2008：155.

　　② 王汉斌.王汉斌访谈录：亲历新时期社会主义民主法制建设.北京：中国民主法制出版社，2012：52.

　　③ 利昂·娄.何为法治？//经济、法律与公共政策的规则.秋风，等译.重庆：重庆大学出版社，2013：26.

　　④ 富勒.法律的道德性.郑戈，译.北京：商务印书馆，2005：51.

例子，特别要丢掉专业人员的写作风格，切忌干瘪的语言。（9）把读者对象设定为工人、部分农民和知识分子，要熟悉他们的心理倾向。（10）尽量不用古词、暗喻、成语，只用 1 000 个常用字。[①] 这些做法，虽然不能简单地套用于立法领域，但对实现立法语言大众化，非常有启发意义。陶希晋同志指出："民法必须要为广大人民群众服务，并使它能为广大人民群众所掌握，因此必须写得通俗易懂。条文语句不宜写得太多、太长，要以说清楚一般群众要解决的问题为好。外国语的语法以及难懂的法言法语，尽可能少用。"[②] 考虑对一些专业性较强的立法文本，应增设名词解释条款的数量，对不得不使用的一些比较晦涩的术语，作出通俗化的解释。在总结各种成功经验的基础上，法学家应与立法机关联手，尽早制定出立法语言大众化的表述技术规范。

第六，将语言是否通俗化纳入审议范围。在民主法治国，立法论证不能仅仅作为一种深奥的商谈，在远离政治活动场所的专家们之间进行，因为它与所有参与者密切相关。法官和法学家是以一种特别有利的方式参加这个论证过程，但他们不能用科学权威把一种宪法观强加在别人头上。对于一种宪法观，公众集体必须感到令人信服才行。[③] 在 2005 年 6 月 24 日第十届全国人大常委会第十六次会议上，全国人大法律委员会关于《中华人民共和国物权法（草案）》修改情况的汇报提到：法律委员会、法制工作委员会对草案二次审议稿规定的内容要尽可能表述得简明扼要、通俗易懂。根据有些常委委员的意见，按照简明扼要、通俗易懂的要求，法律委员会经研究，对草案二次审议稿一些专业术语在附则中规定为名词解释。《中华人民共和国物权法（草案）》自 2005 年 7 月 8 日向社会全文公布广泛征求意见，有的地方和单位提出，物权法是基础性法律，与每个人的生活息息相关，文字表述应当更加通俗易懂，避免群众在理解时发生歧义。在 2005 年 10 月 19 日第十届全国人大常委会第十八次会议上，全国人大法律委员会关于《中华人民共和国物权法（草案）》修改情况的汇报又提到：在征求意见中，有的提出，物权法关系各个阶层群众的切身利益，要尽可能规定得具体一些、通俗一

---

① 李金山. 大众哲学家：纪念艾思奇诞辰百年论集. 北京：中共党史出版社，2011：391-392.

② 董必武法学思想研究会. 陶希晋文集. 北京：法律出版社，2008：155.

③ 哈贝马斯. 在事实与规范之间——关于法律和民主法治国的商谈理论. 童世骏，译. 北京：生活·读书·新知三联书店，2003：493.

些，力求让群众看得懂、能掌握。关于通俗化的问题，为了准确规定物权法律制度，需要使用民事法律通用的一些专门用语，但要尽可能规定得通俗易懂，并作一些必要的名词解释。法律委员会、法制工作委员会根据常委会组成人员的审议意见和各方面的意见，对草案的文字表述按照尽可能通俗易懂的要求作了进一步修改，并对公示、相邻关系、共有等增加了名词解释。① 我们在物权法制定过程中采行的这些做法应当推广，成为通行的立法技术规范，在民法典的审议过程中，立法语言是否通俗易懂，也是衡量法案质量的重要标准。

第七，改进民法典的附属部分。明确法典用语意义的方法有许多种，例如，法国民法典在法条中，给所有权、地役、契约等重要的用语下定义；英国的法律，在法令之中插入解释文；印度刑法、契约法在各条之中，附加范例、说明；英国 1973 年的《最高法院条例》在法典末尾第 100 条，专门对在法典中产生疑义的用语下定义；英国 1975 年的《最高法院条例》，在附则的末尾（附则第 63 条）之中，给法典中重要的用语作出解释。② 这些有效的做法，值得我们学习吸收。中国的民法典编纂，可以通过增设民法典目录、法条标题，将法条序号改换为阿拉伯数字，增加解释性条文等途径，帮助人们更好地阅读、理解民法典文本。

第八，改革司法制度。司法制度与立法语言分属法制运行过程的两个不同环节，但两者之间紧密相关。首先，构建以当事人为真正诉讼主体的司法制度，会助推民法典语言通俗化的实现。"法典编纂——特别是当一个国家的指导思想是制定'大众化'法典而不是'高深'法典时——提供了相当大程度的法律的可预测性。当法典用具体规则甚至一般标准允许公民预先知道他应如何行为时，情况就是如此……私法制度的形成和发展不再依赖诉讼的机遇。"③ 托马斯·莫尔也指出：在乌托邦，人们把巧于操纵案情和曲解律文的全部律师逐出。一个当事人最好把拟告知律师的事由直接向法官陈述，为自己的案件辩护。当一个人未经律师欺骗手法的教唆，自理讼事，而法官

---

　　① 全国人民代表大会常务委员会法制工作委员会民法室. 物权法立法背景与观点全集. 北京：法律出版社，2007：136.

　　② 穗积陈重. 法典论. 李求轶，译. 北京：商务印书馆，2014：96 - 97.

　　③ 保罗·A. 克雷波. 比较法、法律改革与法典编纂——国内和国际透视. 王宏林，译//比较法学的新动向. 北京：北京大学出版社，1993：100.

则善于权衡各种陈词，帮助老实人挫败狡狯分子的诬告，这样，事实真相易于明白，不容任何含糊。在乌托邦，人人精通法律。他们的法律少。他们认为对法律最一目了然的解释即是最公正的解释。"既然公布任何法律都是为了使每一个人不忘尽职，深奥难懂的法律只能对少数人起这种作用（因为少数人懂得它），至于法律上较为简单而明显的意义则是人人都会弄通的。"① 莫尔的《乌托邦》尽管有着诸多空想的成分，但也为我们勾勒出一幅未来世界的美好图景，为当下的司法改革提供激情和动力。

其次，不断地推进陪审制度的实效化，有助于克服立法语言的过度专业化倾向。在陪审制度下，人民与法律不至于太过疏离。律师须努力把法律与事实争议整理并表达得清清楚楚，让外行人也听得懂。谁讲得晦涩难懂，谁就极有可能会输掉诉讼。在这样的法律文化背景下，可以发现他们的法律语言或规则，最起码在表达方式上，一般易懂得多。律师的训练过程与执业需要，总是使人们往往要用更白话的方式，把法律呈现出来。这也影响到学校的教学方式，以及法律人写作的方式，法院判决将愈来愈少用那种太过文言的用语和结构。即使是深奥的法律议题，往往在电视或其他媒体上，也可以看到法律专家与非法律人士（普通民众、政治家、记者等）相互对话。陪审制度影响深远，因为律师要执业，总有机会对陪审团讲话，表达能力必须良好，而学校在这方面也要训练周到。整个法律体系必须努力使法律让一般人听懂、看懂，让外行人能实质性地参与其中。②

第九，推进法学研究的通俗化。法国历史学家基佐认为："一般词语的通用的意义几乎总比显然更严格更精确的科学定义有更多的正确性。词的通常意义来自普通见识，而普通见识是人类的特征。"③ 维特根斯坦在其晚期著作《哲学研究》中宣称，一个字词的含义乃是它在语言中的使用，而且哲学绝不可能干预语言的实际使用；最终它只能描述它。通过把命题分解为组成它们的基本成分的方式，以发现隐藏于语言内部的逻辑结构并增进语义的理解。④

---

①　托马斯·莫尔. 乌托邦. 戴镏龄，译. 北京：商务印书馆，1982：91.

②　廖元豪. 美国法学院的 1001 天. 北京：中国法制出版社，2012：73.

③　基佐. 欧洲文明史. 程洪达，沅芷，译. 北京：商务印书馆，1998：7.

④　E. 博登海默. 法理学：法律哲学与法律方法. 邓正来，译. 北京：中国政法大学出版社，1999：129.

法学家应当注重对自然语言的考察，而不是倾力建构人工的法言法语。在日常语言中出现的问题要通过对日常语言的分析来解决，而不能通过设计一种更完善的语言来处理。同样，法学家"对一个概念下定义的任何企图，必须要将表示该概念的这个词的通常用法当作它的出发点"①。法学家不能像其他任何学科的学者那样，毫无障碍地开展法的形成的技术工作。这是因为法是法学家的研究对象，法学家不能脱离一般理解。即使在法的技术因素方面，法学家也必须受制于"理性、经验、智慧和公正"的标准。"法最好能够不依赖专业学习，不依赖法学；最好将当代法保持一种状态，甚至干脆重新回到'人们无须经过专门教育就能发现法、适用法'的状态。"②法学家不应在纯粹学术定义的基础上建立法学理论，而应致力于分析法律、立法语言在实际生活中是怎样被使用的。"如何利用法律改善人们的生活取决于生活在当时当地的人们的智慧。因此，法律对于每一个人来说，应当如同一件日常生活中用惯了的东西，而不是供奉于神龛不可触动的供品。也正因为如此，对于法学家来说，不要以为八股连篇才算是高级法学理论。站在全社会的立场上，法律就是一个达成社会目标的手段，其框架必须随时受到审视，看它是否在有效地、合理地运作。为此，需要从这几个角度观察：促使法律机关运转的动力是什么、能量来自何处、节省成本应采用怎样的方式、所期待的有效性是否发生、限制副作用的具体手段如何等。"③法学不应是神秘的理论，而应是推动社会前进的智慧和手段，法学家要以这种认识去从事研究工作，才能成为法治大厦的建设者。"只有公民理解并认同了法律制度的基本内容，法律制度才会具有长久的生命力。因此，法学家培养使自己的观点能够为一般人所理解的表达能力就起着关键的作用。即使法律问题很难理解，也应当以常人能够理解的方式将那些对判决很重要的基本内容向当事人解释清楚，以让门外汉能够认识并自己想象价值评价的模式进行解释。"④另须看到，法学研究的通俗化、大众化，对法学家提出了更高的要求。有些法学著述之所以没有做到通俗，主要是作者本身对所研究的法律问题没有做

---

①　凯尔森. 法与国家的一般理论. 沈宗灵，译. 北京：商务印书馆，2013：31.

②　雅科布斯. 十九世纪德国民法科学与立法. 王娜，译. 北京：法律出版社，2003：87.

③　田中英夫，竹内昭夫. 私人在法实现中的作用. 李薇，译. 北京：法律出版社，2006：217.

④　伯恩·魏德士. 法理学. 丁小春，吴越，译. 北京：法律出版社，2003：97.

到"通"，甚至还没有懂，就难以做到"俗"。"通"然后才能"俗"。只有对所研究的法学问题融会贯通，左右逢源，成竹在胸，才能作出通透的阐述和有说服力的论证。

关于立法语言，有学者指出："与穷人的代言人马丁·路德·金一样，我有一个梦想。这个梦想就是，具有正常智商和一定文化程度的每个人都可以坐在餐桌旁，打开一本小书或光盘来阅读他们须遵循的最重要的法律；这些法律原汁原味、没有节略，语言明了简洁。我有这样一个梦想。但我们距离这个梦想成为现实还很遥远。事实上，我有时认为实现这种梦想的可能性在日渐降低。"① 民法典语言通俗化的最终实现，会遭遇各种艰难险阻，但只要目标明确、注意力集中、措施方法得当，我们的理想就一定能够实现。

六、余论

日本法学家穗积陈重发现："法规之成形，乃民众认识法的社会力之媒介。故法律文章语句之变迁，实可推测一国人民法的社会力之自觉，而法文之难易，又可标示国民文化之程度。难解之法文，为专制之表征；平易之法文，为民权之保障，故法律之文章语句，每随社会之进步，由难而易，因而法之认识可能性，亦与文化同时增进。"② 立法语言通俗化水平的逐渐提升，也是法律发展的一个重要规律。20 世纪末，在一些国家发起的简明语言运动，就是上述法律发展规律的印证。自 1979 年简明英语运动（Plain English Campaign）组织提倡使用简明语言，并成为一项持久不断的运动，其后的 1984 年又开始倡导简明英语法律。简明语言运动在说服政府和主流英语法律权威文件实现简明语言改革上取得了较大成功。他们协助英国民事上诉法院院长伍尔夫勋爵起草了 1998 年《民事诉讼规则》，将很多原本繁杂晦涩的形式、文本和相关表达法替换成了较为明晰的同义形式；大量神秘难懂的法律术语也被替换了。不独英国，在美国、德国和法国的法律界，也掀起了声势浩大的简明语言运动。③ 2005 年 9 月，国际律师协会理事会通过一项决议

---

① 维杰·K. 巴蒂亚，等. 法律沟通中的透明度、权力和控制. 方芳，译. 北京：北京大学出版社，2015：4.
② 穗积陈重. 法律进化论. 黄尊三，等译. 北京：中国政法大学出版社，2003：224.
③ 约翰·吉本斯. 法律语言学导论. 程朝阳，等译. 北京：法律出版社，2007：211.

提出："法治是文明社会的根基。它确立了向所有人开放的、平等的透明程序。它确保遵守既给予自由、也给予保障的原则。"[①] 在当今世界各国，立法语言大众化的演进趋势越发明显，中国也不例外，必须对其予以正视并创造条件促其实现。立法语言看似事小，实则牵涉广泛。立法语言大众化的实现，是包含诸多社会因素的系统工程，须多方努力，扎实推进。

无疑地，良好的立法语言应符合准确无误、严谨周密、权威庄重、简洁凝练、通俗易懂等诸多方面的要求。在此，我们只是从矫枉过正的意义上，特别强调立法语言的大众化（体现的是通俗易懂的特征），但并不否认其他方面要求的正当性。中国特色社会主义法律体系已经形成，在有法可依的矛盾基本上得到解决后，人们对立法质量的改善有了更高的期待。立法语言大众化是良法的重要标准，是"为法治而立法"的必要举措，须动员社会各界，特别是立法工作者、法学家的广泛参与。目前，法律界关于立法语言通俗化的重视程度不够、研究尚不成熟，我们应以编纂民法典为契机，努力设计出一套明确具体的操作指引、评价标准以及保障机制。

① 汤姆·宾汉姆.法治.毛国权，译.北京：中国政法大学出版社，2012：171.

第十六章

完善婚姻家庭法律体系

中国共产党第十八届四中全会作出的"加强市场法律制度建设，编纂民法典"的决定是完善中国特色社会主义法律体系、保障人民基本权利的重大举措。婚姻法和继承法作为法律体系中仅有的两部专门调整亲属之间的法律规范被纳入民法典后，将如何与调整市场经济关系的法律规范相衔接，如何构建具有中国特色的、反映现代先进理念和时代精神的婚姻家庭法律制度，成为社会关切。

第一节　坚持宪法框架下"以人为本"的立法理念

随着中国社会产业结构、社会结构和政治结构的转型，传统的家庭结构、家庭关系、家庭生活方式以及婚姻家庭观也都发生了巨大的变化。家庭矛盾增多、离婚率上升，家庭伦理出现了前所未有的危机。基于此，回归传统家庭伦理的呼声甚高，出现了谈婚姻法必谈家庭伦理，谈家庭伦理必谈回归的现象。弘扬儒家思想、以家为本、重建家制、将传统文化中"孝"的精神体现在婚姻家庭编和民法总则编中[1]等建议纷纷提出。据此，婚姻家庭法是以家为本，还是以人为本？这成为婚姻家庭法律制度完善首先必须回答的问题。

法律与伦理同构本是立法的基本要求，对此婚姻家庭法与其他法律并无

---

[1]　孙宪忠．我国民法典编纂中的几个问题．中国人大，2016（19）．

本质区别。但传统封建社会"长幼有序、尊卑有别"的家庭伦理能否回归？农业社会以家为本位的法律制度体系能否成为现代婚姻家庭法构建的基础和价值取向？赞成回归者显然忽略了以下两个问题：

第一，现代婚姻家庭关系已经发生了根本性的改变。中国有着两千多年的家庭文化传统，封建社会缔造的礼法并重的身份社会价值体系形成中华民族特有的文化传统。在法律上，家庭被定义为处于一个支配权下的多个人。① 中国传统法律中的家族伦理精神，本质上是以父权、夫权为核心的血缘关系理论，并以此关系为基础，组成基本社会结构，由家庭至于家族，由家族至于社会，由夫权而父权，由父权而君权。家长权与亲权又是重叠的，不仅使得儿童不能得到精神上的发育，而且即便是成年的家属和子弟也不能获得物质上的开展。父家长对于家庭成员，既是身份权，又是财产权。② 受家族伦理精神的影响，维系家庭、家族结构的完整与稳定，树立家长、族长的权威，一直被视为传统法律的主要职志之一。③ 因而，以家庭为本位的传统亲属体系，都具有鲜明的等级特权和支配服从的身份伦理属性。维护这种身份等级关系不仅是人伦道德之要旨，也是法律规范之重心。所以，封建社会婚姻家庭法的价值本位在于身份，亲属财产关系只能为这种身份服务，居于从属依附地位。近代后，由"家本位"的农业社会到"人本位"的市民社会的转轨，带来了婚姻家庭内容重心的移位。传统的反映等级特权、支配服从之人伦要求的身份法，因与人格独立、自由、平等的市民社会难以相容而丧失了法律意义。法律对婚姻家庭关系的调整已不再重点关注身份，而是注重身份中具有独立人格本位的人的权利和利益。④ 试问，儒家构建的家庭秩序能否成为现代法律调整家庭关系的依据？早已被废除了的以家为本的家制、家长、亲属会议制度体系在现代婚姻家庭法中有无重建的必要性和可行性？

第二，现代婚姻家庭所承担的功能已经趋于弱化。传统婚姻家庭是人类

① 斯奇巴尼. 桑德罗·斯奇巴尼教授文集. 费安玲，等译. 北京：中国政法大学出版社，2012.

② 杨幼炯. 中国司法制度之纵的观察. 中华法学杂志，新编1（5，6合刊）. 南京：正中书局，1937.

③ 张仁善. 寻求法律与社会的平衡——论民国时期亲属法、继承法对家族制度的变革. 中国法学，2009（3）.

④ 曹诗权. 中国婚姻法的基础性重构. 法学研究，1996（3）.

社会最基本的单位，承担着情感依托、种的繁衍、相互扶助等功能。因此，在人类社会演变发展过程中形成的人伦秩序和道德规范被上升为行为规则，以法律制度的形式保障其实施。但在现代，婚姻已不再是承担人类性爱功能、生育功能和扶助功能的唯一载体，两性关系正朝着多元化的方向发展。所谓婚姻家庭是人的情感归宿、生存根本的定义，已不再是现代婚姻家庭关系的真实写照。社会化分工和社会保障制度分担了部分传统社会由家族承担的功能，进而在一定程度上削弱了夫妻、兄弟姐妹、祖孙之间相互扶助的功能。性在婚姻外现象的出现以及社会对非婚生子女的宽容与保护，弱化了传统婚姻家庭承担的性爱功能和生育功能。最重要的是，即使婚姻家庭仍承担着满足人的生理需要、心理需要和养儿育女的需要，但维系婚姻的关键是彼此相爱或双方自愿。这是除平等外，现代婚姻关系与古代婚姻存在的最大区别。从这个意义上讲，现代婚姻家庭的功能、价值以及婚姻家庭对个人和社会的意义已难以严格定义。古代社会夫妻为家族、为生存相濡以沫的婚姻模式，不再是现代人生活的唯一选择。试问，现代因各种原因促成的婚姻关系，因各种因素导致的感情破裂，能否以传统的家庭伦理作为评判标准？稳定婚姻关系能否成为婚姻家庭法单一的功能定位和价值取向？

众所周知，中国是一个极其重视家庭关系的国家，有着深厚的家庭伦理。但是，中国家族制度赖以生存的农业社会的物质生活方式已经发生变革，家族制度已不复存在。道德是一个历史范畴，农业社会的道德规范已经失去了存在的基础。[①] 而道德重建又是一个漫长的过程，如何提取中国传统文化中的精髓，如何传承和弘扬传统文化和家庭伦理是国家正在进行着的重大研究课题。从这个意义上讲，现代家庭伦理的外延内涵都极为模糊，在社会既无共识也无定论的情形下，动辄将笼统、抽象的家庭伦理冠之以婚姻家庭的基础，将语焉不详、似是而非的概念凌驾于立法之上，不仅无的放矢，而且也模糊了婚姻家庭法律制度的价值取向和功能定位，给婚姻家庭立法带来极大的混乱。

在本质上，婚姻关系是法律关系而非伦理关系。从中国特色社会主义法律体系的角度讲，现代宪法构成法律体系的规范基础和价值基础[②]，其自身

---

① 威尔·杜兰特，阿里尔·杜兰特. 历史的教训. 倪玉平，张闶，译. 北京：中国方正出版社，成都：四川人民出版社，2015.

② 张翔. 刑法体系的合宪性调控——以"李斯特鸿沟"为视角. 法学研究，2016（4）.

规范中所蕴含的价值秩序应有效地适用于所有的法领域。[①] 因而，现代婚姻家庭立法的依据不应是封建社会的家庭伦理，而是应当遵从宪法，将宪法"尊重和保障人权"的精神贯彻落实在婚姻家庭具体的法律制度中。将"以人为本"作为婚姻家庭法律制度建设的核心价值理念，充分保障宪法规定的公民权利。

一、坚持婚姻自由原则

婚姻自由是婚姻法的首要基本原则，包括结婚自由和离婚自由两个方面。1950 年第一部《婚姻法》的重心放在结婚自由的问题上，1980 年第二部《婚姻法》的重心放在解决离婚自由的问题上。到 2001 年，我国用了五十多年的时间完成了婚姻自由的全过程。然而，从"以人为本"的角度看，我国对婚姻自由原则的贯彻仍然任重道远，身份法律制度仍需作进一步的完善。

1. 对结婚自由的规定存在两个方面的问题。一方面，结婚的条件过严。尽管结婚关涉夫妻身份关系的建立，需要由国家进行监督和管理，但是，缔结婚姻是男女双方合意的结果，只要不违反公序良俗，就应当最大限度地保障当事人的结婚权利。从这个意义上讲，现行法作出的"患有医学上认为不应当结婚的疾病"的人禁止结婚的规定是侵犯人权的。因为在医学上就没有规定禁止结婚的疾病。如此，婚姻法凭空作出的禁止性规定，是对患有疾病的人结婚权利的侵犯。疾病不应当成为缔结婚姻的法定障碍，婚姻法对患有医学上认为不应当结婚疾病的人禁止结婚且按照无效婚姻处理的规定应当取消。对患有疾病的人缔结婚姻而引发的纠纷，应当采以下方式处理：（1）结婚登记时，一方或双方为无行为能力人，或者双方为重症智力低下者的，按无效婚姻处理。（2）一方或双方婚前患病，隐瞒欺骗对方且情节严重的，按可撤销的婚姻处理。这里所称情节严重，是指当事人患有较为严重的疾病，包括与婚姻的自然属性有直接关联的疾病，以及患有严重传染病直接危害到对方健康的疾病。（3）婚前虽隐瞒病情，但所患疾病并不影响夫妻生活，或患有严重影响夫妻生活的疾病但没有隐瞒的，按离婚处理。

---

① 林来梵. 民法典编纂的宪法学透析. 法学研究，2016（4）.

另一方面，对无效婚姻、可撤销婚姻和瑕疵结婚登记的处理过重。2001年《婚姻法》增设了无效婚姻和可撤销婚姻制度。《婚姻法》第10条规定"（一）重婚的；（二）有禁止结婚的亲属关系的；（三）婚前患有医学上认为不应当结婚的疾病、婚后尚未治愈的；（四）未到法定婚龄的"均属于无效婚姻。《最高人民法院关于适用〈中华人民共和国婚姻法〉若干问题的解释（三）》（以下简称《婚姻法解释三》）第1条规定："当事人以婚姻法第十条规定以外的情形申请宣告婚姻无效的，人民法院应当判决驳回当事人的申请。""当事人以结婚登记程序存在瑕疵为由提起民事诉讼，主张撤销结婚登记的，告知其可以依法申请行政复议或者提起行政诉讼。"上述两个规定都旨在对违法办理结婚登记的当事人给予一定的救济和制裁。但从比较法上看，各国法律为保护弱势群体一般不会轻易地宣告婚姻无效。尽管我国对违反结婚实质要件和形式要件的处理，已经从制裁发展为救济与制裁并重，但仍需转变观念。承认已符合结婚实质要件的当事人的婚姻效力，虽不利于婚姻的严肃性和婚姻登记机关的权威性，但却能有效地保护善意或弱势一方的合法权益，特别是有利于对儿童的保护。以表兄妹结婚为例，为废除中国传统社会遗留的陋习，婚姻法采无效婚姻处理。但从司法实践看，如果已经办理了结婚登记或已经形成了事实婚姻关系且已生育子女的，解除婚姻关系并不有利于对妇女儿童的保护。因而，保护具有结婚合意且事实已经存在的"婚姻关系"，要求当事人承担相应的婚姻责任较之维护登记机关的尊严更为重要。因此，对已经办理了结婚登记的当事人，包括无效婚姻、可撤销婚姻以及存在瑕疵的婚姻登记，法律不应以破坏婚姻登记制度而不予保护。凡诉讼时已经符合结婚实质要件的，应当宣告婚姻有效。即使诉讼时仍不符合结婚实质要件的，除违反一夫一妻原则和公序良俗外，法律也不宜宣告婚姻自始无效，而是自宣告之日起无效，以当事人的子女为婚生子女。

2. 对离婚自由的规定存在的问题是离婚的法定标准不科学。我国现行《婚姻法》规定的"感情"破裂标准确立于20世纪80年代。2001年修订婚姻法时因考虑关系破裂标准过于超前不符合中国国情，因此在立法体例上作了适当修改，沿用"感情"标准，但增加了认定感情破裂的过错情形和分居两年的客观标准。但多年来该标准一直备受学界的批评，原因是：（1）将"感情"作为离婚法定标准不具有可操作性。感情是人的内心感受，当事人在法庭上质证、辩论感情的好坏，由法官探究双方感情的有无不具有可行性。况且结婚不问感情，离婚时却用感情衡量不合逻辑。（2）依据列举的过错判断夫妻有无感情不具有合理性。过错行为本身并不意味着感情破裂，应当看过错对夫妻感情的影响。近代以来，裁判离婚理由立法经历了从有责主义到无责主义的发展过程。现代各国一般采破裂主义，在立法模式上多选择彻底的破裂主义，或兼采破裂主义和过错主义。我国现行婚姻法通过概括加例示的方式规定了感情破裂的离婚理由，这种破裂主义离婚标准体现了保障离婚自由反对轻率离婚的价值取向，但是，关系破裂说较之感情破裂说更加科学，也更符合我国的司法实践。[①] 因此，我国法定离婚标准的修订，应当改夫妻"感情"破裂为婚姻"关系"破裂，取消对过错行为的列举，增加婚姻"关系"破裂的判断标准，如此不仅合理，也易于法官操作。

要指出的是，在处理离婚的问题上要区分两种情况：一是具有双方合意的离婚，法律应当尊重当事人的意思自治，不应将国家意志强加给当事人。传统定势思维所坚持的限制离婚有利于国家、社会、个人及儿童的理由在现代并不充分。二是对夫妻一方提出的离婚，法官应当减少对婚姻关系破裂原因或过错的探寻和评价，放弃对当事人之间感情有无的揣测，借助社会专业人员的力量进行调解的同时，根据双方分居时间、生活状态等客观标准予以判断，采一次驳回二次支持的方式处理较为适宜。要强调的是，法律调整不了人的感情，但应当尊重人的情感，尊重个人对生活方式的选择，这不仅是时代的要求，也是现代文明社会应有的价值理念。如果法律忽略人的真实情感需求，忽略人的基本权利和利益，无视当事人独立的人格，过分强调婚姻形式意义上的稳定，赋予个人过重的家庭责任，不仅无益于婚姻家庭关系的改善，而且还会激化矛盾，甚至将婚姻制度推向消亡，当代西方国家契约式的同居关系已与婚姻关系数量持平就是最好的例证。家庭的建设和家庭纠纷的解决，更多需要依靠的是社会的力量，法律挽救夫妻感情的作用是有限的，为维护社会大局稳定而限制婚姻自由与时代精神不符，也与宪法"以人为本"的精神相悖。

3. 在我国离婚制度中欠缺离婚的阻却条件。任何自由都是相对的，婚

---

① 马忆南，罗玲 . 裁判离婚理由立法研究 . 法学论坛，2014（4）.

姻自由也是有条件的，除符合法律规定和维护公序良俗外，当事人的生命健康也是立法和司法需要特别关注的问题。在司法实践中，因离婚案件处理不当导致当事人放弃生命、残害他人的事件并不鲜见。因此，增设离婚的阻却条件为，在存在"有危险""不公平"时，应当驳回当事人的离婚请求，避免因离婚出现死亡或危及儿童安全的事件发生。婚姻家庭法坚持"以人为本"就是要给予当事人最大的人文关怀，在身份解除与人的生命健康发生冲突时，人的生命健康应当受到优先保护。

二、坚持儿童优先和儿童利益最大化原则

"孝"是儒家伦理中调解父母子女关系的，也是中华传统文化中的重要组成部分，曾对维护家庭稳定和社会秩序起到至关重要的作用。但是，中国封建社会的"孝"之所以成为最基础的家庭伦理并为国法调整，根源在于农耕社会的经济基础，家族土地是人的生存根本。新中国成立后，特别是社会主义改造完成后，土地依附关系发生了变革，传统"家"的经济基础丧失，农村集体所有制代替了封建社会的地主土地所有制，摧毁了"孝"的经济和政治制度基础，自此，农村父权式微、孝道衰落。

"孝"的观念和制度体系消灭的是人格独立和自由，是与宪法"以人为本"的精神相背离的。因此，在父母子女关系上，我国应当借鉴西方先进的立法理念，贯彻1989年联合国制定的《儿童权利公约》中确立的儿童利益最大化原则。从比较法上看，《儿童权利公约》推动了各国亲属法由父母本位向子女本位的转变。尤其进入21世纪后，西方社会随着婚姻关系的大量解体，各国亲属法都有忽略婚姻，转向完善生活伴侣制度的趋势。在此背景下，现代婚姻家庭法改革的重心几乎全都转移到了对儿童权益的保护上，儿童利益最大化成为各国亲属法的发展方向。据此，我国婚姻家庭法的完善，也应顺应时代的发展，将保护儿童放在优先的位置。

我国现行《婚姻法》对父母子女的规定不仅简单，而且分散在家庭关系、离婚法律后果以及救济措施中。因此，亲权制度的完善首先需要将夫妻与父母子女分章规定，既显示父母子女关系的重要性，也明确父母子女关系是婚姻家庭法的重要组成部分而非婚姻关系附带的内容。此外，亲权制度应当集中完善以下三个方面的问题：一是现行《婚姻法》只强调了父母子女法

律地位平等，没有确立儿童优先、儿童利益最大化原则，因此需要明确规定该原则且将该原则落实到具体的法律制度中去。二是我国欠缺完整的亲权身份确认制度。随着两性关系的复杂化、人工授精技术的发展，身份确认制度的重要性开始显现并亟待完善。三是婚姻法虽规定了父母有抚养教育、保护教育未成年子女的权利和义务，但对父母不当行使权利或滥用权利未规定任何法律责任和救济方式，因此，强化父母责任、增加救助措施以及强调国家监护监督的职责等都是需要明确的重要内容。

第二节　婚姻家庭法律制度的完善

新中国成立初期，我国效仿苏联的立法模式，将《婚姻法》作为一个独立的法律部门，不仅意在宣示社会主义国家婚姻家庭的伦理性区别于资产阶级的婚姻财产化，而且也有意将婚姻家庭关系纳入国家的监督、管理之中。1986 年，受市民社会理论和大陆法系公、私法划分的影响，《民法通则》将婚姻家庭关系作为平等主体的自然人之间的人身关系和财产关系纳入民法的调整范围。但不少学者坚持认为，我国应当构建以身份关系为内容的实体法与以程序法为中心的独立的婚姻家庭法，以彰显身份法注重伦理道德调整的特征。[①] 反对婚姻法为私法的核心，实质是反对离婚自由的泛滥、反对以人为本、反对权利本位、反对家庭自治。他们认为私法与婚姻法维护家庭关系的稳定和保护家庭弱势权益的立法意图和宗旨相悖。但是在 2010 年，国家宣告中国特色社会主义法律体系基本形成，2014 年，党的十八届四中全会作出的《关于全面推进依法治国若干重大问题的决定》明确提出编纂民法典，婚姻家庭法规范体系被纳入民法典中。据此，婚姻法是否应当独立的争议暂被搁置，借助民法典编纂的契机完善我国婚姻家庭立法，将婚姻家庭编修订为具有中国特色的，有时代精神的，体系完整、内容全面的，具有前瞻性、系统性、科学性的法律[②]成为婚姻法学界的共识。

婚姻家庭法在法律体系上归位于民法，反映的是婚姻家庭法与民法的本

---

　　① 巫若枝. 三十年来中国婚姻法"回归民法"的反思——兼论保持与发展婚姻法独立部门法传统. 法制与社会发展，2009（4）.

　　② 巫昌祯、李忠芳. 民法典婚姻家庭编通则一章的具体设计. 中华女子学院学报，2002（4）.

质联系和逻辑关系。民法是权利法，以维护权利为基本理念，因而无论在调整对象，还是在公私法的理论体系划分上，婚姻法作为民法体系中的部门法，不仅有利于维护私法体系的完整性，也有利于保持平等、自由、公正的价值导向和制度走向。[①] 但是，民法一直被视为是调整市场经济秩序的基本法，强调意思自治和平等保护，因而，婚姻家庭法纳入《民法典》后，不仅对民法的基本原则要作扩大解释，而且应当在婚姻家庭编中充分体现婚姻家庭关系的特殊性，坚持意思自治的有限性、坚持平等保护的同时向弱势群体倾斜。需要指出的是，保护弱势群体、追求实质意义上的公平是现代民法的发展方向，正在编撰的《民法典》不再是单纯的调整市场经济规则的基本法，而是调整市民社会的基本法。诚如有学者指出的，民法的终极价值是对人的关爱，最高目标是服务于人格的尊严和人的发展。现在的民法在私法自治之外还有重要的价值理念，这就是人文关怀，核心就是对人尊严的保护。如果说私法自治充分的调动个人的积极性、主动性，促进社会经济发展，那么人文关怀就要使个人享受一种有尊严的生活，来实现对个人的全面保护，这两项原则是相辅相成的，都共同服务于对人的保护，是缺一不可的。如此，才能真正地彰显时代精神和时代特征。对人尊严保护的原则优先于私法自治的原则。[②] 从这个意义上讲，婚姻法的立法理念并非与现代民法水火不容，认为婚姻家庭法纳入《民法典》意味着婚姻关系将沦为契约关系、经济关系的结论过于偏颇。

鉴于传统婚姻关系中的人身权——同居权、生育权在现代人格权发展的背景下已经虚化，婚姻家庭法律制度完善的重心主要集中在夫妻财产制和离婚的救济措施上。

一、夫妻财产制模式的选择

我国夫妻财产制采法定的夫妻财产制和约定的夫妻财产制两种，约定的效力高于法定，没有约定或约定无效时，适用法定的夫妻财产制，这符合现代各国亲属立法的惯例。

---

① 夏吟兰. 论婚姻家庭法在民法典体系中的相对独立性. 法学论坛，2014（4）.
② 王利明. 民法总则草案要彰显时代精神和特征.［2016-08-24］. 中国法学会网 https：//www. chinalaw. org. cn/Column/Column _ View. aspx? ColumnID=10588infoID=20833.

（一）法定夫妻财产制模式的选择

我国自 1980 年始，法定的夫妻财产制一直为婚后所得共同制，夫妻基于身份对婚姻期间所得财产享有共有权。因"同居共财"是中国传统的生活方式，符合家庭伦理，也符合民众对婚姻关系的认知和预期，所以一直为绝大多数家庭选择适用。但随着市场经济的发展、家庭关系发生了变化，原本在婚姻关系稳定、家庭财产较少且没有社会保障的社会背景下确立的夫妻财产共同制，已经出现了难以适应市场经济的新问题：（1）家庭财产不断增长的同时，共有财产的管理、使用以及权利的行使都出现了立法空白；（2）家庭财产投资经营所负担的巨额债务，因无法偿还导致举债方配偶难以承受，生活陷入困境；（3）短期婚姻的大量出现，使家庭贡献与财产分割明显失衡，个人财产流失严重；（4）离婚率的不断攀升已引发了社会恐慌，继承和受赠财产为共同共有导致亲友不得不采取自救措施规避风险。如何平衡夫妻之间、夫妻与第三人之间的财产权益，切实保障夫妻双方和第三人的利益，成为夫妻财产制完善的重要内容，其中夫妻法定财产制模式的选择成为争论的焦点。

从比较法上看，英美法系国家和传统大陆法系国家的法定夫妻财产制多采分别财产制，现德国、瑞士和意大利等国将共同财产制与分别财产制的复合形态作为法定财产制，即兼采分别制和共同制的长处，突破了夫妻分别财产制财产归个人所有的局限，离婚时采用共同制的原则，平均分割夫妻婚后一方或双方增值的财产，以保护夫妻经济地位弱势的一方，保护从事家务劳动而无职业收入的配偶一方的利益。① 从客观上讲，现代西方的夫妻财产制对财产的分割更为公平合理，对弱势群体的保护更为细致周到。以德国的法定财产制为例，婚姻关系存续期间夫妻双方的财产制为财产分别制。离婚时，婚姻关系存续期间产生的财产增加额归夫妻共同所有，平均分配。② 如此不仅可以减少财产归属、管理使用上的纠纷，而且离婚时对财产的处理也符合家庭伦理的本质。据此，不少学者和法官都强烈呼吁修改我国现行法定共同制。

事实上，无论西方夫妻财产制的发展趋势，还是我国学界提出的各种主

---

① 夏吟兰，何俊萍 . 现代大陆法系亲属法之发展变革 . 法学论坛，2011（2）.
② 李娜 . "夫妻财产增加额均衡"制度研究：以德国为例 . 环球法律评论，2011（3）.

张，秉承的价值理念都是相同的，核心都是婚姻共享、关注家务劳动的社会价值、保护弱势群体。换句话说，虽然各国选择的财产制模式不同，但所追求的结果殊途同归。我国法定共同制虽然容易引发各种纠纷，但整体的价值理念是与各国夫妻法定财产制的立法精神相吻合的。从这个意义上讲，沿用现有的法定共同制较为妥当。原因是，夫妻共有财产在我国大陆已深入人心，95％以上的家庭都在适用共同制，如果修改为分别财产制，对现有众多家庭造成的心理冲击将是巨大的，解释不到位很容易造成误解，徒增家庭矛盾。加之中国正处于市场经济转型时期，贫富差距、城乡差别巨大，不同家庭的生活方式、价值理念千差万别，变更财产制模式将引发怎样的社会后果难以预料。

但是，现行法定共同制需要全面完善，包括：（1）应当改婚后所得共同制为劳动所得共同制，排除婚姻期间一方继承或受赠的财产为共同财产；排除婚姻期间个人财产非因劳动获得的增值为共同财产。（2）增加婚姻期间共同购置和建造的财产、一方或双方因社会福利、保险所得财产为共同财产。（3）增设夫妻共同财产管理、使用的规定，对家事代理的权限、共同债务的范围予以明确界定。（4）增加夫妻关系终止时双方财产的冲抵与清算制度。

此外，需要增设非常夫妻财产制。非常夫妻财产制，是指夫妻在婚姻关系存续期间，因出现一定的法定事由，经当事人一方的申请，由人民法院宣告夫妻共同财产制变更为分别财产制的一种财产制形式。从比较法上看，无论一国采取何种夫妻财产制形式，都有在特定情形下，变更财产共有为分别所有的救济制度。自新中国成立以来，我国夫妻财产制中一直都没有关于非常夫妻财产制的规定。2007 年《物权法》颁布实施，该法第 99 条规定："共有人约定不得分割共有的不动产或者动产，以维持共有关系的，应当按照约定，但共有人有重大理由需要分割的，可以请求分割；没有约定或者约定不明确的，按份共有人可以随时请求分割，共同共有人在共有的基础丧失或者有重大理由需要分割时可以请求分割。因分割对其他共有人造成损害的，应当给予赔偿。"据此，2011 年《婚姻法解释三》第 4 条规定："婚姻关系存续期间，夫妻一方请求分割共同财产的，人民法院不予支持，但有下列重大理由且不损害债权人利益的除外：（一）一方有隐藏、转移、变卖、毁损、挥霍夫妻共同财产或者伪造夫妻共同债务等严重损害夫妻共同财产利益行为的；（二）一方负有法定扶养义务的人患重大疾病需要医治，另一方不同意支付相关医疗费用的。"该规定被视为是非常夫妻财产制的雏形，已开始在司法实践中应用。从该规定适用的情况看，较少有当事人主张分割全部现有财产和未来收入，大多都限于就某部分财产进行分割。据此，我国非常夫妻财产制的设置，需要符合我国国情，不宜完全按照西方非常夫妻财产制的模式进行构建，财产分割的范围应当允许当事人协商，充分尊重当事人意思自治，如此有利于实行非常夫妻财产制的家庭关系持续发展。但《婚姻法解释三》的规定过于简单，还需要增加请求人的范围、扩大申请的法定情形、增加非常夫妻财产制的变更和撤销、宣告的法律效力等具体规定。

（二）约定财产制模式的选择

从比较法上看，各国对夫妻财产约定尊重意思自治，允许夫妻就财产进行约定，但同时坚持采用封闭式的约定财产制，仅允许当事人在法律规定的几种财产制度中选择适用，不得任意约定。这些规定体现了法律规范的引导性和预期性，目的是明确夫妻的财产权利和义务，以保障夫妻经济弱势方的地位，适应由社会经济发展所引起日趋复杂的家庭财产关系。[①] 从客观上讲，约定财产制采类型化处理，物权直接发生变动，有利于减少当事人之间的纠纷和保障交易安全。但类型化适用的前提是夫妻财产登记、公示制度的完善。从这个角度讲，我国目前尚无夫妻财产登记制度和公示制度，因此，夫妻约定财产采类型化处理尚不具备基本条件。现行《婚姻法》第 19 条的规定是："夫妻可以约定婚姻关系存续期间所得的财产以及婚前财产归各自所有、共同所有或部分各自所有、部分共同所有。约定应当采用书面形式。没有约定或约定不明确的，适用本法第十七条、第十八条的规定。夫妻对婚姻关系存续期间所得的财产以及婚前财产的约定，对双方具有约束力。夫妻对婚姻关系存续期间所得的财产约定归各自所有的，夫或妻一方对外所负的债务，第三人知道该约定的，以夫或妻一方所有的财产清偿。"可以肯定，该规定并非真正意义上的夫妻约定财产制，而是夫妻间签署的有关夫妻财产归属的协议，对外不具有法律效力，不发生物权变动的法律后果，当事人间的约定应当适用合同法的规定处理。据此，《婚姻法解释三》第 6 条规定的

---

①   夏吟兰，何俊萍 . 现代大陆法系亲属法之发展变革 . 法学论坛，2011（2）.

"婚前或者婚姻关系存续期间，当事人约定将一方所有的房产赠与另一方，赠与方在赠与房产变更登记之前撤销赠与，另一方请求判令继续履行的，人民法院可以按照合同法第一百八十六条的规定处理"，符合我国夫妻财产约定的性质。从司法实践看，我国夫妻较少有对全部财产进行约定的，大多仅就某一具体财产归属进行约定。因此，从尊重当事人的意思自治的角度讲，延续这一夫妻约定方式符合中国国情。但是，现行夫妻财产约定仍需要与合同法和物权法的规定进一步衔接。需要增加夫妻对约定财产管理的规定，即夫妻对约定财产的管理有约定的，按照约定；没有约定的，共同所有的财产共同管理；分别所有的财产各自管理。此外，鉴于夫妻关系的特殊性，对夫妻财产约定应当增加显失公平、重大误解、乘人之危等可撤销条款，以保护家庭关系中的弱势群体。

二、离婚救济措施的完善

2001年《婚姻法》修订时将功能定位从男女平等、婚姻自由转移到了对离婚的救助上，力求将离婚对当事人的损害减少到最低点。该法共设置了4套救济制度，包括共有财产分割时适用照顾女方原则；夫妻约定分别财产的可请求家务劳动的补偿；一方离婚后经济困难的可请求经济帮助；一方在婚姻期间存在法定过错的可请求离婚损害赔偿。其目的是要强化家庭成员相互间的家庭责任，对当事人因婚姻造成的损害予以适当的救助，以贯彻宪法保护婚姻、家庭、妇女、儿童和老人的精神。可以肯定的是，上述四个制度对应的是三个不同性质的问题，思路清晰、层次分明，立法者意在从不同角度全方位地对当事人予以保护和救济。

但从司法实践看，我国婚姻法规定的救济制度因分层过多、用词不当等原因在适用时出现了理解和认识上的偏差。

1. 共有财产分割与家务劳动补偿制度完善的问题。在财产分割和家务劳动补偿的问题上，照顾女方原则和家务劳动补偿原则实际与西方高度评价妻子对家庭贡献原则是一致的，但在实际应用中可以看到其存在以下问题：（1）妻子因家务劳动获得财产平分是家务劳动社会化的结果，使用"照顾"一词明显不当。（2）现夫妻离婚时平均分割共有财产的处理方式，仅涉及婚姻期间的财产问题，但婚姻关系终止并不意味着婚姻关系带来的家务劳动也终止，现法律没有对一方离婚后继续抚养未成年子女进行相应的家务劳动补偿。（3）现共有财产平均分割的方式，不能解决一方因婚姻造成的谋生能力下降的问题。对一方离婚后生活水平严重降低、期待利益丧失等都没有救济措施。（4）夫妻协议分别所有财产的家庭，原本大多存在一些问题，而约定分别所有后，多少又会反作用于夫妻感情，因此，相互间扶助较少是正常的。从这个角度讲，家务劳动补偿的规定在司法实践中几乎没有可以适用的案件，已经形同虚设也属正常。鉴于此，合并简化制度具有必要性和可行性。一方面，推定婚姻期间获得的财产是双方协力的结果，包括对财产显性或隐性的贡献，直接的贡献或间接的贡献，对财产的贡献和对家庭的贡献，也包括双方共同生活、相互陪伴以及情感支持等方面的付出。但是，如果有证据证明一方对家庭和财产完全没有贡献的，法院则不支持平均分割财产的请求。换句话说，法官对共有财产的分割和补偿，需要考虑婚姻时间的长短、对家庭贡献的大小以及有无过错等因素。另一方面，无论适用法定财产制或约定财产制，凡一方因抚育子女、照料老人、协助另一方工作等付出较多，因对家庭作出特殊贡献或牺牲，导致丧失部分或全部谋生能力，一旦离婚将出现生活水平明显下降的问题，均可以在离婚时请求给予一定的补偿或救济。如此，鼓励当事人为家庭作出付出或牺牲，即使婚姻失败也能获得相应的生活保障。以此彰显法律所要弘扬的家庭伦理和法律上的公平正义。

2. 经济帮助制度取消的问题。2001 年婚姻法修订时增加了以住房等方式帮助的情形，规定"离婚时，如一方生活困难，另一方应从其住房等个人财产中给予适当帮助。具体办法由双方协议；协议不成时，由人民法院判决"。长期以来，经济帮助制度一直被指责为定性不准、过于原则、法官适用经济帮助的条件偏严、经济帮助没有发挥其应有的作用等等。但从批评的内容看，大多都混淆了经济帮助制度与照顾女方原则的区别。经济帮助制度的初衷并非在分割夫妻共同财产时照顾生活困难的一方，而是基于婚姻关系的事实，要求一方对另一方离婚后面临的生活困难给予一定人道主义的帮助，困难不一定是婚姻造成的，更与家庭贡献无关。经济帮助制度之所以在司法实践中难以应用，主要的原因是需要帮助的当事人大多原本家庭就很贫困，帮助一方当事人的经济能力非常有限，因此，废除经济帮助制度，规定由国家社会保障制度承担救济的职责应当是未来的发展方向。

3. 离婚精神损害赔偿制度的存留问题。《婚姻法》第 46 条规定在司法实践中难以适用的问题，一直是婚姻法学界研究的重要问题之一。2001 年离婚损害赔偿制度建立之初，曾引发了社会的广泛讨论。立法者称要坚持法治与德治相结合，将公正和人道作为基本理念，离婚损害赔偿制度设立的目的是为惩罚第二者、警告第三者、抚慰第一者。但 10 多年的实践证明，该制度的实施不仅没有达到遏制过错的作用，而且对无过错方的抚慰也难以落实。随着《侵权责任法》《反家庭暴力法》的出台，实施家庭暴力的，虐待、遗弃家庭成员的行为都不再由婚姻法调整，于此，婚姻法上是否需要为"有配偶者与他人同居的"保留精神损害赔偿制度成为难点问题。从婚姻关系的角度讲，忠实的问题交由道德评判无疑是社会发展的方向，但也正是因为现今社会道德的无力，当事人才转向法律以寻求公平正义。尽管夫妻一方"不忠"的原因极为复杂，传统的道德伦理实际难以简单评判是非对错，但"不忠"对另一方当事人造成严重的心理伤害是不争的事实。现实生活中很多夫妻签署忠实协议且内容大多都带有惩罚性质，充分反映了相互忠实仍为现代夫妻最核心要求，以及对不忠行为的深恶痛绝。从这个意义上讲，婚姻法应当对当事人造成的损害予以救济。但是，该制度的实施涉及隐私权与知情权的冲突问题，法院适用非法证据排除导致可以支持救济的案件极少。因非法取证严重侵害过错方的隐私权、生活安宁权和人的尊严，给个人和社会带来的负面影响远大于无过错方受到的损害，因此，建议婚姻法仍以倡导的方式强调夫妻应当相互忠实，但取消离婚精神损害赔偿制度，在夫妻财产分割的规定中增加照顾无过错方原则，由法官根据案件的具体情况对无过错方实施救济。如此，不仅可以弱化举证责任，而且还可以将婚外情、卖淫嫖娼等其他过错行为一并纳入可以救济的范围。

第三节　继承法律制度的完善

新中国成立后，国家确立了无产阶级政党要消灭阶级、消灭私有经济，实现社会主义公有制的政治目标。在此背景下，1954 年《宪法》虽规定了保护公民私有财产继承权，但对保护私有财产的认识有限，因而没有针对继承立法。1975 年《宪法》更是取消了对私有财产的保护，当时我国的遗产传承主要是依据家庭伦理和习俗，其间最高法院也发布了一些具体规定指导司法实践中的继承纠纷。直到 1982 年，我国《宪法》才再度明确保护公民私有财产继承权。依此，1985 年国家在建国 30 多年后正式颁布了《继承法》。基于国家性质和对私有财产的认识，《继承法》彻底地废除了沿袭两千多年的封建社会家族式不平等的身份继承制度，虽然内容简单，但观念超前，且将社会主义家庭伦理中的相互扶助义务提升为继承权取得的依据，法定继承人的应继份也依据其对被继承人所尽义务的多少进行分配，强调男女平等，充分展现了社会主义国家继承制度的特点，并创设了遗赠扶养协议等具有中国特色的法律制度。

鉴于历史的原因，当时我国公民死亡时所遗留财产不多，因而长期以来司法实践中的继承案件很少，遗产传承主要是依靠家庭伦理化解矛盾。但随着市场经济的发展、个人财富的增加以及家庭关系的复杂化，近年来继承案件开始呈上升趋势，为防患未然借助民法典编撰对《继承法》作全面的修订，不失为彻底解决特定历史时期出台的《继承法》存在的观念偏差、制度缺失和内容单薄等问题最好的时机，其中，完善法定继承制度和遗嘱继承制度是继承法修订的重中之重。

一、法定继承制度的完善

法定继承是指法定继承人的范围、继承顺序和遗产分割原则都由法律直接规定的继承制度。由于我国没有以遗嘱的方式处分遗产的传统，家庭成员死亡后，财产的传承主要依靠家庭成员之间的协商，协商不成时由人民法院按照法定继承处理。现行的法定继承制度反映的是 1980 年代的社会生活状况、国家的立法理念以及立法者对被继承人处分遗产的意思推定，具有以下几个特点：第一，继承人的范围较窄；第二，没有将配偶作为特殊继承人；第三，父母为第一顺序的法定继承人；第四，将扶养作为继承权取得的依据；第五，将权利义务一致作为法定继承人遗产分割的依据。鉴于国家和家庭发生的变化，法定继承制度也需要适时作一定的调整。

1. 法定继承人的范围。法定继承人的范围反映的是一个国家对遗产处理的价值取向。不同历史时期，各国依据本国的国情和家庭结构等确定法定继承人的范围。我国现行《继承法》规定的法定继承人的范围限定在二亲等，为配偶、父母、子女；兄弟姐妹、（外）祖父母。在一定条件下，丧偶儿媳、女婿也为第一顺序的法定继承人。这与德国十二亲等、法国六亲等的继承人范围相比显然过于狭窄。因此，增加法定继承人是学界的共识，但扩大到何种范围，目前主要有以下几种意见：（1）增加侄子女、外甥子女为法定继承人；（2）扩大到三亲等；（3）扩大到四亲等。

从比较法上看，大陆法系传统继承法规定的法定继承人的范围一般都较宽，因此，采亲属限制主义缩小法定继承人的范围是各国继承法的发展趋势。从这个角度讲，最大限度地保护私有财产不被收归国有，已不符合现代社会的基本理念。我国的家庭结构、亲属关系已经发生明显变化，聚族而居的家族式生活方式已经被核心家庭所取代，因此，多数学者都认为扩大的法定继承人应当是与被继承人在现实生活中在情感、经济上联系较为密切的亲属，没有必要将生活中并无太多关联的亲属也纳入法定继承人的范围。现绝大多数的家庭在四亲等范围内仍存在较为密切情感联系，因此，将法定继承人的范围扩大到四亲等是适宜的。有观点称，应当仅限于兄弟姐妹的子女，即侄子女、外甥子女。[①] 但该观点主要是基于中国传统习惯上，无子时由侄子扶养较多，遗产由侄子继承的角度提出的。从社会发展的角度讲，现代社会男女平等，女儿赡养父母是法定的义务，加之国家社会保障已经全面覆盖，法定继承人范围的扩大，不宜局限于相互间具有扶养关系的亲属，将四亲等纳入法定继承人的范围，目的是为增进亲属间的情感联系，鼓励亲属相互扶助。随着国家二胎政策的放开，人口政策将会逐步朝着自然生育的方向发展，法定继承人范围的适当扩大，有助于家庭关系的发展。

此外，需要增加（外）孙子女为法定继承人享有继承权，在父母丧失继承权、放弃继承权或先于被继承人死亡时依法继承遗产。同时，应当取消尽了主要赡养义务的丧偶儿媳、女婿为第一顺序法定继承人的规定。尽管我国将扶养作为继承权取得的依据，是社会主义国家与西方资本主义国家最大的区别，但从一而终不再是现代妇女的精神枷锁，丧偶儿媳为公婆养老送终已不具有普遍性，适用酌情取得遗产的规定，完全可以满足原本的立法目的。

2. 法定继承人的顺序。继承顺序的确立，直接关系到继承人的继承权

---

① 陈苇，杜江涌. 我国法定继承制度的立法构想. 现代法学，2002（3）.

能否实现。如果单纯从血缘的角度讲，按照亲系加亲等的方式排列最为公平和合理，但我国继承法采亲等的方式排列继承顺序相对简单，也已经为社会所接受，因此，完善的重点主要集中在继承的顺序上。

首先，父母的继承顺序。我国《继承法》将父母作为第一顺序法定继承人，是与遗产向下传承的理念相悖的，而且存在遗产流入旁系，激化矛盾，给被继承人的配偶、子女造成生活困难等一系列的问题。因此，在社会福利和社会保障制度相对健全的国家，父母均为第二顺序的法定继承人。但我国与西方国家不同的是，赡养父母是子女法定的义务。遗产具有承担死后扶养的功能，因此，继承法的规定需要与婚姻法的规定相衔接，如果《婚姻法》不取消子女赡养父母的法定义务，父母就应当成为第一顺序的法定继承人。要指出的是，在父母继承顺序的问题上，立法修改需要特别慎重，现在农村很多地方仍保留分家析产的习俗，城市中的很多父母在子女成年后，仍在学习、创业、买房和孙子女的照看上倾全力相助，不仅透支了养老金，而且付出了大量的时间、精力和情感。现我国已进入老龄社会，社会保障制度尚不健全，无论是基于传统观念、现实需要或是中国父母子女间的紧密关系，现阶段变更父母为第二顺序法定继承人的时机尚不成熟。

其次，配偶是否为恒定继承人。从各国继承法看，继承顺序大多都是按照血缘关系排列的，配偶是血缘的源泉、姻亲的基础，但不是亲属，因此配偶是特殊继承人，不在继承顺序上，依法随不同继承顺序的血亲继承人共同继承，同时赋予配偶各种形式的特殊保护，如用益物权、先取特权等。

现学界很多人都主张借鉴西方立法，将配偶作为恒定继承人。理由是，如果被继承人没有父母、子女时，配偶将继承全部遗产，这对被继承人的血亲继承人并不公平。但本节认为，按照我国《婚姻法》的规定，配偶不仅是亲属，而且为其配偶的第一监护人，相互间有法定的扶养义务。在现实生活中，夫妻是共同生活、相互扶助最多的人。配偶间的情感也远超兄弟姐妹、（外）祖父母。因此，我国应当将配偶作为第一顺序的法定继承人，与父母、子女共同继承遗产。但基于我国夫妻财产制为共同制，因此，无须另设特别保护性规定，仅在没有住房的情况下，保障配偶对死者的住房享有居住权即可。

最后，增加四亲等为第三顺序的法定继承人。鉴于我国民众对亲等计算方法较为陌生，如果仍以亲等方式排列，应当规定三亲等为第三顺序的法定继承人，四亲等为第四顺序的法定继承人。但实际上，如果从三亲等开始以亲系加亲等的方式继承，实际更加公平合理，如此，应只规定第三顺序的法定继承人为四亲等，但亲等近者优先。

3. 法定继承人的应继份。将权利义务一致作为继承法的基本原则是社会主义国家继承法的重要特征之一，也是我国继承法与西方国家单纯强调血缘和身份继承的最大区别。《继承法》第 13 条规定："同一顺序继承人继承遗产的份额，一般应当均等。对生活有特殊困难的缺乏劳动能力的继承人，分配遗产时，应当予以照顾。对被继承人尽了主要扶养义务或者与被继承人共同生活的继承人，分配遗产时，可以多分。有扶养能力和有扶养条件的继承人，不尽扶养义务的，分配遗产时，应当不分或者少分。继承人协商同意的，也可以不均等。"这一规定符合中国的国情，具有中国特色，带有强烈的社会主义国家家庭伦理的色彩。法定继承只是立法者依据亲属关系的常态以及法定扶养义务等作出的推定，并不一定与现实生活中继承人与被继承人间的亲疏远近相吻合，因此，依据权利义务一致的原则分割遗产能够起到一定的调节作用，具有很好的社会效果，不仅有利于家庭成员间的相互扶助和实现养老育幼的家庭职能，而且也体现了法律的公平正义。

4. 酌情取得遗产的人。我国《继承法》第 14 条规定"对继承人以外的依靠被继承人扶养的缺乏劳动能力又没有生活来源的人，或者继承人以外的对被继承人扶养较多的人，可以分配给他们适当的遗产"。该规定意义重大，充分体现了我国继承法倡导社会成员之间相互扶助的价值取向。但该规定限制性条件过于严苛，应当扩大适用范围，以应对现实生活的复杂性，建议将顺序在后的法定继承人、不困难但与死者共同生活或对死者实际扶助较多的人都纳入酌情分到遗产的范围，最大限度地体现我国继承法将扶助作为遗产取得的依据，以此鼓励家庭成员之间、社会成员之间的养老育幼和相互扶助。

二、遗嘱继承制度的完善

我国传统的法律思想是以家族为本位的，财产为家族共有并在家族中传承，没有以遗嘱处分遗产或遗赠家族之外的习俗，因而现行《继承法》对遗嘱继承的规定十分简单。随着经济的发展、个人财富的增加、家庭关系的变化以及继承人对遗产迫切需求等各种因素，近年来以遗嘱的方式处分遗产的观念已经普及并迅速发展。

从积极的意义上讲，遗嘱自由是对遗嘱人生前、死后财产所有权的完整保护，有利于遗嘱人根据家庭的具体情况合理安排遗产，也有利于社会公益和福利事业的发展。但遗嘱自由的弊病也是明显的：遗嘱人因个人好恶、感情冲动而滥用遗嘱权，给家人造成的伤害是巨大的；遗嘱人将遗产留给少数继承人，容易造成贫富分化；遗嘱人遗留的遗嘱是否为真实意思表示无法查证；等等。基于此，各国继承法都对遗嘱自由作出一定限制性的规定，大陆法系国家多采特留份制度，俄罗斯采必留份制度，英美法系国家则由法官自由裁量按需为继承人保留一定份额的遗产。我国《继承法》第19条规定："遗嘱应当对缺乏劳动能力又没有生活来源的继承人保留必要的遗产份额。"这一规定旨在为双缺乏人保留必要的生活费。

多年来，我国是否需要扩大对遗嘱自由的限制，是否增设特留份制度一直是学界热议的问题。有学者主张保留现行法的规定，不设置特留份，只规定必留份制度。[①] 有学者认为应当取消必留份，增加特留份制度。[②] 有学者建议"公民可以立遗嘱将个人财产指定由法定继承人的一人或者数人继承，但遗嘱不得违反第19条有关必继份的规定"；在第3款中也应增加但书规定，"公民可以立遗嘱将个人财产赠给国家、集体或者法定继承人以外的人，但该遗赠不得违反本法第19条有关特留份的规定"，从而构建区别并行制度。[③] 也有学者主张保留必留份的同时增加特留份[④]，但必留份优于特留份[⑤]，特留份的权利人为子女、配偶与父母，根据他们与被继承人的亲密程度来确定其所享有的特留份比例。配偶、子女享有的特留份为其应继份的1/2；父母享有的特留份为其应继份的1/3。[⑥]

虽然现代家庭关系已经废除了家族制度，被继承人的财产为其个人财产

① 张玉敏. 中国继承法立法建议稿及立法理由. 北京：人民出版社，2006.
② 梁慧星. 中国民法典草案建议稿附理由——侵权行为编、继承编. 北京：法律出版社，2004.
③ 赵莉. 日本特留份制度的修改及其启示. 政治与法律，2013（3）.
④ 杨立新，杨震.《中华人民共和国继承法》修正草案建议稿. 河南财经政法大学学报，2012（5）.
⑤ 杨立新. 继承法修订入典之重点问题. 北京：中国法制出版社，2016.
⑥ 同⑤.

而非家族所有，继承只是实现死者财产的转移，不再承担家族延续的任务，因而，遗嘱人按照自己的意愿确定遗产的归属，应当受到国家的保护。但是，继承制度是建立在家庭制度之上的财产法，除了规范所有权的合理延伸外，还应当发挥维持家庭关系稳定、促进家庭和谐的功能，如果单纯保障个人财产自由，任由遗嘱人恣意处分遗产，完全不顾家庭成员的感受和利益，家庭、亲属的意义和价值将会逐步丧失，家庭关系将会随着继承纠纷的日益严重而分崩离析。现阶段，我国滥用遗嘱自由的行为已初见端倪，增设特留份制度有利于遏制这一现象的蔓延。从家庭关系长远发展的角度讲，巩固家庭制度、维系家庭团结较之影响私营企业的发展、稀释遗产的效益无疑具有更大的意义。

1985 年《继承法》颁布时，国家经济发展水平较低、家庭财产极少，国家没有社会保障制度，因此，对遗嘱自由的限制主要体现在遗嘱不能剥夺双缺乏人的份额，以确保养老育幼原则贯彻实施。但随着国民收入普遍提高，社会保障制度的建立，家庭成员之间相互扶养的义务逐渐被减轻，遗产承担死后扶养的功能也趋于弱化，据此，我国现已具备了为维护家庭制度而设置特留份的基础和条件。

但是，我国特留份制度的设置应当从我国国情出发，不宜直接照搬大陆法系国家的规定，特别是要注意以下两个问题：第一，特留份制度应当与养老育幼原则、权利义务一致原则相衔接，不必固定特留份的具体份额，特留份权利人取得的特留份直接与法定继承人的应继份的规定相衔接。向生活困难的继承人和对被继承人扶养较多的继承人倾斜，以此达到法定继承与遗嘱继承的衔接统一，避免在法定继承中不能获得遗产的人，却可以在遗嘱继承中获得特留份。第二，特留份制度的设置应当考虑我国对特留份制度的生疏，尽可能采简便易行且宜于理解与适用的方式进行处理，避免繁复琐碎给司法实践带来操作上的困难。具体建议如下：（1）遗嘱人可以处分的是全部遗产的一半。（2）取消必留份增设特留份，特留份权利人限定在第一顺序的法定继承人中，即配偶、父母、子女。（3）特留份权利人取得的份额不固定，与法定继承中的应继份的规定衔接适用，即双缺乏人应当多分，对被继承人扶养较多的可以多分，但已被遗嘱指定为遗嘱继承人的除外。

第十七章

实施创新驱动发展战略　完善知识产权法律体系

第一节　"创新驱动发展"战略下
完善知识产权制度的必要性

党的十八大提出了"创新驱动发展"战略。这标志着我国经济发展模式在未来的一段时期将发生战略性的转变。这种经济发展模式的转变将对中国经济的自身发展以及中国在世界经济中的地位产生重大影响。进而将直接影响知识产权法律制度在我国经济发展中的作用和地位。

改革开放近40年，中国经济一直在一条"资源驱动发展"的道路上飞奔。近40年里，我国从一个国民经济濒临崩溃边缘的国度，一跃成为GDP总量第二的经济大国。这种巨大的变化无疑归功于党和国家的政策和策略，但与此同时，我们也清醒地意识到以大量消耗资源为代价驱动国家经济发展的模式是不可持续的。正因为如此，在进入21世纪后，党和国家最高层领导先后提出了"科学发展观""可持续发展战略""创新型国家战略"等关系到国家发展的顶层设计方案。所有这些大政方针无一例外地宣示着中国经济发展模式终将转变，即由"资源驱动"型，向"创新驱动"型过渡。

可见，创新不仅是知识产权法律界关心的热点，更是国家管理部门、产业或企业界绞尽脑汁、倾其全力试图破解的难题。应该说，在全球范围内各国或各地区也都面临着如何处理好两者关系的问题。放眼世界，不同国家或者地区因其经济发展水平以及国民观念意识等方面的差异，对这一问题的重视程度有所不同。对中国而言，无论是创新，还是知识产权制度都属于新概念、新事物。因此，两者间的关系较之市场经济相对成熟的国家或地区则显得更为复杂。

然而，创新与知识产权的关系问题对于当下中国的经济发展更具有现实意义。能否处理好这一问题直接关系到我国下一步深化改革的成败，甚至关及国家、民族的命运和前途，关系到中国的经济发展能否持续。如此界定创新与知识产权问题绝非危言耸听。它反映出我们是否是以全局的眼光在审视创新与知识产权的问题。

创新是中国未来发展的唯一选择。从近来公布的相关数据可知，2015年中国的 GDP 是 10.39 万亿美元，而美国的是 16.2 万亿美元。这也就是说，尽管中国跟美国的年 GDP 差距仍超过 50%，且这一差距基本上是英国与德国年 GDP 总和。但中国的产出总量已经无可争议地成为世界第二，且其他国家已经很难撼动中国的地位。这组数据从正向反映了中国经济的发展。

然而，只要看看中国的能源消耗，我们就会产生一种隐忧。根据 BP 集团每年发布的世界能源统计年鉴，从 2009 年开始我国在能耗方面已经成为世界第一了。我们可以质疑这个统计的准确性，认为 2009 年我国的能源消耗远没有达到当下的能耗水平。但无论如何，到了今天，中国能耗是世界第一，应当是无可争议的事实了。我国的能耗世界第一，但产出却与世界第一的美国相差甚大。这直接反映出我国的能源利用效率相对较低。造成我国能源利用率低的原因，除了管理水平等软环境等因素外，更为重要的因素是我国利用能源的硬技术在整体上不够先进。即我国利用能源的能力在整体上低于发达国家的水平。

在过去近 40 年的时间里，中国的发展速度一直维持 7%～10%的增长速度，是当之无愧的全球第一。但只要了解我国能源消耗情况就会发现，我国能源消耗的增长速度明显高于 GDP 增长速度。这直接反映出中国经济的高增长率是靠着大量消耗能源的方式取得的。如果按照这种"资源驱动"模式继续发展下去，我们未来到哪里去寻找能源？中国现在还只是总能耗是全球第一，我们的人均能耗还远低于美国。有数据预测，2050 年全球的人口总数将达到约 90 亿。如果按照与现在的美国等量的人均能耗等量计算，只要

20 年，地球上的所有的资源都将被耗尽。这个世界或者这个地球，根本无法承受我们原先那样一种高能耗的，无节制靠资源驱动的发展模式。

尽管我们在资源驱动发展的模式下的确取得了举世瞩目、维持多年的高增长率的漂亮数字，但是我们已经不可能在那条路上继续前行了。除能源供需方面的矛盾外，大量消耗资源对环境带来的破坏也已触目惊心。因此，创新在国家战略层面上已经被置于前所未有的高度。在新近确立的"创新、协调、绿色、开放、共享"五个发展理念中，"创新"被放在头等重要的位置。同样的，"创新驱动发展"战略，"全民创业，万众创新"等方针的提出，集中反映出创新对于我国当下发展的战略意义。

从国内发展以及国际关系整体环境看，中国如果沿用过去 40 年的发展模式，那么注定没有未来。我们必须走创新之路，除却创新，我们确实别无他途。这就是创新对于当下中国的特殊意义所在。

其次，知识产权制度是"创新驱动发展"战略得以实施的法律保障。知识产权制度为创新营造了适宜的宏观环境。没有知识产权制度，就不可能有大量的资金，去支撑创新活动，创新者也没有创新的积极性，因为创新的付出没有回报。这是知识产权制度本身所固有的积极方面。因此我们要营造一个以创新为基础的社会氛围，就必须建立完善的知识产权制度。

环顾世界，许多发展中国家对于知识产权制度的态度跟发达国家大相径庭的。划分这两个阵营的标准非常简单，即技术上的弱国和强国。我们完全可以理解各国因其在技术发展水平的不同，致使其对待知识产权制度的心态不尽相同。但我们更应该考虑的是我们自己，即今日的中国应当如何站队？

曾几何时，中国也曾抱持着谨慎、观望，甚至消极的态度去看待相关知识产权制度。20 世纪 80 年代后期，中国参加了世界知识产权组织关于集成电路知识产权条约的国际谈判的全过程。从 1986 年、1987 年分别参加首次关于该条约的外交会议和专家会议开始，到 1989 年正式决定通过该条约，我国在整个谈判和协商过程中的立场，可以归结为两点：第一，尽可能地拖延该条约的签订；第二，尽可能地把条约设定的保护水平降低。具体而言，就是将条约草案中涉及的各种术语通过增加限定的方式将其限缩到尽可能狭窄的范围中。到 1989 年 5 月 WIPO 外交会议正式通过前，我国还联合诸多发展中国家，如七十七国集团等就条约中的若干条款提出了修改议案，最后基本实现了预定的降低保护水平的目标。例如该条约第 6 条中增加的一些内容在很大程度上限制了条约第 3 条赋予权利人的权利；在条约第 2 条相关术语解释中增加的一些限定，在事实上把条约保护对象的范围缩小了；此外，第 8 条关于保护期的规定也从 10 年变为 8 年。所有这些发展中国家在条文上咬文嚼字的努力导致起草该条约的发起国，如美国和日本在最后的外交会议上对条约草案投了反对票，欧共体国家则投了弃权票，对条约文本投赞成票的反而是一批发展中国家，以致该条约曾被戏称为"一帮不会游泳的人召开的世界游泳锦标赛"。

但是 30 多年后的今天，中国已经成为全球第二大经济体。虽然中国在技术水平和创新能力的整体水平上距离发达国家还有相当的距离，但是中国下一步的发展模式只有"创新驱动发展"这一条路可走。只有创新我们才有未来。鼓励和保护创新，反映了我们的未来利益，代表着我国的发展方向。在这种情形下，我们还能够继续保持过去对待知识产权制度的心态吗？很显然，我们不可能再像过去那样，一味地希冀降低知识产权保护水平，我们应该逐渐地学会利用知识产权制度来促进我们自身的创新能力建设，否则我们就没有前途。

我国经济在过去 40 年一直处于上升阶段。如今不少国外势力一直唱衰中国经济。的确，中国经济在经历了长期高速发展后已经进入转型期。我们的发展速度已经调整到 6.8%。要想完成从"资源驱动发展"向"创新驱动发展"的发展模式转型，实现我国经济发展的"软着陆"，建立完善的知识产权法律制度是当务之急。加大保护知识产权的力度应当成为当前我国知识产权制度建设和实施的主旋律。这就要求中国知识产权宏观政策也应当随着中国经济发展模式的转变而改变。可见，在新常态下知识产权法律制度完善与否比以往任何时候都更加重要。

基于此，知识产权法作为市场经济的产物，当为市场经济服务。知识产权法律体系完善与否的标准就看其是否能够满足市场经济发展的需求。考察知识产权法律体系是否完善，如果离开了市场经济这把尺子，就无法丈量知识产权法的优劣、作用或者功效。有关知识产权制度的评判都必须放到市场经济的环境下去进行。

以下，结合我国社会主义法律体系的总体发展状况，专门就我国知识产权法律体系中需要给予特别关注或专门探讨的问题，或者存在进一步完善空间的具体方面分别加以阐述。

第二节　明确知识产权作为基本财产权的重要地位，将知识产权基本规范纳入民法典

　　民法典是市场经济活动的百科全书。知识产权作为民事权利，尤其是财产权的一种，在市场经济中的地位越来越重要。将知识产权纳入民法典无论对于民法理论的发展，还是对于知识产权法的实施都有着正面的作用。

　　首先，知识产权法是民法在 21 世纪的最为重要的增长点。

　　民法理论根基深厚，罗马法乃至汉默拉比法典中都有民法的规范。谈及近代民法几乎众口一词说法国民法典；论到现代民法，则言必称德国民法典。大陆法系也被称作民法法系，足见民法在法律体系中的地位和作用。中国作为法治国家的后来者，在诸多法治基础方面需要有一个沉淀的过程以培育国民的法律意识和法律观念，才能形成与成熟的法治国家比肩的法律实施环境。这一点我国古代的先贤们已经非常清楚，故有"徒法不足以自行"之说。所以中国民法要在世界上全面领先不可能一蹴而就，因为作为一个有着几千年专制传统的国家，其整体环境不可能在瞬间全面转变为成熟的法治环境。但是在一些新兴的领域，在那些连成熟的法治国家也没有历史积淀的领域，中国完全可以与其并驾齐驱。

　　知识产权法便是这其中之一。在知识产权法领域，各国都没有深厚的历史基础，因为这是一个受制于技术发展的法律领域。现代知识产权制度的产生不过两三百年的时间。同时，知识产权法与东西方各自的意识形态没有直接关系，其调整的法律关系主要是一种财产关系，与经济、技术发展直接相关。因此与其他法律领域相比，其具有很强的国际通用性。这致使各国知识产权法在法律规范层面上极为相似。

　　就民法而言，其所调整的法律关系无非两种，即人身关系和财产关系。其中有关财产的法律规范是民法中最为重要的大半壁江山。当世界进入 21 世纪，当社会发展到知识经济或者信息经济时代，知识产权在全球财产总量中所占份额越来越大，一些跨国公司的资产中知识产权所占比例已经超过50％，且这个份额还在逐年上升。民法典作为调整财产关系的最为重要的法

典不可能、也不应当对其视而不见，采取鸵鸟政策。当今中国的民法典应当顺应时代的发展，以积极的姿态应对知识经济和信息时代的到来。

换个角度看，在民法典中纳入知识产权，恰恰是 21 世纪民法典相对于 19 世纪、20 世纪民法典的最为重要的发展。即财产的类型随着技术进步变得更为丰富，调整财产关系的法律自当随之改变。当知识产权在全球财产重量中所占比重越来越大时，民法典自当重新评估知识产权在财产中的地位。因为法律不具有第一性，而是第二性的。

其次，将知识产权纳入民法典有利于我国知识产权法律的正常发展。

上溯几千年，我国一直处于封建专制社会。现代法制在我国的历史不过百年。在这样一个缺乏法治传统但在近 40 年开始走向开放的社会中，经济发展和科技运用的速度多年来一直居全球首位。许多最新技术在我国的使用完全与发达国家同步。这导致我国在知识产权领域所面临诸多与发达国家完全一样的问题。人民法院受理的诸多知识产权案件与发达国家发生的案件在事实认定和法律适用上几乎完全相同，一些案件的情节甚至比西方的案件更为丰富。加之我国的案件数量远高于发达国家，在各国都没有现成的法学理论以及历史经验的状况下，我国的环境为我们储备了养分丰富的知识产权法生长的土壤。我们完全可以在知识产权这一新兴领域赶超发达国家。

但由于我国脱胎于封建社会，因此我们与发达国家在构造新型理论的价值取向上存在不同。我们需要花一段时间和精力来培养全社会的市场经济观念。尽管知识产权是一个新兴的法律领域，其理论需要创新，但它仍然是在财产权理论的基础上创新，而不是抛弃几千年来基本的市场经济规则进行的独立创新。我国长期以来市场经济的规律或者传统并未深入人心，因此将知识产权纳入民法典，有利于培养人们站在市场经济的立场上看待知识产权的习惯。否则，离开了市场经济的基本原则，知识产权法将被异化。比如近年来有人提出所谓"知识产权公权化"的口号就是一例。

民法作为市场经济的基本法，其基本规范是在几千年长期的市场环境中逐渐形成的。知识产权作为一种年轻的权利类型，在属性上依旧是一种民事权利，其主要内容当属财产权。将其置于民法典中，无疑确立了其基本属性，有助于强化人们对它的认识，改变一些以计划经济为基础的思维习惯。比如，专利法的送审修订稿中曾经出现过专利行政部门可以就侵犯专利权的行为责令侵权方赔偿损失的规定。而这种模式正是上世纪 80 年代我国商标法为适应市场经济环境所放弃的。

从发展的眼光看，将知识产权纳入民法典无论对于民法还是知识产权法，都是有利的。在未来社会，知识产权作为财产权，其地位一定会与物权相当。若能够未雨绸缪、顺势而为当属上策。事实上，早在 1986 年颁布的《民法通则》就已经将知识产权作为与物权、债权、人身权等并列的一类民事权利了。改革开放以来近 40 年过去了，我们的认识应当比我们的前辈更先进。

第三节　逐渐弱化知识产权制度中的行政色彩，还知识产权以民事权利的本来面目

党的十八届三中全会通过了《中共中央关于全面深化改革若干重大问题的决定》。该决定强调全面深化改革"核心问题是处理好政府和市场的关系，使市场在资源配置中起决定性作用和更好发挥政府作用"。而知识产权就其内容而言，除著作权中包含有作者资格等人格利益之外，其余如专利权、商标权等均为财产利益。当然，发明人资格当属人格利益，但专利法并未将其作为专利权的内容，而是将其作为专利权以外的人格利益加以保护。这样有利于技术转让等市场交易行为的完成。比如，专利权的转让导致专利权人的变化，但并不影响发明人资格。至于商标权等商业标记上的权益则完全属于财产权。即使是所谓商誉，作为一种社会评价其反映出来的民事利益在本质上仍然是一种财产利益，因为这种评价是基于利益所有人所拥有的财产作出的。具体而言，各种商誉往往依托于特定的财产，如依托于商标或商号上的商誉、依托于先进的专利技术上的商誉，或者依托于某种先进的管理制度上的商誉等。如果离开了这些具体的财产，则无所谓商誉了。一个一无所有的公司，是不可能拥有商誉的。故商誉在法律上并不是一种独立的财产利益，而是其他财产权益的映射。再进一步，即商誉不可能在法律上被称为一种独立的财产权。

作为财产利益的知识产权，当然应当是一种市场经济中的资源。对于这种资源的态度，是以市场经济的手段去调整，还是将其作为政府干预市场的手段来看待，直接反映出两种观念的差异。这种观念的差异已经直接影响到

我国知识产权有关的立法和执法，同时也直接反映在政府的知识产权政策之中。比如，在国务院的一些政策中直接提出了建设"知识产权强国"的口号。如果将知识产权理解为一种财产权，则无任何必要专门提"知识产权强国"的口号。因为建设经济强国的说法显然已经涵盖了"知识产权强国"。这里的问题在于在观念中将知识产权将与科学技术等因素作了等同替换。所谓知识产权强国与技术强国在政策层面具有等同意义。

同时，一些国家，如日本，将原来的"技术立国"的口号改作"知识产权立国"。这种做法反映了西方国家的政府存在着在知识产权领域对市场进行干预的倾向。原有的"技术立国"口号只是反映了政府对于技术创新或者研发的政策取向。改作"知识产权立国"则将政府干预之手延伸至在技术转移、应用等环节，尤其反映出政府对一种财产权在市场中的价值实现等方面的关切。这种做法反映了西方国家近年来在技术研发领域的政策走向。但如果我们将此作为榜样，简单地模仿，则不利于我国知识产权制度的顺利发展，因为我国的国情与西方国家显然不同。西方国家早已经历了从集权到市场的发展阶段，即使是主张自由经济的国家或学者也都在很大程度上开始认同政府的适当干预。但我国长期以来形成的惯性是过渡干预。故而我国与西方国家要解决的问题是两个相反的问题。我国的改革正如党的十八届三中全会决定所指出的一样，还是市场和政府关系的问题。我们的问题与西方国家相比是政府在市场问题上管得过宽、过严。因此强化行政干预的方向与我国的全面深化改革的大方向相悖。目前，正在修订的著作权法和专利法的送审稿中，争议最大的问题就反映在有关知识产权的行政执法上。

行政执法并非知识产权法中的特色。计划经济时期，每个行政主管机关都有相应的行政执法权。这在那个年代是再正常不过的事情。随着经济体制改革的深入，逐渐提出了政府在某些领域推出市场的一些做法，其中包括政府不再直接处理一些市场经济中发生的民事纠纷。比如，政府不再就特定经济主体之间发生的侵权纠纷居中裁判。但对于那些危及公共利益的违法行为政府仍应当加以管理。反映到知识产权领域，即表现为政府主管部门不再就侵犯商标权、著作权以及专利权等纠纷责令侵权人赔偿损失，但考虑到侵权行为可能危及正常的市场竞争秩序，故主管部门可以责令侵权人停止侵害或处以罚款。在改革开放初期，由于人民法院在知识产权审判方面力量薄弱，行政执法制度为国家的知识产权保护环境作出过重要贡献。在法院在审判能力上还薄弱的时期，借助行政执法保护知识产权在我国确有必要。这就如同我国专利法早期规定专利复审委对实用新型、外观设计的决定具有终局效力是一样的。

如今，近 40 年过去了。在我国知识产权法律体系已经基本建立，人民法院已经拥有数千名专门的知识产权法官，国家已经成立 3 个专门的知识产权法院。全国法院的知识产权庭集中了法院系统最高端的人才，其中博士、海归不乏其人。我们对今非昔比的国情应当特别予以注意。在今天的环境下再提强化行政执法，甚至在法律草案中直接赋予县级以上行政主管部门有权就侵权行为责令赔偿损失的做法显然是不合时宜的。这种做法违背了深化改革的基本宗旨，与建设法治社会的长期目标不符。事实上，我国专利法从20 世纪 80 年代开始，就没有仿照当时的商标法引入行政执法制度，足见当初参与起草的老一辈法学家们对此问题有他们的思考。

不可否认，尽管法院作为国家审判机关在处理有关知识产权纠纷较之40 年前对知识产权全然不知可谓天壤之别，但仍然存在许多不尽如人意的问题。对法院目前存在的问题恰恰应当想办法加强司法审判以解决问题，而不是靠强化行政执法来解决。简单地借司法审判中存在的若干具体问题，另外叠床架屋建立第二条并行渠道显然是违背建设法治国家的总目标的。

近年来流行的专利维权"举证难、周期长、成本高、赔偿低、效果差"的说法一直被作为强化专利行政执法的理由。应当看到，专利法执法检查中反映出的一些问题并非专利法所独有，而是我国普遍存在的整体性的执法不严所致。这是中国法治建设中面临的共同问题。法律实施中的这种问题不仅反映在私法的实施中，同样反映在公法的实施中，其中包括大量的行政法律法规的实施。因此，简单地在立法上增加或强化专利行政执法制度或程序，不可能改变目前知识产权法律实施中的局部环境。

当然，在知识产权的执法中也有一些是知识产权法本身特有的问题。比如，赔偿低是目前我国知识产权法面临的最为突出的问题。这里有执法不严的实务问题，也有法理不明的理论问题。如何确定损害赔偿，是各国知识产权理论界共同面临的课题。这需要共同研究、协调加以解决。然而，这一问题在西方国家并非如我国反应如此强烈，西方各国法官并未因损害赔偿问题大伤脑筋，主要原因是其执法环境不同于中国。在西方国家，法官一旦在案件审理中对侵权问题定性，各方当事人大多自行协商解决赔偿额的问题了。这里涉及法律文化的差异和社会信用体系等多方面的影响。这显然不是强化行政执法制度所能解决得了的。

　　尽管行政执法制度给了当事人在司法诉讼之外的另一种选择，但从根本上讲，依旧解决不了举证难、周期长、成本高等的问题。行政执法简易快捷的优点，严格说来是以牺牲程序正义获得的效率。然而，与知识产权相关的侵权判断较之普通的民事侵权纠纷在技术层面上更为复杂，即使是专业人员也很容易出现判断失误。国际上一些大厂商在实施某一技术时往往都会事先由专业人员就侵权与否进行初步判断。但这并不能完全消除事后被判侵权的风险。专业人员在诸多复杂的侵权问题判断上往往只能给出侵权的可能性大小，而无法给出精确的答案。行政执法机关以简单的、追求效率的方式作出的侵权处罚决定对于当事人而言往往缺乏信赖感，引发行政诉讼再自然不过了。这不仅拖累当事人，更牵涉大量行政资源消耗其中。由此推知，行政执法并不能从根本上解决"周期长"问题。而"赔偿低"的问题更不会因为行政部门的介入有丝毫进展，因为行政部门根本就不应当就赔偿作出决定。现实中，因行政罚款受行政处罚法的限制，对真正影响大的侵权案件的罚款与实际的非法所得相比往往九牛一毛，故而也难起到威慑作用。而行政处罚中的停止侵害的实施又会因为地方政府行政决定的执行能力弱而受到局限，无法真正发挥作用。北京市知识产权局在 2016 年就苹果手机作出的侵犯外观设计专利权的决定就是一例。且不说该决定作出过程中在程序上的问题，决定生效后是否应当在全国范围内执行？如果仅在北京地域范围内有效，是否会导致各地行政部门就同一事由作出不同的决定？如果在全国范围内有效，如何保证该决定在全国的执行？地方政府主管机关的决定凭什么在全国范围内有效？所有这些问题在法律上都未解决。事实上仅就前述决定而言，它在北京市范围内甚至都没有得到执行。毫无疑问，这种情况的存在不仅影响了政府决定的公信力，更严重损害了中国法律的尊严。如果大量依法作出的行政决定根本得不到执行，在法律意识本来就存在问题的当下，势必导致人们对整个法律制度的崇敬丧失殆尽，进而会进一步无视法院判决的威严。总之，行政机关的介入对于中国法治环境的大局并无益处。

前面仅谈到商标、作品与专利技术在侵权判断上的比较，各自在复杂程度上亦存在差异。行政部门通过相对简单、快捷的程序作出判断，绝对不会比那些公司内部具备第一线实际操作经验的专业人员更精准。而现实中，这些专业人员在市场竞争中的判断尚且不时出现偏差，三星与苹果、华为与中兴之间的互诉都是存在这种偏差的例证。这种偏差在现阶段是因为判断者的知识结构、思维习惯或方式，乃至价值取向等差异所致。归根结底是因为知识产权理论基础尚未成熟，以致出现裁判者自由裁量幅度过宽的表象。在这种自由裁量幅度较大的领域中强化行政处罚的力度，从经济学的角度看只能增加"权力寻租"的机会，无益于政府形象的树立。

在国外或者境外，政府行政部门也会在一定程度或者某些领域介入知识产权的执法工作。但与我国的行政执法制度不同的是，这些行政部门通常都是公共秩序的维护部门，而非专门的知识产权行政当局。比如，美国联邦调查局内部就设有知识产权问题调查部门；英国伦敦警察局也有一个专门负责知识产权问题的小组；我国香港特区则由海关负责调查处理包括知识产权、产品质量等相关事务；我国台湾地区警方亦设有专门的保智大队处理岛内的假冒案件。但它们处理的案件多为商标或著作权案件。专利除罪化的规定使他们对案件的管辖权限受到一定限制。相比之下，主张我国在县级以上人民政府分别设立著作权、商标和专利3个专门的行政主管部门的做法显然有用力过猛之嫌。当然，这也与国务院层面上多头管理的体制有关。目前，国家知识产权局主管专利权和集成电路布图设计权的行政管理工作；国家工商行政管理总局负责商标、不正当竞争等行政管理；国家版权局主管著作权行政事务；农业部和国家林业局共同负责植物新品种权相关工作；国家质量监督检验检疫总局和农业部管理地理标志事务。此外，与进出境货物有关的知识产权保护由海关总署负责；国际贸易相关的知识产权事务由商务部负责；与科技有关的知识产权由科学技术部管理。这种管理体制本身直接反映出行政部门在观念上并不是将知识产权简单地视作一种财产权。

第四节　尽快完成著作权法、专利法的修订工作，适应"创新驱动发展"战略的需求

2013年，《商标法》的修订工作得以完成。新商标法除了引入了声音商

标的保护之外，更为重要的是强化了诚实信用原则在商标权产生和行使中的作用，对于那些有违诚实信用原则的行为在商标法上给予了前所未有的否定性评价。这对于净化市场环境、打击假冒侵权、保护商标权人利益起到了积极作用。

但是，《著作权法》修订工作启动至今已近 10 年，《专利法》修订工作也已持续多年。到目前为止，两部法律的修订稿尚未通过国务院审议。因此，按程序还有诸多工作有待完成。但现实需求已经非常迫切，这两部法律的修订直接关系到我国的创新环境建设。所以无论著作权法还是专利法的修订工作都应尽快完成，以适应我国经济发展模式的转换。

1. 关于著作权法的修订

现行著作权法是 2010 年修订通过的。但由于这次修法主要是为了满足 WTO 裁决的要求，故涉及的内容非常少。因此现行著作权法主要条款都是 2001 年制定的。十余年里，互联网技术飞速发展。有关作品使用或者传播的手段不断更新，进而在很多方面打破了原有的权利人和作品使用人以及公众间的利益平衡。为了恢复著作权法律关系中各方主体间的利益平衡，著作权法中一些原有的概念需要重新界定其外延，个别的还需在内涵上作出调整。在市场经济中，各利益相关方都以各种手段试图在法律上获得最大的利益，这致使著作权法修订变得甚为困难。这一现象从一定程度上反映出中国社会的进步，即利益相关方开始关注法律的制订或者修订以便保证其享有相应的权利。2012 年音乐作品著作权人在国家版权局公布著作权法（修改草案）后，就通过各种渠道对其中有关集体管理的规定提出了他们的看法。最终国家版权局撤回了原来第一稿中的相应条款。同时，在这种权利意识觉醒的同时，各利益相关方还应当学会妥协。如果各方都不会妥协，则无法平衡各方的利益。著作权法迟迟无法出台，不能说与各方都还不善于妥协毫无关系。

著作权法中需要修改的内容有很多。但最为关键的问题还是信息技术问题，尤其是互联网技术的发展和进步给著作权法带来的问题。围绕着这个问题，各方都提出了各自的建议。但这其中最为重要的还是如何看待传播权的问题。在互联网环境中，作品复制虽然依然是作者权益的实现方式之一，但作品的传播较之过去其重要性得到了迅速提升。传播权，尤其是网络传播权的界定变得非常敏感。它直接涉及相关产业或者行业间的利益分配格局。不仅如此，这一问题还涉及著作权权利体系的构建。比如，是根据每一种具体的传播行为将传播权逐一分解为信息网络传播权、表演权、播放权、广播权等，还是采取笼统的公共传播权。这种权利体系的设计不同直接关系到裁判者在处理案件时的法律适用问题；同时也关系到现存的集体管理组织在未来取得授权的模式以及既往已经获得授权的权利的行使方式等。对于这种涉及各方利益分配问题的敏感问题，在当下中国似乎很难通过各方协商加以解决。这在一定程度上反映出中国的市场经济以及市场经济中的国民在这个环境中的心态还不是非常平和。

除了与信息技术相关的传播权之外，原有的以复制权为基础的著作权问题也是大家关注的热点之一。很显然，复制权在现实中依然发挥着重要作用，诸多作品价值的实现方式依旧有赖于复制行为。如何进一步强化权利人对作品的控制能力也是各方博弈的焦点之一。网络环境下的临时复制的属性，是大家争论的焦点。临时复制能否在中国被纳入著作权中的复制，直接关系到诸多产业在互联网社会中的生死。与之相关的合理使用制度应被如何表述，也会对现实中诸多行业产生致命的影响。还有唱片产业是否能在邻接权的设计中再抢到一根救命稻草等都是争议很大的问题。

或许，正是由于各方都非常重视各自的利益，而又都不善于妥协，以致中国的著作权法修订工作迟迟无法了结。而在此期间，其他国家或者地区针对其著作权法已经分别进行过多次修订，而我国著作权法却稳如泰山。无论如何，现实需求呼唤着著作权法修订尽快完成，否则文化创意产业的发展将在诸多方面面临困境。

2. 专利权法修订

2011 年前后《专利法》第四次修订工作即告启动。而在此以前，国家有关部门已经启动了《职务发明条例》的制定工作。经过多次反复，目前专利法草案征求意见稿和职务发明条例草案均已经上报给国务院法制办，其中专利法草案征求意见稿已是第二次上报国务院。此次专利法修订涉及的问题也非常多，但在总体上至少有下面几个方面的问题需要重点考量。

第一，职务发明的问题。对职务发明的规范是专利制度建设的基础问题之一。职务发明条例主要试图解决两方面的问题，即职务发明的界定与职务发明创造的奖励与报酬。对于第一方面问题各方尽管存在不同的看法，但对于现行专利法规定的原则各方基本肯定。主要争议在于是否引入德国法中的申报制度。而对于第二方面的问题，各界论争的焦点主要在于报酬的支付上。在各国企业内部，大多有相应的规定奖励职务发明人。但对于报酬的规定却不尽相同。对如何在职务发明创造实施之后给予发明人以相应的报酬，各方意见分歧较大。主要表现在对是否需要以强制性规范的方式规定有不同看法。有人认为这属于企业自主权范围的事务，不宜由法律法规强制性规定。亦有人认为国家应当对此规定一个最低标准，以避免现实中忽视发明人利益的情况出现。还有人认为，应当在尊重企业与发明人合同的基础上，即"约定优先"的基础上给出相应的奖励和报酬标准。相关争论此起彼伏，见仁见智。从目前的草案看，"约定优先"的做法似乎得到官方的认可。这一问题的处理不仅涉及《专利法》，还涉及《促进科技成果转化法》《合同法》等法律、法规的内容。

第二，专利行政部门的职能问题。专利法送审稿增加了国务院专利行政部门"负责涉及专利的市场监督管理，查处有重大影响的专利侵权和假冒专利行为，建设专利信息公共服务体系，促进专利信息传播与利用"等职能。对于"建设专利信息公共服务体系，促进专利信息传播与利用"的规定各方并未有太多意见，但是对于"负责涉及专利的市场监督管理，查处有重大影响的专利侵权和假冒专利行为"，尤其是进一步提及的在县级人民政府设立专利行政部门的做法引发各方反对意见。关于专利行政执法的问题，在前面有关知识产权行政执法的部分中已经讨论，故这里不再复述。

第三，外观设计保护的立法问题。纵观我国《专利法》实施三十多年来的情况，现实中有关外观设计的一些问题主要源自目前专利法的"三位一体"立法模式。具体地讲，在专利法实施中反映出的关于外观设计立法方面的问题或者执法上的不协调，至少有以下几个方面。

其一，与发明或实用新型相比，外观设计的侵权判断与之完全不同。这种状况致使在同一部法律中存在两种完全不同的侵权判断思路、方法和标准。从立法技术层面上看，将两种总体思路完全不同的问题混杂于同一部法律之中显然不利于法律的规范化。从实务操作层面上看，对是否侵犯发明或实用新型专利权的判断是靠技术特征的对比，最终得出不同、相同或者等同的结论。而外观设计的构成要素与技术方案完全不同。这导致比较的要素、方法也完全不同。其二，与发明或实用新型专利相比，外观设计的授权标准完全不同。在第三次修订专利法时，国家知识产权局曾组织了 5 个课题组研究外观设计问题，其中 4 个课题组的题目中包含有"外观设计专利的授权标准"字样，在内容上 5 个课题的主要内容均集中于专利权的授予问题。这种状况固然反映出外观设计的授权条件在外观设计制度中的重要性，但同时也让人明白了外观设计与发明、实用新型专利的授权条件存在巨大差异。否则何以需要耗费如此人力就同一问题进行反复研考。客观地讲，到第三次专利法修订工作启动时，我国的发明、实用新型专利制度已经基本成熟，在授权条件的问题上已经总结了不少有益的经验。很显然，这些经验对于外观设计完全无法适用。于是才有了前面所述的局面。

此外，在完成智力创造的过程中，发明人与设计人的创造行为模式，以及在行为过程中所遵循的理念完全不同；发明或实用新型的技术方案与外观设计所面向的市场环境也完全不同。目前专利法将 3 种专利的相关条款混编于各章之中的做法，显然更容易造成理解和执法中的偏差。

综合以上情况，鉴于外观设计在性质上完全不同于发明、实用新型，即外观设计不是技术方案，最为恰当的做法就是将其逐出专利法，另立门户制定专门法。即使基于目前的立法体制做不到如此，在此次修订专利法时也应当在把共性条款统一规定于总则之后，尽可能将外观设计的相关规定独立成编，为今后自立门户埋下伏笔。这种做法对未来的法典化工作也是有益的准备。

第五节　结语

我国的知识产权法律体系建设是一个庞大的系统工程。其中还有诸多问题需要完善，比如为了实现同案同判，统一知识产权案件审理标准，必须加速建立统一的知识产权上诉法院；为了适应技术进步的快速节奏，应当创设快速修法程序。所有这些问题都有待未来加以完善。

当然，在我们注重保护知识产权的同时，应当注意到另一方面的问题，即知识产权如果运用不当，也可能对创新构成障碍。现实中专利联盟、专利

"蟑螂"或者非实施主体、标准必要专利等一系列问题都可能涉及滥用知识产权的行为。我国的法律还应当对这些问题加以关注以克服知识产权运用中的负面效应。基于知识产权保护对象的无体性，推演出"占有"不可能成为知识产权的权能。这意味着知识产权是一种完全由法律拟制的禁止性的排他权。这意味着，知识产权相对于所有权或物权更容易被侵犯，因此法律应当对知识产权给予更强有力的保护。但与此同时，还是由于知识产权是一种完全基于法律拟制所生的权利，因而这种权利被滥用的可能性也比所有权或物权更大。这导致我们在知识产权的市场运用方面，应当同时倾注更多的注意力以防止滥用知识产权情形的发生，进而在宏观层面上克服知识产权制度的负面影响。当然，这里负面影响多来自"市场失灵"时所产生的负面效应。这类负面效应在当下中国的某些领域已经显现，比如信息技术行业中发生于华为、中兴、高通等企业间的案件已让我们感知到问题的复杂性和严重性，这需要在今后逐步加以解决。

第十八章

完善金融监管法律体系

我国金融监管法律制度是伴随着金融业发展和金融监管体制改革而逐步发展完善的。回顾我国金融改革历程可以看到，建立健全的金融机构组织体系、金融市场体系、金融监管体制和金融监管法律制度体系，始终是我国金融监管改革的根本任务。改革开放以来，尽管我国金融立法工作取得了一定成就，金融体制改革和金融法制建设步伐也不断加快，但我国现行金融监管体系尚无法满足金融发展的现实需要，金融监管体制弊病亟待祛除。随着我国金融市场的深度发展和快速创新，金融监管的新问题与新挑战不断出现，内在地要求我国金融监管水平应不断提高，金融监管法律制度应与时俱进，金融监管体制应科学有效。

近年来，随着全球进入后金融危机时代，世界主要经济体的主要任务开始由采取短期金融救助政策措施转向金融监管法律制度改革，以修复现行金融监管体系的根本缺陷。美英及欧盟等国家和地区先后颁布多项金融监管改革法案，不仅折射出国际金融监管改革新动向，更为我国展开新一轮金融监管体制和法律制度改革提供了有益经验。我国新一轮金融监管改革肇始于后金融危机时代，不可避免地置身于全球金融监管改革的巨浪之中，这就需要我国站在自身国情的立场上，综合考察、分析、借鉴不同金融监管模式重构和制度调整的经验，汲取可供我国金融监管改革借鉴的立法及制度经验，进一步完善我国金融监管体制和机制、优化金融监管立法，从而真正实现党的十八届三中全会和十八届四中全会提出的"落实金融监管改革措施"和"建设中国特色社会主义法治体系"的战略目标。

第一节　国际金融监管变革的立法发展与制度经验

金融危机爆发后，西方国家相继出台多项金融监管立法改革措施，反思金融秩序失范背后金融法律与政策的缺陷，寻找化解监管模式困境的对策。在全球金融环境同此凉热的今天，以国际金融监管的种种反思为省察，可为我国金融监管改革提供经验之借鉴。

一、美英和欧盟监管变革的立法发展

美国次贷危机爆发过程中，为及时遏制金融危机的蔓延，美国财政部先后出台两部金融监管改革方案，探索金融监管应对之策。[①] 次贷危机后，美国于 2010 年 7 月 15 日通过被称为 20 世纪 30 年代大萧条以来最严格的金融改革法案——《多德－弗兰克华尔街金融改革和消费者保护法案》（以下简称《多弗法案》）。依据该法案，美国在金融监管和消费者金融保护方面进行了力度空前的改革：在财政部下设立金融稳定监督委员会（Financial Stability Oversight Council，FSOC），承担宏观审慎监管职能，负责识别和防范金融机构和金融市场早期的系统性风险，确立统一审慎监管标准，并负责协调联邦和各州监管机构之间的信息沟通和协调；在美联储之下创设独立机构消费者金融保护署（Consumer Financial Protection Bureau，CFPB），集中赋予其有关金融消费者保护、加强消费者金融教育方面的权力，赋予其有关消费者金融保护方面的监督、检查和执行权。[②]

---

① 这两部金融监管改革方案分别是：2008 年 3 月 31 日颁布的《金融监管架构现代化改革蓝图》和 2009 年 6 月 17 日颁布的《金融监管改革新基石：重构金融监管与规制》。前者按时间就改革进度划分短期、中期和长期三个改革时间段，并在长期建议中提出了转向目标监管的思路。后者力图从监管理念、监管制度、监管架构、监管手段等各个方面革新现有的监管体系，实施更为严格的消费者保护政策，出台更为严格的金融产品监管规制。

② 除设立金融稳定监督委员会和独立机构消费者金融保护署，美国《多德－弗兰克华尔街金融改革和消费者保护法案》规定的其他金融监管改革措施还包括：将金融监管机构整合为美联储、联邦存款保险公司、货币监理署和国家信用社管理局四家；设立独立机构财政部金融研究办公室，负责收集金融市场参与者信息，开发金融系统风险的监测工具，监测金融系统风险；在财政部之下设立联邦保险事务办公室，负责对保险业进行监督，提供监管意见和建议等；全面加强美联储对非银行金融机构和银行控股公司、对储蓄控股公司以及非储蓄机构的附属机构、对系统性金融风险等的监督管理职能等。

危机爆发以来，英国金融业也受到严重冲击，英国政府出台一系列金融监管立法。2009 年 7 月英国财政部发布《改革金融市场》白皮书，提出建立财政部、英格兰银行、金融管理服务局三方监管正式合作机制和扩大金融管理服务局职权。2010 年 4 月英国议会通过《2010 年金融服务法》，将白皮书的改革内容进行立法承认。2010 年 7 月，英国财政部发布《金融监管的新方法：判断、焦点和稳定性》，提出在英格兰银行设立金融政策委员会（Financial Policy Committee，FPC）作为政策咨询机构。2011 年 6 月，英国财政部发布《金融监管新方法：改革蓝图》的白皮书，建议将原有的英国金融服务管理局（Financial Service Authority，FSA）① 分拆为审慎监管局（Prudential Regulation Authority，PRA）和金融行为监管局（Financial Conduct Authority，FCA）。2013 年 4 月 1 日，《2012 年金融服务法》正式生效，白皮书内容基本被采纳。依据《2012 年金融服务法》，英国政府对英国原有金融监管体制进行了彻底的改革，诞生新的"准双峰"② 金融监管的 3 个独立机构：内设于英格兰银行理事会之下的金融政策委员会（FPC）、独立操作的英格兰银行附属机构审慎监管局（PRA）和直接对财政部和议会负责的独立机构金融行为监管局（FCA）。

金融危机爆发以来，欧盟认识到目前欧洲金融监管在整个监管体系安排和具体监管环节中都存在关键性缺陷，并不具备防御、处理和化解危机的能力，相继采取了多项金融监管改革立法措施。③ 2009 年 6 月 19 日，欧盟理事会通过了《欧盟金融监管体系改革》，提出将宏观审慎监管和微观审慎监管相结合，建立泛欧监管体系方案。2010 年 9 月 7 日，欧盟经济与财政部长理事会批准了欧盟金融监管体系改革法案。2010 年 9 月 22 日欧洲议会全体会议最终审查并批准了该法案，作出宏观审慎和微观审慎监管的体系构建，决定建立一系列新的欧洲监管机构替换现存的各种监管委员会。综合欧盟一

---

① 金融危机前，英国金融监管实行综合监管模式，通过金融服务监管局（FSA）对整个金融市场实行全面监督管理。

② 英国金融监管模式被称为"准双峰"模式，是因为与"双峰"模式相比，金融行为监管局（FCA）除具有行为监管职能外，还同时兼具对审慎监管局（PRA）监管范围外的微小金融机构的审慎监管职能，从而保留了综合监管的某些特征。

③ 这些措施例如：出台资本金要求修正案、信用评级机构监管提议、存款保障计划修正案、基金经理监管提案等。

系列立法改革措施，主要涉及三方面内容：一是新建欧洲系统风险理事会（European Systemic Risk Board，ESRB），履行宏观审慎监管职责；二是组建欧洲金融监管体系（European System of Finance Supervisors，ESFS），强化微观审慎监管；三是全面加强金融机构风险管理。

二、国际金融监管变革的制度经验

尽管不同国家或地区的金融监管立法发展脉络不同，金融监管体制的新设构架不同，但隐藏于改革风浪背后的金融监管演进规律和金融监管改革理念是存有相似性的。

（一）改进宏观审慎监管框架，强化防范系统性风险职责

国际金融危机发生以后，金融危机随之而来的深度萧条凸显出美英两国宏观审慎监管上的严重不足，同时也引发各国对金融体系顺周期性的把握和对系统性重要金融机构等破产倒闭风险的早期识别与预警缺失的反思。针对系统性重要金融机构破产倒闭风险扩散引发的全局性金融危机、针对金融体系顺周期性对实体经济带来的不利影响及金融消费保护不力等问题，西方各国开始以前所未有的重视度着力建立宏观审慎监管体制和制度，设立专门的金融宏观审慎监管机构并提高其独立地位。美国的金融稳定监督委员会（FSOC）、英国金融政策委员会（FPC）和欧盟的欧洲系统性风险委员会（ESRB），都被赋予了识别、早期预警、防范和处置系统性风险，实施宏观审慎监管的职责。[1] 这些机构的宏观审慎监管措施包括但不限于完善资本充足率体系、建立逆周期的资本留存制度、增加系统重要性金融机构的附加资本要求、增加限制过度投机的杠杆率规定等。

（二）提高央行在宏观审慎监管中的地位，强化其应对金融顺周期性的职责

中央银行在宏观审慎管理中发挥主导作用是国际社会应对金融危机理性

---

① 以美国金融稳定监督委员会（FSOC）为例，金融稳定监督委员会由15个拥有投票权的成员和5个无投票权成员组成，主要职能包括：针对可能产生系统性风险的金融机构和金融业务，金融稳定委员会可以提出差别性的资本充足率、杠杆率、流动性和风险管理要求；金融稳定委员会应就其实施的旨在减少系统性风险的监管措施对经济造成的影响进行持续研究；金融稳定监管委员会应关注国内、国际的监管动向和发展，并分析其对美国金融市场系统性风险的影响。

思考的产物。金融危机之前，中央银行几乎都被排除在金融监管体系之外，专司货币政策职能。但金融危机的爆发表明，原有监管制度架构不利于防范系统性风险和实施宏观审慎监管。危机后，无论各国是否设置专门的宏观审慎监管机构，中央银行在金融宏观审慎监管方面的职能均呈现回归和加强的趋势，其宏观审慎监管的职责与权限也在金融监管法律制度中得以明确。例如，英国赋予了英格兰银行在维护金融稳定中的核心地位。在英国现行金融监管体系中，负责宏观审慎监管的金融政策委员会和负责金融监管的审慎监管局都下属或附属于英格兰银行。再例如，美国空前强化了美联储的权力，将其监管范围从原来的银行控股公司扩大到所有可能对金融稳定造成威胁的企业，并对具有系统重要性且内部关联性强的大型公司提出更严格的资本金和其他监管标准要求，实现美联储由中央银行到"金融监管超级警察"的跨越。

（三）出台专门金融消费者保护法案，成立专门金融消费者保护机构

随着金融市场的深化，金融商品和服务日益复杂化，金融消费者与金融机构之间的公平交易地位随之不断弱化，体现为金融消费者与金融业者在信息能力、缔约能力和交涉能力等方面的落差扩大。[1] 金融危机使各国政府切身体会到金融消费者乃金融稳定基础的道理，诸多国家和地区在监管改革中都把金融消费者保护作为改革的重要内容，以出台专门的金融消费者保护法和成立专门的金融消费者保护机构为鲜明特征。美国《多弗法案》将金融消费者保护提高到了与审慎监管同等重要的历史性高度，在美联储体系内设立独立的消费者金融保护署（CFPB），以保护整个金融领域的消费者免受各种不公平、欺诈和违规行为的损害。[2] 英国《2012 年金融服务法案》新设立的金融行为监管局（FCA）被明确授予金融消费者保护职能，并使其直接对财政部和议会负责。欧盟金融监管改革将"金融消费者保护"列为欧洲金融监管系统（ESFS）的绝对核心任务。

---

[1] 刘媛. 金融消费者法律保护机制的比较研究. 北京：法律出版社，2013：1.

[2] 消费者金融保护署（CFPB）的独立性体现在：金融消费者保护局的负责人由美国总统任命，并经参议院同意，拥有独立预算权；拥有独立规章制定权，有权制定与金融商品消费相关的消费者保护法令；成立专门窗口、单一热线处理消费者保护事宜. 多德-弗兰克华尔街改革与消费者保护法案. 董裕平，全先银，汤柳，姚云，等译. 北京：中国金融出版社，2010.

第二节　我国现行金融监管体系的现实考察与问题检视

"他山之石，可以攻玉。"分析我国应当在何种程度上借鉴以上制度经验，必须以我国金融业发展特点、金融监管演进规律和对已有监管模式的全面省察为基础。通观我国现行金融监管体系的问题，症结主要存在于金融监管体制、机制和法制三个层面。

一、金融审慎监管体制尚未完全理顺

目前，我国金融监管体制实行分业监管的"一行三会"模式，以监管客体标准划分属于"机构监管"，以监管主体标准划分属于"多头监管"[①]。人民银行主要职责是制定并推行国家货币政策，银监会负责监督管理银行业，证监会负责监督管理证券业，保监会负责监督管理保险业。[②] 在我国金融体系开始起步的初级发展阶段，这一体制构架在提高监管机构和人员的专业化、明确监管机构分工和防止权力过于集中等方面起到促进作用。然而，随着金融市场日新月异的发展和突飞猛进的创新，金融交易和产品的复杂性、风险性、跨业性愈加突出，该体制逐渐暴露弊端。同时，相较于后危机时代金融监管改革的所趋大势，我国现行金融监管体制在监管架构、目标与理念以及监管方式上，也都与国际最新理念和架构有较大差距。

（一）现行金融监管体制在应对金融创新和混业经营时明显乏力

随着金融全球一体化和金融创新进程不断加快，我国金融业混业经营趋势逐渐显露，金融业务间界限日益模糊，分业监管在应对金融业交叉化复杂化的过程中暴露出诸多问题。其一，由于金融监管对象业务范围不断扩张，各监管机构为实施对目标机构的全方位监管，都在原有监管范围基础上向外扩展并出台新规章，导致重复监管出现以及监管机构的人力资源、物力储备

[①] 从不同的角度出发可以将金融监管模式划分为不同的类型。以监管客体为标准，可以划分为机构监管模式、功能监管模式、目标监管模式；以监管主体为标准，可以划分为多头机构模式、统一监管模式、双峰监管模式；以监管的渊源为标准，可以划分为规则监管模式、原则监管模式等。

[②] 根据 2018 年国务院机构改革方案，银监会和保监会已经合并为"中国银行保险监督管理委员会"，但是，本书中关于"一行三会"的论述在国务院机构改革之前，仍然具有一定的学术价值。在此不作大幅度修改。以下关于"一行三会"的论述也保留。

和财力资金被多倍地消耗。以金融创新的典型产物——金融理财产品为例，虽然金融理财产品种类繁多，但在产品设计、资产经营、投资运作、金融交易关系等多个方面都存在本质共性。① 而根据机构监管的要求，即便对性质属性非常相似甚至相同但不属于同一类型金融机构发售的理财产品，也要由不同监管机构监管。其二，在面对混业经营的典型代表——金融控股公司时，我国金融监管体制出现明显乏力问题。由于金融控股公司涵盖银行、证券、保险、信托等金融业务中的至少两个领域，每个监管机构都可以对金融控股公司进行职责范围内的监管，但受分业监管限制，没有一个监管机构能够作为牵头或从整体上监控金融控股公司的运行，反而降低了监管效率，不利于监管有效衔接。② 尽管这些问题切实存在，也应当看到，我国金融监管体制为应对金融创新和混业经营趋势，也进行了一些灵活变通的尝试，试图在机构监管框架下借鉴以"金融产品/业务"为基础的"功能监管"③ 理念，以应对突破传统金融监管业别划分的各种新问题。④ 但毕竟这种创新尝试只占很小的比例，未带来实质性改变，根本问题并没有得以彻底解决。

（二）现行金融监管体制对系统性风险防范的引导和保障作用不足

我国现行金融监管体制呈现"四龙治水"，无论"一行"或"三会"都没有真正建立起宏观审慎监管框架以防范系统性风险和应对金融顺周期性。一方面，银监会、证监会和保监会的主要任务是维护金融机构的稳健经营和合规性，监管方式主要是对金融业市场准入、业务范围、财务账目、资本状

---

① 金融理财产品的共性主要体现在"间接性"和"信托性""预定性"和"跨市场性"、以"保值增值"为目的、"专业性"和"不对等性"等。

② 需要说明的是，人民银行对金融控股公司的监管也非常有限，因为人民银行自银监会成立后，由于重点集中于制定和执行货币政策、防范和化解金融危机，大部分银行业监管职能已交由银监会承担，仅保留监管银行间同业拆借市场、银行间债券市场、外汇市场等职能。

③ 功能监管是指依据金融体系的基本功能设计金融监管体制，即规定某一类金融业务由某个监管者进行监管，而不论这种业务是由何种性质的金融机构从事的。Bodie, Z. and R. C. Merton, 1993, "Pension Benefit Guarantees in the United States: A Functional Analysis", in R. Shmitt, Ed., The Future of Pensions in the United States, Philadelphia, PA, University of Pennsylvania Press.

④ 以我国"保险机构办理基金销售业务"为例，保险机构作为证券投资基金这一理财产品的发售机构，理应受到保监会的监管。但是，根据我国证监会和保监会于 2013 年 6 月 3 日发布的《保险机构销售证券投资基金管理暂行规定》第 5 章的规定，证监会和保监会可以对保险机构销售基金业务进行联合现场检查，双方定期沟通交流监管信息，及时通报业务现场检查及处罚情况。由此可以看出，证监会在保险机构销售基金理财产品的过程中进行监管，并不是基于"机构监管"框架下的权力划分，而是根据销售证券投资基金这项业务的功能性质。

况等是否符合法律法规进行合规监管。从《银行业监督管理法》《证券法》《保险法》等的立法目的也能够看到，"三会"以微观审慎监管为主，着重控制和管理金融机构风险。另一方面，人民银行在宏观审慎监管中的主导作用明显不足。一是人民银行监管对象的局限性。现行模式下，人民银行权力范围受到较多约束，不能总揽全局。作为其主要监管对象的商业银行仅是可能给金融系统带来严重风险的机构之一，其他可能对金融稳定造成威胁的机构，如投资银行业务为主的银行控股公司、对冲基金、保险公司等不属于人民银行监管范围，人民银行无法成为真正意义上的"金融系统性风险监管者"。二是人民银行监管职能的局限性。人民银行目前不具备对金融市场全方位监管的职能，监管范围未扩大到金融市场支付、结算和清算系统的权力以及金融衍生品的场外交易等内容，也不包含实体经济构成系统性风险的金融机构、金融产品和操作行为，无法阻止金融机构在实质性监管缺位的情况下发展成过度杠杆化的庞然大物。因此，在建立逆周期的宏观审慎政策框架方面，我国面临的问题和挑战还很多。

（三）现行金融监管体制难以形成对金融消费者权益的集中保障

我国着手构建金融消费者权益保护监管框架的起步较晚。近年来，尽管由金融监管机构加强对金融消费者权益保护的监管理念逐渐得到广泛认同，我国也于 2011 年至 2012 年间，在"一行三会"的构架内先后建立起保险消费者权益保护局、证监会投资者保护局、银行业消费者权益保护局、金融消费权益保护局（下文统称为金融消费者保护局）。[①] 但是由于金融消费者保护局构建于"机构监管"体制框架内，金融消费者保护局也被迫纵向分割，金融消费者保护局也不得不带有"机构监管"的体制缺陷：其一，4 个职责相近的金融消费者保护局开展内容相近的保护工作，难以避免重复监管所存在的类似弊端；其二，各金融消费者保护局保护标准存在差异，从而无法实现标准的统一，将给金融机构从中套利进而侵害消费者权益提供可乘之机；其三，因各金融消费者保护局保护对象范围受隶属机构监管权责的限制，无

[①]　2011 年 10 月 14 日，保监会的保险消费者权益保护局正式挂牌。2011 年年底证监会的投资者保护局正式成立。2012 年 11 月 20 日，银监会正式成立银行业消费者权益保护局。2012 年 7 月，人民银行正式成立金融消费权益保护局。

可避免地产生真空保护群体和监管保护盲区，致使金融消费者权益保护工作无法全面覆盖，也易导致因权责不明而相互推诿扯皮；其四，由于 4 个金融消费者保护局分别隶属于"一行三会"，是其内设司局，严重缺乏"独立性"，也极大降低了保护效率。①

二、金融监管协调机制运作效果有限

监管协调是提高监管有效性的重要保障，良好的监管协调可以提高金融监管信息共享率、及时防范系统性风险以及织密金融消费者保护网。我国于 21 世纪初开始逐渐探索并建立我国的金融监管协调机制。截至目前，"三会"间的监管协调机制主要是《中国银行业监督管理委员会、中国证券监督管理委员会、中国保险监督管理委员会在金融监管方面分工合作的备忘录》所确立的信息收集交流机制和监管协调机制。"一行"与"三会"的协调机制是指金融监管协调部际联席会议制度。但自 2000 年建立以来，联席会议却甚少"联席"②。2013 年 8 月《国务院关于同意建立金融监管协调部际联席会议制度的批复》中，国务院同意建立由人民银行牵头的金融监管协调部际联席会议制度。通过季度例会或临时会议等方式开展工作，落实国务院交办事项，履行工作职责；牵头人为中国人民银行，成员单位包括银监会、证监会、保监会和外汇局，必要时可邀请发展改革委、财政部等有关部门参加。

由于缺乏直接的外推力，我国金融监管协调机制还处于初级阶段，金融监管协调机制仍存在亟待完善的诸多问题。第一，联席会议性质稳定性不足。根据《国务院关于同意建立金融监管协调部际联席会议制度的批复》，联席会议主要通过季度例会或临时例会方式开展工作，而非常设机构，实践中也多为"论坛式"的议事方式，除必要的季度例会和临时会议时间，并无固定或常设工作人员进行长期持续的监管协调工作。稳定性的缺乏，导致议事不够深入、持续性不足和组织涣散，使实际运行效果大打折扣。第二，缺

---

① 金融消费者保护局独立性的缺乏主要体现在组织机构、人员任免、资金来源和问责机制不独立。

② 在 2003 年 6 月三会签订《中国银行业监督管理委员会、中国证券监督管理委员会、中国保险监督管理委员会在金融监管方面分工合作的备忘录》后，当年 9 月，第一次联席会议召开，并明确例会每季度召开一次。不过，第二次例会召开已是次年 3 月。此后，监管联席会议再没有召开过。直到停滞 4 年多之后，金融监管部际联席会议才在 2008 年重新启动。金融监管协调部际联席会议第三次启动效果有待观察．［2015-10-12］．http：//business．sohu．com/20130820/n384621360．shtml．

乏监管协调的程序规定，规范化和制度化运作程度低。当某种涉及跨行业监管或系统性监管问题出现时，应由谁如何提出并列入协调计划，以及遵从何种标准、原则进行协调，均无据可依，大大削弱监管力度。第三，缺乏执行监督制度。当前的联席会议工作重心集中于高层次讨论问题，对于讨论产生的解决方案，依旧需要各监管机构分别执行，具体如何执行没有统一标准，执行结果是否有效也不受统一监督，致使金融监管协调机制缺乏刚性。第四，金融消费者保护局间的专门协调机制阙如。目前4个金融消费者保护局各自为战，尚未建立起专门的协调机制。

三、金融监管法律制度统合程度不高

近年来，我国金融法制建设的步伐不断加快，金融法律法规和规章在数量和质量上取得较大进展，但总体来说还远远落后于我国经济、金融体制改革迅速发展的要求。同时，受限于现行金融监管体制的框架和现有立法技术，金融监管法律制度内部的矛盾冲突也不断累积，突出表现就是统合度不高，体系性不强。

从立法格局看，部门规章"越俎代庖"现象突出，法律"变主为客"[①]。金融监管部门在实践中受实用主义的严重影响，发布大量法律之外的监管规章，例如监管指引、通知、试行办法等。虽然这些政策性文件的指引性和及时性较强，但临时性和随意性大，立法层次整体不高。由于部门规章及规范性文件数量庞大，实践适用中规则纷乱繁杂，极其不利于金融监管立法的体系化和系统化。

从立法分工看，"政出多门"弊病繁多，"分散式、应急式"特点突出，"各自表述""分而治之"现象明显。分业监管模式下不同监管部门分别出台归属各自监管范围的监管规则，难以从整体金融市场角度出发全面考量，致使诸多具有跨行业跨领域的金融创新产品，经常面临双重甚至多重监管规则制约，且不同监管规则之间存在标准冲突和内容矛盾，使金融交易活动和金融监管活动难以确定明确依据从而依法进行，法定的权利（力）义务和责任难以在金融实践中统一落实。监管机构的"分裂割据"难免导致监管立法

---

① 我国目前专门针对金融监管的法律主要有《商业银行法》《中国人民银行法》《银行业监督管理法》《证券法》《保险法》《反洗钱法》等，在金融监管法律体系中占比很小。

"各执一词"。因此,欲使金融监管立法统合度提高,需以金融监管体制优化协同推进,通过监管立法顶层设计在宏观上对现有规则予以提炼整合。

从立法发展来看,目前很大部分金融监管立法滞后于金融发展实践,缺少前瞻性和原则性,如有关金融混业的金融控股公司法、金融监管协调法,有关金融创新的资产证券化法、金融衍生品管理法,有关金融企业法人治理、市场退出等方面的立法,有关存款保险制度的高层次立法等还未制定。面对金融产品和交易的复杂化、创新化和多变化,金融监管立法如果仅以"头痛医头,脚痛医脚"这种查缺补漏方式,是无法实现无缝有效监管的目标的。因此,未来我国金融监管立法还必须要在稳定性和前瞻性之间寻求到合理平衡。

从立法价值选择来看,我国金融监管的立法目标设置,仍受传统金融行政管制理念窠臼的影响,过多强调审慎监管、金融稳定,相形缺乏对金融消费者权益保护理念。尽管 2006 年后,银监会开始使用"金融消费者"概念,人民银行、银监会和保监会也自 2011 年集中发布多部关于金融消费者权益保护工作的专门文件。[①] 但从整体上看,我国金融消费者权益保护立法的规制力度仍非常不足。除对商业银行要求"完善客户投诉处理机制"和对保险公司要求"建立健全纠纷处理机制""完善保护保险消费者权益的组织体系"以外,并没有对其他金融机构建立消费者保护措施或保护机制提出要求。而且,即便是规定了保护金融消费者的原则性要求,也缺乏具体可操作的细节规范。[②] 这反映出我国在金融监管立法中人本理念导向依然欠缺,加强金融消费者保护的理念未全面落实,从对"审慎监管"的偏重转变为对"审慎监管"和"金融消费者权益保护"目标的平衡还进行得很不彻底。

第三节　我国金融监管机制、体制及法制的因应之道

面对国际金融监管改革的巨大浪潮和我国金融监管存在的突出问题,我

---

① 例如,《中国人民银行金融消费权益保护工作管理办法(试行)》(银办发〔2013〕107号)、《中国银行业监督管理委员会关于印发银行业消费者权益保护工作指引的通知》(银监发〔2013〕38号)等。

② 例如,《证券投资基金管理公司管理办法》和《证券投资基金销售管理办法》虽然明确要坚持投资人利益优先原则,但具体如何遵循该原则以及不遵循该原则的相应后果,并没有进一步详细说明。

们应基于我国本土金融现状和实践发展寻找我国金融监管改革的因应之道。从金融监管改革的逻辑规律出发，我国的金融监管改革应从易到难、由浅入深，从机制改造入手，以体制优化为中心，同时配合以法律制度的修改和完善。

一、机制改造：增强监管协调有效性

金融监管协调机制的完善是金融监管体系改革中阻力相对较小，现阶段也最有条件和基础进行再造的因应之道。因为其不以金融监管体制的改造或重构为必要条件，且我国于2013年建立的金融监管部际联席会议制度，已经搭建起了监管协调的基础平台。但是必须看到，金融监管部际联席会议制度本质上仅仅是监管机构之间达成共识的一项信息沟通交流机制，与监管协调有效性的充分发挥之间还存在很大距离。根据上文对我国金融监管协调机制问题的分析，可以将目前协调机制有效性差的根本原因总结为二：一是形式松散，二是缺乏法律约束。因此在未来短期内，我国应着力于改进监管协调机制的形式安排和机制约束力两个方面存在的问题。

针对金融监管协调机制形式松散的问题，我们建议，应建立专门的金融监管协调常设机构，即建立一个由国务院副总理为直接领导者，同时各方金融监管者共同参加的"金融监管协调委员会"。针对金融监管协调法律约束力不足的问题，可以尝试通过制定金融监管协调行政法规的方式，由国务院依据《中国人民银行法》第9条的规定①，制定更加规范的行政法规——《金融监管协调条例》，就包括国家发改委、财政部、"一行三会"、外汇局等在内的更大范围的金融监管协调机制作出制度性规定。

在《金融监管协调条例》中，应当对金融监管协调机制的主体、目标、职责、内容、程序要求、法律责任等进行全面规定，内容主要包括：（1）金融监管协调委员会是我国金融监管协调的常设机构，由国务院直接领导，各金融监管者（包括人民银行、银监会、证监会、保监会、外汇局，以及财政部、发改委等）共同参加，主要负责讨论与金融监管有关的重大问题，并处理具有紧迫性的各类金融监管事务。（2）金融监管协调委员会的目标和宗旨，是促进金融监管机构间的沟通合作，增强金融监管协调的有效性，实现

---

① 《中国人民银行法》第9条明确规定："国务院建立金融监督管理协调机制，具体办法由国务院规定。"该条基于分业监管的现实，为建立金融监管协调机制预留了法律空间。

防范金融风险、维护金融稳定和保护金融消费者权益。（3）金融监管协调委员会的工作职责包括：金融风险的监测与预警；拟定跨行业、跨市场的金融监管政策和法规；金融控股公司重要的跨行业市场准入事项与持续监管；跨行业现场检查的范围与方式的协调；非现场监管信息共享；有关混业金融消费者权益保护的重大事项等。（4）金融监管协调委员会以公平公正为原则，对需要协调的争议在合理的时间内提出书面建议，建议的通过必须经过委员会成员的一半以上同意，且参与表决的成员不得是与争议事项相关的利益方。在两个或两个以上金融监管机构就特定金融业务或产品的监管权限存在争议，或委员会认为存在争议且无法由当事方协商解决的情况时，委员会有权处理和协调争议，并有权对争议处理结果执行不到位的监管部门给予惩戒。

二、体制优化："双峰"模式的本土化

任何一种监管体制模式都与本国经济发展过程、历史文化传承等脉络息息相关，是人们从纷繁复杂的金融行为、活动与现象中提炼出来的具有显著外在特征的内在规律关系。[①] 纵观后危机时代世界各国的金融监管体制，无法找到完全相似的构造，亦不存在可以套用的统一模板。因此，在我国背景下探讨如何优化金融监管体制，必须从我国现行体制的自身缺陷出发"对症下药"，在已有监管体制基础上，设计具有可操作性的本土化方案。

（一）我国金融监管体制改革方向的选择

在探讨我国金融监管体制改革方向应如何选择之前，有必要先厘清目前国际上几种主要的金融监管体制模式。一是统一金融监管模式，是指将不同金融行业、金融机构和金融业务作为一个互相联系的整体，由一个统一的金融监管机构负责监管。[②] 此监管模式主要是因应金融混业、金融全能化发展而来。二是分业监管模式，是指根据金融业内不同的机构主体及其业务范围的划分，在银行、证券和保险三个业务领域内设立专门监管机构，分别对各自监管范围内的金融机构进行审慎监管。三是不完全统一监管模式，是在金融业综合经营背景下，对完全统一监管体制与分业监管体制的改进版，又分为"牵头式"金融监管和"双峰式"金融监管。前者是指在多重监管主体之

---

① 黄毅. 银行监管法律研究. 北京：法律出版社，2009：38.
② 集中统一监管模式的监管主体可以是央行也可以是其他专设金融监管机构。

间特别指定一个机构为牵头机构，负责通过及时磋商和协调机制做好各机构间的协调工作。后者是指根据监管目标设立两类金融监管机构，其一负责对所有金融机构进行审慎监管，控制金融体系的系统性风险，其二负责对不同金融业务行为的规范运作进行监管，实现金融业公平竞争，保护金融消费者权益。

究竟我国应该继续沿袭已有的分业监管模式，或是按照很多学者的推崇打造集中统一监管模式，或是尝试建立不完全统一监管模式，抑或是抛开各种模式束缚完全另辟蹊径出自己的一套模式，这些都不是完全绝对的。因为每种模式都不可能完美，均有所利弊。我们所应当进行的，并非单纯的价值判断，而更像是一种相机抉择，即朝着何种方向进行改进和优化我国监管体制，是最利于金融稳定和消费者权益保护之目标最大化实现的。

鉴于我国现行金融监管体制在应对金融创新和混业经营时明显乏力、对系统性风险防范不足以及难以形成对金融消费者权益的集中保障这三大问题，我们认为：从有利于解决我国金融监管体制目前突出问题的角度出发，不完全统一监管中的"双峰"模式最具有参考价值，也更适合我国，可以考虑构建具有我国本土特色的"双峰"模式。原因在于：其一，"双峰"模式最容易"本土化"，是最能够在我国现有金融监管体制基础上进行优化的选择，更能实现监管体制改革之目标与手段的"合比例性"，可以减少我国金融监管体制改革过程中的资源浪费，避免大规模重新整合权力部门的利益失衡。其二，"双峰"模式最有利于解决我国现行监管体制的痼疾，其更能够兼顾"审慎监管"目标和"金融消费者保护"目标之间的协调平衡，既解决了我国目前金融监管系统性风险防范不足的问题，也能够加强我国金融消费者保护的力度。

（二）"双峰"模式的基本构架及优势

1955 年，英国经济学家迈克尔·泰勒（Michael Taylor）提出著名的"双峰"理论，认为金融监管有两个主要目的：一是审慎监管，出发点在于对系统性风险的防范和规避，以维护金融机构的稳健经营和金融体系稳定；二是保护消费者权益，通过监管强化金融机构承担的义务，缩小两者间博弈能力的差距，减少侵害消费者利益的现象。[①] 也即，"双峰"监管体制的目

---

① TAYLOR，MICHAEL. Twin Peaks：A Regulatory Structure for the New Century［EB/OL］．［2015-09-25］．http：//www.fmg.lse/pdfs/sp0079.pdf.

标主要凭借两个层次来实现，通过审慎监管机构来维护整个金融体系的稳健，及通过行为监管机构来保障金融消费者的权益。

　　1998 年澳大利亚开始实施"双峰"模式，由审慎监管局（Australian Prudential Regulation Authority，APRA）负责对银行、其他存款类金融机构、保险公司和退休养老金等机构实施审慎监管；由澳大利亚证券投资委员会（Australian Security and Investments Commission，ASIC）负责对金融机构的市场行为进行监管，维护整个金融系统的市场诚信，保护消费者利益。① 2013 年 4 月，英国根据《2012 年金融服务法》，也采用"双峰"模式，一是内设于英格兰银行理事会之下的金融政策委员会（FPC），负责宏观审慎管理，确保整个金融体系的稳健运行；二是独立操作的英格兰银行附属机构审慎监管局（PRA），负责对银行、保险公司、大型投资机构实施审慎监管，以防止出现重大风险；三是直接对财政部和议会负责的独立机构金融行为监管局（FCA），负责对整个金融行业服务行为实施监管、对审慎监管局监管范围外的金融机构进行审慎监管，以保护金融消费者权益、维护公平竞争和资本市场诚信。

　　"双峰"监管模式自 2008 年国际金融危机爆发以来受到格外关注和重视，主要是因为该模式的优势恰好弥补了金融危机所暴露出的原有金融监管的漏洞和弊端。一方面，与集中统一监管相比，"双峰"模式机构整合的成本较低，并能减少权力垄断，提高信息共享水平，较好地解决了审慎监管和市场行为监管目标间的内在冲突，能够保证各自监管领域内监管的一致性，避免不同监管部门之间的职能交叉，同时在一定程度上保留了监管机构之间的竞争和制约关系。另一方面，与分业监管相比，"双峰"模式减少了监管机构，提高了监管效率，从整个金融系统着手，将审慎监管和消费者保护作为目标分别加以整合，实现了金融创新链条上的风险全覆盖，防止监管真空。此外，"双峰"模式特别突出强调了金融消费者权益保护的重要性，通

　　① 在审慎监管局和证券投资委员会之外，澳大利亚储备银行（RBA）负责金融系统的稳定、支付系统的安全和货币政策的实施。澳大利亚联邦财政部负责协调其他金融监管机构共同促进经济政策的实施，并负责对 RBA、APRA 和 ASIC 主要负责人的任命。联邦监管委员会（CFR）是澳大利亚主要金融监管机构的协调组织，其成员包括 RBA、APRA、ASIC 和财政部，目的是形成高效的合作机制，以便及时充分地交流信息，明确各自职责，避免职能重复或真空。

过设立独立的金融消费者保护机构，实现消费者保护与审慎监管分离，从而避免金融消费者保护的监管资源流入审慎监管机构，确保金融消费者保护主体的专业性和独立性。

（三）构建我国"双峰"模式的监管格局

实现"双峰"模式在我国的本土化构建，既要考虑现行体制的格局安排，避免过于理想化或不切实际的理论设计，也要考虑监管体制改革后的本土适应性和可持续性，还要考虑何种架构方式最有利于解决我国现行体制的主要问题。基于以上因素，我们认为，构建我国"双峰"模式的金融监管体制，需要进行以下三个层次的监管格局调整。

1. 第一层次的格局调整——设立独立的金融消费者保护机构，将金融审慎监管机构与金融消费者保护机构相分离，以此解决现行金融监管体制难以形成对金融消费者权益的集中保障的问题。

以"前瞻和发展"的眼光来审视，审慎监管与金融消费者保护监管目标是"对立统一"关系。[1] 尽管两者在最终目的上殊途同归，但从金融监管资源的分配来看是存在冲突的。因为金融审慎监管对金融机构长久以来的父爱主义往往会抑制金融消费者保护资源的供给，导致金融消费者保护流于形式。这一点也正是"双峰"模式的理念出发点和优点所在。因此，我们认为，应当在我国设立独立金融消费者权益保护机构，需先将现有的4个金融消费者保护局从它们隶属的金融监管机构中抽离出来，重新整合成一个独立的金融消费者权益保护监管机构，而银监会、证监会和保监会则只承担金融审慎监管的职能。就该金融消费者保护机构的架构，具体建议如下：

首先，行政位阶的设置。为了达到切实提升"消费者主权"的理念，独立金融消费者权益保护监管机构应与银监会、证监会和保监会的行政位阶保持一致。具体而言，新设的金融消费者权益保护监管机构应设置为隶属于国

---

① 之所以称之为"对立统一"关系是因为：一方面，金融监管机构基于行业整体安全稳健的考虑，往往将大部分监管资源配置到审慎监管的一端，从而出现为保护金融行业整体利益而降低金融消费者保护标准，或通过一定程度上牺牲金融消费者的利益换取金融稳健的倾向性可能。而另一方面，只有稳健的金融机构才可能向消费者提供让人信赖的金融产品或服务，金融消费者保护的失败也将影响金融机构的稳健。发挥好审慎监管职能，亦是对金融消费者的保护，履行好金融消费者权益保护的职能，亦是对金融市场根基的维护。

务院的直属正部级事业单位，归入国务院机构编制中。根据国务院发布的行政法规，该金融消费者权益保护监管机构的设立应由国务院机构编制管理机关提出方案并由国务院决定。①

其次，监管权力与资源的配置。根据 2011 年 10 月经济发展与合作组织发布的《金融消费者保护高水平原则》，为监管机构配备履行其职能所必需的权力、资源与能力的重要性不容置疑。② 正如英国的金融行为监管局（FCA）直接对英国财政部和议会负责，美国消费者金融保护署（CFPB）拥有独立预算权，其负责人由美国总统任命一样，独立金融消费者保护监管机构必须具备得以开展金融消费者保护工作充分的监管权力与监管资源。具体到我国，金融消费者权益保护监管机构的正副职负责人应由国务院任命，其享有独立的财务预算和专门的经费来源，配备监管所需的监管队伍、专业流程、必备设施和技术支持，其监管活动免受不当干预，以保证监管权力的独立和监管资源的充足。

再次，主要职责的分配。我国"一行三会"内设的金融消费者保护局目前均已分别制定了各自的主要职责。可以通过将这些职责整合对比和归纳后，去除掉职责中所带有的业别区分性质，抽象出具有普遍适用性、面对金融市场主体所有类型金融消费者的监管职责。我们认为，可以概括为"制定规则、监督处置、受诉咨询、教育宣传、发布信息、交流合作"六大职责。③

2. 第二层次的格局调整——通盘整合"三会"审慎监管职能，以"功能监管"为理念调整分工、强化合作，以此解决现行金融监管体制在应对金融创新和混业经营时明显乏力的问题。

现阶段，"三会"的机构运作和人员编制较为稳定，欲摒弃现有"三会"架构，转而重新设立一个实行混业监管的超级审慎监管机构，在短期内不具

---

① 《国务院行政机构设置和编制管理条例》第 8 条：国务院直属机构、国务院办事机构和国务院组成部门管理的国家行政机构的设立、撤销或者合并由国务院机构编制管理机关提出方案，报国务院决定。

② 经济发展与合作组织《金融消费者保护高水平原则》提出，不论监管机构是否为专职机构，但必须有明确的授权负责金融消费者保护，同时为履行其职能需要有必要的权力、资源和能力。孙天琦，袁静文. 国际金融消费者保护的改革进展与趋势. 西安交通大学学报（社会科学版），2012（5）.

③ 这六大职责具体指：制定金融消费者权益保护规章、规则和政策，规范金融机构在销售产品和提供服务过程中的具体行为；监督检查金融消费者保护实施情况，并查处违法违规行为；接受金融消费者投诉、完善受诉运行机制；开展金融消费者教育宣传活动；收集、研究、监测和发布关于消费者金融产品与服务市场的信息；开展国内外交流合作，共同研究金融消费者权益保护重要问题。

有现实可操作性。至少在未来较长时间内，统一审慎监管机构的生成不具备充分的政治与环境土壤。因此我们认为，通过"功能监管"理念重新整合和分配"三会"职能，方为我国首选。

"功能监管"理论最早由哈佛大学商学院默顿教授提出，主张依据金融体系的基本功能来设计监管制度，以实现对金融业跨产品、跨机构、跨市场的协调，也即"功能监管"模式重点关注的是金融机构所从事的经营活动，而并非金融机构本身，因为金融体系的基本功能比金融机构本身更具稳定性，尽管具体金融功能的表现形式可能是多样的，但只要保持金融监管方式与金融基本功能这两者之间的制度适应性，就可以达到有效监管的目的。[1] 美国前财长鲁宾则将"功能监管"形容为"一个监管过程，在这一过程中，一种特定的金融功能由同一监管者进行监管，无论这种业务活动由哪一个金融机构经营"[2]。尽管具体金融功能的表现形式可能是多样的，但只要保持金融监管方式与金融基本功能这两者之间的制度适应性，就可以达到有效监管的目的。[3] 从这个意义上说，"功能监管"最有利于化解的是我国目前应对混业经营和金融创新的困境。以具有强烈交叉性、跨行业、跨机构的金融理财产品为例：对金融理财产品进行"功能监管"，首先要确定某一类金融理财产品共同的功能属性，进而根据该属性确定这一类金融理财产品共同的监管机构和适用规则，如此方能使同质理财产品接受统一监管，遵循同等监管标准。就目前不同金融理财产品的对应监管机构而言，由金融机构单独发行的金融理财产品尚能够在"机构监管"的框架下受到对应监管，但是众多合作类的金融理财产品的监管主体存在模糊和不确定性。"功能监管"恰恰可以发挥作用，通过褪去合作金融理财产品的外衣，抓住金融理财产品根本的功能属性，从而判断其应当归属的监管机构。同样，对经营多元行业、多类品种的金融控股公司而言，"功能监管"方式能够减少监管重复和监管标准不统一给其带来的困扰。

"功能监管"理念功能的发挥，不仅需要"三会"间监管职权的调整，

---

[1]　Robert C. Merton, A Functional Perspective of Financial Intermediation, 24 Financial Management 23, 1995.

[2]　姜立文. 金融功能监管模式新论. 华北金融，2008（2）.

[3]　Robert C. Merton, A Functional Perspective of Financial Intermediation, 24 Financial Management 23, 1995.

还必须以监管立法的调整为保证，超越以往部门立法的局限，就同质金融产品和交易的监管规则进行统一制定，对跨界金融产品和交易的监管立法权限进行有效分配，在监管立法上同样贯彻"功能监管"理念，从而实现监管机构和监管立法间的协调一致。

3. 第三层次的格局调整——加强人民银行防范系统性风险的作用，通过立法强化其宏观审慎监管职能，以此解决现行金融监管体制对系统性风险防范的引导和保障作用不足的问题。

"双峰"模式中的两极分别关注审慎监管和金融消费者保护，上文中第一层次解决的是二者分离问题，第二层次主要解决的是审慎监管中的宏观审慎监管问题。后危机时代以来，实行"双峰"模式的国家都不约而同地提高了宏观审慎监管的地位，加强了中央银行防范系统性风险的作用。例如，英国监管体制就赋予了英格兰银行在维护金融稳定中的核心地位，在其现行金融监管体系中，负责宏观审慎监管的金融政策委员会和负责金融监管的审慎监管局都下属或附属于英格兰银行，前者是英格兰银行理事会内设的下属委员会，后者是独立操作的英格兰银行附属机构。

加强我国人民银行在宏观审慎监管中的作用，首先，应该从法律上明确宏观审慎监管框架，明确我国的宏观审慎监管职责由中央银行承担。可通过修改《中国人民银行法》，明确人民银行宏观审慎管理者的职责和地位，授予人民银行开发并使用宏观审慎管理工具的权力；明确人民银行负有监测和评估金融体系整体稳健性状况，识别、防范以及应对系统性金融风险等方面的职责。其次，建立央行高效的经济金融先行指标体系。通过先行指标，及时分析和预判经济金融运行趋势与潜在风险，先于市场周期波动拐点调整货币与金融调控政策取向，提高政策前瞻性，有效熨平经济金融体系中的顺周期因素，防止因政策因素导致的非理性繁荣与崩溃交替的恶性循环。再次，适度扩大央行监管权限。强化人民银行目前已有的对银行间市场、外汇交易、场外衍生品交易及支付清算体系的监督管理职权，增加法律约束力。建立系统性风险评估反馈机制，赋予人民银行依照评估结果对各类机构采取监管措施的法律地位，理顺系统性风险监管者与功能监管者的关系。最后，促进货币当局职能与监管职能的有机结合。人民银行既是我国的货币当局，又是系统性风险监管者。作为前者，人民银行需要提升货币政策的调控效率，完善最后贷款人机制，有效应对货币信贷供给、资产价格等重要变量波动及个别金融机构流动性困难对金融体系稳定的冲击。作为后者，人民银行需要着眼长远，顺应混业经营发展趋势，探索在宏观审慎监管中发挥核心作用途径。通过货币当局职能与监管职能的有机结合，构建我国中央银行防范和化解系统性风险，维护金融稳定的有效机制。

三、法制统合：加强金融立法顶层设计

金融监管体系的改革，离不开法律制度引领方向，也离不开法律制度保驾护航。我国金融监管体制改革任重而道远，金融监管法制发展挑战重重，需要我国站在一定高度制定出兼具实用性和前瞻性的立法。同时，立法改革要循序渐进，有所计划，切不可突击立法或临时立法以应急。针对我国金融监管法律层次不高、政出多门、缺乏前瞻性和对金融消费者保护不足的问题，建议遵循"法制统合"的原则，按照以下五步进行改革。

第一步，清理现有金融监管规章及规范性文件，减少立法重叠和冲突。目前由各金融监管机构出台的金融监管规章和规范性文件数量庞杂，与法治所要求的建立具有稳定性和可期待性的法律制度相去较远。改革的第一步就是应当全面梳理和整合现有的金融监管规章及规范性文件，将历经多次修改内容已被覆盖或替换的文件及时予以废止，将不同监管立法中规定不一致或存在冲突的地方，经过探讨确定统一标准，在对具有同质性金融产品或交易进行规定但出自不同监管机构的相似监管立法之间进行取舍，减少立法重叠。通过这项立法整合工作，将现有金融监管规章及规范性文件进行"删繁就简"，解决金融法律的适用困扰问题。

第二步，修改《中国人民银行法》，明确人民银行在宏观审慎监管中的地位和职责。针对目前我国人民银行的宏观审慎监管职能缺乏明确的法律依据的问题，首先，建议在修改《中国人民银行法》时，将第 1 条立法宗旨"为了确立中国人民银行的地位，明确其职责，保证国家货币政策的正确制定和执行，建立和完善中央银行宏观调控体系，维护金融稳定，制定本法"修改为"为了确立中国人民银行的地位，明确其职责，保证国家货币、金融政策的正确制定和执行，建立和完善中央银行宏观调控、宏观审慎监管体系，维护金融稳定，制定本法"。同时，将第 2 条"中国人民银行是中华人

民共和国的中央银行。中国人民银行在国务院领导下，制定和执行货币政策，防范和化解金融风险，维护金融稳定"相应修订为"中国人民银行是中华人民共和国的中央银行。中国人民银行在国务院领导下，制定和执行货币政策、宏观审慎监管政策，防范和化解系统性金融风险，维护金融稳定"。其次，应在修法时赋予我国人民银行在宏观审慎监管中行使以下职权：一是制定宏观审慎监管规则权、开发宏观审慎监管工具权。在宏观审慎监管工具的研究开发中起主导作用。二是系统重要性机构的直接监管权，也即对系统重要性的银行、证券机构和保险公司的直接监管权和对重要的支付清算系统的检查权。系统重要机构的风险容易引起系统性金融风险，因此对系统重要机构业务活动的监管是宏观审慎监管的重要内容。三是风险预警职责。分析和监测宏观经济变化对金融系统稳健性的影响、评估整个金融系统的资本充足率、流动性比率以及杠杆率状况可能产生的风险，发现金融系统不稳定性的来源并发出风险预警。四是扩大最后贷款人职能。一方面中央银行应当扩大最后贷款的对象，不仅应包括银行，还应纳入投资银行、对冲基金等非银行金融机构，甚至由于经济金融化的发展，涉及系统性风险的工商企业也应当成为援助对象；另一方面积极运用公开市场方式，由金融机构的最后贷款人向金融市场的最后贷款人作市商转变。①

第三步，进行《金融消费者权益保护法》立法，适用于金融消费者保护机构。随着我国金融监管体制改革进程的推进，成立专门的金融消费者保护机构会逐渐成为趋势，与此同时，在我国制定并出台一部专门的《金融消费者权益保护法》也具有现实诉求和实施基础。建议可以借鉴我国台湾地区的"金融消费者保护法"，出台《金融消费者权益保护法》，由金融消费者保护机构负责执行。首先，作为一部就金融消费者权益保护进行单独立法的监管法律，必须在立法原则上充分强调对金融消费者的保护。其次，明确金融消费者的概念为"接受金融机构提供的金融商品或服务的自然人或法人，但不包括专业投资机构、符合一定财力或专业能力的自然人或法人"。再次，明确金融消费者权益保护的监管主体为独立的金融消费者权益保护机构，并对其组织方式、主要职责等进行规定。复次，以较为原则的表述方式规定金融

---

①　闫海．后金融危机时代的宏观审慎监管工具创新．财经科学，2010（10）．

机构在接受金融消费者咨询、销售金融商品过程中所必须遵循的各项义务、标准及法律责任等，使金融消费者能在公平、合理、透明的环境中进行金融消费，避免遭受虚假陈述、价格操纵、欺诈等不公平交易行为的侵害。最后，借鉴他国及我国港台地区的做法，建立我国金融消费者纠纷多元、方便、快捷的非诉讼解决机制。

第四步，进行《金融业审慎监督管理法》立法，共同适用于金融审慎监管机构。在"双峰"模式之一极的金融消费者保护机构相关立法工作完善的同时，金融审慎监管机构内部的功能整合也需要金融审慎监管立法的出台。本章建议在未来合适的时机，出台适用于我国"一行三会"的《金融业审慎监督管理法》。首先，在《金融业审慎监督管理法》中明确金融审慎监督管理的目的为"规范金融业发展、防范和化解金融风险、维护金融市场健康稳定"。其次，扩大"证券"内涵，整合包括《证券法》《银行业监督管理法》《证券投资基金法》在内的多部金融监管法，将各类金融衍生产品、金融理财产品、资产证券化产品等各类金融商品归入《金融业审慎监督管理法》中，统一定义为"金融商品/服务"。再次，明确"功能监管"思路下不同金融产品/服务的监管主体及其职能，对金融商品/服务的发行审核方式、投资金额起点、信息披露、收益风险揭示、资金托管人、合规经营、营销宣传等进行统一原则性规定，同时赋予不同金融审慎监管机构在《金融业审慎监督管理法》的原则框架内根据监管对象特性和特点制定有针对性的具体监管规则的权力。最后，对金融宏观审慎监管与金融微观审慎监管间的信息传递与共享机制进行规定，促使微观审慎监管机构的信息资源能够顺利传达到宏观审慎监管机构，同时宏观审慎监管机构的信息资源也能够为微观审慎机构所共享。

第五步，逐步完善其他金融监管法律制度，弥补法律漏洞。金融监管基本法律制度的构建并非一朝一夕就能完成，即便我国能够按照上述步骤统合和完善了现有立法，我国金融监管法律制度仍存在进一步完善的空间。面对我国金融监管一些重要领域的立法缺失，未来我国应加强研究，制定出台《政策性银行法》《金融控股公司法》《外汇管理法》《期货法》《存款保险法》等一系列立法，以更高的立法技艺和水平规范金融业各领域的平稳发展，不仅为监管机构执法有据，也为金融机构经营有序以及金融消费者安全消费提供充分的制度保障。

第十九章

完善保险法律体系

从法律理论层面上讲，保险法是专门以经济领域中的保险市场作为其调整对象的法律部门，因此，它应当是商事立法的组成部分而存在于我国的立法家族之列。当然，由于保险市场是市场经济自成一体的市场结构，具有自身的经济特点和运行机制，并据此表现出相对的独立性，这决定了保险法必须具有与此相适应的立法特色，形成独特的规则内容和立法体系。从而，关注和不断提升我国保险立法的科学性和适用性就是实现我国社会主义法治建设的重要任务。

第一节　中国保险市场和保险立法的现状

保险在现代社会经济生活的适用范围涉及全社会的各个行业和部门，与千家万户的利益密切相关，保险业推出的保险产品也由此呈现出多类型、多层次的局面。与此相适应，需要多层次的保险法律体系对保险市场领域实施多层次、"全方位"的规范调整。因此，保险立法是一个严谨的系统化的社会工程，要想建设科学的行之有效的保险立法体系，就需要在符合社会经济生活现实需要的同时，预见到社会发展的趋势而具有一定的超前性。这意味着保险立法应当与社会经济生活和环境保护的进程相适应，具有渐进式、不断发展完善特色的立法体系，从而，实现其为社会经济生活与环境保护的和谐发展的"保驾护航"作用。

首先，作为保险法律体系的指导思想和基础的，当然是国家有关保险市场的发展政策。由于中国经济社会的发展进入了新的阶段，政府充分认识到保险业在我国经济社会的发展战略全局中的重要意义和战略地位的根本性变化。于是，2014 年 8 月，国务院颁布了《关于加快发展现代保险服务业的若干意见》，被称为"新国十条"①。"新国十条"立足于服务国家治理体系和治理能力现代化，将发展现代保险服务业置于经济社会工作整体布局中统筹考虑，明确了保险业发展的新目标和新定位，即"到 2020 年，基本建成保障全面、功能完善、安全稳健、诚信规范，具有较强服务能力、创新能力和国际竞争力，与我国经济社会发展需求相适应的现代保险服务业，努力由保险大国向保险强国转变"。这可谓是，目标宏大，定位全面。然而，要实现保险强国梦，还需要走很长的路，付出辛苦的富有实效的劳动。其中之一不可缺少的任务，就是建设完善的保险立法体系，为实现保险强国梦提供良好的法律环境。

中国保监会根据"新国十条"的精神，于 2016 年 8 月下旬发布了《中国保险业发展"十三五"规划纲要》，将"法治化水平显著提高"作为中国保险业"十三五"之五年发展的主要目标之一，明确强调了"构建多层次的保险法律制度体系，强化保险公司合规经营，积极完善合规管控制度"的要求。

其次，实现该目标的核心部分，在于我国《保险法》的制定、完善与适用。它作为我国保险领域的基本立法，确立了规范调整保险市场活动的各项基本制度，统领各个下位法规和规章的制定和适用。具体的立法成果当属，1995 年 6 月 30 日经第八届全国人民代表大会常务委员会第十四次会议通过，并于同年 10 月 1 日开始施行的《保险法》。应当说，它作为新中国成立以来的第一部保险领域的基本立法，其颁布和施行标志着以《保险法》为核心的、由相关的法规相配套的中国保险法律法规体系的初步构成，对于初步形成的中国保险市场的完善并逐步向成熟发展起到了非常重要的"保驾护航"作用。

客观地讲，中国保险市场的存在只不过三十余年，而《保险法》的颁行时间仅仅是短短的二十多年，我们需要逐步地摸索经验使其不断地充实和完

---

① 称其为"新国十条"，是相对于 2006 年 6 月国务院发布的《关于保险业改革发展的若干意见》而言。

善，并且应当符合我国的国情，同时，借鉴和吸取国外保险立法的正反两方面的经验。其间，我国《保险法》经历了两次较为集中的修改。第一次是2002年10月的修改，目的是履行我国加入世贸组织的承诺，故重点修改的是保险业法部分的一些条文规定。第二次修改的原因，是随着我国社会经济的快速发展，保险业也获得同步的前进，并产生了一些新情况和新问题，而《保险法》当时的规定未能适应保险市场上的这些发展变化，需要进一步修改完善。于是，2009年2月，第十一届全国人民代表大会常务委员会第七次会议通过了经过修订的新的《保险法》。应当说，保险法的第二次修改是较为全面的修改工作，不仅是其法律条文的数量由原来的158条增加到187条，而且，此次修改幅度最大的便是其中的保险合同制度部分。

修改后的新《保险法》自2009年10月1日起施行至今又经过了近9年时间。众所周知，中国保险市场在此期间内出现了一系列创新性变化。诸如，互联网保险迅猛发展，已然在中国保险市场上占有重要的一席之地，既为我国保险业开展保险产品经营提供了新的模式和途径，更为众多保险公司开拓了新的保险业务经营空间——互联网保险市场；相互保险组织、自保公司、保险销售公司等新的保险机构均在保险市场上初试锋芒；巨灾保险、存款保险、"以房养老"保险等新型保险产品已在保险市场现身，不一而足。这些预示着中国保险市场将逐步向多样化、多层次和创新型的方向发展。当然，这同样对《保险法》的规则体系之规范调整作用的发挥提出了更高的要求，尤其是保险业的监督管理制度亟待用更加科学完善的规则弥补原有制度的疏漏和不足。

如今，我国《保险法》进入新一次的修改过程也就成为必然。不仅如此，再一次修改《保险法》也是出于落实国务院于2014年8月发布的《关于加快发展现代保险服务业的若干意见》（简称"新国十条"）提出的"到2020年，基本建成保障全面、功能完善、安全稳健、诚信规范，具有较强服务能力、创新能力和国际竞争力，与我国经济社会发展需求相适应的现代保险服务业，努力由保险大国向保险强国转变"之发展目标的需要。

再次，应当将制定和颁行相应的保险行政法规纳入我国保险法律制度体系的组成部分。原因是显而易见的，《保险法》仅仅是就保险市场的共性事务作出基本的法律规定，形成基本的保险法律规则，而不可能也没必要包罗万象、面面俱到。这就需要有诸多保险行政条例作为《保险法》的下位法，用具体的法律规则来对《保险法》的原则性规定予以补充，并落实到具体的保险经营实践之中。但是，目前的立法情况是，此类保险行政法规，除了《交通事故赔偿责任强制保险条例》和《农业保险条例》先后颁行以外，其他均处于空白状态。因此，有必要对从相互保险公司、自保公司、互联网保险实体等保险组织到财产损害保险、信用保险、保证保险、人寿保险、养老保险、意外伤害保险、健康保险等诸多保险险种，制定和颁布相应的保险行政法规，才可能建设我国多层次的保险法律体系。

而且，针对建设和完善我国保险法律制度体系的需要，笔者认为，我国现阶段的保险立法就必须以确保实现"新国十条"树立的保险强国梦为目标，以中国保险市场发展过程中的实际需要为对象，不断地充实和完善立法体系，规划出 20 年至 30 年的立法发展方案，构建良好的法律环境。其中，亟待解决的保险法治建设的热点问题，可以归纳为两个方面：一是保险立法自身的系统化建设问题。二是保险市场上具体保险产品所涉及的相应保险法律制度的建设问题。

第二节　保险立法的系统化建设上需要解决的立法问题

众所周知，保险立法是对商业保险领域的专门立法，即国家专门针对规范调整保险行业与社会公众之间的保险活动而制定的法律规范体系。当前，为建设我国保险法律体系亟待完成的任务，包括：（1）适应我国保险市场发展的新形势而再一次修改《保险法》，以提高保险立法的科学性；（2）为建设我国的巨灾保险制度的需要，尽快颁行巨灾保险立法；（3）完善我国的责任保险制度体系，为我国责任保险市场的发展提供法律依据。

一、对我国《保险法》进行第三次修改，以便提高其科学性和适用性

我国现行的保险立法集中表现为以《中华人民共和国保险法》（以下简称《保险法》）为基本法律渊源，加上《机动车交通事故责任强制保险条例》《农业保险条例》等单行法律法规而构成的保险立法体系。仅就《保险法》

来讲，其立法体例是将保险合同法和保险业法两部分合为一体，使相对独立的两个部分并存于一个立法文件，成为与大多数国家采取的分别制定独立的《保险合同法》和《保险业法》的立法模式截然不同的立法特色。[①]　"因此，我国保险法兼具民商法和行政法性质，内容上是一部民商法律加一部行政管理法"[②]。该法自 1995 年 6 月颁布后，已经经过了 2002 年和 2009 年的两次修改，逐步由比较粗糙简略转向为较为详尽具体，尤其是在 2009 年修改后，《保险法》的保险合同部分的科学性有了明显的提高，但是，用于规范调整保险活动的效果可谓差强人意。

用我国当前保险市场的现实发展需求来与现行的 2009 年《保险法》的规则体系相比较的话，可以发现现行《保险法》所存在的差距也十分明显。具体表现之一，是保险合同制度部分的规则内容的滞后性日渐突出，难以迎合我国保险市场如今的现实发展变化对保险立法规范调整的需求。例如，现实中迅猛发展的互联网保险并未纳入《保险法》的调整范围之内、已然存在于我国保险市场上的相互保险组织尚未在我国《保险法》上取得一席之地。具体表现之二，是作为该立法重要组成部分的保险业法部分的规则内容与中国保险市场的发展需要存在距离，不能充分满足其对保险业实施有效的监督管理职能。

因此，第三次对于我国《保险法》进行修改就成为势在必行的立法任务，目前，这一修改《保险法》的工作正在有条不紊地进行当中，而且，保险实务界和保险理论界均参与到此次修改《保险法》的实际工作之中。中国保险监督管理委员会和中国保险法学研究会分别组织相应的专家学者和保险实务界人士就《保险法》的修改进行研究和讨论，并形成了各自的《保险法修改建议稿》，提供给国家立法部门进行深入的论证和研究。这意味着第三次修改《保险法》的工作已经进入了实质性阶段，可以预见更加具有科学性和适用性的新《保险法》的出台是指日可待的。

笔者认为，为有效实现上述修改《保险法》的任务，需要解决三个实际

---

①　大陆法国家多是将保险合同法置于其民商法典中；英美法国家则多有保险合同法与保险业法合并立法的例子。唐金龙．海商法保险法评论：第 1 卷．北京：知识产权出版社，2007：143.

②　刘学生．保险合同法的不足与完善//海商法保险法评论：第 1 卷．北京：知识产权出版社，2007.

问题：

第一，妥善处理我国《保险法》之立法模式的选择。虽然，我国保险法理论界和实务界对于我国《保险法》的立法模式存在着质疑的声音，认为"公私不分、诸法合体，保险行为法与公司组织法、行政管理法混杂毕竟是落伍、过时、粗糙的立法技术，制度设计和结构安排不尽合理"，提出应当借鉴国外的保险立法经验，按照《保险合同法》和《保险业监督管理法》的模式来构建中国的保险基本法，即"修订保险法时应当采用保险合同法和保险业法分别立法的体例"[①]。但是，考虑到我国已有的《证券法》《商业银行法》等商事立法的习惯，基本上采取的是行业行为法和监督管理法为一体的立法模式。因此，我国《保险法》现有的立法模式不宜简单地改用保险合同法与保险业法分立的模式，则第三次修改《保险法》仍然适用现有的保险合同法与保险业法合为一炉的体例。

第二，需要进一步完善保险合同制度部分的规则内容，增强保险合同制度的科学性。即使是大幅修改而完善了诸多保险法律规则后的 2009 年《保险法》之保险合同制度部分，经过了近 9 年的适用实践证明，其仍然在保险实务和审判实践中不断引发新的争议，从而亦是不断暴露出其所存在的立法疏漏，对其进行第三次修改，进一步完善相关立法规则的科学性也就不可避免，已经是实现保险强国梦的当务之急。笔者认为，如下立法要点均应纳入第三次修改《保险法》的视野之内：涉及保险利益的规则内容尚需进一步全面和完善，有关如实告知义务、说明义务的规则存在着进一步科学和严谨的空间，涉及责任保险制度和代位求偿制度的现有规定过于笼统而需要强化各自的实操性，用于规范保险请求权的时效制度究竟是诉讼时效抑或是除斥期间还需要探讨等。

第三，保险监督管理制度需要完善，以适应我国保险市场的规范需要。就 2009 年《保险法》而言，其关于保险业监督管理的制度规则的规定对于充满活力和日新月异变化的中国保险市场已经表现出明显的滞后性。鉴于此，不妨借第三次修改《保险法》的时机，总结现行《保险法》规定之监督管理规则的适用经验，借鉴国外保险监督管理制度的有益经验，针对中国现

---

① 曹守晔. 对我国保险法修订的思考 // 海商法保险法评论：第 3 卷. 北京：知识产权出版社，2010：5.

阶段保险市场的发展需要，对现行的保险业法部分规定的监督管理规则予以充实和补充。笔者根据起草《〈保险法〉（第三次修订）专家建议稿》的体会，认为下述立法要点应当成为第三次修改保险业法部分时加以关注的立法焦点。例如，应当适当提高保险公司的设立门槛，扩大和完善保险公司的资金运用范围，根据适用"偿二代"的经验而改善保险业的风险管理机制，建立更加科学的偿付能力的监管规则体系，完善保险中介组织的市场定位、从业规则等，增加保险业的自律监管规定等。至于《保险法》之保险业法部分的立法体例，则需要科学地处理好《保险法》层面的一般性监督管理规则与其下位的单行的监督管理法规之间的内容分配和适用关系，以求建设我国具有先进性的、引领保险市场稳健发展和创新改革的保险业管理监督制度。

二、制定巨灾保险立法，用其为提高重大灾害救助的参与度提供法律依据

相比较而言，我国是世界上自然灾害频发、造成损失十分严重的国家之一，平均每年所发生各种灾害造成的经济损失高达 1 000 亿元以上，但当前国家处置灾害后果（包括灾害应急管理、救助和灾后重建等）的方式仍然是以"举国体制"为主，即以政府为主体、以财政为支撑，统一动员和调配全国的相关资源进行灾害处置的灾害管理模式[1]，而能够获取保险赔偿的自然灾害的比例仅占 1%，远远低于 36% 的平均国际水平。[2] 探究其原因，是巨灾保险制度的缺失。这也是理论界和实务界公认的当务之急，显然，这与建设保险强国的目标相差甚远。因此，要实现从保险大国向保险强国的转变，就必须尽快建立我国的巨灾保险制度。当然，兵马未动粮草先行，制定符合我国实际国情的巨灾保险法便是必须为之的先行举措。

总结国际经验，"有关巨灾保险的理论研究始于 20 世纪初期，巨灾保险的实践尝试始于 20 世纪 30 年代，大规模的巨灾保险特别是巨灾保险的证券化开始于 20 世纪 90 年代"[3]，相应地，不少国家或者地区颁布了各自的巨灾保险法作为规范调整巨灾保险活动的法律依据。因为，巨灾保险，是现代保

---

① 王和. 巨灾保险制度研究. 北京：中国金融出版社，2013：3 - 6.
② 贾林青，贾辰歌. 中国巨灾保险制度构想. 中国经济报告，2015（2）.
③ 任自力. 中国巨灾保险法律制度研究. 北京：中国政法大学出版社，2015：5.

险服务业的一个特定领域，它专指针对因突发性的、无法预料、无法避免且危害后果特别严重的，诸如地震、飓风、海啸、洪水、冰雪等所引发的灾难性事故造成的财产损失和人身伤亡，给予保险保障的风险分散制度。由于自然灾害带来的巨灾风险的存在是客观的、不可避免的，并能够引发巨大的、广泛的灾难性后果，与此相对应，需要保险业支付较大甚至巨大数额的保险赔偿。例如，按国际风险评估机构预测，2011 年 3 月 11 日的日本大地震可能导致最高 2.8 万亿日元（约合 350 亿美元）的保险损失，几乎相当于 2010 年全球保险行业的一年 360 亿美元的保险赔偿额。

鉴于巨灾的消极影响波及范围广泛，关系到整体社会的稳定和发展，当前已经建立巨灾保险制度的数十个国家，大多是用法律形式确立了巨灾保险制度的基本框架，并对巨灾保险的运作模式、损失分摊机制、保障范围、政府的支持政策等作出具体规定。尽管这些巨灾保险立法因各自国情的不同而存在差异，但如果从共性上加以归纳的话，可以分为单一巨灾立法与综合巨灾立法两种模式。前者就是对单一的巨灾种类制定专门的巨灾保险法，其典型代表当推美国的 1968 年《全国洪水保险法》和日本的 1966 年《地震保险法》。而后者则是将多种巨灾的保险事宜统一规定于一部巨灾保险法之中，法国于 1982 年颁布的《自然灾害保险补偿法》几乎涵盖了所有的巨灾风险，将其均纳入该立法的保险保障范围内，集中体现了综合巨灾立法的特色。

同样立足于建立巨灾保险制度在实现保险强国目标中的迫切需要，"新国十条"从 10 个方面提出 32 条的具体意见中，专门就建立我国巨灾保险制度进行了全面阐述（第 10 条），将其列为我国现代保险服务业深化发展的一大战略任务。而尽快在总结近十年试点经验①的基础上出台我国的巨灾保险法，为建立和适用我国的巨灾保险制度提供法律依据就是该领域的重中之重。那么，我国的巨灾保险法应当采用何种立法模式呢？

笔者认为，我国巨灾保险立法模式必须建立在中国国情的基础上。由于我国地域辽阔，各地区之间不仅经济发展的内容和水平存在差异，而且彼此之间的自然环境不尽相同，发生自然灾害的规律和导致灾害的主要巨灾也有所不同，具有明显的地域性特点。因此，不宜采取综合立法来统一规定我国

---

①　中国保监会历经近十年的研究，先后批准深圳、云南地区开展巨灾保险试点，探索建立适应我国国情需要的完善的巨灾保险制度体系。

的巨灾保险制度，而应当采用单项巨灾立法与多层次立法体系相结合的巨灾立法模式。首先，针对发生较为频繁的、造成损害后果比较重大的、影响程度巨大的地震、台风、洪水、干旱等各项巨灾，分别制定各个全国性巨灾保险法。其次，在遵守全国性巨灾立法规则的前提下，各级地方立法机构在各自的立法权限内，根据本地区发生巨灾风险和造成损害后果的不同，制定适合本地区的地方性巨灾保险法规。这一巨灾保险立法模式的优点，集中表现在各项专门立法的适用对象和适用范围均具有特定性，并可以根据各项巨灾发生的规律确立有针对性的巨灾保险规则，而各级地方性巨灾保险法规又具有突出的针对性，能够将全国性巨灾保险制度加以具体化，提升各项巨灾立法的科学性和可操作性。

三、构建恰如其分的责任保险制度体系，发挥其风险管理、社会治理的功能

应当说，责任保险是保险家族中较为年轻的一员。世界上最早的责任保险单自 1855 年产生于英国[①]，至今仅有 160 多年的历史。不过，它伴随着人类社会的大机器工业、城市化进程、制造业和交通运输业的高速发展而后来居上，得到惊人的长足发展。在经济发达的西方国家，责任保险的适用范围几乎覆盖了社会的所有领域，甚至成为衡量一个国家保险业发展水平以及该国经济发达程度的标志。究其原因，在于责任风险在近现代人类社会生活中日益增加，而责任风险的重要特征就是无法对潜在的法律风险作出充分精确的衡量和准确的预先评估，这导致人们的各种社会活动，都可能面临诸如产品（食品）安全责任风险、生产安全责任风险、公众安全责任风险、职业责任风险等各种潜在的责任风险。因此，了解产生各类责任风险的因素非常重要，"只有掌握了风险的信息，才有可能识别出各种风险的来源，虽然有时只能对潜在损失的大小作出估计"[②]。

责任保险在中国保险市场的存在时间更为短暂，从 20 世纪 50 年代曾经实行的强制财产保险起算，至今只不过几十年。并且，将责任保险作为独立

---

① 许谨良．财产和责任保险．上海：复旦大学出版社，1993：428.

② 所罗门·许布纳，小肯尼思·布莱克，伯纳德·韦布．财产和责任保险．4 版．陈欣，等译．北京：中国人民大学出版社，2002：368.

险种加以适用的，更是起始于 1979 年以后，而且，其中占绝大多数比例的责任保险属于各类交通运输工具第三者责任保险，其他责任保险或者只适用于特定范围内，或者社会公众投保比率过低均难以达到预期的社会效果。这表明责任保险在我国尚处于起步阶段，表明我国的责任保险市场的发展潜力巨大。因此，应当如何扩大责任保险的市场领域，丰富责任保险的保障内容和品质类型，完善责任保险市场体系，这便是当今我国保险市场深化发展阶段亟待处理的事宜。为此，"新国十条"将发展责任保险作为其十大方面之一来加以阐述，从发挥保险的风险管理功能，完善社会治理体系的高度，提出了发展各类责任保险的规划，以便达到"充分发挥责任保险在事前风险防范、事中风险控制、事后理赔服务等方面的功能作用，用经济杠杆和多样化的责任保险产品化解民事责任纠纷"①的目的。当然，发展责任保险，不能一拥而上，一蹴而就。笔者认为，应当根据各类责任保险与社会公众利益的联系和影响的不同，区分情况而循序渐进，优先解决急迫的社会问题，尤其要重视责任保险法律制度的建设，从而，构建符合我国实际需要的责任保险体系。其中，建立相应的责任保险法律制度体系可说是首先应予解决的立法问题。

第三节　针对具体保险产品建立相应的保险法律制度

除了应当完善我国的保险法律体系，针对保险业经营具体保险产品的需要，建立相应的保险法律制度，也是必须关注的保险立法问题。理由在于，涉及和经营各个具体的保险产品是保险业参与保险市场经营活动的实质内容。这就需要有与其相适应的具体保险法律制度的规范调整。仅就我国的责任保险市场来讲，建立和完善诸多责任保险的保险法律制度便是急迫的任务。

一、及时总结适用经验，修改完善我国的交强险制度

大家知道，交强险的全称为机动车交通事故责任强制保险，它是根据

---

① 国务院关于加快发展现代保险服务业的若干意见（国发〔2014〕29 号）．中国保险报，2014-08-14（2）．

2006 年 7 月 1 日施行的《机动车交通事故责任强制保险条例》而在全国范围内统一适用的首个强制保险险种，用以取代此前在各地区依据地方性法规来强制适用的"机动车第三者责任保险"。总结我国交强险适用近十二年的经验，它确实发挥了维护道路交通制度，保护社会公众合法权益的效果，但它也是在全社会不断引发讨论和争议的保险领域。分析其原因，一方面是随着我国社会经济的迅速发展，各类社会组织和公众个人的汽车保有量呈现上升趋势，国家针对我国汽车时代发布的政策和法律自然要引起重大的社会反响；另一方面是广大社会公众对于交强险的性质、特点和保障内容还不太了解，而各级政府对于交强险的宣传普及又较为欠缺。具体表现就是，用于规范调整交强险关系的《机动车交通事故责任强制保险条例》在保险实务和司法审判中的适用过程，经常因其规则内容存在的疏漏导致人们理解的不同或者适用标准的不一致，例如，认定交通侵权责任的规则原则是什么，交强险所应适用赔偿范围的认定，交强险是否采取法定的分项赔偿规则，交通事故受害人是否享有直接赔偿请求权，而如何理解交强险的性质和特点等都需要有关交强险立法加以明确无误地作出规定。

需要说明的是，在道路交通领域强制适用机动车因交通事故所需向第三人承担赔偿责任的强制保险并非我国特有，而是普遍存在于众多国家，只不过国际上通常称之为汽车第三者责任强制保险。诸如，德国是依据《车主赔偿责任保险法》予以强制推行；在日本，针对机动车的交通事故赔偿责任，该强制保险的保障范围限于机动车造成的人身伤亡的赔偿；而号称"超级汽车王国"的美国，自 1927 年由马萨诸塞州颁布实施《强制汽车责任保险法》至今，汽车责任强制保险已经在美国各州盛行。可见，有关机动车交通事故责任的强制保险是维护现代社会的道路安全秩序不可或缺的保险法律制度。因此，在我国称其为交强险的这一保险制度就应当成为我国责任保险领域的必要组成部分，但因其存在的实际问题需要解决，则面对修改和完善交强险条例的呼声[①]，应当尽快修改和完善交强险条例，提高交强险的科学性和实操性，统一保险实务和司法审判的适用标准，增强交强险法律制度的科学性，提升其维护我国道路交通安全的适用效果。

---

① 社会各界，包括理论界、实务界、司法界、律师界以及社会公众，均要求尽快修改和完善交强险条例，甚至有学者呼吁重构我国的交强险制度。

二、亟须建立推广食品安全责任保险制度

应当说，食品安全是近年来国人经常谈及的话题，由此表现出对保险保障提出了新的要求。因为，近年来困扰人们的一系列食品安全问题[①]，不仅暴露出企业生产经营者天良沦丧的丑恶嘴脸，显现我国食品安全监督管理体制的诸多漏洞，更反映出社会公众在食品消费安全领域的需要亟待满足。正如中国公众环保民生指数显示的，82％的公众都高度关注食品安全，38％的公众在日常生活中"遭遇"过食品安全问题。可以说，能否有效地解决食品消费问题已经成为关乎我国经济社会稳定和睦发展的重要因素。

当今工业化社会的社会公众在食品消费领域不可能脱离人类加工的食品产品。相应地，人们的食品消费观念也发生了重大改变。随着社会发展和科技水平的提高，人们秉持的"民以食为天"的食品消费要求已经不再满足于"有食果腹"和符合食品产品的标准，而是提升到食品安全的高度。可见，社会公众作为消费者在食品消费过程中遭遇食品安全事件，并由此遭受损害的，受害的消费者依据《侵权责任法》的规定，有权向食品产品的生产经营企业进行追索，寻求法律的保护。

所以，中国政府出于保障食品安全的需要，强调严厉打击食品生产中的非法添加，严格食品质量标准，并加大了惩处力度，专家学者和社会公众也纷纷为此献计献策。笔者亦建言如下，我国经营财产保险或者专营责任保险业务的商业保险公司应当适应社会公众对食品安全的保障需求而尝试创设和推出食品安全责任保险。因为，面对一再出现的食品安全事件，政府处理的得当与否，其首要的结果就是遭受损害的食品消费者能不能得到及时有效的医治救助和充分的经济补偿。不过，为达到此一效果，仅仅依靠政府的财政拨款和行政命令经常会感到独木难支，而借助保险制度就可以取得有效的社会支持。中国的保险市场作为我国社会主义市场经济的组成部分，以其独有的社会保障功能向社会经济活动的各个领域和广大社会公众提供着保险服务。其中，食品安全责任保险作为责任保险领域的新成员，发挥其转移和分散食品安全事件所造成的社会损害后果的功能，使广大遭受食品安全事件损

[①]　例如"三鹿奶粉事件""三聚氰胺事件""双汇瘦肉精事件""地沟油事件"等，不一而足。

害的消费者及时得到保险赔偿，从而，在处理食品安全事件的过程中，可以让大家体会到来自现代责任保险制度的积极效果。

借助食品安全责任保险的保障功能和条款设计还能够达到督促包括食品产品的生产、经营以及运输、仓储和销售的企业认真履行其依法所承担的食品安全责任，为广大消费者创造安全的生活环境。因为，推出产品安全责任保险有利于督促相关企业履行其依法承担的食品安全责任。这些企业作为食品安全责任保险中的被保险人，要想获得保险人提供的保险保障，就必须履行该责任保险所规定的包括在食品产品生产经营过程中的安全注意义务等诸多义务，客观上达到提高食品产品的安全质量，降低发生食品安全事件的概率，维护广大消费者消费利益的社会效果。

不过，给予食品安全责任保险恰当的市场定位是一个现实问题。笔者提出：

首先，应将食品安全责任保险纳入商业保险的范畴。因为，推出食品安全责任保险的立足点，是中国保险市场在我国经济生活中的市场功能和社会需求，一方面，食品安全责任保险是基于其具有对我国食品行业企业以及涉及食品产品的运输、仓储、销售等环节的经营活动提供保障的功能而推出的新型保险险种，借助此责任保险的约定内容来督促食品生产经营企业在食品的生产经营过程中认真履行谨慎注意义务，实现食品行业正常的生产经营秩序。另一方面，作为社会再生产终端的消费环节是使各类商品的使用价值得以实现的必经途径，保护消费者的权益已经成为各国政府实施社会管理的重要内容。其中，食品消费更是广大社会公众至关重要的消费内容，并且，随着社会政治经济和科学技术的不断发展，各国对广大消费者在食品消费过程中的利益保护已经从关注食品产品的质量合格与否提升到食品安全（包含食品质量在内，而不限于食品质量）的高度，显然，这对消费者在食品消费方面的权益保护的深度和广度已经与单纯的食品质量保护阶段时的程度不可同日而语，也标志着社会的发展与进步。因此，确认食品安全责任保险是我国商业保险家族的一员，保险公司经营该责任保险的过程，包括运作机制、保险内容和经营模式均应当按照中国保险市场的经济发展规律进行操作。

与此相适应，食品安全责任保险就不属于社会保险。虽然适用食品安全责任保险的初衷是为了落实国家的食品安全政策，用以保护食品消费者权益，但是，食品安全责任保险不是国家政府经办的社会保险，而是由商业保险公司自主经营的商业保险业务，它是按照中国保险市场的发展规律和社会公众获取该责任保险保障的需求来经营食品安全责任保险，追求盈利是其作为商事经营者必然持有的经营目标。从而，将食品安全责任保险与社会保险加以区别，是其进行准确的市场定位所需的必要步骤。

同样，食品安全责任保险也应排除在政策保险范围之外。因为，食品安全责任保险并不是由国家设立的专门性保险机构或者授权商业保险公司经营相应的政策性保险业务来贯彻特定的政策性立法内容的保险活动。

其次，食品安全责任保险应当在财产保险范围内取代产品质量责任保险。因为，按照保险法理论，食品安全责任保险作为独立的保险险种，其保险标的——基于食品安全事件行为导致食品的消费者（第三人）的人身伤害和财产损失而需要对该第三人进行民事赔偿——决定了其应当属于财产保险的范畴。故而，商业保险公司经营食品安全责任保险就应当保持财产保险的运行特点，确保其填补性的实现，并与人身保险（人寿保险）突出的给付性和返还性截然不同。

再次，食品安全责任保险是一种全新型的责任保险类型。它所针对的是食品生产经营企业因过失而违反食品安全义务的行为而设立的责任保险，而不仅仅限于食品质量责任。当前，我国保险市场上即使是个别保险公司推出了食品安全责任保险[①]，但是也因缺乏完善的制度设计和理论支持而影响甚微。根本原因在于其市场定位存在问题。

进一步讲，为了充分实现食品安全责任保险作为责任保险领域内新成员的作用，笔者对其市场定位就是以食品安全责任保险取代现有的产品质量责任保险的身份加入中国保险市场上的责任保险行列。相形之下，食品安全责任保险中的食品安全责任不仅能够向食品消费者提供的保险保障完全可以覆盖现有的产品质量责任保险涉及的产品质量责任的内容，可以满足社会公众的食品消费安全的社会需求而带来高效率的经营效果，更能够从保险公司经营的角度将保险资产和人力资源投入该新型责任保险的经营中，实现这两大

---

① 2007 年，上海安信农业保险公司推出我国首个农产品食用安全保险；2008 年，平安财产保险公司开办了食品安全责任保险；2009 年，我国长安责任保险公司亦于《食品安全法》颁布后开设了食品安全责任保险。

生产要素的结合，争取尽可能多的经营性产出，实现保险公司资产的增值。显然，以食品安全责任保险取代现有的产品质量责任保险符合我国社会市场经济条件下的社会资源优化配置的要求。

最后，食品安全责任保险投入保险市场，适宜采取自愿保险与强制保险并存的市场格局。

针对目前，大多数学者对食品安全责任保险应当一律定性为强制保险的观点持有异议[①]，笔者的看法是，需要确认食品安全责任保险在中国保险市场上的适用，应当建立自愿保险与强制保险并存的格局，即以自愿保险为主，而特定范围内则适用强制保险。

之所以食品安全责任保险应当以自愿保险为主，取决于中国保险市场的基本规律，即在保险立法和相关立法未有明文规定的情况下，食品安全责任保险的适用贯彻自愿原则，赋予当事人自愿决定的权利，任何一方都不得强制对方投保该责任保险。当然，针对社会公众的食品安全责任保险的需求，只要经营食品安全责任保险的财产保险公司和责任保险公司进行切实有效的宣传和推广，让食品生产经营企业准确了解该责任保险的保险内容、运行机制和保障效果等，就能够将投保食品安全责任保险的思想意识纳入各自的经营理念中，使其主动投保该责任保险。

而法定范围内的食品安全责任保险宜适用强制保险，原因在于政府为保护特定社会公众群体在食品消费过程中利益的需要。因为，强制保险实质上是对合同自由的限制，不应当成为市场活动的普遍现象，而应当属于例外，适用于需要用政府的社会公益政策施加影响和干预的特定情况。具体到保险领域，强制保险也就应当带有特定性。为此，不宜将所有的食品安全事件一律纳入食品安全责任强制保险的适用范围。正确的处理方法是，区别各类不同的情况，针对特定的范围适用强制保险。笔者设想如下：

其一，根据食品行业的企业规模，确认食品安全责任强制保险适用于大

---

① 李华. 论我国食品安全强制责任保险制度的构建//责任保险在中国的适用与发展——暨产品安全责任保险研讨会专辑. 北京：知识产权出版社，2012；潘红艳. 食品安全强制责任保险的几点思考//责任保险在中国的适用与发展——暨产品安全责任保险研讨会专辑. 北京：知识产权出版社，2012；卢燕. 构建食品安全强制责任保险的必要性和可行性. 商业时代，2009（32）；段胜. 构建我国食品安全强制责任保险之我见. 上海保险，2009（1）。

中型企业。从我国的社会现实角度讲，食品行业领域内的大中型企业，因其生产经营的食品产品的规模大、品种多、销售范围广，影响力巨大，一旦涉及食品安全事件，其为处理这些事件所支出的成本更高，商誉损失更大，所以，这些企业接受食品安全责任强制保险的阻力会较小。同时，将食品安全责任强制保险适用于大中型食品企业，可以借助这些企业的社会影响力产生较好的示范效果。特别是大中型食品企业的影响力决定了与其有关的食品安全事件所产生的负面影响往往会引发社会公众对食品行业、甚至是对政府的信任危机，故应对食品行业大中型企业适用强制性食品安全责任保险。

其二，根据食品产品的种类和消费群体的不同，确认食品安全责任强制保险适用的特定范围。例如，将儿童食品、老年食品、康复食品等纳入食品安全责任强制保险的适用范围。理由是众所周知的，构成儿童食品的消费群体是儿童，这些无行为能力人尚不具备正确的分析判断意识，且求知欲和好奇心极强，致使其身体极易遭受侵害。一旦遭遇食品安全事件，所需医疗费用和相关费用较大。因此，对儿童食品适用食品安全责任强制保险符合对儿童的身心健康实施特殊保护的精神。

三、应当适度发展我国的强制责任保险制度。

在现代商业保险领域，强制保险是与自愿保险相对应的保险类型，表现为根据国家的有关法律法规的规定，特定范围内的社会群体或者行业领域内的社会组织承担着投保特定保险的义务，无论其是否愿意，都必须参加该保险。显然，强制保险区别于自愿保险的特殊性，就在于其适用上具有法律的强制力，"强制要求符合条件的人员投保相应的保险，并进而通过保险分散相关行业的风险，减少社会矛盾，以实现和谐社会的基本目标"[1]。责任保险基于其保护受害人利益，解决社会矛盾，维护社会秩序的功能而成为强制保险的适用区域，特别是随着现代工业社会条件下，有限责任理念的形成和侵权责任的社会化发展趋势，越来越多的责任保险品种具有了强制性内容，改变了其原有的自愿保险的属性，成为落实国家特定政策的工具。因此，无论是在美国、英国等普通法系的代表性国家，还是德国、日本等大陆法系代

---

[1] 郭锋，等. 强制保险立法研究. 北京：人民法院出版社，2009：1.

表性国家，各自的商业保险市场上均存在着强制责任保险，只不过除了汽车责任强制保险以外，其他强制责任保险的种类、适用范围和覆盖区域因各国的经济发展水平和法律传统的差异而不尽相同。

就我国现有的强制责任保险的适用情况看，其受到责任保险制度总体发展的影响而有明显的局限性，其适用范围主要集中在机动车第三者责任，船舶污染责任，煤炭、建筑等高危行业的意外伤害责任和旅行社职业责任等。涉及强制责任保险的立法也呈现出法律、行政法规，特别是地方性立法和部门规章等多个层面，因此，这些有关强制责任保险的规范性文件大多具有明显的地域性，规则内容过于简单，缺乏可操作性，并且，往往与人身意外伤害保险相混同。从而，解决我国强制责任保险落后的局面，首要环节就是提高涉及强制责任保险的立法水平。

但是，需要强调的是，强制责任保险的适用，对于强化受害人保障体系，实现和谐社会建设和分散风险，实现政府的社会管理政策确实有特殊的意义，不过，针对特定领域的风险责任决定其是否借助强制保险手段加以转移，应当持有谨慎的态度。原因在于，以保险手段转移特定的法律风险毕竟是通过合同方式来完成的，应当主要建立在双方当事人自愿的基础上。而强制责任保险仅仅是责任保险市场上的一种类型，不应当成为责任保险的主流发展趋势。尤其是在中国的责任保险领域，切忌过分夸大强制责任保险的作用，更不能期冀利用行政命令来强推责任保险。否则，动辄就采取强制责任保险的结果，必然是淡化了强制责任保险的市场价值，不利于责任保险市场的稳定发展。

正是在此意义上，笔者认为应当适度发展我国的强制责任保险制度，这也符合"新国十条"将"探索开展强制责任保险试点"作为发展我国责任保险体系的任务之一。当前，要重点做好两方面的工作：一是努力提升现有的强制责任保险的科学性和可操作性，强化其适用效果。例如，前文所讲的全国统一适用的交强险，再有就是适用于特定行业的强制船舶污染损害责任保险、强制旅行社职业责任保险等，需要有相应完善的保险制度立法来为其提供法律保障。二是谨慎地扩大新的强制责任保险的适用领域。即衡量强制责任保险的适用范围时，具体的标准包括，特定的社会群体或者特定行业所面对的责任风险是否属于高于一般责任风险的高危程度的风险。只有在日常的工作或生活中承担着难以控制的、一旦发生会造成很大损害后果而又无法定免责事由的高风险时，才能够将其纳入强制责任保险的范畴。再有就是这种高危风险是否与公共利益密切相关，诸如环境污染责任、食品安全责任、医疗责任等都与社会公众的利益关系密切，对于整个社会会产生巨大的不利影响，故而，才属于强制责任保险的适用范围。而对于上述以外的一般社会风险，则应当在立法上加以引导，使得相应的社会公众树立投保的自觉意识，适用自愿责任保险。

第二十章

完善财税法律体系

随着我国经济社会进入全面深化改革、全面推进依法治国、全面建设小康社会的历史阶段，改革和建设需要法治的推动和保障。而完善以宪法为核心的中国特色社会主义法律体系是新的历史阶段中全面推进法治建设的重大任务。财政税收法律体系是我国法律体系重要组成部分，作为本项目的子课题，主要研究我国财税法体系的完善问题。

科学的宏观调控，有效的政府治理，是发挥社会主义市场经济体制优势的内在要求，而财政是国家治理的基础和重要支柱。财税法律制度是政府实施科学的宏观调控、优化资源配置、促进社会公平、实现国家长治久安的法律保障之一。我国社会主义财税法体系是依法理财，税收法定的前提。实行财税法治必须立法先行，加强财政和税收领域的立法，进一步健全与完善具有我国本土特色的社会主义财税法律体系。

社会主义财税法律体系的建构，与我国如火如荼进行的经济体制全面深入改革密切相关。要理清财税法律体系的逻辑脉络，就必须结合经济体制改革的实践。正如中共十八届四中全会的报告中指出的那样，我国逐渐由"市场起基础性作用"转变为"市场起决定性作用"，在这样的转变中，其核心问题是如何处理好市场与政府之间的关系。延伸至财税法领域，要解决的核心问题正是如何依托法律的手段合理的界定市场与政府的关系，更为恰当的发挥财税法在国家治理和助推市场经济发展中的作用。

就"怎样完善我国现有财税法律体系"这一命题来看，本章拟从以下几个维度研究我国社会主义财税法律体系的完善问题。第一个维度是财税法理论依据层面，即在社会主义经济体制的背景下，梳理财税法律体系发展的历史脉络，结合国家治理理论、公共财政理论、法治理论等理论，确立现代财政税收制度，以期在财税经济领域合理界定政府与市场的边界、合理划分中央和地方事权与支出责任，完善促进社会公平、实现国家长治久安的财税法律制度保障。第二个维度是财税法体系基本框架层面。第三个维度是如何完善我国财税法律体系的具体制度构想层面。

第一节　经济体制不同阶段决定着财税法律体系的发展

市场经济的众多领域都需要法律调整，需要法律秩序作保障。法是由经济关系决定的。正如马克思所指出的："无论是政治的立法或市民的立法，都只是表明和记载经济关系的要求而已。"我国现行财税法律体系是社会主义市场经济的产物。市场经济发展不同阶段所发生的包括财税关系在内的经济关系有不同的性质和特点，这就决定了与之相适应的包括财税法在内的市场经济法律体系也必须进行适时的修正、补充和完善。

梳理我国财税法发展的脉络可以看出，财税法的发展与市场经济的发展阶段息息相关。在《法律上的人》[①]一文中，德国法学家拉德布鲁赫表达了这样的观点：每个社会阶段的发展都是和人性息息相关的，有怎样的人性就会表现出怎样的法律。人性集合于社会之中，形成政治、文化等多方面，共同影响着社会的发展。具体而言，随着我国经济体制的改革和发展，财税法体系主要经历了以下四个阶段：

第一阶段是计划经济阶段。新中国成立之初，百废待兴，1949 年至 1978 年，国家实行计划经济，财税制度也是计划经济在全国范围内的推行的手段工具。全国的财政经济实行统一的领导管理，初步建立了"统收统支"的集权财税体制，同时也初步建立起了预算制度和简略的新税制。在此阶段，国家主要依靠计划来引导经济的发展，对法律的作用认识较为有限。因此，财税法律体系在此阶段正在萌芽。

第二阶段是有计划的商品经济体制下的财税法体系，经过十年"文化大

---

① 拉德布鲁赫. 法律智慧警句集. 舒国滢，译. 北京：中国法制出版社，2001.

革命"，我国的财税法律制度再次归于起步。在 1979 年到 1993 年这一阶段，实行的是有计划的商品经济，国家开始逐步探索改革转型，财税法也围绕着这一目的来构建，主要分为两个方面：一方面，由于之前"统收统支"的经济体制存在管得太死的缺陷，国家开始实行"分级包干"的财政包干制；另一方面，逐渐开始了"利改税""工商税制改革"，初步形成了多税种、多环节、多层次调节的复合税制体系。相对于第一阶段，在第二阶段中，我国的财税法律体系已初具雏形。

虽然在此阶段，财税法律体系有了历史性的改革，但此次改革也伴随着诸多问题。"利改税"和"工商税制改革"主要采取的是授权立法的方式。在财税法领域出现了两次授权，第一次是在 1984 年全国人大常委会通过的《关于授权国务院改革工商税制发布有关税收条例草案试行的决定》，第二次是在 1985 年第六届人大通过的《关于授权国务院在经济体制改革和对外开放方面可以制定暂行的规定或者条例的决定》。根据这两次授权，国务院制定了一系列行政法规，成为国务院至今享有无限制的税收立法权的"合法依据"。两次授权均属"空白授权"，其中既无明确的授权事项，也无期限的限制，与"税收法定"原则相悖。

第三阶段是分税制改革及其之后的财税法律体系。1992 年，我国进一步明确了开放市场经济，建立社会主义市场经济体制的取向。在 1993 年宪法修正案中，明确规定"国家实行社会主义市场经济"，由此为建立和发展社会主义市场经济提供了宪法上的依据。随着经济体制的改革，财税法律体系也开始了新一轮的调整，其中意义最为重大的是"分税制"改革，其意义在于理顺国家与企业、中央与地方的分配关系。《关于实行分税制财政管理体制的决定》规定：根据建立社会主义市场经济体制的基本要求，并借鉴国外的成功做法，要理顺中央与地方的分配关系，必须进行分税制改革。分税制改革的原则和主要内容是：按照中央与地方政府的事权划分，合理确定各级财政的支出范围；根据事权与财权相结合原则，将税种统一划分为中央税、地方税和中央地方共享税，并建立中央税收和地方税收体系，分设中央与地方两套税务机构分别征管；科学核定地方收支数额，逐步实行比较规范的中央财政对地方的税收返还和转移支付制度；建立和健全分级预算制度，硬化各级预算约束。

为了配合"分税制"改革，税收立法的数量激增，先后修改了《个人所得税法》《企业所得税暂行条例》，并出台了《税收征收管理法》《增值税暂行条例》《营业税暂行条例》《消费税暂行条例》等重要的税收立法文件。

至此，自1994年启动分税制财政体制改革起，直至1998年年底全国财政工作会议正式提出我国建立公共财政基本框架及相关原则。1993年3月，第九届全国人大二次会议批准了在我国实行公共财政体制的意见。从"统收统支"的财政体制到财政包干体制，再到分税制财政管理体制，实际上就是由非公共性的财税体制机制不断向公共性的财税体制机制转变。

第四阶段是2001年至今，随着我国于2001年成功加入世界贸易组织，以及中共十八届三中全会《中共中央关于全面深化改革若干重大问题的决定》，我国进入了以全球化与体制改革创新的大背景下的税收立法改革。在立足于全球化，肯定市场在资源配置中的决定性作用，推进国家治理体系与治理能力现代化的背景下，现阶段的财税法律体系呈现出较为频繁的渐进式的鲜明特征，而且综合采取了废止、修订和新定税种法的多种方式进行完善。

2007年《企业所得税法》的颁布基本实现了内外资企业所得税的公平税收问题。根据《关于全面推开营业税改征增值税试点的通知》，自2016年5月1日起开始全面推行营改增。《个人所得税法》已先后经历六次修正，其中第六次修正（2011年）内容最多，不仅包括提高减除费用标准，而且包括优化工薪所得税率结构，调整生产经营所得税率级距，以及延长纳税时间。

随着财税法律体系的不断完善，公共性的财税体制与国家治理之间的联系越来越紧密。财税法律体系在全面深化经济体制的改革中，通过强调财政授权机制、受托责任、透明度与公众参与等各个方面，为优化社会资源配置、维护市场统一、促进社会公平起到了关键作用。

第二节　财税立法须接受我国主流经济理论和法治理论的指导

一个科学合理的财税法体系必须有先进的理论作为指导思想，有合理的内部结构，并且与以宪法为核心的中国特色社会主义法律体系相协调。财税法作为一个复杂的立法体系，也应当由多维度的理论来作为其支撑。

第一个维度是政治维度。法律变革是整个政治变革的一部分，依据马克思主义对法律的经典定义，法律的制定和实施必须依靠国家强制力的支持，缺乏政治权力作为后盾的法律是不存在的。按照社会主义市场经济理论，随着经济的不断发展，我国已经进入新常态阶段。同时，针对我国的经济发展国情，党提出了供给侧理论以应对新形势。这些经济理论对财税法也是作用重大，可以通过宏观调控的手段，得以实现。新常态理论和供给侧理论是我国现在的经济理论的导向，财税法与政治之间密不可分的关系，决定了这两种理论必将成为构建财税法法律体系的背景。第二个维度则是财政维度。财税法的构建，其内核在于财政，因此我国采取何种财政理论也就直接影响着财税法。自 1994 年分税制改革之后，公共财政理论一直指导着我国财税立法。因此，有必要在此梳理一下公共财政理论。第三个维度，从法治的角度来看，法律制度的构建离不开法治理论的指导。前两个维度分别是背景和财税理论，而第三个维度则是站在法治的角度来讲，主要有公平分配价值和社会市场法治理论。法律天然地拥有保守性，具有自我克制的能力。

一、适应新常态是当前和今后一个时期我国经济发展的大逻辑

当前，我国社会主义市场经济发展已经进入新常态阶段。习近平总书记在 2014 年 12 月召开的中央经济工作会议上指出，认识新常态，适应新常态，是当前和今后一个时期我国经济发展的大逻辑。中国经济发展新常态的思想观点，是我国当代马克思主义经济理论的科学发展。基于大逻辑的科学判断和经济发展新常态理论，国家新制定的经济政策和经济法律都必须反映新常态的客观现实；现行不适应甚至违背大逻辑的经济政策和经济法律法规应当尽快修订。财税法是直接为我国市场经济发展和社会发展服务的法律。既然经济新常态是我国当代马克思主义经济理论的科学发展，是当前和今后一个时期我国经济发展的大逻辑，那么，我国财税法的发展和创新也必须适应和服务于经济发展新常态的大逻辑。

从 2008 年发生国际金融危机和 2009 年欧洲诸国爆发主权债务危机开始，世界呈现出"危机、冲突、紊乱、分化和重构"的特征。在此时代背

景下，中国经济发展开始进入"新常态"——从高速增长转为中高速增长，经济结构优化升级，从要素驱动、投资驱动转向创新驱动。中共中央在十八届三中全会《关于全面深化改革若干重大问题的决定》中明确指出，"财政是国家治理的基础和重要支柱，科学的财税体制是优化资源配置、维护市场统一、促进社会公平、实现国家长治久安的制度保障"，要"建立现代财政制度"[①]。

当高增长的时代结束，经济逐渐进入中低速增长状态，如何在此阶段运用财政制度加速经济转型是完善财税法律体系研究的一个重点问题。

首先，新常态必然影响税制改革和税收立法。以往的税收主要来源于增量经济，而不是存量经济。高增长的不可持续性意味着增量经济的规模将在未来不断减少，如果还是像以往一样对增量经济课以较高的税赋将不利于我国实体经济的发展。而同时，中国的存量经济经过很长一段时间的发展已经具有很大的规模，可以通过制定房产税法等法律制度来增加对存量经济的税负。

其次，新常态下需要逐渐减少粗放型、劳动密集型的经济模式，向精细化、技术密集型的经济模式转化，财税法律作为一种宏观调控的重要手段，应当充分发挥其宏观调控的作用，一方面抑制以往落后的经济模式的发展，另一方面鼓励精细先进化的经济模式。

再次，经济增速减缓带来的另一个问题，是国家收支差距的进一步加大。在财政收入方面，经济的减缓意味着税收的减少；但在财政支出方面，扶持高新企业、支持产业转型升级意味着支出的增加。因此，从这个角度来讲，新常态下需要强有力的预算法律制度来帮助国家管理好财政收支，通过财政制度助力经济改革、产业升级。

最后，新常态下需要保护生态环境发展绿色经济。因此，当前国家税收立法的一个重要任务是制定环境保护税法。

二、完善财税法律体系必须反映供给侧结构性改革理论的精神

根据我国经济发展处于新常态的客观实际，党中央和国务院适时制定了

---

① 中共中央关于全面深化改革若干重大问题的决定. 北京：人民出版社，2013.

供给侧结构性改革战略部署。法治建设，特别是经济法治建设，怎样适应、促进和保障我国当下的供给侧改革的重大举措，如何用法律手段来引导和促进供给侧改革？这是目前我们法学界人士绕不开的话题。2016 年 1 月 18 日，习近平同志在中央党校省部级主要领导干部学习贯彻党的十八届五中全会精神专题研讨班上的讲话，重点阐述了供给侧管理和需求侧管理的辩证关系。他指出，"供给侧和需求侧是管理和调控宏观经济的两个基本手段。需求侧管理，重在解决总量性问题，注重短期调控，主要是通过调节税收、财政支出、货币信贷等来刺激或抑制需求，进而推动经济增长。供给侧管理，重在解决结构性问题，注重激发经济增长动力，主要通过优化要素配置和调整生产结构来提高供给体系质量和效率，进而推动经济增长"。习近平同志认为，"供给侧结构性改革关系全局、关系长远"，"当前我国经济发展中有周期性、总量性问题，但结构性问题最突出，矛盾的主要方面在供给侧"①。李克强总理在"十三五"规划纲要编制工作会议上指出，"在供给侧和需求侧两端发力促进产业迈向中高端"②。

从整体来看，需求侧管理和供给侧管理永远是一致的。供给侧管理更加强调长期的潜在增长水平，需求侧管理更加关注短期的实际增长水平。当实际经济增速高于潜在水平时，我们应该更加关注供给侧管理；当实际经济增速低于潜在水平时，我们应该更加关注需求侧管理。从目前来看，为解决严重的产能过剩问题以及调整结构性问题，转向供给侧管理应该说有一定道理。

就我国国情而言，"供给侧改革"需要产业结构进行由"重"到"轻"的转变——产能过剩的重化工业对国民经济的支撑作用太强，过快出清容易导致经济增长断崖式下滑，这和短期的"保增长"政策是矛盾的。这个中间地带的问题，可以被理解为两部分，一是政府税收和社保缴费过高，让企业无法生存；二是垄断国企占有太多的社会资源而效率又太低，靠价格垄断生存，抬高了整个社会的生产成本。

"供给侧改革"的精髓是减税，但减税将导致财政压力，而一旦对财政的掌控力下降，反而可能制约其他改革措施的推进。另外减税的背后是财政

---

① 习近平同志在 2016 年 5 月 16 日主持召开中央财经领导小组第十三次会议时的讲话。

② 李克强同志分别在国务院常务会议和"十三五"《规划纲要》编制工作会议上强调供给侧改革。

赤字的大幅增加——解决办法是大规模发行国债，但这需要相当大的债券市场容纳空间才行，须配合人民币国际化程度和国家实力的提升。

三、完善我国财税法律体系必须以公共财政理论为指导

应以公共财政理论作为指导，来建立和完善财税法体系。公共财政理论的主要内容是：根据经济学原理可知存在着市场失灵的情况，理性的经济人以利润为其追逐的目标，而诸如教育、公共医疗等无利润可言的公共服务或产品，私人是没有动力去主动提供的，因此必须借助私人市场以外的其他力量来弥补公共产品或服务的缺失。政府就是这股力量，它是天然的公共产品提供者。但我们需要注意到，政府是需要被限制的，政府提供公共产品或服务的领域有且只有公共需求领域，为保证政府不逾越公共需求领域，擅自参与到私人市场的交易活动中去，就必须对公共需求领域划定一个明确的界限。而该界限的划定显然不能由政府自己来划。由代表民意的立法部门进行立法规范便成为必然的选择。公共财政理论其内涵有三个面向：第一，"公共性"，即政府的财税权力应当只限于与公共利益相关的领域。借由此内涵，可以厘清政府与市场的关系，这是构建财税法体系的基础。第二，"法治性"，即为政府划定的界限和博弈的结果必须经由代表民意的立法部门通过法律规范的形式固定下来。第三，"民主性"，这是公共财政理论的实质价值，在财税领域中，应当体现人民的利益，给予其充分深入表达的空间。[①]因此，公共财政理论对构建财税法体系的意义不在于"市场失灵"这一经济学上的逻辑起因，而在于其"公共性""民主性"和"法治性"的实质内涵。

就"公共性"而言，在财税法中体现为厘清政府与市场的关系，因为财税法体系的建构和现在存在的问题，不仅只是法律层面的问题，而且更深层次地分析，可以发现是经济体制决定了财税法体系的走向。经济体制决定了政府的职能，政府的职能则决定了财政职能。通过公共财政理论中对"公共性"的界定，来厘清政府与市场的关系，是弥补财税法体系的缺位和越位的缺陷，构建财税法体系的前提条件。

党的十八人提出要以市场起决定性作用，这就表明政府应当只做自己应

---

① 刘剑文. 论财税体制改革的正当性——公共财产法语境下的治理逻辑. 清华法学，2014（5）.

该做的事情，那么以"公共财政"作为财税法的理论依据，财税法的范围应该是与公共需求相关的领域。由于历史和经济发展的多重原因，我国现行的财税法律体系所涉及的范围并不是都与公共需求相关，相反地，存在着财税"越位"和"缺位"并存的现象。"越位"主要表现在，财税支出所覆盖的范围过大，几乎涵盖了社会再生产过程的各个领域，特别是过多涉及了竞争性生产建设领域，远远超出了政府职能的范围。"缺位"则主要表现为，应当由政府承担的一些提供社会公共需要的职责却无力保障，没有得到重视。因此，在财税法体系的构建中，必须强调财税与公共利益之间的紧密关系，明确财税法的范围和功能。

由此可见，公共财政理论中的"公共性"对指导财税法体系的意义在于：借由"公共性"的内涵界定了政府配置财税资源的范围，即政府财税权可以直接配置资源的范围应该在纯粹的公共需要领域内，而非自由竞争的私人商品领域。财税法体系需要建立在对政府财政职能的合理定位上，强调政府财政的社会公共性。

以上是对于"公共性"对财税法体系建构作用的一般性阐释。我们需要注意到，将西方理论照搬到中国是不可行的，因此在采用公共财政理论时，应当适当考虑中国国情。当"公共财政理论"这一舶来品，遭遇到中国的发展状况和政治语境时，遭受了一定的质疑。比如，对于财力和职能之间的冲突所导致的入不敷出的情况，一方面公共财政理论要求政府少征税、不干预市场，以促进经济的扩张和实现资源的自由配置，另一方面，在经济不景气时又要求政府出钱救市、人为扩张市场需求或为市场注入资金。试想：政府若不从利润获得者那里多征税、不在经济景气时所征税，哪里有足够的能力调控经济和改善收入等经济结构，哪里又有能力在经济不景气时救市呢？特别是在当前国情之下，需要看到财税法律体系并不能完成所有的公共职能，而应当将可持续发展、优化经济结构和共同富裕作为财政的基本职能，即侧重于国家治理方面的功能，而非经济增长方面的功能。我们在进行财政制度设计时，必须明确我国财税法律体系的国家治理性质，并将经济增长性质与国家性质有机统一起来，同时结合新常态的时代特征和中国国情。[①]

---

① 刘明国. 论新常态下中国财政的变革方向. 当代经济研究，2015（10）.

就"法治性"而言，在"公共性"这一部分，我们厘清了政府与市场的关系这一构建财税法体系的前提条件，就财税法应当涉及的范围进行了限定。对于通过"公共性"所确定下来的政府与市场的界限则需要通过"法治性"来实现。民主的预算和有效率的投票制度在具体决策过程中往往也是按多数票规则来进行的，必然会出现受益方和受损方，国家天然是不同利益集团博弈的场所。因此，就法治性而言，它不是面面俱到的保障，只是将博弈产生的利益分配通过规则的形式固定下来，防止被具有权力的一方随意改动。法治的实质是规则之治，在财税法体系中，就是通过宪法性文件、财税法律法规将博弈的规则固定下来。

就民主性而言，"公共性"不仅事关政府和市场管理范围的划分界限，也关乎公众参与机制的过程，只有当社会大众的"共同意志"参与其中时，才可以达成公共性。而这种"公"的参与，必须通过民主制度得以体现。"民主性"其实质在于它是公共财政理论在实体层面上的价值取向。

民主性具体体现为两个方面：其一，民主性体现最为突出的地方是在预算过程及其控制监督中。通过民主制度，社会公众在预算过程中，对公共财产取得、用益和处分的正当性予以确认和监督。在采用代议制的国家中，选出的代表们通过对公共财产的转化和使用充分表达自己的观点和争论，通过制度化的讨论和博弈反映出决策的民主性，同时证明取得、用益和处分公共财产的合法性。比如，在新《预算法》的修订中，我国《预算法》修订因应了时代的要求，在推进全口径预算、透明预算、规范预算等方面实现了重要突破，但就人大预算权力的加强、预算"空窗期"等问题仍有待完善。

其二，民主性还体现在对财税执行效果的监督管理之中。只有将执行置于阳光之中，放在民主的氛围之中，才可能从根本上减少贪污腐败以及其他不合法现象的产生。新《预算法》中规定了全国人大应当依法进行预算审查和监督，但在全口径预算方面、预决算方面、预算刚性方面以及地方政府债务规模方面都应当加强人大的预算审查监督。预算民主是预算透明的政治基础，增强预算透明度的策略包括保障公民预算参与权、建立完整统一的预算、人大对预算进行实质性审批以及渐进性推进人大代表的民主选举制度等方面。

四、完善我国财税法律体系必须贯彻公平分配价值

社会财富、国民收入以及公共资源必须在社会成员和地区之间进行公平

分配，以减少过于悬殊的收入差距，这是实现社会和谐和国家长治久安的保障。社会分配的严重不公及其引起的社会动荡的尖锐性，客观要求政府及其公共财政的介入。正是在这一背景下，从 19 世纪 80 年代开始，西方政府及其公共财政先后大规模地介入了社会公平问题之中，著名的"福利国家"制度就是这一干预的产物。对社会财富的公平分配乃至平均分配具有广泛的群众基础。贫富差距的扩大和社会不公的存在，会引起相当一部分人的失落感和被剥夺感，产生不同社会阶层之间的相互对立和敌视。近年来，处于社会边缘的底层群体，仇富心理泛化、过激行为不断涌现更是贫富差距悬殊所引起的社会效应之直接表征。许多国家的历史教训表明，分配格局存在不公平现象，是滋生社会不满情绪、引发社会动荡的根源，甚至严重降低社会认同、动摇政权的合法性。因此，一个运行良好的公平分配机制对于和谐社会的贡献是不容忽视的。和谐社会的最基本含义是在市场经济条件下形成一种大体均衡的利益格局，而调节利益关系的基础是规范财富分配。唯有社会财富、国民收入和公共资源的公平分配，方能形成正向的利益激励机制，以良性循环促进社会的持续发展，增进社会和谐与稳定。与此同时，通过财富再分配的利益调节机制，使国民收入和各种公共资源在社会成员以及地区之间正常、合理的流动，可以形成有效需求与实际购买力，而强大的内需正是经济高速、稳健发展的重要支撑。一个社会只有让全体社会成员公平分享改革发展的成果，社会的经济增长才能持续不断。

马克思曾深刻地指出："人们奋斗所争取的一切，都同他们的利益有关。"分配作为社会生产和再生产的重要环节，分配关系处理得是否公平，关系到和谐社会构建的成败。在当前建设和谐社会的伟大实践中，必须将公平分配作为基本着力点，加大分配调节力度，正确处理不同主体的利益关系，唯其如此，社会方能步入协调发展的正确轨道。

财税法律体系作为整个社会分配制度的一环，主要关系到公民、国家、公共财产的初次、二次、三次分配。理应将公平分配的价值理念贯穿于财税立法的整个过程之中。在财税法律体系中，公平分配的价值理念主要体现为三个维度：一是权利公平，这是在先性的基本前提；二是机会公平，这是概括性的机会均等；三是规则公平，这是法治化的实现方式。①

---

① 王桦宇．论现代财政制度的法治逻辑——以面向社会公平的分配正义为中心．法学论坛，2014（3）：40-49．

五、完善财税法律体系必须以社会主义法治思想为理论基础

在建构财税法体系时，除了从"公共财政"理论中汲取养分以外，还必须遵循中国特色社会主义法治理念。法律是治国之重器，良法是善治之前提。建设中国特色社会主义法治体系，必须坚持立法先行，发挥立法的引领和推动作用，抓住提高立法质量这个关键。要恪守以民为本、立法为民理念，贯彻社会主义核心价值观，使每一项立法都符合宪法精神、反映人民意志、得到人民拥护。要把公正、公平、公开原则贯穿立法全过程，完善立法体制机制，坚持立改废释并举，增强法律法规的及时性、系统性、完备性、针对性、有效性。

财税法律制度必须完善立法、明确事权、改革税制、稳定税负、透明预算、提高效率，建立现代财政制度，发挥中央和地方两个积极性。财税具有分配收入、配置资源和保障稳定的职能，国家运用财税杠杆可以有效调控宏观经济。财税法是宏观调控制度的重要组成部分。在全面推进依法治国的当下，必须加强财政、税收等重点领域立法，更多地运用财税法律手段促进和保障国家宏观调控目标的实现。

第三节　完善财税法律体系的基本原则

要完善财税法律体系，必须以提纲挈领的原则作为基础。综合而言，我们提出了以下几项完善财税法律体系的基本原则。

一、促进社会主义市场经济发展的原则

科学发展观，第一要义是发展，核心是以人为本，基本要求是全面协调可持续，根本方法是统筹兼顾。这是我国一切工作总的指导思想和基本原则，因此，财政法律制度的改革、建设与体系完善，应当贯彻落实科学发展观，遵循并反映社会主义市场经济规律，有利于促进社会主义市场经济的发展。

此处所言的发展，应当是实现共同富裕、可持续发展和代际平衡。这既是社会主义中"全面建成小康社会"的需要，也是现今经济局势中新常态模

式下"经济结构优化升级"的需要。

财税法律如何制定，直接会影响到市场经济中的要素成本和财税成本，从而影响对经济的宏观调控作用。

二、巩固公共财政与分税制相结合的财政体制的原则

我国公共财政模式和分税制体制基本建立，但仍需法治的保障，通过财政法律制度的改革与建设，充分发挥公共财政的职能，特别是调控经济与调节分配的功能，使各级政府财权与事权相适应，各级财政收入、支出权限明确，转移支付制度规范化，这有利于促进和谐社会建设目标的实现。

具体而言，则是以量入为出、量出为入为原则。量入为出，是财政支出的基本原则。在正常年份中，一般遵循这一原则。但这并不意味着，有多少收入就一定要用完，只要财政支出能够实现执政的预期目标就行了。在特殊情况下，若已有财政收入不足以支付开支，可以遵循量出为入原则。从这个意义上讲，中国特色社会主义财政制度在设计之初就不能机械化，而要做到这一点，全国财政必须一盘棋——在区域之间、产业之间、中央和地方之间作统筹考虑。这也是我国社会主义国家性质的要求。

而谋划这一盘棋的棋谱则是公共财政与分税制的结合。公共财政重在从理论上指导如何建构财税体系，而分税制则是在具体的制度上进行合理布局，厘清事权、财权等。

三、保障作为纳税人的公民、法人和其他组织的合法权益的原则

在财政税收领域树立以纳税人为本的财政法核心理念，是科学发展观的必然要求，是财政法理论上的基本立足点。据此改革社会主义财政法律制度，更好地将纳税人权利保护的人权内涵鲜明地展现出来，保障作为纳税人的公民、法人和其他组织的合法权益。

在财税法中，以人为本这一理念就表现为：法律上对公民权利，特别是财产方面权利的保障，通过法治性，将博弈产生的利益分配通过规则的形式固定下来，防止具有权力的一方随意改动。法治的实质是规则之治，在财税法体系中，就是通过宪法性文件、财税法律法规将博弈的规则固定下来。

具体而言，对财税法体系建构，应当从以下两个方面来考虑：一是通过

宪法性法律文件或法律将公共财政的公共性识别标准和正义判断标准固定下来，二是将公共财产的取得、用益、处分的公正程序通过法律的形式固定下来。

其一，通过法律规则将"公共性"的识别标准及正义判断标准固定下来。"法治性"要求在"公共性"中得以确定的公共服务或产品的范围必须符合法定要求和合理性原则的支配，"需经由符合正义原则的预算法和税法规范予以实现"[①]。

其二，我们将通过税收、国债等方式获得的财政收入称为"公共财产"，"法治性"要求公共财产的取得、用益和处分都应当符合法定程序和规则。具体而言，取得公共财产的法定程序旨在保障程序公开、透明；用益和处分公共财产的法定程序应当符合民主要求，体现社会大众对公共财产的流程管控和支配监督。

根据"法治性"的两方面内涵可以看出我国财税法体系中存在的局限：一是只关注公共财产的取得，而忽略了私人财产通过财税法转化为公共财产之后，政府对其用益和处分是否具有正当性；二是法律上没有重视社会大众在财税领域中监督管理作用。在法律上，公众仅有表面上的评估权利，而没有深入的追踪和监督财税机关使用这些公共财产的过程。

四、强化财政法的现代化、系统化，有利于发挥财政法的整体效率的原则

法律发展过程是伴随着社会发展由传统型向现代型的转变，这一转型过程就是法制现代化的过程。法律系统化有助于维护社会主义法制的统一，建立和谐一致的法律体系。法制的现代化和系统化是法律自身发展规律的要求。因此，全面推进财政法制度的改革与体系的完善，必须遵循法自身发展的一般规律，实现财政法的功能整体效率的最大限度发挥。

财税法对经济和政治的敏感度高，在不同的经济形势和政治形势下，都有不同的财税法制度。在高度计划经济的背景下，财税法主要是为了统筹计划经济的安排，因此，中央高度集权，几乎掌握了所有的财税权力。随着经济的逐渐开放和社会主义经济理论的提出，分税制对国家和地方的经济发展

---

① 刘剑文，王桦宇．公共财产权的概念及其法治逻辑．中国社会科学，2014（8）．

都起到了重大作用。

第四节 中国财税法律体系的现状和问题

研究财政法律体系的现状和问题，必须明确财政法律体系的概念。所谓财政法律体系，是指由一国现行的全部财政法律规范按照一定原则分类组合为不同的财政法制度而形成的系统化的有机整体。财政法律体系与财政法规范性文件体系或财政法渊源体系以及立法体系不同。财政法规范性文件体系是财政法律体系的外在表现形式，两者是内容与形式的关系。财政法规范性文件体系反映财政法律体系，以财政法律体系为基础，但并不等于财政法律体系。通过财税立法制定众多的财政法律法规、税收法律法规，如《中华人民共和国预算法》《中华人民共和国企业所得税法》等财政法规范性文件，使财政法律体系表现更完备，更便于财政法律规范的实现。

党的十一届三中全会以后，随着财政体制改革的发展，我国财政立法工作恢复和发展得很快。我国自 1980 年 9 月 10 日颁布《中华人民共和国个人所得税法》以来，出台了财政税收方面的法律和具有法律层次规范性文件 80 多件：如 1992 年的《中华人民共和国税收征收管理法》《关于惩治偷税、抗税犯罪的补充规定》，1994 年的《中华人民共和国预算法》，2002 年的《中华人民共和国政府采购法》，2007 年的《中华人民共和国企业所得税法》，2011 年的《中华人民共和国车船税法》，2016 年的《中华人民共和国环境保护税法》，2017 年的《中华人民共和国烟叶税法》等。与此同时，国务院还制定一大批财政税收方面的行政法规，如 1993 年国务院发布《关于实行分税制财政管理体制的决定》《中华人民共和国增值税暂行条例》，2011 年的《中华人民共和国个人所得税法实施条例》（2011 年修订），2011 年的《中华人民共和国车船税实施条例》，2017 年的《中华人民共和国环境保护税法实施条例》等。

目前，我国财税立法也取得了较大的成绩，财政税收法律体系已经初步形成。但是，从建立社会主义法治国家的远大目标出发，从财税体制改革深入发展的形势要求看，从完善财政法内在体系迫切需要看，中国财政法律体系建设的问题仍然突出，主要表现为以下几点：

一、财政税收基本问题在宪法规定中不足、基本法律缺位

财政法应当以宪法为依据，宪法对国家财政税收活动的基本原则、财政管理体制、政府财政职能应作出明确规定。这是法治国家的基本要求和普遍做法。例如，1946 年公布的《日本国宪法》第七章、1949 年公布的《德意志联邦共和国基本法》第十章、1949 年公布的《印度宪法》第十二篇第一章、1991 年修改的《澳大利亚宪法》第四章、1982 年修改的《葡萄牙共和国宪法》第四章等国家都专章规定"财政"或"财政制度与税制"的内容。而我国现行宪法却未有专章或专题规定财政内容。现行宪法对税收只有第 56 条的规定，因此需要补充完善。

调整财政税收关系的财政税收的基本法律也严重缺位。《财政法》或《财政基本法》《税收基本法》或《税法通则》《财政转移支付法》等尚未制定，使基本的财政分配关系处于不稳定状态。

二、财税立法结构与发展不均衡

从内容上看，税收立法进展较快，制定的法律法规相对较多，而财政收支划分、财政支出、财政监管、财政法律责任方面的立法严重不足，目前财政支出存在的许多问题都与这些方面缺少法律规定有关。从法律位阶看，财政税收方面的行政法规、政府规章等层次的低位阶规范性文件过多，而需要法律规定的财政税收法律过少。例如，目前我国 22 种税只有个人所得税和企业所得税两个税种制定了法律。"在现有的税收法律法规中，暂行的行政法规、行政规章占多数，级别低，权威不够，缺乏刚性，因而一些税务问题长期得不到解决。"

三、财政法规范性法律文件的系统化不够

规范性法律文件的系统化，是指采用一定方式，对已经制定的规范性法律文件进行整理、归纳和加工，使其进行系统化的活动。我国规范性法律文件的系统化，主要采用三种方式，即法律法规汇编、法典编纂和法规清理。自 1979 年至今，有关财税方面的规范性文件多达 1 000 余件。对这些规范性法律文件的系统化多采用法律法规汇编的方式，很少采取法规清理和法典编

篡方式，这使现行有效的财税方面的规范性文件之间存在矛盾与冲突，损害了财政法制的统一与协调，影响了财政法的权威与效力。

四、财税立法技术与质量不高

财税立法任务重，加之立法技术落后，许多财税规范性文件质量存在问题。例如，有些法规的内容结构、文字和发文形式还不够规范；有些规定过于笼统，伸缩性较大；有的法规对权利义务规定得比较详细，但对法律责任则规定较少，使法律的实施缺乏保障。"从财税立法链条看，衔接程序复杂。一项立法，需要从税务总局到财政部再到国务院法制办，再到国务院委员会，再到人大法工委，再到全国人大常委会，甚至到全国人大，层层调查，层层研究，时间拖得太长，链条中间一个环节被卡住，立法就很不容易及时完成。"

五、民主的要义在财税法体系中较为欠缺

民主性是公共财政理论的基石，是财税法价值取向的实质内容。从法律的角度来看，任何法律都应当是各方意见达成妥协时的产物，这是民主的要义，也是法治的内在要求。要使财税法体系无论在实体内容方面或是程序制定方面，都能既符合效率要求又彰显公平，就必须通过民意表达的机制进行博弈，再通过法律将博弈成果固定下来。

反观我国目前的财税法体系，仍然缺乏一种常态化、规范化的民意吸纳机制。在各个财税立法的过程中，鲜少有公民、社会群体的广泛、深入参与；但每次在法律出台之后，常常有怀疑和反对之声。这意味着，财税法体系的基本理念中的"民主性"未得到充分的体现，民意没有得到充分的抒发。其实每一次财税法改革，如个人所得税、营改增、房产税、资源税等都与老百姓的利益切身相关。一部财税法律的诞生必须综合权衡利益攸关者的意见，并予以良好的调整。因此，如何在财税法体系中，为各方利益博弈主体积极创造一个充分表达、自由交流、深入博弈的平台，从而保证财税法实质价值的实现，既是一个难题，也是今后应当努力的方向。本节认为，应当以预算法的修订作为切入的关键，实现财税法民主性。

六、财税分权不明晰

财税法体系是处理政府间财政关系的制度保障，而规范财政分权是财税

法体系中的一个重要问题。财税分权的问题主要是在纵向配置上，即在中央政府与地方政府之间的财税权力分配上，该分配意味着中央政府给予地方政府在财税领域，如债务、税收和预算等，一定的自主权。本节认为，财税分权应当做到与其他事权和支出责任相匹配。

中国自 1994 年以来的分税制改革可以说是一次不彻底的改革。尽管1994 年分税制财政体制改革产生了很多积极的变化，它所确定的博弈规则更全面、更少模糊性、更透明、规则执行机制也更可靠，也改变了"弱中央、强地方"的旧中央与地方关系格局，证明了建构良性制度安排的重要性；但是，中央与地方政府之间蕴含的深层次问题也随着经济社会的不断发展而日益凸显。中央与地方政府财政关系的一些关键方面仍然存在缺陷。比如，财政包干体制下一对一谈判产生的中央和地方收入分享约定仍然有效；中央政府的行为没有宪法约束，省级政府没有一定程度的财政自主权；事权及相应支出责任不明确，转移支付体制不良，地区财政差距扩大，没有处理预算外资金问题等。因此，如何合理配置中央与地方的财税权力，从而达到财权与事权和支出责任相匹配的理想状态，是今后财税法体系中急需解决的一个问题。

第五节　完善我国财税法律体系的具体构想

从上述财税法律体系的现状和问题看，要构建完善科学的财税法体系，必须要有一个协调统一的内在结构。如同民法体系包含许多小的部门法一样，财税法也包含许多小的部门法。财税法的体系是一个历史性的概念，也就是说，在不同的历史时期，财税法的内容体系是不同的。这是因为财税法是国家以公共权力为基础对社会资源的初次分配和再次分配的规范性文件，因此其内容也会受不同历史时期的经济、政治制度的深刻影响。经济基础决定上层建筑，法律作为上层建筑必定要适合一个时代的经济基础，因此说，财税法的体系是一个历史变化的过程。就现阶段而言，一个合理的财税法律体系一般都包括：财税基本法、预算法、财政转移支付法、国有资产管理法、国债法、税收基本法、企业所得税法、个人所得税法、增值税条例、消费税条例等实体税法、税收征收管理法、政府采购法、发票管理办法等法律、法规。

财税法体系，作为全部财税法律规范构成的整体，如果其各组成部分的法律法规之间存在矛盾、冲突，必然不能相互协调配合而实现法律调整的共同目的，从而极大地减弱法的作用，产生负面影响。因此完善财税法体系必须搭建合理的内部结构，不仅要求每一部法律法规具有科学性，也要整体和谐统一。财政是一个国家为保证实现国家或政府职能，直接参与国民收入和部分社会产品的分配和再分配所形成的一种特殊分配关系。这也就是说，财政是国家以其公共权力收取、分配、管理和使用财政资金，以实现国家职能实现的活动。

从财政关系来划分，可以分为财政收入关系、财政支出关系和财政管理监督关系。本节是以财政关系为财政法调整对象来划分财税法体系内部结构的。因此，我国财政法体系可分为"财税收入法""财税支出法"和"财税监督管理法"三个子部门法。同时，需要注意的是，财税法体系并不只是对财政关系在法律层面的单纯翻译，这三个子部门法还有共通之处和需要相互协调的地方，所以需要在财税法体系顶层设计一个财税基本法，起到提挈整个财税法体系的作用，对"财税收入法""财税支出法"和"财税监督管理法"都有普遍的适用效力。

一、制定财税法总则

财税基本法主要涉及财政法的基本制度，普遍适用于财政收入、支出及资金管理。它规定了国家财政活动的基本原则、财政权利的分配、政府职能关系，预算制度、审计制度、税收制度，等等，体现出其对国家财政活动的重要性和普适性。前面已经说过，财政是一种形式特殊的分配关系，这一分配关系属于经济的范畴。因此，财政与财税法的关系就是经济基础与上层建筑的关系，也就是说，财政的实质对财税法的内容具有决定性作用，而财税法则是财政的反映和法律表现。财税法的调整对象是经济领域中形态特殊的财政分配关系。财政分配关系和国家职能行使有着本质联系，它是为了国家职能的正常行使而存在的。基于其与生俱来的宪法性特性，财税基本法对财税法的每个领域都具有普遍的指导性，既有以专门的法律表现出来的，又有在宪法中加以表述的。这部分主要包括的是宪法、立法法中的财税条款和宪法性财税法律这两类。

（一）宪法和立法法中的财税条款

《宪法》中涉及财政立法依据的基本原则较多，例如公民基本权利、国家基本制度、国家机构设置等，而直接有关财政的法律条款仅有 4 条，分别是：第 56 条，公民有依照法律纳税的义务；第 62 条，全国人大行使审查和批准国家的预算和预算执行情况的报告的职权；第 67 条，在全国人大会闭会期间，全国人大常委会行使审查和批准国家预算在执行过程中所必须作的部分调整方案的职权；第 117 条，民族自治地方的自治机关对属于自治地方的财政收入享有自治权。

2015 年 3 月 18 日修改的《立法法》，其中也对税收法定原则进行了明确和细化，"税种的设立、税率的确定和税收征收管理等税收基本制度"均须法定。虽然宪法和立法法都涉及财政基本原则规定，但缺乏对财政制度全面直接的规定，因此，尽快制定财政基本法是我国实现财政领域法律的完备统一的重要任务。

（二）宪法性财税法律

就宪法性财税法律而言，我国应当制定财政收支划分法。自 1994 年税法进行重大改革之后，我国实行的是分税制，描述的是中央政府和地方政府的财政关系，是财政分权的必然产物，也是一种普遍适用于市场经济国家的财政管理体制。财政收支划分法应当主要是以分税制为基础，主要对中央政府及各级地方政府的收入与支出权、上下级政府间的财政上缴与拨款关系予以规定。在实践中，财政收支划分法需要科学度量各级财政的收支范围以及转移支付的标准或额度，才能均衡各级政府财政实力，这对该法的应用提出了很强的技术性要求。

财政收支划分法是我国财政权力配置的重要法律支撑，其出现为解决我国财税地方与中央政府的关系有着深远的意义。但我们需要看到 1994 年以来的分税制改革实际上是一次不彻底的改革，表现为可进一步优化的中央与地方政府间财政制度安排。具体地说，中央政府与地方政府间财政关系仍然存在短处，例如财政包干体制遗留下的收入分享约定，中央政府的行为缺乏宪法约束，支出责任缺乏健全的协调机制，转移支付制度不完善，地方财政实力、政策差别大，缺少预算外资金管理等问题。除此之外，政府间事权划分不够清晰，不仅表现为中央与省级政府之间的纵向财政权限不清，而且省级政府与省级政府之间的横向财政权限没有法律依据，需要自行处理。尽管该法秉持财权与事权相结合的原则，但由于我国财权与事权具有自上而下进行分配的特性，造成财权层层向上集中、事权层层向下分散的现状。支出责任的层层下放，却没有伴随与之相适应的财政转移支付，各级政府被给予的财政权力和所需承担的公共事务责任相较不对称。

因此，我国现阶段应当制定财税收支划分法，重点方向为"建立事权和支出责任相适应的制度"和"理顺中央和地方收入划分"。

首先，就"建立事权和支出责任相适应的制度"而言。政府间财政关系涉及面广，但归根结底，主要由事权、财权、财力三个构成要素组合而成，不同的体制类型源于此三要素不同的组合。一般情况下，这三要素相互匹配、相互适应是一级政府正常运转的必要条件。相对于事权，财权和财力都是为履行特定事权所需使用的手段。要建立事权与支出责任相适应的制度，重在清晰界定中央和地方的事权，只有将中央和地方的事权分清之后，中央和地方才能按照事权划分相应承担和分担支出责任。

所谓事权，是指一级政府在公共事务和服务中应承担的任务和职责。就中央层面而言，适度加强中央事权和支出责任，将国防、外交、国家安全等关系全国统一市场规则和管理的作为中央事权；将诸如教育、卫生等社会保障项目、跨区域重大项目建设维护等作为中央和地方共同承担事权，进一步厘清事权关系；将区域性公共服务作为地方承担事权。中央和地方按照事权划分相应承担和分担支出责任。中央可通过安排转移支付将部分事权支出责任委托地方承担。对于跨区域且对其他地区影响较大的公共服务，中央通过转移支付承担一部分地方事权支出责任。①

其次，就"理顺中央和地方收入划分"而言。在确定了事权和支出责任相适应的制度之后，还应在保持现有中央和地方财力格局总体稳定的情况下，充分结合税制改革，考虑税种属性，进一步理顺中央和地方收入划分。

"事权下放"，政府间的事权划分是政府职能在各级政府间进行分工的具体体现，也是财政分权管理体制的基本内容和制度保障。

"财税基本法"是财税领域的龙头法部门，我国财税法体系在这方面多

---

① 中共中央关于全面深化改革若干重大问题的决定. 北京：人民出版社，2013.

有欠缺，应通过制定《财政法总则》《财政转移支付法》等实体法，围绕规范中央和地方财政管理，明确各级政府财政管理权限、各级财政收支范围、整个附件转移支付等内容，解决财税领域的一些基本问题。

《财政法总则》主要是对财政体制、机构设置、原则以及职权等作出规定。财政管理体制，是指划分中央同地方各级政权之间以及国家同国有企业事业单位、国家机关之间的财政管理职权、财政收支范围等内容的法律制度，一般包括预算管理体制、税收管理体制、国有资产管理体制等。其中，预算管理体制是处理中央与地方的基本财政关系、划分财政资金在各级政权之间分配的基本制度，在财政管理体制中占主导地位，是财政管理体制的核心。我国财政管理体制进行过多次调整和改革，由建国初期的高度集中，逐步过渡到由中央统一领导和分级管理的体制。从 1994 年起，国家对各省、自治区、直辖市和计划单列市全面实行分税制财政管理体制。这些都应当通过《财税法总则》在法律上确定下来。

二、完善具体财税法律规范

(一) 财税支出法：回归公共物品的提供、预算刚性效力的强化

由于财政支出关系，不同于财税收入关系，不会与公民的财产权有直接的对抗关系，相对人不仅不会受到利益侵害，反而能从提供的公共服务中受益，因此财税支出法的研究一直不太受重视。随着新《预算法》的出台，财税支出法领域开始逐渐得到财税法学者们的关注。根据公共财政理论，财政应当"取之于民，用之于民"，定位于"回归公共物品的提供"，为了达到这一目的，必须强化预算的刚性效力。因此，预算法处于财税支出法这一部门的核心位置。预算法是政府财税行为公开、科学、民主、规范的制度保障，只有预算具有法律上的刚性效力，才可以真正做到将支出筹划合理化、支出明细公开化和支出责任明确化。

除了预算法以外，财税支出法还包括"财政拨款法""财政采购法""财政投资法"和"财政贷款法"[①]。这几种财税支出法虽然都在预算法中都有规定，但是预算法中仅概括地对权限和程序进行了规定，而根据这几种财税

---

① 熊伟. 关于财政法体系的再思考. 财税法论丛：第三卷. 北京：法律出版社，2004（3）.

支出法的不同性质，还应当就各自的程序、标准、管理等进行相应的法律的规定。但就我国现有的财税法律制度而言，仅规定了《政府采购法》，其余几种财税支出法均未有专门的立法规定，缺乏法律的约束。这样使得财税支出权力有太大的自由空间，财税的使用途径完全取决于权力者的良心和能力，没有民主制度的管理和监督，在制度上很难保障公民的权利。因而，为规范财税支出权，使其回归"取之于民，用之于民"的本质，在今后应当加强这方面的立法。

本节重点就预算法和财政采购法对财税支出法的作用进行论述。

1. 预算法

《预算法》在财税支出法中处于核心位置。它是公共财政理论得以实现的重要保障，是保障政府的财政行为公开、民主、科学的制度依据。《预算法》它主要包括预算的管理职权、预算收支范围、预算编制、预算审查和批准、预算执行、预算调整、决算、监督和法律责任等方面的法律规定。由于政府的所有开支都必须通过预算，因而，预算成为民主监督和控制财税权力的重要表现形式，而预算法的本质也正在于从制度上，保障这种积极功能的实现。经由作为民意代表的人民代表大会讨论预算方案，保证其科学、合理。再根据相关的预算法程序，严格控制财税支出的执行，使财税支出达到规范化和法治化。

《预算法》于 1994 年通过，概括地涉及了预算的编制、审查、批准、执行、调整、决算和监督等内容，主要都是程序性的规定，对预算实质的民主性和科学性却没有过多的涉及。但随着公共财政理论在我国逐渐得到重视，公共财政体系逐渐建立，原有的《预算法》已明显地滞后于时代，主要表现在对重大问题缺少明确且严格的法律规定：首先，预算的内容不完整，不透明，导致部分财税支出未纳入监督范围之中。其次，预算的编制缺乏科学性，预算的编制是一个财税支出的基础，是否科学直接决定了公共产品和服务的提供是否合理充分。再次，预算执行的规定较为概括，不具有规范性。最后，预算监督和预算活动存在盲点，不具有公开性。正如罗尔斯所言，"正义的主要问题是社会的基本结构，或更准确地说，是社会主要制度分配基本权利与义务"①，预算法作为国家与公民就公共服务供给的质与量的权利与义务的规范，应当在立法时就与公共服务供给相关的重大问题充分地予

---

① 姚轩鸽.《预算法》优劣评价标准探析——兼论现行《预算法》的主要缺陷. 河北社会科学论坛，2013（8）.

以规定，以体现公共财政理论中的公共性、民主性和法治性。

时隔 20 年，2014 年对《预算法》进行了修订，新修订的《预算法》是财税法领域中的重大成果，主要从以下几个方面完善了财税法体系：

首先，在立法理念上发生了转变，从管理法向着控权法转变，初步建立了一个预算法治的框架。

通过修订，新《预算法》在立法理念上强调对公权的监督，是一部控权法。更深层次地来讲，它代表着预算法治在我国基本形成，为依法治国、依法治税奠定了一个基础。修订前的《预算法》对立法理念的表述为："为了强化预算的分配和监督职能，健全国家对预算的管理，加强国家宏观调控。"修订后的《预算法》则表述为"为了规范政府收支行为，强化预算约束"。由此对比可以看出，理念发生了很大的变化，由政府管理之法，转变为了管理政府之法。这样的修订是进步的，反映了财税法体系的基础理论——公共财政理论和法治理论。

其次，新《预算法》在具体条款方面，以法律的形式肯定了这些年来财税改革的经验和成果，并前瞻性地将改革方向也在新《预算法》中得以体现，从而弥补了 1994 年《预算法》在重大问题上缺失。就肯定改革成果而言，主要体现在部门预算，国库集中收付、收支两条线，政府收支分类和政府采购等改革陆续推进。就前瞻性的改革方向而言，主要表现在修订后的《预算法》在完善政府预算体系、建立跨年度预算、规范地方政府债务管理等方面取得了重大突破。

最后，需要看到的是，《预算法》的修订并非一蹴而就、完美无缺，其中也有缺陷存在。其中争议最多的就是地方债，虽然新《预算法》中明确规定了地方政府可以发行政府债券来筹措资金，但是却并未全然地放开，在政府债券的规模上实行控制和额度管理，并且就发债主体进行限定，只能由地方省级政府发债，省级以下的地方政府则不允许发债。

在实行规模控制的情况下，实际上仍然是由中央政府掌握地方债，存在着中央和省级政府之间的竞合关系，容易滋生寻租和套利现象。同时，将发债主体限定在省政府级，也就是在形式上将募债权统一在省级政府的同时，将财税风险也集中在了单一的主体上，不符合分解财政风险的具体考虑。因此，地方债发行应当如何实施，也是一个大的问题。时任财政部部长楼继伟也曾表示，地方债的细则仍在讨论之中，其存在难点。

总体而言，新《预算法》对建构我国财税法体系的影响无疑是深远的，在肯定其进步的同时，对其中存在的一些遗憾，也应当在以后的法律修改中加以解决。

2. 财政采购法

财政采购法，就是调整在政府有对价的资金拨付过程中发生的社会关系的法律规范的总称[1]，主要涉及政府采购体制关系、政府采购支出关系和政府采购管理关系。从其制度价值来看，政府采购法的出发点和归宿，是为了有效地规范财政支出行为，提高财政支出效率，同时，还涉及宏观调控和市场失灵问题的解决，以及对国家利益和社会公共利益的保护。

在财税采购法方面，各个国家的立法有所不同，但就其共通性而言，主要涉及三个方面：首先，政府采购模式的选择，分为"集中采购模式"和"自行采购模式"。选择哪种模式，关系到采购法中各类主体的权利、采购管理体制，也关系到政府采购法的实效。其次，规定政府采购法的主体，一般包括采购主管机构、采购受益机构、采购中介机构、供应商或者承包商。我国法律规定的政府采购主体为采购人、供应商和采购代理机构。最后，规定了政府采购的资金，一般是财政性资金，包括财政拨款。我国已于 2002 年 6 月 29 日正式颁布《政府采购法》，其于 2003 年 1 月 1 日起生效实施，它规范一定范围内的政府采购行为，为规范财政采购行为奠定了良好的基础。

（二）财政收入法：坚持税收中性兼顾公平的改革、落实税收法定原则

财政同社会、经济和政治的发展是交互进行的，因此在历史的不同时期和不同国家之中，财税收入的组成也各有不同。例如，在我国春秋战国时期，税赋可以以徭役这种人力形式作为一国的财税收入。而如今，随着现代国家的建立，财税收入的构成逐渐趋同，其中纳税收入占到了一国财税收入的绝对比重。根据公共财政理论，财税收入主要包括税收和非税收入两类，因此，就财税收入法的划分而言，主要包括税法、费用征收法、公债法及其他资产收益法。

---

① 张守文. 财税法学. 4 版. 北京：中国人民大学出版社，2014：84.

1. 完善税收法定原则

税法是调整在税收活动中发生的社会关系的法律规范的总称。公共财政理论的基点和中心是"满足广大人民群众的公共需要"，我国税法体系应当符合公共财政体制下税收与税法的价值定位与制度理想。我国税法改革取得了重大突破。该重大突破源于两个方面：一是对税收法定原则的落实；二是坚持税收中性兼公平的改革。

就"对税收法定原则的落实"而言，我国的税制必须要遵循依法治税的理念。我国《宪法》第56条规定："中华人民共和国公民有依照法律纳税的义务。"这是税收法定原则的宪法根据，体现了税收法定原则的精神，但表述仍是概括性的，不够全面和精确。在《立法法》修订时，就规定了第八条①，对该理念作出了更为细致的规定，明确地提出了"税收法定原则"，税种的设立、税率的确定和税收征收管理等基本制度必须由全国人民代表大会及其常务委员会来制定。但是，目前已经开征的税种有18个，却只有三部税收法律，可见为落实"税收法定原则"，未来几年要将税收暂行条例，都陆续上升为法律，国家税收立法任务还是繁重的。

就"坚持税收中性兼公平的改革"而言，2016年5月1日在全国范围内完成了将营业税改为增值税，即"营改增"改革任务。1954年法国正式实行增值税制度，此后，增值税迅速在许多国家和地区推广开来。目前，全世界已有超过160个国家和地区开征增值税。增值税在国际上被广泛采纳的主要原因，在于其保持了税收中性。增值税以流转过程中产生的增值额作为征收对象，有效避免了重复征税。正因为增值税保持税收中性的这一内在机理，全面推开营改增，实现增值税对货物和服务的全覆盖，基本消除重复征税，可以使财税收入法部门更加科学合理。除此之外，营改增对于我国经济发展也同样具有重大意义，除了降低税负、减少重复征税以外，还契合了社会生产力发展的分工协作专业化趋势，消除了专业化协作的税制障碍，促进

---

① 《立法法》第8条："下列事项只能制定法律：（一）国家主权的事项；（二）各级人民代表大会、人民政府、人民法院和人民检察院的产生、组织和职权；（三）民族区域自治制度、特别行政区制度、基层群众自治制度；（四）犯罪和刑罚；（五）对公民政治权利的剥夺、限制人身自由的强制措施和处罚；（六）税种的设立、税率的确定和税收征收管理等税收基本制度；（七）对非国有财产的征收、征用；（八）民事基本制度；（九）基本经济制度以及财政、海关、金融和外贸的基本制度；（十）诉讼和仲裁制度；（十一）必须由全国人民代表大会及其常务委员会制定法律的其他事项。"

了现代社会生产力的发展。

增值税是以商品（应税劳务）在流转过程中产生的增值额作为计税依据而征收的一种流转税。从理论上分析，增值额是指一定时期内劳动者在生产过程中新创造的价值额。我国税法完善的当前重点是制定增值税法，实现全面"营改增"，这样能较好地体现"等量劳动力征收等量税"的劳动力公平。在其他方面，《房地产税法》和《环境保护税法》的立法备受关注。《环境保护税法》已经通过并施行。《房地产税法》则争议较大，但是随着不动产登记制度的实施，这一制度已为房地产税的征收打下基础。其中，环境资源税收方面体现的是保障"等量资源环境利用征收等量税"的"资源环境公平"，而房产税收方面实现的是"等量财产征收等量税"的"财产公平"。

2. 完善国债法

国债是国家以其公共信用作为担保，并按市场规律发行和流通的有价证券。作为取得财政收入的形式，相对于税收而言，国债对政府增加财政支出的能力所形成的约束就可能是"软的"①。就民法层面而言，国债仍属于借债合同，属于平等主体之间借债和还本付息的行为。但从长远来看，存在代际负担分配的问题，因为国债会削弱资产的现值。从这种基本逻辑来看，发行债务就相当于摧毁资本价值②，会影响到经济的发展、财政的健全性，因此应当受到民主法律制度的控制。本节认为，应当主要从四个方面来对其进行完善：首先，应当在程序上予以规范，对发行国债的规模、程序、标准、使用方向进行法律规范；其次，应当在立法上体现对赤字国债规模的控制，建立对国债规模的评级准则；再次，调整与完善国债结构；最后，完善国债监管法律制度。

尽管我国已经颁布了多项与国债相关的条例，比如《国库券条例》《特种国债条例》，但缺乏对国债的发行、规模、监管的系统性规定，因此在未来的立法过程中，可以考虑制定《国债法》，通过健全而统一的法律规范来保证国债发行和流通。

3. 完善非税收入法

完善非税收入法，就要制定《费用征收法》，它主要针对的是政府性收

---

① 徐孟洲，等. 财税法律制度改革与完善. 北京：法律出版社，2009：279.
② 布坎南. 自由、市场与国家. 平心乔，莫扶民，译. 上海：上海三联出版社，1989：273-274.

费和事业性收费。政府性收费，是指政府向居民提供特定服务或实施特定管理所收取的规费，以及政府对其所提供的公共物品和服务而直接向使用者或受益者收取的使用费。事业性收费，是指事业单位向社会提供服务而收取的费用。[1] 自 1986 年《国务院关于加强预算外资金管理的通知》发布以来，我国多次对政府性和事业性收费作出了规范和整改，但都只停留在行政机关内部，对政府行使费用征收权没有明确的法律规范，就其征收依据、标准、程序、监督和责任也没有细致的规定，造成其随意性较大。因此，费用征收法在我国仍然需要获得学界的广泛关注。

除了费用征收法以外，非税收入还包括政府性基金、国有资产收益、罚没收入、彩票收入等，这些也要被纳入法治轨道，应当根据不同特点制定相应的法律或行政法规，对这些非税收入行为加以规范。

（三）财政监管法：完善监督体系，注重民意的作用

财政监管实际上包括两个层面的含义：一是管理，二是监督。从财税法治的角度来看，财税监管法是指专门监督和管理财税机关依法行使职权的法律规范。我国目前基本上建立了一套比较完整的财政监管法体系，从监督机构看，有审计、财政、税务等；从监督层次看，上有人民代表大会、审计监督，中有财政、税务监督，下有社会中介监督。可以认为，财税监管体系框架已初步形成。但需要看到的是，这并没有改变财政管理秩序的现状，仍然存在着缺位与越位。

目前我国的财税监管方式应当有一个根本性的改革，这就是应当以强化法律对财政的监管为核心，以形成各级人民代表大会和社会公众对政府财政活动的监管为基本内容。阳光是最好的防腐剂，因此信息公开是监督法必不可少的重要组成部分。信息一旦公开，不仅便于民众查询，也是政府财政收支和管理的依据。财政法体系必须要以民主作为其构建的基石，因此在财政监督法的建构中，通过与公民商谈的形式，可以充分了解和沟通民众，使财税部门可以作出更好的决策和部署。这需要着重从以下几个方面入手：

1. 规范政府预算的监督。政府预算是公共财政赖以形成和存在的基本制度，因而政府预算监督也就是公共财政监督的核心和基本内容。因此，财

---

[1]　徐孟洲，等. 财税法律制度改革与完善. 北京：法律出版社，2009：253.

政监督的重点要放在检查政府各科层组织与官员是否严格遵循了政府预算的有关程序，是否依据已确立的政府预算进行活动。

2. 加强依法课税的监督。依法课税并不是简单的税收如何征纳的问题，而是关系到税收的课征是由政府决定，还是由社会公众决定的根本问题。至今为止，各级税务部门的课税活动，除了税收立法和《税收暂行条例》以外，还受上级政府的税收计划任务的约束。一旦税收计划与《税法》发生冲突时，税务机关往往是把完成税收计划当成刚性任务，而偏离了《税法》的规定。于是，企业和个人纳税人不依法纳税与税务机关不依法课税的现象并存。目前要特别加强对依法课税的监督。

3. 对财政监管的主体进行立法规范。财政监管的主体是财政监管法中重要的组成部分。其主体机关的设立、职权、监管的途径和救济手段等，在财税法体系中具有重要的意义。就像抽血一样，对抽血的量和条件的控制很重要，但如果血液管理部门疏于管理，致使血液腐坏，或者不经任何程序滥用血液，那么，无论抽血的条件如何严格，最终都不能达到目的。[①] 这个比喻充分地说明了财政监管主体所发挥的重要作用。我国现在的财税监管机关主要是审计机关，属于行政体系的内部机关，隶属于政府管理，属于内部监督。借鉴外国的法律，我们可以看到美国、日本等，其财税监管机构一般隶属于其国家权力机关，如国会，从而保证了财政监管主体独立于政府行使财政权力，可以提高其财政监管的有效性，防止不当干预。这些财政监督的有效方式，我们可以适当借鉴。

---

① 蔡茂寅. 财政作用之权力性与公共性——兼论建立财政法学之必要性. 台大法律评论，25（4）：55.

第二十一章

完善发展规划法律体系

发展规划是国家宏观调控的重要手段。在我国,每一财政年度的《国民经济和社会发展计划》及每五年制定的《国民经济与社会发展规划纲要》在经济社会发展中发挥着宏观调控指导性作用。然而,多年来,由于发展规划方面缺乏相关立法,我国一直未能形成明晰的发展规划法制体系。2005年,国务院印发《关于加强国民经济和社会发展规划编制工作的若干意见》(国发〔2005〕33号),该文件虽然对建立健全发展规划制度起到了助推作用,但其仍未上升至法律①层级,我国发展规划法制建设一直处于不愠不火之状。缘于此,实施发展规划过程中出现的各级各类规划定位不清晰、规划实施随意性大、约束性规划内容难以落实等问题无法得到有效解决。从目前计划和规划的制订、实施状况上看,其权威性、稳定性、可操作性、可问责性和公众参与度等方面均存在诸多问题。② 2014年10月23日,党的十八届四中全会审议通过的《中共中央关于全面推进依法治国若干重大问题的决定》中明确提出,加强重点领域立法。加强市场法律制度建设,其中包括"制定和完善发展规划……等方面法律法规……依法加强和改善宏观调控"③,2015年6月1日,《中华人民共和国发展规划法》(以下简称《发展规划法》)被列入第十二届全国人大五年立法规划的第二类项目:需要抓紧工作、条件

---

① 此处"法律"作狭义理解,仅指由全国人民代表大会及其常务委员会通过的规范性文件。
② 徐孟洲. 论经济社会发展规划与规划法制建设. 法学家,2012(2).
③ 中共中央关于全面推进依法治国若干重大问题的决定. 北京:人民出版社,2014:12.

成熟时提请审议的法律草案。① 这都表明，在完善我国市场法律体系的背景下，加快发展规划立法尽快制定《发展规划法》，是建设中国特色社会主义法治体系、全面推进依法治国的重要立法任务。本章拟对研究制定我国《发展规划法》问题，提出几点意见。

第一节　加快我国发展规划立法的必要性

一、全面落实依法治国基本方略的必然选择

随着法对国家的制约作用逐步加强，法越是准确地反映社会发展的客观需要，它就越能更大限度地制约国家。② 在我国，法治是治国理政的基本方式，实施依法治国基本方略是发展社会主义市场经济的重要保证。然而，长久以来，我国的发展规划工作主要依靠各类红头文件，规划的编制和实施没有得到法律的规范和保障，各级各类规划之间无法形成统筹格局，规划落实过程中偏向地方和部门利益和长官意志的现象严重，从规划的编制到衔接再到实施都极为混乱。③ 这些都与全面落实依法治国基本方略的要求不符，亟待通过立法得以纠正，为发展规划的编制、实施提供明确的法律依据。此外，发展规划法治化也是出于加强依法行政的迫切需要，依法行政是依法治国基本方略的重要内容，在实施发展规划过程中，各级政府权限范围不明确，往往造成行政行为随意性较大。若能通过法律形式从权力与职责，权利与义务以及程序等方面对规划实施主体加以规定，其行为必然能够得到规范，从而有效加强依法行政。简言之，加快发展规划立法，这是全面落实依法治国基本方略的必然选择。

二、继续深化经济体制改革的重要路径

在现代市场经济体制中，政府和市场是两个重要的组成部分，它们相互作用，缺一不可。传统的政府干预模式和单一的市场调节模式均不再能满足

---

① 十二届全国人大常委会立法规划．［2016 - 10 - 08］．http：//www.npc.gov.cn/npc/xinwen/2015-08/03/content_1942908.htm.

② B.B. 拉扎列夫．法与国家的一般理论．王哲，等译．北京：法律出版社，1999：81.

③ 张可云，赵秋喜，王舒勃．关于我国未来规划体系的改进问题思考．天府新论，2004（1）．

现代市场经济的需求，社会经济生活中的许多问题都需要政府与市场相互配合才能够得以解决，市场机制与宏观调控机制耦合①成为必然。② 在继续深化经济体制改革的过程中，"政府在与市场互动时应该充当什么样的角色"是一个重要命题，政府干预市场的必要性自然无须加以赘述，其重点在于如何能够更好地发挥政府作用。改革开放以来的历史经验和成就表明，发展规划在引导市场资源配置、弥补市场失灵上发挥着巨大作用，特别是在明确国家或地区主要发展目标、战略定位、重大任务以及设置各类约束性指标等方面。发展规划是国家宏观调控的重要手段，发展规划法是宏观调控法的体系构成之一。③ 因此，为了强化国家的宏观调控机制，更好地发挥政府作用，就必须加快发展规划立法，推进发展规划法治化。由此一来，宏观调控措施的权威性和有效性得到增强，发展规划才能持续稳定地发挥统筹指导作用，为引导市场资源有效配置提供强大的制度保障，从而提高政府与市场的协调性，这是继续深化经济体制改革的重要路径。

三、是不断实现国家发展战略的客观需要

"凡事豫则立，不豫则废。"④ 任何事务的成功都要以合理的规划为前提，这是中国传统文化蕴含的深刻道理。规划本身就是一种科学性的体现，其功能在于适时而理性地将现实社会生活中可以利用的一切人力、物力与财力资源，事先安排或分配到预设的时间和空间内，以实现经济社会发展目标。⑤ 对于国家而言，规划的重要性较之个人或组织更为突出和明显，国家需要通过发展规划制定发展战略，调控国民经济和社会发展。反言之，要想不断实现国家发展战略，就要有高质量的发展规划法提供保障。总体来看，我国以往的发展规划实施效果大多卓见成效，但也并非全部尽如人意，部分

---

① "两人并耕为耦。"两个或两个以上相互独立的物体、体系或运动形式之间通过相互作用而彼此影响以至联合起来的现象称为"耦合"。中国社会科学院语言研究所词典编辑室．现代汉语词典．北京：商务印书馆，2005：1012.

② 徐孟洲．耦合经济法论．北京：中国人民大学出版社，2010：16-18.

③ 《经济法学》编写组．经济法学．北京：高等教育出版社，2016：148-149 页，244-245. 注：文献中以"计划"代替"规划"，前者内容已包含后者。在本节中，两者含义相同，不作区分理解。

④ 礼记·中庸.

⑤ 徐孟洲．论经济社会发展规划与规划法制建设．法学家，2012（2）.

地区或领域仍存在发展规划关系混乱，规划编制程序松散，规划落实不到位以及责任归属不明确等问题。为此，需要通过立法明确发展规划的法律地位，建立清晰的发展规划体系，对不同规划的编制、实施以及规划之间的衔接、协调作出具体规定，保证发展规划的高质量。发展规划法的制定能建立健全规划长效实施机制，增强发展规划的实施效果，推动国家发展战略的不断实现。

四、加快转变政府职能的有效方式

市场经济的发展为政府职能的全面转型提供了重要的经济基础，在经济新常态的背景之下，社会产生了一个从注重生产者转向注重消费者的变化，市场在资源配置中起决定性作用，政府的角色逐渐从管理者转向服务者。①党的十八届三中全会要求最大限度减少中央政府对微观事务的管理，将政府职能由微观事务转变到宏观管理上来。发展规划是宏观调控的重要手段，加快发展规划立法能够加强和改善宏观调控，从而为政府行为提供重要的法律依据。通过发展规划法治化，引导政府正确处理好其与市场、社会的关系，让政府清晰地认识到自己的角色定位，完成简政放权，将工作重心从管理性事务向创造良好的发展环境、提供优越的公共服务、维护社会公平正义等服务性事务过渡和侧重。因此，发展规划立法是加快转变政府职能的有效方式。

第二节　推进发展规划立法中存在的问题和困难

自 2001 年，原国家计划委员会在总结"十五"计划工作的基础上，着手研究发展规划体制改革问题，到 2009 年国家发改委正式启动《发展规划法》的制定工作，至今，发展规划法治化建设历经十几载。其中虽初见成效，但仍未形成一套能够统筹全局的发展规划法律制度，《发展规划法》的正式出台也困难重重。这原因主要有以下几方面：

一、观念性障碍难破除

观念性障碍是发展规划立法所面临的首要问题，其实质就是讨论在市场

---

① 竺乾威.经济新常态下的政府行为调整.中国行政管理，2015（3）.

经济体制的框架内国家是否仍然需要借助规划方式进行经济管理的问题。1992 年，我国正式确立社会主义市场经济体制，充分发挥市场在资源配置中的基础性作用，同时辅之以国家计划与规划手段对经济实现宏观调控，"市场之手"与"国家之手"相互协调共同促进经济发展。这一模式本无可非议，但确有人忽视中国的具体国情以及我国计划经济体制改革的历史背景，将国家的计划与规划调控手段完全等同于计划经济时期无所不包的计划经济管理方式，认为在现代市场经济体制中不应该留有规划或计划手段，继而否定发展规划的现实意义。此外，大部分人对发展规划作用的认识仍停留在物质资源严重匮乏的建国初期，认为制定发展规划的出发点只在于解决物质资源的短缺①，而忽视了发展规划在促进经济可持续、协调发展、推动实现国家发展战略等方面重要的指导性作用。

二、发展规划本身属性受到质疑

发展规划法治化的前提是正确认识发展规划本身的属性。在社会化市场经济法治条件下，规划不能脱法，但规划本身不是法。虽然严格的编制、审批、修改、监督等程序也表明规划是一个法律性文件，具有法律约束力②，完不成约束性指标也要承担法律责任，但发展规划本身不是法。国家权力机关审查批准的年度预算具有法律约束力，但预算不是法律，它们是根据《预算法》制定的。还有依据《合同法》订立的合同，具有法律约束力，不履行合同义务要承担违约责任，但不能说合同就是法律。与此同时，但也有观点认为规划既不是法律，也不是具有法律性质的文件，而是执政党和政府制定的经济与社会发展政策，不属于宏观调控法的范畴。③ 这也是不符合实际的，指令性指标具有法律约束力。所以那种认为规划完全属于执政党和政府制定的经济与社会发展政策的认识也是片面的。反之，也有人过分强调发展规划的政治属性，认为规划优于既有的法律，法律应当服从于发展规划的指导。以上种种对于发展规划本身属性的认识与质疑均有失偏颇，过于绝对，也成为发展规划立法道路上所需扫清的思想障碍。

---

① 杨伟民．我国规划体制改革的任务及方向．宏观经济管理，2003（4）．

② 郝铁川．我国国民经济和社会发展规划具有法律约束力吗？．学习与探索，2007（2）．

③ 薛克鹏．论计划法的终结．社会科学研究，2007（3）．

三、发展规划立法面临诸多资源整合问题

发展规划立法活动所面临的最大困难，是在进行法律制度构建时进行大量资源的整合，并使之相互协调，对经济发展起到积极的推动作用，这是对立法者比较大的考验。发展规划立法实则是对规划中出现的大量应然性和实然性事务作出分类与梳理，经过统合之后再通过法律文本化形式将其纳入法治化轨道。未来的《发展规划法》既要对发展规划的编制和实施内容进行说明，同时也要明确程序性规范。面对从长、短期国民经济和社会发展总体规划到区域规划、专项规划等繁多的规划内容，从规划编制到实施等复杂的基本程序，加之对法律责任归结的阐释，文本的有限性决定了法律不可能对发展规划所涉及的方方面面都逐一论述。因此，发展规划立法内容不仅要囊括全面的规划体系，还要完善规划编制程序，更要健全规划实施机制，这对法律的高度概括性提出了更高要求，构建法律制度所面临的资源整合问题，需要依靠强大的立法技术予以解决。

四、发展规划立法实践不足

立法工作是一项烦琐的系统性工程，不仅需要具备充分的立法条件和适宜的立法环境，还需要有相应的立法实践作为基础，而立法实践不足，在发展规划法制建设方面表现得尤为突出。这与我国特殊的历史背景有关，在改革开放之前的计划经济时期，《国民经济发展五年计划》及其年度计划和一些政策性文件一直是国家及地方组织经济发展的依据；改革开放以来，国家又先后制定了8个"五年计划"①（从"十一五"开始将"五年计划"更名为"五年规划"）用于指导国民经济和社会发展；此外，2005年，国务院专门颁发《关于加强国民经济和社会发展规划编制工作的若干意见》作为规划编制的规范性文件。不难看出，与发展规划相关的文件都没有上升至法律层面，法律效力较低。因此，发展规划立法实践的不足造成了立法基础相对薄弱，也制约了发展规划立法进程。

---

① 8个"五年计划"分别是第六个五年计划（1981—1985）、第七个五年计划（1986—1990）、第八个五年计划（1991—1995）、第九个五年计划（1996—2000）、第十个五年计划（2001—2005）、第十一个五年规划（2006—2010）、第十二个五年规划（2011—2015）、第十三个五年规划（2016—2020）。

第三节 国外发展规划相关立法实践评述与借鉴

除我国以外，世界上曾借助规划方式进行经济管理的国家不在少数，有相当一部分国家进行了发展规划立法，通过法律形式确保发展规划法治化。其中，资本主义国家以日本和法国为代表，社会主义国家则以一些前社会主义国家为代表，例如：匈牙利、罗马尼亚和波兰。

一、日本的经济计划立法

第二次世界大战之后的日本，曾使用计划手段进行经济管理，从 1956 年起，日本先后制定了 40 多个经济发展计划。日本的经济发展计划按时间划分可分为长、中、短三类，分别起到预示性、指导性以及预测性作用。其中许多具体的经济计划都有明确的法律地位，甚至是必须履行的法律程序。日本的经济计划立法有一部分直接以"计划"命名，如《国土综合利用计划法》《都市计划法》《住宅建设计划法》；也有部分经济计划内容作为单独章节被编入专项立法，例如"土地改良长期计划"被写进《土地改良法》的第一章，"森林计划"是《森林法》第二章的内容。[①] 在经济计划的制订方面，日本运用数学模型以提高计划的科学性，成立强大的编制班子[②]，咨询各方意见，保证计划内容切实可行，并通过多方广泛宣传加深民众对经济计划的理解和认同，从而对经济起到引导作用。[③]

二、法国《计划化改革法》

二战之后的法国是资本主义世界中最早实行经济计划化的国家，从 1947 年到 1992 年，法国先后制订了 10 个经济计划，主要使用经济预测手段，规定中期内国家总体发展战略和目标、宏观经济总量增长指标，确定优先发展部门，同时规定为实现计划目标而采用的政策手段和措施。[④] 1982

[①] 李志刚. 日本经济计划法制化简论. 日本研究，2008（1）.

[②] 日本经济计划的编制机构主要是经济企划厅的辅助机构——经济审议会，其是内阁的咨询机构，下设运营委员会和计量委员会以及包括规划与公共部会、国民生活部会等在内的 4 个部会。

[③] 刘志庚，李万寿. 计划与市场的思考和借鉴. 北京：科学出版社，1992：2-7.

[④] 何自力，郑子彬. 法国市场经济体制. 兰州：兰州大学出版社，1995：102-112.

年，法国通过《计划化改革法》，该法共分为 3 部分："国家计划""地区计划"和"其他的和暂行的措施"。法律规定了经济、社会和文化三方面的计划目标和为达到目标所采取的必要措施，同时规定了较为详尽的编制程序，并确认以实行计划合同制的方式确保计划的实施。在计划机构方面，根据法律规定，计划化议会代表团和国家计划化委员会分别负责计划的制订实施以及问题咨询。法国的《计划化改革法》是对法国近四十年计划工作实践的总结，是法国计划工作最主要、最基本的法律依据。①

三、《匈牙利国民经济计划法》

第二次世界大战之后，匈牙利的国民经济计划以社会经济改造为开端，成为经济生活中的主要因素。② 匈牙利在宪法中明确了计划的指导性作用，指出国民经济计划要同国家生活的民主相协调，依靠地方议会、社会团体和企业集体的建议。国民议会认为，有必要把国民经济计划以法律形式固定下来。③ 1972 年，匈牙利制定并颁布《匈牙利国民经济计划法》，该法共包含 6 章内容，分别为"国民经济计划""国民经济规划制度""有关国民经济计划的职权范围""制订计划的义务，国民经济计划同地方议会和社会主义经营单位计划的关系""国民经济计划的实现"以及"最后条例"。与此同时，匈牙利还制定有《计划法实施条例》保障《匈牙利国民经济计划法》的实施。④ 这部法律使匈牙利经济发展计划的落实有法可依，为国家有序地发展经济、提高效能和国民生活水平提供了重要的引导作用。

四、《罗马尼亚经济和社会发展计划法》

《罗马尼亚经济和社会发展计划法》在 1979 年于罗马尼亚社会主义共和国大国民议会通过，罗马尼亚主张运用法律对社会经济生活进行综合调整，将经济计划法律化，提出国民经济和社会发展的计划化必须适应管理科学的要求，能够有助于改善社会生活各部门开展各项活动。《罗马尼亚经济和社会发展计划法》共分为 5 章，分别对经济和社会发展计划的基本目标和原

---

① 邢会强. 法国的《计划化改革法》. 法国研究，2001（2）.
② A. 哈尔马蒂. 匈牙利的计划体制、计划与合同. 徐良，译. 环球法律评论，1986（5）.
③ 匈牙利、南斯拉夫、罗马尼亚、波兰经济法规. 北京：机械工业出版社，1987：1.
④ 同③2 - 9.

则、计划制订批准程序和方法、计划所涉及各方的权限与责任、管理机构的权限等内容进行了规定。值得注意的是，该法在第三章中对工业、农业、交通运输和邮电、基建投资活动、物资技术供应、发展外贸、国际经济和科技合作、教育等社会经济发展所涉及的大部分领域进行了大量实体法规定，为计划在行业中的实施起到了指导作用。[①]

五、《波兰社会——经济计划法》

《波兰社会——经济计划法》于1982年颁布实施，也是比较具有代表性的经济规划性立法。该法共分为8章，其内容包括"总纲""计划的主要类型""中央计划""省、市和乡的地方计划""企业和其他公有经济单位的计划""制订计划的原则和社会协商的方式""计划方面的权限"以及"过渡性规定和最后规定"[②]。《波兰社会——经济计划法》与《计划化改革法》和《匈牙利国民经济计划法》在法律条文的设置上有相似之处，两者均不同于《罗马尼亚经济社会发展计划法》对各类具体行业进行细致的计划管理，而是以更宏观的角度制定法律。尤其是《波兰社会——经济计划法》对中央、地方及企业和单位计划进行分类处理的立法思路，比起同时期其他国家的规划性立法则更显成熟，具有现代国家规划性立法的雏形。

值得注意的是，西方大部分国家由其市场经济传统所决定，虽制定有个别法律也起到规划法的作用[③]，但这些法更侧重于规定财政机制对国家经济调控的配合[④]，故不能将其视为发展规划法的范畴。除此之外，在资本主义国家中，比利时于1970年制定了《计划组织和经济分权法》。社会主义国家中制定规划性立法的还有南斯拉夫，1976年，南斯拉夫颁布《南斯拉夫社会计划体制基础和社会计划法》，这是南斯拉夫第一部系统的计划法。随后，经过较长时间讨论，南斯拉夫联邦会议于1985年通过了新的计划法。[⑤] 南斯拉夫的发展规划类法律文本随着国家体制的改革几经变更，故其带有明显的

---

① 匈牙利、南斯拉夫、罗马尼亚、波兰经济法规.北京：机械工业出版社，1987：19-51.

② 同①53-66.

③ 这例如：1967年德国《经济增长与稳定促进法》、1978年美国《充分就业与平衡增长法》、1988年英国《财政稳定法》等。

④ 史际春.论规划如何法治.经济法学评论：第七卷，2006.

⑤ 杨克勤.南斯拉夫新计划法简介.计划工作动态，1986(8).

本国特色，较之其他国家具有特殊性。

"他山之石，可以攻玉。"① 以上不同国家在不同历史时期进行发展规划立法的做法对我国具有很大的借鉴意义。虽然部分资本主义国家与我们分属不同社会形态，但正如邓小平在 1992 年南方讲话中指出："计划经济不等于社会主义，资本主义也有计划；市场经济不等于资本主义，社会主义也有市场。计划和市场都是经济手段。"② 我们应该学习其他国家进行发展规划法治化的做法，同时学习别国科学的立法程序，借鉴其形式化经验，反之为我所用。然而，在借鉴时，我们也要从实际出发，不能完全照搬国外经验。日本、法国等资本主义国家虽实施了发展规划立法，但其归根结底是完全市场经济国家，其经济体制与我国的社会主义市场经济仍有着巨大差异，而东欧部分前社会主义国家虽与我国有着类似的社会形态，但这些国家的发展规划立法实践也均是基于当时特殊的历史背景，仍是计划经济的产物，不适用于我国现代市场经济体制。因此，在借鉴国外发展规划相关立法实践时，我们应该充分考虑我们的具体国情和特殊的经济体制，有选择性地进行学习与借鉴，取其精华，去其糟粕，而不能盲目地全盘照搬、只知模仿。

第四节　我国发展规划立法的几点构想

一、树立正确的立法理念

黑格尔认为，理念是任何一门学问的理性，法的理念，是法的概念及其现实化，或者说法的理念即是自由。③ 立法理念是立法活动的最高指导原理，任何法律的创制都受制于一定的立法理念，制定发展规划法当然也不例外。概言之，制定发展规划法需要树立的立法理念主要有以下四方面：以人为本、统筹协调、民主以及可持续发展：

第一，以人为本是制定发展规划法最重要的立法理念。在物质资源比较匮乏的时期，我国以往的发展规划以追求经济的快速增长为主要目的，将各

---

① 诗经·小雅·鹤鸣.
② 邓小平文选：第 3 卷. 北京：人民出版社，1993：373.
③ 黑格尔. 法哲学原理. 贺麟，张启泰，译. 北京：商务印书馆，1996：1.

类数据的涨幅看得过重，忽视了社会中的主体——人的需要和利益，甚至以牺牲人的权益为代价片面追求经济增长。但是，在现代社会，物质经济得到发展，经济增长成为社会发展的其中一方面，不再处于核心地位。国家应当将发展的重点转移到人上来，充分肯定人的主体作用和价值，制定的发展规划也应为满足人的需求而有所侧重，尤其是满足人对生存环境、生活质量的更高要求以及对精神文化的需求。因此，制定发展规划法要把以人为本作为重要的立法理念。

第二，制定发展规划法要坚持统筹协调。习近平总书记在党的十八届五中全会上作重要讲话时指出，事物及事物各要素之间是相互影响、相互制约的，要注重统筹规划协调发展。① 我国幅员辽阔，发展过程中面临众多复杂的经济、社会因素，坚持统筹协调是处理矛盾的有效方式。制定发展规划法，不可避免地会遇到各类矛盾，如我国的发展规划类型、数量和层级都较多，各级各类规划之间常常出现功能定位以及关系混乱的问题，这大大降低了规划的实施效率和针对性作用。因此，发展规划法制化过程要充分贯彻统筹协调的立法理念，厘清规划之间的定位及功能，确保国民经济和社会发展总体规划的统领性作用，建立协调顺畅的发展规划衔接机制，促进社会经济的全面共同发展。

第三，发展规划法治化需要以民主作为立法理念以真正体现人民的意志。一部法律从起草到审议通过，是各方面智慧的结晶，每一项立法工作都需要集思广益、凝聚共识。制定发展规划法律制度需要丰富民主形式，保证在制定法律时，公众能够充分参与到立法过程中，提高公众的立法参与度。此外，民主还应该体现在法律的条文中，法律应该确立社会公示和公众听证制度，对人民群众知情权、参与权和监督权的保护进行明确规定，以保障未来具体规划制定的民主性。提高公众参与度是维护发展规划公定力的根本措施②，因此，要以民主作为发展规划立法理念，提高公民在立法活动中的参与程度，以确保法律能够准确反映人民的意志，得到人民的认同和支持。

---

① 习近平与"十三五"五大发展理念协调．［2016 - 10 - 14］．http：//politics. people. com. cn/n/2015/1102/c1001-27764355. html.

② 徐孟洲．论经济社会发展规划与规划法制建设．法学家，2012（2）．

第四，发展规划法的制定还应该贯彻可持续发展的立法理念。发展规划是国家在对未来进行预测的基础上作出的长远的发展计划，未来国家社会发展状况在一定程度上取决于现在的发展规划，考虑到未来，就不得不提及可持续发展理念。社会的发展是一个内涵丰富的概念，其既包括经济的增长，又包含了经济结构的优化，也包括人与自然能够和谐共处的发展模式。因此，发展规划对于经济的指导必须能够促进经济的可持续发展，作为制定发展规划所依据的法律也必须以可持续发展为设计理念。只有理念作为法的精神在立法实践过程中融入法律本身，依据法律制定出来的文本才能够发挥理念本身的作用价值。

二、明确清晰的立法原则

立法原则是立法主体据以进行立法活动的依据，能够反映出立法主体对所制定法律的偏向性期待，立法遵循一定的原则，有助于立法主体更好地把握立法方向。发展规划立法在坚持科学立法和民主立法基本原则的同时，还应该遵循以下立法原则：

首先，发展规划立法要坚持市场化改革方向。坚持市场化改革方向是全面深化改革的核心，其实质就是推动政府职能转变，理顺政府与市场的关系。在制定发展规划法时，立法主体应该清醒地认识到法律本身的定位，《发展规划法》并不是一部大包大揽的"经济计划法"，而是为配合市场经济体制而制定的导向性立法。该法不以强制性规定为主，其所能规范的规划领域也仅限于存在市场失灵的领域范围内，发展规划的编制要在尊重市场规律的基础上进行，辅助市场进行有效的资源配置。

其次，发展规划立法还要坚持实事求是。规划法律的制定不能有所偏重，忽视弱项而避重就轻，对经济发展中难啃的"硬骨头"如行政性垄断行业放任自流，而针对孱弱性行业则实施较为强硬的发展规划。此外，发展规划管理体制要尊重现行法律，与现行法律进行有效的衔接，以免出现规划空白或交叉规划的情形。例如，国家在进行土地利用规划及城乡规划时，应以《土地管理法》以及《城乡规划法》的相关规定为准，并结合政府的政策性规定进行合理调整。

再次，理论结合实际也是发展规划立法应当坚持的立法原则。发展规划法不能仅依靠已有的经济理论或通过经济数据分析得出的理论而制定，只有结合实际，才能发现发展规划从编制到实施过程中存在的现实性问题，才会有针对性地制定法律，增强立法的科学性和可行性。因此，发展规划立法要坚持理论结合实际的原则，避免闭门造车。

最后，发展规划立法要坚持循序渐进，不可操之过急。由于缺乏立法实践经验，发展规划立法基础薄弱，发展规划法制化进程缓慢。在这种背景之下，要想一次性制定出一部内容及程序特别完备的《发展规划法》显然不切实际。因此，法律的制定一定要由浅入深，对于实践中实施时间较长且较为成熟固定的内容进行统一规定，而对于较为灵活性的问题则留由法规、规章或规范性文件进行补充，通过实践的反馈发现问题，进而逐步完善法律的相关内容。

三、选择恰当的立法推进策略

立法策略，是指立法者在立法过程中，为了更好地推进立法工作，并确保制定出来的法律最大限度实现立法目的而采取的某种政策方针、指导思想、工作思路或者具体的行动方式、方法。[①] 立法策略的选择取决于社会发展的客观情况、国家的法治化水平、立法者的立法技术等多方面因素。发展规划立法工作的开展是一项复杂的系统性工程，不可一蹴而就，因此，制定发展规划法要选择恰当的立法推进策略，分清楚轻重缓急，以保证制定出来的法律的质量和效果。立法推进策略按照立法者解决立法问题难易程度的先后顺序可以划分为从易到难的阶梯式立法策略、由难入易的阶梯式立法策略以及先解决关键性问题的非阶梯式立法策略，发展规划立法应采取从易到难的阶梯式立法策略。

发展规划立法的首要目标在于确立一个基本的制度框架，对发展规划编制、实施过程中所涉及的规划基本内容、一般性程序进行梳理，固定为具体的法律条文。因为这些内容都是经过反复实践并不存在较大争议的，因而立法过程中几乎不会受到任何立法阻力，立法活动更容易开展，相应就节约了大量的立法时间成本、人力成本以及物质成本。然而，针对发展规划过程中

---

① 景亚南. 关于立法策略的初步思考. 人大研究，2012（7）.

一些较为具体的问题，如规划的论证、实施评估、规划完成情况考核等，这些操作性和灵活性较强的规划性事务在实践中并未形成统一的处理方式，若不加分析地盲目添加到立法内容中，势必会引起部分人的反对，会给立法活动平添很多障碍。因此，发展规划立法应采用阶梯式的立法策略，本着从易到难的思维逻辑，逐步实现发展规划的法治化。

四、确立适当的立法框架

立法框架是立法思路的形式化表现和载体，确立适当的立法框架是立法活动的先行任务，有了立法框架，相当于有了整部法律的纲要，根据提纲增添具体内容就形成了完整的法律。制定《发展规划法》也需要确立适当的立法框架，而在确定立法框架之前，需要先明确该法的立法定位，以便于立法框架的结构安排。

《发展规划法》的立法定位于对国民经济和社会发展总体规划、区域规划以及专项规划进行规范，此外，考虑到对国土空间开发的规划，根据2010 年年底国务院印发的《全国主体功能区规划》的内容，建议将主体功能区规划纳入国家规划当中，同时，为加强国民经济和社会发展总体规划的阶段性落实，应该将国民经济和社会发展年度计划也纳入其中。法律的制定应该侧重于国家规划体系的构建与完善，明确各类规划的层级与功能，在不同规划之间形成协调配合机制，同时确立科学、民主、规范的规划编制程序，辅之以监督、评估等手段保证规划的实施，最后通过设定严格的法律责任以发挥其预防、惩戒和救济功能。[①] 具体而言，构建《发展规划法》立法框架思路如下：

第一章"总则"对立法目的、适用范围，法律与其他规划的协调衔接等问题进行规定；第二章阐述规划定位、发展规划体系等所涵盖的具体内容；第三章对发展规划管理职权和各部门职责等进行规定；第四章对编制发展规划的一般性程序作出规定；第五章到第九章分别针对国民经济和社会发展总体规划、国民经济和社会发展年度计划、主体功能区规划、区域规划、专项规划作出具体性规定，对各类规划的层级定位、功能、规划内容、衔接、编

---

① 张骐．论当代中国法律责任的目的、功能与归责的基本原则．中外法学，1999（6）．

制及批准等内容进行阐释；第十章针对发展规划的实施进行规定，可通过部分强制性规定、约束性指标完成情况考核、评估、监督、检查等手段建立发展规划的实施保障机制；第十一章规定法律责任，对发展规划编制、实施以及批准等程序中的违法行为及处罚方式进行明示；第十二章"附则"对法律的生效时间、解释权的规定、与其他法律法规的关系、制定补充规定的授权问题等非实质性内容作出规定。此外，需要注意的是，由《发展规划法》本身制定内容所决定，其应该是一部兼顾实体法和程序法内容的法律，而不仅仅局限于程序性规定。

第五节　结语

在完善我国市场法律体系的大背景下，发展规划法治化不是毫无根据的凭空之论，而是社会发展之必需。发展规划立法是全面落实依法治国基本方略的必然选择，是继续深化经济体制改革的重要路径，是不断实现国家发展战略的客观需要，也是加快转变政府职能的有效方式。然而，立法的过程不会一帆风顺，现阶段，发展规划立法所面对的立法障碍既包括难以破除的观念性障碍以及发展规划本身属性所受到的质疑，也包括在法律制度构建时诸多资源的整合问题，同时，我国发展规划立法实践不足也是不可否认的客观事实，这些都给发展规划立法带来了重重困难。面对诸多立法困难，我们应该学习国外发展规划相关立法实践，摒弃对社会形态的偏见，选择性地借鉴其他国家发展规划法治化过程中的立法实践经验，取长补短，洋为中用。在进行发展规划立法时，首先应当树立正确的立法理念，从而明确清晰的立法原则，其次选择恰当的立法推进策略，最后确立适当的发展规划立法框架，以此作为发展规划立法的整体思路。

法律是治国之重器，良法是善治之前提。建设中国特色社会主义法治体系，必须坚持立法先行，发挥立法的引领和推动作用，抓住提高立法质量这个关键。按照马克思主义的理论，法并非创制出来的，立法实际上是发现法、把法表达出来。在我国，制定发展规划并不是一类新事务，其一直对我国经济和社会的发展起到举足轻重的作用，而发展规划法治化却一直未得到落实，此实属遗憾。发展规划立法不仅能够使发展规划管理体制和管理权限得以确认，同时还能够使规划体系和规划方式得以确定，从而使政府和市场能够实现更融洽、更和谐的有效互动，继而推动经济体制改革。因此，加快《发展规划法》的制定和出台，不仅是完善我国市场法律体系的任务，同时也是全面深化经济体制改革的客观需求。

第二十二章

完善竞争法律体系

第一节　引言

　　竞争法被誉为自由经济的大宪章，在市场经济法律制度中居于核心地位。在市场开放和经济活动一体化的影响下，竞争法已经突破了国家和民族的地域、文化界限，并超越了不同的经济体制、政治制度和意识形态，成为世界各国（地区）拥有较多共同话语和制度趋同的经济法域。[①] 自改革开放以来，竞争政策在中国已经完成了从产生到地位逐步提升再到被确立为基础性地位的发展过程。1980 年《关于开展和保护社会主义竞争的暂行规定》的颁布标志着中国竞争政策的产生；1993 年《反不正当竞争法》和 2008 年《反垄断法》的实施标志着中国竞争政策基本框架的形成；2013 年《中共中央关于全面深化改革若干重大问题的决定》强调了中国竞争政策的重要意义，竞争政策的地位得以大幅提升；2015 年 10 月 12 日《中共中央、国务院关于推进价格机制改革的若干意见》提出，加强市场价格监管和反垄断执法，逐步确立竞争政策的基础性地位。在日益强调市场竞争的当下，审视、研究一直处于动态发展中的竞争法体系的完善问题在中国具有重要的理论价值和实践意义，对于域外国家（地区）全面了解中国竞争法律制度的历史沿

[①] 王艳林．再论中国竞争法立法例之选择∥竞争法评论：第一卷，北京：中国政法大学出版社，2005：30.

革也有一定的裨益。

需要指出的是，中国竞争法的概念与欧盟、美国不同，欧盟竞争法和美国竞争法通常专指反垄断法，而中国竞争法则是一个广义概念，不仅包括反垄断法，还包括反不正当竞争法以及其他与竞争相关的法律法规，其含义更接近于德国包括了《限制竞争防止法》和《不正当竞争防止法》的二元立法例的竞争立法，以及竞争立法采用单一立法例的国家（地区）中公平交易法的概念。鉴于此，中国竞争法体系的完善问题研究应当以直接对市场竞争行为进行规范的法律、法规，即反不正当竞争法和反垄断法为中心来展开，同时关注竞争法与其他相关法律法规的关系问题。

第二节　修订 1993 年《反不正当竞争法》以促进
中国竞争法体系的完善

1987 年，中国作为《保护工业产权巴黎公约》的成员国之一，为了履行公约中规定的反不正当竞争的义务，中国国务院首次提出要制定全国性的制止不正当竞争法，并由国务院法制局牵头，国家体改委、国家工商总局等 7 个部门参加，起草了《禁止垄断和不正当竞争条例》，试图将反垄断与反不正当竞争统一在一部法律中。此后，因立法意图发生变化，中国拟分别制定《反不正当竞争法》和《反垄断法》。与此同时，为了保护竞争，打击不正当竞争行为，一些省、市地方政府开展了地方立法的尝试。如 1985 年 11 月，武汉市政府颁布了我国第一个反不正当竞争的地方性立法，即《武汉市制止不正当竞争行为试行办法》；1987 年 10 月，上海市政府颁布了《上海市制止不正当竞争暂行规定》；1989 年 2 月，江西省政府颁布了《江西省制止不正当竞争试行办法》等。这些地方性立法不仅为中国反不正当竞争立法积累了立法经验，而且对制止不正当竞争行为发挥了积极的作用。[①] 1991 年年底，《制止不正当竞争法》列入全国人大常委会立法规划，国家工商行政管理局起草了《反不正当竞争法》的征求意见稿。1993 年 9 月，全国人大常委会正式通过了《反不正当竞争法》，该法禁止了 11 种不正当竞争行为，

---

① 吕明瑜. 竞争法. 北京：法律出版社，2004：321.

即市场混淆行为；公用企业或独占企业滥用独占地位行为；政府及其所属部门限制竞争行为；商业贿赂行为；引人误解的虚假宣传行为；侵犯商业秘密行为；掠夺性定价行为；搭售或附加不合理条件行为；不正当的有奖销售行为；商业诋毁行为；串通招投标行为。由上述规定可知，中国的《反不正当竞争法》不仅禁止了典型的不正当竞争行为，而且规范了部分与《反垄断法》重复规制的限制竞争行为，如公用企业或独占企业滥用独占地位行为、政府及其所属部门限制竞争行为、掠夺性定价行为、搭售或附加不合理条件行为、串通招投标行为。

之后，为了更好地实施《反不正当竞争法》，中国国家工商行政管理局先后发布了《关于禁止公用企业限制竞争行为的若干规定》（1993 年）、《关于禁止有奖销售活动中的不正当竞争行为的若干规定》（1993 年）、《关于禁止仿冒知名商品特有的名称、包装、装潢的不正当竞争行为的若干规定》（1995 年）、《关于禁止侵犯商业秘密行为的若干规定》（1995 年发布，1998 年修订）等一系列配套规章；大多数地方政府根据《反不正当竞争法》的规定，结合本地情况制定了有关反不正当竞争的条例或者办法；中国最高人民法院制定了《关于审理不正当竞争民事案件应用法律若干问题的解释》（2007 年）。总体来看，中国已经形成了以《反不正当竞争法》为核心的反不正当竞争法律体系，且在维护市场竞争中发挥了重要作用。例如，中国工商机关依据《反不正当竞争法》仅于 2016 年上半年就已立案 478 件，结案 118 件，案值 2.7 亿元，罚没金额 2 738 万元。①

鉴于中国《反不正当竞争法》对部分限制竞争行为进行了规范，鉴于随着互联网经济的兴起，恶意软件、秒杀、超文本链接、弹出式广告、域名抢注、技术隔离、竞价排名、篡改或覆盖网页等新的市场竞争行为需要反不正当竞争立法作出回应，鉴于《反垄断法》与《反不正当竞争法》的重合规制问题需要通过立法进行明晰，中国相关部门正在加快《反不正当竞争法》的立法修订步伐。2016 年 2 月 25 日，国务院法制办就《反不正当竞争法（修订草案送审稿）》向社会公众公开征求意见。② 该修订草案删除了有关禁止

---

① 刘长忠. 上半年中国工商反不正当竞争立案 478 件. ［2016 - 07 - 26］. http：//finance. chinanews. com/cj/2016/07-22/7948727. shtml.

② 国务院法制办公室. 关于公布《中华人民共和国反不正当竞争法（修订草案送审稿）》公开征求意见的通知. ［2016 - 07 - 29］. http：//www. chinalaw. gov. cn/article/cazjgg/201602/20160200480277. shtml.

限制竞争行为的条款，增加了规制滥用相对优势地位、互联网不正当竞争的规定，并就反不正当竞争执法权、监督检查、法律责任等进行了较大的修改。2017 年 2 月 26 日，全国人大法工委就《反不正当竞争法（修订草案）》向社会公开征求意见；2017 年 9 月 5 日，第十二届全国人大常委会第二十九次会议对《反不正当竞争法（修订草案二次审议稿）》进行审议后，全国人大法工委再次向社会公开征求意见；2017 年 11 月 4 日，修订后的《反不正当竞争法》颁布并于 2018 年 1 月 1 日正式实施。

一、通过修法更好地实现《反不正当竞争法》的开放性和包容性

层出不穷的市场竞争行为，促使《反不正当竞争法》在修订时需要思考如何对不断出现的新型竞争行为进行是否正当的判断。2017 年《反不正当竞争法》通过第一章"总则"部分的立法目的条款、基本原则条款、不正当竞争概念条款以及在第二章"不正当竞争行为"第 6 条和第 12 条中其他不正当竞争行为的条款规定来实现《反不正当竞争法》的开放性和包容性。首先，立法目的条款具有宣示性、导向性和参照性，为法律的实体规则和程序规则提供价值基础[1]，虽然现代反不正当竞争法强调对竞争秩序和消费者整体利益的共同保护，但是竞争秩序的维护仍是反不正当竞争法的核心价值目标，同时，现代反不正当竞争法日益重视通过保护"未受扭曲的竞争"以达至对社会公共利益的维护[2]，这也需要在立法目的条款中予以凸显，因此，《反不正当竞争法（2017 年修订稿）》第 1 条将立法目的条款修订为："为了促进社会主义市场经济健康发展，鼓励和保护公平竞争，制止不正当竞争行为，保护经营者和消费者的合法权益，制定本法。"其次，法的基本原则条款可以体现法律价值，在效力上贯穿立法、执法、守法活动的全过程，并在功能上具有补救性，即通过基本原则的解释和运用使成文法局限得以克服。[3] 反不正当竞争法的核心是建立和维护与市场竞争秩序相适应的商业道德，遵守公认的商业道德与民法公序良俗，并包含了诚实信用的内容，这应成为反不正当竞争法的基本原则。因此，中国《反不正当竞争法（2017 年

---

① 王巍，张军建.论我国反垄断法的立法目的.湖南社会科学，2006（1）：63-67.
② 范长军.德国反不正当竞争法研究.北京：法律出版社，2010：61.
③ 江帆.经济法的价值理念和基本原则.现代法学，2005（5）：118-122.

修订稿)》第 2 条将基本原则条款修订为："经营者在生产经营活动中，应当遵循自愿、平等、公平、诚信的原则，遵守法律和商业道德。"再次，《反不正当竞争法（2017 年修订稿）》第 2 条规定："本法所称的不正当竞争行为，是指经营者在生产经营活动中，违反本法规定，扰乱市场竞争秩序，损害其他经营者或者消费者的合法权益的行为。"该概念并没有凸显不正当竞争行为的个性特征，也无法为不正当竞争行为的认定提供标准，需要结合基本原则条款来认定不正当竞争行为。最后，新型不正当竞争行为的不断出现对中国《反不正当竞争法》修订提出了在第二章典型不正当竞争行为列举时增加兜底条款的要求，因此，《反不正当竞争法（2017 年修订稿）》第 6 条规定："经营者不得实施下列混淆行为，引人误认为是他人商品或者与他人存在特定联系：……（四）其他足以引人误认为是他人商品或者与他人存在特定联系的混淆行为。"第 12 条规定："经营者不得利用技术手段，通过影响用户选择或者其他方式，实施下列妨碍、破坏其他经营者合法提供的网络产品或者服务正常运行的行为：……（四）其他妨碍、破坏其他经营者合法提供的网络产品或者服务正常运行的行为。"

二、通过修法妥善处理《反不正当竞争法》与《反垄断法》的关系

面对中国《反垄断法》和《反不正当竞争法》重合规制的行为，《反不正当竞争法》在修订时已经以删除相应条款的方式来处理两法的关系问题。目前，《反不正当竞争法（2017 年修订稿）》已经删除了 1993 年《反不正当竞争法》第 6 条关于禁止公用企业或独占企业滥用独占地位行为的规定①，第 7 条关于禁止政府及其所属部门限制竞争行为的规定②，第 11 条禁止掠夺性定价行为的规定③，第 12 条关于禁止搭售行为的规定④，第 15 条关于禁

---

①　1993 年《反不正当竞争法》第 6 条："公用企业或者其他依法具有独占地位的经营者，不得限定他人购买其指定的经营者的商品，以排挤其他经营者的公平竞争。"

②　1993 年《反不正当竞争法》第 7 条："政府及其所属部门不得滥用行政权力，限定他人购买其指定的经营者的商品，限制其他经营者正当的经营活动。政府及其所属部门不得滥用行政权力，限制外地商品进入本地市场，或者本地商品流向外地市场。"

③　1993 年《反不正当竞争法》第 11 条："经营者不得以排挤竞争对手为目的，以低于成本的价格销售商品。有下列情形之一的，不属于不正当竞争行为：（一）销售鲜活商品；（二）处理有效期限即将到期的商品或者其他积压的商品；（三）季节性降价；（四）因清偿债务、转产、歇业降价销售商品。"

④　1993 年《反不正当竞争法》第 12 条："经营者销售商品，不得违背购买者的意愿搭售商品或者附加其他不合理的条件。"

止串通招投标行为的规定。① 由于中国《反垄断法》对禁止滥用市场支配地位行为、禁止滥用行政权力排除、限制竞争行为、禁止垄断协议行为的规范更加具体、科学，并且能够对上述行为进行有效规制，这样的修法选择会更有助于中国竞争法体系的完善。

《反不正当竞争法》修订过程中最大的争议点为是否以及如何规制经营者滥用相对优势地位行为的问题，即修法中是否增加相关法律规定，如："经营者不得利用相对优势地位，实施下列不公平交易行为：（一）没有正当理由，限定交易相对方的交易对象；（二）没有正当理由，限定交易相对方购买其指定的商品；（三）没有正当理由，限定交易相对方与其他经营者的交易条件；（四）滥收费用或者不合理地要求交易相对方提供其他经济利益；（五）附加其他不合理的交易条件。本法所称的相对优势地位，是指在具体交易过程中，交易一方在资金、技术、市场准入、销售渠道、原材料采购等方面处于优势地位，交易相对方对该经营者具有依赖性，难以转向其他经营者。"鉴于合同自由以及意思自治是市场经济的基石，法律仅应在极为特殊情况之下才能对合同自由进行干预，贸然引入禁止滥用相对优势地位制度或者立法设计的该违法行为构成要件不够科学合理，无疑会对正常的市场经营秩序造成不必要的干扰，会对经营者的营业自由进行过度的不当限制，也可能会有架空《反垄断法》滥用市场支配地位行为制度之虞，所以，尽管禁止滥用相对优势地位制度有其自身的价值，但究其行为本质，还不是典型的违反诚实信用原则和公认的商业道德的不正当竞争行为，因此，《反不正当竞争法（2017 年修订稿）》没有禁止滥用相对优势地位行为的条款。

三、通过修法促使典型不正当竞争行为构成要件的规定更趋科学合理②

反不正当竞争法在禁止经营者从事不正当竞争行为的同时，也要通过保护经营者的合法权益来保证经营者的商业自由并鼓励创新，因此，中国《反

---

① 1993 年《反不正当竞争法》第 15 条："投标者不得串通投标，抬高标价或者压低标价。投标者和招标者不得相互勾结，以排挤竞争对手的公平竞争。"

② 孟雁北. 论我国反不正当竞争法之修订：包容、增减与细化. 中国工商管理研究，2015（2）：60－67.

不正当竞争法》在修订过程中应尽可能实现典型不正当竞争行为构成要件的科学合理性以进一步完善中国竞争法体系。

例如，中国 1993 年《反不正当竞争法》第 5 条禁止的是通过搭便车利用其他经营者竞争优势的典型不正当竞争行为，在禁止"搭便车"理念的指导下，鉴于"市场混淆"的后果意味着无法进行公平竞争，"擅自使用""知名"的商品、营业或服务的"商业标识"容易引发竞争秩序的混乱和误导性后果的产生，《反不正当竞争法（2017 年修订稿）》第 6 条以"擅自使用""有一定影响""商业标识""市场混淆"为核心构成要件重塑 1993 年《反不正当竞争法》第 5 条对市场混淆行为的禁止[1]，不再把商业标识的不同构成要素以不同条款分别列举进行规定，而是在商业标识的整体视野下来统一规范，这取得了较大的立法进步。

再如，禁止不正当商业宣传行为有助于维护公平竞争秩序，如果经营者以各种手段和方法对商品（服务）的质量、价格等情况作引人误解或虚假宣传行为，会误导购买者选购商品或接受服务，是违背诚实信用原则和公认商业道德的典型的不正当竞争行为。《反不正当竞争法（2017 年修订稿）》第 8 条[2]通过对 1993 年《反不正当竞争法》第 9 条的修订将对商业宣传行为的规制重点放在"引人误解"而不是"虚假"上[3]，并进而解决《反不正当竞争

---

[1] 1993 年《反不正当竞争法》第 5 条："经营者不得采用下列不正当手段从事市场交易，损害竞争对手：（一）假冒他人的注册商标；（二）擅自使用知名商品特有的名称、包装、装潢，或者使用与知名商品近似的名称、包装、装潢，造成和他人的知名商品相混淆，使购买者误认为是该知名商品；（三）擅自使用他人的企业名称或者姓名，引人误认为是他人的商品；（四）在商品上伪造或者冒用认证标志、名优标志等质量标志，伪造产地，对商品质量作引人误解的虚假表示。"

2017 年《反不正当竞争法》第 6 条："经营者不得实施下列混淆行为，引人误认为是他人商品或者与他人存在特定联系：（一）擅自使用与他人有一定影响的商品名称、包装、装潢等相同或者近似的标识；（二）擅自使用他人有一定影响的企业名称（包括简称、字号等）、社会组织名称（包括简称等）、姓名（包括笔名、艺名、译名等）；（三）擅自使用他人有一定影响的域名主体部分、网站名称、网页等；（四）其他足以引人误认为是他人商品或者与他人存在特定联系的混淆行为。"

[2] 2017 年《反不正当竞争法》第 8 条："经营者不得对其商品的性能、功能、质量、销售状况、用户评价、曾获荣誉等作虚假或者引人误解的商业宣传，欺骗、误导消费者。经营者不得通过组织虚假交易等方式，帮助其他经营者进行虚假或者引人误解的商业宣传。"

1993 年《反不正当竞争法》第 9 条："经营者不得利用广告或者其他方法，对商品的质量、制作成分、性能、用途、生产者、有效期限、产地等作引人误解的虚假宣传。"

[3] 此观点与 2007 年施行的《最高人民法院关于审理不正当竞争民事案件应用法律若干问题的解释》第 8 条规定的观点相同。

法》是否禁止"引人误解的真实宣传行为""不引人误解的虚假宣传行为""以未定论的事实作引人误解的宣传行为"的争论。

另外,我国《反不正当竞争法》在修订过程中增加了互联网不正当竞争行为条款,规定经营者不得利用技术手段在互联网领域进行影响用户选择、干扰其他经营者正常经营的行为,并具体规定应予禁止的行为,即第12条:"经营者利用网络从事生产经营活动,应当遵守本法的各项规定。经营者不得利用技术手段,通过影响用户选择或者其他方式,实施下列妨碍、破坏其他经营者合法提供的网络产品或者服务正常运行的行为:(一)未经其他经营者同意,在其合法提供的网络产品或者服务中,插入链接、强制进行目标跳转;(二)误导、欺骗、强迫用户修改、关闭、卸载其他经营者合法提供的网络产品或者服务;(三)恶意对其他经营者合法提供的网络产品或者服务实施不兼容;(四)其他妨碍、破坏其他经营者合法提供的网络产品或者服务正常运行的行为。"我国互联网不正当竞争行为主要是传统不正当竞争行为在网络环境下引发的不正当竞争纠纷、线下业务扩展到线上引发的不正当竞争纠纷以及经营互联网产品或服务过程中引发的不正当竞争纠纷,前两类纠纷的解决通过典型不正当竞争行为与一般条款就足以应对,并不需要反不正当竞争立法增加互联网不正当竞争行为条款。但是,基于经营互联网产品或服务过程中引发的不正当竞争纠纷是随着互联网行业不断发展而产生的,对传统行业的依赖程度较低,行业发展也缺乏规则的指引,这些新型的不正当竞争行为的认定标准值得立法关注。

第三节　制定反垄断执法指南和构建公平竞争审查制度以促进中国竞争法体系的完善

中国有一段相当长的时期实行的是计划经济体制,对市场经济持否定态度并推崇国家垄断,这直接导致了中国反垄断立法起步较晚。中国最早关于反垄断的规范性文件是1980年7月国务院发布的《关于推动经济联合的暂行规定》,该规定提出要"打破地区封锁、部门分割"。其次是1980年10月国务院发布的《关于开展和保护社会主义竞争的暂行规定》,该规定提出"在经济活动中,除国家指定由有关部门或单位专门经营的产品外,其余的都不能进行垄断、搞独家经营"。再次是 1986 年国务院颁布的《关于深化企业改革增强企业活力的若干规定》，该规定提出"在同一行业中，一般不搞独家垄断的企业集团，以利于开展竞争，促进技术进步"。1987 年，国务院发布了《价格管理条例》及《广告管理条例》，分别规定反对价格垄断和广告经营活动中的垄断行为。1987 年通过的《技术合同法》也对技术转让作出了限制性规定，即"不得以合同条款限制技术竞争和技术发展"。1989年，国家体改委等部门联合发布了《关于企业兼并的暂行办法》，该办法将防止垄断作为企业兼并的一个基本原则。1992 年，国务院发布了《全民所有制工业企业转换经营机制条例》，该条例规定政府为了培育和完善市场体系，发挥市场调节作用，应打破地区、部门分割和封锁，建立和完善平等竞争规则和健全的全国统一市场。1993 年，《反不正当竞争法》禁止部分限制竞争行为，并明确规定了相应的法律责任。1993 年 12 月，国家工商总局发布了《关于禁止公用企业限制竞争行为的若干规定》，将《反不正当竞争法》中有关垄断的条文具体化，成为我国较为系统的反垄断规章。[①] 1997 年的《价格法》第 14 条禁止的不正当价格行为中，价格卡特尔行为、低价倾销行为和价格歧视行为属于反垄断法要规范的内容。1999 年的《招标投标法》禁止串通招投标行为，禁止招标人对潜在的投标人的歧视待遇和其他限制投标人竞争的行为。而中国《反垄断法》的制定则从 1994 年被列入第八届全国人大常委会立法规划到出台，经历了漫长的 13 年，才终于在 2007 年通过了《中华人民共和国反垄断法》。[②] 由于《反垄断法》条文本身的原则性、抽象性和反垄断法特有的不确定性，中国《反垄断法》的实施还需要一系列配套法规、规章、指南等对与反垄断有关的重要事项作出具体规定。

---

① 种明钊. 竞争法. 北京：法律出版社，1997：294 - 295.
② 具体的反垄断立法历程是：1994 年，《反垄断法》被列入第八届全国人大常委会立法规划；1998 年，《反垄断法》被列入第九届全国人大常委会立法规划；2003 年，《反垄断法》被列入第十届全国人大常委会立法规划；2004 年，国务院将《反垄断法》列入立法计划；2005 年，《反垄断法》被全国人大常委会列入 2005 年立法计划；2006 年，国务院常务会议讨论并原则通过《中华人民共和国反垄断法（草案）》，国务院常务会议决定，经进一步修改后，由国务院提请全国人大常委会审议；2006 年 6 月，第十届全国人大常委会第二十二次会议第一次审议《反垄断法》草案；2007 年 6 月，第十届全国人大常委会第二十八次会议第二次审议《反垄断法》草案；2007 年 8 月，第十届全国人大常委会第二十九次会议第三次审议《反垄断法》草案；2007 年 8 月 30 日，第十届全国人大常委会第二十九次会议通过《中华人民共和国反垄断法》，自 2008 年 8 月 1 日起施行。

一、中国反垄断框架体系已经基本形成

为了更好地实施《反垄断法》，中国近年来出台了大量的行政法规、规章、指南以及司法解释。为了明确经营者集中的申报标准，国务院 2008 年 8 月 3 日公布了《国务院关于经营者集中申报标准的规定》。① 随后，商务部会同中国人民银行、中国银监会、中国证监会和中国保监会制定了《金融业经营者集中申报营业额计算办法》②，经国务院反垄断委员会审议通过后在 2009 年 7 月 15 日予以公布。2009 年 5 月 24 日，鉴于任何竞争行为（包括具有或可能具有排除、限制竞争效果的行为）均发生在一定的市场范围内，在禁止经营者达成垄断协议，禁止经营者滥用市场支配地位、控制具有或者可能具有排除、限制竞争效果的经营者集中等反垄断执法工作中，均可能涉及相关市场的界定问题，国务院反垄断委员会根据《反垄断法》颁布了《关于相关市场界定的指南》。③

2009 年 11 月 21 日，商务部为规范经营者集中申报和反垄断执法机构受理申报，根据《反垄断法》和《国务院关于经营者集中申报标准的规定》颁布了《经营者集中申报办法》。④ 2009 年 11 月 24 日，商务部为了明确经营者集中反垄断审查程序，颁布了《经营者集中审查办法》。⑤ 2009 年 1 月 5 日，商务部反垄断局发布了《关于经营者集中申报的指导意见》⑥（2014 年修订）⑦和《关于经营者集中申报文件资料的指导意见》⑧ 供经营者参考。2010 年，

① 关于经营者集中申报标准的规定．［2016 - 06 - 02］．http：//www. chinalaw. gov. cn/article/fgkd/xfg/xzfg/200902/20090200128462. shtml.

② 金融业经营者集中申报营业额计算办法．［2016 - 06 - 02］．http：//fldj. mofcom. gov. cn/aarticle/c/200907/20090706411691. html.

③ 国务院反垄断委员会关于相关市场界定的指南．［2016 - 05 - 31］．http：//fldj. mofcom. gov. cn/aarticle/j/200907/20090706384131. html.

④ 经营者集中申报办法．［2016 - 06 - 02］．http：//fldj. mofcom. gov. cn/aarticle/c/200911/20091106639149. html.

⑤ 经营者集中审查办法．［2016 - 06 - 02］．http：//fldj. mofcom. gov. cn/aarticle/c/200911/20091106639145. html.

⑥ 关于经营者集中申报的指导意见．［2016 - 06 - 02］．http：//fldj. mofcom. gov. cn/aarticle/xgxz/200901/20090105993824. html.

⑦ 关于经营者集中申报的指导意见（2014 修订版）．［2016 - 08 - 02］．http：//fldj. mofcom. gov. cn/article/c/201406/20140600614679. shtml.

⑧ 关于经营者集中申报文件资料的指导意见．［2016 - 06 - 02］．http：//fldj. mofcom. gov. cn/aarticle/xgxz/200901/20090105993841. html.

商务部发布了《关于实施经营者集中资产或业务剥离的暂行规定》。[①] 2011年，商务部发布了《未依法申报经营者集中调查处理暂行办法》[②] 和《关于评估经营者集中竞争影响的暂行规定》。[③] 2014年，商务部公布了《关于经营者集中简易案件适用标准的暂行规定》[④] 和《关于经营者集中简易案件申报的指导意见（试行）》。[⑤] 2014年12月，商务部发布了《关于经营者集中附加限制性条件的规定（试行）》。[⑥] 2015年11月，商务部反垄断局发布了《监督受托人委托协议（示范文本）》。[⑦] 此外，商务部反垄断局还先后公布过《经营者集中申报表》《商务部经营者集中反垄断审查流程图》和《经营者集中反垄断审查办事指南》等文件来指导当事人的反垄断申报工作。

2009年7月，国家工商行政管理总局根据颁布实施了《工商行政管理机关查处垄断协议、滥用市场支配地位案件程序规定》[⑧] 和《工商行政管理机关制止滥用行政权力排除、限制竞争行为程序规定》。[⑨] 2010年12月31日，国家工商总局公布了《工商行政管理机关禁止垄断协议行为的规定》[⑩]《工商行政管理机关禁止滥用市场支配地位行为的规定》[⑪]《工商行政管理机

---

① 关于实施经营者集中资产或业务剥离的暂行规定．［2016－08－02］．http：//fldj. mofcom. gov. cn/article/c/201007/20100707012000. shtml.

② 未依法申报经营者集中调查处理暂行办法．［2016－08－02］．http：//fldj. mofcom. gov. cn/article/c/201201/20120107921682. shtml.

③ 关于评估经营者集中竞争影响的暂行规定．［2016－08－02］．http：//fldj. mofcom. gov. cn/article/c/201109/20110907723357. shtml.

④ 关于经营者集中简易案件适用标准的暂行规定．［2016－08－02］．http：//fldj. mofcom. gov. cn/article/c/201409/20140900743277. shtml.

⑤ 关于经营者集中简易案件申报的指导意见（试行）．［2016－08－02］．http：//fldj. mofcom. gov. cn/article/c/201404/20140400555353. shtml.

⑥ 关于经营者集中附加限制性条件的规定（试行）．［2016－08－02］．http：//www. mofcom. gov. cn/article/b/c/201412/20141200835207. shtml.

⑦ 监督受托人委托协议（示范文本）．［2016－08－02］．http：//fldj. mofcom. gov. cn/article/c/201511/20151101196166. shtml.

⑧ 工商行政管理机关查处垄断协议、滥用市场支配地位案件程序规定．［2016－06－31］．http：//www. saic. gov. cn/zcfg/xzgzjgfxwj/201508/t20150820_160845. html.

⑨ 工商行政管理机关制止滥用行政权力排除、限制竞争行为程序规定．［2016－08－01］．http：//www. saic. gov. cn/zcfg/xzgzjgfxwj/201508/t20150820_160844. html.

⑩ 工商行政管理机关禁止垄断协议行为的规定．［2016－08－01］．http：//www. saic. gov. cn/zcfg/xzgzjgfxwj/201508/t20150820_160856. html.

⑪ 工商行政管理机关禁止滥用市场支配地位行为的规定．［2016－08－01］．http：//www. saic. gov. cn/zcfg/xzgzjgfxwj/201508/t20150820_160857. html.

关制止滥用行政权力排除、限制竞争行为的规定》① 3 个反垄断配套规章。2015 年 4 月，国家工商总局发布了《关于禁止滥用知识产权排除、限制竞争行为的规定》②，该规定在《反垄断法》体现为"经营者滥用知识产权，排除、限制竞争的行为，适用本法"。这一原则性规定对知识产权领域反垄断法实施中的上述重要问题作出了回答，力图有效地指引知识产权领域的反垄断执法工作。2016 年 4 月，国家工商总局发布《关于公用企业限制竞争和垄断行为突出问题的公告》，鉴于供水、供电、供气、公共交通、殡葬等行业的强制交易、滥收费用、搭售商品、附加不合理交易条件等限制竞争和垄断现象十分突出，社会反映强烈，决定自 2016 年 4 月—10 月在全国范围内开展集中整治公用企业限制竞争和垄断行为专项执法行动。③

2010 年 12 月，国家发展改革委发布了《反价格垄断规定》④ 和《反价格垄断行政执法程序规定》。⑤ 2012 年，最高人民法院发布了《关于审理因垄断行为引发的民事纠纷案件应用法律若干问题的规定》。⑥

至此，中国反垄断法律框架体系已基本形成，并亟待进一步完善，而中国的反垄断法实施工作也在稳步推进中。截至 2015 年 6 月 30 日，中国商务部共审结经营者集中案件 1 143 件，其中无条件批准 1 117 件，禁止 2 件，附条件批准 24 件。截至 2015 年 9 月，中国国家发改委及地方价格主管部门调查并已作出执法决定的反垄断案件有 55 件，包括国家发改委查处案件 16 件，地方价格主管部门查处案件 39 件。截至 2016 年 10 月 8 日，中国国家行政管理总局在其网站上共披露了工商总局及各省市自治区工商局作出的 42 件反垄断执法案件处理决定全文，涉及已经审结的 41 件违反《反垄断

---

① 工商行政管理机关制止滥用行政权力排除、限制竞争行为的规定 . [2016 - 08 - 01] . http：// www. saic. gov. cn/zcfg/xzgzjgfxwj/201508/t20150820 _ 160858. html.

② 关于禁止滥用知识产权排除、限制竞争行为的规定 . [2016 - 08 - 01] . http：//www. saic. gov. cn/zcfg/xzgzjgfxwj/201508/t20150820 _ 160841. html.

③ 关于公用企业限制竞争和垄断行为突出问题的公告 . [2016 - 08 - 01] . http：//www. saic. gov. cn/zwgk/zyfb/zjwj/fld/201604/t20160408 _ 167829. html.

④ 反价格垄断规定 . [2016 - 06 - 02] . http：//jjs. ndrc. gov. cn/zcfg/201101/t20110104 _ 389399. html.

⑤ 反价格垄断行政执法程序规定 . [2016 - 08 - 02] . http：//jjs. ndrc. gov. cn/zcfg/201101/ t20110104 _ 389401. html.

⑥ 关于审理因垄断行为引发的民事纠纷案件应用法律若干问题的规定 . [2016 - 08 - 02] . http：// rmfyb. chinacourt. org/paper/images/2012-05/09/03/2012050903 _ pdf. pdf.

法》的案件，其中北京盛开体育发展有限公司垄断行为案包含中止调查和终止调查 2 份处理决定。法院系统处理的反垄断民事诉讼案件 2008—2009 年共有 10 件，2010 年 33 件，2011 年 48 件，2012 年 55 件，2013 年 72 件，2014 年 86 件，2015 年 1 月至 10 月受理反垄断诉讼 141 件。①

二、制定反垄断执法系列指南以进一步完善中国反垄断法体系

现实中的竞争问题充满复杂性，即使中国已经制定了大量的反垄断配套规章，反垄断法的准确有效实施还需要依靠执法机构和法院在具体案例中，通过法律适用来明确和统一法律实施的尺度，也需要执法机构在总结实践经验的基础上，制定具有法律性质的规章或具有指导性文件性质的指南，为执法机构的执法和经营者的市场竞争行为提供指引②，也为反垄断司法活动提供成熟的经验借鉴，因此，中国现阶段制定反垄断系列执法指南便是完善反垄断法律体系的重要举措。

根据国务院反垄断委员会办公室《〈关于禁止滥用知识产权排除、限制竞争行为的指南〉起草工作相关事宜的函》（国反垄委办函［2015］32 号）的要求，中国国家发展改革委、商务局、国家工商行政管理总局、国家知识产权局已分别制定了知识产权行使行为的反垄断指南文本，而且，2015 年 12 月 31 日，《国务院反垄断委员会关于滥用知识产权的反垄断指南（国家发展改革委征求意见稿）》向社会公开征求意见③；2016 年 2 月，《关于滥用知识产权的反垄断执法指南（国家工商总局第七稿）》向社会公开征求意见。④ 尽管上述 4 个部门起草的指南存在较大的差异性，但都在力图勾勒出知识产权领域反垄断执法的原则、分析框架、分析思路、分析要素以及反垄断执法如何应对专利联营、交叉许可、独占性回授、拒绝许可、高价许可、

---

① 竞争执法公告．［2016－10－08］．http：//www. saic. gov. cn/zwgk/gggs/jzzf/index. html；2015 知识产权与反垄断高峰论坛：全方位披露反垄断执法数据．［2016－10－08］．http：//mp. weixin. qq. com/s？＿＿biz＝MzA3NTMwMTkxNA＝＝&mid＝214213189&idx＝1&sn＝da3a39babd767c242c949dbb3d0b877e&3rd＝MzA3MDU4NTYzMw＝＝&scene＝6♯rd.

② 王先林．制定知识产权领域反垄断执法指南的几个问题．工商行政管理，2009（17）：34－36.

③ 国务院反垄断委员会关于滥用知识产权的反垄断指南（国家发展改革委征求意见稿）．［2016－08－02］．http：//jjs. ndrc. gov. cn/fjgld/201512/t20151231＿770233. html.

④ 关于滥用知识产权的反垄断执法指南（国家工商总局第七稿）．［2016－08－01］．http：//www. saic. gov. cn/fldyfbzdjz/gzdt/201602/t20160204＿166524. html.

搭售、标准制定和实施中的垄断行为、经营者集中涉及知识产权的竞争评估和救济措施等具体问题。

2016 年 2 月，《反垄断案件经营者承诺指南（征求意见稿）》正式向社会公开征求意见。① 在反垄断案件调查中，被调查的经营者可以提出承诺，采取具体措施消除其行为后果，执法机构可以接受经营者的承诺，决定中止调查和终止调查。该指南（征求意见稿）对经营者承诺制度的适用范围与适用条件，中止调查及终止调查决定的法律后果，经营者承诺的程序，经营者的承诺措施与期限进行了具体规定。需要关注的是，行政执法权力本身具有扩张性，经营者承诺制度一方面授予反垄断执法机构适度的行政权力以维护竞争和实现社会公共利益，另一方面则需要对经营者承诺制度的行使主体、条件、程序等进行严格限制，以防止反垄断执法机构滥用行政执法权，架空反垄断法的制度规定，损害利害关系人的合法权益或者公共利益。目前，该指南在如何防止反垄断执法机构滥用经营者承诺制度从而背离反垄断法的价值目标问题上还需要进一步完善。

2016 年 2 月，《横向垄断协议案件宽大制度适用指南（征求意见稿）》正式向社会公开征求意见。② 该指南（征求意见稿）的制定是为了指导在横向垄断协议案件中，达成垄断协议的经营者主动向反垄断执法机构报告达成垄断协议的有关情况并提供重要证据，执法机构可以酌情减轻或者免除对该经营者的处罚的执法工作。该指南规定在一般情况下，执法机构在同一垄断协议案件中最多给予 3 个经营者宽大处理。如果案件重大复杂、涉及经营者众多，并且申请宽大处理的经营者确实提供了不同的重要证据材料，执法机构可以考虑给予更多的经营者宽大处理。其中对于第一顺位的经营者，执法机构可以对经营者免除全部罚款或者按照不低于 80％ 的幅度减轻罚款。在执法机构启动调查程序前申请宽大处理并确定为第一顺位的经营者，执法机构将给予免除全部罚款。对于第二顺位的经营者，执法机构可以按照 30％ 至 50％ 的幅度减轻罚款。对于第三顺位及后序顺位的经营者，可以按照不

---

① 反垄断案件经营者承诺指南（征求意见稿）．［2016 - 08 - 02］．http：//jjs. ndrc. gov. cn/fjgld/201602/t20160203_774286. html.

② 横向垄断协议案件宽大制度适用指南（征求意见稿）．［2016 - 08 - 02］．http：//jjs. ndrc. gov. cn/fjgld/201602/t20160203_774287. html.

高于 30% 的幅度减轻罚款。为鼓励经营者主动报告垄断协议行为并提供重要证据，执法机构可以考虑在减免罚款的同时减免没收经营者的违法所得。目前，关于宽大制度是否可以适用于纵向垄断协议，以及经营者胁迫或者组织其他经营者参与达成、实施垄断协议或者妨碍其他经营者停止该违法行为的是否可以对其免除处罚等问题还存在较大的争论。

2016 年 3 月，《国务院反垄断委员会关于汽车业的反垄断指南（征求意见稿）》正式向社会公开征求意见。[①] 为预防和制止汽车业垄断行为，降低行政执法和经营者合规成本，该指南（征求意见稿）以汽车业反垄断执法经验为基础，由基本问题、垄断协议、滥用市场支配地位、经营者集中、滥用行政权力排除限制竞争和附则 6 部分组成，根据中国汽车市场竞争状况，重点关注汽车经销和售后市场中的纵向垄断协议和滥用市场支配地位行为。

2016 年 5 月，《国务院反垄断委员会关于垄断协议豁免一般性条件和程序的指南（征求意见稿）》正式向社会公开征求意见。[②] 该指南（征求意见稿）的制定力图明确垄断协议豁免的一般性条件和程序，便于经营者理解和使用垄断协议豁免制度，并指导反垄断执法机构适用该制度，提高反垄断执法的透明度和可预期性。目前，该指南对豁免申请和豁免咨询进行了规定，其中垄断协议是否属于豁免情形的主要考虑因素、垄断协议是否严重限制相关市场竞争的主要考虑因素、能否使消费者分享协议产生利益的考虑因素等指南条款引发了社会广泛的讨论，并期待在指南进一步修改的过程中对如何适用上述因素进行更详细、更具体的指引和说明。

2016 年 6 月，《国务院反垄断委员会关于认定经营者垄断行为违法所得和确定罚款的指南（征求意见稿）》正式向社会公开征求意见。中国《反垄断法》没有明确认定违法所得和确定罚款的具体方法，特别是关于违法所得的计算，一直是反垄断执法实践的理论难点和技术难题。国务院反垄断委员会认识到，垄断行为违法所得涉及与假定市场状态的对比，不同参数、变

---

① 国务院反垄断委员会关于汽车业的反垄断指南（征求意见稿）．［2016 - 08 - 02］．http：//jjs. ndrc. gov. cn/fjgld/201603/t20160323 _ 795740. html.

② 国务院反垄断委员会关于垄断协议豁免一般性条件和程序的指南（征求意见稿）．［2016 - 08 - 02］．http：//jjs. ndrc. gov. cn/fjgld/201605/t20160512 _ 801559. html.

量、模型的选择会得出迥然不同的结果，垄断行为违法所得具有难以准确计算的天然属性①，因此，该指南（征求意见稿）力图汲取反垄断执法实践经验，参考借鉴其他国家和地区的立法经验，为反垄断执法机构在查处经营者达成并实施垄断协议和滥用市场支配地位案件时，如何认定违法所得和确定罚款提供分析框架和基本方法。其中反垄断执法机构认定违法所得时通常会综合考虑因实施垄断行为导致的相关商品价格变化、销售量变化、经营者在相关市场的份额变化、经营者的利润率变化以及行业特点等因素，必要时借助经济学方法进行分析。而关于罚款，反垄断执法机构分三步确定对经营者的罚款，即确定违法经营者的上一年度销售额；考虑违法行为性质和持续时间确定基础罚款比例；考虑其他从重、从轻、减轻因素对基础罚款比例进行调整，并根据违法行为的程度进行调整，确定最终罚款比例，据此计算出罚款数额。目前，关于该指南最大的争议在于违法所得计算的科学性问题以及为了计算罚款在确定销售额时如何能兼顾到境外消费额不被重复计算甚至产生重复罚款的问题。

三、通过构建和实施公平竞争审查制度进一步完善中国竞争法体系

公平竞争审查制度是指政府产业主管部门或竞争主管机关通过分析、评价拟订中的或现行的公共政策可能或已经产生的竞争影响，提出不妨碍政策目标实现而对市场竞争损害最小的替代方案的制度。《中共中央国务院关于深化体制机制改革加快实施创新驱动发展战略的若干意见》（中发〔2015〕8号）提出："探索实施公平竞争审查制度。"《国务院批转发改委关于2015年深化经济体制改革重点工作的意见》（国发〔2015〕26号）提出："建立和规范产业政策的公平性、竞争性审查机制。"《国务院关于大力推进大众创业万众创新若干政策措施的意见》（国发〔2015〕32号）强调："加快出台公平竞争审查制度，建立统一透明、有序规范的市场环境。"《中共中央国务院关于推进价格机制改革的若干意见》（中发〔2015〕28号）明确要求实施公平竞争审查制度。在此基础上，2016年6月，《国务院关于在市场体系建设中建立公平竞争审查制度的意见》（国发〔2016〕34号）要求在全国范围内

---

① 关于认定经营者垄断行为违法所得和确定罚款的指南（征求意见稿）．〔2016 - 08 - 02〕．http：//jjs. ndrc. gov. cn/fjgld/201606/t20160617 _ 807541. html.

建立公平竞争审查制度[①]，并针对地方保护、区域封锁，行业壁垒、企业垄断，违法给予优惠政策或减损市场主体利益等不符合建设全国统一市场和公平竞争的现象，要求各级政府对全部规范性文件进行事先的"自我审查"，确保有关政府文件符合以《反垄断法》为核心的公平竞争准则。2016 年 7 月，国家发展改革委办公厅印发了《关于贯彻落实〈关于在市场体系建设中建立公平竞争审查制度的意见〉委内工作程序的通知》，要求各司局按照"谁起草、谁审查"的原则，分别负责本司局拟出台政策措施的公平竞争审查工作，在起草过程中严格对照《意见》明确的审查对象、标准和要求进行自我审查，形成书面审查结论，并在必要的情况下征求反垄断执法部门价监局的意见。[②] 中国公平竞争审查制度的构建和实施意味着为了完成建设统一开放、竞争有序的市场体系和落实中共中央和国务院提出的"逐步确立竞争政策的基础性地位"的要求，我国已迈出了关键的一步[③]，并进而推动了中国竞争法体系的完善。

第四节 科学有效地协调相关立法以促进中国竞争法体系的完善

协调性是中国竞争法体系完善的重要标志，这种协调性不仅体现在竞争法体系内部反不正当竞争法与反垄断法的协调问题上，还体现在反不正当竞争法与相关法律、反垄断法与相关法律的协调问题上。同时，这种协调性也要求法律与法律之间尽量避免冲突并尽可能相互支持。

一、协调反垄断法与反不正当竞争法的关系是完善中国竞争法体系的基础

反垄断法与反不正当竞争法的关系问题远比想象中复杂，由于各国（地

---

① 关于在市场体系建设中建立公平竞争审查制度的意见．[2016 - 08 - 02]．http：//www. miit. gov. cn/newweb/n1146290/n1146392/c4839 961/content. html.

② 关于贯彻落实《关于在市场体系建设中建立公平竞争审查制度的意见》委内工作程序的通知．[2016 - 08 - 03]．http：//jjs. ndrc. gov. cn/zcfg/201608/t20160802 _ 813870. html? gs _ ws＝weixin _ 636057587452 557 164&from＝timeline&isappinstalled＝0.

③ 吴敬链．确立竞争政策基础性地位的关键一步．人民日报，2016 - 06 - 22（10）.

区）竞争法立法模式的差异，更是加剧了这种复杂性和国别的差异性。例如，2015 年 8 月，美国联邦贸易委员会发布的《关于〈联邦贸易委员会法〉第 5 条的执法原则声明》明确指出，联邦贸易委员会在依据《联邦贸易委员会法》第 5 条进行执法或解读时会依照传统的反垄断分析原则进行，将考虑对消费者福利的影响，评估对竞争过程造成的正负效应，同时承诺如果能用传统的反垄断法解决的问题就不再适用联邦贸易委员会法第 5 条。有学者认为，美国联邦贸易委员会发布的该《声明》明确了第 5 条的执法边界，结束了从 1914 年到 2015 年这一百多年间关于不正当竞争行为是否应受反垄断基本原则约束的争议，同时明确了《联邦贸易委员会法》第 5 条对消费者利益以及对竞争过程影响的考量。[①] 但这样的观点未必适合于中国竞争法体系的选择。

中国 1993 年的《反不正当竞争法》虽然从名称上看仅仅规定了反不正当竞争的内容，但由于历史等方面的原因，还规定了一些本属于反垄断内容的条款，实质上采取了统一立法的模式。但是，在《反垄断法》颁布之后，中国竞争立法模式选择却已经发生了新的变化，由统一立法模式转为分别立法模式（或称反垄断法和反不正当竞争法二元立法模式），当《反不正当竞争法》修订完成后，中国竞争立法二元模式正式确立。

虽然反垄断法和反不正当竞争法在对竞争保护和消费者利益的维护上有共同的取向和积极作用，在一些国家或地区甚至采取合并立法模式，并由同一执法机构负责执行，但是，两法在作用机制和实体内容方面存在重要的差别。[②] 反垄断法主要是在预防和制止竞争者非法谋求垄断以及滥用这种垄断地位给市场竞争造成损害的层面上保护竞争的，实施这种行为的往往都是强势的竞争者，所以从此种意义上来说，反垄断法就是一部反对"弱肉强食"的法；《反不正当竞争法》主要是在预防和制止竞争者通过不正当竞争的方式牟取非法利益，而不正当竞争行为常常是弱势竞争者针对强势竞争者所实施的，所以在一定程度上来说，《反不正当竞争法》就是一部反对"强肉弱食"的法。[③] 在中国分别立法模式下，强调并突出反不正当竞争法与反垄断

① Joshua D. Wright. 反垄断与反不正当竞争的关系. 竞争政策研究，2016（3）：5 - 8.

② 王先林.《反垄断法》的出台与我国竞争法体系的协调完善. 华东政法大学学报，2008（2）：117 - 121.

③ 谭袁.《反不正当竞争法》修订背景下中国竞争法体系完善研究. 法治研究，2016（4）：150 - 160.

法的差别性对于协调两法的关系进而完善中国竞争法体系还是具有重要价值的。

二、协调反不正当竞争法与相关法律的关系是完善中国竞争法体系的重要工作

反不正当竞争法与许多法律具有密切的关联性，如侵权责任法、广告法、知识产权法等，而协调反不正当竞争法与这些相关法律之间的关系是完善中国竞争法体系必须完成的工作，并势必面临诸多挑战。

以协调反不正当竞争法与侵权行为法为例，许多不正当竞争行为是一种特殊的侵权行为，国际上以侵权行为法为依据制止不正当竞争行为的历史也由来已久，最早可以追溯到1850年的法国。正是由于不正当竞争行为是一种特殊的侵权行为，因而反不正当竞争法与侵权行为法在一定意义上便具有特别法与一般法的关系。虽然侵权行为法对于侵权行为的构成要件、归责原则及责任承担方式的规定对不正当竞争行为的规制有重要影响，但根据特别法优于一般法的原则，在不正当竞争行为的规制问题上，无论是不正当竞争行为的认定还是民事责任的承担，都可优先以反不正当竞争法为依据。当然，反不正当竞争法不仅是特殊侵权行为法，而且其当然会有自身独特的立法目标和价值追求，否则就没有单独立法的必要性了。

再以协调反不正当竞争法与广告法为例，广告必须真实，它不仅影响到消费者的利益，而且影响到同业竞争者和其他竞争者的利益，虚假或引人误解的广告作为一种不当招徕行为，既是反不正当竞争法所禁止的不正当竞争行为，也是一种违反广告法的行为。反不正当竞争法和广告法对广告的规定虽有重合规制之处，但差别非常明显。总体而言，反不正当竞争法的立法目标重点在于鼓励和保护公平竞争，制止不正当竞争行为，而广告法的立法目标重点在于保护消费者的合法权益与广告业的健康发展；反不正当竞争法在对不正当的宣传行为进行规制时，规制对象不仅包括广告也包括其他的宣传方式，而广告法的规制对象只是广告；反不正当竞争法规制的主体主要是广告主，只有在明知或者应知其代理、设计、制作、发布的广告是虚假广告的情况下，广告经营者才受到反不正当竞争法的规制，而广告法规制的主体则包括广告主、广告经营者、广告发布者、广告代言人等；反不正当竞争法要

求宣传行为不得造成引人误解的后果从而破坏公平竞争秩序，而广告法要求广告应当真实、合法，以健康的表现形式表达广告内容，符合社会主义精神文明建设和弘扬中华民族优秀传统文化的要求，并对广告内容准则和广告行为规范进行了具体的规定。因此，反不正当竞争法和广告法是可以在各自立法目标和具体法律规定的指引下规制广告行为且较少产生冲突。

也以反不正当竞争法与知识产权法为例，主流的学术观点认为：反不正当竞争法对知识产权法进行补充，提供兜底性保护。对于两者交叉的部分，当事人可以根据自己的具体情况选择适用。鉴于反不正当竞争法是非设权性的法律，而知识产权是设权性的法律，知识产权是法律拟制出来的权利，法定主义是其应有之义。知识产权的法定性，主要是指"知识产权的种类、权利以及诸如权利的要件及保护期限等关键内容必须由成文法确定，除立法者在法律中特别授权外，任何机构不得在法律之外创设知识产权"①。只有著作权、商标权、专利权等知识产权法明确规定的权利类型，才能够受到知识产权法的保护；而未被知识产权法规定的利益，并不是知识产权法定权利，不受知识产权法保护。反不正当竞争法对与各类知识产权有关但相关法律又不能管辖的客体给予保护，以此弥补单一法律制度产生的"真空地带"；对各类知识产权客体的交叉部分给予"兜底保护"，使知识产权的保护对象联结起来形成一个整体。② 反不正当竞争法与知识产权法的立法协调也因此可以很好地实现。例如，中国新的《商标法》就已经向反不正当竞争法靠拢了一大步，典型表现之一就是诚信条款的添加。商标法规定了诚信条款，且将其作为商标注册、保护的基本原则，事实上，已经在发挥维护竞争秩序的功效，即使某些恶意注册或其他形式的不正当竞争行为在中国商标法中没有被明确规定，商标法也可依据诚信条款对其加以规制。可以预见的是，在未来商标司法实践中，诚信条款有可能被作为兜底条款进行使用，也因此会减少反不正当竞争法的实践压力，并当然完成与反不正当竞争法的契合。

---

① 郑胜利. 论知识产权法定主义. 中国发展，2006（3）：49-54.
② 陶钧. 论反不正当竞争法在"互联网＋"经济模式下适用的正当性分析. 竞争政策研究，2016（3）：9-18.

三、协调反垄断法与相关法律的关系也是完善中国竞争法体系的重要举措

反垄断法与许多法律之间有着密切的关联性，如知识产权法、价格法、行政处罚法、行政复议法、行政诉讼法、产业法、招标投标法等，而协调反垄断法与这些相关法律之间的关系是完善中国竞争法体系应当完成的工作，并会面临诸多挑战。

以协调反垄断法和知识产权法的关系为例，尽管反垄断法与知识产权法具有共同的目标，即促进竞争和创新，维护消费者整体利益，但知识产权权利人通过附加研发、生产、销售或者其他业务活动方面的限制甚至不允许其他经营者使用知识产权以致可能具有限制竞争的市场负面效应。当然，此类限制并不属于知识产权法的立法目的和宗旨，已超出知识产权的合法范围，而可能属于反垄断法的调整范围。中国《反垄断法》第55条就规定，经营者依照有关知识产权的法律、行政法规规定行使知识产权的行为，不适用《反垄断法》；但是，经营者滥用知识产权，排除、限制竞争的行为，适用《反垄断法》。当然，反垄断法在规制知识产权行使行为时会充分考虑知识产权的特殊性。例如，因为经济学对于行业集中度高对技术创新和技术进步的影响目前还存在两种截然相反的观点，而且各有数据和分析来论证各自的观点，因此，对科技创新和科技进步的影响会是评估竞争影响的要素，但市场份额和行业集中度在竞争评估中的作用则会被淡化。目前，中国正在制定知识产权领域的反垄断指南。国务院反垄断委员会正在整合修订的指南文本目前为止已有国家发改委、国家工商总局、国家知识产权局和商务部4个建议稿文本作为基础，也从另一个侧面表明了协调反垄断法和知识产权法关系的重要性和复杂性。

再以协调反垄断法与价格法为例，尽管《价格法》与《反垄断法》的执法主体不同，被规制主体存在差异，调整对象和范围存在差异，执法程序不同，法律责任制度存在差异，但因为经营者之间的竞争是全方位的，在产品质量、资金、技术、售后服务、价格等竞争中，价格竞争是最重要的竞争手段，市场竞争从某种意义上甚至可以说就是价格的竞争，因此，主要规制价格行为的价格法便与规制市场竞争行为的反垄断法密切相关。中国价格法在通过控制物价总水平，防止恶性通货膨胀等来实现主要商品价格保持基本稳

定的宏观调控目标时，与反垄断法各司其职；但当价格法规范市场价格行为，对价格卡特尔、价格歧视、不当抬价或压价等价格违法行为进行规制时，就需要妥善处理价格法与反垄断法的关系问题。目前，中国《价格法》也正在立法修订过程中，价格法与反垄断法的关系问题最好能在《价格法》修订过程中完成有效的协调。只是由于许多法治先进国家并没有单独制定的《价格法》，因而我国如何妥善处理价格法与反垄断法关系便没有太多的国际经验可以借鉴，也会面临更多的挑战。

第五节　结语

中国市场竞争起步相对较晚，而且由于经历了新旧经济体制的交替和市场经济发育不充分的阶段，使得中国竞争法体系的建设和完善肩负了更多的历史使命。随着中国《反不正当竞争法》的修订，反垄断法配套规章以及执法指南的大量制定，以及相关法律在修订中对于与竞争法协调性的关注，中国竞争法体系的完善进程正在加快。当然，中国竞争法体系的完善是一个系统工程，也是一个动态发展过程，中国竞争法体系的完善有诸多理论和实践问题值得研究和关注，仍任重而道远。

第二十三章

完善农民合作社法

《农民专业合作社法》于 2006 年 10 月 31 日由第十届全国人大常委会第二十四次会议审议通过，并于 2007 年 7 月 1 日起实施。该法实施十多年来，农民合作社得到长足发展，但发展不规范的问题突出。2017 年 12 月 27 日，第十二届全国人大常委会第三十一会议审议通过该法修订稿。本章阐明农民专业合作社法在中国特色社会主义法律体系中的地位及其对农业和农村发展的重要作用，针对法律修订中的焦点问题，阐述农民专业合作社法十多年来的主要进展。

一、农民专业合作社法在中国特色社会主义法律体系中的地位

1. 中国特色社会主义市场主体法律的重要组成部分

党的十八届三中全会作出了关于全面深化改革若干重大问题的决定，立法需要紧扣改革进程适时调整。党的十八届三中全会提出的全面深化改革的总目标是，坚持、完善和发展中国特色社会主义制度，推进国家治理体系和治理能力现代化。《农民专业合作社法》是我国市场主体法律的重要组成部分。对农村的市场主体而言，《农村土地承包法》明确了农户作为独立的市场主体，是最重要的农村市场主体法律；《乡镇企业法》使乡镇企业成为公司类市场主体。农户和乡镇企业这两类主体非常重要，但是，并不能涵盖在农村经济运行中大量存在的由农户组织而成的市场主体。农民合作社就是农户结成的一类农村市场主体。农民合作社是农户在独立的个体财产基础上，自愿结成的，是实现了所有者和惠顾者合一的经济组织。合作社为农户和其

他农业生产主体提供农业社会化服务，促进农村经济中各类经济活动的繁荣。

从市场主体类型来说，合作社不同于公司。公司是营利性的，而合同社的经营目的主要是使成员平等受益。公司以为股东赚取利益为根本目的，而合作社首先是为了满足成员的各类经济社会文化需求。相比公司，合作社的经营更加稳健、也更愿意履行社区社会责任，更重要的是，其所有者同时也是合作社提供的各类服务的使用者，合作社的发展壮大意味着各成员的共同发展。这些成员，即使入股，其股份数量的差距也被严格控制，因此，股份受益在成员之间相对平等。这点不同于股份公司。作为市场主体，合作社为普通公众提供了从经济活动中平等受益的机会。合作社是落实社会成员经济自由权利的重要形式。

在农业和农村经济活动中，有了农民专业合作社这一市场主体，实现乡村振兴战略所依据的城乡融合发展才有了基本的依托形式，农民进入城乡统一的大市场才有了基本的经营主体。事实上，今天已经有一半以上的农户加入了专业合作社，这是社会主义市场经济体系的重要主体形式。农民专业合作社法的顺利实施是社会主义市场经济主体法律健全的重要标志。

2. 中国农业法律体系的重要组成部分

农业法律体系是以切实保障农业农村优先发展和可持续发展为目标，由不同类别、不同层次、门类齐全、结构合理又分工协调，调整农业经济关系的法律规范的整体。改革开放以后，我国立法机关高度重视农业立法。"十三五"规划建议提出了农业现代化需取得明显进展、缩小收入差距、现行标准下农村贫困人口实现脱贫等诸多目标和要求。党的十九大更是提出了实施乡村振兴战略的进军号，要求"建立健全城乡融合发展体制机制和政策体系，加快推进农业农村现代化"。到 2020 年，乡村振兴要取得重要进展，制度框架和政策体系基本形成。加强农业立法、健全农业法律体系是乡村振兴战略的制度框架和政策体系的重要组成部分。

在新中国成立之后的一段时间内，曾经制定了产生巨大影响和作用的农业法律，有《中华人民共和国土地改革法》《国家建设征用土地办法》《农村粮食统购统销暂行办法》《农业生产合作社示范章程》《高级农业生产合作社示范章程》《中华人民共和国农业税条例》《一九五六年到一九六七年全国农业发展纲要》等。后来在高度集中统一的计划经济体制下，国家的法制建设没能得到应有的重视，农业立法几乎成了被遗忘的角落。党的十一届三中全会以来，农业立法逐步受到重视。1979 年以来，我国逐步已经颁布了《农业法》《农业技术推广法》《土地管理法》《水法》《水土保持法》《森林法》《草原法》《畜牧法》《农业机械化促进法》《渔业法》《乡镇企业法》等多部涉农法律。1993 年，全国人大常委会制定了《中华人民共和国农业法》，并于 2002 年进行了修订，农业法成为规范农业农村经济社会发展的基础性法律。加上新立和修改的有关法律，在 21 世纪之初，我国已经建立起了以农业法为基础、以不同领域专门农业法律为主干、以有关法律中的涉农条款为补充、辅之以行政法规和地方性法规的多层次、全方位的农业法律体系。

合作社是一种经济组织形式（甚至也可以说是一种社会组织形式），与特定的成员身份没有必然联系。合作组织的立法，首先应当是一部广泛适用的市场主体法，重在赋予法人地位，确立治理结构，体现合作制的基本原则。虽然我国制定一般的合作社法的条件仍不成熟，但是农民专业合作社法必须能够体现一般的合作社原则，符合通用的对于合作社这一组织的本质规定。农民专业合作社法对于健全农村市场经济体制、保障农业和农村经济发展等具有突出重要作用，对于真正贯彻《农业法》这一农业基本法，对于落实《农业技术推广法》《农业机械化促进法》等法律也具有基础性作用。

3. 制定一般的合作社法、增强社会自我保护能力的重要环节

我国的基本经济制度的一个重要方面是实行社会主义市场经济。社会主义市场经济条件下，要想推动经济社会的可持续发展，就必须鼓励各类市场主体的成长，尤其需要强调企业的社会功能和社会责任，以便使得企业组织和社会之间求得平衡发展。我国农村地区，在城乡二元结构下一度和城市发展拉开了差距，市场化改革以来，由于农民受教育水平、农村基础设施等方面存在的弱势，农村发展至今还面临着诸多困难。改变农民的经济弱势地位是改变农村发展面貌的根本，也是实现农民增收、实现小康目标的根本。通过专业合作社把农民组织起来，就可以使农民改变在市场上因为经营规模小带来的市场议价能力低的不利境况，增强市场谈判能力，也通过农民专业合作社内部的互助和国家扶持，增强社会保护能力，从而助力农民增收、农村发展。

其实，不仅在农业和农村领域，而且整个社会的发展都需要合作社的充分发展。合作社是在典型的公司之外，具有扶助弱势群体、加强社会保护功能的一类非常重要的市场主体。合作社的发展对于完善我国社会主义市场经济制度具有基础作用。通过制定农民专业合作社法，在农村发展起成熟的合作社组织，就可以大大提高人们对合作社发展社会经济的作用的认识，推动在全社会更加广泛地利用合作社形式。因此，农民专业合作社法的科学制定和成功实施对于在中国发展合作社具有先导和示范价值，需要切实抓好。

二、农民专业合作社法在我国农业和农村发展中的作用

1. 创新了农村基本经营制度

农民专业合作社与农民的关系，用农民的话讲，就是"生产在家，服务在社"。农民专业合作社与家庭承包经营是相互支撑的关系，是实现我国农村基本经营制度中的统分结合双层经营体制的重要形式。农业生产上的问题，由家庭经营来解决，而产前、产中、产后的服务问题则可以依靠合作社来解决。这样，加强了双层经营体制中"统"的层次的作用。

2. 提供了国家扶持农业和农村发展的重要载体

《农民专业合作社法》在第八章专门规定了国家支持农民专业合作社发展的政策措施，涉及项目委托、资金扶持、金融支持、税收优惠、用电用地等五个方面。农民专业合作社是农业和农村经济发展实现农民组织化的重要力量，是新型经营主体中惠及农户最直接、农户主体地位最明确的组织化力量，有着农户和外来服务主体不具备的优势。国家通过扶持合作社扶持农业，由于其面对的是组织起来的农户，因而交易成本更低、扶持效率更高。而农民合作社的发展，还会对农村基层组织建设、村庄社会治理产生良好的影响。合作社不仅是国家扶持农业的载体，也是国家扶持农村社会服务和社会建设，以及整个农村发展的有效载体。

3. 构建了农村社会和谐发展和有效治理的重要组织基础

1995 年，国际合作社联盟在第 31 届代表大会上通过了《关于合作社特征的宣言》，阐述了合作社的基本价值是自助、民主、平等、公平和团结；社员信奉诚实、公开、社会责任和关心他人的道德观念。合作社的基本原则是实现合作社价值的指南，包括：（1）自愿和社员资格开放；（2）社员民主控制；

（3）社员经济参与；（4）自治和独立；（5）教育、培训和信息；（6）合作社之间的合作；（7）关心社区事业。农民加入合作社，不仅有助于增强合作意识，而且在发展实践中，通过合作社这所"大学校"，有助于唤起农民的自我教育和自我培训的自觉性和创造性，培育互助团结、诚信友爱观念。通过加强经济联系可以构筑社会文化方面的密切联系，这在农村社会分化和流动加剧的今天，对于构建农村和谐社会具有基础性作用。

三、农民专业合作社法修订的主要进展

农民专业合作社法自 2007 年实行以来，为我们国家农民专业合作社的规范和发展提供了坚强的法律保障，有力地促进了农民专业合作社的快速发展。据农业部统计，截至 2017 年 11 月底，在工商部门登记的农民专业合作社达到了 199.9 万家，是 2007 年年底的 76 倍，目前实有入社的农户超过 1 亿户，约占全国农户总数的 46.8%。农民专业合作社作为新型的农业经营主体已经成为引导小农户与现代农业建设有机衔接的重要力量，对构建新型农业经营体系、增加农民收入、推进农业农村现代化发挥了重要作用。农民专业合作社法在其中功不可没。我们可以从法律修订的进展中，理解这部法律在确立的十多年间，对于专业合作社发展起到的多方面的作用。

1. 修改了对农民专业合作社的本质规定，扩大了法律调整范围

原来法律规定，农民专业合作社是由同类农产品的生产经营者或者同类农业生产经营服务者在自愿的基础上建立的。当时认为强调同类是为了成员能有共同利益需求，也为了和专业相对应，并且可以把社区性合作经济组织排除在农民专业合作社法调整范围之外。但在实践发展中，一些专业合作社由单一的生产经营向从事多种经营和服务的综合化发展方向发展，经营范围不断扩大，服务领域不断拓宽。伴随着这种实践进展，人们也越来越认识到，即使是同类的农产品的经营者，其所需要的服务也是不一样的，它仍然需要能够提供服务的服务者加入，同理，同类农业生产经营服务者也不排除其他农业生产经营服务者或者农业生产经营者加入。农民合作社天然地有从某一类农产品经营或生产经营服务扩展到其他类的趋势，法律上限制"专业"是不符合合作社成员的共同利益需求的。在学界和立法者那里，就形成了明确的共识，要求取消对同类的限制将实践中多种多样的合作经济组织列

入法律调整范围，对专业合作社的基本内涵予以重新界定。

因此，修订的法律规定"本法所称农民专业合作社，是指在农村家庭承包经营基础上，农产品的生产经营者或者农业生产经营服务的提供者、利用者，自愿联合、民主管理的互助性经济组织"。

2. 进一步明确了农民专业合作社享有与其他市场主体平等的法律地位

2017 年 3 月 15 日第十二届全国人民代表大会第五次会议通过《中华人民共和国民法总则》规定，城镇农村的合作经济组织法人为特别法人。新修订的《农民专业合作社法》，在第 5 条规定"农民专业合作社依照本法登记，取得法人资格"，在第 57 条规定"农民专业合作社联合社依照本法登记，取得法人资格"，对其法人地位给予了明确保障。

同时，新法扩大了农民专业合作社成员的出资方式，在第 13 条中规定：农民专业合作社成员可以用货币出资，也可以用实物、知识产权、土地经营权、林权等可以用货币估价并可以依法转让的非货币财产，以及章程规定的其他方式作价出资。

3. 规范合作社内部的民主管理，加强对违法现象的处罚

由于目前对合作社采取以物质扶持为主的扶持政策，物质扶持绝大多数是无偿给予，对扶持效果也缺乏有效监督。这导致合作社成立很大程度上是为了套取财政扶持，在真正帮助社员获得更好服务、提高收入上着力不多。在决定扶持对象时，各级政府只重视合作社的社员规模、资金规模和业务数量，无形中助长了申请材料造假，也推动了合作社发展一味注重带动农户数量和业务规模等数量指标，而不重视其带动农业产业结构调整、长效推动农民收入增长、确保社员参与民主决策等质量型指标。物质扶持为主的扶持方式引发了涉农部门竞逐扶持资金，农民大户、外来资本只管申报、不管切实发展。两相结合，发展出"假""空"合作社占有相当比例的发展格局，挤压了真正合作社发展的空间，"小""弱""散"也就随之蔓延，一些真合作社要想发展壮大在这样的大环境中也举步维艰。

合作社发展中的不规范现象还有：社员民主权利没有落实，合作社民主管理制度形同虚设，多数合作社的重大决策是由社长或少数几个大户社员说了算；合作社内部盈余分配不能遵照法律规定的按交易量返还，限制了普通社员从合作社发展中获利的机会；合作社与外部经济主体的交易关系不规

范，很多时候，合作社只是大户、农业企业的翻版；大户、家庭农场、农业企业挂着合作社的牌子，套取国家对合作社发展的扶持资金；不规范的专业合作社为了扩大经营规模或者套取政策扶持，纷纷成立农民专业合作社联合社，使得合作社发展不规范的现象在联合社层面继续发展，在更大程度上侵犯普通社员的权益，消减国家政策扶持效果。

形形色色的"空壳社""挂牌社"等假合作社损害了农民专业合作社的名声，侵蚀了国家有限的财政投入。法律修订应立足于帮助改变上述局面。为规范农民专业合作社的健康发展，新修订的法律规定，农民专业合作社连续两年未从事经营活动，吊销其营业执照。专业合作社应当按照国家有关规定向登记机关报送年度报告，并向社会公示。法律还规定要对其经营活动进行审计，具体规定是：设立执行监事或者监事会的农民专业合作社，由执行监事或者监事会负责对本社的财务进行内部审计，审计结果应当向成员大会报告。成员大会也可以委托社会中介机构对本社的财务进行审计。另外，对社员新入社和除名、盈余分配，以及法律责任等内容作了补充和完善。

4. 就发展联合社作出明确规定。

联合社是推动合作社规范发展的重要方式，国际合作社联盟将"合作社之间的联合"作为合作社的基本原则。《农民专业合作社法》在 2006 年立法时由于缺少实践经验，没有将联合社写入。现在合作社联合社发展的实践趋势已经存在，但不规范现象也比较严重。实践层面联合社的加速发展，有一部分是源于弱小的合作社抱团取暖、提升发展水平的正当需要，但也有相当数量的联合社是"假""空"合作社搭建新平台继续寻求政府支持和扩大自身不正当利益。这意味着迫切需要增加有关联合社的法律规定。在 2017 年法律修订前，在发展和规范联合社方面，仅有 2013 年由国家工商总局和农业部联合发出的《关于进一步做好农民专业合作社登记与相关管理工作的意见》中的简单规定，效力有限。

联合社发展主要存在的问题有两个方面。一是法律支持不足、法律地位不明。虽然国内已有不少省市出台了联合社的登记管理办法，如湖北、山东、天津、河南等，但是中央层面还没有出台相应的联合社登记管理办法，尤其是《农民专业合作社法》中还未涉及支持联合社发展的法律法规，联合社的发展面临着"无法可依"的窘境。在很多地方，联合社仍面临着登记难、注册难的问题。很多合作社联合组织不得不注册为协会。在发展联合社方面，仅有 2013 年由国家工商总局和农业部联合发出的《关于进一步做好农民专业合作社登记与相关管理工作的意见》，效力有限，其他就是部分省区的零星规定。二是运行机制不规范。联合社是合作社的"联合"，理应按照民主决策的方式进行日常工作的管理。但是许多联合社还尚未建立合作社之间的民主管理机制，不少联合社在管理中出现了某一个核心合作社控制的问题。各合作社之间也缺乏紧密的利益联结机制，内部缺乏"收益共享、风险共担"的利益联结机制。部分省区出现了联合社的加速发展，发展起来的联合社中只有部分是源于弱小的合作社抱团取暖、提升发展水平的正当需要，相当一部分仍是"假""空"的合作社搭建新平台继续寻求政府支持和扩大自身不正当利益。

法律修订增加了一章"农民专业合作社联合社"。对联合社的成员资格、注册登记、组织机构、治理结构等作了规定。规定中严格联合社成员社的准入条件，将名为合作社实为公司的假合作社拒之门外。

联合社作为合作社的联合社，是一类特殊的合作社。它有其成员社，成员社依靠其成员社资格使用由联合社提供的服务和拥有其他成员权利，并且享受国家给予联合社发展的各种优惠条件。联合社必须让真正的合作社加入其中。如果让那些实为公司的假合作社加入其中，借由联合社的平台继续满足资本的利益，一方面会保护假合作社继续生存，另一方面会挤占在联合社里真合作社的获利和发展空间。为此，立法就必须严格联合社成员社的准入条件，坚决不能将实际是公司的假合作社吸收为联合社成员。这样，可以挤压假合作社的政策套利空间，增强真合作社的发展实力，逐步形成真合作社不断发展壮大的局面。因此，法律第 56 条规定：3 个以上的农民专业合作社在自愿的基础上，可以出资设立农民专业合作社联合社。农民专业合作社联合社应当有自己的名称、组织机构和住所，有由联合社全体成员制定并承认的章程，以及由符合章程规定的成员出资。

法律科学设定了联合社内部决策制度，规定其实行民主决策。现有法律第 59 条规定，农民专业合作社联合社应当设立由全体成员参加的成员大会，其职权包括修改农民专业合作社联合社章程，选举和罢免农民专业合作社联合社理事长、理事和监事，决定农民专业合作社联合社的经营方案及盈余分配，决定对外投资和担保方案等重大事项。这实际上规定了由成员组成的成员大会具有联合社重大事务的决策权力；并且在第 60 条规定，农民专业合作社联合社的成员大会选举和表决，实行一社一票。

5. 充实了有关农民合作社扶持政策的条文

农民专业合作社法一贯重视对农民专业合作社发展的扶持，因此，它在某种意义上是农民专业合作社的促进法。新修订的法律除了延续原来法律第 8 条规定的"国家通过财政支持、税收优惠和金融、科技、人才的扶持以及产业政策引导等措施，促进农民专业合作社的发展"，还在有关扶持政策的专章中对原来的法律规定作了完善。

相比 2006 年法律的规定，新修订的法律有以下几点变化：

第一，把对革命老区的合作社的优先扶助加入优先扶助的范围，优先扶助政策更加完整。国家对革命老区、民族地区、边疆地区和贫困地区的农民专业合作社给予优先扶助。

第二，将原来仅仅是鼓励商业性金融机构为农民专业合作社提供金融服务，改为"鼓励商业性金融机构采取多种形式，为农民专业合作社及其成员提供金融服务"。

第三，新加了对农民专业合作社用电用地方面的扶持政策，即"农民专业合作社从事农产品初加工用电执行农业生产用电价格，农民专业合作社生产性配套辅助设施用地按农用地管理"。

第二十四章

完善跨国并购国家安全法律制度

在中国，外资跨国并购国内企业不断出现，所涉及的国家安全问题也越发敏感。在我国的立法中，对外资跨国并购国家安全审查，只作了一些原则性的简单规定，并没有建立起相关的法律制度。

外资所发挥的作用在中国和在其他市场经济国家是不同的。在其他市场经济国家，引进外资可以推动竞争促进其经济发展。中国正处在从计划经济向市场经济转型阶段。中国引进外资，不仅看中其对经济发展的影响和可增加国家财富，而且看中外资对于中国经济改革的影响。外资不仅给中国带来资金、技术和管理，成为中国经济发展的引擎，而且通过示范和竞争给中国带来向市场经济转型的推动力。外资也是中国经济体制转型和市场经营机制形成的催化剂。今后，只要引导得当，外资还可以成为我国经济增长方式转变的积极因素。正是由于外资具有这些特殊的作用，即使在内资充裕的情况下，也应当继续积极吸收外资。

但是，没有任何一个国家不忧虑自己的安全，而安全又产生于本国所拥有的财富，一个穷困的国家，就没有能力谈国家安全。然而，在追求财富的过程中，又潜伏着威胁和危害国家安全的因素，对这种不安全因素不加以审查和排除，同样会导致一个国家不安全直至国家的败亡。外商跨国并购投资与国家安全问题如影随形，有外商跨国并购投资的存在，便有威胁国家安全发生的可能性。威胁国家安全以外商跨国并购投资的产生为前提，同理，外商跨国并购投资的存在，必然会有对威胁国家安全问题的思考及规制。跨国并购国家安全立法审查制度，就成了追求财富与维护安全和跨国并购与国家安全的平衡器。

国家没有消灭，国家追求财富的欲望没有终止。跨国并购国家安全审查，越来越引起世界各国关注，并将成为一个热门而永恒的话题。总而言之，财富和安全，是一个国家安身立命和立国不废的两根柱石，也是民富国强的元气。在对外资跨国并购的鼓励和排斥之间找到平衡，考验着一个国家执政当局的智慧。跨国并购与国家安全是相辅相成、互为转化的辩证关系，对外资跨国并购"神圣化"和"妖魔化"两种极端观点都是错误的，运用法律制度，对外资跨国并购与国家安全的恰当平衡，是一个国家执政当局智慧的体现，是促进经济发展与维护国家安全的基石。

第一节　跨国并购基本问题

跨国并购是一国企业对另一国企业采取并购的具有法律属性的投资经济行为。在市场经济条件下，人们的一切行为都会不自觉地受到利益动机的驱使，公司并购也不例外。因此，公司并购的原动力或称内在动机是追求"利润最大化"。为了实现这个目的，从公司内部看表现为追求资本增值，从公司外部看表现为减轻竞争压力即追求垄断。

一、跨国公司并购的外在动因

1. 经济全球化的推动。面对经济全球化的竞争压力，作为一向追求实现全球战略的跨国公司，必然要不断调整其经营战略，以期在全球范围内实现生产要素的合理流动与高效组合、低成本的生产与高价格的销售，并尽可能地提高在全球市场上的占有率。而进行跨国并购就是实现这一目标的最佳途径。跨国公司的对外并购已经取代了"绿地投资"，成为跨国公司向外扩张的主要方式，并购资金已占其对外投资量的 70% 以上。

2. 政府政策的调整。自 20 世纪 80 年代德姆塞茨等人提出经济效率理论以来，经济学界对垄断有了新的认识，人们不再认为垄断是绝对有损于经济效率的，政府的反托拉斯倾向已大大减弱。在经济全球化背景下，为提高本国跨国公司的国际竞争力，各国政府也开始放松对企业跨国并购的管制。

3. 科技的进步。计算机技术和信息技术的迅猛发展，推动了信息化和网络化的快速发展，为跨国公司全球并购提供了强大的技术支撑和有利条件。同时，科技进步也使跨国公司面临着更大的竞争压力，促使跨国公司不断地进行跨国并购。许多跨国公司为保持其领先地位，同时又降低其技术开发的风险和成本，通过并购来获取新的技术，避免技术研究上的重复开发。

二、经济全球化对跨国并购的趋势引领

经济全球化的概念：阿兰·M. 鲁格曼教授认为，全球化可定义为：跨国公司跨越国家从事在外国直接投资和建立商业网络来创造价值的活动。[①]国际货币基金组织给全球化下了一个定义，全球化是通过贸易，资金流动，技术转移，信息网络和文化交流，使各国无疆界经济融合。我国学者张燕生和毕吉耀在一篇《对经济全球化趋势的理论思考》中提到，随着全球市场的逐步开放，生产要素如信息、服务、技术生产、货品等跨境流动势必将不断增加，各国经济将发展成相互依存的关系，市场配置资源从国内扩展延伸到全球，最后形成经济全球化。

英国学者赫尔德认为全球化的内容是指由资本全球化所引起政治全球化，军事全球化，贸易全球化，金融全球化，跨国公司与生产的跨国化，全球迁移，文化、环境全球化。当中，我们可以发现，在全球化发展中，跨国公司扮演一个重要角色。英国《焦点》月刊于 2000 年 8 月号指出跨国公司在全球经济中，从数字上显示出惊人能力。月刊指出，世界上有 7 500 万人就职于跨国公司，500 家公司控制着 33％的全球国民生产总值、75％的全球贸易，在全球市场中每天的成交额为 1 万亿美元。月刊也指出跨国公司的投资，不但带来经济一体化的结果，而且这种资本主义式的垄断会带来跨政府的影响力。美国学者威廉·罗宾逊和杰里·哈里斯进一步指出，跨国公司的出现已经超越任何一个地方性政治实体之上。这样通过资本主义，全球化对公司在构造和意识形态进行统治，资产阶级提出了一个全球经济和政治重建的架构，其中心是市场自由化，或称为新自由主义计划，并要把全世界变成一个单一的联合的全球资本主义。[②]另一学者，德国社会民主党政治学家赫尔穆特·施密特对全球化有这样的诠释：全球化的发展建立在现代交通技

---

① 刘帅贤. 发展中国家对跨国投资垄断行为的规制. 北京：中国政法大学出版社，2008：4.
② 同①10.

术，电讯技术金融发展及货币流通自由化之上，但是这使得跨国康采恩①可以在被投资国的国家享有经济优惠的待遇。跨国公司这种经济组织通过经济的跨国网络，从事无国界的经济活动，其范围超越了传统的国家领土和民族国家能力可以控制的范围。这样看来，全球化是通过信息流通，科技发展，以跨国投资为桥梁进行的世界性经济发展，各国学者都有着这样共同的观点。但是有学者指出，经济全球化的发展会否带来世界经济垄断的结果，近几年更有学者指出，经济全球化的发展，给国家安全带来全新的挑战，这也是本节所提出研究的课题。

世界经济被理解为是由世界政治和世界秩序衍生出来的。世界经济是指在世界经济中不同地区、不同类型国家之间的力量对比、组合及相互间的关系。学者伊曼纽尔·沃勒斯坦在他的《现代世界体系》和《历史资本主义》等著作中阐述了现代世界体系基本的构成成分和运行规律。资本主义世界经济体系是以社会分工为基础的。现代世界正是以这种中心外围关系来支配着由各个主权国家形成的政治结构，支配着世界经济各组成部分。但是，这一体系运行机制所得的结果是不公平的，在经济学中所提及的总剩余的一部分从边缘向中心移转。然而，在现今世界当中，经济体系运作的基本矛盾就表现为一系列的周期性的波动和危机。从过去我们可以得知，世界经济体系在运作中出现过乱子，过往有经济大恐慌，上世纪 90 年代末有金融风暴，

---

① 康采恩来自德语，是由 Concern 音译而来，有"相关利益共同体"的意思，是垄断组织的高级形式之一，由不同经济部门的许多企业联合组成，原意为多种企业集团。这是一种规模庞大而复杂的垄断组织形式，包括工业企业、贸易公司、银行、运输公司和保险公司等。旨在垄断销售市场、争夺原料产地和投资市场，以获取高额垄断利润。参加康采恩的企业形式上保持独立，实际上受其中占统治地位的企业集团（一般是大银行资本家）通过参与制加以控制。它明显地表现出银行资本和工业资本融合的特点。其产生的时间晚于卡特尔、辛迪加和托拉斯。康采恩中的各个成员企业仍保持法律上的独立性，不失其法人资格，处于核心地位的大企业或大银行作为持股公司，通过收买股票，参加董事会和控制各成员企业的财务，将参加康采恩的其他成员企业置于其控制之下。其目的在于增强其经济优势，垄断销售市场，争夺原料产地和投资场所，获取高额垄断利润。其产生背景为：在资本主义经济发展史上，康采恩到 19 世纪末、20 世纪初才在主要资本主义国家先后形成。它的产生和发展，控制着经济、政治、文化以及社会生活的各个方面，充分体现了垄断资本主义时期银行资本与工业资本融合为金融资本的重要特点。第二次世界大战以后，在主要资本主义国家中，垄断组织日益向综合多样化发展，康采恩也有了诸如实力增强、对国家的控制和利用加强、家族色彩淡化等一系列的变化。它已成为最突出、最典型和占优势地位的垄断组织形式。日本在第二次世界大战之前存在的各大康采恩集团也被称为财阀，比较有名的有三井、三菱、住友、安田等。在 2000 年左右，中国和日本开始出现的各种"控股公司"以及"集团总公司"，也被认为属于康采恩垄断。

2007 年爆发世界金融危机而引致全球经济萧条。以周期性的波动来划分经济波动可以有两种，一种以 50—60 年为一周期的"康德拉捷夫波动"和另一种以 100—150 年为周期的"政治波动"①。随着周期的变动，在这个体系变动中的资本和累积的权力也会逐渐地、有规律地发生地理上的转移。在上世纪 60 年代中期，日本和西欧国家在二次世界大战的战火之后，经济渐渐复兴过来，国际市场中出现了生产力过剩现象，这种现象的产生是在规模经济效应带动下产生的。这种情况，使跨国公司试图相互渗透各自的市场，再加上产品开发成本高涨，产品生命周期的日益缩短，全球性的市场竞争加剧。当这种竞争越来越多的时候，国际经济环境出现了三种情况。第一种情况是国内企业为了维持竞争性，不惜削减工资，增加工时，而又维持高利润的情况。第二种情况是，在发展中国家多以私有化企业取代国有企业，这是由于国有企业未能产生规模效应，生产力偏低，资源浪费，失去市场竞争力，导致不良经济发展。第三种情况是，直接海外投资所带来的影响，跨国公司对东道国直接投资，使东道国经济出现变化，并为市场带来支配效应。跨国企业也可借此来实施"出口向导"，这是指跨国企业能够有一个更广阔的投资空间。在目前全球经济体系中，只要资本流动无阻，便可以到达世界任何角落。然而，当经济全球化时，世贸组织成立，其消除贸易障碍使国际市场加速发展，跨国企业通过直接海外投资以达成资金畅通无阻。现跨国公司控制着全世界 70% 的对外直接投资，占了三分之二的世界贸易份额。②

第二节　国家安全的含义

国家安全的原始含义是指国防安全，如果谈及与外资跨国并购相关的国家安全，也是指国防产品的生产、供应是否由外资企业生产、经销等问题。近年来，随着经济全球化程度的加深，国际投资的规模和影响力大大超出人们的意料之外，甚至有使主权国家丧失控制权的可能，由此，"国家安全"的内涵在大幅向外扩展，已经由传统的国防军事领域向经济、社会领域延伸，由此产生了"经济安全""社会安全"等概念。毫无疑问，美国是世界

---

① 伊曼纽尔·沃勒斯坦.21 世纪世界体系与东亚兴起.经济研究，1997（10）.
② 刘帅贤.发展中国家对跨国投资垄断行为的规制.北京：中国政法大学出版社，2008：11.

上最发达的国家，在美国现有的产业当中，美国企业是最有竞争力的。美国是全球吸收外资最多的国家，也是对外投资大国。并且，美国又是国家安全意识最强的国家，在外资并购问题上的国家安全防范范围最为宽泛。

安全是有主体的，当安全的主体是国家时，便构成了国家安全。我们可以说，国家安全就是一个国家处于没有危险的客观状态，也就是国家既没有外部的威胁和侵害又没有内部的混乱和疾患的客观状态。

国家安全的构成内容在国家发展的不同阶段是不同的。从国家安全产生过程来看，国家最初形成时就已经存在的国家安全"源生内容"包括国民安全、经济安全、领土安全、主权安全、政治安全、军事安全等。后来，在社会历史发展的过程中，又陆续出现了文化安全、科技安全、生态安全、信息安全以及包括在政治安全中的意识形态安全等国家安全的"派生内容"。

国家安全的源生内容是在国家一经产生就已存在，而且只要国家存在就永远存在，无论什么性质的国家中都必然存在的内容；国家安全的派生内容是在社会历史发展到一定阶段才出现，而且可能在国家发展更高阶段上不复存在的内容。对于任何时代的任何国家来说，国民安全、经济安全、领土安全、主权安全、政治安全、军事安全都是必然存在的，因而它们是国家安全的源生内容。与此不同，文化安全、科技安全、生态安全、信息安全等，是进入一定历史发展阶段的国家才会存在的安全问题，这些问题中的某些方面可能随着社会的进一步发展而不再成为国家安全的内容，例如当社会进步到生态环境不再成为一个社会问题时，生态安全就不再是国家安全的内容了。所以，当代国家安全包括源生和派生的 10 个方面的基本内容：国民安全、领土安全、主权安全、政治安全、军事安全、经济安全、文化安全、科技安全、生态安全、信息安全。[①]

国家安全是一个有机的体系，是一个包括了许多子系统的社会大系统，当代国家安全 10 个方面的基本内容是互相联系、互相作用、不断变化的，并且在动态联系中占据着各自不同的位置，发挥着各自不同的作用，通过相互作用影响着整个国家安全系统。人们在讨论国家安全时，往往忽略了国家安全系统中一个最基本也是核心的重要内容——国民安全。事实上，人是社

---

① 刘跃进. 国家安全学. 北京：中国政法大学出版社，2004：52.

会的主体，国民是国家的主体，国民的安全和利益是国家安全的核心和国家安全活动的根本目的。大致来说，在当代国家安全系统中，国民安全是国家安全的核心和国家安全活动的根本目的，政治安全（包括领土安全和主权安全）是国家安全的根本，军事安全是国家安全的保障，经济安全是国家安全的基础，文化安全是国家安全的深层根系，科技安全是当代国家安全的关键，信息安全是当代国家安全的无形屏障，生态安全是当代国家安全必要的自然条件。

第三节　美国外资跨国并购国家安全法律机制

美国是开放投资的坚定支持者，"美国明确支持其境内的国际投资，并同样承诺使在国外的美国投资者获得公正、公平和非歧视待遇"。——总统乔治·W. 布什 2007 年 5 月 10 日公开宣称。① 美国对外国公司并购本国企业的安全审查由来已久，美国外国投资委员会（CFIUS，Committee on Foreign Investment in the United States）是其负责国家安全审查的机构。

一、美国外资安全法概况

1975 年美国外国投资委员会（CFIUS）成立，1988 年《埃克森—弗罗里奥法案》诞生。1988 年，为了应对外国企业主要是日本企业的大范围收购，美国国会通过了修正《1950 年国防产品法》第 721 条的《埃克森—弗罗里奥法案》，该法成为美国规制外资跨国并购、保护国家安全的基本法。《埃克森—弗罗里奥法案》规定，只要有足够的证据证明外国并购会危及美国国家安全，总统就有权力暂停或禁止该并购。

1992 年《伯德修正案》出现，2007 年《外国投资和国家安全法》产生。2007 年 7 月 26 日，布什总统签署了前一天由国会参议院通过（众议院已先通过）的旨在改革"外国投资委员会（CFIUS）"、加强外资并购安全审查的法案——《2007 年外国投资和国家安全法》（以下简称"新外资安全法"），该法案是对《埃克森—弗罗里奥修正案》的修订②，表明美国进一步强化了

---

　　①② 美国外国投资委员会．http：//www. ustreas. gov/.

对外国公司投资美国资产的审查。

"新外资安全法"对外资并购涉及的国家安全问题，给予了全新的诠释：除了传统的"国防安全"外，还包括所有"如果遭到破坏或被外国人控制会对美国国家安全造成威胁的系统和资产"[①]，如银行、供水、关键技术、基础设施等，而威胁美国国家安全的关键领域的数目在不断增加，已从1988年的8个扩大到2003年的11个，并增加了5类若受到攻击可能对生命和民众信心产生严重损失的"关键资产"（包括有形和无形资产），尤其可能包括受外国政府控制企业的任何交易。[②] 除此之外，外资并购如果威胁到美国在关键技术领域的世界领先地位，或影响美国的本土就业，都将被视为威胁国家安全。

从1988年到2005年7月份，美国外国投资委员会已经收到1 500多起申报，其中对25起申报的交易进行了安全调查。在25起申报中，13起申报基于委员会"将作出完全审查"的决定被撤回，剩下的12起交由总统作出决定。其中，1起交易被禁止[③]，即1990年老布什总统下令阻止了中国航空技术进出口总公司收购美国西雅图的一家生产飞机金属部件的公司交易。

二、跨国并购美国国家安全审查和执法主体

美国外国投资委员会（CFIUS）是跨部门运作的政府机构，受美国总统直接领导，主要负责评估和监控外国投资对美国国家安全的影响。美国外国投资委员会（CFIUS）主席由美国财政部长担任，秘书处设在财政部国际投资局，该局牵头负责委员会的日常事务工作。

各成员单位的主要首长负责参与美国外国投资委员会（CFIUS）的审查工作，包括国务卿、商务部部长、国防部部长、司法部部长、国土安全部部长、能源部部长、劳工部部长、美国贸易代表办公室主任、国家科技政策办公室主任、管理和预算办公室主任、经济顾问委员会主席、国家经济委员会主席、国家安全委员会主席、国家情报总监等，可谓要职显赫，位高权重。委员会各成员的分工明确，各司其职，各有侧重，相互配合，共同履行对外

---

①②③　美国外国投资委员会．http：//www.ustreas.gov/.

资并购的国家安全审查职责。除财政部外，国防部和商务部发挥着至关重要的作用。国防部国防技术安全局作为委员会的对口机构，在参与委员会工作的同时，承担着大量部内相关事务的协调工作，它将国防调查局、收购办公室、国防后勤局等部门对外资并购交易审查的反馈意见收集、汇总和研究后，向委员会提出国防部的综合性意见和建议。国际贸易局作为商务部参与部门，具体负责涉及军民两用产品和技术出口管制的相关审查。美国外国投资委员会（CFIUS）成员机构从管理经济、贸易、技术等多方面来多角度进行审查，由于每个机构都有自己不同的机构目标、机构任务和实际的机构监管经验，从而保证了美国外资并购国家安全审查的全面性和完整性。美国外国投资委员会（CFIUS）建立了高级别的决策机制，并依靠专门的秘书处的事务性协调，实现多机构的协调运转和高效运作。美国外国投资委员会（CFIUS）的审查标准，从法律的相关规定来看比较原则笼统，为具体执行预留了很大的空间。这主要是，看是否有充分证据表明该并购将威胁美国国家安全，以及美国现有法律规定能否提供足够的权限来保护国家安全。在美国外国投资委员会（CFIUS）的调查过程中，除了行政或司法行动或程序外，相关信息都严格保密不对外公布。[①]

外资跨国并购国家安全审查，需要经历一个最长不超过 90 天的审查期间[②]，其中可以分为立案、审查、调查和总统决定四个步骤，并通过美国外国投资委员会（CFIUS）与交易方协商等机制，来保证审查程序的效率。

审查，是跨国并购国家安全审查案件的必经程序阶段。美国外国投资委员会收到机构通报或决定启动立案的第二天起算，审查期限为 30 天。

调查，不是必经阶段，是审查期限有条件的延伸。如果在审查时，美国外国投资委员会认为（1）交易有可能损害美国的国家安全和威胁尚未减轻，（2）成员机构建议调查，并经美国外国投资委员会同意，（3）交易会导致被外国政府控制，或（4）交易结果将控制美国的关键基础设施，可能损害美国国家安全的威胁还没有、尚未得到缓解，（5）收购"可能会导致控制人对美国州际商业的控制可能影响美国国家安全"[③]；那么，美国外国投资委员会必须在 45 天内进行并对交易完成调查。

---

① ② ③ 　美国外国投资委员会 . http：//www. ustreas. gov/.

总统决定，是指总统在收到美国外国投资委员会的调查报告建议后，总统在 15 天内作出最后决定。总统有权作出暂停或禁止并购的决定，总统决定是终局性的。① 总统作出决定后，都必须立即向国会递交书面报告，内容包括作出的决定内容和作出该决定的原因。总统决定，不受司法审查，这就是所谓的"司法豁免权"。其含义是指总统对于外资并购交易"审查结果"决定是终局性的，任何机构都无权干涉，对国会也只是例行报告、接受监督而已。对已经完成并购但确实存在威胁国家安全的外资并购交易，总统可以要求司法部通过向地区法院提起诉讼采取剥夺投资在内的救济手段，如果美国外国投资委员会误报或漏报信息，则可以重新提起审查或重新调查或重新修改向总统提交的建议报告。

国会监督，总统作出暂停或禁止并购的决定后，都必须立即向国会递交书面报告，内容包括作出的决定内容和作出该决定的原因。美国外国投资委员会（CFIUS）每四年，定期向国会提交国家安全审查全面报告，接受国会对国家安全审查的监督、质询。报告内容应当包括是否有充分证据表明一个或多个国家实施协调战略，在美国技术处于领先地位的研发领域及关键技术领域收购美国公司，以及是否存在针对美国私人公司、以获取关键技术秘密为目的，并接受外国政府指示或直接资助的工业间谍活动，等等。美国国会还监督审查特定行政部门的行政行为和美国外国投资委员会的行政行为，是否遵守自由贸易协定目标的规定和国家安全审查的各项规定。②

第四节　中国建立跨国并购国家安全法律制度思考

中国应制订《中华人民共和国外商投资国家安全法》，这表明是外商投资中所涉及的国家安全立法，外商投资既包含了外商跨国并购投资又包含了外商绿地投资。③ 外商跨国并购又敏感地、大量地、直接或间接地涉及国家

---

①② 美国外国投资委员会 . http：//www. ustreas. gov/.

③ 绿地投资，又称创建投资，是指到国外投资设厂的投资模式。到国外相关国家和地区投资设厂，利用当地廉价劳动力等资源，实施本土化经营，增加当地就业和税收，能缩小或消除文化和心理上的距离，有利于经济与文化的融合，促使企业健康发展，因此被称作绿地投资。"绿地投资"是一种形象的说法，就是投资者新建企业，如同在一片绿地上开设企业。

安全问题；外商绿地投资，因有事前的准入关口，相对涉及国家安全问题的程度较轻，但仍然有必要把外商绿地投资纳入国家安全审查规范之列。而且该法应该把中外合资企业法、外商独资企业法、中外合作企业法中，成熟的法律内容统一集中纳入该法，设立统一的外商投资国家安全法，以解决外商投资法律分散且缺乏国家安全审查法律机制的问题，以体现更加开放的外资政策，让外国投资者更加了解中国外资法律及国家安全审查政策，以增强外国投资者在中国进行并购投资的信心，以促进中国经济的发展。制订外商投资国家安全法，不是为了限制、禁止外资跨国并购，而是为了进一步扩大开放、充分吸纳外资，发展本国经济。

一、中国外商投资国家安全委员会——执法审查主体

中国外商投资国家安全委员会，行使跨国并购投资国家安全审查职能。国家安全涉及十分广泛而又十分复杂的国内外因素，国家安全审查执法，宜采用组合执法模式，最基本的要求就是权威、有效和公正，应建立一个政府主导的审查案件模式，即中国外商投资国家安全委员会模式。要实现资源优化利用，集中行使审查权，有效强化国家安全委员会，依法审查国家安全的功能，保障国家安全审查制度功能的充分发挥。强调政府主导，就是要强调国家安全审查，以政府行政部门为主行使国家安全审查职能。而国家安全审查的专业性、复杂性、广泛性、全局性非常强，就是要强调国家安全审查的权威性、正确性、社会公信力。对于中国外商投资国家安全委员会——执法审查主体的构建，可以从以下方面进行思考：

1. 外商投资国家安全委员会成员

中国外商投资国家安全委员会成员，由 20 个部委行政首长和 3 个国务院直属机构行政首长共 23 个部门首长组成较为适当，20 个部委为外交部、国防部、国家发展和改革委员会、科学技术部、工业和信息化部、公安部、国家安全部、司法部、财政部、人力资源和社会保障部、国土资源部、环境保护部、住房和城乡建设部、交通运输部、水利部、农业部、商务部、文化部、卫生和计划生育委员会、中国人民银行，3 个国务院直属机构为国家质量监督检验检疫总局、国家安全生产监督管理总局、国家知识产权局。各成员领导其所在部门，就外国资本并购中国企业在国家安全方面产生的影响，

与委员会其他成员共同开展审查工作。

2. 外商投资国家安全委员会主席、副主席

鉴于目前中国行政体制和经济体制特点，中国外商投资国家安全委员会，由国务院第一副总理担任主席，商务部长担任副主席，外商投资国家安全委员会秘书处设在商务部，负责日常办事。外商投资国家安全委员会各成员所在单位内部，设一国家安全审查办事机构，承办本部门涉及的国家安全审查事务性工作，成员所在部门为每起外资审查案的一个机构，负责牵头开展具体工作。

二、审查程序

国家安全审查程序包括启动、立案、审查、调查、决定或否定、决定超时限。

1. 启动

外商投资并购方在并购前或启动并购项目时，自愿主动向国家安全委员会提出申请，对并购项目进行国家安全审查以自愿为原则，法律不强制并购方必须主动申请审查。并购方没有在并购前，或启动并购项目时主动申请国家安全问题审查的，并购启动至并购完成后 3 年内，国家安全委员会成员、其他任何组织、自然人发现并购项目有威胁国家安全因素，可以申请国家安全委员会对并购项目展开国家安全审查。未经审查的外商投资并购完成 3 年后，不再对并购项目展开国家安全审查；除非国务院总理认为外商投资并购可能威胁国家安全，而决定启动对该外商投资并购项目进行国家安全审查，不受 3 年后不再审查的限制。

2. 立案、审查

外商投资国家安全委员会收到并购方的国家安全审查申请，或者收到国家安全委员会成员、其他任何组织、自然人的国家安全审查申请，都应当立案，并展开国家安全问题审查。从收到审查申请第二天起算，国家安全问题审查期限为 30 天，如果经审查认为存在国家安全问题，外商投资国家安全审查委员会即应作出禁止并购审查建议，报送国务院总理决定；如果经审查，认为不存在国家安全问题，国家安全审查委员会即应通知并购方审查终结，不禁止并购；如果认为需要展开深度调查，即应通知并购方。30 天审

查期限应当包括作出建议或通知在内，在 30 天最后一天必须作出禁止并购审查建议，或者作出审查终结、不禁止并购通知，或者通知并购方进入深度调查阶段。并购方的申报如有遗漏，经补报后，国家安全委员会重新审查，并重新计算审查时限。

3. 调查

调查是审查及审查期限的递延，调查不是必经程序。外商投资国家安全委员会经 30 天审查发现有涉及国家安全的敏感因素，且需进一步审查的并购案，可以最多有 45 天的调查期展开国家安全问题全面深度调查，由外商投资国家安全委员会组织、实施国家安全问题调查，并可组织国家安全委员会成员以外的其他国家机关、社会组织、自然人协同展开该调查。如果经调查认为存在国家安全问题，外商投资国家安全委员会即应作出禁止并购审查建议，报送国务院总理决定；如果经调查，认为不存在国家安全问题，国家安全委员会即应通知并购方审查终结，不禁止并购。在 45 天最后一天必须作出禁止并购审查建议，或者作出审查终结、不禁止并购通知。

4. 决定或否定

只有国务院总理有权决定或否定国家安全委员会的审查建议。国务院总理收到外商投资国家安全委员会的禁止并购审查建议后，在 15 日内作出决定是否禁止并购或暂停并购交易，或者否定国家安全委员会的建议允许并购。总理决定禁止并购的，并购项目立即终止，并购所发生的一切损失，由并购方承担，国家不作任何补偿；总理决定暂停并购交易的，允许并购方采取补救措施、减损措施，暂停并购交易状态消失后，国家安全委员会应视情况决定是否再作出禁止并购审查建议；总理决定不禁止并购的，并购项目即可以继续进行。总理作出决定后，国家安全委员会应即时通知并购方。

只有在其他法律的规定不能提供足够和适当的权力来保护国家安全，并且在制止跨国并购或采取其他措施时必须是在穷尽其他保护国家安全措施情况下仍不能确保国家安全的条件下，总理才可动用国家安全审查禁止并购权。否则，应采取其他方式，而保证跨国并购交易的正常进行。

5. 决定超时限

在规定时限内，国家安全委员会或总理没有采取行动或者决定禁止并购该交易，由中国国家安全委员会审查的并购交易就进入了安全地带，并购可以正常进行。

第五节　跨国并购国家安全审查法制先例之中国借鉴

世界上没有一个国家对外国投资不加任何限制，若不实行某种保护，国家安全难以保证，但保护过度又不利于竞争，甚至会阻碍经济增长。在对外资跨国并购的鼓励和排斥之间找到平衡，考验着一个国家执政当局的智慧。

中国在立法中，建立外资并购的国家全审查机制已经势在必行。在立法上仍需要解决以下问题：我们究竟应主张国家安全还是国家经济安全，抑或产业安全？对这三者应如何界定与区别？国家经济安全与反垄断是一回事吗？国家安全应采用什么样的立法模式？对于经常提到的国家经济安全、国家安全、产业安全三者的区别以及定义，在法律上没有必要作出明确界定，三者的本质均是国家利益，而国家经济安全本质上属于国家安全的一部分。在美国、加拿大等国的立法或者立法建议中，均未对国家安全作出明确定义，尽管如此可能造成泛化运用的危险，以及使法律变为私人或者利益集团谋求个人利益的工具，但面对日益复杂的并购交易和国际形势，相对泛化的概念有助于政府在面对复杂的并购情形中，更全面地维护国家安全，以防止规避法律的情形。同时，对于不明确定义"国家安全"所带来的不利影响，可以通过相对完善的审查标准和审查机制来弥补。国外对于"国家安全"审查的立法模式主要有两种：一种是美国模式，在国防与外国投资相关法律中，对于外资并购的安全审查机制作出规定。美国对于外资并购中，国家安全的审查依据，主要是《1950年国防生产法》和1988年通过的《埃克森—弗洛里奥修正案》，以及《美国2007年外国投资与国家安全法案》（FINSA）。另一种是加拿大、日本模式，即制定相应的《外国投资法》，在其中对于涉及国家安全或国家利益的审查机制作出规定。由于我国缺乏统一的《外商投资国家安全法》，无法有效建立外资并购或直接投资的安全审查机制，也无法对于保护国家安全问题作出全局性的统筹安排，因此，政府有必要制定《外商投资国家安全法》，对于外资并购的产业准入、安全审查机制等问题作出全面规定，从而规范外资并购行为，也提高我国政府在并购审查中依法行政的国际形象。在审查模式方面，可以借鉴美国模式，成立中国外商投资国家安全委员会。中国的经济发展正处于一个转型时期，国外对中国的投资形式也在转变，做好国家安全审查制度与其他审查制度的协调，保护国家安全，又不能回到计划经济强制行政干预上去，外资的引导也应该按照市场化的原则，创造一个公平合理规范的外商投资环境。

良好的法制环境是外资并购的重大利好，加强外资并购国家安全审查立法，不但不会破坏外资环境，反而有利于改善外商投资环境。比如美国凯雷投资集团董事、上海代表处首席代表罗一就认为："作为境外投资者，我们最希望通过清晰的立法和相关实施细则，知道哪些领域是外资可以做的，哪些是不能做的。这能使我们不再摸着石头过河，能够集中精力和资源，高效地做政府允许我们做的事。"

《美国 2007 年外国投资与国家安全法案》（FINSA），给我们的启示之一是：我国今后外资工作的重点，不应是如何限制外资规模，而应通过立法渠道，公开透明地规范和引导外资，综合考虑国家安全、产业成长和国民福利等多重政策目标，推动境外资本与中国经济在更高的层面上，实现双赢合作。目前，我国应尽快结合国外经验，对外资并购投资国家安全审查立法，加强程序性规定以及透明度。通过立法加强外资审查的统一性。FINSA 要求审查和调查结论须经各部门的最高行政长官签署，而这些签署工作以前都是交由下属进行，现在这种高层参与的体制安排，强化了外资国家安全审查工作的责任制，也有利于促进各部门之间的协调。

《美国 2007 年外国投资与国家安全法案》（FINSA），给我们的启示之二是：应加强外资并购国家安全审查的统一性。我国目前部门立法上，存在各部门通过立法争权夺利的现象，而实际工作中存在各部门自行其是、信息不共享的诟病，导致有些方面存在管理盲区，有些方面却出现各部门重复监管，最终导致行政管理效率低下、行政资源浪费严重。我国未来成立国家安全审查机构时，可以效仿美国的做法，一是通过统一的立法规定审查机构的组成，各组成部门的具体职责、相关的组织方式以及运作程序；二是通过立法强化各部门的行政首长责任制；三是通过立法明确要求各部门信息共享以及行政资源共享；四是根据个案的具体情况灵活合理地确定个案的审批"牵头部门";五是强制规定各相关部门对"牵头部门"的协助义务。

立法应开宗明义申明我国坚持对外开放、欢迎外国投资的总体战略。经济全球化的进一步演进,逐步改变着国际分工的格局,导致了全球财富重新分配,那些在财富重新分配中被边缘化的国家,对外资限制明显较多,而美国这类在经济全球化中有得有失的国家,实施的是一种在鼓励与排斥中尽量寻求平衡的政策。

利用外资是中国对外开放基本国策的重要内容。改革开放近 40 年以来,中国不断提高开放水平,促进投资便利化,完善投资环境,逐步成为全球跨国投资主要目的地之一。截至 2016 年 11 月,中国累计吸引外资超过 17 600 亿美元。1993 年以来我国吸引外资一直居发展中国家首位。[①] 中国正是借助经济全球化浪潮,获得了巨大的发展机会,也是在此轮全球化浪潮中最大的受益国。所以相对在全球化中遭到挤兑的国家和得失相抵的国家,我国的外资政策当然应当有所不同。

我国继对"市场换技术"的反思,对"拉美化"的担忧之后,出现了对"安全"的过度渲染,"金融安全""产业安全""经济安全""文化安全"等词在中国的报章和网络舆论中出现得很频繁。动辄以国家安全为由来制约外国投资,让外商感到未来不可预测,外资有可能放弃许多原本不涉及国家安全的并购。这种渲染在很大程度上,是以其他限制外资国家的做法为参照的,比如参照法国、意大利、俄罗斯、泰国、加拿大、墨西哥等一些在全球化中经济态势走低,而导致保护主义盛行的国家的做法。实际上 FINSA 的制定过程中,美国国会在考虑国家安全的同时也认同外国在美国的直接并购投资不同于外国在美国的流动资本,流动资本可能使美元和利率不稳,而即使来自中国和中东的外国直接投资,也能帮助稳定美元和利率,而且外国投资其实很大程度上,反而有利于美国的国家安全,比如外国投资可以帮助美国基础设施现代化,促进美国科技发展、管理创新,帮助美国提高就业率,提高经济活力,促进出口,等等。也正因如此,FINSA 在保障国家安全的同时,实质上并没有改变美国开放的投资体系。

---

① 发展改革委:中国保持"外资吸引力"领先地位. 人民日报(海外版).2016 - 12 - 31.

中国作为在新一轮经济全球化中迅速崛起的受益国，不能因为全球特定国家出现严重的"限制外资风"，就盲目跟风地开始排斥外资。相反，我们应当更冷静地分析具体国情，正确地评价既有外资政策的利弊，通过公开透明的立法方法，在对外资的鼓励和排斥之间找到最佳平衡。

"十三五"国家重点出版物出版规划项目

中国特色社会主义法学理论体系丛书

完善以宪法为核心的
中国特色社会主义法律体系研究

（下册）

冯玉军　主编

中国人民大学出版社

·北京·

编 委 会

下册目录

第四编　完善先进文化与社会治理法律体系

第七编　完善法律体系的实践创新

第四编　完善先进文化与社会治理法律体系

本编导言

　　我国已经形成了具有中国特色的社会主义法律体系，但法律体系是不断发展和更新的动态系统，完善我国的法律体系，使我们的法律体系适应经济、社会的发展和满足人民群众的新期待、新要求，仍然需要付出艰辛的努力。文化和社会法律体系作为中国特色法律体系的重要组成部分，事关文化自信、民生问题、生存保障和民族未来，我国社会转型过程中日益突出的文化和民生问题需要通过法治手段予以解决。社会法律体系的完善应确立人本主义和公平正义的法治思维，通过立法保障民生，弘扬文化自信，强化立法、执法、司法各环节的公众参与，通过满足公众参与感，构建法治民主监督机制，完善法律文本的规范结构以回应民生问题和民族复兴。

第二十五章

完善文化法律体系

第一节　文化立法的意义与背景

　　自近代以来，志士仁人前仆后继地探索变法图强、民族复兴的道路。中国共产党自成立以来，领导和团结中国各族人民走过新民主主义革命和社会主义革命，成功确立中国特色社会主义制度并在继续坚持中国特色社会主义道路的完善和发展。古老文明而生机勃发的中国历经着如黑格尔所说的"文化结合的锻炼"，或者说融汇、综合、创新、转化、发展的历史变迁和当代变革。"文化作为历史地凝结的生存方式"，作为社会生活群体和个体赋予主观能动性、实践创造性和鲜明时代性的核心价值观念、思想意识形态、制度行为规范、文学艺术作品以及历史遗存传承等的综合表现，也在历史的洗礼和实践的推动之下，越来越得到自觉的体认、自省的反思和自信的创新，正在进入一个大发展大繁荣的新时期。2013 年 11 月 12 日中国共产党十八届三中全会通过的《中共中央关于全面深化改革若干重大问题的决定》进一步强调：紧紧围绕建设社会主义核心价值体系、社会主义文化强国深化文化体制改革，加快完善文化管理体制和文化生产经营机制，建立健全现代公共文化服务体系、现代文化市场体系。伴随着在文化领域建设的全面加强，文化法制的必要性、紧迫性和重要性日渐显现。

　　适应文化发展的客观需求，文化立法和文化发展相互依存、相互促进和共同发展的局面即将形成。文化立法是文化发展、繁荣和创新的必要社会条件，是维系文化传承和文化交流的基本制度保障，也是社会主义法律体系不可或缺的重要组成部分。建设社会主义和谐社会，要求以人为本，全面、协调和可持续发展；要求统筹政治、经济、文化和社会各个方面。因此，反映在我国的立法实践中，就必须逐步将社会主义市场经济法律体系的目标，更新和确立为社会主义法律体系的目标；逐步调整和完善法律部门与法律制度的结构、布局和内容，以科学、合理、完备的制度规范体系和行为模式体系，保证和推动社会结构的均衡与社会发展的平衡，适应实现科学发展的内在要求。在以往相对集中在经济立法领域的基础上，应更加注重文化立法和经济立法、社会立法以及行政立法等相互之间的呼应与衔接，因为保持其各自法律制度供给上的适度的同步性，发挥对于社会生活的系统的、集成的规范作用，是社会发展自身内在规律和社会主义和谐社会追求所需要和决定的。文化立法是维护国家文化主权、实现公民文化权益、推动文化和谐发展、形成文化公共秩序的必要条件和重要基础。以中国共产党十七届六中全会的决定为标志，我国的文化立法正受到前所未有的关注和重视。该决定明确指出："加快文化立法，制定和完善公共文化服务保障、文化产业振兴、文化市场管理等方面法律法规，提高文化建设法制化水平。"其中，至少有5处分别对文化立法、文化法制建设、网络法制、法律环境等给予了重点强调。《国家"十二五"时期文化改革发展规划纲要》中进一步指出："建立健全文化法律法规体系，加快文化立法，制定和完善公共文化服务保障、文化产业振兴、文化市场管理等方面法律法规，将文化建设的重大政策措施适时上升为法律法规，加强地方文化立法，提高文化建设法制化水平。"可以说，在我国立法均衡、协调发展中已经吹响了"文化立法的春天"的号角。

第二节 文化立法的功能与内涵

文化领域被纳入法律调整的范围，告别其自在的状态，具有历史的必然性和现实的必要性。文化的内在核心是价值观念和思维方式，文化的外在表现在整体上是一定社会生活主体的生活方式、行为规范和制度体系。在专门化的领域上，文化表现在围绕、体现和反映核心价值体系的历史文化遗产、民族文化形态、个体文化表现、文化艺术事业、文化创意产业，以及相应的社会、国家的文化治理等活动，其中最为关键的是三个主要的方面，即思想文化意识、文化艺术事业和文化产业活动等。原本在历史的初期，文化的渊源来自个体对生存、劳动的主观感受和思想感悟以诸如岩画、舞蹈等的直观表达和艺术再现。随之，社会群体的文化获得仪式化地集中表现并且融合在该社会群体的组织运行之中。在其初显的时刻，文化即被作为该氏族、部落或者部落联盟的组织要素和权力要件，用于强化内部的决策调遣，保证正常的生产秩序，确立"合法"的资源配置，凝聚和形成群体在懵懂禁忌之上的文化格律，以维护集体的力量和权威，塑造群体的特征和形象。因此，部落群体也有意识地以该群体不断成长的文化个性而有别于其他的生活群体，乃至群体为了维持生存组织形态，不仅诞生了相应的与权力执掌者合一或者合流的文化（思想、价值、宗教）的职业者甚至垄断者，而且将一定的文化符号、文化载体和思想观念如恩格斯所言"神圣化"①。可以毫不夸张地说，文化不论是以价值观念还是以行为方式的哪种形态呈现，都直接或者间接地起着规训②、宰制的作用，实际上有着显在或者潜在的治理、统治的功能，由此文化——即便相对于法律而言，文化和法律是两种游离着的存在（尽管这是不可能的）——在其存在和实现上，就不能不有着与法律在"规范性"上同样的性质和功用。进入阶级社会后，政权的所有者随之将自身的文化标榜为全社会的主流文化甚至唯一的、单一的、绝对的文化样式，并且以其法律制度和强制力量对社会的文化状况进行甄别、导控甚至钳制。可见，在一定政权的支配下，尽管依然存在着不竭的社会个体、群体（包括族群、族裔等）的文化创造活力和文化流传承续，以及文化的商业风行和市场容量，但是文化——具体而言，指思想文化意识以其外在的社会文化活动、文化生产消费等行为——被置于法律调控之中，就成为必然。

因此毋宁说：这种文化与法律的同质性和同构性，不在于法律本身属于执掌政权的阶级或阶级联盟的文化的规则化表现或者制度形态的组成部分，

---

① 恩格斯曾经指出，公平"……则始终只是现存经济关系的或者反映其保守方面、或者反映其革命方面的观念化的神圣化的表现"。进言之，包括公平在内的价值观念等的文化内核要素皆然。马克思恩格斯选集：第3卷.3版.北京：人民出版社，2012：212.

② "规训"意为"规范化训练"，包含了或者说能够揭示一种文化样式的"规范性"具有的权力属性和训导功能。福柯.规训与惩罚.刘北成，杨远婴，译.北京：三联书店，2007：375.

而在于文化自身根植于经济、社会、生活并且有着能动的反作用。正是文化的这种本质属性使其与法律之间可以相向而行、融合而行。正如法国政治学者莫里斯·迪韦尔热在其《政治社会学》中深刻和坦率地指出：社会的全部文化因素——包括规范、价值观体系、行为模式，都具有同国家一样的性质和功能。"它们构成马克思主义含义上的'意识形态'，即旨在为社会结构……的观念体系和价值体系。"① 在现实的法治视域中，文化应当是社会个体对自身的生产、生活的主观感受外化于文学、艺术等多样化的文化传承、表达和创造，以及外在地以文化商品形式流转、传播等的合法的活动；是立法机关、行政机关、审判机关和一定的社会组织等公共权力主体按照宪法法律的尊重、维护、保障、促进等的合法活动。换言之，特定社会历史时期的文化，都是首先获得其"合法"存在的文化或者争取合法性的"文化"。文化与宪法法律，在法治国家，表现为二者的统一。这种统一，简言之，意味着宪法法律为文化所孕育，成为文化的表征和载体；文化为宪法法律所保障，成为在宪法法律的底线共识之上的精神形态。②

　　一般而言，广义的文化立法是对应经济、政治、社会、文化、生态文明等的总括范围，专门调整文化领域中的文化行为、文化管理等的社会关系的各种法律原则和规范的总称。狭义的文化立法，则是在文化领域中排除相对独立的教育、科技、卫生、体育等方面的立法，针对文化宣传、文化事业、文化产业、文化市场、文化管理、文化服务等活动的立法，主要包括以下四个方面的法律制度创设：公共文化事业③的举办和供给、文化产业发展的促进与规范、公民文化权益的保障和实现、政府文化管理的实施与约束等。从立法的对象与过程来分析，文化立法的内涵是指将文化创造、生产、传播、

---

　　① 莫里斯·迪韦尔热. 政治社会学. 杨祖功，王大东，译. 北京：华夏出版社，1987：238.

　　② 对此，已有学者指出，不仅需要"一般法律和政策对文化进行制度化"，而且"要求宪法对文化进行规定"。刘茂林. 中国宪法导论. 北京：北京大学出版社，2009：251.

　　③ 关于对市场经济和对外开放条件下的文化事业的理解和定位，实质就是对文化事业和文化产业采取二分法的划分。也就是承认文化的意识形态和公共产品性质的同时，也承认其生产力和精神消费商品的性质。在区别于文化产业的前提下，狭义的"文化事业"就是政府为了满足公民文化权益、维系民族文化传承和凸显国家文化主权所举办和保证的文化基础设施及其运营和服务。因此，我们主张，为了区别于以往计划经济背景下的文化事业形态，并且突出其与公民文化权益保障和实现之间的对应关系，可以将其称为"公共文化事业"。有关对文化事业的性质和功能等的论述，参见王能宪. 关于我国文化事业的性质、功能、分类及其发展战略的思考. 文艺理论与批评，2007（3）。

消费、传承、管理等各个环节和宣传、文艺、出版、广播、电视、档案、方志等各个领域的社会关系，通过法定权利与义务、职权与责任等的内容和法律制度、程序的形式加以规定，实现其中的行为展开和利益流转的规范化、制度化和法律化。从立法的价值与功能来分析，文化立法是对文化发展的国家政策和意识形态的法律确认，是对文化共享的人本属性和服务给付的法律宣示，是对文化管理的权益构成和义务、职责的法律规定。具体到特定的文化立法的物化对象和行为对象，比较准确和相对狭义而言，文化立法是指新闻出版、广播电视、电影、文化艺术、文化遗产、网络传播、图书馆、博物馆、文化馆（站）、文化娱乐业等方面的法律制度的创设和完善。① 因此，文化立法是文化执法的前提和基础，是实现文化法治化的首要环节、基本途径和必要条件。确立文化法制的立法目的和根本宗旨，确定文化立法项目及其实施顺序、设定文化法制具体制度及其调整范围的关键，在于明确文化立法的指导思想基础上的基本原则。针对当前我国文化发展进程，文化立法应当遵循文化主权原则②、文化人权原则、文化和谐原则和文化公序原则等四个基本原则，以保障文化立法和文化发展相适应、相促进。

第三节　文化立法的宪法依据及完善

在文化的视域中，宪法是一个国家、民族的思想理论体系、核心价值观念、文化主权与权益、文化传承与发展、文化承认及政策的共识根基（有学者称之为"社会共识的底线"）、整体载负和最高宣示。宪法既是文化的遗存传递、正当存续、发展道路等合法范围的根本标示，也是文化结构中全部制度规则体系的核心灵魂、根本支撑和骨骼系统。在宪法的视角下，文化是维系在宪法文本规定的社会思想意识内化于社会个体，社会个体对自身的生产、生活的主观感受外化于文学、艺术等多样化的文化传承、表达和创造，和外在地以文化商品形式流转、传播等合法的活动，以及立法机关和政府、审判机关等公权力组织按照宪法进行的维护、保障、规制等合法的活动。换

---

① 朱兵.建立和完善中国特色社会主义文化法律制度.中国人大，2012（20）.

② 关于文化主权与文化安全的新近研究，可参见胡惠林.国家文化安全法制建设：国家政治安全实现的根本保障——关于国家文化安全法制建设若干问题的思考.思想战线，2016，42（5）：95～106.

言之，特定社会历史时期的文化，都是首先获得其"合法"存在的文化，或者争取合法性的"文化"。文化与宪法，在法治国家，表现为二者的统一。这种统一，简言之，意味着宪法为文化所吸纳，文化为宪法所确认。

要实现这种统一，并非一味地要求在任何国家均有宪法典，但是在成文宪法国家，基于文化路线、方针、政策等的调整或改变，对于既定的宪法文本的表现力和包容性，进而对于宪法的规范性与指引性，提出了相应的要求，随之，宪法方可更有效地发挥其对于文化权利实现、文化治理与规制的正当性的衡量、评定和方向性的指导、保障功能。因此，在成文宪法国家，修改宪法，充实宪法文本有关文化发展的目标、原则，在宪法中高度明确国家权力在文化领域的职能、义务及其边界、限度，廓定文化权益保障、公共文化服务、文化产业振兴的基本要求和国家政策，焕发和深化思想文化领域的"正能量"以及文学艺术创作的原动力，是推动文化立法乃至文化领域的法治化的必要前提和重要依托。

在我国，中国共产党的政治报告和中国共产党的章程提出党的主张，凝聚全党共识，对党和国家的各方面工作具有重要指导作用，而作为国家的总章程和根本法的宪法，是国家意志、人民意志的集中体现和最高表现。党的领导、人民民主和依法治国的有机统一，需要使中国共产党的主张通过法定程序成为国家意志。中国共产党的十八大胜利召开，修改了党章，将马克思主义中国化的最新成果写入党章，包括把科学发展观列入党的指导思想，把中国特色社会主义制度、生态文明建设作为中国特色社会主义事业总体布局的重要组成部分、改革开放和社会主义现代化建设新的重要思想与重大方针政策等写入党章，极大地丰富和发展了中国特色社会主义理论体系，明晰了中国特色社会主义道路，夯实了中国特色社会主义制度。这些不仅进一步坚定了关于文化建设的地位和作用的认识，而且对于实现宪法与文化的应有"统一"以及推动宪法自身的发展具有战略层面的指导意义。从1982年宪法以来全国人大分别于1988年、1993年、1999年、2004年进行宪法修改的宪法发展轨迹甚至可以说我国宪法变迁的惯例来看，党章修改的所有这些重要节点，都要求宪法与时俱进，以宪法修正案的形式将有关内容确认和汲取到宪法中去，转化成为国家意志、人民意志，以便进一步树立宪法权威，在全社会发挥宪法作为最高法律规范的应有作用。因此，在文化立法中期规划论证和拟议的根据中，党的十八大报告和修改后的党章，以及此前党的十七届六中全会决定，是其政治根据和政策依据；《国民经济和社会发展第十二个五年规划纲要》和《国家"十二五"时期文化改革发展规划纲要》是其预测根据和研判依据；文化立法的现实状况以及文化立法的内在需求是其事实根据和直接依据；宪法修改，首当其冲的，是其法律根据和法理依据，同时，也是文化立法中期规划中的首选项目、逻辑起点和必经环节。

当前和今后一个较长的时期内，文化立法是完善中国特色社会主义法律体系进程中十分重要而且非常紧迫的一个立法重点领域。党的十八大报告再次庄严宣告在"五位一体"的总体发展格局中文化强国的发展目标和关键措施。同时，党的十八大报告在社会主义政治文明的高度再次强调指出，"法治是治国理政的基本方式"，"加强重点领域立法，拓展人民有序参与立法途径"。党的十八届四中全会作出了党的历史上第一个关于加强法治建设的专门决定——《中共中央关于全面推进依法治国若干重大问题的决定》，在战略的高度作出了十分系统并富有针对性的部署和决断。因此，推进包括文化立法在内的立法进程并且着力提高立法质量，依然是一个艰巨的任务。就文化领域的现状而言，基本法律严重匮乏，法规、规章众多驳杂，无法可依仍很严峻，在公共文化服务、文化市场监管、文化产业促进、公民文化权益、网络文化空间、对外交流传播等诸多方面尚存在"法律"规范和调整有空白、过多依赖政策调控与文件指令的国情事实和法治窘境。基于此，在人民群众不断增长的文化需求需要得到满足，网络环境下社会公众的文化表达需要梳理，世界经济一体化进程加快的条件下对外文化传播和文化产业发展需要助推的形势下，文化立法的短缺和粗疏已经表现得十分明显。文化领域法律制度的科学创设，既是保障文化建设、繁荣和发展的必要途径与首选举措，又是包括文化制度在内的中国特色社会主义制度得以坚持、完善和发展的根本保障与必由之路的有机组成部分。可见，寻求和把握未来五年乃至十年我国立法的重点领域和重点指向，其中不可或缺的一个方面，应该聚焦在文化立法，并且着力将其作为一个颇具广度、延展宽度、挖掘深度、锻造精度、提升力度的"领域"的立法，而并非传统意义上的"部门"的立法。

以立法，首先是国家立法、中央立法，来保障公民文化权利和公众文化权益，是实现公民与国家双方间宪法关系、文化关系法治化的需要。通过文化立法，一方面，明确各级政府在经济、社会、文化权利面前的直接的、具体的"义务主体"的性质和地位[①]；明确公民、族群等的文化权益与政府及其职能部门的文化权力之间在宪法上的基本关系定位；明确政府发展公共文化服务、推动文化产业的基本职能、权限和义务，将公共文化服务体系建设纳入各级政府经济社会发展规划、城乡建设规划，纳入财政预算；明确公共文化服务组织的法律地位和权利、义务，制定相关扶持措施及税收优惠措施，鼓励、支持其开展公益性文化活动；鼓励、支持和规范社会组织从事公益性文化活动，形成多方协同共治的文化发展、文化服务的局面；保护、继承和发展民族文化遗产；等等。通过这些方面的立法规定，将政府的文化职能、文化管理手段和行为过程方式等法律化，并将政府文化治理中的禁止、审查、处罚以及契约、资助、指导和监督、评价等活动纳入法律轨道，防止政府在文化治理方面的权力滥用和过度裁量。另一方面，明确公民、族群等作为文化权利主体的宪法地位，依法保障公民的文化自由权和文化受益权以及少数民族等不同族群的文化权利。这样，"公共文化服务保障法"等的文化立法项目，在社会文化领域实施宪法，理顺和搭建公民与国家、政府、社会之间文化利益的容许、创造、享有和支配等环节与行动上的"法律关系"和法律图景。因此，奠定立法基础，实现文化领域公民与国家间关系的法治化，实际上是公民与国家的宪法关系在文化这个层面上通过具体的权利与义务、职权与责任等的展开和细化。[②] 这样最为直接的益处就是，可以努力避免公共文化服务设施沦为形同虚设的政绩工程，有效加强公共文化服务体系建设，切实满足人民群众的精神需求。

宪法修改，在不成文宪法的国家是指以宪法惯例、宪法事件等形式改变宪法规范的内容与形式，在成文宪法国家是指就现行宪法文本，遵循宪法修改的原则、限制和程序，修改、补充、废止宪法的若干条款，以使该宪法文本更加充分、贴切地体现和反映当下执掌国家主权的人民意志，使之成为国

[①]　有学者对政府在文化权利特别是相对文化社会权利中的定位为"政府文化给付义务体系"的承担者。秦前红. 法律能为文化发展繁荣做什么. 北京：中国政法大学出版社，2015：183 以下.

[②]　另有学者将公权利视为公民和社会组织参与国家权力的政治权利和社会权力，并因此对立法规划的拟定中公法体系的调整对象、价值理念与功能定位进行了论述。[郭道晖. 公法体系要以公民的公权利为本. 河北法学，2007（1）.] 多有学者以国家责任指称文化权利所对应的国家义务，如信春鹰.《中华人民共和国非物质文化遗产法》解读. 北京：中国法制出版社，2011：77～78.

家意志的规范表达。在我国，宪法修改是在坚持宪法确立的指导思想、根本制度的前提下，根据改革开放和社会主义建设的实践，在不断深化中国特色社会主义理论体系的指导下，发展和完善宪法、树立和弘扬宪法权威的基本路径之一。尽管有学者强调宪法解释的重要性和必要性，但是，宪法解释尚不可替代和取代宪法修改。就初步研判而言，可以预知：在科学发展观的指导下，"五位一体"的总体发展格局中文化强国的建设目标和丰富内涵，将成为宪法修改的一个重要致思取向和主要内容选项。① 我国现行宪法的 4 次修改始终跟改革开放同步②，在既具有最坚定的阶级代表性又具有最广泛的民族代表性的执政党思想、理论与战略体系发生重大发展之际，进行宪法规范的修改与完善，不是折射出宪法修改的依从性，而是我国政治、法治发展互动性的必然要求，同时无损于转型法治国家历史演进的宪法权威性。相反，在根本上，宪法修改是在立宪、修宪、释宪、行宪、护宪的宪法发展与实现机制中消弭其内在张力的必由之路。对于作为文化领域的根本指针的宪法规范进行必要的充实，将为文化立法进一步提供宪法资源，标示宪法领航，强化宪法指引。

学界已有对于关涉文化方面的宪法修改的初步讨论。有学者侧重在文化权利宪法规范上提出完善的意见，认为：《宪法》第 47 条关于文化权利的规定从文本意义上看，是不充分的，因为只是突出了"科学研究""文学艺术创作"作为文化活动的意义，对其他的文化活动没有详细列举，而根据各国宪法的规定，文化权利的范围应当扩展到教育权利、学术自由、科学研究自由、文化创造和文化活动、体育以及其他有益于人民群众身心健康的娱乐活动，所以，要赋予文化权利以宪法上的地位，从而建立一项以国家和政府履职机制为基础的文化权。笔者认为，这里实际上不限于文化权利的外延和类型问题，还有一个需要将文化权利作为公民基本权利，给予其相对而言更加完整的自由权、受益权双重性质的全面规定和理解的问题。还有学者提出将

---

① 对此，宪法学界有两种主要的声音：一种认为在宪法的"规范性"立场而言，不宜进行宪法修改；另一种则主张，仅仅通过宪法解释的技术无法使宪法文本符合社会现实的要求，宜以科学发展观"入宪"来启动现行宪法第五次修改。莫纪宏 . 我们应当怎样修改宪法——兼论"政治宪法学"与"规范宪法学"修宪观的得失 . 清华法学，2013（3）.

② 肖荣 . 百年求索，依宪治国走向现实，检察日报，2014-12-04（T01）.

科学发展观的指导思想和和谐社会理念"入宪"，将司法独立制度"入宪"，将选举制度明确为宪法条文以体现选举制度在我国政治生活中的重要地位和作用，将中央军事委员会主席的任务限制"入宪"等宪法修改见解，其中包含了文化领域的部分内容，尽管并没有专门分析和论述。① 当然，也有学者认为，"文化"一词在《宪法》中共出现 25 次，除规定"国旗、国歌、国徽、首都"的第四章外，序言及各章均有涉及，出现"文化"一词的已有 15 个宪法条款，从文化政策与文化权利两个方面形成了文化法治建设的宪法基石，因此，我国宪法关于文化的规定是比较充分的，不需要修改。主张修改宪法文本并完善"宪法法律部门"的认识已经逐渐为更多的学者所接受。② 而另有学者主张"制定文化基本法是明确公民文化权利和国家文化义务的有效途径"③，必须以宪法本身的完善与健全为前提和基础。综上，着眼于"文化强国建设"进行若干宪法条文的修改，具有不断厚实的理论基础和学理支持。

第四节　文化法律体系的构成及进程

针对文化领域法治化问题所处的当前这一发展阶段，毋庸讳言，立法保障是比较急迫的，也是富有挑战性的。一方面，在国际公法的视野中，立法是国家作为国际社会的一员，履行国际法下的行动义务的应有举措。《经济、社会和文化权利国际公约》第 2 条第 1 款规定："每一缔约国承担尽最大能力个别采取步骤或经由国际援助和合作，特别是经济和技术方面的援助和合作，采取步骤，以便用一切适当方法，尤其包括用立法方法，逐渐达到本公约中所承认的权利的实现。"这一规定在规范分析的法律解释意义上即已明确：第一，立法的方法得到明文规定和特别重视；第二，尽管的确如一些过于强调司法保护的学者所指出的：委员会同时认为并积极推动公约缔约国和成员体采取多种手段和举措——"还包括但不仅限于行政、财政、教育和社会措施"，以及"为根据国家法律制度属于司法范围的权利提供司法补救办

---

① 另有修改宪法的主张可参见周叶中. 关于适时修改我国现行宪法的七点建议. 法学，2014（6）。
② 讨论立法规划建议开展地方立法研讨. 法制日报，2012-12-10（3）.
③ "建设社会主义法治国家完善文化立法"笔谈. 中国行政管理，2015（2）.

法"。由此可知：立法方法不是唯一"最适当的"措施，但是不能否认立法方法所具有的不可或缺的地位以及率先而为的作用。另一方面，在国内法律体系和法律机制的视野中，立法是国家义务担负的直接表现和首要环节，是将其政治承诺和宪法依据具体展开为一系列的国家机关——包括行政机关、审判机关、法律监督机关等——的法律行动的必要途径和集中规范，也是国家、社会、市场与公民之间的权利义务关系、资源配置关系、权能作用领域等的法律界分的根本措施。因此，在文化领域法治化的初步发展时期，立法是首当其冲的。

针对宪法文本予以修改和完善，将促使文化立法在宪法的统帅和指引下，更加坚实地开展和实施。首先，将使得有关文化立法项目在立法的指导思想、基本原则与结构关系上得到进一步的整合、一致和协调，比如在文化领域的基本法律和除基本法律以外的其他法律的关系上，可以明确一些具有特定调整领域的文化特别法由全国人大常委会制定，由此加快文化立法的步伐。其次，将促使有关领域的立法需求及项目定位浮现，由此在核心价值观的教育方面，在哲学社会科学的繁荣、发展、普及和应用方面，在近代历史遗迹特别是革命历史遗迹的立法保护方面，在国家文化发展基金的法律规制方面，将会呈现出其立法的必要性，而不是相反：可有可无甚至无所作为。再次，在十八大报告、党章和可能的后续宪法修改的精神指引下，将进一步解放思想，在包括文化强国建设在内的"五位一体"发展总体格局的广阔视野中，立足于全面推进依法治国，突出立法重点领域和重点项目，审视和分析现有的立法思维与项目拟议，并探索创新，得出可能的应有判断。最后，从宪法修改的具体定点出发，辨析其战略意义和现实指向，将有利于在当前和今后一个时期，发掘和展现出相对集中的文化立法重点之所在。这样给予直接的启迪在于，反观、消化和汲取现有规划和学界观点，以找寻和锁定具有立法可能性、必要性特别是紧迫性的文化立法项目，并立足其调整对象和供给关系来明确其实施的步骤和策略。

《国家"十二五"时期文化改革发展规划纲要》要求"建立健全文化法律法规体系，加快文化立法，制定和完善公共文化服务保障、文化产业振兴、文化市场管理等方面法律法规，将文化建设的重大政策措施适时上升为法律法规，加强地方文化立法，提高文化建设法制化水平"。《国家"十三五"时期文化发展改革规划纲要》要求"加快文化立法进程,强化文化法治保障,全面推进依法行政。抓好公共文化服务保障法、网络安全法、电影产业促进法等法律的实施"。法律建设方面,制定文化产业促进法、公共图书馆法等,修订《著作权法》《文物保护法》等。行政法规建设方面,制定全民阅读促进条例、未成年人网络保护条例、文化市场综合行政执法管理条例、志愿服务条例等,修订《电影管理条例》《互联网上网服务营业场所管理条例》《印刷业管理条例》等。部门规章建设方面,修订互联网新闻信息服务管理规定等。《文化部"十二五"时期文化改革发展规划》在规划第十一章"法制保障"方面,曾提出需要推进公共图书馆法立法,研究制定文化产业促进法、公共文化服务保障法、博物馆条例、大运河遗产保护条例、世界文化遗产保护管理条例、艺术品市场管理条例、古籍保护条例、国家图书馆条例、游戏游艺机市场管理办法、娱乐场所管理条例实施细则等;需要修订完善的法律法规有《文物保护法》《互联网上网服务营业场所管理条例》等。

2010年以来,文化立法步伐不断加快,布局日渐均衡。2017年11月《中华人民共和国文物保护法》继2015年4月第四次修正后进行了又一次重要修改。《博物馆条例》2015年3月20日起施行。2016年,《电影产业促进法》《公共文化服务保障法》相继制定,《互联网上网服务营业场所管理条例》进行了修改。2017年11月4日,第十二届全国人民代表大会常务委员会第三十次会议审议通过了《中华人民共和国公共图书馆法》,这是党的十九大之后,公共文化领域继《中华人民共和国公共文化服务保障法》之后的又一部重要法律;《中华人民共和国文物保护法实施条例》《历史文化名城名镇名村保护条例》也作出了修改。2017年地方文化立法中,重庆首部保护历史文化遗产的地方性法规《重庆市大足石刻保护条例》经重庆市第四届人民代表大会常务委员会第三十五次会议审议通过,湖北省第十二届人民代表大会常务委员会第二十九次会议批准了《十堰市武当山古建筑群保护条例》,陕西省第十二届人民代表大会常务委员会第三十六次会议审议通过了《陕西省石峁遗址保护条例》,陕西省第十二届人民代表大会常务委员会第三十七次会议批准了《西安市不可移动文物保护条例》。

在基于现有立法状况、开展调查研究、借鉴上述合理因素、参酌域外文化立法的基础上,按照顶层设计和突出重点相结合、立法需求与资源约束相结合、立法类型和国情根据相结合、体制改革和法治保障相结合等的原则，本着"价值彰显、产业发展、服务均衡、规范有序"的立法目标，兼及在"后体系时代"完善中国特色社会主义法律体系进程中，立法的均衡性、立法的精益化（既要求基本法甚至法典化，又要求特别法，即强化其针对性和指向性）、立法的协调性和立法的创造性（既不是直接拿来、简单移植，更不是复古和守旧，而是在中国特色社会主义制度的实践探索中进行凝聚和固化）将日益突出的发展态势和优势、阻力进行综合研析，除去文化遗产传承保护和合理利用（制定水下文物保护法、历史文化名城名村镇保护法、人类遗产保护法）等，文化权益尊重、维护、保障和实现，文化立法与教育、科技、体育等立法的融合项目、关联项目（比如修改《体育法》、制定体育仲裁法，修改《语言文字法》，制定学前教育法等）等关涉文化建设之外，可以明确以下三个文化立法为中期规划中的重点：第一，在核心价值观教育、健康文化氛围的营造上，由可能性、操作性和适度性的基准线分析，思想文化领域的立法可有其适宜的选项。第二，在公共文化服务的法律保障方面，制定文化馆法、博物馆法、纪念馆法（或者相对综合的公共文化设施法）等。第三，在文化产业促进和市场秩序监管方面，制定文化产业促进法、演出法、艺术品拍卖法等。

当然，还需要始终注意到文化立法引介法律调整机制开展文化治理的局限性以及可能的排异性，不应当在重视文化立法的规划和制定的同时，忽视宣传教育、道德感化等原本属于文化建设、思想建设和精神文明建设范畴的文化调控机制和文化治理方式。第一，文化，即便是狭义的文化领域，毕竟是一定的社会个体或群体在其思想意识、价值观念及历史和现实的文化资源基础上进行的能动呈现，具有自身的个性化、个别性或者族群式、地域化等显著特征。第二，主流文化在其传播、灌输和渗透过程中，也与其他的文化领域和文化类型之间交叉、融合、冲突、碰撞。第三，相对主流文化而言，任何一个社会中都存在着亚文化、次文化等众多类型和群体样式。因此，尽管可以通过文化立法推进作为外在刚性行为规范的法律，直接作用于文化的产品、商品和行为等产生外在社会影响的文化载体、文化表征或文化行动，并进而间接作用于人们的思想意识、价值观念和文化心理，但是，在法律调整客观的、现实的行为主体的行为活动及其后果的时候，对其主观世界的触及、触动的有无与深浅，是难以判定的。在对于一部文学艺术作品是否跌落于该社会的反文化、逆文化的泥潭之中，对于一部电影是否应该被规定为限制级别，等等，加以法律上的判定时，是存在较大难度的。况且我国文化法治化的实践极为苍白。因此，在文化立法规划与实施的未来的效应预期上，不能忘却法律对文化领域进行调整的间接性和审慎性。

综上，鉴于文化领域的立法并非像经济立法、刑事立法等其他领域或部门的立法那样处于"吐故纳新""拾遗补缺"的发展阶段，文化立法依然基本面临夯实基础、树起支架、构建格局的首航任务，毫无疑问，文化立法规划的拟议与定型就显得非常迫切和重要。在完善中国特色社会主义法律体系的新阶段，仰赖和运用文化立法规划以改变文化立法相对薄弱的现实局面，提取、保障和推进重点文化立法项目的稳步实施，改善和提高文化立法规划中立法项目的拟议、选定、论证与编制的实际效果，形成文化领域基本法律制度的合理布局、间架结构，不论是对于法治中国的目标还是对于文化强国的目标而言，都有着深远的历史意义和重要的现实意义。

第二十六章

完善公共文化服务保障与文化产业促进立法

第一节　公共文化服务保障立法[①]

一、公共文化服务保障立法的功能定位

公共文化服务保障法，是文化领域的"社会保障法"、"政府义务法"和"人权实现法"；是在文化服务的内容、过程和实效上的社会协同法；是在我国市场经济和社会转型中，政府履行文化职能、社会保障职能的积极行政法；是我国公共文化领域给付行政法律制度创设、系统化的积极尝试与重要项目；是一部文化领域的主干法。其核心主旨是"促进基本公共文化服务标准化、均等化"，其亮点将聚焦在现代公共文化服务体系的构建之上，诸如政府公共文化服务的财政投入、保障项目、保障标准、覆盖范围以及公共文化服务的实现途径和评价机制，尤其是城乡一体化的保基本、促公平、可获得的基本公共文化服务指标的法律设定。《广东省公共文化服务促进条例》已实施，江苏、上海等地已经就公共文化服务进行了地方立法的探索并积累了有益的经验。加快我国公共文化服务地方立法时机已成熟，技术上有可操

[①]　本节系作者专题研究公共文化服务保障法的综述稿，就该法的功能定位与主要内容进行了讨论和评价。《中华人民共和国公共文化服务保障法》已由第十二届全国人民代表大会常务委员会第二十五次会议于2016年12月25日通过，自2017年3月1日起施行。对其理念、架构和内容等重点问题进行全景式分析，有助于该法的实施和公共文化服务保障的地方立法的开展。

作性。公共文化服务保障法，是与民生密切相关的，即保障人民的基本文化权益，通过建设公共文化服务体系，满足人民群众基本文化需求，如听得到广播、看得到电视、读书看报、进行公共文化鉴赏、参与公共文化活动等。对此政府有责任、有义务予以保障和扶持。

依法建立完善的公共文化服务体系，满足公民的基本公共文化需求，是实现公民文化权利的必要条件和主要途径。公共文化服务体系建设是维护公民基本文化权益、满足人民群众基本文化需求的重要保障，同时也是各级政府的基本职责。公共文化服务保障法要有针对性地克服在公共文化服务方面的投入机制和服务绩效的下述问题，贯彻公共文化服务的公益性、公平性、可持续性等基本原则。① 第一，存在公共文化服务设施政绩工程、形象工程的倾向，一些公共文化服务供给表面"过剩"，文化设施利用率低，暴露出投入评估、选址规划等缺乏公众参与和合理论证的问题。与此同时，并存着公共文化设施供给不足、分布不均衡、在地域上过于集中等问题。第二，公共文化服务活动缺乏经常性和持久性。第三，公共文化服务的参与性和实效性有待提高。《国家基本公共服务体系"十二五"规划》中明确提出要保障人民群众看电视、听广播、读书看报、进行公共文化鉴赏、参加大众文化活动等权益。公共文化服务体系就是以保障公民基本文化权益、满足基本文化需求为目的，以政府为主导，以公共财政为支撑，以公益性文化单位为骨干，向社会提供公共文化设施、产品、服务的制度体系。

以我国的文化投入为例。2010 年，全国文化事业费 323.06 亿元，其中农村投入仅占 36.0%，低于城市投入 24 个百分点。"文化投入所占比重还是比较有限，2010 年是 0.38%。韩国是 4%，法国、荷兰、芬兰这些国家常年1%，人家从国王时期就这么干。"② 因此，必须"将公共文化服务立法纳入社会公共服务均等化建设，通过立法，采用刚性指标，增大财政对公共文化建设的投入，确保财政投入增长的比例和进一步向欠发达地区特别是基层城镇倾斜制度的落实"③。还要依法建立完善重大公共文化项目专项投入良性

① 耿香玲. 基于文化权利视角的公共文化服务可持续供给保障机制探讨——以江苏省常熟市为例. 常熟理工学院学报，2011（11）：53-57.

② 高宏存. 文化创新：建成小康社会力量源泉. http://wzzx.xj71.com/2012/1127/695494_4.shtml.

③ 盛昌黎委员：关于将公共文化服务立法列入全国人大 2012 年议事日程的提案.［2017-02-06］. http://www.mj.org.cn/mjzt/2012nzt/2012lh/2012lhjyxc/2012lhzlshyfz/201203/t20120313_137200.htm.

运营机制，并逐步健全公共文化事业财政投入绩效考评机制，确保财政文化体育与传媒支出不低于同级财政经常性收入的增长幅度。要明确建立政府采购公共文化服务制度。财政部门还强调对"有条件的地方还要为困难群众和农民工文化消费提供适当补贴"。比如，四川省成都市把乡镇（街道）综合文化站（中心）活动经费纳入财政预算，城区人均文化经费每人每年按 6 元—10 元标准纳入财政预算，远郊区县每人每年按 2 元标准转移支付。全市每年累计投入达 1.1 亿多元。福建省引导、鼓励社会力量捐赠文化设施建设，福州市图书馆设施建设募集资金 4 亿元。① 这样巨额资金的筹措、流转和使用效益如何，是一个非常值得关注的法律问题。在克服资金风险方面，立法规制必不可少。

要明确《公共文化服务保障法》的宗旨，即加强设施维护和阵地管理，提升公共文化服务能力，改善公共文化服务效率，提升文化品位。要明确公共文化服务的范围，建立覆盖全社会的公共文化服务体系。要明确各级政府发展公共文化服务的基本职能、权限和义务，将其纳入各级政府经济社会发展规划，城乡建设规划，纳入财政预算；与此同时对公共文化投入的财政经费的合法来源途径与实际作用绩效进行法律监控，加强切合文化服务自身特点的评价、评判；政府必须要把公共文化事业纳入经济社会发展总体规划，纳入科学发展考核评价体系。要确立公共文化服务组织的法律地位和权利、义务，制定相关的扶持措施及税收优惠措施，鼓励支持其开展公益性文化活动，鼓励、支持和规范社会组织从事公益性文化活动。还需要在人才培养、选拔和使用上作出相应规定。毕竟公共文化服务保障法和专注于公营造物性质的博物馆法等不同，是在公共文化服务体系方面的全面构建和法律确认，因此除去物化要素，人才要素将是更加重要的活化资源，其中包括文化表演创作人才和文化管理服务人才两大类。就后者而言，比如笔者在调研中曾了解到浙江省台州市争取每一个行政村（社区）有 1 名以上文化管理员（文化指导员），将基层文化培训工作纳入制度化、规范化轨道，通过职业教育、专业培训、聘用聘任、定期服务等各种方式培养文化干部，提高专职文化干部、兼职文化人员和文艺骨干的业务水平。②

---

① 以上数据来自：关于公共文化服务体系建设的调研报告. 光明日报，2011-10-16.
② 台州市关于加强公共文化服务体系建设的若干意见（送审稿），2012-09-17.

二、公共文化服务保障立法的规范设计

在依宪治国的视角下，公民、公众的文化权利（益）主要是文化受益权和政府的文化职责之间的基本宪法关系的法律化展开，是公民、公众的文化权利（益）制度性保障的立法实现。以法律规范的形式确立在公共文化服务保障中各方主体的权利、义务，建构富有法律效力的公共文化服务提供、公众共享、弱者救助、内容监管、要素集聚、资源供应、绩效评价、政策优化等的法律制度，是公共文化服务保障立法制度设计的具体内容。对此，既要有系统性、整体性，又要有规范性、操作性；既要在微观的行为方式和裁判规范上能够保障法律主体可遵循，又要在相互的协调协同上促使各方面的公共文化服务保障制度形成合力；就必须坚持尊重和激发文化权利主体的文化人格能动性和文化共享积极性，坚持文化供给选择性、自主性与文化服务公益性、公序性，坚持国家保障义务和社会协同参与的结合。

1. 关于公共文化服务中的文化社会权利

在权利、义务配置上，要合理体现公民文化权益——文化表达权和文化受益权的辩证关系，并增强在公共文化服务保障法中的制度化。其前提或支点是确认公民主观公权利。《宪法》第22条第1款规定，国家发展为人民服务、为社会主义服务的文学艺术事业、新闻广播电视事业、出版发行事业、图书馆博物馆文化馆和其他文化事业，开展群众性的文化活动。宪法第一章"总纲"部分的条文，出发点是维护客观法秩序，故没有确认公民具有获得公共文化的主观公权利。因此，在我国文化方面，公民一直是客体，而不是有独立请求权的主体。《公共文化服务保障法》第1条中"公众文化权益或公民文化权益"应得到体现。公共文化服务建设不仅需要提供器物层面的公共文化产品，更需要提供制度层面的文化参与机制。公众参与机制的重要性首先在于文化本身就是人的生活组成部分和符号表征系统。公众参与是文化生活化和文化遗产原真性保护与活态化传承的主要途径，是文化产业链条和生活美学、社会文化消费的涵养机制。同时也应健全文化需求的表达机制，增强公众对基层公共文化服务设施的使用权益的选择权、主导权。如实践中，宁波市鄞州区在剧目采购前，由各乡镇上报群众普遍欢迎的演艺产品，同时政府组织相关部门在采购之前要做大量的市场调查、剧团沟通等工作，

民众可以将自己喜爱的文艺节目上报至采购名单。当地根据群众需要已经将重庆川剧、上海话剧首度引进鄞州，较好地满足了群众多层次、多样化的文化需求。《法治政府建设实施纲要（2015—2020年）》规定：推行文化教育、医疗卫生、资源开发、环境保护、公用事业等重大民生决策事项民意调查制度，要规定文化需求的民意调查机制。毕竟，在公共文化之中，公民或公众的文化表达权益和文化受益权利是不可分割、合二为一的。公共文化活动与文学艺术创作同样具有自我表现与价值体验的功能，并进而具有公众的文化自我组织的重要社会功能。公共文化服务不是自下而上的，不是仅仅送文化，而是根本上的种文化、长文化；在本质上，不是保育型的行政供给，而是生活情感思想的文化感受与表征。因此，要组织民间文化活动，提供文化参与的展示平台；要满足民众多元化、地域化、差异化的文化需要。

2. 关于公共文化服务均等化保障措施

公共服务均等化问题是公共文化服务保障立法中的首要问题，是关系到公共文化服务的实质平等、底限标准的重要制度设计。对此学界进行了相对广泛的研究，取得一系列共识，并有结合宪法规定的特定人群的权益、国家职能、公共财政以及新型城镇化、城乡统筹发展、社会流动与社会治理创新等进行了富有针对性的论述。有学者就《公共文化服务保障法》进一步建议在原《草案》第三十六条增加：提供与少数民族群众语言文字、文化传统和生产生活方式相应的公共文化服务。在原《草案》第四十条中增加：国务院根据国民经济和国家公共文化发展需要，建立全国公共文化财政投入"基准比例"等。[①] 笔者认为，着眼于体现我国社会主义制度的本质要求以及中国特色社会主义核心价值观的内在属性，公共文化服务保障立法面对在我国，公共文化服务在城乡之间、东西部之间失衡的现象比较严重，农村公共文化服务能力低下的现象比较突出，特殊群体所需的有针对性的服务还比较欠缺等问题，宜规定对革命老区、民族地区、边疆地区、贫困地区的公共文化服务给予扶持，针对未成年人、老年人、残疾人、流动人口等群体的特殊需求提供公共文化服务，国家重点向农村地区提供公共文化产品，以体现坚持公益性、基本性、均等性、便利性的公共文化服务保障基本原则。

---

① 段小虎. 促进基本公共文化服务标准化、均等化——国家"公共文化服务保障"立法进展与内容解读. 科技文献信息管理，2015（03）：1～4.

3. 关于公共文化服务的政府主导原则与政府保障职责

《公共文化服务保障法》应当进一步就文化行政部门的行政规划、计划的职能及活动方式予以规定。作为一项职责以及有关治理方式，对公共文化服务专项规划或文化建设发展规划，应当加以规定。对行政契约、信息规制和风险管控等规制手段同样应加以具体的规定。其中，公共文化服务设施共建共享，不应限制在文化设施自身的范围内，应与教育、卫生甚至公共交通、公共应急疏散等安全设施建设之间共建共享。应多功能的公共文化服务设施，而不是单一的。要依托学校、人口宣教等设施，而不是另起炉灶。这对很多地方而言，也是克服公共文化发展建设的地产化倾向的必要措施。因此，不仅应当"规定政府建设公共文化设施的责任"，而且应当规定在内容监管、过程管理、统筹等方面的职能手段和方式程序，使之法定化。在关于政府文化行政部门资质认定、项目委托、招标采购、补贴奖励、监督评估等的规定中，明确应当通过合约——行政契约（合同）——的方式，并规定政府公共文化服务的信息公开义务与方式，增强双方的权利、义务的明确性和可评价性，以及社会公众监督。如黄浦区半淞园路街道建立了系统内外资源共享、文化共建的新机制，先后与上海戏剧学院、上海昆剧团等文艺院团签订共建协议，还与上海翻译家协会、上海音乐家协会等先后建立了文化合作关系。此外，还要健全公共文化服务质量的考核机制。尽管原草案规定了公众参与的考核评价制度，但是对象上是公共文化设施使用效能，而不是公共文化服务活动项目；公共文化设施管理单位是义务主体，但是，未将有关文化服务保障以及监管主体均设定为公众参与考核评价的义务主体。据此改进公共文化服务保障，应进一步加强对公共文化服务设施的服务绩效与公众评价相结合，可以实行社会第三方评估。例如黄浦区探索确立了公共文化服务财政保障机制，同时建立区财政预算目标管理绩效考核评估制度，由区财政、区审计等单位联合第三方专业评估公司，对基层文化建设预算项目进行年度绩效考核。

从廉洁性评估的角度，建议规定政府购买服务按照招标投标法、政府采购法的规定执行，防止其中的资质或名录制度等对公平和开放的公共文化服务的区隔。另外，不能仅仅将公共文化设施单位作为义务主体，使其履行报告义务，而应借鉴我国台湾地区有关规定，让政府文化行政部门承担年度报告、政策评估的义务。

最后，应规定对政府及其职能部门的职责及其履行状况的监督检查，包括在法律责任中设定针对文化服务监管部门的层级监督，比如上级机关在监督检查时或者备案审查中，如果发现下级机关作出的行政决定在适用法律上明显不当或错误，应予以撤销或变更，或通报批评，责令下级机关改正，对于不改正的，向其同级人民政府提出建议，由政府撤销、变更；依照监察法律制度的规定，针对在公共文化服务中可能出现的如播放不宜内容等的情形加以责任设定，细化责任认定和追究，防止和处置在公共文化服务活动中的不法情形。

4. 关于公共文化服务财政保障措施

在我国的财政支出中，文化事业费所占比例偏低，成为公共文化设施建设滞后、运转经费不足和人员队伍不稳定的重要因素。在域外，法国的《企业参与文化赞助税收法》以及《文化赞助税制》等法律法规，规定了针对支持、参与公共文化服务的企业的税收优惠。美国联邦税法对博物馆、美术馆等非营利性文化团体和机构规定了免征所得税政策，对于公司、私人等向非营利性文化团体捐款和赞助的，也相应给予减少应纳所得税额的待遇。就此，有学者主张，"时机成熟，可考虑借鉴法国的做法，单独出台一部'文化赞助税法'，以进一步明确企事业单位、社会力量捐助公共文化可享受的税收待遇"①。结合域外文化治理的善治理论和实践经验，有学者认为，应该从我国国情出发，借鉴法国的文化集权战略和公共文化服务以公共财政资助为主的组织模式，选择英国让负责拨款的政府和实际使用所拨经费的文化团体、文化工作者保持"一臂之距"的公共文化服务管理模式。② 为此，公共文化服务保障立法中对政府的公共文化服务经费保障责任应予以规定，并要求各级人民政府应当合理划分公共文化服务的事权和支出责任，并在周延性、精准化以及强制性上予以提高，为科学构建以均等化为目标的基本公共文化服务财政保障机制、厘清中央和各级地方政府财政分担责任提供法律准则。

---

① 苑新丽. 发达国家支持公共文化发展的财税政策及借鉴. 国际税收，2015（4）.

② 商思刚. 论我国公共文化服务体系立法的改进与完善. 北京：中国社会科学院研究生院学报，2012（17）.

5. 关于公共文化服务保障社会化举措

政府应致力于理顺公共文化服务的供给主体关系，调动社会力量尤其是经营性文化产业，共同参与公共文化服务建设。公共文化服务保障与文化产业繁荣发展之间，是互为因果的关系。公共文化与文化产业相互支撑、互相促进。有学者指出，在这一方面公共文化服务与公共产业的关系应予理顺，在立法中应有规定。① 笔者认为，宜运用文化领域协同治理的理念和机制，激发政府主导的社会协同的公共文化服务和文化建设的积极性，确立政府采购、委托生产、特许经营等公共文化项目外包的法定方式，采用激励措施引导多方积极参与公共文化服务合作，形成公共文化服务的多元供给模式。要坚持公共文化服务主体、方式上的多样化、开放化，最大限度地在公共文化服务过程中体现其公共性，其中社会化应是一个主要取向。将政府购买服务的权利、义务和程序机制、监督机制、责任机制予以规范设计，明确财政投入和政府监管标准，将政府给付义务的法定性及其实现方式的多样化统一起来。北京市、无锡市等地的社会组织、民办非企业组织管理和运营基层公共图书馆或小微图书室，增强了公共文化服务的切近性和针对性，提高了公共文化服务的可及性与有效性。再比如，在新型综合性或专业化的公共文化服务设施建设和运营上，也可以采取政府、社会双方面融资并委托或授权社会主体予以运行，政府加强内容监管和绩效评价。

6. 关于公共文化服务绩效评价与监督机制

《公共文化服务保障法》已尝试设计一系列鼓励和支持措施，规定了"表彰奖励"等，并对公共文化服务的绩效评价和监督机制进行了设计，其中第 56 条规定："各级人民政府应当……建立反映公众文化需求的征询反馈制度和有公众参与的公共文化服务考核评价制度，并将考核评价结果作为确定补贴或者奖励的依据。"在监督机制上，该法从政府部门监督到社会监督都进行了规定，其中第 55 条规定："县级以上人民政府应当建立健全公共文化服务资金使用的监督和统计公告制度，加强绩效考核，确保资金用于公共文化服务。任何单位和个人不得侵占、挪用公共文化服务资金。""审计机关应当依法加强对公共文化服务资金的审计监督。"并在第五章"法律责任"

---

① 江逐浪. 中国公共文化服务事业发展中的几个内在问题. 现代传播，2010 (5)：11~18.

中详细列出了违反法律规定的情形与问责。有学者提出：首先，建构公共文化服务组织法律制度。其次，建构公共文化服务运行法律制度。要建立公共文化服务建设的规划与决策制定机制，形成公共文化服务的多元供给模式，制定公共文化服务竞争制度，建立政府公共文化服务问责制度。还有学者提出：该法宜采用促进型的立法模式，同时要进行事后的公共文化服务评估，以评估促改革。[①]

最后，总体上，学者普遍认为，《公共文化服务保障法》制度设计的细化有助于增强其制度刚性和规范效力。部分实务工作者对公共文化设施中是否包括公园、如何确保广大群众的参与度、是否应当对参与公共文化活动的时间也作出相应规定等问题提出了具体意见。有学者认为，《公共文化服务保障法》相关规定还比较原则、粗糙，还需要配套法律法规的制定，用以弥补更具操作性的规则，以应对在实施细则层面上的挑战。[②] 笔者认为，在立法的协调性、系统性上，基于《公共文化服务保障法》的"法律"性质和效力地位，《公共文化服务保障法》与非物质文化遗产法、文化产业促进法、文化安全方面的国家安全法，以及物权法方面关涉的公营造物法律制度之间的衔接，应当得到进一步的重视，予以相应的制度衔接、细化规定。

三、实施《公共文化服务保障法》的前瞻

通过公共文化服务保障立法，总结、提炼公共文化服务保障的有益经验，完善公共文化服务保障的制度、体制和机制，依法构建现代公共文化服务体系，繁荣发展公众共建共享的公共文化，保障和实现公民的基本文化权益，是《公共文化服务保障法》制定的基本指向和目标任务。公共文化服务保障法是新时期文化领域的一部基础性法律，构成各个文化领域的法制"顶层设计"。这部文化领域的主干法，是增进和健全公众和公民文化权益实现的含金量、供应链和路线图的法律设计，将极大地实现以公共文化服务的滋

---

① 陈云良，胡国梁. 公共文化服务立法的基本问题探析. 云南大学学报：法学版，2013，（5）：7～11. 有学者就该法的创制认为，"公共文化服务从行政推动迈向法制保障的历史性转型"。阿计. 文化立法正崛起. 江淮法治，2016（14）.

② 李袁婕. 2015年文化法治研究综述. 中国文物报，2016-03-15（003）. 罗冠男. 试论我国公共文化服务法律体系的完善. 天津法学，2015（3）：50.

养和涵养，促进全社会层面的文化脱贫、文化共享和文化再造，增进全社会的民族自豪感、国家认同感、文化归属感，将激发持久的精神文化需求，保障公共文化服务的持续供应，将普惠、公平的公共文化服务的可接近感、可获得感作为实现公民文化权益的行动指标，形成公共文化领域供需对接、健康文明、繁荣活跃的社会空间。

针对当前有一些地方在公共文化服务方面存在重设施建设、轻管理，设施很高大上但利用率和效能都比较低、活力不足的问题，《公共文化服务保障法》明确规定，要建立反映公众文化需求的征询反馈制度、基本公共文化服务的标准制度、公共参与的公共文化设施使用效能考核评价制度，以及公共文化机构年报制度等等；并对公共文化的设施建设、管理和服务，长期困扰基层的比如资源整合、设施管理等问题，均作出了明确的法律规定。《公共文化服务保障法》明确了政府在设施建设、产品生产、服务的提供等方面的法定责任，从而可以督促各级政府依法履职尽责。《公共文化服务保障法》也明确了社会力量在公共文化服务、设施建设、管理和服务提供等方面的重要作用，特别鼓励和支持公民、法人和其他组织通过兴办实体、资助项目、赞助活动、提供设施、捐赠产品等方式参与公共文化服务，从而为社会力量更好地参与文化建设拓宽了渠道。此外，在政府支持方面，《公共文化服务保障法》规定，国家要采取政府购买服务的方式，而且要加大力度，支持公民、法人和其他组织参与公共文化事务。在培育社会主体方面，《公共文化服务保障法》鼓励和支持公民、法人和其他社会组织依法成立公共文化方面的社会组织，推动公共文化服务社会化和专业化服务的发展；明确鼓励公民、法人和其他组织参与文化志愿服务，特别要求县级以上人民政府要给予必要的指导和支持，要建立管理评价教育培训和激励保障措施，公共文化设施的管理单位要主动、积极地建立文化志愿服务机制。在财税政策方面，《公共文化服务保障法》明确规定，公民、法人和其他组织通过公益性的社会团体或者县级以上人民政府及其部门捐赠的财产用于公共文化服务的依法享受税收优惠；同时，还鼓励它们通过捐赠的方式设立公共文化服务的专项基金，专门用于公共文化服务。

整体上看，有关公共文化服务保障立法的学理研究起步较晚、总量偏少，还不够丰沛、深刻和厚重，在指引功能、建构功能、解释功能以及话语传播功能上均有待提高。笔者认为，应在以下方面加强研究：

首先，加强公共文化服务保障立法的理论研究。应重视文化法学的基础理论研究和应用理论研究，在立法或法学的智库建设中自觉地将文化立法理论作为重要的研究方向，重视文化权利的宪法依据以及实现中的国家义务履行机制的研究。还要进一步加强不同类型文化法治比较研究，在法理学、宪法学和立法学的学科领域和视野中引申、提炼和充实文化立法的理论内涵，以更为丰厚的文化法学研究成果为文化立法提供理论论证、智力支撑和决策支持。要牢固树立文化权益为本的立法理念，深刻解析、科学对待文化与人的自由、社会和谐发展之间[1]，文化与国家、文化与法律、文化自由权与文化社会权[2]、文化权益与文化治理之间的辩证关系，确立正确的文化立法价值导向。

其次，着眼于文化法律制度体系和效力体系的有序推进与整体建设。一方面，要加强公共文化服务保障法律衔接问题研究。公共图书馆法、古村落历史文化保护等方面的立法工作也已开展调查研究和起草论证，《公共文化体育设施条例》《乡镇综合文化站管理办法》应伴随《公共文化服务保障法》进行修改完善，因此，要切实将公共文化服务保障立法中的立、改、废、释诸行为方式予以系统谋划和整合研究。另一方面，要加强公共文化服务领域的立法项目、立法规划问题研究。[3] 理性判断文化立法需求，尽快消除立法盲点，同时注重恪守立法的谦抑性，审慎立法，加强公共文化服务法律制度设计和实施的全局性、针对性和有效性的研究，探究保障我国文化领域法律法规协调发展与相互促进的方式与路径。

再次，加强地方公共文化服务保障立法问题研究。就公共文化服务保障立法权限是中央事权还是地方事权抑或中央与地方共同事权，学界有认识上的分歧。有学者认为，《关于加快构建现代公共文化服务体系的意见》按照

---

① 朱鸿召．论我国公共文化服务体系建设的理论基础．南京邮电大学学报（社会科学版），2009（1）：37～42．

② 石东坡．试析文化权利宪法规范的实施保障问题——以比较法学视域中的"文化宪法"研究为参照．云南师范大学学报（哲学社会科学版），2012（5）：80～88．石东坡．论文化立法的宪法规范及其指引下的重点选项//中国社会科学院文化研究中心．文化发展研究．北京：经济管理出版社，2015．

③ 石东坡．试论编制文化立法规划的内涵、依据与意义//胡惠林，陈昕．中国文化产业评论．上海：上海人民出版社，2016．

党的十八届三中全会关于建立事权和支出责任相适应制度的改革要求，明确了公共文化服务经费保障的责任主体，公共文化服务作为区域性公共服务的组成部分，属于地方事权。① 在"公共文化服务经费保障的责任主体是地方政府"的意义上这可能是正确的，但是如此认为地方省级立法方面没有公共文化服务保障立法事权，则未免有些以偏概全。地方财政保障既有一般意义的公共文化服务保障意义，又有对地方文化传承发展的意义和作用，因此，地方公共文化服务的立法应当是整个公共文化服务保障立法中必要的组成部分。再者，地方的公共文化服务标准、内容可以有一定的特色和差异，同样允许一些地方在基本公共文化服务保障标准上有一定的提高。要妥善处理好文化基础法与专项法以及地方法规、政策的关系，以文化法治的统一性、系统性、协调性为准则。

最后，加强公共文化服务保障立法实施问题研究。目前，对公共文化服务保障立法的实施机制、实施途径，关注和研究尚寥若晨星。要加强公众参与公共文化服务保障法的实施机制研究。以日本为例，就文学艺术作品判断方面的管理人制度在一定程度上体现了企业、社会团体等民间力量如何参与公共文化服务中的公共文化产品甄别环节。② 还要加强政府文化治理和文化行政执法机制创新研究，以及《公共文化服务保障法》实施中的法治文化与公民教育问题研究。可以研究探索"区别于传统救济方式的适合公共文化服务领域的救济制度，探索建立公共文化公益诉讼"③，提高公民依法行使和维护自己文化权利的能力，拓宽公民参与文化法治的渠道。

第二节　文化产业促进法立法研究

一、文化产业促进立法的时代背景

党的十八大明确提出了四项战略任务，其中一项就是文化产业成为国民

---

① 李国新. 现代公共文化服务体系建设与公共图书馆发展——《关于加快构建现代公共文化服务体系的意见》解析. 中国图书馆学报，2015（5）.

② 魏晓阳. 日本文化法治. 北京：社会科学文献出版社，2016：（42）.

③ 曹剑光. 我国公共服务救济制度现状与完善措施. 莆田学院学报，2011，18（1）：26～32. 崔璨. 传统诉讼制度下文化遗产保护的障碍及出路. 理论月刊，2016（10）.

经济支柱性产业。所谓"文化产业"，是指一切从事文化产品生产和提供文化服务的经营性行业，主要包括影视制作业、出版业、发行业、印刷复制业、演艺业、娱乐业、文化会展业、数字内容和动漫产业等。根据文化部于2003年9月对文化产业的界定，"文化产业是指从事文化生产和提供文化服务的经营性行业"。2004年3月国家统计局制定了《文化及其相关产业分类》，明确提出文化及相关产业活动的六方面主要内容：（1）文化产品制作和销售活动；（2）文化传播服务；（3）文化休闲娱乐服务；（4）文化用品生产和销售活动；（5）文化设备生产和销售活动；（6）相关文化产品制作和销售活动。按照这样设计的指标，有学者简要概括为：文化产业是以文化为核心内容而开展的文化经营活动，包括产品和服务。①

党的十九大报告指出，要推动文化事业和文化产业发展。满足人民过上美好生活的新期待，提供丰富的精神食粮。"十三五"时期，中国文化产业进入新发展阶段，文化产业成为创新创业最活跃的领域之一。2017年6月底，全国文化及相关产业企业数量超过322万户，同比增长22.4%。2017年10月底，沪深两市文化传媒板块有119家企业上市，总市值近1.6万亿元。其中，2016年7月以来通过IPO登陆资本市场的文化传媒企业有52家，占比超过40%。新兴业态成为文化产业的新增长点。2017年上半年，以"互联网＋"为主要形式的文化信息传输服务业营业收入为3 397亿元，增长32.7%；2017年1月1日至10月31日，全国备案上线的网络电影为5 620部，国内市场份额前30位的重点网络文学网站原创作品总量达一千多万种，每年新增近两百万种。

尽管文化产业覆盖面广，与科技、教育、旅游等有关产业之间交叉性强、关联度高，在其内容和范围的界定上面临困难，但是可以通过立法技术就其类别列举和产业政策依法进行进一步明确等方法，加以弥补，并且发挥文化产业的辐射带动作用，也是转型升级的应有之义，因此，不妨在文化产业的涵盖上适度拓展一些。就文化产业的现实状况而言，我国幅员辽阔，有着文化产业发展上的各地的特殊性，但是突出问题在于行政性市场分割"严重阻碍了文化创意产业收益递增内涵特性的发挥"，成为其制度障碍。因此，

---

① 刘玉珠. 我国文化产业发展现状及政策走向.（2013-01-18）. http：//wzzx. xj71. com/2011/1121/659431. shtml.

应进行政府管理模式转变，强化市场决定性作用，减少资源配置扭曲，放松管制，提高文化企业的自生能力。[①] 吸收和借鉴日本、韩国、英国等国家和我国台湾地区发展文化创意产业的成功经验和普遍做法，应当将文化产业的制度环境优化，将政策措施法律化。在具体做法上，既需要如美国那样不断修改著作权方面的相关法律，激发和活化在权益保护基点上的文化产业发展，也应当采取专门的文化产业促进法的形式，将文化产业发展的目标、定位、原则、领域、政府职责、组织机构、决策机制、种子基金、辅导手段、人才培养、规划土地政策、园区积聚政策、小微企业政策、劳动就业政策、财税金融政策、科技研发政策、海外推广政策等，以及在产业政策上的政策检讨、协调、修正和实施机制等进行系统规定，确保文化产业振兴作为国家重要的、战略意义的产业政策的持续贯彻与全面落实，加快经营性文化事业单位转企改制的落实过程，支持文化企业发展，鼓励多元资本依法合规进入文化产业，加强人才资金等资源要素和创新要素的流动与聚合，构筑全国统一的文化产品市场和文化要素市场，鼓励文化产品的出口，使文化产业在转型升级和知识经济中有效发挥引导作用和扮演中坚角色。

　　文化产业是增强国家文化软实力的重要依托。[②] 必须清醒地认识到，我国文化软实力在国际上的影响还非常薄弱、十分有限。"我们的文化生活现代化指数 57 位，文化竞争力指数 24 位。"[③] "十二五"规划明确提出了我国文化产业发展全面发展的新目标：2015 年基本建立现代文化产业体系和文化市场体系，文化产业增加值占国民经济的比重显著提升，文化产业推动经济发展的方式、转变的作用明显增强，逐步成长为国民经济支柱性产业。[④] 2010 年国务院《关于文化产业发展工作情况的报告》中即已提出："加快文化产业立法进程，着手起草《文化产业促进法》，推动尽快出台《电影产业

[①]　赵春晓，付敏杰. 当收益递增遭遇行政性市场分割//文化发展研究. 北京：经济管理出版社，2014.

[②]　在这一角度对文化产业立法的意义的分析，可以参见祖彤，孟令军. 我国文化国际影响力拓展的立法问题探析. 学术交流，2016 (8)：174～178。

[③]　高宏存. 文化创新：建成小康社会力量源泉. [2013-1-19]. http://wzzx. xj71. com/2012/1127/695494_4. shtml.

[④]　朱兵. 建立和完善中国特色社会主义文化法律制度. 中国人大，2012 (20).

促进法》，为文化产业发展提供法制保障。""文化产业促进法"此前就被列入《国家"十一五"时期文化发展规划纲要》"抓紧研究制定"的立法之一，要由政策推动切实转变到法律推动上来，要发挥法律保障的稳定性、协调性和权威性的特点，就必须加快文化产业促进立法，才能够克服不同部门在文化产业发展上的政策落差，避免各地政策差异造成的投资环境悬殊，从而形成推动文化产业发展的应有合力。这是文化产业发展的客观需要，是国民经济结构调整的需要，也是人大代表和政协委员的立法建议和建言呼吁相对集中的一个立法议题。因此，尽管长期以来文化产业立法没有进入程序，但是其立法的主、客观条件已经趋于成熟，立法的需求强度已经比较高。

党的十八届三中全会、四中全会都在此前党的十七届六中全会决定、十八大报告基础上，进一步明确地提出"加快文化领域的立法"。可以说文化领域的立法现在已经进入了快车道，要在四个重点方面全面推进：一是公共文化服务保障法；二是文化产业促进法；三是有关文化市场管理的法规；四是互联网新闻信息服务有关方面的法规。① 文化产业促进法起草工作也已正式启动。十二届全国人大常委会将文化产业促进法从第三类项目调整到第一类项目，并将于 2018 年 3 月前提请审议。② 近年来，全国人大常委会先后审议通过了《网络安全法》《电影产业促进法》《公共文化服务保障法》《国歌法》《关于加强网络信息保护的决定》等 4 部法律、1 部决定。对文化产业促进法，在《国务院 2016 年立法工作计划》中有所提及，而《国务院办公厅关于印发国务院 2017 年立法工作计划的通知》对"文化产业促进法"却无涉及。

文化产业促进法立法设想的提出和立法任务的明确，是依法治国方略在文化领域自觉贯彻的结果，也与构建我国文化法律框架的思考密切相关。从功能而言，文化产业促进法需要具备两个功能：一是填补文化产业领域专门

---

① 参见肖金明. 文化法的定位、原则与体系. 法学论坛，2012（1）. 齐崇文. 依法管理文化需尽快制定文化基本法. 中国行政管理，2015（2）. 崔璨. 中国文化立法的基本框架及其构建. 内蒙古社会科学，2012（6）. 王隆文. 我国文化立法的基本框架、实施步骤和重点协调的几对关系. http://theory.people.com.cn/n/2012/0911/c40537-18978760.html. 柳斌杰.《文化产业促进法》有望今年提交审议. 中国青年网，http://news.youth.cn/gn/201503/t20150310_6516742.htm.

② 全国人大常委会. 十二届全国人大常委会立法规划（2015-06-01）.［2015-08-03］. 中国人大网.

立法的空白；二是强化法律对文化产业发展的激励和促进作用。① 从内容而言，文化产业促进法在文化产业领域是专项立法，具有特别法的性质。从体系而言，文化产业促进法在立法层级上需要有国家与地方立法的匹配，在立法规模上应兼有总括性立法和分则式立法的配套。因此，从功能而言文化产业促进法是一部基础性的立法；从内容而言，文化产业促进法对专项领域有积极的规则适用；从体系而言，文化产业促进法不是单一的立法，而是成套、系统的立法任务。

二、文化产业促进立法的理论基础

立法在其本质上，是以权利、义务、职权、职责等法律因子对社会利益格局及其运行的法律拟制，描绘和造就"在法律上"的社会实体要素相互之间按照一定的价值原则和程序规则进行流转、予以配置的一种理想构造和虚拟形态。因此，纳入和开展立法，就意味着将以立法权作为资源配置的权力，交由立法权的执掌者和决断者以法律文本中的规范、规则的微观形式和构成单元形塑现实中的该领域的自在状态，并在后续的法律实施中使该领域的这种立法前状态受到强制的法律改变。因此，立法加之于文化领域，就良法善治的追求而言，是企图以立法的方法激活在文化领域中的林林总总的要素并使之活跃组合、创造价值，在文化的产出、产品中得到再现。这就是立法的最根本意义的、与解放和发展生产力相契合的积极功用。

首先，在法律绩效理论上，研究和经验表明，企业成长运营的政策环境、法律环境是其业绩和发展中一个不可忽视的重要因素。在市场发育和政府转型的社会历史阶段，这一因素的影响力度、介入程度尤其显著。在文化产业发展的初步阶段，一方面要重视市场对文化资源配置所具有的基础性、决定性作用；另一方面，也不能将政府必要的、科学的和合理的规制、辅导、扶助不视为"内生变量"②，而将其与文化产业的发育和发展对立起来，

---

① 贾旭东．文化产业促进法立法的必要性和可行性．福建论坛（人文社会科学版），2015（12）．朱兵．建立和完善中国特色社会主义文化法律制度．中国人大，2012（20）．朱兵．话说新形势下的文化立法．中国人大，2015（17）．朱兵．深刻领会四中全会精神大力加强文化立法工作．［2015-01-13］．中国人大网．朱兵．以立法促进文化繁荣．［2015-08-05］．中国人大网．朱兵．加强文化法治，推动全面建设小康社会的重大举措．［2016-04-29］．中国人大网．

② 樊纲．制度改变中国．北京：中信出版社，2014：137．

"政府在推动其文化产业创新发展中起着关键性的作用",特别是,"文化产业创新政策及其体系是确保国家文化安全、提升文化软实力的保证"①。根据美国哈佛大学商学院的统计,在影响美国科技和经济竞争力的诸多因素中,排名最靠前的是"创业体制"和"大学体系"②。因此,要加强协同创新,在关键共性技术的研发、文化资源配置和文化产业要素市场的形成以及文化产业链条的疏浚上,政府及利益关联主体之间有不同的角色担当;文化产业企业之间在存在竞争关系同时,也有着在其产业生态和产业形态上的一致诉求,故应在产业发展链条中有序组合、分工协作,实现创新链、产业链和资金链的有效融合,促使在文化创意的产品化和文化资源的活化上嫁接资本运作和行销链条,从而切实实现文化、科技和资金与市场之间的对接。我国将文化产业确立为国民经济支柱产业,需要在政策、法律环境方面予以反思、审视和调整、完善。

其次,在要素协同理论上,文化要素创新协同理论表明,通过立法,将文化艺术创作、公共文化服务、文化产业发展等文化建设中所需要的人才、资金、物资、文化资源、科学技术等文化创新要素,按照立法的理念和原则进行资源配置和要素聚合,在释放文化要素以增强其流动性、组合性的前提下,提高文化诸要素聚集的通透度、增强协同性,以此促进原创的文化成果、文化产品、文化商品的诞生。文化要素创新协同理论的一个基本假设在于:通过法律制度的创设能够将文化创意及其生产或者商品化的资金、创意、受众以及人才、组织等创新要素、生产要素、空间要素如文化艺术创作园区和产业园区等加以释放、聚合,带动和加入有效产出之中。有研究者指出:文化产业发展通过文化园区和博览会这样两个重要的积聚平台,就是在吸取"群聚"(cluster)的理论③,适应"文化产业的特征"即"具有一套有特色的生产和配送关系",以群落化、聚居化地推动创意人才的交流、创意迸发和活跃。要素聚合是协同创新的前提和基础。法律不仅具有维护秩序、激励约束的功能,而且法律本身就是一个具有聚合作用的空间化的要素,或

---

① 陈红玉．中国文化产业创新政策研究．北京：北京理工大学出版社，2012：199.

② 周海银．高等教育要适应制造强国战略需求．光明日报，2015-08-02（7）.

③ Keith Bassett，Ron Griffiths，Ian Smith. Cultural industries，cultural clusters and the city：the example of natural history film-making in Bristol. Geoforum，2002（33）：165-177.

者说是一个链接要素。立法为什么会和如何发挥提振文化产业、促进文化繁荣的作用？原因是多方面的，比如法律对文化艺术创作自由的尊重、对知识产权及其合法利益的保护，等等，其中的一个重要方面即在于通过法律制度，聚集一系列创新要素，或者说增进要素之间相互发现和链接的通透度以及聚合所必需的流动性（当然安全性是前提），并且将其相互连结、合力创造的几率提高，对其可能的预期利益予以保障。这样，文化要素创新协同理论揭示了文化立法的功能机理，明晰了文化立法的诸个具体调整对象，给出了文化立法在内容上触及"文化"这种内在包含着主体的意志自由和价值自主的实际落点，也进一步印证了文化立法制度绩效的生成动因，使文化领域的立法介入及其限度得到更加具体的澄清和证明。

最后，在文化立法结构上，在我国，除去社会个体的文化表现力和文化创造性属于最为基础的文化原动力之外，对于文化建设繁荣而言有着重要推动作用的，显然是政府和市场这样两种力量。为此，文化立法有"两翼"：《公共文化服务保障法》、"文化产业促进法"两者相呼应，共同牵引着文化领域良法善治的布局与发展。一是对政府担负公共文化服务加以规范和保障，并且不限定在公共文化服务的物化设施的投资、提供、运营，而是囊括公共文化服务的体制、职能、主体、内容、方式等的各个方面及实现机制。因此，《公共文化服务保障法》就成为其中一部与《图书馆法》《博物馆法》《文化馆法》等相错位、调整对象和规范内容均有着显著差别的重要文化法典。以全国第一部关于公共文化服务体系建设的综合性地方法规《广东省公共文化服务促进条例》为例：该条例已于 2012 年 1 月 1 日起实施。该条例进一步明确政府在公共文化服务中的主导作用；遵循和把握公共文化服务自身的特点和规律，将社会公共服务均等化建设的目标具体定格在公共文化服务之上，动员社会各方面力量广泛参与，形成推动公共文化服务体系建设的强大合力。该条例还明确建立政府采购公共文化服务制度，落实城乡公共文化服务体系建设责任和考评机制，对改革管理体制、进一步加强文化队伍建设作出了更加切实的规定。这对《公共文化服务保障法》发挥了积极的参考作用。《公共文化服务保障法》业已制定并于 2017 年 3 月 1 日起实施，其中有着对地方立法有益探索的吸收和提升。二是要焕发市场的力量，对文化产业企业的产权维护、产业发展政策的保护、促进以及文化市场公平秩序的维系等予以法律规定。因此尽管这些不是"文化产业促进法"一部法律所能够承担的，但是，除去《文化市场监管条例》，主要由"文化产业促进法"规定文化产业发展所需要的金融、土地、税收、技术研发、人才支持、公共服务平台等多方面的文化政策，从而实现对文化产业、文化企业的保障和激励。"文化产业促进法"是确立文化产业在国民经济中的支柱地位、具有基本法律性质的一部重要的文化立法。

三、文化产业促进立法的功能定位

文化产业是具有经营性质的，与公共财政所支撑和保障的公共文化服务不同，文化产业是通过市场行为、经营行为来促进文化产品、文化消费的发展。文化产业要成为国民经济支柱产业，需要通过市场来调节。文化产业是社会生产力发展的必然产物，是随着我国社会主义市场经济的逐步完善和现代生产方式的不断进步而发展起来的新兴产业，是推动我国产业结构调整、实现创新驱动发展战略的一个重要环节。它与公共文化事业相对应，两者都是社会主义文化建设的重要组成部分。由于其方式、特点、规律与公共文化服务不同，因而需要制定专门的文化产业法来促进其发展。制定文化产业促进法，基本任务是"把行之有效的文化经济政策法定化，健全促进社会效益和经济效益有机统一的制度规范"。在既有的一系列文化财政、金融、科技、人才等的产业政策、公共政策基础上，该法将进一步以实现文化产业振兴、激励为导向和基调的产业政策的系统性整合，疏浚其中的政策障碍和政策梗阻，强化文化产业的支柱性地位和社会、文化与经济的多重功能，确立政府发展文化产业的积极性、保障性、引导性的职责，构建起文化产业发展的基础性的社会生态与治理环境，真正实现在文化产业发展上的政策激活向着持续的法治保障轨道的转变。

文化产业促进法是典型的综合性、协调性、激励性的产业政策立法，要通过立法将文化产业发展战略加以制度化、法律化，整合各类文化资源，积聚人才、资金、技术等各种资源要素，着力培育文化产业特色品牌和特色行业，确定重点发展的行业门类项目，科学布局文化产业的地域分布，合理适度运用文化产业园区的发展政策和策略，打造现代文化产业体系。因此，在该法律中既需要财政、税收、金融、土地、规划、教育等多个政府主管部门给予所涉环节实实在在的政策支持，也需要建立健全和切实运用跨部门的政策设计、协调调度和绩效评价的体制机制，使文化产业振兴政策在法治的轨道上有着稳健持久而非一哄而上的、协调联动的而非各自为政的供给、修正和贯彻、执行。因此，文化产业促进法不仅包容和涵盖科技、金融、产权等一系列文化产业政策的实际内容，而且更应当搭建和强化一个有效的文化产业政策制定、协调、反馈和再设计的连贯产出机制。这就表明，文化产业促进法在具有产业政策基本法的归属和地位的同时，一定还具有浓重的行政组织法、行政程序法的性质和内容，而这一点又必然受制于文化行政体制改革甚至整个政府体制改革的安排和进程。甚至进一步看，文化产业促进法中还应该有着对于创意权利化及流动性——投融资中的股权、期权等具体类型的、切合文化产业特质的权利形态——的规定，因此，文化产业促进法的制定还需要与专利法、软件保护法（我国现在是条例）、著作权法等的修改、完善相同步。因为，作为文化产业促进法所围绕的调整对象，文化产业在根本上如乔布斯主持的苹果产品设计、营销所表现出的那样，在具备技术创新、应用优势的同时，更应当有文化产品所具有的创意内核、艺术元素、美学成分对受众的吸引力、和受众之间的契合度。可以说，正是这些文化因子决定、形成、塑造和再造一定的物化形态和服务形式，产出相应可复制的文化产品和服务，并进行延伸，形成产业化链条。也正是该文化因子使基于物化产品的外在、共性的使用价值的消费关系建立的同时，一并建立起一种符号的体认、审美的欣赏、心理的呼应的文化价值关系。这种文化价值关系一方面通过一定的文化产品和服务（比如某种品牌服饰甚至汽车等所表征的文化内涵和精神气质等，再比如在某文化交际场所消费）在单一的产品或服务与其消费者之间形成，另一方面还在同类消费者群体中成为其通用标识或者暗合象征，从而强化了该类文化创意产品或服务在消费群体中的品牌影响力和市场稳定性。而具有支配地位的创意只能以著作权、商标权、设计权、软件专利权等知识产权的法定形式获得法律保护，进而开发、运用、营销，创造出财富。所以，单纯由政府提供支持政策和扶植措施，优化文化产业企业和文化产业的外部发展环境，可能在一定程度上难以激发文化产业企业的内部创新动力和持续发展潜力；而是必须同时对创意权利化的保障不断强化和日益充分，这就要求在文化立法规划中，将文化产业促进法立项的同时，还要修改、完善知识产权法，从而使文化产业的内部动力机制与外部政策机制共同发挥作用。

这里"文化产业促进法"是作为基本法而言的，但是不意味着对特定文化产业比如电影、动漫产业等不必要、不可以进行专门的特别法的制定。这实际上是文化产业促进法的立法形式和立法步骤选择的问题。首先，并不应将基本法意义的文化产业促进法和单行法、特别法意义的某一文化产业促进法看作是非此即彼的关系，两者之间是可以和应该兼容甚至互补的。国家层面的立法应该比较充分地体现出在战略意义、结构意义和国际意义上的产业结构、产业政策和产业导向，因此，具有产业政策法的性质和地位的文化产业促进法，不应该是特定的某一文化产业政策法，而应该是一部具有基本法地位和内容的文化产业促进法。① 其次，中央立法的顶层设计的性质和功能决定了不适宜仅仅针对某一文化产业开展立法，而不顾及其他的文化产业的内容，而是在有了针对总的文化产业的促进法之后，针对特定的文化产业类别，仍旧可以进行更加切分细化的立法，即作为该文化产业促进法的特别法，或者在这些特别法出台并施行一段时间后，通过立法后评估为后续的比较具有综合性的文化产业促进法累积经验。再次，在政策的实体内容上，特定的单一文化产业法是侧重某一产业的；而文化产业发展的产业政策制定主体、协调机制、优惠领域等方面，特别是有关产业政策的会商调整评价与矫正跟进等职权法律规范和程序法律规范，则是需要整体的文化产业法来担当的。这一点在我国台湾地区的文化创意产业发展法中体现得尤为突出。最后，分门类的部门产业促进法的优势在于调整对象适度集中、调整范围相对明确，所制定的法律规范的精细度将会较强，如需设立行业主管部门，则执法主体和执法权限比较单一，但是，就全国层面的立法而言，在整个国家的产业政策立法中，难以协调该特定产业和其他产业部门或门类，会出现种、属概念错位的情形，不利于国家产业政策的综合统筹兼顾。

综上可见，还是需要"文化产业促进法"这一环节和层次的。而就单一文化产业进行分别立法，全部进行细分的法律创设，不仅可能性不大，而且在一定程度上存在着立法体例以及立法内容上基础部分高度重叠和过

---

① 对此有学者分析了文化产业促进法的宪法依据问题。贾旭东，宋晓玲．论文化产业促进法的宪法依据．东岳论丛，2016，(2)：60～65.

于一致。这既是立法资源的浪费、法制不统一、立法不够严肃的体现，是不现实的，也不符合市场配置愈加统一、要素流动愈加充分等的客观需求，甚至会将不符合大部门体制的、与各个具体类别的文化产业对应的诸多行政主管部门的权限和资格加以固化，从而不利于文化体制改革的深化和文化产业监管的一体化的形成。而如果强化对若干主要的文化产业的立法的特殊调整，如电影产业促进法、动漫产业促进法等，则是符合规范性法律文件的供给规律与层次的科学设置的。"从实践看，较为可行的一个做法是把制定文化基本法、专门法与制定行政法规结合起来，根据成熟情况逐步推进。"①

四、文化产业促进立法的规范设计

就我国文化产业促进立法，有学者提出：应从资金制度、产业人才培养制度、新技术促进制度、流通制度和中小企业促进制度等五个方面进行制度构建，依照文化产业价值生产的各个环节设计法律的体系结构，将文化产业相关主体的权利、义务以及对文化产业运行活动的规范，体现于创意的生成与产品的生产、流通、消费环节中，使法律的调整规范系统与文化产业的运行系统逻辑一致。②

笔者认为：首先，通过立法，明确文化产业企业的法律地位和权利、义务，为符合条件的外资、社会资本投资文化产业、文化产业企业提供开放的、平等的机会，努力克服文化产业企业小规模、分散化、经营散、投向乱、水平低等不足，提供文化科技研发创新的公共支撑平台，制定风险信贷、投资融资、创新激励、会展交流、人才培训等文化产业发展的一系列支持举措，制定相关金融财税和其他扶持保障措施，鼓励中小企业创业，从而改善文化产业、文化产业企业特别是民营中小企业的生存景状，激发文化产业企业和创意人才的积极性、主动性、创造性。如此，才能够扎扎实实地推动文化产业做大做强，成为国民经济支柱性行业。

其次，应建立健全文化产业政策绩效评估、动态调整和信息披露制度，增强文化产业政策调整的实效性，提高文化产业基金的引导功能。从资金制

---

① 朱兵.建立和完善中国特色社会主义文化法律制度.中国人大，2012（20）.

② 齐强军.论我国文化产业促进立法模式、原则与基本制度.学术论坛，2015（4）.

度、产业人才培养制度、新技术促进制度、流通制度，尤其是文化科技型中小企业的促进制度等方面，贯通文化创意的生成与产品的生产、流通、消费各个环节，设置其中进行制度规范和法律激励的调整节点；协调文化产业促进法与著作权法等知识产权法之间的立法关系，合理运用著作权、文化遗产权支撑文化产业发展，走一条富有民族特色、本国特色和时代特色的文化产业发展道路。财政部明确，未来还将继续通过项目补贴和贷款贴息、保费补贴、搭建文化产业发展投融资平台等方式，引导和带动金融资本与其他社会资本投入文化产业。加大财政、税收、金融等方面对文化产业的政策扶持力度，鼓励和引导文化产业企业面向资本市场融资，促进金融资本、社会资本和文化资源有机对接，已经成为在文化产业促进方面的政策选项和广泛共识。

我国台湾地区吸取英国等的经济转型、再造优势的成功经验，深入挖掘和充分焕发本土文化资源，高度重视文化创意和文化精英人才的培养、吸引与使用，连续调整有关文化建设特别是文化创意产业发展的政府服务机关，从 2002 年将文化创意产业列入重点发展计划，作为战略性新兴产业加以发展；并且重视人才以及文化科技在内的技术创新和有效转化，将这些作为提升文化软实力和原始创新度的重要手段。我国台湾地区专门制定了基本的"促进法"，整合采取了一系列的积极行政措施，其中包括政府采购制度、税收优惠政策、财政公共投资、准备金制度、风险贴息制度等财政补贴与合作等手段，以综合性的手段引导和激励文化科技的创新、应用与推广，改善企业或产业竞争力，带动关键共性基础开发平台建设；吸取了公私协力、物质支持与精神支持并重、注重产业发展的数据统计分析、培重开新等经验，建立跨"部会"联动机制、人才培育机制、行政协助机制和法律调控机制。我国台湾地区 2010 年 1 月 7 日通过"文化创意产业发展法"。这一文本共分总则、协助及补助机制、租税优惠、附则 4 章，全文共计 30 条。后续有 13 项"子法"及相关配套的"法规"得以据此订定，包括：（1）文化创意产业内容及范围；（2）财团法人文化创意产业发展研究院设置条例；（3）发展基金投资文化创意产业之审核、核拨机制与绩效指标等办法；（4）文化创意产业协助、奖励及补助办法；（5）补助学生观赏艺文展演或艺文体验券发放实施办法；（6）鼓励文化创意事业以优惠之价格提供原创产品或服务办法；（7）奖励或补助民间提供适当空间文化创意事业使用；（8）公有公共运输系统之场站优先提供文化创意产品或服务办法；（9）公有文化创意资产之出租、授权、收益保留及其他相关事项之办法；（10）文化创意产业产生之著作财产权为标的之质权登记办法；（11）著作财产权人不明或其所在不明之利用办法；（12）营利事业捐赠文化创意事业抵税；（13）施行细则等等。这样的立法结构体系，也值得我们关注与借鉴。① 这些为论证、起草和拟定"文化产业促进法"提供了具有可比性的参照，增强了此项立法项目开展的可行性和规范设计的针对性。

最后，进一步深化文化产业促进法与知识产权法之间的关系。文化产业促进法和知识产权法、科技成果转化法之间有差异，在功能、属性和立法导向上都既有联系又有区别。知识产权是对个体的创造性劳动的权利确认和利益保障，也是对权利边界即知识产权的权利主体所享有和行使的权利实现中的私权关系、知识产权与社会公众的合理利用的权益之间的边界和限度之调和的规定，因为这里一方面存在着知识产权权利主体与不特定的义务主体之间的权利保护关系，另一方面也存在着知识产权权利主体的权益合理范围之外，与社会公众的再创新、精神文化需求的实现和满足之间的权利义务关系。文化创意产业是建立在知识产权或文化遗产权的基础之上的，是知识产权的合法开发、合理利用和保障实现，因此，需要与知识产权法的完善协同推进，即协同修法。知识产权法与文化产业促进法之间，在本质上是一致的，都是为了发展和繁荣文化，保护文化创造的自由与文化领域的公序，尊重个体或族群的文化原创性和多样性，保障文化传播、传承的合理性和共享性。② 知识产权法与文化创意产业促进法之间，将文化创意产业的发展建立在知识产权的固化、活化和边界化之上，而不是将其封闭化和变相地永续化，那样必将造成在知识产权法与文化产业法之间的对立，并对后者形成掣肘，因此，"完善文化产业知识产权管理服务体系。如建立知识产权公共推

---

① 陈伯礼，高长思，徐信贵．台湾的文化创意产业营造及其启示．华东经济管理，2011（11）．徐信贵，陈伯礼．台湾文化创意产业的政策推动与法制构造．亚太经济，2010（5）．徐信贵，陈伯礼．台湾文化创意产业营造中的政府角色与功能．管理现代化，2010（2）．范玉刚．台湾地区文化创意产业发展的政策模式．中国党政干部论坛，2012（4）．

② 贾平，邱仁宗．知识产权法在国际贸易中的伦理边界——药物可及性、TPP与专利立法．光明日报，2015-07-29（14）.

介和商务交易平台、建立已登记著作权作品的公共检索系统、建立文化产业产权的价值评估体系等，为权利人和产业部门、文化市场之间搭建合作的桥梁和沟通的平台"①，不失为在该法中需要考虑的选项。

综上，首先，要进一步深化文化产业促进法的功能定位、价值理念。是产业侧重，认定为产业政策法，还是文化侧重，认定为文化产业法？这是关乎其立法定位、立法理念、立法目的的一个基本问题。文化产业促进中的政府义务，不仅来自政府对经济健康可持续发展所负有的职责，而且来自于政府对文化发展所负有的针对个体文化创造力和文化自由权、集体即族群的文化多样化、主体性及兼容性的尊重、保障、维护的职责。"文化创意产业是产业，从根本意义上说也是文化事业的一部分。"② 其次，要进一步深化对文化产业发展的生态与传导机理的认识，捕捉和聚焦在文化产业发展的关键要素和系统作用上，以提升文化产业促进立法的针对性和实效性。以文化产业专项资金为例。针对文化产业发展专项资金整合使用中存在的问题，需要不断探索新思路、完善具体政策。③ 最后，实践已经证明，文化产业促进立法是助推文化产业的重要手法和必要途径。法律制度的构设，不仅表现为对于一定的社会关系网络的法律上的承认和确认，而且着眼于这种社会关系的格局在合法性基础上的持续维系与强力保障，并且将哪怕是立法者所拟定的社会关系形态加以现实化、合法化和延伸化，这样，就不局限在特定的物理空间，而且在制度空间上也发挥着群聚功能，将有关的主体、物质、社会资源进行法律内含的价值目标下的导引和配置，并使这种配置的可能获得法律的保证。在积极和理想的意义上，立法是将任何主体均作为社会本质上的"关系"范畴，从而使其作为法律上的本体的存在并因此享有权利、履行义务和担负责任，使任何法律人格都作为权利、义务的统一体而存在：既是自身权利、义务相互间的对立统一，又是自身与其他关系主体之间的权利、义务的对立统一，凝结成在法律网络上的相互按照合法方式与"正当"途径进行物质、信息、能量和意识交流的节点。由此，按照"聚群理论"的描述和

---

① 王者洁，张莉莉．论文化产业可持续发展的立法保障——以天津市文化产业发展为例．理论与现代化，2014（1）.

② 陈红玉．中国文化产业创新政策研究．北京：北京理工大学出版社，2012：49.

③ 郭万超．文化产业专项资金使用新探索．中国文化报，2015-04-11（4）.

揭示①，就能够在诸多要素得到聚集的法律助推之后，有着适度集中、"抱团取暖"，出现相邻利益，促成创新氛围，通过知识溢出效应，构成创新循环的较大可能。在相对客观的视角下分析，针对某一社会关系领域的调整对象立当立之法，一定是将主体之间的沟通、联结、接触、交流、交换、结合等通过合法的方式予以创建和保护，形成种种社会价值链条。这样就发挥了形成社会运行、促进社会流动、吸纳社会力量、实现个体价值和社会需求之间的对接和交换，从而维护社会的生产与促进社会的创新发展。而这种法律创制所具有的一般功能，在文化产业要努力实现重大发展的初期发展阶段，是十分必要和非常重要的。

---

① 白靖宇，张伟峰，万威武．国内外产业聚群理论研究进展综述．当代经济科学，2004（3）．在空间上，文化产业之所以更倾向于群聚，有学者指出是因为：上下游企业协作有利于集体学习，它们之间的强联结对于提高企业的创意能力具有显著影响，然而从影响方式来看，关系内容远比关系强度更重要。"客户"和"高校"是地方网络的重要驱动主体，并以不同方式、不同程度地影响企业的区位和创意能力。朱华晟，吴骏毅，魏佳丽，李伟，付晶．发达地区创意产业网络的驱动机理与创新影响——以上海创意设计业为例．地理学报，2010（10）．

第二十七章

完善互联网立法体系

互联网时代带给法律和法学的冲击无疑是十分巨大的。由于现有法律规范是基于原来的现有空间而形成的对现有行为模式的评价，而且立法者和法律研究者并不可能预见到网络空间与网络行为模式的异样，因此有必要重新从网络空间、网络行为与网络主体角度进行法理学层面的思考，研究网络空间与现有空间的区别，研究现有行为模式与网络行为模式的区别，并基于此解决网络给现有法律体系造成的各种冲突。本章从互联网立法的内容体系、互联网立法的方法论及其展开（网络现象考察与法律概念甄别、行为模式的考察与法律规则的演变、行为模式的类型化与新兴法律的协调）进行了深入分析，提出了值得反思的结论。

第一节 互联网对现有法律体系的冲击

我们已经步入互联网时代。在过去，网络常常作为一种工具进入法学的研究视角。在今天，网络已经被逐步认识为不仅是一种工具，而且是一个新的空间，即，网络空间。这个空间，对国家而言是法域的扩展，对企业而言是市场的扩展，对个人而言是生活空间的扩展。在自然科学领域，2015 年 6 月 11 日国务院学位委员会、教育部增设了网络空间安全一级学科。然而，基于网络空间的网络法学研究尚未引起足够的重视。

网络空间法学涉及现有各个部门法学科问题。就法理学而言，涉及网络空间理论、网络行为理论、网络主体理论的探索。由于现有法律规范是基于原来的现有空间而形成的对现有行为模式的评价，而且立法者和法律研究者并不可能预见到网络空间与网络行为模式的异样，因此有必要重新从网络空间、网络行为与网络主体角度进行法理学层面的思考，研究网络空间与现有空间的区别，研究现有行为模式与网络行为模式的区别，并基于此解决网络给现有法律体系造成的冲突。

具体而言，在网络空间中有国际法的问题，如网络安全的国际基本原则、网络安全的国家责任、网络空间的国家主权、网络安全的国际公约适用、网络安全的国际争端解决等。在网络空间中有宪法问题，如网络信息主权、网络基础资源所有权、国家权力与责任、基本国策、职能机构、网络言论自由、网络通信自由、个人信息权利、网络虚拟财产、网络安全公民义务等。在网络空间中有刑法问题，如网络刑事管辖权、网络犯罪、网络犯罪后果认定、网络犯罪主观恶性认定、网络犯罪停止形态认定、网络共同犯罪认定、网络犯罪竞合处置以及"禁网""限网"刑罚措施等。在网络空间中有行政法问题，如网络行政主管部门及其职权分工、网络安全行业准入、网络安全产品审查认证、网络行业组织的功能、网络安全相关的行政许可、行政强制、行政处罚等。在网络空间中有民商法问题，如网络虚拟财产、网络知识产权、公民个人信息权、网络身份认证（电子签名）、网络电子商务等。在网络空间中有经济法问题，如网络交易监管、网络交易平台的准入与监管、网络交易主体登记制度、网络交易不正当竞争、互联网企业反垄断、网络交易消费者权益保护、网络交易产品质量、网络交易价格监管、网络交易偷逃税、网络金融安全及监管、网络安全产品进出口监管等。在网络空间中还有环境法问题，如木马、病毒、蠕虫等网络环境的防治，网络基础设施、网络基础资源、网络带宽等网络基础性资源的保护与利用等。在网络空间中必然有诉讼法与证据法问题，如网络空间的司法主权、司法管辖权，网络犯罪的国际司法协助，网络证据的取证、举证、质证、认证制度等。

显然，网络对现有法律体系与法律学科的冲突是全面性的。我们需要以全新的视角对现有法律规范体系进行审视。

第二节　互联网立法的内容体系

从理论上讲，我们针对网络与现有法律规范的关系问题，有三种应对措施：一是，沿用现有法律规范并给予网络环境适用的解释。二是，基于网络的新特点对现有法律规范进行必要的修正。三是，制定全新的网络法律规范。后二者属于互联网立法的主要内容。其中，又以第三者为重中之重。

那么，哪些问题需要修正？哪些问题要全新立法？哪些属于可以解释的范畴？

互联网法律是对互联网现象进行调整的规范。从逻辑上讲，互联网立法首先要考虑调整对象的体系特征。

何为与网络技术体系的对接？法律为何要与技术对接？有人说，技术并非法律调整的对象。这说法不无道理。与网络技术体系的对接，本质上是为了发现网络技术背后的行为模式，而非网络技术本身。在此，笔者试图提出基于网络技术的行为模型，以供进一步研究。

最顶层是网络的应用行为，即网络用户或网络平台应用网络开展生产、生活活动的行为。中间层是网络的服务行为，主要是指互联网企业运营网站的行为和网络运营商提供基础网络服务的行为。最底层则是网络的技术行为，即网络用户或网络平台为了通过网络实现生产、生活目的而实施的网络技术行为。

我们通过网络行为模型进一步分析其与传统行为模式的区别，可以发现网络技术层面的问题基本上都是新产生的问题。这里涉及的核心问题是系统安全、数据安全、信道安全等新法益保护的问题。而"网络安全法"是涉及这些新法益问题的主要法律。

而网络应用层面的问题，主要是传统行为借助于网络工具的升级。这种工具升级，有可能是传统法律客体的同质、量变或质变。具体而言，有些网络应用问题，只是传统目的借助于网络工具的实现，并没有使法律所要调整的法律关系及所要保护的利益产生实质性的变化，因此是传统行为的同质性现象。就以诈骗行为举例：利用 QQ 私聊针对特定对象实施诈骗行为，是传统诈骗行为的同质性现象。因此，可以直接适用现有的相关诈骗法律规范。然而，当行为人利用 QQ 群聊、微信群聊、朋友圈、微博等进行更大范围的诈骗行为时，该行为之客体与传统涉诈骗法律规范所要调整行为的客体相比，产生了量变，即，虽然仍然可以沿用现有的诈骗罪名，但是在诈骗的次数与数量问题上产生了量性的变化。进一步地，如果行为人利用的不是影响特定范围的 QQ 群聊、微信群聊、朋友圈、微博等，而是影响范围更广的公开互联网站，有可能使诈骗行为发生质变，即，诈骗行为侵犯的法律利益不再是特定对象的财产权益，而是升级为不特定对象的公私财产权益。在这种情形下，对这种新形态的诈骗行为可能要给予新的法律调整。显然，刑法应当对这些网络应用现象作出相应的回应。而，其他部门法殊途同归。

不可否认的是，网络应用层面也产生了一些全新的问题。比如，随着网络技术的产生，信息法益逐渐被重视。因而，就要考虑要不要针对这种新出现的信息法益给予专门的立法，即，制定"个人信息保护法"。

至于网络服务层面，也有一些新问题，其中最为核心的是，网络平台的责任问题，即，当互联网企业在大规模的信息交换中承担媒介角色时，如何要求互联网企业对其传播的内容承担相应的管理义务。此外，互联网企业要保障自身的信息系统免受攻击、数据泄漏等安全隐患，而就此承担一些新产生的责任。

综上所述，结合网络技术的行为模型，可以把互联网立法体系分为三个层面：与网络应用相关的立法、与网络服务相关的立法、与网络技术相关的立法。前者，主要包括现有各部门法的修订及"个人信息保护法"等新法律的制定。中者，主要包括针对互联网企业发布、传播信息等行为进行管理的相关立法。后者，主要是指对系统安全、数据安全、信道安全等技术性问题进行调整的立法，如，"网络安全法"。此外，从立法技巧上讲，对于现有问题，可以视需要修订的程度考虑用修正案或单行法的立法方式，而对于全新的问题可以采取专门立法的思路。

第三节　互联网立法的方法论问题

在明确了立法内容即针对有些问题需要修订法律、针对有些问题需要全新立法之后，我们要解决的问题是如何判断针对哪些问题需要修订法律、针对哪些问题需要全新立法。这就涉及互联网立法的方法论问题。

目前在法学界对互联网法律的理解和适用存在一种十分有趣的现象：在发生一种网络现象后，人们往往先选择一部（条）法律，然后套用到网络现象上进行评价。这种思维方式的问题是：首先假定这部法律是适当的（法教义学），然后引用法律去评价现象。

然而，问题是：这部法律确实是适当的吗？这就有必要对立法的过程与司法的过程进行重新思考。法律是如何产生的？法律是如何适用的？换言之，产生法律的过程，即立法的过程，是立法者基于生活现象的类型化而制定的评价性规范。而规范适用是将个案归属到一般性规范之下的过程（涵摄），即，法律适用的过程，是司法者将具体案件事实涵摄到法律规范所归纳的事实类型的过程。

现象化的犯罪行为，是指由行为人具体实施的、在社会生活中表现出来的、具有犯罪性的动作要素的综合体。它发生在现实生活中，能被人们发现并认识，或处在被立法规制前或虽处在被立法规制后但尚未被模型衡量时所呈现的状态。通常也称为自然状态的犯罪行为。而，模型的犯罪行为，就是被立法规范确定的犯罪行为。它体现在以犯罪行为为对象的立法过程中，具有法定性、规范性和概括性的特征。通过模型的犯罪行为，可以在立法上确定入罪标准，为司法实践提供犯罪构成的形式要件，为公民守法提供行为的尺度。实定的犯罪行为，就是被司法确定的犯罪行为。犯罪行为的实定，是指运用模型的犯罪行为对现实中发生的疑似的犯罪行为进行比对、衡量，将符合模型犯罪行为要求的犯罪性行为予以确定的活动。在司法中被模型比对后确定的犯罪性行为就是实定的犯罪行为。换言之，立法的过程是从现象化的犯罪行为中抽象出模型的犯罪行为的过程，而司法的过程是把案件中的具体犯罪行为与模型的犯罪行为进行比对、衡量并实定的过程。

换言之，要解决互联网立法的方法论问题，就要重新回到立法与司法的思维过程，即：首先，对网络现象进行考察，识别网络行为模式的变化；其次，对网络行为模式进行类型化思考，分析并确定新的法律关系；最后，抽象形成新的法律规则，确定相应主体的权利、义务的内容。

第四节　互联网法律方法论的实际展开
——网络现象考察与法律概念甄别

由于网络现象的考察总是具体的，因而笔者在此以快播案所涉及的网络现象为例进行分析。在此基础上，对网络领域中其中一个十分重要的概念——"传播"——进行剖析。

说到快播，就不得不提 P2P（点对点）。P2P 是一种新兴的网络技术，在这种网络技术中，成千上万台彼此连接的计算机都处于对等的地位，每一台计算机既是网络资源的下载者，也是网络资源的上传者，而服务器的主要作用是存储、管理网络资源的种子。P2P 网络技术不仅解决了网络带宽的瓶颈问题，还解决了网络资源的供应问题。它极大地提高了网络传输的速率和资源交换的效率。快播公司正是利用了这种技术优势，迅猛发展，并与优酷等国内网络视频巨头相抗衡。

有利必有弊。P2P 网络技术同时存在重大的安全隐患。在 P2P 环境下，任何一位用户都可能是网络资源的上传者与下载者，而网络服务器一般只保存资源的索引而并不保存资源本身。因此，这种情况下，P2P 更像是用户与用户之间的资源交换，而网络服务商只对资源交换进行引导，但不直接对资源的内容进行管理。除非网络服务商特地保留交换资源的备份，否则网络服务商很难对交换资源的内容进行全面审查、控制。这就为网络盗版、网络色情、网络病毒传播等提供了滋生的土壤。

实际上，P2P 的劣迹不少人应有耳闻。在 2008 年轰动全球的"艳照门"事件中，第一个在网上发布"艳照"的人叫"奇拿"，"奇拿"当时就是采用 P2P 的方式分享艳照的。虽然警方认为"奇拿"是艳照的上传者和发布者，他需要对此负责，但最终都没有找到真正的"奇拿"。当然，在该案件中警方认为主要应当追究"奇拿"的用户责任，而不是追究某网站的网络服务提供商责任。

当然，快播案与"艳照门"事件的最大的区别在于：前者要追究的是快播公司作为网络服务提供商对淫秽物品传播的责任问题。对此，司法机关直接沿用了现有法律规范并几乎毫无疑问地认为，快播的行为是传播淫秽物品的行为。

但是，这种判断是否合理、科学？可以说，快播是否属于法律意义上的"传播"是本案最基本的法理问题，也直接关系到快播案的定性。在此基础上，才需要进行以下思考：快播是否属于传播淫秽物品牟利罪所规定的"传播"，以及快播公司是否存在主观故意及能否构成共犯等问题。

"传播"二字的含义是十分复杂的。在传统语境下，"传播"二字就已经有各种不同的内涵。将"传播"二字放在政治语境下理解，它是指"观念或精神内容的传递过程"；将"传播"二字放在公共社会语境下理解，它可以理解为"一切精神象征及其在空间中得到传递、在时间上得到保存的手段"；将"传播"二字放在信息系统语境下理解，它又是指"信息从信源经过信道到达信宿的传递过程"；将"传播"二字放在新闻媒介语境下理解，它又凸显出"传播媒介"的语义……而，目前最广义的"传播"概念，是指信息的传递。它既包括接触新闻，也包括表达感情、期待、命令、愿望或其他任何东西。

网络技术的出现，由于网络技术本身就是一种信息传播技术，无疑加剧了"传播"概念的混淆！即，"传播"二字有了最新的语境，就是传播技术的语境。当然，笔者认为，有一点是所有人可以达成共识的：网络技术的出现，对人们"传播"观念的冲击，一定是颠覆性的。势必地，网络技术的出现也一定会促进人们对"传播"概念的重新思考，准确地说，是在不同语境对"传播"概念的重新界定。

"传播"概念在其他语境下出现混淆，似乎亦无伤大雅。但是，笔者认为，法律作为一门十分严谨的学科，法律语境下的"传播"概念是绝不可随意混淆的。在刑事领域，对"传播"概念的法律界定直接关系到定罪与量刑，更不可随意而为。然而，不可否认的是，在实践中，不管是立法者、司法者还是社会大众，在理解"传播"的法律概念时其实都或多或少地掺杂了"法外"的语境。

那么，到底法律语境下的"传播"概念如何界定呢？或者说，"传播"的法律概念如何界定呢？对此，笔者不敢妄谈定论。但是，笔者认为，不管是何概念，只要是在法律语境下进行界定，它首先应该遵守法律的基本原理，即，法律是用于调整人的行为以及人与人之间所形成的法律关系的社会规范。基于此，笔者认为，观察"传播"的法律概念必须把握三个基本原则：

第一，必须首先从法律行为角度进行思考。法律所要调整的对象，首先应当是人的行为。也就是说，"传播"行为是法律评价的第一指标。而像传播效果、传播方法、传播手段、传播方式等，虽然有可能作为法律评价的第二指标，从而成为定罪量刑的参考，但绝不该，也不能喧宾夺主。因此，笔者认为，法律语境下的"传播"概念，主要是"传播行为"意义上的。

第二，必须从法律关系角度进行思考。法律关系的基本内容是权利和义务，因此，在法律语境下的"传播"概念，或者说"传播行为"的概念，应该主要考察行为人是否有权实施某种"传播行为"，或者行为人是否有义务不得实施某种"传播行为"。也即，法律语境下"传播"概念的内涵，主要是指行为人是否具有"传播"权利或者是否具有不得"传播"的义务这种法律关系层面的内容。

最后，必须遵守法律规范的基本要求。法律是一种社会规范，但它并不等同于道德、习惯等一般社会规范。法律规范，作为具有国家强制力的法律规则，它往往是明确、具体的，并且具有严格的内部逻辑结构；它往往预先设定具体的假定条件，并确定满足假定条件的法律行为的后果。在规范法学的意义上讲，只有在法律条文中明确规定的"传播"字眼，才是法律意义上的"传播"概念。

在此，笔者仅就我国现行刑事实体法中的"传播"规范进行梳理。目前，我国刑法主要规定了以下几个相关"传播"罪名：编造并传播证券、期货交易虚假信息罪（刑法第181条第1款），编造、故意传播虚假信息罪（刑法第291条之一），传播性病罪（刑法第360条），制作、复制、出版、贩卖、传播淫秽物品牟利罪（刑法第363条第1款），传播淫秽物品罪（刑法第364条第1款）。然而，立法者与司法者并未对相关的"传播"概念进行具体明确的界定。这就造成司法实践中"传播"法律概念与"传播"法外概念的混淆。实际上，笔者认为，快播案就是"传播"概念混淆的集中体现。

我们不妨从文义解释和体系解释的角度对前述刑法规范中的"传播"概念进行分析。我们发现，所有的"传播"一词，要么与"编造""制作""复制""出版""贩卖"等动词并列，要么具有明显的动词词性。笔者认为，这与前述的行为学视角是遥相呼应的。换言之，现行刑法规范中关于"传播"的规定，都是指行为意义上的"传播"。而这种行为意义上的"传播"，也可以从法律关系角度进行理解，即：行为人具有不得实施"非法"传播行为的义务。

至此，不难得出结论，要认识"传播"的法律概念，我们应该摒弃"法外"概念的干扰，回归法律的视角，回归行为的视角。

然而，如何将法律意义上的传播与法外意义上的传播相区分呢？殊途同归："共犯"可以区分为法律上的"共犯"与事实上的"共犯"，"证据"可以区分为法律上的"证据"与事实上的"证据"……"传播"同样可以区分为法律上的"传播"与事实上的"传播"，而前者无疑是法律意义上的"传播"概念。

第五节　互联网法律方法论的实际展开
——行为模式的考察与法律规则的演变

就快播案而言，我们需要判断的是：快播的"传播"行为模式与传播淫秽物品牟利罪立法时所假定的"传播"行为模式是否相同？

对此，可以从历史视角对传播行为模式的变化过程进行分析。在过去，如果甲要给丙传递一封信件，那么甲先将信件传递给乙，再由乙传递给丙。这种方式可以归纳为"人—人—人"的传播行为模式。显然，这种传播行为模式主要是依赖于人，基于人的信赖关系来完成。在这种传播行为模式下，乙应当能够一定程度地了解传播的物品，因此，乙作为传播者，应当负有对传播物品及其内容的审慎审查义务。如果乙明知甲向丙传递的是"违禁品"而继续帮助"传播"，则乙势必要承担"非法传播"的法律责任。

然而，随着社会的发展，在今天，"人—人—人"的传播行为模式不再是主流的传播方式。在社会分工精细化的大趋势下，像快递公司、物流公司这样的"人合组织"取代了原始的"自然人"中介角色，即，今天的传播行为模式其实已经发展成"人—人合组织—人"的传播方式。形象地说，在今天，如果甲要给丙传递一封信件，甲根本不再需要寻找一个自然人"乙"，而是直接将信件交由快递公司、物流公司这样的"人合组织"来完成。那么，在这种情况下，快递公司这样的"人合组织"是否应当承担过去"自然人"传播中介所应负担的"审慎审查义务"呢？如果需要承担，"人合组织"对于传播物品及其内容的审查义务是否应当有所减轻？

为了便于理解，我们不妨思考：如果你要传递一个"违禁品"，你请你的朋友代为"传递"与你请快递公司代为"传递"，他们所应负担的"审慎审查义务"是否应当有所不同？现行《邮政法》第二十五条规定："邮政企业应当依法建立并执行邮件收寄验视制度。""对用户交寄的信件，必要时邮政企业可以要求用户开拆，进行验视，但不得检查信件内容。用户拒绝开拆的，邮政企业不予收寄。""对信件以外的邮件，邮政企业收寄时应当当场验视内件。用户拒绝验视的，邮政企业不予收寄。"据此，可以认为，目前我国法律对于快递公司这样的"传播者"，规定的是一种对"物品"本身的审查义务，而非对"物品"内容的审查义务。然而，实际上，由于采用"人工"方式对物品进行"验视"审查，既费时又费力，因此，很多快递公司，都是借助于"安防扫描设备"这样的技术设施来完成的。显然，职业化的第一目标是提高"效率"。与物品"验视"这种类似"实体审查"的方法相比，利用"安防扫描设备"实施"程序审查"，从效率上讲，明显高得太多。

然而，到了网络时代，不管是"物品验视"还是"安防扫描"，这些方法似乎既失去了效率也失去了效果。所有的"审查方法"都失灵了！这是为什么呢？

从物质观和信息观的角度来观察，不难发现，不管是过去的"人—人—人"的传播行为模式，还是今天的"人—人合组织—人"的传播行为模式，传播行为的本质并没有变化，仍然停留在"物质转移"的阶段。但是，在网络时代下，传播技术的升级俨然已经带动了传播行为本质的变化，以及传播行为模式的升级。具体地说，在网络时代下，传播行为的本质已然由"物质转移"变为"信息复制"。显然，"物质转移"与"信息复制"在本质上是截然不同的。在此基础上，传播行为模式也业已由"人—人合组织—人"升级到"人—技合组织—人"。这里的"技合组织"，其实就是各种各样的"网络平台"。换言之，"网络平台"取代了"快递公司"的角色，人们"传播"物品或物品内的信息不再需要"快递公司"这种"人合组织"的中介，而更多地寻求"网络平台"这种"技合组织"的中介，以提高传播的效率、降低传播的成本。与"人合组织"相比，网络平台这样的"技合组织"显然有更多的优势，比如，"技合组织"不再依赖于"人力多少"，"技合组织"以"自动化传播"取代了"人工传播"。

那么，我们如何对"网络平台"这种新型"传播者"课以法律义务呢？显然，过去和现在的传播法律规则只能停留在"物质控制"的目标。然而，在网络技术的影响下，网络空间中的"传播"已经没有了"物品"（载体）的概念，所有的"物品"全部表现为近乎相似的二进制"码流"。基于此，我们要更多思考的应该是如何建立以"数据控制"为目标的网络传播法律规则，不再局限在以物品"验视"为代表的传统传播法律规则。

第六节　互联网法律方法论的实际展开
——行为模式的类型化与新兴法律的协调

基于网络行为模式与传统行为模式的差异，我们在立法之前就要考虑对网络行为模式进行类型化。同样，我们对互联网环境下至关重要的传播行为模式进行类型化研究。

既然网络时代下传播行为的本质已经升级为"信息复制"的范式，而"信息复制"本身就是一种"信息传播"，那么我们需要进一步思考的是：法律所要调整的"传播"到底是哪些"传播"？技术本身所导致的"传播"是否应当纳入法律规制的范畴？在此，不妨采取最为朴素的分类研究方法以探究竟。

首先，网络环境下的"传播"可以分为人为传播和技术传播。所谓人为传播，是指反映人的主观意图、产生法律行为表达意义的传播。比如，一个人出于某种目的，在网络上上传一个文件或下载一个文件，以实施特定法律行为，进而产生的信息传播。显然，人为传播的典型特点是：具有人的"目的性"和"行为性"。而技术传播，是指由于网络传播本身就是信息复制的技术过程，因此而产生的信息传播。在网络空间中，由于网络技术的特定性，技术传播是一个必然事件。网络空间中的任何信息交换都是技术传播的过程。然而，技术传播又不必然都属于人为传播。

笔者认为，法律是用于调整社会关系中人的"行为"的规范，因此，不蕴含人的"目的性"和"行为性"的技术传播，不应纳入"传播"法律概念的范畴。也即，不反映人的主观意图和人的法律行为的技术传播，并非法律意义上的传播，而只是技术意义上的传播。其实，这种观点与人们所强调的"技术中立原则"是遥相呼应的。

具体地说，前述网络用户的上传、下载行为往往是反映人的"目的性"

和"行为性"的人为传播行为。但是，在网络数据窃取、网络数据泄漏等网络技术入侵案件中，这种传播并非（持有数据的）网络用户或网络平台的目的行为，因此，即使事实上造成信息的大范围传播，也不应以传播法律规则进行调整，而应适用另一些专门的"网络行为的禁止性规则"。

其次，网络环境下的"传播"还可以分为主动传播和被动传播。从网络用户角度而言，几乎所有的行为都属于主动传播，除非出现了前述网络技术入侵的例外。而从网络平台角度而言，也可以从行为模式角度网络平台划分为两大类型：一种是"自供自给型"网络平台。这种网络平台，既承担"引导资源交换"的职能，又承担收集、提供资源内容的职能。另一种为"引导交换型"网络平台。它只承担"引导资源交换"的职能，不承担收集、提供资源内容的职能。虽然说，在实践中这两种网络平台存在融合的情形，但这种区分对于法律责任的界定仍具有十分重要的意义。

回到宏观的互联网行业，所有的网站及相关互联网服务，都属于"网络平台"的范畴。具体来说，阿里的淘宝网无非提供"引导交换"的互联网企业，它自己并不出售商品本身。不尽相同的是，京东主要是"自供自给型"网络平台。百度（搜索）的"引导交换"职能最为典型，故百度属于"引导交换型"网络平台。新浪（新闻）、网易（新闻）等，则属于"自供自给型"网络平台，它们需要对资源的内容本身的合法性负责。是否发现，中国移动、中国联通、中国电信，本质上也是"引导交换型"网络平台，只是它们提供的是"通讯信息"的引导交换而已。至于腾讯，它的服务类型太多了，但亦可分门别类划入两种"网络平台"的范畴。比如，微信、QQ等，本质上与中国移动、中国联通、中国电信一样，属于"引导交换型"网络平台；其新闻、游戏，则与新浪（新闻）、网易（新闻）一样，属于"自供自给型"网络平台。

至于快播案所涉及的网络视频领域，优酷视频、腾讯视频、搜狐视频更接近于"自供自给型"网络平台，因为，它们的视频资源主要是通过（收费或免费）购买版权所获得。而快播属于纯粹的"引导交换型"网络平台，它只是提供"引导资源交换"的服务，它自身并未取得视频资源的法律权利。可见，在快播案中，不能简单地将快播与优酷视频、腾讯视频、搜狐视频进行类比。

以法律的视角观察这两种类型的"网络平台",它们的法律责任是不尽相同的。于"自供自给型"网络平台而言,它们既要承担"合法"开展引导交换的责任,还要承担资源内容本身的法律属性瑕疵责任。而于"引导交换型"网络平台而言,其责任应限制在"引导交换"的法律责任。

如前所述,笔者认为,法律上的"传播"应当是反映行为人的"目的性"和"行为性"的传播,它的典型特征是人为性和主动性。而法律意义以外的事实上的"传播",不具有传播的"目的性"和"行为性",它的典型特征是技术性和被动性。

至于法律意义上的网络传播行为,对它的法律规制与对传统意义上的传播行为的规制没有本质性的区别,可以适用规制传统传播的基本法律规则。但是,这并不排除需要对传统传播法律规则进行一定程度的改造。具体地说,如果用户在网络上发布非法网络资源,它与在传统空间中传播非法出版物等没有本质区别,应当追究行为人的传播法律责任。但是,在网络上发布非法网络资源,与传统的非法传播方式相比,其所产生的社会危害性,或者说所侵犯的犯罪客体(法益)是有很大不同的。从这个角度来讲,又有必要对规制传统传播的法律规则进行必要改造,以体现"罪责刑相适应"的基本原则。一体两面,对现有法律规则的改造并不意味着所有刑罚的加重。我们还要认真思考的是:能否将网络的"放大效应"直接归责于行为人?简单粗暴的归咎,似乎又有违"主客观相统一"的基本原则,从而陷入"客观归罪"的极端。

而,更为疑难复杂的是,我们要思考如何对以"引导交换型"网络平台为代表的(事实上的)"传播"进行规制。当然,笔者的观点是,这种事实上的网络"传播"不宜纳入传统意义上或者法律意义上的"传播"概念范畴,而应以"网络安全法"所应调整的网络安全管理责任加以规制。

如果说,传播法律规则的要义在于要求行为人对所传播的内容进行实体审查,从而对其承担相应的法律责任,那么,笔者认为,以网络平台为代表的网络传播者,其法律义务必将由"实体审查"转入"程序审查",从而承担相应的"程序审查责任",即,网络安全管理责任。在网络技术发展与社会分工精细化的背景下,在科技推动效率的步伐下,片面地要求网络平台对传输的内容进行实体审查,显然具有历史的局限性。

一物降一物，万物自有其法则。对网络的治理，还需要网络；技术的治理，仍需要技术。就对网络平台的治理而言，笔者以为，网络平台对传输的内容的审查不仅要由"实体审查"转入"程序审查"，而且"程序审查"本身也要由"人工程序审查"转入"技术程序审查"。

就快播案而言，快播就是因为没有采取妥当的"技术程序审查"，未尽充分的网络安全管理义务，从而酿成今日悲剧。笔者认为，在缓存服务器中利用索引技术及分段散列技术，再加上"种子"的自动删除或自动屏蔽技术，完全有可能实现大范围地自动化监测非法视频。具体地说，虽然笔者并不准确知道快播服务器缓存的规则设置，但笔者可依 P2P 缓存的技术原理大胆推测：快播服务器启动缓存，应该是在上传用户资源供给受限时，或者下载用户资源需求过大时。那么，什么时候会发生上述情况呢？显然是：有新视频上传时（如盗版新片），或者某视频热播时（如色情视频）。因此，只要持续开启监测，是完全有可能把绝大多数非法视频控制住的，即使服务器上只存储视频数据的片段或非完整格式（因为视频数据不会压缩传输）。

需要注意的是，"技术程序审查"与网络实名制、举报投诉机制等这些"人工程序审查"不同，"技术程序审查"具有很强的技术针对性与业务针对性。不同类型的"网络平台"有其不同的"技术程序审查"措施。比如，就快播所采取的 P2P（点对点）技术，其监管的技术措施与采取 P2S（点对服务器）技术的一般网站的监管措施，就具有极大的差异性。采取 P2S 技术时常用的监管技术措施，几乎不可能完全实现对 P2P 技术的有效监管。而，即使基于相同的 P2S 技术，相应网站的业务运营方式不同，技术监管措施也不尽相同。比如，阿里的淘宝网，由于信息都是"明文"存储的，完全可以通过关键词监测技术，甚至人工巡查，达到安全管理目的。而像腾讯的微信、QQ，依靠人工巡查几乎不可能完成安全管理任务，而只能主要依靠关键词监测技术。而就中国移动、中国电信、中国联通这样的网络平台而言，对短信内容的"监管"，可以采取与腾讯微信、QQ 一样的关键词监测技术措施；但是，对于"伪基站"这样违法犯罪行为，关键词监测技术是不能适用的，得采取"集中掉网监测"这样的针对性技术措施。

实际上，网络平台开发"技术程序审查"措施与开发其自身的"网络平台服务"，几乎是一样艰难的。从这种意义上讲，网络平台诚然更需要政府的引导。笔者认为，从法律上讲，政府的引导义务可以看作是立法滞后的补偿与对价；从管理上讲，政府的引导义务可以看作是政府与互联网企业对网络平台的共同治理。可见，网络平台承担类似社会监管义务似乎是当然的，但是与此同时如何享有一定程度的相对自由的监管权力，则是一个更深层次的问题。

第七节　结语

互联网对现有法律体系的冲击以及互联网立法的内容体系研究，只是互联网立法体系化研究的起步。随之而来的问题是，互联网立法的法律方法论问题。这应当成为当下法学研究的重点与创新点。前者只是解决了"有哪些问题"，而后者是要解决"如何解决这些问题"。从这个意义上讲，网络法理学层面的方法论探索更为重要，更为关键，更为基础。

第二十八章

大数据时代的法律体系完善与创新

随着中国特色社会主义法律体系如期形成，法律体系的完善成为我国法制建设和法学研究的核心议题。然而，诚如学者所言，在直接可资借鉴范本阙如、国情复杂和相关经验缺乏的情况下，形成中国特色的社会主义法律体系已属不易，欲促成体系的完善更是困难不少。[①] 尤其在现代社会，随着信息技术的发展，大数据的效用日益凸显，不但深刻地改造着传统商业，重塑人类的生活和思维方式，也正引领一场巨大的国家治理变革，成为"开启重大的时代转型"的力量。[②] 大数据的异军突起，对于形成未久的我国法律体系而言，无疑也意味着一场饱含机遇与挑战的重大变革：一方面，自大数据衍生而出的系列理念和方法固然可为体系完善的探索提供新的思路和视角；另一方面，由此所引发的诸多新问题[③]，却也无不在考验和敲打着稚气未除的法律体系。因此，如何把握时代契机，借助大数据强大的创新和变革能力，为法律体系完善与创新找寻到更为科学的路径，即成为当前及今后一段时期内，我国法治建设中不可回避的问题。

[①] 王立民. 完善中国特色社会主义法律体系任务艰巨. 探索与争鸣，2011（4）.

[②] 舍恩伯格·维克多·迈尔，库克耶·肯尼思. 大数据时代：生活、工作与思维的大变革. 盛杨燕，周涛，译. 杭州：浙江人民出版社，2013：1～7. 陈潭等. 大数据时代的国家治理. 北京：中国社会科学出版社，2015：38～48.

[③] 譬如，有学者指出，在大数据时代，立法将面临个人数据保护、政府数据开放、数据流通与交易、数据跨境流动等方面的挑战. 于漫. 加快大数据立法进程 推动大数据健康发展. 吉林人大，2016（10）.

第一节　大数据推动法律体系理念变革

理念是引导和支配人类实践活动的基本力量，也常是社会变革最初萌芽的地方。"社会的变革和人类的进步基本上都是在新的理念推动下出现的，没有理念的变化就没有制度和政策的改变。"① 而大数据对现代社会最重要的改变，也恰是从我们的思维方式开始的。② 因此，大数据到来对我国法律体系构建和完善的影响，是基础的也是最深远的，自应首先体现为其所引发的理念变革。

（一）由"理性构建"向"经验渐进"的倾斜

"理性"与"经验"是法律体系形成路径范式上的两个基本分歧。其中，理性主义倾向于通过抽象的思辨来演绎人类的法治生活，旨在通过严密的逻辑推理而追求一种真理性的认定，并力求构建一种严密的理论体系和理想的政治法律秩序。经验主义则强调实证观察和分析各种现有的政治法律制度和法治实践，注重经验性的评价和建言，在法律体系的形成方式上偏爱于"渐进改良"，认为制度的形成不在于构建与设计，而在于不断的行动与实践。③ 而作为"中国人民在中国共产党领导下，以中国化的马克思主义为指导，在进行社会主义现代化建设和改革开放的实践中，有规划有计划地从无到有建构起来的、以成文法为表现形式的法律体系"④，我国法律体系在形成过程中对理性主义的倚重和偏好不言而喻。不可否认，从特定的时代背景看，此种理念的选择不无其合理性。毕竟，自 1978 年恢复法制建设起算，至 2011 年宣布形成，我国的法律体系建设也才经历短短 33 年时间。而法治国家所涉及的法律体系构建是一项极其宏大的社会现代化工程，要在那么短的时间里完成这样一项复杂而庞大的任务，不仅需要拟议建成的"法律体系"在数量上足够地多，实现对应由法律调整的社会生活关系的充分覆盖，而且需要在法律体系构成上实现有机整合，符合系统性要求。可以说，在基本思路上

---

① 张维迎．理念的力量：什么决定中国的未来．西安：西北大学出版社，2014：序言．

② 黄欣荣．大数据时代的思维变革．重庆理工大学学报（社会科学），2014（5）．

③ 苗连营．当代中国法律体系形成路径之反思．河南社会科学，2010（5）．

④ 陈斯喜．中国特色社会主义法律体系的主要特征．人民日报，2011－03－12（12）．

的理性主义建构态度而非经验主义的自然形成态度的选择也是一种宿命，势所必然，别无选择。① 此外，就"法律体系如期形成"的结果来看，此种理念上的偏倚虽说有些无奈，却也成绩斐然。

但是在"后体系化时代"，随着大数据浪潮汹涌袭来，曾经"功勋卓著"的理性主义能否依旧契合当前法律体系完善的实际需求，继续屹立潮头，则不无疑问。且以颇受推崇的法典化为例：理性主义者将法典视为"规则之科学重组的中心和一般原则的宝库"②，主张"一部完整、至善的法典通过单纯的推理就可普遍适用于解决所有案件和满足法官的所有需求"③，而法学家和主权者的任务在于竭尽理性以制定出臻善无瑕的法典。而受此观念的影响，我国也曾"大兴立法"，在三十余年的时间内，制定出现行宪法和有效法律共 240 部、行政法规 706 部、地方性法规 8 600 多部，并以此作为判断法律体系形成的重要依据。然而，众所周知，法典化亦有其自身难以回避和克服的弱点，即僵化和滞后性的问题。诚如学者所言，"法典自颁布之日，就以一种静止的形式存在，它永远与不断前进的社会生活有一种或多或少的脱节现象"④。立法者无论多么殚精竭虑、高瞻远瞩，也不可能对纷繁复杂的社会现实明察秋毫，更不可能对千变万化、变动不居的未来社会以及种种不可预知的偶然性因素作出详尽无遗的预见和判断。⑤ 在社会急剧变化的时代，此项弱点将表现得更加明显。因为社会历史本身除了能够为法律的发展提供一种持续性和确定性之外，又表现出一种暂时性和不确定性，当社会处于一种急剧变迁或历史转型时期时，这种暂时性和不确定性就表现得更加明显和突出。⑥ 虽然说诞生于"风车水磨"时代的法国民法典可以经百年而不变，但是在当今时代，此种辉煌恐怕无法重现，毕竟，"20 世纪以前的变化慢到一个人一辈子都看不出来，现在变化的速度已经提高到我们的想象力跟不上的程度"⑦。以商业为例：淘宝、京东等网络"电商"正方兴未艾，以大

---

①　张志铭．转型中国的法律体系建构．中国法学，2009（2）.

②　简曼拉·阿维尼．比较法在新法典编纂中的角．禹明，译．私法研究，2002 年创刊号.

③　Pound R. *Jurisprudence*. Volume Ⅲ. St. Paul：Minn. West. Publishing Co.，1959，p.690.

④　封丽霞．法典编纂论：一个比较法的视角．北京：清华大学出版社，2002：440.

⑤　苗连营．当代中国法律体系形成路径之反思．河南社会科学，2010（5）.

⑥　蒋传光．法律学定性的司法探索——一个法学方法论的视角．法律方法与法律思维，第 4 辑.

⑦　阿尔文·托夫勒．未来的冲击．孟广均，等译．北京：新华出版社，1996：7.

数据为支撑 Airbnb、Uber、Task rabbit 等共享经济也已渐成趋势。大数据等现代科技在空前解放人类的脑力和体力、激发其创造潜力和热情的同时，也造就了现代社会"日新月异"的品格，并时刻刷新人们关于规则、秩序的认知和需求。此时，如果法律体系一直基于绝对理性而建构，那么势必不能适应"明天""后天"出现的新型法律关系，势必造成法律的困惑和立法资源的浪费。①

"如果说理性主义铸就了法律体系的雏形和基本架构的话，那么经验主义的贡献则在于为其输入绵延不绝的生机与活力。"② 在体系已成、框架既定的情况下，法律体系构建和完善的理念自然也应由"理性"向"经验"倾斜。尤其在现代社会，海量的数据蕴含着经验世界中丰富的信息，海量的数据便是海量的经验。③ 大数据的核心是尊重经验真实，敬畏经验真实，在乎经验的代表性。④ "除了上帝，任何人都必须用数据来说话。"⑤ 对于社会主体间的利益应如何分配、行为规则该怎样设置，由数据所代表的经验自然也要比单纯的逻辑推演和想象更具说服力。而且，与体系建构伊始不同，经由三十多年的努力，一方面，我国已制定出数量可观的规范文本，借由大规模法律移植和理性构建以改变"无法可依"困局的紧迫性大为减弱；另一方面，在法律体系建设的过程中，立法、司法、执法以及社会治理诸多方面的经验积累业已颇为丰富，经验主义推行的现实阻碍不复存在。而大数据时代强大的信息收集、分析、应用能力，更是为相关经验的总结和梳理提供了有力的支持，经验主义勃兴的时代条件已十分充分。而在弥补理性构建主义遗留问题方面，譬如对应对法律滞后性问题，经验主义也表现出明显的优势：首先，以大量（Volume）、高速（Velocity）、多样（Variety）为特点，大数据能够以"全样本"的方式及时呈现社会的真实状态。如学者所言，"民主政治制度、市场自由保障制度及其宏观调控机制、社会文化制度的发展成

---

　　① 李亮 . 法律体系到法治体系：从"建构理性主义"到"进化理性主义". 甘肃政法学院学报，2014（6）.

　　② 苗连营 . 当代中国法律体系形成路径之反思 . 河南社会科学，2010（5）.

　　③ 张晓强 . 大数据方法：科学方法的变革和哲学思考 . 哲学动态，2014（8）.

　　④ 白建军 . 大数据对法学研究的些许影响 . 中外法学，2015（1）.

　　⑤ 涂子沛 . 大数据：正在到来的革命，以及它如何改变政府、商业和我们的生活 . 桂林：广西师范大学出版社，2012：14.

果，如果在法律中得到及时记载与反馈，该法律体系的制度合理性就会达到一定高度，而且这种关联度越具有主观能动性，就越能克服法律的滞后性"①。其次，与单纯的经验总结不同，大数据对既往的回顾往往带有预测未来的功能。"大数据表示的是过去，但表达的是未来。"② 利用大数据的交叉复现的特征，可以从中预测社会需要，预判治理的问题，探索国家治理的多元、多层、多角度特征，满足不同时期、不同群体、不同阶层人民群众的需求。③ 借此预见功能，自经验演进而成的法律体系也可在一定程度上避免生命周期过短的问题。

（二）由"国家中心"向"社会多元"的转变

自清末"变法"以降，中国的法制现代化即表现为一种自上而下的理性构建过程，国家始终在法治建设中占据主导地位，发挥着决定性的作用。在法律体系的构造上也表现出明显的"国家中心"（国家主义）特点：仅在国家主权的框架内从法律部门的角度来理解法律体系，所建构的法律体系也仅限于国家的法律体系。④ 虽说此种国家"一元"的结构不乏历史和文化传统根源⑤，但在现代法治实践中，却受到了不小的挑战。且不说随着全球化的愈演愈烈，各类（非政府）国际组织及其"立法"活动日益蓬勃，以民族国家为基本支撑的世界秩序安排已经不再是一种终极性的制度安排⑥，国家法不再是法律的唯一表现形式⑦，就是在主权国家内部，道德、习俗、惯例、宗教戒律、行业规范等大量"非官方"规则的存在，亦表明国家法"一统天下"的思想难切实际。而诉诸理论，学者对此种构造思想的批评更难仆数。譬如，有学者认为：国家主义法律观明显地具有奉权力为圭臬的特征，其结果只能导致权力支配法律而非法律规范权力的情形。既然权力能够支配法律，则必然为权力的规范留下法律漏洞，对权力者自缚于法律的奢望，只能是一种道德期待，而难以收到

① 汪习根，罗思婧．论当代中国特色社会主义法律体系完善之路．河北学刊，2011（6）.
② 孟建柱．深入推进社会治理创新切实提高维护公共安全能力水平——学习贯彻习近平总书记关于公共安全工作重要批示．求是，2015（21）.
③ 陈潭．大数据时代的国家治理．中国社会科学出版社，2015：39.
④ 张建升，薄振峰．法律体系、国家主义与民族国家建构——中国特色社会主义法律体系形成之后的思考．经济研究导刊，2012（29）.
⑤ 吕世伦，张小平．论中国法律文化传统中的国家主义．金陵法律评论，2001年春季卷.
⑥ 邓正来．作为一种国家法与非国家法多元互动的全球化过程．河北法学，2008（3）.
⑦ 何晶．法律多元主义在中国的发展研究．求索，2013（8）.

控权实效。① "国家构建、单元推进模式，很容易变成'权力扩张法律化'、既得利益固化、等级权益制度化和地方保护合法化的有效渠道。"② 国家主义将"国家""权力"推至巅峰，却忽略对"个人"和"权利"的保护，甚至不时以牺牲后者为代价追求国家权力的扩展。例如，在我国法治建设中，运动式的执法和司法，尤其是在社会综合治理过程中过度地强调了法律中蕴含的国家意志，强调民众对国家治理的所有措施的遵守，甚至在此基础上限制公民的个人权利。③ 而纵向公权力集中过多，横向私权利缺乏保障，市场作用发挥不足，也会导致市场主体、市场关系、市场监管的法治化不到位，各种经济"失范"现象严重。④ 同时，在法律体系构建过程中，过于尊崇法律条文并将国家法的制定作为法治秩序生成的充分条件甚至唯一条件，过于强调国家正式法律制度的数量和国家法的中心地位，而忽视道德伦理、宗教戒律、行规惯例、乡规民约、风俗习惯等其他社会规范在秩序生成中的价值与作用，难免使法律体系变成公权进入社会底层、规划人们生活、雕塑社会秩序的强力构建工具。⑤ 如此，则一方面在幅员辽阔、社会结构复杂的国情下，仅凭国家立法机关的"一己之力"难以作出面面俱全的秩序规划，在作为"国家权力的末梢"的乡村地区⑥，法律供给不足的问题便十分突出。另一方面，作为一种由国家外在构建而非社会内部自生的规则，国家法在施行的过程中，难免出现"水土不服"的问题。特别是在法律移植盛行的时期，国家法基本上属于舶来品，是国家经过缜密思考之后强加给社会的行为规则。它缺乏坚实的社会基础和我国固有法律文化的支撑，还远没有内化为人们的价值观和内心需要⑦，受到调整对象的漠视和抗拒也自属当然。⑧

---

① 谢晖. 权力缺席与权力失约——当代中国的公法漏洞及其救济. 求是学刊, 2001 (1).
②⑤　马长山, 郭海霞. 治理法治化时代的法律体系重构. 甘肃社会科学, 2016 (4).
③ 姚建宗, 侯学宾. 中国"法治大跃进"批判. 法律科学, 2016 (4).
④ 冯玉军. 中国法治的发展阶段和模式特征. 浙江大学学报 (人文社会科学版), 2016 (3).
⑥ 苏力. 送法下乡. 北京: 中国政法大学出版社, 2000: 25~54.
⑦ 陈敬刚. 国家法与民间法二元建构及其互动之思考. 河北法学, 2000 (4).
⑧ 譬如, 在外嫁女权益纠纷中, 外嫁女将案件诉到法院, 法院作出外嫁女胜诉的判决。但村委会败诉后既不上诉, 同时又以多数村民不同意由拒绝执行。外嫁女申请法院强制执行, 法院在执行时往往受到多数村民的阻拦而无法执行。王冬梅. 外嫁女状告村委会胜诉续: 村委会拒绝执行. 检察日报, 2006-09-14.

国家主义将法律视为国家意志的体现和其达到不同目的、实现不同职能的工具。① 国家集权和国家对社会全面且有效的控制是其赖以存在的基础与依据。然而，随着市场经济的发展和市民社会的崛起，现代社会国家权力日趋分散，这是有目共睹的事实，它表现为国家主权分散到各种经济、政治、文化团体当中。② 此种趋势在互联网、大数据时代体现得更为明显。据学者的分析，知识的扩散与否和社会权力分配有重要关系，在政府垄断信息控制权的情况下，社会的治理格局建立于其独白式的知识供给图示之上，并企图通过制度与法律的实践为独白式话语提供保护。③ 而在信息爆炸和开放格局下，大数据时代的政府尽管在数据的收集、整理和开发中具有主导性地位，却无法成为数据的垄断者，而大型企业、跨国公司和社会个体都不同程度地掌握了相关的信息。④ 随着信息资源、信息权力（权利）的流动化、共享化和普遍化，单一"治理主体"的权威性受到质疑。⑤ "数据作为一种无形资产，其所有者将拥有数据所有权，这种所有权不受限制，任何个人、组织只要拥有有影响力的数据就能成为合法的'权利中心'。"⑥ 大数据进一步赋权于市场组织与社会组织，使其分享原本由国家独占的治理权力，形成多元共治或多中心治理的国家治理结构，尤其在公共交通与城市发展、公共卫生与食品安全、治理污染与环境保护、公共安全与快速救援等领域，市场组织、社会组织与政府几乎具有同等的数据治理能力。⑦ 并且，与此前"参与治理"的模式不同，参与治理是由政府主导的，参与的治理力量之间的地位是不平等的。在这种模式下，即使政府开放对互联网的治理，也难以调动非政府组织等社会力量的积极性，因为参与的范围总是有限，并且是在政府控制的前提下进行的。⑧ 而大数据时代，公民与政府间平等的信息互动体现出包

---

① 周永坤．法律国家主义评析．云南法学，1997（1）.

② 张德淼．法律多元主义及其中国语境：规范多元化．政法论丛，2013（5）.

③ 陈潭．大数据驱动社会治理的创新转向．行政论坛，2016（6）.

④ 曾小锋，高旭，唐莲英．大数据时代国家治理现代化：现实挑战与路径选择．南京政治学院学报，2016（1）.

⑤ 李振，鲍宗豪．"云治理"：大数据时代社会治理的新模式．天津社会科学，2015（3）.

⑥ 唐斯斯，刘叶婷．以"数据治理"推动政府治理创新．中国发展观察，2014（5）.

⑦ 王向民．大数据时代的国家治理转型．探索与争鸣，2014（10）.

⑧ 邵娜．网络时代意见表达结构及其社会治理效应．理论月刊，2015（5）.

容性，平衡多元主体共同参与治理过程，使协同治理更加有效。[①]

大数据技术的广泛应用实际上正重塑着整个法律体系运作于其中的社会空间，改变着大数据掌控者（包括国家和商业机构）与公民个人之间的权力关系，并创生出许多无须借助法律的社会控制方式。[②] 以淘宝、滴滴、微信、微博等互联网商业和社交平台为例：作为社会信息数据的汇集点，在大数据时代下，它们对社会的影响和控制力不容置疑。平台所制定和发布的不少规范性文件，如"淘宝争议处理规范""滴滴出行用户服务协议""腾讯微信软件许可及服务协议""新浪微博社区公约（试行）""新浪微博社区管理规定（试行）""新浪微博社区委员会制度（试行）"等，不仅是明确平台与用户间权利、义务的契约，而且对借由平台从事商业交易、社会交往行为的社会主体具有广泛的规范约束力，如"腾讯微信软件许可及服务协议"第八部分关于"用户行为规范"的规定。其中，"淘宝争议处理规范"和"新浪微博社区委员会制度（试行）"在明确用户行为规则的同时，针对违反规则的行为和用户间的纠纷，赋予淘宝平台和微博"社区委员会"与司法权相似的仲裁和处理权力。诸上举措虽非出自国家，却对其涵摄范围内的社会主体拥有不逊（甚至更优）于国家法的调控能力，在某种程度上，称其为"法"也不为过。而在大数据时代，此类"法"不在少数。而且在数据开放性和资产化的背景下，数据占有即代表着社会治理中的话语权。[③] 正如智能导航系统基于大量路况信息所作的最佳行驶路线规划往往能被司机遵从一样，当特定主体对数据的控制和运用达到相当程度时，其对社会生活的影响力就不可忽视，而该主体基于数据或数据传播控制而对社会生活所作出的规划，无论表现形式为何，也不管是否以强制力为背书，皆对相关社会主体的行为具有相应的调控能力。而随着数据开放和数据积累程度的不断提高，具备此种数据能力的社会主体将日益增多，类似的规划自然也将不断增多。对于此类带有自治性质的规则体系，虽皆以"法"相称并不现实，然若继续任由国家主义将其排斥在法律体系之外，也难得妥当。况且，这仅是大数据影响社会规则体系之一端。随着团体、个人在大数据时代的强势崛起，根源于其中的道

---

① 杨慧. 大数据驱动下的政府治理创新研究. 南方论刊，2016（7）.

② 于漫. 加快大数据立法进程 推动大数据健康发展. 吉林人大，2016（10）.

③ 牛正光，奉公. 应用大数据推动政府治理现代化的 SWOT 分析. 电子政务，2016（1）.

德、习惯等"民间法"的效能和地位也将凸显。如此，则法律体系的构造理念自"国家中心"向"社会多元"转变，已是必然趋势。

（三）由"简约风格"向"精确路线"的发展

有学者将我国法律体系构建仅关注规范性法律文件的范围和法律部门的分类，在有关法律体系构建所涉及的诸多问题以及问题的不同内容上，多作单一维度选择和处理的做法，概括为技术上的简约主义风格。① 而就以往的实践来看，此种简约主义风格还具体表现在：（1）立法工作中"宜粗不宜细"的指导思想。法律规范中纲要性、原则性的内容较多。② （2）司法活动中对程序重视不够，裁判文书公式化和说理不充分问题突出。程序虚无主义、程序工具主义的理念曾在我国司法实践中颇为盛行。据早期的数据统计，存在超审限、管辖等程序性问题的案件占到全国错案总数的 85.86%。③ 有学者也批评道，"有些法官一个案子判下来，判决书语焉不详，看不出其结论的论证过程"④。（3）规则设计和适用中的线性思维、法律评价中"非此即彼"的思路盛行，对判断标准的合理性缺乏充分的探讨。在医疗侵害案件的判决说理中，"此种思维在患者生存机会丧失的场合表现得尤为突出，在盖然性证据优势规则的主导下，以 50% 的生存可能性为分水岭，徘徊于其上下的两者即便无限接近，也将面临截然相反的结果：全部赔偿或全部不赔偿"⑤。

显然，对现代社会治理而言，面对日益多元的实践形态，如此简约主义风格的法律体系构建难免多有疏漏。（1）以立法为例，受"宜粗不宜细"思想的影响，法律条文粗略而缺乏操作性的问题为理论界诟病已久。⑥ 由于内容过于宏观、笼统，法律的操作性不强，不能为人们的行为提供明确的指引和规范，司法人员和行政执法人员的自由裁量权过大，也为司法腐败提供了

---

① 张志铭. 转型中国的法律体系建构. 中国法学，2009（2）.
② 郭跃. 论立法精细化的标准与实现路径. 学术界，2016（2）.
③ 肖建国. 民事诉讼程序价值论. 北京：中国人民大学出版社，2000：6.
④ 李勇. 法律文本简约未必是美. 法制日报，2005-07-19（3）.
⑤ 田韶华，樊鸿雁. 论机会丧失的损害赔偿. 法商研究，2005（4）. 解娜娜. 医疗侵害案件中的机会丧失理论. 法学杂志，2010（4）.
⑥ 徐汉明. 法治的核心是宪法和法律的实施. 中国法学，2013（1）.

种种可能，因而必然导致法律适用上的混乱局面。① 随着现代信息技术使人类活动能力大幅提升，社会生活中利益的内涵不断扩张、结构日趋复杂，粗放型立法的此种弊端将表现得愈发明显，不但容易造成公众手足无措的窘迫，还可能成为引发选择性执法等"滥权"问题的制度诱因。诚如有学者在《网络安全法》出台前对其草案所作评论时所言，草案赋权、赋能"有关部门"采取十多种管理措施，却缺乏相应明确的权限和程序性规定，倘若如此，"有关部门"真可以"上天入地"地进行执法了。②（2）再以司法论，如果说传统司法对程序的轻视、对说理的懈怠最终可归之为一种基于"权力"的恣意或傲慢的话，那么，在人权高涨、民众权利意识觉醒及社会多元化的现实下，司法机关可以像传统"衙门"一样"高高在上"的时代已一去不复返了。③ 现代信息传播的便捷、自媒体的发展以及裁判文书的公开化，令民众对司法过程的参与和监督能力大幅提升。面对汹涌的网络舆论压力，司法者也不得不走下权力的神坛，开始考虑裁判的可接受性问题。恰如学者所指，公众对司法的质疑不少与裁判结果无关，而是由审判活动引发的，如审判活动不公开、不透明，审判过程封闭、僵化，当事人参与不足，裁判文书说理和公开不够，对裁判结果缺乏正常的反馈渠道，现有法官考评机制不重视当事人意见，等等。④ 固守程序工具主义和裁判说理的格式化，司法恐怕难以继续在信息普享的时代维持其既有的权威。（3）如果说生存机会丧失的例子尚不足以映衬线性思维在现代社会的尴尬，那么，在大数据时代"网约车"行业兴起与以"牌照数量控制"为基础的传统城市出租车行业监管制度间的激烈对撞中，此种尴尬暴露无遗：正是缺乏对"数量控制"的市场准入标准合理性的反思，以及在出租车司机与"专车"司机利益冲突的处理上"非此即彼"的思想，造成了"网约车"行业发展初期的诸多乱象和纷争。⑤

---

　　① 余向阳.论法律的操作性与法治.学术界，2007（1）.

　　② 丁道勤."上天入地"，还是"度权量利"——《网络安全法》（草案）述评.中国矿业大学学报（社会科学版），2016（3）.

　　③ 苏新建.程序正义对司法信任的影响——基于主观程序正义的实证研究.环球法律评论，2014（5）.

　　④ 耿宝建.裁判文书改革与司法公信建设.人民司法（应用），2013（17）.

　　⑤ 王静.中国网约车的监管困境及解决.行政法学研究，2016（2）.熊丙万.网约车监管新规的顺产与保育.中国经济报告，2016（9）.

精细化既是大数据时代对社会治理的基本要求，也是大数据兴起对社会治理的主要贡献。一方面，大数据造就了多元而复杂的利益格局，全面提升了社会公众参与社会治理（公权力运作过程）的热情和能力。尤其是其所具有的可视化特点——"通过运用大数据，能够构建起基于权责对等原则的国家治理生态系统框架，将模糊责任转为可视化责任，从而进行可视化责任梳理和再分配，生成责任清单、任务清单等，并使它们在决策者、执行者和公众之间无障碍地流转和对接"①——为社会力量参与社会治理、强化对公权力监督提供了前所未有的便利，也"倒逼"公共管理部门改变以往的粗放作风。另一方面，以全样本为特点，大数据能够反映出社会问题的全部细枝末节，因而使社会治理能对症下药，进而实现治理的精确细微。②大数据作为劳动力和资本之外的第三生产力，以容量大、速度快、价值大、成本较低、实时性较强的特点，能有效地克服社会治理中的"木桶短板"效应，并解决社会治理中标准化程度较低的问题，从而推动社会治理从模糊化向精细化蜕变。③在此背景下，作为国家推行社会治理的基本手段，法律体系在构建的理念上也应由"简约"走向"精细"：不但需要利用大数据强有力的社会调查功能，提升立法的针对性和可操作性，而且在审判、裁判文书公开的基础上，强化对司法、执法的过程监督，进一步明确当事人的程序权利和司法机关的程序责任，鼓励和推动司法文书的规范化，提升文书说理水平；利用大数据"统揽全局"的能力和卓越的数据分析方法，拓展法律论证和规范设计、适用的方法与思路，凸显法律调整的层次性和在多元化利益格局下协调各方的能力，深化具体规范调整标准设置时的实证考察，强调以数据、事实而非单纯主观经验或价值讨论方式决定法律评价标准和规范调整方式的内容。

第二节　大数据助力立法质量的提升

法律体系的形成并不意味着立法任务的终结，相反，对立法机关来说，

---

① 陈潭，杨孟．"互联网＋"与"大数据×"驱动下国家治理的权力嬗变．新疆师范大学学报（哲学社会科学版），2016（5）.

② 刘佳．大数据时代的社会治理困境与创新发展路径．学术探索，2015（4）.

③ 凌锐燕．大数据时代的社会治理精细化工作研究．理论研究，2016（4）.

法律体系形成之后，立法工作任务更为艰巨。① 且不说被誉为"市场经济基石"的民法典尚且阙如，实践中，公司法、证券法、刑法等基础法律的修订以及各地方性法规、部门规章和被视为"另类立法"的司法解释的制定也在如火如荼地进行着。而且，受特定时期立法观念和立法技术的影响，在法律体系构建的过程中，虽我国形成了体量庞大的规范体系，但法律的质量离先贤所称"法治"对"良法"的要求尚有较大差距。法律滞后、操作性不强、矛盾和冲突等问题仍大量存在。已经产生的法律、法规、规章中，有很大一部分存在着质量不过关，因而难以实施、无法实施的问题②，以致有法不依、执法不严、违法不纠现象突出，法律没有受到应有的尊重和遵守，出现"有法律无法治"现象。③ 立法质量不高成为制约依法治国的瓶颈。④ 就此，不少学者呼吁，我国法律体系形成以后，立法工作应当从数量型立法向质量型立法转变，不仅要考察立法数量，更要关注立法的质量和实效；不仅要有不计其数的纸面上的法律规范，更要有能够真正发挥作用的现实中的法治功能。⑤ 时任全国人大常委会委员长吴邦国在形成中国特色社会主义法律体系座谈会上也特别强调："中国特色社会主义法律体系形成后，如何适应经济社会发展和社会主义民主法制建设的需要，继续加强立法工作，提高立法质量，完善中国特色社会主义法律体系，是摆在我们面前的一个重大课题。"⑥而党的十八届四中全在《中共中央关于全面推进依法治国若干重大问题的决定》中也明确指出："建设中国特色社会主义法治体系，必须坚持立法先行，发挥立法的引领和推动作用，抓住提高立法质量这个关键。"

面对主题的变更，我国理论界也就提升立法质量的具体途径和方法展开了不少有益的探讨。譬如，郑成功教授指出，需要更加重视立法工作并创新立法思维，健全立法体制和优化立法机关组织与人员结构，完善多方有序参与的立法机制，特别是要构建行政机关、司法机关等与立法机关的良性互动

① 信春鹰.为形成和完善中国特色社会主义法律体系努力做好立法工作.中国人大，2010（19）.
② 周旺生.试论提高立法质量.法学杂志，1998（5）.
③ 李朝晖.从有法可依到立法精细化.特区理论与实践，2014（6）.
④ 郑功成.全面提升立法质量是依法治国的根本途径.国家行政学院学报，2015（1）.
⑤ 李林.完善中国特色社会主义法律体系任重道远.中国司法，2011（4）.
⑥ 吴邦国.在形成中国特色社会主义法律体系座谈会上的讲话.中国人大，2011（2）.

机制，最终实现立法质量的全面提升。① 徐凤英副研究员通过对当前我国立法工作中存在的诸多问题的分析与审视，探讨了新形势下提升我国立法质量的必要举措与根本路径，从创新科学立法理念、优化我国立法体制、坚持民主科学立法、推进立法动态化发展等几个方面提出了自己的思路与见解。② 而黄文艺教授则主张，转变立法政策、提高立法技术、完善立法程序、健全专职立法人员制度是提高我国立法质量的几个关键性环节。③ 自学者的讨论中不难看出，在我国当前的法治建设背景下，"推进科学立法、民主立法，是提高立法质量的根本途径"④。二者不但是人类在长期法治建设实践中总结出的基本经验，也是党和国家在把握法制发展规律基础上为我国立法工作所确定的基本原则。而随着大数据时代到来，数据收集、分析和处理技术的发展为此二项原则的实现配给了更具体和强有力的支持。恰如学者所言，通过大数据辅助立法工作，通过对海量的数据的分类、挖掘和分析，可以使立法决策更加科学、更加符合中国的实际，还可以将社会不同群体、不同阶层以及大众媒体等渠道提出的立法需求、立法建议等各类信息，以大数据的方式进行重新整合、分析，有利于听到人民群众的真正呼声和要求，有利于回应人民群众关注的社会难点、热点、重点问题，为科学立法、民主立法提供依据。⑤

一、大数据提升立法的科学化水平

冯玉军教授指出：立法者从客观实际出发认知社会价值、社会秩序和社会规律，并以科学、合理的立法活动加以确认，是法的内在科学属性的体现和必然要求。从规范分析法学的角度衡量，科学立法应以合理性、合法性与合逻辑性为其核心标准。⑥ 而从立法的技术特征来看，以上标准的满足和科学立法的实现，首先需要以充分的信息供给为前提，因为，立法

① 郑功成. 全面提升立法质量是依法治国的根本途径. 国家行政学院学报，2015（1）.
② 徐凤英. 提升我国立法质量的路径选择. 东岳论丛，2016（10）.
③ 黄文艺. 论立法质量——关于提高我国立法质量的思考. 河南省政法管理干部学院学报，2002（3）.
④ 习近平. 加快建设社会主义法治国家. 求是，2015（1）.
⑤ 张维. 大数据时代需提立法质量. 法制日报，2014-07-28（6）.
⑥ 冯玉军，王柏荣. 科学立法的科学性标准探析. 中国人民大学学报，2014（1）.

过程应该是在广泛认识立法所涉及的事物的基础上进行的，是客观事物的状况决定立法过程，而不能由立法过程决定立法所调整的事物。① 作为一种理性的决策，立法具有高度的信息依赖性。在立法过程中，只有通过各种方式和渠道获得有关领域的较为充分和可靠的信息，立法机关才能在该领域内制定出具有权威性和可行性的法律。② 而就以往实践来看，虽不乏体制、机制方面的因素，然而不可否认，信息不充分恰是制约我国立法科学化和立法质量提升的直接原因。有论者常言，"科学立法，就是要求法律准确反映和体现所调整社会关系的客观规律，同时遵循法律体系的内在规律"③。但由于缺乏足够的信息支持，立法机关往往难以对立法所处的社会和制度环境的现实状态形成充分的认识（更毋庸对"规律"的把握），难以对立法需求、立法契机和立法可能产生的后果等作出合理的判断，故而不得不抱以"成熟一个制定一个""宜粗不宜细"的立法方针，立法的滞后、缺乏可操作性、与既有体系冲突甚至内部产生逻辑矛盾等便在所难免。综观学者的建议，无论是要求建立科学、系统的立法工作机制和立法技术体系④，还是提议构建科学、合理的立法程序，应当使立法建议渠道畅通与制度化，建立立法理由书制度、法案审议的记录与公开制度、立法助理制度⑤，究其目的，从技术层面而论，无不着眼于克服立法信息不充分的问题。

以海量数据和高速处理为技术特征，以"全样本"为理念范式，大数据的到来为克服立法中的信息不充分问题提供了十分积极的帮助。以立法调查为例：学界普遍认为，推进立法科学性要坚持从实际出发，深入调查研究，接地气通民意，准确把握新事物的本质和规律，真正了解社会需求和人民的期盼，广泛征求意见，认真论证评估，充分统筹协调，使我国经济社会在迅猛发展中出现的新情况、新问题能在法律中得到及时、准确的反映和快速、

---

① 杨小勤. 论科学发展观下科学立法的实现途径. 宁夏社会科学，2009（6）.

② 黄文艺. 信息不充分条件下的立法策略. 中国法学，2009（3）.

③ 全国人大常委会办公厅、中共中央文献研究室. 人民代表大会制度重要文献选编（四）. 北京：中国民主法制出版社，中央文献出版社，2015：1634.

④ 冯玉军. 完善以宪法为核心的中国特色社会主义法律体系——习近平立法思想述论. 法学杂志，2016（5）.

⑤ 李友根. 论法治国家建设中的科学立法. 江苏社会科学，2015（1）.

有效的解决。① 我国立法机关在立法启动前后，也多会以调查问卷、实地考察、座谈访问（在网络时代，还出现网络问卷、网络质询）等方式，对立法需求、立法所关涉的利益关系状况、相关领域内社会主体的行为样态等事项展开调研，以作为立法决策和草案拟写的基础。不可否认，以上调查的实施，对于深化立法与现实的结合、推进立法科学化起到颇为积极的作用。然而，以抽样为主体的以上立法调研方式存在明显不足：效率低下且不说，受抽样方式或调查者主观倾向的影响，调查所得结论难免片面，非但难以为科学立法提供有效的支持，反而容易将立法引入误区。而在大数据时代，一方面，随着移动互联网、社交平台、智能终端等的出现，人类生活的诸多细节被记录和存储了起来，"在大数据的作用下，人类社会的问题、样态都开始了较为全面的信息化"②。另一方面，RapidMiner、Apache Hadoop、R-programming 等数据分析、挖掘工具的出现，令人类可对海量的、结构与非结构相混杂的数据展开分析，并以可视化的方式展示出来。将大数据的分析方法运用于立法调查，不仅可以较大程度地减少调查所需要的经费和时间成本，而且可以在更加全面的视角下观察立法所处的社会和制度现实环境，更精准地把握社会的立法需求及其发展规律，为科学立法提供更有力的支持。而很明显，相似的方法还可以广泛运用于立法后的法治评估工作中。"法律规范与其他任何事物一样有一个实践——认识——再实践——再认识的不断完善的过程，只有通过这样的过程才能实现其科学化，只有立法决策的社会反馈化能够实现这一理想。"③ 在法律付诸实施后，通过检索、分析其在司法、执法实践中的适用情况和社会公众在各类信息平台中对法律所持态度，可以全面、及时和直观地对立法的质量及存在的问题形成有效的认知，为法律的进一步修改和完善提供有益的参考。在我国《民法总则》制定的过程中，有学者就曾借由对"中国裁判文书网"中裁判文书对《民法通则》相关条款的适用情况展开大数据分析，对民法总则草案中若干法律规范的去留问

① 徐凤英．提升我国立法质量的路径选择．东岳论丛，2016（10）.
② 方印，张海荣．大数据：法学研究的重要维度．中国社会科学报，2016－02－17（5）.
③ 关保英．科学立法科学性之解读．社会科学，2007（3）.

题提出了颇有见地的建议，体现出了较强的说服力。①

在大数据时代，海量数据的效用并非仅限于对立法信息不充分的弥补，更突出地表现为立法的实验性探索提供可能。能否以部分推断整体以及实验探索是否普遍有效被认为是自然科学与社会科学的重要区别。科学实验通过使用科学的仪器设备，深入、精确、细致进行研究和检验，使所获的自然科学假说或理论在真理性上表现得更严谨、更细致、更令人信服，而社会科学的研究和检验"既不能用显微镜，也不能用化学试剂，二者都必须用抽象力来代替"②，"社会领域中局部经验往往不具有普遍性，许多成功经验之所以成功在很大程度上是因为限于一个比较特殊的局部环境中，一旦推广，情况就会有很大变化"③。因此，在我国以往的实践中，虽不少采用授权立法的方式推行立法实验，但是此种实验不仅耗时较长，而且实验结果是否具有全局适用性也仍需再经筛选和论证。作为一种关涉范围广泛的社会治理活动，此种实验失败所带来的损失后果无疑也是十分重大的。因此，从严格意义上讲，这并非立法实验的有效方式。而在大数据时代，通过互联网、物联网、传感器、智能终端等设备收集信息，可以在计算机构建的虚拟社会中呈现社会的真实状态，实现社会的"数字镜像化"④。而且，此种"镜像化"并非纯粹虚幻的世界，而是通过数据化"拟像"建立了这个虚拟世界与真实世界之间的关联和相关。这种关联和相关不但为人们研究真实世界提供了一个前所未有的视角，而且允许人类在其中展开"镜像实践"，在计算机网络里完成的那种本应在现实世界里完成的社会实践。⑤ 由大数据促成社会生活的"镜像化"和"镜像实践"为立法实验提供了良好的场所。其通过全样本地收集社会主体的行为样态，构建利益和行为选择模型，形成镜像世界，在此基础上将不同的规范选择作为变量植入镜像世界中，观察其对各相关社会主体基于规范变量而在利益选择和行为方式上的转变，进而对立法的效果形成较为具体和高效的预判。此即学者所提出的，可以对应法律文本拟订方案中的行

---

① 王竹．《民法总则（草案）》若干法律规范去留问题大数据分析——以《民法通则》相应条文的司法适用大数据报告为基础．四川大学学报（哲学社会科学版），2017（1）．
② 张明国．科学实验是检验科学理论的标准．北京科技大学学报（社会科学版），1999（4）．
③ 房宁．民主的中国经验．北京：中国社会科学出版社，2013：287．
④ 胡亚谦．大数据预测能力对公共决策的影响．东北大学学报（社会科学版），2016（3）．
⑤ 陈明．大数据与镜像化生存：对大数据时代的哲学反思．浙江传媒学院学报，2015（6）．

为范型，可以在一定的虚拟时空中将相应的公众主张的行为取向进行虚拟演示和比对分析，从而检验拟设行为范型的可能性、阻却性，以此提高法律规范设计的适用性，并有的放矢地配比相应的法律激励、约束机制。① 以 2012 年修订的《机动车驾驶证申领和使用的规定》为例，如果可以事先将"驾驶机动车违反道路交通信号灯通行的，扣 6 分"的规范置于大数据所形成的镜像世界中观察，则极有可能提前发现社会主体基于"闯黄灯亦受罚"的规则而产生的"抢灯"的行为模式选择，以及由此引发的交通事故发生率提升的问题，便可在立法过程中及早地对"闯黄灯"与"闯红灯"的法律后果作出明确区分，也就免去在该规定出台才一周，作为立法者的公安部便不得不宣布司机闯黄灯都不会受罚，该条规定在生效 6 天后即被废止的尴尬。② 其实，此种"镜像化试验"的思想早在对社会科学计算试验的研究中，即已被学者提出。MIT 的计算机科学家 Minsk 在他的 *Society of Mind* 一书中即提出将社会中的成员个体抽象至计算机系统中，有机组合成一个多主体系统的设想；主张通过抽象实际环境、社会系统的基本要素和演化机制，对应现实社会中每个决策主体建立主体模型，利用多主体系统描述实验对象。利用计算机技术构造计算实验需要的各种环境要素，利用适当的数据结构描述智能主体间关系构成的社会多重动态结构。基于自下而上的计算方法，计算实验对象的决策过程，通过这些对象的交互作用研究复杂社会系统的整体行为。③

二、大数据增强立法的民主化程度

在现代社会，人们普遍认为，法律本身是公众意志的体现，因此，在立法活动中，体现民主原则，是立法的应有之义。④ 而在我国，有学者指出，立法质量不高的原因反映在立法观念、制度、程序、技术等诸多方面，但根本的原因是立法机关的民主意识不强，片面地强调法律是国家意志的体现，而忽略了法律是人民意志的体现，从而在立法的具体操作上还不够民主、科

---

① 石东坡. 大数据时代立法调查的变革与完善. 人民法治，2015 (12).
② 事例和相关论述参见熊明辉、杜文静. 科学立法的逻辑. 法学论坛，2017 (1)。
③ 张军. 社会科学计算实验的实现方法. 实验室研究与探索，2009 (9).
④ 陈伯礼. 立法民主：概念与根据. 河北法学，2006 (1).

学、规范。① 甚至有学者批评道，为了加快改革开放的步伐，又在西方法治观念强势话语的压力下，我国的立法几乎成了法律人的垄断职业，实质性的民主因素微乎其微。② 民主程度不足，成为制约我国立法质量提升的重要因素。对此，我国立法机关已着手展开了不少的努力和尝试。随着立法公开、立法听证、立法论证以及公开征询意见等系列措施的推行，我国立法过程的民主化水平得到显著提升，"闭门立法""独断立法"成为历史。但随着信息科技的日益发达，当今社会的利益结构的日趋多元、复杂，人民的民主意识也在不断提升。同时，法律体系形成后，国家和社会对立法的质量也提出了更高的要求。如何在新的历史起点上推动立法民主的不断深化，提升立法质量，是一个需要不断思考和探索的问题。

从层次划分上看，立法民主应分为立法过程中的内部民主和立法过程中的外部民主两部分内容，前者强调的是立法机关成员在法案审议过程中应坚持多数决定原则，后者强调的是在立法过程中应扩大公民的有序参与。③ 而就当前语境而言，前者的实现似乎并不存在太大问题，故而所谓对立法民主的强化，主要强调的应是后者，即民众对立法过程的广泛参与。毕竟，人民通过直接参与立法活动来表达自己的意愿和利益诉求，是立法民主性的最直接的体现，是人民行使当家作主权利的重要内容。④ 而对此，大数据所产生的效能不谓不明显：大数据不但具备自互联网时代以来信息传播的广泛性、便捷性特点，为民众表达意见和参与立法提供多样、便利的渠道，而且，更重要的是，凭借强大的信息收集和处理能力，大数据为民众更加充分地参与立法创造了积极的条件。正如有学者所言，及时、全面、准确地获取各种立法信息，是民意有效表达的前提条件。⑤ 在资讯不达的年代，民众难以对包括立法信息在内的诸种公共信息获得及时的了解；而在互联网早期，置身于信息爆炸的环境中，民众又难免为大量的信息流或信息碎片所困扰、迷惑，难以对信息形成全面、准确的理解。直至大数据时代的到来，具备驾驭海量

---

① 汤啸天. 立法民主与立法质量. 探索与争鸣，1999 (4).
② 李振宇，喻兴龙. 立法建议与民主立法关系研究. 社科纵横，2007 (1).
③ 李店标. 民主立法及其推进方式. 社科纵横，2007 (1).
④ 刘佩韦. 论立法的民主性. 山西大同大学学报，2009 (5).
⑤ 李锐，毛新民. 当前立法中的民意表达障碍及对策. 海南人大，2007 (1).

数据的能力后，人类对信息的获取和理解才算得上准确和全面。在大数据技术的帮助下，一般民众不但可以及时地获取其关注（或与其利益相关）的立法信息，知悉立法草案的内容，而且，还可以借助官方或非官方提供（甚至自身所实施）的数据分析，更为深刻地理解立法的背景，相关条文设置的理由、目的，就立法将对自身利益所造成的影响获得更为清楚的认知。以此为基础，不但民众参与立法的积极性得到实际、积极的提升，而且，民众所提出的立法建议和意见也将更加有针对性和富于成效。同时，对于立法机关而言，传统的立法起草过程涉及调查、听证、论证、征集意见、风险评估等方式，其目的都在于尽可能多地获得利益相关方的想法和意见。而基于对海量数据的分析立法起草者可以获得更加准确的一手数据，从而避免利益相关人基于自身利益而对立法目标进行扭曲或忽视，成为科学决策的有力补充。①

除了民意在立法过程中的充分、有效表达外，大数据对民主立法的推动作用还突出地表现在强化立法机关对民众意见的回应。有学者指出，在实践中，尽管我们采用了多种形式扩大公众参与，但对法律内容具有决定性的利益博弈却是在"私下沟通"中完成的。② 立法机关在研究民众建议时，是否采纳民众意见、采纳或不采纳的理由何在，等等，既未及时披露，也缺乏有说服力的解释说明。有的立法机关只是走走过场，并没有认真研究公众对法规草案提出的意见。③ 缺乏对民意的必要回应，仅停留于拓宽民意表达渠道和强调立法机关对民意的重视，任由立法权力在民意面前"傲慢"和冷漠，则立法民主难免流于形式，所谓立法机关对民意的重视也难免因为缺乏有效的评价和监督手段而沦为虚化或理论上的泛谈。在大数据时代，随着信息技术的提升和普遍，此种现象将有望得到较大的转变。譬如，在大数据强大的数据收集能力的推动下，与立法相关的民意不再零星分布于网络或现实世界的各个角落，而是呈现出明显的聚合性的特点，并借由立法机关或社会组织的数据收集和处理行为以量化的形式集中表现出来。民意聚会所形成的压力容易对立法机关产生"倒逼"效果，促使后者不得不认真对待民众对草案所

---

① 胡凌.大数据兴起对法律实践与理论研究的影响.新疆师范大学学报（哲学社会科学版），2015（4）.

② 李晓辉.立法论证：走向民主立法的新阶段.学习与探索，2010（3）.

③ 王芳.关于我国立法民主化的思考.陕西行政学院学报，2010（2）.

提出的意见，即便最终没有采纳，也需对此作出必要的解释和回应。此正如有学者所言，工业时代的民主协商更像是一种零售模式，原子化的分散个体直接面对庞大的权力机器，并等待着权力有选择的抽取而进入协商场域。而在大数据网络平台上，个体不再以分散化方式进行微弱的话语表达，而是借助于网络工具，将微弱的话语表达转化为大数据的数据形式，并通过网络自处理甚至云计算，汇聚成为响亮的民意，并融入权力流程的所有环节。[①] 此外，作为立法民主的基本保障，立法监督在充分吸收大数据技术成果的基础上，也将在效能上获得巨大的提升。在新修订的《立法法》将立法主体向下延伸的背景下，通过建立健全立法规范体系数据库，通过收集和分析现有的法律法规体系、立法主体权限规定、各相关立法过程信息以及社会公众对相关立法的民意表达，可以及时有效地实现对各立法主体相关立法活动的有效监督，从而对于治理下位法任意突破上位法的规定，越权立法、滥立"土法"；地方立法照抄照搬中央立法，重复立法，浪费立法资源；同位法之间相互矛盾和冲突，多头立法、争权诿责；部门利益法制化，借法扩权、以法争利等立法实践中的诸多混乱和无序现象，具有十分积极的作用。[②] 综合以上分析，大数据在立法民主自形式到实质的转化过程中所具有的积极价值不言自明。在新时代背景下，我国各级立法机关理应研习和运用大数据所带来的诸多技术便利，为深化民主立法和提升立法质量再添助力。

第三节　大数据促进司法效能的发挥

"徒法不足以自行。"法律体系是能系统性地存在和运行的法律整体，即不仅是静态的法律整体，而且是以动态存在和运行的法律整体。而且，只有动态的、运行中的法律才能解决在静态的法律中存在的冲突与矛盾。[③] 因此，虽然迄今为止，我国法律体系的构建一直以法律规范体系为对象，陷入

---

① 汪波．大数据、民意形态变迁与数字协商民主．浙江社会科学，2015（11）.
② 苗连营．立法法重心的位移：从权限划分到立法监督．学术交流，2015（4）.
③ 钱大军，马新福．法律体系的重释——兼对我国既有法律体系理论的初步反思．吉林大学社会科学学报，2007（2）.

了"倚重立法、轻视司法"的误区①，不论法律实务界还是法学理论界，对法律体系的理解都倾向于以立法为视角②，但仍不可否认，司法作为法律体系有机组成部分自应有其不容忽视的地位和功能：中国法律体系在过去三十多年的发展，远远不限于已经建立的庞大立法体系，司法体系在中国社会日常生活中的重要性已经自不待言。③ 而且，司法可以消解立法与用法的隔阂，化除守法与变法的抵牾，勾连法规范与法品格的融通，成就规则因素与人的因素的结合，对于完善法律体系具有不可替代的独特作用。④

在新的历史条件下，一方面，法律体系形成后，法治建设将对司法提出更高的要求；另一方面，在大数据时代，发展迅速的社会与相对静止的法律文本间的矛盾将日趋尖锐，而作为勾连法律与现实的主要渠道，司法无疑将首当其冲，成为矛盾的汇集点。时代将赋予司法更为繁重的任务。然而，诚如有学者所言，"现阶段我国法制建设的主要矛盾，是法律实施不好的问题"⑤。裁判质量不高、效率低下以及司法能动不足等皆属于长期困扰我国司法效能发挥、影响法律实施效果的现实问题。携带着这些"旧问题"步入新时代，司法将如何在克服重重困难的同时，迎接纷至沓来的挑战，在"后体系"和"数据化"的时代中充分发挥其效能，不断推动法律体系的完善和社会法治的进步，无疑是一个严峻而现实的问题。

一、大数据有助于促进司法公正

公正是法治的生命线，是司法的基本品质，也是人民对司法的基本期待。历史发展到今天，可以肯定地说，一个社会，无论多么"公正"，如果不考虑司法公正，最终必将导致社会集体的贫瘠，那也就谈不上是真正的公正。即使有这种"公正"，经过历史的检验，也终将为社会和人民所不取。⑥司法将公正作为至高理想，从案件质量评估指标体系推行到案例指导制度的

---

① 钱大军，马国强．论我国法律体系构建的误区．政治与法律，2010（1）．
② 张卓明．完善法律体系的司法路径．法学，2011（8）．
③ 最高人民法院．人民法院工作报告（2009），2010．侯猛．中国最高人民法院研究——以司法的影响力切入．北京：法律出版社，2007：2-4．
④ 江必新．司法对法律体系的完善．法学研究，2012（1）．
⑤ 李林．完善中国特色社会主义法律体系任重道远．中国社会科学报，2011-06-15．
⑥ 王晨．司法公正的内涵及其实现路径选择．中国法学，2013（3）．

实施，再到如火如荼的司法改革，无不饱含着司法机关对于司法公正孜孜不倦的追求。学者也未曾放弃对司法公正的探索。有学者指出，司法公正以看得见的方式实现，对审判方式提出的要求在于：尊重当事人的主体地位，法官的职权服务于当事人的权利；发挥法律职业共同体的作用，实现控辩力量的平衡；维护法官独立审判的权力，限制法官的任性。① 也有学者从制度与道德对法官行为的影响出发，提出：欲提高司法公正的度，社会当以加强程序公正的司法制度建设为立足点，而不是以对法官的道德教化为立足点。② 更有学者指出，通过建构和应用司法公正评估体系，可以以精确、具体和可视的司法公正指数科学、客观地反映司法公正的实际情况，为改革措施的制定和效果检视提供有价值的参考。③ 而大数据对司法公正的影响是更为全面和深远的，且不说其在案件质量评估、司法公正评估等司法公正宏观控制体系中的巨大效用，对于具体践行司法公众的个案裁判而言，大数据理念和技术的引入，也将产生积极的和深刻的影响。

首先，大数据可为司法事实判断提供更为科学的依据和方法。"以事实为依据，以法律为准绳"，既是我国诉讼法对司法程序的基本要求，也是实现司法公正的基本保障。其中，作为法律适用的基础和前提，案件事实的价值不言而喻。事实公正体现的是诉讼机制的内在说服力，是诉讼机制的内在品质，案件事实认定得正确与否是"实体公正"的核心。④ 而且，就司法的过程规律来讲，只有准确、客观地认识案件事实，才能保障此后的规则适用和法律论证朝着正确的方向进行。然而在长期的司法实践中，虽然学者已提出不少的理论与方法，立法机关和司法机关亦出台或完善了相应的证据规则，并以"法律事实""证据事实"的名义与案件客观事实相区隔，但仍无法改变司法事实认定对"自由心证"即司法人员的主观判断的依赖的基本事实。既然以司法人员的主观判断为凭依，那么司法事实认定的准确性便难免受到其认识能力的局限性或者其他主观非理性的影响。如有学者指出，裁判

---

① 魏胜强. 司法公正何以看得见——关于我国审判方式的思考. 法律科学，2013（6）.

② 周永坤. 提升司法公正的路径选择——以正当程序和司法良知的关系为切入点. 苏州大学学报，2012（5）.

③ 胡铭，王震. 司法公正评估体系的建构与应用. 法治研究，2015（1）.

④ 田源，顾震. 事实认定三步法：从原初事实到法律事实——刑事案件事实认定的方法探究与路径选择. 净月学刊，2016（5）.

者在事实认定中经常会受直觉、情感、信仰和意志等因素的左右，其注意力和兴趣只倾向某一争议焦点或问题，而忽视了与之相联系的其他问题和方面，很容易造成全局性或方向性的错误。[①] 随着大数据在司法活动中的运用不断深化，此种主观因素对案件事实认定的影响将得到较为明显的削减和克制。如，在事实认定过程中基于大数据分析的"数据经验"能够填补人类对繁杂信息的认知能力有限的缺憾，能够在一个更完整的故事框架中解决案件的争议焦点，在一定程度上避免了贝叶斯理论中主观概率计算的参考类选择难题。[②] 有学者认为，大数据分析预测尽管在目前阶段尚不能独立成为证据方法，但能为案件事实认定过程提供背景知识。[③] 譬如在对证据的真实性和证明力的判断过程中，法官或检察官可以在由既往案件和科研数据组成的数据库中，通过与相关证据或事实的比对，观察证据的出现是否符合事物发展的规律、证据的关联性是否足够强，由"证据链"所构建的案件事实是否符合社会普遍的认知规律，从而对证据的真实性和证明力作出相对客观的判断。同时，借由大数据的技术支持，某些证据的固有缺陷也将得到较好弥补。以电子证据为例：虽然电子证据的证据"身份"在 2012 年修订的《刑事诉讼法》和《民事诉讼法》中获得肯认，但是由于电子证据是以数字信号方式存在电子设备中的，而数字信号是非连续性的，数据内容易被伪造、篡改，甚至毁损、破坏，而且一旦被修改又不易留下痕迹，具有客观上的脆弱性和不安全性特点，因为在司法实践中，电子证据难免遭遇真实性判断的难题。[④] 而在大数据时代，随着数据存储技术日益稳定和成熟，数据因系统故障等非人为因素而发生异变的可能性微乎其微，篡改数据的痕迹也难于完全消除；同时，一个主体的众多信息可能被记录在许多具有独立来源的信息系统中，从而使电子证据往往可以与其他电子数据相互印证，使原本易于篡改且难于证明与特定主体相对应的电子数据可以得到补强。[⑤] 电子证据常获指责的脆弱性特点，得到了很好的弥补。

---

① 张海燕. 司法裁判事实认定中的非理性因素. 北京行政学院学报，2011（6）.

②③ 周蔚. 大数据在事实认定中作用机制分析. 中国政法大学学报，2015（6）.

④ 李跃飞. 电子证据司法实践探索. 理论研究，2013（8）.

⑤ 张吉豫. 大数据时代中国司法面临的主要挑战与机遇——兼论大数据时代司法对法学研究及人才培养的需求. 法制与社会发展，2016（6）.

其次，大数据可为法律的正确适用提供有力的保障。大数据通过对全部既有法律规范和海量司法案例的整理与分析，可以针对司法承办案件的实际情况，全面、细致地为司法人员提供法律适用的建议，有效地防止司法人员认识局限所造成的法律理解和适用谬误，保障法律适用的正确性。不仅如此，大数据在影响法律适用效果的重大问题如限制自由裁量的解决中，亦具有十分积极的效能。自由裁量是令成文法国家"爱恨不能"的存在，主权者一方面寄希望于法官的自由裁量来沟通法典文本与社会现实，克服法律僵化、滞后等弊端；另一方面却又时刻警惕，担心自由裁量的泛滥将破坏法律的统一和稳定，腐蚀法律权威。因此，合理限制自由裁量，成为大陆法系诸国的司法制度中不可或缺的主题。就其范围来看，自由裁量主要存在的空间有：一般条款或不确定性概念，譬如《民法总则》中关于诚实信用、公平等基本原则的适用的规定；法律的授权，如刑法中关于刑罚区间的规定。在将不确定法律概念与案件的特殊情形相比较时，往往会涉及道德、司法政策、利益衡量等并非纯粹法律技术的问题。立场不同，价值取向不同，常常会形成"公说公有理，婆说婆有理"的局面。① 而刑法关于量刑区间的规定，如我国刑法第 116 条关于破坏交通工具，尚未造成严重后果的，"处三年以上十年以下有期徒刑"的规定中，其实是授权法官在规定的期限区间内根据案件和犯罪嫌疑人的实际情况，具体裁量适用。其实，不限于民法、刑法，长期受粗放型立法思路的影响，在我国当前的法律规范体系中，诸如上述的不确定概念和法律授权大量存在，也即意味着在法律适用过程中，司法人员实际拥有着十分广阔的自由裁量空间。而作为对此的限制，当前较为主流的做法更多地集中在严格审判程序、强调基本原则限制和推行审判公开等方式。② 且不说其可行性和成本如何，单就以外部控制为主要着力点来说，传统的自由裁量规制思路难免有些"隔靴搔痒"，难得要领。而大数据以对既有案例和公众价值理念的收集和分析为手段，以自由裁量的适用情势为着力点，通过细致的比对分析，不断缩减司法人员在不确定性概念和法律授权中决策的选择余地和空间，相较于传统的规制思路，不但成本较低，而且效果无疑也更为明显。以上述刑法第 116 条所规定的量刑区间为例：通过对全国

---

① 李纬华，孙红霞. 法律确定性指引下的法律适用方法. 法律适用，2007（10）.

② 姚辉. 民事指导性案例的方法论功能. 国家检察官学院学报，2012（1）.

以及所在地区破坏交通工具相关案件所涉及情节和实际量刑情况进行整合、分析，并与待判案件情节作比对，即不难在 3 年以上 10 年以下的量刑区间中得出一个更为狭窄的量刑区间，如 5 年以上 6 年以下。两相比较，大数据对司法自由裁量的限制效用，可见一斑。而且，大数据还具有极强的异常检测和分析能力：通过与海量案件的比对和可视化处理，法律监督部门乃至社会公众对于自由裁量是否偏离合理范围以及其偏离程度可以及时地形成直观的认知，对于监督和敦促司法人员谨慎、恰当地行使自由裁量权也将起到良好的实际效果。

二、大数据有助于提升司法效率

最高人民法院 2017 年在十二届全国人大五次会议的工作报告显示，2016 年，最高人民法院受理案件 22 742 件，审结 20 151 件，比 2015 年分别上升 42.3％和 42.6％；地方各级法院受理案件 2 303 万件，审结、执结 1 977.2 万件，同比分别上升 18％、18.3％。在社会利益结构日益多元、复杂，社会主体权利意识不断增强的背景下，要说"诉讼爆炸"可能有些危言耸听，但案件数量快速增加却是不争的事实。在人员和资源数量相对稳定的情况下，司法机关所面临的压力不难预见。如何在保证司法公正和裁判质量的基础上，不断提升司法工作的效率，成为当前司法改革实践中亟须解决的现实问题。而以信息收集和分析的高效率为基本特点，以自动化为发展方向，大数据在司法实践中的广泛运用无疑将为突破当前的效率困局提供强大的助力。

有学者指出：从我国目前的司法现状来看，案件多、办案人员少的矛盾相对仍然突出，通过减少案件量或增加办案人来解决这个突出矛盾，短期内不具有现实性。相反，如何提高每个办案人或办案单位的工作效率就成为解决此类矛盾重中之重的问题。[①] 其中，司法办案人员业务素质提高固然不可或缺。然而，在一定时期内，人类理性局限的突破并非易事，司法队伍人员结构的优化以及办案人员业务素质的提升也不可能一蹴而就。面对案件数量的快速提升，从提升单位案件的司法效率着眼，建立一套渗透司法过程的辅

---

① 董玉庭. 法体制改革不能忽视的四种关系. 求是学刊，2017（1）.

助系统或许不失为相对现实和高效的选择。虽然"机器人审判"或"自动贩卖机"式的司法难切实际，但以全部法律规范和海量司法案例为基础，大数据在司法实践中的运用可以减少司法事实认定中非理性因素的影响，限缩法律适用过程中自由裁量的空间，提升司法公正和裁判质量，而且，快速全面的信息支持本身也是减轻司法人员在事实判断、案件论证和法律适用中的思维负担和减少时间投入的有效的方式。以事实认定为例：上文提到，在海量案件信息面前，办案人员有可能由于个人主观上的非理性因素难免陷入片面，而即便此种片面没有引致事实认定最终结果的谬误，纠正思维的片面和谬误也将耗损办案人员不少的时间和精力。而大数据不但可以帮助法官迅速地对与案件事实相关的各类要素形成全面的了解，而且通过将案件要素分解并与既往案件作比对分析，为办案人员整理出案件办理过程需要着重审查的重点，从而大大提高司法人员案件审理的效率。不但汇集法律规范"全样本"的数据库为司法人员"找法"提供了便利，而且，大数据分析还可将已经查明的案件事实与相关法律自动联系起来，为办案人员提供相关法律适用和裁判的建议，供其选择和参考。大数据借由技术的力量实现对司法过程的内部、深入渗透，不但可以有效地减少司法人员非理性因素对司法公正的干扰，而且，更重要的是，其可以内生、直接地对司法效率产生积极的影响。

除提升个案的司法效率外，大数据对司法效率的提升还体现在对司法资源配置的优化上。诚如有学者所说，司法效率是解决司法资源如何配置的问题，即司法效率的核心应当被理解为司法资源的节约或对司法资源有效利用的程度。[1] 当前，我国司法资源配置不合理的问题颇为突出，先不提东部地区与西部地区间、城市与农村间、基层法院与上级法院间等区域、层级司法资源配置不均的问题，在同一司法机关内的资源配置不合理，譬如司法办案人员与行政辅助人员的配置失调问题也十分突出。据学者介绍，在法院内部，从事行政管理及其他工作的法官占法官总人数比例一般在 1/3 以上，个别法院接近 1/2，一线办案法官比例偏低，造成案件无人办或办不过来，影响审判效率。[2] 针对此问题，最高人民法院在《关于全面深化人民法院改革的意见》中强调，要"科学确定法官与审判辅助人员的数量比例，建立审判

---

[1]　钱弘道.论司法效率.中国法学，2002（4）.
[2]　董治良.改革审判方式提高司法效率.法律适用，2009（8）.

辅助人员的正常增补机制，切实减轻法官事务性工作负担"。当前也有不少法院，如北京市第四中级人民法院，开始尝试摒弃行政化管理模式，大幅压缩内设机构数量，实行扁平化管理，探索构建四大工作平台：依托审判委员会，构建审判业务综合管理平台；依托法官委员会，构建法官执业综合管理平台；依托司法服务办公室，构建内外司法服务综合管理平台；依托综合行政办公室，构建审判保障综合管理平台。① 而大数据以信息高效传递和利用为特征，随着数据利用的日益深化，机器学习作为一种新生数据利用样态也在不断走向成熟，并被广泛使用。现实中已有不少企业和政府机关开始将此项技术运用到更新和优化其自动办公系统探索中。在大数据时代，新的自动办公系统不再满足于采用"无纸化"、文件传输的电子化等基本的办公方式，而是以自动化、智能化为追求，利用数据分析实时地调整、改良办公流程，减轻事务处理过程中对人力的依赖，在减少成本的同时，也大大提高了办公的效率。据麦肯锡全球研究院（MGI）发布的 2013 年《颠覆性技术：改变生活、商业和全球经济的进步》报告显示，预计到 2025 年知识工作的自动化每年可直接产生 5.2 万亿至 6.7 万亿美元的经济价值，不计自动化所带来的效率间接提高，相当于额外 1.1 亿至 1.4 亿个全职雇员的产出。② 对于日显紧张的司法资源来讲，将大数据技术和方法特别是由此研发的自动化智能办公系统用于人员考核、财务管理等行政辅助性工作中，不但可以较大程度地提高相关事务的办理效率，而且，可以较大程度地减少辅助人员的数量，将更多人力和财务资源投入司法机关的主要业务领域。

此外，大数据对于提升既有的优化司法资源配置的措施如案件繁简分流、司法调解等的效用也具有明显的助推作用。以繁简分流为例：虽然《民事诉讼法》对简易程序的适用范围已作了规定，最高人民法院和各级法院也都配有司法解释和具体细则，但是实践中，"简易程序适用范围"仍然是一个界限模糊的问题，是否适用简易程序、何时决定适用简易程序、以什么方式决定适用简易程序以及何时及依什么标准和方式转入普通程序……都交由

---

① 靳昊.跨区法院，如何在"跨"字上做文章.光明日报，2017-01-12（15）.
② 韩潇影.从信息自动化到知识自动化——大数据时代办公自动化系统的功能分析.情报科学，2014（3）.

法院裁量决定。① 这客观上不但为司法自由裁量留下过宽的空间，而且，繁简分流的思考过程以及分流操作的失误也将对司法效率产生十分不利的影响。如能借助大数据分析，对以往繁简分流的案件及分流后效果加以考察，形成分流的框架，对于快速、精准地形成案件分流，提高程序效率也将是一种极大的帮助。对诉讼调解亦是如此：通过对案件性质、当事人关系以及既往案件调解情况的大数据分析，可以帮助法官就案件是否适合调解以及可以采用何种具体的路径实现调解等形成清楚的认识，有效地减少因误用调解或调解方式不当所导致的效率减损。

三、大数据有助于提升司法能动性

规则并不足以构成法律的全部，立法所遗漏的权利保护的内容，有必要通过司法、通过判决来展现。② 在大数据时代，社会利益的日益复杂、社会变迁的不断加速是不争的事实。而新的社会形势总是催生新的社会规则，其与代表传统的法律规则之间经常会发生矛盾、冲突。虽然在终极意义上，法律规则最终将顺应社会规则，但是，在这一顺应过程完成之前，法律的滞后性与社会形势发展之间的紧张关系，仍然会凸显在司法领域之中。③ 而为调和现实与法律间的新旧矛盾，在多元复杂且相互冲突的利益结构中作出恰当的选择，有效回应社会发展对规则的新需求，不论理论上赞同与否，司法的能动性皆不可或缺，并且，将随着社会发展的加速而显得愈发地重要。因此，与有关可否的争论相比，在当前的社会环境和司法实践中，对于如何更有效地发挥司法能动性的讨论和探索或许更具现实价值。而有幸的是，大数据在对司法能动性提出更高要求的同时，也为司法能动的强化提供了更为有效的思路和方法。

关于司法能动的内涵，虽然学说上的观点形形色色、莫衷一是，但究其要义，强调对成文法不足的克服、法律效果与社会效果的统一、司法对社会政策（规则）的积极影响，却是其中的共性。诚如有学者所言，司法的目的和功能不是显示现有法律规则的约束力，而是追求法律所要实现的生活目

---

① 傅郁林. 繁简分流与程序保障. 法学研究，2003（1）.
② 舒瑶芝. 多元"法律"构成与法学研究多元化. 法学研究，2012（5）.
③ 孙光宁. 大数据时代对司法审判的冲击及其应对. 湖北社会科学，2016（5）.

标，而司法在这种追求中能够超越法律形式的局限，把社会目标直接导入对具体案件的处理之中，并激活除法律规则之外的多种规范资源，从而消解法律缺失的影响。① "两个效果相统一"系能动司法的基本原则，它意味着社会效果与法律效果互不替代、互不分割、互不排斥，二者统一于司法实践之中。② 在司法过程中人民法院试图通过对个案的裁判来确立某种社会政策，并在客观上起到引导社会变迁的作用。尤其在对疑难案件的处理中，能动司法为类似案件的处理奠定了基础，可能引领社会变革，甚至引导公共政策的转向。③

就大数据所表现出来的"全样本"特性和深度数据挖掘能力来讲，大数据在司法实践中广泛运用，对司法能动性三项基本追求的实现皆具有突出的价值。首先，就克服成文法不足而言。作为对形式正义的背离，法典为克服其滞后性与不周延性而预先准备的非常规武器，创造性司法的适用需要以既有法律规则的失灵为前提。④ 而正如民事创造性司法常因"向一般条款逃遁"而饱受非议一样，为实现对自由裁量权和能动司法的合理限制、保证法律的权威，规则是否失灵不能仅依司法人员的主观随意决断，必须予以较为充分和客观的证明。大数据通过对法律规范全体样本的扫描分析以及对案件所涉事实、利益关系的深入剖析，可以更为客观地揭露案件争议的实质，全面反思既有规范体系在解决争议问题时存在的不足以及二者的具体差距所在，不但可以为司法性司法适用的必要性提供充分的证明，而且，还可以为司法人员能动性的发挥指明具体的途径和空间。其次，在追求法律效果和社会效果的统一方面，大数据既可以通过对法律规范全样本的检索和分析，较有针对性地揭示或预测法律在案件所涉情形中"隐而未发"的立法意图，又可以借由对民众在网络论坛、社交平台等媒体上就与案件相关问题和法律所表达的意见与态度的检索和剖析，较为及时和准确地把握民意对案件裁判所抱有的期待，进一步明确司法能动的方向，在充分实现立法意旨的同时，真

① 顾培东. 能动司法若干问题研究. 中国法学，2010（4）.
② 江国华. 走向能动的司法——审判权本质再审视. 当代法学，2012（3）.
③ 李清伟. 司法克制抑或司法能动——兼论公共政策导向下的中国司法能动. 法商研究，2012（3）.
④ 孙山. 民法领域中创造性司法的实现途径及其边界——以原则和规则的区分为基础. 河北法学，2014（9）.

正做到"切实把人民群众的诉求作为加强和改进工作的重点，把人民群众的满意度作为衡量和评判工作的根本标准，不断满足人民群众的新要求新期待"①。最后，就充分发挥司法对社会政策（规则）的积极影响而言，大数据的效用主要体现为，在充分了解民众需求的基础上，通过对社会主体行为模式和社会经济发展规律的分析，为司法机关指明司法能动的具体方向和实现路径，并预测相关司法能动举措作出后对社会经济生活各方面所造成的影响，从而提升司法能动的科学性和实际效果。譬如，在著名的"彭宇案"中，如果法官能够利用大数据对案件发生的事实作出更为全面的分析，并对相关法律推理的民众接受程度以及其所包含的价值取向对民众行为所产生的影响形成较为准确的预测，则在司法过程中，面对案件事实上的"罗生门"，法官便可以就是否作出如此裁判或者是否如此展开法律论证作出充分的思考和合理的选择，最大限度地减少和避免司法能动给社会生活带来的负面影响。

　　除了上述依托自身司法平台，在法律职能内的能动外，司法能动还应包含司法延伸职能的能动，即法院向前、向后适度延伸审判职能，积极参与社会矛盾预防和司法外解决。②譬如，最高人民法院和最高人民检察院发布具有"造法"功能的司法解释，不但对司法实践具有积极的指导作用，而且，往往也对社会主体的行为具有"设规立范"作用；再譬如，司法机关据其实践经验为立法机关、行政机关的立法活动和行政决策提出建议，皆属于司法能动的积极表现。其中，作为一种"准立法"行为，司法解释欲求科学、合理，则利用大数据对既往案件裁判、社会经济规律、民众需求加以汇总分析的必要性自不必多言。而作为司法能动在基本职能外的延伸，司法机关就相关问题对立法机关、行政机关等提出的建议想要得到中重视，获得采纳，则基于数据分析的说服努力也不可或缺。诚如前文所言，在大数据时代，数据、信息即代表着权力，在缺乏法律明文授权的情况下，司法机关向立法、行政等其权力范畴以外领域延伸，最为可靠的工具莫过于基于司法实践所产生的大数据和对该些数据分析所形成的结论。以司法机关参与金融领域的治理为例：法院或检察院借由对以往所办理的金融民事纠纷或金融犯罪案件中

---

① 刘晓鹏．王胜俊强调：用人民群众视角来审视人民法院工作．人民日报，2008－10－21（10）.
② 王韶华．对能动司法内涵、原则及实现路径的思考．人民司法（应用），2010（13）.

裁判、侦察等活动所形成的大数据分析，可以更充分地揭示我国金融行业的发展现状、发展规律、存在的主要问题以及较为可行的规则方法，为相关立法或政策的制定提供富有针对性并实际可行的建议。而且，借由数据化的论证和展示，司法机关建议的分量也可以得到较大的增强，令立法机关或行政机关不得不重视并认真研究，从而提高司法建议被采纳的可能性，进一步扩充司法在社会治理中的效能。

第二十九章

完善文物保护和文化遗产法律体系[①]

文化遗产法律体系是中国特色社会主义法律体系不可或缺的组成部分。我国文化遗产保护法律制度主要包括以下三个方面：一是宪法及宪法性法律所确立的文化遗产保护的基本依据和准则；二是物质与非物质文化遗产保护的专门性法律规范；三是与文化遗产保护相关的其他法律规范。我国文化遗产法律体系建设的基本目标，就是要建立起全方位保护文化遗产的法律制度。这也是我国文化发展和社会主义法制建设的一个重要任务。[②]

《中华人民共和国文物保护法》作为我国文化遗产领域内的第一部基本法律，自1982年颁布、实施以来，为提升全社会文物保护的积极性和依法保护文物的意识发挥了重要作用。可以说，没有《文物保护法》三十多年来的保驾护航，就不会有今天我国文物事业所取得的辉煌成就。然而，随着我国经济、社会的快速发展，文物工作从理念、对象到方式、方法，都产生了巨大的变化，在面临重要机遇的同时也面临着诸多挑战。2015年12月28日，《中华人民共和国文物保护法》修订草案（送审稿）由国务院法制办正式对外公布并征求多方意见。此次修订所关注的重点有哪些？未来我国的文化遗产法律体系又将朝着怎样的方向发展？下文将以《文物保护法》修订为

[①] 本章内容是作者以《文物保护法（修订）》为视角，对文化遗产保护基本依据和准则、物质与非物质文化遗产保护立法、与文物遗产保护相关立法等问题进行的专题研究，完成于2017年6月。值得欣慰的是，文中多数主张已被纳入2017年11月由全国人大常委会修订通过的《文物保护法》。本章一如旧貌，未竟之处留待以后进一步研究。——编者注

[②] 朱兵.我国文化遗产保护法律体系的建构.中国人民大学学报，2011（2）.

视角对这些问题进行大致的梳理和探讨，以期对于今后进一步完善我国文化遗产法律体系有所裨益。

第一节　我国文化遗产法律体系现状

"文化遗产"（cultural heritage）通常是指某个民族、国家或群体在社会发展过程中所创造的一切精神财富和物质财富，这种精神财富和物质财富代代相传，构成了该民族、国家或群体区别于其他民族、国家或群体的重要文化特征。[①]"文化遗产"一词正式进入法律文件是最近几十年的事。在很长时间里，国际法律文件只是偶尔使用"文化遗产"一词，使用较多的还是"文化财产"、"古物"和"文物"等术语。但在 21 世纪以来该领域制定的国际公约中，"文化遗产"已经成为主要法律术语，如联合国教科文组织 2001 年《保护水下文化遗产公约》和 2003 年《保护非物质文化遗产公约》等。都使用了"文化遗产"一词，而不再使用"文化财产"。我国早在 1982 年《中华人民共和国宪法》中就使用了"文化遗产"这一术语，但在立法实践和法学研究领域使用较多的还是"文物""民族民间文化"等。2005 年 12 月国务院发布的《关于加强文化遗产保护的通知》首次以规范性文件的形式对"文化遗产"进行了明确界定，明确了文化遗产包括物质文化遗产和非物质文化遗产两个类型。

随着文化遗产在社会发展中的作用日趋重要，国际社会和各国政府对文化遗产的保护日益重视，文化遗产法逐渐成为一个新兴的法律部门和领域。在我国，文化遗产法的发展也丰富了社会主义法律体系的内涵与外延。

一、文化遗产法律体系的宪法依据

公民基本权利及其保障是我国宪法的核心内容，公民对于文化遗产的相关权利在宪法中也有若干规定。《宪法》第 22 条规定："国家发展为人民服务、为社会主义服务的文学艺术事业、新闻广播电视事业、出版发行

---

① 王云霞. 文化遗产的概念与分类探析. 理论月刊, 2010 (11).

事业、图书馆博物馆文化馆和其他文化事业，开展群众性的文化活动。"
"国家保护名胜古迹、珍贵文物和其他重要历史文化遗产。"第 4 条第 2 款
规定："国家根据各少数民族的特点和需要，帮助各少数民族地区加速经
济和文化的发展。"这些规定内涵丰富，是我国文化遗产立法的宪法依据
之一，既赋予了国家在文化遗产保护中的主体地位，又明确了国家保护文
化遗产、为公民提供文化遗产公共服务保障以及帮助扶持少数民族文化发
展的基本义务。

　　《宪法》第 4 条第 4 款规定："各民族都有使用和发展自己的语言文字的
自由，都有保持或者改革自己的风俗习惯的自由。"第 47 条规定："中华人
民共和国公民有进行科学研究、文学艺术创作和其他文化活动的自
由。……"这些规定表明公民在文化遗产保护中享有主体地位和基本自由。
第 4 条涉及的语言文字、风俗习惯都属于非物质文化遗产的重要组成部分，
因此，该条款可以理解为确认了我国各民族保护和发展本民族文化遗产的权
利和自由。第 47 条确认了我国公民享有基本文化权利和自由，而文化权利
离不开对传统文化的了解、传承和利用，因此，公民通过参与各种文化活动
以行使对文化遗产的保护、接触、传承、利用等权利属于公民的基本自由与
权利。

　　从以上宪法规定可以看出，国家高度重视文化遗产保护事业，高度重视
公民对于文化遗产所享有的权利和自由，更明确了国家提供文化遗产保护和
相应公共服务保障的义务。这些规定共同构成了我国文化遗产法律体系的根
本依据和立法原则。

二、文化遗产法律体系的建立

　　中国文化遗产保护法制体系的形成和发展历程虽颇为曲折，但总体呈现
出立法步伐逐渐加快、保护范围逐渐扩大、立法技术逐渐提高、文化遗产保
护的法制体系逐渐完善的趋势。[①] 自 1982 年颁布《中华人民共和国文物保护
法》并于 1985 年加入《保护世界文化和自然遗产公约》以来，我国通过立
法的方式逐渐加大对文化遗产的保护力度，目前已建立起从基本法律、行政

---

　　① 周超. 中国文化遗产保护法制体系的形成与问题——以《非物质文化遗产法》为中心. 青海社
会科学，2012（4）.

法规、地方性法规到部门规章和地方政府规章，从国内法到国际条约的文化遗产法律体系，这些法律法规效力等级分明、内容丰富。

《文物保护法》和《非物质文化遗产法》是文化遗产保护领域的两部基本法律，分别在物质文化遗产和非物质文化遗产领域奠定了我国文化遗产立法的基石。此外，《民法通则》《物权法》《刑法》《城乡规划法》《环境保护法》《旅游法》等法律中也有涉及文化遗产保护的相关规定。以《文物保护法》和《非物质文化遗产法》这两部基本法律为中心，国务院进一步制定了《文物保护法实施条例》《历史文化名城名镇名村保护条例》《水下文物保护管理条例》《传统工艺美术保护条例》《长城保护条例》《博物馆条例》等行政法规。这些行政法规有涉及基本法律的实施细则，有涉及特定类别文化遗产保护和管理的规定，还有涉及文化遗产公共服务设施的规定。上述文化遗产行政法规的制定，一方面，补充、细化了基本法律的内容；另一方面，在基本法律立法条件尚不成熟的情况下，及时为我国的文化遗产保护和管理提供了法律依据。

除宪法、法律和行政法规之外，我国的文化遗产法律体系还包括大量部门规章、地方性法规及政府规章。部门规章多由与文化遗产领域相关的文化部等国务院各部门制定，主要规范国家机关及其设立的文化遗产专业机构的管理权限与职责，以及行政相对人的权利与义务。其中比较重要的包括文化部出台的《文物行政处罚程序暂行规定》《世界文化遗产保护管理办法》《文物进出境审核管理办法》《国家级非物质文化遗产项目代表性传承人认定与管理暂行办法》等部门规章。地方性法规是由各省、自治区和直辖市以及设区的市的人民代表大会及其常务委员会，针对当地文化遗产保护制定的、适用于本地区的法律规范，例如《北京市实施〈中华人民共和国文物保护法〉办法》《云南省非物质文化遗产保护条例》《甘肃敦煌莫高窟保护条例》等。地方政府规章是由各省、自治区和直辖市以及设区的市人民政府，为执行文化遗产法律、行政法规和地方性法规而制定的，涉及文化遗产管理事项的法律规范，例如《北京市文物保护单位保护范围及建设控制地带管理规定》《福州市三坊七巷、朱紫坊历史文化街区保护管理办法》等。

第二节　《文物保护法》修订草案（送审稿）的公布及争论

一、《文物保护法》的修订思路

现行《文物保护法》于 1982 年制定、实施后，1991 年经过一次局部修正，2002 年进行了全面修订。2002 年的修订将条文从 33 条扩展到了 80 条，在结构和内容上均有重大改变。同时，在 2002 年《文物保护法》中首次明确提出"保护为主、抢救第一、合理利用、加强管理"的十六字方针，对于处理文物保护与城乡建设的关系起到关键性作用。为了适应国家简政放权的总体改革要求，全国人大常委会先后于 2007 年、2013 年和 2015 年对《文物保护法》进行了三次局部修正，但这些修正大都只是针对个别审批条文所作的修改，并未对整部法律的结构和立法思路进行全面调整。2012 年 4 月至 5 月，全国人大常委会开展了《文物保护法》执法检查，指出该法实施中暴露出的一些问题，提出若干改进建议。随后，《文物保护法》的修订先后被列入十二届全国人大常委会立法规划和国务院立法工作计划。经过历时三年的立法调研和论证，国家文物局最终于 2015 年 12 月通过文化部向国务院提交了《中华人民共和国文物保护法修订草案（送审稿）》（以下简称"送审稿"）。该送审稿共 115 条，分为总则、不可移动文物、考古管理、可移动文物、文物出境进境、合理利用、监督检查、法律责任和附则九章。与现行《文物保护法》相比，结构上最大的变化是将原来的"馆藏文物"和"民间收藏文物"合并为"可移动文物"一章，增加了"合理利用"和"监督检查"两章；内容上变化最大的部分除了新增的两章外，当数"民间收藏文物"部分，该部分原有的 10 个条文一半被删除、一半被重写；其他各章变化也非常大，多数条文都有修改或增删；变化最小的是总则，除了新增 4 个条文，原有 12 个条文一条未删，有两个条文一字未改，剩下的条文也只是作了局部修改。

国家文物局在"送审稿起草说明"中指出，此次修改主要集中在五个方面："一是强化政府责任，二是扩大社会参与，三是拓展活化利用，四是加大执法督查和违法处罚力度，五是补充完善文物保护具体法律规定。"[①] 送审稿公布后，社会各界对其进行了广泛讨论，有些意见尖锐对立，形成激烈的争论。关于起草说明中阐明的修改重点，我们看到，多数讨论者是赞同的，尤其对于强化政府责任、扩大社会参与、加大执法督查和违法处罚力度这三个目标基本没有反对意见。但对于拓展活化利用，社会各界的意见存在很大分歧。到底应不应该强调活化利用、如何利用，各界的看法完全不同。而对于如何强化政府责任、如何扩大社会参与、如何加大违法处罚力度等，论者也各执一词。

二、修订过程中的理念冲突和利益之争

（一）如何处理保护和利用的关系

一部分文物保护老专家和志愿者对于送审稿过度强调文物的活化利用十分不满，他们认为，"合理利用"不应独立成章，这容易造成社会公众误以为法律轻视保护、鼓励利用，从而降低文物保护的力度，影响文物安全；送审稿放宽了对国有不可移动文物不得转让、抵押的限制，为大量未设立保护机构或辟为参观游览场所的国有不可移动文物被"认养""认领"开了口子，使国有文物面临过度利用或者商业化经营的风险。与此同时，一些旅游从业者却认为，只强调"合理利用"是远远不够的，还应该将"活化利用"落到实处，正视国有文物保护单位混合经营的需求，破除《文物保护法》一贯坚守的"已建立文物保护机构或辟为参观游览场所的国有不可移动文物不得作为企业资产经营"这条戒律，允许商业化经营，从而达到可持续发展的目的。

客观地讲，这两种观点难免有些极端。文物能否合理利用、如何合理利用，是文物保护事业需要面对的重大问题，也是此次修订中试图解决的难题之一。应该承认，文物中包含的历史信息和文化价值必须通过宣传教育和公众接触才能得到认识和弘扬，而合理利用恰恰是公众接触文化遗产的基本途径，公众能够在接触、利用文物的过程中体会到其中蕴含的历史文化价值，从而激发起对文化遗产的热爱之情和保护意识。此外，既然保护文物属于公

---

① 《文物保护法》修订草案（送审稿）起草说明．［2015 - 12 - 28］．中央政府门户网站，http：//www.gov.cn/xinwen/2015-12/28/content＿5028604.htm.

益事业，那么，充分吸纳社会力量参与保护也是文物保护事业的应有之义。如果个人、企业或者其他社会组织具有文物保护的经济能力和热情，就应该鼓励他们积极出钱出力，"认领""认养"那些历史艺术和科学价值稍弱、保存状况堪忧、保护技术难度不大的不可移动文物进行保养、修缮。如此，既可为国家节约保护资金和人力，又可将某些长期失修、摇摇欲坠、无人问津的文物修缮好，并因其合理的使用和保养免于损毁。这对于文物保护事业的长远发展多有裨益。其实，近年来，这种"认领""认养"的公众参与方式已经在广东、山西、安徽等地进行了试点推行，收到了良好的社会效果。从某种程度来说，此次送审稿推广这种"认领""认养"的公众参与方式，正是实践"倒逼"立法的一个客观结果。

　　然而，主张文物应该全面推行商业化经营的观点也是不可取的。商业化经营固然能够在一定程度上刺激经营者利用文物的积极性，但追求商业效益的最大化是商业化经营的根本目的，不符合文物的公共产品属性，最终会危及文物的安全，无法实现文物保护事业的可持续发展。在以往的实践中，不时曝出某些文化遗产地违反《文物保护法》关于不得将文物作为企业资产经营的禁令，将文物作为旅游资产进行商业化开发，经营权和管理权完全由商业公司主导的做法，不仅危及文物安全，破坏文化遗产地的整体风貌，也极大地损害了当地居民和广大游客的权益，造成恶劣的社会影响。

　　有鉴于此，送审稿第 74 条重申了 2015 年《文物保护法》第 24 条的规定："已建立文物保护管理机构、博物馆，或者辟为考古遗址公园等参观游览场所的国有文物保护单位和一般不可移动文物，不得作为企业资产经营……"然而，何谓"不得作为企业资产经营"？送审稿与 2015 年《文物保护法》一样语焉不详。这样的文字表达在以往法律实施过程中已经引起很多争议。许多政府官员和专家也说不清该词究竟是什么意思，有的将其理解为"不得收取门票"，有的理解为"不得转让门票收益权"，有的理解为"不能出租、抵押"，有的则认为只要文物没出现在企业的资产负债表里即可。从某种程度上说，以往实践中之所以常有突破这一禁令的举动，固然与当地政府或有关单位片面追求经济利益的冲动密不可分，却也与法律缺乏对"不得作为企业资产经营"这个关键词的界定有一定关系。因此，我们认为，今后的修改应该对"不得作为企业资产经营"的含义作出确切的解释和界定，或者换一种更明确的规定，比如，"不得改变文物的公益属性"。

（二）文物审批权是收还是放

一些文物保护老专家和志愿者认为，送审稿将一般不可移动文物的生杀权下放给县级政府是极其错误的，因为县政府容易受房地产开发利益的驱使，作出拆除或迁移一般不可移动文物的错误决定。他们认为，应当坚持现行《文物保护法》的规定，将拆除或迁移的审批权交给省级人民政府，因为省级人民政府会更加谨慎、中立。而且送审稿第 32 条规定，"实施文物保护单位的修缮工程、保护性设施和安全防护设施建设工程、迁移工程、重建工程、拆除工程，应当编制工程方案，并经与文物保护单位等级相应的文物主管部门委托的专业机构审核"。这实际上取消了文物行政部门对文物保护工程方案的行政审批权，会使不改变文物原状的要求无法得到保障。

与此相反，一些法学界专家则认为：送审稿中保留了 22 项行政许可和内部审批的项目，比如保护范围和建设控制地带的划定，保护、修缮工程的立项，保护规划的制定，拆除、迁移文物，考古发掘项目与考古人员、单位的资格资质，文物购销和拍卖企业的资质，等等，都需要事先审批。这种过多规定行政审批的做法与国务院简政放权、减少行政审批的改革方向不符，应该尽可能取消或减少这些审批规定，用事中干预和事后惩罚来加以引导。此外，一些收藏界人士也对送审稿限制文物自由经营的规定不满意，建议取消对文物购销企业和拍卖企业的资质许可，改为工商行政管理部门登记而由文物行政部门监督。

实际上，适当的行政审批是必要的，因为文物是不可再生的资源，如果不具备条件和能力就进行建设、修复或经营，万一对文物造成损害，后果确实很严重，有些损害可能是无法逆转的。送审稿之所以没有完全放开个人、企业和其他组织自行修复文物、自行进行文物保护工程建设，也主要是怕文物遭到破坏，所以设置了一些相应的行政审批项目以阻止那些不合格的个人、企业或组织擅自行动。但是过多的审批事项必然会导致保护周期延长和经费支出增长等负面影响，行政审批项目的数量必须按照"必要、精简"的原则设置，尽可能通过"事中干预、事后问责"的方式让相关主体自行承担法律后果和责任。

（三）国有文物和非国有文物是否一视同仁

一些文物保护老专家和志愿者认为，国有文物更体现公共利益，文物由国家所有并管理更加可靠，所以国有文物应受到更严格的保护；私人的文物是私人占有、使用的，修缮自己的文物当然应该自己花钱，保护文物是法定义务，不能轻易谈补偿。

一些法学界专家则认为，《文物保护法》一直以来都强调国有文物的优越地位，对国有文物加以特殊保护，对私有文物则强加了诸多限制，缺乏应有的补偿措施。

此次送审稿虽然注意到要对因文物保护受到影响的单位和个人进行适当补偿，比如送审稿第42条"实施考古调查、勘探、发掘所需经费，不涉及土地划拨、出让的，由建设单位承担；涉及土地划拨、出让的，由土地划拨、出让方承担"，第43条"……因采取文物保护措施致使建设单位合法利益受损的，应当给予合理补偿"，再比如第20条"……非国有一般不可移动文物由所有权人负责保养、修缮。……所有权人修缮确有困难的，可以向县级人民政府文物主管部门申请经费支持"，但是，如何补偿、补偿标准是什么，都没有得到明确规定。而且对非国有不可移动文物的保养、修缮，只限于所有人在确有困难的前提下方可申请补偿，而何谓"确有困难"，也很难进行准确判断。从一定程度上看这并不符合公平原则。应该说，保护文物主要是基于公共利益，私人因为保护文物而承担了比普通财产所有者更多的责任，国家应当给予适当的补偿。补偿的方法不应区别所有权人有能力还是没能力，而应统一标准、平等对待。

（四）行政处罚条款能否达到预期效果

送审稿第94条提出，对擅自修缮不可移动文物的，擅自迁移、拆除不可移动文物的，擅自进行原址重建等几种违法行为，"由县级以上人民政府文物主管部门责令改正；未按照要求改正的，查封、扣押相关设施设备，并对责任单位处50万元以上100万元以下罚款，对责任人处2万元以上10万元以下罚款；构成犯罪的，依法追究刑事责任"。

长期以来，《文物保护法》第66条关于行政处罚标准的规定一直是社会各界批评和调侃的对象，最高50万元的处罚金额与违法成本相比形成的巨大落差，饱受诟病。此次修订提高了罚款额度，但在处罚力度和处罚方式等方面仍引起一些质疑和争议。部分学者认为，如果违法成本远低于违法收益，那么经济处罚手段就不能有效制止违法行为；即便是罚款上限增至100

万元，处罚力度依然偏轻，难以产生震慑的效果，应对侵害国家一级文物的行为施以重罚，让违法者在经济上付出沉重的代价。另一些学者则认为：送审稿已将罚款上限增至100万元，加大了违法成本，在一定程度上能够有效遏制破坏和损毁文物的违法行为发生。更何况行政罚款并非唯一的处罚手段，还应追究有关责任人的行政责任甚至刑事责任，应该强调多种法律责任的综合运用。实际上，从近些年曝光的破坏文物案例来看，其处罚力度的确偏轻。比如，内蒙古自治区兴安盟阿尔山车站遭故意损毁案：阿尔山车站系全国重点文物保护单位侵华日军阿尔山要塞遗址的重要组成部分。2014年8月，沈阳铁路局下属通辽铁建房地产开发有限责任公司，未经审批擅自拆除阿尔山车站主楼北侧平房，使文物本体遭受部分损毁。国家文物局在通报中明确指出："此案是一起严重的国有企业法人违法案件，不仅违反了《文物保护法》，而且涉嫌触犯《刑法》。"[1] 但是，这样一起严重违法案件最终也仅仅以对施工单位罚款50万元了事，并未追究有关责任人的刑事责任，地方政府相关责任人也未受到相应处分。此案的处理不仅反映出地方政府对房地产开发的狂热和文物保护法律意识的淡漠，反映出文物执法和司法过程中具有浓重的地方保护主义色彩，也反映出《文物保护法》本身在制度设计上存在一定缺陷，尤其是缺乏对政府责任的规定。此次送审稿第8条和第81条虽然将文物保护纳入地方政府的政绩考核内容，但在法律责任部分仍然没有突出如何追究地方政府在文物违法案件中的责任。这不能不说是一个遗憾。

第三节　《文物保护法》修订的意义

此次《文物保护法》修订中出现的种种理念之争正是变化之中的社会各阶层利益冲突的缩影，因此引起社会各界的普遍关注。围绕修订进行的各种讨论和争议，不仅有助于《文物保护法》基本理念和相关制度得到广泛宣传和重申，也必然为《文物保护法》的下一步修改和文化遗产法律体系的完善提供有益的立法经验。从总体上看，此次《文物保护法》的修订具有如下

---

[1]　国家文物局通报八起典型文物违法案件．［2014-10-16］．人民网，http://legal.people.com.cn/n/2014/1016/c42510-25847266.html.

意义。

一、进一步确立文化遗产保护的公益性原则与规则

《世界文化多样性宣言》中明确表达了文化遗产的公共利益属性:"文化多样性是人类的共同遗产,应当从当代人和子孙后代的利益考虑予以承认和肯定。"① 我国《文物保护法》第 1 条也体现了类似的公益属性,并明确了范畴:继承中华民族优秀历史文化遗产(送审稿修改为传承中华优秀传统文化)、促进科学研究、进行爱国主义和革命传统教育以及建设社会主义精神文明和物质文明。

文化遗产的公共利益属性不仅需要在立法中加以宣示,还需要通过具体的立法途径予以实现,因此,文化遗产立法应当确立文化遗产公共利益的基本原则,并在此原则下制定相应的法律规则。这些规则主要表现为:首先,政府代表国家对文化遗产进行保护和管理的首要目的是,确保文化遗产得到切实保护,确保文化遗产的真实性和完整性不受破坏;其次,公众应当以各种方式积极参与到文化遗产保护中来,可以通过听证会、公益活动或法律诉讼等途径参与政府决策、实施保护行为和维护公共利益;最后,出于公共利益的考量,法律对文化遗产的私人所有权尤其是处分权必须予以一定限制,但应当给予所有权人适当补偿。

此次送审稿修改并增加了体现文化遗产公益性原则的相关规定。例如,第 8 条明确了"文物事业属于公益性文化事业,是基本公共文化服务的重要组成部分";第 9 条增加了国家对民族地区、边远地区、贫困地区文物事业的扶持义务;第 17 条增加了社会公众向文物主管部门申请不可移动文物认定的权利;第 75 条增加了社会公众对特定不可移动文物保护与利用的参与权,以及地方政府文物主管部门向社会公众公开征集保护利用方案和论证、听证程序的原则性规定;第 87 条增加了社会组织对严重破坏文物的行为有权提起诉讼的规定;等等。尽管这些规定仍然存在如何细化等问题,但它表明,确立文物保护的公共利益性原则是我国《文物保护法》修改的重点之一,也是我国文化遗产法律体系的总体发展趋势。

---

① 联合国教科文组织《世界文化多样性宣言》(2001 年 11 月 2 日于巴黎通过)第 1 条。

二、确认文化遗产保护的多元法律主体地位

此次修订既有对我国文物保护法传统主体地位的肯定，又补充了新的法律主体，主要表现在以下方面：

第一，提升县级人民政府文物行政部门的地位。我国《文物保护法》在2002年修改时将大部分文物行政管理职权由中央下放到省级人民政府及其文物主管部门。此次送审稿将文物行政管理职权进一步细化，并落实到县级人民政府及其文物主管部门。虽然县级人民政府及其文物主管部门能否切实承担起保护和监管当地文物的行政职责是此次修改的争议焦点之一，但从我国行政机构设置的特点和大量一般文物亟待保护和监管的现实来看，细化和落实县级人民政府及其文物主管部门的文物行政职权，是完善我国文物行政法律主体制度的必然要求。

第二，增加社会第三方专业机构这一独立主体的法律地位。[①] 例如，送审稿第32条第1款规定，"实施文物保护单位的修缮工程、保护性设施和安全防护设施建设工程、迁移工程、重建工程、拆除工程，应当编制工程方案，并经与文物保护单位等级相应的文物主管部门委托的专业机构审核"。在当前文物保护越来越趋于专业化、精细化的发展背景下，政府文物行政主管部门可以在实施监督管理职权的前提下，将专业性较强的工作委托给独立的专业机构完成，借助社会力量更好地进行文物保护工作，以节约行政管理的成本，提高效率。

第三，鼓励社会组织和社会公众参与到文物保护中。例如，送审稿第13条确立了国家支持开展文物保护志愿服务活动和鼓励设立文物保护社会公益基金的基本原则，第29条确立了非国有文物保护单位所有人可以向社会组织、社会公益基金申请资助的规则。这些新规定反映出《文物保护法》旨在积极扩展社会参与文物保护的途径，并明确赋予这些社会主体以相应的法律地位。

第四，更合理地规范文物交易主体的法律地位。送审稿把"文物商店"

---

① 国家文物局文保专家何戍中认为：专业机构是文物保护领域重要的社会关系之一，应发挥出专业指导的作用。何戍中. 文物法，重点应该是什么. [2016-05-23]. http://qoofan.com/read/Ll7DRke6Gp. html.

改为"文物购销企业",从法律技术角度来说修改后的用语更加规范,而且范围相对扩大。另外,送审稿将文物购销企业必须由政府批准设立和文物拍卖企业必须取得文物拍卖许可证的方式,统一修改为取得相应资质,更加符合我国市场经营主体准入的法律规范和《行政许可法》确立的规范要求。

从以上变化可以看出,确立多元法律主体地位是此次《文物保护法》修改的鲜明特征之一。细化政府主体地位、规范市场交易主体地位,并通过引入多样化社会主体,打破公私二元对立的法律主体构造,是我国文化遗产法律体系发展、完善的基本方向。只有首先明晰了文化遗产保护法律主体的地位,才能进一步确立各方主体在文化遗产保护中的权利和义务。

三、构建平衡的文化遗产权利、义务体系

(一)重新整合政府的文物行政权责

文物事业是公益性文化事业,政府首先承担着文物保护的重要职责,是文物保护法的首要法律主体。此次送审稿对政府权限和职责的规定有不少新的变化和特点。

第一,提高文物保护工作在政府工作中的地位。提高经济发展水平一直是各地政府长期以来的工作重心,文物保护工作往往让位于经济建设。此次《文物保护法》修改的目的之一在于扭转这一局面,提高政府对文物保护的重视程度,例如送审稿第 8 条、第 81 条将文物保护及上级部门的监督、检查纳入地方政府绩效考核,第 23 条增加文物保护单位保护规划与城乡规划、土地利用规划相衔接的规定,第 82 条增加文物保护监督、检查协调机制等。这些新增规定有助于提高文物保护工作在政府工作中的地位,敦促地方政府积极履行保护职责。

第二,顺应我国政府职能转变的发展趋势。将重视事前批准的平行管理模式转变为"事前许可、事中监管、事后问责"的立体管理模式,赋予文物行政部门充分的行政许可权、行政监管权和行政处罚权,从而促使各级政府自始至终承担起文物保护的职责。例如送审稿新增了第七章"监督检查"整章的内容,并对第八章"法律责任"进行了较大幅度的修改,重点是重新梳理行政违法行为的范围,增加了查封、扣押等行政强制措施,完善并加大了罚款等行政处罚的力度。

第三，加强政府对文物保护相关主体的支持和补偿责任，反映出文物保护立法理念从重义务轻权利向重视权利转变，从重视国有文物保护向文物的全面保护转变。例如送审稿第 20 条和第 29 条增加了非国有不可移动文物所有权人在承担修缮、保养义务时向政府部门申请经费支持的权利。鉴于文物资源的不可再生性，政府有责任对保护能力有限的非国有不可移动文物所有权人提供帮助和支持。又如，送审稿第 43 条增加了因文物保护对建设单位合法利益造成损害时政府承担合理补偿的责任。当然，送审稿所确认的补偿手段还比较有限，政府提供支持的具体途径仍需进一步完善。

（二）对非国有文物所有者的权利、义务规定得更加科学

如前所述，对于非国有不可移动文物而言，送审稿第 20 条和第 29 条增加了所有权人在承担修缮、保养义务时向政府部门或社会组织申请经费支持的权利。尽管有人主张对于非国有不可移动文物应当由所有权人自行承担修缮、保养义务，国家不应予以扶持，但是，这种主张没有考虑到文物所有权受到的超出一般财产的限制。一般财产具有物的排他性，所有权人享有完整的处分权，即按照自己的意志对财产进行事实的处分和法律的处分。文物的特殊性在于其不仅具有物的属性而且具有文化公益性。从文物承载的文化公益属性来看，文物属于全社会的共同遗产，因此所有权"主要表现为对文物的使用、收益和处分权的限制"①。具体到非国有不可移动文物，其所有权人不仅要承担保养、修缮的义务，而且不能按照其自由意愿进行修缮，必须以有利于该文物存续的方式进行修缮。由于这些私人财产权的限制因公共利益需要而生，因此通过政府部门或社会组织的扶持和资助来弥补所有权人受到的损失无可厚非，法律作出相应规定也符合利益平衡的公正原则。

另一方面，对于非国有可移动文物而言，送审稿取消了文物收藏单位以外的所有权人收藏文物的取得方式，以及严格禁止外国人参与非国有可移动文物流通的规定，仅在第 5 条增加"依法取得的其他文物，其所有权受法律保护"的一般性规定，以及在第 60 条增加"任何单位和个人不得买卖下列文物"的禁止性规定。这一修改尊重了非国有可移动文物所有权人的意思自由，符合民法中"法不禁止即自由"的基本理念。

---

① 李玉雪 . 文物的私法问题研究——以文物保护为视角 . 现代法学，2007（6）：143.

（三）逐步形成文物保护的"政府—社会"良性互动模式

本次《文物保护法》修改的亮点之一，是在规范政府文物行政权限、职责的同时，引导社会力量参与文物保护工作。文化遗产作为历史上留存的公共文化资源，所有社会公众都享有接触、认知、欣赏、研究、传承等权利，这也是我国公民在宪法中所享有的基本文化权利之一。正是社会公众所享有的这些权利，构成了现行《文物保护法》第 7 条关于"一切机关、组织和个人都有依法保护文物的义务"这一规定的合法性基础。但对于社会公众参与文物保护的方式与具体制度，现行《文物保护法》并未作出规定，而是主要围绕政府与文物所有权人进行制度设计，忽略了社会公众进行文物保护的权利与义务。

随着我国社会公众参与公共生活与社会治理理念的发展，文化遗产领域也逐渐认识到，社会公众应该而且可以成为一支重要的保护力量。社会公众在参与保护过程中，既能加深对文化遗产社会价值的认识，又能够运用其专业能力与经济实力帮助政府分担文化遗产保护的职责，还能够监督政府是否采取了适当的文化遗产保护措施。此次修改《文物保护法》的创新之处就在于"增加了社会力量参与文物保护的条款：首先是鼓励公民、法人和其他组织参与文物保护，鼓励设立文物保护社会公益基金，支持开展文物保护志愿服务活动（第 13 条）；其次是丰富社会力量参与文物保护、利用、管理和监督的方式与途径（第 17、59、75、85、86、87 条）；最后是明确社会力量参与文物保护和利用的鼓励措施（第 20、28、29、43、73、78 条）"①。

从这些新增的条文可以看出，社会公众在参与文物保护的过程中享有设立公益组织权、申请文物认定权、参与利用权、监督权以及诉讼权。这些权利涉及主体、行为、救济各个方面，在我国文物保护立法史上是开创性的。这种模式如果能得到良好的制度设计并在实践中得到切实施行，必然会在我国文化遗产保护中发挥更有力和富有成效的作用。

四、协调和创新文化遗产传承方式

文化遗产保护的首要含义是尽力维护文化遗产的完整性与原真性，使其

---

① 《文物保护法》修订草案（送审稿）起草说明．［2015-12-28］．http：//www.gov.cn/xinwen/2015-12/28/content_5028604.htm.

免遭人为和自然的毁损与破坏。但对于古建筑、民间艺术等文化遗产而言，离开人的参与和使用，采用静态的标本式保护反而会消极地加剧这些文化遗产的损毁。因此，在保护的同时也应考虑，如何创新文化遗产的传承方式，从而延续历史文化传统的生命力；如何通过充分接触、认知并享用这些文化遗产的内在价值，创造出新的科学艺术作品，并促进人类文明的发展。

2002年修改《文物保护法》时确立了"保护为主，抢救第一，合理利用，加强管理"的立法指导原则，提出我国文物"保护为主，兼顾合理利用"的保护与传承方式。此次送审稿以该原则为基础，继续扩展文物合理利用的内容与方式，专门增加"合理利用"一章。其中的新增规定尽管引发了各界的激烈争论，但也反映出我国文化遗产保护与传承方式的开拓和创新，例如送审稿第75条鼓励社会力量参与国有不可移动文物的保护和利用，第77条鼓励社会力量利用私有文物积极开展公共文化活动。这些规定突破了长期以来因国有文物和非国有文物的不同权利属性导致的僵化保护方式，将社会力量引进国有文物的保护领域，使非国有文物进入公共领域发挥传承作用。这些灵活、互通的文物保护与利用方式协调了不同权利状态的文化遗产之间的保护与传承，拓宽了公众接触、交流文化遗产的途径。再如送审稿第77条规定的开发文博创意产品和文物利用的科技创新，有利于扩大博物馆对公众的影响力，发挥博物馆传承文化遗产价值的重要作用，使思维创新和科技创新成为我国文化遗产保护与传承方式的重要发展方向。

第四节　完善中国特色文化遗产立法模式探析

从立法模式上看，当前我国文化遗产法律体系主要以两部基本法律为核心，由一系列单行的行政法规、规章以及众多地方性法律规范共同构成，体系较为庞杂，因此除了继续修改、完善《文物保护法》之外，也需要认真梳理文化遗产法律体系内众多法律规范之间的逻辑关系与协调方式。

一、进一步协调文化遗产内部法律规范之间的关系

（一）重视与文化遗产基本法律配套的技术性规则

文化遗产法涉及文化遗产的专业性保护，并且许多法律规则有待于在保

护实践中发展、完善，因此在我国文化遗产基本法律的修改中，应当尽可能就涉及主体权利、义务的一般性规则作出明确的规定，而对于与此相关的专业性规则或具体的实施规则，如果无法一并在基本法律中明确规定，则需要运用委任性规则由相关国家机关通过相应立法程序加以确定。[①] 例如在实施《文物保护法》的过程中文化部出台了《文物藏品定级标准》《文物进出境审核管理办法》，建设部出台了《城市紫线管理办法》等专业性和操作性规则，为《文物保护法》的适用提供了具体标准与措施。此次《文物保护法》修改过程中规定了许多创新性的制度内容，仍需要相关国家机关制定合理、具体的适用规则，例如送审稿第 14 条新增加文物登录制度，同时规定"具体标准及办法由国务院文物主管部门制定"，第 79 条针对新增的"合理利用"一章规定"国务院文物主管部门应当会同国务院其他部门，发布文物合理利用的指导性意见"。这些规定都旨在运用委任性规则，通过将来相关国家机关出台配套规则来具体实施相关制度。此外，送审稿新增的关于文物保护组织与公益基金的管理办法、社会公众参与文物保护与利用的具体规则、文物行业资质/资格的认证标准、文物鉴定等内容，都需要有关国家机关制定配套的单行技术性规则加以实施。因此，应不断完善文物保护标准化体系[②]，做到基础标准与专业细分标准并举。

（二）重视类型化文化遗产的单行立法

近年来随着文化遗产保护对象与保护范围的不断深化和拓展，我国文化遗产立法逐渐突破传统的偏重单一文物的保护模式，趋向于对物质形态与非物质形态的整体文化遗产保护，例如国务院 2008 年制定《历史文化名城名镇名村保护条例》，住房和城乡建设部、文化部、财政部 2012 年印发《关于加强传统村落保护发展工作的指导意见》等。伴随着非物质文化遗产保护理念的发展，物质文化遗产与非物质文化遗产的伴生关系也日益受到重视，有关部门逐渐认识到二者互相依存，只有进行整体保护才能完整真实地反映该文化遗产的文化内涵与价值，从而有利于文化传承与多样性表达。与此同时，我国也在努力对新型文化遗产进行单行立法。送审稿第 34 条提到，要注重对新型文化遗产包括工业遗产、农业遗产、商业老字号遗产以及文化线

---

① 张舜玺 . 规范文物合理利用应增设指引性规则 . 法学，2016（5）.
② 李春玲 . 英美文化遗产保护标准化及对我国的启示 . 东南文化，2016（2）.

路等的保护。对于这些新型文化遗产，因其表现形式与保护措施和传统文化遗产不尽相同，所以需要制定有针对性的法律规范。但除了文化部已经出台的《大运河遗产保护管理办法》外，我国目前在该领域的立法仍很薄弱，因而这将会成为我国未来文化遗产立法的重要任务之一。

（三）探索文化遗产统一立法的可能性

目前世界上一些国家采取了对物质和非物质文化遗产进行统一编纂法典的立法形式，例如日本 1950 年《文化财保护法》、韩国 1962 年《文化财保护法》都是其中有代表性的文化遗产统一法典。我国虽然在民国时期已经有古物保护专门立法，但文物事业一波三折，直到 20 世纪 80 年代，随着《文物保护法》的制定，文物保护才真正进入法制化轨道。伴随改革的逐渐深入、文物保护理念的不断发展，文物保护法律规范仍需要不断完善。而在非物质文化遗产保护领域，作为基本法律的《非物质文化遗产法》2011 年 6 月才颁布、施行，由于缺乏与之相适应、配套的行政法规、部门规章，有时仍不得不借助于规范性文件予以保护①，导致缺少成熟、完备的立法保护经验。因此，当前我国并不适宜将两部法律仓促合并，进行统一立法。但鉴于物质文化遗产与非物质文化遗产之间的密切关系，以及文化遗产整体性与原真性保护的基本原则，同时我国对某些类型的文化遗产已经开始进行整体立法、综合保护的有益尝试，在将来对文化遗产进行统一编纂法典是有可能的。为探索统一立法的可行性，现阶段首先需要对两部基本法律进行适当的修改、完善，使其能够切实解决文化遗产保护实践中存在的问题，从而积累立法经验；其次在对类型化文化遗产单行立法的过程中探寻文化遗产整体立法的经验和途径，最终实现我国文化遗产保护的统一立法。

二、进一步协调与相邻法律部门之间的关系

文化遗产法的制定和适用不可能孤立进行，需要借助其他法律部门的相关规定加以辅助。因此，在完善中国特色文化遗产法律体系的过程中，除了必须厘清其内部法律规范之间的关系外，还有必要协调好其与相邻法律部门规范之间的关系。

---

① 刘先辉. 我国文化遗产保护法律体系：构建与发展. 时代法学，2013（4）.

（一）与行政法律规范之间的关系

我国各级政府是文化遗产保护事业的首要主体，只有在行政法律规范的基本理论与法律框架下，政府主管部门进行文化遗产保护的行政权限才能得到有效规制和行使。长期以来，我国文物行政管理存在的法律问题较多，其中比较典型的包括文物行政执法主体混乱，文物行政授权与行政委托界限不明导致文物行政执法权责不清，文物行政处罚力度薄弱等等。解决这些问题的关键在于《文物保护法》与行政法原理、一般行政法律规范之间能否密切衔接、协调一致。不仅文化遗产法律的适用需要与其他相关行政法律规范互相衔接，而且在衔接时出现的法律空白也需要及时弥补。例如，此次送审稿第 23 条规定，"文物保护单位可以编制保护规划，并与当地城乡规划和土地利用总体规划相衔接"。这虽然呼应了《城乡规划法》第 17、18 条关于将历史文化遗产保护纳入城乡规划的强制性内容，但是，仍然缺少当文物保护规划和城乡规划发生冲突时解决冲突的方式与程序的具体规定。因此，在协调文化遗产法律与相关行政法律规范适用的过程中还需要进一步完善相关规定。

（二）与民商事法律规范之间的关系

文化遗产具有较高的财产属性，需要法律调整其归属与流转，并确定相应的权利与义务，因此，文化遗产立法与民商事法律规范联系同样非常紧密。文化遗产的保护首先要确定所有权人，然后才能划分相应的权利与义务；文化遗产的利用涉及各种合同行为与商事行为，这些活动都必须适用物权法、合同法、公司法等基本民商事法律规范。

《文物保护法》长期以来重国有文物轻非国有文物、重保护轻利用，因此，其与民商事法律规范的衔接比较薄弱。这在一定程度上造成了国有文物利用水平较低、方式单一，比如国有不可移动文物"不得作为企业资产经营"的规定中，"企业资产"的含义、"经营"的含义在脱离了民商事法律规范的前提下缺乏合理合法的解释，对实践中存在的文物利用方式也缺乏明确的法律规范加以甄别与规制。与此同时，《文物保护法》对非国有文物未给予应有的重视，对非国有不可移动文物的所有权人因保护等行为遭受的损失缺乏公平、合理的补偿机制，对非国有可移动文物的交易和流转缺乏明确的法律规范引导，在很大程度上造成民间文物市场混乱、问题丛生。因此，有必要在遵循一定市场经济规律的基础上，合理适用成熟的民商事法律原理与规范，对文物这一特殊财产的归属和流转关系制定明确的、具有可操作性的法律规范。

（三）与刑事法律规范之间的关系

刑法是制裁各种破坏文化遗产或导致其流失行为的最严厉和最后一道法律防线。我国《文物保护法》和《刑法》均对文物破坏行为和文物工作人员的渎职行为作出了追究刑事责任的规定，其中1997年《刑法》专门增加一类"妨害文物管理罪"，共6个条文、10个罪名。[①] 为了解决司法实践中出现的问题，2015年最高人民法院、最高人民检察院出台了《关于办理妨害文物管理等刑事案件适用法律若干问题的解释》。

该司法解释与《文物保护法》近年来的修改思路保持一致，例如"《解释》对于盗窃文物的定罪量刑统一标准，不再区分国有馆藏文物和其他文物"[②]，对《刑法》第324条规定的"文物保护单位""国家保护的名胜古迹"都依照《文物保护法》及相关法规明确了具体含义，将对文物破坏性较强的盗掘古文化遗址、古墓葬罪的保护范围扩大到水下和尚未被公布为文物保护单位或不可移动文物的古遗址、古墓葬，等等。这些新的内容都反映了刑法规范对《文物保护法》的适用将会起到更合理的保障作用。

随着社会发展，造成我国文物破坏的新情况、新问题不断出现，文物保护和管理的理念不断发展，因此，《刑法》及相关司法解释仍需完善。例如，对于不可移动文物，我国《刑法》诸如第324条规定的故意损毁文物、名胜古迹罪等文物犯罪的主体均被限定为自然人，而单位无法成为此类犯罪的犯罪主体。在当前经济建设中以单位为主体破坏文物尤其是不可移动文物的行为日益增多[③]，如果建设单位在实施建设工程中故意损毁文物，那么造成破坏

---

① 1997年《刑法》第324条至329条规定的10个罪名分别是：故意毁损文物罪，故意毁损名胜古迹罪，过失毁损文物罪，非法向外国人出售、赠送珍贵文物罪，倒卖文物罪，非法出售、私赠文物藏品罪，盗掘古文化遗址、古墓葬罪，盗掘古人类化石、古脊椎动物化石罪，盗窃、抢夺国有档案罪以及擅自出卖、转让国有档案罪。

② 喻海松.《关于办理妨害文物管理等刑事案件适用法律若干问题的解释》的理解与适用. 人民司法（应用），2016（7）：27.

③ "国家文物局：文物安全形势依然严峻 法人违法占78%". ［2016-03-28］. 人民网，http：//politics. people. com. cn/n1/2016/0328/c1001-28230565. html.

的程度和后果更加严重，即使刑法能够追究建设单位有关责任人员的刑事责任，但是自然人犯罪与单位犯罪在构成要件、责任承担方式等方面均有不同，只规定自然人犯罪主体，没有规定单位犯罪主体，也是刑法不完善的具体表现。① 对可移动文物而言，在送审稿中已经体现出放宽非国有不可移动文物转让并且将对交易主体资质管理代替严格限制交易主体的立法趋势，如果该修改获得通过，对《刑法》中诸如第 326 条规定的倒卖文物罪等有关可移动文物的犯罪也应当作相应修改。

相对于文物犯罪的刑法规范而言，对我国文化遗产的另一重要组成部分——非物质文化遗产——的刑法规范略显单薄与不足。尽管在《非物质文化遗产法》第 42 条中规定，违反本法，构成犯罪的，依法追究刑事责任，但在《刑法》中除了国家工作人员渎职类犯罪与该法有一定关联外，关于对非物质文化遗产的破坏等犯罪行为没有明确、具体的规定。

我国文化遗产保护离不开刑法的重要保障，文化遗产立法与刑法密切相关，因此，在我国文化遗产立法完善的过程中，除了注重对文化遗产保护相关内容的研究与探讨外，如何将这些内容与相应的刑法规范相衔接，使刑法更好地发挥最后一道屏障的作用，也是文化遗产立法需要重视的部分。

三、综合完善文化遗产法律体系

尽管我国目前已建立起形式比较完整的文化遗产法律规范体系，但是该体系在科学性、合理性方面仍有进一步完善、提升的必要。文化遗产具有不可再生的稀缺性、有形载体与无形思想的相互依存性以及公共利益属性，决定了对其进行调整的文化遗产法的性质和内容也具有相应的独特性，这些独特性决定了文化遗产保护法中法律主体的确定、法律关系的认定、法律权利与义务的分配都是比较复杂的问题。而《文物保护法》和《非物质文化遗产法》作为我国目前的文化遗产保护基本立法，主要还是强调国家对文化遗产的保护和管理职责以及个人对文化遗产的保护义务，与文化遗产保护、利用的目标和宗旨尚有一定距离。笔者认为，应该从以下几个方面综合完善文化遗产法律体系：

---

① 张传伟. 文化遗产保护法律体系完善探析. 山东社会科学，2011（10）.

　　首先，应当在法律中确立文化遗产权的概念。一方面，保护文化遗产的目的是让当代以及后世的人们能够有条件、有机会去欣赏、享用，进而延续、传承这些文化遗产；另一方面，宪法及国际条约中赋予公民的文化权利需要具体化为各项法定权利并加以落实，因此，在法律中应当赋予相关主体以相应的文化遗产权。人们只有能够享有、行使文化遗产的相关权利并受到尊重，才愿意承担起保护的责任与义务。总体说来，文化遗产权是特定主体对文化遗产的享用、传承与发展的权利。享用是主体对文化遗产的接触、欣赏、占有、使用以及有限的处分权利；传承是主体对文化遗产的学习、研究、传播的权利；发展则是主体对文化遗产的演绎、创新、改造等权利。[①]

　　其次，应当明晰文化遗产权的主体及其相互关系。现行《文物保护法》和《非物质文化遗产法》中涉及的主体主要是政府、公民、法人和其他组织。由于文化遗产的公益性和其作为生活方式的表达的特性，文化遗产法的主体很难借用现成的民法或行政法的主体来分类。随着国际文化遗产保护实践的发展，公众、社区和群体成为文化遗产法不能忽视的新型主体。这些主体间的相互关系也是文化遗产法需要不断完善的方面，如政府决策权和管理权与公众参与权和监督权的关系、个人传承权和社区保有权的关系、社区发展权与政府管理权的关系，等等。

　　此外，我国文化遗产法律体系仍存在着配套立法不完善、部分立法效力层级偏低以及同其他法律体系、法律部门衔接不充分等不完善之处。《文物保护法》作为我国文化遗产法律体系支柱之一的基本法，更需重新审视在新时期新形势下与行政法、民法等部门法律规范的衔接以及自身内部的协调。因此，送审稿的公开征求意见和进一步修改，毫无疑问将会成为完善中国特色社会主义文化遗产法律体系的又一标志和重要举措。

　　总之，在我国文化遗产法律体系的完善过程中，既要重视文化遗产的特殊性，同时也应当考虑到，在新经济新常态的社会现实中，如何更加公平、公正、合理、科学地调整和规制相关各方的责、权、利，从而使文化遗产在我国经济建设和社会发展过程中能得到更有效的保护与传承。

---

　　① 王云霞主编．文化遗产法学：框架与使命．北京：中国环境出版社，2013：71.

第三十章

完善宗教法律法规体系

　　中国宗教历史悠久，信教群众众多，团体和寺观教堂遍布，影响广泛深远，对外交往频繁，各大宗教俱全。同世界上其他国家的宗教相比，我国的宗教事务及其管理所面临的问题具有高度特殊性与复杂性。当前我国在经济社会快速发展的同时，社会意识形态更加多元且震荡变动不居，出现了信教人数持续快速增长，教徒结构明显变化，宗教活动的经济性、市场化日益凸显，国际、国内相互影响越加突出，传统宗教和新兴宗教的矛盾趋于复杂、激化，邪教与宗教极端主义活动猖獗等一系列新形势、新问题、新挑战。这些因素使得原有宗教格局和宗教管理模式面临很大冲击，影响到国家安全和政治社会稳定。与此同时，经过几十年的努力，我国宗教事务实现了从政策主导、单一行政管理向政策与法律并举、全面依法管理的转变，宗教法规、规章体系初步形成。但在全面推进依法治国、加快建设法治中国的大背景下，面对社会转型与新的形势要求，宗教活动应该如何由法律这一现代社会最有力的社会治理手段调控？如何理解国法与教规的关系？怎样处理好维护宗教自由和确保宗教管理的平衡？对此必须慎重对待，认真思考，有效治理。

　　改革开放四十年来，经过艰辛探索和积极实践，我国宗教事务方面的立法工作取得重要进展。宗教事务依法管理的制度框架初步确立，宗教法律规范体系基本形成，宗教事务整体上实现了从政策主导、单一行政管理向政策与法律并举、全面依法管理的转变。① 与此同时也要看到，同宗教工作面临

---

① 冯玉军. 我国宗教事务管理立法实施状况调查. 法制与社会发展，2011（1）：129.

的新形势、新任务相比，同形成完备的宗教法律规范体系的时代要求相比，同宗教界人士和广大信教群众的期待相比，宗教立法工作还存在一系列不适应和相对滞后的问题，必须按照全面推进依法治国的要求，从宗教工作实际出发，积极、稳妥地推进宗教立法工作。以下分别从新中国宗教工作法治化的历程、《宗教事务条例》的实施及其在新时代面临的挑战、《宗教事务条例》修订的主要内容三个方面展开讨论。

第一节 新中国宗教工作法治化的历程

新中国成立以来，宗教事务管理走过了一段曲折的道路。1949 年后的很长一段时期内，我国的宗教事务管理主要依靠的是党的政策。党在坚持马克思主义宗教观的同时，奉行了开明务实的工作策略（如和平解决西藏问题，对佛道伊天基五大宗教采取了各不相同的包容改造方针等），宗教工作总体上取得了重大成就，具体表现在：教会中的帝国主义势力被清除，推行了独立自主自办教会和"三自"（自传、自治、自养）的正确方针，使天主教、基督教由帝国主义的侵略工具变为中国教徒独立自主自办的宗教事业；宗教封建特权和压迫剥削制度被废除，揭露和打击了披着宗教外衣的反革命分子及坏分子，使佛教、道教和伊斯兰教也摆脱了反动阶级的控制和利用；共产党宣布和实行宗教信仰自由政策，使得广大信教群众不仅和全国各族人民一道获得政治上和经济上的翻身解放，而且开始真正享受宗教信仰自由的权利。1954 年，政务院改为国务院，专门设置宗教事务局，宗教事务管理被列入国家行政序列。

1957 年以后宗教工作中"左"的错误逐渐滋长，60 年代中期以后更进一步地发展起来，特别是在"文化大革命"中，马列主义关于宗教问题的科学理论被肆意践踏，党对宗教问题的正确方针被全盘否定。1966 年 8 月党的八届十一中全会期间，陈伯达、江青在全会小组会上向中央统战部开刀，声称要"炮打统战部"。从此，中央统战部就被打成了"修正主义司令部"，全国统战、民族、宗教工作部门都被扣上了"执行投降主义路线"的帽子。1975 年，国务院发文撤销国务院宗教事务局。"文化大革命"期间强行禁止信教群众的正常宗教生活，把宗教界爱国人士乃至一般信教群众当作"专政对象"，在宗教界制造了大量冤假错案。某些少数民族的风俗习惯也视为宗教迷信，被强行禁止。个别地方甚至镇压信教群众，破坏民族团结。"文化大革命"造反派在宗教问题上使用暴力，结果却使宗教活动在秘密和分散的状态下得到一定程度的发展。

党的十一届三中全会以后，党对宗教问题的正确方针和政策逐步得到恢复。1979 年，党中央批准了中共中央统战部《关于建议为全国统战、民族、宗教工作部门摘掉"执行投降主义路线"帽子的请示报告》，国务院决定恢复设立国务院宗教事务局。1979 年 6 月 15 日，中国人民政治协商会议第五届全国委员会第二次会议开幕，邓小平在会上作了题为《新时期的统一战线和人民政协的任务》的开幕词，提出：新时期统一战线和人民政协的任务，就是要调动一切积极因素，努力化消极因素为积极因素，团结一切可以团结的力量，同心同德，群策群力，维护和发展安定团结的政治局面，为把我国建设成为现代化的社会主义强国而奋斗。1979 年 9 月 13 日，全国统战工作会议召开，会议所通过的《新的历史时期统一战线的方针任务》指出："宗教信仰自由政策，是我们党正确处理群众宗教信仰的一项根本政策"，"必须以坚定的态度，大力克服各种困难，认真贯彻中央的方针政策，尽快地解决信教群众过宗教生活所需要的场所、用品和主持宗教活动的神职人员，使信教群众享有宗教信仰自由的权利，并认真落实对宗教界人士的政策，把广大信教群众和宗教界人士团结在政府的周围，在党的领导下为四化贡献力量"。

1980 年五届全国人大三次会议期间，十世班禅、施如璋、张家树、丁光训、赵朴初、张杰等 6 名全国人大代表提出提案，建议将当时的 1978 年宪法第 46 条"公民有信仰宗教的自由和不信仰宗教、宣传无神论的自由"修改为"中华人民共和国公民有宗教信仰的自由"，即恢复 1954 年宪法第 88 条的表述。他们主张修改的理由：一是"该条文不能准确地全面地体现我国的宗教信仰自由政策，容易引起国内外信教群众不必要的猜疑"；二是这个条文"在法律上和理论上为'四人帮'破坏宗教信仰自由政策提供了根据"，"如果我们的根本大法继续强调公民只有'宣传无神论的自由'，就容易被一些不愿贯彻宗教信仰自由政策的人找到借口"；三是 1954 年宪法第 88 条对党的宗教政策"概括得很全面"，"宗教界人士对这一条很满意"。与此针锋相对的是，1981 年五届全国人大四次会议期间，任继愈、刘大年、谭其骧、刘佛年等 12 位代表联名提出提案，主张维持 1978 年宪法第 46 条的规定，以利于安定团结。与此同时，全国政协宗教界委员赵朴初、丁光训、邓良模、安士伟、嘉木样、巨赞等 16 人，专门就修改宪法第 46 条问题举行座谈会。1982 年 1 月 19 日，赵朴初受参加这次座谈会的政协委员委托，将这个座谈会的纪要送给宪法修改委员会。座谈会纪要的主旨是从正反两方面进一步申述恢复 1954 年宪法第 88 条关于宗教信仰自由规定的必要性。① 最终，由五届全国人大五次会议于 1982 年 12 月 4 日通过的《宪法》第 36 条，分 4 款对宗教信仰自由作出全面而完善的规定。第 1 款规定："中华人民共和国公民有宗教信仰自由。"第 2 款规定："任何国家机关、社会团体和个人不得强制公民信仰宗教或者不信仰宗教，不得歧视信仰宗教的公民和不信仰宗教的公民。"第 3 款规定："国家保护正常的宗教活动。任何人不得利用宗教进行破坏社会秩序、损害公民身体健康、妨碍国家教育制度的活动。"第 4 款规定："宗教团体和宗教事务不受外国势力的支配。"《宪法》第 36 条以国家根本法的形式明确了宗教信仰自由原则，为我国宗教事务的法治化奠定了坚实的基础。

1982 年 3 月 31 日，中共中央印发了《关于我国社会主义时期宗教问题的基本观点和基本政策》，系统地总结了新中国成立以来党在宗教问题上的正反两个方面的历史经验，阐明了党对宗教问题的基本观点和基本政策。文件指出，尊重和保护宗教信仰自由，是党对宗教问题的基本政策。这是一项长期政策，是一直要贯彻执行到将来宗教自然消亡的时候为止的政策。使全体信教和不信教的群众联合起来，把他们的意志和力量集中到建设现代化的社会主义强国这个共同目标上来，这是我们贯彻执行宗教信仰自由政策、处理一切宗教问题的根本出发点和落脚点。它提出对宗教界人士要进行爱国守法教育、正常宗教活动受法律保护、要制定切实可行的规范宗教活动的宗教法规、在宪法和法律范围内充分发挥爱国宗教组织的作用、依法严厉打击宗教外衣下的违法犯罪活动、按照法律程序坚决打击外国宗教敌对势力的破坏活动以及做好宗教工作需要政法部门密切配合等观点。文件还指出，为了保

---

① 许崇德. 中华人民共和国宪法史：下. 福州：福建人民出版社，2005.

证宗教活动的进一步正常化，国家今后还将按照法律程序，经过同宗教界代表人士充分协商，制定切实可行的宗教法规。这标志着我国的宗教事务管理开启了法治化的序幕。

1986年，国务院宗教事务局在工作要点中提出，有条件的省份应当结合当地具体情况，制定出地方性宗教法规，由地方颁布施行。据此，部分地方相继颁布了针对宗教事务或者宗教活动场所的综合性及单项性的法规、规章，例如广州市人民政府于1987年制定了《广州市宗教事务行政管理暂行规定》，广东省人民政府于1988年制定了《广东省宗教活动场所行政管理规定》（已失效）等。1987年，中共十三大提出加强法制建设并作为政治体制改革的重要部分，国务院宗教事务局随即组成工作班子，并经国务院批准，将宗教立法列入立法工作计划，着手草拟法案，就相关问题进行讨论。当时有关主管部门"在一些重大理论问题上，排除了一些思想障碍，取得一些共识"。1989年3月，赵朴初、丁光训等宗教界人士向全国人大常委会提交了"中华人民共和国宗教法（建议草案）"，希望尽快开始立法程序。然而该项立法由于一些基本原则上的争议而被迫搁置下来，留下遗憾至今。

1990年12月，国务院召开了全国宗教工作会议，讨论并修改了《中共中央、国务院关于进一步做好宗教工作若干问题的通知》。该通知强调要依法对宗教事务进行管理，提出"要加强宗教立法工作。国务院宗教事务局应抓紧起草有关宗教事务的行政法规。各省、自治区、直辖市也可根据国家的有关法律和法规，结合当地实际情况，制定地方性的有关宗教事务的行政法规"。

1991年，国务院宗教事务局向全国人大常委会和国务院报送了《关于宗教立法体系和"八五"期间宗教立法项目的设想》，对宗教立法提出四个方面建议：第一，由全国人大或全国人大常委会颁布一个有关宗教的基本法律，从整体上调整宗教与社会其他方面的关系，以保障公民宗教信仰自由权利，维护宗教组织合法权益，保障宗教活动正常化。第二，由国务院颁布行政法规，调整涉及各宗教的共同性问题，在政府管辖权限内对宗教场所、教职人员、外国人在华宗教活动、宗教音像制品等问题依法管理解决。第三，制定部门规章，调整涉及范围不大、政策性较强及属于部门内部管理范围的问题。第四，由地方人大或政府根据当地实际自行制定地方性宗教法规或地方性政府规章。另外，推动和支持宗教团体、寺观教堂结合各其特点，依法制定内部的管理章程、制度。

1991年，中共中央、国务院下发《关于进一步做好宗教工作若干问题的通知》，基本上采纳了宗教事务局的相关建议，明确要求"依法对宗教事务进行管理""加快宗教立法工作"。这之后，全国范围内的宗教立法工作迅速开展起来。

1991年5月6日，国务院宗教事务局、民政部印发了《宗教社会团体登记管理实施办法》。1994年1月31日，国务院发布了《宗教活动场所管理条例》（现已失效）、《中华人民共和国境内外国人宗教活动管理规定》两部行政法规。1994年4月13日，国务院宗教事务局发布了《宗教活动场所登记办法》（现已失效）。多个地方也相继颁布地方性宗教法规或地方性政府规章。

1998年3月，国务院宗教事务局更名为国家宗教事务局。随着对外开放进一步扩大和社会主义市场经济的发展，宗教方面出现了许多新的情况和问题，已有的法规、规章已经不能完全适应宗教工作形势发展的要求。同时，《行政许可法》的颁布、实施，进一步要求规范政府行政行为，简化程序，方便群众，便于群众监督。为了进一步把宗教事务管理纳入法制化、制度化的轨道，使涉及国家利益和社会公共利益的宗教事务都有法可依，制定宗教事务方面的综合性行政法规势在必行。1999年，国家宗教事务局在要求制定"宗教事务条例"的立项报告获得批准后，随即着手开展调研和起草工作。在两年时间里，国家宗教事务局分片召开了地方政府宗教工作部门负责同志参加的立法研讨会，反复征求宗教界代表和全国性宗教团体负责人、中央和国家机关有关部门、部分宗教理论和人权问题专家学者的意见；就宗教财产的问题征求了税务、财政、工商、房屋管理部门的意见；认真研究了一些国家有关宗教管理的法律文件，借鉴国外宗教立法经验，数易其稿。2003年3月，国家宗教事务局向国务院报送草案送审稿。在审查修改阶段，国务院法制办集中征求了21个省、直辖市、自治区人民政府和28个中央部门的意见，同时采取召开专题座谈会和调研的方式听取建议，最终形成修订草案，按照政府立法程序交由国务院有关部门审议。

2004年3月召开的十届全国人大二次会议通过了第四次宪法修正案，

把"社会主义事业的建设者"写进宪法，这样就从法律上把信教群众认定为建设社会主义的积极力量。它还增加了"国家尊重和保障人权"的规定，这就为保障宗教信仰自由这一基本人权进一步提供了宪法保障。

2004年7月7日国务院第57次常务会议通过《宗教事务条例》（以下简称《条例》）。同年11月30日，《条例》由国务院向全社会颁布，并于2005年3月1日起正式施行。与此同时，各省、自治区、直辖市关于宗教事务管理方面的地方性法规、政府规章也陆续出台。其中较重要的宗教立法有：《藏传佛教活佛转世管理办法》（国家宗教事务局令第5号）、《国家宗教事务局主要职责内设机构和人员编制规定》（国办发〔2008〕96号）、《关于加强宗教活动场所建设工程安全监管工作的通知》（国宗发〔2008〕52号）、《宗教活动场所财务监督管理办法（试行）》（国家宗教事务局令第7号）等等。

2017年是中国宗教法治事业发展至为重要的一年。3月15日，十二届全国人大五次会议正式通过《中华人民共和国民法总则》（以下简称《民法总则》）并自10月1日起施行。8月26日，修订后的《条例》公布，并自2018年2月1日起施行。这两部重要法律法规的颁布与实施，是顺应宗教工作新形势、贯彻党的十八大以来推行的全面依法治国战略、落实中央关于宗教工作重大决策部署的重要举措，为我国宗教事务进入全面法治时代举行了奠基礼，是我国宗教工作法治化的重要里程碑。

总体说来，经过改革开放四十年的艰辛探索和积极实践，我国宗教事务方面的立法工作取得重要进展。根据笔者截至2017年9月的统计，宪法以下，我国现有涉及宗教事务的法律和法律性文件数十部，具体规范宗教事务的行政法规2部，涉及宗教内容的单项行政法规40件，省市两级综合性宗教行政法规51件、综合性宗教部门规章16件，国家宗教部门单项规章12件、涉及宗教的国家单项部门规章88件，省市两级地方性法规和政府规章60余件，此外还有党的有关宗教政策规定17件，涉及宗教的最高人民法院、最高人民检察院司法解释3件。在地方立法方面，现行有效的各省、直辖市、自治区人大制定的地方性法规有25部，省级人民政府制定的政府规章有11部，市级人大制定的地方性法规有16部，市级人民政府制定的地方政府规章有5部，省市两级地方性法规和政府规章合计57部。总体来看，我国宗教法律规范体系基本形成，并成为以宪法为核心的中国特色社会主义法律体系的有机组成部分。

第二节　《宗教事务条例》的实施以及其在新时代 面临的挑战

一、《宗教事务条例》的制定以及其意义

在我国特殊而复杂的宗教形势面前，通过法律这一现代社会最有力的治理手段来管理宗教事务是社会的必然要求。2004 年 11 月 30 日，《条例》由国务院正式颁布。作为我国第一部宗教方面的综合性行政法规，其制定和实施标志着我国宗教事务管理法制建设进程迈入全新阶段。它是党的宗教工作方针政策的制度化、法律化，也是新中国成立以来宗教工作实践经验的总结。它的颁布和实施，对于全面贯彻党的宗教信仰自由政策、依法管理宗教事务、坚持独立自主自办的原则以及积极引导宗教与社会主义社会相适应，发挥了巨大积极作用。

从内容上来说，《条例》分为 7 章，共 48 条，包括总则、宗教团体、宗教活动场所、宗教教职人员、宗教财产、法律责任和附则。根据《条例》第 1 条的规定，其立法目的是保障公民宗教信仰自由，维护宗教和睦与社会和谐，规范宗教事务管理。这具体表现在以下两个方面：

第一，《条例》规定了公民的宗教信仰自由及相应的法律保障。《条例》第 2 条规定："公民有宗教信仰自由。""任何组织或者个人不得强制公民信仰宗教或者不信仰宗教，不得歧视信仰宗教的公民（以下称信教公民）或者不信仰宗教的公民（以下称不信教公民）。""信教公民和不信教公民、信仰不同宗教的公民应当相互尊重、和睦相处。"第 3 条第 1 款规定："国家依法保护正常的宗教活动，维护宗教团体、宗教活动场所和信教公民的合法权益。"进而，《条例》还规定了宗教团体依章程开展活动、编制宗教内部出版物、举办宗教院校、选派和接收留学人员、开展对外友好交往，宗教活动场所举办宗教活动、民主管理本场所事务、举办公益事业、接受捐赠、编制和经销出版物，教职人员主持宗教活动、参与宗教活动场所管理、进行宗教文化研究和交流等一系列表达宗教信仰的自由。

第二，《条例》规范了国家机关对宗教事务的行政管理权限及程序。一

方面，通过设定行政许可的方式，赋予国家机关对特定事项如宗教团体和宗教活动场所的登记、宗教院校的设立、大型宗教活动以及大型露天宗教造像的审查批准权等。另一方面，规范了行政机关管理宗教事务的权限和程序。例如，尽管宗教活动场所应当接受宗教事务部门的监督检查，但对宗教事务部门的具体行政行为不服的，可以依法申请行政复议；对行政复议决定不服的，可以依法提起行政诉讼。

《条例》的制定，对于我国宗教事务管理法治而言具有重要的意义。作为我国第一部对宗教各项管理事务予以规定的综合性行政法规，《条例》在宗教事务的法律体系中起到了承上启下的作用：既承接并细化了《宪法》等上位法关于宗教信仰自由的原则性规定，又为行政规章与地方性法规等下位法提供了基本法律依据，为其制定和完善提供了明确的方向。宗教工作实现了由主要依政策办事向依法管理的转变，保障了公民的宗教信仰自由，从而得到了广大宗教界人士和信教群众的拥护，使宗教工作干部和宗教界人士的法律意识明显增强，在全社会形成了关心、支持宗教工作的良好氛围。就宗教事务的上位法来说，尽管我国《宪法》第 36 条对宗教信仰自由作了一般规定，但其可操作性不高，并未涉及宗教活动管理的具体问题；普通法律虽然也有一些涉及宗教事务的规定，但往往规定得过于概括或者偏重于其他方面问题，不能直接应用于宗教事务管理。《条例》通过相当数量的具体规定和可操作性条款，弥补了上位法在调整宗教事务方面的抽象性和空缺性弱点，在我国宗教事务管理中扮演着举足轻重的角色，具有很强的实践价值。

二、《宗教事务条例》在新时代面临的问题与挑战

进入 21 世纪以后，我国经济社会快速发展的同时，社会意识形态更加多元且变动不居，信教人数持续快速增长，教徒结构明显变化，宗教活动的经济性、市场化日益凸显，国际、国内相互影响更加突出，传统宗教和新兴宗教的矛盾趋于复杂、激化，邪教与宗教极端主义活动猖獗，互联网宗教活动迅猛增加，网上的网下宗教问题相互影响。这一系列新形势、新问题、新挑战直接关乎社会和谐、政治稳定与民生福祉。原有宗教格局和宗教管理模式面临巨大冲击，宗教工作面临的挑战更加严峻。党内一些同志对宗教问题

思想不重视、认识不正确、工作不会做，存在不会管、不愿管、不敢管和乱作为现象，因而加强党对宗教工作的领导和宗教工作法治化任务更加紧迫。从我国围绕原《条例》开展宗教事务管理工作的法治实践来看，当前面临的突出问题和挑战颇多，简述如下。

第一，《条例》已经颁布十多年，虽然涉及宗教事务的相关法规和规章在不断完善，但其中多数规范性文件的针对性和操作性不强，涉及宗教的组织、活动和个人的法律地位、法律关系以及法律责任等核心事务的规定不够明确甚至缺失。以宗教财产的法律保护为例，1986 年制定的《民法通则》第 77 条规定："社会团体包括宗教团体的合法财产受法律保护。"该条款首先确认宗教团体属于社会团体，受民法的调整；其次认定宗教财产权是一种民事权利受民法保护，从而体现了政教分离的特点。但囿于时代，其中的规定过于简单，忽略了宗教团体与其他社会团体的区别和特殊性，未能明确宗教财产权的具体类型及所有权、使用权归属，宗教财产的管理利用以及限制情形等，难以在现实中真正得到执行。2007 年生效的《物权法》第 69 条规定："社会团体依法所有的不动产和动产，受法律保护。"尽管法学界在学理上已经进行了积极研讨，但在最终通过的《物权法》中仍然只字未提"宗教财产"的法律调整内容。《条例》对"宗教财产"予以专章调整，第 30～37条，总共 8 个条款，分别针对宗教团体和宗教活动场所的财产所有权及管理制度进行规定。主要内容包括：（1）宗教团体和宗教活动场所合法所有或使用的土地、房屋及其他合法财产受法律保护，不动产产权需登记；（2）土地管理部门在确定和变更宗教团体或者宗教活动场所土地使用权时，应当征求本级人民政府宗教事务部门的意见，拆迁须与产权所有者协商并征求宗教事务部门意见；（3）依法建立财务会计制度，宗教团体和宗教活动场所可依法接受捐赠或兴办社会公益事业等。但从调研情况看，我国现行宗教财产政策、法律尚显混乱，对宗教财产法律关系属性的认识很不统一，对宗教财产法律保护范围的认识比较模糊，法律保护措施更是相当缺乏。这导致宗教团体及相关利益主体之间的宗教财产纠纷频频发生，寺庙宫观"被承包""被上市"的事件屡屡出现，严重扰乱了正常的宗教活动秩序，损害了宗教界的权益与形象。

第二，我国宗教团体、宗教活动场所、宗教院校以及对宗教教职人员相关活动的管理措施和程序规范严重不足，政府管理和宗教团体自我管理的边界不清，导致一系列关于宗教法律调整的思想认知错误和制度实践模糊。这些具体问题包括：宗教工作中如何体现宗教事务管理与宗教信仰自由二者间的平衡？如何处理法律和教规的关系？如何确定宗教财产产权归属（确权）及占有、使用、收益权利？采取何种方式明确宗教团体和宗教活动场所的法人资格？如何依法化解"寺庙被承包"问题，以宗教活动场所为主要游览内容的风景名胜区，与该宗教活动场所之间的权益纠纷？如何防范和有效治理利用互联网等现代技术手段传播宗教极端思想的问题？如何系统规范宗教慈善活动，采取何种方式规范宗教基金（或互助会）的组织和行为，处理好宗教慈善与纳税问题？如何完善教职人员的工资福利和社会保障？以宗教财产权的归属和保护为例：由于宗教教义和历史传统的不同，不同宗教的财产制度安排不同，各教差异较大，主体归属不统一、不协调，形成了事实上的宗教财产多元化模式：（解放前）外国教会房产为中国教会所有；佛教和道教的庙观及所属房产为社会所有（僧道有使用和出租权），带家庙性的小尼庵为私人所有；伊斯兰教的清真寺及所属房屋则为信教群众集体所有。① 《文物保护法》规定，被认定为文物的宗教财产受该法调整，主要归国家所有。② 与此同时，在实践中各国家机关往往把宗教财产的资金来源，作为确定宗教财产归属的唯一标准。资金来源于国家的，财产即定为国家所有；群众集资的，为群众所有；个人出资的，为个人所有；集资来源众多而难以明确的，则为社会所有。于是，在各种宗教政策性文件和法规、规章中就会出现"寺庙所有"、"社会所有"③、"社会公有"、"国家所有"④、"中国教会所

---

① 参见 1980 年 7 月 6 日《国务院转发宗教事务局、国家基本建设委员会、外交部、财政部、国家城市建设总局等单位〈关于落实宗教团体房产政策等问题的报告〉的通知》。

② 《文物保护法》（2017 年修正）第 5 条第 2、3 款规定："古文化遗址、古墓葬、石窟寺属于国家所有。国有指定保护的纪念馆、古建筑、石刻、壁画、近现代代表性建筑等不可移动文物，除国家另有规定的以外，属于国家所有。""国有不可移动文物的所有权不因其所依附的土地所有权或者使用权的改变而改变。"

③ "社会所有"的缺陷是："社会"一词只能代表不确定的人群，不能形成明确、肯定的法律关系主体；把宗教财产规定为社会所有，实际上把宗教财产当作无主财产，给社会各界侵犯宗教财产提供了可乘之机。

④ "国家所有"的缺陷是：国家如果接管了宗教财产，势必要负责宗教财产的养护工作，甚至还要安排组织宗教活动，这样就可能形成我国国体不允许存在的"政教合一""官办宗教"的局面。

有"、"信教群众集体所有"①、"宗教团体所有"、"地方宗教协会所有"②、"寺庙使用"、"僧尼使用"、"寺庙管理"等不同语汇，令人茫然无措。从学理上分析，这种宗教财产权归属主体的多元性，表明不同宗教的财产之间、同一宗教的不同财产之间存在不同的所有权主体，其在本质上违背了法律普遍适用的原则。正是这种多元权属模式的混乱状况，才使得大量宗教财产的合法权益得不到应有保护，给宗教团体、宗教活动场所及其对宗教财产的管理带来许多困难。③

第三，党的宗教政策和国家涉及宗教的法律规范体系之间协调性、衔接性不足，已有的施行效果良好的政策未能及时上升为法律，而在宗教事务管理当中一些急需解决的问题，也未能及时实现法律化、规范化，导致宗教法治实践出现一些问题。尽管在《条例》颁布之前，国家就已出台了一系列规制宗教活动的政策文件，如《关于我国社会主义时期宗教问题的基本观点和基本政策》《中共中央、国务院关于进一步做好宗教工作若干问题的通知》等，《条例》颁布后，国家也制定了不少具体的规范性文件，内容涉及外国人宗教活动、宗教团体、宗教活动场所、宗教院校、宗教慈善等事项，省、市两级人大和政府也制定了涉及宗教的地方性法规和地方政府规章，但是，这些政策和法规、规章之间的协调性、融贯性不尽如人意。协调性和融贯性包含两个方面的含义：在消极的维度看，融贯性就是连贯性，即全部宗教法律规范都不存在逻辑上的矛盾冲突；从积极的维度看，融贯性还要求宗教法律规范之间不相冲突且处于相互支持的状态，或者即便存在冲突，也能有序地形成优先关系，以决定交叠适用情形中的法律后果。例如，针对是否允许传教这一"敏感"问题，1982 年中共中央《关于我国社会主义时期宗教问题的基本观点和基本政策》规定，"……任何宗教组织和教徒也不应当在宗

---

① "信众所有"的缺陷是：（1）信教群众捐赠给宗教的财产，信教群众主观上不愿也不能成为其所有人；（2）信教群众从来没有形成一个成员稳定的集体，也没有明确的组织形态，故难以成为所有权的主体；（3）在某些宗教中，信教群众与不信教群众之间没有明确的区分，而且信教群众和捐献出的财产之间从未形成类似于社团法人中成员与团体的法律身份关系。

② "教会所有"的缺陷是：（1）违背了信教群众捐献财产的心愿，因为信教群众是将财产捐献给他们心中的神明，而非捐给僧众道徒所组成的宗教协会；（2）宗教财产定为宗教协会所有，有违宗教教规信条，因为各宗教信条皆规定僧众道徒等不能成为宗教财产的所有人；（3）我国各地的宗教协会按地区划分为许多层次级别，把宗教财产划归哪一级别也是个难以解决的问题。

③ 冯玉军．中国宗教财产的范围和归属问题研究．中国法学，2012（6）：87～98.

教活动场所以外布道、传教，宣传有神论，或者散发宗教传单和其他未经政府主管部门批准出版发行的宗教书刊"。该条款无疑从根本上否决了传教的合法性。然而作为关于宗教方面的综合性行政法规的《条例》对传教问题只字未提。按照"法无禁止即自由"的法律原则，《条例》似乎默许或预留了传教的适度空间。但是反观几部国务院行政规章和山东省、陕西省、河北省、辽宁省、北京市等制定的地方政府规章，却又将传教行为划入法律禁区。这些莫衷一是的法律文件和相关条文必然会让宗教教职人员和信教群众感到无所适从。正因为如此，修改《条例》并在此基础上对宗教法规、规章进行清理，势在必行、迫在眉睫。

　　第四，在行政法规对宗教事务作出原则性规定的同时，缺乏可操作的配套性规范文件和"行政法规—规章规定"的适用机制，许多法律规定没有可执行性，产生诸多法律空白和无法可依问题。《条例》第 11 条规定："信仰伊斯兰教的中国公民前往国外朝觐，由伊斯兰教全国性宗教团体负责组织。"本条属于原则性规定，需要有细则规定来具体规范、指导中国穆斯林的朝觐行为。对此，1995 年由国务院宗教事务局、国家外汇管理局、外交部、公安部、中国银行、海关总署、中国民航总局等联合发布的《关于自费朝觐若干规定的通知》，作了一系列具体的事项规定。这一通知不仅因符合《条例》的规定精神而具有合法效力，而且将其中关于朝觐的规定具体化，增强了可操作性，二十多年来的实施效果不错。这是一则正面例证，但反面例证也有。如《条例》第 26 条第 1 款规定："以宗教活动场所为主要游览内容的风景名胜区，其所在地的县级以上地方人民政府应当协调、处理宗教活动场所与园林、文物、旅游等方面的利益关系，维护宗教活动场所的合法权益。"由于实践中各个部门彼此间的权力冲突，缺乏联合制定的、具有一般执行力的法律文件，加之全国各省、自治区、直辖市及下属各个宗教活动场所的情况各异，所以各宗教派别、团体同当地政府之间关于是否以宗教活动场所为旅游资源进行规划开发，以及在如何管理、分配收益，保证宗教活动正常、庄严地举行等方面都存在或多或少的分歧，由此造成实践中的管理混乱与利益冲突。

　　党的十八大以来，以习近平同志为核心的党中央高度重视宗教工作，强调对宗教事务的依法治理。2015 年 5 月 18 日～20 日，中央统战工作会议在北京召开，习近平总书记强调指出："宗教工作本质上是群众工作。……积极引导宗教与社会主义社会相适应，必须坚持中国化方向，必须提高宗教工作法治化水平，必须辩证看待宗教的社会作用，必须重视发挥宗教界人士作用，引导宗教努力为促进经济发展、社会和谐、文化繁荣、民族团结、祖国统一服务。"① 2016 年 4 月 22 日～23 日，全国宗教工作会议在北京举行，习近平总书记进一步分析了宗教工作面临的形势和任务，深刻阐明了宗教工作的一系列重大理论和实践问题，强调提高宗教工作法治化水平，用法律规范政府管理宗教事务的行为，切实维护宗教界人士合法权益，依法正确处理宗教领域各种矛盾和问题是新形势下宗教事业发展的关键。② 这个讲话，标志着共产党对宗教问题和宗教工作的认识达到了新的高度，是指导做好新形势下宗教工作的纲领性文献，也为《条例》的修订工作提供了理论和实践指导。

第三节　《宗教事务条例》修改的主要内容

如前所述，《条例》颁布十多年来，通过广泛宣传和认真实施，维护了宗教界合法权益，规范了宗教事务管理，推进宗教工作法治化取得重大进展。实践证明，《条例》确立的基本原则和主要制度符合实际情况，起到了推进宗教工作的保障作用，应当继续深入贯彻实施。但随着国际、国内形势的发展变化，宗教领域出现了不少新的问题和矛盾，给宗教事务管理提出了新的课题和要求，修改《条例》势在必行。要通过修改《条例》，使宗教领域重点方面和关键环节有法可依，相关制度更加完善，相关规定更具针对性和可操作性，从而促进宗教事务的规范化管理，更好地保护宗教界合法权益。

这次修改全面反映了全国宗教工作会议特别是习近平总书记的重要讲话精神，整合、吸收了过去 13 年我国宗教管理工作和宗教法治工作的新思路、

---

① 习近平．巩固和发展最广泛的爱国统一战线．http：//www. china. com. cn/cppcc/2015-05/24/content_35647549. htm.

② 习近平．全面提高新形势下宗教工作水平．http：//www. xinhuanet. com/politics/2016-04/23/c_1118716540. htm.

新举措，着力解决了宗教事务管理面临的新挑战、新问题，落实了宗教信仰自由和国家尊重并保障人权的宪法要求，从规范内容和结构体例、法律原则和法律规则、制度规定和实践操作等多个方面，推进国家涉及宗教问题的治理体系和治理能力现代化，促进社会和谐协作，维护国家安全。为在未来一段时期构建积极健康的宗教关系，依法正确处理宗教领域各种矛盾和问题提供了切实保障。

（一）落实宗教信仰自由和国家尊重并保障人权的宪法要求，深化和细化制度保障

新《条例》开宗明义，于第 1 条规定："为了保障公民宗教信仰自由，维护宗教和睦与社会和谐，规范宗教事务管理、提高宗教工作法治化水平，根据宪法和有关法律，制定本条例。"该条款明确表达了新《条例》通过规范宗教事务管理、提高宗教工作法治化水平，实现保障公民宗教信仰自由之目的和宗旨。在之后的条款中，还有很多规定都体现了新《条例》对公民宗教信仰自由的保障。如第 2 条第 2、3 款规定："任何组织或者个人不得强制公民信仰宗教或者不信仰宗教，不得歧视信仰宗教的公民（以下称信教公民）或者不信仰宗教的公民（以下称不信教公民）。""信教公民和不信教公民、信仰不同宗教的公民应当相互尊重、和睦相处。"第 4 条第 1 款规定"维护宗教团体、宗教院校、宗教活动场所和信教公民的合法权益"。第 6 条第 4 款明确各级人民政府"为宗教团体、宗教院校和宗教活动场所提供公共服务"的职责，要求政府以积极的服务行为促进立法目的的实现，而不是仅要求政府以消极地不侵犯公民宗教信仰自由来保障公民这一宪法权利的行使。新《条例》增设"宗教院校""宗教活动"两章，强化了对宗教团体设立宗教院校开展宗教教学和宗教团体组织举办宗教活动及信教公民参加宗教活动的法律保障和规范。此外，新《条例》第 49 条明确规定，"宗教团体、宗教院校、宗教活动场所对依法占有的属于国家、集体所有的财产，依照法律和国家有关规定管理和使用；对其他合法财产，依法享有所有权或者其他财产权利"。法谚有云："无财产即无人格。"上述条款为依法保护宗教信仰自由提供了法规保障，是国家尊重和保护公民宗教信仰自由的根本体现。

（二）遵循宪法精神，彰显中国特色社会主义宗教治理的特色与优势

新《条例》第 3 条规定："宗教事务管理坚持保护合法、制止非法、遏制极端、抵御渗透、打击犯罪的原则。"第5条规定,"各宗教坚持独立自主自办的原则,宗教团体、宗教院校、宗教活动场所和宗教事务不受外国势力的支配";非宗教团体或者个人"在对外经济、文化等合作、交流活动中不得接受附加的宗教条件"。其中"宗教院校不受外国势力支配"的表述是增补内容。第6条完善了各级人民政府建立健全宗教工作机制,保障工作力量和必要的工作条件等内容,如其中明确规定,"各级人民政府应当加强宗教工作,建立健全宗教工作机制,保障工作力量和必要的工作条件"。

针对当前宗教极端主义在一些国家和地区发展、蔓延及对我国国家安全的威胁、影响,新《条例》第3条、第4条、第45条、第63条、第73条等规定,任何组织或者个人不得利用宗教进行危害国家安全的活动,不得宣扬、支持、资助宗教极端主义,不得利用宗教破坏民族团结、分裂国家和进行恐怖活动。并且特别增加了针对相应禁止性行为的法律责任,明确规定:"利用宗教进行危害国家安全、公共安全,破坏民族团结、分裂国家和恐怖活动"等行为,构成犯罪的,依法追究刑事责任;尚不构成犯罪的,由有关部门依法给予行政处罚;对公民、法人或者其他组织造成损失的,还应依法承担民事责任。另外,如果上述行为是宗教团体、宗教院校、宗教活动场所实施的,且情节严重,政府有关部门还应采取必要的措施对之进行整顿,如其拒不接受整顿,可依法吊销其登记证书或者许可。

(三) 坚持法治精神,为宗教界合法开展各项活动提供法治保障

新《条例》接续了《民法通则》《总则》的立法精神和行政规章中有关宗教院校的内容,确立了由宗教团体、宗教院校、宗教活动场所三种法人类型构成的综合宗教法人制度,依法保护合法宗教财产。宗教界执行国家统一的财务、资产、会计制度,接受核查审计,依法纳税,为其合法开展各项活动提供了法治保障。

1. 宗教团体法人

《民法通则》第77条规定:"社会团体包括宗教团体的合法财产受法律保护。"尽管该条款的内容主要涉及宗教财产的法律保护,但据此可推知宗教团体在依法办理审批登记手续后有成为社会团体法人的可能性。原《条例》第6条第1、2款规定:"宗教团体的成立、变更和注销,应当依照《社会团体登记管理条例》的规定办理登记。""宗教团体章程应当符合《社会团体登记管理条例》的有关规定。"这一规定明确了宗教团体应依照社会团体的法人地位。对此，新《条例》延续了上述规定，未予更动，但要求宗教团体依照国家社会团体管理的有关规定办理登记、制定章程。更重要的是，新《条例》列举了宗教团体维护信教公民合法权益、指导宗教教务、制定内部规章制度并督促落实、从事宗教文化研究、开展宗教教育培训等具体职能，这为在法律上厘清宗教团体和宗教活动场所的关系，按照两类法人分别管理创造了规范条件。

2. 宗教活动场所法人

如前所述，长期以来，宗教活动场所不具备法人资格，导致宗教活动场所的自身管理水平低下，宗教财产所有权不能得到有效保护，各类涉宗教的民商事纠纷难以解决，不少寺庙宫观存在被经营、被承包、被上市的情况，不利于政府监管和社会监督，更不利于宗教团体和宗教事业的发展。为此，《民法总则》第 92 条规定："具备法人条件，为公益目的以捐助财产设立的基金会、社会服务机构等，经依法登记成立，取得捐助法人资格。""依法设立的宗教活动场所，具备法人条件的，可以申请法人登记，取得捐助法人资格。法律、行政法规对宗教活动场所有规定的，依照其规定。"该条确认了宗教活动场所的捐助法人性质。《民法总则》第 93 条、第 94 条细化规定了捐助法人的组织机构、财产管理规则。在此基础上，新《条例》第 23 条规定："宗教活动场所符合法人条件的，经所在地宗教团体同意，并报县级人民政府宗教事务部门审查同意后，可以到民政部门办理法人登记。"第 49 条规定："宗教团体、宗教院校、宗教活动场所对依法占有的属于国家、集体所有的财产，依照法律和国家有关规定管理和使用；对其他合法财产，依法享有所有权或者其他财产权利。"这样的规定，为解决宗教界关心的宗教活动场所法人资格和宗教财产权属问题奠定了坚实基础。

3. 宗教院校法人

宗教院校的规范化管理与合法化运营是保证其能够持续良好发展的必经之路，又兼涉及院校招生、授予学位、培训管理、财务经费等广而杂的体制机制问题，相关权益保障均有赖于严谨、明晰的法规条文作出规定。原《条例》没有单独规定"宗教院校"的章节，但在国家宗教事务局颁布的多个规章里都有较为详细的规定。除《宗教院校设立办法》外，《宗教院校教师资格认定和职称评审聘任办法（试行）》和《宗教院校学位授予办法（试行）》对宗教院校教师资格认定和职称评审聘任作出了相关规定，明确了宗教院校学位授予的标准和程序。此次，利用修订《条例》之机，整合相关内容，专章调整"宗教院校"，主要内容包括：第 11 条（宗教院校设立主体）、第 12 条（宗教院校设立程序）、第 13 条（宗教院校设立条件）、第 14 条（宗教院校法人）、第 15 条（宗教院校变更、合并、终止程序）、第 16 条（教育教学制度）、第 18 条（宗教教育培训）。这些内容不仅填补了宗教院校的设立、隶属关系和教育教学体制长期以来无法可依的空白，而且为国家有关部门对宗教院校施行事业法人制度，采取与普通高等教育院校大体相似的管理制度提供了法律基础。

4. 保护宗教财产

新《条例》第 49 条对宗教财产权利作了总括性规定："宗教团体、宗教院校、宗教活动场所对依法占有的属于国家、集体所有的财产，依照法律和国家有关规定管理和使用；对其他合法财产，依法享有所有权或者其他财产权利。"第 50 条规定："宗教团体、宗教院校、宗教活动场所合法使用的土地，合法所有或者使用的房屋、构筑物、设施，以及其他合法财产、收益，受法律保护。""任何组织或者个人不得侵占、哄抢、私分、损毁或者非法查封、扣押、冻结、没收、处分宗教团体、宗教院校、宗教活动场所的合法财产，不得损毁宗教团体、宗教院校、宗教活动场所占有、使用的文物。"这些内容均具有现实针对性，有助于防范一些非宗教机构抢庙产、抢寺院土地的事件。需要指出的是，过去宗教团体和宗教活动场所在宗教财产归属问题上始终争论不休，新《条例》明确宗教活动场所法人是宗教主体财产（包括宗教不动产，如寺庙、宫观、教堂和其他建筑物、构筑物；宗教动产，如佛像、法器、经卷、牲畜、宗教自营收入、所受捐赠、知识产权等）的拥有者，并且独立核算、自主管理，从而与宗教团体"两权分离、各行其是"，有助于消除内部纷争，促进宗教自身发展。

5. 执行国家统一的财务、资产、会计和税收管理制度

从法律意义上说，具备法人资格的宗教团体、宗教活动场所、宗教院校理应和其他社团法人、事业法人一样，执行国家统一的财务、资产、会计制度，建立健全会计核算、财务报告、财务公开等制度，建立健全的财务管理

机构，配备必要的财务会计人员，加强财务管理，接受政府有关部门进行的财务、资产检查和审计（第58条）；依法办理纳税申报，按照国家有关规定享受税收优惠（第59条）；注销或者终止的，应当进行财产清算（第60条）。当然，违反国家有关财务、会计、资产、税收管理规定的宗教团体，也要依法承担法律责任。

（四）规范互联网宗教信息服务，从互联网信息服务的主体和内容两方面夯实管理效能

新《条例》第47条规定："从事互联网宗教信息服务，应当经省级以上人民政府宗教事务部门审核同意后，按照国家互联网信息服务管理有关规定办理。"第48条规定："互联网宗教信息服务的内容应当符合有关法律、法规、规章和宗教事务管理的相关规定。""互联网宗教信息服务的内容，不得违反本条例第四十五条第二款的规定。"第68条则对其法律责任进行了规定：涉及宗教内容的出版物或者互联网宗教信息服务有本条例第45条第2款禁止内容的，由有关部门对相关责任单位及人员依法给予行政处罚；构成犯罪的，依法追究刑事责任。擅自从事互联网宗教信息服务或者超出批准或备案项目提供服务的，由有关部门根据相关法律、法规处理。按照新《条例》的规定，2018年2月1日以后，在网上从事宗教服务，必须经省级以上人民政府宗教事务部门审核同意，还要按国家互联网信息服务管理有关规定办理正规手续。擅自从事互联网宗教信息服务或者超出批准或备案项目提供服务的，违反相关规定的，要依法承担相应的法律责任。

最后要说明的是，《民法总则》已于2017年10月1日起施行，新《条例》也已于2018年2月1日起施行。这两部重要法律、法规的颁布与实施，为宗教法治研究展现出更加光明的理论前景，是国家宗教治理体系现代化、规范化的重要一环，为落实习近平总书记在党的十九大报告中提出的"全面贯彻党的宗教工作基本方针，坚持我国宗教的中国化方向，积极引导宗教与社会主义社会相适应"奠定了坚实基础。

第三十一章

社会法律体系的完善与民生立法

第一节 社会法在中国特色社会主义法律体系中的地位以及其立法现状

我国法律制度已经由法律部门分类组合而形成一个体系化的有机联系的集合体，它是在我国改革开放实践的已有认识基础上，结合新的形势和任务，特别是针对社会主义中国的特色与优势，有创造性的法律体系理论。社会法作为重要的法律部门，是社会主义法律体系的重要组成部分，是我国法律制度、理论自信与优势的重要体现。

一、社会法在法律体系中的地位

随着经济、社会改革事业的深入推进，保障和改善民生已经成为当前迫切需要解决的问题。党的第十七次全国代表大会上，民生问题被提到执政兴国的高度，并被写入十七大报告。党的十八大给出"让人民过上更好生活"的郑重承诺。我国正在经历加速社会民生建设的历史机遇期。与此同时，诸多民生问题不仅影响社会的稳定和发展，而且制约着我国构建和谐社会和全面建设小康社会的顺利推进。民生问题的解决需要综合运用政治、经济的等多元手段，其中，民生法治保障以法治方式解决民生问题、保障民生权利而成为一种有效的方案。社会立法需要从国家长治久安、人民安居乐业的高度去解决民生问题，法治保障与民生立法成为解决民生问题的基础性手段。

法律体系的形成必然涵盖政治、经济、文化以及社会生活的方方面面，人民群众的社会、经济及文化权利都被纳入法治保障范畴。如前所述，民生领域内的新问题、新需求涉及公民的切身利益，事关百姓的生存质量，诸如教育、就业、劳动、社会保障、养老抚恤、社会安全等，故民生问题就是利益需求与分配的问题。利益需求与分配问题的解决需要制度功能的整合，法律制度具有强制执行性的特点使其成为一种有效的调整手段。当前，公民权利保障尚且不足，民生立法还有待进一步强化，而法律是保障人民群众利益和权利的最根本、最有效的手段，当前和今后一个时期，立法的工作重心要转移到民生方面，通过法律的手段来调节社会关系，缓和社会矛盾，保障社会公众基本权利，特别是要保障社会弱势群体的基本生存权利。社会法作为一个新的法律部门正是在这一时代背景下逐步形成、完善并走向成熟。《中国特色社会主义法律体系》白皮书确立了一个包括社会法在内的七大法律部门构成的完整体系，可见，以保障民生为本质功能的社会法在中国特色社会主义法律体系中举足轻重。

二、社会法的立法现状

近年来，随着改革开放进程和社会发展的不断加快，立法更加关注人民群众的生产和生活，将生存权和发展权放在了更加重要的位置，社会法的立法进程和民生法治保障有了显著发展。一系列保障人民群众民生权利、以改善民生为目的的法律法规使民生立法逐步完善，以民生保障为核心的社会法取得了突破性发展。例如，《劳动法》《劳动合同法》《就业促进法》等一系列保障劳动就业权以及通过劳动就业获得报酬的权利的法律，为民生之本的劳动就业提供了基本的法律保障；《社会保险法》《城镇职工基本医疗保险条例》和新型农村合作医疗的推广完成了城乡居民医疗保险制度的构建，基本实现病有所医；2014 年《国务院关于建立统一的城乡居民基本养老保险制度的意见》再一次扩大了被《社会保险法》纳入调整范围的城乡居民养老保险制度的适用范围，城乡居民老有所养走向现实；"住房保障法"被纳入立法规划，以规范廉租房和经济适用住房管理和分配，使得住有所居的梦想可以期待；《教育法》《义务教育法》《高等教育法》等一系列教育法规将公民受教育权具体化，公民的受教育权有了明确而具体的法律保障，从而实现了义务教育阶段的学有所教。

但随着经济发展水平的显著提高，民生领域的问题日益突出，成为比较严重的社会问题。究其原因，长期以来对社会立法缺乏足够重视，民生领域的法律制度依然不足是重要原因。在劳动就业领域，老龄化和就业不足的双重压力困扰就业市场和养老服务。劳动法律规定原则、陈旧，阶层不高，裁审实践不得不依赖司法解释和国务院劳动保障主管部门的各类规章、通知。就业问题解决得好坏不仅关系到公民的生存保障，而且事关社会的稳定与发展。老年人权益保障是我国当前和今后一个时期的突出问题，老龄化社会带来的很多新问题使得现有《老年人权益保护法》捉襟见肘，老年监护制度、老龄社会服务等问题急需法律规范，完善养老保障法律体系迫在眉睫。在弱势群体的法律保障方面，对弱势群体的保障应该是社会法的基本内容，法律保障可以有效减少弱势群体人口数量和实现社会公平，弱势群体同样拥有最基本的生存权和发展权，更应保障其劳动权、基础教育权、社会保障权以及安全权，当前立法在保障特定弱势群体的社会救助权、城乡低收入群体获得物质帮助权利等方面尚无专门的法律规范。城乡医疗卫生体制改革方面，城乡居民看病难、看病贵、就医难的问题没有根本改观，改革难以触及实质，医院、医生、患者的权利与义务和国家的责任缺乏合理的法律规范，法律约束力不足。在社会福利制度方面，城乡二元差别仍旧明显，至今没有针对农民的社会福利制度，土地仍然是农民唯一的生存保障，广大农民和进城务工人员难以享受与市民同等的社会福利，在生活质量、生存保障及子女教育水平等方面与城市居民存在巨大差距，阶层固化严重。

总之，改革开放以来，立法在促进教育、医疗、养老、住房等方面的发展发挥了重要作用，但其滞后性也是现阶段的重要问题，不能良好地解决民生领域出现的问题。社会法律规范之间缺乏协调性反映出我国民生立法质量不高。因此，加强上述领域社会法律体系的完善和改善民生立法势在必行。

第二节　我国社会法律体系中民生保障不足的原因分析

改革开放近四十年来，立法的精力主要集中在经济建设和市场交易秩序的调整、维护方面，对社会法律体系中民生领域的立法缺乏关注，既有主观认识不足方面的原因，也有客观经济社会发展水平和立法实践方面的原因。

一、主观方面：人本主义的立法观和维护社会公平正义的法治理念尚未完全确立

在中国，虽然以人为本的法治理念逐步成为立法机关的指导思想之一，但民生法治的理念在具体贯彻中还是存在诸多问题。不可否认，立法机关在立法工作中存在回避问题和矛盾的现象，对一些事关人民群众切身利益的现实问题往往以"等一等""看一看"的理由搁置，而我国司法体制中法官进行法律续造的能力受到极大限制，这就形成了当前司法解释和行政法规、规章大量存在，且存在很多创造性规范的现象。颁布一部法律还需要等待各类解释使其"落地"。在没有法律、司法解释的情况下，法官则无所适从。一些立法未能站在人民群众的立场考虑问题，加之执法、司法工作中缺乏以人为本的理念，不能很好地解释、适用法律，没有完全站在人民群众的角度解决问题，从而导致人民群众对立法、执法、司法工作的不满，甚至引发暴力冲突、流血事件。这一现象在征地拆迁等牵涉人民群众切身利益的变革中最为突出。

贫富差距、社会不公不断撕裂着我们这个社会。当前东西部差距、城乡二元差异、高房价、看病贵就医难、居民收入两极分化严重意味着社会公平正义的失守。社会公众对法律公平正义本质的追求空前迫切，立法工作被赋予实现社会公平正义的神圣使命。制定、执行公平正义的法律，要求立法、执法、司法者具备公平正义的法治理念。具体到民生领域，其立法工作要关注社会群体的实质差异，不能只是追求形式公平正义，而是要关注现实差异，用法律技术实现实质的公平正义。

二、客观方面：受社会、经济发展水平的制约

社会法的制定和实施依赖经济、社会整体发展水平，民生法律能否落地实施必然需要经济基础的支撑。民生保障的权利主体是公民，义务主体是国家。社会保障制度的普及需要雄厚的经济基础，对弱势群体的救助需要巨大的财政支出。综观世界各国，在社会保障与福利制度健全的国家，其经济发

展水平能够为社会保障制度的实行提供有力的支持。我国经济发展经历了一段高速增长的时期，但在人均经济总量上与发达国家相比还有差距，因此，我们在制定社会法律和实施民生法律时不得不权衡效率和公平的问题。我国经济、社会发展的现状决定了民生保障方面存在诸多困难，法律调整不能脱离社会现实，全民免费医疗、免费教育固然应该成为政府保障公民健康权和受教育权的理想，但这些民生问题的解决不仅需要法律的规范，还依赖经济发展水平的支撑。

三、立法实践：以经济建设为中心，轻视社会民生建设

新中国成立以来，我们集中精力搞经济建设的时间本来就非常有限。为了彻底改变我国经济、社会发展现状，激发经济、社会活力，党和国家确定了经济建设为中心的工作思路。立法工作也不例外：围绕改革开放和经济建设中存在的问题，一系列经济法规雨后春笋般出台。"1978年以来，中国经济立法呈现出空前繁荣的景象，其规模之宏大，影响之深远，堪称中国法制史上一次伟大的立法运动。"[①] 尽管存在种种问题，但是改革开放近四十年的历史告诉我们，这一时期的经济建设和立法是成功的，相关经济立法规范了经济行为，有力地促进了经济快速、有序发展。正是经济建设和经济立法方面的现实需求，使得过去对社会立法和民生建设明显缺乏关注。经济建设取得阶段性成果之后，立法理念未能及时转换到社会建设和民生立法上来，造成陈旧的社会法制与发展了的经济基础之间难以调和的矛盾。

第三节　民生法治是社会法律体系的
本质功能的理性回归

现代社会的法治是建构在"社会契约"观念之上的，法的重要功能在于规范公权力，保障和增进人民群众的公共福利。构建民生法治的目的在于运用法治的手段来增进社会大众的民生福祉，民生法治是法本质功能的一种理性回归。

---

① 范健，王涌，张晨．当代中国经济立法的回顾与展望．安徽大学学报（哲学社会科学版），1996（3）．

一、解决民生问题的根本出路还是社会法治

民生问题的实质就是权利问题。将民生问题纳入法治视阈之下，通过公民的具体的权利予以表达，民生权利即是指与公民的基本生产、生活密切相关的权利，是以温饱、医疗、住房、教育等为主要内容的基本生存权。国家是保障民生的唯一义务主体，在这方面责无旁贷，公民有从国家获得物质帮助和社会保障的权利。国家存在的合法性基础在于能够保障国民过上像人那样的生活，在实际社会生活中能够确保人的安全与尊严，能够为生活贫困者和经济上的弱者提供必要的保护和帮助。民生权利就是人之所以能够成为人而生存的权利，是社会法应予保障的基本性权利，与宪法上的基本权利具有很大的耦合性，是宪法权利在社会法领域的具体化。民生领域的社会法规范就是通过法定权利、义务的双向调整，以立法、执法、司法为基本制度，对社会公众最关心、最直接、最现实的利益问题依法维护和切实保障。

二、民生保障的社会法义务主体是国家

在社会法领域，法定义务一般都指向国家，而非普通公民。民生保障的义务指向也一样：国家因集合民众让渡的权利而存在，民众就有理由从国家获得生存、安全等民生性权利。民生保障就是国家有义务保障公民的民生性权利，因此，在社会民生领域，法定权利主体指向公民，法定义务主体指向国家。民生立法就是要通过权利、义务的双向调整，平衡经济、社会发展效率与公平正义之间的关系。我国《宪法》第45条规定："中华人民共和国公民在年老、疾病或者丧失劳动能力的情况下，有从国家和社会获得物质帮助的权利。……"国家是民生保障的义务主体源于国家的社会契约给付义务，公民是民生保障的权利主体，并非直接的义务主体。人类发展进入风险社会后，生产、生活方式高度社会化，使个人很难抵抗社会风险，公民抵御风险的能力完全依赖于国家的积极作为。作为民生保障的唯一义务主体，国家应当通过社会性立法工作，充分整合社会各方资源，满足公民最基本的生存条件和生活需求，不断增进公共福祉；赋予公民请求政府提供教育、医疗、就业、住房、养老等社会公共服务的权利，并赋予在需要时获得社会救助、最低生活保障等物质帮助的权利。

三、民生法治依赖公民社会培育

公共政策的合法性供给应建构在民众的利益诉求之上，不能还是单纯地依靠政治动员、政治信仰和个人崇拜。社会转型过程中，公共政策的制定必须回应民生问题，彰显人本观念、公平正义和民主自由的价值。公共政策制定的民生导向需要以公民社会的良性发育为支撑，民生权利的保障离不开公民社会的培育和发展。"中国社会的历史是一个国家与社会高度同构的历史，公民社会一直被政治国家所淹没。"[①] 公民是依附于国家的，公民自主意识不强、缺乏参与意识，公民参与公共政策制定的积极性和有效性不高。因此，培养公民意识、增强公民参与公共决策的能力也是中国公民社会建设的当务之急。当前，在权力与资本的双重作用下，社会分化日益严重，民生问题日益增多。社会问题和民生问题的解决需要公民的有序参与和理性决策，社会立法的民生导向与社会转型需要公民社会的培育。

第四节 完善我国社会法律体系中民生法治保障的对策

民生法治的保障包含了生存权和发展权，对象理应是全体社会成员，但是基于前述主观、客观和立法实践方面的原因，当前民生保障的重点应是生存权的保障，即以社会生活中的弱者为主要对象。民生法治保障是对民本主义和法本质功能的承继与回归，其发展必然加速社会法律体系的完善，社会法律体系的完善也必将促进民生法治的发展。

一、人本主义立法观念与维护社会公平正义的理念更新

人类的主体性特征决定了客观世界都是人类认识和改造的对象，人的一切活动都是以自身生存和发展为基本依归。立法作为人的活动的产物，是一种预定目的的实现、一种有目的的创造。受人本主义哲学思潮的影响，现代法学发展建构于人本主义基础之上，强调个人本位、一切从公民权利出发。个体利益的实现通过个人法律权利正当化，尊重个人的主体性，人本主义的

---

① 聂华林，王桂云. 公民社会视角下的服务型政府构建：功能定位与路径选择. 社会科学家，2011（9）.

权利构造是实现社会公平正义的前提。一切政策、法律、制度的建构都应当以人更好地生活、发展为价值依存,解决民生问题和促进社会公平正义离开对个体价值及权利的尊重就失去了其正当性基础。以人为本不仅是政治口号,更应该成为治国理念,也是人本主义哲学思想在法治理念中的体现。在立法、执法、司法的各个领域,应坚持人本主义,适应人民要求,将尊重和保障人权作为出发点和归宿。

实现公平正义是人类社会崇高的理想追求,是当代社会政治制度追求的基本价值之一,也是法治建设的基本精神所在。民生保障与社会公平正义之间是正相关的关系:一方面,民生问题的实质就是社会财富在社会成员间符合公平正义的分配问题,构建符合公平正义精神的法律制度,从而保证民生问题的法治化解决;另一方面,民生立法必然促进社会公平正义的实现,经济社会的进步使人民群众更加关注生活质量的提高、自身的可持续发展和公平正义的感受。只有通过民生立法构建符合公平正义的制度,关注个体差异,追求实质公平,方能缩小贫富差别、城乡差别、工农差别和不同群体之间的利益差别,使发展成果和各类利益符合公平正义地在个体之间分配。

二、民生立法需要公众参与

民生保障立法事关民众切身利益,民主、科学的立法要求广大人民群众参与到立法过程中来。通过广泛的公众参与吸纳民众诉求、收集民众智慧,是民生法治重要的内容。

1. 公众参与有利于民生立法目的的实现

首次,保证决策的公正性和正确性的最好方式就是让利益相关者有效地参与决策的过程。让利益相关的民众参与到民生立法中,防止立法机关制定出来的法律脱离实际,才能切实保证民众的民生利益。民众参与的重要性不仅在于保证立法的正确性,还在于有利于增强民众的理解与支持,保证民生法律的顺利实施。例如,残疾人无障碍条例的制定,让残障人士参与到立法过程中来,倾听残障人士真正的需求,不仅能够保证无障碍建设满足残障人士的全方位需求,也能获得残障人士的理解与支持,可谓实现各方“共赢”的举措,从而有效平衡经济发展效率与社会公平之间的利益。其次,公众参与民生立法可以有效协调各方利益。在当前利益多元化的社会中,不同利益集团之间的矛盾与利益冲突凸显，例如拆迁人与被拆迁人之间的矛盾、城管与商贩之间的矛盾、劳资双方之间的利益冲突。民生立法的目的在于解决这些利益矛盾和冲突，缺乏利益相关方的参与不仅可能使法律成为一纸空文，还有可能激化各方矛盾。因此，立法的公众参与有利于规范各方利益博弈的尺度拿捏，有利于取得利益各方的理解与支持，引导社会公众理性维权。

2. 只有公众参与才能保证民生法治的良法之治

良法善治是现代法治国家的基本需求，善法必须满足程序的正当性，确保最大限度地反映广大民众的意志并体现客观规律。作为当今社会最重要的利益分配机制，立法要遵行民主原则，通过理性来公平地分配社会利益。俗话说兼听则明，只有尊重各方意见才可能制定反映各方诉求、平衡各方利益、切合社会生活实际的法律。"法治应包括两重意义：已成立的法律获得普遍的服从，而大家所服从的法律又应该本身是制定得良好的法律。"[①] 民众在社会生活中直面各种问题，对现实问题最有发言权。正是民众的主体性地位要求立法者尊重人民群众的参与权。缺乏民众有效参与的立法犹如闭门造车，很难真正回应民生问题。了解民意是掌握各种利益分歧的基础，唯有如此，才有可能使社会生活的实际需要在法律中被准确表达；唯有如此，才能处理好多元利益冲突和实现社会利益的合理分配。

三、民生立法与完善社会法律体系

民生立法应该反映人民群众的利益诉求，以人本主义和实现社会公平正义为指导，构建反映民主、公平、人权等价值的规范体系，不断完善社会法体系，促进社会主义政治、经济和社会发展。

1. 民生性法律的规范构造

法律规范的传统结构是权利、义务相对应，但是民生性法律规范当中，民生保障的义务主体是国家，原则上公民只享有权利而不能负担"购买"性义务。首先，民生立法不得对公民增加负担，增加公民负担的立法不具备民生性和正当性；民生立法只能规定公民实现权利的附随性义务，而不能规定负担对价性的义务。现有社会法中要求公民承担对价性给付义务的法律都不

---

① 亚里士多德. 政治学. 吴寿彭，译. 北京：商务印书馆，1983：148.

具备正当性。其次，民生立法应重视不同权利之间的协调性。不同权利类型之间具有不同价值位阶，一般来说，人身性权利的价值往往要优先于财产性权利的价值。民生权利涉及社会生活的方方面面，可谓涵盖面极广、种类繁多，法律不能保障某一类权利以损及其他权利为代价，特别是不能以损害人身权利去满足财产权利的实现，例如，牺牲劳动安全生产条件以促进就业的法律就不具备正当性。协调不同群体之间诉求的民生权利也是非常重要的，立法要维护利益的多元性，不同群体的利益诉求具有平等性，不能以牺牲特定人群的特定民生权利去满足另一人群的利益诉求。

2. 社会法律体系的完善

社会法是为解决生、老、病、死、鳏、寡、孤、独、残疾等社会事故或社会风险所衍生的生活短缺等社会问题而产生的社会制度。社会法已经形成一个体系，并产生了一定的体系效益。继续完善社会法体系对于民生权利的保障可谓意义重大。

（1）完善宪法中基本民生性权利的规定。宪法作为国家根本大法，规定国家的基本制度和公民享有的基本权利，具有最高权威。我国 1982 年《宪法》第二章规定了公民享有的基本权利，历次宪法修正案陆续增加了保障和改善民生的内容。然而，我国宪法规定的基本权利历经改革开放近四十年的发展，在经济社会发展水平有了巨大的提高后，民生基本权利的保障已经不能满足现实需求。例如，欧美等社会安全保护和福利制度健全国家的宪法中赋予人民社会性权利，南非宪法明确规定了人民的社会性权利，还赋予民生权利司法救济途径。然而当前，我国很多宪法性基本权利是没有救济途径的，例如公民的社会保障权利，这严重地妨碍了相关民生权利的保障。

（2）加强民生专项立法。关于弱势群体的民生保障是完善我国社会保障制度的主要内容，也是社会法体系的重要组成部分，因为只有运用法律手段对弱势群体予以保障，才能最大限度地实现社会公平正义，减少弱势群体的人口数量。弱势群体自身的特殊性和其在社会中的弱势地位，要求国家和社会对其进行倾斜保护，改变其生存的不利地位，从而保障其实质意义上的社会平等权。毋庸置疑，我国社会法体系在对弱势群体倾斜保障工作方面还有诸多需要改进的地方。

在社会保护方面。首先，改革户籍制度，建立城乡一体的社会安全制度。彻底解决农村民生问题，缩小城乡二元差距，改善农村民生状况，追求社会公平正义，是我国当前和今后一个时期面临的重大挑战。毕竟，我国农业人口依然占比高于城镇人口，但是长期以来巨大的城乡差距严重影响到了全面建设小康社会的进程。要使城乡居民真正享有平等待遇，分享平等的发展的权利，就必须破除户籍管理制度的限制。为此，我国应制定城乡无差别的就业、失业、教育、医疗等管理制度，完善相关法律法规，从而促进城乡劳动力合理流动，使城乡居民在民生领域享受一体化的保障。其次，完善就业促进与服务方面的法律法规。就业问题依然是困扰我国政府的一大民生问题。解决好大学生、农民工和失业人员的就业问题，不仅事关这些人员的生存保障，而且关乎社会稳定。国家应当完善《就业促进法》的规定，通过各种途径促进就业，建立健全就业服务、职业技能培训、中介服务等一系列的法律规范。扩大失业保险的覆盖面，为所有未就业和失去工作的人提供基本物质帮助。最后，为应对老龄社会带来的一系列问题，要进一步完善养老保障的法律法规，构建老年监护法律制度，解决老年人长期照料中存在的问题。建立养老基金运营管理和监督制度，确保养老基金保值增值。

在社会补偿方面。国家对于人民因战争、政治事件、公权力等遭受的损害予以补偿。即使国家合法行使公权力，没有违法行为，但也可能存在未尽到保护人民的职责，从而使人民受到损害。国家在共同体责任的基础之上，对受到损害的人予以衡平补偿。例如，我国尚未建立完善的刑事犯罪受害人救助制度和预防接种受害人补偿制度。这些受害人承受了社会发展的风险，理应获得社会的补偿。赋予受害人救济请求权，应属社会立法范畴考虑之情事，也是基本的民生保障。

在社会促进方面。百年大计教育为本，教育公平是实现社会公平的基础。当前我国教育资源分布严重不平衡的状况严重影响教育公平。因此，通过民生立法加强对东西部地区和城乡教育差别的缩小至关重要，是促进教育公平的有效方式。应借鉴日本《偏僻地区教育振兴法》在保障教育机会均等方面的做法，制定符合我国实际的"教育振兴法"，真正将教育公平列入国家长期发展战略，保障公民受教育权落到实处。

在住房保障方面。综观世界各国，政府在公民"住有所居"方面予以干预和支持是重要手段。我国应借鉴成熟市场经济国家住房保障的法治经验，逐步完善我国的住房保障法律制度，加快"住房保障法"的制定，使我国住房保障步入法治化的轨道。

在社会救助方面。国家有义务协助公民维持最低生活，保障人民生活的最低物质基准。国家和社会对于依靠自身能力难以维持基本生活的公民提供物质帮助和服务。如果人民无法维持最低生存条件，则国家提供的所有自由、安全保障都无法实现。社会救济是社会福利保障的最后一道防线。我国"社会救助法"草案已经公布征求意见，但尚未正式通过。虽然《社会救助暂行办法》已经于 2014 年公布，但当前社会救助制度的"碎片化"问题折射了立法的滞后和欠缺。

第五节　结语

虽我国民生法制建设取得了比较大的成绩，但存在的民生问题依然突出，与民生相关的社会法体系尚不够健全。民生立法理念亟待更新，社会立法公众参与不够，已经制定和颁布的法律略显滞后，各项民生法律规范之间的协调性尚有待进一步加强。未来完善民生立法要注重人本主义立法观念和维护社会公平正义理念的更新，坚持民主科学立法，保障社会公众参与，从宪法性基本权利层面和民生专项立法层面完善社会法体系，形成社会保护、社会补偿、社会促进、社会救助"四位一体"的社会法体系。

第三十二章

完善卫生法律体系

"建设中国特色社会主义法治体系，建设社会主义法治国家"，是党的十八届四中全会提出的全面推进依法治国的总目标。党的十八届五中全会将建设"健康中国"上升为国家战略。习近平总书记在 2016 年 8 月 19 日至 20 日召开的全国卫生与健康大会上也强调，"没有全民健康，就没有全面小康。要把人民健康放在优先发展的战略地位，以普及健康生活、优化健康服务、完善健康保障、建设健康环境、发展健康产业为重点，加快推进健康中国建设，努力全方位、全周期保障人民健康"。在推进"依法治国"和"健康中国"的当下，健全医疗卫生法制，完善中国的医疗卫生法律体系，以法治的路径确保"健康中国"战略的实现，就成为必然的选择。下文拟基于对日本医疗卫生法律体系的结构、内容与特征的考察，得出完善我国医疗卫生法制的启示。

第一节　日本现行医疗卫生法律体系的结构与内容

2000 年世界卫生组织（WHO）专项报告对其所有成员国的卫生系统排名显示，日本"健康水平"与"总体目标达成"两项指标均为第 1 位，"健康绩效"位列第 9 位，财务负担的公平性居于第 8～11 位，整个卫生系统的总体绩效排名第 10 位。2012 年，日本卫生总支出占国民生产总值的比重为 10.3%，在经济合作与发展组织（OECD）成员国中列第 10 位；人均医疗费用为 3 649 美元，在 OECD 成员国中居于第 15 位。2014 年，日本男性和女性的期望寿命分别为 80.50 和 86.83 岁。① 日本所取得的良好健康绩效与其健全、完备的医疗卫生法律体系密切相关。日本医疗卫生法律体系是一个由宪法、法律、政令及府省令等不同层级的法律文件组成的系统，下文主要研究日本宪法以及日本国会通过的法律②关于医疗卫生的规定。

一、《日本国宪法》中关于医疗卫生的规定

第二次世界大战结束后，日本于 1946 年 2 月开始在盟军（美军）总部的领导下着手新宪法的制定工作，新宪法于 1946 年 11 月 3 日颁布、1947 年 5 月 3 日正式实施。《日本国宪法》扩大了公民的基本权利和自由，对公民在政治、经济、社会等方面的权利作了比较广泛的规定。③ 其中，该章第 11 条、第 12 条、第 13 条、第 14 条之 1 以及第 25 条等条款，直接或间接规定了国民在医疗卫生领域的权利。《日本国宪法》第 11 条规定，"国民享有的一切基本人权不能受到妨碍。本宪法所保障的国民的基本人权，作为不可侵犯的永久权利，现在及将来均赋予国民"。第 12 条规定，"本宪法所保障的国民的自由与权利，国民必须以不断的努力保持之。又，国民不得滥用此种自由与权利，而应负起不断地用以增进公共福利的责任"。第 13 条规定，"全体国民都作为个人而受到尊重。对于谋求生存、自由以及幸福的国民权利，只要不违反公共福利，在立法及其他国政上都必须受到最大的尊重"。第 14 条之 1 规定，"全体国民在法律面前一律平等。在政治、经济以及社会的关系中，都不得以人种、信仰、性别、社会身份以及门第的不同而有所差别"。以上条款可视为日本宪法间接或暗含性地规定了国民在医疗卫生领域的平等权、可及权以及国家在实现国民上述基本权利上的职责。《日本国宪法》第 25 条则直接、明确地规定了"国民的生存权与国家保障生存权的义务"。该条第 1 款规定，"全体国民都享有健康和文化的最低限度的生活的权利"。第 2 款继而规定，"国家必须在生活的一切方面为提高和增进社会福

---

① 日本厚生劳动省白皮书（2016）．［2016-10-16］．http：//119.90.25.46/www.mhlw.go.jp/wp/hakusyo/kousei/16-2/dl/00.pdf.

② 此处的法律是指经日本国会两议院决议而成立，由最后作出决议的议长经由内阁奏请天皇公布的规范性法律文件。

③ 林榕年，叶秋华．外国法制史．3 版．北京：中国人民大学出版社，2012：247～248.

利、社会保障以及公共卫生而努力。"

二、日本医疗卫生法律体系的结构与内容

截至 2016 年 9 月 1 日，日本现行有效的法律共有 1 958 部[①]，其中至少一百四十余部与医疗卫生相关。这些关于医疗卫生的法律大致可分为医疗卫生领域的综合性法律、与医疗相关的法律、关于公共卫生的法律、关于医疗相关产品的法律以及关于医疗保障的法律五类。

（1）医疗卫生领域的综合性法律。日本医疗卫生领域的综合性法律有 11 部，包括《厚生劳动省设置法》（1999 年法律第 97 号）、《健康增进法》（2002 年法律第 103 号）、《健康·医疗战略推进法》（2014 年 5 月 30 日法律第 48 号）等。

（2）与医疗相关的法律。根据调整对象的不同，与医疗相关的法律又可以分为关于医疗主体的法律、调整医疗行为和急救的法律以及关于特殊疾病、特殊患者和损害救济的法律三类。调整医疗主体的法律又可细分为规范医疗机构及研发机构的法律和规范医疗卫生从业人员的法律两类，其中，规范医疗机构及医疗研发机构的法律有 6 部，如《医疗法》（1948 年法律第205 号）等；规范医疗卫生从业人员的法律多达 21 部，包括《医师法》（1948 年法律第 201 号）、《牙科医师法》（1948 年法律第 202 号）等。调整医疗行为和急救服务的法律有 10 部，如《器官移植法》（1997 年法律第 104号）、《关于确保再生医疗等的安全性的法律》（2013 年法律第 85 号）；关于特殊疾病、特殊患者和损害救济方面的法律有 15 部，如《癌症对策基本法》（2006 年法律第 98 号）、《关于疑难病患者医疗等的法律》（2014 年法律第 50号）等。

（3）关于公共卫生的法律。日本在公共卫生方面的法律数量繁多，计有60 部。其中，关于流行病方面的法律有 7 部，如《关于传染病预防及传染病患者医疗的法律》（1998 年法律第 114 号）、《肝炎对策基本法》（2009 年法律第 97 号）等；职业卫生方面的法律有 5 部，如《石棉所致健康损害救济法》（2006 年法律第 4 号）等；环境卫生方面的法律有 35 部，包括《垃圾

---

① http://law.e-gov.go.jp/announce.html. ［2016-10-16］.

处理及清扫法》（1970 年法律第 137 号）、《下水道法》（1958 年法律第 79 号）等；食品与营养卫生方面的法律有 10 部，如《食品卫生法》（1947 年 法律第 233 号）、《食品安全基本法》（2003 年法律第 48 号）、《食品表示法》 （2013 年法律第 70 号）等；另有 4 部法律是有关学校卫生方面的。

（4）关于药品、医疗器械等医疗相关产品的法律。日本在药品、医疗器 械等医疗产品方面的立法有 12 部，包括《关于确保安全血液制剂稳定供给 的法律》（1956 年法律第 160 号）、《关于确保医药品、医疗器械等的品质、 有效性及安全性等的法律》（1960 年法律第 145 号）等。

（5）关于医疗保障的法律。从 20 世纪 60 年代起，日本就建立了覆盖 全体国民的医疗保险制度，日本的医疗保险有国民健康保险和雇员健康保 险之分，规范医疗保障方面的立法多达 11 部，包括《健康保险法》（1922 年法律第 70 号）、《国民健康保险法》（1958 年法律第 192 号）、《介护保险 法》（1997 年法律第 123 号）、《高龄者医疗确保法》（1982 年法律第 80 号）等。

表 32-1　　　　　　　日本现行 148 部医疗卫生法律名称及通过时间

序号	类型	数量（部）	法律名称（按通过时间先后排列）
1	医疗卫生领域综合性法律	11	《地区保健法》（1947 年第 101 号法律）、《母体保护法》①（1948 年法律第 156 号）、《关于精神保健及精神障碍者福祉的法律》（1950 年法律第 123 号）、《老人保健法》（1963 年法律第 133 号）、《保健所执行事业等相关会计事务合理化的特别措施法》（1964 年法律第 155 号）、《母婴保健法》（1965 年法律第 141 号）、《社会福祉士及介护福祉士法》（1987 年第 30 号法律）、《关于促进地区医疗及介护之综合性确保的法律》（1988 年法律第 64 号）、《厚生劳动省设置法》（1999 年法律第 97 号）、《健康增进法》（2002 年法律第 103 号）、《健康·医疗战略推进法》（2014 年 5 月 30 日法律第 48 号）

---

　① 　根据该法律第 1 条之规定，该法的目的是，通过对绝育手术及人工流产等事项进行规定，以保护女性的生命健康。

续前表

序号	类型		数量（部）	法律名称（按通过时间先后排列）
2	与医疗相关的法律	关于医疗主体的法律		
		规范医疗机构及研发机构的法律	6	《医疗法》（1948 年法律第 205 号）、《独立行政法人福祉医疗机构法》（2002 年法律第 166 号）、《独立行政法人国立医院机构法》（2002 年法律第 191 号）、《独立行政法人地区医疗功能推进机构法》（2005 年第 71 号法律）、《关于从事高度专门医疗研究等的国立研究开发法人的法律》（2008 年法律第 93 号）、《国立研究开发法人日本医疗研究开发机构法》（2014 年 5 月 30 日法律第 49 号）
		规范医疗卫生从业人员的法律	21	《关于按摩师、针灸师的法律》（1947 年法律第 217 号）、《营养士法》（1947 年法律第 245 号）、《关于临床检查技师等的法律》（1948 年法律第 76 号）、《调理师法》（1948 年法律第 147 号）、《医师法》（1948 年法律第 201 号）、《牙科医师法》（1948 年法律第 202 号）、《保健师助产师护士法》（1948 年法律第 203 号）、《牙科卫生士法》（1948 年法律第 204 号）、《诊疗放射线技师法》（1951 年法律第 226 号）、《牙科技工士法》（1955 年法律第 168 号）、《理学疗法士及作业疗法士法》（1965 年法律第 137 号）、《柔道整复师法》（1970 年法律第 19 号）、《视力训练士法》（1971 年法律第 64 号）、《关于外国医师及外国牙科医师临床研修的医师法第 17 条及牙科医师法第 17 条之特别规定的法律》（1987 年法律第 29 号）、《临床工学技士法》（1987 年法律第 60 号）、《假肢装具士法》（1987 年法律第 61 号）、《救急救命士法》（1991 年法律第 36 号）、《关于促进护士等人才确保的法律》（1992 年法律第 86 号）、《精神保健福祉士法》（1997 年法律第 131 号）、《言语听觉士法》（1997 年法律第 132 号）、《改善介护·障害福祉从业人员处遇以确保介护·障害福祉从业人员的法律》（2014 年法律第 97 号）

续前表

序号	类型	数量（部）	法律名称（按通过时间先后排列）
2	与医疗相关的法律		
	关于医疗行为和急救服务的法律	10	《关于红十字徽章及名称等使用限制的法律》（1947 年法律第 159 号）、《消防法》①（1948 年法律第 186 号）、《尸体解剖保存法》（1949 年法律第 204 号）、《日本红十字会法》（1952 年法律第 305 号）、《关于用于医学及口腔医学教育的人体捐献的法律》（1983 年法律第 56 号）、《器官移植法》（1997 年法律第 104 号）、《关于确保使用急救医疗用直升飞机的急救医疗的特别措施法》（2007 年法律第 103 号）、《关于推进移植用造血干细胞妥切提供的法律》（2012 年法律第 90 号）、《关于综合推进旨在确保国民迅速且安全地获得再生医疗的施策的法律》（2013 年法律第 13 号）、《关于确保再生医疗等的安全性的法律》（2013 年法律第 85 号）
	关于特殊疾病、特殊患者和损害救济的法律	15	《战伤病人特别援护法》（1963 年法律第 168 号）、《关于援护原子弹爆炸受害人的法律》（1994 年法律第 117 号）、《麻风病疗养所入所者等的补助金支付法》（2001 年法律第 63 号）、《关于在心神丧失等状态下实施重大伤害行为者的医疗及观察等的法律》（2003 年法律第 110 号）、《癌症对策基本法》（2006 年法律第 98 号）、《关于旨在救济因特定纤维蛋白原（fibrinogen）制剂及特定血液凝固第 IX 因子制剂而感染 C 型肝炎的受害人的给付金支付特别措施法》（2008 年法律第 2 号）、《关于促进麻风病问题解决的法律》（2008 年法律第 82 号）、《水俣病受害人救济及水俣病问题解决特别措施法》（2009 年法律第 81 号）、《关于新型流感预防接种所致健康损害救济特别措施法》（2009 年法律第 98 号）、《关于推进牙科口腔保健的法律》（2011 年法律第 95 号）、《关于特定 B 型肝炎病毒感染者给付金等支付特别措施法》（2011 年法律第 126 号）、《酒精健康障害对策基本法》（2013 年法律第 109 号）、《癌症登记等推进法》（2013 年法律第 111 号）、《关于疑难病患者医疗等的法律》（2014 年法律第 50 号）、《过敏疾患对策基本法》（2014 年法律第 98 号）

---

① 日本《消防法》第七章之二规定了"急救业务"。http://law.e-gov.go.jp/cgi-bin/idxselect.cgi?IDX_OPT=4&H_NAME=&H_NAME_YOMI=%82%a0&H_NO_GENGO=H&H_NO_YEAR=&H_NO_TYPE=2&H_NO_NO=&H_FILE_NAME=S23HO186&H_RYAKU=1&H_CTG=13&H_YOMI_GUN=1&H_CTG_GUN=2. [2016-10-16].

续前表

序号	类型		数量（部）	法律名称（按通过时间先后排列）
3	关于公共卫生的法律	关于流行病方面的法律	7	《预防接种法》（1948 年法律第 68 号）、《狂犬病预防法》（1950 年法律第 247 号）、《检疫法》（1951 年法律第 201 号）、《关于外国军舰等的检疫法特例》（1952 年法律第 201 号）、《关于传染病预防及传染病患者医疗的法律》（1998 年法律第 114 号）、《肝炎对策基本法》（2009 年法律第 97 号）、《新型流感等对策特别措施法》（2012 年法律第 31 号）
		职业卫生方面的法律	5	《尘肺法》（1960 年法律第 30 号）、《劳动灾害防止团体法》（1964 年法律第 118 号）、《关于煤矿灾害所致一氧化碳中毒症的特别措施法》（1967 年法律第 92 号）、《劳动安全卫生法》（1972 年法律第 57 号）、《石棉所致健康损害救济法》（2006 年法律第 4 号）
		环境卫生方面的法律	35	《理容师法》（1947 年法律第 234 号）、《关于墓地、埋葬等的法律》（1948 年法律第 48 号）、《演出场所法》（1948 年法律第 137 号）、《旅馆业法》（1948 年法律第 138 号）、《公众浴场法》（1948 年法律第 139 号）、《干洗业法》（1950 年法律第 207 号）、《美容师法》（1957 年法律第 163 号）、《水道法》（1957 年法律第 77 号）、《与生活卫生相关的经营业合理运营及振兴法》（1957 年法律第 164 号）、《下水道法》（1958 年法律第 79 号）、《建筑物用地下水开采规制法》（1962 年法律第 150 号）、《大气污染防治法》（1968 年法律第 97 号）、《噪音规制法》（1968 年法律第 98 号）、《关于确保建筑物的卫生环境的法律》（1970 年法律第 20 号）、《废弃物处理及清扫法》（1970 年法律第 137 号）、《水质污染防治法》（1970 年法律第 138 号）、《恶臭防止法》（1971 年法律第 91 号）、《日本下水道事业团法》（1972 年法律第 41 号）、《关于公害健康损害补偿等的法律》（1973 年法律第 110 号）、《含有害物质家庭用品规制法》（1973 年法律第 112 号）、《化学物质的审查及制造等的规制法》（1973 年法律第 117 号）、《关于涉及下水道整备等一般废弃物处理业等的合理化的

续前表

序号	类型	数量（部）	法律名称（按通过时间先后排列）
3	关于公共卫生的法律		
	环境卫生方面的法律	35	特别措施法》（1975 年法律第 31 号）、《振动规制法》（1976 年法律第 64 号）、《旨在确保公众浴场的特别措施法》（1981 年法律第 68 号）、《净化槽法》（1983 年法律第 43 号）、《关于促进与产业废弃物处理有关的特定设施整备的法律》（1992 年法律第 62 号）、《特定有害废弃物等进出口规制法》（1992 年法律第 108 号）、《环境基本法》（1993 年法律第 91 号）、《水道水源水质保全事业的实施促进法》（1994 年法律第 8 号）、《关于防止特定水道疏水障碍保全水道水源水域的水质的特别措施法》（1994 年法律第 9 号）、《关于促进对特定化学物质向环境的排出量的把握等及管理改善的法律》（1999 年法律第 86 号）、《二恶英类对策特别措施法》（1999 年法律第 105 号）、《推进聚氯复苯废弃物妥善处理的特别措施法》（2001 年法律第 65 号）、《土壤污染防治法》（2002 年法律第 53 号）、《关于破除特定产业废弃物引起的障碍的特别措施法》（2003 年法律第 98 号）
	食品与营养卫生方面的法律	9	《屠宰场法》（1943 年法律第 140 号）、《食品卫生法》（1947 年法律第 233 号）、《化制场法》① （1948 年法律第 140 号）、《糕点卫生士法》（1966 年法律第 115 号）、《关于流通食品中防止混入毒物等的特别措施法》（1987 年法律第 103 号）、《关于食品制造过程管理高度化的临时对策法》（1998 年法律第 59 号）、《关于家禽处理事业规制及家禽检查的法律》（1990 年法律第 70 号）、《食品安全基本法》（2003 年法律第 48 号）、《食品表示法》（2013 年法律第 70 号）
	学校卫生方面的法律	4	《未成年人禁烟法》（1900 年法律第 33 号）、《未成年人禁酒法》（1922 年法律第 20 号）、《学校给食法》（1954 年法律第 160 号）、《学校保健安全法》（1958 年法律第 56 号）

———————

① 根据该法律第 1 条第 1 款和第 2 款之规定，"化制场"是指设立用来从事如下活动的场所：以牛、马、猪、绵羊及山羊的肉、皮、骨、内脏等为原料，制成皮革、油脂、动物胶、肥料、饲料及其他物品。化制场的设立必须取得都道府县知事的许可。

续前表

序号	类型	数量（部）	法律名称（按通过时间先后排列）
4	关于药品、医疗器械等医疗相关产品的法律	12	《大麻管制法》（1948 年法律第 124 号）、《毒物及剧毒物管制法》（1950 年法律第 303 号）、《兴奋剂管制法》（1951 年法律第 252 号）、《麻药及精神类药品管制法》（1953 年法律第 14 号）、《鸦片法》（1954 年法律第 71 号）、《关于确保安全血液制剂稳定供给的法律》（1956 年法律第 160 号）、《关于确保医药品、医疗器械等的品质、有效性及安全性等的法律》（1960 年法律第 145 号）、《药剂师法》（1960 年法律第 146 号）、《麻醉药品及精神类药品管制法等特例法》（1991 年法律第 94 号）、《关于促进旨在提升国民医疗服务质量的医疗器械研究开发与普及的法律》（2014 年法律第 99 号）、《独立行政法人药品医疗器械综合机构法》（2002 年法律第 192 号）、《独立行政法人医药基础·健康·营养研究所法》（2004 年法律第 35 号）
5	关于医疗保障的法律	11	《健康保险法》（1922 年法律第 70 号）、《船员保险法》（1939 年法律第 73 号）、《社会保险诊疗报酬支付基金法》（1948 年法律第 129 号）、《国家公务员共济组合法》（1958 年法律第 128 号）、《国民健康保险法》（1958 年法律第 192 号）、《国民健康保险法施行法》（1958 年法律第 193 号）、《地方公务员等共济组合法》（1962 年法律第 152 号）、《老人福祉法》（1963 年法律第 133 号）、《介护保险法》（1997 年法律第 123 号）、《介护保险法施行法》（1997 年法律第 124 号）、《高龄者医疗确保法》（1982 年法律第 80 号）

第二节　日本医疗卫生法律体系的特点

一、具有全面性、系统性和统一性

除宪法外，日本现行的一百四十余部医疗卫生法律涵盖医疗卫生领域的方方面面，无论是国家在宏观上的健康与医疗对策还是医疗服务、公共卫生、药品等医疗相关产品抑或医疗保障等，均实现了有法可依，医疗卫生法制呈现全面性、系统性和精细化等特征。而且，尽管日本的法律体系中包括大量的政令、省令等，但重要领域的问题都是以法律的形式予以规范和调整，政令和省令主要是为保证法律的实施而颁发的配套文件，用以明确某一具体法律条文和用语的含义或具体要求，而非对法律的所有规定进行"细化"，且仅法律中可以设定"罚则"，政令、省令等法律之外的规范性文件并不规定"法律责任"，因此，殊少存在不同法律之间互相冲突的情况，整个法律体系具有较强的协调性和统一性。

二、具有连续性和适应性

日本现行的一百四十余部医疗卫生法律中，有相当一部分是日本大正年间和昭和年间颁布的，有的法律（如《未成年人禁烟法》[1900年法律第33号]）甚至是明治年间颁布的，这些法律在颁行之后大多经过数次甚至几十次修改，以更好地适应不断发展的社会生活实际。通过修法规定健康和医疗体系与制度的新的改革举措，并解决因其他法律的制定或修改而产生的法条冲突问题。如日本《健康保险法》（1922年法律第70号）自公布之后共修改过83次，最近几年几乎每年都要对进行修改，2011年和2012年分别修改过5次，2013年修改过1次，2014年修改过4次，最近的一次修改于2015年完成。日本《医疗法》（1948年法律第205号）自公布以来修改过85次，最近一次修改于2016年5月20日完成。不仅对颁行年代久远的法律作过多次修改，对于即便是刚刚颁布的法律，当其与社会生活不相适应或与其他法律的规定不相协调时，国会也会适时修改法律。如日本2014年通过的《健康·医疗战略推进法》至今已修改过2次，最近一次修改于2015年9月11日进行。

三、存在多部"基本法"规定国家在某一问题上的宏观政策

日本素有"基本法"的立法传统，现行法律体系中有47部"基本法"①。

---

① 截至2014年12月1日，日本现行法律体系中有47部被冠以"基本法"之名的法律（包括已经通过但尚未实施的法律，不包括已失效、废止或全部修改过的法律），如《灾害对策基本法》《中小企业基本法》《森林·林业基本法》《消费者基本法》《土地基本法》《交通安全对策基本法》《环境基本法》《老龄化社会对策基本法》《科学技术基本法》《文化艺术振兴基本法》《知识产权基本法》《教育基本法》《海洋基本法》《宇宙基本法》《生物多样性基本法》《国家公务员制度改革基本法》《交通政策基本法》《水循环对策基本法》等。

这些"基本法"中并未对何谓"基本法"作出规定[①]，但《法律用语辞典》给出了如下定义：所谓基本法，是指具有如下特征的法律：（1）对于国政的重要领域，表明基本政策和基本方针；（2）优于该领域其他法律；（3）该领域的单行法多是基于基本法中所明示的方针而制定的；（4）往往设置专门负责基本政策推进等事务的行政机关；（5）殊少在基本法中规定直接影响国民权利、义务的条文。日本医疗卫生领域也存在多部这样的"基本法"，规定国家在某一问题上的宏观政策和方针，如《癌症对策基本法》《健康·医疗战略推进法》《肝炎对策基本法》等。以《癌症对策基本法》为例：该法由四章和附则组成，第一章为"总则"，用 8 个条文规定了该法的目的、基本理念以及国家、地方公共团体、医疗保险人、国民以及医务人员在癌症防治上的宏观责任与义务；第二章为"癌症对策推进基本计划等"；第三章为"基本施策"，下设三节，分别对"癌症的预防及早期发现的推进"、"癌症治疗的均等化的推进等"和"研究的推进等"作出了规定；第四章规定了"癌症对策推进协议会"。该法四章共 20 个法条并不涉及任何一方的具体权利、义务与责任，更未规定违反该法规定的义务的"法律责任"。

四、体现健康促进、疾病预防等大健康理念，全方位、全周期保障国民健康

在日本医疗卫生法律体系中，有关疾病预防与控制、健康促进与维护方面的法律占大多数，61 部与公共卫生相关的法律分别对环境卫生、职业卫生、食品与营养卫生、学校卫生以及流行病防控方面与人体健康密切相关的问题作出具体、详细的规定，《健康促进法》更是直接规定了增进公众健康的具体举措，包括健康促进的基本方针、国民健康·营养调查、保健指导、特定给食机构的营养管理、被动吸烟的防止，等等。这些法律与《高龄者医疗确保法》《介护保险法》等医疗保障法律以及规范医疗服务的法律一起，为日本国民提供从出生到死亡的全方位、全周期健康保障。

五、助益医患之间的信任与和谐

在与医疗直接或间接相关的法律中，多数都有助于维系和促进医患之间

---

① 塩野宏. 关于基本法. 日本学士院纪要，第 63 卷第 1 号，2008（9）：2.

的信任与和谐，如《医疗法》《医师法》《药剂师法》等法律从资格准入、运营条件与标准等方面对医疗服务提供主体进行规制，以确保所提供医疗服务的质与量；《关于疑难病患者医疗等的法律》《关于确保医药品、医疗器械等的品质、有效性及安全性等的法律》等法律，通过有效救济特殊情境中的患者而使医患之间的关系变得更加融洽；特别是《健康保险法》等医疗保障法律能够确保患者在需要之时获得及时、安全、高质量的治疗，并使得医生能够基于患者的最佳利益而行医。这些法律制度能够切实维护医患之间的"共同体"，有助于实现和增进医患之间的和谐与信任。

第三节　中国医疗卫生法制的现状和存在的问题

当前，我国医疗卫生领域已初步形成了以宪法为统领，以相关法律为核心，以行政法规、部门规章和地方性法规为主体，与相关法律、法规相衔接的法律规范体系，内容涵盖了疾病预防控制、医疗保健、计划生育、执法监督等诸多方面。[①]《宪法》第 45 条第 1 款明确规定，"中华人民共和国公民在年老、疾病或者丧失劳动能力的情况下，有从国家和社会获得物质帮助的权利。国家发展为公民享受这些权利所需要的社会保险、社会救济和医疗卫生事业。"截至目前，我国在医疗卫生领域共颁布实施 11 部法律，即《中华人民共和国药品管理法》（1984 年 9 月 20 日通过，2001 年 2 月 28 日修订，2015 年 4 月 24 日二次修订）、《中华人民共和国国境卫生检验法》（1986 年 12 月 2 日通过，先后于 2007 年 12 月 29 日和 2009 年 8 月 27 日修正）、《中华人民共和国传染病防治法》（1989 年 2 月 21 日通过，先后于 2004 年 8 月 28 日、2013 年 6 月 29 日修订）、《中华人民共和国红十字会法》（1993 年 10 月 31 日通过，先后于 2009 年 8 月 27 日、2017 年 2 月 24 日修正）、《中华人民共和国母婴保健法》（1994 年 10 月 27 日通过，先后于 2009 年 8 月 27 日、2017 年 11 月 4 日修正）、《中华人民共和国献血法》（1997 年 12 月 29 日通过）、《中华人民共和国执业医师法》（1998 年 6 月 26 日通过，2009 年 8 月 27 日修正）、《中华人民共和国职业病防治法》（2001 年 10 月 27 日通过，先

---

① 国家卫计委. 卫生计生法治建设情况．［2016-10-16］．http：//www.nhfpc.gov.cn/xcs/s3574/201411/ed1df8166a5242dd9ad05e23e6e18d35.shtml.

后于 2011 年 12 月 31 日、2016 年 7 月 2 日、2017 年 11 月 4 日修订）、《中华人民共和国人口与计划生育法》（2001 年 12 月 29 日通过，2015 年 12 月 27 日修订）、《中华人民共和国食品安全法》（2009 年 2 月 28 日通过、2015 年 4 月 24 日修订）、《中华人民共和国精神卫生法》（2012 年 10 月 26 日通过）。除此之外，还制定有《医疗机构管理条例》《医疗事故处理条例》《突发公共卫生事件应急条例》《护士条例》《中医药条例》等 39 部行政法规和一百余部部门规章。《侵权责任法》《社会保险法》等法律中也有关于医疗卫生的法律规定。[1]

这些法律法规在保障我国公民健康、促进医疗卫生事业健康发展等方面发挥了一定作用。但我国现有的医疗卫生法制仍存在数量不足、质量偏低、稳定性与适用性的矛盾突出等问题，医疗卫生立法的理念、系统性、协调性、可操作性等方面都有待进一步改进和提升。

一、"健康促进"理念缺失与立法缺位

"健康促进"理念体现不足，系统性不强，一些重要的甚至根本性问题缺乏明确、科学的法律规定，立法层级偏低。如前所述，在已经形成的有中国特色的社会主义法律体系中，医疗卫生领域的立法已自成体系且初具规模，但整体而言，我国现有的医疗卫生法律更关注疾病的治疗而非健康的促进与维护。正如有学者所指出的，"健康问题错综复杂，决定个人和群体健康的因素不仅仅是医药和医疗技术、医疗服务水平、医疗保险能力等与疾病治疗相关的因素，还有公共卫生、病残康复等疾病预防、保健、护理等因素，以及饮食、居住、体育、伦理观念等社会性因素"[2]。对于实践中对民众健康构成严重威胁的生活方式与饮食习惯不合理、慢病防控工作不到位、健康宣教过于市场化以及环境污染严峻等现象，法律尚未作出应有的回应，"健康立法"的理念仍显不足。

而且，我国现有的医疗卫生法律体系系统性不强，位阶偏低。到目前为

---

[1]　2009 年 12 月 26 日第十一届全国人民代表大会常务委员会第十二次会议通过的《侵权责任法》第七章以 11 个条文规定了"医疗损害责任"；2010 年 10 月 28 日第十一届全国人民代表大会常务委员会第十七次会议通过的《社会保险法》以 10 个条文规定了"基本医疗保险"。

[2]　董文勇. 健康立法、立法健康与立健康之法.（2012-11-11）. 中国法学网.

止医疗卫生领域尚没有一部由全国人民代表大会出台的卫生"基本法",很多重要问题如公立医院的管理与运行、医疗风险的分担、医疗损害的救济等都缺乏法律的明确、具体、清晰、科学的规定,甚至医疗卫生事业的性质、公民健康权益的保障与实现以及国家、政府、社会、医疗机构及包括医务人员和患者在内的公民在该问题上的权利(力)、义务与责任等根本性问题,也缺少法律的明确规定,很多重要事项由行政法规和部门规章予以规范,立法位阶偏低,甚至一些重要问题以政府相关部门出台规范性文件的方式进行调整。立法的不完备导致几十年来的医疗卫生体制改革在公益和效益两大价值目标之间摇摆和徘徊,医疗卫生事业难以反映出包括日本在内的域外很多国家已明确的"福利性质",国民健康权的保障难以取得各方满意的效果。

以农村医疗卫生立法为例:随着 2015 年党的十八届五中全会公报将建设"健康中国"上升为国家战略,如何实现包括 6.65 亿农民在内的国民健康成为重要的时代主题。村卫生室和乡镇卫生院分别作为农村三级医疗卫生网络的网底和枢纽,二者服务能力的建设和服务功能的发挥直接关系到健康中国战略与"保基本,强基层,建机制"这次本轮"医改"既定目标的实现,因此,强化村卫生室和乡镇卫生院的服务能力建设无疑成为当前农村医疗卫生事业建设的重要任务,国家和各级政府也先后发布了很多政策文件以推进中国的初级卫生保健工作,强化村卫生室和乡镇卫生院服务能力的建设,但我国一直未完成初级卫生保健的立法工作,村卫生室和乡镇卫生院的建设与发展主要分别依据《村卫生室管理办法(试行)》(国卫基层发[2014] 33 号)和《乡镇卫生院管理办法(试行)》两个规范性文件开展。尽管这两个文件在相当程度上弥补了《医疗机构管理条例》适用于村卫生室和乡镇卫生院时存在的局限和不足,但其作为规范性文件在制定程序的规范性、用语的严谨性以及法律责任的明确性等方面都有很大欠缺,导致村卫生室和乡镇卫生院建设中各方主体的责、权、利问题模糊,很多政策文件规定的举措难以落到实处,在一定程度上导致目前农村基层医疗卫生服务能力薄弱的局面,而基层医疗机构医疗卫生服务能力的强弱直接关系到分级诊疗制度的落实与实现,只有真正实现"强基层",大医院门庭若市、医疗秩序混乱无序、医患关系紧张等问题才有望获得根本解决。

二、现有立法的协调性、实效性需要提升

我国医疗卫生立法的另一个特征是多层次的立法体系往往对同一问题作重复但不完全重复的规定，从而导致法与法之间的内部协调性出现危机。仅以"知情同意"这一重要制度的法律渊源为例，就有《执业医师法》[①]、《医疗机构管理条例》[②]、《医疗事故管理条例》[③] 和《侵权责任法》[④] 等多部法律法规对告知的对象、同意权的主体等作出了不尽相同的规定。法律规定的冲突和模糊导致了实践中适用法律一致性和准确性的困难，引发了社会主体对相同条文和制度的不同理解，导致医患双方尤其是医方在遵守法律、依法行医问题上的困惑；有些情形下甚至将医疗机构和医务人员置于"见死不救"的舆论漩涡和道德谴责之中。而 2010 年出台的《侵权责任法》仍未规定紧急情况下患者同意权系代为行使情形下的医生治疗特权问题。

立法技术方面的不足也导致现有医疗卫生立法的实效性和可操作性面临挑战。以《药品管理法》规定的法律责任为例：法律责任是任何一项法律制度的必要组成部分，是法律对于责任主体未履行法律义务或侵犯他人权利时所应承担的法律后果之预先设定，通过对不法行为的制裁与惩罚实现其指引、预防和救济的功能。法律责任对法律制度的有效性具有关键性的作用，各国药品法典都非常重视为相应的行为规范设定法律责任，包括日本在内的域外很多国家的药事法律中的法律责任条款都基本对应并涵盖大多数需要调

---

① 《执业医师法》第 26 条规定：医师应当如实向患者或者其家属介绍病情，但应注意避免对患者产生不利后果。医师进行实验性临床医疗，应当经医院批准并征得患者本人或者其家属同意。

② 《医疗机构管理条例》第 33 条规定，医疗机构实施手术、特殊检查或者特殊治疗时，必须征得患者同意，并应当取得其家属或者关系人同意并签字；无法取得患者意见时，应当取得家属或者关系人同意并签字；无法取得患者意见又无家属或关系人在场，或者遇到其他特殊情况时，经治医师应当提出医疗处置方案，在取得医疗机构负责人或者被授权负责人员的批准后实施。

③ 《医疗事故处理条例》第 11 条规定：在医疗活动中，医疗机构及其医务人员应当将患者的病情、医疗措施、医疗风险等如实告知患者，及时解答其咨询；但是，应当避免对患者产生不利后果。

④ 《侵权责任法》第 55 条第 1 款规定，医务人员在诊疗活动中应当向患者说明病情和医疗措施。需要实施手术、特殊检查、特殊治疗的，医务人员应当及时向患者说明医疗风险、替代医疗方案等情况，并取得其书面同意；不宜向患者说明的，应当向患者的近亲属说明，并取得其书面同意。该条第 2 款规定，医务人员未尽到前款义务，造成患者损害的，医疗机构应当承担赔偿责任。该法第 56 条规定，因抢救生命垂危的患者等紧急情况，不能取得患者或者其近亲属意见的，经医疗机构负责人或者授权的负责人批准，可以立即实施相应的医疗措施。

整和规范的药品各环节的行为，但我国的《药品管理法》存在行为规范条款与法律责任条款不相对应的突出问题：我国《药品管理法》设定了五十多条行为规范，却未设置相应的处罚条款，许多行为规范没有相应的法律责任条款来保障，如该法第 11、20、22、24、26、27、28 条和第 51 条都设定了法律义务，但没有对应的法律责任条款；第 48 条和第 49 条只规定了生产、销售假、劣药的违法行为，而对于医疗机构使用假、劣药的违法行为没有明确，对于药品生产、经营企业销售药品给从事药品经营的无许可证的单位和个人也应明确法律责任；第 60 条第 3 款规定了"非药品广告不得有涉及药品的宣传"，但没有规定其法律责任；第 91 条关于药品广告管理规定的法律责任建议增加"暂停销售产品"的内容；第 76 条对于为假劣药品提供场地、原辅材料、包装材料的行为未规定相应的法律责任。立法规定的不足一方面导致实践中存在与药品有关的许多不规范行为，另一方面也使得依法监管无法真正实现。

三、医疗卫生改革的诸多举措是以政策而非法律的方式推进

囿于法治建设进程等诸多原因，长久以来，我国许多领域包括一些重要领域的改革往往以发布政策的形式开启和推进。2009 年开始的新医改也以政策的形式推进，甚至体现出一定的"政策法"倾向。"所谓政策法，是指这样一种不稳定的法律实践状态，即在管理国家和社会生活的过程中，重视党和国家的政策，相对轻视法律的职能；视政策为灵魂，以法律为政策的表现形式和辅助手段；以政策为最高的行为准则，以法律为次要的行为准则；当法律与政策发生矛盾与冲突时，则完全依政策办事；在执法过程中还要参照一系列政策。"① 尽管政策具有较强的灵活性，多数情况下都具备较好的执行力，但由于政策的制定程序不如法律严格与规范，政策用语的严谨性、政策自身的稳定性和连续性等都弱于法律，且政策往往缺乏明确的规范逻辑结构和清晰的责任保障机制，因此，"基于政策而非法律"的医疗卫生体制改革路径存在稳定性、一致性、科学性以及有效性等方面的诸多挑战。

---

① 武树臣.三十年的评说——"阶级本位、政策法"时代的法律文化.法律科学，1993（5）：27.

以北京市农村卫生室的"政府购买服务"制度为例：2007 年 10 月 8 日，《北京市人民政府办公厅转发市卫生局等部门关于建立健全乡村医生社会养老保险制度与基本待遇保障机制意见的通知》（京政办发〔2007〕63 号），规定，"村卫生室和健康工作室隶属于行政村村委会，岗位人员由村委会聘用，卫生院对其实行业务'一体化'管理。按照乡村医生承担的村级公共卫生和村级常见病防治两项职能，采取'政府购买服务'的方式分别给予适当补助。其中，乡村医生承担村级公共卫生工作职能的部分，每人每月补助 400 元；承担常见疾病防治，为群众提供零差价药品职能的部分，每人每月补助 400 元，合计每人每月补助 800 元。……"但该意见并未具体规定政府购买服务的准入条件、程序、考核等问题。尽管政策文件所规定的"政府购买服务"制度已经在北京市村卫生室推广开来，对于维护乡村医生合法权益和保持队伍稳定、实现广大农村居民人人享有基本卫生保健服务的目标发挥了一定作用，但在专门针对乡村医生制定的迄今为止唯一一部称得上"法律"的行政法规——《乡村医生从业管理条例》——中，并未对乡村医生作政府购买服务和非政府购买服务的二元化分，而国家卫生计生委等 5 部门于 2014 年联合发布的关于村卫生室管理的规范性文件——《村卫生室管理办法（试行）》（国卫基层发〔2014〕33 号），也未对村卫生室进行"两元划分"。该试行办法第 4 条规定，"……各地要采取公建民营、政府补助等方式，支持村卫生室房屋建设、设备购置和正常运转"。而该法所称的"村卫生室"，是指"经县级卫生计生行政部门设置审批和执业登记，依法取得《医疗机构执业许可证》，并在行政村设置的卫生室（所、站）"。也就是说，现实中在村卫生室广泛实施的"政府购买服务"制度的推进路径是"政策"化的。基于政策推行的村卫生室"政府购买服务"制度在准入标准、程序、各方权利与义务、考核及退出机制等方面并无明确规定，导致实践中出现了很多问题。如有些地方自行规定纳入政府购买服务的乡村医生的年龄条件，从而把"超龄"的乡村医生直接拒于政府购买服务这一政策之外，加之政府购买服务的村卫生室实行合作医疗报销制度，从而对未被政府购买服务的村卫生室带来较大冲击，甚至在一定程度上造成了某些村落的"空白村"现象。另外，对于"有幸"被政府购买服务的村卫生室的乡村医生来说，由于制度并未对乡村医生的权利、义务与责任作出明确规定，尤其是未明确规定乡村医生的工作量与工作质量，缺乏科学合理的考核激励机制，加之乡村医生并无有效的风险分担机制等原因，被政府购买服务的村卫生室乡村医生服务意愿低迷，主动改善服务的积极性较低，最终影响基层医疗卫生服务能力的提高。

四、部分医疗卫生法律不符合医疗卫生事业的内在规律与固有特点

法律应当符合社会生活的实际和其调整对象的内在规律。但一直以来，由于医疗卫生法律理论研究的薄弱以及研究主体未充分理解医疗卫生事业的特殊性与规律等原因，用来规范、调整医疗卫生事业中各种社会关系的现行医疗卫生法律在相当程度上脱离了医疗卫生领域的固有特点与内在规律，在一定程度上甚至成为阻碍医患和谐的消极因素。

以《执业医师法》为例：这部法律的出台标志着我国在执业医师的管理上进入法制化、规范化的轨道，为广大患者的医疗安全提供了法律保障。但该法未充分顾及医学教育"实践性"的特点和"床边教学"的实际需要，未就医学人才临床实践培养的法律依据和法律规范问题作出相应的回应与规定，只在第9条中规定，"具有高等学校医学专业本科以上学历，在执业医师指导下，在医疗、预防、保健机构中试用期满一年"，方可参加执业医师资格考试，成绩合格，取得执业医师资格，发给医师资格证书，并经注册后获得医师执业证书，才可以从事合法的医师执业活动。另外，《执业医师法》第14条第2款规定，"未经医师注册取得执业证书，不得从事医师执业活动"。《执业医师法》还在第39条中规定了"非医师行医"的法律责任。这些法律规定不合理地造就了一个"不被信任""不合法"但合理存在的"准医师"群体，致使实践中普遍进行的医学临床实践培养面临合法性的尴尬与挑战，医学人才的临床实践培养陷入了较为严重的"床边困局"。可以说，正是法律的不周延造就了这一实践中的难题和患方对"准医生"群体的质疑，导致了诸多由医学临床教育问题引起的医疗纠纷甚至医疗诉讼。

五、既有立法的稳定性与适应性矛盾突出

尽管如博登海默所言，"法律是一种不可以朝令夕改的规则体系。一旦法律制度设定了一种权利义务方案，那么为了自由、安全和可预见性，就应

当尽可能地避免对该制度进行不断的修改和破坏"①，但法律在稳定性之外应兼具适应性，即法律应随着社会生活的发展变化进行相应的修改，对社会生活或关联法律的变化作出及时且必要的回应，这也是法律自身作为生命有机体的重要体现。"制定得良好的法律"是法治的首要前提，此处的"制定"一词似应作广义的理解，不仅包括法律创制意义上的制定，而且包括法律在适用过程中因循社会生活变化而遵循法定程序所为的必要修改。

但是，从法律生命力与法律修改的角度观之，现有的十余部医疗卫生法律中，除个别法律作过整体性、根本性的大幅修改（如《食品卫生法》向《食品安全法》的转变与修改）之外，多数都体现出"稳定有余、适应不足"的特点，有多部法律自颁行之后从未修改，即便其中的某些规定已经明显与所规范的事项发生偏离，如《执业医师法》实施以来即产生了包括医学人才临床实践培养的合法性在内的诸多困境，但该法自 1998 年 6 月 26 日由第九届全国人民代表大会常务委员会第三次会议通过至今，仅根据 2009 年 8 月 27 日第十一届全国人民代表大会常务委员会第十次会议所作的《关于修改部分法律的决定》进行过一次形式性的修订，即将该法第 40 条规定中的"治安管理处罚条例"修改为"治安管理处罚法"②。

第四节　完善中国医疗卫生法律制度的进路与措施

在"依法治国"和"健康中国"的国家战略之下，中国医疗卫生事业的法治化比以往任何时候都显得重要和迫切。必须尽快健全医疗卫生法制，推进医疗卫生领域的法治进程，以法治保障医疗卫生事业的顺利发展，尤其是确保医改的成效真正惠及亿万百姓。在此过程中，应注意如下几点。

一、立足本土实际，同时适当借鉴域外经验

我国《立法法》第 6 条第 1 款规定，"立法应当从实际出发，适应经济社会发展和全面深化改革的要求，科学合理地规定公民、法人和其他组织的权利与义务、国家机关的权力与责任"。任何一个国家和地区的医疗卫生法

---

① 博登海默．法理学：法律哲学与法律方法．邓正来，译．北京：中国政治大学出版社，2004．
② http://www.gov.cn/flfg/2009-08/27/content_1403326.htm.［2016-10-16］．

律都镶嵌于该国的政治经济制度、法律传统与文化以及医疗卫生体制之中，体现出较强的地域性与差异性。中国医疗卫生立法也必须立足于中国实际（这种实际既包括中国既有的医疗卫生法律体系，又包括正在运行和改革中的医疗卫生体制），否则，就将因失去支撑法律运行的社会土壤和民众基础而成为华丽的"一纸空文"。但"他山之石，可以攻玉"，在推进中国医疗卫生法律体系建设的过程中，应对域外的医疗卫生立法状况进行客观、准确和全面的译介，尊重并借鉴各国医疗卫生立法中具有普适性的经验与价值，深刻研读域外医疗卫生立法经验对中国医疗卫生法治化进程的启示，以助力中国医疗卫生法律体系的完善。

二、树立大健康的立法理念

树立"健康促进"和"疾病预防"等大健康的立法理念，实现全方位、全周期保障人民健康。正如习近平总书记所强调的，"我国仍然面临多重疾病威胁并存、多种健康影响因素交织的复杂局面……将健康融入所有政策，人民共建共享。要坚持基本医疗卫生事业的公益性，不断完善制度、扩展服务、提高质量，让广大人民群众享有公平可及、系统连续的预防、治疗、康复、健康促进等健康服务"。"要坚定不移贯彻预防为主方针，坚持防治结合、联防联控、群防群控，努力为人民群众提供全生命周期的卫生与健康服务。要重视重大疾病防控，优化防治策略，最大程度减少人群患病。要重视少年儿童健康，全面加强幼儿园、中小学的卫生与健康工作，加强健康知识宣传力度，提高学生主动防病意识，有针对性地实施贫困地区学生营养餐或营养包行动，保障生长发育。要重视重点人群健康，保障妇幼健康，为老年人提供连续的健康管理服务和医疗服务，努力实现残疾人'人人享有康复服务'的目标，关注流动人口健康问题，深入实施健康扶贫工程。要倡导健康文明的生活方式，树立大卫生、大健康的观念，把以治病为中心转变为以人民健康为中心，建立健全健康教育体系，提升全民健康素养，推动全民健身和全民健康深度融合……"① 在完善中国医疗卫生法制的过程中，也必须牢固树立"健康促进"和"疾病预防"等大健康的立法理念，以健全的立法确

---

① 孙振者. 习近平出席全国卫生与健康大会并发表重要讲话. ［2016-10-16］. 新华社，http：//www. mod. gov. cn/topnews/2016-08/20/content＿4715833. htm.

保"全方位、全周期保障人民健康"这一目标的实现。

三、以宏观性的立法实现"医改"的法治化，科学对待"基本医疗卫生法"立法工作

医疗卫生体制改革事关包括广大医务人员在内的全国亿万百姓的切身利益，关乎国民的生命权、健康权等重要权利的实现，以及医务人员的执业尊严与执业安全的保障。这场改革或多或少、或近或远地会影响到每一位中国人的命运与福祉、生命与健康，且涉及面广，持续时间长，难度大。这样一项重要改革理应"于法有据"，运用法治思维和法治方式，发挥法治的引领和推动作用，确保各项改革举措都在法治的轨道内进行。① 可以尝试以宏观性的立法模式实现"医改"的法治化，比如可以考虑在已列入第十二届全国人大常委会立法计划一类项目的〈基本医疗卫生法〉中，立足于公民健康权益的实现与保障，明确医疗卫生事业的福利性质，并从宏观上界定国家、政府、社会、医疗机构以及包括医患在内的公民等各利益相关方在公民健康权保障这一问题上的权利（力）、义务与责任，为未来医疗卫生领域的重大改革和发展指明方向，确保未来的医改举措在法制的轨道内开展。

但在此过程中，应科学对待〈基本医疗卫生法〉的立法工作，实现"基本医疗卫生法"与"医疗卫生基本法"的同步推进。尽管"基本医疗卫生法"与"医疗卫生基本法"只是"基本"一词的顺序有别，但含义迥异。前者意指"基本医疗卫生"的法，后者则强调医疗卫生法的立法层级与效力。《中华人民共和国立法法》第7条第2款规定，"全国人民代表大会制定和修改刑事、民事、国家机构的和其他的基本法律"。第3款规定，"全国人民代表大会常务委员会制定和修改除应当由全国人民代表大会制定的法律以外的其他法律；在全国人民代表大会闭会期间，对全国人民代表大会制定的法律进行部分补充和修改，但是不得同该法律的基本原则相抵触"。也就是说，根据《立法法》的规定，"刑事、民事、国家机构的和其他的基本法律"的立法权属于全国人民代表大会，全国人大常委会只有权在全国人民代表大会闭会期间对全国人大制定的法律进行部分补充和修改，且不得同该法律的基本原则相抵触。《立法法》还在第二章第二节和第三节分别规定了全国人民

---

① 刘兰秋. 医改视角下医疗卫生法治进路. 中国社会科学报，2016-09-09.

代表大会立法程序与全国人民代表大会常委会立法程序。据此规定，在我国刑事、民事等各个领域可以由全国人民代表大会遵循法定程序制定该领域的"基本法律"。我国社会主义法律体系中也存在多部这样的法律，如《民法通则》《刑法》等等，但全国人民代表大会通过的"基本法律"中直接冠以"基本法"之名的，目前只有《香港特别行政区基本法》和《澳门特别行政区基本法》。也就是说，除了《香港特别行政区基本法》和《澳门特别行政区基本法》之外，我国很少在某一个法律领域制定一部直接体现"基本法"一词的法律，因此目前立法机关、政府以及卫生法学界所热议的制定医疗卫生领域基本法的问题应该是就这部法律的制定主体和效力层级而言，即由全国人民代表大会就医疗卫生领域制定通过一部在效力上仅次于宪法但高于普通法律的"法律"，也就是"基本法律"。

就医疗卫生事业的法治化、国民健康权的保障而言，"基本医疗卫生法"非常需要，从〈基本医疗卫生法〉已被列入第十二届全国人大常委会立法规划一类立法项目而言，制定〈基本医疗卫生法〉无疑是立法机关所作出的选择。① 就基本医疗卫生问题立法既遵循了国际惯例②，也符合我国的实际。《中国农村初级卫生保健发展纲要（2001—2010 年）》明确提出，要"推进

---

① 需要注意的是，卫生行政部门对于〈基本医疗卫生法〉的功能似乎有更高的期待，国家卫生计生委 2014 年 11 月例行发布会上就"卫生计生法治建设情况"所作的说明中提到，要"加快〈基本医疗卫生法〉立法步伐。""我国卫生计生法制建设虽然取得了长足进展，为卫生计生事业健康发展提供了强有力的保障。但随着新一轮医药卫生体制改革的不断深化，中国特色基本医疗卫生制度的逐步建立，卫生事业发展中许多根本性、原则性的问题，需要有一部基础性、综合性的法律予以规范，同时实践证明行之有效的经验做法和具体制度，也需要及时上升为法律。国家卫生计生委组建以来，委党组更是高度重视〈基本医疗卫生法〉立法工作，将其作为全委工作的重中之重。〈基本医疗卫生法〉是卫生领域的基础性法律，将成为中国特色社会主义法律体系中起支撑作用的重要法律。特别是当前医药卫生体制改革不断深化的大背景下，一方面需要努力做到立法和改革决策相衔接，重大改革于法有据；另一方面要使立法主动适应改革和经济社会发展需要。因此，〈基本医疗卫生法〉将立足于保障公民健康权益，从法律层面明确卫生事业性质、卫生基本制度、公民健康权利、政府卫生投入等重大问题，通过宏观、科学的顶层设计为未来卫生领域的重大改革和发展指明方向并做出制度安排。"（http://www.nhfpc.gov.cn/xcs/s3574/201411/ed1df8166a5242dd9ad05e23e6e18d35.shtml.［2016-10-16］.）

② 如芬兰即制定有《初级卫生保健法》（Act on Primary Health Care）。1978 年世界卫生组织及其成员国通过的《阿拉木图宣言》明确提出了"初级卫生保健"的概念，即最基本的、人人都能得到的、体现社会平等权利的、人民群众和政府都能负担得起的卫生保健服务。初级卫生保健所反映的核心价值观是社会公平，所信奉的理论是"健康乃人类的基本权利"，所追求的目标是"人人享有健康"［刘运国.初级卫生保健的内涵及其在我国的发展回顾.中国卫生经济，2007（7）］。

初保的法制化进程。各地要积极创造条件，做好初保立法工作，逐步将农村初保纳入法制化管理轨道。已经制定地方性法规的地区要严格依法监督管理"。"初级卫生保健法"亦曾被列入第十届全国人大常委会立法规划。我国《乡村医生从业管理条例》第 1 条也开宗明义地将"保障村民获得初级卫生保健服务"作为该法的立法目的之一。但需要注意的是，"基本医疗卫生法"与"医疗卫生基本法"并非非此即彼的排他关系，也非前者包容后者的包容关系，"基本医疗卫生法"不能替代"医疗卫生基本法"，二者应同步推进。

四、基于医患同一体的理念，致力于以法律保障医患之间的和谐与互信

"健康所系，性命相托"，医疗行为旨在去除或缓解人体病痛、增进人体健康，医患之间对于治愈疾病这一目标是一致的，医务人员与患者的根本利益是一致的。前卫生部部长陈竺亦曾指出，医患关系的实质是"利益共同体"，只是"体制机制的不合理，造成了医疗机构公益性淡化和医患双方在经济利益上的对立，成为影响医患关系的根本原因"[1]。完善我国的医疗卫生法制，应从法律上详尽规定医疗主体和医疗服务监管制度、医疗损害救济制度以及医疗保障制度等相关制度，尽快制定我国的"医疗法""医疗保险法"等法律，从立法上最大可能地确保医患双方利益的一致性，从体制机制上逐步消除医患之间在经济利益上的对立和冲突，重构医患和谐与信任。

五、增强医疗卫生法律体系的系统性和精细化

有"医改"反思者指出我国缺乏一部用以规范医疗卫生各领域的"基本法"是导致此前"医改"频遭阻力与成效不显的重要原因之一，并呼吁尽快出台一部统领医疗卫生事业的"母法"即"基本法"。医疗卫生领域法治不彰自然是影响医疗卫生事业健康发展和医改顺利进行的原因之一，但借一部法律的出台解决"医改"所有难题并保障"医改"的实效实为法律不能承受之重。[2] 医疗卫生事业是一项涵盖医疗、公共卫生以及医疗保障、药品流

---

① 陈竺 . 医患双方是利益共同体 . 人民日报，2009-12-10.

② 刘兰秋 . 医改视角下医疗卫生法治进路 . 中国社会科学报，2016-09-09.

通与供应等在内的广泛且重要的社会事业，在当前我国已有 11 部医疗卫生法律的情况下，将其集中于一部法律，对整个医疗卫生事业进行哪怕是概括性的规定既无必要也不可行。而且，政策性、纲领性的基本法路径与部门法的精细化路径实际上也并不排斥。中国当下的医疗卫生立法远未达到"系统"和"精细"的程度，即便当前的立法重点是"基本医疗卫生法"，这一基本法的立法与各个具体法律的立法之间也不应该有"先后之别"。当前医疗卫生领域有很多重要问题都需要立法规范和保障，纲领性立法与部门性立法应同步推进，只要实践需要，就应当推进制定各个具体医疗卫生领域的小法。

党的十八届四中全会也要求，要加强重点领域立法，通过法律保障公民权利。医疗卫生领域是事关国家稳定与公民福祉的重要社会领域，医疗卫生法律制度也是中国特色社会主义法律体系的重要组成部分，应以完善的医疗卫生法律全方位、全周期地保障公民生命健康权的实现。在此过程中，应注意确保法律的系统性、一致性、适应性，对尚处于阙如状态的重要法律进行充分的研究和论证，在就关键问题达成共识的条件下，通过不断制定和调整各方面的法律来推动改革，加快制定中国的"基本医疗卫生法""医疗法""初级卫生保健法""健康保险法""健康促进法""学校营养法""食品标识法""急救法"等法律，实现医疗卫生体制改革的渐进式法治推进，同时提升现有的医疗卫生立法的位阶，促进《预防接种条例》《器官移植条例》等条例向法律的提升。

六、重视法律的修改工作，"静态性立法"与"动态性修法"并重

党的十八届四中全会决定指出，要"……坚持立改废释并举，增强法律法规的及时性、系统性、针对性、有效性"。完善中国医疗卫生法律体系，还必须高度重视法律的修改工作，以确保法律与社会生活的适应性。在法律的条文甚至立法的理念与社会生活不相符合时，作出必要且及时的修改，正是昭示了法律自身的生命力。以"法律的稳定性"为借口拒绝修改法律的做法其实是否定法律作为生命有机体的存在。未来中国的医疗卫生事业将会遇到新的发展机遇，同样会面临新的挑战与矛盾。通过法律的修改使得社会生活中所发生的问题依然在法律的规制之下，是建设法治社会的必然要求，即

遵循"动态性修法"的理念，使法律具备与社会生活共同生长的机能。①

第五节　结语

　　善法得以良好的遵行与适用是法治的应然之义，而"制定良好的法律"是实现健康中国与医疗法治的当务之急。在中国医疗卫生立法行将进入"快车道"之时，需要客观、冷静地看待和评估现有法律在保障医疗卫生事业发展中的功能，以充分的谨慎和理性对既有的法律予以及时且必要的修改和完善，同时深入探讨和论证支撑"健康中国"战略的法律体系框架，基于"健康促进"、"疾病预防"与"医患同一"等立法理念稳步推进中国的健康立法进程，以系统性、精细化、科学完备的健康法律体系保障"健康中国"战略目标的实现。

① 刘兰秋．医改视角下医疗卫生法治进路．中国社会科学报，2016-09-09.

第三十三章

完善食品安全治理法律体系

第一节　引言

由于饮食的生活必需性，食品的采集、生产和流通从一开始就是人类活动的核心内容之一。为此，所有的社会都会通过规则的设定对这一主要的人类活动进行规制。而随着农业和食品行业的发展，这一规制也变得越来越复杂。① 就作为社会规则之一的法律而言：第一，当农业依旧是食品供应的主要经济活动时，国家通过农业政策工具和法律手段对粮食的生产、消费和流通进行干预，以保障这些环节的安全。例如，通过土地所有权和耕地保护制度确保粮食的播种面积和产量。第二，诸如食品掺假掺杂或错误标识等食品欺诈已是由来已久的问题，对此，国家的规制也是一早跟进。例如，通过食品成分、标识信息的立法确保食品的纯净度和完整性。② 在这个方面，国家对食品质量的干预主要是基于经济而不是安全保障的考虑。③ 以假冒伪劣食品为例，打击该类商品的目的主要是防止以次充好、以此充彼的食品对从业者的公平竞争和消费者的经济利益造成损害。第三，随着食品工业的发展，以规制食品安全保障消费者及公众健康

---

① BERND VAN DER MEULEN, MENNO VAN DER VELDE. European food law handbook. Wageningen Academic Publishers，2009：41.

② FAO/WHO. Understanding the Codex Alimentarius. third edition，2006：5-6.

③ HUTT，P. Food law & policy：an essay. Journal food law and policy，2005，1：4.

为目的的食品（安全）法及其法律体系也得以迅速发展。就这一领域的立法内容而言，一是通过对产品特性的立法，减少食品中的危害性物质；二是通过对过程特性的立法，应对生产中的环境、动物福利诉求以及诸如转基因等新技术的应用；三是通过对信息特性的立法明确应当向消费者披露信息的内容与形式。①

在食品立法内容及形式多元化的背景下，新兴的食品安全立法在"问题导向"下形成了"先行单行法、后立综合法"②的立法路径。举例来说，早期欧盟的食品安全立法往往是为了应对食品供应中出现的问题，如20世纪50年代应对动物疾病的立法，60年代应对食品卫生的立法，而直到2002年出台的《通用食品法》才改变了这一问题导向的单行立法模式。③同样，我国《食品安全法》取代《食品卫生法》成为食品安全治理领域内的基本法也迎合了综合立法替代卫生、营养、质量等要素立法趋势。④而且，以食品行政监管为定位的部门行政法研究的深入，不仅有助于贴近现实，发现问题并提供有助于保证食品安全的因应策略⑤，而且也丰富了有关食品安全治理的法学体系的科学架构，并可借此进一步推动这一行政领域法的法律体系建设。⑥

诚然，食品安全日益成为一个独立的规制课题⑦，但是，对于整个食品体系（food system）而言，其与其他的食品问题，如粮食安全、食品质量、食品营养等的关联性，意味着作为该系统的一个问题要素，食品安全解决之道不仅受到食品体系整体性以及其他问题要素的制约，同时也会反过来影响其他问题要素的解决方案以及食品系统整体功能的发挥。以立法发展而言，一方面，食品（安全）法律研究的热度带来了新的学界反思，例如，对于以

---

①　DAVID A. HENNESSY，al. Systemic failure in the provision of safe food. Food policy. 2003，28：77-78.

②　钱大军. 当代中国法律体系构建模式之探究. 法商研究，2015（2）：5.

③　欧盟食品安全50年. 孙娟娟，译. 太平洋学报，2008（3）：1～16.

④　张守文. 当前我国围绕食品安全内涵及相关立法的研究热点. 食品科技，2005（9）：2.

⑤　宋华琳. 部门行政法与行政法总论的改革——以药品行政领域为例证. 当代法学，2010（2）：56.

⑥　朱新力，唐明良. 行政法总论与哥伦的"分"与"合". 当代法学，2011（1）：50.

⑦　JUANJUAN SUN. The evolving appreciation of food safety. European food and feed law review. Volume 7，Number 2，2012：84-90.

保障公众健康为首要目的的安全立法而言，食品（安全）法该如何权衡消费者保护和食品行业利益？① 就食品行业所用的概念而言，如"天然""非转基因"，该如何通过明确的法律定义来规范实践，以防误导消费者。② 另一方面，食品（安全）法的发展也对相关立法产生了影响。例如，通过全程控制的法律要求使得食品安全立法扩张到了原本的农业立法领域，如设定农业生产者的安全保障义务。对此，如何定位农业法和食品法？③ 再例如，当对食品安全的规制往往借助最低的标准要求时，标准化和同质性的发展也影响了食品品质的提升和多样化的保持，由此也引发了有关食品质量立法的诉求。④

有鉴于此，即便探讨如何完善食品安全法制这一问题，也需要意识到食品安全仅仅只是食品问题的一个方面，有必要以系统性的思维方式关注各类食品问题的关联，即根据相关概念、系统的性质、关系和结构，把研究的对象（以食品安全问题为主，以其他食品问题为辅）有机地组织起来构成研究系统，着重从整体上揭示系统内部各要素之间以及系统与外部环境的多种多样的联系、关系、结构与功能。⑤ 如此，不仅可以使相关法学理论更具有清晰性和精确性，而且有助于研究问题的法理与实践更具有预见性和可操作系。⑥ 诚然，由于食品各类问题自身及相互关联的复杂性，紧靠一篇文章的探索不可能穷尽所有的问题，而且，下文的研究目的也主要限于食品安全及其法制的完善。因此，当借助食品体系（food system）这一概念来尽可能全面地廓清与食品直接和间接相关的各类问题与相应的监管现状时，下文的论述会侧重食品体系中与食品安全相关的问题、研究和监管，以便探讨完善我国食品安全治理的法制框架与构建路径。

---

① BERND VAN DER MEULEN. The function of food law. European food and feed law review, 2010, 2: 83.

② JACOB GERSEN, On the rise of food law. [2016-03-21]. http://today.law.harvard.edu/salad-days-professor-jacob-gersen-on-the-rise-of-food-law/.

③ FERDINANDO ALBISINNI. The path to the european food law system//Luigi Costato, Ferdinando Albisinni (eds). European food law. Stampato in Italia, 2012: 17-52.

④ CAOIMHIN MACMAOLAIN. Reforming european community food law: putting quality back on the agenda. Food and drug law journal, 2005, 58: 549-564.

⑤ 魏宏森，曾国屏. 系统论. 北京：世界图书出版公司，2009.

⑥ 张志勋. 系统论视角下的食品安全法律治理研究. 法学论坛，2015（1）：100.

第二节　系统思维下的食品问题

研究食品相关的问题，系统性的思维要求首先关注食品生产和消费中存在的各类食源性问题及其危害，如数量上的不充足、质量上的不安全、营养上的不平衡等各类问题对人体健康造成的危害和安全隐患。在这个方面，尽管粮食安全、食品安全、食品质量等的问题界定和监管配套说明了这些问题在成因和解决方式上的差异性，但对这些问题的"分而治之"也会使得治理停留在"头痛医头，脚痛医脚"的阶段，进而很难消除各类问题的根源。例如，当超范围、超限量使用化学性农业投入品时，产量增长的同时也会因为食品中的化学性农业投入品残留超标以及环境污染物的迁移引发食品安全问题。再例如，仅仅以食品提供而不注重营养规划的现代农业也只会从根源上加剧生产结构和消费结构之间的不协调，以至于比重偏低的高质量农产品无法满足消费者对营养的需求。[①] 正因为如此，在界定"食品法"这一概念时，就其广义来说，不仅包括有关食品控制、食品安全和食品贸易的规制立法，同时也涉及粮食安全以及食物权的实现。其中，食品安全立法可以被视为"食品法"的狭义解读，即将这一概念仅限于一般食品的控制、安全、贸易规制。[②]

其次，在治理上述各类食品问题时，除了避免"一叶障目，不见泰山"的问题导向，也需要关注食品供应链中自身的变化以及它们对这些问题的影响。概括来说，在从农场到餐桌的全程供应链中，存在着农业的种植、养殖、初级生产，食品制造业的加工、生产、包装，食品服务业的流通、仓储、批发、零售、餐饮等诸多环节。食品业中这一分工细化和专业发展的趋势不仅有助于提高生产率，也会因为这些功能的分化产生彼此紧密结合的需要。[③] 相应地，针对食品问题，尤其是安全与质量问题，食品供应链方式（food chain approach）的提出就是为了强调要实现安全、健康和

[①]　许世卫，李哲敏，李干琼. 营养健康目标下的现代农业发展探讨. 中国食物与营养，2008（1）：8.

[②]　VAPNEK，J. and SPREIJ，M. Perspectives and guidelines on food legislation，with a new model food law. The development law service. FAO Legal Office，2005：13-14.

[③]　埃米尔·涂尔干. 社会分工论. 渠东，译. 北京：三联书店，2013：24.

营养食品的供给，需要农民、加工商、运输商等各类主体各司其职、各尽其责。① 诚然，传统的食品安全监管往往通过加工环节的监督和事后最终产品的检测来保障安全，以至于狭义的食品法仅关注生产环节的安全问题，而由单行的农业法规制农业生产事项，包括农产品的安全与质量。但当农业生产也没有成为劳动分工发展的例外部门时，食品法和农业法的交叉以及通过法律基础多元、追求目标跨界的体系化的食品法来规制全程供应链也成为新的趋势。对此，欧盟食品法体系的发展路径就是最好的注释。②

最后，当食品供应链的变迁构成治理食品问题的微观背景时，食品问题的解决也不能脱离社会经济、环境、文化等宏观背景。因为，一方面，将食品问题置于上述大背景中进行综合分析，有助于了解食品问题产生的原因以便针对性地铲除引发问题的根源。例如，就食品立法的发展而言，与其说是其是法理、规制理论变迁的结果，不如说是科学发展所致。③ 因为科学技术的进步改变了食品的生产、流通方式并产生了新的食品问题。相应地，监管也需要与时俱进地实现从事后应对向事前预防的转变，包括构建以科学为基础的监管方式，如风险监测、评估等。另一方面，食品政策和法律的制定也会考虑经济、社会、文化、环境等因素。例如，当科学的作用在于趋同各国的食品规制时，文化差异是美国和欧盟在推行巴士消毒奶、牛类饲养中使用激素和发展转基因食品方面未能达成一致的根源所在。④ 此外，社会经济、环境和文化的宏观背景与食品供应链这一微观背景的相互作业也会产生新的食品或跨领域问题，进而需要系统的思维加以全面的剖析。例如，食品供应链方式的提出是为了应对日益延伸乃至全球化的食品供给，然而，对食品质量、环境保护、节约能源的关注推动了以"短距离"为特点的替代性食品供应链，而这一注重农产品附加值的短距离食品供应也有助于农村经济的发展。⑤

① FAO. FAO's strategy for a food chain approach to food safety and quality：a framework document for the development of future strategic direction. Committee on agriculture，seventeenth session，Item 5 of the provisional agenda，Rome，March 31-April 4，2003.

② FERDINANDO ALBISINNI. The path to the European food law system//LUIGI COSTATO，FERDINANDO ALBISINNI（eds）. European food law. Stampato in Italia，2012：17-52.

③ Hutt，P. Food law & policy：an essay. Journal food law and policy，2005，1：9-10.

④ Ibid.，2.

⑤ TERRY MARSDEN，JO BANKS and GILLIAN BRISTOW. Food supply chain approaches：exploring their role in rural development. Sociologia ruralis，2000，40（4）：424-438.

在上述背景下，一些食品相关的概念以及这些概念间的关联得到了更为清晰的认识。例如，一开始对粮食安全的诉求往往主要是基于粮食可获得性即提供充足数量的保证，包括消费者"买得到"和"买得起"。而随着经济的发展、生活水平的提高以及环境的恶化，粮食安全自身也从单一数量安全的维度演变到了数量安全、品质安全、生态安全和健康安全的有机统一。[①]相应地，一方面，针对品质、生态的维度，食品质量也随着消费者对环境、文化、公平等诉求的多元化而呈现差异化的发展；另一方面，针对健康的维度，食品安全已经不再仅仅是无污染的卫生要求，而是演变为应对技术风险，通过科学评估和公众参与确定可接受的风险水平。[②]然而，即便都是针对食品领域，仍需要指出的是，这些概念在适用的范围上还是有所差别，如粮食安全主要是限于农业生产中的水稻、小麦、玉米等主粮规制，而食品安全或食品质量所涉及则不仅包括农业初级生产环节的食用农产品，也包括食品工业中的各类食品产品。[③]正因为如此，针对粮食安全的农业立法和针对食品安全、质量的食品立法有了交织，却也各有侧重。

表 33-1　　　　　　　食品相关立法的主要法律制度和立法交叉趋势

主题总项	分项	粮食安全	食品质量	食品安全
生产要素	土地	耕地数量的土地制度、所有权	原产地质量标志、有机质量标志	农业产地保护制度（禁止生产区）
	种子	所有权、多样化	优质种质、新品种保护制度	卫生检疫制度
	资金	补贴、信贷、保险、粮食风险基金	某一农产品的市场共同组织	食品安全监督管理财政保障
	投入品	农药、兽药、饲料等许可、安全管理制度	食品的成分要求（菜单立法）	食品安全标准制度（如微生物）
供应环节	生产	主产区制度	禁止食品掺假掺杂、商标、	食品安全管理制度（如 HACCP）
	流通	价格干预、限制性收购、保护性收储、进出口管理制度	禁止误导性标识、质量标志	危害物质检测制度（如农药残留）、食品安全标识制度（如保质期）

① 胡岳岷，刘元胜．中国粮食安全：价值维度与战略选择．经济学家，2013（5）：50~51.

② 孙娟娟．风险社会中的食品安全再认识．财经法学，2015（3）：29~38.

③ 孙娟娟．适足食物权及其相关概念的法制化发展．人权，2017（3）.

续前表

主题总项	分项	粮食安全	食品质量	食品安全
供应环节	消费	节约粮食	质量标志	餐饮评级公示制度、风险交流
监督管理		农业支持政策、风险预警	认证、认可	许可、风险等级检查、风险警示
其他		粮食援助（食品券）、农村发展、农民增收	特色农产品保证、传统食品安全标准使用例外	风险分析制度（监测、评估、交流）、举报制度
立法呈现交叉趋势		（1）农业立法的扩张：从数量要求扩张到质量要求，如通过生态环境的要求发展绿色农业，将是否符合食品安全法律的要求作为申请农业补贴等惠农措施的资质要件		
		（2）食品立法的扩张：从生产加工环节扩张到初级生产环节，如将保证食品安全的首要责任和产品责任延伸至农业生产环节的生产经营者		

第三节　食品体系变迁中的食品安全规制

具体就食品安全治理而言，尽管"食品供应链方式"已提出了诸多解决食品安全问题的方案，如风险分析、全程追溯、协调食品安全标准等，但"食品系统"这一概念更强调以系统性的思维对待与食品相关的各类问题，而这不仅仅是食品在供应中存在的与安全相关的客观供应问题，同时也涉及由食品特殊性所引出的需要通过解决各类供应问题来实现经济、社会、文化等方面的主观价值追求。

一、客观供应问题

（一）环节的分段与规制范围的全程化

从自然馈赠到工业化产出，食品供应的变化包括食品种类的丰富、食品供应环节的增加、距离的延伸等，由此而来的问题就是如何确定食品安全法的规制范围。一如上文所述，食品安全法的兴起主要是为了应对加工食品的安全，即通过安全标准的设置、生产过程的控制和终端产品的检测来确保生产的食品不会对人类健康造成损害。其间，考虑到市场在风险信息披露方面的失灵，食品安全法也通过记录、标识等要求保障消费者的知情权，而这一权利是消费者通过识别食品成分、保质期等重要信息来选择安全食品的前提。相较之下，农产品的生产风险更为不确定，这是因为农业是一个生物体的生长、发育、成熟过程，且依赖于自然界的水、土等环境因素，而后者不仅带有诸多危害农产品安全的因子，而且具有不稳定性。因此，农产品的安全保障工作无法像工业化的食品加工那样具有可预见性和可控制性。① 正是基于这样的考量，农产品的安全监管往往是食品安全法律的可适用例外。

然而，一方面，实务经验表明：农产品和其他食品的分段监管并不符合农业和食品行业的发展特点。事实上，农产品和食品概念本身并没有科学、合理的界定②，仅仅出于分段监管的需要进行环节划分，一是会使立法上也无法理顺两个概念的划分困惑，二是客体和主体的区分不清会进一步造成执法的错位、缺位，三是会导致司法中的适法困境，"豆芽冤案"就是典型说明。另一方面，源头环境的污染和农药残留的超标也会引起食品安全问题，面且这不仅关乎食用农产品的安全，也关乎以农产品为原料的加工食品的安全。事实上，随着农业生产的现代化、规模化的发展，一些以保障食品安全为目的的管理体系也可以用于对农产品的生产管理。对此，将食品安全法律适用于初级生产环节的技术障碍并不能成为食用农产品监管例外的理由。

在上述方面，"源头控制""全程管理"等预防食品安全风险的理念正在改变食品安全立法的适用范围，即将保证食品安全的要求延伸至农业初级生产环节。相应地，当食品行业的新兴业态使得列举的立法方式不能穷尽所有食品生产经营主体且农业生产主体的例外不能保障源头安全时，立法形式也应当作出转变才能实现上述业已发生变化的立法内容，而这符合内容决定形式的逻辑要求。③ 在这个方面，可以通过对"食品""食品生产经营者"等概念的概括而不是列举来保障规制范围的全面且不留漏洞以及避免列举因具体而缺乏灵活性的问题。

---

① 金发忠. 基于我国农产品客观特性的质量安全问题思考. 农产品质量与安全，2015 (3)：3～6.
② 钱永忠，王芳. "农产品"和"食品"概念界定的探讨. 科技术语研究，2005 (4)：33～35.
③ 杨旺年，赵军. 列举、概括在刑事立法中的运用. 法律科学，1990 (6)：67.

　　以食品为例，根据国际食品法典委员会的定义，"食品"是任何加工、半加工或未经加工、供人类食用的物质，包括饮料、口香糖及生产、制作或处理"食品"时所用的任何物质，但不包括化妆品或烟草或只作药物使用的物质。① 这一从物质视角确定的宽泛概念有利于将形态各异、产出环节不同且包含食用农产品在内的所有食品都纳入食品安全法律的规制范围中。相应地，食品安全法所确定的规制范围也自然包括了源头的食用农产品以及其他环节中诸如原料、菜肴等不同类型的食品。

　　基于概括的周延性，就可以避免实务中因为法律术语使用的多样性造成的执法困境。举例来说：我国食品安全法的条文中使用了食品、食品原料、原料等不同概念。其中，针对食品生产经营者采购或者使用不符合食品安全标准的食品原料作出了处罚规定。然而，食品经营者包括经营者和餐饮服务者，但当酱油对于经营者而言是食品时，其对餐饮者而言是食品原料。因此，有执法人员认为不应该因为经营者采购或者使用不符合食品安全标准的酱油而对其加以处罚，因为其采购或使用的是食品而不是食品原料。对于这一执法问题，采用上述从物质角度定义的食品概念可以避免术语不统一导致的法律适用异议。

（二）人员的分工与食品安全责任的体系化

　　"食品供应链方式"的提出就是鉴于链条延长中的分工细化、人员繁多等客观实际，将"食品安全人人有责"的理念通过相应的制度安排，为实现"人人有责且人人尽责"提供路径，尤其是在生产经营者和政府监督管理者之间形成履责上的"两环相扣"。

　　相较于传统法律责任的事后制裁违法与犯罪以及赔偿损害，"预防胜于治疗"的食品安全治理理念也突出了事前的预防性义务，最为显著的就是要求食品生产经营者落实保障食品安全的首要责任。为了履行该法定义务，食品生产经营者的自我规制需要借助一系列的制度设置，包括执行国家强制性的食品安全标准，建立以过程控制、科学预防为基础的安全管理体系以及便于发现和应对食品安全问题的追溯、召回制度。这一自我规制并不是自由放任，对其是否符合法定要求还需要政府的"托底"监管。② 因此，这一自我

---

　　① Codex Alimentarius Commission. Procedural manual. twenty-first edition，2013：22.

　　② 王旭. 中国新《食品安全法》中的自我感觉规制. 中共浙江省委党校学报，2016（1）：121.

规制也可以视为强制型自我规制。[①]

当上述制度的安排是基于合规需要时，为了迎合消费者日益增长的安全与质量诉求，食品生产经营者的自我规制还可以通过与行业协会的合作规制或者合同的方式来实现。[②] 对于这些私人规制，一方面，这些新兴的借助合同、私人标准、认证所构成的自我规制不同于上述的强制型自我规制，因为它们是基于私人之间的合意并采用私法的方式制定和执行规则，进而体现了食品私法的崛起。[③] 另一方面，为了避免私人主体在标准制定、合同签订中逃避实现食品安全所应追求的公开、公正、参与等公法价值，也应当对其设定行政法义务，并通过监管机制和程序性控制使之正常运转。[④] 在这个方面，对于网络食品销售中新兴的第三方平台科以审查、信息披露的义务就是为了加强其保障食品安全的公共责任。

当食品生产经营者的自我规制可以弥补官方因为技术、人力、财力等限制造成的规制不足时，官方规制一方面要改变以往"控制—命令"规制方式中缺乏灵活性的问题，以便于食品生产经营者根据自身的风险性行为确定危害、关键控制点、纠错机制等，进而预防和控制生产过程中的安全隐患与危害。另一方面，官方也需要借助一定的制度设计，实现以科学为基础、以预防为目的规制模式。在这个方面，一是需要借助专家论证和公众参与实现风险管理的科学性和民主性，进而提高风险管理决策的社会接受度，换而言之，就是落实风险评估、风险管理和风险交流这一系统化的决策体系。二是在官方检查的执行中，也要根据食品的风险特点、企业的合规情况和监督管理的重点实施风险的分级管理。

值得一提的是，"人人尽责"是保障食品安全所不能或缺的，但如何尽责与每一个人的角色、能力相关，而且食品安全责任并不必然是一种法律责

---

① BRAITHWAITE, J. Enforced self-regulation：a new strategy for corporate crime control. Michigan law review, 1982, 80：1469.

② 王旭. 中国新《食品安全法》中的自我感觉规制. 中共浙江省委党校学报, 2016 (1)：118～119.

③ BERND VAN DER MEULEN. The emergence of a concept//VAN DER MEULEN, B. (ed.). Private food law, governing food chains through contract law, self-regulation, private standards, audits and certification schemes. Wageningen Academic Publishers, 2011：30.

④ 高秦伟. 私人主体的行政法义务. 中国法学, 2011 (1)：168.

任。例如，一方面，媒体作为信息平台为社会公众提供食品安全的信息；另一方面，信息发布也是媒体实现社会监督的手段。诚然，媒体反映客观事实的报道在发掘食品安全问题、传播食品安全知识中起着积极的作用，但意在吸引大众眼球的不真实报道也损害了食品生产经营者的经济利益和消费者的知情权。然而，"采访求实、发布求慎"更多的是一种社会责任，且在社会转型和食品监管完善的过程中，媒体的"过错"与其监督作用相比，前者是可以允许的，但需要相关监管部门及时纠错，即通过及时调查、信息公开来更正信息。① 再例如，如消费者作为终端的食用者，其选择具有"安全符合"的食品和采用正确的加工处理方式的"自觉责任"也是保证食品安全所必需的。②

（三）方式的转变与规制方式的多元化

从规制到治理，前者可以被视为后者的一种形式，主要是指政府对经济活动的干预，以便应对市场失灵所导致的问题。③ 相比之下，治理更多的是去政府这一规制中心，并通过私主体在不同层面的参与形成多元、多层的共治。在上述进程中，政府规制呈现出放松规制、回应规制、明智规制等特点。

其中，当许可被视为国家规制权行使的一种核心模式即"命令—控制"规制模式的典型时，其发挥着信息搜集、准入控制、行为监督的作用。④ 伴随着私人规制和公众参与的兴起，放松规制意味着行政许可：一要简政，以便在保障公众食品安全的同时减少食品生产经营者的规制负担，如简化审批程序，进而通过食品行业的良性发展更好地回应消费者的诉求；二要放权，如将许可权下放于地方政府，以便后者可以针对小规模的食品生产经营作出灵活性的安排，如以备案替代许可的行业准入；三是以其他的规制方式来替代许可，以节省行政资源，例如，通过事后监管的强化去查出市场活动中的违法行为，如利用基于信息披露的声誉制约机制，而且在这个方面，大数据、

---

① 张海英.食品安全报道要允许媒体出错.（2013-01-30）[2016-03-30].新华网，http://news.xinhuanet.com/politics/2013-01/30/c _ 124297545. htm.

② 孙娟娟.食品安全消费者也要尽责.新京报，2015-07-07（B10）.

③ NORBERT HIRSCHAUER, MIROSLAVA BAVOROVA. Advancing consumer protection through smart food safety regulation. European food and feed law review，2014，2：93.

④ COLIN SCOTT. 作为规制与治理工具的行政许可.法学研究，2014（2）：37~41.

物联网等现代信息技术将有助于有限监管资源的优先配置和有效使用。①

尽管针对市场失灵的政府规制有助于解决外部性、信息不对称等导致的食品安全问题，如农业环境污染加剧食品安全隐患，信息缺失不利于消费者识别和选择安全且富有营养的食品，但食品行业的规模差异、技术发展、产品特性也使得一刀切的规制手段无法回应不同生产经营主体的行为选择。当许可简化和下放有助于食品生产经营者通过自我规制或地方治理来实现规制对于企业自主经营和地方自治的回应时，所谓回应规制并没有固定的最佳规制方式，而是作为一种态度，以多样的规制方式实现规制的灵活性。以处罚为例：对其他规制工具的选择，回应规制是指在"规制金字塔"自上而下的"刑事处罚、吊销许可、暂停许可、刑事处罚、民事处罚、警告信、劝说"格局中，政府更多运用陈列在金字塔底端的工具。② 对此，约谈制度可以视为劝说在食品安全治理中的一种制度安排，但约谈是否能够产生改进不合规行为的效果仍需要实质性的处罚来保障。而与处罚同行，以奖励方式实现的规制也能通过激励作用促进企业的合规行为。③

作为规制的明智化趋势，政府会越来越倾向于借助信息规制的外部压力来改进食品生产经营者的合规性，例如，借助消费者用脚投票、媒体黑红名单等外部压力来促使被规制者通过自律实现合规。④ 比较而言，食品安全治理中存在诸多借助信息规制工具的法律形式，如许可前对信息的搜集有助于事中、事后的检查，违法信息披露通过声誉制约机制引导合规的企业行为，标示对于食品质量的技术规范有助于消费者的知情选择。然而，要减少食品生产和消费中的安全风险，不仅需要披露与生产者资质、食品安全相关的信息，还需要利益相关者通过对这些信息的利用来实现各类规制目的。遗憾的是，食品信息的高度技术性和专业分工导致的知识落差妨碍了对披露信息的识别和甄别。因此，风险交流也日益成为重要的信息规制工具。例如在对公共风险的规制决策中，和专家的科学交流、与公众的价值交流有助于决策者

---

① 宋华琳. 加强事中事后监管推动市场监管体系的改革与创新. ［2015-12-26］. 中国政府门户网站，http：//www. gov. cn/zhengce/2015-11/18/content_2967454. htm.

② 王瑞雪. 治理语境下的多元行政法. 行政法学研究，2014（4）：132.

③ BRAITHWAITE J. Rewards and regulation. Journal of law and society，2002，29（1）：12-19.

④ 应飞虎，涂永前. 公共规制中的信息工具. 中国社会科学，2010（4）：121.

作出既有科学依据也具有社会可接受度的风险管理决策。而当专家和公众对于风险存在"理性"与"感性"的冲突时，彼此之间的交流也有助于后者理性的提升，进而提高自身管理风险的能力。

此外，对于公众而言，政治参与活动已经无法满足其对个体性事务及利益的诉求，进而在公众参与方面也形成了更多的个体行动或者组织化的方式。[①] 相应地，有关食品安全的利益诉求也推进了这一领域的公众参与，如职业消费者的举报、行业协会的自治、非政府组织及媒体的监督等。这些多元主体对食品安全这一共同利益的诉求会通过社会压力的方式使得当事方作出积极的社会响应，进而改变危害食品安全的行为。对于这些自发性的社会回应[②]。食品安全法可以通过激励制度的构建以及对各相应主体的权利保障来发挥这些多元参与在食品安全保障工作中的作用。

二、主观价值问题

食物由于对人类生存的不可或缺性，往往引起经济、政治、道德等多方面的争议。

（一）人权的实现

毋庸置疑，安全是食品供应的一个内在要求，然而，基于安全保障的食品规制相对而言是新兴的领域。在这个方面，目前对食品安全的价值诉求与科学技术的发展、市场经济的主导和消费社会的形成相关。[③] 因此，即便食品安全无疑也为人的生存和发展所必需时，食品安全权的生成并不一开始就作为一项独立的基本权利类型，而是内涵于安全权、健康权这些基本或派生的人权，并最终成为食物权的一部分内容。而如今，国际社会的规范性文件和各国的立法都根据社会生活的不断发展对上述内容进行了扩张解释，并使得食品安全权成为一项独立的权利而得以确立并日渐明确。[④]

对于上述与食品安全相关的权利诉求，法律在其实现方面的作用在于通

[①] 杜辉. 论制度逻辑框架下环境治理模式之转换. 法商研究，2013 (1)：70.
[②] 戚攻. 论"回应"范式. 社会科学研究，2006 (4)：116.
[③] 唐凯麟. 食品安全伦理引论：现状、范围、任务与意义. 伦理学研究，2012 (2)：115.
[④] 涂永前. 食品安全权及其法律构造. 科技与法律，2014 (1)：42~52.

过程设置来衡量不同的利益并作出相应的制度安排。① 诚然，食品安全是所有利益相关者的共同利益所在，但由于利益的多元化和受追求狭隘的自身利益驱动，当"各行其是"没有受到公共行政的干预时，逐利的经济行为会损害消费者的权益，也会造成不公的市场竞争。而对于公共规制者而言，其不仅需要权衡各利益并加以适度保护，也会面临着经济发展和安全保障之间的利益冲突。对于上述这些有关利益诉求和衡量的问题：一方面，基于食品安全立法的历史教训，现代的食品安全立法都会明确指出立法目的在于优先保障基于食品安全的生命健康权。为了这一目标，有必要对食品进行规制，并针对食品的生产经营设置许可、信息披露等制度。另一方面，食品供应的多环节、长链条也使得从农场到餐桌的安全保障需要各相关利益方的协同作用。对此，针对食品的追溯制度、召回制度、举报制度以及连带责任等的设置都是为了"各司其职、各尽其责、共建食安"的社会共治。

然而，当科学基础成为食品规制的主流趋势时，对利益的衡量主要是通过保障利益相关者而不是科学专家的参与来实现的。对此，一是需要负责决策的规制主体在考虑科学证据的同时一并考量包括风险认知在内的其他合法因素，而后者往往受到所在社会的价值的影响②并决定着风险管理决策的社会可接受；二是构建有利于不同利益相关者作出利益诉求的组织及程序机制；三是在权衡各利益相关者的诉求时，决策的裁量应符合食品安全法授权的目的，并通过审查裁量的行为目的是否偏离该立法目的来限制裁量权的滥用。③

此外，一如食品安全在食品体系下与其他食品问题有所交织，食品安全相关权利的实现，一是需要考虑食物权中所列出的其他内容，例如，当缺乏实际和经济条件获得充足食物时，饥饿和营养不足同样会导致健康问题，而在食物匮乏的情况下也会因为数量与质量的冲突，忽视由危害物质引发的食品安全问题；二是鉴于食品体系在实现社会、经济发展预期中的作用，食品安全相关权利的实现也与获得安全、健康工作条件，从科学进步和应用中获

---

① 宋华琳. 药品行政法专论. 北京：清华大学出版社，2015：13.

② RONALD MACFARLANE. Integrating the consumer interest in food safety: the role of science and other factors. Food policy, 2002, 27: 74.

③ 姜明安. 论行政自由裁量权及其法律控制. 法学研究, 1993（1）：49.

益、享受文化和参与文化生活等内容都相关。① 在第二个方面，值得反思的是：日益集中化、规模化的食品生产和全球化的采购与供给不仅易于扩大食品安全问题的影响范围，也会加剧食品的标准化和同质化，后者尽管带来了廉价的食品选择，却也因此丢失了可口、质量等特性。随之而来的问题包括：现代饮食不仅取代了传统饮食，甚至导致一些传统饮食文化乃至传统特色农业的消失；廉价食品所导致的超重、肥胖也因为营养失衡而成为新的慢性食品安全问题；等等。

（二）经济的发展

一如上文所述，农业与食品行业的发展不仅在于解决粮食安全和食品安全，也在于通过这些基本的数量和安全要求，满足行业发展、消费者多样选择等多重目标。如农业的发展一方面需要确保消费者"买得到"和"买得起"粮食，另一方面也要保障农民有合理的收入以及通过农业的发展来巩固经济基础。相应地，除了保障消费者的各类与食品相关的利益诉求外，食品行业的监管也要兼顾各类食品生产经营者的经济利益，防止过度保护给食品行业带来过重的监管负担。然而，需要指出的是，食品监管的历史进程表明，即便利益衡量像钟摆一样在"经济第一"与"安全第一"之间来回摆动，但各国有关食品的政策都曾以推动生产利益为主，直到发生了一系列的危机后才在各类利益的权衡中优先考虑公众、环境健康以及消费者利益。② 有鉴于此，当食品安全规制以科学原则及风险评估确立其监管的专业性和客观性时，在决策前后以及过程中通过风险交流来回应消费者的诉求并优先保护消费者及公众健康这一公共利益，也被视为重塑消费者信心、构建规制民主及其正当性的要务之一。

当食品安全立法明确公众利益，尤其是公众的生命安全和身体健康成为食品安全治理的首要目标时，食品行政管理领域内的相关法律适用、解释和权衡都应遵循这一意在确保"安全第一"的公益。这一公益优先的明确有助于防止委托立法以及行政执法中的裁量滥用，即在该立法目的的"软法"制

---

① MOLLY D. ANDERSON. Rights-based food systems and the goals of food systems reform. Agricultural human values，2008，25：595.

② TIM LANG. The complexities of globalization：the UK as a case study of tensions within the food system and the challenge to food policy. Agriculture and human values，1999，16：169.

约下避免经济利益凌驾于公众安全保障之上的决策，以及由此导致的食品安全事件与随后的信任危机。对此，谨慎预防原则在食品安全领域内的应用就是为了明确在科学不确定性的情形下应当优先保障公众健康，即应采取行动预防风险及潜在的具有不可逆性的危害，而不是在风险实质化后才采取措施减少损害。

然而，当保障安全这一公共利益不可避免地需要以私人利益的减损作为代价时，对于优先保障安全这一公共利益的决策也需要考虑比例原则，以确保决策的合理性。此外，为了避免有违正义和公平，对于利益受到减损的少数，也应根据得失相当的基准给予公平、合理的补偿。① 正是因为如此，现代的食品安全治理需要以科学为依据，通过专家的参与和风险评估提供的科学证据来确定公共利益所能代表的内容。例如，即便根据谨慎预防原则采取优先保障公共利益的行动，也要依据比例原则的要求确保所采取的措施不会因为过高的保护水平而不具有技术和经济的可行性。但是，就目前实务而言，为了挽回公众对食品安全治理的信心，强化食品安全规制也会引发系列新的问题，例如，以"严惩重处"为特点的食品安全监管会因为过分偏重消费者的情感而加重食品行业的合规负担，而即便是处罚违法企业也会存在"过罚不相当"的问题。② 以"零容忍"为目的地预防和控制食品安全风险也会陷入成本与收益失衡的无效风险治理这一恶性循环③，而谨慎预防、优先保障公共利益时，对于无过错行政相对人遭受的损害，如过早预警，由错误预警信息导致的私人利益损害，也缺乏明确的合理赔偿制度。

（三）可持续发展

可持续发展为一个变化的过程，追求经济繁荣、社会进步和环境永续的协调发展。在这样一个人类发展的目标之下，食品体系一方面通过食品的供给满足人类的基本物质需要，另一方面也因为自然环境和社会环境的限制而需要纳入可持续的理念，进而在满足当代人需要的同时不会对后代人满足其需要的能力构成危害。正因为如此，食物权的"适足性"要求也考虑了持久

---

① 高秦伟. 行政法规范解释论. 北京：中国人民大学出版社，2008：142～143.

② 王贵松. 食安法修改应摒弃重罚思维.［2016-03-29］. 中国法学网，http：//www. iolaw. org. cn/showNews. aspx？id＝44896.

③ 布雷耶. 打破恶性循环：政府如何有效规制风险. 宋华琳，译，法律出版社，2009.

性，即确保食物的长期提供和获取，包括今世后代的食物需求。① 但就当下的食品体系发展及食品安全法制完善而言，对可持续发展的反思及改进可以从以下几个方面入手。

在人与环境的关联方面，可以说，食物作为中介，维系了人与自然的关系。因此，人类对自然环境的投入会最终通过食物反馈于自身。② 也就是说，农业初级生产中防治产地污染及合理利用自然资源，可以通过避免化学、微生物对环境的污染来预防危及食品的安全问题。然而，移民、贸易、旅游等社会经济发展变化，改变了人与自然的直接联系。食品供应链的发展以及食品的集中化生产和国际化贸易不仅降低了食品的价格，同时也使得移民或旅游在外的消费者可以买到千里之外家乡的食品。但这一发展的代价包括：使用化学物质延长食品的保质期，微生物获得更多污染食物的机会，以及在生产、仓储、运输中消耗大量能源。相应地，除了传统的由有害物质引发的食品安全问题，也出现了由致癌物质引发的潜在危害、新兴微生物引发的食源性疾病等新的食品安全问题。③ 当法律所熟悉的是应对实质危害并施以事后的处罚或赔偿时，疯牛病危机、对生物技术安全的质疑都是现代食品体系给食品安全规制带来的挑战，即如何改进立法应对技术风险的潜在危害。而当本地食品、短距离消费、食品原产地标识成为新的潮流，重塑人与自然的食物链关联时，食品安全立法也需要跟进，以解决国家规制与消费选择矛盾、消费本地食品构成歧视域外食品等新的问题。

就社会进步和经济发展而言，社会经济发展形成了主体利益的多元化，但区域不平衡也导致了主体利益的差异化，且存在着利益既得者在逐利中牺牲其他人的利益的现象。在食品安全领域，当城市通过市场准入、检查等手段不断强化食品安全监管时，大量的假冒劣质食品向农村地区转移，危害了农村群众的健康。在这个方面，包含安全要求在内的食物权的实现与社会公正是不可分割的。④ 有鉴于此，面对"高风险的城市、不设防的农村"这一

---

① 经济、社会、文化权利委员会. 第 12 号总评论取得充足食物权：中文版，1999：3.

② DAVID WALTNER TOEWS. One ecosystem, one food system: the social and ecological context of food safety strategies. Journal of agricultural and environmental ethics, 1991，1：52.

③ Ibid.，52-55.

④ 同①2.

困境，城市是食品、药品生产、流通的主战场，对周边区域食品、药品产业的发展具有较强的聚集、辐射功能。抓住城市的食品、药品监管，在某种意义上就抓住了食品、药品监管的半壁江山。[①] 然而，值得一提的是，尽管食品作坊和摊贩以及利用互联网兴起的新兴小业态往往成为城市食品安全治理的难点，但这些小规模业态在促进个体就业、便利低端饮食、增加食品选择、保留传统文化等方面也有着重要作用。因此，目前日益强化的食品安全监管也需要为这些小型业态保留发展的空间。对于后者，应通过强化农村的食品安全监管，改变现有农村消费者和城市消费者在食品安全权方面的不平等，进而使他们形成收益共享、风险共担的利益共同体。在这个方面，这一消费主体的利益诉求有助于通过"食品民主"将更多的消费者诉求融入现有的食品生产体系中，进而改变食品从业者尤其是大型食品企业的主导地位，并借此构建一个令消费者满意的食品体系，以确保他们在知情的前提下选择满足个人需要的食品，而这并不仅仅是个人对口味、外观等的偏好，还包括试图通过自己的消费行为改善食品的生产，体现对保护生态、支持就业、公平贸易、保持文化、促进地方发展等不同价值的追求。

第四节　中国食品安全法律体系的建立健全

就我国包括粮食在内的食品问题而言，毋庸置疑，面对人口众多、资源有限的压力，粮食安全会一如既往地重要。然而，长期以来通过农业生产中过量投入的化肥和农药来实现粮食的有效供给，由此导致的农业面源污染也带来了人们健康损失、农产品质量下降、农作物减产以及食品安全等问题。[②] 此外，工业化、城市化的发展也使得食品工业不断扩张，相应地，食品安全问题的发生率也随着生产链的延伸而增加。而且，低端市场的广泛存在也诱发了企业的机会主义行为。[③] 由此而来的是，当粮食短缺的问题缓解

---

① 徐景和.完善统一权威食品药品监管体制的若干思考.食品安全报，2016-03-22（A2）.

② 唐学玉，张海鹏，李世平.农业面源污染防控的经济价值——基于安全农产品生产户视角的支付意愿分析.中国农村经济，2012（3）：53.

③ 胡颖廉.食品安全战略的路径选择.（2015-11-19）［2016-03-23］.人民网，http://theory.people.com.cn/n/2015/1119/c40531-27834535.html.

后，食品安全事件的爆发使得食品安全更具有显著的时代性。相应地，一方面，我国立法也通过"多管齐下"的方式应对不同的食品问题，例如，通过《农业法》应对粮食安全，通过《产品质量法》应对食品质量，通过《食品安全法》应对食品安全等。另一方面，随着食品安全既是重大民生问题也是重大政治问题的定位以及食品安全战略的提出，构建严密高效、社会共治的食品安全治理体系更需要法制完善的先行，进而为食品安全的公私共治和社会参与奠定法律基础。

在这个方面，就食品安全立法的演变而言，我国食品法律的历史沿革主要有两条支线。其中一条支线是基于公众健康保护的食品安全立法。随着对食品安全的重视，该支线的法律法规体系已经初步形成，包括：一是《食品安全法》这一母法；二是实施这一法律的实施条例和针对食品许可、食品添加剂等规制事项的行政法规、规章；三是食品安全标准这一类的技术规则；四是与《食品安全法》相衔接以保障食品供应链全程安全的相关法律法规，如《农产品质量安全法》对农产品安全的规范、《产品质量法》对食品相关产品的安全的规范等。另一条支线则是散落在各类法律部门中与食品问题相关的各类法律法规，如保障粮食安全的《农业法》，保障食品消费者健康以及其他各类消费者权益的《消费者权益保护》等，保护食品生产经营者公平竞争、维护食品市场秩序的《反不正当竞争法》等。尽管这类立法并不着眼于食品安全问题，但其对粮食安全、食品质量等问题的规定也会影响食品安全的实现。例如，粮食安全立法中对生态环境的要求可以从源头确保农产品的安全，消费者权益保护立法中规定了消费者享有知情权则可以从终端保障消费的安全决策。

比较而言，支线一的完善进程不断加快，其已日益发展为我国食品（安全）法的主线。2015年《食品安全法》的修订突破了2009年立法时对食品安全概念认识不足的问题，并通过预防为主、风险管理、全程控制、社会共治等法律原则的确定提出了现代食品安全的治理理念。① 然而，支线二的食品立法发展不仅存在碎片化的问题，同时各类立法由于立法目的的差异，对于作为规制对象的食品事项并没有关注食品与人类消费的特殊关系，以至于

---

① 吴磊，刘筠筠. 修订后《食品安全法》的亮点与不足. 食品安全质量检测学报，2015（9）：3759.

在立法目标的设定中将经济发展凌驾于健康保护之上，或者在执法环节中存在缺位、错位等问题，进而加剧了各类食品问题。在此立法方面的一个典型案例就是有关转基因食品的立法。尽管目前《食品安全法》对转基因食品强化了标识要求，但对该类食品的许可、监测和追溯依旧因为《转基因食品卫生管理办法》的废除和《农业转基因生物安全管理条例》的滞后而缺失明确的法律规定。就执法阶段而言，食品安全立法的任务是解决食品卫生安全问题，而有关满足需求和维护可持续意义上的食品安全是由农业法和环境保护法等法律进行规范的。[①] 然而，就源头的农业环境污染而言，如何在负责农产品安全的农业执法部门和负责环境安全的环境执法部门之间构建数据分享、责任追惩、污染治理的协作机制，缺乏明确的法律规定。

综上，对于现有法制中存在的协调不佳、精细不足和立法滞后等问题，基于因食品体系变迁而已有的各类反思，进一步完善我国的食品安全法制可以从以下三个方面入手：

第一，进一步完善食品安全立法的全面性。在这个方面，可以从物质、过程和信息三个方面来推进食品安全法制的健全。

其中，从物质角度来说，可以说，食品都是由物质构成的，但这些物质的属性和功能各不相同。比较而言，最基本的食品物质是构成食品的原料。长期以来，为了确保食品的纯净度，识别标准（产品标准）通过对食品的成分及其含量的限定来规范食品的成分构成，以防假冒伪劣产品的欺诈。此外，食品添加剂和诸如包装材料、容器等食品相关产品也是现代食品生产经营中必不可少的物质。但上述的"菜单法"式立法与广泛使用食品添加剂等物质的需求不相兼容。为此，通过科学证明确保物质安全性的一般原则可以用来规范物质在食品和食品生产中的使用，例如针对食品添加剂的安全评估和行政许可。随着食品供应链的发展，越来越多的化学、微生物等物质被用于食品的生产、加工。在这个方面，在权衡技术需要、经济发展和安全保障等利益后，也要对这些物质的使用范围和数量作出规范，如农药的使用应符合肯定列表和最大残留的限量规定。

对于过程，最初的有关食品安全的立法主要着眼于生产环境的卫生条

---

① 袁杰，徐景和.《中华人民共和国食品安全法》释义. 北京：中国民主法制出版社，2015：29.

件。在这个方面，现代食品技术大大改善了食品的生产条件。然而，食品污染，尤其是生物污染，成为食品生产过程中一个新的安全隐患。此外，就食品供应链来说，环境中的金属、农药残留的污染也会带来食品安全问题。[①]因此，生产环节的控制需要依赖以风险为目标、以科学为基础的管理体系，例如良好农业规范、良好生产规范等。此外，食品科学的进步也为食品提供了新的生产方式，结果，以新技术为手段生产出来的食品是否与传统食品有着实质性的差别成为争论不休的话题。根据实质性等同原则[②]，技术食品与传统食品是一样的。相反，在欧洲，由新技术诸如生物技术、纳米技术等开发而来的食品被认为是新食品，因此需要申请、添加标识和进行追溯。事实上，食品成分的不同、食品生产方式的不同都会导致最终食品产品的差异。例如，转基因食品和有机食品的差异正是基于两者生产方式的不同。有鉴于此，所谓的过程和生产方式的强调，就是为了强调食品的生产方式也与食品的安全相关。[③]

就食品而言，食品信息是指针对食品并通过标签、其他相伴随的媒介或者任何其他包括现代技术或言语交流在内的方式向最终消费者提供的信息。[④] 与严格的"菜单法"相比，完善、清晰的标识、说明和广告体系可以帮助消费者更好地认识他们的食品产品。以食品安全来说，针对食品信息的禁止性或强制标注有三个方面的内容：一是禁止误导性信息，以消费者的知情权构建其选择安全食品的前提。二是提供必要信息。以营养信息而言，蛋白质、碳水化合物和脂肪等信息以及对营养、健康声明的统一，有助于预防与营养相关的食源性疾病，尤其是慢性疾病。三是所谓"一个人的肉是另一个人的毒药"，很鲜明地描述了对部分人而言存在一个的问题，即对于某一特定的食品会有不良的生理反应，也就是说食品敏感。在这个方面，采取的

① MAHEROU, J., NOREST, S. and FERRER, L. La santé est dans l'assiette: la synthèse de l'asef. Association Santé Environnement France, 2013: 3-9.

② OECD. Agriculture policies in OECD countries: monitoring and evaluation 2000: glossary of agricultural policy terms, 2000: 262.

③ In addition to food safety, PPM is also an important instrument to improve the food quality by taking into consideration the consumers' preference on the way of food production in the respect of environment protection, labor protection, animal welfare, etc..

④ 该概念可参见欧盟针对食品信息的立法：欧洲议会和欧盟理事会 2011 年 10 月 25 日第 1169/2011/EU 号关于向消费者提供食品信息的法规第 2 条第 2 款。

规制方法是通过提供信息确保消费者的知情选择，而不是全面禁止这一对少数人来说会导致健康问题的物质。

表 33-2　举例：基于物质、过程和信息三要素的食品安全立法完善

总项	分项	法律手段	我国立法实务
物质	原料	产品标准	食品安全国家标准（大米）GB1354—2009
	特殊食品	配方管理	《保健食品注册与备案管理办法》
	食品添加剂	安全评估、生产许可、监督管理	《食品添加剂生产监督管理规定》
		使用范围和限量	食品安全国家标准（食品添加剂）GB 2760—2014
	食品相关产品（包装材料）	许可、目录管理、标准化	《食品用包装、容器、工具等制品生产许可通则》
			食品安全国家标准（食品接触材料及制品）GB4806—2016
	农药	许可、安全管理制度	《农药管理条例》
过程	卫生	食品生产通用卫生规范	食品安全国家标准 GB14881—2013
	新食品	安全评估和行政许可	《新食品原料安全性审查管理办法》
	无公害农产品	产品目录	《无公害农产品管理办法》
信息	食品标识	预包装食品强制性披露	《食品标识管理规定》食品安全国家标准 GB7718—2011
	监督管理信息	强制披露监督检查、违法信息等	《食品安全信息公布管理办法》
	信用信息	增加对失信行为的检查强度	《食品安全信用信息管理办法》
	风险交流	信息公开、公众参与、科普宣传	《食品安全风险交流工作规范》

随着 2015 年修订的《食品安全法》的实施，上述从内容视角提及的完善建议正在通过相关法规、规章及规范性文件的制定工作不断推进，包括：一是已与修订后的《食品安全法》一并实施的规章，如《保健食品注册与备案管理办法》《食用农产品市场销售质量安全监督管理办法》等；二是目前已经公开征集意见的草案，如"保健食品功能目录原料目录管理办法""网络食品经营监督管理办法"等；三是计划颁布或者修订的规章、规范性文件，如针对食

品的标识管理、对食品添加剂生产经营的监督管理以及落实风险交流制度等。①

第二，注重食品（安全）立法的动态性。食品安全立法的发展主要是为应对食品体系中出现的与健康相关的问题提供法律手段。对此，上文的分析也指出了食品体系变迁中对一些新出现的问题的反思，包括：一是食品问题及安全认识本身有一个渐进式的发展，如从数量不足到生产过剩，再到对质量、安全的关注。二是食品体系在跨部门、跨地域的发展进程中，也基于对现代化的风险反思，出现了回归传统、地方的消费诉求。三是食品安全的监督管理也在改进规制、多元共治的潮流中重塑市场、政府和社会的关系，以回应利益多元化、差异化的趋势。相应地，发达国家不断改进对食品（安全）的治理，包括：强化营养标识来防控日益严重的肥胖及慢性食源性疾病；发展基于安全诉求的原产地标识立法以促进本地食品消费及应对远距离食品消费的安全隐患；在官方规制中引入私人治理来平衡安全保障、经营自由、消费自由等诉求之间的矛盾。② 诚然，我国目前的食品安全立法已经更新了理念，构建了意在科学预防食品风险的现代化治理体系，但是，随着食品生产的规模化和集中化以及全国乃至全球供给的发展，也需要预见性地对上述这些变化作出理念和立法上的跟进。

第三，考虑食品立法的综合性。对于作为维持人类生计的特殊消费品——食品——而言，其特殊性意味着仅仅以质量安全为着眼点的立法并不足以解决与食品相关的各类问题和人类发展的可持续性。而食品安全问题的跨领域性也意味着需要数个法律部门综合性地同时对其加以调整，为此，这些法律之间的协调性就显得尤为重要。正因为如此，所谓的"食品法"发展不仅是指一部关注食品安全的母法及相关法律法规的建立、健全，而是需要整合各类针对食品问题的规范，如粮食安全立法、食品质量立法、食品营养

---

① 该分类情况截至 2016 年 3 月。

② 以美国为例，为了保障奶制品消费的安全，巴氏消毒是联邦层面的法定要求。然而，随着农业生产者和消费者对鲜奶买卖的诉求，一些州政府已经通过私人治理的方式突破了巴士消毒的法定要求。例如，让农业生产者和消费者以合同的方式实现某一奶牛的所有权共享，相应地，通过该奶牛获得的鲜奶就可以由生产者直接且仅能交付给作为合同相对方的消费者。但如果因为鲜奶消费而导致食源性疾病，该消费者的私人医生应当告知地方相关部门。Dan Flynn. Animal ownership agreements offer a route to raw milk in WV. Food safety magazine，March 8，2016.

立法等，进而使其形成一部内在规则体系化、外部法律衔接佳的独立领域法。

对此：一是要注重食品安全立法与粮食安全立法的协调。环境恶化、生态失衡、气候变化通过对粮食生产环节的消极负面影响而影响粮食安全保障，也会影响粮食乃至其他农产品在产地的安全保障。对此，在具体的制度设计中要同时考虑耕地的数量与质量，通过农业环境的改善优先考虑农产品的安全问题。二是注重食品安全立法与食品质量立法的协调。在这个方面，消极的质量问题，如食品的掺杂掺假，不仅会成为导致食品安全问题的隐患，也会影响消费者对食品行业和监督管理的信心。而积极的质量追求尽管会高于官方对食品安全的强制要求，但随着食品安全治理的改善和生活水平的提高，质量将成为满足消费者需求、赢得市场竞争的关键。三是注重食品安全立法与食品营养立法的协调。尽管日益增长的营养诉求是为了促进健康，但营养不足、营养过剩以及营养失衡都会导致健康问题。因此，通过完善营养标识、营养教育来预防慢性食源性疾病也是食品安全治理的题中之意。事实上，诸如肥胖及慢性食源性疾病在我国已是显见的由于营养失衡导致的健康问题。因此，在后续的食品安全立法中，不仅要注重食品安全法律体系的构建，也要通过相应法律的调整共建食品安全的目标。

第三十四章

完善残疾人权益保护法律法规

我国有 8 500 万名残疾人，残疾人作为参与市民社会的主要群体之一，其权益保护越来越被广泛关注。① 目前，我国关于残疾人权益保护的法律有五十多部，其中专项法律有《残疾人保障法》、《残疾人教育条例》、《残疾人就业条例》和《无障碍环境建设条例》。这些已经制定的专项法律对于残疾人在社会保障中的教育、就业、康复和无障碍权利作了非常明确和具体的规定，为我国残疾人权益保护的完善研究奠定了很好的基础。

第一节　我国残疾人权益保护法制
体系的历史与现状

为了发展残疾人事业，维护残疾人的权益，新中国成立以来我们的党和国家就十分注重残疾人权益保护法制的建设和完善。通过多年的努力，残疾人的权益得到了越来越多的保障，经济水平不断增长，受教育程度也有了大幅度的提高。同时，我们也应当看到，正如《国务院关于加快推进残疾人小康进程的意见》指出：目前我国 8 500 万残疾人中，还有 1 230 万农村残疾人尚未脱贫，260 万城镇残疾人生活十分困难，城乡残疾人家庭人均收入与社会平均水平差距还比较大。可见，我国残疾人的生活虽然有所提升，但推进残疾人进入小康的工作仍然任重而道远。

---

① 2014 年中国残疾人事业发展统计公报【残联发（2015）12 号】。

一、我国残疾人权益保护立法现状

（一）《宪法》为残疾人权益保护提供了法律基础

《宪法》第 33 条第 2 款规定："中华人民共和国公民在法律面前一律平等。"这就表现出在我国，无论是残疾人还是非残疾人，都平等地享有宪法和法律规定的权利，承担宪法和法律规定的义务，每一个人被赋予了同等的法律地位。《宪法》第 45 条第 1 款规定："中华人民共和国公民在年老、疾病或者丧失劳动能力的情况下，有从国家和社会获得物质帮助的权利。国家发展为公民享受这些权利所需要的社会保险、社会救济和医疗卫生事业。"这一条款的存在，为残疾人获得社会保障提供了法律基础。对于完全丧失劳动能力的残疾人，国家应该给其提供物质帮助，以保障其正常的生活水平。《宪法》第 46 条规定："中华人民共和国公民有受教育的权利和义务。"残疾人作为我国的合法公民，自然也承受受教育的权利和义务。接受教育对残疾人的重要性是不言而喻的，文化知识的学习是促进残疾人就业，进而得到一份保障其生活的工作的重要途径。

（二）基本法律对残疾人权益提供了重要保护

（1）民法为作为平等主体的公民和法人、非法人组织之间的财产关系和人身关系提供了保护性法律规范，是调整民事主体之间的财产关系和人身关系的法律规范的总和。残疾人作为公民，其权益受民法保护。《民法》第 13 条第 1 款规定："不能辨认自己的行为的精神病人是无民事行为能力人，由他的法定代理人代理民事活动。"民事法律行为是民法制度的核心，将不能辨认自己的行为的精神病人划定为无民事行为能力人，是对精神病人的保护。《民法》第 17 条规定了成年精神病人的监护人可以是配偶、父母、成年子女和其他近亲属等。

（2）刑法以保护人民、惩罚犯罪为目的。残疾人作为人民中的一员，其权益受刑法保护。《刑法》第 18 条第 1 款规定："精神病人在不能辨认或者不能控制自己行为的时候造成危害结果，经法定程序鉴定确认的，不负刑事责任，但是应当责令他的家属或者监护人严加看管和医疗；在必要的时候由政府强制医疗。"这一条规定的作出是因为精神病人在不能辨认或者不能控制自己的行为的时候造成危害结果，是没有主观过错的，对主观上没有过错的人作出的行为，刑法不宜认定为犯罪。这样就形成了对精神病人的保护，避免精神病人由于无意识的行为而受到刑法的制裁。

《刑法》第 19 条关于又聋又哑或盲人犯罪的刑事责任规定："又聋又哑的人或者盲人犯罪，可以从轻、减轻或者免除处罚。"这一条法律的规定，是出于这些残疾人与客观上健全人的行为能力有差距而制定的，体现了刑事法律对这类群体的特殊关照和一定意义上的保护。

（3）专门法律对残疾人权益提供的专门保护。现在我国针对残疾人权益制定的法律就是一部《残疾人保障法》。这是一部法律为了维护残疾人的合法权益，发展残疾事业，保障残疾人平等地充分参与社会生活、共享社会物质文化成果而制定的法律。《残疾人保障法》由于颁布较早，后虽其中的一些规定以及立法的理念经修改，仍然不符合我们现代社会对保障残疾人权益的要求。例如我国《残疾人保障法》的立法理念其实还是有些偏向于保护主义，条文的规定都是以一种保护的方式赋予残疾人特别的帮助，在立法的条文中多次用到了"扶持、帮助"等词语。这些方面还有待改善。

（4）地方立法对残疾人权益提供补充性帮助。我国现在有 31 个省市都制定了专门的《实施〈中华人民共和国残疾人保障法〉办法》，比如，北京市制定了《实施〈中华人民共和国残疾人保障法〉办法》，其中规定：将残疾人康复纳入基本医疗卫生制度和基层医疗卫生服务体系；优先开展残疾儿童抢救性治疗和康复；对零至六周岁残疾儿童免费提供早期筛查、诊断、康复训练、辅助器具适配等抢救性康复服务；升学考试须有大字盲文试卷，即对残疾学生及经济困难的残疾人家庭的子女接受学校教育给予资助，北京市市逐步实行残疾人免费接受高级中等普通教育和职业教育；机关应单列定向招收残疾人，对于未按比例安排残疾人就业且未缴纳残疾人就业保障金的用人单位，由相关机构建立信用系统，并向社会公示。①

二、我国残疾人权益法律保护的现状

（一）受教育权与就业权状况

近年来，我国残疾人受教育权受到了进一步的保护，残疾人参与社会的

---

① http://www.bjdch.gov.cn/n3952/n3970/n3973/c187904/content.html. ［2016-10-11］.

能力逐步提高。鼓励残疾儿童接受普通高等教育，对我国的法治建设和教育体制都是一个巨大的创新。残疾人公益金助学项目的开展，为家庭经济困难的残疾青少年享受普惠性的学前教育提供了帮助，使各地获得更多渠道争取资金支持。全国范围内，877 名残疾人进入特殊教育学院学习，7 150 名残疾人被普通高等院校录取。[①]

我国适龄就业残疾人达到 3 200 万，全国建立多级残疾人就业服务机构，并不断向基层延伸。残疾人就业工作取得新进展，城乡残疾人得到各类实用技术培训。残疾人就业服务机构的建立，在很大程度上扩大了残疾人的就业渠道。自主创业人数极速增加，已接近 200 万人。

但残疾人就业权行使过程中仍存在一些问题，还有八百多万名有劳动能力、达到就业年龄的残疾人无法就业。用人单位分配残疾人就业的责任十分不明确。已就业的残疾人从事的工作也多为劳动强度较高但报酬较低、技术含量较低的工作，劳动保护措施非常差。更有一些用人单位不依法签订劳动合同，不按照规定安排残疾人就业，歧视残疾人。故而，保护残疾人劳动就业权的实现，需要政府完善就业援助措施。残障人士就业问题的缓解其实需要的是机会的均等。社会歧视是该群体就业的障碍。要保证残疾人有机会接受到教育，要有机会就业的可能，也就是说要机会均等而非结果的平等。国家、法律、政策应垫平残疾人与正常人的差距，但现实通常是一条起跑线上让残障人士和健全人一起出发，导致其天然丧失优势。

（二）公共服务权与文化权状况

残疾人享受公共服务及文化的权利，是宣传社会主义核心价值、展现社会主义精神文明建设成果的窗口和平台。残疾人文化融入主流文化，是用残健融合的思想替健全人中心论，发展该特殊性，从各方面提升社会的人文水平，使社会适应残疾人而不是让残疾人适应社会，更不是把这个群体的特殊性消解掉。要使残疾人的文化生活更加丰富、活跃，让残疾人更全面地参与到社会生活当中，让残疾人公共服务权与文化权的关注度得到迅猛提升，为残疾人事业良好发展营造持久氛围。

在政府的重视下，中国残疾人公共服务权与文化权取得了显著成绩。建

---

① 2014 年中国残疾人事业发展统计公报【残联发（2015）12 号】。

立和完善残疾人文化服务体系，以基层乡镇综合文化站、社区文化中心为依托，以残疾人文化、体育为载体，为残疾人提供精神服务，满足残疾人的文化需求。此外，通过政策扶持、税收优惠等举措，助理残疾人文化和艺术产业的发展。加大残疾人文化产品的研发和供给，制定特殊的优惠政策，促进残疾人文化与艺术的发展。《关于加强残疾人文化建设的意见》明确把残疾人的文化工作纳入了国家公共文化服务体系。残疾人在创业方面将享受到更多的政策扶持。政府及有关部门在建设和规划公共文化服务体系中，一定要把残疾人的文化建设纳入其中，注重在为残疾人提供平等文化服务时，展个性化服务，统筹安排，给予特别支持，同步实施。[1]

（三）医疗权与康复权状况

残疾人身体机能康复了，才能谈到未来的发展。我国推广"综合性、社会化、开放式"康复工作。残疾人的医疗权与康复权获得保障，对残疾人自身、对社会发展都有重要影响和积极意义，从而使全社会的和谐最终得到维护。在市县开展康复工作，对贫困残疾人患者进行医疗救助。同时，为贫困白内障患者免费施行复明手术，开展有效的家庭康复训练。推进听力、语言康复机构规范化管理，规范聋儿家长学校，资助聋儿免费植入人工耳蜗。培养各类专业人员，完善基层服务网络，对盲人进行定向行走训练。实施重点康复工程，使六百多万名残疾人得到康复。[2]

残疾人的康复权是残疾人生存和发展的基础，也是对人权进行保障的基本内容。近年来关于残疾人医疗权与康复权的立法关注的是为残疾人提供有效的康复服务，而在残疾人的康复权益遭到侵犯时提供的救济却很少。现实生活中，残疾人的康复权益遭到侵害的现象屡见不鲜，由此引发的法律责任主要有民事责任和刑事责任。残疾人的康复权利不容侵犯，侵犯其康复权利的行为为应当承担法律责任。

因此，从人权保障这个大宏观的视角不难看出，当今的残疾人权利保障问题已经由简单的物质层面过渡到精神层面。无论如何，作为地球上平等的公民，我们没有理由置残疾人的康复权与医疗权的发展于不顾。

---

[1]　相自成.中国残疾人保护法律问题史论.北京：中国法制出版社，2003：40～45.
[2]　2015年中国残疾人事业发展统计公报【残联发（2016）14号】。

第二节　我国残疾人权益保护法制建设存在的问题和原因

一、残疾人权益保护立法理念落后

我们国家的立法仍然把残疾人作为弱势群体，没有把残疾人看作是正常社会群体的一部分。在一个理想的社会环境中，残疾人和非残疾人其实没有什么区别，残疾人通过各种无障碍设施可以正常交流、生活和工作；非残疾人也不会觉得残疾人是弱势群体，而同样为一个社会群体的一分子，共同在这个社会环境中合作或者竞争。我国如今的立法滞后问题很严重，对残疾人群体缺乏立法规划，法律法规之间衔接不足，存在头疼医头、脚疼医脚的现状。

立法在构建和谐社会、化解社会矛盾方面发挥着重要作用，其遵循的基本原则是向弱势群体倾斜和促进实质平等，应保障并促进残疾人群体享有社会权利，包括劳动权、消费权、社会保障权、环境权等。我国现行的《残疾人保障法》自颁布、实施后，在促进残疾人事业发展及维护残疾人权益方面发挥了重要作用。但由于立法的滞后与粗疏，残疾人权利保护法律体系并不健全，没有建立稳定的长效机制。该法律仅规定了残疾人权利保护的基本原则，并没有对残疾人各项权利的保护作出具体详细的规定。该法经 2008 年修订，虽在残疾人的康复权、教育权、劳动权、文化生活权、社会保障权，充分尊重残疾人的知情权、参与权、决策权，涤清对残疾人的错误观念和认识，严厉禁止各种基于残疾的歧视和侮辱、侵害残疾人权益的丑陋行为，坚决捍卫残疾人的人格尊严等方面作了规定，然而因规定不够具体、过于原则，实践中问题重重。

飞机拒载残疾人就是立法在平等出行权保护方面严重缺位的典型表现。国内多数航空公司规定残疾人乘机前须事先告知残疾状况并经其同意方可乘机，这一规定将不少残疾人士挡在了机舱门外，使他们的出行遭受到不公平待遇。全国包括四大航空公司在内的 24 家航空公司都有关于残疾人乘机的相关规定。也就是说，虽然法律在残疾人出行乘机方面作出了概括的保护规定，但部门规章对残疾人乘机出行权的保护严重滞后。

二、残疾人权益保护法制体系建设仍然不完善

无论是《宪法》还是《残疾人保障法》，都是对残疾人权利的概括性规定，具体的实施细则要不没有，要不通过下位的行政法规来补充。现行的行政法规基本囊括了教育、工作和无障碍三个方面，但是对于康复制度、残疾人儿童保护、残疾人歧视等方面的立法仍然有缺失。

（1）我国现行的残疾人权益保护法律体系中，行政性规章和政策是最为重要的组成部分。而按照我国法律体系的惯例，行政性规章、条例的法律效力要低于专门性法律，因此在很多情况下，司法机关在审理涉及残疾人权益保护的案件时，很难将行政性规章、条例作为审理及判案的直接依据。而政府行政性法规的规范范围有限，其效力要远远低于法律。这种情况导致了很多惠及残疾人群体的政策难以得到根本落实，侵害残疾人权益的事件难以得到合理有效的解决。

（2）残疾人权益保护法律尚存立法空白。第一，对于残疾儿童、残疾老年人和残疾女性这些弱势群体中的弱势群体，缺乏相应的专门法律规范予以倾斜性保护。第二，我国目前还没有关于残疾人康复的专门法律法规，关于残疾人康复的法律仅有一些原则性的规定，立法过于概括和笼统，对于残疾人康复工作的实际开展缺乏具有可操作性的法律规范指导。第三，虽然我国目前在《民事诉讼法》《刑事诉讼法》《法律援助条例》等法律法规中对残疾人的法律援助作出了一些具体的规定，但我国残疾人法律援助制度还很不完善，尚存诸多缺陷，没有突出国家在法律援助中对残疾人应尽的义务、责任。[①] 第四，国务院尚未制定统一的残疾标准条例，只有中国残疾人联合会制定的《中国残疾人实用评定标准》，这显然不能满足对残疾人权利保障的时代需要。

三、残疾人社会保障不完善

（1）残疾人参保范围仍然偏低。虽然随着社会保障体系的不断完善，越来越多的残疾人参与到社会保障体系中来，但是仍然有大量的残疾人没有被

---

① 张宝林. 中国残疾人事业理论和实践研究（综合卷）. 北京：华夏出版社，2007：79.

覆盖进来，这个问题在农村地区更加严重。

（2）残疾人社会保障水平低。目前就我国社会保障的层次来讲，我国还处于最低层次的社会救助阶段。我国的残疾人福利应该包括残疾人的就业、残疾人的教育、残疾人的康复、举办精神病人福利院以及举行扶残助残活动。我国近年来虽然推进了残疾人康复、教育、就业等的发展，但是和发达国家比起来，仍然不到位，需要进一步加强。

（3）社会保障地区发展不平衡。残疾人社会保障地区发展不平衡是经济发展不平衡的缩影。东部沿海城市经济发达，其地方政府能够投入更多的钱到残疾人社会保障中去，社会中的企业也有能力承担更多的责任。相对而言，经济不发达的西部地区，显然没有能力投入如此多的资金到残疾人社会保障的建设上去。

到目前为止，由于社会对残疾人权益法律保护体系建设重视不足等因素的制约及经济发展水平和社会法治环境等客观条件，我国的残疾人权益法律保护体系存在着诸多问题。

实现残疾人的权利，健全残疾人权益保护的法律体系是必需的，应把不同的法律规范组成内在统一联系的系统，逐步形成相互支持与联系的有机整体。[①] 立法体系作为法律渊源体系和规范性法律文件体系，是残疾人权益法律保护体系的重要形式之一。《残疾人教育条例》《残疾人就业条例》等一系列法规，皆对残疾人的各项权利作了明确的规定。残疾人事业保障政策相继出台。国务院下发了《关于加快推进残疾人服务体系和社保建设的指导意见》，要求到 2015 年建立残疾人社会服务体系的基本框架和社会保障体系，使到 2020 年时，两个体系建设更加完备。现行立法中，残疾人权益保护的法律制度主要分布在《残疾人权益保障法》及其他法律形式中，相关立法不仅单独形成完整的行政法规和部门规章，还广泛地散见于各个法律部门。如何分配不同规范内容，如何使它们构成一个有机的整体，又如何确定不同的立法原则，从而综合调整相关社会关系，有待进一步的研究。[②] 另外，在残疾人权益保护的法律体系中，法学教育和研究体系也颇为重要。在现有的法学教育体系中，残疾人的权利保护没有成为独立的法学学科，更没有形成独

---

①　袁文水．试论我国残疾人法律保障体系建设．法制与社会，2009（22）：5．

②　吴胜利．残疾人法律援助制度中国家责任的体现．法制与社会，2007（8）：3．

立的法学课程。这种状况严重制约了残疾人权利保护法律体系建设的完善，需要对法学教育教学层次与相应课程的设置展开专门研究。

构建残疾人权益法律保护体系的另一个缺陷之处就是其与通常意义上的法律保护体系的关系模糊不清。由于我国残疾人权益法律保护起步较晚，甚至某些方面立法一片空白，无论是在司法界还是在理论界，对其意义仍认识不足，残疾人权益法律保护的立法位阶过低。相对于普通的法律保护体系而言，该体系是否代表着一个特殊的体系，是否能够适用特殊法优于普通法的基本法律原则，在此基础上残疾人是否还应当享有健全人所没有的特殊的权利，这一系列问题需得到彻底解决。

第三节　完善残疾人权益保护法律体系的构想

1. 树立新的残疾人立法理念

我国目前的残疾人立法大都还是从残疾人本身出发，通过给残疾人提供"特别扶持、帮助"的方法来改善残疾人的生活水平。这样一种理念无形中就形成了一种区分，把残疾人和非残疾人区分开来。以后我们的残疾人权益保护立法中要以社会环境为问题的导向，把残疾人看作这个社会群体正常的一部分，残疾人本身没有错，我们应该建立一种残疾人可以适应的社会环境，而不是要求残疾人去适应我们现在的社会环境。

2. 建立一个政府主导、社会参与的残疾人权益保护法律体系

建立一个政府主导、社会参与的残疾人权益保护法律体系，由政府带头、社会企业做主力，来建设一个没有歧视、无障碍的社会生活环境，是解决残疾人权益保护问题的根本途径。

3. 建立合理的残疾人权益保护法的执行体系

只有建立合理的残疾人权益保护法的执行体系，使相关执行机构能够有权力惩罚不按规定安排残疾人就业的用人单位，赋予执行机构强制执行力，才能真正地促进残疾人权益保护法律体系的完善。

4. 建立完善的残疾人权益保护法律体系

我国现行的《残疾人保障法》中大都是原则性、倡议性的规定，只有进一

步建立相关的配套法律，才能完善我国的残疾人权益保护法律体系。

我国最终的残疾人权益保护法体系应该是在《宪法》的指导下，以多部相关的残疾人权益保护法为核心，辅之以行政法规、地方政府法规的残疾人权益保护法律体系。只有这样，才能做到，既有原则性规定，又有具体的执行措施；既有全国统一性规定，又有地方政府根据地方情况的不同而设立的特殊规定。

第四节　完善残疾人权益保护法律的建议

一、完善残疾人权益保护立法的建议

（一）残疾人就业

1. 修订完善《残疾人就业条例》

《残疾人就业条例》是 2007 年 2 月 14 日通过并于 2007 年 5 月 1 日起施行的，距今已经有十年的时间，有些条文明显不合时宜且存在和地方立法冲突的地方，所以，亟须对《残疾人就业条例》进行修订，删除过时的条文，修改不完善、有漏洞的条文，增加反映现实需要的条文。

2. 修改完善《残疾人就业保障金管理暂行规定》

《残疾人就业保障金管理暂行规定》是财政部于 1995 年 1 月 14 日发布和实施的，距今已经二十多年，虽然至今有效，但是其中大多数条文已经不能适应现实的情况并且和地方立法冲突，所以，需要对残疾人就业保障金的征管用作出进一步具体和完善规定，对于现行的《残疾人就业保障金管理暂行规定》需要大幅度修改完善，甚至废除，重新立法。

3. 完善新增具体的部门规章

我国残疾人就业立法的大体框架基本已经形成，但对于目前实践中操作比较混乱的补贴措施、扶持措施、服务措施并没有具体的规定，所以建议以部门规章的形式制定相关的通知或办法。

4. 修订完善地方立法

省、直辖市、自治区要根据《残疾人就业条例》制定具体实施办法，根据《残疾人就业保障金管理暂行规定》制定实施办法或者暂行规定；对于中央立法没有规定的，地方立法可以先行制定相关规定。

（二）残疾人教育

1. 改变观念、平等对待，实行包容性教育或融合性教育

包容性教育是一个极具有加拿大特色的概念，包容性教育的理念也是经由加拿大的努力而被《残疾人权利公约》所吸收和确认。[①] 我国是 2007 年加入《残疾人权利公约》的。该公约第 24 条规定，要求缔约国确保残疾人能够在与他人平等和不受歧视的前提下获得普通教育。所以说包容性教育是指一个国家应该在为残疾人提供基本的学习、生活条件的同时，把残疾人看做一个"正常的人"，尽量让其接受主流教育而不是特殊教育。这才是对残疾人的真正尊重。然而我们国家的政策却是积极发展特殊教育，只有一小部分残疾人能够接受主流教育。这不仅不利于他们建立健全的人格、更好地融入正常人的生活，也与《残疾人权利公约》的理念相悖。因此，我们应该与国际接轨，逐步地在我国的法律中融入包容性教育的理念。

2. 明确相关主体之间的责任及义务，保证残疾人学生的平等教育权

对于政府来说，应该逐步实现所有学校招收残疾学生的目标。一方面，这是国际发展的趋势。另一方面，普通高校招收残疾学生，既可以有效地促进教育公平，提高残疾人的高等教育机会，同时还可以节约办学成本，扩大残疾人专业选择机会，提升残疾人高等教育质量。[②] 同时政府应该在教育主管部门设立残疾人维权委员会，该委员会应该要有学生家长以及学校老师参与其中，以确保残疾人在受高等教育的过程中不受歧视。

对于学校来说，应该在《残疾人教育条例》中进一步细化普通高校在招生、体检、考试、录取等方面的义务。如考试过程中，应当为残疾人考生提供无障碍考试的服务和支持，例如提供盲文试卷或放大字体的试卷、手语翻译、允许他人执笔、配备助理人员等。[③]

3. 残疾人康复

我国宪法和相关法律中有关保障残疾人康复权利的规定从保障残疾人人权的角度出发，涵盖了残疾人的康复权益。《残疾人保障法》则以更加全面的视角对康复权利进行了阐述。

---

① 唐忠辉，余海燕，论我国残疾人受高等教育权的法律保障. 教育与教学研究，2009（6）.

② 李玉玲. 论残疾人高等教育权的法律制度保障. 济南大学学报（社会科学版），2013（4）.

③ 季红益，麻一青. 残疾人高等教育体现社会公平与公正. 职业技术，2012（6）.

对康复费用赔偿请求权的保护方面，我国许多法律都有所涉及，如《民法通则》第 104 条和第 119 条、《国家赔偿法》第 27 条、《消费者权益保护法》第 41 条。同时，各地方政府也积极制定行政法规来保障残疾人康复权益的实现。

二、完善残疾人特定、具体的特殊权益

（一）完善残疾人就业保障金征收制度

1. 确立适当、统一的残疾人就业保障金征收主体

地税征收、财政代扣是残疾人就业保障金（以下简称残保金）征收的最佳模式。地税部门作为我国专门的税务征收主体，其征收主体地位、征收手段、征收效果已经得到广泛的认同。残保金虽然不是一种独立的税，但却和税的性质有几分相似，需要由专门的有威信的部门征收；另外，从各省的立法现状来看，残保金的征收主体逐渐由残联和残疾人就业服务机构征收逐渐向地税代征、财政代扣并最终实现地税征收、财政代扣。

2. 统一残保金的征收主体和处罚主体

地税征收、财政代扣的残保金征收模式有利于将残保金的征收主体和处罚主体统一起来。因为地税部门、财政部门都可以成为行政处罚主体，这就使得征收主体和处罚主体的统一具有现实的可能性。

3. 增设强制执行残保金条款

《浙江省残疾人保障条例》第 36 条规定："逾期不缴纳残疾人就业保障金的，由财政部门责令限期缴纳，并从欠缴之日起按日加收千分之五的滞纳金，但加收的滞纳金不得超过本金数额；对直接负责的主管人员和其他直接责任人员，可以处 1 000 元以上 1 万元以下的罚款。用人单位对缴纳决定不服的，可以依法申请复议或者提起诉讼；逾期不申请复议，也不提起诉讼，又不履行缴纳决定的，财政部门应当依法申请人民法院强制执行。"该条款比较全面地规定了用人单位拒不缴纳残保金时应该和可以采取的措施，包括行政处罚、行政复议、行政诉讼；并且兜底性地规定了行政强制执行，有效地保证了残保金的足额征收和行政处罚措施得到执行。①

---

① 参见陈新会. 就业保障金按月征收实践与探索. 就业扶贫观点，2012（9）：52.

（二）完善残疾人教育权程序救济制度

（1）建立教育仲裁制度。教育仲裁是指学校、教师、学生将其在教育过程中发生的有关教育权利、义务的法律纠纷提交给依法设立的教育仲裁委员会，由其对纠纷进行处理并作出对双方具有约束力的裁决，从而解决教育法律纠纷的活动和制度。当残疾人面对处于强势地位的教育单位的时候，充分发挥教育仲裁的作用，既可以实现高效率地解决纠纷，还可以最小的代价维护自身的高等教育权。

（2）完善申诉制度。从《教育法》第 43 条第 4 款到《普通高等学校学生管理规定》第 59 条至第 65 条，明确地规定了申诉制度。但是申诉制度的规定本身在机构的组成、申诉范围等方面存在缺陷，且没有考虑到残疾人这类特殊群体，所以应该加以完善。学校内部的申诉机构的组成人员应该包括校方代表、残疾学生代表和非残疾学生代表。教育部门的申诉机构的组成人员应当包括残疾人公益组织代表、司法部门代表及教育部门代表。申诉范围应扩大到侵犯残疾人的人身、财产、教育等合法权益领域。这样才能全面地保护残疾人的教育权。

（3）对于司法救济，一方面，必须在《残疾人教育条例》中明确规定当残疾人的教育权受到侵犯时，其可以提起诉讼。因为目前受教育权仅规定在《宪法》中，而《宪法》是不能作为判案的依据的，从而导致很多情形下残疾人的起诉被驳回。另一方面，在《残疾人教育条例》中明确残疾人教育权受损情形时必须采用列举和概括并用的方式。①

（三）完善残疾人无障碍司法环境建设制度

残疾人在相关司法程序中遭遇困难和障碍的情况不断暴露出来②，确保残疾人平等地参与司法程序的权利需要在无障碍环境建设中予以重视。

（1）关于残疾人犯罪嫌疑人的无障碍司法环境。此类残疾人是以犯罪嫌

---

① 典型案例：残疾人王某诉平顶山市财贸学校侵犯受教育权案：王某系平顶山市第二十七中 1997 级应届毕业生，年幼时因患小儿麻痹留下下肢残疾。1997 年参加河南省普通中专学校考试时，王某填报的第一志愿是平顶山市财贸学校，考分为 456 分，超过了 427 分的招生录取分数线。但是，平顶山市财贸学校以该校计算机房在四楼、王某无自理能力为由拒绝录取。平顶市湛河区人民法院受理案件之后，被告平顶山市财贸学校于 1997 年 10 月 18 日将原告王某录取到该校学习。被告该变原具体行政行为后，原告王某认为自己的受教育权已得到保护，便主动向法院申请撤回起诉

② 王治江．司法无障碍理念的提出与适用．法律适用，2013（3）：119～120.

疑人的身份参与到司法活动中，应该在无障碍司法环境建设中予以格外关注。

（2）关于残疾人参与司法活动的硬件设施的无障碍司法环境建设。残疾人参与司法活动，首先面临的是行动上的不便。这是硬件条件。残疾人连法院的门都无法进入，如何能有效申明自己的主张？因此要在硬件设施上保障残疾人无障碍行动的权利。

（3）关于残疾人参与司法活动的软件条件的无障碍司法环境建设。切实维护残疾犯罪嫌疑人的合法权益，同时保证其参与司法活动的合理便利，配备相关人员满足其参与司法活动的需要。

（4）积极改善司法机关的设施环境，完善无障碍设施建设，加强进出通道、办公场所、信息化等各方无障碍改善，确保残疾人能够充分行使权利，不因硬件环境的不适宜导致其权利丧失。

（5）积极完善司法机关的司法程序，对于行动不便的残疾人要积极上门帮扶，对于智识能力低下的残疾人要耐心沟通、详细讲解，在法律法规允许的前提下，采用符合残疾人身体条件的最佳程序手段。对于法律意识薄弱、维权理念不强的残疾人要主动给予关怀、给予法律援助等。

（6）推动司法机关与残疾人服务机关的合作交流，搭建为残疾人无障碍司法的完备机制。

（四）完善残疾人康复权利司法救济制度

1. 侵害康复权利的法律责任

残疾人的康复权利不容侵犯，侵犯康复权利的，侵害人应当承担相应的法律责任。此种法律责任主要有民事责任和刑事责任。就民事责任而言，它主要是通过使侵害残疾人康复权利的人负相应的民事责任来保护残疾人的康复权。要使侵害残疾人康复权利的人承担民事责任，须该侵害人的行为构成了侵权行为。

2. 康复权利是一种独立的民事权利

残疾人的康复权利，是依据宪法和法律的规定在进行康复活动时所享有的与康复利益有关的一切权利，是一种独立的民事权利。它所涉及的民事法律关系的内容和民事侵权赔偿的内容，都需要民法进行调节和救济。

三、完善残疾人权益保护执法的建议

(一) 残疾人就业

1. 增设针对有利于残疾人的诉讼条款

其一，残疾人不管和用人单位相比，还是和国家机关、社会团体相比，都属于弱势群体，在经济上、组织上、社会资源上处于弱势地位，没有提起诉讼的资源支持；其二，我国现行诉讼立法并没有针对残疾人的专门支持制度。

诉讼法进行修改时可以增设专门方便残疾人诉讼的条文，不应将援助对象仅限于盲聋哑人，应当扩大到所有需要帮助的残疾人；法律援助的手段也不应该太过狭窄，可以适当扩大援助手段，如交通费的补助、食宿补助、提供翻译、配备手语人员等，为残疾人实际参加诉讼创造更大的可能性。

2. 鼓励残疾人积极运用法律手段维护自己的利益

只有每一个残疾人在权益遭受侵害时都能站起来维权，才能改善残疾人在社会上的弱者形象和被歧视者的地位，才能让更多的人知晓残疾人享有的权益并不侵犯残疾人的权益，才能推动立法进一步完善残疾人权益保护的相关规定，赋予残疾人更多的权益保障。

3. 促使用人单位守法

部分用人单位不按照比例安排残疾人或者"变相"按比例安排残疾人就业。有些用人单位为了实现既不安排残疾人就业又能够免予缴纳残疾人就业保障金，有些用人单位为了超比例安排残疾人以获得补贴减税等优惠措施的不法目的，钻法律漏洞，利用按比例就业制度变相安排残疾人就业。另外，集中安排残疾人就业的福利企业等单位招用残疾人时存在造假行为。

除了在按比例就业、集中就业中用人单位存在违法违规行为外，现实中还存在很多用人单位利用法律漏洞、不遵纪守法的行为，如随意解除合同、克扣工资等不遵纪守法行为。

在实践中很多残疾人明知福利企业和其签订合同并不是为了安排其就业，而是为了获得足够残疾人数量以达到能够认定福利企业资格的目的，仍然为了获得几百元的补贴选择挂靠在企业的名下，甚至在解除合同时又起诉用人单位，要求支付经济补偿金。残疾人的这种行为也是不守法的表现。此

外，还有其他很多不遵守法律、不履行合同约定的行为。

对于用人单位的守法建议主要是在用人单位要积极履行法律规定的义务，自觉维护残疾人的就业权益。首先，用人单位应当按照比例安排残疾人就业，如果不能安排残疾人就业的，需要按时交纳残疾人就业保障金；其次，用人单位招用职工时，不得设置歧视残疾人的条款，没有正当理由不得拒绝招用符合条件的残疾人；再次，用人单位应当按照法律和合同为残疾人提供合理的劳动时间、劳动条件、劳动报酬、社会保险、无障碍工作环境；最后，用人单位不得无故解雇残疾人员工，不得克扣经济补偿金等。总之，用人单位应当平等对待残疾劳动者，不得侵犯残疾劳动者的权益，在单位实力允许的范围内尽量给予残疾劳动者更多的优待措施。

对于残疾人的守法建议主要是残疾人要依法享受法规和政策赋予的就业权益，行使权利实现利益时不得损害国家、集体、第三人的利益。总之，残疾人在行使权利时，应当遵守法律、法规、规章以及用人单位的内部秩序。只有在守法的前提下，才能真正使权利得到实现。

首先，残疾人在争取国家给予的就业补贴和扶助时，应该通过积极就业和诚实劳动获得，而不应该通过欺骗的方式获得。如此，既违背制度的初衷，也造成国家财产的流失。

其次，残疾人在用人单位工作时，在要求用人单位提供较好的工作环境、工作条件、工资报酬时，也应该认真履行劳动合同，为用人单位提供最大的工作效益。残疾人不得随意解除合同，或者随意迟到早退、频繁请假甚至随意消失，扰乱用人单位正常的规章秩序。

（二）残疾人教育

1. 增加残疾人受教育权维权条款

在普通基础教育和普通中等教育中，随班就读的准入几乎没有障碍。但当这部分残疾学生想要升入大学接受高等教育时，却被区别对待，例如，残疾考生郝某高分录取后遭劝退。[①] 近年来，高校拒收残疾考生已经被明令

---

① 2001年9月，当山西农村残疾考生郝某怀揣大学录取通知书到北京中医药大学报到时，被该校以"不符合招生条件"为由拒之门外。在律师的法律援助下郝某向北京市朝阳区人民法院提起民事诉讼，请求法院判决北京中医药大学录取其进入该校就读。2002年4月，法院认为郝某与北京中医药大学之间是因考生电子档案与原始档案不符产生的招生录取纠纷，不属民事诉讼受理范围，故驳回郝某的起诉。

禁止,但残疾人上大学难的问题依然存在。高校拒收残疾考生,是对残疾人的一种歧视。虽然社会呼吁关爱残疾人,但是残疾人受歧视的现象在很多情况下依然存在。每年都有不少的残疾考生考上大学,社会各界对他们给予了大力支持,但是依然有部分考生在录取时遭遇难题。另有部分残疾学生在专业方面特长突出,希望能够继续深造,也未能如愿。一位北京联合大学的美术教师表示,该校很多艺术专业的学生在学习的过程中表现出天赋,他们非常想进入专业更强的普通高校学习,但因为自己的缺陷被普通高校拒之门外。

2. 细化残疾人高考中的考试模式

目前我国特殊教育高考实行"单考单招",招生单位自己决定考试时间、单独命题、择优录取。而有一部分残疾考生凭自己学习能力可以参加普通高考,但在答题方面存在着障碍。如依靠单臂或其他肢体执笔答题的考生,考试时长一般不够;盲生无法清晰地阅读试卷或只能阅读盲文。如此,则问题不仅仅是考试时长问题了,还有考场条件及考题设置的问题。高考应该针对不同残疾设置不同考试形式,在细节上处理好这些问题。

3. 加强法律规定的可操作性

除了已有的特殊教育法规外,还应当在《高等教育法》中对残疾人高等教育作出详细规定,明确各方的权利、义务,为实施残疾人高等教育提供依据与保障。有了这样的法律规定,可以增强人们的法律意识,提高人们对残疾人高等教育重要性的认识,改变那些歧视、排斥残疾人接受高等教育的不良观念和错误做法,从而为残疾人高等教育的开展提供一个良好的社会环境和制度保障。

(三)残疾人无障碍

1. 提高残疾人无障碍设施设计、施工的科学性和系统性

在残疾人无障碍设施建设之前,要进行科学的统筹和规划,要注意无障碍设施建设的衔接性和与周围建筑的协调性。无障碍设施的初衷是方便残疾人,满足残疾人的出行需求。目前,中国的无障碍设施建设处于发展阶段,来得及改变不足的发展现状。因此,提高设计和施工人员的专业素质,对无障碍设施施工单位的工作人员进行无障碍设施建设培训,使其具备专业知识,不断提高无障碍设施设计质量和功能,这些都是长远发展必须进行的工

作。在施工中，也可以让残疾人派代表参与规划、设计；在无障碍设施验收阶段，组织残疾人亲自体验；如盲道由盲人验收，缘石坡道由轮椅使用者验收，这样才能使无障碍设施尽量做到无障碍。

2. 细化《无障碍环境建设条例》中的笼统规定

国内的法律、法规要求"各级人民政府应当对无障碍环境建设进行统筹规划，综合协调，加强监督管理"，各省的实施办法进一步强调了"新建、改建、扩建城市道路、公共设施和住宅小区，规划、设计、建设部门必须按照国家关于方便残疾人使用的城市道路和建筑物设计规范进行规划、设计、施工"。这些规定还比较笼统，责任主体不明确，需要出台一些实施细则，明确责任主体和奖惩机制，并且做到有法必依、执法必严。如此，势必会有明显的效果。①

（四）残疾人康复

1. 先天性残疾的康复

残疾人先天性残疾康复费用的承担，以及产前检查时医师违反注意义务造成先天性残疾儿出生的赔偿责任，都是应该明确的。

2. 后天性残疾康复费用的承担

后天性残疾人出生时健全，而是在日后的社会活动中由于心理状态、生理功能、解剖结构的异常或丧失，而导致其部分或全部失去以正常人的方式从事某项活动的能力。这些残疾有些是由于不可归责于第三人的原因造成的，例如自身压力过大而形成的精神残疾，或者是自然灾害导致的肢体残疾。这类残疾就不存在康复费用的赔偿问题。但是也有很多残疾是由于外界的非常因素造成的，例如交通事故而造成的肢体残疾。康复费用的赔偿是一种恢复原状的责任，不是补偿。这两者在康复费用的承担问题方面也因为致使伤残的原因不同而有较大差异。具言之，致使伤残的原因主要有：第一，不可归责于第三人的原因；第二，他人侵权。而康复费用承担方面的差异主要体现于：康复费用的赔偿范围，残疾辅助器具费的费用、更换周期问题及残疾辅助器具费的赔偿期限问题。

---

① 朱久兵. 关于残疾人无障碍设施建设的反思——以南京市为例. 南京特教学院学报，2010（2）.

第五节　结语

　　2014 年在北京展开的 2014 年亚太经合组织领导人非正式会议，专门举办了"促进残疾人共享经济社会发展成果"主题系列活动①，并且将"残疾人问题"写入了亚太经合组织第二十二次领导人非正式会议宣言附件，强调为弱势群体特别是妇女、青年、残疾人以及贫困人群参与经济活动创造有利环境，致力于加强创业、就业、卫生、粮食安全、食品安全、农业可持续发展、妇女参与经济、青年、残疾人、防灾减灾、社会责任、商业道德、反腐败和安全贸易方面的合作。②

　　我国正在全面推进依法治国，为完善残疾人权益保护法律体系提供了新的机遇。残疾人权益保护法律体系在我国社会主义法律体系中占有举足轻重的地位，完善残疾人权益保护法律体系是完善我国法律体系的重要环节，需要法制工作者尤其是残疾人权益保障法制工作者认真学习领会、贯彻落实。

---

　　① APEC 授权发布：彭丽媛同参加 2014 年亚太经合组织领导人非正式会议的部分经济体领导人夫人出席"促进残疾人共享经济社会发展成果"主题系列活动．（2014-09-10）［2016-09-06］．新华社，http：//news. xinhuanet. com/world/2014-11/10/c _ 1113190367. htm.

　　② 亚太经合组织第二十二次领导人非正式会议宣言附件三：《亚太经合组织经济创新发展、改革与增长共识》．（2014-11-12）［2016-09-06］．人民日报，http：//news. 12371. cn/2014/11/12/ARTI1415752769622892. shtml.

第三十五章

完善公共服务法律制度

国务院总理李克强在 2015 年政府工作报告中提出，要加快建设法治政府、创新政府、廉洁政府和服务型政府。建设服务型政府，就是要从行政管理转向公共服务。公共服务以行政对公民的"生存照顾"为基础，其与传统行政法的原则存在一定的张力。现有的行政法律体系显然不足以面对公共服务中复杂的现实问题。因此，如何完善我国的公共服务法律体系，成为我国行政法治进程中的重大现实课题。在人性尊严理念、人权保障诉求和行政民主化潮流的支撑下，当前，应当建立健全以民主价值为核心的公共服务法律体系，包括公共服务法律体系的基本原则和制度框架，妥善解决我国服务行政的现实课题并辨识其发展趋势。

第一节　公共服务法的概念

公共服务是指由特定主体承担的，为广大社会公众提供物质或非物质服务的行为。它包括了诸多使社会公众受益的项目和服务类型。[①] 公共服务所提供的公共物品或者服务有两点特性：一是非排他性。也就是说，这种公共服务的存在不排除任何其他人的享用。如便利的交通，所有市民都可以享受到这种服务。二是非竞争性。一个人对公共服务的消费和收益，不会影响其他人的消费和收益。根据内容的不同，可以将公共服务分为维护性公共服

---

① 张淑芳. 论公共服务体系的行政法构造. 法学论坛，2014（5）.

务、经济性公共服务和社会性公共服务。根据公共服务重要性的不同，又可以将公共服务区分为基本公共服务和非基本公共服务。前者是指建立在一定社会共识基础上，根据一国经济社会发展阶段和总体水平，为维持本国经济社会的稳定、基本的社会正义和凝聚力，保护个人最基本的生存权和发展权，为实现人的全面发展所需要的基本社会条件，包括义务教育、公共卫生和基本医疗、基本社会保障、公共就业服务等。提供公共服务的主体，可以是政府，可以是政府之外的公共管理部门，也可以是企业①，因此，根据提供主体的不同，还可以将公共服务界分为政府公共服务、社会公共服务和私人公共服务。

公共服务法律体系简称公共服务法，是指调整公共服务的法律规范的总称。根据对公共服务范围的不同界定，公共服务法也有狭义、广义和最广义之分。狭义的公共服务法一般仅指调整政府公共服务的法律规范体系。广义的公共服务法指调整政府公共服务和社会公共服务的法律规范体系。最广义的公共服务法除了包括广义的公共服务法的内容之外，还包括调整私人公共服务的法律规范体系。公共服务是由包括行政主体在内的有关公共主体来实施的，因此，公共服务所涉及的基本上都是公权关系。这进一步决定了公共服务及其体系是公法范畴的问题，而非私法范畴的问题。我们注意到，法治发达国家的宪法典通常会对公共服务作出原则性规定，例如德国宪法、法国宪法等都有此规定，而行政法对公共服务的规定大多体现于有关单一的行政法典中，例如有些国家就制定了有关的社会福利法和社会救助法等。② 在我国，公共服务法律体系是由宪法中有关公共服务的条款、有关公共服务的行政法、调整公共服务的经济法以及与公共服务相关的一些社会法构成，但其中最主要的是行政法规范。以下主要限定于行政法的范围内对我国公共服务法的建构和完善进行探讨。

第二节　公共服务法的价值取向

现代市场经济社会是法治社会，引导人们行为模式的规范主要是国家制

---

① 柏良泽．"公共服务"界说．中国行政管理，2008（2）.

② 张淑芳．论公共服务体系的行政法构造．法学论坛，2014（5）.

定的法律、法规。根据法律保留的原则，对经济、政治、文化、社会的行政管理需要法律的保障和调整。根据哲学的一般原理，法属于上层建筑的范畴，它必然且必须反映客观存在的经济基础。与历史上的"秩序行政"向"服务行政"的变迁相对应，行政法也开始了转型发展。

传统的行政法，以行政机关的权力为本位，以秩序行政为中心来构建；其核心内容围绕着行政行为展开，所关注的是国家强制力的直接应用，所强调的是行政机关对公民的管理和公民对行政权力的服从。这样的行政法被称为管制行政法（或称管理行政法）。这种行政法制和价值取向在我国改革开放以前表现得尤为明显：由于国家对社会资源的垄断性占有，国家权力渗透到人们生活的每一个层面，人们的所有社会活动几乎都在国家的管理、控制之下。行政法制的内容和制度建设也被深深地打上了"高权"的烙印，突出表现为法制的内容和制度建设围绕着如何保证国家管理和权力的实现来展开。在效率与民主、正义等基本价值的取舍中，往往只注重效率，忽视人们的民主参与和对权利充分的维护。综观过去译介过来的原苏联的一些行政法律文件，以及我国改革开放前学习苏联行政法模式所制定的数量有限的行政法律文件，可以发现其中往往通篇充斥着"行政机关有权如何如何""公民、组织必须如何如何，否则将承担何种责任、受到某种惩罚"之类的规定，就充分体现出管制行政法的品格。[①]

公共服务成为公共行政的重要内容，不可避免地引起行政法的内容和价值取向的重大变化：一是行政法的价值取向更加强调行政的公共服务职能、弱化行政权力的管制职能，提倡行政管理方式方法的创新，日益广泛地采用一些非强制性的行政管理行为方式；二是由原来的权力本位转变为权力与权利平衡基础上的权利本位，强调以人为本、尊重人权，重视对公民权利的保护和对国家权力的控制，呈现出行政管理和行政法制的民主化发展趋势。从这个意义上说，公共服务法乃是民主行政法，行政民主是现代服务行政法的核心价值所在。

---

① 马诺辛，等．苏维埃行政法．黄道秀，译．北京：群众出版社，1983．科兹洛夫，等．苏联国民经济管理的行政法原则．中毅，林芳，译．北京：法律出版社，1987．瓦西林科夫．苏维埃行政法总论．姜明安，等译．北京：北京大学出版社，1988．也可参见我国20世纪80年代初以前制定的有关行政管理的一些法律、行政法规和规章。

第三节　公共服务法基本原则的反思与建构

对于行政法的基本原则有不同的表述，但是一般认为有两个最基本的原则：行政合法性原则和行政合理性原则。这两个原则无疑也是服务行政法的基本原则，但是我们需要反思的是现代公共服务是否仍然要在传统的、严格的行政合法性原则的约束之下。

行政合法性原则又称为依法行政原则或行政法治原则，是指行政权的存在、行使必须依据法律、符合法律，不得与法律相抵触。① 根据行政合法性原则的要求，一切行政行为必须有法律根据，"无法律即无行政"。没有法律授权，或者法律没有规定的事项，行政权力一般都不得擅自作为或不作为。② 同一般公民所遵循的"法不禁止即自由"的原则相反，对行政主体而言，是"法未授权皆禁止"。德国近代行政法学的奠基人奥托·迈耶把行政合法性原则分解为法律优先原则和法律保留原则。法律优先原则要求行政机关不得实施与法律规定不一致的行为，任何行政行为若与法律规定相冲突则违法无效，故该原则又被称为消极的依法行政原则；法律保留原则要求行政机关的行政行为必须有明确的法律授权，无法律授权不得行为，因此该原则又被称为积极的依法行政原则。

在秩序行政时期，人们基于对行政权力的一种不信任，为保障公民的自由和权利不受行政权的非法干涉，要求行政行为有法律的明确授权，强调法律保留应该是一种必然。而那么，提供公共服务的服务行政是否也必须严格依国会法律进行，是否必须符合法律保留的要求？对此，"二战"以后德国行政法学界曾经展开过热烈讨论。对于使用公权力强制实施的服务行政，如行政强制公民入学等，因涉及公民必须服从、人权受到限制，因此必须有法律的明确授权依据方可。对于非使用公权力强制实施的服务行政，德国实务界几乎一致认为不必遵循严格的法律保留，在无法律明确规定的情形下，亦可实施服务行政。因为政府为公民提供福祉，多做一件总是胜于少做一件服

---

① 罗豪才. 行政法学. 北京：北京大学出版社，1996：31.
② 同①57.

务，故不必严格依循"全面保留"的原则。①

我们认为，"无法律即无行政"不能绝对化，特别是随着"服务行政"理念的进一步确立，为保护行政相对人的权益，对于行政权及时、迅捷地发挥作用提出了更高要求。在非以强制为基础的情况下，为更好地向公民提供服务，行政机关不必拘泥于法律的规定，无法律规定也可以从事某些服务行政行为，但也不是毫无限制，也需要受到法律精神、原则和规则的约束。正如有学者所指出的那样，"由于'服务行政'的出现，当人民有所请求时，即使是法律、法规没有明确授权而又未明文禁止或限制的行为，政府也应当根据法的基本精神与宗旨和法定的行政自由裁量权，主动作为，积极为人民谋福利"②。

第四节　我国公共服务法的制度架构

公共服务法的制度架构也是建立在行政民主基础之上的，"行政民主"和"民主行政"是公共服务法律制度建构的最基本的价值内核，公民在行政过程中的广泛民主参与是公共服务法律制度建构的主线。从法律运行的层面来看，公共服务法律制度的架构主要包括如下要素：

1. 民主化基础上的行政立法制度

要建立健全行政立法中的听证、广泛听取意见制度。在行政立法过程中要充分发扬民主，多听取公民的意见，在必要的时候应该召开立法听证会。如果制定法规范的内容对公民的权利进行重要限制或为公民设定义务的，应尽可能举行听证会，听取公民的意见。现在有些法律法规已经把民主立法的相关制度的内容用法律规范的形式确定下来，例如，《行政法规制定程序条例》和《规章制定程序条例》就明确规定，起草行政法规、规章应当深入调查研究，总结实践经验，广泛听取有关机关、组织和公民的意见，听取意见可以采取召开座谈会、论证会、听证会等多种形式。③

---

① 陈新民．中国行政法学原理．北京：中国政法大学出版社，2002：37～38．
② 郭道晖．行政权的性质与依法行政原则．河北法学，1999（3）．
③ 《行政法规制定程序条例》第13条、第21～24条、第33条等，《规章制定程序条例》第15～17条、第21～24条等。

2. 民主化基础上的行政执法制度

在建构行政执法制度时一定要充分保障公民的民主参与权利。制度设计要体现多元化、多样化、系统化、便民化的特点。要完善行政执法中的程序制度、听证制度、陈述申辩制度等，既要保证公民能有民主参与的机会，能够充分发表自己的意见，又要保证公民独立的主体性地位，使其能够自主发表意见。要进一步完善行政管理过程中作为替代、补充和高效手段的其他柔软灵活的行政方式，如行政指导、行政契约、非拘束性行政计划与规划等非权力强制性的行政管理方式和手段。2014 年新修订的《环境保护法》第五章专章规定了信息公开和公众参与，从而为公众参与行政管理提供了操作平台和制度保障。

3. 民主化基础上的行政司法制度

应该在保障公民民主参与的前提下，简化行政司法的程序，建立、健全体现行政司法公正的制度，保障行政司法的公信力和权威性。

4. 民主化基础上的监督救济制度

要设计多元化、多样化、高效化的救济方式，增加公民寻求救济的路径，增加救济的民主性、公正性和效率性。例如，今后在行政救济中可以尝试建构起规范化的行政怨情（苦情）处理制度，人大监督专员制度，更加人性、公平、便民的行政赔偿制度和补偿制度等。

第五节　公共服务法律制度的最新发展与现实课题

一、我国公共服务法的最新发展

1. 政府公共服务单项法律制度逐渐丰富

例如，在养老服务领域，北京、苏州、合肥以及河北等多省市逐渐制定了《居家养老服务条例》，以更好地调整居家养老这种新型的养老服务方式。再如，在医疗保险领域，2016 年国务院制定了《关于整合城乡居民基本医疗保险制度的意见》，随后云南、湖南、江西等多地都制定了《关于整合城乡居民基本医疗保险制度的实施意见》。这些单行法丰富了公共服务法律体系，使得公共服务的许多事项有了法律依据。

2. 社会公共服务法律制度逐步建立

在社会力量参与公共服务方面，近年来也逐渐建立了相关法律法规，例如，2016 年《慈善法》和各地的志愿服务条例。这些制度使得社会提供公共服务有了更多的法律依据和法律保障。

3. 公共服务新型运行机制得到法律制度的确认

传统的公共服务运行模式都是由政府自己提供，当下一种新的运行机制即由政府购买公共服务的方式逐渐兴起。为了回应这种变化，2013 年，国务院办公厅发布了《关于政府向社会力量购买服务的指导意见》。2014 年，财政部又制定了《政府购买服务管理办法（暂行）》。这种新的公共服务提供模式逐渐通过法律制度被确认下来。

4. 公共服务行政救济制度进一步完善

现行《行政诉讼法》第 12 条将行政机关没有依法支付抚恤金、最低生活保障待遇或者社会保险待遇的行为纳入受案范围。这一规定使得公共服务的司法救济渠道更为畅通。

二、我国公共服务法进一步发展面临的现实课题

虽然我国行政法初步确立了服务行政的理念，在制度建设上也有所进步，正在努力建立公共服务法律体系，但是，如果仅有制度的规定，而没有其他方面的共同作用，则"徒法不足以自行"，只能算是"形式意义上"的公共服务法。法律制度的建构和实施乃是一个综合而复杂的过程，要使公共服务的理念在调整社会关系的过程中得到充分落实，需要法律制度、法律环境、法律文化等各方面协调配合、共同作用。我国要真正实现"实质意义上"的公共服务法，尚需经历一个不断努力的过程。这是经过发挥主观能动性可以加快步伐的行政民主化和法治化进程，是我国依法治国、依法行政的奋斗目标。具体而言，摆在我们面前亟须认真研究解决的重要课题是：

（一）行政主体和行政公务人员必须切实树立服务行政理念

行政法制确立后，大量的法律规范和制度是通过行政主体和行政公务人员去具体实现的，因此，行政主体和行政公务人员是否具有服务行政理念尤显重要。行政公务人员应当树立服务意识、改进管理方式，顺应由管理行政、秩序行政、指令行政转向服务行政、发展行政、指导行政这一时代潮

流，积极向行政相对人提供信息、政策、专业技术等方面的指导、帮助以及各种公共服务。行政管理和行政法制诸环节已经出现的越来越多的行政民主的要求和规范，例如行政立法过程中的座谈会、论证会、听证会，行政执法过程中的听证会和当事人陈述事实、申辩理由，行政相对人评议行政机关与行政首长，采取具有协商性和可选择性的行政合同、行政指导等柔软灵活的方式实施行政管理，等等，行政公务人员对此应当充分了解并积极推行。

（二）通过加强行政立法来推进公共服务法律制度创新

社会关系处于不断发展变化的过程之中，法律制度必须回应、适应这一变化，否则就会落后于现实。当下我国行政法律制度中虽然有了一些体现公共服务精神的具体制度，但仍然有一些不符合现实需要的具体制度和做法未得到及时的调整和清理，甚至有些在传统计划经济体制下创设的具有行政专制倾向的具体做法还存在于行政实务之中。及时废止滞后的法律规范和制度，推动公共服务立法，是全面推进依法行政的客观要求。

在建设服务型政府和进一步推进公共行政向服务行政转型的背景下，当前我国的公共服务法律制度创新主要应当是如下方面的创新：

第一，建立更加多元的公共服务主体制度。如上所述，公共服务法对传统行政法的挑战之一就是公共行政主体的多元化。在传统行政法理论中，只有行政机关及法律、法规授权的组织才是行政主体。而在公共服务中，非营利性社会组织甚至企业都有可能参与进来。在这种情形下，坚持传统的行政法主体理论就很难解释现实，也很难适应司法审查的需求。因此，就需要更新行政法主体制度，将部分承担公共服务职能的社会组织甚至企业作为行政法主体对待，要求其承担一定的行政职责。

第二，建立更加多样的公共服务方法制度。公共服务的发展，同样要求政府创新行政方式。传统的命令—服从式行政模式是与干预行政相适应的。要推动公共服务法的发展和适用，就要创新行政方式，更多地运用行政指导、行政合同、行政调解等非强制性行政方式。并且要通过立法建制将这些新方式、新方法规定下来。

第三，建立更加完善的公共服务内容制度。除了组织法、程序法方面的创新，公共服务法的发展还要求实体法内容上的进一步丰富，以为公共服务提供更为完善的依据。首先，如上所述，我国已经初步建立了一些公共服务的制度，但还不够完备，国家层面还缺少一部公共服务的基本法"公共服务法"。其次，有些已经建立的制度还需要进一步完善，例如《高等教育法》《就业促进法》《社会保险法》都需要根据现实发展的需要进行调整。最后，有些公共服务制度非常重要，但目前的立法层级太低，应当制定更高位阶的立法来进行规范。例如，2013年《国务院办公厅关于政府向社会力量购买服务的指导意见》是当前规范政府购买公共服务行为的基本制度，但其只是国发院办公厅发布的一个行政规范性文件，法律位阶较低，其发挥的功能也因此受到限制。

第四，建立更加丰富的公共服务救济制度。在公共服务中，大部分的行政行为是授益性的。授益性行政行政行为与侵益性行政行为相比，其可能给相对人造成的损害一般比较少，而且对于授益性行政行为所产生的行政争议相对人一般也较为容易接受调解，这就为多元化的纠纷解决机制提供了更为广阔的适用空间。为了适应公共服务的发展需求，未来应当探索进一步扩大行政诉讼调解的范围，完善行政调解、行政信访、行政复议等非诉讼纠纷解决机制，建立多元化的公共服务救济制度。

（三）重新确定政府角色，努力调整政企关系

公共服务法的发展也对政府职能的调整提出了新的要求。政府既是管理者又是服务者，政府在双重角色中要做到恰当定位，实现政府职能的科学调整，重新调整政府与公民、与企业、与市场、与社会的关系。这就难免涉及与旧体制、旧机制的冲突，而此类冲突的解决只能通过深化改革来实现。要进一步深化经济体制改革和政治体制改革，真正实现"政企分开"的目标，使政府成为行政法治意义上的管理者和服务者，为经济和社会的发展创造良好的秩序和环境。要进一步加强政治文明建设，加快思想文化变革，使行政主体和行政公务人员牢固树立为人民服务的观念，公民、法人和非法人组织树立自觉配合服务、依法维护自身合法权益的意识。

第三十六章

完善社会组织立法

新中国的社会组织自改革开放以来才得到蓬勃发展。截至 2015 年年底，全国共有社会组织 66.2 万个，比上年增长 9.2%，其中社会团体 32.9 万个，比上年增长 6.1%；基金会 4 784 个，比上年增加了 667 个；民办非企业单位 32.9 万个，比上年增长了 12.7%。[①] 实际中还存在大量未按照政府要求登记注册的社会组织，保守估计超过 300 万家。[②] 由此可见我国社会组织发展态势之强。虽然与国外社会组织的发展相比相对落后，且与国内政府、企业等相比相对弱势，但我国社会组织在公益慈善活动、优化社会管理方面的作用越来越大，在承认其积极作用的同时也不能忽视其潜在的消极影响。而在我国三大条例等分散的法律体系框架下，社会组织领域现有的政策、规制相对较多，且呈碎片化格局，不利于行政和法律资源的有效配置，也不利于社会对社会组织法律、政策、规制的理解与应用，对我国社会组织的良性成长和可持续发展的负面影响不断在发酵。社会组织领域中政策与规制的碎片化格局如何扭转？笔者认为通过政策整理和规制整合，社会组织立法的法典化是一条最为合适的实践路径。

第一节　政策和规制的碎片化及其弊端

针对同一公共事务，政策和规制的主体和客体相同，但两者的调节手

[①] 2015 年社会服务发展统计公报. 民政部网站，http://www.mca.gov.cn/article/sj/tjgb/201607/20160700001136.shtml.

[②] 肖小霞. 社会组织发展：相关社会政策评析、约束与调整——社会政策视角的分析. 福建论坛（人文社会科学版），2012（1）.

段、实施重点存在差异。政策和规制都是由政府部门或法律法规授权机构实施，针对某一公共事务进行管理和调整；其表现形式均为规范性文件，包括法律、法规、规章及其他规范性文件。政策和规制也有不同之处，其区别体现在政策侧重于资源的配置，而规制侧重于行为规范。就社会组织而言，相关政策更多的是将各类资源整合，调配给不同组织以促其发展，如对社会组织人才的发展政策正是通过政府将培训、培养资源配置给相关社会组织；政策的目的也在于通过资源配置的方向、比例来推动社会组织的发展进度，以将其积极作用发挥至最大。而规制更聚焦于社会组织的行为规范，如对社会组织的登记评估、年度检查、行政处罚等，是为了规范社会组织在合法合理的框架下行动，以减少其产生负面效应的可能性。

公共事务范畴中，特别是在社会组织领域，政策和规制的碎片化问题越来越明显。政策和规制的碎片化在各类文件、具体执法中均能体现，其最基本的特征就是零散性。在文件中碎片化问题随处可见，例如，政府对社会组织的税收优惠既零散分布在《事业单位、社会团体、民办非企业所得税征收管理办法》中，又能在《财政部、国家税务局、民政部关于公益性捐赠税前扣除有关问题的通知》得到部分体现，仅查找、总结社会组织所享受的税后优惠就需查阅对比多个政策文件。这种碎片化弊端不仅在文件中高频率出现，还存在于实际执法过程中。

碎片化经常被描述为部门主义、各自为政、视野狭隘等现象，政策和规制的碎片化更容易导致各种异化现象，必然会带来诸多弊端。首先，碎片化的政策和规制中的不协调性日益突出，由于缺乏与政策初始目标、其他机构执行方式的配合度与协调性，政策和规制中更加容易产生分割、冲突与遗漏。这可能并非政府组织的本意，但却容易导致政策和规制的执行手段、效果的冲突性。各个相对独立的政策、规制缺乏统一的总览性框架的指导，受到部门利益、价值判断等因素的扭曲，导致即使仅仅是针对社会组织的政策和规制都容易在某些细节上出现矛盾甚至冲突，加剧了不协调性，混淆了社会的认知和理解。其次，价值层面上的政策或规制的碎片化，直接导致了事实及行动层面的碎片化。碎片化不仅会导致法律保护的遗漏，还会带来执法过程中的遗漏，减损政策的有效性和资源效益。由于所面临的事务的复杂性与多变性，可依据的政策、规制又散见于多个文件中，执法中容易忽略其他政策、规制的存在，更容易导致执法过程中的碎片化、遗漏性、不一致性等。

碎片化的政策和规制无论是在价值层面还是在事实行动层面，都无法形成强大且有效的合力。若未对已有的碎片化的政策、规制进行合理有效的整理、整合，而一味地向前推进公共事务的展开、公共资源的分配等，只会加剧碎片化的零散程度。无论后续如何出台新的政策、规制，都仅仅是在已有问题上的小修小补，无法从根本上有效地解决基本问题，反而只会形成补丁化的碎片格局，为现有的碎片化平添更多的压力。

第二节　我国社会组织政策和规制的碎片化

随着社会组织的数量剧增、活动领域的多元化，其在快速转型和发展的社会中如何调整应对、蓄势成长是不可回避的问题，这也对政府的引导和管理提出了不小的挑战。当前，我国社会组织管理中的纲领性文件包括《社会团体登记管理条例》（1998 年，2016 年修订以下简称《社团条例》）、《民办非企业单位登记管理暂行条例》（1998 年，以下简称《民非条例》）、《基金会管理条例》（2004 年，以下简称《基金会条例》）。除了这三大条例之外，2004 年出台了专门针对宗教团体的《宗教事务条例》（2017 年修订），另外，还根据《社团条例》制定了《宗教社会团体登记管理实施办法》（国宗发〔1991〕110 号），以此来保障宗教团体的合法权益及登记管理。根据国务院的统一部署，民政部应联合国务院法制办应在 2013 年年底前完成这三大条例的修订工作，然而就目前情势而言，这三大条例的修订工作仍未完成。

目前而言，与社会团体相关的政策、规制约有 95 项，除了《社团条例》，还有如《外国商会管理暂行规定》（1989 年，2013 年修订）、《社会团体分支机构、代表机构登记办法》（2001 年）等。基金会方面的政策、规制有近 10 项，如《基金会年度检查办法》（2006 年，2010 年修改）、《基金会信息公布办法》（2006 年）等。而已有的关于民办非企业的政策、规制有 9 项左右，包括《民非条例》、《民办非企业单位年度检查办法》（2005 年）等。除了上述针对每类社会组织的具体的政策、规制之外，还存在多达几十项的综合性规定，有的专门规范某个管理环节，如《社会组织评估管理办法》（2010 年）；也有的侧重于在具体领域中对社会组织的管制，如《救灾捐赠管理办法》（2008 年）等。由此可见现有政策、规制数量之多、覆盖范围之广。这种混杂的碎片化格局也表露了其在一致性、兼容性、融合性上的欠缺。

一、社会组织具体的优惠政策

政府对社会组织的优惠政策主要体现在税收优惠方面，即政府通过制定合适的纳税政策及税负水平，对社会组织提供财政税收优惠福利。

政府也通过购买服务、财政拨款、补助等形式对社会组织提供优惠政策，以保障其资金、推动其项目。如，民政部联合财政部、国家工商行政管理总局联合制定《政府购买服务管理办法（暂行）》，以优化政府向社会组织购买服务的结构。2012 年起，民政部连续五年推动"中央财政支持社会组织参与社会服务示范项目"，累计投入 10 亿元，由政府向社会组织购买服务，社会受益面广且反响好。[①]《中共中央办公厅、国务院办公厅关于改革社会组织管理制度促进社会组织健康有序发展的意见》提出，中央财政继续安排专项资金，有条件的地方也参照安排专项资金，支持社会组织的建设和发展，并重点扶持一批品牌性社会组织。此外，在财政部、民政部《关于进一步明确公益性社会组织申领公益事业捐赠票据有关问题的通知》《关于规范全国性社会组织开立临时存款账户有关事项的通知》等政策文件中，都加大了对社会组织的金融、财政支持力度，为其发展拓宽了道路。

政府还通过对社会组织人员的培养、福利保障等优惠政策来促进组织稳健发展。例如，《中共中央办公厅、国务院办公厅关于改革社会组织管理制度促进社会组织健康有序发展的意见》（2016 年）第一次阐述了社会组织的人才政策，如建立社会组织负责人培训制度，并对符合条件的社会组织专门人才给予相关补贴，将社会组织及其从业人员纳入表彰、奖励、推荐范围等。劳动和社会保障部、民政部《关于社会组织专职工作人员参加养老保险有关问题的通知》（劳社部发〔2008〕11 号），还对社会组织的专职工作人员参加养老保险的情况进行了专门规定和保障，如按照属地管理原则参加当

---

① 国家扶持社会组织发展的优惠政策 . http://mzzt.mca.gov.cn/article/shzzglzd/jd/201608/20160800885748.shtml.

地企业职工基本养老保险，鼓励有条件的社会组织建立年金制度等。

二、对社会组织具体的监管规制

目前，我国社会组织实行双重管理体制，即由其登记管理机关进行登记注册管理，由业务主管单位进行审查、日常业务管理等。同时，我国对社会组织还实行分层化管理。根据《社团条例》第 7 条，全国性的社会团体由国务院的登记管理机关负责相关管理，而地方性的社会团体由各地政府的登记管理机构负责，跨行政区域的社团则由所跨区域共同的上一级政府的登记管理机关负责。根据这项分层管理制度，社会组织的活动界限应与登记管理部门和业务主管部门的管辖范围保持一致性。

除了对社会组织的管理体制的规范外，政府还对社会组织在资金、活动、评估等方面进行了监管和规制。在财务资金方面，民政部《关于改革社会组织管理制度促进社会组织健康有序发展的意见》中包含了对社会组织资金的监管，要求设立由民政部牵头，财政、审计、金融、税务、公安等参加的资金监管体制，具体包括财务信息公开、票据管理使用、税务登记、账户监管等。《民政部财政部关于规范全国性社会组织年度财务审计工作的通知》（民发〔2015〕47 号）规定了社会组织年度财务审计工作的相关事宜。

针对社会组织的具体活动，政府也制定了各类监管规制，如，政府对社会组织承接政府购买服务进行了要求和规范，在《财政部、民政部关于支持和规范社会组织承接政府购买服务的通知》（财综〔2014〕87 号）中强调建立该方面的信用记录管理机制，以供审查和评价。再如，对社会组织之间的合作也给予了规范和监管，如民政部制定的《关于规范社会团体开展合作活动若干问题的规定》包括签订书面合作协议、对合作方资质与信用甄别考察等内容，以加强其行为规范，维持正常活动的秩序，保护其合法权益。同时，政府还通过重大事项报告、年度检查等实现对社会组织的监管。前者是指社会组织将其重要会议、涉外活动等由专人向民政部门进行报告，民政部门提供必要的意见。年度检查是指由民政部门按年度对社会组织进行检查、监督管理，主要检查财务会计报告、机构变动情况等，具体规定见于《基金会年度检查办法》《民办非企业单位年度检查办法》等文件。《民政部、财政部关于加强社会组织反腐倡廉工作的意见》（民发〔2014〕227 号）还强调，通过在社会组织民主机制、财务管理、商业行为规范、信息公开、审计和执法监督、廉洁教育等方面切入，加强其反腐倡廉工作，推动其健康有序发展。

在对社会组织的评估中，《社会组织评估管理办法》规定：各级政府民政部门设立相应的社会组织评估委员会及评估复核委员会，对本级社会组织进行客观、全面的评估并作出评估等级结论。获得 AAA 以上的社会组织可以优先接受政府购买服务、奖励等优惠政策，获得 AAAA 以上的组织可以简化年检程序等。通过第三方评估机制，将以往只重准入登记管理向准入登记、事中监管、事后监管并重转变，丰富社会组织的信用评价体系。发展民办非企业单位、社会团体、市场中介机构、事业单位等多类型的专业机构承担第三方评估工作，同时加强民政部门对第三方评估机构的监管职责。

政府的监管规制还包括对责任的认定，如，中共中央办公厅、国务院办公厅《关于改革社会组织管理制度促进社会组织健康有序发展的意见》强调要强化社会组织发起人的责任，提出将发起人的资格、人数、行为、责任等纳入有关行政法规予以规范，建立负责人不良行为记录档案，强化过错责任追究，创设负责人任职、约谈、从业禁止等管理制度。民政部门对社会组织的监管还体现在行政约谈、取消公益性捐赠税前扣除资格、行政处罚、取缔等。若社会组织在年度检查中出现了问题，民政部门便会对负责人进行约谈，以促整改。北京民政局就制定了《北京市社会组织行政约谈办法》，规定了约谈的范围。民政部门还可以取消某些不合格组织的公益性捐赠税前扣除资格。行政处罚也是政府常用的规制方式之一。除了对合法登记的社会组织进行常规监管外，民政部按照《取缔非法民间组织暂行办法》负责对非法民间组织的取缔。根据民政部 2015 年的社会服务发展统计公报显示，全年共查处社会组织违法违规案件2 951起，其中行政处罚2 928起，取缔非法社会组织 23 起。①

三、现有政策与规制的碎片化态势

政府对社会组织的管理、引导在特定的制度环境、政策空间中进行，政

---

① 2015 年社会服务发展统计公报．民政部网站，http：//www.mca.gov.cn/article/sj/tjgb/201607/20160700001136.shtml.

府的政策和规制直接影响到社会组织的生存、演进和发展，而社会组织自身是否能够高效运作、良性发展也在一定程度上取决于所处的制度环境和政策背景。而在社会组织领域中，现有的政策和规制的碎片化态势极富多样性、零碎性、重复性的特征。

首先，从上述各类各式具体的优惠政策、监管规制可以看出，针对社会组织的政策规制不仅数量多，而且类别多样、覆盖广泛。政策规制多不是件坏事，但是若不能进行有效的归置、整合，则很容易招致重复、矛盾等低效后果。

其次，现有的政策、规制零碎性太强，同一事务可能受到几项不同政策的约束和管理。如此，在实践中，不仅容易使得政策、规制的执行结果参差不齐，也会导致实务操作过程中难度的急剧增加。如，一些事业单位性质的社会组织，受《事业单位会计制度》等规章的约束，很难享受有关社会组织的税收优惠政策。①《社会福利机构管理暂行办法》（1999 年，民政部令第 19号）中规定，为老年人、残疾人、孤儿、弃婴提供养护、康复、托管等服务的社会福利机构享受国家有关优惠政策。但是，该办法未明确指出有关优惠政策是什么，也未指明寻找相关规定和优惠政策的路径和渠道，使得寻找所依据的规定和政策又将耗费大量的时间与精力。这种零碎散乱的政策、规制对政策的连续性必然会产生负面影响。

最后，重复性是社会组织政策、规制中导致低效率的罪魁祸首。金锦萍教授提出，通过对《民非条例》和《社团条例》的仔细比较可以发现，1998年出台的《民非条例》几乎没有新创制度的存在，而仅仅是把 1989 年出台的《社团条例》中的"社会团体"替换成"民办非企业单位"②。各类政策、规制各自为政，仅局限于对某一特定事务的管理和规范，缺乏统一的立法基础和指导框架，出现重复性甚至冲突性的几率大大增加。

由此可见，制约社会组织发展、遏制其发挥更大效益的一大因素就是现有的政策、规制太过碎片化。这种碎片化不仅影响对社会组织价值层面的认知，也深深地影响到了其实际运作过程中的种种矛盾与不便。

---

① 丁立 . 促进社会组织发展的税收政策 . 税务研究，2015（11）.

② 王名，金锦萍，黄浩明，等 . 社会组织三大条例如何修改 . 中国非营利评论，2013（2）.

第三节　法典化：从政策整理到
规制整合的一条实现路径

在现有的社会组织法律体系中，已存在宪法的规定、部门规章制度、专门性的行政法规等，但是缺乏关于社会组织的基本法典。而仅仅以三大条例等行政法规作为我国社会组织法律体系的主要力量，已经无法适应我国社会组织多元化发展和社会主义法治国家建设的要求。多部零散的法律也容易造成政出多门、政策碎片化且重复性高、执行混乱且易产生矛盾、规制缺乏系统性与统筹性、立法资源和执法资源不必要的损耗等问题。同时也因为缺乏统一的总揽全局的法律文件，使得公众对社会组织法律的整体性把握不足、认知混乱，也不利于各类社会组织之间的相互认同、资源整合、合作交流。

社会组织法典化采用统一立法模式，以一部社会组织法典作为各类社会组织的基本法，而非像现行的那样将法律规范分散在三大条例及其他具体规范性文件中。如此，社会组织法典将成为社会组织立法领域内的统一法典。北京大学法学院非营利组织法研究中心虽更倾向于用非营利组织的概念来代替社会组织，但其也主张非营利组织基本法的制定，并推出了《中国非营利组织法专家建议稿》。统一法典化的模式，有助于消除分散立法模式下的规范重复问题，减少对立法及执法资源的消耗；同时，基于总揽全局的社会组织法典，便于公众对社会组织法律获取整体概念以及具体规定。将社会团体、民办非企业单位、基金会都纳入一部法典之中，为这些组织之间的认同、交流、合作、共赢提供法律保障与机制平台，更容易最大化社会组织资源配置的效率和效益。已有的社会组织政策、规制缺乏实操性、细节性的规定，包括社会组织的财务公示、监督机制等方面，如《社会组织评估管理办法》就缺乏对评估主体、内容以及方式等具体要求的明确。因此，借助社会组织立法法典化的机会，可以重新审视、梳理并规整有关政策、规制的内容，增强其实际性和效用性。

因此，通过法典化的统一立法模式，将社会组织领域内多项独立的规范性法律文件合并、整合，能够为政策制定的依据、规制出台的根基提供一个统筹的、共同的标准和参照。如此，已有的关于社会组织方面的优惠政策、监管规制等也能摆脱碎片化的桎梏，参照同一部社会组织法典进行重新梳理和审视，实现政策整理和规制整合。举例而言，若将社会组织立法法典化，则参照法典中的规定，针对这三类组织的年度检查政策可以整合、统一，而非散见于《基金会年度检查办法》《民办非企业单位年度检查办法》等各类文件中。通过在一项年度检查政策中实现对这三类组织的共同维度、共有特征进行提炼和规定，再对有差异的地方有针对性地分类明确。因为这三类社会组织虽各有特征，但都属于社会组织范畴，其必然存在共性，专门针对每类组织分别进行政策的制定，容易造成决策成本的增加、政策资源的浪费。同时，除了对已有政策和规制的重新整合与归纳外，新政策和规制的诞生必然是在同一部社会组织法典的立法框架下产生，其执行、监管和修正过程也必然受这同一部法典的规范和约束，大大减少了出现重复、混淆、矛盾的可能性。因此，社会组织立法的法典化是从政策整理到规制整合的一条实现路径。

第四节　社会组织立法法典化的模式选择

社会组织作为政府部分职能转移的承担者，其在提供公共服务、完善社会管理、缓和社会矛盾方面起到了积极的协助作用。为了促进社会组织的良性发展，应加快社会组织立法法典化的进程，从而降低社会组织政策、规制中的碎片化程度，促进社会组织的良性发展。

通过对社会组织的基本权利、基本义务、财产规则、治理结构、行政处罚、与政府之间的关系等方面进行系统梳理和整合，制定社会组织法典迫在眉睫。而制定社会组织法典所面临的首要问题也是基本问题，就是其立法模式的选择。具体而言，社会组织立法的模式问题，是在其法律功能、法律内容上应该选择何种模式？从法律功能的角度看，管理法模式、保障法模式、均衡模式哪种模式更加贴合、实际且有效？从法律内容的角度出发，应该倾向于组织法模式还是行为法模式？

一、社会组织法典化中法律功能模式的选择

笔者认为，从社会组织立法的法律功能角度看，存在管理法模式、保障

法模式、均衡模式共三类模式。其中，管理法模式是指以加强政府对社会组织的管理为首要法律功能的立法模式；保障法模式的法律功能定位在于保障社会组织的权益；均衡模式则兼顾政府对社会组织的管理以及保障社会组织权益两项法律功能，并在两者之间维持基本平衡。

一项法律的主要功能是偏向于加强管理还是保障权益，与其立法目的并不必然是完全一致的（如三大条例的部分立法目的并未在其条款中实际体现），其判断标准在于法律中这两方面的条款各自的数量以及力度。[①] 尽管三大条例在其立法目的条款中展现了对管理功能与保障功能的兼顾，但实际上这些条例均属于管理法模式。

管理法、保障法、均衡三类模式并无绝对的优劣之分，只是各自适用的情况和条件、所偏重的价值取向有所差异。这三种模式之间，现代法治追求的必然是同时兼顾政府管理和权益保障两类功能且维持平衡的模式，然而在现实中，其应该在整体法律体系层面实现，而要在一项法律上实现这种法治精神并不切合实际。一项具体的法律，由于其条款数量限制、法律定位限度，必然只能在某些法律功能上有所偏重，而未必能，也未必非要同时兼顾并平衡管理和保障两种功能。一项法律在偏重某方面的法律功能的同时，必然会导致对其他法律功能的忽略，此时，就由其他法律来补足、承担并体现被忽略的那些法律功能。这样，便可在法律体系的整体上，保持两种功能的兼顾与动态平衡，而非依赖一项单一的法律来实现这种功能的兼顾和平衡的维系。因此，这三类功能模式的选择并非判断某项法律好坏的标准，这只是在立法技术上选择的区别体现。

目前我国整体法律体系背景下，考虑到社会组织在政府对其管理、其自身权益保障方面的需求和现实挑战，笔者认为，社会组织立法法典化进程中应该选择均衡模式。一方面，我国尚缺乏对公民自由结社的有效保障，对社会组织权益保障的认识仍有待加强。单独的管理法模式正是欠缺了对社会组织权益保障的法律功能，而其他法律又难以对该缺失进行补足和完善，就容易造成社会组织法律体系中管理和保障两种功能失衡的格局。另一方面，社会冲突的持续发酵、社会矛盾的时有爆发，导致仍处在成长阶段的社会组织

---

① 刘太刚. 我国非营利组织基本法的立法模式探讨. 江苏行政学院学报，2011（2）.

所处的环境背景具有不稳定性。若单纯选择保障法模式，则只侧重保障社会组织的权益，却忽视了在不稳定背景下对社会组织的管理和规制，不利于社会组织在正确引导和管理下的良性发展。因此，相比前两种模式，均衡模式下能同时兼顾管理和保障的功能，更有利于弥补现有的社会组织立法体系的缺陷。其既能保障社会组织的权益，让其健康发展，又能有效发挥政府管理的作用，以防止社会组织出现负面事件。

二、社会组织法典化中法律内容模式的选择

在社会组织立法法典化中法律规范的内容方面，存在组织法模式和行为法模式两种可选选项。所谓组织法模式，是针对社会组织主体对法条结构进行设计的立法模式，涉及社会组织的界定、变更、设立、撤销以及其组织结构、责任、法律地位等方面。而行为法模式主要涵盖社会组织行为的界定及类别、行为的方式、法律责任等。相较而言，组织法模式聚焦于产生非营利行为的社会组织而不包括个人，即个人的非营利行为并不在规定范围之内，而行为法模式下的规范更侧重于非营利的行为，并不局限于主体是组织。从这个层面看，行为法模式的立法覆盖范围比组织法模式更具有广泛包容性。笔者认为在这两种模式选择中，行为法模式更加贴切，即在社会组织立法法典化中制定社会组织活动法而非社会组织组织法。具体原因及分析有五点。

其一，社会组织的价值在于其所进行的非营利活动，社会组织之外也有许多主体进行着非营利活动，如个人、营利组织等。如果采用组织法模式，则必然会将社会组织之外日益增长的非营利活动都排除在法律规范之外，并不能对社会非营利活动进行完整的管理。而如果采用行为法模式，则可以避免这种漏洞和弊端，可以更好地体现规范对整个社会非营利活动的涵盖和重视。

其二，组织法模式下对于社会组织之外的非营利活动需要依靠民法实现规范，而基于等价交换、补偿的民法的出发点是自利原则，若要将其应用于管理以利他原则为原点且非等价交换的非营利性活动，则显得甚为牵强。而基于行为法模式实现社会组织立法法典化，能针对性地为非营利性活动量身定制行为规范、责任分工。

其三，以组织法模式为基础的社会组织法典将局限于对已合法注册登记

的社会组织进行规范管理，正如三大条例中的规定。这却容易使得对未注册登记的社会组织的管理缺位，而这部分未注册的组织的数量在急剧增长，其影响力也不断在增强，不容小觑。因此，以非营利活动为聚焦点的行为法模式更加适合。

其四，若采用组织法模式，并将未注册登记的组织都收入社会组织法典的适用范围内，更增加了立法的技术难度，因为在实际操作中，同是进行非营利活动的未注册登记组织与个人之间的边界并不总是很明晰。

其五，社会组织法典应该以社会组织的发展作为推动力及发展方式，其最终目的应是社会组织非营利活动的推展、成长与可持续。显而易见，以行为法模式为根基的社会组织法典更能处理好这两者之间的平衡关系，为整个法典化提供科学的立法指导理念。因此，行为法模式无论是在涵盖范围、对现实的回应性上，还是立法理念上，都更适合我国社会组织法典的制定和推动，更贴合我国社会组织发展和成长的需求。

综上所述，政策和规制的碎片化问题在我国公共管理领域层出不穷，在社会组织范畴内体现得更为明显。政策、规制碎片化带来的不协调性、执法遗漏、无法合力等问题都对社会组织的发展产生了消极影响。我国社会组织政策、规制的碎片化不仅可从三大条例中可见一斑，还见诸针对社会组织的各类具体的优惠政策和监管规制。社会组织立法的法典化是实现政策整理、规制整合的有效路径，在法典化进程中在法律功能导向上采取均衡模式、在法律内容上采用行为法模式更贴切我国社会组织生存和发展的需求。

第五编　完善生态文明法律体系

本编导言

生态文明建设是先进文化建设的题中应有之义，构建人与自然和谐的价值观，既是中华传统文化的精髓，也是我国社会主义核心价值观的重要内涵。生态文明是社会建设的重要内容，生态环境一头连着人民群众的生活质量，一头连着社会的和谐稳定，加强生态文明建设是民意所向。党的十八届四中全会提出要用严格的法律制度保护生态环境，有效约束开发行为，促进绿色发展、循环发展、低碳发展。应当紧紧围绕建设美丽中国这一核心，从深化生态文明体制改革的重点领域和关键环节出发，以推进环境友好型和资源节约型社会为中心，展开完善社会主义生态文明法律体系研究。

党的十九大报告用了很大篇幅论述加快生态文明体制改革，建设美丽中国的伟大目标。报告指出："中国特色社会主义进入新时代，我国社会主要矛盾已经转化为人民日益增长的美好生活需要和不平衡不充分的发展之间的矛盾。""……人民美好生活需要日益广泛，不仅对物质文化生活提出了更高要求，而且在民主、法治、公平、正义、安全、环境等方面的要求日益增长。"报告强调："建设生态文明是中华民族永续发展的千年大计。必须树立和践行绿水青山就是金山银山的理念，坚持节约资源和保护环境的基本国策，像对待生命一样对待生态环境，统筹山水林田湖草系统治理，实行最严格的生态环境保护制度，形成绿色发展方式和生活方式，坚定走生产发展、生活富裕、生态良好的文明发展道路，建设美丽中国，为人民创造良好生产生活环境，为全球生态安全作出贡献。"在建设美丽中国的具体途径方面，报告提出了推进绿色发展、着力解决突出环境问题、加大生态系统保护力度和改革生态环境监管体制等一揽子政策措施。最终，我们要建设的现代化是人与自然和谐共生的现代化，既要创造更多物质财富和精神财富以满足人民日益增长的美好生活需要，也要提供更多优质生态产品以满足人民日益增长的优美生态环境需要。必须坚持节约优先、保护优先、自然恢复为主的方针，形成节约资源和保护环境的空间格局、产业结构、生产方式、生活方式，还自然以宁静、和谐、美丽。

关于环境法体系的完善，应以科学发展观看待中国特色社会主义法律体系，坚持"可持续发展"作为环境法的独有价值，坚持环境污染防治与自然资源保护并重和一体化调整，必须以绿色发展理念指导我国环境立法，环境立法要践行绿色发展理念。

关于强化生产者环境保护法律责任，是以可持续发展观为指导，以绿色发展理念为核心，以社会经济发展与环境保护相协调为基础的。新《环境保护法》明确规定环境保护的基本国策与经济社会发展和环境保护相协调策略，并在基本原则中明确"保护优先"。新法的这种立法模式，调整经济社会发展与环境保护的关系，全面保障绿色发展理念的落实；也通过对生产者环境义务、环境保护制度的规定，强化了生产者的环境保护法律责任。

关于完善自然资源和国土空间开发保护法律体系，当前我国国土空间开发保护制度存在不少问题。对此，要实施全国主体功能区规划，实现主体功能区定位，调整、完善从政策和法律法规到绩效评价一整套的制度体系，形成一种利益导向机制和精细化管理机制。

关于完善能源法律体系，理想的能源法律体系应当是综合性且分行业的，具体来说，我国能源法律体系应然的基本框架应为两层的结构，由能源基本法作为统领，各部门能源法地位平等、相互独立并在联系中互相协调。

关于京津冀协同的法治建设研究，应当发挥法律规范的引领和推动作用，积极探索建立区域环境协同立法保障机制，增强区域环境立法的科学性、有效性，这将为京津冀区域生态环境的协同保护提供重要的制度支撑和法律保障。

第三十七章

完善环境法体系

第一节　论部门法体系下环境资源保护的一体化

2011 年 3 月 10 日，十一届全国人大四次会议第二次全体会议宣布，中国特色社会主义法律体系已经形成。到 2010 年形成中国特色社会主义法律体系，是党的十五大提出的新时期立法工作目标。中国特色社会主义法律体系的建成，我国法制发展史上的重要历史节点，它标志着我国法制发展进入了新阶段。中国特色社会主义法律体系，不是僵化、固态的，它作为上层建筑的一部分，始终服务于我国改革开放、现代化建设的实践需要，始终是一个富有弹性、开放和动态发展的有机体系。该次会议确定中国特色社会主义法律体系由七个部门法组成：宪法、民商法、行政法、经济法、社会法、刑法和程序法。我国环境法被分割为几部分：一部分以《中华人民共和国环境保护法》和其他污染防治专门立法为主的法律归入行政法部门；另一部分以各种自然资源保护立法为主的法律则归入经济法部门；还有少量立法被归入社会法部门。这种分割环境法的思路与国际上环境法发展的趋势明显不同，虽然比较客观地反映了我国环境法的历史和现状，但也产生了一些值得关注的新问题。

一、当代环境资源一体化保护的趋势

总体来看，世界上主要国家环境法的发展趋势都是由单一的污染防治或

自然资源保护走向二者的结合，其原因是二者有着共同的理念即可持续发展的理念。这个理念与行政法、经济法、社会法以及民法、刑法等部门法的理念有着明显的区别。诚然，可持续发展作为我国的经济发展战略，各部门法也要有所结合，但作为法的价值追求和基本理念，可持续发展是任何一个传统部门法所不可能代表和兼容的，环境法的法律价值和基本理念的不可替代性已在上述国家的立法和法律体系建设进程中得到充分的证明。

西方国家的环境法起源于环境污染产生的侵权，基本上属于民法上的特殊侵权，然后增加了生态保护，进而与人权结合，上升为环境权，催生出以美国为代表的环境政策法。在美国没有所谓部门法的观念，如果硬要给它的环境法套个部门，只能说它的环境法不属于任何一个部门法，但是要求任何部门法都必须尊重它、不得违背它。日本也效法美国制定了环境法，考虑到大陆法的部门法传统观念，日本索性将其环境法冠以基本法，以保持与美国模式的一致。法国等大陆法国家纷纷出台了环境法典，用大陆法的传统观念来看待，这些国家的环境法具备了部门法的要件。

原苏联与东欧国家的做法是，长期以来以自然资源法代替环境法。这一时期的自然资源法大致上可以列入其经济法的范畴，即它们的环境法完全是作为经济法的附属物，并完全或单纯地为经济发展服务。原苏联是自然资源大国，可以承受对自然资源的粗放利用。它的自然资源对环境污染的承载力是其他国家可望而不可即的。这种得天独厚的自然条件与计划经济相结合，形成了经济环境法的格局。不幸的是，我国曾长期受这种观念和体制的影响，也像原苏联那样大手大脚地开发利用自然资源，并把环境保护置于这种自然资源法之下。时至今日，这个历史的滞后效应仍是我国经济发展方式转型的瓶颈之一。值得一提的是，俄国人早在 1992 年开始实施《生态安全纲要》，第一次明确将生态安全保障作为国家基本战略在立法上加以确立；1993 年的俄罗斯联邦宪法第 42 条首次规定了"公民的生态权的优先性"，把生态权利用法律确定为公民的基本权利[①]；而且在 2002 年俄罗斯也效仿西方制定了环境法。也就是说今天俄罗斯的环境法已不再坚持其计划经济体制下的经济环境法旧制，而经济环境法的怪胎却得以在中国茁壮成长、根深蒂固。

---

① 刘洪岩. 俄罗斯生态立法的价值选择及制度重构. 俄罗斯中亚东欧研究，2009（6）.

我国早期环境法受苏联影响极大，经济环境法特征很明显，甚至早期环境法教学研究也是以经济法为平台。这种情况到 1979 年《中华人民共和国环境保护法（试行）》出台后有所改变。与西方国家不同的是，我国宪法把环境保护规定为国家职责，确定了我国环境保护的行政主导地位，在法学上即所谓行政环境法。把环境保护规定为职责是个巨大的历史进步，也是社会主义优越性的体现。西方对此也不得不承认。环保界有个谚语：经济靠市场，环保靠政府。但在资本主义制度下，环保是难以靠得上政府的，像 2011 年日本福岛核事故中日本政府作为不力就是个典型的例证。一些有识之士总想引导环境法往行政环境法方向靠拢，例如我国台湾地区著名环境法学者陈慈阳就强调环境法在部门法意义上应当是宪法和行政法，这表明了在私有制下起源于民法侵权法的环境法在环境保护上的先天不足与困境。为坚守环境法的理念而宁可牺牲环境法的财产和经济上的法律价值，这是西方国家当今环境法法律属性上的基本趋势。我国则与西方国家不同：我国的环境法产生于经济法，准确地说是带有强烈行政色彩的计划经济法或行政经济法，而经济法与行政法分道扬镳之后，环境法主要是向行政法方向发展，因此，我国的环境法中行政法成分不是先天不足，而是得天独厚。有鉴于此，改革开放以来，我国环境法制建设更注重的是行政环境法如何与市场经济法制特别是民法、社会法相结合；是如何彻底告别经济环境法；是建立起以可持续发展为基本理念的，以行政、民事、行政综合法律手段调整的新型法律领域。

二、环境与资源分割调整的质疑

把环境法的内容分割，分别列入行政法、经济法和社会法三部门法，至少带来三个需要解决的问题。

（一）环境、资源问题的分割调整

现代环境保护强调各种机制的协调与配合，污染防治与自然资源保护一体化是现代环境保护的大趋势，这与科学发展观的全面协调发展也具有高度的一致性。把污染防治与自然资源保护分别划归行政法和经济法和现代环境法的发展趋势不符。例如，污染防治法的发展趋势是注重市场机制的作用、企业的作用、公众的作用，但这些恰恰是行政法的短板。世界上绝大多数国家和地区的环境保护都是从分别调整向一体调整转变，分割的做法是非主流的逆势，势必导致立法上更混乱或者增加立法成本。在我国，分割调整在立法上以水污染防治法和水（资源）法分别立法为典型，实践证明弊大于利，水污染与水资源问题同步严峻、恶化与这种分割立法不无关系。北京市的地方立法已把二者合并起来，效果更好。

（二）经济环境法的复辟

把自然资源法返还给经济法，首先意味着苏联模式的回归，这是历史的倒退。我国改革开放之后自然资源法与环境保护法合并，使自然资源保护法的环保功能得以大大提升。现在重新把自然资源法从环境法中分离出来，意味着阉割了自然资源法的环境保护功能，这对于我国经济发展方式的转变是极为不利的。事实上，我国物权法中规定了自然资源权属制度，自然资源作为法律关系客体的财产属性已有了基本归属，自然资源的其他主要功能只剩下生态保护功能，民法以外的特别法主要解决的应是这方面的问题，而把这方面的问题交给经济法去解决既与民法相冲突（例如有可能产生国家与民争富的误导或误识），又与环保不搭界，降低了法律的效率。

（三）环境法价值的迷失

作为现代主义产物的部门法学说，在当今后现代主义背景下的欧洲已广受非议，部门法并非法律体系完善的标志或目标。即使在承认部门法的前提下，各部门法之所以产生和存在，并不在于传统的部门法学说，而在于其社会客观需要的、不可替代的、独到的价值。环境法的价值既不是行政法的价值，也不是经济法的价值。环境法是以经济和社会可持续发展为价值的法，在科学发展观的全面协调要求中，环境法是以人与自然的协调为己任，这种价值是以往传统部门法所不具备的，也是当代法律不可或缺的新价值。可持续发展强调当代人利益与后代人利益协调，即新型的代际公平原则，这个原则是传统的部门法所拒绝或不可包容的。环境法的分割必然导致环境法价值的迷失，这对于我国环境保护事业与可持续发展将是极为不利的。我国现行部门法设计下环境法的被分割表明了我国环境法的弱小与边缘化，也表明了我国部门法传统观念与格局的强大，因而这种结果是正常和必然的。但从发展的眼光看，对这种设计的局限性以及其与我国经济社会未来发展的不适应性要有足够的重视，适时予以完善和校正。

三、部门法体系下环境法理念的坚守

针对这些问题，最根本的解决之道就是用科学发展观来看待中国特色社会主义法律体系，即以人为本、全面协调和可持续性，不受传统部门法学说的干扰，坚守环境法自身固有的理念和价值，坚持环境污染防治与自然资源保护并重和一体化调整，坚持改革开放以来我国环境资源保护的成功道路，借鉴历史的和国际的经验教训，不断完善我国的环境资源保护法律体系并推动中国特色社会主义法律体系的发展与完善。

（一）以科学发展观看待中国特色社会主义法律体系

党的十六届三中全会提出的"科学发展观"是一种先进的方法论，它要求我们"坚持以人为本，树立全面、协调、可持续的发展观，促进经济社会和人的全面发展"，按照"统筹城乡发展、统筹区域发展、统筹经济社会发展、统筹人与自然和谐发展、统筹国内发展和对外开放"的要求推进各项事业的改革和发展。党的十七大报告《高举中国特色社会主义伟大旗帜 为夺取全面建设小康社会新胜利而奋斗》提出，科学发展观第一要义是发展，核心是以人为本，基本要求是全面协调、可持续性，根本方法是统筹兼顾，从而指明了我们进一步推动中国经济改革与发展的思路和战略，明确了科学发展观是指导经济社会发展的根本指导思想。

以科学发展观看待中国特色社会主义法律体系，首先要把中国特色社会主义法律体系看成一个富有弹性、开放、发展的有机系统。中国特色社会主义法律体系从无到有，是我国改革开放二十多年发展经验凝结的智慧成果，它从改革开放的实践中来，必然继续服务于我国改革开放、现代化建设的实践需要。划分部门法并非法律体系完善的目标，而是促使法律体系吻合国家发展实践需要的手段。我们应该允许社会主义法律体系保持适当的弹性空间，能够随着国家发展实践需要而进行动态的调整。

科学发展观、中国特色社会主义法律体系与环境法的结合点是"可持续发展"。可持续发展作为一种注重长远发展的经济增长模式，尤为重视保护人类赖以生存的大气、淡水、海洋、土地、矿藏、森林等自然资源和生态环境，达到资源的永续利用，为子孙后代留下发展的空间。21世纪和以往世纪的不同之处在于，与先代人工业大生产伴生的环境污染、资源枯竭后果已

在我们这个时代凸显，环境资源成为制约经济发展的首要瓶颈。近些年来日益频繁的干旱、水灾、地震、泥石流、海啸等自然灾害，一次又一次为我们传递信号：人类必须处理好发展经济和保护环境资源的关系。中国特色的社会主义法律体系，应该越来越重视环境资源保护和环境法制建设。

（二）坚持"可持续发展"作为环境法的独有价值

苏联法学提出划分部门法的首要标准是法律所调整的社会关系。换言之，一个部门法是否成立，关键在于该法是否调整一类独特的社会关系。苏联法学的这一提法对我国法理学影响较深。然而，苏联舶来品很难用于界定经济法、环境法等新兴的法律。笔者认为，各部门法之所以产生和存在，并不在于传统的部门法学说，而在于其社会客观需要的、不可替代的、独到的价值。环境法的价值既不是行政法的价值，也不是经济法的价值。它是以经济和社会可持续发展为价值的法。环境法秉承科学发展观的全面协调方法，以人与自然的互惠共生、当代人与后代人的和谐共赢为己任，致力于实现经济和社会的可持续发展。这种价值是以往传统部门法所不具备的，也是当代法律不可或缺的。尤其可持续发展强调当代人利益与后代人利益协调，即新型的代际公平原则，这个原则是传统的部门法所拒绝或不可包容的。

（三）坚持环境污染防治与自然资源保护并重和一体化调整

污染防治与自然资源保护是环境保护法的两个重要工作。从人类与自然关系的历史来看，环境保护要先于污染防治。比如我国古代《文子·七仁》记载了"先王之法……不涸泽而渔，不焚林而猎"的环境保护思想。而环境污染是在18世纪60年代工业革命后产生的，与之而来的污染防治也不过百余年的历史。然而在当代社会，污染防治和自然资源保护越来越呈现一体化趋势。

首先，污染是一种性质严重的环境破坏后果，保护自然资源首先要保护自然资源免受污染。污染更甚于自然资源的匮乏、枯竭，它是向自然倾倒有毒有害物质，改变了自然资源的性质，使自然资源不但变得难于利用，甚至变成了有毒有害的存在。有些污染的恶果造成的损失难以估量，也无法挽回、弥补。日本的核辐射污染、我国滇池的污染就是例证。

其次，环境污染和环境资源破坏，在我国粗放式的经济发展模式下，越来越成为一体。我国现阶段严重的环境污染，几乎都与经济发展有关。换句话说，粗放式的经济发展模式，将不可避免地带来环境污染与资源破坏同时出现。环境污染的主体，往往是大型企业。例如 2010 年 7 月的紫金矿业污染事件，9 100 立方米的污水顺着排洪涵洞流入汀江，导致汀江部分河段污染，大量网箱养鱼死亡。[①] 如果粗放式发展的经济链条不能受制于清洁生产促进法、循环经济法，我国就无法实现经济增长方式的转型。如果污染防治的法律不和保护自然资源的法律形成一体，污染防治和自然资源保护都会流于形式，我国经济发展模式也难于实现从粗放式向集约式转型。

最后，从立法操作来看，污染防治和环境资源保护分开规定不具有可行性。例如，循环经济法的功能和内容既是防治污染，也是合理利用自然资源；海洋法国际公约以及与之配合的《中华人民共和国海洋环境保护法》同样是防治海洋污染与保护海洋资源一体化调整，这两个方面的内容根本就是不可分割的。其他如清洁生产促进法、海岛法以及一些国际公约等也都采如此做法。

第二节 绿色发展理念与环境立法创新

党的十八届五中全会将绿色发展作为五大发展理念之一，绿色发展理念成为我国的核心发展理念之一。现阶段，经济建设与生态（环境）之间的矛盾日益突出，资源紧缺、环境污染、生态失衡等一系列问题成为制约我国经济社会发展的瓶颈。[②] 而绿色发展理念为我国经济社会的可持续发展提供了指导思想，指明了平衡经济社会发展与环境保护之间关系的方向。在提倡依法治国以及大力推进生态文明建设的新时期，环境问题的治理、生态文明的建设都离不开绿色发展理念。那么，绿色发展理念将如何指导我国环境立法？环境立法该如何践行绿色发展理念？下文拟讨论之。

一、绿色发展理念的形成与发展

笔者认为，绿色发展理念是在可持续发展思想的基础上发展而来的，以

---

① 追问紫金矿业污染事件：对汀江究竟污染几何．(2010－07－14)．人民网，http://news.xin-huanet. com/politics/2010-07/14/c _ 12330486. htm.

② 刘洋．生态文化与"两型社会"建设．文史博览（理论），2012 (5)：31.

正确处理经济发展与环境保护之间关系为核心的一种新型发展思想。绿色发展理念是对可持续发展观的继承和发展，是可持续发展观的当代化、具体化和中国化。

绿色发展理念以"可持续发展观"为思想基础，是当代语境下的可持续发展观。1987 年联合国环境与发展委员会在其所发表的《我们共同的未来》中首次提出了"可持续发展"：可持续发展是指"既满足当代人的需要，又不对后代人满足其需要的能力构成危害的发展"①。可持续发展为人们提供了一条环境上合理、经济上可行的发展道路，让人类可以持续进步到遥远的未来。在环境污染、生态破坏、化石能源枯竭，而城市不断扩张、对能源资源需求越来越大的今天，绿色发展理念的出现，有利于我们在环境与经济双重压力之下寻求可持续发展之路。② 因此，可以说，绿色发展理念是解决经济发展与环境保护冲突问题的思想智慧在当代的突出体现，是当代语境下的可持续发展观。

绿色发展理念是对可持续发展理念的具体化，使可持续发展理念更具操作性。③ 可持续发展观鲜明地表达了两个基本观点：一是人类要发展，尤其是穷人要发展；二是发展有限度，不能危及后代人的发展。但是可持续发展并未解决如何发展、如何有限度发展的问题。绿色发展理念要求正确处理环境与经济的关系，要求将环境质量的维持与改善作为经济社会发展的增长点，要求通过绿色技术创新实现以环境保护为前提的经济社会发展，可见，绿色发展理念是对于如何实现可持续发展的具体化和可操作化。因此，笔者认为，绿色发展的目标是实现经济、社会和环境的可持续发展，而绿色发展模式也是实现这一综合一体的高水平的可持续发展的手段。

绿色发展理念是可持续发展的中国化路径。"1992 年联合国环境与发展大会后，可持续发展由理念转为开始付诸实施。由于各个国家的经济和社会制度以及生态条件存在很大差异，因此可持续发展的蓝图不是唯一的。各国

---

① 世界环境与发展委员会 . 我们共同的未来 . 王之佳，柯金良，等译 . 长春：吉林人民出版社，1997：52. 蔡守秋 . 深化环境资源法学研究，促进人与自然和谐发展 . 法学家，2004 (1)：27.

② 中国科学院可持续发展战略研究组 . 2010 中国可持续发展战略报告：绿色发展与创新 . 北京：科学出版社，2010：4~6.

③ 萨拉格丁认为，联合国环境与发展委员会的定义在哲学上很有吸引力，但是在操作上有困难。张坤民 . 可持续发展论 . 北京：中国环境科学出版社，1997：25~26.

可以根据自己的条件探索和选择不同的、适合自身的可持续发展道路。"①
而绿色发展之路就是我国在实践中逐步探索适合中国基本国情的可持续发展
之路。1992 年联合国环境与发展大会后，我国于 1994 年制定了《中国 21 世
纪议程》，确定了可持续发展战略。然而，我国改革开发的前 30 年以"高投
入低产出、高消耗低收益、高速度低质量的传统经济增长方式"② 实现了经
济的高速增长，但同时带来了环境污染与资源枯竭等威胁我国人民生存和发
展的新问题。2002 年联合国开发计划署驻华代表处等编著了《中国人类发
展报告 2002——绿色发展必选之路》，为我国的可持续发展提出了一种新的
选择。随后，党中央和国务院开始对经济与环境问题予以高度关注。为了正
确处理经济与环境的关系，2003 年 10 月，党的十六届三中全会提出"坚持
以人为本，树立全面、协调、可持续的发展观，促进经济社会和人的全面发
展"，"科学发展观"的概念正式确立。③ 2011 年 3 月 14 日，全国人大发布
《中华人民共和国国民经济和社会发展第十二个五年规划纲要》，首次在正式
文件中提出"绿色发展，构建资源节约型、环境友好型社会"④。2012 年党
的十八大报告高瞻远瞩地提出了"着力推进绿色发展、循环发展、低碳发
展"，大力推进生态文明建设的要求。⑤ 此后，2014 年《中共中央关于全面
推进依法治国若干重大问题的决定》、2015 年《中共中央、国务院关于加快
推进生态文明建设的意见》、2015 年《生态文明体制改革总体方案》、2015
年《中国共产党第十八届中央委员会第五次全体会议公报》、2015 年《中共
中央关于制定国民经济和社会发展第十三个五年规划的建议》等党中央和国
务院的重要文件，不断强调和深化"绿色发展"的科学表述，逐步形成了完

---

①　中国科学院可持续发展战略研究组 . 2010 中国可持续发展战略报告：绿色发展与创新 . 北京：
科学出版社，2010：3.

②　赵建军 . 中国绿色发展之探析//赵建军，王治河 . 全球视野中的绿色发展与创新：中国未来可
持续发展模式探寻 . 北京：人民出版社，2013：9.

③　中共中央关于完善社会主义市场经济体制若干问题的决定 . 理论建设，2003（5）：2.

④　中华人民共和国国民经济和社会发展第十二个五年规划纲要 . 北京：人民出版社，2011. 十二五
规划纲要提出："面对日趋强化的资源环境约束，必须增强危机意识，树立绿色、低碳发展理念，以节能
减排为重点，健全激励与约束机制，加快构建资源节约、环境友好的生产方式和消费模式，增强可持续
发展能力，提高生态文明水平。"

⑤　胡锦涛 . 坚定不移沿着中国特色社会主义道路前进 为全面建设小康社会而奋斗——在中国共产
党第十八次全国代表大会上的讲话 . 北京：人民出版社，2012：39.

善的绿色发展理念。

绿色发展理念是我国长期探索可持续发展观如何在中国大地生根发芽所逐步形成的一种新的发展理念，是可持续发展理念的中国化。绿色发展理念是指"在生态（环境）容量和资源承载能力的制约下，通过保护自然环境实现可持续发展的新型发展模式和生态发展理念"①。它是"将环境资源作为社会经济发展的内在因素，将实现经济、社会和环境的可持续发展作为绿色发展的目标；把经济活动过程和结果的'绿色化'、'生态化'作为绿色发展的主要内容和途径"②。研习党中央的相关文件以及习近平同志关于绿色发展问题的重要阐释可知③：正确处理经济发展同环境保护的关系，需要经济社会与环境要协同发展。④ 一方面，在面临环境污染时，环境保护优先，不能为经济发展损害环境⑤；另一方面，要认识到保护生态环境就是保护生产力，改善生态环境就是发展生产力⑥，生态环境本身是社会发展的增长点、发力点。⑦ 可见，绿色发展理念的核心是正确处理经济发展与环境保护的关

---

① 刘伊生. 绿色低碳发展概论. 北京：北京交通大学出版社，2014：1.

② 赵建军. 绿色发展：中国可持续发展的创新路径//中国可持续发展研究会. 绿色发展——全球视野与中国抉择. 北京：人民邮电出版社，2014：65.

③ 习近平谈"十三五"五大发展理念之三：绿色发展篇.（2015-11-12）. 人民网，http://cpc. people. com. cn/xuexi/n/2015/1112/c385474-27806216. html.

④ 2013年9月7日，习近平在哈萨克斯坦纳扎尔巴耶夫大学回答学生问题时指出："中国明确把生态环境保护摆在更加突出的位置。我们既要绿水青山，也要金山银山。宁要绿水青山，不要金山银山，而且绿水青山就是金山银山。"习近平发表重要演讲 吁共建"丝绸之路经济带".（2013-09-07）[2016-01-11]. http://cpc. people. com. cn/n/2013/0907/c64094-22841981. html.

⑤ 习近平9月23日至25日在河北发表重要讲话："要给你们去掉紧箍咒，生产总值即便滑到第七、第八位了，但在绿色发展方面搞上去了，在治理大气污染、解决雾霾方面作出贡献了，那就可以挂红花、当英雄。反过来，如果就是简单为了生产总值，但生态环境问题越演越烈，或者说面貌依旧，即便搞上去了，那也是另一种评价了。"习近平关于全面神华改革论述摘编（九）.[2016-01-11]. http://cpc. people. com. cn/n/2014/0813/c164113-25455972-2. html.

⑥ 在中共中央政治局就大力推进生态文明建设进行第六次集体学习时，习近平强调，"要正确处理好经济发展同生态环境保护的关系，牢固树立保护生态环境就是保护生产力、改善生态环境就是发展生产力的理念，更加自觉地推动绿色发展、循环发展、低碳发展，决不以牺牲环境为代价去换取一时的经济增长。"习近平：坚持节约资源和保护环境基本国策，努力走向社会主义生态文明新时代. 人民日报，2013-05-25（1）.

⑦ 习近平27日在浙江召开华东7省市党委主要负责同志座谈会时指出："协调发展、绿色发展既是理念又是举措，务必政策到位、落实到位。要科学布局生产空间、生活空间、生态空间，扎实推进生态环境保护，让良好生态环境成为人民生活质量的增长点，成为展现我国良好形象的发力点。"习近平：抓住机遇立足优势积极作为，系统谋划"十三五"经济社会发展. 人民日报，2015-05-29（1）.

系，绿色发展理念正是对这一重大关系平衡逻辑所作出的符合中国基本国情的表述。

"可持续发展既是一种思潮、思想，又是一种现实地解决人类环境的战略和策略，已经成为我们全人类的在解决环境与发展问题上的一种共识，是人类共同智慧的体现。"① 中国当代的环境立法活动必须充分吸收可持续发展思想的精髓，更需要引入绿色发展理念，方能符合当代发展趋势、符合我国国情，为最终通过可持续发展实现生态文明提供制度保障。我国环境法领域，"1998 年以来的绝大多数立法几乎均直接或间接确立了'促进可持续发展'为其法律目的"②。然而，仅仅确立了"可持续发展"的立法目的，并不能真正实现可持续发展，还需要通过立法建立实现可持续发展的手段和保障。因此，绿色发展理念要求环境立法在以"可持续发展"为目的的基础上，对立法模式和立法内容予以创新，正确处理环境与经济的关系，推动可持续发展的实现。2014 年《环境保护法》以"立法目的（第 1 条）＋环境保护国家战略（第 4 条第 1 款）＋经济社会发展与环境保护相协调策略（第 4 条第 2 款）＋保护优先等原则（第 5 条）＋若干制度＋违法责任"的立法模式，调整经济社会发展与环境保护的关系，全面保障绿色发展理念的落实。

二、绿色发展理念在我国的立法探索

从我国环境法引入绿色发展理念到全面落实绿色发展理念，经历了漫长的过程。绿色发展理念在 20 世纪 90 年代初被我国学者所提倡，2011 年正式写入党中央的文件，但直到 2014 年《环境保护法》的修改，我国才实现在环境保护全领域内真正吸收现代意义上的绿色发展理念，将其完整地体现在环境立法之中。绿色发展理念在环境法中的表达集中体现在立法对经济社会发展与环境保护关系的调整上。根据我国环境立法对经济社会与环境关系调整的变化，可以将绿色发展理念在我国环境立法中的确立和发展分为以下几个主要阶段。

---

① 竺效. 论生态文明建设与《环境保护法》之立法目的完善. 法学论坛，2013（2）：31.

② 同①33.

（一）保护环境为促进经济发展的时期：绿色发展理念在环境立法中的萌芽阶段（1979—1989年）

1978年12月，在这一承前启后、开辟新发展阶段的历史节点，中国共产党的工作中心"从以阶级斗争为纲转到以发展生产力为中心，从封闭转到开放，从固守成规转到各方面的改革"①。我国开启了改革开放、促进经济全面发展的时代。此外，1978年宪法修改将"保护环境和自然资源，防止污染和其他公害"（第11条第1款）写入宪法条款，将环境保护提升到了宪法的高度。而就在改革开放政策出台及宪法修改的次年，即1979年，《中华人民共和国环境保护法（试行）》（以下简称"试行法"）出台。该法的出台"标志着中国环保法律体系开始建立"②。

在以经济建设为主旋律的背景下出台的首部环境保护立法必然让步、迁就于经济发展。虽然该法的通过"确立了以环境污染防治为本位的环境保护立法目标"③，但该法第2条④明确提出环境法的立法目的、环境保护的最终目的是服务于"促进经济发展"。根据该法的规定，"这一时期，环境保护要为经济发展服务；在与经济发展产生冲突时，环境保护要为经济发展让路"⑤。因此，这一时期在试行法的指导下，保护环境、防治环境污染和生态破坏，是以促进经济发展为目的的，我国环境法治进入"保护环境以促进经济发展时期"。不过，在追求经济社会发展的同时，该法也思考如何同时处理好环境保护问题，这也在一定程度上预示着环境立法回应绿色发展问题开始慢慢萌芽。

（二）环境保护与经济社会发展相协调时期：绿色发展理念在环境立法中的起步阶段（1989—2011年）

1989年，我国社会经济体制发生重大变革，社会主义计划经济转变为有计划的商品经济，并全面转向社会主义市场经济。⑥ 以此为背景，我国环

---

① 中共中央文献编辑委员会. 邓小平文选：第3卷. 北京：人民出版社，1995：269.
② 汪劲. 环境法学. 北京：北京大学出版社，2012：47.
③ 同②92.
④ 1979年《环境保护法（试行）》第2条规定："中华人民共和国环境保护法的任务，是保证在社会主义现代化建设中，合理地利用自然环境，防治环境污染和生态破坏，为人民造成清洁适宜的生活和劳动环境，保护人民健康，促进经济发展。"
⑤ 信春鹰. 中华人民共和国环境保护法释义. 北京：法制出版社，2014：13.
⑥ 同②49.

境法进入全面调整时期，最先提上修改日程的就是试行法，"然而由于国内经济立法在当时出现拥挤现象，加上改革开放初期部分高级官员对环境保护的认识存在分歧"，最终导致在修改过程中"不能因环保阻碍经济发展"的观点占了上风。①

在上述环境保护与经济发展的博弈中，1989 年《环境保护法》（以下简称"1989 年环境法"）第 1 条②规定了"促进社会主义现代化建设的发展"的立法目的。客观评价而言，与试行法相比，1989 年环境法具有进步意义，该法首次对"环境保护与经济社会发展的关系"问题作出了立法回应。该法第 4 条明文规定，"国家采取有利于环境保护的经济、技术政策和措施，使环境保护工作同经济建设和社会发展相协调"。虽然该法将环境保护与经济社会发展的关系表述为"协调"关系，但此处的协调，是环境保护工作必须服从且让步于经济社会发展。由此可见，在这一时期，虽然环境保护逐渐受到重视，但我国环境法治仍处于"环境保护与经济社会发展相协调时期"。然而 1989 年环境法终究开始对环境保护与经济发展的关系进行直接调整，并明确提出二者的"协调"关系，这标志着绿色发展理念的环境立法探索在我国正式起步。

（三）环境保护与经济社会发展关系的激辩时期：绿色发展理念在环境立法中的发展阶段（2011—2014 年）

自 1989 年环境法公布、实施以来，我国学者关于 1989 年环境法的立法目的之争论就从未停止过。徐祥明教授认为，试行法与 1989 年环境法的立法目的都是支持经济发展，二者"都不加掩饰地表达了服务于经济发展的目的"③。蔡守秋教授则认为，1989 年环境法第 1 条将"促进经济发展"修改为"促进社会主义现代化建设的发展"，即主张环境法的实质目的是"促进经济、社会、文化、工业、农业和国防等现代化建设的发展"，而不仅仅是促进经济发展。④ 高利红教授等学者也认为，1989 年环境法设定了"环境保

---

① 汪劲．环境法学．北京：北京大学出版社，2012：49.

② 1989 年《环境保护法》第 1 条规定："为保护和改善生活环境与生态环境，防治污染和其他公害，保障人体健康，促进社会主义现代化建设的发展，制定本法。"

③ 徐祥明．从立法目的看中国环境法的进一步完善．晋阳学刊，2014（6）：117.

④ 蔡守秋．析 2014 年《环境保护法》的立法目的．中国政法大学学报，2014（6）：41.

护与经济协调发展"的立法目的，但由于"社会主义现代化建设事业的发展，一切以经济建设为中心的政策导向"，使得立法目的演化成了"经济优先，环境保护为经济服务"的价值观，与最初设定的"协调发展"相背离。①

"2011 年年初，全国人大常委会宣布，将环保法修订列入 2011 年度立法计划。随后，环保部成立了环保法修改工作领导小组，并起草了修改建议初稿。"② 我国环境保护法的修改大幕自此拉开。借此契机，环境法学者对立法目的条款、基本原则条款等的修改提出了建议，尤其对环境保护与经济社会发展的关系展开了激烈的探讨。伴随着这一时期我国环境问题的恶化、党中央和国务院对生态（环境）问题的关注，以及民众对环境保护与经济社会发展的关系问题的激烈讨论，绿色发展理念开始逐步得到发展。

2012 年 8 月，第十一届全国人大常委会第二十八次会议对《环境保护法修正案草案》（以下简称"一审稿"）进行审议。一审稿第 4 条建议将环境保护与经济发展的关系修改为"使经济建设和社会发展与环境保护相协调"，这是对绿色发展理念的准确阐释。从文义解释的角度来分析，环境保护与经济社会发展关系中，应以环境保护为主，经济社会的发展都应与环境保护相协调，在二者产生矛盾时，应以环境保护优先。然而，由于一审稿对环境法的立法目的未进行修改，也未涉及环境法的基本原则，使得"经济建设和社会发展与环境保护相协调"成为空话，既无法拔高到立法目的的层面，也无法通过环境法基本原则统领下下的制度束落地实施，最终可能使绿色发展理念成为摆设。因此，很多环境法学者对此提出了修改建议，如建议将"环境优先"作为环境法总则的原则之一③，建议将"可持续发展"作为环境法的立法目的等。④

2013 年 7 月 19 日，全国人大在网上公布了《环境保护法》二审稿征求意见稿。二审稿第 1 条将立法目的修改为"推进生态文明建设，促进经

---

① 高利红，周勇飞．环境法的精神之维——兼评中国新《环境保护法》之立法目的．郑州大学学报（哲学社会科学版），2015（1）：54.

② 环保法修改紧锣密鼓 "有限修改"渐成新共识．环境保护与循环经济，2012（6）：49.

③ 2012 年 12 月 20 日，在"《环保法》修改思路专家研讨会"上，王灿发教授建议《环境保护法》总则须明确突出"环境优先""风险防范""不得恶化"三个原则．杨朝飞．通向环境法制的道路：《环境保护法》修改思路研究报告．北京：中国环境出版社，2013：86.

④ 竺效．论生态文明建设与《环境保护法》之立法目的的完善．法学论坛，2013（2）：35.

济社会可持续发展",且在第 4 条新增第 1 款,将保护环境规定为我国的基本国策。① 这一立法目的与基本国策的规定使其第 4 条第 2 款所描述的"使经济社会发展与环境保护相协调"有了法律目的与国家战略层面的支撑。另外,二审稿还建议将"保护优先"作为基本原则写入第 5 条之中,使"经济社会发展与环境保护相协调"有了落地实施的可能,也将绿色发展理念贯穿于整部环境保护法之中,以保障绿色发展理念的落实。此后,三审稿延续了二审稿对"环境保护与经济社会发展关系"的条款体系设计,未作改动。在这一阶段,绿色理念对我国环境基本法的立法影响集中表现在经济发展与环境保护谁优先的问题上,并逐渐将有关环境立法贯彻绿色发展理念的理论讨论发展为如何避免仅仅宣示如何处理两者关系、如何避免脱离立法目的之指引、如何避免缺乏贯彻实施的法律机制。由此可见,环境立法中的绿色发展理念进入发展期。

(四) 经济社会发展与环境保护相协调时期:绿色发展理念在环境立法中的成熟阶段 (2015 年至今)

2014 年 4 月 24 日,《环境保护法》(以下简称"新法")修订草案获第十二届全国人大常委会表决通过。新法第 4 条第 2 款延续二审稿的规定,明确"使经济社会发展与环境保护相协调",并通过立法目的、基本国策、基本原则等条款予以保障实施。这一修改有助于彻底改变环境保护的次于经济发展的地位。由于二者位置的调整,二者的地位发生了颠倒,从而改变了过去以经济发展为由而牺牲环境利益的观念,真正落实经济社会发展与环境保护相协调,使现代绿色发展理念与我国的环境立法相融合。这也标志着绿色发展理念在环境立法中得以确立和贯彻的成熟阶段的到来。

随着我国环境立法对经济社会发展与环境保护关系问题调整的变化,绿色发展理念在我国立法中经历了从萌芽到起步到发展,再到成熟的探索过程。从萌芽状态的环境保护试行立法对经济与环境的关系问题予以关注,到环境保护法正式对环境与经济关系问题作出直接调整,再到绿色发展理念不断影响环境立法对环境与经济关系的调整技术的发展,最终在环境立法中全面确立和落实绿色发展理念。新法对经济社会发展与环境保护关系的全面规范和法律调

---

① 竺效.论中国环境法基本原则的立法发展与再发展.华东政法大学学报,2014(3):10.

整技术的升级，将开启环境法勇当我国法治绿色发展排头兵的时代。

三、绿色发展理念指导下我国环境立法的创新

新法以绿色发展理念为导向，全面践行绿色发展的核心要义。在绿色发展理念的影响下，新法不仅在立法内容上有所创新，明确规定了"经济社会发展与环境保护相协调""保护优先"，还在立法技术上予以创新，通过"立法目的＋环境保护国家战略＋经济社会发展与环境保护相协调策略＋保护优先等原则＋若干制度＋违法责任"的全新的立法技术，对环境保护与经济社会发展的关系问题进行了全面的立法解答，作为我国环境保护领域最基础性、综合性的立法，"牵头"贯彻了绿色发展理念。

（一）新法对绿色发展理念的诠释

新法立法内容的创新，集中体现在对绿色发展理念核心要义的完整反映。绿色发展理念以全面可持续发展为目标，要求正确处理经济发展同环境保护的关系，需要经济社会与环境协同发展；在面对经济发展与环境保护的冲突时，要求以环境保护为优先。新法规定的"推进生态文明建设，促进经济社会可持续发展"的立法目的以及"经济社会发展与环境保护相协调"的环保策略①，都是对绿色发展理念的完美阐述。

然而，高利红教授等学者认为："新《环境保护法》之立法目的仍然存在着价值缺失与不足，最终要旨仍然强调的是经济社会的发展，环境保护仅仅作为其发展过程中需要注意、协调的附属"，以"促进经济社会可持续发展"作为环境法的根本目的，最终可能导致环境环保工作回归到经济社会发展的重心之上。② 徐祥民教授则主张将我国环境法的立法目的表述为："为保护和改善环境，防治污染和其他环境损害，促进人与自然和谐，制定本法。"③ 环境

---

① 竺效. 论中国环境法基本原则的立法发展与再发展. 华东政法大学学报，2014（3）：12.

② 高利红，周勇飞. 环境法的精神之维——兼评中国新《环境保护法》之立法目的. 郑州大学学报（哲学社会科学版），2015（1）：55.

③ 徐祥民教授认为："修订后的《环境保护法（2014）》在立法目的条文中加进了'推进生态文明建设'八个字，还把《环境保护法（1989）》第一条中的，但这样的修改并未构成对《环境保护法（1989）》立法目的条文的实质性改变，与学界提出的修改建议存在根本性差异。从字面上来看，它大大淡化了科学发展观和生态文明观中的人与自然关系的内涵。在'推进生态文明建设'与'促进经济社会可持续发展'二者之间，按照中国立法的表达习惯，后者是最后目的，更具目的特性，而前者则是次级目的，甚至是实现后者（目的）的手段。"由此提出了以促进"人与自然和谐"的立法目的。徐祥明. 从立法目的看中国环境法的进一步完善. 晋阳学刊，2014（6）：117.

法的目的应以保护环境、促进人与自然和谐为最终目的。这些问题都值得进一步深入研究。

从现实情况分析，"当前经济与环境的协调关系是可持续发展关注的主要内容之一，特别是对发展中国家来说，建立二者的协调关系尤为重要"①。在发展中国家，首先面临的挑战就是人口、贫困问题，需要通过经济的快速发展摆脱贫困。而正处于经济高速发展过程中的我国，为促进经济发展，对自然资源的需求量越来越大，同时排放出大量的废弃物，破坏了生态环境的结构和功能，环境问题已然成为制约国民经济发展的瓶颈，成为威胁公众健康的重要因素。在我国面临着经济发展与环境污染、生态破坏的双重压力之时，绿色发展道路成为我国谋求可持续发展的必然选择。也正是在此背景下，党中央的两代领导人——胡锦涛同志和习近平同志——都提出要大力推进"绿色发展"。寻求绿色发展，走绿色发展的道路，需要正确处理环境与经济的关系，采取有力环保制度与策略，以环境保护优先，为社会公众的生存以及经济、社会发展提供良好的自然资源与生态环境。

"可持续发展"的理念已然包含了"人与自然和谐"的内容。进一步说，"人与自然和谐"也并非排除经济、社会因素的和谐。人与自然的和谐，归根结底是人在经济、社会活动中的行为要与自然和谐，而人的行为与活动的目的是生存与发展。另外，面临环境压力时，处理环境与经济的关系也是在处理环境问题、防范环境污染和生态破坏的过程中所必然需要调整的。《环境保护法》并非只强调环境就能回避环境保护工作以经济社会发展为重心，并非只强调环境保护的重要性而无须对环境与经济关系问题进行主动调整就能保证环境保护的绝对优先性。

因此，笔者认为，新法对环境保护与经济社会发展关系的调整模式，是现阶段处理环境保护与经济发展关系问题的最优选择，既不能为经济利益牺牲环境，也不能因保护环境而停止发展，二者必须协调。新法规定了"推进生态文明建设，促进经济社会可持续发展"的立法目的、"保护优先"的基本原则，并通过法律制度和法律责任对二者关系予以保障，充分体现了以正确处理经济社会发展与环境保护的关系为核心的绿色发展理念。在此基础

---

① 王长征，刘毅. 经济与环境协调研究综述. 中国人口·资源与环境，2002（3）：32.

上，新法设计了若干制度来实现经济社会发展同环境保护相协调。新法不仅通过对经济活动的强制性措施来保障经济社会发展与环境保护冲突时的环境保护优先，还通过鼓励、支持环保产业发展（第 7 条、第 21 条），增加环保财政投入（第 8 条）、绿色采购和绿色消费（第 36 条）、促进清洁生产与资源循环利用（第 40 条）等法律机制将生态（环境）作为经济发展的增长点，完整阐释了绿色发展理念。新法对经济社会发展与环境保护的关系的这一调整，正是在绿色发展理念指导下的立法创新。

（二）新法贯彻绿色发展理念的立法技术创新

笔者认为，为了落实绿色发展理念的核心要义，新法摒弃以往仅仅以立法目的条款规定"可持续发展"的立法模式，开创了新的调整模式，即通过"立法目的＋环境保护国家战略＋经济社会发展与环境保护相协调策略＋保护优先等原则＋若干制度＋违法责任"的立法模式，对环境保护与经济社会发展之间的关系进行调整，并以法律制度确保其在实践中得到落实。

新法第 1 条关于"推进生态文明建设，促进经济社会可持续发展"的立法目的，"重新界定了环境资源保护法的目的和任务，把环境保护作为独立的立法本位从依附于经济社会发展中明确提升出来，成为制衡经济社会不当发展即不可持续发展的生态底线"[①]。这一立法目的以"生态文明"为终极目标，以"可持续发展"为直接目标和实现终极目标的途径，决定着整个环境资源法的指导思想、法律的调整对象，也决定着环境法的适用效能。[②] 这一通过促进经济社会可持续发展最终实现生态文明的立法目的，在法律价值关系的选择与排序上明确了环境保护和经济社会发展二者之间的关系——协调关系。

新法第 4 条第 1 款规定了环境保护国家战略，即"保护环境是国家的基本国策"。"基本国策是对国家经济建设、社会发展和人民生活具有全局性、长期性、决定性影响的基本准则。"[③] 新法将"保护环境"的基本国策

---

① 蔡守秋 . 析 2014 年《环境保护法》的立法目的 . 中国政法大学学报，2014（6）：41，44.

② 高利红 . 环境资源法的价值理念和立法目的 . 中国地质大学学报（社会科学版），2005（3）：73.

③ 高云虎 . 贯彻落实新环保法，推进工业绿色发展 . 中国工业报，2014-12-29（A02）. 信春鹰 . 中华人民共和国环境保护法释义 . 北京：法制出版社，2014：12.

从政策①上升为法律，在环境保护基础性、综合性立法中重申"保护环境"的基本国策地位，即意味着保护环境是国家经济建设、社会发展中全局的、长期的、决定性的准则，适用于所有环境保护领域。以第 1 款基本国策为基础，新法第 4 条第 2 款明确了"使经济社会发展与环境保护相协调"的策略，对环境保护与经济社会发展的关系进行了纠正。二者的协调关系首先体现在"要以环境保护优化经济增长，推动经济全面协调可持续发展"②；其次体现在二者协调之中的主次关系，即环境保护在这对矛盾统一中占主要地位，这一地位又通过第 5 条基本原则得到进一步明确。

新法第 5 条明确提出了五项环境法的基本原则，其中第一项原则就是"保护优先"。根据全国人大常委会法制工作委员会对保护优先原则的解读，保护优先"就是要从源头上加强生态环境保护和合理利用资源，避免生态破坏"③。通过"分析国内学者对近似概念的描述、国内已有环保政策文件和法律的表述"④，对"保护优先"原则的解读大多是从处理环境保护与经济社会（或其某个特定的领域）发展之间的关系角度进行的。⑤ 这一解读也是对经济社会发展与环境保护相协调这一关系的另一层含义的回应，即在特殊保护地区，环境保护优先于经济社会活动。但是"从立法技术而言，环境基本法的立法目的、基本国策和基本原则三个条款应是紧密联系、相辅相成的"⑥。因此，通过对新法总则条款进行系统性解读，笔者认为，"保护优先"原则所承载的功能是"遇到环境（生态）风险科学性不确定的情形，应以保护环境（生态）为优先原则"，即"学理表述应为风险防范原则"⑦。"风险防范原则"的解读更进一步体现和保障了环境保护的优先性，即某一经济活动只要可能会遇到环境（生态）风险，即使科学上仍不能完全确定，也应以保护环境为由而对其进行调整，防风险于未然。

---

① 在 2009 年《全国人民代表大会常务委员会关于积极应对气候变化的决议》、十八大报告、《国家环境保护"十二五"规划》三个政策性文件中明确提出了"保护环境"的基本国策。

② 信春鹰. 中华人民共和国环境保护法释义. 北京：法制出版社，2014：15.

③ 同②16.

④ 竺效. 论生态文明建设与《环境保护法》之立法目的的完善. 法学论坛，2013（2）：11～12.

⑤ 竺效. 论中国环境法基本原则的立法发展与再发展. 华东政法大学学报，2014（3）：11～12.

⑥ 竺效. 基本原则条款不能孤立解读. 环境经济，2014（7）：20.

⑦ 同⑤12.

新法除了在总则中对环境保护与经济发展的关系进行原则性调整外，还通过相关制度落实这种新常态的"协调关系"，并通过违法责任条款保障该等"协调关系"在实践中的顺利实现。新法中共有 21 个条款（详见表 37－1），分别通过对经济活动进行环保强制性要求或采用经济措施治理环境的具体表述来实现这种"协调关系"的新调整，辅之以 5 条违法责任条款①对污染环境或破坏生态的经济行为予以制裁。

表 37－1　　我国新《环境保护法》中对环境保护与经济社会发展关系调整的条款

对经济活动的环保强制性要求		采用经济措施治理环境	
条款	主要内容	条款	主要内容
第 16 条第 1 款	根据国家环境质量标准和国家经济、技术条件制定国家污染物排放标准	第 7 条	国家支持环保科技开发应用、鼓励环保产业发展
第 24 条	现场检查时，企事业单位和其他生产经营者应当如实反映情况，提供资料	第 8 条	地方政府加大环保的财政投入
第 25 条	企事业单位和其他生产经营者违法排污，造成或可能造成严重污染的，环保部门有权查封、扣押其造成污染物排放的设施、设备	第 21 条	国家采取财政、税收、价格、政府采购等政策措施鼓励和支持环保产业发展
第 30 条第 2 款	引进外来物种以及研究、开发、利用生物技术，应当采取措施，防止对生物多样性的破坏	第 22 条	以财政、税收、价格、政府采购等政策措施鼓励、支持企业减排
第 41 条	建设项目防治污染设施适用"三同时"制度，污染防治设施应当符合环评文件要求，不得擅自拆除或闲置	第 23 条	政府支持企事业单位和其他经营者为改善环境的转产、搬迁、关闭
第 42 条	排污者应当采取措施防治污染和危害；排污单位应建立环保责任制度；严禁以逃避监管方式违法排污	第 31 条	国家建立、健全生态保护补充制度
第 45 条	实行排污许可管理的主体应当按许可证要求排污，无证不得排污	第 36 条	绿色采购与绿色消费

---

①　新《环境保护法》规定的与调整环境保护与经济社会发展直接相关的责任条款有 5 条，分别是第 59～63 条。

续前表

对经济活动的环保强制性要求		采用经济措施治理环境	
条款	主要内容	条款	主要内容
第46条	工艺、设备和产品实行淘汰制	第40条	促进清洁生产和资源循环利用
第47条第2款	企事业单位按规定制定突发环境事件应急预案；发生或可能发生时，企业应采取措施处理、通报可能受影响单位居民、向环保部门和有关部门报告	第43条	征收排污费或环境保护税
第55条	重污染企业环境信息公开	第50条	农村污染防治资金支持
		第52条	鼓励投保环境污染责任险

综上所述，新法通过"立法目的＋环境保护国家战略＋经济社会发展与环境保护相协调策略＋保护优先等原则＋若干制度＋违法责任"的全新统一的立法模式，将环境保护与经济社会发展之间的关系归位为经济社会发展与环境保护相协调，且强调环境保护优先，以此促进经济社会可持续发展，并最终实现生态文明。新法的这一新型立法技术，是在我国环境保护领域实践绿色发展模式、落实绿色发展理念的一种立法技术创新。

四、绿色发展理念与发展中国家环境立法

面临经济如何持续高速发展与如何避免环境问题愈演愈烈的并存困扰，我国环境立法适时引入绿色发展理念，通过新法对环境保护与经济发展的关系问题进行全面立法调整，从以往的"环境保护与经济社会发展相协调"转变为"经济社会发展与环境保护相协调"。在绿色发展理念指引下，我国新法对环境保护与经济社会发展问题的全新调整模式是否和国际环境立法潮流一致、是否能为其他发展中国家提供立法经验，值得进一步探讨。

我国与俄罗斯、印度、巴西、南非同属"金砖国家"①，是当前世界经济

---

① 金砖国家（BRICS），又称"金砖五国"，"是指五个主要的新兴市场，分别为巴西、俄罗斯、印度、中国、南非，其人口和国土面积在全球占有重要份额，并且是世界经济增长的主要动力之一"。张远鹏.印度尼西亚：浮现中的"金砖第六国"——全球金融危机以来的印度尼西亚经济及前景展望.世界经济与政治论坛，2012（6）：81.

增长的重要动力。经济发展所带来的环境问题却同时成为该五国经济可持续发展的绊脚石。如何处理经济社会发展与环境保护的关系成为金砖国家的共同课题。

　　如表 37 - 2 所示，除印度外，金砖各国的环境主要立法①大多不约而同地以立法目的条款对于如何处理环境保护与经济社会协调发展之间的关系予以明确，都在环境立法中尝试进一步诠释可持续发展理念。其中，巴西颁布的第 88351 号法令规定了国家环境政策，是金砖国家中最早将"促进经济发展与环境保护和生态平衡之间的协调关系"② 作为环境基本法的立法目的的。南非在其 1998 年《国家环境管理法》中明确提出："在发展经济、社会的同时确保生态系统的可持续发展以及自然资源的循环利用。"③ 但印度现行有效的 1986 年《环境保护法》④ 并未直接涉及对环境与社会经济之关系的调整。与印度环境法相反的是，2002 年通过的《俄罗斯联邦环境保护法》明文规定了要"保证平衡地解决各项社会经济任务，保持良好的环境、生物多样性和自然资源"⑤。

表 37 - 2　　　　金砖国家主要环境立法之立法目的条款对环境与经济关系的调整

法律名称	时间	立法目的条款	环境与经济关系调整
巴西第 88351 号法令	1983 年	第 1 条第 1 款 在实施国家环境政策时，各级政府公共权力应：1. 保持对环境资源的持续监督，促进经济发展与环境保护和生态平衡之间的协调关系。	促进经济发展与环境保护和生态平衡之间的协调关系

---

① 虽然各金砖国家环境主要立法的形式不同，但为了表述上的简洁，本文以下统称为"环境基本法"。

② 巴西法令 1983 年 6 月 1 日第 88 351 号法令第 1 条第 1 款. [2015 - 09 - 19]. http：//www. riel. whu. edu. cn/article. asp？id＝2840.

③ See "South Africa—National Environmental Management Act 107 of 1998"，Preamble："Sustainable development requires the integration of social，economic and environmental factors in the planning，implementation and evaluation of decisions to ensure that development serves present and future generations；" "secure ecologically sustainable development and use of natural resources while promoting justifiable economic and social development. " http：//www. wipo. int/wipolex/en/text. jsp？file _ id＝201087，accessed on 2015 - 04 - 07.

④ 杨翠柏. 印度环境法. 成都：四川出版集团巴蜀书社，2008：3～16.

⑤ 马骧聪，译. 俄罗斯联邦环境保护法和土地法典. 北京：中国法制出版社，2003：1.

续前表

法律名称	时间	立法目的条款	环境与经济关系调整
印度 1986 年环境保护法	1986 年	序言　本法旨在为保护和改善环境及相关事宜提供依据。	（无）
南非《国家环境管理法》	1998 年	序言　可持续发展需要社会、经济、环境有计划地整合与协调，实施相关的决策并对此进行评估以确保发展符合当代人和未来时代人的需要。 在发展经济、社会的同时确保生态系统的可持续发展以及自然资源的循环利用。	社会、经济、环境有计划地整合与协调
《俄罗斯联邦环境保护法》	2002 年	序言　本联邦法确立环境保护领域国家政策的法律基础，以保证平衡地解决各项社会经济任务，保持良好的环境、生物多样性和自然资源，其目的是满足当代人和未来世世代代的需求、加强环境保护领域的法律秩序和保障生态安全。	保证平衡地解决各项社会经济任务
《中华人民共和国环境保护法》	2014 年	第 1 条　为保护和改善环境，防治污染和其他公害，保障公众健康，推进生态文明建设，促进经济社会可持续发展，制定本法。	促进经济社会可持续发展

通过对金砖国家主要环境立法文本的梳理（见表 37-3），尤其是通过对立法目的条款的解析，笔者认为，金砖国家主要环境立法均试图对环境保护与经济社会发展问题进行一定的调整，具体而言：

表 37-3　金砖国家主要环境立法条款中涉及调整环境保护与经济社会发展关系的条款统计

主要环境法	立法目的	基本国策	明确环境与经济的关系	基本原则	法律制度条款数	违法责任条款数
巴西 1983 年 6 月 1 日第 88351 号法令①	√		√		10	8

---

① 该法第 1 条第 1 款规定了立法目的，即"在实施国家环境政策时，各级政府公共权力应保持对环境资源的持续监督，促进经济发展与环境保护和生态平衡之间的协调关系"。该法明确提出经济发展与环境生态之间的协调关系。相关的法律制度包括：环境许可制度（第 7 条第 3、4 款、第 18、19、20 条）、停止或限制财政优惠措施（第 7 条第 7 款）、信息和看法提交制度（第 17 条）、财政资助与鼓励制度（第 25、26 条）、工程项目影响生态站必须提前征求意见（第 28 条）、环保事业服务应受重视（第 34 条）、环境保护区信贷与金融优先（第 35 条）。违法责任条款均为不同程度违章行为的处罚，包括第 37、38、39、40、41、42、44、45 条。参见巴西法令 1983 年 6 月 1 日第 88351 号法令．［2015-09-19］．ht-tp：//www. riel. whu. edu. cn/article. asp? id=2840.

续前表

主要环境法	立法目的	基本国策	明确环境与经济的关系	基本原则	法律制度条款数	违法责任条款数
印度 1986 年环境保护法①					4	0
南非 1998 年《国家环境管理法》②	√		√	√	3	1
《俄罗斯联邦环境保护法》(2002 年)③	√		√	√	30	2
《中华人民共和国环境保护法》(2014 年)	√	√	√	√	21	5

---

　　① 该法的立法目的是"本法旨在为保护和改善环境及相关事宜提供依据",并未提及保护环境和经济社会发展关系。印度环境法较少调整环境保护与经济社会发展关系,只有在其法律制度中对该问题有些许涉及,规定了设定工业活动限制区域制度(第 3 条第 2 款第 5 项)、检查制度(第 3 条第 2 款第 10 项)、发布关闭、禁止或管制任何工业、作业或工序指示制度(第 5 条)、禁止和限制工厂的选址及不同地区作业和工序的开展(第 6 条第 2 款第 5 项)、禁止超标排污(第 7 条)。这些法律制度均是以行政管控手段对经济活动进行调整。杨翠柏.印度环境法.成都:四川出版集团巴蜀书社,2008:3~16.

　　② 该法中"可持续发展需要社会、经济、环境有计划的整合与协调,实施相关的决策并对此进行评估以确保发展符合当代人和未来时代人的需要。并在发展经济、社会的同时确保生态系统的可持续发展以及自然资源的循环利用"的描述是其立法目的的一部分,明确指出了"社会、经济、环境有计划的整合与协调"的可持续发展。该法基本原则条款(第 2 条)中明确规定了社会环境经济可持续发展原则(第 2 条第 3 款)与社会、环境、经济影响评价原则(第 2 条第 4 款第 9 项)。相关法律制度包括:环境综合整治的总体目标制度(23 条第 2 款第 2 项)、环境许可证制度(第 24 条)、停止、进入和搜查车辆、船只和飞机(第 31J 条)。该法在违法责任条款中明确规定了公司董事、经理、代理人或雇员的刑事责任(第 34 条第 5~9 款)。South Africa—National Environmental Management Act Act 107 of 1998. [2015-04-07]. http://www.wipo.int/wipolex/en/text.jsp?file_id=201087.

　　③ 该法的立法目的为"本联邦法确立环境保护领域国家政策的法律基础,以保证平衡地解决各项社会经济任务,保持良好的环境、生物多样性和自然资源,其目的是满足当代人和未来世代代的需求、加强环境保护领域的法律秩序和保障生态安全。"明确指出要平衡地解决社会经济任务,加强环境保护领域的法律秩序保障生态安全。该法基本原则条款(第 3 条)中对环境与经济关系调整的有 9 项基本原则:第 3 条第 3、8、9、11、12、13、14、18 项分别规定的生态利益、经济利益和社会利益科学合理结合,经济活动生态危害推定原则,环境影响评价原则,国家生态鉴定原则,经济活动考虑自然与经济特点原则,自然保全优先原则,经济活动影响环境的容许度确定原则,减轻经济活动不良影响原则,以及经济活动禁止性规定。相关法律制度包括:环境保护领域的经济调整方式(第 14 条)、环境监督与监测制度(第 5 条第 7 项、第 6 条第 8 项、第 63 条第 3 款)、收费制度(第 5 条第 16 项)、限制、停止和禁止经济活动制度(第 5 条第 16 项、第 6 条第 14 项)、经济活动环境影响的经济评价(第 5 条第 23 项、第 6 条第 9 项)、环境保护基本方向确定及环境保护法律文件制定考虑地理、自然、社会经济等特点(第 6 条第 1 项、第 3 项)、环境保护规划和环境保护措施(第 15 条)、扶持环保产业(第 17 条)、生态保险制度(第 18 条)、环保标准制度(第 19 条第 1 款、第 20 条第 6 项、第 22 条第 3 款、第 23 条第 2 款、第 28 条、第 29 条)、生态认证制度(第 31 条)、环境影响评价制度(第 32 条、第 34~39 条、第 42、45、46、53 条)、保护自然客体的法律制度(第 59 条)、生产生态监督制度(第 67 条)、环保科学研究制度(第 70 条第 1、2 款)、环保生态安全培训制度(第 73 条)。该法相关违法责任条款包括:全部赔偿环境损害(第 77 条)、损害赔偿责任(第 79 条)。俄罗斯联邦环境保护法和土地法典.马骧聪,译.北京:中国法制出版社,2003:1~42.

巴西关于国家环境政策的法令颁布于 1983 年，其立法目的明确为"经济发展与环境生态之间的协调关系"，将对环境保护与经济社会发展的关系的调整表述为"协调关系"，并有相关法律制度与违法责任来保障。但是巴西环境法并未明确在环境与经济出现冲突时何者优先的问题。

印度环境保护法制定于 1986 年，其立法目的并未明文提及保护环境和经济社会发展的关系，而涉及调整经济活动的法律制度基本上是行政命令与控制式的。综观印度环境法，该法旨在保护和改善环境，其环境治理、污染防治措施的制定也都是行政控制式的，其中对经济活动的调整均是以保护环境为目的之限制性规定。笔者认为，印度环境法侧重于环境问题的治理与污染防治，对环境保护与经济发展关系问题的调整是通过对环境进行单方面调整进行的，即在面临环境保护与经济发展双重困境时，依据印度环境法的规定将会选择保护环境而牺牲经济发展。[①] 由此可以推测，印度环境法在环境保护与经济社会发展的关系的处理上采取了绝对环境主义的立场。

南非《国家环境管理法》制定于 1998 年，根据其立法目的中规定的"社会、经济、环境有计划地整合与协调"的可持续发展，以及"社会环境经济可持续发展"的原则可知，南非《国家环境管理法》对环境保护与经济社会发展的关系的调整也可表述为"协调关系"。与巴西环境基本法相似的是，南非环境基本法也未对环境保护与经济社会发展的优先性进行区分，但相较于巴西环境基本法，南非环境基本法的进步之处在于将"社会经济环境可持续发展原则"贯穿于其环境法的始终。

《俄罗斯联邦环境保护法》制定于 2002 年，其立法目的条款对环境保护与经济社会发展的关系的调整简而言之就是要以"保障平衡解决各项社会经

---

① 笔者推断印度环境法对经济社会发展与环境保护的关系的基本立场是环境保护绝对优先，而不考虑经济社会发展的因素。由于印度环境法中没有直接对经济社会发展与环境保护的关系的调整，而该法中规定的相关制度如工业活动限制区域制度、检查制度、发布关闭、禁止或管制任何工业、作业或工序指示制度、禁止和限制工厂的选址及不同地区作业和工序的开展等，都是对经济活动的限制性规定，即通过限制经济活动来达到环境保护的目的。另外，印度为了环境保护而放弃了萨伦河谷（Silent Valley）的水力发电厂项目的事件也可反映出印度在处理环境保护与经济社会发展的关系时采取弃发展重环保的倾向。世界环境与发展委员会. 我们共同的未来. 王之佳，柯金良，等译. 长春：吉林人民出版社，2005：66.

济任务"为手段来保障生态安全。结合《俄罗斯联邦环境保护法》其他相关的条款可知，俄罗斯环境基本法注重对经济的调整，其基本原则、法律制度以及违法责任都涉及对环境保护与经济发展之关系的调整，通过调整经济社会活动来达到环境保护和生态安全的目的。该法的基本原则条款中规定了经济活动生态危害推定原则、经济活动考虑自然与经济特点原则、自然保全优先原则、经济活动影响环境的容许度确定原则、减轻经济活动不良影响原则，以及经济活动禁止性规定等都表明，俄国环境基本法所规定的"平衡解决各项社会经济任务"，是在社会经济活动与环境保护相协调的基础上，以环境保护优先。因此，俄罗斯环境基本法对环境保护与经济社会发展的关系的调整可以表述为"协调关系，环境保护优先"。

由此，金砖五国不同时期制定的环境领域的主要立法对环境保护与经济社会发展之关系的调整依次为协调关系（a 点）——环境保护绝对优先（b 点）——协调关系（c 点）——协调关系，环境保护优先（d 点、e 点），形成图 37 - 1 所示的相对位置关系。排除印度环境法绝对环境主义理念，从金砖五国环境主要立法的发展趋势可知，金砖五国环境主要立法对环境保护与经济社会发展之关系的调整大体是由单纯的协调关系到协调关系结合环境优先发展的，也将继续在协调关系的基础上，以环境保护优先为主，促进经济社会的可持续发展。而这一趋势正是与绿色发展理念相一致的。另外，由表 37 - 3 可知，金砖国家试图通过环境立法从立法目的、基本原则、法律制度与违法责任等方面对环境保护与经济发展的关系问题进行调整，都或多或少地将具有与绿色发展理念相类似的元素或思想的部分内涵予以法律化，但较少对二者之间的关系作出更加深入的调整，没有通过立法完整地表达绿色发展理念的核心内涵。而我国新法以绿色发展理念为指导，明确了环境保护与经济社会发展的关系，即环境保护是经济社会发展的前提和保障、环境保护是经济社会发展的组成和发力点；同时对这种新型的"协调关系"配以立法目的、基本国策、基本原则、绿色发展法律制度及违法责任。这种新型立法模式和技术有利于全面保障在这一协调关系中环境保护的优先性，以最终实现环境法的立法目的——通过经济社会可持续发展实现生态文明。可见，我国新法对环境保护与经济社会发展的关系的调整技术是符合"金砖国家"环境主要立法立法趋势的。

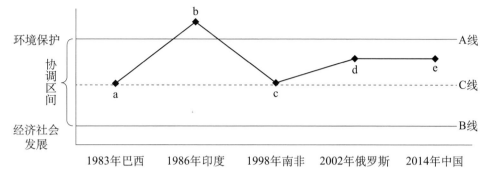

图 37 - 1 金砖国家环境立法对环境保护与经济社会发展关系的调整趋势①

综上，笔者认为，绿色发展理念是可持续发展观的当代化、具体化、中国化，是新时期我国谋求可持续发展的必然选择。依法治国，建设社会主义法治国家，必然要求绿色发展理念的法律化。环境立法是我国实践绿色发展理念法律化的急先锋。绿色发展理念在环境法中的真正确立和贯彻不能仅仅停留在环境基本法立法目的之完善上，更需要通过环境保护基本国策、经济社会发展与环境保护相协调策略、保护优先等环境法基本原则、实现绿色发展的具体法律机制以及相应的法律责任有机组成的系统化的新型立法模式，来保障绿色发展理念得到全面落实。我国新法在确立和贯彻绿色发展理念问题上的立法模式和立法技术创新，是符合发展中国家环境立法的发展趋势的，更为发展中的中国探索适应本国国情的可持续发展之路提供了立法经验。

---

① 图 37 - 1 是环境保护与经济社会发展之关系的曲线图，以 C 线为中线，C 线以上为环境保护、以下为经济社会发展，而 A、B 线之间的区域则为环境保护与经济社会发展相协调的区域（简称协调区间），在 A、C 线之间的区域为经济社会发展与环境保护相协调（即协调关系，环境保护优先）；在 C、B 线之间的区域为环境保护与经济社会发展相协调（即协调关系，经济社会发展优先）；在 A 线以上区域为环境保护优先，不考虑经济社会发展与环境保护相协调的问题；在 B 线以下区域为经济社会发展优先，不考虑环境问题。

第三十八章

强化生产者的环境保护法律责任

第一节　强化生产者的环境保护法律责任的提出

生产者在市场活动中扮演着重要角色，是生产活动的重要承担者。20世纪以来，生产者责任随着工业化的进程和社会经济的发展不断发展和完善。生产者的责任，从单一的产品责任，发展到环境友好但仍以生产与产品为核心的生产者延伸责任，最后扩展到生产者的环境保护责任。

一、生产者责任

生产者责任又称产品责任，"是指产品（商品）制造人将一产品投入市场后，因为产品具有缺陷，致使与此产品接触之人的人身或财产权益遭受损害时，生产者应承担的损害责任"①。随着社会经济的发展和生产专业化程度的提高，生产者责任在不同时期存在不同的理解。

早期的生产者责任主要是指在合同约定内的生产者对产品所致损害应承担的赔偿责任。由于早期市场经济不发达，企业专业化程度不高，社会化程度较低，交换关系简单，交易双方的地位平等，不存在信息严重不对称的情形，合同即为界定生产者责任的主要依据，以交易双方的合意来划分双方责任，因此，早期的生产者责任以合同责任为主。

---

① 吴知峰. 生产者责任和生产者延伸责任比较研究. 企业经济，2007（10）.

伴随社会分工的不断细化与社会化大生产的发展，交换关系日益复杂，生产者和产品最终消费者的合同关系变得复杂，消费者的权益仅凭合同约定已无法得到保障。在此背景下，生产者责任从合同责任变成了侵权法中的过失责任[①]，即生产者因过失而导致产品缺陷，造成消费者损害的，消费者可通过证明其过失请求赔偿。这一阶段的生产者责任以生产者的过失责任为主。

随着社会经济发展，产品的多样化和生产的专门化导致交易中的生产者与消费者的地位不对等的情况日益严重。传统的合同责任、过失责任在观念上实现了从要求买方注意到要求卖方注意的转变，但在具体操作上仍不足以满足周全地保护消费者权益之需，因为消费者负有证明是否存在担保、卖方是否违反担保以及卖方是否有疏忽或过失的举证责任，这对消费者而言较为困难，有时甚至不可能。因此，作为产品责任原则的过失责任再度被扬弃，严格责任开始登上历史舞台。在严格责任条件下，受害人只要能够证明产品有缺陷，生产者或销售者就应当承担赔偿责任。[②] 根据我国《产品质量法》第41条第1款和《侵权责任法》第41条的规定，因产品存在缺陷造成他人损害的，生产者应当承担侵权责任。"只要产品存在缺陷造成他人损害的，除了法定的可以减轻或者免除责任的事由外，不论缺陷产品的生产者主观上是否存在过错，都应当承担侵权责任。依此无过错责任原则，损害发生后受害人无须就侵权人的过错进行举证，侵权人也不得以自己没有过错为由主张免责或者减轻责任。"[③] 可见，我国对生产者责任的归责原则采取严格责任原则。

由此可见，随着社会经济的发展、生产的专业化程度的提高，生产者的责任大体经历了从合同责任到过失责任，再到严格责任的发展历程，生产者的产品责任日益严格。但生产者责任仍仅限于产品责任，是生产者社会义务的体现。生产者的环境保护义务尚未引起注意。

二、生产者责任延伸

工业生产规模的持续扩大和自然资源的过度开发，使人类面临的环境污

---

① 梁亚，王嶂，赵存耀. 论产品缺陷类型对产品责任归责原则的影响——《侵权责任法》第41条生产者责任之解释与批判. 法学论坛，2012（1）.

② 刘大洪，张剑辉. 论产品严格责任原则的适用与完善——以法和经济学为视角. 法学评论，2004（3）.

③ 张新宝，任鸿雁. 我国产品责任制度：守成与创新. 北方法学，2012（3）.

染与资源枯竭问题越来越严重。如何平衡经济的可持续发展与环境保护、资源合理开发利用，尤其是如何高效利用人类有限的能源、资源，成为人类社会迫切需要解决的重大课题。传统的生产者责任已无法满足社会发展的需要，尤其是资源、能源合理开发利用的需要。为了构建一个高效合理的资源循环利用体系，"1988 年瑞典隆德大学环境经济学家托马斯·林赫斯特（Thomas Lindhquist）教授首次提出生产者责任延伸（Extended Producer Responsibility，EPR）的概念"①。

　　托马斯教授认为，生产者责任延伸是"促进环境友好的产品和产品体系的原则"②。生产者责任延伸是为了实现降低产品的总体环境影响这一环境目标，要求产品的生产制造者对产品的整个生命周期，特别是产品使用寿命终结后产品的回收、循环利用和最终处理，承担责任。③ 他认为，生产者责任延伸原则为生产者在产品设计时考虑环境因素提供持续激励，若让生产者负责产品生命周期末端的管理，他们会通过最小化其承担的生命周期末端的成本以及承担产品的设计义务来实现自己的利益。④ 托马斯教授对该责任的描述涵盖了生产者对产品环境安全损害、产品的清洁生产、提供产品环境安全信息、废物回收、再循环利用等产品整个生命周期链条上的责任，并特别强化产品消费后阶段生产者预防和治理废弃产品污染环境、影响环境安全的责任。这种思路，与以往生产者只负责产品的制造、流通和消费阶段不同，强调了产品全生命周期责任，开创了生产者责任延伸制度的新纪元。⑤

　　有学者将生产者责任延伸理解为废物管理政策，这也是对生产者责任延伸最先实践的领域。⑥ 还有观点认为生产者责任延伸包括两个部分，上游责任向生产者或市政机构以外的其他主体转移，以及刺激生产者在产品设计时

---

　　① 刘丽敏. 生产者责任延伸制度下企业环境成本控制. 北京：冶金工业出版社，2010：20.

　　② 刘芳. 寻找缺失的循环链——生产者责任延伸法律问题研究. 北京：人民出版社，2012：8.

　　③ THOMAS LINDQUIST. Extended producer responsibility in cleaner production——policy principle to promote environmental improvements of product systems. Iiiee dissertations. Sweden Lund University，2000.

　　④ REID LIFSET and THOMAS LINDHQVIST. Producer responsibility at a turning point？. Journal of industrial ecology. Volume 12. Yale University，November 2，2008.

　　⑤ 张琦，李玉基. 论循环经济法中的生产者责任延伸制度. 商业经济研究，2010（27）.

　　⑥ NOAH SACHS. Planning the funeral at the birth：extended producer Presponsibility in the European Union and the United States. Harvard environmental law review，2006.

考虑环境因素，整合整个产品链中的产品和生产过程的环境特点。[1] 我国学者对托马斯教授的理论进行解读后认为，生产者责任延伸主要包括五个方面的内容：信息责任、产品责任、物质责任、所有权责任、经济责任。[2] 还有学者认为，"扩大生产者责任"的原则（即生产者责任延伸）"将传统的生产者责任扩展到产品整个生命周期，包括产品达到寿命期后的处理。生产者不仅要对产品的性能负责，而且承担产品从设计、生产到废弃过程中对环境影响的全部责任"[3]。但值得注意的是，这种生产者责任延伸虽然从产品设计到产品处置均考虑到环境因素，但仍以产品的设计、生产、回收、处置为基础，仍是停留在企业内部生产过程，仅为生产者环境保护责任的一部分，即对生产过程或产品对环境产生的损害承担责任。

根据我国《循环经济促进法》的规定，"生产者责任延伸"是一项环境法律责任。"生产者责任延伸"是产品生命周期链条中的所有参与者以回收再生处置产品使用后的废物为目标而承担的各种形式的法律义务。根据《循环经济促进法》第 15 条，我国的生产者责任延伸即为"回收利用责任"，包括三个方面的内容，即生产者的回收利用责任、销售者或者其他组织的回收利用责任以及消费者的交付义务。[4] 由此可见，我国法律上的生产者责任延伸也仅限于废弃产品或包装的回收利用责任。生产者责任延伸从产品责任本

---

① OECD. Extended producer responsibility：a guidance manual for governments. Paris：OECD，2001.

② 王兆华，尹建华. 基于生产者责任延伸制度的我国电子废弃物管理研究. 北京理工大学（社会科学版），2006（4）. 信息责任是指生产者应当提供产品在不同阶段的信息以及其影响的信息。产品责任是指生产者不仅对产品使用阶段，而且对产品的最终处理阶段，对消费者或者使用者产生的人身和财产的损害承担赔偿责任。物质责任是指在消费后阶段，产品生产者应当承担的直接或间接的产品物质管理责任。所有权责任是指在产品的从生产到消费，再到处置的各个阶段，产品的所有权应当被产品生产者持有。经济责任是指产品的生产者因此对产品的处置负责，既支付产品处置的全部或部分费用。

③ 张晓华，刘滨. "扩大生产者责任"原则及其在循环经济发展中的作用. 中国人口·资源与环境，2005（2）.

④ 《循环经济促进法》第 15 条规定的我国生产者延伸责任内容具体包括：第一，生产者的回收利用责任，即生产列入强制回收名录的产品或者包装物的企业，必须对废弃的产品或者包装物负责回收；对其中可以利用的，由各该生产企业负责利用；对因不具备技术经济条件而不适合利用的，由各该生产企业负责无害化处置。第二，销售者或者其他组织的回收利用责任，既销售者或者其他组织应当依照有关法律、行政法规的规定和生产者合同的约定负责回收或者利用、处置列入强制回收名录的产品和废弃的产品或者包装物。第三，消费者的交付义务，既对列入强制回收名录的产品和包装物，消费者应当将废弃的产品或者包装物交给生产者或者其委托回收的销售者或者其他组织。

身延伸到对环境的义务，但就生产者责任延伸而言，仍然是通过控制产品、生产来达到环境保护的目的，是环境责任的重要部分。然而，环境保护法律责任不仅需要生产者在生产、销售、回收过程中保护环境，尽量降低环境污染风险，还需要生产者直接承担环境保护法律责任。

三、生产者的环境保护法律责任

改革开放以来，我国经济得到了突飞猛进的发展。但大多数生产企业在追求经济效益最大化的同时没能兼顾好环境保护的目标，以高消耗、高排放、高污染的方式为代价来刺激经济的增长。严重的生态破坏已经直接威胁到人民的健康生活。作为污染来源、资源浪费的主要主体，生产者理应承担起与其生产行为相适应的责任。

虽然目前我国法律规定了生产者责任延伸制度，并且还有散见于一系列法律法规中的体现生产者责任延伸理念的规定，但是我国关于生产者责任延伸的规定对于废弃产品问题的解决仍相距甚远，主要原因在于：我国的生产者责任延伸制度还很不健全，相关的法律规定比较分散，分散在十几部法律、法规或规章里，缺少完整统一的法律规定；相关内容基本上缺乏协调与衔接，多为原则性规定，具体规定明显不足，缺乏可操作性。我国生产者责任延伸制度的法律、法规或规章未直接规定生产者责任延伸制度，基本上是从应对废弃产品问题出发，在不同的法律法规或规章中设定了生产者的部分延伸责任。我国对于建立生产者责任延伸制度基本上缺乏整体构想。

目前环境形势依然严峻，环境污染和生态破坏越来越严重的趋势并无改观。在我国经济高速发展的今天，生产者对经济利益的追求越发强烈。要改变这种局面，必须以一个全新的观念作为指导，不能再继续迟疑在经济发展和环境保护的矛盾中。生产者的环境保护法律责任是指生产者在追求自身经济利益最大化过程中，依据环境法律、法规的规定，不仅对生产的准备阶段、生产过程中以及产品被消费后所造成的环境污染和生态破坏应承担的不利法律后果，还需要承担预防环境污染的责任，将良好的环境作为生产力主体，将生态环境本身作为生产者自身发展的增长点、发力点。

因此，2014年10月20日至23日，党的十八届四中全会审议通过了《中共中央关于全面推进依法治国若干重大问题的决定》，强调："用严格的法律制度保护生态环境，加快建立有效约束开发行为和促进绿色发展、循环发展、低碳发展的生态文明法律制度，强化生产者环境保护的法律责任，大幅度提高违法成本。"① 作为建设绿色发展理念的新举措，"强化生产者环境保护的法律责任"是完善生态文明法律制度和落实依法治国基本方针的需要。

第二节　强化生产者的环境保护法律责任的理论基础

强化生产者的环境保护法律责任的提出，是以可持续发展观为指导、以绿色发展理念为核心、以社会经济发展与环境保护相协调为基础的。可持续发展是人类社会发展的目标，绿色发展理念是可持续发展观的当代化、具体化、中国化。"保护优先原则"是在可持续发展观的指引下、绿色发展理念的直接作用下确立的，是强化生产者的环境保护责任的基础。

一、可持续发展观

工业革命带来经济的全面复苏与快速增长的同时，能源资源的粗放型利用带来经济效益、物质水平提供的同时，也带来了前所未有的环境风险。20世纪 60 年代以来，环境公害事件频发，环境污染问题已严重影响人类的正常生活，对人体健康带来巨大损害，人类面临着严重的资源枯竭和环境破坏的问题。为了平衡经济增长和环境保护的关系，人们意识到必须改变过去只追求经济增长的发展模式，从而去寻求一种可持续发展的模式。可持续发展观念应运而生。

20 世纪 70 年代至 90 年代，随着联合国等国际组织会议的召开和文件发布，可持续发展思想逐步形成。1972 年，在瑞典首都斯德哥尔摩举行了世界人类环境大会，会议发布了《人类环境宣言》，并提出"只有一个地球"。1980 年 3 月，由联合国环境规划署、国际自然资源保护同盟和世界野生生物基金会共同组织发起，多国政府官员和科学家参与制定了《世界自然保护大纲》，初步提出可持续发展的思想，强调"人类利用对生物圈的管理，使

---

① 新华网．授权发布：中共中央关于全面推进依法治国若干重大问题的决定．（2014 - 10 - 28）[2016 - 12 - 02]．http：//news. xinhuanet. com/2014-10/28/c _ 1113015330. htm.

得生物圈既能满足当代人的最大需求，又能保持其满足后代人的需求能力"。1987 年 2 月，世界环境与发展委员会在日本东京召开大会，正式公布了被称为"布伦特兰报告"的《我们共同的未来》，同时发表了《东京宣言》，呼吁全球各国将可持续发展纳入其发展目标，并提出八大原则作为行动指南。1992 年 6 月 3 日至 14 日，联合国环境与发展大会在巴西里约热内卢召开，大会通过《里约宣言》，102 个国家首脑共同签署《21 世纪议程》，普遍接受了可持续发展的理念与行动指南。①

目前普遍为国际社会所接受的"可持续发展"的定义是在 1987 年世界环境与发展委员会的报告《我们共同的未来》中提出的，即"可持续发展是指既满足当代人的需要，又不损害后代人满足需要的能力的发展"②。可持续发展思想的内涵主要包括代内公平和代际公平两个要素。"代内公平"（intra-generational equity）是指代内的所有人，不论其国籍、种族、性别、经济发展水平和文化等方面的差异，在享受清洁、良好的环境和利用自然资源方面享有平等的权利。"代际公平"（intergenerational equity）源于美国 E. B. 魏伊丝（Edith Brown Weiss）教授于 1984 年在《生态法季刊》上发表的论文《行星托管：自然保护与代际公平》。魏伊丝认为，"作为物的一种，我们与现代的其他成员以及过去和将来的世代一道，共有地球的自然、文化的环境。在任何时候，各世代既是地球恩惠的受益人，同时也是将来世代地球的管理人或受托人"。代际公平正是以这种价值观念为出发点，将环境公平权的权利主体扩大到后代人。它是代内公平权的一种延伸。③

就我国而言，20 世纪 90 年代初，党中央制定了"快速、协调和持续发展"的方针，制定并开始实施可持续发展战略，开始关注经济发展与资源、环境和人口的协调问题，关注人与自然的和谐发展。"十五"计划进一步提出了"以人为本"的思想。2001 年 7 月 1 日，江泽民同志发表《在庆祝中国共产党成立八十周年大会上的讲话》，指出："要促进人和自然的协调与和谐，使人们在优美的生态环境中工作和生活。坚持实施可持续发展战略，正确处理经济发展同人口、资源、环境的关系，改善生态环境和

---

①③　竺效. 试论科学发展观对可持续发展内涵的拓展——兼论"权利公平"应成为环境法法律目的之要素. 浙江学刊，2005（3）.

②　世界环境与发展委员会. 我们共同的未来. 长春：吉林人民出版社，2005：52.

美化生活环境，改善公共设施和社会福利设施。"2002 年 11 月 8 日，党的十六大报告《全面建设小康社会，开创中国特色社会主义事业新局面》提出了全面建设小康社会目标的要求，包括："可持续发展能力不断增强，生态环境得到改善，资源利用效率显著提高，促进人与自然的和谐，推动整个社会走上生产发展、生活富裕、生态良好的文明发展道路。"2014 年 4 月 24 日颁布的《环境保护法》第 1 条规定："为保护和改善环境，防治污染和其他公害，保障公众健康，推进生态文明建设，促进经济社会可持续发展，制定本法。"从可持续发展思想在我国的发展过程可以看出，可持续发展观已经从战略方针上升为《环境保护法》的基本原则之一，是环境保护法律制度的重要基础。以可持续发展观为指导，生产者作为资源利用者与污染物排污者，对经济社会的可持续发展直接负责。生产者的环境保护责任，如生产者产品设计、产品回收、循环和最终处置责任，即为可持续发展观的具体要求。

二、绿色发展理念

绿色发展理念是在可持续发展思想的基础上发展而来的，以正确处理经济发展与环境保护之间的关系为核心的一种新型发展思想。绿色发展理念是对可持续发展观的继承和发展，是可持续发展观的当代化、具体化和中国化。绿色发展理念以可持续发展观为思想基础，是当代语境下的可持续发展观。

绿色发展理念是对可持续发展理念的具体化，使可持续发展理念更具有操作性。[①] 可持续发展观鲜明地表达了两个基本观点：一是人类要发展，尤其是穷人要发展；二是发展有限度，不能危及后代人的发展。但是可持续发展观并未解决如何发展、如何有限度发展的问题。绿色发展理念要求正确处理环境与经济的关系，要求将环境质量的维持与改善作为经济社会发展的增长点，要求通过绿色技术创新实现以环境保护为前提的经济社会发展。可见，绿色发展理念是如何实现可持续发展的具体化和可操作化。因此，笔者认为，绿色发展的目标是实现经济、社会和环境的可持续发

---

① 萨拉格丁认为，联合国环境与发展委员会的定义在哲学上很有吸引力，但是在操作上有困难。张坤民．可持续发展论．北京：中国环境科学出版社，1997：25～26.

展，而绿色发展模式也是实现这一综合一体的高水平的可持续发展的
手段。

绿色发展理念是可持续发展的中国化路径。1992 年联合国环境与发展
大会后，可持续发展由理念转为开始付诸实施。由于各个国家的经济和社会
制度以及生态条件存在很大差异，因此可持续发展的蓝图不是唯一的。各国
可以根据自己的条件探索和选择不同的、适合自身的可持续发展道路。而绿
色发展之路就是我国在实践中逐步探索出的适合中国基本国情的可持续发展
之路。1992 年联合国环境与发展大会后，我国于 1994 年制定了《中国 21 世
纪议程》，确定了可持续发展战略。然而，我国改革开发的前 30 年以"高投
入低产出、高消耗低收益、高速度低质量的传统经济增长方式"① 实现了经
济的高速增长，但同时带来了环境污染与资源枯竭等威胁我国人民生存和发
展的新问题。2002 年联合国开发计划署驻华代表处等编著了《中国人类发
展报告 2002——绿色发展必选之路》，为我国的可持续发展提出了一种新的
选择。随后，党中央和国务院开始对经济与环境问题予以高度关注。为了正
确处理经济与环境的关系，2003 年 10 月，党的十六届三中全会提出"坚持
以人为本，树立全面、协调、可持续的发展观，促进经济社会和人的全面发
展"，"科学发展观"的概念正式确立。② 2011 年 3 月 14 日，全国人大发布
《中华人民共和国国民经济和社会发展第十二个五年规划纲要》，首次在正式
文件中提出"绿色发展，构建资源节约型、环境友好型社会"③。2012 年党
的十八报告高瞻远瞩地提出了"着力推进绿色发展、循环发展、低碳发展"、
大力推进生态文明建设的要求。④ 此后，2014 年《中共中央关于全面推进依
法治国若干重大问题的决定》、2015 年《中共中央、国务院关于加快推进生
态文明建设的意见》、2015 年《生态文明体制改革总体方案》、2015 年《中

---

① 赵建军 . 中国绿色发展之探析//赵建军，王治河 . 全球视野中的绿色发展与创新：中国未来可
持续发展模式探寻 . 北京：人民出版社，2013：9.

② 中共中央关于完善社会主义市场经济体制若干问题的决定 . 理论建设，2003（5）.

③ 中华人民共和国国民经济和社会发展第十二个五年规划纲要 . 北京：人民出版社，2011. 十二五
规划纲要提出："面对日趋强化的资源环境约束，必须增强危机意识，树立绿色、低碳发展理念，以节能
减排为重点，健全激励与约束机制，加快构建资源节约、环境友好的生产方式和消费模式，增强可持续
发展能力，提高生态文明水平。"

④ 胡锦涛 . 坚定不移沿着中国特色社会主义道路前进 为全面建设小康社会而奋斗——在中国共产
党第十八次全国代表大会上的讲话 . 北京：人民出版社，2012：39.

国共产党第十八届中央委员会第五次全体会议公报》、2015 年《中共中央关于制定国民经济和社会发展第十三个五年规划的建议》等党中央和国务院的重要文件，不断强调和深化"绿色发展"的科学表述，逐步形成了完善的绿色发展理念。

　　绿色发展理念是我国长期探索可持续发展观如何在中国大地生根发芽所逐步形成的一种新的发展理念，是可持续发展理念的中国化。绿色发展理念是指"在生态（环境）容量和资源承载能力的制约下，通过保护自然环境实现可持续发展的新型发展模式和生态发展理念"①。它是"将环境资源作为社会经济发展的内在因素，将实现经济、社会和环境的可持续发展作为绿色发展的目标；把经济活动过程和结果的'绿色化'、'生态化'作为绿色发展的主要内容和途径"②。研习党中央的相关文件以及习近平同志关于绿色发展问题的重要阐释可知③：正确处理经济发展同环境保护的关系，需要经济社会与环境要协同发展。④ 一方面，在面临环境污染时，环境保护优先，不能为经济发展而损害环境⑤；另一方面，要认识到保护生态环境就是保护生产力、改善生态环境就是发展生产力⑥，生态环境本身是社会发展的增长

---

　　① 刘伊生．绿色低碳发展概论．北京：北京交通大学出版社，2014：1.

　　② 赵建军．绿色发展：中国可持续发展的创新路径//中国可持续发展研究会．绿色发展——全球视野与中国抉择．北京：人民邮电出版社，2014：65.

　　③ 习近平谈"十三五"五大发展理念之三：绿色发展篇．（2015 - 11 - 12）．新华网，http：//cpc. people. com. cn/xuexi/n/2015/1112/c385474-27806216. html.

　　④ 2013 年 9 月 7 日，习近平在哈萨克斯坦纳扎尔巴耶夫大学回答学生问题时指出"中国明确把生态环境保护摆在更加突出的位置。我们既要绿水青山，也要金山银山。宁要绿水青山，不要金山银山，而且绿水青山就是金山银山。"习近平发表重要演讲 吁共建"丝绸之路经济带"．（2013 - 09 - 07）［2016 - 01 - 11］. http：//cpc. people. com. cn/n/2013/0907/c64094-22841981. html.

　　⑤ 习近平 9 月 23 日至 25 日在河北发表重要讲话"要给你去掉紧箍咒，生产总值即便滑到第七、第八位了，但在绿色发展方面搞上去了，在治理大气污染、解决雾霾方面作出贡献了，那就可以挂红花、当英雄。反过来，如果就是简单为了生产总值，但生态环境问题越演越烈，或者说面貌依旧，即便搞上去了，那也是另一种评价了。"习近平关于全面神华改革论述摘编（九）．［2016 - 01 - 11］. http：//cpc. people. com. cn/n/2014/0813/c164113-25455972-2. html.

　　⑥ 在中共中央政治局就大力推进生态文明建设进行第六次集体学习时，习近平强调，"要正确处理好经济发展同生态环境保护的关系，牢固树立保护生态环境就是保护生产力、改善生态环境就是发展生产力的理念，更加自觉地推动绿色发展、循环发展、低碳发展，决不以牺牲环境为代价去换取一时的经济增长。"习近平：坚持节约资源和保护环境基本国策，努力走向社会主义生态文明新时代．人民日报，2013 - 05 - 25（1）.

点、发力点。① 可见，绿色发展理念的核心是正确处理经济发展与环境保护的关系，绿色发展理念是生产者履行环境保护法律责任的核心。

三、保护优先原则的确立

保护优先原则的确立，是生产者承担环境保护法律责任的基础，是生产者在面临经济利益与环境利益冲突时作出利益取舍的标准。只有确立了环境保护优先的原则，生产者的环境保护责任才能真正实现。绿色发展理念的核心就是正确处理经济发展与环境保护的关系，而在解决环境保护与经济发展关系的问题上，中国经历了 35 年的立法探索，最终明确提出了"经济社会发展与环境保护相协调"的国家环境策略，有助于尽快结束中国长期以来为经济发展牺牲环境利益、以损害环境为代价的经济发展模式，正式进入了环境保护优先、经济社会发展与环境保护相协调的新时期。

1978 年中国宪法修改将"保护环境和自然资源，防止污染和其他公害"（第 11 条第 1 款）写入宪法条款，将环境保护提升到了宪法的高度。而就在改革开放政策出台及宪法修改次年，即 1979 年，《中华人民共和国环境保护法（试行）》出台。该法的出台"标志着中国环保法律体系开始建立"②。虽然该法的通过"确立了以环境污染防治为本位的环境保护立法目标"③，但该法第 2 条④明确提出环境法的立法目的、环境保护的最终目的却是服务于"促进经济发展。"根据该法的规定，"这一时期，环境保护要为经济发展服务；在与经济发展产生冲突时，环境保护要为经济发展让路"⑤。因此，这一时期在试行法的指导下，保护环境、防治环境污染和生态破

---

① 习近平 2015 年 5 月 27 日在浙江召开华东 7 省市党委主要负责同志座谈会时指出："协调发展、绿色发展既是理念又是举措，务必政策到位、落实到位。要科学布局生产空间、生活空间、生态空间，扎实推进生态环境保护，让良好生态环境成为人民生活质量的增长点，成为展现我国良好形象的发力点。"习近平：抓住机遇立足优势积极作为，系统谋划"十三五"经济社会发展．人民日报，2015 - 05 - 29（1）.

② 汪劲．环境法学．2 版．北京：北京大学出版社，2012：47.

③ 同②92.

④ 1979 年《环境保护法（试行）》第 2 条规定："中华人民共和国环境保护法的任务，是保证在社会主义现代化建设中，合理地利用自然环境，防治环境污染和生态破坏，为人民造成清洁适宜的生活和劳动环境，保护人民健康，促进经济发展。"

⑤ 信春鹰．中华人民共和国环境保护法释义．北京：法制出版社，2014：13.

坏，是以促进经济发展为目的，中国环境法治进入"保护环境以促进经济发展时期"。

1989 年《环境保护法》进行了修改，该法首次对"环境保护与经济社会发展的关系"问题作出了立法回应。该法第 4 条明确指出："国家采取有利于环境保护的经济、技术政策和措施，使环境保护工作同经济建设和社会发展相协调。"虽然该法将环境保护与经济社会发展的关系表述为"协调"关系，但此处的协调，是环境保护工作必须服从且让步于经济社会发展，"环境保护与经济社会发展相比，仍被解读为从属地位"①。因此，这一时期，虽然环境保护逐渐受到重视，但受制于环境立法规定以及国家发展策略，中国环境法治处于"环境保护与经济社会发展相协调时期"。

"2011 年年初，全国人大常委会宣布，将环保法修订列入 2011 年度立法计划。随后，环保部成立了环保法修改工作领导小组，并起草了修改建议初稿。"② 2012 年 8 月第十一届全国人大常委会第二十八次会议对《环境保护法修正案草案》（以下简称"一审稿"）进行审议。一审稿第 4 条将环境保护与经济发展的关系修改为"使经济建设和社会发展与环境保护相协调"，是对这一关系的重大改变。从文义解释的角度来看，环境保护与经济社会发展关系中，应以环境保护为主，经济社会的发展都应与环境保护相协调，在二者产生矛盾时，应以环境保护优先。然而，由于一审稿对环境法立法目的未进行修改，也未涉及环境法的基本原则，使"经济建设和社会发展与环境保护相协调"成为了空话，即无法拔高到立法目的的层面，也无法落地实施。因此，很多环境法学者对此提出了建议，如建议将"环境优先"作为环境法总则的原则之一③，建议将"可持续发展"作为环境法的立法目的。④ 2013 年 6 月 21 日，二审稿提请审议前夕，全国人大常委会法制工作委员会行政法室组织在全国人大机关办公楼召开"《环境保护法》二审稿有关问题的座

---

① 信春鹰. 中华人民共和国环境保护法释义. 北京：法制出版社，2014：13.

② 环保法修改紧锣密鼓"有限修改"渐成新共识. (2012 - 06 - 18)[2015 - 04 - 08]. 法制网，http://www.legaldaily.com.cn/index_article/content/2012-06/18/content_3646398.htm? node=5955.

③ 杨朝飞. 通向环境法制的道路：《环境保护法》修改思路研究报告. 北京：中国环境出版社，2013：86. 2012 年 12 月 20 日，在"《环保法》修改思路专家研讨会"上，王灿发教授建议《环境保护法》总则须明确突出"环境优先""风险防范""不得恶化"三个原则。

④ 竺效. 论生态文明建设与《环境保护法》之立法目的的完善. 法学论坛，2013（2）.

谈会"，会上与会专家提出了"保护优先"原则与原法第 4 条"环境保护工作同经济建设和社会发展相协调"修改为"经济社会发展与环境保护相协调"及拟新增的"保护环境是国家基本国策"之间的关系等相关问题。① 由 2013 年 7 月 19 日网上公布的二审稿征求意见稿可见，二审稿第 1 条将立法目的修改为"推进生态文明建设，促进经济社会可持续发展"，且在第 4 条新增第一款，将保护环境规定为中国的基本国策。这一立法目的与基本国策的规定使其第 4 条第二款所描述的"使经济社会发展与环境保护相协调"有了意识形态与国家政策层面的支撑。另外，二审稿还将"保护优先"作为基本原则写入第 5 条之中，使"经济社会发展与环境保护相协调"有了落地实施的可能。

2014 年 4 月 24 日，《环境保护法》（以下简称"新法"）修订草案在第十二届全国人大常委会第八次会议上表决通过。新法全文于次日中午在网上正式公布。新法第 4 条第 2 款延续二审稿的规定，明确"使经济社会发展与环境保护相协调"，并通过立法目的、基本国策、基本原则等条款予以保障实施。这一修改彻底改变了环境保护的次要地位。由于二者位置的调整，二者的地位发生了颠倒，改变了过去以经济发展为由而牺牲环境利益的观念，确立了"保护优先"的基本原则。在"保护优先"的要求下，生产者在生产经营的全过程中都要把环境保护放在第一位，以"环境保护优先"落实绿色发展理念，强化生产者的环境保护法律责任。

第三节　强化生产者环境保护法律责任的法律规制

2014 年新《环境保护法》以"推进生态文明建设，促进经济社会可持续发展"为立法目的（第 1 条），明确规定环境保护的基本国策与经济社会发展和环境保护相协调策略（第 4 条），并在基本原则中明确"保护优先"。新法的这种立法模式，调整了经济社会发展与环境保护的关系，全面保障绿色发展理念的落实，也通过生产者环境义务、环境保护制度规定强化了生产者的环境保护法律责任。

---

① 竺效 . 论中国环境法基本原则的立法发展与再发展 . 华东政法大学学报，2014（3）.

一、生产者环境保护法定责任

(一) 污染者负担

《环境保护法》第 6 条第 3 款规定，企业事业单位和其他生产经营者应当防止、减少环境污染和生态破坏，对所造成的损害依法承担责任。该款明确规定了生产者的环境保护义务。生产者的环境保护义务主要体现在两个方面：第一，"生产经营者应当防止、减少环境污染和生产破坏"[①]。可见，生产者的环境保护责任并非局限于生产过程中防治污染、节约能源、循环利用的"生产者延伸责任"，还包括预防环境污染与生产破坏的责任。第二，新《环境保护法》第 5 条规定了"损害担责"的环境保护基本原则，规定了生产者对所造成的环境损害应当承担责任，包括民事责任、行政责任和刑事责任。

新《环境保护法》第 5 条中的"损害担责"这一表述是"污染者担责"的"缩略语"而已。从学理上解读，该原则是发展了的污染者付费原则。[②]污染者担责原则在我国最早出现于 1979 年的《中华人民共和国环境保护法(试行)》，其第 6 条规定，已经对环境造成污染和其他公害的单位，应当按照谁污染谁治理的原则，制定规划，积极治理，或者报请主管部门批准转产、搬迁。在谁污染谁治理原则下，生产者责任的负担范围是对已产生的环境损害的治理和恢复。1989 年的《环境保护法》中，不再提及"谁污染谁治理"的具体表述，而"是从法律义务和责任去解释污染者负担原则，在此基础上，生产者的责任扩展为：一、预防性费用，包括环境影响评价费用，防止和控制环境污染(公共的或自备的)设施建设费用，发展环保产业和技术投入的费用以及相关的管理费用。二、治理、补偿、恢复和养护费用以及代履行费用。三、赔偿费用。四、国家征收费用，包括排污费、超标排污费、资源费和资源税、生态环境补偿费"[③]。

新《环境保护法》中的污染者担责原则，对生产者的环境保护法律责任又进一步延伸。污染者担责原则的目的是让生产者承担污染的预防、控制和

---

①　信春鹰. 中华人民共和国环境保护法释义. 北京：法律出版社，2014：23.

②　竺效. 论中国环境法基本原则的发展与再发展. 华东政法大学学报，2014 (3).

③　徐正祥. 中国的污染者负担原则演变综述. 上海环境科学，2000 (3).

治理等多方面的成本，刺激和鼓励生产者采取必要的措施尽可能减少污染的发生。在此原则的要求下，生产者应当尽量提高环境保护的标准，减少和控制污染物的排放，同时还要对受污染者承担民事赔偿责任。

（二）开发利用自然资源的环境保护责任

新《环境保护法》第 30 条第 1 款规定了生产者应承担合理开发利用自然资源的环境保护责任，即"开发利用自然资源，应当合理开发，保护生物多样性，保障生态安全，依法制定有关生态保护和恢复治理方案并予以实施"。

生态系统不仅消纳人类生产、生活排放的污染物，还为人类提供生产和生活所需的资料，即自然资源。自然资源的开发利用应当维持在生态系统可以承受的范围之内，这就要限制生产者开发利用自然资源的数量以及频率，确保人类开发利用自然资源的规模与幅度在自然资源的自我更新和自我恢复能力范围之内。"生态环境的供给能力是生态承载力在自然资源开发利用方面的具体体现，它是指生态环境最大限度满足人类生产生活对自然资源需求的能力。人类的生存和发展必须依赖消耗一定量的自然资源，但自然资源的供给能力是有限的，而人类发展的欲望却是无限的，因此很容易形成人类开发利用自然资源的强烈需求与自然资源供给能力不足之间的紧张矛盾。"①

为了避免环境破坏和生态失衡，要求人类开发自然资源的需求必须向自然资源的供给能力妥协，人在享有并行使开发利用自然资源权利的同时，必须履行相应的义务，使自然资源在被开发后仍然具有持续更新和恢复的能力。这就要求生产者正确把握自然资源与经济增长之间的关系，正视生态平衡与经济增长之间的关系。开发利用自然资源的环境保护责任就要求生产者在发展大规模生产的同时，提高自然资源的利用率，发展循环经济，保障生态平衡。

（三）清洁生产与资源循环利用责任

清洁生产是 20 世纪 80 年代以来发展起来的创造性的保护环境的方法。1997 年 4 月原国家环境保护局制定《关于推行清洁生产的若干意见》，提出了推行清洁生产的基本框架、思路和具体做法。而后，我国的《大气污染防

---

① 冯嘉．负载有度：论环境法的生态承载力控制原则．中国人口、资源与环境，2013（8）.

治法》、《水污染防治法》、《海洋环境保护法》、《固体废物污染环境防治法》和《环境保护法》等新的环境污染防治法律法规，均明确提出实施清洁生产的要求，规定发展清洁能源，鼓励和支持开展清洁生产，尽可能使污染物和废物减量化、资源化和无害化。[①] 2002 年《清洁生产促进法》以法律形式促进清洁生产的推行与实施。

新《环境保护法》第 40 条第 3 款规定，"企业应当优先使用清洁能源，采用资源利用率高、污染物排放量少的工艺、设备以及废弃物综合利用技术和污染物无害化处理技术，减少污染物的产生"。这就要求国家严格限制或禁止可能造成严重污染的产业、企业和产品，要求生产者采用能耗物耗小、污染物产生量少的，有利于环境的原料和先进工艺、技术和设备，采用节约用水、用能、用地的生产方式，并对可以再次利用的资源进行回收利用，提高资源的利用率。

（四）防治环境污染责任

新《环境保护法》第 42 条第 1 款和第 2 款规定了生产者承担防治环境污染的责任，即"排放污染物的企业事业单位和其他生产经营者，应当采取措施，防治在生产建设或者其他活动中产生的废气、废水、废渣、医疗废物、粉尘、恶臭气体、放射性物质以及噪声、振动、光辐射、电磁辐射等对环境的污染和危害"。"排放污染物的企业事业单位，应当建立环境保护责任制度，明确单位负责人和相关人员的责任"。根据新《环境保护法》第 42 条第 3 款的规定，重点排污单位应当按照国家有关规定和监测规范安装使用监测设备，保证监测设备正常运行，保存原始监测记录。生产者还应当对排污行为进行监测。除此之外，新《环境保护法》严禁生产者逃避监管违法排污。根据新《环境保护法》第 42 条第 4 款的规定，严禁通过暗管、渗井、渗坑、灌注或者篡改、伪造监测数据，或者不正常运行防治污染设施等逃避监管的方式违法排放污染物。

新《环境保护法》对生产者的防治环境污染的责任作出了严格规定，进一步延伸了生产者的环境保护法律责任，也明确了生产单位中的相关人员的环境保护责任，使环境保护责任制度能够更有效地实施。

---

① 罗吉．我国清洁生产法律制度的发展与完善．中国人口、资源与环境，2001（3）.

二、生产者环境保护责任相关制度

(一) 环境保护责任制度

新《环境保护法》第 42 条第 2 款规定，生产者应当建立环境保护责任制度，明确单位负责人和相关人员的责任。环境保护责任制度是指以环境法律规定为依据，把环境保护工作纳入计划，以责任制为核心，以签订合同的形式，规定生产者在环境保护方面的具体权利和义务的法律责任制度。这项制度要求，生产者必须把环境保护工作纳入计划，制定明确的环境保护任务和指标，落实到生产管理、技术管理等各个方面和环节，并建立考核和奖惩制度。

在企业生产经营活动中，推行环境保护责任制，是我国环境保护工作中的一项重大措施，也是生产者履行环境保护责任的重要措施。它是一种较好的法制管理手段。通过签订各种形式的环境保护责任书，明确各方的责、权、利关系，生产者认真履行责任书的条款，确保责任书中内容的兑现。通过签订责任书，将生产者与社会紧密结合起来，将生产者的经济效益与环境效益结合起来，从而调动各方面的积极性。这对于加强生产者的环境保护法律责任，减少环境污染，提高经济效益、社会效益和环境效益具有促进作用。

(二) 企业环境信息公开制度

新《环境保护法》第 55 条规定，"重点排污单位应当如实向社会公开其主要污染物的名称、排放方式、排放浓度和总量、超标排放情况，以及防治污染设施的建设和运行情况，接受社会监督。"新法颁布后，2014 年 12 月 19 日环境保护部公布了《企业事业单位环境信息公开办法》，进一步明确了企事业单位环境信息公开内容、方式、时间等的具体要求。

根据《暂行办法》的规定，应当列入重点排污单位名录的企业包括：被设区的市级以上人民政府环境保护主管部门确定为重点监控企业的企业；具有试验、分析、检测等功能的化学、医药、生物类省级重点以上实验室、二级以上医院、污染物集中处置单位等污染物排放行为引起社会广泛关注的或者可能对环境敏感区造成较大影响的企业；三年内发生较大以上突发环境事件或者因环境污染问题造成重大社会影响的企业；以及其他有必要列入的排污企业。

重点排污单位应当公开的信息包括：基础信息，包括单位名称、组织机构代码、法定代表人、生产地址、联系方式，以及生产经营和管理服务的主要内容、产品及规模；排污信息，包括主要污染物及特征污染物的名称、排放方式、排放口数量和分布情况、排放浓度和总量、超标情况，以及执行的污染物排放标准、核定的排放总量；防治污染设施的建设和运行情况；建设项目环境影响评价及其他环境保护行政许可情况；突发环境事件应急预案；其他应当公开的环境信息。列入国家重点监控企业名单的重点排污单位还应当公开其环境自行监测方案。

重点排污单位应当通过其网站、企业事业单位环境信息公开平台或者当地报刊等便于公众知晓的方式公开环境信息，同时可以采取以下一种或者几种方式予以公开：公告或者公开发行的信息专刊；广播、电视等新闻媒体；信息公开服务、监督热线电话；本单位的资料索取点、信息公开栏、信息亭、电子屏幕、电子触摸屏等场所或者设施；其他便于公众及时、准确获得信息的方式。

另外，为了确保企业环境信息公开义务的履行，新《环境保护法》第62条还规定了生产者违反信息公开条款的法律责任，即"违反本法规定，重点排污单位不公开或者不如实公开环境信息的，由县级以上地方人民政府环境保护主管部门责令公开，处以罚款，并予以公告"。《暂行办法》第16条对企业违反环境信息公开要求作出了处罚规定。

环境信息公开制度使生产者的环境保护责任从生产者的内部责任，扩展到生产者的外部责任，将生产者与社会公众紧密联系，从而加强生产者的环境保护责任，督促生产者履行保护环境的义务。

（三）企业"黑名单"制度

新《环境保护法》第54条第3款规定，"县级以上地方环保部门和其他部门，应当将企业事业单位和其他生产经营者的环境违法信息记入社会诚信档案，及时向社会公布违法者名单"。该项制度也称为企业环境行为信用评价制度。

在2013年，环境保护部出台《企业环境信用评价办法（试行）》（以下称"试行办法"），开始构建企业环境行为信用评价制度。该试行办法第2条第2款规定，企业环境信用评价是指环保部门根据企业环境行为信息，按照规定的指标、方法和程序，对企业环境行为进行信用评价，确定信用等级，并向社会公开，供公众监督和有关部门、机构及组织应用的环境管理手段。试行办法还明确了企业环境信用评价内容，包括污染防治、生态保护、环境管理、社会监督四个方面。企业的环境信用，分为环保诚信企业、环保良好企业、环保警示企业、环保不良企业四个等级，依次以绿牌、蓝牌、黄牌、红牌表示。组织实施企业环境信用评价的环保部门，应当将企业环境信用评价结果通报给以下部门或者机构：同级发展改革、国有资产监督管理、商务、人民银行等有关主管部门；银行、证券、保险监管机构；监察机关及其他有关机构；有关工会组织、有关行业协会。以上部门或者机构，可以结合工作职责，在行政许可、公共采购、评先创优、金融支持、资质等级评定、安排和拨付有关财政补贴专项资金中，充分应用企业环境信用评价结果，并向环保部门及时反馈评价结果的应用情况。

2014年《环境保护法》修改、颁布后，环保部也出台了相关部门规章，对企业环境行为信用评价制度作出进一步规定。如《企业事业单位环境信息公开暂行办法》第5条规定，环境保护主管部门应当根据企业事业单位公开的环境信息及政府部门环境监管信息，建立企业事业单位环境行为信用评价制度。《突发环境事件应急管理办法》第12条规定，县级以上地方环境保护主管部门应当对企业事业单位环境风险防范和环境安全隐患排查治理工作进行抽查或者突击检查，将存在重大环境安全隐患且整治不力的企业信息纳入社会诚信档案，并可以通报行业主管部门、投资主管部门、证券监督管理机构以及有关金融机构。

企业环境行为信用评价制度使生产者的环境责任外部化，使生产者的环境行为与其外部信誉和经济行为相联系。生产者的环境违法行为将影响其社会信誉、融资行为，甚至会使其在行政许可、公共采购、资质等级评定中处于劣势。企业环境行为信用评价制度，即"黑名单"制度，大大强化了生产者的环境保护责任。

（四）严重污染环境的工艺、设备和产品的淘汰制度

新《环境保护法》第46条规定："国家对严重污染环境的工艺、设备和产品实行淘汰制度。任何单位和个人不得生产、销售或者转移、使用严重污染环境的工艺、设备和产品。""禁止引进不符合我国环境保护规定的技术、设备、材料和产品。"

工业污染是环境污染最重要的来源。总结我国治理工业污染的经验和国外环境保护的发展趋势可知，对工业污染的排放控制仅仅停留在"末端治理"已远远不够，必须从源头上防止和减少工业污染，加强对生产全过程的管理，使污染物大部分消灭在生产过程中，建立新的工业污染预防体系，对严重污染环境的落后生产工艺和设备实行淘汰制度。"这一制度的核心内容是推动企业提高管理水平、生产工艺、技术和设备水平，提高能源和资源的利用率，从根本上解决工业污染问题。"

国家对严重污染环境的落后生产工艺和落后设备实行淘汰制度，制止低水平重复建设，是加快产业结构调整，促进生产工艺、装备和产品升级换代，控制环境污染，推动我国经济社会可持续发展的重要措施和必然要求。对落后生产工艺和设备实行淘汰制度是我国环境保护的一项重要法律制度，水污染防治法、固体废物污染防治法、大气污染防治法、环境噪声污染防治法都作了规定。这一制度也是生产者履行环境保护义务、承担环境保护法律责任的基本要求。

三、生产者环境保护法律责任的强化

（一）更加严厉的环评制度

《环境影响评价法》第2条规定，"……环境影响评价，是指对规划和建设项目实施后可能造成的环境影响进行分析、预测和评估，提出预防或者减轻不良环境影响的对策和措施，进行跟踪监测的方法与制度"。

2002年《环境影响评价法》第25条规定，"建设项目的环境影响评价文件未经法律规定的审批部门审查或者审查后未予批准的，该项目审批部门不得批准其建设，建设单位不得开工建设。"意即环评未经批准不得开工建设。但该法第31条第1款又规定："建设单位未依法报批建设项目环境影响评价文件，或者未依照本法第二十四条的规定重新报批或者报请重新审核环境影响评价文件，擅自开工建设的，由有权审批该项目环境影响评价文件的环境保护行政主管部门责令停止建设，限期补办手续；逾期不补办手续的，可以处五万元以上二十万元以下的罚款，对建设单位直接负责的主管人员和

其他直接责任人员，依法给予行政处分。"此条款为未批先建的行为规定了补救措施，即对于未批先建被发现的建设单位，办理补办环评手续即可"合法"。

该法的这一规定使得环评制度在实践中流于形式，无法发挥其预防性功能。正是该法此条"补办环评"的规定，使得实践中屡屡出现未经环评即开工建设甚至投产使用的情形。往往是这些未经环评的建设项目对环境产生负面影响。其中未经环评的建设项目，竣工后运行的，由于其未考虑环境影响、未配备污染防治设施，将对环境产生不可逆转的损害。这些已经造成的环境污染和环境损害，是无法通过"补办手续"、最高20万元的罚款即可补救的。为此，新《环境保护法》第19条规定，"编制有关开发利用规划，建设对环境有影响的项目，应当依法进行环境影响评价"。"未依法进行环境影响评价的开发利用规划，不得组织实施；未依法进行环境影响评价的建设项目，不得开工建设"。这就以"新法优于旧法"的实施原则，弥补了2002年《环境影响评价法》第25条的缺陷。另外，新《环境保护法》第61条还规定了"未批先建"违法行为的法律责任，即"建设单位未依法提交建设项目环境影响评价文件或者环境影响评价文件未经批准，擅自开工建设的，由负有环境保护监督管理职责的部门责令停止建设，处以罚款，并可以责令恢复原状"。

此外，新《环境保护法》第56条规定对公众参与建设项目环境影响评价予以发展。该条规定："对依法应当编制环境影响报告书的建设项目，建设单位应当在编制时向可能受影响的公众说明情况，充分征求意见。""负责审批建设项目环境影响评价文件的部门在收到建设项目环境影响报告书后，除涉及国家秘密和商业秘密的事项外，应当全文公开；发现建设项目未充分征求公众意见的，应当责成建设单位征求公众意见。"

2002年《环境影响评价法》第21条明确规定："除国家规定需要保密的情形外，对环境可能造成重大影响、应当编制环境影响报告书的建设项目，建设单位应当在报批建设项目环境影响报告书前，举行论证会、听证会，或者采取其他形式，征求有关单位、专家和公众的意见。""建设单位报批的环境影响报告书应当附具对有关单位、专家和公众的意见采纳或者不采纳的说明。"但该法实施后，公众参与环境影响评价存在"走过场、不透明、被操作的情况，特别是在一些环境群体性事件中，公众因为不了解导致的不信任、严重对立引起了社会关注"①。

而新《环境保护法》第 56 条是对实践中公众参与环境影响评价制度的发展。首先，该条规定进一步明确"对环境可能造成重大影响；也就是需要依法编制环境影响评价报告书的建设项目必须有公众参与环境"。其次，该条规定将公众参与的时间提前，即从《环境影响评价法》规定的"报批建设项目环境影响报告书前"提前到"编制环境影响报告书时"。再次，该条规定明确了参与公众的范围，即"只要可能受到建设项目影响的公众"。最后，该条规定对公众参与的程度作出要求，即强调了应当"充分征求公众意见"。

可见，新《环境保护法》规定了更加严厉的环境影响评价制度，确保环境影响评价制度的有效实施，大大强化了生产者的环境保护法律责任。

（二）费改税

20 世纪 70 年代末期，中国提出排污收费制度。1982 年发布《征收排污费暂行办法》，开始正式征收排污费。排污费征收几十年来，也逐渐暴露了一些问题，已经无法满足当今社会的环境保护工作的需求。这些问题主要包括：征收标准与污染治理成本相比仍然过低，对减排行为的经济刺激不足；计征所依据的污染物排放量计量准确性较差；协议收费，收缴率不高；收费面不全，有些重要的污染源仍被豁免等。②

根据新《环境保护法》第 43 条第 2 款的规定，"依照法律规定征收环境保护税的，不再征收排污费"。环境保护税，又称"环境税""生态税""绿色税"，"一般是指以保护环境为目的，针对污染、破坏环境的特定行为课征税款的专门税种"③。2015 年 6 月，国务院法制办公布了财政部、国家税务总局、环境保护部起草的《环境保护税法（征求意见稿）》。根据《环境保护税法（草案）》的有关规定，在中华人民共和国领域和中华人民共和国管辖的其他海域，直接向环境排放应税污染物的企业事业单位和其他生产经营者为环境保护税的纳税人，应当缴纳环境保护税。

新《环境保护法》实施后，中国逐渐开启了环境保护费改税的改革。

---

① 信春鹰. 中华人民共和国环境保护法释义. 北京：法律出版社，2014：195.
② 吴健，陈青. 从排污费到环境保护税的制度红利思考. 环境保护，2015（16）.
③ 同①150.

"收费和征税没有本质的区别，都可以将环境污染的外部成本内部化，但从实际执行效率上看，征税比收费更具强制性和规范性，可以克服收费的随意性，减少拖欠、拒缴现象，降低征收成本，提高使用效率，对环境保护更为有利。"征收环境税，可以更好地发挥经济手段对环境保护的积极作用，促进企业节能减排，强化生产者环境保护责任。

（三）环境违法成本大幅提高

"长期以来，环境行政处罚力度不足导致了'环境违法成本低、守法成本高'，使得环境违法行为无法 得到有效遏制。"[①] 全国人大环资委丁敏博士认为，我国"环境行政处罚方面的问题有三：一是环保部门的行政处罚权有限。各级政府的环保部门是环境执法的主力军，但根据我国现行法律，环保部门有权行使的行政处罚权不足。二是行政处罚种类过少。以内容来分，行政处罚分为人身自由罚、声誉罚、财产罚和行为罚四种。但是实践中，我国环境行政处罚的种类还比较单一，财产罚占了过大的比例，而责令恢复或者修复生态功能等行为罚以及对主要责任人实施人身自由罚等缺乏。三是行政处罚措施幅度过低。立法还没有做到'过罚相当'，导致一些企业宁愿'受罚'也不愿'守法'"[②]。

为解决"环境违法成本低、守法成本高"的问题，新《环境保护法》首先赋予环境行政执法机关更强的环境行政权限，如新法第 25 条赋予县级以上人民政府环境保护主管部门和其他负有环境保护监督管理职责的部门查封、扣押造成污染物排放的设施、设备的强制执行权。其次，新法第 63 条新增"人身罚"的环境行政处罚类型，即规定了行政拘留的行政处罚责任。最后，新法第 59 条新增"按日连续处罚"措施。根据环保部出台的《环境保护主管部门实施按日连续处罚办法》，按日连续处罚上不封顶，且可以无限次计罚，大大提高了处罚额度。

新《环境保护法》赋予环境行政执法部门较大的环境执法权限，并大大提高环境违法成本。新法规定的按日连续处罚、限制生产、停产整治、停业关闭、行政拘留等措施，大大强化了生产者的环境保护法律责任。

---

① 竺效. 环保重罚措施对法律实施的影响. 中国高校社会科学，2016 (4).

② 丁敏. "环境违法成本低"问题之应对——从当前环境法律责任立法缺失谈起. 法学评论，2009 (4).

　　2014年党的十八届四中全会提出"强化生产者环境保护法律责任"。生产者环境保护法律责任，在可持续发展观的指导下，在绿色发展理念发展与环境保护优先原则的确立过程中，从最初的生产者责任开始逐步向外扩张，发展到以合理利用资源为核心的生产者延伸责任，最后发展到以保护环境、预防污染为核心的生产者环境保护责任。在这一发展过程中生产者环境保护法律责任逐步得到强化。最终，随着新《环境保护法》的贯彻实施，生产者环境保护法律责任从立法与执法上得到强化。

第三十九章

完善自然资源和国土空间开发保护法律体系

第一节　国土空间开发保护制度在法律体系中的地位

一、国土空间开发保护制度的内涵

国土空间开发就是以一定的空间组织形式，通过人类的生产建设活动，获取人类生存和发展的物质资料的过程。我国在长达几千年的生产和经营过程中，形成了不同形态的空间格局，如人口的聚集、基础设施的建设、城市的发展等。当前，我国正处在工业化、城市化步伐加快的过程中，经济结构、区域结构、城乡结构正在发生巨大变化。如何优化国土空间开发格局是一个关系到十几亿人口生存发展的大问题。

二、国土空间开发保护制度在生态文明建设制度中的重要作用

国土空间开发保护制度属于生态文明建设法律制度中的预防性制度。生态文明建设法律体系以包括预防性制度、管控性制度和救济性制度在内的，较为成型且彼此联结的法律制度作为其基本立足点。

预防性法律制度是主要作用于环境污染、生态破坏预防领域的法律制度，主要包括生态规划、环境影响评价与环境风险评估、环境标准、环境信息公开制度四项。生态规划是指根据国家或者特定地区的生态条件、环境资源状况和社会经济发展需要等因素，对一定时间和空间内生态环境保护目

标、自然资源开发利用程度等事项作出的总体部署与安排。依据规划对象不同，生态规划可以划分为综合性规划和专业性规划。

国土空间开发（主体功能区）规划属于典型的综合性规划，需要立足于较广时空范围内多重目标的实现并进行复杂的利益衡平。

国土空间开发规划是生态文明建设的途径。生态问题的核心即国土空间开发与资源环境承载力的不匹配，是造成资源约束趋紧、环境污染严重和生态系统退化的重要原因。生态文明建设旨在从文明的高度来促进形成节约资源能源和保护生态环境的产业结构、增长方式与消费模式，必然要求空间规划与时俱进，克服传统规划偏重于经济要素，忽略社会、环境、生态等重要因素的局限，形成新型空间规划模式。作为推进生态文明建设的重要抓手，优化国土空间开发格局也是国土空间开发规划的终极目标和重要内容。通过控制开发强度，调整空间结构，集约利用生产空间，适度拓展生活空间，保留美化生态空间，实现人口、资源和环境相协调，经济、社会和生态效益相统一。因此，大力推进生态文明建设，迫切要求加快实施国土空间开发战略，统筹国土空间的开发、利用、保护和整治。

第二节 国土空间开发保护制度的发展历史与现状

一、发展历史

传统的空间规划秉承以经济效益为导向的规划模式，注重生产要素的空间集聚与扩散、人口和产业的空间分布，甚少考虑生态环境等外在因素对空间组织的影响，忽略了以生态为基础的整体性规划思想；其主要出发点是缩小不同区域空间经济总量和增长速度的差距。

2012 年，党的十八大提出了要建立体现生态文明要求的目标体系、考核办法和奖惩机制；建立国土空间开发保护制度，完善最严格的耕地保护制度、水资源管理制度和环境保护制度；建立反映市场供求和资源稀缺程度、体现生态价值和代际补偿的资源有偿使用制度与生态补偿制度；健全生态环境保护责任追究制度和环境损害赔偿制度。

2013 年 11 月，党的十八届三中全会通过的《中共中央关于全面深化改革若干重大问题的决定》中明确指出："划定生态保护红线。坚定不移实施主体功能区制度，建立国土空间开发保护制度，严格按照主体功能区定位推动发展，建立国家公园体制。"

主体功能区建立在区域分异客观规律和地域功能适宜性评价的基础上，它所确定的国土空间开发格局以及政府区域管理战略指向集中体现了自然系统可持续发展和社会福利最大化的要求。主体功能区作为国土空间开发保护基础制度的作用集中体现在两个层次和三个方面。两个层次是指主体功能区一方面反映了空间结构自然秩序的客观规律，另一方面为完善政府区域治理体系提供战略指向。三个方面是指，主体功能区确定了国土空间开发保护的整体格局，构成了完善区域政策体系的科学基础，成为整合各类空间规划的实用平台。

主体功能区的基础制度作用的核心内容在于通过对全国层面资源环境承载能力、开发强度和开发潜力区域差异的整体分析，确定了我国国土空间开发保护的总体格局。主体功能区体现了可持续发展的思想，通过确定开发区域与保护区域，强调人类活动在遵循经济社会发展空间组织规律的基础上，应该和资源环境的承载力相耦合。

二、现状

（一）国土空间保护力度加大，生态文明建设成为全社会共识

近年来，我国实施最严格的资源环境保护制度，不断加大生态建设力度，取得了明显进展。但由于我国特殊的地理国情和时空压缩的快速发展，资源约束趋紧，生态环境恶化趋势尚未得到根本扭转，局部地区甚至呈现加剧态势。为缓解我国生态环境瓶颈约束，同时，也为积极应对全球气候变化，党的十八大提出将生态文明建设放在更加突出地位，融入经济建设、政治建设、文化建设、社会建设各方面和全过程。生态文明建设对于优化国土空间开发格局、控制开发强度和调整开发结构、加强国土空间保护和整治，提出了更高要求。

（二）国土空间开发格局初步形成，空间统筹的顶层设计不断加强

当前国家提出实施区域发展总体战略和主体功能区战略，先后出台了《全国主体功能区规划》和一系列区域规划与政策，发布、实施了土地利用总体规划、矿产资源规划、海洋功能区划等，初步确立了国土空间开发重点

与基本框架。2015 年 9 月，中共中央国务院印发《生态文明体制改革总体方案》，提出整合目前各部门分头编制的各类空间性规划，编制统一的空间规划，实现规划全覆盖。

当前多个部委正在联合开展的"多规合一"，正是从市县层面探索形成一个规划、一张蓝图的路径。在国家层面，国土资源部在总结多个省和区域国土空间规划试点工作的基础上，编制形成《全国国土规划纲要（2013 年—2030 年)》（送审稿）并上报国务院。该纲要首次对我国 960 万平方公里的陆地国土（暂未含港澳台地区）和约 300 万平方公里的海洋国土空间开发、资源环境保护、国土综合整治、基础设施建设、资源能源保障与保护作出总体部署和统筹安排，将进一步明确科学开发国土空间的行动纲领和远景蓝图。

第三节　国土空间开发保护制度发展趋势

在关于国土空间开发保护制度的研究、探索过程中，学者们有两种思路：一是重视政府严格监管的制度建设思路，二是注重市场机制作用的制度建设思路。面对相对严峻的资源和环境问题，学者们认为，应建立最严格的相关法律制度，实行最严格的政府监管，如通过划定土地红线和生态保护红线等实行最严格的国土空间开发保护制度、最严格的耕地保护制度、最严格的水资源管理制度和最严格的环境保护制度等；为了充分发挥市场在资源配置中的决定性作用，对于某些会产生外部性影响且可以通过市场机制作用调节的领域，可通过排污权交易制度、集体林权制度、环境的产权制度和资源的产权制度等来完善和创新产权制度，只有产权明晰才能更好地保护生态与空间；但同时也应充分认识到市场经济的局限性，更好地发挥政府的监管作用，控制"资本逻辑"的有效性范围。

总体来说，国土空间开发保护制度要创新国土资源管理机制和模式，通过研究资源的空间关系、强化资源的空间属性、突出资源的空间规律，最终建立健全国土空间规划体系和运行机制，从单纯的重开发空间走向"生产空间、生活空间、生态空间"并重的"三位一体"空间管理架构。

第四节　国土空间开发保护制度中存在的问题及建议

一、法律制度体系存在的问题

(一) 法律法规体系尚不健全，各类国土空间开发保护制度的地位不明

首先，从全国层面来看，目前的国土空间开发保护制度中的法律主要有《土地管理法》《城乡规划法》《海域管理法》等部分专项性法律涉及国土空间开发与保护，但还没有一部统一的、健全的国土空间开发保护的总体性的法律法规。虽然国土空间规划、主体功能区规划、各类区域性规划都客观存在，但主要的依据还是中央文件，缺乏明确的法理地位，因此，在法律上仍然处于一定的真空状态。

其次，从地方层面来看，地方除了执行国家的相应的法律法规外，主要是通过地方规划的方式来对本地区的国土空间进行开发和保护的。虽然政府规划对各类空间活动行为具有一定的约束性，但缺少与其他相关的法律法规的衔接，其约束效果还不明显。

(二) 行政体制不协调，国土空间开发保护制度实施困难

根据目前我国的行政职能分工，不同的行政管理部门对各类国土空间行使不同的开发与保护职责。这就不可避免地会导致在空间开发重点、思路等重大的原则性问题上产生偏差、分歧。

(三) 国土空间开发保护制度体系的综合效能发挥受限

由于各类国土空间开发与保护制度整体上仍处于相对封闭的运行状态，所以各制度之间相互关系不够清晰，在层次、期限等方面还存在着一定的对接障碍。虽然《全国主体功能区规划》已经出台，在国家层面为国土空间开发与保护提供了相对明确的基础性依据，但其与各类规划的关系仍然不很明确。在各个地方，这种情况更为突出。

二、法律制度的内容本身存在问题

国家提出"优化开发区域"，一是要改善生态环境，二是要其承担引领

全国经济社会的发展和我国参与经济全球化的功能。由于缺乏完善的空间协调机制，这类地区在经济发展水平提高的同时，空间发展的矛盾和冲突也在加剧，严重制约了区域整体竞争力的提升，削弱了走向国际竞争和全球化的主体功能。其中具体表现如下。

（一）重复建设和无序竞争

不同的地域之间，包括横向的相邻地域单元和纵向的具有行政隶属关系的地域层次之间，都缺乏应有的协调。各地仅从自身的发展需要出发，确定区域地位、选择城市性质和职能，造成不同规模、等级地区间分工不明及同一规模、等级地区间竞争多于合作。

（二）空间开发无序

不顾资源环境条件，竞相发展价高利大的加工业特别是重化工业，甚至在水资源严重匮乏地区发展高耗水产业，在能源短缺地区发展高耗能产业，在环境容量已经不足的地区继续发展高污染产业。

（三）越境污染或污染物区际转移

由于生态资源空间分布不均，在地方利益的驱动下，为维持本地生态平衡，出现为争夺生态资源而恶性竞争的局面，使一地的生态建设成为另一地的生态破坏。

（四）近岸海域开发过度与深远海域开发不足，陆海统筹发展有待加强

陆海国土开发缺乏统筹，陆地与海洋开发衔接不够，沿海局部地区开发布局与海洋资源环境不相适应，工业发展和城镇建设围填海规模增长较快，海岸人工化趋势明显，部分围填海区域利用粗放；部分海岸带和近岸海域开发密度过高、强度过大，剩余可供开发的海岸线和近岸海域资源日益匮乏；涉海行业用海矛盾日益突出，渔业用海进一步被挤占，渔业资源和生态环境损害严重。与此同时，专属经济区和大陆架区域的资源开发几近空白。海洋生态环境问题凸显，陆源和海上污染物排海总量快速增长，近岸部分海域污染加重，特别是黄海北部近岸、辽东湾、渤海湾、珠江口等海域，污染问题十分突出。

因此，优化开发区域要根据资源环境承载能力引导人口分布、经济布局、国土利用和城镇化格局，促进人口、经济、资源、环境的空间均衡，规范空间开发秩序，形成合理的空间开发结构，就必须探索新的空间协调机制。

三、相关制度完善的建议

有学者提出，实施全国主体功能区规划，实现主体功能区定位，关键要调整、完善从政策和法律法规到绩效评价一整套的制度体系，形成一种利益导向机制和精细化管理机制。

（一）综合区域政策

1. 财政政策

建立主体功能区转移支付制度，对限制开发区域进行补助。具体措施包括：在一般性转移支付资金分配计算方法中，增设体现限制开发区的系数。逐步增加专门用于限制开发和禁止开发区域的一般性转移支付规模，保障限制开发和禁止开发区域的人均基本公共服务支出与全国平均水平大体相当；在限制开发区域的标准支出中，增设"生态环保支出项目"和成本系数；设置更为综合的生态修复转移支付制度，主要用于限制开发和禁止开发区域的生态环境保护；建立一般性转移支付资金稳定增长机制；最后提高自然保护区单位面积管护经费标准，增加经费总量，提高其财力保障程度。

2. 政府投资

实行按主体功能区安排与按领域安排相结合的政府投资政策。按主体功能区安排的政府投资，主要用于国家限制开发区域的生态修复和环境保护，以增强其提供生态产品的能力，基本解决国家限制开发区域发展中最突出的问题。按领域安排的政府投资，也要与各主体功能区的定位相一致。公共服务设施建设投资和生态环境保护投资向禁止开发区域倾斜，农业投资和生态环境保护投资向限制开发区域倾斜，城市基础设施投资向重点开发区域倾斜，自主创新和高技术产业化的投资向优化开发区域倾斜。这样，政府投资有重点、有计划，能更好地促进国土空间开发保护制度的贯彻。

3. 产业政策

实行按主体功能区定位进行分类管理的产业政策，修订现行产业结构调整指导目录，进一步明确不同主体功能区限制的产业。研究调整、完善固定资产投资方向调节税，对各优化开发和重点开发区域限制发展的产业实行高税率。对不同主体功能区的投资项目实行不同的占地、耗能、耗水、"三废"

排放和生态保护等强制性标准。

4. 土地政策

树立人、地挂钩的理念，实行差别化的土地利用政策。确保耕地占补平衡，保障粮食安全；增加林地、水系、湿地等绿色生态用地；适应城市化大趋势，促进经济发展和人民生活改善；土地城市化与人口城市化并行，农村用地减少与农村人口减少、城市用地增加与城市人口增加要适应。同时，土地政策实施中注意"三挂钩"：一是城乡之间用地增减规模挂钩，即城市建设用地增加的规模与农村建设用地减少的挂钩；二是城乡之间的人地挂钩，即城市建设用地增加规模与农村人口转为城市人口的规模挂钩；三是地区之间的人地挂钩，即一个地区建设用地增加的规模与吸纳外来人口的规模挂钩。

5. 人口政策

按照主体功能定位引导人口有序流动并定居。优化开发区域应对有稳定职业和住所的流动人口逐步实现本地化，重点开发区域应更多地吸纳外来人口。引导限制开发和禁止开发区域的人口逐步自愿、平稳、有序地转移。按常住人口进行制度、政策设计和管理。

6. 环境政策

根据功能定位和环境容量，实行分类管理的环境政策。对不同主体功能区实行不同的污染物减排目标。优化开发区域要实现更高要求的污染物减排目标，全面提高污染物排放标准，增加实施总量控制的污染物种类，实现增产的同时较大幅度地减少污染物排放总量；重点开发区域要根据环境容量，提高污染物排放标准，实现增产减污；对不同主体功能区实行不同的产业准入环境标准和不同的排污许可。优化开发区域要严格限制排污许可证的发放，制定较高的排污权有偿取得价格；重点开发区域要合理控制排污许可证的发放，制定合理的排污权有偿取得价格，鼓励新建项目通过排污许可证交易获得排污权；限制开发区域原则上不发放排污许可证；禁止开发区域不发放排污许可证。

（二）落实主体功能区规划的基础制度作用

1. 明确各级政府和各部门的职责

主体功能区规划的实施涉及从中央到地方各级政府的人事、财政、土地等不同职能部门，科学界定各级政府和职能部门的职责是主体功能区规划落实的基本保障。一方面，应形成从中央政府到地方基层政府纵向分工协调的职责体系。中央政府应承担全国主体功能区规划的协调和指导功能，而下级政府负责规划的落实和衔接。另一方面，应形成政府职能部门横向分工合作的职责体系，重点包括人事组织部门根据各主体功能区的功能落实干部绩效评价体系、土地部门落实用地指标等。

2. 推进主体功能区规划的法制化进程

主体功能区规划的编制和实施需要有健全的法律体系保障。一方面，要确保主体功能区规划以法律化的形式确定，将编制内容和流程制度化，同时规范主体功能区规划与其他不同规划的核心职能以及规划协调的重点，为协同规划提供法律依据。另一方面，要推动生态建设地区财政转移支付、跨行政区协同治理等制度化进程，使得主体功能区规划工作均能够依法有序开展和落实，构建主体功能区建设的长效机制。

3. 修订和补充我国地域空间规划体系

建立一套自上而下、综合和专项相配套的规划体系。一方面，整合全国主体功能区规划、土地利用规划和国土规划，形成全国地域空间综合规划，承担全国国土空间开发顶层设计的功能，同时编制跨省区的重点功能区空间规划，使主体功能区的建设任务得到分解和落实。另一方面，下层位各类区域规划和各部门专项规划的编制都要以主体功能区划为依据，并对已经编制的带有空间布局内容的各类行业与部门规划以与主体功能区规划衔接为原则进行必要的调整、比对落实，同时分步修订和调整已经编制的区域规划方案。

（三）完善相关法律法规

针对当前法律法律的缺少，有学者建议立法机关制定"国土空间开发法""区域规划法"、修订《自然保护区条例》和《风景名胜区条例》等，制定"自然保护地法"、修订《基本农田保护条例》，制定"基本农田保护法"，依法严格管制空间开发强度、规范空间开发秩序。

具体在生态支付方面，以国家重要生态功能区为重点，完善生态转移支付，提高生态转移支付的资金使用效益和生态效益。以保护生态功能为目标，以集体所有的森林、草原、湿地等生态系统为载体，建立统一的生态补偿制度，合理提高生态补偿标准，强化生态补偿资金的直补机制。学者们认为，我国生态补偿机制尚不够健全，不足以从根本上驱动生态环境保护者的自觉保护行为，应该从宏观层面出台"生态补偿条例"或相关制度，加快生态补偿立法进程，建立和完善生态补偿政策体系，开征生态税费，建立多元化融资渠道，进一步完善生态补偿管理体制以及全面强化多部门间的协调与配合。

第四十章

完善能源法律体系

第一节 我国能源法律体系发展现状

能源是指煤炭、石油、天然气、煤层气、核能、风能、太阳能、水能、生物质、地热能、海洋能和电力、热力，以及其他直接或者通过加工、转换而取得有用能的各种资源。能源法是调整能源资源权属关系，在能源开发、生产、运输、经营、利用、消费及能源的节约、防治能源污染环境、能源管理与监督过程中发生的各种社会关系的法律规范的总称。

改革开放前，我国一直是一个农业大国，工业不发达，经济总量和能源生产、消费量不高，再加上我国奉行独立自主、自力更生的政策，以及国际社会对中国长期孤立，使中国经济与世界市场处于隔离状态，能源系统与世界市场关联度不高，能源问题不突出，因而在 1979 年改革开放前，中国能源立法处于空白状态。

改革开放到 1992 年，我国经济迅速发展，但是能源产业实行分部门高度集中统一管理，政企不分，能源基础设施投资严重不足，电力、石油天然气等能源供应短缺，制约经济的发展。为此，国家曾启动对电力法和石油法的起草工作，但是最终未能进入立法程序，只是在 1986 年颁布了《矿产资源法》，能源行业主要依靠行政法规和政策调整，如国务院先后颁布了《对外合作开采海洋石油资源条例》（1982 年颁布）、《海洋石油勘探开发环境保护管理条例》（1983 年颁布）、《节约能源管理暂行条例》（1986 年颁布）、

《民用核设施安全监督管理条例》（1986 年颁布）等。

我国能源立法真正起步是在 1992 年 10 月党的十四大确立社会主义市场经济体制之后。随着市场经济和市场机制的发展，经济飞速发展，能源需求与日俱增，能源立法进程明显加快。一方面，全国人大常委会制定、颁布了多部的能源法律，如《矿山安全法》（1992 年）、《电力法》（1995 年）、《煤炭法》（1996 年）、《节约能源法》（1997 年）、《可再生能源法》（2005 年）、《石油天然气管道保护法》（2010 年）等；另一方面，国务院及其行使能源管理权的各部门出台了大量的能源行政法规和规章，如《电网调度管理条例》（1993 年）、《长江三峡工程建设移民条例》（1993 年颁布，2001 年、2011 年修订）、《电力供应与使用条例》（1996 年）、《核电厂核事故应急管理条例》（1993 年）、《乡镇煤矿管理条例》（1994 年）、《煤炭生产许可证管理办法》（1994 年）、《矿产资源勘探勘查区块登记管理办法》（1998 年）、《矿产资源开采登记管理办法》（1998 年）、《探矿权采矿权转让管理办法》（1998 年）、《电力监管条例》（2005 年）、《民用建筑节能条例》（2008 年）、《公共机构节能条例》（2008 年）等。此外，一些省、市、自治区还出台了大量的地方性能源立法，我国也批准和签署了相当数量的与能源有关的国际条约、公约和议定书，初步形成了涵盖煤炭、石油天然气、原子能、可再生资源、电力、节约能源等六个领域的能源法律体系。

目前，煤炭领域的法律仅有一部，即《煤炭法》。《煤炭法》于 1996 年由全国人大常委会通过，在 2009 年、2011 年、2016 年三次进行修订，是煤炭领域的"基本法"。同时，也有另外一部法律《矿山安全法》对煤炭资源的开采行为进行了规定。煤炭领域的法律法规涵盖煤炭资源管理与权属规定、煤炭生产开发管理、煤炭经营与进出口管理、煤矿安全监察、煤矿职工权益保护与矿区环境保护等多个方面，主要立法有《探矿权、采矿权转让管理办法》（1994 年颁布）、《矿产资源开采登记管理办法》（1998 年颁布，2014 年修订）、《煤炭行政处罚办法》（1997 年颁布）、《煤炭经营监管办法》（2004 年颁布，2014 年修订）等。

在石油天然气领域暂时缺少一部综合性的"石油天然气法"，其现行法律体系主要是以《矿产资源法》和《石油天然气管道保护法》为主，以一系列法律法规为补充，涵盖油气勘探开发、管道保护、价格调整、税费管理、环境保护等多个领域。油气领域的法律法规主要有《矿产资源法》（1986 年颁布，1996 年、2009 年修订）、《矿产资源法实施细则》（1994 年）、《对外合作开采海洋石油资源条例》（1982 年颁布，2001 年、2011 年修订）、《对外合作开采陆上石油资源条例》（1993 年颁布，2001 年、2007 年、2011 年、2013 年修订）、《石油天然气管道保护法》（2010 年）、《石油价格管理办法（试行）》（2009 年颁布）、《石油及天然气勘查、开采登记收费暂行规定》（1988 年颁布）、《开采海洋石油资源缴纳矿区使用费的规定》（1989 年颁布）、《中外合作开采陆上石油资源缴纳矿区使用费暂行规定》（1990 年颁布）、《油气管网设施公平开放监管办法（试行）》（2014 年颁布）等。

目前我国专门调整原子能领域法律关系的法律只有一部，即《放射性污染防治法》，"核安全法"与"原子能法"暂时缺位。行政法规与行政法规性文件主要有《民用核设施安全监督管理条例》（1986 年颁布）、《核材料管制条例》（1987 年颁布）、《核电厂核事故应急管理条例》（1993 年颁布，2011年修订）、《核出口管制条例》（1997 年颁布，2006 年修订）、《核两用品及相关技术出口管制条例》（1998 年颁布，2007 年修订）及国务院"关于处理第三方核责任问题的批复"（1986 年国函 44 号）等。除此之外，由政府有关主管部门制定的部门规章较多，广东、浙江等地区也各自制定了有关原子能利用和放射性废物管理的地方性法规或规章。与国内立法缺失相比，我国参与的涉核国际公约较多，我国签署的原子能领域的《国际原子能机构规约》《及早通报核事故公约》《核事故或辐射紧急情况援助公约》《核材料实物保护公约》《不扩散核武器条约》《核安全公约》《制止核恐怖行为国际公约》《乏燃料管理安全和放射性废物管理安全联合公约》等公约或条约，也对于规范我国原子能开发与利用起到了一定的作用。

为了保障能源供应安全、改善能源结构、保护环境和促进经济发展，实现党的十六大提出的经济发展目标，同时也为了呼应国际上应对气候变化的呼声和可持续发展理念，《可再生能源法》于 2005 年制定并于 2006 年正式实施。在《可再生能源法》实施后，根据其立法授权和要求，由国家发改委、财政部、建设部等部门分别或者联合制定了《可再生能源发电有关管理规定》（2006 年颁布）、《可再生能源发电价格和费用分摊管理试行办法》（2006 年颁布）、《可再生能源发展专项资金管理暂行办法》（2006 年颁布，

2015 年修订）、《可再生能源电价附加收入调配暂行办法》（2007 年颁布）、《电网企业全额收购可再生能源电量监管办法》（2007 年颁布）、《可再生能源建筑应用专项资金管理暂行办法》（2006 年颁布）、《风电场工程建设用地和环境保护管理暂行办法》（2005 年颁布）等规章。《可再生能源法》与这些规章共同组成了可再生能源领域立法及政策制定的基石和框架。

电力领域的法律体系是由一部法律《电力法》（1995 年制定，2009 年、2015 年两经修订）、四个条例［《电力监管条例》（2005 年制定）、《电力供应与使用条例》（1996 年制定，2016 年修订）、《电网调度管理条例》（1993 年制定，2011 年修订）、《电力设施保护条例》（1987 年制定，1998 年、2011 年两经修订）］，以及大量的部门规章、地方性法规和规章组成的。电力法律体系形成较早，为改革开放后的电力发展与改革奠定了法制基础。但随着时间的发展，尾大不掉、修订困难的电力法律缺乏与可持续发展理念和市场经济体制的衔接，既无法对电力改革作出应有的回应，也无法与其他相关法律产生良好的互动。

节约能源法是能源法律体系的另一重要组成部分。1997 年全国人大常委会通过并颁布了我国第一部《节约能源法》。此后，我国大陆所有省一级行政单位皆先后制定了与《节约能源法》相配套的实施细则和管理办法，一些城市也制定了本区域的节约能源条例或办法。在中央一级，围绕着《节约能源法》，一系列行政法规、部门规章、国家标准和政策性文件也逐步发布，如《节约用电管理办法》（2000 年颁布）、《中国节能产品认证管理办法》（1999 年颁布）、《能源效率标识管理办法》（2004 年颁布，2016 年修订）、《民用建筑节能管理规定》（2000 年颁布，2006 年修订）等。总体而言，以《节约能源法》为核心，辅以相关行政法规、部门规章、地方性法规、地方政府规章和一系列相关标准的中国节约能源法律体系已基本形成。

第二节 我国能源法律体系存在的问题

我国能源法律体系的建立为能源的开发与利用提供了法律规范和法制保障，但实践中现行能源法律体系存在的问题也日益突出。这些弊端的存在，既阻碍了能源法律充分发挥其作用，也阻碍了经济的发展和环境的保护。通过对结构和内容的梳理，我国现行能源法律存在的问题主要表现为能源立法体系不完整、能源立法间缺乏相互配合和衔接，以及能源立法与其他立法之间缺乏配合和协调三个方面。

一、能源立法体系不完整

（一）能源基本法缺位

在一国能源法律体系的构建中，能源基本法处于内核和统领的地位，对能源和能源法律关系作一般性规范与原则性规定，为国家能源战略、政策和发展方向提供法律依据，并统领、约束、指导、协调各能源单行法律法规。而作为我国能源基本法的"能源法"却一直缺位。国家发改委和能源局2006年年初曾正式启动《能源法》起草工作，并在征求各方意见的基础上修改形成了2008年"能源法"（送审稿），国务院也将提请审议"能源法"列为2009年立法工作计划中的"力争年内完成的重点立法项目"。但"能源法"立法工作一直搁浅。2011年至2014年，能源法立法工作在国务院立法工作计划中的优先级被下调为"预备项目"，2015年上调进入"全面深化改革和全面依法治国急需的项目"，但2016年再次回落为"预备项目"。能源法立法工作在国务院立法工作计划中的地位的一再波动，预示着作为能源法律体系中重要一环的能源基本法可能将在较长一段时间内继续处于缺位状态。

（二）石油、天然气、原子能等领域能源法律缺位

在石油、天然气领域，虽然《矿产资源法》《石油天然气管道法》及其他法律法规的实施为调整石油天然气领域的法律关系发挥了重要作用，但是由于"石油天然气法"的缺失，该领域的立法呈现碎片化的特征，各法律法规间缺乏统一性与协调性，而且由于现行法律法规普遍位阶较低，其与其他法律法规，如《价格法》《反垄断法》等之间的协调也面临诸多挑战。而在原子能领域，法律缺位的情况尤其严重，不仅表现在"原子能法"和"核安全法"的缺失，而且表现在较高位阶立法的不足。在缺少法律统领的情况下，涉核的部门规章反而相对过多，无可避免地会出现立法上的空白、交叉重复，甚至法律法规间相互抵触的情况。

（三）能源公用事业法缺位

能源公用事业，是基于为满足公众需求而向公众提供热力、电力、油气

等能源资源或能源产品而形成的①，关注的是能源资源或能源产品的销售或服务。能源公用事业具有显著的自然垄断特征，而能源公用产品或服务对于公众日常生活是必需的，可替代性较小，而且能源公用事业关系到国民经济发展和公众的基本生活，因此，专门的能源公用事业立法在整个能源法律体系中是不可或缺的。然而我国暂未制定专门的"能源公用事业法"，关于能源公用事业的法律规范散见于《合同法》《电力法》等法律法规的一些条款中，零散而不成体系，而且不同法律法规中的相关条款各自为政，对能源公用事业的基本问题的规定皆含糊不清。在缺乏法律管制的情况下，能源主管部门、能源公用企业和能源消费者对自身角色与定位都欠缺足够认识，"普遍服务"等能源法上的基本原则和要求也就无从谈起。

二、能源立法之间缺乏相互配合和衔接

我国不同领域的能源法律法规起步时间各不相同，发展程度也并不均衡，相互之间缺乏必要的配合和衔接。造成这种现象的最根本原因是缺乏基本法为单行法间相互配合、协调提供指导和依据。以《可再生能源法》与其他能源立法的协调举例：《可再生能源法》的并网发电、全额收购、强制上网等方面都需要《电力法》予以衔接配合，而1995年制定，并于2009年、2015年修改的《电力法》与《可再生能源法》存在明显的脱节的情形。例如，关于并网发电的规定，《可再生能源法》第13条规定"国家鼓励和支持"可再生能源并网发电，而《电力法》只规定了"国家提倡电力生产企业与电网、电网与电网并网运行"，对国家课以了不同程度的要求标准；同时，《可再生能源法》确定了强制上网制度，对发电上网的可再生能源发电企业只要求取得行政许可或报送备案即可，但《电力法》规定提出上网要求的主体必须为具有"独立法人资格"的"电力生产企业"。

除了不同领域能源立法之间缺乏协调与衔接外，在同一领域立法里，也存在立法缺乏配套的实施细则和办法，立法间相互重复、矛盾等情形。如虽然我国早在1995年就已经制定了《煤炭法》，也制定了一系列的行政法规、部门规章和地方性法规，但这些煤炭立法应急性特征明显，立法时缺乏相互

---

① 叶荣泗，吴钟瑚．中国能源法律体系研究——能源立法：战略、安全、可持续发展．北京：中国电力出版社，2006：15．

协调、呼应的意识，头痛医头，脚痛医脚，并未形成一个逻辑严密、有条理的系统性的立法体系。同时，虽然立法文件庞杂、规定事项繁多，但更为重要的《煤炭法》实施条例、煤炭生产开发条例、煤炭交易规则等，长期处于缺位的状态。

三、能源立法和其他立法之间缺乏配合与协调

能源领域立法要更好地发挥其作用，必须与其他相关领域立法如民法、经济法、环境保护法之间形成良好的配合与协调。但我国现行的能源法律法规却缺乏这种呼应。仍以《可再生能源法》举例：虽可再生能源属于清洁能源，但可再生能源开发也会带来环境问题，如水电、风电设施建设造成的生态问题，垃圾发电造成的污染问题、太阳能晶体硅生产造成的污染问题，等等，然而，不管是《环境保护法》及相关法律还是《可再生能源法》，都未对可再生能源开发和利用所造成的环境问题予以恰当的规定。再如，太阳能在建筑中的运用是利用可再生能源的一个重要方面，如太阳能热水系统、太阳能供热采暖制冷系统、太阳能光伏发电系统等，但是不管是《建筑法》还是《物权法》的现行规定，都不利于太阳能利用系统的推广。出于影响建筑质量和对小区景观的考虑，各物业基于《物权法》与"物业管理协议"阻挠业主安装太阳能利用系统的案例时有发生，有违于促进可再生能源利用与保护环境的初衷。①

第三节　我国能源法律体系的完善

理想的能源法律体系应当是综合性且分行业的，具体来说，我国能源法律体系应然的基本框架应为两层的结构：由能源基本法作为统领，各部门能源法地位平等、相互独立并在联系中互相协调。在部门能源法中，根据其在产业链中的位置，可以分为煤炭法、原子能法等行业能源法，以及节约能源法、能源监管法和能源公用事业法等能源监管与利用法。而在行业能源法中，又可以根据一次能源和二次能源的划分，分为石油天然气法、煤炭法

---

① 李艳芳，刘向宁．我国《可再生能源法》与其他相关立法的协调．社会科学研究，2008（6）．

等一次能源立法，与成品油市场管理法和电力法等二次能源立法。具体如图 40 - 1 所示。

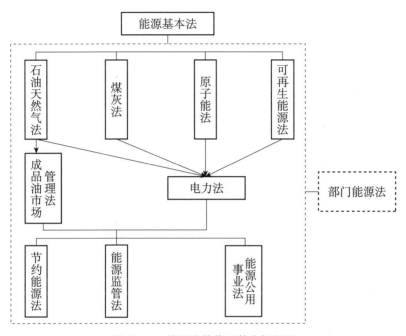

图 40 - 1　能源法律体系基本框架图

要完善我国的能源法律体系，必须明确我国能源发展目标和方向。基于现阶段能源发展利用的国情和国际能源形势，我国能源发展的目标应该为以下五项：一是保证能源供应，尤其是保证煤炭、石油、天然气和电力的供应；二是保持能源合理价格；三是限制大公司的市场支配力量；四是保证石油、天然气、煤炭、可再生能源和核能以适当比例发展；五是保证能源与环境保护相协调。根据我国能源发展目标和理论上应然的能源法律体系，我国现阶段能源法律体系的完善应着重于以下几项。

一、制定综合性能源基本法："能源法"

能源是关系到国民经济发展的重要事项，贯穿于国计民生的方方面面，故能源领域必须有一部专门的综合性、高位阶的基本法来统领、指导能源立法，其地位是无法被任何一部或多部能源单行法所取代的。"能源法"应当是一部能够体现我国能源战略、政策、发展方向的综合性立法，为各个单行能源法规、能源政策和其他能源规范性文件的制定与修订提供基本的法律基础，为能源法的解释、适用提供基本的法律依据，为能源法律之间的冲突解决和协调衔接提供指导，并为能源法律与其他法律之间的冲突解决和协调衔接提供方法和桥梁。

需制定的"能源法"，需要对基础性、综合性的重大能源法律问题和重要的能源法律关系作出专门规定，需要对国家基本能源政策进行法律上的确定。重要的能源法律原则，如保障能源安全原则、能源多元化发展原则、鼓励可再生能源利用原则、能源节约利用原则、能源开发利用与环境保护相协调原则、能源普遍服务原则等，需要在"能源法"中得到确立和体现。同时，应当确立重要能源资源的国家所有权制度、能源规划制度、能源准入制度、能源效率标识制度、能源生态补偿制度、能源储备制度等重要的能源法基本制度。目前管监不分、职能分散的行政管理体制也需要在"能源法"中得到调整，各部门的角色分工和相应权责应明晰。此外，"能源法"在能源战略与规划、能源开发与生产、能源市场、能源供给与消费、能源安全、能源监管、新能源与节约能源、能源科技与国际合作等方面均要有所规定。

二、完善行业能源法

（一）制定"石油天然气法"

石油天然气在我国能源结构中占据并且将长期占据重要地位，故必须制定与其重要地位相匹配的"石油天然气法"。需制定的"石油天然气法"需要涵盖石油天然气行业的上游、中游和下游，包括石油天然气的勘探开发、开采、运输、储备、炼制和销售等所有环节；并与这些环节的相关立法，如已制定的《石油天然气管道保护法》和将来制定的"成品油市场管理法"等法律法规相互衔接。同时，对石油公司的地位需要加以确切的规定，厘清石油公司与国家、地方、合作企业、消费者以及石油公司之间的相互关系，在发挥市场作用的同时运用"看得见的手"，限制其市场支配力量的无限扩张。另外，"石油天然气法"还应注意与《环境保护法》《海洋法》等国内其他相关立法的衔接，并呼应我国在防治油气污染、应对气候变化等相关领域签署的国际条约或承诺的国际义务。

（二）制定"原子能法"与"核安全法"

"原子能法"和"核安全法"分别被国务院和全国人大纳入国家立法规划之中，其中"核安全法"目前已进入征求公众意见环节，如无意外，其必先早于"原子能法"颁布。"原子能法"和"核安全法"在内容上有一定的交叉关系，但并不意味着"核安全法"制定之后就无须制定"原子能法"。一般而言，"原子能法"的涵盖范围要广于"核安全法"，"核安全法"中的许多重要事项为"原子能法"所包容，而同时单独的"原子能法"可能无法涵盖核安全法中的细节规定，更无法涵盖核安全法的部分特殊规定内容。[①]我国为核能利用大国，"原子能法"与"核安全法"在我国的能源法律体系中缺一不可。原子能的开发利用带来不菲的社会效益和经济效益的同时，也伴随着环境污染、核废料、核事故风险、公众担忧等一系列负面效果。"原子能法"需要对原子能发展的方针、指导思想、基本原则、基本制度作明确的规定，对原子能领域的各个主体的行为加以规范，对原子能行政管理体制作出系统、合理的设定，从而达到保障国家安全、公众安全与健康、保护环境和规范原子能研发和利用的立法目的。

（三）修改、完善《可再生能源法》

我国的《可再生能源法》是在缺乏足够的理论研究和实践经验的情况下仓促制定的，其缺陷在实践中逐渐显露，后来该法虽然经过修改，但仍显不足，政策性、原则性较强，缺乏足够的可供执行的标准。修改、完善《可再生能源法》，首先需要明确可再生能源的所有权归属问题，以应对实践中各地规定不一、阻碍可再生能源开发利用的情形；其次，还需要完善奖励、激励制度，鼓励开发利用可再生能源，尤其是鼓励农村和农民的开发利用行为，同时，需要制定有效、可执行的制度和措施来充分发挥市场机制的作用。另外，目前我国有关可再生能源的补贴政策、奖励政策及可再生能源发展基金制度存在着分配不够公平、标准不够统一、审批环节存在漏洞、监管不严等缺陷[②]，修改的《可再生能源法》也要作出具体的回应和解决措施。

（四）修改《电力法》

《电力法》制定时间较早，后来虽经几次修订，但都是小修小改，导致

---

① 汪劲. 论《核安全法》与《原子能法》的关系. 科技与法律，2014（2）.
② 蔡守秋. 我国可再生能源立法的现状与发展. 中州学刊，2012（5）.

该法在理念、制度设计等方面与当前形势严重脱节。在减少垄断、保证准入主体多元化、保障市场化交易安全等方面规范缺失，造成了电力企业自我定位不清、电价格决定机制仍非市场机制、新能源与传统能源的衔接不畅、电力利用效率不高等弊端。为回应和服务新一轮电力改革，必须修改、完善《电力法》，在立法定位上，综合考虑发电商、电网、销售商、消费者、管理者的关系；在立法思路上，围绕主体的责、权、利而展开；在立法内容上，明确规定产业发展的基本原则和基本制度，并规范电网企业与其他企业的衔接；在立法重点上，明确不同环节的监管方法和力度，"管住中间、放开两头"；而在具体条文上，应该处理好与相关立法的关系，尤其是与《可再生能源法》、《大气污染防治法》、气候变化应对立法的关系。

三、制定"电力监管法"

2002 年国务院发布《电力体制改革方案》（国发［2002］5 号），要求实行"厂网分开、竞价上网、输配分开、竞争供电"，从而开启了我国的电力体制改革。2005 年，国务院颁布《电力监管条例》，为电力体制改革提供了法律保障。但是，由于《电力法》《电网调度管理条例》《电力供应与使用条例》等原有的电力法律法规修订遇阻，《电力监管条例》与其在多个方面，尤其是监管实施主体的规定上，存在分歧与矛盾。而因为《电力监管条例》本身位阶较低，"在法律法规之间发生冲突（如在供电营业区划分、许可证管理、电网调度监管等方面）时，电力监管机构依据电力监管条例制定的规章在实际执行过程中，往往处于不利地位，影响了电力监管工作的正常开展"①。缺乏相关法律法规强有力的支撑，也是 2002 年电力体制改革收效不尽如人意、与期望存在较大差距的原因之一。2015 年 3 月 15 日，国务院发布《进一步深化电力体制改革的若干意见》，被视为揭开新一轮电力体制改革的序幕。前车之鉴，为保障新一轮电力体制改革的推进，需要在立法上制定"电力监管法"，一方面，提高法律位阶，减少因法律法规间冲突而减损其效力的情形；另一方面，对新一轮电力体制改革的新目标予以呼应。"电力监管法"应当充分尊重市场作用，明确各市场主体的权利与义务，明晰市

---

① 电监会研究室课题组．关于完善我国电力监管体制的政策建议．［2016－12－20］．http：//www.oecd.org/gov/regulatory-policy/39459534.pdf.

场与政府的边界，确立电力监管行政体制，明确各政府部门的权责，推进电价改革、电力交易机制改革、售电侧改革与发用电计划改革，保障独立电力交易机构的形成与运行，保证市场交易平台的公平、规范，从而促进可持续能源开发与利用。

四、制定"能源公用事业法"

能源公用事业法调整的是能源产品供应商与消费者围绕着能源资源或能源产品或能源服务的消费而形成的法律关系，应包括发挥市场机制作用、规范市场准入、监管产品及其价格以及实现能源普遍服务等内容。鉴于目前我国并未制定综合性"公用事业法"，"能源公用事业法"的制定还需要考虑公用事业的共同特征和能源公用事业的特殊性，并结合现行相关立法和立法规划，注重与其他公用事业立法间的协调衔接。

五、加强法律间的协调

能源立法工作必须加强法律间的协调，既包括能源法律体系内部的协调，也包括能源立法与其他相关立法的协调。能源立法需要调动公众参与和专家论证，吸收法学专家、行业专家进行充分的立法调研工作；同时还应组织高效的效果反馈工作和成熟的法律解释工作，对立法出现的问题予以跟进。只有建立内容丰富、结构严谨、逻辑严密的中国特色社会主义能源法律体系，才能更好地服务于国家安全、环境保护、能源和经济发展。

第四十一章

完善循环经济立法和地方经济立法

第一节 我国循环经济的发展现状

循环经济是以"减量化、再利用、资源化"为基本原则，以"生态效率"为测量单位，以"社会经济可持续发展"为追求的物质闭环流动型经济的简称，其实质是生态经济。从语义学的角度看，循环经济是一个"舶来词"，2008 年由同济大学诸大建教授首次介绍、传入我国。

我国开展循环经济的实践起步较晚。从 2005 年起，我国开始在重点行业、重点领域、产业园区及各省市开展了较小区域范围内的循环经济试点工作，并于 2007 年 12 月启动了第二批试点单位工作。第二批涉及的重点行业有 11 个（42 家企业）、重点领域有 4 个（17 家企业），新增加 20 个产业园区及 4 省 13 市，共计 96 个试点单位。很快，全国各地掀起了循环经济建设的浪潮。《中华人民共和国循环经济促进法》于 2009 年 1 月 1 日开始正式实施。国家发改委于 2010 年 12 月发布了《循环经济发展规划编制指南》，指导全国各地科学编制循环经济发展规划，落实《中华人民共和国循环经济促进法》的规定。目前，我国大部分地区已经出台地方性法规及政策直接规范循环经济的生态园区建设、生态省（市）建设、绩效评估及统计考核等，循环经济各项标准也日趋规范和严肃；各个地区在积极认真编制符合本区域实际、凸显区域特色的循环经济发展规划基础上[①]，设立了专门的循环经济主

[①] 据笔者收集到的资料，苏州、鹤壁、贵阳、青岛、深圳、泰州、上海、兰州等城市的循环经济规划最具有代表性。

管机构，赋予其较高地位及权威，明确其职责，并采取一系列措施落实发展循环经济的资金来源、投入及使用……循环经济在我国实现了由理论到实践的重大进展。从中央到地方，循环经济建设力度加大，示范试点工作非常活跃；循环经济基础设施建设步伐明显加快，生态园区建设如雨后春笋、欣欣向荣；区域环境气候质量得到明显改善，节能减排效益大幅度提升；企业内部"小循环"成效突出，清洁生产得到大力实施；循环经济产业链跨区、跨市、跨省协调、合作、交流趋于频繁；循环经济实践平台拓展、区域化成效初显。

在发展循环经济的求索路上，我国出台了许多的支持政策，作出了很多努力，但国家制度体系的建设步伐并没有及时跟上，尤其是循环经济法制建设，始终处于"态度很积极，效果很一般，立法不算晚，质量不很高"的状态。党的十八届五中全会将"绿色发展"提升到了关乎中华民族永续发展的高度。循环经济是"内涵式"经济发展模式；是追求实现经济发展与物质消耗脱钩的经济发展模式；是追求实现经济活动"绿色化"的经济发展模式；是"绿色发展"理念的实践模式。在绿色发展理念的引领下，我国的循环经济发展内在动力会进一步增强，循环经济发展的外在实践会进一步丰富。循环经济发展实践对于法制层面的需求只会增加不会减少，从此意义而言，检讨过去循环经济立法的不足并提出因应之策，就具有相当重要的意义。

第二节　我国循环经济立法不足及完善

一、我国循环经济立法现状梳理

循环经济的发展，需要法律的支撑。这是毋庸置疑的。经济基础决定上层建筑，循环经济发展需要何种性质、何种内容的法律保障，以及循环经济立法与环境立法的区别，最终要由循环经济是什么、循环经济与环境保护有无区别、有什么样的区别来决定。循环经济的核心追求是通过技术创新驱动与制度安排，用最小的资源消耗和环境代价，实现经济、社会和环境的协同可持续发展。循环经济的核心要求是：其一，环境资源必须被作为社会经济发展的内在要素；其二，经济活动过程和结果实现"绿色化"。显然，循环经济不同于一般意义上的环境保护，更不能被理解为简单的污染防治。事实上，如果承认绿色发展的实质是绿色增长，那么就能够理解循环经济的实质是"物质流循环的同时实现价值增值"，是"环保给经济增长做加法"；也因此可以理解循环经济和过去的环境保护是完全不同的。对于循环经济，既不能夸大其范围，例如认为循环经济是个筐，什么都能往里装，也不能任意缩小其范围，认为循环经济只是简单的资源利用或者资源回收罢了。从此角度而言，对循环经济立法应该坚持以新的眼光去看待，对循环经济立法现状的梳理应该本着客观、科学、准确、全面的态度，既不能把典型的环境保护立法等同于循环经济立法，也不能仅从字面意义来确认循环经济立法范围的宽窄。

基于以上分析，笔者认为，我国的循环经济现有立法包括四个层面的内容：

1. 法律层面

法律层面的循环经济立法应当包括 2008 年 8 月颁布的《中华人民共和国循环经济促进法》、2002 年颁布的《中华人民共和国清洁生产促进法》、2009 年修订的《中华人民共和国矿产资源法》、2016 年 11 月修订的《中华人民共和国固体废物污染环境防治法》、2016 年 7 月修订的《中华人民共和国水法》和《中华人民共和国节约能源法》。

2. 行政法规层面

行政法规层面的有《废弃电器电子产品回收处理管理条例》（2011 年）、《中华人民共和国医疗废物管理条例》（2003 年颁布，2011 年修订）、《报废汽车回收管理办法》（2001 年）、《中华人民共和国认证认可条例》（2016 年修订）、《促进产业结构调整暂行规定》（2005 年）、《民用建筑节能条例》（2008 年颁布，2017 年修订）、《公共机构节能条例》（2008 年颁布，2017 年修订）、《中华人民共和国农业管理条例》（2015 年颁布，2017 年修订），等等。

3. 部门规章层面

部门规章层面的有《城市建筑垃圾管理规定》（2005 年）、《粉煤灰综合利用管理办法》（1991 年颁布，2013 年修订）、《煤矸石综合利用管理办法》（1998 年颁布，2014 年修订）、《重点用能单位节能管理办法》（2016 年正在修订）、《节约用电管理办法》（2000 年）、《能源效率标志管理办法》（2004 年颁布，2016 年修订）、《再生资源回收管理办法》（2007 年发布）、《清洁生产审核办法》（2016 年修订）、《清洁发展机制项目运行管理办法》（2011 年修订）、《电子废物污染环境防治管理办法》（2007 年发布）、《国家机关办公建筑和大型公共建筑节能专项资金管理暂行办法》（2007 年），等等。

4. 地方性立法

在循环经济的推进过程中，一些地方相继制定了符合循环经济发展要求的地方性立法，如《贵阳市建设循环经济生态城市条例》《陕西省循环经济促进条例》《江苏省循环经济促进条例》《山西省循环经济促进条例》《山东省资源综合利用条例》《山东省循环经济条例》《湖北省资源综合利用条例》《江西省资源综合利用条例》《甘肃省循环经济促进条例》《湖南省资源综合利用认定管理实施细则》《浙江省资源综合利用条例》《广东省资源综合利用管理办法》《河北省资源综合利用认定管理办法》《江苏省资源综合利用认定管理办法》《山西省关于全面推进资源节约与综合利用的决定》《广东省节约能源条例》，等等。以上地方性立法的出台，有力推动了我国资源综合利用立法的发展。

二、《中华人民共和国循环经济促进法》内容概述

2009 年 1 月 1 日起，《中华人民共和国循环经济促进法》（以下简称《循环经济促进法》）正式实施。该法明确指出："为了促进循环经济发展，提高资源利用效率，保护和改善环境，实现可持续发展，制定本法。"① 显然，其立法目的以提高资源利用效率为主，以环境保护为次，最终实现可持续发展。《循环经济促进法》的颁布、实施，是我国生态文明建设过程中的大事，是实现党的十八大确立的资源战略的重要法律制度。《循环经济促进法》是我国第一部循环经济领域的综合性立法，是我国目前循环经济领域的基础性法律。《循环经济促进法》界定了循环经济的法律概念，规定了发展循环经济的基本管理制度，在三大产业以及生产、消费等环节中实施循环经济的主要措施，各级政府、企业、个人在发展循环经济中的职责以及发展循环经济的激励措施和法律责任等，从而初步建立起调整循环经济发展方方面面的法律依据。

《循环经济促进法》确立的循环经济基本法律制度主要有以下几项：一

---

① 《中华人民共和国循环经济促进法》第 1 条。

是循环经济规划制度。《循环经济促进法》规定了编制循环经济发展规划的程序和内容，为政府编制循环经济发展规划提供了法律依据。二是总量调控制度。《循环经济促进法》明确要求各级政府必须依据上级政府制定的本区域污染物排放总量控制指标和建设用地、用水总量控制指标，规划和调整本行政区域的经济和产业结构，把本地的资源和环境承载能力作为规划经济和社会发展规模的重要依据，对资源利用和污染物排放严格实行总量控制，以抑制资源浪费和污染物排放。三是以生产者为主的责任延伸制度。《循环经济促进法》根据产业的特点，对于生产者在产品废弃后应当承担的回收、利用、处置等责任作出了明确规定。四是循环经济评价和考核制度。《循环经济促进法》明确由国务院循环经济发展综合管理部门会同有关主管部门建立和完善循环经济评价指标体系，并由上级人民政府根据循环经济主要评价指标，对下级人民政府发展循环经济的状况定期进行考核，并将主要评价指标完成情况作为对地方人民政府及其负责人考核评价的内容。五是重点监管制度。为保证节能减排任务的落实，《循环经济促进法》规定，国家对钢铁、有色金属、煤炭、电力、石油加工、化工、建材、建筑、造纸、印染等行业年综合能源消费量、用水量超过国家规定总量的重点企业，实行能耗、水耗的重点监督管理制度。六是对实施减量化、再利用、资源化作出具体规定。"减量化、再利用、资源化"是循环经济的基本原则，《循环经济促进法》按照实施"减量化、再利用、资源化"的顺序设计该法的法律框架，并以此为主线解决发展循环经济所面临的突出问题，对于在生产、流通和消费过程中如何有效实施"减量化、再利用、资源化"作出具体规定。七是激励机制，主要包括建立循环经济发展专项资金，对循环经济重大科技攻关项目实行财政支持，对促进循环经济发展的产业活动给予税收优惠，对有关循环经济项目实行投资倾斜，实行有利于循环经济发展的价格政策、收费制度和有利于循环经济发展的政府采购政策等。八是法律责任追究制度。《循环经济促进法》专设法律责任一章，对有关主体不履行法定义务的行为规定了相应的处罚条款，以保障该法的有效实施。

三、我国循环经济立法的不足及完善

（一）我国循环经济立法的不足

目前，我国系统的循环经济法律体系尚未建立，上文仅仅是依表现形式

对循环经济的立法现状进行了粗线条梳理。我国真正意义上的循环经济立法起步较晚，立法经验不足，各个层面均处于摸索阶段，因此从立法结构、法律内容、法律效力、执行效果等各方面来看，都存在诸多问题与不足，立法质量亟须提高。

1. 重大理论问题存争议，影响立法进程

循环经济在我国发展的速度是很快的，在不到十年的时间内，循环经济在区域实践层面上已经呈现星星之火的局面，专门的循环经济研究机构如雨后春笋般大量出现，保障循环经济发展的《循环经济促进法》也很快出台。但实际上，理论界对于循环经济及其法制的研究还很不充分，可以说是滞后于循环经济发展的实践要求的。从法学理论的角度看，尚有一些重大理论问题存在争议，影响了相关的立法进程。例如，循环经济法归属于经济法还是环境法抑或循环经济法是独立的法律部门，循环经济法的内涵和外延是什么，循环经济法的价值与基本原则为何，循环经济法的权利义务框架是什么，等等，这些问题得不到清晰和明确，对于循环经济发展的实践必然产生不利影响。

2. 结构方面

翻阅我国循环经济立法资料会发现，由于对循环经济的认知还很不足，导致目前循环经济立法思路尚未完全理顺，没有形成完善的循环经济法律框架。除了《循环经济促进法》外，体现循环经济理念的立法不多，相关领域的单行法律缺失，现有循环法律规定较为零散，相互之间协调性较差甚至相互冲突，循环经济配套法规制度明显欠缺，循环经济法律体系远未形成。

作为基本法的《循环经济促进法》于2009年正式实施。从其公布之日起，社会各界均对其寄予厚望。但实际上，从横向切面看，《循环经济促进法》孤零零地独自调整与传统环境保护法律关系完全不同的社会关系，或者说独自与传统环境法进行"抗衡"且扯不清楚关系；从纵向切面看，《循环经济促进法》下面是悬空的，缺乏相应的单行法和专项法的配合与有力支撑，更未形成层次分明、有机联系的循环经济法律体系。此外，其被定性为"促进法"，显然更多的只是具有宏观层面的指导意义和指引功能。这样，作为循环经济基本法的《循环经济促进法》的实施效果便大打折扣。

单行法是专门调整特定领域和行业之循环经济关系的法律，是综合性循环经济基本法的具体化，可以实现《循环经济促进法》的立法目的，在整个循环经济法律体系中占有重要地位。但从《循环经济促进法》颁布迄今已近十年，我国工业、农业、服务业以及社会层面各个领域的循环经济单行法均未出台，严重制约了相关领域和行业循环经济的发展。包装物回收利用、生活垃圾回收利用等方面的配套单行法缺失，导致逆向物流系统无法形成，资源再生利用这一回流产业无法找到明确的市场定位，导致行业内闭路反馈式经济发展模式无法在法律引导下得以实现，从而循环经济物质流带动价值流增长的功能也就无法实现，出现"循环经济不经济"的问题。

从循环经济相关法律的角度来分析：《清洁生产促进法》《固体废物污染环境防治法》等，仅从某一领域对发展循环经济作出规范，而《环境保护法》《水污染防治法》《大气污染防治法》等法律仅从某个方面反映了循环经济的理念和内容，且上述法律的定位是环境保护法，其立法根本目标是保护环境，而并非促进循环经济发展，因此未能清晰体现循环经济理念。

从专项法角度看，体现废弃物再利用和资源化原则的专项立法没有实质性进展。涉及资源回收再利用的法律规定非常笼统，对包装废品、农业废弃物、工业废弃物、废玻璃、废塑料、旧家电、建筑废弃物、废旧汽车等废旧物的循环利用没有进行专门立法。

相关法律的实施细则等配套法规、制度，对法律的有效实施起着重要作用，但我国循环经济法律的配套法规、制度建设相当滞后，例如《循环经济促进法》的配套实施细则至今尚未出台，成为影响该法实施效果的另外一个重要因素。

完善的标准体系是循环经济法律法规得以实施的重要保障，但目前我国清洁生产、绿色消费、节能减排以及环境影响、循环经济考核评价等方面的标准体系均不健全，成为制约有关法律制度实施的重要因素。

3. 内容方面

从内容上看，《循环经济促进法》以"软法"（促进法）名义试图实现"硬法"功能，实属不易。现有立法多集中在工业循环经济领域，其他领域的规定大多流于形式，没有太大实质意义。可以说，少了单行法律法规的及时补充、完善，《循环经济促进法》所起的作用也受到了限制。《固体废物污染环境防治法》《节约能源法》《可再生资源法》《环境保护法》《水污染防治法》《大气污染防治法》等法律，虽然在一定程度上规定了资源综合利用、再利用、废物再生利用和无害化处理、能源节约、可持续消费等内容，体现了循环经济的部分内容和要求，但其法律定位为环境保护法和资源法，相关规定是站在环境保护和节约能源的角度而非发展循环经济的角度作出规定，且有关循环经济的规定比较零散、片面。即使是《清洁生产促进法》，虽总被以最能体现循环经济思想而提及，也只着眼于生产领域的清洁生产，对于超出企业、扩大到整个社会层面如何开展清洁生产规定阙如。再如，《固体废物污染环境防治法》对包装物、农用薄膜的回收利用略有提及，却未涉及诸如废塑料、建筑废物、废玻璃、厨余垃圾、废旧家电等废物的专业性循环利用问题。目前再利用和资源化的立法只有《可再生资源法》和《国务院关于进一步开展资源综合利用的意见》等，但《可再生资源法》主要涉及风能、太阳能等清洁能源，并未涉及废物的再利用和资源化。

4. 效力方面

从效力上看，我国循环经济立法效力层次偏低，权威性较差，立法凌乱，逻辑性差。如前所述，法律层面的立法仅有《循环经济促进法》一部，行政法规、地方性行政法规、部门规章层面的专门立法不多，具有重大指导意义的《国务院关于加快发展循环经济的若干意见》、《关于推进循环经济发展的指导意见》、国务院《循环经济发展战略及近期行动计划》等等仅为规范性文件。其他体现循环经济理念的内容多以"意见""决定""暂行规定""通知"等形式出现，法律效力位阶普遍不高。以资源综合利用方面的立法为例，大多是"规定""意见"之类的行政规章，如《关于加强再生资源回收管理工作的通知》（1991 年）、《关于进一步开展资源综合利用的意见》（1996 年）等。循环经济是实现经济社会可持续发展的重要途径，是我国经济社会发展的必然趋势，现有相关立法的层次偏低，与循环经济的作用和地位极不相称，难以有效发挥对经济社会发展的规范指导作用，难以将循环经济的理念和要求渗透到经济社会之中，势必会影响循环经济在我国的推进发展。

5. 实施方面

我国现有循环经济立法普遍过于原则，可操作性不强，法律责任落实不到位，加之配套法规、制度不健全，致使我国循环经济法律制度实施效果不够理想。

循环经济立法遵守了我国"宜粗不宜细""原则性和灵活性相结合"的基本立法原则，许多规定过于原则和抽象，部分规定是引导性的，有的只是宣示性条文，缺乏应有的法律强制力和可操作性。如《循环经济促进法》规定："公民有权举报浪费资源、破坏环境的行为，有权了解政府发展循环经济的信息并提出意见和建议。"但未规定公民在什么情况下可了解政府发展循环经济的信息、向哪个部门了解并提出建议，也未规定政府是否有义务向社会公示相关信息，致使该条规定难以得到落实。再如《循环经济促进法》规定了公众参与原则，《水污染防治法》也规定了公众参与环境影响评估的权利，但却因缺乏相应的途径、形式和程序规定而成为一纸空文。《清洁生产促进法》对清洁生产监测的主体、内容以及监测的程序等均有所规定，但是对需要监测的污染物的种类等只作了笼统规定，而且这种监测制度实行的是企业自我监测的方式，由于没有具体、明确的监测规定和有效的责任机制，致使清洁生产监测制度的实施效果不理想。

循环经济法律责任分担不尽合理，部分法律责任落实不到位。社会公众是良好生态环境的受益者、资源的使用者，也是环境污染、资源短缺的直接受害者，是最主要的循环经济法律主体。要实现循环经济法治目标，单靠政府和生产者承担责任是不够的，必须把整个社会都调动起来，使政府、企业、公众三者之间适当分责。但目前循环经济立法主要对地方政府和生产企业的法律责任进行了规定，而未对社会公众特别是居民消费者在循环经济发展过程中应承担的义务和法律责任作出明确规定，因此，循环经济法律关系主体责任分担不合理。在目前社会公众循环经济理念和法治理念较为薄弱的情况下，法律责任分担不均导致我国生产和消费无法实现良性互动，使《废弃家电及电子产品回收处理管理条例》等废弃物回收类法律法规难以得到有效执行。同时，许多法律规定未设置相应的责任条款，造成一些规定成为"裸法"，不具强制执行性。例如《循环经济促进法》规定："企业对生产过程中产生的废物不具备综合利用条件的，应当提供给具备条件的生产经营者进行综合利用。"但未对该条设置责任条款，致使对于不具备综合利用条件的企业自行处理废物的行为无法追究法律责任。

（二）我国循环经济立法的完善

近些年来我国的环境、资源恶化趋势明显，循环经济的出现正当其时。

循环经济的实质是绿色发展，要求经济活动的"生态化""绿色化"转型，要求实现绿色增长。面对国际舆论的压力和国内民众的民生，循环经济的发展不是权宜之计，是负责任的大国担当，是"以民为本"的治国理念的体现。是中华民族可持续发展的必须要求。我国探索循环经济发展的十余年来，从制度角度看，循环经济发展的政策供给不少，法律供给不足且质量不高，这是事实。面对上文所述循环经济立法不足，需要立足我国循环经济发展的实践进行完善。

1. 发展循环经济共识度提高，为循环经济立法营造良好的外部环境

我国《循环经济促进法》实施已经近十年，但是其社会影响力怎样呢？图 41－1 是我们调研得到的循环经济公众认知度的直观显示，可以看到，对于循环经济不了解的比例占到了近 97％，只是一个非常令人遗憾的比例。这样的一个公众认知度，如何能够产生足够的立法关注度，并反馈于相关立法的质量提高呢？

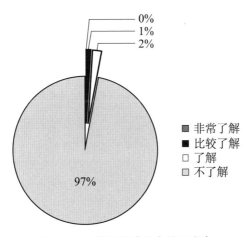

图 41－1　循环经济公众认知度表

从 20 世纪 80 年代循环经济概念的提出到我国政府强力推进循环经济发展，再到现在，有三种态度是存在的：其一，无知。这里说的无知是指对于循环经济是什么、要解决什么问题、能解决什么问题，统统不甚了解。这种"无知"的状态使得循环经济在我国一直是"阳春白雪"，停留在专家、学者的研究领域内，不能世俗化，不能通俗化，也因此常处于"养在深闺无人识"的状态。其二，怀疑。部分了解发展循环经济益处的人，尤其是政府官

员和企业领导人，对于循环经济发展抱着怀疑态度，走一步看一步，担心循环经济只是党中央"一时兴起"，可能不会持续发展，暂时不能也不敢为其有很大的科技投入，先看看发展情势再说。其三，反对。有一部分公众比较关心政治问题，总觉得发展循环经济就是要和经济发展唱反调，认为发展循环经济就是要把环境资源保护凌驾于经济发展之上，担心国家的经济发展福利会减少并影响到自身，因而反对发展循环经济。这种态度实质上和第一种是一样的，因为"无知者无畏"。不过，从党的十六大提出"内涵式发展"，到党的十七大"生态文明"写入党的报告，党的十八大提出包括资源战略、海洋战略、生态安全战略、环境防治战略等在内的生态文明综合型发展战略，最后到党的十八届五中全会提出"绿色发展"理念，我们可以看出，在我国，循环经济的发展将是一个可持续的命题，循环经济已经站在国家战略的高度。发展循环经济必须成为社会主流思想，发展循环经济必须成为企业的主动行为，发展循环经济必须有公民贡献力量、承担义务……发展循环经济是一场全新的社会变革运动，法律必须对此有所回应。发展循环经济的共识度提高了，就为循环经济立法营造了良好的外部环境，也提示我们立法完善时要对资源环境问题有更加积极的思路。这一点，在过去我们做得很不够，而现在，我们必须重视起来。

2. 循环经济法地位的理论厘清

关于循环经济立法的重要性学界已经形成共识，循环经济法作为调整政府在发展循环经济过程中所发生的社会关系的法律规范的总称，也基本得到承认。但是循环经济法在社会主义法律体系中的地位是什么，至今不是很明确。对这个问题的回答进一步牵涉两个小的问题，即：循环经济法是不是独立的法律部门？循环经济法有没有可能成为独立的法律部门？这些理论问题值得探讨。从循环经济法的通常定义来看，很容易将其列为经济法的子部门法（经济法是调整政府在协调经济活动过程中所发生的经济关系的法律规范的总称），照此逻辑，则循环经济法和宏观调控法、市场规制法之间的关系又当如何？对于循环经济的发展政府既常用宏观调控的手段（采用资源税调节工具、产业结构调整等），更常用市场规制的手段（各类循环经济指标及标准等），循环经济法的定位似乎应当齐平于经济法而不是在其之下。更多的人直观地将循环经济法视为环境法的当然领域，很多的环境法学者在构建环境资源法体系时，不假思索地将循环经济法纳入其框架范围内。这都是很轻率的行为。环境资源法泛指关于保护、利用环境和自然资源，防治污染和其他公害的法律规范的总称。环境资源法以如何利用自然资源满足人类的需求为追求，其隐含的前提是自然资源是无限的，自然资源是低价的，自然资源可以无休止地为人类所用。循环经济则不同：其以经济系统是生态系统的子系统为立论前提，与环境保护、污染防治以及为用而用的单向资源利用都是不同的。循环经济立法的追求因此一定有别于或者说高于传统的环境资源立法，其立法重心完全不同。笔者认为，循环经济是以市场为基础的系统的体制创新，循环经济法既不能归属于经济法，也不能归属于环境法。在循环经济地位如此显赫的今天，从法律体系的平衡性出发，循环经济法有其独特的调整对象、调整方式及调整目的，循环经济法应该，也有理由成为一个独立的法律部门，这样才和循环经济的重要性相称。

3. 确立发展循环经济的立法基础地位

"三根棒棒"与"雄伟石厦"，这是一个问题。[①] 这虽然是对中国民法典进行全盘绿色化改造的出发点，但又何尝不是对于循环经济发展重要性的最有利说明？发展循环经济是要实现人与资源的平衡，是人认识到自我谦卑地位的体现，是人与自然和谐相处的行动起步。如果说，资源是人类的立身之本，则法律体系中关乎经济关系的法律中均埋伏着资源问题，则所有调整经济关系的法律均应当以发展循环经济为立法基础，发展循环经济应该成为涉经济关系调整的法律制定和实施的指导思想与价值取向。这些法律不仅涵盖环境法部门，还应当涵盖经济法、民法、刑法、行政法、社会保障法部门，等等。所有这些法律部门管辖下的法律，在涉及资源的问题上，都必须有体现"3R 原则"[②]、"全过程治理"的法律制度，没有的，就必须进行修订、转变。只有这样，全面的法律体系变革下的法律制度更新，才能真正实现保障可持续发展的总的法治建设的目标。当然，这会是一个比较长的过程。

4. 构建完善的循环经济法律体系

世界上许多国家对于发展循环经济逐渐重视，相应的立法也逐渐出现和

---

① 徐国栋. 绿色民法典草案. 北京：社会科学文献出版社，2004：序言."三根棒棒"与"雄伟石厦"各代表一种生活态度：前者是短期计划的或临时的，后者是长期计划的或长久的；前者不需要精确的计算和设计，后者需要；前者造价低廉但寿命短暂，后者造价高昂但持久耐用。

② 此即循环经济三原则：减量化（reduce）、再利用（reuse）、资源化（recycle）。

完善，典型的如日本、美国和德国。围绕着《循环经济促进法》的制定，究竟应该参照哪个国家的已有立法，曾经有过许多争论，德国说、日本说、美国说皆有支持者，显然最后立法采取了日本说。日本循环经济立法的特点就是基本法最高、单行法次之、专项法再次之，形成清晰的金字塔式法律体系。在完善我国循环经济立法不足的当前，笔者建议仍然仿照日本立法的思路，结合我国法律体系的特点，设计我国的循环经济法律体系：首先，循环经济"入宪"。既然循环经济法独立且高于环境法和经济法，调整的对象直接涉及人类生存发展的根基——资源，且国民均有基本义务去保护、充分利用资源，则在宪法中对于发展循环经济作出明确规定、提供循环经济立法的根本依据，实有必要。其次，完善《循环经济促进法》。如前所述，我国2009年实施的《循环经济促进法》是我国发展循环经济的基本法。该法以发展循环经济的基本制度、基本措施、激励措施及法律责任为核心，对于启蒙民众循环经济意识、规范政府和企业的发展循环经济行为，起到了积极的作用。"软法"因其软，在新事物发展初期进行理念化宣示的作用要强于"硬法"，而在民众对于发展循环经济有一定意识的今天，我们觉得"硬法"可能更加适合担当保障循环经济发展的重任。有较强约束力的循环经济基本法，上可顺承、落实宪法精神，下可以"硬"统领单行法与专项法，使得后二者也"硬"起来。因此，建议在修改《循环经济促进法》时，将其中的引导和鼓励性条款改为硬性条款，以增强该法的实施力，从而有效发挥循环经济基本法的作用。再次，尽快完善循环经济单行法体系，根据行业特征制定"工业循环经济法""农业循环经济法""服务业循环经济法""消费循环经济法""社会循环经济法"等，进而根据资源与产品的具体特点，制定更为详细的专项立法，如"建筑材料循环法""可循环性食品资源循环法""容器与包装循环利用法""废旧家用电器循环法""废旧汽车和废旧轮胎回收法""绿色采购法"等，同时，应及时制定与相关法律配套的实施细则，以解决法律规定过于原则、缺乏可操作性的问题。最后，制定和完善具有灵活性、针对性的循环经济行政法规和规章，作为循环经济法律体系的重要组成部分。

5. 以发展循环经济为立法依据修订相关法律法规

以循环经济立法思想为主导，对环境保护法、资源法等相关法律法规进行修订、完善，是建立循环经济法律体系，解决部门法之间不衔接、不协调问题的关键，特别应抓紧修订《清洁生产促进法》《固体废物污染环境防治法》《节约能源法》等几部关键法律。修改《清洁生产促进法》时，应增加工业企业以外企业开展清洁生产的规定；修订《固体废物污染环境防治法》时，应增加促进发展循环经济、资源回收利用等规定；修订《节约能源法》时，应强化法律责任部门，加大对浪费资源行为的法律责任追究力度。此外，还应对《环境保护法》《环境影响评价法》《可再生资源法》等相关法律进行相应的修订、完善，理顺其与循环经济法之间的关系。

6. 建立完善的循环经济技术标准体系

无论是从产品功能的完善与提高中挖掘资源生产率的微观潜力，还是通过新型城市化挖掘资源生产率的中观潜力，抑或是通过产业转型，从产业结构中挖掘资源生产率的宏观潜力，都离不开科技的支撑。发展循环经济要求技术性改进和结构性改进同时并举以提高资源生产率。技术法规标准是支撑循环经济法有效实施的重要部分，因此，需要从法律层面抓紧制定清洁生产、资源节约、废物回收利用、资源再利用、绿色消费等技术规则和标准体系，为工业、农业、建筑业、服务业、消费等领域循环经济的发展提供支持。

第三节　地方循环经济立法问题研究

一、地方循环经济立法现状的简单梳理

我国《循环经济促进法》颁布后虽然起到了一定的积极效果，但循环经济发展的复杂性、艰巨性、长期性决定了仅仅依靠这一部法律要实现可持续发展的战略目标显然是不够的。尤其是《循环经济促进法》的"软法"性、政策性更是决定了法律体系的完善与循环经济配套法律制度的重要性。这些配套法律制度的实现必须依靠中央和地方两个层面的立法。关于中央立法及法律体系变革的美好愿景，上文已经描述很多。而地方立法是能体现国家态度、地方特色，具有可操作性、补充性，同时又成本相对较低的立法活动。在《立法法》赋予地方立法权后，地方立法对于保障可持续发展的作用愈加突出，循环经济立法成为地方立法的重要组成部分。《循环经济促进法》颁布前，比较超前的立法有《贵阳市建设循环经济生态城市条例》（2004 年）

和《深圳经济特区循环经济促进条例》（2006 年），为地方乃至全国性循环经济立法树立了样板，是循环经济立法的先行者。《循环经济促进法》颁布后，为了贯彻落实该法的主要内容，我国各个地区的地方循环经济立法基本上都以很快的速度跟进，大部分省市出台了以"循环经济促进条例"命名的地方性立法，例如，广州、甘肃、陕西、山西、重庆、大连等地区，属于地方循环经济立法较早的地区。近两年，仍然陆续有积极的地方循环经济立法活动，例如《云南省循环经济促进条例（草案）》（2016 年 10 月）、《江苏省循环经济促进条例》（2015 年 9 月）、《山东省循环经济条例》（2016 年 7 月）《河北省发展循环经济条例》（2016 年 12 月），等等。我们注意到，2016 年以后的地方循环经济立法，例如河北省和山东省的，其立法名称是"条例"，去掉了通常的"促进"二字。这似乎体现出一种动向，标志着一些地方循环经济立法开始往刚性方向突破，直接以"具体法"的形式出现，以增强其可操作性。

笔者以为，循环经济立法是一个庞大的系统工程，涉及经济活动的方方面面，应当形成一个由不同层次法规所组成的法规体系，希望通过一部法规来解决发展循环经济中所面临的所有问题是不现实的。因此，无论是中央立法还是地方立法，既然已经决定要学习日本法的立法经验，则立法的重点就不应该过多纠缠在循环经济基本法的软或者硬上面。换而言之，《循环经济促进法》是"软法"的定性本身没有太大问题，循环经济法的引导性、政策性并非其实施不利的主要原因，我们需要的基本法其实就应该首先是一个"调节多元利益的道德规范强化后"的"软法"、一个理念法。我国《循环经济促进法》立法之初选择抛弃传统、僵化的实用法思维，是一种进步而不是落后。地方循环经济立法的体系因此也应该体现为三层次：首先是作为统领性法规的综合性立法，常常以"循环经济促进条例"的名义出现；其次是农业、工业、服务业等配套单行法规及节能、节水、资源综合利用等专项配套法规；最后是与前两个层次的法规相配套的各项实施办法、标准、指标、目录等具体规范，比如"某某省新产品开发管理办法""某某市新型墙体材料开发应用管理规定""某某省医疗废物管理实施办法""某某市农药管理实施办法""某某省绿色食品管理办法"，等等。但是显然，前述中央立法体系上的不完整和混乱，也映射到了我国目前的地方循环经济立法上。

二、地方循环经济立法的主要问题

(一) 部门利益和地方利益法定化

《循环经济促进法》的落实都有赖于地方性立法的制定和实施。地方立法在我国长期存在着部门利益和地方利益法定化的痼疾，在循环经济立法领域也是如此。首先，从立法主体上看，一般由地方政府部门组织相关配套规章制度的制定，提供立法草案并作立法说明。受政府财政预算等因素的影响，政府部门委托立法目前也只是在试行摸索阶段，未成规模化和常态化。例如《某某省地质环境保护条例》的草案提供方就是该省的国土资源厅。其次，立法内容上的部门利益和地方利益体现明显。政府部门利用其占有的立法资源，在进行权利、义务设计的时候，有利益的事情抢着管，没有利益的事情往外推，将来有利益的进行先期预占，能拖延的就拖延，能扩充的权力就进行扩充……或者利用立法实现某领域的垄断，罚则部分总是政府责任和民众责任的不对称，行政机关工作人员的责任规定一般笼统而宽泛。

(二) 地方循环经济立法不积极

地方对循环经济地方性立法的态度并不积极，主要原因有二：其一，循环经济涉及许多的指标、数据和标准，循环经济立法具有技术性强的特点，立法要求高。其二，循环经济发展初期，地方政府立法工作者对循环经济的认识还不到位，循环经济立法未受到足够的重视，甚至有的地方立法机关连什么是循环经济都不知道。其三，循环经济相关技术标准具有区域差异性，地方立法机关在没有部门利益驱动的前提下，立法态度往往比较保守。地方立法态度上的不积极使得地方循环经济立法的速度、数量、质量等都存在很大不足，影响了《循环经济促进法》的有效实施。

(三) 地方循环经济立法欠缺补充性

地方循环经济立法补充性极为欠缺，对中央层面的循环经济法律缺乏相关配套制度。首先，综合层次上的循环经济地方立法极为缺乏，大宗餐厨垃圾、电子垃圾、医疗垃圾、生活垃圾等的循环利用问题没有得到相应的系统性规制；其次，生态园区、单个企业层次的循环利用问题规定得比较零散，或者有意识忽略，不进行规制；最后，对于发展循环经济的激励机制和惩罚机制缺少具体规定，支撑循环经济发展的财税、土地、价格、金融、奖励、处罚等法规规章还不完善、不配套，影响到企业发展循环经济的积极性、主动性和创造力。

（四）地方立法操作性不强

相对于《循环经济促进法》，地方循环经济立法的主要作用是对上位法的拾遗补缺和具体化、细则化。地方循环经济立法应该重视法律条文的可操作性，但实际生活中，我国地方相关立法仍然过于强调法规体例与结构的完整，原则性规定过多，和上位法重复的内容过多，体现地方特色和具体情况的内容少或者没有，缺乏对重点问题的细致规定，例如，废弃物标准的确立、废弃条件的设置和可操作化、给予循环经济专项补贴的条件、强制回收和回用名录的建立、生产者责任延伸的具体化、回收率和回用率的确定、技术标准及技术规范的设立等具体的循环经济实施机制规定得非常含糊，流于形式，法律的操作性明显不足。因此，探索适合各地发展情况的实施细则，增强循环经济法律规范的可操作性，是现在和将来地方立法面临的难点之一。

三、地方循环经济立法问题的对策

（一）实行过错问责制度

针对循环经济配套立法可能存在部门利益和地方利益法定化的潜在危险，要实行过错问责制度。人大的立法监督作用必须加强，在政府部门主持立法的所有过程中，人大均应该参与，参与的方式可以是派员列席相关立法论证会并发表意见或者出具书面意见，进行各种形式的事前监督；也可以是对有部门利益倾向的立法条款及时要求修改或者开听证会进行讨论，进行纠正，防止部门利益左右立法。从过错问责的功能来看，当前最重要的是转"消极监督"到"积极监督"，立法机关对被授权机关应该主动进行"合法性审查"，进行最大限度的立法公开，重视专家、学者、法律实务界人士的意见，必要的时候举行立法论证会、听证会。

特别要注意听取和征集人大代表、专家学者、法律相关人士的意见，对关乎企业、社会公众切身利益的法规草案、技术标准的制定，适时举行立法论证会、听证会，以增强法律决策的民主性、群众性。

（二）增强地方循环经济立法的积极性

循环经济立法同一般的民商事立法有别，循环经济立法同技术的联系非常紧密，这就决定了循环经济立法的要求是很高的。从地方循环经济立法草案的草拟人角度看，必须由专业人士承担。现有情况下，采取地方政府或地方人大委托性立法最为有效。受委托者可以是科研机构、法律顾问团、专家团队等，以其专业素养和技能为地方循环经济法规或规章打一个漂亮的"底稿"，对于牵涉到的专业术语、技术指标、行业标准等，作出清晰的解释和说明，在以后的专家论证会和听证会上，能够给出具有说服力的说明，增强立法的专业性。目前看来，我国对循环经济的宣传还很不够，循环经济立法的重要性需要再强调，才能引起地方立法机关对循环经济立法的特别重视。从循环经济关乎我国最高利益——中华民族的永续发展——这个角度看，循环经济立法是不能够也不应该被怠慢的。杜绝"立法白条"行为，制止"立法拖延"行为，加强"公众参与立法"行为，从至少这三个方面增强地方循环经济立法的积极性，从微观层面实现循环经济发展的法制保障。

（三）增强地方循环经济立法的补充性

针对地方循环经济立法补充性不足的问题，要求制定者根据地方立法权限，除了制定循环经济综合法以外，制定城市生活垃圾处理、城市建筑垃圾处理、城市医疗垃圾处理、再生资源回收利用、绿色采购、生产者责任延伸等方面的管理办法，与循环经济综合法及已有的节水、节电、节土、水污染治理、大气污染治理等方面的地方立法，共同构成地方循环经济立法体系，以解决地方循环经济专项问题无法可依的状况，实行全过程的循环经济治理。

（四）增强地方循环经济立法的可操作性

针对地方循环经济立法操作性不足的问题，要求制定者的制定思维和思路一定要明确。制定者对于可操作性问题要求不严或者根本忽视，就是地方立法的最大失败。我国《循环经济促进法》中有相当多的指导性、鼓励性、激励性的规范条款，需要通过地方立法进行细化。例如包装袋的减量化在《循环经济促进法》中是一个倡导性条款，各地区必须结合本地区的实际，对于产品包装后的体积（含包装物）制定一个具体标准，也可以规定包装物总成本不得超过产品零售价格的比例。再比如，绿色采购在《循环经济促进法》中也只是一个倡导性条款，但各地区可根据实际情况，制定部门或者单位的绿色采购比例等。这样的规定，具体、实在、明确，操作性就比较强。

我国循环经济立法及地方循环经济立法所存在的问题包括但不限于以上方面，但以上问题确实是目前最为紧迫、亟须解决的重点问题。我国循环经济法制建设才刚刚开始，任重而道远，有待于进一步的探索和进步。

第四十二章

京津冀协同的法治建设

第一节　京津冀环境治理的协同立法保障机制

京津冀地区的环境问题严重制约了三地经济和社会的可持续发展，要解决区域环境问题，就要突破现行分割式的发展模式，走生态环境协同保护之路。这是对三地以往环境治理模式的重大改革，须在法治框架内进行，发挥法律规范的引领和推动作用。因此，积极探索建立区域环境协同立法保障机制，增强区域环境立法的科学性、有效性，无疑会为京津冀区域生态环境的协同保护提供重要的制度支撑和法律保障。

一、京津冀地方环境立法之间的差异或冲突

环境资源法体系是指"由相互联系、相互补充、相互制约，旨在调整因环境资源开发、利用、保护、改善及管理的法律规范和其他法律渊源所组成的系统"。[①] 其协调、完善程度反作用于人类活动过程中所能达到的人与自然和谐相处的程度。京津冀协同发展要在环境领域率先取得重点突破，离不开区域环境资源法律体系的协调、完善。

通过对京津冀环境资源保护领域地方性立法的统计可以看出：三地的地方性法规、规章的总量相差不大，立法事项大体一致。但在立法形式上，就

---

① 蔡守秋. 环境资源法教程. 北京：高等教育出版社，2004.

同一环境立法事项三地采取不同立法形式的现象突出，其中，在河北、北京由地方政府出台的规章明显多于由地方人大制定的环境法规，而在天津则是地方人大制定的环境法规多于地方政府出台的规章；在立法内容上，三地对同一立法事项的具体规定也存在很多差异或冲突。本章选取以下几方面进行比较分析。

表 42 - 1　　京津冀三地现行（省级）环境资源地方性法规、规章数量统计表　（单位：件）

地区	地方性法规、规章			侧重保护资源、节约能源领域立法			侧重防治公害、污染领域立法			侧重保护改善生活、生态环境领域立法		
	法规	规章	合计	法规	规章	合计	法规	规章	合计	法规	规章	合计
河北省	48	64	112	28	32	60	5	12	17	5	2	7
北京市	35	58	93	19	32	51	5	9	14	3	9	12
天津市	50	37	87	20	10	30	5	12	17	8	9	17

注：根据中国法律法规信息系统（http：//law.npc.gov.cn：87/home/begin1.cbs）的最新备案情况统计绘制。

（一）京津冀区域大气污染防治法规

目前，我国最新修订的《大气污染防治法》已于 2016 年 8 月 29 日由第十二届全国人大常委会第十六次会议审议通过，北京、天津和河北三地的人大常委会分别于 2014 年、2015 年先后修订通过了各自的《大气污染防治条例》。比较这三个条例可以发现，三地都原则性地规定了相互呼应的区域大气污染联防联控协同条款，但是相互之间仍存在制约京津冀区域大气污染协同治理的问题，具体表现如下：

第一，大气污染物排放控制未能在区域内协调一致。京津冀三地都明确规定实行重点大气污染物总量排放控制，但是三地在污染物排放总量控制的指标、种类、浓度、方式等具体实施环节上均存在较多差异，未能在区域内形成统一、协调的防治体系。例如，就大气污染物排放和控制标准，北京市明确规定"可以制定严于国家标准的本市大气污染物排放和控制标准"，天津市也申明"对国家大气污染物排放标准中已作规定的项目，可以制定严于国家标准的地方标准"，河北省的条例草案中没有相关表述，而就目前三地执行的大气污染物排放标准来看，北京市执行的本市地方标准最为严格。

第二，在大气污染防治立法中，对一些关键性概念缺乏统一界定。如对于提倡使用的清洁能源、禁止或限制使用的高污染燃料，三地在立法中所列举规范的内容就不尽一致，且缺乏统一、明确的界定。如涉及清洁能源的内容时，北京市的规定中表述为"用天然气、液化石油气、电或者以其他清洁能源为燃料"，天津市则规定为"鼓励和支持开发、利用太阳能、风能、地热能、浅层地温能等清洁能源"，河北省表述为"通过推广秸秆能源化、煤改地热、煤改太阳能、煤改电、煤改气等清洁能源替代"。涉及高污染燃料的内容时，北京市、河北省的规定为"煤炭、重油、渣油等高污染燃料"，天津市则表述为"煤和重油、渣油、石油焦等高污染燃料"。再如，燃煤污染是造成京津冀大气污染的元凶，但各地对散烧煤炭的规定以及对本地禁止销售和使用的煤炭标准的规定均存在差异。三地条例均规定燃煤制品要符合国家和本省（市）标准，但根据三地最新的地方标准，北京市明确规定了"禁止销售不符合标准的散煤及制品"，居民住宅生活用煤应当为"符合标准的低硫优质煤"，并且民用煤没有散煤这一项，但天津、河北没有规定禁止居民使用散煤，而是分别对民用散煤的质量指标作出规范，散煤的全硫含量两地均规定要在 0.40％ 以内，灰分指标天津规定为"烟煤灰分≤11.50％，无烟煤灰分≤20.00％"，河北则统一为"灰分≤16.00％"。此外，工业用煤的质量指标也不尽相同，天津、河北将工业用煤区分为发电用煤和非发电用煤来分别加以规范，北京则统一对工业用煤的质量指标作出"灰分≤12.50％，全硫≤0.40％，挥发分≤37.00％"这一最严格的规定。①

第三，机动车排放污染防治存在差异。由于目前三地对机动车排放及油品标准规定不尽相同，导致机动车跨区域污染问题成为京津冀区域空气污染协调治理的难点之一。目前北京、天津采用的机动车排放及油品标准要远严格于河北省。其中，北京、天津的新增轻型汽油车均实施《轻型汽车污染物排放限值及测量方法（中国第五阶段）》（GB18352.5—2013）标准，新增公交、环卫和邮政用途的重型柴油车均实施《车用压燃式、气体燃料点燃式发动机与汽车排气污染物排放限值及测量方法（中国Ⅲ、Ⅳ、Ⅴ阶段）》（GB17691—2005）国家标准中第五阶段排放控制标准；并且天津市率先明确规定"成品油供应企业应当提供符合国家第五阶段标准的车用燃油或代用

① 京津冀三地地方标准详见北京市《低硫煤及制品》（DB11/097—2014）、天津市《工业和民用煤质量》（DB12/106—2013）、河北省《工业和民用燃料煤》（DB13/2081—2014）。

燃料"①，而河北省对机动车排放控制的标准要求仍然较低，即"机动车排气污染物的排放应当达到本省采用的国家第三阶段机动车排气污染物排放标准。具备条件的设区的市可以提前执行国家下一阶段的机动车排气污染物排放标准"②。

第四，京津冀三地规定的企业造成大气污染应承担的法律责任、付出的排污成本存在较大差异。如排污收费标准不一、差距明显，京津冀征收标准比例大约为9：7：1，北京市率先在全国将二氧化硫、氮氧化物的排污费征收标准提高至原标准的14～15倍，天津市也将二氧化硫、氮氧化物、氨氮、化学需氧量4种主要污染物排污收费标准平均提高9倍以上，并抓紧制定施工扬尘排污收费标准，而河北省虽出台《关于调整排污费收费标准等有关问题的通知》，规定至2020年分三次上调排污费标准，但仍与京津两地存在较大差距。③

（二）京津冀区域水资源保护法规

京津冀三地在水资源保护领域的立法主要体现为：各地方根据我国水法、水土保持法、水污染防治法分别制定的地方性法规、规章；本地区供水、用水、节水的相关管理规定；本区域河湖、湿地保护的条例、办法。其间的立法冲突表现在：一是对涉及京津冀区域水资源整体性的平衡、协调造成障碍。京津冀地区是极度缺水地区，而河北省张家口和承德的官厅、密云、潘家口三大水库及滦河、潮河水又是京津城市主要供水水源地。河北省在人均水资源远低于国际公认的严重缺水标准的情况下，仍提供了北京市81%的用水总量、天津市93.7%的用水总量，为保障京津用水作出巨大贡献。三地水资源利用上的分别立法规划不利于实现区域整体水资源的协同保护和科学调度。二是对于区域流域水污染的整体防治构成制约。目前京津冀地区水质状况不容乐观，劣Ⅴ类断面比例高于1/3，且跨界污染严重，尤其是海河流域污染问题突出，流域水的流动性决定了流域治理必须从整体着

---

① 详见《天津市人民政府关于实施第五阶段国家机动车大气污染物排放标准的通告》（津政发〔2015〕12号）、《北京市环境保护局、北京市质量技术监督局、北京市公安局公安交通管理局关于北京市实施第五阶段机动车排放标准的公告》（京环发〔2013〕8号）。

② 详见《河北省机动车排气污染防治办法》（河北省人民政府令〔2012〕第9号）。

③ 京津冀三地地方标准详见：北京市《低硫煤及制品》（DB11/097—2014）、天津市《工业和民用煤质量》（DB12/106—2013）、河北省《工业和民用燃料煤》（DB13/2081—2014）。

手，突破行政区划的界限。然而依据三地现行法律规定，京津冀流域生态环境治理与保护管理是各自实行分散管理。这种分散管理体制不仅人为地将流域水生态系统分割，增加了流域水生态环境治理与保护的难度，而且当流域水污染事件发生时，由于各地的职权责任划分存在差异、冲突，难以有效地进行协作、衔接，这会对流域水污染的防治造成很大的制度障碍。

具体到京津冀三地水污染防治地方性立法——《北京市水污染防治条例》（2010 年发布）、《天津市水污染防治管理办法》（2017 年修订）、《河北省水污染防治条例》（2014 年修订），通过比较分析，不难发现其间存在的诸多差异：

第一，从整体立法内容来看，三地对本区域水污染防治作出规范的全面性、系统性程度不同，对立法内容分类的切入角度不同。其中，北京市的规范最为系统、具体。《北京市水污染防治条例》除了具备三地立法中均设有的总则、监督管理两章内容外，还明确规定了水污染防治措施、饮用水源与地下水保护、生态环境用水保障与污水再生利用这三章内容，并且以水污染物来源作为分类标准，将水污染防治措施一章进一步具体分为一般规定、工业水污染防治、城镇水污染防治、农村和农业水污染防治、水污染事故处置五节内容。《天津市水污染防治管理办法》主要从水污染领域出发，重点设定了防止地表水污染与防止地下水污染两章内容。《河北省水污染防治条例》的内容没有进行细化分类，仅笼统规定为污染防治一章。

第二，未能在区域内实现协调一致的水污染排放总量控制制度。三地虽然都规定对重点水污染物排放实行总量控制制度，但是具体到水污染物排放总量的实施方案、控制指标的规范上，三地依据的标准、规范的内容、控制的力度不尽相同。

第三，三地对于排污单位向水体超标排污的缴费标准以及惩罚力度不一致。河北的规定是"按照国家规定缴纳超标准排污费"，对于不履行超标缴费规定的，"可处以一千元至一万元的罚款"；天津则要求"按照排放污染物的种类、数量加倍缴纳排污费"，对于"违反规定的，由环境保护行政主管部门按照国家和本市排污费征收使用的有关规定予以处罚"；北京的规定是"由市或者区、县环境保护行政主管部门责令限期治理，并处应缴纳排污费数额二倍以上五倍以下的罚款"，即只要存在超标排污行为，不仅要按要求缴纳超标排污费，而且要处以较高额度的罚款。由此可见三地对超标排污行为的惩罚力度不一。

第四，三地分别立法无法为京津冀区域整体范围内建立重点水污染物排污权交易制度和流域水环境资源区域补偿机制提供法律支撑。

（三）京津冀区域固体废弃物污染防治法规

京津冀区域在固体废弃物污染防治领域的地方性立法比较分散化，其中存在的差异也更加多元化。首先，在工业固体废弃物的治理上，三地对工业固废无害化、资源化处理的程度标准不尽一致，并且各自区划、分割的处理方式也不利于京津冀地区长期积累下的大宗工业固废在大区域内被科学有效地加以消纳。其次，京津冀区域大城市生活垃圾剧增，深陷"垃圾围城"窘境，需要在大区域范围内进行协调疏解以应对自己无法解决的资源环境"短板"[1]，然而，三地在生活垃圾污染治理方面的地方性立法却存在着较多差异，具体表现在生活垃圾分类标准、生活垃圾处理费征收力度、生活垃圾无害化处理达标要求、生活垃圾处理设施建设标准、生活垃圾填埋场管理标准等方面。其中，北京市在生活垃圾污染防治方面出台的地方标准最多，有《生活垃圾填埋场恶臭污染控制技术规范》（DB11/T835—2011）、《生活垃圾卫生填埋场运行管理规范》（DB11/T270—201）、《生活垃圾生化处理能源消耗限额》（DB11/T1120—2014）、《生活垃圾转运站运行管理规范》（DB11/T271—2014）等，从而在生活垃圾污染的治理、管控上形成了比天津、河北两地更为严格、规范的治理体系。这些差异、冲突的存在无疑制约了污染处置资源在区域内的有效配置，也可能造成垃圾污染物在区域内被人为进行不合理的投机性转移、处理，从而造成对整个大区域生态环境的破坏。

（四）京津冀区域地方环境标准

地方环境标准是对国家环境标准的补充和完善，包括地方环境质量标准和地方污染物排放标准两类。新环境保护法生效前省级地方政府可以制定国家环境标准中未作规定的项目，可以制定严于国家污染物排放标准的地方污染物排放标准。新环境保护法赋予了地方制定严于国家环境质量标准的地方环境质量标准的权限。目前京津冀三地执行的环境标准存在较多差异，从数

---

① 文魁，祝尔娟，等．京津冀发展报告（2013）——承载力测度与对策．北京：社会科学文献出版社，2013．

量上就得到了直观体现。

表 42 - 2　　　　　　　京津冀地方环境标准数量统计表　　　　　　（单位：件）

地区	地方环境质量标准	地方污染物排放标准
北 京	0	27
天 津	0	4
河 北	2	8

注：根据环保部发布的最新地方环境保护标准备案信息统计绘制。

在环境标准体系的构建上，北京已形成较为完整和严格的环境标准体系，相比之下，河北、天津的地方环境标准立法存在总量偏少、更新滞后、投入不足的问题；在环境标准的内容上，三地的具体规定也存在诸多差异。如污水排放标准上，河北省执行的是国家污水综合排放标准（GB8978—1996），而天津、北京分别执行本地区出台的更为严格的地方环境标准——《天津市污水综合排放标准》（DB12/356—2008）、《北京市水污染物排放标准》（DB11/307—2005）。又如，在水泥工业大气污染物排放标准上，北京市又先于天津市、河北省制定、出台了严于国家标准 GB4915—2004 的地方环境标准 DB11/1054—2013。京津冀区域各地方之间环境标准的不一致，不利于区域责任公平的实现，亦将破坏地区间污染防治的统一行动，造成监管困难。同时，环境标准差距的存在会影响区域内相关产业的流通，在京津冀交界地区更易造成排污企业的转移，从而导致污染源在不同地区间的转移。

京津冀区域地方环境法规差异、冲突的存在，构成了妨碍区域环境协同治理的制度壁垒，给区域环境污染联防联治带来很大阻力，不利于对区域整体生态环境的保护与改善，也阻滞了京津冀区域协同发展的进程。

二、京津冀地方环境立法存在差异或冲突的致成因素

总体而言，京津冀区域地方环境立法之间之所以存在诸多差异或冲突，主要缘起于三地各自的发展模式、发展水平、立法机制等因素，具体分析如下。

（一）三地发展模式不协同

京津冀行政区划条块分割，以往各自坚持地方本位主义的发展模式。区域性是环境问题固有的一大特点，需要从区域的环境容量、生态承载力出发进行科学的规划、布局，来统筹改善整个区域的生态环境，因此，区域环境

规划的过程更是一个各方利益平衡和博弈的过程。然而京津冀三地长期以来处于森严的条块分割的行政体制之下，各自强大的行政力量造成三地政府大多过于在意行政边界、坚持地方本位主义的发展观，单独处理地方事务成为较为普遍的治理模式。

这种画地为牢的发展模式导致京津冀三地在进行地方性环境立法的过程中缺乏区域视角，不重视区域整体环境利益的协调与整合，甚至不惜"以邻为壑"，仅将目光停留在如何充分利用环境资源以有利于本地区经济发展的狭隘层面上；不愿打破行政壁垒，甚至通过采取"地方利益法制化"的手段，变相确立起地方保护的规则条款，从而造成京津冀地方环境立法的差异或冲突，导致环境治理碎片化现象严重。

（二）区域发展水平不均衡

京津冀区域间经济发展水平不均衡，对生态环境的重视程度和保护能力层次有别。地方立法冲突在一定程度上是对不同利益特别是经济利益的法律表达所导致的，法律冲突的背后往往有着深厚的经济因素，甚至可以说正是经济发展的程度决定了立法的层次和水平。京津冀地区是我国极具经济活力的区域之一，但是区域一体化进程长期滞后，存在严重的地区发展不平衡现象，河北省人均 GDP 仅为北京的 41.2%、天津的 38.2%，城镇化率只有 49.3%。可以说河北的经济社会发展水平与京津存在"断崖式"差距①，因此相较于京津来说，河北在处理好经济发展与环境保护的问题上承受的压力也更大。正是由于经济发展的不平衡导致京津冀三地对环境保护的动力不同，对环境治理投入的承受能力也大小有别。

与此同时，以往的地方考核机制局限于地方政府为本地创造的 GDP 和物质财富，过于强调地方各类经济指标的执行情况，这让各地逐渐形成了"重发展、轻环保"的落后政绩观，进而造成地方对区域环境利益的忽视，充分利用本地区拥有的立法资源进行博弈，通过最大限度地争取环境资源这类区域公共物品来服务于本区域的经济建设。这导致了京津冀区域地方环境立法的诸多差异和冲突，从而加大了区域生态环境整体性保护与治理的难度。

---

① 刘晓星. 京津冀一体化：京津冀破解"与邻为壑". 中国环境报，2015 - 05 - 18（8）.

（三）立法协作机制不健全

京津冀区域地方立法主体多元，相互间缺乏有效的区域环境立法合作机制。我国是单一制国家，实行一元多层次的立法体制。宪法和立法法赋予了地方在坚持法制统一的原则下，充分发挥主动性、积极性进行地方立法的空间。在京津冀区域内三个省级行政单位和河北省各市级行政单位的 3＋X 模式下①，拥有地方立法权的主体多元，在 2015 年《立法法》修订通过之前是 6 个，而在新法将享有地方立法权限的"较大的市"进一步明确为"设区的市"，赋予设区的市在城乡建设与管理、环境保护、历史文化保护等方面的事项上制定地方性法规和地方政府规章的权限后，京津冀区域的地方立法主体多达 15 个。但具体到地方立法权限的划分上，宪法和法律的规定过于原则和笼统，存在很多模糊之处，成为造成地方立法冲突的体制性因素。② 京津冀三地的多元地方立法自然决定了其组成人员在观念、知识、利益和立法动机、价值取向上的不同，进而在对地方立法中相关问题的理解、处理上往往会产生矛盾甚至冲突。

京津冀环境污染具有区域性、复合性特征，点源与面源污染共存，呈现典型的环境复合污染格局，亟须区域协同治理。然而，京津冀三地在以往的地方环境立法过程中沟通、互动不足，地方立法机关之间没有形成常态化的交流协作机制、信息共享机制，缺乏行之有效的环境立法协作平台，从而造成各地环境立法信息不对称，导致京津冀区域地方性环境法规的差异、冲突迭出。

三、京津冀区域环境协同立法的主要任务

京津冀区域生态环境的协同保护需要立法推动。结合三地的实际情况，需要在以下几方面加强协同立法，为保障区域生态环境的协同治理提供法律支撑。

（一）区域大气污染联防联控协同立法

近年来，京津冀区域空气质量日趋恶化，重度雾霾天气频发，大气污染问题成为京津冀区域最为棘手的公共环境问题。由于大气污染呈"空气流

---

① 韩兆柱，单婷婷. 基于整体性治理的京津冀府际关系协调模式研究. 行政论坛，2014（4）.
② 章雯雯. 论我国多元法治背景下的地方立法冲突. 成都行政学院学报，2010（4）.

域"特征,其跨域传播趋势强,仅靠京津冀某个城市自身力量根本无法解决共同的大气污染治理需求,因此迫切需要三地就区域大气污染协同治理问题进行协作立法,在区域内实行统一规划、统一标准、统一监测、统一的防治措施,为规范区域大气污染联防联控提供法律支撑。

首先,实行区域重点大气污染物总量控制。推进京津冀大气污染源区域监测和信息共享系统的构建,结合京津冀地区生态环境的承载力、环境质量状况确定区域大气污染物排放总量控制计划,在此基础上进一步协调、确定各地方的大气污染物排放总量控制指标。

其次,建立区域内大气污染物排污权交易制度。按照有利于总量减少的原则,在区域重点大气污染物排放总量控制指标范围内,对区域各地方进行重点大气污染物排放指标有偿使用和交易加以规范。

再次,施行统一的大气污染治理标准。如对高污染燃料的界定、机动车排放及油品标准、企业污染气体排放标准、区域空气质量标准等确立统一的标准进行规范。

最后,建立区域大气污染治理联合执法机制。完善京津冀区域大气污染联防联控观测网络体系,建立区域大气重污染预警应急机制,并通过协同立法赋予相关执法主体以跨区域执法权、管理权。

(二) 区域水资源保护协同立法

京津冀区域水资源短缺与水污染问题并存。京津冀属于"资源型"缺水地区,多年人均水资源占有量为全国平均水平的1/9,水资源开发程度高达109%[1],地下水超采严重,形成全国最大的地下漏斗区,区域水生态安全问题突出。与此同时,区域水污染问题严重,根据2016年中国环境状况公报显示,海河流域劣 V 类水质断面比例达到41.0%,远超十大水系6.3%的平均水平;海河主要支流中的北运河、永定河、子牙河均为重度污染。京津冀地区共享海河流域的大部分水系,地区间以行政区划分割的方式管理水环境不利于区域水生态安全的保护,亟待通过区域协同立法,在三地共同施行最严格的水环境保护制度。

首先,确立区域水资源协同管理制度。施行京津冀区域水环境保护规

---

① 京津冀水资源严重超负荷,年用水赤字 90 亿立方米. (2014-09-21). 新华网,http://forum. home. news. cn/threed/133949924/1. html.

划，从整体流域视角出发，严格控制水资源开发利用总量，构建京津冀水资源统一调配、管理平台，实行水量联合调度，建立流域水环境资源区域补偿机制。[①]

其次，施行统一的水污染治理标准。对水质管理标准、污水处理标准、水污染防治措施等进行统一严格规定，加强区域水污染协同治理的力度。

最后，确立区域水污染治理联合监测、治理机制。健全京津冀地区流域水质检测网络，控制区域水污染物排放总量，建立跨界断面考核机制，强化跨市河流环境保护责任，并赋予相关执法主体以水污染跨境治理执法权，以更好地实现跨境水污染的联合协同治理。

（三）区域生态补偿机制协同立法

河北省环绕京津，是京津重要的生态屏障，为京津提供生态产品。它担着北京市 81％、天津市 93.7％ 的工农业生产和生活用水；承担着京津生态负担的消除、降解功能，承接北京部分疏解转移的工业企业，为消除产业转移所带来的生态负效应付出经济的和生态的双重成本。[②] 长期以来，河北省北部与京津接壤地区，形成了一个包括 32 个贫困县、270 多万贫困人口的环京津贫困带。[③] 从生态方面来看，该贫困带是京津生态屏障和水源涵养地，然而同时也存在着生态环境极其脆弱、经济发展严重滞后的问题。河北为保护区域生态环境作出了很大牺牲，但是除了少量京津对河北的专项资金补偿外，三省市生态补偿机制尚未形成，生态资源供需关系没有理顺，市场化配置机制没有形成。这成为京津冀地区生态建设最大的障碍。[④] 京津冀协同发展要求三地在区域生态环境保护中是平等、协同、互动的关系，《京津冀协同发展规划纲要》进一步明确了河北作为京津冀生态环境支撑区的功能定位，但是这单靠河北自身的努力是难以实现的，亟须通过生态补偿机制的建立来内化生态成本，促进协调发展，提高区域环境保护的积极性，进而实现区域内生态环境的协同治理、改善。

① 赵领弟．关于建立京津冀水环境联合保护机制的思考．河北水利，2015（4）．
② 中共石家庄市委党校课题组，黄玥．河北生态补偿机制存在的问题及对策研究．中共石家庄市委，党校学报，2014（7）．
③ 王玫，李文廷．环京津贫困带生态环境现状及发展对策．河北学刊，2008（6）．
④ 张治江．生态建设：京津冀协同发展亟须突破的瓶颈．中国党政干部论坛，2014（11）．

为此，京津冀区域亟待加强生态补偿协同立法工作，结合本区域的实际情况和资源环境要素特点，探索制定区域间生态补偿地方性法规，夯实法律基础，形成区域间生态补偿长效机制：首先，建立生态补偿量化机制、损失和补偿评估机制，明确补偿主体、补偿对象和补偿等级；其次，建立多元化的补偿途径，制定明确的补偿办法，规范补偿标准、补偿程序，促使补偿制度化、科学化；最后，逐步确立生态资源有偿使用机制，明确市场在资源配置中的决定性作用，规范政府的引导职能，实现区域间生态资源的合理配置和流动。

四、京津冀区域环境治理的协同立法保障机制构建

京津冀区域生态环境问题是制约区域协同发展可持续推进的一大瓶颈，亟待加强区域间地方环境协同立法来引领、规范、推动三地的协同治理行为，增强治理实效。为此，需要探索建立生态环境治理协同立法保障机制，以形成区域环境协同立法长效机制。

（一）设立京津冀环境治理协同立法工作委员会

我国实行统一而又分层次的立法体制，区域协同立法机制的构建要坚持法制统一原则，在现行法律体制框架内进行探索创新。针对京津冀三地就同一立法事项采取法规或规章等不同立法形式的现象，服务于三地在环境立法上的协调、对接，可以尝试共同成立京津冀环境治理协同立法工作委员会，分别从三地省级人大常委会法制工作委员会、政府法制办公室、环保厅（局）抽调相关工作人员组成，同时可以吸纳环境保护领域的专家学者参与。工作委员会的建制由三地人大牵头，可通过共同签署设立协议的方式设立，性质确定为三地环境立法的内部协调机构。设立协议要明确工作委员会的人员构成及选任条件、职能范围、工作程序、活动方式等内容。京津冀区域环境治理协同立法工作委员会应遵循平等协商、区域一体的原则，梳理、对比京津冀现行地方环境立法，挖掘环境治理领域亟待加强协调、对接的立法事项，进而探索细化环境协同立法事项中的具体立法规范，通过磋商、协调形成立法事项建议、拟定立法文本建议稿等。环境治理协同立法工作委员会可根据立法事项的不同，分别向三地人大或政府提出拟立地方性法规或规章的建议，从而有助于三地人大、政府间的分别协调和沟通。

（二）确立京津冀协同立法工作机制

地方立法权严格来说是指地方人大制定地方性法规的权力，规章制定权不能等同于立法权，规章只能根据法律、法规作出"执行性"规定①，其效力位阶也在法规之下。为此，京津冀协同立法应先将重点放在对三地省级人大立法协作机制的探索上。北京市、天津市、河北省三地人大常委会可尝试搭建京津冀协同立法平台，由三地人大法制工作机构共同确立协同立法工作机制，负责具体承办落实协同立法相关工作，以平等协商、互助协作为原则，确立具体的协作规则、运行方式，如：可采取轮流负责的方式，每年由京津冀三地人大常委员轮流牵头组织协同立法工作，同时三地人大常委员均可根据实际需要单独发起或临时召集相关方参会；建立三地立法规划协调对接机制，就关联度高并需要协调推动的立法项目在立法规划上进行协调、同步；建立重大项目联合攻关立法机制，充分整合区域立法资源优势，实现优势互补，增强立法实效。② 京津冀协同立法工作机制的确立规范、职能范围、运行模式由京津冀三地人大及其常委会通过决议、决定的形式确定，以保证其权威性、持续性和有效性。③

具体到环境领域的地方协同立法工作中，三地要重点对关联度高的区域环境问题加强探讨，坚持从实际出发，深入实践、主动融入、求同存异。例如，就京津冀大气污染共同防治这一立法事项来说，三地在积极协调对基本条款达成一致意见后，共同形成立法文本，之后再由三地人大及其常委会在此基础上，结合本地区实际情况加以补充、完善，确立本地区最终的立法草案，并由三地人大及其常委会分别进行表决通过；协同立法文本名称可采用"京津冀区域大气污染协同防治条例（××地区）"（××分别由北京、天津、河北进行替换），来明确协同立法的成果。这样，既达到了区域间立法的协调平衡，又照顾到了三地存在的现实差异，为调整缩小差距引领了方向。等条件进一步成熟以后，三地可共同提请中央整合制定统一的京津冀区域立法，直接对整个区域内各方生效，以利于实现京津冀区域协同立法的科学、有序推进。

---

① 乔晓阳.《中华人民共和国立法法》导读与释义. 北京：中国民主法制出版社，2015.
② 详见河北省人大常委会《关于加强京津冀人大协同立法的若干意见》（2015年4月10日）。
③ 王玮. 区域大气污染防治形势十分严峻 京津冀能否协作立法？. 中国环境报，2014-07-09（6）。

（三）搭建区域立法信息交流共享平台

信息交流是否迅捷、顺畅、准确直接影响到地方立法协作有效开展的程度，良性的地方立法信息交流是开展好地方协同立法的基础和前提。针对京津冀区域地方立法信息互通不畅的问题，三地迫切需要建立起立法信息交流共享平台。

京津冀区域立法信息交流共享平台的搭建可采取多种形式，如立法动态通报（每季度书面通报一次，电子邮件不定期通报）；协同立法工作例会（每年开展二至三次）；工作简报、工作参考等立法信息资料互送；实地学习考察（根据具体的立法项目而定）；走访座谈；搭建京津冀协同立法信息联网网络平台等。协同立法信息交流的内容应包括：三地人大的五年立法规划和年度立法计划以及政府的年度立法计划的制订和实施情况；相同主题的立法项目的具体立法动态和法规、规章文本制定情况；关联度高的区域重大立法项目联合攻关的动态进展情况；三地立法工作经验和立法成果的共享互鉴等。

信息共享平台的搭建，能加强三地在地方立法上的协作交流，实现立法进展联动互通，就立法工作中遇到的难题、冲突及时沟通、协调解决，最大限度地发挥京津冀在立法资源和制度规范方面的协同推进优势。

（四）建立区域冲突法规清理的常态机制

京津冀三地现行地方性立法存在很多差异、冲突之处，并且随着经济社会的发展、变化，地方间的法规冲突表现也会出现新的情况，对三地协同发展构成规范层面的制约。因此，有必要建立区域冲突法规清理的常态机制，依据立法法中关于处理立法冲突的一些原则性规定，同时发挥三地创造性，结合京津冀区域实际特点，制定区域冲突法规清理的具体标准，规范冲突法规清理的操作程序。可主要由三地分别梳理本区域内地方性法规、政府规章及其他规范性文件，对其中带有地方保护主义倾向的条款进行清理；定期沟通，就三地冲突法规清理情况相互反馈、互相督促；保持动态跟踪，及时处理新出现的法规冲突问题。

第二节　京津冀协同发展的法治建设问题

一、京津冀协同发展法治建设的意义

京津冀都市圈包括北京、天津两个直辖市和河北省唐山、承德、张家

口、保定、廊坊、秦皇岛、沧州市、石家庄这 8 个城市。京津冀协同发展涉及了三个地区复杂的利益关系、社会协调以及资源的分配，面临着如环境污染等相似的亟待解决的社会问题，是一个涉及经济、政治、文化、生态等各个层次的重要课题，其中每一个层次都需要良好的法治环境加以保障。

2014 年，习近平总书记在对京津冀三地进行调研后，把推动三地协同发展上升为重大战略思想，并提出了 7 点要求，其中两个核心目标分别是：疏解非首都核心功能，治理北京的大城市病；探索经济与人口密集地区的发展模式。[①] 随着《京津冀协同发展规划纲要》的通过，京津冀成为继长三角、珠三角后最引人瞩目的城市群。而在三地的协同发展中，区域立法是必不可少的。它是国家发展战略的法律化，是中央立法的区域化、具体化，更具有操作性，服务于区域协同发展的实际需要。[②]

京津冀地区的立法实践中有不少具有当地特色的法规，以符合当地的发展需求，但是由于缺乏立法上的协调，产生了地方保护主义等问题。有些地方性法规与其他地区的地方性法规之间存在矛盾或者不协调的问题。京津冀区域性的法治建设不仅是三地经济合作发展和一体化的进程的保障，而且将为完善我国的社会主义法治建设提供经验，成为社会主义法律体系的重要组成部分。

二、发展历史与现状

（一）我国区域合作的发展历史

新中国成立以后，我国对于经济区域的划分一直进行着探索和实践，如曾设立过六大行政区和七大协作区，划分过十九片国土开发重点区域和七大经济区，等等，但这些提法后来基本上不再沿用了。在 20 世纪 90 年代中后期，我国开始对区域发展战略进行探索，直到 2005 年 6 月上海浦东新区作为第一个综合配套改革试点被国务院正式予以批准，区域发展战略才算是真正落地。[③]

---

① 张娟. 区域与城市治理立法的实践与思考. 规划师，2016（8）.
② 孟庆瑜. 论京津冀协同发展中的区域法治建设. 中国经济法学研究会 2014 年年会暨第二十二届全国经济法理论研讨会，2014.
③ 胡晓伟. 论京津冀协同发展中的立法保障. 昆明：云南大学，2015.

2004 年，长三角区域规划提出。2010 年 5 月出台《长江三角洲地区区域规划》并正式批准实施。该地区采用了区域一体化自协调模式，与世界其他城市群不同，自从上海经济区协调办公室被撤销后，还没有一个专门的、权威的法人协调机构存在。[①]

珠三角区域在吸收长三角区域的经验基础上，将区域协作的范围扩大到泛珠三角地区，又保留了自身的区域特色。2004 年 6 月，泛珠三角区域省、区政府在首届泛珠三角区域合作与发展论坛上共同签署了《泛珠三角区域合作框架协议》，在此基础上制定出较为详细的区域发展规划——《珠三角区域合作发展规划纲要》；同年 9 月建立并开通了信息互通机制。[②]

除此之外，关于东北地区的区域合作，2006 年 7 月，黑、吉、辽三省签署了中国首个区域性立法协作框架协议——《东北三省政府立法协作框架协议》，在其中为促进立法协作，针对不同性质的立法事项，采取了三种协作方式：联合工作组；一省牵头，两省配合；各省独立立法，结果三省共享。截止到 2009 年年底，东北三省在此协议下已经共同确立了 22 个立法项目。[③]

（二）京津冀地区跨域合作的发展历史与现状

改革开放之初，京津冀地区逐渐形成了以促进区域经济合作为目的的比较简单的、松散的区域经济协作形式。三地的地方政府跨域合作治理的探索开始于 20 世纪 80 年代。由于区域功能定位和行政因素的约束，三地协同发展的进程始终缓慢，大致经历了以下三个阶段：

第一个阶段是 20 世纪 80 年代的启动阶段。1981 年，原国家计委制定《京津唐地区国土规划》，是政府部门研究京津冀一体化的开端。次年，《北京市城市建设总体规划方案》中首次正式提出了"首都圈"的概念，拉开了京津冀三地合作的序幕。之后京津冀以及山西、内蒙古五地成立了全国最早的区域协作组织——华北地区经济技术合作协会。1986 年成立的环渤海地区经济联合市长联席会被认为是京津冀地区最正式的区域合作机制。此外，

---

①　刘敏，王海平．京津冀协同发展机制体制研究——基于世界六大城市群的经验借鉴．现代管理科学，2014（12）.

②　张娟．区域与城市治理立法的实践与思考．规划师，2016（8）.

③　刘莹．区域行政立法协调研究．北京：中国政法大学，2011.

还成立了如供销社联合会等行业协会组织。在这一阶段，三地政府间的合作从简单、松散的区域经济协作形式逐渐走向全面、多层次、互补性的经济技术合作。①

第二个阶段是 20 世纪 90 年代的徘徊阶段。由于合作的区域过大，地区间经济关联度低等问题使得华北地区经济技术合作协会失去凝聚力，1990年之后，该协会便销声匿迹。加上政府机构改革等其他因素的影响，一些类似的组织也名存实亡。在 90 年代的中后期，京津冀地区协同发展才再一次被重视。1996 年《国民经济和社会发展九五计划和 2010 年远景目标规划纲要》提出"要逐渐形成七个跨省（区、市）的经济区域"②。

第三个阶段是 21 世纪以来的复兴阶段。京津冀三地协调发展受到政府的高度重视。2004 年，国家发展和改革委员会召开了京津冀区域经济发展战略研讨会，达成了加强区域合作的"廊坊共识"。同年，"京津冀都市圈区域规划"列入了北京、天津和河北的"十一五"规划中。2006 年开始，京冀两地签订了 4 次合作协议。2011 年以来，三地面临了一些例如环境治理、交通运输等方面的共性问题，针对这些问题三地陆续签订合作协议。③ 2014年 2 月，京津冀协同发展上升为重大国家战略。④

三、区域协同立法的发展趋势

（一）新区域主义理论的出现

近一百多年以来，西方国家大都市的地方政府合作治理经历了从巨人政府理论（也称区域主义或传统区域主义）到多中心体制理论，再到新区域主义理论的发展道路。

新区域主义由西方学者帕尔默最早提出，是指出现于 20 世纪 80 年代的作为一种世界性现象的区域合作的新浪潮，主张要在政府、社区组织、企业组织以及非营利组织之间建立跨区域政策性伙伴关系，强调各区域成员为了

---

① 崔晶. 区域地方政府跨界公共事务整体性治理模式研究：以京津冀都市圈为例. 政治学研究，2012（2）.

② 耿云. 新区域主义视角下的京津冀都市圈治理结构研究. 城市发展，2015（8）.

③ 刘敏，王海平. 京津冀协同发展机制体制研究——基于世界六大城市群的经验借鉴. 现代管理科学，2014（12）.

④ 胡晓伟. 论京津冀协同发展中的立法保障. 昆明：云南大学，2015.

共同利益自发组成某种区域结盟，自愿协作是区域成员利益一致的前提。

在发展的过程中，新区域主义逐渐形成了三大基础理论：政策网络理论、新制度主义和协作理论。其对大都市区域的跨域治理的共性认识主要体现在：共同的区域认同；多元主体形成的组织间网络；多元弹性的"协调"机制以及多样性的协作制度安排。随着新区域主义理论被逐渐认可，其在指导区域协作的具体方式上发挥了更大的作用。

（二）域外的区域协调

1. 美国模式

美国城市群的发展在全世界处于领先水平，其成功经验对于中国区域协同发展有重要意义。美国对于区域协调发展采取了州际协定以及示范法的方式。

州际协定采取的是区域内协商缔约的模式来协调区域法制，其含义是指两个州或更多的州之间针对州际间的问题签订的正式的、有法律约束力的协议。[①] 州际协定起始于北美的殖民时代，最初的目的是解决 13 个州之间的边界纠纷。之后随着时间的推移，其调整的范围逐渐扩大。美国的州际协定的宪法依据是宪法第 1 条第 10 款第 3 项的协定条款："任何一州，未经国会同意……不得与他州或外国缔结协定或联盟。"

美国州际协定具有双重效力：合同效力和法律效力。在合同效力层面，州际协定的特殊性在于其具有私法契约效力。尤其是不需要经国会批准，也未通过州的立法上升为法律法规的州际协定，对各州产生了类似私法契约的约束力，不能被缔约州单方面修改或废除。在法律效力层面，无论州法规颁布的时间先后，州际协定的效力优先于成员州自身的法规。[②]

州际协定这种利用契约来协调和统一地方立法的方式，既不影响地方立法权的独立行使，又能够协调法律的冲突。其形成过程遵循了平等、自愿的理念。其缔结一般要经过三个步骤：磋商达成一致意见；形成暂时性的协定；提交州立法机关批准。对于违反州际协定或因协定产生的纠纷，有不同的争端解决机制，包括协调、仲裁以及司法程序。争端解决途径的多元化有

---

① 叶必丰．我国区域经济一体化背景下的行政协议．法学研究，2006（2）.
② 王轩．区域行政立法研究．北京：中国政法大学，2010.

利于降低司法成本，提高争端解决的效率。[1]

除了州际协定，示范法在美国的区域协调中也起到重要的作用。在一些官方、半官方或民间组织提供的不具有法律效力的示范法基础上，美国各州的立法机关采用相同或类似的实体法，从而求得法律的统一。在示范法的形成过程中，美国法学会等类似的专业性组织起到了关键的作用。

州际示范法是由美国各州法律统一事务委员会和美国法学会起草、向各州推荐法律的示范文本，以达到各州法律的统一。但是示范法本身不像州际协定一样具有约束力，各州对示范法的认可程度也有所不同。例如，美国各州都接受了《美国统一商法典》，但是有的州是全部接受，而有的州对其只接受一部分。[2]

2. 欧盟模式

欧盟具有的高度共同性和一体化程度以及其在经济、政治等各个方面深入的合作使其成为世界上最为特殊的国际组织。

在立法方面，欧盟采取区域统一立法模式来协调区域法治。欧盟的法律直接在成员国适用，在与国内法产生矛盾的情况下，规定了两种适用方式：欧盟法排除国内法和欧盟法优先于国内法。无论哪种方式，可以看出欧盟法相对于国内法的优先性，从而从根本上消除了欧洲一体化过程中有可能产生的法律冲突问题。欧盟的立法基础在于对成员国的利益和意愿给予最大限度的尊重，各成员国让渡部分权利给欧盟行使，这使其具有超然的地位。

与此同时，为了防止欧盟过度发展损害成员国利益的情况发生，欧盟对于其与成员国之间的关系作出了明确的规定，以确保双方立法权限的制衡：欧盟的法律在排他权限的法律范围外，必须在所产生的法律效果上全面地覆盖欧盟成员国的国内法，才能具备适用的正当性。通过这种方式，防止强势国家损害弱势国家的利益，以实现区域内整体利益的最大化。

3. 英国模式

英国以伦敦为中心的城市群采用的是行政架构协调的模式，直接运用中央政府的行政力量来促进城市发展的一体化。

在英国，中央与地方相互依赖的关系导致了双方合作的必要性。中央对

---

① 罗瑞芳. 区域一体化与区域立法问题探讨. 理论导刊, 2014 (12).
② 郭朋朋. 京津冀区域立法协调问题研究. 天津：天津师范大学, 2015.

地方进行大范围的控制，但这些控制的存在都是以双方充分讨论并努力达成协议为前提的。在合作的过程中，一系列国家统一的立法文件产生，地方之间同类事项的立法内容逐渐达到了统一。由此，中央的立法权威不断在加强，地方立法的独立性和自主性在很大程度上被牺牲以达到区域之间的协调和统一。

四、京津冀协同立法过程中存在的问题

(一) 京津冀各方利益博弈激烈、地方保护主义严重

京津冀协同发展需要考虑京津冀区域内整体利益，地方各自利益的平衡是区域整体利益的重要基础和前提。然而，由于京津冀各方经济发展不平衡、利益追求不一致，导致合作过程中出现激烈的利益博弈，影响区域法制建设的发展。王宝治从宏观和微观两个方面举例说明京津冀各方利益博弈的激烈：首先，从宏观方面看，京津冀区域之间协作规划难产。早在 20 世纪 80 年代，京津唐规划就开始提出，期间经历了数不清的争论，投入了大量人力、物力，京津唐三地协作阻力始终存在。北京是政治文化中心，对周边产生强烈的“空吸现象”。与河北、天津的同类产业相比，北京具有得天独厚的优势。天津是大树底下不长草，唐山处于竞争的劣势。各城市之间利益无法平衡，最后不了了之。之后，北京和天津分别提出“首都经济圈”和“环渤海经济区”概念，均以担心对方成为龙头而不感兴趣，使得“首都经济圈”和“环渤海经济区”停留在学术层面研究多年，其发展规划异常难产，直到 2015 年，《京津冀协同发展规划纲要》《环渤海地区合作发展纲要》才缓缓降生。其次，从微观方面看，京津冀区域进行产业结构调整、环境治理、交通疏导等困难重重。京津冀协同发展势必要求调整各区域内产业结构，地方政府通过大力扶持起来的产业有可能被撤销。这不仅影响了地方政府的财政预期收入，还会出现大量下岗工人无法安置等现象，造成各地方政府之间利益冲突升级。而生态环境是一种公共资源，其治理需要各方共同合作才有可能产生良好效果。综上，无论是从宏观方面还是从微观方面看，京津冀在协同发展过程中表现出对自身利益的最大化博弈，形成“一亩三分地”的思维定式。这种“各自为政”的做法映射到区域立法中，会表现出激烈的利益冲突，制约京津冀协同立法建设的发展。[①]

---

① 王宝治，张伟英. 京津冀协同立法的困境与出路. 河北师范大学学报，2016 (5).

京津冀三方利益冲突激烈，且三方的政治地位、经济体量和财政能力不均衡，使得京津冀协同发展法治面临制度困扰。张占军指出，根据宪法和现行体制，京津冀三地都同归于中央直接领导，三方互不隶属，有着形式上的地位平等。但在事实上，北京作为首都，是中央政府所在地，理所当然地成为全国的政治中心，加之历史原因，北京成为政治、文化、科技等多个领域的核心区域，占据了优势的权力资源、政策资源、公共服务资源，而且随着经济实力的提高，其吸引资源的能力也不断提高。天津市作为北方唯一的中央政府直辖市，被中央政府确定为北方的经济中心。在某种程度上京津两地的经济能力均远高于河北省，两者的特殊地位将河北省众多的产业资源、人才资源、科技资源吸引到京津。河北为京津两地的发展特别是北京的发展被动地作出了巨大的牺牲，却难以获得相应回报，甚至越来越无法获得平等发展的机会，从而造成了严重的发展不均衡。在这一发展过程中一直缺乏有力的调整措施，而法治上的空白使京津冀之间的差距越来越大。①

（二）区域协同立法无明确的法律依据

焦洪昌指出，明确的区域协作立法机制是跨区域治理或区域合作得以良好开展的重要保障。我国于 2006 年就有了正式的区域行政协作立法协议，如辽宁、吉林与黑龙江签订了《东北三省政府立法协作框架协议》，并且形成了紧密型、半紧密型和松散型的协作模式。然而，根据我国《宪法》和《立法法》的规定，无论是《宪法》第 3 条关于"发挥地方的主动性与积极性原则"的规定，还是《立法法》第 72 条与第 73 条关于地方性法规的制定主体、权限与范围的规定，都未对区域协同立法作出明确规定，也未对其法律地位予以正式界定。在这种有名无实的情况下，区域协同立法更多是在一种相对松散、彼此约束力不强的条件下进行的，且这种协同立法工作需要区域内各个立法主体相互间存在较强的信任关系。此外，根据我国的行政区划和立法体制，当前也不太可能采取区域整合或合并的方式来推进区域协同立法的实践。因此，三地人大协同立法不是纯粹意义上的联合立法，面对共同的经济、社会、环境问题，三地只能在现有的立法体制与框架下予以解决，以保证区域内共同关注的利益事项与社会关系适用统一的法律规则，故不仅

---

①　张占军. 京津冀协同发展的法治保障机制探析. 党史博彩，2016（8）.

需要三地秉持真诚合作的精神，而且还需要在协作机制层面予以创新，使协同运作规范更加制度化。①

针对以上问题，张瑞萍进一步指出：区域协同立法无明确法律依据所造成的法治困扰之一是，协同立法的性质是合作，不具有强制性，各地方立法机关也可能出于某种考虑选择退出，从而导致区域治理的"集体行动"困境。② 郭朋朋则对区域协同立法的合法性提出了疑问：《立法法》构建了我国的立法体制，并详细规定了中央与地方之间立法冲突的解决办法，对平级立法冲突也规定了相应的措施。但是平级立法冲突在现实生活中大量存在，尤其是2015年"两会"期间全国人大决定对《立法法》进行修改之后，包括设区的市和自治州在内，会有更多的立法主体出现，也会出现更多的政府规章。我国是一个单一制国家，地方政府权力有限，并且不存在严格的地方自治制度，区域立法协调机制的出现势必会和我国现行的立法模式发生冲突。《立法法》所构建的立法体制中并没有赋予区域立法协调机构任何权力。因此，京津冀区域立法协调机构对区域内各省、市的法规和规章进行清理、修改或者重新立法时都没有制定法所赋予的权力，在我国现行体制下，其合法性必遭质疑。如果区域立法协调机制本身构成了对中央立法的违反，那么由哪个部门来进行合法性审查？如果由中央负责审查，那么又由谁向中央提请合法性审查？这些问题都是需要仔细考量并在京津冀区域立法协调机制制度化过程中所需要解决的。

（三）缺乏区域立法经验

京津冀协同立法严重缺乏区域立法经验，需要在实践中摸索前行、实验探讨，从而阻碍了法制发展的进程。王宝治认为：关于采取何种立法模式，中国并无现成的经验可以借鉴，国外发达国家的经验也很难借鉴。首先，到目前为止，我国区域合作中，跨省区域立法模式是突破国家现有立法体制的一种制度创新。该类模式分为两种类型：（1）长三角区域法制协调型，其承认地方对跨省立法权限的不足，主张创设行政协议这一新的法律制度以促进区域内政府间合作。（2）东北地区的区域共同立法型。有关学者和当地立法实务界曾提议制定区域共同规章。不过，跨省区域立法作为一种新型法律制

---

① 焦洪昌，席志文．京津冀人大协同立法的路径．法学，2016（3）.
② 张瑞萍．京津冀法制一体化与协同立法．超星期刊，2016（4）.

度，需要国家予以确认，目前尚停留在理论和实践研讨阶段。其次，京津冀协同发展过程中没有区域立法先例，亦不能把各地方性法规合体变成京津冀区域法律制度，因而进行区域协同立法只能是实验性的。在京津冀区域合作过程中，新问题和新事物层出不穷，合作方式、合作程序、合作制度等都处于不断变化之中，区域协同立法时机很难把握。对于跨区域立法而言，京津冀至多是一个立法试验田。在京津冀某一个领域试行立法，经过反复实践取得经验，而后加以补充、修改和完善，再扩大到其他领域或全部领域。最后，即便借鉴国外发达法治国家的经验，京津冀区域协同立法也只能摸索前行，再成功的经验与京津冀区域结合起来，也难免有排异反应产生。况且，由于不同国家的政治体制、立法体制、区域发展模式等存在着较大区别，合作发展的区域所需法律也有着明显差异。在我国，区域协同立法是地方政府之间进行的立法合作，而国外区域立法存在着完全不同的表现形式。国家有关区域一体化方面的法律还不完善，从发达国家的经验看，一般都以立法的方式推动区域政策的有效实施，以立法的方式推动区域经济的发展，如日本在 1985 年颁布《振兴半岛法》、美国 1999 年颁布《区域发展法》。但是我们国家还没有这样一部促进区域经济发展的立法。①

（四）法律供给不足

有学者从中央和地方层面分析出有关区域协同发展的内容严重不足。从中央层面看，缺乏一个促进协同发展的立法以及相应的地位界定对区域协同发展加以总体上的主导。从地方层面上看，根据新的《立法法》的规定，立法权主体扩大到了设区的市，今后各地社会发展将会主要依靠地方性法规进行调节，但是就现在看来，地方性立法主要是针对区域内部的立法，关于区域协同发展的内容严重不足。京津冀立法遇到了最大的瓶颈——缺乏调整区域内出现各种问题的法律，也就没有协同立法可以参考的正式法律、法规、规章，仅可参照中央政策、方针和规划进行立法。这种现状显然更刺激京津冀协同立法加快步伐，早日满足京津冀协同发展的法律需求。

（五）立法缺乏有效的沟通协调机制

郭朋朋认为，在京津冀区域立法协调实践中，存在着正式的立法协调机

---

① 吴先哲，薛晨光. 浅议构建京津冀一体化法治保障. 科学大众（科学教育），2016（7）.

构缺失的问题。在省内立法模式中，省级人大及其常委会在立法领域具有最高的权威性，它完全可以肩负起保障协调工作顺利进行的重任。而在跨区域立法中，各省级的权力机关或政府并不存在统属关系，而处于平等的地位。如果不设置正式的立法协调机构，保障各参与方平等地参与具体协调事宜，就很难保证有好的协调效果。现有的发挥京津冀区域立法协调作用的是区域内各省、直辖市权力机关或者政府的法制部门，它们相互联络、解决问题。这样，既无效率可言，也无法保证协调质量。

（六）京津冀合作中行政协议亟须法制化

王宝治阐述了行政协议的类型、特点和优势。在实践中，京津冀各地方政府为协商解决公共管理过程中某一共性问题，相互之间签订合作协议。目前，京津冀行政协议已然蓬勃发展。从已经签署的京津冀行政协议看，有以下几类：一是经济合作类；二是司法或执法合作类；三是建立磋商机制类；四是统一协调标准类。无论是哪一类行政协议，因具有契约性，其对缔结者都会产生约束力。另外，京津冀行政协议是在国家政策允许范围内签订的，具有"软法"属性和特征，即与国家正式颁布的法律、法规（"硬法"）相比，行政协议虽然不能依靠国家强制力保障其实施且没有法律效力，但是，其能够对协议主体的行为产生实际约束力。对于京津冀协同立法而言，京津冀各区域通过行政协议的方式对本区域内立法关系达成合意，具有"软法"属性。但是，由于"软法"缺乏国家强制力的保障，不如"硬法"更能使京津冀各区域协同立法关系稳固，因此，有必要将行政协议纳入法的范畴，使其法律化。在对京津冀协同立法发挥的作用上，行政协议法律化比国家制定法律更具优势，当然，这与其自身特点密不可分：首先，行政协议是京津冀各地方政府之间平等协商的结果，其协同立法选择行政协议方式更能保证立法协调的效果公平、合理，使各方主体更加信服。其次，在协调立法过程中，运用行政协议选择合作方式、合作内容及合作目标等更具有针对性，因而适用性更强。最后，行政协议是京津冀各区域主体间通过协商、谈判的方式，就公共管理方面具有的权利、义务达成的合意。采用协商、谈判的方式简单、易操作，既大大简化了制定程序，又节约了公共资源。李彤则指出了京津冀合作中行政协议的不足之处：一是行政协议的法律效力不确定；二是未设置违约责任追究条款，三是政府之间的纵向合作成效明显，横向合作成效明显不足。

五、对京津冀完善协同立法的建议

（一）制定并完善顶层立法

顶层协同立法机制的建构对于推动京津冀协同发展具有强有力的保障作用。王宝治等提出：顶层立法设计必须根植于现实土壤，将京津冀区域政策、方针、规划中适合京津冀区域发展的、较为稳定的那部分及时固化下来，赋予其法律效力，并将之应用到具体发展领域，使顶层立法跟上京津冀协同发展的步伐。同时，立法机关应与时俱进、审时度势，适当提前制定法律，对京津冀协同发展中出现的问题进行规范。正如美国著名法学家卡多佐所说的："法律就像旅行一样，必须为明天做准备。它必须具备成长的原则。"当法律在适用过程中暴露出不适应或弊端时，立法机关应适时修改法律。除此以外，顶层立法设计还应考虑区域发展的多变性，对制定的法律进行必要的立法解释，以适应千变万化的现实需要。

中共中央政治局通过的《京津冀协同发展规划》是指导三地协同发展的纲领性文件，但从依法治国的角度看，还应制定"京津冀协同发展促进法"以保障纲领性文件的实施。依据我国《立法法》的规定，全国人大应从宏观的角度来协调跨省市立法事项，"津冀协同发展促进法"应在全国人大的主持下尽快制定。"京津冀协同发展促进法"应以缩小地区贫富差距为目标，追求各地均衡发展。该法应涉及产业布局、自然资源开发、人力资源利用、环保、户籍、住房、就业、医疗、教育、社保等各个方面。制定该法不仅可以解决地方性法规的冲突，还可以建立区域资源调配和生态补偿机制，妥善解决区域利益分配问题。通过产业调整及税收杠杆使得区域经济结构更加合理，弥合发展差距；通过环境保护方面的法律规定，使区域生态环境质量得到提升；通过法律对公共服务资源的合理配置进行规定，对与公众利益密切相关的决策，设定听证、告知等制度，为京津冀协同发展保驾护航。

（二）建立区域立法沟通、协调机制

构建协同立法协调机制可从如下四个方面：

1. 建立长期有效运转的立法协调机构

构建立法协调机制，必须建立一个具有权威性和代表性的、能够有效运作的常设立法协调机构。该机构由京津冀三地选派的代表组成，从体制上保

证局部利益服从于整体利益。这一协调机构的名称并不重要，关键是三地的权力机关要共同赋予其完备的协调职能，保证其具有权威性和代表性，具有明确、可行的工作机制，来协调各行政区域的立法，及时沟通和交流立法信息，否则，这一机构将沦落为区域内立法机关的联谊会，相对于其使命来讲，就会形同虚设。所以，必须赋予这一机构明确的工作权限和程序。这一机构本身不具有立法权，不能由其制定对各行政区域有约束力的规则。这一机构也不具有决策权，其职能通过发现立法冲突、通报信息、召集和主持区域立法协调会议等形式实现。这一机构所协调的立法事项，要限于三地权力机关和人民政府有权决定的事项，从内容上看，应为涉及三地共同利益的、须由立法规定的事项，而非仅涉及个别省级行政区内部关系的事项。

2. 召开立法协调会议

立法协调的方式是召开立法协调会议，商讨需要协调的立法事项，以避免或消除法律冲突。立法协调会议由立法协调机构主持，三地立法机关参加，沟通信息，加强日常信息交流与反馈，相互借鉴各自在立法工作中的技术和经验，促进资源共享；经过平等协商，表决形成协调立法的决议，再由三地的相应立法机关按照各自的立法权限和程序制定、修改或废止相应的立法。立法协调会议应当定期召开，在需要时可以临时召集召开，共商区域内需要协调的立法事项，消除已经存在或可能产生的法律冲突，以确保立法的科学性、稳定性和连续性。立法协调会议不是一个论坛，而是能够作出有约束力决议的会议形式。其决议的效力不是基于法律的赋权，而是基于区域内立法机关的授权。立法上的信息交流和共享，只是区域立法协调的基础和开端。真正的区域立法协调，是区域立法协调主体对某一事项的共同立法，这是区域立法协调的高级形式。立法协调机构和三地立法机关都应拥有立法协调会议的提议召集权。应赋予立法协调机构对三地立法机关的询问权，被询问机关应在规定的期限内作出答复。

3. 创新区域地方立法程序

京津冀三地制定地方性法规和地方政府规章时，应提高立法的透明度，包括向公众公开立法草案，以座谈会、论证会、听证会等形式广泛听取公众的意见，扩大利益表达的范围。这种公开也是解决目前存在的一些立法缺陷的有效措施。建立公众评价机制，对于将要通过的立法或其他规范性文件草案文本，可以在网络信息平台上予以发布，鼓励公众参与评价，广泛听取各方面的合理意见，使出台的法规、规章更加科学。

4. 构建立法信息交流平台

立法协调机构应构建京津冀三地的立法信息库，使其成为区域内立法信息的交换中心。立法协调机构也应定期向京津冀三地立法机关通报所收集的立法信息。这种信息交流、通报制度是发现和及时解决法律冲突的重要途径。同时全国人大常委会和国务院也要重视对区域立法的备案审查工作，加强对区域立法的事后监督，防止区域立法违反国家法律、行政法规和上位规章以及国家整体规划，保障国家法律法规在全国得到贯彻执行。

胡晓伟对立法协调机构具体作了展望，即由国务院国家发展和改革委员会统筹组织成立京津冀协同发展委员会，委员包括北京市、天津市市长，河北省省长，涉及经济和社会各个领域的国务院各部和省市各厅的领导。协同发展委员会的工作职能是组织落实国务院关于京津冀协同发展的各项方针、政策，指导、协调和督促京津冀协同立法。该委员会并不是具有实体立法权的国家机关，而只是作为中央部委解决区域发展各项事务的议事协调机构，并不占用行政编制，也不需要单独的财政支撑。其责任主体为各省市的地方人民政府首长，实行行政问责制，一旦协同立法决议达成的立法目标不能实现，将对行政首长进行政绩考核，甚至给予行政处分。

（三）将行政协议法制化

行政协议法制化是通过立法方式，将行政协议制定的各个方面包括签订主体、签订程序、生效条件、备案审查、修改等加以法律化，并明确其效力等级，从而为行政协议的制定、执行以及法律责任提供法律依据和保障。但是，京津冀行政协议制度还不成熟，协议条款中原则性内容较多，具有可操作性的内容少，而且，对于大多数行政协议而言，没有争端解决的约定，更不要说违约责任如何承担。这种现状阻碍了京津冀行政协议法制化进程，制约了京津冀协同发展。不过，这并不构成反对京津冀行政协议法制化的理由。相反，我们更应该根据京津冀协同发展实际情况，考虑行政协议法制化所需，努力创造条件满足行政协议法制化的需求。当务之急是完善行政协议制度，使其条款设置更合理、更具体、更全面。在此基础上，借鉴国外发达国家成功经验，如美国的州际协定、日本的跨区域行政协调法律协议等，使京津冀行政协议尽早法制化。京津冀行政协议法制化的直接结果便是具有法律效力，而且其效力应该优于地方政府规章。这样，行政协议以其天然优势而成为各协调区域的法律渊源。

（四）采取京津冀协同立法交叉备案的方式

区域立法交叉备案关注的重心在于区域内地方性法规之间的协调性。区域立法交叉备案制度，是指京津冀中任何一方制定的地方性法规和地方政府规章除了按照《立法法》的规定进行备案之外，还应该向其他两地的省级人大常委会和省级人民政府进行备案。当报请备案的省级人大常委或人民政府发现有关法规和规章与上位法相抵触、违背协同发展理念或有可能损害本地利益时，可以提交由京津冀三方共同组成的立法协调机构进行审查。

交叉备案的方式可包含如下：一是，由京津冀三地省级人大及其常委会制定的地方性法规，由三地人大常委会各自相互备案。二是，河北省内享有地方立法权的较大的市如石家庄、唐山和邯郸等，它们制定的地方性法规可以通过河北省人大常委会向北京和天津两地的人大常委会备案。在 2015 年《立法法》修订之后，地方立法权扩容。在此背景下，河北省于 2015 年 7 月 24 日确定了廊坊市、保定市、邢台市、秦皇岛市的人大及其常委会行使地方立法权，未来其所制定的涉及京津冀协同发展重点领域与优先事项的立法，同样可以通过河北省人大常委会向京津两地的人大常委会进行交叉备案。如果交叉备案后发现了不协调的问题，或者一方报备的立法存在损害区域内其他各方利益的条款，则各方可商讨解决方案。

第六编　完善程序法律体系

本编导言

党的十八届四中全会通过的《中共中央关于全面推进依法治国若干重大问题的决定》，是我国加快建设法治国家的纲领性文件。该决定提出"推进以审判为中心的诉讼制度改革"，这一论断明确了改革我国诉讼制度的目标和基本任务。以审判为中心，不仅仅是一个法律概念的提出、一种诉讼理念的转变，而且应当体现为新型的诉讼制度安排。准确理解、切实贯彻以审判为中心，无疑是当前需要回答和解决的重大理论与实践课题。民事程序法、刑事程序法甚至非诉讼程序法的完善，关系到中国特色社会主义法律体系的程序化、科学化，应当在"推进以审判为中心的诉讼制度改革"理念下进行。党的十九大报告提出，"深化司法体制综合配套改革，全面落实司法责任制，努力让人民群众在每一个司法案件中感受到公平正义"。这为新时代中国特色社会主义法治建设特别是司法工作指明了方向。

关于民事诉讼法的适用及完善，建议：调整法典体系，将《民事诉讼法》整合为总则、分则、附则三编，民事证据和执行程序可独立制定为"民事证据法"和"强制执行法"；完善基本原则，加强辩论原则和处分原则中当事人辩论权与处分权对法院的制约作用；构建协同诉讼模式，完善审前程序，建立以事实审为重心的一审制度，完善二审程序，完善再审程序。

关于刑事诉讼法的适用及完善，必须贯彻以审判为中心。我国《刑事诉讼法》第二编、第三编、第四编等各程序编的构造体例未能体现以审判为中心的诉讼理念，第一编"总则"关于基本原则、管辖、回避、辩护、证据、强制措施的规定也未能按照以审判为中心的诉讼理念进行设计。为此，根据以审判为中心的诉讼理念，对我国刑事诉讼制度进行全面、系统的检讨与反思，是十分必要的。

关于行政诉讼法的适用及完善，应当贯彻优先保护公民合法权益原则，扩大行政诉讼受案范围，扩大行政诉讼参加人范围，扩大行政诉讼救济范围，坚持行政争议解决机制中的司法最终性。

关于非诉讼纠纷解决法律体系的完善，应当制定多元化纠纷解决机制基本法，完善民事诉讼法关于多元化纠纷解决机制的规定。在这个领域的主要工作是：制定"社会调解法"，建立联动解纷模式，完善《仲裁法》，增强非讼程序的法律效力。在具体非讼程序法的完善方面，需要统一非讼程序称谓，调整非讼程序类型，完善宣告失踪和宣告死亡程序，完善公示催告程序，完善督促程序，等等。

第四十三章

新民事诉讼法的适用及完善

第一节　新民事诉讼法的适用及存在的问题

　　我国现行《民事诉讼法》制定于1991年，在2007年进行了一次小范围的修改，2012年再次进行了修改。随着改革开放的深入进行和社会主义市场经济的确立，民事纠纷日益增多并呈现出新的特征，《民事诉讼法》从根本上已经无法适应现代社会的发展需要。2012年新《民事诉讼法》是适应经济社会发展的需要和深化司法体制改革的要求，在认真研究代表议案和总结司法实践经验的基础上，对我国民事诉讼法律制度进行的修改、完善。修改后的《民事诉讼法》，增加了诚实信用原则，以规制诉讼欺诈、虚假诉讼等行为；完善了调解与诉讼相衔接的机制，对于充分发挥调解的作用，尽量将矛盾纠纷解决在基层、解决在当地具有现实意义；完善了起诉和受理程序及当事人举证制度，增加了公益诉讼制度，对于进一步保障当事人的诉讼权利将发挥重要作用；完善了简易程序，增设了小额诉讼制度，对于提高审判效率、合理利用司法资源具有重要意义；强化了法律监督，增加了监督方式，扩大了监督范围；进一步完善了审判监督程序和执行程序。这些修改对于更好地保护当事人行使诉讼权利，保证人民法院正确及时审理民事案件，维护经济社会秩序和公平正义，具有十分重要的意义。然而此次《民事诉讼法》的修改虽着眼点较多，但所涉领域依然不够深入，对理论界与实务界的疑难热点问题的回应远远不能满足司法实践的需要，仍然存在着大量的问题亟待解决。笔者就这些问题作粗浅的梳理。

一、基本原则

我国现行《民事诉讼法》规定的基本原则包括同等原则、对等原则、法院独立审判原则，以事实为根据、以法律为准绳原则，诉讼权利平等原则、法院调解原则、使用本民族语言文字诉讼原则、辩论原则、处分原则、诚实信用原则、检察监督原则、支持起诉原则、人民调解原则、民族自治地方可以制定变通补充规定原则。学界一般认为，《民事诉讼法》规定了如此多的基本原则，不符合民事诉讼的基本法理。具体地说，我国《民事诉讼法》所规定的基本原则，主要存在以下几个方面的问题。

1. 基本原则与一般原则未区分

"民事诉讼的基本原则（以下简称为基本原则），是指贯穿于民事诉讼法的制定和实施的全过程，对整个民事诉讼活动起着指导作用的基本准则。基本原则负载着民事诉讼的价值，反映民事诉讼的本质和目的，具有指导立法、司法的功能，在民事诉讼的一系列程序、制度和具体规范中其处于核心的、支配的地位。"[①] 因此，民事诉讼法的基本原则必须贯穿于整个民事诉讼活动的过程，而不能仅仅作用于民事诉讼活动的某个阶段。

与民事诉讼法的基本原则相对应的，则是民事诉讼法的一般法律原则。所谓民事诉讼法的一般法律原则，是指仅适用于民事诉讼活动某个阶段的法律准则。当然，民事诉讼法的一般法律原则在民事诉讼活动的适用阶段，也具有指导立法和司法的功能，在不与民事诉讼法基本原则冲突的前提下，在该阶段的一系列程序、制度和具体规范中也处于核心的、支配的地位。学界一般认为，同等原则和对等原则，以事实为依据、以法律为准绳原则，诉讼权利平等原则、法院调解原则、使用本民族语言文字进行诉讼原则、支持起诉原则、人民调解原则、民族自治地方可以制定变通补充规定原则，仅仅属于民事诉讼法的一般法律原则，而不是基本原则。

2. 基本制度与基本原则相混淆

抽象地就内容而言，制度与原则在某种程度上也许难以区别，如公开审

---

① 郑世保 . 我国民事诉讼基本原则体系之重构 . 前沿，2009（11）：48.

判就内容而言即可以分别作为民事诉讼法的具体制度和法律原则；但从法律规定的形式上看，两者存在明确的区别。制度作为体系化、系统化的行为规则，不仅具有具体、规范和可操作的特点，而且其功能重在规制各诉讼主体的行为；而原则作为原理和基本规范的结合，仅仅具有抽象、概括的指导性和规范性，一般情况下不具有具体规制某种行为的功能。① 因此在法律规定的条文表述和表现形式上，基本制度与基本原则是不能相互混淆的。

3. 某些基本原则不是本来意义上的基本原则

我国现行《民事诉讼法》所规定的某些基本原则，表面上确实是民事诉讼法的基本原则，但是，这些基本原则在实质上并不是大陆法系国家真正意义上的基本原则，而仅仅具有基本原则的外形。这些基本原则主要是指辩论原则、处分原则。

4. 增设了诚实信用原则

尽管我国《民事诉讼法》规定了众多的基本原则，但在 2012 年新《民事诉讼法》修改前，作为大陆法系国家民事诉讼基本原则之一的诚实信用原则并未成为我国《民事诉讼法》的基本原则。从我国当前的民事司法实践来看，在《民事诉讼法》中确立诚实信用原则是非常有必要的。为回应这一需求，现行《民事诉讼法》第 13 条规定：民事诉讼应当遵循诚实信用原则。

资本主义国家早期的民事诉讼法实行完全的当事人主义：在民事诉讼中，国家对双方当事人的诉讼行为没有进行限制，导致在司法实践中滥用诉权的现象普遍发生，既严重地侵害了对方当事人的合法权利，又对国家的民事司法秩序造成了严重的危害。为了解决这种不合理的现象，许多国家对完全的当事人主义进行了限制。早在 1895 年颁布的《奥地利民事诉讼法》第 178 条即规定了当事人的真实义务。后来，许多国家的民事诉讼法均规定了诚信原则。②

当前，我国现行《民事诉讼法》将诚信原则规定为基本原则，以此规制违反诚信原则的现象，如诉讼欺诈、虚假诉讼，以形成良好的司法环境。

5. 进一步贯彻落实的检察监督原则

由于国情的差异，检察监督原则已经成为我国现行《民事诉讼法》的基

---

① 廖中洪. 我国民诉法基本原则规定的问题及其重构设想（上）. 河南省政法管理干部学院学报，2002（5）：56.

② 汤维建. 论民事诉讼中的诚信原则. 法学家，2003（3）：93.

本原则。但在新《民事诉讼法》施行之前，关于检察监督的具体内容主要体现在《审判监督程序》部分，其他部分并无检察监督的具体规定。法院认为民事检察监督应当根据《民事诉讼法》的具体规定进行；检察院则认为其有权根据《民事诉讼法》的总则部分的规定进行检察监督。在我国的司法实践中，最高人民法院先后通过一系列司法解释否定了检察院对法院其他诉讼活动的监督。新《民事诉讼法》第14条规定人民检察院有权对民事诉讼实行检查监督，从而使检察监督能够涉及民事诉讼活动和执行活动的全部过程，而不能仅仅是审判活动。检察监督原则既可以适用于法院所有的诉讼活动，又可以适用于当事人的诉讼活动。

二、民事诉讼法典体系结构问题

一部法典是否科学、合理，其外在的判断标准便是其体例结构是否严密。因此，法典的完善，不仅仅是法典内容的完善，而且包括，甚至应该首先包括法典体系结构的调整。体系结构的科学设计可以为基本制度的修改、完善提供整体的框架和指南，并为其提供宏观的思路。我国民事诉讼法典的体系结构从整体上来说是合理的，但是随着经济的发展也逐渐凸显不科学的地方。从科学合理的民事诉讼法典的体系而言，我国现行《民事诉讼法》包含以下内容并不合适。

1. 民事证据问题

我国的证据制度规定过于简陋，民事诉讼法典与最高人民法院关于民事证据问题的司法解释，无法适应审判实践的需要。关于民事证据和民事诉讼法之间的关系，许多国家均制定了单独的民事证据法。我国《民事诉讼法》规定民事证据，对其结构体系造成了一定的不良影响。

2. 民事执行问题

当前，我国的民事执行程序规定在现行《民事诉讼法》中，同时配合以最高人民法院大量的司法解释。然而，执行程序与审判程序在基本原则、制度理念上有着根本的差异。如此规定不仅结构上不尽科学，而且由于法典体例限制，执行部分无法深入立法，切实影响了我国执行难问题的解决。

3. 非讼程序

非讼程序在适用原则、程序等方面完全不同于民事诉讼程序，但在现行民事诉讼法中非诉讼程序与通常诉讼程序一起规定在审判程序一编中，客观上造成了立法上的混乱和布局的失衡，也需要予以改进。

三、缺乏民事证据法典

对于我国民事证据制度目前存在的缺陷可以从形式和实质两个层面加以认识。从形式上看，我国民事证据制度与刑事证据制度、行政证据制度一样，存在着极度简略、内容粗放的缺陷。新民事诉讼法所规定的证据制度条款存在形式主义的问题，不具有可操作性。因此，在一定意义上可以说，我国的证据制度基本上就宣布了两大口号式的内容：一是要以事实为根据、以法律为准绳，而事实的判定要依据证据；二是事实的最终判断，依赖于人民法院的内心的真诚确信。前者为证据裁判主义，后者为超自由心证。这样的规定，较之于完全的无法可依，或者相对于落后的神明裁判制度，无疑具有极大的进步意义。然而，这种简约的粗放型证据制度，越来越不能适应我国司法实践的需求。此外，从形式上看，仅有的数条证据条款，在立法技术上也显得不甚严谨。

从实质上看，我国目前的民事证据制度主要存在以下缺陷：

其一，证据制度的价值目标过于单一化。从"以事实为根据"这样一项基本原则出发，证据制度完全将立法的视点聚焦于"客观真实"的发掘，而全然不顾及其他法律价值的平衡与协调。这样就致使目前的证据制度在操作上存有偏颇性，并由此导致诉讼程序结构上的畸形化，审判机关的职权内涵自然而然获得了不断延伸和膨胀的空间，当事者的诉权、话语空间被一再挤压，乃至于由主体性异化为客体性。此外，由于证据制度所追逐的功利目标极为单一，致使证据制度的伦理地位受到了极大的限制，从而使之带上了显而易见的历史局限性。

其二，证据制度的结构过度职权化。民事诉讼法虽然规定了当事人的举证责任，但是对于当事人的举证责任如何履行，尤其是履行举证责任所需要的证据如何获得，立法却未作具体规定。这样就使得当事人在证据制度中始终处在隐蔽的状态，当事人难以真正成为证据制度的规范主体，而最终难以避免地处于被法院依职权询问其证据来源的地位，实质上成了被纠问的客体。与此相对照的是，审判机关的职权探知行为却未能受到应有的规范约束，这不仅仅表现在立法为法院的职权探知活动所划定的界限较为模糊，而且表现在客观真实的理念诉求与职权探知行为的内在关联之上。这样就使得法院的职权探知行为成为证据制度所规范的本体性行为，而这种本体性行为又因为立法的简约而不得不处于失控状态。

四、缺乏民事执行法典

如前所述，我国现行《民事诉讼法》的体系结构存在比较严重的问题，学界普遍认为民事诉讼法与民事执行法存在根本性差异。一般认为，现代世界各国的民事诉讼法普遍实行当事人主义；而有些国家的民事执行法实行的是职权主义，有些国家实行的也是当事人主义，甚至还有些国家将民事执行交由行政机关负责。

改革开放初期，我国在民事审判与民事执行的关系上实行审执合一的模式，即审判法官同时负责民事执行案件。后来随着案件数量的增加以及"执行难""执行乱"现象的出现，我国在民事司法改革进程中推行了审执分离的模式。在最高人民法院的主导下，全国各级人民法院逐渐建立了执行局，负责民事执行案件。我国现行《民事诉讼法》及其司法解释关于民事执行程序的规定，由于指导思想的不统一，经常出现冲突，比如对案外人权利的救济。在 2007 年我国修改《民事诉讼法》前，我国对案外人权利的救济方式是案外人执行异议；2007 年我国修改《民事诉讼法》，我国对案外人权利的救济实行了案外人执行异议和案外人异议之诉并存的制度；2012 年新《民事诉讼法》确立了第三人撤销之诉制度。然而，正如有论者指出的那样，案外人执行异议与案外人异议之诉属于法理基础完全冲突的两种制度，根本无法在民事执行法律制度下并存。① 可见，我国民事执行程序方面的法律制度存在严重的缺陷，即缺乏民事执行法典，已经成为解决我国"执行难""执行乱"问题的法律障碍。

五、缺乏人事程序法典

人事诉讼以身份关系作为调整对象，其裁判结果与社会秩序息息相关，

---

① 李先伟. 论案外人异议之诉的废除. 政法论丛，2011（1）：118.

普通诉讼程序法理难以满足其要求，需要施行一些特别法则。为此，两大法系不少国家都制定了人事诉讼程序法。当然，有些国家的人事诉讼程序规定在民事诉讼法典中，也有些国家制定了单独的人事诉讼法典，较好地处理了人事诉讼问题。

当前，我国司法实践中的人事诉讼程序完全按照普通的民事诉讼程序进行审理。虽人事诉讼和民事诉讼确实存在一定的相同之处，但二者之间的差异更大。因此，为了更好地维护社会秩序，我国现行《民事诉讼法》不宜规范人事诉讼。

第二节 民事诉讼法法律体系的完善

一、民事诉讼法的完善

1. 民事诉讼法基本原则的调整

如前所述，我国现行《民事诉讼法》对基本原则的规定是有问题的。基本原则对民事诉讼的立法起着重要的指导作用，因此，民事诉讼法的修改应当在完善其具体制度之前完善基本原则，目的在于使那些真正对民事诉讼全过程起着指导性作用的根本原则凸显。笔者认为，民事诉讼法的基本原则的认定标准有两个：第一，过程上贯穿始终；第二，作用上能对民事诉讼的立法、司法和守法起到规范与指导作用。按照这两个标准对我国的民事诉讼法基本原则进行重构，具体说来有以下几点：

（1）需要剔除出去的基本原则。

如前所述，我国现行《民事诉讼法》关于基本原则的规定，混淆了基本原则与一般原则、基本制度与基本原则之间的关系，把许多基本制度作为基本原则予以规定，同时将许多一般原则规定为基本原则。因此，在修改《民事诉讼法》时，即应当把被规定为基本原则的基本制度、一般原则剔除出去。

首先，应当将同等原则、对等原则，以事实为根据、以法律为准绳原则，诉讼权利平等原则、法院调解原则、使用本民族语言文字诉讼原则、支持起诉原则、人民调解原则、民族自治地方可以制定变通补充规定原则这些一般原则剔除出基本原则的范畴。

其次，应当将合议、回避、公开审判和两审终审等基本制度剔除出基本原则的范畴。其原因在于，这些内容属于基本制度的内容，并不属于基本原则。

（2）需要完善的基本原则。

如前所述，我国现行《民事诉讼法》所规定的辩论原则和处分原则并不是传统意义上的辩论原则和处分原则，仅仅抽象规定了当事人的辩论权利和处分权利，而没有规定当事人行使辩论权和处分权对法院的制约作用。因此，民事诉讼法的修改应当在辩论原则和处分原则中加入约束性的内容，真正达到诉权对审判权的制约。

辩论原则主要有以下几点基本要求：（1）直接决定法律效果发生或消灭的主要事实必须在当事人的辩论中出现，法院不能以当事人没有主张过的事实作为判决的依据；（2）双方当事人没有争议的事实，法院应当作为判决的依据；（3）法院对证据的调查，原则上只限于当事人提出的事实范围。辩论原则的本质正在于当事人的诉权对人民法院审判权的制约作用，而我国的辩论原则恰恰缺乏这一本质特征，因而形成了中国特色的原则之一。

处分原则有以下几点基本要求：（1）诉讼程序只能依据当事人的申请开始，法院不能依职权启动诉讼程序；（2）由当事人决定审判的对象；（3）关于诉讼标的和诉讼请求的变更和终止，当事人有权决定。

2. 民事诉讼法典体系结构的调整

如前所述，我国《民事诉讼法》的体系结构存在一定的不科学之处，需要进行相应的调整。笔者认为，我国的民事诉讼法应当以审判程序为重心，充实审判程序的相关立法，将与审判程序有着本质区别的部分从民事诉讼法中独立出去、专门立法。简单地说，笔者建议将民事证据和执行程序独立出去，单独制定"民事证据法"和"强制执行法"，民事诉讼法整合为总则、分则、附则三编：总则可保持现有体例不变。在分则中，集中规定民事诉讼的通常诉讼程序，即一审程序、二审程序和再审程序，简易程序可在一审程序中予以规定，以保证体例上的协调和完整性。附则中主要规定非讼程序、涉外民事诉讼程序的特别规定和其他不宜规定在总则和分则中的内容。需要特别指出的是，特别程序中的选民资格案件本质上属于行政案件，在现行民事诉讼法中予以规定是受到原苏联立法体例的影响，本质上并没有合理性，因此，应当从民事诉讼法中将其删除，可以规定在《行政诉讼法》中或者直接规定到《选举法》中；其他的宣告失踪、宣告死亡案件，认定公民无民事行为能力、限制民事行为能力案件，认定财产无主案件，本质上与相关的实体法关系更紧密，而非与程序法的关系更紧密，因此民事诉讼法只需在相关的条文中另辟一款专门规定特别程序的共同问题，例如审判组织、审限，而将其他具体内容规定到相关的实体法中。这样，既能保证立法上的统一，也更有利于民事诉讼法的"纯化"。督促程序和公示催告程序和民事诉讼关系密切，并且也极有可能引起通常诉讼程序的发生，因此可以将其和涉外民事诉讼程序一同规定在附则中。

3. 总则部分需要完善的其他内容

明确了民事诉讼法的模式选择，调整了民事诉讼法的体系结构，修订了民事诉讼法的基本原则，有助于我们完善民事诉讼法的具体制度。

（1）关于管辖。

管辖无疑是民事诉讼中一个十分重要的制度，然而我国现有的管辖规定偏重于考虑便于法院行使审判权，而对当事人诉讼权利的行使便利考虑不足。

首先，在级别管辖的问题上，我国民事诉讼法关于级别管辖的规定过于原则，实践中多由各高级人民法院制定各自的级别管辖标准，而这样的管辖标准很难为当事人所知悉。在管辖权转移问题上，2007 年《民事诉讼法》规定上级人民法院有权把本院管辖的第一审民事案件交下级人民法院审理。这不仅仅使得法律规定的级别管辖形同虚设，更为地方保护主义提供了可能。为改变这一情形，2012 年《民事诉讼法》第 38 条对此予以修改完善，规定上级人民法院确有必要将本院管辖的第一审民事案件交下级人民法院审理的，应当报请其上级人民法院批准，从而从立法上明确规定了级别管辖的客观性的可操作标准。

其次，应当限制甚至取消最高人民法院和高级人民法院的初审管辖权。我国现行《民事诉讼法》关于初审管辖权的规定的不合理之处在于，最高人民法院和高级人民法院均有大量案件的初审管辖权。笔者认为，应当将对案件事实的审理主要交由下级法院，最高人民法院和高级人民法院主要负责纠正下级法院的裁判以及统一法律的适用。因此，我国修改《民事诉讼法》

时，应当限制甚至取消最高人民法院和高级人民法院的初审管辖权。

（2）诉讼参加人。

诉讼参加人包括当事人和诉讼代理人两类。我国现行《民事诉讼法》关于诉讼参加人制度的完善，主要表现在一方当事人为多数时的代表人诉讼制度和诉讼代理人制度两个方面。

首先，当事人制度的完善。这主要表现在我国代表人诉讼制度方面。面对我国代表人诉讼制度的困境，有学者建议：放宽代表人诉讼的适用条件；保障代表人的权限与被代表人的权利建议：增加规定未在公告期内登记权利必须有正当理由，作为受理条件，以解决"搭便车"现象；引入团体诉讼。①

其次，诉讼代理人制度的完善。当前，由于律师收费制度的不完善，加上国情等各方面的原因，我国没有推行律师强制代理制度。我国在修改《民事诉讼法》时，应当区分案件类型，在初审中尝试对某些类型的民事案件建立律师强制代理制度；同时，对于上诉审，应当建立完全的律师强制代理制度。

（3）法院调解制度。

法院调解制度是中国共产党领导下的民事司法的重要特色。法院调解的原理是：查清案件事实，并按照法律的规定、尊重当事人的意愿进行调解，既有利于恢复当事人之间的民事关系，又能够较迅速地实现当事人之间的权利。但我国当前的法院调解制度在司法实践中存在的问题很多，主要表现在法官强制调解普遍存在。因此，我国在修改《民事诉讼法》时，应当从以下几个方面完善法院调解制度：

首先，实现调解法官和审判法官的分离，严格禁止审判法官调解。只有这样，才能避免司法实践中法官为了避免当事人上诉、上访而强制调解现象的发生。

其次，应当完善法院调解制度其他方面的内容。我国当前民事审判实践中，大量的法院调解书进入民事执行程序，即是法院调解制度不完善所致。针对这一现象，法院调解书确定的义务可以分级：债务人主动履行时，按照双方当事人之间达成的协议履行即可；当债务人不主动履行或者进入民事执

---

① 柯阳友. 群体诉讼的界定及法院应对的司法政策与策略. 山东警察学院学报, 2008（9）：18.

行程序时，债权人有权要求债务人更多地履行。

（4）对妨害民事诉讼的强制措施。

当前，我国现行《民事诉讼法》规定的对妨害民事诉讼的强制措施，大多数是授权法官自由裁量，因而缺乏确定性。由于司法权威没有普遍形成，加上我国独特的国情，法官在司法实践中很少对妨害民事诉讼的违法行为采取强制措施，从而更加影响了司法权威的建立。因而在修改《民事诉讼法》时，应当限制法官对妨害民事诉讼的违法行为采取强制措施的自由裁量权；明确规定，对某些类型的妨害民事诉讼的违法行为法官应当采取强制措施。

4. 审判程序制度的完善

我国现行《民事诉讼法》所规定的审判程序，主要是指一审程序、二审程序、审判监督程序、督促程序和公示催告程序等。对《民事诉讼法》审判程序制度的完善，是指在完善上述审判程序的基础上，增加法律审，同时将特别程序剔除出去。

（1）一审普通程序的完善。

首先，科学的审前程序的构建。我国现行《民事诉讼法》关于审前程序的规定过于粗糙，没有起到整理争点和为开庭审理做准备的作用。同时，相关立法与司法解释在审前程序中也存在着冲突。因此，在《民事诉讼法》修改时，应当强化审前程序，建立起以当事人收集交换证据、确定案件争点为主线，以法院指导当事人举证、防止程序拖沓为补充的审前程序，加强审前程序整理争点、过滤纠纷、分流案件的作用；同时协调立法与司法解释的冲突之处，建立被告的强制答辩制度。

其次，在新民事诉讼法的司法解释确立立案登记制的背景下，建立以事实审为重心的一审制度。无论是我国现行《民事诉讼法》还是我国的司法实践，均没有建立以一审为发现案件事实的重心的制度。其根本原因即在于没有科学合理地设计审级制度，上下法院之间的职能分工不合理。在修改《民事诉讼法》时，应当构建以一审为发现案件事实的重心的制度。无论是当事人的举证还是法院的调查取证，主要应当集中于一审法院。

（2）简易程序的完善。

各国民事诉讼法设置简易程序与普通程序的基本原理，即在于案件的繁简分流。一般来说，案件有复杂和简单之分。复杂案件是指事实复杂、法律规范复杂或者二者兼而有之的案件；简单案件则是指案件事实简单且法律规定明确的民事案件。对于简单案件，应当适用简易程序审理。据统计，我国司法实践中适用简易程序办理的民事案件约占 70%。① 但是，我国目前的简易程序仍存在诸多缺陷，有完善之必要。

首先，可以考虑设立专门的简易法院或者简易法庭。大陆法系许多国家和地区均设立了简易法院或者法庭，专门审理简单案件。而且，对于简易法院或简易法庭的裁判，当事人可以向普通的初审法院上诉。其基本原理在于，简单案件的案情简单，就其法律问题初审法院的法官即能够解决。

其次，规范简单案件向普通案件转化的程序。关于简易程序向普通诉讼程序的转化，2012 年新《民事诉讼法》第 163 条规定：人民法院在审理过程中，发现案件不宜适用简易程序的，裁定转为普通程序。最高人民法院也通过司法解释进行了补充，如《最高人民法院关于适用简易程序审理民事案件的若干规定》等部分司法解释规定了简易程序转化为普通程序的部分内容，但仍然不完善。

最后，规范普通案件向简单案件转化的程序。有些普通案件进入审判程序之后，发现属于简单案件，以前的司法解释规定不得转为适用简易程序；但后来的司法解释规定在当事人同意的前提下可以适用简易程序。尊重当事人的程序选择权固然重要，但同时应当构建与诉讼费用相联系的制度，促使当事人从诉讼经济的角度主动要求适用简易程序。

（3）二审程序的完善。

首先，应当将复审制改革为有限续审制。我国现行《民事诉讼法》规定二审实行续审制，但我国司法实践中普遍实行复审制。如果考虑到将案件事实交由一审程序审理，那么二审应当实行有限的续审制，即仅仅审理一审未出现的案件事实；对于一审中已经出现的案件事实，仅仅审查一审法院的裁判是否正确。

其次，修改二审程序应当结合国情。短期内，我国实行三级三审制的可能性不大。在相当长的一段时期内，中级人民法院作为多数案件的终审法院的现实不会改变；而我国部分地区基层人民法院的法官素质有待提高。因

---

① 徐胜萍．论民事简易程序的再改进——兼评《最高人民法院关于适用简易程序审理民事案件的若干规定》．法商研究，2004（5）：111.

此，原则上采行有限续审制的同时，赋予法官自由裁量权，允许法官对某些案件进行复审。

最后，明确对于如何适用法律不限于当事人的请求。当前，学界和实务界有一种观点认为，上诉审的审查范围必须完全以上诉人的上诉请求为准，审查当事人的上诉请求是否合法，却忽略了法官具有适用法律的职权。在当事人请求救济的前提下，即使上诉人的请求内容不对，但只要一审裁判确有错误，二审法官也应当改判。

（4）法律审的构建。

基于我国现行审级制度的缺陷，多数学者认识到了构建多元化审级制度的必要性和可行性。多元化审级制度之构建，重要的内容之一即是构建中国特色的法律审制度。

法律审的重要功能有二：一是统一法律的适用，二是解释和发展法律。在我国当前的司法实践中，"同案不同判"现象引起了社会的广泛关注，也对司法权威造成了不良影响。而在现行法律制度下，当事人对于"同案不同判"现象并没有法定的救济方式，有必要构建法律审——由最高人民法院统一法律的适用。由于我国属于成文法国家，法律体系不可避免地存在漏洞；同时，语言本身亦存在一定的模糊性，因此，解释和发展法律属于一个国家法院尤其是最高人民法院的职能之一。在修改《民事诉讼法》时，我国亦有必要引进其他国家的法律审制度。

（5）再审程序的完善。

虽然经过修改，我国的再审程序仍然存在着很多问题。

首先，第十六章的名称仍然沿用了"审判监督程序"，而当事人提出再审申请的是无论如何也不能归入审判监督的，因此从名称上就凸显明确的超职权主义的色彩。

其次，再审申请的事由虽然经过修改，但是仍然存在着一些实体性、模糊性的条款不易操作，还需要进一步程序化和具体化。

最后，当事人申请再审的事由与检察机关抗诉的事由存在极多共同之处，并不符合民事诉讼的基本法理。当事人申请再审，其目的在于维护自己的合法权益，而不在于法院的审判活动和当事人的诉讼活动是否存在过错，如因新证据的出现导致的再审事由即不属于任何民事诉讼活动主体的过错。

检察机关的抗诉，应当着眼于纠正生效裁判，因此，有些当事人申请再审的事由，是适合作为检察机关的抗诉事由的。

（6）督促程序的完善。

大陆法系国家和地区的督促程序在清偿债务事件中发挥了重要的作用，但在我国（不含港、澳、台），督促程序的适用率很低，几乎形同虚设。其根本原因即在于督促程序及其配套制度存在严重的缺陷。

一般说来，应当从以下几个方面完善督促程序：

首先，完善与督促程序配套的诉讼费用机制。当前，我国的督促程序诉讼费用承担机制不合理，使得债务人滥用异议权。对于债权债务关系清楚的案件，如果债务人滥用异议权，《民事诉讼法》应当规定债务人应当承担债权人提起普通诉讼的所有费用。

其次，构建督促程序与普通程序的转移机制。有学者认为，我国《民事诉讼法》规定的债务人提起异议时即终结督促程序，不符合民事诉讼的法理；应当将其转入普通民事诉讼程序。这样能够发挥督促程序特有的作用，简便、迅速地解决司法实践中债权债务关系明确的案件。[①]

二、民事证据法的制定

1999 年年底，最高人民法院和中国人民大学法学院联合举办了"完善我国民事证据制度座谈会"，提出了民事证据立法这一问题。此后，学界先后提出了一批关于民事证据立法的专家建议稿。[②] 可见，我国民事证据法的制定时机已经基本成熟。现就民事证据法的制定提出若干基本建议。

1. 民事证据法的基本模式

首先，民事证据法应该采用怎样的立法模式？是单独进行还是与其他诉讼证据法典合并进行？一种观点认为，应当采用"统一证据法"模式，在该模式中，三大诉讼证据法均包括于当中，同时也包括适用于仲裁、调解、公证等领域的证据法；另一种观点认为，证据立法应当分别进行，民事证据法

---

① 白绿铉.督促程序比较研究——我国督促程序立法的法理评析.中国法学，1995（4）：74.

② 如汤维建.民事证据立法的理论立场.北京：北京大学出版社，2008；附录《中华人民共和国民事证据法》（建议稿）.毕玉谦，等.中国证据法草案建议稿及论证.北京：法律出版社，2003.张保生.人民法院统一证据规定（司法解释建议稿及论证）.北京：中国政法大学出版社，2008.

与刑事证据法更应当分设。笔者认为后一观点更合理。

其次，民事证据法是否具有可分性以及民事证据法一旦制定是否民事诉讼法就被架空？笔者认为，民事证据法的内容具有可分性，将民事证据法的内容从民事诉讼法中分离出来，不仅在理论上是可行的，而且在实践中也有先例可以佐证。

2. 民事证据的类型

当前，我国民事证据的类型主要包括当事人陈述、书证、物证、视听资料、电子证据、证人证言、鉴定意见、勘验笔录八种。在民事证据的类型中，新《民事诉讼法》将当事人陈述放在首位，确立了以当事人陈述为首先顺序的证据原则。这是对当事人陈述愈加重视的体现。另外关于证人问题，当前我国民事诉讼中证人作伪证的现象比较普遍，虽然法律规定了相应的处罚方式，但实践中适用得较少。这和《民事诉讼法》的不完善相关。在修改《民事诉讼法》时，对于证人作伪证的现象，应当限制法官的自由裁量权，即法律应当要求法院必须对作伪证的证人进行制裁，以解决当前证人作伪证比较普遍这一问题。

3. 证明责任

关于证明责任，我国目前主要存在三种学说，分别是行为责任说、结果责任说和双重含义说，其中双重含义得到了多数学者的赞同。

双重含义说认为对证明责任应当从行为与后果两个方面来加以解说，包括行为意义上的证明责任和结果意义上的证明责任双重含义。前者是指事实主张者应当提供证据的责任，后者是指在事实处于真伪不明的状态时，主张该事实的当事人所承担的不利诉讼结果。[①]

在修改《民事诉讼法》时，应当完善证明责任的程序保障。一般来说，证明责任的程序保障主要包括以下几个方面的内容：一是调查、收集证据的程序保障；二是提供证据的程序保障；三是证据声明的程序保障；四是运用证据进行证明的程序保障。

4. 证明标准和证据判断

（1）多元化的证明标准。

当前，学界一般主张构建统一的证明标准。无论从司法实践还是从法理

---

① 汤维建. 民事证据立法的理论立场. 北京：北京大学出版社，2008：80～81.

上看，构建统一的证明标准是不科学的。笔者认为，应当结合民事实体法的规定构建多元化的证明标准。新《民事诉讼法》与其司法解释对证明标准进行了规定，如"排除合理怀疑""高度盖然性"等。民事证据若要单独立法，可借鉴新《民事诉讼法》及其司法解释关于证明标准的规定，并在此基础上进行完善，以形成多元化的证明标准。

首先，某些案件的证明标准应当达到"排除合理怀疑"的程度。根据民事实体法的规定，某些类型的案件适用惩罚性赔偿。这类民事案件的证明标准，必须达到"排除合理怀疑"的程度，否则，此类判决的法理依据即存在问题。

其次，多数案件的证明标准应当达到"高度盖然性"。对于多数民事案件而言，其证明标准没有必要达到"排除合理怀疑"的程度，只需要达到"高度盖然性"即可。

最后，少数案件需要适用证明责任。在司法实践中，也有少数案件由于证据不足或者缺失而无法查清案件事实，在这种情况下，只能适用证明责任。

（2）证据判断。

对于一审法院作出的证据判断，应当区分不同的证据类型以决定尊重程度。

首先，对于案情取决于证人证言的案件，一审法官对证据的判断应当受到尊重。原因在于，一审法官由于参与了庭审而对证人证言的把握有较高的准确性，尤其是对证人证言还需要综合证人的表情、运作等各方面的因素作出判断。

其次，对于案情取决于物证、书证、勘验笔录、鉴定意见、视听资料的案件，一审法官对证据的判断应当受到限制，二审法院、再审法院和检察机关均可就法官对这些证据的判断提出质疑。

最后，对所有证据的综合判断系根据证据"拼接"案情、发现典型的逻辑推理的，上诉审或者再审程序也可予以审查。

5. 法律责任

关于民事证据立法要不要单独规定法律责任，学界存在两种不同的观点。一种观点认为，《民事诉讼法》已经规定了妨害民事诉讼的强制措施，

《刑法》对某些民事证据犯罪亦进行了规定，故没有必要规定法律责任；另一种观点则认为，在民事证据法独立于《民事诉讼法》的背景下，应当分别规定相应的法律责任。笔者认为后一种观点更为合理，在民事证据法中，需要合理划定违反法律的法律责任。

首先，违反民事证据法的法律责任应当区分当事人与其他人。对于当事人而言，其违反民事证据法不但需要对国家承担相应的法律责任，而且由于违反民事证据法有可能给对方造成相应的损失而对对方承担相应的责任。故民事证据法亦有必要进行相应的规定。

其次，有必要构建违反民事证据法的强制措施和刑罚相结合的制度。违反民事证据法的行为，其严重性的差异将决定当事人是被采取强制措施还是被施以刑罚。

最后，对于违反民事证据法的行为构成犯罪的，应当由法官直接追究当事人的刑事责任。当前，许多违反《民事诉讼法》关于证据方面的规定的当事人之所以不用承担刑事责任，一个重要的原因即是在追究刑事责任时法官仍然需要居于中立之地位，在事实清楚的情况下也无法主动追究。这种规定是不符合法理的，也不利于打击违法行为人。因此，笔者建议民事证据法规定法官可对构成犯罪者直接定罪。

三、民事执行法的制定

1. 民事执行法的基本模式

民事执行法的基本模式是一个仍然未引起学界主流注意的根本性问题。长期以来，我国在民事执行程序中实行的是职权主义模式。后来，由于执行案件数量的激增、配套制度的缺乏、执行法官办案压力增加等原因，实务界在民事执行实践中先后采取了一系列具有强烈当事人主义色彩的改革措施。目前，我国民事执行法正处于紧锣密鼓的制定之中，但学界对民事执行的基本模式仍然缺乏清楚的认识，这对我国未来的民事执行法将造成不良影响。学界关于民事执行权的争议主要集中于权力的性质之争，即其到底属于司法权、行政权还是二者兼具。应当说，这种争论对于是将民事执行权保留在法院还是另行设立新的民事执行机构具有重要的意义，但是，从职权主义与当事人主义的角度来探索民事执行法的基本模式，更为意义重大，因为无论是将民事执行权保留在法院系统还是另行设立民事执行机构，都必须以基本模式为背景来进行制度设计。

一般来说，民事执行法有职权主义和当事人主义之分，且这两种模式在世界不同的国家均有相应的立法例。事实上，无论是职权主义还是当事人主义的民事执行立法模式，在配套制度健全的情况下，对实现生效法律文书均不会造成太大的影响。所谓配套制度健全，主要是指统一的财产登记制度及完善的破产制度。统一的财产登记制度使得"被执行人财产难找"这一中国特色的"执行难"不会成为可能，而完善的破产制度解脱了那些无履行能力的法人和自然人。

但从法理及实践来分析，职权主义仍然比当事人主义具有一些优势，主要表现在以下几个方面：

首先，对于生效法律文书确定的债权，国家有义务保障其实现。民事执行程序不同于民事诉讼程序的最大之处即是，当事人在执行程序中对他们之间的实体权利义务关系没有争执。在债权人要求债务人履行的情况下，国家即有义务保障债务人的履行。这不仅对债权人而言是至关重要的，而且对于维护国家正常的社会运转也是必需的。

其次，减轻了债权人负担。在当事人主义民事执行立法模式下，由于职业能力的差异，债权人仍然需要聘请律师实现债权，而这部分费用是无法转移给债务人的。虽然在采当事人主义民事执行立法模式的国家，奉行债权实现的成本应由当事人承担的原则，但无论如何民事执行成本由债权人承担是不合理的。在职权主义立法模式下，民事执行的成本可以转嫁给债务人，从而可以有效地促使债务人主动地履行债务。

最后，当某些债务人逃避履行债务时，只有依靠国家的强制力才能实现债权人的债权。对于此类债务人，国家更是应当强制其履行。如果结合我国当前的国情来看，民事执行立法采职权主义更具有合理性。当前，大量的生效裁判进入了民事执行程序，许多债务人在具有履行能力的情况下不履行债务，甚至积极逃避民事执行。

2. 民事执行法的基本原则

与《民事诉讼法》的基本原则一样，当前国内学者对民事执行法的基本原则存在很大的争议，有些学者认定的民事执行法的基本原则甚至达到了

17 个左右。^① 事实上，这些所谓的民事执行法的基本原则和《民事诉讼法》所规定的基本原则一样，并不是基本原则。更为重要的是，民事执行法的基本原则和民事执行法的模式密切相关，在某种程度上说，民事执行法的模式决定了民事执行法的基本原则。

采职权主义模式的民事执行法，其基本原则应包括以下几个。

第一，效率原则。民事执行程序不同于民事诉讼程序之处在于，民事执行程序中当事人之间的权利、义务关系已经确定，债务人本来即负有履行义务的责任。在债务人不履行义务的前提下，国家应当保障及时地实现债权人的债权。因此，民事执行立法应当将效率原则作为基本原则。对于当事人违反效率原则的行为，必须予以相应的制裁。比如，如果债务人在民事执行程序中不当地提出执行异议，那么债务人应当在经济上付出相应的代价，赔偿债权人因此而遭受的损失。

第二，协调原则。所谓协调原则，是指民事执行法与破产法之间的协调。当前，我国大量的所谓"执行难"案件，本质上并不属于民事执行法管辖的领域，因为这些民事案件均存在被执行人没有履行能力，从而需要债权人承担市场风险的问题。但是，由于我国破产法的不完善，在民事执行程序和破产程序之间没有构建科学的协调机制，导致大量的本来应当破产的案件积压在民事执行程序之中。因此，在制定民事执行法时，必须协调民事执行程序与破产程序之间的关系，纯化民事执行程序的功能，同时充分发挥破产程序的作用。

第三，检察监督原则。当前，我国在民事执行领域不但存在"执行难"这一问题，而且还存在比较严重的"执行乱"现象。一般来说，"执行难"系从法院的角度，探讨影响民事执行的因素并提出相应的制度完善；而"执行乱"系从法院外部的视角，探索如何规范法院的民事执行问题。"执行乱"的普遍存在，不但严重地侵害了当事人的合法权利，而且给法院形象造成了不良影响，危害到了我国经济社会正常的运行。2011 年 3 月，最高人民法院和最高人民检察院联合发布了在全国部分省区对民事执行进行检察监督的试点。在我国的民事执行法中，一定要结合国情将检察监督作为一项基本原则。

---

① 邹川宁．民事强制执行基本问题研究．北京：中国法制出版社，2004：12．

3. 金钱债权的执行

当前，无论我国的"执行难"还是"执行乱"，主要表现在金钱债权的执行方面。早期，我国的"执行难"表现为四难，即"被执行的财产难寻""协助执行人难求""被执行财产难动""被执行人难找"。近年来，附着最高人民法院和各级人民法院的努力，当前的"执行难"中的"三难"已经基本克服，现在主要剩下"被执行的财产难寻"这一老大难问题。

（1）执行通知。

我国《民事诉讼法》所规定的执行通知，是指法院在采取强制措施之前，要求债务人主动履行债务的通知。在此之前，法院不得对债务人的财产采取强制措施。在我国的司法实践中，执行通知往往为债务人提供逃避执行的时机。《民事诉讼法》规定，被执行人不履行法律文书确定的义务并有可能隐匿、转移财产的，执行员可以立即采取强制执行措施，从而较好地解决了执行通知造成的问题。但是，这一规定与民事诉讼法理之间仍然存在一定的冲突。对于逃避执行的被执行人，在法律已经规定了相应的处罚措施的情况下，法院为什么不敢或者不善于正确运用这些处罚措施，仍然是一个需要面对的问题。

（2）查封、扣押等控制性强制措施。

在民事执行实践中，超额查封、扣押不仅侵害了当事人的合法权利，而且需要与拍卖措施相结合；同时，对于长期查封、扣押的现象，最高人民法院亦通过司法解释规定了查封的期限。司法实践中，有法官认为某些执行案件因其复杂性、需要续封而导致了司法成本的增加。对于这一观点，应当理性看待：民事执行法中的效率原则要求执行法院必须迅速地采取措施，因此，最高人民法院规定的查封期限基本能够满足需要，在立法中不需要进行修改，反而需要进一步的确认。

（3）拍卖。

从 1991 年《民事诉讼法》规定司法拍卖的市场化以来，我国的司法拍卖一直存在比较严重的问题。执行法官的腐败也主要集中在司法拍卖领域，其问题的根源即在于司法拍卖的市场化。司法拍卖的市场化掩盖了背后一系列的司法不公，使得当事人根本不可能通过正常的执行异议程序维护自己的合法权益；而一旦检察机关介入，案件就将由民事执行程序变为刑事程序。

因此，我国在制定民事执行法时，对司法拍卖最大的改变即是恢复其本来面目，原则上禁止司法拍卖的市场化，一般由执行法官负责拍卖。在此基础上，对司法拍卖制度进行根本性的变革。

4. 非金钱债权的执行

在民事执行案件中，金钱债权的执行居于主要地位，而非金钱债权的执行居于次要地位。世界各国的民事执行法，均将主要精力放在金钱债权的执行上。

首先，非金钱债权的类型多种多样，其执行方式也不一样。非金钱债权的类型、内容并不一致，有的带有人身权性质，如探视权；有的和财产密切相关，如强制迁出不动产。这些内容不同的非金钱债权，其执行方式也不一样。

其次，非金钱债权的执行应当以实际执行为主。

最后，当非金钱债权无法实际执行时，需要转化为金钱债权。但是，关于如何将非金钱债权转化为金钱债权，我国现行《民事诉讼法》并无规定。

5. 执行回转难题

执行回转是指因裁判文书所确定的权利被否定，恢复到原来未执行的状态的一种执行程序。严格意义上讲，执行回转属于新的执行程序，但是，由于这种执行程序属于恢复原状性质，故其又不同于一般意义上的执行程序。

首先，执行回转和违法执行无关。执行回转的原因在于执行名义被撤销，而不是违法执行。实践中存在的一个问题是：近些年来，我国房地产价格上升很快，两年前被执行的房屋，在两年后其价值有可能已经翻番。在执行回转时，原被执行人要求执行回转已经被拍卖的房屋时，是赔偿原被执行人被拍卖房屋的价款还是使其得到相同位置的房屋？这一问题一直困扰法院和当事人。从法理上讲，应当赔偿原来被执行人被拍卖房屋的价款；至于原被执行人的损失，其应当通过诉讼程序向原申请执行人主张。

其次，当执行回转和执行乱纠结在一起时，现行《民事诉讼法》并没有作出相应的规定。我国司法实践中，相当部分执行回转同时和执行乱纠结在一起，严重地侵犯了被执行人的合法权益。在这种情况下，如何保障被执行人的合法权益，需要《民事诉讼法》作出相应的规定。

6. 民事执行检察监督

2011 年前，对于检察机关对民事执行活动的监督，最高人民法院先后通过一系列司法解释予以否认。我国"执行乱"使得学界和党中央认识到了对民事执行进行检察监督的很必要性。在党中央的推动下，2011 年 3 月 29 日，最高人民法院和最高人民检察院联合发布了《关于在部分地方开展民事执行活动法律监督试点工作的通知》，决定在山西、内蒙古、上海、浙江、福建、江西、山东、湖北、广东、陕西、甘肃和宁夏等省（自治区、直辖市）对民事执行活动进行检察监督试点。

从内容上看，该通知远远无法满足遏制"执行乱"的需要，故我国在修改《民事诉讼法》时应当进一步完善民事执行检察监督。

四、人事诉讼程序法的制定

人事诉讼程序法作为程序性法律，其基本原理与普遍民事诉讼程序法存在相当大的差异。

1. 人事诉讼程序法的模式

与民事诉讼程序不同的是，人事诉讼程序法应当实行职权主义模式。但是，正如有学者提出的那样，人事诉讼程序仍然需要当事人的参与和提出；将所有事实的发现全部依赖于法院的职权是根本不现实的。[①] 因此，人事诉讼程序法虽采职权主义，也需要发挥当事人的作用，即当事人应当提出相关事实，然后由法院依职权进行调查。

同时，对于当事人没有主张的事实，法院也可以作为裁判的根据。

2. 人事诉讼程序法的基本原则

由于人事诉讼程序法实行职权主义，因此，其基本原则不同于《民事诉讼法》，如辩论原则、处分原则不适用于人事诉讼程序，而职权主义又限制了诚信原则作用的发挥，因此，人事诉讼程序法的基本原则仍然有探讨之空间。

同时，人事诉讼程序法的某些一般原则也不同于《民事诉讼法》，比如，人事诉讼程序法不适用公开审判原则。当然，即使人事诉讼审判不公开，其裁判结果也应当公开。

3. 检察参与和检察监督

首先，检察机关参与人事诉讼程序问题。当前，由于我国《民事诉讼

---

① 张晓茹. 我国应设立家事事件程序. 法律适用，2006（4）：29.

法》未确立检察机关参与人事诉讼制度，导致司法实践中相当部分弱势群体尤其妇女和儿童的利益未得到法律的有效保护。由于人事诉讼不仅涉及当事人之间的关系，而且涉及社会秩序，因此，有必要构建检察机关参与人事诉讼制度。

其次，检察机关监督人事诉讼程序问题。检察机关不仅可以参与人事诉讼，而且还应当监督人事诉讼。当检察机关参与人事诉讼而认为应当进行检察监督时，即使一方当事人未主张自己的权利，检察机关也可以依职权进行监督。尤其是涉及未成年人的权益保护时，即使未成年人的法定代理人反对，检察机关也应当依法维护未成年人的合法权益而进行检察监督。

4. 法院调解及其限制

首先，人事诉讼程序法应当构建人事纠纷类型。人事纠纷存在不同的类型，比如有些人事纠纷的当事人之间存在严重对立，甚至存在家庭暴力问题；而有些人事纠纷则相反。

其次，鼓励对某些类型的人事纠纷进行调解。某些类型的人事纠纷，严格意义上不属于纠纷，比如夫妻离婚时对共有财产的分割问题。对这些人事纠纷进行调解，可以较好地恢复当事人之间的关系。

再次，限制甚至禁止对某些类型的人事纠纷进行调解。对于存在家庭暴力的人事纠纷，人事诉讼程序法应当严格限制甚至禁止法院进行调解，以更好地保护弱势群体的合法权益。

最后，法院在调解人事诉讼时应当注意是否侵犯了案外人的合法权益。在我国当前的司法实践中，夫妻通过离婚以逃避债务的现象比较普遍。对于这种通过人事诉讼以达到逃债目的的违法行为，法院调解时应当注意其夫妻之间的协议是否正常。

5. 人事诉讼审理

由于人事诉讼程序实行职权主义，加上检察参与和检察监督原则，因此，人事诉讼的审理与民事诉讼的审理存在较大的差异。

首先，对于某些人事诉讼，检察机关有权主动提起。比如，对于婚姻无效和确认婚生子女、亲子关系的人事诉讼，即使当事人不主动提起，检察机关为了维护社会公共秩序或者保护弱势群体的合法权益，也应当依职权提起。

其次，证据收集和诉讼请求均不以当事人的提出和主张为依据。对于当事人没有提出的证据，检察机关可以依职权调查，法官也可以进行调查；对于当事人没有提出的主张，检察机关也可以依职权提出。

最后，有些当事人的实体性权利不允许放弃，尤其不允许无民事行为能力人的法定代理人放弃。

第四十四章

刑事诉讼法的适用及完善

第一节　引言

中共十八届四中全会通过的《中共中央关于全面推进依法治国若干重大问题的决定》，是我国加快建设法治国家的纲领性文件。该决定提出"推进以审判为中心的诉讼制度改革"，这一论断明确了改革我国诉讼制度的目标和基本任务。以审判为中心，不仅是一个法律概念的提出、一种诉讼理念的转变，而且应当体现为新型的诉讼制度安排。准确理解、切实贯彻以审判为中心，无疑是当前需要回答和解决的重大理论与实践课题。

以审判为中心是包括刑事诉讼在内的三大诉讼的应有之义，因为审判对诉讼结果具有决定意义。在刑事诉讼中，这对于控辩双方皆如此：控方对犯罪的指控需要经过法院的法庭审理，只有经过法院的论罪科刑，才能实现对犯罪的惩罚；被告人享有获得公正审判的权利，面对指控享有平等的辩护权，其是否有罪，也只有通过法院审理才能予以判定。在刑事诉讼领域推进以审判为中心的诉讼制度改革，必须在立法层面即刑事诉讼法中贯彻以审判为中心，即实现刑事诉讼原则、制度和程序围绕以审判为中心的构建。[①] 只有刑事诉讼立法实现了以审判为中心，刑事诉讼实践才能做到以审判为中

[①] 与刑事诉讼法相比，我国民事诉讼法在编章结构安排上已体现出以审判为中心的诉讼理念，行政诉讼法并没有分编，不过无论是其第一章总则，还是其他各章构成的制度和程序体系，也都体现出以审判为中心的基本特征。

心。总体而言，我国刑事诉讼法第二编、第三编、第四编等各程序编的构造体例未能体现以审判为中心的诉讼理念；第一编总则关于基本原则、管辖、回避、辩护、证据、强制措施的规定也未能按照以审判为中心的诉讼理念进行设计。为此，根据以审判为中心的诉讼理念，对我国刑事诉讼制度进行全面、系统的检讨与反思，是十分必要的。

以审判为中心，是现代国家刑事诉讼立法的共性，进行比较法考察有利于更好地认识和研究问题。为此，推进以审判中心的刑事诉讼制度改革，不能不关注法典化国家的刑事诉讼立法。德国是大陆法系的代表国家，其刑事诉讼法对日本、韩国等东亚国家和我国台湾地区产生了深远影响。比较中德两国刑事诉讼法典的编章结构，可以发现两点重大差异：首先，在我国刑事诉讼法第一编总则之后，第二编、第三编、第四编是按照审前程序、审判程序、审判后程序进行排列的。具体而言，第二编为立案、侦查和提起公诉，与第三编审判、第四编执行形成层递与并列关系，导致刑事诉讼呈现出立案、侦查、公诉、审判、执行这种流水作业式行政化治罪的非典型诉讼形态。[①] 但德国刑事诉讼法典并未规定立案程序，也没有将侦查和公诉列为与审判并行的程序，而是将二者作为独立的两章，纳入第二编第一审程序之中，其第一章为公诉，第二章方为公诉的准备（即侦查）。这精准地反映出公诉引起一审的诉审关系以及公诉对侦查的统摄地位。观察德国刑事诉讼法典各编的排列次序可以发现，第一编通则之后的第二编、第三编、第四编分别为第一审程序、上诉程序、再审程序，充分体现了以审判为中心与主线的审判中心主义理念。日本、韩国的刑事诉讼法前四编具有与德国刑事诉讼法典几近相同的名称，无不体现出刑事诉讼法以审判为中心进行建构的特征。如日本刑事诉讼法第一编至第四编依次为总则、第一审、上诉、再审，韩国刑事诉讼法第一编至第四编分别为总则、第一审、上诉、特别诉讼程序（包括再审、非常上诉、简易程序），它们的共同点是，第二编第一审包括第一章侦查、第二章公诉和第三章公审，共三章。

其次，我国刑事诉讼法第一编总则在规定基本原则和管辖、回避、辩护、证据、强制措施制度时，对人民法院、人民检察院、公安机关的职权、职责作了一体化规定，未能体现以审判为中心。如"基本原则"章规定了人

---

① 参见陈瑞华. 从"流水作业"走向"以裁判为中心"——对中国刑事司法改革的一种思考. 法学, 2000（3）: 24 以下.

民法院和人民检察院、公安机关之间分工负责、互相配合、互相制约的关系与检察监督原则；在规定管辖、回避制度时，不仅规定了法院的审判管辖、审判人员的回避，还规定了检察机关、公安机关的职能管辖以及检察人员、侦查人员的回避；在规定强制措施时，将审前程序中逮捕的批准、决定权赋予了检察机关，将讯问犯罪嫌疑人、勘验、检查、搜查、查封、扣押、鉴定、技术侦查等作为纯粹的侦查行为规定在第二编"立案、侦查和提起公诉"的第二章"侦查"中而非总则中，将它们视为侦查机关有权单方自行决定采取的侦查措施，而无须接受法院的司法审查和授权。这就认可了侦查机关行使侦查权的完全独立性，体现出对侦查机关的绝对信任，排除了中立法院对侦查的监督、制约机制，从而使得侦查陷入行政化运作模式之中。但德国刑事诉讼法典第一编通则的规定同样体现了以审判为中心的诉讼理念，如在规定管辖、回避制度时，仅规定法院的管辖（包括地域管辖和事务管辖）、法院职员的回避，将羁押和临时逮捕决定权赋予法官行使（检察官只是申请者），并且将鉴定、勘验、扣押、监视电信通讯、扫描侦查、使用技术手段、派遣秘密侦查员、搜查等强制处分与秘密侦查措施以及讯问被指控人程序，规定在第一编通则中，凡强制处分与秘密侦查措施均须接受法院的司法审查，由法官批准授权才可采取。由此，更为具体化地展现了法院对刑事诉讼全程的司法控制，体现了审判中心主义的诉讼理念。日本、韩国的刑事诉讼法第一编总则也都体现了与德国刑事诉讼法典第一编通则大致相同的立法技术。

　　我国刑事诉讼法第一编总则共有 106 条，超过法典条文的三分之一，占比高达 36.6％。总则在刑事诉讼法中居于重要地位，尤其应当贯彻以审判为中心的诉讼理念。然而，由于受制于惩罚犯罪价值一元化和流水作业式的传统诉讼理念，我国刑事诉讼法第一编总则的关键条款与以审判为中心的诉讼理念背道而驰，制约了程序正义的实现程度。为此，本章将基于以审判为中心的诉讼理念，对刑事诉讼法第一编总则关于基本原则、管辖、回避、辩护、证据、强制措施的相关规定进行分析，进而提出修改建言，以期为我国推进以审判为中心的刑事诉讼制度改革提供理论支持。

第二节　关于基本原则

　　我国刑事诉讼法第一编"总则"第一章规定的是任务和基本原则，除

第 1 条立法目的、第 2 条立法任务外，自第 3 条至第 17 条共 15 条，是关于刑事诉讼基本原则的规定。除我国外，不多的国家在其刑事诉讼法典中规定了基本原则，如俄罗斯联邦刑事诉讼法典第一部分"通则"第一编"基本规定"第二章即为"刑事诉讼的原则"。值得注意的是，更多的国家如德国、日本、韩国在刑事诉讼法典中未设专章明文、集中规定刑事诉讼基本原则。这表明，刑事诉讼法作为程序法，并非以规定基本原则为必要内容，不过法学者往往总结出了刑事诉讼基本原则体系，如德国学者约阿希姆·赫尔曼教授即全面总结了主导德国刑事诉讼程序的刑事诉讼法原则。① 由此可见，法典中不规定基本原则，并不意味着这些国家的刑事诉讼理论中不存在基本原则。需要指出的是，德国、日本、韩国的刑事诉讼法典虽然没有规定基本原则，但其刑事诉讼制度均是根据以审判为中心的诉讼理念进行建构的。

俄罗斯联邦刑事诉讼法典第一部分"通则"第一编"基本规定"第二章"刑事诉讼的原则"，从第 6 条到第 19 条共有 14 条，分别规定了刑事诉讼的目的、刑事案件诉讼中的法制、只有法院才能进行审判、尊重个人的名誉和人格、人身不受侵犯、在刑事诉讼中维护人和公民的权利和自由、住宅不受侵犯、通信、电话和其他谈话、邮件、电报和其他通讯秘密、无罪推定、控辩双方辩论制、保障犯罪嫌疑人和刑事被告人的辩护权、证据评价自由、刑事诉讼的语言、对诉讼行为的决定提出申诉的权利。研析这 14 条可以发现，"刑事诉讼的原则"这一章具有以下四个鲜明特点：第一，注重对权利和自由的维护。有 6 条即第 9～13 条和第 16 条规定了各种宪法权利和人身自由的保障程序；此外，第 13 条规定了无罪推定原则，第 19 条规定了申诉权。以上共 8 条，占原则条文的一半以上。第二，体现了以审判为中心的诉讼理念。第 8 条明确了法院的审判权，第 17 条肯认了证据评价自由原则，而且根据第 10 条、第 12 条和第 13 条的规定，只有经过法院决定，才能正式羁押人（检警临时拘捕不得超过 48 小时）、对住宅进行勘验、搜查、扣押、监听等。这体现了法院对强制处分和秘密侦查的司法控制，体现了审判权对侦查权的监督和制约。第三，没有一条列举式规定检察机关和警察机构的职

---

① 约阿希姆·赫尔曼.《德国刑事诉讼法典》中译本引言//德国刑事诉讼法典. 李昌珂，译. 北京：中国政法大学出版社，1995：11 以下.

权，也没有一条规定法院与检察机关、警察机构之间类似分工负责、互相配合、互相制约的关系。第四，明确区分控、辩、审三种诉讼职能，并按照控审分离、审判中立、控辩平等原则建构各方诉讼主体之间的法律关系。① 第15条即规定："刑事诉讼实行控辩双方辩论制。指控、辩护和刑事案件判决等职能相互分开，不得由同一机关或同一公职人员进行。法院不是刑事追究机关，不得参加指控方或辩护方。法院为控、辩双方履行诉讼义务和行使权利创造必要条件。指控方和辩护方在法院面前一律平等。"

我国刑事诉讼基本原则伴随修法而处于变动之中。对于1979年刑事诉讼法确立的基本原则体系，两次修改均有所触及，但并未进行根本调整。其一，1996年修法时，新增第12条"未经人民法院依法判决，对任何人都不得确定有罪"。该条吸收无罪推定原则的精神，确立了犯罪嫌疑人、被告人在法律上无罪的诉讼地位，明确了法院的统一定罪权和审判程序的法律意义，进而提升了法院在刑事诉讼中的诉讼地位和裁判权威。其二，为"安抚"检察机关因失去免予起诉权而产生的不满情绪，新增第8条"人民检察院依法对刑事诉讼实行法律监督"。立法起草部门对此的解释是：该条是根据《宪法》第129条关于人民检察院是国家的法律监督机关的规定而增加的。② 其三，2012年修法时，只是将第14条第1款"人民法院、人民检察院和公安机关应当保障诉讼参与人依法享有的诉讼权利"修改为"人民法院、人民检察院和公安机关应当保障犯罪嫌疑人、被告人和其他诉讼参与人依法享有的辩护权和其他诉讼权利"，从而突出了人民法院、人民检察院和公安机关对犯罪嫌疑人、被告人辩护权的保障义务。

就我国刑事诉讼法规定基本原则的体例来看，未能体现以审判为中心的诉讼理念。基本原则的主要条款是围绕三机关职权的自主性与分工负责的关系展开的，如第3条第1款、第4条、第5条、第7条、第8条；同时，第3条第2款、第6条、第9条、第14条对于承担中立审判职能的人

---

① 与此相应，俄罗斯联邦刑事诉讼法典第二编规定的是刑事诉讼的参加人，包括第五章"法院"、第六章"刑事诉讼的控方参加人"、第七章"刑事诉讼的辩方参加人"，从而清晰地区分了审、控、辩三方诉讼主体。这和我国刑事诉讼法中频频出现、多达数十次的"人民法院、人民检察院和公安机关……"的表述有别，展现了迥异的价值取向。

② 全国人大常委会法制工作委员会刑法室．《中华人民共和国刑事诉讼法》条文说明、立法理由及相关规定．北京：北京大学出版社，2008：16.

民法院和承担追诉职能的人民检察院、公安机关未加区分地提出了相同的要求。上述主要条款的基本精神是，将人民法院、人民检察院、公安机关进行统一、平行规范，使得审判权与公诉权、侦查权并列，形成公权力机关的一体结构，并与辩护方形成两面关系。如此，不仅导致公权力的集中与过度张扬，也导致诉讼三角结构不复存在，其结果是审判无以形成中心地位。

我国推进以审判为中心的刑事诉讼制度改革，应当建立控审分离、审判中立、控辩平等的诉讼结构，应当实现法院的独立性和中立性，使之与行使追诉职能的检察机关、公安机关保持适当的距离，并强化法院的审判职能，建立法院对强制侦查、秘密侦查的审批机制，实现法院对侦查、公诉的全程监控。以审判为中心，应首先体现在刑事诉讼基本原则条款中。为此，需要删除或者修改相关条款。

一、删除《刑事诉讼法》第3条第1款关于三机关职权的规定

《刑事诉讼法》第3条第1款规定："对刑事案件的侦查、拘留、执行逮捕、预审，由公安机关负责。检察、批准逮捕、检察机关直接受理的案件的侦查、提起公诉，由人民检察院负责。审判由人民法院负责。除法律特别规定的以外，其他任何机关、团体和个人都无权行使这些权力。"该规定看似明确了公安机关、检察机关和人民法院在刑事诉讼中的各自职权，合乎诉讼分权的法治原则，但有违以审判为中心的诉讼理念，积弊甚深。在以审判为中心的现代诉讼理念之下，法院不仅负责案件的实体审判，而且在整个刑事诉讼过程中，通过对干预公民基本人权的强制处分、秘密侦查进行审查，并对控辩双方之间产生的重大程序争议进行裁决，来发挥全面的裁判职能，以维护刑事诉讼的合法性和公平性。而根据《刑事诉讼法》第3条第1款，却形成了公安机关、检察机关、人民法院分别行使侦查权、自侦权与公诉权、实体审判权的权力分配格局。其一，赋予公安机关、检察机关等侦查机关及侦查人员完全自主的侦查权，即将所有侦查行为包括各种强制侦查和秘密侦查行为，皆授权侦查机关及侦查人员自行决定实施，导致侦查无须接受法院的司法审查和控制。如《刑事诉讼法》第134条规定，为了收集犯罪证据、查获犯罪人，侦查人员可以进行搜查；第139条规定，在侦查活动中发现的

可用以证明犯罪嫌疑人有罪或者无罪的各种财物、文件，应当查封、扣押；第148条规定，公安机关根据侦查犯罪的需要，经过严格的批准手续，可以采取技术侦查措施。①该款赋予检察机关对逮捕的批准、决定权，也是违背以审判为中心的诉讼理念的，容后再论。②其二，"审判由人民法院负责"的表述造成了根深蒂固的长期误读——法院作为审判机关，对公诉案件仅进行检察机关起诉后的实体审判，即作出被告人是否有罪的裁判，至于侦查过程，与法院完全无关。这限缩了我国法院的应有功能，和现代法院在刑事诉讼中的职能范围存在差异。

鉴于《人民检察院组织法》第5条对侦查权、公诉权等检察职权作了规定，第11条对检察机关和公安机关行使侦查权作了规定，《刑事诉讼法》第一编"总则"无须规定检察机关和公安机关的职权。《刑事诉讼法》第3条第1款规定公安机关、检察机关的职权，彰显侦查权行使的完全自主性，造成了公安机关、检察机关单方面操控侦查过程的积弊。这在现代各国刑事诉讼法总则中是见不到的。另鉴于《宪法》第123条已有"中华人民共和国人民法院是国家的审判机关"的规定，《人民法院组织法》第3条已有"人民法院的任务是审判刑事案件和民事案件"的规定，从而对法院的审判权进行了确认，《刑事诉讼法》作为程序法再作规定是没有必要的，且现有表述不足以体现法院的应有职权，不利于司法体制改革过程中实现司法职权的优化配置。总之，《刑事诉讼法》第3条第1款不符合以审判为中心的诉讼理念，阻碍了司法职权配置的优化，应予删除。③

二、删除《刑事诉讼法》第5条关于人民法院、人民检察院独立行使职权的规定

鉴于《宪法》已有第126条"人民法院依照法律规定独立行使审判权"

①　从《公安机关办理刑事案件程序规定》第256条来看，所谓"严格的批准手续"，不过是"报设区的市一级以上公安机关负责人批准"，由此可见，采取技术侦查措施同样是由侦查机关决定的。
②　自1997年以来，我国台湾地区检察官相继失去羁押决定权（1997年）、搜索决定权（2001年）、通讯监察决定权（2007年），体现了检察权去司法化的发展历程。林钰雄.刑事诉讼：上册·总论编.台北：元照出版有限公司，2013：307.
③　《刑事诉讼法》第4条关于国家安全机关行使侦查权的规定也应删除，可移至侦查一章中，或者与附则第290条合并。

的规定、第 131 条 "人民检察院依照法律规定独立行使检察权" 的规定，《人民法院组织法》第 4 条、《人民检察院组织法》第 9 条也分别有上述规定，建议删除《刑事诉讼法》第 5 条关于 "人民法院依照法律规定独立行使审判权，人民检察院依照法律规定独立行使检察权……" 的规定。理由在于：其一，《刑事诉讼法》是根据《宪法》制定的，没有必要重复《宪法》的规定。人民法院独立行使审判权为《宪法》与《法院组织法》共有条款，亦不适宜在作为程序法的《刑事诉讼法》中规定。其二，将人民法院与人民检察院并列规定会带来误解。法院独立行使审判权是实现公平审判和司法公正的要求和保证，但检察机关即便独立行使职权，也不意味着其侦查权、公诉权能够获得公正行使，因为侦查、公诉作为主动性的公权力是以追诉犯罪、完成控罪为目的的。无论是联合国《关于检察官作用的准则》，还是现代国家的宪法和刑事诉讼法，鲜见检察机关独立行使职权的规定。而且同等规定检察机关和人民法院独立行使职权，会冲击以审判为中心的诉讼理念，也会影响法院和检察机关之间诉讼职权的科学配置和刑事程序的改革。值得注意的是，第 5 条在 1979 年《刑事诉讼法》中原本就是不存在的，为 1996 年修法时所增加。

三、删除《刑事诉讼法》第 7 条三机关关系条款

自 1979 年《刑事诉讼法》制定伊始，人民法院、人民检察院和公安机关在刑事诉讼中的关系条款 "分工负责，互相配合，互相制约" 即得以确立。历史地看，该原则具有进步意义，它改变了 "大跃进" 时期要求三机关 "联合办案，合署办公"，提倡 "一员代三员" "一长代三长" "下去一把抓，回来再分家" 等错误的做法，明确了各自的职能和制约关系。但是，"该原则并没有摆脱公、检、法三家仍然是一家的观念，即：他们肩负着共同的任务，只是分工上有区别而已"[①]。事实上，三机关各自的职权是明确的，《刑事诉讼法》乃至《宪法》无须规定 "分工"，更不宜规定 "负责"，因为使用 "分工" 和 "负责" 的表述，不可避免地导致将三机关塑造为追诉犯罪 "流水线" 上的三个操作员和目标一致即共同打击犯罪的诉讼主体。

---

① 王敏远. 人权公约与刑事诉讼法原则的修改. 法学研究，2007（4）：157.

至于分工负责的基础上要求"互相配合"，更容易混淆三机关各自的诉讼职能，形成不同国家权力的集中。法院与检察机关、公安机关的"配合"关系，尤其是在惩罚犯罪目标下的配合，销蚀了法院应有的中立性，违背了控审分离的要求。另外，法院与控诉机关"并肩作战"，"三机关合力来对付被刑事追诉之人的观念与现代刑事诉讼的基本理念不相吻合"，"刑事被告人并不能确立其可以与控方平等的诉讼主体地位，辩护人难以获得足以和控诉方相抗衡的能力；而按照人权公约的规定，控辩平衡、平等武装是刑事诉讼的基本原则"[①]。由此，三机关"互相配合"的关系对辩护职能的实现极为不利。

虽然刑事诉讼法规定了"互相制约"，但在分工负责、互相配合的基调下，法院对公安机关、检察机关的制约大大弱化，极为乏力。在实务中，公安等侦查机关主导的侦查时间往往最长，长达数月乃至经年；检察机关审查起诉的期限为1个半月，且可两次退回补充侦查；法院在受理起诉后对案件进行审理的时间严重滞后，且一审庭审实质化不足，时间往往也是最短的。这就使得刑事诉讼演化为以侦查为重心，刑事诉讼程序的惯性使得公安机关作出的侦查结论往往左右乃至决定着法院的最终判决结果。无论是"做饭、端饭、吃饭"说，还是"公安定案、检察照办、法院宣判"说，这些坊间说法都是我国刑事司法体制遭异化的某种反映，暴露出我国司法体制运行中的重大缺陷。

作为我国特有的一项基本原则，该原则违背以审判为中心的诉讼理念，导致刑事诉讼形成了侦查、起诉、审判这三个被公安机关、检察机关、法院分割的独立阶段，并未形成以审判为中心的诉讼形态。"分工负责"之下，没有建立起法院对检察机关、公安机关侦查活动的司法审查机制。笔者完全赞同熊秋红教授的观点，即"处于社会转型期的中国，应当将构建中立、独立的法院作为司法体制改革的主要目标。在刑事诉讼中，公、检、法关系的重塑，关键在于建立以司法裁判为中心的刑事诉讼构造"[②]。为此，"现行刑事诉讼法所规定的三机关关系原则应当废除"，"废除这个原则不仅有利于转

---

① 王敏远. 人权公约与刑事诉讼法原则的修改. 法学研究，2007（4）：157.
② 熊秋红. 刑事司法职权的合理配置. 当代法学，2009（1）：123.

变相关的观念，而且对刑事诉讼法修改三机关的相关关系、加强辩护方的作用，均有积极意义"①。

四、删除《刑事诉讼法》第 8 条检察监督条款

《刑事诉讼法》第 8 条规定，人民检察院对刑事诉讼实行法律监督。该条无视检察机关在刑事诉讼中是侦查机关、公诉机关，承担的侦查、公诉（包括审查起诉、提起公诉、变更起诉、撤回起诉、抗诉）都属于控诉职能的范畴，仍规定其对整个刑事诉讼实行所谓法律监督，是不适当的。检察机关对人民法院刑事审判进行的所谓监督，其三种监督方式的实质均为诉讼职能。② 检察机关独立行使所谓侦查监督职能同样存在问题，既无法回应自身侦查的监督问题，也使得对公安机关侦查的监督被弱化。③ 刑事诉讼具有控诉、辩护、审判三种诉讼职能，审判中立、控辩平等为诉讼构造的内在要求。在此诉讼构造之外，将检察机关行使的某些诉讼职能定性为监督职能，不仅有违诉讼法理，而且在实践中更是有害无益。这样的条款在现代国家刑事诉讼法中绝无仅有，有违以审判为中心的诉讼理念，对法院的中立性和权威性形成冲击。基于以审判为中心的诉讼理念，需要确立法院在刑事诉讼中的中立裁判者地位。为此，应当理性认识检察机关在刑事诉讼中的控诉主体地位，还原检察机关的"诉讼原告人"身份④，否则，就会出现"检察官的判官化、判官的检察官化"的审检不分现象。⑤ 基于以上理由，应当删除《刑事诉讼法》第 8 条检察监督条款。

五、修改《刑事诉讼法》第 14 条保障诉讼权利条款

《刑事诉讼法》第 14 条规定，人民法院、人民检察院和公安机关应当保障犯罪嫌疑人、被告人和其他诉讼参与人依法享有的辩护权和其他诉讼权利。诉讼参与人对于审判人员、检察人员和侦查人员侵犯公民诉讼权利与人

---

① 王敏远. 人权公约与刑事诉讼法原则的修改. 法学研究，2007（4）：157.

② 刘计划. 检察机关刑事审判监督职能解构. 中国法学，2012（5）：133 以下.

③ 同②43 以下.

④ 龙宗智. 我国检察学研究的现状与前瞻. 国家检察官学院学报，2011（1）. 我国台湾地区"刑事诉讼法"第 3 条（刑事诉讼之当事人）即规定："'本法'称当事人者，谓检察官、自诉人及被告。"

⑤ 王泰升. 历史回顾对检察法制研究的意义和提示. 检察新论，2007（1）：8.

身侮辱的行为，有权提出控告。该规定存在价值预设上的缺陷：首先，检察机关和公安机关作为公诉机关、侦查机关，承担追诉职能，其无疑是辩护权和其他诉讼权利的最大威胁者。仅仅对检察机关和公安机关提出保障辩护权和其他诉讼权利的要求是远远不够的，需要建立由法院为当事人提供司法救济的机制。其次，不宜将人民法院和检察机关、公安机关并列作为保障辩护权和其他诉讼权利的义务主体，避免民众误认为法院和检察机关、公安机关一样，也是诉讼权利的威胁者。这有损裁判者的中立形象，与以审判为中心的诉讼理念不符。基于以审判为中心的诉讼理念，法院应成为制约检察机关和公安机关、在辩护权和其他诉讼权利受到追诉机关侵犯时提供司法救济的中立裁判者，即应确立法院对辩护权及其他诉讼权利的司法救济者地位。为此，建议将该条修改为"人民法院应当保障犯罪嫌疑人、被告人和其他诉讼参与人依法享有的辩护权和其他诉讼权利。诉讼参与人对于检察人员和侦查人员侵犯公民诉讼权利和人身侮辱的行为，有权提出控告，人民法院应当受理"。

讨论刑事诉讼基本原则，还需关注《刑事诉讼法》第1条和第2条。虽然2012年修法时将"尊重和保障人权"写进第2条，但这两条关于立法目的和任务的规定在目的论上仍保持了惩罚犯罪价值一元化倾向，不足以体现保障人权与惩罚犯罪同等的重要性。[①] 这两条对于改变三机关的关系、确立以审判为中心的诉讼制度、完善刑事诉讼结构都是不利的。如果参考德、日、韩等国的刑事诉讼法未规定目的、任务的立法例，可以不再保留这两条；如仍设类似条款，我国台湾地区的规定具有参考意义。[②]

总之，我国刑事诉讼基本原则体系未能体现以审判为中心的诉讼理念，

---

① 现行《刑事诉讼法》第1条是1996年修改《刑事诉讼法》时对原第1条的重新表述，确立了刑事诉讼目的一元论，即惩罚犯罪。2012年修改《刑事诉讼法》时，虽然将"尊重和保障人权"写进第2条，但不过是将其作为刑事诉讼法的一项任务来规定的，而且在"中华人民共和国刑事诉讼法的任务"之后的十个分句中，位列第八，由此，人权入法的积极意义被大大地降低了。

② 日本刑事诉讼法第1条规定："本法以在刑事案件上，于维护公共福利和保障个人基本人权的同时，明确案件的事实真相，正当而迅速地适用刑罚法令为目的。"我国台湾地区"刑事诉讼法"第1条（犯罪追诉处罚之限制及本"法"之适用范围）规定："犯罪，非依本'法'或其他'法律'所定之诉讼程序，不得追诉、处罚。"前者，并没有宣示惩罚犯罪，而是强调维护公共福利和保障个人基本人权的同等重要性；后者，则明确地表达了程序法定原则，体现了程序合法性要求，很好地处理了惩罚犯罪和保障人权的价值冲突问题。

未能体现控辩平等精神，未能充分体现保障人权的宪法价值。如果刑事诉讼法保留基本原则，则需要秉持以审判为中心的诉讼理念，删除与该理念不符的条款，增加保障权利的程序条款，并体现法院在维护诉讼公正价值方面应有的功能。

第三节　关于管辖制度

诉讼即原告向法院起诉，由法院对原告和被告之间的争讼进行审理和裁判的活动。而刑事诉讼是法院对检察机关（在公安机关辅助下）、自诉人的指控和被告人及其辩护人的辩护之间形成的争讼进行审理和裁判的活动。由此，刑事诉讼法规范的重点应在于保障刑事案件获得及时、公正的审理和裁判。

刑事诉讼具有诉讼的基本特征，即以审判为中心。对于控辩双方，首先要解决案件的受诉法院即审判管辖问题。考察域外刑事诉讼立法可以发现，各国（地区）刑事诉讼法一般在第一编规定法院的审判管辖权，包括事务管辖权和地域管辖权，以此确定案件的审判法院。如德国刑事诉讼法典第一编"通则"第一章为法院事务管辖权、第二章为地域管辖权，日本刑事诉讼法第一编"总则"第一章为法院的管辖，我国台湾地区"刑事诉讼法"第一编"总则"第二章为法院之管辖（第一章"法例"仅有 3 条）。值得关注的是，各国（地区）的刑事诉讼法并不在规定审判管辖时一并对检察机关、警察机构的职能管辖进行规定，而是将侦查管辖置于侦查章中进行规定。如德国刑事诉讼法典第二编"第一审"程序第二章"公诉的准备"，即侦查，该章第 1 条（即刑事诉讼法典第 158 条）规定了侦查权的实施主体，包括检察院、警察机关及警察官员，该章第 2 条（即刑事诉讼法典第 159 条、第 160 条）规定了警察、检察院侦查受理案件进行侦查的程序。日本刑事诉讼法典第二编"第一审"第一章"侦查"，该章第 1 条（即刑事诉讼法典第 189 条）规定了一般司法警察职员的侦查权，该章第 2 条（即刑事诉讼法典第 190 条）规定了特别司法警察职员，该章第 2 条（即刑事诉讼法典第 191 条）规定了检察官、检察事务官的侦查权，该章第 2 条（即刑事诉讼法典第 192 条）规定了侦查的协助，该章第 2 条（即刑事诉讼法典第 193 条）规定了检察官对司法警察职员的指示、指挥，等等。再如我国台湾地区"刑事诉讼法"第二编"第一审程序"第一章"公诉"第一节"侦查"，该节第一条即"刑事诉讼法"第 228 条规定："检察官因告诉、告发、自首或其他情事知有犯罪嫌疑者，应即开始侦查。前项侦查，检察官得限期命检察事务官、第 230 条之司法警察官或第 231 条之司法警察调查犯罪情形及搜集证据，并提出报告。必要时，得将相关卷证一并发交……"

我国《刑事诉讼法》第一编"总则"第二章"管辖"不仅规定了法院的审判管辖，包括级别管辖、地区管辖等，还规定了检察机关、公安机关的职能管辖。虽然该章 10 个条文中有 9 条（第 19 条～第 27 条）规范的是法院的审判管辖，但仍有一个条文即第 18 条规定的是职能管辖。该条第 3 款"自诉案件，由人民法院直接受理"是一种可有可无的规定，而第 1 款"刑事案件的侦查由公安机关进行，法律另有规定的除外"与第 2 款"贪污贿赂犯罪，国家工作人员的渎职犯罪，国家机关工作人员利用职权实施的非法拘禁、刑讯逼供、报复陷害、非法搜查的侵犯公民人身权利的犯罪以及侵犯公民民主权利的犯罪，由人民检察院立案侦查。对于国家机关工作人员利用职权实施的其他重大的犯罪案件，需要由人民检察院直接受理的时候，经省级以上人民检察院决定，可以由人民检察院立案侦查"，只是规定了追诉主体系统内侦查实施权的分工而已，完全可以在侦查章中予以规定。

大陆法系国家刑事诉讼法典总则对于侦查权的行使是不作规定的，究其原因是，总则的规定如同整部法典各编，是基于审判中心主义围绕法院审判权的运行而展开的。并且，现代法治国家并不认可警察机构和检察机关在侦查权行使方面的平等地位。特别是在大陆法系国家检警一体化模式下，刑事案件的侦查权专属于检察官，警察仅作为其辅助机关，并不享有独立的侦查权。[①] 总之，侦查实施权的分配问题并不具有审判程序的意义，不可与审判管辖相提并论，因而不能在总则中作出规定，而应在侦查章中予以规定。

我国《刑事诉讼法》在第一编"总则"第二章"管辖"里平行规定公安机关、检察机关和人民法院的管辖权，看似明晰了侦查机关的侦查受案范

---

① 刘计划. 检警一体化模式再解读. 法学研究，2013（6）：151.

围，解决了公安机关与检察机关之间的侦查分工问题，似乎具有明确各自职能的积极意义，但存在着久被忽视的弊端和缺陷：其一，没有体现以审判为中心。刑事诉讼乃至所有种类诉讼的中心问题都是审判，因此，刑事诉讼管辖应当解决的是案件由哪级哪个法院审判的问题。公诉是启动审判的"诉"，侦查不过是公诉的准备而已，因此，侦查的实施和审判管辖并非同一层面的程序问题。将侦查职能管辖和审判管辖一并规定可谓不伦不类。刑事诉讼法在总则之管辖章里强调侦查机关的职能，并特别强调其独立性，导致侦查权成为独立的权力，使得法院对侦查权进行同步审查制约似乎不需要，变得不可能。其二，这一规定导致检察机关和公安机关之间的诉讼法律关系出现紊乱。就检察机关和公安机关之间的诉讼法律关系而言，原本应有的控方内部"检主警辅"格局不复存在。《刑事诉讼法》第18条第1、2款的立法技术，极易造成公安机关形成其与检察机关平等分割侦查权的认识。这和《检察院组织法》第11条的规定是相违背的，造成检察机关对公安机关的侦查活动失去控制。① 由于绝大多数刑事案件是由公安机关实施侦查的，这些案件在公安机关侦查终结后才移送检察机关，使得检察机关的公诉受制于公安机关。检察机关在仅有审查批准逮捕权的情况下，对公安机关的侦查取证不能进行流程上的指挥、指导，而只能被动接受侦查结果。在程序上，检察机关对侦查取证无法进行合法性的控制，因为各种取证行为由公安机关独立进行；在实体上，检察机关审查起诉时，认为证据不足时虽依法可以退回公安机关补充侦查，但往往时过境迁，不再具有补充取证的条件，而无法有效补充侦查。综上，基于以审判为中心的诉讼理念以及确立科学的检警关系之需，我国《刑事诉讼法》第一编"总则"管辖一章无须亦不应规定公安机关、检察机关的职能管辖，而应在侦查章中按照检警一体化模式对其进行规制。②

第四节　关于回避制度

作为程序正义之源的自然正义，其首要要素是"任何人不得做自己案件

---

①② 刘计划. 检警一体化模式再解读. 法学研究，2013（6）：158.

的法官"，强调法官不能和案件、案件的当事人有利害关系。国际人权公约特别强调法庭的独立性，对法官提出了中立无偏私的要求。《世界人权宣言》这部世界人权的"大宪章"第10条即规定："人人完全平等地有权由一个独立而无偏倚的法庭进行公正的和公开的审讯，以确定他的权利义务并判定对他提出的任何指控。"《公民权利和政治权利国际公约》第14条也规定：所有的人在法庭和裁判所前一律平等。在判定对任何人提出的任何刑事指控或确定他在一件诉讼案中的权利和义务时，人人有资格由一个依法设立的合格的、独立的和无偏倚的法庭进行公正的和公开的审讯。各国（地区）的刑事诉讼法也都规定了回避制度，其适用主体为法官和法院其他人员。如德国刑事诉讼法典第一编"通则"第三章名称为"法院人员的回避和拒绝"，日本刑事诉讼法典第一编"总则"第二章名称为"法院职员不得执行职务和申请回避"，我国台湾地区"刑事诉讼法"第一编"总则"第三章名称为"法院职员之回避"。同时，检察官和被告人（及辩护人）同为申请回避的权利主体，平等地享有申请法官回避的权利。设立回避制度的目的在于，使法官保持外观和实质中立，保证法官独立与无偏私，以实现公平、公正之审判。

　　与国际人权公约要求法庭独立无偏私、域外刑事诉讼法规定法官回避制度不同，我国刑事诉讼法第一编第三章"回避"一并规定了审判人员、检察人员、侦查人员的回避，同时回避申请权人为被告人等当事人及辩护人、诉讼代理人。这样的立法体例与以审判为中心的诉讼理念不符：一则，检察官并非申请法官回避的权利主体，竟然无权申请法官回避。这无疑忽视了检察官和被告人分属控辩双方诉讼主体的基本构造，有违以审判为中心的现代刑事诉讼中控辩双方都有权申请法官回避的基本法理。二则，将行使追诉职能的检察人员、侦查人员和承担中立裁判职能的审判人员相提并论，并列作为适用回避的主体，混淆了追诉职能和审判职能之间的本质区别，导致回避制度的功能与价值错位。如前述，自然正义的首要要求是，裁判者不得与案件、案件的当事人有利害关系，以确保其中立。由是，公平审判原则构成回避的法理依据。① 因此，审判人员理所当然地成为回避制度的适用主体。对于审判人员而言，适用回避能够确保其与案件结果无涉而保持超然地位，在

---

① 林钰雄.刑事诉讼法：上册·总论编.台北：元照出版有限公司，2013：101～102.

控辩双方之间保持中立，平等对待控辩双方，实现公平与公正审判。然而，对检察人员、侦查人员设置回避规则的意义极其有限。即使检察人员、侦查人员具有《刑事诉讼法》第 28 条规定的回避情形而回避，也不能保障侦查权行使的公正性，无法防止侦查机关及侦查人员滥用侦查权乃至违法实施侦查行为。在实务中，侦查人员不具有《刑事诉讼法》第 28 条规定的回避情形，与犯罪嫌疑人、被害人双方均无利害关系，但为何还会实施刑讯逼供及其他各种非法取证行为呢？其背后的根源是，确定犯罪嫌疑人并将其移送检察机关审查起诉，进而提起公诉、最终实现定罪，其中有侦查人员的职业利益，也有检察人员的职业利益。公安机关、检察机关进行刑事诉讼活动，有共同的利益追求，那就是将被指控者定罪。而为了实现定罪目的，在没有外部有效监督制约的情况下，侦查权、检察权的滥用就难以避免了。不仅如此，缺少法院同步司法控制的公安机关、检察机关，其过度的胜诉欲又对法院的公正审判构成反制。

为什么我国司法实践中无罪判决率极低？遇证据不足时，法院会选择罪疑从轻甚或罪疑从挂？为什么无辜被告人被判处死缓、徒刑的案件纠错后，法院竟被认为是立了功的？司法者解释说，"一些案件，包括河南赵作海杀人案、浙江张氏叔侄强奸案，审判法院在当时是立了功的，至少可以说是功大于过的，否则人头早已落地了"。司法者坦承，"面临来自各方面的干预和压力，法院对这类案件能够坚持作出留有余地的判决，已属不易"。不过，司法者也清醒地认识到，"法院虽在防止错杀上是有功的，但客观而言在错判上又是有过的，毕竟这种留有余地的判决，不仅严重违背罪刑法定、程序公正原则，而且经不起事实与法律的检验，最终将会使法院陷入十分被动的地位。一旦冤假错案坐实，法院几乎面临千夫所指，此时任何的解释和说明都是苍白无力、无济于事的"①。

法院作为中立的裁判机关，本应以公平审判而非以有罪判决为追求，然而目前法院刑事审判陷入窘境，这缘于刑事诉讼制度存在缺陷，未能贯彻以审判为中心的诉讼理念，法院的刑事审判在某种程度上受到公安机关、检察机关的"影响"，程序上的"互相配合"演化成了实体上的"互相配合"，即

---

① 沈德咏．我们应当如何防范冤假错案．人民法院报，2013 - 05 - 06（2）．

在实现定罪目标上的"配合"。一直以来，公安机关、检察机关实行绩效考核制，以诸如拘留数、批捕率、起诉率、有罪判决率等为指标，这必然会冲击法院的中立地位和辩护权的正当行使，必然对公平审判原则构成威胁和破坏，使得法院的刑事审判难以实现公正。值得关注的是，2015 年 1 月 20 日，中央政法委要求中央政法各单位和各地政法机关对各类执法、司法考核指标进行全面清理，坚决取消刑事拘留数、批捕率、起诉率、有罪判决率、结案率等不合理的考核项目，并建立科学的激励机制。① 这一要求是敏锐且正确的，有利于纠正检察机关和公安机关长期存在的过度追诉化倾向。不过，即使取消了上述考核指标，检察机关和公安机关的追诉思维也是客观存在的，对定罪的追求也是不可否认的。这是由其承担追诉职能所决定的。由此不难得出结论，回避制度对检察人员、侦查人员依法进行诉讼活动并无约束和保障功能，而防范侦查权和公诉权的滥用，绝非依靠回避制度就可以实现。

综上所论，为了避免可能产生的误导，并基于以审判为中心和控辩平等的诉讼理念，应删除《刑事诉讼法》回避一章中关于检察人员、侦查人员回避的规定，并赋予检察官和被告人平等申请法官回避的权利。而为了避免侦查权和公诉权滥用，防止侦查中侵犯公民基本权利行为的发生，应将侦查合法性控制与保障机制建立在侦查监督主体多元化和监督模式的完善上，建立在对各种强制侦查和秘密侦查实行法院监督机制的基础上②，将对检察机关起诉合法性的控制与保障机制建立在法院庭前公诉审查和法庭审判的中立性与权威性上。

第五节　关于辩护制度

推进以审判为中心的诉讼制度改革，对于辩护权的有效行使和辩护制度功能的充分发挥尤为重要。这是因为，辩护针对指控而进行，只有在法官以听审的方式进行审判的程序中才能真正实现。可以说，审判是辩护的前提，没有审判，就没有实质意义上的辩护。由此，辩护权的行使和辩护制度功能

---

① 李娜. 以法治为引领开创政法工作新局面——中央政法工作会议侧记. 法制日报，2015-01-22 (2).

② 刘计划. 检警一体化模式再解读. 法学研究，2013（6）：259.

的发挥，须建立在以审判为中心的诉讼模式的基础上。我国 1979 年《刑事诉讼法》第一编"总则"第四章确立辩护制度，历经 1996 年、2012 年两次修法，有了长足的进展，不仅审判阶段律师辩护获得充实发展，侦查中的律师辩护更是从无到有地建立起来，特别是律师会见条款不断完善。但是，辩护制度的设置未能充分体现以审判为中心的诉讼理念，辩护律师与侦查机关之间的重大程序争议未能置于法院的审查裁判机制之下，侦查程序中的辩护权尚不能获得有效救济。

以审判为中心，要求在指控方与辩护方之间发生争议，如辩护方认为指控方妨碍其行使诉讼权利时，或者对辩护人权利进行限制时，由法院采取审判的方式进行裁断。俄罗斯联邦刑事诉讼法典第 29 条第 3 款即规定：法院有权在审前程序过程中依照本法典第 125 条规定的程序审理对检察长、侦查员、调查机关和调查人员行为（不作为）及决定提出的申诉。第 125 条规定：对调查人员、侦查员、检察长可能损害刑事诉讼参加人宪法权利和自由或妨碍公民参加司法的决定和行为（不作为），可以向审前调查进行地的法院提出申诉。自收到申诉之日起 5 日内法官应开庭审理申诉的行为是否合法有据。申诉人、辩护人、法定代理人、代理人应当出庭，检察长也应出庭。这就在审前程序过程中建立了辩护方和指控方之间的程序审判机制，由法官审查侦查决定和行为（不作为）的合法性，从而为辩护权提供有效救济。这是审判中心主义的体现。在德国刑事诉讼法典第一编"总则"第十一章"辩护"中，第 138 条 b 款规定了辩护人在国家安全有危险情况下的回避，即未履行叛国罪或外患罪之告发义务，如果根据一定的事实有理由认为辩护人参与程序可能对联邦德国的安全带来危险，辩护人不得参与诉讼。不过，根据该法典第 138 条 c 款的规定，回避的管辖权归属州高等法院，而且辩护人可以在程序中作陈述。另外，该法典第 148 条第 2 款规定，在恐怖犯罪案件中，对于被指控人与辩护人之间的书信往来可以进行监管。同样，根据该法典第 148 条 a 款的规定，实施监管措施，由押所所在地地方法院法官负责，而且被委托实施监管措施的法官不得处理或于将来处理侦查对象，对于监管中得知的情况，法官应当保持缄默。根据上述规定，对辩护人权利进行限制的措施由法官负责作出决定，从而体现了审判中心主义的诉讼理念。我国台湾地区"刑事诉讼法"第 34—1 条规定："限制辩护人与羁押之被告接见或互通书信，应用限制书。限制书，应记载下列事项：（1）被告之姓名、性别、年龄、住所或居所，及辩护人之姓名。（2）案由。（3）限制之具体理由及其所依据之事实。（4）具体之限制方法。（5）如不服限制处分之救济方法。……限制书，由法官签名后，分别送交检察官、看守所、辩护人及被告。侦查中检察官认羁押中被告有限制之必要者，应以书面记载第二项第一款至第四款之事项，并检附相关文件，声请该管法院限制。但遇有急迫情形时，得先为必要之处分，并应于 24 小时内声请该管法院补发限制书；法院应于受理后 48 小时内核复。检察官未于 24 小时内声请，或其声请经驳回者，应即停止限制。前项声请，经法院驳回者，不得声明不服。"由此可见，对于限制辩护人与羁押之被告接见或互通书信事项，我国台湾地区建立了法官依检察官申请进行审查并作出裁决的机制，能够防止指控方自行限制辩护人与羁押之被告接见或互通书信，同样体现了以审判为中心的诉讼理念。

辩护人行使权利往往需要公安机关、检察机关履行关照义务，如果公安机关、检察机关在律师执行职务时不予配合和保障，辩护权就可能无法行使。针对律师权利受到阻碍导致产生律师辩护难问题，2012 年《刑事诉讼法》确立了由检察机关提供救济的程序机制。《刑事诉讼法》第 47 条规定："辩护人、诉讼代理人认为公安机关、人民检察院、人民法院及其工作人员阻碍其依法行使诉讼权利的，有权向同级或者上一级人民检察院申诉或者控告。人民检察院对申诉或者控告应当及时进行审查，情况属实的，通知有关机关予以纠正。"第 115 条规定："当事人和辩护人、诉讼代理人、利害关系人对于司法机关及其工作人员有下列行为之一的，有权向该机关申诉或者控告：……受理申诉或者控告的机关应当及时处理。对处理不服的，可以向同级人民检察院申诉；人民检察院直接受理的案件，可以向上一级人民检察院申诉。人民检察院对申诉应当及时进行审查，情况属实的，通知有关机关予以纠正。"上述规定有违刑事诉讼职能理论，不具有现实有效性：首先，其体现的是以检察机关为中心，而不是以审判为中心。试想：当辩护人控告公安机关、检察机关阻碍其依法行使诉讼权利时，身为追诉机关而不具有中立地位的检察机关能够提供有效救济吗？更令人费解的是：检察机关能够成为法院阻碍辩护人依法行使诉讼权利时的裁判者吗？必须明确的是，辩护律师的权利极易受到公安机关、检察机关等侦查机关的侵犯，这是因为，律师的辩护活动对侦查构成实质意义上的监督。侦查机关往往担心律师介入会影响侦查的顺利进行，甚至阻碍有效侦查的实现，故而消极待之。如对于律师会见后犯罪嫌疑人可能改变口供存在顾虑，则律师要求会见在押犯罪嫌疑人时可能被侦查机关拒绝，会见难的问题即由此产生。其次，检察机关接受申诉和控告后进行的行政化审查，不同于中立法院听取控辩双方意见作出裁判的方式，并不具有对抗的形式与裁判的实质，发出的要求纠正的通知的法律效力也不及法院作出的裁判。实践表明，检察机关难以纠正阻碍律师行使诉讼权利的违法行为，难以在律师权利被侵犯时实施有效救济。①

值得注意的是，2004 年 2 月 10 日最高人民检察院发布了《关于人民检察院保障律师在刑事诉讼中依法执业的规定》，2006 年 2 月 23 日发布了《关于进一步加强律师执业权利保障工作的通知》，2014 年 12 月 23 日，发布了《关于依法保障律师执业权利的规定》。最高人民检察院不断发布保障律师执业权利的规定，初衷可鉴。不过需要思考的是：为何反复发文而解决不了实际问题？究其原因是，辩护人的权利极易受到侦查人员、检察人员的侵犯，而检察机关因自身承担追诉职能、具有自身局限性，而无法充分有效地保障律师的权利。这也说明，仅靠提高检察人员的思想认识是不够的。②

我国立法机关虽然认识到辩护人的权利容易受到侵犯并需要救济，但忽视了对辩护人权利的主要威胁来自公安机关、检察机关，从而将救济权交给本应成为审查对象的检察机关，甚至将法院阻碍辩护人行使权利时的救济也交予检察机关，因而违背了以审判为中心的诉讼理念。在辩护制度中贯彻以审判为中心，要求建立辩护人向法院寻求权利救济的制度。为了保障辩护人的诉讼权利，我国刑事诉讼法应当确立法院受理申诉、控告的机制，以及由法院限制律师执业权利的机制。刑事诉讼法关于律师会见在押犯罪嫌疑人的规定即存在救济程序不当的缺陷，其第 37 条第 3 款规定，"危害国家安全犯罪、恐怖活动犯罪、特别重大贿赂犯罪案件，在侦查期间辩护律师会见在押

---

① 韩旭. 新《刑事诉讼法》实施以来律师辩护难问题实证研究——以 S 省为例的分析. 法学论坛, 2015（3）：137.

② 《最高人民检察院关于依法保障律师执业权利的规定》第 2 条即规定，"各级人民检察院和全体检察人员应当充分认识律师在法治建设中的重要作用，认真贯彻落实各项法律规定……"。

的犯罪嫌疑人，应当经侦查机关许可"。《人民检察院刑事诉讼规则（试行）》第 45 条规定："对于特别重大贿赂犯罪案件，犯罪嫌疑人被羁押或者监视居住的，人民检察院侦查部门应当在将犯罪嫌疑人送交看守所或者送交公安机关执行时书面通知看守所或者公安机关，在侦查期间辩护律师会见犯罪嫌疑人的，应当经人民检察院许可。"上述条款实施以来，对于"特别重大贿赂犯罪案件"，律师会见在押犯罪嫌疑人成为例外。[①] 原因在于，律师会见犯罪嫌疑人由侦查机关许可的程序设计存在重大缺陷，如果侦查机关滥用不许可权，那么如何保障律师的会见权被侵犯时能够获得救济？这一问题的解决，必须基于以审判为中心的诉讼理念，由法院进行裁决。即便在审判程序中律师的权利受到法庭的不当限制，如个别法官在法庭上不适当地限制辩护人进行质证、辩论等，也不应由作为追诉机关的检察机关进行救济。对此，一方面，要强化法院的中立性，规范审判程序；另一方面，需借助于上诉审程序，由上级人民法院予以救济。[②]

第六节　关于证据制度

证据是刑事诉讼的中心问题，如侦查是围绕证据的收集展开的，审判尤其第一审是围绕证据的质证、审查及采信展开的。证据的收集、质证、审查及采信，对指控方甚为重要，因为关系到追诉目标能否实现；对辩护方尤为重要，因为涉及基本权利的保障和辩护权的行使：在侦查阶段，取证程序是否合法，往往关涉到被指控者基本权利的保障；在审判阶段，证据的质证、审查、采信则涉及被告人的辩护权保障。因此，在证据制度中贯彻以审判为中心的诉讼理念至关重要。

---

① 孙谦．关于修改后刑事诉讼法执行情况的若干思考．人民检察，2015（7）：9．甄贞，等．检察机关保障律师刑事辩护权利机制研究．人民检察，2015（4）：11．

② 2015 年 9 月 16 日，《最高人民法院、最高人民检察院、公安部、国家安全部、司法部关于依法保障律师执业权利的规定》第 38 条即规定：法庭审理过程中，律师就回避、案件管辖、非法证据排除，申请通知证人、鉴定人、有专门知识的人出庭，申请通知新的证人到庭，调取新的证据，申请重新鉴定、勘验等问题当庭提出申请，或者对法庭审理程序提出异议，法庭原则上应当休庭进行审查，依照法定程序作出决定。法庭决定驳回申请或者异议的，律师可当庭提出复议。经复议后，律师应当尊重法庭的决定，服从法庭的安排。律师不服法庭决定保留意见的内容应当详细记入法庭笔录，可以作为上诉理由……

德国刑事诉讼法典关于证据的规定体现了以审判为中心的诉讼理念。其第一编"总则"设立多章来规范证据制度，包括第六章"证人"（29条）、第七章"鉴定人和勘验"（31条）、第八章"扣押、监听电信通讯、计算机排查侦缉、采用技术手段、派遣卧底侦查员和搜查"（49条）、第十章"询问被指控人"（5条），竟有114条之多。以上各章将各种证据和获取程序的正当性、合法性紧密结合起来，即以法官命令为原则（即法官保留原则）。日本刑事诉讼法典与之相似，第一编"总则"第九章为扣押及搜查，第十章为勘验，第十一章为询问证人。我国台湾地区"刑事诉讼法"第一编"总则"第九章"被告之讯问"、第十一章"搜索及扣押"、第十二章"证据"（包括通则、人证、鉴定及通译、勘验、证据保全共五节），也是基于以审判为中心的诉讼理念进行规范的。

与域外刑事诉讼法围绕法院裁判权运行对证据制度进行规定不同，我国《刑事诉讼法》第一编"总则"第五章"证据"采审判、公诉、侦查职能一体化的方式进行规定，未能体现以审判为中心的诉讼理念。"证据"章仅有16条（1996年《刑事诉讼法》中更是只有区区8条），其特点是规定证据概念、列举证据种类①，对证据的收集、调取、质证进行概括与原则性的规定，对法院、检察机关和公安机关提出相同的程序要求，如第50、51、52、54、61、62条。与证据一章相关的是第二编第二章"侦查"，共有54条，远远超出"证据"章的16条。"侦查"章规定了各种侦查取证行为，包括讯问犯罪嫌疑人，询问证人、被害人，勘验、检查、搜查，查封、扣押物证、书证、鉴定、技术侦查措施、通缉等。与域外立法例不同的是，上述所有行为都由侦查机关自行决定、自行实施。第一编"总则"第五章"证据"和第二编第二章"侦查"关于证据与取得程序分立的立法模式导致的结果是，认可侦查机关的自行侦查取证权，排斥法院在侦查取证程序中的裁判职能；侦查取得的证据在法庭上难以获得言词方式的质证，法官在庭审中对证据的审查往往流于形式。这些和以审判为中心的诉讼理念是不符的。

一、关于证人作证

德国刑事诉讼法典第一编"总则"第六章为证人，该章第1条即刑事诉

---

① 1979年《刑事诉讼法》规定了6种证据，1996年《刑事诉讼法》规定了7种证据，2012年《刑事诉讼法》则规定了8种证据。

讼法典第 48 条规定，"证人有义务在特定的、对其询问的期日到法官面前接受询问。如果未有法律准许的例外，他们有义务陈述。传唤证人时，应当对其指明有利的程序法规定、证人照顾的可能性和不到场的法律后果。"该章中此条之后的条文皆围绕法官询问证人展开。第二编"第一审程序"第二章"公诉的准备"中，仅有第 163 条 a 款规定了检察院询问证人和鉴定人，并且适用第一编"总则"第六章关于询问证人的规定。关于证人出庭问题，该法典第 250 条规定了直接询问原则，即如果事实的证明基于人的感知，应当在法庭审理中询问此人，不得以宣读先前询问笔录或书面陈述代替。该法典第 251 条规定了宣读笔录代替询问的情形，即检察官、辩护人和被告人对此同意，以及证人、鉴定人死亡，或者出于其他原因在可预见时间内不能接受法院询问。日本刑事诉讼法典第一编"总则"第十一章为询问证人，该章第 1 条即刑事诉讼法第 143 条规定，"法院，除本法有特别规定的以外，可以将任何人作为证人进行询问。"此条之后的条文也是围绕法官询问证人展开的。由此可见，德国、日本的刑事诉讼法典在规定证人时，开宗明义地规定了法官、法院对证人的询问，即证人作证皆指证人向法庭作证。这体现了以审判为中心的诉讼理念。

　　一直以来，证人出庭作证率极低成为制约我国刑事审判公正价值实现的一大瓶颈。无论是基于大陆法系直接言词原则、英美法系传闻证据排除规则的经验，还是基于保障质证权、辩护权、公平审判权的内在需要，证人必须出庭作证已然成为共识。然而，2012 年《刑事诉讼法》实施以来，证人出庭率低的现象依然没有得到明显的改观。从以审判为中心的诉讼理念出发，证人作证应当体现在审判程序中，即证人应当在法庭上作证。这从我国《刑事诉讼法》中被忽视的条款同样可以看出。基于《刑事诉讼法》第 59 条关于"证人证言必须在法庭上经过公诉人、被害人和被告人、辩护人双方质证并且查实以后，才能作为定案的根据"的规定，第 60 条第 1 款"凡是知道案件情况的人，都有作证的义务"理应解释为证人有出庭作证的义务，否则何以质证？然而，2012 年修改《刑事诉讼法》时无视该条的存在，另起炉灶，新增第 187 条第 1 款即"公诉人、当事人或者辩护人、诉讼代理人对证人证言有异议，且该证人证言对案件定罪量刑有重大影响，人民法院认为证人有必要出庭作证的，证人应当出庭作证"。新增该条款的本意是解决证人不出庭作证的积弊，但事与愿违。这与修改过程中出现的波折有关：2011年8月全国人大常委会审议的刑事诉讼法修正案草案原本规定的是，"证人证言对案件定罪量刑有重大影响，并且公诉人、当事人或者辩护人、诉讼代理人有异议的，或者人民法院认为证人有必要出庭作证的，证人应当出庭作证"。据此，证人出庭作证有两种情形：一是，证人证言对案件的定罪量刑有重大影响，并且公诉人、当事人或者辩护人、诉讼代理人有异议的；二是，人民法院认为证人有必要出庭作证的。而修改后的刑事诉讼法却作了重大调整，即便控辩双方"对证人证言有异议"，且"该证人证言对案件定罪量刑有重大影响"，证人是否出庭作证仍取决于法院的判断，即必须"人民法院认为证人有必要出庭作证"，从而导致证人是否出庭作证变成了由法官裁量。五年来的实践表明，法官不受限制的裁量权导致证人不出庭的问题根本没有得到缓解。

为了防止法院因非正当原因作出证人没有必要出庭作证的裁判，必须限制乃至解除法官的任意解释与裁量权。具有启发和借鉴意义的是，我国台湾地区"刑事诉讼法"第159条"无证据能力者（一）"规定，"被告以外之人于审判外之言词或书面陈述，除法律有规定者外，不得作为证据。前项规定，于第161条第2项之情形及法院以简式审判程序或简易判决处刑者，不适用之。其关于羁押、搜索、鉴定留置、许可、证据保全及其他依法所为强制处分之审查，亦同"。该条确立了传闻排除规则，有效地限制了法官关于证人出庭作证的裁量权。为了保障被告人对证人的质证权，实现以审判为中心的理念，我国大陆刑事诉讼法应增加"证人在法庭外的言词或书面陈述，除法律有规定者外（应限于被告人认罪案件，控辩双方对书面证言不存异议从而不申请证人出庭作证，证人已死亡或者在可预见时间内不能到庭接受询问三种情形），不得作为证据"的规定。《刑事诉讼法》第187条第3款已经作出了类似规定，即"鉴定人拒不出庭作证的"，将产生"鉴定意见不得作为定案的根据"的法律后果。这样的规定也应适用于证人作证。

二、关于取证程序合法性的控制

德国刑事诉讼法典将强制侦查、秘密侦查与证据的取得程序统一规定在第一编"通则"第八章中，体现了以审判为中心的诉讼理念。这些强制侦查、秘密侦查的共性是，须经法官命令才能进行（即法官保留原则）。如该法典第 98 条规定：扣押的命令只能由法官发布，在迟延就有危险时也可由检察院和它的辅助官员发布命令（在编辑部、出版社、印刷厂或者广播电视台处所里的扣押，只能由法官发布命令），但应当在 3 日以内提请法官对扣押进行确认，相关人可在任何时间申请法院裁决。第 98 条 b 款规定：数据的比对和传送只能由法院发布命令，在延误就有危险时也可由检察院发布命令。在检察院发布命令后，应当毫不拖延地提请法院确认。如果在 3 个工作日内未得到法院确认，此命令失去效力。命令应以书面形式作出。第 100 条规定：对邮件和电报的扣押，只有法院，或在拖延就有危险时检察院有权实施扣押。如果检察院的扣押令在 3 个工作日内未得到法官的确认，即使还未产生交付的结果，也无效。第 100 条 b 款规定：依照第 100 条 a 款规定的监听和记录电信通讯措施只能由检察院申请并由法院发布命令，在拖延就有危险时也可由检察院颁发命令。如果在 3 个工作日内检察院的命令未获得法院的确认，失去效力。第 100 条 d 款规定：依照第 100 条 c 款规定的住宅监听措施，只有基于检察院的申请，由其所在地区法院中《法院组织法》第 74 条 a 款规定的审判庭颁布命令。在延误就有危险时可以由审判长颁发命令。审判长的命令如果未在 3 个工作日内取得该审判庭确认，失去效力。第 105 条规定：搜查只能由法官命令，迟延就有危险时亦允许检察院及其侦查人员命令。联邦最高法院认定，如果检察院或其侦查人员故意或明显过失地回避法官的命令，搜查所得的证据材料不得使用。[①] 第 110 条 b 款规定：下列情形，派遣卧底侦查员须经法院同意：针对特定的犯罪嫌疑人派遣，或者执行任务时卧底侦查员将进入不公开开放的住所。在延误就有危险时，经检察院批准即可。如果法院未在 3 个工作日内批准，应当停止措施。以上规定，通过赋予法院在强制侦查、秘密侦查取证程序中的审查决定权，使得侦查取证的过程体现了以审判为中心，有利于实现法院对侦查取证的合法性控制，也有利于保障被指控者的基本权利。

我国台湾地区的经验同样具有借鉴意义。2001 年 1 月 3 日，我国台湾地区修改"刑事诉讼法"，废除了检察官核发搜索票的权限，改采"相对法官

---

① 德国刑事诉讼法典：宗玉琨，译注 . 北京：知识产权出版社，2013：81.

保留原则"，将搜索权划归法院，从而彻底解构搜索、扣押的架构基础。①根据规定，侦查中认有搜索之必要者，除因追蹑现行犯或逮捕脱逃人等外，检察官应以书面记载所需之事项，并叙述理由，声请该管法院核发搜索票；司法警察官得报请检察官许可后，向该管法院声请核发搜索票。声请经法院驳回者，不得声明不服。搜索票执行后，应将执行结果陈报核发搜索票之法院。未陈报该管法院或经法院撤销者，审判时法院得宣告所扣得之物，不得作为证据。检察官于情况急迫时实施的无票搜索，须层报检察长，在搜索执行后 3 日内陈报该管法院，未陈报该管法院或经法院撤销者，审判时法院得宣告所扣得之物，不得作为证据。

我国刑事诉讼法第二编第二章"侦查"规定了各种侦查包括强制侦查和秘密侦查行为，如搜查、扣押、技术侦查等。实施这些侦查行为取证，将形成重要的实物证据。由于刑事诉讼法赋予公安机关、检察机关自行决定采取搜查、扣押、技术侦查等侦查行为的权力，即实行侦查和审判的彻底分离，导致侦查人员收集的证据在法庭审判阶段对法官形成反制，法官在庭审中难以进行有效的程序合法性审查，质证、审查难免流于形式。贯彻以审判为中心的诉讼理念，应将法官的审判机制引入强制侦查和秘密侦查程序中，以实现对侦查取证合法性的司法控制。

三、关于非法证据排除规则

经过十几年的呼吁与努力，我国终于在 2012 年修法时将非法证据排除规则确立在刑事诉讼法典中。《刑事诉讼法》用 5 条初步规定了非法证据排除规则，不过未能体现以审判为中心的诉讼理念。

无论是英美法系国家的非法证据排除规则，还是大陆法系国家如德国实行的证据禁止规则，规范的都是法院对指控方证据的可采性或者证据能力的认定问题。非法证据排除规则和证据禁止规则的实质是，由法院对控方收集证据程序的合法性进行审查，属审判权对侦查权、公诉权的制约机制。而我国《刑事诉讼法》第 54 条第 2 款规定，"在侦查、审查起诉、审判时发现有应当排除的证据的，应当依法予以排除，不得作为起诉意见、起诉决定和判

---

① 林钰雄. 刑事诉讼法. 台北：元照出版有限公司，2004：351.

决的依据"。由此，公安机关、检察机关、人民法院都负有排除非法证据的义务。对三机关提出排除非法证据的同样要求，是存在弊端的：其一，忽视了公安机关、检察机关作为追诉机关的"原告"地位。公安机关、检察机关排除非法证据或许可以确立为道德义务，但不具有可靠性。公安机关、检察机关处于犯罪指控者的地位，尤其在崇尚定罪的我国当下，利用证据完成指控是其积极追求的职能行为。实务中，公安机关、检察机关收集证据的能力有待提高，个案指控证据有时薄弱。此时，要求公安机关、检察机关排除证据，无疑是不现实的。其二，冲淡了法院排除非法证据的权威性。试想：如果公安机关、检察机关已经"依法"审查认定了指控证据的合法性，再由法院认定并排除非法证据，这让负有排除非法证据同等义务的公安机关、检察机关何以接受？

基于以审判为中心的诉讼理念，被告人提出庭前供述系遭受刑讯逼供而作出，辩护人提出侦查违反法定程序请求排除证据等事项，都属于法院审判的范围。非法证据排除规则的本质就是，法院就控方提交的指控证据是否具有合法性进行审查并决定是否排除，具有为被告人权利提供司法救济的程序价值，并具有维护诉讼程序正当性的价值。近年的实践表明，非法证据排除程序存在启动难、调查难、排除难。其根源在于，法院与公安机关、检察机关"同质化"导致其中立性和权威性不足。排除非法证据就是对侦查取证合法性的否定，意味着对公安机关、检察机关作出消极评价；对检察机关而言，可能削弱甚至推翻其公诉指控，因此，期待公安机关、检察机关主动排除非法证据并不具有现实可行性。理性且务实的做法应是，基于以审判为中心的诉讼理念，删除刑事诉讼法中要求检察机关、公安机关排除非法证据的规定，强化法院作为中立裁判者的独立性和权威性，明确、完善法院调查、排除非法证据的程序规则。理性地看，公安机关、检察机关基于指控利益对于提交哪些证据作出选择，是可以理解的，但某个或某些证据是否为非法证据、是否应当排除，应由法院作出裁判。

四、关于审判人员收集证据

法院是审判机关，其审判职能是由法官通过对案件的审理，即在主持庭审并听取控辩双方举证、质证、辩论意见的基础上作出裁判来实现的。控方基于承担举证责任而通过侦查收集指控证据，辩方基于自身辩护职能而收集辩护证据，法院作为裁判者并没有自己的诉讼主张，因此，法院不承担举证责任，也就不负有收集证据的义务。然而，我国《刑事诉讼法》第50条（1979年《刑事诉讼法》第32条、1996年《刑事诉讼法》第43条）却规定，审判人员和检察人员、侦查人员一样，负有收集证据的义务。① 这无疑有悖于法院的中立裁判者地位，容易造成审判人员与检察人员、侦查人员一样承担指控职能的误导。我国1996年修改《刑事诉讼法》时确立了控辩式庭审方式，2012年修法时沿着这一改革方向继续推进，特别是增加了第49条举证责任条款，在立法上明确了检察机关和公安机关收集证据的义务。② 基于以审判为中心的诉讼理念，应对《刑事诉讼法》第50条进行修改，将审判人员排除出收集证据的法定主体范围。基于法院履行审判职责的需要，《刑事诉讼法》第191条关于合议庭对证据进行调查核实的规定仍然可以保留。③ 不过，法官对证据的调查核实，应仅限于实现公正审判的需要，而非以追诉为目的。

域外刑事诉讼法中，法官可以基于诉讼双方主要是辩护方的申请保全证据。如日本刑事诉讼法典第一编"总则"第十四章为保全证据，其第179条规定："被告人、被疑人或者辩护人，在不预先保全证据将会使该证据的使用发生困难时，以在第一次公审期日前为限，可以请求法官作出扣押、搜查、勘验、询问证人或者鉴定的处分。收到前项请求的法官，对于该项处分，有与法院或者审判长同等的权限。"借鉴域外经验，为了弥补被追诉方取证能力和手段的不足，我国也需要建立证据保全制度。④ 不过，这和《刑事诉讼法》第50条关于审判人员收集证据的规定是不同的。

第七节　关于强制措施制度

我国《刑事诉讼法》第一编"总则"第六章"强制措施"共35条，占

---

① 《刑事诉讼法》第50条规定：审判人员、检察人员、侦查人员必须依照法定程序，收集能够证实犯罪嫌疑人、被告人有罪或者无罪、犯罪情节轻重的各种证据。

② 刘计划. 刑事公诉案件第一审程序. 北京：中国人民公安大学出版社，2012：28以下.

③ 《刑事诉讼法》第191条规定：法庭审理过程中，合议庭对证据有疑问的，可以宣布休庭，对证据进行调查核实。人民法院调查核实证据，可以进行勘验、检查、查封、扣押、鉴定和查询、冻结。

④ 张泽涛. 我国刑诉法应增设证据保全制度. 法学研究，2012（3）：164以下.

法典条文总数的 12%，竟与第三编第二章"第一审程序"条文数量相同，须知，第一审程序是审判程序的核心，是刑事诉讼法的重中之重，包括公诉案件、自诉案件、简易程序三节即三种审判程序。由此可知，立法机关对《宪法》第 37 条第 1 款"中华人民共和国公民的人身自由不受侵犯"极为重视，不惜使用占比 12%的条文对干预人身自由这一宪法基本权利的强制措施予以规范。但实证研究表明，强制措施一章如此多的条文并未能充分实现保护人身自由的功能。较长时期以来，拘留时间长，逮捕率畸高，且伴随超期羁押现象，对公民人身自由构成了过度干预。[①] 究其根源是，刑事诉讼法关于强制措施的规定未能贯彻以审判为中心的诉讼理念。

　　对于限制、剥夺人身自由的强制措施，应重点规制逮捕（即羁押）的适用。许多国家在宪法中对羁押程序予以规定。《德国基本法》第 104 条第 2～4 款规定，"唯法官始得判决可否剥夺自由及剥夺之持续时间。此项剥夺如非根据法官之命令，须实时请求法官判决。警察依其本身权力拘留任何人，不得超过逮捕次日之终了。其细则由法律定之"，"任何人因犯有应受处罚行为之嫌疑，暂时被拘禁者，至迟应于被捕之次日提交法官，法官应告以逮捕理由，加以讯问，并予以提出异议之机会。法官应实时填发逮捕状，叙明逮捕理由，或命令释放"，"法官命令剥夺自由或延续剥夺期间时，应实时通知被拘禁人之亲属或其信任之人"。《俄罗斯联邦宪法》第 22 条第 2 款规定，"只有根据法院的决定才允许逮捕、关押和监禁。在法院作出决定之前不得将人关押 48 小时以上"。

　　现代各国刑事法制，一般在刑事诉讼法典中设羁押专章以规范羁押制度。如德国刑事诉讼法典第一编"通则"第九章为羁押和暂时逮捕，日本刑事诉讼法典第一编"总则"第八章为被告人的传唤、拘传及羁押，韩国刑事诉讼法典第一编"总则"第九章为被告人的传唤和羁押。德国刑事诉讼法典第 114 条规定：法官签发书面羁押令，命令待审羁押。第 115 条规定：被指控人依据羁押令被抓获后，应当不迟延地解送至管辖法院。解送后，法院应当不迟延地，至迟在次日就指控事项询问被指控人，询问时，应当向被指控人指明对其不利的情况，以及指明其有权对指控作出陈述或

---

① 刘计划. 逮捕审查制度的中国模式及其改革. 法学研究，2012（2）：124 以下.

者对案件保持沉默。亦应给予被指控人机会反驳嫌疑理由与羁押理由，并提出对其有利的事实。维持羁押时，应向被指控人告知控告权和其他法律救济方式。上述规定体现了大多数国家羁押制度的共性，即只有法院才能决定羁押，而且法官须遵守听取陈述原则，即同时听取检察官和犯罪嫌疑人及其辩护律师的意见。对于法官作出的裁决，控辩双方依法可以向上级法院提出抗告。

我国刑事诉讼法第一编"总则"第六章关于强制措施的立法模式存在行政化追诉的弊端。与其他国家和地区的规定不同，我国刑事诉讼法关于强制措施的规定体现出两个不同的特点。

第一，根据限制人身自由的严重程度由轻到重规定了拘传、取保候审、监视居住、拘留、逮捕五种强制措施，供法院、检察机关、公安机关依职权根据需要选择适用。刑事诉讼法更为强调不同诉讼阶段三机关各自办案的需要，导致适用强制措施的权力色彩浓厚、权利保护不足。如《刑事诉讼法》第 64 条规定，"人民法院、人民检察院和公安机关根据案件情况，对犯罪嫌疑人、被告人可以拘传、取保候审或者监视居住"。该条赋予法院、检察机关、公安机关同等适用拘传、取保候审、监视居住的权力。我国传统刑事诉讼法教科书对强制措施的定义体现了这一特点，如"我国刑事诉讼中的强制措施，是指公安机关、人民检察院和人民法院为保证刑事诉讼的顺利进行，依法对犯罪嫌疑人、被告人所采取的在一定期限内暂时限制或者剥夺其人身自由的法定的强制方法"①。法院、检察机关和公安机关拥有同等的采取强制措施的权力，检察机关、公安机关甚至比法院拥有更多的采取强制措施的权力，如拘留权，而公诉案件在起诉前，逮捕全部由检察机关批准或决定。由此，强制措施制度体现出三机关平行适用和分散式决定的特点。

第二，拘留由公安机关、检察机关决定，审前程序中，逮捕由检察机关批准或者决定，逮捕的变更、解除由公安机关、检察机关决定，未能建立由法院以开庭审判方式审查逮捕的程序机制。首先，作为逮捕前的紧急与临时措施，拘留的性质被异化。公安机关、检察机关自行决定拘留犯罪嫌疑人，但拘留期限不断延长：公安机关提请批准逮捕之前的拘留期限可达 30 日，

---

① 陈光中，徐静村．刑事诉讼法学．北京：中国政法大学出版社，1999：213．

检察机关自侦案件拘留期限可达 17 日。拘留期限过长，使其性质异化为获取口供的手段。[①] 其次，根据《宪法》第 37 条第 2 款和《刑事诉讼法》第 78 条的规定，我国形成了"侦查中由人民检察院批准、决定逮捕"与"审判中由法院决定逮捕"的双轨制逮捕审查模式。[②] 这就造成侦查乃至整个审前程序中，犯罪嫌疑人的人身自由是由追诉机关单方加以控制的，导致逮捕沦为侦查的手段。2012 年《刑事诉讼法》未能建立法院审查逮捕的程序，也未能建立被逮捕犯罪嫌疑人向法院申诉的机制。第 93 条建立了逮捕后继续羁押必要性审查制度，但羁押必要性审查仍由检察机关进行。对于绝大多数刑事案件，侦查伊始，是由公安机关报请人民检察院审查批准逮捕的，新增的羁押必要性审查机制收效甚微。再次，关于逮捕的变更。《刑事诉讼法》第 95 条规定，犯罪嫌疑人、被告人及其法定代理人、近亲属或者辩护人有权申请变更强制措施，但对变更申请的审查，采取分段与分散模式，即在不同诉讼阶段，分别向公安机关、检察机关、人民法院申请，各自作出决定。具体而言，侦查中只能向侦查机关即公安机关或者检察机关申请，而不能向法院申请。公安机关、检察机关收到申请后，应当在 3 日以内作出决定；不同意变更强制措施的，应当告知申请人，并说明不同意的理由。但对于申请者而言，侦查机关的决定就是终局的决定，不同意其理由时也无以另行寻求救济。最后，关于逮捕的解除。《刑事诉讼法》第 97 条规定，犯罪嫌疑人、被告人及其法定代理人、近亲属或者辩护人对于人民法院、人民检察院或者公安机关采取强制措施法定期限届满的，有权要求解除强制措施。然而，司法实践中一直存在超期羁押现象，虽然相关机关在不断地清理超期羁押，但陷入了前清后超、边清边超的循环之中。造成这一现状的根源是，逮捕解除程序存在缺乏法院裁判机制的缺陷：公安机关、检察机关各自立案侦查的案件，是否解除逮捕由各自决定，而公安机关、检察机关作为追诉机关，其侦查取证和审查起诉对羁押有迫切的需求甚至依赖，为了侦查和公诉的需要，就可能超越法定的羁押期限，于是法定的羁押期限失去了规制功能。

总之，法院在整个审前程序中不能对逮捕进行审查。具有参考意义的

---

① 刘计划 . 刑事拘留与审查逮捕的期限应予缩短 . 中国司法，2009（3）：25.

② 同①122.

是，1997 年 12 月 19 日我国台湾地区修正"刑事诉讼法"，大幅修正"被告人之羁押"条款。^①此次修正羁押制度共涉及 17 个条文，包括羁押的事由、声请、审理、执行、期间、延长、撤销、停止以及再羁押条款，几乎是对羁押制度的重新立法。最主要的变革，是将侦查中犯罪嫌疑人的羁押、撤销羁押、停止羁押、再执行羁押等有关羁押的各项处分的决定主体，原为检察官，改为法院。^②根据规定，被告经传唤、自首或自行到场者，检察官于讯问后认为有羁押必要的，得予逮捕，并将逮捕所依据的事实告知被告后，向法院声请羁押。被告或犯罪嫌疑人因拘提或逮捕到场者，检察官应实时讯问，认为有羁押必要的，应自拘提或逮捕之时起 24 小时内^③，叙明羁押理由，声请该管法院羁押。未经声请者，应即将被告释放。法院于受理羁押声请后，应实时讯问。法院许可停止羁押时，得命被告遵守一定事项，如定期向法院或检察官报到、不得对有关诉讼参与人及其亲属实施危害或恐吓之行为等。以上内容，体现了羁押须由法院通过审判而为决定的以审判为中心的诉讼理念。

　　基于以审判为中心的诉讼理念推进我国强制措施制度改革，首先，应将《宪法》第 37 条第 2 款修改为"任何公民，非经人民法院裁定，不受逮捕"。其次，应将《刑事诉讼法》第一编"总则"第六章的章名由"强制措施"改为"逮捕"（或者羁押），并改变现行 5 种强制措施平行、并列的体例，建构以拘传、拘留为到案措施，以逮捕（即羁押）为中心、其适用为例外，以取保候审、监视居住为常态的体系。再次，应当建构法院审查逮捕机制，即逮捕的批准、变更、解除以及再逮捕，都应由法院审查决定。最后，法官依检察机关申请审查逮捕应开庭，采取言词询问方式，听取控辩双方的意见，之后作出裁决。对于法官作出的裁决，控辩双方可以向上一级人民法院提出上诉。^④此外，看守所应独立于侦查机关，以实现侦押分离。^⑤

---

　　① 我国台湾地区"刑事诉讼法"第一编"总则"第八章为被告之传唤及拘提，第十章为被告之羁押，全面规定了到案与羁押制度，特别是第十章的章名显示出特别规制羁押的理念。

　　② 陈运财. 刑事诉讼与正当之法律程序. 台北：月旦出版公司，1998：240.

　　③ 在我国台湾地区，检、警共用 24 小时，然而没有作硬性分配，实务中一般为警察有 16 小时，检察官有 8 小时，而通常警察会更早将嫌疑人移送检察官。

　　④ 刘计划. 检警一体化模式再解读. 法学研究，2013（6）：140.

　　⑤ 刘计划. 论逮捕. 北京：中国人民大学，1999：42 以下.

第八节　结语

我国传统刑事诉讼法学理论对"审判"的理解，仅指通过法庭审理对于被告人是否有罪作出判决。现代意义的刑事审判，则是指法院对控辩双方之间形成的争讼进行审理并作出裁决，审判对象不限于实体法意义上的犯罪事实，还包括程序法争议事项。因此，推进以审判为中心的诉讼制度改革，需要全面、准确理解刑事审判的内涵和外延。

以审判为中心的提出，源于诉讼理念的转变，但并非强调审判的实质化就可以实现，而需要进行结构性、体制性的诉讼制度改革。[①] 对以审判为中心的接纳，意味着司法改革决策者获得了对诉讼规律的科学性认识，意味着我国刑事诉讼法将进行结构性的变革，意味着法院、检察机关、公安机关在刑事诉讼中的法律关系需要进行调整。这种调整，并非基于各个机关法律地位的高低，而是基于刑事诉讼作为"诉讼"的内在规律和本质要求，基于法院和检察机关、公安机关承担不同性质诉讼职能的制度原因。对此，刑事诉讼制度改革的所有当事机关和工作人员需要基于理性而顺应这种变化。

刑事诉讼法第一编"总则"奠定了我国刑事诉讼制度的基调，审视其结构特征，检验是否以审判为中心，对于全面推进刑事诉讼制度改革具有重要意义。本章关于刑事诉讼法第一编"总则"主要章的讨论，是基于以审判为中心的诉讼理念而展开的研究。我国刑事诉讼法第一编"总则"有其形成的历史条件和时代背景，无可厚非，但随着刑事诉讼制度改革的深化，对其进行调整也是必要的，这对于实现我国刑事诉讼法的现代转型具有重要意义。需要指出的是，本章论及的改革内容或许短期内难以实现，不过不能因此而否定进行学理研究的必要性和意义。当此改革时代与转型时期，我们需要以科学的精神、理性的思维、开放的态度、前瞻的眼光推进刑事诉讼法领域的学术研究，唯如此，才能为真正实现刑事程序法治提供有效的理论基础。

---

① 张建伟．以审判为中心的认识误区与实践难点．国家检察官学院学报，2016（1）：45～46.

第四十五章

行政诉讼法的适用及完善

第一节 行政诉讼法的修改背景

1989年出台的《中华人民共和国行政诉讼法》（以下简称《行政诉讼法》）存在诸多缺陷，例如：（1）受案范围狭小；（2）起诉要件过于严格或者不明确；（3）无法适应不断增加的社会需求，如新的纷争类型、对抽象行政行为的审查需求等；（4）对当事人行使起诉权、申请撤诉权、和解权和上诉权有诸多限制；（5）行政案件撤诉率高；（6）行政案件的审判质量不高；（7）行政裁判执行难；（8）立法目的有所偏差；（9）行政诉讼参加人范围狭小；（10）过于强调行政效率，未能较好兼顾司法公正；等等。特别是其立法宗旨、目的，随着经济社会的发展和人们认识的转变，已显现出不符合现代法治精神、不利于推动行政法治和保护公民利益的一面。这些问题在司法实务中日益显露出来后，亟须加以克服和修正，否则，对于法治国家、法治政府和法治社会一体建设是非常不利的。

为解决这些问题，最高人民法院在1989年《行政诉讼法》颁布、实施后，曾相继出台了二十多部相关的司法解释。配套的司法解释在操作层面发挥了较大的纠偏作用，随着社会的发展、变革，有的甚至已经在事实上形成了新的制度，在相当程度上改变了行政诉讼法制的面貌。但是，由于司法解释也有相应限度，原《行政诉讼法》的结构性缺陷是司法解释无法解决的，而且原《行政诉讼法》与大量的司法解释之间也需要进行协调。在我国宣布社会主义法律体系形成之后，"修旧法"的任务与"立新法"的任务并重，原《行政诉讼法》的修改工作被纳入立法计划，人们对此寄予很高的期望。

共产党的十八大政治报告指出，要"进一步深化司法体制改革，确保审判机关、检察机关依法独立公正行使审判权、检察权"。2013 年 11 月党的十八届三中全会通过的《中共中央关于全面深化改革若干重大问题的决定》强调，要深化司法体制改革，加快建设公正高效权威的社会主义司法制度，维护人民权益，让人民群众在每一个司法案件中都感受到公平正义；要确保依法独立公正行使审判权检察权，健全司法权力运行机制，完善人权司法保障制度。可见，符合现实国情地修改原《行政诉讼法》，通过行政审判制度、机制和方法创新，推动我国行政法治发展和法治政府建设，已成为紧迫的社会需求。

在此背景下，全国人大常委会于 2014 年 11 月 1 日三审通过了关于修改原《行政诉讼法》的决定。这是该法施行二十多年来的首次修改，总篇幅由 75 条增加到 103 条，涉及约四分之三的条文改动，可谓一次大修。该法作为人权保障的基本法律，首次修改工作堪称庞大、复杂的法治系统工程，有许多值得认真总结的经验教训。

第二节　行政诉讼法的主要革新

大修后的《行政诉讼法》确立的一些新理念、新规范和新制度非常重要，值得深入解析。从新法的形式和内容看，采纳了学界和实务界多年来呼吁完善行政诉讼制度的许多修法建议，共 61 项修改，最重要的增、修内容涉及 8 个方面、32 处。修改后整体框架更趋合理，制度设计趋于细致，推出若干制度创新，比较重要的是以下十个方面的亮点：

（1）调整立法目的。原《行政诉讼法》的立法目的包括"保证人民法院正确、及时审理行政案件，保护公民、法人和其他组织的合法权益，维护和监督行政机关依法行使行政职权"，此次修法删掉了"维护"行政机关依法行使行政职权，增加了"解决行政争议"。这些修改一是明确了行政诉讼监督行政权力依法行使的定位；二是把解决争议纳入行政诉讼目的，为扩大行政诉讼调解的适用范围提供了立法目的依据。

（2）扩大受案范围。一方面，此次修法将解决行政争议列为立法目的（第 1 条），将具体行政行为中的"具体"二字去掉（第 2 条），将"人身权、财产权"标准修改为"人身权、财产权等合法权益"，设定了新的概括性标准，为以后扩大受案范围埋下了伏笔。将来通过立法解释，就可以把抽象行政行为、行政事实行为等案件纳入行政诉讼受案范围之中，可以将各类合法权益纳入司法审查保护范围。另外，此次修法在列举可诉行政行为的情形时，将行政机关滥用行政权力排除或者限制竞争的，违法集资、摊派费用的，没有依法支付最低生活保障待遇或者社会保险待遇的等行政行为纳入了受案范围。

（3）排除行政干预。此次修法在总则中明确宣示"行政机关及其工作人员不得干预、阻碍人民法院受理行政案件"（第 3 条第 2 款）。尽管这只是一个宣示性条款，还缺乏具体制度配套，但体现了对法院独立行使审判权的保障，是党的十八届四中全会精神的一个重要体现，为后续的制度建设指明了方向。

（4）便利原告起诉。此次修法明确规定：起诉应当向法院递交起诉状，书写起诉状确有困难的，可以口头起诉（第 50 条第 2 款）。这一规定方便了当事人行使诉权，特别是方便文化程度不高的公民起诉。

（5）放宽立案条件。《行政诉讼法》为法院设立了强制性的登记立案义务。法院在接到起诉状时，对于符合规定的起诉条件的，应当登记立案。不能当场判定的，应接收起诉状，出具书面凭证，7 日内决定是否立案。而且法院立案主要是对于原告的起诉是否符合形式要件要求进行判断，不作实体审查（第 51 条）。这有利于减少对原告起诉的阻碍。《行政诉讼法》同时要求法院对当事人不清楚的地方进行释明、给予指导，也有利于保障当事人的诉权。

（6）延长起诉期限。修改后的《行政诉讼法》延长了公民、法人和其他组织作为原告的起诉期限、当事人直接向法院提起诉讼的，应当自知道或者应当知道作出行政行为之日起 6 个月内提出（第 81 条）。从原《行政诉讼法》规定的 3 个月延长到 6 个月，原告就有更多的时间来准备和提起诉讼。

（7）强化应诉义务。修改后的法律加强了行政机关负责人出庭应诉的义务：被诉行政机关负责人应当出庭应诉；不能出庭的，应当委托行政机关相应的工作人员出庭（第 3 条第 3 款）。这种制度设计，一方面，可以强化行政机关的法治意识，提高重视程度；另一方面，也有利于案件的尽快解决。当然，行政机关负责人出庭应诉的义务不是绝对的，在确实不能出庭的时候他也可以委托他人出庭，但是必须出具委托书。

（8）新增跨区管辖。从以往经验来看，行政审判的一大阻力是来自本地行政机关的干预。一些基层法院的人、财、物受制于地方的行政机关，导致一些案子不能判、不好判、不敢判。这次修改规定，经最高人民法院批准，高级人民法院可以根据审判工作的实际情况，确定若干人民法院跨行政区域管辖行政案件（第 18 条第 2 款）。这或许可以缓解本地行政干预对司法公正的影响。

（9）丰富执行手段。为了解决行政诉讼"执行难"的问题，此次修法在原有基础上丰富了法院的执行手段：一是将执行罚的对象改为被告行政机关负责人；二是可以将行政机关拒绝履行的情况予以公告；三是增加了司法拘留手段，对于拒不履行判决、裁定、调解书，社会影响恶劣的行政机关，法院可以对其直接负责的主管人员和其他直接责任人员予以拘留（第 96 条）。

（10）强化复议责任。实践中，行政复议机关为了不当被告，维持原行政行为的现象比较普遍，导致行政复议制度未能很好发挥作用。此次修法规定，经复议的案件，复议机关决定维持原行政行为的，作出原行政行为的行政机关和复议机关是共同被告；复议机关改变原行政行为的，复议机关是被告（第 26 条）。这有利于强化复议机关的审慎意识，促使其认真对待复议工作。

第三节　进一步完善行政诉讼法的思路

诚然，《行政诉讼法》颁布、实施 25 年来进行的首次修改中有不少规定具有一定的科学性和合理性，值得肯定，但必须注意到，行政诉讼法的首次修改仍然是不完善的，还有许多问题没有得到解决。因此，进一步修改行政诉讼法或者以司法解释的形式对新《行政诉讼法》作出发展和完善，是我国行政诉讼制度健康发展的必然，同时，对有关司法解释系统地严加梳理、甄别，也是完善行政法治体系的重要内容。未来我国行政诉讼法的完善至少须要考虑如下方面。

一、贯彻优先保护公民合法权益原则

修改后的《行政诉讼法》第一章第 1 条开宗明义地规定："为保证人民法院公正、及时审理行政案件，解决行政争议，保护公民、法人和其他组织的合法权益，监督行政机关依法行使职权，根据宪法，制定本法。"这里的表述顺序是行政诉讼立法的直接目的、终极目的、间接目的、立法依据。笔者认为，有必要对行政诉讼立法目的之内容和表述顺序进行调整，将《行政诉讼法》第 1 条按照行政诉讼立法的终极目的、间接目的、直接目的、立法依据之顺序进行表达，即建议未来将《行政诉讼法》第 1 条修改为"为保护公民的合法权益，监督行政机关依法行政，保证人民法院正确及时审理行政案件，根据宪法制定本法"。将行政诉讼立法的终极目的也是首要目的——"保护公民的合法权益"——在法律文本开篇就鲜明地提出来，表现出该法的基本品格，有助于统领整个法律文本的体系建构和内容安排。

二、应扩大行政诉讼受案范围

修改后的《行政诉讼法》在"受案范围"的规定上有了一些进步，但仍然是不足的。关于"受案范围"的规定存在明显不足：一是受案范围过窄，只限于"行政行为"；二是新《行政诉讼法》第 12 条列举的十二类具体行政行为的分类标准不统一，从立法技术上讲存在瑕疵；三是"肯定列举"的叙述模式不利于保护公民的合法权益。因此，笔者认为，行政诉讼的受案范围必须扩大，有必要通过明确赋予诉权并简化诉由的方式来扩大行政诉讼受案范围，适宜采用概括式肯定规定加列举式否定规定的立法模式，并根据检察监督原则增加公益行政诉讼。这样的受案范围更能体现出司法权与行政权的新型关系，能够加大对公民合法权益的保护力度。具体来说，建议在《行政诉讼法》中明确规定："公民有权就行政争议向人民法院提起诉讼。行政争议是指公民与行政机关之间产生的需要通过法律调整的争议"；"公民就行政争议依法向人民法院提起诉讼的，属于行政诉讼的受案范围"。上述规定的要点在于：首先，以"行政争议"代替"行政行为"作为界定行政诉讼受案范围的基准；其次，以"肯定概括加否定列举"模式代替"肯定列举加否定列举"模式，来规定受案范围。

作此修改的主要理由有以下几点。

其一，《宪法》第41条规定："中华人民共和国公民对于任何国家机关和国家工作人员，有提出批评和建议的权利；对于任何国家机关和国家工作人员的违法失职行为，有向有关国家机关提出申诉、控告或者检举的权利"。"由于国家机关和国家工作人员侵犯公民权利而受到损失的人，有依照法律规定取得国家赔偿的权利。"这是我国公民具有行政诉权的宪法依据。《宪法》第123条规定："中华人民共和国人民法院是国家的审判机关。"这可看作是人民法院受理行政诉讼案件、行使行政审判权的宪法依据。《行政诉讼法》作此修改的设计意图，主要是从公民诉讼权利和法院的司法审判权力以及从二者之间的良性互动关系的角度，来审视和建构行政诉讼制度。

其二，行政行为和行政争议这两个概念中哪一个能够更好地与行政诉讼范围相衔接呢？对此，法学界和法律实务界一直在进行探讨。本次行政诉讼法的修改吸收了《最高人民法院关于执行〈中华人民共和国行政诉讼法〉若干问题的解释》第1条第1款的规定，采用了"行政行为"这一概念来概括行政诉讼的受案范围，没有使用"具体"二字。但不管是不是"行政行为"，实际上最终都是因为引起了行政争议而被起诉到法院。鉴于行政争议的提法具有更大的包容性，而且在着力保障公民权利和扩大行政诉讼受案范围这一点上现已达成共识，故以"行政争议"作为界定受案范围的基准能更好地与现有法律话语系统衔接，在《行政诉讼法》第一章"总则"中对此共识予以认同并加以规定是必要的。此项修改的设计理念在于确立一种以行政争议为中心、以公民的诉权和法院的审判权为重点的起诉—受理（审理）模式，有利于实现三者之间（指公民与法院、公民与行政机关、行政机关与法院之间）诉讼法律关系的合理安排，有利于保证受到行政行为侵害的公民合法权益获得有效救济，同时促进依法行政。

其三，修改后的《行政诉讼法》仍然以"肯定列举"模式来叙述受案范围，不利于最大限度地保护相对人的权益。这种对"行政行为"的列举不可能穷尽所有情况，分类标准不一致，容易在法律实践中导致交叉和混乱。相比而言，以"肯定概括"模式来叙述受案范围较有弹性，在必要时能够最大限度扩大受案范围、保护公民合法权益。

三、应扩大行政诉讼参加人的范围

本次行政诉讼法的修改在对诉讼参加人的规定上仍然存在一些突出问题，主要表现为：未规定行政公益诉讼，在国家利益或社会公共利益受到损害，又无行政相对人起诉的情况下，不能有效维护国家利益和社会公共利益。故亟须进一步明确行政诉讼原告资格的确立规则和范围，建构行政公益诉讼制度，明确行政公益诉讼原告的范围。

建议在《行政诉讼法》中明确规定："认为行政行为侵害其权益或对其造成不利影响的公民有权提起行政诉讼。但是，公益行政诉讼的原告资格不受上述规定的限制。""人民检察院认为行政行为侵害国家利益或社会公共利益的，可以提起公益行政诉讼。在人民检察院不提起公益行政诉讼的情况下，公民认为行政行为侵害国家利益或社会公共利益的，可以提起公益行政诉讼"。

作此修改的理由在于：行政机关在作出行政行为时有可能对国家利益或社会公共利益造成损害，但有时并无直接、具体的相对人因为受到伤害提起诉讼。在此情形下，为更好地保障国家利益和社会公共利益，有必要规定公益行政诉讼。公益行政诉讼制度的一个重要问题是确定原告的范围。当今许多国家都建立了公益行政诉讼制度，有必要对国外公益诉讼的原告的范围加以考察借鉴。在英国，法律对公益的司法救济相对来说比较保守，但在当事人起诉资格自由化方面也有了一些发展，总体而言行政法上的救济手段是朝着统一和宽泛的起诉资格方向发展（例如，检察总长为了公共利益可以主动请求司法审查，在私人没有起诉资格时还可以帮助私人申请司法审查；作为居民利益代表的地方政府为了保护本地区的居民利益也有资格申请司法审查）。在美国，通过司法判例的方式不断降低对原告资格的要求，自然人、法人、其他组织和政府机关都可以提起公益行政诉讼。在日本，规定了类似于公益行政诉讼的民众诉讼，对于原告的资格要求也很宽泛。我国在建构公益行政诉讼制度时，对于原告资格当下宜作适度限制。众所周知，在国家利益或者公共利益受到损害时，往往也会直接或间接地对公民带来程度不等的不利影响，如果赋予其提起公益行政诉讼的原告资格，有利于对国家利益或公共利益的保护。但由于多种原因，公民在国家利益或社会公共利益受到损害时有可能不敢、不愿或不会提起公益行政诉讼。此时，由检察机关出于维护国家利益和社会公共利益的需要提起公益行政诉讼，是必要的、适当的、高效的。当然，从操作实务考虑，有必要将公益行政诉讼的提起主体分为两个顺位，由检察机关作为第一顺序，其他提起主体作为第二顺序，即在人民检察院由于某些主、客观原因不提起公益行政诉讼的情况下，公民认为行政行为侵害国家利益或社会公共利益的，可由其提起公益行政诉讼。

四、应扩大行政诉讼救济的范围

从各国行政诉讼制度的实践来看，行政诉讼救济的范围是逐渐扩展的。影响这一进程的因素很多，例如一个国家经济、政治、文化、社会的发展，司法资源的增加，诉讼理念的演进，等等。从我国的司法实践来看，随着改革开放的深入，进一步扩大行政诉讼救济的范围，除了违法侵权责任以外，将行政指导过错责任、公共营造物致损责任等纳入救济范围，已是客观要求。但此次《行政诉讼法》的修改并没有将这些事项纳入救济范围，并且就行政指导责任、行政补偿的规定并不明确。故笔者就此提出如下建议和意见。

第一，建议在《行政诉讼法》中明确规定："行政机关在行使行政职权过程中因违法或者过错对公民合法权益造成损害的应当承担赔偿责任。行政机关实施行政指导的过程中由于故意或重大过失对公民合法权益造成损害的应当承担责任。行政机关的合法行政行为对公民合法权益造成损害的应当承担补偿责任。公民单独就损害赔偿、补偿提出请求应当先由行政机关解决，对行政机关的处理不服或行政机关逾期不予答复的，可向人民法院提起诉讼。"

作此修改的理由是：其一，在我国《民事诉讼法》的条文中，没有对赔偿责任进行规定。其原因在于《民法通则》第六章"民事责任"中已经对民事赔偿责任的有关问题作出了规定。相比之下，我国没有与《行政诉讼法》相配套的统一的行政实体法，因此在《行政诉讼法》中对赔偿责任进行统一规范是必要的。其二，赔偿责任的理由不应仅限于侵权，还应包括违约、过错、风险等。随着现代行政行为方式的多元化，行政指导、行政资助等已成为广泛运用的广义行政行为，行政实务中频频出现的行政指导致损、行政资助违约等现象，却往往由于法律规定的欠缺而不能得到及时有效的救济。本建议的主要设计思想是将行政指导致损的过错责任、行政资助违约等内容包容进来，使行政指导、行政资助等行为规范地成为《行政诉讼法》的调整对象。

第二，建议在《行政诉讼法》的执行一章中明确规定："各级政府设立与行政诉讼相配套的国家专项赔偿准备金，由各级财政直接统一管理。人民法院作出的有支付内容的判决生效后，同时签发支付令。胜诉的当事人持判决书和支付令到被告所属一级政府的国家专项赔偿准备金指定代管银行领取赔偿金。财政经费管理机关从被告行政机关下一年度财政拨款中直接扣减。"

作此修改补充的理由是：我国现行的行政诉讼赔偿制度架构不尽合理而造成赔偿渠道不顺畅，导致每年大量的行政赔偿金闲置未用，而胜诉的行政相对人却得不到及时赔偿，其权利最终得不到实际救济，形成"司法白条"，大大伤害了公民对法律的信仰，严重影响到有关国家机关的信用和权威。建立法院支付令制度，完善国家专项赔偿金制度，有助于提高我国行政赔偿、补偿制度的有效性、权威性。该建议创设的救济机制，主要特点在于直接性和通畅性。这种直接模式有利于避开行政机关的阻力，克服执行生效裁判文书需另行立案才能执行这一严重浪费司法资源、造成巨大社会成本的不合理现象，与其他方案相比具有较强的可操作性。法院支付令的制度设计可参考作为英国的特权令（prerogative orders）之一的执行令（mandamus）制度。

五、行政争议解决机制应坚持司法最终性

修改后的《行政诉讼法》第 4 条规定："人民法院依法对行政案件独立行使审判权，不受行政机关、社会团体和个人的干涉。"这一条将审判机关、行政机关、社会组织和个人之间的关系作了界定，但从我国行政诉讼实践的效果来看还有所不足，故建议在这一条增加一款："行政争议由人民法院行使最终裁决权。"这一规定包含两层含义：其一，所有行政行为（除法律另有明确规定的个别情形除外）均应有机会受到司法审查；其二，司法裁决应当得到有效执行，司法权威理应受到行政机关的尊重。此规定能够更好地体现行政争议解决机制中的司法最终性，保证由司法机关对行政机关的行政管

理行为作最终裁决，也符合当今行政法治发展的世界潮流，有助于更有效、可靠地保护公民的合法权益。作此修改的具体理由是以下几点。

其一，从宪法所规定的行政权与公民权利的关系来看，对于行政机关的行政行为，公民有权向法院提起行政诉讼、要求司法审查；从行政权与审判权的关系来看，司法权对行政权进行监督和制约也是宪法的基本原则。因此，从国家权力制度结构的完整性来考虑，应当确立司法的最终裁决权。

其二，从我国未来行政法和行政诉讼法的发展方向来看，如果仍然存在（甚至大量存在）一般的行政管理行为由行政机关运用行政权作最终裁决的制度设计，这与世界发展潮流不符。特别是我国已经加入 WTO，如果作为世界贸易组织成员而不信守承诺，就会在国际上造成不良影响，损害政府的形象。

其三，目前，我国《公民出境入境管理法》第 15 条、《外国人入境出境管理法》第 29 条、《行政复议法》第 14 条和第 30 条规定的部分情形中，行政机关仍有终局裁决权。但是，行政相对人对行政机关的信任，并不能保证行政终局裁决的公正性。可见，上述规定与公民权利保障及法院审判权行使的发展趋势并不吻合。我国在专利和商标等方面也曾有行政终局裁决的规定，但随着《专利法》《商标法》的修改，这种行政终局裁决的规定已被相继取消。这也印证了司法最终裁决才是发展趋势。随着我国法治发展的进程，一般的行政管理行为发生行政争议后由司法权进行最终裁决已是大势所趋，也是常规状态下最可靠地保障公民合法权益的一种理性选择。

第四十六章

完善非诉讼纠纷解决机制法律体系

第一节　我国多元化纠纷解决机制立法的现状与不足

一、概述

多元化纠纷解决机制立法可分为三类。第一类是多元化纠纷解决机制专门立法，即整部法律是关于多元化纠纷解决机制的相关内容，比如美国的《ADR 法》。我国在中央立法层面尚未有多元化纠纷解决机制专门法，但在地方立法层面已有两部专门法，即《厦门经济特区多元化纠纷解决机制促进条例》和《山东省多元化解纠纷促进条例》。《厦门经济特区多元化纠纷解决机制促进条例》是我国第一部多元化纠纷解决机制专门法，开创了我国多元化纠纷解决机制立法的先河。第二类是相关法当中以规范条文的形式呈现，其本身也是多元化纠纷解决机制的某一种单独纠纷解决方式的立法。《人民调解法》《仲裁法》《民事诉讼法》《行政诉讼法》《行政调解条例》属于这类立法。从多元角度来说，这只是多元中的一元。此类立法也是大陆法系和英美法系的立法惯例。第三类是在某些法的字里行间渗透的关于纠纷解决方式的规范性条文的立法形式，如《婚姻法》中关于离婚处理的规定、《道路交通安全法》中关于道路交通事故纠纷处理的规定、《劳动法》中关于劳动纠纷解决的规定，等等。以上三类立法形式构成我国多元化纠纷解决机制以专门性立法、纠纷解决方式单独立法、相关法中的纠纷解决规范性条文立法形式为组成部分的法律体系。

2004 年，最高人民法院发布的《人民法院第二个五年改革纲要》首次提出"建立多元化的纠纷解决机制"，标志着我国多元化纠纷解决机制深化改革拉开序幕。2004 年以来，最高人民法院先后分三批次在全国法院决定实施多元化纠纷解决机制改革试点。2007 年，首批多元化纠纷解决机制改革试点法院为吉林省高级人民法院等 9 个法院。2012 年，最高人民法院确定四川省眉山市中级人民法院等 42 个法院为第二批多元化纠纷解决机制改革试点法院。2014 年 12 月，最高人民法院决定北京市西城区人民法院等 50 个法院为"多元化纠纷解决机制改革示范法院"。经过试点法院多元化纠纷解决机制改革实践，探索出"廊坊经验""莆田模式""眉山方法"等经验，具体制度探索出"诉调对接平台"工作机制、建立特邀调解组织和特邀调解员名册、创新委派调解和委托调解形式、调解协议合同效力制度、司法确认制度、无异议调解协议认可机制和无争议事实记载机制等多元化纠纷解决制度。多元化纠纷解决机制改革实践成果，为推进多元化纠纷解决机制立法奠定了坚实的实践基础。

2008 年，中央政法委发布《关于深化司法体制和工作机制改革若干问题的意见》，提出"建立诉讼与非诉讼相衔接的矛盾纠纷解决机制"。2008 年，最高人民法院提出将多元化纠纷解决机制改革"三步走"战略，首次提出将多元化纠纷解决机制改革成果转化为立法。党的十八届四中全会通过的《中共中央关于全面推进依法治国若干重大问题的决定》指出，"健全社会矛盾纠纷化解机制，完善调解、仲裁、行政裁决、行政复议、诉讼等有机衔接、相互协调的多元化纠纷解决机制"。2015 年 4 月 9 日，最高人民法院院长周强在四川眉山召开的全国法院多元化纠纷解决机制改革工作推进会上提出，"国家制定发展战略，司法发挥保障作用，推动国家立法进程"。2015 年最高人民法院发布的《人民法院第四个五年改革纲要》也明确指出推动多元化纠纷解决机制立法进程。以上改革实践表明，推进多元化纠纷解决机制立法已成为改革的目标之一。

随着多元化纠纷解决机制改革不断深入，社会对多元化纠纷解决机制越来越认可，矛盾纠纷主体也更愿意选择替代性纠纷解决方式解决矛盾纠纷。社会公众虽承认诉讼是最权威、最可靠的纠纷解决方式，但面对其时间长、成本高等劣势，纠纷解决主体更愿意选择其他成本低、便捷、高效的纠纷解决方式。2012 年，四川眉山被确定为多元化纠纷解决机制改革试点法院。据其官方统计数据，眉山市民商事纠纷诉前调结率由 2013 年的 75.1% 提升至 2014 年的 76.32%，以普通程序结案的只占 7% 左右。① 湖南省长沙市岳麓区人民法院从 2012 年推行多元化纠纷解决机制改革以来，2012 年至 2014 年 12 月，共诉前委托调解纠纷 2 103 件，诉中委托调解 306 件，调解成功 1 848 件，当事人自动履行率为 87.87%。广西壮族自治区田林县人民法院推行多元化纠纷解决机制改革试点以来，诉讼外化解纠纷共 8 393 件，常规诉讼案件下降 9.6%，涉诉信访案件下降 50%。河北省廊坊市中级人民法院推进多元化纠纷解决机制试点改革以来，根据其抽样调查显示，基层群众选择诉讼外方式解决纠纷的意愿提高 12%，纠纷解决的成本降低 30%。② 以上数据表明，纠纷主体在有可供选择的纠纷解决途径时，更愿意选择非诉讼途径解决纠纷。

推进多元化纠纷解决机制立法，目前已具备较为充分的立法实践基础。一是我国已构建起较为完善的纠纷解决诉讼程序法。我国已制定包括《民事诉讼法》《仲裁法》《人民调解法》《行政诉讼法》《行政复议法》等在内的纠纷解决程序法。司法诉讼作为纠纷解决的最后一道防线，对以非诉讼方式解决纠纷具有指导和纠偏作用，多元化纠纷解决机制通常是以司法诉讼为主导或核心而构成并运行的。③ 较为完善的司法诉讼程序立法为非诉讼程序以及非诉讼程序与诉讼程序衔接的立法奠定了基础。二是行业性纠纷解决立法基本全覆盖。《劳动法》《劳动争议调解仲裁法》《道路交通安全法》《医疗事故处理条例》等法律法规对其行业纠纷都有相应纠纷解决条款的规定。三是《人民调解法》首次规定调解协议司法确认程序，构建起调解—诉讼的衔接程序。2012 年修改的《民事诉讼法》规定了调解协议司法确认程序，标志着在民事诉讼基本法律层面建立了诉讼与非诉讼的程序衔接机制。四是多元化纠纷解决机制地方专门立法取得了初步成果。2005 年 10 月 26 日，厦门市

---

① http：//www.chinanews.com/fz/2015-04-09/7196625.shtml.［2016.03.04］.

② http：//mp.weixin.qq.com/s?_biz=MzA3MjEwNzYzOQ==&mid=203888439&idx=5&sn=43492eb439c36bad83aa3a669e912ad9&3rd=MzA3MDU4NTYzMw==&scene=6#rd.［2016.03.04］.

③ 范愉.纠纷解决的理论与实践.北京：清华大学出版社，2007：233.

人大常委会通过《厦门市人民代表大会常务委员会关于完善多元化纠纷解决机制的决定》，开启多元化纠纷解决机制地方立法探索的篇章。2015年，厦门市人大常委会通过我国第一部多元化纠纷解决机制专门法——《厦门经济特区多元化纠纷解决机制促进条例》。2016年，山东省人大常委会通过《山东省多元化解纠纷促进条例》。厦门市和山东省对多元化纠纷解决机制地方专门立法的探索，积累了地方专门立法经验，为中央和其他地方多元化解决机制专门立法提供了借鉴和参考。

二、我国多元化纠纷解决机制立法现状

第一，在宪法层面。《宪法》第111条第2款规定，居民委员会、村民委员会设人民调解、治安保卫、公共卫生等委员会，办理本居住地区的公共事务和公益事业，调解民间纠纷，协助维护社会治安，并且向人民政府反映群众的意见、要求和提出建议。可见，宪法对人民调解组织及其任务作出了规定。人民调解组织作为解决群众纠纷的基层组织，其规定来源于宪法，也就是说作为我国多元化纠纷解决机制组成部分的人民调解的最高法律渊源为宪法。

第二，在法律和行政法规层面。多元化纠纷解决机制立法可分为三类。第一类是多元化纠纷解决机制专门法。在法律层面，我国尚未制定多元化纠纷解决机制专门法。多元化纠纷解决机制的价值理念、基本原则、非诉讼当事人行为能力、非诉讼纠纷解决机制等等都未能从现有的法律中找到相关规定。第二类是多元化纠纷解决机制下的某一种单独纠纷解决方法的立法。这类立法有《民事诉讼法》《人民调解法》《仲裁法》《行政诉讼法》等法律法规。《民事诉讼法》构建了以诉讼为核心的民事纠纷解决程序法，其对非诉讼纠纷解决程序的相关规定仅涉及诉中调解和调解协议司法确认程序。《人民调解法》仅规范人民调解，对其他类型的调解，如行业性/专业性调解、行政性调解、法院的委托调解等，都未有规定。第三类是以规范性条文形式呈现纠纷解决途径的部门法。此类立法数量最多，但对纠纷解决方式的规定最为简单，一般只规定了纠纷解决的途径、步骤。如《婚姻法》关于离婚处理的规定为调解和判决，《道路交通安全法》规定道路交通事故侵权纠纷的解决途径为协商、调解、诉讼，《劳动法》规定当事人可以通过协商、调解、

仲裁、诉讼解决劳动争议。

总之，多元化纠纷解决机制的相关内容在宪法、法律、行政法规中都能找到相关规定，但多元化纠纷解机制的理念、原则等宏观制度未有相关法律规定，纠纷解决方式也分散在各部门法之中，未形成高效率的纠纷解决机制。可见，目前我国中央层面多元化纠纷解决机制立法现状与完善的多元化纠纷解决机制法律体系还相差甚远。

我国多元化纠纷解决机制地方立法已有两部专门性立法。2015 年 4 月 1 日，厦门市人大常委会通过我国首部多元化纠纷解决机制地方条例——《厦门经济特区多元化纠纷解决机制促进条例》。2016 年 7 月 22 日，山东省人大常委会通过《山东省多元化解纠纷促进条例》。以上两部多元化纠纷解决机制地方条例，都写入了保障当事人自由选择纠纷解决程序的核心理念，吸收了多元化纠纷解决机制的最新改革成果：《厦门经济特区多元化纠纷解决机制促进条例》规定了第三方评估机制，《山东省多元化解纠纷促进条例》规定基层人民法院和中级人民法院应当建立诉讼与非诉讼对接平台，构建起多元化纠纷解决机制的纠纷解决方式、程序衔接、组织体系、工作职责、保障措施等内容框架。

多元化纠纷解决机制地方其他立法，可分为两类。一类是为执行法律规定而制定的地方性法规。此类立法是依据上位法的规定、根据本地区的实际情况作出的具体规定，是对上位法规定的细化。地方立法机关颁布的《人民调解条例》《法律援助条例》《道路交通安全法实施条例》等法规属于这一类。比如青海、重庆、四川、陕西、安徽、湖北、江苏、宁夏等 8 个省市颁布了《人民调解条例》。杭州、贵阳、武汉、宁波以及珠海等五个地区通过了《人民调解条例》。地方人大常委会通过的《人民调解条例》是执行《人民调解法》、根据本地区的具体情况作出的具体规定，因此，不同的地区也就有不同的规定。2008 年四川省《人民调解条例》规定，以金钱、有价证券为给付内容的调解协议，一方当事人不履行的，另一方当事人可以向人民法院申请支付令；经公证过的具有债权内容的调解协议，可向人民法院申请执行。2015 年江苏省《人民调解条例》规定，法院、检察院、公安机关等单位与人民调解委员会在调解组织建设、调解力量配备、信息资源共享等方面建立对接联动机制。2009 年珠海市《人民调解条例》规定了人民调解与行政调解、司法调解的衔接机制。2015 年宁波市《人民调解条例》对行业性、专业性调解的组织机构设置、受理范围、工作职责进行了规定。另一类则是在没有上位法出台的情况下，地方立法机关颁布的有关多元化纠纷解决的地方性法规和行政规章。比如行政调解立法，尚未有法律、行政法规出台，但已有辽宁、北京、广州、贵阳等四个省市的人民政府制定了行政调解规章。行政调解规章对于行政调解原则、申请行政调解的条件、行政调解程序、职责、回避情形、调解协议的法律效力及司法确认程序等，都作出了明确规定。相比于广州市、贵阳市的行政调解规章，北京市、辽宁省的行政调解规章规定了更广的受案范围：可以由行政机关调解的民事纠纷都可以调解，而不是应当由行政机关调解的民事纠纷才可以调解。

三、我国多元化纠纷解决机制立法的不足

（一）立法层面未形成多元化纠纷解决机制理论体系

我国在中央立法层面尚未制定多元化纠纷解决机制基本法或者体现多元化纠纷解决机制基本理念、基本原则等宏观制度的专门条款。多元化纠纷解决机制的正当性、规范性，替代性纠纷解决方式的法律地位、纠纷解决效力等，有待法律作出规定。制约多元化纠纷解决机制发展的诉前强制调解制度、诉讼费用调节制度还有待民事诉讼基本法作出规定。地方立法虽制定了多元化纠纷解决机制专门法，但受制于地方立法机关的立法权限，未能全面体现多元化纠纷解决机制发展的宏观制度。

（二）未形成多元化纠纷解决机制法律体系

我国已构建起以诉讼为主的纠纷解决法律体系，但替代性纠纷解决机制立法以及诉讼与非诉讼的程序衔接机制的立法却未形成系统的法律体系。多元化纠纷解决机制法律体系包括第一类多元化纠纷解决机制专门法、第二类多元化纠纷解决机制的某一种单独纠纷解决途径的立法以及第三类以规范性条文形式呈现行业纠纷解决方式的立法，但目前以上三类立法均存在不足，未能形成多元化纠纷解决机制法律体系。

第一类立法，根据域外的立法经验，可以是多元化纠纷解决机制专门法，也可通过修改《民事诉讼法》规定多元化纠纷解决机制的相关内容。目前，我国法律层面尚未制定多元纠纷解决机制专门法，《民事诉讼法》也未

规定多元化纠纷解决机制所应涵盖的内容。多元化纠纷解决机制的价值理念、基本原则、非诉讼当事人行为能力、非诉讼纠纷解决机制等的内容还有待法律作出相关规定。综上所述，多元化纠纷解决机制专门立法在国家层面仍处于空白状态。

第二类立法，我国已制定了《民事诉讼法》《人民调解法》《仲裁法》《行政诉讼法》等法律法规，但有待进一步完善。在多元化纠纷解决机制法律体系中，这些部门法不再是孤立存在的纠纷解决程序法，而是与其他纠纷解决程序法共同形成一个整体，成为多元化纠纷解决机制法律体系中的一环。因此，其立法是否完善，不能再孤立地看，而是要放在多元化纠纷解决机制立法体系中予以考察。笔者认为，应从以下两个方面进行完善。首先，立法种类有待完善。比如行政调解立法，中央层面未有行政调解的专门立法，地方人大也未制定专门的地方性法规。行政调解立法目前处于最低层级的立法阶段，以地方政府规章的立法形式出现，仅北京等四个省市的政府出台了行政调解规章。国家部委规章仅有国家工商行政管理局于 1997 年颁布的《合同争议行政调解办法》。其次，立法内容有待完善。比如纠纷解决程序衔接立法，《民事诉讼法》涉及非诉讼程序以及诉讼与非诉讼的程序衔接的规定，与构建多元化纠纷解决机制还相差甚远。诉前强制调解、委托调解、诉讼费用调节制度等能促进多元化纠纷解决机制发展的制度，都有待修改《民事诉讼法》进行规定。《人民调解法》仅规范人民调解，而人民调解除本身规定有待完善之外，其与行政调解、行业调解、仲裁、诉讼等其他纠纷解决程序的衔接也需要补充、完善。

第三类立法是行业纠纷解决方式立法。劳动、交通事故、房屋的征收和补偿、医疗等相关部门法都有纠纷解决条款，其不足主要体现在以下两个方面。一是未能形成立法统筹，缺乏整合力。这类立法分散在不同的部门法之中，立法方式、纠纷解决方式各不相同。在诉前强制程序立法方面，基本按照当事人的意愿遵循"或调或裁或诉"的原则进行立法，只有少数类型纠纷解决程序设置了诉前强制仲裁或调解程序。同时，这种分散的立法方式未能形成系统的多元化纠纷解决机制衔接机制，难以产生纠纷解决合力，导致纠纷解决效率不高。二是这类立法有部门利益化趋向，存在从本部门利益出发设置纠纷解决程序的现象。比如交通事故纠纷解决程序，根据新修改的《道路交通安全法》的规定，调解不再是道路交通事故纠纷解决的强制性程序。相比旧法规定，新法的规定或多或少减轻了道路交通主管部门的工作量和责任。综上，应健全此类立法，完善行业性纠纷解决程序以及程序衔接机制，从而提高纠纷解决效率。

第二节　完善我国多元化纠纷解决机制立法体系的建议

一、制定多元化纠纷解决机制基本法

制定多元化纠纷解决机制基本法有利于确立多元化纠纷解决机制的法律地位，指导多元化纠纷解决机制的发展和实施。我国多元化纠纷解决机制的正当性、发展方向等相关内容还仅仅存在于党的文件以及司法改革文件之中，具体部门法之中尚未有系统表述。2015年4月1日厦门市人大常委会通过的《厦门经济特区多元化纠纷解决机制促进条例》和2016年7月27日山东省人大常委会通过的《山东省多元化解纠纷促进条例》，受立法权限的限制，也未能形成多元化纠纷解决机制的法律理论体系，主要规定多元化纠纷解决机制的具体工作制度。综上，需制定多元化纠纷解决机制基本法，从法律层面明确ADR的基本理念、基本原则、制度构建等宏观设计，确定各种纠纷解决方式的法律性质、法律地位、管辖权限、人员构成和功能、纠纷解决程序、非诉讼与诉讼的程序衔接机制、非诉讼参与人的行为能力、ADR的效力和执行力、司法审查制度、费用等等。

二、完善《民事诉讼法》关于多元化纠纷解决机制的规定

在中央立法层面未制定多元化纠纷解决机制基本法的背景下，可通过修改《民事诉讼法》，完善多元化纠纷解决机制立法。如英国的立法模式就是把多元化纠纷解决机制的相关内容融入民事诉讼程序基本法之中，不另行制定非诉讼程序专门法。我国现行《民事诉讼法》涉及非诉讼纠纷解决程序的内容主要是诉中调解，诉讼与非诉讼的程序衔接仅为调解协议司法确认程序，与构建完善的多元化纠纷解决机制还相差甚远。因此，修改《民事诉讼法》，完善我国多元化纠纷解决机制立法，可从以下几个方面着手：第一，明确多元化纠纷解决机制的基本理念、基本原则、机制构建等宏观制度。第

二，在诉前调解制度设计方面，可借鉴德国等西欧国家的立法经验，根据纠纷的性质、金额等因素设置强制调解制度，为某些责任明确、金额小、数量多的纠纷类型设置诉前强制调解程序，尽量降低这类纠纷进入诉讼程序的几率，以缓解审判压力是未来司法改革的发展方向。第三，吸收委托调解制度。通过程序设置，形成委托调解与诉讼衔接机制，包括成立—确认、不成立—立案、成立—立案—转化为法院调解书等①程序衔接机制。第四，借鉴英国的立法经验，将诉讼费用作为经济杠杆，促使当事人理性选择纠纷解决途径。第五，扩大法律援助的范围，把多元化纠纷解决机制纳入法律援助的范围。

三、完善行业性纠纷解决机制立法

行业性纠纷解决方式广泛存在于相关法之中，如《劳动法》中关于劳动纠纷解决途径的规定，《消费者权益保护法》中关于侵害消费者权益纠纷解决途径的规定，《环境保护法》中关于环境侵权纠纷解决途径的规定，等等。纠纷解决方式涉及协商和解、第三方参与的调解、行政性调解或裁决、司法裁判等纠纷解决途径及其程序衔接，但纠纷解决方式在程序设置方面存在分散性、缺乏立法统筹，且程序设置部门利益化，因此，需要从以下两个方面完善此类立法。第一，统筹立法。充分研究各类分析纠纷的特点，发挥各种纠纷解决途径的优势，并优化组合和衔接，通过程序衔接，形成现代纠纷解决机制，以产生纠纷解决合力，从而提高纠纷解决效率。第二，避免立法部门利益化。完善现有的立法工作流程，增强立法的公开性，强化对立法机关在草案起草、审议等环节的监督，如审议阶段专门就纠纷解决条款安排专家论证，避免因立法部门利益化，影响纠纷解决成效。

四、推进多元化纠纷解决机制地方专门立法

目前，我国已有厦门市和山东省通过多元化纠纷解决机制专门立法，构建起多元化纠纷解决机制地方立法的基本框架和相关内容，为其他地区多元化纠纷解决机制立法提供了宝贵的经验。推进我国其他地区多元化纠纷解决

① 范愉. 诉讼与非诉讼程序衔接的若干问题——以《民事诉讼法》的修改为切入点. 法学论坛，2011（9）.

机制专门立法、完善多元化纠纷解决机制法律体系有以下三个方面的考虑：第一，从地域方面来说，厦门和山东都是东部沿海地区，经济较为发达。我国的中西部地区，经济社会发展相对落后，探索我国中西部地区的多元纠纷解决机制立法能反映出我国不同地区的纠纷解决机制的立法特点。第二，从民族方面来说，我国是多民族国家，西部地区又是我国多民族聚集比较集中的区域。因此，西部地区在制定多元化纠纷解决机制地方专门法时必须考虑体现当地特色的带有民族性的特定纠纷解决方式。第三，完善地方多元化纠纷解决机制法律体系。多元化纠纷解决机制地方专门立法是本地区纠纷化解的重要法规。地方专门立法将填补本地区的纠纷解决机制立法空白，有利于完善本地区的多元化纠纷解决机制法律体系。

五、制定特殊事件处理程序特别法

对大规模侵权引发的群体性纠纷事件的处理程序和方式不同于对当事人人数较少的纠纷的解决程序和方式，比如美国处理"9·11"事件赔偿采基金＋诉讼模式，日本处理丙型肝炎血液制品群体诉讼采立法＋法院集体和解模式。① 我国 2008 年发生的三鹿奶粉侵权赔偿采行政主导的纠纷解决方式，确定赔偿标准和设立赔偿基金，对受害者进行积极赔偿，使事件得到妥善处理。案件发生后将近九年，从事件的处理结果来看，可认为这是成功处理大规模侵权案件的典型案例。但因本案未经过司法程序或立法程序，其行政主导解决纠纷的公正性受质疑也在所难免。本次处理三鹿奶粉侵权赔偿的方式是处理未来可能发生类似事件的重要经验，有必要对该次处理赔偿事宜的方式进行研究、提炼，以法律的形式固定，成为未来处理类似事件的依据，无疑会提升未来处理类似案件的公正性。综上，有必要借鉴域外处理大规模侵权事件的立法经验，制定特殊事件处理程序法来处理大规模侵权事件。

---

① 范愉. 诉讼与非诉讼程序衔接的若干问题——以《民事诉讼法》的修改为切入点. 法学论坛，2011（9）.

第七编　完善法律体系的实践创新

本编导言

党的十九大报告指出:"全面依法治国是国家治理的一场深刻革命,必须坚持厉行法治,推进科学立法、严格执法、公正司法、全民守法。成立中央全面依法治国领导小组,加强对法治中国建设的统一领导。"在下一个阶段的法治工作中,要进一步"加强宪法实施和监督,推进合宪性审查工作,维护宪法权威。推进科学立法、民主立法、依法立法,以良法促进发展、保障善治"。党的十九届三中全会审议通过了《中共中央关于深化党和国家机构改革的决定》和《深化党和国家机构改革方案》。改革方案在"深化党中央机构改革"部分,专项提出"组建中央全面依法治国委员会"。改革方案指出:"全面依法治国是中国特色社会主义的本质要求和重要保障。为加强党中央对法治中国建设的集中统一领导,健全党领导全面依法治国的制度和工作机制,更好落实全面依法治国基本方略,组建中央全面依法治国委员会,负责全面依法治国的顶层设计、总体布局、统筹协调、整体推进、督促落实,作为党中央决策议事协调机构。"中央全面依法治国委员会的主要职责是:统筹协调全面依法治国工作,坚持依法治国、依法执政、依法行政共同推进,坚持法治国家、法治政府、法治社会一体建设,研究全面依法治国重大事项、重大问题,统筹推进科学立法、严格执法、公正司法、全民守法,协调推进中国特色社会主义法治体系和社会主义法治国家建设等。中央全面依法治国委员会办公室设在司法部。

对于人民代表大会制度,党的十九大报告指出:"人民代表大会制度是坚持党的领导、人民当家作主、依法治国有机统一的根本政治制度安排,必须长期坚持、不断完善。要支持和保证人民通过人民代表大会行使国家权力。""健全人大组织制度和工作制度,支持和保证人大依法行使立法权、监督权、决定权、任免权,更好发挥人大代表作用,使各级人大及其常委会成为全面担负起宪法法律赋予的各项职责的工作机关，成为同人民群众保持密切联系的代表机关。完善人大专门委员会设置，优化人大常委会和专门委员会组成人员结构。"

第四十七章内容丰富。其一，对党的十八大以来全国人大及其常委会的体制创新与立法工作进行概述，分析了新时期我国民主法治建设的指导思想和原则，提出以人民为中心是治国理政的基本理念，人民代表大会制度是坚持党的领导、人民当家作主、依法治国有机统一的根本制度安排等论断，总结了党的十八大以来人民代表大会制度的理论和实践创新。其二，围绕人大主导立法的理论渊源与实践问题，讨论人大立法与人大常委会立法的关系、人大立法与行政立法的关系、人大主导立法与政协协商的关系，提出有效发挥人大立法主导作用的建议；围绕人大立法的体制机制改革问题，从立项机制、法规起草、审议机制、立法协调四个环节以及人大协商立法、人大代表作用发挥等方面提出优化途径。其三，深入研究加强科学立法的诸多问题。科学立法要求尊重和体现规律，使法律准确适应改革、发展、稳定的需要；要求创新立法思维，从经济社会发展的实际问题和重点领域出发，制定和实施科学的立法规划与立法工作计划；要求坚持立、改、废、释并举，使重大改革于法有据、有序进行，实现从粗放型立法向集约型立法的转变；建立和完善立法决策支持系统，为科学立法提供智力支持，建立专家咨询系统和立法信息应用系统等；要求探索和创新立法选项机制、法案起草机制、立法协调机制、立法后评估机制、法的清理工作机制、法律法规配套机制等。其四，深入研究加强民主立法的诸多问题。集中探讨了民主立法的要义和主流共识，总结了民主立法实践中的经验与问题，提出了当前加强民主立法的具体措施，要求发挥网络民主立法的作用，鼓励多样化的立法参与形式。其五，围绕立法实效与立法体制创新，强调合理设置各级政府及其下属部门的法定职权是提高立法质量的起码要求，对政府立法质量要从政治标准、法律标准、发展标准、先进性和超前性标准、实践检验标准以及公众满意度标准等六个维度进行综合评价。加强地方立法，应坚持合法性原则，防止地方保护主义；建立公众参与机制，扩大民众参与范围；贯彻可持续发展理念，规范立法语言。其六，从近期和远期两个方面对人大代表间接选举制度的立法完善进行了探讨，提出了应对拉票贿选案的政策建议，包括继续保持反腐败的高压态势，坚决打击、果断查处，彰显中央的态度和决心；积极回应实践中提出的问题，完善制度、扎紧篱笆，维护法治的权威和尊严；切实保障人民当家作主的地位，加强监督、营造氛围，保障民主的生机和活力。

第四十八章对政府法制统一、立法与司法解释的关系、授权立法三个重大问题作了专题研究。坚持政府法制统一是由政府立法本身的特点和社会主义法制统一的要求所决定的。但是，行政法规与法律之间，国务院部门规章与法律、行政法规之间，地方政府规章与法律、行政法规或者地方性法规之间，存在纵向冲突；行政法规之间、部门规章之间和地方政府规章之间存在横向冲突；国务院部门规章与地方性法规之间、国务院部门规章与地方政府规章之间存在斜向冲突，需要高度注意。减少政府立法冲突、维护政府法制统一的对策大体有四个方面：(1) 明确政府立法权限划分；(2) 加强各政府立法主体之间的沟通与协调；(3) 加强备案审查、改变和撤销制度；(4) 加强法规清理。最高人民法院、最高人民检察院的司法解释是一个极具中国特色的法律现象，就其性质而言不属于立法。但在改革实践中，"立法的有意沉默"与"禁止司法沉默"之间所形成的张力，在客观上为司法机关通过自我授权扩张解释权限提供了条件。本章以全国人大常委会公开征求意见的《民法总则（草案）》作为分析对象，在客观描述的基础上，从制度功能的角度深入反思我国司法解释所具有的"试行立法"功能，对于立法机关在今后应当如何处理与司法机关的这种"合作反馈"关系提出了建言。关于授权立法制度，首先研究授权立法的理论基础，继而回顾中华人民共和国成立以来授权立法的发展历程，剖析授权立法存在的问题，通过对比不同国家授权立法的现状，借鉴、吸收相关经验，寻找授权立法的完善路径。

第四十九章的主题是完善法律体系与地方立法创新。地方立法是法律体系的重要组成部分，地方立法质量的提高对于法律体系的完善具有重要价值。首先，对地方立法的法制统一性与地方创新性研究、地方立法的公众参与研究、第三方参与地方立法研究、地方立法协调研究、监督和防范部门利益及地方保护主义法律化研究等五大问题进行了深入研究。其次，简要回顾了中华人民共和国成立以来地方立法权的四个发展阶段，研判当前我国地方立法权存在的问题，提出一系列地方立法制度创新与问题解决思路。最后，从地方立法权的制度沿革入手，探讨在国家治理中地方立法权的发展变化，进而梳理、总结设区的市地方立法权在权属性质及权限范围上的地方实践与问题挑战，分析设区的市地方立法权的合宪性与合理性争议。

第五十章的主题是完善法律体系与立法评估创新。在"后法律体系"时代，立法评估成为提高立法质量、发挥立法先导作用，全面推进依法治国的重要抓手。根据立法过程的不同阶段，可以分为立法前评估、立法中评估和立法后评估。与相对成熟的立法后评估机制相比，立法前评估工作刚刚起步。本章首先对各级人大和政府开展的立法前评估工作及规范化试点进行了综合研讨，认为：目前立法评估的主要任务集中于对法律实施效果的考察，检验立法工作和现行法律法规优劣好坏的标准只能是其实施效果和文本质量。对地方性法规和地方政府规章进行"立法后评估"，不仅是地方进行高质量立法的有效途径，也是维护国家法制统一的有效措施。当前的立法后评估，在客观上更需要对以静态性、稳定性为特点的法律规范进行纠偏矫正，及时弥补立法漏洞。

第五十一章是前一章内容的自然延续与深化。首先研究了立法评估标准确立的途径以及影响立法评估标准客观性的因素，由此为论证一般意义上的立法评估标准提供了可能。其次，论证说明立法评估标准的主要内容，指出立法评估标准是多向度的，既有应然意义上的，也有实然意义上的。最后，在逻辑推理、价值评判以及实证分析的基础上了提出一般意义上的立法评估标准，并就四类立法评估标准的具体内容进行论证性阐述，从而为完善立法评估标准提供了理论依据。

第四十七章

完善法律体系与人大立法创新

第一节　党的十八大以来全国人大体制创新与立法工作概述

党的十八大以来，以习近平同志为核心的党中央团结带领全党、全国各族人民进行新的伟大斗争，积极从事中国特色社会主义新的伟大事业，统筹推进"五位一体"总体布局和协调推进"四个全面"战略布局，大力推进国家治理体系和治理能力现代化建设，凝聚起实现中华民族伟大复兴中国梦的强大力量，开启了中国改革开放和现代化建设的新征程。习近平总书记就治国理政发表了一系列重要讲话，提出了许多新理念、新思想、新战略。这既为全党、全国各族人民提供了强大的思想武器和科学指南，又丰富和发展了中国特色社会主义理论体系，在新的征程上取得了举世瞩目的成就。同时，党中央高度重视我国社会主义民主政治、人民代表大会制度建设和人大工作，作出一系列重大决策、部署。全国人大及其常委会按照"总结、继承、完善、提高"原则，认真履行宪法法律赋予的职责，坚定坚持党的领导、人民当家作主、依法治国有机统一，大力推进人民代表大会制度理论和实践创新，开创了人大工作新局面。下文着重从以下几个方面予以概要说明。

一、新时期我国民主法治建设的指导思想和原则

（一）以人民为中心是治国理政的基本理念

以人民为中心是马克思主义的根本立场。"人民是历史的创造者，群众

是真正的英雄。人民群众是我们力量的源泉。"① 把人民放在心中最高位置，坚持为人民服务是马克思主义政党的本质属性。我们党和国家一切工作的出发点和归宿，都是一切为了人民、一切依靠人民，为人民过上更加美好生活而矢志奋斗。在纪念红军长征胜利 80 周年大会上的讲话中，习近平同志强调："为什么人、靠什么人的问题，是检验一个政党、一个政权性质的试金石。"② 在索契冬奥会接受专访时，习近平同志说："中国共产党坚持执政为民，人民对美好生活的向往就是我们的奋斗目标。我的执政理念，概括起来说就是：为人民服务，担当起该担当的责任。"③ 这"两大基石"既是我们党执政的基本理念，也是治国理政的基本理念。

一是坚持以人民为中心的发展理念。坚持人民主体地位，坚持以人为本、执政为民，尊重人民首创精神，这是我们党和国家事业不断取得成就的最主要原因之一。习近平同志说："我们的人民热爱生活，期盼有更好的教育、更稳定的工作、更满意的收入、更可靠的社会保障、更高水平的医疗卫生服务、更舒适的居住条件、更优美的环境，期盼孩子们能成长得更好、工作得更好、生活得更好。人民对美好生活的向往，就是我们的奋斗目标。"④ 这既是新一届中央领导集体对全国各族人民的郑重承诺，也是对党和国家事业发展的政治宣言，充分体现了立党为公、执政为民的宗旨和情怀，形成了亲民、爱民、为民的执政风格和执政导向。我们的发展是以人民为中心的发展。检验一切工作的成效，最终都要看人民是否真正得到了实惠、人民生活是否得到了改善、人民权益是否得到了保障。

二是必须勇于、敢于担当。好的理念、好的蓝图，都不会自动实现，还必须要实干，所谓实干兴邦。在新的历史条件下，习近平特别强调担当意识，"担当起该担当的责任"，"担当大小，体现着干部的胸怀、勇气、格调，有多大担当才能干多大事业"。这体现了对党、对国家、对人民高度负责的政治品格和使命意识，其出发点和目的都是要践行全心全意为人民服务的根本宗旨，切实解决好人民最关心、最直接、最现实的利益问题，保护好、实

①④　习近平．人民对美好生活的向往，就是我们的奋斗目标//中共中央文献研究室．十八大以来重要文献选编：上．北京：中央文献出版社，2014：70.

②　习近平．在纪念红军长征胜利 80 周年大会上的讲话．北京：人民出版社，2016：15.

③　习近平．改革再难也要向前推进//习近平谈治国理政．北京：外文出版社，2014：101.

现好、发展好人民的正当权益。

三是必须坚持群众路线。习近平同志指出："老百姓是天，老百姓是地。"① 这个形象生动的说法，深刻揭示了人民群众的至上地位。的确，群众路线是我们党的生命线和根本工作路线。"得民心者得天下，失民心者失天下，人们拥护和支持是党执政的最牢固根基。人心向背关系党的生死存亡。"② 党的十八大以来，党中央在全面从严治党方面提出了一系列重要举措，特别是在加强党的自身建设方面，明确提出旨在改进工作作风、密切联系群众的"八项规定"，并决定在全党深入开展党的群众路线教育实践活动。这些举措既是党要管党、从严治党的客观需要，也是巩固党的执政基础和执政地位的必然要求，目的就是要进一步密切党群关系、干群关系，保持党同人民群众的血肉联系。道理很简单，"中国梦归根到底是人民的梦，必须紧紧依靠人民来实现，必须不断为人民造福"③。

（二）"依法治国，首先是依宪治国；依法执政，关键是依宪执政"

2012 年 12 月 4 日，习近平同志在首都各界纪念现行宪法公布施行 30 周年大会上的讲话中指出：宪法是国家的根本法，是治国安邦的总章程，具有最高的法律地位、法律权威、法律效力，具有根本性、全局性、稳定性、长期性。宪法与国家前途、人民命运息息相关。维护宪法权威，就是维护党和人民共同意志的权威。捍卫宪法尊严，就是捍卫党和人民共同意志的尊严。保证宪法实施，就是保证人民根本利益的实现。

习近平同志强调，全面贯彻实施宪法，是建设社会主义法治国家的首要任务和基础性工作。宪法的生命在于实施，宪法的权威也在于实施。我们要坚持不懈抓好宪法实施工作，把全面贯彻实施宪法提高到一个新水平。为此，要着重做好以下四个方面的工作：第一，坚持正确政治方向，坚定不移走中国特色社会主义政治发展道路。第二，落实依法治国基本方略，加快建设社会主义法治国家。第三，坚持人民主体地位，切实保障公民享有权利和

---

① 习近平 . 在纪念红军长征胜利 80 周年大会上的讲话 . 北京：人民出版社，2016：15.

② 习近平 . 在党的群众路线教育实践活动工作会议上的讲话//中共中央文献研究室 . 十八大以来重要文献选编：上 . 北京：中央文献出版社，2014：307，310.

③ 习近平 . 在第十二届全国人民代表大会第一次会议上的讲话//中共中央文献研究室 . 十八大以来重要文献选编：上 . 北京：中央文献出版社，2014：235.

履行义务。第四，坚持党的领导，更加注重改进党的领导方式和执政方式。强调要坚持依法治国、依法执政、依法行政共同推进，坚持法治国家、法治政府、法治社会一体建设，扎扎实实把党的十八大精神落实到各项工作中去，为全面建成小康社会、开创中国特色社会主义事业新局面而努力奋斗。① 特别值得指出的是，习近平同志在讲话中十分明确地提出，"依法治国，首先是依宪治国；依法执政，关键是依宪执政"②。

在这里，习近平同志围绕我国宪法的历史及发展，着眼于全面贯彻实施宪法。宪法是国家的根本法，是母法，具有最高法律效力，强调实施依法治国基本方略，首先必须依宪治国，必须把全面贯彻实施宪法提高到一个新水平。

（三）"完善和发展中国特色社会主义制度，推进国家治理体系和治理能力现代化"

2013 年 11 月 12 日，党的十八届三中全会通过的《关于全面深化改革若干重大问题的决定》（以下简称《决定》）明确了全面深化改革的指导思想、目标任务、重大原则，描绘了全面深化改革的新蓝图、新愿景、新目标，提出"全面深化改革的总目标是完善和发展中国特色社会主义制度，推进国家治理体系和治理能力现代化"。这是"全面深化改革的又一次总部署、总动员"③。

党的十八届三中全会《决定》明确提出："紧紧围绕坚持党的领导、人民当家作主、依法治国有机统一深化政治体制改革，加快推进社会主义民主政治制度化、规范化、程序化，建设社会主义法治国家，发展更加广泛、更加充分、更加健全的人民民主。"④ 发展社会主义民主政治，必须以保证人民当家作主为根本，坚持和完善人民代表大会制度、中国共产党领导的多党合作和政治协商制度、民族区域自治制度以及基层群众自治制度，更加注重健全民主制度、丰富民主形式，从各层次、各领域扩大公民有序参与政治，

---

① 习近平. 在首都各界纪念现行宪法颁布施行三十周年大会上的讲话//中共中央文献研究室. 十八大以来重要文献选编：上. 北京：中央文献出版社，2014：85～92.

② 同①91.

③ 同①496.

④ 同①512.

充分发挥我国社会主义政治制度的优越性。

十八届三中全会《决定》要求推动人民代表大会制度与时俱进，并作出部署：坚持人民主体地位，推进人民代表大会制度理论和实践创新，发挥人民代表大会制度的根本政治制度作用。完善中国特色社会主义法律体系，健全立法起草、论证、协调、审议机制，提高立法质量，防止地方保护和部门利益法制化。健全"一府两院"由人大产生、对人大负责、受人大监督制度。健全人大讨论、决定重大事项制度，各级政府重大决策出台前向本级人大报告。加强人大预算决算审查监督、国有资产监督职能。落实税收法定原则。加强人大常委会同人大代表的联系，充分发挥代表作用。通过建立健全代表联络机构、网络平台等形式密切代表同人民群众的联系。完善人大工作机制，通过座谈、听证、评估、公布法律草案等扩大公民有序参与立法的途径，通过询问、质询、特定问题调查、备案审查等积极回应社会关切。

十八届三中全会《决定》要求：维护宪法法律权威。宪法是保证党和国家兴旺发达、长治久安的根本法，具有最高权威。要进一步健全宪法实施监督机制和程序，把全面贯彻实施宪法提高到一个新水平。建立健全全社会忠于、遵守、维护、运用宪法法律的制度。坚持法律面前人人平等，任何组织或者个人都不得有超越宪法法律的特权，一切违反宪法法律的行为都必须予以追究。完善规范性文件、重大决策合法性审查机制。建立科学的法治建设指标体系和考核标准。健全法规、规章、规范性文件备案审查制度。健全社会普法教育机制，增强全民法治观念。[①]

可以说，"推进法治中国建设"新目标是"法治国家"的"升级版"，是又一次新的飞跃。这标志着中国法治理论和法治实践进入一个新的发展阶段，同时，也进一步彰显了新一届党中央对法治的高度重视。值得特别注意的是，习近平同志在主持召开中央全面深化改革领导小组第二次会议时强调：凡属重大改革都要于法有据。在整个改革过程中，都要高度重视运用法治思维和法治方式，发挥法治的引领和推动作用，加强对相关立法工作的协调，确保在法治轨道上推进改革。[②]

---

① 中共中央关于全面深化改革若干重大问题的决定//中共中央文献研究室．十八大以来重要文献选编：上．北京：中央文献出版社，2014：527~529．

② 把抓落实作为推进改革工作的重点　真抓实干蹄疾步稳求实效．人民日报，2014-03-03（1）．

（四）"人民代表大会制度是坚持党的领导、人民当家作主、依法治国有机统一的根本制度安排"

2014 年 9 月 5 日，习近平同志在庆祝全国人民代表大会成立 60 周年大会上的讲话中指出："在中国实行人民代表大会制度，是中国人民在人类政治制度史上的伟大创造，是深刻总结近代以后中国政治生活惨痛教训得出的基本结论，是中国社会 100 多年激越变革、激荡发展的历史结果，是中国人民翻身作主、掌握自己命运的必然选择。"① 把人民代表大会制度放在人类历史长河中来考察，并确认它是"伟大创造"，显然有利于增强国人的自信心。

习近平同志指出："在中国，发展社会主义民主政治，保证人民当家作主，保证国家政治生活既充满活力又安定有序，关键是要坚持党的领导、人民当家作主、依法治国有机统一。人民代表大会制度是坚持党的领导、人民当家作主、依法治国有机统一的根本制度安排。"② 这就在党的十六大报告首次明确提出"三者有机统一"的基础上，进一步把人民代表大会制度界定为"坚持党的领导、人民当家作主、依法治国有机统一的根本制度安排"。这是党中央第一次明确提出这一全新的重大论断，不仅具有重大的理论意义，明确了人民代表大会制度在"三者有机统一"中的根本性作用，进一步凸显人民代表大会制度这一根本政治制度的性质和地位，而且具有实践意义，为毫不动摇地坚持和完善人民代表大会制度指明了方向、提供了遵循。

习近平同志强调："人民代表大会制度是中国特色社会主义制度的重要组成部分，也是支撑中国国家治理体系和治理能力的根本政治制度。新形势下，我们要毫不动摇坚持人民代表大会制度，也要与时俱进完善人民代表大会制度。"③ 这里，进一步把人民代表大会制度与"支撑中国国家治理体系和治理能力的根本政治制度"联系起来。

（五）"全面推进依法治国"

2014 年 10 月，党的十八届四中全会专门研究推进"依法治国"，通过

---

① 习近平.在庆祝全国人民代表大会成立 60 周年大会上的讲话.北京：人民出版社，2014：4.
② 同①6.
③ 同①9.

《中共中央关于全面推进依法治国若干问题的决定》（以下简称十八届四中全会《决定》）。这在我们党的历史上是首次，其意义不言而喻。十八届四中全会《决定》第一次提出"坚持走中国特色社会主义法治道路，建设中国特色社会主义法治体系"这一重大论断，明确全面推进依法治国的重大意义、指导思想和战略部署，强调"依法治国，是坚持和发展中国特色社会主义的本质要求和重要保障，是实现国家治理体系和治理能力现代化的必然要求，事关我们党执政兴国，事关人民幸福安康，事关党和国家长治久安"①。

全面推进依法治国，"总目标是建设中国特色社会主义法治体系，建设社会主义法治国家"，为此，必须坚持五条原则，即坚持中国共产党的领导、坚持人民主体地位、坚持法律面前人人平等、坚持依法治国和以德治国相结合、坚持从中国实际出发。② "宪法是国家的根本法，坚持依法治国首先要坚持依宪治国，坚持依法执政首先要坚持依宪执政。"③ 可以说，这是新一届党中央领导集体再一次庄严宣告和郑重承诺。

十八届四中全会《决定》还明确提出了依法治国四个方面的基本格局，即科学立法、严格执法、公正司法、全民守法。④ 总之，这是对十八届三中全会《决定》中关于"推进法治中国建设"目标任务的深化和细化，是顺应推进国家治理体系和治理能力现代化的需要，是我国民主法治史上又一座里程碑。

（六）首次提出"四个全面"的战略思想

党的十八大明确提出了经济、政治、文化、社会和生态文明建设"五位一体"总体布局。2014年12月，习近平在江苏考察时首次明确提出"协调推进全面建成小康社会、全面深化改革、全面推进依法治国、全面从严治党，推进改革开放和社会主义现代化建设迈上新台阶"。这是针对新形势下的机遇、挑战和历史任务，在"三个全面"后增加了"全面从严治党"，第

---

① 中共中央关于全面推进依法治国若干重大问题的决定. 北京：人民出版社，2014：1～2.

② 同①4～7.

③ 同①8～30. 习近平. 关于《中共中央关于全面推进依法治国若干重大问题的决定》的说明//中共中央关于全面推进依法治国若干重大问题的决定. 北京：人民出版社，2014：47. 此前，习近平同志就深刻指出："宪法是国家的根本法，坚持依法治国首先要坚持依宪治国，坚持依法执政首先要坚持依宪执政。"习近平. 在庆祝全国人民代表大会成立60周年大会上的讲话. 北京：人民出版社，2014：8.

④ 中共中央关于全面推进依法治国若干重大问题的决定. 北京：人民出版社，2014：8～30. 习近平. 关于《中共中央关于全面推进依法治国若干重大问题的决定》的说明//中共中央关于全面推进依法治国若干重大问题的决定. 北京：人民出版社，2014：47.

一次提出"四个全面"。2015 年 2 月 2 日，习近平在省部级主要领导干部研讨班开班式上明确肯定"四个全面"是"战略布局"，并以此来概括党的十八大以来党中央治国理政的总体框架。

二、人民代表大会制度的完善和发展

党的十八大以来，人民代表大会制度的理论和实践创新主要体现在以下几个方面。

（一）健全宪法实施和监督制度

全国人大常委会按照党中央的决策部署，健全宪法实施和监督制度，宣传和树立宪法权威，积极推进宪法和法律有效实施。

（1）设立国家宪法日。2014 年 11 月 1 日，全国人大常委会通过《关于设立国家宪法日的决定》。12 月 4 日，全国开展第一个国家宪法日活动，大力弘扬宪法精神。习近平总书记在第一个国家宪法日来临之际作出重要指示，强调：我国宪法是符合国情、符合实际、符合时代发展要求的好宪法，是我们国家和人民经受住各种困难和风险考验、始终沿着中国特色社会主义道路前进的根本法制保证；要坚持党的领导、人民当家作主、依法治国有机统一，坚定不移走中国特色社会主义法治道路，坚决维护宪法法律权威。全国人大常委会办公厅会同中央宣传部等召开"深入开展宪法宣传教育大力弘扬宪法精神"座谈会，张德江同志出席座谈会并发表讲话。从此，国家宪法日活动开展实现了常态化。

（2）确立宪法宣誓制度。2015 年 7 月初，全国人大常委会通过《关于实行宪法宣誓制度的决定》，以国家立法的形式明确，由人大选举或者决定任命以及"一府两院"任命的国家工作人员，在就职时应当公开进行宪法宣誓。2016 年 1 月 1 日该决定施行以来，全国人大常委会委员长会议举行了第一次宪法宣誓，张德江委员长主持并监誓。从此，这成制度化、机制化的活动。

（3）实施宪法规定的特赦制度。为纪念中国人民抗日战争暨世界反法西斯战争胜利 70 周年，2015 年 8 月全国人大常委会根据宪法有关规定，通过《关于特赦部分服刑罪犯的决定》。国家主席习近平签署并发布特赦令。这是新中国成立以来第八次，也是自 1966 年以来第一次实行特赦，是实施宪法规定的特赦制度、体现依法治国理念和人道主义精神的创新实践。

（4）健全国家勋章和国家荣誉称号制度。2015年12月，全国人大常委会制定《国家勋章和国家荣誉称号法》，着眼于建立统一的功勋荣誉表彰制度，明确国家勋章和国家荣誉称号的设立、授予对象、授予程序等最主要、最基本的制度。这有利于推动建立健全党和国家功勋荣誉表彰制度体系，增强中国特色社会主义事业凝聚力和感召力。

此外，全国人大常委会还加强备案审查制度和能力建设，有重点地加强对地方性法规的主动审查，认真研究各方面提出的审查建议。

（二）修改选举法，完善人大代表选举制度

县乡两级人大代表由选民直接选举产生，占我国五级人大代表总数的95％。这些年来，各地坚持党的领导、充分发扬民主、严格依法办事，人大代表选举工作总体平稳顺利。同时，人大代表选举工作也出现许多新情况、新问题，特别是湖南衡阳"拉票贿选案"、"辽宁贿选案"影响恶劣、教训深刻。党中央对此高度重视，依法依纪严肃查处这起案件，切实加强对代表选举工作的组织领导，特别是从制度上进行完善，以防止类似事件再次发生。2015年6月，中共中央转发了《中共全国人大常委会党组关于加强县乡人大工作和建设的若干意见》。

2015年8月29日，第十二届全国人大常委会第十六次会议对选举法作了修改，主要修改内容有：一是增加规定："公民参加各级人民代表大会代表的选举，不得直接或者间接接受境外机构、组织、个人提供的与选举有关的任何形式的资助。""违反前款规定的，不列入代表候选人名单；已经列入代表候选人名单的，从名单中除名；已经当选的，其当选无效。"二是增加规定："当选代表名单由选举委员会或者人民代表大会主席团予以公布。"三是增加规定："代表资格审查委员会依法对当选代表是否符合宪法、法律规定的代表的基本条件，选举是否符合法律规定的程序，以及是否存在破坏选举和其他当选无效的违法行为进行审查，提出代表当选是否有效的意见，向本级人民代表大会常务委员会或者乡、民族乡、镇的人民代表大会主席团报告。""县级以上的各级人民代表大会常务委员会或者乡、民族乡、镇的人民代表大会主席团根据代表资格审查委员会的报告，确认代表的资格或者代表的当选无效，在每届人民代表大会第一次会议前公布代表名单。"这一重要修改，进一步完善了审查工作机制,明确了审查的内容和程序,目的就是加强人大代表资格审查工作。四是,将有关条款中的全国人大和省、自治区、直辖市、设区的市、自治州的人大,修改为县级以上的各级人民代表大会。五是增加规定:"对补选产生的代表,依照本法第四十六条的规定进行代表资格审查。"

(三)对《立法法》作出重大修改,完善立法体制机制

2015 年 3 月 15 日,十二届全国人大三次会议审议通过《关于修改〈中华人民共和国立法法〉的决定》。这是该法实施 15 年来的首次修改,对于完善立法体制、提高立法质量和立法效率、维护国家法制统一、形成完备的法律规范体系、推进国家治理体系和治理能力现代化、建设社会主义法治国家,必将发挥积极作用。这次修改《立法法》,是一次听民意、集民智的重要实践,不仅听取代表和各方面的意见,而且将修正案草案提请代表大会审议通过,这本身就是重视发挥代表在立法工作中的作用。全国人大代表普遍认为,这次《立法法》的修改,是科学立法和民主立法的一个最新典范。

1. 进一步完善立法体制

一是,实现立法和改革决策相衔接。(1)立法应当"适应经济社会发展和全面深化改革的要求"。(2)全国人大及其常委会"可以根据改革发展的需要,决定就行政管理等领域的特定事项授权在一定期限内在部分地方暂时调整或者暂时停止适用法律的部分规定"。(3)授权决定不仅应当明确授权的目的、范围,还要明确授权的事项、期限和被授权机关实施授权决定应当遵循的原则等;被授权机关应当在授权期限届满的 6 个月以前,向授权机关报告授权决定实施的情况。二是,依法赋予设区的市地方立法权。(1)依法赋予所有设区的市地方立法权。① 同时明确,设区的市可以对"城乡建设与管理、环境保护、历史文化保护等方面的事项"制定地方性法规,法律对较大的市制定地方性法规的事项另有规定的,从其规定。原有 49 个较大的市已经制定的地方性法规,涉及上述事项范围以外的,继续有效。同时规定,由省(自治区)的人大常委会综合考虑本省、自治区所辖的设区的市的人

---

① 全国设区的市共 284 个,《立法法》修改前,共有 49 个享有地方立法权的较大的市(包括 27 个省会市、18 个经国务院批准享有地方性法规制定权的较大的市和 4 个经济特区所在地的市),其余 235 个设区的市尚没有地方立法权。《立法法》修改后,其他 235 个设区的市也获得地方立法权。

口数量、地域面积、经济社会发展情况以及立法需求、立法能力等因素，确定其他设区的市开始制定地方性法规的具体步骤和时间，并报全国人大常委会和国务院备案。此外，设区的市人民政府可以相应制定地方政府规章。（2）在自治州人大可以依法制定自治条例、单行条例的基础上，相应赋予自治州人大及其常委会行使设区的市的地方立法权。（3）明确赋予广东省东莞市和中山市、甘肃省嘉峪关市、海南省三沙市等4个地级市以设区的市地方立法权。①

2. 落实税收法定原则

《立法法》把税收基本制度作为全国人大及其常委会的专属立法权，在立法权限一章中作出规定，但其第8条规定了只能制定法律的事项，"税收"是在该条第8项中规定的。修改后的《立法法》是按照党的十八届三中全会关于落实"税收法定"②原则的要求，对税收制度进行了进一步的完善③，将"税收"专设一项作为第6项，明确规定，"税种的设立、税率的确定和税收征收管理等税收基本制度"只能由法律规定。

3. 规范部门规章和地方政府规章的权限

一是，制定部门规章，没有法律或者国务院的行政法规、决定、命令的依据，不得设定减损公民、法人和其他组织权利或者增加其义务的规范，不得增加本部门的权力、减少本部门的法定职责。二是，制定地方政府规章，没有法律、行政法规、地方性法规的依据，不得设定减损公民、法人和其他组织权利或者增加其义务的规范。应当制定地方性法规但条件尚不成熟的，因行政管理迫切需要，可以先制定地方政府规章，规章实施满两年，需要继

---

①　这4个市属于地级市，但不设区。按照赋予设区的市地方立法权的精神，修改后的《立法法》明确这4个地级市比照适用有关赋予设区的市地方立法权的规定。

②　"税收法定"是世界各国都通行的原则，或者说"政府征税必须得到人民的认可"。我国现行宪法也将税收法定确定为一项基本原则。1992年制定的《税收征收管理法》进一步规定，税收的开征、停征以及减税、免税、退税、补税，依照法律的规定执行；法律授权国务院规定的，依照国务院制定的行政法规的规定执行。

③　《立法法》修正案二审稿明确税率调整由法律规定，但三审稿（即提请十二届全国人大三次会议审议的稿子）删除了这个规定。公众认为这意味着全国人大默许国务院自行决定提高税率、增加公民或企业的税负，显然是一个"大倒退"。实际上，这是《立法法》修改过程中的一大焦点，也是十二届全国人大三次会议的一大焦点。李建国副委员长在说明《立法法》修正案草案中"落实税收法定原则"时，会场上响起了掌声。这种情形还是很少见的，反映了人大代表的关切，也反映了人民的心声。

续实施规章所规定的行政措施的，应当提请本级人大或者其常委会制定地方性法规。

4. 完善立法的机制

一是，发挥人大在立法工作中的主导作用。（1）明确规定全国人大及其常委会加强对立法工作的组织协调，发挥在立法工作中的主导作用。（2）全国人大及其常委会通过立法规划、年度立法计划等形式，加强对立法工作的统筹安排。（3）加强和改进法律起草机制。（4）更多发挥人大代表在立法中的作用。二是，深入推进科学立法、民主立法。（1）将提高立法质量明确为立法的一项基本要求。（2）增加规定"坚持立法公开"，以保障和实现公众的知情权、参与权。（3）拓宽公民有序参与立法的途径，开展立法协商，完善立法论证、听证、法律草案公开征求意见等制度。三是，健全审议和表决机制。对于调整事项较为单一，各方面的意见比较一致的法律案，可以经一次全国人大常委会会议审议即交付表决；对审议中个别意见分歧较大的重要条款设立单独表决制度；对多部法律中涉及同类事项的个别条款进行修改，一并提出法律案的，可以合并表决，也可以分别表决。四是，增加规定法律通过前评估、法律清理、制定配套规定、立法后评估等一系列推进科学立法的措施。五是，完善制定行政法规的程序。明确对国务院编制年度立法计划以及行政法规起草的要求。

5. 加强对立法的监督

一是，完善规范性文件备案审查机制。（1）全国人大有关的专门委员会和常委会工作机构可以对报送备案的规范性文件进行主动审查。（2）全国人大有关专门委员会和常委会工作机构可以将审查、研究情况向提出审查建议的国家机关、社会团体、企业事业组织以及公民反馈，并可以向社会公开。（3）民族自治地方制定的自治条例、单行条例和经济特区法规报送备案时，应当说明对法律、行政法规、地方性法规作出变通的情况。二是，加强对司法解释的规范和监督。（1）最高人民法院、最高人民检察院对审判工作、检察工作中具体应用法律的解释，应当主要针对具体的法律条文，并符合立法的目的、原则和原意。（2）最高人民法院、最高人民检察院在行使职权中遇有《立法法》规定情况的，应当向全国人大常委会提出法律解释的要求或者提出制定、修改有关法律的议案。（3）最高人民法院、最高人民检察院作出具体应用法律的解释，应当自公布之日起 30 日内报全国人大常委会备案。
（4）最高人民法院、最高人民检察院以外的审判机关和检察机关，不得作出
具体应用法律的解释。

此外，修改后的《立法法》还对国务院和中央军委联合发布行政法规、
武警部队制定军事规章等进行了修改、补充和完善。

（四）对《预算法》作出重要修改，完善财政预算制度

2014 年 8 月 31 日，第十二届全国人大常委会第十次会议通过的《关于
修改〈中华人民共和国预算法〉的决定》，对政府全口径预算、财政专户、
财政管理体制、转移支付、地方政府债务、预算审查和监督等方面作了进一
步明确规定，完善相关制度。这对于完善我国的财政预算制度、推进国家治
理体系和治理能力现代化具有重大意义。

（1）实行政府全口径预算管理。包括明确：1）一般公共预算；2）政府
性基金预算；3）国有资本经营预算；4）社会保险基金预算。

（2）加强政府全口径预算编制。包括：1）完善我国政府预算收支分类；
2）完善部门预算；3）强调"跨年度预算平衡"。

（3）改革和完善财政转移支付制度。增加规定"财政转移支付应当规
范、公平、公开，以推进地区间基本公共服务均等化为主要目标"。

（4）规范地方政府债务。1）明确举债主体为经国务院批准的省、自治
区、直辖市。2）对举债的方式、用途、偿债资金等作出规定，方式限于发
行地方政府债券；用途应当是公共预算中必需的建设投资的部分资金，并不
得用于经常性支出；应当有稳定的债务偿还资金来源。3）明确债务规模和
管理方式，地方政府债务的规模由国务院报全国人大或者其常委会批准；地
方政府依照国务院下达的限额举借的债务，列入本级预算调整方案，报本级
人大常委会批准。4）地方政府及其下属部门不得在法律规定之外以其他任
何方式举借债务，以及为他人债务提供担保。5）对于违法举债或者为他人
提供担保的，规定相应的法律责任。

（5）加强预算审查监督。1）发挥财经委员会等专门委员会、预算工作
委员会在预算初步审查中的作用。2）进一步增加预算审查监督的民主性。
3）加强全国人大常委会对预算执行的监督，有效维护预算的严肃性。4）推
进预算公开。

（五）加强县乡人大工作和建设，夯实我国地方国家政权基础

县乡两级人大是我国基层的国家权力机关，是地方的国家政权基础。长期以来，困扰县乡人大工作和建设的基础性问题一直没有得到很好的、有效的解决。这些问题主要是：县级人大常委会专职人员过少，机构设置不健全，不能完全适应县域经济社会发展的需要；许多乡镇人大没有设置专职主席和工作人员，一年一般只召开一次代表大会会议，闭会期间的工作处于停滞或半停滞的状态，使得乡镇一级人大机构虚置、工作虚化的现象普遍存在，直接影响了乡镇治理水平和基层政权建设。

党的十八大后，中央作出决策，加强基层政权建设。全国人大常委会党组高度重视，张德江委员长亲自调研，并亲自撰写调研报告。同时，全国人大常委会办公厅组织专门调研组开展相关调研，研究起草有关文件。

（1）加强调查研究，实地了解县乡人大工作和建设情况。一是，专题调研县级人大工作。2013 年 11 月 22 日至 25 日，张德江同志在云南省就县级人大工作进行调研，并主持召开部分省、自治区、直辖市县级人大工作座谈会。11 月 25 日，张德江同志在主持召开县级人大工作座谈会时强调，要全面贯彻落实党的十八大、十八届三中全会精神和习近平总书记系列重要讲话精神，从完善和发展中国特色社会主义制度、推进国家治理体系和治理能力现代化的高度，按照"总结、继承、完善、提高"的总原则，着力加强县级人大工作和人大自身建设，扎实推进县级人大工作完善发展。二是，专题调研乡镇人大工作。2014 年 5 月 8 日至 11 日，张德江同志在浙江就乡镇人大工作进行调研，先后在浙江省嘉兴市、潮州市、杭州市主持召开乡镇人大工作座谈会和浙江省人大工作座谈会。

（2）出台文件。2015 年 6 月，中共中央转发了《中共全国人大常委会党组关于加强县乡人大工作和建设的若干意见》。这是新形势下党中央加强人大工作特别是县乡人大工作、推进社会主义民主法治建设的重要举措。

（3）修改地方组织法等法律。2015 年 8 月 27 日，第十二届全国人大常委会会议对地方组织法作了修改，主要修改内容有：一是将第 14 条第 3 款修改为：乡、民族乡、镇的人大主席、副主席在本级人大闭会期间负责联系本级人大代表，根据主席团的安排组织代表开展活动，反映代表和群众对本级人民政府工作的建议、批评和意见，并负责处理主席团的日常工作。二是

增加规定：主席团在本级人大闭会期间，每年选择若干关系本地区群众切身利益和社会普遍关注的问题，有计划地安排代表听取和讨论本级人民政府的专项工作报告，对法律、法规实施情况进行检查，开展视察、调研等活动；听取和反映代表和群众对本级人民政府工作的建议、批评和意见。主席团在闭会期间的工作，向本级人大报告。三是将第30条第1款修改为：省、自治区、直辖市、自治州、设区的市的人大根据需要，可以设法制委员会、财政经济委员会、教育科学文化卫生委员会等专门委员会；县、自治县、不设区的市、市辖区的人大根据需要，可以设法制委员会、财政经济委员会等专门委员会。各专门委员会受本级人大领导，在大会闭会期间受本级人大常委会领导。四是将第37条第1款修改为：地方各级人大代表应当与原选区选民或者原选举单位和人民群众保持密切联系，听取和反映他们的意见和要求。将该条第3款修改为：县、自治县、不设区的市、市辖区、乡、民族乡、镇的人大代表分工联系选民，有代表三人以上的居民地区或者生产单位可以组织代表小组。五是将第41条第4款第3项修改为："县、自治县、不设区的市、市辖区十五人至三十五人，人口超过一百万的县、自治县、不设区的市、市辖区不超过四十五人。"六是增加规定：市辖区、不设区的市的人大常委会可以在街道设立工作机构。工作机构负责联系街道辖区内的人大代表，组织代表开展活动，反映代表和群众的建议、批评和意见，办理常务委员会交办的监督、选举以及其他工作，并向常委会报告工作。此外，将有关条文中的"省、自治区的人民政府所在地的市和经国务院批准的较大的市"修改为"设区的市"。

三、依法行使职权，为相关改革试点工作提供法律依据和支持

全面深化改革和全面依法治国，是"鸟之两翼、车之双轮"。全国人大及其常委会积极贯彻落实党中央决策部署，紧紧围绕推动和保障改革，行使好宪法法律赋予的职权，切实做好人大工作。一方面，认真做好涉及全国人大的相关改革任务和工作，履行好作为项目牵头单位或者参加单位的职责。另一方面，紧紧围绕党和国家推进的有关重大改革任务和举措，按照习近平总书记关于凡属重大改革都要于法有据的要求，依法履行职责，积极开展相关立法、监督等工作，对党中央明确部署的改革举措，及时通过立法程序贯

彻落实；对正在进行中的涉及改革的有关立法工作，按照改革精神及时提出具体落实意见；对有关授权决定按期听取审议报告，从而发挥了全国人大及其常委会在全面深化改革和全面依法治国中的重要作用。

（一）及时作出有关改革试点工作的授权决定等

党的十八大特别是党的十八届三中全会以来，第十二届全国人大常委会贯彻党中央重大决策部署，依法行使职权，先后作出 15 个授权决定和相关决定决议。这就为开展相关改革试点工作提供了法律依据和支持，保证了相关领域改革的顺利进行。其主要内容包括：（1）在中国（上海）自由贸易试验区内暂时调整有关法律规定的行政审批；（2）废止有关劳动教养法律规定；（3）调整完善生育政策；（4）在部分地区开展刑事案件速裁程序试点工作；（5）在北京、上海、广州设立知识产权法院；（6）设立国家宪法日；（7）在自由贸易试验区以及中国（上海）自由贸易试验区扩展区域暂时调整有关法律规定的行政审批；（8）在北京市大兴区等 33 个试点县（市、区）行政区域暂时调整实施有关法律规定；（9）在部分地区开展人民陪审员制度改革试点工作；（10）在部分地区开展公益诉讼改革试点工作；（11）在部分地方开展药品上市许可持有人制度试点；（12）在北京市大兴区等 232 个试点县（市、区）、天津市蓟县等 59 个试点县（市、区）行政区域分别暂时调整实施有关法律规定；（13）在实施股票发行注册制改革中调整适用《证券法》有关规定；（14）在广东省暂时调整部分法律规定的行政审批试行期届满后有关问题；（15）在部分地区开展刑事案件认罪认罚从宽制度试点工作，等。

同时，按照有关授权决定的要求，全国人大常委会还认真做好后续工作，通过深入总结评估试点工作的做法和成效，分别情况，对授权决定中的事项予以处理，依法推动试点经验推广、复制。一是全国人大常委会认真听取和审议有关试点工作情况的 3 个中期报告和 1 个到期报告，促进有关授权决定的贯彻落实。二是对到期授权决定进行分类处理。（1）有的是继续授权。2015 年 12 月 27 日，第十二届全国人大常委会第十八次会议在相关授权决定到期后，作出《关于授权国务院在广东省暂时调整部分法律规定的行政审批试行期满后有关问题的决定》，规定，"尚未修改有关法律规定的，在广东省继续试行"。2016 年 9 月 3 日，第十二届全国人大常委会第二十二次会议在作出授权最高人民法院、最高人民检察院在部分地区开展刑事案件认罪认罚从宽制度试点工作的决定的同时，总结速裁程序试点工作经验，将其纳入认罪认罚从宽制度试点工作范围并加以扩大、完善，按照新的试点办法继续试行。(2) 有的是适时修改、完善有关法律。国务院根据 2013 年有关授权决定的要求，在即将期满之际，在总结试点工作经验的基础上提出议案。2016 年 9 月 3 日，第十二届全国人大常委会第二十二次会议通过《关于修改〈中华人民共和国外资企业法〉等四部法律的决定》。

（二）打包修改相关法律

全国人大常委会采取打包（或一揽子）方式集中修改相关法律，充分发挥立法的引领和推动作用，依法支持和推动全面深化改革。党的十八大以来，在认真审议有关议案的基础上，第十二届全国人大常委会先后 11 次集中修法，对八十多件法律的有关规定作出修改分别是：(1)《关于修改〈中华人民共和国文物保护法〉等十二部法律的决定》；(2)《关于修改〈中华人民共和国海洋环境保护法〉等七部法律的决定》；(3)《关于修改〈中华人民共和国保险法〉等五部法律的决定》；(4)《关于修改〈中华人民共和国港口法〉等七部法律的决定》；(5)《关于修改〈中华人民共和国电力法〉等六部法律的决定》；(6)《关于修改〈中华人民共和国义务教育法〉等五部法律的决定》；(7)《关于修改〈中华人民共和国计量法〉等五部法律的决定》；(8)《关于修改〈中华人民共和国地方组织法〉等三部法律的决定》；(9)《关于修改〈中华人民共和国节约能源法〉等六部法律的决定》；(10)《关于修改〈中华人民共和国外资企业法〉等四部法律的决定》；(11)《关于修改〈中华人民共和国对外贸易法〉等十二部法律的决定》，以及关于修改药品管理法、文物保护法、教育法、高等教育法、民办教育促进法等的决定。这就及时把改革实践中行之有效的做法在法律上固定下来，为进一步简政放权、价格改革、行政审批制度改革和政府职能转变等提供了法律依据和有力支持。

（三）加快国家安全法治建设

国家安全和社会稳定是改革发展的前提。为适应我国国家安全面临的新形势、新任务，贯彻落实总体国家安全观，全国人大常委会切实抓紧国家安全方面的立法工作，及时调整立法工作计划，加快国家安全法律制度体系建设。

国家安全领域的立法，政治性、敏感性都很强，国内外都高度关注。这几年来，全国人大常委会坚决贯彻党中央的重大决策部署，采取严肃、审慎态度，坚持从国情和实际出发，保持政治定力，把握立法节奏，在充分调研论证、广泛征求意见、反复修改完善的基础上，圆满完成了党中央确定的重要立法任务，目前我国国家安全领域的法制已经比较完备了。一是，将原来的《国家安全法》修改为《反间谍法》，突出并加强反间谍工作，有利于更好地防范、制止和惩治间谍行为，维护国家安全。二是审议通过新的《国家安全法》，是国家安全领域的综合性、全局性、基础性法律，在构建国家安全法律制度体系中起着统领作用，为加快构建国家安全体系、走中国特色国家安全道路夯实了法律基础。三是制定《反恐怖主义法》，为提高反恐怖工作能力和水平、防范和惩治恐怖活动提供了有力的法律保障。四是制定《境外非政府组织境内活动管理法》，将境外非政府组织在中国境内的活动和管理纳入法治轨道。五是制定《国防交通法》，将进一步加强我国国防交通建设，依法促进交通领域军民深度融合发展，提高国防交通平时服务、急时应急、战时应战的能力，更好地服务国家安全和发展战略全局。六是制定《网络安全法》。这是国家安全法律制度体系中的又一部重要法律，是网络安全领域的基础性法律，为维护网络空间安全和秩序、保障国家安全和发展、保护人民群众合法权益提供了有力法律保障。

四、人大工作完善发展，卓有成效

截至 2016 年 11 月，第十二届全国人大及其常委会依法行使职权、履行职责，共召开 4 次代表大会会议、24 次常委会会议。概括起来说就是，产生新一届国家机构，制定或修改法律，决定批准、加入国际条约，开展人大监督，审议代表议案和办理代表建议，决定和批准任免，审议出访报告，听取选举工作情况报告，审议代表资格审查报告并发布公告等各项工作依法有序进行。

（一）产生新一届国家机构

（1）关于国务院机构改革和职能转变方案。2013 年 3 月 10 日，十二届全国人大一次会议听取国务委员兼秘书长马凯《关于国务院机构改革和职能转变方案的说明》。3 月 14 日，会议通过《关于国务院机构改革和职能转变方案的决定》，批准这个方案。这是我国改革开放之后的第六次机构改革，具体内容是：实行铁路政企分开，完善综合交通运输体系，组建国家铁路局和中国铁路总公司；组建国家卫生和计划生育委员会，提高出生人口素质和人民健康水平；组建国家食品药品监督管理总局，提高食品药品安全质量水平；组建国家新闻出版广播电影电视总局，促进新闻出版广播影视业繁荣发展；重新组建国家海洋局，推进海上统一执法；重新组建国家能源局，完善能源监督管理体制。改革后，除国务院办公厅外，国务院设置组成部门25个。

国务院机构职能转变包括六个方面的措施：一是充分发挥市场在资源配置中的基础性作用；二是更好发挥社会力量在管理社会事务中的作用；三是充分发挥中央和地方两个积极性；四是优化职能配置；五是改善和加强宏观管理；六是加强制度建设和依法行政。

（2）选举产生新一届国家机构及其领导人。第一，十二届全国人大一次会议选举产生十二届全国人大常委会；通过关于十二届全国人大专门委员会的设立及主任委员、副主任委员会、委员人选的表决办法。第二，会议选举习近平为国家主席，李源潮为国家副主席。第三，根据国家主席习近平的提名，会议决定任命李克强为国务院总理。第四，会议选举习近平为国家军委主席。第五，会议选举周强为最高人民法院院长、曹建明为最高人民检察院检察长。

（二）立法工作方面，完善以宪法为核心的中国特色社会主义法律体系

全国人大及其常委会抓住提高立法质量这个关键，完善立法体制机制，加强重点领域立法，统筹做好法律的立改废释工作，深入推进科学立法、民主立法，立法工作取得新进展，进一步完善了中国特色社会主义法律规范体系。

1. 立法的主要情况

（1）制定法律13件，主要包括：《旅游法》《特种设备安全法》《航道法》《慈善法》和国家安全方面的法律等。（2）修改法律七十多件，主要包括：《关于修改〈中华人民共和国文物保护法〉等十二部法律的决定》、《关于修改〈中华人民共和国商标法〉的决定》、《关于修改〈中华人民共和国消费者权益保护法〉的决定》、《关于修改〈中华人民共和国海洋环境保护法〉等七部法律的决定》、修订《环境保护法》、《关于修改〈中华人民共和国军事设施保护法〉的决定》、《关于修改〈中华人民共和国预算法〉的决定》、《关于修改〈中华人民共和国安全生产法〉的决定》、《关于修改〈中华人民共和国保险法〉等五部法律的决定》、《关于修改〈中华人民共和国行政诉讼法〉的决定》，等等。（3）通过有关法律问题的决定、决议，主要包括：《关于授权国务院在中国（上海）自由贸易试验区暂时调整有关法律规定的行政审批的决定》、《关于确定中国人民抗日战争胜利纪念日的决定》、《关于设立南京大屠杀死难者国家公祭日的决定》、《关于设立烈士纪念日的决定》、《关于香港特别行政区行政长官普选问题和 2016 年立法会产生办法的决定》、《关于特赦部分服刑罪犯的决定》、《关于批准〈国务院关于提请审议批准2015 年地方政府债务限额的议案〉的议决》、《关于开展第七个五年法治宣传教育的决议》，等等。（4）作出法律解释 9 个，包括：《关于〈中华人民共和国刑法〉第三十条的解释》、《关于〈中华人民共和国刑法〉第一百五十八条、第一百五十九条的解释》、《关于〈中华人民共和国刑法〉第二百六十六条的解释》、《关于〈中华人民共和国刑法〉第三百四十一条、第三百一十二条的解释》、《关于〈中华人民共和国刑事诉讼法〉第七十九条第三款的解释》、《关于〈中华人民共和国刑事诉讼法〉第二百七十一条第二款的解释》、《关于〈中华人民共和国刑事诉讼法〉第二百五十四条第五款、第二百五十七条第二款的解释》、《关于〈中华人民共和国民法通则〉第九十九条第一款》、《〈中华人民共和国婚姻法〉第二十二条的解释》、《关于〈中华人民共和国香港特别行政区基本法〉第一百零四条的解释》，等等。

2. 全国人大常委会立法规划与立法工作会议

（1）第十二届全国人大常委会立法规划。该规划于 2013 年 10 月 30 日正式公布。该规划将立法项目分为三类。第一类是条件比较成熟、本届任期内拟提请审议的立法项目，共 47 件，其中包括修改《食品安全法》《红十字会法》等法律 33 件，新制定法律 14 件。第二类是需要抓紧工作、条件成熟时提请审议的立法项目，包括修改《文物保护法》《商业银行法》等 21 件；第三类是具有一定的立法必要性和可行性，但涉及问题较为复杂，立法条件尚不完全具备，需要有关方面继续研究论证的立法项目，包括财政税收、国家经济安全、网络安全等方面。需要说明的是，2015 年 6 月，该规划经调整后再次公布。调整后，一类项目增至 76 件，二类项目增至 26 件，共计

102 件，实际增加了制定能源法、房地产税法，编纂民法典等 34 件项目，其中 6 件为原立法规划第三类项目。此次调整将党的十八届三中、四中全会决定明确提出的立法项目增加列入立法规划。修改立法规划是为了更好地实现立法和改革决策相衔接，确保重大改革于法有据、立法主动适应改革和经济社会发展需要。（2）第十二届全国人大常委会立法工作会议。2013 年 10 月 30 日，为贯彻落实中共中央批准的全国人大常委会五年立法规划，第十二届全国人大常委会召开立法工作会议，张德江委员长出席会议并发表讲话。张德江强调：要牢牢把握新形势下加强和改进立法工作的总体要求，坚持以中国特色社会主义理论体系为指导，坚持从中国国情和实际出发，坚持以人为本、立法为民，坚持通过完备的法律推动宪法实施，努力使我国立法工作再上一个新台阶。张德江强调：提高立法质量是加强和改进立法工作的重中之重，根本途径在于推进科学立法、民主立法。科学立法的核心在于尊重和体现规律。要坚持科学的立法体制，实行科学的立法工作机制，运用科学的立法方式，以科学、严谨的态度做好立法工作，增强立法工作的协调性、及时性、系统性，增强法律的可执行性和可操作性。民主立法的核心在于立法要为了人民、依靠人民。要进一步健全民主、开放、包容的立法工作机制，拓展人民有序参与立法的途径，充分发挥人大代表的作用，完善法律起草、审议的协调协商机制，最大限度地凝聚共识、凝聚智慧。同时，要坚持严格执法、公正司法，大力加强法制宣传教育，加强对法律法规实施情况的监督检查，切实保障宪法和法律的有效实施。

3. **立法工作机制体制创新**

（1）加强人大对立法工作的组织协调。继续完善立法项目征集和论证制度，把好立项关、"进口关"。健全立法论证机制，对立法中的重大敏感问题进行专题研究和反复论证。（2）健全法律草案征求人大代表意见制度，分专业、有重点地邀请代表参与立法论证、调研、审议、评估等工作，认真研究采纳代表意见、建议。（3）贯彻落实党的十八届四中全会提出的改革举措，研究出台依法建立健全专门委员会、常委会工作委员会立法专家顾问制度，建立健全专门委员会、常委会工作委员会等组织起草重要法律草案制度的实施意见。（4）探索法律出台前评估工作。2013 年 4 月 17 日，根据委员长会议关于进一步提高立法质量、增强法律的可执行性、推动法律有效实施的要求，全国人大常委会法制工作委员会召开专题会议，邀请全国人大代表、专家学者、旅游者和旅行社负责人就旅游法草案的规范内容、出台时机、实施效果及实施中可能出现的问题进了讨论，形成了意见并向全国人大常委会报告。从此，在法律出台前开展评估工作成为一项制度安排，实现常态化、机制化。（5）多渠道听取各方面意见。2013 年 7 月，《环境保护法》修正案草案二次审议稿在中国人大网公布，再次公开征求意见。从此，法律草案二次审议稿也要向社会全文公布，继续广泛征求各方面意见和建议。完善公布法律草案征求意见机制，全国人大常委会委员长会议原则通过向社会公布法律草案征求意见工作规范。同时，建立基层立法联系点制度，健全公众意见采纳情况反馈机制，积极回应社会关切。

（三）监督工作方面，保证宪法和法律有效实施

第十二届全国人大常委会按照正确监督、有效监督的要求，坚持围绕大局、突出重点、力求实效，认真履行宪法和法律赋予的职权，不断加强和改进监督工作，做了大量工作，推动法律全面有效实施，促进依法行政、公正司法。

（1）加强对法律实施情况的监督。在全面依法治国的大背景下，全国人大常委会加大了执法检查力度，增加执法检查法律的数量，从 2015 年开始每年都检查 6 部法律的实施情况。张德江同志提出执法检查工作必须坚持党的领导、坚持依法行使职权、坚持问题导向、坚持监督与支持相统一，并强调做好执法检查 6 个环节的工作。在检查的基础上，全国人大常委会会议听取和审议执法检查报告，主要有：检查《可再生能源法》实施情况，检查《气象法》实施情况，检查《行政复议法》实施情况，检查《义务教育法》实施情况，检查《专利法》实施情况，检查《未成年人保护法》实施情况，检查《大气污染防治法》实施情况，等等。

（2）听取和审议国务院及其有关部门的报告。除了年度中央决算、中央预算执行和其他财政收支的审计工作、国民经济和社会发展计划执行情况、预算执行情况等例行报告以外，还包括以下若干工作情况方面的报告：生态补偿机制建设、公安机关执法规范化建设、城镇化建设、农村金融改革发展、传染性疾病防治工作和《传染病防治法》实施、深入实施"西部大开发"战略、国家财政科技资金分配与使用、国民经济和社会发展第十二个五年规划纲要实施中期评估、农村扶贫开发、节能减排、加强金融监管防范金融风险、深化行政审批制度改革加快政府职能转变、地方政府债务限额，等等。

（3）听取最高人民法院、最高人民检察院的工作报告或专项报告。这些报告的内容主要包括：完善审判工作监督机制促进公正司法、完善检察机关监督机制促进公正执法、人民陪审员决定执行和人民陪审员工作、检察机关反贪污贿赂工作、人民法院规范司法行为工作、人民检察院规范司法行为工作，等等。

（4）听取全国人大常委会和全国人大专门委员会的报告。这主要包括：司法解释集中清理工作、国民经济和社会发展第十二个五年规划纲要实施中期评估的专题调研报告、《民族区域自治法》实施情况的专题调研报告、《预防未成年人犯罪法》实施情况的专题调研报告、《保守国家秘密法》实施情况的专题调报告、深化行政审批制度改革加快政府职能转变情况的调研报告、《公务员法》实施情况的调研报告、加强对政府全口径预算决算审查监督的专题调研报告，等等。

（5）健全、完善监督工作体制机制。一是研究提出关于改进审计查出突出问题整改情况向全国人大常委会报告机制有关意见。2015年12月全国人大常委会会议听取国务院关于审计查出突出问题整改情况的报告，并开展专题询问。二是关于专题询问工作的创新。2013年8月29日，十二届全国人大常委会第四次会议举行联组会议，张德江同志主持会议，专题询问传染病防治工作和《传染病防治法》实施情况。这是十二届全国人大常委会举行的第一次专题询问，也是全国人大常委会委员长首次主持专题询问。2014年12月28日，第十二届全国人大常委会第十二次会议举行联组会议，结合审议《国务院关于统筹城乡社会保障体系建设工作情况的报告》进行专题询问，张德江委员长再次主持联组会议，国务院副总理马凯到会并回答询问。国务院副总理参加全国人大常委会专题询问，这还是第一次。三是认真落实关于改进、完善专题询问工作的若干意见，等等。专题询问已经成为常态化、制度化的工作和活动。

（四）代表工作方面，充分发挥人大代表作用

除了认真审议代表议案和办理代表建议以外，全国人大常委会还着重做好以下工作。

（1）加强"两个联系"。一是完善人大代表联系群众制度，特别是部分委员长会议组成人员、常委会组成人员回到原选举单位参加代表小组活动，同基层代表交流履职情况。二是健全常委会联系代表制度。制定委员长会议组成人员联系全国人大代表的意见，明确委员长会议组成人员分别直接联系5名以上全国人大代表；制定常委会委员联系全国人大代表的意见，明确全国人大常委会委员联系若干名全国人大代表。这是全国人大常委会加强同代表联系、转变工作作风的一线重要举措，在全国人大常委会历史上还是第一次。

（2）充分听取全国人大代表对全国人大常委会工作及工作报告稿的意见。一是，2014年1月2日，张德江委员长主持召开座谈会，听取部分在京全国人大代表对《全国人大常委会工作报告（征求意见稿）》的意见和建议。二是，2014年11月至12月，全国人大常委会办公厅组织12个调研组，到地方召开座谈会，听取31个省（区、市）人大常委会负责同志和35个代表团、549名全国人大代表对全国人大常委会工作情况和起草全国人大常委会工作报告的意见和建议。

（3）开展全国人大代表履职学习。换届以来，全国人大常委会提出要在本届任期内对基层全国人大代表轮训一遍。2013年开始，每年都举办4期学习班或者专题研讨班，进行集中学习研讨，提高全国人大代表特别是基层全国人大代表的履职能力。

（五）推动地方人大工作完善发展

（1）地方人大常委会负责同志学习班。一是全国人大常委会办公厅举办地方人大常委会负责同志学习班。2013年共举办了3期，开展轮训工作。2013年4月16日至19日，举办第一期地方人大常委会负责同志学习班，有近200人参加，包括河北、山西、辽宁、吉林、江苏、浙江、安徽、山东、河南、湖南、陕西等11个省的人大常委会新任负责同志和相关部门负责同志以及其所辖的地级市人大常委会新任主任或主持工作的副主任。2013年7月7日至10日，举办第二期学习班，内蒙古自治区、西藏自治区的地方三级人大常委会有关负责同志240人参加学习。截至2015年7月，实现了对县级人大常委会负责同志的普遍轮训。二是专门举办针对某一个地方的学习班，比如，2013年10月16日至19日，专门举办西藏人大工作学习班。

（2）加强与地方人大的联系指导方面。一是加强与县乡人大的工作联系和指导。贯彻落实中央精神和全国人大常委会修改地方组织法等的规定，全国人大常委会办公厅召开加强县乡人大工作和建设座谈会，张德江同志出席并发表讲话。这是全国人大历史上第一次专门就县乡人大工作召开全国性的座谈会。二是加强对县乡人大换届选举工作的指导。三是积极推进地方立法工作，贯彻落实修改后的《立法法》，召开全国地方立法研讨会，指导设区的市人大及其常委会开展立法工作，等等。

（六）其他工作和新探索

（1）全国人大常委会履职学习专题讲座。2013年4月22日，第十二届全国人大常委会举行全国人大常委会组成人员第一次履职学习专题讲座，张德江委员长主持上午的讲座并讲话。张德江指出，专题讲座是全国人大常委会组成人员集体学习的重要平台。委员长会议决定，在常委会第二次会议召开前，举办履职学习专题讲座，重点学习全国人大常委会的组织制度和议事规则、中国特色社会主义法律体系以及常委会的立法工作、监督工作等，这些都是做好人大工作必备的、基本的知识。张德江强调，加强学习是一项重要而紧迫的任务，要把加强学习贯穿于人大工作的全过程，努力把全国人大常委会建设成学习型人大常委会。

（2）人大新闻宣传工作座谈会。2013年12月19日，在《中国人大》杂志创刊20周年前夕，张德江委员长到杂志社调研，召开人大新闻宣传工作座谈会，专题研究如何改进和加强人大新闻宣传工作。张德江强调，要深刻认识人大工作面临的新形势、新要求，增强做好人大新闻宣传工作的责任感、使命感，切实改进和加强人大新闻宣传工作，用及时准确、内涵丰富、鲜活生动的宣传报道，进一步增强人民群众的制度自信，推动人民代表大会制度与时俱进。

（3）中国人民代表大会制度理论研究会成立。2014年1月7日，中国人民代表大会制度理论研究会举行成立大会，张德江委员长出席会议并发表讲话。研究会的成立，是推动人大制度和人大工作与时俱进的一项重要基础性工作。此后，加强人大制度理论研究，加快人大智库建设，形成了一批成果。

第二节　人大主导立法工作的理论研究综述

一、引言

党的十八届四中全会决定提出，要"健全有立法权的人大主导立法工作的体制机制，发挥人大及其常委会在立法工作中的主导作用"。习近平总书记指出，要加强人大对立法工作的组织协调，健全立法机关主导、社会各方有序参与立法的途径和方式，健全起草、论证、协调、审议机制，完善立法项目征集和论证制度。发挥人大在立法中的主导作用，是新形势下加强和改进人大立法工作的一个重要着力点，也是充分发挥立法引领和推动作用的必然要求。把人大主导立法工作写进党的重要文件，成为全党共同遵循的基本原则，这是对中国特色社会主义法治建设的重要贡献，也是党为人大立法工作指明了方向。以下分几个专题，对人大主导立法的相关理论问题和学者观点予以综述，以便进行更深入的研究和讨论。

二、人大主导立法研究

人大主导立法，是指享有立法权的人大及其常委会在制定规范性法律文件的过程中，相较于其他主体而言处于优势地位，且对整个过程具有主导作用。具体而言，"人大"是指，享有立法权的全国人大及其常委会（有权制定法律），省、自治区、直辖市的人大及其常委会，设区的市、自治州的人大及其常委会（有权制定地方性法规），此外，还包括自治区、自治州及自治县的人大（制定自治法规），以及经济特区所在地的省、市的人大及其常委会（经全国人大授权制定经济特区法规）。

虽然新修改的《立法法》对设区的市赋予了立法权，但其具体内涵和外延仍有待明确，省与设区的市之间立法权限划分问题值得重新探讨，设区的市的人大及其常委会和政府的立法能力还有待反思。[①] 在"人大"主导立法的含义下，主要讨论的是设区的市以上的立法主导权。[②] 秦前红认为，设区

---

① 涂云新. 立法体制与法治建构——以立法权的功能设计为核心的探讨. 上海：复旦大学，2015.

② 冯玉军. 党领导国家立法的历史与经验. 国家社科基金 2014 年重大项目（第三批）"完善以宪法为核心的中国特色社会主义法律体系研究"（14ZDC008）.

的市拥有立法权是强化地方责任、促使其转变职能的重举。[①] 而"主导"并非意味着人大需要大包大揽大干所有的立法工作，排除其他主体的介入，唱"独角戏"或"闭门造车"，而是要把握方向、主导进程，发挥组织协调作用，最大限度地发挥政府部门和社会各界在立法中的独特优势和积极作用而不丧失决策权。在这一点上，学者的观点较为一致。"立法"是指享有立法权的人大及其常委会，立自己当立的法。[②]

（一）坚持党对立法工作的领导

党的领导是我国科学、民主立法最有力的保证与前提，是立法工作始终坚持正确的政治方向、切实实现人民民主的可靠保障。坚持中国共产党对立法的领导，已经成为中国特色社会主义法治建设的题中之意，是立法工作的一项根本性原则。以党领导立法工作发展为主线，结合考察执政党思想意识形态与战略决策的变化，一些学者回顾了党领导立法的历史发展，将新中国成立六十多年来法制建设的历史分为以党的十一届三中全会为分界点的两个发展时期和四个阶段，从学理上和实践上分析了党对立法工作领导的正当性基础及基本经验。有学者从三种不同的领导模式的角度分析了党对立法的领导作用。[③] 也有学者从宪法条文的正当性依据角度分析了党的领导作用。[④]

（二）人大主导立法的理论渊源

人大主导立法的理论渊源主要有：（1）人民主权原则在立法领域的具体化；（2）人大自身地位和权力的核心体现；（3）推进国家治理体系和治理能力现代化的要求。[⑤] 李克杰学者、李林学者从宪法正当性角度展开论述，认为人大的宪法地位体现在立法权限关系上，必然得出权力机关的立法地位高于行政机关，即权力机关（人大）居于优越的地位。[⑥] 也有学者同时从立法权与主权的关系角度讨论了人大的立法主导地位。[⑦] 同时，另有学者主张：

① 秦前红，李少文.地方立法权扩张的因应之策.法学，2015（07）：11.
② 谭波.论我国立法事权的制度立论与改革之基本原则.河南省高等学校青年骨干教师资助计划"央地立法事权的划分标准"（2012GGJS—089）.
③ 孙莹.中国人大立法过程研究述评.
④ 蔡永浩，庞昀曦.全国人大立法权的宪法规定与现实偏离及对策.延边大学学报（社会科学版），2012（6）：58.
⑤ 孙晓红，薛天威.人大主导立法的保障机制.
⑥ 李克杰."人大主导立法"的时代意蕴与法治价值.长白学刊，2016（5）：76.
⑦ 李林.立法理论与制度.北京：中国法制出版社，2005：21.

作为立法机关的全国人民代表大会和地方各级人民代表大会，其立法权归属于人民所有，其立法活动实际上是代表人民行使立法权，并由此形成国家意志，对国家进行治理。①

（三）人大的立法主导地位的实践问题

人大主导立法，也就是"人大作为立法主体，对立法选项、立法过程、立法结果具有完全的实际的决定权"。对此，无论从理论上，或是就体制制度而言，本应是不言而喻的规则。"然而，由于种种原因，我国法定的'人大主导立法'的体制机制被严重异化为'行政（部门）主导'，以致反映人民意愿不够、立法质量不高，甚至存在严重的'部门化'倾向和地方保护主义，破坏市场秩序，影响法律作用，损害法制统一"。在立法实践中，人大的主导作用没有得到充分重视和发挥有其深刻的根源。②

（四）人大立法与常委会立法的关系

关于全国人民代表大会与全国人民代表大会常务委员会的关系的讨论较少。有学者从法理思想渊源、权力制衡等角度论述了全国人大立法与全国人大常委会立法的关系。③ 秦前红、刘义达则以刑法修正案为样本分析了全国人大常委会的立法职权。王宇欢从特定问题调查制度角度讨论了全国人大的立法及调查权。④

邹川宁指出，地方立法权行使过程中，地方人大和地方人大常委会有不同的规则。对于地方人大，其立法程序大体为：提议→列入议程→审议→表决→公布。对于地方人大常委会，其立法程序则要严于人大的立法程序，包括提出议案→列入议程→两到三次审议→公布草案、征求意见→表决→公布。⑤ 谭波以广东省为例⑥，邹川宁⑦以青岛市为例，还有学者以江苏省为例，指出：在我国，地方人大及其常委会的立法程序有交叉的部分，主要体现为地方人

---

　① 吴培显．人大在立法中的主导作用．公民与法，2015（8）：30.

　② 丁祖年．健全人大主导立法体制机制研究．法治研究，2016（2）：17.

　③ 东志鹏．论全国人大及常委会之立法权可监督性研究．中国法学会立法学研究会年会论文集．

　④ 秦前红，王宇欢．特定问题调查制度研究．中国法学会立法学研究会年会论文集．

　⑤⑦　邹川宁．完善人大主导立法的体制机制保障的实践与思考——以青岛市地方立法为视角．中国法学会立法学研究会年会论文集．

　⑥ 谭波．论我国立法事权的制度立论与改革之基本原则．中国法学会立法学研究会年会论文集．

大在审议过程中如遇重大问题可以授权其人大常委会进一步帮助审议或者提请下届人大审议。

（五）人大立法与行政立法的关系

按照立法权的横向划分，需要解决两个方面的问题：一是全国人大及其常委会的立法权限和国务院的立法权限之间的分配问题，二是地方人大及其常委会和地方政府的立法权限分配的问题。[①] 海南省人大法制委员会指出：人大发挥立法工作主导作用的一个重要方面，就是要积极推动、督促指导政府及其部门切实履行好立法工作各个环节的职责。法制委、法工委及相关工委要担当起立法工作计划执行情况的督促、检查职责，督促、指导政府按照立法工作计划确定的责任分工及时组织起草法规草案、按时提请审议，推动政府加强法规起草工作的统筹协调。人大牵头起草或者审议修改法规草案时，也要邀请政府有关部门参与，切实发挥他们了解情况、熟悉业务的优势。[②]

"行政立法"概念在我国被广泛使用，其特征主要体现为：首先，从主体上看，行政立法的制定机关是行政机关，不是人民代表大会及其常委会。其次，从权力来源上看，行政立法是依据法律而制定的，它是行政机关在其职权范围内为了实现行政目的而制定的。再次，在效力上，行政立法属于法律渊源的重要组成部分，约束不特定的公民、法人和其他组织，在同级人大的立法与行政立法相冲突的情况下，同级人大的立法优先适用。最后，从约束力上看，行政立法和人大立法一样，约束不特定的相对人并且可以反复适用。[③] 胡弘弘等从人员专业化等角度对比分析了地方人大立法与地方政府立法的现状问题。[④]

地方人大与地方政府立法的关系表现在：（1）地方性法规的制定，遵循的是不抵触的原则，只要没有与宪法、法律和行政法规相抵触，那么地方性法规可以对尚未规定的问题作出规定；地方政府规章的制定遵循的是根据原

---

① 李瀚琰. 论地方人大与地方政府的立法权限划分. 山西农业大学学报（社会科学版），2015（5）：518.

② 海南省人大法制委员会. 坚持党对立法工作的领导　保证省委重大决策部署通过立法贯彻落实.

③ 涂云新. 立法体制与法治建构——以立法权的功能设计为核心的探讨. 上海：复旦大学，2015.

④ 胡弘弘，白永峰. 地方人大立法人才培养机制研究. 中州学刊，2015（8）：60.

则，即地方政府规章的制定必须有法律和行政法规为依据。（2）地方性法规来自于人民代表的制定，作为权力机关的地方人大制定的地方性法规可以约束同级行政机关，也可以约束同级司法机关，而地方政府制定的规章只能用于约束政府自己的行为。由此可见，《立法法》的原意是将地方立法权主要交与地方人大，地方政府的立法权只局限于执行法律、行政法规和地方性法规的需要。①

（六）人大主导立法与政协协商的关系

我国现行宪法在序言中规定了多党合作和政治协商式的协商民主，在正文中规定了基于选举程序的选举民主。现有理论对这二者的关系研究尚不深入。张献生从协商立法的主体、组织、效能等角度论述了协商立法的理论与实践冲突。胡照洲从立法协商的必要性和可行性角度论述了这个问题。②《中共中央关于全面深化改革若干重大问题的决定》提出要"加强社会主义民主治制度建设"，并指出"发展社会主义民主政治，必须以保证人民当家作主为根本，坚持和完善人民代表大会制度、中国共产党领导的多党合作和政治协商制度、民族区域自治制度以及基层群众自治制度，更加注重健全民主制度、丰富民主形式，从各层次各领域扩大公民有序政治参与，充分发挥我国社会主义政治制度优越性"。陈建华等对主体范围③、彭凤莲等对组织方式④等作了进一步研究。

还有一些学者从历史发展的角度，从诸多民主模式的比较性研究中为民主政治发展提供了两条路径：其一是在充分完善竞争性选举民主的基础上发展出协商民主；其二是在现有的政治条件下直接将协商民主作为基本的民主形式，从而规避选举民主的弊端。并指出，西方国家提出协商民主的前提是选举民主存在诸多问题，我国强调协商民主虽然具有不同的历史和现实背景，但是在我国选举民主存在着形式化等诸多问题的情况下，协商民主的发展对选举民主而言，可以弥补选举民主在中国发展的政治空间和社会基础不

---

① 李瀚琰. 论地方人大与地方政府的立法权限划分. 山西农业大学学报（社会科学版），2015（5）：518.

② 张献生. 关于立法协商的几个问题. 中央社会主义学院学报，2014（5）：11.

③ 陈建华. 立法协商主体探析. 河北法学，2016（3）.

④ 彭凤莲. 论人民政协立法协商. 法学杂志，2015（7）：62.

足的现实。

（七）完善对人大立法权的监督

对人大立法权监督的必要性及可行性，从法律理论的渊源与历史发展的角度看应该包括：第一，这是全国人大及其常委会的性质使然。第二，从权力制衡来看，全国人大及其常委会的权力应受到监督。第三，依据法治原则，全国人大及其常委会的立法权应在监督之下。[1]

郭辉通过分析李鹏日记里的请示制度分析了人大立法与监督的程序和内容。[2] 李店标则提出从讨论到辩论的改革来加强对立法的监督。[3] 马怀德从设立立法监督委员会，充分发挥法院的司法能动作用等角度进行了论证。[4] 施新州从法院的司法解释的合理性角度论证了对人大立法权监督的一些方面。[5]

（八）发挥人大立法主导作用的建议

作为我国政治制度中最重要的顶层设计，人民代表大会制度体现、协调和处理人民代表大会与公民，人民代表大会与国家行政机关、司法机关的关系，是人民参政议政、决定国家和社会公共事务的基本方式。我国现行《宪法》规定："中华人民共和国全国人民代表大会是最高国家权力机关"，"是行使国家立法权的国家机关"。《立法法》进而对全国人民代表大会及其常委会、地方人民代表大会及其常委会的立法权限作了界定。

发挥全国人大在立法工作中的主导作用，一要明确最高立法机关的专属立法权，协调处理好全国人大立法和全国人大常委会立法的关系，充分发挥全国人大及其常委会的立法职能，强化上位法对下位法的监督、统合作用，确保法制统一。依照《宪法》和《立法法》，二者行使国家立法权的基本权限划分是：全国人大制定和修改刑事、民事、国家机构的和其他的基本法律；全国人大常委会制定和修改除应由全国人大制定的法律以外的其他法律。未来除了继续有效发挥全国人大常委会的立法职能以外，应相对加大和

---

① 东志鹏. 全国人大及常委会之立法权可监督性. 社会科学（全文版）.

② 郭辉. 立法背后的幽灵：全国人大立法中的"请示"制度（未发表）.

③ 李店标. 从讨论到辩论：我国人大立法审议机制的完善. 大庆：大庆师范学院，2015.

④ 马怀德，张红. 立法的民主化及法律监督. 国家检察官学院学报，2005（4）：105.

⑤ 施新州. 关于人民法院的立法中存在的问题与思考——兼谈最高人民法院司法解释的合法性（未发表）.

增强全国人大本身的立法职能。全国人大所制定的基本法律的修改原则上仍由全国人大按立法程序进行，增加全国人大和地方各级人大立法的数量，进一步体现立法的民主性。扭转全国人大常委会立法比重过高的局面，逐渐实现全国人大立法由被动"虚置"向主动"主导"、由"全国人大常委会主导"向"全国人大作用实在化"的方向转变。

发挥人大主导立法工作，二要明确不同立法主体的立法权力边界，协调处理好人大立法和行政立法、中央立法和地方立法的关系，以全国人大及其常委会为中心展开有效的宪法和法律监督，保证行政立法和地方立法与宪法法律的统一，从体制机制和工作程序上有效防止部门利益和地方保护主义法律化。当前我国行政立法和地方立法的数量远远超过法律的数量，即使是全国人大及其常委会的立法，实际起草机构大多数仍是国务院或其下属行政机关。因此有必要进一步厘清国家立法机关对国务院授权立法的范围、边界，企业、财税、金融等领域的基本法律经过实践检验，条件成熟时应由全国人大或者全国人大常委会制定。与此同时，在明确中央立法权限的同时，各级地方立法权限也要尽可能明确划分，表述上"宜细不宜粗"，强调可执行性，避免语义模糊，防止其他立法主体的"越权"现象。对地方立法的"授权"和"限权"，要充分适应各方面的复杂情况，不宜"一刀切"。应当审时度势，当宽则宽，当严则严，发挥中央和地方立法机关的"两个积极性"。深究起来，改革开放以来全国人大及其常委会的多次授权立法是导致行政立法和地方立法相对膨胀的根源之一。从改革和发展的实践需要考虑，当时国家需要制定和修改一大批法律，但立法条件极不成熟，便采取了授权国务院制定行政法规的方式。这个授权的立意无可厚非，但其在收获巨大改革成效的同时，也暴露出不少问题：立法授权过于笼统，缺乏明确性，既没有具体范围，又没有有效期限；没有对授权立法实施切实有效的管理和监督，出现不少效果不佳的越权立法。另外，现行《宪法》第62条、第67条规定，"监督宪法实施"的权力属于全国人大及其常委会，"解释宪法"的权力则排他性地属于全国人大常委会。这些重要机制亟须在实践中激活应用。

发挥全国人大主导立法工作，三要充分发挥全国人大专门委员会和全国人大常务委员会工作机构在立法运作程序中的地位和作用。这种地位和作用主要表现在：第一，全国人大各专门委员会的主要任务是研究、审议和拟订包括法律案在内的有关议案，并且有权提出属于全国人大或全国人大常委会职权范围内同本委员会有关的议案。法制工作委员会是全国人大常委会的工作机构，没有直接向全国人大或全国人大常委会提出法律案的权力，但它可以接受全国人大常委会交给的任务，进行有关法律案的研究、拟订工作，并在法律案的起草、审议过程中同有关方面联系协商。2015 年修订后的《立法法》进一步强化了专门委员会和常委会工作机构的相关职能。两个机构都有的新职能包括：进行立法调研（第 16 条）；提前参与有关方面的法律草案起草工作，组织起草综合性、全局性、基础性的重要法律草案（第 53 条）；组织对有关法律或者法律中有关规定进行立法后评估，评估情况应当向全国人大常委会报告（第 63 条）；对报送备案的规范性文件进行主动审查（第 99 条）；向制定机关提出审查意见、研究意见，制定机关按照所提意见对行政法规、地方性法规、自治条例和单行条例进行修改或者废止的，审查终止（第 100 条）；将审查、研究情况向提出审查建议的国家机关、社会团体、企业事业组织以及公民反馈，并可以向社会公开（101 条）。全国人大常委会法制工作委员会独自新增的职能有：负责编制立法规划和拟订年度立法计划，并按照全国人大常委会的要求，督促立法规划和年度立法计划的落实（第 52 条）。

发挥全国人大主导立法工作，四要进一步完善全国人大监督的体制机制。习近平指出，"人民代表大会制度的重要原则和制度设计的基本要求，就是任何国家机关及其工作人员的权力都要受到制约和监督"。具体说来，全国人大可以通过"备案审查"和"改变撤销"两种机制对规范性文件进行监督。十八届四中全会《决定》指出："加强备案审查制度和能力建设，把所有规范性文件纳入备案审查范围，依法撤销和纠正违宪违法的规范性文件。"新修订的《立法法》采取增列主动审查、增加全国人大专门委员会和全国人大常委会工作机构对审查建议的反馈、重申司法解释为备案审查对象等举措。此外，应启动对违反宪法法律的规范性文件的"改变、撤销机制"，实际操作中，可先选择某些违宪违法严重、负面影响大的典型规范性文件予以改变或撤销，以发挥警示作用，提高各级各类机关、组织维护法制统一的自觉性。

发挥全国人大主导立法工作，五要加强全国人大主导立法的平台保障和人才资源库建设，提高全国人大常委会委员中有丰厚学养和法治实践经验的专职委员比例，建立健全专门委员会、工作委员会立法专家顾问制度。

三、人大立法的体制机制改革研究

蔡定剑指出：在理论上，由于对立法权的理解、认识不一，引起长时期的关于立法体制的争论，如我国是一元立法体制还是多元立法体制，等等。在实践中，由于有关国家机关的立法权力界限不清，引起立法工作一定程度的混乱，以致影响了国家法律的统一。应高度重视解决这些理论和实践问题。[①]

冯玉军强调：坚持改革和立法的辩证统一，是搞好立法工作的价值原则。改革是"变"，立法是"定"，二者是破与立的辩证统一关系。古人讲："治国无法则乱，守法而弗变则悖，悖乱不可以持国。"表现在当前的立法工作中，就是要将改革决策和立法决策很好地结合起来，正确处理法律的稳定性与变动性、现实性与前瞻性、原则性与可操作性的关系，努力做到重大改革于法有据、立法主动适应改革和经济社会发展需要。对于实践证明行之有效的，要及时上升为法律；对于实践条件还不成熟、需要先行先试的，要按照法定程序作出授权；对于不适应改革要求的法律法规，要及时修改和废止。[②]

（一）立项机制

沈寿文提出，法律制定程序源自于法律案的提出，这一阶段立法者或者相关的国家机关可以提出法律立、改、废、释的请求。在中央立法层面，根据我国《宪法》第62条和第67条之规定，透过立宪原意解释，有学者认为，全国人大和全国人大常委会也存在着立法权限的分配：全国人大只能制定和修改"基本法律"；"基本法律以外的其他法律"由全国人大常委会制定和修改。

涂云新从横向、纵向的角度论述了法律法规的立项机制，指出有权向全国人大提出法律案的主体和有权向全国人大常委会提出法律案的主体以及相关的立项申报流程。[③]

---

① 蔡定剑. 中国人民代表大会制度. 4版. 北京：法律出版社，2003：73.
② 冯玉军. 党领导国家立法的历史与经验. 完善以宪法为核心的中国特色社会主义法律体系研究（15ZDA03）.
③ 涂云新. 立法体制与法治建构——以立法权的功能设计为核心的探讨. 上海：复旦大学，2015.

（二）法规起草

邹川宁认为，长期以来，法规起草遵循了"谁主管、谁负责、谁起草"的工作模式，涉及政府职能的法规主要由行政部门起草。行政部门起草法规具有了解实际情况、专业力量充足的优势，但是易产生过度考虑部门利益以及部门管理的方便。在地方性法规起草层面，为了避免上述问题，青岛市人大在建立开放多元的起草机制方面进行了积极探索和实践，强化了人大及其常委会在立法中的主导作用，得到了政府和社会各界的肯定和好评。① 胡弘弘等从立法人才培养的重要性、专业法规起草的角度论述了法规起草。②

孙晓红提出：全国人大主导法规的起草并非否认政府部门的起草工作，而是通过对现有的法规起草机制的完善来克服原有的一些弊端和缺陷。第一，对于涉及基础性、全局性、综合性的重要的法律草案，应当由全国人大有关专门委员会或全国人大常委会工作机构组织起草。第二，对于政府部门起草的法规，由全国人大加大监督力度，在起草阶段避免政府主导起草立法的弊病。第三，要创新法律、法规草案的起草模式。第四，委托第三方起草法律、法规草案。对于一些专业性较强的草案，可以委托专家学者、相关专业机构或社会组织进行起草。这对于法律、法规草案的起草渠道也是一种有益的探索。易有禄建议推行法律、法规草案起草小组制度，形成"立法工作者、实际工作者、专家学者"三方面相结合的起草模式，形成互补互促的法律、法规起草格局。③

（三）审议机制

林依仁对于列入全国人民代表大会会议议程的法律案，大会全体会议听取提案人的说明后，由各代表团进行审议的流程进行了研究，同时比较了在大多数民主法治国家，对法案的大会审议主要通过公开辩论进行，其主要类型有一读会型、二读会型和三读会型。对中国而言，"三读程序"其实可以被类比为我国全国人大常委会的"三审制"，一般而言，第一审是听取提案人对法律草案的说明，对待审法规的必要性、可行性、合法性进行初步审

---

① 邹川宁 . 完善人大主导立法的体制机制保障的实践与思考——以青岛市地方立法为视角 . 中国法学会立法学研究会年会论文集 .

② 胡弘弘，白永峰 . 地方人大立法人才培养机制研究 . 中州学刊，2015（8）：60.

③ 易有禄，吴畏 . 人大在立法中的主导地位及实现机制 . 甘肃政法学院学报，2016（2）：14.

议；第二审是在委员们对法律草案进行充分调查研究后，围绕法律草案的重点、难点和分歧意见进行深入审议；第三审是在专门委员会根据委员们的审议意见对法律草案进行修改并提出审议结果报告的基础上再作审议，如果意见比较统一，即交付表决。审议是立法程序中最重要的部分，是民主的集中体现。"审而不议"或者"议而不审"都是与民主的原则和精神相违背的。学者李店标从审议机制讨论和辩论的差异与转变等角度论述了完善审议机制的建议。① 但总的来说，学者对与审议机制的完善相关的内容的论述并不十分充分。

（四）立法协调

立法的过程，本质上是对各种利益平衡的过程。涂云新从制度建构的角度论述了立法协调的过去与未来。② 邹川宁深入研究了 2013 年青岛市人大常委会制定的地方立法协调联席会议制度，指出青岛市建立了立法协调的长效机制，将推动立法协调工作的规范化、制度化；认为联席会议主要对立法规划计划制定、立法工作中的重大问题、法规草案起草和审议中的重大争议、法规的贯彻实施等事项，加强了人大与政府之间、人大内部各专门委员会之间的沟通协调，推动了立法工作的顺利进行，强化了人大在立法中的主导作用。③ 殷啸虎以上海市政协参与立法协商为例，指出：随着社会结构和利益格局的深刻变化，在地方立法工作中，协调、平衡各方利益的难度不断加大。要实现人大主导立法，就必须建立健全围绕立法活动的沟通协调机制，形成工作的整体合力。④

四、人大协商立法研究

（一）立法协商的理论渊源

开展立法协商是中国特色社会主义协商民主在立法领域的具体体现，是发展社会主义民主的重要形式。党的十八大报告提出："健全社会主义协商

---

① 李店标. 从讨论到辩论：我国人大立法审议机制的完善. 大庆：大庆师范学院，2015.

② 涂云新. 立法体制与法治建构——以立法权的功能设计为核心的探讨. 上海：复旦大学，2015.

③ 邹川宁. 完善人大主导立法的体制机制保障的实践与思考——以青岛市地方立法为视角. 中国法学会立法学研究会年会论文集.

④ 殷啸虎. 人民政协参与地方立法协商的目标与路径. 江西师范大学学报（哲学社会科学版），2013（3）.

民主制度"。党的十八届三中全会提出："推进协商民主广泛多层制度化发展，深入开展立法协商、行政协商、民主协商、参政协商、社会协商。"党的十八届四中全会更是提出要健全立法机关和社会公众沟通机制，开展立法协商。中共中央就协商民主建设问题，于 2015 年 2 月 9 日专门发出《关于加强社会主义协商民主建设的意见》，指出，要积极开展人大协商，深入开展立法工作中的协商。在立法实践中，不管是中央立法还是地方立法，均开展了丰富多彩的立法协商实践。党的十八大报告在总结各地立法协商试点工作经验的基础上，把"健全社会主义协商民主制度"作为推进政治体制改革的重要内容，开辟了社会主义协商民主新领域，提出创新开展立法协商、决策协商等政治协商工作。自此，在国家的统一部署下，国家和地方两个层面的立法协商工作正式成为中国特色社会主义民主政治制度的一个重要实践内容。所谓立法协商，从广义上讲，是指相关单位及其人员与社会公众围绕立法的有关事项进行的各种形式的协商活动；从狭义上讲，主要是指具有立法职能的机构或部门在立法过程中，按照一定的程序与有关方面、部门或人士，或面向社会公众，就有关事项和内容通过咨询、沟通、对话、讨论、听证、评估、征求意见、提出建议和反馈等方式进行的协商活动。

（二）协商主体

在理论界，关于立法协商的基本问题认识还不一致，争议较大。我国的政治传统中特别重视协商的作用，协商在我国的政治生活中发挥了重要的作用。具体到立法协商，虽然党中央的文件明确提出了要开展立法协商，但是关于立法协商的内涵、价值定位、体制机制的界定，在开展立法协商的过程中国家机关、有关单位以及民众提出的利益诉求如何处理，以及如何取得社会共识，还要进一步思考、探索、明确。在这些问题中，最关键的是确定立法协商的主体。立法协商的主体是立法协商的所有问题的前提，只有对立法协商中的主体问题进行充分认识，才能更好地开展立法协商实践，才能更好地发展中国特色社会主义协商民主。

关于立法协商，争议最大的是立法协商到底是谁与谁协商的问题。[①] 常纪文认为，立法协商属于政治协商的一部分，自然应当以中国人民政治协商

---

① 陈建华. 立法协商主体探析. 河北法学，2016（3）.

会议为主，其他主体参与；而政治协商是中国共产党与民主党派、无党派进行协商，立法协商的体制与政治协商一致，包括执政党和参政党之间的政治协商，也包括全国政协以及地方政协内部各个界别之间的协商。① 学者侯东德认为，立法协商是政协委员、政协有关专门委员会，针对法律法规草案，在立法机关初审之前对草案的论证、协商，发表意见、建议的活动。② 胡照洲主张，所谓立法协商，是指具有立法权的有关机关，在立法活动中，按照一定的程序和方法与有关方面、部门或人士，或面向社会公众，就有关事项和内容通过咨询、沟通、对话、讨论、听证、评估、征求意见、提出建议和反馈等方式进行的协商活动。③ 陈建华认为，人民政协不能作为立法协商的主体，民主党派、人民团体、社会组织、社会公众等是立法协商的重要主体，在国家立法中，开展立法协商应当由全国人大及其常委会来实施；在地方立法实践中，具体存在两种模式：人大主导模式和政协主导模式。人大主导模式以广东省开展立法协商的实践为代表，广东省由人大主导立法协商，开门立法，积极听取有关部门意见。政协主导模式以南京和福州模式为代表。④

（三）协商方式

宪法法律赋予了人大立法权，人大是立法工作的主导者，也应是立法协商的主导者。人大立法工作必须顺应改革开放和利益主体多元化趋势，在推进人大制度和人大工作与时俱进的大背景下，认真借鉴、吸收民主理论成果与实践做法，积极搭建沟通协调平台，健全各个环节、层次的协商制度机制，做到有制可依、有规可守、有章可循、有序可遵，稳步推进人大立法协商。

立法工作中，根据法律法规的规定，人大立法协商民主的形式，主要是座谈会，论证会，听证会，协调会，专家咨询会，在新闻媒体上刊登法律、法规草案公开征求社会公众意见，专门征求有关部门意见，委托专业机构进行公共调查，等等。这些都是成熟的立法协商民主形式。周民东认为在目前

---

① 常纪文. 关于立法协商的几个基本问题. 中国科学报，2014 (5).
② 侯东德. 我国地方立法协商的理论与实践. 北京：法律出版社，2014.
③ 胡照洲. 论立法协商的必要性和可行性. 湖北省社会主义学院学报，2014 (1).
④ 陈建华. 立法协商主体探析. 河北法学，2016 (3).

的立法协商实践中，无论是通过公开征询公众意见、网络论坛、座谈会等，还是向政协委员征求意见，就所收集到的意见、建议，无论采纳与否，往往都没有向对方反馈，这在一定程度上会削减公民、组织、团体、机关、企事业单位参与立法协商的热情。在今后的实践中，要着眼于构建协商主体对象之间平等有效互动的制度机制，提高公众参与立法协商的组织化程度，增强协商结果的实效性。[①] 另外，当前根据立法创新的要求，一些地方人大及其常委会也在不断加强立法民主形式创新，并取得了相当的成果。顾榕昌等以广西为例介绍道，在当前的地方立法实践中，协商民主活动到位、形式多样。当前，立法活动中，协商民主形式多样，有座谈会、论证会、听证会、将法律法规草案刊登在媒体上公开征求社会公众意见、专家咨询、专项书面征求政协等有关部门的意见，等等。[②]

五、人大代表作用发挥研究

（一）人大代表的主体地位决定了其在立法中发挥主体作用

党的十八大报告指出："坚持走中国特色社会主义政治发展道路和推进政治体制改革，必须坚持党的领导、人民当家作主、依法治国有机统一，以保证人民当家作主为根本，以增强党和国家活力、调动人民积极性为目标，扩大社会主义民主，加快建设社会主义法治国家，发展社会主义政治文明。"社会主义民主政治建设的最终目标就是实现人民当家作主。宪法规定，中华人民共和国的一切权力属于人民，人民行使国家权力的机关是全国人民代表大会和地方各级人民代表大会。人大代表是国家权力机关的组成人员，是人民代表大会的主体。人民代表大会行使国家权力，具体表现为人大代表集体行使包含立法权在内的国家权力。人大民主（人大制度）本质上是代议制民主，从某种意义上讲就是让全体人大代表在人大当家作主。各级人大代表由人民选举产生，代表人民行使管理国家事务的权利。因此，人大代表主体地位的实现程度是衡量人大民主发展程度的重要标志。没有人大代表主体地位的实现和主体作用的发挥，人大民主就缺乏基础条件。立法权是与人民关系

---

① 周民东. 建规立制确保人大立法协商有章可循. 人民代表报，2015-10-10.
② 顾榕昌，李永政. 人大立法协商民主的实践与探索——以广西为例. 广西社会主义学院学报，2013（5）.

最为直接、最为密切的国家权力，人大代表受人民委托行使好立法权，是人民当家作主的重要体现，也是人大代表主体地位实现的途径之一。邹川宁认为：应当发挥地方人大代表在立法中的主体作用，青岛市人大在 2012 年、2013 年连续两年将代表议案确定为大会议案，纳入了立法程序。编制立法规划、年度立法计划以及法规草案调研时，通过书面、文件使用系统以及代表小组等形式广泛征求人大代表的意见、建议。近两年探索开展组织代表有重点参与立法工作。通过向全体市人大代表印发调查表，根据代表意向，确定相关立法项目的重点参与代表。在法规的论证修改过程中，专门组织代表参与听取意见。①

（二）人大代表的来源

全国人大代表在具体产生来源上有三种情况。

1. 由各省、自治区、直辖市产生的代表

根据中国选举法的规定，全国人民代表大会代表的名额不超过三千人。全国人民代表大会的代表名额，由全国人民代表大会常务委员会根据各省、自治区、直辖市的人口数，按照每一代表所代表的城乡人口数相同的原则，以及保证各地区、各民族、各方面都有适当数量代表的要求进行分配。

2. 由中国人民解放军选举产生的代表

在中国，现役军人同样享有选举权和被选举权。中国的"选举法"第 5 条规定"人民解放军单独进行选举"，第 15 条规定"全国人民代表大会代表由各省、自治区、直辖市的人民代表大会和人民解放军、香港特别行政区、澳门特别行政区选举产生"。为此，全国人大常委会特别制定了《中国人民解放军选举全国人民代表大会和地方各级人民代表大会的办法》。根据该办法的规定，中国人民解放军出席全国人民代表大会的代表，是由通过各层级军人代表大会层层选举产生的，中国人民解放军各总部、各军区、各军兵种、国防科学技术委员会、国防工业办公室、军事科学院等的军人代表大会选出。

---

① 邹川宁. 完善人大主导立法的体制机制保障的实践与思考——以青岛市地方立法为视角. 中国法学会立法学研究会年会论文集.

3. 由特别行政区选举产生的代表

中国"选举法"第 15 条第 3 款规定："香港特别行政区、澳门特别行政区应选全国人民代表大会的名额和代表产生办法，由全国人民代表大会另行规定。"《香港特别行政区基本法》规定，"根据全国人民代表大会确定的名额和代表产生办法，由香港特别行政区居民中的中国公民在香港选出香港特别行政区的全国人民代表大会代表，参加最高国家权力机关的工作"。澳门特别行政区的全国人大代表采用的方法与此基本相同。①

地方人大代表由选举产生，省、自治区、直辖市、自治州、设区的市的人民代表大会代表由下一级人民代表大会选举产生；县、自治县、不设区的市、市辖区、乡、民族乡、镇的人民代表大会代表由选民直接选举产生。省、自治区、直辖市、自治州和设区的市的人民代表大会每届任期为 5 年；县、自治县、不设区的市、市辖区、乡、民族乡、镇的人民代表大会每届任期为 3 年。

（三）人大代表的权利、职权

人大代表履行其职责所应该承担的责任，在具体的实践中又可因在各级人民代表大会开会期间和各级人民代表大会闭会期间而不同。根据我国 2015 年 8 月所修改的最新《中华人民共和国全国人民代表大会和地方各级人民代表大会代表法》及党和国家出台的诸多规定，在各级人民代表大会开会期间，人大代表的权利和义务包括以下几个方面：（1）参加本级人民代表大会的职责；（2）提出议案的职责；（3）审议列入人民代表大会议程的各项议题的职责；（4）享有选举权；（5）享有表决权；（6）向国家或各级政府机关和机构及其人员提出质询的职责；（7）享有提出建议、批评和意见权利；（8）县级以上人大代表有提议组织特定问题调查委员会的职权；（9）享有罢免权。在本级人民代表大会闭会期间，人大代表的权利和义务包括以下几个方面：（1）代表小组活动；（2）视察；（3）专题调研；（4）参加本级人大常委会的工作。

（四）人大代表履职的现状及存在的问题

目前，人大代表履职存在如下问题：（1）人大代表审议质量不高；（2）代

---

① 马志宾. 我国全国人大代表规模问题研究. 郑州：郑州大学，2011.

表议案数量少、质量有待提高；（3）代表提出的建议和批评质量不高；（4）人大代表很少行使质询权、罢免权等强监督职权；（5）人大代表在闭会期间的履职活动流于形式。此外，还有学者认为，全国人大代表规模过大、代表人数过多制约了会议的效率，增加了会议的成本，过大的会议规模与过短的会期不相适应。① 有学者以代表的结构为分析路径，认为，现存的代表结构的划分标准虽然在相当长的一段历史时期内发挥了重要作用，但随着我国人口结构的变化，现存的划分标准已逐渐失去其应有的效用，是导致人大代表不能发挥其应有作用的根源，亟待修正。② 还有学者提出存在全国人大代表与全国人大常委会组成人员提出的议案缺乏保障的问题，认为：虽然现行宪法规定全国人大代表与全国人大常委会组成人员有权依照法律规定的程序分别提出属于全国人大与全国人大常委会职权范围内的议案，但根据《立法法》的规定，全国人大代表与全国人大常委会组成人员提出的议案，并非直接呈现于全国人大代表与全国人大常委会全体组成人员面前，而是中间要经全国人大主席团与全国人大常委会委员长会议之手，由它们决定是否列入会议议程。虽然这种做法可以确保议案的质量，但是也意味着部分代表（全国人大主席团组成人员与全国人大常委会委员长会议组成人员）阻断了其他部分代表的意志成为多数代表意志的可能性。③

（五）完善建议

针对现存的人大代表履职现状问题，为保障人大代表依法行使职权，人大本身积极探索建立有利于发挥人大代表作用的工作长效机制，以提升人大代表的履职尽责能力。主要措施涉及下列几个方面：建立教育培训机制，提高代表综合素质；建立监督管理机制，加强代表作风建设；建立工作保障机制，发挥代表履职作用；建立激励考评机制，推动工作科学发展。④ 这是从人大内部视角，在不作出重大制度调整的基础上进行的改变，是在完善现存的人大代表制度。

---

① 马志宾．我国全国人大代表规模问题研究．郑州：郑州大学，2011.
② 郭杰妮．人大代表的结构分析．法制与社会，2010（4）.
③ 蔡永浩，庞昀曦．全国人大立法权的宪法规定与现实偏离及对策．延边大学学报（社会科学版），2012（6）.
④ 赵俊杰．提升人大代表履职能力．求是，2011（6）.

在学界，有大量的学者以外部的视角探讨研究这个问题，并提出了许多可供参考的建议。学界普遍认为，应该提高人大代表的任职资格要求，提升公民的政治参与意识和人大代表的素质水平，强化对代表履职的监督机制。但在其他一些方面，学者们各有不同的见解。有学者认为现存的人大代表规模过大，为了提高人大的效能应缩小人大代表的规模。① 还有学者认为我们应该改进选举制度，引入竞争机制，允许和提倡竞选。② 针对人大代表的结构问题，有学者提出，应该根据社会结构的变化修改人大代表的结构，切实提高普通劳动者当选代表的比例，适当增加民主党派、无党派人士、妇女代表及年轻代表的比例，切实把好"代表素质"关。③ 与此对应，也有学者针对基层人大代表的结构问题提出自己的建议：首先，提高基层人大代表比例要有针对性，对于人大代表结构失衡这一问题，提高"草根代表"尤其是农民代表的比例无疑是最直接的解决办法。其次，建立有效的基层人大代表和群众联系体系。④ 针对结构问题更有学者从学理角度分析精英主义代表理论和多元主义模式的代表理论，认为我国的人民代表大会符合多元主义代表模式的特征。然而，随着改革开放后社会结构的变迁、社会分层的加剧，人民代表大会中的代表结构比例出现了对新社会阶层的倾斜。党的十八大报告指出要提高一线工人、农民、知识分子代表的比例，这是对人大制度实际运作的一种纠偏，也是理论上向多元主义代表模式的回归。人大代表的结构组成，既要吸纳新兴社会力量，也要兼顾传统的民众基础，以达到社会各阶层在代表权上的平衡。⑤

关于人大代表的工作保障机制，大致有两种看法。有学者认为，完善代表履职的保障机制，从履职时间制度和物质保障角度健全人大代表权利行使保障就可以为人大代表履行职责提供良好的条件。⑥ 另有学者认为：人大代表专职化是完善人民代表大会制度的关键所在，我国人大代表实行的是兼职

① 马志宾. 我国全国人大代表规模问题研究. 郑州：郑州大学，2011.

② 余刚. 人大代表履职问题研究. 西安：西北大学，2012.

③ 郭杰妮. 人大代表的结构分析. 法制与社会，2010（4）.

④ 李鹏飞，赵娜. 完善人大代表结构改善基层民主. 企业导报，2011（12）.

⑤ 孙莹. 论我国人大代表结构比例的调整优化——以精英主义和多元主义代表模式为分析框架. 中山大学学报（社会科学版），2013（4）.

⑥ 吴伟. 全国人大代表履职制度研究. 北京：中共江苏省委党校，2013.

制度，但随着经济社会的不断发展，特别是民主政治进程的日益推进，这种制度安排的局限性也日益暴露：兼职身份制约了代表作用的发挥，使代表的监督职能流于形式，且兼职制下的代表数量过多不利于提高人大的工作效率。只有逐步实行人大代表专职化才能发挥人大代表应有的作用。[①]

六、总结

立法从其本质来说是人民意志通过国家权力机关进行凝练的过程，这个过程伴随着政经力量对比关系的变化、法律规范背后的利益多元、各部门机关的协调监督、社会矛盾的冲突和调和。立法权的正当运行是法治国家的首要要求。在当今中国的立法体制之下，立法权限的划分问题是整个制度设计的核心问题，要解决立法权限的划分问题，就必须严格贯彻宪法的基本原则，亦即，在制度设计层面，以人大主导立法，规范多元立法主体之间的基本法律关系，按照事权划分的原则，科学分配中央和地方的立法权限，合理分配各部门的立法职能。立法权的运行又必须依赖一定的组织机构，在我国，要解决立法的科学性和有效性的问题，必须改革和完善我国的人民代表大会制度，促进人大代表依法履行职能。

如何贯彻科学立法、民主立法原则，对于新获得立法权的设区的市而言意义尤为重大，因为这些地方大都面临立法经验和能力相对不足的问题，如何保障立法权的正当行使和将立法质量提高成为其头等大事。推进科学立法、民主立法，重在建立和完善以下立法体制机制：第一，坚持党对立法工作的领导；第二，坚持人大对立法工作的主导；第三，发挥各机关相互协调、调度的作用；第四，发挥政协等的立法参与的作用，建立立法协商制度。第五，完善立法流程，抓牢从立项到公布的全过程审查监督；第六，增强人大代表等立法人员的专业化水平，保证其依法履行立法职能；第七，完善立法监督体制，保障立法监督程序高效的有序运转。

第三节　科学立法

自从中共十七大提出"科学立法"的命题以来，学界和立法工作者发表

---

① 殷焕举，李晓波．人大代表专职化研究．科学社会主义，2011（4）.

的有关文章不少，从理论和实践的结合上对该命题进行的阐释日益深入。其核心要义是坚持推进科学立法，切实提高立法质量。具体包括：尊重和体现规律，使法律准确适应改革、发展、稳定的需要，积极回应人民的期待，更好协调利益关系，增强立法工作的协调性、及时性、系统性，增强法律的可执行性和可操作性，努力使我们的法律立得住、行得通、切实管用。创新立法思维，依据改革举措，从经济社会发展的实际问题和重点领域出发，制定科学的立法规划和立法工作计划，按照立法项目的轻重缓急组织实施。坚持立、改、废、释并举，全方位推进立法工作。在抓紧制定急需法律规范的同时，更加注重法律修改、废止和法律解释，需要修改的法律按照程序及时修改和清理，需要赋予合法性的制度措施及时予以法律授权，使重大改革于法有据、有序进行，实现从粗放型立法向集约型立法的转变。以专门立法推进立法技术的标准化。建立和完善立法决策支持系统，为科学立法提供智力支持，包括建立专家咨询系统和立法信息应用系统。探索和创新立法选项机制、法案起草机制、立法协调机制、立法后评估机制、法的清理工作机制、法律法规配套机制等立法工作机制。

一、何谓科学立法

（一）科学立法的诸种界定

界定科学立法，首先应对"科学"的词源词义予以解析："科学"一词渊源于拉丁语 scientific，具有"普适知识"的含义，后演变为英语词汇 science，意同"知识"。我国《现代汉语词典》将"科学"定义为"反映自然、社会、思维等的客观规律的分科的知识体系"，此定义是相对于自然科学而言的普遍意义上的科学。

学界通常从以下几个角度界定科学立法的内涵。

第一，认识论角度。科学立法就是使立法活动符合我国的实际和立法工作自身的内在要求，从实际出发，实事求是，掌握立法规律，善于运用合理的立法技术，提高立法的质量和效益。

第二，形式与内容角度。科学立法可以划分为逻辑科学立法与社会科学立法。前者即形式科学立法，强调"法律用语的准确性、条文的逻辑一致性、文本的体系协调性等"；后者即内容科学立法，强调"法律的实施能够满足社会的需要，调和社会间的利益配置"。

第三，客观规律性角度。科学立法的核心在于尊重和体现客观规律。科学立法应尊重和体现"三个规律"——社会发展的客观规律、法律所调整的社会关系的客观规律和法律体系的内在规律。从方法论上说，要求法制建设符合客观世界的发展规律是无可厚非的，问题在于：探索自然界和人类社会的规律是一个久远过程，它也是人类永恒的主题。况且，规律还有一般规律和各类事物的特殊规律之分。而制定法律是要回答现实问题，是要以法的形式确定具体可行的行为规范。所以说立法回答现实问题和合乎客观规律是虽有联系但性质不同的两种活动。毛泽东说过："一个正确的认识，往往需要经过由物质到精神，由精神到物质，即由实践到认识，由认识到实践这样多次的反复，才能够完成。"① 又说："对客观必然规律不认识而受它支配，使自己成为客观外界的奴隶，直到现在以及将来，乃至无穷，都在所难免……永远是错误和正确并存。"② 从事立法工作的人，应当认真研究毛泽东的这些论述，防止思想的简单化和僵化。科学立法不仅意味着法律本身应当是良法，而且立法机制应当科学、规范。尊重"三个规律"要求立法应当体现社会主义国家的性质，从中国的具体国情出发，遵循立法程序，注重立法技术，明确法律部门间的界限。

第四，法治现代化角度。"立法科学化"是同"立法经验化"相对应的概念，一般而言，传统的立法是经验型的，而现代立法应是科学型的。现代的立法是运用现代科学原理及立法技术的立法，即立法活动建立在科学（包括法学）基础之上，正确运用现代科学技术（包括立法技术）进行优化，以保证立法取得最佳社会效果。

学界对科学立法的理解虽然切入角度不一，但是指向明确、核心内容一致，均强调了使立法反映和满足我国的实践需要，通过增强立法的协调性、及时性、系统性、可执行性和可操作性，使法律法规、规章条例立得住、行得通、切实管用。

（二）科学立法的特征及要件

科学立法的特征即"科学性"，对"科学性"这一属性的分析，是量化

---

① 毛泽东著作选读：下册．北京：人民出版社，1986：840.
② 同①846.

科学立法，防止"科学立法"流于口号而轻于实践的重要手段。然而对于"科学性"，官方与学界尚未形成统一认识。冯玉军提出科学立法"科学性"的三个属性和三个评估标准，前者为规律性、有序性、和谐性，后者包括合理性、合法性和合逻辑性[①]；有学者将"科学性"划分为三个层次，并就"科学性"的狭义内涵，采用否定式定义法和四要件模型，论证了科学立法是对经验立法、政绩立法、封闭立法等的否定，其构成要件包括立法权的专属性（主体要件）、立法过程的有准备性（主观要件）、立法事态的法调整性（客体要件）、立法行为的程序性（客观要件）。何珊君指出，科学立法必须满足一定的必要条件，包括：所制定的法律不仅应与现实需求相契合，而且要与人类文明的终极目标相一致；立法者本身必须具有相应的素质；立法过程中所采取的研究方法必须是科学、合理的；等等。

目前还有一种把科学立法解读为法的内容的看法。这种观点实际上是把法律、法规与科学结论画上了等号。如此立论虽然有良好的愿望，但是很难说服人。首先，科学的本质在于追求真理，而法的本质是人们的"意志"。古代就有"意志论"一说，如认为法是"神的意志""上帝的意志"等，不一而足。马克思、恩格斯也是"法律意志论"者。与古代"意志论"者的区别是，马、恩用唯物史观对"意志论"作了扬弃，这就是他们评论资产阶级的法律时所指出的："你们的观念本身是资产阶级的生产关系和所有制关系的产物，正像你们的法不过是被奉为法律的你们这个阶级的意志一样，而这种意志的内容是由你们这个阶级的物质生活条件来决定的。"[②] 我们现在强调立法要"以人为本"，法律要体现绝大多数人的意志，这比马、恩又前进了一大步。既然法是人们意志的体现，那么，立法就应首先尽可能准确体现出某种意志，其次才是努力使法所体现的意志尽可能地接近科学结论（严格地说，这已经不是立法所要完成的任务，而是要求立法体现其意志的主体的任务），因而不可能把它等同于科学结论。需要指出的是，意志背后更多的是利益。中外立法实践证明，人们的利益追求、价值观、风俗习惯乃至宗教观念，对立法有重大影响乃至起着支配作用。例如，一些国家基督教传统深厚，至今将堕胎视为非法。在国内，春节期间禁放烟花爆竹的地方立法一直

难以行得通。而科学研究已经证明，在人口密集的大城市，大量燃放烟花爆竹所造成的空气污染（PM2.5）、光污染以及其他人身、财产损害是相当严重的。但是，历史上形成的习俗是强大的，"禁放"的立法即使被通过，也因人们的抵制和执法成本的巨大而不能实行。北京由"禁放"改为"限放"，使法规大体可行，是科学结论向习俗的让步。"科学在本质上是'真伪是非'之争；对于一项法律，同意与反对的可能只有利益之争"[①] 而并不属于是非之争。可见，把法的规范简单等同于科学结论是很难站住脚的。[②]

二、科学立法研究的四个维度

学界对科学立法的研究起步较早，成果比较多。在此从科学立法的时间、方法、实效、成本四个维度分别探讨。

（一）时间

自 20 世纪 90 年代起，就有学者分析了我国立法服从于政治要求和形势变化而被动立法的问题，导致立法主体缺乏积极性、立法决策缺乏稳定性和根本性，由此造成立法忽兴忽废、大起大落的局面；并呼吁将立法决策建立在科学基础上。但是，由于时代局限，对"有法可依"的迫切需要甚于对提高立法质量的回应，"科学"二字之于立法的价值未得彰显。

进入 21 世纪，关于科学立法的规定逐渐见于国家立法之中。2000 年制定的《立法法》提到，"立法应当从实际出发，科学合理地规定公民、法人和其他组织的权利与义务，国家机关的权力与责任"。但需要注意的是，此处提出的仅仅是设定权利、义务的科学性，而并未将科学性上升为国家立法的基本价值。2003 年通过的《中华人民共和国国民经济和社会发展第十一个五年规划纲要》提出："贯彻依法治国基本方略，推进科学立法、民主立法，形成中国特色社会主义法律体系。"第一次明确了"科学立法"作为完善我国法律体系准则的意义。2006 年，《中共中央关于全面推进依法治国若干重大问题的决定》（以下简称 2006 年《决定》）强调建设中国特色社会主义法治体系必须深入推进科学立法、民主立法，从而为改善立法质量指明途径。

---

① 崔英楠．民主立法与科学立法研究．北京市人大理论与实践研究，2010（3）.
② 张春生．从立法与实践关系的视角谈科学立法的几个问题．中国法学会立法学研究会 2016 年大会论文．

（二）方法

2000 年以来，愈来愈多的学者开始重视立法预测和立法质量评估对科学立法的工具价值。虽然早在 20 世纪 80 年代，对立法预测的研究已经初具规模，但是发展缓慢。而立法评估相关领域的研究虽起步较晚，但近年来研究者甚广。

所谓立法预测，就是运用一定的科学方法和手段，对立法的发展趋势和未来状况进行预测。立法预测是立法准备的必要环节，其目的是探索并获得未来一定时期内立法的未来状况和发展趋势的预测资料，用以揭示出某特定社会领域的发展对法律、法规的宏观要求，从而为立法机关提供有关立法规模、内容、方法等方面的信息，为制定最佳立法方案服务。立法预测包括对社会背景、社会需求、立法制度本身的规律性以及立法与执法、守法之间关系的预测四类内容。通过科学、细致的立法预测，能够增强立法的安定性和与社会的协调性，保证立法体系发展的一致性。

立法质量评估是指立法机关根据一定的标准，对已经颁布、实施的地方性法规的实施效果、总体质量和基本价值进行评价，并将评价的结论作为法规进一步修改、完善的重要依据。开展立法质量评估可以及时跟踪有关法规的实施效果，并分析、总结制度设计本身存在的问题，起到端正立法机关的立法思想、优化立法过程、检验立法效果的重要作用，有助于增强立法的可行性、可操作性，真正将纸上的规定变成现实的东西。

有些地方实践已经认识了到量化科学立法的价值，并出台了专门规定。比如，上海市于 2000 年通过了《上海市人大常委会审议地方性法规（草案）的若干质量标准》。这一文件提出了地方性法规的总体质量标准和具体质量标准，具体质量标准又分为立法必要性标准、合法性标准、合理性标准、可行性标准、表述规范性标准等。陕西省于 2012 年通过了《陕西省地方立法评估工作规定》，规定立法后评估按照合法性、实效性、合理性、协调性和操作性等五个标准进行，并对这个五个标准的含义分别进行了界定。

（三）实效

中共十八届四中全会以来，围绕着科学立法方面的问题与对策的研究呈现井喷式增长，迅速成为一处学术高地。习近平总书记在《关于〈中共中央关于全面推进依法治国若干重大问题的决定〉的说明》中指出："我们在立法领域面临着一些突出问题，比如，立法质量需要进一步提高，有的法律法规全面反映客观规律和人民意愿不够，解决实际问题有效性不足，针对性、可操作性不强；立法效率需要进一步提高。还有就是立法工作中部门化倾向、争权诿责现象较为突出，有的立法实际上成了一种利益博弈，不是久拖不决，就是制定的法律法规不大管用，一些地方利用法规实行地方保护主义，对全国形成统一开放、竞争有序的市场秩序造成障碍，损害国家法治统一。"这一表述准确地概括了我国在科学立法方面的不足。

1. 立法实效性问题

立法缺乏实效，根源在于立法者不了解社会发展的需要和民意所向。立法者闭门造车，难免导致立法"不接地气"，缺乏针对性和可操作性。对此，要建立和完善立法公众参与机制。一方面，应做实立法前论证，避免应急、突击立法，延长立法链条；另一方面，创新形式以更高效地问计于民，倾听民意、吸纳民智，力促开门立法，让博弈更充分、透明。一系列地方实践提供了具有可操作性的参与办法，如设立立法基层联系点，设立专业人大代表小组，发展调研型人大代表，建立立法专家库，探索网络立法听证等。此外，还要坚持和完善立法论证和听证制度。立法论证制度主要是针对法律、法规案中技术性较强的问题，邀请有关专家对其合理性和可行性进行研究论证，求得较权威意见的制度。为充分发挥专家学者在立法中的"外脑"作用，应当组织各方面专家学者参与法案论证，就立法中的法理问题、专业性问题和焦点难点问题深入研究，作出科学的立法决策，以提高立法的科学化程度。立法应当针对涉及利益群体面比较广、存在不同利益关系、人民群众普遍关注的项目举行立法听证会，使不同的利益诉求得到充分表达，民意得到体现。

2. 立法效率性问题

目前我国立法效率较低，主要表现为有些重点领域立法不能及时出台，跟不上形势发展的需要。有些法律没有根据客观形势的变化及时修改；有些重大制度问题，法律上还有缺项；不同位阶的法律之间衔接不够紧密，匹配性和协调性有待提高。

对此，首先要完善法律草案表决程序。法规案的起草是立法中至关重要的环节。法规起草得如何，直接关系到立法目的、立法意愿、立法指导思想和基本原则能否实现或者实现到何种程度，关系到维护立法公正、防止和克服部门利益。2015 年修改后的《立法法》第 41 条就全国人民代表大会常务委员会的重要条款单独表决制度作出了专门规定。仓促立法往往于实践有害，然而按部就班反复讨论又往往缓不济急，单独表决制度切中科学立法程序之肯綮，对于克服立法主观随意性和提高立法效率有着独特功能。其次，要坚持立、改、废、释并举。根据 2012 年 6 月《中共中央办公厅关于开展党内法规和规范性文件清理工作的意见》，全国开展了大规模的规范性文件的集中清理活动：2013 年 8 月《关于废止和宣布失效一批党内法规和规范性文件的决定》标志着第一阶段即 1978 年至 2012 年 6 月制定的党内法规和规范性文件的清理完成。2014 年 11 月《中共中央关于再废止和宣布失效一批党内法规和规范性文件的决定》标志着第二阶段即从新中国成立至 1977 年期间中共中央制定的党内法规和规范性文件的清理完成，经过清理，废止 322 件，宣布失效 369 件，继续有效的 487 件，其中 42 件需适时进行修改。只有建立立、改、废、释工作常态化机制，才能迅速发现法律体系内部的规范冲突，巩固法律体系的统一性，避免法律与现实的脱节，保证法律随着实践发展而发展。再次，要加强人大对立法工作的组织协调。我国现行《宪法》确认了全国人民代表大会作为最高国家权力机关行使国家立法权的地位。《立法法》对全国人民代表大会及其常委会、地方人民代表大会及其常委会的立法权限作了界定。发挥人大在立法工作中的主导作用，有助于协调人大立法与其常委会立法、上位法与下位法的关系，确保法制统一；有助于明确立法边界，厘清人大与行政机关、中央与地方立法的范围。最后，要坚持和完善以"备案审查"和"改变撤销"为主要形式的人大立法监督体制，强化法制统一。

3. 部门利益法律化问题

部门立法是当前中国立法实践中的主要形式之一，表现在：其一，绝大部分法律、法规是由政府部门起草的；其二，《立法法》修改后，部分地方政府规章将上升为地方性法规；其三，政府部门既是法律、法规的起草者，同时也是其执行者。由于部门立法多以部门利益为尺度，因而往往扭曲权利与义务的设定，甚至造成博弈过程中公民与弱势群体失声，既无确切代言之声，亦缺有效申言之制，将中国当下民主建设的严峻态势展露无遗。部门利益法律化无疑将严重侵蚀法律的公信力和权威。

针对这一痼疾，中共十八届四中全会提出应明确立法权力边界，从体制机制和工作程序上有效防止部门利益和地方保护主义法律化——一要健全有立法权的人大主导立法工作的体制机制，二要加强和改进政府立法制度建设，三要明确地方立法权限和范围——并就上述原则提出一系列具体措施如提高法学专家在专职人大常委会委员中的比例、建立专家顾问制度、引入第三方评估、禁止地方制发带有立法性质的文件等。针对立法授权活动应严格加以规范，没有立法权的国务院直属机构不得获得立法授权；没有规章制定权的省、自治区、直辖市人民政府的工作部门，不得越权立法。也有学者强调，为使立法能够真正反映时代精神和客观规律，实现立法的精确性与细腻性，必须坚持立法程序正义，因为在立法程序中贯彻程序正义，也是降低部门利益竞争引发的负面影响的有效制度工具。

（四）成本

在立法中引入法经济学分析，主要指成本—效益分析。立法是制定法律的过程，故而其产品就是制定法。判断立法科学与否的重要标准就是，在立法成本与效益的比较上，效益是否大于以及在多大程度上大于立法的成本。有几个问题值得注意：一是计算立法过程的成本，二是计算执法成本，三是计算守法成本。当扣除执法、守法的成本后，法律规范实施的效益大于立法成本时，才可以称之为科学的立法。第一，在立法前评估、立法中评估和立法后评估中，对立法的各类成本与效益进行比较衡量，对于判断立法科学化的程度具有重要意义。第二，发挥人大对立法工作的组织协调有助于降低立法成本。人大通盘考虑改革之需要，按照轻重缓急确定立法规划和立法计划，形成其对立法起草和决策工作的主导，确保立法资源用在刀刃上。

三、坚持科学立法要处理好的几对关系

（一）法律与客观实际的关系

法要行得通，必须为大多数人所接受。理想状态的法，应当是既体现大多数人的意志，又体现科学结论和客观真理。但这是难以做到的，至少不能完全做到。毫无疑问，在立法过程中，应当努力通过民主的程序，坚持科学精神，把握人类社会发展、进步的方向，使法律规范更多地体现科学研究进

步的成果，用以增进人民福祉、维护人民权益。但是，由于人们认识的局限、传统习俗的局限甚至人们自身利益的局限，法律体现出来的未必全是科学结论和客观真理。这类立法案例甚多，以我国两部婚姻法为例：1950 年婚姻法对于"三代以内旁系血亲"是否允许登记结婚，处理起来是一个很矛盾的事情。当时，社会生活的实践经验已经表明，由"姑表亲""姨表亲"组成的家庭，其所生育的后代多有呆傻、肢残等遗传性残疾。在立法过程中曾有卫生、医学工作者提出在法律中规定"三代以内旁系血亲"不准结婚的意见。这些主张虽然具有真理性，但在当时，仍然只是少数人的认识。"姑表亲""姨表亲"是旧中国千百年来留下的传统，在农村尤其已成一种风俗，称这类婚事为"亲加亲，砸断骨头连着筋"。立法不能无视这个客观现实，硬性禁止难以行得通。为此，法律网开一面，对于三代以内旁系血亲是否结婚，作了"从习惯"的规定。意思是没有这些习俗的地方，就不建立这种婚事；存在这些习俗的地方，允许通婚。同时从舆论上多作宣传、解释，尽可能劝导人们不建立这种婚姻关系。从规定本身来看，这当然说不上是严格的科学态度，但从法律的可行性来说，这又是合理的。从尊重人们的认识规律来说，甚至可以说这是"科学"的。到了 1980 年，我国人民的文化科学水平有了较大的提高，现实生活促使人们的习俗观念发生改变，"姑表亲""姨表亲"的危害为越来越多的人所认识。立法过程中，遗传学界又对此提出了实证性的科研成果。这样，"三代以内旁系血亲"不应当通婚已成为绝大多数人的共识，于是新婚姻法明确规定"三代以内旁系血亲禁止通婚"，这一条为绝大多数人所接受，并已得到切实实施。两部婚姻法对这一问题的处理，典型地反映出依科学精神立法所面对的矛盾和进程。由此也可看出，法律符合实际，得到多数人认同以保证实施，是科学立法的重要原则。[①]

从历史过程看，在可预见的将来，实行市场经济是一条普适性的道路。改革开放以来，我国从计划经济走上市场经济，基本政策的转轨花了十五年时间，宪法有关规定的改变也花了十五年时间。1979 年以来的立法，就经济法律制度的走向来说，一直是遵循着发展商品经济，进而走向市场经济的方向循序渐进的。这个转轨过程很值得反思研究，它说明：第一，规律是客

---

① 张春生. 从立法与实践关系的视角谈科学立法的几个问题. 中国法学会立法学研究会 2016 年大会论文.

观存在的。第二，发现和掌握规律是很不容易的事。第三，即使少数人认识了规律，将它变为多数人的认识仍然有一个漫长过程。而对这个转轨起决定作用的是实践。所以，说立法的指导思想只提出要掌握客观规律仍失之笼统，说立法要有利于生产力发展，有利于提高人民福祉，有利于发展民主法治、实现社会和谐稳定，可能更确切些、实在一些。

（二）恰当处理立法与改革的关系

既要改革，又要立法，这是中国现阶段法制建设的一大特点，也是一大难点。20 世纪 70 年代末党的十一届三中全会后，启动了改革，同时也启动了法制建设。近四十年来的法制建设，就是在解决立法与改革的矛盾中前进的。这个矛盾的产生，是由于改革和立法的属性不同：改革，是要把阻碍发展、有损人民权益的制度加以改变，其特点是"变"。改革是关系国家前途、命运的大事。立法，则是把有利于发展、增进人民权益的制度以法律的形式确定下来、长期不变，其特点是"定"。以稳定性的法律去规范变革中的事物，本身就是一件难事。大家知道，稳定性是法律的基本属性，不稳定的、朝令夕改的制度不会有权威。"文化大革命"时期许多政策朝令夕改，弄得人们不知所措。法律如果也朝令夕改，将在客观上鼓励人们不按法办事。但是，在全面改革、深化改革的形势下，法律的稳定性受到严重挑战。这是由于，应当修改的法律不能得到及时修改，就可能延误改革与发展；而改革作为一种制度更替，又要有一个实践探索过程，匆忙把不成熟的办法确立为法律制度，也会影响改革的健康发展。

在全面深化改革的新形势下，正确处理改革与法治的关系有以下几个要点。

第一，实现立法和改革决策相衔接，做到重大改革于法有据、立法主动适应改革和经济社会发展需要。是在法治轨道上有序推进改革，还是冲破宪法法律制度乱改革？这既是对改革的考验，也是对法治的挑战。事实上，法治并非总是滞后于改革，法治同样可以引领改革。习近平总书记和党中央明确要求，凡属于重大改革要于法有据，需要修改法律的可以先修改法律，先立后破，有序进行；有的重要改革措施，需要得到法律授权的，要按法定程序进行，不得超前推进，防止违反宪法法律的"改革"对宪法法律秩序造成严重冲击，避免违法改革对法治造成"破窗效应"。

凡是对新的重大问题和重要改革事项立法，须改革决策与立法决策同步进行，坚持理论和实践相结合，充分听取各方面意见，使法律准确反映经济社会发展要求，更好协调利益关系，发挥立法的引领和推动作用。如果不管不顾既有法律规定，将领导意志凌驾于宪法法律之上，强制推行某个改革方案，势必危及改革自身的合法性；忽视理论提炼和经验积累，匆匆忙忙把不成熟的办法确立为法律制度，也会影响改革的健康发展。

在立法对改革的衔接配合方面，先安排群众性的探索和局部性的试点试验，接受社会实践的检验。在此基础上，对各种典型、各种经验反复比较研究，从经济社会发展的实际问题和人民群众的重大关切出发，全面权衡利弊，最终制定出法律法规，应用于改革当中。

第二，实践证明行之有效的，要及时上升为法律。实践条件还不成熟，需要先行先试的，要按照法定程序作出授权。火热的改革实践，为丰富社会主义法治体系提供了不竭动力。法如流水，应该随着经济社会的发展而汩汩前行。新时期的立法要把握我国经济社会发展的阶段性、复杂性特征，妥善处理法律法规的稳定性与变动性、现实性与前瞻性、原则性与可行性的关系。

在改革过程中，实践经验比较成熟、已经被证明为正确的改革成果，以立法形式固定下来，并加以深化、细化，是对改革的承认，也是对立法的发展；改革试验尚不充分，实践经验尚不成熟，但又迫切需要立法的，可先作出原则性规定，为进一步改革预留空间，为立法创造可能性；缺乏实践经验，各方面意见又不一致的，暂不作规定，待条件成熟时再作规定。

第三，如果实践证明现行法律法规的有些规定已经不能适应形势的变化，成为改革的障碍，就要及时通过法定程序予以修改或者废止。现阶段立法的基本目标是法律规范符合客观实际，满足改革发展要求，当立则立，当改则改，当废则否。边立边破，有改有废，那么以改革之梭，定能织就华美的法治之锦。以1985年全国人大向国务院授权立法为例：当时国家需要制定和修改一大批法律，但立法条件极不成熟，全国人大便采取了授权国务院制定行政法规的方式，经过探索，待条件成熟时再上升为法律，以求既能保持法律的稳定性，又能适应实践需求。这个授权决定的立意无可厚非，但在今天却广受诟病。究其原因，该决定过于笼统，既未规定具体范围，也没有明确有效期限，致使今天仍然有效。更有甚者，按照宪法精神，税收立法本应属于国家立法机关的权限，但在目前我国十八个税种当中，只有三个完成了立法程序，其余都由行政机关以法规的形式征收，不但有违税收法定原则，也与代议民主制度的精神不相一致。专家建议全国人大废止该项授权，在宪法上确立税收法定原则，以立法形式确定各类税种（增值税、房产税、资源税、环境税等）的设置和征收。

总而言之，改革不能以牺牲法制的尊严、统一和权威为代价。全面深化改革的过程，同样是社会主义法治体系日臻完善的过程，二者有效衔接、相互激荡，才能助力一个发展中大国展翼前行。①

（三）恰当选择法典化与单行法

应当说，法律的法典化和判例化都是法的实现形式。在这个问题上，各有利弊，不应厚此薄彼。我们国家偏于大陆法系，实行成文法，这就产生了这个问题。在过去三十多年立法的进程中，往往有一种争论：是一次性地制定出某类法典，如民法典、行政程序法典等，还是从制定单行法入手，在实践中成熟一个，制定一个，然后实现法典化。这是一个立法路径和方法问题。

以民法为例：若从人们的主观愿望出发，一次性地制定出民法典，使民事法律行为的各方面都做到有法可依，当然是一件好事。在世界立法史上，这也是有例可循的，典型的是法国民法典：19世纪初叶，法国商品经济的发展和法制统一的要求，提出了制定民法的任务。在拿破仑的主持下，法学家和立法官员从1803年到1804年一举制定出了法国民法典。这部法典由一个总则和三编组成，共2 281条。两百多年来，这部法典曾经历一百多次具体修改，但它的基本框架和内容一直沿用至今。

中国历史上缺乏民法传统。20世纪30年代制定的《中华民国民法》，在50年代初祖国大陆废除"六法全书"的过程中被废除。直到20世纪70年代末，除一部婚姻法外，新中国基本上是一个没有民法的国家。随着国家工作重心的转移，1978年年底，邓小平提出了一系列的立法任务，其中就有民法。刚刚建立起来的立法工作机构——全国人大常委会法制委员会——

---

① 冯玉军. 让改革与法治良性互动. 人民日报，2014-11-11（9）.

启动了民法的起草工作。早期民事立法采取"大兵团作战"起草民法典，但对于改革之初的中国而言，对于如何处理计划与市场的关系、国有企业自主权、国有企业的法人资格、公有制土地使用权有偿转让等问题尚有很大争论或看不准的地方，民法典中的物权、债权、知识产权制度等也不可能一蹴而就，"生硬"颁布出来。彭真说："民法（这里指民法典）不是短期间可以制定的。这不是我们不努力，而是问题本身就十分复杂，加上体制正在改革，实际上有困难。"他提出："可以把民法草案中比较成熟的部分，作为单行法规先提出审议、公布。"于是在他的主导下，民法的起草工作思路作了调整，改"批发"为"零售"，开始了从单行法向民法典逐步前进。于是，修改婚姻法，制定继承法、收养法、民法通则、合同法、担保法、物权法、侵权责任法、涉外民事关系法律适用法，"各个击破"。在此基础上，现在基本具备了合成民法典的条件。

回顾这一立法进程提出了一个重大问题：是脱离实际地构筑体系，还是从实际出发逐步推进立法？民法立法进程的科学性在于：第一，它符合唯物主义的认识论，即从局部到整体、从个别到一般的认识进程。第二，它立足实践，既适应了改革的需要，又为制定统一的民法典创造了条件。

四、科学立法的实现方式

（一）统计研究以求实

正如托马斯·卡莱尔所言，"数字证明一切"。究览过往文献数量、质量和被引排名，可以得出以下几点结论。

第一，中共十八届四中全会后，"科学立法"成为学界的研究高地。以"科学立法"或"立法科学化"为主题进行文献检索，2014年至2016年，就相关主题在核心期刊上发表的文章每年均达30~60篇之多。

第二，关于科学立法的相关研究尚待深度挖掘。尽管研究规模庞大，但是1992年至今法学类三大刊收录的与科学立法相关的文献仅5篇，且多作为法治研究的子课题展开。

第三，科学立法受重视程度主要受到政治形势影响。"科学立法"主题的被引文献排行前18位中，7篇刊登于机关报刊或全国人大和中央政府门户网站，可见，科学立法受到中央改革需要的影响而被屡屡提及，从而走入公众视野，总体上属于自上而下的改革模式，可称之为强制性制度变迁（或称供给主导型制度变迁），区别于自下而上的诱致性制度变迁（或称需求主导型制度变迁）的改革模式。

第四，现行的科学立法措施更多地来源于顶层设计和学者争鸣，公众感知较模糊。因立法协调性不足而引发的相关案件如"洛阳种子案"，其社会影响力很小，很难像"雷洋案""药家鑫案""南京宝马案"等引发公众共鸣和全民大讨论。公众尚未意识到科学立法的重要价值，对于公众参与科学立法制度的实施极为不利。

法律不是统治者手中的玩偶，不是"软化、驯服、指挥人的意志"的指挥棒，不是精英阶层巩固地位的固化剂，而是政府与公民相互谈判、彼此妥协，确定权利与义务界限的智慧结晶。因此，加强普法工作，强化公众权利意识，拓宽立法公众参与的基面，更广泛地调动民众对立法的兴趣，能够使科学立法更深入人心，彰显权利本位，体察民众需要，符合社会发展规律。

（二）观古论今以明理

中国目前已经建立起中国特色社会主义法律体系，进入"有法可依"的时代，但是一些法律规定严重背离传统因素，与现实脱节，与需求不符，缺乏可执行的社会土壤，导致现实中有的规定变成"僵尸条文"，有些规定形同虚设，造成立法资源的严重浪费。

以"禁放令"为例：1993 年经北京市第十届人大常委会第六次会议审议通过"禁放令"规定北京"城八区"为禁止燃放烟花爆竹地区。起初效果显著，仅三四年后，禁放区内的烟花爆竹燃放声又渐渐多了起来，甚至更盛于前。燃放烟花爆竹是中国传统风俗，背离群众客观需要而在立法中"一刀切"地禁止，其结果只会是"上有政策下有对策"。此类问题并非偶然。近日"网约车"地方新政纷纷出台，对"网约车"车主户籍、车辆牌照、排气量、轴距等作出严格规定，如北京仅承认"京籍京车"的市场准入资格，禁止"外地车"进入"网约车"市场。在政府执法能力不足和市场需求客观存在的现实情况下，对"网约车"的严苛限制势必导致"黑车"的扩张。

对于此类问题，必须坚持健全立法机关和社会公众沟通机制：只有集思广益方可"裨补缺漏"，只有察纳雅言方能"兼听则明"。立法协商制度不仅是民主立法的要求，也是科学立法的保障。虽然目前法律草案向社会公开征求意见的进步做法已经非常普遍，但是对公众意见的反馈机制尚未建立，使公众参与的效果大打折扣。

（三）洞见时弊以求真

科学立法要求立法者直面现实，在利益纷争中尽可能秉持中立。当前，社会分化已成为不争的事实，立法机关如何以科学、民主的方式在不同阶层之间凝聚最大限度的共识，使各个阶层能够各得其所、各尽其能，使不同人群均能实现从必然王国走向自由王国的理想？立法的实质是分配正义，经济利益、社会权利和意识形态的差异都会引起立法问题。

分歧何以解决？朱苏力教授提出，解决各种矛盾的根本办法在于着力培养全体民众的"共同体"观念。而共同体观念只能依靠平衡各种利益关系循序渐进地培育，经济社会的自发重构是根本起点。雾霾、地震、贸易……中国人的单位活动范围在缩小，利益群体在重构，例如曾经只有北京人强调治理雾霾而转移工厂，现在雾霾问题已成为中国北方各大城市民众茶余饭后的热点话题。立法者手持分配正义之剑，但是又不可避免地处于一定的利益群体之中。"无知之幕"仅是法律人的乌托邦，立法者很容易因自身表达通道的畅通而自诩民意代言人，将自己的群体利益当作公众利益而有意无意地牺牲其他群体的利益。基于此，实现科学立法，要求立法者以更具全局性的视野和广阔的胸怀来认识、规范利益关系，这对立法者的专业素质和家国情怀都提出了极高的要求。

（四）未雨绸缪以防患

面对一些新兴事物和新兴产业，立法更应当坚持科学立法原则。笔者认为，此处立法的"科学性"标准应当增加"前瞻性"一条，即适当"超前"立法，以防新事物"无法可依"引发乱象丛生。

互联网、生物科技、航空航天技术的产生、发展与应用给人类社会带来前所未有的福祉的同时也带来了难以预估的挑战与风险。例如，生命科技的发展得以辅助生育，为众多期盼新生命的家庭带来福音，但是，这项技术的诞生与应用也引发了精子捐献、传染病、医疗侵权等法律上的争论。再如无锡"受精卵案"，挑战刑法上物和人的区分。互联网金融、"网约车"、器官移植、转基因、克隆技术、变性人等衍生了大量未决的问题，说明人们对科技及其带来的社会影响的认识仍待提高。这表现在立法层面就是，一方面，实践中存在的问题亟待制定法律予以规范；另一方面，考虑到法律的成本和稳定性，法律应对可能出现的新的社会关系有所预设。这就要求在立法中广泛地考虑社会关系的变动性，以卓越智慧和高瞻远瞩克服短视和盲点，在追求立法规范具体、可操作的同时保留一定的留白和弹性。笔者认为，对于这类事项，"勉强的准确比适当的模糊更有害"，因此，宜采用以下立法模式：先制定统一法律，对于其中待实践验证的部分不作强制性规定，而是考察现实后由法律解释予以填补；或写入原则性条款，再由司法人员在法律与事实之间梭巡，凭借自由裁量认定个案正义。

第四节　民主立法

民主立法是当代立法的重要理念和本质要求。在我国，民主立法是社会主义民主政治的内在要求，是坚持党的领导、人民当家作主和依法治国有机统一的具体体现，是我国民主进程在立法工作中的集中反映。它要求立法主体、立法程序和立法内容均要体现民主性。坚持民主立法，对于保障公民行使国家管理权，提高立法质量，实现公平正义，维护社会和谐、稳定，具有重要意义。我国立法的目的就是人民通过立法活动，行使管理国家事务、管理经济和文化事业、管理社会事务的权力，实现当家作主。

一、民主立法的要义

（一）概念综述

立法是制定规则的活动。立法的目的，就是要构造出能够得到最大多数人认可、对所有人一视同仁的规则和秩序。立法的过程，就是寻找并表达这种规则和秩序的过程。首先，要从某些个人或者群体的特定行为规则中抽象概括出共同的评价和一般的规则；其次，这些评价或者规则要在多数人当中引起共鸣、得到认可；最后，要经过一定程序确认为共同的、所有人都必须服从的规则。这个过程不应简单地被认为是对客观事实的物理还原，而应当看成是对抽象、平等规则的寻找和表达。完成这个过程，单靠立法者本身有极大的局限性，必须依靠多数人的直接或者间接参与。从这个意义上说，立法的过程本质上就是民主的过程。

我国民主立法既是立法追求的目标，也是提高立法质量的措施，涉及两个层面的问题。

第一个层面是立法目的的民主。我国立法的目的，从根本上说，是人民通过立法活动，行使管理国家事务、管理经济和文化事业、管理社会事务的权力。其实质是人民给自己制定规则，实现当家作主。民主立法的法理主体是人民，立法权的实现方式是通过人民代表大会委托给人民自己选出的代表依法行使。只有人民真正实现当家作主，自由才能得到保障，权利才能得到尊重，民主立法才有可能获得不竭的思想动力，才有可能在实践中加速推进。江国华、易赛键提出，立法民主是民主政治的必然产物，其实质就是立法价值取向上的"人民本位"或"权利本位"，是立法决策事务中的人民自治。[①] 在一个宪政国家，立法应当符合民主、自由、人权和法治的精神，符合最大多数人的最大利益，符合人类社会的本质和每个人的生存与发展。在一个有着健全法律规则的民主社会中，根据多数人的意志作出的选择很可能是不得已的次佳选择，在理论上，这种选择不能保证立法的最优，但一般能够防止出现立法选择的最劣。要作出不与多数人意志相违背的选择，必须实行民主立法，保证立法的民主化。立法只有体现民情和顺乎民意才具有正当性基础和正当性前提，因此，立法民主是衡量立法正当性的标准，决定着立法的正当性，是立法正当性的本质所在。

李店标提出，民主立法是以观念的人本性、目的的民意性和价值的公正性为前提，以内容的人民性、权力的制约性和权利的保障性为核心，以主体的广泛性、机关的民意代表性和过程的公开性为关键的，关于立法运行的理念和模式[②]。

第二个层面是立法方法的民主，即通过民主的方法开展立法工作，提高立法质量，科学、合理地规定公民、法人和其他组织的权利与义务，国家机关的权力与责任。就立法机关内部而言，主要是立法主体提高民主性，改进立法机关组成人员的产生和组成，完善立法程序，确保真正代表和反映民意。就立法机关外部而言，主要是在立法过程中扩大公众有序参与。江晖提出，公众参与立法制度是指不特定的社会公众（自然人、法人或其他组织）

---

① 江国华，易赛键. 论立法民主. 中南民族大学学报（人文社会科学版），2007（4）：141～145.
② 李店标. 民主立法及其推进方式. 河北科技大学学报（社会科学版），2012（4）：33～37.

在有权的立法主体的组织下，依照法定程序或采用法定方式有序地参与立法主体创制、修改、补充、废止规范性法律文件的活动，以充分表达意见或利益诉求，并对立法主体的立法活动全过程实施监督的民主立法制度①。公众参与立法制度作为现代民主立法制度不可或缺的重要组成部分，必须以"人民主权原则"为其理论前提，以"自然公正的程序正义原则"为其保障，而其核心理论渊源是兴起于 20 世纪末的协商民主理论。哈贝马斯的商谈理论认为：法律规范的有效性与通过民主原则所保障的所有潜在相关者对法律规范制定的参与和同意是密不可分的。这是协商民主理论在公共决策的首要领域——立法决策——领域的适用，即构成了公众参与立法制度的理论基础。冯祥武提出，国家立法与社会资源分配之间存在着一定的内在逻辑。国家立法是实现社会资源分配或再分配的重要手段。要根除社会群体矛盾、冲突激化对国家立法的彻底颠覆，需要立法代表、法律职业者团体、公民个人、社会各群体甚至政治领袖，在立法中即分配社会资源的过程中为立法公正付出努力。作为正义分配社会资源、缓和与化解社会各群体之间矛盾冲突的理性路径，民主立法有助于实现立法主体的广泛性、立法程序的合法性、立法实体的人民性。②

　　在西方代议制民主制度下，立法主要是由议员根据本选区选民的意愿通过立法机关进行的，全体公民很难获得直接参与立法的机会。为了弥补这个缺陷，有些国家设计了全民投票、全民公决、立法的民主复议或者民主覆议等制度，由公民直接作出立法决策，以在代议制下最大限度地实现民主立法。代水平提出，代议制民主是指公民通过选任的代表来表达自己的利益和观点而实行治理的制度。代议制民主的运作趋向于代表的职业化和间接化，能够避免直接民主制的一些弊端③。"立法"，一般又称法律制定，是由特定主体，依据一定职权和程序，运用一定技术，制定、认可和变动法这种特定的社会规范的活动。民主是一种决策的过程和方式，是一种决策机制。立法是一种活动。二者结合起来，即民主立法，就是指在整个立法活动中，立法部门要坚持尊重民意的价值取向，使社会公众能够参与和监督立法活动，也

---

① 江晖. 对我国公众参与立法制度完善的思考. 法制与社会，2008（27）：1～2.
② 冯祥武. 民主立法是立法与社会资源分配的理性路径. 东方法学，2010（4）：147～154.
③ 代水平. 我国民主立法制度建设：成就、问题及对策. 理论导刊，2013（2）：39～41，45.

使立法成为一个充分反映民意、广泛集中民智的决策过程。民主立法强调人民在国家立法中的主导地位、主要作用和参与程度，涉及立法的民主价值、民主功能、民主主体和民主制度等范畴或方面。民主立法绝不仅仅是一个简单的民意征集过程，更是一个利益各方在公开、透明的民主程序中进行利益表达、碰撞和协调，进而实现不同利益在立法中得到合理或均衡体现的利益博弈和平衡过程。

我国立法机关由民主选举产生，对人民负责，受人民监督。立法机关组成人员代表全体人民的利益，不只是为取得本选区选民支持而表达诉求，其利益身份与西方议员有本质区别。公众意见由立法者即立法机关组成人员有组织地收集，也可以由工作机构收集以后提供给立法者，由立法者自行作出选择。公众参与的效果是通过影响立法机关的决策体现出来的，这也有别于西方国家议员及其助手自行收集公众意见和公民直接参与立法决策。这些特点决定了我国立法过程中的公众参与是对代议制民主和立法机关立法的一种补充形式，如何让这种补充形式最大限度地发挥作用，是当前我国民主立法需要构建的一个重点。

（二）民主立法的主流共识

凝聚民主立法的主流共识，应从以下方面着手：

第一，健全民主、开放、包容的立法工作机制，深入调查研究，广泛征求意见，反复研究论证，把民主立法的理念和做法贯穿在全部立法工作的始终，坚持把民主立法的过程作为推动治理体系改革创新的过程，坚持把立法的过程作为统一思想、寻找并凝聚共识的过程。

第二，加强立法工作组织协调，完善代议民主和法律起草、审议的协调协商机制，充分发挥人大代表和全国人大各专门委员会在立法工作中的作用，通过询问、质询、特定问题调查、备案审查等积极回应社会关切，最大限度地凝聚共识、凝聚智慧。

第三，坚持人民权利本位，在发挥人大立法主导作用的同时，通过座谈、听证、评估、民意调查、聘请立法顾问、公民旁听法案审议、公布法律草案等拓展公民有序参与立法的途径、形式和程序，健全公众意见表达机制和听取、采纳公众意见情况说明制度，使立法更加充分体现广大人民群众的意愿，保证人民群众的意见和建议得到充分表达，合理的诉求、合法的利益得到充分体现。

第四，完善向社会公开征集立法项目制度，探索建立多元化的法规规章起草工作机制，完善委托起草和立法机构、专家学者等联合起草的方式。除依法需要保密的外，所有地方性法规草案和政府规章草案，都要通过互联网等媒体向社会公布，公开听取社会各方面的意见。①

二、民主立法实践中的经验与问题

改革开放近四十年来，我国立法机关坚持以人为本，按照民主集中制原则，依照法定程序，集体行使职权，在立法工作中深入调查研究，广泛征求意见，反复研究论证，形成了民主立法的不少经验，也暴露出一些问题。

（一）会内民主（审议民主）的经验

（1）完善审议法案的会议制度。立法法对全国人大常委会的立法程序作了明确规定，即"列入常务委员会会议议程的法律案，一般应当经三次常务委员会会议审议后再交付表决"。"三审制"的宗旨在于推进立法民主，把初步审议和深入审议、总体审议和重点审议、分别审议和统一审议结合得更有效，严肃、负责地处理好创制问题。立法法对地方性法规案的审议程序未作统一规定，各地参照全国人大常委会的做法，结合当地具体情况和习惯做法，分别作了规定。实行"三审制"或隔次审议，目的都是留出更多的时间，保证人大常委会组成人员对法案进行调研、思考，确保审议工作进行得更加细致、具体，从而有利于充分发扬民主，提高立法质量。

（2）规范审议法案的会议形式。立法法规定，全国人大常委会审议法律案，由分组会议进行初步审议；根据需要，可以召开联组会议或者全体会议，对法律案中的主要问题进行讨论。地方性法规案的审议，各地大体上也都规定了分组会议、联组会议和全体会议三种形式。

（3）征求意见的方式主要有座谈会、论证会、听证会三种。

（二）会外民主（公众参与）的经验

（1）向社会公开征求意见。有人把民主立法形象地称为"开门立法"，由关门到开门，关键在于向社会公开这一步。在做法上，有的通过电视、广

---

① 冯玉军．推进科学立法完善法律体系．前线，2014（10）．

播、报纸、网络等发布公开征求意见消息；有的全文刊登法律法规草案；有的开辟专栏让公民公开讨论；有的对发布的立法信息进行必要的解读和指引；有的通过网络举办立法论坛；等等。有些重要法规草案，经过公开征求意见后，遇到意见僵持不下的情况时，在修改或者论证后，再次公开征求意见。在程序上，有的经批准后，按规定的形式征求意见；有的直接规定凡是草案一律在网上公开征求意见。

（2）在各级人大代表中征求意见。一是征求人大代表对立法工作或者具体立法内容的意见和建议。有的坚持每件法规草案征求三十名人大代表意见。二是安排人大代表列席立法机关会议审议，提出意见和建议。三是通过定期举办人大代表座谈会等方式为人大代表提供立法信息服务，积极发挥人大代表在立法工作中的作用。

（3）聘请立法咨询员或者立法顾问，建立立法专家库。专家学者本身具有丰富的法学知识、专业知识或者实践经验，他们所在的单位一般也都拥有雄厚的知识、信息和人才资源。专家学者提出的观点和他们的研究成果，不论是思维方式、民主理念还是具体的修改意见，对立法工作都有其他方式不可替代的积极作用。立法咨询员或者咨询机构的工作主要有：对立法规划和计划的编制工作提出论证意见；对法律法规草案提出修改意见和建议，对重要问题进行专门研究论证；参与立法调研；提出完善立法的意见和建议。

（4）公民旁听法案审议。《全国人大议事规则》第18条第3款规定，大会全体会议设旁听席。有些地方的人大常委会还专门制定了公民旁听立法机关会议的地方性法规，对旁听条件、申请手续、旁听纪律、意见收集、经费保障等作了明确规定。公民旁听有比较好的宣传效应，有利于增强全社会的民主意识和人大意识，提高立法透明度，加强对立法的监督，但在操作中存在手续烦琐、审查过严、交流不够畅通等情况，导致公民旁听的实施效果不很理想。

（5）建立立法联系点。主要是选择一部分地方人大常委会、公检法部门、教学科研机构或者企事业单位，与之建立长期联系，请它们承担法律法规征求意见工作，参与有关区域立法的起草论证，开展立法理论研究、立法后评估、立法宣传等工作。

（6）公民提出立法建议。有的地方规定，公民可以通过提出立法建议，参与法规的立项、起草、论证。"公民立法"和立法机构立法、委托立法、专家立法一起，为提高立法质量，扩大立法的影响，发挥了积极作用。

（7）新闻媒体深度报道。立法的过程本身就是一个寻找、凝聚和表达共识的过程。新闻媒体的宣传报道作为引导社会舆论、凝聚各方共识的有效形式，在立法工作中起着越来越重要的作用。有的地方人大在立法机关会议前举行内部"吹风会"，邀请立法机关的同志介绍立法工作的相关情况；有的在法律法规草案审议过程中，介绍立法背景资料；有的在法律法规草案通过后，组织有深度、有厚度的分析性、解读性宣传活动，都取得了很好的效果。

（8）民意调查。民意调查是指通过抽样等特定方法，了解、掌握公众态度，分析、评估社会舆论，进而影响、引导社会舆论的一种调查方法。具体做法有：由立法工作机构直接发放调查问卷，就立法项目或者立法内容征询社会意见；建立民意调查中心，提出立法民意调查报告；委托专门的民意调查机构开展立法调查和民意征集活动；开展网络民意调查，建立互联网讨论和收集意见的固定平台等。

（三）民主立法实践中存在的问题及其原因

当前推进民主立法面临的主要问题是：立法的程序和制度建设同公众对民主立法的要求不相适应，制度建设滞后于形势发展；人为因素影响大；随意性大，缺乏稳定性和连续性。具体有以下三个方面：

一是缺乏规范化。现在民主立法的形式很丰富，各地一直保持很高的探索热情，在方式方法上不断有创新举措，但也普遍存在着缺乏统一规范的问题。因为缺乏统一规范，各地在做法上五花八门，结果往往造成公众参与的范围不清晰、途径不明确、程序不具体、方式不确定，使公众难入其门。有的地方在工作安排上往往从培养亮点、突出政绩出发，追求民主形式，注重宣传效应，有一定的作秀成分和民主泡沫。虽然通过公示和公众参与等听取公众意见，但采纳、吸收的环节随意性大，并没有很好地解决立法中遇到的问题。也有的地方担心立法信息公开时机把握不准，公开过早，公众参与过多，反而容易造成被动，加深公众误解，不利于问题的解决，因而对有些一时无法解决的矛盾和问题，宁肯先在一定范围内研究解决，也不愿及时向社会公开，没有真正达到听取意见、沟通理解、促成决策的目的。

二是缺少常态化。公众经常化参与比较少，参与的平台不多、渠道不畅。有些民主立法的方式门槛较高，使一些有参与愿望的公众望而却步。（1）人大代表参与比例较小。有的人大代表心不往人大这边贴，劲不往人大这边使，在民主立法中的作用发挥不够好。此外，公众参与的组织化、制度化程度比较低。感兴趣的个人参加多，组织形式的参与少，参与者的广泛性和代表性不够。有的地方想用的时候就用一用，不想用了就不用。哪些该用、怎么用，没有规矩，随意性过大。有的地方在年初制订工作计划时，就定下哪个项目用哪种方式，追求主观上的另一种效果。我们说的缺少常态化的问题，不一定每个都用，但要经常用，要根据立法的实际需要随时选用。缺少常态化还容易造成各方面意见表达不平衡。一般来说，强势的一方是起草部门和其他相关部门、国有企业或者大跨国公司等组织化程度比较高的，它们常常具有强烈的参与意识，试图通过各种方式影响立法。弱势的一方往往是分散、无经济实力的公众。表达不平衡造成了在有些情况下，一些行政管理相对人和相关公众的意见得不到足够重视，难以保证立法的公允。

三是公众意见的汇集、整理、吸纳制度不完善。现在各级立法机关都十分注重公开征求各方面的意见，采取了在报纸、网络上全文公布法律法规草案等措施，取得了很好的效果，在破除立法神秘化上也是一个大进步。但在立法透明度、吸纳公众意见方面，还存在不少问题：首先，公众意见的汇集、整理随意性比较大，没有把收集到的意见原汁原味地公布出来。其次，公众意见处理的程序和原则不明确，行政化倾向比较明显。从实践看，立法机关开会审议的时候，往往是领导重视、关注过的意见，研究、修改时吸纳得就多一些；领导没有关注到的，吸纳多少就不一定了。最后，立法机关沟通不够主动。

影响和制约民主立法的主、客观原因有很多。从立法目的的民主来说，主要是人民当家作主在实践层面没有很好地解决，群众利益、愿望和选择呈现出抽象、模糊的状态，缺少具体的实现方式。从立法方法的民主来说，立法机关组织制度的改变明显滞后于任务要求。就公众参与而言，尚存在如下几方面的不合理因素：（1）立法信息不对称。立法机关掌握大量立法信息，但这些信息的公开程度偏低，比如公开时段有限、范围偏窄、传递不及时等，直接造成一般公民难以及时、全面掌握，不能满足公众的知情权，不利于公众参与立法和表达意见。事实上，法律法规草案起草工作很关键，不论是由相关部门直接起草还是由立法机关直接组织起草，都关系到立法质量的高低，应当及早公开这方面的立法信息，允许公民、利害关系人等发表意见，以便更广泛、更及时地听取民意，避免某些部门或者团体不适当地扩权诿责，侵害公共利益。（2）公众意见表达、汇集功能不完善。缺少信息汇集平台和民意吸纳机制，公众参与的渠道和覆盖面窄，媒体宣传、报道的方式不适合公众需要，激励和保障机制不健全，技术手段落后，公众意见被滥用，等等。（3）部门利益和地方利益影响过大。现行的立法制度设计，只是要求立法机关对各种利益进行科学平衡，其逻辑起点是立法机关和部门、地方都是为了人民利益，不存在为谁说话的问题。但由于立法过程中对部门和地方利益的制约力度不够，形不成立法部门与政府部门的博弈，结果导致部门和地方利益越来越膨胀，公共利益受到的损害越来越严重。（4）通过立法进行制度创新和利益调整很不容易。群众关心的问题，立法实践中解决不了；有些立法题目看上去很大，但操作性、可执行性差。

三、民主立法研究的热点与建言

（一）加强民主立法的具体措施

1. 改进法案审议制度

一是改革会议制度。各级立法机关现行的会议制度普遍存在会期过短的问题，不能很好地适应现实立法的需要。几个月就出台一部规范性文件，很难从时间上保证充分听取各方面的意见。会期短也造成了法律规定的会议机制比如联组会议无法举行。二是改进会议议程设置。应当考虑法案提出与公众参与、专家评估的关系，发挥好公众意见在议程设置中的作用，既有严格的程序控制，又能更好地引导公众的合理期待，保证公众全方位、多角度参与。三是聚焦会议审议内容。会议审议是法定的立法程序，但在实践中，往往各说各话，审议重点不突出，需要作出一定的制度约束。四是适当运用修正案制度。一般而言，对于法律关系复杂、分歧意见较大的法律草案，立法机关都应采取积极、慎重的态度，经过认真调研、耐心协商、充分论证，在各方面基本取得共识的基础上再提请表决。建立修正案制度，可以避免不同意见的取舍环节都集中在法律法规草案表决稿的形成阶段。五是建立综合协调机制。当立法中涉及利益调整、职能划分等问题时，应当按照科学发展观的要求，在制度设计上注重统筹兼顾、协调发展，不能单兵突进，应发挥人大的立法主导作用，加强对立法重大问题的协调、协商，立足于顶层设计，抓住关键条款，提出解决方案，进一步提高立法机关的决策水平。六是健全立法专家咨询制度。技术性强、难度较大的法律法规草案起草、调研、论证、修改，都应当引入专家咨询制度，为立法提供理论支撑和智力支持。七是发挥立法工作机构作用。立法工作有平时准备和会议决策的特点，常委会会议一般两个月举行一次，每次会议一般一周左右，会前五十多天的准备工作非常重要。要把会前准备这个环节作为立法工作的有机组成部分，切实加以强化，增加人员编制。

2. 建立和完善公众意见汇集和反馈机制

一方面是汇集机制。要更多地从便利群众的角度出发，采取符合老百姓习惯的措施，建立公众参与便利化、信息传递科学化的制度，全面、及时、准确收集整理各方面提出的意见和建议；既要注意收集经过特定组织或者渠道加以集中的意见，也要注意收集分散的意见。另一方面是反馈机制。要在对公众意见认真研究的基础上，将吸收、采纳的情况以适当形式向社会反馈。特别要注意回应不同意见，把不采纳的理由说清楚、说充分，努力做到字里行间处处回应民意。这方面也要注意学习、借鉴立法制度比较成熟的国家和地区的先进经验，利用新的科技手段，把公众意见的处理情况完整、及时地反馈回去。

3. 建立和完善公平公正的利益表达和平衡机制。

马克思说："……人们为之奋斗的一切，都同他们的利益有关……"[1]"'思想'一旦离开'利益'，就一定会使自己出丑。"[2] 立法体制机制创新，首先要确保不同利益群体能够公平地表达利益诉求。利益诉求渠道不畅作为社会建设的短板，突出表现是普通公众处于利益表达的弱势状态，利益诉求表达渠道不够畅通；而既得利益群体的诉求表达渠道处于强势状态，利益诉求表达渠道比较畅通。只有解决好利益诉求表达不平衡的问题，保证不同利

---

① 第六届莱茵省议会的辩论（第一篇论文）//马克思恩格斯全集：第1卷.2版.北京：人民出版社，1956：82.

② 马克思恩格斯文集：第1卷.北京：人民出版社，2009.

益群体能够公平地表达利益诉求，并通过正常渠道充分反映到立法中，才能更好地发挥立法在经济社会发展中的作用，才能使改革在公众的支持下更深入、更健康地进行。与此同时，要完善决策论证和利益平衡机制。要使利益群体平等参与立法，除了继续坚持代表大会或者常委会会议审议、专门委员会审议、统一审议、主席团会议审议、委员长会议或者主任会议审议等制度外，还要强调以下理念原则：首先，公开、公正。特别是在决策的最后阶段，一定要强调坚持公开、公正，把事情摆在桌面上，把各方面的意见都提出来，进行充分讨论，真正把民主立法的过程变成统一思想、凝聚共识的过程，切实防止一部分利益群体对立法的过度影响，同时也要注意避免一部分公众因为自己的诉求没有被采纳而把整个立法活动归结为立法腐败。其次，平和、宽容。立法过程中遇到不同诉求和不同意见十分正常，但立法不是搞对立，作为立法机关来说，对待公众提出的意见，不能过分苛求，立足点一定要放在改进工作上，要看到我们在政策、制度和工作上存在的不足和问题，努力加以克服。公众意见即使不符合立法的本意，也应当有正确态度，妥善对待。再次，慎重、务实。务实是社会文明进步的体现。立法过程中有些直接涉及群众切身利益的规定，特别是禁止或者限制公众权利的规定，一定要慎重，在征求民意的同时，要同广大群众一起找出路，不能把事情简单化，更不能迁就部门、地方和强势群体的利益，增加群众负担。最后，平衡、共赢。法的本质是公平和正义，任何以牺牲一部分人的利益换取另一部分人的利益的做法都是不可取的。要在充分调动公众参与积极性的基础上，用更加实际、合理和人性化的方式寻求各方利益的平衡点，真正实现共赢。

4. 建立和完善民主立法的宣传、引导机制

培养民主气氛方面的做法有：（1）改进内容。新闻媒体不仅要报道立法机关会议程序，而且要报道常委会组成人员和各方面的观点，增加新闻报道的可读性，提高公众参与的积极性。（2）完善载体。进一步完善公众参与立法的平台和载体，既要注重利用传统媒体，发挥好电视、广播和党报的舆论导向作用，又要充分利用新型传媒手段。同时，要科学分析在不同的平台和载体上表达意见的公众成分和比例，尽量使不同阶层、不同职业、不同地域的公众都能公平地表达意见和诉求，避免由一部分公众左右法律法规的制

定，造成不良影响。（3）避免炒作。民主立法要做好引导工作，向社会公开法律法规草案，既是征求意见，也是试探反映，一定要慎重。总的原则是坚持公开，但个别意向性的内容，要经过研究和科学论证再公开，避免引起误解，以求得最佳的公开效果。公开征求意见后，没有原则性的意见，不要轻易推翻；有大的原则性意见，能够形成共识的，应当尽量吸收。

加强民主训练方面的做法有：（1）理性、客观。我们国家这么大，事情这么复杂，推进民主一定要有理性态度。要把公众有序参与立法的过程作为培养、树立理性态度的过程，引导公众冷静、全面对待立法议题，提出的意见尽量考虑客观环境和实际条件，有可行性。（2）学会妥协。立法是一种妥协的艺术，谁也不敢说自己的看法无懈可击。要注意引导公众在有序参与立法的过程中、在争论的过程中学会妥协，以利于立法机关寻找到最大公约数，反映最大多数人的利益和愿望。（3）熟悉程序。要通过宣传和吸引公众参与立法，引导公众在实践中了解立法程序，增强参与的针对性，提高民主立法的效率。（4）敬畏法律。法律一经法定程序确定下来，就要一体遵循，自己的意见没有被采纳，可以通过其他方式提出来，以推进法律的修改、完善，但不能因此而不遵守法律，挑战法律权威。

5. 完善立法调研制度。

第一，要侧重于听取基层群众的意见，特别是弱势群体和利害相关人的意见。弱势群众表达困难，不容易集中意见，要有意识地利用立法调研的方式有组织地听取。还要听取和吸收基层工作者的意见。基层工作者有实践经验，对社情民意了解得最直接、最充分，但他们向上反映情况和意见的意愿往往不强烈、不主动，渠道也不是很畅通。因此，在立法调研中应当注意多听一听他们的看法。第二，要加强理论研究。理论准备是立法的重要条件，法学研究的层次和水平在一定程度上直接影响着立法质量的高低。有必要把立法理论研究提升到一个新的高度来认识，有组织地开展好这项工作，为提高民主立法的系统性、前瞻性和实效性提供理论支撑与理论指导。①

（二）发挥网络民主立法的作用

随着互联网的迅速普及，我国网民数量早已突破人口总数的一半。凭借

---

① 姚潜迅. 完善法律体系中的民主立法问题研究（未发表）.

着相比于传统媒体和传统舆论巨大的包容性以及开放性，互联网已成为不可忽视的舆论场，其中公共事务的讨论也备受关注，形成了"虚拟的广场议政"。网络成为收集民意的有效渠道和民主的有效补充，通过网络征求民意，在网络平台公布法律法规草案征求意见，使公众参与法律法规的制定、修改、审议等程序，来提升其对立法内容的认可和接受度。事实上，立法的正当性和公信力，来源于公众尤其是行政管理相对人的参与和基于沟通、对话产生的认可，因此，应通过增强立法程序的公开性和提升其透明度，提高公众对立法内容的可接受性，从而自觉遵守和执行法律法规规定的行为规则，实现法律法规的有效实施。学界对网络舆论下民主立法工作的推进高度重视并予以了研究。

邓成明、周涛结合广州市人大立法的实践，对网络民主立法作出了分析。广州市人大及其常委会近年来大力建设网络立法平台，形成了由门户网站立法专版、立法官方微博、立法官方微信和社会著名门户网站构成的民主立法网络体系，实现了运行日常化、项目全覆盖的公众参与立法格局，取得了良好的效果。他们提出，网络民主立法对于构建网络公共政治空间、扩大公众参与立法的广度和深度有着时代性价值，网络为公众平等参与立法提供了便利和可能，有助于有效解决代议制民主"信息不对等"问题。具体而言，网络民主立法保障了公众参与立法渠道的多元和便捷，有助于破除部门利益倾向；拓展立法参与主体的广泛性，有助于立法者掌握各个利益群体的诉求，从而公平、合理地设定权利、义务，有针对性地进行制度设计，确保法律法规的规定既符合公平、正义的原则，又能够解决实际问题。但网络征求民意仍然难逃"形式主义"质疑，部分不使用网络的人群在网络时代下被"数字鸿沟"隔离，造成不平等的立法参与。同时，在浩如烟海的匿名互联网中，极易出现的滥用言论自由现象更可能影响立法活动的中立性和客观性。总之，为寻求"互联网＋"背景下民主立法的探索与出路，应当建立网络意见收集和处理制度，理性取舍网民意见，同时做好线上民主与线下民主的结合，构建公众参与立法的长效机制。①

熊威关注网络政治参与作为一种新的政治参与形式的特点，认为其参与

---

① 邓成明，周涛．"互联网＋"背景下民主立法的困境与出路．中国法学会立法学研究会2016年大会征文．

主体和参与方式与途径相较于传统有很大转变。网络政治参与的主体从公民转变成网民，参与方式与途径也已经与传统政治参与大相径庭。同时，网络接近"无政府主义状态"的特性，以及人们滥用自由发表言论权利的可能性，使网络政治参与成为一把民主政治的双刃剑，既有对民主政治制度的积极影响，也存在对民主政治制度的消极影响。由于网络监督易导致错位与越界、话语权掌握的个体差异性以及情绪宣泄等原因，网络易产生"多数暴政"现象，此"多数原则"往往在现实中成为统治阶级打击少数的借口，侵害个体利益和个人自由，从而使民主走向它的背立面。只有改善市民社会、培养公共领域主体意识、维护参与讨论平台以及政府的政策支持，才能使网络与现实共同结合产生影响力，促使公众意志和目的的达成。①

张欣研究了公共事件以及媒体报道引起立法议程回应性变动的机制，通过对媒体主动设置议题和推动议题这两种机制的分析，提出：引起立法议程回应性变动的公共事件常发生于与公民利益密切相关领域；事件关涉各方在价值判断、治理目标和治理方案等方面能够在较短时间达成"合意"。与此相对，回应性的立法以行政法、环境法以及刑法居首；行政立法主体回应频率最高；回应性立法以创制方式为主。文章最后提出三点启示：第一，应当重视媒体信息和公众舆论给立法决策过程带来的新约束，在立法议程设置环节构建制度化的公众参与渠道。第二，应当采取一种综合、全面的视角来看待立法质量提升这一目标，对行政立法的质量应施以足够重视。第三，全国人大及其常委会作为国家立法机关应当逐步增强自身的立法能力以有效回应民意。②

在中国语境下，媒体和立法的互动通常表现为借助对公共事件的报道来引起公众的关注，实现媒体议程设置公众议程、公众议程影响立法议程的过程。其两种机制的最终指向都是聚合公众认知，促成"一致行动"，力求对立法资源的分配和部署施加影响。同时，在两种机制中，关键决策人物作为推动因素对立法议程是否能够及时回应发挥重要作用。无论是对报道议题的主动挖掘，还是通过商谈沟通引领、聚合公众舆论，媒体实际上成为利益表

---

①　熊威 . 公共领域视角下我国网络政治参与的影响及其对策（未发表）.

②　张欣 . 互联网时代的大众媒体、公共事件和立法供给研究——以 2003—2015 年公共事件为例（未发表）.

达的渠道并试图对与立法有关的议题进行识别、体认、甄选，最终推动其被纳入正式立法议程，从而对立法资源的部署和分配施加影响。① 但这一模式还会带来诸多问题：例如，媒体占据了信息交流的中心地位，使"民意"难以独立于媒体传递而存在，可能会出现"商业利益替代公共利益"的现象。必须意识到在立法准备阶段为公众提供正式参与渠道的紧迫性和重要性，采取一种综合、全面的视角以设定提高立法质量这一政策目标，全国人大及其常委会作为议会立法机关也应当逐步增强自身的回应能力和立法能力。

（三）鼓励多样化的立法参与形式

民主立法重视民主性以及公众参与，许多学者对具体的立法参与形式进行了探讨。

有学者探讨了作为公众参与方式的立法辩论。结合 2009 年江苏省关于城市规划条例的三个利益团体的辩论，和 2014 年深圳市人大常委会审议《深圳市人大常委会立法辩论规则》的少数地方立法初步尝试，该学者提出：公众参与的立法辩论是一种加强我国公民参与立法工作的最有力方式之一，而且有利于公民法治意识的培养。立法辩论制度所追求的立法程序民主化对于我国人大立法审议过程有着借鉴和学习的意义。作为一种公众参与方式的立法辩论由于参与者的多元性，更加需要辩论规则的限制，以免出现不必要的冲突。既要多元发展，也要防止出现"潜规则"现象，不能仅凭部分团体或者部分立法代表的建议就决定特定事项。②

有学者研究了地方立法协商成果运用及反馈机制，认为立法协商不仅是立法民主化的体现，还能有效遏制部门利益法律化，监督立法机关公平、公正立法，提高地方立法质量。他通过对北京市、杭州市、大连市、南京市、济南市、广东省、新疆维吾尔自治区等七个省市的立法协商模式进行分析，将各地的立法协商模式概括为人大主导模式、政协主导模式、政协与人大联合建立模式、人大与政协和政府之间联合模式，发现立法协商逐步从无序到有序、从随机到有计划、从自发到自觉、从无法可依到有法可依，有些地方还制定了规范立法协商的地方性法规或者政府规章，为立法协商机制的建立作出了有益的探索。该学者还发现，实践中，绝大多数地方开展立法协商时

---

① 刘旺洪. 立法社会学的几个理论问题论要. 南京师大学报（社科版），1996（4）.
② 刘晨熙. 探索作为公众参与的立法辩论. 广州：广东财经大学，2014.

没有建立协商成果运用及反馈机制，立法协商重程序轻结果，有走过场之嫌。①

有学者对我国立法过程中的商谈规则进行了研究，认为：目前，我国的立法过程主要包括问题的提出，立法提案的形成，草案的拟定、讨论、审议及表决，法律的公布和法律实施的评估，等等。商谈规则在我国立法过程中的运用对于提高立法质量、实现立法的民主化和科学性具有重要作用。具体来说，要通过提高参与主体的商谈能力和理性批判能力即理性的思维能力与合理的批判能力，提高对听证过程的重视，提高立法的民主化和科学性。②

加强商谈场域建设需从三个层面着手，即非建制化公共领域机制、建制化公共领域人民代表大会制度以及作为中间环节的耦合机制。人民代表大会作为最重要的立法机构，是主要的商谈平台与载体，作为商谈机构其制度建设仍然需要继续完善。耦合机制是连接公共领域和立法机构不可缺少的中间环节。政治意见或社会民意必须经过相关渠道或体制过渡、整合与传递，才能转化为政治议题进入立法机构。耦合机制在立法商谈过程中是一种传递纽带，也是一种缓冲地带。在我国，这种耦合机制的载体多体现为政治协商会议、立法听证会、民主恳谈会，等等。有学者提出在现阶段，在立法过程中，应更加倾向于采取多种措施完善上述商谈场域，从而畅通公众利益的表达机制，鼓励、支持以及引导人民群众参与我国立法。③

当前地方人大面临着越来越繁重的立法任务，党的十八届四中全会决定提出，要探索委托第三方起草法律法规草案。委托第三方立法的模式包括委托部门立法、委托专家立法、委托律师立法。律师，由于其丰富的实务经验，在提升立法质量、破除地方保护等问题上有其独特的优势。从参与途径来看，律师参与地方立法包括直接参与和间接参与两个途径。律师能够通过参与地方立法的听证活动，当选人大代表，参政议政、审议表决或争取地方人大的委托授权等形式，参与地方立法过程和影响地方立法，成为名副其实的立法者角色。从内容来看，律师参与地方立法集中在城乡建设

①　柳建启．地方立法协商成果运用及反馈机制研究（未发表）．

②　陆洲．论我国立法过程中的商谈规则（未发表）．

③　马壮．我国立法中的公众参与研究——以商谈场域为视角（未发表）．

和管理、环境保护、历史文化保护等方面。从程序来看，其内容广泛分布在在立法的前、中、后三个阶段，集中在立法调研或立法前评估、法规起草和立法后评估阶段。从模式来看，包括四种：平行参与模式、交叉参与模式、阶段参与模式、独立参与模式。律师参与地方立法要坚持独立性、专业性、民主性、特色性的原则。律师参与地方立法的委托、协调、评估、监督机制亟待完善，律师协会应当及时制定"律师参与地方立法操作指引"。[①]

第五节　立法实效与立法体制创新

关于立法实效与立法体制创新，理论界的研究甚多，其中也不乏争议。本节围绕政府立法与行政执法关系、立法冲突与协调、立法的地方治理与部门治理、立法与司法的互动等具体问题，作了较全面的研究综述，以供更深入地讨论。

一、政府立法与行政执法关系研究

行政执法是行政机关实施法律、法规、规章、行政规范性文件的活动。有学者提出，"政府立法"与"行政立法"的内涵不同，而"政府立法"，无论是广义还是狭义，在内涵上均比"行政立法"要广得多。[②] 我国政府立法是基于宪法和组织法赋予的立法权制定法律规范的活动，政府立法权的来源是宪法和组织法的规定，不是权力机关的授权。政府依法制定法律规范的行为，是立法行为，而不是行政行为。政府立法行为不宜划归到"抽象行政行为"的范畴中去。[③]

如何理解二者的关系？有学者指出，行政执法显然不是一个简单的落实和执行法规的过程，其执法过程要复杂得多。它可以被视为一个由权限、事实、法律、程序等多项因素综合作用的过程。行政执法既要遵守实体法规

---

① 张书占. 律师参与地方立法研究（未发表）.

② 陈晓光，陈德琼，沈寿文. 改进地方政府立法制度建设研究. 中国法学会立法学研究会 2016 年大会征文.

③ 杨涛. 论我国政府立法的属性. 兰州大学学报，2000（3）.

范，又要遵循程序法规则。① "严格执法以法制完备为前提，只有执法的各个领域、各个环节都做到有法可依、执法有据，才能按照法律要求严格执行。"②

当二者关系失衡时，有学者指出，立法的不足直接造成了行政执法主体混乱、执法趋利、执法随意等问题。③ 行政主体如果拥有立法的权力，就会以自己的利益为考量来制定法律规范，进而依照自己的规范进行行政执法。如此一来，会将行政相对人或公民置于危险的境地。④ 还有学者分析了产生问题的原因：政府立法"部门本位主义"严重，使执法不统一和政府立法质量不高；相关行政法律法规存在漏洞和缺陷，包括立法滞后、可操作性差、责任不明确等，导致行政执法不规范⑤。实践中，政府在我国立法中发挥着重要的作用，对于促进民主和法制建设特别是行政法制建设意义深远。在多层次的立法中，政府主要是主导着低层次的立法，即法规、规章的制定。在较为统一的法律体系中，低层次的立法存在问题较多：表面看来，有相抵触、相矛盾、不一致等现象；细分析起来，可能有指导思想不对头、地方利益和部门利益追逐等深层次的问题。⑥

如何提高政府立法质量？程行仑认为："合理设置各级政府及其所属部门的法定职权是提高立法质量的起码要求。"⑦ 有学者指出，应规制政府立法权限，确定政府法制机构的立法主导功能，完善政府立法程序，健全公众参与政府立法机制，创新政府立法工作方法，完善政府立法监督制度。⑧ 对于如何规范权限和范围，理论界不应当执著于"根据"原则、通过各种理由论证限制地方政府立法的正当性，应当面对地方立法的现实状况，把研究重

---

①⑥　肖金明．关于政府立法品位和行政执法错位的思考．法学，1999（9）.

②　邱曼丽．破解行政执法困境的法治解读．学理论，2015（16）.

③　杨书文．我国行政立法的不足及其对行政执法的影响．天津市政法管理干部学院学报，2007（1）.

④　赵玄．德国与法国行政立法及其控制比较研究——兼谈对中国行政立法的思考．南都学坛，2015（4）.

⑤　李新刚．促进行政执法规范化的现实思考．河北理工大学学报，2008（1）.

⑦　程行仑．试论立法中省级政府法定职权的设置——推行行政执法责任制引发的思考．行政法学研究，2009（1）.

⑧　陈晓光，沈寿文，陈德琼．改进地方政府立法制度建设研究．中国法学会立法学研究会2016年大会征文．

心放在优化地方政府立法的方法和措施上，探讨怎样通过包括公开与听证、批准与备案、改变与撤销等在内的一系列立法程序与监督机制来弥补地方政府立法增长所带来的消极影响，最终促进地方行政工作的高效、良好运转。① 有学者阐述了立法质量的综合评价标准，包含政治标准、法律标准、发展标准、先进性和超前性标准、实践检验标准以及公众满意度标准共六个维度。②

有学者从政府立法理念角度出发阐述道：应当重申"立法有限"的基本理念，监督和制约立法权，破除立法"本位"思想，确立立法平衡思维，摒弃法律万能观念，克服立法膨胀现象，消除重实体轻程序的立法倾向，明确程序立法方向，树立正确的法律秩序观，维护立法统一和法律稳定。该学者提出："立法应以人民利益为本，以公共利益为重，以多元利益的妥协为基调，而不应掺杂狭隘的利益考虑。"③ 刘权则认为："加强政府立法，提高立法质量，必须树立以人为本的政府立法理念，改进立法的内容，健全政府立法专家论证制度，建立政府立法回避制度。"他还指出政府立法过程科学化的意义之所在："提高政府立法质量，必须推进政府立法的科学化，这是政府立法的根本宗旨，是使政府立法符合公平与正义的基本要求，也是形成'良法'的路径依赖。"④

二、立法冲突与协调

（一）立法冲突的概念和成因

立法冲突包含两层含义：其一是指立法者立法权限的相互冲撞和侵越，其二是指不同的立法文件在解决同一问题时内容上的差异并由此导致的在效力上相互抵触的现象。根据这一定义，有学者进一步指出：立法冲突包括两个方面的内容，即立法权限的冲突和立法文件内容与效力上的冲突。对于立法冲突产生的原因，曲耀光认为分为客观和主观两个方面，其中客观原因有四个：第一，不以人的意志为转移的社会关系的变化导致法律关系发生变

---

① 张闯．论地方政府立法的权限与范围．南京社会科学，2011（8）．
② 董映霞，任刚军．地方政府立法质量标准探析．政府法制，2005（11）．
③ 肖金明．关于政府立法品位和行政执法错位的思考．法学，1999（9）．
④ 刘权．政府立法的科学化探讨．湖北民族学院学报，2009（1）．

化；第二，作为立法根据之一的政策具有灵动性；第三，法律法规体系本身数量庞大且处于倍增的发展状态；第四，立法者本身能力有限。主观原因为三个：其一，法律文件修改不同步；其二，法律文件清理制度尚不完善；其三，立法监督尚不到位。[①]

产生冲突的立法权限与规范须自身具有合法性，否则是无权立法，即立法中的违法现象，不构成立法冲突。产生立法冲突的决定因素是现行立法体制中不合理的制度安排，主要表现为立法权限设置、划分上的模糊，规范性法律文件效力等级地位的争议，立法监督的设置残缺与运行空白等。关于冲突的成因，有学者提出另外两个角度的思考，指出经济效益多元、差异、冲突是产生立法冲突的经济根源，而不同立法机关对同一事物在认识上的差异是产生立法冲突的认识根源。[②]

有学者认为立法权限划分上的模糊是造成立法冲突的根本原因："在我国'一元二级多层次'的立法体制下，如果宪法或法律对某一事项的立法主体没有规定或对同一事项规定了多种立法主体的情况下，立法冲突将会不可避免。而在立法主体多元化的情况下，对立法权限没有界定或界定不清，立法权限交叉、重叠，更加剧了立法冲突。"[③] 还有学者还指出，潜藏在冲突背后的很可能是部门利益与地方利益之间的冲突。郭晓燕、李蓉认为利益博弈是立法冲突的根本原因，其中包括中央与地方利益的对垒和部门利益法律化双重含义。[④] 以上观点将立法冲突的成因表达出来，总体呈现了一个不断吸收前者研究成果并完善的过程。但至于孰为根本原因或直接原因、孰为主要原因或次要原因，在不同地区、不同时期，各种原因所产生的影响可能有所不同。

（二）协调立法

立法冲突的存在与社会主义法治建设方向是背道而驰的，立法的冲突将导致其后守法、执法、司法等活动产生一系列问题，将是对社会主义法治建设的根基的侵蚀，冲击市场经济发展。因此必须解决立法冲突产生的问题，

① 曲耀光. 论我的立法冲突. 中国法学，1995（5）.
② 严存生，宋海彬. "立法冲突"概念探析. 法学论坛，2000（1）.
③ 沈秀丽. 论法律冲突及其消解——兼评《立法法》之相关规定. 山东大学学报，2001（6）.
④ 郭晓燕，李蓉. 论立法冲突之成因. 人大研究，2012（1）.

协调立法活动。有学者从三个角度阐述如何协调立法活动，解决立法冲突问题：第一，加强对立法活动的法律控制，克服越权立法，确立依法立法意识，明确设定依法立法的原则；第二，加强法的适时变动性，克服立法严重滞后，转变立法观念，确立对旧法（指正在适用中的现行法律）的定期清理和不定期抽查制，确立立法严重滞后的责任追究制度，促使立法主体及时废、改严重滞后的旧法；第三，建立健全立法监督机制和立法规划制度，减少立法冲突，强调法制统一原则，确立并不断完善立法监督制度，确立立法规划和论证制度。① 此外，还应强化和完善行政契约制度（即省、市人民政府或职能部门通过行政首长联席会议签订的一种对等性行政契约）和磋商制度，推进和扩大公众参与，加强和重视咨询评估工作。②

总之，协调立法的关键是立法制度的改革创新，对于导致立法冲突的非制度性原因，如立法者个人能力有限，可通过扩大立法参与人群的方法尽力弥补。改革创新制度必须是系统性工程，不是边边角角的修补，涉及立法权限分配，立法程序保障，立法审查、改变与撤销、清理等监督制度，应重视对立法过程中立法主体利益法律化的监督。

三、立法的地方与部门治理研究

（一）立法的地方治理研究

当前，地方立法与社会发展的需要还有较大差距，如法规立项重点不够突出、起草机制不够科学、法规可操作性不够强、清理机制不够完善、民主立法有待进一步加强，等等。③ 此外，还存在地方立法雷同、重复现象严重，地方立法与上位法有抵触之处，地方特色立法仍显匮乏，地方立法欠缺效应评估机制等问题。④ 虽然《立法法》已经给出了地方立法范围的基本框架，但在实践中，地方越权立法并导致与中央立法发生冲突和矛盾的情况依然严重，一些地方立法中大量照抄照搬《宪法》、上位法或同级法律法规。⑤

① 张晓芝. 我国立法冲突现象的成因及其治理措施. 宁夏社会科学, 2001（6）.
② 叶必丰. 长三角经济一体化背景下的法制协调. 上海交通大学学报, 2004（6）.
③ 雷斌. 改进地方立法的几个问题. 人大研究, 2011（2）.
④ 司春燕. 我国地方立法的优化构想. 人民论坛, 2011（8）.
⑤ 桂宇石, 柴瑶. 关于我国地方立法的几个问题. 法学评论, 2004（5）.

如何解决地方立法中存在的问题？不同学者和专家从不同角度进行了阐释：地方立法应坚持合法性原则，防止部门利益法制化；建立公众参与机制，扩大民众参与范围；体现地方特色，同时防止假借地方特色之名，行地方保护主义之实；还要贯彻可持续发展理念，规范立法语言。① 而解决地方立法问题的出路在于"端正立法目的、更新立法观念、实行立法专业化、明确地方立法依据、强化立法监督责任，建立地方立法'良法'标准等"②。通过拓宽公民有序参与立法途径，健全法律法规规章草案公开征求意见和公众意见采纳情况反馈机制，广泛凝聚社会共识。③

值得注意的是，地方立法创新的问题被越来越多地提起。社会主义法律体系形成之后，地方立法创新的方式和内容应作相应的调整，先行性立法的创新空间受到挤压，实施性立法、自主性立法的创新大有可为。④ 创新是地方立法的生命力所在，唯有创新才能体现地方立法的存在价值，保障优势发挥，促进质量提高。⑤

如何创新？有学者提出，需要正确理解立法的科学原则，并进行立法科学原则的制度化探索，建立静态和动态的完整、系统的立法科学制度，提高立法科学原则的实践操作性，才能有效解决地方重复立法问题，提高地方立法的质量。⑥ 地方立法创新必须避免"过度创新""越界创新"，具体表现为一些与国家法律原则和精神相冲突、与市场经济发展规律相背离的所谓"立法创新"⑦。基层探索由地方具体操作实施，结合各地实际，强调问题导向，注重地方特色，实现差别化探索，结合本地实际对中央改革方案具体落实和细化。⑧

（二）立法的部门治理研究

谈及立法的部门治理，众多学者将关注的目光投向了部门利益在部门立

---

①　周秋琴，黄建文．小议我国地方立法中存在的问题及完善．行政与法，2010（6）．

②　周伟．论我国地方立法存在的问题及其解决．河南财经政法大学学报，2013（2）．

③　汪全军．通过立法的地方治理：立场、进路与程序．中国法学会立法学研究会 2016 年大会征文．

④⑦　吴天昊．社会主义法律体系形成后的地方立法创新．政治与法律，2012（3）．

⑤　柳经纬，黄洵．关于地方立法创新问题的思考．理论与改革，2004（3）．

⑥　任尔昕，宋鹏．关于地方重复立法问题的思考——正确理解并遵循立法的科学原则．法学杂志，2010（9）．

⑧　毛利奇．全面深化改革"差别化探索的立法引领"．中国法学会立法学研究会 2016 年大会征文．

法中的作用，部门立法中部门利益的角色也是部门立法者无法回避的一个问题。长时间以来，各部委广泛的立法活动，虽然适用领域面宽广且数量上处于绝对优势，但仍然无法消除其中存在的深刻的部门利益烙印。[1] 有学者在研究中使用"部门本位主义"一词："作为立法主体的某些行政部门在立法思维和行为上表现出极强的部门本位和部门中心倾向。"立法视野狭窄，立法决策局限于部门角度，缺乏与其他部门立法的整体性和关联性。在部门权力与立法的关系上表现出极强的功利主义，将立法视为强化部门权力的有效工具，将部门利益置于全局利益和公众利益之上。[2] 近年来，随着我国社会转型的快速发展，社会利益格局发生了深刻变化，部门利益膨胀问题日渐突出。部门利益所对应的是公共利益。部门利益膨胀，势必导致公共利益受损。[3]

如何遏制部门利益在部门立法中对公共利益造成的破坏？部门立法问题的症结是没有平衡务虚和务实的力量。要平衡务虚和务实，需要平衡行政权内部的决策、执行和监督，需要用立法和司法去平衡行政。[4] 有学者提出建立"立法回避"制度、立法公开制度、立法听证制度和备案审查制度。[5] 而也有学者在这一基础上进一步总结认为，应当建立多元化法案起草机制、规范法律法规审议程序、增强立法透明度、严格法规审查和立法问责制。

四、立法与司法的互动关系

立法与司法的关系是双向的、复杂的：一方面，司法必须在立法的框架内运行；另一方面，司法也具有能动性，可以积极作为，弥补立法的不足。要提高司法的公信力，需要立法与司法的良性互动。[6] 立法是司法的前提，立法的质量影响甚至决定着司法的质量，制约着司法，司法不能脱离立法。不依法的裁判，将会导致司法权的滥用甚至司法腐败这样严重的后果。同时，司法并非完全被动、机械地受制于立法，完全按照立法规定机械地进行

---

[1] 徐燕华，韩志强．部门利益——部门立法抹不去的痕迹．山西警官高等专科学校学报．2007（3）．

[2] 封丽霞．解析行政立法中的部门本位主义．中国党政干部论坛，2005（8）．

[3] 高凛．论"部门利益法制化"的遏制．政法论丛，2013（2）．

[4] 毛寿龙．化解部门立法问题的制度结构．理论视野，2012（5）．

[5] 汪全胜．行政立法的"部门利益"倾向及制度防范．中国行政管理，2002（5）．

[6] 刘昂．以立法与司法的良性互动促进司法公信力的提升．北京政法职业学院学报，2015（3）．

裁判，司法对立法也可产生促进作用，具体而言就是司法可以发现立法中的"空白"并且通过一些司法手段来补充空白，克服立法的滞后性的特点。① 有学者从二者追求的价值目标的总体一致性、规范对象的共同属性、社会功能的相互配合性、效力上的普遍与特殊关系等角度，阐述了二者之间存在的深刻的联系。② 司法实践对我国现阶段的立法完善有着积极的促进作用，司法实践是完善立法的一个必要途径与来源，我国应积极从司法实践中汲取营养，以进一步完善中国特色社会主义法律体系。③

通过以上的论述可知，立法与司法天然地联系在一起，互相依存，相互协调发展，二者之间拥有实现互动的基础，而二者的重要性，又决定了实现好二者互动关系的必要性。

由前文可知，一方面，司法受制于立法，必须在法律规定的范围内运行；另一方面，司法具有能动性，可以弥补立法的不足。应当看到，我国目前立法与司法的互动情况有待改善：其一是司法活动有时脱离法律，以司法之名行非法之事，特别是刑事司法中程序违法的司法活动带来对社会公平正义和公民人身、财产安全的破坏及对司法和立法机关公信力的侵蚀。其二是司法对立法的促进作用中还存在一些认识和实践操作层面的矛盾冲突有待克服。以司法解释为例，范文舟指出，中国行政法学理论界一般认为，最高人民法院的司法解释侵犯了立法权。他认为这种观点是错误的，并进一步论证称：最高人民法院的抽象性的司法解释是对行政诉讼法的不可缺少的"解释"，是对"漏洞"的填补和对法律规定的具体化，并没有侵犯立法权，完善中国的行政诉讼制度需要司法机关和立法机关的共同努力，且最终要靠立法机关付诸行动，单凭司法机关是无法完成的。④

司法对立法的促进作用不仅体现在司法解释中，还体现在每一个个案的司法裁判中。虽然我国尚未形成判例法体系和传统，但司法裁判的作用在法院上下级关系的影响下不能小觑。以知识产权领域为例：李琛教授在研究著

---

① 刘万啸. 司法与政治、立法、行政、舆论的关系. 宁波大学学报，2004（3）.

② 于世平. 立法与司法之辩证关系. 天津人大，2009（2）.

③ 刘仲屹. 司法实践对我国立法完善的必要性分析——以司法实践与立法完善的关系为视角. 比较法研究，2016（2）.

④ 范文舟. 司法与立法的分工与合作——行政诉讼法和其司法解释的关系探讨. 哈尔滨工业大学学报，2009（2）.

作权修订过程中合理使用问题的论文中指出，合理使用的立法模式实际的运行效果并不仅仅取决于立法本身，更取决于立法与司法的互动；并进一步指出，在决定我国采用哪一种立法模式时，应当基于我国的司法现状，要谨慎地设计立法的表述，平衡立法的可预见性与灵活性，在限定"合理使用"的认定条件的前提下，允许法官在个案中在立法列举的情形之外认定"合理使用"①。在著作权的立法成果中，我国长期将合理使用限制在已经发表的作品，应当在司法实践中扩展至未发表的作品，由法官在个案中判断是否构成合理使用，如此方能促进实现著作权立法在保护知识、鼓励创作创新中的作用。②

拉伦茨曾在《法学方法论》中指出："为作出满足权利的裁判，法官必须以合于法律的规整意向及目的之方式，填补法律规整的漏洞。"笔者认为，立法与司法的互动，既是实践中客观存在的现象，也是一种认识法律的方法。法律的应然与实然状态，需要在立法与司法的互动中认识与检验。不同的部门法领域的学者看待这个问题的角度不同，综合文献可以看出，行政法、刑事诉讼法、刑法等涉及公民基本人身权、财产权的部门法中，学者对这一问题尤为重视，但诸如前述知识产权领域学者的关注同样具有很强的实践和理论价值。

第六节　人大代表间接选举机制的立法完善

全国人大常委会 2016 年 9 月 13 日公开的"辽宁拉票贿选案"③，是 2013年"衡阳破坏选举案"④ 在省级人大选举中的翻版。"衡阳破坏选举案"发

---

①　李琛. 论我国著作权法修订中"合理使用"的立法技术. 知识产权，2013（1）.

②　柳楠. 司法实践与著作权立法的互动——以最高人民法院公报中著作权案例为分析对象. 法治与社会，2015（10）.

③　2013 年 1 月，辽宁省十二届人大一次会议在选举第十二届全国人大代表过程中，有 45 名当选的全国人大代表以金钱或者其他财物拉票贿选（辽宁省人大应选全国人大代表 102 名），收受贿赂的辽宁省人大代表有 523 名（辽宁省人大代表共 619 人，涉案代表中还包括辽宁省人大常委会 62 名成员中的 38 名）.

④　2013 年 12 月 28 日，湖南省第十二届人大常委会发布公告，对于衡阳市第十四届人大一次会议期间（2012 年 12 月 28 日至 2013 年 1 月 3 日）通过贿赂手段当选的 56 名省人大代表（衡阳市人大应选省人大代表 76 名），依法确认其当选无效；对于未送钱拉票但工作严重失职的 5 名省人大代表，依法公告其代表资格终止。衡阳市人大代表共 529 名，有 518 名代表收受钱物.

生在地市级人大而波及省级人大,"辽宁拉票贿选案"发生在省级人大而波及最高权力机关。几乎在同一时间、不同地点、不同层级的人大选举中接连发生"塌方式"的贿选事件,使最高国家权力机关开始反思人大代表贿选带来的深刻教训。

第十二届全国人大常委会委员长张德江在总结"辽宁拉票贿选案"的教训时指出:"辽宁拉票贿选案充分暴露出在选举全国人大代表的过程中,选举组织机构和相关责任人不执行党中央的决策部署,有法不依、执法不严、违法不究,对破坏选举的行为熟视无睹……一些人大领导干部和工作人员知法犯法,为代表候选人拉票穿针引线。"① 虽然选举组织机构"有法不依、执法不严、违法不究",对破坏选举行为"熟视无睹",人大工作人员为拉票"穿针引线"的问题不具有普遍性,但这一现象的发生也不能说与人大代表间接选举②中选举机构的组织运行机制毫无关联。

一、人大代表间接选举的组织架构与基本特征

(一)人大代表间接选举的组织架构

根据《全国人民代表大会和地方各级人民代表大会选举法》(以下简称《选举法》)的规定,人大代表间接选举的选举机构大致分为"选举主持机构"、"主持大会选举的机构"和"代表资格审查机构"三类。选举主持机构为本级人大常委会,即全国人大代表的选举由全国人大常委会主持,省、自治区、直辖市、设区的市、自治州人大代表的选举由本级人大常委会主持。主持大会选举的机构为下级人大主席团,即县级以上的地方各级人大在选举上一级人大代表时,由各该级人大主席团主持。代表资格审查机构为地市级③以上人大常委会代表资格审查委员会,但代表资格审查委员会的报告须经本级人大常委会认定方发生法律效力。代表资格审查委员会为法定机构,其职责履

---

① 张德江主持十二届全国人大常委会第二十三次会议闭幕会并发表讲话.人民日报,2016-09-14(2).

② 我国人大代表选举分为直接选举和间接选举:直接选举为县、乡两级人大代表选举,他们由选民直接选举产生;间接选举为地市级(不设区的地级市除外)以上人大代表选举,他们由下级人大和军人代表大会间接选举产生。

③ 本文所指称的地市级人大是指设区的市、自治州的人大,不包括不设区的地市级的人大。

行受法律保障。①

　　在人大代表间接选举中，本级人大常委会与下级人大主席团"主持"职权的界限并不是十分清晰。就人大代表选举实践经验而言，本级人大常委会对选举的"主持"更侧重于形式，对代表选举整体进程负有总的责任；下级人大主席团虽无"选举主持机构"之名，但其主持大会选举的权力更为具体和实际。根据《选举法》相关条文之规定，人大主席团在上级人大代表选举中的职责主要有：（1）向代表通报候选人提供基本情况；（2）印发候选人名单及基本情况并由全体代表酝酿、讨论；（3）介绍候选人情况；（4）公民接受境外提供的与选举有关的资助的，不列入代表候选人名单，已经列入的，从名单中除名；（5）主持大会选举；（6）主席团成员与监票、计票人员核对投票人数和票数；（7）确定选举结果是否有效，并予以宣布；（8）公布当选代表名单等。② 相形之下，《选举法》对于作为选举主持机构的本级人大常委会的职权的规定较为简单，除行使分配代表名额职权外，本级人大常委会还需要根据代表资格审查委员会的报告对代表当选的合法性予以认定，并公布代表名单。③ 但关于对代表资格审查的认定权是否属于选举主持机构的职能仍存有疑义④，对于调查处理破坏选举行为的"主持选举的机构"⑤ 是否包括下级人大主席团亦需要进一步明确。

　　同时，县级以上地方各级人大或其常委会一般设有代表选举工作机构⑥，具体承办代表选举的相关事务。代表间接选举工作机构的设置，一般采取以下三种模式：（1）人大常委会工作机构模式；（2）人民代表大会专门委员会

---

　　① 《选举法》第 8 条第 1 款、第 38 条、第 46 条，《全国人民代表大会组织法》（以下简称《全国人大组织法》）第 3 条、第 26 条，《地方各级人民代表大会和地方各级人民政府组织法》（以下简称《地方人大和人民政府组织法》）第 50 条、第 51 条，《全国人民代表大会和地方各级人民代表大会代表法》（以下简称《代表法》）第 48 条、第 50 条。

　　② 《选举法》第 29 条第 2 款、第 31 条第 2 款、第 33 条、第 34 条、第 38 条、第 42 条第 1 款、第 45 条。

　　③ 《选举法》第 14 条第 1 款、第 16 条第 1 款、第 46 条第 2 款。

　　④ 详见本文第三部分"非正常状态下代表间接选举机构的创制性安排"就相关内容的阐述。

　　⑤ 《选举法》第 58 条。

　　⑥ 此处的"代表选举工作机构"是指具体承办代表选举事务但对外不具有法定主体资格的机构。与人大常委会选举工作机构相比，它是一个更广义的概念，具体包括人民代表大会专门机构或人大常委会工作机构、临时机构等。这类机构一般是为同级人大常委会或主席团履行法定选举主持职能服务，并由人大常委会或主席团对外承担法律责任。

模式；(3) 人大常委会临时机构模式。绝大多数地方采取了人大常委会工作机构的模式，只有吉林省、黑龙江省、贵州省等少数省份采取了人民代表大会专门委员会模式。辽宁省人大在拉票贿选案发生后，开始增设专门委员会性质的"人事选举委员会"①。人大常委会代表选举工作机构为非法（律）定机构，不具有法定主体资格，其组织构成、职能设置全凭所属人大常委会授权而无法律保障。仅从名称来看，人大常委会选举工作机构就多达 17 种，较为典型的有"人事代表（选举）工作委员会""选举（任免）（代表）联络工作委员会""代表（联络）与选举任免工作委员会"等。② 在未设置代表选举专门工作机构的人民代表大会，人大主席团在主持上一级人大代表"大会选举"时，同样需由本级人大常委会选举工作机构承担具体工作，或者为相关工作的主要参与者。由于人大主席团存续时间短，同级人大常委会及其选举工作机构在主席团成立前，需要承担大量的前期准备工作。专门委员会在特定情形下虽然具有法定主体资格，但主要协助人民代表大会或其常委会履行职能，其职属内容同样不具有独立性。人大常委会临时机构模式严格来说不具有独立的类型意义。采取这种模式的地方人大常委会本身具有常设代表选举工作机构的组织建制，在换届选举期间另行组建更高层级的选举临时工作机构（如选举工作办公室等）③，"承担选举上一级和本级人民代表大会代表的具体工作，指导县、乡两级人民代表大会代表的选举工作"④。人大常委会常设代表选举工作机构在此期间居于协助地位。

---

① 2016 年 1 月，辽宁省人大在设立代表选举专门委员会的同时，并未取消人大常委会选举工作机构的设置。

② 人大常委会选举工作机构的名称具体为：人事代表工作委员会（上海、山东、重庆、山西、四川）、人事代表选举工作委员会（辽宁、陕西、安徽、内蒙古、青海）、人事代表联络委员会（江苏）、人事选举工作委员会（西藏）、人事室（北京）、人事代表工作室（福建）、选举任免联络委员会（湖南、江西）、选举联络工作委员会（云南、广西）、选举任免代表联络工作委员会（河南）、选举任免联络工作室（海南）、选举任免代表工作委员会（河北）、选举联络人事任免工作委员会（广东）、代表人事工作委员会（新疆、甘肃）、代表联络与选举任免工作委员会（宁夏）、代表与选举任免工作委员会（浙江）、代表工作委员会（湖北）、代表联络室（天津）。另外，采取专门委员会模式的机构名称分别为：人事选举委员会（辽宁）、人事代表选举委员会（吉林）、人事委员会（黑龙江）、选举任免联络委员会（贵州）。

③ 临时机构负责人一般为本级人大常委会的领导成员，其他成员主要由人大常委会常设代表选举工作机构的领导成员以及执政党组织、宣传部门等的相关负责人组成。

④ 参见《江苏省各级人民代表大会选举实施细则》第 7 条第 1 款。

（二）人大代表间接选举的基本特征

1. "竞争性"与"非竞争性"并存

"竞争性"是我国人大代表间接选举制度的重要特征，这一特征在《选举法》中具体体现为"差额机制"①。传统的观点认为，选举的"竞争性"主要体现在两党制或多党制国家的政党"为了一定的政治利益而展开的竞争"②。我国多党合作和政治协商的新型政党制度下，不可能出现政党在选举过程中的利益竞争，因为代表候选人背后有着共同的利益——人民的利益！在多党合作和政治协商的政党制度下，选举的"竞争性"主要体现在谁能"更好代表人民利益"的选择上。这种竞争主要体现在候选人的可被接纳性、当选后工作计划的可行性以及履职能力等方面。

除了存在"竞争可能性"的代表候选人外，人大代表间接选举中还存在一定比例的几乎没有竞争压力的代表候选人。这与我国新型的政党制度以及人大机关的特殊构成直接相关。以全国人大代表选举为例：全国人大代表由各省级人大和军人代表大会选举产生，中央层面不单独组织选举会议。部分党和国家领导人、中央机关、团体、企事业单位有关人员以及少数民族代表等，因法律规定③或政党制度④的需要被提名为代表候选人的，须安排到各选举单位进行选举。这部分代表候选人的名额由全国人大常委会掌握并另行分配，不占所在选举单位的代表名额，与各选举单位提名的代表候选人不存在对等的竞争关系。

2. 选举人的有限性

在人大代表直接选举中，由于选民人数多、贿选成本高、公开性强，任

---

① 《选举法》第29条、第30条规定，在人大代表间接选举中，各政党、各人民团体、10人以上代表联名均可以推荐代表候选人。代表候选人数应多于应选代表名额五分之一至二分之一。

② 刘嗣元. 论选举程序的正当性——以正当法律程序原则为视角. 法商研究，2008（6）：58.

③ 《全国人民代表大会组织法》第23条第2款、第35条第3款，《地方人大和人民政府组织法》第30条第2款、第41条第1款及第2款规定，全国和地方各级人大常委会组成人员在代表中选举产生，各专门委员会组成人员的人选在代表中提名。对于人大常委会、各专门委员会的专职成员而言，须另行分配至各选举单位进行选举。《选举法》第11条第3款、第17条规定，自治区、聚居的少数民族多的省、聚居的少数民族多或者人口居住分散的县、自治县、乡、民族乡，代表名额可以另加百分之五。少数民族应选全国人大代表，由全国人大常委会参照各少数民族的人口数和分布等情况，分配给各省级人大选出。实践中，全国人大常委会另行掌握部分少数民族代表名额的分配权。

④ 政党制度的要求主要体现在执政党、各民主党派中央领导人及工作部门的相关负责人，各方面的代表被推荐为代表候选人的情形。

何政治生态正常的区域几乎不会出现直接贿赂选民的情况。但间接选举中，由于选举人人数少[①]、贿选成本低、封闭性强，为"贿选"留下了一定的空间。2016 年 10 月 27 日，中共十八届六中全会通过的《关于新形势下党内政治生活的若干准则》，将"拉票贿选"现象列入新形势下党内政治生活存在的突出问题。由此可见，"拉票贿选"并非我国各类选举的个别现象。作为执政党所参与的选举活动的重要组成部分，"拉票贿选"已成为人大代表间接选举的"标签性"问题。

3. 选举机构兼职性特征明显

无论是主持本级人大代表选举的人大常委会，还是主持"大会选举"的下级人大主席团，办理选举事务在其职能履行中具有特殊重要地位，但因选举存续时间极短[②]，选举工作仅为其众多工作中的极小一部分。与人大代表直接选举相比较而言，选举委员会虽然同样具有临时性的特征，但选举委员会是专门性的选举机构，而本级人大常委会或下级人大主席团不具有这一特征。选举事务的处理对于本级人大常委会、下级人大主席团而言，居于其全部工作的次要和附属地位，故它们往往在将相关事务交付议决时流于形式。

二、人大代表间接选举机构制度的问题分析

正如前文所言，虽然人大代表间接选举的主持机构名义上为本级人大常委会，但更为具体和实际的工作一般由下级人大主席团来完成。《选举法》如此设计的一个基本逻辑是：间接选举产生的人大代表一般由下级人大选举产生，而下级人大举行会议的时候由主席团主持会议，于是主持大会选举的重任就交由下级人大主席团来完成。[③]但这一制度设计是存在缺陷的，尤其在"衡阳破坏选举案""辽宁拉票贿选案"之后，需要审慎对待。

（一）人大主席团成员与代表候选人、选举人身份重合，由主席团主持"大会选举"违背自然正义原则

"不做自己案件的法官"是自然正义原则的基本规则之一，意在排除裁

---

① 根据《选举法》第 11 条之规定，省级人大代表名额不超过 1 000 名，地市级人大代表名额不超过 650 名，县级人大代表名额不超过 450 名。

② 人大代表间接选举在下级人大会议期间进行，代表候选人提名酝酿时间短，两天到几天；人大常委会会期同样短暂，本级人大常委会用于处理选举事务的时间，同样仅限于半天或几天。

③ 许安标. 全国人民代表大会和地方各级人民代表大会选举法解读. 北京：中国法制出版社，2010：127.

决主体固有的或任何可能存在的偏见。① 该项规则要求，如果法庭的判决或其他公共机构的决定有与相应判决、决定有利害关系的人或其他有成见、有偏见的人参与，该判决或决定即无效。② 在人大代表选举中，"不做自己案件的法官"规则主要体现在选举机构成员被推荐为代表候选人时辞去选举机构的职务。2010 年《选举法》修正时，在县、乡级人大代表直接选举中增加规定："选举委员会的组成人员为代表候选人的，应当辞去选举委员会的职务。"③ 然而，在地市级以上人大代表间接选举中，《选举法》并未就此作类似的规定。另外，人大代表间接选举有其固有特质，选举机构与选举人身份的重合同样面临正当性质疑。

第一，主席团成员与代表候选人身份重合，使其难脱"做自己案件法官"的质疑。县级以上地方人大主席团是人大会议召开期间的主持机构，其成员一般由地方党政领导，民主党派负责人，地方党、政、军机关和人民团体有关负责人，科技、教育、文化、卫生、体育、宗教、归侨、少数民族代表以及工人、农民、解放军、武警部队的代表组成。主席团成员的这种构成模式，与上级人大代表候选人存在一定比例的重合。就辽宁、衡阳的案例来看，辽宁省第十二届人大一次会议主席团 71 名④成员中，有 11 名⑤成员在该次会议上当选全国人大代表；衡阳市第十四届人大一次会议主席团 70 名⑥成员中，有 10 名⑦成员在该次会议上当选省人大代表。主席团成员和上级人大代表候选人的重合率达 15％左右。对于身兼主席团成员的代表候选人，就会出现由自己参加的选举机构主持自己参加代表选举的问题。尽管代表候选人未构成主席团成员的主要部分，但由其参加主席团监督和管理选举事务

---

① 刘东亮. 什么是正当法律程序. 中国法学，2010（4）：77.

② 韦德. 行政法. 徐炳，等译. 北京：中国大百科全书出版社，1997：10~11.

③ 《选举法》第 9 条第 2 款.

④ 省十二届人大一次会议主席团和秘书长名单（2013 年 1 月 23 日辽宁省第十二届人民代表大会第一次会议预备会议通过）. 辽宁日报，2013-01-24（A01）.

⑤ 这 11 名代表名单如下：王珉、王俊莲（女）、孙春山、李玉环（女，满族）、李峰、里景瑞（满族）、佟志武、陈政高、孟凌斌（满族）、赵长义、赵国红（女）.

⑥ 市十四届人大一次会议主席团和秘书长名单（2012 年 12 月 27 日衡阳市第十四届人民代表大会第一次会议预备会议通过）. 衡阳日报，2012-12-28（A02）.

⑦ 这 10 名代表名单如下：王鹏、王雄飞、邓光忠、左慧玲（女）、张自银、段志刚、唐学石、唐勇君、童名谦、詹国发.

会给公众留下偏私的不良观感。

第二，主席团成员与选举人身份重合，会出现"选举人身份"影响"主席团成员身份"的情形，进而直接导致人大主席团选举监管职能缺位。所谓贿选，主要是代表候选人以金钱或者其他财物贿赂选举人，妨害选举人自由行使选举权的行为。贿选的对象为绝大多数（甚至全部）选举人。作为选举人的一部分，主席团成员同样不可能置身事外。"衡阳破坏选举案"被媒体曝光的细节显示，代表候选人发放红包时并未就主席团成员和普通选举人作有意识的区分，而是"等额红包"集中派送。① 因此，作为代表选举人之下一级人大代表群体性收受贿赂，极有可能导致主持"大会选举"之主席团陷入瘫痪。在"衡阳破坏选举案"中，衡阳市人大代表共 529 名，其中 518 名代表收受钱物②，仅 11 名代表得以幸免。衡阳市人大本次会议主席团成员人数为 70 名③，即使将未收受贿赂的 11 名市人大代表计入主席团，在该次省人大代表选举中，衡阳市人大主席团至少有 84.3％的成员直接涉案。选举机构成员的大部沦陷必然导致选举监管缺位，从而使部分代表候选人的贿赂行为"倒逼"具有相对优势的代表候选人，直接导致贿选风气蔓延并呈喷发之势！

第三，主席团成员与选举人身份重合，使相当比例的选举人处于监督和管理的真空状态。作为人大代表间接选举主持"大会选举"的机构，主席团负有选举活动的监督和管理职能，作为选举人的主席团成员同样为其监督和管理的对象。人大代表直接选举中，选举主持机构的成员同时保留选举权，不会因为担任选举机构职务而丧失选民资格。尽管从逻辑上来讲，作为选举人的选举机构成员可能会因为违反选举法律而对选举结果造成影响，但由于其在选民中所占的比例极小，其所造成的不利影响几乎可以忽略。但在人大代表间接选举中，选举机构与选举人一直保持较高比例的重合。有关县级以上地方人大主席团成员人数占代表总数的比例，笔者分别以涉案的辽宁省、

---

① 方熊. 衡阳贿选案：一次未竟的采访. ［2016-09-19］. 凤凰网，http://news.ifeng.com/a/20140818/41627979_0.shtml.

② 蒙志军. 我省严肃查处衡阳破坏选举案. 湖南日报，2013-12-29（01）.

③ 市十四届人大一次会议主席团和秘书长名单（2012 年 12 月 27 日衡阳市第十四届人民代表大会第一次会议预备会议通过）. 衡阳日报，2012-12-28（A02）.

衡阳市以及随机挑选的湖南省浏阳市（县级市）做了以下三组数据：（1）辽宁省第十二届人大一次会议主席团成员人数为 71 名①，辽宁省人大代表的人数为 619 名②，主席团成员人数占代表总数的 11.5％；（2）衡阳市第十四届人大一次会议主席团成员人数为 70 名③，衡阳市人大代表的人数为 529 名④，主席团成员人数占代表总数的 13.2％；（3）浏阳市第十六届人大一次会议主席团成员人数为 56 名⑤，浏阳市人大代表的人数为 385 名⑥，主席团成员人数占代表总数的 14.5％。从以上数据来看，省级、地市级、县级人大主席团成员占代表总数的 1/9 至 1/7 之间。由于省级到县级人大主席团及代表人数均呈递减趋势，但主席团成员人数减幅低于代表减幅，因此省级、地市级、县级人大主席团成员占代表总数的比例呈上升趋势。较高比例的选举人处于监督和管理的真空状态，会对人大代表间接选举的结果产生重要影响。

第四，主席团成员与选举人身份重合，使主席团在主持"大会选举"时难以保持中立形象。我们不能忽视并须审慎对待的一个基本前提是，任何一个选举人对于代表候选人都会有自己的倾向和偏好。同样作为选举人的主席团成员，在履行选举职能时很可能会偏向于自己所中意的代表候选人，从而有损选举机构恪守中立的公众形象。在人大代表间接选举中，代表候选人向大会主席团提供的个人身份、简历等基本情况⑦，对于代表候选人能否顺利当选具有重要参考作用。主席团成员在审查代表候选人提供的基本情况时，很可能会放松对自己所中意的代表候选人的审查，而对于自己所厌恶的代表候选人的审查可能会更加严苛。主席团在介绍代表候选人的情况时⑧，在介

---

① 省十二届人大一次会议主席团和秘书长名单（2013 年 1 月 23 日辽宁省第十二届人民代表大会第一次会议预备会议通过）. 辽宁日报，2013-01-24（A01）.

② 姜义双. 省十二届人大一次会议胜利闭幕. 辽宁日报，2013-01-31（A01）.

③ 市十四届人大一次会议主席团和秘书长名单（2012 年 12 月 27 日衡阳市第十四届人民代表大会第一次会议预备会议通过）. 衡阳日报，2012-12-28（A02）.

④ 许珂. 市十四届人大一次会议隆重开幕. 衡阳日报，2012-12-29（A01）.

⑤ 浏阳市第十六届人民代表大会第一次会议主席团成员和秘书长名单（2012 年 11 月 24 日浏阳市第十六届人民代表大会第一次会议预备会议通过）. 浏阳日报，2012-11-25（A01）.

⑥ 郭康平，李小雷. 市十六届人大一次会议隆重开幕. 浏阳日报，2012-11-26（A01）.

⑦ 《选举法》第 29 条第 2 款.

⑧ 《选举法》第 33 条.

绍次序、时长、内容、方式上同样可能会出现"厚此薄彼"，让选举人对个别代表候选人更加"关注"。

从自然正义原则的一般规则来看，本级人大常委会在履行选举相关职能时同样可能面临"做自己案件法官"的嫌疑。根据我国《地方人民代表大会和人民政府组织法》的规定，地方人大常委会组成人员在代表中选举产生①，留任的人大常委会组成人员将以代表候选人的身份向下级人大和军人代表大会提名。为了保证人大常委会工作的承继性和连续性，按照我国组织人事工作三个梯队建设的目标要求，人大常委会每次换届一般会有 1/2 至 2/3 的成员留任。于是作为代表候选人的常委会成员，主持下级人大和军人代表大会关涉自己的选举，在形式上显然"做了自己案件的法官"，有违"自然正义"原则，这显然是一个在实践中应该高度重视并予解决的问题。

（二）人大常委会、主席团议事机构的性质及组织构成决定其不适宜承办选举事务

国家机关在国家事务的分配上，应遵循机关性质与事务属性相适应的原则。域外一些国家的议会虽然也承担选举职能，但仅限于成立选举机构、进行选区划分等事项，具体的选举事务一般交由专门的选举机构承办。人民代表大会是人民行使国家权力的机关②，虽然在机关性质上与西方国家的议会有所不同，但其组织构成、权力运作及职能安排却极其相似。一般认为，人民代表大会是人民代表代表人民议事并作出决策的机关。人民代表大会擅长就相关议题的利弊展开充分论辩，并以"少数服从多数"的方式作出决定。对某项法律的执行，对某项专门事务的承办，与人大常委会、主席团议事机构的内在要求不相符。以审查代表候选人的基本情况为例：代表候选人的基本情况是否属实是一个客观的问题，有权机关通过调查核实即可得出结论，无须充分论辩的过程。该项职能对有权机关的调查和执行能力要求较高，而作为选举人投票主要参考依据的候选人的"基本情况"的真实性对选举公正具有实质性影响。将审查代表候选人基本情况的职能交由以"论辩"见长的人大常委会、主席团是不适宜的。

人民代表大会议事机构的性质，决定了人大常委会、主席团的特殊构

---

① 《地方人大和人民政府组织法》第 41 条第 1 款、第 2 款。
② 《宪法》第 2 条第 2 款。

成。基于人大机关的"代表性"要求，地市级以上人大常委会、县级以上地方人大主席团成员人数多①，身份结构复杂，在选举事务的执行能力上存在先天不足。选举是一项专业性较强的政治活动，选举事务的承办人员需要具备一定的法律、统计等专门知识，用以处理代表候选人资格、选举结果争议以及选票统计等事务，而对于人大常委会、主席团成员的构成显然未设置此项专门要求。选举过程中随时可能出现的选举纠纷，需要选举机构及时作出回应和处理，人大常委会、主席团很难满足对选举机构在效率上的基本要求，而群体性的会议式职能履行方式更使其在选举事务的办理上难以具体展开。对于人大常委会或主席团而言，选举的"主持"本身即包含对选举过程中选举人、代表候选人行为的监督和管理。然而，人大常委会或主席团事实上很难有效监督人大代表的选举。本级人大常委会由于层级上的疏离、人员上的不足，对下级人大选举本级人大代表显得捉襟见肘；虽然下级人大主席团主持选举时，本级人大常委会通常会派员列席，但这种列席显然形式意义大于实质意义。被赋予主持"大会选举"职能的下级人大主席团，本质上来说是代表在大会期间的临时组合，短时间内很难形成作为一个整体的选举机构所应具有的价值基础、专业精神和责任意识；而且，人大主席团事务繁杂，选举事务居于其职能附属地位，主席团成员缺乏履行选举监督职能的自觉性。不论是"辽宁拉票贿选案"还是"衡阳破坏选举案"，选举机构在选举过程中的监督功能受到弱化，选举过程中的违法犯罪行为均在事后经过较长时间才被发现和查处。②

（三）人民代表大会国家权力机关的地位，使对其承办代表选举事务的监督存在制度障碍

我国《宪法》规定："中华人民共和国的一切权力属于人民。""人民行使

---

① 《地方人大和人民政府组织法》第41条第4款之规定：省级人大常委会组成人员名额在35人至65人之间，人口超过8 000万的省不超过85人。地市级人大常委会组成人员名额在19人至41人之间，人口超过800万的设区的市不超过51人。第十二届全国人大一次会议2013年选举产生的常委会组成人员更多达175人。县级以上地方各级人大主席团的人数，一般多于本级人大常委会的人数。以辽宁省和衡阳市为例，辽宁省第十二届人大一次会议选举产生的省人大常委会组成人员为62名，辽宁省第十二届人大一次会议主席团成员人数为71名。衡阳市第十四届人大一次会议选举产生的市人大常委会组成人员为41名，衡阳市第十四届人大一次会议主席团成员人数为70名。

② "衡阳破坏选举案"从选举到案发历经1年，而"辽宁拉票贿选案"从选举到案发长达3年8个月，一届任期行将届满。

国家权力的机关是全国人民代表大会和地方各级人民代表大会。""国家行政机关、审判机关、检察机关都由人民代表大会产生，对它负责，受它监督。"①人民代表大会权力的正当性基础在于其民主特质，在宪法上仅受上级人大在特定事项上的监督以及人民的监督。人民对人民代表大会的监督，又具象化为代表接受选民或选举单位监督的制度安排。② 人民代表大会由于其国家权力机关的地位以及广泛的民主性特质，因而在作出决定时可以获得广泛豁免，但这并不意味着其在执行法律或决定时亦应获得天然豁免。事实上，我们往往习惯于通过权力主体来认定权力性质，对于应予监督的执法权力往往由于权力主体的因素而予以忽视。代表选举事务管理权，是《选举法》规定的具有行政性特点的法律执行权力，是选举法律规范贯彻实施的主导力量。"辽宁拉票贿选案"中选举机构之所以对破坏选举的行为"熟视无睹"，缺乏职能履行的责任感、紧迫感是其中一个非常重要的因素。加强对选举管理权力的监督和责任追究，对于保障选举廉洁、公平、公正具有重要意义，是督促选举机构积极履行法定职责、完善选举法律实施监督机制的现实需要。

从国家机构的宪法运行机理来看，将人大代表间接选举事务管理权力赋予人大常委会、主席团，事实上为选举监督管理权力贴上了"免监"的标签。对于作为整体的人大常委会、主席团而言，宪法、法律没有赋予本行政区域内其他国家机关对其监督的权力。上级人大的监督除仅限于特定事项外，还存在实施上的实际困难；人民的监督较为抽象，仍然需要落实到具体的制度框架内，如诉诸上级人大等。对于作为个体的人大代表而言，接受选民或选举单位的监督恰恰是通过选举、罢免等程序来实现。虽然本行政区域内的国家行政机关（如公安、监察部门等）、检察机关对人大代表的违法行为有法定的监督职责，但在其需要向本级人大负责、接受其监督的会议召集期对人大代表进行监督，于时不利。而且，由于人大代表间接选举时间短，代表候选人提名、酝酿时间从两天到几天不等，公安、监察、检察等机关同样难以进行监督。虽然在正式的选举程序前会有一个较长的准备阶段，但这一阶段主要由本、下级人大常委会及执政党组织、统战等部门协同完成，准备过程封闭有余而公开不足，有关机关在信息不对称的前提下存在及时锁定

---

① 《宪法》第2条第1款、第2款，第3条第3款。
② 《宪法》第3条第2款、第27条第2款、第77条、第102条。

监督对象的实际困难。中国共产党纪律检查委员会（以下简称"纪委"）具有较强的执行能力，每逢换届均会重申换届选举纪律①，但纪委对人大代表选举的监督存在以下不足：（1）纪委对人大代表选举的纪律监督来源于中国共产党党章及党内法规，其主体资格及纪律监督没有国家法的明确依据，使纪委的监督处于不确定和不稳定的状态。（2）纪委本质为政党组织的纪律检查机关，监督对象仅限于中共党员，代表候选人中约三成的非中共人士处于纪委的纪律检查之外。因此，应将代表选举事务的管理从人大常委会、主席团作必要分离，将人大代表间接选举管理权纳入法律监督轨道。

（四）人大常委会代表选举工作机构"有权无责"的状态，容易导致权力失控并偏离法定职责；"代表联络"工作机构与"代表选举"工作机构的合署，使其成为非组织化"拉票贿选"的重要连接点

代表选举工作机构为人大常委会内设机构，不具有法定主体资格，其主要为人大常委会履行代表选举职能提供服务。在本级人民代表大会选举上一级人大代表时，代表选举工作机构通过特定形式内化到人大主席团的工作机构之中。代表选举工作机构承办选举事务过程中的行为责任，对外由其所属的人大常委会或人大主席团负责。但人民代表大会权力机关的地位，使人大常委会或人大主席团在履行代表选举职能时，事实上难以追究与其职权相对应的行为责任。人大常委会、主席团事实上的责任豁免，将代表选举工作机构置于"有权无责"的状态，容易导致权力失控并偏离法定职责。而人大常委会"代表联络"工作机构与"代表选举"工作机构的合署，恰恰为这种权力的失控创造了某种程度上的便利，为人大工作人员替拉票"穿针引线"埋下伏笔。

代表联络工作机构，是地方人大常委会负责联系本级人大代表以及在本行政区域工作或居住的上级人大代表，并为其执行代表职务提供服务的机构。作为个体的代表在执行代表职务时与人大常委会诸机构中联系最为紧密者，首推代表联络工作机构。工作上长期形成的经常性联系，使代表联络工作机构与代表建立了彼此互信的基础和即时联系的便利。就各地方人大常委

---

① 2010年12月，中纪委、中组部联合印发《关于严肃换届纪律保证换届风清气正的通知》（中组法〔2010〕21号），明确"五个严禁、十七个不准和五个一律"的换届纪律。2016年1月，中纪委、中组部又联合印发了《关于加强换届风气监督的通知》（中组法〔2016〕1号），提出"九个严禁、九个一律"的换届纪律。

会的机构设置而言，承担代表联络工作的机构同时担负代表选举的具体工作，"代表联络"工作机构与"代表选举"工作机构多处于合署办公的状态。人大常委会在主持本级人大代表选举时，由代表选举联络工作机构具体负责人大代表的换届选举工作。人大主席团在主持上级人大代表的大会选举时，本级人大常委会代表选举联络工作机构同样是代表选举工作的主要参与者①；主席团在大会选举前的准备工作，理所当然地由本级人大常委会代表选举联络工作机构承担。"代表联络"工作机构与"代表选举"工作机构的合一，不利于代表选举机构中立形象的确立，有损选举活动公平、公正、公开的公众观感。

三、非正常状态下代表间接选举机构的创制性安排

（一）人大会议筹备组的性质及职能定位

人大会议筹备组是人民代表大会制度实践催生的产物。全国人大常委会副委员长李建国在阐释筹备组的设立时指出："对于正常换届，宪法法律规定了相关制度，以保证各级人大常委会履行职责的连续性。""对于特殊情况，实践中则采取由上一级人大常委会作出决定，成立筹备性机构，代行法定机关职权的做法。"② 有学者认为，人大会议筹备组的设置，始于首届地方人大代表选举。③ 事实上，我国各级人大首届人大代表选举于 1953 年—1954 年由中央及地方各级选举委员会办理。④ 人大会议筹备组一般在此之后遇有行政区划调整时成立，负责新成立行政区域人民代表大会的筹备事宜。⑤ "衡阳破坏选举案""辽宁拉票贿选案"发生后，当人大常委会无法召

---

① 广州市人大常委会选举联络人事任免工作委员会职责．[2016-10-19]．广州人大网站，http：//www. rd. gz. cn/page. do？pa＝ff8080813a39cf49013a3f0bf47504de&-guid＝daf70cf7719c46ea93d92b1d8916354d&-og＝ff8080813a6e1357013a76f774080b34.

② 李建国．关于《全国人民代表大会常务委员会关于成立辽宁省第十二届人民代表大会第七次会议筹备组的决定（草案）》的说明（2016 年 9 月 13 日在第十二届全国人民代表大会常务委员会第二十三次会议上）．[2016-10-30]．中国人大网，http：//www. npc. gov. cn/npc/xinwen/2016-10/12/content_1998982. htm.

③ 郑磊．危机中的自新契机——从衡阳贿选事件的三层处理方案谈起．法学，2014（7）：105.

④ 1953 年《全国人民代表大会及地方各级人民代表大会选举法》第 35 条。

⑤ 如 1997 年直辖后的重庆市、贵州省地级遵义市的设立，1998 年河南省地级信阳市的设立，2009 年新设立的天津市滨海新区、区划调整后的上海市浦东新区，2010 年北京市新的东城区、西城区的设立，2011 年上海市新的黄浦区的设立，2012 年海南省地级三沙市的设立等。

集会议、履行法定职能时，人大会议筹备组开始成为即时性的应对安排。基于以上经验，我们可以就人大会议筹备组作一般性描述。所谓人大会议筹备组，是在县级以上人大常委会或乡级人大主席团缺位的情形下，由上一级人大常委会决定成立，负责大会筹备、代表资格认定和会议召集的临时机构。人大会议筹备组的功能在人大会议筹备事宜方面，代行县级以上人大常委会或乡级人大主席团的部分职权。

　　然而"会议筹备"是一个大而不确定的概念，有学者进一步将会议筹备组定性为代表选举的主持机构①，这就涉及对会议筹备组职责内容的进一步追问。虽然是惯常做法，但有关筹备组的职责并不全然相同，因此有必要作进一步分析。衡阳市第十四届人大三次会议筹备组主要负责：（1）会议筹备；（2）接受省人大代表辞职并报省人大常委会备案、公告；（3）接受市人大代表资格终止的报告并公告；（4）会议召集。② 辽宁省第十二届人大七次会议筹备组主要负责：（1）会议筹备；（2）对省人大代表资格终止的情况予以备案、公告；（3）认定补选代表资格，公布代表名单；（4）会议召集；（5）其他事项。③ 以上职权中，与选举机构的职能直接相关者，为代表资格相关事宜。但从《选举法》的立法精神来看，很难认定其为选举主持机构的法定职能。《选举法》有关选举主持机构的规定，主要集中在第 8 条第 1 款和第 2 款。从法条的语法、句式来看，可就人大代表间接和直接选举"主持机构"的内涵作一致推定。反观县乡级人大选举委员会的职能，"代表资格认定""接受代表辞职""代表资格终止情况的备案、公告"非代表选举主持机构职能的内在要求。因此，从《选举法》的立法精神来看，人大会议筹备组"接受人大代表辞职并报备案、公告""代表资格终止情况的备案、公告""认定补选代表资格、公布代表名单"的职权，不能认定为代表选举主持机构的职能。

（二）代表资格审查委员会的存续问题

　　与人大常委会工作机构或办事机构不同，代表资格审查委员会是法定代

表资格审查机构，具有法定主体地位。①《选举法》2015 年修正时，就代表资格审查委员会的职责作了专门规定，即经依法审查后对于代表当选是否有效提出意见，向本级人大常委会或者乡级人大主席团报告。县级以上人大常委会或者乡级人大主席团根据报告，确认代表资格或者确定代表当选无效。② 代表资格审查委员会虽然被置于人大常委会的组织框架下，但具有代表资格的独立审查权；即使人大常委会或乡、民族乡镇的主席团对报告享有否决权，也并不意味着对代表资格审查委员会审查职能的否定。代表资格审查委员会的职权受法律保障，人大常委会或乡、民族乡镇的主席团不可绕开代表资格审查委员会对当选代表资格进行审查；代表资格审查委员会受法律保护，非经法定事由不得解散。事实上，无论是全国人大常委会组成人员履职学习专题讲座的报告③，还是各级人大官方网站的机构设置结构图，均将代表资格审查委员会与人大常委会工作机构和办事机构作有意识的区分。

　　"辽宁拉票贿选案"中，涉案省人大代表及省人大常委会组成人员均过半数，导致省人大及其常委会无法召集会议、履行职能，并由此引发代表资格审查委员会存续期间的问题。辽宁省第十二届人民代表大会并未解散，只是涉案人数过半，代表人数不足以正常召集会议、履行职能。辽宁省人大代表、常委会组成人员的选举为补选，未涉案的省人大代表、常委会组成人员资格仍然有效，省人大各专门委员会、常委会代表资格审查委员会、工作机构和办事机构作为组织体依然存在。人大常委会工作机构和办事机构附属于人大常委会，为人大常委会履行职能提供服务。在人大常委会无法召集会议时，其工作机构和办事机构便失去服务对象。作为临时机构的人大会议筹备组可以另行成立工作机构和办事机构，亦可授权人大常委会原有的工作机构和办事机构为筹备组履行职能提供服务。然而，代表资格审查委员会为法定机构，其组织存续及职能履行受法律保护。人大常委会无法召集会议，并不

　　① 《全国人大组织法》第 3 条、第 26 条，《地方人大和人民政府组织法》第 32 条、第 50 条、第 51条，《代表法》第 48 条、第 50 条。

　　② 《全国人民代表大会常务委员会关于修改〈中华人民共和国地方各级人民代表大会和地方各级人民政府组织法〉〈中华人民共和国全国人民代表大会和地方各级人民代表大会选举法〉〈中华人民共和国全国人民代表大会和地方各级人民代表大会代表法〉的决定》第 2 条。

　　③ 李飞. 全国人大常委会的组织制度和议事规则. ［2016-10-27］. 中国人大网，http：//www.npc. gov. cn/npc/xinwen/2013-06/25/content _ 1798342. htm.

必然导致代表资格审查委员会解散，除非代表资格审查委员会过半数成员涉案，无法召集会议、履行法定职责，或者其在履行职责过程中存有重大违法情形。事实上，并未有信息显示代表资格审查委员会成员涉案，省人大代表收受贿赂发生在代表资格审查之后，代表资格审查委员会不存在职能履行上的重大过失。人大会议筹备组设代表资格审查委员会，实际上是对代表资格审查委员会的法律地位认识模糊的表现。

四、应对拉票贿选案的政策建议与人大代表选举制度的完善

（一）应对拉票贿选案的政策建议

第一，要继续保持反腐败的高压态势，坚决打击、果断查处，彰显中央的态度和决心。

首先，对于拉票贿选案中的相关责任人员要依纪依法严肃处理。拉票贿选案严重违反党纪国法，严重违反政治纪律和政治规矩，严重违反组织纪律和换届纪律，严重破坏人大选举制度。对于负有领导责任的党员干部，要依据党章党规严肃处理；对于拉票贿选的代表候选人，要依据《选举法》和其他相关法律给予治安管理处罚，构成犯罪的，要依法追究刑事责任；对于收受代表候选人钱物的人大代表，构成犯罪的，要依据刑法追求其刑事责任。

其次，对于各级人大新一届的换届选举要严明纪律、严格执法，确保换届选举风清气正。对于各级人大新一届的换届选举，要坚持党对人大工作特别是代表选举工作的领导，依法做好选举组织工作，严明纪律、严格执法，坚决打击、果断查处不正之风和拉票贿选等违法行为，坚持"零容忍"，发现一起、查处一起、问责一起，绝不姑息迁就、绝不法外开恩，确保换届选举风清气正。

第二，要积极回应实践中提出的问题，完善制度、扎紧篱笆，维护法治的权威和尊严。

具体涉及修改《选举法》《代表法》以及依法解释的问题，详细论证见下文。

第三，要切实保障人民当家作主的地位，加强监督、营造氛围，保障民主的生机和活力。

（1）要加强选民对人大代表的监督。首先要推行人大代表的公开化，在

选举前公开代表候选人的基本信息，使选民可以有效地向代表候选人反映情况、拉近距离。其次要完善公民旁听制度，使普通公民可以通过自主申请或者其他方式参与旁听人大会议，直观地接触到人大代表的履职行为。再次要改进罢免制度，明确选民提出罢免案的适用条件，逐步改善罢免启动程序，避免罢免案受到不当干涉。最后要加强代表与选民的联系，通过设置"见面日"、设立代表联系选民点等方式不断拓展代表与选民联系的渠道。

（2）要加强新闻舆论对人大代表的监督。在人大会议召开期间，应允许新闻媒体从多方位、多角度对会议进行记录和报道，新闻媒体也应当更多地关注人大代表在会议上的发言、询问、投票等履职行为，更多地关注会议的过程，避免只聚焦于少数"明星代表"、只关注会议的结果。在人大会议闭会期间，新闻媒体也应当更多地关注人大代表的履职行为，客观披露人大代表不认真履职的行为，强化对人大代表的日常监督，督促人大代表认真履行职责。[1]

（二）人大代表间接选举制度的完善

有关人大代表间接选举中选举机构制度的完善，应分近期和远期两类予以考虑。

1. 近期工作

第一，修改《选举法》《代表法》等相关法律，明确当选无效和代表资格终止对人大代表先前履职行为的溯及力。建议在《选举法》第 57 条中增设一款作为第 4 款，规定：人民代表当选无效的，其先前履职行为已经发生效力的，仍然有效；其先前履职行为尚未发生效力的，应当认定为无效。建议在《代表法》第 49 条中增设一款作为第 2 款，规定：人民代表代表资格终止的，其先前履职行为仍然有效。建议对《地方各级人民代表大会和地方各级人民政府组织法》第 20 条、第 45 条，《选举法》第 44 条、第 52 条、第 54 条等相关条文进行修改，明确人大代表履职行为被认定为无效后具体的操作细则，如将其投票从表决中删去，将其议案联名和候选人提名联名除去等。

第二，尽快修改《选举法》等相关法律，为上级人大常委会成立筹备组提供明确的法律依据。考虑到实践中上级人大常委会成立筹备组不只是需要

---

① 冯玉军，赵一单. 辽宁拉票贿选案的法律透析及其应对. 中共中央办公厅直报内参稿部分内容.

应对"辽宁拉票贿选案""湖南衡阳破坏选举案"等这样的较大数量人大代表补选的情形,还需要应对三沙市等新设立的行政区划首届人大代表选举的情形,因此建议在《选举法》第8条中增设一款作为第4款,或者在第二章"选举机构"中新增一条,规定,在下级人大常委会无法正常履行职责、新设立的行政区划需要进行首届人大代表选举和其他确有必要的情形之下,上级人大常委会有权成立下级人大会议筹备组;并对筹备组的组织和职权作出明确规定。

第三,全国人大常委会应分别就《选举法》第8条第1款、第38条中本级人大常委会、下级人大主席团的"主持"职能进行法律解释,就选举机构的职责作明确列举。在同一部法律中,对不同的机构在不同层面使用同一个语词,会对机构本身职责的履行带来困扰。尽管我们可以通过《选举法》等相关法律的规定,推定本级人大常委会、下级人大主席团的选举职责,并就此作出划分,但对于法律未作规定的内容、二者之间的权责关系需要进一步厘定,并明确下级人大主席团调查处理破坏选举行为的职能。在直接选举中,虽然《选举法》第8条第2款和第10条在同样的两个层面上使用了"主持"一词,但由于其职能的承载主体同为选举委员会,因而不存在需要区分的问题。即便如此,1983年全国人大常委会《关于县级以下人民代表大会代表直接选举的若干规定》、2010年《选举法》修正时,均就选举委员会的职责(权)作了明确列举。① 当然,在未有明确的法律解释或职责列举前,处理本级人大常委会与下级人大主席团的关系应遵循以下原则:在无法律明确规定的前提下,对于代表选举需要统一规定的事项,由本级人大常委会负责;对于可以依据地方实际、需要地方具体操办的事项,由下级人大主席团负责。

第四,增加间接选举中选举机构成员回避的规定。2010年《选举法》修正时,增加规定:"选举委员会的组成人员为代表候选人的,应当辞去选举委员会的职务"②。按照这一逻辑,在人大代表间接选举中,应增加规定"主席团的组成人员为代表候选人的,应当辞去主席团的职务",从而理顺

---

① 《全国人民代表大会常务委员会关于县级以下人民代表大会代表直接选举的若干规定》第2条、《选举法》第10条。

② 《选举法》第9条第2款。

《选举法》在直接选举和间接选举中有关选举机构的整体逻辑关系。鉴于人大主席团存续时间短，拟提名为上级人大代表候选人的，原则上不再作为主席团的组成人员。代表候选人辞去主席团职务后，主持大会选举的机构至少在候选人层面是平等、持中的。当然，这只是初步的改革措施，长远的目标是将主持大会选举从主席团的职能中分离出去，赋予具有法律主体地位的选举委员会。

第五，人大常委会的"代表联络"与"代表选举"职权在组织上应作必要分离。鉴于代表联络工作对选举机构中立形象的不利影响，有必要对"代表联络"机构与"代表选举"机构进行分离。在 31 个省、自治区、直辖市中，只有北京市人大常委会将"代表联络"和"代表选举"职能进行了组织分离，成立"代表联络室"和"人事室"，分别承担"代表联络"和"代表选举"工作。[1] 天津市人大常委会虽然在形式上就代表联络室和人事任免工作室进行了机构分离，但"代表联络"和"代表选举"职能未作分离，统一由代表联络室承担。[2] 湖北亦同。辽宁省人大历经拉票贿选案后，为加强省人大及其常委会的人事选举任免工作，于 2016 年 1 月成立具有专门委员会性质的"人事选举委员会"[3]，但人大常委会人事代表选举工作机构同时保留，导致"代表联络"和"代表选举"职能是否进行了组织分离并不清晰。

第六，非经法定事由，人大会议筹备组不应另设代表资格审查机构。代表资格审查委员会为法定机构，非经法定事由不得解散。与人大常委会无法召集会议的情形不同，行政区划调整后首届人大会议召开前并无代表资格审查委员会的机构建制，因此有必要在人大会议筹备组设代表资格审查委员会负责代表资格审查事宜。人大常委会无法召集会议时，事实上已经存在一个合法的代表资格审查委员会。代表资格审查委员会除非无法召集会议或履行职能存有重大违法情形，否则不得解散或弃置。因此，在人大常委会无法召

---

[1]　北京市人大及其常委会机构设置．［2016-10-19］．北京市人大常委会网站，http：//www.bjrd.gov.cn/rdgl/jgsz/.

[2]　代表联络室．［2016-10-19］.天津人大网，http：//www.tjrd.gov.cn/rdgl/system/2007/11/24/000005983.shtml.

[3]　省十二届人大六次会议关于设立辽宁省人民代表大会人事选举委员会的决定．辽宁日报，2016-01-31（2）.

集会议情形下成立的人大会议筹备组，不应另行组织代表资格审查委员会履行代表资格审查职权；但在人大常委会组成人员补选产生后，可以就代表资格审查委员会的成员作出调整。

第七，完善代表间接选举法律规范体系。《选举法》第 59 条授权省级人大及其常委会根据《选举法》制定地方人大的选举实施细则。但由于人大代表间接选举涉及人数少、选举程序相对简单，31 部地方选举实施细则中仅有 15 个省、自治区、直辖市①就人大间接选举作了规定。鉴于新形势下我国人大代表间接选举出现的新情况、新问题，省级人大及其常委会应将人大代表间接选举的内容注入选举实施细则，进一步细化人大代表间接选举规则。

2. 远期工作

人大代表间接选举组织结构的调整应本着"能执行、可监督、有担当"原则建构，其基本的目标是，调整后的代表选举机构应是一个具有法律执行能力、在法定职责范围内接受监督并能够为自己的行为承担法律责任的组织机构体系。

人民代表大会制度是我国的根本政治制度，选举委员会应在人民代表大会组织框架下设立。从人大层级关系的角度分析，选举委员会的设置路径有两种：(1) 由上一级人大产生；(2) 由本级人大产生。在同一层级的人大，选举委员会的设置同样存在两种路径选择：(1) 由人民代表大会产生；(2) 由人大常委会产生。选举委员会由上一级人大产生，有利于加强上一级人大对下一级人大选举工作的监督，但完全超脱于下一级人大的机构设置，不利于选举工作的衔接和配合。在同一层级人大，由人民代表大会产生的选举委员会政治和法律地位高、话语权重，组成人员的尊容感和责任感强，有利于选举职责的履行。由人大常委会产生的选举委员会虽然不具有前述明显优势，但具有便于召集会议、工作方式机动灵活、工作效率高的优点。

第一，提升代表选举工作机构的法律主体地位，保障其依法履行选举职能。不同于人大常委会工作委员会，也不同于人大专门委员会，新设置的选举委员会应类同于代表资格审查委员会，不但具有独立的法律主体地位，而

---

① 这 15 个省、自治区、直辖市分别是：山西、内蒙古、江苏、安徽、江西、河南、广东、广西、重庆、四川、贵州、西藏、甘肃、宁夏、青海。

且具有独立的法律职权。在县级以上人大常委会代表资格审查委员会组织框架的基础上，整合人大常委会选举工作机构，恢复设立地市级以上选举委员会，并对县级选举委员会作与之相适应的组织调整。将人大主席团、人大常委会代表资格审查委员会、选举工作机构的选举职能统合到县级以上选举委员会。事实上，一些地方人大常委会代表选举工作机构本身即兼理代表资格审查委员会日常工作①，这为机构之间的整合奠定了法律和组织基础。新组建的选举委员会除承担上一级人大代表的选举外，还承担应由本级人大及其常委会产生的其他公职人员的选举或任免事宜。地市级以上选举委员会同时担负对县乡两级人大代表选举的指导。

第二，保留本级人大常委会的选举主持职能，加强人大对代表选举工作的监督。为便于选举委员会工作的正常开展，地市级以上选举委员会宜在本级人民代表大会下设立，由本级人民代表大会决定任免。在人民代表大会闭会期间，人大常委会可以对选举委员会部分成员进行个别任免。选举委员会设置于人民代表大会，可以在一定程度上降低贿选对选举机构的冲击。同时，为加强上一级人大对下一级人大选举工作的监督，选举委员会的组成人员应由上一级人大常委会提名。地市级以上人大常委会对本级人大代表的选举本身具有主持职责，由其对下一级人大选举委员会组成人员进行提名正契合选举的"主持"之意。中央选举委员会成员由全国人大或其常委会任命，统筹全国选举事宜。地方各级选举委员会接受本级、上级人大及其常委会的监督和上级选举委员会的业务指导。

---

① 人事代表联络委员会工作职责．［2016-10-30］．江苏省人大常委会官方网站，http：//www.jsrd.gov.cn/bmzy/bm_rdl/201412/t20141225_153901.shtml.

第四十八章

完善法律体系与授权立法、政府立法、司法解释

第一节　政府法制统一研究

　　社会主义法制的统一，是维护国家统一、民族团结、社会稳定，建立统一的现代市场体系的基础。坚持和维护社会主义法制统一，是加强民主法制建设、做好立法工作的内在要求。我国实行统一而又分层次的立法体制，纵向看包括中央立法和地方立法，横向看包括权力机关立法和行政机关立法。在目前中国政府职能广泛且多样的背景下，行政机关立法即政府立法的数量是权力机关立法的两倍还要多，可见政府是极其重要的一级立法主体。政府立法是中国特色社会主义法律体系中的重要组成部分，维护政府法制的统一对于维护社会主义法制统一有着至关重要的作用。

一、政府法制统一概述

（一）政府立法界说

1. 政府立法的概念

　　政府立法的概念有广义和狭义之分。广义的政府立法包括行政机关依法定职权和程序制定行政法规、规章，以及向权力机关提出法律议案和地方性法规草案的全部活动。狭义的政府立法仅指行政机关依法定职权和法定程序制定行政法规和规章的行为，包括国务院制定和颁布的行政法规，国务院各部、委员会、中国人民银行、审计署和具有行政管理职能的直属机构（以下

简称国务院部门）制定部门规章，省、自治区、直辖市和设区的市、自治州的人民政府制定地方政府规章。此处所指的政府立法是狭义上的政府立法。截至 2016 年 5 月底，已制定现行有效的行政法规 740 多部、国务院部门规章 2 850 多件、地方政府规章 9 100 多件。

与政府立法概念相似的是行政立法的概念。关于什么是行政立法，在国内主要有两种观点：一种观点认为行政立法是指国家行政机关依照法定权限和程序制定行政法规和规章的行为。在这里，"行政立法"中的"行政"即是指行政机关；"行政立法"中的"法"即指行政法规和规章，不包括法律。就此而言，行政立法等同于狭义的政府立法。另一种观点认为，行政立法是相对于刑事立法、民事立法概念而言的，是指国家权力机关和行政机关依照法定权限和程序，制定和颁布一切有关国家行政机关管理职能的授予、行使和救济的法律、法规和规章的活动，也就是行政法的制定。它具体包括存在于宪法中的调整国家行政关系的有关规定，行政法律、行政法规、行政规章以及地方性法规、地方政府规章、自治条例、单行条例中关于调整国家行政关系的有关规定。

2. 政府立法的权限

《宪法》《立法法》等法律对我国立法权限作了规定，其中关于政府立法的权限划分如下。

（1）国务院制定行政法规。《宪法》第 89 条规定，国务院根据宪法和法律，规定行政措施，制定行政法规，发布决定和命令，从而指明了行政法规的制定依据是宪法和法律。《立法法》进一步明确了行政法规的权限范围，主要有三个方面：一是为执行法律的规定需要制定行政法规的事项。二是《宪法》第 89 条规定的国务院行政管理职权的事项。《宪法》第 89 条赋予了国务院共 18 项职权，主要是：领导和管理经济工作和城乡建设；领导和管理教育、科学、文化、卫生、体育和计划生育工作；领导和管理民政、公安、司法行政和监察工作；领导和管理外交和国防等。三是法律保留的事项。对于《立法法》第 8 条规定的法律保留事项，全国人民代表大会及其常务委员会可以作出决定，授权国务院根据实际需要对其先制定行政法规，但是有关犯罪和刑罚、对公民政治权利的剥夺和限制人身自由的强制措施与处罚、司法制度等事项除外。

（2）国务院部门制定部门规章。《立法法》第 80 条第 1 款规定："国务院各部、委员会、中国人民银行、审计署和具有行政管理职能的直属机构，可以根据法律和国务院的行政法规、决定、命令，在本部门的权限范围内，制定规章。"第 2 款规定："部门规章规定的事项应当属于执行法律或者国务院的行政法规、决定、命令的事项。没有法律或者国务院的行政法规、决定、命令的依据，部门规章不得设定减损公民、法人和其他组织权利或者增加其义务的规范，不得增加本部门的权力或者减少本部门的法定职责。"为了避免部门规章之间的冲突打架，对于跨部门的事项或超越本部门职权范围的事项，《立法法》还于第 81 条规定："涉及两个以上国务院部门职权范围的事项，应当提请国务院制定行政法规或者由国务院有关部门联合制定规章。"

（3）省、自治区、直辖市人民政府和设区的市、自治州的人民政府制定地方政府规章。《立法法》第 82 条规定，省、自治区、直辖市和设区的市、自治州的人民政府，可以根据法律、行政法规和本省、自治区、直辖市的地方性法规，制定规章。地方政府规章可以就下列事项作出规定：（1）为执行法律、行政法规、地方性法规的规定需要制定规章的事项；（2）属于本行政区域的具体行政管理事项。同时规定，设区的市、自治州的人民政府制定的地方政府规章限于城乡建设与管理、环境保护、历史文化保护等方面的事项（已经制定的地方政府规章，涉及上述事项范围以外的，继续有效）。地方政府规章设定减损公民、法人和其他组织权利或者增加其义务的规范，需有法律、行政法规、地方性法规的依据。除此之外，《立法法》还规定，应当制定地方性法规但条件尚不成熟的，因行政管理迫切需要，也可以先制定地方政府规章。

3. 政府立法的特点

政府立法既有立法的属性又是一种行政活动，所以与人大立法（权力机关立法）相比，政府立法有其独特的特点。

（1）政府立法具有较强的从属性。我国实行具有中国特色的统一而又分层次的、中央与地方适度分权的立法体制，这个立法体制中的一个重要方面就是政府立法从属于人大立法。国务院制定的行政法规的效力低于宪法和法律，从属于宪法和法律；国务院部门规章的效力低于行政法规，是对法律和行政法规的细化和补充；地方政府规章的效力低于地方性法规，是对地方性法规的细化和补充。虽然根据《立法法》第9条、第82条，对于属于法律保留的事项，全国人大及其常委会可以授权国务院先制定行政法规，对于应当制定地方性法规但条件尚不成熟的，也可以先制定地方政府规章，但同时这些都是暂时的：当经过实践检验，制定法律的条件成熟时，授权立法的事项要由全国人民代表大会及其常务委员会及时制定法律；当地方政府规章实施满两年需要继续实施规章所规定的行政措施的，应当提请本级人民代表大会或者其常务委员会制定地方性法规。《立法法》的这一设计延续了权力机关立法为中心的传统。

（2）政府立法兼具实施性和创新性。作为权力机关的执行机关，行政机关的立法活动首先应当是实施性的，为了执行权力机关和上级机关的立法而制定更加具体、可操作的规定。但是，《立法法》第9条和第82条显然赋予了行政法规和地方政府规章在一定情形下、一定范围内的"创新权力"。这主要是因为在改革开放之初我国的法律制度很不完备，迫切需要建立起基本法律制度，而权力机关的立法效率和人员配备都有限，仅靠权力机关无法满足大量社会化立法的需要，所以加强政府立法就成了必然。于是，在"有比没有好，快搞比慢搞好""法制要在执行中间逐步完善起来""摸着石头过河"等思想的指导下，行政机关在制定实施性法规之外，还承担了开拓创新、为权力机关立法积累经验的责任，在制定法律条件尚不成熟的情况下，先行出台行政法规以解决一些领域无法可依的问题。这是我国在四十年里完成从无法可依到有法可依的转变、建成中国特色社会主义法律体系的重要经验之一，也是在未来一段时间继续完善法律体系将延续的做法。2015年修改的《立法法》，在原有的行政法规授权立法制度的规定之外，增加了地方政府规章可以在"应当制定地方性法规但条件尚不成熟，因行政管理迫切需要"的先行制定的规定，这一规定使政府立法的创新性更加突显。

（3）政府立法具有反映社会生活需要的敏锐性。行政机关不仅承担着立法职责，更重要的是还承担着管理社会、经济、文化事务的职责。行政机关不仅是立法主体，更是执法主体，在执法或者行使其他管理职权过程中能够直接接触到行政相对人，能够及时感受到实际生活中产生的对法律的具体需求，因此有条件针对新问题迅速提出切实可行的立法对策。

（4）政府立法具有相对高效性。权力机关的立法周期较长，程序烦琐，成本较高，不能迅速针对社会对法律的新要求作出修改，而行政机关立法贯彻了行政机关一贯追求效率的风格，立法程序相对来说比较简便、灵活，能够较为及时地适应社会的需求进行制定或者修改。以《校车安全管理条例》为例：2011 年年底我国多地连续发生校车安全事故，引起了舆论高度关注。时任国务院总理温家宝要求有关部门迅速起草校车安全条例，将校车安全问题纳入法制轨道。国务院相关部门在短短 5 个月内完成了条例的起草工作。2012 年 4 月 5 日条例公布施行，及时回应了社会关切，在制度上解决了校车安全管理问题。

（二）政府法制统一的基本要求

由政府立法本身的特点和社会主义法制统一的要求所决定，政府法制统一有如下基本要求。

1. 政府立法与人大立法之间相协调

既然政府立法相对于人大立法来讲具有从属性和实施性，那么与人大立法之间相协调是应有之义。行政法规、部门规章要与宪法和法律相一致，不能抛开宪法和法律另搞一套。同样，地方政府规章要"根据法律、行政法规和本省、自治区、直辖市的地方性法规"制定。

2. 政府立法内部相协调

一是上下级政府的立法相统一，包括国务院部门规章与行政法规协调一致、地方政府规章与行政法规相协调，设区的市的政府规章与所在省级政府规章相协调。二是同位阶的政府立法之间相协调。由于行政法规和部门规章是在全国范围内有效，因此行政法规与行政法规之间、部门规章与部门规章之间，在同一事项的规定上应当是统一、协调的。由于地方政府规章是根据法律、行政法规和本省、自治区、直辖市的地方性法规制定的，而地方性法规可以就执行法律、行政法规的某些事项和地方性事务根据本行政区域的实际情况作出规定，因此，不同行政区域的地方政府规章之间在同一事项上的规定并不应当是完全一致的，在某些事项和地方性事务上的规定可以存在不同，而在此范围之外的严格执行法律、行政法规的那部分规定应该是相一致的。

二、政府立法中的冲突

（一）政府立法中的纵向冲突

1. 行政法规与法律之间的冲突

根据《立法法》的规定，国务院制定的行政法规可以分为三类：一是在有法律依据的情况下为贯彻实施法律制定的行政法规；二是在没有法律规定的情况下自主制定的行政法规；三是根据授权制定的行政法规。行政法规与法律的冲突相应也可分为三类：实施性的行政法规与法律的冲突；自主性的行政法规与法律的冲突；根据授权制定的行政法规与法律的冲突。

（1）实施性的行政法规与法律的冲突。实施性的行政法规应当在其上位法规定的框架下作出执行性的规定，但是有的行政法规增加了法律没有规定的内容，有的改变了法律规定的内容，有的减少了法律规定的内容。1980年全国人大制定的《个人所得税法》规定个人收入所得税的起征点是800元，而1986年国务院发布的《个人收入调节税暂行条例》规定个人收入所得税起征点为400元，与法律规定不一致。同时，该条例还缩小了征税对象的范围，把征税对象仅限于中国公民，而原法律规定的征税对象包括在中国境内住满1年的个人，不论是中国公民还是外国公民，都应纳税。

（2）自主性的行政法规与法律冲突。1985年由林业部发布、国务院批准的《森林和野生动物类型自然保护区管理办法》第11条规定"自然保护区的自然环境和自然资源，由自然保护区管理机构统一管理"。而1986年出台的《渔业法》第6条规定："国务院渔业行政主管部门主管全国的渔业工作。县级以上地方人民政府渔业行政主管部门主管本行政区域内的渔业工作。县级以上人民政府渔业行政主管部门可以在重要渔业水域、渔港设渔政监督管理机构。"二者规定不一致，且前者并未在后者出台后进行修改，导致位于江河湖泊的自然保护区适用法律与行政法规时就会由不同的行政机关来管理。

（3）根据授权制定的行政法规与法律冲突。根据授权立法的理论，这类行政法规应该在法律授权范围内立法，并且未经授权机关批准不得再次将立法权转授出去。1984年发布的《全国人民代表大会常务委员会关于授权国务院改革工商税制发布有关税收条例草案试行的决定》授权国务院在实施国营企业利改税和改革工商税制，并且规定"不适用于中外合资经营企业和外资企业"。然而，在没有获得全国人大及其常委会其他有关税收授权的情况下，国务院于 1984 年 11 月 15 日发布《关于经济特区和沿海十四个港口城市减征、免征企业所得税和工商统一税的暂行规定》，其主要内容均适用于"三资企业"，明显超越上述授权决定的授权范围。违法转授权的情形更为常见，比如 1984 年全国人大常委会只授权国务院制定有关税收的暂行条例，未规定国务院可以转授有关部委行使该项权力，但 1986 年国务院制定的《个人收入调节税暂行条例》就规定由财政部制定除个人收入所得以外其他所得的征税范围。

2. 国务院部门规章与法律、行政法规之间的冲突

国务院部门规章应当是执行法律或者行政法规、决定、命令，而且不能与之相抵触，但实践中存在很多超越权限或者擅自增加行政处罚、审批、许可、收费等的情形。比如，虽然《合同法》规定只有法律、行政法规才能规定合同的前置审批，但是 1998、1999 年创制性规章中设定审批、登记、发证等事前审批的占 43.2%。《城市房地产管理法》和《城市房屋拆迁管理条例》只规定了房屋所有权证书和房屋拆迁资格证书，而建设部在 1988 年至 1995 年的规章中却自行设置了另外 14 类许可证。

3. 地方政府规章与法律、行政法规或者地方性法规冲突

有的地方政府规章对法律已经规定的事项作出改变，尤其是增设行政许可条件、提高行政许可门槛等。比如，2001 年 6 月国务院颁布的《城市房屋拆迁管理条例》第 7 条规定，取得房屋拆迁许可应当提交的材料之一是建设用地规划许可证。而同年 11 月出台的《北京市城市房屋拆迁管理办法》第 9 条则规定提交"建设用地规划许可证或建设工程规划许可证"。

同一行政区域范围内的地方政府规章与地方性法规之间有的也互相冲突。比如 2002 年出台的《北京市食品安全监督管理规定》第 28 条规定，对不符合安全标准的食品应当追回而不追回的，由卫生、工商行政管理或者质量技术监督部门处 5 000 元以下罚款。而 2007 年出台的《北京市食品安全条例》第 62 条规定，由责令召回的食品安全监督管理部门没收违法生产、销售的食品，并处 3 万元以上 30 万元以下罚款；情节严重的，由原发证机关吊销其卫生许可证、生产许可证（2012 年修订后删去）。

（二）政府立法中的横向冲突

1. 行政法规之间的冲突

行政法规之间的冲突不多见，2004 年公布的《国务院对确需保留的行政审批项目设定行政许可的决定》（国务院 412 号令）第 378 项规定，防雷装置设计审核由县以上地方政府的气象部门进行，但是 2010 年出台的《气象灾害防御条例》第 23 条却规定，这项许可由建设部门审批，并征求气象部门的意见。由于中央层面的法规对此规定不一，造成目前各地方的做法不一。

2. 部门规章之间的冲突

部门规章之间的冲突主要集中在主管机关以及审批、收费、处罚等规定方面的冲突。新闻出版总署、文化部争夺对网络游戏的审批管理。文化部于 2003 年发布的《互联网文化管理暂行规定》将网络游戏定性为互联网文化产品，由文化行政部门负责审批和备案。新闻出版总署、信息产业部于 2002 年联合发布的《互联网出版管理暂行规定》（已于 2016 年 3 月 10 日被《网络出版服务管理规定》废止）第 8 条规定，新闻出版总署对从事互联网出版业务（互联网游戏出版物）的申请进行审批。部门权力交叉在实践中造成企业无所适从。比如在 2009 年，网络游戏"魔兽世界"虽然取得了文化部的审批许可，但还是被新闻出版总署以无证经营予以处罚。

3. 地方政府规章之间的冲突

一种情况是同一个行政区域的地方政府规章之间存在的冲突，比如 2004 年出台的《北京市人民防空工程和普通地下室安全使用管理办法》第 13 条规定，办理房屋出租登记要到建设（房屋）行政主管部门办理登记备案，未办理的由建设（房屋）行政主管部门责令改正。而 2007 年出台的《北京市房屋租赁管理若干规定》第 8 条规定，办理房屋出租登记到区、县人民政府在社区、村建立的基层管理服务站办理出租登记，未办理的由公安机关责令改正。二者之间主管部门不同。

另一种情况是不同行政区域的地方政府规章之间存在冲突。这实际上是一种"合法"的冲突，因为根据《立法法》，地方政府规章由各省、自治区、直辖市以及设区的市分别根据本地区情况制定，并在本地区实施。但是，实践中法律适用规则相当复杂，随着市场经济的发展，跨地区的经济往来等活动日益频繁、复杂，常常需要适用多个行政区域的法规规章，使法律关系主体、行政执法机关和司法机关经常要面临不同的程序和实体规定，如何作出正确的法律适用是个重要的问题。我国关于解决区域行政法律冲突的法律规定少之又少，而且系统性不强，除了《立法法》中的规定外，在《行政处罚法》《公司登记管理条例》《婚姻登记条例》《收养法》《担保法》《土地管理法》《行政救助制度》《流动人员计划生育工作管理办法》等行政法规中，对于行政管辖冲突分别作出了由行为发生地行政机关管辖、行政相对人所在地行政机关管辖、不动产所在地行政机关管辖、行政救助的地域管辖、计划生育行政事务的地域管辖等原则。笔者建议借鉴国际法上的冲突规范，引入属人原则、最密切联系原则等解决区域政府规定冲突问题。

（三）政府立法中的斜向冲突

政府立法的斜向冲突也可以说是中央立法与地方立法之间的冲突。这是由于我国宪法对中央与地方的事权范围没有作出明确、细致的划分，而根据立法法，地方与部门的法律规范之间又没有谁高谁低之分，一旦遇到某一事项，中央与地方的法律规范作出不同的规定，就出现立法冲突。这也是我国目前立法实践中表现最为突出、数量最多的立法冲突。

1. 国务院部门规章与地方性法规之间的冲突

比如规定行政主管部门不同：1998 年建设部、公安部联合制定的《城市出租汽车管理办法》（已废止）第 7 条规定："国务院建设行政主管部门负责全国的城市出租汽车管理工作。县级以上地方人民政府城市建设行政主管部门负责本行政区域内出租汽车的管理工作。出租汽车的具体管理工作可以委托客运管理机构负责。"《呼和浩特市客运出租汽车管理条例》第 3 条规定："市、旗、县交通行政主管部门主管本行政区域内出租车的管理工作，并负责本条例的组织实施。交通行政主管部门所属的交通行政管理机构具体负责出租车的日常管理工作。公安、规划、工商、税务、物价、市容、卫生、技术监督等部门，按照各自职责，依法做好出租车行业的管理工作。"对于地方性法规与部门规章间的效力层级问题，由于两者并不处于同一效力等级，难以明确何者的效力优先，因而《立法法》第 95 条在两者同一事项的规定发生冲突如何适用的问题上，确立了以下规则：先由国务院提出处理意见，若是认为应当适用地方性法规，直接予以适用；若是认为应当适用部门规章，则提请全国人大常委会来裁决。

2. 国务院部门规章与地方政府规章之间的冲突

比如对同一违法情形，二者规定的罚款额不同。1995 年国家工商局《企业动产抵押物登记管理办法》（已于 2007 年 10 月被《动产抵押登记办法》废止）第 14 条规定："未按规定办理企业动产抵押物变更登记的，由企业动产抵押物登记机关责令限期办理；逾期未办理的，处 2 000 元以上 5 000 元以下的罚款。"而大连市人民政府发布的《大连市企业动产抵押物登记管理办法》第 14 条规定："违反本办法，未办理抵押物登记进行动产抵押或未按规定办理抵押物变更、续期、注销登记，以及保证合同未办理备案登记的，由工商行政管理部门责令限期补办手续，逾期不办的处 1 000 元以下罚款……"

三、减少政府立法冲突、维护政府法制统一的对策

法律冲突是世界各国都普遍存在的现象，从某种意义上说具有不可避免性，但是我国政府立法冲突已经在一定程度上超越了不可避免的范畴，使公民和执法机关无所适从，影响了法制的统一。这就使我们不得不反思造成这一现状的原因，并有针对性地提出解决对策。

（一）明确政府立法权限划分

我国立法主体多元及立法权限划分不甚清晰是造成政府立法冲突的根本原因。我国立法主体众多，中央层面的政府立法主体包括国务院和国务院部门；地方立法层面的政府立法主体包括省、自治区、直辖市、设区的市、自治州的人民政府。也就是说，在《立法法》修改之前，在我国有政府立法权的主体有一百多个，修改之后由于设区的市数量庞大（共有 284 个），使有政府立法权的主体上升到将近 400 个。如此广泛的立法主体，本身就使法律发生冲突的可能性增大，再加上政府内部立法权限划分不清，更使法律冲突几乎成为必然。所以，在政府立法主体数量既定的情况下，政府内部立法权限的明确划分对于预防和化解法律规范冲突尤为重要。

立法权限的分配要把握好以下两个关键方面。

1. 明确中央政府与地方政府的立法权限划分

虽然我国《宪法》和《立法法》对中央和地方政府的立法权限进行了划

分，但划分不明的问题仍然存在，为法律规范冲突的发生埋下了隐患。《立法法》第 8 条以列举的方式规定了法律的事项范围，第 72 条以规定"根据本行政区域的具体情况和实际需要，在不同宪法、法律、行政法规相抵触的前提下，可以制定地方性法规"或者"根据本行政区域的具体情况和实际需要，在不同上位法相抵触的前提下，可以对……事项制定地方性法规"的方式，规定地方性法规的事项范围。在《立法法》修改之前，其第 56 条规定行政法规的立法事项为"为执行法律的规定需要制定行政法规的事项""宪法第八十九条规定的国务院行政管理职权的事项"，以及应当制定法律但由全国人民代表大会及其常务委员会授权国务院制定的事项，修改后第 65 条没有改变；修改前第 73 条规定地方政府规章的立法事项为"为执行法律、行政法规、地方性法规的规定，需要制定规章的事项"和"属于本行政区域的具体行政管理事项"，修改后的第 82 条增加了设区的市、自治州的人民政府制定地方政府规章"限于城乡建设与管理、环境保护、历史文化保护等方面的事项"的规定。可以看出，《立法法》对中央和地方立法权的标准是以立法事项的重要程度为主，也就是把"重要"事项的立法权划归中央，而把其他一些相对"次重要"的立法权或者由"重要事项"立法权所派生出来的附属性立法权赋予地方；以事项的"影响范围"为辅，在修改后将适合地方管理的"城乡建设与管理、环境保护、历史文化保护"等事项保留在地方立法权内。

修改之前的《立法法》关于中央政府立法和地方政府立法容易造成内容重复的权限范围主要表现在"为执行法律的规定需要制定行政法规或者规章的事项"和本级政府"行政管理事项"。首先看"为执行法律的规定需要制定行政法规或者规章的事项"。这样的规定在分工上相当原则，因为我国立法中除明确要求由国务院或者省级政府、省级其他立法主体制定配套办法的以外，对这部分究竟哪些以中央政府立法为主、哪些以地方政府立法为主，没有详细、具体的权限划分。既无规定，便意味着都可以制定。如《社会保险法》通过后，除新型农村合作医疗的具体办法明确授权国务院制定外，其他各项社会保险以及社会保险费征缴等方面并不排除各地自行予以规范。此处中央政府立法和地方政府立法在权限上仅存地域范围差异而已。接下来考察"中央人民政府行政管理职权事项"与"地方人民政府在本行政区域的具体行政管理事项"。根据《宪法》第 89 条、《地方各级人民代表大会和地方各级人民政府组织法》第 59 条的规定，除管理层级和区域范围高低大小不同、全国人大及其常委会是否授权、权限差别外，国务院与政府立法相关的行政管理职权事项为"国民经济和社会发展计划、国家预算，经济工作和城乡建设，教育、科学、文化、卫生、体育和计划生育工作，民政、公安、司法行政和监察等工作，对外事务，国防建设事业，民族事务，侨务"，县级以上的地方各级人民政府与政府立法有关的具体行政管理事项为"国民经济和社会发展计划、预算，经济、教育、科学、文化、卫生、体育事业、环境和资源保护、城乡建设事业和财政、民政、公安、民族事务、司法行政、监察、计划生育等行政工作，各类合法财产和权益，少数民族、妇女等各项权利"。两相对照，除外交、国防、侨务以外，事项范围基本相同，所以这部分中央政府立法和地方政府立法都可以调整，重复立法、交叉冲突也就在所难免。《立法法》修改后对设区的市、自治州的人民政府制定地方政府规章的范围作了规定，中央与地方立法事项范围划分不清晰的情况得到一定程度上的缓解，但是一些问题仍然存在，"行政管理职权事项"的模糊性仍会导致地方政府与国务院之间立法权限的重叠。《立法法》第 8 条第 3 项、第 9 项规定中的"制度"，第 7 项、第 8 项规定的"基本制度"，都应从严作出限制性解释。

因此，建议进一步明确中央政府与地方政府的立法权限划分：

（1）可以考虑在按照立法事项的"重要程度"为标准划分中央与地方事权的基础上，在现行国家政治体制许可的范围内合理引进"影响范围"标准中的若干因素，也就是将纯属地方性质的事项划为地方立法权范围，中央立法不应加以干预。只有对地方立法权限进行合理保留和明确界定，才能有效避免中央立法主体随意限制、侵占地方立法空间，也才能使地方立法主体在合理空间内有所作为，不至于谋求对上位法的任意突破。从各主要国家关于中央和地方立法权限划分的宪法和法律规定来看，通常采取的是"明确两头、模糊中间"的方式：一是明确中央的专属立法权，如美国、德国、印度等国家的宪法对中央的立法权限作了规定。二是明确地方的专属立法权。联邦制国家通常规定各邦、州享有专属立法权，单一制国家中只有部分国家的地方享有立法权。三是对中央和地方专属立法权之外的权限作出处理，处理的方法有：或者明确规定属于中央或属于地方，或者对其实行共有原则。我国虽是单一制国家，但也可以借鉴这种划分模式中的合理因素，以使界定标准相对合理、清楚，事项明确、具体，

（2）以立法解释等形式明确"不抵触"原则的含义。《立法法》在规定地方立法范围时多处使用"不抵触"一词，被称为"不抵触原则"，是我国地方立法必须遵守的一项基本原则。但是立法法对地方立法不抵触原则的规定很笼统，也缺少关于该原则的具体、内涵明确的立法解释，导致理论界和实务界对该原则的认识不一致，判断地方立法是否构成与上位法相抵触的标准不明，地方立法要么严格与上位法保持一致，上位法没有规定的一律不能规定，要么随意"创新"，突破"不抵触"原则。已经有多位学者和法制工作者对"不抵触"原则之内涵的界定作出探索，应当有官方解释对其作出界定。笔者认为，明确"不抵触"原则要对其中的争议焦点问题作出回应，比如同上位法的具体规定不一致但是同上位法规定的精神或者立法目的相一致是否属于"抵触"。

2. 明确行政机关与权力机关的立法权限划分

根据《立法法》的规定，行政法规的制定范围包括：一是执行法律规定的事项；二是《宪法》第 89 条规定的国务院行政管理职权的事项；三是尚未制定法律的，全国人民代表大会及其常务委员会有权作出决定，授权国务院可以根据实际需要先制定行政法规的部分事项。关于法律的制定事项，《立法法》规定了只能由法律规定的事项范围，即国家主权等 10 项，也就是说，其他领域的事项法律也可以规定，所以，法律与行政法规的立法权限难以在内容项上作出明确、具体的划分，对于交叉的事项只存在规定的程度、程序、方式等形式和量的区别，而无质的不同。

同样，地方政府规章与地方性法规在事务管辖范围上也有很大的重合。这种情况造成某一事项是由权力机关立法还是由行政机关立法存在着随意性，往往越是急于立法的事项，在等不及权力机关冗长的立法程序的情形下，就由行政机关先行规定了。这是实践中出现行政法规与法律相冲突、地方政府规章与地方性法规相冲突的重要原因。修订后的《立法法》第 10 条、第 11 条、第 12 条、第 13 条、第 97 条、第 98 条对授权决定的目的、事项、范围、期限、方式和监督方面作出了要求，与旧法中单薄的规定相比可以说

前进了一大步，但过去实践中违法转授权、超出授权范围立法造成的后果并没有得到及时、有效的纠正，所以需要对授权立法的监督和责任落实作出进一步的明确规定。这些新的规定也导致之前作出的一些授权行为与其规定不相符合，应当对其作出回应，将可以上升为法律的条例上升为法律。

造成我国权力机关与行政机关立法权界限模糊的一个重要原因是立法机关授权行政机关立法的机制尚未健全。修订前的《立法法》对于授权立法制度只有寥寥数笔，修订后的《立法法》增加了这方面规定，第 10 条、第 11 条、第 12 条、第 13 条、第 97 条、第 98 条对授权决定的目的、事项、范围、期限、方式和监督等方面作出了要求，与旧法相比可以说前进了一大步，但还有一些遗漏和不足，比如第 9 条规定的法律绝对保留的事项范围值得商榷，没有对实践中存在的国务院对地方政府的授权和地方人大及其常委会对地方政府的授权等法条授权的范围、标准和形式作出规定，没有对过去实践中违法转授权、超出授权范围立法的做法作出纠正，所以，需要对授权立法的范围、监督和责任落实作出进一步的明确规定，对之前作出的不合法的授权行为作出回应。可以参考借鉴大陆法系国家和地区的授权立法制度，比如德国的行政机关没有制定对外发生普遍约束力的规范的固有职权，凡是制定普遍性规范必须经过议会明确而具体的授权，颁布的行政法规中必须指明其法律授权根据，并有批准制度、附带审查、直接司法审查等机制对授权立法进行监督。

（二）加强各政府立法主体之间的沟通与协调

不同立法主体制定的法规、规章之间的冲突时有发生，特别是在同一领域多个立法主体有立法权的情况下。这就要求立法部门借助具有灵活性和适应性的"协调"途径来减少冲突和对抗。

关于部门规章之间和部门规章与地方政府规章之间规定不一致的，我国已有法规对"协调"的程序作出规定，比如国务院《法规规章备案条例》第 15 条规定，部门规章之间、部门规章与地方政府规章之间对同一事项的规定不一致的，由国务院法制机构进行协调；经协调不能取得一致意见的，由国务院法制机构提出处理意见报国务院决定，并通知制定机关。这一做法已经成为我国实务中常用的方法，一般由各级政府的法制机构实施。在国家层面，由国务院法制办内设的政府法制协调司来实施，专门协调各部委的立法活动，协调部门之间在有关法律、行政法规实施中的矛盾和争议。这种协调方法的适用也解决了不少冲突问题，但是还存在程序和内容上比较随意、协调的结果不具有法律上的强制性的缺陷，应当进一步对这个在实践中经常用到的方法作出实体、程序和效力上的进一步明确。

关于不同行政区域的地方政府规章之间的冲突解决，目前我国并没有制度上的规定，因为理论上认为其在各自行政区域内有效，互相之间不会冲突。但实际上，市场经济的快速发展增加了人的流动性和物品的流通性，使对同一法律关系主体在不同行政区域会适用不同的规范。这不仅阻碍了统一市场的形成，同时还为地方政府之间加剧对抗、恶性竞争提供了制度依据。目前一些地方政府和专家关注到了这一问题，积极探索地方政府之间沟通、协调、合作的机制，比如，长三角地区各政府之间签署了一系列行政协议，对长三角地区法制的协调起到了很好的作用。2015 年《京津冀协同发展规划纲要》出台，规定了交通一体化、环保一体化、产业一体化等，京津冀三地立法协同也随之进入建章立制和具体实施阶段。今后应当对政府间立法协作给予更多关注，使其恰如其分地发挥协调不同地方政府立法、促进法制统一的作用。

（三）加强备案审查、改变和撤销制度

备案审查，是指有关立法主体将自己所制定的法律规范按照规定报送上级国家机关备份在案，以便审查的一种监督机制。法规规章备案审查制度包括备案登记制度和实质审查制度两个部分。备案登记制度是指在法规规章制定之后、在事实上正式实施之前，法定的国家机关通过法定程序对其进行初步审查，并将备案的结果通过正式的文件反馈给制定机关。这一制度主要是针对制定程序和显见的法律冲突，价值在于在法规规章实施之前初步消除显见冲突。实质审查制度是指法定国家机关对法规、规章等进行实质性审查，包括被动审查和主动审查。其价值在于为有关机关、企事业单位、公民解决法律冲突的诉求提供解决途径。主动审查是法定部门可以对法律进行审查；被动审查是法定部门在得知法规、规章有关内容违法时应该进行审查和处理。改变或撤销机制是备案审查的后续制度。

《法规规章备案条例》对备案登记程序作了详细规定，属于政府立法范围的有：行政法规报全国人大常委会备案，全国人大常委会审查并有权撤销同宪法和法律相抵触的行政法规；部门规章和地方政府规章报国务院备案，国务院有权改变或撤销不适当的部门规章和地方政府规章；地方政府规章还应当同时报送本级人大常委会备案，地方人大常委会有权撤销本级人民政府制定的不适当的规章；较大的市的人民政府制定的规章应同时报省、自治区的人大常委会和人民政府备案，省、自治区的人民政府有权改变或撤销下一级人民政府制定的不适当的规章；根据授权制定的法规应当报授权决定规定的机关备案，授权机关有权撤销被授权机关制定的超越授权范围或者违背授权目的的法规。2015年修改后的《立法法》将第五章的标题修正为"适用与备案审查"，新增了"审查"二字，明确了审查作为备案的后续行为，并要求全国人大有关的专门委员会和全国人大常委会工作机构可以对报送备案的规范性文件进行主动审查。有关机关需将审查、研究情况向国家机关、社会团体、企业事业组织及公民反馈，并向社会公开。

备案审查和改变撤销制度存在的问题有：一是备案的重复性较强，部分法规和规章的备案存在向不同层级备案主体多重备案的情形，导致备案资源的浪费和审查力量的分散。二是报送备案的瞒报、漏报、延报的现象时有发生，但没有对这种情况的监督、制约机制。三是没有明确不予备案登记的法律效力。《法规规章备案条例》规定，国务院法制机构对于报送的地方政府规章作出形式审查后，认为制定主体不合格的、制定程序不合格的，作出不予备案登记的处理。但是，不予备案登记的规章的法律效力是什么，相关法规并没有作出明确解释。四是备案审查与改变撤销制度衔接不紧密。由于缺乏利益推动、具体程序规定和监督，改变撤销制度基本没有真正运行过，处于休眠状态。五是关于立法主体法制工作机构主动审查的规定仍然较少。2015年修改后的《立法法》就全国人大有关的专门委员会和全国人大常委会工作机构可以对报送备案的规范性文件进行主动审查作了规定，但是《立法法》《法规规章备案条例》等法律法规仍然没有关于国务院对接收备案的规范性文件进行主动审查的规定。

建议今后在制度层面对以上问题有所回应，比如增加政府系统接受备案的主体对备案规范性文件的主动审查职责；增加被动审查的具体程序规定，明确审查机关的责任。

（四）加强法规清理

法规清理，就是立法机关对于自己制定的法律规范是否与上位法相抵触、相互之间是否存在冲突、是否继续有效进行审查并作出决定的一种法律规范冲突解决机制。法规清理是对于维护法制统一非常重要的制度，但其应用远远没有满足实际需要。实践中有全面清理和专项清理两种方式。近年来国务院进行了多次行政法规专项清理：2012 年，配合行政强制法的实施进行了行政法规中关于行政强制规定的清理工作；2013 年，配合行政审批制度改革、事前审批转为事中、事后监管对涉及的行政法规进行了清理工作；2014 年，配合公司法修改对涉及的行政法规进行了清理工作。一般是以出台"国务院关于废止和修改部分行政法规的决定"的形式，"打包"废止相关法规。

目前我国的法规清理机制存在一些问题：一是清理的相关制度不健全，法律未对清理机制作出明确规定。清理的主体、启动、范围、程序、效力、监督都没有法律明文规定，使清理机制处于无法可依的状态。二是清理的启动和频次没有形成常规机制，实践中长期采取根据实际需要不定期进行清理的做法。2015 年前仅有国务院 2010 年年底发布的文件《关于加强法治政府建设的意见》中要求建立国务院部门规章和规范性文件定期清理制度，对规章一般每隔 5 年清理一次，规范性文件一般每隔两年清理一次，并把清理结果向社会公布。据了解，这项规定贯彻得并不好，很多国务院部门不能做到。做不到的原因主要有两点：一是部门规章和规范性文件（尤其是后者）数量庞大，且每年都在增加，每全面清理一次要花费相当多的人力、物力和时间成本，给事务庞杂的行政机关带来了不小的压力；二是每隔两年或五年将刚刚清理过的规范性文件、规章再清理一次，造成了人力、物力上的浪费。因此，后来在研究起草新的文件时对清理机制作了调整：2015 年 12 月中共中央、国务院发布的《法治政府建设实施纲要（2015—2020 年）》要求"建立行政法规、规章和规范性文件清理长效机制。根据全面深化改革、经济社会发展需要，以及上位法制定、修改、废止情况，及时清理有关行政法规、规章、规范性文件。自 2015 年起用 3 年时间，对国务院文件进行全面清理，清理结果向社会公布。2017 年年底前，有关部门和地方政府要完成对现行行政法规、规章、规范性文件的清理工作，清理结果向社会公布。实行行政法规、规章、规范性文件目录和文本动态化、信息化管理，各级政府及其部门要根据规范性文件立改废情况及时作出调整并向社会公布。"三是国务院发起的法规清理工作与全国人大常委会发起的法律清理工作不相衔接。从这些年的法律法规清理工作实践来看，二者分别进行，互相之间衔接得不够，有时会出现国务院发起的法规清理工作刚刚结束没多久，全国人大常委会发起的法律清理工作却刚刚开始，然而，由于很多行政法规是根据法律制定的，在法律清理工作结束后国务院又要进行新一轮法规清理。这不仅造成立法资源的浪费，而且造成清理工作的效率低下。

针对以上问题，建议：一是建立法规清理的制度，对清理机制作出较为全面又切实可行的规定，比如将定期清理和根据实际需要及时清理设定为立法机关的义务，规定法规清理与改革的关系等；二是建立权力机关发起的清理工作和行政机关发起的清理工作之间的联结。建议从过去的立法实践中吸取有益成分，创新做法。过去的立法实践中有法律出台时会在结尾部分明文规定之前出台的某部调整同一事项的法律或行政法规废止的做法，比如2011年公布的《车船税法》第13条规定，"2006年12月29日国务院公布的《中华人民共和国车船税暂行条例》同时废止"。从实践来观察，这种清理旧法规的方式可以做到新法律生效与旧法规失效的无缝链接，及时废止了被新法完全替代的旧法，明确且极富效率。但这种清理旧法规的方式在2007年之后就很少见了，只出现在个别涉及征税的法律中。大量的已经被新法或上位法完全替代的法律法规没有采用这种方式被及时废止，而只能通过全国人大或者国务院组织的集中清理来废止，而在新法律法规出台与集中清理、废止旧法律法规之间有相当长的一段时间差，在这段时间内就存在上位法与下位法或者新法与旧法之间在具体规定上的冲突，造成了适用上的混乱，还增加了集中清理的工作量。实践中可能同时存在以下两种情形：一是新法的规定完全涵盖了旧法的规定，也就是实际上已经替代了旧法，但并未明文废止旧法，旧法也未被通过其他方式清理；二是新法的规定只涵盖了旧法的一部分规定，不能完全替代旧法，旧法也没有被明文废止或清理。第一种情形下，旧法实际已经失效，不能成为执法依据，但却没有被废止；第二种情形下旧法的部分条款失效，部分条款仍然有效、是执法依据。此外还存在一部旧的行政法规被多部新出台的法律所实际替代的情况（这种情况存在于每一部法律的调整对象与行政法规的调整对象不是完全对应，但后出台的法律从不同角度作了规定，完全涵盖了法规的规定）。多种复杂情况的存在使执法机关在适用法律时存在困难，或者有意无意地选择性执法。这些情形的存在都损害了社会主义法制的统一。笔者建议恢复之前新法明文废止旧法的做法并形成更加成熟、完善的机制，只要满足新出台的一部或者多部法律的规定完全替代了相应的旧法规，就在这部法律或者最后出台的法律里明文废止相应旧法规，若没有规定的，视为调整同一事项的法规继续有效。

除了以上建议之外，还要通过扩大立法的民主参与、加强司法审查、加强立法解释工作等多种途径维护政府法制的统一。综上，政府法制统一是一个理想的状态，为了弥合现实与理想的差距、向理想状态无限趋近，需要在制度上构建多项机制，在构建过程中不断修补、剔除、促进和维护。

第二节　立法与司法解释关系研究

一、问题的提出

最高人民法院和最高人民检察院的司法解释无疑是一个极具中国特色的法律现象。从制度文本的角度出发，自 1955 年第一届全国人大常委会第十七次会议所通过的《关于解释法律问题的决议》，直至于 2015 年 3 月 15 日修正施行的《立法法》，都将司法解释定性为"审判、检察工作中具体应用法律的解释"。基于这一界定，司法解释的功能仅限于对制定法条文在应用过程中的具体化，与抽象法律规范的创设之间理应泾渭分明。然而，我国的立法长期以来奉行"宜粗不宜细"的指导思想，导致立法机关所制定的法律往往呈现出简约型的样态，其中包含了大量的一般性和原则性的法律条款，甚至对许多理应加以规范的问题"有意沉默"。"立法的有意沉默"与"禁止司法沉默"之间所形成的张力，在客观上为司法机关通过自我授权扩张解释权限提供了条件，使我国的司法解释包含了大量可以反复适用的抽象条款。

长期以来，学界对于我国司法解释所存在的这样一种"准立法"现象进行了大量的研究。基于权力分立与制衡的立场，大部分研究对此现象采取批判的立场，认为司法机关无权以抽象条款的方式发布一般规范，应当改革此种立法色彩极其浓厚的司法解释体制；主张立法机关应当积极承担立法解释的职能，同时提升立法的精细化水平，避免司法机关对立法权的僭越。[①] 笔者认同应当准确地界分立法权和司法权、避免权力的混同化，但是笔者也认为，我们不应当单纯地基于某种先验的立场对现实进行不加反思的批判，而应当深入地理解我国司法解释所置身的制度性实践，探寻制度结构获取实质正当性的实践过程。

将我国的司法解释称为一种"准立法"，在某种意义上是将司法解释视为其所置身的制度实践过程的一个"终点"，但事实上这一过程并未就此终结。司法解释是司法机关对于审判和检察工作中零散的司法经验素材的一次系统化，而这些经过初步系统化的司法经验素材有可能在后续的法律制定或修订过程中被立法机关加以吸收，通过再次的系统化成为正式法律文本的一部分。例如 2001 年最高人民法院发布《关于确定民事侵权精神损害赔偿责任若干问题的解释》（以下简称《侵权精神损害赔偿解释》），该司法解释的第 1 条第 2 款认可了个人的隐私具有独立的保护价值，在事实上创设了与《民法通则》不同的规范。2009 年 12 月全国人大常委会通过《侵权责任法》，吸收了前述司法解释的观点，在第 2 条第 2 款将隐私权明确为一项具体人格权。

因此，如果站在客观描述的立场上对我国司法解释所发挥的规范创设功能进行分析，"试行立法"可能是一个相较于"准立法"而言更为恰当的用语。司法解释的"试行立法"功能所描述的是存在于立法机关和司法机关之间的这样一种结构性关系：立法机关的"简约型"立法在客观上形成了授权的事实，司法机关由此承担起经验性的立法实验任务，并在一段时间的实验之后将分散的司法经验素材系统化。立法机关在新一轮的法律制定或修订过程中对司法经验素材进行再次的、有选择性的系统化，形成新的法律规范。新的法律规范形成之后又开启了下一轮的立法实验任务。[②] 这样一种往返反馈的合作机制可能构成了我国真实立法的制度性实践，司法机关的"试行立法"功能很可能已经成为我国立法权运作机制的一个有机组成部分。

---

① 例如袁明圣. 司法解释"立法化"现象探微. 法商研究，2003（2）. 陈兴良. 司法解释功过之议. 法学，2003（8）. 蒋集跃、杨永华. 司法解释的缺陷及其补救. 法学，2003（8）. 魏胜强. 司法解释的错位与回归. 法律科学，2010（3）等。

② 雷磊. 指导性案例法源地位再反思. 中国法学，2015（1）：285.

现有的有关司法解释的研究对此种制度性实践的关注还相当不足，既缺乏经验层面上的对于立法机关和司法机关之间往返反馈的合作机制的详尽描述，更缺乏实践功能层面上的对于立法权和司法权之间的关系的深入反思。有鉴于此，下文拟以全国人大常委会于 2016 年 7 月 5 日公开征求意见的《民法总则（草案）》作为分析对象 *，在客观描述该草案是如何对以往司法解释中的分散司法经验进行再次系统化的基础上，从制度功能的角度深入反思我国司法解释所具有的这种"试行立法"功能，以及立法机关在今后应当如何处理与司法机关的这种"合作反馈"关系。

二、分析对象与分析方法概述

（一）分析对象的选取缘由

之所以选取《民法总则（草案）》作为分析对象，主要是基于以下几点考虑。

第一，《民法总则》编纂的主要蓝本是全国人大于 1986 年通过的《民法通则》，制定《民法通则》之时我国的经济体制改革刚刚开始，正处于新旧体制转轨的过程中，各种民事关系和经济关系都需要一段时间才能够明朗化、稳定化，历史条件的种种限制使《民法通则》只能够对那些比较成熟或者比较有把握的问题作出规定。① 这就使《民法通则》对于许多应当规定但当时还不成熟的问题没有作出规定，即便是已经作出规定的部分也显得较为粗疏甚至残缺。因此，最高人民法院制定的《关于贯彻执行〈中华人民共和国民法通则〉若干问题的意见（试行）》（以下简称《民通意见》）、《关于审理民事案件适用诉讼时效制度若干问题的规定》（以下简称《诉讼时效规定》）等相关司法解释就体现为极其典型的"立法型"司法解释，其中包含了大量的旨在确立抽象裁判规则的一般性规范。这在客观上为我们观察立法机关在制定新的法律之时如何处理以往的"立法型"司法解释提供了一个绝佳的视角。

---

* 　在本文写作完成时《民法总则》尚未通过。特此说明。

① 　王汉斌 . 关于《中华人民共和国民法通则（草案）》的说明 . ［2016-07-24］. 中国人大网，http：//www. npc. gov. cn/wxzl/gongbao/2000-12/26/content _ 5001774. htm. 佟柔 . 我国《民法通则》的时代特色和对经济改革的影响//周大伟 . 佟柔中国民法讲稿 . 北京：北京大学出版社，2008：232.

第二，《民法总则》的编纂除了重点参考《民法通则》之外，还与《婚姻法》（1980 年）、《商标法》（1982 年）、《专利法》（1984 年）、《继承法》（1985 年）、《著作权法》（1990 年）、《合同法》（1999 年）、《物权法》（2007 年）、《侵权责任法》（2009 年）等民事单行法律具有密切的联系，最高人民法院针对这些法律也作出了大量的民事司法解释。按照"两步走"的民法典编纂工作思路，《民法总则》的编纂将是民法典编纂的第一步，在整个民法典中起到了统率性、纲领性的作用，因此，其编纂过程中势必要对包括大量民事司法解释在内的现有民事法源进行科学的整理。而这些为数众多的民事司法解释产生于不同的历史时期，贯彻了不同的社会、经济政策导向，彼此之间多有冲突而不能融洽无间。① 立法机关要如何在《民法总则》的编纂过程中协调这些相互冲突的司法解释，使其中的司法经验素材能够有机地融入整个法律文本之中，形成一个逻辑严密、价值自洽的法律体系，无疑也是值得我们重点分析的一个角度。

第三，之所以选取一部法律草案而非由立法机关正式通过的法律作为分析对象，是希望从动态立法的视角出发更为全面地观察和分析立法机关是如何审慎地、有选择性地将司法解释中的司法经验素材加以再次系统化。根据《立法法》的规定和民法典编纂的工作安排，《民法总则》拟经过全国人大常委会三次审议之后争取提请 2017 年 3 月召开的十二届全国人大五次会议审议通过。在多次审议过程中《民法总则》中的条文必然会历经反复的修改和增删，以《民法总则（草案）》作为起点，进行一个动态的、连续性的跟踪研究，势必能够帮助我们更为全面地把握立法机关吸收和处理司法解释中司法经验素材的内在逻辑，从而更为深入地理解我国真实立法的制度性实践。

（二）分析方法概述

下文所进行的实证分析将依循法社会学研究的基本框架，包含"客观性说明"（explanation）和"主观性解释"（interpretation）两个阶段。客观性说明旨在对《民法总则（草案）》吸收、处理现有民事司法解释的实际情况进行全面的梳理和说明。这一阶段主要将恪守"价值无涉"的立场，主张研

---

① 薛军. 当我们说民法典，我们是在说什么（编者按）. 中外法学，2014（4）：1406.

究的客观性和中立性，强调观察全国人大常委会与最高人民法院之间往返反馈的立法合作机制的运作经验事实。主观性解释则是在全面而充分地掌握上述经验事实的基础之上，注重分析制度性实践背后的理论预设和行动主体的价值观念，力求深入地理解参与这一制度实践过程的行动主体的行为以及制度运作的逻辑。通过有机地结合这两个阶段的分析研究，下文力图实现"对社会行动进行诠释性的理解，并从而对社会行动的过程及结果予以因果性的解释"①。

在客观性说明的阶段，下文对《民法总则（草案）》中的条文进行了逐一的比对，以确认该条文是否源于最高人民法院所制定的民事司法解释，并对所得的源于司法解释的法律条文进行类型化的处理。在比对条文的过程中，针对不同的情形需要加以分别的说明。

第一，如果《民法总则（草案）》中的某一条文无法在民事单行法律、行政法律中的民法规范或行政法规中的民法规范等民法法源中找到对应的条文，而能够直接在最高人民法院的民事司法解释中找到对应的条文，即确认该条文是立法机关吸收自司法解释。例如《民法总则（草案）》第 47 条有关被宣告死亡的人与配偶的婚姻关系的规定，直接源于最高人民法院《民通意见》第 37 条的规定，而无法在其他民法法源中找到对应的条文。这是最为简单的一种确认情形。

第二，如果《民法总则（草案）》中的某一条文由其他民法法源中的民法规范和民事司法解释中的民法规范共同组成，则同样确认该条文是立法机关吸收自司法解释。例如《民法总则（草案）》第 29 条第 1 款有关担任监护人争议的解决方法的规定，就是由《民法通则》第 16 条第 3 款、第 17 条第 2 款和《民通意见》第 16 条共同组成的。这种情形是比较常见的，因为《民法总则（草案）》中的条文往往并不能够和《民法通则》等民法法源中的对应条文完全前后一致，在很多情况下是对后者的几个条文进行了重新的组合。

第三，如果《民法总则（草案）》中某一条文中的关键性概念系源于司法解释中的原创性概念，则同样确认该条文是立法机关吸收自司法解释。例

---

① 韦伯. 社会学的基本概念. 顾忠华，译. 桂林：广西师范大学出版社，2005：3.

如《民法总则（草案）》第77条、第121条、第132条三处均使用了"效力性强制性规定"这一对于解释条文的规范意旨具有关键性意义的概念，而这一概念源于《最高人民法院关于适用〈中华人民共和国合同法〉若干问题的解释（二）》（以下简称《合同法解释二》）第14条所创设的新概念。因此，尽管这三个条文都可以从《民法通则》《合同法》等法律中找到相对应者，但是仍然确认其是由立法机关吸收自司法解释。

第四，如果《民法总则（草案）》中的某一条文既无法在其他民法法源中找到直接对应的条文，也无法在司法解释中找到直接对应的条文，但是通过考究规范意旨，能够确认《民法总则（草案）》中的条文系基于特定司法解释所独立蕴含的规范意旨而创设所成，则仍然确认该条文是立法机关吸收自司法解释。例如《民法总则（草案）》第10条后半句规定："法律没有规定的，可以适用习惯，但是不得违背公序良俗。"在既有的各种民法法源中都无法找到与之直接相对应的条文，但是《合同法解释二》对于何为《合同法》中所称的"交易习惯"进行了界定，事实上使"交易习惯"获得了相当于习惯法的地位。① 因此，应当确认《民法总则（草案）》第10条后半句的规定是基于《合同法解释二》所独立蕴含的肯定"交易习惯"法源地位的规范意旨所创设的。当然，这是一种非常特殊的确认情形，必须根据具体情况进行细致的辨析。

第五，如果在《民法总则（草案）》之前已经有其他民事法律从司法解释中吸收了相应的条文，而《民法总则（草案）》中的某一条文又是源于该民事法律的规定，则不再确认该条文是立法机关吸收自司法解释。例如《民法总则（草案）》第100条规定自然人享有隐私权，该条规定显然源于《侵权责任法》第2条第2款的规定，而《侵权责任法》的相应规定又是源于《侵权精神损害赔偿解释》第1条第2款。虽然《民法总则（草案）》第100条的规定最终能够追溯至司法解释，但是其创设过程实际上体现为立法机关的自我延续，因此在下文中就不再确认其是立法机关吸收自司法解释。

以上五种情形大致能够说明下文比对《民法总则（草案）》中条文来源的过程，具体到某一个条文之时有可能综合了多种情形，也有可能存在一些

---

① 朱庆育．民法总论．2版．北京：北京大学出版社，2016：42.

更为特殊的情况，对此笔者将在下文的具体说明过程中予以详尽的交代。

三、《民法总则（草案）》中的"试行立法"

（一）分析结果概述

《民法总则（草案）》一共 186 条，其中有的条文整体源于司法解释，有的条文中某一句或某一概念源于司法解释，有的条文中某一款或某一项源于司法解释。为了统计的方便，以上几种情形下均视为该条文的规定源于司法解释。在 186 个条文中，共有 31 个条文源于司法解释，占比为 16.7%。

作为《民法总则（草案）》条文来源的司法解释包括了《民通意见》、《关于适用〈中华人民共和国合同法〉若干问题的解释（一）》（以下简称《合同法解释一》）、《合同法解释二》、《诉讼时效规定》、《侵权精神损害赔偿解释》等 5 部。由于《民法总则（草案）》中的一个条文可能同时源于两个或以上的司法解释，因此上述司法解释被立法机关吸收的次数总和超过了 31 次，其中，《民通意见》为 21 次，《合同法解释一》为 3 次，《合同法解释二》为 4 次，《诉讼时效规定》为 7 次，《侵权精神损害赔偿解释》为 1 次，合计为 36 次。

（二）分章节的类型化分析

《民法总则（草案）》共分为 11 章，包括：基本原则、自然人、法人、非法人组织、民事权利、民事法律行为、代理、民事责任、诉讼时效和除斥期间、期间的计算、附则。这些章基本上涵盖了民法总论的全部内容，对各章条文源于司法解释的情况进行分别的统计和分析，有助于我们更好地把握《民法总则（草案）》中不同类型的制度内容与司法解释之间的不同关联。

第一章"基本原则"共 12 条，其中有 1 条源于司法解释；第二章"自然人"共 40 条，其中有 13 条源于司法解释；第三章"法人"共 38 条，其中有 2 条源于司法解释；第四章"非法人组织"共 8 条，没有条文源于司法解释；第五章"民事权利"共 13 条，其中有 1 条源于司法解释；第六章"民事法律行为"共 28 条，其中有 5 条源于司法解释；第七章"代理"共 16 条，其中有 2 条源于司法解释；第八章"民事责任"共 11 条，没有条文源于司法解释；第九章"诉讼时效和除斥期间"共 13 条，其中有 7 条源于司法解释；第十章"期间的计算"共 5 条，第十一章"附则"共 2 条，这两章均没有条文源于司法解释。

从条文的绝对数量来看，第二章"自然人"和第九章"诉讼时效和除斥期间"各有 13 个条文源于司法解释，居于各章之首。从条文所占比例来看，这两种源于司法解释的条文占全部条文的比例也分别达到了 32.5％ 和 53.8％，同样居于各章之首。究其原因，一方面是由于这两章在《民法通则》中的规定较为粗疏，如"诉讼时效"一章在《民法通则》中仅有 7 个条文，这就使立法者必须在原有立法的基础上予以扩充，或者创设新条文，或者从其他法源中进行吸收；另一方面是由于相关司法解释已经对这两章的内容进行了较为详尽的补充和完善，《民通意见》一共 200 个条文中涉及"自然人"一章的就有 57 条，占到了四分之一强的比例，至于"诉讼时效"一章更是有《诉讼时效规定》这一专门的司法解释予以补全，这在客观上为立法者从司法解释中吸取司法经验素材提供了条件。

其余各章中源于司法解释的条文均较为稀少，占各章条文总数的比例也偏低，但究其原因各有不同。在没有任何条文源于司法解释的 4 章之中，"期间的计算"和"附则"两章的内容对于法律适用而言仅仅起到前导性或辅助性的作用，所涉及的法律规范基本都是说明性规范或解释性规则，直接沿袭自《民法通则》的规定即已足够。第四章"非法人组织"是《民法总则（草案）》所采取的新型民事主体制度的产物，该制度确立了自然人、法人、非法人组织三者并列的格局，改变了《民法通则》中公民（自然人）和法人的两分法，这就决定了此章所涉及的法律规范并无旧的法源可以借鉴或吸收，基本上都是立法者新创设的，自然也就不会来源于司法解释。第八章"民事责任"中的条文来源则较为多元化，既有沿袭自《民法通则》者，也有吸收自《合同法》《侵权责任法》等其他民事单行法律者，还有立法者新创设者，唯独与《民通意见》中涉及民事责任的 23 个司法解释条文无关。在笔者看来，这是由于作为潘德克顿体系产物的民法总则的内容被认为应当是从各式各样的构成事实中抽象出来的共同要件，具备所谓"公因式"的功能，而《民通意见》中涉及民事责任的司法解释条文都着眼于极其具体的问题，并不具备公因式的能力。其内容被《侵权责任法》等属于民法分论的民事单行法律吸收尚有一定道理（事实上也确实如此），被《民法总则》来吸收显然是站不住脚的。

剩下各章所面临的情况也大同小异。第一章"基本原则"是我国立法者独创的"双重公因式"体例之产物，所涉及的法律规范高度抽象，鲜有能从司法解释中吸收者。第三章"法人"与第四章"非法人组织"情况比较类似，两章同样面临着基础制度重构的局面，因此其中有大量的条文是新创设的。另外，《公司法》这一单行法律也为该章贡献了为数众多的条文（共计11 条）。相比较而言，《民通意见》中涉及法人的规定本就只有寥寥 7 条，无怪乎作为条文增加数量最多的一章［由《民法通则》的 18 条增至《民法总则（草案）》的 38 条］，第三章中源于司法解释的条文却仅有 2 条。第五章"民事权利"的内容主要是有关权利客体的规定，这显然是受到了"提取公因式"之影响，因此，尽管《民通意见》中涉及民事权利的条文多达 58 条，却同样由于其着眼于具体的问题而无法进入总则之中，唯一为立法者所吸收的是同样在抽象层面上确认人身自由和人格尊严为权利客体的《侵权精神损害赔偿解释》第 1 条第 1 款第 3 项。第六章"民事法律行为"和第七章"代理"在《民法通则》中的对应内容尽管稀少，但是由于《合同法》中有大量的条文对其进行了补充、完善，因此这两章中源于司法解释的条文也并不多。

从中我们可以看出，司法解释对于《民法总则（草案）》的"试行立法"功能在制度内容层面受到了以下几方面因素的综合影响：司法解释本身对特定制度内容之规定的详细程度、先前法律对特定制度内容之规定的详细程度、立法定位（总则的"公因式"功能）对特定制度内容抽象程度的要求、特定制度内容被重构的程度。其中，司法解释自身和先前法律对特定制度内容规定的详细程度属于一阶影响因素，如果某一制度内容在先前法律中规定得较为粗疏，而在相应的司法解释中规定得较为详尽，则立法者有较大的可能将司法解释中的规定吸收进新的立法之中。立法定位的要求和制度重构的程度则属于二阶影响因素，如果这类因素以反对的姿态存在，那么立法者会明显地倾向于无视旧有法源对特定制度内容之规定的详尽程度，而直接依据决断性因素的要求进行自主立法，司法解释的"试行立法"功能自然也就无从发挥了。

（三）"吸收方式"的类型化分析

上文按《民法总则（草案）》的各章从制度内容的类型化角度对司法解释的"试行立法"功能进行了分析，实际上是初步讨论了立法者从司法解释中吸收条文的标准，也就是"是否吸收"的问题。下文以《民法总则（草案）》中确定源于司法解释的 31 个条文为分析对象，讨论立法者"如何吸收"的问题。

通过对这 31 个条文的分析，笔者发现，立法者从司法解释中吸收条文的方式大致可以分为四种类型。第一种是"直接沿袭型"，也就是保持原有司法解释条文的规范含义不变，仅基于立法技术的考虑对条文的具体表述进行不触及内涵的修改，直接转换为法律中的条文。最为典型者如《民法总则（草案）》第 168 条："当事人约定同一债务分期履行的，诉讼时效期间从最后一期履行期限届满之日起计算。"该条规定完全照搬自《诉讼时效规定》第 5 条，连条文表述都一字不差。稍有变动者如《民法总则（草案）》第 47 条："被宣告死亡的人与配偶的婚姻关系，自死亡宣告之日起消灭。死亡宣告被撤销，其配偶未再婚的，夫妻关系自撤销死亡宣告之日起自行恢复，任何一方不愿意自行恢复的除外；其配偶再婚的，夫妻关系不自行恢复。"该条规定直接沿袭自《民通意见》第 37 条，仅在条文的具体表述上有所修改，两者的规范含义完全一致。

第二种是"补充完善型"，也就是在沿袭和吸收原有司法解释条文的主体部分的基础之上，增加、补充了条文规范的构成要件或者法律效果，而并未改变原有条文的规范含义。例如《民法总则（草案）》第 44 条规定："被宣告死亡的人，人民法院宣告死亡的判决作出之日或者判决确定的日期视为其死亡的日期。"该条规定源于《民通意见》第 36 条第 1 款前半句："被宣告死亡的人，判决宣告之日为其死亡的日期。"相较于《民通意见》的规定而言，《民法总则（草案）》的规定在构成要件上增加了"判决确定的日期"的内容，在未改变原有条文规范含义的基础上对其进行了补充、完善。

第三种是"重新创设型"，也就是立法者基于原有司法解释条文所独立蕴含的规范含义，在充分吸收其核心内涵的基础上，重新创设了另外的法律条文。此种类型与"补充完善型"的区别在于后者在相当程度上仍然沿袭了司法解释条文的主体内容，而前者只是在核心内涵上吸收了司法解释条文，就条文规范本身来看是一个新的法律规范。前文所举的《民法总则（草案）》第 10 条后半句与《合同法解释二》第 7 条的例子即属于这种情况。又如《民法总则（草案）》第 28 条规定："监护人可以协议确定。协议确定监护人的，应当尊重被监护人的意愿。"该条规定实际上是在吸收《民通意见》第14条中"应当征求被监护人意见"的核心内涵的基础上重新创设而成。

第四种是"实质改动型"。这种类型在结构上与"补充完善型"有些类似，都是基本上沿袭了原有司法解释条文的主体部分，区别在于这种类型通过增加或者更改条文规范的构成要件、法律效果，使新的法律条文的规范含义与原有司法解释条文之间产生了实质性的差异。例如《民法总则（草案）》第29条第1款规定："对担任监护人有争议的，由被监护人住所地的居民委员会、村民委员会或者民政部门指定，有关当事人对指定不服的，可以向人民法院提起诉讼；有关当事人也可以直接向人民法院提起诉讼，由人民法院指定。"该款规定源于《民通意见》第16条，但是改变了后者"未经制定而向人民法院起诉的，人民法院不予受理"的规定，使条文的规范含义与先前完全相反。

根据分析和统计，在《民法总则（草案）》源于司法解释的31个条文之中，有17个条文属于"直接沿袭型"，有3个条文属于"补充完善型"，有9个条文属于"重新创设型"，有2个条文属于"实质改动型"。

在这四种"吸收方式"之中，"直接沿袭型"所占的比例最高，超过了半数。需要特别说明的是《民法总则（草案）》第77条、第121条、第132条，这三个条文的主体部分其实都源于《民法通则》中的对应条文，但是由于这三个条文均直接采纳了《合同法解释二》第14条所提出的"效力性强制性规定"这一原创性概念，因此在统计分析之时将这三条均计入了"直接沿袭型"的范围。从逻辑上加以分析，立法者采取"直接沿袭型"的原因应有两个方面：第一是司法解释之外的其他法源均没有就某一项制度内容作出规定，第二是司法解释的规定经过学理和实践的检验被证明是足够成熟的。以这两项标准来比照分析属于"直接沿袭型"的17个条文，可以发现它们基本上都满足第一点，最为典型的例子是"诉讼时效和除斥期间"一章中的7个条文，这7条均属于"直接沿袭型"，因为《民法通则》中有关诉讼时效的规定相当粗疏，许多重要的内容都被规定在《诉讼时效规定》这一司法解释之中。

但是围绕着第二点就产生了许多问题。首先，部分条文所沿袭的司法解释规定并未得到学理和实践的充分认可，典型者如直接照搬了"效力性强制性规定"这一概念的三个条文。在学理上，"效力性强制性规定"的概念表述被认为不过是同义反复，自身无法提供明确的判别标准。① 在司法实践层面，最高人民法院在"效力性强制性规定"本身的规范含义尚未明确的情况下，又提出了"管理性强制性规定"作为其对立概念，而概念上的对立却并没有带来法律效果上的对立，② 这就导致大多数的相关司法裁判均在此二分格局的"误导"下陷入了混乱局面。将这样一个无论是在学理还是实践层面均不成熟甚至存在相当争议的概念直接引入法律之中，立法者的此番作为显然有值得反思之处。其次，如果以"直接沿袭型"的方式被吸收进法律的司法解释条文是经过检验被认为足够成熟的，那么就难以解释为何具有相同性质的、在学理上和实践中均被普遍认可的若干条文有的被吸收进法律、有的却被排除在法律之外。最为典型的例子是"诉讼时效和除斥期间"一章，该章中有 7 个条文直接沿袭自《诉讼时效规定》中的对应条文，但是在《诉讼时效规定》中还有相当数量的类似条文没有被立法者所吸收。例如《民法总则（草案）》第 168 条规定："当事人约定同一债务分期履行的，诉讼时效期间从最后一期履行期限届满之日起计算。"这是有关诉讼时效起算期日的规定，直接照搬自《诉讼时效规定》第 5 条。但是《诉讼时效规定》的第 6～9 条还规定了其他类型请求权的诉讼时效起算期日的规定，这些规定在司法实践中同样被广泛适用。立法者为什么只考虑约定清偿期的合同之债请求权的诉讼时效，而无视未约定清偿期的合同之债请求权、不当得利请求权、无因管理请求权等规定？这显然缺乏一个合理的解释。

"补充完善型"和"重新创设型"在沿袭原有司法解释条文规范含义的基本立场上具有一致性，在这两种情形中立法者都认为原有的司法解释条文具有一定程度的正当性，其所规定的内容又是法律确实需要加以规范的，因此有必要吸收进新的法律条文之中。两者的区别在于，"补充完善型"所沿袭的司法解释条文在规范结构上基本能够满足新立法的需要，仅需对构成要

---

① 朱庆育.《合同法》第 52 条第 5 项评注. 法学家，2016（3）：158～159. 苏永钦. 违反强制或禁止规定的法律行为——从德国民法 §134 的理论与实务操作看台湾地区"民法" §71//苏永钦私法自治中的经济理性. 北京：中国人民大学出版社，2004：43.

② 《最高人民法院关于当前形势下审理民商事合同纠纷案件若干问题的指导意见》第 15 条规定："……违反效力性强制规定的，人民法院应当认定合同无效；违反管理性强制规定的，人民法院应当根据具体情形认定其效力。"

件或法律效果稍加补充完善；而"重新创设型"所吸收的司法解释条文在规范结构上无法满足新的立法需求，需要对其构成要件和法律效果进行重新的设计。对于不同的司法解释条文而言，重新创设的程度是有所不同的。例如《合同法解释二》第 7 条原本只是界定了何为合同法所称的"交易习惯"，从而间接使"交易习惯"获得了相当于习惯法的地位。立法者认可了司法解释的这一立场，承认了习惯在整个民法领域的法源地位，从而创设了《民法总则（草案）》第 10 条，该条规定相对于原有的司法解释条文而言可以说是一个质的提升。重新创设程度较低的例子如，《民通意见》第 14 条原本规定在人民法院指定监护人之时，如果被监护人有识别能力，应视情况征求被监护人的意见。立法者吸收了该条规定中"尊重被监护人意愿"的核心内涵，并将其扩展至协议确定监护人的情形，从而创设了《民法总则（草案）》第 28 条。从整体上而言，虽然"补充完善型"和"重新创设型"对司法解释的沿袭和吸收程度存在一定的差异，但是两者都代表着立法者对司法解释的认可和肯定。同时相较于"直接沿袭型"而言，这两种类型又体现出立法者一定程度的自主性。

"实质改动型"是值得重点关注的一种类型。在"试行立法"的过程中，并非所有的司法经验都能够转化为法律文本，因为立法者在再系统化阶段的吸收往往是很有限的。但是对于那些没有被法律所吸收的司法解释而言，除了被明确废止者外，我们很难判断立法者对它们的明确态度。而"实质改动型"恰恰为我们提供了这样一个观察视角，立法者在这种情形中通过对司法解释的实质性改动明确地表达了对原先规定的否定性评价，在事实上等同于对司法解释进行了实质审查。《民法总则（草案）》中一共有两处条文属于"实质改动型"。首先是有关出生时间证明的第 15 条。该条确立的证明规则是：首先以出生证明为准，没有出生证明的，则以户籍证明为准。而《民通意见》第 1 条所确立的证明规则恰好与之相反——首先以户籍证明为准，没有户籍证明的，才以出生证明为准。其次是有关担任监护人争议解决的第 29 条第 1 款。该条规定，对担任监护人有争议的，有关当事人可以不经有关组织指定，直接向人民法院提起诉讼。而《民通意见》第 16 条的旧有规定是，若当事人未经指定而向人民法院起诉，人民法院不予受理。

从条文的规范结构来看，《民法总则（草案）》的这两处条文确实可以称

为"实质改动型"，但是其"实质改动"的意义相当有限：一方面，这两处
条文所涉及的内容在民法总论的知识体系中并没有很大的争议，就出生时间
证明而言，不同类型的证据都只能够起到确定真正的出生时间的作用，不管
是何种证据，其效力都不可能强到可以决定自然人的出生时间的程度。因此
在证据规则上究竟以何种证据为初步优先，其实并不会产生过多的争议。就
担任监护人的争议解决而言，究竟是应当先指定后起诉还是可以直接起诉，
所涉及的也只是便利当事人程度高低的问题。立法者仅选取了这两处没有过
多争议的规定进行实质改动，不免给人以"杀鸡焉用牛刀"的感觉。另一方
面，立法者所进行的"实质改动"并没有触及司法解释的深层次弊病。我国
的司法解释长期以来为学界所诟病者在于以解释之名行立法之实——或者创
设一般规范，或者对法律规范进行不当的扩张、限缩解释等。立法者若是想
对司法解释进行真正意义上的监督和审查，就应当把"实质改动"的重点放
在前述现象之上，通过纠正司法解释的"越界"之处来明确立法权和司法解
释权之间的界限。但是至少在《民法总则（草案）》中，我们并没有看到这
样的例子，这就导致立法者所作出的"实质改动"的意义被大大稀释了。

四、"试行立法"功能的展望

（一）对待"试行立法"功能的立场

上文以《民法总则（草案）》为例的分析表明，司法解释的"试行立法"
功能切实地存在于我国的立法实践之中，司法机关与立法机关之间形成了相
当鲜明的合作结构关系。那么，我们究竟应当秉持怎样的一种立场来看待
"试行立法"的功能和结构？

从法理的角度来看，这一问题涉及对立法与司法之间的关系的深层次讨
论，其中尤为重要的是如何看待司法在法律体系中的作用。德国法学家卡纳
里斯（Canaris）区分了两种类型的体系：第一种是认知的体系，在这一层
面上法律体系被认为是对法律现象进行学术上的建构性阐释的产物；第二种
是认知的对象的体系，在这一层面上法律体系被认为是由立法者所创设的一
套客观存在，是具有一致性的实证法之整体。[1]"认知的对象的体系"所采

---

[1]　雷磊. 适于法治的法律体系模式. 法学研究，2015（5）：3～4.

取的是一种排他性的立法者立场，基于这一立场，法律体系的建立与完善是立法者独享的智识性事业，司法的职能仅限于在个案中适用法律体系的具体规则和内容，不应染指规范建构的作业。而"认知的体系"所采取的则是一种包容性的参与者立场，基于此种立场，法律体系的建立和完善应当是一项多种主体共同参与的合作性事业，立法者并不享有独断的特权，司法完全可以通过解释、适用等司法活动来完善法律体系。

基于以下几方面的理由，笔者认为，应当将法律体系视为一种"认知的体系"，采取"包容性的参与者立场"，肯定司法解释"试行立法"功能的积极作用。

第一，虽然在传统的法学理论中，立法在一国的法秩序中占据中心地位。但是立法者的理性毕竟是有限的，因此法律不可能也不应当以一种完全决定的姿态出现，而只能是基于一种开放的多元理念，建构出一种确保未来的决定能够完整兼顾各种社会利益的"基础秩序"。这也正是凯尔森（Kelsen）的规范理论所始终强调的上位规范与下位规范之间的落差，上位规范（例如法律）所构筑的框架必须预留让下位规范（例如司法解释）自行创造决定的空间。① 既然法律和立法不可能呈现出"完全决定"的姿态，那么法律体系也不可能是完全由实证法组成的"认知的对象的体系"，而必然需要开放给对实证法进行认知之后的产物。

第二，在对实证法的认知活动中，司法无疑发挥着核心作用。司法活动对于法律体系的完善具有独特作用：立法与用法之间的隔阂需要司法予以消解，守法与变法之间的抵牾需要司法予以化除，法规范与法品格之间的融通需要司法予以勾连，规则因素与人的因素之间的结合需要司法予以成就。同时，司法的机动性和灵活性也使得其相较于立法而言具有低成本、低风险的比较优势，能够以一种较为稳妥的方式来发展和完善法律体系。② 司法解释作为司法活动的重要组成部分，其通过从"一般到一般"的进路所发挥的"试行立法"功能是具有不可忽视的积极作用的。

第三，肯定司法解释的"试行立法"功能并不必然会减损立法机关的权威。从理论上来看，"认知的体系"并非拒斥"认知的对象"的存在，其不

---

① 黄舒芃. 违宪审查中之立法形成空间. 月旦法学杂志，2010（10）：41.
② 江必新. 司法对法律体系的完善. 法学研究，2012：88～89.

仅认为两者之间存在密切的关联，还主张"认知的体系"应当尽可能忠实于"认知的对象的体系"，如果认知活动不能够准确地展示出作为客体的对象体系，那么认知体系就是无意义的。在这一理论观点反映在实践之中，也就意味着作为认知活动的"试行立法"必须依附于立法本身，司法机关由此所享有的制度性权威事实上是以实证法为媒介、附属于立法机关的更高权威的。立法机关通过控制对司法经验素材的再系统化过程，牢牢把握着立法的终局性权力。因此，肯定司法解释的"试行立法"功能并不必然会导致立法机关的权威受损。

第四，即使在规范层面否定司法解释的"试行立法"功能，也很难在实践层面彻底阻绝类似的制度性实践。我们当然可以在规范层面严守排他性的立法者立场，坚持法律体系只能够是"认知的对象的体系"，否定司法解释的"试行立法"功能和存在于司法机关与立法机关之间的合作结构关系。但是在实践中由多重因素综合影响所形成的"立法的有意沉默"与"禁止司法沉默"之间的张力是始终存在的，这一张力为类似的制度性实践提供了源源不断的生成需求，最为典型的例子就是最高人民法院推出的指导性案例。指导性案例中的裁判要点作为司法经验素材，同样有可能被立法者吸纳进法律之中，发挥与司法解释同样的"试行立法"功能。我们固然可以在批判的立场上视其为最高人民法院自我扩权的又一个表现，但是更应当去正视此种制度性实践不断生成背后的实践需求。在这种需求仍将持续存在的现阶段，与其在规范层面一味地拒斥，还不如完善制度架构，在保证现有的权力结构不被根本性重构的前提下，充分发挥此种合作反馈机制对我国立法的积极作用。

（二）现阶段"试行立法"功能存在的问题

前文论证了我们应当基于包容性的参与者立场，肯定司法解释的"试行立法"功能，通过完善相应的制度架构，充分发挥司法机关与立法机关之间合作反馈机制的积极作用。这就需要我们总结这一合作反馈机制在现阶段存在哪些问题，从而有针对性地予以解决。通过前文对《民法总则（草案）》中"试行立法"的分析，笔者认为主要存在着以下几方面的问题：

第一，立法者对司法解释的吸收标准不够明确。在前文的分析中，笔者曾初步总结了立法者在吸收司法解释时所考虑的几方面因素，并根据影响程度的高低将其区分为"一阶影响因素"和"二阶影响因素",但如果仔细地加以辨析,就会发现不同的影响因素之间并不存在一个明确的位阶关系。例如在《民法总则(草案)》的"民事权利"和"民事责任"两章中,尽管《民通意见》中相关的司法解释多达81条,却无一能够进入法律文本之中,唯一被立法者所吸收的是《侵权精神损害赔偿解释》中的一个抽象规范。这显然是由于立法者考虑到民法总则的"公因式"定位,不宜将过于具体的、不具备公因式能力的司法解释条文吸收进来。但是在"自然人""诉讼时效和除斥期间"等章中,立法者却又吸收了相当数量的并不具备公因式能力的司法解释条文进入法律文本之中。又例如那些具有相同性质的、已经被学理和实践证明是足够成熟的司法解释条文,有些被立法者吸收进《民法总则(草案)》之中,有些却被排除在外,其中也难以提炼出判别的标准。这些现象表明,立法者在将司法解释中的司法经验素材再系统化为法律文本之时,缺乏一套位阶有序、逻辑自洽的吸收标准,导致"试行立法"向"正式立法"的转化存在一定的随意性,这显然会有损法律和立法的权威性。

第二,立法者对司法解释的吸收方式过于简单。以《民法总则(草案)》为例,在全部31个源于司法解释的法律条文之中,有多达17个条文是直接沿袭甚至照搬自司法解释。这样一种过于简单化、初级化的吸收方式使"试行立法"向"正式立法"的转化过程仅仅具有形式上的确认意义,缺乏对司法解释规范内涵的足够反思。另外,虽然"直接沿袭型"所面向的主要是"抽象型司法解释"或者"立法型司法解释",但是其中仍有部分是旨在适用具体法律条文的"应用型司法解释",将后者与其所依附的制定法相剥离而直接转化成新的法律文本,无疑会带来法律适用上的诸多难题。典型例子如《合同法解释二》第14条所创设的"效力性强制性规定":这一概念是为了适用《合同法》第52条第5项的规定而被引入的,如果脱离了合同法条文的适用,那么这一概念也就成为了"无源之水"①。而《民法总则(草案)》第77条、第121条、第132条恰恰就是脱离了合同法的语境,将"效力性强制性规定"这一概念简单地引入有关民事法律行为效力的规定之中,对于

---

① 朱庆育.《合同法》第52条第5项评注.法学家,2016(3):157~158.

附着在这一概念之上的司法经验是否能够同样地无缝转移却未加深思。这些现象表明，立法者在将司法解释中的司法经验素材再系统化为法律文本之时，存在一定程度的只注重"吸收解释条文"、不注重"吸收司法经验"的弊病。

第三，立法者对司法解释的改动缺乏足够的反思。在司法机关与立法机关之间围绕着立法的合作结构关系之中，立法机关一方面享有立法的优先权，体现为其所进行的初次立法，另一方面又享有立法的终局权，体现为其对司法经验素材的再次系统化。系统化是一个谨慎的、有选择的过程，其必然要求立法者对司法经验素材进行深入的审查，而我国的司法解释为人所诟病的诸多弊端又是客观存在的，立法者理应在深入反思的基础上对需要吸收进法律文本的司法解释条文进行合乎法律逻辑、满足立法需求的改动。然而以《民法总则（草案）》为例，立法者对司法解释的实质改动一方面在数量上极其稀少，另一方面也没有触及客观存在于司法解释中的创设一般性规范、不当地扩张或限缩解释法律条文等突出弊病。这样一种不加反思的吸收和改动，实质上是在助长"立法者有意沉默"的局面，加大了与"禁止司法沉默"之间的张力，最终为司法机关进一步自我扩权、强化权威提供了便利条件。

（三）"试行立法"功能的完善

笔者在分析现阶段"试行立法"功能所存在的问题时主要着眼于立法机关一方的不足，这一方面是由于学界对司法解释自身所存在的问题已经多有论述，重复引述并没有太大的意义；另一方面同时也是更重要的，是由于在"试行立法"所置身的司法机关与立法机关之间的合作结构关系中，立法机关本来就是主导的一方，其享有对立法的优先性和终局性权力。如果立法机关对这一法律创设结构的主导和控制职能产生了问题，那么无论司法机关怎样地去完善和改进自身的职能，都会由于其制度性权威的附属性导致合作结构的失效。因此，对司法解释"试行立法"功能的完善和改进，应当坚持立法机关为主导、司法机关为辅助，保证主体之间往返反馈机制的顺畅和有效。

具体而言，立法机关应当及时总结实践经验，针对不同部门法的实际情况，建立起一套逻辑自洽、位阶清晰的判别标准，明确在何种情形下司法解释可以被吸收进法律之中；对于拟吸收进法律的司法解释，应当区分其具体类型，充分考虑到未来法律适用过程中可能面临的问题，注重对于附着在司法解释条文之上的司法经验素材的实质吸收，尽量减少简单的直接沿袭；对于确实存在与法律相抵触等问题的司法解释条文，应当充分利用再次系统化的机会，对其进行切实的修改，以解决法律体系融贯性的问题。司法机关则应当准确认识自身在这一法律创设结构中的附属性地位，更加审慎地行使司法解释权，积极开展应用型司法解释，严格控制抽象型司法解释；同时也应当充分发挥自身的机动灵活性，在立法机关的再系统化工作完成后，开始新一轮的立法试验作业，使"试行立法"能够成为一个动态前进的有机过程。

第三节　授权立法制度的发展与完善

伴随着中国特色社会主义法律体系的形成，中国立法实现着数量激增和质量飞跃的双重目标。在全面推进依法治国的征程中，针对法律本身具有稳定性和滞后性的特点，面对纷繁复杂的社会生活，解决不同地区发展过程中的差异问题，需要借助授权立法的力量。授权立法能够及时、专业并准确地对相关问题进行规制和调整，在一定程度上克服了法律滞后性的特点，同时又保持法律的稳定性和传承性，节约法律成本。鉴于此，下文将探究授权立法的理论基础，继而回顾中华人民共和国成立以来授权立法的发展历程，剖析授权立法存在的问题，通过对比不同国家授权立法的现状，借鉴、吸收相关经验，进一步寻找授权立法的完善路径。

一、授权立法的理论基础

明确授权立法的含义和范围，是深入研究授权立法相关问题的前置条件。授权立法，又叫委任立法，"指行政机关根据议（国）会的授权制定普遍性的行政管理法规的行为。它又被称为次级立法，而议会立法则被称为一级立法。在有的国家中，行政机关以外的机关、团体根据法律授权也享有委任立法权"①。由此定义可以看出，授权立法既包括立法权的授予，也包括

---

① 薛波. 元照英美法词典. 北京：北京大学出版社，2014：391.

权力的授予。① 立法权的授予和权力的授予的前提是受权主体本身没有立法权，通过授权获得立法权。例如，"现代立法机关常常把一些立法职能授予政府的行政机关，授予一个局或专业委员会，或授予国家最高行政官。此外，立法机关还可能将某些立法任务授予司法机关"②。这些受权主体本身没有相关事项的立法权，通过立法机关的授权才取得对具体事项的立法权。③

授权立法作为现代法治国家立法制度的重要组成部分，其理论基础问题是研究授权立法的发展与完善的前提。授权立法自 19 世纪 30 年代从英国出现至今，在普通法系国家和大陆法系国家都经历了逐步完善的过程。④ 授权立法的出现和广泛采用根植于法治国家治理理念中的分权思想，同时契合了政治、经济和文化发展的需要，既能够保持法律稳定性的特点，又能够克服法律滞后性的弱点，同时能够发挥法律回应性的优势。可以说，授权立法是法治国家立法权限平衡和调整的需要，也是保证国家政治、经济、文化和环境等制度在法治轨道平稳运行和顺势发展的要求。授权立法的理论基础主要有以下三个方面：

首先，授权立法是分权理论的实践和延展。授权立法的出现源自分权学说和制衡理论，要求权力的行使要相得益彰。立法权和行政权既要相互制约又要相互促进。"立法权不仅是国家的最高权力，而且当共同体一旦把它交给某些人时，它便是神圣的和不可变更的；如果没有得到公众所选举和委派的立法机关的批准，任何人的任何命令，无论采取什么形式或以任何权力做后盾，都不能具有法律效力和强制性。"⑤ 立法权具有的最高性

---

① 立法权的授予是立法机关通过授予另一机关制定法律的权力加强其立法权，或者赋予另一机关确定某一行为效力的权力的行为；权力的授予则是政府某一部门将授予其的权力委托给其他部门或者行政机关行使。薛波. 元照英美法词典. 北京：北京大学出版社，2014：392.

② E. 博登海默. 法理学：法律哲学与法律方法. 邓正来，译. 北京：中国政法大学出版社，2004：437.

③ 这是授权立法区别于职权立法、配套立法等相关立法概念最显著的特征。

④ 在授权立法出现的早期，由于对授权立法的含义和范围界定不明晰，对授权立法事项有泛化的解释。授权立法早在戴雪所谓的集体主义时代就被采用，其后英国 1547 年的《公告法》和 1531 年的《污水排除法》都一度被认为是授权立法的早期例证。但是直到 1834 年《济贫法》不仅将具体执行济贫事务；而且将制定济贫政策的权力一并授予行政机关，才标志着正式意义上的授权立法出现。韦德. 行政法. 徐炳，等译. 北京：中国大百科全书出版社，1997：560.

⑤ 洛克. 政府论：下篇. 叶启芳，瞿农菊，译. 北京：商务印书馆，2015：83.

和神圣性，是行政权不能僭越的。但是"当立法权和行政权集中在同一个人或同一个机关之手，自由便不复存在了，因为人们将要害怕这个国王或者议会制定暴虐的法律，并暴虐地执行这些法律"①。立法权和行政权的分离是法治国家进行高效、理性治理的前提，所以在此意义上，"行政立法是一个不得不予以容忍的祸害，它对于分权是一种不幸又不可避免的破坏"②。立法机关授予行政机关制定普遍性的行政法规的权力，在很大程度上缓解了立法机关的立法压力；立法机关通过立法权的有限让予，能够更加高效地行使立法权限。

其次，宪法权力的配置和立法权限的划分构成了授权立法的宪政基础。授权立法的出现具有合宪性，是对立法权限进行精细划分的结果。由于对立法权限划分的实质是国家政治关系、经济关系和社会关系的重新定位，关系到权力格局的调整和利益再分配，所以立法权限需要科学、合理、适当的分配。③ 无论普通法系国家还是大陆法系国家的宪法或者宪法性法律，都对立法权的配置作出了相关的规定。虽然每个国家的政权组织形式和国家性质具有差异性，但是宪法中关涉立法权限的配置问题都是在该国范围内确定授权立法主体资格的法律根据。④ 立法权限的精细划分使立法权的行使更加准确和高效，从而更加全面、专业地保障公民权利。随着立法机关将越来越多的职责授权给行政机关，社会事务和其他规范性事务日趋多元化，授权立法的增长在增加自由裁量权方面尤为突出，其提出的宪法性难题不再是合理性的问题，而是立法机关如何对授权立法进行有效监督的问题。⑤

最后，授权立法的社会基础在于运用法治思维和法治方式解决各种社会问题，实现整个社会的公平正义。授权立法的出现顺应了法律发展和改革的要求，能够最大限度地降低法律滞后性带来的法律适用成本。"在一个高度发达的现代国家，立法机关所面临的任务是如此之多和如此之复杂，乃至如果不给这种机关加上极其繁重的负担，那么这些任务中的细节与技术细节就

---

① 孟德斯鸠. 论法的精神. 张雁深，译. 北京：商务印书馆，2005：185.
② 韦德. 行政法. 徐炳，等译. 北京：中国大百科全书出版社，1997：558.
③ 李林. 关于立法权限划分的理论与实践. 法学研究，1998（5）.
④ 邓世豹. 授权立法的法理思考. 北京：中国人民公安大学出版社，2002：17.
⑤ 同②559.

无法完成。再者，在专门的政府管理领域中，有些立法活动要求立法者对存在于该特殊领域中的组织问题和技术问题完全熟悉，因此由一些专家来处理这些问题就比缺乏必要的专业知识的立法议会来处理这些问题适当的多。"[①] 法律需要及时回应社会发展和技术进步过程中出现的新问题[②]，立法主体需要根据宪法的权力配置将立法权限授予专业性和技术性强的受权主体，进而保证科学立法的实现，降低立法和司法成本，提高执法效率。

明确授权立法的理论基础问题是深入研究中国授权立法的前提，授权立法的法理基础、宪政基础和社会基础是调整和完善中国授权立法的理论依据，也是中国授权立法制度进一步健全的根基。"用法治思维和法治方式化解社会矛盾，遇到问题找法，解决问题靠法，要用法治方式凝聚改革共识，重大改革都有于法有据。"[③] 这对新时期中国的立法工作提出了新的时代要求，缓解繁重的立法任务需要借助授权立法制度。中国的立法历史、现状与法律实践有着自己的特殊性，在全面推进依法治国，构建中国特色社会主义法治体系的语境中，有必要回顾中国授权立法的发展历程，发现其中存在的问题，找寻适合中国国情的授权立法制度的完善路径。

二、中国授权立法制度的发展历程

回顾新中国授权立法的发展历程，自 1955 年最早规定授权立法以来，授权立法经历了半个世纪的成长岁月。[④] 当代中国授权立法的发展可以分为三个阶段：第一个阶段是从新中国成立到 1982 年宪法颁布之前；第二个阶

---

① E. 博登海默. 法理学：法律哲学与法律方法. 邓正来，译. 北京：中国政法大学出版社，2004：43.

② 互联网金融问题、环境保护问题、人口老龄化问题等都是经济发展和社会进步过程中出现的新问题，应对新问题的方式和方法多种多样，但是在法治国家需要使诸多问题有法可依，将新问题所涉及的社会关系纳入法律调整的范围内，采取授权立法的方式是最经济高效的做法之一。

③ 陈金钊. 法治之理的意义诠释. 法学，2015（8）.

④ 有学者指出，当代中国授权立法的实践始于 1949 年的《中国政治协商会议共同纲领》。纲领规定，在普选的全国人民代表大会召开之前，由中国政治协商会议的全体会议执行全国人民代表大会的职权，制定中央人民政府组织法。由于《共同纲领》具有临时宪法的性质，中国政治协商会议被授予立法权限，代行全国人民代表大会的职权。这被视为当代中国授权立法的开端。周旺生. 立法学. 北京：法律出版社，2009：315. 笔者认为，虽然《共同纲领》具有临时宪法的性质，授权中国人民政治协商会议在一定时限内代行全国人民代表大会的立法职权，但是这并不是立法机关将立法权授予不具有立法权的机关，表面上看具有授权立法的相关特征，实质上并不是授权立法。

段是从 1982 年宪法颁布之后到 2015《立法法》（以下简称"新《立法法》"）修改；第三个阶段是从新《立法法》颁行至今。这三个发展阶段划分的根据是，国家法律发展的现实需要、授权立法的法律依据、授权主体和受权主体的范围以及授权立法适用的广泛程度等。

（一）中国授权立法的初始阶段

从新中国成立开始，中国便走上了探寻适合自身特点的法治发展道路。虽然在新中国成立初期，立法权的配置、立法权限的划分和立法主体自身的法律素养尚处于初始阶段，但是对于任何一个国家而言，治理者深知"人民参加社会的重大目的是和平地和安全地享受他们的各种财产，而达到这个目的的重大工具和手段是那个社会所制定的法律，因此所有国家的最初的和基本的明文法就是关于立法权的建立"[1]。1954 年宪法中规定，全国人民代表大会享有其认为应当由它行使的其他职权。根据此规定并结合中国法治发展和建设的现实需要，授权立法活动逐步出现，但是授权立法实践并不频繁。[2]

在授权立法发展的初始阶段，立法实践中所产生的授权立法活动主要有三次。第一次是 1955 年第一届全国人民代表大会第二次会议通过《关于授权常务委员会制定单行法规的决议》："授权常务委员会依照宪法的精神、根据实际的需要、适时地制定部分性质的法律，即单行法规。"[3] 此次授权依据是 1954 年宪法第 31 条第 19 项规定的"全国人民代表大会授予的其他职权"。这次授权立法可以看作是当代中国授权立法的发端，是新中国历史上第一次授权立法。第二次授权是 1959 年第二届全国人民代表大会第一次会议通过《关于全国人民代表大会常务委员会工作报告的决议》："大会授权常务委员会，在全国人民代表大会闭会期间，根据情况的发展和工作的需要，对现行法律中一些已经不适用的条文，适时地加以修改，作出新的规定。"[4] 此次授权的依据与首次授权的依据相同。第三次授权是 1981 年第五届全国

---

① 洛克 . 政府论：下篇 . 叶启芳，瞿农菊，译 . 北京：商务印书馆，2015：83.

② 在 1982 年宪法颁行之前，中国有 1954 年宪法、1959 年宪法和 1975 年宪法共三部宪法。由于历史时期的特殊性和授权立法研究的针对性，本文仅述及 1954 年宪法。

③ 全国人大常委会办公厅研究室 . 中华人民共和国全国人民代表大会文献资料汇编（1949—1990）. 北京：中国民主法制出版社，1991：244.

④ 中华人民共和国全国人民代表大会常务委员会公报，1959（4）：62.

人民代表大会第四次会议通过《关于全国人民代表大会常务委员会工作报告的决议》："原则批准《中华人民共和国民事诉讼法草案》，并授权常务委员会根据代表和其他方面所提出的意见，在修改后公布试行。"①

在授权立法发展初始阶段的三次授权立法，其授权主体都是全国人民代表大会，受权主体都是全国人民代表大会常务委员会。虽然授权的事项渐趋具体、明确，但是在中国社会主义现代化建设的初级阶段，通过授权立法的方式应对立法过程中出现的新问题，缓解各项法律制度缺失的压力，不得不被看作是权宜之计。不可否认的是，新中国已经在立法制度的建立健全方面作出了理性、明智的尝试。这在当时的历史背景和法治状况下是弥足珍贵的举措，为今后授权立法制度的发展奠定了良好的基础。

（二）中国授权立法的发展阶段

1982 年宪法颁行，标志着中国的法治建设进入全新的发展阶段。中国原有的立法权限重新划分，从高度集中型的立法权限划分体系转变为集中多元型的立法权限划分体系。集权与分权的调适是法治发展的必然样态。"只有规定立法的规范才可能是对全部领土有效力的中央规范，而所有其他层次（立法、行政和审判）在所有事项上都是分权的。在这种情况下，所有一般规范，由立法机关根据中央宪法所创造的制定法，以及由行政机关和法院在制定法（或习惯法）基础上所发布的个别规范，不管什么事项，都是地方规范，他们只是对部分领土（领土区域）有效力，此外可能的是，立法和执行只是部分地集权和分权。"② 可以说，最低限度的集权和最高限度的分权为授权立法的发展提供了理论基础和方法导向。

授权立法问题的实质是关于宪法授予政府的权力总额和关于政府的特殊结构以及政府权力的分配问题。③ 根据 1982 年宪法的权力配置方式，中国形成了一个由国家立法权、行政法规立法权、地方性法规立法权、自治条例和单行条例立法权、授权立法权、特别行政区立法权构成的全新的立法权限划分体制。④ 享有立法权的主体从全国人民代表大会扩展到全国人民代表大会

---

① 中华人民共和国全国人民代表大会常务委员会公报，1981（5）：62.
② 凯尔森. 法与国家的一般理论. 沈宗灵，译. 北京：中国大百科全书出版社，2003：338.
③ 汉密尔顿，杰伊，麦迪逊. 联邦党人文集. 程逢如，等译. 北京：商务印书馆，2015：23.
④ 周旺生. 中国立法五十年（上）——1949—1999 年中国立法检视. 法制与社会发展，2000（5）.

常务委员会、国务院、地方各级人民代表大会及其常务委员会。立法主体的扩容带来了授权立法活动的频繁。1983 年到 1985 年的 3 年时间，全国人民代表大会及其常务委员会 3 次授权国务院行使立法权。根据 1982 年宪法第 89 条的相关规定，国务院享有根据宪法和法律，规定行政措施，制定行政法规的权限。尤其是依据 1985 年通过的《关于授权国务院在经济体制改革和对外开放方面可以制定暂行的规定或者条例的决定》，国务院通过授权立法得到的立法权限十分广泛。综合性的授权立法方式能够缓解国家最高立法机关的立法压力，但是会带来诸多不可回避的问题。①

在授权立法的发展阶段，不仅国务院享有授权立法权限，经济特区所在地的省、市级人民代表大会及其常务委员会也享有立法权限。改革开放之后，广东省、福建省、海南省和厦门市、汕头市、珠海市的地方人民代表大会及其常务委员会相继获得立法权限。立法权的有限下放能够弥补地方常规立法的不足，应对经济发展和社会进步过程中出现的新问题。授权立法发展至此，我国没有宪法和宪法性法律对立法制度作出明确的规定。直到 2000 年《立法法》出台，才有了关于授权立法制度的明确规定。②《立法法》在授权立法的主体、授权立法的范围、授权的程序和授权立法的监督问题等方面作了立法尝试，采用直接或者间接的方式规范授权立法。虽然现在回顾起来，《立法法》中关于授权立法的制度性规定过于宽泛，尤其是对授权立法的范围和监督问题并没有给出具体、明确的法律举措，但是这在中国授权立法制度的发展史上具有里程碑的意义，它标志着中国授权立法制度进入了全面发展阶段，在规范层面构筑了授权立法的法律依据。

从 2000 年《立法法》颁行到 2015 年《立法法》修改期间授权活动频繁，立法事项趋于精细化，授权立法活动进入全新的发展阶段。在 2006 年到 2015 年间，共有 6 次授权决定，分别授权特别行政区和国务院制定相应的区域管理规定。和《立法法》实施之前的授权立法活动不同的是，此期间

---

① 有学者认为，这种总括性的委托立法没有给出对授权立法的监督和控制方式，很容易导致受权主体对立法权限的滥用，引起行政越权、侵权行为的发生，需要采取相应的法律措施予以修正。毛引端. 对一项授权立法决定的若干思考//张春生，朱景文. 地方立法的理论与实践. 北京：法律出版社，2015：32.

② 通过对《立法法》法条的梳理，其中对于授权立法的规定，体现在第 9、10、11、56、64、65、81、86 和 89 条。

的授权立法都是由全国人民代表大会常务委员会全面行使授权立法的权限，不再是单纯地授予立法权，而是针对具体事项和具体领域作出授权决定。①在授权立法的发展阶段，综合性的授权和具体的授权并存。伴随着中国特色社会主义法律体系的形成，在支架性法律已经具备的情况下，能由法律规定的事项应该尽量由法律详细规定，减少不必要的授权，逐步建立对授权立法的预防性监督机制。②

（三）中国授权立法的完善阶段

从新《立法法》实施之后，中国授权立法进入自我修正和完善阶段。这一完善阶段将决定未来中国授权立法制度的科学化和专业化程度。新《立法法》的修改全面贯彻落实了中共十八届四中全会的精神和要求，"完善立法体制机制……健全有立法权的人大主导立法工作的体制机制，依法赋予设区的市地方立法权"，"实现立法和改革决策相衔接，做到重大改革于法有据、立法主动适应改革和经济社会发展的需要"③。从授权立法内容来看，新《立法法》对授权立法的范围作了进一步的限缩，明确把税收基本制度排除在授权立法范围之外，

进一步重申税收法定原则，对于授权决定提出了新的要求，要求授权决定除了明确授权的目的和范围之外，还要对具体事项、期限以及实施授权决定的原则进行明确。同时把授权的期限限定在 5 年，重点强调禁止转授权问题。从新《立法法》对授权立法问题的相关规定中不难看出，我国授权立法制度已然进入自我修正和完善的阶段。这是逐步建设法治强国的必经之路，也是形成法治体系的题中之意。

在授权立法制度逐步完善阶段，自新《立法法》施行至今，全国人民代表大会常务委员会进行了四次授权立法活动，分别是《关于授权国务院在部分地方开展药品上市许可持有人制度试点和有关问题的决定》《关于授权国务院在实施股票发行注册制改革中调整适用证券法有关规定的决定》《关于授权国务院在广东省暂时调整部分法律规定的行政审批试行期届满后有关问题的决定》《关于授权国务院在北京市大兴区等 232 个试点县（市、区）、天

---

① 钱宁峰. 立法后中止实施——授权立法模式的新常态. 政治与法律，2015（7）.
② 王压非. 综合性授权规定的样式——问题及解决. 中国社会科学院研究生院学报，2012（9）.
③ 中共中央关于全面推进依法治国若干重大问题的决定. 人民日报，2014-10-24（1）.

津市蓟县等 59 个试点县（市、区）行政区域分别暂时调整实施有关法律规定的决定》。这四次授权立法活动都是授予国务院行使相应的立法权限，并且后三次授权决定都是在第十二届全国人民代表大会常务委员会第十八次会议上通过，这是包裹立法技术①在授权立法领域的具体体现。通过包裹授权立法的形式，对国务院的立法权限进行"打包"授权，既能保证授权立法的统一性和科学性，相较于分次授权立法而言，又能降低相应的立法成本。

授权立法在经历了初创阶段的谨慎适用、发展阶段的广泛适用之后，在完善阶段逐渐朝着专业化和精细化的方向稳步推进。授权立法制度的完善体现在授权立法技术的提高和授权立法事项的具体化等方面。从综合性、总括性的授权立法到对具体事项、具体领域的授权立法，中国授权立法活动始终践行着科学立法和民主立法的要旨。通过科学的授权立法方法，提高授权立法的质量；通过民主的授权立法方式，凝聚授权立法的共识；通过新兴产业领域的授权立法内容，及时回应社会发展和法治建设中的现实问题。

三、中国授权立法制度的问题检视

中国授权立法制度的发展、完善过程，是中国立法制度不断发展、完善的过程，同时也是立法技术不断提高和改进的过程。《立法法》在立法权限中设定的授权规则、授权终止以及行使被授予权力的规则，在立法技术和法律适用层面为授权立法提供了规范指引。尤其是新《立法法》要求，授权的基本要素都要在授权决定中明确规定，以利于全国人大及其常委会在授权决定中对立法授权的基本要素进行统一规范，促进被授权机关严格按照授权决定的要求进行立法，从而加强授权机关对被授权机关立法活动的监督。② 虽然授权立法的基本内容和相应的原则与规则在法律规范层面得到确认，但是从近半个多世纪的授权立法的理论和实践检视，依然存在着诸多亟须改进的

---

① 刘风景. 包裹立法的中国实践. 法学，2014（6）. 付子堂，胡夏枫. 立法与改革：以法律修改为重心的考察. 法学研究，2014（6）.

② 全国人大常委会法制工作委员会国家法室. 中华人民共和国立法法释义. 北京：法律出版社，2015：65.

问题，这些问题的发现与解决关系到授权立法制度的健全和立法体系的完整。下文试图从实体性问题和程序性问题两个层面审视授权立法。[①]

（一）授权立法实体性问题检视

中国授权立法实体性方面存在的问题，主要集中在授权立法的主体不明确、范围不确定和内容过于宽泛。由于《立法法》中授权立法概念的缺失，授权立法具有开放授权的表征，并出现了授权泛化的问题。从授权立法的主体来看，有全国人民代表大会和全国人民代表大会常务委员会。在授权立法的初始阶段，授权立法的主体只有最高国家权力机关即全国人民代表大会，《立法法》颁行且修改之后，行使国家立法权的主体是全国人民代表大会常务委员会。从规范分析的视角看，授权立法的主体是最高国家立法机关。但是从具体的授权立法实践看，能够成为授权立法的主体不止全国人民代表大会及其常务委员会，还有特定省市的地方人民代表大会及其常务委员会。从授权立法制度设置的初衷和目的看，能够授予立法权的主体也不仅有最高国家立法机关。尤其是伴随着新《立法法》将立法权限下放至设区的市，授权立法的主体范围能否继续扩大成为立法研究关注的重要内容。适格的授权主体应当有其特有的要求，如果省、自治区、直辖市和设区的市的人民代表大会及其常务委员会作为享有立法权的主体，能够成为授权立法的主体，则既能缓解最高国家权力机关的立法压力，又符合新形势下替代性立法的需求和我国现行的立法实践。[②] 由此分析可以看出，《立法法》第9条设定的授权立法主体和具体授权立法实践中的主体不具有同一性，因而解决法律规范和授权立法实践中的主体一致性，是授权立法需要解决的首要问题。

从授权立法的范围和内容来看，授权立法的事项包括制定单行法规，制定经济体制改革和对外开放方面的规定或条例，制定经济特区的法规等内容。通过《立法法》对反向排除条款的使用，除了法定事项只能制定法律的以外，尚未制定法律的都可以授权国务院根据实际需要对部分事项先行制定

---

① 从法律部门划分的角度来看，立法法归属于宪法及宪法相关法的法律部门，法律部门有实体法和程序法之分，宪法及宪法相关法属于实体法，立法法也属于实体法。虽然立法法规定了法律、法规和地方性法规的立法权限、立法程序以及审查和备案等相关程序问题，但是它仍属于实体法的范畴。文中所讨论的实体性和程序性问题与法律部门中区分的实体法和程序法不是同位概念。

② 刘俊敏，蒋鼎峰．论我国授权立法制度之重构．社会科学家，2013（10）．

行政法规。虽然不能进行授权立法的事项囊括了国家的政治制度、基本经济制度、民事基本制度、诉讼和仲裁基本制度等，但是这些宏观、宽泛的内容规定不足以使授权立法的范围和边界确定化。① 值得注意的是，新《立法法》把税收基本制度排除在授权立法之外。长期以来，税收基本制度涉及税种的设立、税率的确定和税收征收管理等事项，并没有完全贯彻落实税收法定原则，而税收法定原则的核心议题是税收法律不再是行政法规。在这一原则之下，全国人民代表大会及其常务委员会授权国务院通过制定行政法规的形式来规定税种和税率等相关问题将不再符合授权立法的规定。"法治本来是追求一种在'法律至上'原则之下限定主体选择的范围；在依法办事的法治情景下，把主体的自主选择性压缩到最小的空间。"② 授权立法作为现代法治国家至关重要的立法活动，应该将其授权立法的范围在授权主体行使最大自主权的基础上压缩到具体的范围内。在此意义上，授权立法的范围的确定和内容的具体化是完善授权立法制度所面对的重要议题。

授权立法存在的实体性问题，究其根源在于我国宪法及相关法尤其是《立法法》中没有明确规定何谓授权立法。授权立法的概念缺失、含义模糊导致授权立法主体和受权立法主体出现了法律规定和立法实践中的不一致性，同时导致授权立法范围边界不确定，边界的不确定也使得授权立法的内容和种类繁多。授权立法的内容和种类的多样化、立体化容易导致法律位阶确定方面的难题，为授权立法后的法规清理工作带来困难，也为授权立法的监督和评估带来一系列的问题。因而，授权立法的实体性问题会引发并加重授权立法的程序性问题。

（二）授权立法程序性问题检视

中国授权立法程序性方面存在的问题，主要集中在结构形式不统一、监督机制不健全和评估措施不匹配。授权立法的结构形式是立法技术水平的重要体现，授权立法的结构形式通过授权立法的名称和立法内容的语言表述展现出来。我国授权立法的名称并没有统一严格的要求，因授权机关、受权机关和授权内容的不同而名称各异。在授权机关作出授权决定时，并没有明确授权法的法律位阶，在授权立法的名称和内容上有时候并不能直接推

---

① 金梦 . 澳大利亚授权立法的范围与监督机制 . 学术交流，2015（10）.
② 陈金钊 . 法律人思维中的规范隐退 . 中国法学，2012（1）.

定出授权法的效力等级，在一定程度上会造成授权法实施过程中的法律冲突问题。法律冲突问题的出现是授权立法制度存在问题的集中体现。"授权立法制度最显著的问题就是受权主体容易滥用立法权，容易造成超越立法权限，并进而造成对公民权利的侵害。因此，控制滥用立法权的第一步就是界定授权的界限。"① 界定授权立法的界限，有必要在授权机关作出授权决定的时候对授权立法的名称和结构提供限定范围与阈值，将授权决定精细化。"法学如能将法条标题及其设置之类的细节问题，置于法学'显微镜'之下，作细致的观察、深入的研究，就意味着中国法学正走向精致化、成熟化，其服务于法制实践的能力将大幅提升。"② 因而，在授权立法的名称等结构形式上进行精致化的设计，考验着立法者的立法技术和立法水平。

从授权立法的监督机制上审视，首先体现在实质性审查监督的缺失。《立法法》第 98 条规定，行政法规、地方性法规、自治条例和单行条例、规章应当在公布后的 30 日内依照相关规定报有关机关备案。对于授权立法的备案，在第 98 条第 5 项规定，根据授权决定制定的法规应当报授权决定规定的机关备案；经济特区法规报送备案时，应当说明对法律、行政法规、地方性法规作出变通的情况。从备案审查条款的设置上看，对授权立法的监督其实只涉及形式审查的层面。在备案之后授权机关如何对相关的法规、条例进行实质层面的监督，在法律制度设计方面并没有给出具体的方案。其次，立法权限的重叠阻碍审查监督活动的开展。在新《立法法》赋予设区的市一级立法机关立法权限之后，省、设区的市之间的立法权限会出现重叠，立法权限的重叠变相增加了授权立法监督的难度。设区的市可以在城乡建设与管理、环境保护、历史文化保护等方面制定地方性法规，这就与省级立法机关的立法范围和权限是重合的。这种立法权限的"职责同构化"使授权立法的监督无法顺利进行。③ 最后，事后审查无法追踪授权立法实施的过程。新《立法法》第 99 条增加了"有关专门委员会和常务委员会工作机构可以对报送备案的规范性文件进行主动审查"，由被动变主动是审查方式上的重大改进。但是由于地区性差异较大，加上立法人员的法律素养和法学理论功底良

---

① 胡楠．经济学视野下的授权立法制度．现代管理科学，2015（1）．
② 刘风景．法条标题设置的理据与技术．政治与法律，2014（1）．
③ 程庆栋．设区的市的立法权——权限范围与权力行使．政治与法律，2015（8）．

莠不齐，地方性法规在很大程度上会呈现出差异性。授权立法的监督审查是一种事后审查，相关监督机关无法从源头上把关立法技术和立法方式。

从授权立法的评估措施来看，相关的法律规定不够具体。授权立法后的评估工作，能够对授权立法本身存在的问题进行自我修正，能够为进一步提高立法技术奠定良好的基础，也能为立法清理工作的开展提供问题导向。新《立法法》第 63 条规定，"全国人民代表大会有关的专门委员会、常务委员会工作机构可以组织对有关法律或者法律中有关规定进行立法后评估。评估情况应当向常务委员会报告"。由此规定可以看出，除了评估主体明确规定之外，对评估方式方法、评估内容、评估原则等都没有明示。由于立法评估工作在我国的法律实践中起步较晚，对授权立法的评估更需要在长期的授权立法实践中逐步积累经验。对于授权立法程序方面存在的问题，应该与实体性问题综合全面加以检视，结合授权立法的实施状况，提出科学性和可行性的完善措施。

四、中国授权立法的完善路径

（一）域外授权立法的相关经验

纵观授权立法制度在中国的发展历程，针对授权立法存在的实体性和程序性问题，有必要结合域外和特定地区授权立法的经验，从授权立法理论和实践等多方面寻找授权立法制度进一步健全和完善的路径。从域外授权立法的发展和经验来看，在授权立法产生之后一直面对合宪性的质疑和争论，原因在于其根植于分权理论但是又违背分权理论。"权力分立只是政治智慧的一个规则，当公共政策有坚实的理由要求该规则让路时，它就必须让路。"[①]在奉行"三权分立"原则的国家，当严格遵守分权原则会陷入进退两难的困境时，作为立法机关的议会便会将其立法权限授予行政机关。现代国家将部分立法权转移到行政机关，使行政机关处在非常重要的权力位置上。因此，宪法和行政管理法的主要任务开始向引导权力配置转移。[②] 通过宪法和基本

---

① M. J. C. 维尔. 宪政与分权. 苏力，译. 北京：三联书店，1997：220.

② HERMANN PÜNDER. Democratic legitimation of delegated legislation：a comparative view on the American，British and German law. International and comparative law quarterly. Vol. 58，No. 2 （Apr.，2009）：353-354.

法的形式明确授权立法的相关制度，是现今诸多国家的通行做法。以下将简要分析总结大陆法系的德国、法国以及英美法系的英国、美国和澳大利亚的授权立法的相关经验。

考察大陆法系国家的授权立法，从成文宪法和相关基本法中不难发现授权立法制度的架构。以德国和法国为例：《德国基本法》第 71 条和第 80 条分别规定了专属立法权和授权立法，即在联邦专属立法范围内，各州只有在联邦法律明确授权时，才享有立法权。联邦政府、联邦部长或者州政府可经法律授权颁布行政法规。法律应该规定授权内容、目的和范围，在颁布的行政法规中应指明法律授权的依据。如果法律规定此项授权可以再授权则此项授权的再授权必须由行政法规明确规定。① 同时要求经过授权制定的行政法规需要经过听证程序才能公布。法国宪法第 38 条规定，政府为执行施政纲领，可以要求议会授权自己在一定期限内以法令的方式采取通常属于法律范围内的措施。同时规定法令需要在一定期限内将请求追认的法律草案提交议会，否则无效。② 德国和法国都是通过宪法的形式规定授权立法。德国授权立法的规定聚焦在授权立法的内容、目的和范围以及授权依据和转授权的细节，法国授权立法的聚焦点在行政机关行使立法权限的限定。从规定授权立法的法律位阶上看，德国和法国通过宪法的形式明确规定授权立法的注意事项，这种做法比美国、英国和澳大利亚等国家的做法要超前并且具体许多。③

在英美法系国家，美国宪法中只规定了"一切立法权授予合众国国会"，在非授权原则下议会行使着社会政策的重要选择权。但是美国最高法院迫使议会放弃非授权原则确定合适的标准授予行政机关行使相应的立法权限。④ 美国授权立法制度通过最高法院判例的形式加以确认，其聚焦点在授权立法的标准确认。英国的授权立法制度和美国的相似，由于英国不具有成文宪法，没有在宪法层面对授权立法进行规定。英国授予行政机关立法权限不仅仅包括技

---

① Basic Law for the Federal Republic of Germany. Ⅶ. Article 71，80.

② Constitution of October 4，1958. Title Ⅳ. Article 38.

③ MAHENDRA PRASAD SINGH. German administrative law in common law perspective. Springer-Verlag Berlin and Heidelberg GmbH & Co.，2nd ed，2002：19.

④ HERMANN PÜNDER. Democratic legitimation of delegated legislation：a comparative view on the American，British and German law. International and comparative law quarterly. Vol. 58，No. 2 (Apr.，2009)：358.

术性的细节，还包括备受关注的政策问题；授权立法的形式主要为纲要性立法。授权立法在英国被广泛地适用和发展，英国授权立法的聚焦点在于如何对发展迅速、形式多样、内容繁杂的授权立法进行监督。澳大利亚的授权立法有成文法的明确规定，《立法性文件法》对授权立法的概念、内容、登记生效、监督审查等都有明文规定，并且设有专门的法规和条例委员会监督授权立法。① 通过特定成文法的方式确定授权立法制度的做法，不仅在英联邦国家中，而且在世界授权立法制度发展中都是极具代表意义的。可以说澳大利亚授权立法不再聚焦授权立法的某一方面，而是全方位地进行规范。

通过以上分析可以看出，域外授权立法的经验在于，从宪法或者宪法相关法的层面规定授权立法，从而保证授权立法的效力和实施。通过专门立法的形式对授权立法进行多角度、全方位的规范，使授权立法制度更好地服务于整个国家的立法体制和法律体系。结合中国授权立法的现实，不难发现中国的授权立法制度还有进一步完善的空间。

（二）中国授权立法的完善路径

第一，明确授权立法的概念和范围。由于政体和国体的差异，各国最高立法机关有所不同，但是授权立法的基本样态和概念是一致的。在我国现有的立法体制下只有以法律规范或者法律解释的方式明确授权立法的概念，才能区分授权立法与相关概念的区别。以授权立法与配套立法为例：很多学者将配套立法列为授权立法的下位概念，认为配套立法属于授权立法中的法条授权立法。② 授权立法和配套立法的区别是多方面的，它们的意旨指向、功能作用、权力基础、授权意义、授权主体和规范层级都是不同的③，所以很难将配套立法纳入授权立法的范围中。确定授权立法的概念，需要明确授权主体、受权主体、授权范围、授权原则和授权程序等内容，对这些基本内容加以整合形成完整的概念体系。明确授权立法的概念，能够进一步准确厘定授权立法的权限范围和边界。

任何权力都有边界，确定授权立法权限的边界尤为重要。授权立法的权限范围问题关涉到授权立法调整法律关系的程度和界限，授权立法的内容直

---

①　Legislative Instruments Act 2003.

②　童之伟、苏艺. 我国配套立法体制的改革构想. 法学，2015（12）.

③　王压非. 我国配套立法问题研究. 北京：法律出版社，2014：36～45.

接关系到公民社会生活的诸多方面。参考德国和法国授权立法的做法，从宪法层面对授权立法的相关内容和注意事项进行设定，可以看出授权立法在一个国家法律体系中的重要地位。我国《立法法》通过反向排除条款的方式，规定了涉及国家基本制度包括税收基本制度的内容必须通过法律加以规定，但是排除这些内容后剩下的社会关系如何在一定范围内通过授权立法的方式加以规范，是未来授权立法完善需要考虑的重要问题。可以说，划定授权立法的范围才能从立法技术层面实现授权立法的规范化和明确化。这是完善授权立法的理论路径。

第二，规范授权立法的程序和秩序。首先，从法律文本上分析，《立法法》并没有针对授权立法设定专门的公布和实施程序，很多授权立法在颁布施行后很长时间内很难为公众所真正了解和知悉。由于授权立法程序性规定的缺位，授权立法的法律位阶面临诸多难以预见的问题。借鉴德国关于授权立法的规定，行政机关依授权法所制定的行政法规没有经过议会听证程序，不得公开。这样，议会既保留了对行政法规草案的预先审查和提出意见的权力，又为行政法规提供了预先知晓并配合议会意见修改的机会，从而有效降低行政法规违反上位法而事后废止的概率。[①] 这种事前预防的程序性设定相比事后进行审查监督的方式，能够加强授权机关与受权机关的协作和配合，推进民主立法和科学立法的进程。其次，从授权立法秩序来看，我国授权立法的秩序问题并没有引起立法理论和立法实践的足够关注。"多年来只有极少数地方法规是由省级人大制定，绝大多数是由省级人大常委会制定的，《宪法》和《立法法》赋予地方人大的立法权几乎'虚置'。"[②] 不仅一般立法形态出现这种问题，授权立法也面临同样的问题，因而有必要加强对授权立法秩序的规范，使授权立法真正高效、及时地发挥作用，弥补法律稳定性和滞后性带来的缺憾。这是完善授权立法的程序路径。

第三，加强授权立法的监督和审查。授权立法的决定和决议"为有关机构所提供的只是一种最低限度的规范性指导"[③]。作为一种最低限度的规范

---

① 陈伯礼. 授权立法研究. 北京：法律出版社，2000：318.

② 冯玉军. 迎接法治新时代. 北京：中国人民大学出版社，2015：97.

③ E. 博登海默. 法理学：法律哲学与法律方法. 邓正来，译. 北京：中国政法大学出版社，2004：438.

性指引，授权立法在特定情况下有可能会导致行政集权，从而破坏立法民主和法制统一，因而加强对授权立法的监督和控制是建立民主法治国家的保证。澳大利亚对授权立法的监督形式值得我国参考借鉴，其设立的法规和条例委员会专门对授权立法的内容进行审查。专门授权立法监督机构的设立能够对授权立法的整个过程进行全程监控，立法前预防与立法中审查和立法后监督并举，可保证授权立法的质量。在新《立法法》施行后，284 个设区的市和4 个不设区的市都享有地方立法权。由于每个地方改革和发展的情况各不相同，立法水平和法律实施情况也有所差异，加强授权立法的监督工作尤为重要。值得注意的是，新《立法法》新增了全国人大专门委员会和全国人大常务委员会对报备的规范性文件进行主动审查的规定，算是授权立法监督机制的重大进步。今后，加强对授权立法的监督和审查，一方面应该通过建立定期审查制度，及时掌握并反馈相关的授权立法信息，为今后授权立法工作的完善、授权立法的评估和法规清理工作提供参考指标；另一方面应完善授权立法的监督方式，使实体性监督与程序性监督并举；在条件成熟的时候设立专门的授权立法监督机关，从国家机构设置层面实现对授权立法的监督。这是完善授权立法的重要保障。

第四，完善授权立法的评估工作。从立法评估的理论和实践来看，授权立法的评估工作分为授权立法前评估，授权立法后评估两个阶段。授权立法前的评估工作解决的是立法的必要性、合法性、协调性和可操作性的问题，授权立法后的评估工作解决的是授权立法对经济、社会和环境等产生的影响，授权立法实施过程中存在的问题以及授权立法的成本和收益问题。① 德国、美国、英国和澳大利亚等国家在 20 世纪 80 年代就开始对立法后评估理论和实践的探索。相比而言，我国的立法后评估工作起步较晚。② 立法评估是立法制度的重要组成部分，授权立法的评估制度对于授权立法的完善起着举足轻重的作用。通过法律、法规或者规范性文件对授权立法评估进行相应的规定，是完善授权立法评估工作的关键。从规范分析的角度看，中国现有的法律法规没有对立法评估工作进行系统设定和要求，需要在今后的立法工作和立法实践中加以完善。对于授权立法的评估而言，授权立法前评估和授

---

① 席涛. 立法评估：评估什么和如何评估（上）——以中国立法评估为例. 政法论坛，2012（5）.
② 丁贤，张明君. 立法后评估理论与实践初论. 政治与法律，2008（1）.

权立法后评估都关系到授权立法的质量和实施状况。选择适格的授权立法评估主体，采用恰当的授权立法的评估方法，对授权立法的相关内容进行评估，才能收到较为客观、理性的评估成效。这是完善授权立法的重要方法。

第五，提高授权立法的技术水平。从宏观层面看，授权立法的质量直接关乎整个立法体系的质量，越来越成为衡量一个国家法治水平的重要标尺。可以说，提高立法质量的关键在于提高授权立法的质量，提高授权立法的质量核心在于提高授权立法的技术水平。授权立法既是一项重要的立法制度，又是一种立法的技术性手段。作为立法的技术性手段的授权立法，既要完善授权立法的结构技术，又要提高授权立法的语言技术。从微观层面看，在授权立法的具体制定上，法律词语的使用、法律条款的设置以及法律结构的安排都应该具体明确，力求精益求精。提高授权立法技术，同样离不开立法人员法律素养的提升，这就要加强授权立法的专业化培训。适时吸纳具有深厚法理基础同时又具有专业立法技能的"法学工匠"参与到授权立法中来[1]，关注授权立法的具体细节问题，例如授权立法实施细则、技术性事项、地方性立法事项及其授权立法的法律位阶等问题。这是完善授权立法的技术路径。

在全面推进依法治国和深化改革的背景下，"坚持从我国实际出发，坚持中国特色，也要避免走向极端，防止进入思维上的'特色陷阱'"[2]。运用法治思维和法治方式完善授权立法，通过加强党对授权立法工作的领导，来保障授权立法的质量。我们有信心期待日臻成熟、完善的授权立法制度，有决心构建科学、民主、高效的立法体制机制，更有恒心建设中国特色社会主义法律体系光芒下的法治中国！

---

① 刘风景．法学工匠的角色定位——倡导注重细节的法学模式．法制与社会发展，2010（6）．

② 徐显明．坚定不移走中国特色社会主义法治道路．法学研究，2014（6）．

第四十九章

完善法律体系与地方立法创新

第一节　地方立法与法律体系的完善

2015 年《立法法》的修改，无疑是我国立法史上新的里程碑。在"四个全面"战略布局中，立法将进一步发挥引领推动和制度保障的关键作用。虽然新一轮地方立法主体的扩容搭起了"桁架"，但对于地方立法主体特别是新获得授权的设区的市来说，还属于"新手上路"，从制度建设到实践运作都缺乏经验[①]，在依法治国新形势下面临着各种挑战，如地方立法的公众与第三方参与、如何实现地方立法协调、如何监督和防范部门利益与地方保护主义法律化，等等。

地方立法也是法律体系的重要组成部分，地方立法质量的提高对于法律体系的完善具有重要价值。故下文从地方立法的法制统一性与地方创新性研究、地方立法的公众参与研究、第三方参与地方立法研究、地方立法协调研究、监督和防范部门利益与地方保护主义法律化研究等五个方面，对近年来的研究现状进行梳理。

一、地方立法的法制统一性与地方创新性研究

地方立法是指有立法权的地方国家机关依照宪法和法律的规定或者授

---

① 刘高林．地方立法协调初探．中国法学会立法学研究会 2016 年大会征文．

权，根据本地区的政治经济和文化生活的特点制定、修改、废止只在本地区适用的地方性法规和地方规章的活动。《立法法》对立法主体的扩容对创新立法和法制统一都提出了新的挑战。总括而言，应坚持在法制统一的前提下践行地方立法创新。

（一）地方立法的法制统一性

法制统一实际就是遵循地方立法三大基本原则中的"不抵触"原则。[①]随着《立法法》的修改，地方立法主体大幅扩容，地方性法规及规章数量也必将大幅上涨。加之新增立法主体缺乏经验，法制统一性正面临前所未有的挑战。有学者提出：其一，通过"不抵触"和"根据"条款，重申法制统一的原则，同时重申中国法律体系内部的基本位阶秩序。其二，细化中央与地方的立法权限。首先，进一步完善法律保留条款。其次，将设区的市的立法权限限定为"城乡建设与管理、环境保护、历史文化保护等事项"，除非另有规定。最后，对政府规章减损权利、增设义务设置限制。其三，完善地方立法监督机制。沿用事先审查机制的同时，进一步完善事后备案审查机制。尽管《立法法》进一步明确了权限划分，但在对设区的市的立法权限范围及设区的市人大及其常委会与人民政府之间的立法权限进行划分之时仍然措辞模糊，无法清晰界定。同时，对设区的市立法权的监督缺乏操作性。一方面，地方人大审批任务繁重，无法负担；另一方面，审查机制及程序的不健全可能导致事前和事后的审查均收效甚微。[②]

（二）地方立法的地方创新性

国内学者对地方立法创新的内涵和外延进行了详尽的阐释。内涵是指立法内容上的创新，即根据本行政区域经济、社会、文化发展的具体情况和实际要求，针对地方改革开放面临的特殊矛盾和问题，在地方立法权限的范围内，创造性地进行制定地方性法规的活动。对其外延可基于《立法法》第73条规定的实施性立法、自主性立法、先行性立法这三种地方立法的基本类型从三个层面进行理解。第一个层面是立法主题的创新，通过地方立法中的先行性立法，先行先试，填补立法空白。第二个层面是针对地方事务的自

---

① 乔晓阳．地方立法要守住维护法制统一的底线．法制与社会，2015（11）．
② 马英娟．地方立法主体扩容：现实需求与面临挑战．上海师范大学学报（哲学社会科学版），2015（3）．

主性立法，为解决和处理地方经济社会的特殊问题提供法制支持。第三个层面是实施性立法中部分条款的创新，即地方立法主体根据法律、行政法规的原则规定，结合本地的实际需要，对上位法的具体条款作进一步的发挥、补充、增添、延伸、完善。随着社会主义法律体系的逐步完善，地方立法试图填补立法空白的可能性越来越小，但从第二、三个层面的创新来看，地方立法仍可大有作为。①

创新对地方立法的意义重大：其一，唯有创新才能体现地方立法的存在价值；其二，唯有创新才能保证地方立法的优势发挥；其三，唯有创新才能促使地方立法的质量不断提高。② 另外，地方立法创新是地方改革发展法治化的需要，即法治化改革要求地方及时将改革发展举措上升为法规规章。地方立法创新是后现代法律时代立法工作重心转移的需要，即立法重心从"粗放型"追求立法数量向"精细型"追求立法质量转移。

地方立法创新实践中存在两种不良倾向：一是"立法重复"或"立法抄袭"，在法规规章条文中大量重复照搬上位法、同位法甚至下位法的内容。二是"过度创新""越界创新"，具体表现为一些与国家法律原则和精神相冲突、与市场经济发展规律相背离的地方立法。因而应当进一步对立法权限进行合理划分，完善监督机制，地方立法机关应做到以立法质量为目标。③

地方立法创新的内容广泛。扩大公民权利的范围、提高权利保护的标准；增加政府服务、强化政府职责；规范权力运作程序、细化权力运作的标准；促进经济转型，加强环境保护；进一步挖掘地方自主性立法的潜力及进行区域法制协调，提高立法效率。④

（三）地方立法的法制统一性和地方创新性

关于地方立法的法制统一性和地方创新性的关系，由于"不抵触"原则位居地方立法三大基本原则之首，因此，应当坚持在法制统一的前提下进行创新。处理创新性与统一性间的关系，应当处理好三大关系：一是地方立法自主性与从属性间的关系。二是理念与制度的关系，即在正确立法理念的指

---

①④　吴天昊. 社会主义法律体系形成后的地方立法创新. 上海社会科学院法学研究所，2012（3）.

②　柳经纬，黄洵. 关于地方立法创新问题的思考. 理论与改革，2004（3）.

③　葛群. 地方立法的类型及其创新. 天水行政学院学报，2014（2）.

引下制定相关制度。三是立法的主动性和谦抑性的关系，宜精不宜多。① 地方立法一不能超过宪法、法律授予地方人大及其常委会的立法权限，不能涉足国家保留的立法权限；二不得同上位法具体条文的内容相抵触；三不得与上位法的立法目的、基本原则相抵触。②

二、公众参与地方立法研究

公众参与地方立法是立法体现民主、提高科学的重要保障。近年来，公众参与地方立法备受关注。各地积极探索公众参与地方路径的途径和方法，取得了显著成效，也仍有许多不足亟待解决。

（一）公众参与地方立法的定义

公众参与地方立法，是指特定的社会公众（自然人、法人或其他组织）在有权的立法主体的组织下，依照法定程序或采用法定方式有序地参与立法主体创制、修改、补充、废止规范性法律文件的活动，以充分表达意见或利益诉求，并对立法主体的立法活动全过程实施监督的民主立法制度。③

（二）公众参与地方立法的意义

公众参与地方立法有利于推进良法之治的实现。其一，该制度是我国民主政治的内在要求；其二，得到社会认同的法律便于实施；其三，该制度回应了多元利益主体的诉求；其四，有利于提升公民法治意识。④ 公众参与地方立法具有增强地方立法的正当性、促进立法内容科学性和有效性等现实意义。⑤

（三）公众参与地方立法的基本依据

公众参与地方立法的依据包括理论及政策法律依据。在理论层面，该制度以"人民主权原则"为其理论前提，以"程序正义原则"为其保障，核心理论渊源在于协商民主制度。在政策层面，党的十六大、十七大、十八大报告均提出要扩大公民有序的政治参与。在法律层面，诸多法律法规对此作出

---

① 马英娟. 地方立法主体扩容：现实需求与面临挑战. 上海师范大学学报（哲学社会科学版），2015（3）.
② 牛振宇. 试析地方立法创新的禁区. 人大建设，2013（1）.
③ 江晖. 对我国公众参与立法制度完善的思考. 法制与社会，2008（27）.
④ 吴兴国. 论我国公众参与地方立法的完善路径. 辽西社会科学，2013（7）.
⑤ 侯孟君，马子云. 地方立法公众参与的若干问题及其应对. 湖北警官学院学报，2014（10）.

了规定。1982 年《宪法》规定了公民的参政权。2000 年制定并于 2015 年修改的《立法法》对公众参与地方立法作了原则性规定，明确"立法应当体现人民的意志，发扬社会主义民主，坚持立法公开，保障人民通过多种途径参与立法活动"（第 5 条）。至此，公众参与地方立法制度被正式纳入我国法律体系之中。2001 年国务院颁布《规章制定程序条例》，明确要求包括地方规章在内的行政规章"直接涉及公民、法人或其他组织切身利益，有关机关组织或者公民对其有重大意见分歧的，应当向社会公布，征求社会各界的意见"（第 15 条）。条例还规定起草单位可以举行听证会，并对听证会的组织程序作了具体规定。此外，2008 年国务院颁布的《政府信息公开条例》进一步保障了公众的知情权和监督权。

（四）公众参与地方立法存在的问题及建议

在公众参与地方立法的存在问题及建议方面，各学者的观点均有雷同或相近之处，主要可归纳为以下几个方面：

首先，公众参与地方立法存在制度缺陷。该缺陷既包括公众参与制度本身，也包括配套制度。就公众参与制度本身而言，现行制度过于原则化。① 一方面，公众参与立法未被设置为必经程序；另一方面，公众参与立法的范围、渠道、程序、行为规则均未得到明确规定。就配套制度而言，信息公开、反馈制度、责任追究机制等均未形成完整的链条，缺乏可操作性。②

其次，公众参与地方立法的程度不够，包括主体范围有限、参与途径单一、参与范围有限。其一，公众参与设置门槛过高加上法律本身的抽象、艰深严重限制了社会公众的广泛性、代表性。其二，公众参与的形式局限在座谈会、讨论会、听证会等形式，途径单一。其三，公众参与地方立法集中在立法草案的征求意见方面，未贯穿立法的全过程。③

针对上述两个问题，有学者提出：其一，应将公众参与作为立法的必经程序，贯穿立法全过程。其二，应完善程序规则，对公众参与立法的范围、渠道、程序、行为等规则作出明确规定，以扩大公众参与范围，拓宽参与途

---

① 柯卫，王国平．公众参与地方立法的思考．求索，2010（8）．
② 桂林，陈保中．公众参与地方立法的实践与完善．理论探索，2011（3）．
③ 课题组．公众参与地方立法法制化的反思与完善．理论建设，2014（1）．

径渠道，尤其应注意根据立法的性质、内容、对象有针对性地设置不同程序。① 就完善配套制度而言，应当确立立法信息公开制度、参与咨询制度、意见反馈制度、监督制度（包括回避制度、效力评价和质询制度）、参与责任制度及参与激励制度。②

最后，公众参与地方立法的文化根基薄弱。就公众自身而言，一方面，长期计划立法模式导致公众主体意识淡薄，缺乏独立民主意识；同时，仅关心与切身利益相关的事宜，管理公共事务意识不强，对待权利容易非理性滥用。③ 知情权及参与途径无制度保障进一步导致了公众参与立法的积极性不高。④ 另一方面，公众缺乏立法必需的理论储备和实践经验，参与能力不足。就地方立法组织而言，立法机关仍将立法视作当向度的"权力"运作过程，在立法过程中主导性过强，不重视公众参与。⑤

基于上述问题，应对公众加强民主意识教育、法律思维培训，科学引导提升公众的知识能力水平及荣誉感，提高参与立法的质量。此外，应重视公众利益群体的建议、给予反馈以激发公民参与立法的积极性，培养其主体意识、权利意识及社会责任意识。就立法机关主导性过强问题，应注重加强培养民主意识及正当程序意识。⑥

三、第三方参与地方立法研究

2015 年《立法法》大规模地主体扩容引发了学界对立法质量的普遍担忧。学者纷纷将目光投向了第三方参与地方立法，希望借助第三方的中立地位和专业水准回应立法过程中的"公权私用"和"部门利益"，以提升地方立法的科学性与民主性。

（一）第三方参与地方立法的法律政策依据

2002 年《规章制定程序条例》第 13 条第 4 款规定："起草规章可以邀请有关专家、组织参加，也可以委托有关专家、组织起草。"党的十八届四中

---

① 王薇. 公众参与地方立法的现状分析与对策研究. 法治论坛，2013（4）.
②③ 侯孟君，马子云. 地方立法公众参与的若干问题及其应对. 湖北警官学院学报，2014（10）.
④ 冯传林. 刍议我国地方立法公众参与机制. 法制与经济，2013（3）.
⑤ 王顿. 我国地方立法公众参与制度的若干问题及其完善. 法制与社会，2015（12）.
⑥ 柯卫，王国平. 公众参与地方立法的思考. 求索，2010（8）.

全会提出"对部门间争议较大的重要立法事项，由决策机关引入第三方评估"，并进一步提出"深入推进科学立法、民主立法……探索委托第三方起草法律法规草案"。2015年《立法法》亦规定："专业性较强的法律草案，可以吸收相关领域的专家参与起草工作，或者委托有关专家、教学科研单位、社会组织起草。"

（二）第三方参与地方立法的必要性

现行研究分别从理论和现实角度论证了第三方参与地方立法的必要性。《地方人大委托"第三方"参与立法的理论诠释与实践思考》[1]及《立法模式改革关键：建立第三方起草法规配套制度》[2]，从具备广泛的民主基础、避免部门利益法制化、群众路线时代要求、利益平衡与社会公正需求四个层面阐释了理论基础。而《委托第三方参与地方立法的工作机制研究》从地方人大立法人力资源不足、部门利益法制化、公众参与度不够的现行问题，以及第三方具备的专业、中立、群众优势两个角度阐释现实基础。[3]

（三）第三方参与地方立法的现状

《地方性法规从"有"转"优"的实施路径》一文对我国目前地方人大委托第三方立法的现状进行了详细描述。关于受托第三方，其特点是来源广泛与协同创新。就来源而言，受托第三方主要有三类：高校、地方社科院等科研机构；法学会、律师协会、工商联、青年联合会等社会团体；律师事务所、咨询公司等市场主体。[4]就协同创新而言，一般有两种方式，即在接受委托任务时，受托第三方或在机构内部整合优势资源，成立专门组织；或协同人大，共建地方立法研究中心或研究院。[5]关于委托事项，其具有贯穿立法全过程、涉及多个领域且有所侧重的特征。第三方参与的过程包括立法前评估与调研、法规起草、立法后评估及法规清理，侧重于法规起草和立法前后评估。关于组织架构，其包括委托主体和第三方参与路径。委托主体主要

---

① 王仰文. 地方人大委托"第三方"参与立法的理论诠释与实践思考. 河北法学，2014（10）.

② 涂晟. 立法模式改革关键：建立第三方起草法规配套制度. 人民法治，2015（5）.

③ 王子正，周静远. 委托第三方参与地方立法的工作机制研究. 中国法学会立法研究会2016年大会征文.

④ 李英. 地方性法规从"有"转"优"的实施路径——地方人大委托第三方参与立法的实践考察. 理论导刊，2016（11）.

⑤ 王书娟. 样态与进路：第三方参与地方立法的实证分析. 江淮论坛，2016（4）.

分两类：一类是地方人大，另一类是地方人大与政府部门的联合。第三方参与路径一般包括定向议标、社会公开招标及两者的结合。

（四）第三方参与地方立法的问题及建议

在地方人大委托第三方参与立法的存在问题及建议方面，各学者的观点均有雷同或相近之处，主要可归纳为以下三个方面。

首先，第三方参与地方立法的制度过于原则。第三方参与地方立法的范围不明，"部门间争议较大""重要立法事项""专业性较强"等词界定不清，"可以"一词缺乏强制约束力，加之缺乏细化规定，因此总体制度可操作性差。建议细化委托起草的适用范围，同时明确委托第三方起草法规的具体实施办法，包括：委托人的主体资格；受委托第三方应当具备的资格、资质及能力要求；委托起草的具体程序；委托起草的方式及范围；起草后草案的审议程序及要求；委托起草的法律责任等。

其次，现实中第三方存在诸多问题。诸多学者撰文指出：一则第三方由于实务经验不足或事业局限，难以突破"理想化"起草的局限；二则缺乏明确的遴选标准，使第三方的专业性受到质疑；三则第三方难以摆脱利益追逐，其中立地位难以保证。

针对"理想化"局限和专业性问题，可以优化单一第三方的类型，明确项目团队或课题组可以直接作为第三方接受立法委托，以打破行业、身份界限及地域限制。同时融合多数第三方的竞争合作机制，采用互相竞争、独立完成或相互合作、优势互补的形式提升立法质量。一方面，可以完善利益制约机制，强调壮大弱势群体的参与力量且不能简单武断地割裂甚至排斥政府相关部门的参与。另一方面，强调完善立法信息公开制度和公众参与制度，使各个群体的利益诉求都能够上达第三方立法参与主体，开启公共立法之门。

事先明确第三方选择标准，适时引入竞争机制，以保证第三方的专业性。实践中可以同时委托两家以上的第三方，并对任务完成情况展开评估工作；建立对第三方的问责机制，要对履行不良的第三方建立"黑名单"制度，从而保证第三方的中立性。有学者认为，可以通过财政保障第三方参与立法的经费，将其列入专项资金进行管理。

最后，诸多学者在完善建议中均强调强化地方人大的主导地位。"主导"

不仅体现在地方人大常委会对法规草案的立法意图、指导思想、基本原则、整体框架及制度设计方案的掌舵，还体现在地方人大常委会应该在起草过程中积极发挥组织、指导、督促和协调作用。地方人大常委会应根据自身不同情况，建立健全立法前和立法后的评估机制，加强对受托第三方调研和论证工作的支持力度，协调相关政府部门的关系，定期跟踪、掌握起草进度，加强对起草工作的指导等，保持适时、适度介入，提供信息，积极协调，为法规草案打下良好基础。同时，强化地方人大的主导地位，需要明确委托事项的临界线，对一些专业性强、难度较大或部门利害关系明显的法规和规章应交由第三方完成，而关系地方的社会经济发展的重要法规不能委托给第三方。对于不同类型的法规和不同阶段的立法过程，需要根据其预设的有效性来确定是否采取委托方式，不能盲目创新、冒进委托。①

四、地方立法协调研究

地方立法要提高质量、衡平各方利益，立法协调机制不可或缺。能否妥善协调好各方面关系，是地方立法能否顺利进行、立法后能否顺利实施的关键。地方立法协调作为重要的立法机制，在当前的研究中应在三个向度上展开：一是从区域一体化的角度研究立法内容的协调一致和立法工作中的沟通合作；二是从地方立法机关特别是地方人大的立法实践操作的角度进行研究，强调的是立法工作程序和机制；三是从利益的角度入手，对立法行为背后的利益诉求和主张进行分析、研究。② 关于地方立法协调研究的综述，也将在这三个维度上展开。

（一）区域一体化的角度

区域一体化背景下的地方立法协调，是在地方合作背景下所开展的区域立法协调活动。它是为了促进区域经济的协调发展，以构建和谐统一的区域立法体系、营造公平正义的法治环境为目标，推动地方人大和地方政府立法内容的协调一致和立法工作中的沟通合作、协调一致，是为了解决区域发展问题所作出的一种立法努力。③ 有学者将立法内容的协调一致分为两个层

---

①　魏桃清．人大委托"第三方"参与立法工作的实践与思考．人民之声，2013（7）．
②　刘高林．地方立法协调初探．中国法学会立法学研究会 2016 年大会征文．
③　梅献中．区域政府间合作立法协调机制研究．中国法学会立法学研究会 2016 年大会征文．

次。从纵向法制统一来看，地方自己所制定的政策、措施和法律不得与中央的法律、法规相抵触；就地方制定的政策、措施和地方法规而言，又不能发生相互的冲突，而应当成为一个互相协调和彼此补充的有机整体。[①] 同时，也有学者提出区域协调发展法制化应以立体式的三位一体的人权法治观为切入点，以区域发展权为逻辑起点，而这其实也是区域一体化视角下的立法协调的出发点。他将区域协调发展法制化的逻辑起点分为主体、客体和空间三个维度。[②]

在区域立法协调的类型模式与立法协调机制的构建上，各学者的研究有相近或相似之处。立法协调机制构建的方式主要有：联络协调机构、区域内立法动态通报机制、涉及区域各方重大立法事项的会商机制、地方立法工作机构的定期例会机制、地方立法清理协调机制、合作纠纷的争端解决机制、建立机制运行的监督评价机制。[③] 同时，我国可以借鉴欧盟、美国较为成熟的区域性碳交易立法机制，通过府际横向合作，构建区域性碳交易立法协调机构，实现信息共享、联动监管、共同执法。[④]

（二）立法协商的角度

学界对立法协商理论研究甚少，但我国地方立法协商的实践经验推动了理论的发展，关于立法协商的基本理论已经有较为清晰的定义。广义的立法协商是指相关单位人员及社会公众围绕立法及立法有关事项进行的各种形式的协商活动。狭义的立法协商主要是指具有立法职能的机构或部门在立法过程中，按照一定的程序与有关方面、部门或人士，或面向社会公众，就有关事项和内容通过咨询、沟通、对话、讨论、听证、评估、征求意见、提出建议和反馈等方式进行的协商活动。

在狭义的概念之下，根据各地的实践经验，立法协商主要有以人大为主导的立法协商模式与以政府为主导的立法协商模式，其区别在于立法协商主导主体的不同。顾榕昌、李永政立足于人大主导的立法协商模式，并以广西的立法实践为例，认为，当前人大主导的立法协商存在制度化、规范化、程

---

① 段浩. 中部崛起地方立法协调问题研究. 晋中学院学报，2015（5）.

② 吕宁. 论区域协调发展法制化的逻辑起点. 湘潭大学学报，2016（4）.

③ 梅献中. 区域政府间合作立法协调机制研究. 中国法学会立法学研究会 2016 年大会征文.

④ 李丽红，杨博文. 区域性碳交易府际合作立法协调机制研究. 现代经济探讨，2016（3）.

序化不足，随意性较大，社会公众参与度不够等问题。需要借鉴国内外经验，在加强制度化建设、加强人大立法协商民主宣传和扩大公众参与度等方面加大力度。① 政府主导立法协调的过程中要找准协调切入点、坚持立法关键点、集中意见共同点、把握工作平衡点、主导协调支撑点、化解分歧意见点。② 而在广义的概念之下，包括民主党派、人大代表等主体的参与。

至于立法协商的具体的路径，可以从纵向与横向两个层面进行选择。就纵向层面而言，在地方立法权扩容背景下构建中央与地方立法决策权的有序协商制度，防范地方立法决策的利益保护主义；就横向层面而言，分别从立法决策主体、立法决策过程和立法决策结果方面来完善立法决策协商机制，发挥立法决策法定主体和影响主体的不同作用，并在运行过程中建立关键性的立法决策协商机制，实现法治为核心的协商机制的构建。

（三）利益分析的角度

地方立法是各地调整利益关系的主要方式之一。怎样在地方立法利益衡量的过程中，确定利益的轻重、主次、先后之别，并对各种利益给予合理的兼顾，对地方立法者而言绝对是个难题。地方立法者在进行利益衡量时，必须树立和而不同、互利共赢的思维，统筹协调利益分配所涉及的各个方面；必须保持中立乃至超然的态度，充分考虑利益平衡的原则、标准和方法，提供利益表达渠道和利益博弈平台。③ 在新常态背景下，地方立法应兼顾欠发达地区的利益，使之在发展中在维护自身正当利益的前提下，能够稳步快速发展，而不陷入地方保护主义的泥沼。需要在批判地方保护主义的同时，设置一个畅通的、规范化的表达渠道，即为欠发达地区在地方立法或者区域立法乃至国家立法中表达自身正当利益提供一个法治化的平台，切实做到用立法来保证欠发达地区与发达地区协调发展。④

五、监督和防范部门利益与地方保护主义法律化

部门利益、地方保护主义法律化是指依法享有立法权的政府部门或地方

---

① 顾榕昌，李永政．人大立法协商民主的实践与探索——以广西为例．广西社会主义学院学报，2013（5）．
② 刘钢柱．加强立法协调环节是破解政府立法难题的核心．山西经济日报，2016-07-06（4）．
③ 王丽．地方立法利益衡量问题研究．长春：吉林大学，2015.
④ 肖萍．论欠发达地区利益在地方立法中的表达与实现．法学论坛，2016（1）．

政府通过立法手段将部门利益、地方保护主义行为上升为受法律保护的利益或行为。这种现象既不利于全面深化改革，也影响了全面推进依法治国的进程。在此背景下，党的十八届四中全会提出了"……防止部门利益和地方保护主义法律化"的要求，而防止部门利益和地方保护主义法律化必须重视法治的力量。[①]

（一）成因与危害

有学者认为我国政府所属部门没有自己独立的利益。换言之，部门利益法律化在我国没有任何正当性基础。而对于地方利益而言，允许地方政府保留一定的利益，让地方政府为了发展经济、改善公共服务而彼此竞争，对于整个社会的繁荣发展是有益的，即地方利益有一定的正当性。因此，在探讨防止部门利益和地方保护主义法律化的时，应当对二者进行分别讨论。[②]

也有学者认为，部门利益与地方保护主义法律化的成因从本质上是看一致的，即地方立法行为目的的不正当性导致与地方立法权的背离。地方立法实践中，因受到地方利益、部门利益抑或地方立法主体个人政绩需求等不良因素的影响，地方立法目的被局限在狭隘的利益之中。这种不正当的地方立法行为目的与宪法和法律设置地方立法权的精神是背道而驰的。此时的地方立法行为不仅与地方立法权发生了严重背离，而且会因为其违背了地方立法权的主旨、原则和精神而无效。[③]

1. 部门利益的成因与危害

部门利益法律化的成因归结于地方立法事项中行政机关占据主导地位的立法实践，其主要表现就是立法草案由一个或几个行政机关负责起草，立法草案从前期调研到落笔起草，均由行政机关主导与包办，于是部门利益便被裹挟其中。[④]

在实践中，部门利益法律化的表现形式主要有二：一是借由立法扩充部门的权限，二是通过立法减轻部门的责任。[⑤] 部门利益法律化的危害主要表

---

①② 郑鹏程，张坤. 如何防止部门利益和地方保护主义法律化. 光明日报，2015 - 05 - 24（7）.

③ 杜国胜. 地方立法权与地方立法行为间契合与背离关系之研究. 中国法学会立法学研究会 2016 年大会征文.

④ 焦洪昌. "部门利益法律化"之问题与出路. 北京人大，2015（5）.

⑤ 秦前红，刘怡达. 地方立法权主体扩容的风险及其控制. 海峡法学，2015（3）.

现在三个方面：一是法理问题。"部门利益法律化"导致立法领域与行政领域混淆，立法没有起到规范、约束和监督公权力的作用，反而为公权力膨胀提供了空间，立法成为一些行政机关权力寻租法律化的工具。二是导致法律体系"支离破碎"。就同一个法律问题，不同的行政机关往往有不同的认识和处理方法，这些不同的认识和方法，往往反映到各个行政机关主导之下出台的不同立法中。由于缺乏统筹，导致法律体系出现内在矛盾与冲突。三是导致法治体系"支离破碎"。立法是执法、司法、守法的前提。"部门利益法律化"不仅导致法律体系内在矛盾，也导致执法、司法、守法各环节无所适从。① 林映青认为，部门利益法律化除了可能导致产生损害法律的公正性、影响法律的权威性以及影响立法的质量等方面的危害以外，还可能阻碍地方经济的健康发展。②

2. 地方保护主义的成因与危害

在市场经济的背景之下，地方政府逐渐摆脱中央政府代办人的角色，向独立的经济利益主体的身份转变。在此过程中地方政府之间的竞争便在所难免。如此一来，不少地方政府便采取诸如地区垄断等不正当措施以便在竞争当中取胜。在获得地方立法权之前，地方政府所采取的地方保护主义措施大多以"红头文件""土政策"等形式来实现。然而，在地方获得立法权之后，其便可使地方保护主义在"法律化"的掩饰下显得"名正言顺"，行政机关执行带有地方保护色彩的地方性法规时也显得"理直气壮"。这是在地方立法权扩容的背景下需要严加防范的。从制度层面来看，在立法公众参与等利益诉求表达机制和利益博弈机制等制度设计尚不完善的背景下，立法权便极易为少数群体所利用，进而将"小群体"的私益"裹挟"入法律当中。③

从短期看，地方保护主义似乎保护了本地企业和服务，刺激了当地经济的发展，追求了地方经济利益的最大化，却损害了全局利益，破坏了统一大市场的形成，阻碍了资源的自由流动；从长远来看，也损害了地方的局部利益，更有甚者，它加速了区域经济的不平衡。④ 而地方保护主义的法律化，

---

① 焦洪昌."部门利益法律化"之问题与出路.北京人大，2015（5）.
② 林映青.部门利益法律化问题研究.上海：华中师范大学，2016.
③ 秦前红，刘怡达.地方立法权主体扩容的风险及其控制.海峡法学，2015（3）.
④ 肖萍.论欠发达地区利益在地方立法中的表达与实现.法学论坛，2016（1）.

除了上述危害以外，还对法治有着巨大的破坏。在这一点上是与部门利益法律化相类似的。

（二）体制与机制层面的解决路径

解决问题的根本出路在于，以可实现的方式将行政权力关入法治的牢笼，全面和充分实现法律之治。有学者从体制和机制两个层面分析，并给出了解决路径。

从体制层面上，首先，要从过去的行政机关主导立法，转变为立法机关主导立法；其次，要理顺国家和地方"两级多元"的立法体制，保证法制统一。① 从机制层面上看，要增强立法的公开性、中立性、博弈性，同时，要增加立法的可行性与必要性评估。具体来说，一是要健全宪法监督制度和备案审查制度，二是要依据宪法进行相应的立法体制机制改革。② 要防止部门利益和地方保护主义法律化，是因为部门利益和地方保护主义行为损害了其他部门、其他地方的利益，并对社会整体利益造成了损害。除此以外，其他国家所采用的法规案内部起草程序、立法助理制度和公众参与立法制度等也为我国部门利益与地方保护主义法律化的解决提供了借鉴，具体包括建立部门法律审查制度，建立立法损害赔偿制度，完善法规、规章的撤销、变更或者责令改正程序，优化立法模式以及优化起草模式等内容。③

第二节　地方立法的制度创新与相关问题

一、地方立法的理论问题研究

（一）地方立法权的发展阶段

2015 年 3 月 15 日第十二届全国人民代表大会第三次会议通过《关于修改〈中华人民共和国立法法〉的决定》，其中第 72 条第 2 款规定："设区的市的人民代表大会及其常务委员会根据本市的具体情况和实际需要，在不同宪法、法律、行政法规和本省、自治区的地方性法规相抵触的前提下，可以对城乡建设与管理、环境保护、历史文化保护等方面的事项制定地方性法

---

① ②　焦洪昌.""部门利益法律化""之问题与出路.北京人大，2015（5）.

③　林映青.部门利益法律化问题研究.上海：华中师范大学，2016.

规，法律对设区的市制定地方性法规的事项另有规定的，从其规定。"该次《立法法》修改将拥有立法权的城市从原有的 49 个较大的市扩张至所有设区的市，中国地方立法开启了新时代，全国所有的设区的市今后均可以通过立法的方式来管理城市和社会。

回顾新中国成立到 2015 年《立法法》修改，地方立法权的发展经历了以下四个发展阶段。

第一个阶段：新中国成立—1954 年《中华人民共和国宪法》：地方立法的全面放开，地方立法权遍布所有的设区的市。1950 年 1 月 6 日政务院第十四次政务会议规定："省人民政府委员会可以拟定与省政工作有关的暂行的法令和条例，同时需报告主管大行政区的人民政府，中央人民政府政务院批准或备案最终批准；市政有关的暂行法令条例均由市人民政府委员会进行拟订后，上报上级人民政府，最后的批准施行由上级政府决定；县政有关的单行法规由县人民政府委员会进行拟定后，直接上报省级人民政府，批准或备案也由省级人民政府决定"①。

第二个阶段：1954 年《中华人民共和国宪法》至改革开放：全国人大将所有的地方立法权收回，宪法和法律中对地方立法权没有明确的规定。全国人民代表大会拥有绝对的全国立法权，全国人大常委会仅仅有解释法律和制定法令的权利。地方立法权在宪法和法律中得到没有明确的规定，地方上，只有民族自治地区拥有地方立法权。这一时期高度集中的立法体制符合高度集中的计划经济体制的需要。

第三个阶段：改革开放至 2000 年《立法法》制定：中央开始有区别地赋予地方立法权。1979 年 7 月第五届全国人大二次会议通过了《地方各级人民代表大会和地方各级人民政府组织法》，其第 6 条规定："省、自治区、直辖市的人民代表大会根据本行政区域的具体情况和实际需要，在和国家宪法、法律、政策、法令、政令不抵触的前提下，可以制订和颁布地方性法规，并报全国人民代表大会常务委员会和国务院备案。"这表明仅仅省、自治区、直辖市的人民代表大会拥有了地方立法权。1982 年在第一次修改地方组织法时，对于设区的市的项目统一规定如下：设区的市可以拟订本市需

---

① 政务院公布省、市、县人民政府组织通则. [2016-12-15]. 中华人民共和国国史网, http://www.hprc.org.cn/gsgl/dsnb/gsbn/1950n1/7r_1/200906/t20090603_2448.html.

要的地方性法规草案，经过省级人民代表大会常务委员会提请审议并报全国人大常委会和国务院备案。这还不是真正意义上的地方立法权，而只是一种草案"拟订权"。1986年第二次修改了地方组织法，规定省级人民政府所在地的市和经国务院批准的较大的市的人大可制定地方性法规。这次将草案的"拟订权"修改为法规"制定权"，明确了设区的市的地方立法权。2000年的《立法法》又将经济特区所在地的市划入此列，经济特区也有了地方立法权。自此，全国49个设区的市拥有了地方立法权，分别是27个省会市、18个经国务院批准的较大的市以及4个经济特区所在的市。

第四个阶段：2000年《立法法》制定—2015年《立法法》修改：全部设区的市拥有地方立法权。2000年《立法法》有选择性地赋予地方立法权，全国282个设区的市中仅49个拥有地方立法权，造成了同一管理等级的地方立法权存在严重不平等的现象。2015年《立法法》的修改，使全部282个设区的市拥有地方立法权。这有助于促进经济发展，缓解地区发展之间的矛盾，是适应国情之举。

（二）地方立法权的宪法依据

我国现行《宪法》第100条规定，"省、直辖市的人民代表大会和它们的常务委员会，在不同宪法、法律、行政法规相抵触的前提下，可以制定地方性法规，报全国人民代表大会常务委员会备案"。这表明宪法仅仅将地方立法权授予省级人大及其常委会，并未向更下层级的地方授权。而根据2015年《立法法》的规定，拥有地方立法权的主体扩展到了所有设区的市。这无疑比之前"省会城市所在的市"及国务院所认定的"较大的市"的范围更加扩大了。也许是考虑到现行宪法对地方立法权的这一限制，不论是地方组织法还是《立法法》，都在赋予地方立法权的同时，规定了省级人大常委会对市级地方性立法的批准权。这样的规定既可以满足市一级立法的实际需要，同时又可以符合宪法的规定。

（三）地方立法权的意义

1. 促进经济社会的发展

毫无疑问，在社会主义市场经济条件、各区域经济状况不均衡的情况下，赋予地方立法权有助于促进各地区经济发展。可以说2015年《立法法》赋予全国所有设区的市地方立法权是经济、社会发展的产物。最初，18个设区的市被赋予地方立法权的时代背景就是当地经济的迅速发展与中央立法的滞后性、普遍性的矛盾。但如今的经济格局早已今非昔比，经济的迅猛发展不再局限在沿海或经济特区，地方经济发展对地方立法的需求一再增加。这也解释了为什么在 1993 年国务院最后批准江苏苏州、徐州成为"较大的市"之后温州、泉州、佛山、潍坊、常州等城市坚持申请，争取成为"较大的市"的努力。在过去地方没有立法权的情况下，面对地方事务的调整需求，当地政府往往通过"红头文件"的方式来调整。虽可以解决一时之需，但是"红头文件"往往面临着缺乏稳定性、因领导人的更替而朝令夕改，甚至"红头文件"本身违法的问题。市场经济是法治经济，市场经济的发展不能仅仅依赖行政手段，更需要符合地方发展需求的具有稳定性、可预测性的规则来调整和规制。因此，地方立法可以建构起符合地方市场经济发展要求的法律规范，满足经济主体的要求，促进当地经济社会的发展。①

2. 弥补中央立法权的不足

赋予地方立法权有助于发挥地方立法的独特优势，弥补中央立法的不足。一方面，针对我国幅员辽阔，各地经济、社会发展差距较大的具体国情，中央的立法具有普遍性和原则性，在很多领域没有办法兼顾各地的特殊问题，立法中往往留有很大的空间需要各地区通过立法的规定来细化和具体化。另一方面，地方立法可以充分发挥地方的特有优势，准确把握地方立法的特殊之处，使立法更加准确、全面地调整当地社会关系，充分发挥法律对社会的调整作用，从而弥补中央立法原则性、普遍性的不足。

3. 发挥法治在改革中的引导作用

习近平总书记在中央全面深化改革领导小组第二次会议上强调，"凡属重大改革都要于法有据"。赋予地方立法权有助于地方改革、创新于法有据，从而发挥法治在改革中的引导作用。过去，地方没有立法权，导致很多改革和创新的举措游离在法律体系之外，"良性违法"现象大量存在。如在中央没有关于城管执法的统一立法的前提下，很多地方将公安、卫生、城市管理等多项职责综合到城管的手中，缺乏明确的法律依据，在实践中也是备受争议。《立法法》第 73 条第 2 款规定，"除本法第八条规定的事项外，其他事

---

① 王建业．论赋予设区市的地方立法权．北京行政学院学报，2015（3）．

项国家尚未制定法律或者行政法规的，省、自治区、直辖市和设区的市、自治州根据本地方的具体情况和实际需要，可以先行制定地方性法规"。这表明地方立法可以先于国家立法，也就是说即使没有中央的统一立法，有立法权的地方仍然可以试验性立法。这些具有前瞻性的法律规定，可以满足地方改革的需要，为地方经济、社会的发展提供了法治支持，从而确保改革是在法治的轨道上运行。

4. 良法的必然要求

我国是单一制国家，良法要求法律体系的和谐、统一，既要求中央立法的普遍适用，同时又不能忽视地方立法的特殊性。从法的外部来看，赋予地方立法权的考量因素是地方性、特殊性，独立性。正如前文所论述到的，各地区面对经济、社会发展对地方立法权的需求，往往通过"红头文件"的方式来解决一时之需，但这些"红头文件"往往缺乏上位法依据而本身违法。从法的内部来看，由于法律规范自身的局限性所导致的表达不力、规则漏洞等，也为地方立法留下了空间。在中国这样一个大国的治理过程中，一方面，要从宏观上强调普遍性、统一性；另一方面，也要从微观层面顾及千差万别的地方特殊性，具有灵活性。从治理的角度看，法律也应是一种"地方性知识"，因此，赋予地方立法权是良法的必然要求。①

二、地方立法权存在的问题探讨

（一）加大省级人大常委会的负担

2015 年《立法法》的修改将地方立法权的主体由原来的 49 个扩展到 282 个，是原来的 5 倍之多。原来一个省级人大常委会只需要审查本省内省会城市及几个较大的市所制定的地方性法规，在《立法法》修改后，省级人大常委会可能要面对本省内十几个甚至二十几个设区的市的地方性法规审核的情况。在这种情况下，如何缓解省级人大常委会巨大的负担，成为专家学者热议的焦点。

值得注意的是，2015 年修改的《立法法》本身对这一问题作出了一些规制：（1）对地方立法权限的范围作出控制。设区的市的地方立法权仅限于

---

① 高燕. 论地方立法的良法属性及其实现. 中国法学会立法学研究会 2016 年大会征文.

城市建设、环境保护、历史文化等；（2）对地方开始行使立法权的步骤实行省级控制，规定，设区的市开始制定地方性法规的具体步骤、根据和时间，由省级人大常委会根据本省、自治区所辖的市的人口数量、地域面积、经济社会发展情况等因素确定，并报全国人大常委会备案。

但是这样的设置是否可行仍然存在疑问。一方面，地方立法中可能存在对"城市建设""环境保护""历史文化"等的扩张解释，地方性立法的数量会有成倍的增长；另一方面，这一设置也仅仅是暂时性地缓解省级人大常委会的压力，其面临的事前审查与事后救济、备案审查的压力仍然很大。

（二）特定市的地方性立法事前审批监督机制存在问题，不利于激发地方立法的活力

有学者提出，特定市的地方性立法审批监督机制发挥过积极的作用，但在 2015 年《立法法》修订之后，特定市级地方性法规批准监督制度的弊端将日益凸显：首先，2015 年修订《立法法》之后，能够制定特定市级地方性法规的主体包括 282 个设区的市、4 个不设区的市以及 30 个自治州的人大及其常委会。由于自治州的人大本就依法能够行使制定自治条例与单行条例的权力，因此 2015 年修订《立法法》之后，自治州、自治区人大开始获得双重种类的地方立法权，即：既有权制定能够变通法律与行政法规的自治条例与单行条例，也有权制定一般地方性法规。自治区人大在行使制定自治条例或者单行条例的特殊地方立法权时，能够变通法律与行政法规，因而其立法行为需要接受监督强度大的批准监督；而自治区人大在行使制定地方性法规的一般地方立法权时，仅需要接受监督强度相对较弱的备案监督。其次，全部运用事前批准式的监督方式会极大地增加省级人大常委会的负担。这一点在前文已有论述。最后，多年来，在 2015 年《立法法》修订之前就已经行使地方性法规制定权的 49 个市的立法机关，在制定地方性法规过程中，已经积累了丰富的立法经验，并且形成了大量有助于维护法制统一和能够提高地方立法质量的理论研究成果。同时，随着立法主体应依法立法理念的深入人心，特定市级立法主体已经足以依法独立行使好特定市级地方性法规制定权。

（三）地方立法上位法相抵触，危害中央立法权

我国作为单一制国家，中央立法权是基本的立法权，地方立法权是中央

授予的，是对中央立法权的补充。因此，地方性立法的层级要低于中央立法，这也就意味着地方性立法不应当与中央立法相抵触。但是在现实中，越权立法、借法扩权的现象非常突出。很多专属中央立法权的事项由于缺乏中央立法而出现多地越权立法的现象；除此之外，地方立法经常与中央立法出现抵触、矛盾，从而给法律适用带来极大的难度，这会极大地危害中央立法权。

（四）地方立法的民主性不足

从表面上地方立法具备了一定的民主选举、民主管理、民主监督等公民参与机制，但是立法机关仍然扮演管理者角色，公民扮演被管理者角色，较少拥有立法事务的发言权，较多地听从立法机关的安排。另外，尽管在管理者的号召下公民响应并参与到每一次立法活动中去，但公民仅仅是作为参与者和旁听者出现，他们并不会自觉地为立法活动出谋划策，也不会自主地把活动的成果加以巩固并把活动的意义加以延续，因此，造成了一种公民参与地方立法事务的假象。总体来说，公民多是通过消极模式参与到地方立法中的，具有很强的被动性，不符合立法民主性的要求。

（五）触发地方保护主义

有学者认为地方立法权的赋予极易触发地方保护主义。过去，地方没有立法权，大都通过颁布"红头文件"的方式来保护地方利益。而今地方立法权的赋予，可能使之前的地方保护主义的措施入法，从而披上合法的外衣，如各地均将稀缺性资源和市场作为立法中的重点。地方保护主义的做法违背市场经济的发展要求，行政性垄断的出现不利于全国统一性市场的建立，反过来会抑制经济的发展。[①]

（六）地方立法行政色彩浓厚

以对公民隐私权的保护为例：内地与澳门关于公共安全的防范技术在立法路径上存在明显差异。澳门立法注重对公民隐私权保护的具体操作性规定，走的是一条实现公民权利的"权利保障型"立法路径；而内地立法体现出浓郁的行政管理色彩，通过加强行政监管来保护公民隐私权，走的是一条加强行政管理的"管理型"立法路子。[②] "管理型"的立法路径使地方性法

---

① 王建业．论赋予设区市的地方立法权．北京行政学院学报，2015（3）．

② 钟小凯．转变中的地方立法：从"管理型"迈向"权利保障型"．中国法学会立法学研究会2016年大会征文．

规多为原则性的权利宣告而非具体的救济措施，缺乏可操作性；同时，这样一种从管理者角度出发的立法路径也使内地立法关于对公民隐私权保护的规定不具体明确，对技防安装范围缺乏明确的空间界定，这就给予执法人员极大的自由裁量空间，反而极易侵犯公民的隐私权。

三、地方立法制度创新与解决思路

（一）采取成熟、渐进的方式赋予设区的市地方立法权

对于 273 个尚未获得地方立法权的设区的市，应当根据人口数量、经济发展程度等因素来确定具体赋予其地方立法权的时间。这也就意味着，这个问题的解决不能采取一刀切的方式，而是应该具体问题具体分析，成熟一个、批准一个，采取循序渐进的方式。基于最初的"省会所在的市"及"较大的市"的地方立法权是法律赋予的，对于设区的市的地方立法权国家应当制定统一的审核标准，而不应该仅仅由各省人大常委会自主确定；此外，地方立法权应当采取设区的市自主申报的方式，因为"主动性的申请"可以体现特定市的立法需求和立法条件是否完备。

（二）加强地方立法的民主性

加强地方立法的民主性首先应该创新民主参与机制，例如建立立法研究评估与咨询服务基地、成立地方立法基地联盟、组建地方立法咨询专家库、开展地方性法规草案委托第三方起草工作等。[①] 同时，可以完善立法咨询员制度。首先，要结合立法权的大小、地域特殊状况以及本土文化情况合理确定立法咨询员的数量；其次，完善立法咨询员的产生方式，改变传统的推荐制，引进自荐制；最后，扩宽学者、专家在地方立法中发挥作用的渠道。[②] 另外，通过加强律师参与地方立法，促进地方立法的民主性。律师在日常的司法实务中可以接触到对立双方的利益诉求，因此其在参与立法过程中可以更准确把握矛盾争议点；并且律师的法学素养、逻辑能力远远超出一般的民众，因此其参与立法不仅会促进立法的民主性，而且会提高立法的质量。[③] 律师可以通过直接方式（直接参与地方性立法、担任人大代表以及参与听证

---

① 李浚豪．论地方立法的经验、不足与未来展望．中国法学会立法学研究会 2016 年大会征文．
② 卫学芝．论地方立法中的立法咨询员制度．中国法学会立法学研究会 2016 年大会征文．
③ 张书占．律师与地方立法研究．中国法学会立法学研究会 2016 年大会征文．

会等方式）与间接方式（参与诉讼、发表论文及担任政府或人大的法律顾问等方式）参与地方性立法。

（三）加强立法的科学性

首先，中央立法可以为地方立法预留合理的立法空间，如对于立法条件不成熟的法律领域，可以留有一定的余地和空白，通过推进地方立法的方式来积累经验。其次，对于已经失效、废止的中央立法，地方立法机关应当及时进行法规清理工作，避免出现二者间的矛盾与对立。最后，党的十八届四中全会决定指出，立法权力界限的明确，有利于部门利益和地方保护主义的消除。所以，还需要继续细化赋予设区的市的地方立法权的内容，如细化"城市建设""环保文化"等立法领域的边界。

（四）加强立法部门与司法部门的沟通

有学者认为，与充满人为因素的行政干预司法不同，地方立法干预司法权的出现在很多情况下都是无意识的。这种无意识的原因在于我国立法权与司法权的边界并不是一成不变的，而是相对模糊的。因此，地方立法机关在涉及司法职权的配置、使用时应当征求司法部门的意见。另一方面，司法机关作为专业法律部门，应当对自身的职责有明确的认识，也要对不断变动的权力界限问题保持关注。[①]

（五）明确地方立法与中央立法的"抵触标准"

伴随着地方立法权主体的增多，地方立法数量将成倍增加，因而十分有必要明确地方立法与中央立法的"抵触标准"。目前学术界有三种观点：第一种观点是"没有上位法规范的地方性立法构成抵触"，第二种观点是"违背上位法的精神或者原则的构成抵触"，第三种观点是"违背上位法的精神和原则，同时又违背上位法的具体规定的构成抵触"。第一种观点的成立要求起码有上位法的存在，但是许多地方性法规的出台没有明确的上位法依据，如《无锡市刑事被害人特困救助条例》，其是依据宪法制定的。而我国《立法法》第73条规定，地方"根据具体情况和实际需要，可以先制定地方性法规。在国家制定的法律或者行政法规生效后，地方性法规同法律或者行政法规相抵触的规定无效"。第三种观点同样存在问题，如《大连市法律援

---

① 李锦辉．地方立法权的司法权界限．中国法学会立法学研究会 2016 年大会征文．

助条例》对《法律援助条例》规定的援助范围进行了扩张，将工伤、环境污染、食品药品安全等造成的人身伤害都列入了该市法律援助的范围。前者的规定显然是对上位法的扩充，但更能体现保护弱势群体的立法目的，因而采取目的解释的方法，其并不构成抵触。[①] 因此将抵触标准确定为"与上位法的立法精神和原则不一致"能够更好地激发地方立法的积极性，让地方能够放开手脚，破除不必要的限制，根据地方的实际需要，大胆立法，为地方的改革创新提供制度支撑。而在判定地方立法是否与上位法抵触时应当遵循以下步骤：（1）是否存在与上位法规定不一致的内容，若存在则判定是否符合上位法的立法目的，若符合则不抵触，若不符合则抵触。（2）若存在多个上位法，且上位法之间存在冲突，则此时应当分情况讨论：1）上位法既有法律又有行政法规的，若行政法规符合法律的立法精神，则地方立法符合任意上位法皆可；若行政法规不符合法律的立法精神，则地方立法只能与法律保持一致，否则构成抵触。2）上位法之间处于相同位阶的，则适用新法优于旧法、特殊法优于普通法的原则。3）若通过上述方法仍然无法判定，则引入宪法五大根本原则进行判定。符合宪法五大根本原则则不被认为抵触，若严重违背宪法五大根本原则，应当被判定为抵触。

（六）完善以备案制度为主的立法监督制度

有学者认为，在当前特定市级立法主体突然暴增与立法环境条件大大改善的情况下，一味坚持事前审批制的立法监督体制，不仅会使监督机构不堪重负，而且不利于激发地方立法机构的立法积极性，将降低立法效率，延长立法周期、提高立法成本。基于我国的立法实践，相比于积极的、事前的、强度较大的审批制度，我国应该选择消极的、事后的、强度较小的备案监督制度。因为 2015 年《立法法》修改后，除省、自治区的人民政府所在地的市，经济特区所在地的市和经国务院批准的较大的市以外，设区的市的地方立法权的范围非常局限，仅仅包括"城市建设""环境保护""历史文化"等范围；而且根本无法对中央立法构成根本性的变更，这一点与民族自治地方的自治条例和单行条例不同，后者会构成对中央立法的根本性变更，因此没有必要选择事前监督。

---

① 刘雁鹏．地方立法抵触标准的反思与判定．地方立法的理论与实践．北京：法律出版社，2017：207～219．

第三节　设区的市立法面临的问题与完善途径

2015 年 3 月十二届全国人大三次会议通过的《关于修改〈中华人民共和国立法法〉的决定》中，备受社会各界关注的一项就是《立法法》第 72 条第 2 款对地方立法权制度的修改，该款赋予了所有设区的市以地方立法权。至此，我国地方立法体制可以说进入一个新的阶段。

根据《立法法》第 72 条第 2 款，"设区的市的人民代表大会及其常务委员会根据本市的具体情况和实际需要，在不同宪法、法律、行政法规和本省、自治区的地方性法规相抵触的前提下，可以对城乡建设与管理、环境保护、历史文化保护等方面的事项制定地方性法规，法律对设区的市制定地方性法规的事项另有规定的，从其规定。设区的市的地方性法规须报省、自治区的人民代表大会常务委员会批准后施行。"通过与省、自治区、直辖市地方立法权的比较（见表 49 - 1），不难看出，《立法法》第 72 条第 2 款的规范限制，不仅对设区的市的地方立法权的范围进行限定，还对设区的市的地方立法权的生效程序作了限定，即设区的市的人民代表大会或常务委员会通过后须报省、自治区的人民代表大会常务委员会批准后施行。其实质是一个范围限定＋程序限制的双重规范，对于在下文中进一步展开分析设区的市的地方立法权具有重要意义。

表 49 - 1　　省、自治区、直辖市与设区的市的地方立法权的限定规范比较

	省、自治区、直辖市的 地方立法权	设区的市的地方立法权
权限范围	法律保留范围以外的事项	城乡建设与管理、环境保护、历史文化保护等事项
生效程序	省、自治区的人民代表大会或常务委员会通过后即可施行	设区的市的人民代表大会或常务委员会通过后须报省、自治区的人民代表大会常务委员会批准后施行

在此规范意义上，笔者拟先从地方立法权的制度沿革入手，探讨在国家治理中地方立法权的发展变化；进而梳理、总结设区的市的地方立法权在权属性质及权限范围上的地方实践与问题挑战，分析设区的市的地方立法权的合宪性与合理性争议，以期对于设区的市的地方立法权的行使有所裨益，引发更多理论与实务界的关注和研究。

一、地方立法权的沿革变迁

地方立法权的变化反映出国家治理方式的变化。回顾地方立法权的制度沿革，地方立法权经历了从有到无到限制，进而扩大的制度演变。

(一) 1949 年—1954 年：地方与中央分享立法权

新中国成立初期，《中国人民政治协商会议共同纲领》与《中央人民政府政府组织法》、《大行政区人民政府委员会组织通则》等法律文件，确立了中央统一立法和地方行使立法权相结合的立法体制。

《中国人民政治协商会议共同纲领》确立了中央人民政府委员会由政治协商会议选举产生，并赋之以行使国家权力的职权，进而在《中央人民政府政府组织法》第 7 条规定，"中央人民政府委员会……制定并解释国家的法律，颁布法令，并监督其执行"，从而确立了中央层面中央人民政府委员会对立法权的集中行使。

在这一时期，地方立法分为大行政区、省、市、县四级，根据新中国成立初期的国家治理能力，在立法上赋予地方政府较大的权力行使空间。在大行政区层面，作为新中国成立初期特殊国情下实行的一种过渡性的制度，大行政区在西北、西南、东北、华北、中南、华东六大中央局的基础上，在中央人民政府的领导下行使部分立法权。根据《大行政区人民政府委员会组织通则》第 4 条第 2 款之规定，"各大行政区人民政府委员会根据并为执行中国人民政治协商会议共同纲领，国家的法律、法令，中央人民政府委员会规定的施政方针和政务院颁发的决议和命令，行使下列职权：……（二）拟定与地方政务有关之暂行法令条例，报告政务院批准备案"。在省、市、县层面，根据 1950 年 1 月通过的《省、市、县人民政府组织通则》，省、市、县人民政府分别：拟定与省政有关的暂行法令条例，报告主管大行政区人民政府转请中央人民政府政务院批准或备案；拟定与市政有关的暂行法令条例，报告上级人民政府批准施行；拟定与县政有关的单行法规，送请省人民政府批准或备案。可以看到，新中国成立初期地方立法权有两点限制：内容上应与地方政务相关；程序上须经上级政府批准或备案。

(二) 1954 年—1979 年：中央统一行使立法权

1954 年，随着《中华人民共和国宪法》的通过，以此为基础建立了人民代表大会主导下的立法框架，确定了由全国人大行使立法权，部分授权给全国人大常委会的立法体制。在这一时期，经济、社会资源相对匮乏，国家治理体系要求集中全国力量完成重点工作，故而在以立法权为代表的中央与地方关系上，中央权力高度集中，除民族自治地方以外的一般地方没有立法权。1975 年宪法和 1978 年宪法基本上沿袭了上述立法体制的规定。

1954 年宪法在第 22 条规定，"全国人民代表大会是行使国家立法权的唯一机关"；并在第 27 条和第 31 条分别明确了由全国人大制定法律、由全国人大常委会解释法律。1954 年宪法将立法权的行使主体限于全国人大，全国人大常委会没有立法权。但新中国成立初期百废待兴，国家政治、经济、文化生活秩序诸多方面需要法律制度的规范，仅凭每年一次的全国人大制定通过法律并不现实。在 1955 年、1959 年，全国人大两次授权，赋予全国人大常委会部分国家立法权，"授权常务委员会依照宪法的精神、根据实际的需要，适时地制定部分性质的法律，即单行法规"。

（三）1979 年—2015 年：地方立法逐步放权

1979 年以后，以 1979 年《中华人民共和国地方各级人民代表大会和地方各级人民政府组织法》和 1982 年宪法为标志，新中国成立初期高度集权的中央与地方关系模式已不能适应改革开放下的经济社会需要，通过对地方组织法、立法法的修改，从中央到地方逐步赋予相应主体立法权限，我国统一而又分层次的立法体制得以逐步建立、完善。

1979 年地方组织法第 6 条规定，"省、自治区、直辖市的人民代表大会根据本行政区域的具体情况和实际需要，在和国家宪法、法律、政策、法令、政令不抵触的前提下，可以制订和颁布地方性法规"，从而赋予了省、自治区、直辖市人大及其常委会地方立法权。1982 宪法第 67 条规定，"全国人民代表大会常务委员会行使下列职权：……（二）制定和修改除应当由全国人民代表大会制定的法律以外的其他法律"。较之 1955 年和 1959 年的授权，赋予了全国人大常委会以较大的立法权，同时赋予国务院行政法规制定权。通过 1982 年宪法的同次会议中，修改了地方组织法，赋予省会市和国务院批准的较大的市的人大常委会以地方性法规草案拟订权，于第 27 条第 2 款规定："省、自治区的人民政府所在地的市和经国务院批准的较大的市的人民代表大会常务委员会，可以拟订本市需要的地方性法规草案，提请省、自治区的人民代表大会常务委员会审议制定，并报全国人民代表大会常务委员会和国务院备案。"1986 年地方组织法将上文中的第 27 条修改为第 38 条第 2 款，赋予省会市和经国务院批准的较大的市地方立法权，规定："省、自治区的人民政府所在地的市和经国务院批准的较大的市的人民代表大会常务委员会，在本级人民代表大会闭会期间，根据本市的具体情况和实际需要，在不同宪法、法律、行政法规和本省、自治区的地方性法规相抵触的前提下，可以制定地方性法规，报省、自治区的人民代表大会常务委员会批准后施行，并由省、自治区的人民代表大会常务委员会报全国人民代表大会常务委员会和国务院备案。"2000 年通过并实施的《中华人民共和国立法法》，作为规定国家立法制度和规范立法行为的重要宪法性法律，总结了改革开放以来地方立法在机制体制上的相关经验，对立法权限划分、立法程序、法律解释、适用与备案审查等重要制度作了规定①，从而使地方立法进入了制度化、规范化的快车道，并在此基础上又赋予经济特区所在地的市以较大的市地方立法权。

（四）2015 年—2017 年底：赋予所有设区的市地方立法权

随着经济社会的发展，面对立法工作中遇到的一些新情况、新问题，2015 年通过修改《立法法》，赋予所有设区的市以及自治州地方立法权，享有地方立法权的市级主体，由修改前的 49 个一跃增加为 322 个。

在新被赋予地方立法权的 273 个设区的市、自治州、不设区的地级市中，截至 2016 年 7 月，各省、自治区已经确定可以开始制定地方性法规的有 263 个，占 96.3%，尚未确定的有 10 个，占 3.7%。只有黑龙江、新疆、西藏 3 个省、自治区尚未完成批准工作，其中黑龙江省还有 4 个市；新疆还有 5 个市、州，哈密市是 2017 年 1 月才经国务院批准新设立的设区的市，另外还有 4 个州；西藏还有 1 个，山南市是 2017 年 1 月才经国务院批准新设立的设区的市。在立法机构设置上，已有 259 个依法设立了人民代表大会法制委员会，243 个设立了人大常委会法制工作委员会。根据第二十二次全国地方立法研讨会会议交流材料，截至 2016 年 7 月底，现行有效的地方性法规、自治条例和单行条例以及经济特区法规共 9 915 件。其中，省、自治

---

① 武增. 2015 年《立法法》修改背景和主要内容解读. 中国法律评论. 2015（01）：210～216.

区、直辖市地方性法规 5 701 件，设区的市、自治州地方性法规 2 936 件，自治条例和单行条例 967 件，经济特区法规 311 件。① 地方立法在数量上即将迈入 10 000 部大门，地方各级主体立法工作进入高速发展的新阶段。

表 49-2　　　　　　　　　　我国各立法主体的立法权沿革变迁

年份 立法主体	1954— 1979	1979— 1982	1982— 1986	1986— 2000	2000— 2015	2015 至今
全国人大	有	有	有	有	有	有
全国人大常委会	部分	部分	有	有	有	有
国务院	无	无	有	有	有	有
民族自治地方	有	有	有	有	有	有
省、自治区、直辖市	无	有	有	有	有	有
较大的市	无	无	法规草案 拟订权	有	有	有
经济特区所在的市	无	自 1981 年陆续授权		有	有	有
设区的市	无	无	无	无	无	有

二、权力性质是否违宪——设区的市地方立法权的合宪性审查

2015 年《立法法》修改后，关于设区的市地方立法权的权力性质和立法权限是实务界与理论界讨论较多的话题，其实质分别是对于设区的市地方立法权的合宪性与合理性的争议。对于设区的市地方立法权，有学者认为，赋予设区的市地方立法权存在合宪性争议，《立法法》第 72 条第 2 款"不是'根据宪法'制定出来的，其性质不能被视为对现行宪法第 100 条的修改或者拓展性解释"②。笔者认为，回答设区的市地方立法权的合宪性争议，应当回归宪法文本本身，从文本规范和制度演变中寻找答案。

（一）设区的市不具有完整的地方立法权

根据《宪法》第 100 条的规定，"省、直辖市的人民代表大会和它们的常务委员会，在不同宪法、法律、行政法规相抵触的前提下，可以制定地方性法规，报全国人民代表大会常务委员会备案"。可以看出，我国宪法没有赋予设区的市一级地方人大及其常委会地方立法权。在这种结构之下，设区

---

① 我国现行有效的地方性法规、自治条例和单行条例、经济特区法规的数量. (2016-09-20). 中国人大网，http://www.npc.gov.cn/npc/lfzt/rlyw/2016-09/20/content_1997847.htm.

② 刘志刚.《立法法》修改的宪法学分析. 哈尔滨工业大学学报（社会科学版），2015（01）：39～45.

的市的人大及其常委会严格来说均不具有省级人大及其常委会一样完整的地方立法权。但是否由此就能推断出《立法法》第 72 条第 2 款违反宪法的结论？笔者认为尚显仓促，还需回归地方立法制度的本源进行考察。

（二）设区的市地方立法权是省级地方立法权的派生

根据上文对我国地方立法权制度沿革的分析，我国地方立法权根据国家治理能力的需要，经历了从有到无，再到改革开放之后逐步授权、扩大地方立法权的过程，这一进程与我国宪法关于中央与地方关系的规范相一致。根据我国《宪法》第 3 条第 4 款之规定，"中央和地方的国家机构职权的划分，遵循在中央的统一领导下，充分发挥地方的主动性、积极性的原则"。我国在 1982 年、1986 年、2000 年、2015 年通过地方组织法、立法法等宪法相关法，逐步扩大了地方立法权的行使主体和范围。笔者认为，从 1982 年宪法关于地方立法权的规定无法推导出对设区的市地方立法权存在的合宪性质疑并不成立，在立法制度发展中我国已多次扩大地方立法权的行使主体范围，《立法法》第 72 条第 2 款不是对《宪法》第 100 条的扩大或修改，而是依据《宪法》第 3 条第 4 款、第 100 条之规定所作出的具体制度安排。

设区的市地方立法权是省级地方立法权所派生的，把握设区的市地方立法权的权力性质要牢牢把握《立法法》第 72 条第 2 款的双重限定功能。因为宪法没有赋予设区的市一级人大及其常委会地方立法权，故而在立法生效程序上，《立法法》第 72 条第 2 款规定，设区的市人民代表大会或常务委员会立法通过后须报省、自治区的人民代表大会常务委员会批准后施行。在立法权限上，设区的市只能在不抵触原则下对城乡建设与管理、环境保护、历史文化保护等方面的事项制定地方性法规。设区的市人大及其常委会制定的地方性法规，在经省级人大常委会批准之前，是没有效力的，即其制定的地方性法规的效力，是由省级人大常委会赋予的。①

三、权限范围是否合适——设区的市立法权限的合理性争议

阐释设区的市地方立法权的合宪性争议之后，笔者进一步分析在立法实践中关于该立法权限的合理性争议。《立法法》第 72 条第 2 款对设区的市的

---

① 王正斌.《立法法》对设区的市一级地方立法制度的重大修改. 中国法律评论，2015（02）：232~236.

立法权限作了明确规定，即"根据本市的具体情况和实际需要，在不同宪法、法律、行政法规和本省、自治区的地方性法规相抵触的前提下，可以对城乡建设与管理、环境保护、历史文化保护等方面的事项制定地方性法规"。对此，全国人大常委会法工委主任李适时在全国第二十二次地方立法研讨会的讲话中明确了设区的市地方立法权的三条原则要求："第一，立法要根据本市的具体情况和实际需要进行。第二，不得与上位法相抵触。第三，立法权限的范围是城乡建设与管理、环境保护、历史文化保护三个方面。"① 其中，第三条是关于立法权限的范围。具体立法项目是否属于这三个方面的事项在地方立法实践中出现不好把握的情况，需要进一步探索和明确。亦有学者和实务界人士提出，《立法法》第72条第2款所规定的设区的市地方立法权权限过窄、范围不明确。② 笔者认为，衡量立法权限是否合理，应当考察设区的市的立法权限在地方立法实践中是否够用、立法权限的内涵和外延是否清晰，以及《立法法》修改前较大的市在具体立法权限范围未得到规定时的立法项目情况。

（一）设区的市行使地方立法权的实践情况

根据各省、自治区、直辖市的公报统计，截止至2016年7月31日，新被赋予地方立法权的设区的市、自治州、不设区的地级市中，已有123个市、州人大及其常委会审议通过并经省（区）人大常委会批准的地方性法规有147件，其中，根据《立法法》第77条所制定的地方立法条例115件，根据《立法法》第72条第2款所制定的其他地方性法规32件（详见表49-3）。

表 49 - 3　　设区的市制定除地方立法条例之外的其他地方性法规情况统计

省份	法规名称	市人大常委会通过时间	省人大常委会批准时间
海南	三亚市白鹭公园保护管理规定	2015.8.20	2015.9.25
江苏	镇江市金山焦山北固山南山风景名胜区保护条例	2015.10.30	2015.12.4
安徽	宿州市城镇绿化条例	2015.11.26	2015.12.18

① 李适时. 在第二十二次全国地方立法研讨会上的小结. http://www.npc.gov.cn/npc/lfzt/rlyw/2016-09/18/content_1997525.htm.

② 向立力. 地方立法发展的权限困境与出路试探. 政治与法律，2015（01）：68～78. 郭思源. 论设区的市立法权范围——兼评《立法法》修正案第31条. 研究生法学，2015（03）：64～71.

续前表

省份	法规名称	市人大常委会通过时间	省人大常委会批准时间
浙江	温州市市容和环境卫生管理条例	2015.12.24	2015.12.30
江苏	盐城市绿化条例	2015.12.30	2016.1.15
广东	佛山市历史文化街区和历史建筑保护条例	2015.12.18	2016.1.21
广东	中山市水环境保护条例	2015.12.30	2016.2.26
山西	运城市关圣文化建筑群保护条例	2016.2.22	2016.3.30
广东	惠州市西枝江水系水质保护条例	2016.2.29	2016.3.30
安徽	蚌埠市龙子湖景区条例	2015.12.28	2016.3.31
浙江	嘉兴市秸秆露天禁烧和综合利用条例	2016.2.19	2016.3.31
广东	肇庆市城区市容和环境卫生管理条例	2016.4.20	2016.5.25
辽宁	铁岭市饮用水水源保护条例	2016.4.28	2016.5.25
广东	佛山市机动车和非道路移动机械排气污染防治条例	2016.4.29	2016.5.25
江苏	淮安市永久性绿地保护条例	2016.4.29	2016.5.26
云南	云南省大理白族自治州水资源保护管理条例	2016.3.13	2016.5.27
云南	云南省壮族苗族自治州广南坝美旅游区管理条例	2016.3.16	2016.5.27
安徽	安庆市菱湖风景区条例	2016.4.19	2016.5.27
浙江	湖州市生态文明现行示范区建设条例	2016.4.29	2016.5.27
江苏	镇江香醋保护条例	2016.6.28	2016.7.29
江苏	南通市濠河风景名胜区条例	2016.7.11	2016.7.29
江苏	盐城市农作物秸秆综合利用条例	2016.5.31	2016.7.29
江苏	泰州市水环境保护条例	2016.6.30	2016.7.29
江苏	泰州市公共信用信息条例	2016.6.30	2016.7.29
浙江	台州市城市市容和环境卫生管理条例	2016.5.31	2016.7.29
安徽	阜阳市地下水保护条例	2016.6.30	2016.7.29
安徽	阜阳市城市绿化条例	2016.6.30	2016.7.29
安徽	宣城市敬亭山风景名胜区条例	2016.5.31	2016.7.29
河南	开封市城市市和环境卫生管理条例	2016.6.28	2016.7.29
河南	鹤壁市循环经济生态城市建设条例	2016.6.29	2016.7.29
河南	商丘市古城保护条例	2016.6.28	2016.7.29
贵州	黔南布依族苗族自治州 500 米口径球面射电望远镜电磁波宁静区环境保护条例	2016.7.6	2016.7.29

　　分析设区的市在制定地方性法规中的立法实践,有以下特色:一是突出地方特色。地方特色是地方立法的生命力所在,设区的市立法应当针对本地方特有问题,选择法律关系相对单一的事项。这便要求地方立法要始终立足

本地实际，遵循发展规律，不要搞攀比，不要相互照抄照搬。例如湘潭市提出"不抵触、有特色、可操作"的立法理念，立足市情，讲"湘潭话"；商丘市围绕保护当今世界上现存的唯一一座集八卦城、水中城、城摞城为一体的商丘古城立法，最接地气，体现了地方特色。二是注重程序先行。根据《立法法》第 77 条之规定，地方性法规案的提出、审议和表决程序，由本级人民代表大会规定。在已批准的设区的市 147 件地方性法规中地方立法条例占到近八成。贵州等省在指导设区的市行使立法权时明确要求设区的市首先应制定地方立法程序，程序规范先行。但是值得注意的是，各地在制定地方立法条例之时仍存在互相照抄照搬、与省级地方立法条例重复立法的情况。

　　在 32 件针对"城乡建设与管理、环境保护、历史文化保护"事项的设区的市地方性法规中，根据笔者初步分类，城乡建设与管理事项 7 件，环境保护事项 22 件，历史文化保护事项 3 件（见图 49-1）。可以看出，尽管国家在环境保护领域已经形成较为健全的环境保护法律体系，但各地仍在地下水保护、绿地保护以及各地风景名胜区保护上具有较为迫切的诉求，故而在立法之初，各地纷纷选择将环境保护或市容环境管理与保护作为地方立法第一枪。

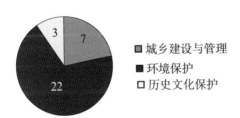

图 49-1　新被赋予立法权的设区的市已制定的地方性法规分类

　　进而在省份划分中，江苏省批准的新被赋予地方立法权的设区的市地方性法规最多，占了总数 32 件中的 8 件，其次是安徽省 6 件，广东省 5 件，浙江省 4 件（见图 49-2）。这在一定程度上反映出经济社会发展程度较高的地区对地方立法权有较高的需求，在设区的市地方性法规的制定上也走在了前列。

（二）"城乡建设与管理"的内涵与外延

　　如何理解"城乡建设与管理"的内涵和外延，是部分设区的市在行使地方立法权时具有一定争议的重要难点。这是由于较之环境保护与历史文化保

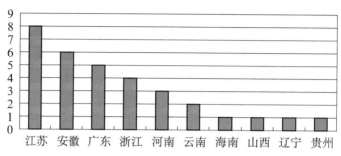

图 49 - 2　各省新被赋予立法权的设区的市地方性法规数量

护，城乡建设与管理的内涵并不明确，亦并未在相关法律法规或规范性文件中被明确的名词概念予以解释。因此，在立法实践中，对"城乡建设与管理"的理解存在质疑论、狭义论、兜底论等不同认识。笔者认为，理解"城乡建设与管理"的内涵和外延，应当分别从行政部门的职能和立法文本概念释义两个方面进行考察。

作为语义学概念，内涵是指一个概念所概括的思维对象本质上特有的属性的总和。地方相关行政实务部门在实践中已经对各项地方性事务形成明确的管理职能划分，因此，理解"城乡建设与管理"的内涵，可以从梳理行政部门的职能入手，可梳理、归纳地方政府实务部门中享有"城乡建设与管理"职能的部门范围名单，如城建部门、环卫部门、市政部门、交管部门等和城乡建设与管理相关的工作部门，通过梳理所涉机构行政职能的三定方案来准确界定"城乡建设与管理"的内涵。同时，对于行政主体的职能，有学者提出，从历史解释与语意解释相结合的思路，以事后的监督审查来逐步明确相关负面清单，以立法审议的印证与释义方法相结合的立场，积极促使设区的市的"城乡建设与管理"的立法权限得到审慎、稳妥行使。①

外延是指一个概念所概括的思维对象的数量或范围。对"城乡建设与管理"进行文本概念分析，可分解为城市建设、城市管理、乡村建设与乡村管理四个部分。2015 年中央《关于深入推进城市执法体制改革改进城市管理工作的指导意见》和《关于进一步加强城市规划建设管理工作的若干意见》，

---

① 石东坡．"设区的市地方立法权理论与实践"学术论坛纪要．http：//www.calaw.cn/article/default.asp？id＝11693.

对城市管理的范围作了明确界定。文件明确，城市管理的主要职责是市政管理、环境管理、交通管理、应急管理和城市规划实施管理等，具体实施范围包括：市政公用设施运行管理、市容环境卫生管理、园林绿化管理等方面的全部工作；市、县政府依法确定的，与城市管理密切相关，需要纳入统一管理的公共空间秩序管理、违法建设治理、环境保护管理、交通管理、应急管理等方面的部分工作。① 对此，各地在市容建设与管理等多个领域已根据城市管理的要求制定《温州市市容和环境卫生管理条例》《肇庆市城区市容和环境卫生管理条例》《湖州市生态文明现行示范区建设条例》等多部设区的市地方性法规。与此相对应，设区的市在地方立法实践中可以比照城市管理领域概念的外延，在城市建设、乡村建设与乡村管理领域积极、稳妥地探索立法权限的行使。

（三）过往较大的市地方性法规分类——以山东省为例

要分析设区的市地方立法权的权限争议，除了了解现状、厘清概念，还应回溯既往，研究《立法法》修改前较大的市在未规定具体立法权限范围时的立法项目分类情况。根据全国人大法律委员会《关于立法法修正案（草案）审议结果的报告》，"从目前49个较大的市已制定的地方性法规涉及的领域看，修正案草案规定的范围基本上都可以涵盖"②。

为此，笔者选取在的设区的市、自治州的地方性法规数量排名前三位的山东省作为考察对象。山东省在2015年《立法法》修改赋予所有设区的市地方立法权之前，拥有三个较大的市，分别是省会济南市、较为发达的沿海城市青岛和淄博市，其样本多样性一定程度上能够较为充分地反映过往较大的市的立法项目分类。根据笔者的初步分类统计，在分析山东省已批准的238件较大的市地方性法规时，可以发现93.2%的地方性法规可以被划入城乡建设与管理、环境保护、历史文化保护三个方面（详见图49-3），仅有金融、企业发展、宗教等相关极少数事项未能涵盖在内，且多属于对上位法的重复立法、贯彻性立法，缺乏地方特色和解决地方工作的针对性。

---

① 李适时. 在第二十二次全国地方法研讨会上的小结. http://www. npc. gov. cn/npc/lfzt/rlyw/ 2016-09/18/content_1997525. htm.

② 第十二届全国人民代表大会法律委员会关于《中华人民共和国立法法修正案（草案）》审议结果的报告. http://www. npc. gov. cn/wxzl/gongbao/2015-05/07/content_1939079. htm.

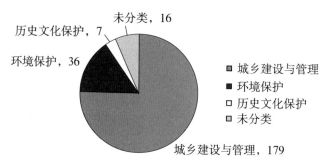

图 49 - 3   山东省较大的市地方性法规分类

四、当前开展设区的市地方立法面临的问题

新修订的《立法法》明确规定将地方立法权扩大到所有设区的市，并由省级人大常委会确定新获得立法权的设区的市开始制定地方性法规的具体步骤和时间。许多省级地方党委和人大纷纷提出：要稳妥有序推进依法赋予设区的市地方立法权的工作。把赋予设区的市地方立法权放在重要位置，把这项工作作为推进国家治理体系和治理能力现代化的重要抓手。这不仅是地方立法体制的重大变化，也是政治体制改革、民主政治建设的重大进展，是社会治理体系和治理能力现代化的重大进步。但是，从一些省人大常委会和省政府法制办的调研情况来看，目前推进设区的市地方立法还存在以下主要问题。

（一）各市实施修改后的《立法法》准备工作存在不平衡

一是有个别设区的市存在畏难情绪。有个别设区的市认为市级人大及其常委会没有立法工作机构和专业人员，没有开展过立法工作，缺乏相关工作经验，在开展地方立法前期准备工作上较为被动；甚至有将相关工作留待换届后解决的想法。二是不同程度存在"等靠要"的思想。各设区的市虽然做了大量准备工作，但通过自身积极创造条件，解决立法能力瓶颈问题的努力还比较有限。有的地方认为，立法法明确赋予所有设区的市地方立法权，省级人大常委会仅仅确定开始制定地方性法规的时间和步骤，行使地方立法权是迟早的事；有的地方认为，行使地方立法权涉及地方人大和政府自身难以解决的机构设置、人员编制问题，不是自身积极想办法协调有关方面解决问题，而是消极等待上级统一解决。

（二）立法理念存在不适应法治思维的要求

从全面推进依法治国的高度赋予设区的市立法权，这是推进国家治理体系和治理能力现代化的必然要求。立法不是为了管理老百姓，而是要依靠立法实现治理体系、治理能力现代化；通过培养法治思维、法治方式，提高治理能力。笔者在调研中了解到，有些地市还没有从这样的高度来认识赋予设区的市立法权的重要性，而是认为有了立法权以后，就多了一张管制老百姓、管制社会的王牌，多了一件处理棘手问题的武器；认为通过立法就可以解决信访、拆迁、"维稳"等社会突出问题。他们没有意识到立法的核心问题是要限官而不是限民；没有意识到立法不是为了管制老百姓而是为了更好地治理社会；立法不是要立权而是要立责，不是要限民而是要惠民、便民。这种管理理念是当前设区的市开展立法工作迫切需要解决的一个问题。

（三）立法能力建设尚不完全适应行使地方立法权的需要

地市级人大和政府的立法能力普遍薄弱。立法是一项重要的政治活动。对于大部分设区的市的人大及其常委会和政府来说，立法是一项全新的工作，在机构设置、人员编制上，能力相对薄弱，仍然存在着很大的差距。多数设区的市尚未成立法制委员会，少数设区的市虽然成立了法制委员会，但具有法学专业背景的组成人员过少；已成立法制工作委员会的，还存在内设机构不够健全、专业水平不高、缺乏立法实践经验等问题。

（四）省级人大常委会的审查批准工作面临巨大压力

目前从省人大的情况来看，立法工作任务重、人员少的矛盾非常突出。特别是落实设区的市立法权后，新增设区的市将报批地方性法规。以河南省为例：据统计，此前郑州、洛阳两市的人大常委会平均每年向省人大常委会各报批 3 部法规，按此标准，河南省人大常委会今后每年将新增审查批准 45 部法规，河南省人大法制委员会、省人大常委会法工委的审查工作量骤然数倍增加，目前的人员编制远不能适应实际工作的需要。更重要的是，由于各市是新被赋予地方立法权，无论常委会组成人员还是工作机构，都缺乏必要的立法经验，特别需要省级人大常委会加强指导和帮助，把法规中可能存在的问题尽量解决在报批之前。省级人大常委会立法部门目前的人员配置难以承担因赋予设区的市地方立法权而增加的工作任务。

（五）地级市人大常委会和政府法制机构的立法工作机制不健全

目前，已经准备实施地方立法的地级市对地方立法工作制度、立法技术规范、立法审查审议程序，以及人大常委会、政府法制机构和部门在立法工作中的职能关系等方面，存在很多难题和困惑，立法工作机制不健全。地级市人大常委会和政府法制机构对省级人大常委会和省级政府法制机构的立法指导需求比较强烈。省级人大常委会和省级政府法制机构应当进一步加强对各有关市人大常委会和政府法制机构立法工作的指导，着力提高各市的立法质量，帮助各市建立健全科学立法、民主立法的各项制度，提高立法能力与水平；加强对各有关市立法人员的培训，对全省各级人大机关、政府部门的立法工作人员进行专业培训。

此外，立法权限与立法需求不适应。按照立法法的规定，设区的市的立法权限范围包括三个方面，即"城乡建设与管理、环境保护、历史文化保护"。而从目前较大的市已经制定的地方性法规涉及的领域来看，还有相当部分地方性法规不属于上述三类，主要涉及残疾人权益保障、妇女权益保障、劳动力市场管理、企业工资支付、社会医疗保险、社会养老保险、幼儿教育管理、教育经费投入和管理等社会领域的立法。从我们调研的情况来看，各地也普遍反映，解决民生问题、加强社会建设和管理是基层政府的基本职责，各地对于通过立法解决这些问题具有强烈意愿，但受限于立法权限，它们无法就此立法。

五、加强设区的市地方立法的对策

（一）设区的市立法必须坚持党的领导

坚持党的领导是社会主义法治的根本要求，是确保立法工作沿着正确方向发展的根本保证，也是做好设区的市地方立法的首要条件。加强党对设区的市立法工作的领导，需要把握好两点：一是正确理解党的领导的内涵。党对立法工作的领导主要体现在政治、思想、组织以及重大决策等方面的领导，是原则的、大方向的领导和把握，而不是对具体立法事务的事必躬亲。二是准确把握党领导立法的具体要求。一方面，就党委而言，主要是完善党委对地方立法工作中重大问题决策的程序和机制，坚持党委研究重要法规草案制度，使党的主张通过法定程序成为国家意志。同时，党委要尊重法律、尊重人大的立法权，依照宪法法律行使权力或权利、履行职责或义务，不得有超越宪法法律的特权。另一方面，就人大而言，人大在立法中要围绕党委重大决策部署的贯彻实施，主动对接重大发展战略举措，同步考虑改革涉及的立法问题，实现立法和改革决策相衔接，确保改革于法有据。每届立法调研项目库应当报同级党委批准。对于党委提出的关系经济社会发展全局和人民群众根本利益的立法建议和要求，抓紧调研论证，及时制定相关地方性法规。地方立法涉及本行政区域内重大体制和重大政策调整的，必须报同级党委讨论决定。对于重要地方性法规制定和修改的重大问题，人大常委会党组应向同级党委报告。

（二）设区的市立法应当遵循"依法立法"原则

立法要体现合法性要求。要切实遵循不抵触原则，不违背宪法原则和精神，不违背上位法的规定，自觉维护社会主义法制的统一、尊严、权威，是全面推进依法治国的必然要求，也是立法工作的底线。修改后的立法法赋予地级市（自治州）地方立法权，立法主体多了，层次多了，立法主动性、积极性也增强了，让地方拥有一定的立法权固然重要，但更重要的是保证地方立法严格在宪法和法律赋予的权限范围内按照法定程序开展立法工作，确保地方立法符合上位法的规定，不偏离法治轨道。

第一，要以宪法为依据，不得同宪法相抵触。宪法是国家的根本法、立法活动的根本准则。地方立法权来源于宪法授权，行使地方立法权必须维护宪法权威，与宪法保持一致。立法不具有合宪性是最严重的后果。对于立法中出现的与宪法是否一致的问题，要高度重视，非常谨慎。

第二，要与国家立法保持一致，不得违反上位法。在国家已经立法的领域，地方立法的任务是把国家的法律、法规与本地的实际情况结合起来，进一步具体化，保证其在本行政区域内得到贯彻实施。这类实施性的地方立法，要特别注意和国家法律、行政法规保持一致，不得违反上位法。实践中出现的与上位法不一致的情况，大致有这么几种：一是扩大或缩小上位法的禁止范围。二是增加或减少上位法规定的当事人应当履行的义务，如法律未规定行政审批，而有的地方性法规设置行政审批的前置许可，增加了当事人的义务。三是减少或者限制上位法赋予的权利，比如说村委会组织法规定，村委会由18周岁以上有选举权的村民选举产生，如果地方性法规规定由户的代表选举产生，就是缩小了选民的范围，就是抵触。四是调整或变更管理机构的权限和职责。这一点情况比较复杂，有些适应综合执法、统一执法的需要，是可以调整、整合的，还有些是不能调整、变更的，如公安、检察、法院的权限，只能由这些机构以及相应的级别行使，不能随意整合。五是调整、变更了上位法的处罚行为、种类和幅度，上位法没有规定处罚的增加了处罚，突破了上位法的规定等。对于以上这些稍不注意就容易发生抵触或不一致的情况，刚开始行使地方立法权的设区的市要特别注意，要强化法制统一的观念和意识。

第三，要厘清立法权限边界。正确理解和把握立法法规定的有关设区的市地方立法的权限范围，厘清权力边界，是做好地方立法工作的前提和基础。根据立法法的规定，设区的市可以对城乡建设与管理、环境保护、历史文化保护等方面的事项制定地方性法规。可见，对"城乡建设与管理、环境保护、历史文化保护等方面的事项"的理解是把握设区的市地方立法权限边界的关键。对设区的市地方立法权限内这三类事项的具体把握还需要澄清两个关键问题：一个是"城乡建设与管理"包括哪些事项，另一个是三个事项后的"等"字是"等内"还是"等外"。对第一个问题，全国人大在全国地方立法工作会议上指出：城乡建设既包括城乡道路交通、水电气热市政管网等市政基础设施建设，也包括医院、学校、文体设施等公共设施建设。城乡管理除了包括对市容、市政等事项的管理，也包括对城乡人员、组织的服务和管理以及对行政管理事项的规范等。对于刚行使立法权的设区的市来说，从赋予立法权的目的看，地方性法规应注重体现地方特色，着力解决当地面临的实际问题，主要是那些不能通过全国、全省统一立法解决的问题，如具有本地特殊性的自然环境保护、特色文化传承保护等。至于第二个问题，这里的"等"，从立法原意讲，应该是"等内"，不宜再作更加宽泛的理解。

第四，要加强立法审查。省级人大及其常委会在尊重地方的积极性和主动性的同时，一方面要着重加强对地方立法的指导，保证地方立法的质量和效果；另一方面，要强化和完善设区的市立法的审查批准制度和备案审查制度，尤其要避免对地方性法规的备案审查只作"形式审查"、走走过场，坚决遏制地方立法中出现的地方利益法制化和部门利益法制化现象，保障设区的市依法有效行使立法权，切实维护国家法制统一。

（三）立足发展，加强立法观念创新

对设区的市的地方立法权的赋予，不能简单地被理解为立法权的配置调整，实际上是通过立法权的适度下放来处理好改革与立法的关系，依法授予改革者"尚方宝剑"，避免改革于法无据或者改革先行而立法滞后的现象。因此，地方立法观念的与时俱进、立法理念的更新和提升就显得尤为重要。

　　首先，要树立民本观念，强化公权意识。社会主义法制的实质是人民民主的制度化、法律化。地方立法的目的，归根结底，必须要体现本行政区域人民的共同意志。但不可忽视的是，在地方立法过程中，某些部门和地方还程度不同地存在着不顾大局、片面追求部门利益和局部利益的倾向。这不仅损害了社会主义法制的统一，也给实际执法工作带来困难。因此，立法机关在立法过程中要"饮水思源"，牢固树立"立法为公、以民为本"的立法理念，强化"立法权也是公权"的意识，行使公权力、履行职责都要追求为人民谋利益，真正做到权为民所用。其次，要树立服务观念，强化大局意识。地方立法不是用一种权威遏制社会的发展，而是通过制度服务于改革、发展、稳定大局，服务于社会，使整个社会在法制轨道上有序运转。要做好地方立法工作，必须坚持保障和促进经济发展的原则，坚持体现人民意愿和根本利益的原则，坚持走群众路线，使制定的法规具有可操作性，突出立法重点，体现人民意愿，以切实推进城市管理和经济发展有序开展。最后，要树立"超前"观念，强化自主意识。立法工作的思路创新，就是要围绕经济发展和社会进步，围绕人民群众关注的热点、难点问题，遵循"需要一个，制定一个"的立法原则，树立"超前性和主动性相结合"的立法新思路，增强立法工作的预见性和前瞻性，及时提出符合本地实际、能够推动各项事业快速发展的立法意见和建议，确保设区的市拿到地方立法的"门票"后，能"接得住"，还能"用得好"。

（四）突出重点，科学设定立法项目

　　立法前严格选项，编制好立法计划是地方立法工作的首要环节，是不可缺少的前期准备，对于正确把握地方立法方向、提高地方立法质量至关重要。立法法限定了设区的市的地方立法权限为城乡建设与管理、环境保护、历史文化保护等事项，因此，我们在立法项目的选择上一定要从实际需要出发，抓住重点，坚持关系本地区经济和社会发展重大决策的项目优先、关系人民群众切身利益的项目优先、关系本地区创新性的项目优先、立法条件成熟的项目优先的原则，切实保证计划设定的客观、全面，真实反映地方经

济、社会发展需求。

具体工作中，计划编制部门一是要围绕立法范围，把握宏观立法需求。建立日常信息收集渠道，定期收集分析，把握改革发展的大局。对于申报项目，除了听取有关部门的汇报外，对于其中难以把握的问题还要进行必要的主动调研，对于建议项目必要时还可以邀请专家发表意见，以保证列入计划的项目是必需的和最优的。二是要完善和坚持立项标准，增强编制部门在计划工作中的主动性。立法立项标准本身要符合地方实际，避免大而空泛；要科学化，具有可操作性、可判断性；还要根据每年地方工作的大局不断作出调整。三是要围绕地方党委、政府的中心工作，围绕广大市民普遍关心的热点、难点问题，在突出地方特色上做文章。从大局出发，从实际需求出发，结合本地当前和今后一个时期的中心任务、中心工作，不贪大求全，不要求数量，立我们需要的法，立能够解决实际问题的法，切实遴选出与本地城市管理、环境保护、文化保护息息相关的立法项目，避免选题立项的随意性和盲目性。四是消除利益痕迹，防止部门利益合法化。避免项目申报过程中重立项甚于重法规起草。用政绩的眼光看待立项，自然产生攀比的不良倾向。

（五）注重地方特色，提高立法质量

特色是地方立法的灵魂。如何利用国家赋予的立法权限，切实增强地方特色，不断提高立法质量，一直是地方立法工作者苦苦思考并积极探索的重要命题。

第一，加强立法调研。确定了立法选项之后，立法调研是基础，贯穿整个立法过程。地方性法规是否有特色，关键在于调研的广度、深度如何，调研结论是否客观、准确，本地的特殊矛盾与实际需求是否被准确把握，否则，脱离当地实际的地方立法恰如一纸空文，非但没有"特色"可言，甚至会产生负面效应，阻碍当地经济社会健康发展。立法调研当求真务实，来不得半点虚假和粉饰。为此，一要完善调研方式。通过座谈会、论证会、网站、听证会等方式，大力推行公众参与，听取各方面代表意见。二要重视本地调研。地方立法的根基在于本地实际，立法者应把主要精力放在本地调研上，真正搞清当地存在什么问题、这些问题是否确需立法，否则，摸不透当地实情和根本需求就仓促立法，恰如"闭门造车"和"纸上谈兵"，其负面影响将是"覆水难收"、贻害无穷。三要重视制度建设。"无规矩不成方圆"，

调研不可敷衍应付，要制定专门制度，使调研有章可循，具体规范立法调研的启动时机、调查途径、材料收集、梳理应用等环节，做到有的放矢、务求实效，避免重复调研、无效考察，杜绝徒有其表、流于形式。

第二，完善立法程序。地方立法是一项高度程序性的决策过程。地方立法程序的完善与否，将直接关系到地方性法规的质量。因此，应针对立法过程中规划、起草、协商或协调、审议、通过、批准和备案的不同环节，细化工作程序和要求。如完善立法规划的编制程序、立法规划审批程序、立法听证程序、审议程序、公布制度等，保证地方立法过程中有序性、规律性、灵活性有机结合。

第三，把握工作重点。在地方立法中，一是要坚持法制统一的原则。起草和审核地方性法规、规章草案，要按照《立法法》、《行政许可法》、《行政处罚法》及国务院《规章制定程序条例》的规定，做到不超越立法权限、不违背立法程序，不与上位法相抵触。二是实行"阳光政策"，扩大公众参与程度。要在立法工作的方式方法上实现改革与创新。要拓展地方性法规和规章草案的起草渠道，探索委托专家起草、跨部门联合起草等新途径，建立开放的、多元化的地方性法规和规章草案的起草制度；地方性法规和规章草案要多层面征求意见，对重大或者关系人民群众切身利益的项目，要通过召开立法座谈会、论证会、听证会和报刊、互联网等形式广泛听取意见，深入了解民情、反映民意、集中民智，使立法真正反映广大人民群众的根本利益。三是建立和完善专家咨询论证制度。进一步拓宽专家学者参与地方政府立法的途径和渠道，使其真正发挥作用，以不断提高地方政府立法的水平。四是建立地方性法规和规章实施情况定期评价制度。及时总结立法的经验教训，评价立法效益的实现情况，以不断改进地方政府立法工作。五是建立和完善提前介入制度。在地方性法规草案起草、审核阶段，要邀请同级人大常委会相关部门提前介入；部门在起草地方性法规和规章草案时，地方政府法制部门也要提前介入，共同研究，及时沟通，统一认识，提高效率。六是强化对地方政府立法的监督机制。要加强对地方政府立法的事前、事中、事后监督，健全地方政府立法议案公布前的内部审查制度、地方性法规和规章公布后的人大备案审查制度及司法监督制度，发挥公民在执行地方性法规和规章中的监督作用，使地方立法的监督机制真正富有动态性，将不合法的地方性法规及时清理出去，形成地方政府立法的良好循环。

"工欲善其事，必先利其器。"在倡导建设法治政府的大背景之下，地方政府拟定地方性规章草案等立法活动将明显增加，地方政府法制机构在地方立法中有着举足轻重的作用，而现实中地方政府法制机构人员编制少、在编人员工作任务重，相对于专业化的立法工作而言，政府法制工作中从事专业立法的人员少之又少。因此，应当加强立法专业人才引进培养和立法培训制度，不断提高立法的专业性水平。

第五十章

完善法律体系与立法评估创新

第一节 立法评估综述

改革开放以来，我国的法制建设进入了蓬勃发展的时代。随着中国特色社会主义法律体系以及社会主义市场经济法律体系初步建立，有学者认为我国已经进入"后立法"时代。党的十八届四中全会明确提出，建设中国特色社会主义法治体系，必须坚持立法先行，发挥立法的引领和推动作用，抓住提高立法质量这个关键。法治评估作为提升立法质量、完善立法体系的重要举措，在当下具有重要的现实意义。

"立法评估"，根据立法过程的不同阶段，可以分为立法前评估、立法中评估和立法后评估。目前我国法治实践和理论研究多集中在立法后评估阶段，立法后评估也常被称作立法评估。在此背景下，立法评估的主要任务也集中于对法律实施效果的考察。

从实践中来看，安徽省于2000年左右开始的立法后评估工作，开启了我国立法评估的先河。自此以来，山东、甘肃、重庆、云南、福建、上海、北京等地区的人大常委会对其制定的地方性法规相继展开了立法评估工作。2006年，以《艾滋病防治条例》试点评估成为范例的国务院行政立法评估也开始启动，2007年国土资源部发布的《国土资源部规章和规范性文件后评估办法》成为第一个关于立法评估的专门性部门规章。我国立法后评估工作逐步迈向正轨。

一、立法评估指标体系研究

(一) 指标体系与指标构建原则

1. 指标体系的概念内涵

有效、科学的法治评估离不开一套具有可操作性的指标，指标是保证评估准确的前提和基础。法律影响评估指标是对法律影响评估内容的指数化塑造。法律影响评估指标的体系化，是自身理论价值提升的重要保障。规范的指标体系应该是依据不同的研究目的和研究对象所具有的特征，把客观上存在联系的、说明社会现象的若干个指标，科学地加以分类和组合而形成的。评估指标体系是指根据被评估的内容，按照科学的评估途径和一定的逻辑结构所构建的一组反映立法现实状况的通用标准体系。立法评估标准是立法评估的重要尺度，具有价值导向设定、定性定量评价、完善修改立法的功能，是保证立法评估结果客观、公正的主要依据。

2. 指标体系构建原则

立法评估指标体系的构建是立法评估的重要内容。指标设置需要依据一定的原则。世界正义工程在进行指数选择时认为，指标体系应当遵循互斥性、穷尽性和单向性这三个指数的本质属性。有学者主张应当依据科学性、导向性、客观性、可比性、稳定性原则建构指标体系。也有学者主张指标的确立原则应当围绕适当性、灵活性、可行性展开。还有学者提出了合法原则、合理原则、可行性原则、系统优化原则的指标构建四原则。总的来说，选择的指标应当能够客观、清晰、普遍地反映评估对象的实际特征，指标之间应当是相互联系、相互制约的。

(二) 评估指标体系的实践经验

1. 比较法中的指标评估体系

评估指标是指标体系中的核心，是对被评估内容进行定性或者定量反映的标志。从域外经验来看，不同国家的不同机构在进行法治评估时选取的指标各有差异。

世界正义工程法治评估体系的具体因子内容经历了六个版本的改进。2014年最新版本的评价因子包括九项内容：有限的政府权力、腐败的缺席、开放的政府、基本权利、秩序与安全、监管执行、民事司法、刑事司法、非正式司法。世界正义工程面向的评估对象是一个国家的宏观法治情况，这些因子包括了政府、官员、公民、社团等最主要的法律主体，测量了法律主体的守法程度、相互之间的沟通关系、法律的实施效果，提供了一个国家完整的法治图景。美国政治学家 P. 荻辛概括了国家政策追求的五种理性标准：技术理性、经济理性、法律理性、社会理性和实质理性。20 世纪 60 年代，美国会计总署开始运用"3Es"标准对法律或政策进行审计，3E 是指经济（Economy）、效率（Efficiency）和效益（Effectiveness），其后又加上了公平（Equity）和环境（Environment）。德国主要运用成本—结果分析，围绕目标实现程度、成本发展状况、成本效益效应、规制的可接受性、可行性和副作用等方面进行评估。此数种指标体系面向某一政策或法律，主要着眼于立法绩效评估，在指标设计时更侧重于实践性指标与可量性指标。

2. 国内各地立法评估指标体系的实践情况

2000 年后，我国多地展开了立法后评估工作。各地区采用的评估标准大同小异。甘肃省人大常委会在《甘肃省人大常委会地方性法规质量标准及其保障措施》中规定，将法理标准、实践标准、技术标准和实效标准作为该地方的立法评估标准；广州市人大常委会在《广州市人大常委会立法后评估办法》中明确了合法性、合理性、操作性、实效性、协调性、规范性为其地方性法规的具体立法评估标准；《安徽省政府立法后评估办法》中规定，合法性、合理性、协调性、操作性、实效性和规范性为其政府规章立法后评估标准。上海市以对《上海市历史文化风貌区和优秀历史建筑保护条例》的立法评估为代表，对上海市 1979 年以来颁布的 180 多项地方性法规的合理性、可行性、操作性、针对性进行了评估。各地区的立法评估标准各有特色，但总的来看，各地区在进行评估时均大致包含合法性、合理性、立法技术、法律实施效果等几项考察标准，内容高度相似。

（三）立法评估指标体系的理论构建

随着立法评估实践的增多，研究立法评估的热度不断提高，学界就指标体系提出了不同构建模式。有的学者列举了八项一级指标，具体包括合法性、合理性、实效性、协调性、立法技术性、专业性、成本—效益、社会认同，并将八项指标分为必评指标与选评指标，不同的指标适用不同的立法维度。有的学者将立法评估分为两个子体系——文本评估和实施评估，二者在最终评估结果中分占 45％ 和 55％ 的权重。其中，文本评估包括立法必要性、合法性、合理性、可操作性、地方特色、技术性等一级指标，实施评估包括法制统一性、合理性、可操作性、地方特色、实效性、成本分析等一级指标。另外，针对不同的规范文件的特点，每个子体系中一级指标的权重略有不同。有一些评价指标对地方立法质量起着决定性或关键性作用，建议评估主体可在必要时将这些指标设定为"一票否定"性指标。有学者将评估标准分为一般标准和特殊标准。其中，一般标准和法律的共有特征、基本目的与任务联系在一起，具体包括效率标准、效益标准、效能标准、公平标准、回应性标准，特殊标准则由立法目的和立法任务具体决定。另有学者认为，应当在指标体系中加入法律法规的环境影响维度，具体包括温度、空气质量、水资源、土壤资源、动植物保护、可再生或不可再生资源、废物产生等内容。这在环境保护立法评估中十分常见。整体上来讲，现有理论研究中所涉及的一级指标大致包括规范与法理层面、文本技术层面、实施效果层面、环境保护层面等四大类。学者大多对一级指标作了类型化区分，并细化至二级指标，指标体系相对具有可操作性。

从现有的理论研究来看，学者对法律评估指标的选择和体系的构建建立在每部法律的共有属性的基础之上，具有一般性与宏观性。而每一部规范性法律文件都有不同的调整对象和调整手段，理论上讲很难为每一部法律都设计一个有针对性的指标体系。此外，对立法质量的评估也不可能建立一套精确的量化指标体系，所有指标体系的理论建构都是尽可能地将评估内容细化，但也难以避免主观选择上的缺漏和偏颇。比如，"在不同社会背景下，人们对良法和恶法的评价标准并不一致"。另外，从指标体系的评估效果来看，也难以避免这样的情况：被评估者会根据评估指标调整自己的行为。如此一来，评估指标和评估结果会由于评估对象的刻意行为而在说服力和准确性上大打折扣。

二、法律规范体系评估：立法前评估与立法论证

（一）立法前评估及现实意义

《法治政府建设实施纲要（2015—2020 年）》中明确提出，"完善立法项

目向社会公开征集制度。通过开展立法前评估等方式，健全立法项目论证制度"。该纲要从国家层面强调了立法前评估的重要作用。与立法后评估相比，我国立法前评估刚刚起步。2011年山东省青岛市人大率先进行了立法前评估工作的探索，而后浙江省、辽宁省大连市展开了类似的工作，其中浙江省2014年印发的政府立法项目前评估规则的通知，是我国立法前评估工作规范化的开始。

关于何谓立法前评估，学界的代表性观点有以下几种。一种观点认为，立法前评估是指立法机关或者其他机构，按照一定的程序、标准和方法，对某项立法所要达到的目标、具体规范的内容的必要性和可行性以及对社会和公众的影响等所进行的评估。另一种观点认为，立法前评估是实际上是对立法机关所立之法的一种预评估。着眼点不同，所以评估内容有所不同，比如可能着眼于立法的可行性、必要性，也可能对立法的成本与效益作出一个预评估。还有观点将立法风险评估研究基本等同于立法前评估。该观点认为，立法风险评估是通过一些方法客观地将诸如对健康、安全、卫生、环境等的风险量化地表现出来，并考虑各种立法或者决策带来的影响，以便人们进行比较和判断，从而作出理性的选择。关于立法前评估，学界的主要分歧在于评估目的和评估内容的不同。总体上，立法前评估是对立法项目的合法性、合理性以及必要性的评估，是立法预备工作的中心与重心。立法前评估主要解决的是特定事项是否需要立法、何时立法以及如何立法的问题。

《立法法》修改之后，我国立法工作进入一个新的阶段。立法前评估通过对拟立法项目的评价，将不适合立法或尚未达到立法条件的立法项目排除在立法机关的计划之外，将控制立法质量的关口前移至立法前阶段，从而实现事前对立法偏差的预防。另外，《立法法》修改后，地方立法权的主体范围大幅扩大，产生了立法膨胀的隐忧。重视立法前评估制度，积极开展立法前评估的实践，在减少试错成本、节约立法资源的同时，还可以通过遏制立法冲动起到促进法制统一之功效。

（二）立法前评估与立法前论证

1. 立法前论证

立法论证存在于立法前和立法中。关于立法论证，学者多认为是指特定主体对立法过程中出现的有关问题进行论述和证明，从而为立法机关提供参考和决策依据。立法前论证是对立法的必要性和可行性的论述与说明。

《立法法》第 48 条规定，"提出法律案，应当同时提出法律草案文本及其说明，并提供必要的资料。法律草案的说明应当包括制定该法律的必要性和主要内容"。实践中，立法机关制订年度立法计划时也会要求相关部门对其所提立法项目的必要性和可行性作出说明，在提案人提交的法规草案说明中也有对立法必要性及所规范具体问题的说明。这种立法前对法律制定的必要性及主要内容的说明、论述属于立法论证。

2. 立法前论证与立法前评估区别

我国目前尚未就立法说明与论证的具体内容进行规定，因此，立法说明与立法论证如何操作还处于立法空白状态。实践中，多数立法说明仅对立法项目的必要性作原则性分析，同时罗列一些相关的背景信息和材料来辅助说明，缺少对法规适用成本、对社会和公民的影响等的充分论证与说明，内容较为简单、粗糙。

立法前评估包含了一整套的工作程序和评估标准，不仅对立法项目和草案的必要性、合法性和可行性进行详细的评估，还对立法可能产生的经济、社会、环境以及公民权利方面的影响进行评估，有助于立法机关对立法项目和草案作出全面的认识与科学的判断。

整体上，二者在评估论证的程度上有所差异。立法论证更为广泛，立法前评估的标准、方法以及对法规草案的分析更细致和透彻。

（三）立法前评估制度的实践经验

2011 年青岛市人大常委会对本年度的两项立法调研项目展开了立法前评估工作。青岛市因此成为全国第一个开展立法前评估的地区。

1. 评估对象

青岛市此次评估针对的是立法调研项目而非国外通常针对的立法草案。之所以如此，是因为我国进入人大审议程序的草案、法规案最终未通过的数量极少。这种背景下将不必要的立法项目排除在立法计划之外就显得尤为重要。

青岛市人大常委会具体选择了两项调研项目"青岛市建筑废弃物资源化综合利用管理条例"和"青岛市实施《中华人民共和国标准化法》办法"。建筑废弃物的综合利用对于转变经济发展方式、提高资源利用率、保护生态环境具有重要、长远的意义。但由于此项工作发展时间较短，国家也没有相应的法律规范，需要从政策、技术、市场等方面进行深入研究。实施标准化办法对于一个城市实施标准化战略、提高城市核心竞争力意义重大，但在国家相关法律法规比较健全且市政府无地方标准制定权的情况下，地方如何找准立法切入点，保障、激励、推动标准化工作开展，尚需进一步研究论证。

2. 评估主体

青岛市立法前评估有多方主体参与。《青岛市建筑废弃物资源化综合利用管理条例》由青岛市城乡建委进行自评，由青岛理工大学作为第三方机构对政府的自评报告进行评审并提出意见；《青岛市实施〈中华人民共和国标准化法〉办法》由青岛市质量技术监督局自评，由青岛市社会科学院作为第三方机构进行评审。立法机构根据各方意见和结果，提出是否将该立法项目列入下一年立法计划的建议，并形成评估报告，供青岛市人大常委会主任会议决策参考。

3. 评估程序与评估方法

青岛市此次立法前评估采取以立法机关为主导、以行政主管部门为基础并引入专家评审、社会公众参与的评估程序，具体如下：市人大常委会拟定立法评估指标；行政主管部门根据立法评估指标对立法项目进行分析评估，提出评估报告；科研院校根据委托从立法、专业技术层面对行政主管部门的评估报告进行评审；通过网上公开、座谈等方式征求有关部门及社会公众的意见；法制工作机构将评审意见和其他意见汇总，向人大常委会报告。

此次评估采用了多种方法，主要包括：（1）系统评价法。侧重从整体上对立法项目及其主要制度与国家宏观政策的协调性，与上位法、同位法之间的关系等进行分析。（2）比较分析法。对立法项目和替代方案进行对比分析，对国外立法经验进行分析等。（3）成本—效益分析法。明确法规的成本与效益关系，为立法提供正当性依据。

4. 评估内容与实效

立法前评估主要围绕立法的必要性和可行性展开。青岛市立法前评估主要围绕两方面展开：一是解决是否应当立法以及何时立法的问题，即判断立法条件是否已经成熟、立法时机是否得当，能否进入下一年的立法计划完成项目并启动正式立法程序。二是解决立什么样的法的问题，即通过对相关技术、市场、政策以及成本—效益、社会影响等的分析，评估法规拟定的主要制度、措施是否合理、可行，从而明确立法项目中的主要制度和关键内容，确定法规的主体框架。

三、立法科学性评估——成本—效益分析

（一）成本—效益的缘起与内涵

立法评估中通常用到的评估方法就是成本—效益评估。成本—效益评估是对立法效果的一种精确化、定量化评估手段，其本身起源于 20 世纪 80 年代在资本主义世界里普遍出现的"政府失灵"现象，政府不得不对法案的效益进行评估。成本—效益评估是一种用于改善公共政策、监管、法规决策的技术，是某一政策、法规引起的累积个人福利变化的货币化衡量，用于分析某一法规、政府监管执行全生命周期的利与弊。

（二）成本—效益的法律量化与质疑

成本—效益评估的关键是将待评估的法律量化。为了达致此目的，首先需将成本—效益进行分类。关于成本与效益的具体内涵，学者有不同的观点。有的学者认为成本分为直接成本和间接成本，其中间接成本又包括显性成本和隐性成本。有的学者将成本分为立法成本、执法成本和社会的其他成本。关于效益，有学者将立法所欲收效的领域分类，将效益分为经济效益、政治效益和社会效益三类。有的学者认为相对于成本而言，收益的计算更加困难。从立法目的而言，立法者想要实现的立法目的并不单纯是简单的经济收益，而且还包括了立法者所重视的生命、健康、安全、公平、正义等收益，这些收益往往难以直接计算。成本—收益是立法者必须着重考量的立法前提，立法者应当清楚地知道每一项立法措施的成本与收益情况和承担或受益主体，否则，该项立法可能是失败的。

成本—收益分析作为一种较为精细化的分析方法，也时常受到量化可能性的质疑，"实证主义缺乏对社会行动和社会价值之间根深蒂固的联系的恰当理解"，即如何合理、准确地量化某一立法实施过程中难以量化的成本—收益因素，比如生命健康、公共利益等。美国联邦政府前信息和法

规事务办公室主管凯斯·桑斯坦指出，政府在进行法规制定及政府监管的成本—收益分析时，需要全面分析法规的成本和收益，该分析包括定性和定量的预计的监管后果。如果现有的科学数据不能进行科学的预测，该分析要评估大致的范围。"成本—收益分析是一种理性的、实用主义的分析，不是一种呆板的形式主义的分析。"有时量化成本和收益是困难的，甚至是不可能的，但即便如此，尽可能细致的成本—收益分析也可能帮助我们制定达到立法目标的最合理的法规措施。实际上，这是对定量化分析的普遍质疑。

（三）成本—效益分析中的信息收集

成本—效益分析方法运用的前提是存在一套信息收集、统计和分析制度。在美国，信息收集制度是管制分析程序运行的前提，也是政府科学决策的基础。我国信息搜集的主要途径之一是发放调查问卷。大多数地方人大都将问卷调查作为立法后评估信息收集、整理的基本评估方法。问卷调查分为纸质版和网络版两种形式，广州市人大常委会曾就"广州市大气污染防治规定"邀请市民在网上参与立法后评估。《广州市人大常委会立法后评估办法》中对立法后评估的公众参与进行了具体规定，第4条规定，"立法后评估应当遵循公开透明、公众参与、客观公正、严谨科学的原则"。第13条规定，"法制工委在制定评估指标和评分表以后应当组织开展下列评估活动：（一）通过实地调研、召开座谈会和专家论证会、书面发函等方式，征集市人大常委会相关工作机构、法规的组织实施部门、其他相关政府部门和相关单位、区（县级市）人大常委会和政府、社会组织、市人大常委会组成人员、市人大代表、行政相对人、专家学者和公众的意见；（二）通过网站、立法官方微博或者报纸公开征集公众意见。法制工委可以委托社会组织对法规的立法质量和实施效果进行民意调查。"

四、立法民主性评估——第三方评估机构的参与

（一）第三方评估的理论基础与现实意义

第三方评估机构的参与是民主化立法评估的有效手段。这一模式的理论基础源于第三部门的兴起与公众参与理论复兴。第三方评估机构作为独立于政府的独立组织，其主体地位的中立性有利于形成更为客观、公正的评估报

告。而特殊领域的第三方评估机构在人才、技术、理论上的专业性也让评估结构相对于内部评估更为优化。《关于推进依法治国若干重大问题的决定》提出，"对部门之间争议较大的重要立法事项，由决策机关引入第三方评估"。第三方评估在立法评估中的地位日益凸显，如何科学利用第三方评估成为立法评估中的重要议题。

（二）第三方评估的内容与程序

第三方评估作为特殊的评估方法，首先应当解决的是评估内容的问题。有学者认为，第三方评估应当重点关注立法的必要性、合法性、适当性等，评估立法预期对经济、社会和环境的影响，努力达到立法配置资源的公平与效率。具体包括以下几方面：一是合理界定争论焦点，二是科学排列争议焦点的优先等级，三是探寻各方达成共识的路径。从现有的理论研究来看，评估方法和评估程序与内部评估大致相近。

从各地立法可见，关于第三方评估的规定有以下几个特点：一是不确定性，包括参与与否不确定，参与方式和参与后权利并不明确。二是被动性。以上规范中并没有规定第三方评估机构是否可以以及如何主动参与评估。三是有效性大打折扣。缺乏第三方评估机构有效参与，地方所制定的法律距离"良法"还有很长的路要走。

第二节　立法前评估

《法治政府建设实施纲要（2015—2020年）》明确提出，"完善立法项目向社会公开征集制度，通过开展立法前评估等方式，健全立法项目论证制度"①。立法前评估作为提高立法质量的重要手段在国家层面被进一步提出和重视。与相对成熟的立法后评估机制相比，立法前评估工作刚刚起步。2011年青岛市人大率先进行了立法前评估工作的探索，而后浙江省、辽宁省大连市才开始开展类似的工作，其中浙江省2014年印发的政府立法项目前评估规则的通知，是我国立法前评估工作规范化的开始。目前立法前评估的研究还处于起步阶段，相关研究尚不完善和成熟，亟待学界予以

---

①　中共中央、国务院印发《法治政府建设实施纲要（2015—2020年）》. 中华人民共和国国务院公报，2016（1）.

关注和重视。①

一、立法前评估：立法质量的重要保证

法律体系，即一国家现行法律规范形成的有机联系的统一整体②，其完备程度代表着该国立法事业的发展状况及发达程度。我国基本形成了以宪法为统帅，以宪法相关法、民商法等多个法律部门的法律为主干，以法律、行政法规、地方性法规等多层次的法律规范为主要内容的中国特色社会主义法律体系。③ 这昭示着我国法治建设在制度层面已经进入了一个比较成熟的阶段。单从立法规模和范围来看，我国立法事业用三十年就走过国外法制发达国家几百年的历程，法律体系的完备程度与西方法治国家的相差无几，各行各业基本上实现了有法可依的要求。但也应当看到我国立法工作还存在着很多问题，突出地表现为法律的可操作性不强、不少领域还存在立法空白或滞后与社会发展需要的现象。"法律的完整性只能是永久不断地对完整性的接近而已"④，我们需要不断地对现有的法律体系进行修补与完善，更加注重立法的质量，从大规模粗放型立法走向精耕细作的集约化立法。

在立法的精细化发展阶段，衡量立法工作的主要标准就是立法质量。⑤立法是一个过程，立法预备就是整个立法过程的基石和先导，其在一定程度上左右了立法质量的高低。尤其在我国立法监督程序缺位的情况之下，立法项目一旦通过，只要起草工作可以顺利完成，法律草案的表决与通过就不成难题。⑥ 立法前评估是对立法项目的合法性、合理性以及必要性的评估，其评估结果将直接影响立法项目是否能够顺利进行，是立法预备工作的中心与重心。其制度设计与运行状况将对立法预备工作完成的好坏，乃至立法质量

---

① 根据中国知网数据库的搜索结果，截至 2016 年 3 月 5 日在主题为立法评估的相关文章中，只有30 篇左右是关于立法前评估的研究，而关于此制度，学界也尚未有专著面世。

② 张文显主编．法理学．北京：法律出版社，2007：148.

③ 朱景文．中国特色社会主义法律体系：结构、特色和趋势．中国社会科学，2011（3）.

④ 黑格尔．法哲学原理．范扬，等译．北京：商务印书馆，1961：225.

⑤ 俞荣根．地方立法前质量评价指标体系研究．法治研究，2013（3）.

⑥ 江国华．立法：理想与变革．济南：山东人民出版社，2007：172.

的高低产生重要影响，因此在 2016 年国务院发布的《法治政府建设实施纲要》中，立法前评估工作就被着重提出。这正是立法前评估重要性不断凸显之体现。

立法前评估主要解决的是特定事项是否需要立法、何时立法以及如何立法的问题①，其通过立法前对立法项目的评价，将不适合立法或者条件尚未达到的立法项目排除在立法机关的计划之外，将立法质量的关口前移立法前阶段，从而实现事前对立法偏差的预防。② 同时，立法前评估的运用和推广还具有很强的现实意义：《立法法》修改之后，地方立法主体的大范围扩容，使立法活动暴露在了地方狂热的发展激情之下，产生了立法膨胀的隐忧。重视立法前评估制度，积极展开立法前评估的实践，在减少试错成本、节约立法资源的同时，还可以通过遏制立法冲动起到促进法制统一之功效。

二、审慎立法：立法前评估的内涵与定位

"立法质量评估"（Legislation Impact Analysis），或称"立法效果评估"，是国外普遍采取的提高立法质量的重要方式。根据法律所处的不同阶段，在立法前进行评价或评估的就被称为"立法前评估"，在立法完成实施一个时期后进行的评估为"立法后评估"③。国内立法后评估的研究与实践已经趋于成熟，硕果颇丰。④ 与之相比，学界对立法前评估的研究非常滞后，甚至在很长一段时间内立法评估被认为就等同于立法后评估，立法前评估的重要地位未能被人所熟知，以致目前理论界对立法前评估的基本认识还

---

① 王锡明. 立法前评估是提高立法质量的积极举措. 人大研究，2012（11）.

② 周旺生. 立法研究. 北京：北京大学出版社，2007：35.

③ 俞荣根. 立法后评估：法律体系形成后的一项重要工作. 西南政法大学学报，2011（1）.

④ 从实践方面而言，安徽省于 2000 年左右开始的立法后评估工作，开启了我国立法评估的先河，初步形成了制度化的"立法后评估"体系。随后，全国其他省份也逐步开始了立法评估的探索，如海南省对《海南省红树林保护规定》的立法评估；上海市以对《上海市历史文化风貌区和优秀历史建筑保护条例》的立法评估为代表，对上海市 1979 年以来颁布的 180 多项地方性法规进行合理性、可行性、操作性、针对性评估；重庆市基于法规清理的需要也在 2005 年启动了法规评估工作。随着立法后评估实践的增多，对立法后评估的研究热度也逐渐提高，2008 年后学界对立法评估工作的探讨逐步深入，丁贤、张明君、汪全胜、张禹、刘松山等学者开始在重要的法学期刊上发表文章，就立法后评估的主体、对象选择、评估标准等方面进行了深入研究，立法后评估的研究开始迈向正轨。

尚未统一。^① 故而，立法前评估欲实现理论的进步和实践的发展，就必须厘清其与立法后评估以及现有立项说明论证程序之不同，明确自身在立法预备和立法评估工作中的作用与地位，并和其他相关工作程序区分开来。

其一，立法前评估与立法后评估有本质上的区别。立法前评估与立法后评估并非简单的所处立法阶段的不同，而是在内容和理念上有根本性差异。立法前评估所要解决的问题是某立法项目是否应进行立法、何时立法、如何立法的问题，评估的主要内容是立法项目及草案的必要性、合法性、合理性，以及立法项目可能产生的对经济、社会和环境的影响。而立法后评估是通过对立法在执法、司法和守法中的具体问题进行评价，分析法律实施中存在的问题，评估立法是否按预设目标运行。简而言之，立法前评估重在对立法项目进行风险预期和控制，而立法后评估是对法律实施效果的评价；立法前评估的目标预设是保障立法之质量，而立法后评估的目标预设则是检验立法之质量。虽两者最终都服务于立法质量提高这一终极目标，但其着眼点和关键点有着明显的本质差异，如若简单地将立法后评估等同为立法评估，无疑将失去立法质量防控的第一道关隘，这样一来，即使在立法后评估中发现立法本身的问题也已经为时已晚，浪费了立法资源，也有损法律权威。

其二，立法前评估与立法说明在内容上有重大区别。我国现行《立法法》第 54 条规定，"提出法律案，应当同时提出法律草案文本及其说明，并提供必要的参阅资料。……法律草案的说明应当包括制定或修改法律的必要性、可行性和主要内容"。在立法实践中，立法机关在编制年度立法计划时也会要求相关部门对其所提立法项目的必要性和可行性作出说明，在提案人

---

① 代表性的观点有：（1）立法前评估是指立法机关或者其他机构，按照一定的程序、标准和方法，对某项立法所要达到的目标、所要具体规范的内容的必要性和可行性以及对社会和公众的影响等所进行的评估。［徐平．国外立法评估的启示．人民政坛，2010（11）.］（2）立法前评估实际上是对立法机关所立之法的一种预评估。着眼点不同则，评估内容有所不同，比如可能着眼于立法的可行性、必要性进行评估，也可能对立法的成本与效益作出一个预评估。［汪全胜．立法后评估概念阐释．重庆工学院学报（社会科学版），2008（6）.］（3）还有学者将关于立法风险评估的研究，基本等同于我们所说的立法前评估，认为立法风险评估是通过一些方法客观地将诸如对健康、安全、卫生、环境等的风险量化地表现出来，并考虑各种立法或者决策所带来的影响，以便人们进行比较和判断，从而作出理性的选择。通过风险评估，充分考量立法之前存在的社会风险，以及立法后可能导致的社会风险，以便采取减少或消灭风险的立法措施，实现社会风险的立法管理。何跃军．立法的风险评估．人大研究，2010（11）.

提交的法规草案说明中也有对立法必要性及所规范具体问题的说明。① 但我国目前还尚未就立法说明的具体内容进行规定，故而，相关部门和提案人应当在立法说明中提供何种数据、进行怎样的立法说明与论证还完全处于立法空白。实践中多数立法说明都只是对立法项目的必要性进行了原则性的分析，同时罗列一些相关的背景信息和材料来辅助说明，与立法前评估相比系统性不足、比较简单粗糙。立法前评估包含了一整套的工作程序和评估标准，其不仅对立法项目和草案的必要性、合法性与可行性进行详细的评估，而且就立法可能对经济、社会、环境以及公民权利产生的影响进行评估，有助于立法机关对立法项目和草案作出全面的认识、科学的判断。

立法前评估和目前在立法前的立法论证与说明程序有着内容上的重大区别，而与立法后评估更是具有本质上的性质差异。立法前评估与目前的立法说明和立法评估程序有着很大不同，其内容和性质决定了其应有自己的独立地位。首先，从立法阶段而言，立法前评估主要位于立法预备阶段，包括立法项目的论证与确定、立法草案的评估两大方面。其次，从评估内容而言，立法前评估主要是对立法草案自身的合法性、必要性与可行性等进行的评估，以及对立法草案可能对经济、社会、环境以及公民权利造成的影响进行评估。最后，从立法前评估的目的而言，立法前评估较之其他立法程序的显著品格就突出地表现在其浓厚的风险控制理念，通过将立法质量把控的关口前移，对可能产生的风险进行预测，从而有效地实现对立法资源的审慎与合理利用，而这种审慎立法的特质就是立法前评估的制度定位。借此方式，可扭转多年来我国立法实践中科学性与预测性的不足，重申以立法机关为主体和主导的科学审慎的立法体制与机制，而审慎立法机制本身对于当下风险社会的治理就有重要意义。

三、评估什么：立法前评估的指标体系

立法前评估标准是指对于立法项目是否能够进入立法程序所依据的准则和尺度。科学、客观的立法前评估标准可以准确地把握评估对象的实际情

---

① 周怡萍. 立法前评估制度研究——以地方立法为视角. 人大研究，2014（8）.

况，从而为立法机关确定立法项目或者修改立法草案提供科学的论证支持。评估标准的设定在一定程度上而言就是价值选择的过程，所以我们应当考量各项指标对立法质量和立法科学性的影响大小，再依其重要性程度选择若干指标作为评估指标。

（一）必要性评估

虽然法律可以提供一种稳定的社会秩序，但法律并不是万能的，也不是无所不包的，它不能解决所有社会问题，也无法解决所有社会问题。法律是对秩序的最高确定，所以对于市场机制可以正常进行调节的、道德规范和行业章程可以解决的社会问题，法律都没有必要也不应该涉足。此外，立法资源的有限性确定了法律的优先序位，即该社会问题是否需要采取立法进行解决。"无论在任何地方，稀缺的立法资源和有限的起草时间都迫使起草者必须决定起草法案的优先顺序。"① 立法制定、生效之后都会给社会带来不同程度的影响，所以立法机关应该衡量各立法项目的成本及效益，将可能取得最大社会效益的立法项目排在首位，对有必要制定法律的项目进行立法。立法必要性指标应当着重评估两点：一是该项目是否必须通过立法予以规制，有无其他替代措施；二是立法的收益是否大于成本。

（二）合法性评估

立法的合法性是指立法草案要符合现行法律规定和法律原则。目前行政立法的高歌猛进，导致立法项目尤其是地方立法项目中经常会出现违法设立行政许可、行政处罚、行政强制等情形，为了规制此类违法现象的出现，有必要在立法前评估中加强对立法草案合法性的审查，尤其应当着重评估立法草案中是否设定了减损公民、法人和其他组织权利或者增加其义务的规范。对于草案中涉及的机构职责、行政许可、行政处罚、行政强制、行政征收、行政征用、行政救助、行政给付、行政裁决、行政赔偿、行政补偿等条款更要逐条审核，进行合法性评估。同时合法性评估还应对立法的协调性进行考察，在法律、司法解释、行政法规、地方性法规和政府规章、国务院部委规章和规范性文件之间，做到制度设计的不冲突、不抵触。②

---

① 安·赛德曼，等. 立法学：理论与实践. 刘国福，等译. 北京：中国经济出版社，2008：64.
② 席涛. 立法评估：评估什么和如何评估——以中国立法评估为例. 政法论坛，2012（5）.

（三）可行性评估

立法的可行性评估主要包括立法的可操作性、立法的时机和条件。立法的可操作性，是指建立的法律制度、设立的法律规则，是否有明确的法律主体、客体和内容，守法者、执法者和司法者是否有明确的权利、义务和责任。[①] 而实践中有很多立法在审议时不能形成一致意见，或者某项制度的立法条件还不成熟，但为了回应和解决社会急需的立法需求，立法机关往往会选择以框架性和原则性规定代替争议问题的方式进行回避。这些条款在执行中就具有很大的弹性与空间，实务部门为了执法的需要，就不得不请求有关部门对立法文本和制度的规定进行细化。这样就使立法与可执行的具体规则之间形成了委托—代理式的关系，而由于信息不对称，代理人可能违背委托人的立法宗旨、立法规则和立法平衡社会资源配置的目标，将部门规则、部门利益填充到下位法中，使其部门利益最大化[②]，从而有损立法原旨的实现和落实。另外，立法活动涉及方方面面，需要选择合适的时机，让立法草案充分酝酿、充分讨论，形成社会共识。立法所需的各项配套措施是否完善、齐备也是决定立法项目是否具有可行性的重要评估指标之一。

（四）影响性评估

为了减少法的试错成本，从源头上控制立法质量，有必要在立法项目开始启动之时就对于立法对社会政治、经济、文化、环境等各方面进行预期的影响性评估，具体来说包括以下内容：立法是否满足了社会对公平、秩序、稳定、正义等的要求[③]；立法是否符合市场规律，是否会加重市场主体的负担；立法是否有利于政治社会的安定团结；立法是否会对生态环境造成破坏等。整体来讲影响性评估是就立法对经济、社会和环境可能造成的影响进行预先的推演，估算立法通过之后对市场管理、社会管理以及生态环境带来的增益，产生的成本或造成的损失，并对该收益和损失进行科学的、定量的成本—效益分析。同时，对立法的影响性评估还必须包括对社会主体行为的影响，即对公民守法、相关机关执法以及司法活动所造成的影响。

---

① 席涛. 立法评估：评估什么和如何评估——以中国立法评估为例. 政法论坛，2012（5）.

② ERIC A. POSNER. Controlling agencies with cost-benefit analysis：a positive political theory perspective. University of Chicago law review. Vol. 68，No. 4. 2011.

③ 汪全胜. 立法效益论证问题的探讨. 社会科学研究，2006（3）.

四、如何评估：立法前评估的机制构建

在我国的立法实践中，包括立法前评估在内，立法预备工作中的许多方面都缺乏具有可操作性的立法程序。虽然程序只是完成立法工作的外在形式，但是它直接体现和影响立法质量的好坏，是立法质量的保证。随着社会生活的复杂和多变，包括立法权在内的国家权力都被赋予了更大范围上的活动空间，而与此同时，"实体法规则的控权功能有所缩减，程序控权的功能却大大增长"[①]。故而，有必要建立一套完备的立法前评估的工作机制和程序，通过程序的设定来控制和优化立法权力的利用，以实现立法前评估活动的规范化和科学化。

（一）立法前评估的主体

立法前评估的主体是指组织、实施、参与立法前评估的单位或者个人。美国、英国和联合国经合组织等开展立法前评估或影响性评估比较早的国家或组织，基本采用的是设立独立的评估机构的方式来解决立法评估的主体难题。[②] 国外在中央层面设立独立的评估机构的做法虽然增加了成本，但是无疑大大提高了立法评估的公正性和客观性。而我国目前的主要做法是由立法机关要求立法起草单位在报送草案前要进行立法前评估，并报送评估报告。综合已经进行立法前评估实践的山东省青岛市、辽宁省大连市和浙江省的经验，以立法起草单位作为立法前评估主体的模式最为常见，但在浙江省和青岛市的立法前评估中也出现了高等院校、科研院所等单位的参与，甚至青岛市人大直接将《青岛市建筑废弃物资源化综合利用管理条例》和《青岛市实施〈中华人民共和国标准化法〉办法》的评估委托给了青岛理工大学和青岛市社科院进行。[③]

---

① 张文显. 法理学. 北京：法律出版社，1997：394.
② 如美国负责此项目的管理与预算办公室和信息与规制事务办公室设立在白宫总统办公室之下，而英国的影响性评估小组由内阁办公室大臣和其他中央大臣们组成。美国立法评估相关办法详见美奥巴马政府第 13563 号行政命令（Improving Regulation and Regulatory Review）、克林顿政府第 12866 号行政命令（Regulatory Planning and Review）；英国立法评估的相关办法详见 Impact Assessment Guidance 以及 IA Toolk it：How to Do an Impact Assessment；联合国经合组织政策评估的相关办法参见其 2012 年发布的 Recommendation of the Council of the OECD on Regulatory Policy and Governance。
③ 张桂芹，周怡萍. 青岛市启动立法前评估试点. 中国人大，2011（16）.

　　立法起草单位自我评估的优势很明显：一是其评估工作开展可以取得相关单位的支持，便于了解立法需求和实际情况；二是作为起草单位会掌握大量一手数据和材料，资源丰富；三是评估中发现问题可以通过修改草案的方式予以解决，评估报告会得到相关部门的高度重视。但是由立法起草部门自己进行评估也存在很大问题，主要表现为：评估的客观性和全面性存疑，自我评估很有可能就沦为形式化的立法草案的必要性证成，而难以客观反映立法草案可能会对经济、社会环境产生的影响，以及难以对利益关系人和社会公众的意见作出客观、全面的反映。同时，立法评估是专业性很强的领域，需要评价者掌握相关的理论知识，并熟悉专门的方法技术，而公共机构人员本身往往缺乏这方面的系统培训。① 所以，立法评估机构自身应该具备较高的独立性和专业性，才能保证立法评估的客观公正和权威。基于我国现在立法前评估甚至整个立法评估工作都刚刚开始，设立中央层面独立的评估机构还不具备现实基础，现阶段可以考虑在内部评估主体进行评估之外，增加相对独立的社会组织和科研院所作为评估主体，建立起多元化的立法前评估机构，提高立法前评估的民主性和科学性。

（二）立法前评估的对象选择

　　从国外的情况来看，尽管有的国家鼓励对所有法律案进行评估，但是少有国家将其作为强制要求。美国、日本进行立法前评估的都是"管制性""规制性"法律，即仅对限制了公民权利或者增加了公民义务的法律进行评估。② 立法前评估本身也有成本，尤其在制度推广阶段，应当尽可能挑选重要且广受社会关注的立法，以实现效益的最大化。因此，地方立法应当对社会影响重大的法规案进行立法前评估。具体而言，应当包括以下内容的法案：（1）关系群众切身利益，涉及公民基本权利的法规案；（2）对经济社会发展有较大影响的法规案；（3）立法项目或草案中涉及机构职责、行政许可、行政处罚、行政强制、行政征收、行政征用、行政救助、行政给付、行政裁决、行政赔偿、行政补偿等事项的；（4）需要大量财政支持，短时间内影响地方财政收支平衡的立法项目。

---

　　① 齐二石．公共绩效管理与方法．天津：天津大学出版社，2007：90//汪全胜．法律绩效评估的发生机制——以国家主导为视角．法商研究，2008（3）．

　　② 周怡萍．立法前评估制度研究——以地方立法为视角．人大研究，2014（8）．

（三）立法前评估的工作方法

立法前评估的工作方法就是指运用什么样的分析方法进行评估。目前立法评估主要有两种方式：一是定量分析，二是定性分析。鉴于定量分析需要由专业的评估机构和人员进行，而且参数设计复杂，故而现阶段从中央到地方已经进行的立法评估中使用的方法主要是定性分析的方法。定性分析所依靠的还是传统的调查方式，主要有组织相关专家进行研讨、实地调研、深入基层走访，听取相关部门和单位对立法草案的意见与建议，了解和掌握该法所涉及的基本利益关系和要解决的问题。同时，定性分析还可以通过间接的方式进行，譬如公开征集意见、问卷调查、委托科研机构和高校对选择的法律法规进行立法评估等。

从各地已经公开的立法评估报告中我们也可以看出，评估主体使用的主要是定性分析方法，很少运用定量分析及影响分析。在评估报告中客观量化指标较少，主观性评估成分较多。[①] 当然，目前推行以定量分析为主的评估模式还有很大困难，因为进行成本和收益分析需要精细化收集、采样以及量化分析，相对较为复杂和困难；而且一些定量评估方法还存在争论，如成本和收益可能并不完全是由一部法律所影响产生的，而是若干部法律间接共同作用的结果；再如立法的经济社会影响和收益不易进行量化，有些指标只能定性不能定量。这些实践和技术层面的问题都需要我们在日后的立法评估工作中予以处理和解决。

从长远来看，立法前评估应当采取定量和定性相结合的分析方式，并坚持以定量分析为基础，对评价指标作最大限度的量化处理。[②] 定量分析的客观性和科学性可以显著提升立法质量和立法工作的声誉。当然，强调立法前评估中定量分析的重要性，并不意味着我们对定性分析的忽视，因为定性分析是整个立法评估的主体和基础所在[③]，但任何定性分析应当在基本的定量分析上产生，即使是主观性的评估也应该根据一定客观事实和客观数据作

---

① 从海南省于2007年发布的《海南省人民政府办公厅关于开展立法成本效益分析工作的实施意见》中可以明显地看出立法前评估的定量分析导向，确定了对立法项目进行立法成本—效益分析，并对成本—效益分析的内容进行了具体规定。这一意见也开启了立法评估定量分析的先河。

② 俞荣根. 地方立法前质量评价指标体系研究. 法治研究，2013（3）.

③ 中国立法学研究会编著. 地方立法的理论与实践. 北京：法律出版社，2013：91～104.

出。对于不同类型的法律法规，我们应当辩证地使用不同的评估方法，对经济方面的立法可以进行定量分析就要坚决进行定量分析，但对于某些不适宜进行定量分析的社会立法可以继续沿用定性分析的方法进行评测。

（四）立法前评估的启动程序

就各地已经进行的立法前评估的实践来看，因为大多处在制度的探索阶段，立法前评估工作的启动往往是基于地方人大或者地方政府法制机构的主动探索。青岛市是通过其人大常委会的决定启动立法前评估的。在此之前，四川省政府法制办也是自己主动启动立法前的评估工作，对《四川省雷电灾害防御管理规定》进行评估。浙江省在 2014 年 6 月出台了首部立法前评估的工作规则，其中规定，"起草单位向省政府申报和报送立法计划一类项目的，要开展立法前评估……未开展立法前评估的，原则上不列入省政府一类立法计划项目，省委、省人大常委会、省政府要求立即进行立法的项目除外"①。各地在立法前评估启动程序中做法不一，但是已形成共识的是立法前评估应随着立法项目同步进行，如果等法案起草完毕再来作立法前评估，那么立法前评估报告无疑就会变味成"当行性报告"，无法起到应有的风险控制和质量把控的功用，失去了评估的意义和价值。

（五）立法前评估报告的效力

立法前评估报告的效力问题是立法前评估工作程序设计中必须予以高度重视的内容，它将会对日后立法评估工作开展的积极性产生重要影响，同时也是整个评估工作顺利完成的关键。从目前的实践状况而言，在开展了立法前评估工作的省市中，都仅将立法前评估的报告作为立法项目审议时的参考，该报告并不具有强制性参考的效力，而从掌握的材料中，我们也难以判断评估报告在项目确定或草案审议时的作用大小。立法前评估作为提高立法质量的重要手段，不能使其流于形式、成为"参考资料"。立法前评估工作要实现常态化，就必须赋予评估报告以刚性，通过不断的个案的宣示来强化制度存在与发展的基础，从而最终实现将立法前评估纳入日常立法工作之中的目标。具体而言，提高立法前评估报告的刚性就要求相关单位在审议时必须参考报告的结论，若评估报告的结果是该项目不满足合法性、必要性和可

---

① 浙江省人民政府办公厅关于印发政府立法项目前评估规则的通知．浙江省人民政府公报，2014（6）．

行性等核心标准，则该立法项目必须因此被否决，暂停或者直接取消该项目。若因特殊原因项目依然继续，则必须向社会公开说明理由。

五、结语

立法前评估将立法质量监督的关口前移，实现了对立法项目和草案的风险控制。立法前评估，通过论证立法项目所要付出的成本和所获利益是否合理，评估立法项目对社会可能造成的影响，以自我预审的方式实现了对立法偏差的事先纠正，避免了错误发生之后再行纠错的被动。立法前评估所需的成本并不高，也不需要对现有立法体制进行大的改动，可以算作提高立法质量成本最低且最为有效的选择之一。但遗憾的是，国内立法前评估的理论和实践都还处于起步阶段，尚未受到学界和实务界的重视，谈及立法评估仅指立法后评估的思维定式也并未改变。故而，重视立法前评估工作，将立法前评估纳入整个立法评估体系和立法工作体系，是下一阶段立法工作必须要认真对待和解决的问题。

第三节 立法后评估

一、引言

立法后评估是法制建设发展到一定阶段的必然产物。我国法制建设经历了从无法可依到逐步健全的发展历程。目前我国法律体系已经基本形成，健全立法制度、提高立法质量、完善法律体系就成为今后法制建设的主要任务，同时也意味着今后将从数量型立法转向质量型立法，从粗放型立法转向集约型立法，从速度型立法转向完善型立法。以此为拐点，我国未来的立法工作主要面临的将不是新法的制定，而是大量法律法规和规章的废止与修改工作。

立法后评估作为国际和国内法学界公认的法律完善的重要手段，适应了我国法制建设的这种客观变化，并以其制度内涵的公正性、民主性、公开性和科学性而受到法学界和立法机关的广泛关注。检验立法工作和现行法律法规优劣好坏的标准只能是其实施效果和文本质量。立法后评估是在立法领域运用实践标准的一个比较好的方法。对地方性法规和地方政府规章进行"立法后评估",不仅是地方质量立法的有效途径,也是维护国家法制统一的有效措施。随着时代的急剧进步、环境的不断改变,客观上需要对以静态性、稳定性为特点的法律规范进行纠偏矫正,及时弥补立法上的漏洞。"立法纠偏机制不只包括出现偏差之后的纠正,还包括事前对偏差的预防。"①

二、立法后评估的主体

立法后评估是有关主体按照一定的标准和程序,通过一定的方法和技术,对实施了一定时间的立法的协调性、科学性、可操作性、有效性等进行分析、评价的一种活动,是了解立法效果、提高立法质量和立法水平的重要手段。近些年来,从中央到地方、从人大到政府,在这方面都进行了积极的探索和尝试,取得了一定的成效和经验。鉴于立法后评估的组织实施、评估内容和标准的设定、评估结果的作出均依赖于评估主体,评估主体的设计和作用决定着立法后评估的效果,是一个很关键的环节,因此有必要对立法后评估主体制度进行系统研究,为下一步构建科学、完备的立法后评估制度奠定基础。

(一)立法后评估主体设计原则

为保证立法后评估结果的客观性、真实性和有效性,构建立法后评估主体制度时应当坚持一定的原则。

1. 中立

立法后评估是在收集各方评价意见的基础上作出的立法综合评估。由于各评价主体的判断往往受自身利益左右,具有局限性和主观性,因此,立法后评估主体的设计,必须贯彻中立性原则,努力消除各种先入为主或者主观偏见。为此,"立法后评估主体构成应当体现出全面性和代表性,既有立法机关、执法机关,也有社会公众;既有行业组织和社会团体,也有专家学者,必要时可吸收专业调查机构参与;应当尽量选择权威、中立的机构作为立法后评估组织机关,防止立法后评估流于形式"②。

---

① 周旺生. 立法研究: 第6卷. 北京: 北京大学出版社, 2007.
② 张禹. 立法后评估主体制度刍议——以地方行政立法后评估为范本. 行政法学研究, 2008 (3): 16.

2. 规范

国家机关开展的立法后评估是一项法律活动，有必要进行制度化规范。当前各地进行的立法后评估实践千差万别，随意性较大，为保证立法后评估的实际效果，立法后评估主体的产生、构成及职能任务都必须具有一定的规范性和确定性，遵循一定的规则和要求。只有这样，才能真正把立法后评估纳入制度化、法制化轨道。

3. 权威

评估主体应有适当的权威性。主体的确定方式无论是委托还是招标，均应得到立法机关、其他国家机关或有权机关的明确授权。立法本身是一种主权活动，具有法律效力和高度的严肃性，与此相适应，立法后评估也具有深远的法律影响，有时甚至会引起国家政策的改变、立法的修改/废止，因此对于具有法律意义的立法后评估而言，评估主体的设计以国家机关为宜。同时，为保证评估行为本身的有效性和评估结果的权威性，评估主体不能是比立法制定机关法律地位低的机构，例如地方政府规章的评估单位不能是地方政府内部机构或者其职能部门，否则就会违背基本的权力等级秩序以及立法与法律实施的内在逻辑关系，难以产生法律效果。

4. 多元

在评估主体具有适当权威性的前提下，为保证立法后评估结果的客观性与公正性，应注意建立独立的第三方评估主体、利益相关者评估主体等，吸收公众参与评估，使评估主体尽可能多元化。

（二）我国地方立法后评估主体的选择

综观各国实践，基本上都是多元化的评估主体，既有立法机关，也有司法机关、执法机关、独立第三方评估机构、公众等，归纳起来主要有两种模式：一是分散模式，即由同时并存的许多主体作为评估单位对立法进行评估。二是集中模式，即由一个专门设立的机构作为评估单位统一负责立法效果评估工作。

从我国各地各具特色的评估主体看，主要有三种形式：第一种是由立法的制定机关担当评估主体；第二种是由立法机关和执法机关共同担当评估主体；第三种是由立法机关委托其他组织担任评估主体。[①] 这三种形式各有利

①　陈振明. 政策科学. 北京：中国人民大学出版社，2003：292.

弊：第一种形式的优点在于制定机关的法律技术水平较高，更了解立法意图。第二种形式除了具有第一种形式的优点外，其优点还在于执法机关更精通行政专业知识，在实施过程中能及时发现出现的问题。从云南、福建、上海三个省市的评估主体来看，国内的立法后评估工作基本都采用了立法单位牵头，执法单位参与的评估主体模式。① 第三种形式的优点在于评估单位地位超越，能实现评估工作的客观性、独立性，提高评估结果的公信度。

　　立法的制定机关和实施机关作为内部评估主体，难以保障评估结果的客观性与公正性。而由独立第三方作为外部评估主体来说，虽然可以保障评估结果的公正性、客观性与可信性，但是在评估效应上可能出现阻碍。单纯的内部评估与外部评估都有一定的缺陷。为解决这样的困境，部分国家在立法后评估过程中，试图将内部评估与外部评估结合起来，实现评估主体的多元化。针对国内现状，宜借鉴国外的经验，"我国建立以立法机关评估为主，相关执法机关配合为辅，广泛引入社会力量共同参与的评估主体模式是比较切实可行的"②。同时，根据我国目前社会发展状况，立法后评估主体可以设置两类：一是评估责任主体，二是评估实施主体。评估责任主体是指依照法律规定或其基本法理，应当承担评估职责，同时又具备评估职权的主体，即评估责任主体就是该项法规、规章的制定主体。评估实施主体是指受评估责任主体委托，承担评估具体事项的单位或者组织。其目的是避免评估主体过分集中在法律制定机关，以保证法律评估的全面、客观、有效和公正。这样做的理由是：第一，我国目前的政治体制决定了建立立法机关为主导的评估责任主体有利于提高评估的效率和评估效果。因为立法机关对法律法规的制定背景、执行情况有着透彻、详尽的了解和认识，因而容易获得第一手资料，从而使评估结论更真实、更权威，也更容易促进评估结果的及时转化。而且我国当前正处于政治体制以及行政机构改革的关键时期，单独组建专门机构作为立法后评估的主体，对于我国机构本来就很臃肿的现状来说不可取。第二，委托第三方独立机构作为评估的实施主体，是一种比较灵活的工作方式，而且独立机构作出的评估结论比较客观、中立，更具有说服力。目前全国有些地方也采用委托第三方评估的方式。如《甘肃省消费者权益保护

---

① 丁贤，张明君．立法后评估理论与实践初论．政治与法律，2008（1）：133．
② 沈国明，张明君．在实践中完善立法后评估制度．中国人大，2008（4）：47．

条例》等四个法规、规章就是委托设在高校的地方性法规评估中心进行的。[1] 北京市人大常委会委托中国政法大学课题组，对《北京市市容环境卫生条例》等18件地方性法规和《北京市人大常委会关于为顺利筹备和成功举办奥运会进一步加强法治环境建设的决议》进行专项评估。[2] 重庆市人大常委会委托西南政法大学对重庆升直辖市十年以来所制定的全部法规进行评估。

三、立法后评估对象

立法后评估对象的选择是立法后评估程序中首先要解决的问题。虽然从理论上来说，所有的法律法规都可以是立法后评估的对象，但是立法后评估本身需要较高的时间、人力、财力成本，对所有法律法规不加选择地进行评估是不经济的；同时，某些法律法规的特点也决定了对其评估意义不大，很难进行有效的评估或者在现阶段、现有条件下不宜进行评估。因此，对评估对象进行研究以选择合适的评估对象就具有重要的意义。

根据我国各地选择立法后评估对象的现实探索，结合国外选择立法评估对象的经验，笔者认为，当前立法后评估的主要目的应是重在发现问题，同时总结并推广经验，因此，"选择评估对象时的指导思想应当是：维护人民群众切身利益，推动社会、经济又好又快发展，促进依法行政、公正司法。其工作原则是：选择社会现状与法律实施相关度较高的项目，也就是影响法律实施效果的其他因素较少的项目；选择社会关注度高，立法后评估结果对立法执法可能产生真正影响的项目"[3]。当然，我国各地的立法后评估工作还很不成熟，选择评估对象时应慎重，既要考虑立法工作的现实需要，又要考虑开展立法后评估的工作基础；既要考虑社会公众的关注程度，又要考虑评估工作对执法工作可能产生的影响；既要考虑评估工作的典型意义，又要考虑评估结果的客观、真实。

一般来讲，凡是涉及经济、社会和公共管理类的法规和规章在其颁布、实施三到四年后，都应当对其进行立法后评估。但在选择评估对象时应依据一

---

[1] 马发明，赵遵国. 开展立法后评估的几个问题. 人大研究，2009（1）：40.

[2] 伊海燕. 立法后评估的方法探析. 长春师范学院学报（人文社会科学版），2012（5）：18～19.

[3] 沈国明，张明君. 在实践中完善立法后评估制度. 中国人大，2008（4）：47.

定的标准，评估对象的选择标准主要包括有效性、时间性、必要性与可行性。

1. 有效性

立法后评估对象选择的有效性标准是指所选择的立法后评估对象的确有评估的价值，能够通过评估取得一定的效果。第一，通过评估了解法规、规章的制度设计以及实施情况，为今后对该法的立、改、废提供依据。第二，通过立法后评估总结立法经验，进而提高立法的质量和水平，完善立法制度。第三，通过评估取得一定的经济效益和社会效益。

2. 时间性

立法后评估对象选择的时间性是指评估活动要选择合适的时机。立法后评估的对象必须是实施一段时间后的法规、规章。法规、规章只有在实施一段时间以后，其效果才会显现出来，存在的问题也才会充分地暴露，此时对其进行评估才会有的放矢。

3. 必要性

立法后评估的必要性标准是指有没有对法规、规章进行评估的需要，如法规、规章是否存在合法性问题，法规、规章在实施中是否存在问题较多、群众反响比较大。

4. 可行性

立法后评估对象选择的可行性标准是指评估所需要的人力、物力、财力等外在条件已经具备，能得到相关制度的保障和支持，可以进行评估。①

除了上述四个标准外，在选择评估对象时还应遵循一定的先后顺序。第一，在实施过程中产生了矛盾和冲突的法规、规章应该优先进行立法后评估。一些地方性法规和规章在制定、颁布过程中看似完美无缺，但在实施过程中经过实践的检验，由于作为其上位法的新旧法律之间、不同法律之间经常出现矛盾和冲突，因而法规、规章之间的衔接性不够甚至"撞车"，规范的内容缺乏科学性和可执行性等毛病和漏洞就会凸显。这种现象发生后，应优先通过立法后评估这个有效管道，对其可操作性、适应性、相互衔接性以及规避执行的原因等进行全方位的检测，并及时进行修订、完善。第二，对在制定过程中意见分歧比较大、表决时低票通过的法规、规章要予以高度关

---

① 闫龙会. 我国立法后评估的对象研究. 济南：山东大学，2010：18～19.

注，重点评估，看其是否适合当前经济社会发展的要求，检视它的规范是否科学、合理，评估它的实施是否达到了预期的效果。

四、立法后评估的内容、标准及其他

（一）评估指标体系确定的原则

1. 主观性与客观性相结合

在设计评估指标体系时，既要考虑反映法律法规客观状态的评估指标，如合法性、合理性、系统性、稳定性等，也要考虑反映公众对立法实施情况主观认知的评估指标，如效益性、导向性等。

2. 应然性与实然性相结合

立法后评估要通过对法的实然性的认知来评估立法目标、立法价值等应然性的实现程度，进而发现立法中的问题或者实施中的症结所在。因此，指标体系必须将应然性与实然性两者有机结合起来，才能得出更科学、更全面的评估结论。

3. 普遍性与特殊性相结合

法律所调整的社会关系错综复杂，既有共性的制度规定，也有特殊的制度规定，因此，设计的指标体系既要对共性的制度进行评估，也要对特殊的制度进行评估，这就需要充分考虑将普遍性与特殊性有机结合。[①]

4. 可操作性原则

立法后评估指标体系的设计应是可测量的、切实可行的，而不是笼统的，应从评估工作的实际出发，实事求是，客观可行，每一个指标都有实际意义。该指标可以分为两类：一类是可以量化的定量指标，另一类是难以量化的定性指标。立法后评估指标的选择应考虑被评估对象的特点与信息数据采集的条件。

（二）立法后评估的内容和标准

各地立法后评估内容的差异较大，有的重点对法规/规章实施效果、立法成本、法规/规章存在的问题及缺陷等进行评估；有的重点对责任主体的责任落实情况、立法争议焦点问题的实施状况等进行评估；有的则对法规/

---

① 丁力洪.我国农业立法成本效益评估制度研究.北京：中国政法大学，2008：37.

规章贯彻实施情况、重要制度落实情况、实施绩效等进行评估。各地采用的标准也不尽相同，有的采用合理性、技术性、实践性和实效性标准；有的采用合法性、合理性、技术性和实践性标准；还有的采用合法性、针对性和操作性标准。立法后评估因评估对象、考察角度不同，评估的标准也可能有差异，要注意针对不同类型标准分别设定一般标准与特殊标准，短期标准、中期标准与长期标准，微观标准、中观标准与宏观标准，最低标准与最高标准。① 同时，要注意设计科学的、完整的、可操作性的指标，以较为准确地反映法规/规章实施状况及效果。

（三）评估指标的设计

综合考察国外各国立法后评估的内容、评估的指标后，我国的立法后评估应从立法质量、立法实施过程以及立法的绩效三方面来设计指标。②

1. 立法质量指标

立法质量指标主要包括合法性、合目的性和技术性指标。合法性指标又分为形式合法性和实质合法性的指标，形式合法性主要是从立法内容、立法权限、立法程序三个方面设计指标，实质合法性主要是从受众内心服从性设计指标。合目的性指标分为目标内容明确、具体；目标在政治、经济、社会方面可行两个方面。技术性指标分为协调性、完整性、可操作性三个方面的指标。

2. 立法实施过程评估指标

对立法实施过程应主要围绕实施主体的能力、公众守法状况、实施的监督机制三个方面设计指标。

3. 立法的绩效评估

绩效评估指标应包括效率、效能、公平和适当性四个方面的指标。

五、立法后评估的方法及程序

地方立法后评估所运用的方法是否科学、合理，是否符合实际，直接关系到地方立法后评估结论的有效性。评估方法主要可以分为定性分析方法和定量分析方法。定性分析方法，是对法律实施效果进行性质分析的方法。它

---

① 汪全胜. 立法后评估的标准探讨. 杭州师范大学学报，2008（3）.
② 孙树曼. 我国立法后评估指标体系的构建. 济南：山东大学，2009：28～29.

侧重于理论分析，对收集到的各种信息作性质上的判断。定量分析方法，是借助统计学、数学以及计量经济学等学科定量分析的模型和方法，对数据作量化分析。

采用哪种方法进行立法后评估，基本的原则是既要考虑方法的经济性，又要考虑方法保障评估的科学性。笔者建议将定性的方法与定量的方法相结合。

（一）定性分析方法

立法后评估运用定性分析方法是指评估者根据自己的经验和知识，综合运用逻辑思维，通过对评估对象的性质进行分析和判断，形成对法律的质量、实施效果的基本评判。定性分析方法是所有评估方法中通用性最强的方法之一。定性分析方法能够弥补定量分析方法的不足：首先，许多法律的质量、效果无法被量化或难以用数字去衡量；其次，当法律实施效果涉及公平、公正等价值理念时，定量分析方法难以有用武之地，而定性分析方法却能够显示出解决这类问题的优越性。常用的定性分析方法有问卷调查、座谈会、实地调研、个案分析及比较分析等。

（1）问卷调查。这是广泛了解、听取和采纳群众意见的有效方式。在采用问卷调查法时，要注意受调查群众的代表性，即样本量的结构要合理。调查问卷的发放，既要面向整个社会，也要注意向利益相关群体的重点发放，这样，问卷信息的采集才会更有效，更具有参考价值。

（2）座谈会。就评估中的重点、难点问题召集有关执法部门、专家学者进行座谈，对评估工作的开展有很大的帮助。座谈会可以采用专题座谈、部门座谈、利益相关方座谈等多种形式。

（3）个案分析。通过个案分析，能够对需要评估的重点问题进行深入研究，从而为准确评价法规/规章实施中存在的问题，进一步完善法规/规章中的制度设计奠定良好的基础。

（4）实地调研。调查是通过到调研区域或者行业进行实地了解，亲自走访、座谈、调查等，亲自搜集第一手资料。

（5）比较分析。比较分析法在地方立法质量跟踪评估领域的应用是指将收集到的法规、规章实施前后的相关信息数据进行整理分组，运用各种对比分析的手法，通过对没有法规、规章与有法规、规章后的社会效果的比较分析，对立法预期与法规/规章现实绩效的比较分析，对实施效果的正反方面比较分析，以及对同一领域相关法规间的横向比较分析等，得出最终评估结论。根据比较分析方法的基本原理，其主要包括从水平、速度、结构和效益的角度来比较评价法规、规章的文本质量与实施绩效。[①]

（二）定量分析方法

定量分析方法是指根据通过调查研究、资料收集所获得的信息，运用运筹学、统计学、数学、计量经济学、系统工程理论等学科的理论与方法，建立评估的数学模型，然后借助计算机等手段进行大量的计算来求得答案的方法、技术的总称。定量评估方法强调以准确、可靠的数据作为评估的依据，以严密的逻辑推理、精确的数学计算作为评估的基本工具。定量分析方法的标准化、精确化程度较高，逻辑推理比较严谨，因而使评估结果更客观、更科学，从而减少了不必要的评估纠纷与争论，易于使评估对象接受评估判断，结束评估活动。定量分析方法主要有资料统计分析法、成本—收益分析法、成本—效能分析法等。资料统计分析法是指对从评估工作中得来的数据进行搜集、整理和分析的过程。通过资料统计分析，我们可以获得比较直观的数据。这种分析方法比较直观，从而更能说明问题。

成本—收益（Cost-Benefit Analysis，CBA）分析法是经济分析方法在立法后评估领域的应用，主要用于评估法律、法规、规章在经济上是否切实可行。成本—收益分析法的两种方法就是净现值法（"B−C"法）和净现值率法（"B/C"法）。[②]

净现值的计算公式如下：

$$NPV = \sum_{i=1}^{n} \frac{B_n - C_n}{(1+r)^n}$$

其中，收益流 $B_n = B_1 + B_2 + B_3 + \cdots\cdots + B_{(n-1)}$，成本流 $C_n = C_1 + C_2 + C_3 + \cdots\cdots + C_{(n-1)}$。净现值率的计算公式为：BCR＝收益现值总额/成本现值总额。按照"B−C"法，只有 B＞C 时，经济上才是可行的。按照"B/C"法，BCR＞1 或 BCR＝1 时，立法投入是可取的；BCR＜1 时，立法投入不

① 吉敏丽，袁晓杰 . 论地方立法质量跟踪评估的方法——以甘肃省地方立法为实证的分析 . 西部法学评论，2010（2）：118.

② 牟杰，杨成虎 . 公共政策评估：理论与方法 . 北京：中国社会科学出版社，2006：281～291.

可取。

成本—收益分析法是一种非常有用的立法后评估方法，它为评估效率提供了一种可重复的理性的方法，促使评估者在"事后成本—收益分析"中，认真考虑各种实际存在的成本与收益。在立法后评估中，它迫使评估者明确可预见到的各种成本与收益，从而避免了只顾需要不顾成本或只顾成本而不顾效率的倾向。

"成本—效能分析法"是对"成本—效益分析法"的一种改进方法。它主要针对立法成本与其达到特定目标的有效性程度进行比较，而不要求法律绩效的货币化。

值得注意的是，由于各种分析方法都有一定的优、缺点，适合场合各不相同，故而采用单一方法评估可能会产生非常严重的误导；过分倚重于量化评估方法，忽视必要的定性分析也是不可取的。各种不同方法之间存在互补性，在实践中需要根据具体情况选择一种主要的分析方法，同时结合采用其他方法分析的结果，综合地作出评估结论。①

西方发达国家在行政评价方法中，注重将定性与定量评价有机结合起来，如"美国的定性指标和定量指标比例分别为86％和85％；英国的定性指标和定量指标比例分别为92％和96％；德国的定性指标和定量指标比例分别为76％和80％"②。

在将多种评估方法相结合时，应该根据评估的不同阶段采取不同的方法。一般我们可以把评估分为三个阶段：第一阶段，法律文本质量的评估，具体可以包括合法性、合目的性、技术性等关于法律本身的评估。这一阶段可以采用专家咨询、座谈会、论证会的方式进行。第二阶段，法律实施效果的评估。可以采用调查问卷的方式对法律的实施效果进行测评。调查问卷可以委托给统计局的调查队进行，也可以采用网上问卷的方式进行。此阶段还可采用成本—收益法进行测算，从经济效益上判断是否可取。第三阶段是形成评估报告阶段。这一阶段可以针对上一阶段形成的初步的评估意见进行专项调研，召开评估小组工作会议，研究论证评估中出现问题的原因及对策，

---

① 孙树曼. 我国立法后评估指标体系的构建. 济南：山东大学，2009：30～31.
② 阿里·哈拉契米. 政府业绩与质量测评——问题与经验. 张梦中，丁煌，译. 广州：中山大学出版社，2003：122.

形成最终的评估报告，作为法律修改、废止等措施的依据。①

（三）立法后评估的程序

立法后评估程序的设计有助于排除评估实施过程中的肆意和专断，在部门利益和公共利益之间构筑起一道防护网。它对立法后评估的运行是一种全过程的监督，提高了评估结论的科学性和公正性。它是优化配置立法资源的前提和基础。

综览各国立法后评估程序，基本步骤大同小异。我国的立法后评估程序应该包括以下环节：第一个环节是评估的启动和准备。这一阶段首先要确定评估的目标和标准；其次要确定评估的方法和评估方案；再次要确定评估的内容并制作评估问卷和调查图表；最后要确定参加评估或者数据采集的对象。第二个环节是评估的实施。根据评估方案具体实施评估，进行数据采集和开展有关调查，召开有关专家、执法机关、群众代表参加的座谈会、研讨会。第三个环节是对采集的数据进行综合整理。运用科学的分析方法对调查数据进行比较分析和评价，形成评估结论。根据评估结论进一步建议设置新的立法项目、修改或废止现有法律法规和规章。第四个环节是编写评估报告。立法后评估的最后工作就是编写评估报告。评估报告是指评估主体运用评估方案确定的评估方法对法律法规、规章的实施情况进行科学、全面、公正的调查研究后所得出的综合结论。

六、立法后评估结果的应用

立法后评估一定要与法律法规或规章的清理、修改、废止结合起来，使之成为立法活动的延伸以及法律法规、规章制定与修改之间的桥梁。如果评估的结果不与启动法律法规和规章的清理程序挂钩，如果评估的结果不能通过法律法规和规章的修改与废止的立法活动体现出来，那么，高成本的立法后评估活动就难以促进立法质量的提高，同样会走入与"观赏性立法"一样"为评估而评估"的"观赏性评估"的形象工程歧途，那将是法治建设事业的又一个悲哀。因此，立法后评估要么不进行，要进行就一定要与法律法规或规章的清理、修改、废止结合起来，使之成为立法活动的延伸，成为同一

---

① 伊海燕. 立法后评估的方法探析. 长春师范学院学报（人文社会科学版），2012（5）：21.

法律两次立法——制定与修改——之间的桥梁和纽带。① 可喜的是，我国部分地方已将立法后评估作为规章废止或修改的前提条件。如 2011 年 4 月 11日施行的《重庆市政府规章立法后评估办法》第九条规定，有"已不适应经济、社会发展的要求，需要废止或者作重大修改的"等七种情形之一的规章，应当进行立法后评估。2012 年 3 月 1 日起施行的《苏州市规章立法后评估办法》第七条规定，有"拟废止或者作重大修改的"等六种情形之一的规章，应当进行立法后评估。

立法后评估的所有工作，都是为了取得最终的评估结果。立法后评估是手段不是目的，目的是将评估结果转化为应用。评估结果的应用有助力于立法机关发现立法工作的缺陷，有助于立法机关转变立法观念、提高立法质量，也为法律法规和规章的修改、废止等工作提供重要的现实依据。立法后评估结果的应用可以表现在以下几个方面。

1. 评估结果在立法机关的应用

评估结果中属于立法方面的问题，应及时反馈给立法机关或者制定机关，立法机关或者制定机关应当适时启动法律法规、规章的立、改、废程序，进一步修改、补充、完善相关立法。（1）明令废止或宣布失效。需要明令废止的情形主要有：主要内容与上位法相抵触；已被新的法律、地方性法规或政府规章代替；管理部门已经被撤销，所依据的上位法已被明令废止或者宣布失效；主要规定超越制定机关的立法权限；主要规定明显不适当或者不具有操作性，且没有新的管理部门履行其职能；制定违背法定程序。经评估确认已不再发生效力的，法律、地方性法规、政府规章的制定机关应当宣布失效。需要宣布失效的情形主要有：适用期已过；调整对象已消失；主要内容已不符合社会经济、文化的发展实际。（2）及时修订。经评估确认只需要进行部分修改就能够继续有效实施的，法律、地方性法规、政府规章的制定机关应当及时进行修订。需要予以修订的情形主要有：个别条款与上位法相抵触；监管事项已消失或者监管方式已改变；部分内容已不符合社会经济、文化的发展实际；国务院部门的有关管理权限已下放给地方政府。（3）立法解释。经评估确认对条文的理解存在异议，通过明确其含义依然可以适用的，

---

① 卿泳．立法评价对于提高地方立法质量的意义．民主与法制，2005（5）：38．

由法律法规、规章的制定机关及时进行立法解释。立法解释与法律法规或规章具有同等的法律效力。需要作出立法解释的情形主要有：概念、定义或者文字表述有歧义；有些规定需要进一步明确其具体含义；出现新的情况，需要对适用范围作出进一步明确。

2. 评估结果在执法机关的应用

评估结果中建议加强执法措施和力度的，应明确各执法职能部门的职责，加强各部门的协调沟通、分工协作，把评估结果真正落到实处。执法机关同样有义务进一步提高执法人员的执法水平和执法队伍的整体素质以保证法律法规、规章的实施。

3. 评估结果在其他方面的应用

对于评估中获得的先进立法理念、执法方式和工作经验要及时总结、交流、共享，相互促进，共同提高。另外，立法后评估结果还可能影响国家的大政方针，如"2006年云南省人大常委会对《云南省人口与计划生育条例》开展立法后评估，形成的报告引起了国家人口与计生委高度重视。上报中共中央、全国人大常委会、国务院、全国政协，同时发送中央研究室和各省、自治区、直辖市，影响广泛。"①

---

① 俞荣根．地方立法后评估研究．北京：中国民主法制出版社，2009：9.

第五十一章

完善法律体系与立法评估标准的确立

　　立法评估标准是整个立法评估理论与实践中最为重要的组成部分。客观、科学、全面的立法评估标准能够产生客观、真实的立法评估效果，从根本上提高立法质量，实现科学立法；而主观性强、任意性大、片面化的立法评估标准则会减弱甚至破坏立法评估效果，从而可能误导立法方向、降低立法质量。由此，立法评估标准的确定方式有哪些，如何通过这些方式科学、合理地设定或确立立法评估的标准及其内容，是立法评估面临的首要问题，也是要攻克立法评估标准理论的难题。

第一节　立法评估标准的确立方式

　　立法是对各种利益关系的分配和权衡，其涉及一国政治、经济、文化、环境等多种复杂因素，也涉及正义、平等、秩序、自由等多项价值因素；它是一国国情的综合反映，也是一国法治发展程度的写照。对立法质量及实施效果的评估应是全面的，不仅要从立法背景、立法过程及立法实现的社会和经济效益方面进行，也要从其实现法的价值程度的角度进行，应是综合因素的客观反映。影响立法及立法评估的因素是复杂和多样的，这就决定了立法评估标准的确立或设定的多元化。要达到全面、客观、科学地评估立法及其实施效果的目的，必须要依据多元化的立法评估标准思想来进行，任何一种单一的评估标准均无法真实地反映评估对象的全貌和状况。本节拟从价值、社会、经济的角度来进一步探讨立法评估标准的确立方式，以期为建立全面、客观的一般意义上的立法评估标准做准备。

一、价值评估方式

价值是立法的灵魂与精神，内涵于法律之中。[①] 立法价值是在立法的活动中存在的立法主体与立法客体之间的关系，体现着全体社会成员对"良法善治"追求的愿望，并使这种愿望能够与不断变化、发展的立法客体具有某种适合、接近或一致，以满足社会成员对道德准则、习惯要求、科学规则等行为规范实现的需要。[②] 立法价值体现为对良法的不断接近，是基于理性的基础上对客体的正确判断，其本身带有一定的评价性色彩。立法价值贯穿于立法的全过程，无处不在。在起草法律的动议中，在提出法律的草案中，在审议草案的过程中，在表决草案的评判中，立法主体始终以其自身以及社会的需求为尺度，对立法对象进行分析、考量和选择。一般认为，立法价值主要包括正义与利益两个方面。正义是法的内在道德性价值，利益则是法的外在形式性价值。法是分配利益的规范，而利益的分配应符合公平正义的价值原则。由此可见，公平与利益是立法价值不可分割的两面。对立法的价值评估，应以符合公平与利益为前提。

价值评估是运用立法价值的理念标准来对立法及其实施效果所进行的判断评价，本质上而言，是一种立法的定性评估。立法的最终目的是制定对社会发展有益的、符合社会发展规律的"良法"。立法者在制定法律之初，应该秉持着追求法的价值的思路去制定法律，这样才可能达到良法之治的目的。人类对良法与善法的追求。也就是对立法价值的追求。立法价值天然具有评价作用。立法的价值评估即是对立法及其实施效果进行的价值层面的判断，通过价值评估的方式来断定评估对象的价值意义和立场，从而对其作出定性的评估结论，确定其完善程度。

（一）价值评估标准确立之困境

1. 难以客观化之困境

对立法价值评估标准的质疑首先来自对立法价值概念本身的怀疑。首先，实证主义法学认为，法是在社会运行过程中产生的，是权威者的命令，

---

① 李林．试论立法价值及其选择．天津社会科学，1996（3）．

② 陈雪平．立法价值研究——以精益学理论为视角．北京：中国社会科学出版社，2009：57．

对法的评估理应来自社会与生活实践，至于正义、自由、公平等法的价值，是来自人的观念，是纯主观的东西，根本无法作为立法评估的标准。其次，社会是多元化的，人的思想和价值观也是各不相同的，加之每个人所处的经济地位和立场也不相同，难以形成统一的价值观，由此，人们对法的价值的理解也不相同，将主观的、各异的法的价值观作为统一的、普遍适用的法的评估标准，也极可能造成各异的、基于主观因素的评估结果。最后，人的认识不仅仅是主观的，还是有限的。由于人的认识是由感性到理性，再由理性到感性的不断循环深化的过程，所以人的认识总是相对的。在这种相对的环境下，认识虽然不断接近于绝对真理，但却无法达到。由此，人对价值的认识也是相对的。在这种相对的、主观的认识指引下所形成的价值也是相对的，由此形成的立法的价值评估标准难以客观真实地反映评估结果。

2. 难以量化之困境

对立法及其实施效果能否运用价值评估的方式来进行分析判断，争议较多。西方实证分析主义学者认为立法及其实施效果无法用价值方式来评估。分析法学的创始人约翰·奥斯丁认为，法律是以实在法形式存在的，对其进行判断、评估应仅限于其外部存在的逻辑关系以及法律规范的结构形式，而不应牵涉到道德、伦理等，法律规范本身不存在好坏、善恶之分。纯粹法学代表汉斯·凯尔森主张，对法律的评价只需对其本身的规范进行客观实在的分析，以形式逻辑和实证的方法对其进行推理判断，应排除任何道德和社会的内容，包括法的价值判断。新分析法学代表人赫伯特·哈特运用逻辑实证主义的哲学，提出要将法置于社会中去研究，研究"实际上的法"，而避免使用道德、伦理等价值判断去研究法。他极力反对立法伦理主义，但却承认最低限度的自然法和实在法相辅相成。① 综合而言，以上观点基本都趋向于认为立法及其实施效果难以用价值评估标准去衡量、难以量化，从而对立法评估的价值化分析持保留态度。

（二）价值评估标准确立之可能

1. 理性是价值评估标准的确立基础

从认识论的角度来看，人的认识可分为感性认识与理性认识。感性认识

---

① 李林. 试论立法价值及其选择. 天津社会科学，1996（3）.

是通过人的感觉形成的对事物的表面化的、外在等的认识,是现象层面的认识;理性认识则是在感性认识基础上形成的对事物内部的、深层次等的认识,是本质层面的认识。由此,理性认识是基于感性认识但却必然超于感性认识的认识,虽然其在本质上仍为一种"认识",但其是经过筛选、判断、取舍、总结以及思考得出的,更接近于"科学化"的认识。建于理性认识基础上的价值评估标准具有更多优点。首先,理性认识基础上的价值评估标准具有更为客观的评价精神,因为理性认识本身的特点决定了它能以冷静客观、中立的方式来辅助价值评估。其次,基于理性认识的价值评估标准具有更为犀利的批判精神,采用严格的理性批判,才能够充分发挥立法价值评估的客观性特征,完全摒弃其本身的主观性趋势。最后,基于理性认识的价值评估标准具有更为深刻的建构精神,作为立法价值评估标准,它在理性认识的基础上,能够作出更为客观、中立的价值评价,并依此提出完善、修改的立法意见。总之,理性认识是立法评估价值标准矫正主观性评价困境的"出口",也是立法价值评估标准得以确立的可能与前提。

2. 定性是价值评估标准的确立尺度

一般意义上的立法评估方式有两种:一种是定量评估,即主要采用统计学、经济学知识对立法及其实施效果进行的量化的、直观的、数字式的评估;另一种是定性评估,即主要采用规范的、价值分析的方法对立法及其实施效果进行总体性的、本质属性式的评估,其优点在于可以揭示与了解社会现象背后更多隐藏的事实,可以弥补定量评估无法说明的有关社会现象的细节。立法的价值评估属于定性评估,根据自由、秩序、正义、安全等一系列传统立法价值对评估对象进行衡量判断,得出结论。这种方式在法学领域沿用已久,得到了普遍认可。定性评估大多基于立法价值层面的考量,也是立法价值评估标准得以确立的最核心的基础根据。

(三) 价值评估标准确立之路径

在这个价值多元的社会中,每个人或团体基于各自利益和处境的不同,对立法及其实施效果均持有不同的主观价值判断和偏好,其中也暗含着不同的价值评判标准。如果每个人都维护各自的价值判断标准,必然会产生争议和冲突。为达成共识,确立统一的、一般意义上的立法评估标准,从价值评估方式角度而言,就需要经过以下证立过程。

1. 寻求可公度性的价值理念标准

所谓可公度性的价值理念，就是那些为社会所普遍接受的、具有客观性基础的价值理念。普遍的、客观的、具有可公度性的价值理念评价标准有三个来源，即"来源于规范、来源于共同信念或共同情感（道德感、是非感、真理观、科学信念和思想学说，等等）、来源于共同实践行动（惯习行为）"①。来源于规范的价值无法对规范本身作出评估，有违"自身不能评估自身"的基本逻辑，因此，立法评估价值标准的确定只能从第二和第三种来源中去找寻。由此，运用价值评估方式确立立法评估标准的首要途径就是寻找立法价值中具有公度性的价值评估理念。

2. 进行公开的理性论辩

具有公度性的价值理念并不必然转变为立法评估的标准来使用，因为即使其具备客观、普遍接受、稳定等特征，仍难免会被贴上"人为设定"的主观性标签。如是，则引申到了下一个路径，即对它展开公开的理性论辩程序。公开的理性论辩是将个人观点转变为公认观点的论辩过程，是通过在开放、公开、自由的情境下对公度性价值理念标准进行论辩，来进一步证明该标准的有用性和适当性。"任何试图通过论辩来达成意见一致的努力，必须在一个所谓的'公共领域'中进行"②。也正如哈贝马斯提出的"理想言谈情境理论"③，在公共领域下开展的理性辩论，须在平等、自由的情境中进行，同时也须在理性、客观的基础上展开，最终达成共识。

3. 建立合理的价值论证规则

规则是保障实体顺利实现的程序，公开的理性论辩需要合理的论证规则来保驾护航。在论辩过程中，可能会出现以下情形：一种是论辩双方地位不对等，一方在社会地位、知识背景、信息拥有量等方面具有明显的优势，从而可能导致另一方在论辩中屈从于强势一方，达到所谓的"意见一致"；另一种情形是论辩缺少程序，论辩主体随意启动和终止论辩，导致论辩结果也

---

① 舒国滢. 法哲学沉思录. 北京：北京大学出版社，2010：266.

② 同①273.

③ 哈贝马斯认为，理想的言谈情境具有以下特点："交往活动既不受外界偶然因素的干扰，也不受来自交往结构自身之强迫的阻碍。"罗伯特阿里克西. 法律论证理论. 舒国滢，译. 北京：中国法制出版社，2002：150.

很随意地达成；还有一种情形是论辩双方从各自利益出发，利用相互欺骗的手段迫使对方接受己方提出的观点或主张，形成"伪共识"①。除以上几种情形外，还有诸如非理性论辩、假资格代表等情形。这些论辩过程中可能发生的情形，会影响到最终立法价值评估标准的形成。由此，建立一套合理的论证规则，保证论辩主体在论辩中体现真实、真诚的交流意愿，是极为必要的。

以上价值评估标准的确立路径包括了三个层面，即可公度性的价值理念标准、开展公开的理性论辩以及建立合理的论证规则（具体流程也可参见图 51 - 1）。

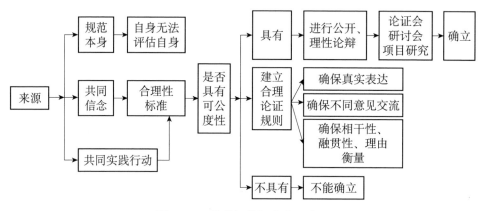

图 51 - 1　价值评估标准确立流程

二、社会学评估方式

（一）社会学评估方式概述

社会学的研究重观察、讲经验、贴近社会生活事实，具有较强的实践性。社会学的评估方式是指用社会学的研究方法对立法及其实施效果进行分析，从中找出规律，获得立法评估的社会学标准。它将立法置于社会发展实践中进行研究，注重从"法律外"去探寻立法评估及其标准。"从经验中观察和发现法律与社会关系的理论问题，用经验材料来证明这些理论，运用理

---

①　舒国滢：法哲学沉思录．北京：北京大学出版社，2010：277．

论来解释法律与社会的关系,这是法社会学研究的基本思路。"① 如前所述,立法的复杂性和社会性,决定了立法评估标准的多元化和多面向性,由此导致对立法及其实施效果的评估标准不仅应包含价值判断,而且应有实证的、经验的总结和判断,从而能够从"实然"的、客观的视角更为贴近一般意义上的立法评估标准的拟定。对立法评估标准评估方式的确定应包含社会学意义上的研究方法。社会学意义上的立法评估标准确立方式,应具有社会学研究方法最基本的特征。

首先,社会学意义上的立法评估标准确立方式具有经验性的特征。此处的经验性,并非指个人的、片面的、一时的感受和感觉,而是指依据可感知的材料所获得的对立法评估标准确定和选择的结果,是对立法实际状况的事实反映。从社会学视角而言,立法评估标准的确立可通过看到、听到、接触到的立法及其实施效果来进行分析整理,最后得出结论。比如在确定对某部法的立法评估标准时,为全面、合理起见,可通过召开座谈会、发放问卷调查、实地调研的方式去询问相关专家、人员的具体感受,通过观察他们对这部法的总体印象和态度来确定关注点,最终为确立具体的立法评估标准及指标提供第一手的参考资料。有时,第一手的直接经验性资料的获得会有难度,准确性也不够,可以通过其他间接的方式来获取间接资料,从而旁证评估对象。

其次,社会学意义上的立法评估标准确立方式具有定量性的特征。定量性是指通过对研究对象的测量和计算得出科学化的研究结果,其主要目标在于确定变量之间的关系、相互影响和因果联系的程度,最终达到认识事物发展规律的目的。定量性的表现形式就是通过实验、调查、内容分析等方式,对研究对象进行量表测量、问卷调查、结构式访问、结构式观察等,从而获取精确的、可计量的数据说明,用以证明或发现研究规律和理论。在具体确定立法评估标准的工作中,可采用召开专家意见会、网上问卷调查等方式搜集对于待评估立法及其实施效果的评估标准,通过统计具体的标准采纳比例来大致确定是否能够采用该标准来评估立法现状;也可以通过统计其他地方类似立法评估标准情况来决定是否采用该标准。这样的方式以客观统计数据为基础,一定程度上避免了定性评估中的主观感受,能更科学地反映出立法的现状,从科学的角

---

① 朱景文.法社会学.北京:中国人民大学出版社,2005:65.

度来印证立法标准确定与否，给人以更为直观和可靠的感受。

最后，社会学意义上的立法评估标准确立方式具有建构主义范式的特征。建构主义强调"认识活动不是认识主体对客体的反映，而是与实践活动融为一体的过程"①，即重点在认识过程，而非主、客体反映的结果。由此，在立法评估标准确立方式的探讨中，建构主义范式的基本假设是：立法评估标准的确定并不外在于法律的外部表现和立法实践的最终结果，而是在立法实践的过程中不断构建起来的；立法的实践过程，既是制定、实施、遵循法律的过程，也是寻找立法评估标准的过程。要探讨一般意义上的立法评估标准，就需考虑社会实践发展过程的重要性。

（二）社会学评估方式的内容

在运用社会学评估方式确定立法评估标准的过程中，通常会应用定量评估与定性评估相结合的方法，具体有以下几种。

1. 调查研究评估法

调查研究法"是一种采用自填式问卷或结构式访问的方法，系统地、直接地从一个取自某种社会群体的样本那里收集资料，并通过对资料的统计分析来认识社会现象及其规律的社会研究方式"②。由此，调查研究评估法主要采用向相关群体发放调查问卷的形式，通过对问卷调查结果的汇总、统计和分析，得出调查对象的总体情况，即某部具体的法律法规、规章本身及实施的具体情况，从中找出关注点，从而确定该对象的评估标准；也可以直接发放关于评估对象的具体标准的问卷，通过问卷结果统计来直接获取评估标准的选择结果。在这一过程中，需要注意两点：一是关于调查对象群体的确定，即是否对涉及法律实施的对象进行全面的调查，如对立法工作者、法律专家、普通民众的选择，对其选择范围不同，所得结果肯定会有差异；二是对调查问卷的设计，即设计为开放式问卷抑或封闭式问卷，开放式问卷采用问答的形式来进行，而封闭式问卷采用选择的形式来进行。一般而言，采用封闭式的问卷形式更有利于量化统计，但这也要求问卷设计者具有较高的设计水平。

---

① 朱景文．法社会学．北京：中国人民大学出版社，2008：63.
② 风笑天．社会学研究方法．北京：中国人民大学出版社，2001：153.

2. 实地研究评估法

实地研究法是利用研究者自身的实际参与来收集资料、形成观点的定性研究方法。它主要指"以参与观察和非结构访谈的方式收集资料，并通过对这些资料的定性分析来理解和解释现象的社会研究方式"①。它重视研究者的亲身参与，通过受访者或研究群体的言语以及所观察到的场景和情形，作出主观的判断，形成标准或结果。在具体的实际操作中，可采用观察的方式和访问的方式。观察的方式一般强调研究者的亲身感受，比如在对某部法律法规、规章实施评估之前，为了切实感受其实施效果，可直接参与到执法者与守法者的具体活动中，观察他们在对该法的解释、执行以及互动过程中所取得的法律实效，进而分析总结出该法的总体效果以及实施中的优点和不足，并从观察者的角度提出应该采取的立法实施效果的评估标准。至于使用得较为普遍的访问法，主要通过无结构采访和座谈的形式进行。这种方式具有发散式自由访谈性质，之前并无固定的"底稿"，从受访者的谈话和态度中挖掘有关的信息，从而得出结论。这种方式的采取要注意对参与对象的选择，应该选取具有代表性的人士，尽量讲求全面性。

3. 文献研究评估法

文献研究，顾名思义，就是以现存的，以数字、文字、符号、图片、录音以及其他形式存在的第二手的资料为依据，通过分析、整理，从中找出符合研究要求的资料，说明研究问题的一种研究形式。其最大的特点是对第二手资料进行分析与挖掘，而非直接获取第一手资料。文献研究按照类型划分包括内容分析、二次分析和现存统计资料分析三种。文献研究是社会学研究方式中较为常用的一种，具有便于查阅、费用低、无反应性等优点，但有时也存在文献资料难以获取、质量难以保证、缺乏可信度等缺点。要是能够与其他社会学研究方法配合使用，可以产生取长补短的效果。

（三）立法评估标准确立的实证分析——比较的视角

在如何确立立法评估标准的问题上，社会学的实证研究分析路径给出了相对明确的解决方法。方法之一就是对已有文献资料进行收集、分析，采用数据对比的方式，从中总结出具体的立法评估标准。要采用这一做法，需要

---

① 风笑天. 社会学研究方法. 北京：中国人民大学出版社，2001：238.

解决以下问题：一是如何确定立法评估标准的范围问题。要最终确定立法评估标准，就需要先行框定评估标准的最大范围，以利于从中挑选。二是采用何种文献分析载体来计算各标准的比例，即要最终确定立法评估标准，不仅需要框定范围，更需要通过一定方式从中筛选出一般意义上的、确当的立法评估标准。三是如何通过社会学评估方法最终找到和确立立法评估的具体标准。据此，我们尝试将已有的中央和地方立法评估工作中提出的立法评估标准总结罗列，以确定标准名称及范围（具体见表 51-1），然后利用百度、谷歌、雅虎等网络搜索引擎对各个待定标准进行关键词搜索，具体以"立法评估＋具体名称＋标准"为关键词搜索。最后按照搜索结果对各待定标准进行排名，并将各搜索引擎所排名次按照搜索关键词进行加总，如排名之和越小，则标准确立的趋同性越大，越有可能被确立为立法评估的具体标准。通过以上方式获得立法评估标准的最终确立。这样可以大体得出立法评估标准确立的方向和重点。当然，要验证此结果的准确性，还需要从社会学的其他角度对评估标准作分析论证。

表 51-1　　　　　　　立法评估各标准关联性检索量比较①

检索关键词	排名合计	百度检索量（排名）	谷歌检索量（排名）	雅虎检索量（排名）
合法性标准	16	3 560 000（3）	6 020 000（7）	657 738（6）
协调性标准	28	603 000（13）	2 880 000（10）	745 113（5）
合理性标准	19	2 900 000（7）	4 350 000（9）	905 358（3）
可操作性标准	28	2 590 000（8）	2 670 000（13）	536 124（7）
规范性标准	12	3 310 000（4）	7 710 000（6）	1 119 531（2）
实效性标准	36	998 000（12）	2 830 000（11）	110 589（13）
社会效益标准	27	1 490 000（10）	5 940 000（8）	368 862（9）
经济效益标准	14	2 970 000（5）	16 500 000（1）	386 205（8）
实用性标准	16	1 010 000（11）	8 350 000（4）	2 174 838（1）
技术性标准	16	2 410 000（9）	8 760 000（3）	792 657（4）
可行性标准	18	2 990 000（6）	8 920 000（2）	285 837（10）
特色创新性标准	18	4 160 000（2）	8 190 000（5）	249 648（11）
地方法规自身特性标准	25	6 900 000（1）	2 700 000（12）	189 572（12）

　　立法评估标准的社会学确立方式，还可采用另外一种路径，即计算比重

---

① 表中数据为笔者于 2015 年 8 月 5 日登录各大搜索网站整理所得。

的方式。这种方式属于个案研究,具体思路为:在已有的立法评估标准的最大范围内,对中央和地方在具体的立法评估实践以及所制定的具体评估制度、项目、解决方案中所采用的具体标准的使用频度进行分析,统计出各标准所占比重,从而最终验证或确定一般意义上的立法评估标准。这种统计方式的优点在于能够以量化的方式直观反映出标准的具体情况,得出确立结果,给出确定答案;不足在于在抽取立法评估样本时由于信息搜集不全面可能导致样本不完全,以及由于样本地域上的分布不均衡,导致得出的结果可能不够全面。统计情况及结果如图 51-2 所示。

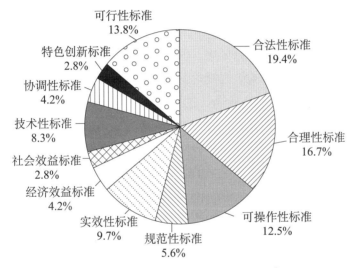

图 51-2 各立法评估标准使用率分布[①]

上图是对国务院法制办、北京、上海、云南、福建、浙江、四川、厦门、江西、广东、广州、陕西、甘肃等单位和省市级人大常委会共 16 家所开展的立法评估活动中采纳的具体的 72 次评估标准中各标准所占比重所作的统计分析,此图依据表 49-2 中数据整理所得。据此,在立法评估实践中,对立法评估标准的选择依次为合法性标准、合理性标准、可行性标准、可操作性标准、实效性标准、技术性标准、规范性标准、协调性标准等。虽这个结果与前次统

①　以上数据的收集与计算来源于笔者对各地区的立法评估标准的调研数据所得,截止于 2013 年 8 月 30 日。

计结果不同，但其反映的评估标准的确立重点基本相同，即都关注立法及其实施效果的规范性、技术性以及实效性等。从中也可以看出，在具体的立法评估实际工作中，对立法及其实施效果所进行的经济标准的评估所占比重较小，反映出现阶段我国立法评估工作相较于西方的立法评估工作，对于成本—效益分析的立法评估标准关注度不够、实际操作不强的现状。

三、经济学评估方式

（一）经济学评估方式概述

经济学是一门"选择的科学"，它关注在有限条件和特定社会背景下的资源选择与配置问题，即如何选择资源的分配方式以使物尽其用，达到效益最大化。经济学的思维方式和研究方法，可以被应用到各种社会现象和社会科学的研究中去，以经济学特有的敏锐视角去研究剖析问题。法律也不例外。

法经济学是运用现代经济学（主要是传统微观经济学、新制度经济学、福利经济学、公共选择理论等）的基本理论和实证量化的分析方法，对当下的法学理论与实践中存在的问题进行分析检验，最终形成对法律的产生、运作框架、绩效以及未来发展的经济学结论。[①] 经济学的立法评估方式，是运用经济学的基本原理，特别是成本—效益分析方法、风险评估分析方法等，来确立和阐释立法评估的具体标准，从而从此视角评价立法及其实施效果，达到提高和改善立法质量、科学立法的目的。经济学立法评估标准的确定方式依赖于经济学的基本理论和假设，由此，经济学立法评估方式具有以下特征。

首先，研究对象的可测量。从纯粹经济学的角度分析，成本与效益是反比例的关系，即在一定总量不变的前提下，成本越低，效益越高。因而，衡量选择方式的合理性，主要的一点就是要考察其经济性，争取选择在既定条件下以最小的投入获取最大的产出，而这些选择判断，需要通过计算测量才可实现。就立法评估而言，和经济学上的成本—效益分析一般，也要追求有"效益"的立法选择，从而实现立法效益最大化。具体而言，对立法成本的计算，涉及制定、执行、违法等产生的费用，而对立法效益的计算，涉及法律对社会所产生的经济效益、社会效益以及政治效益的费用，在收益大于投入的情况

---

① 冯玉军. 法经济学范式. 北京：清华大学出版社，2009：14.

下，为正收益，可以断定为较佳的立法选择；反之，则为负收益，可以断定为欠佳的立法选择。

其次，立法者的有限理性。在立法及其评估标准的确定中，承认立法者的有限理性是极为重要的。是立法者自身认识能力的有限、立法者自身利益价值观的倾向性以及立法者对社会发展的适应能力的有限性，导致了立法及其评估的正常损失。由此，在进行立法或立法评估时，立法者或评估者是以一般行为人的理想假设为前提来进行的，这样有利于法律的现实面向。

最后，追求立法的最优化。最优化是经济学选择理论的集中表现和追求目标，也是经济学最常采用的定量分析方法。其主要解决在复杂情况下，如何运用定量分析的方法找出最佳选择、作出科学有效的决策。在经济学中，通过成本—效益分析、博弈理论、风险规制分析等方法，可以达到确立最优化的目标。尽管由于诸多外部条件的限制，实际操作中可能还无法完全实现最优化，但通过上述分析方法，可以实现一个令人满意的相对最优化，也是选择理论的表现。在立法评估及其标准的确立中，可在充分收集信息的基础上，运用立法成本—效益等相关分析方法，对立法评估状况进行分析选择，对比立法评估中的各种条件和标准，优中选优，从中得出最适合的立法评估具体标准，实现立法效益的最大化。

（二）经济学评估方式的内容

经济学评估方式的特点是能够运用大量的实证研究，通过计算、比较、对比得出最终量化的数据，从而证明并解决问题。经济学的评估方式主要包括以下几种。

（1）成本—效益分析法。成本—效益分析法是经济学中最常使用的分析方法，其主要采用计算成本损失和最终收益的方法，取其差值，用数据表达研究项目的收益情况。在立法评估中，立法成本包括立法前准备工作所耗成本以及立法后实施工作所耗成本两部分，具体包括立法机构运转的必要支出、立法资料信息搜集的支出、立法调研论证的支出、形成立法草案的支出、培训立法人才/后备人才的支出以及立法实施后的宣传/执行费用的支出等[1]；而立法效益则包括了立法实施后所产生的经济、社会、政治等各方面的影响力和增长。

---

① 刘少军，等. 立法成本效益分析制度研究. 北京：中国政法大学出版社，2011：54～56.

当然，有些立法效益存在难以量化的问题，比如在评估《劳动合同法》促进社会正义方面，由于正义是一个比较抽象的概念，对其理解角度不同，会产生多种结果，难以用量化方式直接给出结论。在此情形下，可采用计算劳动就业率、经济增长指数以及劳动者的报酬增长水平等指标来进行间接回应，从侧面证实该法对于促进社会公平正义的效果。

（2）成本—效果评估法。成本—效果评估法是在成本—效益分析法的基础上，进一步探讨在既定目标或效益前提下的立法成本问题，是对成本—效益分析法的修正与改进，具体指在效益无法估算或既定的前提下，寻找成本最低的实现途径，从而剔除明显高成本、低效益的方法。[①] 作为成本—效益分析方法的修正，成本—效果分析方法最大的特点是其并不要求对产生的效益进行完全的量化处理，其承认产生效益的部分无法量化性；其只对能够量化的进行量化，而对无法量化处理的部分进行定性分析评估。在立法评估及其标准设定中，经济学的方法主要采用了成本—效益分析来计算法律效益，但在有些情况下，当立法产生的效益难以确定时，可采用成本—效果的分析评估法来计算立法成本，从中选择最低值，通过降低立法成本，达到高效的立法效益，从而实现立法评估标准的合理性和可行性要求。这种方法也极大地简化了立法效益的计算复杂性，只关注立法成本的计量，一定程度上提高了立法评估工作的效率。

（3）前后比较评估法。前后比较评估法是针对同一研究对象所实施的方案，通过实施前与实施后的不同情形，分析对比实施前后的具体效果，最终决定方案的合理性、可行性和收益情况。[②] 前后比较评估法的主要目的在于对方案的实施效果进行评估，具体分析对比方案的优劣，最终得出结果。学者汪全胜认为，在立法评估及其标准设定中，根据研究对象的难易程度，可总结出四种表现方式。[③] 第一种为极简对比分析，主要表现为将法律实施后的社会状态或法律效果与法律实施前的社会状态或法律效果分别进行测量，最后取其差值（A2－A1），通过对比得到法律实施后的效果。其适用于对立法评估及其标准的宏观性论证（图51-3）。第二种为映射对比分析，即将立

---

① 史建三. 地方立法后评估的理论与实践. 北京：法律出版社，2012：81.
② 汪全胜. 法律绩效评估机制论. 北京：北京大学出版社，2010：183.
③ 同①183～186.

法前的法律状况预先投射到立法后的某个实施时间点上，A1 代表着无该法律的实施该点会发生的情况，然后与立法后法律实施的实际情况 A2 作对比，立法效益等于 A2－A1，以此确定立法的状况（图 51－4）。第三种为有无法律方案的对比分析，即将时间段分为立法前和立法后，将立法前再分为有特定法律（B1）和无特定法律（B2），将立法后再分为有特定法律（A1）和无特定法律（A2），分析四种情形下的立法及其实施情况，然后按照立法效益等于（A2－A1）－（B2－B1）的计算方式予以分析，最终得出立法的评估结果。此方法防止了单一的评估因素的影响，能较准确地得出评估结果。第四种为实验对比分析，主要是通过进行实验组与非实验组的对比得出立法评估结果，即建立两个试验组，一个为受法律实施影响的实验组（A1），另一个为不受法律影响的试验组（B1），分别对其进行观察，选取立法实施后的影响结果（A2 与 B2），最终得出立法评估效果（A2－B2）。这种方法具有对比性和实践性，考虑到了立法评估的单一因素和复杂因素，但实施成本较大。

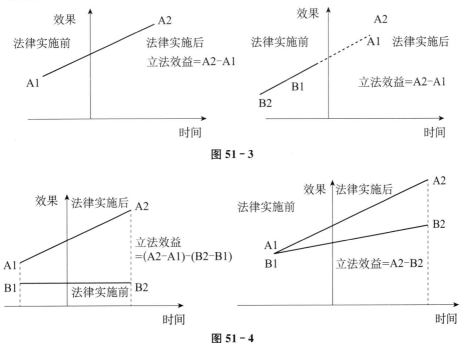

图 51－3

图 51－4

（三）经济学评估方式的评价

就立法评估标准而言，法经济学评估方式可以直观明了地确定解释标准。其仅以追求效益最大化的经济思维，以理性经济人的假设条件为研究前提，对于在立法中涉及的非理性因素加以排除或从无涉及，从而能够直抵问题的核心和本质，以"置身法律之外"的独特视角，运用实证量化的研究方法，对立法评估标准的设定进行理论证立，真正体现了法经济学分析方法的工具性应用。在对立法评估合理性标准的确立中，通过对立法成本的计算、法律效果的转换以及两者差值的计算，采用成本—效益分析方法，直接估算出某部特定立法实施效果的"净收益"：如果净收益为正值，则一定程度表明该立法的合理性，从侧面印证了立法评估的合理性标准；如果净收益为负值，则结果反之，通过"不合理"来印证合理性标准。与此相同，在对立法评估可行性和必要性标准的确立中，法经济学采用预先估算立法成本与预期取得法律效益的方式，为法律草案颁布、实施的必要性作了注解，起到了"凡事预则立，不预则废"的效果。

第二节　立法评估标准的主要内容

立法评估标准是立法评估的主要组成部分，一定程度上，评估主体、评估对象以及评估内容都是围绕立法评估的标准而开展工作，界定了立法评估的评判基准和尺度，为科学、客观地评价立法及其实施效果、提高立法质量指明了方向，起着"导向标"的作用。

一、规范标准

从考察法本身的特征和法所应具有的基本价值入手，规范标准主要包括合法性、合理性、必要性以及合目的性等具体指标。

（一）立法评估规范标准之一：合法性[①]

从政治学的角度考察，合法性的内涵可总结为三种：第一种是经验主义的"合法性"概念。经验主义理论认为，合法与非法的标准取决于被统治阶

---

① 冯玉军，王柏荣. 科学立法的科学性标准探析. 中国人民大学学报，2014（1）.

级是否相信或赞同某种统治。其强调理想的相信模式，即统治规则的合法性
立基于被统治者对统治者的相信和信任，被统治者相信国家领导人或官员具
有高尚的道德品质，并通过相信的结构、程序、决定、政策和行为赋予其准
确和适宜的权威，从而建立合法性承认规则。[①] 第二种是规范主义的"合法
性"概念。规范主义理论认为，对合法性的理解要与价值领域的理性标准结
合起来。它反对经验主义价值理念，认为民主的态度和意见并不能证成政治
合法性，须与理性的价值理念相结合，才能实现合法化。[②] 它强调价值标准
在合法性辨识中的重要作用。第三种是重构主义的"合法性"概念。针对经
验主义和规范主义合法性概念的不足，哈贝马斯在结合二者优点的基础上提
出，"合法性意味着，对于某种要求作为正确和公正的存在物而被认可的政
治秩序来说，有着一些好的根据。一个合法的秩序应当得到承认。合法性意
味着某种政治秩序被认可的价值"。

从法理学角度来审视立法的合法性标准的内涵，可认为有广义和狭义两
种考量。狭义的合法性标准是指立法的形式合法，即形式上合乎已有实在法
的规定，特别是制定法的规定，而不问这些规定是否合乎时宜或合理。广义
的合法性标准是指立法的实质合法，即除去狭义上的合法外，立法更要符合
所处社会的价值评判标准和观念，即内容不悖于公理、理想和在社会占主导
地位的意识形态的价值观。

基于对广义上的以及重构主义立法合法性的理解，可将立法学意义上的
合法性标准界定为两个层次，即形式合法和实质合法。对立法的合法性标准
的阐明，应围绕这两个层面进行：

（1）形式合法。形式层面的立法合法性标准就是对立法评估标准的纯法
律问题探讨，其注重于对立法的外在表现形式考察，主要涉及立法体制、立
法位阶、立法程序等的合法性问题。

（2）实质合法。与形式层面的立法合法性标准相对的是实质层面的立法
合法性标准。实质层面的立法合法性标准是基于立法的价值和社会发展的终
极目标而言的，哈贝马斯认为，所谓合法性标准不仅是被政治秩序和统治者

---

① 哈贝马斯. 交往与社会进化. 张博树，译. 重庆：重庆出版社，1989：55.
② 岳天明. 政治合法性问题研究——基于多民族国家的政治社会学分析. 北京：中国社会科学出
版社，2006：56.

认可与赞同的价值标准，同时也要为社会公众一致认同，即符合社会统一的价值秩序，合法性是对统治者与被统治者构成的统一的社会价值观的共同认可。

由表 51-2 可知，立法的合法性评估标准有两个维度的要求：一个维度是形式层面的要求，主要针对实在法而言。在进行立法评估标准的制定时，首先探讨的就是实体法层面的合法性评估标准，即立法权限、立法位阶、立法程序合乎《宪法》《立法法》等法律文本的明文规定。另一个维度是实质层面的要求，主要是针对超出实体法的深层次的立法价值而言的。在进行立法评估时，有时会遇到中央立法机关没有直接规定，而地方先出台的地方性法规、政府规章等，这些地方性法规、规章在出台前，并没有明确的中央上层法律法规作为依据。在此情况下，就要先对该地方性法规、规章的内容所反映的基本精神、原则与中央上级法律法规的原则、精神进行比对，如果符合即可判定为合法，反之，则不合法。更有甚者，地方性法规、规章的原则、精神在上级法律法规中找不到依据，在此情况下就要寻求社会普适价值的认同了，与社会普适价值对比，寻找合法点。这一层次的判别具有一定难度。总之，合法性是立法评估规范标准的首要表现，对于从立法产生到法在实施后的效果都进行了从形式到实质的评估，一部符合评估要求的法首先应接受合法性评估指标的检验。

表 51-2　　　　　　　　　　　　立法合法性评估标准体系表

内容	一级层次	二级层次	内涵说明	法律（法理）依据
形式合法性	立法权限合法	符合立法权限的形式要件	法律、行政法规、地方性法规、部门规章、自治条例、单行条例等规范的立法权主体资格合法、权利行使依法获得、权力使用范围合法	《立法法》第 7、8、56、63、64、66、71、73、88 条
		符合授权立法、委任立法的形式要件	国务院等被授权、被委任部门在立法权限制的范围内制定行政法规等规范	《立法法》第 9、10、11、86、88、89 条
		不得超越立法权限	中央和地方各级立法机关在各自规定的立法权限范围内进行立法工作，不得越权立法	《立法法》第 87、88 条

续前表

内容	一级层次	二级层次	内涵说明	法律（法理）依据
形式合法性	立法位阶合法	上下位阶合法	宪法、法律、行政法规、地方性法规、规章等效力等级合法，不违背上一层级规范的文本、立法原则和精神实质的规定，不相抵触	《立法法》第78、79、80、81条
		左右位阶合法	同一层级规范既不相互冲突、矛盾，也不相互重复，在各自权限范围内制定	《立法法》第82、83、85、86条
	立法程序合法	立法准备程序合法	法律法规的立项、论证、预评程序得当	《立法法》第13～41条
		立法过程合法	法律草案的提出、审议、通过和法律的公布程序合法	《立法法》第13～41条
实质合法性	符合统治秩序	社会政治理想	符合科学、和谐、稳定的政治发展理念；政权合法稳定	《宪法》序言以及科学发展观理论
		立法者的价值取向	符合社会科学、可持续的发展观	
	符合社会普适价值	社会价值理念	符合一直以来为人民大众和社会所接受的共识性的价值理念	立法价值
		人民的普遍信仰	使政党政策被纳入法制轨道，国家机构的工作人员只对法律负责，以及增强法律的权威性，提高自下而上的民主沟通渠道	立法价值

（二）立法评估规范标准之二：合理性①

"合理性"（rationality）是在西方肯定和推崇的理性价值的基础上派生出来的子概念。黑格尔认为，"抽象地说，合理性一般是普遍性和单一性相互渗透的统一。具体地说，这里合理性按其内容是客观自由（即普遍的实体性意志）与主观自由（即个人知识和他追求特殊目的的意志）两者的统一，因此，合理性按其形式就是根据被思考的即普遍的规律和原则而规定自己的

---

① 冯玉军，王柏荣．科学立法的科学性标准探析．中国人民大学学报，2014（1）．

行动"①。这就是说，"合理性"就是合规律性。这与我们对"合理性"在通常意义上的理解是基本一致的。马克斯·韦伯对合理性也作了新的、更为通俗的解释，认为它意味着摆脱愚昧和迷信，能冷静思考和确切感知，并预测和控制自己的行为。② 马克斯·韦伯还强调合理性是作为人的一种内在素质而存在的，他说："这只意味着，在任何时候人如果想知道或相信某些东西，他就能学到这些东西。就是说，原则上这里没有神秘的、不可计算的力量在起作用，原则上人可以通过计算支配一切事物。"③

根据以上分析，立法中的"合理性"可被归纳出以下几层意思：其一，合理性是一种立法科学化的科学表和评估标准。立法评估及其标准讲求立法规律、有序可测、关系和谐。合理性本身具有合规律性、可预测性等特质，完全有资格成为评价立法及其实施状况的标准。其二，合理性是一种科学的评价方法。合理性展现了对事物的冷静思考和判断选择过程，这一过程是基于理性思考之结果，目的在于追求立法上的公平、正义、人权等价值理念。运用理性方法来评价立法的科学性，是合理性的方法论表现。其三，合理性也是立法最终追求的一个目标。总之，已制定的法律法规、规章等是否适应社会经济发展规律、是否符合社会公序良俗、法律责任与违法行为是否相当以及权利、义务的配置是否符合公平、公正原则等，都是合理性标准在实践中的具体体现。

从立法的整个过程来观察，合理性标准在立法评估中包含以下内容：立法选择合理、立法内容合理、立法过程合理。

关于立法选择合理。立法选择是指在制定、修改、废止等变动法的准备阶段，基于科学、合理的安排，对多种立法可能所进行的对比分析、甄别选择的过程。立法方案是法律规范生成前的最初样态，其作为社会规范选择的结果，需要体现科学合理的择优要求。规范性调整是社会控制的主要手段，按照有无规范的调整方式，可将其分为两种：一种是自发性规范调整，体现着人们的自律性和道德性；另一种为强制性规范调整，它一般通过国家强制力等外在力量来进行调整，主要表现为法律、政策和纪律等，体现着他律性和强制性。根据各国立法实践总结，立法选择的依据主要有立法方案的必要性分析、可行性分析和预期效果分析。对立法方案选择进行类型与依据分析，可以保证立法

---

① 黑格尔. 法哲学原理. 范扬，等译. 北京：商务印书馆，1979：254.
② 严存生. 法的合理性研究. 法制与社会发展，2002（4）.
③ 苏国勋. 理性化及其限制. 上海：上海人民出版社，1988：87.

选择的最优化，从而在法律制定之初的策略把握上达到理想的效果。

关于立法内容合理。立法内容合理包括：（1）立法内容符合生产力与生产关系的发展规律。（2）立法内容符合人们的认识规律。（3）立法内容须对各种不同的利益给予制度性的安排。

关于立法过程合理。立法过程合理也即立法程序正当。立法程序正当主要包括：（1）程序本身公正。（2）程序为社会普遍接受。（3）程序的技术设计客观、公正。

表 51 - 3　　　　　　　　　立法合理性评估标准体系表

内容	一级层次	二级层次	内涵说明
立法选择合理	立法选择类型合理	习惯性规范的立法选择	符合长期以来形成的习惯、习俗和道德准则，为大众所接受
		强制性规范的立法选择	体现国家统治阶级的意志，对规范社会关系具有强制性的效力
		法律草案的类型选择	认清所要调整的社会关系的类型，根据类型确定具体的立法选择方案
	立法选择依据合理	立法必要性分析	对法律草案进行成本分析，符合立法成本—效益理论要求
		立法的可行性分析	对实施立法的社会条件、物质条件进行考量，看其是否符合或达到社会的可接受度、配套设施的跟进以及人员配备的情况等要求
		立法社会效果分析	分析立法产生的政治、经济、文化等各方面的社会效果，尽量避免差的社会效果依据选择
立法内容合理	立法内容合乎规律	立法内容合乎社会关系运行规律	立法内容符合社会关系的内在发展规律，体现了人与人的社会关系发展规律
		立法内容合乎人的认识规律	符合人在某一阶段的特定的认识规律，结合人的认识规律立法
		立法内容合乎人的行为规律	能够考量人的能力范围和需要，对人的行为进行预期，按照正常人的行为标准设置权利与义务
		立法内容合乎权力运行规律	符合权力运行的正当性，体现权威性、受监督性
	立法内容合乎利益	立法设计对主体的利益给予平等关注	立法内容本身具有普遍适用性，符合平等保护的基本价值理念
		立法设计对不同利益主体给予合理安排	能够通过权利、义务的合理安排，体现对不同利益主体的不同规范，体现有差异的对等保护
		立法设计对不同利益主体利益实现方式的保障	符合对不同主体实现其权益的正当渠道的规定及保障，体现立法的实质合理性

续前表

内容	一级层次	二级层次	内涵说明
立法过程合理	程序公正	立法程序本身符合正当性要求	符合立法的程序性规定，符合最基础的立法次序以及程序制度
	程序公开	立法程序向社会公开并被大众接受	立法过程向社会公开，并向社会征集意见
	程序设计客观、科学	立法各项程序设计符合立法规律性和科学性的要求	立法草案的提出、审议、表决、通过以及撤销等程序设计科学、简洁
立法机构及人员配备合理	立法机构设置合理	中央、地方的人大及其常委会，政府及其各部门等立法机构设置科学、规范	能够保证各立法机构正常运作、开支合理，以及隶属关系或平级关系、立法权限适当
	立法人员配备合理	中央、地方的人大及其常委会，政府及其各部门等立法人员配备科学、规范	能够保证各立法机构的人员配备充分、人员编制充分、岗位结构合理、立法工作人员的专业素质较高

（三）立法评估规范标准之三：合目的性

立法是特定的立法主体通过制定法律文本等方式，有意识地调整社会关系的活动，意欲有效影响人的行为，彰显其立法意图的内在动因，最终使得主观意识形态转变为客观法律文本的过程。立法是人有自觉意识的活动，因此立法目的贯穿于立法、司法、守法的整个过程，"立法目的成为立法的起点，又贯穿于立法过程之中，最后体现于立法的实效上"①。可以说，立法的整个活动都是围绕立法目的展开的，立法的起草者、审议者、提出者以及立法的表决、通过和颁布，都是为了尽最大可能地将立法目的体现于法律文本并予以实施而开展工作的，甚至立法机关的设置、立法权的赋予以及立法程序的形成，都是在为立法目的的实现而服务。

立法目的是各阶层在立法过程中达成的共同目的，其针对社会的共性问题而设置，要求在立法中摒弃个人利益和目的，为整个社会的共同目的

① 郭道晖. 法理学精义. 长沙：湖南人民出版社，2005：189.

而考虑。立法目的的内容又是具体的、有特定内涵的。基于某种具体的法律需要，产生了特定的立法的目的。立法目的为立法者制定、修改、补充法律指明了方向，只有具有真实需求、内容具体特定的立法目的才是立法所追求的，立法目的不明确甚或模糊的立法，很难达到好的实施效果。

受立法目的自身和其表达的法律形式的影响，立法目的有层次性划分，不同层次的目的调整着不同的社会关系，层次之间体现着递进与支配的关系。① 一般意义上，立法目的可划分为三个层次。第一层次属于普遍意义上的、一般性的立法目的，它并没有被直接写入法律文本之中，没有以文字形式展现，而是深藏于文本背后，潜在地左右着该法律文本、人们的判断标准和价值趋向。这一层次的立法目的体现着立法者和统治阶层不同利益集团达成的共识，是其共同的法律意向。第二层次的立法目的则与特定的法律形式结合在一起，共同表述更为具体的立法目的。其通常被载入具体的法律条文中，与具体的法律形式共同成为立法的总的目的。第三层次的立法目的则是在更为细小的范围内被界定的。由于社会关系的复杂和多样，调整社会关系的法律具有专门性，专门调整着某一类社会关系中的一种。

合目的性作为立法评估规范标准的内容之一，是指法律文本本身体现符合立法目的和主旨的要求，以及立法实施效果达到或满足了立法的目的。立法目的是评估立法质量的标准之一，符合立法目的之法律文本或立法即为高质量的法。立法的合目的性标准能够确保立法工作围绕立法需求以及待解决的社会问题展开，达到"不缺题、不跑题"。法律文本的最终成形，也是立法目的客观化和现实化的表现。准确、客观地表达立法目的，是立法的合目的性标准的基本要求，也是评定一部好的立法的关键性要求。那么如何具体适用立法的合目的性标准？立法的合目的性标准的具体内容包括以下三个方面：立法目的本身明确、具体；立法目的要能产生实际效果；立法目的形式上表现为表述规范、用语准确。具体见表 51 - 4 说明。

---

① 黎建飞 . 论立法目的 . 中国社会科学院研究生院学报，1992（1）.

表 51 - 4 立法合目的性评估标准体系表

内容	内涵说明
立法目的明确、具体	立法是基于明确的社会需求，具有内驱力
	立法者对立法需求有确切的理解，且明确知晓所需解决的问题、所要达到的目的
	立法目的内容表述清楚、规范，法律文本中各部分、条文之间贯穿、体现着立法目的
	立法目的的内容切实可行，符合社会的实际需求，能够解决实际问题
立法目的具有实效	立法目的的表述与法律文本条款的表述能够对应
	法的最终实施效果能够印证、体现立法的预期目的
	对法律条文的解释严格以立法目的为限缩，不作扩大解释，也不作限制解释
立法目的表述规范、用语准确	立法目的条款通常居于法律文本首部
	立法目的语句格式应当规范，如"为了……制定本法"等

立法的合目的性还需防止两种倾向：一是立法为"自肥"，即立法是为了立法机关自己的利益和权力，仅从自身利益出发，不考虑人民和社会的利益需求。二是立法为"自保"，即立法部门为了自己的权力地盘而立法，不少部门争相起草同一或类似法律，为同一件事而各自立法、各自分管、各自依据。①

二、成效标准

以合法、合理、合目的为内容的规范标准，彰显了立法的"专业性"思考，体现了纯粹意义上的法的价值追求，是评价立法质量的重要标准。但对一部法的好坏评判，不能再仅仅停留在价值判断层面（当然，价值判断始终是重要而不可或缺的核心标准），而应将经济学的理论作为评价立法质量的标准，并力争通过此标准的评估达到另一视角的法的价值的证实，与立法的规范标准评估共同为立法评估服务。

---

① 蔡定剑. 黑白圆方——法治、民主、权利、正义论集. 北京：法律出版社，2003：205.

（一）立法评估所涉之成本分析

从立法实践来看，立法成本主要由以下几方面构成：（1）立法部门与人员成本。这主要指作为立法主体的立法部门正常开展工作所需成本以及其立法工作人员正常办公所需成本，包括立法部门日常的办公费用，及其工作人员的工作酬劳、福利与保险、必要的培训费用、咨询费等。（2）立法的程序成本。立法程序是保证法律法规等规范从无到有各个环节的刚性要求，一部法律的诞生，要遵循立项、调研、起草、审议、公布、备案、修改等各项程序规定，这些程序的运行需要付出成本。（3）立法的监督成本。我国《宪法》《立法法》规定，我国立法监督的主体有全国人大及其常委会、国务院等机构，主要方式有事前批准与事后备案两种，同时还可通过法律、法规的清理和行使撤销权等方式进行立法监督。对立法及其实施进行监督需要一定成本。（4）执行成本，即实施法律所产生的必要费用，包括法律执行机构的人员配备与培训、法律实施的宣传普及、内部机构设置、体制改革、审批许可、法律解释工作等所产生的费用。（5）守法成本。受法律规制的对象为了遵从法律要求，通常需要履行诸多法律义务，这种履行义务的行为须付出成本，此成本即为守法成本。[①]（6）违法成本。因违反法律规定或合同约定而承担的民事、行政、刑事责任以及由此造成的声誉、信用等方面的损失，统称为违法成本。（7）立法的机会成本。立法的机会成本是指在不同的立法方案中选择一种，而放弃其他选择，不同选择间的差异和收益得失构成了立法的机会成本。[②]于立法而言，机会成本包括两方面内容：一方面是"立法的必要性选择"，即立法是否成为必要，抑或还有其他解决途径可选；另一方面是"立法的对比性选择"，即在诸多中立法方案中，通过成本—效益的立法前后对比，选择得出低成本、高收益或者固定成本下收益最高的立法方案。综合以上关于立法成本的分析，可以得出一般意义上的立法成本的构成与归类（表51-5）。

---

① 陈铭祥．法政策学．台北：元照出版有限公司，2011：34.

② POSNER．Economic analysis of the law．Little，Brown and Company，1986，p.6//汪全胜．立法效益研究——以当代中国立法为视角．北京：中国法制出版社，2003：63.

表 51－5　　　　　　　　　　立法成本分类构成与估算方法表

名称	类别	构成	内涵说明	处理方式
立法总成本（A）	直接成本（B1）	立法机构与人员成本（C1）	立法部门的办公费用	可定量计算
			立法部门工作人员的薪酬、培训费用等	
		立法的程序成本（C2）	调研成本	可定量计算
			立项与起草成本	
			审议、通过、公布、备案、修订成本	
		立法的监督成本（C3）	事前审批成本	可估算
			事后备案成本	
	间接成本（B2）	执行成本（C4）	执法人员配备、法律的宣传解释、机构设置等成本	可估算
		守法成本（C5）	遵从法律、承担法律义务所付出的成本	可估算
		违法成本（C6）	因违法或违约承担的经济损失和/或信用、名誉等精神损失	定量、定性分析并用
		立法的机会成本（C7）	立法的必要性与可行性选择成本	可估算

如表 51－5 所示，在立法成本体系中，立法总成本 A 由直接成本 B1 和间接成本 B2 构成，用公式表达即：A＝B1＋B2。直接成本 B1 由立法机构与人员成本 C1、立法的程序成本 C2、立法的监督成本 C3 构成，用公式表达即：B1＝C1＋C2＋C3。间接成本由执行成本 C4、守法成本 C5、违法成本 C5 和立法的机会成本 C7 构成，用公式表达即：B2＝C4＋C5＋C6＋C7。由此，立法成本的总和可表示为：A＝ B1 即（C1＋C2＋C3）＋B2 即（C4＋C5＋C6＋C7）。在立法的成本—效益标准评估中，可采用以上公式来进行具体的评估测定。值得注意的是，并非立法成本投入越多，立法质量越高；也不是立法成本投入越少，立法质量越低。就成本分析而言，适度的投入是保证立法质量的前提，同时也要与产出（收益）结合评估。

（二）立法评估所涉之效益分析

从立法实施后产生的影响领域来看，立法效益可包括经济效益、政治效益和社会效益。（1）经济效益。经济效益是立法的预期目的在经济方面的实现程度，其要求用最小的立法成本获得最大的立法效果，是立法效益构成中最直观、最能够量化的内容。（2）政治效益。立法不仅是客观解决社会问题的过程，也是体现立法者意志的过程。其将统治阶级的意志通过法律的形式固定下来，一定程度上体现了主观意志客观化的过程。立法的政治效益的体现主要表现在：政府的业绩评价、民众的满意度测量、政府的工作效率和依法执政的能力以及政府的创新管理能力等。（3）社会效益。立法的社会效益涉及整个社会的福利、公平等深层次问题，主要是指立法对整个社会产生的影响和带来的收益。就其内容来讲，主要有：立法对整个社会整体福利的提升；立法对社会稳定度的提升；立法对社会正义的提升；立法对环境改善的提升；等等。

表 51 - 6　　　　　　　　立法效益分类构成与估算方法表

名称	类别	内涵说明	处理方式
立法效益（D）	经济效益（E）	立法促进交易，节约交易成本	可计算
		立法创设权利，增强经济活力和自主性，减少或降低人为垄断、无序竞争、外部不经济性以及不确定性	
		立法对市场、社会环境下的生命和健康维护、共同福利、环境生态建设等产生正面、积极的影响	可估测
立法效益（D）	政治效益（P）	政府绩效提升，其立法及实施提升了社会公正度	可估测
		政府创新管理能力增强，工作效率和依法执政能力提高	
		人民对政府的满意度提升	
	社会效益（S）	立法提升了社会稳定程度，社会治安增强、刑事犯罪率降低、群众安全感增强	可计算
		立法提升了社会整体福利，关注基层人民生活	
		立法增强了社会正义，提升了对各个阶层利益的保护	可估测
		立法改善了环境质量，提高了环境效益	可计算

由以上论述可知，在立法效益体系中，立法效益（D）由经济效益（E）、政治效益（P）、社会效益（S）三部分构成，用公式表达就是：D＝E＋P＋S。每一部分又由各个次一层级的具体指标群构成。立法效益体系的每部分有不同的评估计算方式，有些可以量化计算，有些则只能定性估测。通过对指标体系的逐项估算，最终得出立法及其实施所产生的经济效益的确定结果，进而作为评价立法质量的依据。

（三）效益自然是成本效益分析

表 51 - 7 立法成本效益性评估标准体系表

内容	一级层次	二级层次	内涵说明
立法必要性选择	市场失灵	稀缺资源独占	市场中对稀缺资源独占的权力遭到滥用，并可能危及交易秩序
		外部不经济	个人行为造成他人利益受损，有失公平
		信息不足不对称	信息获取渠道不畅或不对等，造成不公平竞争
	社会价值	经济主体不平等	劳资双方经济地位不平等可能引发劳方利益受损
		可持续发展利益受损	环境、健康等人类可持续发展利益受到影响
		社会普适价值降低	对少数民族免歧视、降低贫富差距、保护弱势群体等社会普适价值的维护
立法方案可行性比较	可行	必须立法	假定不立法会产生多种危害后果，且无法通过其他方式或途径来解决
		立法目的	立法目的明确、立法针对性强
立法方案可行性比较	不可行	无须专门立法规定	欲规范之问题不适合当前形势或太过超前
		有其他解决途径	可通过行业自律、协商、和解等以更低成本予以解决
		因果联系程度	方案与实际问题无因果联系或联系不大
		目的性与针对性	方案立法目的不明确，解决问题无针对性
立法方案择优评估	基准线设定	立法前后之变化	立法前的状况分析，包括经济、社会、政治发展最新状况以及发生风险之状况
	利益估算	直接利益计算	对各个立法方案的直接利益进行计算，包括能够直接以货币形式体现的经济利益、政治利益和社会利益，对其加总计算
		间接利益估算	对各个立法方案的间接立法进行估算，运用意愿支付法、意愿接受法对难以直接体现的利益进行估算，对其加总计算
	成本估算	各类成本计算	对各个立法方案的立法执行成本、守法成本、违法成本以及机会成本进行计算，对其各自加总
	最佳选择	成本—效益选择	对各方案的成本、效益进行对比，初步选择效益大于成本之方案
		成本效能选择	进一步在效益大于成本的方案中选择成本效能比值较大的立法方案

三、技术标准

立法技术是立法机关依据特定程序制定、修改或废止规范性法律文件时所遵循的方法和操作技巧的总称。① 一般认为，立法技术包括形式立法技术和实质立法技术两方面内容。② 形式立法技术主要包括法的名称，法律法规制定机关，通过、公布与施行的日期，目录、中文和附录等的操作规程；实质立法技术主要包括立法目的、适用范围、法的原则、法律概念的解释、法律规则、解释机关、实施日期以及废止条款等的操作规程。③ 笔者认为，立法技术的规范要求是立法评估标准的主要构成之一，其从立法过程中的操作规范和技巧层面对立法提出了规定，为制定高品质的法律法规保驾护航。立法技术标准包括了合逻辑性、可操作性、规范性等次一级标准内容。

（一）合逻辑性④

法律逻辑贯穿于立法、司法、执法等法律运行的各个环节。作为立法评估技术规范标准的核心内容之一，合逻辑性在立法中始终扮演着"理性监督者"的角色，其对立法过程、立法体制、立法技术、法律文本结构等从形式上提出了理性的、规范化的要求。

（1）立法"同一"。逻辑学中的同一律要表达的基本内容是：在同一思维过程中，一切思想必须与自身保持同一，是什么就是什么，是真的就是真的。具体来说，就是在同一思维过程中，必须保持概念自身的同一。在立法中，要做到统一法律法规自身必须是确定一致的，尤其在我国中国特色社会主义法律体系已经基本形成的大背景下，对于法律解释，不管是文字解释、扩大解释还是限制解释，都应该做到相关的法律概念、立法的意图等保持确定同一。在立法中应注意法律术语的使用也要符合前后一致、新旧相通的同一确定的规律，使立法从形式结构上形成用语规范、严谨的统一整体。

---

① 周旺生.立法论.北京：北京大学出版社，1994：181.

② 大陆学者周旺生、侯淑文、汪全胜、李培传等以及台湾地区学者罗传贤等都持此观点，认为立法技术有实质和形式之分。

③ 汪全胜.立法技术评估的探讨.西南民族大学学报（人文社科版），2009（5）.

④ 冯玉军，王柏荣.科学立法的科学性探析.中国人民大学学报，2014（1）.

（2）立法无"矛盾"。矛盾律对立法工作有很多启示。首先，矛盾律要求在某部法律的制定、修改、变动、废止或解释工作中，要统一思想，保持每个阶段、步骤的前后一致性、连贯性。其次，从科学立法和立法技术的要求来看，应当保证法典法与单行法、修改法与原定法、解释法与原定法、下位法与上位法、新法与旧法、特别法与一般法、程序法与实体法、地方法与中央法、国际法与国内法等各类法律，做到上下统一、左右协调、整体和谐。最后，从法律的内部结构来看，法律规范内部应当结构合理、文字规范、逻辑严密，前后一致、左右协调、上下有序，各类法律从精神到原则、从形式到内容、从规范到文本、从个体到整体，相互衔接、彼此协调、浑然一体。

（3）立法"排中"。法治的追求之一就是法的明确性，法律必须是清楚易懂的，为人们所能理解和预测的。由此，在具体立法过程中，要尽量做到法律文本用语、表达的规范明确，尤其是法律责任的制定要清楚明了。逻辑性的立法讲求法的明确，这样的立法体现着科学原则和标准。

（4）立法理由"充足"。在立法中，应对立法理由和立法规划进行充分的论证调研，运用充足理由律来分析法律问题，并考证立法的可行性、必要性等，从而做好立法准备工作。就立法实践而言，具体指各立法主体在立法前须对法律文本进行逻辑考量，即对法律文本的内容、措辞、立法目的等进行必要的社会逻辑考量，同时对法律文本之间的逻辑关联性进行逻辑考量，如对文本之间的重复性、冲突性进行逻辑判断和预测。

表 51-8　　　　　　　　　　立法合逻辑性标准体系表

内容	一级层次	内涵说明
立法同一	法律概念同一	在同一立法过程中保持法律术语、法律概念的范围、性质前后一致
	法律解释同一	在同一立法过程中对相关问题的解释规定保持解释内容的前后一致
	法律思维同一	在同一立法过程中保持对同一命题的陈述前后一致
立法无矛盾	立法思想无矛盾	在同一立法的制定、修改和完善过程中，立法思想无矛盾，不能既肯定某一立法思想，随后又以其他形式否定该思想
	立法命题无矛盾	在同一立法过程中，同一命题或结论不能作出相反解释，前后无矛盾

续前表

内容	一级层次	内涵说明
立法排中	法律术语明确	在立法过程中，对法律文本的语言及术语使用要清楚明了
	法律语句明确	在立法过程中，对法律文本的语句表达要清楚明了，无中间模糊状态
立法理由充足	立法理由充足	在立法过程中，法律文本所依据的立法根据、立法思想、立法原则等理由充足，而非虚假理由、预期理由或不存在理由

（二）语言规范性

任何深刻的思想要想为人所知都需用口头或书面语言予以正确表达。立法语言是在立法中使用的语言，由于我国是成文法国家，绝大多数法律规范都是通过法律文本的形式来表达，而且好的立法绝不仅仅停留于立法者的思想意识层面，更需用恰当的法律语言来公开表达，由此立法语言的正确使用就显得尤为重要。对立法语言的使用就需制定标准和要求，以求其能够精准、正确地表述立法原意和立法思想。

（1）语言表述准确、肯定。在立法过程中，经过立项讨论的立法决策通过审议后，即进入立法文本的创制阶段，运用文字将具体立法内容表述出来。这是立法较为关键的步骤。为客观、准确地反映立法内容，在立法语言的运用上首先应该清楚地了解立法目的、立法思路，因为它们是立法的核心。如果无法掌握立法目的和立法思路，则即便运用再专业的立法术语，也是南辕北辙，词不达意。其次，应该限定立法语言及术语的使用范围，保持一致性。因为在不同的语境下，语言可能会产生不同的含义，具有多义性。立法语言应运用肯定的语句来表述法律规范。

（2）语言表达简洁、清晰。立法的最终结果是生成让人遵守的规范，规范的表达除了准确表明立法目的及思想外，还要让人能够在短时间内明了其内容，这就要借助简洁的立法语言表达来完成。立法语言简洁主要体现在以下几个方面。首先，立法语言的选择上，应尽量避免或不使用多余词汇，如修饰性质的形容词，而直接表述内容，以增加内容的凝聚性。其次，尽量避免使用模糊的、有歧义的词来表述立法，比如"适当的""公平的"等属于模糊词汇，无法明确表明立法意思，表述不清晰。再次，立法语言表述方式应避免冗长烦琐，尽量简短精练，以节省阅读和理解成本。最后，法律文本的各项条款应注意体系的完整性，按照分片分块、各自集中的陈述方式进行表述，避免重复雷同、凌乱分散之表述方式。

（3）语言表达通俗易懂。立法语言要讲求通俗、易懂，要制定出让人民大众读得懂、读得通的法律规范就要做到：首先，须有意识避免使用晦涩难懂的词语或句式，多使用人民所普遍接受和理解的词语的含义来起草法律。其次，立法中应尽量避免使用地方方言。最后，对于立法中使用的专业术语，应进行解释说明，便于公众理解。为便于大众理解，应于法律文本末尾附则中对专业术语予以解释说明。

（4）语言格式严谨、规范。行文流畅是任何语言表达所必备的，对于法律文本尤其如此。在立法中，行文的流畅程度是建立在字、词、句、标点以及符号、数字等使用严谨、规范基础之上的。这些文字符号的正确使用代表了立法的权威，体现着立法的细节。

表 51－9 立法语言规范性评估标准体系表

内容	内涵说明
语言表述 准确、肯定	正确反映立法目的、立法思想、立法原则以及立法者意图
	对立法专用术语、概念等进行限定，确定其适用范围、性质、功能等
	运用肯定句式表述立法文本，减少或避免适用否定句式
语言表达 简洁、清晰	避免使用修饰性、重复性等多余词汇，使用朴实、简洁的语词
	避免使用模糊、有歧义的词汇
	采用简短句式，避免使用冗长、复杂句式
	文本各部分分块集中表达，避免分散处理方式
语言表达 通俗易懂	避免使用晦涩难懂的词或句式，多用白话文表达
	避免或减少使用地方方言，使用通用语言
	对必须要使用的法律专业词汇、术语进行解释说明
语言格式 严谨、规范	严禁出现错字、别字
	立法语句的主谓宾结构完整、恰当，无倒置或缺失
	标点、数字、日期等表述精确、具体，公布、生效、废止、期间、期日等时间表达准确

（三）结构规范性

法律的文本结构是指法律法规文本所具有的各个组成部分以及法律条文之间，从形式到内容，按照其内在规律组合排列，形成统一、科学、合理的有机结构整体。^①科学合理的法律文本结构能够很好地体现立法内容，为打造高质量的法律规范提供支撑。

一般而言，法律文本结构主要包括标题、题注、目录、正文、附录五部分。其中，正文部分采取编、章、节、条、款、项的编排方式，同时又以总则、分则、附则形式组成。总则包括立法目的、立法根据、法的原则、适用范围等，分则包括具体权利、义务规范，附则包括有关该法律文本的单独说明和操作技术。

表 51－10　　　　　　立法文本结构规范性评估标准体系表

内容	内涵说明
标题与题注规范	标题能够完整包括立法的调整对象、适用范围以及效力等级三方面内容
	标题表述简短精练，用语规范，字数控制在 15 字左右。"法""规章""法规""授权规定""条例""实施细则"等称谓，与其制定机关的立法权限相匹配，无超越效力等级表述之情形
	题注内容须包含制定机关、通过日期、公布与实施日期
	题注须在标题下方，字号小于标题字号，用一句话表述
目录规范	目录的位置应在题注之后、正文之前
	全国人大及其常委会文本一般需设目录，行政法规可以不设目录
	根据法律文本篇幅长短决定是否设定目录
正文规范	正文位于目录之后、附则之前
	采取总、分表述格式，总则、分则的结构划分明晰
	卷、编、章、节、目、条、款、项、目的形式划分清晰，严格按照排列次序表述，统一、协调
附录规范	附录位于正文之后，单独设章
	附录表述内容为保障实施或其他说明，非必要、必须，可以不设置附录

注：表中所列各项法律文本结构框架及其要求，在实际立法实践中并不一定全部适用，视情况而定，有些结构形式可以不予采用。应避免为追求"大而全"之立法，把所有结构形式都予以适用的情形，这样反而降低了立法质量。

四、校正标准

校正标准是指立法评估标准中除了用列举方式所列标准以外的，能够进一步完善立法评估标准的，基于对立法评估标准全面性考虑的其他可能的标准。其功能在于补充和校正立法评估标准，防止既有的立法评估标准出现"不周延"的情形。校正标准的设定较为灵活，其可能会随着立法理论与实

① 李培传．论立法．北京：中国法制出版社，2011：315.

践的整体发展而发生改变。笔者认为校正标准包括以下几个方面。

（一）公众参与性

近年来，公众立法参与作为民主立法的主要内容，得到了普遍适用。所谓公众立法参与，是指公民个人或团体通过各种方式参与或介入立法过程中，对其施加影响，从而最终影响立法结果及实施效果的行为和活动。公众立法参与作为补充性校正标准，具体表现在以下方面。

（1）公众参与的形式。公众立法参与的形式主要探讨公民个人或团体以何种方式或手段参与立法过程中，即立法的参与方式。就目前我国立法实践来看，公众参与立法的形式主要有：立法项目征集、立法草案建议征集、立法研讨会、座谈会、论证会、听证会、立法质询、旁听和列席、立法评估等。一般而言，公众立法参与形式愈多，则效果愈好。

（2）公众参与的广度。公众立法参与的广度取决于立法者公开立法的程度、参与立法主体的范围以及参与立法客体的覆盖面。首先，作为立法者，在涉及公民个人或社会重大利益的立法时，应最大限度地将立法情况向社会公开，必要时向社会征集意见。其次，在公众立法参与的主体方面，不仅应吸收专家学者、相关利害部门或个人参与立法过程，更应关注弱势群体、其他公民组织等主体的参与，从而使得立法更为科学、全面。最后，在关注立法参与的客体方面，不仅应开放制定法律、规章的公众参与面，更应在适当的前提下将参与覆盖面扩展至法律、规章的修改、废止等完善阶段。同时，对一些无法开放参与的立法，应作出说明解释。

（3）公众参与的深度。公众立法参与的深度是指参与立法的公众对立法的最终结果所产生的影响程度，也即公众参与立法所提出的意见和建议在最终立法文本和法律法规、规章等的实际实施中有多少被应用、采纳，如果采纳比例较大，则代表公众参与立法的程度较深，也反映出公众立法参与质量较高。

（4）公众参与的程序设计与制度保障。立法是国家大事，牵涉多方利益的权衡与博弈，是严肃、神圣的。公众参与立法过程，一方面可以起到立法完善的作用，另一方面可以起到监督立法的作用。因此，对于公众参与立法应予以经常化、机制化、制度化。

（二）地方特色性

地方特色性是针对地方立法而言的，具体指地方人大、地方政府等具有地方立法权的部门在立法过程中，应根据本地方的经济、政治、社会的发展特点，在不违背上位法的原则下，进行的有针对性的、体现地方特点的、具有创新性的立法活动。地方特色性成为立法评估标准校正和完善的校正标准类别，主要用于对在普遍适用基础标准评估后的立法进行其地方独特性的考察，以求客观反映立法的全貌。其在立法中应体现在以下几方面。

（1）体现本地特色。地方立法是基于本地经济状况、地理风貌、历史文化传统、法制现状、民族风俗等实际情况而进行的立法。此类立法反映本地的特殊情况，体现本地化的特征。例如甘肃省人大常委会通过、制定的《甘肃省敦煌莫高窟保护条例》《甘肃省石羊河流域水资源管理条例》等一批地方法规，针对本地的环境和文物保护的具体情况而制定，起到了较好的管理和保护的效果。同时，本地立法在一定程度上为中央立法提供了借鉴作用，好的本地做法也可作为以后中央相关立法的蓝本。

（2）具有针对性。针对性是指在地方立法过程中，要以本地实际为依托，针对本地人民关心的热点问题、疑难复杂问题以及亟须政府解决的问题进行立法。首先，有针对性的地方立法强调问题意识，即是"解决问题"的立法，体现于立法条款的规定上就是在避免形式化的前提下有几条规定几条，尽量避免规定过于宽泛、宏大以及解决不了实际问题的立法。其次，有针对性的地方立法强调创新，即是"创新型"立法，体现于立法内容上就是，在不违反上位法之立法原则和精神的前提下，针对具体的实际问题想办法、定思路，从而体现于法律条款的内容当中，应避免"抄袭上位法"的做法。最后，有针对性的地方立法强调及时性，即是"应急性"立法。地方立法涉及范围较小，针对具体问题进行立法，复杂性程度低，在较为紧急的状况下可以急需先立。

（3）注重协调。立法的协调主要是指立法的效力问题，即地方立法不得违背上位法的立法原则、精神以及规定，与同位阶的立法协调一致。本地立法在针对本地问题进行创新性立法、解决具体问题的同时，也须遵守上位法的有关规定，坚持"不违反、不抵触"的原则，同时也须注意与同位阶的法规、规章的协调性，避免重复立法或矛盾立法，保持本地方法律体系的有机整体性。

（4）符合规律。与中央立法相比，地方的立法范围小、针对性强、创新性强。对于本地方的具体问题，在立法时不能仅停留于问题表面，更要发现问题背后所折射出的社会、经济发展规律，按照规律办事立法，则更加科学。

（三）回应性

回应性是指在立法过程以及法律的实施过程中，立法者应注意公众、媒体、司法部门、执法部门等对立法所产生的反映，并将其吸纳进对立法的完善中去。立法回应性作为评估立法质量的校正标准，其主要作用就在于督促立法者对社会积极关切，不能只是"闭门造车"式地制定、修改法，而是要积极地观察社会对特定立法的反映，并将这种反映体现在立法的完善工作。立法回应性标准的具体内容包括以下内容。

（1）对公众认知度和满意度的回应。立法活动的最终结果是产生普遍适用的法律法规、规章，影响人的行为。而作为适用主体的社会公众对某个特定的立法也会有一定的反映。这种反映一方面体现在公民的守法意识和行为方面，即人民大众对该法的认可度以及口碑。另一方面体现在民意的反映和表达方面。立法在施行一段时间后，民众会对该法形成一个总体的印象，要么满意要么不满意。这种民意会通过媒体或一些典型事件反映出来，立法评估者应对这种反映予以关注和搜集，并将其作为一种校正标准体现到最终的评估结果中去。

（2）对司法、执法部门适用法的回应。法律制定后，需要被执行和适用。在这个过程中，司法、执法部门担任着宣传、组织以及执行、适用的角色。法律适用机关是法律法规制定、实施后的首席评价者，他们通过在司法实践中对法的裁判、执行，将纸面上的法律规定转变为行动中的法律规定。这一过程本身即是对法及其实施效果的评价。立法评估者应对司法、执法部门的意见和看法进行分析研究，积极回应，并体现在立法评估的最终结果中。

第三节　立法评估范围的确立

在法律体系已经形成的今天，针对成千上万的法规范性法律文件一一展开评估清理，困难重重，也无必要；同时，我国立法评估工作才刚起步，许多立法评估的技术、知识以及实践经验还有待提高。在此形势下，本着节约人力、物力、财力以及提高立法质量的双重原则，如何在保证节约立法资源的前提下进行科学立法，有选择地对立法及其实施情况进行评估，就成为一个重要话题。确立立法评估范围和对象，主要有以下几种标准。

一、生命周期标准

法律作为公共产品，与商品的生命周期过程有着类似的情况：一部新法会经历制定、实施、修订、再实施、再修订直至废止的过程。立法的生命周期标准是指新制定的法和已经实施、运行的法，都有其一定的运行周期，为了适应社会发展，须对临近生命周期的法进行修改或废止的准则。从直观的角度来看，就是明确规定某类或某部法律法规、规章在经过特定的实施、运行时间后对其实施效果进行评估，以便提出修改或废止意见。在西方国家，有所谓的"日落立法"，即明确规定"经过一定时间后，授权行政机关执行的法律如经再授权，则变为无效"①。无效的法律须经过重新评估后，才能决定是否继续适用。

由此，针对哪些或哪类法律法规、规章等需要评估，首先就是看其由最初制定到目前实施的时间段，如果实施时间达到了特定的期限，则需要对其进行重新评估，以确定是否继续适用、是否进行修订或者是否予以废止。通过此种做法，不仅可以督促、完善正在实施中的法，也可以对一些"沉睡千年"且早已名不副实的法律法规、规章进行清理。

二、情势变化标准

情势变化标准是指对立法的选择性评估应随着社会、经济、政治、文化等的变化而进行，应对那些受这些因素影响较大的法进行评估，提出改进建议。就其内容来看，主要包括以下几方面。第一，是对科技发展所生的立法的反映。科技是把双刃剑，它在带给人们便利生活的同时，也产生了一定的副作用。有关科技的立法较多，比如由最高人民法院、最高人民检察院联合发布的《关于办理利用信息网络实施诽谤等刑事案件适用法律若干问题的解

---

① 杨斐. 法律修改研究——原则模式技术. 北京：法律出版社，2008：211.

释》，该解释中明确规定，网络诽谤信息被点击浏览 5 000 次以上，或被转发达 500 次以上，则会追究发帖人的刑事责任。① 该条规定是对微博、博客等网络空间的净化管理，是基于科技软件的发展所带来的负面影响而产生的立法。因此，对于反映科技发展变化的立法规范有必要进行立法评估，从而确定对其规制的必要性和实际意义。第二，情势变化标准是对经济发展所生立法的反映。立法为经济发展和改革保驾护航，而经济的发展也深深影响着立法的制定、修改和变动。第三，政治的变迁对立法的影响不言而喻。由四部宪法的历史发展可知，立法往往受到政治的影响，立法的选择性评估跟随着政治变化的脚步。同样，立法评估对象和范围的选择也应关注文化、环境的变化，比如对"雾霾"的成因分析及规制对策可能直接导致对《大气污染防治法》的评估，以决定是否要进一步严控污染种类和污染指数，将细颗粒物（PM2.5）等标准写进该法。

总之，当经济、政治、文化、环境、科技等发生变化时，就应对与变化相关联的立法进行评估，以此促进立法与变化相同步、相协调，从而提升立法质量及实施效果。

三、立法建议标准

立法评估范围和对象的确定，一个主要渠道就是社会以及其他机关、组织对立法的意见和建议。立法评估者通过对这些意见的收集、分析，得出哪些类型的法需要进行评估修改或者哪类社会关系需要由调整并制定法律法规。立法建议标准主要包括以下几个方面。

（1）对人大代表、政协委员、公民、法人和其他组织的立法建议予以考量。人大代表和政协委员一定程度上代表了人民大众，他们给出的立法建议是来自地方人民的直观感受，加之人大代表本身参与立法的过程，具有较为丰富的立法经验，所以他们给出的建议值得立法评估者采纳。另外，在各级人大代表投票表决法律议案是否通过的情况下，对于那些以低投票率通过的法律议案应在其后期实施中予以特别关注，随时做好评估其实施效果的准备。

---

① 该解释第 1 条第 1 款规定，"同一诽谤信息实际被点击、浏览次数达到五千次以上，或者被转发次数达到五百次以上"，认定为刑法第 246 条第 1 款规定的"捏造事实诽谤他人"。

（2）对法的实施部门的立法意见予以考量。法的实施部门主要包括了司法部门和执法部门，它们作为法律制定后的实施、适用者，针对某些法律法规、规章在实践中的实施情况所提出的立法建议具有极大的参考价值。

（3）向社会公开征集立法评估的建议。有些情况下，立法者及立法评估者在对立法对象的选择上与公众不同，为补足从公众角度看问题的视角，立法评估者应当向社会公开征集来自第三方的立法建议，包括公众对一些社会问题和公共事件的看法、对某部法律的直观感受等。

四、重大影响标准

重大影响标准是指当欲制定或修改、变动的法律法规和规章产生的经济影响超过了一定金额时，需要对其进行立法效益等标准的评估，或者发生对社会产生重大影响的公共事件，导致对制定或修改法进行评估。重大影响标准涉及两方面因素，一个是经济影响因素，一个是社会影响因素。针对前一因素，早在1981年时任美国总统里根就签署了第12291号行政命令，对超过1亿美元经济影响的规章在出台前必须进行成本—效益评估。1995年时任美国总统克林顿也签署了第12866号行政命令，要求政府部门在出台法规前须进行成本—效益评估，重大立法行为还需经联邦管理和预算办公室审查，并须通过公众的检验。[①] 这一重大经济影响的立法评估做法也为欧盟、日本等国家（地区）采用。针对后一因素，要求在对已发生的重大公共事件进行规制前，对规制内容进行立法评估，比如山西、甘肃、辽宁等地频发重大校车事故，致使多名儿童伤亡，引起了社会的广泛关注，国务院法制办即行评估，制定、出台了《校车安全管理条例》。诚然，是这一系列重大事件引起了对校车及交通安全的政府规制，并对其进行评估立法。由此可见，对于重大公共事件，不仅要有预防心态，更要有事后紧急评估、立法的行动。

五、立法评估标准的适用流程

如前文所述，按照立法过程中侧重点的不同，可将立法评估标准分为三类，即立法前评估标准、立法中评估标准和立法后评估标准。在实际适用方

---

① 阮庆文.关于立法后评估的几点思考.［2013-10-26］.中国政府法制信息网，http://www.chinalaw.gov.cn/article/dfxx/dffzxx/fj/200807/20080700015952.shtml.

面，这三类立法评估标准各有不同。

（一）立法前评估标准的适用

立法前评估标准侧重于对草案的量化分析，其主要依据立法的合法性、合理性、可操作性以及成本—效益性标准，对草案内容展开影响性评估。

由图 51 - 5 可以看出，立法前评估标准流程由三个步骤构成。在确定了立法项目和待解决的问题后，首先，需考虑不制定法律法规和规章的状况。从经济学的角度来讲，立法需要付出成本，而不立法则无耗费，因此立法前评估标准适用流程的第一步就是按照一定的标准来衡量不立法的状况。这始终是立法前评估的必备选项，即"能不立法则不立"。对不立法的标准考量包括了不立法状态下的合理性、成本—效益性评估，即对立法前原有状况进行分析。如得出结论为不立法状态下的总收益大于总成本，且社会、市场运行合理，可以通过规律化发展自行解决，则不予立法干预，反之，则应寻求立法或其他手段。

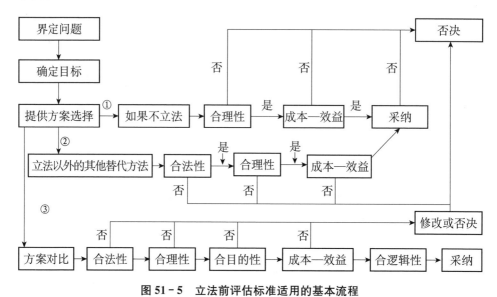

图 51 - 5　立法前评估标准适用的基本流程

其次，针对问题，需考虑是否能够运用立法以外的其他方式予以解决。这是立法前评估标准适用流程的第二步。这一步骤的假设前提是在不立法的状况下能寻找到其他替代性解决方式。此类解决方式的优点在于成本耗费较低、对社会造成的影响较小、更易为公众所接受，如选择行业协会自治、村民委员会自治等方式。依据合法性、合理性以及成本—效益标准对其进行评估，如都符合，则可适用，反之，则否。

最后，考虑立法方案的选择。在前两个步骤都被否定的情况下，针对多种立法方案作出选择。这是立法前评估标准适用流程的最后一步，这一步骤的主要做法就是依据拟定的立法评估标准去衡量立法的各种方案，具体标准包括合法性、合理性、合目的性、合逻辑性以及成本—效益性。通过对比各种立法方案，初步排除总成本大于总收益的低效益方案，在剩余的高效益方案中进一步通过成本—效益分析、风险评估分析进行对比，从中选出最优立法方案，同时对立法方案的实质和程序合法性、合理性以及立法的预期目的契合程度、逻辑结构等进行评估。

由此可见，立法前评估标准的适用主要着眼于对立法的成效标准的运用，即对立法现状成本的实际量化，以及对立法预期效益的预测量化，同时兼顾对立法合法性、合理性以及立法技术标准的应用。当然，立法前评估标准的适用阶段，还牵涉到立法的校正标准，即可以公开征集立法草案修改意见，听取相关专家、利益群体以及司法机关的意见，同时注重立法回应性等。

（二）立法中评估标准的适用

立法过程中，虽然已通过立法预评估的法律草案在基本思路和内容、立法成本—效益等方面不存在问题，但在即将被提交审议表决前，还需对其立法技术运用情况进行全面评估。立法中评估标准的适用是指在法律草案提交后、审议通过前这段立法期间，对立法草案适用立法技术标准进行评估，确定其在逻辑、语言、结构等方面是否存在问题的过程。

图51-6显示，立法中评估标准适用的基本流程主要是针对欲提交审议的法律议案。法律议案是指立法机关对立法项目和思路进行整理，并预先采用各种标准评估其成本—效益性等后，详细制定的用于审议、公布的法律文本。由于此阶段的法律文本是最接近于正式颁布的法律法规和规章文本，其在重大问题上都是经过了反复论证和修订的，所以笔者认为立法中评估标准的重点在于立法技术的运用，即运用立法技术评估标准对法律议案进行审查评估。如前所述，立法技术评估标准主要有合逻辑性、语言规范性以及结构规范性等具体内容，每一项中又包含若干具体指标要求。评估标准的适用顺序则是

从议案的整体逻辑性开始，再到语言使用的规范性，最后为文本结构的规范性，是按照重要性的高低来排列的，只有前一标准被满足了，才能进行下一项评估；如果有一项不符合，则要进行修改完善，再予以提交审核。

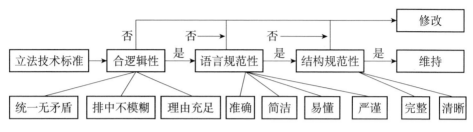

图 51 - 6　立法中评估标准适用的基本流程

（三）立法后评估标准的适用

立法后评估标准的适用主要是针对已公布实施的法律法规和规章，在其实施一段时间后，由立法部门、政府机构、评估组织或人员按照立法评估标准对其实施效果进行评估，以期发现存在的问题，提出完善修改意见。[①] 立法后评估主要侧重于对立法实施效果的检验，以立法对经济、社会、环境等产生的影响为内容，并对其进行量化，最终得出评估结果。立法后评估标准适用的基本流程如图 51 - 7。

图 51 - 7 表明，立法后评估标准是对已实施的法律法规和规章等的再次评估，其侧重于对立法的实施效果的评估。基于此，立法后评估标准的适用顺序与立法前、立法中评估标准的适用顺序有所不同，按照评估标准的重要程度，可将其评估顺序安排为：首先，依据立法成效标准对特定评估对象进行评估，计算量化其支出的直接成本和间接成本，产生的经济效益、政治效益、社会效益，如果能够得到净收益，则证明该立法具有效益性，反之，则不具有效益性，即进入修改或废止程序。其次，依据立法的合目的性标准，对立法预期目的是否实现进行评估。这一评估的量化一定程度上需要借助于成本—效益标准的分析结果。再次，依据立法的合法性、合理性等规范标准对立法实施后所产生的影响进行评估，看其是否仍旧适应已经变化了的社会形势。最后，依据立法技术标准对立法实施后发生变化情况下的文本结构、

[①]　汪全胜. 立法后评估概念阐释. 重庆工学院学报（社会科学版），2008（6）.

文本语言等进行评估。除此以外，立法后评估还应适用立法的回应性、地方特色性等校正标准，以进一步评价其实施效果。

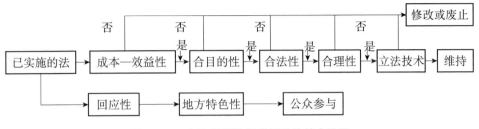

图 51 - 7 立法后评估标准适用的基本流程

附录一

"完善以宪法为核心的法律体系：理论创新与实践挑战"学术研讨会综述

　　2016 年 6 月 4 日，由中国人民大学法学院和国家发展与战略研究院联合主办的"完善以宪法为核心的法律体系：理论创新与实践挑战"学术研讨会在中国人民大学法学院成功举行，本次学术研讨会同时也是由中国人民大学法学院冯玉军教授主持的国家社科基金重大项目"完善以宪法为核心的中国特色社会主义法律体系研究"的中期课题会议。来自全国人大常委会、最高人民检察院、中国法学会、中国人民大学、北京大学、中国政法大学、中国社会科学院、中央党校、北京师范大学、中央民族大学、浙江大学、南京大学、华东政法大学、华东师范大学、上海交通大学、苏州大学、西南政法大学、美国康奈尔大学等单位的一百余位专家、学者，参加了本次学术研讨会。

　　为实现良法善治的美好愿景，党的十八届四中全会提出"建设中国特色社会主义法治体系"，要求"加强重点领域立法"，"完善以宪法为核心的中国特色社会主义法律体系，加强宪法实施"。这要求法学研究者和法律实务工作者在系统梳理改革开放近四十年来中国法治建设成就的基础之上，吸取国外立法发展的经验和教训，直面实践难题与挑战，回应社会经济发展重大需求，就完善以宪法为核心的中国特色社会主义法律体系课题形成新思路、提出新理论、探索新制度。

　　本次学术研讨会共分为五个主题研讨，分别就"完善法律体系的基础理论""完善宪法核心地位的理论与问题""完善市场经济与社会治理法律制度""实现社会公正的法律体系保障与立法体制创新""完善民主政治与生态文明法律制度"五大主题进行了深入的探讨。

会议开幕式由中国人民大学法学院冯玉军教授主持，他向来自全国各地的专家、学者表示了由衷的欢迎。中国人民大学法学院院长韩大元教授代表法学院致辞，对各位专家、学者给予中国人民大学法学院尤其是法理学科发展的支持致以诚挚的感谢，并期待本次会议能够使学者们充分发扬学术民主、形成学术共识，推动我国的法律体系真正以宪法为核心和基础进一步完善。著名法学家、中国人民大学法学院荣誉一级教授孙国华因病住院，他特意通过录音向会议的召开发来了祝贺。全国人大及其常委会原副秘书长、北京卓亚经济社会发展研究中心理事长周成奎发表了致辞，对我国法律体系的现状进行了深入的分析，指出：现有七大法律部门之间存在不平衡，行政法占绝大多数；基本法律仍然存在一些缺失，比如民法典仍在制定中，尚未通过，行政程序法应列入立法规划中；公民基本权利的保障立法缺失；立法应及时跟进社会和科技发展等问题。中国人民大学常务副校长王利明教授代表中国人民大学致辞，对各位与会代表表示了热烈的欢迎。王利明教授指出，完善我国法律体系的着力点在于"以宪法为核心"，而宪法的核心地位必须要落实到立法、司法、执法等各个方面，不能仅仅作为一个口号而存在，只有这样，才能够真正实现法律体系的完善。

开幕式之后，中国法学会副会长、学术委员会主任张文显教授作了题为"习近平立法思想"的主旨发言，阐述了习近平总书记关于完善中国特色社会主义法律体系的思想理论。他认为，习近平总书记的立法思想包含五个方面，分别是坚持立改废释并举、提高立法质量、加强重点领域立法、完善立法体制、扩大地方立法权。形势在发展，时代在前进，法律体系必须随着时代和实践发展不断完善，所以做好立法工作是永恒的课题。完善和发展中国特色社会主义法律体系，加快形成完备的法律规范体系，为中国特色社会主义法治体系和国家治理体系提供科学、先进、坚实有效的规范基础，发挥法律在改革开放、稳定发展等等方面的引领和保障作用，是加强立法工作的当务之急。

一、完善法律体系的基础理论

主旨发言之后进行了第一单元"完善法律体系的基础理论"的主题研

讨，八位专家、学者就完善宪法为核心的法律体系、中国古代法律体系、立法原则、法治等议题发言讨论。

中国社会科学院荣誉学部委员、法学研究所刘海年研究员谈了自己对完善以宪法为核心的法律体系的几点思考，他认为：完善以宪法为核心的法律体系首先要直面在法律体系建立过程中和建立后存在的问题，同时这一法律体系要服务于社会主义市场经济的建立和发展。社会主义市场经济是我国社会上层建筑的经济基础，法律体系作为上层建筑的核心部分，当然要为其经济基础的建立和发展服务。然而，这是一种前无古人的制度，如何为之服务，要总结我国实践经验，吸纳外国于我有益的经验。法律体系各部分或称各分支必须深入思考如何创新的问题。将社会主义理念体现于市场经济发展的原则和生产、销售以及分配整个流程等，都要求法律体系的协调、规制。刘海年研究员还指出，完善法律体系要加强党的领导，全党和全国人民都要提高法律文化自觉性，由此才能立足本国实际，认真总结经验，自觉使我们的法律制度适应时代的客观要求。

中国社会科学院荣誉学部委员、法学研究所杨一凡研究员作了题为"注重法律形式研究，全面揭示古代法律体系和法制的面貌"的发言，对我国古代法律体系的构成因素进行了深入的阐述，并认为：正确认识和阐述古代的法律形式，对于从多个方面开拓法史研究、推动法律史学走向科学有重大的意义。首先，全面审视古代法律形式及其立法成果，有助于法史研究从"以刑为主"的传统模式中解放出来，比较客观地揭示古代的法律体系。其次，注重法律形式研究，有助于进一步开拓法史研究的新领域。最后，深入研究古代法律形式，有助于重新审查以前研究的结论是否正确，进一步提高法史研究的学术水准。

中国人民大学法学院马小红教授阐述了中国古代"混合法"体系的基本特征，认为：经过长期的实践，中国古代的"混合法"体系形成了其固有特征，这些特征也是中华法系的基础要素，主要表现在法的文字表述的多样性、法律规范的多样性与多层结构、"人"与"法"相结合的法体设计、综合实施的司法措施等四个方面。马小红教授还指出，中国古代法律的融合力在于礼的融合，中华法律体系自形成以来是儒、释、道融合在一起的。对中国古代法的借鉴最重要的就是保持这种融合的能力，保持其强大的生命力。

中国人民大学法学院朱景文教授作了题为"把公开原则贯穿于立法过程"的发言，他认为立法公开是立法的基本原则，应在立法的起草、审议、通过和法律公布的全过程得到体现。朱景文教授通过最新完成的法律评估数据指出，我国在立法过程公开和立法公众参与方面仍存在较大的不足，需要从以下几个方面予以改善：起草阶段应广泛听取意见，立法起草机构要统筹兼顾，善于把群众意见、专家观点和管理部门的通常做法综合起来；审议阶段应提高开放程度，在条件成熟的情况下，应该适时考虑对人民群众开放立法机关的审议过程；通过阶段坚持程序透明，近年来，我国对全国人民代表大会通过的立法表决情况进行现场直播，受到人民群众广泛关注和欢迎，应把这种做法从全国人大立法推广到全国人大常委会立法，从全国人大立法推广到地方人大立法，使之常态化、规范化；公布阶段力求广为人知，法律只有为人们所普遍知晓，才能成为人们调整自己行为和判断他人行为的准则，成为约束权力、保护权利的有力武器。

华东师范大学法学院陈俊教授作了题为"推进重点领域立法、完善我国法律体系的几点思考"的发言，他认为：虽中国特色社会主义法律体系已形成，但该法律体系并不完善，离党的十八届四中全会提出的"坚持立法先行""坚持法治建设为了人民、依靠人民、造福人民、保护人民"等时代要求，尚有差距。而弘扬以人为本的精神并用之于指引并推进我国重点领域立法，有助于完善中国特色社会主义法律体系。他讨论了"以人为本"对法律体系完善的要求和时代挑战，认为完善法律体系要求拓宽人民参与重点领域立法的途径，并阐述了他关于中央立法和地方立法推进重点领域立法完善法律体系的几点思考。

北京师范大学法学院袁达松教授介绍了包容性法治这一命题，他认为：包容性法治的基本含义是通过建设社会主义法治国家，完善市场经济、民主政治、社会管理、公民个人权利保障等各方面的法制，运用法治思维方式和现代法治理念，统筹政治、经济、社会、文化等方面的协调发展。将法治国家建设作为构建政治、经济制度的手段和目标，以宪法之治作为领航标，作出包容性政治、经济体制的法治顶层设计，方能全面建设包容性的政治和经济制度，实现包容性发展。

中国政法大学法学院陈景辉教授作了题为"法治必然承诺特定价值吗？"

的发言，他运用概念分析的方式，捍卫形式法治观念。他的基本主张是：虽然作为理想的法治似乎必然承诺特定的价值，实质法治观念看起来不可避免；它所真正要求的反而是一种并不必然承诺特定价值的形式法治观念。他围绕以下四个关联问题展开讨论：第一，有法律就有法治吗？这用来说明为什么法治被视为法律的优越形态。第二，法治为什么会被视为一种"政治—法律"理想？因为法治的重点在于法律具备指导包括政府在内的所有主体的行动的能力，这一点不仅事关法律，而且事关政治。第三，法治真的重要吗？如果法治的确重要，那么所有形式法治观念的反对者都将遭遇理论上的困难。第四，法治的反面是什么？法治之所以值得追求，是因为它的反面是错误的，但实质法治观念虽然以法治为名，却包括了法治的反面的某些内容。所以，他认为形式法治是唯一正确的法治观念。

中国政法大学法学院雷磊副教授作了题为"适于法治的法律体系模式"的发言，指出：法律体系在很大程度上是法学的产物。在规范论的语境中，以规则为基础的阶层构造模式和规则—原则模式提供了法律体系的两种不同模式。由于规则—原则的双重构造模式能实现实践理性的最大化和法治理念的最佳化，因而对应着最优化的法治模型。在理想结构中，法律体系由规则（外部体系）与原则（内部体系）两部分构成：法律规则之间根据效力关系形成了特定的阶层构造，属于体系的刚性部分；而法律原则之间根据内容关系形成了客观价值秩序的统一体，属于法律体系的柔性部分。两部分之间既有静态的联结，更有动态的双向流动。在现实结构中，由于制度性和方法性联结的可能，规则与原则相互结合得更加紧密，但通常前者优先于后者。

二、完善宪法核心地位的理论与问题

大会第二单元的主题是"完善宪法核心地位的理论与问题"，主要围绕宪法权威的建立、如何以宪法为核心、宪法实施和宪法解释等问题作出发言，进行探讨。

美国康奈尔大学法学院於兴中教授作了题为"宪制权威系统的确立"的发言，他指出，完善以宪法为核心的法律体系需要考虑两方面的问题：一是宪法内部体系应当如何建立，二是宪法和其他法律之间的关系应当如何建立。他认为宪法内部体系建立的关键在于宪制权威系统的确立。他将权威看作一个开放的系统，包括八种形式——权威符号、权威理想、权威文本、权威机构、权威解释、权威解析、权威人物、权威学说，并从这八种权威形式出发对宪法权威予以深入分析。

北京大学法学院张千帆教授认为，完善以宪法为核心的法律体系，关键还是基本法治问题，以及怎样真正落实立法的问题。法治问题解决好，宪法自然成为法律体系的核心。对于实现法治国家的制度前提，他认为在制度上至少要实现五个分离：一是政教分离，这是最根本的分离；二是言行分离，言论和行为要进行区分，重视言论自由；三是党政分离，把党的领导和法治协调起来；四是横向分权，立法、行政和司法要有适当的分权；五是纵向分权，中央和地方适当分权。实现这五个分离，法治国家才有希望。一旦建成了一个基本的法治国家，宪法作为这个法律体系的核心，就是题中之意。

苏州大学王健法学院上官丕亮教授作了题为"法律体系如何'以宪法为核心'？"的发言，认为：完善以宪法为核心的法律体系，必须确保法律体系始终"以宪法为核心"。法律体系要做到以宪法为核心，就需要重新反思将宪法作为部门法的传统理论，应当不将宪法视为部门法的表现形式，这是因为将宪法视为部门法的表现形式会造成宪法规范与一般法律规范的混同，降低宪法的根本法地位，导致宪法的内容不完整，并且模糊各部门法之间的界限。法律体系"以宪法为核心"应当取消"宪法部门"，划分新的法律部门，坚持宪法是部门法的立法依据，同时应当坚守健全违宪审查制度，积极开展依宪释法活动。

中国人民大学法学院张翔教授作了题为"宪法与部门法的三重关系"的发言，认为法律体系以宪法为核心的关键在于如何处理宪法与部门法之间的关系，他将其分为三重：一是法律对宪法的具体化，应当在宪法框架中进行，不能超越宪法边界；二是法律核心的解释，它要求在法律解释过程中，要将宪法性因素作为法律解释的补强性或者控制性因素，宪法或者加强部门法解释的论证或者对其予以规制；三是违宪审查的确定，这对于前两点非常重要，只有在违宪审查确定的情况下，法律对宪法的具体化和法律核心解释才能有制度上的解释。他还指出，要完善宪法与部门法的上述三重关系，需要改变现有的"宪法学者的傲慢"和"部门法学者的模式"的现象。

中国人民大学法学院王旭教授从实践挑战的角度，观察了当前宪法实施可能面临的实践挑战。他认为要想直面这种实践挑战，需要处理好以下四个关系：一是处理好理性与意志的关系，宪法监督需要将理性置于意志之上；二是处理好宪法的开放性和稳定性的关系，既要保证宪法作为法律体系核心的稳定性，又要能够回应重大的政治判断和宪法价值问题；三是处理好规范性与现实性的关系，如何将例外政治妥善纳入理性规范体系内是宪法面临的一大挑战；四是处理好宪法的集中实施与分散实施的关系，思考如何在分散的宪法实施状态中实施集中有效的宪法判断，协调不同的实施主体，从而保证宪法实施预期的稳定。

上海交通大学凯原法学院林彦教授针对宪法性规范的编纂与宪法解释制度的完善，发表了自己的看法。他认为：立法及宪法解释是完善宪法实施的重要途径，立法与宪法解释都是使宪法得到具体化和落实的重要途径，立法已经成为最重要的发展宪法规范的方式。然而立法和宪法解释面临诸多困难，如争议大、耗时长，而通过对全国人大常委会法工委询问答复的汇纂可以充分利用既有的宪法性规范资源，其优势在于争议不大，主要涉及的领域在国家权力分配和公民基本权利保障。他指出具体做法可以是分类梳理询问答复，对于涉及宪法性问题的，可以提交全国人大常委会通过正式解释的方式予以确认。

华东政法大学法学院刘风景教授作了题为"全国人大常委会委员长的角色定位"的发言。他表示：全国人大常委会委员长是最高国家权力机关的主要领导人，对其职权予以准确的把握与界定，有助于完善人民代表大会制度。除了本职工作中的主持全国人大常委会工作、提请人事任免以及向全国人大报告工作外，全国人大常委会委员长还扮演着其他重要角色，如全国人大常委会党组书记、全国人大代表、全国人大常委会组成人员、全国人大主席团常务主席、中央政治局常委会成员、暂时代理国家元首等。刘风景教授将全国人大常委会委员长的角色特征总结为：全国人大常委会委员长是一种职务，主要是集体行使职权，这一角色为学界所忽视，其作用和职能随着社会变化而调整。在法治中国建设逐步推进的历史进程中，全国人大常委会委员长的职能将会不断地调整与完善。他认为应当将政治惯例法律化，将委员长"暗含的职能"显性化，并强化不同角色间的协调，发挥委员长对外交往的优势。

中央民族大学法学院熊文钊教授就中国法治规范体系谈了自己的看法。他将我国的立法模式概括为联邦立法主义，认为立法法的改革是立法权力下放、司法权力往上收的紧张关系；主张司法机关是捍卫国家法治统一的机器，对于地方性法律只能作为参照，而不应该作为判案标准。他提出司法区域和行政区域要予以分离，认为这样不仅有利于司法独立审判，还有利于司法机关执行国家法律、捍卫国家法治统一。

北京航空航天大学法学院田飞龙讲师作了题为"党规在法律体系中的地位和作用"的发言。2013年两部党内"立法法"的颁布回应了"打造制度之笼"的法治建设要求，更加明确了依法治党原则在法治国家体系中的地位。党的十八届四中全会亦指出依法治党是法治中国的有机组成部分。他指出：我国缺乏与国法体系相协调一致的党法体系，不仅党的自身治理无法规范化和程序化，而且国法体系在既定宪政架构下亦不可能自足而有效发展。党内立法自建党之初即已开始，但依法治党主要是伴随依法治国而产生，是整个国家法治转型发展到一定程度的必然要求。党内"立法法"对2000年《立法法》的原理与制度多有模仿，但也具有自身个性，在局部制度建构上尚存欠缺。党内"立法法"从"立法"和"备案审查"两端实施法规体系质量管理，具有顶层设计上的科学性。他认为，党在新时期的规范治理要充分理解并发挥党内"立法法"中的新原则，同时注重通过关键领域制度进取空间的先行先试积累治理经验，规范党的自身权力并反哺国家治理体系与治理能力的现代化。

三、完善市场经济与社会治理法律制度

大会第三单元的主题是"完善市场经济与社会治理法律制度"，九位专家、学者就本领域部门法律，如商法、财税法、竞争法等的完善发表各自的意见，共同交流。

中国人民大学法学院史际春教授作了题为"动态法治视野下的法律体系"的发言。他以城管和"拆违"、香港反"23条"立法和"占中"为例指出有法难依、有法不从的现象，又以劳动合同法和"互联网＋"为例阐释了法律错误和滞后性的在所难免。针对以上问题，史际春教授认为：需要跳出"良法善治"的传统思维。在当下全球化和社会化的条件下，法治模式已经

悄然发生三方面的变化：一是转变为社会和市场充分自治的前提下，政府监管和司法审查适度监督的形式；二是法律对国家机关、企事业单位和个人概括性地赋权，公私主体自由裁量、自由行为，政府对企业的监管也应在问责制的框架下进行；三是法的政策化和政策法治化，政策与法呈现融合的趋势。

中国人民大学法学院刘俊海教授作了题为"完善商法体系的思考与建议"的发言。他认为完善社会主义市场经济体制的关键在于固本培元，完善商事制度。针对我国市场经济体制不健全的问题，他围绕着公司法改革的几个方面进行了深入的阐述，认为应该从民主化、精准化等方面对公司法进行改革。同时，他建议将公司注册、变更登记、注销登记、消费者投诉等程序网络化，并指出公司治理关键要夯实股东会、董事会的民主责任。

中国人民大学法学院徐孟洲教授认为，财税法律体系是国家依法理财、税收法定、促进社会公平、实现国家长治久安的制度性保障，税收法律制度是否健全和完善关系到国家的长远发展和人民的切身利益。他对于如何完善财税法律体系进行了深入阐述，认为：市场经济的不同阶段决定着财税法律体系的内容和结构，财税法律体系的制定必须接受我国主流的经济理论和法治理论的指导。财税法要适应经济发展的新常态，理论要反映当前供给侧改革的研究，财税法律体系必须以社会主义法治思想为理论基础，以公共财政理论为指导。他还指出，完善财税法律体系，必须关注公平分配的问题；并建议编纂财税法典，将我国现有的财政体制予以固定。

中国人民大学法学院孟雁北教授讨论了竞争法前沿问题和竞争法体系的完善，指出我国反不正当竞争法的修订有三个需要解决的关键问题：一是如何体现反不正当竞争法的开放性、包容性，二是如何对经营者经营自主权或者营业限制制度予以把握，三是如何使反不正当竞争法中列举的典型不正当竞争行为的构成要件更加合理化、科学化。对于完善反垄断法体系的问题，孟雁北教授认为核心是配套规章制度问题，另外反垄断法如何在不同行业实施、如何公平审查也是需要密切关注的方向。

中国人民大学法学院王欣新教授作了题为"企业破产法的立法与实施之完善"的发言。他认为破产法立法实施之完善的关键在于更新理念，应认识到破产法对市场经济的运行具有的其他法律不可取代的作用和功能。在立法完善方面，他指出，现有的破产法是企业破产法，还需要制定一部个人破产法，同时需要完善金融破产立法，制定商业银行破产条例，并及时启动破产法的修订。在执法方面，他认为迫切需要设置破产专业审判机构，并加强社会配套机制的完善。

中国人民大学法学院黎建飞教授阐述了完善法律体系视野下残疾人权益保护法律法规的研究。他指出：残疾人法律体系的重大问题之一是观念的转变，从"残废"到"残疾"，称呼的改变是一种进步，但仍然需要纠正。社会保障立法，如妇女权益保障法、老年人权益保障法、残疾人保障法等，多是倡导性条款，司法审判过程中极少适用，需要进一步完善。

中国人民大学公共管理学院刘太刚教授作了题为"社会组织立法中注册登记的制度模式及其选择"的发言。他首先阐述了我国社会组织注册登记制度的渊源，指出现行社会组织登记制度存在三种模式——行为主体模式、组织及组织活动本身合法性模式、政策优惠模式，然后对我国现行社会组织登记制度和实施情况予以介绍，认为我国未来将改变登记模式，与宪法规定的结社自由相吻合。

中国人民大学法学院林嘉教授从坚持共享发展的角度探讨了社会法律体系的完善。她认为共享发展理念与社会法治高度契合，社会法以社会利益为本位，以实质平等和公平价值为追求，以社会大众保障为对象，能够最大限度地实现共享发展的理念。具体来说，就是要保障公民基本人权，提升公民主体地位，强调机会公平的同时承认合理的差别对待，并通过分配正义来共享社会发展成果。她指出，目前社会法在共享方面有四个层面的发展：一是劳动法在公平、开放的市场环境下的发展，二是社会互助原则下社会保障制度的完善，三是国家给付和社会福利制度的完善，四是慈善法的完善。

中国人民大学农业与农村发展学院仝志辉教授作了题为"修订《农民专业合作社法》完善市场经济法律制度"的发言。他认为当前农民专业合作社发展速度很快，但质量堪忧，发展不规范已经成为突出问题。《农民专业合作社法》的一些不当规定和立法空白是造成不规范发展的重要原因之一。为使农民专业合作社适应广大农户发展合作社的新要求，他建议在全国人大已经启动的法律修订中，明确合作社的定义和准入条件，规范和加强联合社发展，相应对现有法律第2、8、49、50、51条进行修改，通过法律更加明确的导向和规制，引导出合作社规范发展的新局面。

四、实现社会公正的法律体系　保障与立法体制创新

大会第四单元的主题是"实现社会公正的法律体系　保障与立法体制创新"，发言人对刑事实体法、刑事诉讼法、民事诉讼和非诉讼程序的完善、文化社会权、计生法、地方保护主义法律化等主题各抒己见，共同讨论。

中国人民大学法学院教授陈卫东深入阐述了刑事诉讼法完善的问题。他指出我国刑事诉讼法的篇章结构及立法体例基本完善，基本满足我国刑事诉讼的要求并适合我国国情。陈卫东教授认为我国刑事诉讼法还有很大的完善空间。首先，从立法技术层面看，为了使刑事诉讼法更加精细化和具有可操作性，需要有与之配套的保障性制度和措施，比如保障证人出庭作证、保障律师辩护权利的具体制度。其次，由于条文的不足，公、检、法三机关相继颁布有关规定和解释，这导致在司法过程中忽视刑事诉讼法，重视解释，从而大大降低了法律的权威性，助长了司法机关的权力。司法机关的解释应该通过案例的形式进行，而不能发布具有立法性质的解释。他同时指出刑事诉讼法要与时俱进，关键在于推进人权保障；并认为刑事诉讼法立法完善，既是时代的要求，也是司法改革的需要，更是社会主义法治进步的必然要求。

中国人民大学法学院黄京平教授作了题为"刑事法律体系的完善与实践前瞻"的发言。他认为刑事法律体系的完善需要处理刑事实体法与程序法、刑事实体法与其他法律这两组关系。他指出早期的刑事诉讼法和刑法的关系非常协调，使具体案件的解决均有实体法依据，而2012年刑事诉讼法虽然有一定的进步，但在制度安排上没有足够地兼顾到与实体法的协调问题；并以2012年刑事诉讼法第272～279条设置的当事人和解公诉案件的特别程序为例予以分析。他指出：刑事法律体系的完善还涉及刑事实体法与其他法律之间的关系的协调，治安案件的司法化和公安机关的执法细则公开化是今后完善刑事实体法应该重视的问题。

中国人民大学法学院汤维建教授就民事诉讼程序法与非诉讼程序法的完善作了阐述。他指出：需要形成一个以民事诉讼法为核心的程序法体系。完善我国民事诉讼程序法规体系，要坚持三个理念：一是要坚持专门化的理念；二是要坚持精密化的理念，使其具有可操作性；三是要坚持体系化的理

念，形成一个有机的体系。完善我国民事诉讼法和非讼程序法还应该坚持诉讼和非诉讼分开、人身关系诉讼程序和财产关系诉讼程序分开、公益诉讼和非公益诉讼分开、国内程序法和跨境程序法分开、审判和执行分开的五大原则。除了上述理念和原则外，完善民事诉讼法和非诉讼法体系还需要制定和修改相关法律，需要制定的法律有国内民事证据法、国内民事执行法、独立的人事程序法、公益诉讼法、非诉事件法、国内诉讼涉外程序法、国内诉讼费用法、人民赔偿法等八部法律，需要修改的法律有人民调解法、仲裁法、企业破产法三部法律，以此形成以民事诉讼法为核心的法律法规体系。

中国人民大学法学院刘计划教授作了题为"从'三机关关系'到'三方关系'"的发言。他认为三机关关系的原则过于强调不同国家权力间的一致性，而忽视了对公民权利的保护，使刑事诉讼各主要参与者之间的法律关系趋于混乱。中国应当从三机关关系的界限里跳出来，在整个诉讼结构视野下研究不同诉讼主体之间的关系，需要将法院、检察院、公安机关的"三机关关系"改为"三方关系"。诉讼是原告和被告在中立裁判主持下的对抗，应当建立以法院为中心的裁判方，以检察机关和公安机关为追诉方的原告一方，以嫌疑人、被告人及其辩护人为辩护一方的被告方，坚持审判中立、控审分离、控辩平等的原则。他还指出，在三方关系确立后，应当进行相应的制度改革，如在审前建构法院对强制侦查、秘密侦查的司法检查，确立检举一体化的推动机制，强化法律援助和律师辩护制度。

浙江工业大学法学院石东坡教授作了题为"文化社会权的国家义务及其立法进路"的发言。他认为：对文化权利的理解，在国际范围内观察，依然是难以完全达成共识的，这不仅是因为文化权利是否有如政治权利那样的效力和地位问题，而且因为文化权利的内容与功能问题。文化权利，可以在宪法的层面上解析为文化自由权和文化社会权或受益权，这两方面的国家义务及其实现方式是有差异的。借鉴制度性保障的宪法基本权利理论，不仅有利于在理论上澄清文化权利及其国家义务之间的宪法关系，而且为文化立法奠定了其合宪性、正当性的宪法学理基础，确立了文化立法所应秉持的基本权利保障和实现的宪法价值与规制边界。在我国，针对文化社会权而言，国家义务中的积极立法义务是在完善法律体系阶段所应补强的短板所在。这为公共文化服务保障法、文化产业促进法的立法树立了宪法根据。

陕西师范大学法学系张小军教授作了题为"新修《计生法》溯及力问题探究"的发言。他指出：有利追溯是现代法治之不溯及既往原则的应有之义，2015 年 12 月 27 日新修之《人口与计划生育法》却未规定有利追溯制度，在新旧法的过渡上简单采用"一刀切"的办法。新《人口与计划生育法》适用有利追溯是适应保障人权的要求，是现代法治实质平等原则的反映，也是实现良法善治的需要。应该迅速修改新计生法，增加有利追溯制度的规定，处理好新旧法的衔接问题。

江西财经大学法学院易有禄教授作了题为"部门利益和地方保护主义法律化问题研究"的发言。他认为，部门利益和地方保护主义的法律化直接影响良法之形成，并有碍善治之推行。其表现形态各异，形成原因包括不正当的部门利益和地方利益驱动、政治经济体制机制的弊端、立法制度的缺陷、人大立法能力的不足及立法监督缺位等。破解部门利益和地方保护主义法律化问题的措施应当包括全面深化改革、完善立法体制、健全立法机制、重视立法程序、强化立法监督等。

五、完善民主政治与生态文明法律制度

大会第五单元的主题是"完善民主政治与生态文明法律制度"，围绕环境公益诉讼、人权保障、立法与政治、媒体监督、慈善组织财产等问题展开讨论。

中国政法大学法学院王灿发教授作了题为"环境公益诉讼的进展与困境"的发言。他结合新近完成的新环保法实施评估，从新环保法关于环境公益诉讼的规定、新规定为环保组织提供的环境公益诉讼的机遇、最高人民法院关于环境公益诉讼的司法解释、新环保法实行之后公益诉讼进展、我国环境公益诉讼仍然面临的巨大挑战以及我国环境公益诉讼的展望等六个方面，进行了深入的讨论。新环保法第 58 条规定了社会环保组织可以针对污染环境和破坏生态的行为向人民法院提起诉讼的两个条件：一是必须在设区的市级以上人民政府民政部门登记，二是专门从事环境保护公益活动连续 5 年以上且无违法记录。如此规定比民事诉讼法更加具体，为环保组织提起公益诉讼提供了机遇。最高人民法院关于登记和违法记录的司法解释为环境公益诉讼的展开起到了积极的促进作用。新环保法颁布后，一年多内有 53 起环境

公益诉讼被法院受理，但总体来讲数量仍然有限，王灿发教授认为这是由环境公益诉讼面临的法律本身和外部条件两大挑战造成的。

中国人民大学叶传星教授发表了有关制定人权保障基本法的若干思考。他认为我国宪法中还有很多重要的人权没有规定，而通过修宪或者宪法解释的方式来补充基本权利的做法难度较大，因此有必要制定一部专门的人权保障基本法，为人权法治做顶层设计，使人权保障基本法处于宪法之下、各权益保护法之上的地位。他指出，人权保障基本法应该解决以下几个问题：一是将基本权利和人权明晰化，尤其是将宪法中已有的权利在人权保障基本法中进一步细化，将诸如发展权、环境权等权利写入人权保障基本法，并与国际公约接轨，将我国已经加入或批准的重要人权公约的核心规定纳入人权保障基本法；二是明确国家机关的人权保障义务，通过立法明确规定各国家机关保障人权的义务。叶传星教授认为，制定人权保障基本法可以有效分流将来可能大量产生的宪法诉讼，而且从意识形态角度看，该法是一部极好的人权教育教材，对于宣扬人权价值具有积极的意识形态引导作用。

中央党校政法部王立峰教授对立法工作与政治工作的关系进行了分析。他认为从人类立法发展历史看，立法经历了一个从政治化不断走向专门化的过程，但是走向专门化的过程并没有彻底消减其政治化，立法工作中既有政治化也有法律专门化，二者是并存的，但也存在紧张关系。他指出，立法工作离不开政党政治，但是立法工作中的政党政治不是为所欲为的，而是要受到一定的限制。他将这种限度概括为自主原则、公开原则、理性原则和合法原则四个方面。

南京大学新闻传播学院陈堂发教授作了题为"媒体监督权作为宪法权的应然性/意义分析"的发言。针对我国限制媒体权利的立法较多，而授予媒体权利的法律缺失的现象，陈教授结合党的十八届四中全会的决定，从司法制度推进角度阐述了媒体监督权作为宪法权如何扩张的问题。他认为，应当根据宪法明确规定，不得歪曲事实，媒体只有出于故意侵害时才应该被追究责任。案件管辖制度改革应对媒体开展异地监督，避免地方权力干预诉讼。党的十八届四中全会的决定中提出最高人民法院设立巡回法庭、审理跨行政区的重大民事案件，对于强化媒体的批评监督权有十分重要的意义，可以有效克服地方权力干涉案件审理的弊端。陪审人员基于报道内容，可依据合理性事实，认定媒体不存在过错。法院审理新闻报道纠纷案件，采取谁报道谁举证的原则。党的十八届四中全会决定要求完善人民陪审员制度，对于维护媒体监督权具有积极作用。

中央民族大学法学院郑毅副教授作了题为"论作为'半部'中央与地方关系法的《民族区域自治法》"的发言。他认为，作为我国民族区域自治制度的基本法，《民族区域自治法》虽在调整中央与民族自治地方关系的过程中扮演核心角色，实则力有不逮，充其量只发挥了"半部法"的效用。而《宪法》、《立法法》、"地方组织法"、"国务院若干规定"、自治条例等相关法律规范作为重要补强，同样在对中央与民族自治地方关系的规制上各自面临困境和局限。应以宪法的深入实施为逻辑前提，以法律解释的加强为重要路径，以法律规范的修改为努力方向，以自治条例的出台为改革抓手，以"中央与地方关系法"的制定为远景目标，最终实现中央与民族自治地方关系的法制建构目标。

首都医科大学卫生法学系刘兰秋副教授指出了日本法律体系与我国的相似之处，介绍了日本医疗卫生法律体系的构成：日本共有一百四十余部医疗卫生领域的法律，大致可以分为五大类，分别是医疗卫生领域的综合性法律，与医疗相关的法律，关于公共卫生的法律，关于药品和医疗器械等医疗产品的法律以及关于医疗保险和医疗保障的法律。她总结出日本医疗卫生领域的法律三个特点：一是立法系统、全面；二是重视法律修改工作，保证法律与社会生活以及与其他法律之间的一致性；三是粗细结合的立法模式。

中国劳动关系学院杨思斌教授作了题为"慈善组织财产的法律定性与制度安排"的发言。他指出：慈善组织的财产的法律定性关系到慈善组织非营利性原则的遵守及慈善组织经营性活动的边界，是慈善立法的重要议题。关于慈善组织的财产的性质主要有公益产权说、社会公共财产说以及法人财产说几种观点。事实上慈善组织的财产具有社会公共性和法人财产权的二元属性，这两者之间并不存在根本性矛盾。无论是在法律定性还是制度安排上都不能仅用营利性法人财产权理论来解释慈善组织的财产的属性，还需要兼顾慈善组织本身所体现的社会公共性以及其作为独立法人的财产权。出于平衡慈善组织的财产的二元属性的目的，慈善法在制度设计上应对慈善组织经营性活动规则、慈善项目终止剩余财产处理以及慈善组织的年度支出和管理费用标准等加以规定。慈善组织的财产的二元属性理论对于慈善法的完善及配套法规、政策的制定具有重要的指引作用。

中国人民大学法学院殷守革博士作了题为"行政程序法与法治体系构建"的发言。他指出：行政程序法是现代国家规范行政权力运作与行使的基本法，行政法难以法典化并不意味着行政程序不能法典化，世界上很多国家和地区已经制定出一部统一的行政程序法。统一的行政程序法是社会主义法治体系的重要组成部分，是建设社会主义法治国家的标准配置。实现依法治国的总目标，需要制定一部统一的行政程序法作为动力和支撑。

六、结语

大会结束之际，中国人民大学法学院朱景文教授和美国康奈尔大学法学院於兴中教授分别作了大会总结。朱景文教授认为，中国特色社会主义法律体系的划分应当以国家的基本社会制度作为最根本的依据，这就需要坚持以宪法为核心，坚持作为规则之治的法治。於兴中教授认为，法律体系的概念使用需要考虑具体的语境，一个真正运行良好的体系必然是一个开放的体系，同时这样一个体系应当是广义的规范体系，将各种制度规范都纳入其中。

本次研讨会围绕"完善以宪法为核心的法律体系：理论创新与实践挑战"展开了热烈的讨论，海内外众多专家、学者济济一堂，共聚北京，就五大主题畅所欲言、各抒己见、共同交流，迸发出诸多思想火花，为我国社会主义法律体系的进一步完善、宪法核心地位的建立和巩固提供了有价值、有意义的建议，贡献了大量的理论创见。这些建议和理论创见必将对我国的法治建设产生深远的影响。

附录二

"完善新时代法律体系与京津冀协同发展立法"系列报告会成功举办

2017年12月1日下午，"完善新时代法律体系与京津冀协同发展立法"系列报告会的启动仪式在中国人民大学法学院601国际学术报告厅举行。中国法学会立法学研究会副会长兼秘书长、中国人民大学法学院教授冯玉军主持启动仪式。中国法学会立法学研究会常务副会长、中国人民大学法学院资深教授朱景文，中国人民大学法学院党委副书记兼副院长杜焕芳，中国政法大学法学院教授、中国法学会立法学研究会副会长侯淑雯，南开大学法学院教授陈兵，河北经贸大学法学院党委书记郭广辉，出席了启动仪式。

开幕式上，冯玉军教授简述了系列报告会的背景与意义。朱景文教授代表中国法学会立法学研究会致辞。杜焕芳教授代表主办方之一的中国人民大学法学院对各位嘉宾的到来表示欢迎。随后，侯淑雯教授、陈兵教授和郭广辉教授分别代表中国政法大学法学院、南开大学法学院和河北经贸大学法学院致辞。

以下分别以中国人民大学系列、中国政法大学系列、南开大学系列和河北经贸大学系列的顺序，呈现十五场精彩的报告会内容。

中国人民大学系列

2017年11月底，接到中国法学会立法学研究会关于在中国人民大学法学院举办"完善新时代法律体系与京津冀协同发展立法"系列学术报告会的安排部署后,中国人民大学法学院承办了其中的子系列之"完善新时代法律体系"系列报告会。经过研究与协调,报告会由全国人大常委会法工委派出具有丰富立法经验的各科室主任、副主任进行专业的各领域报告,由中国人民大学法学院具体负责报告会的会务组织工作。截至 2017 年 1 月中旬,"完善新时代法律体系"系列报告会已在中国人民大学法学院举办了三场精彩的立法报告会。

第一场报告会

2017 年 12 月 1 日下午,"完善新时代法律体系与京津冀协同发展立法"系列报告会第一讲在中国人民大学法学院 601 国际报告厅举行。中国法学会立法学研究会副会长、中国人民大学法学院教授冯玉军主持第一讲。中国人民大学法学院资深教授、中国法学会立法学研究会常务副会长朱景文,中国人民大学法学院教授周珂、李艳芳出席第一讲。

第一讲由全国人大环境与资源保护委员会法案室主任翟勇主讲,报告主题为"完善环境立法:回顾与展望"。翟勇主任的报告分为五部分:第一部分是"环境法的现状",第二部分是"环境法的特点",第三部分是"环境立法的进展",第四部分是"环境法对传统法的影响",第五部分讲述了对环境法的展望。在一个半小时的报告结束后,中国人民大学法学院环境与资源法学教研室的周珂教授和李艳芳教授对报告进行了精彩点评。之后,翟勇主任与现场观众进行了提问与解答的互动。

第二场报告会

2017 年 12 月 8 日,由中国法学会立法学研究会和中国人民大学法学院联合举办的"完善新时代法律体系与京津冀协同发展立法"的系列报告会第二讲在中国人民大学法学院 601 国际学术报告厅隆重举行。中国人民大学法学院教授、中国立法学研究会副会长兼秘书长冯玉军主持报告会第二讲。本次报告会邀请到全国人大常委会法工委行政法室副主任黄薇。

作为系列报告会的第二讲,黄薇主任报告的主题是"完善先进文化立法:回顾与展望"。黄主任的报告分为四部分:第一部分为"什么是文化与文化立法"，第二部分为"完善文化立法的重要意义"，第三部分回顾了过去五年来我国在文化立法上取得的成就，最后一部分为"先进文化立法的展望"。

黄薇主任的报告结束后，中国人民大学法学院莫于川教授、中国政法大学法学院刘莘教授、中央民族大学法学院熊文钊教授对报告进行了精彩点评。之后，黄薇主任与现场观众进行了提问与解答的互动。

第三场报告会

2018 年 12 月 8 日，"完善新时代法律体系与京津冀协同发展立法"系列报告会第三讲在中国人民大学法学院 601 国际学术报告厅隆重举行。中国人民大学法学院教授、中国法学会立法学研究会副会长兼秘书长冯玉军主持报告会第三讲。本次报告会邀请到了全国人大常委会法工委经济法室副主任杨合庆。本次报告会的点评人为中国人民大学法学院朱景文教授、杨东教授和徐阳光副教授。同时，来自北京众多高校的学生数十人参加了此次报告会。

杨合庆主任报告的主题是"新时代经济立法的回顾与展望"，报告分为两部分。在第一部分中，杨合庆主任主要从"经济立法总论"的角度对我国的经济立法进行了简要回顾。杨合庆主任讲到了我国经济立法的特点，论及了我国经济法律体系的建构。在第二部分杨合庆主任就五个具体的法律制度或领域进行了评述，分别是土地法律制度、税收法律制度、公司法律制度、外商投资法律制度和网络领域立法。这五个具体的法律制度或领域在法律实践中都具有十分重要的意义，既有如公司、税收等传统的经济法领域，又涉及互联网等新兴的立法领域。杨合庆主任表示，这些问题远非一朝一夕能够解决，都需要法学研究者们进行深入的探究。

报告结束之后，朱景文教授、徐阳光副教授和冯玉军教授先后对报告进行了点评。最后，杨主任回应了几位教授的点评，与现场听众进行了精彩的互动。

中国政法大学系列

第一、二场报告会

2017 年 12 月 7 日，由中国法学会立法学研究会和中国政法大学联合主办、中国政法大学法学院承办的"完善新时代法律体系与京津冀协同发展立法"系列报告会开幕式暨第一、二场报告在中国政法大学研究生院科研楼913会议室成功举行。本场报告会邀请到北京市人大常委会法制办主任李小娟以及法制办赵晓琦博士担任主讲人,中国政法大学法学院副院长薛小建教授主持开幕式,中国政法大学法学院院长焦洪昌教授做开幕致辞,中国政法大学统战部部长王称心、中国政法大学法学院王成栋教授以及中央民族大学法学院熊文钊教授、对外经贸大学法学院张欣助理教授担任评议人。中国立法学研究会副会长、中国政法大学法学院侯淑雯教授担任主讲环节主持人。来自中国政法大学和其他高校的师生数十人参与了报告会。

李小娟主任主讲的题目是"北京市地方立法概述"。首先李小娟主任梳理了地方立法权的取得过程和地方立法工作的整体发展,将其分为起步、加快立法步伐、提高立法质量、完善法律体系四个阶段。其次李小娟主任从三个方面总结了党的十八大以来北京市推进地方立法的主要做法,包括切实加强党的领导、完善立法工作格局和健全人大主导立法。最后李小娟主任展望了京津冀协同发展立法的前景。

赵晓琦博士主讲的题目是"北京市地方立法规划编制情况与思考"。赵晓琦博士首先简要介绍了北京市历届地方立法规划的编制情况,重点分析了立法规划的实施效果。接下来赵晓琦博士详尽地介绍了北京市2018—2022年地方立法规划编制工作的开展情况,从五个方面梳理了北京市目前所考虑的立法项目。最后,赵晓琦博士总结了在地方立法规划编制过程中的一些思考。

报告结束之后,几位评议人从不同方面进行了精彩的点评,两位主讲人也逐一给出了回应,并与现场听众进行了互动。

第三、四场报告会

2017年12月15日,由中国法学会立法学研究会和中国政法大学联合主办、中国政法大学法学院承办的"完善新时代法律体系与京津冀协同发展立法"系列报告会第三、四场报告在中国政法大学研究生院科研楼913会议室举行。本场报告会邀请到北京市人大常委会法制办一处处长熊菁华以及法制办四处副处长张晓楠担任主讲人,中国政法大学法学院赵雪纲副教授和姜廷惠副教授分别担任两个单元的主持人，北京市政府法制办信息中心副主任徐宗立、中国政法大学人权研究院王理万讲师、中国政法大学法学院张吕好副教授和张莉教授担任评议人。来自中国政法大学和其他高校的师生数十人参与了报告会。

熊菁华处长主讲的题目是"地方立法与改革"。熊菁华处长首先从理论层面分析了改革与立法之间的关系，深入剖析了"立法对改革的引领和推动作用"这一命题的内涵。接下来熊菁华处长从实践层面分析了北京市发挥立法引领与改革作用的若干实例，指出北京市对立法与改革之间的关系的认识存在一个不断深入的过程，并以《北京市控制吸烟条例》为例进行了较为详尽的分析。最后熊菁华处长总结了北京市在处理立法与改革的关系的过程中的若干体会与经验。

张晓楠副处长主讲的题目是"党的领导与地方立法"。张晓楠副处长首先梳理了党的十八大以来中央关于党领导立法的相关论述，提炼了党领导立法的若干原则。接下来张晓楠副处长介绍了北京市在加强党领导立法工作中的相关实践，包括北京市委对立法工作的领导和北京市人大常委会党组对立法工作的主导，并结合相关实例进行了深入分析。最后，张晓楠副处长总结了北京市在加强党领导立法工作过程中的几点思考，包括如何更好地发挥立法的引领和推动作用、充分发挥人大的优势以及加强地方立法的问题导向等。

报告结束之后，几位评议人从不同方面进行了精彩的点评，两位主讲人也逐一给出了回应，并与现场听众进行了互动。最后，中国立法学研究会副会长、中国政法大学法学院教授侯淑雯作了总结致辞。侯淑雯教授首先对北京市人大常委会法制办对本次报告会的大力支持表示真挚的感谢，指出立法学的研究尤其需要关注实践，深入总结实践中的问题，真正实现理论和实践的沟通与融合。

南开大学系列

2017 年 12 月 15 日下午，"完善新时代法律体系与京津冀协同发展立法"系列学术报告会开幕式暨第一、二场学术报告会在南开大学法学院 455 会议室举行。南开大学法学院副院长宋华琳教授主持报告会,南开大学法学院院长付士成教授致开幕词,对学术报告会召开的背景和报告会的主要内容作了简要的介绍。

第一场报告会

天津市人大法制委员会主任委员高绍林以"五年来天津地方立法工作综述"为题作了第一场报告。报告分三部分:第一部分概述了五年来的天津市地方立法概况:天津市十六届人大及其常委会制定地方性法规和有关法规的决定 64 件,一大批在全国有影响力的地方性法规相继出台,得到了社会的广泛好评。第二部分介绍了天津市地方立法工作的新发展。第三部分介绍了五年来地方立法工作的主要经验和体会。南开大学法学院闫尔宝教授对高绍林主任的报告进行了评议。在互动环节,与会师生对天津市五年地方立法工作和高绍林主任所作的报告都给予了高度评价,对地方立法背后生动鲜活的故事表现出深厚的兴趣,希望有机会更多地参与地方立法活动。

第二场报告会

第二场学术报告的主讲人是天津市人大常委会法工委一处副处长武志,主题是"京津冀协同发展立法研究与实践"。报告分五个部分:一是对京津冀协同发展重大国家战略的认识;二是促进区域发展的国内外立法例研究,三是京津冀协同发展立法引领与保障的实现途径研究,四是引领和促进京津冀协同发展的 34 个立法建议项目,五是健全京津冀协同发展立法引领与保障的工作机制。南开大学法学院陈兵教授对武志处长的报告进行了评议。在互动环节,与会师生对京津冀协同发展立法研究成果和所取得的实质进展给予了充分的肯定,并提出了一些需要继续深化研究的问题。

第三场报告会

2017 年 12 月 22 日下午,第三场学术报告会在南开大学法学院 455 会议室继续举行。南开大学法学院院长付士成教授致辞并介绍与会嘉宾。天津市人大常委会法工委主任王泽庆以"人民代表大会立法的天津实践"为题作了报告,深入探讨了人民代表大会立法的有关理论问题,详细介绍了天津市人民代表大会五年来立法的实践经验，分别从选题定向、充分调研、联合起草、广泛征求意见、统一审议、扩大宣传等方面谈了经验和体会。南开大学法学院宋华琳教授对王泽庆主任的报告进行了评议。在互动环节，对于如何确保地方立法质量、地方立法内容如何创新、法工委在地方立法过程中如何发挥作用等问题，王泽庆主任结合天津的实例都予以了精当的回应。

第四场报告会

第四场学术报告的主讲人是天津市人大立法研究所助理研究员张宜云博士，主题是"党的领导与发扬民主在地方立法中的落实"。报告分四个部分：一是从政党的使命和中国共产党的性质特征等方面，阐述了为什么要坚持党对立法工作的领导。二是阐述了党的领导和发扬民主之间的关系。三是阐述了党的领导、发扬民主如何统一于依法治国全过程。四是以亲自承办的《天津市不动产登记条例》为例，生动形象地介绍了在地方立法中如何贯彻党的领导、如何开展民主立法。在点评环节，南开大学法学院李飞副教授认为，通过一个法规的立法过程生动展示党的领导和发扬民主如何在地方立法中落实这一抽象的理论问题，是智慧的选择，使师生们清楚了解立法的整个过程。

河北经贸大学系列

由中国法学会立法学研究会和河北经贸大学法学院主办的"完善新时代法律体系与京津冀协同发展立法"系列报告会启动仪式暨第一讲在河北经贸大学国际学术报告厅举行。河北经贸大学党委书记董兆伟，党委常委、副校长柴振国，中国法学会立法学研究会常务理事、河北省人大常委会法工委副主任周英出席并致辞；河北经贸大学法学院院长王利军教授主持会议，河北经贸大学师生两百余人参加。

第一场报告会

作为报告会第一场的主讲人，河北省人大常委会法工委主任冯志广作了题为"积极推进京津冀协同立法，为京津冀协同发展提供法治保障"的主题报告。

冯志广主任针对协同立法如何破题，主要指出四点：第一，要有章法，这是前提。要加强三地协同立法、协商共享，加强重大立法项目联合攻关、交流互建。第二，辩证地看待人大立法与政府立法的关系，正确处理政策和法律的关系。第三，深化协同立法——明确京津冀协同立法的原则，确定"三位一体"的协同立法模式，构建协同立法的保障机制。第四，落实到具体项目——协同立法必须把握交通、环保、教育、医疗、社保、体育等重点领域，科学确定协同立法项目。

在评议环节，河北经贸大学法学院党委书记郭广辉、宪法与行政法教研室主任丁渠指出，京津冀协同立法，不仅考虑地方的具体问题，还发挥了地方立法的主动性和能动性；省人大法工委工作非常重要，提出区域协同发展、站位高、效果实，具有重要实践意义。

第二场报告会

12 月 19 日，由中国法学会立法学研究会和河北经贸大学法学院主办的"完善新时代法律体系与京津冀协同发展立法"系列报告会第二讲在河北经贸大学第三教学楼 B409 教室举行。河北省人大常委会法工委办公室主任郭红作了题为"京津冀协同立法引领和保障实践探析"的报告，河北经贸大学副校长（挂职）冯玉军出席。报告会由河北经贸大学法学院党委书记郭广辉主持，河北经贸大学法学院教授丁渠、石家庄铁道大学人文学院教授窦竹君以及五十余名河北经贸大学法学院师生到场聆听。

郭红指出，作为国家发展战略，京津冀协同立法是一项重要的立法任务。她站在立法者的角度，详细介绍了中国特色社会主义法律体系的概念和意义，说明了我国的立法体制是统一的、多层次的，地方立法与地方性法规属于完全不同的两种概念，前者涵盖的范围比后者涵盖的范围更为广泛。她提出，要做好京津冀三地的立法工作衔接，不断深化三地立法项目的协同，才能把三地的立法资源优化整合。

冯玉军作总结讲话。他指出，本次报告会是由中国法学会立法学研究会主办，中国人民大学、中国政法大学、南开大学和河北经贸大学等四校法学院联合承办的系列报告会之一，有利于推动京津冀立法研究的深入，对于完善新时代法律体系极具借鉴意义。

第三场报告会

12 月 20 日，由中国法学会立法学研究会和河北经贸大学法学院主办的"完善新时代法律体系与京津冀协同发展立法"系列报告会第三讲在河北经贸大学第三教学楼 B409 教室举行。河北省人民政府法制办公室副主任孟相维作了题为"谈深化京津冀区域法治协同"的主题报告，河北师范大学教授王宝治、河北政法职业学院教授肖辉作为与谈人出席，河北经贸大学法学院院长王利军主持会议，河北经贸大学法学院师生六十余人参加。

孟相维副主任针对如何深化京津冀区域法治协同的问题，结合政府法制工作的实际，从政府工作的视角出发，围绕深化京津冀区域法治协同的基础、内容、措施等三个方面展开主题报告。他就如何发挥法治研究工作推动协同发展的作用提出三点意见：一是增强研究的主动性，二是增强前瞻性，三是突出专业性。

王宝治教授指出，京津冀协同发展战略对河北来说既是机遇又是挑战，应注重相关立法工作，完善司法配套机制，实现区域协同发展。

肖辉教授提出，河北应充分发挥雄安新区的战略优势，带动全省经济发展，并在现有的柔性立法模式下，加强相关刚性立法的研究。

第四场报告会

12 月 28 日，由中国法学会立法学研究会和河北经贸大学法学院主办的"完善新时代法律体系与京津冀协同发展立法"系列报告会第四讲在河北经贸大学第三教学楼 B409 教室举行。河北省人大常委会法工委副主任周英作了题为"京津冀协同立法现状与展望"的主题报告，河北省委党校杨福忠教授、石家庄铁道大学胡延广教授、河北经贸大学丁渠教授作为与谈人出席，河北经贸大学法学院党委书记郭广辉主持会议，河北经贸大学法学院师生六十余人参加。

周英副主任针对京津冀协同立法的现状，结合目前发展的实际，指出协同发展与协同立法的关系、必要性以及意义，并就京津冀协同立法提出了展望：一是在立法项目选择机制上，需要党委的参与；二是京津冀的协同需要政府的高度参与，共同配合；三是项目协同需要具体深化下去，期待雄安新区的立法。

在评议环节，杨福忠教授指出，我们要注意协同立法项目的选择及协同的边界和范围问题、平等对待与合理差别待遇的平衡问题、设区的市的立法权与其他地区立法的协调问题。胡延广教授指出，京津冀中的"协"是实体上的协调，"同"是程序上的同步，京津冀三地要找准地方立法定位，在国家统一指导下，突出地方立法的特色。丁渠教授指出，我们要在京津冀协同立法和发展过程中不断进行反思，既要协同发展，也要保持地方特色。

总结

通过上述一个月时间里举行的十五场学术报告会，参与报告的各高校师生对协同立法与协同发展的关系、协同立法模式、协同立法的主体与程序、协同立法保障机制、协同立法项目的选择与实现有了进一步的理解和认识，并对人大立法与政府立法的关系、政策与法律的关系以及地方立法如何克服部门利益、地方立法内容如何创新等问题有了更深层次的见解。"京津冀协同发展"不仅是一个重大的理论命题，同时更是一个重要的实践课题。在推进协同发展立法的过程中也还面临着一些问题和障碍，京津冀协同立法与发展的实践进程需要立法工作者与立法研究者齐心协力，从战略和全局高度出发，努力推进京津冀协同立法的理论和实践创新。

此次系列报告会加强了理论界和实务界的交流与互动，有利于推动京津冀协同立法研究的深入，对于完善新时代法律体系极具借鉴意义。系列报告会的成功举办，离不开三地四校的辛勤工作，更离不开全国人大常委会法工委和北京市、天津市及河北省人大常委会法工委的大力支持。与会人员均热切希望今后能够多举办此类的学术活动。

分工与致谢

　　"体系"思想作为人类认识世界的基本方法源远流长，以大陆法系和英美法系为主要景观的全球法律体系迄今也有数百年的历史。自 1997 年中国共产党第十五次全国代表大会明确提出"加强立法工作，提高立法质量，到 2010 年形成有中国特色社会主义法律体系"战略目标以来，法学、法律界围绕法律体系的概念、法律体系建构的价值、法律部门划分、立法体制机制的细化与完善、法制统一、各个部门法以及重点领域立法完善等问题展开全面研究，迄今已有二十余年时间。就在这短短的二十余年间，我国的法治建设形势也发生了巨大变化：以确立依法治国、建设社会主义法治国家为治国基本方略和加入世界贸易组织为标志，中国特色社会主义法律体系宣告形成，法治的地位和作用获得空前的重视，开启了全面依法治国、建设法治中国、推进国家治理体系和治理能力现代化新征程。

　　中国特色社会主义进入新时代，法律体系完善和立法体制改革也进入了新时代。习近平总书记在学习贯彻党的十九大精神研讨班开班式上提出，"时代是出卷人，我们是答卷人，人民是阅卷人"。这部沉甸甸的著作就是一群法律学人因应时代和国家的要求而奉献出来的学术答卷。本书是我担纲主持的 2014 年国家社科基金重大项目（第三批）"完善以宪法为核心的中国特色社会主义法律体系研究"（14ZDC008）和 2015 年北京市社科基金重大项目"完善以宪法为核心的中国特色社会主义法律体系研究"（15ZDA03）的最终研究成果，其中凝结了课题组全体成员的心血、汗水和智慧。研究团队中，既有学富五车的法学专家，又有初露锋芒的年轻新秀；既有理论界的泰山北斗，又有实务界的骨干栋梁。没有老、中、青三代法律人的倾情投入和鼎力支持，这样一本巨著实在是无法完成的。

一、写作分工

参加本书（课题）研究与写作的人员包括（以撰写章节先后为序）：

导论、课题主持人、首席专家：冯玉军（中国人民大学法学院教授、博士生导师）；

第一章：马小红（中国人民大学法学院教授、博士生导师）、刘海年（中国社会科学院荣誉学部委员、博士生导师）、王振东（中国人民大学法学院副教授、硕士生导师）；

第二章：冯玉军（中国人民大学法学院教授，博士生导师）、王起超（中国人民大学法学院硕士生）、叶传星（中国人民大学法学院教授，硕士生导师）；

第三章：冯威（中国政法大学法学院讲师、法学博士）、叶一舟（中山大学粤港澳发展研究院副研究员、法学博士）、宋京逵（中国人民大学法学院博士生）；

第四章：雷磊（中国政法大学法学院副院长、教授）；

第五章：刘风景（华东政法大学政治学与公共管理学院教授、博士生导师）、雷磊（中国政法大学法学院副院长、教授）、裴洪辉（中国人民大学法学院博士生）、赵一单（中国政法大学法学院讲师、法学博士）；

第二编主持人：许安标（全国人大常委会法制工作委员会副主任、法学博士）；

第六章：许安标（全国人大常委会法制工作委员会副主任、法学博士）、张鹏（首都经贸大学法学院讲师）、殷胜勤（中国人民大学法学院硕士生）；

第七章：上官丕亮（苏州王健法学院教授、博士生导师）；

第八章：王旭（中国人民大学法学院教授、博士生导师）；

第九章：叶传星（中国人民大学法学院教授、硕士生导师）；

第十章：王立峰（中共中央党校政法部教授、博士生导师）、冯玉军（中国人民大学法学院教授、博士生导师）；

第十一章：莫于川（中国人民大学法学院教授、博士生导师）、曹伟、王留一（中国人民大学法学院博士生）；

第十二章：杨崇华（最高人民检察院检察官、法学博士）；

第十三章：付池斌（南京陆军指挥学院军事法学教研室教授、法学博士、大校）、付煜（中国人民解放军空军勤务学院学士，94981部队干事，中尉）、朱晓红（西安政治学院军事法律系教授、史学博士）；

第十四章：巴哈提牙（新疆维吾尔自治区人大常委会工作人员、法学博士）、刘洁（中国人民大学法学院硕士生）；

第三编主持人：杨立新（中国人民大学法学院教授、博士生导师）；

第十五章：杨立新（中国人民大学法学院教授、博士生导师）、刘风景（华东政法大学政治学与公共管理学院教授、博士生导师）；

第十六章：孙若军（中国人民大学法学院副教授、硕士生导师）；

第十七章：郭禾（中国人民大学法学院教授、博士生导师）；

第十八章：朱大旗（中国人民大学法学院教授、博士生导师）；

第十九章：贾林青（中国人民大学法学院教授、博士生导师）、贾辰歌（首都经贸大学工商管理学院助理研究员）；

第二十章：徐孟洲（中国人民大学法学院教授、博士生导师）、杨疏影（中国人民大学法学院博士生）；

第二十一章：徐孟洲（中国人民大学法学院教授、博士生导师）、宋琳（中国人民大学法学院博士生）；

第二十二章：孟雁北（中国人民大学法学院教授、博士生导师）；

第二十三章：仝志辉（中国人民大学农业与农村发展学院教授、博士生导师）；

第二十四章：扬智勇（北京扬智勇律师事务所主任、法学博士）；

第四编主持人：石东坡（浙江工业大学法学院教授、博士生导师）、黎建飞（中国人民大学法学院教授、博士生导师）；

第二十五章：石东坡（浙江工业大学法学院教授、博士生导师）；

第二十六章：石东坡（浙江工业大学法学院教授、博士生导师）；

第二十七章：谢君泽（中国人民大学法学院副教授、硕士生导师）；

第二十八章：雷震文（中国人民大学国家发展与战略研究院博士后研究人员、法学博士）；

第二十九章：王云霞（中国人民大学法学院教授、博士生导师）；

第三十章：冯玉军（中国人民大学法学院教授、博士生导师）；

第三十一章：黎建飞（中国人民大学法学院教授、博士生导师）；

第三十二章：刘兰秋（首都医科大学卫生管理与教育学院副教授、硕士生导师）；

第三十三章：孙娟娟（中国人民大学法学院博士后研究人员、法学博士）；

第三十四章：黎建飞（中国人民大学法学院教授、博士生导师）；

第三十五章：莫于川（中国人民大学法学院教授、博士生导师）；

第三十六章：刘太刚（中国人民大学公共管理学院教授、博士生导师）；

第五编主持人：周珂（中国人民大学法学院教授、博士生导师）；

第三十七章：周珂（中国人民大学法学院教授、博士生导师）、竺效（中国人民大学法学院教授、博士生导师）、丁霖（中国人民大学法学院博士生）；

第三十八章：竺效（中国人民大学法学院教授、博士生导师）、丁霖（中国人民大学法学院博士生）、王盛航（中国人民大学法学院博士生）；

第三十九章：吴心宇、莫勋哲、程玉霄（中国人民大学法学院硕士生）；

第四十章：李艳芳（中国人民大学法学院教授、博士生导师）、吴倩（中国人民大学法学院硕士生）；

第四十一章：李玉基（甘肃政法学院校长、教授、硕士生导师）；

第四十二章：孟庆瑜（河北大学政法学院院长、教授、博士生导师）；

第六编主持人：汤维建（中国人民大学法学院教授、博士生导师）；

第四十三章：汤维建（中国人民大学法学院教授、博士生导师）；

第四十四章：刘计划（中国人民大学法学院教授、博士生导师）；

第四十五章：莫于川（中国人民大学法学院教授、博士生导师），曹伟、王留一（中国人民大学法学院博士生）；

第四十六章：冯玉军（中国人民大学法学院教授、博士生导师）、张先民（中国人民大学法学院硕士生）；

第七编主持人：冯玉军（中国人民大学法学院教授、博士生导师）；

第四十七章：万其刚（全国人大常委会办公厅研究室二局局长、法学博士）、蔡春红（国家行政学院经济学教研部副研究员），徐玮、张曼（中国政法大学人文学院法理硕士生），颜容容、王彦彦、王潇月、武骁哲、陈宽、韩晓洁（中国人民大学法学院硕士生）；

第四十八章：范文嘉（国务院法制办政府法制研究中心工作人员）、赵一单（中国政法大学法学院讲师、法学博士）、金梦（华东政法大学法学院讲师、法学博士）；

第四十九章：张康妮、陈明星、丁宇、程浩（中国人民大学法学院硕士生），刘雁鹏（中国社会科学院法学所讲师、法学博士）；

第五十章：柳建启（广东技术师范学院政法学院副教授、法学博士），黄哲雅、崔赫（中国人民大学法学院硕士生）；

第五十一章：冯玉军（中国人民大学法学院教授、博士生导师）、王柏荣（北京联合大学人大制度研究所助理研究员）；

全书由冯玉军负责统稿。

表 1   **课题安排及人员分工**

课题（书）主持人	子课题（编）负责人	分课题（章节）	研究专题（章节）	承担人
完善以宪法为核心的中国特色社会主义法律体系研究（冯玉军）		序言一	深化法律体系研究全面推进依法治国	孙国华
		序言二	站在新的历史起点上做好立法工作的几点思考	杨景宇
		导论	完善以宪法为核心法律体系的研究价值、内容框架和理论创新	冯玉军
	子课题一（第一编）：完善法律体系的基础理论研究（冯玉军）	本编导言		冯玉军
		第一章 完善法律体系的历史研究	中国古代以礼为核心的"混合法"体系	马小红
			中国古代法律文化的主要内容、特点及影响	刘海年
			从中华法系、中国特色法律体系到新中华法系	王振东
		第二章 完善法律体系的当代研究	当代中国法律体系理论研究综述	冯玉军 王起超
			当代中国语境下法律体系理论的挑战与问题	叶传星
		第三章 完善法律体系的规范论研究	法律体系完善的路径	冯威
			法律体系"完善"的内外意涵：规范法学的维度	叶一舟
			法律体系"完善"的内外意涵：自然/价值法学的维度	宋京逵
		第四章	适于法治的法律体系模式	雷磊

续前表

课题（书）主持人	子课题（编）负责人	分课题（章节）	研究专题（章节）	承担人
完善以宪法为核心的中国特色社会主义法律体系研究（冯玉军）	子课题一（第一编）：完善法律体系的基础理论研究（冯玉军）	第五章 完善法律体系的立法学基础理论	基于法释义学的立法学体系构建	刘风景
			法教义学能为立法贡献什么？	雷磊
			立法语言的明确性与模糊性	裴洪辉
			完善和加强立法程序的规范立法与阐释研究	赵一单
	子课题二（第二编）：加强宪法实施 完善社会主义民主政治法律体系（许安标、莫于川）	本编导言		许安标
		第六章 加强宪法核心地位与民主政治法治化	加强宪法地位 推进宪法实施 社会主义民主政治法治化综述	许安标
				张鹏
				殷胜勤
		第七章	"以宪法为核心"完善法律体系	上官丕亮
		第八章	完善宪法监督和宪法解释制度	王旭
		第九章	同步完善基本人权体系和法律体系	叶传星
		第十章 依法执政与党领导立法	依法执政与完善党内法规体系	王立峰
			党领导国家立法的历史与经验	冯玉军
		第十一章	依法行政与法治政府建设	莫于川 曹伟 王留一
		第十二章	刑事立法的现状与展望	杨崇华
		第十三章	完善军事法律体系	付池斌 付煜
				朱晓红
		第十四章	边疆民族地区法律规范体系	巴哈提牙 刘洁
	子课题三（第三编）：完善市场经济法律体系（杨立新）	本编导言		杨立新
		第十五章	民法典编纂研究：思路、体例、问题	杨立新 刘风景
		第十六章	完善婚姻家庭法律体系	孙若军
		第十七章	实施创新驱动发展战略 完善知识产权法律体系	郭禾
		第十八章	完善金融监管法律体系	朱大旗
		第十九章	完善保险法律体系	贾林青 贾辰歌

续前表

课题（书）主持人	子课题（编）负责人	分课题（章节）	研究专题（章节）	承担人
完善以宪法为核心的中国特色社会主义法律体系研究（冯玉军）	子课题三（第三编）：完善市场经济法律体系（杨立新）	第二十章	完善财税法律体系	徐孟洲 杨疏影
		第二十一章	完善发展规划法律体系	徐孟洲 宋琳
		第二十二章	完善竞争法律体系	孟雁北
		第二十三章	完善农民合作社法	仝志辉
		第二十四章	完善跨国并购国家安全法律制度	扬智勇
	子课题四（第四编）：完善文化与社会治理法律体系（石东坡、黎建飞）	本编导言		石东坡 黎建飞
		第二十五章	完善文化法律体系	石东坡
		第二十六章	完善公共文化服务保障与文化产业促进立法	石东坡
		第二十七章	完善互联网立法体系	谢君泽
		第二十八章	大数据时代的法律体系完善与创新	雷震文
		第二十九章	完善文物保护和文化遗产法律体系	王云霞
		第三十章	完善宗教法律法规体系	冯玉军
		第三十一章	社会法律体系的完善与民生立法	黎建飞
		第三十二章	完善卫生法律体系研究	刘兰秋
		第三十三章	完善食品安全治理法律体系	孙娟娟
		第三十四章	完善残疾人权益保护法律法规	黎建飞
		第三十五章	完善公共服务法律制度	莫于川
		第三十六章	完善社会组织立法	刘太刚
	子课题五（第五编）：完善生态文明法律体系（周珂）	本编前言		周珂
		第三十七章 完善环境法体系	论部门法体系下环境资源保护的一体化	周珂
			绿色发展理念与环境立法创新	竺效 丁霖
		第三十八章	强化生产者环境保护法律责任	竺效 丁霖 王盛航
		第三十九章	完善自然资源和国土空间开发保护法律体系	吴心宇 莫勖哲 程玉霄

续前表

课题（书）主持人	子课题（编）负责人	分课题（章节）	研究专题（章节）	承担人
完善以宪法为核心的中国特色社会主义法律体系研究（冯玉军）	子课题五（第五编）：完善生态文明法律体系（周珂）	第四十章	完善能源法律体系	李艳芳 吴倩
		第四十一章	完善循环经济立法和地方经济立法	李玉基
		第四十二章	京津冀协同发展的法治建议	孟庆瑜
	子课题六（第六编）：完善程序法律体系（汤维建）	本编导言		汤维建
		第四十三章	新民事诉讼法的适用及完善	汤维建
		第四十四章	刑事诉讼法的适用及完善	刘计划
		第四十五章	行政诉讼法的适用及完善	莫于川 曹伟 王留一
		第四十六章	完善非诉讼纠纷解决机制法律体系	冯玉军 张先民
	子课题七（第七编）：完善法律体系的实践创新（冯玉军）	本编导言		冯玉军
		第四十七章 完善法律体系与人大立法创新	党的十八大以来全国人大体制创新与立法工作概述	万其刚 蔡春红 徐玮 张曼
			人大主导立法工作的理论研究综述	颜容容 王彦彦
			科学立法	王潇月
			民主立法	武骁哲
			立法实效与立法体制创新	陈宽
			人大代表间接选举机制的立法完善	韩晓洁
		第四十八章 完善法律体系与政府立法、司法解释、授权立法	政府法制统一研究	范文嘉
			立法与司法解释关系研究	赵一单
			授权立法制度的发展与完善	金梦
		第四十九章 完善法律体系与地方立法创新	地方立法与法律体系的完善	张康妮
			地方立法的制度创新与相关问题	陈明星 丁宇
			设区的市立法面临的问题与完善途径	程浩 刘雁鹏
		第五十章 完善法律体系与立法评估创新	立法评估综述	柳建启
			立法前评估	黄哲雅
			立法后评估	崔赫
		第五十一章	完善法律体系与立法评估标准的确立	冯玉军 王柏荣

二、阶段性成果

本课题的实际执行状况是比较理想的。除了最终研究成果，我们的阶段性成果十分丰硕：共在各类期刊上发表学术论文 54 篇，其中在《中国社会科学》《法学研究》《中国法学》这三大权威期刊上发表论文 5 篇，在中国法学创新网的 16 种 CSSCI 来源核心期刊上发表论文 15 篇（含三大权威期刊），在其他 CSSCI 来源核心期刊上发表论文 26 篇，在其他学术期刊上发表论文 14 篇。这些论文坚持问题导向和理论创新精神，凝聚众智，大力创新，结合对完善法律体系主题的历史、实践、规范、组织、关系、运行、评估考察，提出了法律体系理论创新的一系列建设性观点。除此之外，课题研究中还出版了《新〈立法法〉条文精释与适用指引》《中国法治的道路与特色》《网络法学》等多部专著，进一步夯实了国内关于法律体系主题的研究基础。

特别值得一提的是，研究中我们还形成了一系列优化和完善相关部门法的诸多立法建议，通过《教育部专报》（教育部社科司）、《理论动态》、《紫光阁》等专报，向有关单位提交多份内参报告，发挥了良好的咨政作用，产生了相当大的社会影响，赢得理论界和实务界的一致好评。

表 2   阶段性著作、论文成果

作者	成果名称	发表/出版期刊/机构	发表/出版时间
冯玉军著	《法治中国：中西比较与道路模式》	北京师范大学出版社	2017 年 1 月
冯玉军著	《中国法治的道路与特色》	中国社科文献出版社	2017 年 6 月
冯玉军著	《全面推进依法治国新征程》	中国人民大学出版社	2017 年 8 月
冯玉军著	《迎接法治新时代》	中国人民大学出版社	2015 年 4 月
冯玉军主编	《新〈立法法〉条文精释与适用指引》	法律出版社	2015 年 9 月
冯玉军主编	《完善和发展中国特色社会主义法律体系的理论与实践研究》（上、下）	北京师范大学出版集团	2016 年 5 月
刘品新著	《网络法学》（第二版）	中国人民大学出版社	2015 年 10 月
冯玉军	《中国法律规范体系评估研究》	《中国社会科学》	2017.12
	《完善以宪法为核心的中国特色社会主义法律体系：习近平立法思想述论》	《法学杂志》	2016.3
	《中国法治的发展阶段和模式特征》	《浙江大学学报（人文社科版）》	2016.3

续前表

作者	成果名称	发表/出版期刊/机构	发表/出版时间
冯玉军	《中国法律规范体系再评估》	《江汉学术》	2018.1
	《全国人大常委会法工委立法职能略论》	《地方立法研究》	2018.1
	《立法参与的制度设计与实施效果评估》	《河北法学》	2018.2
	《社会主义核心价值观融入法治建设的要义和途径》	《当代世界与社会主义》	2017.4
	《日本宗教法治体系研究》	《北京联合大学学报（人文社会科学版）》	2015.2
	《宗教事务条例修订的意义和内容》	《中国统一战线研究》	2018.1
	《促进宗教工作法治化的若干思考》	《中国宗教》	2015.11
	《〈民法总则〉颁布对宗教法治的重大影响》	《中国宗教》	2017.4
	《城市规划与建设法治化研究》	《学术交流》	2017.11
	《坚持依法治国和以德治国相结合的原则》	《人民论坛》	2017.8
	《贯彻落实〈慈善法〉推动宗教慈善健康有序发展》	《西北民族大学学报（社会科学版）》	2017.1
	《宗教财产归属与宗教法人资格问题的思考》	《苏州大学学报（法学版）》	2016.1
冯玉军 刘雁鹏	《较大的市立法：历史演变及其动因分析》	《甘肃政法学院学报》	2016.2
冯玉军 彭小龙	China's Dispute-Resolution Mechanisms and Innovation in the Transformation Era	China Legal Science	2015.4
杨立新	《我国民事权利客体立法的检讨与展望》	《法商研究》	2015.4
	《我国民法典总则编应当规定法例规则》	《求是学刊》	2015.4
	《机动车代驾交通事故侵权责任研究》	《法学论坛》	2015.4
	《我国〈民法总则〉法律行为效力规则统一论》	《法学》	2015.5
	《民法总则编的框架结构及应当规定的主要问题》	《财经法学》	2015.4

续前表

作者	成果名称	发表/出版期刊/机构	发表/出版时间
杨立新	《网络交易平台提供者为消费者损害承担赔偿责任的法理基础》	《法学》	2016.1
	《对民法典规定人格权法重大争论的理性思考》	《中国法律评论》	2016.1
	《网络交易平台提供者民法地位之展开》	《山东大学学报（哲学社会科学版）》	2016.1
	《编纂民法典必须肃清前苏联民法的影响》	《法制与社会发展》	2016.2
	《网络交易法律关系构造》	《中国社会科学》	2016.2
汤维建	《评司法解释中的公益诉讼》	《山东社会科学》	2015.7
王旭	《论我国宪法解释程序机制：规范、实践与完善》	《中国高校社会科学》	2015.4
	《宪法上的尊严理论及其体系化》	《法学研究》	2016.1
竺效	《绿色发展理念与环境立法创新》	《法制与社会发展》	2016.2
刘太刚	《政府信任的距离悖论——中美两国为何反向而行》	《天津行政学院学报》	2016.1
	《社会治理体系现代化中的宗教利用分析》	《中共贵州省委党校学报》	2016.1
易有禄	《人大在立法中的主导地位及实现机制》	《甘肃政法学院学报》	2016.2
	《设区市立法权的权限解析》	《政法论丛》	2016.2
刘风景	《重要条款单独表决的法理与实施》	《法学》	2015.7
	《准用性法条设置的理据与方法》	《法商研究》	2015.5
陈俊	《我国自贸区发展中的立法保障探讨》	《甘肃政法学院学报》	2016.2
石东坡	《立法需求的生成与确立问题探究》	《法学论坛》	2016.1
	《大数据时代立法调查的变革与完善》	《人民法治》	2015.12
赵玉	《司法视域下夫妻财产制的价值转向》	《中国法学》	2016.1
金梦	《澳大利亚授权立法的范围与监督机制》	《学术交流》	2015.10
	《法律博弈论及其核心构造》	《江海学刊》	2015.5
杨欣	《"环境正义"视域下的环境法基本原则解读》	《重庆大学学报（社会科学版）》	2015.12

续前表

作者	成果名称	发表/出版期刊/机构	发表/出版时间
廖宇羿	《我国个人信息保护范围界定》	《社会科学研究》	2016.2
赵一单	《立法权的宪法界限研究》	《甘肃政法学院学报》	2016.2
孟雁北	《完善竞争法法律体系》	（台湾）《中国法研究》	2017.5

表 3　　　　　　　　　　　　主要报刊及内参成果

作者	成果名称	发表机构	发表/出版时间
汤维建	《稳妥推进公益诉讼改革试点》	《人民日报》	2015 年 7 月 23 日
冯玉军	《重大决策风险评估不能自说自话》	《人民日报》	2016 年 1 月 27 日
	《运用法治思维和法治方式推动发展》	《光明日报》	2016 年 1 月 25 日
	《从八个经验看法治中国》	《光明日报》	2015 年 11 月 5 日
	《让律师更好地成为法治国家建设者》	《光明日报》	2015 年 11 月 2 日
	《推进设区的市立法不能急于求成》	《法制日报》	2015 年 12 月 28 日
	《关于国法与教规的四点看法》	《中国民族报》	2015 年 8 月 4 日
	《〈宗教事务条例修改〉的重要问题》	《中国民族报》	2015 年 11 月 12 日
	《加快推进全国人大专职常委遴选工作》	《学习时报》	2015 年 9 月 17 日
	《法治视角下的全面建成小康社会基本原则》	《学习时报》	2015 年 12 月 3 日
冯玉军	《党领导国家立法的历史与经验初探》	《党内法规研究》	2015 年第 2 期
	《社会主义核心价值观融入法治建设的要义和途径》	《紫光阁》	2016 年 11 月 10 日
	《辽宁拉票贿选案的法律透析及其应对》	《教育部专报》	2016 年 11 月 24 日
	《建议中央巡视组下沉到地市县，加快地方反腐步伐》	《改革内参》	2016 年 18 期
	《关于进一步办好爱国宗教界人士研修班的建议》	《情况反映》（光明日报总编室）	2016 年总第 80 期
	《全国人大专职常委队伍出现整体"人才断层"亟待改善》	《情况反映》（光明日报总编室）	2015 年总第 218 期
	《建议全国和省级人大常委会设立博士后工作站，优化立法体制和人才培养》	《情况反映》（光明日报总编室）	2015 年总第 224 期
冯玉军 何远展	《全国人大专制常委队伍出现整体"断层"亟待重视》	《问题与思路》	2015 年第 31 期
孙国华 覃福晓	《关于改进我国立法过程中过度代表和代表不足问题的建议》	《问题与思路》	2015 年第 32 期

三、衷心的谢意

著作付梓之时，照例都要写一番感谢的话。作为主编，我在这里写下的文字，的的确确发自肺腑。过去几年里，课题组全体成员共同经历的辛勤创作的快乐与痛苦真是永生难忘。

首先要感谢的是几位学术前辈和立法工作领导同志。著名法学家、中国人民大学法学院荣誉一级教授孙国华先生把我引入法律体系研究这个领域，谆谆教诲、耳提面命，学术传承，刻骨铭心。从我投身孙国华先生门下伊始，就遵师命作为国家社科基金重点项目"中国特色社会主义法律体系"（03AFX002）的主力干将开展研究工作，发表"法律体系研究"主题研究论文数十篇，先后出版了《中国特色社会主义法律体系前沿问题研究》（孙国华、冯玉军主编，中国民主法制出版社 2005 年版）、《中国特色社会主义法律体系研究：概念、理论、结构》（孙国华、冯玉军主编，中国民主法制出版社 2009 年版）、《中国特色社会主义法律体系的理论与实践问题研究》（冯玉军主编，上、下卷，北京师范大学出版集团 2016 年版）、《法治中国建设与法治体系完善》（冯玉军主编，北京师范大学出版集团 2017 年版）等等著作。回首过往的这些研究工作，基本上都是瞄准目标，踏实工作，一步一个脚印地钻研、学习，终有些许成绩。恩师临终前，专门为本书撰写了题为《深化法律体系研究 全面推进依法治国》的序言，斯人已去，余音绕梁，令人感怀！

当代著名立法家、第十届全国人大法律委员会主任委员杨景宇先生和著名立法家、中国法学会立法学研究会首任会长张春生先生始终关注指导课题研究工作，深入交流，多有教益。杨景宇先生亲笔撰写的序言《站在新的历史起点上做好立法工作的几点思考》，政治站位高、研究视野广阔，对新时代立法工作特别是人大立法工作指明了方向，值得深入领会和研究。张文显教授是我国法学界和当代法学理论的领军人物，他心系国是、提携后进，对课题研究方向和后续进展十分关注，多有指导。全国人大及其常委会原副秘书长周成奎先生、中国人民大学常务副校长王利明教授、法学院前任院长韩大元教授、法学院学术委员会前任主席朱景文教授、美国康奈尔大学法学院於兴中教授作为课题研究的学术顾问，关心支持课题研究，全程参加了我们主办的学术研讨会，分享了深刻的学术思想，体现了卓越的远见智慧。

其次要对国内外参与、关心、支持本项目研究的专家学者表示由衷的敬意。我们在研究过程中积累了丰富的研究经验，也分享了法学界不少宝贵的学术资源。2015 年 5 月 27 日上午，重大项目的开题论证会在明德法学楼 601 国际学术报告厅成功举行。中国人民大学杨立新教授、莫于川教授、朱大旗教授、汤维建教授、王云霞教授、郭禾教授、叶传星教授、贾林青教授、刘太刚教授、王振东副教授、王旭副教授等校内专家出席，新疆财经大学法学院院长德全英教授等校外专家也专程参加，学校科研处沃晓静副处长与会指导工作，其他课题组研究人员近 40 人参加会议。2016 年 6 月 4 日全天，由中国人民大学法学院和国家发展与战略研究院联合主办中期课题会议"完善以宪法为核心的法律体系：理论创新与实践挑战"学术研讨会在北京举行。来自全国人大常委会、最高人民检察院、中国法学会、中国人民大学、北京大学、中国政法大学、中国社会科学院、中央党校、北京师范大学、中央民族大学、浙江大学、南京大学、华东政法大学、华东师范大学、上海交通大学、苏州大学、西南政法大学、美国康奈尔大学等单位的一百余位专家学者参加了本次学术研讨会。学术研讨会共分为五个研讨会，分别就"完善法律体系的基础理论"、"完善宪法核心地位的理论与问题"、"完善市场经济与社会治理法律制度"、"实现社会公正的法律体系保障与立法体制创新"、"完善民主政治与生态文明法律制度"五大主题进行了深入研讨。现在课题圆满结项，我们理应向全体与会专家表示衷心的感谢！

课题组研究人员之外，要特别致谢的学者有中国社会科学院荣誉学部委员刘海年研究员、中国社会科学院荣誉学部委员杨一凡研究员、中国政法大学法学院刘金国教授、中国社科院法学所刘作翔教授、北京大学法学院张骐教授、浙江大学法学院葛洪义教授、北京大学法学院湛中乐教授、华东政法大学法学院马长山教授、中南大学法学院谢晖教授、最高人民检察院检察理论研究所副所长谢鹏程研究员、华东师范大学法学院陈俊教授、北京师范大学法学院袁达松教授、中国政法大学法学院陈景辉教授、北京大学法学院张千帆教授、上海交通大学凯原法学院林彦教授、中央民族大学法学院熊文钊教授、中国政法大学法学院王灿发教授、中国政法大学法学院蒋立山教授、武汉大学法学院江国华教授、南京大学新闻传播学院陈堂发教授、中国劳动关系学院杨思斌教授、北京联合大学人大制度研究所崔英楠教授、江西财经大学法学院易有禄教授、陕西师范大学法学系张小军教授、北京航空航天大学法学院田飞龙副教授、中央民族法学院郑毅副教授以及中国人民大学法学院林嘉教授、戴玉忠教授、史际春教授、陈卫东教授、王欣新教授、黄京平教授、谢望原教授、叶林教授、史彤彪教授、刘俊海教授、张翔教授等的大力支持。

最后，感谢中国法学会领导同意本书列入"中国特色社会主义法治理论体系"研究丛书出版，感谢诸葛平平主任的器重与厚爱，感谢中国人民大学出版社编辑们以及参与编审工作的各位同志们一丝不苟的工作。他们应该得到作者与读者的双重赞美。

希望本书的出版，能引起学界对完善以宪法为核心的中国特色社会主义法律体系问题的持续研究，衷心欢迎广大读者给予批评指正。

图书在版编目（CIP）数据

完善以宪法为核心的中国特色社会主义法律体系研究（全 2 册）/冯玉军主编 . —北京：中国人民大学出版社，2018.6
（中国特色社会主义法学理论体系丛书）
ISBN 978-7-300-25369-5

Ⅰ.①完… Ⅱ.①冯… Ⅲ.①社会主义法制-法律体系-研究-中国 Ⅳ.①D909.2

中国版本图书馆 CIP 数据核字（2018）第 001141 号

"十三五"国家重点出版物出版规划项目
中国特色社会主义法学理论体系丛书

完善以宪法为核心的中国特色社会主义法律体系研究（上下册）

冯玉军　主编

Wanshan yi Xianfa wei Hexin de Zhongguo Tese Shehuizhuyi Falü Tixi Yanjiu

出版发行	中国人民大学出版社		
社　　址	北京中关村大街 31 号	邮政编码	100080
电　　话	010 - 62511242（总编室）	010 - 62511770（质管部）	
	010 - 82501766（邮购部）	010 - 62514148（门市部）	
	010 - 62515195（发行公司）	010 - 62515275（盗版举报）	
网　　址	http://www.crup.com.cn		
	http://www.ttrnet.com（人大教研网）		
经　　销	新华书店		
印　　刷	涿州市星河印刷有限公司		
规　　格	170 mm×240 mm　16 开本	版　　次	2018 年 6 月第 1 版
印　　张	95 插页 6	印　　次	2018 年 6 月第 1 次印刷
字　　数	1 469 000	定　　价	320.00 元